新编道路施工工程师手册

（第二版）

雒　应　秦　臻　张碧琴　赵永平　主编
张军性　主审

人民交通出版社股份有限公司
China Communications Press Co.,Ltd.

内 容 提 要

本手册主要论述公路与城市道路新建、改建和旧路养护、维修、加固的各种施工方法和施工技术要求。本书共四篇，分为：道路工程相关知识、路基工程施工、路面工程施工、交通工程施工及沿线设施。

本手册根据国家现行最新技术标准、规范、规程和部分地方技术标准、规范、规程编写，以适应道路工程施工的需要。

本手册可作为公路和城市道路工程施工、管理及养护工程师、技术人员的实用技术手册，亦可供大专院校师生参考使用。

图书在版编目(CIP)数据

新编道路施工工程师手册 / 雒应等主编. —2版.
—北京：人民交通出版社股份有限公司，2016.1
ISBN 978-7-114-12518-8

Ⅰ.①新… Ⅱ.①雒… Ⅲ.①道路施工－技术手册
Ⅳ.①U415-62

中国版本图书馆CIP数据核字(2015)第232531号

书　　名：新编道路施工工程师手册(第二版)
著 译 者：雒　应　秦　臻　张碧琴　赵永平
责任编辑：曲　乐　尤　伟
出版发行：人民交通出版社股份有限公司
地　　址：(100011)北京市朝阳区安定门外外馆斜街3号
网　　址：http://www.ccpress.com.cn
销售电话：(010)59757973
总 经 销：人民交通出版社股份有限公司发行部
经　　销：各地新华书店
印　　刷：北京盛通印刷股份有限公司
开　　本：787×1092　1/16
印　　张：61.25
字　　数：1720千
版　　次：2011年8月　第1版　2016年3月　第2版
印　　次：2019年4月　第2次印刷　总第3次印刷
书　　号：ISBN 978-7-114-12518-8
定　　价：150.00元
(有印刷、装订质量问题的图书由本公司负责调换)

再版前言

《新编道路施工工程师手册》自2011年8月第一版问世以来，深受读者厚爱，得到业界好评，被誉为广大公路建设者的良师益友。

近数年来，随着我国国民经济的持续快速发展，公路和城市道路等基础设施建设取得了辉煌的成就，新技术、新工艺、新设备、新材料及新理念在公路和城市道路施工中获得了广泛的应用，道路工程施工领域的各个方面又产生了诸多重大变化，与之相关的工程技术标准、技术规范、规程也逐步得到了修订完善并颁布实施。为符合我国现行新的道路工程施工技术标准、规范、规程，充分反映道路施工领域的最新进展，更好满足广大道路工程施工技术人员工作和学习的需要，特对本手册进行修订。

本书此版，秉持初版时所建立的基本知识体系，保持简洁、直观、独特的表格式阐述风格。根据道路施工安全技术与职责要求，在相关章节增加了道路施工安全要求；在第三篇第14章增加了彩色沥青混凝土路面的施工技术；根据初版的使用反馈意见及道路施工工程师的实际技术知识需求，对第四篇的内容进行了精简和系统编排。

本书多处引用了国内外道路工程施工技术的先进成果，在此向这些先进成果的研究人员及相关专家表示感谢。本书编写过程中得到了长安大学、中交第一公路工程局有限公司、西安市市政工程设计研究院和中交第二公路工程局有限公司等单位有关专家的帮助和指导，在此向他们表示感谢。

本书分为四篇二十六章，其中第一篇由秦臻、许娅娅、秦建平、徐韬、高龙海编写，秦臻统稿；第二篇由秦建平、张碧琴、秦臻、田茂杰、马光花、张星、高龙海、雒帅、杨亚、唐国才编写，秦建平统稿；第三篇由雒应、贾环宇、王小兵、李晟、杨耀、雒帅、马赞编写，雒应统稿；第四篇由秦臻、秦建平、赵永平、卫东选、苏爱斌、倪娜编写，秦臻统稿。

全书由雒应、秦建平统稿，中交第一公路工程局有限公司张军性审稿。

由于编著者的水平有限，本书对国内外成功经验的总结不尽全面，谬误不当之处恳请读者予以批评指正。

编　者

2016年1月

于长安大学

初版前言

改革开放三十多年以来，我国国民经济持续高速发展，公路和城市道路等基础设施建设取得了辉煌的成就。新技术、新工艺、新设备和新材料在公路和城市道路施工中获得了广泛的应用，与道路工程相关的工程技术标准、技术规范、规程也逐步得到了修订完善并相继颁布实施，从而为保证和提高道路工程施工质量奠定了基础。

近几年，我国道路工程技术方面的专家和学者们陆续出版了许多道路工程施工技术的参考书，这些参考书从不同角度详细介绍了道路工程施工技术，对我国道路工程施工技术人员业务水平的提高和我国道路工程施工技术的提高起到了积极的作用。随着道路施工工艺和技术水平的提高，为符合我国现行新的道路工程施工技术标准、规范、规程，结合道路施工新技术和发展状况，满足广大道路工程施工技术人员的新需要，特编写本手册。本手册多处引用了国内外道路工程施工技术的先进成果，在此向这些先进成果的研究人员及相关专家学者表示感谢。本手册编写过程中得到了长安大学、中交第一公路工程局有限公司和中交第二公路工程局有限公司等单位有关专家的帮助和指导，在此向他们表示感谢。

本手册分为四篇，共计24章，其中第一篇由秦建平、秦臻、刘阔、隋晓飞、张星编写，秦建平统稿；第二篇由张碧琴、秦建平、张海楠、王慧、王峰、李之波、张利编写，张碧琴、秦建平统稿；第三篇由雒应、张倩、赵华、任建洲、崔恒宾、刘茹愈、雒高创、吕棋编写，雒应统稿；第四篇由赵永平、秦臻、刘阔、隋晓飞、张星编写，赵永平、秦建平统稿。全书由雒应、秦建平统稿，中交第一公路工程局有限公司张军性审稿。

由于编者的水平有限，加之道路施工技术发展很快，本书对国内外成功经验的总结不尽全面，谬误不当之处敬请读者予以批评指正。

编者

2011年1月

目　录

第一篇　道路工程相关知识

第二篇 路基工程施工

第三篇　路面工程施工

第四篇 道路交通工程及沿线设施

第一篇　道路工程相关知识

1 概述

1.1 道路基本组成

1.1.1 线形组成

线 形 组 成　表 1-1

<table>
<tr><th>项目</th><th>定　义</th><th>图　式</th></tr>
<tr><td>线形</td><td>线形是指道路中线在空间的形状。道路中线是一条平面有曲线、纵面有起伏的立体空间曲线，其平面线形由直线和平曲线组成，平曲线包括圆曲线和缓和曲线；纵面线由纵坡线和竖曲线组成。这条立体空间曲线，由平面图、纵断面图和横断面图来表示</td><td>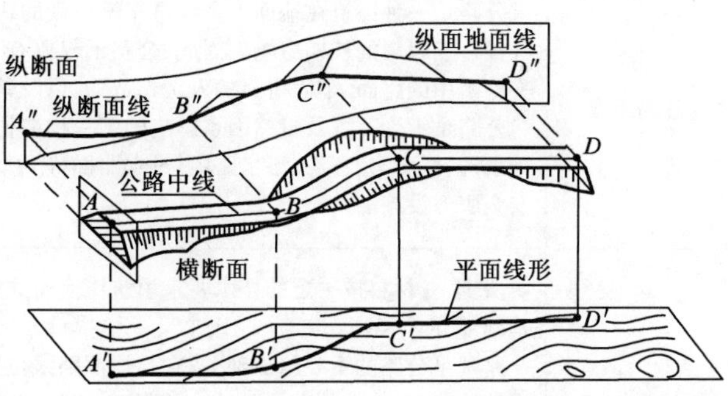
</td></tr>
<tr><td>平面</td><td>道路中线在水平面上的投影称为路线平面图</td><td>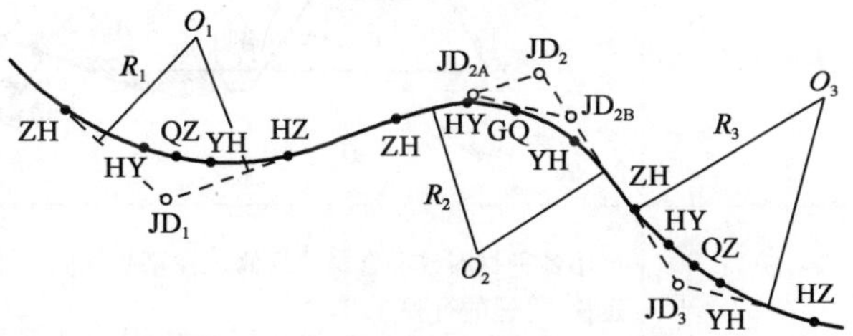
</td></tr>
<tr><td>纵断面</td><td>用一曲面沿道路中线竖直剖切，再展开成平面的图式称为纵断面图</td><td>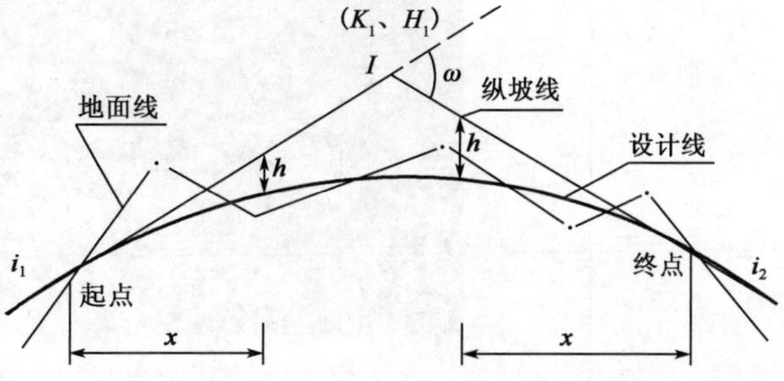
</td></tr>
</table>

表 1-1

项目	定　义	图　式
横断面	沿道路中线任一点(即中桩)作的法向剖切面称为横断面图	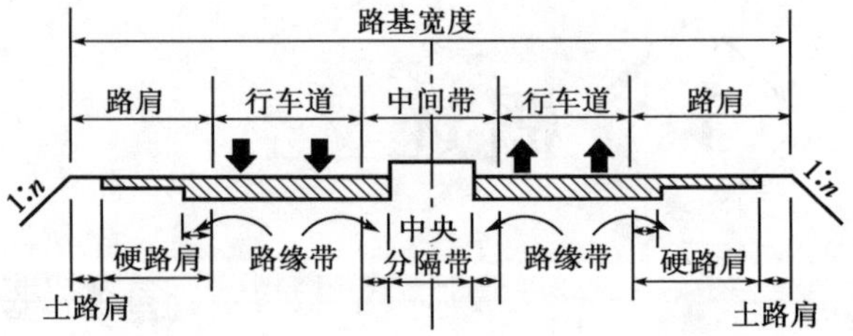

1.1.2 公路工程构造物组成

公路工程构造物组成　　表 1-2

项　目	定　义
构造物组成	公路是一种铺筑在地面上主要供车辆行驶的线形工程构造物,主要承受车辆荷载的重复作用和经受各种自然因素的长期影响。因此,公路不仅要有平顺的线形、和缓的纵坡,而且要有稳定坚实的路基、平整耐用的路面、牢固可靠的人工构造物,以及其他必要的防护工程和附属设施。 公路是承受荷载及自然因素影响的工程构造物,包括:路基、路面工程,桥涵、隧道工程,排水工程(如排水沟、截水沟、盲沟、渗水路堤、过水路面等),防护工程(如挡土墙、护坡等),特殊构造物,以及交通安全服务设施
路基	由土、石材料按一定的技术要求填筑压实而成的结构物,它承受路面传递的行车荷载,是支承路面的基础部分。 路基是公路的重要组成部分,它是按照路线位置和一定技术要求修筑的带状构造物,承受由路面传来的荷载,是行车部分的基础。其断面形状一般有路堤、路堑、半填半挖路基等断面形式 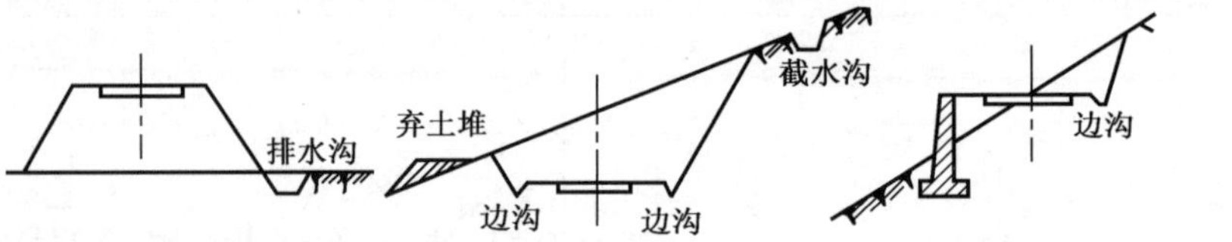 a)　b)　c)
路面	用各种材料或混合料分层修筑在路基顶面供车辆行驶的层状结构物,它的性能应能满足车辆安全、迅速、舒适的行驶要求。 路面通常由面层、基层、垫层等组成。路面是公路上最重要的建筑物,行车的安全、舒适与经济均取决于路面的质量,因此,通常以路面的质量来评价整条公路的质量  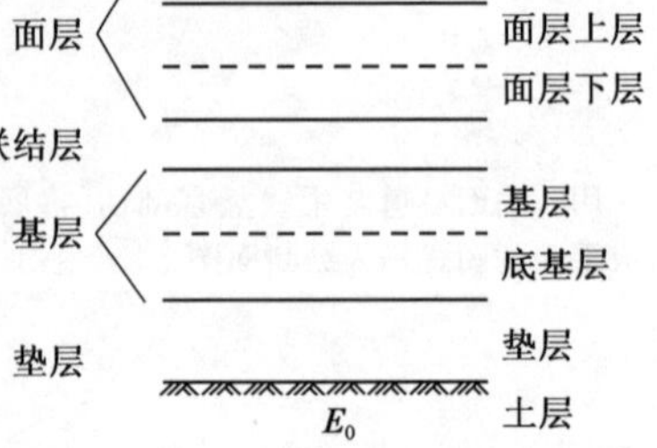

续上表

项 目	定 义
桥涵	桥梁是为道路跨越河流、山谷或人工障碍物而建造的构造物。涵洞是为宣泄地面水流而设置的横穿路堤的小型排水构造物 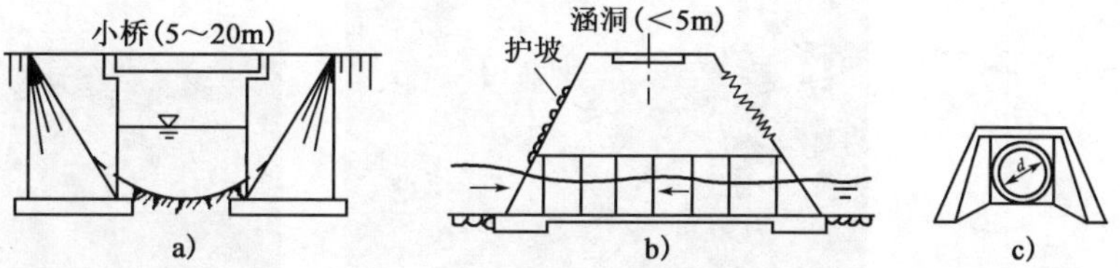
隧道	隧道是道路穿越山岭、地下和水底而修筑的构造物 
排水系统	为了排除地面水及地下水而设置的排水构造物，除桥涵外，还有边沟、截水沟、排水沟、急流槽、盲沟、渗井和渡槽等路基排水构造物和路面排水构造物组成的道路排水系统 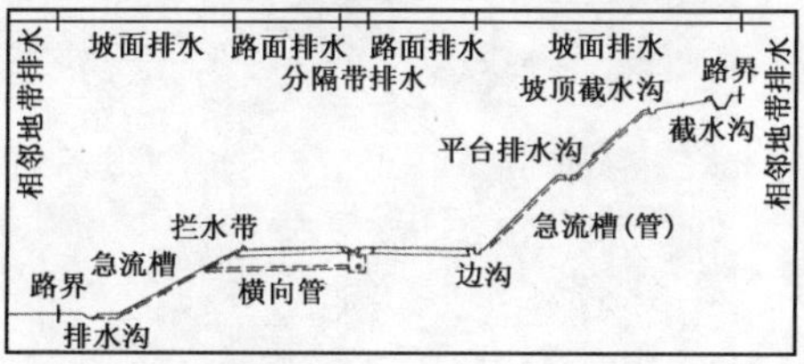
防护工程	为了加固路基边坡，确保路基稳定的结构物，主要有修建的填石边坡、砌石边坡、挡土墙、护脚和护面墙等构造物；在雪害路段设置的防雪栅、防雪棚；在沙害路段的道路两侧设置的防护林、格状沙障；在沿河路基设置的导流结构物(如顺水坝、丁坝、拦水坝等)，上述这些构造物统称防护工程 
交通安全 服务设施	照明设施：如灯柱、弯道反光镜等。 安全设施：护栏、隔离栅、路面标线、交通标志等。交通标志是指使驾驶员知道前面路段的情况和特点的设施，有警告标志、禁令标志、指示标志三种。 服务设施：如加油站、服务区、汽车站等。 植树绿化与美化工程：美化公路、保护环境，为道路使用者提供一个安全、舒适的行车环境。植树绿化有利于美化路容、保持水土、稳固路基、防风固沙、净化空气等，而且可提高行车的安全

续上表

<table>
<tr><th>项　目</th><th>定　义</th></tr>
<tr><td>交通安全
服务设施</td><td> </td></tr>
</table>

1.1.3 城市道路组成

城市道路组成 表 1-3

<table>
<tr><th>项　目</th><th>图　式</th></tr>
<tr><td>在城市,沿街两侧建筑红线之间空间范围称为城市道路用地。
(1)供各种车辆行驶的车行道。其中供汽车、无轨电车、摩托车行驶的为机动车道;供有轨电车行驶的为有轨电车道;供自行车、三轮车、兽力车行驶的为非机动车道。
(2)专供行人步行交通用的人行道。
(3)起卫生、防护与美化作用的绿带。
(4)用于排除地面水的排水系统,如街沟或边沟、雨水口、窨井、雨水管等。
(5)为组织交通、保证交通安全的辅助性交通设备,如交通信号灯、交通标志、交通岛、护栏等。
(6)交叉口和交通广场。
(7)停车场和公共汽车停靠站台。
(8)沿街的地上设备,如照明灯柱、架空电线杆、给水栓、邮筒、清洁箱、接线柜等。
(9)地下的各种管线,如电缆、煤气管、给水管、污水管等。
(10)在交通高度发达的现代城市,还建有高架快速道路、人行过街天桥、地下道路、地下人行道、地下铁道等</td><td>
标准横断面管位示意图(一) 1:200(单位:m)
(正常段)
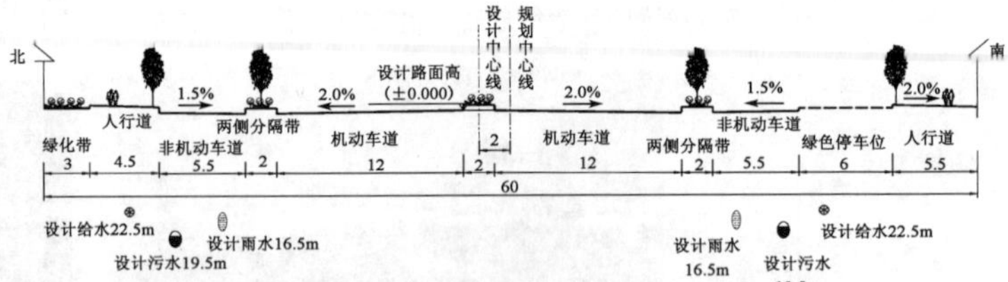
标准横断面管位示意图(二) 1:200(单位:m)
(公交港湾及交叉渠化段)
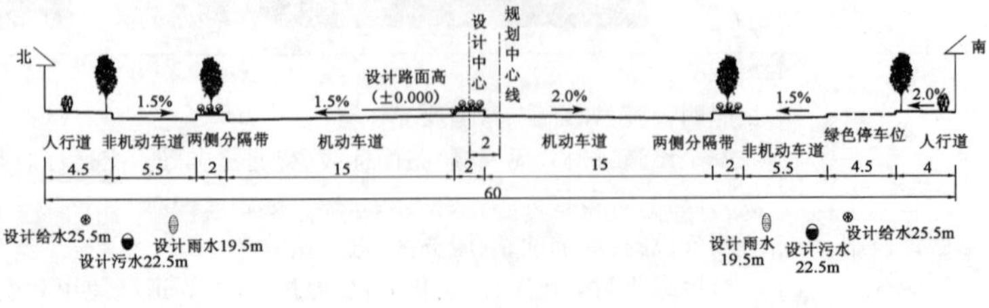</td></tr>
</table>

1.2 工程设计

1.2.1 设计阶段

设计阶段 表1-4

项 目	定 义	内 容
设计阶段	根据《公路工程基本建设项目设计文件编制办法》的规定,为适应从事公路建设的各级管理部门和不同层次建立经济关系的需要,结合公路建设的技术经济特征,要进行不同深度的阶段设计,即按项目大小和技术复杂程度分为一阶段、二阶段和三阶段设计,其设计内容包括初步设计、技术设计和施工图设计。 目前,公路基本建设项目一般采用两阶段设计。对于技术简单、方案明确的小型项目,可采用一阶段设计;对于技术复杂、基础资料缺乏或不足的建设项目,或建设项目中的特殊大型桥梁、隧道、互通式立体交叉等部分工程,必要时可采用三阶段设计	
一阶段设计	一阶段设计即一阶段施工图设计	以批准的可行性研究报告(或测设合同)为依据,进行一次详细测量,编制施工图设计文件及设计预算
二阶段设计	初步设计和施工图设计两个阶段	以批准的可行性研究报告、测设合同和初测资料为依据,编制初步设计文件和工程概算。然后根据批准的初步设计,通过详细测量,编制施工图设计文件和工程预算。初步设计文件一经主管部门批准,其概算就是建设项目投资的最高限额,不得随意突破
三阶段设计	在初步设计和施工图设计之间,增加一个设计阶段,称为技术设计	根据批准的初步设计和初测与定测资料来进行编制的,是对初步设计中有关技术、经济的各项初步规划和决定进一步具体和深化,制订更为完善的设计和施工方案,进一步确定各项工程数量,提供各种必要的数据,以满足编制修正概算的需要。技术设计文件一经批准,其修正概算就是建设项目投资的最高限额,不得随意突破

1.2.2 公路工程设计程序及内容

(1)可行性研究

公路工程可行性研究内容 表1-5

项 目	目的与要求	内 容
预可行性研究	通过实地踏勘和调查,重点研究项目建设的必要性,并对项目的建设规模、技术标准、建设资金、经济效益等进行必要的分析论证,编制研究报告,作为编制项目建议书的依据	项目影响区域社会经济和交通运输的现状及发展、交通量预测、建设必要性、建设标准和规模、建设条件和初步方案、投资估算和经济评价等
工程可行性研究	进行充分的调查研究,通过必要的测量和地质勘察,对不同建设方案从技术、经济、环境等方面进行综合论证,提出推荐方案,确定建设规模、技术标准和投资估算,论证投资效益,编制研究报告。工程可行性研究报告一经批准,即为初步设计必须遵循的依据	项目影响区域社会经济和交通运输的现状及发展、交通量预测、建设必要性、建设标准和规模、建设条件、工程环境影响分析、路线方案及工程情况、方案选定、投资估算及资金筹措、经济评价和敏感性分析、节能分析、实施安排等

(2)初步设计

公路工程初步设计内容　表1-6

目的与要求	内　容
确定技术经济合理的设计方案。初步设计必须根据批复的可行性研究报告、测设合同要求,在进行充分的技术和经济比较的基础上选定设计方案,计算工程数量及主要材料数量,提出施工方案建议,编制设计概算,提供包括文字说明和图表资料在内的初步设计文件。初步设计文件经审查批复后,则为订购主要材料、机具、设备,安排重大研究试验项目,联系征用土地、拆迁,进行施工准备,编制施工图设计文件和控制建设项目投资等的依据。采用三阶段设计时,经审查批复的初步设计文件亦为编制技术设计文件的依据。 初步设计在选定设计方案时,应对路线的走向、控制点和方案等进行现场核查,并征求沿线地方政府和建设单位意见后,基本落实路线布置方案,放出必要的控制线位桩。复杂地段的路线、互通立交、隧道、特大桥、大桥的位置,一般应选择两个或两个以上的方案进行同深度的勘测和设计方案比选,提出推荐方案	1. 初步设计应基本查明 沿线地质、水文、气候、地震等情况; 沿线筑路材料的质量、储量、供应量及运输,并进行原材料和混合料试验。 2. 基本确定 路线位置和路线方案; 排水系统和防护工程的位置、路段长度、结构形式和尺寸; 路基标准横断面和特殊路基横断面的设计方案、沿线路基取弃土方案,计算土石方数量并进行调配; 路面设计方案、路面结构类型及主要尺寸; 特大、大、中桥桥位、设计方案、结构类型及主要尺寸; 小桥、涵洞、漫水桥及过水路面等的位置、结构类型及主要尺寸; 隧道位置、设计方案、结构类型及主要尺寸; 路线交叉的位置、形式、结构类型及主要尺寸; 通道和人行天桥的位置、形式、结构类型和主要尺寸; 交通工程及沿线设施各项工程的位置、类型及主要尺寸; 环境保护的内容、措施及方案,渡口码头的位置、结构形式及主要尺寸; 占用土地、拆迁建筑物及电力、通信等设施的数量; 需要试验和研究的项目。 3. 初步拟订 施工方案。 4. 计算 各项工程数量; 人工及主要材料、机具、设备的数量。 5. 编制 设计概算。 6. 必要时论证确定分期修建工程的实施方案

(3)技术设计

公路工程技术设计内容　表1-7

目的与要求	内　容
根据初步设计批复意见、测设合同要求,对重大、复杂的技术问题通过科学试验、专题研究,加深勘探调查及分析比较,解决初步设计中未解决的问题,落实技术方案,计算工程数量,提出修正的施工方案,修正设计概算,经批准后作为编制施工图设计的依据	对初步设计所定方案进一步补充和修改;补充必要的地质、水文、气候、地震和地质钻探资料,以及土工、材料、结构或模型试验结果;提出科学试验成果、专题报告;提出修正的施工方案;编制修正概算。 参照初步设计和施工图设计的组成及内容的有关规定编制

(4)施工图设计

公路工程施工图设计内容 表 1-8

目的与要求	内 容
根据初步设计(或技术设计)批复意见、测设合同,进一步对所审定的修建原则、设计方案、技术决定加以具体和深化,最终确定各项工程数量,提出满足施工需要的图表资料、说明书和施工组织计划,并编制施工图预算	1. 确定 路线具体位置; 路基标准横断面和特殊路基横断面,绘制路基超高、加宽设计图,计算土石方数量并进行调配,路基取弃土位置,绘制取土场纵、横断面图; 路基路面排水系统和防护工程的结构类型及尺寸,绘制相应的布置图和结构设计图; 特殊路基设计的结构类型及尺寸,绘制特殊路基设计图; 各路段的路面结构类型及尺寸,绘制路面结构图; 特大、大、中桥的位置、孔数及孔径、结构类型及各部尺寸,绘制结构设计图; 小桥、涵洞、漫水桥、过水路面等位置、孔数及孔径、结构类型及各部尺寸,绘制布置图,特殊设计的应绘制特殊设计详图; 隧道及其附属设施的形式及尺寸,绘制布置图和设计详图; 路线交叉形式、结构类型及各部尺寸,绘制布置图及设计详图; 交通工程及沿线设施的各项工程的位置、类型及各部尺寸,绘制布置图和设计详图; 环境保护设施的位置、结构形式及数量、绘制布置图和设计详图; 渡口码头及其他工程的位置、结构形式及尺寸,绘制相应的布置图和设计详图; 沿线筑路材料的质量、储藏量、供应量及运距,绘制筑路材料运输示意图; 征用土地、拆迁建筑物以及电力、通信等的数量。 2. 计算 各项工程数量。 3. 提出 施工组织计划; 人工数量及主要材料、机具、设备的规格及数量。 4. 编制 施工图预算

1.2.3 施工图设计文件的组成

施工图设计文件的组成 表 1-9

项 目	内 容
第一篇 总说明书	路线地理位置图,说明书,路线平、纵面缩图,主要技术经济指标表,附件等
第二篇 总体设计	说明,公路平面总体设计图(1:1 000 或 1:2 000)
第三篇 路线	说明,路线平面图,路线纵断面图,直线、曲线、转角表,导线点成果,路线逐桩坐标表,征用土地表,赔偿树木、青苗表,拆迁建筑物表,拆迁电力、电讯及其他管线设施表,砍树挖根数量表,挖淤泥排水数量表,耕地填前夯(压)实数量表,总里程及断链桩号表,水准点表,路线固定表,纸上移线图,公路用地图等
第四篇 路基、路面及排水	说明,路基设计表,边沟(排水沟)设计表,路基标准横断面图,一般路基设计图,路基横断面图,超高方式图,特殊路基设计工程数量表,特殊路基设计图,中间带设计图,中央分隔带开口设计图,路基土石方数量表,路基每公里土石方数量表,路基土石方运量统计表,取土坑(场)、弃土堆(场)一览表,取土坑(场)、弃土堆(场)平面图,路基防护工程数量表,路基防护工程设计图,路面工程数量表,路面结构图,平曲线上路面加宽表,路基、路面排水系统布置图,路基、路面排水工程数量表,路基、路面排水工程设计图等

续上表

项　目	内　容
第五篇 桥梁、涵洞	说明,特大、大、中桥主要工程数量表,特大、大、中桥设计图,小桥工程数量表,小桥设计图,涵洞工程数量表,涵洞设计图,预埋件、预留孔,过水路面工程数量表,过水路面设计图等
第六篇 隧道	说明,隧道工程数量表,隧道设计图,隧道附属设施等
第七篇 路线交叉	说明,互通式立体交叉一览表,互通式立体交叉工程数量表,互通式立体交叉设计图,分离式立体交叉一览表,分离式立体交叉工程数量表,分离式立体交叉设计图,人行天桥 工程数量表,人行天桥设计图,通道工程数量表,通道设计图,平面交叉工程数量表,平面交叉设计图,管线交叉工程数量表,管线交叉设计图等
第八篇 交通工程及沿线设施	说明,平面布置总图,横断面布置图,管理机构及养护设施,安全设施,监控设施,通信设施,收费设施,服务设施,供电、照明设施,房屋建筑等
第九篇 环境保护	说明,环境保护工程一览表,环境保护工程设备、材料数量表,美化绿化设计图,声屏障结构设计图,污水处理设计图等
第十篇 渡口码头及其他工程筑路材料	说明,渡口码头数量表,渡口码头设计图,其他工程数量表,其他工程设计图等
第十一篇 筑路材料	说明,沿线筑路材料料场表,材料试验资料表,沿线筑路材料供应示意图等
第十二篇 施工组织设计	说明,工程进度图,主要材料计划表,主要施工机具、设备计划表,临时工程数量表,公路临时用地表等
第十三篇 施工图预算	施工图预算应按现行《公路工程预算定额》(JTG/T B06-02—2007)和《公路工程基本建设项目概算预算编制办法》(JTG B06—2007)的规定编制。 交通工程及沿线设施中收费、监控和通信、供配电和房建等项目的第一和第二部分费用按相关行业的有关规定编制,第三部分和预留费用按有关规定编制,其预算按要求汇总,列入公路工程的预算汇总表

1.3 工程施工

1.3.1 工程施工过程

公路工程各施工阶段的相互关系　　表 1-10

项　目	内　容
施工阶段	施工单位接受施工任务后,依次经历开工前的规划组织准备阶段和现场条件准备阶段、正式施工阶段、竣工验收阶段等,按设计要求完成施工任务。各施工阶段的相互关系如下图所示。对于不同规模、不同性质的具体工程项目,各阶段的工作内容不尽相同

续上表

项　　目	内　　容
流程图式	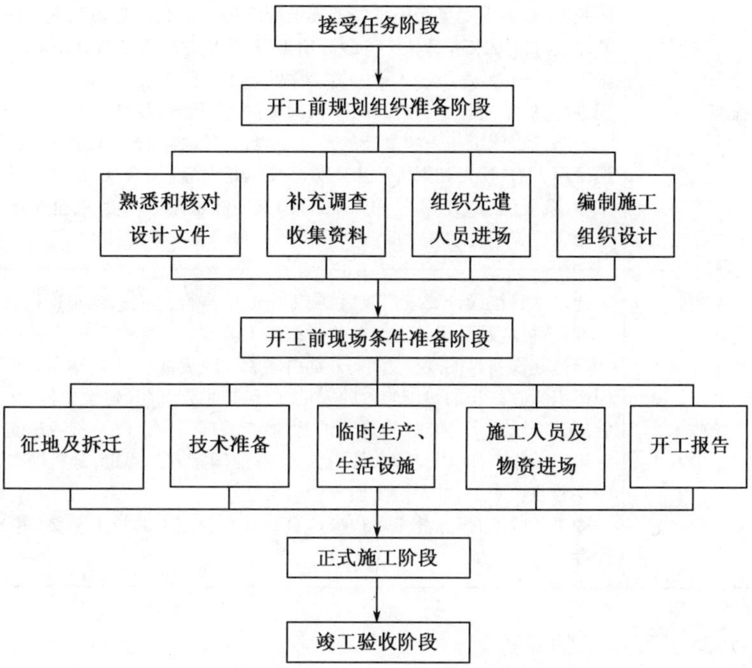

工程施工各阶段任务　　表1-11

项　　目	任务与内容
接受施工任务	施工任务将主要以参加投标的方式，在建筑市场的竞争中获得。获得施工任务，从法律角度上讲是以签订工程承包合同加以确认的。因此，施工企业接受的工程项目，必须与项目业主签订工程施工承包合同，明确双方的经济、技术责任，互相制约、互相促进，共同保证按质、按量、按期完成工程项目的建设任务。合同一经签订，就具有法律效率，双方均应认真履行
开工前的规划组织准备	施工企业的施工准备工作，千头万绪，涉及面广，必须有计划、按步骤、分阶段地进行，才能在较短的时间内为工程开工创造必要的条件。 准备工作的基本任务是：了解施工的客观条件，根据工程的特点、进度要求，合理安排施工力量，从人力、物力、技术和施工组织等方面，为工程施工提供一切必要的条件。 开工前的施工准备工作分为战略性的规划组织和战术性的现场条件准备两大部分内容。前者是总体的部署，后者是具体的落实。其主要内容包括以下方面：熟悉和核对设计文件，补充调查资料，组织先遣人员进场，编制实施性施工组织设计和施工预算
开工前的现场条件准备	施工企业经过现场核对后，应依据设计文件和实施性施工组织设计，认真做好施工现场的准备工作，包括征地拆迁，技术准备工作，建立临时生产、生活设施，以及人员、机具、材料的陆续进场。 上述各项具体准备工作完成后，即可向项目业主或监理工程师提出开工申请。开工申请必须按规定的格式编写，并按上级要求或工程合同规定的最后日期之前提出。施工准备工作未做好，不得提出开工申请。 施工准备工作不仅在施工前进行，它还贯穿于整个施工过程之中，因为构成公路工程的路基、路面、桥涵等各项工程，各有其不同的施工方法和工艺要求，且在时间上和空间上又都存在相互制约和相互影响的因素

续上表

项　目	任务与内容
工程施工	在施工准备工作完成、提交开工申请并被批准之后,才能开始正式施工。施工应严格按照设计图纸进行,如需变更必须事先按规定程序报经批准。要按照施工组织设计确定的施工方法、施工顺序及进度要求进行施工。各分项工程,特别是地下工程和隐蔽工程,要逐道工序检查合格,做好施工原始记录,才能进入下一道工序的施工。施工要严格按照设计要求和施工技术规范、验收规程进行,保证质量,安全操作,不留隐患,发现问题,及时解决。 公路工程施工是一项复杂的系统工程,必须科学合理地组织,建立正常、文明的施工秩序,有效地使用人力、物力和财力。施工方案要因地制宜、结合实际,施工方法要先进合理、切实可行。施工中,既要注意工程质量和施工进度,又要注意保护环境、安全生产,确保优质、高效、低耗、安全地全面完成施工计划任务
竣工验收	建设项目按设计要求建成后,施工企业应自行初验。经初验符合设计要求,并具备相应的施工文件资料,应及时报请上级单位组织竣工验收。 根据建设项目的规模大小,分别由国家发改委或交通运输部,或省、自治区、直辖市交通主管部门组织验收。参加竣工验收的人员,应包括主管部门、建设单位、交工验收组代表,质量监督、造价管理、设计、施工、监理、接管养护、当地有关部门代表以及所特邀的专家。 竣工验收工作,以设计文件为依据,按照国家有关规定,分析检查结果,评定工程质量等级,形成竣工验收鉴定书,并经竣工验收委员会签认。 竣工验收通过后,施工单位应认真做好工程施工的技术总结,并建立技术档案按管理等级建档保存

1.3.2 公路工程施工的特点

公路工程施工的特点　　表 1-12

特　点	要　求
公路是固定在土地上的构筑物,而施工生产是流动的,所以公路工程施工组织是复杂的,这是区别于工业生产的最根本的特点	由于公路工程的固定性,就需要把众多的劳力、施工机具、材料,在时间和空间上加以合理的组织,从而使它们在线形的施工现场按照科学的施工顺序流动,不致互相妨碍而影响施工,这是施工组织的重要内容
公路工程是根据具体的设计来建造的,而构成公路的各项工程各有不同的功能要求和施工方法,使得各项工程具有各自不同的结构和造型	由于其施工生产的单件性和工程结构的多样性,所以施工组织是多变的。因而,一般不能采用固定不变的施工模式,要按照不同的工程对象,采用不同的施工工艺和施工组织方法进行。所以,要求施工设备和作业人员必须具有较强的适应性,职工要有高度熟练的技能。只有做好施工组织工作,方能合理地调配各种资源,保证工程施工的顺利进行
公路工程规模大、建设周期长,所以施工组织工作是非常艰巨的	由于规模大,需要消耗大量的人力和物力,施工组织工作不仅要做好开工年度的安排,而且要对以后各年度亦应做出统筹部署,同时还要考虑各种不同工程之间的开竣工的衔接,只有这样方能保证公路工程施工生产连续且有序进行
公路工程是在露天施工,有些是在高空和地下作业,受气候和自然条件的影响与制约,这就决定了公路施工组织工作的特殊性,而不能安全、连续、均衡地进行施工生产	在施工组织中,要对雨季、冬季和高温季节作业采取特殊的技术措施和施工方法,对高空和地下作业则要采取必要的防护措施,以确保工程质量和施工安全。同时,为了尽可能连续而均衡地进行施工生产,在施工安排上要注意避免气候、自然条件对施工生产所产生的不利影响。如雨季就不要安排桥涵水下工程施工,这样可减少防洪围水工作,达到节约费用,保证工程质量和施工安全目的

1.3.3 公路工程施工组织的基本原则

公路工程施工组织的基本原则 表 1-13

<table>
<tr><th colspan="2">原 则</th><th>目 的</th></tr>
<tr><td>连续性</td><td>指施工生产过程中的各阶段、各工序之间在时间上是紧密衔接的，不发生任何不合理的中断现象，并尽可能减少或消除技术停歇时间。这是提高劳动效率的重要条件</td><td rowspan="4">施工生产过程中的连续性、平行性、协调性和均衡性的根本目的，是为了建设工程能够最经济地实施，从而避免突击性施工。
其经济效果具体表现在以下几个方面：
(1)可合理地最低限度的配置施工现场各类人员的人数，既保证施工生产需要，又避免频繁调动，窝工浪费。
(2)可使施工用的机械设备、工具、周转性消耗材料等减少到最低限度，并能尽量重复使用，节约费用。
(3)可以减少因施工过程中阶段性的停工、待料，以及由于其他原因而引起的工人、机械设备的损失时间，从而避免造成浪费。
(4)可以合理地减少临时设施和现场管理费用。
(5)可以实现优质高产、安全生产和文明施工</td></tr>
<tr><td>平行性</td><td>指施工生产过程中的各项施工生产活动，在时间上和空间上应尽可能地平行进行。这是充分利用工作面的有效途径</td></tr>
<tr><td>协调性</td><td>指施工生产过程中的各阶段、各个工序之间在人员和设备上要保持适当的比例关系，不致发生不配套、不平衡，相互脱节的现象，从而充分调动职工的生产积极性，不断提高设备的利用率</td></tr>
<tr><td>均衡性</td><td>指在整个建设工期及其各个施工生产环节中，任务完成平衡，工作负荷相对稳定，不出现时松时紧、忙闲不均、赶工突击等现象</td></tr>
</table>

1.3.4 施工程序

施 工 程 序 表 1-14

项 目	内 容	目 的
建设工程施工程序	场地清理和大型临时设施建筑，应在建设项目的主体工程开工之前完成，常称为“三通一平”；公路工程中路面工程应在路基土石方和桥涵工程按照设计要求和验收规范的规定完成之后，并经验收合格方能进行铺筑；交通工程等其他沿线设施，一般都在路基、路面、桥涵等工程完成之后才进行	这些符合客观规律的合理程序，一般是不应打乱的，只有这样才能使各项工程的实施在时间上做到紧密衔接，在空间上实现统筹安排，避免季节上气候的不利影响，从而连续地、均衡地、有节奏地进行施工，保证人力、设备充分发挥作用，达到工期短、质量好、消耗少、成本低的效果
工程项目(单位工程)施工程序	是指路基、路面、桥梁、涵洞等各项工程中的分部分项工程施工的时间与空间的先后顺序，即既要考虑空间上的施工流向顺序，也要考虑各工种工序在时间上的紧密衔接问题。故其合理的程序，应该是先主体工程，后附属工程；先地下工程，后上部工程。如桥梁工程的施工程序，一般应是：防水围堰、基坑开挖、砌筑基础圬工或浇筑混凝土、墩台工程、上部构造，若上部采用预制构件，则构件的预制可与基础、下部工程同时开始进行，最后是导流设施和竣工场地清理。若系多孔桥梁工程，则各个分部分项工程又可相互交错进行，就能更充分地利用时间和空间，更快更好地完成施工任务	其目的在于保证工程质量和安全施工的前提下，各工种工序之间应当相互创造条件，以利充分利用工作面，争取时间，缩短工期，节约费用

1.3.5 标准化施工要求

标准化施工 表1-15

项目	内容
概念	标准化:为适应科学技术发展和合理组织生产的需要,在产品质量、品种规格、零件部件通用等方面,规定统一的技术标准;标准—衡量事物的准则。 为推行现代工程管理,促进工程施工管理的标准化、规范化、精细化,确保工程质量和安全,通过开展高速公路施工标准化,建立科学系统的施工标准化体系。将标准化要求贯穿于工程施工各个环节,促进规章制度更加完善,现场管理更加规范,人员技能更加精湛,材料加工、施工工艺更加精细,试验检测更加可靠,从业单位和从业人员标准化意识明显增强,工程质量、安全水平进一步提高,实现从业人员一流、管理水平一流、材料制备一流、施工工艺一流、作业环境一流、建设成果一流。 开展施工标准化活动的主要内容,包括工地标准化、施工标准化和管理标准化,专业涵盖路基、路面、桥涵、隧道、绿化及防护工程,有条件的也可在交通安全与机电工程中实施
工地标准化	工地标准化,主要包括驻地和施工现场的标准化。按照标准化要求建设施工、监理驻地和试验室及施工便道,改善生产生活环境,提高施工管理效率;按照标准化要求建设各类拌和站、预制加工场地和材料存放场地,实现混合料(混凝土)集中拌制,钢筋、碎石集中加工,构件集中预制,充分发挥集约化施工的优势,规范施工现场管理,保证工程质量;按照标准化要求规范施工现场安全防护设施、安全标志及其他各类临时设施设置,消除隐患,文明施工
施工标准化	按照规范要求,结合实际情况,细化路基、路面、桥涵、隧道、绿化及防护、交通安全与机电等各项工程的施工标准化要求,优化施工工艺,严格工艺管理,提高施工效率和实体工程质量。 规范质量检验与控制,强化各类验证试验和标准试验,做到检测项目完整齐全、检测频率符合要求、检测数据真实可靠。加强对隐藏工程、关键工序的过程控制和验收,确保工程各项指标抽检合格率达到规范要求
管理标准化	严格执行公路建设法律法规和强制性标准,在工程管理中查找薄弱环节,健全管理制度,优化管理流程,把技术标准、管理标准、作业标准落实到施工全过程,实现工程进度合理均衡,节能环保措施到位,档案资料收集齐全、整理规范。加强从业人员管理和培训,统一从业人员持证和着装

1.3.6 施工安全技术

(1)路基工程

路基工程施工安全技术 表1-16

项目	要求
一般规定	(1)路基施工前应掌握影响范围内地下埋设的各种管线情况,制订安全措施。施工中发现危险品及其他可疑物品时,应立即停止施工,按照规定报请有关部门处理。 (2)路基施工应做好施工期临时排水设施总体规划,临时排水设施应与永久性排水设施综合考虑,并与工程影响范围内的自然排水系统相协调。 (3)机械作业范围内不得同时进行人工作业。 (4)施工机械设备不宜在坡度大的边坡区域作业,必要时应采取防止设备倾覆的措施。 (5)多台机械同时作业时,各机械之间应保持安全距离。 (6)路基边坡、边沟、基坑边缘地段上作业的机械应采取防止机械倾覆、基坑坍塌的安全措施。

续上表

项　目	要　求
一般规定	(7)弃方除应符合现行《公路路基施工技术规范》(JTG F10—2006)的有关规定外,尚应符合下列规定: ①施工前,应现场核实弃土场的具体情况,弃土场四周应设立警示标志。 ②弃方不得影响排洪、通航,不得加剧河岸冲刷。水库、湖泊、岩溶漏斗及暗河口处不得弃方。桥墩台、涵洞口处不得弃方。 ③弃方作业应遵循"先支护、后弃土"的原则
场地清理	(1)不得焚烧杂草、树木等。 (2)清理淤泥或处理空穴前,应查明地质情况,采取保证人员和机械安全的防护措施
土方工程	(1)取土场(坑)的边坡、深度等应满足设计要求,且不得危及周边建(构)筑物等既有设施的安全。 (2)取土场(坑)底部应平顺并设有排水设施,取土场(坑)边周围应设置警示标志和安全防护设施,宜设置夜间警示和反光标志。 (3)地面横向坡度陡于1∶10的区域,取土坑应设在路堤上侧。 (4)取土坑与路基间的距离应满足路基边坡稳定的要求,取土坑与路基坡脚间的护坡道应平整密实,表面应设1% ~2%向外倾斜的横坡。 (5)路堑开挖应采取保证边坡稳定的措施,边坡有防护要求的应开挖一级防护一级,且应自上而下开挖,不得掏底开挖、上下同时开挖、乱挖超挖。开挖应按施工方案执行,并应符合下列规定: ①宜按规定监测土体稳定性; ②应采取临时排水措施; ③应及时排除地表水、清除不稳定孤石。 (6)深挖路堑施工应及时施做临时排水设施。边坡应严格按设计坡度开挖,并应监测边坡的稳定性。 (7)填方作业区边缘应设置明显的警示标志,并应做好临时排水。 (8)高填方路堤施工应符合下列规定: ①路堤预留宽度应符合设计要求; ②应及时施做边坡临时排水设施; ③作业区边缘应设置明显的警示标志; ④应进行位移监测。 (9)靠近结构物处挖土应采取安全防护措施。路基范围内暂时不能迁移的结构物应预留土台,并应设警示标志
石方工程	(1)爆破作业前应设置警戒区。 (2)石方开挖严禁采用硐室爆破。 (3)近边坡部分宜采用光面爆破或预裂爆破。 (4)高填方路基施工,填方作业区边缘应设置明显的警示标志,并应做好临时排水。 (5)深挖路堑施工过程中,应及时施做临时排水设施。边坡应严格按设计坡度开挖,并应监测边坡的稳定性
防护工程	(1)砌筑施工应符合下列规定: ①边坡防护作业应设警戒区,并应设置明显的警示标志; ②砌筑作业人员应戴安全帽、穿防滑鞋等防护用品; ③高度超过2m作业应设置脚手架,并应符合《公路工程施工安全技术规范》(JTG F90—2015)中"高处作业"的有关要求; ④砌筑作业中,脚手架下不得有人操作及停留,不得重叠作业; ⑤不得自上而下顺坡卸落、抛掷砌筑材料; ⑥高处运送材料宜使用专用提升设备; ⑦高边坡的防护应编制专项安全方案。 (2)砂浆喷射作业应严格执行操作规程,边坡喷射砂浆应自下而上顺序施做。 (3)人工开挖支挡抗滑桩施工除应符合现行《公路路基施工技术规范》(JTG F10—2006)的有关规定外,尚应符合下列规定:

续上表

项　目	要　求
防护工程	①现场应配备气体浓度检测仪器，进入桩孔前应先通风15min以上，并经检查确认孔内空气符合现行《环境空气质量标准》(GB 3095—2012)规定的三级标准浓度限值。人工挖孔作业时，应持续通风，现场应至少备用1套通风设备。 ②土石层变化处和滑动面处不得分节开挖。应及时加固防护护壁内滑裂面。 ③同排桩施工应跳槽开挖，相邻桩孔不得同时开挖，相邻两孔中的一孔浇筑混凝土，另一孔内不得有作业人员。 ④土层或破碎岩石中挖孔桩应采用钢筋混凝土护壁，并应根据计算确定护壁厚度和配筋量。 ⑤孔内作业人员应戴安全帽、系安全带、穿防滑鞋，安全绳应系在孔口。作业人员应通过带护笼的直梯进出，人员上下不得携带工具和材料。作业人员不得利用卷扬机上下桩孔。 ⑥绞车、绞绳、吊斗、卷扬机等设备应完好，起吊设备应装设限位器和防脱钩装置。 ⑦孔口处应设置护圈，护圈应高出地面0.3m。孔口应设置护栏和临时排水沟，夜间应悬挂示警红灯。孔口四周不得堆积弃渣、无关机具及其他杂物。 ⑧非爆破开挖的挖孔桩雨季施工，孔口应设置防雨棚，雨天孔内不得施工。 ⑨在含有毒有害气体的地区，孔内作业应至少每2h检测一次有毒有害气体及含氧量，保持通风，同时应配备不少于5套且满足施救需要的隔绝式压缩氧自救器等应急救援器材。 ⑩孔深不宜超过15m，孔径不宜小于1.2m。 ⑪孔深超过15m的桩孔内应配备有效的通信器材，作业人员存孔内连续作业不得超过2h；桩周支护应采用钢筋混凝土护壁，护壁上的爬梯应每间隔8m设一处休息平台。孔深超过30m的应配备作业人员升降设备。 ⑫孔口应设专人看守，孔内作业人员应检查护壁变形、裂缝、渗水等情况，并与孔口人员保持联系，发现异常应立即撤出。 ⑬挖孔作业人员的头顶部应设置护盖。弃渣吊斗不得装满，出渣时，孔内作业人员应位于护盖下。 ⑭孔内照明电压应为安全电压，应使用防水带罩灯泡，电缆应为防水绝缘电缆。 ⑮孔内爆破作业应专门设计，采用浅眼松动爆破法，并应严格控制炸药用量，炮眼附近孔壁应加强防护或支护。孔深不足10m，孔口应做覆盖防护。爆破作业的安全管理应按照现行《爆破安全规程》(GB 6722—2014)中的有关规定执行。爆破前，相邻桩孔人员必须撤离。 ⑯混凝土护壁应随挖随浇，每节开挖深度应符合专项施工方案要求，且不得超过1m。护壁外侧与孔壁间应填实。混凝土护壁浇筑前，上下段护壁的钩拉钢筋应绑扎牢固。护壁模板应在混凝土强度达到5MPa以上后拆除。 (4)挡土墙施工除应符合现行《公路路基施工技术规范》(JTG F10—2006)的有关规定外，尚应符合下列要求： ①挡土墙施工应设警戒区。 ②回填作业应在挡土墙墙身的强度达到设计强度的75%后实施，墙背1.0m以内不宜使用重型振动压路机碾压。 ③挡土墙墙高大于2m时，施工应符合《公路工程施工安全技术规范》(JTG F90—2015)中“高处作业”的有关要求。 ④锚杆挡土墙施工前，应清除岩面松动石块，并整平墙背坡面。 (5)锚杆、锚索预应力张拉应符合施工工艺要求。 (6)张拉作业应设警戒区，操作平台应稳固，张拉设备应安装牢固。 (7)张拉过程中操作人员不得离岗，千斤顶后方不得站人
排水工程	(1)高边坡截水沟施工应设置防作业人员坠落设施。 (2)排水沟施工不得自上而下滚落运送材料。 (3)渗井应随挖随支，停止施工或完成后应加盖封闭
软基处理	(1)施工场地及机械行走范围的承载力应满足相应的要求，并应保持平整。 (2)排水板打设设备与架空线路之间的安全距离应满足现行《施工现场临时用电安全技术规范》(JGJ 46—2005)的规定。当需要在小于规定的安全距离范围内进行作业时，必须采取严格的安全保护措施，并应按照相关规定经有关部门批准。 (3)振沉砂桩或碎石桩作业灌料斗下方不得站人。

续上表

项 目	要 求
软基处理	(4)强夯施工应符合下列规定: ①强夯作业区应封闭管理并设置安全警示标志,由专人负责统一指挥。 ②强夯机架刚度、强度、稳定性应满足施工要求,变换夯位后,应检查门架支腿。作业前,应提升夯锤0.1~0.3m检查整机的稳定性。 ③吊锤机械驾驶室前应设置防护网,驾驶员应佩戴防护镜。 (5)旋喷桩的高压设备和管路系统的密封圈应完好,各管道和喷嘴内不得有杂物。喷射过程中出现压力突变应停工查明原因。 (6)真空预压施工应符合下列规定: ①施工用电应符合现行《施工现场临时用电安全技术规范》(JGJ 46—2005)的有关规定。 ②应观察负压对邻近结构物的影响。 ③排水不得危及四周道路及结构物。 (7)在淤泥区域进行换填施工作业时,应采取防止人员陷入的措施
特殊路基	(1)滑坡地段路基施工应符合下列规定: ①路基施工应加强对滑坡区内其他工程和设施的保护。滑坡区内有河流时,施工不得使河流改道或压缩河道。 ②滑坡影响范围应设安全警示标志,根据现场情况设置围挡等防护措施。 ③滑坡影响范围内不得设置临时生产、生活设施或停放机械、堆放机具等。 ④施工前应先做好截、排水设施,并应随开挖随铺砌。施工用水不得浸入滑坡地段。 ⑤滑坡体上开挖路堑和修筑抗滑支挡构筑物时,应分段跳槽开挖,不得大段拉槽开挖,并随挖、随砌、随填、随夯;开挖与砌筑时应加强支撑和临时锚固,并监测其受力状态;采用抗滑桩挡土墙共同支挡时,也先做抗滑桩后做挡土墙。 ⑥冰雪融化期不得开挖滑坡体,雨后不得立即施工,夜间不得施工。 (2)崩塌与岩堆地段施工应符合下列规定: ①施工前应对影响范围进行评估,并应对既有建(构)筑物和交通设施等采取相应的安全防护或迁移措施。 ②施工前应先清理危岩,并根据现场情况修建拦截建(构)筑物等防护措施。防治工程应及时配套完成。 ③刷坡时应明确刷坡范围,并设置围挡和警示标志。 ④爆破开挖时应采取控制爆破技术,并加强现场防护及爆破后的检查。 (3)岩溶地区施工应符合下列规定: ①施工前应根据洞穴的位置和分布情况,设置明显的警示标志和防护设施。 ②洞内存在有害气体和物质未排除前人员不得进入。不稳定洞穴应采取临时支撑等安全措施。 ③应先疏导、引排对路基稳定有影响的岩溶水、地面水。 ④注浆处理时,应观测注浆压力和周边情况,发现异常应及时采取相应措施。 (4)泥石流地区施工取土和弃土应避开泥石流影响。 (5)采空区施工应符合下列规定: ①施工前应在施工现场对采空区塌陷影响范围进行标识,并设置警示标志,规定作业人员和施工机械作业范围。 ②路基边沟及排水沟底部,应采取防止地表水渗漏到采空区内的措施。 (6)在同一个雪崩区,防雪工程应自雪崩源头开始施工,上一单项工程未完成时相邻的下一个单项工程不得施工。 (7)沿江、河、水库等地区施工应符合下列规定: ①沿河、沿溪地区的高填方、半挖半填、拓宽路段的新老交界面应按设计要求采取保证路基稳定的措施,峡谷地段宜采用石质填料。 ②汛期应采取防洪措施

(2)路面工程

路面工程施工安全技术 表1-17

项 目	要 求
一般规定	(1)施工中,拌和楼、发电站(机)、运输车、滑模摊铺机、轨道摊铺机、沥青摊铺机等大型机械设备及其辅助机械(具)操作手不得擅自离开操作台。 (2)施工现场出入口、沿线各交叉口等处应设明显警示、警告标志,并应设专人指挥。 (3)机械设备停放位置应平整,周围应设置明显的警示标志,夜间应设警示灯。 (4)开挖下承层沟槽或施做伸缩缝应设置明显的安全警示标志。 (5)夜间施工,现场作业人员应身穿反光服,路口、危险路段和桥头引道应设置警示灯或反光标志,施工设备均应有照明设备和明显的警示标志,照明应满足夜间施工要求。 (6)隧道内摊铺沥青混凝土路面应符合下列规定: ①应采用机械通风排烟,隧道内空气中的有毒气体和可燃气体的浓度不得超过相关规定。 ②隧道内作业人员应佩戴符合要求的防毒面具。 ③隧道内应有照明和排风等设施,作业人员应穿反光服
基层与底基层	(1)消解石灰,浸水过程中不得投料、翻拌,人员应远避并采取个体防护措施。 (2)拌和作业开机前应警示,拌和机前不得站人,拌和过程中人员不得跨越皮带或调整皮带运输机。 (3)混合料运输应按指定线路行走,不得超载、超速。卸料升斗时,人员不得在车斗的正下方停留。 (4)整平和摊铺作业应临时封闭交通、设明显警示标志,下承层内的各类检查井口应稳固封盖,辅助作业人员应面向压路机方向作业,设备之间应保持安全距离。 (5)碾压作业应符合下列规定: ①多台压路机同时作业时,各机械之间应保持安全距离。 ②作业人员应在行驶机械后方清除轮上黏附物。 ③碾压区内人员不得进入,确需人员进人的应安排专人监护
沥青面层	(1)封层、透层、黏层施工应符合下列规定: ①喷洒前应做好检查井、闸井、雨水口的安全防护。 ②洒布车行驶中不得使用加热系统,洒布地段不得使用明火。 ③小型机具洒布沥青时,喷头不得朝上,喷头10m范围不得站人,不得逆风作业。 ④大风天气,不得喷洒沥青。 (2)沥青储存地点应配备灭火器、消防砂等消防设施,并应设置警示标志。 (3)沥青脱桶、导热油加热沥青作业应采取防火、防烫伤措施。 (4)沥青混合料拌和作业除应符合"拌和作业开机前应警示,拌和机前不得站人,拌和过程中人员不得跨越皮带或调整皮带运输机"规定外,尚应符合下列规定: ①拌和机点火失效时,应关闭喷燃器油门,并应通风清吹后再行点火。 ②拌和过程中人员不得在石料溢流管、升起的料斗下方站立或通行。 ③沥青罐内检查不得使用明火照明。 ④沥青拌和站应配备灭火器、消防砂等消防设施。 (5)沥青路面摊铺、碾压应符合"基层与底基层"中的有关规定
水泥混凝土面层	(1)拌和及运输应符合《公路工程施工安全技术规范》(JTG F90—2015)中"混凝土工程"的有关规定。 (2)摊铺作业布料机与振平机应保持安全距离。 (3)切缝、刻槽作业范围应设警戒区

(3)交通安全设施

交通安全设施施工安全技术 表1-18

项 目	要 求
一般规定	(1)不中断交通施工作业应按现行《道路交通标志和标线》(GB 5768)和《公路养护安全作业规程》(JTG H30)设置作业控制区。 (2)在通车道路上施工或夜间作业时,应采取限速、导流及渠化等措施,交通指挥人员和上路作业人员应按规定穿着安全反光标志服或反光背心。 (3)机电工程、收费站、服务区、园林绿化等施工应符合相关行业标准的要求

续上表

项 目	要 求
护栏	(1)运货车辆未停稳,不得装、卸货物,立柱堆放应采取防止滚落的措施。 (2)打、压立柱的桩机应安设牢固、平稳。桩机移动时应注意避让地面沟槽、地上架空线路等障碍物。 (3)缆索放线架和线盘应放置稳固,放线架应配有制动设施。 (4)缆索架设作业时,张拉人员应站在张紧器与钢丝绳连接处的侧后方,张拉时紧邻张拉跨中间立柱两侧不得站人。 (5)波形梁板安装后应及时固定。 (6)高边坡、陡崖、沿溪线的现浇混凝土护栏施工,作业人员应采取防坠落的措施。 (7)安装桥梁金属护栏时,作业人员和未完全固定的构件应采取预防坠落的措施
交通标志	(1)基坑位于现场通道或居民区附近时,应沿边缘设立防护栏杆或围挡,夜间应加设红色警示灯。 (2)标志安装应符合下列规定: ①标志支撑结构的安装应在基础混凝土强度达到设计要求后进行; ②起重作业应符合现行《建筑施工起重吊装工程安全技术规范》(JGJ 276)和《起重机械安全规程 第1部分:总则》(GB 6067.1)的有关规定; ③安装门架标志时,作业人员不得站在门架横梁上作业; ④高处作业宜使用液压升降机和车载式高空平台作业车
交通标线	(1)运输、存放标线涂料、溶剂应采取防火措施。 (2)热熔作业时,作业人员应穿着防护眼,佩戴护目眼镜、防护手套和防有机气体口罩。 (3)热熔釜熔料时最大投料量不得超过缸体的4/5,热熔釜和漆料保温桶上方不得出现明火。 (4)喷涂水性涂料应采取防涂料飞溅的措施
隔离栅和桥梁护网	(1)隔离栅施工应符合下列规定: ①隔离栅安装作业人员应佩戴防穿刺手套。 ②混凝土立柱和基础预制块件存放高度不得超过1.5m,且应码放整齐,不得滚落卸载。 (2)桥梁护网安装应符合"安装桥梁金属护栏时,作业人员和未完全固定的构件应采取预防坠落的措施"的规定
防眩设施	(1)运输、存放塑料防眩板应采取防火措施。 (2)桥梁上下行空隙处安装防眩板应采取防坠落措施

(4)改扩建工程

改扩建工程施工安全技术 表1-19

项 目	要 求
改扩建	(1)不中断交通进行公路改扩建工程施工,应符合下列规定: ①应按照现行《道路交通标志和标线》(GB 5768)、《公路养护安全作业规程》(JTG H30)和交通组织方案设置作业控制区; ②应定期对交通安全设施进行检查和维护。 (2)施工路段两端及沿线进出口处应设置明显的临时交通安全设施。 (3)爆破作业前应临时中断交通。爆破后应立即清理道路上的土、石,检修公路设施。应确认达到行车条件后开放交通。 (4)边通车边施工路段,通车路段的路面应保持清洁。 (5)半幅施工作业区与车行道之间应设置隔离设施。应设专人和通信设备,指挥交通,疏导车辆。弯道顶点附近不宜堆放物料、机具。 (6)在居民点或公共场所附近开挖沟槽时,应设防护设施,夜间应设置照明灯和警示灯。 (7)作业人员应穿着反光服,佩戴贴有反光带的安全帽
拆除	(1)应根据所拆除建(构)筑物的结构特点及施工环境要求确定拆除施工的段落、层次、顺序和方法。拆除施工应从上至下、逐层、分段实施,不得立体交叉作业。

纽上表

项　目	要　求
拆除	(2)当拆除工程对周围相邻建筑安全可能产生危险时,应采取相应保护措施。 (3)拆除现场应设置围挡、警示标志,非作业人员不得进入拆除现场。 (4)拆除旧桥、旧涵时,在旧桥的两端应设置禁止通行的路障及标志,夜间应悬挂警示灯。 (5)拆除施工中的高处作业应符合《公路工程施工安全技术规范》(JTG F90—2015)中"高处作业"的有关规定。 (6)拆除施工中的起重作业应符合《公路工程施工安全技术规范》(JTG F90—2015)中"起重吊装"的有关规定。 (7)拆除施工中的爆破作业应符合《公路工程施工安全技术规范》(JTG F90—2015)中"爆破作业"的有关规定。 (8)拆除施工作业人员和机具应处于稳固位置。必须进行临时悬吊作业时,应系好悬吊绳和安全绳。悬吊绳和安全绳应分别锚固,锚固位置应牢固。 (9)拆除梁或悬臂构件应采取防坠落、防坍塌措施;定向拆除墩、柱时,应采取控制倒塌方向的措施;拆除的材料应及时清理、分类放置,不得随意抛掷。 (10)隧道拆除二次衬砌前应采取有效预支护措施,控制变形和沉降量;隧道拆除过程中应对施工段进行监控量测;隧道拆除作业应以机械作业为主要施工方法,不得扰动、破坏周边围岩和结构;隧道拆除作业需爆破作业的,应采取有效措施保护既有建(构)筑物
加固	(1)采用化学材料施工时,应采取防火措施。 (2)桥梁基础加固应采取防洪、防汛措施;加同受力状态下的结构构件过程中对原结构有削弱时,应采取限载或支架支撑措施。所搭设的支架应按最不利荷载进行验算;不中断交通的桥梁加固施工,应符合"改扩建"中的有关规定;桥梁顶升作业所用千斤顶的规格、型号应一致,顶升速度应一致、随顶随支,并应设置防止梁掉落的支垫保险装置;采用吊架加固梁体时,吊架应稳固牢靠,高处作业应符合《公路工程施工安全技术规范》(JTG F90—2015)中"高处作业"的有关规定;局部凿除二次衬砌混凝土进行修补加固作业,应对二次衬砌背后防排水结构进行保护和修复,其修补的混凝土部分应与原结构物有锚固措施。 (3)隧道治理渗漏水应以"疏、堵、截、排,综合治理"为原则,同时应保证二次衬砌混凝土强度和结构的完整性;隧道加固作业需要背后注浆的,应控制注浆压力和注浆量,不得破坏二次衬砌结构;隧道二次衬砌表面需要加固补强及安装机械设备的,应满足隧道对净空限界尺寸的要求

(5)特殊季节与特殊环境施工

特殊季节与特殊环境施工安全技术　表1-20

项　目	要　求
一般规定	(1)应根据施工所在地季节性变化规律、施工环境,结合施工特点,制订特殊季节、特殊环境防范措施,编制应急预案,并应储备应急物资、定期演练。 (2)应及时收集当地气象、水文等信息,并根据情况及时采取防范措施
冬季施工	(1)冬季来临前,应检修、保养使用的船机、设备、机具及防护、消防、救生设施,并应采取防冻措施。 (2)冬季施工现场的道路、工作平台、斜坡道、脚手板船舶甲板等均应采取防滑措施、及时清除冰雪。冬季施工现场应配备消防设施。 (3)办公、生活区严禁使用电炉、碘钨灯等取暖,煤炭炉取暖必须采取防火、防一氧化碳中毒的措施。 (4)雪天或滑道、电缆结冰的现场外用电梯应停用,梯笼应置于底层。 (5)冬季进行高处作业应采取可靠的防滑、防寒和防冻措施,并应及时清除水、冰、霜、雪。 (6)严禁明火烘烤或开水加热冻结的储气罐、氧气瓶、乙炔瓶、阀门、胶管。 (7)封冻河流上施工应制订专项施工方案,机械设备冰上作业应经论证。 (8)内河凌汛期,水上在建的建(构)筑物和工程船舶等应采取防撞措施,现场上游应布设破冰防线
雨季施工	(1)雨季来临前,应检查、修复或完善现场避雷装置、接地装置、排水设施,围堰、堤坝等应采取加固和防坍塌措施,易冲刷部位应采取防冲或导流措施。

续上表

项 目	要 求
雨季施工	(2)现场的脚手架、跳板、桥梁、墩台等作业面应采取防滑措施。 (3)大风、大雨后,应检查支架、脚手架、起重设备、临时用电工程、临时房屋等设施的基础。 (4)雷雨时,不得从事露天作业
夜间施工	(1)夜间施工时,作业场所或工程船舶应设置照明设备,照度应满足施工要求。光束不得直接照射工程船舶、机械的操作和指挥人员。 (2)夜间施工时,作业现场的预留孔洞、上下道口及沟槽等危险部位应设置夜间警示标志和警示灯
高温施工	(1)作业时间应避开高温时段。 (2)必须在高温条件下的施工作业应采取防暑降温措施。 (3)施工现场的易燃易爆物品应采取防晒措施
台风季节施工	(1)在建工程、施工机械设备、临时设施、生活和办公用房应做防风加固,排水沟渠应通畅。 (2)应落实船舶避风锚地、拖轮和人员的转移地点
汛期施工	(1)易发生洪水、泥石流、滑坡等灾害的施工现场应加强观测、预警,发现危险预兆应及时撤离作业人员和施工机械设备。 (2)库区及下游受排洪影响地区施工作业应及时掌握水位变化情况
能见度不良施工	(1)能见度不良的施工现场不宜施工作业。 (2)能见度不良时水上作业场地应按规定启用声响警示设备和红光信号灯。 (3)船舶雾航必须按《国际海上避碰规则》和《中华人民共和国内河避碰规则》的有关规定执行。停航通告发布后,必须停止航行。 (4)航行中突遇浓雾应立即减速、测定船位,继续航行应符合上述规定
沙漠地区施工	(1)风沙地区的临时生产、生活设施应满足防风、防沙要求,驻地附近应设置高于15m的红色信号旗和信号灯。 (2)通行车辆技术性能应满足沙漠运行要求,司操人员应接受相应培训。 (3)外出作业每组不得少于3人,并应配备通信设备。 (4)大风来临前,机械设备应按迎风面最小正对风向放置,高耸机械应采取固定、防风措施
高海拔地区施工	(1)海拔3 000m以上地区施工作业应严格执行高海拔地区有关规定,制定相应规章制度,并应采取有效保障措施。 (2)应设立医疗机构和氧疗室,现场应配备供氧器。 (3)生活区、料库(场)、设备存放场应避开热融可能滑坍的冰锥、冻胀丘、高含冰量的冻土和湖塘等不良地段。 (4)高海拔地区施工驻地周边沼泽地带应设置警示标志。 (5)高海拔地区工作的人员应严格体检,不适合人员不得从事高海拔地区作业。 (6)海拔4 000m及以上地区野外作业每天不宜超过6h,隧道内作业每天不宜超过4h

1.4 工 程 计 量

1.4.1 计量与支付概述

(1)计量与支付的概念

计量与支付的概念 表1-21

项 目	内 容
概述	工程计量支付是项目施工管理的关键环节,其计算精度将直接关系着概算、预算实际执行情况,是控制投资的一种表现手段,是业主和承包人经济利益的焦点核心问题,对加快承包人的资金周转、维护业主的最终利益都具有十分重要的意义。公路工程计量的主要依据为设计图纸及施工组织设计资料,《公路工程概算定额》(JTG/T B06-01—2007)、《公路工程预算定额》(JTG/T B06-02—2007)对工程计量的各种规定等

续上表

项目		内容
计量的概念	概念	计量是按照《公路工程标准施工招标文件》所规定的方法,对承包人所完成的符合要求的已完工程的实际数量,所进行的测量、计算、核查和确认的过程。计量是监理人的基本职责和基本权力,也是费用监理的基本环节。没有准确和合理的计量,就会破坏工程承包合同中的经济关系,影响承包合同的正常履行
	任务	计量的任务是确定实际的工程数量。工程量有预估工程量和实际工程量之分。工程量清单的工程量仅是估算工程量,不能作为承包人应予完成的工程之实际和确切的工程量。这是因为工程量清单中的数量是在制订招标文件时,在图纸和规范的基础上估算出来的,与实际工程量相比存在或多或少的误差甚至计算错误。它只能作为投标报价的基础,而不能作为结算的依据。实际工程量的多少只有通过计量才能揭示和确定。按实际完成的工程量付款可以减少工程量的估计误差给双方带来的风险,增强造价结算结果的公平性,这正是单价合同的优点之一
	准则	计量必须以净值为准。F1DIC 条款第 57 条明确规定:无论通常和当地的习惯如何(除非合同中另有规定),计量必须以净值为准。 计量必须准确、真实、合法和及时。准确:指计算结果是正确地按照规定的计量方法和工程量计算原则得出的,方法正确、结果准确无误,使已完工程的实际数量得到了正确的确定,没有漏计和错计。真实:指被计量的工程内容,真实可靠,没有虚假的部分,即被计量的工程中没有质量不符合要求的,也没有重复计量,隐蔽工程的数量没有弄虚作假,工程量中没有虚报成分。合法:指计量是按规定的程序合法进行的。因为计量结果是支付的直接基础和依据,直接关系到业主和承包人双方的经济利益。监理组织机构会制订严格的计量管理程序并指定专人按分级管理的原则进行分工负责,明确谁负责现场计量、谁复核、谁审查、谁审定等各项工作。只有通过了程序严格审查产生的计量结果才是合法的。及时:指计量必须按合同规定的时间进行,不得无故推延
支付的概念	概念	支付是指按合同规定对承包人的应付款项进行确认并办理付款手续的过程。支付是业主与承包人之间的一种货币收支活动,既是施工合同中经济关系全面实现的一个主要环节,也是监理人控制工程的根本手段和制约合同双方(业主与承包人)的有力杠杆。合理的支付是工程顺利进行的前提和条件
	依据	支付签认权是监理人三权力(质量否决权、计量确认权和支付签认权)之一,是监理人控制工程的最后一个环节,是对承包人施工行为的最终评价,是监理工作的关键和核心。 支付必须以合同为依据,计量为基础,质量为前提。只有符合合同规定的费用才能签认。对合同中规定不明确的,要依据合同精神,实事求是地去确认,如索赔金额、变更的估价等。支付金额的多少,必须以准确的计量为基础。对质量不合格的工程量,一律不能支付,并且还要承包人自费返工使其达到合格要求。 支付也同计量一样,必须做到准确、真实、合法和及时

(2)计量与支付的原则

计量与支付的原则 表 1-22

项目	内容
合同原则	无论是计量还是支付,在合同文件中都有明确规定。监理人在进行计量和支付时,必须全面理解合同条件、技术规范、设计图纸和工程量清单等合同文件的各组成部分。如技术规范的每一章每一节都有计量支付的规定,详细说明了各工程细目的内容及要求,对哪些内容不单独计量和支付,其价值如何分摊,都做了具体规定。工程量清单中的单价是承包人按招标文件的要求和合同条件的规定填报的,是支付的单价依据。因此,监理人必须严格遵守合同中的有关规定来进行计量与支付,使每一项工程的计量和支付都符合合同要求

续上表

项　目	内　容
公正性原则	监理人在计量与支付两个环节中拥有广泛的权力，承包人与业主的货币收支是否合理，取决于监理人签认的工程量和工程费用是否准确和真实。监理人只有保持公正的立场和恪守公正的原则，才能在计量与支付工作中正确地使用权力，准确地计量，实事求是地处理好业主与承包人之间的有关纠纷，合理地确定工程费用。如果心怀不正，监理人就无法正确地作出判断。特别是当施工过程中发生工程变更、工程索赔和各种特殊风险时，更是要求监理人公正而独立地作出判断和估价。因此，监理人在计量与支付中，必须认真负责，以实事求是的精神和客观公正的态度做好每一项工作，确保业主与承包人之间的交易公平。唯有公正，才能分清业主和承包人各自的权利和责任，才能准确地协调好双方之间的利益关系，才能保证计量与支付的准确、真实和合法
时效性原则	计量与支付都具有严格的时间要求，时效性极强。计量不及时，会影响承包人的施工进度；支付不及时，直接产生合同纠纷。FIDIC 条款分别在第 56 条和第 60 条中对计量与支付规定了严格的时间限制。因此，监理人一定要按时进行计量和支付
程序性原则	为了保证计量与支付的准确、真实和合法，合同条款和各项目的监理组织都规定了严格的程序。这些程序规定了各项工程细目和各项工程费用进行计量与支付的条件、办法以及计算、复核、审批的环节，从合同上、组织上和技术上对计量与支付加以严格管理，以确保准确和公正。如计量必须以质量合格为前提，支付必须以计量为基础等。因此，计量与支付必须遵守程序，通过按程序办事来提高数据的准确性、真实性和合法性，以保证计量与支付准确、合理

1.4.2 计量

(1)计量组织类型

计量组织类型　表 1-23

项　目	内　容
监理人独立计量	监理人独立计量时，可以由监理人完全控制被计量的部位，质量不合格的工程肯定不会被计量，也很少出现多计的情况，能够确保记录结果的准确性；但监理人的工作量较大，且容易引起承包人的异议而延误计量工作时间
承包人独立计量	这种方式可以减轻监理人的工作，让监理人有时间进行计量分析和计量管理；但由于承包人自行计量，往往会出现多计和冒计的问题，有时计量细节和计量方法甚至算术计算也有差错，并且一些质量不合格的工程也可能被计量。因此，在这种情况下，监理人一定要认真细致地审查计量结果，并定期派人对承包人的测量工作进行检查，最好派有经验的计量人员经常检验及控制承包人的计量工作。即当由承包人独立计量时，监理人一定要对计量结果的准确性和测量方法及计算规则进行严格审查
联合计量	这种方式有利于消除双方的疑虑，当场解决分歧，减少争议，能较好地保证计量结果的公正性和准确性，简化程序，节约时间。因此，公路工程合同中较多地采用联合计量，即承包人和监理人共同进行计量工作

(2)计量依据

计量依据　表 1-24

项　目	内　容
质量合格证书	计量的基本条件和前提是质量合格，质量不合格部分不予计量。因此，计量工程师进行计量时，一定要同质量工程师配合，只有通过了质量监理，被质量监理工程师签发了质量合格证书的工程内容，才能进行计量

续上表

项　目	内　容
清单前言和技术规范	清单前言和技术规范中的“计量支付”规定了清单中每一项工程的计量方法,同时还规定了按规定的计量方法确定的单价,即包括的工作内容和范围
设计图纸	工程量清单的数量是该工程的估算工程量,但是被计量的工程数量,并不一定是承包人实际施工的数量,因为计量的几何尺寸应当以设计图纸为准
测量数据	与计算有关的测量数据有原始地面线高程的测量数据、土石分界线的测量数据、基础高程的测量数据、施工测量数据等。测量数据的准确性严重影响计量结果的准确性

(3)计量内容

计 量 内 容 表 1-25

项　目	内　容
计量内容	理论上,所有工程事项均应加以计量,以便获得完整的记录;实际上,工程中只是对所有需要支付的细目加以计量,这是计量工作范围的最低要求。这些细目在技术规范中每一节“计量与支付”条款及工程量清单的“前言”中明确规定了计量方法与付款内容。除了对已完成的工程细目进行计量和记录外,监理工程师最好对涉及付款的工程细目,在施工中发生的一切问题进行详尽记录,以便在发生索赔时有据可查。 因此,计量工作的范围有最高与最低要求,具体达到什么样的要求,由具体工程项目的内容及施工情况而定。 公路工程计量的范围,一般是技术规范和工程量清单所包含的内容。主要有:为监理工程师提供必要的办公、生活服务和交通运输设施,土方工程,排水及小型构筑物工程,路基工程,路面工程,桥梁工程,隧道工程,通信监控系统,收费系统,民用房建工程和附属工程等
计量时间	根据合同规定,监理工程师应及时对已经完成且质量合格的工程细目进行计量,并且对一切进行中的工程,均须每月粗略计量一次,到该部分工程完工后,再根据规范的条款进行精细的计量。每月进行计量以便掌握工程进度情况及核定月进度款(即期中支付证书)。为此,监理工程师一般须填制“中间计量单”。 对于隐蔽工程,须在工程覆盖之前进行计量,否则在覆盖后再进行计量将使工作更复杂和更困难
计量单位与计量精度	计量单位分两类,一类是物理计量单位,另一类是自然计量单位。物理计量单位以公制计量,自然单位通常采用十进位自然数计算。 对于物理计量单位,长度常用米、延米、千米、公里;面积常用平方米、万平方米、公顷;体积常用立方米、万立方米;重量常用克、千克、吨;自然计量单位常用个、片、座、株;时间单位常用日、星期、月、年等。 对于精度,为方便起见,小数点须四舍五入至小数点后恰当的位数,并且应对不同的细目分别做出统一规定。 虽然这是一简单问题,但实际工作中,常常出现计量名称、符号及取位错误和不规范。同时,还应该注意的是:各细目的计量单位必须与工程量清单中所用单位一致,所有计量都以净值为准
计量方式	(1)实地测量与实地勘查。如土方工程,一般对横断面宽度、挖方的边长等需实地测量和勘查;又如场地清理也需按野外实地测得的数据,根据计算规则进行计算。 (2)室内按图纸计算。对于钢筋混凝土结构物以及多数永久工程,一般可按图纸计算工程量。 (3)根据现场记录。如计日工必须按现场记录来计算,又如灌注桩抽芯应按取芯时的钻探记录计算,打桩工程按施工记录计算等。 一般情况下,工程量的计算由承包人负责,工程量审核由监理工程师负责。通常,一个工程项目的计量往往是三种方式综合运用的 。不论采用何种方式,其结果都须经监理人和承包人双方同意,共同签字;有争议时,协商解决;协商解决不了仍由监理人决定

(4)计量规则与方法

计量规则与方法 表 1-26

项 目	内 容
一般要求	计量规则和计量方法,主要在技术规范的有关内容和工程量清单的"前言"中明确给予规定。在进行计量时必须遵守其要求,并且在不同的合同中,这些计量规则和计量方法会有差别(即使对同一工程内容)。因此,计量时必须严格按合同计量细则的规定进行计量,不能按习惯计量方法,也不能按别的计量细则
规定	不同的合同均有各自的计量规定与要求,这些要求在技术规范每一节的计量与支付和工程量清单的"前言"中已经给出,计量时必须认真地遵照执行。 计量统一的规定如下: (1)所采用的测量方法,是计算工程量清单的统一依据,既适用于在建工程,也适用于该工程竣工测量。 (2)工程量清单不仅包括合同规定的所有必须完成的工作项目,还包括该项目工作所必需的一切有关费用(如人工、材料、机械、附属工程、管理费、利润、税收等)。计量和支付是紧密结合在一起的。 (3)对所采用的测量方法,如用于特殊地段、特殊部位的工程项目时,应根据具体情况制订补充规定。 (4)工程量清单的细目,均需逐项进行较详细的说明。这些说明应以设计文件图纸为依据,并与合同文件中的施工技术规范相呼应。 (5)计算的工程量,不论采用什么方法,其计算结果都应该是净尺寸工程量。计算结果不包括施工中必然发生的允许的"合理超量"。超量价值应包括在净量单价内。 (6)以长和宽计量的项目,应注明其断面尺寸、形状、周长或周长范围及其他适当的说明。管道工程应注明其内径或外径尺寸。 (7)以面积计量的项目,应注明厚度或其他说明。 (8)以重量计量的项目,应注明材料的规格或其他适当的说明。 (9)对于专利产品,应尽量采用适合制造厂价目表或习惯的计量方法,可不受本原则的限制。 (10)工程量清单中的项目说明,要以其他文件或图纸为依据,在这种情况下,应理解为该资料是符合本计算原则的。 应该注意的是:监理工程师除了对工程量清单的各个细目进行计量外,还应对所有有关支付的其他事务进行计量。如计日工使用的具体数量、各种工程意外事件以及工程变更后的工程量等,均应加以计量,以便进行支付。这些内容主要采取记录计量方式

1.4.3 工程量清单的计量

工程量清单的计量 表 1-27

项 目	内 容
概述	工程量是以物理计量单位或自然计量单位所表示的建筑安装工程各个分项工程或结构件的实物数量。工程量计算是根据施工图、预算定额划分的项目及工程量计算规则,列出分部分项工程名称和工程量计算式,然后计算出其结果的过程。工程量清单中工程量的计算是确定工程造价的关键内容,是施工阶段计量支付工作的基础。其计算内容既包含设计图纸中道路、桥梁等工程实物,又包括设计图纸和工程量清单所提供的工程量以外的施工组织设计中发生的合理工程量。《招标文件》中工程量清单的计量包括两部分:一是现行《招标文件》中的"计量与支付"规则;二是根据公路建设项目的实际情况,以《招标文件》中技术规范为基础补充修改的"项目专用技术规范"中的计量与支付规则。实际工作中应将两者结合起来理解和使用
一般要求	(1)所有工程项目,除个别注明者外,均采用我国法定的计量单位,即国际单位及国际单位制导出的辅助单位进行计量。 (2)计量与支付应与合同条款、工程量清单以及图纸同时阅读,工程量清单中的支付项目号和《招标文件》的章节编号是一致的。

续上表

项　目	内　容
一般要求	(3)任何工程项目的计量,均应按《招标文件》规定或监理人书面指示进行。 (4)按合同提供的材料数量和完成的工程量所采用的测量与计算方法,应符合《招标文件》的规定。所有这些方法,应经监理人批准或指令。承包人应提供一切计量设备和条件,并保证其设备精度符合要求。 (5)除非监理人另有准许,一切计量工作都应在监理人在场的情况下,由承包人测量、记录。有承包人签名的计量记录原本,应提交给监理人审查和保存。 (6)工程量应由承包人计算,由监理人审核。工程量计算的副本应提交给监理人并由监理人保存。 (7)全部必需的模板、脚手架、装备、机具、螺栓、垫圈和钢制件等其他材料,应包括在工程量清单所列的有关支付项目中,均不单独计量。 (8)除监理人另有批准外,凡超过图纸所示的面积或体积,都不予计量与支付。 (9)承包人应严格进行标准计量基础工作和材料采购检验工作。沥青混凝土、沥青碎石、水泥混凝土、高强度等级水泥砂浆的施工现场必须使用电子计量设备称重。因不符合计量规定引发的质量问题,所发生的费用由承包人承担。 (10)如《招标文件》规定的任何分项工程或其子目未在工程量清单中出现,则应被认为是其他相关工程的附属工作,不再另行计量
重量	(1)凡以重量计量或以重量作为配合比设计的材料,都应在精确与批准的磅秤上,由称职合格的人员在监理人指定或批准的地点进行称重。 (2)称重计量时应满足以下条件:监理人在场,称重记录,载有包装材料、支撑装置、垫块、捆束物等重量的说明书在称重前提交给监理人作为称重依据。 (3)钢筋、钢板或型钢计量时,应按图纸或其他资料标示的尺寸和净长计算。搭接、接头套筒、焊接材料、下脚料和固定、定位架立钢筋等,则不予计量。钢筋、钢板或型钢应以千克计量,四舍五入,不计小数。钢筋、钢板或型钢由于理论单位重量与实际单位重量的差异而引起材料重量与数量不相匹配的情况,计量时不予考虑。 (4)金属材料的重量不得包括施工需要加放或使用的灰浆、楔快、填缝料、垫衬物、油料、接缝料、焊条、涂敷料等的重量。 (5)承运按重量计量的材料的货车,应每天在监理人指定的时间和地点称出空车重量。每辆货车还应标示清晰易辨的标记。 (6)对有规定标准的项目,例如钢筋、金属线、钢板、型钢、管材等,均有规定的规格、重量、截面尺寸等指标,这类指标应视为通常的重量或尺寸;除非引用规范中的允许偏差值加以控制,否则可用制造商说明的允许偏差
面积	除非另有规定,计算面积时,其长、宽应按图纸所示尺寸线或按监理人指示计量。对于面积在 $1m^2$ 以下的固定物(如检查井等)不予扣除
结构物	(1)结构物应按图纸所示净尺寸线,或根据监理人指示修改的尺寸线计量。 (2)水泥混凝土的计量应按监理人认可的并已完工工程的净尺寸计算,钢筋的体积不扣除,倒角不超过 $0.15m \times 0.15m$ 时不扣除,体积不超过 $0.03m^3$ 的开孔及开口不扣除,面积不超过 $0.15m \times 0.15m$ 的填角部分也不增加。 (3)所有以延米计量的结构物(如管涵等),除非图纸另有标示,应按平行于该结构物位置的基面或基础的中心方向计量
土方	(1)土方体积可采用平均断面积法计算,但与似棱体公式计算结果比较,如果误差超过 ±5% 时,监理人可指示采用似棱体公式。 (2)各种不同类别的挖方与填方计量,应以图纸所示界线为限,而且应在批准的横断面图上标明。 (3)用于填方的土方量,应按压实后的纵断面高程和路床面为准来计量。承包人报价时,应考虑在挖方或运输过程中引起的体积差。 (4)在现场钉桩后 56d 内,承包人应将设计和进场复测的土方横断图连同土方的面积与体积计算表,一并提交监理人批准。所有横断面图都应标有图题框,其大小由监理人指定。一旦横断面图得到最后批准,承包人应交给监理人原版图及 3 份复制图

续上表

项　目	内　容
运输车辆体积	(1)用体积计量的材料,应以经监理人批准的车辆装运,并在运到地点进行计量。 (2)用于体积运输的车辆,其车厢的形状和尺寸应使其容量能够容易而准确地测定并应保证精确度。每辆车都应有明显标记。每车所运材料的体积应于事前由监理人与承包人相互达成书面协议。 (3)所有车辆都应装载成水平容积高度,车辆到达送货点时,监理人可以要求将其装载物重新整平,对超过定量运送的材料将不予支付。运量达不到定量的车辆,应被拒绝或按监理人确定减少的体积接收。根据监理人的指示,承包人应在货物交付点,随机将一车材料刮平,在刮平后如发现货车运送的材料少于定量时,从前一车起所有运到的材料的计量都按同样比率减为目前的车载量
重量与体积换算	(1)如承包人提出要求并得到监理人的书面批准,已规定要用立方米计量的材料可以称重,并将此重量换算为立方米计量。 (2)将重量计量换算为体积计量的换算系数应由监理人确定,并应在此种计量方法使用之前征得承包人的同意
沥青和水泥	(1)沥青和水泥应以千克(kg)计量。 (2)如用货车或其他运输工具装运沥青材料,可以按经过检定的重量或体积计算沥青材料的数量,但要对漏失量或泡沫进行校正。 (3)水泥可以袋作为计量的依据,但一袋的标准应为50kg。散装水泥应称重计量
成套结构单元	如规定的计量单位是一成套的结构物或结构单元(实际上就是按"总额"或称"一次支付"计的工程子目),该单元应包括所有必需的设备、配件和附属物及相关作业
标准制品项目	(1)如规定采用标准制品(如护栏、钢丝、钢板、轧制型材、管子等),而这类项目又是以标准规格(单位重、截面尺寸等)标志的,则这种标志可以作为计量的标准。 (2)除非所采用标准制品的允许误差比规范要求的允许误差要求更严格,否则,生产厂确立的制造允许误差不予认可

2 道路工程技术标准

2.1 道路分类

2.1.1 道路分类

道路分类 表2-1

项目	定义
公路	指连接城市、乡村,主要供汽车行驶的具备一定技术条件和设施的道路
城市道路	在城市范围内,供车辆及行人通行的具备一定技术条件和设施的道路
厂矿道路	主要供工厂、矿山运输车辆通行的道路
林区道路	建在林区,主要供各种林业运输工具通行的道路
乡村道路	建在乡村、农场,主要供行人及各种农业运输工具通行的道路

2.1.2 道路网

(1)公路网

公路网 表2-2

项目	内容
概念	公路网是在全国或一个区域内,由各等级公路组成的一个四通八达的网络系统。区域内的城市、集镇以及某些运输集散点(如大型工矿、农牧业基地、车站、港口等)称作节点(或运输点)。公路设计是以公路网为基础,按其规划要求分段分级逐步实施。公路在公路网中的使用性质、任务和功能,决定了公路的等级;两节点的方向决定了公路的基本走向。对公路网的基本要求是四通八达、干支结合、布局合理、效益最佳
条件	合理的公路网一般应具备的条件: (1)具有必要的通达深度和公路里程长度; (2)具有与交通量相适应的公路技术标准和使用质量; (3)具有经济合理的平面网络
功能	公路网的主要功能是: (1)满足区域内外的交通需求,承担城市之间的运输联系; (2)维持区域内交通的通畅及保证交通运输的快速和高效益; (3)确保交通安全和提供优质运输服务;维护生态平衡,防止水土流失,注意环境保护,方便人民生活
特性	(1)集合性 公路网是由众多节点和线的集合按一定规律组成的系统,由于各节点的重要性不同,形成了不同的路网结构和层次。 我国公路网分为国道网、省道网和地方道路(县乡公路)网三个层次。

续上表

项　目	内　容
特性	国道网为沟通全国主要节点的道路系统，是全国公路网的主骨架，它与省道网形成全国和省(市)公路运输的主动脉，地方道路网形成微血管，三者组成一个有机整体。 (2)关联性 公路网的布局或结构组成是与区域的自然条件、经济条件以及交通等有关条件相适应的，是一个具有特定功能和高效益的有机整体。路网中任意一条公路的新建或改建，都要受到全局因素的制约。由于区域经济和交通运输需求是随着时间变化和发展的，因此公路网建设是一个动态的发展过程。 (3)目标性 公路网具有特定的功能，是有明确目标的，各条公路正是按照既定目标组合成公路网系统，否则就不能充分发挥公路网的整体效益。 (4)适应性 公路网应该适应于区域国土开发利用和经济发展规划，适应于区域综合运输规划和公路交通需求
结构形式	区域公路网作为一个整体，在平面上表现的结构形式是由节点和连线组成的图式。节点的位置主要取决于区域内各运输点的地理位置，一般不会有大的变动，而连线是表示公路的基本走向，作为网络图式可以是直线，但实际上为迂回的曲线。 公路网的结构形式受区域内运输点地理位置和制约公路走向诸因素的影响而千差万别，各区域的路网图式不可能是相同的格式，下图为归纳总结的几种典型公路网结构形式。 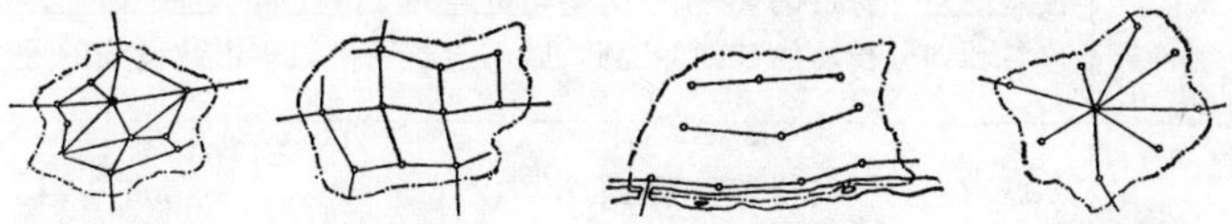 a)三角形　b)棋盘形　c)并列形　d)放射形 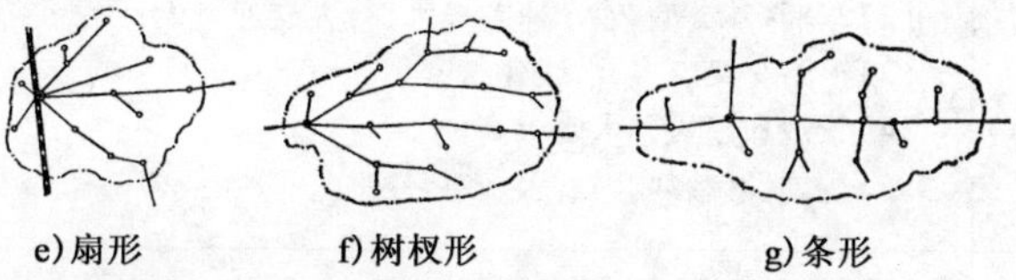 e)扇形　f)树杈形　g)条形 平原、微丘区宜采用三角形、棋盘形和放射形路网；而重丘区和山区因受山脉及河川的限制，适宜采用并列形、树杈形或条形路网；区域内的主要运输点(省、市或县的行政机关所在地等)偏于边缘时，可能产生扇形或树杈形路网；在狭长地带的地方道路网中也可以采用条形路网；在较大区域内各种图式可相互配合使用而形成混合形路网，我国国道网就是采用放射形和格网形组合的图式
规划	公路网的规划是公路建设发展到一定阶段所必需的工作。公路网规划是依据经济发展预测未来路网结构形式并安排建设项目实施的过程或行为。公路网规划的目的是依据区域社会经济发展对公路交通的需求，确定公路网建设的合理规模(通车里程和等级结构)及其合理布局，做出公路网项目建设分期实施计划，以使公路网建设最大限度地满足公路交通的需求。 公路网规划的主要内容： (1)收集资料和调查分析； (2)现状剖析和评价； (3)社会经济发展与公路交通需求预测； (4)合理规模确定； (5)路网布局优化； (6)建设序列安排和方案实施计划； (7)综合评价； (8)资金筹措及跟踪调整等。 其中合理规模确定及路网布局优化是核心内容，合理的路网布局是指能满足给定条件并达到预期目标的一个公路网整体设计方案，从效果上应能充分体现安全、快速、畅通、经济、方便、舒适、低公害和低能耗等较高的服务水平

(2)城市道路网

城 市 道 路 网 表2-3

项　目	内　容
概念	宏观上城市道路网是公路网的某一节点,微观上城市道路网是由城市范围内所有道路组成的一个系统。城市道路网是编制城市规划时拟定的,它从总体上对每条道路提出了明确的目的与任务。新建或改建一条城市道路时,明确该路在城市道路网中的功能及其与相邻道路的关系,才能做出技术经济合理的设计
要求	对城市道路网的基本要求是必须满足交通安全、方便、快速和经济,满足城市环境宁静、清洁和美观
功能	城市道路网的主要功能是: (1)满足交通需求; (2)注重环境保护; (3)为市政工程提供场地; (4)保证建筑艺术上的要求。 城市道路系统是城市中供车辆、行人交通往来的道路,是连接城市各组成部分,并与郊区公路、铁路场站、港口、码头、航空机场相贯通的交通纽带,也是布置城市公用管线、街道绿化、组织沿街建筑和划分街坊的基础。因此,城市道路网是城市市政设施的重要组成部分。
特性	城市道路网的特点表现在: (1)功能多样,组成复杂; (2)车辆多、类型杂、车速差异大,行人交通量大; (3)道路交叉点多,沿线建筑密集; (4)景观和建筑艺术要求高; (5)规划设计影响因素多,政策性强
结构形式	城市道路网的结构形式是指一座城市中所有道路组合的轮廓或几何形状,它与城市的规模、城市中交通吸引点的分布以及城市所在地自然条件等密切相关。城市道路网的几何形状一旦形成,整个城市的运输系统、建筑布置、居民点以及街区规划也就确定了。通常改变一座城市的道路网形状是困难的,也是不经济的,对城市道路网进行改造和规划应在原有结构基础上进行。对国内外已建城市路网结构的归纳和总结,城市道路网可有4种基本形式:方格网式、环形放射式、自由式和混合式,如下图所示: 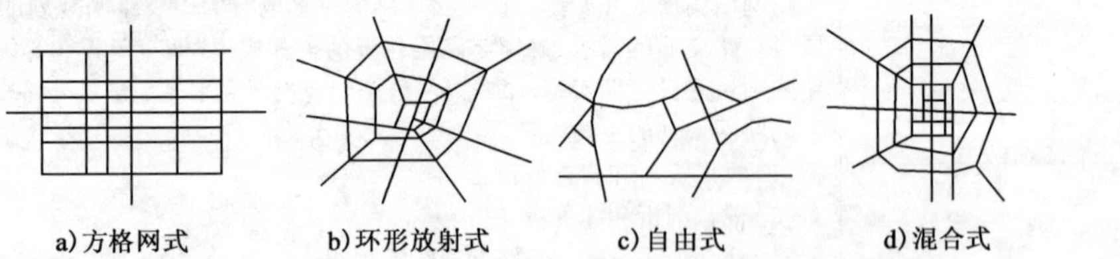 a)方格网式　b)环形放射式　c)自由式　d)混合式 (1)方格网式 每隔一定间距设置接近平行的干道,在干道之间再布设次要道路,形成方格棋盘状道路网。方格网是最常见的城市道路结构形式。其特点是街坊整齐,有利于建筑布置和方向识别;交叉简单,多为十字形,个别为T形,交通组织简单便利;交通分散,不会造成市中心的交通压力过重;车流重新分配灵活性大,车辆绕行方便;但对角线方向交通不便,非直线系数(两点间实际交通距离与直线距离之比)高达1.2~1.41。为解决对角线方向交通可采用方格对角线式,但因不规则街坊和畸形交叉口多,故采用城市不多。方格网式道路网适用于地形平坦的中、小城市或大城市的局部区域。

续上表

项　目	内　容
结构形式	(2)环形放射式 是由放射状道路和环状道路组成的道路网。放射状道路主要承担对外交通联系,环状道路承担各区间联系,并连接放射式道路以分散部分过境交通。一般由旧城中心地区逐渐向外发展,并在外围区域布设环城道路演变而来。其特点是能使市中心区与郊区、外围相邻各区间交通联系方便;道路有直有曲,易与地形相适应;非直线系数小,一般在1.1左右;但市中心地区交通压力大,交通灵活性不如方格网式好,小范围使用会出现不规则街坊。为分散市中心交通,放射性干道的布设应止于城市的内环路或二环路,并禁止过境交通进入市区,有些大城市也可设置两个或两个以上的中心区。环形放射式道路网应结合城市自然条件规划,不应机械地追求几何图形,环形道路可以是半环或多边折线,放射道路也不一定在城市各个方向都设置。环形放射式道路网适用于大城市或特大城市的干道系统。 (3)自由式 道路弯曲自然、无一定规则几何形状的道路网。一般是由于城市地形起伏,道路结合地形条件而形成的。其特点是能充分利用地形使线形自然顺适、工程造价降低,但因路线曲折而使非直线系数大、不规则街坊多、建筑用地分散。自由式道路网适用于地形起伏较大的中小城市或大城市的局部区域。 (4)混合式 是结合城市用地条件,采用前三种形式组合而成的道路网。有一些城市是分阶段发展的结果,如在旧城区方格网式基础上,分期修建放射道路和环形道路而形成混合式道路网。其特点是能因地制宜,发扬前三种的优点,避免缺点,达到较好的效果。混合式道路网适用于大、中城市的道路系统

2.1.3 公路分类

(1)公路行政管理分类

公路行政管理分类　　表2-4

项　目	定　义
国家干线公路	在国家公路网中,具有全国性政治、经济、国防意义,并确定为国家干线的公路,简称国道
省干线公路	在省公路网中,具有全省性政治、经济、国防意义,并确定为省级干线的公路,简称省道
县公路	具有全县性政治、经济意义,并确定为县级的公路,亦称县道
乡公路	主要为乡村生产、生活服务,并确定为乡级的公路,亦称乡道
在公路网中起骨架作用的公路称为干线公路;支线公路指在公路网中起连接作用的公路	

(2)公路交通功能分类

公路交通功能分类　　表2-5

项　目	内　容
概念	公路功能(highway function):公路在公路网中为车辆出行提供畅通直达、汇集疏散和出入通达的交通服务能力。主要干线公路和干线公路具有直达的功能,主要集散公路和次要集散公路具有汇集疏散的功能,支线公路具有出入通达的功能。 《公路工程技术标准》(JTG B01—2014)中,公路按照交通功能分为干线公路、集散公路和支线公路三类。干线公路细分为主要干线公路和次要干线公路,集散公路细分为主要集散公路与次要集散公路
主要干线公路	(1)连接20万人口以上的大中城市、交通枢纽、重要对外口岸和军事战略要地。 (2)提供省际及大中城市间长距离、大容量、高速度的交通服务

续上表

项　目	内　容
次要干线公路	(1)连接10万人口以上的城市和区域性经济中心。 (2)提供区域内或省域内中长距离、较高容量和较高速度的交通服务
主要集散公路	(1)连接5万人口以上的县(市)、主要工农业生产基地、重要经济开发区、旅游名胜区和商品集散地。 (2)提供中等距离、中等容量及中等速度的交通服务。 (3)与干线公路衔接,使所有的县(市)部在干线公路的合适距离之内
次要集散公路	(1)连接1万人口以上的县(市)、大的乡镇和其他交通发生地。 (2)提供较短距离、较小容量、较低速度的交通服务。 (3)衔接干线公路、主要集散公路与支线公路,疏散干线公路交通、汇集支线公路交通
支线公路	(1)以服务功能为主,直接与用路者的出行源点相衔接。 (2)衔接集散公路,为地区出行提供接入与通达服务

(3)对应关系

公路功能分类与公路行政等级的对应关系　　表2-6

公路功能	公路层次	层次细分	行政区域	行政等级
干线公路	主干线	国家高速公路网	国家	国道
		主干线公路	国家	
	次干线	省际公路	国家与省	省道
		省内干线公路	省、直辖市	
集散公路	主集散路	—	省、直辖市	省道
	次集散路	—	省、直辖市	县道
支线公路	—	—	县、乡、村	乡村公路

2.1.4 公路功能类别确定

公路功能类别确定方法　　表2-7

项　目	内　容
节点确定	依照行政属性、用地性质、交通需求等实施区域划分,并将区域抽象为节点
确定节点重要度	节点重要度是定量描述区域内各节点间相对重要程度的指标,主要以总人口、工业总产值、人均收入等指标作为定量分析各节点重要度的指标。节点的层次结构见下表。当一条公路的主要控制点为A层节点时,该公路为主要干线公路;当主要控制点为B层节点时,该公路应为次要干线公路;当主要控制点为C层节点时,该公路应为主要集散公路;当主要控制节点为D层节点时,该公路为次要集散公路;当主要控制点为E层节点时.该公路为支线公路

节点的层次结构

节点层次	中心节点	主要节点
A	北京	各省会、自治区首府、直辖市、特区
B	省会或自治区首府	各地市政府所在地
C	地市政府所在地	各县(市)政府所在地
D	县市政府所在地	各乡、镇政府所在地
E	乡、镇政府所在地	各行政村

续上表

<table>
<tr><th>项　目</th><th>内　容</th></tr>
<tr><td>路网服务指数</td><td>当同一区域内存在主要控制点相近的两条或两条以上公路时，应通过路网服务指数确定其功能类别。路网服务指数为公路车公里比率与公路里程比率之比。路网服务指数越大，则公路功能类别越高。
其计算方法为：规划区域内有 n 条公路，则第 $i(i=1,\cdots,n)$ 条公路的车公里比率 R_{VKT_i}、里程比率 R_{K_i} 及里程—服务率 R_i 按下列公式计算。
车公里比率：　$R_{VKT_i}=(VKT_i/\sum_i VKT_i)\times 100\%$
里程比率：　$R_{K_i}=(K_i/\sum_i K_i)\times 100\%$
路网服务指数：　$R_i=R_{VKT_i}/R_{K_i}$
式中：VKT_i——路网中第 i 条公路的车公里（pcu · km），即该公路上通过的车辆数与平均行驶距离的乘积；
$\sum_i VKT_i$——规划区域内路网中所有公路的车公里之和（pcu · km）；
K_i——第 i 条公路的里程（km）；
$\sum_i K_i$——规划区域内所有公路的总里程（km）</td></tr>
<tr><td>功能分类指标</td><td>公路功能分类指标包括区域层次、路网连续性、交通流特性和公路自身特性等定性和定量指标。不同地区经济发展水平与地形、地貌差异直接影响到分类指标的选取。各地区可根据规划区的实际情况自行确定。推荐的公路功能分类量化指标规定列入下表
公路功能分类指标
<table>
<tr><th rowspan="2">分类指标</th><th colspan="5">公路功能分类</th></tr>
<tr><th>主要干线</th><th>次要干线</th><th>主要集散</th><th>次要集散</th><th>支线</th></tr>
<tr><td>适应地域与路网连续性</td><td>人口 20 万以上大中城市</td><td>人口 10 万以上重要市、县</td><td>人口 5 万以上县城或连接干线公路</td><td>连接干线公路与支线公路</td><td>直接对应于交通发生源</td></tr>
<tr><td>里程服务率</td><td>≥15</td><td>10 ~ 15</td><td>5 ~ 10</td><td>1 ~ 5</td><td><1</td></tr>
<tr><td>期望速度</td><td>80km 以上</td><td>60km 以上</td><td>40km 以上</td><td>30km 以上</td><td>不要求</td></tr>
<tr><td>出入控制</td><td>全部控制出入</td><td>部分控制出入或接入控制</td><td>接入控制或控制横向干扰</td><td>视需要控制横向干扰</td><td>不控制</td></tr>
</table></td></tr>
</table>

2.1.5 公路建设原则

公 路 建 设 原 则　　表 2-8

<table>
<tr><th>项　目</th><th>内　容</th></tr>
<tr><td>基本原则</td><td>公路建设应按地区特点、交通特性、路网结构综合分析确定公路的功能，根据功能结合交通量、地形条件等选用技术等级和主要技术指标。
每一条公路在路网中应有其自身的功能。公路建设时首先要根据项目的地区特点、交通特性、路网结构，分析拟建项目在路网中的地位和作用，明确公路功能，再按照公路功能结合交通量、地形条件等选用技术等级、设计速度等主要技术指标。一般情况下，公路采用的技术指标应该满足所需要的功能要求，但是由于功能需求的多样化，满足所有功能需求有困难时，应比较各功能的重要性，判断应该重视的功能，确定应该采用的技术标准和指标。
公路功能应根据公路的区域特点、交通特性、路网结构综合分析确定。
（1）公路的区域特点考虑要素：土地利用、气象条件、地形地貌、历史文化、灾害、公共交通、通信、城市建设的现状和规划等。</td></tr>
</table>

续上表

项　目	内　容
基本原则	(2)交通特性考虑要素:汽车、行人、自行车等各自的交通量以及车辆类型、出行距离、交通量变化特征、速度分布等。 (3)路网结构考虑要素:该公路在全国或者区域交通网中的地位和作用。 按公路功能确定公路技术等级和主要技术指标,有利于路网结构的完善、资源的有效利用、公路技术指标的合理选用,有利于公路建设更好地与城市规划建设、抗灾救灾、交通安全等相协调,发挥其功能和作用
总体设计原则	公路建设项目应做好总体设计,使主体工程与交通工程及沿线设施相互协调配套,充分发挥各自功能和项目的整体功能。 公路建设项目由主体工程(土建工程)与交通工程及沿线设施构成一个整体,要使这两个部分协调配套,共同发挥作用,总体设计就非常必要。另外,这两个部分又自成体系,各自都有一个协调配套的要求,因此各自都应该进行总体设计,包括两个方面:一是主体工程、交通工程及沿线设施(包括安全设施、服务设施和管理设施)各自都应进行总体设计,以充分发挥各自的功能和作用;二是公路项目应在组合这两部分工程设施的基础上进行项目的总体设计,以充分发挥项目的整体功能和作用
用地范围原则	公路建设应贯彻保护耕地、节约用地的原则,在确定公路用地范围时应符合下列规定: (1)公路用地范围为公路路堤两侧排水沟外边缘(无排水沟时为路堤或护坡道坡脚)以外,或路堑坡顶截水沟外边缘(无截水沟为坡顶)以外不小于1m范围内的土地;存有条件的地段,高速公路、一级公路不小于3m,二级公路不小于2m范围内的土地为公路用地范围。 (2)在风沙、雪害、滑坡、泥石流等不良地质地带设置防护、整治设施时,以及在膨胀土、盐渍土等特殊土地带采取处治措施时,应根据实际需要确定用地范围。 (3)桥梁、隧道、互通式立体交叉、分离式立体交叉、平面交叉、安全设施、服务设施、管理设施、绿化以及其他线外工程等用地,应根据实际需要确定用地范围。 根据《中华人民共和国土地管理法》,国家实行土地用途管理制度。国家编制土地利用总体规划,将土地分为农用地、建设用地和未利用地。公路建设项目必须依法申请使用国有土地
环境保护原则	公路建设必须执行国家环境保护和资源节约的法律法规,并应符合下列规定: (1)公路环境保护应贯彻“保护优先、以防为主、以治为辅、综合治理”的原则。 (2)公路建设应根据自然条件进行绿化、美化路容、保护环境。 (3)高速公路,一、二级公路和有特殊要求的公路建设项目应做环境影响评价和水土保持方案评价。 (4)生态环境脆弱地区,或因公路建设可能造成环境近期难以恢复的地带,应做环境保护设计。 (5)公路改扩建项目应充分利用公路废旧材料,节约工程建设资源。 为实现公路建设事业的可持续发展,公路建设必须执行《中华人民共和国环境保护法》和《中华人民共和国循环经济促进法》等有关环境保护和资源节约的法律法规,并贯穿于整个工程建设的全过程。根据近年公路建设的经验,应贯彻保护优先的原则,应采取必要的措施优先保护公路沿线的生态环境和生活环境。要求高速公路和一、二级公路建设应进行环境影响评价和水土保持方案评价;另外,对于有特殊要求地区的三、四级公路也应根据需要进行环境影响评价和水土保持方案评价。这里特殊要求地区是指:环境脆弱地区、生态敏感地区和容易造成严重水土流失的地区。 公路新建和改扩建等都需要开采的大量砂石料,将给自然环境带来巨大的压力。因此,公路新建和改扩建都应充分利用公路的废旧材料,以节约资源,保护环境
分期修建原则	公路分期修建必须遵照统筹规划、分期实施的原则进行总体设计,并应符合下列规定: (1)前期工程应在后期仍能充分利用。 (2)高速公路整体式断面路段不得横向分幅分期修建。 (3)高速公路分离式断面路段可采用分幅分期修建,先期建成的一幅按双向交通通车时,应按二级公路通车条件进行管理。 关于四车道整体式高速公路的横向分期修建,多个项目已经证明,四车道整体式高速公路的横向分期修建,并按一幅高速公路双向开放交通时,其教训极为深刻,因此,明确规定高速公路整体式断面路段不得采用横向分幅分期修建。

续上表

项　目	内　容
分期修建原则	近年的工程实践中，对于地广人稀、小交通量的戈壁、沙漠、草原以及处于交通末端的地区，明确高速公路分离式断面路段可以实施横向分幅分期修建。但是，为安全计，先期建成的一幅按双向通车时，应按二级公路通车条件管理，行车速度不应超过 80km/h。对于高速公路而言，小交通量是指设计交通量小于 1 500 辆/日
改扩建原则	公路改扩建时，应对改扩建方案和新建方案进行论证比选。采用改扩建方案时，应符合下列规定： （1）公路改扩建时机应根据实际服务水平论证确定，高速公路、一级公路服务水平宜在降低到三级服务水平下限之前，二、三级公路服务水平宜在降低到四级服务水平下限之前，四级公路可根据具体情况确定。 （2）利用现有公路局部路段因地形地物限制，提高设计速度将诱发工程地质病害、大幅增加工程造价或对保护环境、文物有较大影响时，该局部路段的设计可维持原设计速度，但其长度高速公路不宜大于 15km，一、二级公路不宜大于 10km。 （3）高速公路改扩建应在进行交通组织设计、交通安全评价等基础上做出具体实施方案设计。在工程实施中，应减少对既有公路的干扰，并应有保证通行安全措施。维持通车路段的服务水平可降低一级，设计速度不宜低于 60km/h。 （4）一、二、三级公路改扩建时，应做保通设计方案。 （5）沙漠、戈壁、草原等小交通量地区的高速公路分离式断面路段，利用现有二级公路改建为一幅时，其设计洪水频率可维持原标准不变，设计速度不宜大于 80km/h。 公路改扩建是指在现有公路的基础上，为提高公路技术等级、增加公路容量或改善公路技术指标而进行的公路建设工程，包括公路的“改善”、“改建”、“扩建”等多种含义。 公路改扩建时首先应对改扩建方案和新建方案进行比选论证。通过对工程规模、建设条件、交通组织、交通安全等技术经济指标进行全面分析比较之后，确定最优方案
其他	（1）非机动车、行人密集路段宜考虑非机动车和行人等的交通需求，可根据交通组成情况设置非机动车道和人行道。 近年来，随着我国城镇化步伐加快，以及区域经济的蓬勃发展，城市周边地区、中心城市与卫星城之间以及城市群之间的公路大量涌现。这些公路的功能与一般公路的功能明显不同，除机动车交通量以外，行人和自行车等非机动车交通量也很大。目前各地在公路建设中，都采取预留或设置非机动车道和人行道的方式解决这一需求。根据我国经济发展现状和工程实践，在非机动车、行人密集路段，可根据具体情况设置非机动车道和人行道。 （2）二级及二级以上的干线公路应在设计时进行交通安全评价，其他公路在有条件时也可进行交通安全评价。 （3）有救灾通道功能需求的二级及二级以下公路，可相应提高抗震及设计洪水频率标准。 近年来，我国发生了多次重大的地震、洪水等自然灾害，公路在抢险救灾中起着关键的作用。特别对山区及边远地区，公路往往成为联系外界的唯一通道，在运送抢险救灾物资和人员中发挥着不可替代的作用，成为抢险救灾的生命线。提出对于联系城镇或区域间有抗震、救灾等特殊需求的二级及二级以下公路，可提高抗震及设计洪水频率标准，以提高公路抵御自然灾害、应对其他突发事件的能力。 （4）公路建设项目，应根据设计使用年限综合考虑建设、养护、管理等成本效益和安全、环保、运营等社会效益，选用综合效益最佳方案。 按照“全寿命设计理念”提出在公路建设的前期、设计、施工、运营、养护、管理的各个阶段，应进行公路项目成本效益分析。在工程项目的全寿命周期内，根据公路的功能、交通量、服务水平，以及安全、环保、可持续发展等的社会效益进行全过程、全方位的综合论证，使得公路的综合效益最佳

2.2 公路分级与技术标准

2.2.1 公路分级

公 路 分 级 表 2-9

项 目	定 义	交 通 特 性
等级	公路分为高速公路、一级公路、二级公路、三级公路及四级公路等 5 个技术等级	
高速公路	高速公路为专供汽车分方向、分车道行驶,全部控制出入的多车道公路	高速公路的年平均日设计交通量宜在 15 000 辆小客车以上
一级公路	一级公路为供汽车分方向、分车道行驶,可根据需要控制出入的多车道公路	一级公路的年平均日设计交通量宜在 15 000 辆小客车以上
二级公路	二级公路为供汽车行驶的双车道公路	二级公路的年平均日设计交通量宜为 5 000 ~ 15 000 辆小客车
三级公路	三级公路为供汽车、非汽车交通混合行驶的双车道公路	三级公路的年平均日设计交通量宜为 2 000 ~ 6 000 辆小客车
四级公路	四级公路为供汽车、非汽车交通混合行驶的双车道或单车道公路	双车道四级公路年平均日设计交通量宜在 2 000 辆小客车以下;单车道四级公路年平均日设计交通量宜在 400 辆小客车以下

2.2.2 公路技术等级选用

公 路 等 级 选 择 表 2-10

项 目	内 容
选用原则	(1)公路技术等级选用应根据路网规划、公路功能,并结合交通量论证确定。 (2)主要干线公路应选用高速公路。 (3)次要干线公路应选用二级及二级以上公路。 (4)主要集散公路宜选用一、二级公路。 (5)次要集散公路宜选用二、三级公路。 (6)支线公路宜选用三、四级公路
意义	以公路功能选取技术等级的理念,同时考虑到不同地区经济发展水平与地形、地貌差异影响,各地公路交通发展不均衡,为了体现差异性,同一功能类别的公路不宜只对应一个技术等级的公路。选用技术等级时,应首先根据公路网规划、地区特点、公路的交通特性等因素确定公路功能,然后根据功能结合交通量论证选用公路等级

2.2.3 公路交通特性

(1)设计车辆

设 计 车 辆 表 2-11

项 目	内 容
概念	设计车辆(design vehicle):公路几何设计所采用的代表性车型,其外廓尺寸、载质量和动力性能是确定公路几何参数的主要依据。 根据我国《道路车辆外廓尺寸、轴荷及质量限值》(GB 1589—2004)的规定,考虑满足标准运营车辆 100% 的需求条件,规定 5 种设计车辆,即小客车、大型客车、铰接客车、载重汽车和铰接列车车型

续上表

项目	内容
外廓尺寸	公路设计所采用的设计车辆外廓尺寸规定见下表。

设计车辆外廓尺寸

车辆类型	总长(m)	总宽(m)	总高(m)	前悬(m)	轴距(m)	后悬(m)
小客车	6	1.8	2	0.8	3.8	1.4
大型客车	13.7	2.55	4	2.6	6.5+1.5	3.1
铰接客车	18	2.5	4	1.7	5.8+6.7	3.8
载重汽车	12	2.5	4	1.5	6.5	4
铰接列车	18.1	2.55	4	1.5	3.3+11	2.3

注:铰接列车的轴距 3.3+11 为:3.3m 为第一轴至铰接点的距离,11m 为铰接点至最后轴的距离

图式

小客车

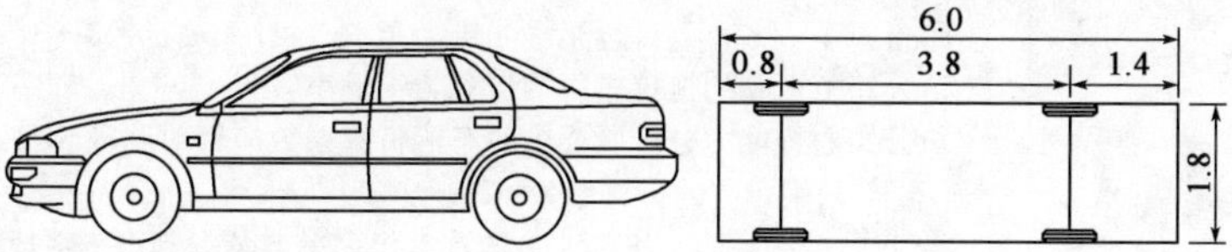

尺寸单位:m

载重汽车

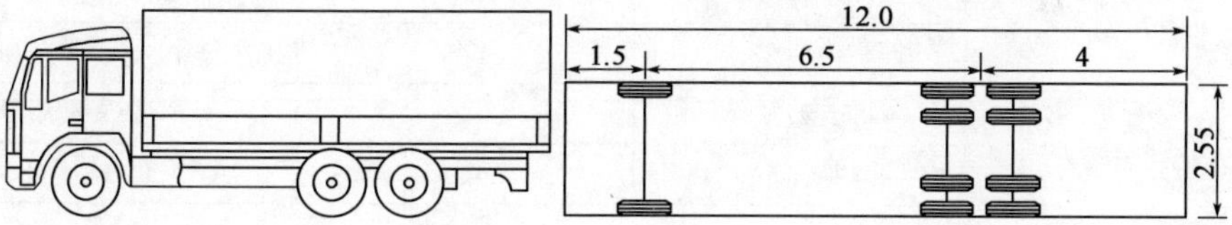

尺寸单位:m

大型客车

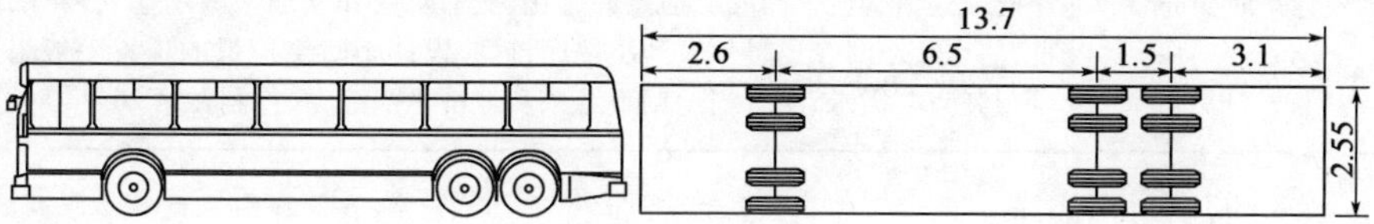

尺寸单位:m

铰接列车

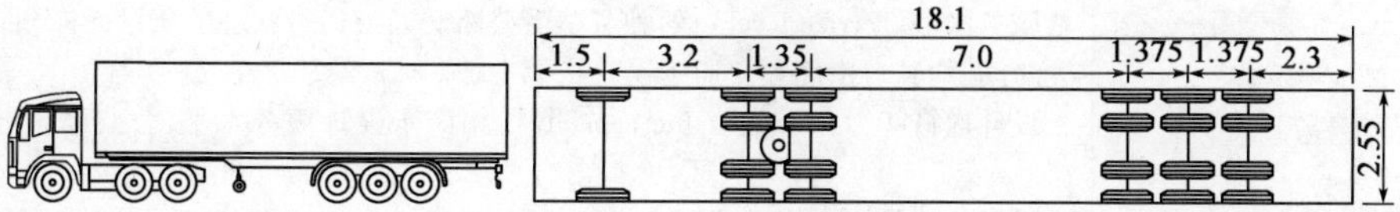

尺寸单位:m

铰接客车

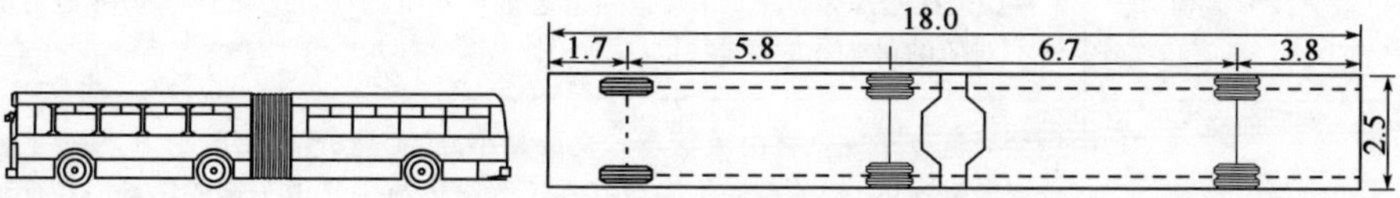

尺寸单位:m

(2)交通量

交　通　量 表2-12

<table>
<tr><th>项　　目</th><th colspan="3">内　　容</th></tr>
<tr><td>预测年限</td><td colspan="3">公路远景预测设计年限既要考虑适应一定时期内的交通需求,又要兼顾公路投资和结构物使用年限,且应有所差异。但过长会因诸多因素的不确定性导致预测交通量误差偏大,设施闲置。
新建和改扩建公路项目的设计交通量预测应符合下列规定:
(1)高速公路和一级公路设计交通量预测年限为20年;二、三级公路设计交通量预测年限为15年;四级公路可根据实际情况确定。
(2)设计交通量预测年限的起算年为该项目可行性研究报告中的计划通车年</td></tr>
<tr><td rowspan="6">折算系数</td><td colspan="3">用于交通量换算的车辆折算系数是在特定的公路、交通组成条件下,所有非标准车相当于标准车对交通流影响的当量值。
交通量换算采用小客车为标准车型。各汽车代表车型及车辆折算系数规定如下表。拖拉机和非机动车等交通量换算应符合下列规定:
(1)畜力车、人力车、自行车等非机动车,在设计交通量换算中按路侧干扰因素计。
(2)公路上行驶的拖拉机每辆折算为4辆小客车。
(3)公路通行能力分析所要求的车辆折算系数应针对路段、交叉口等形式,按不同的地形条件和交通需求,采用相应的折算系数
各汽车代表车型及车辆折算系数</td></tr>
<tr><td>汽车代表车型</td><td>车辆折算系数</td><td>说明</td></tr>
<tr><td>小客车</td><td>1.0</td><td>座位≤19座的客车和载质量≤2t的货车</td></tr>
<tr><td>中型车</td><td>1.5</td><td>座位>19座的客车和2t<载质量≤7t的货车</td></tr>
<tr><td>大型车</td><td>2.5</td><td>7t<载质量≤20t的货车</td></tr>
<tr><td>拖挂车</td><td>4.0</td><td>载质量>20t的货车</td></tr>
<tr><td>设计小时交通量</td><td colspan="3">设计小时交通量是确定公路等级、评价公路运行状态和服务水平的重要参数。设计小时交通量越小,所选用的车道数越少,公路的建设规模就越小,建设费用也就越低,但是不恰当地降低设计小时交通量会使公路的交通条件恶化、交通阻塞和交通事故增多,公路的综合经济效益降低。因此,将全年小时交通量从大到小按序排列,设计小时交通量的位置一般采用第30位小时,或根据项目特点与需求,结合当地调查结果和经济承受能力,控制在第20~40位小时交通量之间取值</td></tr>
</table>

(3)服务水平

服务水平等级划分 表2-13

项　　目	内　　容
概念	服务水平(service level):驾驶员感受公路交通流运行状况的质量指标,通常用平均行驶速度、行驶时间、驾驶自由度和交通延误等指标表征。 设计通行能力(design traffic capacity):相应于设计服务水平,公路设施通过车辆的最大小时流率。 采用v/C值来衡量拥挤程度,作为评价服务水平的主要指标,同时采用小客车实际行驶速度与自由流速度之差作为次要评价指标,将服务水平分为6级,分别代表一定运行条件下驾驶员的感受。 v/C是在基准条件下,最大服务交通量与基准通行能力之比。基准通行能力是五级服务水平条件下对应的最大小时交通量
一级	交通流处于完全自由流状态。交通量小,速度高,行车密度小,驾驶员能自由地按照自己的意愿选择所需速度,行驶车辆不受或基本不受交通流中其他车辆的影响。在交通流内驾驶的自由度很大,为驾驶员、乘客或行人提供的舒适度和方便性非常优越。较小的交通事故或行车障碍的影响容易消除,在事故路段不会产生停滞排队现象,很快就能恢复到一级服务水平

续上表

项　目	内　容
二级	交通流状态处于相对自由流的状态，驾驶员基本上可按照自己的意愿选择行驶速度，但是开始要注意到交通流内有其他使用者，驾驶人员身心舒适水平很高，较小交通事故或行车障碍的影响容易消除，在事故路段的运行服务情况比一级差些
三级	交通流状态处于稳定流的上半段，车辆间的相互影响变大，选择速度受到其他车辆的影响，变换车道时驾驶员要格外小心，较小交通事故仍能消除，但事故发生路段的服务质量大大降低，严重的阻塞后面形成排队车流，驾驶员心情紧张
四级	交通流处于稳定流范围下限，但是车辆运行明显地受到交通流内其他车辆的相互影响，速度和驾驶的自由度受到明显限制。交通量稍有增加就会导致服务水平的显著降低，驾驶人员身心舒适水平降低，即使较小的交通事故也难以消除，会形成很长的排队车流
五级	为交通流拥堵流的上半段，其下是达到最大通行能力时的运行状态。对于交通流的任何干扰，例如车流从匝道驶入或车辆变换车道，都会在交通流中产生一个干扰波，交通流不能消除它，任何交通事故都会形成长长的排队车流，车流行驶灵活性极端受限，驾驶人员身心舒适水平很差
六级	是拥堵流的下半段，是通常意义上的强制流或阻塞流。在这一服务水平下，交通设施的交通需求超过其允许的通过量，车流排队行驶，队列中的车辆出现停停走走现象，运行状态极不稳定，可能在不同交通流状态间发生突变

高速公路路段服务水平分级　表 2-14

服务水平等级	v/C 值	设计速度(km/h)		
		120	100	80
		最大服务交通量 [pcu/(h·ln)]	最大服务交通量 [pcu/(h·ln)]	最大服务交通量 [pcu/(h·ln)]
一	$v/C \leqslant 0.35$	750	730	700
二	$0.35 < v/C \leqslant 0.55$	1 200	1 150	1 100
三	$0.55 < v/C \leqslant 0.75$	1 650	1 600	1 500
四	$0.75 < v/C \leqslant 0.90$	1 980	1 850	1 800
五	$0.90 < v/C \leqslant 1.00$	2 200	2 100	2 000
六	$v/C > 1.00$	0 ~ 2 100	0 ~ 2 200	0 ~ 2 000

一级公路路段服务水平分级　表 2-15

服务水平等级	v/C 值	设计速度(km/h)		
		100	80	60
		最大服务交通量 [pcu/(h·ln)]	最大服务交通量 [pcu/(h·ln)]	最大服务交通量 [pcu/(h·ln)]
一	$v/C \leqslant 0.30$	600	550	480
二	$0.30 < v/C \leqslant 0.50$	1 000	900	800
三	$0.50 < v/C \leqslant 0.70$	1 400	1 250	1 100
四	$0.70 < v/C \leqslant 0.90$	1 800	1 600	1 450
五	$0.90 < v/C \leqslant 1.00$	2 000	1 800	1 600
六	$v/C > 1.00$	0 ~ 2 000	0 ~ 1 800	0 ~ 1 600

二、三、四级公路路段服务水平分级 表2-16

服务水平	延误率(%)	设计速度(km/h)										
		80				60				≤40		
		速度(km/h)	v/C			速度(km/h)	v/C			v/C		
			禁止超车区%				禁止超车区%			禁止超车区%		
			<30	30~70	≥70		<30	30~70	≥70	<30	30~70	≥70
一	≤35	≥76	0.15	0.13	0.12	≥58	0.15	0.13	0.11	0.14	0.12	0.10
二	≤50	≥72	0.27	0.24	0.22	≥56	0.26	0.22	0.20	0.25	0.19	0.15
三	≤65	≥67	0.40	0.34	0.31	≥54	0.38	0.32	0.28	0.37	0.25	0.20
四	≤80	≥58	0.64	0.60	0.57	≥48	0.58	0.48	0.43	0.54	0.42	0.35
五	≤90	≥48	1.00	1.00	1.00	≥40	1.00	1.00	1.00	1.00	1.00	1.00
六	>90	<48	—	—	—	<40	—	—	—	—	—	—

注:1. 设计速度为80km/h、60km/h和40km/h时,路面宽度为9m的双车道公路,其基准通行能力分别为:2 800pcu/h、2 500pcu/h和2 400pcu/h。

2. 延误率为车头时距小于等于5s的车辆数占总交通量的百分比。

服务水平等级选择 表2-17

<table>
<tr><th>项　目</th><th colspan="6">内　容</th></tr>
<tr><td>概念</td><td colspan="6">公路规划设计时,既要保证必要的车辆运行质量,同时又要兼顾公路建设的投资成本</td></tr>
<tr><td rowspan="3">要求</td><td colspan="6">各级公路设计服务水平应不低于下表规定,并应符合下列规定:
(1)作为集散功能的一级公路,设计服务水平可降低一级;
(2)长隧道及特长隧道路段、非机动车、行人密集路段、互通式立体交叉的分合流区段以及交织区段,设计服务水平可降低一级
各级公路设计服务水平</td></tr>
<tr><td>公路等级</td><td>高速公路</td><td>一级公路</td><td>二级公路</td><td>三级公路</td><td>四级公路</td></tr>
<tr><td>服务水平</td><td>三级</td><td>三级</td><td>四级</td><td>四级</td><td>—</td></tr>
</table>

(4)速度

速　度 表2-18

项　目	内　容
概念	设计速度(design speed):确定公路设计指标并使其相互协调的设计基准速度。 运行速度(operating speed):路面平整、潮湿,自由流状态下,行驶速度累计分布曲线上对应于85%分位值的速度。 限制速度(posted speed limit):对公路上行驶的车辆规定的允许行驶速度的限制
设计速度	各级公路设计速度规定如下表。设计速度的选用应根据公路的功能与技术等级,结合地形、工程经济、预期运行速度和沿线土地利用性质等因素综合论证确定,并应符合下列规定: (1)高速公路设计速度不宜低于100km/h,受地形、地质等条件限制时,可以选用80km/h。 (2)作为干线功能的一级公路,设计速度宜采用100km/h。受地形、地质等条件限制,可采用80km/h。作为集散功能的一级公路,设计速度宜采用80km/h。受地形、地质等条件限制,设计速度可采用60km/h。 (3)高速公路和作为干线的一级公路的特殊困难局部路段,且因新建工程可能诱发工程地质病害时,经论证,该局部路段的设计速度可采用60km/h,但长度不宜大于15km,或仅限于相邻两互通式立体交叉之间的路段。

续上表

<table>
<tr><th>项　目</th><th>内　容</th></tr>
<tr><td>设计速度</td><td>
(4)作为干线的二级公路,设计速度宜采用80km/h;受地形、地质等条件限制,可采用60km/h。作为集散的二级公路,设计速度可采用60km/h;受地形、地质等条件限制,可采用40km/h。
(5)三级公路设计速度宜采用40km/h;受地形、地质等条件限制,可采用30km/h。
(6)四级公路设计速度宜采用30km/h;受地形、地质等条件限制,可采用20km/h。
设计速度
<table>
<tr><td>公路等级</td><td colspan="3">高速公路</td><td colspan="3">一级公路</td><td colspan="2">二级公路</td><td colspan="2">三级公路</td><td colspan="2">四级公路</td></tr>
<tr><td>设计速度(km/h)</td><td>120</td><td>100</td><td>80</td><td>100</td><td>80</td><td>60</td><td>80</td><td>60</td><td>40</td><td>30</td><td>30</td><td>20</td></tr>
</table>
设计速度是确定公路几何设计指标并使其相互协调的基本要素。一经选定,公路的所有相关要素如平曲线半径、视距、超高、纵坡、竖曲线半径等指标均与其配合以获得均衡设计。目前,基于设计速度的路线设计方法已被所有设计人员所掌握。
高速公路的设计速度不宜低于100km/h,目的是保证高速公路的安全与舒适。国内外高速公路的运营实践表明:设计速度低与驾驶员的期望差异较大,运行过程中极易诱发交通事故,而且复杂地形条件下的高速公路大多选在一个区域走廊带内,待经济发展需改造时,提升线形指标很困难,故将80km/h作为高速公路设计速度的最低要求。
高速公路和作为干线的一级公路的特殊困难局部路段,经论证可以采用60km/h设计速度,其含义是包括技术、经济、安全、环保和社会等方面的综合比选论证,而非传统意义的技术经济论证。论证通过后,才能作为特殊困难的路段考虑,并且要求小于一个设计路段的长度即小于15km;同时考虑到个别越岭路段地形条件受限时,往往可能大于15km,针对这一特定条件将其放宽到相邻两互通式立体交叉之间的路段,但应注意线形衔接和交通工程设施的配合。
功能类别高的公路优先考虑较高的设计速度,公路类别较低的公路宜选用较低设计速度的理念,即一级公路和二、三级公路应按公路在路网中的交通功能选择设计速度,只有当受地形、地质等条件限制时,才可以降低一档即20km/h
</td></tr>
<tr><td>运行速度</td><td>公路设计应采用运行速度进行检验。相邻路段运行速度之差应小于20km/h,同一路段运行速度与设计速度之差宜小于20km/h。
规定公路设计应采用运行速度对线形设计进行检验,保证相邻路段运行速度的协调性和一致性,提高公路运行安全和使用质量</td></tr>
<tr><td>限制速度</td><td>公路限制速度应根据设计速度、运行速度及路侧干扰与环境等因素综合论证确定。
目前我国公路限速值多采用设计速度,由于限速值确定不合理,影响了公路的运行效率,在社会上也造成了一定负面影响。因此,把限制速度作为公路设计的一个重要环节提出,以便在设计阶段科学合理地确定限速值以及限速方式和方法,在保障车辆安全运行的情况下,充分发挥道路的运输效率</td></tr>
</table>

2.2.4 道路建筑限界与道路用地

(1)道路建筑限界

道路建筑限界概念　表2-19

项　目	内　容
概念	道路建筑限界是为保证车辆和行人正常通行,规定在道路的一定高度和宽度范围内不允许有任何设施及障碍物侵入的空间范围。道路建筑限界是横断面设计的重要依据,设计时应充分研究组成路幅要素的相互关系及道路各种设施的设置规划,在有限空间内做出合理的安排。不允许桥台、桥墩以及照明灯柱、护栏、信号机、标志、行道树、电杆等设施侵入道路建筑限界以内
组成	道路建筑限界又称净空,由净高和净宽两部分组成。净高是指道路在横断面范围内保证安全通行所必须满足的竖向高度。净高应考虑汽车装载高度、安全高度及路面铺装等因素确定

公 路 建 筑 限 界 表2-20

项 目	内 容
要求	(1)设置加减速车道、紧急停车带、爬坡车道、错车道、慢车道、车道隔离设施等路段,行车道应包括该部分的宽度。 (2)八车道及其以上的高速公路(整体式),设置左侧硬路肩时,建筑限界应包括左路肩的宽度。 (3)一条公路应采用同一净高。高速公路、一级公路、二级公路的净高应为5.0m;三级公路、四级公路的净高应为4.5m。 (4)人行道、自行车道、检修道与行车道分开设置时,其净高应为2.5m。 (5)路基、桥梁、隧道相互衔接处,其建筑限界应按过渡段处理
图式	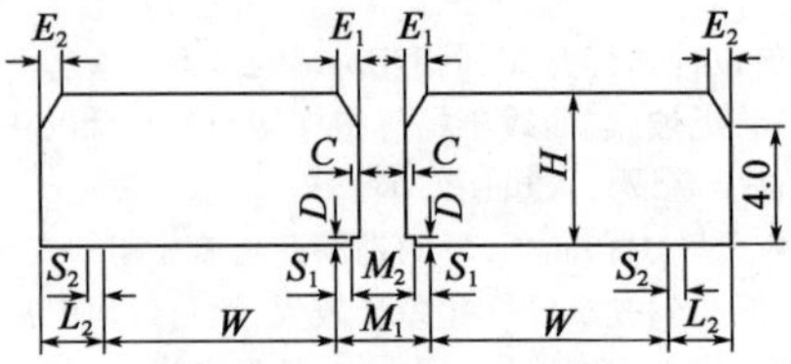 a)高速公路、一级公路(整体式) 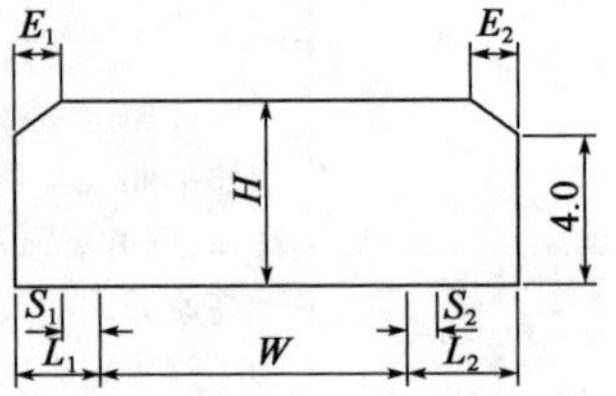 b)高速公路、一级公路(分离式) 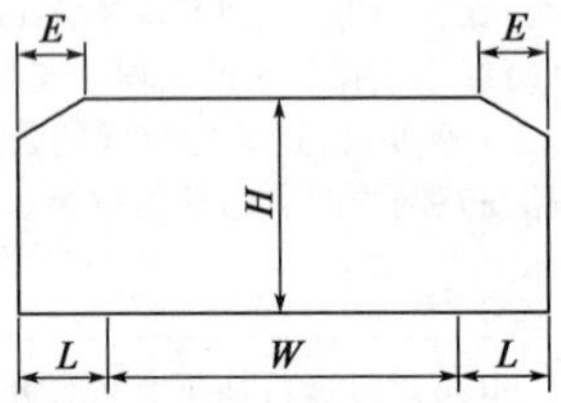 c)二、三、四级公路 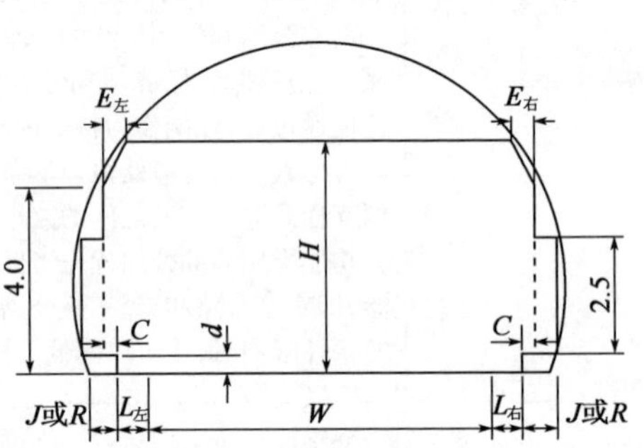 d)公路隧道
符号	W——行车道宽度;L_1——左侧硬路肩宽度;L_2——右侧硬路肩宽度;S_1——左侧路缘带宽度;S_2——右侧路缘带宽度;L——侧向宽度。高速公路、一级公路、二级公路的侧向宽度为硬路肩宽度。三、四级公路的侧向宽度为路肩宽度减去0.25m。设置护栏时,应根据护栏需要的宽度加宽路基;$L_{左}$——隧道内左侧侧向宽度;$L_{右}$——隧道内右侧侧向宽度;C——当设计速度大于100km/h时为0.5m,等于或小于100km/h时为0.25m;D——路缘石高度,小于或等于0.25m。一般情况下,高速公路可不设路缘石;M_1——中间带宽度;M_2——中央分隔带宽度;J——检修道宽度;R——人行道宽度;d——检修道或人行道高度;E——建筑限界顶角宽度,当$L \leqslant 1$m时,$E = L$;当$L > 1$m时,$E = 1$m;E_1——建筑限界顶角宽度,当$L_1 < 1$m,$E_1 = L_1$,或$S_1 + C < 1$m,$E_1 = S_1 + C$;当$L_1 \geqslant 1$m或$S_1 + C \geqslant 1$m时,$E_1 = 1$m;E_2——建筑限界顶角宽度,$E_2 = 1$m;$E_{左}$——建筑限界左顶角宽度,当$L_{左} \leqslant 1$m,$E_{左} = L_{左}$;当$L_{左} > 1$m时,$E_{左} = 1$m;$E_{右}$——建筑限界左顶角宽度,当$L_{右} \leqslant 1$m,$E_{右} = L_{右}$;当$L_{右} > 1$m时,$E_{右} = 1$m;H——净空高度

(2)道路用地

道 路 用 地 表2-21

项 目	内 容
概念	道路用地是指为修建、养护道路及布设沿线设施等规定所征用的土地。在道路用地范围内不得修建非路用建筑物,如开挖渠道,埋设管道、电缆、电杆及其他设施。在确定用地中,既要满足修建道路所必需的用地范围,又要充分考虑我国土地资源珍贵的特点,应尽可能从设计和施工等方面节省

续上表

项　目	内　容
概念	每一寸土地，不占或少占高产田，提倡利用取土或弃土整田造地。 根据《中华人民共和国土地管理法》，国家实行土地用途管理制度。国家编制土地利用总体规划，将土地分为农用地、建设用地和未利用地。公路建设项目必须依法申请使用国有土地
要求	公路建设应贯彻保护耕地、节约用地的原则，在确定公路用地范围时应符合下列规定： (1)公路用地范围为公路路堤两侧排水沟外边缘(无排水沟时为路堤或护坡道坡脚)以外，或路堑坡顶截水沟外边缘(无截水沟为坡顶)以外不小于1m范围内的土地；存有条件的地段，高速公路、一级公路不小于3m，二级公路不小于2m范围内的土地为公路用地范围。 (2)在风沙、雪害、滑坡、泥石流等不良地质地带设置防护、整治设施时，以及在膨胀土、盐渍土等特殊土地带采取处治措施时，应根据实际需要确定用地范围。 (3)桥梁、隧道、互通式立体交叉、分离式立体交叉、平面交叉、安全设施、服务设施、管理设施、绿化以及其他线外工程等用地，应根据实际需要确定用地范围

2.3　公路路线技术标准

2.3.1 一般规定

一般规定　表2-22

项　目	内　容
路线走廊带	确定路线走廊带应考虑走廊带内各种运输体系及不同层次路网间的分工与配合，据以统筹规划、近远期结合、合理布局，充分发挥和提高公路总体综合效益。 当前，我国各层次公路网和综合交通运输体系已具相当规模，本次修订强调在公路项目尤其是高速公路项目建设前期，应加强对项目区域各级路网和综合运输体系的研究，科学分析拟建项目在综合运输体系和规划路网中的功能、作用，并合理处理与其他交通方式的衔接与分工
路线方案	公路选线必须由面到带、由带到线，在对地形地貌、地质水文、气候气象、自然保护区等调查与勘察的基础上论证、确定路线方案。 在公路建设中，经常会遇到滑坡、泥石流、崩坍、溶洞、采空区或软基等不良地质问题，因此必须在勘察设计阶段做好地质灾害评价，加大对不良地质地段的调查与勘察工作的力度，并在此基础上论证路线通过的合理方案以及应采取的工程措施，避免造成地质病害
路线线位	路线线位应考虑同农田与水利建设、城市规划的配合，尽可能避让不可移动文物、水源与自然保护区，保护环境且同当地景观相协调。 根据《中华人民共和国农业法》及《中华人民共和国基本农田保护条例》，国家实行基本农田保护制度。各县级和乡镇土地利用总体规划应当确定基本农田保护区。当国家能源、交通、水利、军事设施等重点建设项目确实无法避开基本农田保护区时，必须依法办理相关征用手续。 根据《中华人民共和国城市规划法》，国家规定大、中、小城市是分别以“市区和近郊非农业人口”50万以上、20万~50万和不满20万划定的。规定新建的过境公路应当避开市区；在城市规划区内的建设工程必须符合城市规划。 土地利用是一个非常重要也是个非常敏感的问题，是可持续发展战略的重要方面；早期修建的公路其沿线的街道化情况十分严重，这些路段已变成了交通堵塞的“瓶颈”地段。随着经济的发展和公路运输事业需求的增加，在新建公路工程项目时必须做好这方面的协调工作。 我国历史悠久，历史文物是我国的宝贵财富，应该认真地进行保护。根据《中华人民共和国文物保护法》，古文化遗址、古墓葬、古建筑、石窟寺、石刻、壁画、近代现代重要史迹和代表性建筑等为“不可移动文物”，国家根据它们的历史、艺术、科学价值等分别定为全国重点、省级和县级文物保护单位。建设工程应当尽可能避开不可移动文物，因特殊情况不能避开的，对文物保护单位应当尽可能实施原址保护

续上表

项　目	内　容
总体设计	各级公路应做好总体设计,正确处理公路与相关路网、交通节点的关系,合理设置各类出入口、交叉和构造物。各类构造物的选型与布置应合理、实用、经济。 各级公路均应做好总体设计。总体设计应重点从发挥公路网和本项目功能的角度出发,正确处理好公路与相关路网、交通节点的关系,合理设置各类出入口、交叉和构造物,做到各类构造物选型与布置合理、实用、经济
路线设计	路线设计应根据公路功能、技术等级和地形等条件,恰当选取设计速度,合理确定公路断面布置形式,正确运用各类技术指标,注意平纵线形组合、保持线形连续均衡. 在确保行驶安全性的前提下,满足舒适、环保与经济等要求。 提出公路建设技术标准选用的总体原则,即:依据路网规划和公路功能确定公路技术标准和等级;根据公路的功能和地形条件确定设计速度;根据公路功能、交通量和地形条件确定车道数和横断面形式

2.3.2 断面车道组成

行　车　道　　表2-23

<table>
<tr><th>项　目</th><th>内　容</th></tr>
<tr><td>概念</td><td>车道是指专为纵向排列、安全顺适地通行车辆为目的而设置的公路带状部分。
所谓车道宽度是为了保障车辆安全、顺适通行而研究确定的车道几何宽度(值)。车道宽度是根据设计车辆的最大宽度,加上错车、超车所必需的余宽确定的。车道宽度应该满足设计车辆正常安全行驶的需要。对于双车道公路,车道宽度应满足错车、超车行驶所必需的余宽。对于四车道及以上公路,车道宽度应满足车辆并列行驶所需的宽度。车道宽度与公路设计速度相关,速度越高则需要的宽度越大(主要是需要的侧向余宽越大)。据调查,世界各国相同设计速度的车道宽度基本是一致的。对于高速公路,日本等少数国家的车道宽度略窄于我国高速公路的宽度(3.75m)。考虑到我国高速公路货运车辆占比高、车型复杂等实际情况,《公路工程技术标准》(以下简称《标准》)(2014)规定我国高速公路车道宽度仍采用3.75m。</td></tr>
<tr><td>车道宽度</td><td>车道宽度应符合下表的规定,并应符合下列规定:
(1)八车道及以上公路在内侧车道(内侧第1、2车道)仅限小客车通行时,其车道宽度可采用3.5m。
(2)以通行中、小型客运车辆为主且设计速度为80km/h及以上的公路,经论证车道宽度可采用3.5m。
(3)四级公路采用单车道时,车道宽度应采用3.5m。
(4)设置慢车道的二级公路,慢车道宽度也采用3.5m。
(5)需要设置非机动车道和人行道的公路,非机动车道和人行道等的宽度,宜视实际情况确定
车道宽度
<table>
<tr><td>设计速度(km/h)</td><td>120</td><td>100</td><td>80</td><td>60</td><td>40</td><td>30</td><td>20</td></tr>
<tr><td>车道宽度(m)</td><td>3.75</td><td>3.75</td><td>3.75</td><td>3.50</td><td>3.50</td><td>3.25</td><td>3.00</td></tr>
</table></td></tr>
<tr><td>车道数</td><td>各级公路车道数应符合下表的规定。高速公路和一级公路各路段车道数应根据设计交通量、设计通行能力确定,当车道数为双车道以上时应按双数增加。
各级公路车道数
<table>
<tr><td>公路等级</td><td>高速、一级公路</td><td>二级公路</td><td>三级公路</td><td>四级公路</td></tr>
<tr><td>车道数</td><td>≥4</td><td>2</td><td>2</td><td>2(1)</td></tr>
</table>
注:四级公路一般路段应采用双车道,交通量小且工程特别艰巨的路段可采用单车道</td></tr>
</table>

2.3.3 断面中间带组成

中　间　带　　表 2-24

<table>
<tr><th>项　目</th><th colspan="2">内容及图式</th></tr>
<tr><td>概念</td><td>多车道公路的中间带和中央分隔带，在构造上起到分隔对向交通的作用，对提高高速行车安全性和发挥公路项目的功能具有关键性作用。高速公路、一级公路整体式断面必须设置中间带。中间带由中央分隔带和两条左侧路缘带组成，中央分隔带的两侧设置左侧路缘带。中央分隔带由防护设施和两侧对应的余宽 C 组成。
左侧路缘带和余宽 C 提供了安全行车所必需的侧向余宽，并能引导驾驶员的视线。侧向余宽是公路通行车辆在高速行车时，行车道两侧需要预留的一定的富余宽度，即车道边线到障碍物之间距离</td><td>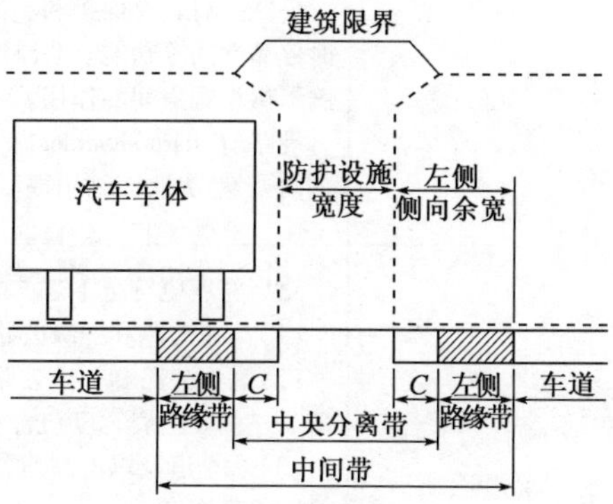

中间带示意图</td></tr>
<tr><td>规定</td><td colspan="2">高速公路和一级公路整体式断面必须设置中间带。中间带由中央分隔带和两条左侧路缘带组成。
（1）高速公路和作为干线的一级公路，中央分隔带宽度应根据公路项目中央分隔带功能确定。
（2）作为集散的一级公路，中央分隔带宽度应根据中间隔离设施的宽度确定。
（3）左侧路缘带宽度不应小于下表的规定。设计速度为 120km/h、100km/h，受地形、地物限制的路段或多车道公路内侧车道仅限小型车辆通行的路段，左侧路缘带可论证采用 0.50m
左侧路缘带宽度
<table>
<tr><td>设计速度（km/h）</td><td>120</td><td>100</td><td>80</td><td>60</td></tr>
<tr><td>左侧路缘带宽度（m）</td><td>0.75</td><td>0.75</td><td>0.50</td><td>0.50</td></tr>
</table></td></tr>
<tr><td>选择</td><td colspan="2">（1）在高速公路、作为干线的一级公路整体式断面的中央分隔带护栏形式选择和宽度确定时，应着重考虑护栏的防护功能需要，选择可有效防止车辆失控冲过中央分隔带的护栏形式及对应的中央分隔带宽度。
（2）对于承担集散功能的一级公路，中央分隔带宽度应根据中间物理隔离措施的宽度确定。这里的中间物理隔离措施是指可不具备安全防护功能，仅具有物理隔离功能的护栏等措施。
（3）多车道公路如通过管理措施，内侧车道仅限于小型车辆通行时，左侧路缘带经论证可采用 0.50m。
对中央分隔带宽度指标，既有反映《标准》（2003）“一般值”过宽的，也有反映“最小值”不足的。其根源在于对中央分隔带功能定位的不同和项目区域建设条件的差异。如早期高速公路多在中央分隔带内考虑预埋通信管线、绿化等需要，后期有项目则主要考虑设置护栏和防眩设施等功能需要。另外，随着新型护栏等设施的不断发展，能够满足中央分隔带基本分隔和安全防护功能的最小宽度指标也逐渐缩减。
《标准》（2014）不再指定出中央分隔带宽度推荐值，但强调：中央分隔带宽度应从对向隔离、安全防护的主要功能出发，综合考虑中央分隔带护栏的防护形式和防护能力确定。
高速公路、一级公路的一般路基路段和中、小型桥梁构造物路段，通常应尽量避免因采用不同的中央分隔带宽度引起公路线形和车辆行驶轨迹的频繁变化。对于路基与整体式结构的桥梁路段，在采用不同的中央分隔带（宽度）前后，均应设置必要的过渡段，以保持行车轨迹的连续性</td></tr>
</table>

2.3.4 断面路肩组成

路　肩　　表 2-25

项　目	内　容
概念	公路路肩具有保护和支撑路面结构、提供行车道侧向余宽和侧向通视条件、为故障车辆提供临时停靠空间等功能。公路路肩分为硬路肩和土路肩两部分,其中土路肩还具有为各类护栏、标志牌提供设置空间的作用。 硬路肩(hard shoulder) 与行车道相连,具有一定路面强度的带状部分。主要用于:为行车提供侧向余宽,为路面结构提供横向保护,为故障车辆紧急停车提供全部或者部分宽度等
规定	路肩宽度应符合下表 1 的规定,并应符合下列规定: (1)高速公路和一级公路直在右侧硬路肩宽度内设右侧路缘带,其宽度为 0.50m。 (2)高速公路和一级公路采用分离式断面时,应设置左侧硬路肩,其宽度不应小于下表 2 的规定值。左侧硬路肩宽度包含左侧路缘带宽度。 (3)八车道及以上高速公路宜设置左侧硬路肩,其宽度应不小于 2.5m。左侧硬路肩宽度包含左侧路缘带宽度。

各级公路路肩宽度

公路等级(功能)		高速公路			一级公路(干线功能)	
设计速度(km/h)		120	100	80	100	80
右侧硬路肩宽度(m)	一般值	3.00 (2.50)	3.00 (2.50)	3.00 (2.50)	3.00 (2.50)	3.00 (2.50)
	最小值	1.50	1.50	1.50	1.50	1.50
土路肩宽度(m)	一般值	0.75	0.75	0.75	0.75	0.75
	最小值	0.75	0.75	0.75	0.75	0.75
公路等级(功能)		一级公路(集散功能)和二级公路		三级公路、四级公路		
设计速度(km/h)		80	60	40	30	20
右侧硬路肩宽度(m)	一般值	1.50	0.75	—	—	—
	最小值	0.75	0.25			
土路肩宽度(m)	一般值	0.75	0.75	0.75	0.50	0.25(双车道) 0.50(单车道)
	最小值	0.5	0.5			

注:①正常情况下,应采用表中"一般值";在设爬坡车道、变速车道及超车道路段,受地形、地物等条件限制路段及上部结构为整体式多车道公路特大桥,可论证采用表中"最小值"。

②高速公路和作为干线功能的一级公路以通行小客车为主时,右侧硬路肩宽度可采用括号内数值

分离式断面高速公路和一级公路左侧路肩宽度

设计速度(km/h)	120	100	80	60
左侧硬路肩宽度(m)	1.25	1.00	0.75	0.75
左侧土路肩宽度(m)	0.75	0.75	0.75	0.5

续上表

项　目	内　容
选择	总体上，公路路肩宽度主要依据项目功能、设计速度确定。"最小值"是对应技术等级（项目功能）和设计速度条件下，满足行车安全需要和发挥路肩基本功能的最小宽度值。 我国公路货运车型向大型的5轴和6轴车型集中，而此类车型的基本宽度均为（甚至超过）2.50m。为满足大型货运车型临时故障停靠硬路肩的需要，并减少因其停车对相邻车道通行与安全的影响，高速公路和作为干线一级公路的右侧硬路肩的"一般值"为3.00m，"最小值"为1.50m，主要通行小客车时右侧硬路肩也可采用2.5m。 对于高速公路和一级公路分离式断面，应设置左侧硬路肩，左侧硬路肩内包含左侧路缘带。规定值为满足行车安全需要和发挥路肩基本功能的最小宽度值。 在双向八车道及以上多车道高速公路中，左侧硬路肩可满足内侧车道上的事故车辆临时停车需要，对于保证公路通行能力和行车安全具有实际作用。考虑到我国八车道以上多车道高速公路实践较少，且已建成的八车道高速公路均未设置左侧硬路肩等情况，规定：八车道及以上的多车道高速公路，有条件时应设置左侧硬路肩。由于多车道高速公路内侧车道上行驶的车辆以小型车为主，要求左侧硬路肩的宽度不应小于2.50m

2.3.5 断面其他组成

其　他　　表2-26

项　目	内　容
紧急停车带	为满足故障车辆临时停靠的需要，要求在高速公路和作为干线的一级公路右侧硬路肩宽度小于2.50m时，应设置紧急停车带。紧急停车带应与车道平行，在车道外侧设置，为方便车辆驶入，且其两端需要设置一定长度的过渡段。紧急停车带宽度内一般包含硬路肩的宽度。 高速公路和作为干线的一级公路右侧硬路肩宽度小于2.50m时，应设置紧急停车带。紧急停车带宽度应为3.50m，有效长度不应小于40m，间距不宜大于500m
加（减）速车道及过渡段	由于加（减）速车道分别在不同的地点使用，有不同的特点和要求，对加减速车道仅作一般性规定。 二级公路在各类设施出入口处应设置必要的过渡段，以满足车辆提前驶离车道、安全减速进入的需求。 互通式立体交叉、服务区、停车区、公共汽车停靠站、管理设施等的出入口处，高速公路、一级公路应设置加（减）速车道，二级公路应设置过渡段
爬坡车道	应对路段内大型车的爬坡性能和混入率对通行能力及大、小车型速度差等的影响进行分析，以确定是否设置爬坡车道。爬坡车道宽度内不包含右侧硬路肩的宽度。 六车道及以上的公路一般采用分车道行驶，外侧车道行驶的载重汽车对公路整体的通行能力、服务水平影响较小，可不设置爬坡车道。 高速公路、一级公路以及二级公路的连续上坡路段，当通行能力、运行安全受到影响时，应设置爬坡车道。爬坡车道宽度不应小于3.50m。六车道以上的高速公路，可不设置爬坡车道
避险车道	避险车道（evacuation/escape lane）在行车道外侧增设的、供制动失效车辆驶离、减速停车、自救的专用车道。 在连续长、陡下坡路段，为便于制动失效车辆撤离行车道，应结合交通安全评价，论证是否需要设置避险车道以及避险车道的设置位置。避险车道的设置位置应与主线保持恰当的驶离角度，并应修建在失控车辆不能安全转弯的主线弯道之前以及修建在坡底人口稠密区之前。 连续长、陡下坡路段，应结合交通安全评价论证设置避险车道
超车道	二级公路采用中间不分隔的对向行车方式，车辆需要占用对向车道进行超车。在交通量较大且货车比例较高时，由于货车运行速度较低，其后的车辆会出现大量的超车需求，使得利用对向车道进行超车难度增大，对行车安全不利。鉴于我国二级公路中设置超车道的实践较少，从安全角度，设置超车道的路段，需要对应增设必要的交通安全设施，加强交通组织管理。 二级公路货车比例较高时，可根据需要局部增设超车道。超车道宽度应按相应路段的车道宽度确定

续上表

项目	内容
慢车道	二级公路在慢行车辆交通量较大或街道化程度严重时,可论证采取加宽硬路肩的方式增设慢车道,通过画线分快、慢车道进行通行管理,以减少慢行车辆对车道内行驶车辆的纵、横向干扰,但这类公路仍属双车道范畴。考虑到增加慢车道后公路路基宽度增加,可能出现车辆通行速度提升等现象,从行车安全角度,应增加必要的交通安全设施,实施速度控制,加强交通组织管理。 二级公路慢行车辆较多时,可根据需要采用加宽硬路肩的方式设置慢车道,并应增加必要的交通安全设施,加强交通组织管理
错车道	四级公路采用单车道路基时,应设置错车道。错车道的间距应根据错车时间、视距、交通量等情况决定。国外有的规定最大错车时间为30s左右,其最大间距应不大于300m。对设置间距可结合地形等情况,在适当距离内设置错车道。错车位置至少可以看到相邻两个错车道的情况 四级公路采用单车道时,应设置错车道。设置错车道路段的路基宽度不应小于双车道的路基宽度
非机动车道等	在城市出入口和城乡结合区域,公路两侧出现大量的非汽车交通,出现公路承担类似城市道路功能的实际需求。规定对于城市出入口和城乡结合区域承担集散功能的一级公路和二级公路,可根据非汽车交通需求,参考城市道路设计规范论证设置侧分隔带、非机动车道和人行道。 非机动车、行人密集公路和城市出入口的公路,可根据需要设置侧分隔带、非机动车道和人行道

2.3.6 路基宽度

路基宽度 表2-27

项目		内容及图式
组成		公路路基宽度为车道宽度与路肩宽度之和,当设有中间带、加(减)速车道、爬坡车道、紧急停车带、超车道、错车道、慢车道、侧分隔带、非机动车道、人行道等时,应计入这些部分的宽度
要求		公路路基横断面中各组成部分宽度应以满足行车安全要求为前提,根据项目交通功能、各组成部分所具备功能、设计交通量以及沿线地形等建设和通行条件综合确定。在具体项目横断面形式选择时,尤其是在各类构造物与路基宽度变化路段,应首先保持与驾驶员安全行车密切相关的行车道、路缘带,包括侧向余宽的连续性。 由于一般公路项目设计和服务的交通量均为双向、等值的,因此,除局部单一方向设置的辅助车道、加(减)速车道、紧急停车带、避险车道、爬坡车道等外,一般公路路基横断面中各部分宽度上、下行方向应对称设置
布置形式	类型	公路横断面布置形式一般分为整体式断面形式和分离式断面形式。高速公路和一级公路应根据地形、地貌等实际条件,因地制宜选用(或分段选用)整体式和分离式断面形式。根据相关专题研究,多车道公路当双向车道数达到十条及以上时,不宜采用整体式断面,推荐采用内、外幅分离的复合式断面布置形式
	Ⅰ式	下图为高速公路和一级公路整体式断面形式的示意图。图中,左侧为六车道断面形式,右侧为四车道断面形式。 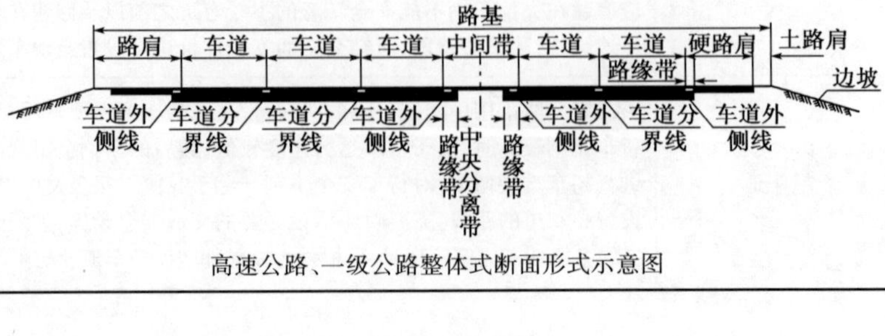 高速公路、一级公路整体式断面形式示意图

续上表

<table>
<tr><th colspan="2">项　　目</th><th>内容及图式</th></tr>
<tr><td rowspan="3">布置形式</td><td>Ⅱ式</td><td>在山岭、丘陵地段或地形受制约地段，采用整体式断面工程量过大时，宜采用分离式断面形式。在沙漠、戈壁和草原等地区，有条件时宜采用分离式断面形式或宽中央分隔带的整体式断面形式。下图为高速公路和一级公路分离式断面形式的示意图

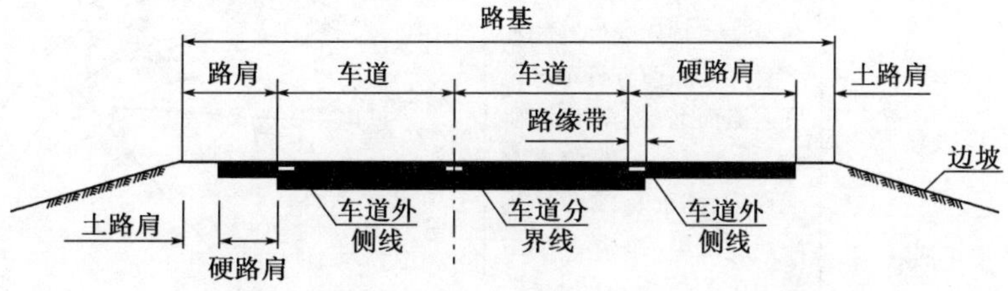

高速公路、一级公路分离式断面形式示意图(右幅断面)</td></tr>
<tr><td>Ⅲ式</td><td>下图 a)和图 b)为高速公路复合式断面典型形式

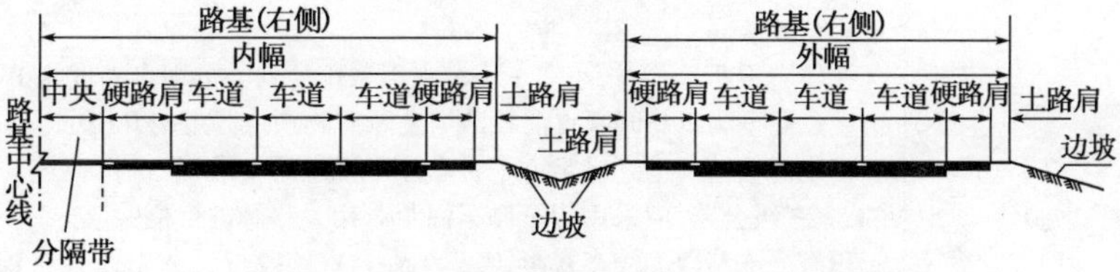

a)高速公路复合式断面形式示意图(内、外幅路基分离)

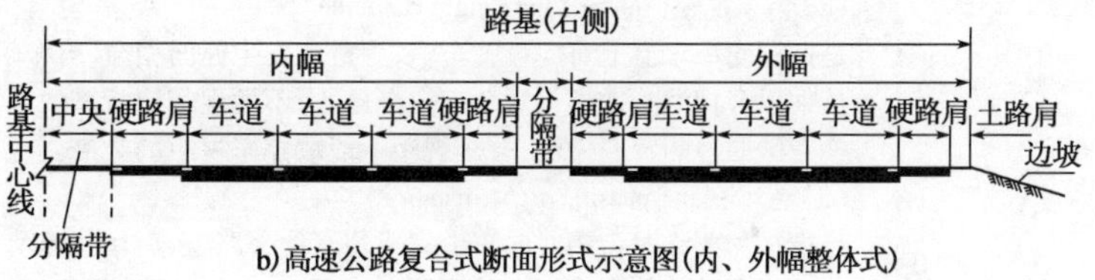

b)高速公路复合式断面形式示意图(内、外幅整体式)</td></tr>
<tr><td>Ⅳ式</td><td>二、三、四级公路为典型的双车道公路(四级公路可能出现单车道的情况)，采用无分隔的双向混合交通组织方式，一般应采用整体式断面形式。下图为典型的双车道公路横断面形式。

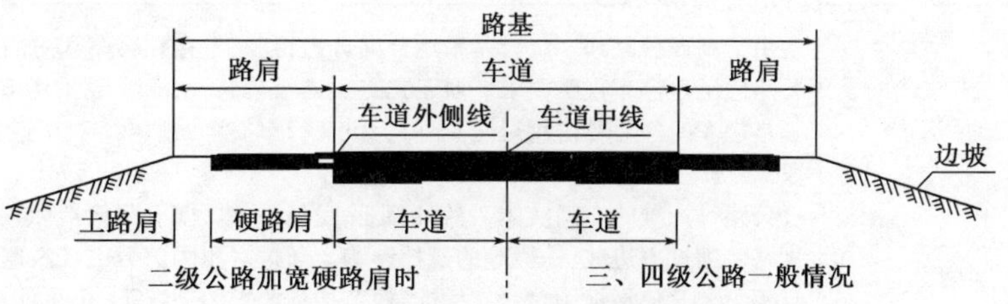

二、三、四级典型断面形式示意图

二级公路作为城乡接合部、混合交通量大的集散公路，可根据实际需要加宽右侧硬路肩设置慢车道。设置有慢车道的二级公路，应严格限制车辆运行速度，禁止车辆随意穿越，以避免车辆占用对向车道超车和车辆随意掉头等影响安全的现象</td></tr>
</table>

2.3.7 视距

视　　距　　表 2-28

项　目	内容及图式	
概念	视距(sight distance)是指在车辆正常行驶中,驾驶员从正常驾驶位置能连续看到公路前方行车道范围内路面上一定高度障碍物,或者看到公路前方交通设施、路面标线的最远距离。这里的距离是指沿车道中心线量得的长度,如右图所示	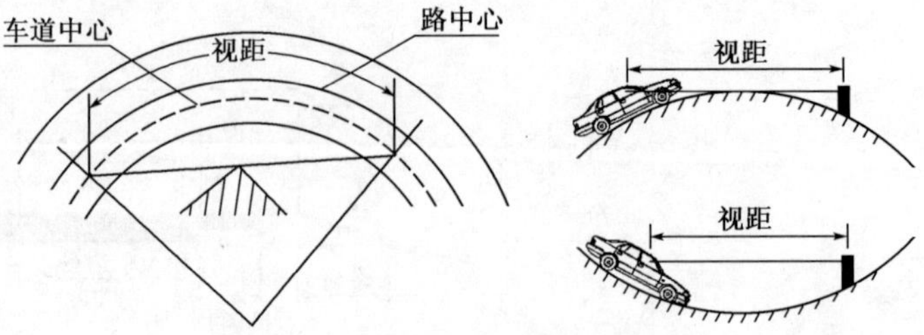 公路平面视距和纵面视距示意图
类型	公路视距主要包括:停车视距、超车视距、会车视距及识别视距等。 (1)停车视距(stopping sight distance) 是指车辆以一定速度行驶中,驾驶员自看到前方障碍物时起,至到达障碍物前安全停车止所需要的最短行驶距离。 在停车视距检验时,小客车停车视距采用的驾驶员视点高度为1.2m,载重货车停车视距采用的驾驶员视点高度为2.0m,视点前方路面上障碍物顶点高度为0.10m。 由于一些情况下还满足不了货车停车视距的要求,规定:“高速公路、一级公路以及大型车比例较高的二、三级公路,应采用货车停车视距对相关路段进行检验”。 积雪冰冻路段的停车视距,考虑到在这些路段行驶的车速会有较大幅度的降低,也可不再调增。但对重要干线公路,可根据各地要求的必须保证安全的最低车速适当调增停车视距。 (2)会车视距(intermediate sight distance) 是指在同一车道上对向行驶车辆,为避免发生迎面相撞,自车辆在行驶过程中发现对向来车起,至驾驶员采取合理的减速操作后两车安全停止、不发生相撞所需的最短行驶距离。 参考国内外的普遍做法,会车视距一般取停车视距的2倍。 (3)超车视距(passing sight distance) 是指在需要临时占用对向车道完成超车的公路上,后车超越前车过程中,自开始驶离原车道起,至可见对向来车并能超车后安全驶回原车道所需的最短行驶距离。 在超车视距检验时,小客车采用的驾驶员视点高度为1.2m,载重货车采用的驾驶员视点高度为2.0m,视点前方路面上障碍物顶点高度为0.60m,即对向车辆(小客车)的前灯高度。 (4)识别视距(identifying sight distance) 是指车辆以一定速度行驶中,驾驶员自看清前方分流、合流、交叉、渠化、交织等各种行车条件变化时的导流设施、标志、标线,做出制动减速、变换车道等操作,至变化点前使车辆达到必要的行驶状态所需要的最短行驶距离	
要求	由于高速公路和一级公路采用分向分道行驶,不存在会车和对向超车等需求,因此,高速公路和一级公路应满足停车视距要求。对于二、三、四级公路,由于一般采用双向行驶的交通组织方式,其行车特征是超车时经常要占用对向车道,为保证行车安全,规定:“双车道公路应间隔设置具有超车视距的路段”。 公路是三维的空间实体,公路视距除受到平、纵、横等几何指标、参数和平纵组合等影响外,还可能受到路侧填挖方边坡、护栏等的遮挡影响。通过对我国部分山区高速公路进行视距检验评价发现:在平、纵等主要几何指标满足对应标准、规范指标要求的情况下,仍可能存在视距不良(不足)的情况。规定对于公路平面和纵断面指标较低、平纵线形组合复杂路段,应进行对应的视距检验。对于视距不良路段或区域,应采取相应的技术措施予以改善。 在公路各类出入口区域,由于驾驶员需要及时辨识出(入)口位置、适时选择转换车道、进行加(减)速驶入(驶出)等操作,存在交通流交织和冲突等现象,公路互通式立交、避险车道、爬坡车道、停车区、服务区等各类出入口区域应满足识别视距要求	

续上表

项目	内容及图式

规定

视距应符合下列规定：

(1)高速公路、一级公路的停车视距应不小于下表1规定。

(2)二、三、四级公路的停车视距、会车视距与超车视距应不小于下表2规定。

(3)互通式立交、服务区、停车区、公共汽车停靠站等各类出、入口应满足识别视距要求。

(4)双车道公路应间隔设置满足超车视距的路段。

(5)高速公路、一级公路以及大型车比例较高的二、三级公路，应采用货车停车视距对相关路段进行检验。货车的停车视距、识别视距应符合下表3～表6的规定。

(6)积雪冰冻地区的停车视距宜适当增长。

表1 高速公路、一级公路停车视距

设计速度(km/h)	120	100	80	60
停车视距(m)	210	160	110	75

表2 二、三、四级公路停车、会车与超车视距

设计速度(km/h)	80	60	40	30	20
停车视距(m)	110	75	40	30	20
会车视距(m)	220	150	80	60	40
超车视距(m)	550	350	200	150	100

表3 高速公路、一级公路停车视距和货车停车视距

设计速度(km/h)	120	100	80	60
停车视距(m)	210	160	110	75
货车停车视距(m)	245	180	125	85

表4 二、三、四级公路停车视距和货车停车视距

设计速度(km/h)	80	60	40	30	20
停车视距(m)	110	75	40	30	20
货车停车视距(m)	125	85	50	35	20

表5 货车停车视距

下坡方向纵坡坡度(%)	设计速度(km/h)										
	120	110	100	90	80	70	60	50	40	30	20
0	245	210	180	150	125	100	85	65	50	35	20
3	265	225	190	160	130	105	89	66	50	35	20
4	273	230	195	161	132	106	91	67	50	35	20
5	—	236	200	165	136	108	93	68	50	35	20
6	—	—	—	169	139	110	95	69	50	35	20
7	—	—	—	—	—	—	—	70	50	35	20
8	—	—	—	—	—	—	—	—	—	35	20
9	—	—	—	—	—	—	—	—	—	—	20

注：货车停车视距在下坡路段，应随坡度大小进行修正。

表6 不同设计速度对应的识别视距

设计速度(km/h)	120	100	80	60
识别视距(m)	350 (460)	290 (380)	230 (300)	170 (240)

注：括号中为行车环境复杂、路侧出入口提示信息较多时应采取的视距值

2.3.8 路基宽度

路 基 宽 度 表 2-29

项 目	内容及图式
组成	公路路基宽度为车道宽度与路肩宽度之和,当设有中间带、加(减)速车道、爬坡车道、紧急停车带、超车道、错车道、慢车道、侧分隔带、非机动车道、人行道等时,应计入这些部分的宽度
要求	公路路基横断面中各组成部分宽度应以满足行车安全要求为前提,根据项目交通功能、各组成部分所具备功能、设计交通量以及沿线地形等建设和通行条件综合确定。在具体项目横断面形式选择时,尤其是在各类构造物与路基宽度变化路段,应首先保持与驾驶员安全行车密切相关的行车道、路缘带,包括侧向余宽的连续性。 由于一般公路项目设计和服务的交通量均为双向、等值的,因此,除局部单一方向设置的辅助车道、加(减)速车道、紧急停车带、避险车道、爬坡车道等外,一般公路路基横断面中各部分宽度上、下行方向应对称设置

2.3.9 直线长度

直 线 长 度 表 2-30

项 目	内 容
概念	直线是公路几何线形的主要组成部分。 在公路平面线形中,圆曲线间直线过短,会造成线形组合生硬、视觉上不连续等问题。而直线过长,则会出现公路线形单调,容易诱发驾驶疲劳问题,对行车安全不利。 根据"西部地区公路运行速度设计方法和安全性评价与检验技术"等相关研究成果,评价公路平曲线中直线段长度的安全性,应主要依据检验直线段与相邻路段的运行速度的协调性。对于不得已采用长直线的路段,应注意采取限速、警示等管理措施。有条件时,视条件增加路侧视线诱导设施
规定	直线的最大与最小长度应有所限制

2.3.10 圆曲线

圆曲线最小半径与超高 表 2-31

<table>
<tr><th>项 目</th><th>内 容</th></tr>
<tr><td>规定</td><td>
(1)圆曲线最小半径应符合下表的规定。
表 圆曲线最小半径
<table>
<tr><td colspan="2">设计速度(km/h)</td><td>120</td><td>100</td><td>80</td><td>60</td><td>40</td><td>30</td><td>20</td></tr>
<tr><td rowspan="4">设最大超高(%)最小半径(m)</td><td>10</td><td>570</td><td>360</td><td>220</td><td>115</td><td>—</td><td>—</td><td>—</td></tr>
<tr><td>8</td><td>650</td><td>400</td><td>250</td><td>125</td><td>60</td><td>30</td><td>15</td></tr>
<tr><td>6</td><td>710</td><td>440</td><td>270</td><td>135</td><td>60</td><td>35</td><td>15</td></tr>
<tr><td>4</td><td>810</td><td>500</td><td>300</td><td>150</td><td>65</td><td>40</td><td>20</td></tr>
<tr><td rowspan="2">不设超高(%)最小半径(m)</td><td>路拱≤2.0</td><td>5 500</td><td>4 000</td><td>2 500</td><td>1 500</td><td>600</td><td>350</td><td>150</td></tr>
<tr><td>路拱>2.0</td><td>7 500</td><td>5 250</td><td>3 350</td><td>1 900</td><td>800</td><td>450</td><td>200</td></tr>
</table>
注:"—"为不考虑采用最大超高的情况。
(2)公路圆曲线半径小于上表"不设超高最小半径"时,应设置圆曲线超高。最大超高应符合下列规定:
①一般地区,圆曲线最大超高应采用8%。
②积雪冰冻地区,最大超高值应采取6%。
③以通行中、小型客车为主的高速公路和一级公路,最大超高可采用10%。
④城镇区域公路,最大超高值可采取4%
</td></tr>
</table>

续上表

项目		内容
设超高最小半径	确定原则与方法	（见下文）

圆曲线最小半径是以汽车在曲线部分能安全又顺适地行驶所需要的条件而确定的。圆曲线最小半径的实质是汽车行驶在公路曲线部分时，所产生的离心力等横向力不超过轮胎与路面的摩阻力所允许的界限。

根据车辆在弯道上行驶时的受力状况及各种力的几何关系，可推导出如下计算公式：

$$R = V^2/[127(\mu + i_h)]$$

式中：R——曲线半径(m)；

V——车辆速度(km/h)；

μ——横向力系数，极限值为路面与轮胎之间的横向摩阻系数；

i_h——路面的横向坡度。

计算最小圆曲线半径时，式中的 V 采用各级公路相应的设计速度，因此，确定圆曲线最小半径的关键参数是横向力系数和超高横坡。

横向力系数的大小直接影响乘车人的舒适感。根据测试获得的小客车、大客车、大中型货车在43个观测路段上运行时乘车人的舒适度感受数据，运用心理学方法和统计方法分析，整理得出各种车型在不同行驶速度下对应的横向力系数阈值，如下图所示。

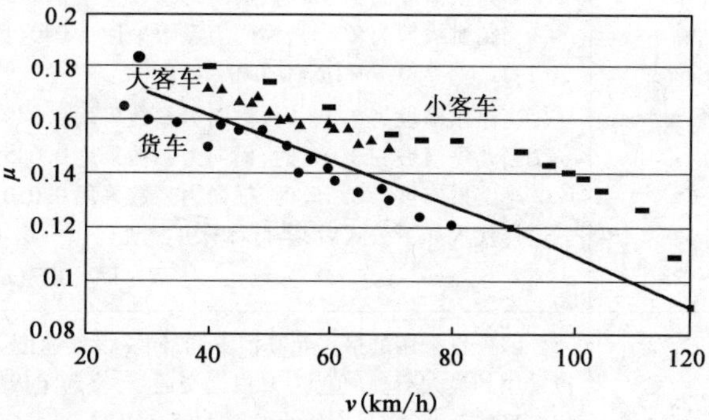

横向力系数取值示意图

确定横向力系数的设计值，既要通过实测路面与轮胎之间的摩擦系数范围，还要考虑驾乘人员在行驶中所能忍受的横向力的大小和舒适感，综合平衡二者后才能确定。

经过对43个观测点极限摩阻系数的测试，样本路段的极限横向摩阻系数均在0.3以上，设计用的横向力系数(0.10～0.17)，占极限横向摩阻系数的比例较小，安全度较高，基本上可以避免横向滑移的危险。

根据以上分析，《标准》(2014)在计算最小圆曲线半径时采用了下表1所列横向力系数及超高值。

表1　圆曲线最小半径的横向力系数及超高值

设计速度 V(km/h)	120	100	80	60	40	30	20
横向力系数 μ	0.10	0.12	0.13	0.15	0.15	0.16	0.17
超高值 i_h	6	6	6	6	6	6	6
	8	8	8	8	8	8	8
	10	10	10	10	10	10	10

《标准》(2014)规定的超高值变化范围在6%～10%之间。计算圆曲线最小半径时，分别用6%、8%和10%的超高值代入计算，将计算结果取整，即得出本标准规定的圆曲线最小半径“极限值”，如表2所示。

续上表

<table>
<tr><th>项　目</th><th colspan="2">内　容</th></tr>
<tr><td rowspan="2">设超高
最小半径</td><td>确定原则
与方法</td><td>
<table>
<tr><td colspan="9">表2　圆曲线最小半径极限值(m)</td></tr>
<tr><td colspan="2">设计速度 V(km/h)</td><td>120</td><td>100</td><td>80</td><td>60</td><td>40</td><td>30</td><td>20</td></tr>
<tr><td rowspan="3">超高值 i_h(%)</td><td>10</td><td>570</td><td>360</td><td>220</td><td>115</td><td>50</td><td>30</td><td>15</td></tr>
<tr><td>8</td><td>650</td><td>400</td><td>250</td><td>125</td><td>55</td><td>30</td><td>15</td></tr>
<tr><td>6</td><td>710</td><td>440</td><td>270</td><td>135</td><td>60</td><td>35</td><td>15</td></tr>
</table>
</td></tr>
<tr><td>选择</td><td>《标准》(2014)给出了直接影响行车安全性的圆曲线最小半径的两种值:即“最小值”和“不设超高最小半径”。公路线形设计时,应根据沿线地形等情况,合理选用不小于“最小值”圆曲线半径。在不得已情况下,方可使用“最小值”。
选用曲线半径时,既要适应沿线地形地物条件变化,同时应注意前后线形协调,不应突然采用小半径曲线。长直线或大半径圆曲线路段,不能采用最小圆曲线半径。从地形条件好的区段进入地形条件较差区段时,线形技术指标应逐渐过渡,防止突变</td></tr>
<tr><td>不设超高
最小
半径</td><td colspan="2">圆曲线半径大于一定数值时,可以不设置超高,而允许设置等于直线路段路拱的反超高。
从行驶的舒适性考虑,必须把横向力系数控制到最小值。
(1)$i_{路拱} \leq 2.0\%$时,$\mu = 0.035 \sim 0.040$
①当路拱横坡为1.5%时,横向力系数采用0.035;
②当路拱横坡为2%时,横向力系数采用0.040。
(2)$i_{路拱} > 2.0\%$时,$\mu = 0.040 \sim 0.050$
①当路拱横坡为2.5%时,横向力系数采用0.040;
②当路拱横坡为3.0%时,横向力系数采用0.045;
③当路拱横坡为3.5%时,横向力系数采用0.050
这样代入如下公式后,进行计算并整理得出一组不设超高的最小半径值。
$$R = V^2/[127(\mu - i_{路拱})]$$</td></tr>
<tr><td>最大超高</td><td colspan="2">公路项目采用的最大超高值不同,同一设计速度下,圆曲线最小半径应是不相同的。公路项目拟采用的最大超高(值)主要根据交通量、交通组成和公路行车环境等条件确定。大型货运车辆占比较高的公路,宜采用较小的最大超高(值)。对于存在积雪冰冻情况的地区,公路项目最大超高不应大于6%。城市区域考虑到非机动车等通行特点,公路项目最大超高不宜大于4%</td></tr>
</table>

2.3.11 缓和曲线

缓和曲线　　表2-32

<table>
<tr><th>项　目</th><th>内　容</th></tr>
<tr><td>概念</td><td>为使公路平曲线中直线与圆曲线之间实现顺适的衔接过渡,规定高速公路,一、二、三级公路的直线与不设置超高的圆曲线(半径)相衔接处,应设置缓和曲线进行连接。由于回旋线的特性接近公路行驶车辆在弯道上的行驶轨迹,规定公路缓和曲线采用回旋线。
回旋线的基本公式为:
$$r \cdot l = A^2$$
式中:r——回旋线上某点的曲线半径(m);
l——回旋线上某点到原点的曲线长(m);
A——回旋线参数(m)</td></tr>
<tr><td>回旋线最小
长度</td><td>回旋线最小长度系曲率变化需要的最小长度。沿双车道中线轴旋转的超高缓和长度基本上可以概括并适用一般情况。但是,有时以行车道边缘线为旋转轴,或者车道数较多或较宽的,则可能超高所需缓和段长度大于曲率变化的缓和段长度,因此应视这两个缓和段长度的计算结果采用其中较大的一个。缓和段长度一经确定,就应在其中同时进行各种需要的渐变。
缓和段一般包括下列内容:</td></tr>
</table>

续上表

项　　目	内　　容
回旋线最小长度	(1)曲率变化缓和段(从直线向曲线或从大半径曲线向小半径曲线变化); (2)横向坡度变化的缓和段(直线段的路拱横坡度渐变至弯道超高横坡度的过渡或曲线部分不同的横坡度的过渡); (3)加宽缓和段(直线段的标准宽度向曲线部分加宽宽度之间的渐变)
规定	直线与小于不设超高最小半径的圆曲线相衔接处,应设置缓和曲线。缓和曲线采用回旋线,应符合下列规定: (1)缓和曲线参数及其长度应根据线形设计以及对安全、视觉、景观等的要求,选用较大的数值。 (2)四级公路直线与小于不设超高最小半径的圆曲线相衔接处,可不设置缓和曲线,用超高、加宽缓和段相连接

2.3.12 纵坡与坡长

纵 坡 与 坡 长　　表 2-33

<table>
<tr><th colspan="2">项　　目</th><th colspan="8">内　　容</th></tr>
<tr><td rowspan="16">规定</td><td rowspan="4">最大纵坡</td><td colspan="8">最大纵坡应符合下表的规定,并应符合下列规定:
(1)设计速度为120km/h、100km/h、80km/h的高速公路受地形条件或其他特殊情况限制时,经技术经济论证,最大纵坡值可增加1%。
(2)公路改扩建中,设计速度为40km/h、30km/h、20km/h的利用原有公路的路段,经技术经济论证,最大纵坡值可增加1%。
(3)二级及二级以下公路的越岭路线连续上坡(或下坡)路段,相对高差为200~500m时,平均纵坡不应大于5.5%;相对高差大于500m时,平均纵坡不应大于5%。任意连续3km路段的平均纵坡不应大于5.5%。
(4)高速公路、一级公路应论证采用合理的平均纵坡。对存在连续长、陡纵坡的路段应进行安全性评价</td></tr>
<tr><td colspan="8">最大纵坡</td></tr>
<tr><td>设计速度(km/h)</td><td>120</td><td>100</td><td>80</td><td>60</td><td>40</td><td>30</td><td>20</td></tr>
<tr><td>最大纵坡(%)</td><td>3</td><td>4</td><td>5</td><td>6</td><td>7</td><td>8</td><td>9</td></tr>
<tr><td rowspan="12">最大坡长</td><td colspan="8">不同纵坡的最大坡长应符合下表的规定</td></tr>
<tr><td colspan="8">不同纵坡的最大坡长(m)</td></tr>
<tr><td rowspan="2">纵坡坡度(%)</td><td colspan="7">设计速度(km/h)</td></tr>
<tr><td>120</td><td>100</td><td>80</td><td>60</td><td>40</td><td>30</td><td>20</td></tr>
<tr><td>3</td><td>900</td><td>1 000</td><td>1 100</td><td>1 200</td><td>—</td><td>—</td><td>—</td></tr>
<tr><td>4</td><td>700</td><td>800</td><td>900</td><td>1 000</td><td>1 100</td><td>1 100</td><td>1 200</td></tr>
<tr><td>5</td><td>—</td><td>600</td><td>700</td><td>800</td><td>900</td><td>900</td><td>1000</td></tr>
<tr><td>6</td><td>—</td><td>—</td><td>500</td><td>600</td><td>700</td><td>700</td><td>800</td></tr>
<tr><td>7</td><td>—</td><td>—</td><td>—</td><td>500</td><td>500</td><td>500</td><td>600</td></tr>
<tr><td>8</td><td>—</td><td>—</td><td>—</td><td>—</td><td>300</td><td>300</td><td>400</td></tr>
<tr><td>9</td><td>—</td><td>—</td><td>—</td><td>—</td><td>—</td><td>200</td><td>300</td></tr>
<tr><td>10</td><td>—</td><td>—</td><td>—</td><td>—</td><td>—</td><td>—</td><td>200</td></tr>
</table>

续上表

<table>
<tr><th>项　目</th><th colspan="2">内　容</th></tr>
<tr><td rowspan="2">最大纵坡</td><td>适应性</td><td>高速公路设计速度为120km/h的最大纵坡规定为3%,因为小客车在3%的坡道上行驶,同在水平路段上行驶相比较,只是在保持自由速度方面有轻微的影响。在较陡的坡道上,其速度则随着上坡坡度的增大而逐步降低。在下坡道上,小客车的速度略高于水平路段的速度,但也要受各种条件的限制。
3%、4%的最大纵坡适合于高速公路和一级公路以较高行车速度行驶,当高速公路受地形条件或其他特殊情况限制时,经技术经济论证,最大纵坡可增加1%;8%、9%的最大纵坡适合于设计速度为30km/h的三级公路以及设计速度为20km/h的四级公路上低速行驶;5%、6%、7%的最大纵坡适合于80km/h、60km/h、40km/h的设计速度</td></tr>
<tr><td>控制指标</td><td>近年来,我国山区高速公路长大纵坡路段交通事故较为集中,受到各方面的高度关注。“国家道路安全行动计划”等项目对大量事故的深入剖析表明:长大下坡事故致因主要在于“人”和“车”的因素(如违章驾驶、超速、超载、超限等),直接由于道路因素导致的交通事故占比极低(由公路几何线形、路面和维养状况等道路因素直接引发事故的比例低于1%)。并且相关研究均不能揭示事故与公路纵坡坡度、长度之间的直接关系。显然,在车辆正常配载、行车制动系统工作完好、驾驶员操作正确的情况下,按照现行标准纵坡控制指标设计建设的高速公路是能够保证行车安全的。同时,通过国外高速公路相关调研和国内外公路技术标准的纵坡设计指标对比发现:我国纵坡控制指标(不同设计速度对应的最大纵坡坡度指标)与各国基本一致,甚至总体控制指标小于部分欧洲国家的纵坡控制指标偏于安全。
二级、三级和四级公路越岭线纵坡设计的平均纵坡控制指标,对于一条公路项目,“相对高差指标”的要求和“任意连续3*km*路段”的要求应同时满足。
高速公路长大纵坡控制指标是大家关注的焦点性问题,且目前部分在建的山区高速公路项目纵坡设计有明显的采用平缓纵坡方案的趋向,但经分析论证,单纯通过修订降低公路纵坡控制指标,采用更趋于平缓的平均纵坡设计方案,不仅会直接导致公路建设里程、用地、建设规模、造价和运营成本等的显著增加,而且目前相关研究尚不能得出“采用平缓纵坡的方案就能有效提高对应长大纵坡路段的行车安全性”的明确结论。具体项目中,对于可能存在连续纵坡的路段,均应进行安全性评价,基于运行速度等方法对各类指标、速度变化、安全设施等进行检验分析,进而通过优化线形设计、完善安全设施、实施速度管理等综合措施,提升公路的本质安全性</td></tr>
<tr><td>最大坡长</td><td colspan="2">最大坡长是针对采用同一坡度值的单一坡段而言的。当单一纵坡的长度超过标准中规定值,或者路段平均纵坡较大时,应通过通行能力验算,论证设置供大型车辆上坡的爬坡车道。
相关研究表明,在长陡纵坡中间设置缓坡,不利于下坡方向车辆减速,可能会给驾驶员造成进入平坡或反坡的错觉</td></tr>
</table>

2.3.13 竖曲线

竖　曲　线　　表2-34

<table>
<tr><th>项　目</th><th colspan="8">内　容</th></tr>
<tr><td rowspan="5">规定</td><td colspan="8">公路纵坡变更处应设置竖曲线。竖曲线最小半径和最小长度不应小于下表的规定值
竖曲线最小半径和最小长度</td></tr>
<tr><td>设计速度(km/h)</td><td>120</td><td>100</td><td>80</td><td>60</td><td>40</td><td>30</td><td>20</td></tr>
<tr><td>凸型竖曲线最小半径(m)</td><td>11 000</td><td>6 500</td><td>3 000</td><td>1 400</td><td>450</td><td>250</td><td>100</td></tr>
<tr><td>凹型竖曲线最小半径(m)</td><td>4 000</td><td>3 000</td><td>2 000</td><td>1 000</td><td>450</td><td>250</td><td>100</td></tr>
<tr><td>竖曲线最小长度(m)</td><td>100</td><td>85</td><td>70</td><td>50</td><td>35</td><td>25</td><td>20</td></tr>
</table>

续上表

项　目	内　容
最小半径	竖曲线最小半径的“极限值”是汽车在纵坡变更处行驶时，为了缓和冲击和保证视距所需的最小半径的计算值，该值在受地形等特殊情况约束时方可采用。竖曲线半径“一般值”是竖曲线最小半径“极限值”的1.5～2.0倍。竖曲线最小半径“极限值”的计算及整理如下表1和表2所示。

表1　凸形竖曲线最小半径“极限值”的计算

设计速度（km/h）	停车视距 D（m）	缓冲冲击所要求的曲线长度（m） $L_{v1}=\frac{v^2\cdot\Delta}{360}$	视距所要求的曲线长度（m） $L_{v2}=\frac{D^2\cdot\Delta}{400}$	采用值 L_t（m）	极限最小半径（m） $R=\frac{100\cdot L_t}{\Delta}$
120	210	40.0·Δ	111.0·Δ	111·Δ	11 000
100	160	27.8·Δ	64.5·Δ	65·Δ	65 000
80	110	17.8·Δ	30.2·Δ	30·Δ	3 000
60	75	10.0·Δ	14.1·Δ	14·Δ	1 400
40	40	4.4·Δ	4.1·Δ	4.5·Δ	450
30	30	2.5·Δ	2.3·Δ	2.5·Δ	250
20	20	1.1·Δ	1.0·Δ	1.0·Δ	100

表2　凹形竖曲线最小半径“极限值”的计算

设计速度（km/h）	停车视距 D（m）	缓冲冲击所要求的曲线长度（m） $L_{v1}=\frac{v^2\cdot\Delta}{360}$	前灯光束距离所要求的曲线长度 $L_{v2}=\frac{D^2\cdot\Delta}{150+5.24\cdot D}$	跨线桥下视距所要求的曲线长度 $L_{v3}=\frac{D^2\cdot\Delta}{2\,692}$	采用值 L_t（m）	极限最小半径（m） $R=\frac{100\cdot L_t}{\Delta}$120
120	210	40.0·Δ	35.3·Δ	16.4·Δ	40·Δ	4 000
100	160	27.8·Δ	25.9·Δ	9.5·Δ	30·Δ	3 000
80	110	17.8·Δ	16.7·Δ	4.4·Δ	20·Δ	2 000
60	75	10.0·Δ	10.4·Δ	2.1·Δ	10·Δ	1 000
40	40	4.4·Δ	4.4·Δ	0.6·Δ	4.5·Δ	450
30	30	2.5·Δ	2.9·Δ	0.3·Δ	2.5·Δ	250
20	20	1.1·Δ	1.60·Δ	0.2·Δ	1.0·Δ	100

注：v——行车速度（计算时采用计算行车速度）（km/h）；D——视距（计算时采用停车视距）（m）；L_t——采用的竖曲线长度（m）；Δ——坡度差（%）；R——极限最小半径（m）

项　目	内　容
最小长度	竖曲线长度过短，会给驾驶员在纵面上一个很急促折曲的感觉，影响行车的舒适性。规定的最小竖曲线长度按3s设计速度行程长度而确定

2.4　路线交叉

2.4.1 交叉工程类型

交 叉 类 型　　表2-35

项　目	内　容
交叉类型	根据相交路及相交构筑物的性质、等级，公路交叉可分为公路与公路交叉、公路与铁路交叉、公路与乡村道路交叉和公路与管线交叉等。公路与公路交叉可分为立体交叉和平面交叉，交叉的类型应根据相交公路的等级、交通性质和自然条件及交通管理方式等因素综合确定，一般而言，高速公路与其他各级公路交叉，应采用立体交叉；一级公路与交通量大的其他公路交叉，宜采用立体交叉；其他各级公路的交叉，在交通条件需要或有条件的地点，也可采用立体交叉

续上表

项　目	内　容
平面交叉	道路与道路(或铁路)在同一平面上相交称为平面交叉,又称为交叉口
立体交叉	立体交叉是利用跨线构造物使相交的道路与道路(或铁路)在不同高程的平面上相互交叉的连接形式。立体交叉是高速道路(高速公路和城市快速路的统称)必不可少的组成部分。根据相交公路间有无匝道连通,公路与公路立体交叉又可分为互通式立体交叉和分离式立体交叉

2.4.2 公路与公路平面交叉

(1)交叉口的构成

构　成　　表 2-36

组　成	图　式
平面交叉功能区:交叉道路重叠部分构成的几何物理区及车辆进入平面交叉需要进行一系列交通运行操作的交叉上游和下游路段交通功能的延伸影响范围。 平面交叉几何设计范围包括:构成该平面交叉各条岔路的相交部分及其进口、出口道路段和视距三角形所围成的空间	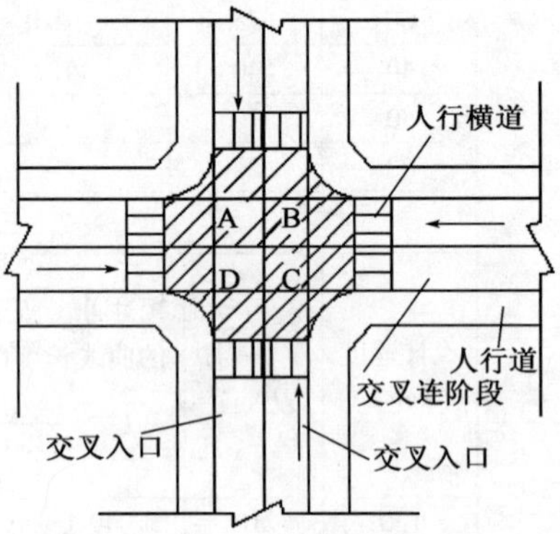

(2)交叉口基本类型

基本类型　　表 2-37

类　别		图　式
T形和Y形	加铺转角式交叉[图 a)]	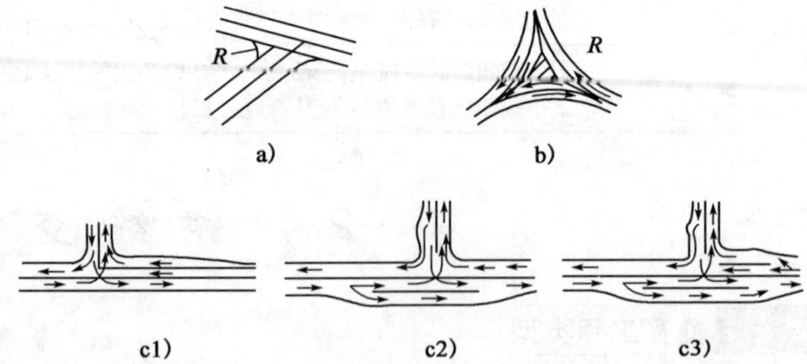a)　b)　c1)　c2)　c3)　d1)　d2)　d3)
	分道转弯式交叉[图 b)]	
	加宽路口式交叉[图 c)]	
	渠化 T 形交叉[图 d)]	

续上表

<table>
<tr><th colspan="2">类　　别</th><th>图　　式</th></tr>
<tr><td rowspan="3">十字形</td><td>简易十字交叉［图 a)］</td><td rowspan="3">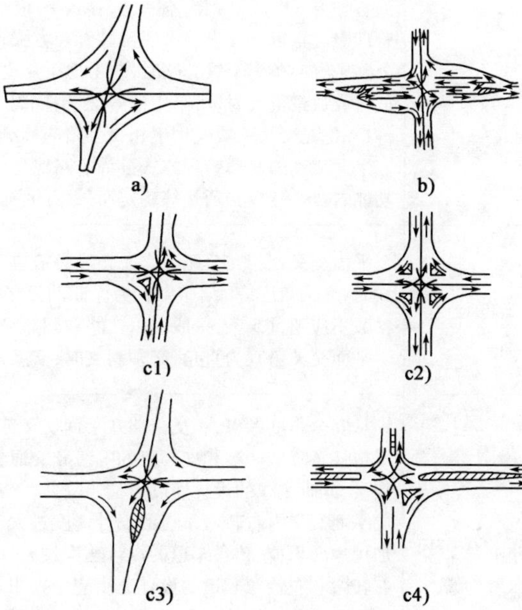
</td></tr>
<tr><td>设附加车道的十字交叉
［图 b)］</td></tr>
<tr><td>渠化十字形交叉
［图 c)］</td></tr>
<tr><td colspan="2">环形平面交叉</td><td>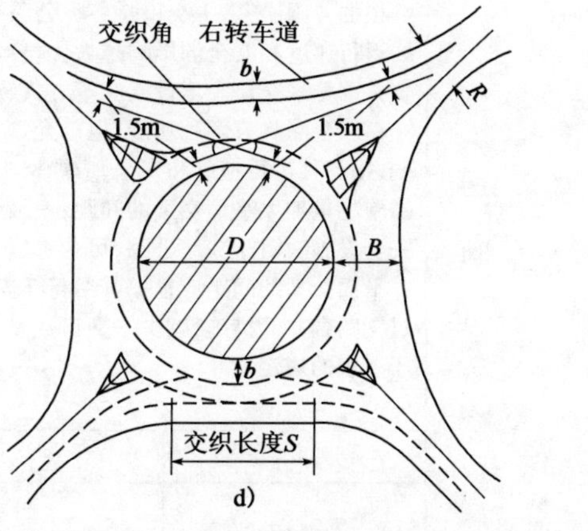
</td></tr>
</table>

(3)交叉口标准规定

标 准 规 定　　表 2-38

项　　目	内　　容
形式选择	平面交叉是公路路网中的节点，其位置和形式的选定直接影响路网整体效益的发挥以及交通安全，因此平面交叉的选址和选型必须综合考虑各种相关因素，同时应体现安全第一的原则，保证相交公路的线形指标等平面交叉各组成要素都能满足其安全要求。 平面交叉形式应根据公路网规划、地形和地质条件及相交公路的公路功能、技术等级、交通量、交通管理方式和用地条件等确定

续上表

<table>
<tr><th>项　目</th><th>内　容</th></tr>
<tr><td>交通管理方式</td><td>目前国内公路平面交叉的交通管理尚未得到充分重视,除信号交叉以外,许多用路者对其他交通管理方式及其规则尚不熟悉,导致平面交叉的交通状况较为混乱。因此,应对平面交叉的交通管理引起重视并在设计中明确其管理方式。一般来讲,当被交公路等级较低,交通量较小或相交公路中有一条为干线公路时,应考虑采用主路优先交叉;当各相交公路的功能和等级相同,交通量或行人数量很大时,可采用信号交叉;同时,信号交叉设置还应考虑交叉位置区域的电信设施条件;无优先交叉一般仅用于相交公路的等级很低、交通量不大的情况。
平面交叉的交通管理方式分为主路优先、无优先交叉和信号交叉三种,应根据相交公路的公路功能、技术等级、交通量等确定所采用的方式</td></tr>
<tr><td>交叉角</td><td>平面交叉处相交公路的交叉角度一般应采用正交或接近直角,当受条件限制不得已采用斜交方式时,交叉角度应大于45°。为保证平面交叉范围内的交通秩序和通行效率,同一地点的平面交叉岔数不应超过5条,一般应以三路和四路交叉为主。
平面交叉角宜为直角,必须斜交时,交叉角应大于45°。同一位置平面交叉岔数不宜多于5条</td></tr>
<tr><td>设计速度</td><td>从安全角度考虑,相交公路在平面交叉范围内应该有良好的线形和视距,因此其设计速度一般不得任意降低。当相交公路的等级和交通量相近时,其交通管理方式可能采用信号交叉或无优先交叉,此时主线的设计速度可适当降低。当为主路优先交叉时,次路的设计速度也可适当降低。
平面交叉内右转弯车道的设计速度过大,将难以保证相应的超高及其过渡段,同时也会明显增加用地面积;左转弯车道的设计速度过大,将会扩大交叉冲突面积,增加出现事故的概率。因此对右转弯和左转弯车道的设计速度应予控制。
两相交公路的技术等级或交通量相近时,平面交叉范围内的设计速度可适当降低,但不宜低于路段设计速度的70%。
平面交叉右转弯车道的设计速度不宜大于40km/h;左转弯车道的设计速度不宜大于20km/h</td></tr>
<tr><td>间距</td><td>根据各国研究,平交口是各类公路交通事故相对集中的区域。平交口数量越多、间距越小,对主线运行速度和安全的影响越大。《标准》(2014)要求有条件时,应采取上游支路合并、加设辅道、合并部分平交口和增设立交等方式,减少二级及二级以上公路平交口的数量,加大平交口间距。
一级公路具有两种功能,但都允许设置平面交叉。为了优先保证承担干线功能的一级公路通畅,提高其运行速度和安全,应严格限制其平面交叉数量,严格控制出入,可采取合并、设置辅道等措施尽量加大平面交叉的间距;一级公路作为集散公路时,其平面交叉必须配以齐全、完善的交通安全设施。对于二级公路,可参考以上要求和原则进行设计。
平面交叉的间距应根据其对行车安全、通行能力和交通延误等的影响确定。有条件时应尽量通过支路合并等措施,减少平交口数量,增大平交口间距。一、二级公路平面交叉的最小间距应不小于下表的规定
平面交叉最小间距
<table>
<tr><td>公路等级</td><td colspan="3">一级公路</td><td colspan="2">二级公路</td></tr>
<tr><td rowspan="2">公路功能</td><td colspan="2">干线公路</td><td rowspan="2">集散公路</td><td rowspan="2">干线公路</td><td rowspan="2">集散公路</td></tr>
<tr><td>一般值</td><td>最小值</td></tr>
<tr><td>间距(m)</td><td>2 000</td><td>1 000</td><td>500</td><td>500</td><td>300</td></tr>
</table></td></tr>
<tr><td>渠化与
三角区设计</td><td>由于我国人口密集地区乡村道路直接接入公路的现象较多,而此类交叉通常不具备平面交叉的安全条件,对公路交通安全产生了很大影响。《标准》(2014)明确界定"平面交叉"一般系指等级公路间的平面交叉。而等级公路间的平面交叉(口)应进行平面交叉设计,并符合相关安全设计和指标要求。
平面交叉的渠化是提高安全性和通行能力的有效手段之一,对渠化的设置要求主要根据相交公路的功能和交通量而定。随着交通量的增长,非渠化交叉已难以适应,《标准》(2014)要求三级及三级以上公路平面交叉均应做渠化设计,并实施渠化工程。对于三级公路而言,渠化工程主要是通过标线等方式实现,因此一般不会由此对工程建设和维养造成较大的费用影响。</td></tr>
</table>

续上表

项 目	内 容
渠化与三角区设计	平交口范围内的通视三角区停车视距是保证平交口设计安全性的关键要素。鉴于目前我国公路忽视平交口设计和安全检验的现状,《标准》(2014)要求各级公路的平交范围内应进行视线三角区停车视距检验。各类平交口范围内,无论是交通工程、路侧安全设施,还是行道树、乔灌木等绿化工程,均应消除对三角区视线遮挡的现象。 (1)三级及三级以上公路的平面交叉均应进行渠化设计。 (2)各级公路平交范围内应进行通视三角区停车视距检验

2.4.3 公路与公路立体交叉

(1)基本类型

类 型 表 2-39

类 别			特 征
按相交路线跨越方式	上跨式		指用跨线桥从相交道路上方跨过的交叉方式。这种立交施工方便,造价较低,排水易处理,但占地大,引道较长,高架桥影响视线和市容,宜用于市区以外或周围有高大建筑物处
	下穿式		指用地道(或隧道)从相交道路下方穿过的交叉方式。这种立交占地较少,立面易处理,对视线和市容影响小,但施工期较长,造价较高,排水困难。该类型多用于市区
	半上跨半下穿		指介于以上两类之间的一种交叉方式
按交通功能	分离式立体交叉		指仅设跨线构造物一座,使相交道路空间分隔、彼此之间无匝道连接、车辆不能交流的交叉方式。这种类型立交结构简单,占地少,造价低,但相交道路的车辆不能转弯行驶。适用于高速道路与次要道路或铁路之间的交叉
	互通式立体交叉	部分互通式	指不仅设跨线构造物使相交道路空间分隔,而且上、下道路有匝道连接,以供转弯车辆行驶的交叉方式。这种立体交叉的车辆可以转弯行驶,全部或部分消灭了冲突点,各方向行车干扰较小,但立交结构复杂,占地多,造价高。 按转向功能齐全与否,可以划分为部分互通式和完全互通式两种:a. 部分互通式:指当需要限制某一方向车辆出入时,取消该方向连接匝道,如菱形、部分苜蓿叶等,在立交范围内有冲突点。b. 完全互通式:指允许所有方向车辆出入,各转向都有专用匝道,如喇叭形立交、苜蓿叶式立交、子叶式立交、Y 形立交、X 形立交,在立交范围内没有冲突点
		完全互通式	
按交通流线	完全立交型(完全互通式)		指相交道路的所有交通流线进入交叉口时,全部在不同空间相交的交叉方式。各条匝道独立,无交织路段。常用于高速道路之间的交叉
	交织型		指相交道路由于匝道数不足、部分匝道为几个转弯方向车辆重复使用、具有交织路段的交叉方式。这类交叉亦无冲突点。适用于高速道路与其他道路的交叉。布设时,应将交织段布置在次要道路或匝道上
	部分平交型		指相交道路的交通流线中,至少有一个平交冲突点的交叉方式。由于有冲突点,仅适用于高速道路与低等级道路的交叉。布设时,应将冲突点安排在次要道路上
按汇入到交叉点的道路数目	两肢立交		两肢立交是指供车辆掉头的 U 形转弯设施
	三肢立交		三肢立交多出现于主线的起终点处或主线与支线公路相交叉处,按相交线形可划分为 T 形交叉和 Y 形交叉
	四肢立交		四肢立交为两条道路相交,一般为十字形交叉,是互通式立体交叉中最常见的交叉形式之一
	多肢立交		多肢立交多出现于城市道路交叉中,一般情况下采用环形立交形式

续上表

类别		特征
按互通立交的层数	两层式	高速公路间的立体交叉,或者高速公路与非机动车、行人很少的一般公路或道路交叉,多采用两层式立体交叉
	三层式	三层式立体交叉多为高等级公路与城市快速路、主干路交叉的备选立交形式
	四层式	四层式立体交叉多用于高等级公路间相互交叉,且由于占地等原因限制,需要交叉点集中在一处的情况
按收费方式	不收费式	多用于城市道路立交或高速公路枢纽立交
	收费式	一般为三路相交时,用喇叭形、Y形、环形等;四路相交时,用菱形、双喇叭、喇叭加Y形、部分苜蓿叶等
按立交主线道路的性质	公路立交	相交主线为公路
	城市道路立交	相交主线为城市道路
按互通式立体交叉所连接道路的等级	枢纽形互通式立体交叉	枢纽互通式立体交叉一般为高速公路与高速公路之间的交叉,其匝道无收费站等设施,且应保证所有交通流无交叉冲突,也不得合并设置收费站,具有实现高等级公路间交通流网上快速转换性质的立体交叉
	一般普通形互通式立体交叉	一般互通式立体交叉为除枢纽互通式立体交叉之外的其他互通式立体交叉,常用于高速公路或一级公路与双车道公路之间的交叉,允许合并设置收费站和在被交叉公路的匝道端采用平面交叉

(2)互通交叉口的构成

互通交叉口的构成 表2-40

组成	图式
跨线桥(或地道); 主(正)线; 匝道; 出、入口; 变速车道; 辅助车道; 匝道的端部; 集散道路。 除以上主要组成部分外,也包括立体交叉范围内的排水系统、照明设备以及交通工程设施等。对城市道路立体交叉还应包括人行道、非机动车道和各种管线设施等。对于收费立体交叉也包含收费站、收费广场和服务设施等	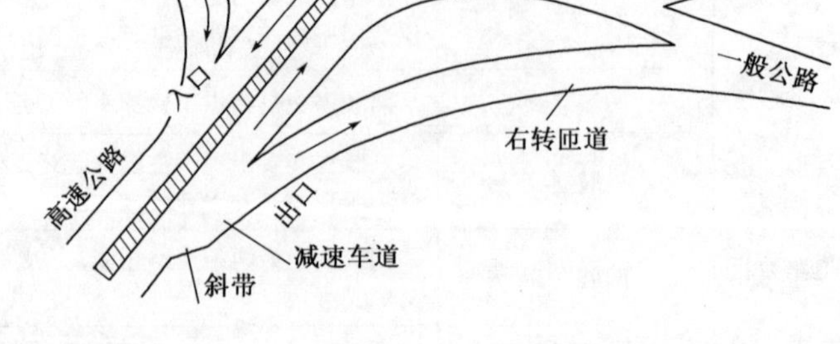

①三肢 T 形交叉

三 肢 T 形 交 叉　　表 2-41

类别		特征	图式
喇叭形	A 型	当被交叉公路进入主线的左转匝道为内环匝道时，如图 a)、c) 所示。A 型适用于被交叉公路进入主线的左转交通量较小，而主线进入被交叉公路的左转交通量较大时采用	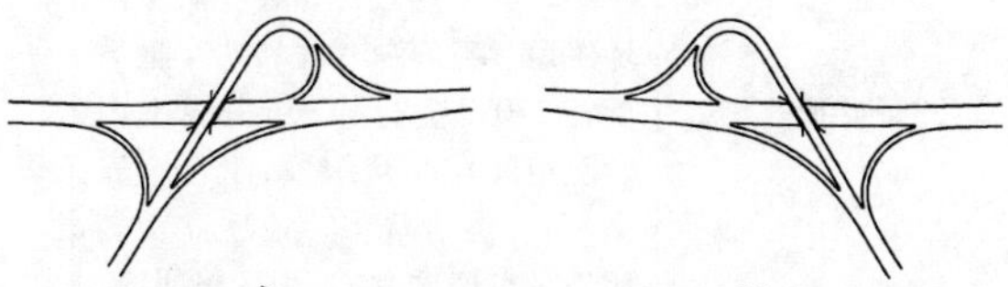 a)　b)
	B 型	当主线进入被交叉公路的左转匝道为内环匝道时，如图 b)、d) 所示。B 型适用于被交叉公路进入主线的左转交通量较大、而主线进入被交叉公路的左转交通量较小的情况	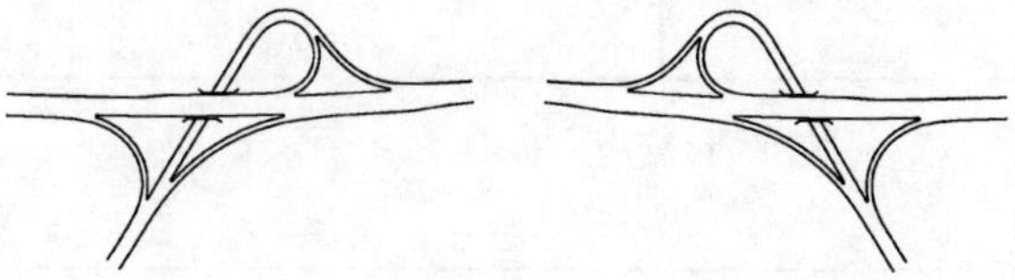 c)　d)
定向形	直接定向形	是左转弯车辆从左侧出入，右转弯车辆从右侧出入。左、右转弯匝道的转向角度均在 90° 左右，路线短捷，曲线半径较大，匝道的允许车速较其他形式立交匝道高，容量大。其不足之处是桥梁结构物多，高程相差较大，引桥较长，路线纵坡较陡，造价较高，见图 a)	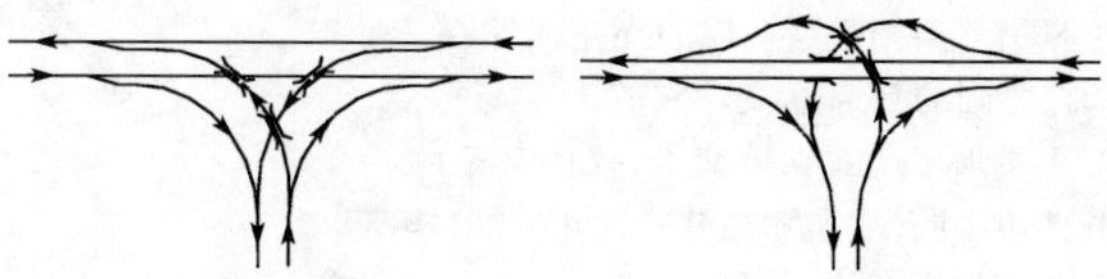 a)　b)
	半直接定向形	该形式的不同之处为，左转弯车辆符合通常从右侧出入主线的习惯，主线对向车道不需分离。图 b) 为三座双层桥，图 c) 为两座双层桥，图 d) 为三层桥	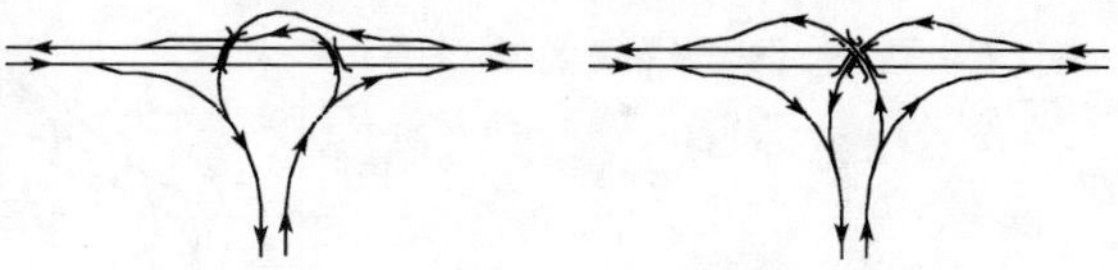 c)　d)
环形		环形互通式立体交叉的特点是线形简单，结构紧凑，造型优美，出入口位置好，内环半径较大，匝道车速较高，行驶方向明确，占地较少，但随内环半径增大而增加。其不足之处是左转弯匝道存在交织路段，对左转匝道的车速及通行能力起控制作用，交织路段越长，通行能力越大，但随之工程规模加大，需要设置两座跨线桥，工程造价偏高。该型立交另外一个特点，适量增加工程量，修通图中所示虚线部分，即可增加主线车辆掉头功能	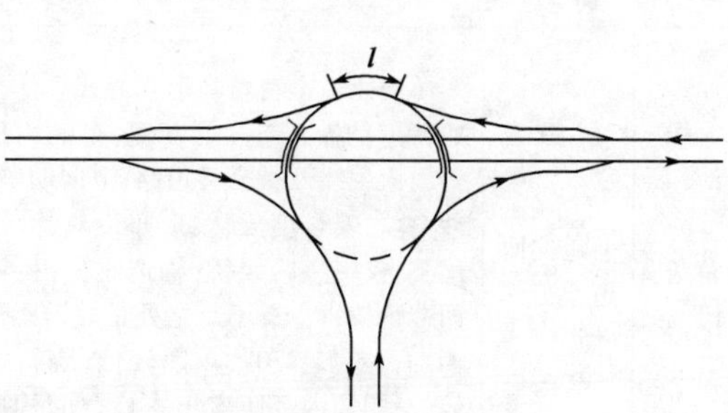

续上表

类　别	特　征	图　式
子叶形	匝道对称布置,形成子叶状,造型优美,仅一座跨线桥,工程规模较小。其不足之处是存在两个内环匝道,半径较小,左转弯车辆需旋转 270°,绕行较长,主线上内环匝道间存在交织段,于行车安全不利,占地较多。该型立交若用于预留四肢立交,则优势明显,只需补建图中虚线所示部分	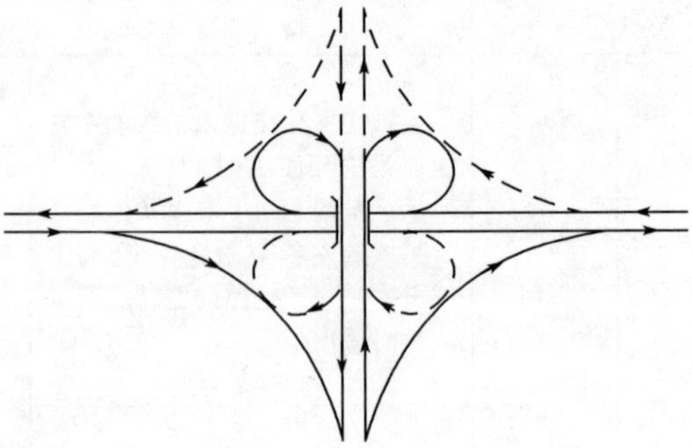

②三肢 Y 形交叉

三 肢 Y 形 交 叉　　表 2-42

特　征	图　式
是指三条相交路构成的夹角大体在 75° ~ 105°之间的互通立交。它的形式与特点,类似于 T 形互通式立体交叉,仅因其三路相交的夹角不同,线形随之有些变化。如:喇叭形有两种常用形式,如图 a)、b)所示。定向式有双层三桥式以及三层一桥式的不同布设方案,如图 c)、d)所示。其他如环形、子叶式大体与 T 形互通式立体交叉布置类似	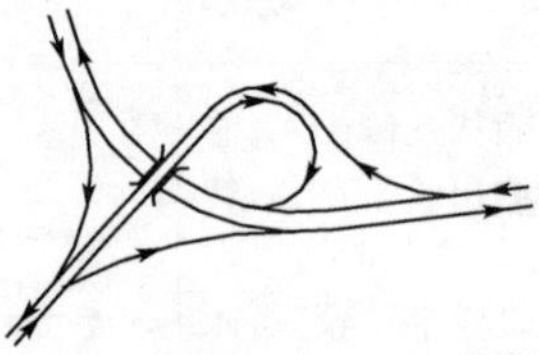 a) 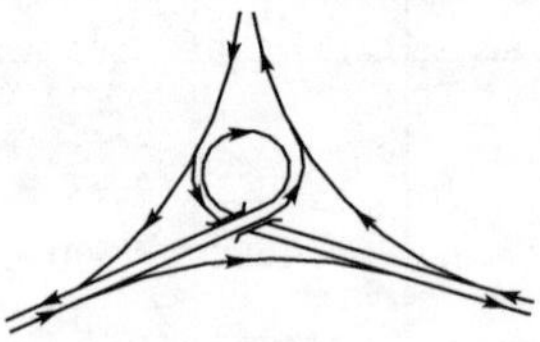 b) 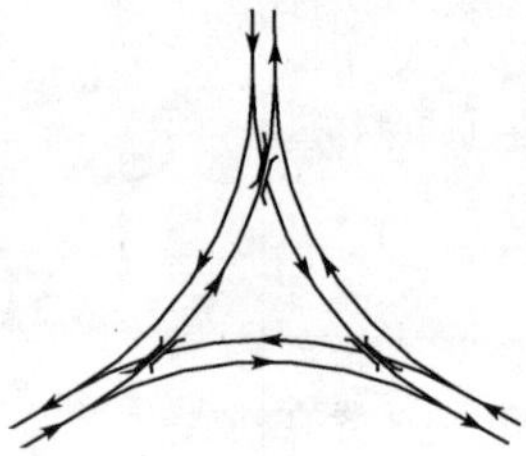 c) 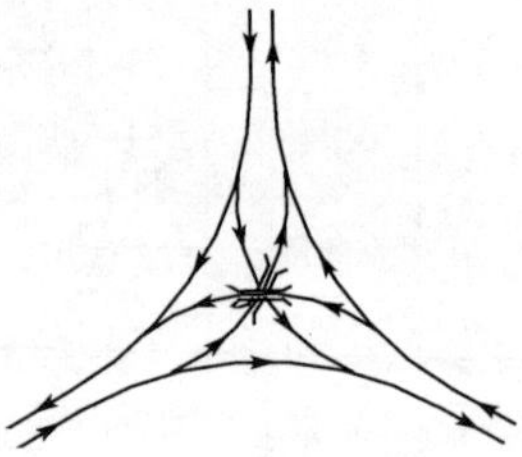 d)

③四肢十字形交叉

四肢十字形交叉　　表 2-43

类　别		特　征	图　式
全苜蓿叶形	单向匝道全苜蓿叶形	单向匝道全苜蓿叶形互通式立体交叉的特点是各方向均能互通,车辆均从右侧出入主线及被交叉道路,方向明确,无冲突点,安全度大,线形布设对称,造型优美,仅一座跨线桥,构造物少,桥梁方面造价较省。其不足之处是左转匝道车辆均需旋转 270°,车速较低,绕行距离较长,相邻内环匝道出入口之间构成交织路段,影响主线交通安全,互通立交占地面积大,不利于收费管理	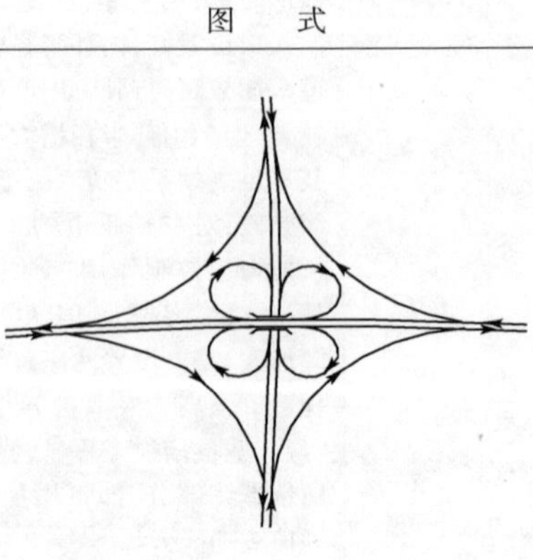

续上表

类别		特征	图式
全苜蓿叶形	对向匝道全苜蓿叶形	对向匝道全苜蓿叶形互通式立体交叉的特点是内环匝道半径更小,内外环匝道不能相互独立,纵坡更陡	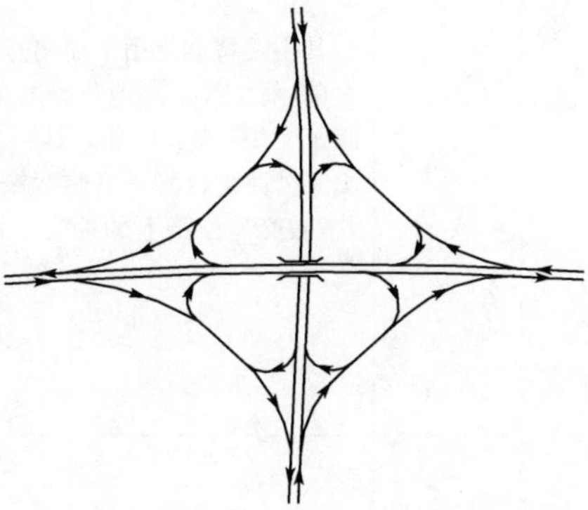
部分苜蓿叶形	设集散路的全苜蓿叶形	设集散路的全苜蓿叶形互通式立体交叉的特点是车辆的流入流出对主线直行交通影响较小,保证了主线行车安全,但互通立交规模大,造价高	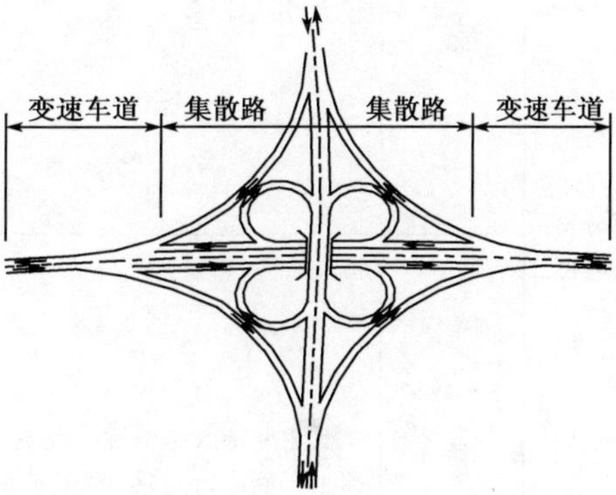
	扁苜蓿叶形	扁苜蓿叶形互通式立体交叉的特点是为适应地形地物的需要而对对向匝道全苜蓿叶形互通式立体交叉的改型,其内环匝道为克服上下线的高程差而适当拉长,因此两端平曲线半径更小,通行能力更低	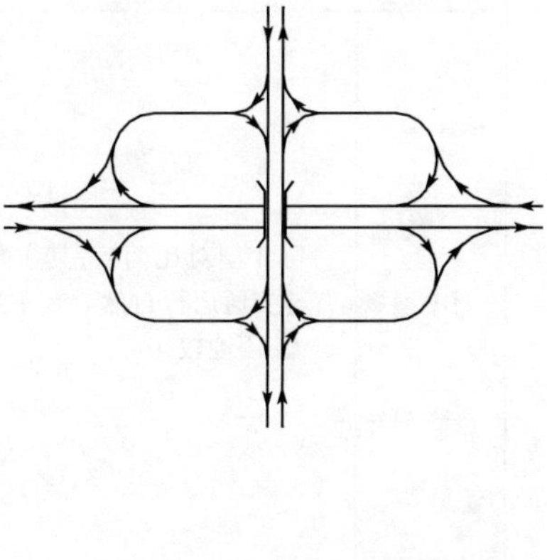

续上表

类别		特征	图式
部分苜蓿叶形	A 型	其主要特点是由于流出点位于构造物之前,对主线上高速行驶的车辆有利;消除了交织;易于扩建。其不足之处是被交叉公路上自然的右转弯被左转弯所替代;被交叉公路上的冲突点限制了通行能力	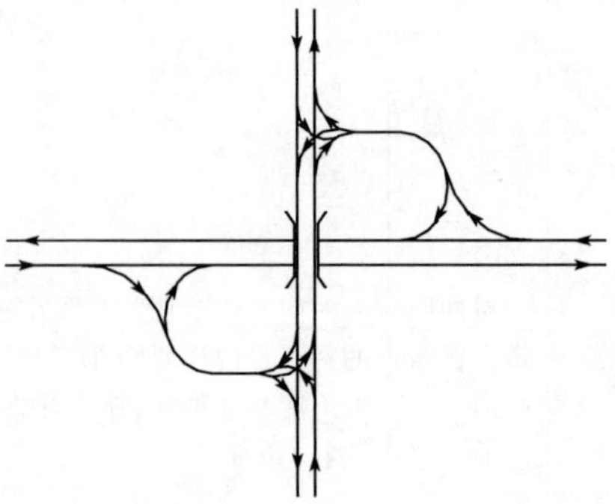
	A1 型	与 A 型对比而言,其主要特点是所有右转交通运行自然。其不足之处是规模较大,用地较多	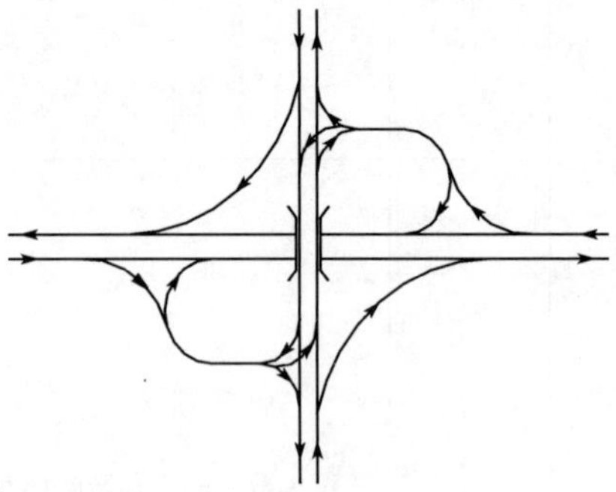
	B 型	其主要特点是消除了交织;被交叉公路上车辆运行自然;易于扩建。其不足之处是被交叉公路上的冲突点限制了通行能力;主线流出车辆需经内环匝道	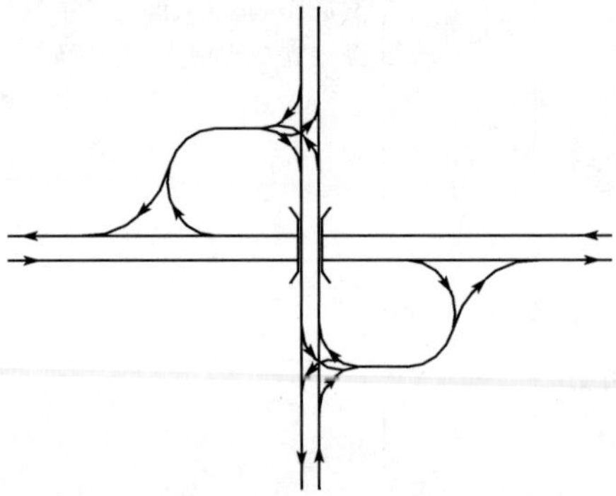
	B1 型	与 B 型对比而言,其主要特点是所有右转交通运行自然。其不足之处是规模较大,用地较多	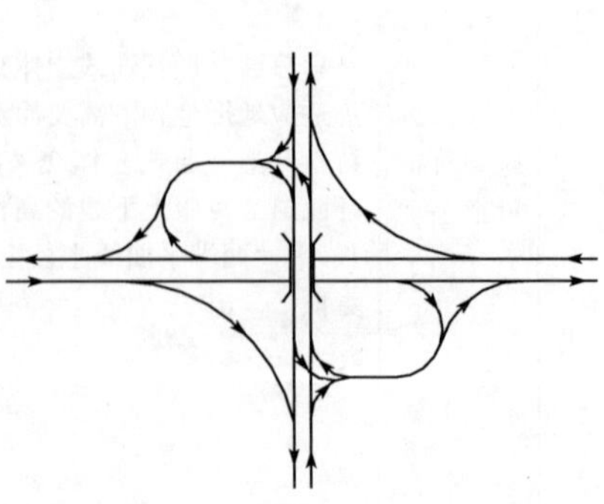

续上表

类别		特征	图式
部分苜蓿叶形	C 型	其主要特点是适用于被交叉公路紧密平行于铁路或河流的情况。其不足之处是被交叉公路上的冲突点限制了通行能力;存在交织;主线以及被交叉公路的转向方式均不同,较容易引起车辆错路运行。该型也适用于将服务区、停车区改建为互通式立体交叉	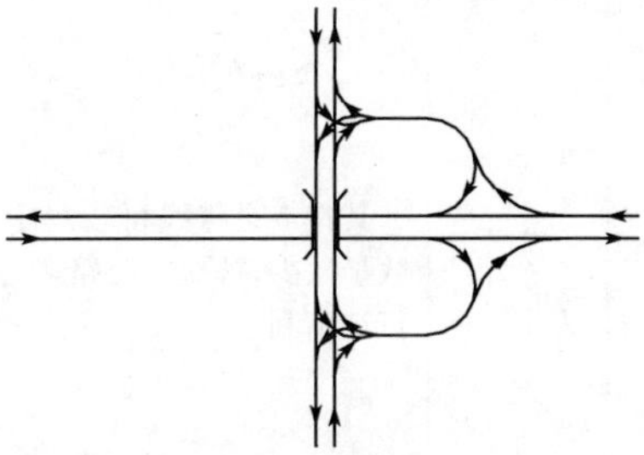
菱形		菱形互通式立体交叉的特点是结构简单,只有一座跨线桥,占地较少,工程费用省,左转匝道直捷,车辆绕行距离短。其不足之处是由于匝道数量不足,四条直线匝道与被交叉公路均为平交,存在6处冲突点,左右转向匝道平交处曲线半径均较小,因此被交叉公路上限速较低	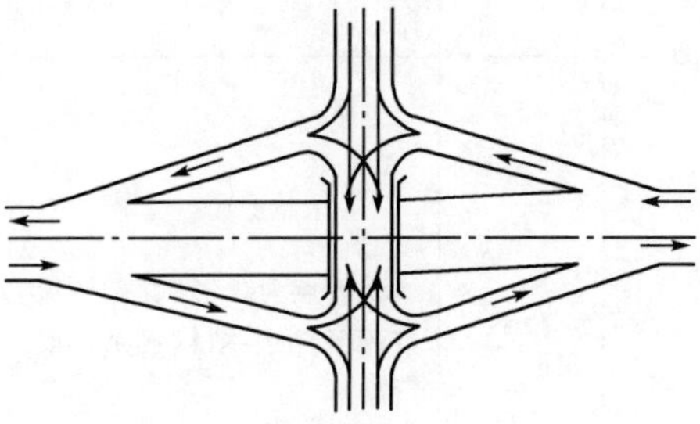
环形	双层式	各向转弯车道,一律通过环道按逆时针方向绕环道中心单向行驶。车辆在环道内相互交织,选择所去方向的出口驶出	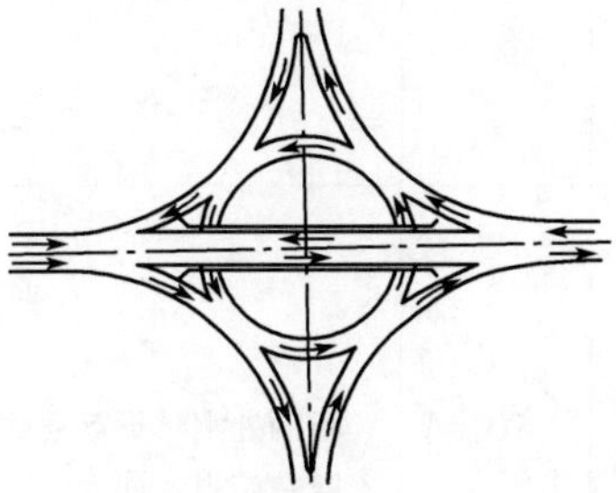
	三层式		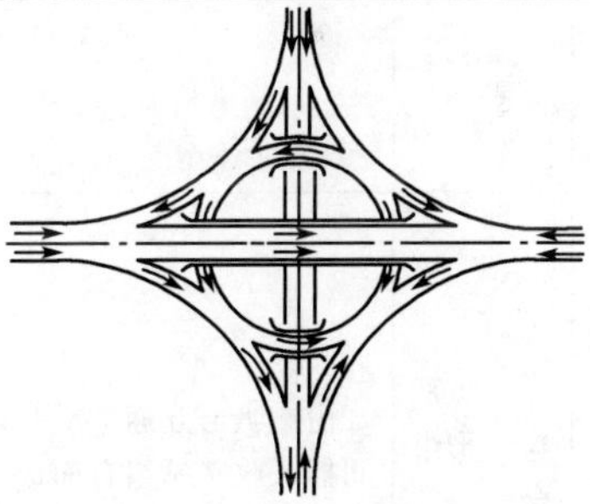
定向形	双层定向形	其特点为是各交叉点较分散,桥梁数量较多,但高度较低	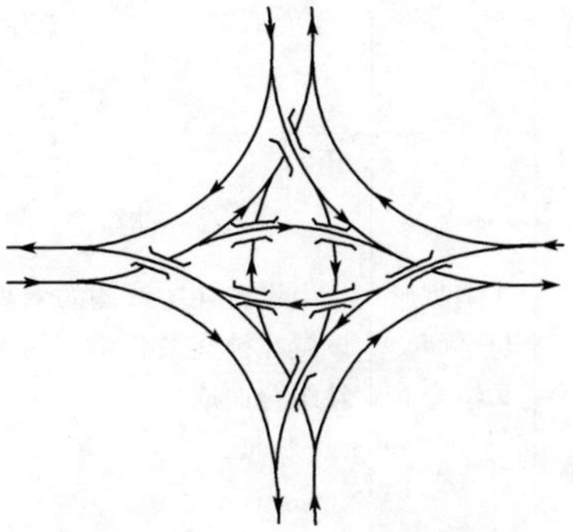

续上表

类别		特征	图式
定向形	三层定向形	其特点是跨线桥较集中,桥梁较高而数量较少,被交叉公路多为双出入口,于行车不利	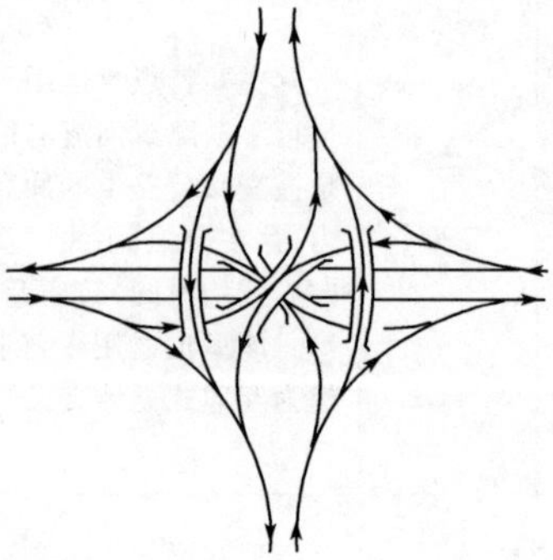
	四层定向形	其特点为线形紧凑,桥梁数量少但层数较多,桥梁结构复杂,施工难度大,投资高	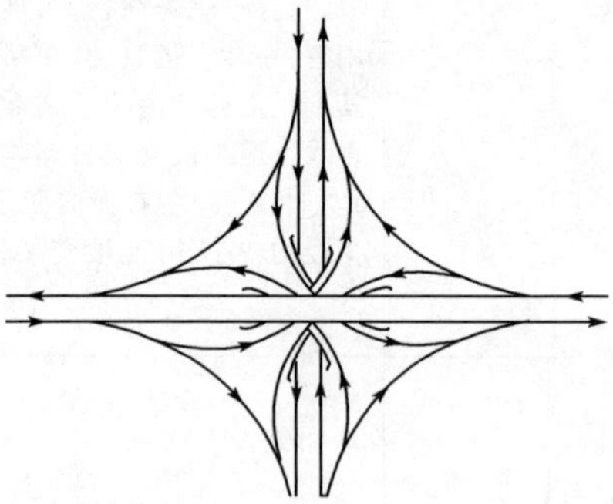
组合形	双喇叭形组合	由两处喇叭形互通式立体交叉中间插入收费站组合而成	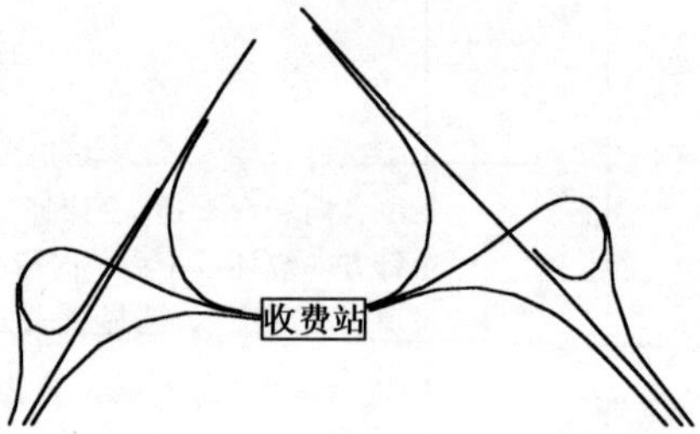
	喇叭形与Y形组合	由喇叭形互通立交和环形互通立交中间插入收费站组合而成	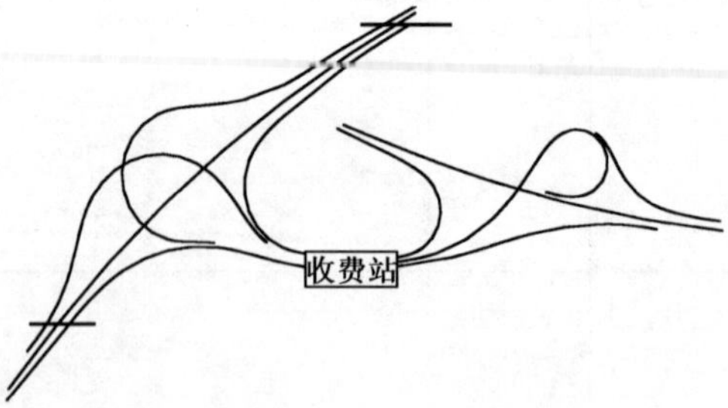
	喇叭形与平面交叉组合	由设置在主线侧的喇叭形互通立交和设置在被交叉公路侧的平交间插入收费站组合而成	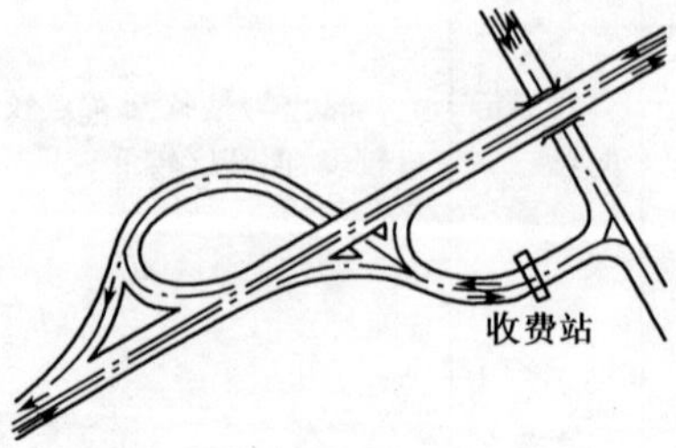

续上表

类　别		特　征	图　式
组合形	喇叭形与环形组合	由喇叭形互通立交和环形互通立交中间插入收费站组合而成	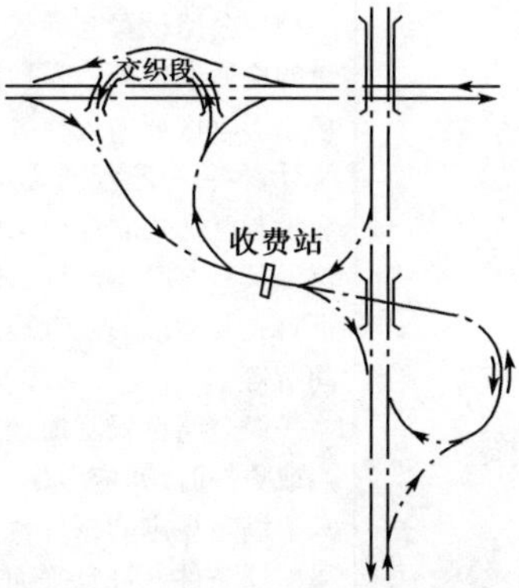
	Y 形与平面交叉组合	由设置在主线侧的 Y 形互通立交和设置在被交叉公路侧的平交间插入收费站组合而成	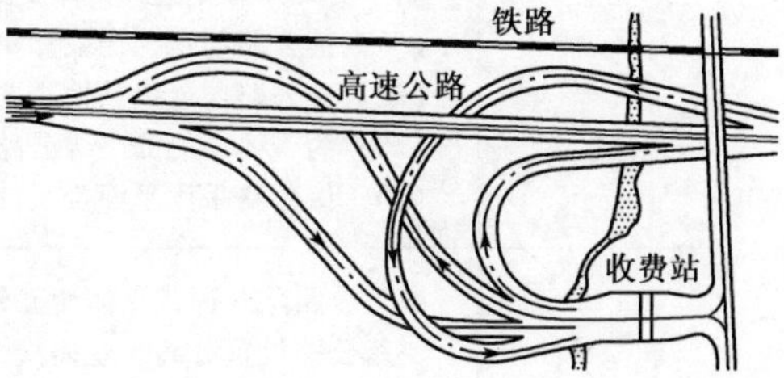

(3)交叉口标准规定

①立交设置条件

立 交 设 置 条 件　表 2-44

项　目	内　容
原则	(1)高速公路是完全控制出入的公路,因其交通组织方式和安全性要求,不允许设置平面交叉,因而高速公路与各级公路交叉,均必须采用立体交叉。 (2)尽管一级公路允许设置平面交叉,但当其与交通量大的公路交叉时,为提高一级公路主线和交叉处的通行能力,应采用立体交叉。 (3)当二、三、四级公路之间相互交叉时,如交叉处各线的交通量以直行交通量为主,转向交通量很小时,宜视条件选用立体交叉
要求	符合下列条件时设置立体交叉: (1)高速公路与各级公路交叉必须采用立体交叉。 (2)一级公路与交通量大的公路交叉应采用立体交叉。 (3)二、三、四级公路间的交叉,直行交通量大时,宜采用立体交叉

②立交类型选择

立 交 类 型 选 择　表 2-45

项　目	内　容
互通立交选择	选定互通式立体交叉的位置要考虑的主要因素首先是路网分布与路网系统的主要节点,即主线与沿线主要公路的相交点和与主要交通发生源连接线的相交点。其次是主线和被交叉公路条件,要求交叉范围内的主线技术指标,如出入口端部的视距和主线横坡等,能提供安全的分合流条件并能与匝道顺适连接;被交叉公路则应具有与互通式立体交叉出入交通量相适应的通行能力,并能为交通发生源提供近便的连接。此外,还应考虑地质和地形条件,以及用地、文物、规划、景观和环保等社会和环境因素。

续上表

项　目	内　容
互通立交选择	高速公路设置互通式立体交叉的条件主要是交通条件和社会需求。一是在其影响区域内有适量的交通发生源;二是其附近有重要的政治、经济中心或交通集散地。交通发生源的大小可以间接用影响区域内人口数、GDP和客货运量等来衡量,其中人口数是一个最主要的指标。根据国内统计资料,一座互通式立体交叉直接影响区域内的人口在4.5万~10万人之间。而当社会因素成为设置互通式立体交叉的主要条件时,交通量的大小可能不是控制因素,但也应有一定的数量,以保证其具有基本的综合效益。《标准》(2014)提出的互通式立体交叉设置条件,是指在这些情况下首先要考虑的设置地点,最终的设置还要综合考虑沿线交通流的组织和互通式立体交叉的合理间距等。 一级公路设置互通式立体交叉的条件除交通条件和社会需求外,当综合效益与修建平面交叉相当或更好时,亦应考虑设置互通式立体交叉。在设置条件的掌握上,当一级公路作为干线公路时,只要满足规定的条件就应设置互通式立体交叉,以减少横向干扰;当一级公路作为集散公路时,如果交通条件允许且平面交叉的间距满足规定要求,互通式立体交叉的设置亦可适当从严掌握。 立体交叉分为互通式立体交叉和分离式立体交叉,符合下列条件时应设置互通式立体交叉: (1)高速公路与承担干线和集散功能的公路相交时。 (2)高速公路与连接其他重要交通源的连接线公路相交时。 (3)作为干线功能的一级公路与其他干线公路和集散公路相交时。 (4)一级公路采用平面交叉冲突交通量较大,通过渠化或信号控制仍不能满足通行能力要求时
分离立交选择	高速公路除互通式立体交叉外,其余交叉必须设置分离式立体交叉。 一级公路设置分离式立体交叉的条件主要是交通条件,即主要取决于平面交叉是否能处理来自各向的交通量。当一级公路作为干线公路时,应优先保证主线直行交通的通行。由于分离式立体交叉不能提供交通转换的条件,因此该交叉的交通转换需求应该是可以忽略的,否则应通过其他措施将转弯交通引至其他平面交叉或互通式立体交叉

③互通立交设计

形式选择　　表2-46

项　目	内　容
概念	互通式立体交叉按照功能分为枢纽互通式立体交叉和一般互通式立体交叉。 枢纽互通式立体交叉主要指高速公路相互交叉的互通式立体交叉。枢纽互通式立体交叉,要求匝道能尽量为自由流提供条件,交叉范围内的各向交通流无交叉冲突。 当高速公路与一级公路、一级公路与一级公路相交叉时,一般亦为枢纽互通式立体交叉。如果因为设置收费站等而采用的是一般互通式立体交叉形式,也应归为一般互通式立体交叉。 一般互通式立体交叉则主要指高速公路或一级公路与双车道公路相交叉的互通式立体交叉
拟定形式	在拟定互通式立体交叉的形式时,交叉公路的功能、总出入交通量、收费制式以及是否合并设置收费设施等决定了互通式立体交叉的基本类型。地形、地质、用地规划和施工期间维持临时通车等现场条件、直行和转弯交通量的分布,以及是否需分期修建等决定了匝道的具体布局。同时,还要考虑其安全、环境和经济等因素

间距选择　　表2-47

项　目	内　容
意义	高速公路的安全和运营性能在很大程度上取决于互通式立体交叉的间距。一方面,在高速公路交通事故中,有很大一部分发生在互通式立体交叉范围内,特别是进出口匝道和变速车道范围内。如果互通式立体交叉的间距过小,事故率的增大是显而易见的;另一方面,如果过分强调加大互通式立体交叉的间距,又会使高速公路与当地路网难以有机连接,从而影响高速公路的骨架作用和路网整体效益的发挥。因此,在互通式立体交叉的规划和设计中,间距的控制十分重要

续上表

项　目	内　容
互通之间最小间距	规定： 相邻互通式立体交叉的间距不宜小于4km。 受地形条件或其他特殊情况限制，经论证相邻互通式立体交叉的间距需适当减小时，其上一互通式立体交叉加速车道终点至下一互通式立体交叉减速车道起点之间的距离不得小于1 000m，且应进行专项交通工程设计，设置完善、醒目的标志、标线和警示、诱导设施。 相邻互通式立体交叉的间距小于上述规定的1 000m最小值，且经论证必须设置时，应将两互通式立体交叉合并设置为复合式互通式立体交叉
	互通式立体交叉的最小间距是保证交通安全的一项控制性指标。当相邻互通式立体交叉间的距离超过设置3个出口预告标志所要求的距离时，间距的大小对安全几乎没有明显的影响，因此最小间距的确定主要取决于标志设置的需要，即最小间距等于两互通式立体交叉相邻侧的构造长度加上标志设置所需要的距离。在确定枢纽互通式立体交叉和一般互通式立体交叉的平均构造长度时，统计分析了国内153座互通式立体交叉的资料，同时对比分析了大量的立交模型，再经综合分析后取值。最后计算得出的互通式立体交叉一般最小间距为3.9km，标准中取值4.0km，即规定相邻互通式立体交叉的间距不宜小于4km。此值与德国、日本等国的规定值相近或相同。且要求对于路网密集地区，有条件时应尽量加大互通式立交间距。 当间距达不到一般最小间距的要求时，即使在相邻互通式立体交叉之间增设辅助车道，也会因频繁的交通合流与分流等导致运营问题和事故率的增加，因此小于一般最小间距的方案不得轻易采用。 若因交通需要和受条件限制必须设置近距离的互通式立体交叉时，应经技术经济论证并有切实可行的安全保证措施时，《标准》(2014)规定互通式立体交叉的最小间距应以相邻互通式立体交叉之间的净距离(即上一互通式立体交叉加速车道终点至下一互通式立体交叉减速车道起点之间的距离)进行控制。该净距离的确定主要取决于维持相邻互通式立体交叉间交通流稳定的需要。车辆从减速车道起点开始对上游主线直行交通的影响长度约为600m。从加速车道终点开始对下游主线直行交通的影响长度约为500m。再结合最少设置两个出口预告标志所需要的距离等因素考虑，规定两相邻互通式立体交叉之间的净距离最少为1 000m。对于按照此要求进行间距实际控制的互通式立交区域，《标准》(2014)要求：应进行交通工程设施专项设计，应设置完善、醒目的标志、标线和警示、诱导设施，最大限度消除互通式立交区域分、合流交通流交织而可能产生的行车安全问题。 在特殊情况下，如果净距离小于1 000m的规定值，则应设置成复合式的互通式立体交叉，以辅助车道或集散道路将两互通式立体交叉直接连接，或将两座互通式立体交叉合并为一座进行设计。 无论哪种方案，辅助车道、集散道路或交织段均应确保交通交织所需要的最小长度，并应尽可能合并出入口
互通之间最大间距	规定： 相邻互通式立体交叉的最大间距不宜大于30km。在人烟稀少地区，其间距可适当加大，但应在适当位置设置"U形转弯"设施
	互通式立体交叉的最大间距是为满足管理、维修和错过出口车辆折返的需要。在人烟稀少地区，当在规定的最大距离范围内确无必要设置互通式立体交叉时，应在适当的位置设置专供汽车掉头用的U形转弯车道。在设置转弯设施时，应尽量利用主线桥孔和服务设施等。 在规划高速公路互通式立体交叉时，尚应注意互通式立体交叉的合理密度。合理的互通式立体交叉密度，既可以充分发挥高速公路的效益，同时又能保证高速公路的车流保持相对稳定的状态。互通式立体交叉的密度与高速公路影响区域内的交通需求有关，其衡量指标主要是平均间距。在统计了国内155条高速公路互通式立体交叉平均间距的基础上，提出了在规划阶段可供参考的范围，即高速公路互通式立体交叉的平均间距在一般地区为15～25km，在大城市周围和主要工业区为5～10km

续上表

项　目	内　容
互通与设施间距	规定: 互通式立体交叉与服务区、停车区、公共汽车停靠站、隧道等其他重要设施之间的距离应能满足设置出口预告标志的需要
	互通式立体交叉与服务区、停车区、公共汽车停靠站和隧道等其他重要设施相邻时,控制其最小间距时所考虑的因素仍为满足标志设置的需要和维持其间交通流稳定的需要等

匝道设计速度 表 2-48

<table>
<tr><th>项　目</th><th colspan="5">内　容</th></tr>
<tr><td>概念</td><td colspan="5">匝道设计速度是指匝道基本路段的设计速度,应结合主线设计速度、互通式立交功能、类型和匝道的形式论证确定</td></tr>
<tr><td>确定原则</td><td colspan="5">匝道设计速度确定,概括起来讲一般有两种方法:
一种是根据互通式立体交叉的类型和匝道形式取值;
另一种是根据主线的设计车速取值。
《标准》(2014)根据互通式立体交叉类别和匝道形式提供了匝道设计车速的取值范围,在实际使用中尚应结合主线设计速度予以确定</td></tr>
<tr><td rowspan="4">规定</td><td colspan="5">互通式立体交叉匝道设计速度应符合下表的规定
互通式立体交叉匝道设计速度</td></tr>
<tr><td colspan="2">匝道形式</td><td>直连式</td><td>半直连式</td><td>环形匝道</td></tr>
<tr><td rowspan="2">匝道设计速度
(km/h)</td><td>枢纽互通式立体交叉</td><td>50 ~ 80</td><td>40 ~ 80</td><td>40</td></tr>
<tr><td>一般互通式立体交叉</td><td>40 ~ 60</td><td>40 ~ 60</td><td>30 ~ 40</td></tr>
</table>

匝道车道数 表 2-49

项　目	内　容
确定原则	匝道车道数除主要依据交通量来确定外,还应考虑匝道的长度。对于较长的单车道匝道,应考虑为快速车辆提供超车的条件,必要时可增加至两条车道
规定	互通式立体交叉匝道车道数应根据匝道交通量和匝道长度确定。主线与匝道或匝道与匝道的分、合流连接部,应保持车道数的平衡

④净空与视距

净空与视距 表 2-50

项　目	内　容
确定原则	在进行分离式立体交叉跨线桥布孔时,往往仅注意到了跨路的需要,当被跨公路位于曲线段时,仅满足桥下公路宽度的要求就有可能造成视距的不足。因此,从安全出发,《标准》(2014)将视距等要求提到了与建筑限界的要求同等重要的地位
规定	公路与公路立体交叉跨线桥桥下净空应符合"公路建筑限界"的规定,并应满足桥下公路的视距要求,其结构形式应与周围环境相协调

2.4.4 公路与铁路相交叉

公路与铁路相交叉　　表 2-51

<table>
<tr><th colspan="2">项　目</th><th>内　容</th></tr>
<tr><td rowspan="3">与铁路立交</td><td>原则</td><td>设置公路与铁路立体交叉是消除平交道口安全隐患的主要途径,因而铁路与公路交叉应优先考虑设置立体交叉。
高速公路为控制出入公路,一级公路为根据需要控制出入的公路,与铁路交叉时必须设置立体交叉。
路段旅客列车设计速度 140km/h 的地段,列车速度高、密度大,若设平面交叉安全性很差,因此同公路交叉亦必须设置立体交叉</td></tr>
<tr><td>规定</td><td>(1)高速公路、一级公路与铁路相交叉时,必须设置立体交叉。
(2)高速铁路、准高速铁路和路段旅客列车设计行车速度为 140km/h 的铁路与公路相交叉时,必须设置立体交叉。
(3)公路、铁路相交叉,符合下列情况之一者应设置立体交叉:
①铁路与二级公路相交叉时。
②路段旅客列车设计行车速度为 120km/h 的铁路与公路相交叉时。
③由于铁路调车作业对公路上行驶的车辆会造成较严重延误时。
④受地形等条件限制,采用平面交叉会危及行车安全时</td></tr>
<tr><td>净空与视距</td><td>铁路跨越公路上方时,其跨线桥下净空及布孔应符合“公路建筑限界”、“视距”的规定,以及对前方信息识别的要求。
铁路穿越公路下方时,公路跨线桥下净空应符合现行铁路净空限界标准的规定</td></tr>
<tr><td rowspan="2">与铁路平交</td><td>原则</td><td>公路、铁路平面相交时,应以正交或接近正交为宜。当必须斜交时,交叉角应大于 45°,以缩短道口的长度与宽度,避免小型机动车和非机动车的车轮陷入铁轨轮缘槽内。
汽车驾驶者侧向最小瞭望视距是指汽车驾驶者在距道口相当于该级公路停车视距并不小于 50m 处,应能看到两侧铁路上火车的范围。火车司机相对应的最小瞭望视距见下表
最小瞭望视距
<table><tr><th>路段旅客列车设计行车速度(km/h)</th><th>火车司机最小瞭望视距(m)</th><th>汽车驾驶员侧向最小瞭望视距(m)</th></tr><tr><td>140</td><td>1 200</td><td>470</td></tr><tr><td>120</td><td>900</td><td>400</td></tr><tr><td>100</td><td>850</td><td>340</td></tr><tr><td>80</td><td>850</td><td>270</td></tr></table></td></tr>
<tr><td>规定</td><td>公路、铁路平面相交时,宜为正交;必须斜交时,交叉角度应大于 45°,且道口应符合侧向瞭望视距的规定</td></tr>
<tr><td colspan="2">与铁路间距</td><td>铁路与公路平行相邻时,铁路用地界与高速公路用地界间距不宜小于 30m,与一、二级公路用地界间距不应小于 15m,与三、四级公路用地界间距不应小于 5m</td></tr>
</table>

2.4.5 公路与乡村道路相交叉

公路与乡村道路相交叉　　表 2-52

项　目	内　容
一般原则	各级公路、乡村道路交叉时,选择交叉方式的原则为:高速公路与乡村道路交叉,必须采用分离式立体交叉。一级公路与乡村道路交叉时,若一级公路作为集散公路,一般采用平面交叉,也可利用辅道合并交叉数量,必要时设置分离式立体交叉,其目的是控制平面交叉的数量和间距,尽量减少横向干扰,增强行车安全和提高道路通行能力;若一级公路作为干线公路,应根据需要严格控制出入,设置分离式立体交叉。二、三、四级公路与乡村道路交叉时,一般采用平面交叉。乡村道路与等级公路平面交叉时,应对其前后一定范围进行改造,使其不低于四级公路标准

续上表

项 目		内 容
平面交叉	原则	公路与乡村道路交叉,一方面影响公路沿线群众生产和生活的便利性,另一方面也直接关系到公路行车安全和沿线群众的生命财产安全。由于我国部分人口密集地区乡村道路直接随意接入公路的现象较为普遍、对公路交通安全影响大,因此,应限制乡村道路随意接入公路的现象,有条件时应尽量结合规划,对乡村道路和农业机耕道进行适当调整和归并
	规定	公路与乡村道路相交叉的位置、形式、间距等的确定,应考虑县、乡(镇)土地利用总体规划中农业耕作机械需求。必要时应结合规划,对农业机耕道做适当调整或归并
立体交叉	规定	(1)高速公路与乡村道路相交叉必须设置通道或天桥。 (2)一级公路与乡村道路相交叉宜设置通道或天桥。 (3)二、三级公路与乡村道路相交叉应设置平面交叉,四级公路与乡村道路相交宜设置平面交叉,地形条件有利或公路交通量大时宜设置通道或天桥。 (4)二、三、四级公路与乡村道路相交时,应对其交叉范围一定长度的路段进行改造,使其达到四级公路的标准。 (5)二级及二级以上公路位于城镇或人口稠密的村落或学校附近时,宜设置专供行人横向通行的人行地道或人行天桥
	通道	《标准》(2014)规定的各类通道的净高、净宽要求均为适用一般情况下的低限值。具体项目中宜根据通道功能和实际通行交通特征,在调查分析的基础上确定合理的净高和净宽值。 (1)车行通道的净空应符合下列规定: ①通行拖拉机、畜力车时,通道净高应不小于2.70m;通行农用汽车时,通道净高应不小于3.20m。 ②通道净宽应根据交通量和通行农业机械类型选用,一般应不小于4.00m;通道过长或敷设排水渠时,宜视情况加宽。 (2)人行通道净高应不小于2.20m;净宽应不小于4.00m
	天桥	车行天桥桥面净宽按交通量和通行农业机械类型可选用4.50m或7.00m;其汽车荷载应符合《标准》(2014)有关四级公路汽车荷载等级的规定

2.4.6 公路与管线等相交叉

公路与管线等相交叉　　表2-53

项 目	内 容
一般原则	《标准》(2014)依据2011年7月1日起执行的《公路安全保护条例》(中华人民共和国国务院令,第593号)的规定。同时,参考了最新的相关行业标准、规范,如:《1000kV架空输电线路设计规范》(GB 50665—2011)、《110kV～750kV架空输电线路设计规范》(GB 50545—2010)、《±800kV直流架空输电线路设计规范》(GB 50790—2013)、《油气输送管道穿越工程设计规范》(GB 50423—2007)、《输气管道工程设计规范》(GB 50251—2003)、《输油管道工程设计规范》(GB 50253——2003)等
规定	(1)电信线、电力线、电缆、管道等均不得侵入公路建筑限界,不得危害公路交通安全和人员安全,并不得损害公路的构造和设施。 (2)架空送电线路与公路相交叉时,宜为正交;必须斜交时,交叉角度应大于45°。架空送电线路跨越公路时,送电线路导线与公路交叉处距路面的最小垂直距离必须符合相应送电线路标称电压规定的要求。 (3)原油管道、天然气输送管道与公路相交叉时,宜为正交;必须斜交时,交叉角度应大于30°。 (4)管道与各级公路相交叉且采用下穿方式时,应设置地下通道(涵)或套管。通道或套管应按相应公路等级的汽车荷载等级进行验算。 (5)严禁易燃、易爆、高压等管线设施利用或通过公路桥梁和隧道

2.4.7 动物通道

动物通道　表2-54

项　目	内　容
一般原则	从公路沿线生态环境保护的角度,对公路动物通道和放牧便道等做出了要求。公路在可能阻碍野生动物正常迁徙通道时,应考虑设置合理的动物迁徙通道。同时,应考虑沿线群众生产、放牧等需要,设置必要的便道和牧道
规定	(1)公路应结合沿线放牧及野生动物迁徙需要,选择合理位置设置必要的动物通道。 (2)穿越草原区域的封闭公路,应根据放牧等需要修建沿公路通行的便道(牧道)

2.5　城市道路分级与技术标准

2.5.1 城市道路分级

城市道路分级　表2-55

分级名称	主要功能	布局要求
快速路	为城市中大量、长距离、快速交通服务	快速路应中央分隔、全部控制出入、控制出入口间距及形式,应实现交通连续通行,单向设置不应少于两条车道,并应设有配套的交通安全与管理设施。 快速路两侧不应设置吸引大量车流、人流的公共建筑物的出入口
主干路	为连接城市各主要分区的干线,以交通功能为主	主干路应连接城市各主要分区,应以交通功能为主。 主干路两侧不宜设置吸引大量车流、人流的公共建筑物的出入口
次干路	与主干路配合组成道路网,起集散交通的作用,兼有服务功能	次干路应与主干路结合组成干路网,应以集散交通的功能为主,兼有服务功能
支路	为次干路与街坊路的连接线,解决局部地区交通,以服务功能为主	支路宜与次干路和居住区、工业区、交通设施等内部道路相连接,应解决局部地区交通,以服务功能为主

2.5.2 按道路的横向布置分类

城市道路断面形式　表2-56

道路类别	断面形式	车辆行驶情况	适用范围
单幅路	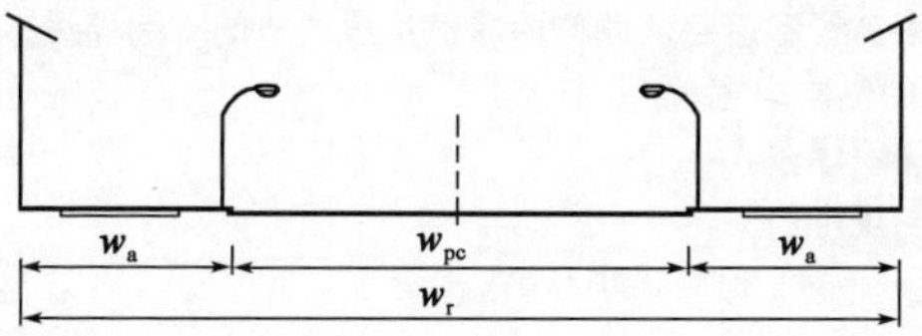	机动车与非机动车混合行驶	交通量不大的次干路、支路等
双幅路	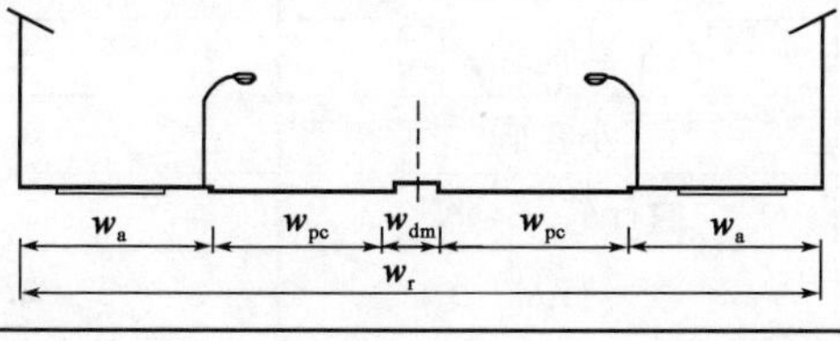	分流向机、非混合行驶	机动车交通量较大,非机动车交通量较少的主干路、次干路

续上表

道路类别	断面形式	车辆行驶情况	适用范围
三幅路	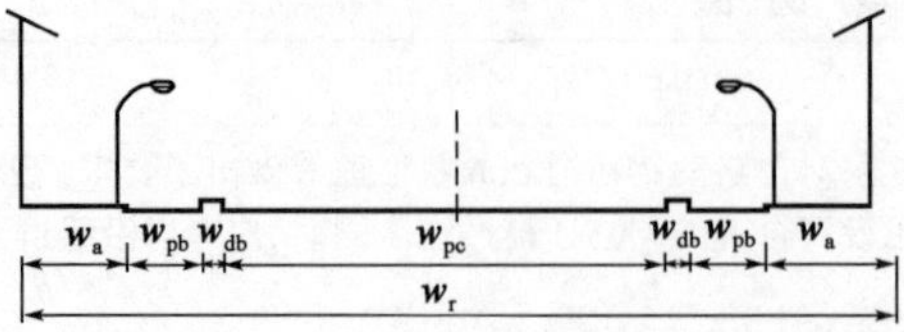	机动车与非机动车分道行驶	机动车与非机动车交通量均较大的主干路、次干路
四辐路	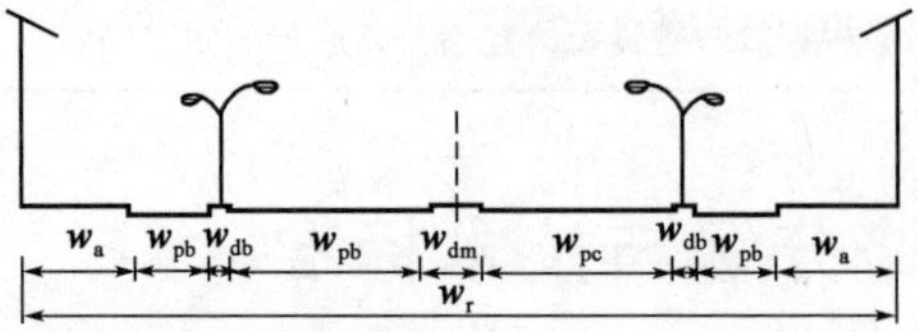	机动车与非机动车分流向、分道行驶	机动车交通量大，车速高;非机动车多的快速路，主干路
断面选择	(1)当快速路两侧设置辅路时，应采用四幅路;当两侧不设置辅路时，应采用两幅路。 (2)主干路宜采用四幅路或三幅路;次干路宜采用单幅路或两幅路，支路宜采用单幅路。 (3)对设置公交专用车道的道路，横断面布置应结合公交专用车道位置和类型全断面综合考虑，并应优先布置公交专用车道。 (4)同一条道路宜采用相同形式的横断面。当道路横断面变化时，应设置过渡段。 (5)桥梁与隧道横断面形式、车行道及路缘带宽度应与路段相同。 (6)特大桥、大中桥分隔带宽度可适当缩窄，但应满足设置桥梁防护设施的要求		

2.5.3 城市道路技术标准

(1)一般技术标准

一般技术标准　　表2-57

<table>
<tr><th>项　目</th><th>内　容</th></tr>
<tr><td>设计速度</td><td>(1)各级道路的设计速度应符合下表的规定。
各级道路的设计速度
<table>
<tr><td>道路等级</td><td colspan="3">快速路</td><td colspan="3">主干路</td><td colspan="3">次干路</td><td colspan="3">支路</td></tr>
<tr><td>设计速度(km/h)</td><td>100</td><td>80</td><td>60</td><td>60</td><td>50</td><td>40</td><td>50</td><td>40</td><td>30</td><td>40</td><td>30</td><td>20</td></tr>
</table>
(2)快速路和主干路的辅路设计速度宜为主路的0.4~0.6倍。
(3)在立体交叉范围内，主路设计速度应与路段一致，匝道及集散车道设计速度宜为主路的0.4~0.7倍。
(4)平面交叉口内的设计速度宜为路段的0.5~0.7倍</td></tr>
<tr><td>道路建筑限界</td><td>(1)道路建筑限界应为道路上净高线和道路两侧侧向净宽边线组成的空间界线。顶角抹角宽度不应大于机动车道或非机动车道的侧向净宽。
(2)道路建筑限界内不得有任何物体侵入。
(3)道路最小净高应符合下表的规定:
道路最小净高
<table>
<tr><td>道路种类</td><td>行驶车辆类型</td><td>最小净高(m)</td></tr>
<tr><td rowspan="2">机动车道</td><td>各种机动车</td><td>4.5</td></tr>
<tr><td>小客车</td><td>3.5</td></tr>
<tr><td>非机动车道</td><td>自行车、三轮车</td><td>2.5</td></tr>
<tr><td>人行道</td><td>行人</td><td>2.5</td></tr>
</table></td></tr>
</table>

续上表

<table>
<tr><th>项　目</th><th>内　容</th></tr>
<tr><td>道路建筑限界</td><td>(4)对通行无轨电车、有轨电车、双层客车等其他特种车辆的道路。最小净高应满足车辆通行的要求。
(5)道路设计中应做好与公路以及不同净高要求的道路间的衔接过渡,同时应设置必要的指示、诱导标志及防撞等设施</td></tr>
<tr><td>设计年限</td><td>(1)道路交通量达到饱和状态时的道路设计年限为:快速路、主干路应为20年;次干路应为15年;支路宜为10年~15年。
(2)各种类型路面结构的设计使用年限应符合下表的规定:
路面结构的设计使用年限
<table>
<tr><th rowspan="2">道路等级</th><th colspan="3">路面结构类型</th></tr>
<tr><th>沥青路面(年)</th><th>水泥混凝土路面(年)</th><th>砌块路面(年)</th></tr>
<tr><td>快速路</td><td>15</td><td>30</td><td>—</td></tr>
<tr><td>主干路</td><td>15</td><td>30</td><td>—</td></tr>
<tr><td>次干路</td><td>10</td><td>20</td><td>—</td></tr>
<tr><td>支路</td><td>10</td><td>20</td><td>10(20)</td></tr>
</table>
注:砌块路面采用混凝土预制块时,设计年限为10年;采用石材时,为20年
(3)桥梁结构的设计使用年限应符合下表的规定:
桥梁结构的设计使用年限
<table>
<tr><th>类别</th><th>设计使用年限(年)</th></tr>
<tr><td>特大桥、大桥、重要中桥</td><td>100</td></tr>
<tr><td>中桥、重要小桥</td><td>50</td></tr>
<tr><td>小桥</td><td>30</td></tr>
</table>
注:对有特殊要求结构的设计使用年限,可在上述规定基础上经技术经济论证后予以调整</td></tr>
</table>

(2)横断面技术标准

横断面技术标准　　表2-58

<table>
<tr><th>项　目</th><th>内　容</th></tr>
<tr><td>横断面组成及宽度</td><td>(1)横断面宜由机动车道、非机动车道、人行道、分车带、设施带、绿化带等组成,特殊断面还可包括应急车道、路肩和排水沟等。
(2)机动车道宽度应符合下列规定:
一条机动车道最小宽度(m)
<table>
<tr><th rowspan="2">车型及车道类型</th><th colspan="2">设计速度(km/h)</th></tr>
<tr><th>>60</th><th>≤60</th></tr>
<tr><td>大型车或混行车道</td><td>3.75</td><td>3.50</td></tr>
<tr><td>小客车专用车道</td><td>3.50</td><td>3.25</td></tr>
</table>
机动车道路面宽度,应包括车行道宽度及两侧路缘带宽度,单幅路及三幅路采用中间分隔物或双黄线分隔对向交通时,机动车道路面宽度还应包括分隔物或双黄线的宽度。
(3)非机动车道宽度应符合下列规定:
一条非机动车道最小宽度(m)
<table>
<tr><th>车辆种类</th><th>自行车</th><th>三轮车</th></tr>
<tr><td>宽度</td><td>1.0</td><td>2.0</td></tr>
</table></td></tr>
</table>

续上表

项　　目	内　　容
横断面组成及宽度	（见下）

与机动车道合并设置的非机动车道,车道数单向不应小于2条,宽度不应小于2.5m;非机动车专用道路面宽度应包括车道宽度及两侧路缘带宽度,单向不宜小于3.5m,双向不宜小于4.5m。

(4)路侧带可由人行道、绿化带、设施带等组成

人行道宽度必须满足行人安全顺畅通过的要求,并应设置无障碍设施。人行道最小宽度应符合下表的规定;

人行道最小宽度

项目	人行道最小宽度(m)	
	一般值	最小值
各级道路	3.0	2.0
商业或公共场所集中路段	5.0	4.0
火车站、码头附近路段	5.0	4.0
长途汽车站	4.0	3.0

绿化带的宽度,应符合现行行业标准《城市道路绿化规划与设计规范》(CJJ 75—1997)的相关要求。

设施带宽度,应满足设置护栏、照明灯柱、标志牌、信号灯、城市公共服务设施等的要求,各种设施布局应综合考虑。设施带可与绿化带结合设置,但应避免各种设施与树木间的干扰。

(5)分车带的设置应符合下列规定:

分车带按其在横断面中的不同位置及功能,可分为中间分车带(简称中间带)及两侧分车带(简称两侧带),分车带由分隔带及两侧路缘带组成;

分车带最小宽度应符合下表的规定:

分车带最小宽度(m)

类别		中间带		两侧带	
设计速度(km/h)		≥60	<60	≥60	<60
路缘带宽度	机动车道	0.50	0.25	0.50	0.25
	非机动车	—	—	0.25	0.25
安全带宽度	机动车道	0.25	0.25	0.25	0.25
	非机动车	—	—	0.25	0.25
侧向净宽	机动车道	1.00	0.50	0.75	0.50
	非机动车	—	—	0.50	0.50
分隔带最小宽度		1.50	1.50	1.50	1.50
分车带最小宽度		2.50	2.00	2.50(2.25)	2.00

注:侧向净宽为路缘带宽度与安全带宽度之和;两侧带分隔带宽度中,括号外为两侧均为机动车道时取值;括号内数值为一侧为机动车道,另一侧为非机动车道时的取值;分隔带最小宽度值系按设施带宽度为1m考虑的,具体应用时,应根据设施带实际宽度确定。

分隔带应采用立缘石围砌,需要考虑防撞要求时,应采用相应等级的防撞护栏。

(6)当快速路单向机动车道数小于3条时,应设不小于3.0m的应急车道。当连续设置有困难时,应设置应急停车港湾,间距不应大于500m,宽度不应小于3.0m。

(7)路肩设置应符合下列规定:

采用边沟排水的道路应在路面外侧设置保护性路肩,中间设置排水沟的道路应设置左侧保护性路肩;

保护性路肩宽度自路缘带外侧算起,快速路不应小于0.75m;其他等级道路不应小于0.50m;当有少量行人时,不应小于1.50m。当需设置护栏、杆柱、交通标志时,应满足其设置要求

续上表

项　目	内　容
路拱与横坡	(1)道路横坡应根据路面宽度、路面类型、纵坡及气候条件确定,宜采用1.0% ~2.0%。快速路及降雨量大的地区宜采用1.5% ~2.0%;严寒积雪地区、透水路面宜采用1.0% ~1.5%。保护性路肩横坡度可比路面横坡度加大1.0%。 (2)单幅路应根据道路宽度采用单向或双向路拱横坡;多幅路应采用由路中线向两侧的双向路拱横坡;人行道宜采用单向横坡
缘石	(1)缘石应设置在中间分隔带、两侧分隔带及路侧带两侧,缘石可分为立缘石和平缘石; (2)立缘石宜设置在中间分隔带、两侧分隔带及路侧带两侧。当设置在中间分隔带及两侧分隔带时,外露高度宜为15cm~20cm;当设置在路侧带两侧时,外露高度宜为10cm~15cm; (3)平缘石宜设置在人行道与绿化带之间,以及有无障碍要求的路口或人行横道范围内

(3)城市道路最小半径值

城市道路圆曲线最小半径　表2-59

设计速度(km/h)		100	80	60	50	40	30	20
不设超高最小半径(m)		1 600	1 000	600	400	300	150	70
设超高最小半径(m)	一般值	650	400	300	200	150	85	40
	极限值	400	250	150	100	70	40	20

注:"一般值"为正常情况下的采用值;"极限值"为条件受限时,可采用的值。

城市道路平曲线与圆曲线最小长度　表2-60

设计速度(km/h)		100	80	60	50	40	30	20
圆曲线最小长度(m)		85	70	50	40	35	25	20
平曲线最小长度(m)	一般值	260	210	150	130	110	80	60
	极限值	170	140	100	85	70	50	40

(4)城市道路缓和曲线最小长度值

城市道路缓和曲线最小长度　表2-61

项　目	内　容
缓和曲线	直线与圆曲线或大半径圆曲线与小半径圆曲线之间应设缓和曲线。缓和曲线应采用回旋线,缓和曲线最小长度应符合下表的规定。当设计速度小于40km/h时,缓和曲线可采用直线代替 缓和曲线最小长度 设计速度(km/h):100、80、60、50、40、30、20 缓和曲线最小长度(m):85、70、50、45、35、25、20 当圆曲线半径大于下表不设缓和曲线的最小圆曲线半径时,直线与圆曲线可直接连接 不设缓和曲线的最小圆曲线半径 设计速度(km/h):100、80、60、50、40 不设缓和曲线的最小圆曲线半径(m):3 000、2 000、1 000、700、500

缓和曲线最小长度

设计速度(km/h)	100	80	60	50	40	30	20
缓和曲线最小长度(m)	85	70	50	45	35	25	20

不设缓和曲线的最小圆曲线半径

设计速度(km/h)	100	80	60	50	40
不设缓和曲线的最小圆曲线半径(m)	3 000	2 000	1 000	700	500

(5)城市道路纵坡值

城市道路纵坡值　表 2-62

<table>
<tr><td>项　目</td><td colspan="9">内　容</td></tr>
<tr><td rowspan="5">最大纵坡</td><td colspan="9">机动车道最大纵坡</td></tr>
<tr><td colspan="2">设计速度(km/h)</td><td>100</td><td>80</td><td>60</td><td>50</td><td>40</td><td>30</td><td>20</td></tr>
<tr><td rowspan="2">最大纵坡(%)</td><td>一般值</td><td>3</td><td>4</td><td>5</td><td>5.5</td><td>6</td><td>7</td><td>8</td></tr>
<tr><td>极限值</td><td>4</td><td>5</td><td>6</td><td>6</td><td>7</td><td>8</td><td>8</td></tr>
<tr><td colspan="9">(1)新建道路应采用小于或等于最大纵坡一般值;改建道路、受地形条件或其他特殊情况限制时,可采用最大纵坡极限值。
(2)除快速路外的其他等级道路,受地形条件或其他特殊情况限制时,经技术经济论证后,最大纵坡极限值可增加1.0%。
(3)积雪或冰冻地区的快速路最大纵坡不应大于3.5%,其他等级道路最大纵坡不应大于6.0%</td></tr>
<tr><td>最小纵坡</td><td colspan="9">(1)道路最小纵坡不应小于0.3%;
(2)当遇特殊困难纵坡小于0.3%时,应设置锯齿形边沟或采取其他排水设施</td></tr>
</table>

城市道路纵坡长度限制值　表 2-63

<table>
<tr><td>项　目</td><td colspan="12">内　容</td></tr>
<tr><td rowspan="4">机动车</td><td colspan="12">(1)当道路纵坡大于机动车道最大纵坡的一般值时,纵坡最大坡长应符合下表的规定;
(2)道路连续上坡或下坡,应在不大于下表规定的纵坡长度之间设置纵坡缓和段;
(3)缓和段的纵坡不应大于3%,其长度应符合最小坡长的规定
最大坡长</td></tr>
<tr><td>设计速度(km/h)</td><td>100</td><td>80</td><td colspan="3">60</td><td colspan="3">50</td><td colspan="3">40</td></tr>
<tr><td>纵坡(%)</td><td>4</td><td>5</td><td>6</td><td>6.5</td><td>7</td><td>6</td><td>6.5</td><td>7</td><td>6.5</td><td>7</td><td>8</td></tr>
<tr><td>最大坡长(m)</td><td>700</td><td>600</td><td>400</td><td>350</td><td>300</td><td>350</td><td>300</td><td>250</td><td>300</td><td>250</td><td>200</td></tr>
<tr><td rowspan="4">非机动车</td><td colspan="12">(1)非机动车道纵坡宜小于2.5%;
(2)当大于或等于2.5%时纵坡最大坡长应符合下表的规定
非机动车道最大坡长</td></tr>
<tr><td colspan="3">纵坡(%)</td><td colspan="3">3.5</td><td colspan="3">3.0</td><td colspan="3">2.5</td></tr>
<tr><td rowspan="2">最大坡长(m)</td><td colspan="2">自行车</td><td colspan="3">150</td><td colspan="3">200</td><td colspan="3">300</td></tr>
<tr><td colspan="2">三轮车</td><td colspan="3">—</td><td colspan="3">100</td><td colspan="3">150</td></tr>
</table>

城市道路最小坡长　表 2-64

设计速度(km/h)	100	80	60	50	40	30	20
最小坡长(m)	250	200	150	130	110	85	60

(6)城市道路竖曲线值

城市道路竖曲线最小半径　表 2-65

项　目	内　容
竖曲线	(1)各级道路纵坡变化处应设置竖曲线,竖曲线宜采用圆曲线,竖曲线最小半径与竖曲线最小长度应符合下表规定。一般情况下应大于或等于一般值。 (2)特别困难时可采用极限值

续上表

项　目	内　容								
竖曲线	竖曲线最小半径与竖曲线最小长度								
	设计速度(km/h)		100	80	60	50	40	30	20
	凸形竖曲线(m)	一般值	10 000	4 500	1 800	1 350	600	400	150
		极限值	6 500	3 000	1 200	900	400	250	100
	凹形竖曲线(m)	一般值	4 500	2 700	1 500	1 050	700	400	150
		极限值	3 000	1 800	1 000	700	450	250	100
	竖曲线长度(m)	一般值	210	170	120	100	90	60	50
		极限值	85	70	50	40	35	25	20

(7)平面交叉口

城市道路平面交叉口基本类型　　表2-66

项　目		内　容
几何形状分类		平面交叉口按几何形状可分为十字形、T形、Y形、X形、多叉形、错位及环形交叉口
交通组织方式分类	A类	信号控制交叉口。 平A_1类——交通信号灯控制,进出口展宽交叉口; 平A_2类——交通信号灯控制,进出口不展宽交叉口
	B类	无信号控制交叉口。 平B_1类——支路只准右转通行的交叉口; 平B_2类——减速让行或停车让行标志管制交叉口(简称右转交叉口); 平B_3类——全无管制交叉口
	C类	环形交叉口
选用类型		按相交道路的等级规定宜采用类型,但在城市道路设计中,一般情况下在道路规划阶段已确定类型及用地范围。因此,具体设计中应依据规划条件,结合功能要求与控制条件,选定合适类型。一般应符合下表规定

平面交叉口选型

平面交叉口类型	选型	
	推荐形式	可选形式
主—主	平A_1类	—
主—次	平A_1类	—
主—支	平B_1类	平A_1类
次—次	平A_1类	—
次—支	平B_2类	平A_1类或平B_1类
支—支	平B_2类或平B_3类	平C类或平A_2类

注:人口在50万以上的大城市,主干路与主干路相交,经交通预测分析,需要设置立体交叉时,宜按《城市道路交叉口设计规程》(CJJ 152—2010)表3.1.4选用;人口在50万以上的大城市,次干路与次干路相交,因景观需要,采用环形交叉口时,应充分论证

(8)立体交叉口

城市道路立体交叉口基本类型 表 2-67

<table>
<tr><th>项 目</th><th colspan="4">内 容</th></tr>
<tr><td rowspan="8">类型划分</td><td colspan="4">立体交叉口应根据相交道路等级、直行及转向(主要是左转)车流行驶特征、非机动车对机动车干扰等分类,主要类型划分及功能特征宜符合下表的规定。
立体交叉口类型划分及功能特征</td></tr>
<tr><td>立交类型</td><td>主线直行车流行驶特征</td><td>转向(主要指左转)车流行驶特征</td><td>非机动车及行人干扰情况</td></tr>
<tr><td>立 A1</td><td>快速或按设计速度连续行驶</td><td>经定向匝道或经集散、变速车道行驶</td><td>机非分行,无干扰;车辆与行人无干扰</td></tr>
<tr><td>立 A2</td><td>快速或按设计速度连续行驶</td><td>一般经定向匝道或经集散、变速车道行驶,或部分左转车减速行驶</td><td>机非分行。无干扰;车辆与行人无干扰</td></tr>
<tr><td>立 B</td><td>快速或按设计速度连续行驶,次要主线受转向车流交织干扰或受平面交叉口左转车冲突影响. 为间断流</td><td>减速交织行驶,或受平面交叉口影响减速交织行驶,为间断流</td><td>机非分行或混行,有干扰;主线车辆与行人无干扰</td></tr>
<tr><td>立 C</td><td>快速或按设计速度连续行驶</td><td>—</td><td>—</td></tr>
<tr><td colspan="4">(1)A 类:枢纽立交
立 A1 类:主要形式为全定向、喇叭形、组合式全互通立交。宜在城市外围区域采用。
立 A2 类:主要形式为喇叭形、苜蓿叶形、半定向、定向—半定向组合的全互通立交。宜在城市外围与中心区之间区域采用。
(2)B 类:一般立交
立 B 类:主要形式为喇叭形、苜蓿叶形、环形、菱形、迂回式、组合式全互通或半互通立交。宜在城市中心区域采用。
(3)C 类:分离式立交
立 C 类:分离式立交</td></tr>
<tr><td colspan="4"></td></tr>
</table>

<table>
<tr><td rowspan="14">选型</td><td colspan="3">城市道路立交类型选择,应根据交叉节点在城市道路网中的地位、作用、相交道路的等级,并应结合城市性质、规模、交通需求及立交节点所在区域用地条件按下表选定
立体交叉选型</td></tr>
<tr><td rowspan="2">立体交叉类型</td><td colspan="2">选型</td></tr>
<tr><td>推荐形式</td><td>可用形式</td></tr>
<tr><td>快速路—高速公路</td><td>立 A1 类</td><td>—</td></tr>
<tr><td>快速路—快速路(一级公路)</td><td>立 Al 类</td><td>—</td></tr>
<tr><td>快速路—主干路</td><td>立 B 类</td><td>立 A2 类、立 C 类</td></tr>
<tr><td>快速路—次干路</td><td>立 C 类</td><td>立 B 类</td></tr>
<tr><td>快速路—路</td><td>—</td><td>立 C 类</td></tr>
<tr><td>主干路—高速公路</td><td>立 B 类</td><td>立 A2 类、立 C 类</td></tr>
<tr><td>主干路—主于路</td><td>—</td><td>立 B 类</td></tr>
<tr><td>主干路—干路</td><td>—</td><td>立 B 类</td></tr>
<tr><td>次干路—速公路</td><td>—</td><td>立 C 类</td></tr>
<tr><td>支路—高速公路</td><td>—</td><td>立 C 类</td></tr>
</table>

(9)城市道路的用地范围

城市道路的用地范围　表 2-68

<table>
<tr><th>项　目</th><th>内容与图式</th></tr>
<tr><td>一般规定</td><td>(1)路段用地是指道路红线以内的范围。
(2)交叉口用地是指交叉口规划红线以内的范围。
平面交叉口规划范围应包括构成该平面交叉口各条道路的相交部分和进口道、出口道及其向外延伸 10～20m 的路段所共同围成的空间。新建、改建交通工程规划中的平面交叉口规划,必须对交叉口规划范围内规划道路及相交道路的进口道、出口道各组成部分做整体规划。
立体交叉规划范围应包括相交道路中线投影平面交点至相交道路各进出口变速车道渐变段及其向外延伸 10～20 m 的主线路段所共同围成的空间。交叉口的规划范围可根据所需交通设施及其管线的要求适当扩大</td></tr>
<tr><td>平面交叉口
规划范围</td><td>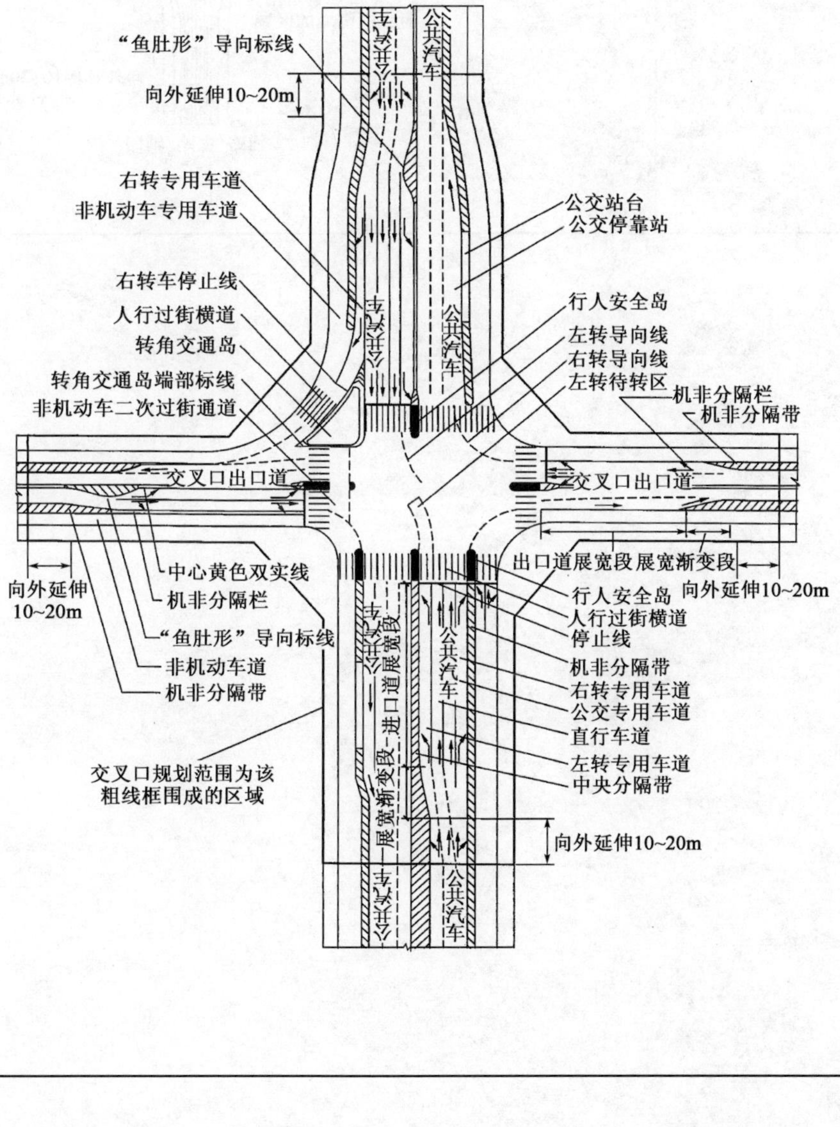
</td></tr>
</table>

续上表

项　　目	内容与图式
立体交叉口规划范围	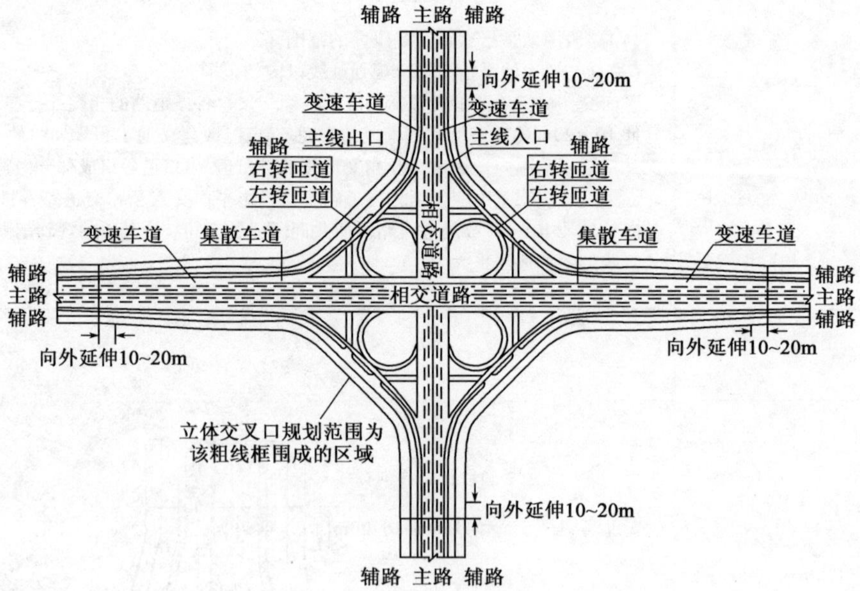

3 道路技术指标与测设

3.1 平面技术指标

3.1.1 圆曲线半径

(1)最小半径计算公式

最小半径　表3-1

项目	内容
计算公式与图式	$$R=\frac{v^2}{127(\varphi_h+i_h)}$$ 式中:R——圆曲线半径(m); v——设计速度(km/h); φ_h——路面与轮胎之间的横向摩阻系数; i_h——超高值 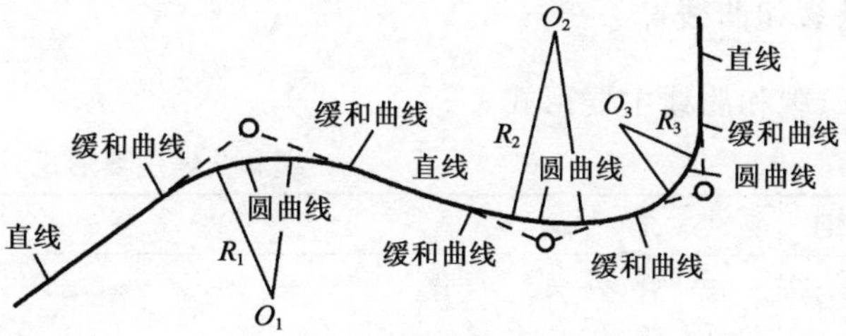
极限最小半径	极限最小半径是指为保证车辆按设计速度安全行驶所规定的圆曲线半径最小值。《标准》注中的极限最小半径是在规定的设计速度时,取 $i_h=8\%$、$\varphi_h=0.1\sim0.17$ 计算取整得到。 极限最小半径是路线设计中的极限值,是在特殊困难条件下不得已才使用的,一般不轻易采用
一般最小半径	一般最小半径是指各级公路对按设计速度行驶的车辆能保证其安全、舒适的最小圆曲线半径,《标准》中的一般最小半径值是按 $i_h=6\%\sim8\%$、$\varphi_h=0.05\sim0.06$ 计算取整得到。 一般最小半径是在通常情况下推荐采用的最小半径。一是考虑汽车在这种圆曲线上以设计速度或以接近设计速度行驶时,旅客有充分的舒适感;二是考虑在地形比较复杂的情况下不会过多增加工程量
不设超高最小半径	当圆曲线半径较大时,离心力的影响较小,路面摩阻力可保证汽车有足够的稳定性,这时可不设超高,设置与直线段上相同的双向横坡路拱形式。因此,不设超高最小半径是指不必设置超高就能满足行驶稳定性的圆曲线最小半径。从舒适和安全的角度考虑,φ_h 值应尽可能小,以使乘客在圆曲线上与在直线上有大致相同的感觉。《标准》中不设超高的最小半径是分别取 $i_h\leqslant2.0\%$,$\varphi_h=0.035\sim0.040$;$i_h>2.0\%$,$\varphi_h=0.040\sim0.050$ 计算取整得到

注:《标准》指《公路工程技术标准》(JTG B01—2014),余同。

(2)公路最小半径值

各级公路圆曲线最小半径 表 3-2

设计速度(km/h)		120	100	80	60	40	30	20
极限最小半径(m)		650	400	250	125	60	30	15
一般最小半径(m)		1 000	700	400	200	100	65	30
不设超高的最小半径(m)	路拱≤2%	5 500	4 000	2 500	1 500	600	350	150
	路拱>2%	7 500	5 250	3 350	1 900	800	450	200

(3)城市道路最小半径值

城市道路圆曲线最小半径 表 3-3

设计速度(km/h)		100	80	60	50	40	30	20
不设超高最小半径(m)		1 600	1 000	600	400	300	150	70
设超高最小半径(m)	一般值	650	400	300	200	150	85	40
	极限值	400	250	150	100	70	40	20

注:“一般值”为正常情况下的采用值;“极限值”为条件受限时,可采用的值。

城市道路平曲线与圆曲线最小长度 表 3-4

设计速度(km/h)		100	80	60	50	40	30	20
圆曲线最小长度(m)		85	70	50	40	35	25	20
平曲线最小长度(m)	一般值	260	210	150	130	110	80	60
	极限值	170	140	100	85	70	50	40

3.1.2 缓和曲线

(1)缓和曲线主要形式

缓和曲线主要形式 表 3-5

项目	定义	基本公式	特性及使用条件
回旋线	回旋线是曲率随曲线长度成比例变化的曲线。 这一性质与驾驶人以匀速转动转向盘汽车由直线驶入圆曲线或圆曲线驶入直线的轨迹线相符	$rl = A^2$ 式中:r——回旋线上某点的曲率半径(m); l——回旋线上某点到原点的曲线长(m); A——回旋线参数。 回旋线参数A表征回旋线曲率变化的缓急程度,在回旋线内r是随l的变化而变化的	回旋线的曲率是连续变化的,而且其曲率的变化与曲线长度的变化呈线性关系。回旋线的形状只有一种,只要改变参数A就能得到不同大小的回旋线。A相当于回旋线的放大系数,$A=1$时的回旋线称为单位回旋线
三次抛物线	将$rl=A^2$中的弧长l,用l在横轴上的投影x代替,则得到三次抛物线的方程	一般方程: $r=\frac{C}{x}$ 直角坐标方程式: $x=l;y=\frac{x^3}{6C}$ 其中,$C=R\cdot L_s$;仅取回旋线坐标方程式中的第一项	三次抛物线的曲率半径与回旋线一样也是随长度由无穷大逐渐减小的,但当缓和曲线角β达到24°后,又开始增加。所以三次抛物线用作缓和曲线的条件为$\beta\leq24°$

续上表

项目	定义	基本公式	特性及使用条件
双纽线	将 $rl = A^2$ 中的弧长 l 用曲线的弦长 a 来代替，则得双纽线方程	$r = \frac{C}{a}$ 式中：a——弦长； 其余符号同前	双纽线的极角为45°时，曲率半径最小，此后半径增大至原点，全程转角达到270°。因此，当曲线转角较大、半径较小时，如在回头曲线或立体交叉的匝道上可采用双纽线设置整个曲线，代替两段回旋线和一段主曲线

(2)缓和曲线最小长度计算公式

缓和曲线 表3-6

项目	定义	基本公式
旅客感觉舒适	汽车在缓和曲线上行驶，其离心加速度随缓和曲线曲率的变化而变化，如变化过快会使乘客感到横向冲击	$L_{s(\min)} = 0.0214\frac{v^3}{R\alpha_s}$ 式中：α_s——离心加速度变化率[一般高速路，英国采用0.3，美国采用0.6，我国一般控制在(0.5~0.6)m/s^3范围内]； v——设计速度(km/h)； $L_{s(\min)}$——最小缓和曲线长度(m)
超高渐变率适中	因在缓和曲线上设置超高过渡段，若过渡段太短则会因路面急剧地由双坡变为单坡而形成一种扭曲的面，对行车和路容均不利。 在超高过渡段上，路面外侧逐渐抬高，从而形成一个"附加坡度"。当圆曲线上的超高值一定时，该附加坡度取决于过渡段长度	$L_{s(\min)} = \frac{B'\Delta i}{p}$ 式中：B'——旋转轴至行车道(设路缘带时为路缘带)外侧边缘的宽度(m)； Δi——超高坡度(超高值)与路拱坡度代数差(%)； p——超高渐变率(附加坡度)
行驶时间不过短	车辆在缓和曲线上的行驶时间过短会使驾驶员操作不便，甚至造成驾驶操纵的紧张和忙乱。 一般认为汽车在缓和曲线上的行驶时间至少应有3s	$L_{s(\min)} = \frac{v}{1.2}$ 式中：符号同前

(3)公路缓和曲线最小长度值

公路缓和曲线最小长度 表3-7

设计速度(km/h)		120	100	80	60	40	30	20
缓和曲线最小长度(m)	一般值	130	120	100	80	50	40	25
	最小值	100	85	70	60	40	30	20

(4)城市道路缓和曲线最小长度值

城市道路缓和曲线最小长度 表3-8

<table>
<tr><th>项目</th><th colspan="8">内容</th></tr>
<tr><td rowspan="8">缓和曲线</td><td colspan="8">直线与圆曲线或大半径圆曲线与小半径圆曲线之间应设缓和曲线。缓和曲线应采用回旋线,缓和曲线最小长度应符合下表的规定。当设计速度小于40km/h时,缓和曲线可采用直线代替
缓和曲线最小长度</td></tr>
<tr><td>设计速度(km/h)</td><td>100</td><td>80</td><td>60</td><td>50</td><td>40</td><td>30</td><td>20</td></tr>
<tr><td>缓和曲线最小长度(m)</td><td>85</td><td>70</td><td>50</td><td>45</td><td>35</td><td>25</td><td>20</td></tr>
<tr><td colspan="8">当圆曲线半径大于下表不设缓和曲线的最小圆曲线半径时,直线与圆曲线可直接连接
不设缓和曲线的最小圆曲线半径</td></tr>
<tr><td>设计速度(km/h)</td><td>100</td><td>80</td><td>60</td><td>50</td><td>40</td><td></td><td></td></tr>
<tr><td>不设缓和曲线的最小圆曲线半径(m)</td><td>3 000</td><td>2 000</td><td>1 000</td><td>700</td><td>500</td><td></td><td></td></tr>
</table>

3.2 纵断面技术指标

3.2.1 路线纵断面图

路线纵断面图 表3-9

<table>
<tr><th>项目</th><th colspan="2">内容</th></tr>
<tr><td>定义及概念</td><td colspan="2">沿道路中线竖直剖切再行展开即为路线纵断面图。
因自然因素的影响及经济性要求,路线纵断面总是一条有起伏的空间线。纵断面图是道路纵断面设计的主要成果,也是道路设计的技术文件之一。将道路的纵断面图与平面图结合起来,就能准确地定出道路的空间位置</td></tr>
<tr><td rowspan="3">设计高程位置</td><td>新建公路</td><td>高速公路和一级公路采用中央分隔带的外侧边缘高程;二、三、四级公路采用路基边缘高程,在设置超高、加宽地段为设超高、加宽前该处边缘高程</td></tr>
<tr><td>改建公路</td><td>一般按新建公路的规定设计,也可视具体情况采用行车道中线处的高程</td></tr>
<tr><td>城市道路</td><td>城市道路设计高程可视具体情况,采用中央分隔带边缘、中线或行车道外侧边缘作为设计高程</td></tr>
<tr><td>线形</td><td colspan="2">纵断面图上有两条主要线形:
一条是地面线。它是根据中线上各桩点的高程而点绘的一条不规则的折线,反映了沿中线原地面的起伏变化情况。
另一条是设计线。它是设计者经过技术上、经济上以及美学上等多方面比较后定出的一条具有规则形状的几何线,反映了道路路线的起伏变化情况。</td></tr>
</table>

续上表

项　目	内　容
线形	纵断面设计线是由直坡线和竖曲线组成。 直坡线(即均匀坡度线)有上坡和下坡,其大小用纵坡和坡长表示,纵断面上同一坡段两点间的高差与其水平距离(即坡长)的比值称为纵坡,以百分数计,上坡取"+",下坡取"-";坡长是纵断面相邻变坡点的桩号之差,即水平距离。 不同纵坡转折处称为变坡点,为平顺过渡要设置竖曲线,按纵坡转折形式的不同,竖曲线有凹有凸,其大小用半径和水平长度表示
设计内容	纵断面图由上、下两部分内容:上半部主要用来绘制地面线和纵断面设计线,下半部主要用来填写有关数据。 下半部自下而上分别是:直线与平曲线,里程及桩号,地面高程,设计高程,填挖高度,纵坡/坡长,土壤地质说明等内容。 上半部纵断面图上应将下列内容在适当位置绘出:竖曲线位置及其要素;沿线桥涵及人工构造物的位置、结构类型及孔径,与公路、铁路交叉的桩号、路名及高程,沿线跨越的河流名称、位置、常水位及最高洪水位,水准点位置、编号和高程,断链桩位置、桩号及长短链关系等

3.2.2 纵坡

(1)最大纵坡

理想最大纵坡和不限长度最大纵坡　表 3-10

项　目	定义及概念	计 算 公 式	项 目 意 义
理想最大纵坡	理想最大纵坡是指设计车型在油门全开的情况下,持续以希望速度等速行驶所能克服的纵坡。 希望速度对小客车为设计速度,对载重车为汽车的最大行驶速度	设希望速度为 v_1,理想最大纵坡为 i_1,动力因数为 D_1,因等速行驶,则: $\frac{f+i_1}{\lambda}=D_1$ $i_1=\lambda D_1-f$	i_1 称为理想最大纵坡,因在不大于 i_1 的坡道上载重车能以最大速度行驶,可使载重车与小客车、重车与轻车之间的速差最小,相互干扰小,道路通行能力最大
不限长度最大纵坡	不限长度最大纵坡是指设计车型在油门全开情况下,持续以容许速度等速行驶所能克服得纵坡。 容许速度一般为设计速度的 1/2 ~ 2/3,高速路取低限,低速路取高限	设容许速度为 v_2,不限长度最大纵坡为 i_2,动力因数为 D_2,则: $i_2=\lambda D_2-f$	当汽车在纵坡小于或等于不限长度最大纵坡的坡道上行驶时,只要初速度大于容许速度,汽车至多减速到容许速度。 当纵坡大于不限长度最大纵坡时,为防止汽车行驶速度低于容许速度,应对其坡长加以限制

最大纵坡的规定　表 3-11

项　目	内　容
项目考虑要素	确定最大纵坡时,不仅考虑汽车的动力特性、道路等级、自然条件,还要考虑工程和运营的经济等。我国《标准》规定最大纵坡时,对汽车在坡道上行驶情况进行了大量调查、试验,并广泛征求各有关方面特别是驾驶人的意见,也考虑了畜力车通行状况,经综合分析研究后确定了最大纵坡值

续上表

项　目	内　容
项目意义	最大纵坡是根据道路等级、自然条件、行车要求等因素所限定的路线纵坡最大值。它是道路纵断面设计的重要控制指标。在地形起伏较大地区,直接影响路线的长短、使用质量、运输成本及造价
特别项目	城市道路最大纵坡约相当于公路按设计速度计的最大纵坡减小1%; 高速公路受地形条件或其他特殊情况限制时,经技术经济论证合理,最大纵坡可增加1%; 四级公路位于海拔2 000m以上或积雪冰冻地区的路段,最大纵坡不应大于8%; 设计速度小于或等于80km/h位于海拔3 000m以上的高原地区,最大纵坡值应按规定予以折减。折减后若小于4%,仍采用4%。 在非机动车交通比例较大路段,为照顾其交通要求可根据具体情况将纵坡适当放缓:平原、微丘区一般不大于2%~3%;山岭、重丘区一般不大于4%~5%

各级公路最大纵坡值 表3-12

设计速度(km/h)	120	100	80	60	40	30	20
最大坡度(%)	3	4	5	6	7	8	9

高原纵坡折减值 表3-13

海拔高度(m)	3 000~4 000	>4 000~5 000	>5 000
折减值(%)	1	2	3

城市道路最大纵坡值 表3-14

<table>
<tr><td>项　目</td><td colspan="9">内　容</td></tr>
<tr><td rowspan="5">最大纵坡</td><td colspan="9">机动车道最大纵坡</td></tr>
<tr><td colspan="2">设计速度(km/h)</td><td>100</td><td>80</td><td>60</td><td>50</td><td>40</td><td>30</td><td>20</td></tr>
<tr><td rowspan="2">最大纵坡(%)</td><td>一般值</td><td>3</td><td>4</td><td>5</td><td>5.5</td><td>6</td><td>7</td><td>8</td></tr>
<tr><td>极限值</td><td>4</td><td>5</td><td>6</td><td>6</td><td>7</td><td>8</td><td>8</td></tr>
<tr><td colspan="9">(1)新建道路应采用小于或等于最大纵坡一般值;改建道路、受地形条件或其他特殊情况限制时,可采用最大纵坡极限值。
(2)除快速路外的其他等级道路,受地形条件或其他特殊情况限制时,经技术经济论证后,最大纵坡极限值可增加1.0%。
(3)积雪或冰冻地区的快速路最大纵坡不应大于3.5%,其他等级道路最大纵坡不应大于6.0%</td></tr>
</table>

(2)坡长限制

最大坡长限制的规定 表3-15

项　目	内　容
定义及概念	最大坡长限制是指控制汽车在坡道上行驶,当车速下降到最低容许速度时所行驶的距离。最低容许速度 v_2 对应的纵坡为不限长度最大纵坡 i_2,凡大于 i_2 的纵坡其长度都应加以限制。各级道路为连续上坡或下坡时,应在不大于规定的纵坡长度之间设置缓和坡段
限制意义	纵坡越陡,坡长越长,对行车影响也越大。主要表现在:行驶速度显著下降,甚至要换低排挡克服坡度阻力;易使水箱"开锅",导致汽车爬坡无力,甚至熄火;下坡行驶制动次数频繁,易使制动器发热失效,甚至造成车祸;影响通行能力和服务水平

公路纵坡长度限制值(m)　表 3-16

设计速度(km/h)		120	100	80	60	40	30	20
纵坡坡度(%)	3	900	1 000	1 100	1 200			
	4	700	800	900	1 000	1 100	1 100	1 200
	5		600	700	800	900	900	1 000
	6			500	600	700	700	800
	7					500	500	600
	8					300	300	400
	9						200	300
	10							200

城市道路纵坡长度限制值　表 3-17

<table>
<tr><th>项　目</th><th>内　容</th></tr>
<tr><td>机动车</td><td>(1)当道路纵坡大于机动车道最大纵坡的一般值时,纵坡最大坡长应符合下表的规定;
(2)道路连续上坡或下坡,应在不大于下表规定的纵坡长度之间设置纵坡缓和段;
(3)缓和段的纵坡不应大于3%,其长度应符合最小坡长的规定
最大坡长
<table>
<tr><td>设计速度(km/h)</td><td>100</td><td>80</td><td colspan="3">60</td><td colspan="3">50</td><td colspan="3">40</td></tr>
<tr><td>纵坡(%)</td><td>4</td><td>5</td><td>6</td><td>6.5</td><td>7</td><td>6</td><td>6.5</td><td>7</td><td>6.5</td><td>7</td><td>8</td></tr>
<tr><td>最大坡长(m)</td><td>700</td><td>600</td><td>400</td><td>350</td><td>300</td><td>350</td><td>300</td><td>250</td><td>300</td><td>250</td><td>200</td></tr>
</table></td></tr>
<tr><td>非机动车</td><td>(1)非机动车道纵坡宜小于2.5%;
(2)当纵坡大于或等于2.5%时,最大坡长应符合下表的规定
非机动车道最大坡长
<table>
<tr><td colspan="2">纵坡(%)</td><td>3.5</td><td>3.0</td><td>2.5</td></tr>
<tr><td rowspan="2">最大坡长(m)</td><td>自行车</td><td>150</td><td>200</td><td>300</td></tr>
<tr><td>三轮车</td><td>—</td><td>100</td><td>150</td></tr>
</table></td></tr>
</table>

缓和坡段限制规定　表 3-18

项　目	内　容
定义及概念	在纵断面设计中,当纵坡的长度达到限制坡长时,按规定设置的较小纵坡路段称为缓和坡段。其作用是恢复在较大纵坡上降低的速度;减少下坡制动次数,保证行车安全;确保道路通行质量。在缓坡上汽车加速行驶,缓坡的长度应适应该加速过程的需要
缓和坡段限制	从汽车行驶平顺性要求,如坡长过短,使变坡点增多,汽车行驶在连续起伏路段产生的增重与减重变化频繁,导致乘客感觉不舒适,车速越高表现越明显;缓坡太短上坡不能保证加速行驶要求,下坡不能减缓制动;从路容美观、相邻竖曲线的设置和纵面视距等也要求坡长应有一定最短长度
坡长规定	最小坡长规定汽车以设计速度 9 ~ 15s 的行程为宜,在高速路上 9s 可满足行车及几何线形布设的要求,在低速路上应取大值。 《标准》规定缓和坡段的纵坡应不大于3%,其长度应不小于最小坡长。若地形限制不严,当设计速度≥60km/h 时缓和坡段宜小于2%,其长度宜为设置竖曲线以后直坡段的长度。 缓和坡段的具体位置,应结合纵向地形起伏情况,尽量减少填挖方工程数量,同时应考虑路线的平面线形要素。缓和坡段宜设在平面的直线或较大半径的平曲线上,以充分发挥缓和坡段的作用,提高整条道路的使用质量。在必须设置缓和坡段,而地形又困难地段,可将缓和坡段设于半径比较小的平曲线上,但应适当增加缓和坡段的长度,以使缓和坡段端部的竖曲线位于小半径平曲线之外。这种要求对提高行驶质量、保证行车安全是必要的

公路最小坡长(m) 表3-19

设计速度(km/h)		120	100	80	60	40	30	20
最小坡长(m)	一般值	400	350	250	200	160	130	80
	最小值	300	250	200	150	120	100	60

城市道路最小坡长 表3-20

设计速度(km/h)	100	80	60	50	40	30	20
最小坡长(m)	250	200	150	130	110	85	60

(3)最小纵坡、平均纵坡和合成坡度

最小纵坡规定 表3-21

项目	内容与要求
定义及概念	最小纵坡是为纵向排水的需要,对横向排水不畅的路段所规定的纵坡最小值
公路规定	(1)为使道路行车安全、快速和畅通,纵坡小一些为好; (2)在长路堑、低填方和其他横向排水不畅的路段,为保证行车安全和排水要求,防止积水渗入路基而影响其稳定性,应设置不小于0.3%的纵坡(一般以不小于0.5%为宜); (3)对干旱地区,以及横向排水良好、不产生路面积水的路段,可不受最小纵坡的限制
城市道路规定	(1)道路最小纵坡不应小于0.3%; (2)当遇特殊困难纵坡小于0.3%时,应设置锯齿形边沟或采取其他排水设施

平均纵坡规定 表3-22

项目	内容
定义及概念	平均纵坡是某一路段的起终高差与该路段长度的比值(以%计)。它是衡量纵断面线形质量的一个重要指标
控制意义	在路线纵坡设计时,当地形困难、高差很大时,可能交替使用最大纵坡(并达到限制坡长)和缓和坡段(接近最短坡长),形成"台阶式"纵断面。汽车在这种坡段上行驶,上坡会长时间使用低挡,易导致车辆水箱沸腾;下坡则频繁制动,驾驶员心理紧张,易引起操作失误。因此有必要控制纵坡平均值
坡度规定	限定平均纵坡是为合理运用最大纵坡、坡长限制及缓和坡段的规定,保证车辆安全顺适行驶。《标准》规定:二级、三级、四级公路越岭路线连续上坡(或下坡)路段相对高差为200~500m时,平均纵坡不应大于5.5%;越岭路线相对高差大于500m时,平均纵坡不应大于5.0%,且任意连续3km路段的平均纵坡不应大于5.5%。 对高速公路、一级公路的平均纵坡,目前尚无规定。根据连续下坡路段现场试验和交通安全调查分析,当平均纵坡小于2%时可不限路段长度;当平均纵坡为2%、3%、4%和5%时,路段长度分别不宜超过15.0km、4km、3km和2.5km,最大不应超过15.0km、4.5km、3.5km和3.0km,供参考
计算公式	$i_p = \frac{H}{L}$ 式中:i_p——平均纵坡; H——相对高差(m); L——路线长度(m)

合成坡度规定　表 3-23

项　目	内容与要求
定义及概念	合成坡度是指由路线纵坡与弯道超高横坡或路拱横坡组合而成的坡度，其方向即路面流水线方向
控制意义	汽车在设有超高的坡道上行驶时，不仅受坡度阻力的影响，而且受离心力的影响。当纵坡较大而圆曲线半径较小时，合成坡度较大，使汽车重心发生偏移，给汽车行驶带来危险。所以，在有平曲线的坡道上，应将合成坡度控制在一定范围内，可避免急弯和陡坡的不利组合，防止因合成坡度过大而引起的该方向滑移，保证行车安全
坡度规定	《规范》[注]规定：在设有超高的平曲线上，超高与纵坡的合成坡度值不得超过表 3-23 的规定；在积雪或冰冻地区，合成坡度值不应大于 8%。 为保证路面排水，还规定各级公路的最小合成坡度不宜小于 0.3% ~0.5%；当合成坡度小于 0.5% 时，应采用综合排水措施，以保证路面排水畅通

注：《规范》指《公路路线设计规范》（JTG D20—2006），余同。

合成坡度计算公式　表 3-24

项　目	公式与内容
坡面汇流水流线坡度值 I	$$d = A'D = \frac{lb}{\sqrt{l^2 + b^2}}$$ 其中，$l = b \cdot \frac{i_z}{i}$；$I = \frac{h}{d}$，$h = b \cdot i_z$ 代入化简：$I = \sqrt{i^2 + i_z^2}$ 式中：I——合成坡度（%）； b——路面半幅宽度（m）； i_z——路拱横坡度 i_g（或超高横坡 i_y）； i——路线纵坡度（或竖曲线上任一点斜率表示的纵坡 i_x）
合成坡度 I 水平投影长度 L_{s1} 与路线前进方向夹角 α	$$L_{s1} = A'F = \frac{b}{i_z}\sqrt{i_z^2 + i^2}\ ;\ \alpha = \arccos\frac{i}{\sqrt{i^2 + i_z^2}}$$ 式中：L_{s1}——合成坡度 I 对应坡面流在 ABC 平面内的水平投影长度； α——合成坡度 I 与路线前进方向夹角
坡面汇流水流线长度 AE	$$L_s = \sqrt{(I \times A'F)^2 + A'F^2} = A'F\sqrt{I^2 + 1} = L_{S1}\sqrt{I^2 + 1}$$ 式中：L_s——坡面汇流水流线长度
图式	取路线中线上一点 A，C 为 A 横断面路面边缘一点，B 为路线中线上另一点，距离 A 点长度为 l；B、C 为同一高程点，$A'BC$ 组成一水平面，ABC 组成路面所在平面；AD、$A'D$ 垂直于 BC，则 AD 为水流线方向 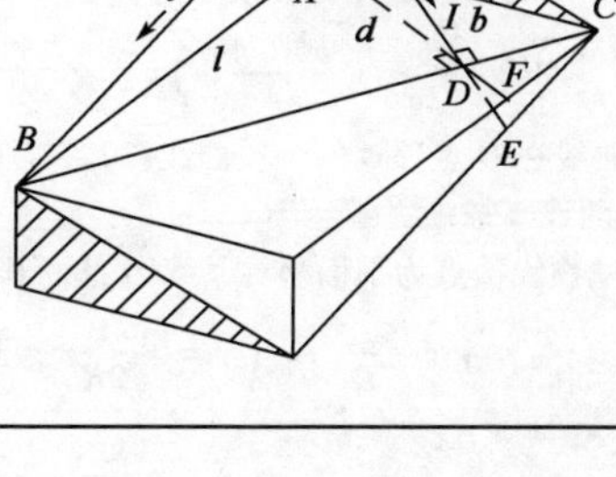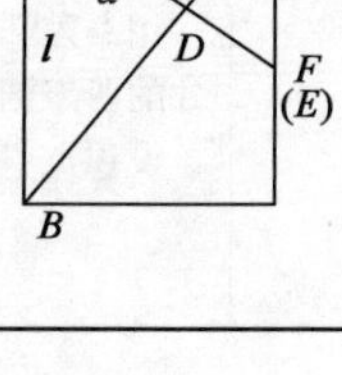

公路合成坡度值 表3-25

公路等级	高速公路			一级公路			二级公路		三级公路		四级公路
设计速度(km/h)	120	100	80	100	80	60	80	60	40	30	20
合成坡度值(%)	10.0	10.0	10.5	10.0	10.5	10.5	9.0	9.5	10.0	10.0	10.0

3.2.3 竖曲线

竖曲线规定 表3-26

<table>
<tr><th>项　目</th><th colspan="2">内容与要求</th></tr>
<tr><td>定义及概念</td><td colspan="2">纵断面上两相邻纵坡线的交点称为变坡点。为保证行车安全、舒适及视距需要，在变坡点处用一段曲线来缓和，称为竖曲线。竖曲线的线形有用圆曲线的，也有用抛物线形的。通常在公路使用范围内，圆弧和抛物线几乎没有差别，但在设计和计算上，抛物线则比圆曲线方便得多，因此设计上一般采用二次抛物线作为竖曲线。竖曲线只计水平距离和竖直高度，斜线不计角度而计坡度。因此，竖曲线的切线长和曲线长均是其在水平面上投影，切线支距是竖直的高程差，相邻两坡度线交角用坡度表示</td></tr>
<tr><td>控制意义</td><td colspan="2">缓和纵向变坡处行车动量变化而产生的离心力；确保公路纵向行车视距；将竖曲线与平曲线恰当组合，有利于路面排水和改善行车的视线诱导和舒适感</td></tr>
<tr><td>竖曲线限制因素</td><td colspan="2">在纵断面设计中，竖曲线的设计要考虑缓和冲击、行驶时间不过短和满足视距的要求三个限制因素。其中哪一种限制因素为最不利情况时的限制因素即为有效控制因素</td></tr>
<tr><td rowspan="4">有效控制指标确定</td><td>缓和冲击</td><td>汽车行驶在竖曲线上时，产生径向离心力。这个力在凹形竖曲线上是增重，在凸形竖曲线上是减重。增重或减重都会对旅客舒适和汽车悬挂系统产生影响。汽车在竖曲线上行驶的离心加速度 $a=v^2/R$，将 v(m/s)化成 v(km/h)，考虑各种因素，取 $a=0.278(m/s^2)$，则 $R_{min}=v^2/3.6$ 或 $L_{min}=v^2\cdot\omega/3.6$，其中 v 单位为km/h</td></tr>
<tr><td>行驶时间</td><td>行驶时间不能过短，要求同缓和曲线</td></tr>
<tr><td rowspan="2">满足停车视距 S_T</td><td>汽车在凸形竖曲线上行驶时，由于竖曲线向上凸起，使驾驶人的视线受到影响，在竖曲线异侧的路面形成盲区，所以凸形竖曲线最小半径和最小长度是按视距的要求进行计算的</td></tr>
<tr><td>凹形竖曲线最小长度，应满足两种视距的要求：一是保证夜间行车安全，前灯照明应有足够的距离；二是保证跨线桥下有足够的视距</td></tr>
</table>

竖曲线计算公式 表3-27

<table>
<tr><th>项　目</th><th>公式与内容</th></tr>
<tr><td>竖曲线表达式</td><td>二次抛物线一般方程式为 $y=ax^2+bx+c$，求一、二阶导数，该方程最大曲率点(抛物线顶点)坐标 O 和二次抛物线在 O 处的曲率半径为 R 表示的方程：
$$M\left(-\frac{b}{2a},-\frac{b^2-4ac}{4a}\right);\ y=\pm\frac{1}{2R}x^2+bx+c$$
用一段圆弧来代替曲线在 O 点邻近的一段曲线弧，习惯上把这段圆弧所在的圆称为曲线在该点处的曲率圆，R 称为竖曲线半径。
设顶点 $O(0,0)$，即抛物线顶点为平面坐标系 XOY 坐标圆点，竖曲线方程为：
$$y=\frac{1}{2R}x^2\quad\left(y=-\frac{1}{2R}x^2\ 开口向下\right)$$</td></tr>
</table>

续上表

项　目		公式与内容
竖曲线计算公式	竖曲线长 L	$$L=\left\|x_b-x_a\right\|=\left\|Ri_2-Ri_1\right\|=\left\|R(i_2-i_1)\right\|=R\left\|\omega\right\|$$ 式中：R——竖曲线半径(m)； i_1、x_a——分别为后坡坡度(%)与切点坐标(m)； i_2、x_b——分别为前坡坡度(%)与切点坐标(m)； ω——为前坡坡度与后坡坡度代数差，$\omega=i_2-i_1$，$\omega>0$，为凹形竖曲线，$\omega<0$，为凸形竖曲线
	竖距	因为：$h_1=\dfrac{(x_a+l_1)^2}{2R}-\left(\dfrac{x_a^2}{2R}+l_1i_1\right)=\dfrac{(x_a+l_1)^2}{2R}-\dfrac{x_a^2}{2R}-l_1\dfrac{x_a}{R}=\dfrac{l_1^2}{2R}$； $$h_2=\frac{(x_b-l_2)}{2R}-\left(\frac{x_b^2}{2R}-l_2i_2\right)=\frac{(x_b+l_2)^2}{2R}-\frac{x_b^2}{2R}+l_2\frac{x_b}{R}=\frac{l_2^2}{2R}$$ 当 $l_1=T_1$，$l_2=T_2$ 时：$h_1=\dfrac{T_1^2}{2R}$，$h_2=\dfrac{T_2^2}{2R}$；$h_1=h_2$ 则：$E=\dfrac{T^2}{2R}$ 式中：E——竖距； l——变坡点，在 $[x_a,x_I]$ 区间，距 x_a 为 l_1 的一段平距，求 h_1；在 $[x_I,x_b]$ 区间，距 x_b 为 l_2 的一段平距，求 h_2； 其余符号同前
	切线长度 T	$$T=\frac{L}{2}=\frac{R\left\|(i_2-i_1)\right\|}{2}=\frac{R\left\|\omega\right\|}{2}$$ 式中：T——竖曲线切线长； 其余符号同前
	竖曲线曲率半径的变化范围 R_I	$$R_a=\frac{(R^2+x_a^2)^{3/2}}{R^2}\leqslant R_I\leqslant R_b=\frac{R^2+x_b^2}{R^2}$$ 式中：R_a、R_b——分别为 a、b 点的曲率半径； 其余符号同前。 特殊地，当 $x_a=x_b=0$ 时，$R=R_I=R_{min}$，此半径也是公路中常称作的竖曲线半径。以路线前进方向规定纵坡，从左向右，后坡为左侧纵坡 i_1，前坡为右侧纵坡 i_2，其正、负号决定了竖曲线范围是否存在 R_{min}：①当 $i_1\cdot i_2>0$ 时，i_1、i_2 同号，在竖曲线范围内 R_{min} 不存在；②当 $i_1\cdot i_2<0$ 时，i_1、i_2 异号，在竖曲线范围内 R_{min} 存在；③当 $i_1\cdot i_2=0$ 时，设 $i_1=0$、$i_2\neq0$，则 R_{min} 在竖曲线起点；$i_2=0$、$i_1\neq0$，则 R_{min} 在竖曲线终点
图式		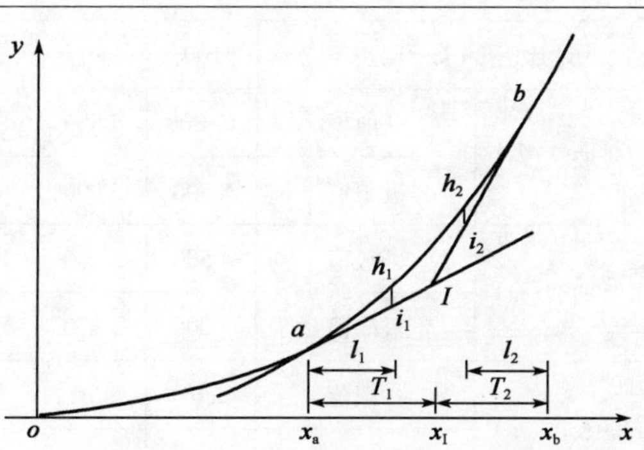

公路凸形竖曲线最小半径和最小长度(m) 表 3-28

设计速度(km/h)	停车视距 S	缓和冲击 $L_{min}=\frac{v^2\omega}{3.6}$	视距要求 $L_{min}=\frac{S_T^2\omega}{4}$	《标准》规定值 竖曲线半径 一般值	竖曲线半径 极限值	竖曲线长度 一般值	竖曲线长度 极限值
120	210	4 000ω	11 025ω	17 000	11 000	250	100
100	160	2 778ω	6 400ω	10 000	6 500	210	85
80	110	1 778ω	3 025ω	4 500	3 000	170	70
60	75	1 000ω	1 406ω	2 000	1 400	120	50
40	40	444ω	400ω	700	450	90	35
30	30	250ω	225ω	400	250	60	25
20	20	111ω	100ω	200	100	50	20

公路凹形竖曲线最小半径(m) 表 3-29

设计速度(km/h)	停车视距 S_T	缓和冲击 $\frac{v^2\omega}{3.6}$	夜间行车照明 $\frac{S_1^2\omega}{1.5+0.0524S_T}$	桥下视距 $\frac{S_1^2\omega}{26.92}$	《标准》规定值 极限值	《标准》规定值 一般值
120	210	4 000ω	3 527ω	1 683ω	4 000	6 000
100	160	2 778ω	2 590ω	951ω	3 000	4 500
80	110	1 778ω	1 666ω	449ω	2 000	3 000
60	75	1 000ω	1 036ω	209ω	1 000	1 500
40	40	444ω	445ω	59ω	450	700
30	30	250ω	293 ω	33 ω	250	400
20	20	111 ω	157 ω	15 ω	100	200

城市道路竖曲线最小半径 表 3-30

项目	内容
竖曲线	(1)各级道路纵坡变化处应设置竖曲线,竖曲线宜采用圆曲线,竖曲线最小半径与竖曲线最小长度应符合下表规定。一般情况下应大于或等于一般值。 (2)特别困难时可采用极限值

竖曲线最小半径与竖曲线最小长度

设计速度(km/h)		100	80	60	50	40	30	20
凸形竖曲线(m)	一般值	10 000	4 500	1 800	1 350	600	400	150
	极限值	6 500	3 000	1 200	900	400	250	100
凹形竖曲线(m)	一般值	4 500	2 700	1 500	1 050	700	400	150
	极限值	3 000	1 800	1 000	700	450	250	100
竖曲线长度(m)	一般值	210	170	120	100	90	60	50
	极限值	85	70	50	40	35	25	20

3.3　横断面技术指标

3.3.1 公路横断面组成及类型

（1）道路横断面

道路横断面的规定　表 3-31

项　目	内容与要求
定义	道路横断面是指中线上任意一点的法向切面，由横断面设计线和地面线组成
组成	设计线包括行车道、路肩、分隔带、边沟、边坡、截水沟、护坡道以及取土坑、弃土堆、环境保护设施等； 地面线是表征地面起伏变化的线，它通过现场实测或由大比例尺地形图、航测相片、数字地面模型等途径获得
考虑因素	公路横断面的组成和各部分的尺寸要根据设计交通量、交通组成、设计速度、地形条件等因素确定。在保证公路通行能力、交通安全与畅通的前提下，尽量做到用地省、投资少，使公路发挥其最大的经济效益与社会效益
研究内容	路线设计研究的横断面设计只限于与行车直接有关的路幅部分，即两侧路肩外缘（城市道路为规划红线）之间各组成部分的宽度、横向坡度等问题。边坡、边沟、截水沟、护坡道等设计在路基工程中研究

（2）公路横断面组成

公路横断面的路幅组成　表 3-32

项　目	内容、要求及图形
定义	路幅是指公路两路肩外侧边缘之间的部分，按路幅把公路划分为双幅、单幅公路
单幅	单幅公路是上、下行（对向）车辆不分开（可用标线分隔）的整体式断面，其包括行车道、路肩、错车道以及紧急停车带、爬坡车道等部分
双幅	双幅是指将上、下行（对向）车辆分隔开，分隔的方式有用分隔带分隔（整体式断面），将上、下行车道放在不同高度（或平面）上加以分隔（分离式断面）。 整体式断面包括行车道、中间带、路肩以及紧急停车带、爬坡车道等部分；分离式断面包括行车道、路肩以及紧急停车带、爬坡车道等部分
路幅典型横断面图	公路直线段和小半径平曲线段（设置加宽）的路幅宽度不同，各级公路路幅宽度还包括行车道加宽的宽度。图 a）为高速公路、一级公路路基标准横断面；图 b）为二、三级公路路基标准横断面；图 c）为四级公路标准横断面

续上表

项　目	内容、要求及图形
路幅典型横断面图	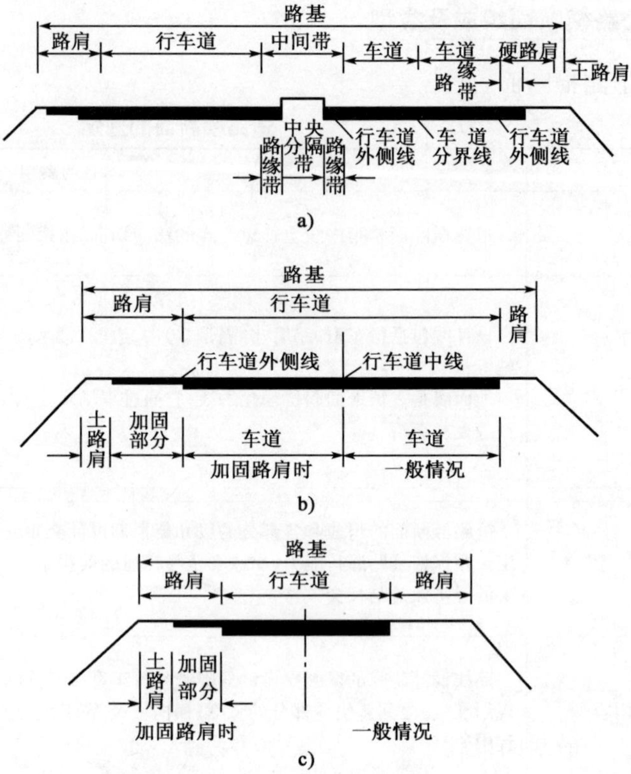

(3)路幅的布置类型

公路横断面的路幅布置类型 表 3-33

项　目	内容与要求
单幅单车道	单车道是指交通量小、地形复杂、工程艰巨的山区公路或地方道路采用设错车道的单车道公路，适用于地形困难的四级公路。此类公路造价低，但适应的交通量小、车速低。为错车的需要，应在不大于300m的距离内选择有利地点设置错车道，使驾驶员能看到相邻错车道之间的车辆。错车道处的路基宽度≥6.5m，有效长度≥20m
单幅双车道	单幅双车道公路是指整体式供双向行车的双车道公路。在我国公路总里程中双车道占的比重最大，适用于二级、三级公路和一部分四级公路。这类公路适应的交通量范围大，最高达15 000小客车/d。设计速度范围为20～80km/h。在这种公路上行车，只要各行其道、视距良好，车速一般不会受影响。但当交通量大、非机动车多、视距条件较差时，其车速和通行能力则降低较多。所以对混合行驶相互干扰较大的路段，可设专用非机动车道和人行道，与机动车分离行驶
双幅多车道	双幅多车道指四、六、八、十车道公路，中间一般都设有分隔带或做成分离式断面而构成双幅路。高速、一级公路属这一类。有些分离式路基为了利用地形或地处风景区等，则可设计两条独立的单向行车的多车道道路

3.3.2 城市道路横断面组成及类型

城市道路横断面路幅的规定　表 3-34

项　目	内容与要求
路幅组成	行车道:城市道路上供各种车辆行驶部分的统称。在行车道断面上,供汽车、无轨电车、摩托车等行驶的部分称为机动车道。 非机动车道:供自行车、三轮车、板车等行驶的部分。 其他:供行人步行使用的人行道和分隔各种车道(或人行道)的分隔带及绿化带等
单幅路	俗称“一块板”断面,各种车辆在行车道上混合行驶。有以下几种交通组织方式: 画出快、慢车行驶分车线,快车和机动车在中间行驶,慢车和非机动车靠两侧行驶; 不画分车线,在不影响安全的条件下车道可调剂使用。通常快车靠中线行驶,慢车靠外侧行驶。当外侧车道有临时停车或公交车辆进站时,慢车可临时占用靠中线车道,快车减速通过或临时占用对向车道。也可调整交通组织,如只允许机动车沿同一方向行驶的“单行道”;限制载重车和非机动车行驶,只允许小客车和公交车通行的街道;限制各种机动车,只允许行人通行的“步行道”等。 上述措施可相对不变,也可按规定周期变换
双幅路	俗称“两块板”断面。在行车道中心用分隔带或分隔墩将行车道分为两部分,上、下行车辆分向行驶,各向视需要可划分快、慢车道
三幅路	俗称“三块板”断面。中间为双向行驶的机动车车道,两侧为靠右侧行驶的非机动车车道。机动车和非机动车车道之间用分隔带或分隔墩分隔
四幅路	俗称“四块板”断面,在三幅路的基础上,再用中间带将机动车车道分隔为二,分向行驶

3.3.3 横断面设计要点

(1)公路横断面设计

公路横断面设计的规定　表 3-35

项　目	内容、规定与要求
横断面设计要求	横断面设计,必须结合地形、地质、水文等条件,本着节约用地的原则,选用合理的路基横断面形式,以满足行车顺适、工程经济、路基稳定且便于施工和养护的要求
路基标准横断面	在设计每个具体横断面之前,应先确定路基的标准横断面(或称“典型横断面”)。在标准横断面图中,一般要包括路堤、路堑、半填半挖、护肩路基、挡土墙路基、砌石路基等。断面中的边坡坡率、边沟尺寸、挡土墙断面等必须按现行《公路路基设计规范》(JTG D30—2015)的规定确定。对于高填、深挖、特殊地质、浸水路堤等,则应单独设计(详见《路基路面工程》)
横断面设计方法	一般在计算纸上绘制横断面的地面线。地面线是在现场测绘的,若是纸上定线,可从大比例尺的地形图上内插获得。在计算机辅助设计中,可通过数字化仪或数字地面模型自动获得。横断面图的比例一般是 1:200。 从“路基设计表”中抄入路基中心填挖高度,对于有超高和加宽的曲线路段,还应抄入“左高”、“右高”、“左宽”、“右宽”等数据。 根据现场调查所得来的“土壤、地质、水文资料”,参照“标准横断面图”,画出路幅宽度,填或挖的边坡坡线,在需要设置各种支挡工程和防护工程的地方画出该工程结构的断面示意图。 根据综合排水设计,画出路基边沟、截水沟、排水沟等位置和断面形式,必要时须注明各部分尺寸;此外,对于取土坑、弃土堆、绿化等也应尽可能画出。 对于分离式断面的公路和具有变速车道、爬坡车道、避险车道、紧急停车道的断面,可参照上述步骤绘制。 一条道路的横断面图数量极大,为提高手工绘制的工作效率,可事先制作若干透明模板。但根本的解决办法是采用“路线 CAD”,它不但能准确自动地绘制横断面图,而且能自动解算横断面面积

续上表

项　目	内容、规定与要求
路基设计表	路基设计表是公路设计文件的组成内容之一,它是平、纵、横等主要测设资料的综合,在公路设计文件中占有重要地位。表中填列所有整桩、加桩的填挖高度、路基宽度(包括加宽)、超高值等有关资料,为路基横断面设计的基本数据,也是施工的依据之一

(2)城市道路横断面设计

城市道路横断面设计的规定 表3-36

项　目	内容、规定与要求
横断面设计图	当按照城市道路的交通性质、地形条件以及近期与远期相结合的原则,确定了横断面组成和宽度以后,即可绘制横断面设计图。城市道路的横断面设计图与公路横断面图的作用是相同的,即指导施工和计算土石方数量。城市道路横断面设计图一般要用的比例尺为1:100或1:200,在图上应绘出红线宽度、行车道、人行道、绿化带、照明、新建或改建的地下管道等各组成部分的位置和宽度,以及排水方向、路面横坡等
横断面现状图	沿道路中线每隔一定距离绘制横断面地面线。若属旧道路的改建,实际上就是横断面的现状图。图中包括地形、地物、原街道的各组成部分、边沟、路侧建筑等。比例尺为1:100或1:200。有时为了更明显地表现地形和地物高度的变化,也可采用纵、横不同的比例尺绘制
横断面施工图	在完成道路纵断面设计之后,各中线上的填挖高度则为已知。将这一高度点绘在相应的横断面现状图上,然后将横断面设计图以相同的比例尺画于其上。此图反映了各断面上的填、挖和拆迁界线,是施工时的主要根据

(3)道路建筑限界

道路建筑限界的规定 表3-37

项　目	内容、规定与要求
定义及概念	道路建筑限界又称净空,由净高和净宽两部分组成。它是为保证道路上各种车辆、人群的正常通行与安全,在一定高度和宽度范围内不允许有任何障碍物侵入的空间界线。道路建筑限界是横断面设计的重要依据
净高	净高即净空高度是指道路在横断面范围内保证安全通行所必须满足的竖向高度。规定高速公路和一级、二级公路的净高为5.0m,三、四级公路为4.5m。城市道路规定最小净高:各种汽车4.5m,无轨电车5.0m,有轨电车5.5m,自行车和行人2.5m,其他非机动车3.5m
净宽	指道路在横断面范围内保证安全通行所必须满足的横向宽度

3.3.4 行车道

(1)机动车道

行车道的规定 表3-38

项　目	内容、规定与要求
一条车道	在道路上供一纵向车列行驶的路面部分,称为一条车道;一条车道所必需的宽度称为车道宽度。车道宽度由设计车辆宽和富余宽组成
车道数	行车道所需的车道数,应根据设计交通量、采用的服务水平等确定,也可以根据预测高峰小时要求通过的交通量除以一条车道的可能通行能力,取整而得双向车道数(条),即双向所需要的车道数(条)=(单向的高峰小时交通量/一条车道的可能通行能力)×2,当车道数为四车道以上时,应按双倍数增加

续上表

项　　目	内容、规定与要求
行车道宽度	双向行车道宽度 = 所需要的车道数 × 车道宽度。在城市道路设计中，不能单纯依靠上述公式的计算结果来定，因为它只是考虑了高峰小时交通量的交通需要，并没有反映出不同的道路等级、道路红线宽度、交通组织、横断面布置形式等的要求，所以还必须根据具体情况全面考虑以上各种因素，做出不同设计方案进行比较后择优取用。对于混合行驶的交通，其行车道宽度也不能机械地用上述方法来确定，而应该从机动车与非机动车的横向排列组合来确定其宽度
特殊宽度值	设计车辆宽，一般取载货汽车车厢总宽 2.5m。 富余宽度是指汽车轮胎（或车身）与路面边缘之间的横向安全距离、车身边缘之间（同向或异向行驶时）的横向安全距离的组合。 富余宽度与车速有关，此外还与路侧环境、驾驶员心理、车辆状况等有关。根据大量试验观测的富余宽度与车速的资料，用数学回归方法得出经验公式，确定富余宽度。富余宽度是车速的函数。车速越高，所需的富余宽度越大；反之，则越小。但车速如仅在一定范围内波动，则富余宽度变化不大。 城市道路平均车速为 30 ~ 40km/h，所需车道宽度为 3.40 ~ 3.80m。考虑到城市道路车型、车速的差异，平均一条车道采用 3.50m（最小值）。如车速大于 50km/h，车道宽度则宜采用 3.75m 为好。车道的宽度达不到要求，必然影响车速，车速的降低则影响通行能力。从保证通行能力的角度考虑，最小车道宽度为 3.50m。 对高速公路，当设置左侧硬路肩时，内侧车道宽度可采用 3.5m

公路行车道宽度值　　表 3-39

公路等级	高速公路、一级公路					
设计速度（km/h）	120、100			80		60
车道数	8	6	4	6	4	4
车道宽度（m）	3.75	3.75	3.75	3.75	3.75	3.50
行车道宽度（m）	2 × 15.0	2 × 11.25	2 × 7.5	2 × 11.25	2 × 7.5	2 × 7.0

公路等级	二、三、四级公路				
设计速度（km/h）	80	60	40	30	20
车道数	2	2	2	2	1 或 2
车道宽度（m）	3.75	3.50	3.50	3.25	3.50 或 3.00
行车道宽度（m）	7.5	7.0	7.0	6.5	3.5 或 6.0

城市道路机动车车道宽度　　表 3-40

车型及行驶状态	设计速度（km/h）	车道宽度（m）	车型及行驶状态	设计速度（km/h）	车道宽度（m）
大型汽车或大、小汽车混行	≥40	3.75	小型汽车专用线		3.50
	<40	3.50	公路汽车停靠站		3.00

（2）非机动车道

非机动车道的规定　　表 3-41

项　　目	内容、规定与要求
定义及概念	非机动车道是专供自行车、三轮车、平板车及兽力车等行驶的车道。在我国的城市道路上，有很多非机动车在行驶，其中以自行车的数量为最多，而且有继续增长的趋势。因此，对非机动车道的设计，应给予足够的重视。在城市规划设计中，宜考虑设置专用的非机动车道路系统；交通组织和横断面布置应尽可能机非分离行驶；非机动车道设计应“宁宽勿窄”，要适当留有余地

续上表

项　　目	内容、规定与要求
一条车道宽度	非机动车的单一车道宽度,是根据车身宽度和车身两侧所需的横向安全距离而定。非机动车的通行能力,可根据“车头间距”或“车头时距”的理论进行计算
自行车车道宽度	在非机动车道上行驶的车辆,绝大多数是自行车,故在考虑非机动车道宽度时,应以自行车为主。人骑自行车的通行净空高为2.25m,外加0.25m的安全净空,在整个宽度上要求的净空高度为2.5 m;车把宽0.50 m,加上两侧各0.25 m的横向摆动安全距离,故一条自行车车道的宽度为1.0 m,自行车车道两侧还应各留0.25 m的安全距离,加上每条自行车车道的宽度1.0 m,这样一条自行车车道的宽度为1.5 m,两条车道的宽度为2.5 m,三条车道的宽度为3.5 m,四条车道的宽度为4.5 m,以此类推
混合车道宽度	各类混合行驶的非机动车车道宽度,是根据车辆横向布置的不同排列组合要求来确定的,其宽度必须保证最宽车辆有超车或并行的可能。例如,一辆三轮车超越一辆大板车(或两车并行)时,其宽度至少应为4.5～5.0m。这样同时也能满足一辆三轮车和一辆马车通行的要求,以及一辆板车沿路边停歇,一辆三轮车行驶与一辆自行车超车的要求,也可满足四辆自行车并列行驶的要求
宽度值	根据各城市对非机动车行车道宽度的设计和使用经验,其基本宽度推荐采用5.0m(或4.5m)、6.5m(或6.0m)、8.0m(或7.5m)。根据非机动车交通仍有继续增长的发展趋势,在规划、设计非机动车行车道宽度时,特别是与机动车分流的非机动车道,宜适当留有余地,一般不宜小于以上推荐的最小值。当机、非混行的道路断面上借画线分流时,非机动车道宽度不得小于2.5m。只有当交通量不大,考虑到机动车道和非机动车道之间有可能互相调剂使用时,其宽度才宜于适量酌减

各种非机动车特性及所需车道宽度　　表3-42

车辆种类	自行车	三轮车
长(m)	1.90	2.60
宽(m)	0.50	1.20
高(m)	2.25	2.50
最小纵向间距(m)	1.0～1.5	1.0
单车道通行能力(辆/h)	800～1 000	300
所需车道宽度(m)	1.5	2.0

3.3.5 路肩、分车带、路侧带、人行道

(1)路肩

路肩的规定　　表3-43

项　　目	内容、规定与要求
定义及概念	路肩是指行车道外缘到路基边缘,具有一定宽度的带状部分,规范中规定有一般和最小宽度值。路肩通常包括硬路肩(高速公路和一级公路含路缘带)、土路肩。路肩的作用是增加路幅的富余宽度;保护和支撑路面结构;供临时停车使用;为公路其他设施提供设置场地;汇集路面排水
土路肩	土路肩是指不进行铺装或经硬化处理的路肩,用于各级公路,宽度可采用0.5m、0.75m等。土路肩的排水性远低于路面,故其横坡度较路面宜增大1.0%～2.0%
硬路肩	硬路肩是指进行了铺装的路肩,高速公路和一级公路除设置右侧硬路肩外,整体式路基设置左侧路缘带,分离式路基设置左侧硬路肩。右侧硬路肩可采用0.75m、1.5m、2.5m、3.0m、3.5m等;左侧硬路肩宽度可采用0.75m、1.0m、1.25 m等。左侧硬路肩或路缘带的横坡,一般同行车道。右侧硬路肩在直线路段一般应设置向外倾斜的横坡,其横坡值可与行车道路面横坡度相同或稍大于路面横坡度;曲线路段的横坡,内侧与行车道路面横坡度相同,外侧与行车道路面横坡度相同或设置向外倾斜的横坡,应按规范规定并考虑路面施工方法论证选择

(2)分车带

分车带的规定　表3-44

项目		内容、规定与要求
中间带	定义及概念	中间带指高速公路、一级公路及城市二、三、四块板断面道路中间设置的分隔上下行驶交通的设施,包括两条左侧路缘带和中央分隔带宽度。规范中对左侧路缘带和中央分隔带规定有一般和最小宽度值,并由两者组合的中间带的一般和最小宽度值。中间带的作用是分隔上、下行车流;杜绝车辆随意掉头;减少夜间对向行车眩光;显示车道的位置,诱导视线;为其他设施提供场地
	宽度	公路整体式断面的中间带宽度有2.0m、2.5m、3.0m、3.5m、4.5m等。分离式断面中间带宽度宜大于4.50m。此时中间带宽度可随地形变化而灵活运用,不必等宽,且两侧行车道亦不必等高,而应与地形、景观相配合;中间带应做成向中央倾斜的凹形;行车道左侧设置左侧硬路肩
	设置条件	中间带的宽度一般情况下应保持等宽度。当宽度发生变化时,应设置过渡段。中间带过渡段宜设在回旋线范围内,其长度应与回旋线长度相等;中间带宽度较宽时,过渡段设在半径较大的圆曲线范围内为宜
	布置形式	中央分隔带的形式根据缘石形状、分隔带表面形式及其处理方式而定。缘石形状分为平齐式、斜式和栏式。中央分隔带原则上不应设凸起的缘石,由于排水或其他原因而设置时,应采用具有低而圆滑外形不会引起车辆弹起的斜式缘石。中央分隔带表面形式分凸、凹两种形式。中央分隔带表面处理可采用种植草皮、灌木、花卉或铺面封面等方式处理
	开口布置	为了方便养护作业、紧急救援和某些车辆在必要时驶向反方向,中央分隔带应按一定间距设置开口。高速公路和一级公路开口部一般以2km为宜,城市道路可根据横向交通(车辆和行人)的需要设置。开口应设置在通视良好的路段,若在曲线上开口,则该曲线的超高值不宜大于3%;在互通式立体交叉、隧道、特大桥、服务区等设施的前后,以及整体式与分离式路基的汇合处,应设置开口。开口端部的形状有半圆形、弹头形等。高速公路、一级公路的中央分隔带开口处,应设活动护栏
两侧带		两侧带是布置在横断面两侧的分车带,其作用与中间带相同,只是布置的位置不同。两侧带常用于城市道路的横断面设计中,它可以分隔快车道与慢车道、机动车道与非机动车道、车行道与人行道等。其宽度视城市规划、道路红线宽度等而确定

(3)路侧带

路侧带的规定　表3-45

项目	内容、规定与要求
定义及概念	路侧带是位于城市道路行车道两侧的人行道、绿带、公用设施带等的统称。 种植带是人行道上靠行车道一侧种植行道树的范围。 设施带宽度包括设置人行护栏、照明灯柱、标志牌、信号灯等的宽度。红线宽度较窄及条件困难时,设施带可与种植带合并,但应避免树与其他设施的干扰
宽度	路侧带的宽度根据道路类别、功能、行人流量、绿化、沿街建筑性质及布设公用设施要求等确定。为保证交通安全,人、车互不干扰,因此,路侧带一般高出行车道0.08~0.20m
坡度	横坡一般都采用直线形向侧石方向(内侧)倾斜,坡度为1.0%~2.0%

(4)人行道

人行道的规定　表3-46

项目	内容、规定与要求
定义及概念	人行道主要是供行人步行用,同时也是植物、立杆的场地。人行道的地下空间还应满足埋设管线的宽度需要
宽度	人行道宽必须满足行人通行的安全和顺畅
坡度	横坡一般都采用直线形向侧石方向(内侧)倾斜,坡度为1.0%~2.0%

3.3.6 平曲线的加宽及其过渡

(1)加宽值的确定

加宽值的规定 表3-47

项目		内容、规定与要求
定义及概念		当平曲线半径大于250m时,由于加宽值较小,对行车影响不大,故不考虑加宽;半径小于250m时应设计加宽。《规范》中的加宽值指双车道值,按汽车轴距加前悬的长度为5m、8m、5.2m+8.8m分3类。由3条以上车道构成的行车道,其加宽值应通过计算确定。各级公路的路面加宽后,路基也应相应加宽。双幅公路内侧车道的加宽值应大于外侧车道的加宽值。设计时应通过计算确定其差值。 汽车行驶在圆曲线上,各轮迹半径不同,其中后内轮轨迹半径最小,且偏向曲线内侧,故曲线内侧应增加路面宽度,以确保圆曲线上行车的安全与顺适
加宽值计算	普通汽车	$b_{单} = \frac{A^2}{2R} \qquad b = \frac{NA^2}{2R}$ 式中:$b_{单}$——一条行车道的加宽值; b——N个车道的行车道加宽值; A——汽车后轴至前保险杠的距离(m); R——圆曲线半径(m)
	半挂车	公式同"普通汽车",式中:$A^2 = A_1^2 + A_2^2$,其中A_1为牵引车保险杠至第二轴的距离(m),A_2为第二轴至拖车最后轴的距离(普通汽车为0)(m);其余符号同前
	摆动加宽值	$b' = \frac{0.05v}{\sqrt{R}}$ 式中:v——汽车转弯时行驶速度(km/h); 其余符号同前
	加宽值	$b = N\left(\frac{A^2}{2R} + \frac{0.05v}{\sqrt{R}}\right)$

双车道公路圆曲线加宽值 表3-48

加宽类型	加宽值(m) / 圆曲线半径(m) / 汽车轴距加前悬(m)	250~200	<200~150	<150~100	<100~70	<70~50	<50~30	<30~25	<25~20	<20~15
1	5	0.4	0.6	0.8	1.0	1.2	1.4	1.8	2.2	2.5
2	8	0.6	0.7	0.9	1.2	1.5	2.0			
3	5.2+8.8	0.8	1.0	1.5	2.0	2.5				

城市道路圆曲线每条车道的加宽值(m) 表3-49

车型 / 圆曲线半径(m)	200<R≤250	150<R≤200	100<R≤150	60<R≤100	50<R≤60	40<R≤50	30<R≤40	20<R≤30	15<R≤20
小型汽车	0.28	0.30	0.32	0.35	0.39	0.40	0.45	0.60	0.70
普通汽车	0.40	0.45	0.60	0.70	0.90	1.00	1.30	1.80	2.40
铰接车	0.45	0.55	0.75	0.95	1.25	1.50	1.90	2.80	3.50

(2)加宽过渡段

加宽过渡段的规定　表 3-50

项　目	内容、规定与要求
定义及概念	为了使路面由直线上的正常宽度过渡到圆曲线的加宽宽度,应设加宽缓和段。在加宽缓和段上,路面具有逐渐变化的宽度。加宽过渡的设置根据道路性质和等级可采用不同的方法,有按比例加宽、按高次抛物线加宽、按回旋曲线加宽、直线与圆曲线相切法、修正系数法等
加宽缓和段的长度	对于设有缓和曲线的平曲线,加宽缓和段应采用与缓和曲线相同的长度。对于不设缓和曲线,但设有超高缓和段的平曲线,可采用与超高缓和段相同的长度。既不设缓和曲线,又不设超高的平曲线,应按渐变率为 1:15,且长度不小于 10m 的要求设置加宽缓和曲线
按比例加宽	在加宽缓和段全长范围内按比例逐渐加宽。比例过渡简单易设,但经加宽后的路面内侧与行车轨迹不符,缓和段的起终点会出现破折,于路容也不美观。此加宽方法一般用于二、三、四级公路。 $$b_x = \frac{L_x}{L} \times b$$ 式中:b_x——任意点加宽值; b——圆曲线加宽值; L_x——任意点距缓和段起点距离(m); L——加宽缓和段长(m)
按高次抛物线加宽	用这种方法处理的路面内侧边缘圆滑、美观,一般适用于高等级公路。 $$b_x = [4 \cdot (L_x/L)^3 - 3 \cdot (L_x/L)^4] \cdot b$$ 式中:符号意义同前
按回旋曲线加宽	在加宽过渡段路面内侧插入回旋线,不但中线上有回旋线,而且加宽后的路面边线也是回旋线,与行车轨迹相符,保证了行车的顺适与线形的美观。其适用于高速公路和一、二级公路的下列路段,位于大城市近郊的路段,桥梁、高架桥、挡土墙、隧道等构造物处,设置各种安全防护设施的路段

3.3.7 路拱与超高

(1)路拱

路 拱 的 规 定　表 3-51

项　目	内容、规定与要求
定义及概念	路拱是为了利于横向排水,把路面做成中间高两侧低的双向坡面。路拱的形式有抛物线、直线接抛物线、折线等。在确定横坡的大小(用百分率表示)时,应考虑排水、道路纵坡、车道宽度及行车速度等因素
影响因素	路拱横向排水与路面结构类型和气候条件有关,路拱大小应协调排水与行车横向操作稳定性的关系。道路横坡是为了避免出现过大的合成坡度,给行车安全带来不良影响。行车道宽则横坡度应选择得平缓一些,否则路拱各点高差过大,影响行车

路 拱 坡 度 值　表 3-52

路 面 类 型	路拱横坡度(%)
水泥混凝土路面、沥青混凝土路面	1.0~2.0
其他黑色路面、整齐石块	1.5~2.5
半整齐石块、不整齐石块	2.0~3.0
碎、砾石等粒料路面	2.5~3.5
低级路面	3.0~4.0

(2)超高值确定

超 高 的 规 定 表3-53

项　　目	内容、规定与要求
定义及概念	为抵消或减小车辆在平曲线路段上行驶时所产生的离心力,在该路段横断面上做成外侧高于内侧的单向横坡形式,称为平曲线超高。合理设置超高,可全部或部分抵消离心力,提高汽车在平曲线上行驶的稳定性与舒适性。当汽车等速行驶时,圆曲线上所产生的离心力是常数,超高横坡度应是与圆曲线半径相适应的全超高。而在缓和曲线上曲率是变化的,其离心力也是变化的,因此,在缓和曲线上应是逐渐变化的超高。从直线段的双向路拱横坡渐变到圆曲线段具有单向横坡的路段,称作超高过渡段。四级公路不设缓和曲线,但圆曲线上若设有超高,也应设超高过渡段
超高值确定	极限最小半径(R_{min})是与最大超高值(i_{ymax})相对应的。对任意半径圆曲线超高值 i_h(i_y)的确定,由汽车在圆曲线上行驶时力的平衡方程,可得: $$i_y = \frac{v^2}{127R} - \mu$$ 式中第一项是汽车行驶在圆曲线上所产生的离心加速度,只要代入相应的车速 v 和半径 R 即可求得。第二项是横向力系数 μ。计算 i_y 的值,要先确定 μ 的大小。 μ 值主要与圆曲线半径有关,且随半径的增大而减小。任意圆曲线半径对应的横向力系数 μ 值可由 μ/R 的3个特征点拟合计算获得。 计算 i_y 时速度 v 应采用实际行驶速度,约为设计速度的70%~90%,高速路取低值,低速路取高值。对应用运行速度设计的道路,宜采用运行速度计算超高值

横向力 μ 值及圆曲线半径 R 值 表3-54

设计速度(km/h)		120	100	80	60	40	30	20
μ/R	极限最小半径(m)	0.10/650	0.11/400	0.12/250	0.13/125	0.14/60	0.15/30	0.16/15
	一般最小半径(m)	0.05/1 000	0.05/700	0.06/400	0.06/200	0.06/100	0.05/65	0.05/30
	不设超高最小半径(m)	0.035/5 500	0.035/4 000	0.035/2 500	0.035/1 500	0.035/600	0.035/350	0.035/150

(3)无中央分隔带公路超高

无中央分隔带公路超高的规定 表3-55

项　　目	内容、规定与要求
超高缓和段	超高是每一个微分横断面上的路面随桩号前进方向在逐渐旋转的过程。旋转时,取决于路面绕哪一条基线旋转。路面的3条基线分别为路面未加宽时的内侧边缘、路面未加宽时的中心线、路面未加宽时外侧的边缘线
内边轴旋转	绕路面未加宽时的内侧边缘线旋转,称为内边轴旋转,一般用于新建道路。 绕内边轴旋转是将路面未加宽时的内侧边缘线保留在原来位置不动(内侧边缘线相对纵断面设计线的高差为定值)。第一步,在超高缓和段起点之前,将两侧路肩分别同时绕内外侧路面未加宽时的边缘线旋转,使路肩横坡度 i_j 变化到与路面横坡度 i_g 相等,这一过程所需长度1~2m,且不计入超高缓和段内。第二步,将外侧部分(路面和路肩)绕中轴(路中线或路脊线)旋转同时向前推进,直至整个路幅成一单向坡度的横断面,坡度等于路面坡度 i_g,所需长度 x_0。第三步,将整个路幅绕路面未加宽时的内侧边缘线旋转同时向前推进,直至单向坡度 i_g 的横断面变为最大超高 i_y 的横断面为止,所需长度 $L_c - x_0$

续上表

项 目	内容、规定与要求
中轴旋转	绕路面未加宽时的中心线旋转,称为中轴旋转,一般用于改建道路。 绕中轴旋转是将未加宽时的路面中心线保留在原来位置不动。第一步、第二步同上。第三步,将整个路幅绕路面未加宽时的中心线旋转同时向前推进,直至单向坡度 i_g 的横断面变为最大超高 i_y 的横断面为止,所需长度 $L_c - x_0$
外边轴旋转	绕路面未加宽时的外侧边缘线旋转,称为外边轴旋转,用于特殊设计(如强调路容美观)。 绕外边轴旋转是将未加宽时的路面外侧边缘线保留在原来位置不动。第一步同上。第二步,将外侧部分(路面和路肩)绕外侧边缘线旋转同时向前推进,在此同时,内侧部分(路面和路肩)的 i_g 保持不变(假想横断面中心线为一"铰"结构),直至整个路幅成为一单向坡度的横断面,坡度等于路面坡度 i_g,所需长度 x_0。第三步,将整个路幅绕路面未加宽时的外侧边缘线旋转同时向前推进,直至单向坡度 i_g 的横断面变为最大超高 i_y 的横断面为止,所需长度 $L_c - x_0$
图式	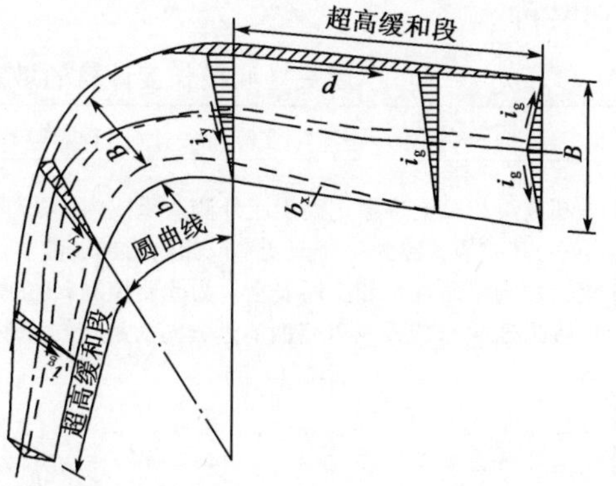

(4)有中央分隔带公路超高

有中央分隔带公路超高的规定 表 3-56

项 目	内容、规定与要求
超高缓和段	路面的 3 条基线分别为中间带的中心线、中央分割带边缘、各自行车道中线。 分离式断面公路的超高过渡方式可视其为两条无中间带的公路分别予以处理;或认为其为整体式断面,采用"绕中央分隔带两侧边缘"分别旋转
绕中央分隔带中心线旋转	绕中央分隔带中心线旋转,适用于中间带宽度≤4.5m 的公路。 第一步,将外侧行车道绕中间带的中心线旋转,内侧行车道横坡度不变,至外侧行车道达到与内侧行车道构成单向横坡 i_g,所需长度 x_0。第二步,整个断面一同绕中心线旋转,直至超高横坡度值 i_y,所需长度 $L_c - x_0$。此时中央分隔带显倾斜状
绕中央分隔带两侧边缘分别旋转	绕中央分隔带两侧边缘分别旋转,适用于各种中间带宽度的公路。 第一种:将两侧行车道分别绕中央分隔带边缘旋转并推进,使之各自成为独立的单向超高断面。此种过渡内、外侧行车道超高渐变率取不同值。 第二种:第一步,将外侧行车道绕中央分隔带边缘旋转并推进,至达到与内侧行车道构成单向横坡 i_g,所需长度 x_0。第二步,整个断面一同绕中央分隔带边缘旋转,直至超高横坡度值 i_y,所需长度 $L_c - x_0$。无论采用第一种还是第二种方式,其中央分隔带始终维持原水平状态

续上表

项　目	内容、规定与要求
绕两侧路面中心旋转	绕两侧路面中心旋转,适用于车道数大于4条的公路。 将两侧行车道分别绕各自的车道中心线旋转,使之各自成为独立的单向超高断面,此时中央分隔带两边缘分别升高或降低成为倾斜断面
图式	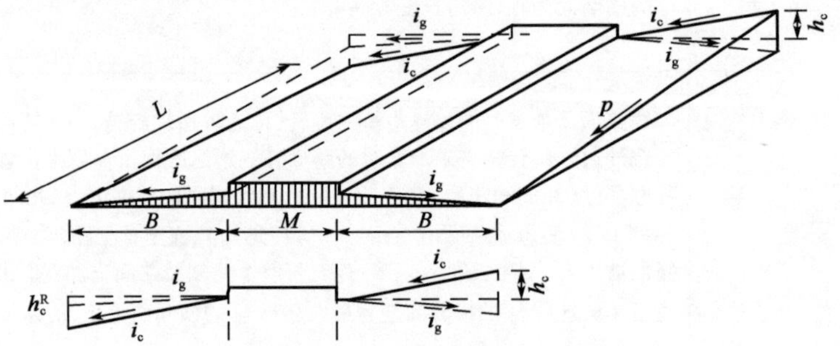

(5)超高缓和段长度

超高缓和段长度计算的规定 表3-57

项　目	内容、规定与要求
长度考虑因素	超高缓和段上逐渐超高引起外侧边缘或内侧边缘的纵坡逐渐增加或减小,使边缘纵坡与原设计不一,其差值p称为超高渐变率或超高附加坡度。该值太大,路形不美观,乘客感觉不舒适;太小,则会影响路面排水和交通安全。为此要控制p值,即控制外侧边缘的抬高速度(或路面内侧边缘的降低速度);或控制以路面前进方向为旋转轴(绕基线)的路面角速度
双车道公路最小长度	$$L_c = \frac{B \cdot \Delta_i}{p} = \frac{h}{p}$$ 式中:L_c——超高缓和段长度(m); B——指旋转轴距路面边缘的宽度(m),考虑视觉诱导作用,对高速、一级公路,B指旋转轴距右侧护栏(路基段)或防撞护栏(桥梁)的宽度;Δ_i为超高坡度与路拱坡度的代数差(%),绕内边轴旋转时,旋转轴外侧的最大超高横坡度i_y与原路面的路拱坡度i_g的代数差,即$\Delta_i = i_y - i_g - (-i_g) = i_y$;绕中轴旋转时,$\Delta_i = i_y - (-i_g) = i_y + i_g$; p——超高渐变率,根据《路线设计规范》(JTG D20 2006)给定的值选用; $B \cdot \Delta_i = h$——对应于L_c终点的路面外侧边缘相对于旋转轴基线的最大抬高值(m)。 多车道公路的超高缓和段长度,视车道数按上式计算之值乘以大于1.0的系数。 由上式计算的超高过渡段长度,应取为5m的整倍数,并不小于10m
绕中央分隔带两侧边缘分别旋转	为行车舒适,超高过渡段应不小于按上式计算的长度。但从利于排除路面雨水考虑,横坡度由2%(或1.5%)过渡到0%路段的超高渐变率不得小于1/330,即超高过渡段又不能设得过长。 一般在确定缓和曲线长度时,已考虑了超高过渡段所需的最短长度,故应取超高过渡段L_c与缓和曲线长度l_s相等,即$L_c = l_s$。 若计算的$L_c > l_s$,应修改平面线形,使$l_s \geqslant L_c$。当平面线形无法修改时,可将超高过渡起点前移,超高过渡在缓和曲线起点前的直线路段开始。 若$l_s > L_c$,但只要超高渐变率$p \geqslant 1/330$,仍取$L_c = l_s$。否则,超高过渡可设在缓和曲线某一区段内,全超高断面宜设在缓圆点或圆缓点处。 四级公路不设缓和曲线,但若圆曲线上设有超高,则应设超高过渡段,其长度仍由上式计算。超高过渡段应设在紧接圆曲线起(终)点的直线上。受地形或其他特殊情况限制时,如直线长度不足,容许超高过渡段在直线和圆曲线上各分配一半

最大超高渐变率 p 表 3-58

设计速度(km/h)	超高旋转轴位置	
	中线	内边线
120	1/250	1/200
100	1/225	1/175
80	1/200	1/150
60	1/175	1/125
40	1/150	1/100
30	1/125	1/75
20	1/100	1/50

3.4 道路中线测设

3.4.1 中线闭合差

中线闭合差 表 3-59

名称	高速公路、一级公路	二级及二级以下公路
水平角闭合差(″)	$\pm 30\sqrt{n}$	$\pm 60\sqrt{n}$
长度相对闭合差	1/2 000	1/1 000
采用拨角法、支距法、直接定交点法等方法放线时,中线一般每隔 5km,特殊情况不远于 10km,应与初测控制点联测,其闭合差不应超过表的规定		

注:n 为交点数。

3.4.2 交点和转点的测设

(1)交点的测设

交点测设的规定 表 3-60

项目		内容、规定或要求
定义及概念		在路线测设时,应先选定出路线的转折点。这些转折点是路线改变方向时相邻两直线的延长线相交的点,称为交点。在低等级公路测设中,直接定出路线交点的位置。对于高等级公路或地形、地物复杂,现场标定困难的地段,应先在实地布设导线,测绘大比例尺地形图(通常为 1:2 000 或 1:1 000),在地形图上进行纸上定线,定出各交点位置、圆曲线半径和缓和曲线长度,计算出各中桩坐标,然后到实地以导线点为控制点,用全站仪直接放样中桩,现场无需标定交点。如果没有全站仪,采用切线支距法或偏角法放样,则需把交点在实地标定下来
放点穿线法	概念	这种方法是利用地形图上的测图导线点与纸上路线之间的角度和距离关系,在实地将路线中线的直线段测设出来,然后将相邻直线延长相交,定出地面交点桩的位置
	放点	如图所示,欲将纸上定线的两直线 $JD_3 \sim JD_4$ 和 $JD_4 \sim JD_5$ 测设于地面,只需在地面上定出 1、2、3、4、5、6 等临时点即可。这些临时点的放样可采用支距法、极坐标法或其他方法。支距法放点,即垂直于导线边、垂足为导线点的直线与纸上定线的直线相交的点,如 1、2、4、6 点;采用极坐标法放点,即选择能够控制中线位置的任意点,如 5 点;或选择测图导线边与纸上定线的直线相交的点,如 3 点。为保证放线的精度和便于检查核对,一条直线至少应选择 3 个临时点。这些点一般应选在地势较高、通视良好、距导线点较近且便于测设的地方

续上表

项　目		内容、规定或要求
放点穿线法	放点	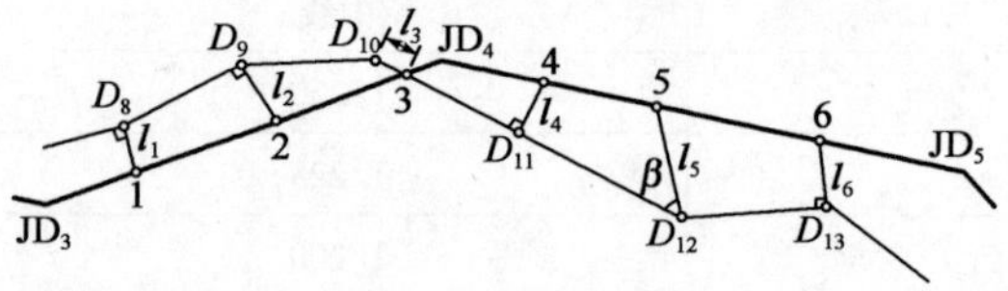 放点时,应在现场找到相应的导线点。临时点如是支距点,可用支距法放点,即用方向架定出垂线方向,再用皮尺量出支距定出点位;如果是任意点,则用极坐标法放点,即将经纬仪安置在相应的导线点上,拨角定出临时点方向,再用皮尺量距定出点位
放点穿线法	穿线	由于测量仪器、测设数据及放点操作存在误差,在地形图上同一直线上的各点放于地面后,一般均不能准确地位于同一直线上。因此需要通过穿线,定出一条尽可能多地穿过或靠近临时点的直线。穿线可用目估或经纬仪进行
放点穿线法	交点	当相邻两直线在地面上定出后,即可延长直线进行交会交出交点
拨角放线法		这种方法是先在地形图上量出纸上定线的交点坐标,反算相邻交点间的直线长度、坐标方位角及路线转角。然后在野外将仪器置于路线中线起点或已确定的交点上,拨出转角,测设直线长度,依次定出各交点位置。 这种方法外业工作迅速,但拨角放线的次数越多,误差累积也越大,故每隔一定距离应将测设的中线与测图导线联测,以检查拨角放线的质量。联测闭合的精度要求与测图导线相同。当闭合差超限时,应检查原因予以纠正;当闭合差符合精度要求时,则按具体情况进行调整,使交点位置符合纸上定线的要求。 如果交点附近有导线点,也可在地形图上量出纸上定线的交点坐标,反算交点与附近导线点间的直线长度、坐标方位角及夹角。然后在野外将仪器置于该导线点上,拨出转角,测设直线长度,定出交点位置。这种方法不存在误差累积
坐标放样法		交点坐标在地形图上确定以后,利用测图导线按全站仪坐标放样法,将交点直接放样在地面上。这种方法外业工作更快,由于利用测图导线放点,故无误差累积现象

(2)路线转角的测定

路线转角的规定　　表 3-61

项　目		内容、规定与公式
定义及概念		偏角或称转角,是指路线由一个方向偏向另一个方向时,偏转后的方向与原方向的夹角。偏转后的方向位于原方向左侧时,称为左偏;位于原方向右侧时,称为右偏。在路线测量中,一般规定测交点右角,由右角计算偏角。右角是指前进方向右侧夹角,一般用全测回法测量
计算	实测偏角公式	右角 =(后视读数)-(前视读数),当后视读数小于前视读数时右角 =(后视读数 +360°)-(前视读数)。偏角 $\alpha_{左}=\beta_{右}-180°$、$\alpha_{右}=180°-\beta_{右}$ 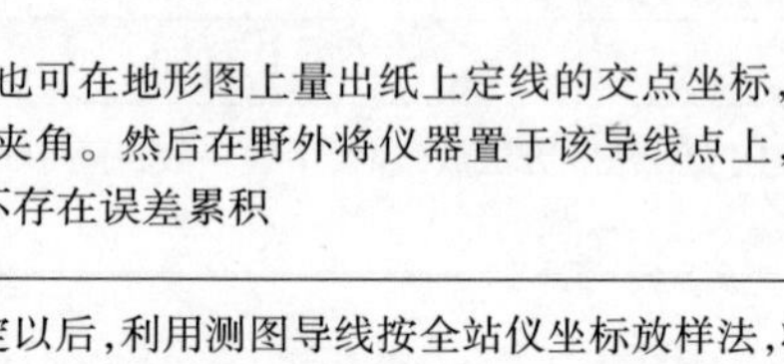
计算	象限角公式	由坐标增量可计算象限角值并判别所属象限。象限角是指子午线北端或南端与直线所夹的锐角常用 R 表示,在 0 ~ 90°范围内变化 $R=\arctan\dfrac{\Delta y}{\Delta x}$

续上表

<table>
<tr><th colspan="2">项　目</th><th colspan="2">内容、规定与公式</th></tr>
<tr><td rowspan="2">计算</td><td>偏角公式</td><td colspan="2">已知相邻两边方位角 θ_i 和 θ_{i+1}，计算该交点的偏角 α，当 $\alpha>0$ 时，路线为右偏（R）；当 $\alpha<0$ 时，路线为左偏（L）。
$$\alpha=\theta_{i+1}-\theta_i$$</td></tr>
<tr><td>图式</td><td>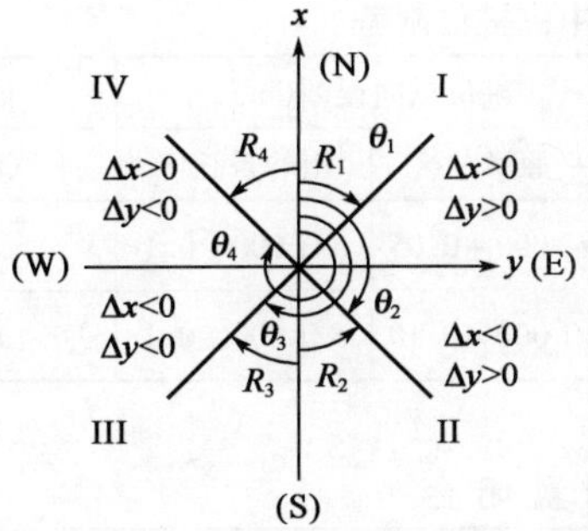
</td><td>方位角与象限角换算关系表
<table>
<tr><th>直线方向</th><th>根据方位角 θ 求象限角 R</th><th>$R\to\theta$</th></tr>
<tr><td>北东（NE）第一象限</td><td>$R=\theta$</td><td>$\theta=R$</td></tr>
<tr><td>南东（SE）第二象限</td><td>$R=180-\theta$</td><td>$\theta=180-R$</td></tr>
<tr><td>南西（SW）第三象限</td><td>$R=\theta-180$</td><td>$\theta=180+R$</td></tr>
<tr><td>北西（NW）第四象限</td><td>$R=360-\theta$</td><td>$\theta=360-R$</td></tr>
</table></td></tr>
<tr><td colspan="2">测定</td><td colspan="2">右角的测定，应使用精度不低于 J_6 级经纬仪，采用测回法观测一个测回，两个半测回所测角值相差的限差视公路等级而定，高速公路、一级公路限差为 ±20″以内，二级及二级以下公路限差为 ±60″以内，如果限差在容许范围内可取其平均值作为最后结果。
由于测设曲线的需要，在右角测定后，保持水平度盘位置不变，在路线设置曲线的一侧定出分角线方向</td></tr>
</table>

3.4.3 里程桩设置

里程桩设置的规定　　表 3-62

项　目	内容、规定与要求
定义及概念	在路线交点、转点及转角测定后并计算逐桩坐标，即可进行道路中线测量，以标定道路中线的具体位置
基本要求	道路中线的边长测量要求同导线测量。中线上设有里程桩，里程桩亦称中桩，桩上写有桩号，表示该桩至路线起点的水平距离。中桩测量可采用极坐标法、链距法，条件受限制时可配合基线法、交会法。各级公路均应采用极坐标法；二、三、四级公路当条件受限制时，方可采用链距法；平曲线上宜采用极坐标法、支距法和偏角法
里程桩设置	里程桩包括路线起终点桩、公里桩、百米桩和一系列加桩，还有起控制作用的交点桩、转点桩、平曲线主点桩、桥梁和隧道轴线桩、断链桩等。按其所表示的里程数，里程桩又分整桩和加桩两类。整桩按规定每隔 20m 或 50m 设置桩号为整数的里程桩。百米桩和公里桩均属整桩，一般情况下均应设置。 加桩分地形加桩、地物加桩、曲线加桩和关系加桩等。凡下列位置应设加桩：路线纵、横向地形变化处，路线交叉处，拆迁建筑物处，桥梁、涵洞和隧道等构造物处，土质变化及不良地质地段起、终点处，省、地（市）、县级行政区划分界处，土地种类变化处，改建公路变坡点、构造物和路面面层类型变化处。加桩应取位至米，特殊情况可取位至 0.1m。对于人工构造物，在书写里程时，要冠以工程名称如“桥”、“涵”等。在书写曲线和关系加桩时，应在桩号之前加写其缩写名称。 断链桩宜设于直线段，不得设在桥梁、隧道、立交等构造物范围之内。断链桩上应标明换算里程及增减长度

中桩间距 表3-63

直线(m)		曲线(m)			
平原微丘区	山岭重丘区	不设超高的曲线	$R>60$	$60\geq R\geq 30$	$R<30$
≤50	≤25	≤25	≤20	≤10	≤5

注:R 为圆曲线半径,以 m 计。

中线量距及中桩桩位限差 表3-64

公路等级	距离限差	视距校链限差	桩位纵向误差(m)		桩位横向误差(cm)	
			平原微丘区	山岭重丘区	平原微丘区	山岭重丘区
高速、一级	1/2 000	1/200	S/2 000 +0.05	S/2 000 +0.1	5	10
二、三、四级	1/1 000	1/100	S/1 000 +0.10	S/1 000 +0.1	10	15

注:S 为转点或交点至桩位的距离,以 m 计。

曲线测量闭合 表3-65

公路等级	纵向闭合差		纵向闭合差(cm)		曲线偏角闭合差(″)
	平原微丘区	山岭重丘区	平原微丘区	山岭重丘区	
高速、一级	1/2 000	1/1 000	10	10	60
二、三、四级	1/1 000	1/500	10	15	120

3.4.4 经纬仪测设道路中线

(1)圆曲线测设

里程桩设置的规定 表3-66

项目		内容、规定与要求
定义及概念		圆曲线是具有一定曲率半径的圆弧线,其测设一般分两步进行:先测设对圆曲线起控制作用的主点桩,即圆曲线的起点(ZY)、中点(QZ)和终点(YZ);然后在主点桩之间进行加密,按规定桩距测设圆曲线的其他各点,称为圆曲线的详细测设
主点的测设		将经纬仪置于交点 JD_i 上,望远镜照准后交点 JD_{i-1} 或此方向上的转点,自交点 JD_i 沿此方向量取切线长 T,即得圆曲线起点 ZY,插一测钎。然后用钢尺丈量自 ZY 至最近一个直线桩的距离,若两桩号之差等于所丈量的距离或相差在容许范围内,即可在测钎处钉下 ZY 桩;若超出容许范围,应查明原因,以确保桩位的正确性。设置圆曲线终点时,将望远镜照准前交点 JD_{i+1} 或此方向上的转点,往返量取切线长 T,得圆曲线终点,钉下 YZ 桩。设置圆曲线中点时,可自交点沿分角线方向量取外距 E,钉下 QZ 桩
圆曲线的其他点测设	切线支距法	在测设圆曲线时,除了设置圆曲线的主点桩及地形、地物等加桩外,当圆曲线较长时,应按曲线上中桩桩距的规定进行加桩,即进行圆曲线的详细测设。 整桩号法:将曲线上靠近曲线起点的第一个桩凑成为 l_0 倍数的整桩号,然后按桩距 l_0 连续向曲线终点设桩。这样设置的桩均为整桩号。 整桩距法:从曲线起点和终点开始,分别以桩距 l_0 连续向曲线中点设桩,或从曲线的起点,按桩距 l_0 设桩至终点。由于这样设置的桩均为破数桩号,因此应注意加设百米桩和公里桩。 中线测量中一般均采用整桩号法。此外,对中桩量距精度及桩位限差应符合规定,曲线测量闭合差也应符合规定

续上表

项　目		内容、规定与要求
圆曲线的其他点测设	切线支距法	切线支距法是以圆曲线的起点 ZY 或终点 YZ 为坐标原点，以切线为 x 轴，过原点的半径方向为 y 轴，建立直角坐标。按曲线上各点坐标 x、y 设置曲线。 如图，设 P_i 为曲线上欲测设的点位，该点至 ZY 点或 YZ 点的弧长为 l_i，φ_i 为 l_i 所对的圆心角，R 为圆曲线半径，则 P_i 的坐标可按下式计算： $\left.\begin{aligned} x_i &= R\sin\varphi_i \\ y_i &= R(1-\cos\varphi_i) \end{aligned}\right\}$ 式中：$\varphi_i = \dfrac{l_i}{R}\cdot\dfrac{180°}{\pi}$ 这种方法适用于平坦开阔的地区，具有操作简单，测设方便，测点误差不累积的优点，但测设的点位精度偏低 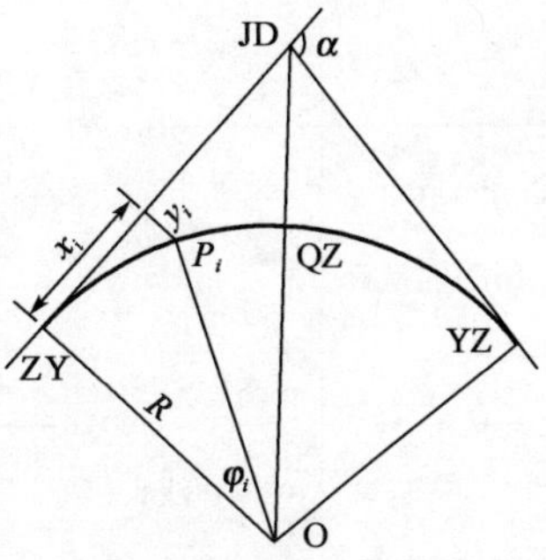
	偏角法	以圆曲线起点 ZY 或终点 YZ 至曲线任一待定点 P_i 的弦线与切线 T 之间的弦切角（这里称为偏角）Δ_i 和弦长 c_i 来确定 P_i 点的位置。 如图，根据几何原理，偏角 Δ_i 等于相应弧长 l_i，所对的圆心角 φ_i 之半，即： $\Delta_i = \dfrac{\varphi_i}{2} = \dfrac{l_i}{R}\dfrac{90°}{\pi}$ 弦长 c_i 可按下式计算： $c_i = 2R\sin\dfrac{\varphi_i}{2} = l_i - \dfrac{l_i^3}{24R^2} + \cdots$ 弧弦差：$\delta_i = l_i - c_i = \dfrac{l_i^3}{24R^2}$ 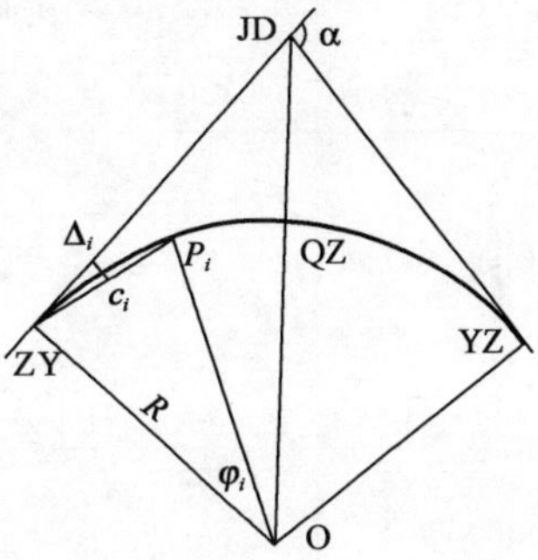

(2)带有缓和曲线的平曲线测设

回旋线几何要素　　表 3-67

项　目	内容、规定与要求
切线角公式	以回旋线起点为坐标原点，过该点的切线为 x 轴，过原点的半径为 y 轴。回旋线上任一点 P 的切线与 x 轴的夹角称为切线角（又称“缓和曲线角”），用 β 表示。该角值与 P 点至曲线起点长度 l 所对应的中心角相等。 $\beta = \dfrac{l^2}{2A^2}$ 以 $r\cdot l = A^2$ 代入式，β 有不同的表达式。
参数方程	用 r 和 l 表示的直角坐标（x，y）方程： $\left.\begin{aligned} x &= l - \dfrac{l^3}{40r^2} + \dfrac{l^5}{3\,456r^4} - \cdots \\ y &= \dfrac{l^2}{6r} - \dfrac{l^4}{336r^3} + \dfrac{l^6}{42\,240r^4} - \cdots \end{aligned}\right\}$

续上表

项　　目		内容、规定与要求
其他要素	弦偏角弦长	P 点的弦偏角 δ 与弦长 a： $\left.\begin{aligned}\delta &= \arctan\frac{y}{x}\\ a &= \frac{y}{\sin\delta}\end{aligned}\right\}$
	圆心的坐标	P 点的曲率圆圆心的坐标 $M(x_m, y_m)$ $\left.\begin{aligned}x_m &= x - r\cdot\sin\beta\\ y_m &= r\cdot\cos\beta + y\end{aligned}\right\}$
	长短切线	长切线长$(OQ)T_L$与短切线长$(PQ)T_K$： $\left.\begin{aligned}T_L &= x - y\cdot\cot\beta\\ T_K &= \frac{y}{\sin\beta}\end{aligned}\right\}$
图式		主点 ZH、HZ 和 QZ 的测设方法，与圆曲线主点测设相同。HY 和 YH 点可按式计算 x_0、y_0 用切线支距法测设，平曲线其他点的测设，计算直角坐标，测设方法同上述圆曲线。 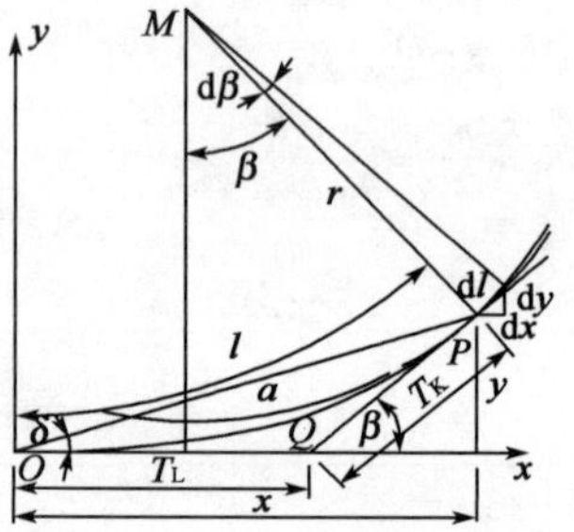

设缓和曲线的道路平曲线几何要素　　表 3-68

项　　目	内容、规定与要求
概念	要在直线与圆曲线之间设置缓和曲线，必须将原有的圆曲线(外侧虚线)向内侧移动一定距离 ΔR(至内侧虚线)，方能使缓和曲线两端(曲率半径为∞时的 ZH 或 HZ 点和曲率半径为 R 时的 HY 或 YH 点)分别与直线和圆曲线(半径为 R)衔接(相切)。 内移圆曲线的方法有两种：一是圆曲线的圆心不移动，其半径减小一个内移距离 ΔR；另一是圆曲线半径不变，圆心沿分角线方向移动一个内移距离 ΔR。前者为平行移动，后者为不平行移动。 道路平面线形三要素的基本组成是直线—回旋线—圆曲线—回旋线—直线，使用圆心不移动的内移方法
缓圆(圆缓)直角坐标	取 ZH 点至 HY 点之间的缓和曲线长 l_s，则 HY 的直角坐标(x_0, y_0)方程： $\left.\begin{aligned}x_0 &= l_s - \frac{l_s^3}{40R^2} + \frac{l_s^5}{3\,456R^4} - \cdots\\ y_0 &= \frac{l_s^2}{6R} - \frac{l_s^4}{336R^3} + \frac{l_s^6}{42\,240R^4} - \cdots\end{aligned}\right\}$

续上表

项　目	内容、规定与要求
缓和曲线角	取圆曲线半径 R 和缓和曲线长 l_s，得"缓和曲线角"β_0： $\beta_0=\frac{l_s}{2R}(\mathrm{rad})=\frac{90}{\pi}\cdot\frac{l_s}{R}(°)$
内移、切线增长值	内移距离 ΔR（或用 p 表示）和切线增长值 q： $\begin{aligned}p&=y_0-R(1-\cos\beta_0)\\q&=x_0-R\sin\beta_0\end{aligned}\Rightarrow\left.\begin{aligned}p&=\frac{l_s^2}{24R}-\frac{l_s^4}{2\,384R^3}\\q&=\frac{l_s}{2}-\frac{l_s^3}{240R^2}\end{aligned}\right\}$
曲线要素	平曲线切线长 T_s、平曲线长 L_s、圆曲线长 L_y、平曲线外距 E_s、平曲线切曲差 D_s 分别为： $T_s=(R+p)\tan\frac{\alpha}{2}+q$ $L_s=R(\alpha-2\beta_0)\frac{\pi}{180}+2l_s$ $L_y=R(\alpha-2\beta_0)\frac{\pi}{180}$ $E_s=(R+p)\sec\frac{\alpha}{2}-R_s$ $D_s=2T_s-L_s$ 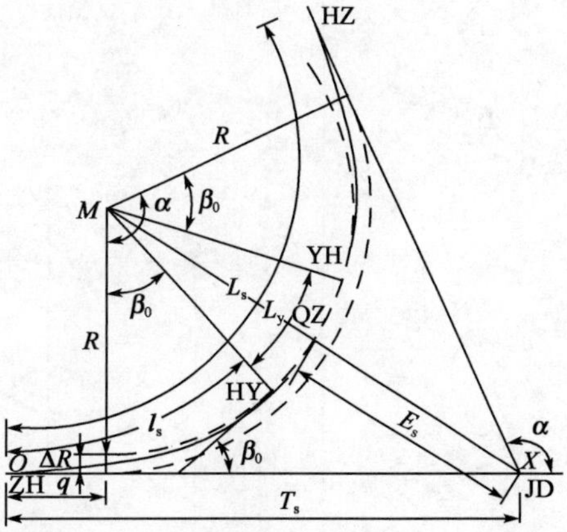

设缓和曲线的圆曲线段坐标　表 3-69

项　目	内容、规定与要求
计算公式	如图，在圆曲线段上取一点 m，距 HY 点曲线长度为 l_m，以圆曲线起点 O_1 为坐标原点的坐标公式： $\left.\begin{aligned}x_y&=R\cdot\sin\varphi_m\\y_y&=R\cdot(1-\cos\varphi_m)\end{aligned}\right\}$ 以 O（ZH 点）为坐标原点的坐标公式： $\left.\begin{aligned}x&=x_y+q=R\cdot\sin\varphi_m+q\\y&=y_y+p=R\cdot(1-\cos\varphi_m)+p\end{aligned}\right\}$ 其中，$\alpha_m=l_m/R$；$\varphi_m=\alpha_m+\beta_0=(2l_m+l_s)/2R(\mathrm{rad})$，其余符号同前
图式	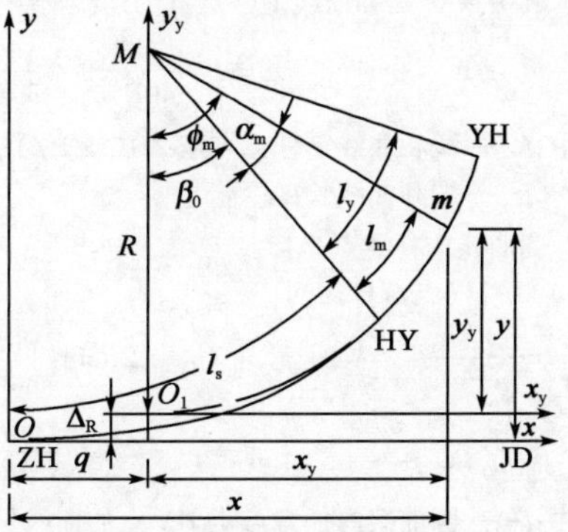

3.4.5 全站仪测设道路中线

(1)中桩坐标计算

路线中桩坐标计算 表 3-70

项目		内容、规定与要求
直线上		已知交点坐标为 JD(X_J,Y_J),交点相邻直线的方位角分别为 A_1 和 A_2。 ZH(或 ZY)点坐标:$\left.\begin{aligned}X_{ZH}&=X_J+T\cos(A_1+180)\\Y_{ZH}&=Y_J+T\sin(A_1+180)\end{aligned}\right\}$ HZ(或 YZ)点坐标:$\left.\begin{aligned}X_{HZ}&=X_J+T\cos A_2\\Y_{HZ}&=Y_J+T\sin A_2\end{aligned}\right\}$ 设直线上加桩里程为 L,ZH、HZ 表示曲线起、终点里程,则前直线上任意点坐标($L\leqslant$ZH): $\left.\begin{aligned}X&=X_J+(T+ZH-L)\cdot\cos(A_1+180)\\Y&=Y_J+(T+ZH-L)\cdot\sin(A_1+180)\end{aligned}\right\}$ 后直线上任意点坐标($L>$HZ): $\left.\begin{aligned}X&=X_J+(T+L-HZ)\cdot\cos A_2\\Y&=Y_J+(T+L-HZ)\cdot\sin A_2\end{aligned}\right\}$ 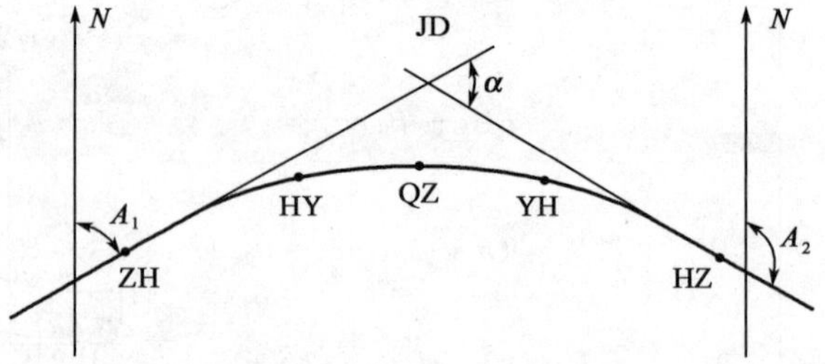
单曲线	不设缓和曲线	已知 ZY 点坐标,则圆曲线上点坐标为: $\left.\begin{aligned}X&=X_{zy}+2R\sin\left(\frac{90l}{\pi R}\right)\cdot\cos\left(A_1+\xi\frac{90l}{\pi R}\right)\\Y&=Y_{zy}+2R\text{sim}\left(\frac{90l}{\pi R}\right)\cdot\sin\left(A_1+\xi\frac{90l}{\pi R}\right)\end{aligned}\right\}$ 式中:l——圆曲线内任意点至 ZY 点的曲线长; R——圆曲线半径; ξ——转角符号,右转为"+",左转为"-",下同
	设缓和曲线	1. 第一缓和曲线(ZH—HY)任意点坐标 $\left.\begin{aligned}X&=X_{ZH}+x/\cos\left(\frac{30l^2}{\pi RL_s}\right)\cdot\cos\left(A_1+\xi\frac{30l^2}{\pi RL_s}\right)\\Y&=Y_{ZH}+x/\cos\left(\frac{30l^2}{\pi RL_s}\right)\cdot\sin\left(A_1+\xi\frac{30l^2}{\pi RL_s}\right)\end{aligned}\right\}$ 其中,x 为缓和曲线上任意点的切线横距: $x=l-\frac{l^5}{40R^2L_s^2}+\frac{l^9}{3\,456R^4L_s^4}-\frac{l^{13}}{599\,040R^6L_s^6}+\cdots$ 式中:l——缓和曲线上任意点至 ZH(或 HZ)点的曲线长; L_s——缓和曲线长度。 2. 圆曲线内任意点坐标 (1)在 HY 与 YH 之间: $\left.\begin{aligned}X&=X_{HY}+2R\sin\left(\frac{90l}{\pi R}\right)\cdot\cos\left[A_1+\xi\frac{90(l+L_s)}{\pi R}\right]\\Y&=Y_{HY}+2R\sin\left(\frac{90l}{\pi R}\right)\cdot\sin\left[A_1+\xi\frac{90(l+L_s)}{\pi R}\right]\end{aligned}\right\}$ 式中:l——圆曲线内任意点至 HY 点的曲线长。

续上表

项　目		内容、规定与要求
单曲线	设缓和曲线	(2)在 YH 与 HY 之间： $$\left.\begin{aligned}X &= X_{\mathrm{YH}} + 2R\sin\left(\frac{90l}{\pi R}\right)\cdot\cos\left[A_2 + 180 - \xi\frac{90(l+L_s)}{\pi R}\right]\\Y &= Y_{\mathrm{YH}} + 2R\sin\left(\frac{90l}{\pi R}\right)\cdot\sin\left[A_2 + 180 - \xi\frac{90(l+L_s)}{\pi R}\right]\end{aligned}\right\}$$ 式中：l——圆曲线内任意点至 YH 点的曲线长。 3. 第二缓和曲线（HZ ~ YH）内任意点坐标 $$\left.\begin{aligned}X &= X_{\mathrm{HZ}} + x/\cos\left(\frac{30l^2}{\pi RL_s}\right)\cdot\cos\left(A_2 + 180 - \xi\frac{30l^2}{\pi RL_s}\right)\\Y &= Y_{\mathrm{HZ}} + x/\cos\left(\frac{30l^2}{\pi RL_s}\right)\cdot\sin\left(A_2 + 180 - \xi\frac{30l^2}{\pi RL_s}\right)\end{aligned}\right\}$$ 式中：l——第二缓和曲线内任意点至 HZ 点的曲线长

（2）全站仪测设道路中线方法

全站仪测设道路中线　　表 3-71

项　目	内容、规定与要求
概念	全站仪测设道路中线，速度快、精度高，目前在道路工程中已广泛采用。在测设时，一般应根据公路等级和有关要求沿路线方向布设导线控制点，然后依据导线进行中线测设
极坐标测设的基本原理	极坐标测设的基本原理是以控制导线为根据，以角度和距离交会定点。如图所示，在导线点 T_i 置仪，后视 T_{i-1}（或 T_{i+1}），待放点为 P。下图左为采用夹角 J 的放样法，图右为采用方位角 A 的放样法。只要算出夹角 J 或方位角 A 和置仪点 T_i 到待放点 P 的距离 D，就可在实地放出 P 点。 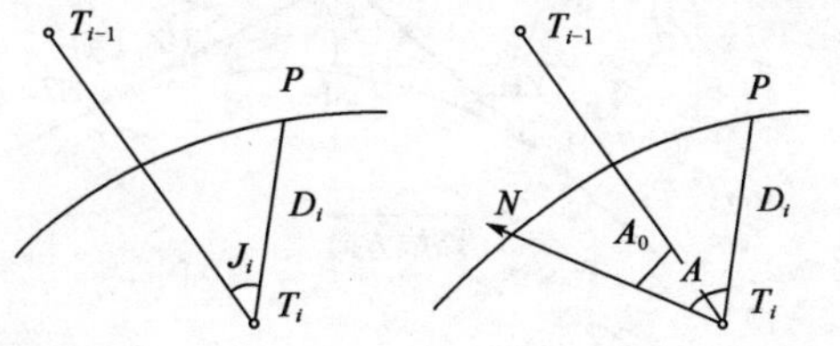 极坐标测设测站点的坐标 $T_i(x_0, y_0)$ 和后视点的坐标 $T_{i-1}(x_h, y_h)$ 可按导线坐标计算法得出，路线中线上任一待放点的坐标 $P(x, y)$ 可按道路中线逐桩坐标的计算法得出，视为已知。放样数据 D、A、J 可用坐标反算求出。据此拨角测距即可放出待放点 P
全站仪进行道路中线测量	在用全站仪进行道路中线测量时，通常是按中桩的坐标测设。如图所示，测设时将仪器置于导线点 D_i 上，按中桩坐标进行测设。在中桩位置定出后，随即测出该桩的地面高程（Z 坐标）。这样纵断面测量中的中平测量就无须单独进行，大大简化了测量工作。 在测设过程中，往往需要在导线的基础上加密一些测站点，以便把中桩逐个定出。如图，“+500”至“+700”之间的中桩，在导线点 D_4 和 D_5 上均难以测设，可在 D_4 测设结束后，于适当位置选一 M 点，钉桩后，测出 M 后的三维坐标。再将仪器迁至 M 点上即可将 M 点视为上述测站点，继续测设。为保证测设精度，一般不得由 M 点再引出下一级测站点 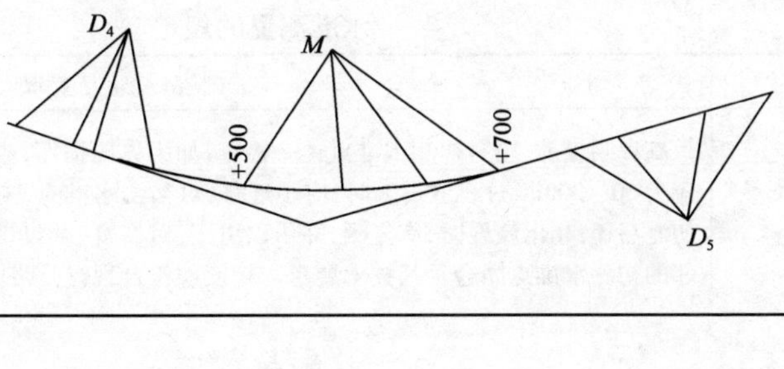

3.4.6 断链

断　链　　表 3-72

项　目	要求与示例
概念	断链是指因改线或事后发现量距或计算错误,以及在分段测量中,由于假定起始里程不符而造成全线或全段接线里程不连续的现象
设置要求	(1)断链应设在直线段的百米桩上,如有困难可设在整 10m 桩上,但不应设在桥涵、立交、隧道及平曲线范围内。 (2)断链有长链与短链之分,在断链桩上应写明断链等式和断链长度。断链等式前写上来向里程,等式后写上去向里程。去向里程减来向里程为断链长度,正值表示路线记录桩号的里程短于地面实际里程,此时称短链,反之则称为长链。 (3)发现断链时,应将情况填入中线记录簿和"直线、曲线、转角一览表"中,路线总里程为终点桩里程 + (∑ 长链 - ∑短链)
示例	(1)路线出现断链时[长链长度 $L_1 = \sum$ 长链(m);短链长度 $L_2 = \sum$短链(m)],终点桩里程 L(m),则中线记录簿和"直线、曲线、转角一览表"中,填入路线总里程长度的表达式为: 路线总里程 = 终点桩里程 $L + L_1$(∑长链) $- L_2$(∑短链) (2)如下图所示,一个弯道因曲线半径改变后产生断链,把断链桩放在方案 I,(改前)里程桩为 K10 + 550 上。方案 II 测量后,量至 A 点里程桩为 K10 + 525.5,则路线断链是长链还是短链,作如下判断: 断链是短链,短 550 - 525.5 = 24.5m 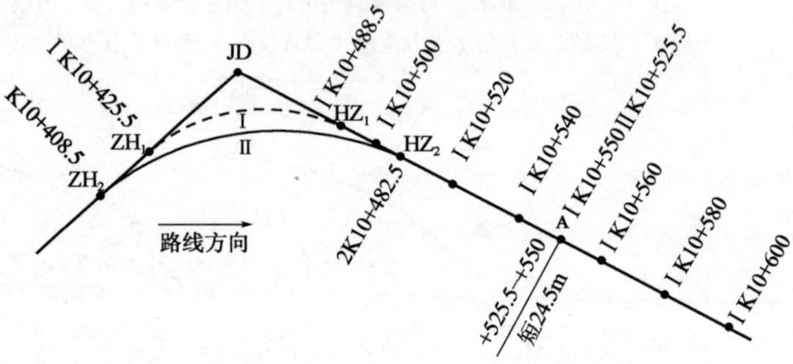 (3)纵断面图要在断链桩处处理: 长链需前后搭接,搭接长度为断链距离,短链需拉开一个断链距离。有的路线 CAD 系统是将路线在有断链的地点截断;各自作为独立的路段处理

3.5 路线纵断面测设

3.5.1 水准测量

水准测量的规定　　表 3-73

项　目	内容、规定与要求
一般要求	高程测量前,应对初测水准点逐一检查,如丢失或损坏,应加以恢复或补设;水准点距定测中线应为 50 ~ 200m,过小或过大时,应予迁移;对初测水准点,应逐一进行检测,符合精度要求时采用初测高程;超出精度时,应复测,并予以更正;对恢复、补设、迁移的水准点,均应进行联测,并与相邻的初测水准点闭合。其技术要求与精度应符合现行公路勘测规范的规定

续上表

项　目	内容、规定与要求
测设精度	中桩高程测量应起闭于水准点，其允许误差：高速公路、一级公路为 $\pm 30\sqrt{L}$mm；二级及二级以下公路为 $\pm 50\sqrt{L}$mm。 中桩高程可观测一次，读数取位至厘米。 中桩高程检测限差：高速公路、一级公路为 ±5cm；二级及二级以下公路为 ±10cm。 中桩高程应测量桩基处的地面高程。对沿线需要特殊控制的建筑物、管线、铁路轨顶等，应按规定测出其高程，其检测限差为 ±2cm。相对高差悬殊的少数中桩高程，可用三角高程测量或单程支线水准测量

3.5.2 基平测量

基平测量的规定　表 3-74

项　目	内容、规定与要求
概念	基平测量工作主要是沿线设置水准点，并测定其高程，建立路线高程控制网，作为中平测量、施工放样及竣工验收的依据。 道路沿线可布设永久性水准点和临时性水准点。在路线的起终点、大桥两岸、隧道两端以及一些需要长期观测高程的重点工程附近均应设置永久性水准点，在一般地区也应每隔适当距离设置一个。永久性水准点应为混凝土桩，也可在牢固的永久性建筑物顶面凸出处设置，点位用红油漆画上“☒”记号；山区岩石地段的水准点桩可利用坚硬稳定的岩石并用金属标志嵌在岩石上。混凝土水准点桩顶面的钢筋应锉成球面。为便于引测及施工放样方便，还需沿线布设一定数量的临时水准点。临时性水准点可埋设大木桩，顶面钉入大铁钉作为标志，也可设在地面突出的坚硬岩石或建筑物墙角处，并用红油漆做标志
水准点布设密度	水准点布设的密度，应根据地形和工程需要而定。水准点沿路线布设宜设于道路中线两侧 50 ~ 300m 范围之内。水准点布设间距宜为 1 ~ 1.5km；山岭重丘区可根据需要适当加密为 1km 左右；大桥、隧道洞口及其他大型构造物两端应按要求增设水准点。水准点应选在稳固、醒目、易于引测、便于定测和施工放样，且不易被破坏的地点
基平测量方法	基平测量时，首先应将起始水准点与附近国家水准点进行联测，以获取绝对高程，并对测量结果进行检测。如有可能，应构成附合水准路线。当路线附近没有国家水准点，或引测困难时，则可参考地形图或用气压表选定一个与实际高程接近的高程作为起始点水准点的假定高程。 水准点的高程测定，应根据水准测量的等级选定水准仪及水准尺类型，通常采用一台水准仪在水准点间作往返观测，也可用两台水准仪作单程观测。 基平测量时，采用一台水准仪往返观测或两台水准仪单程观测所得闭合差应符合水准测量的精度要求，且不得超过容许值。 当测段闭合差在规定容许闭合差（限差）之内，取其高差平均值作为两水准点间的高差。超出限差则必须重测
精度	高速、一级公路： 平原微丘区 $f_{h容} = \pm 20\sqrt{L}$(mm) 山岭重丘区 $f_{h容} = \pm 6.0\sqrt{n}$(mm)　或 $f_{h容} = \pm 25\sqrt{L}$(mm)

续上表

项　　目	内容、规定与要求
精度	二、三、四级公路： 平原微丘区 $f_{h容} = \pm 30\sqrt{L}$(mm) 山岭重丘区 $f_{h容} = \pm 45\sqrt{L}$(mm) 式中：L——水准点间的路线长度(km)； n——测站数

3.5.3 中平测量

中平测量的规定 表 3-75

项　　目	内容、规定与要求
概念	中平测量主要是利用基平测量布设的水准点及高程，引测出各中桩的地面高程，作为绘制路线纵断面地面线的依据
中平测量方法	中平测量一般是以两相邻水准点为一测段，从一个水准点开始，逐个测定中桩的地面高程，直至闭合于下一个水准点上。在每一个测站上，除了传递高程，观测转点外，应尽量多地观测中桩。相邻两转点间所观测的中桩，称为中间点，其读数为中视读数。由于转点起着传递高程的作用，在测站上应先观测转点，后观测中间点。转点读数至毫米，视线长不应大于 150mm，水准尺应立于尺垫、稳固的桩顶或坚石上。中间点读数可至厘米，视线也可适当放长，立尺应在紧靠桩边的地面上
每一测站的计算	视线高程 = 后视点高程 + 后视读数；中桩高程 = 视线高程 - 中视读数；转点高程 = 视线高程 - 前视读数

3.5.4 设计高程

设计高程的规定 表 3-76

项　　目	内　　容
概念	根据纵坡设计计算设计高程。当路线的纵坡确定后，即可根据设计纵坡和两点间的水平距离，由一点的高程计算另一点的设计高程。在竖曲线范围内的中桩，按上式算出切线设计高程之后，还应加以修正。按竖曲线凹凸，加减竖曲线纵距，才能得出竖曲线内各中桩设计高程
直坡段计算公式	设已知任一坡段 AB 的变坡点 A 的设计高程 H_0，A 点的桩号为 a，任一点桩号为 x_n，纵坡为 i。 x_n 桩号处的设计高程： $H_n = (x_n - a) \cdot i + H_0 = x_n \cdot i + (H_0 - a \cdot i)$ 在同一坡段上，$(H_0 - a \cdot i)$ 为常数。 设计坡度为 i，起算点的高程为 H_0，推算点的高程为 H_p，推算点至起算点的水平距离为 D，则： $H_p = H_0 + i \cdot D$ 式中：上坡时 i 为正；下坡时 i 为负
竖曲线段计算公式	计算设竖曲线后各桩号处的设计高： 起点桩号 = $K_I - T$；终点桩号 = $K_I + T$。 凸形竖曲线：起点高程 = $H_I - T \cdot i_1$；终点高程 = $H_I + T \cdot i_2$。 凹形竖曲线：起点高程 = $H_I + T \cdot i_1$；终点高程 = $H_I - T \cdot i_2$

续上表

项　目	内　容
竖曲线段计算公式	设计高程 = 切线高程 ± h,其中:凸形竖曲线取减;凹形竖曲线取加。 式中:i_1——后坡; i_2——前坡; H_1、K_1——变坡点 I 高程及桩号; T——选定竖曲线方程值
填挖高度	填挖高度为地面高程与设计高程之差

3.6　路线横断面测设

3.6.1 面积计算

(1)积距法面积

积距法断面面积计算公式　表 3-77

项　目	内容、规定与公式
地形条件	任意地形
计算公式	将断面按单位横宽划分为若干梯形与三角形条块,每个小块的近似面积为: $F_i = bh_i$ 则横断面面积: $F = bh_1 + bh_2 + \cdots + bh_n = b\sum_{i=1}^{n} h_i$ 当 $b = 1\text{m}$ 时,则 F 等于各小条块平均高度之和 $\sum h_i$;若地面线较顺直,也可增大 b 值
使用条件	采用厘方格纸折成窄条,代替卡规量取积距。若要进一步提高精度,可增加测量次数取平均值。用积距法计算面积简单、迅速
图式	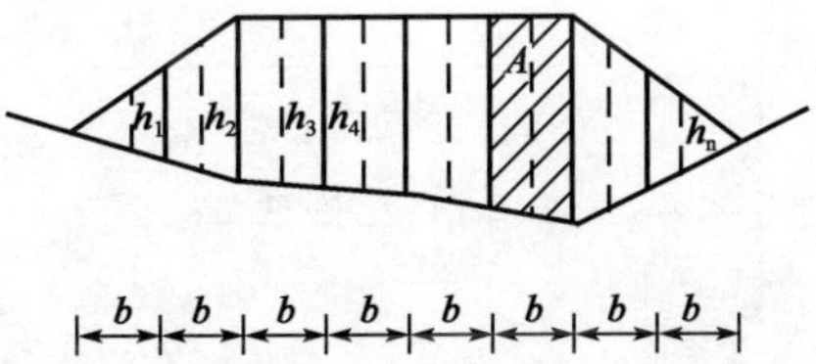

(2)坐标法面积

坐标法断面面积计算公式　表 3-78

项　目	内容、规定与公式
地形条件	任意地形
计算公式	已知断面图上各转折点坐标(x_i, y_i),则断面面积为: $F = \frac{1}{2}\sum_{i=1}^{n}(x_i y_{i+1} - x_{i+1} y_i)$
使用条件	坐标法精度较高,适于计算机计算

续上表

项　目	内容、规定与公式
图式	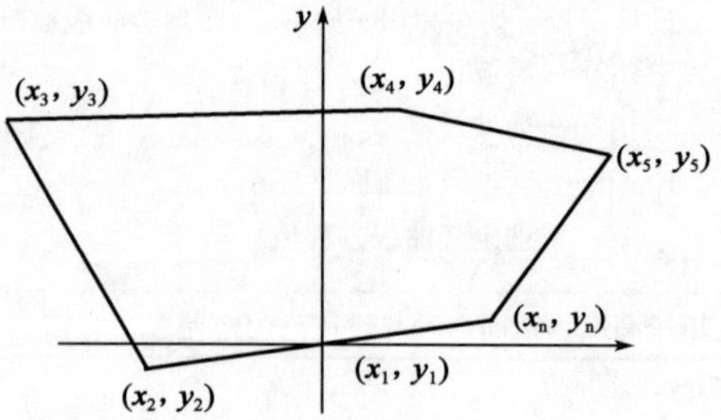

(3)其他法面积

坐标法断面面积计算公式 表 3-79

项　目	内容、规定与公式
几何图形法	将横断面分成若干个三角形、梯形、矩形等规则图形，用简便的几何公式计算各个图形面积，然后相加得所计算断面面积。此法适用于面积较大的场合
混合法	用积距法和几何图形法计算，分别计算各部分面积，然后相加得所计算断面面积
求积仪法	适用于极不规则且面积较大的断面。 实际面积 = 图形面积 × 图形比例尺的平方 = 仪器读数 × 单位面积 注：单位面积 0.025（比例尺 1∶50）；0.1（比例尺 1∶100）；0.4（比例尺 1∶200）；2.5（比例尺 1∶500）；10（比例尺 1∶1 000）；40（比例尺 1∶2 000）

(4)简单几何图形面积

几何图形法断面面积计算公式 表 3-80

序号	地 形 条 件	计 算 公 式	图　示
1	平地，两面边坡相同	$F = H(b + nH)$	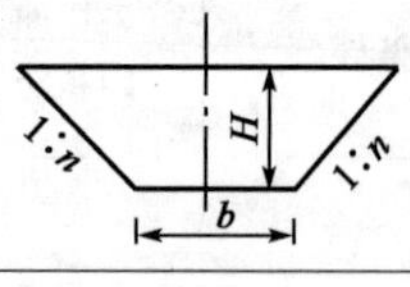
2	平地，两面边坡不同	$F = H[b + \frac{H(m+n)}{2}]$	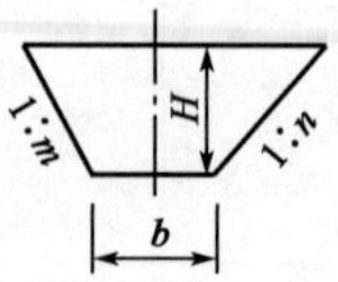
3	地面倾斜，边坡相同	$F = b\frac{H_1 + H_2}{2} + nH_1H_2$	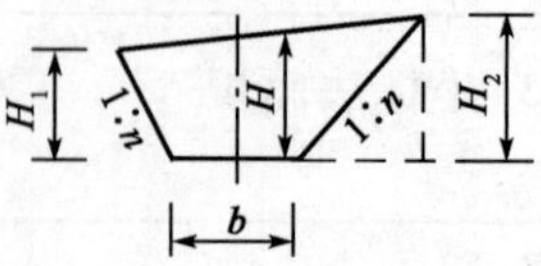
4	沿断面轴线有折点，边坡相同	$F = \frac{H(K_1 + K_2) + b(H_1 + H_2)}{2}$	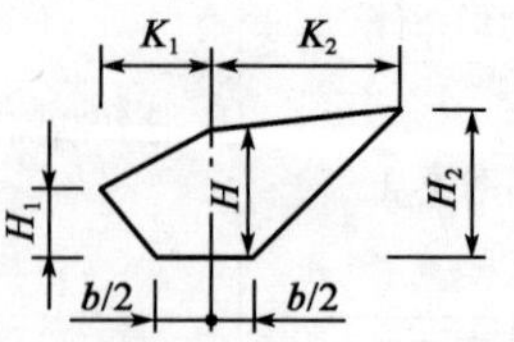

续上表

序号	地形条件	计算公式	图示
5	地面倾斜变化的任意断面	$F=H_1\frac{a_1+a_2}{2}+H_2\frac{a_2+a_3}{2}+H_3\frac{a_3+a_4}{2}+H_4\frac{a_4+a_5}{2}$	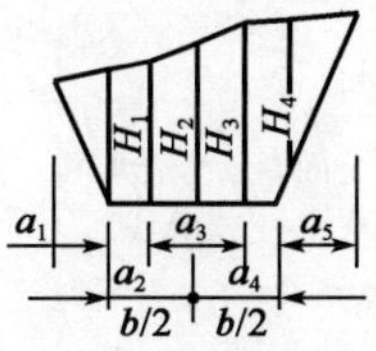
6	地面任意变化不均的断面	$F=\frac{H_2b}{2}+\frac{H_3K_2}{2}+\frac{H_1K_1}{2}$	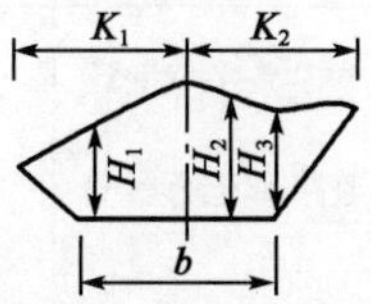
7	地面虽有起伏，但可拉成平均线的断面	$F=\frac{1}{2}\left(\frac{K_1}{n}+\frac{K_2}{n}\right)(K_1+K_2)-\frac{K_2}{n}\frac{K_2}{2}-\frac{K_1}{n}\frac{K_1}{2}-\frac{ab}{2}=\frac{K_1K_2}{n}-\frac{ab}{2}$ 或由序号4中的公式计算其面积 F	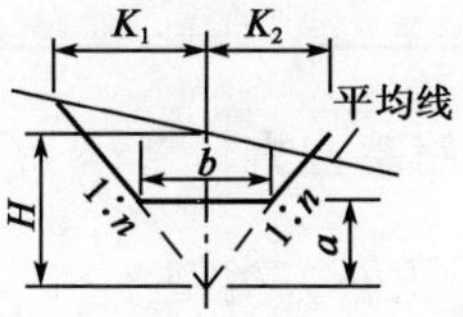

3.6.2 体积计算

体积计算公式　表3-81

序号	情况区分	图示	计算公式
1	棱体计算法	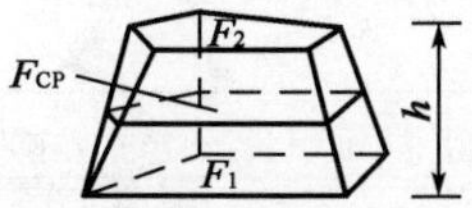	$V=\frac{h}{6}(F_1+F_2+4F_{CP})$
2	平均断面法	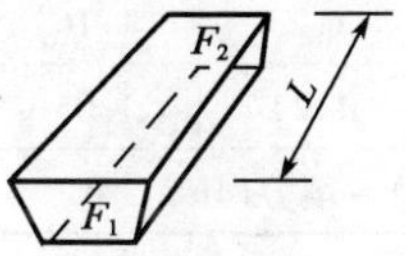	$V=\frac{F_1+F_2}{2}L$
3	中间断面法	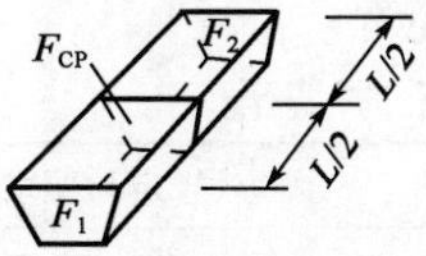	$V=F_{CP}L$
4	平均断面积法	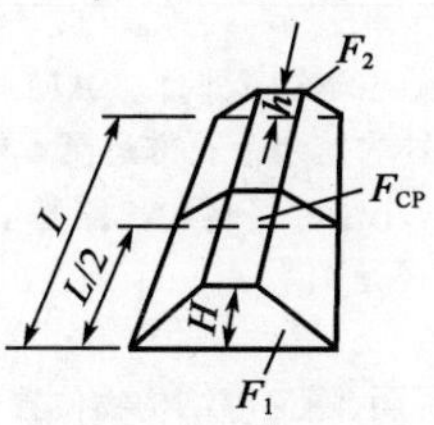	$V=\left[\frac{F_1+F_2}{2}-\frac{n(H-h)^2}{6}\right]L$ 若边坡 $n=1.5$ 时： $V=\left[\frac{F_1+F_2}{2}-\frac{(H-h)^2}{4}\right]L$
5	中间断面积法		$V=\left[\frac{F_1+F_2}{2}+\frac{n(H-h)^2}{12}\right]L$ 若边坡 $n=1.5$ 时： $V=\left[\frac{F_1+F_2}{2}-\frac{(H-h)^2}{8}\right]L$

续上表

序号	情况区分	图示	计算公式
6	两端面挖深及上口宽度直接计算法	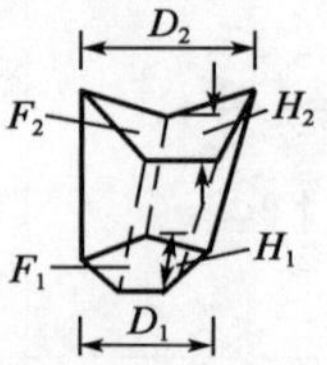	$V=\left[\frac{F_1+F_2}{2}-\frac{(H_2-H_1)(D_2-D_1)}{12}\right]L$
7	坡道路基土方计算法	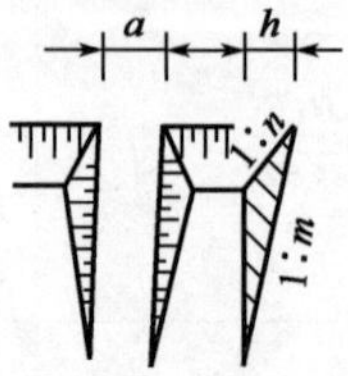	$V=\frac{h}{6}\left[3a+2hn\left(1-\frac{n}{m}\right)(m-n)\right]$ $V=\frac{h}{6}(3a+2hn)m$

3.6.3 路基土方

(1)土石方类型

土方类型 表 3-82

<table>
<tr><th>项目</th><th colspan="6">内容</th></tr>
<tr><td rowspan="6">天然密实方与压实方</td><td colspan="6">路基横断面设计图中的填挖土石方量,一般称为"断面方"。断面方中的填方是按压实后的体积计算,称为"压实方"。断面方中的挖方是按天然密实体积计算,称为"天然密实方"。公路工程定额规定:当以填方体积为工程量,采用天然密实方为计量单位的定额时,所采用的定额应乘以调整系数,见下表
调整系数</td></tr>
<tr><td rowspan="2">公路等级</td><td colspan="4">土方</td><td rowspan="2">石方</td></tr>
<tr><td>松土</td><td>普通土</td><td>硬土</td><td>运输</td></tr>
<tr><td>高速公路、一、二级公路</td><td>1.23</td><td>1.16</td><td>1.09</td><td>1.19</td><td>0.92</td></tr>
<tr><td>三、四级公路</td><td>1.11</td><td>1.05</td><td>1.00</td><td>1.08</td><td>0.84</td></tr>
<tr><td colspan="6"></td></tr>
<tr><td>设计断面方</td><td colspan="6">设计断面方 = 挖方(天然密实方) + 填方(压实方)</td></tr>
</table>

(2)土石方调配

土石方调配 表 3-83

项目	内容、规定与要求
概念	土石方调配是指路基挖方合理移用于填筑路堤,以及适当地布置取土坑及弃土堆的土石方调运和运量计算的工作。由于调整系数的采用,应在路基土石方工程数量的计算及填挖平衡调运过程中充分注意和考虑,不应简单地按断面方进行调配
调配要求	(1)土石方调配应按先横向后纵向的次序进行。纵向调运是指将本桩位多余的挖方(挖余)纵向运至其他桩号填筑或将其他桩号的挖余土石方运至本桩不足的填方(填缺)进行填筑。 (2)纵向调运的最远距离一般应小于经济运距。路基填方的土石来源,一是路基上的纵向调运;二是就近在路基外借土。是"调"还是"借"有一个限度问题,按费用经济计算的纵向调运的最大限度距离叫经济运距。 (3)土石方调运的方向应考虑桥涵、隧道等结构物位置和路线纵坡对施工的影响。一般情况下,不跨越深沟和少做上坡调运。 (4)借方、弃土方应与借土还田、整地建田相结合,尽量少占田地,减少对农业的影响。

续上表

项　目	内容、规定与要求
调配要求	(5)不同性质的土石应分别调配。 (6)回头曲线路段的土石调运,要优先考虑上、下线路基竖向调运。 (7)应综合考虑隧道弃渣利用
调配方法	土石方调配方法有多种,如累积曲线法、调配图法、表格调配法等。由于表格调配法不需单独绘图,直接在土石方表上调配,具有方法简便、调配清晰的优点,是目前设计和工程实践中广泛采用的方法。表格调配法又可分逐桩调运和分段调运两种方式,一般多采用分段调运
步骤	(1)准备工作:调配前应先对土石方计算进行复核,确认无误后方可进行。调配前应将可能影响调配的桥涵位置、陡坡、深沟、借土位置、弃土位置等条件标于表旁,供调配时考虑。 (2)横向调运即计算本桩利用,填缺、挖余;以石代土时应填入土方栏,并用符号区分。 (3)纵向调运:首先确定经济运距,根据填缺、挖余情况结合调运条件拟订调配方案,确定调运方向和调运起讫点,并用箭头表示;然后计算调运数量和运距。调配的运距是指计价运距,就是调运挖方重心到填方重心的距离减去免费运距。调运挖方和填方重心可根据土石方情况估定(一般也可以近似采用挖方或填方路段中点位置)。 (4)计算借方数量、废方数量和总运量 ①借方数量=填方(压实方)-利用方(压实方)=填缺-纵向调入本桩数量 ②废方数量=挖方(天然密实方)-利用方借方(天然密实方)=挖余-纵向调出本桩数量 ③总运量=纵向调运量+废方调运量+借方调运量 计算后分土石填入表。 (5)复核 横向调运复核: ①填方=本桩利用+填缺 ②挖方=本桩利用+挖余 总调运量复核: 挖方+借方=填方+废方 (6)计算计价土石方:计算计价土石方是概预算编制中需单独计算费用的土石方数量。土石方中所有的挖方都应予以计价。但对于填方路基则不然,应分析移挖作填的利用方计算费用问题。因此,计价土石方必须通过土石方调配后才能确定其数量。一般工程中指的某公路的土石方总数量,就是指计价土石方总数量。 计价土石方=挖方(天然密实方)+填方(压实方)-利用方(压实方) =设计断面方-利用方(压实方) =挖方(天然密实方)+借方(压实方)

3.6.4 路基放样方法

路基放样及计算公式　　表3-84

项目	公　式	方　法	图　示
平地挖方	$L=\frac{B}{2}+nh$ 式中:B——地面宽度; h——挖土深度; n——挖土边坡坡度	边桩、坡度尺法	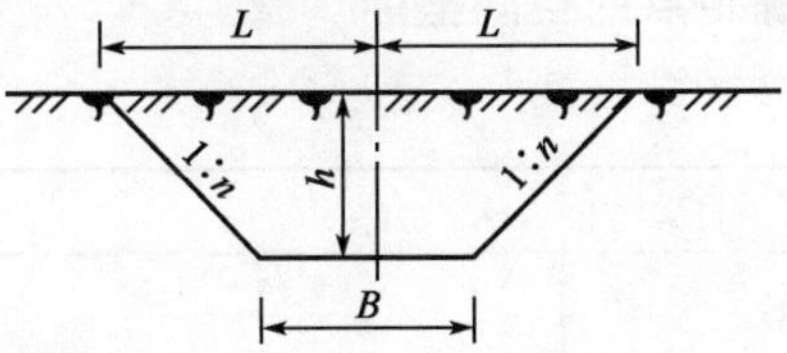
		实例	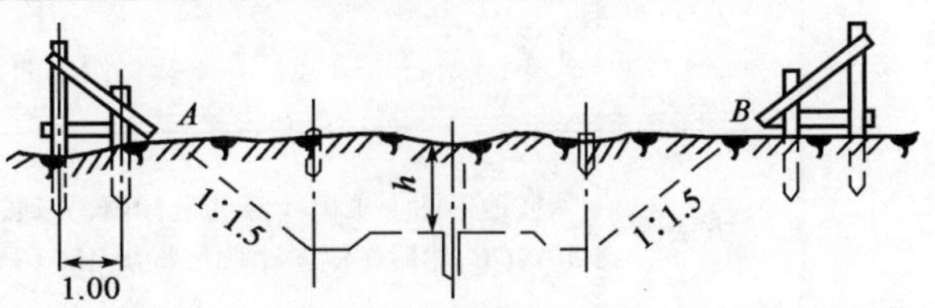

续上表

项目	公　式	方　法	图　示
倾斜地面挖方	上侧坡：$L=\frac{m}{m-n}\left(\frac{B}{2}+nh\right)$ 下侧坡：$L'=\frac{m}{m+n}\left(\frac{B}{2}+nh\right)$ 式中：m——地面倾斜率； n——边坡斜度； 其他符号同前	三角形尺与水平尺	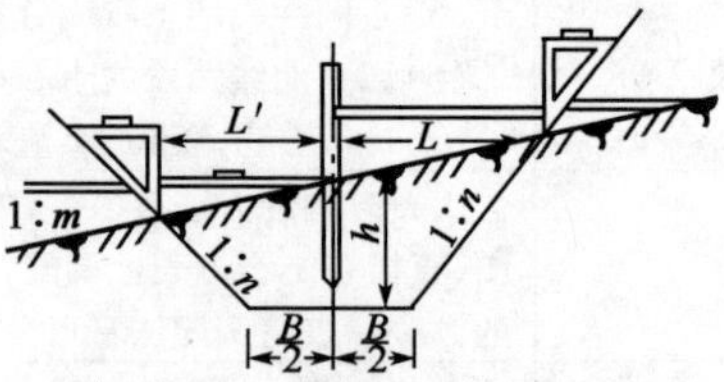
		实例	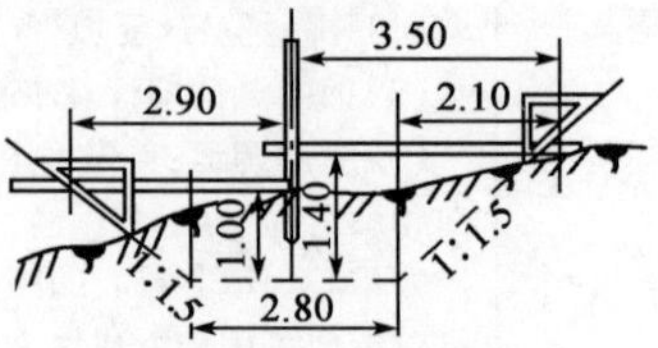
平地填方	$L=\frac{B}{2}+nh$ 式中：B——堤顶宽度； n——边坡斜度； h——填土高度； L——中线至坡脚的距离	三角形尺与水平尺	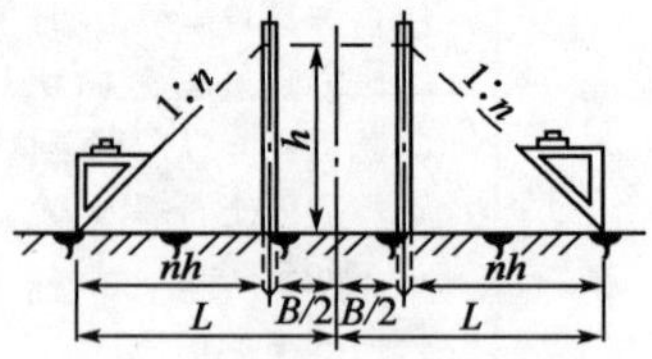
倾斜地面填土	上侧坡：$L'=\frac{m}{m+n}\left(\frac{B}{2}+nh\right)$ 下侧坡：$L=\frac{m}{m-n}\left(\frac{B}{2}+nh\right)$ 式中：m——地面倾斜率； n——边坡斜度； 其他符号同前	三角形尺与水平尺	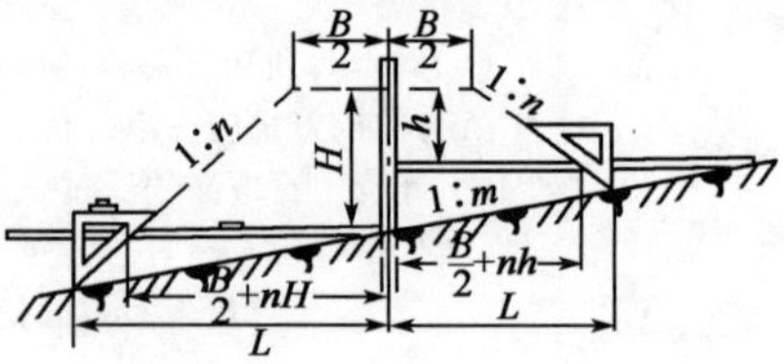

3.7 地形图应用

3.7.1 确定点的空间坐标

点的三维坐标　　表 3-85

项　目		内容、规定与公式
平面坐标	公式	$$\left.\begin{aligned}x_A&=x_0+MA\\y_A&=y_0+OA\end{aligned}\right\}$$ 式中：x_0、y_0——A 点所在坐标格网中的方格的西南角坐标
	方法	在地形图上求出 A 点的坐标值，先通过 A 点在地形图的坐标格网上作平行于坐标格网的平行线 MN、OP，然后按测图比例尺量出 MA 和 OA 的长度

续上表

项目		内容、规定与公式
平面坐标	图示	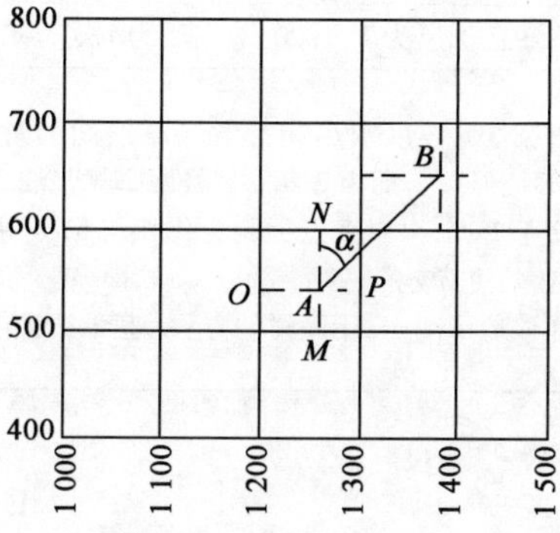
高程	公式	$$H_A = H_M + \frac{MA}{MN}h$$ 式中：H_M——通过 M 点的等高线上的高程； h——等高距
	方法	如果 A 点恰好位于图上某一条等高线上，则 A 点的高程与该等高线高程相同；如图中 A 点位于两等高线之间，则可通过 A 点画一条垂直于相邻两等高线的线段 MN
	图式	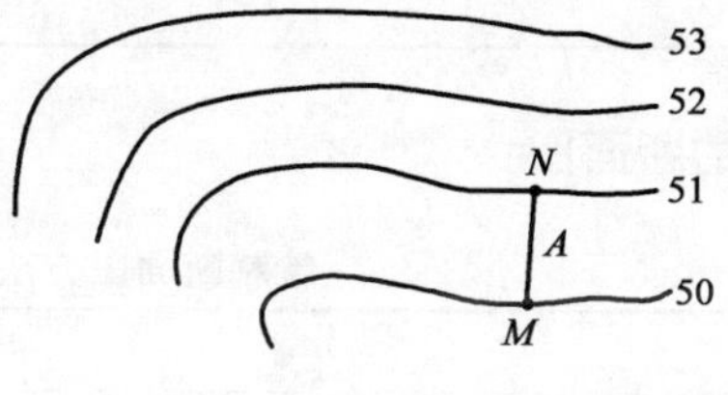

3.7.2 确定直线的距离、方向、坡度

直线的距离、方向、坡度公式　　表 3-86

项目	内容、规定与公式
方法	地形图上求出 A、B 两点的坐标
距离	$D_{AB} = \sqrt{(X_B - X_A)^2 + (Y_B - Y_A)^2}$
方位角	$\alpha_{AB} = \tan^{-1}\left(\frac{Y_B - Y_A}{X_B - X_A}\right)$
坡度	$i = \frac{H_B - H_A}{D_{AB}}$

3.7.3 确定指定坡度的路线

放 样 路 线 坡 度 表 3-87

项　　目	内容、规定与要求
条件	地形图比例尺为 1: 1000,等高距为 1m,要求从 *A* 地到 *B* 地选择坡度为 $i=5\%$ 的路线
方法	先根据 5% 坡度求出相邻两等高线间的最小平距 $d=h/i=1/0.05=20\text{m}$(h 为等高距),在 1: 1 000地形图上即为 2.0cm。将两脚规张成 2.0cm,以 *A* 为圆心,以 2.0cm 为半径作弧与 50m 等高线交于 1 点,再以 1 点为圆心作弧与 51m 等高线交于 2 点,依次定出 3、4 等各点,直到 *B* 地附近,即得坡度 5% 的路线。 在该地形图上,用同样的方法,还可定出另一条路线 A、1′、2′、…、8′,直到 *B* 地附近
图示	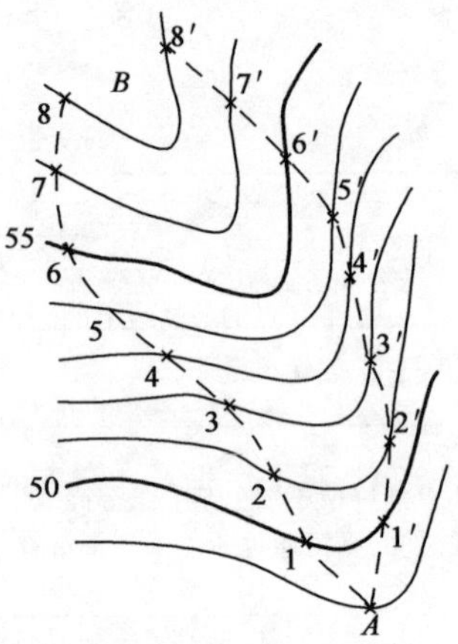

3.7.4 绘制确定方向的断面图

绘制断面图方法 表 3-88

项　　目	内　　容
比例尺	通常水平比例尺与地形图比例尺一致,而垂直比例尺需要扩大,一般要比水平比例尺扩大 5 ~ 20 倍。因为在多数情况下,地面高差大小相对于断面长度来说还是微小的,为了更好地显示沿线的地形起伏,如图,水平比例尺 1: 5 000,垂直比例尺 1: 5 000
绘横坐标	按图上 *AB* 线的长度绘一条水平线,如图中的 *ab* 线,作为基线(因断面图与地形图水平比例尺相同,所以 *ab* 线长度等于 *AB*),并确定基线所代表的高程。基线高程一般略低于图上最低高程,如图中河流最低处高程约为 170m,基线高程定为 160m
绘纵坐标	作基线的平行线,平行线的间隔,按垂直比例尺和等高距计算。如图示等高距 10m,垂直比例尺 1: 5 000,则平行线间隔为 2mm,并在平行线一边注明其所代表的高程,如 170m、180m 等
量距与点绘	在地形图上沿断面线 *AB* 量出 A ~ 1、1 ~ 2……各段距离,并把它们标注在断面基线 *ab* 上,得 1′2′……各段距离,通过这些点作基线的垂线,垂线的端点按各点的高程决定。如地形图上 1 点的高程为 250m,则断面图上过 1′点的垂线端点在代表 250m 的平行线上

续上表

<table>
<tr><th>项　目</th><th>内　容</th></tr>
<tr><td>连线</td><td>将各垂线的端点连接起来,即得到表示实地断面方向的断面图</td></tr>
<tr><td>图示</td><td>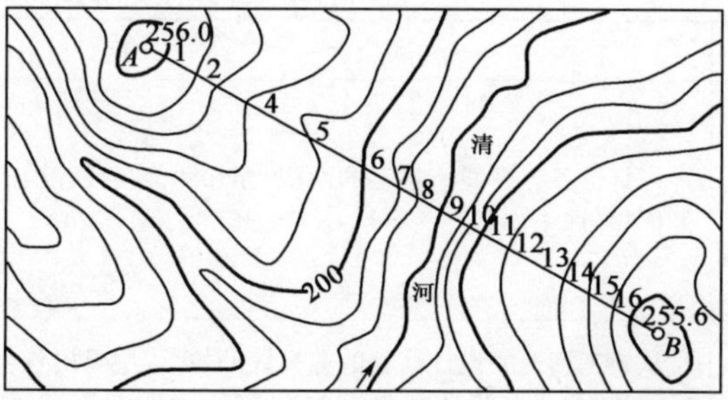

等高距10m
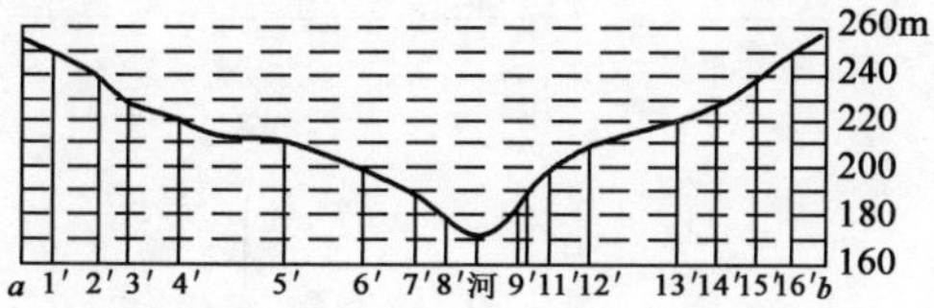
</td></tr>
</table>

3.7.5 确定汇水面积

汇 水 面 积 确 定　　表 3-89

<table>
<tr><th colspan="2">项　目</th><th>内容、规定与要求</th></tr>
<tr><td colspan="2">概念</td><td>汇水面积是指地面上某一区域内的雨水注入同一河流而通过某一断面(指设桥、涵处)</td></tr>
<tr><td colspan="2">方法</td><td>汇水面积可由地形图上山脊线的界线求得,如下图所示,用虚线连的山脊线所包围的面积,就是过桥(或涵)M 断面的汇水面积
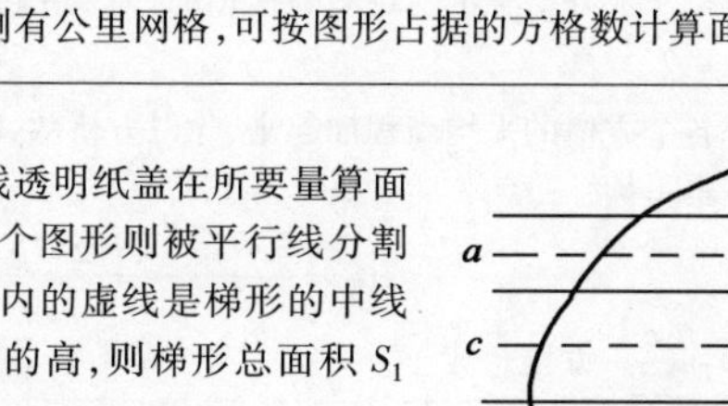
</td></tr>
<tr><td rowspan="2">面积</td><td>方格法</td><td>在大比例尺地形图上绘制有公里网格,可按图形占据的方格数计算面积</td></tr>
<tr><td>梯形法</td><td>将绘有间隔相等的平行线透明纸盖在所要量算面积的图形上,如图所示。整个图形则被平行线分割成若干等高梯形,每一梯形内的虚线是梯形的中线长,平行线间隔 k 为各梯形的高,则梯形总面积 S_1 为:
$$S_1 = (ab + cd + \cdots + Rl)k$$
再加上两端的三角形的面积,即为所求图形的面积。将求出的图上梯形总面积,化算为实地面积时,须乘以该图比例尺分母的平方
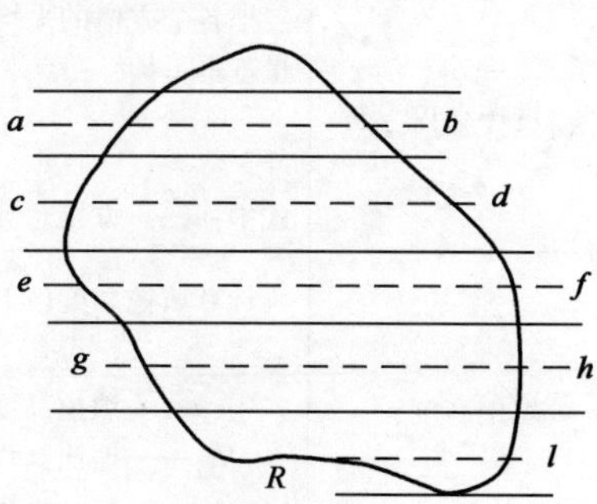
</td></tr>
</table>

3.7.6 土石方量估算

(1)等高线法

等高线法计算体积方法 表 3-90

项　　目	内　　容
概念	先量出各等高线所包围的面积,相邻两等高线包围的面积平均值乘以等高距,就是两等高线间的体积(即土方量)
方法	从施工场地的设计高程的等高线开始,逐层求出各相邻等高线间的土方量。如下图中等高距为2m,施工场地的设计高程为35m,图中虚线即为设计高程的等高线。分别求出35m、36m、38m、40m、42m五条等高线所围成的面积 A_{35}、A_{36}、A_{38}、A_{40}、A_{42},再计算体积
公式及图示	$V_1 = \frac{1}{2}(A_{35} + A_{36}) \times 1$ $V_2 = \frac{1}{2}(A_{36} + A_{38}) \times 2$ … $V_5 = \frac{1}{3}A_{42} \times 0.8$ 总土方量为: $V = V_1 + V_2 + V_3 + V_4 + V_5$ 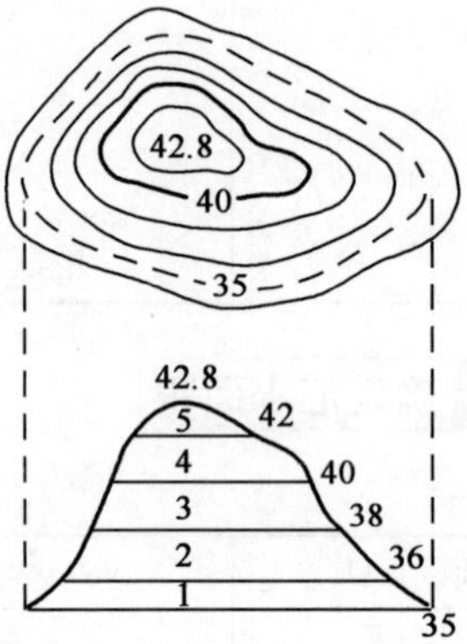

(2)方格网法

方格网法计算体积方法 表 3-91

项　　目	内容、规定与公式
打方格	在拟施工的范围内打上方格,方格边长取决于地形变化的大小和要求估算土方量的精度,一般取10m×10m、20m×20m、50m×50m等
定点高程	根据等高线确定各方格顶点的高程,并注记在各顶点的上方; 把每一个方格4个顶点的高程相加,除以4得到每一个方格的平均高程
设计高程	把各个方格的平均高程加起来,除以方格数,即得设计高程。这样求得的设计高程,可使填挖方量基本平衡: $H_{设} = \frac{\sum H_{角} \times 1 + \sum H_{边} \times 2 + \sum H_{拐} \times 3 + \sum H_{中} \times 4}{4n}$ 式中:n——方格总数
填挖高度	计算填挖高度(即施工高度): $h = H_{地} - H_{设}$ 式中:h——填挖高度(施工高度),挖(+),填(−); $H_{地}$——地面高程; $H_{设}$——设计高程

续上表

<table>
<tr><th>项　　目</th><th>内容、规定与公式</th></tr>
<tr><td>体积</td><td>角点　　$h \times \frac{1}{4}A$
边点　　$h \times \frac{1}{2}A$
拐点　　$h \times \frac{3}{4}A$
中点　　$h \times A$
式中：h——填（挖）高度；
　　A——方格面积。
注：将所得的填、挖方量各自相加，即得总的填挖方量，两者应基本相等</td></tr>
<tr><td>图示</td><td>求出设计高程为64.84m，在地形图中按内插法绘出64.84m的等高线（图中的虚线），它就是填挖的分界线，又称为零线。
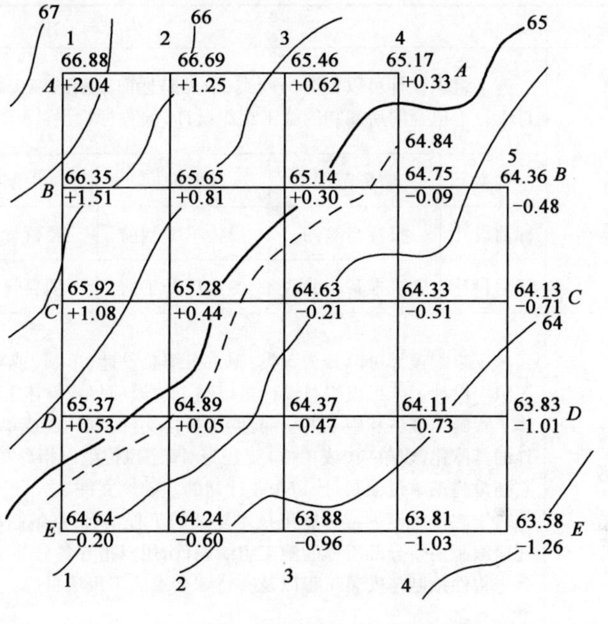
</td></tr>
</table>

4 公路施工组织设计

4.1 施工组织设计

4.1.1 施工组织设计的分类

施工组织设计的分类 表4-1

<table>
<tr><th>分类方法</th><th colspan="6">内容与要求</th></tr>
<tr><td rowspan="4">按阶段划分</td><td colspan="6">施工组织设计可以划分为两类:一类是标前编制的施工组织设计(简称标前设计);另一类是签订工程承包合同后编制的施工组织设计(简称标后设计)。两类施工组织设计的区别如下</td></tr>
<tr><td>种类</td><td>服务范围</td><td>编制时间</td><td>编制者</td><td>主要特征</td><td>追求主要目标</td></tr>
<tr><td>标前设计</td><td>投标与签约</td><td>投标书编制前</td><td>经营管理层</td><td>规划性</td><td>中标与经济效益</td></tr>
<tr><td>标后设计</td><td>施工准备与验收</td><td>签约后开工前</td><td>项目管理层</td><td>作业性</td><td>施工效率与效益</td></tr>
<tr><td>按工程对象</td><td colspan="6">施工组织设计可以分为3类:施工组织总设计、单项(或单位)工程施工组织设计和分部工程施工组织设计。施工组织总设计是以整个建设项目或群体工程为对象编制的,是整个建设项目或群体工程施工准备和施工的全局性、指导性文件。单项(或单位)工程施工组织设计是施工组织总设计的具体化,以单项(或单位)工程为对象编制,用以指导单项(或单位)工程准备和施工全过程。它还是施工单位编制月、旬作业计划的基础性文件。
对于施工难度大或者施工技术复杂的工程项目,在编制单项(或单位)工程施工组织设计之后,还应编制主要分部工程的施工组织设计,用以指导各分部工程的施工,如复杂的基础工程、大型混凝土构件预制与安装工程以及有特殊要求的工程项目等。分部工程施工组织设计突出作业性</td></tr>
</table>

4.1.2 施工组织设计的内容

施工组织设计的内容 表4-2

项目	内容、规定与要求
标前施工组织设计	由于标前施工组织设计的作用是为编制投标书和进行签约谈判提供依据,故应包括以下内容: (1)施工方案,包括施工工程序、施工方法选择,施工机械选用、劳动力和主要材料、半成品投入量等。 (2)施工进度计划,包括工程开工日期,竣工日期,分期分批施工工程的开工、竣工日期,施工进度控制图及说明。 (3)主要技术组织措施,包括保证质量的技术组织措施、保证安全的技术组织措施、保证进度的技术组织措施、环境污染防治的技术组织措施等。 (4)施工平面布置图,包括施工用水量计算、用电量计算、临时设施需用量及费用计算、施工平面布置图。 (5)其他有关投标和签约需要的设计

续上表

项　目	内容、规定与要求
施工组织总设计	一般来说，施工组织总设计应包括以下内容： (1)工程概况，包括建设项目的特征、建设地区的特征、施工条件、其他有关项目建设的情况。 (2)施工部署和施工方案，包括施工任务的组织分工和安排、重要单位工程施工方案、主要工种工程的施工方法及“三通一平”规划。 (3)施工准备工作计划，包括现场测量、土地征用、居民拆迁、障碍物拆除；掌握设计意图和进度，编制施工组织设计和研究有关技术组织措施；新结构、新材料、新技术、新设备的试制和试验工作；大型临时设施工程，施工用水、电、路及场地平整工作的安排；技术培训；物资和机具的申请和准备等

4.1.3 施工组织设计的要求

施工组织设计的要求　表 4-3

项　目	内容、规定与要求
严格执行基本建设程序和施工程序	要严格遵守合同签订的或上级下达的施工期限，按照基建程序和施工程序的要求，保质保量完成施工任务。对工期较长的大型工程项目，可根据施工情况，合理组织力量，确保重点，分期分批进行安排
科学安排施工顺序	按照公路工程施工的客观规律安排施工工序，可将整个项目划分为几个阶段，例如施工准备、基础工程、主体结构工程、路面工程、附属结构物工程等。在各个施工阶段之间合理搭接、衔接紧凑，在保证质量的基础上，尽可能缩短工期，加快建设速度
采用先进的施工技术和设备	在条件允许的情况下，尽可能采用先进的施工技术，不断提高施工机械化、预制装配化程度，减小劳动强度，提高劳动生产率
应用科学的计划方法制订最合理的施工组织方案	根据工程特点和工期要求，因地制宜地采用快速施工，尽可能采用流水作业施工方法，组织连续、均衡且有节奏的施工，保证人力、物力充分发挥作用。对于复杂的工程，应用网络计划技术找出最佳的施工组织方案
落实季节性施工的措施，确保全年连续施工	恰当地安排冬、雨季施工项目，增加全年连续施工日数，应把那些确有必要而又不因冬、雨季施工而带来技术复杂和造价提高的工程列入冬、雨季施工，全面平衡人工、材料的需用量，提高施工的均衡性
确保工程质量和施工安全	贯彻施工技术规范、操作规程，提出确保工程质量的技术措施和施工安全措施，尤其是采用国内外先进的施工新技术和本单位较生疏的新工艺时更应注意
节约基本建设费用、降低工程成本	合理布置施工平面图，节约施工用地；充分利用已有设施，尽量减少临时性设施费用；尽量利用当地资源，减少物资运输量；尽量避免材料二次搬运，正确选择运输工具，以节约能源，降低运输成本，提高经济效益

4.1.4 施工组织设计的编制程序

施工组织设计的编制程序　表 4-4

项　目	内容、规定与要求
编制要求	编制施工组织设计要遵守一定的程序，要按照施工的客观规律，协调和处理好各个影响因素的关系，用科学的方法进行编制
编制程序	(1)分析设计资料，选择施工方案和施工方法； (2)编制工程进度图； (3)计算人工、材料、机具需要量，制订供应计划； (4)临时工程，供水、供电、供热计划； (5)工地运输组织； (6)布置施工平面图； (7)编制技术措施计划与计算技术经济指标； (8)编写编制说明

4.1.5 资源组织计划

资源组织计划 表4-5

项目	内容、规定与要求

劳动力需要量计划

根据已确定的施工进度计划,可计算出各个施工项目每天所需的人工数量,将同一时间内有施工项目的人数进行累加,即计算出每天人数随时间变化的劳动力需要量。同时还可编制劳动力需要量计划,附于施工进度图之后,为劳动部门提供劳动力进退场时间,保证及时调配,搞好平衡,以满足施工需要

序号	工种名	需要人数及时间										备注
		年度										
		一季度	二季度	三季度	四季度	合计	一季度	二季度	三季度	四季度	合计	
1	2	3	4	5	6	7	8	9	10	11	12	13

主要材料计划

包括由专业厂家生产的材料、地方供应和特殊的材料,以及有关临时设施和拟采取的各种施工技术措施用料,预制构件及其他半成品等。

材料的需要量,可按照工程量和定额规定进行计算,然后根据施工项目的施工进度编制年、季、月主要材料计划表。主要材料(包括预制构件、半成品)应包括材料规格、名称、数量、来源及运输方式等

序号	材料名称及规格	单位	数量	来源	运输方式	年					年					备注
						一季度	二季度	三季度	四季度	合计	一季度	二季度	三季度	四季度	合计	
1	2	3	4	5	6	7	8	9	10	11	12	13	14	15	16	17

主要施工机具、设备计划

根据施工进度计划,将每个项目采用的施工机械种类、规格、数量及使用日期等综合起来编制。

主要施工机械包括基本施工过程、辅助施工过程所需,并考虑进出场(厂)所需台班及使用期间的检修、轮换的设备数量

序号	机具名称及规格	数量		使用期限		年								备注
		台班	台辆	开始	结束	一季度		二季度		三季度		四季度		
						台班	台辆	台班	台辆	台班	台辆	台班	台辆	
1	2	3	4	5	6	7	8	9	10	11	12	13	14	15

临时工程计划

包括生活房屋、生产房屋、便道、便桥、电力、电信及小型设施等

序号	设置地点	工程名称	说明	单位	数量	工程数量							备注
1	2	3	4	5	6	7	8	9	10	11	12	13	14

技术组织措施计划

应根据企业下达的要求与指标编制

技术组织措施计划

措施名称内容及摘要	经济效益	计划依据	负责人	完成日期
1	2	3	4	5

4.1.6 平面组织计划

平面组织计划　表4-6

项　目	内容、规定与要求
概念	施工平面图设计是施工过程空间组织的具体成果，亦即根据施工过程空间组织的原则，对施工过程所需的工艺路线、施工设备、原材料堆放、动力供应、场内运输、半成品生产、仓库、料场、生活设施等进行空间的特别是平面的科学规划与设计，并以平面图的形式加以表达，这项工作称为施工平面图设计
依据、原则和步骤	1. 施工平面图设计的依据 (1)工程平面图。 (2)施工进度计划和主要施工方案。 (3)各种材料、半成品的供应计划和运输方式。 (4)各类临时设施的性质、形式、面积和尺寸。 (5)各加工车间、场地规模和设备数量。 (6)水源、电源资料。 (7)有关设计资料。 2. 施工平面图规划设计原则 施工平面布置是一项综合性的规划课题，在很大程度上取决于施工现场的具体条件。它涉及的因素很多，不可能轻易获得令人满意的结果，必须通过方案的比较和必要的计算与分析才能决定。一般施工平面图规划设计应遵循下列原则： (1)在保证施工顺利的前提下，少占农田并考虑洪水、风向等自然因素的影响，所有临时性建筑和运输线路的布置，必须便于为基本工作服务，并不得妨碍地面和地下建筑物的施工。 (2)力求材料直达工地，减少二次搬运和场内的搬运距离，并将笨重的和大型的预制构件或材料设置在使用点附近。 (3)加工等附属企业基地应尽可能设在原料产地或运输集汇点(如车站、码头)。 (4)附属企业内部的布置应以生产工艺流程为依据，并有利于生产的连续性。 (5)应符合保安和消防的要求，要慎重考虑避免自然灾害(如洪水、泥石流、山崩)的措施。 (6)施工管理机构的位置必须有利于全面指挥，生活设施要考虑工人的休息和文化生活。 (7)场地布置应与施工进度、施工方法、工艺流程和机械设备相适应。 (8)场地准备工作的投资最经济。 3. 施工平面图的设计步骤 (1)分析有关调查资料。 (2)合理确定起重、吊装、运输机械的布置(它直接影响仓库、料场、半成品制备场的位置和水、电线路以及道路的布置)。 (3)确定混凝土、沥青混凝土搅拌站的位置。 (4)考虑各种材料、半成品的合理堆放。 (5)布置水、电线路。 (6)确定各临时设施的布置和尺寸。 (7)确定临时道路位置、长度和标准
类型及主要内容	1. 施工总平面图 施工总平面图是以整个工程为对象的施工平面布置方案，应包括以下内容： (1)原有河流、居民点、交通路线(如公路、铁路、大车道等)、车站、码头、通信、运输点等及工地附近与施工有关的建筑物。 (2)施工用地范围和工程主要项目，沿线大中桥、隧道、渡口、交叉口、集中土石方等的位置，道班房、加油站等运输管理服务建筑物位置。 (3)将施工组织设计的成果，如采料场、附属工厂和基地、仓库、临时动力站(如抽水站、发电所、供热站等)、临时便道、便桥、电源线路、变压器位置以及大型机械设备的停放、维修厂等直接标在图上。

续上表

项 目	内容、规定与要求
类型及主要内容	(4)施工管理机构,如工程局、工程处、施工队及工程指挥系统的驻地。 (5)其他与施工有关的内容,如地质不良地段、国家测量标志、气象台、水文站、防洪、防风、防火、安全设施等需要表示的内容。 2. 单项工程、分部分项工程施工平面图 该类平面图的布置有两种情况:一种是在施工总平面图的控制下进行布置;另一种是以施工总平面图为依据,即基本上按照施工总平面图有关内容进行布置。但不论哪一种,都应比施工总平面图更加深入、更加具体。 重点工程施工场地布置图:一般说来,大桥、隧道、立交枢纽等都是重点工程,其施工场地布置图应在有等高线的地形图上按比例绘制。图上应详细绘出施工现场、辅助生产、生活等区域的布置情况,绘出原有地物情况。 其他单项局部平面布置图:对于大型项目,因施工周期长,管理工作量大,附属、辅助企业多,必要时应绘制其他的平面布置图。这类图主要有以下几种: (1)沿线砂石料场平面布置图。 (2)大型附属企业,如沥青混合料拌和厂、预制构件厂、主要材料加工厂(木工厂、机修厂)等平面布置图。 (3)临时供水、供电、供热基地及管线分布平面图。 (4)主要施工管理机构的平面布置图

4.2 安全管理文明施工措施

4.2.1 安全管理

安 全 管 理　　表4-7

项 目	内 容
概念	安全管理是为施工项目实现安全生产开展的管理活动。施工现场的安全管理,重点是进行人的不安全行为与物的不安全状态的控制,落实安全管理决策与目标,以消除一切事故、避免事故伤害、减少事故损失为管理目的。 安全生产是施工项目重要的控制目标之一,也是衡量施工项目管理水平的重要标志。搞好施工项目的安全生产,是国家的一项重要政策,是企业管理的首要职责,也是调动员工积极性的必要条件。没有安全的保障,就没有员工的高度积极性,也就没有施工生产的高效率。因此,施工项目必须把实现安全生产当作组织施工活动时的重要任务。同时,安全技术措施和安全制度也是进行施工组织设计时一项必不可少的重要内容
范围	预防和杜绝工伤事故,保证施工生产的安全;预防和消灭职业病;保护施工手段和施工对象,即施工设施、设备和结构物的安全
原则	(1)预防为主,综合考虑 要做好安全管理,应坚持预防为主的原则,防患于未然,着眼于事先控制。从施工开始就要将人、财、物综合加以考虑,要有专门机构和人员负责抓安全工作,要相应地安排安全设备和必要的安全设施。 (2)安全管理应贯穿于施工全过程 施工安全问题要贯穿于整个施工过程,事先要做充分的调查研究,针对现场实际情况,对施工中可能遇到的安全问题和不安全因素,加以认真分析,制订施工方案,采取对策措施。

续上表

项　目	内　容
原则	(3)全员管理,安全第一 在安全管理中,要树立安全第一的思想,“生产必须安全,安全为了生产”。必须全企业、全体人员在全过程各阶段自觉地共同努力,保证安全施工。 (4)管生产者必须同时管安全 安全寓于生产之中,并对生产起促进与保证作用。管生产同时管安全,不仅要对各级领导人员明确安全管理责任,同时也要向一切与生产有关的机构和人员明确业务范围内的安全管理责任
措施	(1)建立安全保证体系 施工项目应设立安全管理机构,工地设立专职安全员,班组设兼职安全员,从而形成一个健全的安全保证体系。 安全管理机构主要负责贯彻执行国家有关安全施工的方针政策、法令、规章制度和上级有关规定,协助领导在“安全第一、预防为主”的方针指导下,组织和推动施工中的安全工作。 工地专职安全员的职责是认真贯彻执行上级有关安全施工的规定,推动和组织施工中的安全工作,在业务上接受上一级安全管理部门的领导。 班组兼职安全员协助班组长组织安全活动,进行现场安全检查,模范遵章守纪,对违章作业者进行批评教育,组织学习安全规程、制度及上级颁发的有关文件,指导班组人员正确使用个人防护用品等。 (2)落实安全责任,实施责任管理 根据“全员管理、安全第一”的原则,建立各级人员安全生产责任制,明确规定各级领导、职能部门、工程技术人员和生产工人在施工生产中的安全责任。 (3)强化安全教育与训练 进行安全教育与训练,能增强人的安全生产意识,增长安全生产知识,有效防止人的不安全行为,减少人的失误。安全教育包括知识、技能、意识三个阶段的教育。教育的主要内容有:进行安全思想教育,学习国家劳动保护法规、安全施工管理条例等;进行安全技术、工业卫生的科学知识教育,进行典型经验和事故教训的教育;进行法制教育等。通过教育和训练,不仅要使操作者掌握安全生产知识,而且能使其正确认真地在作业过程中表现出安全的行为。 (4)安全检查 安全检查是发现不安全行为和不安全状态的重要途径,是消除事故隐患,落实整改措施,防止事故伤害,改善劳动条件的重要方法和措施。 安全检查的形式有普遍检查、专业检查和季节性检查等。 (5)作业标准化 在操作者的不安全行为中,不知正确的操作方法,为了干得快而省略必要的操作步骤,以及坚持自己的操作习惯等原因所占比重很大。因此,按科学的作业标准规范人的行为,有利于控制人的不安全行为,减少人的失误。 (6)施工设计应考虑安全技术的因素,并对操作者进行交底 各分部、分项工程在施工进行之前,根据工作的具体情况和结构特点所做的施工设计、操作方案等,应充分考虑安全因素,方案应有必要的安全防护措施,以保证施工过程中的人身、设施、设备和结构物的安全。为使操作人员充分理解方案的全部内容,减少实际操作中的失误,避免操作时的事故伤害,要将方案的设计思想、内容和要求等,向作业人员进行充分交底。 (7)优化安全技术组织措施 包括以改善施工劳动条件、防止伤亡事故等为目的的一切技术措施: ①开展以机械化、自动化为中心的技术革新,积极改进施工工艺和操作方法,改善劳动环境条件,减轻劳动强度,消除危险因素,保证安全生产; ②机械设备应有安全装置; ③设置安全设施,如在施工现场设置安全围栏、防火设施,坚持使用高空作业的安全网、安全带、安全帽等。

续上表

项　目	内　容
措施	(8)建立健全各种切实可行的安全生产的规章制度 施工安全制度主要有:安全生产责任制度、安全生产教育制度、安全检查制度、安全技术措施制度、安全交底制度、事故分析和处理制度等

4.2.2 文明施工

文 明 施 工　表4-8

项　目	内　容
概念	文明施工是指在施工现场管理中,按现代化施工的客观要求,使施工现场保持良好的施工环境和施工秩序
组织管理措施	(1)建立健全管理组织机构。施工现场应成立以项目负责人为组长,生产、技术、质量、安全、消防、保卫、材料、行政卫生等管理人员为成员的文明施工管理组织。 (2)健全管理制度,包括个人岗位责任制、经济责任制、检查制度、奖惩制度、会议制度和各项专业管理制度等。 (3)健全管理资料。 (4)开展竞赛。 (5)加强教育培训工作。 (6)积极推广应用新技术、新工艺、新设备、新材料和现代化管理方法,提高机械化作业程度
现场管理措施	(1)开展"5S"活动 "5S"活动是指对施工现场各生产要素(主要是物的要素)的所处状态不断地进行整理(Seiri)、整顿(Seiton)、清扫(Seiso)、清洁(Seiketsu)以及员工素养(Shitsuke)的培养。 "5S"活动是符合现代化大生产特点的一种科学的管理方法,是提高员工素质、实现文明施工的一项有效措施与手段。 (2)合理定置 合理定置是指将全工地施工期间所需要的物在空间上合理布置,实现人与物、人与场所、物与场所、物与物之间的最佳结合,使施工现场秩序化、标准化、规范化,体现文明施工水平。它是现场管理的一项重要内容,是实现文明施工的一项重要措施,是谋求改善施工现场环境的一种科学的管理办法。 (3)目视管理 目视管理就是用眼睛看的管理,亦可称为"看得见的管理"。它是利用形象直观、色彩适宜的各种视觉感知信息来组织现场施工生产活动,达到提高劳动生产率、保证工程质量、降低工程成本的目的。目视管理是一种简便适用、透明度高、便于员工自主管理、自我控制、科学组织生产的一种有效的管理方式。这种管理方式可以贯穿施工现场管理的各个领域之中,具有其他方式不可替代的作用。其主要内容与形式如下: ①施工现场各项管理制度、操作规程、工作标准、施工现场管理实施细则布告等,应用看板、挂板或写后张贴在墙上公布,展示清楚; ②在定置过程中,以清晰的、标准化的视觉显示信息落实定置设计,实现合理定置; ③施工现场的管理岗位责任人采用标牌显示,以更好地落实岗位责任制,激发岗位人员的责任心,并有利于群众监督; ④在施工现场,应合理利用各种色彩、安全色、安全标志等,并实行标准化管理,以有利于生产和员工的安全; ⑤将施工现场管理的各项检查结果张榜公布

4.2.3 施工现场环境保护

施工现场环境保护　表 4-9

项　目	内　容
概念	环境保护是我国的一项基本国策。施工现场的环境保护，是指按照国家、地方法规和行业、企业要求，采取措施控制施工现场的各种粉尘、废水、废气、固体废弃物以及噪声、振动等对环境的污染和危害。 保护和改善施工环境是保证人们身体健康、消除外部干扰、保证施工顺利进行的需要，也是现代化大生产的客观要求
措施	(1)实行环保目标责任制。 (2)加强检查和监控工作。 (3)对要保护和改善的施工现场环境进行综合治理。 (4)要有技术措施，严格执行国家的法律、法规。 (5)制订有效措施防止大气污染、水源污染和噪声污染

4.3 施工进度计划

4.3.1 概述

施工进度计划作用、编制依据和步骤　表 4-10

项　目	内容、规定与要求
作用	施工进度计划是控制工程施工进度和工程竣工期限等各项施工活动的依据。施工组织工作中的其他有关问题都要服从进度计划的要求，如计划部门提出月、旬作业计划，平衡劳动力计划；材料部门调配材料、构件；设备部门安排施工机具的调度；财务部门的用款计划等，均须以施工进度为基础。 施工进度计划反映了工程从施工准备工作开始，直到工程竣工为止的全部施工过程；反映了工程建筑与安装的配合关系，及各分部工程及工序之间的衔接关系。所以施工进度计划有助于领导部门抓住关键，统筹全局，合理布置人力、物力，正确指导施工生产活动的顺利进行；有利于工人群众明确目标，更好地发挥主人翁精神；有利于施工企业内部及时配合，协同作战
编制依据和步骤	1. 编制施工进度计划的依据 (1)工程的全部施工图纸及有关水文、地质、气象和其他技术经济资料。 (2)上级或合同规定的开工、竣工日期。 (3)主要工程的施工方案。 (4)劳动定额和机械使用定额。 (5)劳动力、机械设备供应情况。 2. 编制施工进度计划的步骤 (1)研究施工图纸和有关资料及施工条件。 (2)划分施工项目，计算实际工程数量。 (3)编制合理的施工顺序和选择施工方法。 (4)计算各施工过程的实际工作量(劳动量)。 (5)确定各施工过程的劳动力需要量(及工种)和机械台班数量及规格。 (6)设计与绘制施工进度图。 (7)检查与调整施工进度

4.3.2 施工进度图的形式

施工进度图的形式与要求 表 4-11

<table>
<tr><th>形　式</th><th>内容与要求</th></tr>
<tr><td>横道图</td><td>
其常用的横道图格式如下图所示。它由两大部分组成:左面部分是以分部分项工程为主要内容的表格,包括了相应的工程量、定额和劳动量等计算依据;右面部分是指示图表,它是由左面表格中的有关数据经计算得到的。指示图表用横向线条形象地表示出分部分项工程的施工进度。线的长短表示施工期限;线的位置表示施工过程;线上的数字表示劳动力数量;线的不同符号表示作业队或施工段别,表示出各施工阶段的工期和总工期,并综合反映了各分部分项工程相互间的关系。
这种表示方法比较简单、直观、易懂,容易编制,但有以下缺点:
(1)分项工程(或工序)的相互关系不明确。
(2)施工日期和施工地点无法表示,只能用文字说明。
(3)工程数量实际分布情况不具体。
(4)仅反映出平均施工强度。它适用于绘制集中性工程进度图、材料供应计划图或作为辅助性的图示附在说明书内,用来向施工单位下达任务
<table>
<tr><th rowspan="2">编号</th><th rowspan="2">工程名称</th><th rowspan="2">施工方法</th><th colspan="2">工程量</th><th colspan="10">××年(月份)</th><th colspan="2">起止时间</th></tr>
<tr><th>单位</th><th>数量</th><th>1</th><th>2</th><th>3</th><th>4</th><th>5</th><th>6</th><th>7</th><th>8</th><th>9</th><th>10</th><th>开工</th><th>结束</th></tr>
<tr><td>1</td><td>临时通信线路</td><td>人工为主</td><td>km</td><td>80</td><td></td><td></td><td>6</td><td></td><td></td><td></td><td></td><td></td><td></td><td></td><td>1月初</td><td>7月底</td></tr>
<tr><td>2</td><td>沥青混凝土基地</td><td>人工安装</td><td>外</td><td>1</td><td></td><td></td><td>35</td><td></td><td></td><td></td><td></td><td></td><td></td><td></td><td>1月上旬</td><td>5月上旬</td></tr>
<tr><td>3</td><td>清除路基</td><td>机械</td><td>m^3</td><td>700 000</td><td></td><td></td><td></td><td></td><td>4</td><td></td><td></td><td></td><td></td><td></td><td>3月初</td><td>7月底</td></tr>
<tr><td>4</td><td>路用房屋</td><td>人工</td><td>m^3</td><td>1 300</td><td></td><td></td><td></td><td>40</td><td></td><td></td><td></td><td></td><td></td><td></td><td>1月初</td><td>6月底</td></tr>
<tr><td>5</td><td>大桥</td><td>半机械化</td><td>座</td><td>1</td><td></td><td></td><td></td><td></td><td></td><td></td><td>94</td><td></td><td></td><td></td><td>5月中旬</td><td>9月中旬</td></tr>
<tr><td>6</td><td>中桥</td><td>半机械化</td><td>座</td><td>5</td><td></td><td></td><td></td><td>53</td><td></td><td></td><td></td><td></td><td></td><td></td><td>3月中旬</td><td>8月底</td></tr>
<tr><td>7</td><td>集中性土方</td><td>机械</td><td>m^3</td><td>430 000</td><td></td><td></td><td></td><td></td><td>20</td><td></td><td></td><td></td><td></td><td></td><td>4月上旬</td><td>9月底</td></tr>
<tr><td>8</td><td>小型构造物</td><td>半机械化</td><td>座</td><td>23</td><td></td><td></td><td></td><td></td><td>30</td><td></td><td></td><td></td><td></td><td></td><td>5月初</td><td></td></tr>
<tr><td>9</td><td>沿线土方</td><td>机械为主</td><td>m^3</td><td>89 000</td><td></td><td></td><td></td><td></td><td>36</td><td></td><td></td><td></td><td></td><td></td><td>5月初</td><td>10月底</td></tr>
<tr><td>10</td><td>基层</td><td>半机械化</td><td>m^2</td><td>560 000</td><td></td><td></td><td></td><td></td><td></td><td></td><td>48</td><td></td><td></td><td></td><td>7月上旬</td><td>9月</td></tr>
<tr><td>11</td><td>面层</td><td>半机械化</td><td>m^2</td><td>560 000</td><td></td><td></td><td></td><td></td><td></td><td></td><td></td><td></td><td>18</td><td></td><td>9月上旬</td><td>10月</td></tr>
<tr><td>12</td><td>整修工程</td><td>人工为主</td><td>km</td><td>80</td><td></td><td></td><td></td><td></td><td></td><td></td><td></td><td></td><td></td><td>10</td><td></td><td>10月</td></tr>
</table>
</td></tr>
<tr><td>垂直图</td><td>
垂直图的表示特点是:以纵坐标表示施工日期,以横坐标表示里程或工程位置,而各分部分项工程的施工进度则相应地以不同的斜线表示。工程量在图表上方相应地表示,施工组织平面示意图可在图表的下方相应地表示,资源平衡可在图表右侧以曲线表示。下图为垂直图的应用实例。
垂直图的优点是消除了横道图的不足之处,工程项目的相互关系、施工的紧凑程度和施工速度都十分清楚,工程的分布情况和施工日期一目了然,从图中可以直接找出任何一天各施工队的施工地点和应完成的工程数量,但仍有一些不足之处:
(1)反映不出某项工作提前(或推迟)完成对整个计划的影响程度。
(2)反映不出哪些工程是主要的,不能明确表达出哪些是关键工作。
(3)计划安排的优劣程度很难评价。
(4)不能使用电子计算机,因而绘制和修改进度图的工作量很大
</td></tr>
</table>

续上表

形　　式	内容与要求
垂直图	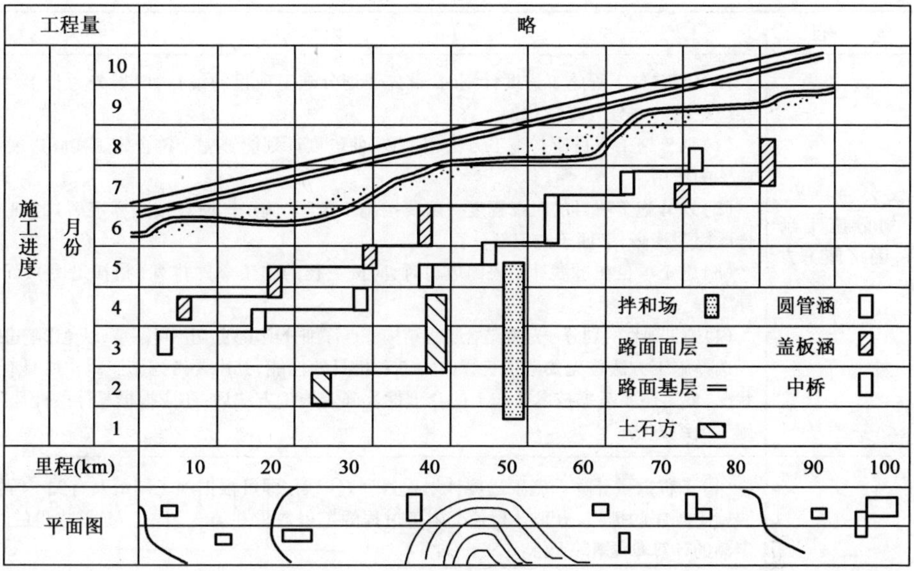
网络图	网络计划技术是20世纪50年代国外陆续出现的计划管理的新方法。由于这些方法将计划的工作关系均建立在网络模型上，把计划的编制、协调、优化和控制有机地结合起来，所以称之为网络计划技术。 网络计划图是以加注工作持续时间的箭线和带有编号的节点组成的网状流程图，用以表示施工进度计划。其基本原理是：首先根据工作间的相互关系及其工作先后顺序流程绘制工程项目施工进度计划网络图；其次通过计算找出计划中的关键工作及关键线路；最后通过不断调整、改善网络计划，选择最优的方案付诸实施。在网络计划实施过程中进行有效地监督与控制，确保工程项目按合同条件顺利完成。 网络计划技术有许多方法，如关键线路法（CPM）、计划评审方法（PERT）、流水作业网络计划、搭接网络计划（CNT）、图例评审法等。 网络计划与横道计划相比，具有以下特点： （1）网络图把施工过程中的各个有关工作组成一个有机的整体，能全面而明确地表达出各项工作开展的先后顺序和反映出各项工作之间的相互制约、相互依赖的关系。 （2）能进行各种时间参数的计算。 （3）能在名目繁多、错综复杂的计划中，找出决定工程进度的关键工作，便于计划管理者集中力量抓主要矛盾，确保工期，避免盲目施工。 （4）能从众多可行方案中，选出最优方案。 （5）在计划执行过程中，某一项工作由于某种原因推迟或提前完成时，可以预见到它对整个计划的影响程度，而且能根据变化的情况迅速进行调整，保证自始至终对计划进行有效的控制和监督。 （6）利用网络计划中反映出的各项工作的时间储备，可以更好地调配人力与物力，以达到降低成本的目的。 （7）更重要的是它的出现和发展，使现代化的计算工具——计算机在建设工程施工计划管理中得以应用。 （8）网络计划在计算劳动力、资源消耗时，比较困难

4.3.3 施工进度计划的编制

(1)进度计划参数确定

进度计划参数确定 表4-12

<table>
<tr><th>项　目</th><th>内容与要求</th></tr>
<tr><td>划分施工项目,确定施工方法</td><td>在编制单位工程施工进度计划时,首先要划分施工项目的细目,即划分为若干种工序、操作,并填入相应栏内。划分时应注意:
(1)划分施工项目应与施工方法相一致,使进度计划能够完全符合施工实际进展情况,真正起到指导施工的作用。
(2)划分施工项目的粗细程度一般要按施工定额(施工图阶段按预算定额)的细目和子目来填列,这样既简明清晰,又便于查定额计算。
(3)施工项目在进度计划表内填写时,应按工程的施工顺序排列(指横道图),而且应首先安排好主导工程。
(4)施工项目的划分一定要结合工程结构特点仔细分项填列,切不可漏填,以免影响进度计划的准确性。
选择施工方法首先要考虑工程的特点和机具的性能,其次要考虑施工单位所具有的机具条件和技术状况,最后还要考虑技术操作上的合理性。确定施工方法后,还应根据具体条件选择最先进的、合理的施工组织方法</td></tr>
<tr><td>计算工程量与劳动量</td><td>(1)工程数量计算。施工进度计划项目列好以后,即可根据施工图纸及有关工程数量的计算规则,按照施工顺序的排列,分别计算各个施工过程的工程数量并填入表中。工程数量的计算单位,应与相应定额的计算单位相一致。
(2)劳动量计算。所谓劳动量,就是施工过程的工程量与相应的时间定额的乘积,如劳动力数量与生产周期的乘积,机械台数与生产周期的乘积。
人工操作时叫劳动量,机械操作时又叫作业量。劳动量(或机械作业量)可按下式计算:
$$D = \frac{Q}{C} \text{或} D = Q \cdot S$$
式中:D——劳动量(工日或台班);
Q——工程量;
C——产量定额;
S——时间定额。
劳动量的计量单位,对于人工为“工日”,对于机械则为“台班”。
计算劳动量时,应根据现行的相应定额(施工定额或预算定额)计算。
受施工条件或施工单位人力、设备数量的限制,对生产周期起控制作用的那个劳动量称为主导劳动量。一般取生产周期较长的劳动量作为主导劳动量。
当人员、机械数量不变,采用二班制或二班制将会缩短施工过程的生产周期。当主导劳动量生产周期过于突出,就可以采用二班或三班制作业缩短生产周期</td></tr>
<tr><td>生产周期计算</td><td>由于要求工期不同和施工条件的差异,其具体计算方法有以下两种:
(1)以施工单位现有的人力、机械的实际生产能力以及工作面大小,来确定完成该劳动量所需的持续时间(周期),一般按下式计算:
$$T = \frac{D}{R \cdot n}$$
式中:T——生产周期(持续时间 t);
D——劳动量(工日或台班);
R——每班人数或机械台班数;
n——生产工作班制数。
(2)根据规定的工期来确定施工队(班组)人数或机械台数。
在某些情况下,可以根据已规定的或后续工序需要的工期来计算在一班制、二班制或三班制的条件下,完成劳动量所需作业队的人数或机械台数,一般按下式计算
$$R = \frac{D}{t \cdot n}$$</td></tr>
</table>

(2)施工进度图的编制

施工进度图的编制步骤　表4-13

项　　目	内容、规定与要求
横道图法编制步骤	(1)按标准横道图格式绘制空白图表。 (2)根据设计图纸、施工方法、定额、概预算(指施工图设计和施工阶段)进行列项,并按施工工序填入横道图的工程名称栏内。 (3)逐项计算工程量。 (4)逐项选定定额,将其编号填入横道图中。 (5)进行劳动量计算。 (6)按施工力量(作业队、班、组人数、机械台数)以及工作班制按上述公式计算所需施工周期即工作日数;或按限定的周期以及工作班制、劳动量确定作业队、班(组)的人数或机械台数,将计算结果填入横道图相应栏内。 (7)按计算的各施工过程的周期,并根据施工过程之间的逻辑关系,安排施工进度日期。其具体做法是:按整个工程的开竣工日历,将日历填入横道图的日程栏内,然后即可按计算的周用直线或绘有符号的直线绘制进度图。 (8)绘制劳动力安排曲线。 (9)反复进行调整与平衡,最后择优确定
垂直图法编制步骤	对于线形工程,当施工方案确定以后,即可按下列步骤绘制用垂直图法表示的施工进度图。 (1)绘出图表轮廓及表头,即将项目以及项目的工程量按相应的里程绘于图的上半部,见垂直图。 (2)根据工程的开竣工日历,将进度日历绘于图左的纵坐标上。 (3)将里程及工程的空间组织,即施工平面草图绘于图的下部。 (4)进行列项,计算劳动量、周期、劳动力数、机械台数,一般可先列表算好,并与绘图结合,反复平衡优化。 (5)按已算出的施工周期,分别以铅笔绘出不同符号的进度线,并按紧凑的原则,使各进度线相对移动至最佳位置。其具体画法如下: 小桥涵工程:根据每座小桥涵的施工期长短,从可能施工之日起,在各桥涵的位置上用垂直直线画出施工期,并依次向流水方向移动,其垂直方向的全长即等于所有小桥涵施工期的总和。 大中桥工程;绘制方法与小桥涵相同,但上、下部工程最好用两种线条表示。 路面工程:路面是连续和等速施工,故进度应是一条斜直线,线的垂直高度等于路面所需的总工期,水平线的长度等于路面总里程;由于路基线起伏变化大,为了使路面线不致与路基相交(避免施工中断),最好用大头针订线试排后再画。 路基工程:几个队同时从某月某日并在指定的里程范围内开工,以斜线(用不同线条)表示时间和里程关系。为了保证路基施工不致中断,所有的斜线不能和桥涵线相交,否则要相对移动线的位置,借以改变其开工日期。 (6)最后调整。要点有:力求各线靠近而不相交;检查总工期是否符合规定要求;劳动力需要量力求均衡,避免出现高峰低谷;补充图例和说明等;最后以黑线加深线条
网络计划技术	另列章节

(3)施工进度计划的检查与调整

施工进度计划的检查与调整　表4-14

项　　目	内容、规定与要求
施工工期	施工进度计划的工期应当符合上级或合同规定的工期,并尽可能缩短,以保证工程早日交付使用,从而达到最好的经济效果

续上表

项　　目	内容、规定与要求
劳动力消耗的均衡性	每天出勤的工人人数力求不发生大的变动,即劳动力消耗力求均衡。劳动力需要量图表应明确劳动力需要量与施工期限之间的关系。如前所述,正确的施工组织设计应该使劳动力需要量均衡,以减少服务性的各种临时设施和避免因调动频繁而形成的窝工。任何一项工程的施工组织设计,由于施工人数和施工时间不同,均有可能出现资源消耗不均衡的情况,故在编制施工进度图时,应以劳动力需要量均衡为原则,对施工进度进行恰当的安排和必要的调整。 劳动力消耗的均衡性,可用劳动力不均衡系数 K 表示。劳动力不均衡系数的值大于或等于1,一般不超过1.5。其值按下式计算 $K=\dfrac{R_{max}}{R_{平均}}$ 式中:R_{max}——施工期间人数最高峰值; $R_{平均}$——施工期间加权平均工人人数
施工工期和劳动力均衡性的调整	(1)如果要使工期缩短,则可对工期较长的主导劳动量的施工采取措施,如增加班制或工人数(包括机械数量),来达到缩短总工期的目的。 (2)若所编计划的工期不允许再延长,而劳动力出现较大的高峰或低谷,则可在允许的范围内,通过调整工序的开工或完工日期,使劳动力需要量较为均衡。 某些工程由于特定的条件,工期没有严格限制,而在投资、主要材料及关键设备等某一方面有时间或数量的限制时,就要将这些特定条件作为控制因素进行调整。复杂的工程要获得符合工期、均衡施工原则的最合理的优化计划方案,必须进行多次反复调整计算。这个计算过程十分复杂,当前电子计算机技术的出现,为优化计算提供了理想的工具

4.4　施工过程组织

4.4.1 施工过程的组织原则

施工过程的组织原则　　表 4-15

项　　目	内容、规定与要求
概述	施工过程的基本内容,主要是劳动过程,在某些情况下,还包含自然过程,如水泥混凝土硬化过程的养生、沥青路面的成型等。此时,施工过程就是劳动过程和自然过程的结合,是互相联系的劳动过程和自然过程的全部生产活动的总和。 根据各种劳动在性质上以及对产品所起的作用上的不同特点,可以将施工过程划分为: (1)施工准备过程,是指产品在投入生产前所进行的全部生产技术准备工作,如可行性研究、勘测设计、施工准备等。 (2)基本施工过程,是指直接为完成产品而进行的生产活动,如挖基、砌基础等。 (3)辅助施工过程,是指为保证基本施工过程的正常进行所必需的各种辅助生产活动,如动力(电、压缩空气等)的生产,机械设备维修、材料加工等。 (4)施工服务过程,是指为基本施工和辅助施工服务的各种服务过程,如原材料、半成品、工具、燃料的供应与运输等。 公路工程项目的施工过程组织,包括时间组织、资源组织和空间组织3个主要方面的问题

续上表

项 目	内容、规定与要求
公路施工过程的组成	按照现行的公路工程设计概预算文件编制办法,将公路工程划分为路基、路面、桥涵、交叉工程、隧道、其他工程及沿线设施6个分项工程。相应于各个分项工程,又划分为若干目。例如桥涵分项工程中,按工程性质与结构的不同,分为漫水工程、涵洞、小桥、中桥、大桥5个目。对于独立大(中)桥工程,亦相应划分为桥头引道、基础、下部构造、上部构造、调治构筑物及其他工程和临时工程等分项工程。各分项工程再细分若干目。公路施工过程是由上述项和目所组成。 从施工组织的需要出发,公路全部施工过程可依次划分为: (1)动作与操作,动作是指工人在劳动时一次完成的最基本的活动,若干个相互关联的动作组成操作。完成一个动作所耗用的时间和占用的空间是制定定额的重要原始资料。 (2)工序,指在劳动组织上不可分,施工技术相同的施工过程,它由若干个操作所组成。施工组织往往以工序为基本对象。工序是组织上分不开和技术上相对的施工过程。工序的主要特征是:工人编制、工作地点、施工工具和材料均不发生变化。 (3)施工段,是由几个在技术上相互关联的工序所组成,可以相对独立完成的某一种细部工程。如对整个路面工程而言,包括路槽、路肩、垫层、基层、面层等操作过程。 (4)综合过程,由若干个在产品结构上密切联系的,能最终获得一种产品的施工过程的总和
施工过程组织原则	(1)施工过程的连续性。连续性是指产品施工过程的各阶段、各工序的进行在时间上是紧密衔接的,不发生各种不合理的中断现象。表现为劳动对象始终处于被加工状态,或者在进行检验,或者处于自然过程中。保持和提高施工过程的连续性,可以缩短建设周期,减少在制品数量,节省流动资金,可以避免产品在停放等待时可能引起的损失,对提高劳动生产率,具有很大的经济意义。 (2)施工过程的协调性。施工过程的协调性也称比例性,它是指产品施工各阶段、各工序之间,在施工能力上要保持一定的比例关系,各施工环节的工人数、生产效率、设备数量等都必须互相协调,不发生脱节和比例失调现象。协调性是保证施工顺利进行的前提,使施工过程中人力和设备得到充分利用,避免产品在各个施工阶段和工序之间的停顿和等待,从而缩短施工周期。施工过程的协调性在很大程度上取决于施工组织设计的正确性。 (3)施工过程的均衡性。施工过程的均衡性又称节奏性,是指企业的各个施工环节都按照施工生产计划的要求,工作负荷保持相对稳定,不发生时松时紧、前松后紧等现象。均衡施工能充分利用设备和工时,避免突击赶工造成的各种损失,有利于保证施工质量、降低成本、有利于劳动力和机械的调配。 (4)施工过程的经济性。施工过程组织除满足技术要求外,必须讲究经济效益。上述的连续性、协调性和均衡性,最终都要通过经济效果集中反映出来。 上述合理组织施工过程的4个方面是相互制约,互为条件的。在进行施工组织时,必须标准全面符合上述4个方面的要求,不可偏颇

4.4.2 施工过程时间组织方法

施工过程时间组织方法 表4-16

项 目	内容、规定与要求
概述	时间组织是施工组织的核心。时间组织主要考虑实施施工的作业顺序和施工组织的作业方式。施工任务的排序问题属于管理科学中的动态规划,求解最优排序比较复杂,但仍可按施工的客观规律采用将前后关联工序的周期按一定方式合并的方法,分别应用约翰逊—贝尔曼法则,求出"合并后工序"相应的周期,最后再按选取最小值的方法求得施工顺序的较优安排。 施工顺序的安排,除考虑施工速度快外,同时还要考虑施工费用省、施工质量高和保证安全。因此必须从实际出发全面加以考虑,使施工顺序的确定能够为好、快、省、安全地完成施工任务创造条件

续上表

项　目	内容、规定与要求
施工作业方式	在公路施工生产中,施工队(班组)对施工对象的施工顺序,一般可分为顺序(依次)作业法、平行作业法和流水作业法3种基本施工方式。 (1)顺序作业。按工艺流程和施工程序(步骤),按先后顺序进行施工操作。如多层结构的路面工程,先后操作程序是路槽、底基层、基层、连接层、面层和路肩。石方爆破工程的程序是打眼、装药、堵塞、引爆和清方等。顺序作业就是按此固定(取决于工艺或结构物性质)程序组织施工。 (2)平行作业。线形工程的作业面很长,根据工程或技术的需要,可划分为几段(或几个点),分别同时按程序施工。 (3)流水作业。它是一种比较先进的作业方法,是以施工专业化为基础,将不同工程对象的同一施工工序交给专业施工队(组)执行,各专业队(组)在统一计划安排下,依次在各个作业面上完成指定的操作。前一操作结束后转移至另一作业面,执行同样操作,后一操作则由其他专业队继续执行。各专业队按大致相同的时间(流水节拍)和速度(流水速度),协调而紧凑地相继完成全部施工任务。流水作业符合工艺流程,组织紧凑,有利于专业化施工,是现代化工业产品生产的基本组织形式,对于建筑工程(包括公路在内)亦具有先进性
作业方式的综合运用	顺序作业法、平行作业法、流水作业法在生产过程中不仅可以单独运用,而且可以根据具体条件,将3种基本作业方式加以综合运用,从而出现平行流水作业法、平行顺序作业法以及立体交叉平行流水作业法。这些施工过程时间组织的综合形式,一般均能取得较明显的经济效果。 (1)平行流水作业法。在平行作业法的基础上,按照流水作业法的原则组织施工,以达到适当缩短工期,而又使劳动力、材料、机具需要量保持均衡。 (2)顺序平行作业法。这种方法的实质是用增加施工力量的方法来达到缩短工期的目的。它使顺序作业法和平行作业法之缺点更加突出,故仅适用于突击性施工情况。 (3)立体交叉平行流水作业法。它是在平行流水作业法的原则上,采用上、下、左、右全面施工的方法。它可以充分利用工作面和有效地缩短工期,一般适用于工序繁多、工程特别集中的大型构造物的施工,如大桥、立体交叉、隧道等工程量大、工作面狭窄、工期短的情况

4.4.3 流水施工方法

(1)流水施工的特点

流水施工的特点 表4-17

项　目	内容、规定与要求
实质	流水施工建立在分工协作和大批量生产的基础上,其实质就是连续作业,组织均衡生产,它是控制施工进度的有效方法。主要表现在: (1)把劳动对象的施工过程划分为若干工序或操作过程,每个工序或操作过程分别由按工艺原则建立的专业班组来完成。 (2)把一个劳动对象尽可能地划分为劳动量大致相等的若干施工段。 (3)各个作业班组按照一定的施工顺序,携带必要的机具,依次、连续地由一个施工段转移到另一个施工段,反复完成同类工作。 (4)不同工种或同种作业班组完成工作的时间尽可能的相互衔接起来
特点	流水施工法的特点是生产的连续性和均衡性,因此可使各种物质资源均衡地使用,使建筑机构及其附属企业的生产能力充分地发挥,劳动力得到了合理的安排和使用,从而带来较好的经济效益。它主要表现在以下几个方面: (1)消除了工作的时间间歇,避免施工期间劳动力的过分集中,从而减少临时设施工程量,节约基建投资。

续上表

项　目	内容、规定与要求
特点	(2)由于实行工程队(组)生产专业化,为工人提高技术水平和进行技术改造革新创造了有利条件,促进劳动生产率和工程质量的不断提高。 (3)在采用流水施工方法时,单位时间内完成的工程数量,对于机械操作过程是按照主导机械的生产率来确定的;对于手工操作过程是以合理的劳动组织为依据确定的,可以保证施工机械和劳动力得到合理和充分的利用。 (4)由于工期缩短,劳动生产率提高,劳动力和物质消耗均衡,可以降低工程间接费用;同时由于各种资源得到充分的利用,减少了各种不必要的损失,可以降低工程直接费用。 必须指出,流水施工法只是一种组织措施,它可以在施工中带来很好的经济效益,而不要求增加任何的补充费用。现代的公路建筑沿着建筑工业化的道路发展,如建筑设计标准化、建筑结构装配化、构件生产工厂化、施工过程机械化、建筑机构专业化和施工管理科学化,这些方面是密切联系、互为条件的,既是实现公路建筑工业化必不可少的重要措施,也是公路施工企业多、快、好、省、地进行公路建设的重要手段

(2)流水施工的主要参数

流水施工的主要参数　　表4-18

参数类型		内容、规定与要求
工艺参数(n)		工艺参数是指一组流水中施工过程的个数。在划分施工过程时,只有那些对工程施工有直接影响的施工内容才予以考虑并组织在流水之中。施工过程可以根据计划的需要确定其粗细程度,可以是一个个工序,也可以是一项项分项工程,还可以是它们的组合。一组流水的施工过程,如果各由一个专业队(组)施工,则施工过程数和专业队(组)数相等。有时由几个专业队(组)负责完成一个施工过程或一个专业队(组)完成几个施工过程,于是施工过程数与专业队(组)数便不相等。计算时可用 n 表示施工过程数,用 n' 表示专业队(组)数。 对工期影响最大的,或对整个流水施工起决定性作用的施工过程,称为主导施工过程。在划分施工过程以后,首先应找出主导施工过程,以便抓住流水作业的关键环节
时间参数(t、K、T)	流水节拍(t)	流水节拍是指某个专业队(或作业班组)在一个施工段上的施工作业持续时间,以 t 表示。它的大小关系着投入的劳动力、机械和材料量的多少,决定着施工的速度和施工的节奏性。通常有两种确定方法,一种是根据工期要求来确定;另一种是根据现有能投入的资源(劳动力、机械台班数和材料量)来确定。 确定流水节拍时应注意以下问题: (1)流水节拍的取值必须考虑专业队组织方面的限制和要求,尽可能不过多地改变原来的劳动组织状况,以便于对施工队进行领导。专业队的人数应有起码的要求,以使他们具备集体协作的能力。 (2)流水节拍的确定,应考虑到工作面条件的限制,必须保证有关专业队有足够的施工操作空间,保证施工操作安全和能充分发挥专业队的劳动效率。 (3)流水节拍的确定,应考虑到机械设备的实际负荷能力和可能提供的机械设备数量,也要考虑机械设备操作场所安全和质量的要求。 (4)有特殊技术限制的工程,如受交通条件影响的道路改造工程、有防水要求的混凝土工程、受潮汐影响的水工作业等,都受技术操作或安全质量等方面的限制,对作业时间长度和连续性都有限制或要求,在安排其流水节拍时应当满足这些限制或要求。 (5)必须考虑材料和构配件的供应能力和水平对进度的影响和限制,合理确定有关施工过程的流水节拍。 (6)首先确定主导施工过程的流水节拍,并以它为依据确定其他施工过程的流水节拍。主导施工过程的流水节拍应是各施工过程流水节拍的最大值,应尽可能是有节奏的,以便组织节奏流水

续上表

参数类型		内容、规定与要求
时间参数(t、K、T)	流水步距(K)	流水步距是指两个相邻的施工队(组)先后进入流水作业的最小时间间隔,以符号 K 表示。流水步距的长度,要根据需要及流水方式的类型经过计算确定。计算时应考虑的因素有以下几点: (1)每个专业队连续施工的需要。流水步距的最小长度必须使专业队进场以后不发生停工、窝工现象。 (2)技术间歇的需要。有些施工过程完成后,后续施工过程不能立即投入作业,必须有足够的时间间歇。这个间歇时间应尽量安排在专业队进场之前,不然便不能保证专业队工作的连续性。 (3)流水步距的长度应保证每个施工段的施工作业程序不乱,不发生前一施工过程尚未全部完成,而后一施工过程便开始施工的现象。有时为了缩短时间,某些次要的专业队可以提前插入,但必须在技术上可行,而且不影响前一个专业队的正常工作。提前插入的现象越少越好,多了会打乱节奏,影响均衡施工
	工期(T)	工期是指从第一个专业队投入流水作业开始,到最后一个专业队完成最后一个施工过程的最后一段工作退出流水作业为止的整个延续时间。由于一项工程往往由许多流水组组成,所以这里说的是流水组的工期,而非整个工程的总工期。 在安排流水施工之前,应有一个基本的工期目标,以便在总体上约束具体的流水作业组织。在进行流水作业安排以后,可以通过计算确定工期,并与目标工期比较,两者应相等或使计算工期小于目标工期。如果绘制了流水图表,在图表上可以观察到工期长度,可以用计算工期检验图表绘制的正确性
空间参数(m)		空间参数是指单体工程划分的施工段或群体工程划分的施工区的个数,施工区、段可称为流水段。施工段的数目不能太多,太多则易使工作面太小,工人工作效率受影响;太少则容易使工程窝工。 在划分施工段时,应考虑以下几点: (1)施工段的大小应保证工人有足够的工作面,由主要施工过程的工作需要确定。 (2)在同一组流水中,各个施工过程原则上应采用相同的分段界线和相同的施工段数。 (3)某些以施工机械负责主导施工过程施工的工程,施工段的划分必须满足施工机械(一般指大型施工机械)操作区间和操作能力的限制,以利于提高机械的使用效率和确保机械施工作业的安全。 (4)划分施工段应保证结构不受施工缝的影响,应尽量利用结构的自然分界(如温度缝、沉降缝和单元尺寸等)作为流水段的分界

4.4.4 流水施工的分类

(1)流水施工的分类

流水施工的分类与要求 表 4-19

流水施工的类型	内容、规定与图式
全等节拍流水	所谓全等节拍流水,是指各施工过程的流水节拍 t 与相邻施工过程之间的流水步距 K 完全相等的流水施工,即 $t_i=K=$常数,也即各专业施工队在所有施工段上的作业时间均相等。 下图是一个全等节拍流水的示例,图中 $m=3$、$n=5$、$t_i=K=2$。 全等节拍流水的总工期 T 为:$T=(n-1)\cdot B+m\cdot t_i=(m+n-1)\cdot t_i$ 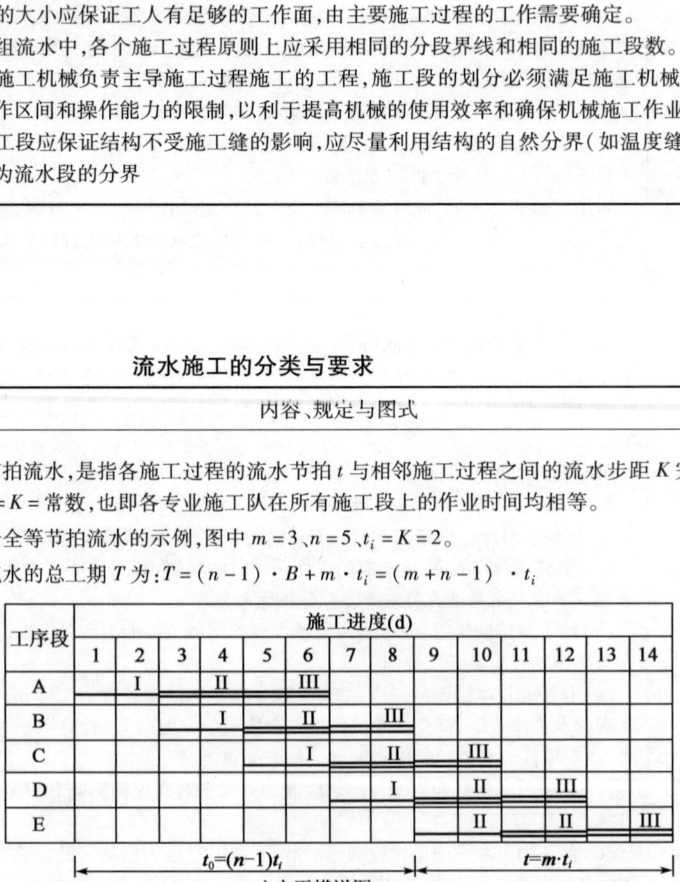 a)水平横道图

续上表

<table>
<tr><th>流水施工的类型</th><th>内容、规定与图式</th></tr>
<tr><td>全等节拍流水</td><td>
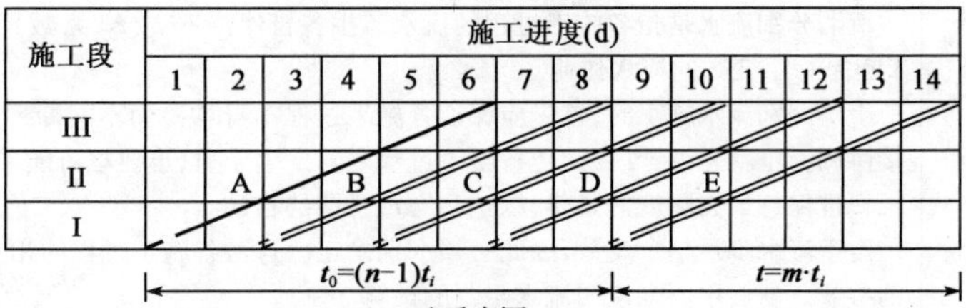

b)垂直图
全等节拍流水图
</td></tr>
<tr><td>成倍节拍流水</td><td>
步骤如下：
(1)求各流水节拍的最大公约数K，它相当于各施工过程都共同遵守的“公共流水步距”，为了使用方便和便于与其他流水作业法比较起见，称K为流水步距。
(2)求各施工过程的专业施工队数目b。每个施工过程的流水节拍t_i是K的几倍，就应相应安排几个施工队，才能保证均衡施工。同一施工项目的各个施工队依次相隔K天投入流水施工，因此，施工队数目b按下式计算：
$$b=\frac{t_i}{K}$$
(3)将专业施工队数目的总和$\sum b$看成是施工过程数n，将K看成是流水步距后，按全等节拍流水的方法安排施工进度。
(4)计算总工期T，由于$n=\sum b$，因此总工期为：
$$T=(m+\sum b-1)K$$
式中：K——各流水节拍的最大公约数。
下图表示6座管涵按成倍节拍流水组织施工的一个示例。由于作业面受限制，只能容纳4人同时操作，因此每个专业施工队按4人组成时，挖槽需2d，做基础4d，安管涵6d，洞口砌筑2d。它们的最大公约数K=2，由公式计算得到的各施工过程数6为：挖槽1个队，做基础2个队，安管涵3个队，洞口砌筑1个队。该例$m=6$，$\sum b=1+2+3+1=7$，$K=2$，由公式计算得到总工期：$T=(m+\sum b-1)K=(6+7-1)\times 2=24$d
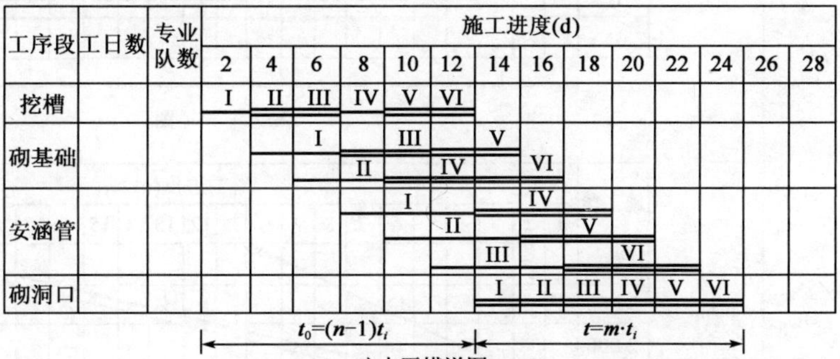

a)水平横道图
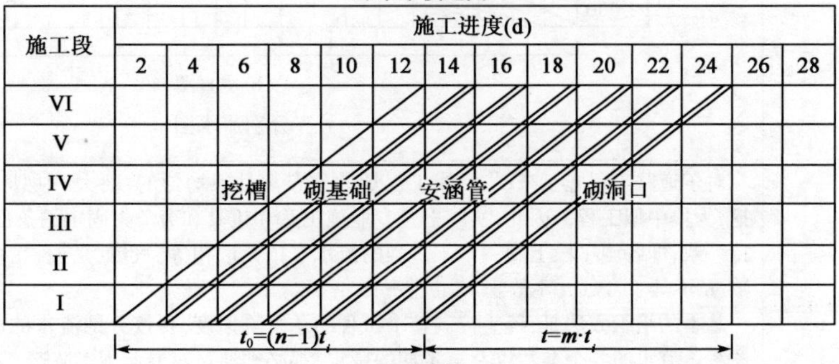

b)垂直图
成倍节拍流水图
</td></tr>
</table>

续上表

<table>
<tr><th>流水施工的类型</th><th>内容、规定与图式</th></tr>
<tr><td>分别流水</td><td>所谓分别流水是指各施工过程的流水节拍各自保持不变(t = 常数),但不存在最大公约数,流水步距 K 也是一个变数的流水作业。
组织分别流水施工时,首先应保证各施工过程本身均衡而不间断地进行,然后将各施工过程彼此搭接协调。也就是说,既要避免各施工过程之间发生矛盾,也要尽可能减少作业面的间隙时间,使整个施工安排保持最大限度的紧凑,以达到缩短工期的目的。
由于流水步距是个变数,因此必须个别确定。这对各施工过程的相互配合和正确搭接是一个很重要的参数。下面用图来说明流水步距的计算。
当后一个施工过程的作业持续时间(t_{n+1})等于或大于前一个施工过程的作业持续时间(t_n)时,流水步距根据后一个施工过程所要求的时间间隔(或足够的作业面)决定。如图中的 A 与 B、B 与 C 之间的情形(图中要求间隔 1d),当 $t_{n+1} < t_n$ 时,流水步距(B_{n+1})用下式计算:
$$B_{n+1} = t_n + t_a - t_{n+1}$$
式中:t_a——两个相邻施工过程之间必需的最小时间间隔。
当 t_{n+1} 和 t_n 已知,根据安全和技术要求可确定 t_a 值(一般不小于 1d),即可求得 B_{n+1} 值。
在图中,C、D 之间属于这种情况。图中 $t_n = t_C = 20$,$t_{n+1} = t_D = 5$,$t_a = 1$,计算 B_{n+1} 值:
$$B_{n+1} = t_n + t_a - t_{n+1} = 20 + 1 - 5 = 16\text{d}$$
分别流水的总工期用下式计算:
$$T = t_n + t_0$$
式中:t_n——最后一个专业施工队的作业持续时间;
t_0——流水展开期,为最初施工过程开始至最后的施工过程开始之间的时间间隔
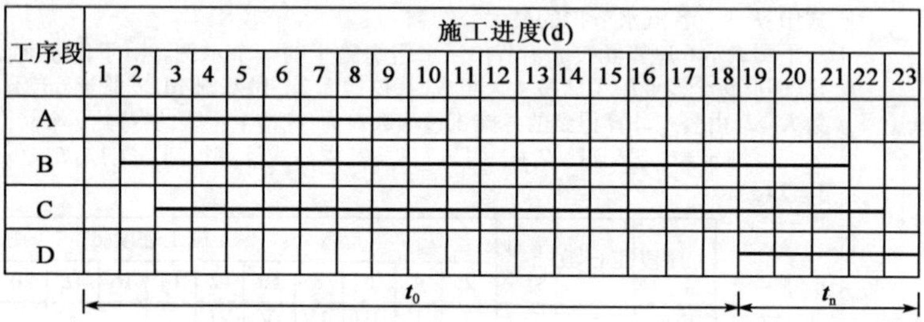

a)水平横道图
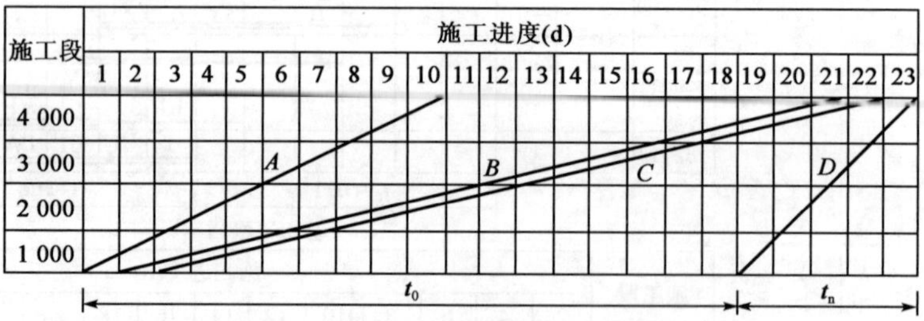

b)垂直图
分别流水图</td></tr>
<tr><td>无节拍流水</td><td>对于道路工程施工来说,沿线工程量的分布都是不均匀的,而大、中型桥梁或路基土石方的高填深挖,为集中型工程。因此,实际上各专业施工队在机具和劳动力固定的条件下,流水作业速度不可能保持一致,即各施工段上同一施工过程的流水节拍无法相等。也就是说,在组织流水施工时,t 不等于常数,K 不等于常数,t 不等于 K,也非整数倍。
基本的组织方法是:统一控制整个工程的总平均速度,再按分别流水的原则处理各施工过程的搭接关系。流水的各个参数以及总工期的确定,都必须通过对专业施工队逐个落实,反复调整,才能得到满意的结果。
采用"相邻队组每段作业时间累加,数列错位相减取大差"法计算流水步距</td></tr>
</table>

(2)工程实例

流水施工工程实例　　表 4-20

<table>
<tr><th>项　目</th><th>内容、规定与图示</th></tr>
<tr><td>题目</td><td>某路段有 4 座相同性质的通道工程,其施工过程均可分解为挖基坑 A、砌基础 B、浇筑墙身 C、安装盖板 D 四道工序,各道工序在各座通道上的持续时间(流水节拍)见下表,试按一、二、三、四自然顺序和四、二、一、三顺序施工时,分别组织流水作业。
根据流水施工组织原则,施工段数 $m=4$,工序数 $n=4$,然后根据施工组织顺序分分别计算相邻工序之间的流水步距 K,最后计算其总工期 T 并绘制施工进度横道图</td></tr>
<tr><td>流水节拍</td><td>流水节拍(d)
<table>
<tr><th>n / m</th><th>一</th><th>二</th><th>三</th><th>四</th></tr>
<tr><td>A</td><td>3</td><td>4</td><td>3</td><td>2</td></tr>
<tr><td>B</td><td>5</td><td>6</td><td>4</td><td>5</td></tr>
<tr><td>C</td><td>6</td><td>5</td><td>4</td><td>6</td></tr>
<tr><td>D</td><td>3</td><td>2</td><td>2</td><td>3</td></tr>
</table></td></tr>
<tr><td>计算</td><td>解:1. 按一、二、三、四自然顺序组织流水作业
(1)求累加数列
A 工序数列:　3　3+4　3+4+3　3+4+3+2→3　7　10　12　0
B 工序数列:　5　5+6　5+6+4　5+6+4+5→0　5　11　15　20
(2)确定流水步距
A、B 为相邻队组每段作业时间累加,数列错位相减,取大差 3,计算流水步距 $K_{A,B}=3$;同理 $K_{B,C}=5$,$K_{C,D}=14$。
(3)确定工期
$$T=(3+5+14)+(3+2+2+3)=32(\text{d})$$
2. 按四、二、一、三顺序组织流水施工
$K_{A,B}=2$,同理 $K_{B,C}=5$,$K_{C,D}=13$。
$$T=(2+5+13)+(3+2+3+2)=30(\text{d})$$
其流水施工进度横道图如下图所示
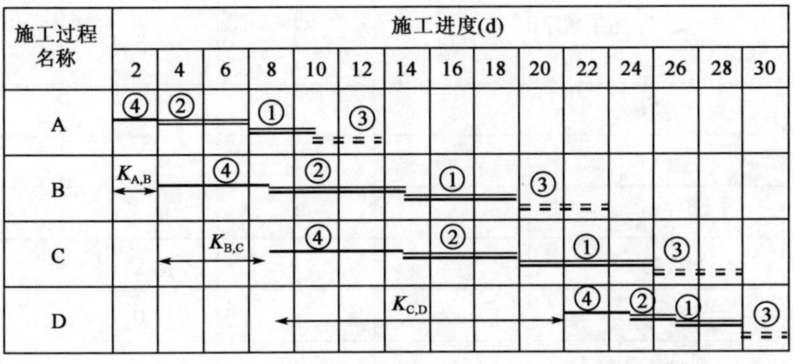
</td></tr>
</table>

4.4.5 工程项目合理施工顺序的确定

(1)一般规定

一 般 规 定 表4-21

项 目	概念、内容与规定
目的	在确定无节拍流水作业的施工总工期时,必须先进行工程项目排序,否则将不能求得最短施工总工期。下面研究 m 项任务、n 道工序的施工顺序确定的问题。 如果有 m 项任务,而且每项任务都具有 n 道工艺相同的工序,那么如何安排各项任务的施工次序,才能使得总工期最短
m 项任务	m 项任务是指那些施工内容相同的单位工程、分部工程、分项工程
n 道工序	n 道工序是指在 m 项任务中,受某种客观条件(如关键设备等)制约的工序;或指那些经过人为合并的工序(如桥梁工程中的上部构造操作过程、下部构造操作过程等)
方法	按施工次序排列表所确定的各任务的施工顺序称为约翰逊程序

(2) m 项任务、2道工序时,施工顺序问题

约翰逊—贝尔曼法则(一) 表4-22

项 目	内容、规定与实例
原理	这个法则的基本思想是: (1)先行工序施工工期短的要排在前面施工; (2)后续工序施工工期短的应安排在后面施工。 即首先列出 m 项任务的"工序工期表",然后,在表中依次选取最小数,而且每列只选一次;若此数属于先行工序,则从前面排,反之则从后面排
实例	某工程队拟对相邻的5座小桥的基础工程进行流水作业法施工。经计算求得各小桥基础的挖基和砌筑基础两道工序的工期(d)如下表所示。试确定各小桥基础的施工次序并确定完成全部任务的总工期
步骤	第一步:填列"工序工期表"(见下表一) 第二步:绘制"施工次序排列表"的表格(熟练以后可不绘此表而在"工序工期表"中加一栏,直接排序)(见下表二)

步骤 第一步:填列"工序工期表"

m / n	A	B	C	D	E
挖基	4	4	8	6	2
基础	5	1	4	8	3

第二步:绘制"施工次序排列表"的表格(熟练以后可不绘此表而在"工序工期表"中加一栏,直接排序)

施工顺序 / 填表次序	1	2	3	4	5
(1)					B
(2)	E				
(3)		A			
(4)				C	
(5)			D		
列中最小值	2	4	6	4	1
项目 m	E	A	D	C	B

续上表

<table>
<tr><th>项　　目</th><th>内容、规定与实例</th></tr>
<tr><td>步骤</td><td>第三步:填表排序。即按约翰逊—贝尔曼法则填充表“施工次序排列表”,从而可将各项任务的施工顺序排列出来。
根据“工序工期表”,各项任务的施工次序排列如下:
第一个小数为 1,在 2 行 2 列,属于后续工序,故填列在“施工次序排列表”中施工次序的最后一格,并将“工序工期表”中 B 任务这一列划去。
第二个小数为 2,在 1 行 5 列,属于先行工序,故填列在“施工次序排列表”中施工次序的最先一格,并将“工序工期表”中 E 任务这一列划去。
以此类推,将表“施工次序排列表”填列完毕,可确定各小桥基础的最优施工次序为:E、A、D、C、B。
第四步:绘制施工进度图,确定施工总工期。本例按无节拍流水作业法组织施工,其总工期为 25d</td></tr>
</table>

(3)m 项任务、3 道工序时,施工顺序问题

约翰逊-贝尔曼法则(二)　　表 4-23

<table>
<tr><th>项　　目</th><th>内容、规定与实例</th></tr>
<tr><td>原理</td><td>对于这类问题,如果符合下列两种情况中的一种,就有一个简单的解决办法。这两种情况是:
(1)第 1 道工序中最小流水节拍 a_{min} 大于或等于第 2 道工序中的最大流水节拍 b_{max},即 $a_{min} \geqslant b_{max}$;
(2)第 3 道工序中最小流水节拍 c_{min} 大于或等于第 2 道工序中的最大流水节拍 b_{max},即 $c_{min} \geqslant b_{max}$。
对于 m 项任务、3 道工序的排序问题,只要符合上述两条中的一条时,即可按下述方法来求得最优施工顺序:
第一步,将各项任务中第 1 道工序和第 2 道工序的施工期依次加在一起。
第二步,将各项任务中第 2 道工序和第 3 道工序的施工期依次加在一起。
第三步,将上两步中得到的施工工期序列,看作 2 道工序的施工期($a+b$、$b+c$)。
第四步,按上述 m 项任务、2 道工序的排序方法,求出最优施工顺序次序。
第五步,按所确定的施工顺序绘制施工进度图确定施工总工期</td></tr>
<tr><td>实例</td><td>某工程有 5 个施工段(m)、3 道工序(n),其各施工段的各工序流水节拍如下表,确定其最优施工顺序</td></tr>
<tr><td>步骤</td><td>本例符合:“第 3 道工序中最小流水节拍 c_{min} 大于或等于第 2 道工序中的最大流水节拍 b_{max},即 $c_{min} \geqslant b_{max}$”。
在“工序工期表”中加一栏,直接排序。
<table>
<tr><th>n \ m</th><th>A</th><th>B</th><th>C</th><th>D</th><th>E</th></tr>
<tr><td>a</td><td>3</td><td>2</td><td>8</td><td>10</td><td>5</td></tr>
<tr><td>b</td><td>5</td><td>2</td><td>3</td><td>3</td><td>4</td></tr>
<tr><td>c</td><td>5</td><td>6</td><td>7</td><td>9</td><td>7</td></tr>
<tr><td>$(a)=a+b$</td><td>8</td><td>4</td><td>11</td><td>13</td><td>9</td></tr>
<tr><td>$(a)=b+c$</td><td>10</td><td>8</td><td>10</td><td>12</td><td>11</td></tr>
<tr><td>施工顺序</td><td>(2)</td><td>(1)</td><td>(5)</td><td>(4)</td><td>(3)</td></tr>
</table>
本例按上述方法确定出最优施工顺序为 B、A、E、D、C,总工期为 39d。
如果按 A、B、C、D、E 的顺序施工,则总工期为 42d</td></tr>
<tr><td>说明</td><td>(1)如果 m 项任务、3 道工序,不能满足上述特定条件,应如何确定最优施工次序呢?曾有人对不满足上述特定条件的 20 个例子,仍用上述方法进行排序,并将其结果与用穷举法得到的最优次序进行比较,发现其中有 9 例得到的结果就是最优次序,有 8 例的结果与最优次序很接近,而且只需将两相邻任务次序交换一下,即可得到最优次序。这 20 个例子的平均误差不超过 3%。因此,约翰逊—贝尔曼法则可以在 m 项任务、3 道工序的排序课题中应用,但对于不符合条件的要慎重一些,必要时应加以适当比较择优确定。
(2)m 项任务、工序多于 3 道时,施工次序的确定。
当 $n>3$ 时,求解最优次序的安排比较复杂,但仍可采用将工序工期按一定方式合并的办法,分别应用约翰逊-贝尔曼法则,求出相应的总工期,最后再从中选取总工期的最小值,即可确定施工次序的最优安排</td></tr>
</table>

4.5 网络计划

4.5.1 概述

(1)网络计划图的分类与作用

网络计划图的分类与作用 表4-24

类型	内容与要求
双代号和单代号	按箭线和节点表达的含义不同,可分为双代号网络图和单代号网络图。前者每项工作均由一根箭线和两个节点表示,其中箭线代表工作,节点表示工作间的逻辑关系;后者每项工作由一个节点组成,以节点代表工作,箭线表示工作间的逻辑关系
有时标和无时标	在双代号网络图中,按箭线长短与工作持续时间的关系分为一般双代号网络图(简称为双代号网络图)和时间坐标网络图(简称为时标网络图)。双代号网络图中工作持续时间长短与箭线长短无关,时标网络图中箭线的长短和所在的位置表示工作的持续时间和进程
单目标和多目标	按计划目标的多少,可分为单目标网络图和多目标网络图。网络图中只有一个计划目标的称为单目标网络图,有两个以上计划目标的称为多目标网络图
工程项目	按工程项目的组成及其应用范围分为分项工程网络图、分部工程网络图、单位工程网络图、单项工程网络图及工程项目总体网络图等
网络计划的作用	采用网络计划方法可加强工程项目的施工管理,使其取得好、快、省的全面效果。它在工程进度控制中可给管理人员提供下列可靠信息: (1)合理赶工及其工期与成本的关系信息; (2)各项工作有无机动时间及机动时间极限数据信息; (3)劳动力、材料、施工机具设备等资源利用信息; (4)预测哪些工作的提前或拖延对总工期有影响等信息

(2)网络计划编制步骤

网络计划编制步骤 表4-25

项目	内容与要求
调查研究	计划编制前要全面熟悉和审查图纸,并与设计单位、建筑单位联系,以了解建设目的和要求,掌握编制网络计划的必要资料;还要深入了解工程所在地的水文、地质条件、气候等自然条件,劳动力、材料、构配件、机械设备的供应和使用情况,交通运输条件,场地情况,水、电源的供应情况等
确定施工方案	根据工程对象的特点和现场施工条件,编制施工组织设计,确定施工方案,根据施工方案确定合理的施工顺序。这是编制网络计划的基础
按施工方案进行工作划分	施工方案决定了工程项目的施工顺序、施工方法、资源供应方式及主要指标的控制量等。 按确定的施工方案编制符合施工工艺及施工组织条件的工艺流程,即按施工方案分解若干单项工作,确定工作项目,接着确定这些工作之间的逻辑关系。既要确定各工作开始之前应完成哪些紧前工作,或者工作之后有哪些紧后工作,又要定出各工作可平行的工作内容,以便找出工作之间的相互关系

续上表

项　　目	内容与要求
构成一个工作关系时间表	当各工作之间的逻辑关系确定之后,还应确定各工作的持续时间,工作持续时间的确定或计算方法与“流水节拍”相同。工作持续时间直接影响到网络计划的质量,若时间太短,会造成工作无法完成或者影响工程质量;如果时间太长,又造成时间的浪费,所以应按正常情况合理地确定工作持续时间。 确定项目工作间相应关系和工作持续时间,根据情况考虑资源用量和费用消耗等问题,并将这些资料填写到工作关系表中去。一般构成工作关系时间表的基本内容包括: (1)工作代号,常用英文字母表示; (2)工作名称,从事工作的具体内容; (3)紧前工作(或紧后工作); (4)持续时间、资源用量、费用消耗等定量数据
逐节生长法绘草图	根据工作关系表首先确定哪些工作为起始工作,然后寻找起始工作之后紧跟哪些工作,使网络图逐节“生长”,直到各条线路绘至网络图的终点为止
整理草图并检查其正确性	对绘制好的草图进行必要的布局调整,使图面整齐美观,再用工作逻辑关系检查布局合理的网络图的正确性,出现工作关系逻辑错误时引入虚箭线进行修改
绘制正确的网络图并将节点编号	经过反复检查确认网络图完全符合工作之间的逻辑关系后,则可对正确的网络图进行节点编号

4.5.2 双代号网络计划

(1)双代号网络图的基本概念

基 本 概 念　　表 4-26

项　　目	内容、规定与图式
概念	双代号网络图是一种表示整个计划中各道工序(或工作)的先后次序、相互逻辑关系和所需时间的网状矢线图。组成双代号网络图基本模型的箭线(工作)、节点及箭头 3 大要素
工序(或工作)	工序是网络图的重要组成部分,在双代号网络图中,用箭线“→”表示。每一个箭线表示一道工序(一项工作)。在网络图中的工序可分为实工序和虚工序两种。实工序是指需要消耗时间和资源的工序,如挖基坑、浇筑混凝土、填筑路基等。有些技术间歇时间,如混凝土的养护、石灰土的养生等,虽然不消耗资源,但占用时间,因此,也应作为一道实工序对待,在网络图中即为一实箭线。虚工序是既不消耗资源,也不占用时间,仅为了正确表示各工序之间的逻辑关系而设,故称之为虚工序,在网络图中即为一虚箭线。 箭线的方向表示工序进行的方向,箭线的长短和曲折对网络图没有影响(时标网络图除外)
节点(或事件)	节点即前后两工序的交点,表示工序的开始、结束和连接等关系。它是一个瞬间概念,不消耗时间和资源,用圆圈表示。 网络图中第一个节点称为原始(或开始)节点,最后一个节点称为结束(或终点)节点,其他节点称为中间节点。同一节点(除原始和结束节点外),既是前面工序的完工节点,又是后面工序的开工节点。工序 $i \to j$ 称为工序 $j \to k$ 的紧前工序,而工序 $j \to k$ 则称为工序 $i \to j$ 的紧后工序。 在双代号网络图中,可能有许多箭杆指向某节点,这些箭杆称为内向箭线或内向工序;同样也可能存在许多箭线由同一节点出发,这些箭杆称为外向箭杆或外向工序。 绘制双代号网络图时,需进行节点编号,其目的是赋予每道工序一个代号,以便对网络图进行计算。节点的编号代表工序的名称,编号的要求是:由小到大、从左至右,箭头的号码大于箭尾的号码,不允许重号,但可不必连续编号,以便增减新的节点。节点编号习惯方法在满足节点编号规则的前提下,可按以下方法进行节点编号。 (1)水平编号法。从网络图起点开始,由左到右按箭线顺序编号。 (2)垂直编号法。从网络图起点开始自左到右逐列编号,每列编号根据编号规则要求自上向下,或自下向上,或先上下后中间,或先中间后上下进行。 (3)删除箭线法。先给网络图起点编号,再在图上画去该节点引出的全部箭线,并对图中剩下的没有箭线进入的节点依次编号,直到全部节点编完号为止

续上表

项　目	内容、规定与图式
线路	它是指网络图中从原始节点到结束节点之间可连通的线路。显然,一个网络图中线路有许多条,通过有关计算,就可以从中找到工作时间最长的线路,此线路就称为关键线路。工作时间少于关键线路的线路称为非关键线路。位于关键线路上的工序称为关键工序,在网络图中常用粗箭线或双线箭线表示。 (1)关键线路。网络图所有线路中总持续时间最长的线路为关键线路。一张网络图至少有一条最长的线路,这条线路上的总持续时间决定了网络计划的总工期。该线路上任何工作拖延都使总工期延长。它是完成工程任务的关键,故称之为关键线路。 (2)关键工作。关键线路上任何工作因为影响总工期而称为关键工作,反过来关键工作连成的线路称为关键线路。 关键线路上关键工序完成的快慢直接影响着整个工程的工期长短。但关键线路不是一成不变的,在一定条件下会转化。非关键线路上的工序有一定的机动时间,称为时差。它意味着该工序(线路)开工时间或完成日期容许适当提前或延期而不影响整个计划的按期结束。 时差是网络计划优化的基础,如果将非关键工序在时差范围内放慢施工速度,增加工序的持续时间,并把部分人力、机具转移到关键工序上去,加快关键工序的进行,就可达到均衡施工和缩短工期的目的
图例	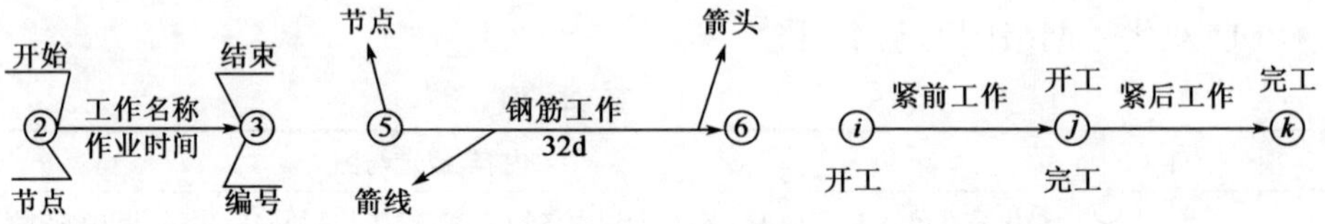 a)双代号网络图　b)双代号网络图组成要素　c)节点图

(2)双代号网络图的绘制原则

双代号网络图的绘制　表 4-27

项　目	内容与规定
工作逻辑关系的表示方法	工作逻辑关系是工作进行时客观存在的一种先后顺序关系。在表示工程进度计划的网络图中,工作之间的逻辑关系是由施工组织、施工技术、工艺流程、资源供应、施工场地等决定的。 网络图中的逻辑关系是指工作之间相互制约或依赖的关系,包括工艺关系和组织关系。工艺关系是指生产工艺上客观存在的先后顺序;组织关系是指在不违反工艺关系的前提下,人为安排的工作先后顺序关系。在施工方案确定之后,一般来讲工艺关系是不变的;而组织关系则应优化,即它是可变的。要绘制一张正确反映工作逻辑关系的网络计划图,必须搞清工作之间的关系。工作之间基本的逻辑关系有4种: (1)本项工作必须在哪些工作之前进行; (2)本项工作必须在哪些工作之后进行; (3)本项工作可以与哪些工作平行进行; (4)本项工作的进行与哪些工作无关。 在工程实际的网络计划图中,各项工作之间的逻辑关系是复杂多变的

续上表

项　目	内容与规定
虚箭线应用	在绘制工程进度计划网络图时,根据工作关系的需要增设虚箭线。下面介绍虚箭线在表达工作间逻辑关系中的应用。 (1)虚箭线用于解决工作间逻辑关系的连接。 (2)虚箭线用于解决工作关系的逻辑断路问题。 (3)当两项或两项以上的工作同时开始和同时结束时,必须引入虚箭线,以免造成混乱。 (4)虚箭线在不同工程项目之间工作有联系时的应用。 在绘制双代号网络计划图时,引用虚箭线是非常重要的。但是,在什么地方、在什么情况下引用虚箭线的判断比较困难,一般是先增设虚箭线,待网络计划图构成以后,再删除不必要的虚箭线。因为多余的虚箭线会增加绘图工作量和计算工作量,而且没有必要的虚箭线还会使网络图复杂,所以应将其删除。删除多余虚箭线的方法主要有: (1)如果虚箭线是由节点发出的唯一的箭线,一般应将这条虚箭线删除;但当这条虚箭线是为了区分两个节点间两个或两个以上工作同时开始、同时结束时,或流水网络中的某些虚箭线就不能删除。 (2)当一个节点有两条虚箭线进入,一般可清除其中一条虚箭线
基本规则	绘制双代号网络图必须遵循以下基本规则: (1)一张网络图只允许一个起始节点和一个终点节点。 (2)一对节点之间只允许一条箭线。在双代号网络图中,两个代号表示一项唯一的工作,如果一对节点之间有两条甚至更多条箭线同时存在,则无法分清这两个代号究竟代表哪一项工作。这种情况下正确的表达方法是引入虚箭线。 (3)网络计划图中不允许出现闭合回路。在网络计划图中,如果从一个节点出发沿某一条线路又能回到原出发的节点,称此线路为闭合回路。遇到这种情况的处理办法一般是更改箭线方向,消除闭合回路。 (4)网络计划图中不允许出现线段、双向箭头,并应避免使用反向箭线。 (5)网络计划图的布局应合理,尽量避免箭线交叉。 网络图的布局调整的目的,除避免箭线交叉外,还应尽量使图面整齐美观。当箭杆线交叉不可避免时,应采用"暗桥"、"断线"、"指向"等方法加以处理

(3)双代号网络图的绘制方法和应用

双代号网络图的绘制方法及应用示例　　表4-28

项　目	内容、规定与示例
绘制方法	在构成工作关系及工作持续时间之后,绘制网络计划图通常采用以下方法: (1)前进法。前进法是从网络图起点开始顺箭线方向用逐节生长法绘图,直到各条线路均达到网络图的终点为止。一般当工作关系表中列出本工作与紧后工作的关系时,可方便地采用前进法绘网络图。前进法绘图的关键是第一步,要正确而又清楚地确定出哪些工作为开始工作。 (2)后退法。后退法是从网络图终点节点开始逆箭线方向逐节后退,直到各条线路均退回到网络图的起点为止。一般当工作关系表中列出本工作与紧前工作关系时,使用后退法较为方便。后退法绘网络图的关键是后退的第一步,也应正确又清楚地确定出哪些工作为最后结束的工作。 (3)先粗后细法。在工程进度计划实际网络图绘制中,可先粗略划分工程项目,然后逐步细分,先绘制分项或分部工程的子网络图,再拼成单位工程或单项工程总网络图。工程实际绘制网络计划图时广泛采用先粗后细法

续上表

项 目	内容、规定与示例

示例 1

某段城市道路更新工程应用实例。某一段城市道路更新工程,工作项目划分与工作相互关系及工作持续时间见下表,试绘制其施工进度双代号网络计划图

工程项目划分明细表

工作代号	A	B	C	D	E	F	G	H
工作名称	测量	土方工程	路基工程	安装排水设施	清理杂物	路面工程	路肩施工	清理现场
紧前工作	—	A	B	B	B	C、D	C、E	F、G
持续时间(d)	1	10	2	5	1	3	2	1

根据上表所列工作关系,如果采用前进法绘网络图,关键是确定 A 为开始工作,然后从表中找出紧后工作与本工作的前后关系,逐节生长绘图直至网络图的终点;若采用后退法绘网络图,关键是确定 H 为结束工作,再从表中寻找本工作与紧前工作的前后关系,逐节后退绘图直到网络图的起点。绘制的双代号网络计划图如下图所示

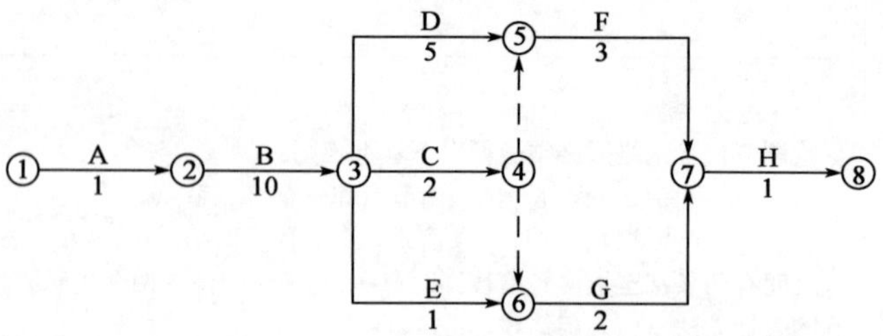

示例 2

某立交桥工程应用实例。某合同段立交桥工程施工工期直接影响主线路基和四条匝道路基填筑,据此确定工程项目的工作组成和工作间的逻辑关系及工作持续时间,如下表所示,绘制双代号网络图。

工作关系表

工作代号	工作内容	紧前工作	持续时间(周)
A	临建工程	—	5
B	施工组织设计	A	3
C	平整场地	A	1
D	材料进场	B	3
E	主桥施工放样	B	1
F	材质及配合比试验	C	1
G	基础工程施工	D	4
H	桥墩施工	G	3
I	修筑预制场	E	1
J	主梁预制	I	6
K	盖梁施工	H	4
L	预制场吊装设备安装	F	1
M	吊装准备工作	L	1
N	主梁安装	J、K、M	3
P	桥面系统施工	N	2

续上表

项　目	内容、规定与示例
示例 2	根据上表工作逻辑关系，利用后退法或前进法绘制某立交桥施工进度的双代号网络图，如下图。 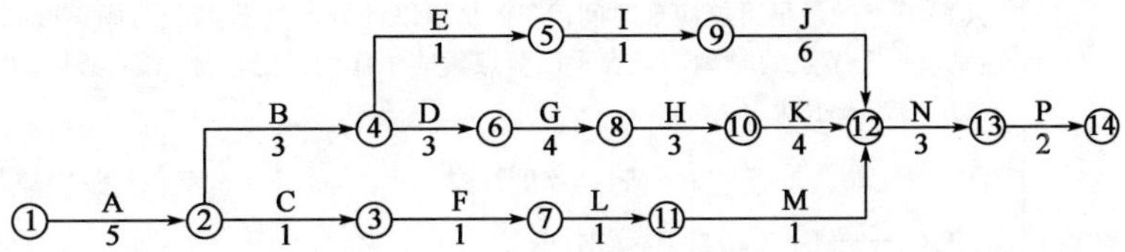

(4)双代号网络时间参数分类

双代号网络时间参数分类　表 4-29

项　目	内容、规定与公式
分类	网络计划的时间参数按其特性可分为控制性时间参数和协调性时间参数两类。 1. 控制性时间参数 (1)最早时间系列参数包括工作的最早可能开始时间(ES)、工作的最早可能完成时间(EF)、节点的最早可能实现时间(ET)。 (2)最迟时间系列参数包括工作的最迟必须开始时间(LS)、工作的最迟必须完成时间(LF)、节点的最迟必须实现时间(LT)。 2. 协调性时间参数 其包括工作的总时差(TF)、工作的局部时差(或称工作的自由时差)(FF)。 这里所说的时差即为工作的机动时间，它意味着一些工作适当地推迟开始或者推迟完成时，并不影响整个计划的完成时间
计算目的	通过网络计划图时间参数的计算可以达到下列目的： (1)确定完成整个计划的总工期，各项工作的最早可能开始时间和最早可能完成时间。 (2)确定各工作的最迟必须开始时间和最迟必须完成时间，各项工作的各种机动时间与计划中的关键工作及关键线路。 (3)是绘制时标网络计划图的基础。网络图经过时间参数计算后，才可绘制时间坐标网络计划图，以便为网络计划下达执行提供依据。 (4)是网络计划调整与优化的前提条件。时间参数计算后发现工期超出合同工期，工程费用消耗过高，由时标图上绘出的资源调配图看出资源供应明显不均衡等，必须对原网络计划图进行必要的调整与优化，以达到既定的计划管理目标
计算假定	为了使网络图时间参数计算都建立在统一的网络模型上，并共同规定时间计算的起点，必须做出以下计算假定： (1)网络计划图中工作的持续时间是已知的，即为肯定型网络模型。 (2)工作的可能开始或完成，或者必须开始或完成时间均以单位时间终了时刻为计算标准。 $ES_A=6d$ 表示工作 A 的最早可能开始时间为第 6 天(末)，又如 $LF_B=16d$ 则为工作 B 最迟必须在第 16 天(末)完成。工作日以时间的原点为起算点，与实际工程进度控制的日历时间有一定的差距。在日历上，$ES_A=6d$ 表示工作 A 的最早开始时间为某月 7 日，又如 $LF_B=16d$ 则为工作 B 最迟必须在某月 16 日完成
计算方法	分析计算法、图上计算法、表算法、矩阵法和电算法等

(5)时间参数计算

分 析 计 算 法 表 4-30

项　目	内容与方法
节点时间参数	(1)节点的最早可能实现时间(ET),是指以计划起始节点的时间 ET(1) =0 为起点,沿着各条线路达到每一个节点的时刻。它表示该节点紧前工作的已经全部完成,其后的紧后工作最早可能开始的时间,用公式表示即为: $$ET_{(j)} = \max\{ET_{(i)} + t_{(i,j)}\} \quad (j=2,3,4,\cdots,n)$$ 式中:$t_{i,j}$——工作(i,j)的持续时间; n——网络计划图中终节点的编号。 按上式计算得到终节点的最早可能实现时间即是计划的总工期,$ET_{(n)} = T$。 (2)节点的最迟必须实现时间(LT),是指在计划工期确定的情况下,从网络计划图结束节点开始,逆向推算即得各节点的最迟实现时间。先给定 $LT_{(n)} = ET_{(n)} = T$,由此递推: $$LT_{(i)} = \min\{LT_{(j)} - t_{(i,j)}\} \quad (i=n-1,n-2,\cdots,2,1) \quad (j-1>1)$$ (3)节点时间参数计算步骤如下: 首先,设起始节点的最早可能实现时间 $ET_{(1)}=0$,顺箭头计算各节点的最早可能实现时间 $ET_{(i)}$;如果是汇集节点,即有多条箭线进入的节点,则应对进入节点的各条箭线分别进行计算,然后取其中最大值作为该节点的 ET 值;继续计算直到终节点得到 $ET_{(n)}$。 第二,终节点的最早可能实现时间 $ET_{(n)} = T$,即等于计划工期。 第三,设终节点的最迟必须实现时间 $LT_{(n)} = ET_{(n)}$,逆箭头计算各节点的最迟必须实现时间 $LT_{(i)}$;如果是分枝节点,即有多条箭线发出的节点,则应对发出节点的各条箭线分别进行计算,然后取其最小值作为该节点的 LT 值;继续计算直到起始节点
工作时间参数	(1)工作的最早可能开始时间(ES),是指一项工作在其紧前工作都结束后,可以开始工作的最早时间。很显然工作(i,j)的最早可能开始时间就等于箭尾节点(i)的最早可能实现时间,即: $$ES_{(i,j)} = ET_{(i)}$$ (2)工作的最早可能结束时间(EF),正常情况下,工作(i,j)若能在最早可能开始时间开始,对应就有一个最早可能结束时间。它就等于箭尾节点的最早可能实现时间或者工作的最早可能开始时间加上工作(i,j)的持续时间 $t_{(i,j)}$ 即: $$EF_{(i,j)} = ES_{(i,j)} + t_{(i,j)}$$ (3)工作的最迟必须结束时间(LF),是指一项工作在不影响工程按总工期结束的条件下,最迟必须结束的时间,它必须在紧后工作开始之前完成。从工作终节点逆箭线计算,工作(i,j)最迟必须结束时间应等于节点 j 的最迟必须实现时间,即: $$LF_{(i,j)} = LT_{(j)}$$ (4)工作的最迟必须开始时间(LS),在正常情况下,与工作的最迟必须结束时间相对应,有工作的最迟必须开始时间。它即为工作最迟结束时间减去该工作的持续时间。 $$LS_{(i,j)} = LF_{(i,j)} - t_{(i,j)}$$
工作的时差	时差反映工作在一定条件下的机动时间范围,通常分为总时差、局部时差、相关时差和独立时差。 (1)总时差(TF)。工作的总时差 $TF_{(i,j)}$ 是指在不影响任何一个紧后工作的最迟开始时间的条件下,工作(i,j)所拥有的最大机动时间。具体地说,它是在保证本工作以最迟完成时间完工的前提下,允许该工作推迟其最早开始时间或延长其持续时间的幅度。工作(i,j)的总时差计公式如下:

续上表

项　　目	内容与方法
工作的时差	$$TF_{(i,j)}=LT_{(j)}-ET_{(i)}-t_{(i,j)}=LF_{(i,j)}-ES_{(i,j)}-t_{(i,j)}=LS_{(i,j)}-ES_{(i,j)}=LF_{(i,j)}-EF_{(i,j)}$$ 由上式看出，对任何一项工作(i,j)，其总时差可能有3种情况： $TF_{(i,j)}>0$，说明该工作存在机动时间；$TF_{(i,j)}=0$，说明该工作没有机动时时间；$TF_{(i,j)}<0$，说明该工作存在负时差，计划工期长于规定工期，应采取技术措施予以缩短，确保计划总工期。 （2）局部时差（FF）。工作的局部时差$FF_{(i,j)}$是指在不影响其紧后工作的最早可能开始时间的条件下，工作(i,j)所具有的机动时间。具体地说，它是在不影响紧后工作按最早开始时间开工的前提下，允许该工作推迟最早开始时间或延长其持续时间的幅度。工作(i,j)的局部时差算公式如下： $$FF_{(i,j)}=ET_{(j)}-ET_{(i)}-t_{(i,j)}$$ （3）相关时差（IF）。工作的相关时差$IF_{(i,j)}$是指可以与紧后工作共同利用的机动时间。具体地说，是在工作总时差中，除局部时差外，剩余的那部分时差。工作(i,j)的相关时差计算公如下： $$IF_{(i,j)}=TF_{(i,j)}-FF_{(i,j)}=LT_{(j)}-ET_{(j)}$$ （4）独立时差（DF）。工作的独立时差$DF_{(i,j)}$是指为本工作所独有而其前后工作不可能利用的时差。具体说，它是在不影响紧后工作按照最早开始时间开工的前提下，允许该工作推迟其最迟开工时间或延长其持续时间的幅度，其计算公式如下： $$DF_{(i,j)}=ET_{(j)}-LT_{(i)}-t_{(i,j)}=FF_{(i,j)}-IF_{(h,i)}\ (h<i)$$ 式中：$IF_{(h,i)}$——紧前工作的相关时差。 当$DF_{(i,j)}<0$时，取$DF_{(i,j)}=0$。 四种工作时差的形成条件和相互关系如下图所示。 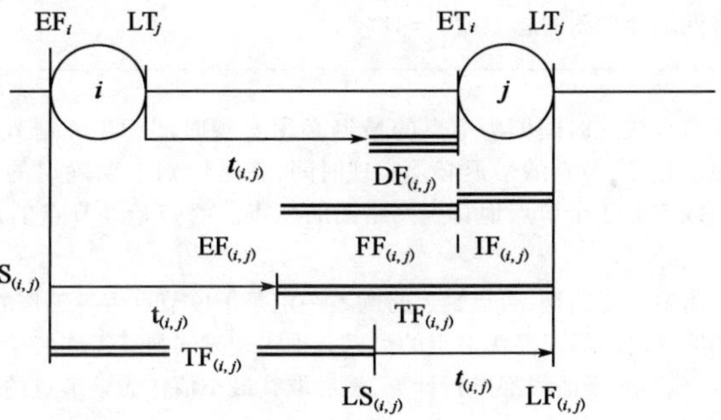 （1）总时差对其紧前工作和紧后工作均有影响。 （2）一项工作的局部时差只限于本工作利用，不能转移给紧后工作利用，对紧后工作的时差无影响，但对其紧前工作有影响，如运用将使紧前工作时差减少。 （3）一项工作的相关时差对其紧前工作无影响，但对紧后工作的时差有影响，如果动用该时差，将使紧后工作的时差减少或消失。它可以转让给紧后工作，变为局部时差而被利用。 （4）一项工作的独立时差只能被本工作使用，如运用对其紧前工作和紧后工作均无影响

图 算 法 原 理　　表4-31

项　　目	内　　容
概念	图上计算法是按照各时间参数计算公式，直接在网络图上计算时间参数的方法
特点	计算过程在图上直接进行，不需列计算式，既快又不易出错，计算结果直接标在网络图上
适应性	此法只限于对简单网络计划图的认识、理解、计算，不适合于大型网络计划图的时间参数计算

节点时间参数图算法及示例　　表 4-32

项　　目	内容、规定与公式
节点最早时间(ET)	节点最早时间即为节点的最早可能实现时间(ET),是节点后各工作的统一最早可能开始时间。网络图起始节点(1)的最早可能实现时间为零,$ET_{(1)}=0$,沿箭线方向逐个节点地计算到网络图的终点(n),某节点的紧前工作全部完成,本工作才能最早开始。所以节点最早时间不一定等于该节点前各工作的最早可能完成时间,因为这些工作最早开始时间可能不相等,工作持续时间也可能不相同。也就是说,进入这个节点的紧前工作不全部完成,本项工作就无法开始。因此,节点(j)的最早可能实现时间应等于该节点紧前工作(i,j)的最早可能完成时间的最大值。 现以下图所示的双代号网络图为例,计算各节点的最早可能实现时间如下,并按节点时间参数计算图例规定标注在图上。 $ET_{(1)}=0$ (其他节点根据公式计算得) $ET_{(2)}=ET_{(1)}+t_{(1,2)}=0+2=2$ $ET_{(3)}=ET_{(2)}+t_{(2,3)}=0+3=3$ $ET_{(4)}=ET_{(3)}+t_{(3,4)}=0+4=4$ $ET_{(5)}=\max\begin{Bmatrix}ET_{(1)}+t_{(1,3)}=0+3=3\\ ET_{(2)}+t_{(2,5)}=2+5=7\end{Bmatrix}=7$ $ET_{(6)}=\max\begin{Bmatrix}ET_{(3)}+t_{(3,6)}=3+6=9\\ ET_{(4)}+t_{(4,6)}=4+6=10\end{Bmatrix}=10$ $ET_{(7)}=\max\begin{Bmatrix}ET_{(5)}+t_{(5,7)}=7+7=14\\ ET_{(6)}+t_{(6,7)}=10+8=18\end{Bmatrix}=18$ 网络图终点(n)的最早可能实现时间就是计划的总工期(T),即 $T=ET_{(n)}=ET_{(7)}=18$ 。因此,双代号网络计划图的总工期 $T=18$
节点最迟时间(LT)	节点最迟时间即为节点的最迟必须实现时间(LT),是节点前各工作的统一最迟必须完成时间。由公式知,节点的最迟必须实现时间,就是计划工期确定的条件下,从网络图的终点(n)开始,逆着箭线方向逐个节点地算到网络图的起点。终点(n)节点的最迟必须实现时间也等于计划工期,即 $LT_{(n)}=T$。 需要注意的是,节点最迟时间不一定等于该节点后各工作的最迟必须开始时间。箭尾节点的最迟必须实现时间等于箭头节点的最迟必须实现时间与其工作持续时间之差;当节点 i 有多条箭线同时出发时,应对每条箭线都进行计算,然后取其最小值作为该节点的最迟必须实现时间。 $LT_{(7)}=ET_{(7)}=18$(其他节点根据公式计算) $LT_{(6)}=LT_{(7)}-t_{(6,7)}=18-8=10$ $LT_{(5)}=LT_{(7)}-t_{(5,7)}=18-7=11$ $LT_{(4)}=LT_{(6)}-t_{(4,6)}=10-6=4$ $LT_{(3)}=\min\begin{Bmatrix}LT_{(6)}-t_{(3,6)}=10-6=4\\ LT_{(5)}-t_{(3,5)}=11-0=11\end{Bmatrix}=4$ $LT_{(2)}=LT_{(5)}-t_{(2,5)}=11-5=6$ $LT_{(1)}=\min\begin{Bmatrix}LT_{(4)}-t_{(1,4)}=4-4=0\\ LT_{(3)}-t_{(1,3)}=4-3=1\\ LT_{(2)}-t_{(1,2)}=6-2=4\end{Bmatrix}=0$

续上表

项　　目	内容、规定与公式
示例	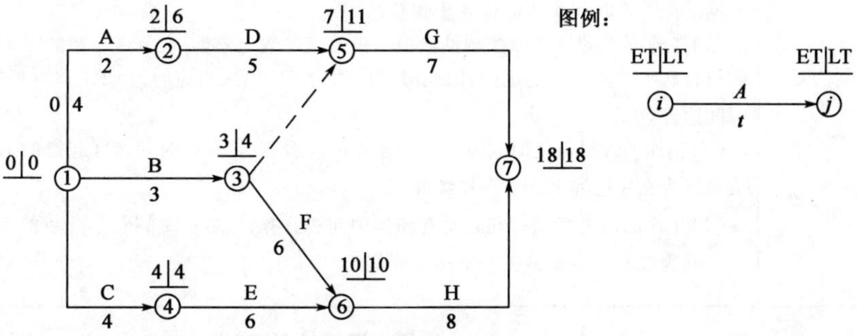

工作时间参数图算法及示例　　表 4-33

项　　目	内容、规定与公式
最早可能开始时间（ES）	工作的最早可能开始时间，是指一项工作在具有了一定工作条件和资源条件后可以开始工作的最早时间。在工作流程上，各项工作要等到其紧前工作都结束以后方能开始。很明显，工作（i,j）的最早可能开始时间就等于箭尾节点（j）的最早可能实现时间，即按照公式计算如下： $ES_{(1,2)}=ET_{(1)}=0$；$ES_{(1,3)}=ET_{(1)}=0$；$ES_{(1,4)}=ET_{(1)}=0$；$ES_{(2,5)}=ET_{(2)}=2$，$ES_{(4,6)}=ET_{(4)}=4$，$ES_{(3,6)}=ET_{(3)}=3$，$ES_{(5,7)}=ET_{(5)}=7$，$ES_{(6,7)}=ET_{(6)}=10$
最早可能结束时间（EF）	正常情况下，工作（i,j）若能在最早可能开始时间开始，对应就有一个最早可能结束时间。它就等于箭尾节点的最早可能实现时间或者工作的最早可能开始时间加上工作（i,j）的持续时间 $t_{(i,j)}$，即按照公式计算如下（只计算部分）： $EF_{(1,2)}=ES_{(1,2)}+t_{(1,2)}=0+2=2$，$EF_{(6,7)}=ES_{(6,7)}+t_{(6,7)}=10+8=18$
最迟必须结束时间（LF）	工作最迟必须结束时间（LF），是指一项工作在不影响工程按总工期结束的条件下最迟必须结束的时间，它必须在紧后工作开始之前完成。计算工作的最迟必须结束时间应从终节点逆箭线方向向起始节点逐项进行计算。工作（i,j）就等于箭头节点（j）的最迟必须实现时间 $LT_{(j)}$。按照公式计算如下（只计算部分）： $LF_{(1,2)}=LT_{(2)}=6$，$LF_{(6,7)}=LT_{(7)}=18$
最迟必须开始时间（LS）	在正常情况下，工作（i,j）结束得迟是因为开始得迟，所以工作（i,j）如果能在最迟必须结束时间结束，对应的就有一个最迟必须开始时间。它等于工作（i,j）的箭头节点（j）的最迟必须实现时间 $LT_{(j)}$ 或其最迟必须结束时间 $LF_{(i,j)}$ 减去工作（i,j）的持续时间 $t_{(i,j)}$，即按照公式计算如下（只计算部分）： $LS_{(1,2)}=LF_{(1,2)}-t_{(1,2)}=6-2=4$
示例	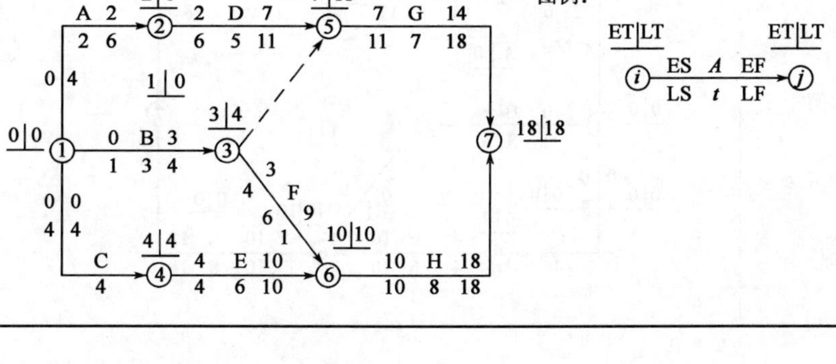

续上表

项　目	内容、规定与公式
示例	网络图工作时间参数的计算步骤总结如下： (1)工作参数的计算以控制性参数——节点参数为依据，在节点参数的图例中，起点到终点的节点参数符合从小到大排列的规律，因此最左边的为 $ET_{(i)}$，最右边的为 $LT_{(j)}$，称[$ET_{(i)}$，$LT_{(j)}$]为工作(i,j)的时间边界。 (2)工作的最早可能时间就是在图例中向左看齐，让开始时间对准起点的 $ET_{(i)}$（左边界），则最早完成时间为在左边界上加一个持续时间 $t_{(i,j)}$。 (3)工作的最迟必须时间就是在图例中向右看齐，让结束时间对准终点的 $LT_{(j)}$（右边界），则最迟开始时间为在右边界上减去一个持续时间 $t_{(i,j)}$

时差参数图算法及示例　　表 4-34

项　目	内容、规定与公式
总时差(TF)	工作(i,j)的总时差 $TF_{(i,j)}$，是在不影响任何一项紧后工作(i,j)的最迟必须开始时间条件下，本工作(i,j)所拥有的极限机动时间。按公式计算如下（只计算部分）： $$TF_{(1,2)}=LS_{(1,2)}-ES_{(1,2)}=4-0=4=LT_{(2)}-ET_{(1,2)}-t_{(1,2)}=6-0-2=4$$
局部时差(FF)	工作(i,j)的局部时差 $FF_{(i,j)}$，是在不影响任何一项紧后工作(i,j)最早可能开始时间的条件下，本工作(i,j)所具有的机动时间。工作(i,j)的局部时差反映了工作(i,j)最早可能完成时间到其紧后工作(j,k)最早可能开始时间之间的时间间隔，有时也被称为自由时差，它属于总时差的一部分。按公式计算如下（只计算部分）： $$FF_{(1,2)}=ET_{(2)}-ET_{(1)}-t_{(1,2)}=2-0-2=0$$ 工作的局部时差有以下主要特点： (1)工作的局部时差总是小于或等于其总时差，即 $FF_{(i,j)}\leqslant TF_{(i,j)}$； (2)使用工作的局部时差，对紧后工作的最早可能开始时间没有任何影响； (3)工作的局部时差用于控制工程项目实施过程中的中间进度或称为形象进度，即用来掌握网络计划图中各项工作的最早时间，以便控制计划各阶段按期完成
最迟必须结束时间(LF)	工作最迟必须结束时间(LF)是指一项工作在不影响工程按总工期结束的条件下最迟必须结束的时间，它必须在紧后工作开始之前完成。计算工作的最迟必须结束时间应从终节点逆箭线方向向起始节点逐项进行计算。工作(i,j)就等于箭头节点(j)的最迟必须实现时间 $LT_{(j)}$。按照公式计算如下（只计算部分）： $$LF_{(1,2)}=LT_{(2)}=6,LF_{(6,7)}=LT_{(7)}=18$$
示例	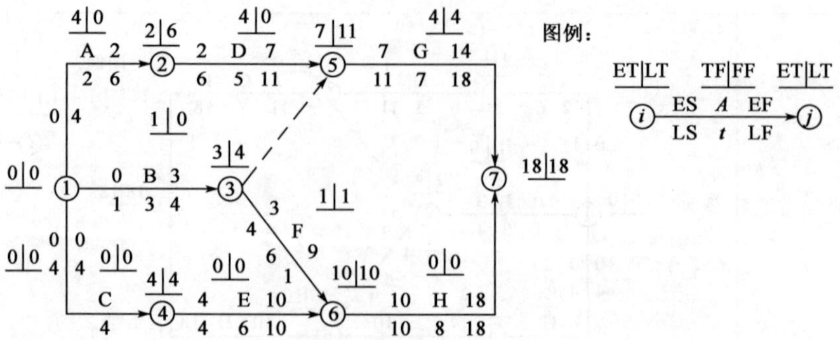

续上表

项　目	内容、规定与公式
示例	计算步骤为： (1)掌握计算工作参数的左右时间边界，找到节点参数从小到大排列的规律，分清左边最小，右边最大。 (2)总时差的计算是用"最右边减去最左边再减去时间"或者"最大值减去最小值再减去时间"的方法即可求出总时差数值。即工作的总时差等于箭头节点最迟时间减去箭尾节点最早时间再减去其工作的持续时间。 (3)局部时差的计算是用"两节点上左边时间相减再减去时间"或者"左边相减再减时间"的方法即可求出局部时差的数值。工作的局部时差等于箭头节点最早时间减去箭尾节点最早时间再减去其工作的持续时间

(6)关键线路的确定

关键线路的确定方法　表4-35

项　目	内容与规定
线路枚举法	此法是列举网络图中的所有线路，其中线路长度最大的为关键线路。一张网络图至少有一条最长的线路，这条线路上的总持续时间决定了这个网络计划的总工期。此线路中没有任何机动时间，该线路上任何工作的拖延都会造成总工期相应地延长，线路中任何工作的缩短则可使总工期缩短。因此，这种线路是网络计划按期完成的关键，所以称为关键线路
关键工作法	关键线路上所有工作的总时差均为零；反过来，如果工作的总时差为零，则它必是关键工作。由此，只要连接网络计划中总时差为零的工作，就可以确定出关键线路
关键节点法	关键线路上所有节点的两个时间参数均相等；反过来，如果节点的两个时间参数相等，该节点一定是关键线路上的节点，即成为关键线路上的关键节点。但是由任意两个关键节点组成的工作，并非是关键工作；如果由此判别还需加上条件：箭尾节点时间 + 工作持续时间 = 箭头节点时间。满足此两条件的工作，即为关键工作

关 键 线 路 特 点　表4-36

项　目	内容与规定
关键工作与非关键工作区别	关键线路上的工作称为关键工作。关键工作没有任何机动时间，即工作的总时差为零。在网络计划中除了关键线路之外的线路称为非关键线路。在非关键线路中总是存在有一定数量的时差，其中存在时差的工作称为非关键工作。值得注意的是，非关键线路并不是全由非关键工作组成，在网络图的任何一条线路中，只要有一项非关键工作，则这条线路就是非关键线路，其线路长度小于关键线路长度。所以，只有全部由关键工作组成的线路才能构成关键线路，即关键工作连成关键线路，不在关键线路上的工作则为非关键工作。 网络计划图中的每个节点都有两个时间参数，最早可能实现时间和最迟必须实现时间。利用节点时间参数来确定关键线路时，首先要判别节点是否为关键节点，如果节点最早可能实现时间等于节点最迟必须实现时间，即 $ET_{(j)} = LT_{(j)}$，则称节点 j 为关键节点；其次要判断两个关键节点之间的工作是否构成关键工作，其判别式为：箭尾节点时间 + 工作持续时间 = 箭头节点时间。 如果以上成立，则这项工作为关键工作，否则就是非关键工作
关键线路的特性	(1)关键线路上各工作的总时差均为零。 (2)关键线路在网络计划中不一定只有一条，有时存在多条，但关键工作所占比重并不大。 (3)非关键工作如果将总时差全部用完，就会转化为关键工作。 (4)当非关键线路延长的时间超过它的总时差，关键线路就转变为非关键线路

(7)时间坐标网络计划

时间坐标网络计划的概念 表 4-37

项目	内容与规定
概念	时间坐标网络计划，简称时标网络计划，是网络计划的另一种表达形式。前面所介绍的网络计划是一般网络计划。在一般网络计划中，工作的持续时间由箭线下方标注的时间来表明，其箭线的长短与时间无关。这种网络计划的好处是修改起来方便。如果工作顺序、相互间关系及时间要求变动时，改动网络计划是很方便。但是因为没有时标，看起来就不直观，不能清楚地在网络计划图上直接看出各项工作的开始时间和结束时间。 为了克服一般网络计划所存在的不足，就产生了时间坐标网络计划。与一般网络计划相比，时标网络计划更能够表达进度计划中各项工作之间恰当的时间关系，使网络计划图易于理解、方便应用。其箭线的长短和所在位置表示工作的时间进程。此外，时标网络计划还是计划管理人员分析计划和对网络计划进行优化的有力工具
类型	时间坐标网络计划图可以按节点最早时间、节点最迟时间和优化时间标画 3 种。前两种时标网络计划图主要供计划管理人员分析计划和实施资源优化之用。按优化时间标画的时标网络计划是计划执行单位完成任务的依据。 时间坐标的表示方法： 时标可以采用垂直分格，也可以只标画在网络计划图的上方或者下方。当图面比较窄时，时间坐标放在图的下方；当图面比较宽时，时间坐标在图的上下方都标画出来，这样看起来更方便。时间坐标形式有相对时标和绝对时标，绝对时标称为日历时间坐标网络计划
特点	(1)时标网络计划结合了横道图和网络图的优点，既有通常使用的横道计划图的时间比例，又具有网络计划图中的逻辑关系，能直观地反映出整个计划的时间进程。 (2)时标网络计划，能直接反映出各项工作的开始和结束时间、机动时间及网络计划中的关键线路，在计划执行过程中，可以随时查出哪些工作应该已经完成，哪些工作正在进行及哪些工作将要开始。 (3)由于时标网络计划图能清楚地表示出哪些工作需要同时进行，因此可以确定在同一时间内对劳动力、材料和机械设备等资源的需要量。 (4)通过优化调整后的时标网络计划，可以直接作为进度计划下达到执行单位使用。 (5)时标网络计划的调整比较麻烦，当情况发生变化时，如资源的变动或工期拖延后要对时标网络计划进行修改时，因为改变工作持续时间就需要改变箭线的长度和节点的位置，这样往往因移动局部几项工作而牵动整个网络计划
应用	(1)利用时标网络可以方便地编制工作项目，以及工艺过程较简单的施工进度计划，编制中能迅速地边计算、边绘制、边调整。 (2)对于大型复杂的工程，可以先用时标网络计划的形式绘制各分部工程的网络计划，然后再综合起来绘制出比较简明的总网络计划；也可以先编制一个总的施工网络计划，然后每隔一段时间，再对下一阶段应开始的分部工程绘制详细的时标子网络计划图。在执行过程中，如果时间有变化，则不必改动整个网络计划图，而只对这阶段分部工程的子网络计划进行修订就可以了。 (3)由于时间坐标网络计划清楚、直观，能直接表示各项工作的时间进程，所以可将已编制并计算优化好的一般网络计划标画成时标网络计划，并作为进度计划下达执行

节点最早时间标画绘制 表 4-38

项目	内容、步骤与实例
步骤	(1)标画前，首先对一般网络计划进行计算，求出各节点的时间参数作为标画时标网络图的依据，并确定关键线路。 (2)做出时间坐标，按节点最早时间把关键线路标画在图中适当的位置。 (3)按节点最早时间标画非关键线路。 注意： (1)时标网络计划图中所有节点的位置，应按节点的最早可能实现时间标画在相应的时间坐标上。 (2)工作用实箭线表示，实箭线的长短表示工作持续时间的长度，虚工作仍用虚箭线表示；工作的机动时间用虚线表示，并在实箭线和虚线分界处加一截止短线。 (3)时间坐标网络计划图中各节点的纵向位置没有时间的含义

续上表

项 目	内容、步骤与实例
应用	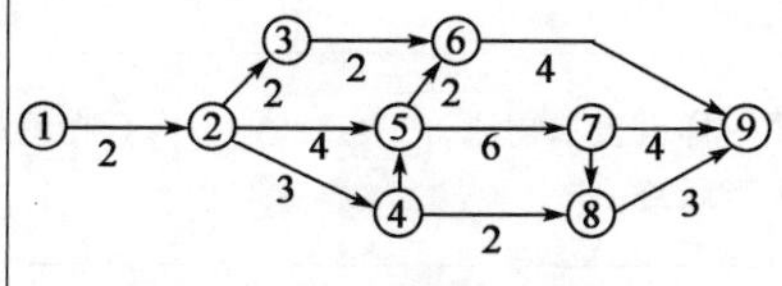 一般网络计划图 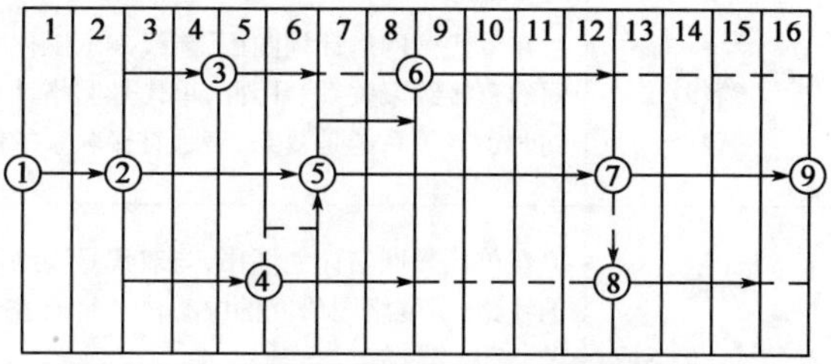 按节点最早时间标画时标网络

节点最迟时间标画绘制 表 4-39

项 目	内容、步骤与实例
步骤	(1)首先对网络计划图进行计算,求出各节点的时间参数作为画图依据,并确定关键线路。 (2)做出时间坐标,按节点最迟必须实现时间把关键线路标画在图中适当的位置。 (3)按节点最迟时间标画非关键线路。 注意:这时时标网络计划图中所有节点的位置,应按各节点的最迟必须实现时间标画在相应的时间坐标上。图中各项工作及其持续时间、机动时间和虚工作的表示方法与按最早时间标画的时标网络计划相同
应用	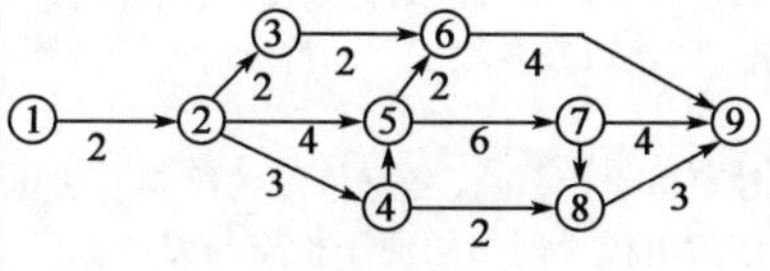 一般网络计划图 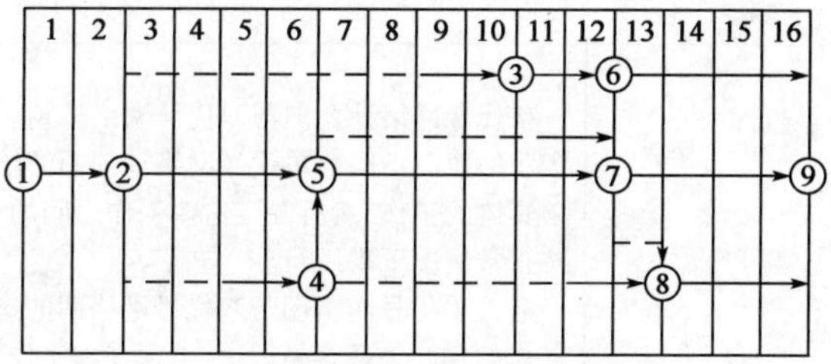 按节点最迟时间标画时标网络
比较	按最早时间标画的时标网络图的特点是"前紧后松",线路的机动时间多半分布在后面。此时图中所表示的机动时间为各工作的局部时差。 按最迟时间标画的时标网络图的特点是"前松后紧",即线路的机动时间多半分布在前面。此时图中所表示的机动时间不是各项工作的局部时差或其他时差,它是工作以最迟必须开始时间开始,并以最迟必须结束时间结束时所具有的机动时间

4.5.3 单代号网络计划

(1)单代号网络计划图的构成

单代号网络计划图的构成 表 4-40

项 目	内容、步骤与图例
节点	单代号网络计划图中的节点可以用圆圈或方框表示,一个节点表示一项具体的工作过程。节点所表示的工作名称、持续时间和代号一般都标注在圆圈内。值得注意的是,单代号网络图的开始节点和结束节点不同于双代号网络图,而是要视网络图中最先开始的工作数量或者最后结束的工作数量的多少来决定节点的选择方式

续上表

项　　目	内容、步骤与图例
箭线	在单代号网络计划图中,箭线表示工作之间的相互关系,它既不消耗时间也不消耗资源,代表工作之间的直接约束关系。因此,单代号网络计划图中不用虚箭线,箭线的箭头方向表示着工作的前进方向。同时逻辑关系越是复杂,表示直接联系的箭线就越多,因此就可以出现箭线交叉的情况
方向	在单代号网络计划图中,与双代号网络图一样也表示物流,代表路线的方向。在网络图中,存在大量的线路,对网络图研究的中心任务是研究关键线路
图例	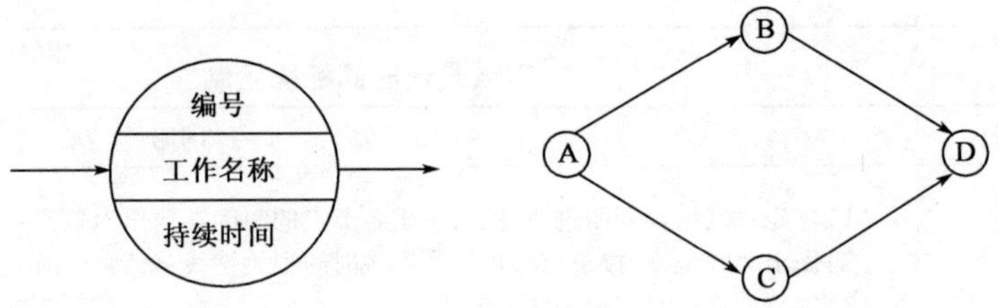

(2)单代号网络计划图的绘制

单代号网络计划图的绘制 表 4-41

项　　目	内容与规定
区别	单代号网络计划图与双代号网络计划图表达的计划内容是一致的,两者的区别仅在于绘图的符号所表示的意义不同。单代号网络计划图的绘制过程和双代号网络计划图一样,先将计划任务分解成若干项具体的工作,然后确定这些工作之间的相互关系以及各项工作的持续时间。持续时间的确定仍然应按正常情况下来进行。 通过单代号网络图与双代号网络图的比较可以看出,单代号网络图的绘制方法比较简单,图中各项工作的相互关系容易表达,不存在虚工作,使得单代号网络图便于检查与修改。但是单代号网络图不能绘制成时标网络图,而双代号网络图可绘成时标图,特别是双代号网络图按节点最早时间绘制时标图时,可以清楚地反映出工作的局部时差。所以进行进度计划下达和对网络计划优化时,经常采用双代号网络计划图。由于双代号网络图和单代号网络图各有优缺点,因此两种形式的网络计划图的应用都很普遍
绘图规则	(1)单代号网络图必须正确表述已定的逻辑关系。 (2)单代号网络图中,严禁出现循环回路。 (3)单代号网络图中,严禁出现双向箭线或无箭头的连线。 (4)单代号网络图中,严禁出现没有箭尾节点的箭线和没有箭头节点的箭线。 (5)绘制网络图时,箭线不宜交叉。当交叉不可避免时,可采用过桥法或指向法绘制(具体方法同双代号网络图)。 (6)单代号网络图中,只能有一个起点节点和一个终点节点。当网络图中出现多项无内向箭线的工作或多项无外向箭线的工作时,应在网络图的左端或右端分设一项虚拟工作,作为该网络图的起点节点与终点节点
绘制	绘制单代号网络计划图的方法,也可采用前进法、后退法和先粗后细法。工程项目进度计划实际应用中,主要采用先粗后细法绘制单代号网络图;确定工作之间的相互关系后,多数采用前进法或后退法绘制单代号网络图

(3)单代号网络图时间参数的计算

单代号网络计划时间参数计算　表 4-42

项　目	内容、步骤与公式
工作最早时间	(1)工作最早可能开始时间(ES):计算工作的最早可能开始时间应从网络图起点开始,按箭线方向逐项工作进行计算,直到终点节点为止。由于开始工作的最早可能开始时间为零,即 $ES_{(1)}=0$(1 为起始节点即开始工作),其他工作的最早开始时间应等于紧前工作最早开始时间与其工作持续时间之和最大值。其计算公式为: $$ES_{(j)}=\max\{ES_{(i)}+t_{(i)}\}=\max\{EF_{(i)}\}$$ 式中:$ES_{(j)}$——工作 j 的最早可能开始时间,工作 i 为工作 j 的紧前工作; $ES_{(i)}$——工作 i 的最早可能开始时间; $EF_{(i)}$——工作 i 的最早可能完成时间; $t_{(i)}$——工作 i 的持续时间,$i=1\sim n-1$,$j=2\sim n$,n 为单代号网络图终点节点代号。 工作的最早可能开始时间也等于紧前工作中最早可能完成时间的最大值,即紧前工作全部完成本项工作才能开始。 (2)工作的最早可能完成时间(EF): $$EF_{(i)}=ES_{(i)}+t_{(i)}$$ 终点节点(n)的最早可能完成时间就是单代号网络计划工期,即 $T=EF_{(n)}$
工作最迟时间	(1)工作的最迟必须完成时间(LF):计算工作的最迟时间应从网络图的结束节点开始,逆着箭线方向逐项工作地计算到开始节点。最后结束工作的最迟必须完成时间应保证总工期不被拖延,所以网络图终点节点的最迟必须完成时间应等于该节点的最早可能完成时间,即: $$LF_{(n)}=EF_{(n)}=T$$ 本项工作 i 的最迟必须完成时间 $LF_{(i)}$ 应等于紧后工作 j 的最迟必须完成时间 $LF_{(j)}$ 与其工作持续时间 $t_{(j)}$,之差的最小值,即: $$LF_{(i)}=\min\{LF_{(j)}-t_{(j)}\}=\min\{LS_{(j)}\}$$ 即工作的最迟必须完成时间也等于紧后工作中最迟必须开始时间的最小者。这是因为任何一项工作的完成时间都不应影响紧后工作的最迟必须开始时间。 (2)计算工作的最迟必须开始时间(LS): $$LS_{(i)}=LF_{(i)}-t_{(i)}$$
工作时差	(1)计算工作的总时差(TF):在单代号网络计划图中,工作总时差的概念与双代号网络图完全相同,利用已经计算的各项工作最早开始和最迟开始时间,可方便地计算各项工作的总时差,所以工作的总时差计算公式为: $$TF_{(i)}=LS_{(i)}-ES_{(i)}=LF_{(i)}-EF_{(i)}$$ (2)计算工作的局部时差(FF):单代号网络图中工作的局部时差概念也与双代号网络图相同,但是在单代号网络计划图中,本项工作有若干项紧后工作时,紧后工作的最早可能开始时间不一定相同。此时应取紧后工作最早可能开始时间的最小值,减去本工作的最早可能完成时间

4.6　道路工程材料

4.6.1 工程材料类型

工 程 材 料 类 型　表 4-43

项　目	类　型
建筑材料	广义的建筑材料是指用于建造建筑物和构筑物的所有材料,是原材料、半成品、成品的总称。狭义的建筑材料是指直接构成建筑物和构筑物实体的材料。 公路基本建设工程中使用的各种材料,品种规格繁多,性能各异。按其来源可分为外购材料、地方性材料和自采加工材料 3 部分;按其在设计和施工生产过程中所起的作用,则又可以划分为主要材料、次要材料、辅助材料、周转性材料及金属设备等 5 大类

续上表

项　目	类　型
按材料来源	(1)外购材料 指由项目法人按合同规定直接供应的材料和大部分由承包人自行在市场上采购的材料,如钢材、水泥、化工材料、五金、燃料、沥青、木材等。 (2)地方性材料 指砂、石、灰、砖、瓦等材料。 (3)自采加工材料 主要是指由承包人自行组织人员进行采集加工的砂、石、黏土等自采材料
按作用	(1)主要材料 主要是指公路基本建设工程中使用的,构成产品或工程实体的各种量大或昂贵的材料,如钢材、水泥、石油沥青、石灰、砂子、石料等。 (2)次要材料 主要是指相对于主要材料而言,用量较少的各种材料,如电焊条、铁钉、铁丝等。 (3)周转性材料 主要是指在施工生产作业过程中,可以反复多次地周转使用的材料,如模板、脚手架、支架、拱盔、钢轨、钢丝绳、铁件以及配套的附件等。 (4)辅助材料 主要是指有助于产品和工程实体的形成或便于施工生产的顺利进行而使用的材料,它们不构成公路基本建设工程的实体,如油燃料、氧气、脱模剂、减水剂及机械的各种零配件等。 (5)金属设备 主要是指公路基本建设工程中,用定型或现场加工制作的金属构件制作拼装而成的,常用的可周转使用的金属设备,如单双导梁、跨墩门架、悬臂吊机、悬浇挂篮、提升架等

4.6.2 工程材料的物理性质

工程材料的主要物理性质 表 4-44

项　目	内　容
密度	密度指材料在绝对密实状态下单位体积的质量,按下式计算: $$\rho = \frac{m}{V}$$ 式中:ρ——密度(g/cm^3、kg/m^3); m——材料在干燥状态的质量(g、kg); V——材料的绝对密实体积(cm^3、m^3)。 材料的绝对密实体积是指固体物质所占体积,不包括孔隙在内。密实材料如钢材、玻璃等的体积可根据其外形尺寸求得。 相对密度(比重)用材料的质量与同体积水(4℃)的质量的比值表示
表观密度	表观密度指材料在自然状态下单位体积的质量,按下式计算: $$\rho_0 = \frac{m}{V_0}$$ 式中:ρ_0——表观密度(kg/m^3); V_0——材料在自然状态下的外形体积(m^3)。 材料在自然状态下的体积,包括材料内部孔隙在内的体积。外形规则的材料可根据外形尺寸计算出体积,外形不规则的颗粒材料,可使其饱水后,再用排水法测得颗粒体积

续上表

<table>
<tr><th>项　目</th><th>内　容</th></tr>
<tr><td>堆密度</td><td>
堆密度即堆积密度，指粉状或粒状材料，在自然堆积状态下单位体积的质量。材料的堆积体积包括材料内部孔隙和松散材料颗粒之间的空隙在内的体积。堆密度按下式计算：

$$\rho'_0 = \frac{m}{V'_0}$$

式中：ρ'_0——堆密度（kg/m^3）；

V'_0——材料的堆积体积（m^3）。

常用材料的密度、表观密度和堆密度

<table>
<tr><th>材料</th><th>密度（g/cm^3）</th><th>表观密度（kg/m^3）</th><th>堆密度（kg/m^3）</th></tr>
<tr><td>石灰岩</td><td>2.6</td><td>1 800 ~ 2 600</td><td>—</td></tr>
<tr><td>花岗岩</td><td>2.6 ~ 2.8</td><td>2 500 ~ 2 900</td><td>—</td></tr>
<tr><td>碎石</td><td>2.6</td><td>—</td><td>1 400 ~ 1 700</td></tr>
<tr><td>卵石</td><td>2.6</td><td>—</td><td>1 500 ~ 1 700</td></tr>
<tr><td>黏土</td><td>2.6</td><td>—</td><td>1 600 ~ 1 800</td></tr>
<tr><td>普通黏土砖</td><td>2.5 ~ 2.8</td><td>1 600 ~ 1 800</td><td>—</td></tr>
<tr><td>黏土空心砖</td><td>2.5</td><td>1 000 ~ 1 400</td><td>—</td></tr>
<tr><td>水泥</td><td>3.1</td><td>—</td><td>1 200 ~ 1 300</td></tr>
<tr><td>普通混凝土</td><td>—</td><td>2 100 ~ 2 600</td><td>—</td></tr>
<tr><td>轻集料混凝土</td><td>—</td><td>800 ~ 1 900</td><td>—</td></tr>
<tr><td>木材</td><td>1.55</td><td>400 ~ 800</td><td>—</td></tr>
<tr><td>钢材</td><td>7.85</td><td>7 850</td><td>—</td></tr>
<tr><td>泡沫混凝土</td><td>—</td><td>20 ~ 50</td><td>—</td></tr>
</table>
</td></tr>
<tr><td>密实度</td><td>
建筑工程中常用的材料是固体材料，其体积由固体材料体积和孔隙体积组成，它们所占比例均能说明材料的密实程度。密实度指材料体积内被固体物质所充实的程度，按下式计算：

$$D = \frac{\rho_0}{\rho} \times 100\%$$

式中：D——密实度（%）；

ρ_0——表观密度（g/cm^3）；

ρ——密度（g/cm^3）
</td></tr>
<tr><td>孔隙率</td><td>
孔隙率指材料体积内孔隙体积所占的比例，按下式计算：

$$P = (1 - \frac{\rho_0}{\rho}) \times 100\%$$

式中：ρ_0——表观密度（g/cm^3）；

ρ——密度（g/cm^3）。

密实度和孔隙率之和等于1，两者均反映材料的密实程度。孔隙率的大小对材料的物理性质和力学性质均有影响，而孔隙特征、孔隙构造和孔隙大小对材料性能影响较大。构造分为封闭孔隙（与外界隔绝）和连通孔隙（与外界连通）；按孔的尺寸大小分为粗大孔隙、细小孔隙、极细微孔隙。孔隙率小，并有均匀分布闭合小孔的材料，建筑性能好
</td></tr>
</table>

续上表

项　目	内　容
吸水率	材料吸收水分的能力称为吸水性，吸水性的大小用吸水率表示。吸水率分质量吸水率和体积吸水率。按下式计算材料的吸水率。 质量吸水率： $$w_{W_a}=\frac{m_1-m}{m}\times 100\%；$$ 体积吸水率： $$w_{W_a\cdot 体}=\frac{m_1-m}{V_0}\times 100\%$$ 式中：m_1——材料吸水饱和后的质量(g)； m——材料烘干到恒重时的质量(g)； V_0——干燥材料在自然状态下的体积(cm^3)。 材料吸水率的大小与材料的孔隙率和孔隙特征有关。具有细微而连通孔隙的材料吸水率大，具有封闭孔隙的材料吸水率小。当材料有粗大孔隙时，水分不易存留，这时吸水率也小
耐水性	材料长期在饱和水作用下不被破坏，其强度也不显著降低的性质称为耐水性。有孔材料的耐水性用软化系数表示，按下式计算材料的软化系数： $$K_{软}=\frac{f_{饱}}{f_{干}}$$ 式中：$f_{饱}$——材料在吸水饱和状态下的抗压强度(MPa)； $f_{干}$——材料在干燥状态下的抗压强度(MPa)。 材料的软化系数在0~1之间波动。因为材料吸水，水分渗入后，材料内部颗粒间的结合力减弱，软化了材料中不耐水成分，致使材料强度降低。所以材料处于同一条件时，一般而言吸水后的强度比干燥状态下的强度低。软化系数越小，材料吸水饱和后强度降低越多，耐水性越差。对重要工程及长期浸泡或潮湿环境下的材料，要求软化系数不低于0.85。通常把软化系数大于0.85的材料称为耐水材料
抗冻性	材料在吸水饱和状态下，抵抗多次冻结和融化作用而不被破坏，同时也不严重降低强度的性质，称为抗冻性。用“抗冻等级”表示
抗渗性	材料抵抗压力水渗透的性质称为抗渗性，用“渗透系数”表示

4.6.3 工程材料的力学性质

工程材料的力学性质　　表4-45

项　目	内　容
强度	强度指在外力(荷载)作用下材料抵抗破坏的能力。当材料承受外力时，内部产生应力，外力逐渐增加，应力也相应增大，直到材料内部质点间的作用力不再能够抵抗这种应力时，材料即被破坏，此时的极限应力就是材料的强度。 材料在建筑物中所承受的外力，主要有压、拉、剪、弯4种，因此，材料抵抗外力破坏的强度也分为抗压、抗拉、抗剪、抗弯4种。上述强度都是在静力试验下测得的，又称静力强度
比强度	比强度是指按单位质量计算的材料强度，其值等于材料强度对其堆密度的比值，是衡量材料轻质高强性能的重要指标。如普通混凝土C30的比强度(0.012 5)低于Ⅱ级钢筋的比强度(0.043)，说明这两种材料相比，混凝土显出质量大而强度低的弱点，应向轻质高强方向改进配置技术

续上表

项　目	内　容
弹性	弹性是指在外力作用下材料产生变形，外力取消后变形消失，材料能完全恢复原来形状的性质，这种变形属可逆变形，称为弹性变形，见下图。B 点对应的应力称为“弹性极限”。当应力稍低于 B 点对应的应力时，应力与应变的比值为常数，其比例系数是材料的弹性模量，用符号 E 表示。 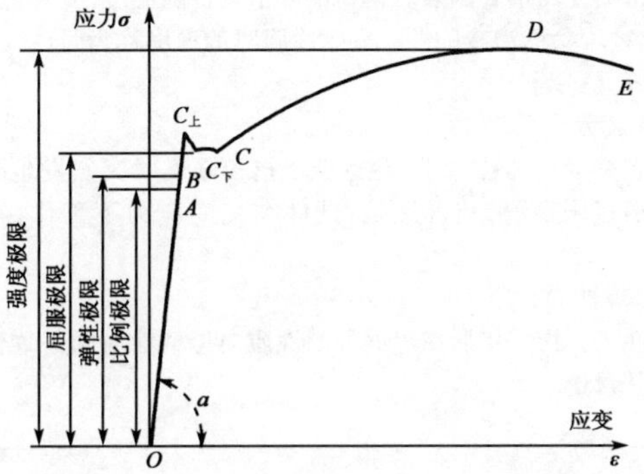 $$E=\frac{\sigma}{\varepsilon}$$ 式中：σ——材料的应力（MPa）； ε——材料的应变。 弹性模量是衡量材料在弹性范围内抵抗变形能力的指标，E 越小，材料受力变形越大
塑性	塑性是指在外力作用下材料产生变形，外力取消后仍保持变形后的形状和尺寸，但不产生裂隙的性质，这种变形称为塑性变形

4.6.4 钢材

钢　材　表 4-46

项　目	内　容
类型	道路建设工程中使用的钢材，主要包括钢板、钢管、型材，以及钢筋混凝土中的钢筋、钢丝等。钢材具有良好的技术性质，能承受较大的弹塑性变形，加工性能好，因此被广泛使用。 （1）按冶炼方法分类 平炉钢、氧气转炉钢和电炉钢。 （2）按脱氧程度分类 镇静钢（代号 Z）、特殊镇静钢（代号 TZ，脱氧充分）和沸腾钢（代号 F，脱氧不充分）。 （3）按化学成分分类 碳素钢（含碳量小于 0.25% 的为低碳钢、0.25% ~0.60% 的为中碳钢、大于 0.60% 的为高碳钢）和合金钢（合金元素总含量小于 5% 的为低合金钢、5% ~10% 的为中合金钢、大于 10% 的为高合金钢）。 （4）按用途分类 结构钢、工具钢和特殊钢（如不锈钢、耐热钢、耐酸钢等）。 （5）按形状分类 板材、管材、线材、型材等
力学性能	（1）抗拉性能 抗拉性能的主要技术指标，有屈服点、抗拉强度及伸长率。 （2）冷弯性能 冷弯性能是指钢材在常温下承受弯曲变形的能力，表征在恶劣变形条件下钢材的塑性，是钢材的一项重要工艺性能。冷弯性能以试件被弯曲的角度（90°、180°）及弯心直径 d 与试件厚度（或直径）a 的比值（d/a）来表示。试件按规定条件弯曲，若弯曲处的外表无裂痕、裂缝或起层，即认为冷弯性能合格。

续上表

<table>
<tr><th>项　目</th><th>内　容</th></tr>
<tr><td>力学性能</td><td>(3)冲击韧性
冲击韧性是指钢材抵抗冲击荷载的能力。钢材的化学成分、组织状态、内在缺陷及环境温度等都是影响冲击韧性的重要因素。钢材的冲击韧性随温度的下降而降低,当温度下降到某一范围时,呈脆性断裂,这种现象称为冷脆性。发生冷脆时的温度称为脆性临界温度,其数值越低,说明钢材的低温冲击韧性越好。
(4)抗疲劳性
材料在交变应力作用下,在远低于抗拉强度时突然发生断裂,称为疲劳破坏。疲劳破坏的危险应力用疲劳极限表示,其含义是:试件在交变应力下工作,在规定的周期基数内不发生断裂的最大应力。
(5)可焊性能
可焊性主要指焊接后在焊缝处的性质与母材性质的一致程度。影响钢材可焊性的主要因素是化学成分及其含量</td></tr>
<tr><td>常用建筑钢材</td><td>建筑钢材按其用途可分为钢结构用材和钢筋混凝土用材两大类。钢结构用材在公路建设工程中使用较少,大量使用的是混凝土用钢材,如钢筋、钢板、钢丝等。
(1)碳素结构钢
碳素结构钢指一般的结构钢,以及工程用的热轧板、管、带、型、棒材。其冶炼方便,成本较低,具有良好的塑性和各种加工性能,以及良好的安全性能。
(2)低合金高强度结构钢
低合金高强度结构钢是在碳素结构钢的基础上,少量添加若干合金元素而成,一般合金元素的总量不超过总量的5%。这类钢优点有:强度较高,可以减轻钢结构的自重,经济效益好;具有良好的综合性能,如耐腐蚀、耐低温性能好,抗冲击韧性强,使用寿命长等;易于加工及施工,良好的可焊性及冷加工性为施工提供方便。
(3)型钢与钢板
在建筑工程中大量使用各种规格与型号的型钢,常用的热轧型钢有:角钢(等边和不等边)、工字钢、槽钢、T形钢、H形钢、Z形钢等。热轧型钢的标记需标出型钢名称、横断面主要尺寸、型钢标准及钢号与钢种标准。
用光面轧辊轧制而成的扁平钢材,以平板状态供货的称为钢板,以卷状供货的称为钢带,可用热轧或冷轧方式生产。
热轧钢板按厚度可分为中厚板(厚度大于4mm)和薄板(厚度为0.35~4mm)两种,冷轧钢板只有薄板(厚度为0.2~4mm)一种。
(4)钢筋
钢筋是建筑工程中使用量最大的钢材品种之一,其材质包括普通碳素钢和普通低合金钢两大类。常用的有:热轧钢筋、冷加工钢筋以及钢丝、钢绞线等。
①热轧钢筋。钢筋混凝土结构对热轧钢筋的要求是机械强度较高,具有一定的塑性、韧性、冷弯性与可焊性。热轧钢筋按屈服点和抗拉强度分为Ⅰ、Ⅱ、Ⅲ、Ⅳ4个等级,其中Ⅰ级钢筋用碳素结构钢轧制,其余用低合金结构钢轧制。Ⅰ级钢筋强度较低,但塑性及可焊性好,便于冷加工,广泛用作普通混凝土中的非预应力钢筋;预应力钢筋应优先选用Ⅳ级钢筋,也可选用Ⅱ级或Ⅲ级钢筋。
②冷加工钢筋。在常温下对钢筋进行机械加工(冷拉、冷拔、冷轧),使其产生塑性变形,从而达到提高强度(屈服点)、节约钢材的目的,这种方法称为冷加工。经冷加工后,钢筋塑性、韧性均有所下降。
冷拉Ⅱ、Ⅲ、Ⅳ级钢筋强度较高,可用作预应力混凝土结构的预应力筋。冷拉钢筋不宜用于负温及承受冲击或重复荷载的结构,因为冷拉钢筋的塑性、韧性较差,易发生脆断
常用钢筋每米理论质量
<table>
<tr><td>钢筋直径(mm)</td><td>6</td><td>8</td><td>10</td><td>12</td><td>16</td><td>20</td><td>22</td><td>25</td><td>30</td></tr>
<tr><td>每米重(kg)</td><td>0.222</td><td>0.395</td><td>0.617</td><td>0.888</td><td>1.578</td><td>2.466</td><td>2.984</td><td>3.853</td><td>5.549</td></tr>
</table>
</td></tr>
</table>

续上表

项　目	内　容
钢材的防锈	当钢材表面与环境介质发生各种形式的化学作用时，就可能遭受腐蚀。如与 O_2、SO_2、H_2S 等腐蚀性气体作用而被氧化。腐蚀的结果是：在钢材表面形成疏松的氧化物，或称为生锈。一般来讲，钢材的锈蚀会降低其性能，使钢结构断面减小，因而承载能力降低，甚至由于局部腐蚀引发应力集中，导致钢结构突然破坏，造成严重后果。 防止钢材锈蚀的方法通常是采用表面刷防锈漆。常用底漆有：红丹、环氧富锌漆、铁红环氧漆等；面漆有灰铅油、醇酸磁漆、酚醛磁漆等。薄壁钢材可热浸镀锌或镀锌后加涂塑料涂层，这种方法防锈效果好，但造价高

4.6.5 水泥

水　泥　　表 4-47

项　目		内　容
水泥等级		水泥是道路工程中最主要和使用最广泛的一种水硬性无机胶结材料。根据国家颁布实施的强制性标准《通用硅酸盐水泥》(GB 175—2007)，水泥品种的强度等级划分见下表 水泥品种的强度等级划分（见下表）
主要指标	密度	密度指水泥在自然状态下单位体积的质量。分松散状态下的密度和紧密状态下的密度两种。松散状态下密度为 900 ~ 1 300kg/m^3，紧密状态下密度为 1 400 ~ 1 700kg/m^3，通常采用 1 300kg/m^3
	细度	细度表示水泥颗粒的粗细程度。水泥的细度直接影响水泥的活性和强度，颗粒越细，与水反应的表面积越大，水化速度越快，早期强度越高，但硬化收缩较大，且粉磨时耗能大，成本高。而颗粒过粗，又不利于水泥活性的发挥，且强度低。国家标准规定，硅酸盐水泥比表面积大于 300m^2/kg，其他水泥 80μm 方孔筛筛余不得超过 10%
	凝结时间	凝结时间分初凝时间和终凝时间。水泥从加水拌和起（调成标准稠度）到水泥浆失去塑性所需的时间，称为初凝时间。水泥从加水拌和起到水泥浆完全失去塑性并开始产生强度所需的时间称为终凝时间。水泥凝结时间在建设工程施工中具有重要意义，初凝时间不宜过短，终凝时间不宜过长。初凝时间不合要求，该水泥报废；终凝时间不合要求，该水泥视为不合格产品。国家标准规定，硅酸盐水泥的初凝时间不得早于 45min，终凝时间不得迟于 6.5h；其他水泥初凝时间不得早于 45min，终凝时间不得迟于 10h
	安定性	水泥在硬化过程中，体积变化的均匀性称为水泥的安定性。安定性不良会导致构件（制品）产生膨胀性裂纹或翘曲变形，造成质量事故。引起安定性不良的主要原因是熟料中游离氧化钙或游离氧化镁过剩或石膏掺量过多。安定性不合格的水泥应按废品处理，不得用于工程建设

水泥品种的强度等级划分

水泥名称	强度等级							
硅酸盐水泥	—	—	42.5	42.5R	52.5	52.5R	62.5	62.5R
普通水泥	32.5	32.5R	42.5	42.5R	52.5	52.5R	—	—
矿渣水泥	32.5	32.5R	42.5	42.5R	52.5	52.5R	—	—
火山灰水泥	32.5	32.5R	42.5	42.5R	52.5	52.5R	—	—
粉煤灰水泥	32.5	32.5R	42.5	42.5R	52.5	52.5R	—	—
复合水泥	32.5	32.5R	42.5	42.5R	52.5	52.5R	—	—

续上表

项目		内容
主要指标	强度	水泥强度是指胶砂的强度,而不是净浆的强度,水泥强度的等级按规定龄期的抗压强度和抗折强度来划分。水泥强度的法定计量单位为"兆帕"(MPa)。水泥的强度,主要取决于熟料的矿物组成及细度,另外水泥中混合材料的数量和质量、石膏掺入量以及试件的制作、使用外加剂及改变养护条件对水泥强度也有影响
	水化热	水泥加水后,发生水化作用逐渐凝结硬化放出的热量,称为水泥的水化热。水化热与水泥矿物成分、细度,掺入的外加剂品种、数量,水泥品种及混合材料掺量有关。水泥的水化热主要在早期释放,后期逐渐减少。 对大型基础、桥墩等大体积混凝土工程,由于水化热积聚在内部不易发散,使内部温度上升到50℃以上,内外温差引起的应力使混凝土可能产生裂缝,因此水化热对大体积混凝土工程是不利的

水泥外加剂 表4-48

项目	内容
减水剂	是指在保持混凝土稠度不变的条件下,具有减水增强作用的外加剂。它是一种表面活性剂,加入混凝土中能对水泥颗粒起分散作用,从而把水泥凝聚体中所包含的水释放出来,使水泥达到充分水化。 在混凝土中掺用减水剂可达到下列效果: (1)在保持坍落度不变的情况下,可降低单位混凝土用水量5%~25%,提高混凝土的早期强度,同时改善混凝土的密实度,提高耐久性。 (2)在用水量不变的情况下,可降低水灰比,改善混凝土和易性,有利于泵送、滑模、喷射等混凝土新工艺的施工。 (3)在保持混凝土强度及和易性基本相同的情况下,可节约水泥用量5%~20%。 (4)对抗渗、抗冻等各项性能均有所改善。 常用的减水剂品种有: (1)木质素磺酸类普通减水剂(如木质素磺酸钙,简称木钙粉,M型),适宜掺量为水泥质量的0.2%~0.3%,在保持坍落度不变的情况下,减水率为10%~15%,在相同强度和流动性要求下,节约水泥10%左右。 (2)高效减水剂(如NNO减水剂),适宜掺量为水泥质量的1%左右,在保持坍落度不变的情况下,减水率为14%~18%,在相同强度和流动性要求下,节约水泥15%左右
早强剂	是指能提高混凝土早期强度,并对后期强度无显著影响的外加剂。通过对水泥水化过程中所产生的综合的物理、化学作用,能显著提高混凝土拌和物的工艺性能和硬化混凝土的物理力学性能。早强剂多用于抢修工程和混凝土的冬季施工。 目前常用的早强剂有:氯盐(氯化钙 $CaCl_2$ 和氯化钠 $NaCl$)、硫酸盐(硫酸钠 Na_2SO_4,又称元明粉)、三乙醇胺[$N(C_2H_4OH)_3$]和以它们为基础的复合早强剂
引气剂	是指在混凝土搅拌过程中,能引入大量分布均匀的微小气泡,以阻塞有害的毛细孔通道,从而减少拌和物的泌水离析,改善和易性,提高抗渗性、抗冻性和耐久性的外加剂。 常用的引气剂主要有:松香树脂类(如松香热聚物、松香皂)、烷基苯磺酸盐类(烷基苯磺酸盐、烷基苯酚聚氧乙烯醚)和脂肪醇磺酸盐类以及蛋白质盐、石油磺酸盐等。其掺入量均十分微小,通过试验,一般为占水泥用量的0.005%~0.015%,混凝土含气量为3%~6%,减水效果8%左右,抗冻性提高3倍左右
膨胀剂	是指与水泥、水拌和后经水化反应生成钙矾石、钙矾石氢氧化钙或氢氧化钙,使混凝土产生膨胀的外加剂。主要用于补偿混凝土收缩,常与减水剂一起配制地脚螺栓灌浆料,设备安装时的坐浆材料及混凝土接头等,还可用于防水工程,防止大体积混凝土的收缩裂缝.也可用于预应力混凝土,调整掺量以控制膨胀值。 常用的膨胀剂主要有:硫铝酸钙类、硫铝酸钙—氧化钙类和氧化钙类

续上表

项　目	内　容
速凝剂	主要用于冬季滑模施工及喷射混凝土等需要速凝的混凝土工程
缓凝剂	是指延缓混凝土凝结时间,并对后期强度发展无不利影响的外加剂,主要用于大体积混凝土、炎热条件下施工的混凝土或长距离运输的混凝土和某些在施工操作上需要保持较长处理混凝土时间的工程项目。 常用的缓凝剂主要有:糖类(如钙糖)、木质素磺酸盐类(如木质素磺酸钙、木质素磺酸钠)以及羟基羟酸及其盐类和无机盐类,还有胺盐及其衍生物、纤维素醚等
防锈剂	又称阻锈剂或缓蚀剂。采用氯化物作早强剂时,需要同时加入防锈剂,防止对钢筋的锈蚀。 混凝土中掺入外加剂时,必须了解不同外加剂的性能、相应的使用条件、产品说明,不能盲目使用,使用不当(如剂量过大)或拌和不均匀会酿成质量事故,应特别加以注意

4.6.6 木材

木　材　　表4-49

项　目	内　容
概念	木材由树皮、木质部及髓心组成。木质部是主要使用部分。髓心为树干的中心,细胞已无生命机能,故强度低、易腐朽。在髓心外的年轮中密实者称为夏材(晚材,生长于夏秋季,颜色较深),而疏者称为春材(早材)。木材中夏材部分越多则强度越高,质量越好
木材分类	(1)按树种划分 分为针叶树材和阔叶树材两类 ①针叶树材。树叶细长如针,树干通直高大,纹理平顺、材质均匀、耐腐蚀、易加工,多为常绿树。材质一般较软,有的含树脂,故又称软材,是建设工程中的常用材料。如红松、落叶松、云杉、冷衫、杉木、柏木等都属此类。 ②阔叶树材。树叶宽大,叶脉成网状,大都为落叶树,材质一般较坚硬,故又称硬材。硬材易翘曲开裂、难加工,但有些纹理美丽,可用于装修等。如樟木、榉木、水曲柳、青冈、柚木、山毛榉、色木等都属此类。也有少数质地较软的,如桦木、缎木、山杨、青杨等。 (2)按材种划分 可分为原条、原木、锯材、枕木。 原条指已经除去皮、根、树梢的木料,但尚未按一定尺寸加工成规定的材类。原木指已经除去皮、根、树梢的木料,并已按一定尺寸加工成规定直径和长度的材料。锯材指已经加工锯解成材的木料,如枋料、板料。枕木指按枕木断面和长度加工而成的成材,主要供铁路使用
物理性质	(1)含水率 木材内部所含水分有两种,即吸附水(存在于细胞壁内)与自由水(存在于细胞腔与细胞间隙中)。当木材中细胞壁内被吸附水充满而细胞腔与细胞间隙中没有自由水时,该木材的含水率被称为纤维饱和点,一般为20%～35%。纤维饱和点是木材物理力学性质发生改变的转折点,是木材含水率是否影响其强度和干缩湿胀的临界值。 (2)干缩湿胀 木材具有显著的干缩湿胀性,这是由于细胞壁内吸附水含量的变化引起的。当木材由潮湿状态干燥到纤维饱和点时,其尺寸不变,而继续干燥到其细胞壁中吸附水开始蒸发时,则木材开始发生体积收缩(干缩)。相反,当干燥木材吸湿时,随着吸附水的增加,木材将发生体积膨胀(湿胀),直到含水率达到纤维饱和点为止,此后,尽管木材含水率会继续增加,即自由水增加,但体积不再发生变化。一般来讲,体积密度大,夏材含量高者胀缩性较大。按方向说,顺纹方向胀缩最小,径向较大,弦向最大(可达6%～12%)。防止胀缩最常用的方法是对木材进行预干燥,达到估计的平衡含水率时再进行加工使用

续上表

<table>
<tr><th>项 目</th><th>内 容</th></tr>
<tr><td>力学性质</td><td>木材的强度有抗拉、抗压、抗弯和抗剪 4 种，而且均具有明显的方向性。抗拉、抗压、抗弯强度均为顺纹方向的强度大于横纹方向的强度，抗剪强度则是横纹方向大于顺纹方向(可达 4 ~5 倍)。木材各种强度的关系见下表
木材各种强度的比例关系
<table>
<tr><th colspan="2">抗压</th><th colspan="2">抗拉</th><th>抗弯</th><th colspan="2">抗剪</th></tr>
<tr><td>顺纹</td><td>横纹</td><td>顺纹</td><td>横纹</td><td rowspan="2">3/2 ~2</td><td>顺纹</td><td>横纹</td></tr>
<tr><td>1</td><td>1/10 ~1/3</td><td>2 ~3</td><td>1/10 ~1/3</td><td>1/7 ~1/3</td><td>1/2 ~1</td></tr>
</table></td></tr>
<tr><td>特性</td><td>(1)质量轻且强度高。木材的体积密度约为 550kg/m³，其顺纹抗拉强度和抗弯强度约为 100MPa。因此，木材属轻质高强材料，使用范围可扩展到结构材料。
(2)具有良好的弹性和韧性，抗冲击荷载与振动能力强。
(3)具有良好的保温隔热性能，导热系数多在 0.30W/(m · K)左右。
(4)多有美丽的天然纹理，装饰效果好。
(5)耐久性好，在通风干燥条件下，维持千年仍可完好。
(6)易于加工，适于锯、刨、雕刻、钉、粘，可生产多种制品。
木材的主要缺点：易腐、易燃，各向异性、胀缩变形大，天然疵病多</td></tr>
</table>

4.6.7 沥青

沥　青　　表 4-50

项 目	内 容
类型	沥青按其产源可分为地沥青和焦油沥青两大类。 地沥青又分为石油沥青和天然沥青两种。石油沥青是石油原油提炼出汽油等之后的残渣，经过加工而得的副产品；天然沥青是石油在地壳中经过长时间天然因素的影响而形成的产物。焦油沥青，俗称柏油，是由各种有机物(如煤、页岩等)干馏而得到的焦油，经过再加工而获得的副产品，因为有机物的不同，分为煤沥青和页岩沥青等
乳化沥青	是指将黏稠的石油沥青加热至流动态，经机械力作用形成细小的微粒，分散在有乳化剂和稳定剂的水中，形成均匀稳定的乳状液。乳化沥青的主要优点是不需要加热可直接用于施工，受低温季节影响较小，常温下洒布均匀；可用于铺筑封层、表层处治、贯入式、沥青碎石、沥青混凝土等路面。其缺点是路面成型时间长，稳定性差
改性沥青	是指掺加了橡胶、树脂类高分子聚合物等改性剂，或对沥青采取轻度氧化加工改善其性能等措施，改善沥青的力学性能，增强其在高温下的稳定性、耐疲劳性和低温抗裂性。 道路路面工程中常用的有石油沥青、煤沥青、乳化沥青和改性沥青

4.6.8 砂石

砂　石　　表 4-51

项 目	内 容
概念	砂石材料是道路工程中使用广泛的材料。岩石的地质分类分为火成岩、水成岩和变质岩 3 种，其造岩矿物主要由石英、长石、云母、深色矿物、高岭土、碳酸钙、碳酸镁、白云石和石膏等所组成。岩石的生成条件，决定着各类岩石的构造特性，而岩石的构造特性又决定着岩石的一系列重要性质，也就决定着各种石材在工程上的使用范围和条件。 天然石材主要有花岗岩、石灰岩、砂岩、大理岩等几种。道路工程中用的主要有粗料石、细料石和片、块石等

续上表

项　目	内　容
碎石	碎石一般采用石灰岩、白云岩、花岗岩、砂岩、石英岩、玄武岩等，经人工或机械破碎而成。碎石的颗粒形状对混凝土的质量影响甚为重要，最好的颗粒形状是接近正方形的小立方体，片状或针形者都不宜用以拌制高强度混凝土。 路面用碎石最大粒径常用1.5cm、2.5cm、3.5cm、5cm、6cm、7cm、8cm，桥梁等结构物用碎石最大粒径常用2cm、4cm、6cm、8cm。 碎石的表观密度一般为2.5～2.7g/cm^3；处于气干状态时的堆密度一般为1 400～1 500kg/m^3；在堆积状态下的空隙率为45%
砂	砂（即通常所指的普通砂）系指自然山砂、河砂、海砂。它是由坚硬的天然岩石经自然风化逐渐形成的疏散颗粒的混合物。砂的主要用途是作为细集料与胶凝材料（包括水泥、石灰等）配制成砂浆或混凝土使用。 砂按细度模数区分为粗砂、中砂、细砂和特细砂。粗砂的细度模数 M_x 为3.7～3.1，中砂的 M_x 为3.0～2.3，细砂的 M_x 为2.2～1.6，特细砂的 M_x 为1.5～0.7。 在编制定额时，对于天然砂、天然净砂、净干砂的概念不得混淆。否则将一种状态下的砂，换算为另一种状态下的砂，或将一种状态下砂的体积换算为另一种状态下砂的质量时，往往会产生错误。 天然砂系指从砂坑开采的未经加工（过筛）而运至施工现场的砂，含有少量的泥土、石子、杂质和水分。 天然净砂系指将天然砂过筛后，筛掉石子、杂质后的砂。 净干砂系指将天然净砂经过烘干后的砂。 砂的密度一般为2.6～2.7g/cm^3；干燥状态下的堆密度一般约为1 500kg/m^3；处于干燥状态下的空隙率一般为35%～45%。 其质量要求如下： （1）颗粒坚硬洁净； （2）黏土、泥灰、粉末等含量不得超过3%； （3）云母含量不得超过2%； （4）轻物质含量不得超过1%； （5）三氧化硫（SO_3）含量不得超过1%

4.7　土方工程机械

4.7.1 水平运输机械

（1）载货汽车

载货汽车　表4-52

项　目	内　容
分类	载货汽车的分类较多，常见的根据载重量的大小可分为超轻型载重汽车（吨位小于0.75t）、轻型载重汽车（吨位0.75～2.5t）、中型载重汽车（吨位3～5t）、重型载重汽车（吨位5～15t）、超重型载重汽车（吨位大于15t），根据载货汽车动力装置所耗用的能源分为汽油车、柴油车、煤油车、电动车等。公路建设中多采用中型和重型的载货汽车
应用	载重汽车在国民经济建设中应用十分广泛，载重汽车起动迅速、机动性大，可以将建筑材料由料场、供应地点、仓库等各个地方直接转运到使用地点，并适用于各种建筑材料，载重汽车适用路面能力强，较少受到道路条件的限制

续上表

项　　目	内　　容
发展趋势	(1)向大型化和小型化发展。 (2)提高功率利用系数,加大发动机功率,提高每吨重的功率数,从而提高汽车的动力性能和运输效率。 (3)重量利用系数不断提高,采用新型高强材料,使载重量与自重之比增大,从而节约材料、燃料。 (4)大量采用柴油发动机,减少空气污染,降低运输成本。 (5)重视行车安全,采用良好的制动系、转向系、悬挂和合适的轮胎等,减少交通事故,提高行车安全性。 (6)系列化、通用化程度提高,便于供应、维修、管理,提高有效使用性。 (7)降低耗油量,以求节约能源,提高经济效益。 (8)使用轻质材料,提高自重比和运输能力

(2)自卸汽车

载 货 汽 车 　表 4-53

项　　目	内　　容
分类	按载重量分轻型(吨位小于 2t)、中型(吨位 2.5 ~ 8t)、重型(吨位大于 15t)、超重型(吨位 20 t);按车厢倾卸方向分为后倾卸式、侧倾卸式、三面倾卸式、底卸式;按发动机分为汽油发动机、柴油发动机、电动机
应用	自卸汽车的车身坚固,机动性和越野性能好,爬坡能力强。它装有金属车箱,在举升机构的顶推作用下,可将厢载的物料一次倾卸干净,卸载迅速,节省劳力,在公路建设中被普遍采用。 在道路建设中,选择使用自卸汽车应注意以下几点: (1)自卸汽车的车厢容积或承载吨位与工程选用的装载机械配套。自卸汽车车厢容积宜为装载机械斗容的 2 ~ 4 倍。 (2)按照实际情况和经济效益,合理选择车型。如道路条件好的平原地区和施工地开阔的山区,可以选用中型或重型自卸汽车;山区、峡谷、河床宜选用中、轻型自卸汽车。在卸料场地狭长处,宜选用侧卸式、底卸式自卸汽车。另外从技术管理、物资供应、设备维修和技术培训等方面来考虑,选用的车辆型号规格越少越好。 (3)根据工程量大小、工期和施工强度、运距远近等确定自卸汽车的需用量。从机械化施工的合理配套考虑,应充分发挥挖掘(或装载)机械的效能,以不造成汽车排队待装为原则,一般以每台装载机前始终有 1 ~ 2 辆自卸汽车待装为佳。在工程量大、工期紧、场地大、施工强度高而条件许可的地方,尽可能选用大一些的自卸汽车。 轻型自卸汽车是养路道班常用的养路材料运输车,在进行道路修补作业时,用它运输各种散装材料,即节省劳力,又有较好的经济效益。 中型自卸汽车除进行短途运输外,还可长途运输,它与装料机械配合,可连续、高效地完成各种散装物料的转运,广泛应用于中等规模的建设工程中。 重型自卸汽车的生产率比中、小型自卸车高,在大规模工程中效益显著,所以它在大型公路工程等建设项目中有着广泛的应用前景
发展趋势	自卸汽车的发展趋势是向大吨位方面发展,发动机功率增大,车速降低以求稳定性提高

(3)其他

其 他 汽 车 　表 4-54

项　　目	内　　容
平板拖车组	道路建设中常用的平板拖车组,多用来运输预制构件。普通栏板平板拖车组,可以运输零散的材料、货物及较大的管材,也是公路工程施工单位转移较长、较大筑路器材的有效设备。低平板拖车组,四周无拦板,为低平板状,且有跳板,宜用于大型自行式工程机械装卸,是大、中型工程机械装运的理想设备

续上表

项　　目	内　　容
运油加油汽车	运油汽车装有油罐、消电装置、通气阀、灭火器和输油管等,可用它来装运煤油、汽油和柴油等油料。加油汽车除具备加油车的设备外,还设有泵油系统、工作仪表、操作装置等,加油车不仅能如运油车一样运油,而且能将油库中的油料吸入本车油罐,并对其他车辆、机械或飞机加注经计量、过滤的燃油。 运油、加油汽车按油罐容量分为小型(小于8 000L)、中型(8 000～16 000L)、大型(大于16 000L)。公路建设中多用小型运油加油汽车。运油加油汽车具有装卸方便、节省劳力、安全可靠、减少环境污染、机动性大等特点
洒水汽车	工程洒水车是路面基层施工中稳定土质或路基填筑土方所必需的机械。在公路养护工作中它可用于道路冲洗、防尘、降温等。另外它还可以用于园林绿化、应急消防及野外工地生活用水的储运。 工程洒水车根据结构不同,可分为汽车式、半挂汽车列车式和拖式3种形式。公路建设中多用汽车式洒水车

4.7.2 施工机械类型

施 工 机 械 类 型　　表4-55

项　　目	内　　容
概念	在公路基本建设工程中,施工机械占有极其重要的地位,选用优质高效的施工机械,组织机械化施工,对于保证工程质量,降低工程造价,加快施工进度,减轻工人劳动强度,起着十分重要的作用
施工机械类型	按机械的自重,可分为特大型、大型、中型、小型等; 按作业对象,可分为土石方机械、路面工程机械、混凝土及灰浆机械、水平运输机械、起重及垂直运输机械等; 按定额综合范围,分为主要机械和小型机具等; 按行走装置不同,可分为履带式和轮胎式; 按驱动力,可分为机动和电动等
土石方机械种类	主要有推土机、铲运机、挖掘机、装载机、平地机、拖拉机、压路机、夯土机、凿岩机、锻钎机等

4.7.3 推土机

推 土 机　　表4-56

项　　目	内　　容
分类	推土机是一种自行铲土运输机械,具有操作灵活、运转方便、所需工作面小等特点。按照行走装置的不同,可分为履带式和轮胎式两大类;按照推土板(或称铲刀)安装方式的不同,可分为固定式和回转式两种;按照推土板操纵方式的不同,可分为机械式操纵和液压式操纵两种;按照发动机额定功率的不同,可分成小型、中型、大型和特大型4种等级。 道路施工季节性较强,工程量比较集中,施工条件较差,多采用大中型履带式推土机,主要进行50～100m短距离推运土方、石渣等作业,如开挖填筑路基土石方、基坑开挖集渣,填筑堤坝、围堰、开挖河床、渠道、平整场地、砍伐树木、清除树根、填平壕堑和堆集砂砾石等集料作业,此外还可进行局部碾压,给铲运机助铲和预松土,以及牵引各种拖式土方机械等作业
应用	(1)直铲作业 是推土机经常采用的主要作业方法,用于将土、石渣的向前铲推和场地平整作业。推运的经济运距,小型履带式推土机一般为50m以内,中型推土机一般为50～100m,最远可达150m。上坡推土时采用最小经济运距,下坡推土时则采用最大经济运距。轮胎式推土机的推运距离一般为50～80m,最远可达150m。 推土机的经济运距选择合适,能发挥推土机的最大效能。正常情况下,推土机在运距100m以内生产率较高,超过100m生产率将大幅度下降。在经济运距内,推土机比铲运机生产效率更高。

续上表

<table>
<tr><th>项　目</th><th>内　容</th></tr>
<tr><td>应用</td><td>(2)斜铲作业
主要用于傍山铲土、单侧弃土或落方推运。推土铲刀的水平回转角一般为左右各25°,作业时能一边切削土,一边将土移至一侧。斜铲作业的经济运距比直铲作业时短,生产效率也低。
(3)侧铲作业
主要用于在坡度不大的坡上铲削硬土以及掘沟作业,推土铲刀可在垂直面内上下倾斜90°。
(4)松土器的劈松作业
一般大型履带式推土机的后部均悬挂有液压松土器,松土器有多齿和单齿两种。多齿松土器铲挖力较小,主要用于劈开较薄的硬土、冻土层等。单齿松土器有着较大的铲挖能力。除了能疏松硬土、冻土外,还可劈松具有风化和有裂缝或节理发达的岩石</td></tr>
<tr><td>生产率计算</td><td>(1)推土机直铲进行铲推作业时生产率计算:
$$Q=\frac{3\,600\cdot q\cdot K_b\cdot K_y}{T}$$
式中:Q——生产率(m^3/h);
q——推土机推移土料的体积(m^3);
K_b——时间利用系数,一般取0.8~0.85;
K_y——坡度影响系数,平地时取1.0;上坡时(坡度5%~10%)取0.5~0.7,下坡时(坡度5%~15%)取1.3~2.3;
T——每一工作循环所需时间(s)。
当推土机进行斜铲连续作业时,与平地机的作业方式相似,其生产率可参照平地机生产率公式进行计算。
(2)推土机平整场地时生产率计算:
$$Q=\frac{3\,600\cdot L\cdot(l\cdot\sin\varphi-b)\cdot K_b\cdot B}{n\cdot\left(\frac{L}{v}+t_n\right)}$$
式中:L——平整地段长度(m);
l——推土板长度(m);
φ——土板的水平回转角度(°);
b——两相邻平整地段的重叠部分宽度(m),一般取0.3~0.5m;
K_b——时间利用系数,一般取0.8~0.85;
B——推土板高度(m);
n——在同一地点的重复平整次数(次);
v——推土机运行速度(m/s);
t_n——推土机转向时间(s)</td></tr>
</table>

4.7.4 挖掘机

单斗挖掘机 表4-57

项　目	内　容
概念	单斗挖掘机是用一个刚性或挠性连续铲斗,以间歇重复式循环进行工作,是一种周期作业自行式土方机械
分类	(1)按行走装置的不同,可分为履带式、轮胎式、汽车式3种; (2)按动力装置的不同,可分为内燃机驱动、电力驱动和复合驱动3种; (3)按传动方式的不同,可分为机械传动、液压传动和混合传动3种; (4)按工作装置的不同,可分为正铲挖掘机、反铲挖掘机、拉铲挖掘机、抓斗挖掘机4种

续上表

<table>
<tr><th>项　目</th><th>内　容</th></tr>
<tr><td>特点</td><td>(1)正铲挖掘机的挖土
前进向上，强制切土，挖掘力大，生产率高，可开挖停机面以上的Ⅰ～Ⅳ类土。
(2)反铲挖掘机的挖土
后退向下，强制切土。挖掘力比正铲小，可开挖停机面以下Ⅰ～Ⅱ类土，深度在4m左右的基坑、基槽、管沟，也可用于地下水位较高的土方开挖。
(3)拉铲挖掘机的挖土
后退向下，自重切土。其挖土深度和挖土半径均较大，可开挖停机面以下的Ⅰ～Ⅱ类土，但不如反铲挖掘机动作灵活准确。适用于开挖大型基坑及水下挖土。
(4)抓斗挖掘机的挖土
直上直下，自重切土。挖掘力较小，只能开挖Ⅰ～Ⅱ类土，用于开挖窄而深的独立基坑和基槽、沉井，适用于水下挖土，是地下连续墙施工挖土的专用机械</td></tr>
<tr><td>应用</td><td>单斗挖掘机具有挖掘能力强、通用性好、能适合不同作业要求的特点，在公路工程施工中，单斗挖掘机主要用来挖掘土料、剥除采石的覆盖层及在料场进行装载作业等。单斗挖掘机与运输车辆配合作业可获得最好的经济效果，汽车数量可按运输距离所需的运转循环时间和挖掘机的作业循环时间来确定，数量不宜过多，以保证生产率最高、成本最低为标准</td></tr>
<tr><td>生产率计算</td><td>

$$Q = q \cdot n \cdot \frac{K_m}{K_p} \cdot K_b$$

式中：q——铲斗的几何斗容量(m^3)；
n——工作循环次数(次/h)；
K_m——铲斗的装满系数，见下表1；
K_p——土的松散系数，见下表2；
K_b——时间利用系数，一般取0.7～0.85。

铲斗的装满系数　　表1

<table>
<tr><th>铲斗类型</th><th>轻质黏软土</th><th>轻质黏性土</th><th>普通土</th><th>重质土</th><th>爆破后岩石</th></tr>
<tr><td>正铲</td><td>1～1.2</td><td>1.15～1.4</td><td>0.75～0.95</td><td>0.55～0.7</td><td>0.3～0.5</td></tr>
<tr><td>拉铲</td><td>1～1.15</td><td>1.2～1.4</td><td>0.8～0.9</td><td>0.5～0.65</td><td>0.3～0.5</td></tr>
<tr><td>抓铲</td><td>0.8～1.0</td><td>0.9～1.1</td><td>0.5～0.7</td><td>0.4～0.45</td><td>0.2～0.3</td></tr>
</table>

土的松散系数　　表2

<table>
<tr><th rowspan="3">斗容量</th><th colspan="6">土壤级别</th></tr>
<tr><th rowspan="2">Ⅰ</th><th rowspan="2">Ⅱ</th><th rowspan="2">Ⅲ</th><th rowspan="2">Ⅳ</th><th colspan="2">Ⅴ和Ⅵ</th></tr>
<tr><th>爆破好的</th><th>爆破不好</th></tr>
<tr><td>0.2～0.75</td><td>1.12</td><td>1.22</td><td>1.27</td><td>1.35</td><td>1.46</td><td>1.50</td></tr>
<tr><td>1.0～2.0</td><td>1.10</td><td>1.20</td><td>1.25</td><td>1.32</td><td>1.44</td><td>1.48</td></tr>
</table>

</td></tr>
</table>

4.7.5 装载机

装　载　机　　表4-58

项　目	内　容
分类	(1)装载机按工作装置作业形式的不同，可分为单斗式、挖掘装载式及斗轮式； (2)按动臂形式的不同，分为全回转式、半回转式、非回转式； (3)按本身结构特点的不同，分为刚性式和铰接式； (4)按行走机构特点的不同，分为轮胎式和履带式

续上表

项　　目	内　　容
应用	装载机常用于公路工程施工中土石方铲运,以及推土、起重等多种作业。在运距不大或运距和道路坡度经常变化的情况下,如采用装载机与自卸汽车配合装运作业,会使工效下降,费用增高。在这种情况下,可单独采用装载机作为自铲运设备使用,根据经验总结,如果整个采装运作业循环时间少于3min时,则把装载机作为自铲运设备使用,是经济合理的。

轮胎式装载机与自卸汽车配合采运土石方的合理运距

年生产量(万t)	10	30		50		80		100以上	
装载机斗容(m^3)	2.25	2.25	4	2.25	4	2.25	4	2.25	4
汽车载重量(t)	10	10	27	10	27	10	27	10	27
装载机载重量(t)	装载机合理运距(m)								
2	470	170	260	110	160	80	110	71	65
4	760	280	450	190	280	130	190	118	108
5	920	350	540	240	340	170	230	155	143

项　　目	内　　容
应用	轮胎式装载机与自卸汽车配合作业时的合理运距,与设计年土石方生产量、设备斗容量和装载量有关,加大装载机容量就可增加合理的运距。 装载机的斗容量与自卸汽车的车厢容积相匹配,通常以3~5斗装满车为宜
生产率计算	$$Q=\frac{3\,600\cdot T\cdot E_s\cdot K_b\cdot K_h'}{t\cdot K_p}$$ 式中:Q——实际生产率(m^3/台班); T——每班工作时间(h); E_s——装载机额定斗容量(m^3); K_b——时间利用系数,一般取0.7~0.85; K_h'——铲斗装满系数,装砂时取0.9~1.2;装砾石时取1~1.2;装破碎岩石时取0.7~1.0; t——装载一斗所需循环作业时间(s); K_p——货物松散系数

4.7.6 平地机

平　地　机　　表4-59

项　　目	内　　容
概念	平地机是一种装有以铲土刮刀为主,配有其他多种可换作业装置,能进行土地平整和整形连续作业的筑路机械
分类	按行走方式的不同,可分为拖式和自行式两类。拖式因机动性差,操作费力,已很少使用。 自行式平地机具有轮胎行走装置,机动灵活,生产率高,被广泛采用。自行式平地机根据轮胎的数目,可分为四轮和六轮两种;根据车轮驱动情况有后轮驱动和全驱动之分;根据车轮转向情况,又分为前轮转向和全轮转向;根据刮刀长度或发动机功率还可分为轻、中、重型3种;根据工作装置(刮刀)和行走装置的操作方式,可分为机械操纵和液压操纵两种。目前自行式平地机多采用液压操纵
应用	平地机主要用于修筑路基横断面、帮刷边坡、开挖边沟及路槽、平整场地等,还可用来在路基上拌和路面材料,摊铺材料,修整和养护土路,推土、疏松土质,清除杂草、石块和积雪等

续上表

项　目	内　容
生产率计算	平地机平整场地的生产率计算： $$Q=\frac{60\cdot L\cdot(l\cdot\sin\varphi-0.5)\cdot K_b}{n\cdot\left(\frac{L}{v}+t\right)}$$ 式中：Q——生产率(m^3/h)； L——平整地段长度(m)； l——刮刀长度(m)； φ——刮刀的平面角度(°)； n——平整好这一段所需要行程数(次)； v——平整时的行驶速度(m/min)； t——掉头一次所需时间(min)

4.7.7 压路机

(1)压路机分类

压路机分类　表4-60

项　目	内　容
概念	按照压实力的作用原理，可分为静作用碾压机械、振动碾压机械和夯实机械3类；按照碾压轮的材料和表面形状不同，静作用碾压机械和振动碾压机械都可分为钢制光轮和钢制带羊脚碾轮两种
静作用碾压机械	用碾轮沿被压实材料表面往复滚动，靠自重产生的静压力作用，使被压层产生永久变形，达到压实的目的。 静作用碾压机的生产率，可按下式计算： $$Q=\frac{3\,600\cdot(b-c)\cdot L\cdot h\cdot K_b}{n\cdot\left(\frac{L}{v}+t\right)}$$ 式中：b——碾压带宽度(m)； c——碾压带搭接宽度(m)，一般取0.15～0.25m； L——碾压段长度(m)； h——铺土层压实后厚度(m)； K_b——时间利用系数，一般取0.8～0.9； n——碾压遍数； v——碾压机行驶速度(m/s)； t——转弯掉头或换挡时间，转弯一般取15～20s，换挡一般取2～5s
振动碾压机械	即碾轮在被压实材料表面，既作往复滚动，又以一定的频率、振幅振动，使被压层同时受到碾轮的静压力和振动力的综合作用，以提高压实效果
夯实机械	又可分为夯实和振动夯实两种。夯实机械是利用重物自一定高度落下，冲击被压层进行夯实工作，振动夯实除冲击力之外，还有一个附加的振动力同时作用于被压层。按行走方式不同，静作用碾压机械可分为拖式和自行式两种，振动碾压机械可分为手扶式、拖式和自行式3种

(2)光轮压路机应用

光轮压路机应用　表4-61

项　目	内　容
概念	光轮压路机可分为自行式(简称压路机)和拖式(简称平碾)两种。压路机的单位直线压力较小，压实深度也浅，而且压实不均匀，因此不适用于对水工建筑物(如土坝、河堤、围堰等)的碾压，主要用于筑路工程。压路机可通过增减配重物的办法在一定范围内调整其单位直线压力

续上表

项目	内容
应用	压路机重量分类应用范围

按重量分类	加载后重量(t)	单位直线压力(0.1MPa)	应用范围
特轻型	0.5~2.0	8~20	人行道和修补黑色路面
轻型	2~5	20~40	人行道、简易沥青混凝土路面、公园小道、体育场和土路路基
中型	5~10	40~60	路基、砾石、碎石铺砌层、黑色路面、沥青混凝土路面和土路基础
重型	10~15	60~80	砾石、碎石路面或沥青混凝土路面的终压以及路基或路面底层
特重型	15~20	80~120	大块石堆砌基础和碎石路面

项目	内容
平碾	平碾也有类似压路机的一些缺点,在大中型土方填筑工程中采用不多。由于平碾结构简单,易于制造,一般还用来压实设计干容重要求较低的黏性土、高含水率黏土、砂砾料、风化料、冲积砾质土等。 平碾重量分类应用范围

按重量分类	碾重(t)	砾质砂	砂	砂壤土	壤土	黏土
轻型	<5	O	O	△	×	—
中型	5~10	△	×	△	O	△
重型	≥10	×	×	×	△	O

注:O-适用;△-尚适用;×-不适用

(3)振动压路机应用

振动压路机的应用 表4-62

项目	内容
特点	振动碾可分为光轮和羊脚轮两类,以适用于不同土质条件,它与静作用碾压机械相比具有以下优点: (1)单位直线压力大,压实深度可比同类型重量级的静作用碾压机械大1.5~2.5倍。因此碾压厚度增加,碾压遍数减少。 (2)结构重量轻,外形尺寸小。它与静作用碾压机械相比,在产生相同的压实效果时,其重量只有静作用碾压机械的1/3~1/5。 振动碾的最大缺点是它的高频振动易使操作人员过度疲劳,影响其推广使用。目前振动碾采用了轮胎减振、铰接式机架、静液压传动等多种新型结构,减振问题已基本得到解决,国内外土石坝施工中较多采用5~15t振动碾来进行压实。 振动频率的选择,目前尚无统一标准,一般认为压实非黏性土的振动频率以1 200~2 500次/min为宜;对沥青混凝土材料以2 000~3 000次/min为宜。在使用振动碾的过程中,应注意边坡的稳定,并应采取相应措施
适应性	光轮振动碾适宜于压实土石坝的非黏性土(如砂土、砂砾石)、碎石、块石、堆石和沥青混凝土,其效果远非其他碾压机所能相比。但对黏土和黏性较强的土压实效果不好。摆振式振动碾还可用于大体积干硬性混凝土的捣实作业
	羊脚振动碾是一种新型的碾压机械,既可以压实非黏性土,又可以压实含水率不大的黏性土和细颗粒砂砾石,以及碎石与土的混合料

续上表

项目	内容							
应用范围	振动碾的应用范围							
	碾子重量和形式	块石	砂、砾石		粉土、粉质土、冰碛土		黏土	
			优良级配	均匀粒级	粉质砂、粉质砾石、冰碛土	粉土、砂质粉土	低、中强度黏土	高强度黏土
	3t 以下振动平碾	—	△	△	△	△	—	—
	3~5t 振动平碾	—	O	O	△	△	△	
	5~10t 振动平碾	△	O	O	O	△	△	△
	10~20t 振动平碾	O	O	O	O	△	△	△
	振动凸块碾	—	—	△	△	O	O	O
	振动羊足碾	—	—	△	△	△	O	O
	注:O-适用;△-可用							

(4)其他压路机应用

其他压路机应用　表 4-63

项目	内容
羊脚压路机	羊脚碾有较大的单位压力(包括羊脚的挤压力),压实深度大而均匀,并能挤碎土块,因而有很好的压实效果和较高的生产率,广泛用于黏性土的分层碾压。羊脚碾同时还可通过增减配重的办法来调整羊脚的单位压力,在土坝施工中常常用来碾压不透水黏性土。羊脚碾对于非黏性土和高含水率黏土的压实效果不好,不宜采用
轮胎压路机	轮胎压路机由于轮胎具有弹性,在碾压时土与轮胎同时变形。轮胎碾的接触压力主要取决于轮胎的内压力,荷重增加轮胎的变形使其接触面积增大,而这个面上的接触压力改变并不大。也可以近似地看作接触压力不变。接触面积与压实深度有密切关系,为了得到较大的接触面积,增加压实深度,一般在轮胎允许变形范围内可尽量增加轮胎碾的负荷。刚性的碾轮由于受到土质极限强度的限制,机重不能太大,而轮胎碾没有这个缺点,所以轮胎碾适于压实黏性土及非黏性土,如壤土、砂壤土、砂土、砂砾料等
夯实机械	夯实机械可分为振动夯实机械和夯实机械两类,主要用于狭窄工作面的土层压实。振动夯实机适用土质条件与振动碾相似,主要用于非黏性砂质黏土、砾石、碎石的压实,而夯实机械主要适宜于黏土、砂质黏土和灰土的夯实

4.7.8 土石方机械的选型配套

土石方机械的选型配套　表 4-64

路基形式及其修筑方法	路堤或路堑高(m)	土质类别	运土距离(m)	工作段最小长度(m)	选择施工机械设备	
					主要机械	辅助机械
从路基两侧取土坑取土填方(在平地上)	<1	Ⅰ~Ⅳ	<15	500	自动平地机	松土器(Ⅳ类土必要时使用),推土机,轮胎压路机或羊脚碾
从路基一侧或两侧取土填方			<30	不限制	推土机	松土器(Ⅳ类土必要时使用),自动平地碾,轮胎压路机,羊脚碾

续上表

路基形式及其修筑方法	路堤或路堑高(m)	土质类别	运土距离(m)	工作段最小长度(m)	选择施工机械设备	
					主要机械	辅助机械
自路堑取土填筑路堤(移挖作填)	1~2	Ⅰ~Ⅳ	<50	50	推土机,铲运机($6m^3$)	松土器,自动平地机,轮胎压路机,羊脚碾
	<3		<100	不限制	推土机	松土器,自动平地机,轮胎压路机,羊脚碾
			100~500		铲运机($<10m^3$)	推土机,松土器,轮胎压路机,羊脚碾
			500~1 000	100		推土机,重型压路机,轮胎压路机,羊脚碾
	>3		>1 000	在一个工作段内5 000m^3	装载机,挖掘机,自卸汽车	推土机,自动平地机,轮胎压路机,羊脚碾
		Ⅴ~Ⅵ	>500			空气压缩机,凿岩机,推土机
自专用借土坑取土填筑路堤(取土填方)	不限制	Ⅰ~Ⅳ	<500	50	铲运机($6 \sim 10m^3$)	推土机,轮胎压路机,羊脚碾
			>500	100	铲运机($10m^3$),装载机,自卸汽车	推土机,自动平地机,轮胎压路机,羊脚碾
纵向运土的斜坡填方			<500	50	铲运机($10m^3$),万能推土机	自动平地机,轮胎压路机,羊脚碾
傍山半挖半填	山坡<20°		<30	100	万能推土机	铲运机($6m^3$),轮胎压路机
	山坡>20°	Ⅴ~Ⅵ			挖掘机	万能推土机,空气压缩机,凿岩机
将土推往弃土堆(挖方)		Ⅰ~Ⅳ	<50		推土机	自动平地机,重型压路机

4.8 路面工程机械

4.8.1 稳定土拌和机及厂拌设备

稳定土拌和机及厂拌设备 表 4-65

项目	内容
稳定土拌和机	(1)稳定土拌和机的分类 稳定土拌和机行走装置可分为履带式和轮胎式两种,按工作装置在拌和机上的位置可分为前置式、中置式、后置式 3 种,后置式较为常用。按转子的旋转方向可分为正转和反转两种,正转式稳定土拌和机适用于拌和松散的稳定材料,反转式稳定土拌和机适用于量大且又密集的稳定材料。稳定土拌和机按传动方式不同又可分为机械式和液压式。 (2)稳定土拌和机是把无机结合料(石灰、粉煤灰、水泥)、土(或碎石土、砾石土、天然料)、细料(砂、土)、集料(碎砾石、炉渣)、水等材料按照施工配合比在路上直接拌和的机械。更换工作装置后,还可进行铣削旧沥青路面和路基的工作。 (3)国外稳定土拌和机的发展趋势 国外稳定土拌和机的发展趋势是向功率大、拌和能力强、操作方便、增强刀具耐磨性等方向发展。 (4)人员配备 稳定土拌和机一般配备 2 人
稳定土厂拌设备	稳定土厂拌设备是将土(或碎石土、砾石土、天然料)、碎石、砾石、碎砾石和无机结合料(水泥、石灰、粉煤灰)、水等材料按施工配合比,在固定地点拌和均匀的专用设备。 稳定土厂拌设备生产作业时,所用的无机结合料,通过传送带及垂直提升机被输送到大仓中,再经螺旋输送器将其送入小仓中。此时,小仓中的无机结合料通过叶轮供料器被送到斜皮带轮送机上,同时各料斗中的其他物料经料门卸出并经皮带式输送机送至水平皮带输送机上,水平皮带输送机再将各种材料送入到拌和筒内,同时水箱中的水也被泵入拌和筒内。拌和筒中的螺旋搅拌器将各种料搅拌均匀后强制送至储料仓,拌和好的成品通过储料仓的溢流管送到堆料输送机上或直接卸到运输车上,运输车将成品送至施工现场。 稳定土拌和机的特点是所需配套设备少、占地小、机动灵活、成本低;稳定土厂拌设备级配精度高,拌和质量好,但需安装在固定地点作业,整机庞大,占地面积大,还需配置运输车辆装卸机械才能将成品料运至施工现场,因此使用成本高

4.8.2 沥青乳化机及乳化设备

沥青乳化机及乳化设备 表 4-66

项目	内容
沥青乳化机	沥青乳化机是将沥青破碎成微小的颗粒,稳定而均匀地分散到含有乳化剂的水溶液中,形成水包油液体的机械,沥青乳化机同时也是沥青乳化设备的关键部分。 沥青乳化机破碎分散沥青液相的过程是一个复杂的力学作用过程。它一般利用剪切、挤压、摩擦、冲击和膨胀等作用完成沥青液相的破碎分散。根据所采用的力学作用原理不同,沥青乳化机的构造形式不同,常用的有搅拌式、胶体磨式、喷嘴式 3 种。一般来说,胶体磨式乳化机生产的乳化沥青质量优于喷嘴式沥青乳化机,而喷嘴式沥青乳化机的质量又优于搅拌式沥青乳化机。目前,沥青乳化机大多是胶体磨式,其次是喷嘴式。胶体磨式沥青乳化机的胶体磨主要由转子和定子组成,其工作原理是混合液从进口流入,在穿过转子与定子之间的缝隙时,沥青液相在缝隙中受到转子产生离心力和摩擦力的作用被磨碎成极细的微粒,然后从出口流出,即完成分散乳化。喷嘴式沥青乳化机,主要由泵和乳化头组成,其工作原理是将欲乳化的混合液在泵的高压下(7 ~ 35kPa),从乳化头喷嘴阀的小孔或内外套缝隙中喷出,从而使沥青分散和乳化。喷嘴式沥青乳化机可实现连续生产,效率高

续上表

项目	内容
沥青乳化设备	沥青乳化设备是对完成从原料投入到产品储存这一连续作业过程中所需的成套沥青乳化机械的总称。 沥青乳化设备,根据沥青和乳化剂进入乳化机时的状态不同,分为开式系统和闭式系统两种连接方式。 (1)开式系统的特点是用节门控制流量,沥青和乳化剂靠自重流入乳化机的漏斗。其优点是比较直观,工作结束后乳化机容易清洗;缺点是容易混入空气,产生气泡。 (2)闭式系统的特点是不用乳化机漏斗接液,而用两个匹配好的泵直接把沥青和乳化剂水溶液经管路泵入乳化机内,靠流量斗指示流量。其优点是不易混入空气,便于自动化控制,可以提高产量;缺点是清洗较麻烦。闭式系统适宜于大量生产

4.8.3 石屑撒布机

石屑撒布机 表4-67

项目	内容
概念	石屑撒布机是一种专门撒布石屑的路面基层修筑机械,主要用于均匀地撒布粒径在一定范围内的石屑,亦可用于泥结碎石路面撒布石屑
类型	石屑撒布机分为自行式、拖式和悬挂式3种,自行式最为常见。自行式石屑撒布机由于自身装有动力装置,机动性较好,可以在大面积的作业场合进行石屑撒布

4.8.4 液态沥青运输车

液态沥青运输车 表4-68

项目	内容
概念	液态沥青运输车是运输液态沥青、乳化沥青、煤焦油的专用设备。该车具有保温、加热、机械抽吸、排放、内部循环等功能
组成	由底盘和具有保温性能的罐体及加热装置等组成
类型	液态沥青运输车的结构形式有汽车式、半挂汽车列车式、拖式3种。半挂汽车列车式使用最多,另外两种目前很少使用

4.8.5 沥青洒布机械

沥青洒布机械 表4-69

项目	内容
概念	沥青洒布机械是一种以喷洒液态沥青为主,并具有运输液态沥青能力的沥青路面修筑机械。它用于贯入法或表面处置法修筑沥青路面。 可在路面基层上喷洒液态沥青结合料的透层油,在沥青混合料路面、水泥混凝土路面上喷洒液态沥青结合料黏层油
类型	沥青洒布机械,按沥青喷洒方式,分为气压洒布式和泵压洒布式;按行走方式分为自行式和拖式两种

4.8.6 沥青混合料拌和设备

沥青混合料拌和设备　表 4-70

项　　目	内　　容
概念	沥青混合料拌和设备是一种对集料进行掺配、加热、干燥,并与沥青拌和,以生产沥青混合料的专用设备
类型	(1)根据设备生产率大小,可将沥青混合料拌和设备分为小型(<45t/h)、中型(45~120t/h)、大型(120~300t/h)、超大型(>300t/h)4 种。 (2)根据移动性能不同,可分为固定式、半固定式和移动式 3 种。固定式拌和设备规模较大,所有设备组件均固定安装在选择的地点,生产率较大,设备性能较完善,可以进行多种级配料的生产,适合于工程量集中且规模大的路面铺筑。半固定式拌和设备,全套设备可分为几个分解的部分,在搬迁时能较方便分装在几个半挂平板车上,可较快地再拼装起来,多用于工程量较大的公路施工工程,也可用于公路养护。移动式拌和设备的全部机组都安装在一个或数个特制的轮式机架或半挂平板车上,可及时转移工地,生产率不大,多用于中小型公路施工或养护工程。大型及超大型属固定式,中型多为半固定式,小型为移动式。 (3)根据沥青混合料的拌和方式不同,可将拌和设备分为强制式和滚筒式两种。 所谓强制式沥青混合料拌和设备是先将集料粗配、烘干、加热,然后再筛分、精确称量,最后加入矿粉和沥青。强制搅拌成沥青混合料的工艺方式,缺点是在工作过程中产生大量粉尘,造成环境污染。另外,设备的组成部分较多,结构复杂,设备庞大。 滚筒式拌和设备是将集料在滚筒中烘干、加热,同时将沥青通过流量斗送入滚筒,滚筒的旋转使其中的砂石自行跌落,被沥青裹覆,产生搅拌作用,从而按稳定的流程连续生产出热拌沥青混合料。其优点是对空气污染少,设备组成工艺简单,其缺点是集料的加热采用顺流式,热利用率低,拌制好的混合料有较多的残余水分,强度也较低
生产率计算	$$Q=\frac{60\cdot G\cdot K_b}{1\,000\cdot t}$$ 式中:Q——生产率(t/h); G——搅拌器内的料重(kg); K_b——时间利用系数,一般取 0.8~0.9; t——拌和时间,即混合料在搅拌容器内的停留时间(min)

4.8.7 沥青混合料摊铺设备

沥青混合料摊铺设备　表 4-71

项　　目	内　　容
类型	(1)摊铺机按行走方式不同,分为履带式、轮胎式和拖式 3 种; (2)按动力传动系统的不同,分为机械式和液压式 2 种; (3)按摊铺宽度不同,分为小型、中型、大型和超大型 4 种; (4)按熨平板的加热方式,分为电加热、丙烷气和燃油加热 3 种。 道路施工中常用燃油加热的摊铺机
应用	沥青混合料摊铺设备是将拌制好的沥青混合料均匀地摊铺在已修整和平整路面基层上的专用设备。其原理是利用螺旋输送器将混合料铺开,然后由振捣梁对铺开的料层进行初步捣实,由熨平装置完成加热熨平整形工作

续上表

项　目	内　容
生产率计算	$$Q=h\cdot B\cdot v\cdot\rho\cdot K_b$$ 式中:Q——生产率(t/h); h——铺层厚度(m); B——摊铺带宽度(m); v——摊铺工作速度(m/h); ρ——沥青混合料密度(t/m³); K_b——时间利用系数,一般取0.75~0.95
发展趋势	沥青混合料摊铺机是路面施工中的重要施工机械,国内外都在开发新的产品,主要是改机械式为全液压式或液压机械式,开发不受外界条件变化的干扰,始终保持平行于纵、横基准面运动,而与机械本身的垂直运动无关的自动调平装置。国外还生产出了一次铺成并作最终压实的沥青混合料摊铺机

4.8.8 水泥混凝土摊铺机

水泥混凝土摊铺机　表4-72

项　目	内　容
类型	水泥混凝土摊铺机,按施工方法不同可分为轨道式和滑模式。 轨道式水泥混凝土摊铺机是靠固定在路基上的轨道、模板来控制摊铺厚度和平整度的,一般由布料机、振实机、整平机、表面抹光机等组成。 滑模式摊铺机是将各作业装置装在同一机架上,通过位于模板外侧的行走装置随机移动滑动模板,就能按照要求使路面板挤压成型,并可实现多种功能的摊铺,如路肩、路缘石等
应用	水泥混凝土摊铺机是将水泥混凝土均匀地摊铺在路面基层上,然后经过振实、整平等作业程序,完成水泥混凝土路面铺筑的路面机械。 两种摊铺机的比选如下: (1)滑模式摊铺机不设置固定边模,需用的模板和辅助立模的人工少,具有较高的生产率,但对水泥混凝土搅拌设备要求高,必须保证水泥混凝土及时供应和对坍落度的严格控制。 (2)轨道式摊铺机需配置几套模板,以适应所铺不同板厚的路面,且对固定边模的安装、轨道的铺设要求较高,必须使边模安装符合路面板厚的要求,轨道安装符合平整度要求。 (3)滑模摊铺机只包括很少的机器,但所有机器都需要安装自动找平和自动转向系统,由导向钢丝控制,整套设备的自动化程度高,技术难度大,造价和维修成本高。 (4)轨道式摊铺机摊铺后,模板要保留一段时间,与滑模式摊铺机相比便于水泥路面的养护,并能保证铺后路面板边缘不致塌落
生产率计算	$$Q=1\,000\cdot h\cdot B\cdot v\cdot K_b$$ 式中:Q——生产率(m³/h); h——铺层厚度(m); B——摊铺带宽度(m); v——摊铺工作速度(m/h); K_b——时间利用系数

第二篇　路基工程施工

5 路基工程概述

5.1　路基施工准备工作

路基施工准备工作的主要内容　表 5-1

项　　目	内容、规定与要求
熟悉设计意图，核对图纸文件资料	施工前，应组织施工人员对设计文件、图纸、资料认真进行熟悉，核对是否齐全，有无遗漏、差错或相互之间有无矛盾之处，发现差错应向设计单位提出；或补齐或更正，并做记录。 在研究设计图纸、资料过程中，需要与现场实际情况核对，并在必要时进行补充调查，以利做好准备
现场踏勘，调整研究的主要事项	对施工有影响，需拆迁的各种建筑物、构筑物、公用事业杆线、管道和附属设施以及树木、农作物、坟墓等。 因施工影响沿线建筑物、构筑物、公用事业的杆线、管道安全，需加固保护的结构、数量和确切位置。 沿线需重点保护的历史文物、古迹、测量标志及军事设施等。 了解沿线填方、挖方的地段和数量以及可供借土或弃土的地点。 摸清沿线可利用的排水沟渠和下水道，及以往暴雨后的积水情况，以便考虑施工期间的排水措施。 了解现场附近供水、供电、通信设施、运输路线、场地及其他设施的情况。 对外露的检查井、消防栓、人防通气孔等应在图上标明，以备核对，避免埋没或堵塞。 了解沿线各单位因施工受到的影响情况，以及车辆交通影响，以便提出安排方案
编制施工大纲	大型道路工程在开工前可根据调查情况，编制施工大纲，按工程特点和具体条件，确定施工程序、施工方法、采取的技术措施以及工、料计划与施工进度等
编制施工组织设计	大、中型规模的工程应编制施工组织设计。它是根据施工现场情况和调查研究，经过综合分析而编制的，其主要内容包括：工程概况及其特点（着重施工特点）、施工方法、施工程序、针对关键性部位所采取的组织措施、技术措施（包括安全技术措施）与施工进度、工程量、工作量、机料设备、劳力计划、施工总平面布置等
编制施工预算	按施工图纸的工程量、施工组织设计、拟订的施工方法、公路或城市道路相应的工程预算定额（或其他经上级指定的专用工程预算定额）和有关费用，由施工单位编制好施工图预算
测量控制	对建设单位所交付的道路中线位置桩、水准基点桩等及其测量资料进行检查核对，若发现桩基不足、不稳妥、被移动、测量精度不符合要求等，应按施工测量要求进行补测、加固、移设或重新测校，并通知建设单位
协作配合	开工前做好各项施工准备，应充分调查有无地下原有管线或其他地下建筑物等障碍，以及施工中可能涉及与其他部门有关的问题。对此应事先联系，加强协作，签订协议
专业施工	施工范围内若有混凝土构筑物需采取爆破方法拆除时，除应制订相应的安全措施外，必须由持有执照的专业单位实施，并报请有关部门审批

5.2 路 基 土

5.2.1 路基土分类依据

路基土分类依据 表 5-2

项目		内容与方法
意义		土的组成、结构、成分以及物理、水理、力学性质千差万别,再加之成土作用所经历的年代也有长有短,因而土的种类繁多。为正确评价土的工程特性,以便采取合理的设计、施工方案,必须对土进行工程分类
分类依据	C_u、C_c	土颗粒组成特征以土的级配指标的不均匀系数(C_u)和曲率系数(C_c)表示。 不均匀系数 C_u 反映粒径分布曲线上的土粒分布范围:$C_u = d_{60}/d_{10}$;曲率系数 C_c 反映粒径分布曲线上的土粒分布形状:$C_c = (d_{30})^2/(d_{10} \times d_{60})$。 d_{10}、d_{30}、d_{60} 分别为土的粒径分布曲线上对应通过率 10%、30%、60% 的粒径(mm)。 当 $C_u \geqslant 5$、$C_c = 1 \sim 3$ 时,属良好级配;如不同时满足此条件,则属不良级配
	w_L、w_P	土的塑性指标以液限(w_L)、塑限(w_P)和塑性指数(I_P)表示
	有机质	土中有机质存在情况

5.2.2 路基土的分类

(1)一般分类

路 基 土 分 类 表 5-3

项目		内容与规定
有机质		按有机质含量多少,划分成有机土和无机土两大类
无机土	巨粒土	包括漂石(块石),$D>200$mm;卵石(碎石),$D=60\sim200$mm
	粗粒土	包括砾石(粗、中、细),$D=2\sim60$mm;砂(粗、中、细),$D=0.074\sim2$mm
	细粒土	细粒组:包括粉粒,$D=0.074\sim0.02$mm;黏粒,$D<0.02$mm

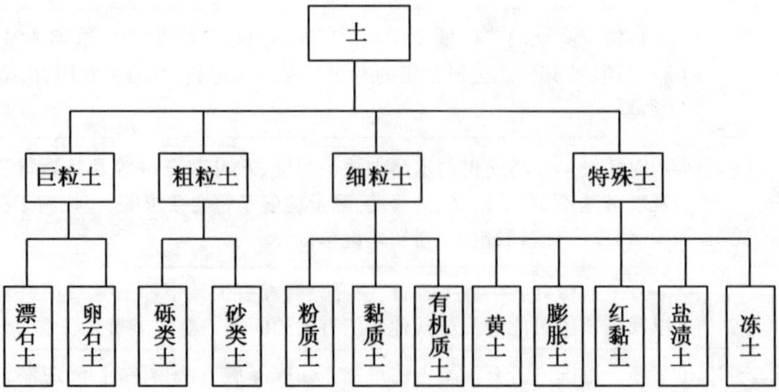

(2)土的基本代号

土 的 基 本 代 号　　表 5-4

项 目		内 容
意义		统一土名标示及运用计算机检索土质试验资料
成分	巨粒土	漂石 B;块石 B_a;卵石 Cb;小块石 Cb_a
	粗粒土	砾 G;角砾 G_a;砂 S
	细粒土	粉土 M;黏土 C;细粒土(C 和 M 合称)F;混合土(粗、细粒土合称)SI
	有机质土	有机质土 O
级配		良好 W;不良 P
液限		高 H;低 L

(3)新老土名的大致对照关系

新 老 土 名 对 照　　表 5-5

老土组	老土名	颗粒组成(按质量百分比计) 砂粒 0.074~2mm	黏粒<0.002mm	I_p	w_L	新土名		代号	砂砾含量
砂土	砂土	>80	0~3			砂		S	
						含细粒土砂		SF	
砂性土	粉质砂土	50~80	0~3			细粒土质	粉土质砂	SM	
	粗亚砂土	>50 粗砂多于细砂	3~10						
	细亚砂土	>50 细砂多于粗砂	3~10						
粉性土	粉质亚砂土粉土	20~50 <20	0~10 0~10	>2 >2	<50	粉质土	含砂低液限粉土	MLS	
							低液限粉土	ML	
	粉质轻亚黏土	<45	10~20	>10	<50		含砂低液限粉土	MLS	>25
	粉质重亚黏土	<40	20~30	>18			低液限黏土	CL	
黏性土	轻亚黏土	>45	10~20	>10	<50	黏性土	黏土质砂	SC	>50
	重亚黏土	>40	20~30	>18			含砂低液限黏土	CLS	>25
	轻黏土	<70	30~50	>26	>50		高液限黏土质砂	SCH	>50
							含砂高液限黏土	CHS	
	重黏土	<45	>50	>50			高液限黏土	CH	>25

5.2.3 路基土石工程分级

土 石 分 类 对 照　　表 5-6

定额分类	松土	普通土	硬土	软石	次坚石	坚石
16 级分类	Ⅰ~Ⅱ	Ⅲ	Ⅳ	Ⅴ~Ⅵ	Ⅶ~Ⅸ	Ⅹ~ⅩⅥ

5.2.4 各类土的工程性质

土的工程性质　　表5-7

项　目	内容与使用规定
巨粒土	包括漂石(块石)土和卵石(小块石)土,有很高的强度和稳定性,是填筑路基很好的材料;用以填筑路堤时,应正确选用边坡值,以保证路基稳定。级配良好的砾石混合料,由于粒径较大,内摩擦系数亦大,密实程度好,强度和稳定性均能满足要求;级配不良的砾砂混合料,填筑时应保证密实程度,防止由于空隙大而造成路基出现渗水、不均匀沉陷或表面松散等病害
砂土	无塑性,透水性强,毛细水上升高度很小,具有较大的内摩擦系数;采用砂土修筑的路基,强度和水稳性均较好。但砂土由于黏性小,易于松散,压实困难,需用振动法才能压实;经充分压实的砂土路基压缩变形小。在有条件时,可掺加一些粉质土,以提高其稳定性,改善路基的使用质量
砂质土	既含有一定数量的粗颗粒,使路基获得足够的内摩擦力,又含有一定数量的细颗粒,使其具有一定的黏聚力,不致过分松散。例如粉土质砂,其颗粒组成接近最佳级配,渗水性好,不膨胀,湿时不黏着,雨天不泥泞,晴天不扬尘,在行车作用下,易被压实成平整坚实的路基。因此,砂质土是修筑路基的良好材料
粉质土	含有较多的粉土颗粒,平时虽稍有黏性,但分散后易扬尘,浸水时很快被湿透,易成流体状态(稀泥)。粉质土的毛细水上升高度大(可达1.5m),在季节性冰冻区,水分积聚现象严重,易引起路基结冰期冻胀、春融期翻浆,故又称翻浆土。因此,粉质土是最差的筑路材料,如果必须用粉质土填筑路基,宜掺配其他材料,改善其性质,并加强排水以及采取设置隔离层等措施
黏质土	细颗粒含量多,内摩擦角小,黏聚力大,透水性小,吸水能力强,具有较大的可塑性、黏结性和膨胀性,毛细水上升现象显著。黏质土干燥时较坚硬,不易破碎,亦不易被水浸湿;但浸水后,能比较长时间保持水分,因而承载力很小。在季节性冰冻地区,在不良水温状况下,黏质土路基也容易产生冻胀和翻浆。黏质土如能在适当含水率时充分压实和采取良好的排水和隔水措施,修筑的路基也能保持稳定
高液限黏土	塑性指数与液限都很高,其工程性质与黏质土相似,但受黏土矿物成分影响较大(含高岭石最好,伊利石次之,蒙脱石最差)。重黏土不透水,黏聚力特强,膨胀性和塑性都很大。其干燥时很坚硬,难以挖掘也难以破碎

5.2.5 土的三相比例指标

(1)试验指标

试验指标　　表5-8

项　目	内容、规定与公式
土的密度	土的密度是单位体积土的质量,如令土的体积为 V,质量为 m,则土的密度 ρ 可由下式表示: $\rho=\frac{m}{V}\ (g/cm^3)$ 土的密度常用环刀法测定,其单位是 g/cm^3,一般土的密度为1.60~2.20g/cm^3。当用国际单位制计算重力 W 时,由土的质量产生的单位体积的重力称为重力密度 γ,简称为重度;重力等于质量乘以重力加速度,则重度由密度乘以重力加速度求得,其单位是 kN/m^3,但在工程上为简化计常用其密度乘以10,即 $\gamma=\rho g=10\rho$。对天然土求得的密度称为天然密度,相应的重度称为天然重度
土粒密度	土粒密度 ρ_s 是干土粒的质量 m_s 与其体积 V_s 之比,由下式表示: $\rho_s=\frac{m_s}{V_s}\ (g/cm^3)$ 其值可由试验求得。土粒密度主要取决于土矿物成分,不同土类的土粒密度变化幅度不大,在有经验的地区可按经验值选用。土粒相对密度是指土的质量与4℃时同体积水的质量之比,其值与土粒密度相同,但没有单位。一般土的土粒相对密度值:砂土为2.65~2.69;砂质粉土为2.70;黏质粉土为2.71;粉质黏土为2.72~2.73;黏土为2.74~2.76

续上表

项　目	内容、规定与公式
含水率	土的含水率 ω 是土中水的质量 m_w 与固体(土粒)质量 m_s 之比,由下式表示: $$w=\frac{m_w}{m_s}\times100(\%)$$ 含水率常用烘干法测定,是描述土的干湿程度的重要指标,常以百分数表示。土的天然含水率变化范围很大,干砂的含水率接近于零,蒙脱土的含水率可达百分之几百

(2)换算指标

换 算 指 标　表 5-9

项　目	内容与公式
干密度	干密度 ρ_d 是土的固相质量 m_s 与土的总体积 V 之比,可由下式表示: $$\rho_d=\frac{m_s}{V}\ (\mathrm{g/cm^3})$$ 土的干密度越大,土越密实,强度就越高,水稳定性也好。干密度常用作填土密实度的施工控制指标
饱和密度	土的饱和密度是当土的孔隙中全部为水所充满时的密度,即全部充满孔隙的水的质量 m_w 与固相质量 m_s 之和与土的总体积 V 之比,由下式表示: $$\rho_{sat}=\frac{m_w+m_s}{V}\ (\mathrm{g/cm^3})$$ 当用干密度或饱和密度计算重力时,也应乘以 10 变换为干重度或饱和重度
浮重度	当土浸没在水中时,土的固相受到水的浮力作用,土体的重力也应扣除浮力。计算地下水位以下土层的自重应力时应当用有效重度。有效重度是扣除浮力以后的固相重力与土的总体积之比(又称为浮重度),由下式表示: $$\gamma'=\frac{10m_s-V_s\gamma_w}{V}=\gamma_{sat}-\gamma_w\ (\mathrm{kN/m^3})$$ 其中,γ_w 为水的重度,纯水在 4℃时的重度等于 9.81kN/m^3,在工程上化整为 10kN/m^3
孔隙比	土的孔隙比是孔隙的体积 V_v 与固相体积 V_s 之比,以小数计,由下式表示: $$e=\frac{V_v}{V_s}$$ 孔隙比用来评价土的紧密程度,或从孔隙比的变化推算土的压密程度,在土力学的计算中经常用到这个指标
孔隙率	土的孔隙率是孔隙的体积 V_v 与土的总体积 V 之比,由下式表示: $$n=\frac{V_v}{V}$$
饱和度	土的饱和度是指孔隙中水的体积 V_w 与孔隙体积 V_v 之比,由下式表示: $$S_r=\frac{V_w}{V_v}$$

5.2.6 路基压实质量

路 基 压 实 质 量　表 5-10

项　目	内容与公式
压实度	路堤、路床、路堤基底及桥台、挡土墙构造物背后等均应进行压实。压实质量以压实度 K 表示,即工地干密度 ρ 与最大干密度 ρ_0 之比,即 $$K=\frac{\rho}{\rho_0}$$

续上表

项　目	内容与公式
填料空隙率	建筑材料的体积由固体物质和空隙组成,它们所占的比例说明材料的密实程度。密实度 D 和空隙率 η 两者之和为1,两者均反映材料的密实程度,通常用空隙率来直接反映材料密实程度。 土样视比重是干土粒的质量与它的体积之比 $G=m_s/V_s$;土样干密度是土的固体部分的质量与土的总体积之比 $\rho_d=m_s/V$;孔隙比是孔隙的体积与固体部分的体积之比 $e=V_v/V_s$;填料空隙率是空隙的体积与总体积之比 $\eta=V_v/V$,空隙率可写成下列公式: $$\eta=\frac{e}{1+e}=1-\frac{\rho_d}{G}$$ 密实度指材料体积内被固体物质所充实的程度 $D=V_s/V=\rho_d/G$

5.3 路基力学强度特性

5.3.1 路基干湿类型

路 基 干 湿 类 型　　表5-11

项　目	内容与要求
类型	路基的强度与稳定性,同路基的干湿类型有密切关系。路基的干湿类型划分为干燥、中湿、潮湿和过湿四类。公路应使路基处于干燥或中湿状态,否则需要对土基进行处理。因此,正确区分路基的干湿类型,是做好公路路基设计的前提
改建公路	根据路基土的平均相对含水率(w_x)或平均稠度(w_c)划分。 对于改建公路,路基土的干湿类型可以根据实测不利季节路床表面以下80cm深度内土的 w_x 或 w_c,并结合路基土的分界相对含水率建议值或分界稠度建议值划分,然后确定路基干湿类型
新建公路	以路基临界高度判别路基干湿类型: 对于新建公路,因路基尚未建成,路床范围(80cm)内的平均相对含水率无法测定,因此,不能以 w_x 或 w_c 来判断路基的干湿类型。此时,可采用地下水或地表长期积水的水位至路床顶面的距离,与路基临界高度进行比较来判别路基干湿类型。 以临界高度判别路基干湿类型,同样是以分界相对含水率为依据的。 所谓路基临界高度,是指在不利季节,当路基分别处于干燥、中湿、潮湿和过湿状态时,路床表面距地下水或地表积水水位的最小高度,分别用 H_1、H_2 和 H_3 表示。临界高度可根据土质和气候因素按当地经验确定,缺乏资料时可按规范选用。当 $H>H_1$ 时,路基为干燥状态;$H_1>H>H_2$ 时,路基为中湿状态;$H_2>H>H_3$ 时,路基为潮湿状态;$H<H_3$ 时,路基为过湿状态

5.3.2 路基受力与工作区

路基受力与工作区　　表5-12

项　目	内容与规定
受力特性	路基承受着路基自重和汽车轮重两种荷载。在路基上部靠近路面结构的一定深度范围内,路基土主要承受车辆荷载的影响。正确的设计应使得路基所受的力在路基弹性限度范围内,而当车辆驶过后,路基能恢复原状,以保证路基相对稳定,路面不致引起破坏。 路基工作区内,土基的强度和稳定性对保证路面结构的强度和稳定性极为重要,因此需对工作区深度范围内的土质进行选择,并对路基的压实度应提出较高的要求。当工作区深度大于路基填土高度时,行车荷载的作用不仅施加于路堤,而且施加于天然地基的上部土层,因此天然地基上部土层和路堤应同时满足工作区的要求,均应充分压实

续上表

项　目	内容与规定
路基工作区	汽车荷载通过路面传递到路基的应力与路基土自重应力之比大于0.1的应力分布深度范围

路基工作区深度分析结果　　表5-13

轴型及其单轴轴载	不同确定标准对应的路基工作区深度(m)		
	$\sigma_z/\sigma_c \leqslant 0.1$	$\sigma_z/\sigma_c \leqslant 0.2$	$\sigma_z/\sigma_{z0} \leqslant 0.25$
单轴双轮100kN	1.3	0.9	1.9
三轴双轮130kN	2.4	1.6	3.0

注：1. σ_z 为车辆荷载通过路面结构传递到路基中的竖向应力；
2. σ_c 为上覆结构自重引起的竖向应力；
3. σ_{z0} 为车辆荷载通过路面结构传递到路基顶面的竖向应力

5.3.3 路基承载能力

土基的承载能力　　表5-14

项　目	内容与要求
路基强度要求	在车轮荷载作用下，路基、路面结构的强度与刚度除了与路面材料的品质有关之外，路基的支承起着决定性的作用。路基作为路面结构的基础，其抵抗车轮荷载能力的大小，主要决定于路基顶面在一定应力级位下抵抗变形的能力。所以路基的承载能力都采用一定应力级位下的抗变形能力来表征。尽管柔性路面设计和刚性路面设计以不同的理论体系为基础，不同的设计方法有不同的假定前提，但是用于表征路基承载力的各种指标，它们的前提基本上是相同的，也就是土基在一定应力级位下的抗变形能力。用于表征土基承载力的参数指标有回弹模量、地基反应模量和加州承载比(CBR)等
土基回弹模量	以回弹模量表征土基的承载能力，可以反映土基瞬时荷载作用下的可恢复变形性质，因而可以应用弹性理论公式描述荷载与变形之间的关系。以回弹模量作为表征土基承载能力的参数，可以在弹性理论为基本体系的各种设计方法中得到应用。为了模拟车轮印迹的作用，通常都以圆形承载板压入土基的方法测定回弹模量。 有两种承载板可以用于测定土基回弹模量，即柔性压板与刚性压板
地基反应模量	用温克勒(E · Winkler)地基模型描述土基工作状态时，以地基反应模量 K 表征土基的承载力。根据温克勒地基假定，土基顶面任一点的弯沉 l，仅同作用于该点的垂直压力 P 成正比，而同其相邻点处的压力无关
CBR	加州承载比是早年由美国加利福尼亚州提出的一种评定土基及路面材料承载能力的指标。承载能力以材料抵抗局部荷载压入变形能力表征，并采用高质量标准碎石为标准，以它们的相对比值表示CBR值。 试验时，用一个端部面积为19.35cm^2 的标准压头，以0.127cm/min的速度压入土中，记录每贯入0.254cm时的单位压力，直到压入深度达到1.27cm时为止

5.4　土工材料与试验

5.4.1 土工材料要求

土工材料的类型及材质要求　　表5-15

项　目	要求与规定
编型土工纤维	土工合成材料，应具有质量轻、整体连续好、抗拉强度较高、耐腐蚀和抗微生物侵蚀性好、施工方便等优点； 非织型的土工纤维应具备当量空隙直径小、渗透性好、质地柔软能与土很好结合的性质； 应根据出厂单位提供的幅宽、质量、厚度、抗拉强度、顶破强度和渗透系数等测试数据，选用满足设计和规范要求的土工合成材料
织型土工纤维即机织物	
无纺型土工纤维	
组合型土工纤维	

5.4.2 材料的试验和检测

材料的试验和检测 表 5-16

项　　目	内容与规定
一般特征	描述产品的形态,包括纤维材料的成分和制造方法,单位面积质量、厚度、空隙尺寸,成卷特征。上述内容一般由生产厂家通过产品检测试验提供,作为材料性能规格说明
鉴别和分类参数	包括力学特性参数、水力特性参数,以及耐久性和老化特性、抗化学和生物腐蚀性等,提供产品特性和分类依据
土与土工织物的相互作用性质	包括强度与变形特性、土与土工织物之间的摩擦力和黏聚力、反滤性能等

6 路堤土石方作业

6.1　填方路堤基本要求

6.1.1 填方路堤基本要求

填方路堤基本要求　表 6-1

项　目	内容与要求
原地面清除	填土前，必须将原地面上杂草、树根、农作物残根、腐殖土、垃圾杂物全部清除，并应将路堤填筑范围内清理留下的坑、洞、墓穴填平，用原地的土或砂质土回填，分层夯实至填筑高程
注意选用填方土料	填筑路堤的土方，不得使用淤泥、腐殖土，或含杂草、树根等以及含水饱和的湿土。所用填土应与旧路堤相同最好，否则宜选用透水性较好的土，填料最小强度、最大粒径符合要求
防止积水	填土过程中，应由路中向路边进行。可分段分层填筑，先填低洼地段，后填一般路段，须保持有一定的路拱和纵坡，随时防止雨水积聚，影响填方质量
分层填筑	填方必须根据路基设计断面分层填筑、分层压实。分层厚度，一般为松铺 30cm，压实厚约为 20cm。路基填筑压实的宽度应不小于设计宽度，以便最后削整边坡。严禁边坡不足，进行帮宽贴坡
搭接	为使新、老土密结黏合，旧路帮宽必须挖成阶梯以利分层搭接，当新填土方纵向划分若干路段施工时，亦应留有阶梯，以便逐层相互搭接进行压实
排水清淤	当路基穿过河浜、水塘等，应在路基坡脚以外两侧筑土坝（由土袋堆筑），排除坝与坝之间积水，并清除淤泥后，在河床（或塘底）可先铺一层砾石砂、粗砂或碎石（透水性良好的材料），厚约 15～30cm，作为隔离层，然后分层填筑，分层压实

6.1.2 路堤填料强度和粒径要求

路堤填料最小承载比要求　表 6-2

路基部位		路面底面以下深度(m)	填料最小承载比 CBR(%)		
			高速公路、一级公路	二级公路	三、四级公路
上路堤	轻、中等及重交通	0.8～1.5	4	3	3
	特重、极重交通	1.2～1.9	4	3	—
下路堤	轻、中等及重交通	1.5 以下	3	2	2
	特重、极重交通	1.9 以下			

注：1. 当路基调料 CBR 值达不到表列要求时，可掺石灰或其他稳定材料处理。

2. 当三、四级公路铺筑沥青混凝土和水泥混凝土路面时，应按照二级公路的规定执行

城镇路基填料的最小强度 表 6-3

填方类型	路床顶面以下深度(cm)	最小强度(CBR,%)	
		城市快速路、主干路	其他等级道路
路床	0~30	8.0	6.0
路基	30~80	5.0	4.0
路基	80~150	4.0	3.0
路基	>150	3.0	2.0

6.1.3 填方路堤的边坡坡度

填方路基边坡坡率 表 6-4

路基高度(m)		边坡坡度(1:n)	
		高速公路、一级公路	二、三级公路
平沙地		1:3~1:6	1:3~1:6
不同沙基高度	$h \leqslant 0.5$	1:3~1:6	1:3~1:6
	$0.5 < h \leqslant 2$	1:3~1:5	1:3~1:4
	$2 < h \leqslant 5$	1:2.5~1:4	1:2~1:3
	$5 < h$	1:2.5	1:2

注:填石路堤可采用与土质路堤相同的断面形式,边坡坡率不宜陡于该表的规定,边部可采用码砌,码砌厚度宜为1~2m,码砌石块最小尺寸不应小于300mm。边坡较高时,可在边坡中部设置宽度1~3m的平台

填石路堤边坡坡率 表 6-5

填石料种类	边坡高度(m)			边坡坡率	
	全部高度	上部高度	下部高度	上部高度	下部高度
硬质岩石	20	8	12	1:1.1	1:1.3
中硬岩石	20	8	12	1:1.3	1:1.5

城市道路路堤填方边坡度 表 6-6

填料种类	边坡高度(m)			边坡坡度		
	全部高度	上部高度	下部高度	全部坡度	上部坡度	下部坡度
细粒土	20	8	12	—	1:1.5	1:1.75
粗粒土	12	—	—	1:1.5	—	—
巨粒土	20	12	8	—	1:1.5	1:1.75
不易风化的块石	8	—	—	1:1.3	—	—
	20	—	—	1:1.5	—	—

注:如有可靠的资料和经验时,可不受本表限制;粉质土边坡坡度可视具体情况适当放缓;填石路基的坡面应采用大块石码砌或排列整齐;边坡采用大于25cm不易风化的硬块石干砌时,其坡度按具体情况决定;用软质块石填筑路堤的边坡坡度应根据其胶结物质成分、风化程度等决定;路堤边坡高度小于本表所列数值时,仍按表列确定。对于浸水填土路堤,设计水位至常水位部分的边坡坡度视填料情况,可采用1:1.75~1:2;常水位以下部分可采用1:2~1:3

6.2　填方、半填半挖路基断面

6.2.1 填方路基断面

填 方 横 断 面　　表 6-7

项　目	图　示	说　明
矮路堤	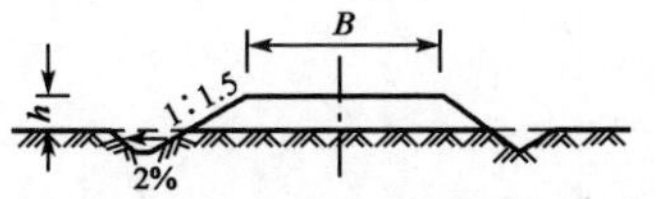	填方路基称为路堤，其中填方高度 h 不超过 1m 的称为矮路堤。矮路堤应按规定标准严格控制最小填土高度，以保证地下水及两沟渠积水不致浸湿路基
一般路堤	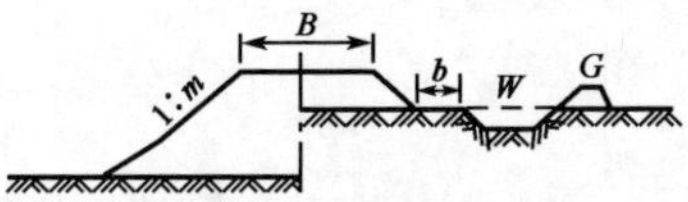	一般路堤是填方路基的基本形式，在平坦地区大多采用这种断面。其中 B 为路基顶面宽度，b 为护坡道宽度，1: m 为边坡坡率，W 为取土坑或排水沟顶面宽度，G 为挡水埂顶面宽度
沿河路堤	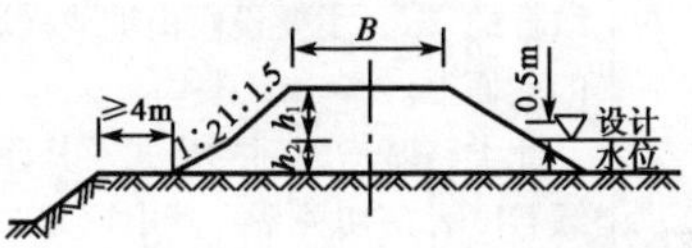	长期浸水路基其边坡坡度应适当放缓，在设计水位以下为 1:1.75 ~ 1:2.0；在常水位以下为 1:2.0 ~ 1:3.0。若采用渗水性较好的土填筑或用砌石作防护时，边坡可以稍陡
矮墙路堤	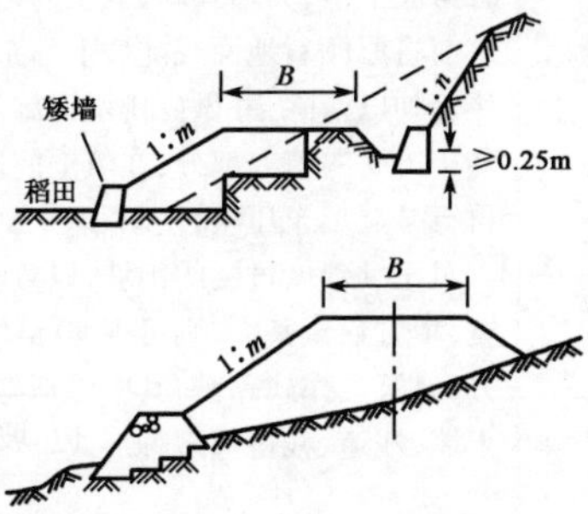	为减少拆迁、少占农田而收坡脚，可采用矮墙（护脚）路堤形式。矮墙高度不大于 1.5m，顶宽为 0.5 ~ 0.8m。墙内坡直立，外坡1:0.2 ~ 1:0.5，矮墙须采用浆砌片石砌筑。此断面形式不宜在软土地区或冰冻严重地区使用
斜坡路堤	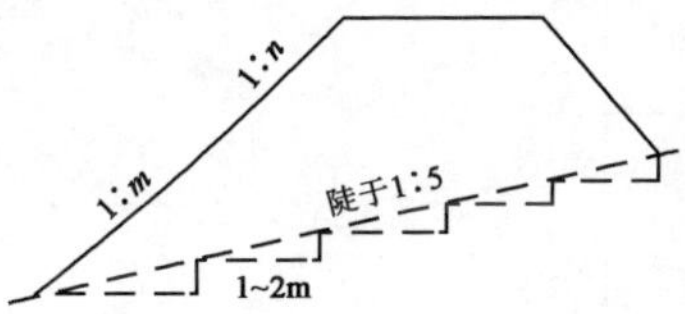	当填方路基基底位于地面自然横坡陡于 1:5 的斜坡上时，路堤基底应挖台阶。台阶宽视斜坡坡度而定，但不得小于 2m。对分期修建或旧路加宽时，衔接处台阶宽度为 2m。在挖、填方交界处，应采取超挖回填措施
护肩路基	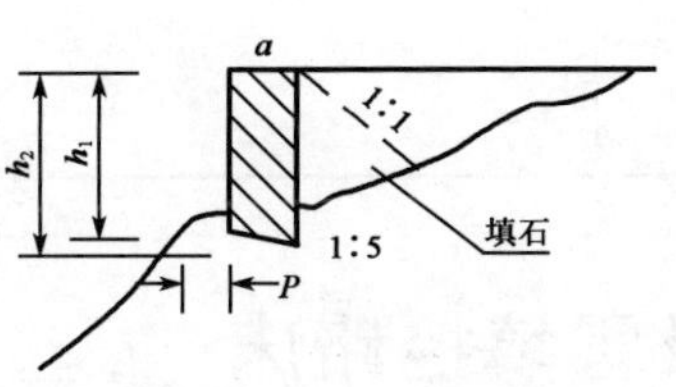	傍山路基地段，其填方部分的坡脚可能伸出较远而不易填筑，这时可修筑护肩路基。护肩高不大于 2m，用浆砌片石砌筑，顶宽 1m，内、外坡均直立，护肩以内应填石，以利泄水。若基底为陡于 1:5 的陡坡时，应按要求挖出台阶。护肩路基应在护肩之外留出足够宽度的襟边，其宽度 p：弱风化的硬质岩石襟边宽为 0.2 ~ 0.6m；强风化岩石或软质岩石为 0.6 ~ 1.5m；密实的粗粒土为 1.0 ~ 2.0m
挡土墙路基	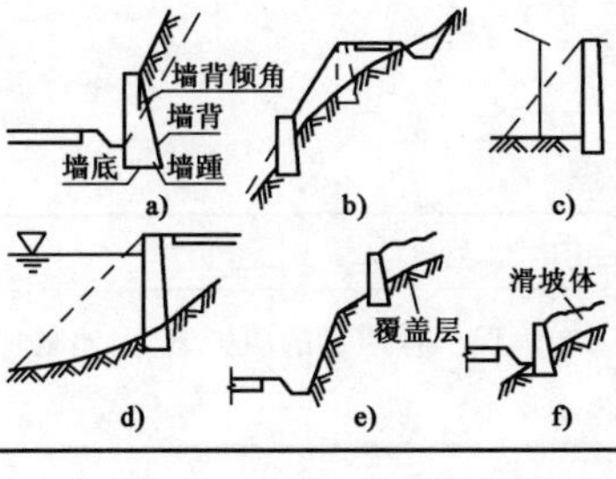	在公路建筑中常用挡土墙，收缩边坡坡脚，减少占地或拆迁建筑物，或防止水流对路基冲刷，或防止陡坡路基下滑等地段。其常用的形式有路肩挡土墙、路堤挡土墙、浸水挡土墙、抗滑挡土墙等。按其结构特点，可分为重力式、衡重式、悬臂式、扶壁式、锚杆式等

6.2.2 半填半挖路基断面

半填半挖路基断面　表 6-8

项　目	图　示	说　明
一般填挖路基	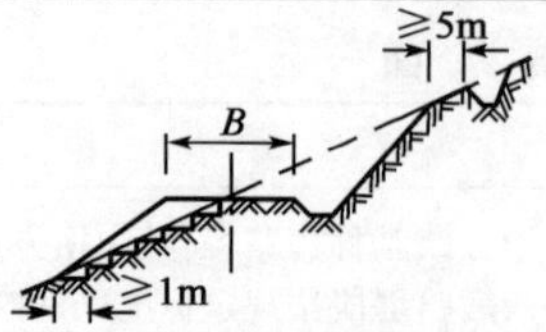	半填半挖路基是将路堤与路堑(即挖方路基)相结合的形式,主要设在山坡或横坡倾斜达10°~20°的地面上。 此类路基横断面的形式及其稳定性,同原地面的倾斜度有密切关系。其中填方部分,在自重作用下有可能下滑,为增强新、老土的密切结合,要求在填筑前将原倾斜地面或陡坡上的杂草、松动浮土和石块等加以清除,并做好排水设施。同时将原倾斜面陡于1:5的填方部分,在填土前挖成台阶(阶梯形)再行分层填筑压实,使新、老土良好结合。 对于倾斜度过陡的山坡,以致无法填筑或占地太宽,填方数量甚大,则可视实际情况,充分利用废石方,修筑支撑式路基,其中包括叠砌、护墙、护脚、挡土墙、栈道、栈桥等多种形式
矮挡土墙路基	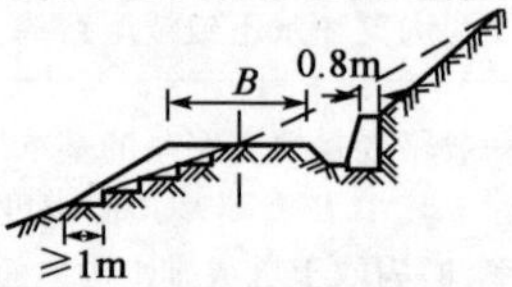	
护肩路基	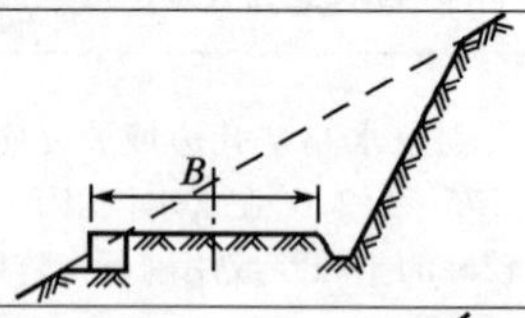	
砌石路基	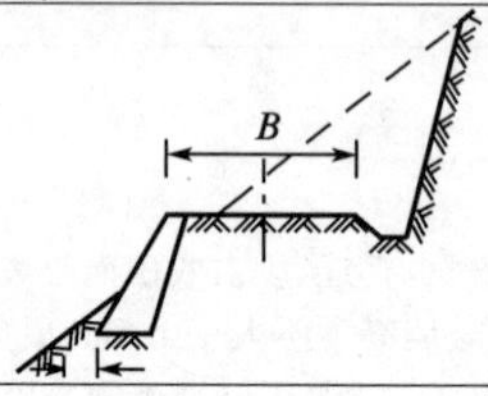	
护墙路基	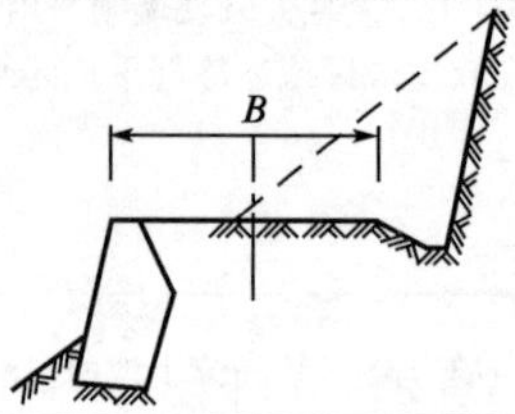	
挡土墙路基	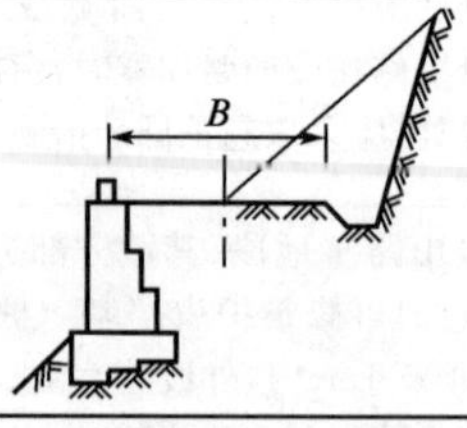	

6.3 基底处理及零填挖路床

6.3.1 基底处理

基 底 处 理　表 6-9

项　目	内　容
原则	(1)原地基处理应按照设计要求精心施工,在确保工程质量的原则下,因地制宜,合理利用当地材料和工业废料。

续上表

项　目	内　容
原则	(2)原地基处理除执行施工技术规范的规定外,还应符合国家及部颁有关标准、规范规定,遵守国家有关法规。 (3)原地基处理应节约用地,保护耕地和农田水利设施,保护生态环境
要求	(1)总要求: 路堤基底应清理和压实。基底强度、稳定性不足时,应进行处理,以保证路基稳定,减少工后沉降。 (2)一般规定: ①路基用地范围内的树木、灌木丛等均应在施工前砍伐或移植清理,砍伐的树木应移置于路基用地之外,进行妥善处理。 ②路堤修筑范围内,原地面的坑、洞、墓穴等,应用原地土或砂性土回填,并按规定进行压实。 ③原地基为耕地或松土时,应先清除有机土、种植土、草皮等,清除深度应达到设计要求,一般不小于15cm,平整后按规定要求压实。 ④基底原状土的强度不符合要求时,应进行换填,换填深度应不小于30cm,并予以分层压实到规定要求。 ⑤基底应在填筑前进行压实。高速公路、一级公路、二级公路路堤基底的压实度应符合原设计要求,当路堤填土高度小于路床厚度(80cm)时,基底的压实度不宜小于路床的压实度标准。 ⑥当路堤基底横坡陡于1:5时,基底坡面应挖成台阶,台阶宽度不小于2m,并予以夯实

6.3.2 零填挖路床

零填挖路床　表6-10

项　目	内容与要求
原则	零填挖地段路床面以下0～30cm的原地面天然密实度,若达不到路基压实度的要求时,应将原地面翻挖压实,使其压实度达到要求。零填挖路床面若位于易致翻浆的土层上,且翻挖、晾晒等处理后仍不能降低含水率,压实度难于达到设计要求时,则应采取换填透水性良好的土等技术措施
计价	零填翻挖、压实一般按翻挖面积以“m^2”为单位计价。若需采取换土等技术措施,则宜改按换填体积以“m^3”为单位计价,计价中包括原土外运及换土的挖、装、运、铺、压等作业费用

6.4　路堤填料选择

6.4.1 路堤填料一般特性

路堤填料特性　表6-11

项　目	特性与使用规定
砾石、不易风化的石块	渗水性强,水稳定性极好,强度高,为良好的填料,石块空隙间用小石料充填密实并经充分压实后,路堤残余下沉量小,车辆荷载作用下的塑性变形小。 碎石土、卵石土、砾石土、粗砂、中砂:渗水性强、水稳性好,属施工性能良好的填料,但其中黏性土含量过多时,水稳性能下降较多
砂性土	既含有一定数量的粗颗粒,使之具有足够的强度和水稳性,又含有一定数量的细颗粒,从而把粗颗粒黏结在一起,为填筑路堤的良好材料
黏性土	渗水性很差,干燥时强度高而不易挖掘,浸水后水稳定性差,强度下降,变形大,在充分碾压和有良好排水设施情况下,筑成的路基也能获得稳定
粉性土	含有较多的粉土粒,干时有一定黏结性,但易被压碎,浸水时很快被湿透,毛细现象严重,在季节性冰冻地区易产生湿度积聚,造成冻胀翻浆,水饱和时有振动液化问题,是最差的一种筑路材料
重黏土	渗水性极差,塑性指数和液限都很高,干时坚硬、难挖掘、湿时膨胀性和塑性都很大,不宜用作路填填料

续上表

项　　目	特性与使用规定
工业废渣	满足要求(如最小强度CBR、最大粒径、有害物质含量等)或经过处理之后满足要求的煤渣、高炉矿渣、钢渣、电石渣等工业废渣可以用作路基填料,但在使用过程中应注意避免造成环境污染
轻质材料	(1)土工泡沫塑料(EPS块)材料密度不宜小于20kg/m³,10%应变的抗压强度不宜小于110kPa,抗弯强度不宜小于150kPa,压缩模量不宜小于3.5MPa,7d体积吸水率不宜大于1.5%。桥头搭板下方等特殊部位土工泡沫塑料块体抗压强度不应小于250kPa。在有防火要求的建筑物附近,应采用阻燃型的土工泡沫塑料块体。 (2)泡沫轻质土的施工最小湿重度不应小于5.0kN/m³,施工最大湿重度不宜大于11.0kN/m³,流值宜为170~190mm,且无侧限抗压强度应符合规范的规定。因工程需要或环境条件制约,需明确泡沫轻质土的抗冻性指标时,可通过试验确定。 (3)用于高速公路、一级公路路堤的粉煤灰烧失量宜小于20%。烧失量超过标准的粉煤灰应做对比试验,分析论证后采用

6.4.2 路堤填料选择

路堤填料的选择 表6-12

项　　目	内容与要求
原则	实际施工中,当有多种材料源可供选择时,应优先选用挖取方便、压实容易、强度高、水稳性好的填料。路基受水浸淹部分更应选用水稳性好的填料
适用	一般的土和石都可用作路堤填料。 卵石、碎石、砾石、粗砂等透水性良好的填料,只要分层填筑、压实,可以不控制含水率;用黏性土等透水性不良的填料,应在接近最佳含水率的情况下分层填筑与压实
不适用	泥炭、淤泥、沼泽土、冻土、有机土、含草皮土、生活垃圾、树根和含有腐朽物质的土,不得用作路堤填料。 含盐量超过规定的强盐渍土和过盐渍土不能用作高等级公路路基填料
选择适用	液限大于50、塑性指数大于26的土,透水性很差,且干时坚硬难挖、湿时具有较大的可塑性、黏结性和膨胀性,毛细现象显著,能长时间保持水分,承载能力很低,一般不宜用作路基填料;如非用不可时,除要求在接近最佳含水率的情形下充分压实外,并应设置完善排水设施,也可采取改良土性的其他技术措施。 含水率超过规定的土,不得直接作为路基填料,需要应用时,必须采取满足设计要求的技术措施,经检查合格后方可使用。 膨胀土除非表层用非膨胀土封闭,一般也不宜用作高等级公路路基填料。 工业废渣可用作路基填料,但应先进行试验及检验有害物质含量,以免污染环境

6.5 路基压实质量要求

6.5.1 土方路堤压实

(1)土方路堤压实意义与原理

土方路堤压实意义与原理 表6-13

项　　目	内容与要求
压实的意义	密实的土基不但可以避免大规模的破坏,而且还可以使变形显著减小。试验研究表明,压实土基的作用在于提高土体的密实度,降低土体的透水性,减小毛细水的上升高度,以防止水分积聚和侵蚀而导致土基软化,或因冻胀而引起不均匀变形,保证路基在全年各个季节内,都具有足够的力学强度,从而为路面的正常工作和减小路面厚度创造有利的条件

续上表

项　　目	内容与要求
土压实原理	路基土是由土粒、水分和空气组成的三相体系。三相都具有各自的特性，并相互制约共存于一个统一体中，构成土的各种物理特性渗透性、黏滞性、弹性、塑性和力学强度等。若三者的组成情况发生改变，则土的物理性质亦随之而不同。因此，要改变土的特性，也得从改变其组成着手。压实土基，就是用机械的方法来改变土的结构，以达到提高土基强度和稳定性的目的。 路基土受压时，土粒空隙里的空气极少部分在压力作用下溶于水中，大部分被排除土外，而土粒则不断靠拢，重新排列成密实的新结构。土粒在外压力作用下不断靠拢，使土的内摩擦阻力和黏结力也不断增加，于是就相应地提高了土的强度。土的强度与密实度的这种关系可以由试验室来加以验证。同时，由于土粒不断靠拢，使水分进入土体的通道减少而阻力增加，于是就降低了土的渗透性，减小了毛细水的上升高度

(2) 土方路堤压实影响因素

土方路堤压实影响因素　　表 6-14

项　　目	方法、原理与内容
意义	根据试验研究可知，土的压实过程和结果将受到多种因素的影响。掌握这些规律，对深入了解土的压实原理和指导压实工作，具有重要的意义。影响土基压实度的内在因素主要是含水率和土的性质，外在因素有压实功能，压实工具和方法等
含水率	在最佳含水率 w_0 范围内，增加土的含水率对土基压实有良好的作用；超过此范围时，含水率增加反而对土基压实产生不利的影响。产生这一现象的原因是，在 w_0 范围内，含水率增加时，包裹于土粒表面的水膜加厚，相应地降低了土粒之间的吸引力，减少了土的内摩阻力，所以土粒在外力作用下易产生相对位移，重新排列成紧密的新结构；当含水率超过 w_0 并继续增加时，土粒间的空隙几乎全部被水分充满。此时，外力不能直接作用于土粒，而传给了土粒周围的水分或被封闭的空气，因此尽管花费很大的压实功，亦难于改变土粒的本来位置，故压实效果很差。含水率与强度的关系和含水率与密实度的关系具有相仿的特性。 根据试验分析可以得出结论：含水率是影响压实效果的决定性因素；在最佳含水率时，即土处于硬塑状态时，最容易获得最佳的压实效果；压实到最佳密实度的土体水稳定性最好
土质	不同的土类有不同的最佳含水率 w_0 及最大干密度 ρ_0；分散性较高（液限较高，黏性较大）的土其最佳含水率的绝对值较高，而最大干密度的绝对值较低。这是由于黏土颗粒细，比面积大，需要较多的水分包裹土粒以形成水膜，另外还由于黏土中含有亲水性较高的胶体物质所致。对于砂土，因其颗粒较大，呈松散状，水分易于散失，所以最佳含水率的概念对它并没有多大的实际意义；亚砂土和亚黏土的压实性能较好（$\rho_0 > 1.85$），而黏性土的压实性能较差（$\rho_0 < 1.70$）
压实功能	同一种土的最佳含水率随压实功能的增加而减小，而最大干密度则随压实功能的增加而增加；当含水率一定时，压实功能越大则密实度越高。根据这一特性，施工中如果土的含水率低于最佳 w_0 而加水有困难时，可采用增加压实功能的办法来提高其密实度。然而，当压实功增加到一定程度后，土的密实度就增加得不显著了。这表明，对于某一种土说来，如果超过某一限度，再采用增加压实功的办法来提高土的密实度就不经济了。此时，若不能降低密实度的要求，则应采取换土或其他措施来解决

续上表

项　　目	方法、原理与内容
压实工具和方法	压实工具不同,压力传布的有效程度也不同。夯击式机具的压力传布最深,振动式次之,碾压式最浅。根据这一特性即可确定各种机具的最佳压实厚度。然而,一种机具的作用深度,在压实过程中并不是固定不变的。例如光面碾,开始碾压时,因土体松软,压力传布较深,但随着碾压次数的增加,土的强度相应提高,其作用深度就逐渐减小。 压实机具的重力较小时,荷载作用时间越长,土的密实度越高,但密实度的增长速度则随时间增加而减小,压实机具较重时,土的密实度随施荷时间增加而迅速增加,但超过某一时间限度后,土的变形即急剧增加而达到破坏;机具过重以至超过土的强度极度限时,将立即引起土体破坏。 碾压速度越高,压实效果越差

(3)最佳含水率

最佳含水率控制 表 6-15

项　　目	内容与要求
定义及概念	路基填土的压实应在接近最佳含水率的状态下进行。天然土通常接近最佳含水率,分层填铺后应及时进行碾压。土的含水率过大时,应翻晒晾干至符合要求的含水率再整平压实。填土接近最佳含水率的容许范围,与土的种类和压实度要求有关,在一定的压实要求下,砂类土比细粒土的范围大;在同一种土中,压实度要求低的比要求高的范围大。最佳含水率范围的具体值可从该种土的标准击实试验曲线上查得
洒水量	天然土过干需加水时,可于前一天在取土点浇洒,使水均匀渗入。高速、一级公路大量填方的机械化施工工程,一般大型取土地都采用推土机先推运集土,在前一天下班前用洒水车洒水,经一夜使土润湿至最佳含水率,第二天用装载机装土,平地机平整,压路机碾压成型,其压实效果良好。填方数量不大时,也可将土铺摊后再均匀洒水。 采用人工加水时,达到最佳含水率所需要的加水量按下式计算: $V = (w_0 - w) \times \frac{Q}{1 + w}$ 式中:V——所需加水量(t); w——天然土的含水率,以小数计; w_0——最佳含水率,以小数计; Q——需加水的土的质量(t)。 用此式计算出的加水量,如机械化加水施工时,尚应根据气候温度和运输远近情况,考虑水分自然蒸发因素适当加大水的数量
计价	路堤填料的加水或洒水费应摊入填方计价中,包括洒水汽车吸水、运水、洒水、空回的费用。若及水需交纳水费,水费应摊入填方单价之中

(4)路基压实度标准

公路路基压实标准 表 6-16

<table>
<tr><th>项　　目</th><th colspan="7">内　　容</th></tr>
<tr><td rowspan="9">压实度</td><td colspan="2" rowspan="2">填挖类别</td><td rowspan="2">路床顶面以下深度(m)</td><td colspan="3">路基压实度(%)</td></tr>
<tr><td>高速、一级公路</td><td>二级公路</td><td>三级、四级公路</td></tr>
<tr><td colspan="2">上路床</td><td>0～0.3</td><td>≥96</td><td>≥95</td><td>≥94</td></tr>
<tr><td rowspan="2">下路床</td><td>轻、中及重交通荷载等级</td><td>0～0.8</td><td>≥96</td><td>≥95</td><td>≥94</td></tr>
<tr><td>特重、极重交通荷载等级</td><td>0.3～1.2</td><td>≥96</td><td>≥95</td><td>—</td></tr>
<tr><td rowspan="2">上路堤</td><td>轻、中及重交通荷载等级</td><td>0.8～1.5</td><td>≥94</td><td>≥94</td><td>≥93</td></tr>
<tr><td>特重、极重交通荷载等级</td><td>1.2～1.9</td><td>≥94</td><td>≥94</td><td>—</td></tr>
<tr><td rowspan="2">下路堤</td><td>轻、中及重交通荷载等级</td><td>>1.5</td><td rowspan="2">≥93</td><td rowspan="2">≥92</td><td rowspan="2">≥90</td></tr>
<tr><td>特重、极重交通荷载等级</td><td>>1.9</td></tr>
<tr><td></td><td colspan="6">注:①表列压实度数值以重型击实试验法为准。
②特殊干旱或特殊潮湿地区的路基压实度,表列数值可适当降低。
③三级公路修筑沥青混凝土或水泥混凝土路面时,其路基压实度应采用二级公路标准</td></tr>
</table>

续上表

项　目	内　容
回弹模量	在满足路基各层压实度的前提下,应根据路基实际采用的填料类型和路面结构设计要求,确定路床顶面回弹模量标准。对于重载交通路基、软弱和特殊土路基,可适当提高路床顶面回弹模量标准

城镇土质路基压实度 表 6-17

填挖类型	路床顶面以下深度(cm)	路基最小压实度(%)			
		快速路	主干路	次干路	支路
填方	0~80	96	95	94	92
	80~150	94	93	92	91
	>150	93	92	91	90
零填方或挖方	0~30	96	95	94	92
	30~80	94	93	—	—

注:表中数值均为重型击实标准

6.5.2 填石路堤压实

填 石 路 堤 压 实 表 6-18

项　目	内容与要求
参考标准	目前,我国尚未制定公路填石路堤压实质量标准。在水利部门,对于类似于公路填石路堤的堆石坝工程的修筑,取得了较多的经验
过程控制方法	试验表明,目前检测压实质量常用的方法(干密度、承载板、沉降差、面波)单一进行填石路堤的质量控制均不能很好地控制质量。填石路堤的施工参数(压实功率、碾压速度、压实遍数、铺筑层厚等)对压实质量的影响大,必须对其进行质量监控。填石路堤较为合适的质量控制方法是施工参数与压实质量检测同时控制的双控方法,填石路堤压实质量检测可以采用压实沉降差或空隙率标准。要检测填料压实干密度或空隙率,就必须采用大坑(最大粒径的1.5~2倍)和水袋法进行
控制标准	目前采用压实沉降差进行检测的较多。压实沉降差与碾压遍数以及填石料的压实干密度有很好的相关关系(据福建和广东试验工程统计,相关系数在95%以上),在压实机具不变的情况下,可以较好地控制实际的压实遍数。但压实沉降差还应与施工工艺参数进行联合控制才能有效地控制填石路堤的压实质量。经过国内一些试验工程的总结,建议对压实沉降差检测采用了如下标准:压实沉降差为采用施工碾压时的重型振动压路机(建议14t以上)按规定碾压参数(强振,4km/h以下速度)碾压两遍后各测点的高程差。压实沉降差平均值应不大于5mm,标准差不大于3mm

6.6　土方路堤作业

6.6.1 土方路堤施工方法

土方路堤施工要领　表 6-19

<table>
<tr><th>项　目</th><th>内容与规定</th></tr>
<tr><td>工序</td><td>土方路堤一般应采用机械化施工,主要操作程序:取土→运输→推土机初平→平地机整平→压路机碾压→验收
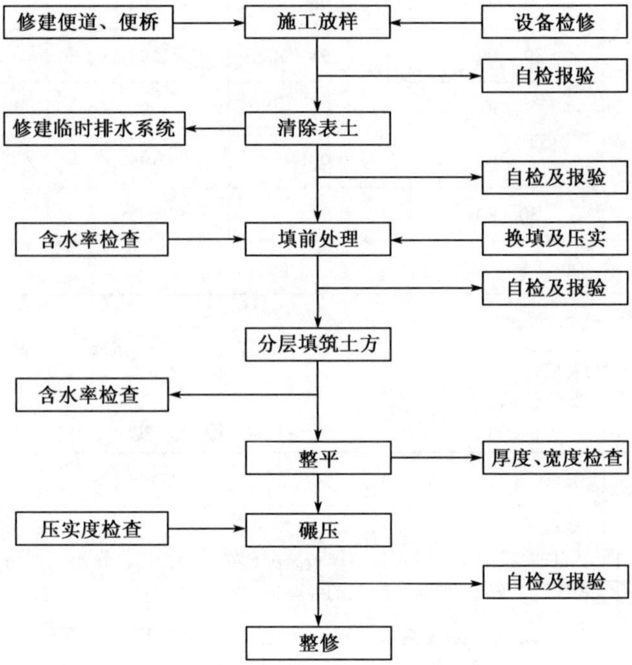
</td></tr>
<tr><td>要领</td><td>必须根据设计断面,分层填筑、分层压实。
路堤填土宽度每侧应宽于填层设计宽度,压实宽度不得小于设计宽度,最后削坡。
填筑路堤宜采用水平分层填筑法施工。如原地面不平,应由最低处分层填起,每填一层,经过压实符合规定要求之后,再填上一层。
原地面纵坡大于 12% 的地段,可采用纵向分层法施工,沿纵坡分层,逐层填压密实。
山坡路堤,地面横坡不陡于 1∶5 且基底符合规定要求时,路堤可直接修筑在天然的土基上。地面横坡陡于 1∶5 时,原地面应挖成台阶(台阶宽度不小于 1m),并用小型夯实机加以夯实。填筑应由最低一层台阶填起,并分层夯实,然后逐台向上填筑,分层夯实,待所有台阶填完之后,即可按一般填土进行。
高速公路和一级公路,横坡陡峻地段的半填半挖路基,必须在山坡上从填方坡脚向上挖成向内倾斜的台阶,台阶宽度不应小于 1m。
不同土质混合填筑路堤时,以透水性较小的土填筑于路堤下层时,应做成 4% 的双向横坡;如用于填筑上层时,除干旱地区外,不应覆盖在由透水性较好的土所填筑的路堤边坡上。
不同性质的土应分别填筑,不得混填。每种填料层累计总厚不宜小于 0.5m。
凡不因潮湿或冻融影响而变更其体积的优良土应填在上层,强度较小的土应填在下层。
河滩路堤填土,应连同护道在内,一并分层填筑。可能受水浸淹部分的填料,应选用水稳性好的土料</td></tr>
</table>

6.6.2 土方路堤的填筑方案

(1)土方路堤水平分层填筑方案

不同土质水平分层填筑法　　表 6-20

图示		说　明
正确的	不正确的	
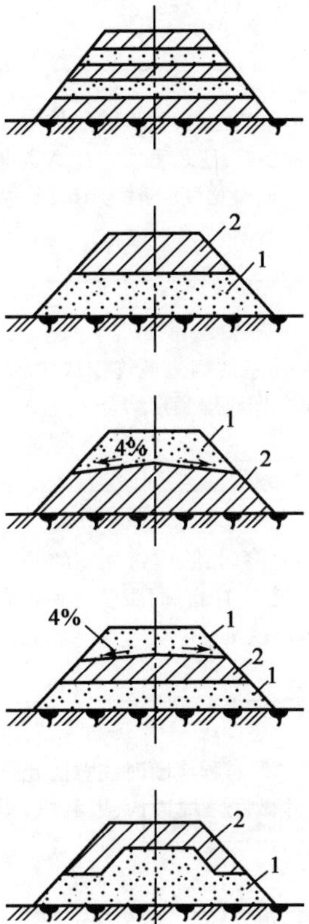	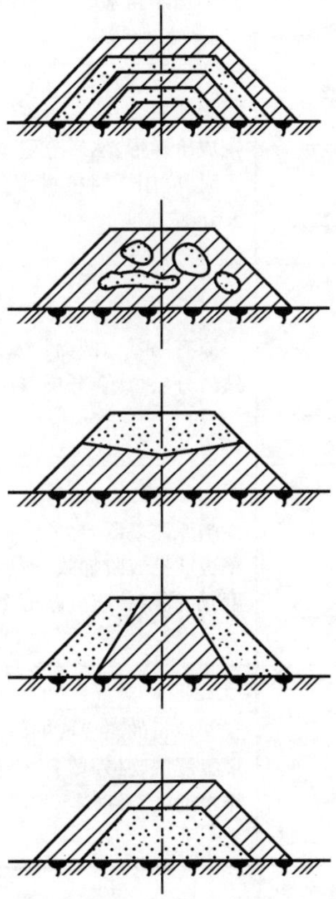	实际施工中,沿线土质经常发生变化,应特别注意避免不同性质的土任意混填而造成路基病害。正确的填筑方式应满足下述要求: 在纵向使用不同土质填筑相邻路堤,为防止发生不均匀变形应将交接处做成斜面,并将透水性差的土填在斜面下部,如下图所示: 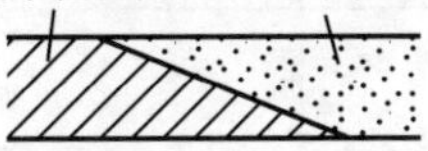 不同土质分层填筑,透水性差的土填筑在下面时,其表面应做成一定横坡,以保证来自上层透水性强的填土水分及时排出。 为保证水分蒸发和排除,路堤不宜被透水性差的土层封闭。 根据强度和稳定性的要求,合理安排不同土层的层位。 不论采用何种方式填筑路堤,均应注意使不同性质的土按正确的方式分层安排,以利排水与路基分层压实稳定,从而避免出现因土壤杂乱填筑所导致的水囊与滑动现象。 左图所示为要求填筑路堤时区分土壤透水性大小,并据此选择填筑方式方法。 图中:1-透水性较大的土壤;2-透水性较小的土壤

(2)土方路堤斜坡分层填筑方案

斜坡土方路堤分层填筑方案　　表 6-21

项　目	图　示	说　明
斜坡上分层填筑法	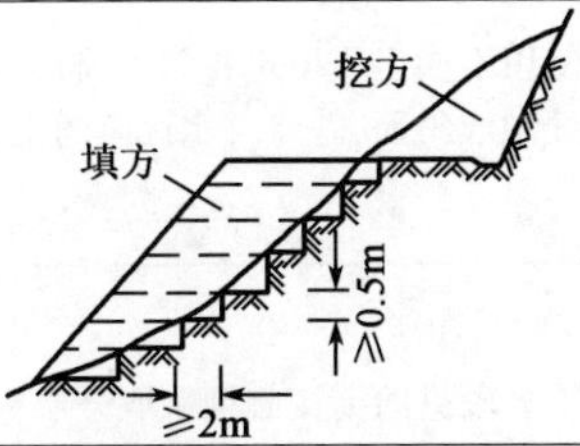	在稳定的斜坡上填筑路堤时,当横坡为 1:10 ~ 1:5 时,应清除草皮、树根等杂物以及淤泥和腐殖土,并翻松表土,再进行填筑。 横坡陡于 1:5 时,清除草木等杂物、淤泥、腐殖土外还应将原地面斜坡挖成阶梯,阶梯(台阶)宽度一般≥2.0m
陡坡横向填筑法	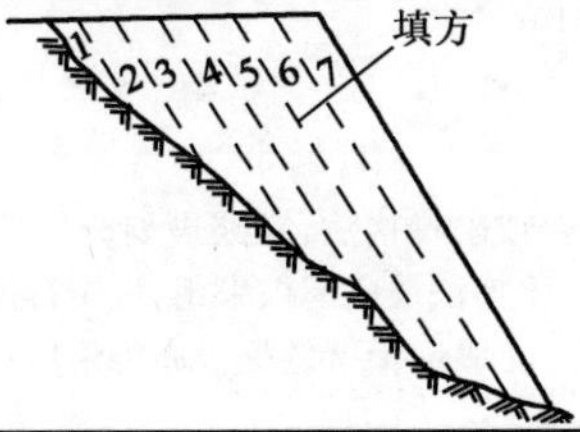	填筑陡坡路堤时,往往受地形限制,运土车辆难以通行,需要从横向直接卸土在路堤底上,然后逐渐沿纵向展开工作。因此法填土较厚,不易压实,应尽可能采用透水性较好的土填筑,并选择高效能压实机械进行压实

(3)特殊路堤填筑方案

特殊路堤填筑方案　　表6-22

项　　目	图　　示	说　　明
混合填筑法	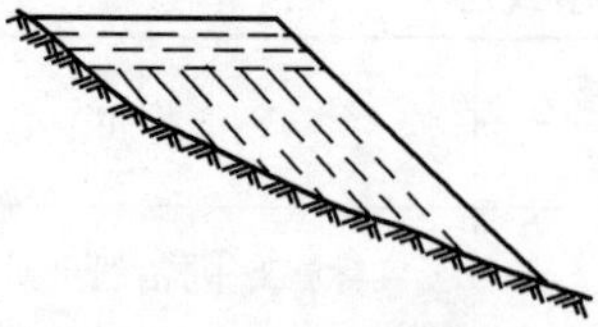	亦称路堤联合填筑法。在陡坡路段,下层采用横向填筑方式,上层(至填筑一定高度后)改用水平分层填筑法,其深度大致相当于路基应力工作区深度,并有利于碾压
旧路单面加宽法	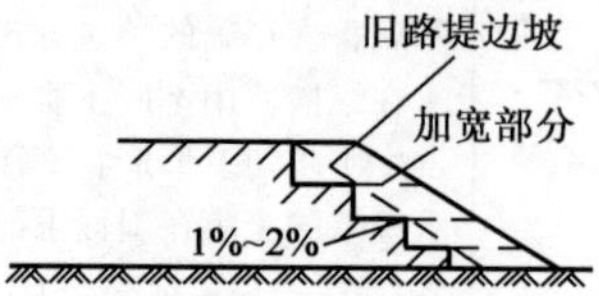	为使新、旧路基紧密结合,加宽路基之前,须将旧路加宽一侧挖成阶梯形,然后分层填筑,层土层夯,使之密实。加宽宽度较大时,应用压路机械碾压坚实。阶梯宽度一般为1m,阶高为0.5m左右
旧路双面加宽法		原有路基为两面加宽时,应将路基两侧边坡均挖成阶梯式,然后分层填筑,分层碾压,以利新、旧路堤紧密结合
旧路加宽加高法	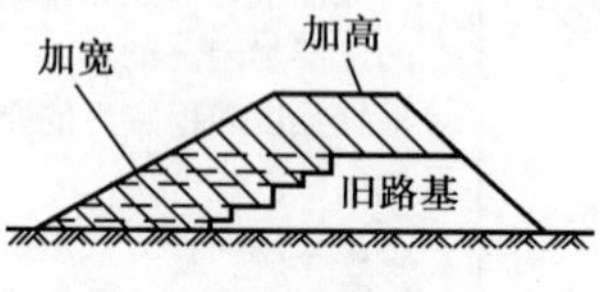	当原路基既要加宽,同时还需加高时,除应将加宽的一面旧路边坡挖成阶梯式,然后分层填筑外,在新、旧路已达到相同高度,加高部分应按断面全宽度分层填筑
填筑分层留有横坡法	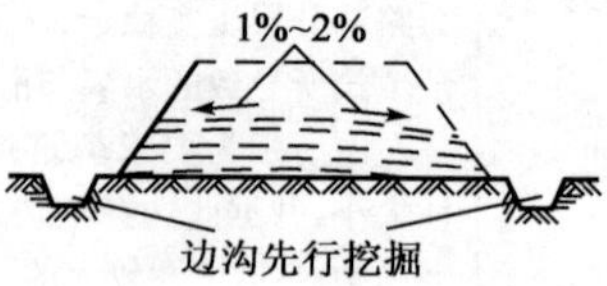	新填筑的路堤或旧路加高,在填筑过程应随时注意防止雨水聚集浸湿,必须留有一定横坡,并做好路堤边沟,以利纵、横向排水通畅、及时

(4)填筑层次衔接法

特殊路堤填筑方案　　表6-23

项　　目	图　　示	说　　明
上下覆盖	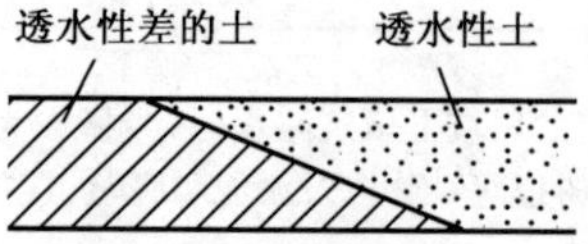	在纵向使用不同土质填筑相邻路堤,为防止发生不均匀变形应将交接处做成斜面,并将透水性差的土填在斜面下部
相互覆盖	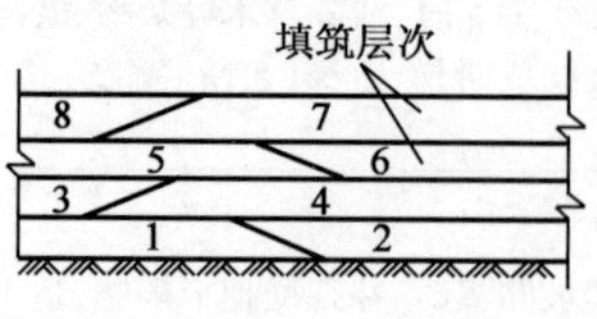	路堤填筑分段纵向衔接必须采取分层相互搭接、相互覆盖的做法,以利结合
分层搭接	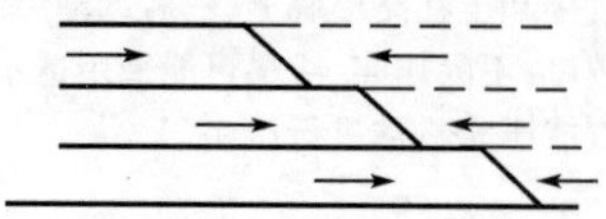	分层搭接或阶梯接法,在路段划分较长,难以相互配合采用覆盖法时,阶梯法最广泛被采用,可先行留出阶梯,随时可由下一路段配合。纵向衔接的梯级亦可采用斜坡式

6.6.3 机械填筑作业

机 械 填 筑 作 业 表6-24

项 目	内 容
施工布置	机械施工时,应根据工地地形、路基横断面形状和土方调配图等,合理地规定运行路线。土方集中工点,应有全面、详细的运行作业图,据以指导施工
机械堆填	两侧取土,填高在3m以内的路堤可用推土机从两侧分层堆填,并配合平地机分层整平。土的含水率不够时,用洒水车洒水,并用压路机分层碾压。可用平地机配合少量人工整修边坡和路基表面及路拱拱度
挖填填压	在山坡上做半挖半填路基时,应从高处开始用推土机挖切,顺路中线逐渐向下,将土向下推到半填路基上,并从填土最低处开始填筑碾压。此时可根据现场作业面,运用压路机或手扶式振动压路机分层碾压密实
机械组合	1. 推土机填筑路堤 推土机作业方式通常是由切土、推土、堆卸、空返等四个环节组成。而影响作业效率的主要是切土和推土两个环节。推土机作业效率取决于切满土的速度、距离,以及推土过程中切满刀片中的土散失量和推运速度。其作业方式一般有坑槽推土、波浪式推土、并列推土、下坡推土和接力推土。 2. 挖掘机填筑路堤 利用挖掘机填筑路堤施工,一般有两种方式:一种为从路基一侧挖土,直接卸向另一侧填筑路堤。这种方式,用反铲挖掘机施工比较方便。另一种方式则配合运土车辆,挖掘机挖土装车后,运至路堤施工现场卸土填筑。这是挖土机填筑路堤施工的主要方式,正、反铲挖掘机都能适用,而且一般在取土场比较集中且运距较长的情况下,最宜采用。两种方式都宜以推土机配合施工。 取土场运距在1h范围内时,可用铲运机运送,配合推土机开道、翻松硬土、平整取土地段、清除障碍和助推等;取土场运距超过1h范围时,可用松土机械翻松,用挖土机、装载机配合自卸汽车运输,用平地机平整填土,压路机配合洒水车碾压。 挖掘机、装载机与自卸汽车配合运输时,要合理布置取土场地的汽车运输路线,并设置必要的标志。汽车配备数量,应根据运距远近和车型确定,其原则是满足挖装设备能力的需要
运输	夜间施工,应具备足够的照明设备。 土石方的运输应视当地条件、运距、设备等情况,采用不同的运输机具:推土机、铲运机、胶带运输机、自卸汽车、绞车牵引的索道等。 当装卸范围内有一定高差,而汽车等受到地形和其他条件限制时,可采用架空索道运输。其规模视工程数量、运距、地形、设备条件而定

6.6.4 填土压实作业

(1)压实方案

压 实 方 案 表6-25

项 目	方法、内容与要求
机具选择原则	压实机具可分为静力式、夯击式和振动式3大类。 不同的压实机具对不同土质的压实效果不同,如对砂性土以振动式机具效果最好,夯击式次之,碾压式较差;对黏性土则以碾压式和夯击式较好,而振动式较差,甚至无效。 压实机具的单位压力不应超过土的强度极限,否则会引起土基破坏。选择压实机具时,还应考虑土的状态,层厚及对压实度的要求,当土的含水率小,土层厚,压实度要求高时,应选择重型机具;反之可选轻型

续上表

项　目	方法、内容与要求
压实要点	压实机具应先轻后重，以便能适应逐渐增长的土基强度。 碾压速度宜先慢后快，以免引起疏松土推挤拥起。 压实机具的运行线路一般直线段应从路缘向路中心，再从中心向两旁顺次碾压，以使形成路拱。弯道设有超高坡度时，由低一侧向高一侧碾压，以便形成单向超高坡度。碾压时，相邻轮迹(轮或印)应重叠1/3左右(15～20cm)，对振动压路机一般重叠40～50cm使各点都得到压实，避免土基产生不均匀沉陷。 经常注意并检查土的含水率及压实度，并视需要采取相应措施。最佳含水率约控制在无塑性土的塑限含水率的65%，塑性土可用相当于塑性限度的含水率。 压实机械对土进行碾压时，一般以慢速效果最好，除羊足碾或凸块式碾外，压实速度以2～4km/h最为适宜。羊足碾的速度可以快些，在碾压黏土时最高可达12～16km/h，还不致影响碾压质量。各种压实机械的作业速度，应在填方前做试验段碾压时，找出最佳效果的碾压速度，正式施工时参照执行。 碾压一段终了时，宜采取纵向退行方式继续第二遍碾压，不宜采用掉头方式，以免因机械掉头时搓挤土，使压实的土被翻松。故压路机始终要以纵向进退方式进行压实作业。 在整个全宽的填土上压实，宜纵向分行进行，直线段由两边向中间，曲线段宜由曲线的内侧向外侧(当曲线半径超过200m时，可以按直线段方式进行)。两行之间的接头一般应重叠1/4～1/3轮迹；对于三轮压路机则应重叠后轮的1/2。 纵向分段压好以后，进行第二段压实时，其在纵向接头处的碾压范围，宜重叠1～2m，以确保接头处平顺过渡
超宽处理	填筑路堤时，为保证路基边缘有足够的压实度，一般在施工时需超出设计宽度填筑。采用机械碾压时，路堤每边加宽的填筑宽度视路堤填筑高度而定，通常在20～50cm之间。加宽填筑的工程数量不应计入计价方数量，但应将其所发生的费用摊入填方计价方量的单价中。加宽填筑所发生的费用除与计价填方相同的内容外，还应包括路堤填筑完成后如需按设计断面清除加宽部分的刷坡清除及清除的废弃土方外运等内容。 填筑路堤完成后是否清除加宽填筑部分，应结合路基稳定及环境美化等多种因素综合考虑。当保留加宽填筑部分更有利于路基稳定，对路容、环境、景观也无碍大局，利大于弊时，一般也可不予清除

(2)压路机使用性能

各种压路机的使用技术性能　　表6-26

压路机类型		最佳压实厚度(cm)	碾压次数(遍)	适 用 范 围
自行式光轮	5t	10～15	12～16	各类土及路面
	10t	15～25	8～10	各类土及路面
	12t	20～30	6～8	各类土及路面
拖式光轮	5t	10～15	8～10	各类土
拖式轮胎	10t	15～20	8～10	各类土
	15t	25～45	6～8	各类土
	20t	40～70	5～7	各类土
振动	0.75t	50	2	非黏性土
	6.5t	120～150	2	非黏性土

(3)压路机具使用参数

各种压实机具对不同含水率的土碾压次数参考表 表 6-27

压实机具名称	每层填土厚度(疏松时)(m)	每点经过压实(或夯实)次数(遍)				采用的条件
		无塑性土壤		塑性土壤		
		最佳含水率时	低于最佳含水率时	最佳含水率时	低于最佳含水率时	
拖式光面路碾(5t 以内)羊足碾	0.10～0.15 0.20～0.30	6 4	9 6	9 8	15 12	碾压段不小于 100m,用于压实塑性土
8～12t 压路机	0.20～0.30	4	6	8	12	碾压段不小于 100m,用于压实塑性土,通常用于路堤最上层及路槽底
3 000kg 重夯机 1 000kg 重夯机	0.30～0.50 0.35～0.65	3 3	4 4	4 4	6 6	工作面受限制及构造物接头处的填土
1 000kg 夯击板 举高 1m	0.60～0.70	4	5	5	7	工作面受限制时,用于无限性及石质土
1 000kg 夯击板 举高 2m	0.70～0.90	3	4	3	5	

注:夯板宜用于松散土、砾石及石质土的压实;颗粒不同的松砂可采用洒水夯实或振动机压实;颗粒大小一致的砂,可用夯夯实;用汽车、铲运机等填筑路堤时,表内数值可酌情减低

6.6.5 桥涵及其他构造物处的填筑

(1)一般要求

桥涵等构筑物处一般要求 表 6-28

项　目	内容与要求
一般要求	桥台台背、涵洞两侧及涵顶、挡土墙墙背的填筑,一般是在这些构造物基本完成后进行。由于场地狭窄,又要保证不损坏构造物,填筑比较困难,而且容易积水。若填筑不良,填土与构造物连接处往往出现沉降差,影响行车舒适与安全,甚至影响构造物的稳定及其安全。桥台背后填土应与锥坡填土同时进行
填料	桥涵及其他构筑物处的填料,除设计文件另有规定外,一般应采用砂类土或渗水性土。当采用非渗水性土时,应在土中增加外掺剂,如石灰、水泥等;但严禁使用淤泥、沼泽土、冻土以及含有草皮、树根、生活垃圾、杂物和含水率过大的土用作填料
排水	在施工中要避免雨水流入,对已有的积水应挖沟引出或用水泵排出。地下水可设盲沟引出。当不得不用非渗水土填筑时,应在其上设横向盲沟或用黏土等不透水材料封顶。挡土墙墙背应做好反滤层,使挡土墙墙背后的渗水能从泄水孔顺利流出
压实	填土应在接近最佳含水率状态下分层压实或夯实,每层松铺厚度不宜超过 20cm,当采用小型夯具时,一级以上的公路松铺厚度不宜大于 15cm。为保证压实质量,条件许可时仍应尽量采用大型压实机械。场地狭窄及临近构造物边缘及涵顶 50cm 内,应用小型压实机械分层压实或夯实。夯压遍数应通过试验确定,以达到规定的压实度要求为准。适用于"三背"填土压实(或夯实)的小型机械有蛙式打夯机、内燃打夯机、手扶式振动压路机、振动平板夯等

续上表

项目	内容与要求
计价	路基填方按照《公路工程国内招标文件范本》工程量清单的规定,所列名称及单位进行计量与支付。 借土填方、利用土石填方、零填挖或挖方地段换土填方,计价时应包含一定距离的免费远距,该免费远距由公路工程定额或招标文件给出。超出免费运距后另计超运费用,以运量单位"$m^3 \cdot km$"计量,计价时可按公路工程土石方运输定额中的"增运"定额计列。 填方计价"压实方"计量,在分析和计算工程造价时应满足其与天然密实方的关系,还应注意由于压实基底或清除表土后而增加的回填工程量;还应考虑路堤自然沉降而增加的填方工程量。 需要特别指出的是,填方地段路面宽度内的填筑高程只计算至路床面,即设计填方断面内应扣除包括垫层在内的路面总厚度。在高等级公路设计施工中,尤其高速公路、一级公路扣与不扣这个厚度,其所影响的工程量为数不小

(2)构筑物填筑要求

桥涵等构筑物处填筑要求 表 6-29

项　目	图　示	内　容
桥台背填筑	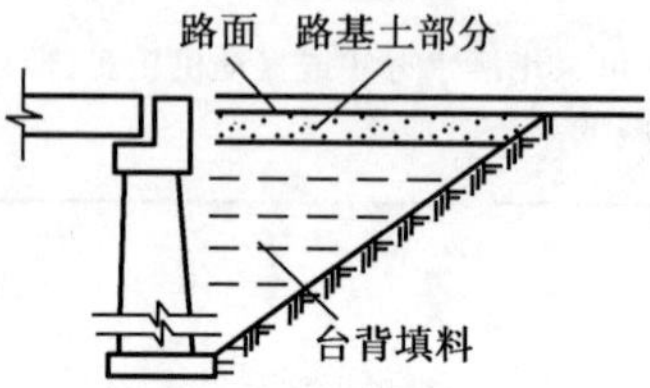	桥台背填土顺路线方向长度,一般应自台身起,顶面不小于桥台高度加 2m,底面不小于 2m。填筑必须分层夯实,不得以松散土一次到顶,以免桥台承受过大的主动压力,并保证路基坚实,减小接坡沉降
拱桥桥台背的填土	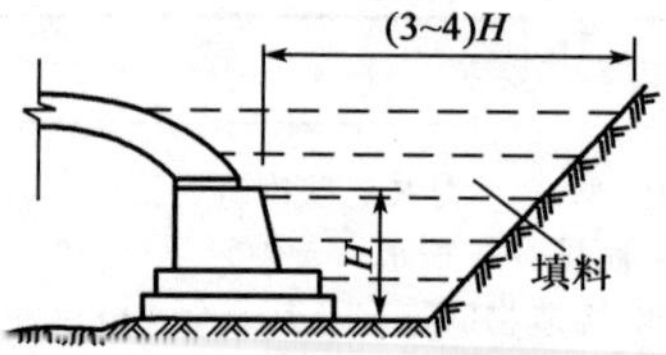	拱桥台背填土长度不应小于台高 H 的 3 ~ 4 倍,亦应分层夯实,分层填筑,同时还应控制两桥台台背必须对称平衡,并按设计宽度在每一层次,一次填足
路基沟壕填筑	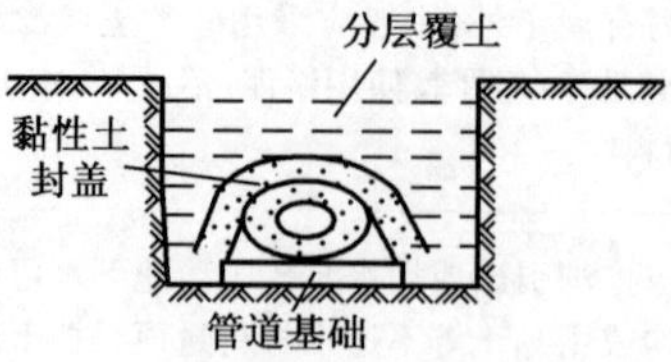	地下管线埋置后的沟壕覆土,不应一次回填,必须分层夯填;并不得在积水情况下,水中回填,如沟壕具有板桩支撑亦应填土密实稳定后拔除。为防止拔桩后沉降过大,宜在拔桩后,同时在板桩缝中填入粗中砂
涵管处的填筑	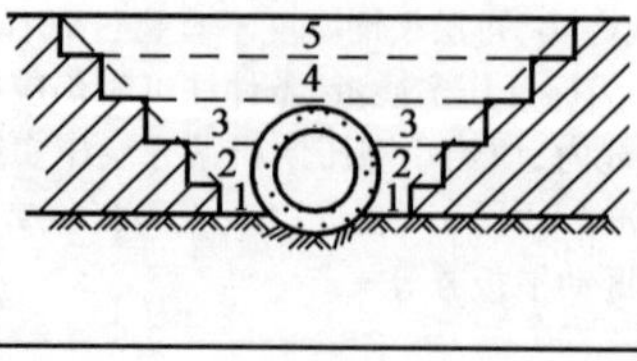	要求涵管两侧对称平行分层填筑,一方面应使填土夯实,另一方面要保证涵管不受损坏,故填土初期一般薄层(15cm 左右)轻击,至管顶填高 50cm 后方可压实

6.7 填石路基作业

6.7.1 填石路基工艺流程

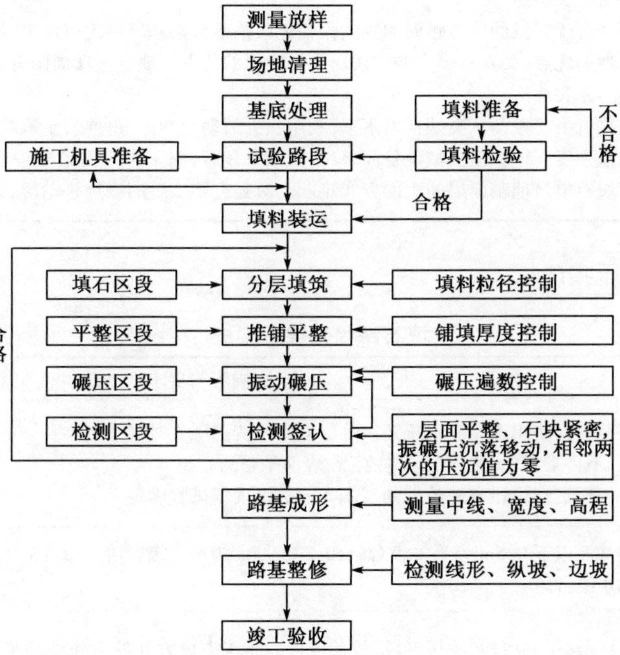

图 6-1 填石路基工艺流程图

6.7.2 填石路堤填筑方法

填石路堤填筑方法 表 6-30

项 目	方法、内容与要求
填料要求	山区石质路堤最为常见，石料来源主要是路堑和隧道爆破后的石料，修筑填石路堤，应将石块逐层水平填筑，分层厚度不宜大于500mm。石料强度（饱水试件极限抗压强度）不应小于15MPa，石块最大粒径不得超过压实厚度的2/3。人工铺填250mm以上石料时，应大面向下摆放平稳，紧密靠拢，所有缝隙填以小石块或石屑。人工铺填250mm以下石料时，可直接分层填筑，分层碾压。高速公路及一级公路填石路堤路床顶面以下500mm的范围内应铺填有适当级配的砂石料，最大粒径不超过100mm。其他公路填石路堤路床顶面以下300mm范围内宜填筑符合路床要求的土并压实，填料最大粒径不应大于150mm
填筑方法	1. 竖向填筑法（倾填法） 以路基一端按横断面的部分或全部高度自上往下倾卸石料，逐步推进填筑。该法主要用于二级及二级以下且铺设低级路面的公路在陡峻山坡施工特别困难或大量爆破以挖作填路段，以及无法自下而上分层填筑的陡坡、断岩、泥沼地区和水中作业的填石路堤。利用该方法施工，路基的压实及稳定存在较多问题。

续上表

项　　目	方法、内容与要求
填筑方法	2. 分层压实法(碾压法) 自下而上水平分层,逐层填筑,逐层压实,是普遍采用并能保证填石路堤质量的方法。高速公路、一级公路和铺设高级路面的其他等级公路的填石路堤采用此方法。 3. 冲击压实法 利用冲击压实机的冲击碾周期性大振幅低频率地对路基填料进行冲击,压密填方。它既具有分层法连续性的优点,又具有强力夯实法压实厚度深的优点。缺点是在周围有建筑物时,使用受到限制。 4. 强力夯实法 用起重机吊起夯锤从高处自由落下,利用强大的动力冲击,迫使岩土颗粒位移,提高填筑层的密实度和地基强度。该方法机械设备简单,击实效果显著,施工中不需铺撒细粒料,施工速度快,有效解决了大块石填筑地基厚层施工的夯实难题。对强夯施工后的表层松动层,采用振动碾压法进行压实

6.7.3 填石路堤分层压实法

填石路堤分层压实法　　表 6-31

项　　目	方法、内容与要求
一般要求	填石路堤应使用重型振动压路机分层洒水压实。压实时继续用小石块或石屑填缝,直到压实层顶面稳定、不再下沉(无轮迹)、石块紧密、表面平整为止。 施工中压实度由压实遍数控制。压实遍数由现场试验确定
四级施工台阶	在路基面以下 0.5m 为第 1 级台阶,0.5 ~ 1.5m 为第 2 级台阶,1.5 ~ 3.0m 为第 3 级台阶,3.0m 以下为第 4 级台阶
四个作业区段	填石区段、平整区段、碾压区段、检验区段。施工中填方和挖方作业面形成台阶状,台阶间距视具体情况和适应机械化作业而定,一般长为 100m 左右。填石作业自最低处开始,逐层水平填筑,每一分层先是机械摊铺主集料,平整作业铺撒嵌缝料,将填石空隙以小石或石屑填满铺平,采用重型振动压路机碾压,压至填筑层顶面石块稳定
八道工艺流程	施工准备、填料装运、分层填筑、摊铺平整、振动碾压、检测签认、路基成形、路基整修

6.7.4 填石路基强力夯实法施工要点

填石路基强力夯实法施工要点　　表 6-32

项　　目	方法、内容与要求
一般要求	强夯石质填料的粒径控制一般为 40cm 以内,最大粒径不超过 60cm。 施工过程若发现夯锤歪斜,应及时将坑底整平再夯。 在有结构物如涵洞、挡墙等附近作业时,涵背、墙背 6m 范围填石以碾压法施工。强夯施工一定要远离涵墙、挡土墙外 6m 作业,以保证结构物安全;测量仪器架设在距离夯点 30m 远处。 夯机操作室前,应安装牢固的安全防护网,注意检查滑钩、钢丝绳等。 夯锤下落时,机下施工人员应距夯点 30m 外或站在夯机后方
施工程序	填石分层强夯施工,要求分层填筑与强夯交叉进行。各分层厚度的松铺系数,第一层可取 1.2,以后各层根据第一层的实际情况调整。每一分层连续挤密式夯击,夯后形成夯坑,夯坑以同类型石质填料填补。由于分层厚度 4 ~ 5m,填筑作业以堆填法施工,装运须大型装载机和自卸汽车配合作业,铺筑须大型履带式推土机摊铺和平整,夯坑回填也须推土机完成,每层主夯和面层的主夯与满夯由起重机和夯锤实施,路基面须振动压路机进行最后的压实平整作业

续上表

项　目	方法、内容与要求
施工程序	强夯法与碾压法相比，只是夯实与压实的工艺不同，而填料粒径控制、铺填厚度控制都要进行。强夯法控制夯击击数，碾压法控制压实遍数，机械装运摊铺平整作业完全一样，强夯法须进行夯坑回填
分层厚度	施工分层线采取与设计路面平行，以保证路堤、路床和路面底层压实的均匀性。强夯压实要求分层进行。分层厚度5.0m左右，高度20m以内的填石路堤分四层进行，其中底层稍厚，但不超过5.5m，面层稍薄，一般为4.0m。 层厚控制：由于分层层面与路面纵坡平行，按中桩桩号计算列出各分层在路堤相应位置的控制性层面高程，作为分层填筑之依据
夯点间距	各层夯点采用错位布置，即上层夯点位于下层四夯点间，以获得良好的击实效果。纵向上第一层和第三层在道路中线上布置夯点，并向两侧展布；第二层和第四层在距中心线两侧2.25m处布置夯点，夯点间距4.5m×4.5m

6.8　土石路堤作业

土石路堤施工方法和要求　表6-33

项　目	方法、内容与要求
定义及概念	土石路堤是指利用砾石土、卵石土、块石土天然土石混合材料填筑而成的路堤。土石路堤的施工，其基底应进行清理，其处理要求与填土路基同样，即清除树根、草皮等杂物与腐殖土，并压实后填筑土石
强度及粒度	天然土石混合材料中所含石块强度大于20MPa时，石块的最大粒度不得超过压实层厚的2/3，超过的应予清除；当所含石块强度为软质岩（强度小于15MPa）或极软岩（强度小于5MPa）时，石块最大粒度不得超过压实层厚，超过的应打碎。 对于一级以上公路土石路堤的路床顶面以下50cm范围内，应填筑砂类土或砾石土并分层压实。填料最大粒径不得大于10cm。其他公路填筑砂类土的厚度为30cm，最大粒径应为15cm
分层厚度	土石路堤必须分层填筑，逐层压实。不得采用倾填法施工。分层的填筑厚度应根据所用压实机械类型和规格确定，一般不宜超过40cm
填筑方法	1.渗水性 压实后渗水性较大的土石混合填料，应分层或分段填筑，一般不宜纵向分幅填筑，如确需纵向分幅填筑，应将压实后渗水性良好的土石混合料填筑于路堤两侧，以利排水。 2.岩性 当所用土石混合填料来自不同路段，其岩性或土石混合比相差较大时，一般应分层或分段填筑。如不能分层分段填筑，应将硬质石块的混合料铺筑在填层的下面，并不使石块过分集中或重叠，其上再铺软质石料混合料，进行整平压实。 3.含量 土石混合填料的石料含量超过70%时，应先铺大块石料，且大面向下，放置平稳，再铺小块石料、石渣或石屑嵌缝找平，然后碾压。当石料含量小于70%时，土石可混合铺筑，但应注意掌握勿使硬质石块、特别是尺寸大的硬质石块集中

6.9　高填方路堤作业

6.9.1 高填方路堤及其最小边坡高度

高填方最小边坡高度　　表 6-34

项　目	内容与规定		
定义	根据填料和路基土的种类,填方边坡高于下列边坡高度的路堤,称为高填方路堤		
最小边坡高度	边坡高度(m)　地基土种类 填料种类	常年蓄水的稻田土	旱地、石质地基、季节性蓄水稻田土
	细粒土(黏质土、粉质土)	6.00	20.00
	粗粒土(砂类土,不包括砾卵石土)	6.00	12.00
	粗粒土、巨粒土(砾、卵石土、漂、块石土)	6.00	20.00
	不易风化的石质填料	6.00	20.00

6.9.2 高填方路堤预留下沉(余填)高度

预留下沉(余填)高度(m)　　表 6-35

项　目	内容与规定			
要求	高填方路堤考虑到沉降因素而设计规定超填时,应按照设计规定办理。当未明确规定,施工时亦应考虑到在不同填土高度情况下的沉落度,预留下沉(余填)高度。预加沉落度数值按填土高度的百分比计,仅作概估用			
高度	土类名称	填土高度 H(m)		
		0～5	5～10	10～20
	细砂	2.5	2.0	1.0
	砂质土、砂土	3.0	2.5	1.5
	微含砾石的砂类土	3.5	3.0	2.0
	黏质土、石质土	4.0	3.5	2.5
	泥炭、重黏土、松土	5.0	4.5	3.0

6.9.3 高填方路堤一般要求

高填方施工方法和要求　　表 6-36

项　目	方法、内容与要求
设计要求	高填方路堤无论填筑在何种地基土上,如设计阶段没有验算其稳定性、地基承载力或沉降量等项目时,宜向有关方向提出补做,以利施工并确保工程质量(事先采取必要措施防止隐患)

续上表

项　目	方法、内容与要求
施工准备	在施工准备阶段对原地面清理时,应注意如果发现地基强度不符合设计要求,必须进行加固处理时,应按特殊土路基要求处理
施工要求	高填方路堤应严格按设计要求的边坡度填筑,路堤两侧必须做足,不得缺填帮宽,导致缺陷。路堤两侧超填宽度一般应控制在0.3~0.5m,逐层填、压密实,最后整修削坡。 高填方路堤受水浸淹部分应采用水稳性及渗水性好的填料。其边坡度如设计无特殊规定时,不宜小于1:2。 在软弱土基上进行高填方路基施工时,除应对软基进行必要的处理外,从原地面以1~2m的高度范围内,不得填筑细粒土,应填筑硬质石料,并用小碎石、石屑等材料嵌缝、整平、压实。高填方路堤填筑过程,尤应注意防止局部积水,以免影响填筑质量。特别在原地面倾斜较急的坡面上半填半挖时,除应挖成阶梯与填方衔接分层填压外,要挖好截水沟,引导泄水于路堤之外。对于软弱土基的高填方路堤,设计规定应观测地基土孔隙水压力的变化情况时,应遵照实行。当孔隙水压力增大,致使稳定系数降低时,应放慢施工速度或暂停填筑,待孔隙水压力降低到能保证路堤稳定时,再行施工。对于高填方路堤的路床顶面以下0~50cm范围内的填料粒径要求不大于10cm。施工时大于10cm的块料应予破碎

6.10　路基填、挖交界(纵、横)地段路堤作业

路基填、挖交界(纵、横)地段路堤作业技术　　表6-37

项　目	内容与规定
横向半填半挖地段	横向半填半挖地段填方,应按图纸要求分层填筑,以免因填筑不当而出现路基纵向裂缝。 要认真清理半填断面的原地面,根据图纸要求及相关规范的规定将半填断面原地面表面翻松或挖成台阶,再进行分层填筑。填筑时,必须从低处往高处分层摊铺碾压,特别要注意填、挖交界处的拼接,碾压要做到密实无拼痕。 半填半挖路段的开挖,必须待下半填断面原地面处理好,方可开挖上挖方断面。对挖方中非适用材料必须废弃,严禁填在半填断面内。 若图纸对半填半挖路基采用土工合成材料加筋时,则土工合成材料的设置部位、层数和材料规格、质量要求应符合图纸要求及规范有关规定
纵向填、挖交界处	纵向填、挖交界处的路基填方,应按图纸要求分层填筑,以免因填筑不当,而出现路基横向裂缝。 施工时首先认真清理填方路段的原地面,清理长度依据填土高度和原地面坡度而定,原地面清理应符合图纸要求及规范的规定;待填方处原地面处理好,方可开挖挖方断面。对挖方中非适用材料严禁用于填筑。 纵向填、挖交界处填筑时,必须从低处往高处分层摊铺碾压,特别要注意填、挖交界处的拼接,碾压要做到密实无拼痕。 纵向填、挖交界处常伴随着半填半挖横断面,应按图纸要求妥善安排,做到纵、横交界填筑均衡,碾压密实无拼痕。 若图纸对纵向填、挖交界处采用土工合成材料加筋时,应按图纸要求及规范的有关规定设置土工合成材料

6.11 粉煤灰路堤作业

粉煤灰路堤作业技术 表 6-38

项　　目	内容与规定
概念	粉煤灰路堤可用于高速公路。凡是电厂排放的硅铝型低铝粉煤灰都可作为路堤填料。由于是轻质材料,粉煤灰的使用可减轻土体结构自重,减少软土路堤沉降,提高土体抗剪强度
组成	粉煤灰路堤一般由路堤主体部分、护坡和封顶层以及隔离层、排水系统等组成。其施工步骤与填土路堤施工方法相类似,仅增加了包边土和设置边坡盲沟等工序
要求	粉煤灰路堤施工应符合《公路路基施工技术规范》(JTG F10—2006)的规定;必须按图纸要求铺筑土质或粒料隔离层,隔离层底的路拱横坡不宜小于3%,厚度不宜小于300mm,且应碾压达到压实度标准。 粉煤灰路堤应分层填筑,分层碾压,并宜采用振动压路面碾压。当分成不同作业段填筑时,先填地段应分层留台阶,使每个压实层相互重叠搭接。搭接长度应大于1.5m,保证相邻作业段接头范围内的压实度,达到规定的要求。 土质护坡应与粉煤灰填筑同步进行施工。土质护坡摊铺宽度应保证削坡后的净宽满足设计要求。同时应按图纸要求,做好土质护坡的排水。 摊铺后的粉煤灰必须及时碾压,做到当天摊铺,当天碾压完毕,以防止水分蒸发而影响压实效果。碾压时,应使粉煤灰的含水率处于最佳含水率范围内。 粉煤灰路堤应根据压实试验确定的压实机械化类型和压实遍数、摊铺厚度及压实度进行施工。并且应符合国家及当地环境保护部门的有关要求

6.12 取土坑、弃土堆、护坡道及碎落台

6.12.1 取土坑

取　土　坑 表 6-39

项　　目	内容与要求
设置	取土坑应有正确形状,以保证路基排水。取土坑积水应有一定的处治措施,以保证路基强度不受影响
断面	取土坑的长、宽、深度视填土数量、施工方法及保证排水而定,在平原地区其深度一般为1m。取土坑的底面可做成向外倾斜的单向横坡,坡度为2% ~3%
计价	取土坑的开挖费用,应推入填方计价。利用取土坑作蒸发池时,其技术要求应在取土坑设计中予以考虑。为取土坑单独设计的排水沟等处治措施,可按规定在排水工程项下计列

6.12.2 弃土堆

弃　土　堆 表 6-40

项　　目	内　　容
设置	弃土堆呈带状沿路堆置时,上坡方面应连续而不中断,并在弃土堆前设置截水沟;在下坡方面应每隔50 ~100m设不小于1m宽的缺口,以利排水。当沿河弃土时,不得阻塞河流、挤压桥孔或造成河岸冲刷。堆放弃土,不得干扰正常交通,并应防止对灌溉沟渠及天然水流的污染和淤塞

续上表

项 目	内 容
断面	弃土堆应堆成规则形状,其边坡不应陡于1:1.5,顶面应做成向外倾斜的单向横坡,坡度不小于2%。弃土堆高度不宜高于3m。路堑旁的弃土堆,其内侧坡脚与路堑坡顶之间的距离,对于干硬土不应小于3m,对于湿软土不应小于路堑深加5m
计价	弃土堆的堆置费用(包括装卸、远运费用在内)应摊入挖方单价。废弃土堆单独设计的截水、排水设施可按规定在排水工程项下计列

6.12.3 护坡道

护 坡 道 表6-41

项 目	内容与规定
设置	为保证路基稳定,当路基边缘与取土坑底之高差大于2m时,一般应根据填土高度、土质及水文情况等,设置宽1~2m的护坡道
计价	护坡道不单独计量与支付

6.12.4 碎落台

碎 落 台 表6-42

项 目	内容与规定
设置	在易风化岩石、粗砂、中砂、黄土和其他不良土质的路堑中,应视边坡高度和土的性质设置一般不小于1m宽的碎落台,并做成向路倾斜2%的单向横坡,如边坡较低或已适当加固时,可不设碎落台
计价	碎落台不单独计量与支付,其开挖费用在挖方中计列

6.13 路基土石方工程施工质量要求

6.13.1 土方路基

(1)公路土方路基

公路土方路基基本要求、外观鉴定 表6-43

基 本 要 求	外 观 鉴 定
在路基用地和取土坑范围内,应清除地表植物、杂物、积水、淤泥和表土,处理坑塘,并按规范和设计要求对基地进行压实。 路基填料应符合规范和设计的规定,经认真调查、试验后合理选用。 填方路基须分层填筑压实,每层表面平整,路拱合适,排水良好。 施工临时排水系统应与设计排水系统结合,避免冲刷边坡,勿使路基附近积水。 在设定取土区合理取土,不得滥开滥挖,完工后应按要求对取土坑和弃土场进行修整,保持合理的几何外形	路基表面平整,边坡直顺,曲线圆滑。 路基边坡坡面平顺、稳定,不得亏坡,曲线圆滑。 取土坑、弃土堆、护坡道、碎落台的位置适当,外形整齐、美观,防止水土流失

公路土方路基实测项目 表6-44

项次	检查项目			规定值或允许偏差			检查方法和频率	权值
				高速公路、一级公路	其他公路			
					二级公路	三、四级公路		
1△	压实度(%)	零填及挖方(m)	0~0.3	—	—	94	按"路基、路面压实度评定方法"密度法:每200m每压实层测4处	3
			0~0.8	≥96	≥95	—		
		填方(m)	0~0.8	≥96	≥95	≥94		
			0.8~1.5	≥94	≥94	≥93		
			>1.5	≥93	≥92	≥90		
2△	弯沉值(0.01mm)			不大于设计计算值			按"路基、路面弯沉值评定方法"	3
3	纵断面高程(mm)			+10,15	+10,-20		水准仪:每200m测4断面	2
4	中线偏位(mm)			50	100		经纬仪:每200m测4点,弯道加测HY、YH两点	2
5	宽度(mm)			不小于设计值			米尺:每200m测4处	2
6	平整度(mm)			15	20		3m直尺:每200m测2处×10尺	2
7	横坡(%)			±0.3	±0.5		水准仪:每200m测4断面	1
8	边坡			不陡于设计值			尽量:每200m测4处	1

(2)城镇道路土方路基

城镇道路土方路基基本要求、外观鉴定 表6-45

基本要求	外观鉴定
在路基用地和取土坑范围内,应清除地表植物、杂物、积水、淤泥和表土,处理坑塘,并按规范和设计要求对基地进行压实。 路基填料应符合规范和设计的规定,经认真调查、试验后合理选用。 填方路基须分层填筑压实,每层表面平整,路拱合适,排水良好。 施工临时排水系统应与设计排水系统结合,避免冲刷边坡,勿使路基附近积水。 在设定取土区合理取土,不得滥开滥挖,完成后应按要求对取土坑和弃土场进行修整,保持合理的几何外形	路基表面平整,边坡直顺,曲线圆滑。 路基边坡坡面平顺、稳定,不得亏坡,曲线圆滑。 取土坑、弃土堆、护坡道、碎落台的位置适当,外形整齐、美观,防止水土流失

城镇道路土方路基实测项目 表6-46

项次	检查项目			规定值或允许偏差				检查方法和频率	权值
				快速路	主干路	次干路	支路		
1△	压实度(%)	零填及挖方(cm)	0~30	≥96	≥95	≥94	≥92	按"路基、路面压实度评定方法"每1 000m²、每压实层抽检1组(3点)	3
			30~80	≥94	≥93	—	—		
		填方(cm)	0~80	≥96	≥95	≥94	≥92		
			80~150	≥94	≥93	≥92	≥91		
			>150	≥93	≥92	≥91	≥90		
2△	弯沉值(0.01mm)			不大于设计计算值				按"路基、路面弯沉值评定方法"	3

续上表

项次	检查项目		规定值或允许偏差				检查方法和频率	权值
			快速路	主干路	次干路	支路		
3	纵断面高程(mm)		+10，-20				水准仪：每200m测1断面	2
4	中线偏位(mm)		≤100				经纬仪：每100m测2点	2
5	宽度(mm)		不小于设计值				米尺：每40m测1处	2
6	平整度(mm)	路基各压实层	≤20				用3m直尺和塞尺连续量两尺取较大值	2
		路床	≤15					
7	横坡(%)		±0.3且不反坡				水准仪： 路宽<9m，每20m测2点； 路宽9~15m，每20m测4点； 路宽>15m，每20m测6点	1
8	边坡		不陡于设计值				尺量：每侧1点	1

6.13.2 石方路基

(1)公路石方路基

公路石方路基基本要求、外观鉴定 表6-47

基本要求	外观鉴定
石方路堑的开挖宜采用光面爆破法，爆破后应及时清理险石、松石，确保边坡安全、稳定。 修筑填石路堤时，应进行地表清理，逐层水平填筑石块，摆放平稳，码砌边部。填筑层厚度及石块尺寸应符合设计和施工规范规定。填石空隙用石渣、石屑嵌压稳定。上、下路床填料和石料尺寸应符合规范规定。采用振动压路机分层碾压，压至填筑层顶面石块稳定，20t以上压路机振压两遍无明显高程差异。 路基表面应整修平整	上边坡不得有松石。 路基边坡平顺，曲线圆滑

公路石方路基实测项目 表6-48

项次	检查项目		规定值或允许偏差		检查方法和频率	权值
			高速公路、一级公路	其他公路		
1	压实		层厚和碾压遍数符合要求		查施工记录	3
2	纵断高程(mm)		+10，-20	+10，-30	水准仪：每200m测4断面	2
3	中线偏位(mm)		50	100	经纬仪：每200m测4点，弯道加HY、YH两点	2
4	宽度(mm)		符合设计要求		米尺：每200m测4处	2
5	平整度(mm)		20	30	3m直尺：每200m测2处×10尺	2
6	横坡(%)		±0.3	±0.5	水准仪：每200m测4断面	1
7	边坡	坡度	符合设计要求		每200m抽查4处	1
		平顺度	符合设计要求			

(2)城镇道路石方路基

城镇道路石方路基基本要求、外观鉴定　表6-49

基 本 要 求	外 观 鉴 定
修筑填石路堤应进行地表清理,先码砌边部,然后逐层水平填筑石料,确保边坡稳定。 施工前应先通过修筑试验段,确定能达到最大压实干密度的松铺厚度与压实机械组合,及相应的压实遍数、沉降差等施工参数。 填石路堤宜选用12t以上的振动压路机、25t以上的轮胎压路机或2.5t以上的夯锤压(夯)实。 路基范围内管线、构筑物四周的沟槽宜回填土料	上边坡不得有松石。 路基边坡平顺,曲线圆滑

城镇道路石方路基实测项目　表6-50

项次	检 查 项 目	规定值或允许偏差	检查方法和频率	权值
1	压实	层厚和碾压遍数符合要求	查施工记录	3
2	纵断高程(mm)	+50,-100	水准仪:每20m测1断面	2
3	中线偏位(mm)	≤30	经纬仪:每100m测2点,弯道加测HY、YH两点	2
4	路床宽度(mm)	符合设计要求	米尺:每40m测1处	2
5	边坡(%)	不陡于设计规定	用坡度尺量,每20m测2处每侧1点	2

7 挖方路基作业

7.1 挖方路基

7.1.1 挖方路基断面

(1)挖方断面组成

挖方断面组成　表7-1

项　目	内容、要求与图示
一般断面	挖方路基是指路基设计高程小于地面高程,由开挖而形成的路基,亦称为路堑。挖方路基一般由路床、边沟、碎落台、边坡、截水沟等组成。其横断面及各部分组成如下图所示 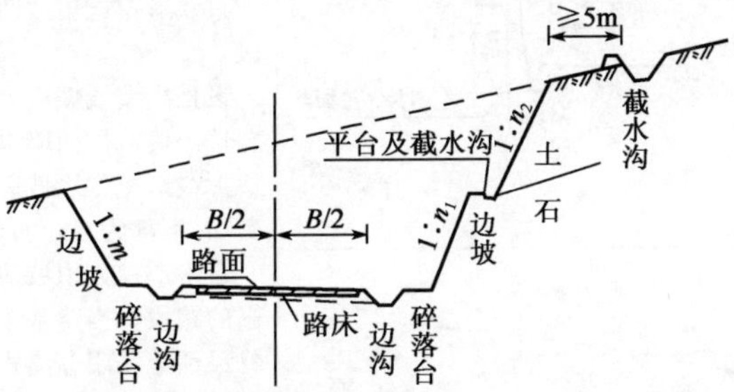
路床	路床是指路面结构层底面以下30cm深度范围内的路基部分,要求有足够的强度。高速公路路床的压实度不应小于96%(重型压实标准)。 路床为岩石或土质良好时,可直接利用作为路床,并应整平,碾压密实;地质条件不良或土质松散、渗水、湿软、强度低时,应采取防水、排水措施或掺石灰处理或换填渗水性粒料等措施,处理深度视具体情况而定
边沟	挖方路基应设置边沟,横断面一般采用梯形,石方路段的边沟宜采用矩形,少雨浅挖地段的土质边沟可采用三角形横断面。挖方路段采用三角形边沟或加盖板的矩形边沟时,高速公路可不设路侧护栏。高速公路边沟的深度及底宽不应小于以60cm,边沟纵坡不宜小于0.5%,且应全部采用浆砌片石防护
碎落台	容易产生碎落的风化破碎岩石、软质岩石、砾(碎石)类土等地段的挖方路基,应在边沟外侧设置碎落台,其宽度不宜小于1m。挖方路基边沟外侧应设置碎落台,当边坡高度超过12m时,碎落台宽度不宜小于2m
挖方边坡	挖方边坡的稳定性主要与工程地质、水文地质和地面排水条件有关。土质挖方边坡坡度应根据边坡高度、土的湿度、密实程度、地下水、地表水的情况、土的成因类型及生成时代等因素确定。岩石挖方边坡坡度应根据岩性、地质构造、岩石的风化破碎程度、边坡高度、地下水及地表水等因素综合分析确定。 挖方边坡形式主要有直线形、折线形、台阶形,当挖方边坡较高时,可根据不同的土、石性质和稳定要求开挖成折线形或台阶形边坡,边坡高度每隔6~10m设平台一道,宽度为1~3m,视需要设置平台排水沟

续上表

项　目	内容、要求与图示
截水沟	为汇集并排除挖方路基边坡上侧的地表径流,应设置截水沟,其位置应设置在坡顶3m以外;截水沟横断面可采用梯形,山坡较陡时,也可采用矩形;其尺寸大小根据汇水面积进行水力计算确定

(2)按边坡形式

按 边 坡 形 式　　表7-2

<table>
<tr><th>项　目</th><th>图示(尺寸单位:m)</th><th>说　明</th></tr>
<tr><td>直线形边坡</td><td>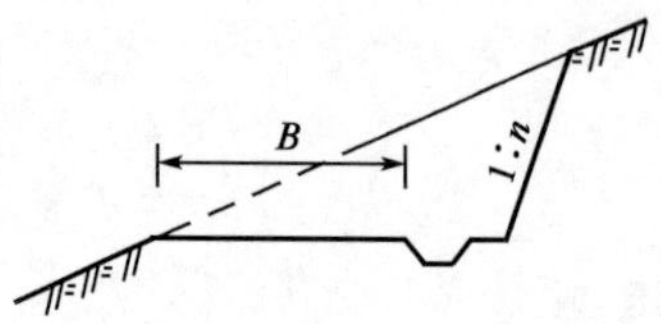
</td><td rowspan="4">直线形挖方边坡适用于边坡为均质的岩土,且边坡不高的路段。
设挡土墙或矮墙为当挖方为软弱土质、强风化岩层时,需设置挡土墙或护面墙以保持坡面稳定。
折线形挖方边坡适用于由多层不同土质组成,或者上部为覆盖层,下部为岩石的路段。
台阶形挖方边坡适用于边坡由多层不同土质组成且边坡较高的路段。当路基宽度较宽时,路线线位宜根据地形、地势、地物灵活地采用分离式断面,不仅可以节约工程造价,而且有利于解决路面排水问题</td></tr>
<tr><td>设挡土墙或矮墙</td><td>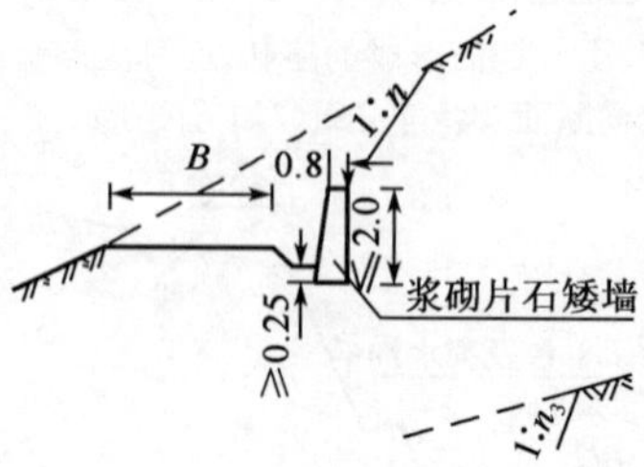
</td></tr>
<tr><td>折线形边坡</td><td>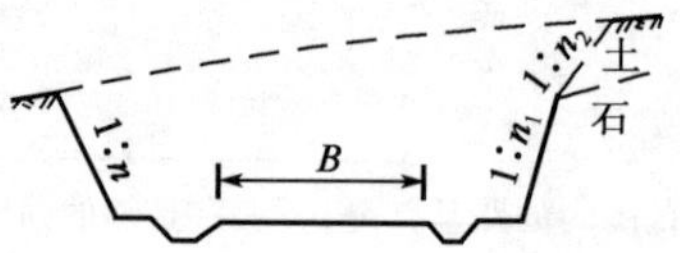
</td></tr>
<tr><td>台阶形边坡</td><td>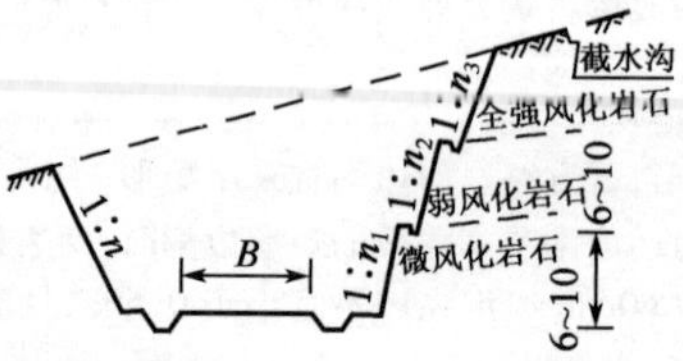
</td></tr>
</table>

(3)按地面形式

按 地 面 形 式　　表7-3

项　目	图　示	说　明
平地挖方路基	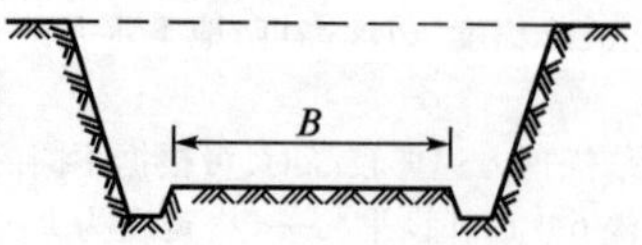	由于路堑开挖后破坏了原地层的天然状况,其稳定性主要取决于地质条件与挖方深度,并且集中表现在边坡稳定性上。因此,地质条件差、挖方深时,边坡就必须放缓或予以必要的加固,以策安全。 深路堑在岩层变化时,其边坡应适应岩性的变化采取折线形边坡

续上表

项　目	图　示	说　明
斜坡下挖方路基	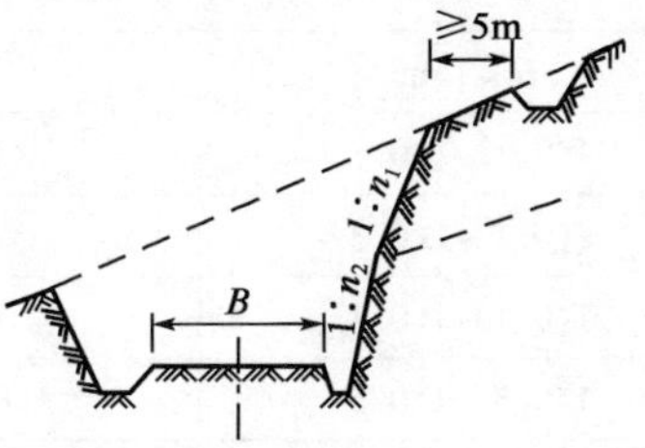	
台口式挖方路基	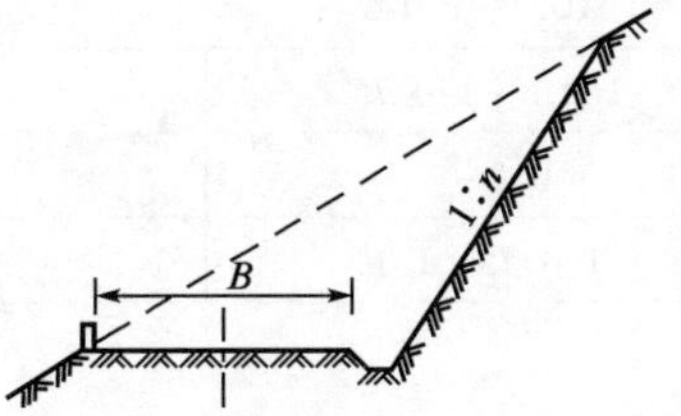	陡峻山坡上的半路堑，可挖成台口式路基，力求避免少量的局部填方。 整体性的坚硬岩层，为减少石方工程，可采用半山洞路基，但要确保安全可靠，不得滥用。 此外，路堑边坡的稳定性还与水文状况有关，地质愈差，水的破坏愈明显，故路堑的排水应特别引起注意
半山洞路基	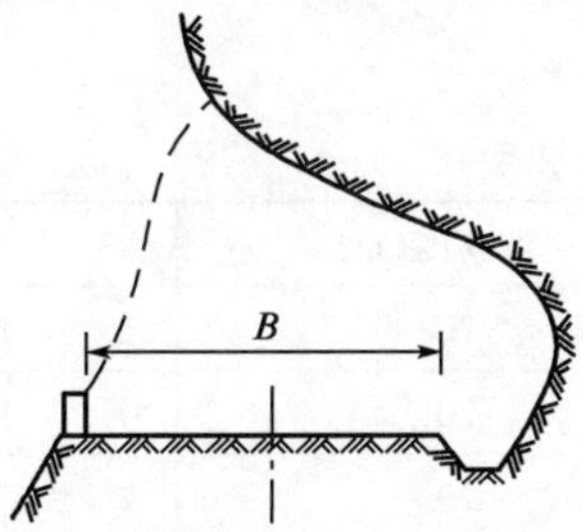	

7.1.2 土、石路堑的边坡坡度

（1）公路土质挖方边坡坡度

土质挖方边坡坡度　　表 7-4

<table>
<tr><th>项　目</th><th colspan="4">要　求</th></tr>
<tr><td rowspan="7">土质路堑边坡形式及坡率应根据工程地质与水文地质条件、边坡高度、排水防护措施、施工方法等，并结合自然稳定边坡、人工边坡的调查及力学分析综合确定。边坡高度不大于20m时，边坡坡率不宜陡于表“土质路堑边坡坡率”规定值。</td><td colspan="4">土质路堑边坡坡率</td></tr>
<tr><td colspan="3">土的类别</td><td>边坡坡率</td></tr>
<tr><td colspan="3">黏土、粉质黏土、塑性指数大于3的粉土</td><td>1:1</td></tr>
<tr><td colspan="3">中密以上的中砂、粗砂、砾砂</td><td>1:1.5</td></tr>
<tr><td rowspan="2">卵石土、碎石土、圆砾土、角砾土</td><td colspan="2">胶结和密实</td><td>1:0.75</td></tr>
<tr><td colspan="2">中密</td><td>1:1</td></tr>
<tr><td colspan="4">注：黄土、红黏土、高液限土、膨胀土等特殊土质挖方边坡形式及坡度应按《公路路基设计规范》(2015)有关规定确定</td></tr>
<tr><td rowspan="5">挖方边坡高度不宜超过20m。路堑边坡设计应遵循“放缓坡率、加宽平台、加固坡脚”的原则。边坡坡率及平台宽度可按表“路堑边坡坡率”确定。当边坡高度超过6m时，挖方路基宜采用台阶式断面；地形允许时，宜进一步放缓边坡</td><td colspan="4">路堑边坡坡率</td></tr>
<tr><td>边坡高度(m)</td><td colspan="2">边坡坡率</td><td>边坡平台宽度(m)</td></tr>
<tr><td><6</td><td colspan="2">1:1.25～1:1.5</td><td>—</td></tr>
<tr><td>6～10</td><td colspan="2">1:1.5～1:1.75</td><td>2.0</td></tr>
<tr><td>10～20</td><td colspan="2">1:1.75～1:2</td><td>≥2.0</td></tr>
</table>

(2)公路岩石挖方边坡坡度

岩质路堑边坡坡率 表 7-5

边坡岩体类型	风化程度	边坡坡率	
		$H<15$m	15m≤H≤30m
Ⅰ类	未风化、微风化	1:0.1～1:0.3	1:0.1～1:0.3
	弱风化	1:0.1～1:0.3	1:0.3～1:0.5
Ⅱ类	未风化、微风化	1:0.1～1:0.3	1:0.3～1:0.5
	弱风化	1:0.3～1:0.5	1:0.5～1:0.75
Ⅲ类	未风化、微风化	1:0.3～1:0.5	—
	弱风化	1:0.5～1:0.75	—
Ⅳ类	弱风化	1:0.5～1:1	—
	弱风化	1:0.75～1:1	—

注:①有可靠的资料和经验时,可不受本表限制。
②Ⅳ类强风化包括各类风化程度的极软岩

(3)城市道路挖方边坡坡度

城市道路挖方边坡坡度 表 7-6

土石类型		边坡高度(m)	边坡坡度
含土石	胶结与密实的	20	1:0.5～1:1.0
含土石	中等密实的	20	1:1.0～1:1.5
黄土		20	1:0.3～1:1.25
细粒土、粗粒土		20	1:0.5～1:1.5
风化岩石		20	1:0.5～1:1.5
一般岩石		—	1:0.1～1:0.5
坚石		—	直立～1:0.1

注:①土质或岩层有变化时,路堑边坡可采用折线形边坡;黄土路堑边坡高度大于12m时,可采用阶梯式,中部设平台,阶梯高度为8～12m;如有可靠资料及经验时,可不受本表限制。
②城市道路设计规范亦同时规定:路堑的边坡坡度应根据当地自然条件、土、石种类及其结构、构造、边坡高度和施工方法等因素确定。当边坡高度不大于本表所列数值时,可按表中所列数值范围,结合当地经验选用

7.1.3 一般要求

一般要求 表 7-7

项目	内容
作业范围	为挖方路基施工和边沟、截水沟、排水沟以及改河、改渠、改路等开挖有关作业
一般要求	在路基挖方开工前,应将开挖工程断面图上报批准,否则不得开挖;所有挖方作业均应符合图纸和《公路路基施工技术规范》(JTG F10—2006)的有关规定;挖方作业应保持边坡的稳定,不得对邻近的各种结构物及设施产生损坏或干扰;在开挖中出现石方时,应测量土石分界线,分层进行开挖。 路基挖方材料应尽量予以利用,但不得重复计算利用材料的开挖数量。除图纸规定或被定为非适用材料外,不得任意废弃,并力争填、挖、借、弃合理。 如路床面开挖超过图纸规定要求时,应回填并压实。 在整个施工期间,必须始终保证路基排水畅通。如因排水不当而造成工程损坏时,应立即对其进行修补

7.1.4 施工要求

施工要求　表7-8

项　目	内　容
土方开挖	土方开挖应按图纸要求自上而下进行，不得乱挖或超挖。无论工程量多大，土层多深，均严禁用爆破法施工或掏洞取土。 开挖中如发现土层性质有变化时，应修改施工方案及挖方边坡。 如果在指定的弃土场不能满足弃方要求时，应尽早重新选择弃土位置并相应修改施工方案。 沿溪及沿山坡和其他按图纸规定不能横向弃置废方的开挖路段，必须严格在指定的弃土场弃方。 必须注意对图纸未标出的地下管道、缆线、文物古迹和其他结构物的保护。开挖中一旦发现上述结构物应停止作业并保护现场听候处理。 居民区附近的开挖，应采取有效措施，以保护居民区房屋及保证居民和施工人员的安全，并为附近居民的生活及交通提供临时便道或便桥。 土方地段的路床顶面高程，应考虑因压实而产生的下沉量，其值由试验确定。路床顶面的压实度应符合要求，并应按《公路土工试验规程》(JTG E40—2007)重型击实法进行检验。如不符合要求，应进一步压实或采取其他措施进行处理，使之达到规定的压实度。 当因气候条件使挖出的材料无法按照规范的要求用于填筑路基和压实时，应停止开挖，直到气候条件转好
石方开挖	应根据地形、地质、开挖断面及施工机械配备等情况，采用能保证边坡稳定的方法施工。 石方爆破作业应以小型及松动爆破为主，严禁过量爆破，并应在事前制订出计划和措施。否则不得采用大爆破施工，当确需进行大爆破施工时，应严格按《公路路基施工技术规范》(JTG F10—2006)规定编制技术设计文件。 应就爆破器材的存放地点、数量、警卫、收发、安全措施及必要的工艺图纸编制报告，并应在爆破器材进入工地前报有关部门审批，同时将运入路线和时间报有关管理部门批准，待取得通行证后方可将爆破器材运入工地保管。 应确定爆破的危险区，并采取有效措施防止人、畜、建筑物和其他公共设施受到危害和损坏。在危险区的边界应设置明显标志，建立警戒线和显示爆破时间的警戒信号，在危险区的入口或附近道路应设置标志，并派专人看守，严禁人员在爆破时进入危险区。 由于爆破引起的松动岩石，必须清除。当属于超挖工程量时则不予计量。 石方路堑的路床顶面高程，应符合图纸要求，高出部分应辅以人工凿平，超挖部分应按符合要求的材料回填并碾压密实稳固，并满足路床顶面高程的允许偏差要求
非适用材料的处理	当要求在填方区挖除低于原地表面的非适用材料时，其挖除深度及范围应由现场确定。 路基挖至完工断面后，如仍留有非适用材料，应按要求的宽度和深度继续挖除，并用适合的材料回填和压实到图纸规定或与其毗连路段相同规定的密实度。 在暴露出的挖方是适用材料和非适用材料相混杂的挖方部分，应分别开挖、移运。适用材料供填方使用，且不应被非适用材料污染，已污染的材料应按弃方处理。 在路基挖方或填方区挖除的非适用材料，应按弃方要求处理
弃方的处理	在有弃方的路段开工前，应提出开挖、调运施工方案上报批准。该方案包括挖方及弃方的数量、调运方案、弃方位置及其堆放形式、坡脚加固处理、排水系统的布置以及有关的计划安排等。 当弃土场的位置、堆放形式或施工方案等有更改时，必须在更改前将更改方案上报批准。 弃土堆应堆置整齐、稳定，排水畅通，避免对土堆周围的建筑物、排水及其他任何设施产生干扰或损坏，避免对环境造成污染
边沟、截水沟和排水沟开挖	边沟、截水沟和排水沟开挖的位置、断面尺寸和沟底纵坡应符合图纸的要求。当其需要铺砌时，应按图纸增加开挖深度和宽度。 在有超高路段的边沟沟底纵坡，应与曲线段前后沟底相衔接，不允许曲线段内侧边沟积水或外溢。 路堑与路堤连接处，边沟应缓顺引向路堤两侧的自然沟或排水沟，勿使路堤附近积水，亦不得冲蚀路堤。 开挖石质边沟、排水沟，应用小孔、少量炸药。超挖部分，要用小石块浆砌密实，沟底凸出部分，应予凿平
改河、改渠、改路的开挖	按图纸所示的位置和断面尺寸进行施工。开挖出的土方除可利用的外，应按弃方妥善处理

续上表

项　目	内　容
计量	说明: (1)按照工程量清单的规定,路基挖方所列名称及单位进行计量与支付。 (2)开挖土方及石方的计价中包括开挖、免费远距以内的运输(含利用方及废方)、路基边坡、边沟(指无铺砌的边沟)、路床的整形、碾压(含挖方路床面以下30cm范围内的翻松)等作业的费用。不同的施工方式(如人力施工或机械施工,爆破法或松动法等)应在单价分析中综合考虑。 (3)挖方免费远距由公路工程定额或招标文件给出。废方需超出免费远距弃置时另计超运费用;利用方超出免费远距时,其费用在填方项下计列。超运按运量单位"m^3·km"计量,计价时可按公路工程土石方运输定额中的"增运"计列。 (4)公路工程定额编列了各种通常采用的路基开挖方式,造价分析时应结合工程项目的实际情况及公路等级、质量要求、施工单位机械化水平、施工组织、设计等多路因素,合理使用定额。 (5)挖方应挖至路床顶面,并对路床的压实检验,要求应翻松、碾压达到规定的压实度。但路床若发生超挖,应回填并压实。在高等级公路中,包括垫层在内的路面结构层较厚,一次挖掘到路床顶面,不论从工程量计算或施工安排、路基整形等方面看都是经济合理的。因此,一般招标文件技术规范中规定这部分挖路槽工程数量列入挖方数量内,其挖路槽价格则综合在挖方单价中,所以在概要或预算编制时,为了标底和概算或预算便于对照比较,二者编制内容应尽量取得一致,编完后在造价文件总说明中说明挖方总数量内,包括了挖路槽数量,以便于查核。 要点: (1)路基土石方开挖数量包括边沟、排水沟、截水沟,按路线中线长度乘以的横断面面积进行计算,以"m^3"计量。 (2)挖除路基范围内非适用材料(不包括借土场)的数量,应以批准的断面或实际范围为依据的计算数量,以"m^3"计量。 (3)除非另有指示,凡超过图纸规定尺寸的开挖,均不予计量。 (4)石方爆破安全措施、弃方的运输和堆放、质量检验、临时道路和临时排水的维修等均不另计量,作为应做的附属工作。 (5)在挖方路基的路床顶面以下,土方断面应挖深300mm再压实;石方断面应辅以人工凿平或填平压实。此两项作为应做的附属工作。 (6)改河、改渠、改路的开挖工程按合同图纸施工,计量方法可按上述(1)进行。改路挖方线外工程的工作量计入路基挖方项内

7.2 土质路堑的开挖作业

7.2.1 作业流程

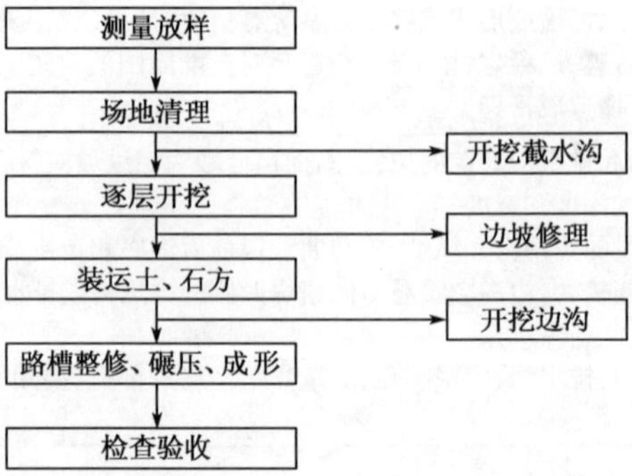

作业流程图

7.2.2 路基开挖注意事项

路基开挖注意事项 表 7-9

项 目	内容与要求
开挖方案	开挖土方不得乱挖超挖。严禁掏洞取土。在不影响边坡稳定的情况下采用爆破施工时，应经过设计审批，一般禁止采用爆破法施工
排水	路堑开挖前应首先处理好排水，并根据断面的土层分布、地形条件、施工方法，以及土方的利用和废弃情况等综合考虑，力求做到运距短、占地少
支撑与支挡	注意边坡稳定，及时设置必要的支挡工程。开挖时必须按横断面自上而下，依照设计边坡逐层进行，防止因开挖不当导致塌方；在地质不良拟设支挡构造物的地段，应考虑在分段开挖的同时，分段修建支挡构造物，以保证安全；有效地扩大工作面，以利提高生产效率，保证施工安全
利用与弃土	开挖中应避免超挖。超挖数量不予计量及支付，路床面发生超挖，应回填并压实；开挖中，对适用的土、砂、石等材料，在经济合理的前提下，应尽量利用作混凝土集料、路面材料、填方填料及施工砌筑料等。路基开挖所产生的利用料，既不应随意为弃，也不得重复计算利用料的开采费用

7.2.3 路堑开挖方案

土路堑开挖的方案 表 7-10

<table>
<tr><th>项 目</th><th colspan="2">内容与要求</th></tr>
<tr><td>掘进方法</td><td colspan="2">土质路堑的开挖，根据挖方数量的大小，以及施工方法的不同，按掘进方向的变化，可分别采用横向全宽掘进或横向通道掘进等方法，其中又分为单层或双层以上的掘进法</td></tr>
<tr><td>单层横向全宽掘进法</td><td>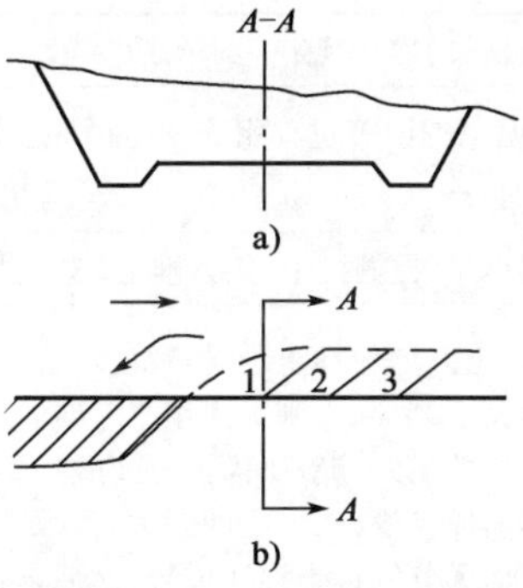
</td><td>横向全宽掘进法是对路堑整个宽度，沿路线纵向一端或两端向前开挖。左图所示单层掘进的深度，即等于路基设计高度，所以向前掘进一段，就完成该路堑路基的一段。其中，a)为横剖面；b)为纵剖面，所注数字为掘进顺序</td></tr>
<tr><td>双层二次横向全宽掘进法</td><td>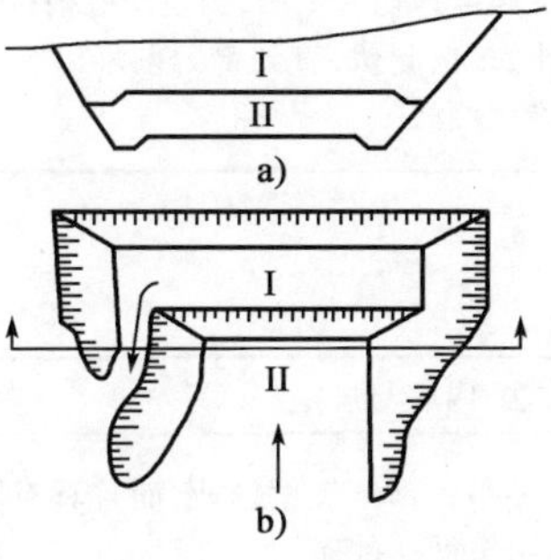
</td><td>人工挖掘时每层高度一般为 1.5 ~ 2.0m(最大)，当路堑较深，同时也为了扩大施工操作面时，横向全宽掘进亦可分为两个或两个以上的阶梯，同时分层进行开挖，如左图所示双层挖掘示意图。每层阶梯留有运土路线，并注意临时排水，及防止上下层干扰。其中，a)为横剖面；b)为平面；Ⅰ、Ⅱ为开挖层次</td></tr>
</table>

续上表

项　　目		内容与要求
双层纵向通道掘进法	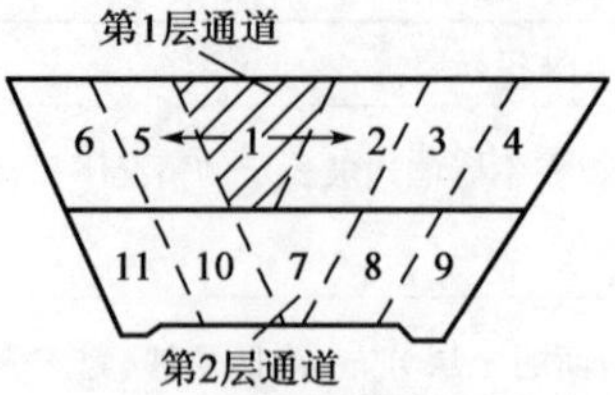 (图中数字为挖掘顺序)	对于土方量比较集中的深路堑,可采取双层纵向通道掘进法。即先沿路堑纵向挖掘出一条通道,然后再沿此通道两侧进行拓宽,既可避免单层深度过大,又可扩大作业面,同时对施工临时排水可用作导沟
混合掘进法	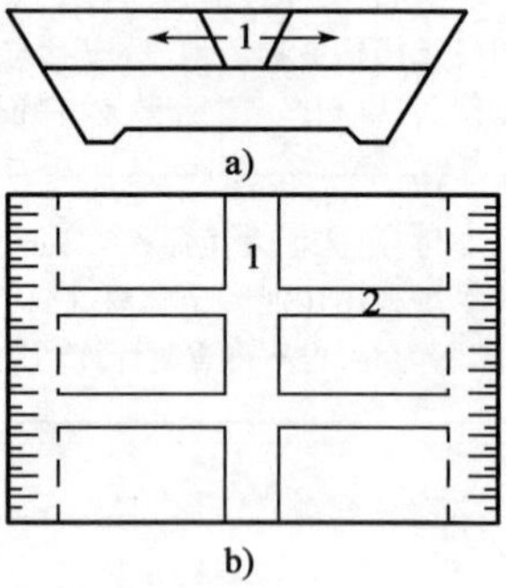	对于特别深而长的深路堑,土方量很大,为扩大施工作业面和加快施工进度,亦可采用上述两种方法的混合掘进法。如左图所示,先沿路堑纵向挖出通道1,然后再沿横向两侧,挖出若干条辅助道2。如此,即可集中较多的人力和机具,沿纵横向通道同时平行作业。混合掘进要特别注意运土与临时排水的统一安排,以保证施工的方便和安全。 其中:a)为横剖面;b)为平面

7.2.4 土方机械作业

(1)推机作业

推 机 作 业　　表7-11

项　　目	方法、内容与规定
流程	推土作业由切土、运土、卸土、倒退(或折返)、空回等过程组成一个循环。影响作业效率的主要因素是切土和运土两个环节
方法	推土机的基本作业方式有下坡推土、并列推土、拉槽推土、接力推土、波浪式推土等
要点	下坡推土是利用推土机的向下重力加速切土并增加推土量,但坡度对普通土宜为10%～18%,不得超过30%;对于松土不宜少于10%,不得大于15%,否则空回作业困难。 并列推土是两三台推土机并列推进,减少土的漏失,铲刀间距一般约15～20cm。 拉槽推土是推土机连续多次同轨迹推土,形成浅槽,减少土的漏失,槽深一般不大于铲刀高度;接力推土是取土块较长而土质较硬时,可自近而远分段将土推送成堆,然后再由远而近将各段土堆推送至卸土点,节约运土时间。 波浪式推土是推土机切土时应将铲刀最大限度地切入土中,当发动机稍有超负荷现象将铲刀缓缓起升,当发动机恢复正常,再将铲刀降下切土,多次起伏,直到铲刀前堆满土为止。其优点是机械功率得以充分发挥,缺点是空回时土道不平,产生颠簸

(2)铲运机作业

铲 运 机 作 业　　表7-12

项　　目	方法、内容与规定
流程	铲运机能够完成土方的铲装、运输、铺装、整平和预压等项作业,而且具有相当的机动灵活性。铲运机的作业由铲装、运送、卸铺、回程等组成一个循环过程

续上表

项　目	方法、内容与规定
方法	铲运机的铲土方法有一般铲土、波浪式铲土、跨铲铲土、下坡铲土、顶推铲土等。 当采用分层纵挖法挖掘的路堑长度较长(超过100m)时,宜采用铲运机作业。 铲运机施工的运行线路要综合考虑施工效率、地形条件、机械磨损等因素,以达到运距短、坡道平缓和修筑通道工作量小等目的。常见的运行线路有椭圆形、"8"字形、"S"字形、穿梭形和螺旋形等
要点	一般铲土时应使铲刀以最大深度切入土中(不超过30cm),随着行驶阻力的增加而逐渐减少铲土深度,直到铲斗装满为止。 波浪式铲土适用于较硬的土,铲刀以最大深度切入土中后随着拖拉机负荷逐渐增加,发动机转速降低,相应减少切土深度,反复进行,直至铲斗装满为止。 跨铲铲土适用于较坚硬土层,把取土块设计为多个铲道,交错铲土,相邻铲土道间留出半个铲斗宽不铲,使铲土道前后左右重合起来,既缩短铲土道长度和铲土时间,又由于铲土的后半段减小了切土宽度,能使拖拉机有足够的牵引力将铲斗装满。 下坡铲土主要是利用铲运机的向下重力提高铲土效率,下坡角度一般为7°~8°,最大不超过15°。进行下坡铲土作业应特别注意安全。 顶推铲土是指铲运机在坚硬的土、冻深20cm以内的土或松散的干砂中作业时,由于附着力不足,牵引力不能充分发挥,用推土机在铲运机铲土行程中进行顶推助铲。这种双机配合的施工方法须具有一定工作面和工程量,方可避免推土机过于闲置

(3)挖掘机作业

挖 掘 机 作 业　　表7-13

项　目	方法、内容与规定
挖掘机类型	挖掘机又称单斗挖土机,按其铲斗形式分,有正铲、反铲、拉铲和抓铲
正铲挖掘机	正铲挖掘机主要用于开挖停机面以上的挖土作业,挖掘力大,生产率高,可以直接开挖各类土和经爆破后的岩土、冻土等。正铲工作面高度应不小于1.5m,否则挖掘不能满斗而影响效率。正铲挖掘机的基本作业方式有运土车辆位于侧面的侧向开挖方式及车辆停在挖掘机后方的正向开挖方式。侧向开挖的卸土回转角小于90°,车辆直线进出,缩短了循环时间。正向开挖的卸土回转角大于90°,从而增加了循环时间,且车辆需要掉头或倒驶,施工现场显得较为拥挤,但正向开挖的工作面较宽,适宜于挖掘路堑进口处
反铲挖掘机	反铲挖掘机用于停机面以下的挖土作业,铲斗向下强制切土,摩阻力较大,故挖掘力比正铲小,效率比正铲低,适用于开挖沟、槽、坑等土石方作业。作业方式有沟端开挖及沟侧开挖两种。沟端开挖时从一端开始,沿沟中线倒退进行,运土车辆停在沟侧,动臂只回转40°~45°即可卸料。沟侧开挖时,挖掘机系沿沟侧行驶。反铲挖掘机的挖掘深度与开挖工作面宽度成反比,即挖掘深度大,开挖工作面宽度小
拉铲挖掘机	拉铲挖掘机的开挖方法与反铲挖掘机基本相同,只是它的回转半径大,挖掘深度深,适用于地下水位高、含水率大的河道开挖或甩土工程
抓铲挖掘机	抓铲挖掘机是靠铲斗的自重切土垂直上下动作,操作难度大,生产效率低,使用范围小,一般用于开挖竖井或挖捞河泥等水下挖方,不适用于开挖坚硬土

(4)装载机作业

装 载 机 作 业　　表7-14

项　目	方法、内容与规定
类型	装载机按行走方式分为轮胎式与履带式两种
特点	载机是一种工作效率较高的铲土及运输机械,它兼有推土机和挖掘机两者的工作能力,可以进行铲掘、推运、整平、装载和牵引等多种作业。其优点是适应性强、作业效率高、操纵驾驶方便,是一种

续上表

项　目	方法、内容与规定
类型	发展较快的循环作业机械。装载机铲土后,能视运输车辆停置位置前进、后退或调转方向卸土、灵活机动
要点	适用范围主要取决于使用场所、土石料特性和工作环境。选用时应注意装载机的经济合理远距,如果整个采、装、运作业的循环作业时间较少,自铲自运是经济合理的。如果运输距离较远,应与其他运输工具配合使用。 与其他运输工具配合时,应注意装载机的斗容与车厢载质量的配合,通常以2~4斗装满一车厢为宜。车厢长度要比装载机的斗宽大25%~75%,铲斗45°倾斜卸载时,斗齿最低点要比车厢侧壁高出20~100cm。为充分发挥装载机效率,其作业循环时间,小型的不超过15s,大型的不超过20s,而且应考虑装载机走行与转弯速度

(5)平地机作业

平 地 机 作 业　　表7-15

项　目	方法、内容与规定
组成	工作装置是一把刮刀,它可以调整4种作业动作,即刮刀平面回转、刮刀左右端升降、刮刀左右引伸和刮刀机外倾斜来完成刮刀刀角铲土侧移、刮刀刮土侧移、刮刀刮土直移和机身外刮土等作业
特点	平地机是一种铲土、运土、卸土同时进行的连续作业机械
要点	刮刀刀角刮土侧移适用于开挖边沟,并利用开挖出来的土修整路基断面或填筑低路堤。 刮刀铲土侧移适用于侧向移土修筑路堤、平整场地、回填沟渠等作业。 刮刀刮土直移适用于修筑不平度较小的场地,在路基施工中可用于路拱的整修或填筑材料的整平。 机外刮土主要用于刷路堤、路堑边坡和开挖边沟等

(6)自卸汽车作业

自 卸 汽 车 作 业　　表7-16

项　目	方法、内容与规定
类型	自卸汽车是路基工程施工中常用的运输机械,一般用于土石方及工程材料运输的自卸汽车载质量为3.5~15t
特点	自卸汽车行驶速度快、机动灵活,越野性能好,生产效率高,但厂牌、规格、型号很多,从技术管理、物资供应、设备保养和维修,以及技术工人的培养等多方面因素考虑,选用的车型及规格越少越好,最好选用标准化、系列化、成批定型生产的自卸汽车
要点	实际施工中,应注意自卸汽车的车厢容积(或载质量)与工程使用的施工机械相配套;注意施工现场的地理及气候等条件,当条件较好时可选用中、重型自卸汽车;在多雨或开挖地段积水较多的地段,宜选用全轮驱动的自卸汽车

7.3 石质路堑的作业技术

7.3.1 石质路堑施工技术

石质路堑施工技术　　表7-17

项　目	方法、内容与规定
基本要求	在开挖程序确定之后,根据岩石条件、开挖尺寸、工程量和施工技术要求,通过方案比较拟订合理的方式。其基本要求是:保证开挖质量和施工安全;符合施工工期和开挖强度的要求;有利于维护岩体完整和边坡稳定性;可以充分发挥施工机械的生产能力;辅助工程量少

续上表

项	目	方法、内容与规定
开挖方式	钻爆开挖	是当前广泛采用的开挖施工方法,有薄层开挖、分层开挖(梯段开挖)、全断面一次开挖和特高梯段开挖等方式
	机械开挖	使用带有松土器的重型推土机破碎岩石,一次破碎深度约0.6~1.0m。该法适用于施工场地开阔、大方量的软岩石方工程。优点是没有钻爆工序作业,不需要风、水、电辅助设施,简化了场地布置,加快了施工进度,提高了生产能力;缺点是不适于破碎坚硬岩石
	静态破碎法	将膨胀剂放入炮孔内,利用产生的膨胀力,缓慢地作用于孔壁,经过数小时至24h达到300~500MPa的压力,使介质裂开。该法适用于在设备附近、高压线下以及开挖与浇筑过渡段等特定条件下的开挖。优点是安全可靠,没有爆破产生的公害;缺点是破碎效率低,开裂时间长

7.3.2 石质路堑作业流程

(1)一般作业流程

一般作业流程 表7-18

作业顺序	作业内容
1	恢复路基中线,放出边线,钉牢边桩
2	根据地形,地质及挖深选择适宜的开挖爆破方法,制订爆破方案,做出爆破施工组织设计,报有关部门审批
3	用推土机整修施工便道,清理表层覆盖土及危石
4	在地面上准确放出炮眼(井)位置,竖立标牌,标明孔(井)号,深度,装药量
5	用推土机配合爆破,创造临空面,使最小抵抗线方向面向回填方向
6	炮眼按其不同深度,采用手风钻或潜孔钻钻孔,炮眼布置在整体爆破时采用"梅花形"或"方格形",预裂爆破时采用"一字形",洞室爆破根据设计确定药包的位置和药量。 炮眼位置,应有所选择,并应注意下列几点: (1)炮位设计应充分考虑岩石产状、岩石类别、节理发育程度、岩石溶蚀情况等,炮孔药室宜避开溶洞和大的裂隙。 (2)宜避免在两种岩石硬度相差很大的交界面处设置炮孔药室。 (3)非群炮的单炮或数炮施爆,炮孔宜选在抵抗线最小、临空面较多,且与各临空面大致距离相等的位置,同时应为下次布设炮孔提供更多的临空面(或称自由面)。 (4)群炮炮眼间距,宜根据地形、岩石类别、炮型等确定,并根据炮眼间距、岩石类别、地形、炮眼深度计算确定每个炮眼的装药量和炸药种类。对于群炮,宜分排或分段采用微差爆破。 (5)非群炮的单炮或数炮施爆,炮眼方向宜与岩石临空面大致平行,一般按岩石外形、节理、裂隙等情况,分别选择正炮眼、斜炮眼、平炮眼或吊眼等方位
7	在居民区及地质不良可能引起坍塌后遗症的路段,原则上不采用大中型洞室爆破。在石方集中的深挖路堑采用洞室爆破时,应认真设计分集药包位置和装药量,精确测算爆破漏斗,防止超爆、少爆或振松边坡,留下后患
8	爆破施工要严格控制飞石距离,采取切实可行的措施,确保人员和建筑物的安全,如采用毫秒微差爆破技术,将一响最大药量控制为最深单孔药量。 当最深梯段为H_T时,单孔装药量Q按下式计算 $Q = e \cdot q \cdot H_T \cdot W_d$ 式中:e——炸药换算系数; q——梯段爆破单位耗药量; W_d——最小抵抗线

续上表

作业顺序	作业内容
9	控制爆破也可以采用分段毫秒爆破方法,其最大段用药量 Q 按下式计算 $$R=\frac{K}{v}^{1/2}\cdot Q\cdot M$$ 式中:K——与地质条件有关的系数; M——药量指数; v——爆破安全振动速度; R——建筑物距爆破中心距离
10	确保边坡爆破质量,采用预裂爆破技术,光面爆破技术和微差爆破技术,同时配合选择合理的爆破参数,减少冲击波影响,降低石料大块率,以减少二次破碎,利于装运和填方
11	装药前要布好警戒,选择好通行道路,认真检查炮孔、洞室,吹净残渣,排除积水,做好爆破器材的防水保护工作,雨季或有地下水时可考虑采用乳化防水炸药
12	装药分单层、分层装药,预裂装药及洞室内集中装药。光眼装药后用木杆捣实,填塞黏土;洞室装药时,将预先加好的起爆体放在药包中心位置,周围填以硝酸安全炸药,用砂黏土填塞,填塞时要注意保护起爆线路
13	认真设计,严密布设起爆网络,防止发生短路及二响重叠现象
14	顺利起爆,并清除边坡危石后,用推土机清出道路,用推土机、铲运机纵向出土填方,运距较远时,用挖掘机械装土,自卸汽车运输
15	随时注意控制开挖断面,切勿超爆,适时清理整修边坡和暴露的孤石
16	路基开挖至设计高程,经复测检查断面尺寸合格后,及时开挖边沟和排水沟、截水沟,按设计对边沟、边坡进行防护,边沟施工要做到尺寸准确,线形直顺,曲线圆滑,沟底平顺,排水畅通,浆砌护坡要做到平整坚实,灰浆饱满。路槽整理要掌握好,不要留孤石和超爆,做到一次标准成型验收合格

(2)边坡稳定与施工排水

边坡稳定与施工排水　表 7-19

项　目	内容与要求
炮空间距	石方开挖应充分注意边坡稳定,一般宜采用中小型爆破。对于风化较严重、节理发育或岩层产状对边坡稳定不利的石方开挖,宜用小型排炮微差爆破。小型排炮药室距设计边坡线的水平距离,应不小于炮孔间距的 1/2
建筑物保护	开挖层靠边坡的两列炮孔,特别是靠顺层边坡的一列炮孔,宜采用减弱松动爆破。如在开挖的边坡外有必须保证安全的重要建筑物,即使采用减弱松动爆破也无法保证建筑物安全时,可采用人工开凿、控制爆破或化学爆破
注意排水	石方开挖区须注意施工排水,应在纵、横向形成坡面开挖面,其坡度应满足排水要求,以确保爆破出的石料不受积水浸泡

7.3.3 石质路堑爆破方法

(1)常用爆破方法

常用爆破方法　表 7-20

项　目	方法、内容与要求
光面爆破	在开挖限界的周边,适当排列一定间隔的炮孔,在有侧向临空面的情况下,用控制抵抗线和药量的方法进行爆破,使之形成一个光滑平整的边坡

续上表

项　　目	方法、内容与要求
预裂爆破	在开挖限界处按适当间隔排列炮孔，在没有侧向临空面和最小抵抗线的情况下，用控制药量的方法，预先炸出一条裂缝，使拟爆体与山体分开，作为隔振减振带，起保护和减弱开挖限界以外山体或建筑物的地震破坏作用
微差爆破	两相邻药包或前后排药包以若干毫秒的时间间隔（一般为 15 ~ 75ms）依次起爆，称为微差爆破，亦称毫秒爆破
定向爆破	利用爆能将大量土石方按照指定的方向，搬移到一定的位置并堆积成路堤的一种爆破施工方法，称为定向爆破
洞室爆破	为使爆破设计断面内的岩体大量抛掷（抛坍）出路基，减少爆破后的清方工作量，保证路基的稳定性，可根据地形和路基断面形式，采用抛掷爆破、定向爆破、松动爆破方法。 抛掷爆破有以下 3 种形式： （1）平坦地形的抛掷爆破（亦称扬弃爆破）。自然地面坡角 $\alpha < 15°$，路基设计断面为拉沟路堑，石质大多是软石时，为使石方大量扬弃到路基两侧，通常采用稳定的加强抛掷爆破。 （2）斜坡地形路堑的抛掷爆破。自然地面坡角 α 在 15° ~ 50°之间，岩石也较松软时，可采用抛掷爆破。 （3）斜坡地形半路堑的抛坍爆破。自然地面坡角 $\alpha > 30°$，地形地质条件均较复杂，临空面大时，宜采用这种爆破方法。在陡坡地段，岩石只要充分破碎，就可以利用岩石本身的自重坍滑出路基，提高爆破效果

（2）综合爆破施工方法

综合爆破施工方法　　表 7-21

项　　目	方法、内容与规定
类型划分	综合爆破一般包括小炮和洞室炮两大类。小炮主要包括钢钎炮、深孔爆破等钻孔爆破；洞室炮主要包括药壶炮和猫洞炮，随药包性质、断面形状和微地形的变化而不同。用药量 1t 以上为大炮，1t 以下为中小炮
钢钎炮	钢钎炮通常指炮眼直径和深度分别小于 70mm 和 5m 的爆破方法。 特点：炮眼浅，用药少，每次爆破的方数不多，并全靠人工清除；不利于爆破能量的利用。由于眼浅，以致响声大而炸下的石方不多，所以工效较低。 优点：比较灵活，在地形艰险及爆破量较小地段（如打水沟、开挖便道、基坑等），在综合爆破中是一种为其他炮型服务的辅助炮型，是一种不可缺少的炮型
深孔爆破	深孔爆破是孔径大于 75mm，深度在 5m 以上，采用延长药包的一种爆破方法。 特点：炮孔需用大型的潜孔凿岩机或穿孔机钻孔，如用挖运机械清方可以实现石方施工全面机械化，是大量石方（万方以上）快速施工的发展方向之一。 优点：劳动生产率高，一次爆落的方量多，施工进度快，爆破时比较安全
药壶炮	药壶炮是指在深 2.5 ~ 3.0m 以上的炮眼底部用小量炸药经一次或多次烘膛，使眼底成葫芦形，将炸药集中装入药壶中进行爆破。 特点：主要用于露天爆破。其使用条件是：岩石应在 XI 级以下，不含水分，阶梯高度（H）小于 10 ~ 20m，自然地面坡度在 70°左右。如果自然地面坡度较缓，一般先用钢钎炮切脚，炸出台阶后再使用。经验证明，药壶炮最好用于 VII ~ IX 级岩石，中心挖深 4 ~ 6m，阶梯高度在 7m 以下。 优点：装药量可根据药壶体积而定，一般介于 10 ~ 60kg 之间，最多可超过 100kg。每次可炸岩石数十方至数百方，是小炮中最省工、省药的一种方法

续上表

项　目	方法、内容与规定
猫洞炮	猫洞炮系指炮洞直径为0.2~0.5m,洞穴成水平或略有倾斜(台眼),深度小于5m,用集中药锯炮洞中进行爆炸的一种方法。 特点:充分利用岩体本身的崩塌作用,能用较浅的炮眼爆破较高的岩体,一般爆破可炸松15~150m^3。其最佳使用条件是:岩石等级一般为Ⅸ级以下,最好是Ⅴ~Ⅶ级;阶梯高度最小应大于眼深的2倍,自然地面坡度不小于50°,最好在70°左右。由于炮眼直径较大,爆能利用率甚差,故炮眼深度应大于1.5~2.0m,不能放孤炮。猫洞炮工效,一般可达4~10m^3,单位耗药量在0.13~0.3kg/m^3之间。 优点:在有裂缝的软石坚石中,阶梯高度大于4m,药壶炮药壶不易形成时,采用这种爆破方法,可以获得好的爆破效果

(3)爆破作用指数 n 划分爆破类型

爆 破 指 数 n 　　表7-22

项　目		内　容
指数 n		根据爆破作用,n = 漏斗半径(r)/最小抵抗线(W) 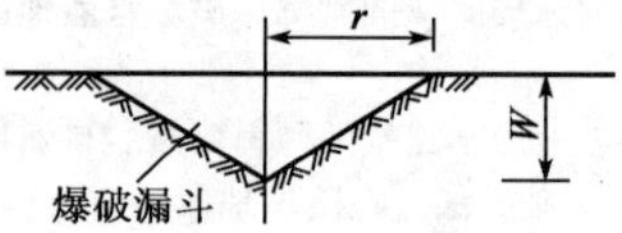
爆破类型	$n>1$	属“加强抛掷爆破”
	$n=1$	属“标准抛掷爆破”
	$n<1$	属“减弱抛掷爆破”
	$0.75<n<1$	能产生抛掷作用,形成可见漏斗,属“抛掷爆破”
	$n=0.7\sim0.75$	形成可见漏斗,不产生抛掷作用,属“松动爆破”
	$n<0.7$	不能形成爆破漏斗,为“内部爆破”
爆破类型的采用		公路石方开挖所得石料,一般应用于路堤填料和砌筑人工构造物;在确定爆破类型时应结合工程情况,对一级以上等级的公路填石路堤不允许倾填,不得使用抛掷爆破,即宜采用松动爆破、减弱松动爆破或控制爆破。三级以下公路可以使用抛掷爆破

7.4 中、小型爆破

7.4.1 大块岩石爆破法作业

大块岩石爆破法 　　表7-23

项　目		内容与规定
概念	大块岩石爆破	大块岩石爆破是指对爆破产生的过大的石块,进行两次破碎的爆破,故有“两次爆破”之称。因已经受过十分强大的爆破应力作用,所以比起天然巨石(孤石),往往易于用爆破法加以破碎
	天然巨石爆破	天然巨石爆破是指破碎开天然生成的大石块,它和“大块岩石爆破”(二次爆破)有一定的区别
裸露爆破法	方法与特点	即表面爆破法,通常警戒半径至少在400m以上。实践表明,甚至在距离这种爆破1km远处也会由于空气冲击波的压力产生不良影响,因此接近城镇或建筑物场合不宜采用该法

续上表

<table>
<tr><th colspan="2">项　目</th><th colspan="5">内容与规定</th></tr>
<tr><td rowspan="2">裸露爆破法</td><td>药包及药量</td><td colspan="5">裸露药包用药量一般为炮孔法的4.5倍,有时甚至更多。圆形大块岩石、较大而薄的大块岩石更难破碎,按简单经验法,耗药量可达1.0kg/m³。
药包应放在石块凹处或裂隙处,并应事先清除岩石表面的土、砂、杂物等,药包置放后覆盖厚度要大于药包高度,并不得用坚硬卵石等覆盖,以防飞石过远,发生意外。
只有干燥天气才可使用散装硝铵炸药。带导线的雷管应牢固地装在药包中</td></tr>
<tr><td>图示</td><td colspan="5">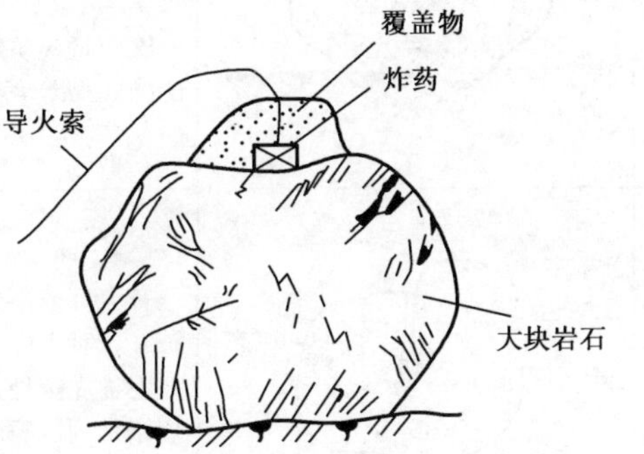</td></tr>
<tr><td rowspan="8">炮孔装药法</td><td>方法与特点</td><td colspan="5">亦称装药爆破法,采用比较广泛,但炮孔深度、位置要适应大块岩石的形状,当石块很大时,可能要钻几个炮孔,以便均匀分配装药量进行起爆</td></tr>
<tr><td rowspan="6">药包及药量</td><td>大块岩石尺寸(m³)</td><td>0.5</td><td>1.0</td><td>2.0</td><td>3.0</td></tr>
<tr><td>厚度(m)</td><td>0.8</td><td>1.0</td><td>1.0</td><td>1.5</td></tr>
<tr><td>炮孔深度(m)</td><td>0.44</td><td>0.55</td><td>0.55</td><td>0.83</td></tr>
<tr><td>炮孔数目(个)</td><td>1</td><td>1</td><td>2</td><td>2</td></tr>
<tr><td>装药量(kg/每孔)</td><td>0.03</td><td>0.06</td><td>0.06</td><td>0.09</td></tr>
<tr><td colspan="5">装药量应与爆破地点相适应,表列系不允许产生飞石的大块岩石爆破数据。耗药量按0.06kg/m³计,炮孔深度为1.1×厚度之半=1.1d。一般情况已足够破开石块,有些种类的岩石仅以0.03 kg/m³ 的单位耗药量即可获得很好效果</td></tr>
<tr><td>图示</td><td colspan="5">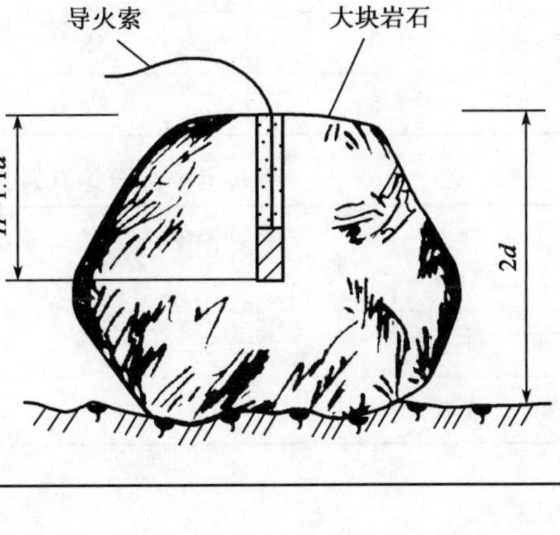</td></tr>
</table>

7.4.2 天然巨石爆破法作业

(1)天然巨石爆破法类型

天然巨石爆破法类型 表7-24

项　目	图　示	爆破布置要求
裸露于地表面	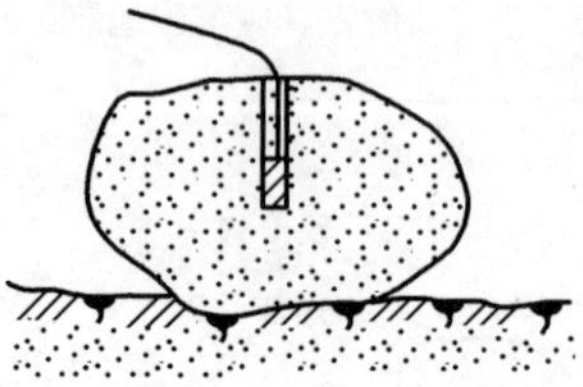	完全裸露于地表面的巨石，一般需要0.1kg/m³的装药量。在同一块巨石上有几个炮孔时，应使用即发爆破，炮口应适当填塞。 在邻近建筑物并不太远的情况下，装药量可从0.1kg/m³减至0.08kg/m³左右
埋在土中	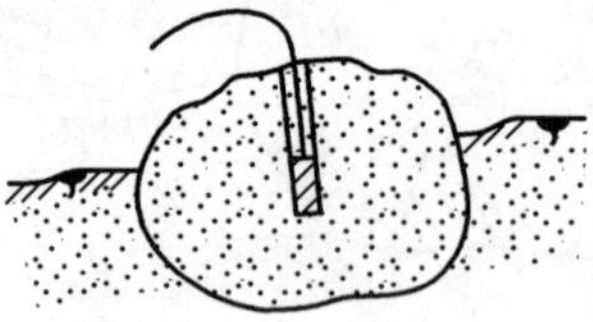	被全部或部分埋入土中的巨石，比完全裸露于地面上的巨石，往往较难破碎。 对被完全埋入土中的巨石，装药量要增加到0.2kg/m³，炮孔深度增加到巨石厚度的60%
裸露爆破破碎	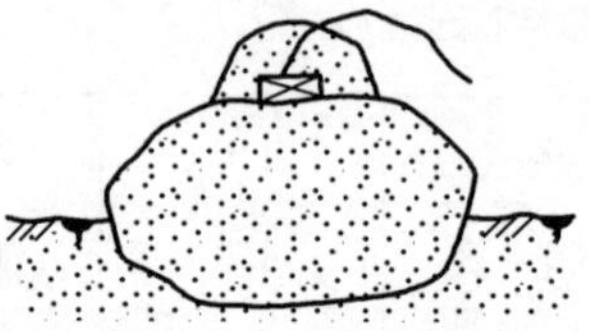	裸露爆破的药包应与巨石表面接触良好，其外面还必须用湿泥或土砂等材料覆盖、封涂。覆盖层高度应大于药包高度，并妥善放置炸药，牢固装好导火索的雷管装置。 近城镇或建筑区，裸露爆破不适用该法

(2)天然巨石爆破法炮孔及装药量

裸露巨石炮孔及装药量 表7-25

巨石尺寸 (m^3)	厚度 (m)	炮孔深度 (m)	炮孔数目 (个)	装药量 (kg/每孔)
0.5	0.8	0.44	1	0.05
1.0	1.0	0.55	1	0.10
2.0	1.0	0.55	2	0.10
3.0	1.5	0.87	2	0.15

埋入土中巨石炮孔及装药量 表7-26

巨石尺寸 (m^3)	厚度 (m)	被埋深度 (m)	炮孔深度 (m)	炮孔数目 (个)	装药量 (kg/每孔)
1.0	1.0	0.5	0.6	1	0.15
1.0	1.0	1.0	0.6	1	0.20

7.4.3 炮孔(眼)爆破法作业

(1)浅孔爆破法

浅孔爆破法　　表 7-27

炮孔布置示意图	项目		计算公式			
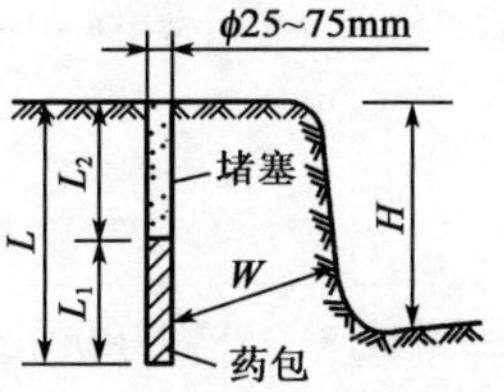	最小抵抗线 W(m)		$W=(0.5\sim0.9)H$			
	孔深 L(m)	坚固岩石	$L=(1.10\sim1.15)H$			
		中等坚固岩石	$L=1.00H$			
		松软岩石	$L=(0.85\sim0.95)H$			
	孔径 d(mm)		一般 $d=32\sim50$			
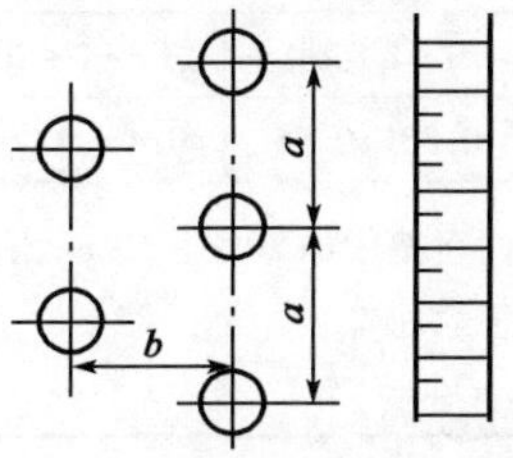	孔径与孔深	孔径(mm)	32~35	35~40	40~45	50
		最大孔深(m)	2.50	3.50	5.00	5.00
	孔间距(m)	火雷管起爆	$a=(1.4\sim2.0)W$			
		电雷管起爆	$a=(0.8\sim2.0)W$			
	排间距(m)		$b=(0.8\sim1.2)W$			
	浅孔梯段爆破时的装药量(kg)		$Q=K'W^3e$			

装药量(kg)	f 值	1~2	3~4	5	6	8	10	12	14	16	20
	K'(kg/m³)	0.40	0.43	0.46	0.50	0.53	0.56	0.60	0.64	0.67	0.70

注:f 为岩石坚固系数;K' 为统计资料,为采用 2 号岩石炸药时数据;e 为炸药换算系数

(2)深孔爆破法

深孔高梯段爆破法类型　　表 7-28

项　目	内　容	图　示
垂直深孔	钻孔方便,炸出石块不均匀,炸后岩坡不太稳定;沿梯段全高抵抗线不一致	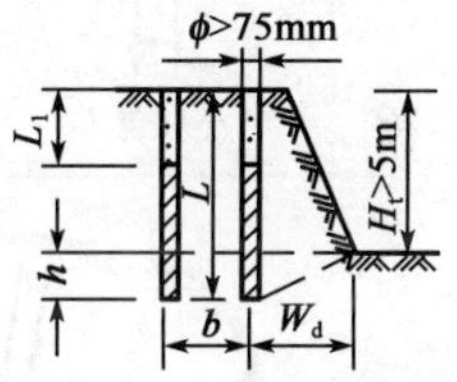
倾斜深孔	炸出岩块较均匀,岩坡亦较稳定;堵塞 L_1 应大于 W_d;$h_1=(0.1\sim0.3)W_d$	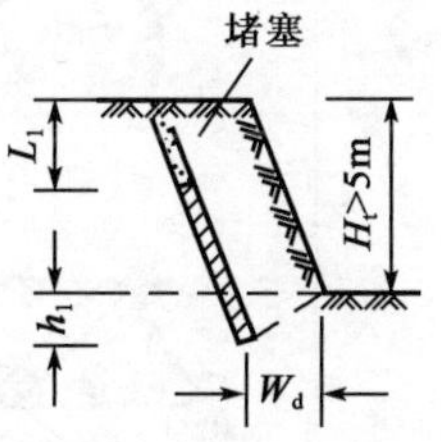
水平深孔	炸出岩块较集中,但施工困难,采用较少;H_t 采用 10~20m,钻凿炮孔,较水平深孔方便很多	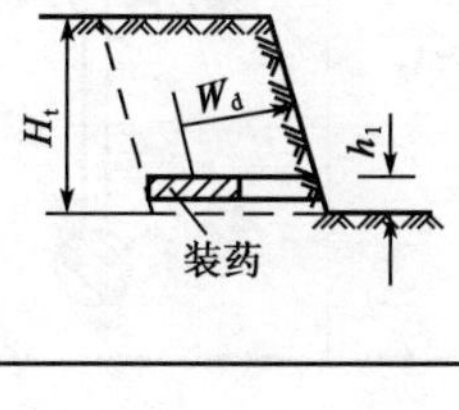

深孔高梯段爆破的计算 表 7-29

<table>
<tr><th colspan="2">内容</th><th colspan="2">计算公式</th><th colspan="3">说明</th></tr>
<tr><td colspan="2">底盘抵抗线 W_d(m)</td><td colspan="2">$W_d=(0.6\sim0.9)H_t$</td><td colspan="3" rowspan="6">H_t为梯段高度,一般 10 ~ 20m,常用 6 ~ 10m</td></tr>
<tr><td rowspan="2">孔深 L(m)</td><td>土中</td><td colspan="2">$L=H_t+(0.1\sim0.2)W_d$</td></tr>
<tr><td>岩石中</td><td colspan="2">$L=H_t+(0.15\sim0.35)W_d$</td></tr>
<tr><td colspan="2">孔径 d(mm)</td><td colspan="2">$d=100\sim200$</td></tr>
<tr><td colspan="2">孔间距 a(m)</td><td colspan="2">$a=(0.7\sim1.4)W_d$</td></tr>
<tr><td colspan="2">排间距 b(m)</td><td colspan="2">$b=(0.8\sim0.9)W_d$</td></tr>
<tr><td colspan="2">采用松动爆破类型的装药量,每个炮孔 Q(kg)</td><td colspan="2">$Q=K'aeHW_d$</td><td colspan="3">Q 为每个炮孔装药量;K'为松动爆破单位耗药量</td></tr>
<tr><td colspan="2" rowspan="2">单位耗药量(kg/m³)</td><td>岩石类型</td><td>$f<4$</td><td>$f=4\sim8$</td><td>$f=8\sim14$</td><td>$f=14\sim20$</td></tr>
<tr><td>K'</td><td>0.15 ~ 0.25</td><td>0.25 ~ 0.35</td><td>0.35 ~ 0.45</td><td>0.45 ~ 0.60</td></tr>
</table>

注:①采用多排孔爆破时,第二排孔以后各排炮孔装药量应较前一排增加;采用齐发起爆时可按增加 20% ~ 50% 计;采用毫秒起爆时,可按增加 10% ~ 30% 计算;

②深孔高梯段爆破时,宜用电雷管起爆

7.4.4 药壶爆破法作业

(1)药壶爆破常用布置形式

常 用 布 置 形 式 表 7-30

序号	示意图	说明
1	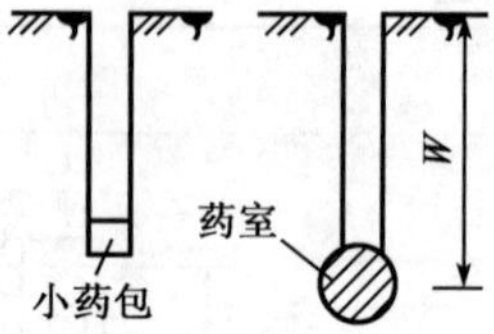	药壶的形成:先用小药包扩底,然后在形成的葫芦底部装药
2	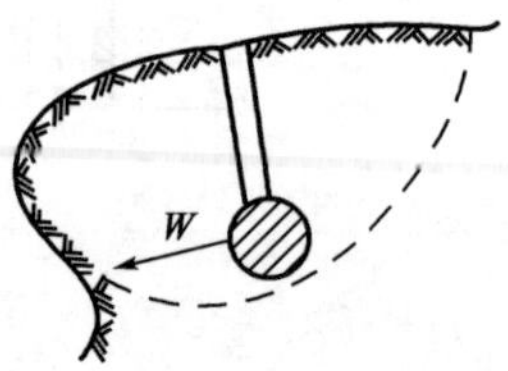	药壶爆破崩落悬崖,临空间多而大的地方爆破效果越明显
3	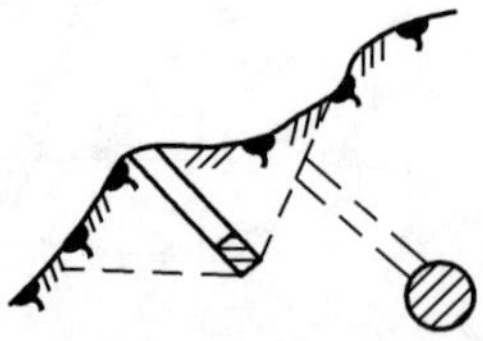	临空面不多时,可先改造地形成两个以上自由面再行药壶爆破
4	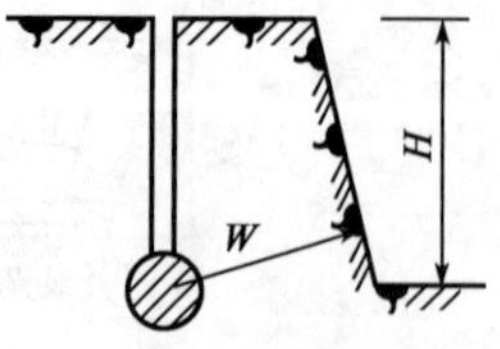	用药壶法进行梯段爆破;高梯段时,H 一般为 10 ~ 20m;$W=(0.5\sim0.8)H$

续上表

序　　号	示 意 图	说　　明
5	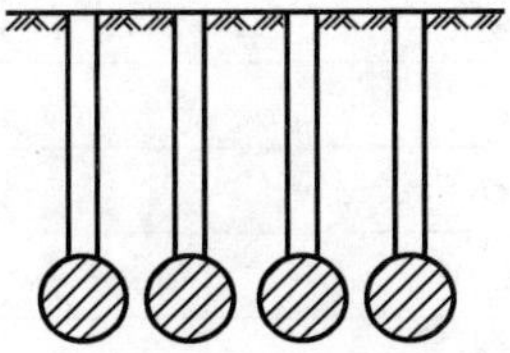	药壶排炮;排间距 $b=1.8W$,孔距 $a=1.5W$,电爆
6	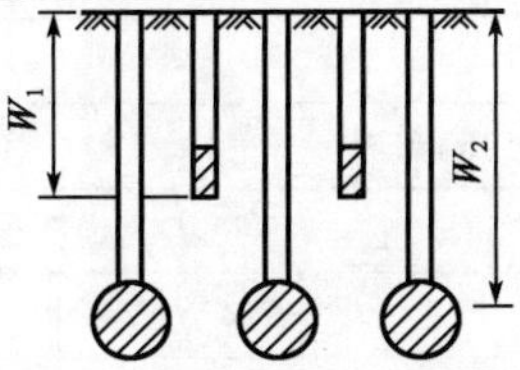	药壶炮与普通小炮配合;单排常用火雷管,多排宜用电雷管
7	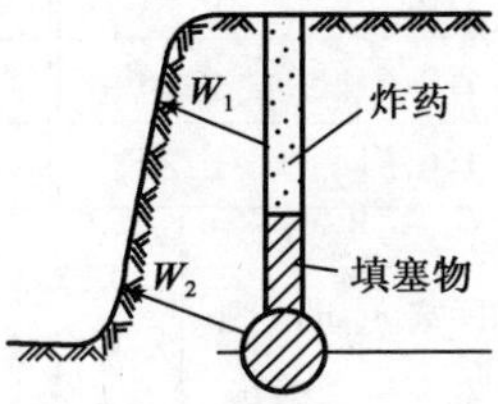	用于爆破高梯段岩层;药壶炮与延长药包相配合
8	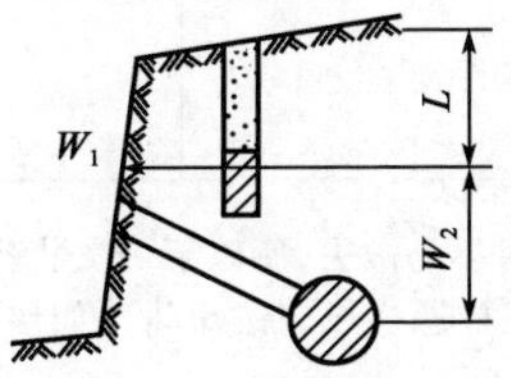	药壶与斜孔联合布置;用于药壶高梯段爆破

(2)药壶爆破装药量

装　药　量　　表 7-31

<table>
<tr><td></td><td>内　　容</td><td>代号</td><td>计算公式</td><td colspan="4">说　　明</td></tr>
<tr><td rowspan="4">药壶装药量</td><td>集中药包松动爆破</td><td>Q</td><td>$Q=\left(\frac{1}{3}\sim\frac{1}{2}\right)KW^3$</td><td colspan="4">平坦地面取 1/2,斜坡地面取 1/3</td></tr>
<tr><td>斜坡在 70°以上时</td><td>Q</td><td>$Q=0.3KW^3e$</td><td colspan="4">e 为炸药换算系数</td></tr>
<tr><td rowspan="2">扩壶所需炸药量(kg)</td><td rowspan="2">Q_k</td><td rowspan="2">$Q_K=\frac{Q}{K_K}$</td><td>岩土坚固系数 f</td><td><2</td><td>2~8</td><td>>8</td></tr>
<tr><td>扩壶系数 K_k</td><td>10~20</td><td>5~10</td><td>2.5~5</td></tr>
<tr><td rowspan="2">扩壶次数</td><td>岩土条件</td><td>黏土中</td><td>风化松软岩石</td><td colspan="3">中等坚固岩石</td><td>坚固岩石</td></tr>
<tr><td>扩壶次数</td><td>2</td><td>2~3</td><td colspan="3">3~4</td><td>5~7</td></tr>
<tr><td colspan="2">扩壶药量应逐次增多的参考数据(倍数)</td><td>扩壶次数
逐次增多</td><td>1
1、2</td><td colspan="3">3
2、3、9</td><td>4
1、2、4、7</td></tr>
</table>

(3)药壶爆破参数选择

参 数 选 择　　表 7-32

项　　目	图示及说明										
药壶半径与装药量关系	药壶半径(cm)	5	7.5	10	12.5	15	17.5	20	22.5	25	30
	装药量(kg)	0.5	1.5	4	7	12	20	29	41	56	97

续上表

项　　目	图示及说明		
药壶高梯段爆破最小抵抗线 W 的选择	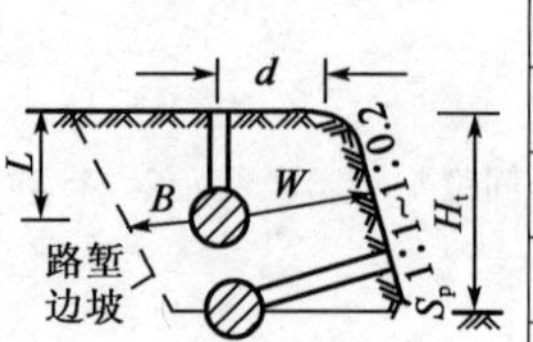 	H_t(m)	W(m)
		2~4	0.8 H_t
		4~6	0.7 H_t
		6~8	0.6 H_t
		8~9	0.5 H_t
药壶与路堑边坡的最小距离 B(m)	坚石或次坚石	软石	土壤
	(0.15~0.20)W	(0.20~0.25)W	(0.30~0.35)W
炮孔与梯段边缘的距离 d	$d = W + S_c - L \times S_p$	L 为炮孔深度(m)	

项　　目	S_p	S_c	S_p	S_c	S_p	S_c
坡比(S_p)及坡比系数(S_c)	1:1	0.71	1:0.7	0.82	1:0.4	0.93
	1:0.9	0.75	1:0.6	0.86	1:0.3	0.96
	1:0.8	0.78	1:0.5	0.89	1:0.2	0.98

项　　目	图示及说明		
炮孔平面布置	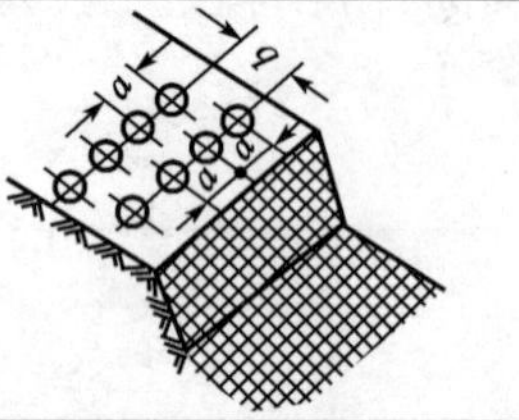 	排与排间的距离 b(m)	$b=(0.8\sim2.0)W$ 一般取 1.8W
		孔与孔间的距离 a(m)	$a=(1.2\sim1.7)W$ 一般取 1.5W
药壶扩底形成注意要点	药壶扩底形成过程中,由于爆炸后孔底热量一时不易散去,所以下一次装药前应有一定的间隔时间:一般孔深在5m以内时,间隔15min左右(使用梯恩梯或硝铵炸药);如使用硝化甘油炸药,则间隔应为30min; 孔深大于5m时,应用冷水冲洗后,将温度计放入孔内约5~6min,温度在40℃左右,将水吸干后,可再次扩底。药壶扩底时使用局部填塞方法,以减少扩壶次数。但最后两次不宜填塞,以免填塞物在爆破时冲不出炮口而落入药壶。填塞物可用草、砂和黄土等混合材料,填塞厚度约为0.1~0.15m		

7.4.5 猫洞炮(蛇穴)爆破法作业

猫 洞 炮 爆 破 法　　　　表7-33

项　　目	内　　容
装药示意图	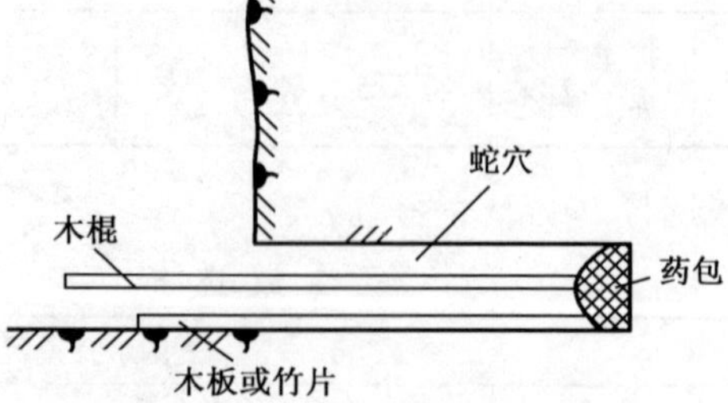 药包放在木板或竹片上送入洞内,木棍顶住药包,抽出木板进行堵塞

续上表

<table>
<tr><th colspan="2">项 目</th><th colspan="2">内 容</th></tr>
<tr><td colspan="2">一般使用条件</td><td colspan="2">梯段高度 h 与洞深(或近似最小抵抗线 W)的比值：
即 $h/W<2$ 时，自然地面横坡度 a 应大于 65°～70°；
$h/W>2$ 时，a 应大于 50°，在此情况下，其单位耗药量与炮孔法相近，而蛇穴法工效较炮孔法高。
在中心挖切较小而坡度较陡的地形，当 $a>50°$ 时，可获得一定量的抛坍率，具有抛坍爆破的效果</td></tr>
<tr><td colspan="2">炮位布置要求</td><td colspan="2">梯段高度应大于 4m，小于 12m。
自然地面横坡应大于 50°，缓坡要用小炮切角，改为陡坡。
临空面要多，如系一顺直坡，应用群炮，同时电爆。火花起爆时应从临空面多处开始，按顺序进行爆破。
炮位高度可比路基面高出 10～12cm 或直接放在路基面上(公路石方爆破时)。
蛇穴法爆破的最小抵抗线，一般略小于洞深，在陡坡时甚至与洞深相等，孔洞应向下倾斜约 10°左右，长 2～5m。
蛇穴间距：次坚石、软石间距为 $(1\sim1.3)W$；石质软，裂缝多，坡度大取大值；石质硬，较整体，坡度小取小值</td></tr>
<tr><td rowspan="3">药量计算</td><td>条件</td><td>当被炸松的岩体能坍塌出路基时</td><td>当破碎岩体不能坍塌出路基时</td></tr>
<tr><td>计算公式</td><td>$Q=KW^3f(a)d$</td><td>$Q=0.35KW^3d$</td></tr>
<tr><td>说明</td><td>Q——用药量(kg)；
W——最小抵抗线(m)；
K——形成标准抛掷漏斗的单位耗药量(kg)，一般采用松动爆破或减弱松动爆破，用药量为抛掷爆破的 1/3～1/2；
$f(a)$——抛坍系数，$f(a)=26/a$；
a——地面横坡度；
d——堵塞系数，可近似用 $d=3/h$；
h——洞深(m)</td><td>式中符号同上述，其中系数 0.35 相当于式中 $a=70°\sim75°$ 时的情况</td></tr>
</table>

7.5 大爆破(洞室爆破)

7.5.1 岩石路堑边坡

岩石路堑边坡参考表 表 7-34

岩石类别	风化破碎程度	自然地面坡度	最大边坡高度(m)	施工方法	
				人工小炮	大爆破
坚硬岩石	微风化	>70°或反坡	30	1∶0～1∶0.1	1∶0～1∶0.2
	中等风化	70°左右	30	1∶0～1∶0.2	1∶0.1～1∶0.3
	强风化	50°～70°	30	1∶0.2～1∶0.4	1∶0.3～1∶0.5
半坚硬岩石	微风化	50°～70°	30	1∶0.1～1∶0.3	1∶0.2～1∶0.4
	中等风化	50°左右	30	1∶0.2～1∶0.5	1∶0.3～1∶0.5
	强风化	<50°	20	1∶0.3～1∶0.75	1∶0.5～1∶1.0
松软岩石	微风化	50°左右	20	1∶0.3～1∶0.5	1∶0.75～1∶1.0
	中等风化	30°～50°	20	1∶0.5～1∶0.75	>1∶1
	强风化	<30°	20	1∶0.75～1∶1	—

7.5.2 大爆破分类

大 爆 破 分 类 表 7-35

爆 破 类 型	地面横坡度(a)	爆破作用指数(n)	抛掷率(%)	使 用 条 件
扬弃爆破	<15°	1.5~2.25	60~80	平坦地形的路堑
抛掷爆破	>15°	1.0~1.75	60~70	斜坡地形的路堑
抛坍爆破	>30°	1.0	50~90	斜坡地形的半路堑
多面临空爆破	>15°	1.0~1.5	50~80	具有两个以上临空面的地形,如山嘴,山包处路堑、半路堑
定向爆破	0°~30°	1.0~2.0	40~70	用于移挖作填,陡坡和峡谷地形特别有利
松动爆破	0°~90°	≤1.0	—	开采石料,深挖路段边坡较陡时,下部采用松动爆破

7.5.3 爆破单位耗药量对比

单 位 耗 药 量 表 7-36

	爆破类型	爆破方法	单位耗药量(kg/m^3)	抛掷率(%)	工日产量(m^3/工日)
大爆破与中、小爆破技术经济指标分析	中、小型爆破	炮孔法、药壶法、蛇穴法等	0.3~0.5	0~15	2~4
	大爆破	扬弃爆破	1.0~1.8	60~80	>10
		抛掷爆破	0.8~1.2	60~70	6~10
		抛坍爆破	0.2~0.6	50~90	4~8
		多面临空爆破	0.4~0.8	50~80	6~12
开挖方案比较	当石方大量集中,工期紧迫,施工困难路段,在地质条件允许的情况下,合理使用大爆破能提高工效,快速施工。 地质条件较差,劳力充足,工作面较大的工点,采用中、小炮施工比大爆破施工所获得的路基边坡稳定性较高。 在条件相似,采用大爆破和中、小炮开挖均有可能时,应进行经济比较				

7.5.4 爆破施工设计

(1)导洞施工设计

导 洞 施 工 设 计 表 7-37

项 目	竖 井 爆 破	平 洞 爆 破
洞室爆破导洞布置示意图	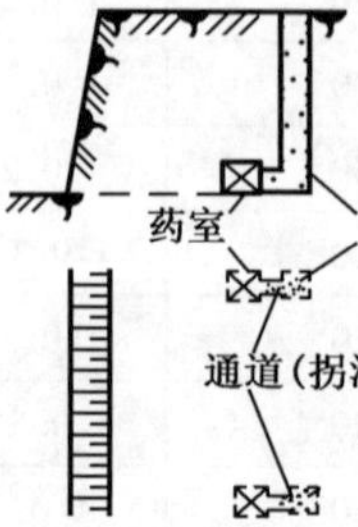	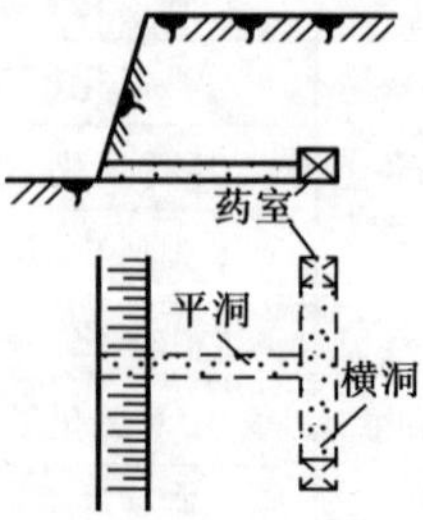

续上表

项 目	竖井爆破		平洞爆破	
优点	定位测量方便； 堵塞方便，堵塞质量高，爆破效果好		通风有利，排烟容易，排水方便； 出渣和支撑工作容易，开挖工作进度快，安全性大	
缺点	通风不方便，较深的竖井必须有机械通风设备。 排水困难，支撑及出渣也困难，开挖工作进度较慢		地面平缓时，总的开挖工作量较多； 堵塞较困难，堵塞进度慢且质量不易保证	
导洞尺寸	长度(m)	断面尺寸(m)	长度(m)	断面尺寸(m)
	5～8	1.0×1.2	5～8	1.0×1.2
	9～13	1.2×1.4	9～22	1.4×1.6
	>13	1.4×1.6	>22	1.6×1.8
导洞方向的选择	选定导洞方向时，应同时考虑爆破方法和目的，以使爆破能达到预期要求； 必须考虑施工机具配备和地形与环境条件、地质条件和实际开挖工作的可能性、安全性； 导洞形式应有利于增加其对药包爆破作用的抵抗力			
药室位置的选择	选择位于最小抵抗线比较大的地方； 尽量选择在整体岩层内，如岩石有层次，应选择在较厚较坚硬的岩层内； 药室必须离边坡1.5m左右，离路基面距离视具体情况而定，如岩石裂缝较多时，距离应适当加大； 药室一般为正方体或接近正方体的长方体，装药量大时，亦可为十字形体			

(2)药室施工设计

药 室 施 工 设 计 表7-38

	分 项	计算公式	说 明			
药室容积和尺寸	容积 $V(m^3)$	$V = K_V \frac{Q}{\rho}$	ρ——炸药密度(kg/m^3)； Q——药包质量(kg)； K_V——药室扩大系数(或称装药系数)			
	支护情况	装药方法	K_V	支护情况	装药方法	K_V
	不支撑	散装	1.1～1.2	局部支撑	包装	1.6
	不支撑	包装	1.3	全支撑	散装	1.45
	局部支撑	散装	1.3	全支撑	包装	1.8
	长方体药室的长或宽 b_z	$b_z = \sqrt{\frac{V}{h_z}}$	h_z——长方体药室之高(m)，先定高度后，再按计算定长或宽，在大洞室爆破中，药室高一般不宜大于2～5m			
	正方体药室的长或宽	$a_z = \sqrt[3]{V}$	V——药室容积(m^3)			
药室间距及最小抵抗线	药室与药室之间的距离 a	$a = (0.8 \sim 1.2)W_c$	W_c——两相邻药室最小抵抗线的平均值(m)			
	最小抵抗线 W 与药包埋置深 h 关系	$W_c = (0.6 \sim 0.8)h$	h——药包埋置深度(m)			
装药填塞起爆	装药时应将猛度大的炸药或新出厂的炸药置于药室中部，起爆体放在这些炸药的中间，装药后堵塞密实。起爆网络均应设计成双套，网络连接宜采用串、并混合连接的线路					

7.6 爆破安全

7.6.1 爆破材料库位的安全距离

(1)临时性爆炸库对邻近建(构)筑物安全距离(m)

临时性爆炸库对邻近建(构)筑物安全距离(m) 表7-39

保护对象	炸药库容量(kg)					
	250	500	2 000	8 000	16 000	32 000
居民区,有爆破和易燃的工厂和仓库、车站、码头	200	250	300	400	500	500
铁路、公路干线、区域变电站,重要建筑物	200	250	300	400	450	500
交通量不大的铁路、公路,高压输电线路,重要航道	50	100	150	200	250	300
钢和钢筋混凝土构筑物,次要的单独构筑物	40	60	80	100	120	150

(2)雷管与炸药、雷管与雷管库间最小容许距离(m)

雷管与炸药、雷管与雷管库间最小容许距离(m) 表7-40

库房名称	雷管存量(万个)							
	0.5	1	2	3	5	10	20	30
雷管库与炸药库	5	6	9	11	14	19	27	33
雷管库与雷管库	7	10	15	18	23	32	45	55

7.6.2 飞石的最小安全距离

土岩爆破个别飞石的最小安全距离 表7-41

爆破(抛掷爆破除外)时,个别飞散物对人员的安全距离不得小于下列规定[根据《爆破安全规程》(GB 6722—2003)摘编];对设备或建筑物的安全距离,应由设计确定

爆破类型和方法	最小安全距离(m)	爆破类型和方法	最小安全距离(m)
破碎大块岩矿 裸露药包爆破法* 浅眼爆破法	400 300	蛇穴爆破	300
		深孔爆破	按设计,但不小于200
		深孔药壶爆破	按设计,但不小于300
深眼爆破	200(复杂地质条件下或未形成阶梯工作面时不小于200)	浅眼眼底扩壶	50
		深孔孔底扩壶	50
		洞室爆破	按设计,但不小于300
浅眼药壶爆破	300	爆破树根	200

注:露天土岩爆破在沿山坡爆破时,下坡方向的飞石安全距离应增大50%;*同时起爆或毫秒延期起爆的裸露爆破装药量(包括同时使用的导爆索装药量),不应超过20kg

7.6.3 电源附近爆破安全距离

(1)高频电源附近爆破的安全距离

高频电源附近爆破的安全距离　表 7-42

发射机功率(W)	最小安全距离(m)	发射机功率(W)	最小安全距离(m)	发射机功率(W)	最小安全距(m)
5～25	50	100～500	220	5 000～10 000	1 000
25～50	70	500～1 000	300	10 000～50 000	2 200
50～100	100	1 000～5 000	700	50 000～100 000	3 000

(2)高压线下爆破的安全距离

高压线下爆破的最小安全距离　表 7-43

动力线电压(kV)	不同导线长度(m)的最小安全距离(m)			
	1.8	2.5	3.6	5.0
33	—	—	—	132
66	—	132	190	264
132	190	264	380	528
330	473	660	950	1 320

7.6.4 爆破地震效应

(1)爆破地震安全距离

爆破地震安全距离 *R*(m)　表 7-44

$R=\left(\frac{K}{v}\right)^{\frac{1}{\alpha}}Q^{m}$	Q——炸药量(kg),齐发爆破取总炸药量,微差爆破或秒差爆破取最大一段药量； v——地震安全速度(cm/s)； m——药量指数,取 1/2； K、α——与爆破点地形、地质等条件有关的系数和衰减指数,按下列选取或试验确定			
爆区不同岩性的 K、α 值	岩性	坚硬岩石	中硬岩石	软岩石
	K	50～150	150～250	250～350
	α	1.3～1.5	1.5～1.8	1.8～2.0

(2)爆破地震安全震动速度

爆破地震安全震动速度　表 7-45

按爆破安全规程规定:一般建(构)筑物的爆破地震安全性应满足安全震动速度的要求,主要类型的建(构)筑物地面质点的安全震动速度规定如下:

项目	建(构)筑物类型	安全震动速度(cm/s)
安全震动速度的规定	土窑洞、土坯房、毛石房屋	1.0
	一般砖房、非抗震的大型砖块建筑物	2～3
	钢筋混凝土框架房屋	5.0
	水工隧洞	10.0
	交通隧洞	15.0

续上表

项目	建(构)筑物类型		安全震动速度(cm/s)
安全震动速度的规定	矿山巷道	围岩不稳定,有良好支护	10.0
		围岩中等稳定,有良好支护	20.0
		围岩稳定,无支护	30.0

(3)爆破地震效应对建筑物震速影响

爆破地震效应对建筑物震速影响(参考值)　　表 7-46

名　称	v(cm/s)	现　象	名　称	v(cm/s)	现　象
土窑洞	0.5	无掉块	素混凝土(>C14)支护的隧道	25.0	无损坏
固定安装的水银开关	1.5	跳闸	岩石稳定的矿山隧道	<30	无损坏
电视台的建筑物	3.5	无损坏		30~60	出现裂缝
一般建筑物	5.0	抹灰裂缝		60~90	局部崩塌
工业建筑物、运输栈桥	10.0	无损坏		>90	大面积崩塌
钢筋混凝土(>C20)涵洞	50	无损坏	机械设备:泵、空压机	100	轴不正
钢筋混凝土(>C20)隧道	100	无损坏	混凝土底座上预制金属建筑物	150	底座破裂
单层钢骨架建筑物	20	无损坏			

(4)新浇筑混凝土的允许震速

新浇筑混凝土的允许震速(参考值)　　表 7-47

混凝土的龄期(d)	<7	7~28	>28
允许质点震动速度(cm/s)	<5	<10	<15

(5)爆破震动对人的作用影响

爆破震动对人的作用影响　　表 7-48

项　目	频率 f (Hz)	震幅 A(mm)	速度 v(mm/s)	加速度 a(mm/s^2)
爆破震动对人作用的极限值	2	1.2~1.8	28~34	420~645
	5	0.45	14.1	450
	8	0.15	7.5	390
	10	0.13	8.4	520
	20	0.07	8.7	1 080
	40	0.024	6.0	1 500
	60	0.019	6.9	2 640

续上表

<table>
<tr><td>项　　目</td><td>频率 f(Hz)</td><td>震幅 A(mm)</td><td>速度 v(mm/s)</td><td>加速度 a(mm/s^2)</td></tr>
<tr><td rowspan="3">爆破震动对人作用的极限值</td><td>80</td><td>0.014</td><td>6.9</td><td>3 480</td></tr>
<tr><td>100</td><td>0.009</td><td>—</td><td>3 550</td></tr>
<tr><td colspan="4">注:表列为按劳动卫生条件,爆破震动对人作用的极限值</td></tr>
<tr><td rowspan="8">震动对人体的作用特征</td><td colspan="2" rowspan="2">对人体的作用特征</td><td>加速度 a(mm/s^2)</td><td>速度 v(mm/s)</td></tr>
<tr><td>$1Hz < f < 10Hz$</td><td>$10Hz < f < 100Hz$</td></tr>
<tr><td>无感觉</td><td>10</td><td colspan="2">0.16</td></tr>
<tr><td>较微感觉</td><td>10 ~ 24</td><td colspan="2">0.16 ~ 6.4</td></tr>
<tr><td>较大的感觉</td><td>126 ~ 400</td><td colspan="2">2.1 ~ 6.4</td></tr>
<tr><td>有害的长期谐震动</td><td>1 000</td><td colspan="2">16</td></tr>
<tr><td>允许的爆破震动</td><td>1 000</td><td colspan="2">16</td></tr>
<tr><td colspan="4">注:本表为震动对人的作用与各种频率时的速度和加速度关系</td></tr>
</table>

8 特殊路基

8.1 特殊路基类型

8.1.1 特殊路基一般规定

特殊路基种类划分的一般规定　表 8-1

项　　目	内容与规定
基本概念	按特殊路基的划分,有杂填土、盐渍土、膨胀土、湿陷性黄土等; 按路基所跨越地区的情况划分,有软土沼泽地区、水稻田地区、多年冻土地区、滑坡地区、岩溶地区以及崩塌岩堆地区和风沙地区等; 除上述特殊土和特殊地区的路基施工外,由于施工季节或施工气候影响,亦应采取相应技术措施,如多雨潮湿地区、季节性冻融翻浆地区以及路基的冬期施工、雨季施工等,都宜区分情况,分别处治,以确保路基的强度和稳定性
土的主要特征	杂填土:房渣土(建筑垃圾)、工业废渣、生活垃圾等杂物堆积而成的土; 盐渍土:地表下 1m 深的土层内易溶盐平均含量大于 0.3% 的土; 膨胀土:吸水后显著膨胀,失水后显著收缩的高液限黏质土; 湿陷性黄土:受水浸湿后会产生较大的沉陷的黄土
主要特殊地区划分	软土、沼泽地区,水稻田地区,多年冻土地区,滑坡地区,岩溶地区,崩坍岩堆地区,风沙地区等
受季节气候等影响的特殊路基划分	多雨潮湿地区,季节性冻融翻浆地区,路基的冬季施工、雨季施工等

8.1.2 特殊地区路基类型

特殊地区路基类型　表 8 2

项　　目	内容与规定
软土地区路基	以饱水的软弱黏土沉积为主的地区称为软土地区。软土包括饱水的软弱黏土和淤泥。在软土地基上修建公路时,容易产生路堤失稳或沉降过大等问题。我国沿海、沿湖、沿河地带都有广泛的软土分布
滑坡地段路基	滑坡是指在一定的地形地质条件下,由于各种自然的和人为的因素影响,山坡的不稳定土(岩)体在重力作用下,沿着一定的软弱面(带)作整体、缓慢、间歇性的滑动变形现象。滑坡有时也具有急剧下滑现象
岩坍与岩堆地段路基	岩坍与岩堆地段路基。岩坍是岩崩与坍塌的统称,包括错落、坍塌、落石、危岩。岩堆则是陡峻山坡上岩体崩塌物质经重力搬运在山坡脚或平缓山坡上堆积的松散堆积体
泥石流地区路基	泥石流是指山区由于地形陡峻,松散堆积物丰富,特大暴雨或大量冰融水流出时,突然暴发的包含大量泥砂、石块的洪流。泥石流有时每年发生,有时多年发生一次,危害程度也不一样

续上表

项 目	内容与规定
岩溶地区路基	岩溶是石灰岩等可溶性岩层,在流水的长期溶解和剥蚀作用下,产生特殊的地貌形态和水文地质现象的统称。岩溶对路基的危害,一般为溶洞顶板坍塌引起的路基下沉和破坏;岩溶地面坍塌对路基稳定性的破坏;反复泉与间歇泉浸泡路基基底,引起路基沉陷、坍塌或冒浆;突然性的地下涌水冲毁路基等。可溶性碳酸盐类岩石主要集中在我国华南和西南地区,其次是长江中、下游的华中地区
多年冻土地区路基	凡是土温等于或低于0℃,且含有冰的土(石)称为冻土,这种状态保持3年或3年以上者,称为多年冻土。其主要集中于我国东北大、小兴安岭地区和青藏高原
黄土地区路基	黄土是一种以粉粒为主,多孔隙,天然含水率小,呈黄红色,含钙质的黏土,广泛分布于黄河中游的河南西部,山西、陕西和甘肃的大部分地区,以及青海、宁夏、内蒙古部分地区。黄土的湿陷性是在外荷载或自重的作用下受水浸湿后产生的湿陷变形的性质
膨胀土地区路基	膨胀土是指土中含有较多的黏粒及其他亲水性较强的蒙脱石或伊利石等黏土矿物成分,且有遇水膨胀、失水收缩的特点,是一种特殊膨胀结构的黏质土。其多分布于全国各地二级及二级以上的阶地与山前丘陵地区
盐渍土地区路基	盐渍土中氯盐、硫酸盐受水浸时易溶解,可形成雨沟、洞穴、湿陷等病害,冬季冻胀、盐胀形成鼓包、开裂,夏季溶蚀、翻浆。盐渍土在我国分布较广,新疆、青海、甘肃、内蒙古、宁夏等省区分布较多
沙漠地区路基	沙漠、沙地地区气候干燥,降雨小、温差大,冷热变化剧烈;风大沙多;土中含易溶盐多;植被稀疏、低矮。我国新疆、青海、甘肃、内蒙古、宁夏、陕西等省区分布有大面积的沙漠与沙地
雪害地段路基	公路雪害有积雪和雪崩两种主要形式。积雪包括自然降雪和风吹雪。自然降雪一般不致对公路造成严重危害;风吹雪可阻断交通,埋没车辆,主要发生在我国东北地区、青藏高原及新疆等地
涎流冰地段路基	涎流冰分山坡涎流冰和河谷涎流冰,主要分布在寒冷地区和高寒地区。山坡涎流冰由山坡或路基挖方边坡出露的地下水冻结形成。河谷涎流冰则是沿沟谷漫流的泉水和冻雪融水冻结形成

8.1.3 特殊路基施工一般要求

特殊路基施工一般要求 表8-3

项 目	主要内容
一般规定	(1)软土路基的类型较多,各地处理的方式和经验不同,在施工时应按设计要求选择合理的处理方案,或参考规范选择符合实际的方式。 (2)特殊路基施工,应进行基础施工试验,编制专项施工组织设计,经批准后实施。 (3)应做好充分的技术准备工作。调研当地类似工程处理经验,在充分试验、论证、咨询的基础上,对设计方案进行优化、完善。 (4)在实施过程中,如实际地质情况与设计不符,或设计方案因故不能实施,应按有关规定进行优化、报批。 (5)采用新技术、新工艺、新设备、新材料时,应制订相应的施工工艺和质量控制标准
试验段	不同类型的地基处理开始前,应先铺筑长度不小于100m(全幅路基宽)的试验路段或进行成桩试验
动态设计	在施工过程中,如发现实际地质情况与图纸不符合而需要改变设计,应变更设计

8.2 软土、沼泽地区路基

8.2.1 工后沉降

容许工后沉降(m)　表 8-4

项　目	桥台与路堤相邻处	涵洞或箱形通道处	一般路段
高速公路、一级公路	≤0.10	≤0.20	≤0.30
二级公路(高级路面)	≤0.20	≤0.30	≤0.50

8.2.2 软土地基的工程特性

软土类型与特性　表 8-5

项　目	内容与规定
定义	广义指强度低、压缩性高的软弱土层。对于高速公路,标准贯击次数小于4,无侧限抗压强度小于50kPa且含水率大于50%的黏土或标准贯击次数小于4且含水率大于30%的砂性土统称为软土
分类	以孔隙比及有机质含量为主,结合其他指标,分为:软黏性土、淤泥质土、淤泥、泥炭质土、泥炭等。通常把软黏性土、淤泥质土、淤泥称为软土;把泥炭质土、泥炭称为泥沼。 软土按成因分为:海洋沿岸沉积、内陆湖盆地沉积等。 软土按沉积环境及特性差别分为:泻湖相沉积、溺谷相沉积、滨河相沉积、三角洲相沉积、湖相沉积、河漫滩相沉积、丘陵谷地相沉积等
工程特性	天然含水率高、孔隙比大:含水率在34%~72%,孔隙比1.0~1.9,饱和度一般大于95%,液限一般为35%~60%,塑限指数13~30,天然重度15~19 kN/m^3; 透水性差:渗透系数为10^{-8}~10^{-7} cm/s; 压缩性高:压缩性系数为0.005~0.02; 抗剪强度低:快剪黏聚力在10kPa左右,快剪内摩擦角0°~5°; 具有触变性:一旦受到干扰,土的强度明显下降,甚至呈现流动性; 流变性显著:其长期抗剪强度只有一般抗剪强度的40%~80%

软土物理与力学特性　表 8-6

类型	天然重度(kN/m^3)	含水率(%)	孔隙比	有机质含量(%)	压缩系数 $a_{0.1\sim0.3}$ (MPa^{-1})	渗透系数(cm/s)	快剪	强度	标准贯入值 $N_{63.5}$
							C_M (MPa)	S_u	
软黏性土	16~19	<100	>1.0	<3	>0.3	<10^{-6}	<20	<10°	<2
淤泥质土			1.0~1.5	3~10					
淤泥			>1.5						
泥炭质土		100~300	>3.0	10~50	>2.0	<10^{-3}	<10	<20°	
泥炭		>300	>10.0	>50		<10^{-2}			

8.2.3 路基施工一般要求

施工一般规定和要求 表 8-7

项目	内容与规定
准备工作	软土、沼泽地区路基路面施工前,应充分做好准备,注意解决可能出现的路基盆形沉降、失稳和路桥沉降等问题,并做周密部署,制定各项有关措施,报送有关部门批准后开工。 根据现场情况和工作等级、规模,需做试验路段时,应修筑地基处理试验路段
排水与基底处理方法	路堤填筑前,应排除地表水,保持基底干燥,淹水部位填土应保持由路中心向两侧填筑,高出水面后,按要求分层并压实。 软土、沼泽地基,应根据软土、淤泥物理力学性质、埋层深度、路堤高度、材料条件、公路(道路)等级等因素分别采取合理措施(如采取换土、抛石挤淤、超载预压、反压护道、渗水及灰土垫层、砂井、袋装沙井、土工织物、塑料排水板、碎石桩、轻质路堤、深层加固等措施)
路堤材料	软土、沼泽地区下层路堤,应采用渗水材料填筑。 路堤沉陷到软土泥沼中部分,不得采用不渗水材料填筑。 其中用于砂砾垫层的最大粒径不宜大于5cm,小于0.074mm的颗粒含量不大于3%,有机质含量不大于1%,压实后最大干密度100%时,渗透系数应大于5m/s
取土坑	填筑路堤用土宜设置集中取土场,必须在路堤两侧取土时,取土坑内缘距坡脚距离:对于填高小于5m的路堤,宜大于20m,填高大于5m的路堤,宜大于40m
构筑物连接部	路、桥衔接部位,要求台背和锥坡填土同步分层夯实,并考虑到减少接坡处(近桥台路段)路桥沉降差,应尽量提前填筑,所用填料宜采用渗水性土(内摩擦角宜大于35°),分层碾压厚度控制为15cm。 为减少路桥沉降差,桥头接坡路段,宜采用与路堤高度、土质、地质、水文等条件相适应的处理措施,如袋装砂井、塑料排水板,以及配合加载预压等促进其提早沉降,提高固结度
路堤填筑及沉降期和固结度	填筑路堤分层搭接,上下层应相互错开,搭接阶梯(错台)宽度一般宜不小于2m,分层压实。 软土地段路基填筑,应考虑提前安排施工,以使路堤完成后预留一定沉降期。设计有明确要求时,沉降期应按要求执行;设计无规定时,一般应不少于6个月。沉降期内不应在路堤上进行任何工程。 铺筑路面结构之前,必须使路基沉降已基本趋于稳定;地基固结度能满足设计要求,如设计无规定时,应达到90%以上
施工过程监测	软土地段路堤填筑过程,应做好必要的沉降和稳定监测工作,并严格控制施工填料和加载速度。 监测沉降板应安装在路中线,纵向间距为200m,桥头引道路堤则除安装路中线监测沉降板,在两侧路肩边缘上亦须设置,第一块沉降板距桥台背10m处开始,其余每50m间隔设置。 施工期间,路堤每填一层应进行一次监测,路基加载速度应控制水平位移量每天不超过0.5cm,垂直位移量不大于1cm,以保持地基稳定

8.2.4 地基表层处治措施

(1)砂垫层

砂垫层地基处治措施 表 8-8

项目	内容与规定
机理	在软土层顶面铺砂垫层,主要起浅层水平排水作用,使软土中的水分在路堤自重的压力作用下,加速沉降发展,缩短固结时间,但对基底应力分布和沉降量的大小无显著影响
适用条件	该法适用于路堤高度小于2倍极限高度(在天然软土地基上,基底不作特殊加固处理而用快速施工方法修筑路堤的填筑最大高度),软土层及其硬壳较薄,或软土表面渗透性很低的硬壳等情况,也适用于软土层稍厚但具有双面排水条件的地基

续上表

项　目	内容与规定
特点	砂垫层施工简便,不需特殊机具设备,占地较少;但需放慢填筑速度,严格控制加荷速率,使地基有充分时间进行排水固结。因此,该法适用于施工期限不紧迫、砂料来源充足、运距不远的施工环境
形式	有排水砂垫层、换土砂垫层、砂垫层和土工布混合使用等形式

(2)反压护道

反压护道处治措施 表 8-9

项　目	内　容
机理	在路堤两侧填筑一定宽度和高度的护道,以改善路堤荷载方式来增加抗滑力的方法,使路堤下的软基向两侧隆起的趋势得到平衡,从而保证路堤的稳定性
适用条件	路基高度不大于 1.5 ~ 2 倍的极限高度,适用于非耕作区和取土不太困难的地区
特点	采用反压护道加固地基,不需特殊的机具设备和材料,施工简易方便,但占地多,土用量大,后期沉降大,后期的养护工作量也大

(3)土工合成材料处治

土工合成材料处治措施 表 8-10

项　目		内容、措施与规定
土工合成材料类型		土工合成材料:工程建设中应用的以人工合成或天然聚合物为原料制成的工程材料的总称,其主要品种有土工织物、土工膜、土工复合材料、土工特种材料等。 土工织物:透水性的平面土工合成材料(又称土工布),主要包括无纺(非织造)土工织物、有纺(织造)土工织物。无纺土工织物是由短纤维或长丝按定向排列或非定向排列结合在一起的织物;有纺土工织物是由纤维纱长丝按一定方向交织而成的织物。 土工格栅:具有较高强度,其开孔可容周围土、石或其他土工材料穿入,用于加筋的平面材料。包括塑料拉伸土工格栅、经编土工格栅、黏结或焊接土工格栅等
土工织物	机理	土工织物可用于两种介质间的隔离、路基防排水、防沙固沙、构筑物表面防腐、路面裂缝防治等场合;高强度的土工织物可用于加筋。 土工布铺设于路堤底部,在路基自重作用下受拉产生抗滑力矩,提高路基稳定性。土工布在软土地基加固中的作用包括排水、隔离、应力分散和加筋补强
	方法	土工布连接,一般采用搭接法或缝接法。目前缝接法有一般缝法、丁缝法和蝶形法
土工格栅	机理	土工格栅可用于路基加筋、路基不均匀沉降防治、特殊土路基处治、地基处理等场合。玻璃纤维格栅可用于路面裂缝防治。 土工格栅强度较高,且与岩土体有良好的相互作用特性,按受力性能一般分为单向、双向、三向格栅,按制造方法一般分为整体拉伸格栅、经编格栅、黏结与焊接格栅。 单向格栅纵向抗拉强度大,横向抗拉强度小,主要用于受力方向比较明确的加筋场合;双向格栅两个方向强度比较一致,主要用于需要考虑多方向受力或主受力方向不明确的场合。近年来,国内有关企业开发出了三向土工格栅,土工格栅各方向的特性更加一致,适用的场合也更加广泛。 整体拉伸格栅为聚合物材料经过定向拉伸形成的平面网状材料;经编土工格栅为采用玻璃纤维、高强聚酯长丝等经过编织形成的平面网状材料;黏结、焊接土工格栅为合成材料条带或其复合材料(如钢塑复合)通过黏结、焊接形成的平面网状材料。 玻璃纤维格栅的主材是玻璃纤维,其强度高、极限应变小、耐高温,但易折断,目前主要用于沥青加铺层,防治和延缓路面反射裂缝。 土工格栅加固土的机理存在于格栅与土的相互作用之中。一般可归纳为格栅表面与土的摩擦作用;格栅孔眼对土的锁定作用和格栅肋的被动抗阻作用。3 种作用均能充分约束土的颗粒侧向位移,从而大大地增加了土体的自身稳定性,对土的加固效果,明显高于其他土工织物

续上表

项目		内容、措施与规定
土工格栅	机理	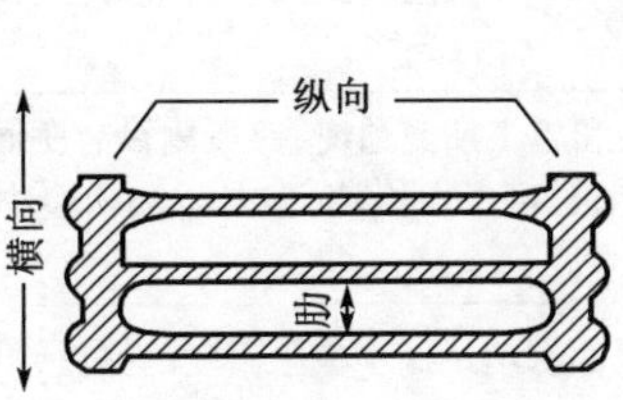 a)单向拉伸整体土工格栅 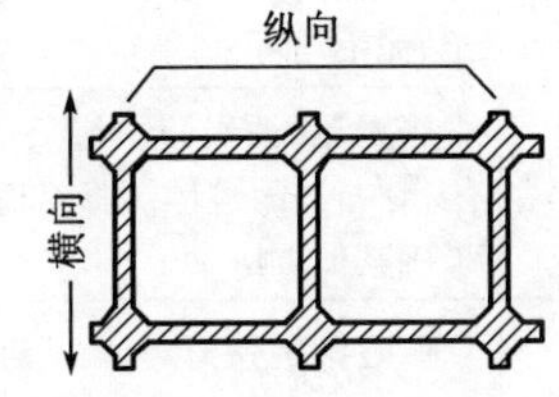 b)双向拉伸整体土工格栅 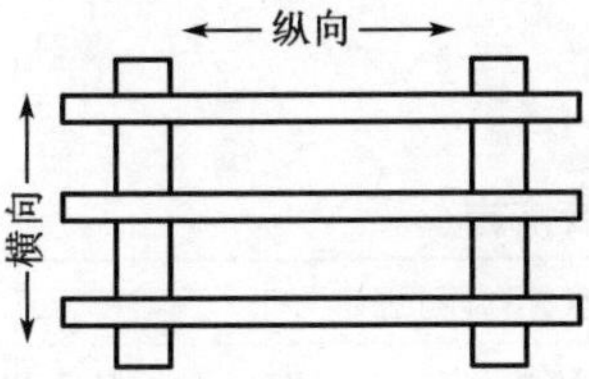 c)单向经编、焊接土工格栅 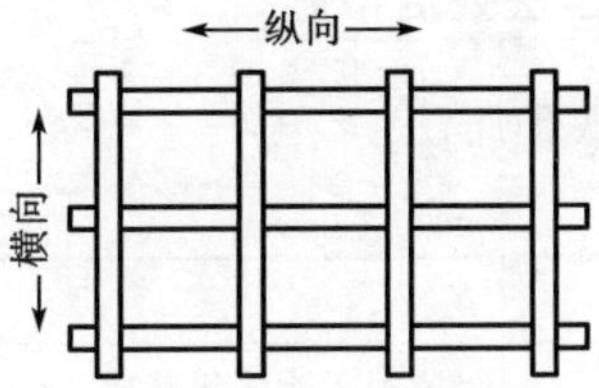 d)双向经编、焊接土工格栅 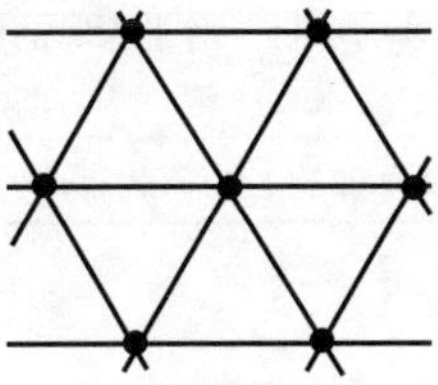 e)三向土工格栅
	特点	可迅速提高地基承载力，加快施工进度；控制软基地段沉降量发展，缩短工期，使公路及早投入使用

8.2.5 换填法处治措施

换填处治措施 表 8-11

项目	内容、措施与规定
适用条件	换填法一般适用于地表下 0.5～3.0m 之间的软土处治
开挖换填法	将软弱地基层全部挖除或部分挖除，用透水性较好的材料（如砂砾、碎石、钢渣等）进行回填。该方法简单易行，也便于掌握，对于软基较浅（1～2m）的泥沼地特别有效；但对于深层软基处理，要求沉降控制较平的路基、桥涵构造物、引道等，应考虑采用其他方法
抛石挤淤法	在路基底部抛投一定数量片石，将淤泥挤出基底范围，以提高地基的强度。这种方法施工简单、迅速、方便。本方法适用于常年积水的洼地，排水困难，泥炭呈流动状态，厚度较薄，表层无硬壳，片石能沉达底部的泥沼或厚度为 3～4m 的软土；在特别软弱的地面上施工由于机械无法进入，或是表面存在大量积水无法排除时；石料丰富、运距较短的情况

续上表

项目		内容、措施与规定
爆破排淤法	机理及特点	将炸药放在软土或泥沼中爆炸,利用爆炸时的张力作用,把淤泥或泥沼扬弃,然后回填强度较高的渗水性土,如砂砾、碎石等。爆破排淤是换土的一种施工方法,较一般方法换填深度大、工效较高,软土、泥沼均可采用
	适用条件	当淤泥(泥炭)层较厚,稠度大,路堤较高和施工期紧迫时;路段内没有桥涵等构造物,路基承载力均衡一致,因整体沉降对道路不会产生破坏,也可考虑换填;但对桥涵构造物及两侧引道等,应考虑采用其他方法
	施工要点	爆破排淤分为两种,一种方法是先在原地面上填筑低于极限高度的路堤,再在基底下爆破,适用于稠度较大的软土或泥沼。另一种方法是先爆后填,适用于稠度较小,回淤较慢的软土

8.2.6 重压法处治措施

(1)堆载预压法

堆载预压法处治措施 表 8-12

项目	内容、措施与规定
机理	在软基上修筑路堤,通过填土堆载预压,使地基土压密、沉降、固结,从而提高地基强度,减少路堤建成后的沉降量
适用条件	堆载预压法对各类软弱地基均有效;使用材料、机具简单,施工操作方便。但堆载预压需要一定的时间,适合工期要求不紧的项目。对于深厚的饱和软土,排水固结所需要的时间很长,同时需要大量的堆载材料,在使用上会受限
类型	进行预压的荷载超过设计的工程荷载,称为超载预压;预压荷载等于工程荷载,称为等载预压

(2)其他重压法

其他重压法处治措施 表 8-13

项目	内容、措施与规定
真空预压法	利用大气压强 0.098MPa 等效堆载预压法对软基进行加固。即依靠真空抽气设备,使密封的软弱地基产生真空负压力,使土颗粒间的自由水、空气沿着纵向排水通道,上升到软基上部砂垫层内,由砂垫层内过滤再排到软基密封膜以外,从而使土体固结。该法适用于含水率高、孔隙比大、强度低、渗透系数和固结系数均较小的黏土
真空预压加堆载预压法	是堆载预压和真空预压两种方法的结合,原理与真空预压相同,但加载更大,预压时间缩短了一半

8.2.7 垂直排水固结处治措施

(1)砂井与袋装砂井

砂井与袋装砂井处治措施 表 8-14

项目	内容、措施与规定
原理	砂井增加土层竖向排水途径,缩短排水距离、加速地基固结。 用振动打桩机、柴油打桩机(冲击式和振动式),以及下端装有活瓣钢桩靴的桩管将砂(含泥量不大于3%)或砂和角砾混合料(含泥量不大于5%)形成砂井。在施工时应避免"缩颈"和减少对土的扰动
特点	砂井或袋装砂井配合砂垫层并结合加载预压,使用效果较好,主要促进排水沉降固结,可呈巨形、梅花形平面布置
适用条件	当泥沼或软土层厚度超过 5m,且路堤高度超过天然地基承载力很多时

续上表

项 目		内容、措施与规定
施工方法	套管	将带有活瓣管尖或套有混凝土端靴的套管沉到预定深度，然后在管内灌砂后，拔出套管，形成砂井。根据沉管工艺的不同，其又分为静压沉管法、振动沉管法等
	水冲成孔	通过专用喷头，在水压力作用下冲孔，成孔后清孔，再向孔内灌砂形成。该法适用于土质较好且均匀的砂性土
	螺旋钻成孔	以动力螺旋钻钻孔，提钻后灌砂成砂柱。该法适用于陆上工程，砂井长度10m以内，且土质较好，不会出现缩颈、塌孔现象的软弱地基。优点是设备简单机动，成孔规则。缺点是灌砂质量较难掌握，不太适用于很软弱的地基

(2)排水板(带)

排水板(带)处治措施 表8-15

项 目	内 容
排水板(带)类型	排水板(带)：由不同凹凸截面形状，具有连续排水通道的合成材料芯材，外包无纺土工织物构成的复合排水材料。宽度大于100mm的称为排水板，小于或等于100mm的称为排水带 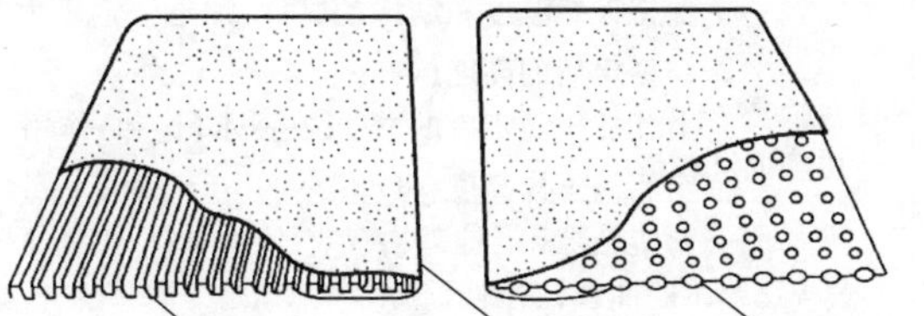 排水带典型断面
	排水板宽度可达50cm，不同芯材构成不同的排水板。其中，帽状芯材复合排水板比较典型，其由高强度的帽状芯材外包土工织物滤布组成，施工简便。排水板主要用于路侧排水、支挡结构内部排水 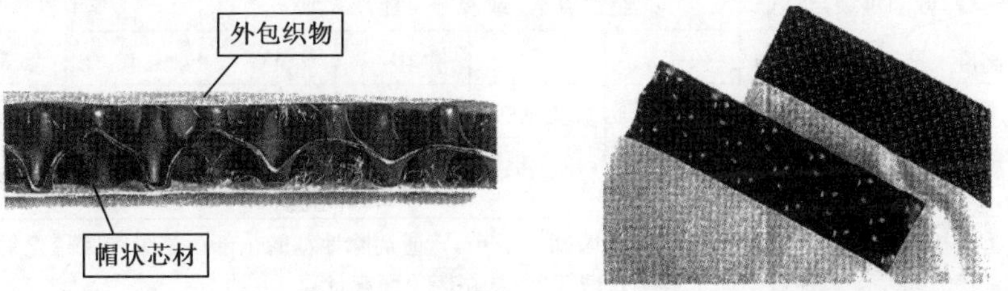 a)断面 b)平面 帽状芯材复合排水板
原理	利用塑料排水芯板竖向排水，与土工布横向排水结合，加快路堤固结沉降、提高路基强度
适用条件	泥炭饱和淤泥地段或土基松软、地下水位高地段

8.2.8 其他处治措施

其 他 措 施 表8-16

项 目	内 容
原理	用打入碎石桩、粉喷桩和CFG桩的办法，使桩与软基共同承担负荷形成复合地基，其中大部分荷载由桩体承受，土改善不多
特点	软土深层处理，打穿软土层，沉降少；未打穿软土层，沉降缓慢，稳定时间较长

8.3 湿陷性黄土地区路基

8.3.1 黄土湿陷系数

湿 陷 系 数 表 8-17

项 目	内容、公式与标准
土的压缩性	压实土的压缩性取决于它的密度和加荷时的含水率。以击实土做压缩试验时可以发现，在某一荷载作用下，有些土样压缩稳定后，如加水使之饱和，土样就会在同一荷载作用下出现明显的附加压缩。而这一现象的出现与否和击实试样时的含水率很有关系。一般说来，填土或地基在压实(挤密)到一定密实度以后，其压缩性就大为减小
湿陷系数 δ_s	用室内压缩试验，在无侧向膨胀条件下，测定 δ_s，采用下式计算： $\delta_s = \frac{h_p - h'_p}{h_0}$ 或 $= \frac{e_p - e'_p}{e_0}$ 式中：h_0——试样的原始高度(m)； h_p——保持天然湿度和结构的试样，加至一定压力 P 的作用下压缩稳定后的高度(m)； $h_p{}'$——上述加压稳定后的试样，在浸水(饱和)作用下，附加下沉稳定后的土样高度(m)； e——对应孔隙比。 黄土压缩试验曲线：右图示意 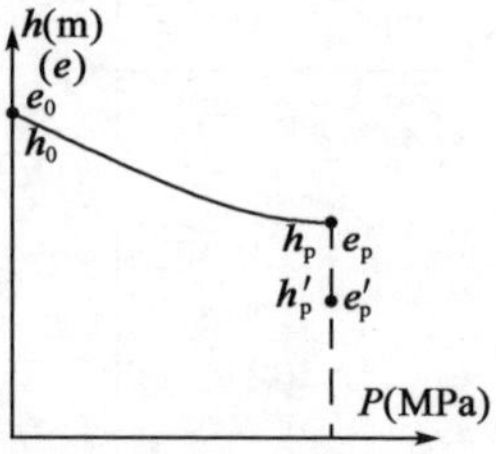
湿陷性判断	$\delta_s \leqslant 0.015$

8.3.2 湿陷性黄土处治深度

湿陷性黄土地基处治深度 表 8-18

湿陷等级与特征 / 路堤高度	经常流水(或浸湿可能性大)				季节性流水(或浸湿可能性小)			
	I	II	III	IV	I	II	III	IV
高路堤(＞4m)	2～3	3～5	4～6	6	0.8～1	1～2	2～3	5
零填、挖方路基、低路堤(≤4m)	0.8～1	1～1.5	1.5～2	3	0.5～1.0	0.8～1.2	1.2～2.0	2

注：①与桥台相邻路基、高挡土墙路基(墙高大于6m)，应消除地基的全部湿陷量或穿透全部湿陷性土层。

②挖方路基湿陷性黄土地基最小处理深度，从路床顶面起计算

8.3.3 湿陷性黄土路基要求

湿陷性黄土路基要求 表 8-19

项 目	内容与要求
一般要求	黄土地区路基施工应符合《公路路基施工技术规范》(JTG F10—2006)的要求； 黄土路堤应分层填筑，分层压实，大于100m的土块必须打碎，并应在最佳含水率范围时碾压密实； 路基范围内的回填及碾压其压实度均应符合土方路基压实度标准； 湿陷性黄土路基应采用拦截、排除地表水等措施，并防止地表水下渗。其地下排水构造物及地面排水沟渠必须采取防渗措施； 对于II级以上湿陷性黄土地基应在填筑前进行碾压或采用强夯石灰桩挤密、填土等加固处理； 黄土陷穴地区的路基施工，应将路堤或路堑边坡上侧50m下侧10～20m以内的陷穴进行处理； 对路基路床的陷穴应封堵其进口，引排周围地表水，使其不再流向陷穴，并回填砾石夯实或灌注混凝土等

续上表

项　　目	内容与要求
工程特性	一般呈黄色或黄褐色，粉土含量常占60%以上，含有大量的碳酸盐、硫酸盐等可溶盐类，天然孔隙比在1左右，肉眼可见大孔隙。在自重压力或自重压力与附加压力共同作用下，受水浸湿后土的结构迅速破坏而发生显著下沉。具有湿陷性和易溶蚀、易冲刷、各向异性等工程特性，导致黄土地区的路基易产生多种问题及病害
处治措施	湿陷性黄土地基应采取拦截、排除地表水的措施，防止地表水下渗，减少地基地层湿陷下沉。其地下排水构造物与地面排水沟渠必须采取防渗措施。 若地基土层有强湿陷性或较高的压缩性，且容许承载力低于路堤自重力时，应考虑地基在路堤自重和活载作用下所产生的压缩下沉。除采用防止地表水下渗的措施外，可根据湿陷性黄土工程特性和工程要求，因地制宜采取换填土、重锤夯实、强夯法、预浸法、挤密法、化学加固法等措施对地基进行处理
地基陷穴处治方法	对现有的陷穴、暗穴，可以采用灌砂、灌浆、开挖回填等措施，开挖的方法可以采用导洞、竖井和明挖等

8.3.4 湿陷性黄土地区路基的地基处治方法

湿陷性黄土一般处治方法 表8-20

项　　目	方法、内容与要求
换填土	挖除一定深度湿陷性黄土，换以满足要求的土或灰土分层填筑，分层夯实
强夯法	用几十吨重锤从高处落下，反复多次夯击，对地基进行强力夯实，使浅层、深层得到不同程度的加固，强夯施工法振动大，对附近建筑物有影响，因此应注意施工附近建筑物安全。采用强夯法处理湿陷性黄土地区路基的地基，土的含水率宜低于塑限含水率1%～3%
预浸法	通过钻孔注水，使其预先湿陷。可用于湿陷性土层厚度大于10m，自重湿陷量不小于50cm的地段
挤密法	通过冲击，振动或爆扩成孔，再灌以石灰或灰土分层捣实
化学加固法	用硅酸钠溶液，通过有孔的注射管压入土中，使其与土中水溶性盐相互作用，产生硅胶，把土胶结

8.3.5 湿陷性黄土地区地基陷穴的处治方法

湿陷性黄土陷穴一般处治方法 表8-21

项　　目	方法、内容与要求
处理原则	黄土陷穴具有很大的危害性，应在施工前调查清楚，根据不同情况采取相应的技术措施进行处理。对通过路基路床的陷穴，要向上游追踪至发源地点，在发源地点把陷穴进口封填好，并引排周围地表水，使其不再流向陷穴进口
灌砂法	本法适用小而直的陷穴，以干砂灌实整个洞穴
灌浆法	本法适用于洞身不大，但洞壁起伏曲折较大，并离路基中线较远的小陷穴，施工时先将陷穴出口用草袋装土堵塞，再在陷穴顶部每隔4～5m打钻孔作为灌浆孔，待灌好和土浆凝固收缩后，再在各孔作补充灌浆，一般需重复2～3次，有时为了封闭水道也可灌水泥砂浆
开挖回填夯实法	本法适用于各种形状的陷穴
导洞和竖井法	本法适用较大、较深的洞穴。由洞内向外逐步回填夯实，在回填前，应将穴内虚土和杂物彻底清除干净。当接近地面0.5m时，应用老黄土或新黄土加10%的石灰拌匀回填夯实

续上表

项　目	方法、内容与要求
表面封层	处理好的陷穴,其土层表面均应用石灰: 土 =3:7 的石灰土填筑夯实或铺填透水材料加以改善。石灰土厚度应按设计严格执行。如原设计未要求时,其厚度不宜小于 30cm。并将流向陷穴的附近地面水引离,防止形成地表积水或水流集中产生冲刷
处理范围	黄土陷穴的处理范围,应视具体情况而定,宜在路基填方或挖方边坡外,上侧 50m,下侧 10 ~ 20m。若陷穴倾向路基,虽在 50m 以外,仍应作适当处理。对串珠状陷穴应彻底进行处治

8.4 风积沙及沙漠地区路基

8.4.1 风沙地区路基施工要求

风沙地区路基施工要求　表 8-22

项　目	内容与要求
一般原则	在风沙地区筑路,为防止沙害,要采取边施工,边防护,分段施工,一次做成的办法; 施工时要注意保护路侧原有植被,不得随意破坏,当必须破坏时,要及时加以防护,以免沙害蔓延; 最适宜的施工技术是夏秋两季,应尽量避免多风季节进行施工
临时措施	风沙地区路基施工,若当地风力较强或需在风季施工时,应采取临时防护措施,对设计的永久防护工程,若材料运输有困难,需待通车后施工时,可采取临时防护过渡; 凡当日不能完工地段,对坡面和路肩应加以覆盖,并用小木桩将覆盖的草席、芦苇等绊牢,或用大石块(混凝土预制块)压住
取土坑	填方取土要根据当地风向情况选择取土坑位置,在单一风向地区,取土坑宜设置在路堤下风一侧,距路堤坡脚至少 5m; 在有反向风交替作用的地区,取土坑可设在路堤两侧,施工完后应将其边坡修成缓坡,使其断面成为浅槽形
废方	挖方材料应尽量利用,如需废弃,应弃于背风坡一侧的低地或距路堑坡顶不小于 10m 处,并应摊平,以免集中引起积沙; 对于地形开阔的风沙流地段,应将路基两侧 20 ~ 50m 范围内的小沙滩、弃土堆、小土丘等凡可引起积沙的阻碍物予以清除、摊平
路基压实	风沙地区采用粉砂或细砂填筑路堤时,仍应分层压实,根据现场自然条件、沙的特性及水源分布等情况确定压实机械和压实方法; 宜采取以机械振动压实为主,结合水沉实,快成型,快防护的施工方法; 对缺土、无水源,压实确有困难的风积沙路基,可采用土工织物(土工布、编织砂袋)对路基进行加固
填方路基断面	风沙地区公路路基可不设置边沟等排水设施,如有必要应设置宽浅型边沟; 风沙地区路基应以低路堤为主,填土高度应根据路堤上的风向、风速变化等情况确定,一般不应小于 0.3m,以 1m 左右为宜,沙丘起伏地带,路堤高度宜比路基两侧 50m 范围内沙丘的平均高度高出 0.3 ~ 0.5m; 风沙地区填方路基应尽量采用流线型横断面,路肩于边坡相交的棱角宜设成圆弧形; 风沙地区路堤边坡坡度应根据填料、填料高度、风向、路侧地形及防护情况采用

续上表

项目	内容与要求
挖方路基断面	风沙地区路基应避免采用较长(长于30m)和较深(深于6m)的路堑; 风沙地区路堑的形成及挖方坡度应根据挖方深度、风向、路侧地形及防护情况选用; 路线与主导风向正交时,应使路堑顶宽与路堑深度的比值尽可能接近20~30的范围,以减少堑内的积沙; 路堑应根据公路等级及筑路材料情况,对路肩、边坡坡面和坡顶外20~30m范围进行防护

8.4.2 防沙技术

防沙技术　表8-23

项目	内容与要求
一般原则	各种措施应根据设计结合路基施工技术配套完成在风沙地区筑路,为防止沙害,要采取边施工,边防护,分段施工,一次做成的办法; 施工时要注意保护路侧原有植被,不得随意破坏,当必须破坏时,要及时加以防护,以免沙害蔓延; 最适宜的施工技术是夏秋两季,应尽量避免多风季节进行施工
固沙措施	稳定沙地表面,抑制流沙活动。常用的固沙措施主要是设置平铺式和立式两类
阻沙措施	拦截风沙和限制风沙移动。阻止设施一般可分为墙式、堤式、栅式、带式等4类
输沙措施	采用通过增加风力或改变下垫面性质,使流沙直接吹过路基而不产生堆积
导沙措施	采用导流的方法。借助风的动力作用,改变流沙或沙丘运动的方向,使堆积在路基无害之处,导沙设施应设置在路基上风侧,距路基50~100m。有导沙墙(土、石、柴草墙等)和导沙板(木板、笆板等)两种类型

8.4.3 风沙地区路基防护

风沙地区路基防护　表8-24

项目	内容与要求
一般要求	路侧防沙工程应有总体布置,并形成完善的系统,其设置范围和部位应根据风沙活动特征、风况、输沙量、地形、防护材料性质及公路等级和使用要求。 在适宜植物生长的地区,应优先选用植物固沙、无条件栽种植物或植物固沙未起作用之前,可利用砾石、卵石、黏质土、柴草、盐盖或其他材料平铺固沙。 为降低地表风速,抑制就地起沙,并拦阻一部分外来沙,可利用柴草类材料在路基迎风侧设置立式沙障固沙。低立式沙障距离路基应大于20m,高立式沙障应大于50m。 路线与主导风向交角为25°~30°时,可采用改变风沙流或沙丘运动方向的导流方法,宜在路基迎风侧50~100m以外设置导沙墙、导沙板等措施。 路基两侧20~30m范围内的地面应保持平顺,地上的突起物或灌丛均铲除,并予平整,形成平整带拦截风沙和限制风沙移动。阻止设施一般可分为墙式、堤式、栅式、带式等4类
植物防护	在风沙地区修筑路基采用植物固沙是防治沙害的根本措施,在有条件的地方采用植物固沙法施工时,要严格按照设计要求的树苗或灌木种类和设计规定的种植间隔尺寸及布置形式进行栽种。 在无条件采用植物固沙的地区及采用植物固沙的初期,为防止沙害并为植物固沙创造条件需采用工程防沙措施。 在林带前缘,为防止积沙,也应适当设置工程防沙设施
路堤封闭	沙质路基主体应按设计要求进行全面防护,在路基顶面,边坡坡面及坡脚处50~100cm地面范围内,用黏性土、砾(卵)石、乳化沥青等材料进行平铺覆盖和处理。 黏性土封闭防护为常用而经济有效措施之一,采用的黏性土,应测定其塑性指数,如设计未规定,最低不得小于11(100g平衡锥测定)

8.4.4 风沙地区土工合成材料路基

风沙地区土工合成材料路基施工　　表 8-25

项　目	内容与要求
一般要求	土工合成材料可用于沙漠地区公路路基整体稳定、边坡稳定与防护、线外固沙； 当使用风积沙填筑的路堤高度大于 1m 时，可采用将土工合成材料铺设于沙基内或沙质路床顶部的措施，提高路基整体稳定性； 对使用风积沙填筑路堤的路段，存在风蚀、水蚀时，可采用土工合成材料稳定路基、防护边坡； 当公路周边缺少常规线外固沙材料时，可将土工合成材料用于线外固沙工程； 用于沙漠地区的土工合成材料，应考虑紫外线的影响，土工合成材料室内紫外线辐射强度为 $550W/m^2$，照射 150h 的抗拉强度保持率大于 80%
土工合成材料类型	土工格室：由长条形塑料片材或在其中加入钢丝、玻璃纤维、碳纤维的片材，通过焊接、插件或扣件等方法连接，展开后构成蜂窝状或网格状的立体结构材料。 土工格室可用于路基加筋、防沙固沙、路基防护等场合。 在公路工程中，土工格室主要有两种用途：其一是在格室内回填岩土后形成具有一定厚度、整体性较好的复合垫层，用于软基等不良地基顶部，形成施工平台，也起到加筋作用，高强度的土工格室可用于路基内部加筋；其二是在格室内回填种植土，形成具有一定厚度、利于植物生长的种植层，用于路基边坡生态防护 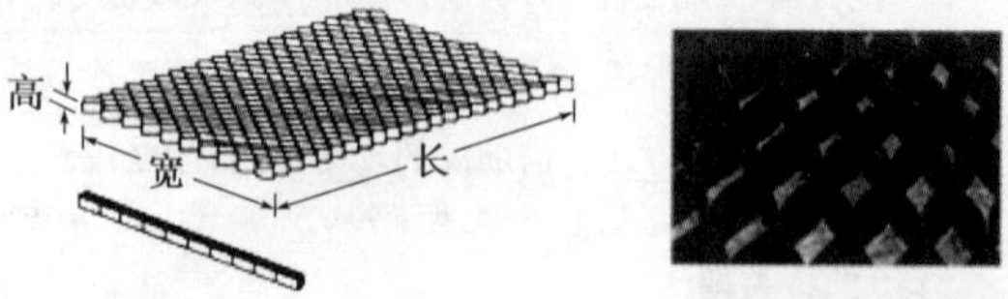 a)土工格室结构　　b)展开的土工格室 土工格室示意图
	土工模袋：双层聚合化纤织物制成的连续或单独的袋状材料，可用高压泵将混凝土或砂浆灌入其中，形成板状或其他形状的防护结构。 土工模袋可用于路基冲刷防护等场合。在土工模袋中充填混凝土、水泥砂浆或砂形成的土工模袋护面结构，特点是可以在水下施工，无须做围堰或断流，可按工程要求预制成不同大小和不同厚度的几何形状，尤其适合于复杂起伏地形  土工模袋
	土工网：高分子聚合物经挤出制成的网状材料或其他材料经编织形成的网状材料。包括塑料平面土工网、经编平面土工网、塑料三维土工网、经编三维土工网等。 塑料平面土工网为以高密度聚乙烯(HDPE)或其他高分子聚合物为原料，经挤出成型的平面网状材料。经编平面土工网为采用玻璃纤维或高强聚酯长丝经编织机机织并经表面涂覆而成的平面网状材料。平面土工网虽然也是网状结构，但一般强度较低，延伸率较大，很少用于加筋。 塑料三维土工网为由一层或多层双向拉伸或挤出平面底网，表面点焊一层或多层非拉伸挤出网，形成表面凹凸泡状的多层网状材料。经编三维土工网是以塑料长丝或可降解纤维为原料经编织而成的三维网状材料。三维土工网(土工网垫)具有一定的厚度(一般为 8 ~ 12mm)，强度较低，延伸率较大

续上表

项　　目	内容与要求
土工合成材料类型	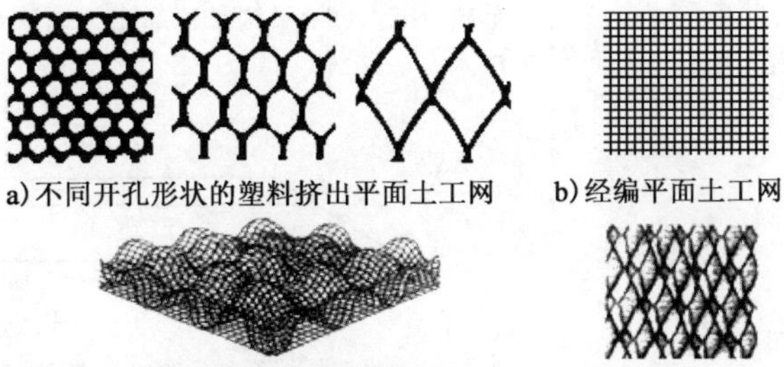 a)不同开孔形状的塑料挤出平面土工网　b)经编平面土工网 c)塑料挤出三维土工网　d)经编三维土工网 土工网示意图 植生袋:采用孔隙率为70%~99.5%的多功能过滤毯状纤维,运用针刺法和喷胶法生产出的,内含草种、灌木种、培养料、保水剂和肥料等绿化辅料的袋状材料。 土工网和植生袋可用于边坡生态防护
施工要点	路基施工过程中,推土机、挖掘机、铲运机等施工机械不得直接在土工合成材料上作业。在铺设好的土工合成材料顶面设置的沙质保护层厚度不宜小于10cm。 土工格室在路基横断面方向不得拼接,纵向应平头顺接。上下层的接头应错开2m以上。 边坡侧限法施工中土工格室的堆筑与沙质路堤的填筑宜同高度进行

沙漠路基整体稳定　　表8-26

项　　目	内容与要求
土工格室	提高沙漠路基稳定性,可采用土工格室表面全铺法、多层土工格室路基全铺法。 土工格室表面全铺法是将土工格室铺在土基顶面,对风积沙填筑体起到稳定作用;也可以铺在沙面上,作为沙漠筑路时的施工便道。 多层土工格室路基全铺法是在路基中采用多层土工格室进行加筋,依据路基高度及公路等级的不同,选择不同规格的土工格室及铺压层数。 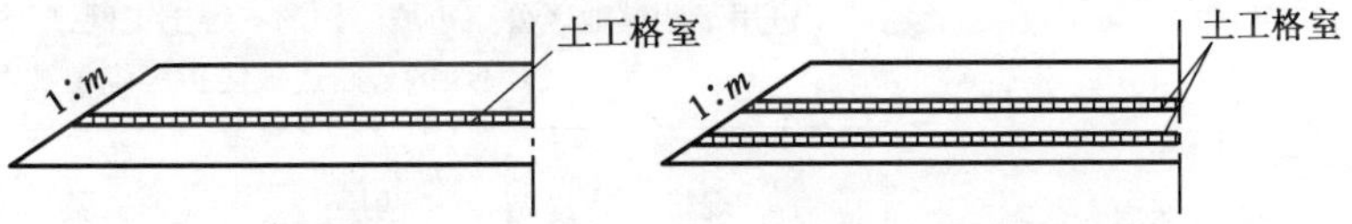 a)土工格室表面全铺法　b)多层土工格室路基全铺法 土工格室路基结构形式 土工格室高度 H 可采用5cm、10cm、15cm、20cm等规格,焊距宜为$(4\sim8)H$,其性能应满足要求 土工格室的性能要求

测试项目		单位	聚丙烯土工格室	聚乙烯土工格室
外观		—	格室片应平整、无气泡、无沟痕	
格室片的拉伸屈服强度		MPa	≥23	≥20
焊接处抗拉强度		kN/m	≥10	≥10
格室组间连接处抗拉强度	格室片边缘	kN/m	≥25	≥25
	格室片中间	kN/m	≥16	≥16

续上表

项目	内容与要求
土工织物	见下

土工织物

单层土工织物铺设法是依靠土工织物与沙基土体的摩擦力来限制沙基侧向位移的方法。

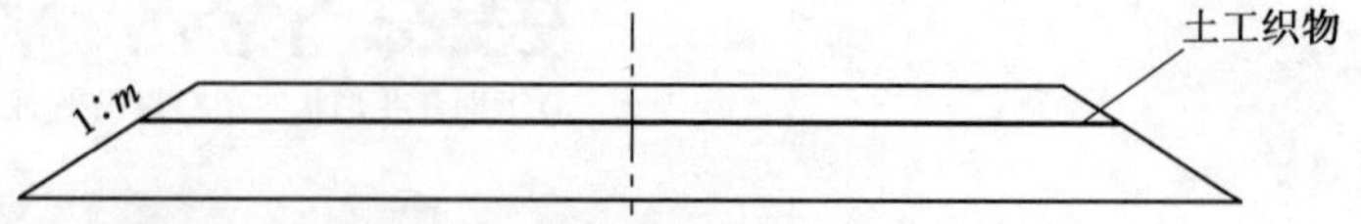

土工织物路基结构形式

土工织物可选择短纤维无纺土工织物,其性能应满足下表的要求

单位面积质量(g/m^2)	厚度(mm)	纵、横向极限抗拉强度(kN/m)	纵、横向极限伸长率(%)	CBR 顶破强度(kN)	等效孔径 O_{90}(mm)
≥150	≥1.0	≥8.0	≤25	≥0.5	0.07~0.2

边坡稳定与防护 表 8-27

项目	内容与要求
类型	见下

类型

土工合成材料用于沙漠地区公路风积沙路堤边坡稳定与防护,可采用边坡堆垛法、边坡侧限法、边坡包裹法等方法。

土工合成材料应用于沙漠地区公路边坡防护时,可采用稳定措施与防护措施相结合的方式,也可单独采用三维土工网、土工格室等植物防护措施。

(1)采用与稳定措施相结合的防护方法时,宜在边坡坡面覆盖 30cm 掺入部分营养土、保水剂和植物种子的土,改善植物生长条件。

(2)采用三维土工网和土工格室防护法时,应用锚钉将三维土工网或土工格室平铺固定在风积沙坡面上,再填充草籽和有机土于三维网空腔或格室室内。锚钉长度不宜小于 0.5m,横向间距不宜大于 1.5m,纵向间距不宜大于 0.5m。高出三维土工网和土工格室的营养土厚度宜为 1cm。

(3)用于沙漠地区公路边坡防护的三维土工网,应满足下表的性能要求。

沙漠地区公路边坡防护三维植被网(垫)性能要求

规格	两层	三层	四层	五层
单位面积质量(g/m^2)	≥220	≥260	≥350	≥430
厚度(mm)	≥10	≥12	≥14	≥16
纵向极限抗拉强度(kN/m)	≥0.8	≥1.6	≥2.0	≥3.2
横向极限抗拉强度(kN/m)	≥0.8	≥1.6	≥2.0	≥3.2

(4)用于沙漠地区公路边坡防护的土工格室,片材厚度宜大于 0.5mm,高宜为 5cm,焊距宜为 15~25cm,展开宽度宜为 1.0~1.5m,其性能应满足要求

续上表

<table>
<tr><th>项　　目</th><th>内容与要求</th></tr>
<tr><td>边坡堆垛法</td><td>边坡堆垛法宜采用土工织物袋。
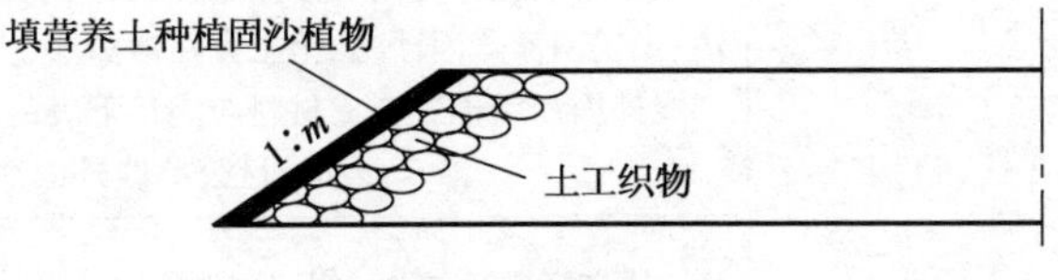
边坡堆垛法结构图
可根据不同的路堤高度，采用不同的堆积方式。
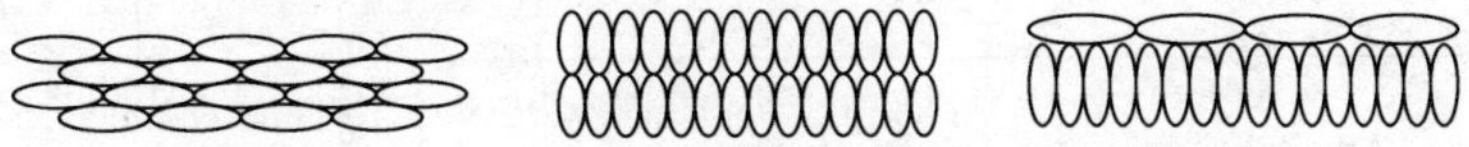
a)纵躺法　b)横躺法　c)综合法
堆垛的铺设方法
堆垛体的边坡坡率宜为1∶1.0～1∶1.5；土工织物袋的长宽比宜大于1.8，装沙体积宜为扎紧容积的2/3～3/4，堆垛体的宽高比不宜小于0.75</td></tr>
<tr><td>边坡侧限法</td><td>边坡侧限法可采用土工格室。
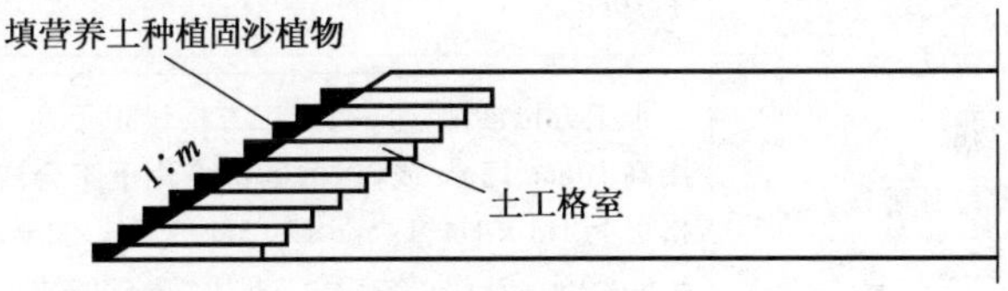
边坡侧限法结构图
土工格室的规格、铺设宽度及高度，应根据路基宽度和高度等确定。宜采用片材厚度大于1mm、高20cm、焊距30～40cm、展开宽度1.0～1.5m的土工格室</td></tr>
<tr><td>边坡包裹法</td><td>边坡包裹法宜采用土工织物。根据路堤高度和地基条件，可采用单层边裹法、双层边裹法、多层边裹法、全裹法等结构形式。
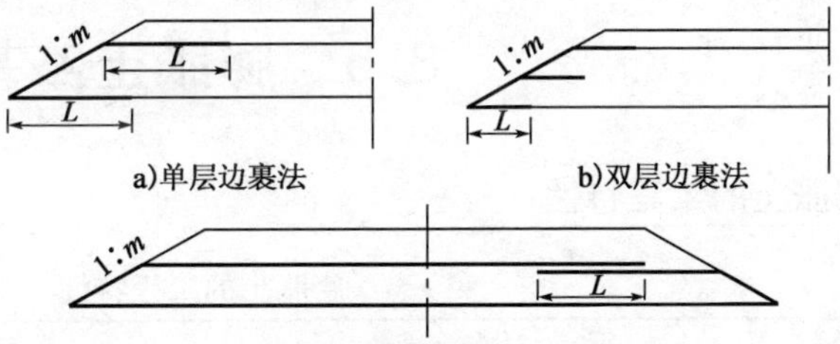
c)全裹法
(1)单层边裹法可用于高度不超过1.2m的路堤；双层边裹法可用于高度为1.2～4.0m的路堤；多层边裹法及全裹法可用于地基条件较差路段路基。
(2)边坡包裹法边坡坡率宜为1∶1.5～1∶2.5，土工织物上下压边边长宜为1.0～1.5m，采用的土工织物应满足下表的要求
边坡防护用土工织物性能要求
<table>
<tr><th>单位面积质量
(g/m²)</th><th>厚度
(mm)</th><th>纵、横向极限
抗拉强度
(kN/m)</th><th>纵、横向极限
伸长率(%)</th><th>CBR顶破
强度(kN)</th><th>抗紫外线老化
残留强度</th></tr>
<tr><td>≥200</td><td>≥1.0</td><td>≥8.0</td><td>≤25</td><td>≥0.5</td><td>不小于原强度的70%</td></tr>
</table></td></tr>
</table>

线外固沙　表8-28

<table>
<tr><th>项　目</th><th colspan="4">内容与要求</th></tr>
<tr><td rowspan="4">类型</td><td colspan="4">土工合成材料应用于沙漠地区公路线外固沙,可采用土工织物袋(植物生长袋)固沙法、土工网沙障固沙法、土工方格沙障法、土工织物袋阻沙墙法等方法。
线外固沙用土工合成材料应满足下表的性能要求</td></tr>
<tr><td colspan="4">沙漠地区公路线外固沙用土工合成材料性能要求</td></tr>
<tr><td>纵、横向极限抗拉强度(kN/m)</td><td>纵、横向梯形撕破强度(N)</td><td>老化残留强度</td><td>低温脆化温度(℃)</td></tr>
<tr><td>≥8.0</td><td>≥120</td><td>满足的要求</td><td>≤$K-2.0$</td></tr>
<tr><td>土工织物袋固沙法</td><td colspan="4">土工织物袋固沙法应将土工织物袋设置在公路主风向侧、连线垂直于来风向的流动沙丘坡面上,可在袋中装入沙土、肥料、营养土、保湿剂,打孔播入植物种子,形成植物沙障。土工织物袋应采用防老化尼龙袋,规格可为宽15cm或20cm,长2m;固沙带间距应根据现场风沙状况确定</td></tr>
<tr><td>土工网沙障固沙法</td><td colspan="4">土工网沙障固沙法应将沙障设置于公路主风向侧。沙障宜采用打桩悬挂土工网形式,土工网宽度宜为60~100cm,悬挂高度宜为40~80cm,土工网底部应埋入沙土中不少于10cm</td></tr>
<tr><td>土工方格沙障法</td><td colspan="4">土工方格沙障法应将土工方格设置于迎风坡下部或迎风坡前腹沙地。土工方格可利用高10cm、15cm或20cm的抗老化土工合成材料网片,在流动沙面上就地安装制成,规格可为1m×1m、1.5m×1.5m或2m×2m。1m×1m方格宜用于迎风坡下部,1.5m×1.5m、2m×2m方格宜用于迎风坡前腹沙地</td></tr>
<tr><td>土工织物袋阻沙墙法</td><td colspan="4">土工织物袋阻沙墙法应将沙墙在治理区外围沙丘的沙脊线上直立摆放,形成沙障。沙墙可利用抗老化土工织物制成规格为宽40cm、50cm,长2m的土工织物袋,就地装流沙,堆砌形成</td></tr>
</table>

8.5 膨胀土路基

8.5.1 膨胀土的工程特性

膨胀土的工程特性　表8-29

项　目	方法与内容
定义及概念	具有较大吸水膨胀、失水收缩特性的高液限黏土称为膨胀土; 膨胀土黏性含量很高,其中0.002mm的胶体颗粒一般超过20%,黏粒成分主要由水、矿物组成
液塑限	土的液限$w_L>40\%$; 塑性指数$L_P>17$,多数在22~35之间
膨胀率	自由膨胀率一般超过40%
分类	按工程性质不同,分为强膨胀土、中等膨胀土、弱膨胀土3类
路基破坏类型	路堤会出现路基沉陷、边坡溜塌、路肩坍塌和滑坡等变形破坏; 路堑会出现剥落、冲蚀、溜塌和滑坡等破坏

8.5.2 膨胀土的主要特征

膨胀土的主要特征 表 8-30

项 目	方法与内容
成分	土的黏土矿物成分主要由亲水性矿物组成,如蒙脱石、伊利石等
特征	有较强的胀缩性; 有多裂隙性结构; 有显著的强度衰减期; 多含有钙质或铁锰质结构; 一般呈棕、黄、褐及灰白色; 自然坡度平缓,无直立陡坡; 对公路路基及工程建筑有较强的潜在破坏作用

8.5.3 膨胀土路基施工要求

一 般 要 求 表 8-31

项 目	内容与要求
试验路段	在膨胀土地区路基施工前,修筑长度不小于 200m 全幅路基宽度的试验段,以确定膨胀土路堤施工中的石灰掺量、松铺厚度、最佳含水率、碾压机具以及全部施工工艺
路堤	当路堤填高不足 1m 时,必须挖去地表 300 ~ 600mm 的膨胀土,换填非膨胀土,并按规定压实; 当地表潮湿时,必须挖去湿软土层,换填碎砾石土、砂砾或坚硬岩石碎渣,或将土翻开掺石灰稳定并按规定压实,一般换填深度可控制在 1.2m 左右; 对于膨胀性大而又缺乏非膨胀土的路堤,亦可采用土工膜封闭法,封闭形式有 3 种:路基底部封闭,以防止毛细水上升而影响路基稳定;路基全封闭,以保持路基土含水率不变;路基顶面封闭,以防降水渗入路基
路堑	挖方边坡不要一次挖到设计线,沿边坡预留厚度 30 ~ 50cm 一层,待路堑挖完时,再削去边坡预留部分,并立即将砌护坡封闭; 膨胀土地区的路堑,高速公路、一级公路的路床应超挖 30 ~ 50cm,并立即用粒料或非膨胀土分层回填或用改性土回填,按规定压实,其他各级公路可用膨胀土掺石灰处治
填料	填土路堤不得采用强膨胀土填筑。高速公路、一级公路、二级公路等采用中、弱膨胀土用作路床填料时,应做改性处理。改性处理后要求胀缩总率不超过 0.7 为宜,并按试验段报告要求施工。弱膨胀土作填料只能填在路堤下层及中层,边坡表面及路基顶面应以非膨胀性土或石灰改性膨胀土包边。包边厚度应符合图纸规定; 用改性的膨胀土填筑时,应加强土的粉碎和注意与石灰拌和的均匀性。压实机具应选用重型压路机或振动压路机。碾压时,直线段由两边向中央,超高段由内侧向外侧碾压。考虑到膨胀土路堤的沉降,路堤两侧应各加宽 300 ~ 500mm
施工	膨胀土地区路基施工,应避开雨季作业,路堤填筑要连续进行。路堤或路堑两侧边坡的防护封闭工程必须及时完成,做好膨胀土路基的防水、排水工作; 根据膨胀土自由膨胀率的大小,选用工作质量适宜的碾压机具,碾压时应保持最佳含水率;压实土层松铺厚度不得大于 30cm;土块应击碎至粒径 5cm 以下; 在路堤与路堑交界地段,应采用台阶方式搭接,其长度不应小于 2m,并碾压密实

8.5.4 膨胀土土工合成材料路基

一般要求　　表8-32

<table>
<tr><th>项　目</th><th colspan="3">内容与要求</th></tr>
<tr><td rowspan="2">路基处治类型</td><td colspan="3">柔性支护技术:以土工格栅为主要加筋材料而构建的具有良好整体性、可变形性和结构稳定性,且具有坡面防护和防排水功能的边坡综合处治技术;
加筋:利用土工合成材料改善土体或结构的力学性能的行为;
新建膨胀土路堑边坡、膨胀土路堑边坡的滑坍治理,以及裂隙水丰富、稳定性差的特殊土质、特殊地质边坡,可采用土工格栅加筋柔性支护技术进行综合处治;
土工格栅加筋柔性支护技术,是以土工合成材料加筋边坡土体为主,辅以其他必要综合处理措施的处治技术,既能承受土压力,又允许土体产生一定变形,减小边坡土体因超固结引起的应力释放和含水率变化产生的膨胀力,从而保证边坡稳定,避免发生边坡滑坍等病害,该技术比较适用于膨胀土等特殊土质地区</td></tr>
<tr><td colspan="3">膨胀土处治的基本原则是保湿防渗,系统完善的防排水措施对于保证膨胀土路基长期稳定性至关重要。工程实践表明,采用复合土工膜进行路基防排水和保湿防渗可以起到很好的效果。因此,要求在用柔性支护技术处治膨胀土路堑时,应采用复合土工膜等材料进行防渗。
复合土工膜可用于路基防水、盐渍土隔离等场合。单纯的土工膜厚度薄、强度低,易刺破损伤,因此,在公路路基防水、盐渍土隔离等场合主要采用与土工织物复合的土工膜,如"一布一膜"或"两布一膜"等。
采用土工格栅加固膨胀土路堑边坡时,应采用"两布一膜"复合土工膜等土工复合材料对边坡坡面、坡顶和坡体内部进行防排水和保湿防渗处理</td></tr>
<tr><td rowspan="4">材料</td><td colspan="3">(1)对于膨胀土边坡加筋而言,土工合成材料的弹性模量越大,其延伸率越小,坡面的变形越小,吸湿条件下加筋材料对边坡变形的约束作用越明显。然而,过大的约束作用又会使被加筋膨胀土体增湿产生过大膨胀力。因此,要求土工格栅,既具有一定的抗拉强度,又要具有一定的变形能力。膨胀土路基边坡加筋,宜采用土工格栅,其性能应满足下表的要求。
土工格栅性能要求</td></tr>
<tr><td>纵向极限抗拉强度</td><td>极限伸长率</td><td>应变5%时的抗拉强度</td></tr>
<tr><td>≥35kN/m</td><td>≤10%</td><td>≥20kN/m</td></tr>
<tr><td colspan="3">(2)应用柔性支护技术处治膨胀土路堑边坡时,可采用膨胀土作为加筋体填料,施工时填料的稠度 w_c 应为 $0.95 \leq w_c \leq 1.35$。
(3)膨胀土用作土工格栅加筋路堤填料时,应按要求对膨胀土进行侧向浸水加州承载比试验(MCBR 试验)。天然稠度为 $1.00 \leq w_c \leq 1.30$、MCBR > 3.9%、MCBR 膨胀量 < 5.1% 的膨胀土可用作路堤填料。
(4)膨胀土路堑边坡柔性支护结构所使用的"两布一膜"复合土工膜,规格宜为织物质量/膜厚/织物质量 = $200g/m^2$/1 mm/$200g/m^2$。
(5)应通过地质勘察确定当地膨胀土活动区深度 H,根据 H 确定路基边坡加筋范围。
(6)膨胀土填料及边坡土体抗剪强度指标 c、φ 值,应根据膨胀土所受干湿循环影响程度的不同而采用不同的试验方法确定</td></tr>
<tr><td>施工要点</td><td colspan="3">(1)膨胀土路堑边坡柔性支护结构施工,应按设计要求清除基础表层松土,开挖渗沟,渗沟底应满铺"两布一膜"复合土工膜,埋设透水管并用碎石将沟覆盖,然后碾压基底。局部湿软时可采用掺灰、用土工格栅包裹碎石土回填等措施处理。
(2)摊铺前,应根据设计长度剪裁土工格栅,并按垂直于路中线方向铺设。主受力方向土工格栅不宜连接,必须连接时,应采用连接棒或钢筋条连接,连接长度不得小于30cm。两幅格栅间搭接宽度不得小于15cm,并应用U形钉固定。铺设时,应张紧格栅,夹紧连接棒,保证加筋土体的整体性和加筋的有效性。</td></tr>
</table>

续上表

项　　目	内容与要求
施工要点	(3)填料摊铺后应及时压实，松铺厚度不宜超过30cm。压实含水率应按湿法重型击实确定的最佳含水率进行控制。碾压后的路基外观应表面平整，无明显轮迹、松软起皮、起皱现象。 膨胀土的天然含水率通常较高，松铺过厚将难以压实。试验研究表明，在天然含水率附近压实的膨胀土，其强度和水稳性最好，湿法重型击实最佳含水率比较接近天然含水率。 (4)在柔性支护结构顶部应铺“两布一膜”复合土工膜至截水沟处，并应在其上回填50cm厚非膨胀性黏土，拍实后种植灌木或植草，防止雨水下渗和水土流失。 (5)土工格栅加筋膨胀土路堤的施工，宜连续进行并避开雨季，施工过程中应做好防排水处理。当不能连续施工时，应用填土覆盖。膨胀土路堤填筑完工后，应尽快铺设“两布一膜”复合土工膜或厚度不小于1.5m的非膨胀性黏土层，实行有效封闭，封闭层应设置不小于2%的横坡。应及时进行坡面防护，减少雨水径流冲刷

边坡支护结构形式　　表8-33

项　　目	内容与要求
土工格栅加筋柔性支护	(1)膨胀土路堑边坡土工格栅加筋柔性支护结构，可用于新建道路；可用于边坡的滑坍治理。 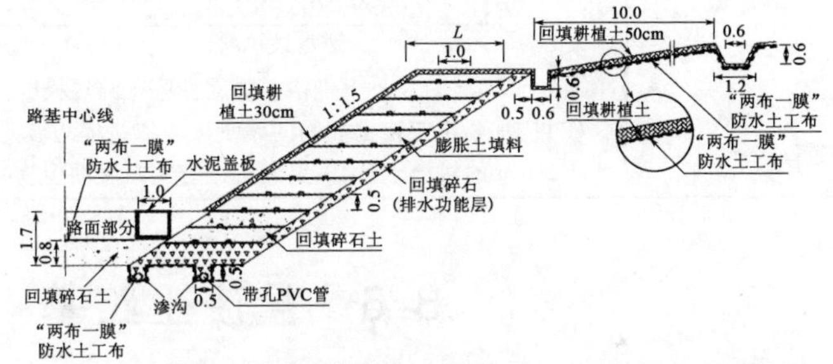 a)新开挖的膨胀土路堑边坡柔性支护处治结构示意图（尺寸单位：m） 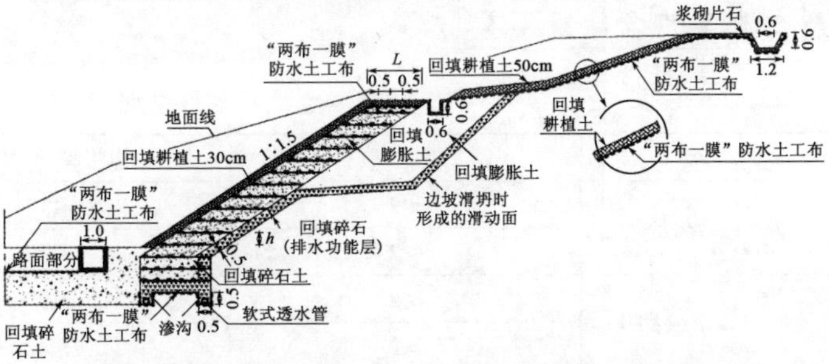 b)滑坍膨胀土路堑边坡柔性支护处治结构示意图（尺寸单位：m） (2)在支护结构的背部应设置疏排裂隙水并吸收附近土体膨胀能的排水功能层，功能层可由20～30cm厚的碎石层组成，并应上下贯通连为一体，保证排水畅通。 (3)在边坡底部应设置排水垫层，排水垫层底部应沿纵向设置两条渗沟，在渗沟底部应沿纵向铺设透水管，透水管的纵向坡度应不小于1%。两条盲沟的底部应铺设防水土工膜，防止排水层内的水渗入基底。 (4)柔性支护结构内膨胀土填料应分层压实，压实度应不低于湿法重型击实最大干密度的85%；土工格栅应反包；边坡坡率宜为1:1.5。柔性支护结构的坡脚，应采用砾石土填筑，填筑厚度应不小于1m。每层填料压实后顶面均宜保持向内4%的横坡。

续上表

项　目	内容与要求
土工格栅加筋柔性支护	加筋边坡过陡将对施工造成困难,边坡过缓将使坡面汇水面积过大,增大降雨对坡面的冲刷,综合比较,边坡坡率以1:1.5为宜。柔性支护结构的坡脚是剪应力集中区,采用砾石土填筑,能有效提高柔性支护结构的抗滑稳定性。另一方面砾石土可以降低毛细水上升高度,从而减少地下水对柔性加筋体的影响,因此,要求坡脚采用砾石土填筑。 (5)坡顶外10m的范围内,应清除耕植土,并铺设"两布一膜"复合土工膜,然后回填耕植土,种植草和灌木,防止坡顶干缩开裂后雨水下渗影响边坡稳定性。 (6)柔性支挡结构的坡顶,应设置排水沟,在坡顶铺设"两布一膜"复合土工膜时,应从排水沟底部绕过,防止地表水从该部位下渗。在坡顶复合土工膜的后端应设置浆砌片石截水沟,拦截坡后的地表水
土工格栅加筋	(1)土工格栅加筋膨胀土路堤可采用如下图所示的结构形式。膨胀土路堤底部的一定范围应采用具有良好压实特性的透水材料填筑,填筑高度应根据地下水位和地表可能的积水位确定。膨胀土路堤的顶部应采用非膨胀性黏土填筑,填筑厚度不宜小于1.5m。路堤中膨胀土填筑的总高度不宜大于6m,宜填筑于路堤的中、下部。 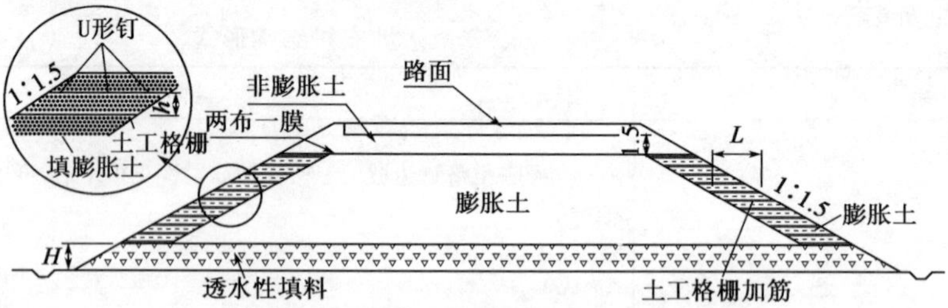 土工格栅加筋膨胀土路堤横断面图(尺寸单位:m) (2)应加强土工格栅加筋的路堑边坡和路堤边坡防护。在柔性支护结构的坡面,应回填不小于30cm的耕植土,用人工或机械夯实。坡面植物防护应选择适应膨胀土环境的植物

8.6 盐渍土路基

8.6.1 填料容许含盐量要求

盐渍土地基容许盐胀率　　表8-34

公路等级	路基高度 h(m)	盐胀率 η(%)	硫酸钠含量 Z(%)
高速公路、一级公路	≤2	≤1	≤0.5
	>2	≤2	≤1.2
二级及二级以下公路	≤2	≤2	≤1.2
	>2	≤4	≤2.0

8.6.2 路基高度

不设隔断层时盐渍土地区路堤最小高度　　表8-35

土质类别	高出地面(m)		高出地下水位或地表长期积水位(m)	
	弱、中盐渍土	强、过盐渍土	弱、中盐渍土	强、过盐渍土
砾类土	0.4	0.6	1.0	1.1
砂类土	0.6	1.0	1.3	1.4
黏质土	1.0	1.3	1.8	2.0

续上表

土质类别	高出地面(m)		高出地下水位或地表长期积水位(m)	
	弱、中盐渍土	强、过盐渍土	弱、中盐渍土	强、过盐渍土
粉质土	1.3	1.5	2.1	2.3

注:①高速公路、一级公路应按表列数值乘以系数1.5~2.0,二级公路应乘以系数1.0~1.5。
②氯盐渍土及亚氯盐渍土可取低值

8.6.3 盐渍土路基施工要求

盐渍土路基施工一般要求　　表8-36

项目	内容与要求
填料	易溶盐允许含量规定如下: 总含盐量不得大于5%,其中氯盐含量不得大于5%;硫酸盐含量不得大于2%;碳酸盐含量不得大于0.5%,施工时应注意含盐量的均匀性,不得夹有盐块和含盐植物的根茎。 在内陆盆地干旱地区,如无其他适用的填料,需用易溶盐含量超过规定值的土、砾等作填料时,应根据当地气候、水文地质等条件,通过试验确定填筑措施。 用石膏土作填料时,应先破坏其蜂窝状结构。石膏含量一般不予限制,但应控制压实度。因此,路基压实时,必须尽量掌握在最佳含水率的情况下进行碾压。雨天不得施工
隔离层	盐渍土路基宜采用路堤形式,路床顶面至地下水位最小高度参见表8-35。若达不到表中规定时,应设置隔离层,防止含盐的毛细水上升。 在内陆盆地干旱地区或路面设计为高级或次高级路面地段,应在路堤下部设置封闭性防水隔离层。施工前应测定其基底(包括护坡道)表土的含盐量和含水率及地下水位,根据测得的结果,分别按设计规定进行处理。隔离层可采用不透水材料(如沥青砂、防渗薄膜、聚丙烯薄膜编织布等),以隔断气态水、毛细水上升。 隔离层铺设前,应清除植物根茎,将基底做成2%的横坡,整平压实,沿横坡均匀铺平。 在强盐渍化细粒料黏性土或粉性土地区,为截断路堤下部的含盐毛细水、气态水而设置的封闭性隔离层,宜在路床顶以下80m深度处。若有盐胀问题存在,隔水层,应设在产生盐胀的深度以下,在采用塑料薄膜做隔水层时,为防止薄膜被压挤破,宜在隔水层上下分别铺一层10~15cm厚的砂或黏土保护层
施工要点	施工中应及时合理地布置好排水系统,不应使路基及其附近有积水现象。排水困难地段或取土坑有被水淹没可能时,应在路基一侧或两侧取土坑外设置高0.4~0.5m、顶宽1m的纵向防水堰。 盐渍土路基的地下排水管与地面排水沟,必须采取防渗措施,盐土地区不宜采用渗沟。 盐渍土原土基为软弱土体,含水率超过液限,厚度在1m以内时,必须全部清除,换填砂、砂砾、炉渣等透水性材料。 软弱土基已清除至地下水位以下时,应换填透水性材料,其高度至少超过地下水位以上30cm,方可填土。 盐渍土路基应连续施工,即从基底清除开始直至路床表面应分段一次完成,不可间断,对于设置隔水层的地段,至少也应一次施工至隔水层的顶部。 盐渍土路基的路肩和边坡坡面防护,应严格按设计要求施工,以防表层松脱、剥蚀。 在地下水位高的黏性土盐土地区,黏质盐渍土宜在夏季施工;砂质盐渍土宜在春季和夏初施工;强盐渍土地区应在表层含盐量较低的春季施工

8.6.4 盐渍土土工合成材料路基

土工合成材料路基 表 8-37

<table>
<tr><th>项　目</th><th>内容与要求</th></tr>
<tr><td>一般要求</td><td>
(1)盐渍土地区公路工程可采用土工合成材料隔离盐分迁移、防排水和构筑物表面防腐蚀等。
(2)盐渍土地区公路路基隔离与防排水,宜采用复合土工膜,构筑物表面防腐蚀宜采用土工织物。
复合土工膜可以形成隔断层,限制乃至完全隔断土中水体的移动通道,防止盐分在公路结构层内迁移、积聚。土工织物在公路构筑物表面防腐工程中所起的主要作用是形成较好的防腐封闭层,切断盐分与混凝土接触的途径,阻止或延缓公路构筑物的腐蚀进程。
(3)应根据盐渍环境及工程特点、重要性等因素,选择合适的复合土工膜作为盐渍土地区路基隔断层。弱盐渍土地段,可选用“一布一膜”的复合土工膜;中、强、过盐渍土地段,应选用“两布一膜”或“三布两膜”的复合土工膜。复合土工膜的性能指标应满足下表的要求
用于盐渍土地区路基隔断层的复合土工膜性能要求
<table>
<tr><th rowspan="2">性能指标</th><th colspan="3">复合土工膜类型</th></tr>
<tr><th>一布一膜</th><th>两布一膜</th><th>三布两膜</th></tr>
<tr><td>(质量,g/m²)/膜(厚,mm)</td><td>布/膜≥(250/0.25)</td><td>布/膜/布≥(150/0.3/150)</td><td>布/膜/布/膜/布≥(100/0.25/100/0.25/100)</td></tr>
<tr><td>总厚度(mm)</td><td>≥1.9</td><td>≥2.4</td><td>≥3.5</td></tr>
<tr><td>极限抗拉强度(kN/m)</td><td>≥14</td><td>≥17</td><td>≥24</td></tr>
<tr><td>极限伸长率(%)</td><td colspan="3">≥30</td></tr>
<tr><td>CBR 顶破强度(kN)</td><td>≥2.5</td><td>≥3.0</td><td>≥3.5</td></tr>
<tr><td>撕破强度(kN)</td><td>≥0.35</td><td>≥0.42</td><td>≥0.60</td></tr>
<tr><td>垂直渗透系数(cm/s)</td><td colspan="3">$K\times(10^{-9}\sim10^{-12})$</td></tr>
</table>
</td></tr>
<tr><td>路基隔离与排水</td><td>
(1)应根据公路沿线的土质类型和水文条件,以及防治目的等进行综合分析,合理确定隔断层位置,使上路堤不受下部盐、水影响,保证路床的强度与稳定性。
当填料为非盐渍土或易溶盐含量较小时,应将土工合成材料隔断层设置在地基与填料之间,防止路基填料产生次生盐渍化。
新建高速公路及一级公路的填方路堤隔断层,应设置在路床顶 1.5m 以下,高出地表长期积水位 20cm 或地面 50cm 以上,并应不小于当地的最大冻深;二级和二级以下公路的隔断层,应设置在路床顶 0.8m 以下,高出边沟流水位,并应满足冻胀深度要求。
采用路基换填与隔断措施综合处理的改建路段,隔断层顶面的位置应在换填下缘或其层间下部。挖方路段隔断层应设置在新建路面垫层底面 30cm 以下,边沟流水位 20cm 以上。
路段经过大面积强或过盐渍土地区,且路基填料易溶盐含量较大时,可同时在填筑体表面或土基中最高地下水位的位置设置土工合成材料隔断层,隔断水分迁移通道,防止地面水渗透造成填料淋溶性病害。
(2)土工合成材料隔断层,应全断面铺设,在地表铺设时可适当加宽。
(3)当土工合成材料隔断层设置在细粒土中时,其上下应分别设置不小于 20cm 的砂砾排水层。砂砾排水层的粉黏粒含量不得大于 10%,最大粒径不得大于 50mm。
(4)土工合成材料铺设面,应平整、密实,无坚锐凸出物,并应设置与路基表面相同的横坡。
(5)土工合成材料,应沿路线纵向铺设,铺设应平整,无折皱。纵向搭接应内幅压外幅,搭接宽度不宜小于 20cm,最外侧一幅搭接宽度应大于 30cm;横向搭接宽度应大于 50cm。
(6)当填筑材料内易溶盐含量较高、地面水的矿化度较高且路基有可能受地面水流影响时,应采取有效措施,避免地面水渗入填料中
</td></tr>
</table>

续上表

项　　目	内容与要求
公路构筑物表面防腐	(1)采用土工织物进行构筑物表面防护时,应根据干湿影响区范围和位置,合理确定土工织物使用的部位。 当构筑物基础较浅,有条件使防腐作业连底进行时,防腐设置范围应从基底到设计水位的浪溅影响线以上1m;当构筑物基础较深,无条件使防腐作业连底进行时,防腐设置范围应从枯水位以下1m到设计水位的浪溅影响线以上1m。 当构筑物仅受地下水影响时,应对20年一遇地下水位影响区及上下各1m构筑物表面进行防腐处置。 (2)公路构筑物表面防腐,宜选择对防腐涂料渗透性和吸附性强的土工织物。当防护位置处于地面以上时,土工织物室内紫外线辐射强度为550W/m^2 照射150h的抗拉强度保持率大于80%。 (3)公路构筑物表面防腐可采用包裹法和面贴法。对混凝土或金属建造的桩、柱等孤立构筑物,宜采用包裹防护法,搭接部位应位于平面或缓弧面上,搭接宽度应大于25cm;对混凝土或金属建造的大体量构筑物墙面等,可采用面贴防护法。 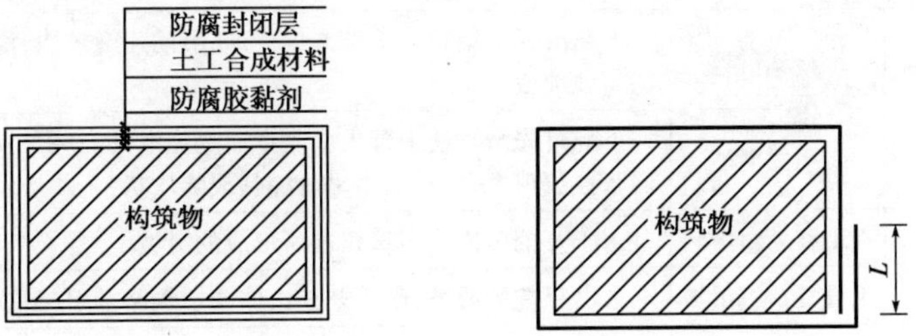 a)防腐层构造图　　b)搭接示意图 土工织物包裹防腐法示意图 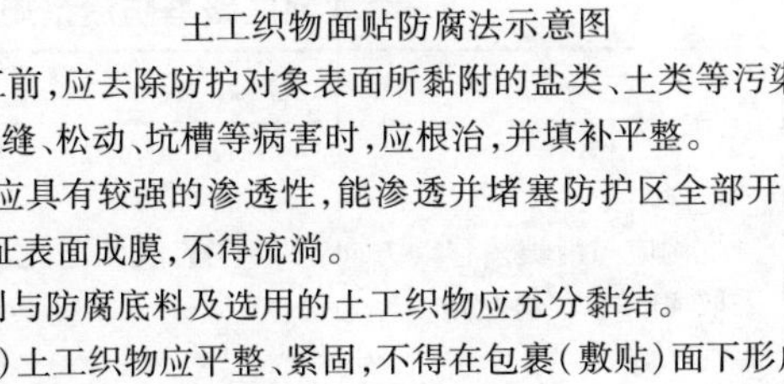 土工织物面贴防腐法示意图 (4)防腐层施工前,应去除防护对象表面所黏附的盐类、土类等污染物。当防护对象表面存在松散、裂缝、松动、坑槽等病害时,应根治,并填补平整。 (5)防腐底料,应具有较强的渗透性,能渗透并堵塞防护区全部开口孔隙,防腐底料的涂刷数量应保证表面成膜,不得流淌。 (6)防腐胶黏剂与防腐底料及选用的土工织物应充分黏结。 (7)包裹(敷贴)土工织物应平整、紧固,不得在包裹(敷贴)面下形成气泡。 (8)防腐封闭剂的涂刷应完全覆盖土工织物包裹面(敷贴面),形成一定厚度的封闭膜

8.7 滑坡地区路基

8.7.1 滑坡分类

公路工程滑坡分类 表 8-38

项目		内容
划分依据	名称类别	
定义及概念		所谓公路滑坡,是指在一定的地形地质和水文条件下,由于路堑开挖或路基填筑等人为因素为主引起的山体在重力作用下沿山坡内部某一软弱面(带)作整体的、缓慢的、间歇的滑动变形现象。 根据坡体物质组成、滑动形式、形成成因、滑体厚度和滑体体积等对公路滑坡进行分类
物质组成	堆积层滑坡	由坡积、洪积、崩滑堆积等成因的块碎石堆积体,沿下伏基岩或体内软弱层滑动
	黄土滑坡	不同时期的黄土层中的滑坡,常见于高阶地上
	黏性土滑坡	黏性土本身变形滑动,或与其他土层的接触面或沿基岩接触面滑动
	岩层滑坡	软弱岩层组合物的滑坡,或沿同类基岩面,或沿不同岩层接触面以及较完整的基岩面滑动
引起滑动的力学特征	推移式滑坡	上部滑体滑动挤压下部产生变形,滑动速度较快,滑体表面波状起伏,多见于有堆积物分布的斜坡地段
	牵引式滑坡	下部首先滑动使上部失去支撑而变形滑动。一般速度较慢,多具上小下大的塔式外貌,横向张性裂隙发育,表面多呈阶梯状或陡坎状
形成原因	工程新滑坡	由于开挖山体或填筑路基所形成的滑坡
	工程复活古滑坡	久已存在的滑坡,由于开挖山体或填筑路基引起重新活动的滑坡
滑体厚度	浅层滑坡	滑坡体厚度在 10m 以内
	中层滑坡	滑坡体厚度在 10 ~ 25m 之间
	深层滑坡	滑坡体厚度超过 25m
滑体体积	小型滑坡	$< 100\,000m^3$
	中型滑坡	$100\,000 \sim 1\,000\,000m^3$
	大型滑坡	$1\,000\,000 \sim 50\,000\,000m^3$
	巨型滑坡	$> 50\,000\,000m^3$

8.7.2 滑坡地区路基防治措施

滑坡地区路基防治措施示例 表 8-39

项目	内容	图示
树枝状排水沟	主沟应与滑坡体移动方向基本平行,支沟与主沟一般采取 30° ~45°斜交角	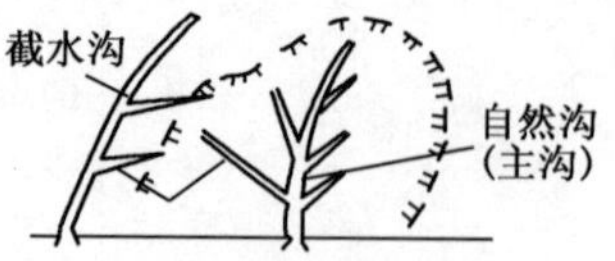
支撑渗沟	渗沟设置应平行于滑坡的滑动方向,其上部支沟成 30° ~45°交角,平面形状一般为“III”形、“YYY”或“IYI”形,主沟间距可视当地条件取用 6 ~15m	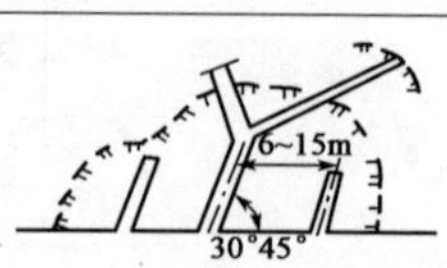

续上表

项 目	内 容	图 示
边坡网状渗沟	平面形状可做成垂直的或分支的渗沟网，主沟间距为6～10m，沟深宜不小于2m，宽度一般为1.5～2m，为加强对边坡的支撑作用，基底可筑成台阶状	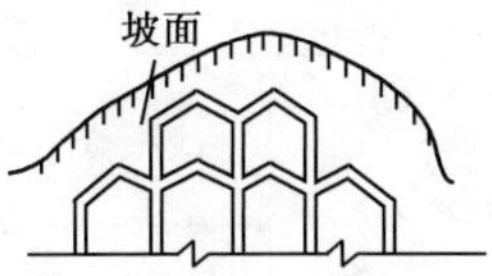
截水渗沟	当有较多的深层地下水进入滑坡体时，为使地下水进入滑坡体前即被拦截引走，可采用截水渗沟。其修建位置应在滑坡可能发展的范围5m以外的稳定土体上，呈环形或折线形，深度一般不小于10m	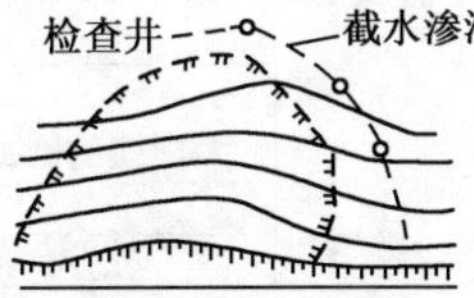
抗滑锚固桩	一般适用于非塑性体浅层和中层滑坡前缘，重力式挡土墙圬工量过大，施工困难处，抗滑桩可采用钢筋混凝土沉入桩或采用混凝土钻孔桩	
抗滑挡墙	胸墙坡度一般采用1:0.3～1:0.5，亦可适当放缓，基础埋入稳定岩层中的深度应不小于0.5m，埋入稳定土层中的深度应不小于2m，抗滑挡土墙应设置排水平孔，以利墙背排水	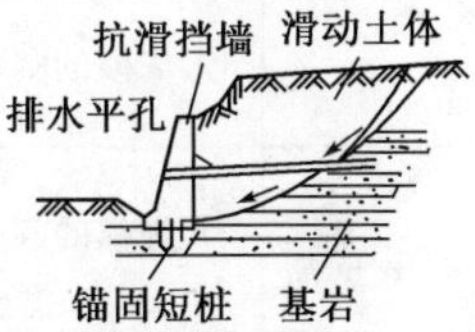
双层抗滑挡墙	当支挡滑动土体受力较大，必要时可考虑采用双层挡墙。为使滑动土体适当减重应可在滑动土体上部开挖台阶配合（单纯依靠减重，不能阻止土体滑动，只能减轻或延缓滑动）	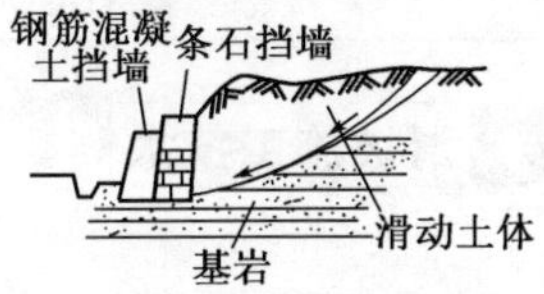
锚杆加固	通过锚杆（钢材）将斜坡上被软弱结构面切割的板状岩体组成一稳定的结合体，并利用锚杆与岩体密贴所产生的摩阻抗力来阻止岩块向下滑移。为防止钢锚杆锈蚀，可在钢材表面涂以聚乙烯，并用水泥砂浆封固钻孔	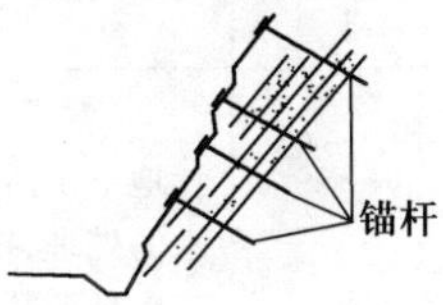

8.7.3 滑坡形式及其施工措施

滑坡形式及其施工措施　　表8-40

主要原因	滑坡形式	施工措施	
		最常用方法	常用方法
河流的纵横侵蚀	浅流动性的滑坡	调水构造物，表面排水，排除浅层地下水	挡土墙，排桩，表面排水，锚固桩等
	小规模的圆弧滑动	调水构造物，表面排水，排除浅层地下水	阶梯开挖及周边边坡防护，表面排水
	大规模的圆弧滑动	水土保持等调水构造物，排除深层地下水	表面排水，阶梯开挖，挡土墙，排桩，锚固桩等
	岩石滑动	水土保持等调水构造物	表面排水，排除浅层地下水，挡土墙，排桩，锚固桩等

续上表

主要原因	滑坡形式	施工措施	
		最常用方法	常用方法
降雨表面流水侵蚀	浅流动性的滑坡	表面排水,排除浅层地下水	调水构造物,地下水截断,挡土墙,排桩,锚桩等
	小规模的圆弧滑动	表面排水,阶梯开挖,排除浅层地下水	挡土墙,排桩,锚固桩,调水构造物,排除浅层地下水
	大规模的圆弧滑动	表面排水,排除浅层地下水	地下水截断,阶梯开挖,挡土墙,排桩,锚固桩等调水构造物
	岩石滑动	表面排水,排除浅层地下水	挡土墙,排桩,锚固桩等
浅层地下水增加	浅流动性的滑坡	地下水截断,排除浅层地下水,表面排水	调水构造物、挡土墙,排桩,锚固桩等
由其他地区流入的地下水	小规模的圆弧滑动	地下水截断,排除浅层地下水,阶梯开挖,表面排水	调水构造物、挡土墙,排桩,锚固桩等
	大规模的圆弧滑动	排除浅层地下水,排除深层地下水,地下水截断	表面排水,调水构造物,挡土墙,排桩,锚固桩等
深层地下水增加	大规模的圆弧滑动	排除深层地下水,阶梯开挖	表面排水,调水构造物,挡土墙,排桩,锚固桩等
	岩石滑动	排除深层地下水	同上及阶梯开挖

8.7.4 滑坡施工技术

滑坡施工技术 表 8-41

项目	内容与规定
迅速排除降水及地下水	地下水活动是诱发滑坡产生的主要外因,不论采用何种方法处理滑坡,都必须做好地表水及地下水的处理,排除降水及地下水的主要方法如下。 1. 环形截水沟 对于滑坡顶面的地表水,应采取截水沟等措施处理,不让地表水流入滑动面内。必须在滑动面以外修筑 1 ~ 2 条环形截水沟。环形截水沟设置处,应在滑坡可能发生的边界以外不少于 5m 的地方。若山坡汇水面积大,地表径流流量和流速均相应较大时,则应根据情况设计不只一条截水沟,截水沟间距以 50 ~ 60m 为宜,截水沟的断面尺寸,应根据沟间汇水面积确定。 截水沟应采用浆砌片石防护。在石料缺乏的地方,可用预制混凝土块铺砌防护。 2. 树枝状排水沟 树枝状排水沟的主要作用是排除滑体坡面上的径流。在设置树枝状排水沟时,应结合地形条件,充分利用坡面上的自然沟系,汇集并旁引坡面径流排出滑体外,若以自然沟渠作为排除地表水的渠道时,必须对其进行必要的整修、加固和铺砌,使水流通畅,不渗漏。 3. 滑坡体表面的土层平整夯实 防止地表水渗入滑体坡面造成高低不平,不利于地表面的排除,易于积水,应将坡面作适当平整。当坡面土质疏松,地表水易下渗,故需将其夯实。坡面上有裂缝时,应将裂缝两侧的土挖开,宽度不小于 0.5m,深度宜为 1 ~ 2m,然后用黏质土分层填筑夯实;当坡面上有封闭的洼地或泉水露头时,应设水沟将其排出滑坡坡面,疏干积水。 4. 排除地下水 排除地下水的方法较多,有支撑渗沟、边坡渗沟、暗沟、平孔等

续上表

项目	内容与规定
减轻干扰	减轻滑体上作业机械、土体重力和振动
改善土、减重等	当挖方路基上边坡发生的滑坡不大时，可采用刷方减重，反压坡脚的方法来防治滑坡。经过地质调查、勘探和综合分析，确定滑坡性质为推动式，或为由错落转化成的滑坡后，可采用此方法。 反压到坡脚的土体必须填在抗滑地段，不能填在主滑地段。填方时，必须做好地下排水工程，不能因填土堵死原有的地下水出口，造成后患。 减重的上积土的位置须在主滑地段的上部，而不能在抗滑段减重，否则，将削弱抗滑段的作用。 滑坡减重后，坡面的土体一般渗水性都很强，经降雨软化则易造成崩坍。因此，应根据刷方后的地形来设置地表排水沟，在斜坡上设多级小台阶，并设置集水设备以利排水，坡面可采用植树造林或种草等生物防护方式进行保护，同时，对于开挖台阶部分，应按需要采取砌石圬工框架支撑等。即使是基岩露头部分，当裂隙发育易风化时，也应采取喷浆防护等措施
选择施工季节	水是引起坡体失稳的重要因素。因此，选择干旱的季节，集中力量突击滑坡段的工程。施工前，应对当地的气象资料（无气象资料时，可自行调查）进行分析，选择干旱季节，精心做好施工组织设计，调配好劳动力和施工机具，做好作业面上的平行、交叉作业，在干旱季节内尽可能快地完成滑坡地带的施工
不宜用滑坡减重法的滑坡	牵引式滑坡是指坡脚的土体先失稳，向下滑动，坡体后部土体由于失去支承而相继滑下。上积土减重后并不能防治该类滑坡的产生和发展，因而对于牵引式滑坡，不采用减重法。牵引式滑坡多发生于黏土和堆积层滑坡中。具有膨胀性质的滑坡的滑带土（或滑体）具有卸荷膨胀的特性，减重后能使滑带土松散，地下水浸湿后其阻滑力减小，因而引起滑坡下滑，故不宜采用减重法

8.7.5 滑坡治理效果的监测与评价

滑坡治理效果的监测与评价 表 8-42

<table>
<tr><th>项目</th><th colspan="3">内容</th></tr>
<tr><td>意义与目的</td><td colspan="3">为评价滑坡治理方案的有效性，应在滑坡治理方案付诸实施后，对滑坡体的孔隙水压力、支挡结构承受的压力、拉力及位移、坡体各部分位移的方向、速度及裂缝发展、地下水流向、流量及水位等进行监测，以便及时分析和评价治理方案的有效性。如监测结果证实某些治理方案不理想时，应及时采取补充治理措施以确保工程的可靠性。因此，对已实施的治理方案的监测和评价，是滑坡治理的不可忽视的重要组成部分</td></tr>
<tr><td rowspan="8">滑坡治理效果监测内容及仪器</td><td>序号</td><td>监测内容</td><td>监测仪器</td></tr>
<tr><td>1</td><td>滑坡体孔隙水压力</td><td>钢弦式孔隙水压力计</td></tr>
<tr><td>2</td><td>滑坡推力和桩前土抗力</td><td>钢弦式土压力计</td></tr>
<tr><td>3</td><td>抗滑桩混凝土受压力</td><td>钢弦式混凝土应变计</td></tr>
<tr><td>4</td><td>抗滑桩钢筋拉力</td><td>钢弦式钢筋应力计</td></tr>
<tr><td>5</td><td>地下水位</td><td>钢弦式水位计</td></tr>
<tr><td>6</td><td>滑坡体变形</td><td>钢弦式测斜仪</td></tr>
<tr><td>7</td><td>支挡结构和坡体位移</td><td>全站仪</td></tr>
</table>

8.8 红黏土地区路基

红黏土路基施工要求 表 8-43

项　目	内容与要求
定义	红黏土是指碳酸盐岩出露的岩石,经红土风化作用形成的棕红色、褐黄色等的高塑性黏土,其液限一般大于50%。经再搬运后仍保留红黏土基本特征,其液限大于45%的土称为次生红黏土
一般规定	路线通过红黏土或高液限土地区,应查明红黏土或高液限土分布范围、成因类型、土体的结构层次特征、湿度状态及其垂直分带、土体中裂隙分布特征、地下水分布规律、物理力学性质及胀缩性等资料。 红黏土和高液限土具有膨胀性时,应按膨胀土路基进行设计。 路基设计应避免高路堤及深路堑如不能避免,应与桥隧方案进行综合比选确定;注意边坡排水与支挡工程的综合设计,并与路面结构设计相协调,减少路基过大变形或不均匀沉降而引起路面结构性破坏
填方路基	红黏土作为路基填料时,其最小强度应满足规范的规定。当不能满足时,应进行处治。压缩系数大于$0.5MPa^{-1}$的红黏土不得用于填筑路堤。未经改性处理的红黏土填筑路堤高度不宜大于10m。 在确定路堤填筑的最佳含水率和最大干密度时,宜采用湿土法重型击实试验。 边坡高度不大于10m的路堤边坡坡率宜为1:1.5~1:1.75,当边坡高度大于6m时,宜设置边坡平台,其宽度不宜小于2m。当边坡高度超过10m时,应按有关规定,通过路基稳定性分析计算确定路堤横断面形式、边坡坡度及路基防护加固措施。 路堤基底应设置排水隔离垫层,厚度0.3~0.5m,采用渗水性良好的砂砾或碎石填筑,其顶面应设置反滤层。 路堤边坡的防护,经改性处理或用非红黏土(高液限土)外包封闭的可按一般路基防护处理
挖方路基	挖方路基设计应注意复浸水Ⅰ类红黏土的开挖面土体干缩导致裂隙发展及复浸水使土质产生变化的不利影响。边坡稳定性分析计算宜采用饱水剪切试验和重复慢剪试验等强度指标,对于裂隙发育的土应采用三轴剪切试验或无侧限抗压强度试验指标;必要时,可进行收缩试验和复浸水试验。 挖方边坡高度不宜超过20m,路堑边坡设计应遵循"缓坡率、宽平台、固坡脚"的原则。当边坡高度超过6m时,挖方路基宜采用台阶式断面,若地形允许,宜放缓边坡。 根据红黏土或高液限土的工程性质、公路等级,对路堑路床0.8m范围的红黏土或高液限土进行超挖,并换填渗水性良好的砂砾、碎石土或外掺石灰等材料处治。 路基排水系统的综合设计,及时引排地面水和地下水。根据地下水发育情况,因地制宜在堑坡上设置仰斜式排水孔、支撑渗沟,在边沟下设置渗沟。 路堑边坡坡面防护与支挡加固的综合设计,坡面防护宜采用骨架植物防护,当边坡稳定性不足时应增设支挡工程。对于全封闭的圬工防护,应在墙背设置厚度为0.15~0.30m的排水垫层

8.9 多年冻土地区路基

8.9.1 多年冻土分类

多年冻土分类及融沉性分级 表 8-44

多年冻土类型	土的类别		总含水率 w_n(%)	体积含冰量 i	平均融沉系数 δ_0(%)	融沉等级	融沉类别
少冰冻土	粗颗粒土	粉黏粒含量≤15%	<10	<0.1	≤1	Ⅰ	不融沉
		粉黏粒含量>15%	<12				

续上表

多年冻土类型	土的类别		总含水率 w_n(%)	体积含冰量 i	平均融沉系数 δ_0(%)	融沉等级	融沉类别
少冰冻土	细砂、粉砂		<14	<0.1	≤1	Ⅰ	不融沉
	粉土		<17				
	黏性土		$<w_p$				
多冰冻土	粗颗粒土	粉黏粒含量≤15%	10~15	0.1~0.2	$1<\delta_0\leq3$	Ⅱ	弱融沉
		粉黏粒含量>15%	12~15				
	细砂、粉砂		14~18				
	粉土		17~21				
	黏性土		$w_p<w_n<w_p+4$				
富冰冻土	粗颗粒土	粉黏粒含量≤15%	15~25	0.2~0.3	$3<\delta_0\leq10$	Ⅲ	融沉
		粉黏粒含量>15%	15~25				
	细砂、粉砂		18~28				
	粉土		21~32				
	黏性土		$w_p+4<w_n<w_p+15$				
饱冰冻土	粗颗粒土	粉黏粒含量≤15%	25~44	0.3~0.5	$10<\delta_0\leq25$	Ⅳ	强融沉
		粉黏粒含量>15%	25~44				
	细砂、粉砂		28~44				
	粉土		32~44				
	黏性土		$w_p+15<w_n<w_p+35$				
含土冰层	粗颗粒土	粉黏粒含量≤15%	>44	>0.5	>25	Ⅴ	融陷
		粉黏粒含量>15%					
	细砂、粉砂						
	粉土						
	黏性土		$>w_p+35$				

注:①粗颗粒土包括碎(砾)石土、砾砂、粗砂、中砂。
②总含水率包括冰和未冻水。
③w_p 为塑限含水率。
④盐渍化冻土、泥炭化冻土、腐殖土、高塑性黏土不在此列

8.9.2 多年冻土地区路基施工要求

多年冻土地区路基施工要求 表 8-45

项　目	内容与要求
调查	施工前应核查沿线冻土分布、类型、冻土上下限、冰层上限、地面水、地下水以及有无其他如热融(湖、塘)、冰丘、冰堆等不良地质路基地段情况

续上表

项　目	内容与要求
施工原则	采取保护多年冻土原则设计和施工的路基,应使路基施工后仍处于热学稳定状态,施工期宜安排在冻结期间。如在融期施工,则应采取分段快速施工作业,以免冻层暴露时间过久,引起破坏。 冻土路基原则上均应采取路堤形式,尤其在厚冰发育地段,并尽可能避免零填或浅挖断面,以免造成严重热融沉陷等病害,弱融沉或不融沉的多年冻土地区,路基施工可按融化原则进行。 填方基底为含冰过多的细粒土,且地下冰层不厚,可挖除并用渗水性土回填压实,再填路基,对排水困难的低洼沼泽地段时,其底部应设置毛细水隔离层,其厚度宜在路堤沉落后至少高出水面0.5m,并在其上铺设反滤层
防、排水	多年冻土地区地表下无法下渗,易于形成地表潮湿或积水,非但影响路基稳定,且关系着施工质量和工效。因此,施工前必须做好排水工作。 在开挖排水沟或取土坑时,必须防止由于冻土融化而产生的边坡坍塌及影响路基稳定的现象发生,一般不宜开挖过深,致使地下水露出,冬季形成冰锥,危害路基
保温层	路基的防护和加固,应考虑保温,对于需保护的冻土,其上均及时设置足够厚度的保温层,以免在施工过程中引起多年冻土的融化。 草皮护坡铺砌应上下错缝,彼此互相嵌密,块与块之间的缝嵌用土或碎草皮填塞严密(严禁用石块塞缝),使草皮连成一个整体,以利坡面草皮成活和防止空气对流,加速保温层的稳定
取土坑	基于上述《公路路基施工技术规范》(JTG F10—2006)规定,对高速、一级公路宜设置集中取土场,富冰冻土、饱冰冻土及含土冰层路段,确需就近解决部分土源时,应在路基坡脚10m以外取土。 斜坡地表路堤,取土坑应设在上坡一侧。 取土坑深度均不得超过当地多年冻土上限以上土层厚度的80%,坑底应有坡度,积水应有出口,水能及时排出
填料	填料应选用保温隔水性能均较好的细粒土。 采用黏性土或透水性不良土填筑路堤时,要控制土的湿度,碾压时含水率不能超过最佳含水率的2%。 不得用冻土块或草皮层及沼泽地含草根之类的土填筑路基。 通过热融(湖、塘)路堤,水下部分必须用渗水良好的土填筑,并应高出最高水位0.5m
压实	高速公路和一级公路路基压实检查应采用重型击实标准。 成型后路床强度应符合设计要求,用不小于20t的压路机或等效碾压机械进行碾压检验(2~3遍),无轮迹和软弹现象为合格

8.9.3 多年冻土地区地基施工要求

多年冻土地区地基施工要求　　表8-46

项　目	内容与要求
一般要求	(1)应根据设计文件并结合当地气候条件进行现场核查,合理选择施工方法,并采取有效的抗冻措施。 (2)对于多年冻土地区,必须严格遵守保护冻土的原则,使路基施工后仍处于热学稳定状态。对于季节性冻土地区,路基处理应编制专项施工方案,经批准后实施。 (3)地温、沉降观测。施工前,在不同冻土类型和融沉等级的路段设置地温观测对比断面和沉降观测对比断面,定期对观测结果进行分析整理
施工工序	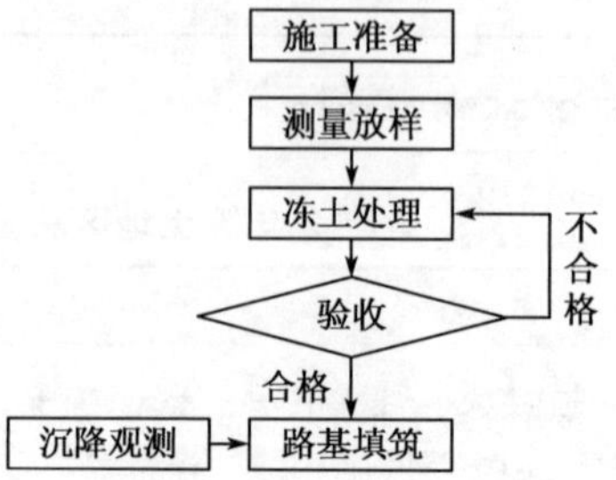

续上表

项目	内容与要求	
冻土挖除换填处理	适用范围	适用于冻土厚度较薄且埋深较浅、多年地温较高、多年冻土不够稳定地带的富冰冻土、饱冰冻土和含土冰层地基
	换填材料要求	(1)碎石:粒径宜为19~63mm,含泥量不大于10%,针片状颗粒含量小于15%,洛杉矶法磨耗率小于60%。 (2)砂砾:天然级配砂砾,最大粒径小于100mm,含泥量不大于5%,砾石强度为洛杉矶法磨耗率小于60%,含量不大于70%。 (3)石渣:最大粒径不大于200mm,石料单轴保水抗压强度不小于30MPa
	施工要点	(1)按设计要求,将冻土全部挖除或挖至不融沉或弱融沉层;两侧开槽坡度不小于1:0.75。 (2)在清理的基底上铺筑一层粒径较大的片石或卵石,碾压稳定后再分层填筑,分层铺筑压实厚度不得超过300mm,换填厚度符合设计要求。 (3)换填应宽出路基边脚不少于1m,两侧按设计防护。 (4)压实时应严格控制压路机的吨位、碾压遍数、速度,且无明显的粗细集料离析现象。 (5)施工过程中,应避免填料受到污染,对于已污染的填料应废弃
水泥稳定粒料桩冻土复合地基	适用范围	适用于多冰、富冰、饱冰冻土,冻土融沉等级较高且冻土埋深在3~5m的冻土路段
	施工流程	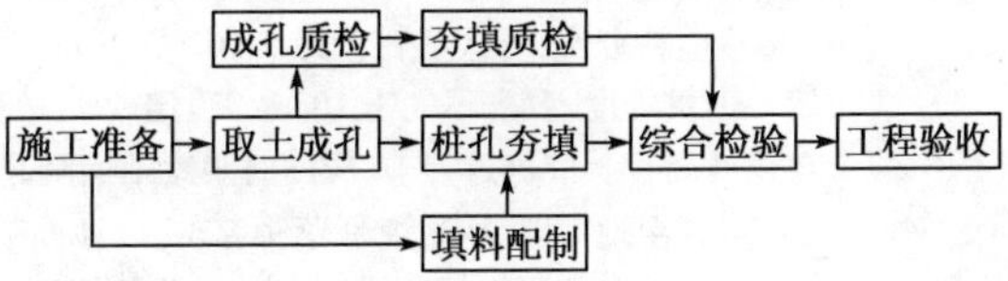
	施工要点	(1)根据施工图放出桩位线,由专人验线并报监理工程师,做好桩位预检记录。 (2)移桩机就位,调整设备水平,使重锤中心与桩位对齐,控制钻进速度,保证孔壁圆滑,满足设计孔径要求。 (3)施工前在桩架或钢管上标出控制深度的标记,正常钻进速度为0.5m/min,成孔后清除孔内积水和残渣,夯平孔底,夯实次数不少于5击。如遇到含土冰层和饱冰冻土时,应继续加深。如不能及时进行填料成桩时,应围护和封盖桩孔。 (4)水泥稳定混合料拌和。水泥稳定混合料要求采用机械拌和,按设计配合比进行配料拌和,要求拌和均匀并严格控制含水率。 (5)夯填成桩。在向孔内填料前,应先夯实孔底3~4锤,逐层定量向桩孔内填料,每层回填厚度40~50cm,采用机械分层夯实,夯填度(夯实后的层厚度与填料厚度的比值)不得大于0.9。 (6)水泥稳定粒料桩的夯实,应按照试验确定的工艺参数连续施工,分层夯实。成桩时不得间隔停顿时间过长或隔日施工,以免影响成桩质量和连续性。 (7)填料应根据现场条件确定每次填料量,每层料夯击3~4次,(可边填料边夯击),重锤重0.5~1.0t,落距2~5m(浅部未冻层选用较小落距),保证最后两次贯入度平均值不大于5cm。表层融土范围内,由于土的侧限约束较小,采用2m低落距多次夯击

续上表

项　目		内容与要求
碎石挤密桩冻土复合地基	适用范围	适用于多冰、富冰、饱冰冻土，冻土融沉等级较高且冻土埋深在3~5m的冻土路段
	施工工序	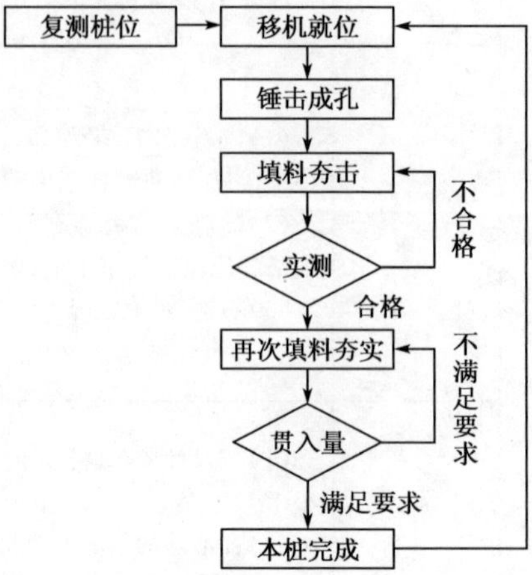
	施工要点	(1)准备工作:施工放线、标定桩位、试机等。 (2)桩位放线:根据施工图放出桩位线,由专人验线并报监理工程师核验。 (3)桩机就位:确定桩位后,移桩机就位,调整设备水平,使重锤中心与桩位对齐,调整重锤垂直,确保其垂直度偏差不大于1%。 (4)开锤成孔:先低落距轻夯成孔,然后增大落距成孔,重锤夯击成孔至设计高程,并保证最后两次的夯击贯入度平均值控制在5cm以内。 (5)填料夯实:每次填料量为0.06~0.10m,高50~80cm,每层夯击3~4次,落距5m。测最后一击贯入度,要求不大于10cm。浅层软土可采用2m低落距多次夯击。重复填料、夯击直至设计高程。成桩过程中,应随时观察地面隆起,控制落锤高度和夯击次数。 (6)夯至地面时,应采取低落距夯击,以地面隆起不超过5cm为宜。 (7)成桩参数可根据现场试桩及地质条件确定

8.10　涎流冰地段路基

涎流冰地段路基施工要求　　表8-47

项　目	内容与要求
一般规定	应对当地地形、地质、气象、涎流冰的水源、类型及规模、危害情况及当地防治经验等进行调查,并经技术经济论证,确定合理的处治措施。 在冰冻或高寒的涎流冰地区,路基应尽量设在干燥的阳坡上,并以路堤或浅挖方形式通过为宜。 涎流冰地段的路基设计,应以预防为主,防治结合。 山坡涎流冰除将山坡水引离路基外,还可采用加宽、加深上边坡边沟、设置挡冰墙、聚冰坑或挡冰堤、聚冰沟等设施。当山坡地下水量较大时,可设置渗沟、暗沟等地下排水设施。聚冰沟或聚冰坑处应设净空较高的涵洞排除融冰水。 河谷涎流冰,应提高路基,并采用跨径较大的桥涵跨越,以避免涎流冰溢上路面。 路基工程应避免干扰原有的自然排水状况,不宜切割含水层,当采取排、挡、截等防治措施进行处理时,应保留自然形成的疏水系统的畅通

续上表

项目	内容与要求
防治措施	聚冰量不太大的涎流冰,可采用提高路基的方式进行防治。路基高度应高于涎流冰最大壅冰高度加0.5m,同时筑路材料应选用水稳性比较好的碎砾石土等材料。 采用桥涵跨越涎流冰,桥涵净空应满足历年最高涎流冰冰位加壅冰高度,再加0.5m安全高度。 对于冲积扇或缓山坡上的涎流冰,可在路基上边坡外设置聚冰沟。聚冰沟可设置多道。第一道聚冰沟应从水源起顺山坡或沟谷布设,将水导入附近的河沟或桥涵。聚冰沟横断面应根据地形、地质、水量、聚冰量确定,并做好排水设施的顺接。挡冰堤宜设置在聚冰沟的下方,其高度及宽度的确定应考虑淤冰的影响。 挡冰墙应设在边沟外侧,并采用浆砌片、块石砌筑;当为干砌时,应采用大块石砌筑。挡冰墙高度由聚冰量确定。当聚冰量大时,可在挡冰墙外侧设置聚冰坑。并利用天然山坳或由超挖边坡筑成。聚冰坑的大小,由聚冰量确定
排水措施	当有地下水出露时,可采用渗沟、暗沟等地下排水设施,将地下水引离路基。 地下排水设施应设在冻结深度以下,并做好反滤层、隔水层,及出水口的保温

8.11 雪害地段路基

雪害地段路基施工要求 表8-48

项目	内容与要求
一般规定	雪害地区路基设计应调查收集当地自然地理、气象要素、灾害程度、积雪状况、风况、地质等资料,分析雪害成因,确定雪害类型,提出正确的处治方案和措施。 雪崩调查应查清公路沿线地形地貌、雪崩类型和分布、数量和范围、雪崩的汇雪面积、雪崩的裂点位置、山体坡度、发生频率、危害程度。 风吹雪路段应对汇雪面积,风雪流行程中的地形、地物、植被等情况进行调查,测定风雪流的移雪数量,冬季风力与风向及其频率和持续时间、年总降雪量、最大及平均积雪深度、冬季气温及冻融时间、风雪流的主导风向、风吹雪的类型及其危害程度等。 在修筑高路堤、开挖储雪场及整修山坡的地段,还应查明场地工程地质及水文地质情况。 在雪崩较严重路段,高速公路、一级公路及有特殊要求的公路,采用防雪走廊、明洞、隧道等遮挡构造物。 高速公路、一级公路的中央分隔带应与路面齐平,路肩、坡脚、坡顶等有棱角部位宜设成圆弧形,以利于风雪流顺滑通过。 防治雪害应以防为主,防治结合,遵循“因地制宜、就地取材、有效、易行、经济、持久”的原则,优先采用生物防治,工程治理应注意保护生态环境,防止水土流失,为生物防治创造条件
雪崩路段	在路线必须通过可能发生雪崩的路段时,可按照稳定山坡积雪,改变雪崩运动方向,减缓雪崩运动和清除积雪等原则,采用水平台阶、导雪堤(墙)、土丘、挡雪墙、防雪林带等设施
风吹雪路段	在风吹雪地段,应根据当地风雪情况及地形条件,合理设计路基横断面形式,并宜采用填方,避免或少设路堑。必要时,在工程量增加不大的情况下,可适当加宽路基。 在平坦开阔和稳定风吹雪路段,路基应采用流线型或缓边坡路堤形式,尽量避免挖方和采用路堑断面形式,路堤高度应比当地最大稳定积雪深度高出0.3~0.5m,在风吹雪严重地段应高出0.5~1.0m。 在草原、农牧区低填方风吹雪路段宜采用1:3的路堤边坡,在浅挖方、荒原戈壁低填方处应采用1:4的路堤边坡,有条件可放缓边坡或做成流线型边坡。单向风强烈时,路堤迎风面的边坡应尽量放缓,沿主导风向的边坡坡度等于或缓于1:4。 当风吹雪路段必须采用挖方时,应避免深路堑,宜敞开路基或以半填半挖的横断面形式通过,当挖方路基外侧剩余台地工程量不大时,宜全部挖除。雪害严重地段宜适当加宽路基,并设积雪平台。 山区风吹雪挖方边坡宜缓于1:4,并设置积雪平台,其横坡同路拱坡度,对无条件放缓边坡的路段,应加大积雪平台宽度。必要时可在挖方路堑内采用路堤断面形式或设置储雪场

8.12 崩坍与岩堆地区路基

8.12.1 岩堆路堑边坡坡度

岩堆路堑边坡坡度参考 表8-49

岩堆情况	条件	边坡坡度
不含杂质的碎石	山区的堆积层	1:1~1:1.26
不含杂质的碎石	平坦地区,以密实	1:0.75~1:1
碎石被小颗粒包围,碎石间互不接触	小颗粒是无黏结力的砂	1:1.5
碎石被小颗粒包围,碎石间互不接触	小颗粒是黏性土	1:1.75~1:2.0
碎石相互间尚能接触,中夹黏性土	碎石有棱角	1:1.25
碎石相互间尚能接触,中夹黏性土	碎石失去棱角,较圆滑	1:1.5
一般堆积层		≥1:1.5

8.12.2 坍塌与岩堆路基施工要求

坍塌与岩堆路基施工要求 表8-50

项目	内容与要求
定义及概念	崩塌:在比较陡峭的山坡上,岩体或土体在自重作用下脱离母岩而从高处崩落。 岩堆:经常发生崩塌的山坡坡脚,由于崩落物的不断堆积而形成。 岩堆地区常沿山坡或河谷坡呈条带状分布,在这些岩堆上修筑路基,应防边坡坍塌、路基沉陷及滑移等现象。施工前应全面了解路线经过地段情况,采取必要的防治措施,以保证安全施工和通车后的正常行驶
一般原则	路基通过岩石容易崩坍地区,不论采用何种方法处治,都必须排除崩坍地段对路基造成损坏的潜在威胁或隐患,保证公路在施工及其使用期间的安全运行。 崩塌岩堆地区,应特别注意尽量避免扰动岩堆体,保持岩堆稳定,施工时不宜破坏原有的边坡率,同时应处理好岩堆地段的渗入水及地下水。 在比较大而稳定性较好的岩堆上修筑路基,应采取措施治理岩堆,保持岩堆的稳定,在开挖范围内,可采用注水泥砂浆使岩难稳定后开挖,但应避免采用大、中型炮爆破,以防止岩堆体受扰动而滑移,修建护面墙或挡土墙以稳定岩堆,并应设置泄水孔排出渗入水或地下水
喷射或钢丝网水泥砂浆防护	对于挖方边坡及原自然坡面岩石裂缝较多,岩石比较破碎,由于雨水浸蚀容易引起风化,或由于冰冻作用而引起岩石剥落、破碎而容易发生崩坍的地段,施工中宜采用喷射水泥砂浆稳定,砂浆厚度宜为5~10cm。 在气候条件比较恶劣或寒冷地区,厚度应为10cm以上,或对于长而高或较陡的边坡,宜嵌入直径2~6mm、间距100~200mm的铁丝网(挂网)固定在边坡上,在1m^{2}内固定1~2处,然后再喷射水泥砂浆稳定
嵌补与支顶加固	对于路基上方的危岩及危石应尽量清除。 当清除有困难时,可根据地形和岩层情况采取嵌补(用于砌石塞缝,再在其外以浆砌片石封面),浆砌片石厚度一般不小于30cm或采取支顶法(砌筑挡墙支撑)予以加固。 为加固其稳定性,挡墙贴近原坡面处可设置连接钢筋锚结牢固
拦石防护	在比较大而稳定性较差的地段或遇小型崩塌落实地段,应尽量采取清除的办法。 如基岩破坏严重、崩塌、落石的物质丰富,则宜采取落石平台、落石槽、拦坝石、拦石墙等拦截构造物

续上表

项目	内容与要求
护面墙防护	在比较稳定的或厚度不大的岩堆上修筑路基,应设置护面墙
挡土墙加固	在比较稳定的或厚度不大的岩堆上修筑路基,应设置挡土墙。 当设置上挡土墙时,其高度应达到与原岩堆的边坡率保持一致。 设置下挡土墙时,应保持表面活动层的稳定,同时应设置泄水孔以排出渗入水或地下水

8.13 泥石流地区路基

泥石流地区路基施工要求 表8-51

项目		内容与要求
一般规定		泥石流地区路基设计,应查明泥石流的成因类型、规模、特征、活动规律、发展趋势及危害程度。 治理应全面考虑排导、拦截以及水土保持等各项措施,做好总体规划,进行综合治理
构筑物设置原则	桥梁	适用于跨越流通区的泥石流沟或者洪积扇区的稳定自然沟槽。设计时应结合地形、地质、沟床冲淤情况、河槽宽度,泥石流的泛滥边界、泥浪高度、流量、发展趋势等,采用合理的跨度及形式
	隧道	适用于路线穿过规模大、危害严重的大型或多条泥石流沟。隧道方案应与其他方案作技术、经济比较确定
	涵洞	泥石流地区不宜采用涵洞,在活跃的泥石流洪积扇上禁止使用涵洞。对于三、四级公路,当泥石流规模不大、固体物质含量低、不含较大石块,并有顺直的沟槽时,方可采用涵洞
	过水路面	适用于穿过小型坡面泥石流沟的三、四级公路。过水路面的路基横断面应为全封闭式,可与桥梁、涵洞等联合使用。路基坡脚设抑水墙以防止冲刷
排导措施	排导沟	排导沟适用于有排沙的地形条件的路段。排导沟纵坡宜与地面坡一致。排导沟的横断面应根据流量计算确定,排导沟应进行防护
	渡槽	适用于排泄流量小于 $30m^3/s$ 的泥石流,且地形条件应能满足渡槽设计纵坡及行车净空要求,路基下方有停淤场地
	导流堤	当在堆积扇的某一区间内,需要控制泥石流的走向或限制其影响范围时,可设置导流堤以防止泥石流直接冲击路堤或壅塞桥涵。 导流堤的高度应为设计使用年限内的淤积厚度与泥石流的沟深之和;在泥石流可能受阻的地方或弯道处,还应加上冲起高度和弯道高度
拦截措施	拦挡坝	适用于沟谷的中上游或下游没有排沙或停淤的地形条件,必须控制上游产沙的河道;以及流域来沙量大,沟内崩塌、滑坡较多的河段。 坝体位置应根据设坝目的,结合沟谷地形及基础的地质条件综合考虑确定,并注意坝的两端与岸坡的衔接和基础埋置深度。当两端岸坡有冲刷可能时,宜采用凹形
	格栅坝	适用于拦截流量较小、大石块含量少的小型泥石流,其格栅间隔按拦截大石块、排除细颗粒的要求布置,其过水断面应满足下游安全泄洪的要求。 坝的宽度应与沟槽同宽;坝基应设在坚实的地基上

8.14 岩溶地区路基

岩溶地区路基施工要求 表 8-52

<table>
<tr><th colspan="2">项　目</th><th>内容与要求</th></tr>
<tr><td colspan="2">定义</td><td>石灰岩等可溶性岩层,在流水的长期溶解和剥蚀作用下,产生特殊的地貌形态和水文地质现象,统称为岩溶</td></tr>
<tr><td colspan="2">路基主要问题</td><td>由于地下岩溶水的活动,或因地面水的消水穴阻塞,导致路基基底冒水,水淹路基、水冲路基以及隧道涌水等病害。
由于地下洞穴的坍塌,引起位于其上的路基及其构造物发生坍塌、下沉或开裂等</td></tr>
<tr><td colspan="2">处理基本原则</td><td>对影响路基稳定的溶洞,不论采用何种方法处理,在施工中均不应堵塞溶洞水路。
路基基底的岩溶泉或冒水,不论用何种方法排出,均应保证路床范围的土石方不受浸润;当修建高级或次高级路面时,应保证不因温差作用而使水汽上升,聚集在路面基层下。
某些岩溶形态的利用问题,如利用天然桥跨越地表河流,利用暗河、溶洞扩建隧道等;三者对岩溶地区公路路基设计、施工均有直接关系,尤以前二者直接与施工有关,因此在岩溶地区修筑路基,施工前必须全面了解路线通过地带岩溶发育程度、岩溶形态的空间分布规律,以有利于有效避让或防止</td></tr>
<tr><td colspan="2">一般要求</td><td>(1)对路基基底的岩溶泉或冒水,进行处理后,应保证路床范围的土石不受浸润,保证不因温差作用而使水分上升。
(2)对路基上方岩溶泉或冒水,可采用排水沟将水引离路基,不宜堵塞;对路基基底的岩溶泉或冒水,宜设涵洞(管)将水排除;流量较大的暗洞及消水洞,可用桥涵跨越通过。路堑边坡上危及路基稳定的干溶洞,可采用砂砾石、碎石、干砌或浆砌片石等回填密实。
(3)路基基底干溶洞的顶板太薄或顶板较破碎时,可采用加固或将顶板炸除之后,以桥涵跨越;路基基底干溶洞的顶板较为完整,有较大厚度时,根据验算结果,确定处治方案。
(4)当路基溶洞位于过沟附近,而且较深时,可采用钢筋混凝土板封闭,防止边沟水渗漏到溶洞内。
(5)为防止溶洞的沉陷或坍塌,以及处理岩溶水引起的病害,可视溶洞的具体情况分别采用洞内加固(如桩基加固、衬砌加固)、盖板加固、封闭加固(如锚喷加固)等方法。
(6)对影响路基稳定的人工坑洞(如煤矿采空区、古墓、枯井、掏砂坑、防空洞等),应查明原因后,参照岩溶处治方法进行处理</td></tr>
<tr><td>施工要点</td><td>路堑开挖的溶洞处理</td><td>(1)路堑边坡上的溶洞,采用洞内片石堵塞,洞外干砌片石铺砌,砂浆勾缝或浆砌片石封闭。
(2)路堑基床部分溶洞,施工方法与路堤基地溶洞相同。
(3)靠近天沟的溶洞,可用上法封闭,砌筑不易的深溶洞,宜采用钢筋混凝土盖板封闭,并防止天沟水的渗漏</td></tr>
<tr><td>施工要点</td><td>路堤填筑</td><td>(1)现场调查核实,确定各个岩溶的形态、类型及发育因素。通过检测确定岩溶的产状、宽度、位置,制订相应的处理措施。
(2)采用全站仪、水准仪进行测量放样。
(3)人工配合机械进行施工。
①对岩溶水以疏导为主,采用明沟、涵洞(管及泄水洞)等构造物进行疏导,并在高出地表水位25cm处设置隔离层,将水排到侧沟。
②路基通过溶洞或岩溶水时,跨越和施工条件较好时,采用跨越方法。流量较大的暗河,冒水洞或消水洞,采用跨桥通过;一般岩溶泉采用涵洞跨越;跨越季节性和经常性积水而水不深的溶蚀洼地,可采用片石透水路堤。
③若为干溶洞时,采用浆砌片石支墙、支柱及码砌片石进行加固;深而小的溶洞,采用石盖板或钢筋混凝土盖板封堵;洞径深而小,顶板薄或岩石破碎的溶洞,采用爆破顶板后用片石回填处理。
④靠近边侧的溶洞,采用洞内片石堵塞,洞外干砌片石铺砌,砂浆勾缝或浆砌片石封闭。
⑤基底为蜂窝麻面状结构或顶板薄、岩石破碎的暗溶洞,采用压浆处理</td></tr>
</table>

8.15 采空区路基

采空区路基施工要求 表 8-53

项 目	内容与要求
一般规定	陡坡地带采空区一旦发生地表塌陷、错落和大范围的地表显著下沉,很可能使陡坡坡脚失稳而引发滑坡,具有环境灾害性质。其治理难度大,费用高,应当绕避。 特厚煤层采空区的地表变形量大,一般都难以满足工程的容许变形值,且治理费也高;陡倾斜煤层露头处在下部煤层开采后,覆岩容易发生塌陷,对地面工程造成破坏。故这两种情况均应绕避
处治措施	目前公路采空区治理以全充填注浆法为主。对于埋深大于 250m 的采空区,宜根据采空区的特点、工程地质条件和对公路工程的危害程度及治理费用等因素,确定是否采用全充填注浆方法。 对于煤层开采规模较小、开采深度小于 100m 的采空区,可考虑采用桥跨方案。但该治理方案技术要求相对较高,治理费用较大,须谨慎使用。 对于煤层开采后顶板尚未塌陷的采空区,可采用非注浆充填方案(包括干砌石、浆砌石、井下回填、钻孔内干湿料回填等方案);当采空区为单一的巷道,且能在巷道内安全施工时,可采用巷道内干砌石、浆砌石、井下回填等方案;当采空区为壁式或房柱式开采工作面时,可先采用钻孔干湿料回填方案,然后再注浆充填的方案。 采空区的工程地质条件复杂,应针对采空区的具体情况,将非注浆充填方案和注浆充填方案联合使用,达到经济合理的最佳治理效果。干砌石、浆砌石、井下回填等方案的技术规定可参照相应的规范或规定执行

8.16 水库地区路基

水库地区路基施工要求 表 8-54

项 目		内容与要求
一般规定		应调查收集水库的水位设计资料、库区的气象资料,查明库岸的地形、地貌特点,组成库岸的地层岩性、产状、地质构造、地下水位变化情况;查明峡谷斜坡的稳定情况,有无滑坡、崩塌等不良地质现象,分析评价水库对斜坡稳定的影响;查明填料的来源及其物理力学性质。 根据水库的特点和要求及水库对路基的影响,考虑库水浸泡、渗透、水位升降、波浪侵袭、水流冲刷、坍岸、淤积和地下水壅升而引起土的重度和强度的变化以及大孔隙性土的湿陷等因素,并采取相应的防护加固措施
路堤	断面	路堤应按浸水路基的要求设计,当边坡高度较大时,宜采用台阶性断面,边坡坡率在设计水位以下不宜陡于 1:1.75。 应根据水库类型、波浪力大小、路基所处位置等因素予以确定并应做好防渗反滤层;由于浸水等原因而影响路基稳定时,可采用挡土墙、副堤等形式进行加固。各种防护工程应与周围环境景观相协调
	填料	路基应采用压缩变形小、水稳性好的渗水性材料作填料。当渗水性材料较为缺乏时,路堤受库水位浸泡的部位宜用渗水性材料填筑,库水位以上的部位可用细粒土填筑。 对于用细粒土填筑的路堤,当渗透速度和渗透压力较大而可能发生冲蚀时,除放缓边坡外,宜在低水位一侧设置排水设施
	稳定性检算	路堤稳定性分析应考虑上下游水头差在堤内产生的稳定渗流及水位骤然下降在堤内产生的不稳定渗流对路堤边坡产生的渗透压力和冲蚀作用,土质路堤应按路堤内渗流的最不利情况进行检算,必要时应进行流量计算。 土的强度参数按地下水位高度(浸润曲线以上加地下水壅升高度)以上和以下分别采用夯后快剪和夯后饱和快剪试验值,物理参数也应按地下水位以上和以下分别取值。 在封冰和流冰地区,应考虑冰荷载作用。在水库的上游地段,若流速较大,还需考虑水流的冲刷作用。 稳定安全系数不应小于 1.25。当考虑水位升降变化并同时考虑地震的作用影响时,稳定安全系数不应小于 1.05 ~ 1.15

续上表

项　　目	内容与要求
水库坍岸的防护	水库坍岸危及路基稳定时应根据线路的位置、库岸土质、库岸高度和坡度、浸水深度、水库淤积等情况,采取适当的防护措施。 水库坍岸类型可根据波浪的破坏作用和地形地质等情况,合理选用。 水库坍岸的防护长度范围应根据公路路基所在库岸边坡受波浪作用影响的地段而定,防护工程两端应有适当的安全距离,并应嵌入库岸或路基边坡内

8.17　滨海地区路基

8.17.1 路基设计高潮水位频率

路基设计高潮水位频率　表 8-55

项目	高速公路	一级公路	二级公路	三级公路	四级公路
频率	1/100	1/100	1/50	1/25	按具体情况确定

8.17.2 波列累积频率标准

波列累积频率标准　表 8-56

路堤形式	部　　位	计算内容	频率 F(%)
斜坡式	胸墙、堤顶方块	强度和稳定性	1
	护坡块石、护坡块体	稳定性	13
	护底块石	稳定性	13
直墙式	上部结构、墙身、桩基	强度和稳定性	1
	基床、护底块石	稳定性	5

注:计算护坡块石(块体)的斜坡式路堤稳定性,平均波高与水深的比值小于 0.3 时,波列累积频率宜采用 5%。

8.17.3 滨海路基施工要求

滨海路基施工要求　表 8-57

项　　目		内容与要求
一般规定		路基设计应根据路基所处的地理环境及特点,考虑地形、地貌、地质、水文、气象等因素,结合施工条件及材料供应情况,合理地确定路基设计高程,选择适宜的路基断面及防护形式,保证路基的整体稳定性、耐久性、耐腐蚀性。 两侧有较大的水头差时,宜设置过水构造物。当堤身或地基可能发生管涌潜蚀时,应在低水位一侧边坡下部设置排水设施、放缓边坡或设护坡道以及在路堤中心设置防渗墙等防渗加固措施。 填料应选择渗水性好的材料,有困难时,可采用细粒土,并应采取适当的防护和加固措施
路堤	设计高程	路基的设计高程不应低于高潮水位频率的设计潮水位加波浪侵袭高,以及 0.5m 的安全高度。不能满足要求时,应设置防浪墙等。 设计波浪重现期标准,高速公路、一级公路、二级公路采用 50 年一遇;三、四级公路采用 25 年一遇
	断面	路基宜采用斜坡式,特殊情况下也可采用直墙式。 滨海路堤边坡坡率应根据填料性质、路堤高度、浸水深度、防护形式及海洋水文条件等确定,边坡坡率不宜陡于 1:1.5

续上表

项　目	内容与要求
坡面防护	防护应根据水深、波浪特点、施工条件及材料情况等采用条石、块石、混凝土异形块体、土工合成材料等护坡；为减弱波浪对路堤的破坏作用，提高路堤边坡的稳定性，可在堤前采取防浪棱台、顺坝及潜坝等措施。各种防护工程应能抗海水及生物侵蚀，在寒冷地区还应具有耐冻和承受冰凌撞击的能力。 侧护坡底部应设抛石棱体，其顶面高程应高于施工水位，顶宽不应小于1.0m。 侧坡脚应根据最大冲刷深度、地形、基础形式等采取妥善的护底措施，护底石厚度不应小于1.0m，宽度不应小于5m

8.18　冬、雨季路基施工

8.18.1　一般要求

冬、雨季施工一般要求　　表8-58

项　目		内容与要求
一般要求		(1)路基施工前，应根据工程量、合同工期、机械配置等制订科学的规划，合理安排路基施工的各项工作，尽量避免冬、雨季施工； (2)冬、雨季施工，应根据季节特点、当地气候条件，结合地形、地貌、施工位置，制订合理的施工方案； (3)冬、雨季施工期间，应保持与气象部门的联系，建立长效的联动机制，根据天气、气温、风力的变化，及时调整施工方案； (4)沿河道施工时，应保持与水行政部门的联系，密切注意水流大小的变化，预防不安全事故的发生； (5)冬、雨季施工，应加强安全管理、安全教育，制订专职的安全员制度，制订防汛、防火、防台风、防温度急剧变化等各种应急预案，做好防洪抢险的准备工作； (6)在山岭重丘区或深路堑施工，应根据地形、地质状况，做好防、排水工作，尽可能减少水毁、自然灾害所产生的损失； (7)应重视雨季施工的排水工作，根据施工组织设计和工作计划，在施工作业面及其相关区域，须设置完善的排水系统，并做好抢险准备工作； (8)冬季施工，应做好充分的防冻措施，对路基填筑、混凝土浇筑、构件预制等的施工应按要求做好预防工作，不得降低质量标准
冬季温度范围	公路	在反复冻融地区，昼夜温度在-4℃以下，连续15d(天)以上进行路基施工为冬季路基施工。当昼夜平均温度上升到-4℃以上，但冻土为完全融化时，亦按冬季施工办理
	城市道路	昼夜平均气温连续10d(天)以上低于-3℃时为冬期
冬季施工范围	可施工	(1)泥沼地带河湖冻结到一定深度后，如需换土时可趁冻结期挖去原地面的软土、淤泥层，换填合格的其他填料； (2)含水率高的流动土质、流沙地段的路堑可利用冻结期开挖； (3)河滩地段可利用冬期水位低，开挖基坑修建防护工程，但应采取加温保温措施，注意养护； (4)岩石地段的路堑或半填半挖地段，可进行开挖作业
	不宜施工	(1)高速公路、一级公路的土路基和地质不良地区的二级以下公路路堤； (2)铲除原地面的草皮、挖掘填方地段的台阶； (3)整修路基边坡； (4)在河滩低洼地带将被水淹的填土路堤

续上表

项　目	内容与要求
雨季施工范围	(1)雨期路基施工地段,一般应选择丘陵和山岭地区的砂类土、碎砾石和岩石地段、路堑的弃方地段; (2)重黏土、膨胀土及盐渍土地段不宜在雨期施工; (3)平原地区排水困难,不宜安排雨期施工

8.18.2 冬季施工要求

冬季施工要求　　表 8-59

<table>
<tr><th colspan="2">项　目</th><th>内容与规定</th></tr>
<tr><td colspan="2">施工准备</td><td>(1)对冬期施工项目按次排队,编制实施性的施工组织计划;
(2)冬期施工项目在冰冻前应进行现场放样,保护好控制桩并树立明显的标志,防止被冰雪掩埋;
(3)冰冻前,应挖好坡地上填方的台阶,清除石方挖方的表面覆盖层、裸露岩体;
(4)维修保养冬期施工需用的车辆、机具设备,应充分备足冬期施工期间的工程材料;
(5)准备施工队伍的生活设施、取暖照明设备、燃料和其他越冬所需的物资</td></tr>
<tr><td colspan="2">路基基底处理</td><td>(1)冻结前应完成表层清理,挖好台阶,并应采取保温措施防止冻结;
(2)路堤填筑前应将基底范围内的积雪和冰块清理干净;
(3)对需要换填土地段或坑洼处,需补土的基底,应选用适宜的填料回填,并及时进行整平压实;
(4)基底处理后,应立即采取保温措施防止冻结</td></tr>
<tr><td colspan="2">填筑路堤</td><td>(1)冬期施工的路堤填料,应选用未冻结的砂类土,碎、卵石土,开挖石方的石块、石渣等透水性良好的土;
(2)冬期填筑路堤,应按横断面全宽平填,每层松铺厚度应按正常施工减少 20% ~30%,且最大松铺厚度不得超过 30cm,压实度不得低于正常施工时的要求,当天填的土必须当天完成碾压;
(3)当路堤高距路床底面 1m 时,应碾压密实后停止填筑;
(4)挖填方交界处,填土低于 1m 的路堤,都不应在冬期填筑;
(5)冬期施工取土坑应远离填方坡脚,如条件限制需在路堤附近取土时,取土坑内侧到填方坡脚的距离应不得小于正常施工护坡道的 1.5 倍;
(6)冬期填筑的路堤,每层每侧应按设计和施工技术规范规定超填并压实,待冬期后修整边坡削去多余部分并拍打密实或加固</td></tr>
<tr><td rowspan="3">开挖表层冻土</td><td>爆破冻土法</td><td>当冰冻深度达 1m 以上时可用此法炸开冻土层。炮眼深度取冻土深度的 0.75 ~0.9,炮眼间距取冰冻深度的 1 ~1.3 倍,并按梅花形交错布置</td></tr>
<tr><td>机械破冻法</td><td>1m 以下的冻土层可选用专用破冻机械,如冻土犁、冻土锯和冻土铲等,予以破碎清除</td></tr>
<tr><td>人工破冻法</td><td>当冰冻层较薄,破冻面积不大,可用日光暴晒法、火烧法、热水开冻法、水针开冻法、蒸汽放热解冻法和电热法等方法胀开或融化冰冻层,并辅以人撬挖</td></tr>
<tr><td colspan="2">开挖路堑</td><td>(1)当冻土层被开挖到未冻土后,应连续作业,分层开挖,中间停顿时间较长时,应在表面覆雪保温,避免重复被冻;
(2)挖方边坡不应一次挖到设计线,应预留 30cm 厚台阶,待到正常施工季节再削去预留台阶,整理达到设计边坡;
(3)路堑挖至路床面以上 1m 时,挖好临时排水沟后,应停止开挖并在表面覆以雪或松土,待到正常施工时,再挖去其余部分;
(4)冬期开挖路堑,必须从上向下开挖,严禁从下向上掏空挖"神仙土";
(5)每日开工时先挖向阳处,气温回升后再挖背阴处,如开挖时遇地下水源,应及时挖沟排水;
(6)冬期施工开挖路堑的弃土要远离路堑边坡坡顶堆放。弃土堆高度一般不应大于 3m,弃土堆坡脚到路堑边坡顶的距离一般不得小于 3m,深路堑或松软地带应保持 5m 以上。弃土堆应摊开整平,严禁把弃土堆于路堑边坡顶上</td></tr>
</table>

8.18.3 雨季施工要求

雨 季 施 工 要 求　　表 8-60

项　　目	内容与要求
施工准备	(1)对选择的雨期施工地段进行详细的现场调查研究,据实编制实施性的雨期施工组织计划; (2)应修建施工便道并保持晴雨畅通; (3)住地、库房、车辆机具停放场地、生产设施,都应设在最高洪水位以上地点或高地上,并应远离泥石流沟槽中冲积堆一定的安全距离; (4)应修建临时排水设施,保证雨期作业的场地不被洪水淹没并能及时排除地面水; (5)应储备足够的工程材料和生活物资
路基基底处理	(1)在雨季前,应将基底处理好,孔洞、坑洼处填平夯实,整平基底,并设纵横排水坡; (2)低洼地段,应在雨季前将原地面处理好,并将填筑作业面填筑到可能的最高积水位 0.5m 以上; (3)在地势较为平坦的路段施工时,应在路基外侧设置 20cm 高的土埂作为临时排水设施,将地表水引出路基之外,并防止雨水浸泡路基; (4)结构物基坑在雨季开挖后未能及时施工时,应采取防浸泡措施,雨后应对基坑地基承载力重新进行检测,路肩式挡土墙施工,应适当增加排水口,使雨水能迅速排出路基,确保雨过天晴后能迅速投入生产; (5)制订雨季施工安全应急预案,做好防洪抢险和路基防冲刷准备工作
路堤	(1)雨期路堤施工地段除施工车辆外,应严格控制其他车辆在施工场地通行; (2)在填筑路堤前,应在填方坡脚以外挖掘排水沟,保持场地不积水,如原地面松软,应采取换填措施; (3)应选用透水性好的碎(卵)石土、砂砾、石方碎渣和砂类土作为填料,利用挖方土作填方时应随挖随填及时压实,含水率过大无法晾干的土不得用作雨期施工填料; (4)路堤应分层填筑,每一层的表面,应做成 2% ~4% 的排水横坡,当天填筑的土层应当天完成压实; (5)雨期填筑路堤需借土时,取土坑距离填方坡脚不宜小于 3m,平原区路基纵向取土时,取土坑深度一般不宜大于 1m
路堑	(1)土质路堑开挖前,在路堑边坡坡顶 2m 以外开挖截水沟并接通出水口; (2)开挖土质路堑宜分层开挖,每挖一层均应设置排水纵横坡,挖方边坡不宜一次挖到设计高程,应沿坡面留 30cm 厚,待雨期过后整修到设计坡度,以挖作填的挖方应随挖随运随填; (3)土质路堑挖至设计高程以上 30 ~50cm 时应停止开挖,并在两侧挖排水沟,待雨期过后再挖到路床设计高程后再压实; (4)土的强度低于规定值时,应按设计要求进行处理; (5)雨期开挖岩石路堑,炮眼应尽量水平设置,边坡应按设计坡度自上而下层层刷坡,坡度应符合设计要求; (6)雨季开挖岩石路堑,采用爆破时的炮眼应尽量水平设置; (7)边坡应按设计坡度自上而下层层刷坡,并应随时核对其坡度是否合乎设计要求
弃土	应尽量利用挖出的石渣移挖作填,石渣必须废弃时应按以下规定办理:冬季施工开挖路堑的弃土要远离路堑边坡坡顶堆放,弃土堆高度一般不应大于 3m,弃土堆坡脚到路堑边坡顶的距离一般不得小于 3m,深路堑或松软地带应保持 5m 以上,弃土堆应摊开整平,严禁把弃土堆于路堑边坡顶上

8.19 改扩建工程路基施工

8.19.1 一般要求

改扩建工程路基施工一般要求　表8-61

项　目	内容与要求
一般要求	(1)建设管理单位应组织编写施工作业指导书,结合实际对交通保畅、场地清理、地基处理、路基拼接、施工排水等工艺提出要求,新老路基结合部的处理应作为质量控制的重点。 (2)改扩建工程的旧路利用段应实行动态设计,现场不断地优化、完善设计。 (3)各参建单位应重视交通组织与管理工作,制订交通保畅方案;在通车路段施工,要设立专职的交通管理人员,应按照养护规范关于交通标志设置的要求,摆放有效的交通引导标志、限速标志和必要的警示灯、照明设施等,保障道路的安全畅通。 (4)制订相关应急预案。对交通事故的处理,应反应快速、处置灵活、抢险稳妥、救援及时。 (5)制订安全生产管理办法,加强与运营、交警、路政等部门的联系,经常性地开展安全生产教育,所制订的施工方案应满足实际安全生产的要求。 (6)建设必要的临时设施,保障跨线桥、通道等构造物的正常使用,不得影响周围群众正常生产、生活。 (7)对收费站、服务区、停车区改造时,应保障基本的服务功能。 (8)积极推广和应用新技术、新设备,坚持环保、节约的理念,要重视再生技术的应用,尽可能地利用原有公路的设施、材料
施工准备	(1)路基开工前,应做好施工测量工作,其内容包括:导线、中线、水准点复测,横断面检查与补测,增设水准点等。 (2)应根据设计文件提供的资料,对取自挖方、借土场、料场的路堤填料进行复查和取样试验,挖方、借土场和料场用作填料的土,应进行相关土工试验,完成试验的报批工作。 (3)取土场选定时,应进行详细的勘探工作,防止出现土质变化、土石夹层、淤质夹层等现象。 (4)取土场使用前,应根据地形、地貌、地质、水文情况制订进场便道、支挡、防护、排水与水土保持等施工方案;开挖前先将表土剥离,集中堆放,并保存好,用于工后覆土复耕或植被恢复,取土时应该分层进行,按照条式取土法取土;取土坑一次取土深度不超过3m,取土坑四周的边坡坡度满足规范要求。 (5)机械准备。对高速公路,每个施工段(不超过2km)最少应配置:平地机1台(砂砾路基除外)、重型振动钢轮压路机2台(激振力+自重≥50t)、挖掘机1台、推土机1台、重夯设备3套、小型压实机具、洒水车、其他辅助机械和设备等(灰土垫层施工应配路拌机1台)。 (6)对施工人员应进行岗前技术培训、安全教育。 (7)做好详细的施工组织设计和工作安排,分项工程开工报告得到批复。 (8)临时便道、便桥已完成,修建的临时便道应保证施工过程的使用,应高于原地表40~80cm,土基密实,简易砂石路面厚度应不小于20cm;主线便道宜设置在界桩以内,应保持线形顺畅,平时要加强对便道的养护;对附近无法绕行的河流,须修建临时便桥。 (9)应完成长度不少于200m的试验段,确定施工工艺、松铺厚度等参数,试验路的成果得到批复,正常施工路段应按照批复的试验路段成果指导施工。 (10)场地清理已结束,在填方地段的原地面应进行表面清理,包括原隔离栅、隔离网以及路堤防护圬工砌体;清出的种植土应集中堆放;对于路基范围内的水井、墓穴、沟渠等,按有关要求提前处理。 (11)应完成下列工程: 扩建段原路基的病害处理(原路基不均匀沉降、桥头路基沉陷)。 加宽拼接段的特殊路基处理(砂砾垫层、湿陷性黄土、软土地基)。

续上表

项　　目	内容与要求
施工准备	加宽段路基基底处理(强夯、重夯)。 原路基结构物处已完成必要的防护加固工程。 临时排水设施已完成,特别是原道路的涵洞、通道的排水、通行已解决: ①可在便道内侧开挖临时排水沟,铺设双层彩条布,根据地形调整纵坡以便将雨水及时排出路基外,临时排水沟和灌溉渠不能共用和互通。 ②应先做好截水沟、排水沟等排水设施,排水沟的出口应通至桥涵进出口处,排、截水沟挖出的废土应堆置在沟与路堑边坡顶一侧,并予以夯实。 ③对旧路面的表面排水,集中后设置排水通道,防止其对开挖台阶的冲刷。对中央分隔带排水、超高段横向排水要临时引至新路基外的排水沟中

8.19.2 路基拼接施工

路基拼接施工要求 表 8-62

项　　目	内容与要求
施工准备	施工前要对地基状况进行核查,应选择合理的施工方案,保障软土处理、路基拼接后原路基的稳定性
土质路基	(1)台阶开挖宽度 120cm、高度 80cm,由底至上开挖,开挖一级填筑一级。 (2)台阶的开挖采用挖掘机结合人工的方式进行,对台阶处的原老路填土进行天然含水率和力学性能的检验。 (3)台阶立面要求机械开挖时预留 10cm,台阶壁设置 1:0.2 的斜坡。 (4)结合路基施工分段落、分级进行开挖;高填方路段,应对老路基进行稳定性验算后再决定台阶开挖的工序,台阶自下而上随填土进度逐层开挖。 (5)在进行路基填筑时应加强与原老路台阶结合处的碾压,人工清理台阶结合处的虚土,然后碾压到边,对与老路基的结合部位应作为重点进行施工。 (6)台阶开挖时,若老路堤出现渗水,须及时上报,处理后才可继续施工。 (7)尽量避免老路基开挖断面长时间的暴露,当路基填筑完成一层时方可开挖上一层台阶,降雨时及时对已开挖的老路基台阶采用防水布进行覆盖
砂砾路基施工	(1)砂砾路基台阶开挖不易成型,应由下向上分层填筑;新旧路基结合部位,每填筑一层,应用推土机沿路基纵向按分层填筑厚度的 2 倍宽度向旧路基内侧推进搭接;在碾压搭接结合部位时要增加碾压遍数,压实度适当提高。 (2)在施工时应清除原路基搭接部位超粒径的填料
高填方路基拼接施工	(1)高填方路堤施工,应加强沉降观测,并根据拼接施工特点,增加水平位移观察,严格控制填筑速率。 (2)高填方路段,由于施工期较长,应严格做好排水措施,防止雨水从拼接面下渗,同时做好拦水埂和泄水沟,防止雨水对路基边坡冲刷。 (3)高填方路段的边坡台阶开挖,应验算路基稳定性后实施,不宜一次性开挖过大、过高,一个台阶宽度一般不宜超过 150cm
施工要点	(1)每一压实层均应检验压实度,合格后方可填筑其上一层;对于拼接段的路基填筑压实度的控制应作为平时检测工作的重点;拼接路基距拼接缝 3m 范围内以及老路基台阶上填筑土压实标准应提高 1%,对其压实度检测宜加大频率,且须每点合格。 (2)结构物台背回填施工的纵向、横向开挖台阶尺寸宜为宽度 120cm、高度 80cm,由底至上开挖,开挖一级填筑一级;采用反开挖施工的涵洞、通道的台背回填台阶开挖,其宽度和高度均为 30cm。

续上表

项　目	内容与要求
施工要点	(3)土路基段的开挖施工,应尽量避开雨季施工,缩短施工周期。 (4)路基台阶的开挖可采用开挖一级填筑一级的方法,逐级开挖,逐级填筑;原土路堤边坡清除表土后出现的松散、过湿、翻浆、沉陷、冲沟等病害需进行相应的换填、挖除处理后,再进行开挖台阶施工;原路基为砂砾路基时,清表后出现松散、沉陷应采用换填或注浆处理,然后进行开挖台阶施工

8.19.3 石方挖方路基拓宽

石方挖方路基拓宽施工要求　表 8-63

项　目	内容与要求
一般要求	(1)路堑开挖以尽量不爆破为原则,如石方开挖必须采用爆破施工,则爆破规模必须采取小型爆破,并采用预裂控制爆破和光面爆破方式;同时每次爆破必须有计划、有审批、有组织、定时、定点、定规模进行。 (2)沿路线纵向拟采用在需爆破的路堑上靠行车道侧先预留爆破防护墙,并加设双排脚手架和安全网进行防护,防止大量飞石滚入高速公路。 (3)在运营的高速公路边坡上爆破时,应临时封闭交通
爆破方案设计原则	(1)采用中浅孔和深孔相结合多段微差松动爆破和微分装药,爆破作用控制在松动爆破范围内,根据不同爆破环境控制适当的单耗。 (2)采取密孔分散药量和松动爆破措施,控制飞石,减少冲击波超压和噪声。 (3)采取适当覆盖的方式和必要的防护、加固措施,以防止个别飞石的危害;采取监护、撤离、疏散措施,防患于未然。 (4)充分考虑爆破震动对周围建(构)筑物的影响,采取限制单段药量,控制爆破规模,增加起爆次数,分区多工作面施工等方法,对震动进行测试监测。 (5)在施爆开始和邻近设施时,加强爆破震动监测,并及时将监测结果提供给现场工程技术人员,以便严格控制最大一段装药量,确保周围建构筑物的安全。 (6)爆破施工前,必须对周围环境进行调查,基本不干扰主线交通,实施短时间封闭交通(30min 以内);不能对周围建筑物产生破坏效应。 (7)落实施工布置,特别是防护、加固措施的实施,控制飞石在安全范围内,确保高速公路行车和人员安全;确保电力通信设施安全等
土石方挖运	(1)爆破施工与土石方挖运同步进行,即采取边挖运边爆破的配合方式进行,每一区爆破后,将各路钻爆工具、机械运至下一作业区区段的顶面上,开始钻孔作业,爆破完成的作业区采用挖掘机和装载机装渣,自卸车运输填筑于路堤地段或运于弃渣场。 (2)在拓宽工程爆破施工时,如要确保高速公路双向四车道不间断运营,爆破石渣不能直接抛掷路堑以下,且爆破在高速公路一侧预留防护墙,靠近山体一侧预留光面爆破层,中间爆破宽度较窄,运输回撤倒车进入爆破区装料,正向开出运走

8.19.4 涵洞及通道拼接

涵洞及通道拼接一般要求 表 8-64

项　目	内容与要求
病害检查及处理	(1)清理涵洞内的淤积残留物,涵洞全长范围内的淤积残留物层均不大于10cm。 (2)检查涵洞、通道内的混凝土是否存在裂缝、空洞、麻面蜂窝等病害,并做好记录。 (3)检查涵洞、通道的沉降变形,查勘沉降缝的错台、漏水、各管节接缝开裂、通道顶板渗水等,存在问题时应采取封水措施。 (4)对存在下列情况之一的须作为危涵洞、危通道,并应按程序上报,补强完成后才可进行拼接施工: ①纵横向裂缝交叉或贯通,裂缝宽度 >0.3mm,裂缝深度 >1/3 结构物厚度,渗漏现象严重; ②结构物表面风化严重,麻面蜂窝连成片面积 >10%,结构物表面积,混凝土强度明显衰减; ③空洞、露筋现象严重,多处受力钢筋外露并锈蚀严重
地基处理	(1)软土地段必须按照设计要求先进行地基处理;若采用水泥搅拌桩处理时,必须待搅拌桩达到设计强度后再做垫层和基础,垫层材料可用碎石,并确保垫层的压实度满足规范要求; (2)非软土地段,须测定土基的承载力,承载力不足时,应按设计文件实施
洞口拆除	(1)涵洞、通道拼接前应将洞口的一字墙、八字墙、锥坡、洞口铺砌、挡水墙等原有构筑物拆除; (2)拆除洞口构筑物可采用切割、凿除等方法,严禁使用静态爆破法,或不当的锤击; (3)填土高、孔径大的暗涵、通道,拆除洞口结构物时,应兼顾洞口两侧路基的稳定性;对于存在病害的暗涵、通道,必要时要采取临时支护,确保洞口拆除时的结构安全和施工安全
临时排水	(1)涵洞自身排水,宜采用堵排结合的方法,采用封闭式排水措施,不得出现漏水浸泡基坑的现象; (2)有条件改道排水时,应防止水浸泡地基的现象发生
注意事项	(1)涵洞、通道两侧回填和路堤同步,防止出现单侧偏压; (2)洞口铺砌要适当延伸到隔离栅以外,与地方水系顺接,或与路基排水边沟顺接; (3)隔离栅跨越涵洞进出口时,可设置固定栅栏,防止牲畜穿越; (4)在边坡两侧适当位置可设置临时急流槽,将路面水排到线外临时边沟; (5)尽量避免在雨季和农田灌溉高峰期进行涵洞拼接施工

典型构筑物拼接施工要求 表 8-65

项　目	内容与要求
箱涵、箱式通道	(1)原有箱涵、箱式通道的混凝土基础,在拼接施工前应凿开,并设置沉降缝; (2)应采用大块模板拼装施工,单块模板面积≥$2m^2$,模板拼装缝隙要求平整、紧密、不漏浆,宜采用防水胶泥围缝; (3)选择连续级配防水混凝土,混凝土强度保证率 >95%,第 1 次浇筑底板和侧墙 30cm,强度达到70%后,进行第 2 次浇筑并一次完成; (4)老箱涵、箱式通道洞口一字墙拆除后外露的钢筋头先涂一层环氧树脂,再做一层砂浆抹面,防止钢筋锈蚀; (5)工作缝外侧采用橡胶止水带、遇水膨胀橡胶条,综合处理,内侧用沥青麻絮填塞,表面用砂浆勾缝; (6)扩建通道与原通道的接缝可采用植筋拼接的刚性固结形式,并加强扩建通道基础的处理。 植筋拼接施工工序如下:检查老通道是否有缺陷,对顶板顶面进行检查,是否有裂缝,如有裂缝须采取措施修补、加固→凿除通道、箱涵的护栏底座→通道、箱涵端墙凿毛处理→用钢筋探测仪测出植筋处混凝土内的钢筋位置,核对、标记植筋部位,以便钻孔时避让钢筋→孔位放样后采用电锤钻进行钻孔,并根据钢筋或螺杆直径选择孔径和孔深→成孔后孔眼必须用毛刷将孔壁的浮尘反复清刷干净,或用空压机的强风彻底吹洁孔壁,重复至少 3 次以上,不要留下灰尘或泥浆。并保证孔眼处于干燥状态→清孔结束以后,采用与植筋胶品种相配套的植筋胶枪向孔中注射胶体,注入胶体大约孔体积 1/2 左右→及时将备好的钢筋或螺杆旋转着缓缓插入锚孔底,使得锚同剂均匀地附着在钢筋或螺杆表面及缝隙中,使胶与钢筋、孔壁完全黏结→植筋完成以后必须做好植入钢筋的固化期保护工作,禁止扰动、碰撞钢筋→植入钢筋必须按 1% 且至少 1 根的频率随机抽检进行抗拉拔试验

典型构筑物拼接施工要求 表 8-65

项　目	内容与要求
箱涵、箱式通道	 新老通道植筋拼接  植筋首件工程抗拉拔检测
盖板涵	(1)支座垫板采用三油四毡,提前预制成支座垫板块,安装盖板前平铺在台帽上,若台帽不平整,则用1∶2 水泥砂浆将垫板支平,确保盖板四周均匀受力; (2)严格按照通用图和施工规范要求进行防水层施工,涵台顶部两侧做好排水盲沟,不允许出现盖板漏水现象; (3)涵洞洞底铺砌进出口,必须做挡水墙,防止铺砌时出现脱空现象; (4)凡用块片石砌筑的涵台铺砌和八字墙均用1∶2 砂浆勾缝,勾缝凸出5mm,先填后勾,保持美观整齐; (5)变形缝止水处理,用沥青麻絮填塞,暴露面用水泥砂浆勾缝
倒虹吸	(1)按照管涵的施工要求进行施工,凿出混凝土包封部分钢筋,与新钢筋焊接成整体; (2)钢筋混凝土倒虹吸新老接头若断开,按变形缝做止水处理;若设计要求新老接头不断开,则将老的洞身凿除20cm,新老钢筋焊接成整体,混凝土拼接缝处理后确保不渗水; (3)防水处理:混凝土采用连续级配防渗混凝土,表面防水层和变形止水采用橡胶带,严格按现行公路桥涵施工技术规范的要求进行施工; (4)基槽工作宽度每侧≥60cm,须采用水稳定性好、密封性强、强度高的材料,回填至路床顶面; (5)进出口铺砌确保不渗漏,保证水渠边坡稳定; (6)应进行压水试验,检查其渗漏情况

8.20 地基处理技术

8.20.1 主要地基处理技术

主要地基处理技术 表 8-66

项　目	内容与要求
强夯法和强夯置换法	强夯法处理地基,首先由法国 Menard 技术公司于20 世纪60 年代末创用。我国于1978 年引进,原交通部第一航务工程局科研所及协作单位在天津首先开展试验研究。由于该法设备简单、效果显著、经济和施工快,很快得到推广。除强夯挤密外,近年来,强夯置换得到不少应用。强夯造成的振动、噪声等公害也应引起足够的重视。 强夯挤密法常用来加固碎石土、砂土、低饱和度的黏性土、素填土、杂填土、湿陷性黄土等各类地基。对于饱和度较高的黏性土等地基,如有工程经验或试验证明采用强夯法有加固效果的也可采用。通常认为强夯挤密法只适用于塑性指数 $I_p \leqslant 10$ 的土。对于设置有竖向排水系统的软黏土地基,是否适用强夯法处理目前尚有不同看法。对于厚度小于6m 的软黏土层采用强夯置换法处理,边夯边填碎石等粗粒料形成深度为3~6m,直径为2m 左右的碎石桩体与周围土体形成复合地基,也已取得较好的加固效果。 强夯施工主要设备包括:夯锤、起重机、脱钩器和门架等部分。工程实践表明,施工机具和工艺直接影响加固效果和经济效益。近几年来人们重视强夯机具装置的科学化、系列化和规格化的研究

续上表

项　目	内容与要求
排水固结法(静力排水固结法)	排水固结法又称预压法,适用于淤泥质土、淤泥、冲填土等饱和黏性土地基。饱和软黏土在荷载作用下,孔隙中水慢慢被排出,土的孔隙比减小,随着超静孔隙水压力消散,有效应力提高,土的强度增加。通过排水固结法处理地基可以使地基沉降在加载预压期间大部分或基本完成,减少建筑物在使用期间的沉降和沉降差,也可提高地基承载力。 排水固结法是由排水系统和加压系统两部分共同组合而成的。排水系统通常有普通砂井、袋装砂井和塑料排水带等;加压系统通常有堆载预压法、真空预压法、降低地下水位法、电渗法和联合法。 近几年来,排水系统采用塑料排水带和袋装砂井较多,加压系统采用堆载预压和真空预压法较多,也有采用真空加堆载联合预压法,以及利用建筑自重加载法。袋装砂井和塑料排水带的长细比大,井阻影响得到人们的重视。近些年来非理想井的固结理论得到发展,谢康和与曾国熙(1989年)为非理想井的设计提供了简易曲线和设计方法。 为了消除地基在使用荷载下的主固结变形,减小或消除次固结变形,可以采用超载预压。所谓超载预压就是在预压过程中采用比使用荷载大的预压荷载预压。 真空预压法,一般能够取得相当于78~92kPa的等效荷载,为了进一步提高加固效果,可采用真空—堆载联合预压法。据称,几年来根据工程要求已获得相当于130kPa的等效荷载。真空—堆载联合预压法先后在天津、上海、福州和广州等地得到应用。对真空预压法的有效加固深度学术界看法不一,有的学者认为真正的有效深度在6m以内,有的则认为可达20m,甚至更深。真空预压的有效深度需引起重视和进一步研究。袋装砂井也存在一个有效深度问题。有的日本学者认为袋装砂井有效深度在15m以内。 对于超软弱地基,要注意防止地基固结过程中塑胶排水带或袋装砂井的折断问题,要研制柔性塑料排水带以满足工程需要
振冲法	利用振动和水冲加固地基的方法叫作振冲法。振冲法由德国S. Steuerman在1939年提出,我国应用始于1977年。由于大量工业民用建筑、水利和交通工程地基防震加固的需要,该法得到迅速推广。 振冲法早期用来振密松砂地基,后来也应用于黏性土地基,振冲法演变成两类:振冲密实法和振冲置换法。振冲密实法的加固原理是,一方面依靠振冲器的强力振动使饱和砂层发生液化,砂颗粒重新排列,孔隙减少;另一方面依靠振冲器的水平振动力,在添加回填料情况下还通过填料使砂层挤压加密。 振冲置换的加固原理是利用振冲器在高压水流下边振边冲,在软弱黏性土地基中成孔,再在孔内分批填入碎石等坚硬材料,制成一根根桩体,碎石桩体和原地基构成碎石桩复合地基,以提高地基承载力,减小地基沉降。未加填料的振冲密实法适用于黏粒含量小于10%的松砂地基;振冲置换法适用于不排水抗剪强度大于20kPa的黏性土、粉土和人工填土等地基,有时还可用来处理粉煤灰地基。 振冲法施工需要大量水,并在施工过程中排放泥浆,污染现场。为了克服这一缺点,干法振动加固地基技术得到应用。利用干法振动成孔器在软弱地基中设置碎石桩,干法振动加固地基技术主要适用于松散的非饱和黏土、杂填土和素填土,以及二级以上非自重湿陷性黄土。 另外,各地还因地制宜应用沉管干夯挤密碎石桩、干振道渣石屑桩、钢渣桩加固地基。 为了提高碎石桩桩体本身的刚度,发展了水泥粉煤灰碎石桩技术和低强度等级混凝土桩技术。这类低强度等级柔性及半刚性桩形成的复合地基具有承载力提高幅度大、变形模量高的特点,是一种有发展潜力的地基处理技术
石灰桩、土桩、灰土桩法	砂桩法于19世纪30年代起源于欧洲,50年代引进我国。起初砂桩法用于处理松散砂地基,视施工方法不同,又可分为挤密砂桩和振密砂桩。后来,也有用来加固软弱黏性土地基,通过砂桩的置换作用,形成砂桩复合地基,对其进行加载预压,也可加快地基固结。 石灰桩法工艺简单,不需复杂的施工机具,曾经应用较广泛。其加固机理包括:打桩时挤密、石灰吸水、膨胀、升温、离子交换、胶凝、碳化和置换等,但基本加固作用则可归纳为打桩挤密、桩周土脱水挤密和桩身的置换作用。从提高承载能力看,在正常情况下置换作用占的份额最大。经验与实践证明,只要填充石灰达到必要的密实度则不会出现软心现象。另外,采用粉煤灰等适宜的掺合料也有助于避免发生软心现象。桩土应力比是衡量置换作用的主要指标,要满足一般工程要求,不需追求过高的应力比。当需要

续上表

项　　目	内容与要求
石灰桩、土桩、灰土桩法	提高应力比时,除了要保证桩身具有较高强度外,桩还必须打穿软土层以免桩尖刺入降低应力比。 目前在实用概念上认为,若加固着眼点为石灰的吸水与膨胀作用,则必须采用新鲜生石灰且不加掺合料,最好采用细桩径、小桩距。若放弃石灰熟化的吸水、脱水作用(此作用提高地基承载力不超过5%)则用熟石灰亦能取得较好加固效果,掺入粉煤灰可节约石灰并可达到与不掺粉煤灰相近效果,最高掺合量可达80%~90%,此时称为二灰桩。 当被加固的渗透系数太小时,不利于软土脱水固结,脱水加固效果很小;若被加固土的渗软土地基加固的理论、设计与施工透性太大,孔中充水,石灰难以密实,效果不好;工程实例中发生过浓酸碱腐蚀损坏灰土的实例。在考虑采用石灰桩法加固地基时,应注意石灰桩法的适用条件,以及正确的施工方法。采用石灰桩加固地基有成功的经验,但也有些达不到预期效果,目前认为其关键问题是其工后性能的稳定性不够好。 此外Broms(1987年)还指出,当用石灰桩处理软土时,如果遇有透水砂层或粉土层时则石灰的膨胀比黏土地基的固结来得快,桩体积增加将会产生软黏土地基的隆起而不是固结和含水率的减小。 土桩和灰土桩法在我国西北和华北地区得到广泛应用。土桩和灰土桩适用于地下水位以上的湿陷性黄土、杂填土和素填土等地基。 在采用土桩和灰土桩加固地基时,近几年来重视工业废料的利用,如采用石灰和粉煤灰二灰桩处理粉煤灰地基和杂填土地基等。为了利用城市渣土,北京地区发展了渣土桩专利技术。它不但消除了渣土对环境的污染,而且为地基处理提供了廉价的原材料。在挤密桩施工中,除了打管挤密、爆扩挤密和冲击锥挤密外,还发展了采用橄榄锤锤击挤密成桩法,该法具有设备简单、施工方便和不需三材等优点
深层搅拌法和高压喷射注浆法	深层搅拌法目前在国外特别是日本和美国应用很广,国内近些年发展较快;在房屋地基加固、开挖工程代替板桩支护、铁路软基加固等方面,有大量的工程实践,对整套技术已有一定经验。在机械设备上虽然分别由冶金工业部建筑研究总院和交通部规划设计研究院、天津机械化施工公司和交通部第一航务工程局科研所、浙江大学岩土工程研究所等单位研制成了双搅拌轴中心管输浆及单轴搅拌叶片输浆的浆体深层搅拌专用机械,原铁道部第四设计院和上海探矿机械厂研制成深层粉喷搅拌专用机械,但与国外同类型机械相比还有一定的差距。 深层搅拌法是通过特制机械沿深度将固化剂与地基土强制搅拌就地成桩加固地基的方法,当固化剂(水泥或石灰)为粉体时又称粉体喷射搅拌法。深层搅拌适用于处理淤泥、淤泥质土和含水率较高的地基及承载力特征值不大于120kPa的黏性土、粉土等软土地基。当处理泥炭土或地下水具有侵蚀性时宜通过试验确定其适用性,冬期施工应注意负温对处理效果的影响。 深层搅拌法可以根据工程需要做块状、格子状、壁状和圆柱状等形状的加强体,同时具有施工中无振动、无噪声、无地面隆起、不排污、对相邻建筑不会产生有害的影响等优点,该法较受工程界欢迎。深层搅拌桩处理地基的设计可按复合地基考虑。许多工程实测资料表明,在正确设计和施工的情况下,深层搅拌法处理的地基沉降较小。 高压喷射注浆法是将带有特殊喷嘴的注浆管置于土层预定深度,以高压喷射流使固化浆液与土体混合,凝固硬化加固地基土体的方法。它适用于淤泥、淤泥质土、黏性土、粉土、黄土、砂土、人工填土和碎石土等地基。当土中含有较多的大粒径块石、坚硬黏性土、大量植物根茎或有过多的有机质时,应根据现场试验结果确定其适用程度。遇地下水流速过大和已涌水的工程应慎重使用。注浆形式分旋喷、定喷和摆喷,施工分单管法、二重管法及三重管法。 高压喷射注浆法用于处理新建和原有建筑的地基处理,如深基挡土结构、坑底加固、防止管涌与隆起、处理隧道坍方和修建地下防水帷幕等都有很多工程实例。 为适应隧道、地下工程及深基开挖等施工的需要,水平高压喷射及灌浆加固技术在意大利、日本和德国得到较快的发展。意大利Radio公司还开发了可同时在钻进中检测地层土质、机器控制和自动调节设计浆量并收集反馈信息的机械,国内也很重视并已进行过一些探索性试验

续上表

项　　目	内容与要求
灌浆法和化学处理	灌浆法是沿用至今的一种传统方法，它用于处理黄土、砂土以及洞穴、裂缝等均能获得较好的效果。近些年在改进浆液材料如用超细水泥和其他新掺合剂等，以及灌浆对环境的污染等方面做了不少工作。 实践证明，在渗透性差的黏土地基中，浆液难以有效地灌入，加固效果常不理想。新的压密灌浆法的应用，使灌浆加固黏土获得了新的生命力。压密灌浆与一般灌浆法不同之处是采用的浆液稠度大，灌浆压力高，浆液通过挤压形成浆泡，或填充裂隙使土体强化。这种方法始于20世纪50年代，之后不断得到完善(Brown和Warner，1969年)，近些年受到重视。美国和法国已有很多工程实例，在第12届国际土力学会上法国提出3篇论文讨论了这种灌浆方法的适用条件和工程实例，国内在石油勘探方面与采油方面大量应用这种方法作为压裂岩扩大采油量的有效手段。在铁路上用以加固黄土和软土地基的试验取得了效果。早在20世纪70年代铁路上曾用类似的方法加固桥基：一处由于软土深度大加固后虽初期有效，但长期却未能解决下沉的问题；另一处为浅层处理，因发生地面隆起影响了加固的效果。可见利用这种方法还必须考虑其适用条件
水泥粉煤灰碎石桩法	水泥粉煤灰碎石桩(CFG桩)是在碎石桩基础上加进一些石屑、粉煤灰和少量水泥，加水拌和，用振动沉管打桩机或长螺旋钻管内泵压成桩机具制成的一种具有一定黏结强度的桩，桩和桩间土通过垫层形成复合地基。 当前由于城市环境治理，大城市烟囱烧煤大量减少，一般烧天然气，所以粉煤灰产量减少，价格上涨，粉煤灰价格接近水泥的价格，所以有的部门用低强度等级素混凝土桩代替(即LCG桩)
桩锤冲扩桩法	桩锤冲扩桩法，宜用直径50～120cm，长度150～300cm，质量8～20t的柱状锤进行，孔内可分多次填入碎砖和碎石或生石灰，边冲击边将填料挤入孔内，复打冲击成孔和桩，加固机理有在成孔及成桩过程中对原土的动力挤密作用，动力固结冲扩充填置换作用，当填生石灰时的水化和胶凝作用等
静动力排水固结法	静动力排水固结法是近些年来发展起来的一种软土地基处理新技术，它利用改进的强夯法(动力固结法)的夯击机具与排水固结法中排水体系，针对包括高含水率的软黏土地基进行处理。该法与强夯法有着本质的不同。 在"静动力排水固结法"称谓中，"排水"是为表明相应的夯击方法与传统的"动力固结法(即强夯)的区别，而"静(静力)"则反映了该法中表面静力(静覆盖力)对于软土处理不可缺少的基本组成。该法将静(覆盖)力、动力荷载及其残余后效力与快速排水体系进行有机结合，对软土地基进行加固；同时强调通过信息化施工，进行施工质量的过程控制、处理平面或空间内点的控制(便于减小差异沉降)，以确保达到或超过技术、经济与工期等要求。从机理作用上来看，该法可更科学地称为"复合力排水固结法"，以反映残余力的必不可少的作用

8.20.2 垫层和浅层处理

(1)一般规定

一般规定 表8-67

项　　目	内容与要求
材料	(1)砂砾垫层宜采用级配良好、质地坚硬的中、粗砂或砂砾。砂的颗粒不均匀系数不宜小于10，不得含有草根、垃圾等杂物，含泥量应不大于5%。碎石垫层宜采用5～40mm的天然级配，碎石最大粒径不宜大于50mm，含泥量应不大于5%。 (2)石屑垫层所用石屑中，粒径小于2mm的部分不得超过总重的40%，含泥量应不大于5%。 (3)矿渣垫层宜采用粒径20～60mm的分级矿渣，不得混入植物、生活垃圾和有机质等杂物。 (4)粉煤灰垫层可采用电厂排放的硅铝型低钙粉煤灰，最大粒径不宜大于2mm，小于0.075mm颗粒含量宜大于45%，烧失量宜小于12%。 (5)灰土垫层的石灰剂量(石灰占混合料总质量的百分比)，消石灰宜为8%，磨细生石灰宜为6%。土料宜采用塑性指数大于15的黏性土，不得含有有机质，土料粉碎后土块粒径不宜大于15mm。石灰中CaO+MgO含量不应低于55%，宜采用Ⅲ级钙质消石灰或Ⅱ级镁质消石灰。 (6)抛石挤淤宜采用粒径较大的未风化石料，其中0.3m粒径以下的石料含量不宜大于20%

续上表

项　目	内容与要求
碎石、砂砾、石屑、矿渣垫层施工	(1)垫层宜采用机械碾压施工,碾压工艺和分层摊铺厚度应根据现场试验确定,压实遍数不宜少于4遍。 (2)垫层的最佳含水率应根据具体的施工方法确定。当采用碾压法时,最佳含水率宜为8% ~12%;当采用平板式振动器时,最佳含水率宜为15% ~20%;当采用插入式振动器时,宜处于饱和状态。 (3)铺设垫层前,应先对现场的古井、古墓、洞穴、暗浜、旧基础进行清理、填实,经检验符合要求后,方可铺填垫层施工。 (4)严禁扰动垫层下卧软土层,防止下卧层受践踏、冰冻、浸泡或暴晒过久。 (5)垫层应水平铺筑,当地面有起伏坡度时应开挖台阶,台阶宽度宜为0.5~1.0m
粉煤灰垫层施工	(1)粉煤灰的物理化学指标应符合设计要求,施工最大干密度和最佳含水率应由室内击实试验确定。 (2)严禁在浸水状态下施工。 (3)施工时应分层铺填压实,松铺厚度应由试验确定。 (4)粉煤灰垫层验收合格后,覆盖前严禁车辆在其上通行,并及时填筑路堤或进行封层施工
灰土垫层施工	(1)施工前应先施作排水设施,施工期间严禁积水,当遇到局部软弱地基或孔穴时,应挖除后用灰土分层填实。 (2)灰土应拌和均匀,严格控制含水率,拌好的灰土宜当日铺填压实;当土料中水分过多或不足时,应晾干或洒水润湿。 (3)分段施工时,上下两层的施工缝应错开不小于0.5m,接缝处应夯压密实。 (4)灰土垫层应分层铺填碾压,虚铺厚度不宜大于0.3m。 (5)灰土垫层压实后3d内不得受水浸泡。 (6)灰土垫层验收合格后,应及时填筑路堤或作临时遮盖,防止日晒雨淋,刚填筑完毕或未经压实而遭受雨淋浸泡时,应视其影响程度进行处理,必要时应掺灰拌和重新铺筑
抛石挤淤施工	(1)当下卧地层平坦时,应沿道路中线向前呈三角形抛填,再渐次向两旁展开,将淤泥挤向两侧。 (2)当下卧地层具有明显横向坡度时,应从下卧层高的一侧向低的一侧扩展,并在低侧边部多抛投不少于2m宽,形成平台顶面。 (3)在抛石高出水面后,应采用重型机具碾压紧密,然后在其上设反滤层,再行填土压实

(2)基底开挖换土

基底开挖换土施工方法　　表8-68

项　目	内容与要求
开挖方式	基底开挖同鱼塘清淤相似,深度在2m以内可用推土机、挖掘机或人工直接清除至路基范围以外堆放或运至取土坑还田;深度超过2m时,要由端部向中央,分层挖除,并修筑临时运输便道,由汽车运载出坑。 软土在路基坡脚范围以内应全部清除,边部挖成台阶状再回填;路基穿过沼泽地只需要清除路基坡角(含护坡道)范围以内的软土。护坡道以外,对于小滑塌的软土,可挖成1:1 ~1:2的坡度,对于泥沼地区的淤泥质高压缩性软土可将护坡道加宽加高至沼泽地相平或高出
填筑及压实	软基在开挖时,要注意解决渗水或雨水两个问题,可采用边挖边填,也可全部或局部清除后进行全部或局部回填,尽可能换填渗水性材料,并注意及时抽水。 碎石土及粉煤灰等工业废渣常作为换填材料,如果当地条件许可,可用这些填料回填至原地面或沼泽面。压实时,由于非土方填料分层厚度不宜小,为达到较好的压实效果,常采用振动压路机和重型静力压路机(三轮压路机12~15t)。 如果路基与两侧沼泽完全隔离,就可按照一般路堤填筑方式进行填筑,分层碾压时控制好含水率、碾压遍数、碾压方式及路堤边坡、护坡道的密实程度,要做好泥沼与路堤之间边沟的排水,保证路堤不受水毁,不受冻害。

续上表

项　　目	内容与要求
填筑及压实	路堤与两侧沼泽不能完全隔离，在清除路基底部软土后，如渗透性良好的土源缺乏，可在路堤底面用砂石料设置透水性路堤。 路堤两侧设立全铺式（块石、片石浆砌护坡）护坡或护面墙（挡土墙式护坡）时，砌石应用当地不易风化开山片石，用 M5 等级砂浆砌筑，墙基应埋入非软基土中 0.50～1.20m，砌筑护坡时应夯实坡面，挡墙墙后应填筑开山石块并夯实。护面墙应在路堤压实稳定后再开挖砌筑

(3)砂(砂砾、灰土)垫层

垫 层 施 工 方 法　　表 8-69

项　　目	方法、内容与要求
材料	用作垫层的砂砾料，应具有良好的透水性，不含有机质、黏土块和其他有害物质。 砂砾的最大粒径不得大于 53mm，含泥量不得大于 5%。 石灰应符合《公路路面基层施工技术规范》(JTJ 034—2000）所规定的Ⅲ级以上的要求。按《公路工程无机结合料稳定材料试验规程》(JTG E51—2009）规定的试验方法进行检验。 土工合成材料的选用应符合《公路土工合成材料应用技术规范》(JTG/T D32—2012）的规定。并应具有足够的抗拉强度，对土工织物，还应具有较高的刺破强度、顶破强度和握持强度等。土工合成材料的试验项目和方法应符合《公路工程土工合成材料试验规程》(JTG E50—2006）的标准
砂(砂砾)垫层	在清理的基底上，分层铺筑符合要求的砂或砂砾垫层，分层铺筑松铺厚度不得超过 200m，并逐层压实至规定的压实度，压实的方法应根据地基情况而选择振动法（平振、插振、夯实等）、水撼法、碾压法等。若采用碾压法施工时，应控制最佳含水率。砂砾垫层应宽出路基边脚 0.5～1.0m，且无明显的粗细料离析现象。两侧端以片石护砌，以免砂料流失。 填筑砂砾垫层的基面和层面铺有土工布时，在砂砾垫层上下各厚 100m 层次中不得使用轧制的粒料，以免含有裂口的碎砾石损伤土工布。 施工中应避免砂或砂砾受到污染，如有严重的污染，应换料重填
灰土垫层	石灰土垫层施工前，必须对下卧地基进行检验，如发现局部软弱土坑，应挖除，用素土或石灰土填平夯实。 施工时应将灰土拌和均匀，控制含水率，如土料水分过多或不足时，应晾干或洒水润湿，以达到灰土最佳含水率。 分层松铺厚度按采用的压实机具现场试验来确定，一般情况下松铺厚度应不大于 300mm，分层压实厚度应不大于 200mm。 压实后的灰土应采取排水措施，3d 内不得受水浸泡。灰土垫层铺筑完毕后，要防止日晒雨淋，应及时铺筑上层
反压护道	反压护道的施工，应与路堤本身同时填筑，如分开填筑时，必须在路堤达到临界高度前筑好。它的施工工艺要求与路堤填筑要求基本相同。 (1)反压护道可用于提高软土地基上路堤的稳定性，也可用于施工期间失稳路堤的应急修复。 (2)在软土地基段可根据需要设置一级或多级反压护道，每级的高度和宽度应通过稳定计算确定，且应满足工后沉降的要求。反压护道的最大高度不宜超过路堤高度的 1/2，可参照下图设置。 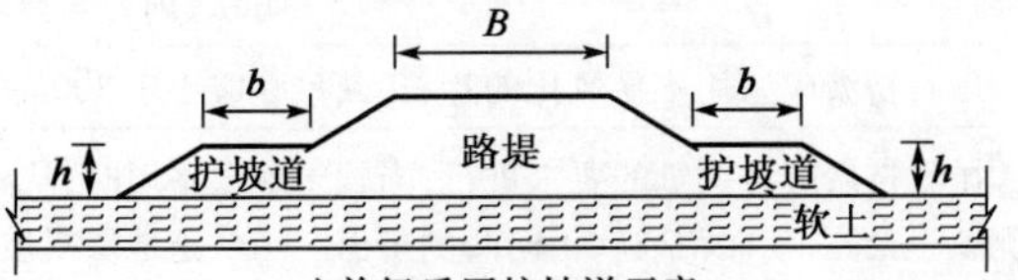 a)单级反压护坡道示意 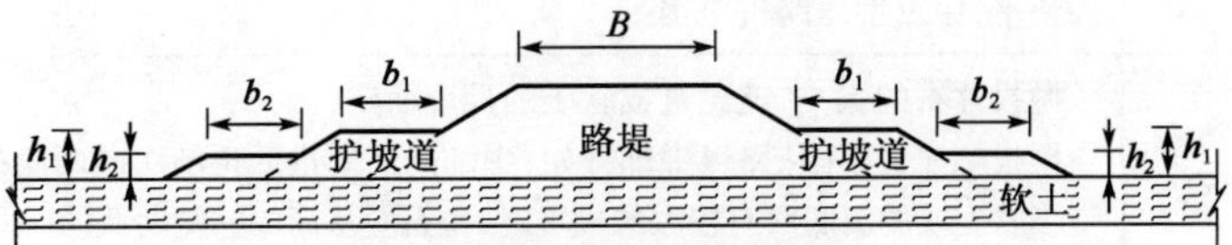 b)多级反压护坡道示意

续上表

项目		方法、内容与要求
反压护道		(3)反压护道稳定性验算,宜采用圆弧滑动法。设计时可拟订若干个尺寸试算。 (4)反压护道可兼作道路辅助设施,有条件时,也可种植农作物
土工合成材料	材料	土工布一般分一层或多层铺设。当铺设两层以上时,层与层之间要夹 10 ~ 20cm 的砂或砂砾垫层,以提高基底透水性。土工布的铺设需满足锚固搭接长度要求,注意保持土工布的平整和张拉程度,注意端头的位置和锚固,以保证土工聚合物的整体性。土工布存放以及铺设过程中,应尽量避免长时间暴晒,存放过程中避免与污物接触,以防土工布被污染而失去透水性条件
	铺设	土工合成材料的质量,应符合图纸或相关规范的要求。在采用土工合成材料加筋的路堤填筑正式开工前,应结合工程先修筑试验路段,以指导施工。 铺设土工合成材料应按图纸施工,在平整的下承层上全断面铺设。铺设时,土工织物应拉直平顺,紧贴下承层。可采用插钉等措施固定土工合成材料于填土下承层表面。 土工合成材料在铺设时,应将强度高的方向置于垂直于路堤轴线方向。 应保证土工合成材料的整体性,当采用搭接法连接时,搭接长度宜为 300 ~ 900mm;采用缝接法时,缝接宽度应不小于 50mm;采用黏结法时,黏结宽度应不小于 50mm,黏合强度应不低于土工合成材料的抗拉强度。 铺设土工合成材料的土层,表面应平整,表面严禁有碎、块石等坚硬凸出物;在距土工合成材料层 80mm 以内的路堤填料,其最大粒径不得大于 60mm。 土工合成材料摊铺以后,应及时填筑填料,以避免其受到阳光过长时间的直接暴晒。一般情况下,间隔时间不应超过 48d。填料应分层摊铺、分层碾压,所选填料及其压实度应符合规范规定的要求。 土工合成材料上的第一层填土摊铺,宜采用轻型推土机或前置式装载机。一切车辆、施工机械只容许沿路堤的轴线方向行驶。 对于软土地基,应采用后卸式卡车沿加筋材料两侧边缘倾卸填料,以形成运土的交通便道,并将土工合成材料张紧。填料不允许直接卸在土工合成材料上面,必须卸在已摊铺完毕的土面上;卸土高度以不大于 1 m 为宜,以免造成局部承载能力不足。卸土后就立即摊铺,以免出现局部下陷。 完成施工便道后,再由两侧向中心平行于路堤中线对称填筑,第一层填料宜采用推土机或其他轻型压实机具进行压实,只有当已填筑压实的垫层厚度大于 600mm 后,才能采用重型压实机械压实。 双层土工合成材料上、下层接缝应交替错开,错开长度应不小于 500mm。 施工过程中土工织物不应出现任何损坏,以保证工程质量。否则,应予更换重铺

(4)抛石挤淤

抛石挤淤施工方法 表 8-70

项目	方法、内容与要求
材料	抛石挤淤应采用不易风化的片石,其尺寸应小于 300mm
一般要求	抛石挤淤应按图纸的要求进行,当软土地层平坦时,从路堤中心成等腰三角形向前抛填,渐次向两侧填至全宽,使泥沼或软土向两侧挤出。当软土地层横坡陡于 1:10 时应自高侧向低侧抛投,并在低侧边部多抛填。使低侧边部约有 2m 的平台顶面,待片石抛出软土面或抛出水面后,应用较小石块填塞垫平,用重型压路机压实
处理施工要点	抛投片石的大小,随泥炭或软土的稠度而定; 抛投顺序,应先从路堤中部开始,中部向前突进后再渐次向两侧扩展,以使淤泥向两旁挤出; 当软土或泥沼底面有较大的横坡时,抛石应从高的一侧向低的一侧扩展,并在低的一侧多抛填一些; 片石露出水面后,宜用重型压路机反复碾压,然后在其上面铺反滤层,再行填土

8.20.3 竖向排水体

(1)一般规定

一 般 规 定 表 8-71

项 目	内容与要求
材料	(1)袋装砂井宜选用聚丙烯或其他适宜编织料制成的砂袋,砂袋强度应能承受砂袋自重,装砂后砂袋的渗透系数应不小于砂的渗透系数。 (2)砂料宜采用渗透率高的风干中粗砂,大于0.5mm砂的含量不宜少于总质量的50%,含泥量应不大于3%,渗透系数应不小于5×10^{-3}cm/s。 (3)塑料排水板可采用口琴式、城墙式等断面,如下图所示;应根据打设深度及排水需求选择排水板型号;塑料排水板应具有足够的抗拉强度和垂直排水能力;排水板复合体和滤膜的强度、延伸率,滤膜的渗透系数、滤膜的等效孔径、排水板的通水量以及外包装状况、缝线和胶黏的质量等应符合相应产品质量要求 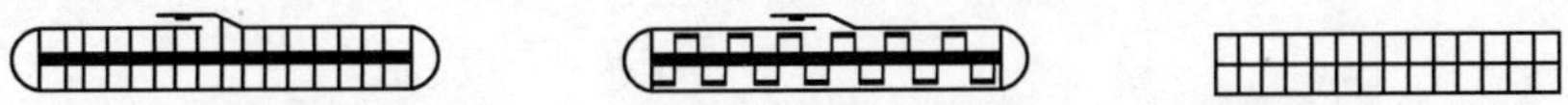 a)口琴式(滤套缝合或黏合) b)城墙式(滤套缝合或黏合) c)口琴式(滤套芯板黏合一体)
施工机械	袋装砂井和塑料排水板可采用沉管式打桩机施工。袋装砂井宜采用圆形套管,套管内径宜略大于砂井直径;塑料排水板宜采用矩形套管,也可采用圆形套管。宜配置能够检测排水体施工深度的设备
袋装砂井	(1)砂宜以风干状态灌入砂袋,应灌制饱满、密实,实际灌砂量应不小于计算值。 (2)聚丙烯编织袋不宜长时间暴晒,必须露天堆放时应有遮盖,以防砂袋老化。 (3)砂袋入井应采用桩架吊起垂直放入,应防止砂袋扭结、缩颈和断裂。 (4)套管起拔时应垂直起吊,防止带出或损坏砂袋;当发生砂袋带出或损坏时,应在原孔的边缘重新打入。 (5)砂袋顶部埋入砂垫层的长度不应小于0.3m,应竖直埋入,不得横置
塑料排水	(1)塑料排水板不宜长时间暴晒,盘带露天堆放时应有遮盖,以防老化。 (2)套管桩靴和套管应配合适当,结合紧密、无缝,以免淤泥进入后增大塑料板与套管内壁的摩擦力,导致塑料板回带。可采用混凝土圆桩靴或金属倒梯形桩靴,如下图所示。混凝土圆桩靴适用于圆形导管,金属倒梯形桩靴适用于矩形导管。 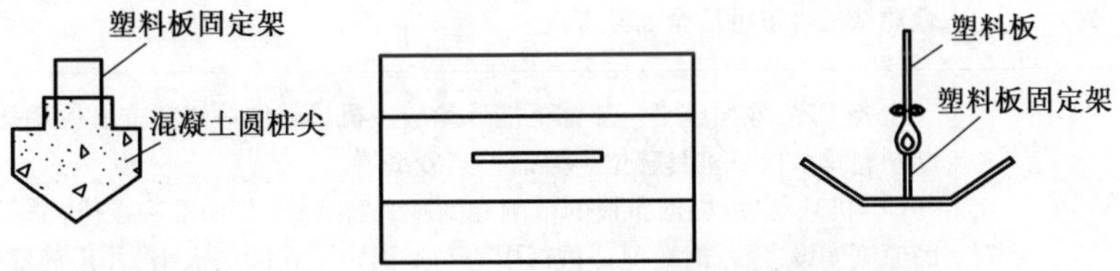 a)混凝土圆桩靴 b)金属倒梯形桩靴 (3)塑料排水板与桩靴的连接,宜采用穿过桩靴上的固定架之后将板体对折不小于0.1m,连同桩靴一起塞入套管的方式。安好桩靴之后,应等套管下落至桩靴与地面接触之后方可松手,确保桩靴与套管紧密结合。 (4)塑料排水板需接长时,应采用滤套内芯板平搭接的方法。芯板应对扣,凹凸对齐,搭接长度不宜小于0.2m;滤套包裹应采取可靠措施固定。 (5)塑料排水板顶端埋入砂垫层的长度应不小于0.5m

(2)袋装砂井施工

袋装砂井施工方法 表8-72

项　　目	方法、内容与要求
施工准备	(1)施工场地准备:清除原地面后,测量、放样并排水疏干;填筑路拱排水垫层,形成同路拱或横坡相同的坡度,碾压密实。 (2)开工前,应选择具有代表性的路段进行试验,总结施工工艺、质量控制措施,检测实施效果,试验总结报告审批后全面开工
工序	主要工序:整平原地面→摊铺下层砂垫层→机具定位→打入套管→沉入砂袋→拔出套管→机具移位→埋砂袋头→摊铺上层砂垫层
处理施工要点	施工质量应符合以下规定: (1)砂袋灌砂率(r)按式下计算。 $r=\frac{m_{sd}}{0.78\cdot d^2\cdot L\cdot\rho_d}\times 100\%$ 式中:m_{sd}——实际灌入砂的质量(kg); d、L——井直径、深度(m); ρ_d——中粗砂的干密度(kg/m^3)。 (2)砂袋灌入砂后,露天堆放应有遮盖,切忌长时间暴晒,以免砂袋老化。 (3)砂井可用锤击法或振动法施工,导轨应垂直,钢套管不得弯曲,沉桩时应用经纬仪或重锤控制垂直度。 (4)为控制砂井的设计入土深度,在钢套管上应画出标尺,以确保井底高程符合设计要求。 (5)砂袋入井,应用桩架吊起垂直下井,防止砂袋发生扭结、缩颈、断裂和砂袋磨损。 (6)拔钢套管时应注意垂直起吊,以防止带出或损坏砂袋。施工中若发现上述现象,应在原孔边缘重打;连续两次将砂袋带出时,应停止施工,待查明原因后再施工。 (7)砂袋留出孔口长度应保证伸入砂垫层至少30cm,并不得卧倒

(3)排水板(带)施工

排水板(带)施工方法 表8-73

项　　目	方法、内容与要求
施工准备	(1)施工场地准备:清除原地面后,测量、放样并排水疏干;填筑路拱排水垫层,形成同路拱或横坡相同的坡度,碾压密实。 (2)开工前,应选择具有代表性的路段进行试验,总结施工工艺、质量控制措施,检测实施效果,试验总结报告审批后全面开工
工序	主要工序:地面整平→摊铺下层砂垫层→机具就位→塑料排水板穿靴→插入套管→拔出套管→割断塑料排水板→机具移位→摊铺上层砂垫层。 (1)机具定位:根据布板的范围和间距,放出每个板的准确点位,插板机械应依据从低往高处打设的原则安设,定位时要保证桩锤中心与地面定位在同一点上,并用经纬仪或其他观测办法控制桩锤与塔架的垂直。 (2)塑料板与桩尖连接:在塔架插板卷筒上安装塑料板,将塑料板通过套管从管靴穿出,固定在桩尖上,并一起贴紧管靴对准板位。 (3)沉管插板:开始时沉管下沉速度要缓慢;套管入土深度距设计深度约2m时,要减慢沉管速度,防止超深或碰上基岩时能及时采取措施。 (4)拔管剪断塑料板:沉管到设计深度后即可拔管;套管拔出后剪断塑料板,在砂砾石垫层上留出20~30cm,拔管时应连续缓慢进行。

<table>
<tr><th>项　目</th><th>方法、内容与要求</th></tr>
<tr><td>工序</td><td>
(5)铺设第二层砂砾石垫层：整段软土地基插板结束后，应均匀等厚铺设第二层砂砾石垫层，厚度一般为20～30cm，并按要求覆盖塑料插板，应采用压路机静压6～8遍，并检查其压实度，一般应达到90%以上。

(6)预压荷载：荷载应均匀地堆加在砂砾石垫层上，一般预压荷载为上部土石方填料，预压荷载采用变形控制，分层加载结束24h后观察位移速率和水平位移速率是否符合规定值要求

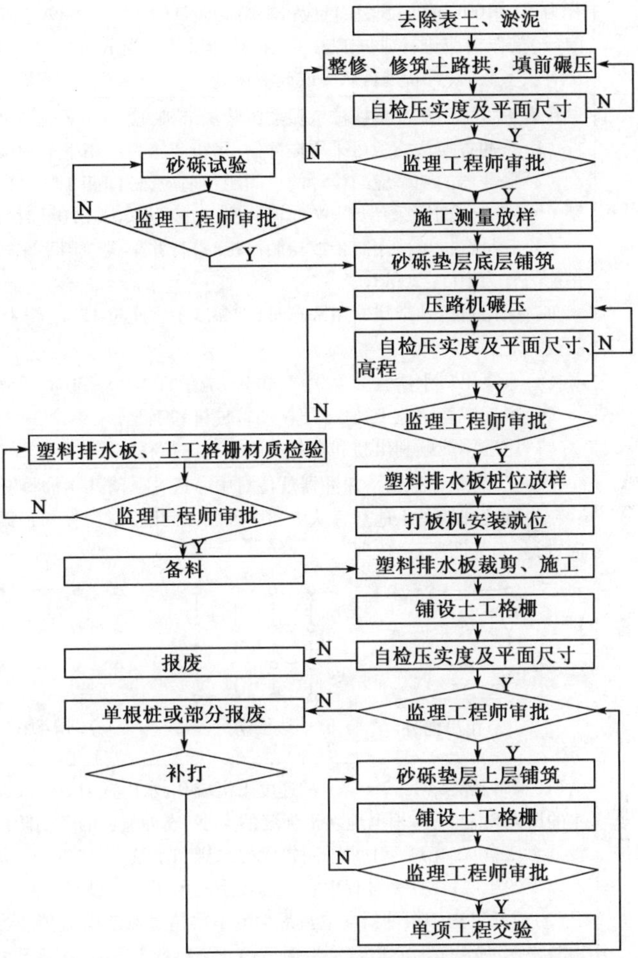

</td></tr>
<tr><td>处理施工要点</td><td>
(1)预制靴头可采用铁质或混凝土，将靴头套在空心套管端部，固定塑料排水板，并使其在下沉过程中能阻止泥砂进入套管。

(2)不得使用长度不够的塑料排水板，塑料排水板不得接长使用。

(3)插好的排水板伸入砂垫层应不得小于0.3m，插管形成的孔洞应用砂填满；上拔导管如带出淤泥，应予以清除，不得弃于砂垫层上，以免堵塞排水通道。

(4)施工中应严格控制好板距、板长、垂直度；打设过程中派专人监控，做好施工原始记录并及时收集整理。

(5)塑料排水板的顶部伸入砂垫层长度应大于0.3m或符合设计要求；排水板与锚销连接应可靠，锚销与导管下端口密封严密，以免进泥。

(6)拔管时应防止带出排水板；当带出长度大于0.5m时，必须重新补打。

(7)应及时清除排水板周围带出的泥土并用砂子回填密实，不得污染外露的排水板

塑料排水板施工图
</td></tr>
</table>

8.20.4 粒料桩施工

粒料桩施工方法 表 8-74

项　目	方法、内容与要求
材料与试验	(1)粒料桩宜就地取材,所用粒料宜有一定的级配。用于一般软土地基的粒料桩,粒料最大粒径不宜大于50mm;用于十字板抗剪强度低于20kPa的软土地基,粒料最大粒径不应大于100mm,其中粒径为50~100mm的粒料质量应占粒料总质量的50%~60%。粒料的含泥量不应大于5%。 (2)施工前应进行成桩工艺和成桩挤密试验。当成桩质量不满足设计要求时,应在调整设计与施工有关参数后,重新进行试验或改变设计
机械	粒料桩可采用振冲置换法或振动沉管法成桩,应符合下列规定: (1)振冲置换法施工可采用振冲器、吊机或施工专用平车和水泵。 (2)振冲器的功率应与设计的桩间距相适应,桩间距1.3~2.0m时可采用30kW的振冲器,桩间距1.4~2.5m时可采用50kW的振冲器,桩间距1.5~3.0m时可采用75kW的振冲器。 (3)起吊机械可采用履带或轮胎吊机、自行井架式专用平车或抗扭胶管式专用汽车等,吊机的起吊能力宜为100~200kN。 (4)采用自行井架式专用平车时,桩深度不宜超过15m;采用抗扭胶管式专用汽车时,桩深度不宜超过12m。 (5)水泵出口水压宜为400~600kPa,流量宜为20~30m^3/h,每台振冲器宜配一台水泵。 (6)振动沉管法施工,宜采用振动打桩机和钢套管。 (7)应选用能顺利出料和有效挤压桩孔内粒料的桩尖形式,软黏土地基宜选用平底形桩尖
施工顺序	主要工序:整平地面→振冲器就位对中→成孔→清孔→加料振密→关机停水→振冲器移位。 粒料桩处理软黏土地基宜从中间向外围或间隔跳打,在邻近既有建筑物施工时,应背离建筑物方向进行,如下图所示 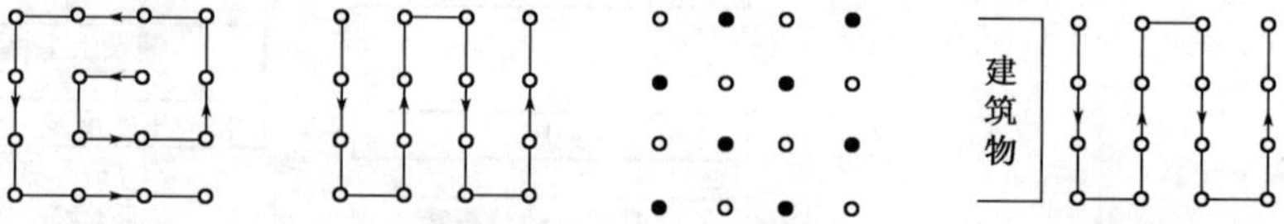 a)由里向外　b)一边推向另一边　c)间隔跳打　d)毗邻建筑物
振冲置换施工要点	(1)振冲器宜以1~2m/min的速度下沉成孔,水压宜为200~600kPa,水的流量宜为200~400L/min。水的压力和流量,应根据地基土强度的大小、成桩施工的不同阶段进行调节,强度较低的土层宜采用较低水压;在成孔过程中宜采用较大的水压和水量,当接近加固深度时应降低水压,避免扰动破坏桩底以下的土层;在振密过程中宜采用较小的水压和水量。 (2)成孔过程中振冲器的电流最大值不得超过额定电流值。当出现电流超过额定电流现象时,必须减慢振冲器的下沉速度,必要时应停止下沉向上提升,用高压水冲松土层,然后继续下沉。应记录随深度变化的成孔电流和时间,及时分析土质情况。 (3)当振冲器达到设计的加固深度后,宜停留1min,然后将振冲器上提至孔口,提升速度宜为5~6m/min。重复振冲下沉、提升两三次扩大孔径并使孔内泥浆变稀后,方可开始填料制桩。 (4)往孔内倒入一次料后,应将振冲器沉入孔内对填料进行振密,通过密实电流控制桩体密实度。在振密过程中,如密实电流尚未达到规定值,应提升振冲器加料,然后再沉入振冲器振密,直到该深度处的密实电流达到规定值为止。每次填料振密时都应记录填料的数量、留振时间和最终电流值,并均应达到设计规定
振动沉管施工要点	振动沉管法成桩可采用一次拔管成桩法、逐步拔管成桩法和重复压管成桩法3种工艺,并均应符合下列规定: (1)打桩机机架应稳固可靠,套管上下移动的导轨应垂直,宜采用经纬仪校准其垂直度。 (2)宜采用在套管上画出明显标尺的方法控制成桩深度。 (3)施工长桩时,加料斗提升过程中宜由两人从两侧牵引料斗的缆绳,保证安全。 (4)需要留振时,留振时间宜为10~20s。 (5)拔管速度宜控制在1.5~3.0m/min

续上表

项　　目	方法、内容与要求
施工质量	(1)在成桩 30d 后,采用重型($N_{63.5}$)动力触探检测桩身密实度和桩长,抽检频率应为总桩数的 1% ~2%。要求贯入量 100mm 时,锤击数不应小于 5 击。 (2)在成桩 30d 后,进行载荷试验,检验单桩承载力和复合地基承载力,抽检频率应为总桩数的 0.2% ~0.5%,且不应少于 3 处,测定的承载力应达到设计要求

8.20.5 预压和超载预压

预压和超载预压施工方法　　表 8-75

项　　目	方法、内容与要求
一般要求	预压和超载预压的填土高度,应符合图纸的要求。 用于预压与超载预压的土方,应分层填筑并压实。 预压路堤顶面应设一定的横坡使排水顺畅。 对有要求预压的路段,尤其是桥头路段和箱涵路段相接路段,在施工安排上应尽可能早地堆载预压。堆载顶面要平整密实有横坡。在工期限制较严、预压时间较短时,也可采用超载预压的方法来加快预压期的沉降量。 预压或超预压沉降后应及时补方,一次补方厚度不应超过一层填筑厚度,并适当压实,对地基稳定性较好的路段,亦可按预测沉降量随路堤填筑一次完成到位。对于在预压后期或在路面施工时,应采取一次补填的做法,以避免引起过大的沉降
预压期和沉降监测	在软基地段路堤完工到路面铺筑之前,应有路堤预压期。预压期应按图纸规定;如无规定,一般应为一年。 沉降期内,不得在预压路堤上修筑任何工程,但可加填由于沉降引起的附加填土。 预压期内,应按规定要求进行沉降监测。在预压期完成前,应将监测原始记录、沉降记录汇总表、沉降曲线图等资料以及完成预压期的分析报告,上报批准。预压期可根据沉降监测结果确定是否应予延长。 路堤沉降变形达到设计预期值后,方允许铺筑路面。有超出路床以上多余填料时,应在路面即将铺筑之前,将路堤超出的多余填料卸除,并将路堤整修到路床面高程和满足压实要求。 填筑路堤前,应在清理好的地表上安装沉降板。沉降板应符合图纸的要求。如果认为在某些桥头高路堤需要同时监测孔隙水压力时,应埋设孔隙水压力计及其观测设备,并与沉降同步观测。 在超载预压路段,沉降板应安装在路基顶部中心线上,纵向间距为 200m。桥头引道路堤,第一块沉降板从距桥台台背 10m 处开始,按路基中心线、左右两侧路肩内缘设置,其后,以 50m 的间距设置沉降板。施工过程中,应对沉降板采取可靠的保护措施,不使其变形和损坏。应承担由于未按要求进行沉降监测而造成沉降期延长和任何施工延误的全部责任。 施工期间,应每填筑一层填料进行一次观测。如果两次填筑间隔时间较长,应每 3d 观测一次。路堤填筑完毕后,应每 14d 进行一次定期观测,直到预压期完成、多余填料卸除为止。 应在路堤两侧趾部及距路堤两侧趾部 5m 处设置混凝土侧向变位桩。其纵向间距不得超过 100m,桥头引道地段不得超过 50m。应对侧向变位桩按三维控制,与沉降同步观测。 路基加载速度应控制为:路堤中心线地面沉降速率每昼夜不大于 10mm;坡脚水平位移速率每昼夜不大于 5mm。应将观测结果结合沉降和位移发展趋势进行综合分析。其填筑速率,应以水平位移控制为主,如超过此限值应立即停止填筑

8.20.6 动力固结法

(1)动力固结法

动 力 固 结 法 表 8-76

项　目	内　容
动力固结法	动力固结法早期的概念对应于我国所谓的强夯法.其后在工程实践中得到扩展。一般而言,动力固结法就是采用动荷载对地基进行加固处理的方法,这种方法一般较静载预压法,经济、省时。该法一般包括强夯法、强夯置换法、浅层振动法等。 研究表明,一个单位的重量,如设法变成动荷载后,则可以产生上千倍的当量静载效应。因此,采用动荷载加固软土地基,已成为当今世界上软基加固技术发展的重要方向。 动力固结法加固地基的机理,基本都是利用各种动荷载或反复振动荷载使土体原有结构破坏,土粒重新排列,最后形成一个较为密实、稳定的新结构。例如强夯法,巨大的能量瞬时释放产生的压缩波使土体孔隙水压力急剧增大,其强度则锐减,随之在剪切波作用下使土的原有结构解体。待这些波消逝后,土粒落到一个新的较稳定的位置,同时有相当一部分水被排走,从而使土体获得加密。重锤夯实法、振动挤密法和机械压实法也基本相同,只是它们所产生的动荷载比强夯法小而已。但机械压实法作用时间比较长,视机械类型不同,其有效加固深度最多只有 0.3 ~ 2.0m,不像强夯法或爆破法那样加固深度可达 10m 乃至 20m 深
动力密实法	本方法包括重锤夯实法、振动挤密法和机械压实法

(2)重锤夯实法

重 锤 夯 实 法 表 8-77

项　目	内　容
原理	利用起重机械将重锤(>2t)吊至一定的高度(>4m),使其自由下落,利用重锤下落的冲击能来夯实地基浅层土体。经过重锤的反复夯击,使地表形成一层较为均匀的硬壳层,从而达到提高地基表层土体强度,减少地基沉降的目的
适应范围	重锤夯实法,一般适用于处理地下水位低于地表 0.8m 以上的稍湿的一般性黏土、湿陷性黄土、杂填土和分层填筑的素填土;但在其影响深度范围内,不宜存在饱和软土层,否则可能因软土排水不畅而出现"橡皮土"现象,达不到处理的目的。 重锤夯实法,一般认为可有效夯实 1 倍锤底直径左右深度的土层;有效消除 1.0 ~ 1.5m 范围内湿陷性黄土的湿陷性;有效减少杂填土的不均匀性;经夯实处理后的稍湿的杂填土,其地基承载力可达 100 ~ 150kPa
施工设备	重锤夯实法的主要机械设备为起重机械和夯锤。起重机械可采用履带式起重机、打桩机、龙门架或桅杆式起重机等。如采用钢丝绳悬吊锤时,起重机的起重能力一般应大于锤重的 3 倍;如采用脱钩夯锤时,起重机的起重能力应大于夯锤重的 1.5 倍。重锤夯实法所用的夯锤通常是由钢底板和底部充填废钢铁的 C20 以上混凝土浇筑的圆台构成的;夯锤一般重 2 ~ 3t。根据工程实践,当锤重 Q(kN)与锤底面积 A(m^2)或锤底直径 D(m)满足 $Q/A \geqslant 16$ 或 $Q/D \geqslant 18$ 时,才能获得较好的夯实效果。 在起吊能力许可的情况下,宜尽量增大锤的重量,在相同的落距和锤底静压力作用下,夯锤重量越大,锤底面积也就越大,相应的夯实影响深度也就越大,加固效果越好。而片面通过加大夯锤的落距及夯击遍数,事实证明,往往并不能取得较好的效果。 重锤夯实的效果除与锤重、锤底面积、夯锤的落距和夯击次数有关外,另一个重要因素是土的含水率。夯击时,只有当土的含水率在最佳含水率范围时,才能取得最有效的夯实效果,获得较大的加固深度和密实度,否则可能出现"橡皮土"等不良现象。土的最佳含水率是随压实能量的大小而变化的,它可通过试验确定,也可按当地经验或按 $0.6w_L$(液限 w_L)选用。当夯实土的含水率发生变化时,则应调节夯击能量的大小,使这一夯击功适应实际土的含水率,以达到最佳夯击效果。 一般来说,增大夯击能(如提高落距)可以提高土的夯实密度,但当土的密实度增加到某一数值后,即使夯击能再增大,也不能使土的密实度增大,甚至反而可能使土的密实度降低。同样,夯击遍数增加也可使土的密实度增大,但当夯击到一定程度后,继续夯击效果就不太大。因此,施工时应尽可能采用恰当的夯击遍数,以取得最好的击实效果

续上表

项目	内容
施工要点	试夯前，应在夯坑旁挖探井并每隔一定深度（如0.25m）取原状土样。 试夯中，应观测夯坑底的夯沉情况及变化。 当连续两击的平均夯沉量不超过：黏性土、湿陷性黄土10～20mm，砂土5～10mm，停止夯击（须注意的是，原则上要保证在该土质状态下土体能继续密实而不超过此条件下的密实极限状态），并确定夯击遍数。 工程实践表明，一般试夯3～10遍，施工时应适当增加1～2遍。试夯后，应在夯后场地开挖探井，同样沿深度方向采取土样，对比夯前、夯后土样的密度、含水率和湿陷性的变化及在相应的重锤夯实条件下的有效处理深度。 在土的试夯结果达不到设计的密实度和夯实深度要求时，应适当提高落距（此时应相应增加夯点间距），增加夯击遍数。必要时，可增加锤重，再行试夯。 重锤夯实的质量除了最后二击的夯击沉降量满足试夯时的要求外，还应满足总夯沉降量不小于试夯总夯沉量的90%的要求，否则，应进行补夯，直至满足要求。 以下实践经验可供参考： 在湿陷性黄土地区，当设计要求的有效夯实深度为1.0m时，宜用重为1.8～2.5t、底面直径为1.1～1.3m的重锤，落距4m左右。 当设计要求有效深度为1.5m时，宜用2.5～3.2t、底面直径为1.2～1.4m的重锤，落距4m左右；对于湿和稍湿的，密实度为稍密—中密状态的建筑垃圾，夯实时可采用重1.5t，底面直径1.5m的重锤，落距2～4m，其夯实影响深度约1.1～1.2m。经过处理后的杂填土，地基承载力可达100～150kN/m^2

强夯法施工实例 表8-78

项目	内容与要求
原理	土层在巨大的冲击能作用下，土中产生很大的应力和冲击波，致使土中孔隙压缩，土体局部液化，夯击点周围一定深度（10～14m）内产生裂隙形成良好的排水通道，使土中的孔隙水（气）顺利逸出，土体迅速固结。从而降低此深度范围内土的压缩性，提高了承载力
设计及施工工艺	先在施工现场进行原位试验（旁压试验、十字板试验、触探试验等），取原状土样测定含水率、液塑限、颗粒组成等，然后在试验室进行动力固结试验或现场进行试验性施工，以取得一系列有关数据。为按设计要求（地基承载力、压缩性、加固影响深度等）确定正式施工时每一遍的最佳夯击能，每一点最佳夯击击数，各夯点之间的间距，以及前后两遍锤击之间的间歇时间（孔隙水压力的消散时间）等提供依据
主要参数	锤重可根据所需加固深度及落距确定，通常锤重数与落距数可选为相近传值（如200kN锤选20左右的落距）；锤底面积为3～6m^2（或按经验公式：锤直(t)/锤底面积(m^2)＝3/1），对于砂质土和碎石填土可用4m^2，对于粉质砂土、砂土和亚黏土可用6m^2；一般夯击2～6遍，每遍每点夯击5～20次；各点的间距为5～15m；两遍的间歇时间为1～2周（根据孔隙压力消散，土体变形等控制）。施工期间的沉降可达0.30～3.00m
适用范围	强夯法用于Ⅱ级非自重湿陷性黄土构造物基础，填高大于6m的Ⅲ级自重湿陷性黄土一般路段和Ⅲ级自重湿陷性黄土路段构造物基础地基处理
夯点的布置	夯击点的平面布置为插板正方形布置。如夯击间距为4m，第一遍夯击点呈正方形布置，边长5.65m；第二遍夯击正方形中心点；第三遍夯点呈正方形，边长8m布置。 夯锤重100kN，落距15m，有效影响深度6m，单击夯击能1 500kN·m
夯击设备	夯锤采用底面直径2.5m的铸钢，亦可用钢板壳内填混凝土代替。夯锤平面为圆形，夯锤中设置5个上下贯通的气孔。起重设备可用起重机，当夯锤重超过吊机卷扬能力时，需要利用滑轮组，并借用自动脱钩装置来起落夯锤，自动脱钩装置可用杠杆或脱钩装置

续上表

项　　目	内容与要求
施工工艺与施工质量控制标准	强夯处理范围为边沟外3m。 施工前应按设计要求进行试夯，当试夯结果不满足设计要求时，可调整夯锤重量、落距、夯击数等参数重新进行试夯。 夯击前，应平整场地，夯点放线定位。 对第一遍第一次夯击点进行夯击，在夯击前后需测量夯点处和周围地面高程，每击一次测量一次，按设计规定控制夯击数。每点大约12击，以最后两击平均夯沉量不大于5cm作为停夯标准。 完成第一遍夯击后，用推土机填平夯坑，并测量场地高程。 第一遍夯击，间歇5~7d后，按上述方法进行第二、第三遍夯击。每点大约12击或最后两击平均夯沉量不大于5cm。 按上述步骤完成夯击后，用推土机和重型压路机进行场地整平碾压，压实度应大于90%。 夯实效果检验应进行标准贯入试验和静力触探试验，标准贯入试验处理后标准贯入击数应增加70%~120%。静力触探试验处理后标准贯入击数应增加70%~100%
施工注意事项	强夯法施工前应查明场地范围内地下构造物情况，并采取必要措施后方可施工。 强夯法施工时夯坑周围地面不应发生过大的隆起，不应因夯坑过深而发生起锤困难。 强夯法施工应避免雨季施工，严防地基和夯坑被雨水浸泡。 冬季施工要采取松土保温措施

(3)挤密法施工

挤密法施工实例 表8-79

项　　目	内容与要求
原理	挤密法也称为孔内深层强夯法，它是把强夯重锤(尖锥状或橄榄状)的重力通过自由落体，转化为"高压强动能"(一般可达E=几千~几万个$kN \cdot m/m^2$)，瞬间潜入地基的孔道深层领域内，对地基进行"高动能"、"高压强"、"强挤密"的冲、砸、挤、压的强夯，使地基孔内的填料受到超压强的动力固结，并使桩周土得到强力的横向挤压的方法。 夯击作用机理如右图所示。 夯锤产生的冲击波，以动压力形式作用于孔周围。这种高压强动能，自孔中心按球面等量扩展，传递给周围介质(土体)，使介质产生各种不同程度的破坏(土粒重新排列)和振动现象。这种现象随距孔中心的距离增大而逐渐消失。下层填料是深层动力夯、砸、压密；上层填料是深层动力夯、砸、劈裂和强制侧向挤压。通过动力夯击，在锤的侧面上，产生极大的动态被动土压力，锤推土迫使填料向周边强制挤压，桩间土也被强力挤密加固 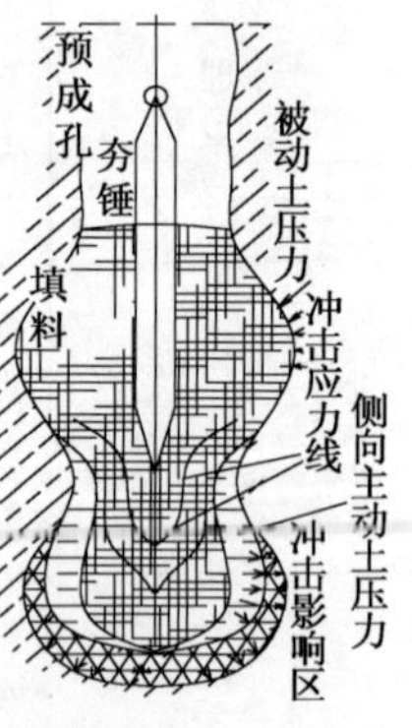
机理	通过冲击成孔桩，可实施冲孔与夯填二次挤密桩间土，挤密效果较好，而振动影响较小。由灰土(素土)桩与桩间挤密土共同构成人工复合地基(加固体)，灰土桩对地基范围内土体有一定的加固作用(挤密减水和离子交换等)。地基外围构成灰土桩紧密加固体，具有防止地基土侧向挤出、卸荷、提高地基土的承载力和变形模量，以及起防水帷幕等作用
平面布置	桩距0.9m，排距0.779m，桩径550mm，有效桩长为7.0m，桩身材料为3:7灰土，每次回填量不大于0.12m^3。桩施工完成后，桩头以下0.7m挖出，做0.5m厚3:7灰土垫层，灰土的压实系数不小于0.95 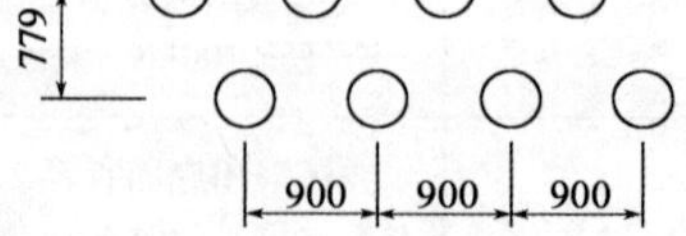 (尺寸单位：mm)

续上表

项　　目	内容与要求
设备	采用螺旋钻成孔法。一种对路基实施挤密桩加固工程的挤密钻头，由钻柄和钻体两部分组成。钻体挤密刃为双头螺纹，前端为锥体，后部为柱体，其有效长度均为 2 ~ 3 个螺距，锥体部分锥角在 25° ~ 35°范围内选取，头部挤压刃角在 100° ~ 140°内选取，径向挤压刃带控制在 25° ~ 35°圆周面内，该钻头与专用钻机配套使用，可在制作挤密桩时挤扩桩孔，填土压实作业一次完成，在短时间内保质保量地完成挤密桩作业。夯机由 4 个轮子及提升架系统组成，直径 200mm 左右，夯锤可采用 1.5 ~ 2t 长圆柱形夯锤
试验检测	取锤自重 2t，锤尖至夯土表面之间的距离 2m，夯击次数 11 ~ 13 次。开挖探井取土样进行室内试验，分别评价地基土湿陷性消除效果、桩间土挤密系数及灰土挤密桩桩身压实系数等

8.20.7 粉喷桩

粉喷桩施工方法　　表 8-80

项　　目	方法、内容与要求
一般要求	在机具设备和材料进场的同时，应进行场地清理，使之符合施工要求并布置粉喷桩所需材料的储存棚和机具设备安装地点以及水电供应和排水沟位置。 钻机技术性能和指标，应满足设计与施工要求。 钻机就位，应满足图纸要求，垂直度偏位不得大于 1.5%，桩的孔位置与图纸位置偏差不得大于 50mm。 严格控制喷粉时间、停粉时间和水泥喷入量，确保粉喷桩长度。 桩身上部 1/3 ~ 1/2 桩长不小于 5m 范围内必须进行二次搅拌，确保桩身质量。 发现喷粉量不足时，应整桩复打，喷粉中断时，复打重叠孔段应大于 1m。 粉喷桩施工前，应进行成桩试验，确定喷头转速、提升速度、水泥用量等技术参数，使其满足图纸要求。 应做好施工记录，实际的孔位、孔深、每个钻孔的地下障碍物、洞穴、涌水、漏水及工程地质情况均应做详细记录
施工机具与材料	喷粉桩机、配套储灰罐及喷粉系统、空气压缩机、75kPa 以上的发电机等，喷粉桩机由液压步履式底架和导向加减压机构、钻机传动系统、钻具、液压系统、喷粉系统、电气系统等部分组成。 根据固化剂喷入的形态（浆液或粉体），采用不同的施工机械组合。 对浆液固化剂：主机为深层搅拌机，有双搅拌轴中心管输浆方式和单搅拌叶片喷浆方式两种；配套机械主要有灰浆拌制机、集料斗、灰浆泵、控制柜及计量装置。 对粉体固化剂：主要为钻机、粉体发送器、空气压缩机、搅拌钻头
工序	用水泥、生石灰、粉煤灰等作为加固料，按整平原地面→钻机定位→钻杆下沉钻进→上提喷粉（或喷浆）强制搅拌→复拌→提杆出孔→钻机移位施工工艺程序进行
施工流程	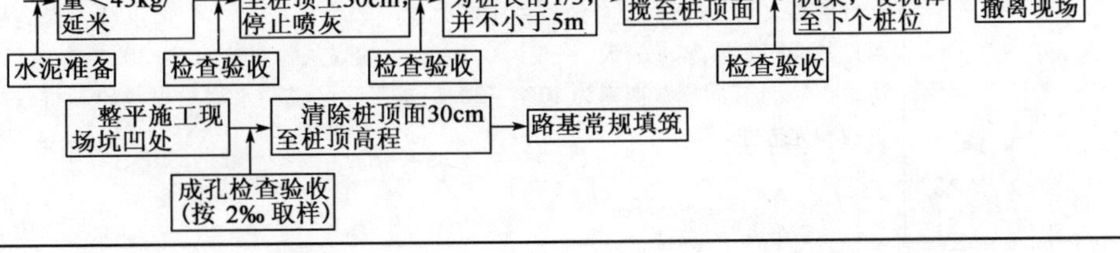

8.20.8 水泥粉煤灰碎石(CFG)桩

(1)概念、作用机理

水泥粉煤灰碎石桩(CFG 桩) 表 8-81

项目	方法、内容与要求
概念	水泥粉煤灰碎石桩(CFG 桩)是在碎石桩基础上加进一些石屑、粉煤灰和少量水泥,加水拌和,用振动沉管打桩机或长螺旋钻管内泵压成桩机具制成的一种具有一定黏结强度的桩,桩和桩间土通过垫层形成复合地基。当前由于城市环境治理,大城市烟囱烧煤大量减少,一般烧天然气,所以粉煤灰产量减少,价格上涨,粉煤灰价格接近水泥的价格,所以有的部门用低强度等级素混凝土桩代替(即LCG 桩)。 水泥粉煤灰碎石桩(CFG 桩)、桩间土和褥垫层一起形成复合地基,属地基范畴。和桩基相比,由于水泥粉煤灰碎石桩桩体材料可以掺入工业废料粉煤灰、不配筋及充分发挥桩间土的承载能力,工程造价一般为桩基的 1/3 ~ 1/2,经济效益和社会效益显著。并且水泥粉煤灰碎石桩复合地基技术具有施工速度快、工期短、质量容易控制、工程造价较为低廉的特点。 水泥粉煤灰碎石桩是针对碎石桩承载特性的一些不足,加以改进而发展起来的。与一般的碎石桩相比,碎石桩系散体材料桩,桩本身没有黏结强度,主要靠周围土的约束形成桩体强度,并和桩间土组成复合地基共同承担上部建筑的垂直荷载。土越软对桩的约束作用越差;桩体强度越小,桩传递垂直荷载的能力就越差
适用性	CFG 桩复合地基既适用于条形基础、独立基础,也适用于筏形基础和箱形基础。 CFG 桩适用于处理黏性土、粉土、砂土和正常固结的素填土等地基。对淤泥质土应按地区经验或通过现场试验确定其适用性。 CFG 桩用于挤密效果好的土时,承载力的提高既有挤密作用,又有置换作用;用于挤密效果差的土时,承载力的提高只与置换作用有关。 CFG 桩和其他复合地基的桩型相比,其置换作用很突出,这是一个重要特征。对一般黏性土、粉土或砂土,桩端具有好的持力层,经 CFG 桩处理后可作为高层或超高层建筑地基。 当天然地基土是具有良好挤密效果的砂土、粉土时,成桩过程的振动可使地基土大大挤(振)密,有时承载力可提高 2 倍以上;对塑性指数高的饱和软黏土,成桩时土的挤密作用几乎等于零,承载力的提高唯一取决于桩的置换作用。 CFG 桩不仅用于承载力较低的土,对承载力较高(如 f_{ak} = 200kPa)但变形不能满足要求的地基,也可采用 CFG 桩来减少地基变形
作用机理	同其他复合地基形式一样,水泥粉煤灰碎石桩也有多种作用机理,诸如桩体作用、垫层作用、排水加速固结作用、振动挤密作用等。 (1)桩体作用 与碎石桩一样,因为材料本身的强度与软土地层强度不同,在荷载作用下,水泥粉煤灰碎石桩的压缩性明显比桩间土小,因此基础传给复合地基的附加压力,随地层的变形逐渐集中到桩体上,出现了应力集中现象。大部分荷载将由桩体承受,桩间土应力相应减小,于是复和地基承载力较原有地基承载力有所提高;沉降量亦减小。随着桩体刚度增加,桩体作用发挥更加明显,这一点正是碎石桩与水泥粉煤灰碎石桩受力情况不同的根本点。 有资料表明,碎石桩复合地基桩土应力比一般为 $n = 2.2 \sim 4.1$,承载力提高幅度为 50% ~ 100%,而且其面积置换率 m 较大,一般为 0.2 ~ 0.4;粉煤灰碎石桩的 $n \geqslant 30$,复合地基承载力提高幅度最大达 300%,且其面积置换率为 10% ~ 20%,基于此可说明水泥粉煤灰碎石桩较一般的碎石桩更有优越性和先进性。

续上表

项　　目	方法、内容与要求
作用机理	(2)垫层作用 与其他复合地基一样,水泥粉煤灰碎石桩亦备有垫层。复合地基和桩基虽然都是以桩的形式处理地基,但桩基中基础与桩、桩间土直接接触,在给定荷载作用下,桩承受较多的荷载,随着时间延长,桩发生一定沉降,荷载向土体转移,土承载随时间增加逐渐增加,桩承载则逐渐减少。而复合地基因为桩和基础不是直接接触,其间有一层碎石褥垫层(一般厚30cm左右),为桩向上刺入提供了条件,通过垫层材料的流动补偿,使桩间土与基础始终保持接触,在桩、土共同作用下,地基土的强度得到一定程度的发挥,相应地减少了对桩的承载力的要求。 (3)排水加速固结作用 与一般碎石桩复合地基一样,采用沉管灌注施工水泥粉煤灰碎石桩,在施工和成桩后的一段时期内,都会在不同程度上降低地层中地下水的含量,最终达到改善地基土物理、力学性质的目的。 在饱和的粉土和砂土中施工时,由于沉管和拔管的振动,会使土体产生超孔隙压力。在上层有相对隔水层时,施工完毕最初水泥粉煤灰碎石桩因其本身材料的性质决定了它将是一个良好的排水通道,孔隙水将沿着桩体向上排出,直到水泥粉煤灰碎石桩体硬结为止。这样的排水过程还包括水泥粉煤灰碎石桩体坍落度小,含水率很小的混凝土类材料水解吸水的过程。 有资料表明,这一系列排水作用对减少孔压引起地面隆起(黏性土层)和沉陷(砂性土层),对增加桩间土的密实度和提高复合地基承载力有利。 (4)振动挤密作用 水泥粉煤灰碎石桩采用振动沉管法施工时,由于振动和挤压作用使桩间土得到挤密,特别是在砂层中这一作用更为显著。砂土在强烈的高频振动下,产生液化并重新排列致密,而且在桩体粗集料(碎石)填入后挤入土中,使砂土的相对密实度增加,孔隙率降低,干密度和内摩擦角增大,改善土的物理力学性能,抗液化能力也有所提高

(2)CFG桩施工设备

CFG 桩 成 桩　　表8-82

项　　目	方法、内容与要求
振动沉管灌注成桩	就目前国内情况而言,振动沉管灌注成桩用得比较多,这主要是由于振动打桩机施工效率高,造价相对较低。这种施工方法适用于无坚硬土层和粉土、黏性土及素填土、松散的饱和粉细砂地层条件,以及对振动噪声限制不严格的场地。 振动沉管灌注成桩属挤土成桩工艺,对桩间土有挤(振)密作用,以便清除地基的液化并提高地基的承载力。当遇到较厚的坚硬黏土层、砂层和卵石层时,振动沉管会发生困难;在饱和黏性土中成桩,会造成地表隆起,挤断已打桩,且噪声和振动污染严重,在城市居民区施工受到限制。在夹有硬黏性土层时,可考虑用长螺旋钻预引孔,再用振动沉管机成孔制桩
长螺旋钻孔灌注成桩	这种施工方法适用于地下水位以上的黏性土、粉土、素填土、中等密实以上的砂土等,属非挤土成桩工艺。要求桩长范围内无地下水,这样成孔时不会发生坍孔现象,并适用于对周围环境要求(如噪声、泥浆污染)比较严格的场地。 该施工工艺具有较强的穿透能力
泥浆护壁钻孔灌注成桩	这种成桩方法适用于有砂层的地质条件,以防砂层坍孔,并适用于对振动噪声要求严格的场地

续上表

项　　目		方法、内容与要求
长螺旋钻孔、管内泵压混合料灌注成桩	振动沉管机	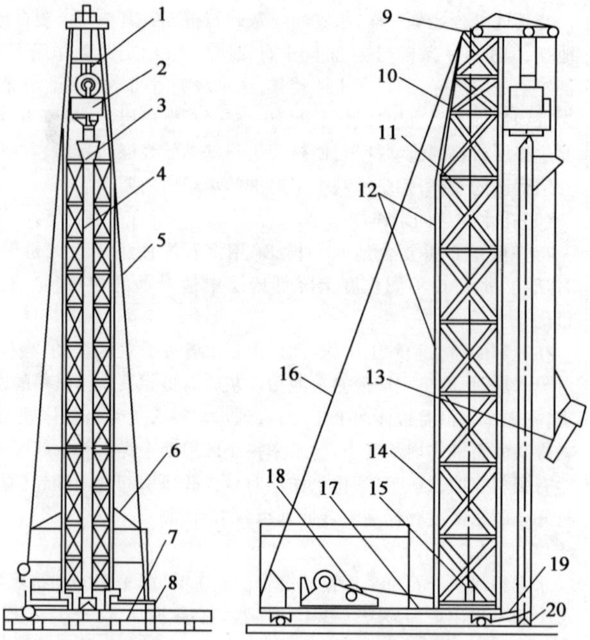 a)正面　　b)侧面 振动沉管机的示意图 1-滑轮组;2-振动锤;3-漏斗口;4-桩管;5-前拉索;6-遮棚;7-滚筒;8-枕木;9-架项;10-架身顶段;11-钢丝绳;12-架身中段;13-吊斗;14-架身下段;15-导向滑轮;16 后拉索;17-架底;18-卷扬机;19-加压滑轮;20-活瓣桩尖
	桩尖	振动沉管时,桩尖有两种形式 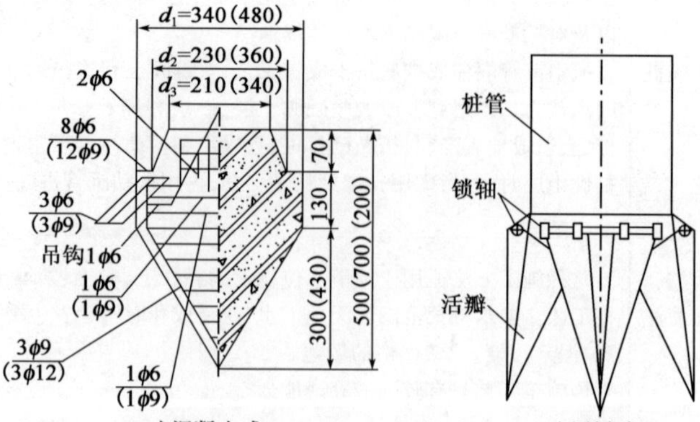 a)混凝土式　　b)活瓣式 桩尖示意图(尺寸单位:mm)

续上表

项 目		方法、内容与要求
长螺旋钻孔、管内泵压混合料灌注成桩	步履式全螺旋钻孔机	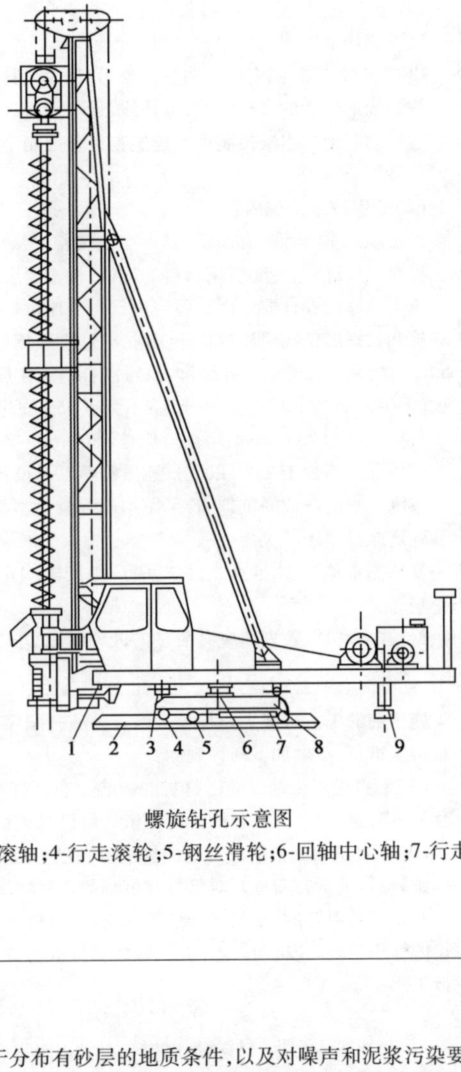 螺旋钻孔示意图 1-上盘;2-下盘;3-回转滚轴;4-行走滚轮;5-钢丝滑轮;6-回轴中心轴;7-行走油缸;8-中盘;9-支腿
	设备选择	这种成桩方法适用于分布有砂层的地质条件,以及对噪声和泥浆污染要求严格的场地。施工时,首先用长螺旋钻孔到达设计的预定深度,然后提升钻杆,同时用高压泵将桩体混合料通过高压管路的长螺旋钻杆的内管压到孔内成桩。这一工艺具有低噪声、无泥浆污染、无振动的优点,是一种很有发展前途的施工方法。 这种施工方法具有较强的穿透能力,属非挤土成桩工艺。 CFG桩多用振动沉管机施工,也可用螺旋钻机,有时是振动沉管和螺旋钻机联合使用。具体选用哪一类型成桩机和什么型号,要视工程情况而定。远离城区的场地多采用振动沉管机;在城区对噪声污染严格限制的地方可用螺旋钻成孔制桩;对夹有硬土层地段条件的场地,可先用螺旋钻预引孔,然后再用振动沉管机制桩,以避免振动沉管制桩对已打的桩引起较大的振动,导致桩被振裂或振断。土质较硬时,多用60kW电机的锤头;土质较软时,多采用40kW的电机锤头

(3)振动沉管机施工 CFG 桩程序

CFG 桩一般施工程序　　表 8-83

项　目	方法、内容与要求
施工准备	(1)施工前应具备的资料和条件 建筑物场地工程地质报告书。 CFG 桩布桩图,图中应注明桩位编号,以及设计说明和施工说明。 建筑场地邻近的高压电缆、电话线、地下管线、地下构筑物及障碍物等调查资料。 建筑物场地的水准控制点和建筑物位置控制坐标等资料。 具备"三通一平"条件。 (2)施工技术措施内容 确定施工机具和配套设备。 材料供应计划,标明所用材料的规格、技术要求和数量。 施工前应按设计要求由试验室进行配合比试验,施工时按配合比配制混合料;当用振动沉管灌注成桩和长螺旋钻孔灌注成桩施工时,桩体中采用的粉煤灰可选用电厂收集的粗灰,坍落度宜为 30 ~ 50mm;当采用长螺旋钻孔、管内泵压混合料灌注成桩时,为增加混合料的和易性和可泵性,宜选用细度(0.045mm 方孔筛筛余百分比)不大于 45% 的Ⅲ级或Ⅲ级以上等级的粉煤灰,每立方米混合料,粉煤灰掺量宜为 70 ~ 90kg;坍落度应控制在 160 ~ 200mm。 试成孔应不少于 2 个,以复核地质资料以及设备、工艺是否适宜,核定选用的技术参数。 按施工平面图放好桩位,若采用钢筋混凝土预制桩尖,需埋入地表以下 30cm 左右。 确定施打顺序。 复核测量基线、水准点及桩位、CFG 桩的轴线定位点,检查施工场地所设的水准点是否会受施工影响。 振动沉管机沉管表面应有明显的进尺标记,并以米(m)为单位
施工前的工艺试验	施工前的工艺试验主要是考查设计的施打顺序和桩距能否保证桩身质量。工艺试验也可结合工程施工进行,需做如下两种观测: (1)新打桩对未结硬的已打桩的影响。在已打桩桩顶表面埋设标杆,在施打新桩时量测已打桩桩顶的上升量,以估算桩径缩小的数值。待已打桩结硬后开挖检查其桩身质量并量测桩径。 (2)新打桩对结硬的已打桩的影响。在已打桩尚未结硬时,将标杆埋置在桩顶部的混合料中待桩体结硬后,观测打新桩时对已打桩桩顶的位移情况。 对挤密效果好的土,如饱和松散的粉土,打桩振动会引起地表的下沉,桩顶一般不会上升,断桩的可能性小;当发现桩顶向上的位移过大时,桩可能发生断开;若向上的位移不超过 1cm,断桩的可能性很小
CFG 桩施工	(1)桩机进入现场,根据设计桩长、沉管入土深度确定机架高度和沉管长度,并进行设备安装。 (2)桩机就位,调整沉管与地面垂直,确保垂直度偏差不应大于 1%,对满堂布桩基础,桩位偏差不应大于 4/5 倍桩径;对条形基础,桩位偏差不应大于 1/4 桩径,对单排布桩桩位偏差不应大于 60mm。 (3)启动电动机沉管到预定高程,停机。 (4)沉管过程中做好记录,每沉 1m 记录电流表的电流一次,并对土层变化予以说明。 (5)停机后立即向管内投料,直到混合料与进料口齐平。混合料按设计配合比经搅拌机加水拌和时间不得少于 1min,如粉煤灰用量较多,搅拌时间还要适当延长。加水量按坍落度 30 ~ 50mm 控制,成桩后浮浆厚度以不超过 20cm 为宜。 (6)启动电动机,留振 5 ~ 10s 开始拔管,拔管速率一般为1.2 ~ 1.5m/min(拔管速度为线速度,不是平均速度),如遇淤泥或淤泥质土,拔管速率还可放慢。拔管过程中不允许反插。如上料不足,须在拔管过程中空中投料,以保证成桩后桩顶高程达到设计要求。成桩后桩顶高程应考虑计入保护桩长。 (7)沉管拔出地面,确认成桩符合设计要求后,用粒状材料或湿黏性土封顶,然后移机进行下一根桩的施工。

续上表

项目	方法、内容与要求
CFG 桩施工	(8)施工过程中,抽样做混合料试块,每台机械一天应做一组(3 块)试块,试块尺寸 5cm × 15cm × 15cm,标准养护并测定 28d 抗压强度。 (9)施工过程中,应随时做好施工记录。 (10)在成桩过程中,随时观察地面升降和桩顶上升情况
施工顺序选择	在设计桩的施打顺序时,主要考虑新打桩对已打桩的影响。 施打顺序大体可分为两种类型,一是连续施打,如下图 a),从 1、2 号桩依次连续打下去;二是间隔跳打,可以隔一根桩也可隔多根桩,如下图 b),先打 1、3、5…,后打 2、4、6…。 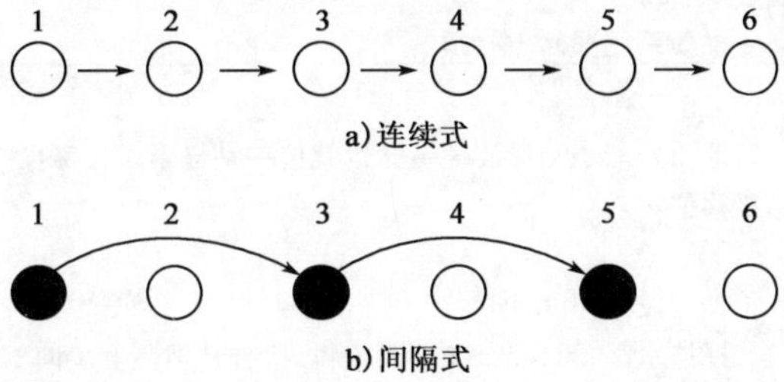 施打顺序示意图 连续施打可能造成桩的缺陷是桩径被挤扁或缩颈。如果桩距不太小,混合料尚未初凝,连续打一般较少发生桩完全断开的现象。 隔桩跳打,先打桩的桩径较少发生缩小或缩颈现象,但土质较硬时,在已打桩中间补打新桩时,已打桩可能被振裂或振断。 施打顺序与土性和桩距有关,在软土中,桩距较大可采用隔桩跳打;在饱和的松散粉土中施工,如果桩距较小不宜采用隔桩跳打方案。因为松散粉土振密效果较好,先打桩施工完后,土体密度会有明显增加,而且打的桩越多,土的密度越大,桩越难打。在补打新桩时,一是加大了沉管的难度,二是非常容易造成已打桩断桩现象。 对满堂布桩,无论桩距大小,均不宜从四周转圈向内推进施工,因为这样限制了桩间土向外的侧向变形,容易造成大面积土体隆起,断桩的可能性增大。可采用从中心向外推进的方案,或从一边向另一边推进的方案。 对满堂布桩,无论如何设计施打顺序,总会遇到新打桩的振动对已结硬的已打桩的影响,桩距偏小或夹有比较坚硬的土层时,亦可采用螺旋钻引孔的措施,以减少沉、拔管时对桩的振动力

(4)道路 CFG 桩施工方法

CFG 桩 施 工 方 法 表 8-84

项 目	方法、内容与要求
一般要求	(1)核查地质资料,结合设计参数,选择合适的施工机械和施工方法; (2)测量放样,平整场地,清除障碍物; (3)选用的水泥、粉煤灰、碎石及外加剂等原材料,应符合设计要求,并按相关规定进行检验; (4)按设计要求进行室内配合比试验,选定合适的配合比; (5)施工前,应进行成桩工艺试验,确定施工工艺和参数;试桩数量应符合设计要求,且不得少于两根

续上表

项　目	方法、内容与要求
振动沉管灌注施工	(1)施工工序: 原地面处理→测量放样→沉管机就位→下沉至设计深度→停机→泵送混合料→均匀拔管至桩顶→沉管机移位。 (2)施工要点: ①振动沉管至设计深度。沉管过程中每沉 1 m 应记录电流表电流一次,并对土层变化处予以记录。 ②采用搅拌机拌和水泥、粉煤灰、碎石混合料,检查其坍落度,坍落度、拌和时间,应按工艺性试验确定的参数进行控制,且拌和时间不得少于1min,向管内一次投放混合料,投放数量按试桩时确定的数量进行,投料后留振 5 ~ 10s。 ③拔管速率应按试桩确定参数进行控制,拔管过程中不允许反插;如上料不足,须在拔管过程中空中加料,不允许停拔再投料;应均匀拔管至桩顶。施工桩顶高程宜高于设计高程 30cm,浮浆厚度不超过 20cm。 ④桩顶采用湿黏土封预
长螺旋钻管内聚压混合料灌注施工	(1)施工工序: 原地面处理→测量放样→钻机就位→钻进至设计深度→停钻→泵送混合料→均匀拔管至桩顶→钻机移位。 (2)施工要点: ①钻至设计深度,停钻。 ②搅拌水泥、粉煤灰、碎石混合料,检查其坍落度。向管内泵送混合料,混合料的泵送量按试桩确定的数量进行,泵送时不得停泵待料。 ③拔管速率应按试桩确定参数进行控制,拔管速率均匀,拔管至桩顶。施工桩顶高程宜高于设计高程 50cm
质量控制	(1)CFG 桩的数量、布置形式及间距,应符合设计要求; (2)桩长、桩顶高程及直径,应符合设计要求; (3)褥垫层厚度和密实度,应符合设计要求; (4)CFG 桩施工中,每台班均须制作检查试件,进行 28d 强度检验,成桩 28d 后,应及时进行单桩承载力或复合地基承载力试验,其承载力应符合设计要求; (5)CFG 桩施工允许偏差,应按下表的要求控制

CFG 桩施工允许偏差

项目	桩距(mm)	桩身垂直度(%)	桩径	桩长	桩体强度	单桩和复合地基承载力
允许偏差	±100	10	不小于设计	不小于设计	不小于设计	不小于设计

(5)CFG 桩效果检验

CFG 桩 效 果 检 验　　表 8-85

项　目	方法、内容与要求
一般要求	施工结束,一般 28d 后做桩、土以及复合地基检测。施工质量检验主要应检查施工记录、混合料坍落度、桩数、桩位偏差、桩顶高程、褥垫层厚度及其质量、夯填度和桩体试块抗压强度等。
桩间土的检测	施工过程中,振动对桩间土产生的影响,视土性不同而异。对结构性土,强度一般要降低,但随时间增长会有所恢复;对挤密效果好的土,强度会增加。 对桩间土的变化可通过如下方法进行检验: (1)施工后可取土做室内土工试验,考查土的物理力学指标的变化。 (2)也可做现场静力触探和标准贯入试验,与地基处理前进行比较。 (3)必要时做桩间土静载试验,确定桩间土的承载力

续上表

<table>
<tr><th>项　　目</th><th>方法、内容与要求</th></tr>
<tr><td>CFG 桩的检测</td><td>通常用单桩静载试验来测定桩的承载力,也可判断是否发生断桩等缺陷。静载试验要求达到桩的极限承载力。对 CFG 桩的成桩质量也可采用可靠的动力检测方法判断桩身的完整性。应抽取不少于总桩数 10% 的桩进行低应变动力检测,检测桩身的完整性</td></tr>
<tr><td>复合地基检测</td><td>《建筑地基处理技术规范》(JGJ 79—2002)规定:水泥粉煤灰碎石桩地基竣工验收时,承载力检验应采用复合地基载荷试验。载荷试验应在桩身强度满足试验荷载条件时,并宜在施工结束 28d 后进行。试验数量为总桩数的 0.5% ~1%,且每个单体工程的试验数量不应少于 3 点。选择试验点时应本着随机分布的原则进行。
复合地基检测可采用单桩复合地基试验和多桩复合地基试验,所用承载板面积应与受检测桩所承担的处理面积相同。若用沉降比确定复合地基承载力时,当以卵石、圆砾、密实粗中砂为主的地基,可取 6 或 $s/d=0.008$ 对应的荷载值作为复合地基承载力特征值;当以黏性土、粉土为主的地基,可取 $s/d=0.01$ 对应的荷载值作为 CFG 桩复合地基承载力特征值</td></tr>
<tr><td>施工验收</td><td>CFG 桩复合地基验收时应提交下列资料:
(1)桩位测量放线图(包括桩位编号);
(2)材料检验及混合料试块试验报告书;
(3)竣工平面图;
(4)CFG 桩施工原始记录;
(5)设计变更通知书及事故处理记录;
(6)复合地基静载试验检测报告;
(7)施工技术措施
水泥粉煤灰碎石桩复合地基质量检验标准
<table>
<tr><th rowspan="2">项目</th><th rowspan="2">检查项目</th><th colspan="2">允许偏差或允许值</th><th rowspan="2">检查方法</th></tr>
<tr><th>单位</th><th>数值</th></tr>
<tr><td rowspan="4">主控项目</td><td>原材料</td><td colspan="2">设计要求</td><td>查产品合格证书或抽样送检</td></tr>
<tr><td>桩径</td><td>mm</td><td>-20</td><td>用钢尺量或计算填料量</td></tr>
<tr><td>桩身强度</td><td colspan="2">设计要求</td><td>查 28d 试块强度</td></tr>
<tr><td>地基承载力</td><td colspan="2">设计要求</td><td>按规定的办法</td></tr>
<tr><td rowspan="5">一般项目</td><td>桩身完整性</td><td colspan="2">按桩基检测技术规范</td><td>按桩基检测技术规范</td></tr>
<tr><td>桩位偏差</td><td colspan="2">满堂布桩≤0.40D;条基布桩≤0.25D</td><td>用钢尺量,D 为桩径</td></tr>
<tr><td>桩垂直度</td><td>%</td><td>≤1.5</td><td>用经纬仪测桩管</td></tr>
<tr><td>桩长</td><td>mm</td><td>+100</td><td>测桩管长度或垂球测孔深</td></tr>
<tr><td>褥垫层夯填度</td><td colspan="2">≤0.9</td><td>用钢尺量</td></tr>
<tr><td colspan="5">注:夯填度指夯实后的褥垫层厚度与虚体厚度的比值;桩径允许偏差负值是指个别断面</td></tr>
</table>
</td></tr>
</table>

8.20.9 静压管桩施工方法

静压管桩施工方法　　表 8-86

项　　目	方法、内容与要求
一般要求	(1)测量放样,平整场地,清除障碍物; (2)按设计要求检验预制桩的质量,桩头损坏部分应截去,桩顶不平时应修切或修垫(钢筋混凝土桩)平整; (3)试桩按照设计要求及有关规定进行

续上表

项　目	方法、内容与要求
施工工序	原地面处理→测量放样→桩机就位→桩起吊就位→压入第一节桩→桩的节点处理→压入第二节桩→桩机移位
施工要点	(1)桩机按设计桩位就位,接桩应长桩在下,符合设计要求; (2)静压管桩应压至设计高程,其承载力应符合设计要求,否则将按规定办理加长或减短的变更; (3)成桩过程中遇有较难穿透的土层时,接桩宜在桩尖穿过该层土后进行; (4)托板施工时,管桩与托板钢筋的连接应符合设计要求,静压管桩与托板钢筋应连接施工  静压管桩施工

8.21　特殊路基施工质量要求

8.21.1 软土地基处理

(1)公路软土地基处理

公路软土地基处理基本要求、外观鉴定　　表 8-87

基本要求	外观鉴定
换填地基的填筑压实要求同土方路基。 砂垫层:砂的质量和规格必须符合设计要求和规范规定;适当洒水,分层压实;砂垫层宽度应宽出路基边脚0.5~1.0m,两侧端以片石护砌;砂垫层厚度及其上铺设的反滤层应符合设计要求。 反压护道:填筑材料、护道高度、宽度应符合设计要求,压实度不低于90%。 袋装砂井、塑料排水板:砂的质量、规格、砂袋织物质量和塑料排水板质量必须符合设计要求;砂袋和塑料排水板下沉时不得出现扭结、断裂等现象;井(板)底高程必须符合设计要求,其顶端必须按规范要求伸入砂垫层。 碎石桩:碎石材料应符合设计要求;应严格按试桩结果控制电流和振冲器的留振时间;分批加入碎石,注意振密挤实效果,防止发生"断桩"或"颈缩桩"。 砂桩:砂料应符合设计要求;砂的含水率应根据成桩方法合理确定;应确保桩体连续、密实。 粉喷桩:水泥应符合设计要求;根据成桩试验确定的技术参数进行施工;严格控制喷粉时间、停粉时间和水泥喷入量,不得中断喷粉,确保喷粉桩长度;桩身上部范围内必须进行二次搅拌,确保桩身质量;发现喷粉量不足时,应整桩复打,复打重叠孔段应大于1m。 软土地基上路堤,应在施工过程中进行沉降观测和稳定性观测,并根据观测结果对路堤填筑速率和预压期等作必要调整	砂垫层表面平整

公路砂垫层实测项目 表 8-88

项次	检查项目	规定值或允许偏差	检查方法和频率	权值
1	砂垫层厚度	不小于设计	每 200m 检查 4 处	3
2	砂垫层宽度	不小于设计	每 200m 检查 4 处	1
3	反滤层设置	符合设计	每 200m 检查 4 处	1
4	压实度(%)	90	每 200m 检查 4 处	2

公路袋装砂井、塑料排水板实测项目 表 8-89

项次	检查项目	规定值或允许偏差	检查方法和频率	权值
1	井(板)距(mm)	±150	抽查 2%	2
2△	井(板)长(m)	不小于设计	查施工记录	3
3	竖直度(%)	1.5	查施工记录	2
4	砂井直径(mm)	+10,-0	挖验 2%	1
5	灌砂量	-5%	查施工记录	2

公路碎石桩(砂桩)实测项目 表 8-90

项次	检查项目	规定值或允许偏差	检查方法和频率	权值
1	桩距(mm)	±150	抽查 2%	1
2	桩径(mm)	不小于设计	抽查 2%	2
3△	桩长(m)	不小于设计	查施工记录	3
4	竖直度(%)	1.5	查施工记录	2
5	灌石(砂)量	不小于设计	查施工记录	2

公路粉喷桩实测项目 表 8-91

项次	检查项目	规定值或允许偏差	检查方法和频率	权值
1	桩距(mm)	±100	抽查 2%	1
2	桩径(mm)	不小于设计	抽查 2%	2
3△	桩长(m)	不小于设计	查施工记录	3
4	竖直度(%)	1.5	查施工记录	1
5	单桩喷粉量	符合设计要求	查施工记录	3
6	强度(MPa)	不小于设计	抽查 5%	3

(2)城镇道路软土地基处理

城镇道路软土地基处理基本要求、外观鉴定 表 8-92

基本要求	外观鉴定
置换土处理: (1)填筑前,应排除地表水,清除腐殖土、淤泥。 (2)填料宜采用透水性土。处于常水位以下部分的填土,不得使用非透水性土壤。 (3)填土应由路中心向两侧按要求分层填筑并压实,层厚宜为 15cm。 (4)分段填筑时,接茬应按分层做成台阶形状,台阶宽不宜小于 2m。 采用砂垫层置换时,砂垫层应宽出路基边脚 0.5~1.0m,两侧以片石护砌。 采用反压护道时,护道宜与路基同时填筑。当分别填筑时,必须在路基达到临界高度前将反压护道筑完。压实度应符合设计规定,且不应低于最大干密度的 90%	砂垫层表面平整

续上表

基本要求	外观鉴定
采用土工材料处理: (1)土工材料应由耐高温、耐腐蚀、抗老化、不易断裂的聚合物材料制成。其抗拉强度、顶破强度、负荷延伸率等均应符合设计及有关产品质量标准的要求。 (2)土工材料铺设前,应对基面压实整平。宜在原地基上铺设一层30~50cm厚的砂垫层。铺设土工材料后,运、铺料等施工机具不得在其上直接行走。 (3)每压实层的压实度、平整度经检验合格后,方可于其上设铺土工材料。土工材料应完好,发生破损应及时修补或更换。 (4)铺设土工材料时,应将其沿垂直于路轴线展开,并视填土层厚度选用符合要求的锚固钉固定、拉直,不得出现扭曲、折皱等现象。土工材料纵向搭接宽度不得小于30cm,采用锚接其搭接宽度不得小于15cm,采用胶结其胶接宽度不得小于5cm,胶结强度不得低于土工材料的抗拉强度。相邻土工材料横向搭接宽度不得小于30cm。 (5)路基边坡留置的回卷土工材料,其长度不得小于2m。 (6)土工材料铺设完后,应立即铺筑上层填料,其间隔时间不得超过48h。 (7)双层土工材料上、下层接缝应错开,错缝距离不得小于50cm。 采用袋装砂井排水: (1)宜采用含泥量小于3%的粗砂或中砂做填料。砂袋的渗透系数应大于所用砂的渗透系数。 (2)砂袋存放使用中不得长期暴晒。 (3)砂袋安装应垂直入井,不得扭曲、缩颈、断割或磨损,砂袋在孔口外的长度应能顺直伸入砂垫层不小于30cm。 (4)袋装砂井的井距、井深、井径等应符合设计要求。 采用砂桩处理: (1)砂宜采用含泥量小于3%的粗砂或中砂。 (2)应根据成桩方法选定填砂的含水率。 (3)砂桩应砂体连续、密实。 (4)桩长、桩距、桩径、填砂量应符合设计规定。 采用碎石桩: (1)宜选用含泥砂量小于10%、粒径19~63mm的碎石或砾石作桩料。 (2)应进行成桩试验,确定控制水压、电流和振冲器的振留时间等参数。 (3)应分层加入碎石(砾石)料,观察振实挤密效果,防止断桩、缩颈。 (4)桩距、桩长、灌石量等应符合设计规定。 采用粉喷桩加固土桩处理: (1)石灰应采用磨细Ⅰ级钙质石灰(最大粒径小于2.36mm、氧化钙含量大于80%),宜选用SiO_2和Al_2O_3含量大于70%,烧失量小于10%的粉煤灰、普通或矿渣硅酸盐水泥。 (2)工艺性成桩试验桩数不宜少于5根,获取钻进、拉斗、搅拌、喷气压力与单位时间喷入量等参数。 (3)确定固化剂喷入形式(浆液或粉体),选择施工机械组合,与浆液搅拌、供浆或控制粉喷的要求。 (4)桩距、桩长、桩径、承载力等应符合设计规定	砂垫层表面平整

砂垫层实测项目 表8-93

项次	检查项目	规定值或允许偏差	检查方法和频率	权值
1	砂垫层厚度	不小于设计	每40m检查1处	3
2	砂垫层宽度	不小于设计	路宽<9m,每200m测2点 路宽9~15m,每200m测4点 路宽>15m,每200m测6点	1

袋装砂井、塑料排水板实测项目 表8-94

项次	检查项目	规定值或允许偏差	检查方法和频率	权值
1	井(板)距(mm)	±150	抽查2%,且不少于5处	2
2△	井(板)长(m)	不小于设计		3
3	竖直度(%)	≤1.5%H		2
4	砂井直径(mm)	+10,-0		1
5	灌砂量	-5%G		2

碎石桩(砂桩)实测项目 表8-95

项次	检查项目	规定值或允许偏差	检查方法和频率	权值
1	桩距(mm)	±150	抽查2%,且不少于2根	1
2	桩径(mm)	不小于设计		2
3	竖直度(%)	≤1.5%H		2

粉喷桩实测项目 表8-96

项次	检查项目	规定值或允许偏差	检查方法和频率	权值
1	桩距(mm)	±100	抽查2%,且不少于2根	1
2	桩径(mm)	不小于设计		2
3	竖直度(%)	≤1.5%H		1

8.21.2 土工合成材料处治层

土工合成材料处治层基本要求、外观鉴定 表8-97

基本要求	外观鉴定
土工合成材料质量应符合设计要求,无老化,外观无破损,无污染; 土工合成材料应紧贴下承层,按设计和施工要求铺设、张拉、固定; 土工合成材料的接缝搭接、黏结强度和长度应符合设计要求,上、下层土工合成材料搭接缝应交替错开	土工合成材料重叠、皱折平顺; 土工合成材料固定牢固

加筋工程土工合成材料实测项目 表8-98

项次	检查项目	规定值或允许偏差	检查方法和频率	权值
1	下承层平整度、拱度	符合设计、施工要求	每200m抽查4处	1
2	搭接宽度(mm)	+50,-0	抽查2%	2
3	搭接缝错开距离(m)	符合设计、施工要求	抽查2%	2
4	锚固长度(mm)	符合设计、施工要求	抽查2%	3

隔离工程土工合成材料实测项目 表8-99

项次	检查项目	规定值或允许偏差	检查方法和频率	权值
1	下承层平整度、拱度	符合设计、施工要求	每200m抽查4处	1
2	搭接宽度(mm)	+50,-0	抽查2%	2
3	搭接缝错开距离(m)	符合设计、施工要求	抽查2%	2
4	搭接处透水点	不多于1个	每缝	3

过滤排水工程土工合成材料实测项目 表8-100

项次	检 查 项 目	规定值或允许偏差	检查方法和频率	权值
1	下承层平整度、拱度	符合设计、施工要求	每200m抽查4处	1
2	搭接宽度(mm)	+50，-0	抽查2%	3
3	搭接缝错开距离(m)	符合设计、施工要求	抽查2%	3

防裂工程土工合成材料实测项目 表8-101

项次	检 查 项 目	规定值或允许偏差	检查方法和频率	权值
1	下承层平整度、拱度	符合设计、施工要求	每200m抽查4处	1
2	搭接宽度(mm)	≥50(横向) ≥150(纵向)	抽查2%	3
3	黏结力(N)	≥20	抽查2%	3

9 路基排水施工

9.1 概　　述

9.1.1 路基排水系统

排 水 系 统　　表 9-1

项　　目	内容与规定
水的来源	根据水源的不同,影响道路的水流可分为地面水和地下水两类: (1)地面水包括大气降水以及海、河、湖、水渠、池塘水。地面水会导致沥青路面材料强度的降低,在水泥混凝土路面的接缝和路肩处造成唧泥;在冻胀地区,融冻季节水会引起路面承载能力的普遍下降。对路基产生冲刷和渗透,冲刷可能导致路基整体稳定性受损害,形成水毁现象;渗入路基土体的水分,使土体内过湿而降低路基强度。 (2)地下水包括上层滞水、潜水、层间水等,它们对路基的危害程度,因条件不同而异。轻者能使路基湿软,降低路基强度;重者会引起冻胀、翻浆或边坡滑坍,甚至整个路基沿倾斜基底滑动。水还可能造成掺有膨胀土的路基工程毁灭性的破坏
水的危害	水是危害公路的主要自然因素。路基沉陷、冲刷、坍塌、翻浆,沥青路面松散、剥落、龟裂,水泥混凝土路面积泥、错台、断裂等病害;均不同程度地与地面水和地下水的侵蚀有关。水的作用加剧了路基和路面结构的损坏,加快了路面使用性能的变坏,缩短了公路的使用寿命
排水目的	排水系统是公路工程的重要组成部分,对保证公路的使用性能与使用寿命具有十分重要的作用; 路基排水系统的设置,是为将可能危害路基稳定的地面水和地下水采用适当的排水设施,使水迅速排出路基范围之外。排水设计应对公路沿线农灌系统,天然河沟、水源地、养殖水域进行调查,确定可以纳入路基排放水流的河沟、渠道或排水体,并结合路线平纵面、沿线地形、地质条件、桥涵位置等情况综合考虑,全面规划,总体设计。路基排水系统的设计应注意各种排水设施之间的联系及进出水口的处理,应注意与农灌沟渠的关系,防止冲毁田或其他农田水利设施
排水系统	路基排水分排地面水及地下水两大类,排除地面水一般可采用边沟、截水沟、排水沟、跌水、急流槽及拦水带等设施;排除地下水一般可采用明沟、暗沟、渗沟等设施; 针对施工过程中排水设施不完备,为防止路基在施工过程中受到冲刷破坏而临时增加的排水设施; 排水系统在高等级公路中的地位尤为重要,高等级公路路幅一般较宽,必须十分重视排除路面水,保证路面置于可靠的路基之上

9.1.2 地面排水设施类型

地面排水设施类型　　表 9-2

项　　目	内容与规定
边沟	边沟设于路基挖方地段和高度小于边沟深度的填方地段。边沟排水应引入桥、涵或路基以外的沟谷,其结合部应妥善设计,以使边沟水流顺畅排走。边沟是否作砌石或混凝土铺砌应结合公路等级、路线纵坡及地质、水文条件确定。 无铺砌的边沟其开挖工程量包含在路基挖方中计量与支付;有铺砌的边沟计价时,包括沟槽土石开挖(指砌体所占部分)、整形、夯实、废方弃运,铺砌材料的采备、供应、加工、运输,砌体砌筑,混凝土现浇或预制、安装、养生等作业的费用

续上表

项　　目	内容与规定
截水沟及排水沟	当路基挖方上侧山坡汇水面积较大时,应于挖方坡顶5m以外设置截水沟。截水沟水流一般不应引入边沟,当必须引入时,应切实做好防护措施。 边沟、截水沟、取土坑或路基附近的积水,均可采用排水沟排至桥涵或路基以外的洼地或天然河沟。 截水沟长度一般不宜超过500m,其平、纵转角处应设曲线连接,其沟底纵坡应不小于0.3%。当流速大于土壤容许冲刷的流速时,应对沟面采取加固措施或设法减小沟底纵坡。 无铺砌的截水沟、排水沟按其开挖土石方的工程量计价。计价中,包括沟槽开挖、整形、夯实、废方弃运等作业费用。有铺砌或加固沟面的截水沟、排水沟,按加固或铺砌类型的圬工工程量计价。计价中,由于沟道尺寸难于定型,加固类别的选择范围又较广泛,计量单位仍以体积 m^3 计较为方便
跌水与急流槽	跌水与急流槽设于水沟通过陡坡地段,一般采用砌石或混凝土结构,其各部位尺寸应根据水文、地形、地质及当地气候条件确定,其边墙高度高出设计水位应不少于0.2m。跌水与急流槽的进水口应予适当加固,出水口应注意防止冲刷,一般应设置跌水井等消能设施。为防止基底滑动,急流槽底面每隔2.5~5m可设置凸榫嵌入基底土中。急流槽较长时应分段修筑,每段长5~10m,段间接头应用防水材料填缝,要求密实无空隙。 跌水与急流槽的计价应包括消力池、消力槛、抗滑平台等附属设施。其计量与支付的内容与有铺砌或加固的边沟、截水沟、排水沟大体相同
拦水带与路肩沟	拦水带一般采用砌石或混凝土筑成,高度为40~50cm,砌石宽为15~20cm,混凝土宽为8~12cm,埋入路肩下深度25~30cm,埋置位置与护栏立柱相同。 拦水带的计价内容包括挖槽、砌筑或混凝土现浇或预制安装等作业的费用
蒸发池	在气候干燥且排水困难地段,可设置蒸发池。取土坑作蒸发池时,其与路基边沟距离不应小于5m,面积较大的蒸发池应不小于20m。蒸发池水位应低于排水沟的沟底,蓄水深度不大于1.5~2.0m,蓄水容量一般不超过200~300m^3。 设置蒸发池时应不致使附近地区形成泥沼化,并应注意保持当地环境质量。 利用取土坑作蒸发池时,对蒸发池的技术要求应在取土坑设计时一并考虑,蒸发池不计量与支付。非利用取土坑的蒸发池,其土方作业费用按土方开挖的有关规定予以计量与支付

9.1.3 地下排水设施类型

地面排水设施类型　　表9-3

项　　目	类　　型
明沟、暗沟、排水槽、暗管	当地下水位高,潜水层埋藏不深时,可采用明沟或排水槽,截流地下水或降低地下水位,明沟或排水槽必须深入到潜水层。明沟一般以干砌片石加固,并设反滤层以使水流渗入明沟。明沟及排水槽可兼排地面水。排水槽可用木料、混凝土、干砌或浆砌片石筑成。 为排除泉水或地下集中水流,可采用暗沟或暗管。高等级公路的中央分隔带也需要采用纵向、横向的暗沟及暗管将集水排除路基之外。暗沟一般采用砌片石或混凝土筑成,暗管一般为混凝土预制安装构件。 明沟、暗沟、排水槽、暗管的计价,一般按构筑物的体积以 m^3 为单位计量与支付,计价内容包括沟槽开挖及砌筑、浇筑或预制、安装等作业的费用
渗沟、渗井	为降低地下水或拦截地下含水层中的水流可设置渗沟。渗沟是常见的地下排水沟渠,可视地下水流情况纵、横向设置。渗沟应设在冻结深度以下,并尽可能设于不透水土层上。为防止地面水进入渗沟,沟顶应设封闭层;为防止泥沙淤塞渗沟,应设反滤层。渗沟布置尽可能与地下水流互相垂直,以能拦截更多的地下水。

续上表

项　目	类　型
渗沟、渗井	渗沟与暗沟在构造上差异不大,但其作用大不相同。渗沟按排水层的构造形式,可分为盲沟、管式渗沟及洞式渗沟三类。盲沟一般设在流量不大,渗沟长度不长的地段,排水层采用粒径较大的碎石、砾石填充。近些年来的高级公路建设中,为防止泥沙淤塞排水空隙,盲沟亦有用土工布包裹着,虽效果尚好,但造价较高。盲沟由于排水阻力较大,沟底纵坡一般以采用5%左右为宜。管式渗沟是用排水管排地下水,设于地下水埋藏较深及引水较长地段,深度可达5~6m。排水管集水部分的管壁应设渗水孔眼、缝隙或间隔,以保证向管内渗水。洞式渗沟用于地下水量较大地段,洞孔可用砌石构筑,其大小依设计流量而定,沟底纵坡应不小于0.5%,当沟底纵坡较大时,宜做成台阶式。 渗沟出口除必须保证泄水顺畅不产生倒灌现象外,还应注意不让水流停滞或冲刷路基边坡。渗沟施工宜由下游向上游施工,并应随挖、随撑、随填。当路线经过地区地形平坦地面水或浅层地下水无法排除影响地基稳定,而下面又有透水土层时,可设置像竖井或吸水井一样的渗井。 渗水井上部为集水结构,四周除留进水口外,井口周围可用黏土筑堤围护,亦可在顶上加筑混凝土盖,严防渗水井淤塞。渗水井下部为排水结构,井深必须穿过不透水层而达透水层内,井内填充碎、砾石及粗砂等透水材料。渗井造价高于渗沟,一般不轻易采用。 渗透沟及渗井按修建长度以m为单位计量。但由于渗沟的设计尺寸不尽相同,其封闭层、反滤层、填充层的材料变化因素又较多,按m计量难度较大。实际工作中多按结构类型的不同,按渗沟、渗透井的体积以m^3为单位计量。不论取定何种计量单位,计价时均应包括沟槽的开挖、整形、夯实、废方弃运、回填压实,材料的采备、供应、加工、运输、沟道或管道的铺设、安装,土工布、反滤层的设置等作业的费用
隔离层	当地下水位高,路线纵面设计难于满足小填土高度时,可在路基内设置隔离层。隔离层由透水材料或不透水材料筑成。隔离层应设在最高地下水位之上,同时应高出边沟水位0.2m;隔离层至路基边缘的高度视公路等级而定,一般为0.45~0.70m。 隔离层按铺筑类型的不同,可按面积(m^2,如铺土工布)或体积(m^3,如碎石、砾石垫层)计价

9.1.4 路基排水要求

路基排水要求　表9-4

项　目	内容与要求
设计要求	(1)公路排水系统的设置,应以保障结构稳定和行车安全为目的。系统中的路界地表、路面内部及路界地下排水设施间,应互相衔接与协调,保证公路排水系统的有效性和耐久性。 (2)公路排水设计,应包括排水系统总体设计、水文调查与计算、排水设施结构形式和材料选择、水力计算等内容。 (3)公路排水系统总体设计,应在全面调查沿线水文、气象、地形、地质、环境敏感区等建设条件的基础上,根据公路功能、等级,确定排水设计原则,划分排水段落,分段确定路线和主要构造物排水方案和排水路线,完成排水系统布置图。 (4)公路排水系统的总体设计,应在公路总体设计中同步完成,工程条件简单、不进行总体设计的公路工程,宜单独对排水系统进行总体设计。 (5)公路排水系统,应与主体工程及自然环境相适应。设计中应注重各种排水设施的功能和相互之间的衔接,防、排结合,形成完善的排水系统。 (6)公路排水设计,应避免冲毁农田及水利设施。 (7)穿越城镇的公路排水设施,应与城镇现有或规划的排水系统相协调。 (8)排水设施的结构,应安全耐久、经济合理,便于施工、检查和养护维修。 (9)施工临时性排水设施,宜与永久性排水设施相结合。 (10)冰冻区地面排水设施,应耐冰冻、耐盐蚀;地下排水设施,应置于当地最大冻深线以下,无法满足时,应采取保温措施。

续上表

项　目	内容与要求
设计要求	(11)公路路线设计,应做好综合规划,降低下穿道路排水难度。路线设计高程低于临近水体时,应进行专门的防排水设计,保证安全。 (12)桥面应设置完善的排水设施,应重视桥面防水层、黏结层的设置和材料选择。 (13)隧道排水设计,应采取防、排、截、堵相结合的综合措施,隧道内外应形成完整的排水系统。 (14)多年冻土、膨胀土、黄土、盐渍土及滑坡等路段,应将排水系统作为处治措施的组成部分,进行综合设计。 (15)公路经过水环境敏感路段时,应采取相应的路(桥)面水等收集、处理措施。 (16)蒸发池与路基边沟外缘的距离不得小于5m,且应设置隔离网、踏步等安全防护设施。蒸发池的设计水位应低于排水沟沟底高程,池的容积应能满足及时完成渗透和蒸发的要求。多年冻土、黄土等对蒸发池设置有特殊要求的地区,应进行特殊设计。 (17)路侧公路排水设施的形式选择,应与安全设施、设置紧密配合。路堑段排水边沟宜采用浅碟形或带盖板的边沟,采用敞开式深边沟时路侧应设置护栏。 (18)公路排水设施不应兼作其他非公路排水用途
施工要求	(1)施工前,应校核全线排水设计是否完善、合理,必要时应提出补充和修改意见,使全线的沟渠、管道、桥涵组合成完整的排水系统。临时排水设施应尽量与永久排水设施相结合,排水方案应因地制宜、经济实用。 (2)施工前,宜先完成临时排水设施。施工期间,应经常维护临时排水设施,保证水流畅通。 (3)路堤施工中,各施工作业层面应设2% ~4%的排水横坡,层面上不得有积水,并采取措施防止水流冲刷边坡。 (4)路堑施工时,应及时将地表水排走。 (5)施工中应对地下水情况进行记录并及时反馈
养护要求	路基养护中,对排水设施应定期检查和维修,保证排水设施正常使用,水流畅通,并根据实际情况不断改善路基排水条件

9.1.5 路基排水布设一般原则和施工要点

一般原则和施工要点　　表9-5

项　目	内容与要点
布设原则	路基排水的设计布置要因地制宜,全面考虑,综合治理,讲实效,注意经济,并充分利用有利地形和自然水系。一般情况下地面和地下设置的排水沟渠,宜短不宜长,以使水流不过于汇集,做到及时疏散,就近分流。 各种路基排水沟渠的设置,应注意与农田水利相配合,必要时可适当地增设涵管或加大涵管孔径,以防农业用水影响路基稳定,并做到路基排水有利于农田排灌。高速和一级公路的边沟不应作为农业排灌渠道,其他公路不得已时可和排灌渠道结合,但应适当加大泄水断面,并予加固,以防水流危害路基。 路基排水要注意防止附近山坡的水土流失,尽量不破坏天然水系,不轻易合并自然沟溪和改变水流性质,尽量选择有利地质条件布设人工沟渠,减少排水沟渠的防护与加固工程。对于重点路段的主要排水设施,以及土质松软和纵坡较陡地段的排水沟渠,应注意必要的防护与加固。 排水设施的进出水口,应视当地土质、水文、地形条件及道路等级和筑路材料等情况,适当加固,并注意就地取材,以防为主
注意事项	路基施工中,必须首先进行排水工程,以及施工场地附近的临时排水设施,然后再做主体工程,以保证地基和路基用土不致受害,使路基施工正常进行,在无条件时,排水工程可与路基同步施工,并使其随施工进度逐步成型。 路基施工中不应破坏地表植被或堵塞水路,不得任意堆积弃土或不按指定借土地点随处就近取土并破坏农田排灌系统。 路基施工期内,各类排水设施应注意及时维修和清理,保持其完好状态,使水流畅通不产生冲刷和淤塞。 临时性排水设施应尽量与永久性排水设施相配合,地下排水与地面排水相结合

续上表

项　　目	内容与要点
质量要求	各类排水设施的位置、断面、尺寸、坡度、高程及使用材料应符合设计图纸要求。 沟渠边坡必须做足、平整、稳定，严防贴坡。 排水设施要求纵坡顺适，沟底平整，排水畅通，无冲刷和无阻水现象。 边沟要求线形美观，直线线形顺直，曲线圆滑。 各类防渗加固设施要求坚实稳定，平整美观、砂浆配合比正确，砌体紧密，嵌缝饱满、密实，勾缝平顺无剥落，缝宽一致。干砌片石要求咬扣紧密，错缝，无叠砌、贴砌和浮塞

9.2　地表排水设施施工

9.2.1　各类防渗加固材料选用

防渗加固材料的选用与要求　　表 9-6

材 料 名 称	适 用 条 件	平均流速(m/s)
黏性土	通常用于将沟底沟壁夯拍坚实的黏性土质边沟和排水沟。不适用于路堑顶的截水沟和堑顶排水沟	≤0.8
三合土或四合土	一般用于无冻害及无地下水地段的水	1.0~2.5
水泥砂浆或防水砂浆	抹平层适用于常年流水且无冻害、无地下水地段的水沟	≤3.0
黏土碎石加固	适用条件与三合土或四合土相同	—
浆砌片石	用于防渗要求较高，沟的纵坡大于5%而小于7%的各种水沟，但在有地下水(或常年流水)及冻害地段，沟壁及沟底外侧须设反滤层(或垫层)并在沟壁预留泄水孔	>4.0
混凝土预制块	用于流速较大，缺乏片石材料地区的各种水沟	>4.0
单层干砌片石	用于无防渗要求的各种沟渠，并在平均流速以内	2.0~3.5
单层栽砌卵石	用于无严格防渗要求，且允许平均流速在右列范围以内的防冲沟渠加固段	2.0~3.5
浆砌片石排水槽	适用条件同浆砌片石	—

9.2.2　边沟设置与施工要求

(1)边沟概念与形式

边沟概念与形式表 表 9-7

项目	内容		
概念	挖方地段和填土高度小于边沟深度的填方地段均设置边沟。山坡上路堤靠上坡一侧的坡脚应设置不透水的边沟		
断面形式(m)	梯形边沟		流线型(碟形)边沟
	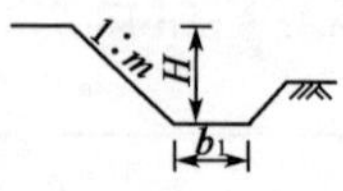	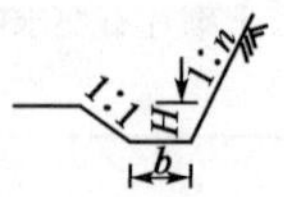	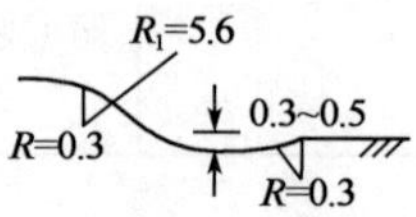
	流线型边沟	三角形边沟	矩形边沟
	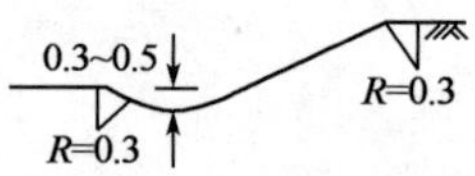	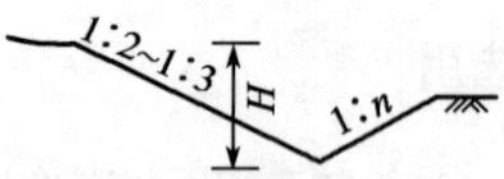	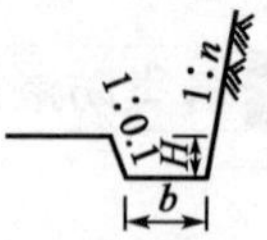
边沟形式的采用	一般情况下土质边沟宜用梯形,石质边沟宜用矩形,矮路堤或机械化施工时用三角形,积雪、积砂路段用流线形。为了少占农田,保证矮路堤的稳定,对土质路段宜用石砌矩形边沟		

(2)一般边沟设置与施工要求

一般边沟设置与施工要求 表 9-8

项目	内容与要求
尺寸选择	梯形土质边沟的边坡,靠路基一侧一般为1:1~1:1.5,另一侧则可与挖方边坡相同;三角形土质边沟的边坡,约为1:2~1:3;矩形边坡用于石方地段或石块铺砌时,可以直立,有时可稍有倾斜。 各种边沟的深度,约为0.4~0.6m,多雨地区或水流汇集地段,可适当放宽,干旱地区或水流较少地段,可降低至0.3m,但不得小于0.3m。 梯形和矩形边沟的底宽,一般均应等于或大于0.4m
长度	边沟不宜过长,尽量使沟内水流就近排至路旁自然水沟或低洼地带。 为了防止边沟漫溢或冲刷,在平原区或重丘山岭区,梯形边沟长度不宜超过300m,三角形边沟不宜超过200m
纵坡	边沟的纵坡(出水口附近除外)一般与路线纵坡一致。 平坡路段,边沟仍应保持0.3%~0.5%的最小纵坡。 边坡出水口附近,以及排水困难路段,如回头曲线和路基超高较大的平曲线等处边沟应进行特殊设计
曲线内、外侧边沟	平曲线处边沟沟底纵坡施工时,应与曲线前后沟底平顺衔接,不允许曲线内侧有积水或外溢现象发生。 曲线外侧边沟应适当加深,其增加值等于超高值
加固	土质地段当沟底纵坡大于3%,宜采用加固措施。 采用干砌片石对边沟进行铺砌时,应选用有平整面的片石,各砌缝要用小石子嵌紧。 采用浆砌片石铺砌时,砌缝砂浆应饱满,沟身不漏水。 若沟底采用抹面时,抹面应平整压光

(3)特殊边沟设置与施工要求

特殊边沟设置与施工要求　表 9-9

项　目	内容、要求与图形
路堑与高路堤衔接处	在路堑与高路堤衔接处，由于边沟泄出水流流向路堤坡脚处，两者高差大，必须因地制宜，根据地形与地质等具体条件，将出水口延伸至坡脚以外，以免边沟水冲向填方坡脚 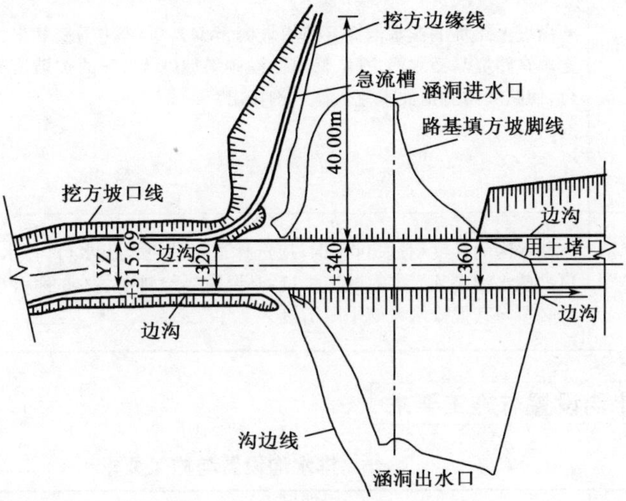
入口设跌水或急流槽	边沟水流流向桥涵进水口时，为避免边沟流水产生冲刷，应作适当处治，涵洞进口设置窨井（作为单级跌水）的一例。若边沟与窨井间高程相差很大，两者间还应修建跌水或急流槽 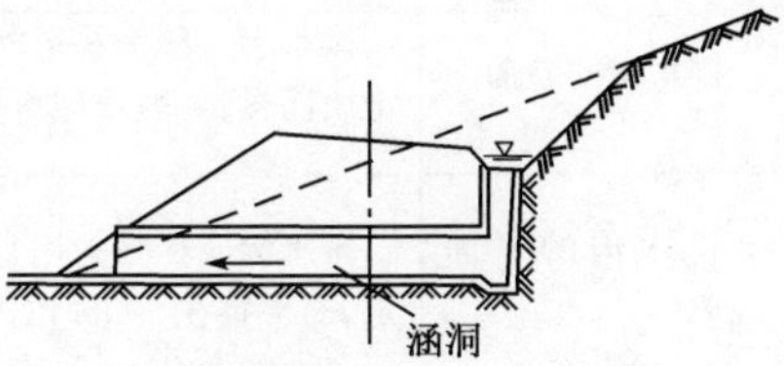
边沟样板	为确保边沟开挖的边坡和深、宽质量，并便于随时校核，一般可制成“边沟样板”，方便而快速的查核边沟各部尺寸是否符合标准要求 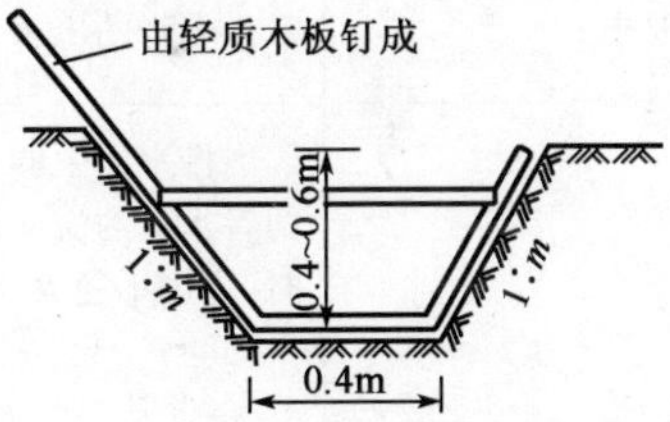

9.2.3 截水沟设置与施工要求

截水沟设置与施工要求　表 9-10

项　目	内容、规定与图形
截水沟的纵坡与防渗加固	截水沟应有适当纵坡，最小纵坡为 0.3% ~0.5% ，亦不宜超过 3 % ，以 1 % 为适当。 更重要的是截水沟应按设计要求进行防渗及加固处理。地质不良地段、土质松软路段、透水性大或岩石裂隙较多地段，截水沟沟底、沟壁、出水口都应进行加固处理，防止水流渗漏和冲刷
截水沟的断面	截水沟的断面，一般采用梯形。 底宽不小于 0.5m，深度按截水沟流量而定，亦不小于 0.5m。 沟的边坡视土质采用，一般为 1:1 ~1:1.5

续上表

项　　目	内容、规定与图形
山坡路堤上方的截水沟	山坡上路堤的截水沟离开路堤坡脚至少 2.0m，并用挖截水沟的土填在路堤与截水沟之间，修筑向沟倾斜坡度为 2% 的护坡道或土台，使路堤内侧地面水流入截水沟排出 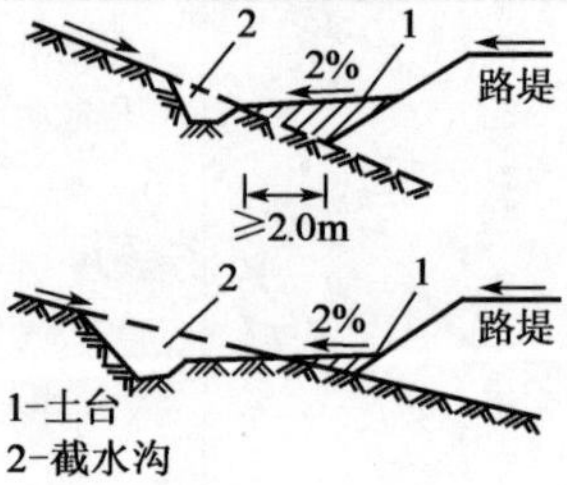
截水沟的长度	截水沟的长度超过 500m 时，应选择适当地点设出水口，将水引至山坡侧的自然沟中或桥涵进水口。截水沟必须有牢靠的出水口，必要时须设排水沟（亦称引水沟）、跌水或急流槽，截水沟的出水口必须与其他排水设施平顺衔接

9.2.4 排水沟设置与施工要求

排水沟设置与施工要求　　表 9-11

项　　目	内容、要求与图形
排水沟的断面	排水沟一般为梯形断面，底宽不应小于 0.5m，深度可按流量计算确定，但不宜小于 0.5m。边坡视土质而异，一般土层可用 1∶1.5，纵坡力求控制在 0.5% ~5 % 的范围内
排水沟的平面线形	排水沟应尽量采用直线，如必须转弯时，其半径不宜小于 10 ~ 20m；排水沟的长度，按实际需要而定，通常宜在 500m 以内
排水沟的施工要求	排水沟线性要平顺，转弯处宜为弧线形。 排水沟的出水口，应设置跌水和急流槽将水流引入路基或引入排水系统
排水沟与水道的连接	当排水沟中的水流流入河道或沟渠时，应使原水道不产生冲刷或淤积。一般应使排水沟与原水道两者水流的流向成锐角相交，并力求小于 45°，保证汇流处水流通畅。如限于地形，锐角连接有困难时，可用半径 $R = 10b$ 的圆弧（弧长等于 1/4 圆周，b 为排水沟顶宽），如下图所示 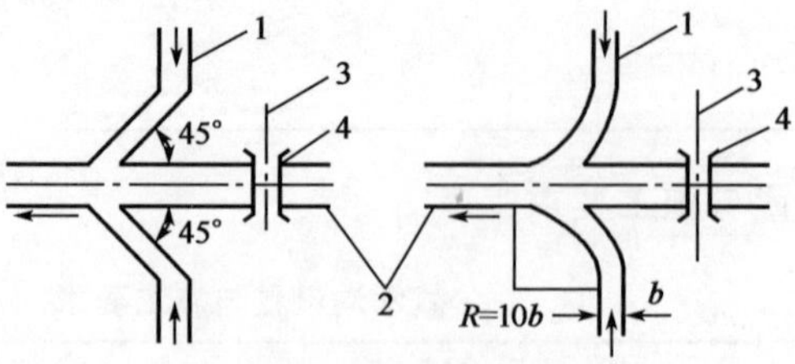 排水沟与水道的连接示意图 1-排水沟；2-其他沟渠、水道；3-公路中心线；4-桥涵

9.2.5 泄水结构物设置与施工要求

（1）跌水

跌水设置与施工要求　　表 9-12

项　目	内容、要求与图形
构造	跌水的构造可分为进水口、消力池和出水口三部分组成，如右图所示。各部尺寸根据水力计算确定，一般情况下当地质条件良好，地下水位较低、流量不大时，跌水高度 P 在 2.0m 以内，跌水可用浆砌片（块）石或混凝土筑成，进水口处设护墙，墙基的埋置深度为水深 a 的 1～12倍，并小于 1.0 m，要求伸入冻结线以下 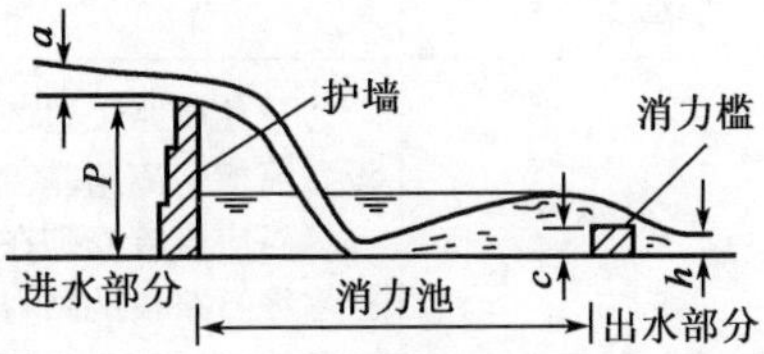 跌水构造示意图
尺寸（参考）	护墙的厚度，对砌石约为 0.3～0.4m，对混凝土为 0.25～0.3m。 沟槽及消力池的边墙高度，应高出计算水深的 0.2m 以上，边墙厚可与护墙相同。 消力槛的槛高 c，一般低于水深，槛顶厚不小于 0.4m，底部留有 5cm×5cm～10cm×10cm 泄水孔，以便水流停止时排除池内积水。 消力池底板厚度，当流量小于 2 m^3/s 时，约为 0.35～0.4m 厚
阶梯高度与长度	跌水的阶梯高度，可根据地形、地质条件确定，多级阶梯的各级高度可以相同，也可以不同，一般可不大于 0.5～0.6m，以 0.3～0.4m 较为普遍，每级阶梯的高度与长度之比，应力求与原地面坡度或沟渠设计纵坡相配合。无消力池的跌水，其台阶高度应小于 600mm，每阶高度与长度之比应与原地面坡度相协调

(2)急流槽

急流槽设置与施工要求　　表 9-13

项　目	内容、要求与图形
构造	急流槽的结构亦分为进水槽、主槽（包括消力池在内）和出水槽三个组成部分，如右图所示。可用浆砌块（片）石或混凝土（必要时加设钢筋）筑成，基础应嵌入地面以下，并宜设在中等强度以上的岩层上。在临时急需时，也可就地采用木槽。 正常情况下，当急流槽的纵坡度等于或小于 1：2，以及高度在 1.2m 以内时，其结构尺寸，包括护墙及槽的边墙与底板在内，基本上与上述跌水差不多 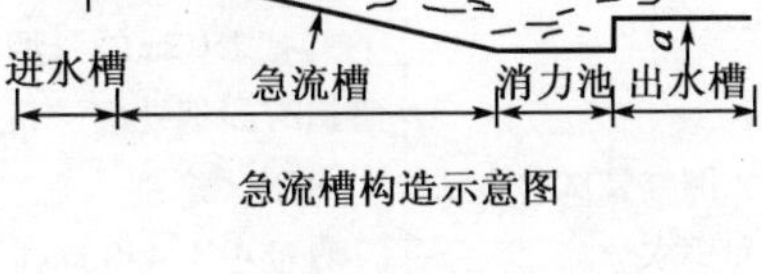 急流槽构造示意图
砌筑	急流槽的纵坡较陡，为防止其沿地面（或坡面）向下滑移，槽底每隔 1.5～2.5m，以及在转折地点，设置耳墙深入地基约 0.3～0.5m。当边墙高度大于 1.5m 时，墙脚下面要设基础。急流槽槽身较长时，应分段铺砌，每段约 5～10m 长，接头处留伸缩缝，缝用防水材料填塞
路堤急流槽	路堤边坡急流槽的修筑，应能为水流入排水沟提供一个顺畅通道，路缘石开口及流水进入路堤边坡急流槽的过渡段应连接圆顺，以便及时排出路面雨水

(3)拦水带与急流槽

拦水带与急流槽设置与施工要求 表 9-14

项　　目	内容、要求与图形
拦水带	为避免高路堤边坡被路面水冲毁,可在路肩上设拦水缘石,将水流拦截至挖方边沟,或在适当地点设急流槽引离路基。与高路堤急流槽连接处应设喇叭口。 缘石应直接安砌在路面基层或底基层上,或安砌在规定厚度的水泥混凝土垫层上。同时对于设置拦水缘石路段的路肩宜作适当加固,以避免集中水流造成冲刷
路堤急流槽	路堤边坡急流槽的修筑,应能为水流入排水沟提供一个顺畅通道,路缘石开口及流水进入路堤边坡急流槽的过渡段应连接圆顺,以便及时排出路面雨水

(4)倒虹吸与渡水槽

倒虹吸与渡水槽设置与施工要求 表 9-15

项　　目	内容、要求与图形
倒虹吸与渡水槽	当水流需要横跨路基,同时受到设计高程上的限制,可以采用管道或沟槽,从路基底部或上部架空跨越,前者为倒虹吸,后者为渡水槽,分别相当于涵洞和渡水桥,两者属于路基地面排水的特殊结构物,而且多数情况下是为配合农田水利所需而采用
倒虹吸布置示例	倒虹吸的管道有箱形和管形两种,以混凝土和钢筋混凝土结构为主,临时性简易管道可用砖石结构。其进、出水口砌缝及管节接头应特别严密以防漏水。下图所示为竖井式进、出水口的倒虹吸布置一例,其井底高程低于管道(亦称落底),起沉淀泥沙杂物的作用,以利清捞。亦有采用斜管式或缓坡式,以替代竖井式升降管,可改善水流条件,但路基用地宽度增大,管道长度增加 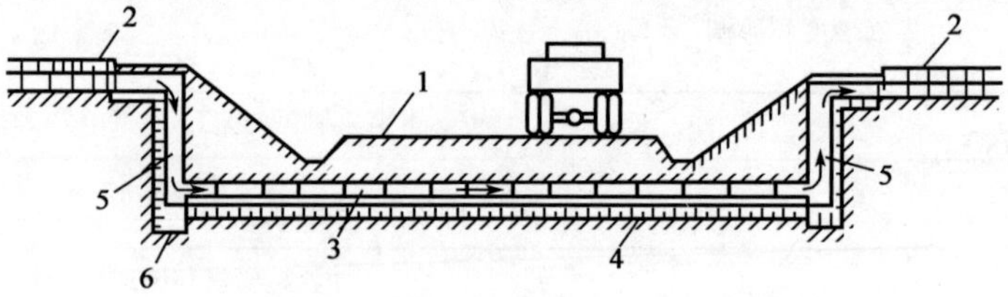 1-路基;2-原沟渠;3-洞深;4-砂砾垫层;5-竖井;6-沉淀池(落底)
倒虹管试验方法和要求	倒虹吸管施工完成后,在回填之前应按以下规定进行试验。 烟雾试验: 直径大于 450mm 的圆管,在覆盖之前进行烟雾试验。管道的两端要求进行封闭,然后用发烟机压入具有 250Pa 的浓烟雾,封闭所有出现烟雾的开口,在封完最后的开口之后,保持此压力 5min,如果管道有漏烟处应进行补修并重新进行试验。 水压试验: 直径小于 450mm 的圆管,在基槽回填之前应分段进行水压试验。将水灌入管内,在管道高处水头应高出管道顶部 1.2m 以上,在管道低处水头高出管道顶部不大于 6.0m ,陡坡线上的管道应分段试验,以免超过以上最大水头,试验应在试验段灌水后 1h 开始,此时垂直管的水位应能达到所要求的 1.2m 最小试验水头,通过每隔 10min 加一次水来保持原来的水位,并且记录加水数量,测出 30min 内水的消耗量,如果单位内径的管子增加的水量不超过 0.3L[30 延米/ cm],则认为管子合格。如果管道试验不合格,应修补其缺陷,并重新进行试验
渡槽过渡段及其沟渠加固	渡水槽由进、出水口、槽身和下部支承三部分组成。 渡水槽的过水断面,通常较两端小,进、出水口处需设过渡段,根据沟渠土质情况分别将槽身两端伸入路基两侧地面 2 ~ 5m 且其出水口过渡段宜适当加长以防淤积。 与渡水槽相接的土质沟渠应予加固,其长度至少应是沟渠水深的 4 倍

(5)蒸发池与油水分离池

蒸发池与油水分离池设置与施工要求　表9-16

项　　目	内容、要求与图形
蒸发池设置	根据《公路路基施工技术规范》(JTG F10—2006)规定:在年降雨量不大,晴天日数多,气候干燥,排水困难的平坦地区,设计规定设置蒸发池时,应按下列规定施工: 蒸发池与路基之间的距离应满足路基稳定要求。 湿陷性黄土地区,蒸发池与路基排水沟外缘的距离应大于湿陷半径。 用取土坑作蒸发池时与路基坡脚间的距离一般不应小于5~10m,面积较大的蒸发池至路堤坡脚的距离不得小于20m,坑内水面应低于路基边缘至少0.6m。 坑底部应做成两侧边缘向中部倾斜0.5%的横坡。 取土坑出入口应与所连接的排水沟或排水道平顺连接。当出口为天然沟谷时,应妥善导入沟谷内,不得形成漫流,必要时予以加固。 蒸发池的容量一般不超过200~300m^{3}时,蓄水深度不大于1.5~2.0m。池周围可用土埂围护,防止其他水流入池中。 蒸发池的设置不应使附近地区泥沼化及影响当地环境卫生
油水分离池	污水进入油水分离池前应先通过格栅和沉砂池处理。 不得由于设置油水分离池而污染当地生态环境。 池底、池壁和隔板应采用砌浆片石或现浇混凝土进行加固

9.3　排水沟渠加固

9.3.1　土沟夯实加固

土沟表面夯实加固施工　表9-17

项　　目	内容、要求与图形		
要点	开挖水沟时沟底及沟壁部分均少挖0.05m。 将沟底沟壁夯拍坚实,使土的干密度不小于1.66t/m^3,土层厚度不小于0.05m。 沟渠开挖时应随开挖随夯拍,以免土中水分消失,不易夯拍坚实。 施工中如发现沟底沟壁有鼠洞或蛇穴,应用原土补填夯实		
夯拍面积	边坡坡率1:m	1:1		
	断面B(m)×H(m)	0.4×0.4	0.4×0.6	0.6×0.6
	纵坡(%)	1.5	0.7	0.6
	夯拍面积(m^2/m)	1.531	2.097	2.297

9.3.2　三合土或四合土加固

三合土或四合土加固层施工　表9-18

项　　目	内容、要求与图形
要点	施工前两周将石灰水化,使用前1~3d将黄土或炉渣掺入拌匀,使用时将卵(碎)石或水泥及砂掺入,反复拌和均匀。 沟渠开挖后趁土质潮湿时立即加固,如土质干燥,则宜洒水湿润后再行加固。 沟渠铺混合土前,应将沟底及沟壁表面夯拍平整,然后每长2m左右安一模板,用以保证加固厚度的一致。 沟渠铺混合土后,应拍打提浆,然后再抹水泥砂浆护层,待稍干后,用大卵石将表面压紧磨光,最后用麻袋(或草帘)覆盖,并洒水养生3~5d。不宜在冬季施工,以防冻胀

续上表

项　目	内容、要求与图形											
	断面尺寸(m)		1:0.5				1:1					
			B	*H*	*B*	*H*	*B*	*H*	*B*	*H*	*B*	*H*
			0.3	0.3	0.4	0.4	0.4	0.4	0.4	0.6	0.6	0.6
工程数量	三合土或四合土捶面(m^3)	10(cm)	0.114		0.147		0.171		0.228		0.248	
		15(cm)	0.165		0.234		0.271		0.356		0.386	
		20(cm)	0.264		0.329		0.379		0.493		0.533	
		25(cm)	0.351		0.432		0.497		0.639		0.689	
	M7.5 水泥砂浆抹面(m^2)	1(cm)	0.971		1.294		1.531		2.097		2.297	
混合料配合比参考	混合料名称	配合材料			配合比		备注					
	三合土	水泥: 砂: 炉渣			1:5:1.5		(质量比)					
		水泥: 黄土: 卵(碎)石			1:3.3:2.3		无炉渣地区可试用(体积比)					
	四合土	水泥: 石灰: 砂: 炉渣			1:3:6:24							
	注:水泥宜采用低强度等级;炉渣经过高温烧化且含灰量不超过5% ,其粒径不超过5mm											

9.3.3 单层干砌片石加固施工

单层干砌片石加固施工　　表 9-19

项　目	内容、要求与图形							
要点	当沟壁沟底为细颗粒土时,应加设卵(碎)石垫层,其厚度按平均流速大小及土质情况,在 0.10 ~ 0.15 范围内选用。 垫层石料以粒径为 5 ~50mm 占 90%(质量比)以上为宜。 片石空隙应用碎石填塞紧密,片石大面向上,减少表面粗糙程度							
工程数量(m^3/m)	1: *m*		1:1					
	片石厚(最小厚)(cm)		15		20		25	
	工程名称	*h*(cm) / *B*(m) × *H*(m)	10	15	10	15	10	15
	干砌片石	0.4 × 0.4	0.271		0.379		0.497	
		0.4 × 0.6	0.356		0.493		0.639	
		0.6 × 0.6	0.386		0.533		0.689	
	垫层	0.4 × 0.4	0.226	0.353	0.245	0.381	0.263	0.408
		0.4 × 0.6	0.283	0.438	0.301	0.405	0.319	0.493
		0.6 × 0.6	0.303	0.468	0.321	0.495	0.339	0.521

9.3.4 单层栽砌卵石加固施工

单层栽砌卵石加固施工　表 9-20

项　目	内容、要求与图形
要点	垫层可采用平均粒径 2 ~ 4mm 的干净砂砾，其含土量应在 5% 以下。 一般应先砌沟底，后砌沟壁。砌底选用较大较好的卵石，坡脚两行尤应注意选料砌牢。 砌筑可自下而上，逐步选用较小的卵石，最上一层选用较长卵石平放封顶压牢。 所有卵石均应栽砌，大头朝下，相互靠紧，每行卵石须大小均匀，两排之间保持错缝。 卵石下部及卵石之间的空隙，均应用小石填塞紧密

项　目	1∶m		1∶1			1∶1.5		
工程数量(m^3/m)	卵石厚(cm)		15	20		15	20	
	工程名称	h(cm) / B(m)×H(m)	10	10	15	10	10	15
	栽砌卵石	0.4×0.4	0.271	0.379		0.324	0.453	
		0.4×0.6	0.356	0.493		0.433	0.577	
		0.6×0.6	0.386	0.533		0.462	0.637	
	垫层	0.4×0.4	0.225	0.245	0.381	0.268	0.289	0.450
		0.4×0.6	0.283	0.301	0.465	0.340	0.362	0.558
		0.6×0.6	0.303	0.321	0.495	0.361	0.382	0.588

项　目	卵石尺寸与允许流速关系		砾石垫层厚度(m)		
卵石尺寸与流速关系及砾石垫层厚度要求	卵石直径(m)	允许流速(m/s)	土质 / 允许流速(m/s)	<2.5	2.5 ~ 3.0
	0.15	2.0	一般细粒	0.10	0.15
	0.20	2.5	黏土	0.10	0.10

注：粗糙系数 $n = 0.020$

9.3.5 浆砌片石加固施工

浆砌片石加固施工　表 9-21

项　目	内容、要求与图形
要点	沟槽开挖后应即平整夯拍密实，如土质干燥须洒水湿润，遇有鼠洞陷穴，应堵塞夯实。 水泥砂浆强度等级一般可采用 M5，随拌随用，砌筑完后应注意养护。 砌筑过程中，应随时注意沟底沟壁的平整坚实，砂浆要饱满，无空隙松动

项　目	1∶m	1∶0.5						1∶0.75				1∶1					
工程数量(m^3/m)	h (cm)	B	H	B	H	B	H	B	H	B	H	B	H	B	H	B	H
		0.3	0.3	0.4	0.4	0.4	0.4	0.4	0.6	0.6	0.6	0.4	0.4	0.4	0.6	0.6	0.6
	25	0.351		0.432		0.459		0.554		0.643		0.749		0.639		0.539	
	30	0.447		0.545		0.587		0.728		0.788		0.624		0.794		0.854	

9.3.6 浆砌片石矩形排水槽施工

(1)直墙式矩形槽

直 墙 式 矩 形 槽 表 9-22

项 目	内容、要求与图形
图示	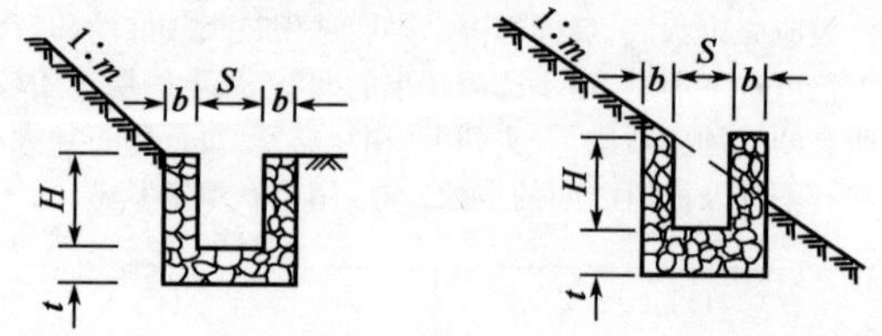 尺寸单位:m 注:①浆砌排水槽,大致与浆砌片石加固相同; ②开挖基坑时,应根据土质条件确定边坡坡率,沟槽砌筑完成后用原土回填,并拍实

工程数量(m^3/m)	*H*	*b*	*t*	*S*=0.4	*S*=0.5	*S*=0.6	*S*=0.7	*S*=0.8	*S*=0.9	*S*=1.0
	0.2	0.3	0.3	0.42	0.45	0.48	0.51	0.54	0.57	0.60
	0.3	0.3	0.3	0.48	0.51	0.54	0.57	0.60	0.63	0.66
	0.4	0.3	0.3	0.54	0.57	0.60	0.63	0.66	0.69	0.72
	0.5	0.4	0.4	0.88	0.92	0.96	1.00	1.04	1.08	1.12
	0.6	0.4	0.4	0.96	1.00	1.04	1.08	1.12	1.16	1.20
	0.7	0.4	0.4	1.04	1.08	1.12	1.16	1.20	1.24	1.28
	0.8	0.4	0.4	1.12	1.14	1.20	1.24	1.28	1.32	1.36
	0.9	0.4	0.4	1.20	1.24	1.28	1.32	1.36	1.40	1.44
	1.0	0.4	0.4	1.28	1.32	1.36	1.40	1.44	1.48	1.52

(2)斜墙式矩形槽

斜 墙 式 矩 形 槽 表 9-23

项 目	内容、要求与图形
图示	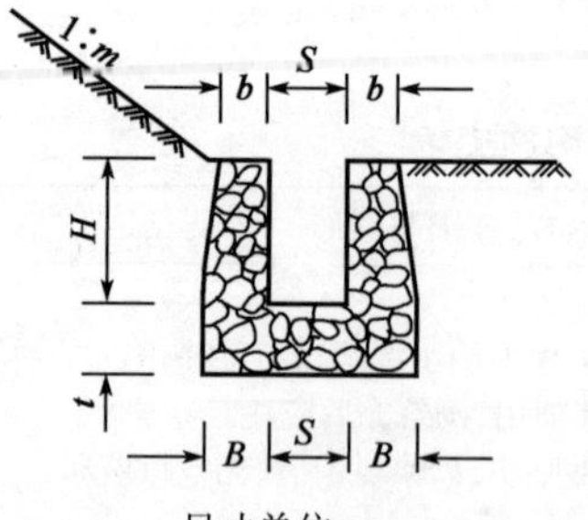 尺寸单位:m 注:①浆砌排水槽,大致与浆砌片石加固相同; ②开挖基坑时,应根据土质条件确定边坡坡率,沟槽砌筑完成后用原土回填,并拍实

工程数量(m^3/m)	*H*	*b*	*B*	*t*	*S*=0.5	*S*=0.6	*S*=0.7	*S*=0.8	*S*=0.9	*S*=1.0
	1.1	0.45	0.67	0.50	2.15	2.20	2.25	2.30	2.35	2.40
	1.2	0.45	0.69	0.50	2.31	2.63	2.41	2.46	2.51	2.56
	1.3	0.50	0.76	0.50	2.65	2.70	2.75	2.80	2.85	2.90
	1.4	0.50	0.78	0.50	2.82	2.87	2.92	2.97	3.02	3.07
	1.5	0.50	0.80	0.55	3.11	3.16	3.22	3.37	3.33	3.38

9.4　地下排水设施

9.4.1　明沟和槽沟

明沟和槽沟设施与施工要求　表 9-24

项　目	内容与要求
适用条件	当地下水位较高，潜水层埋藏不深时，可采用明沟或槽沟截流地下水及降低地下水位，沟底宜埋入不透水层内，沟壁上最下一排渗水孔（或裂缝）的底部宜高出沟底不小于 0.2m。 明沟可兼排地表水，在寒冷地区不宜采用
使用材料	明沟或槽沟采用混凝土浇筑或浆砌片石砌筑时，应在沟壁上与含水层接触面的高度处，设置一排或多排向沟中倾斜的渗水孔。沟壁外侧应填以粗粒透水材料或用土工布作反滤层。沿沟槽每隔 10～15m 或当沟槽通过软硬岩层分界处时，应设置伸缩缝或沉降缝

9.4.2　盲沟

盲沟设施与施工要求　表 9-25

项　目		内容与要求	
盲沟的设置	拦截流向路基的层间水	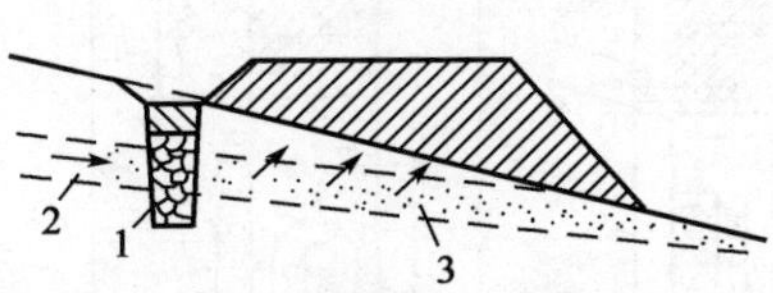 1-盲沟；2-层间水；3-毛细水	盲沟亦称暗沟，是地下排水渗沟的一种，可用以隔断或截住流向路基的层间水或少量泉水，亦可用以降低地下水位。左上图是设在路基一侧边沟下的盲沟；左下图为设在路基两侧边沟（亦可在路中）下面的盲沟，用以降低地下水位
	降低地下水位	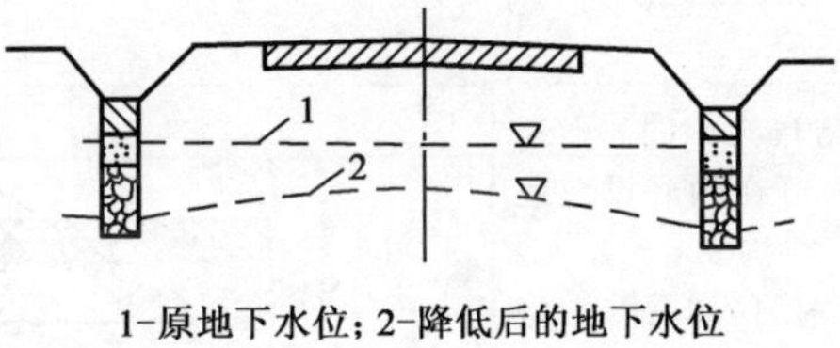 1-原地下水位；2-降低后的地下水位	
	拦截路堑地下水流向路基	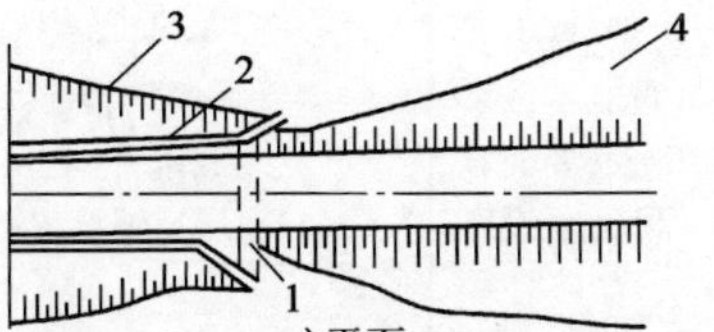 a) 平面 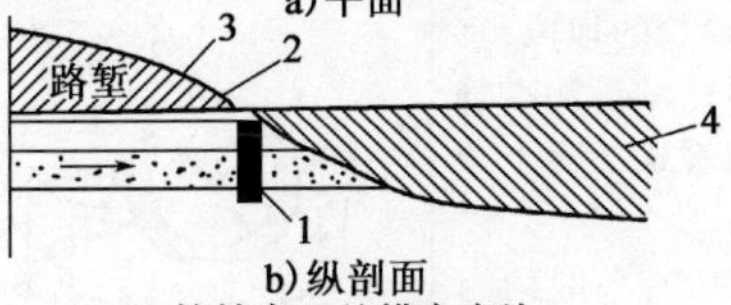 b) 纵剖面 挖填交界处横向盲沟 1-盲沟；2-边沟；3-路堑；4-路堤	左图所示盲沟，是用于隔断与排除路堑下面的层间水或泉水，不致流向路堤成害，平面图表明盲沟将地下水拦截排出路堤边坡以外。 基于上述，凡是路基范围内或附近的泉水、裂隙水等，如对路基有害，均应在水源处设置暗沟或兼设明沟（排水沟），降水引出排至路基以外

续上表

项　　目	内容与要求
盲沟的构造及其施工	盲沟的断面通常为矩形或梯形,在沟底和中间填筑较大碎石或卵石(粒径3~5cm),在粗粒碎石的两侧和上部按一定比例分层(厚约15cm)填以较细粒料(中、粗砂、砾石)作成反滤层,逐层的粒径比例大致按4:1递减,或用土工布包裹有孔的硬塑管,管四周填以等粒径的碎、砾石组成盲沟,顶部作封闭层,防止地面水和泥土进入。封闭层用双层反铺草皮或其他材料铺成,并在其上夯填厚度不少于0.5m的黏土防水层。 盲沟埋置的深度,一般要求渗水材料的顶部(封层以下)不得低于原有地下水位。用来排除层间水时,盲沟底部应埋于最下面的不透水层,在冰冻地区盲沟埋深不得小于当地最小冻结深度,以确保全年使用。 盲沟的水流阻力较大,只用于渗流不长的地段,纵坡不能小于1%,一般采用5%,出水口底面高程应高出沟外最高水位0.2m,确保水流出路基以外,不发生倒渗现象

9.4.3 渗沟

渗沟设施与施工要求　　表9-26

项　　目	内容、图形与要求			
	渗沟(盲沟)	洞式渗沟	管式渗沟	说明
示意图	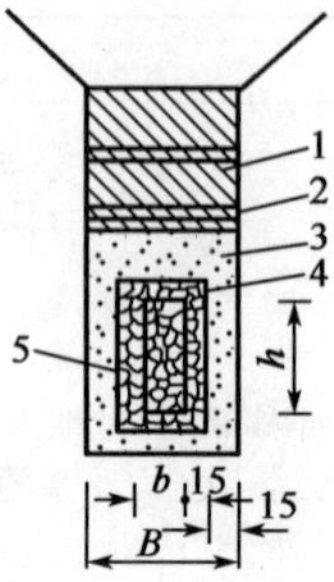	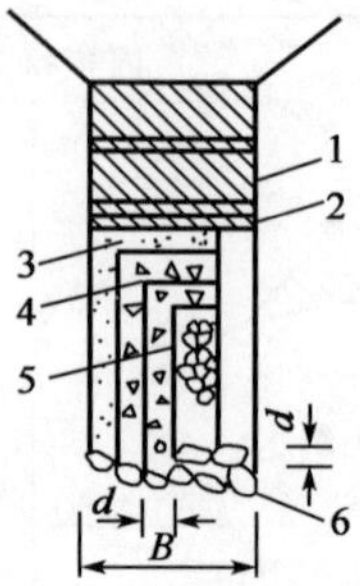	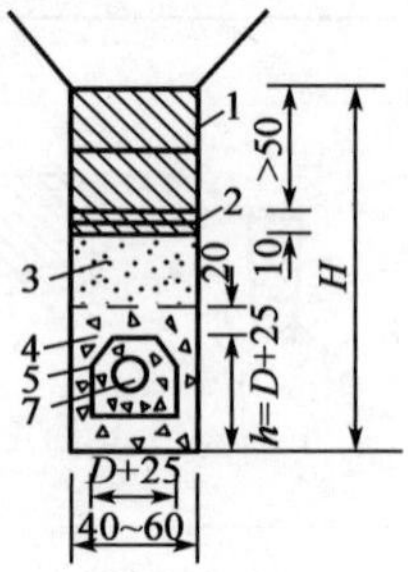	1-黏土夯实; 2-双层反铺草皮; 3-粗砂; 4-石屑; 5-碎石; 6-浆砌片石沟洞; 7-预制混凝土管 尺寸单位:cm
填石、洞式渗沟施工	渗沟(即填石渗沟)其构造与盲沟相同。当地下水流量较大,要求埋置更深,可在沟底设洞或管,前者为洞式渗沟后者为管式渗沟。 洞式渗沟是在沟底预留排水沟洞(如右图),将渗沟汇集的水流迅速排出路基。基洞宽 b 为20cm,洞高位20~30cm,洞顶用条石或预制混凝土作盖板(盖板之间可留空隙),使水流入洞内排出路基。盖板长约为 $2b$,板厚 p 一般不小于15cm。洞身要求埋入不透水层内,如遇地基软弱还应铺筑砂石基础,洞身埋在透水层中,必要时在两侧和底部加设隔水层,以利排水。洞底须设不小于0.5%的纵坡,使集水畅通排出	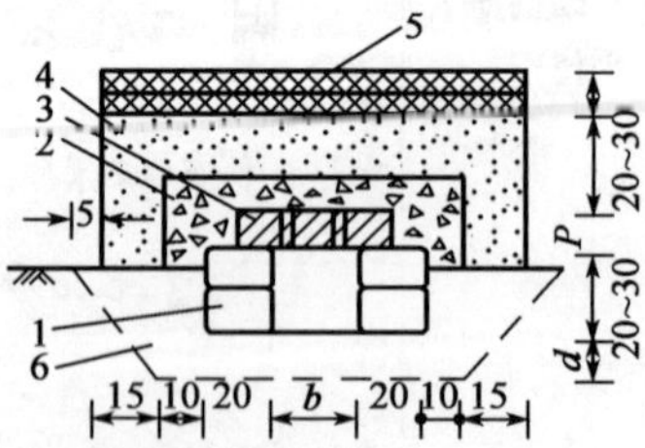 (尺寸单位:cm) 1-浆砌块石;2-碎(砾)石;3-盖板;4-砂;5-双层反铺草皮;6-砂石基础		
管式渗沟施工	在地下水流量更大和排水距离较长的地段,宜采用管式渗沟(见渗沟构造示意图),其渗沟水管部分的构造则如右图所示,可用陶管式混凝土预制品,管底设混凝土基础。 渗水管的内径 D 由水力计算确定,一般约为0.4~0.6m,对于冰冻地区,为防冻结阻塞,除管道埋在冻结线以下外,必要时采取保温措施,并宜适当放大管径	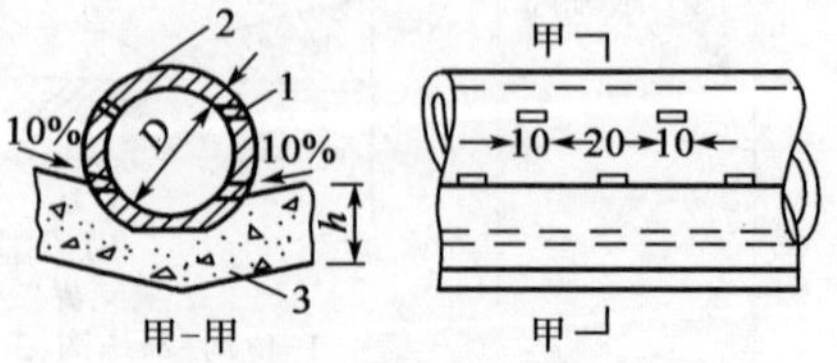 1-渗水孔;2-渗水管;3-混凝土基座		

9.4.4 渗井

(1)渗井设施

渗 井 设 施　　表 9-27

<table>
<tr><th>项　目</th><th>内容与要求</th></tr>
<tr><td>渗透理论</td><td>
任何土质均有一定的渗透性(当土层被水分饱和后,土壤孔隙中的自由水分在重力作用下,向下发生移动的现象,称为土的渗透性),仅是在单位时间内的渗透量,也即各种土质的渗透系数不同。土壤渗透性是其重要的特性之一,当土壤渗透性较好时,大气降水或灌溉水几乎完全进入土壤并在其中储存起来;在渗透性不好的情况下,水分沿土表流走,造成浸蚀。
由于土壤中孔隙较小,在大多数情况下水在孔隙中的流速较小,可以认为是属于层流(即水流线是互相平行地流动)。水在土中的渗流速度与水头梯度成正比:
$$v = KI \text{ 或 } q = K \cdot I \cdot F$$
式中:v——渗流速度(m/s);
I——水头梯度,即沿水流方向单位长度上的水头差;
K——渗透系数(m/s);
q——渗透流量(m^3/s),即单位时间内流过土截面积 F 的流量。
有关研究表明:水土保持将“拦蓄降水、就地入渗”作为主要措施之一,其作用是拦截降水,增加土壤入渗,减少坡面地表径流量而增加地下径流量,改变汇流特性,从而削减洪峰,降低径流侵蚀力,起到减水减砂和水土保持的作用
</td></tr>
<tr><td>渗井设施</td><td>
渗井,见下图,属于立式的地下排水设备,当地下存在多层含水层,其中影响路基的上部含水层较薄,排水量不大,且平式渗沟难以布置,采用立式(竖向)排水。渗井穿过不透水层,将路基范围内的上层地下水,引入更深的含水层中去,以降低上层的地下水位或全部予以排除。
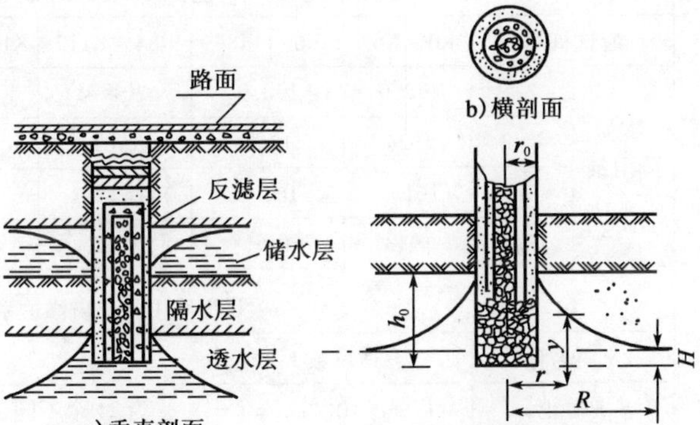

a)垂直剖面　c)渗流曲线图
渗井的平面布置,以及孔径与渗水量,按水力计算而定,通常取正方形或者圆柱形,边长和直径一般为 1.0～1.5m。井深视地层构造情况而定,井内由中心向四周按层次,分别填入由粗而细的砂石材料,粗料渗水,细料反滤。填充料要求筛分冲洗,施工时需用铁皮套筒分隔填入不同粒径的材料,要求层次分明,不得粗细材料混杂,以保证渗井达到预期排水效果。
鉴于渗井施工难度较大,单位渗水面积的造价高于渗沟,一般应尽量少用。选用时应比较后确定。一般在下列情况下才考虑渗井:①路基附近的地面水或浅层地下水无法排除时,可以修建渗井穿过不透水层将水渗入到地面 1.5m 以下的透水层中排除。②高速公路或城市道路立交桥下的通道,如果路线为凹形竖曲线时,当通道路基下有良好的渗水性土层,可于凹形的最低部设置渗井,将低洼处积水排走。这种较管涵、水泵排水简单、经济。③当土基含水率大,严重影响路基路面强度,其他地下水排水设施不易布置时,渗井可作为方案之一
</td></tr>
</table>

续上表

项　目	内容与要求
渗井施工	当路基附近的地表水或浅层地下水无法排除,影响路基稳定时,应设置渗井,将地表水或地下水通过渗井渗入地下不透水层而达其下的透水层排除。 井深由地层构造决定,要求穿过不透水层而深达透水层,井内填充材料须按层次,在下层透水层范围内填碎石或卵石,上层不透水范围内填砂或砾石,填充料要求经过筛选不同颗粒的材料,要层次分明,不得粗细混杂填充,井壁与填充料之间应设反滤层。 渗井应离路基坡脚不小于10cm,深水井顶部四周(进口部分除外)用黏土筑围堰围护,井顶用盖覆盖,严防渗井淤塞

(2)渗井实例

渗 井 实 例 表9-28

项　目	内容与要求
设计标准	大庆至广州高速公路深州至大名段"渗井"工程设计的设置是按照沿线15年一遇连续3d或1d的最大降雨量(见下表),和需要渗井排除的下挖区域面积计算最大汇水量,并根据下挖道路集水井、排水管等流入渗井的水流最大高程等,计算并确定渗井深度和直径;即渗井的大小及体积。再根据渗井处的土质、渗透系数、地下水位高度等,确定渗井的形式,并对渗井细部尺寸进行必要的修正
技术参数	通过室内或室外试验,均可以测定土壤的渗透系数。试验点一般应布置在水文地质条件较为复杂、远离河(沟)谷、地表排水良好、浅层地下水位小于5m、有咸水分布区、浅部(小于10m)为透水层、地下水位以下渗透性较强的土层;也可以布置在渗井拟设置的位置附近。通过对沿线不同勘察点和不同深度(土层)的土质进行测定,沿线主要土质的渗透系数

公路沿线15年一遇连续3d和1d的最大暴雨降水量

起讫桩号		K0 ~ K69	K69 ~ K84	K84 ~ K112	K112 ~ K148	K148 ~ K179	K179 ~ K220
最大降雨量(mm)	3d	178.9	190.9	201.4	201.3	213.4	225.0
	年份	1924	1953	1962	1926	1963	1960
	1d	161.7	162.0	152.5	193.2	204.5	225.0
	年份	1943	1961	1953	1980	1970	1960

项目沿线主要土质渗透系数

土质名称	渗透系数K	备注
亚砂土	1.86×10^{-4}cm/s	为24个不同钻孔和深度的土层试验数据平均值
亚黏土	3.91×10^{-6}cm/s	为32个不同钻孔和深度的土层试验数据平均值

模型一

当地下水位低于渗井底部高程:当地下水位低于渗井底部高程时,采用右图渗井形式,与水接触的土壤均可以渗透井内积水。

若渗井直径为D(半径则为$R = D/2$),储水深度为H,土质渗透系数为K,则单位时间内的渗水量为:

$$V = (R^2 + D \times H) \times \pi \times K$$

由上式可以看出,渗井形式之一的土壤下渗量除渗井中的储水深度有关外,还与渗井的直径有关,所以,当地下水位较低时,可通过适当加大渗井深度的方法来减少渗井的直径,从而减少永久占地的面积

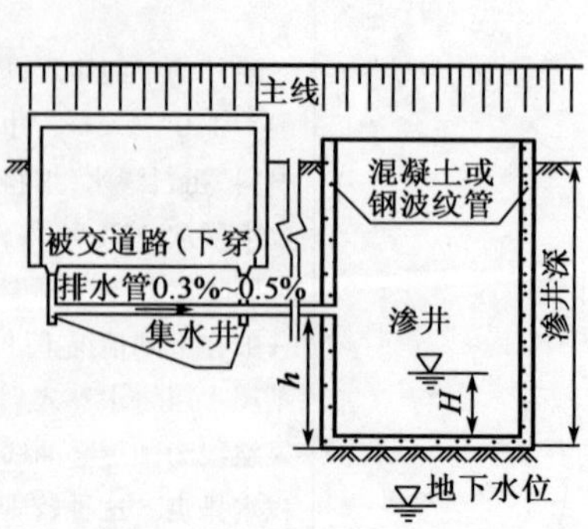

续上表

<table>
<tr><th>项　目</th><th colspan="2">内容与要求</th></tr>
<tr><td>模型二</td><td>当地下水位高于渗井底部高程：当地下水位高于渗井底部高程，但低于需要渗井下渗的最大储水位高程时，采用右图渗井形式，则渗井储水位与地下水位高程的四周水接触的土壤均可以渗透井内积水。
若渗井直径为 D，渗井储水位与地下水位高程之差 H'，土质渗透系数为 K，则单位时间内的渗水量为：
$$V=(D\times H')\times\pi\times K$$
由上式可以看出，渗井形式之二的土壤下渗量只与高出地下水位的渗井四周面积和渗透系数有关，在渗井位置确定的情况下，土壤的渗透系数成为定值，所以，当地下水位较高时，应通过适当加大渗井的直径来增加其储水量和单位时间的渗透量，在地下水文以下加大渗井深度则是徒劳</td><td>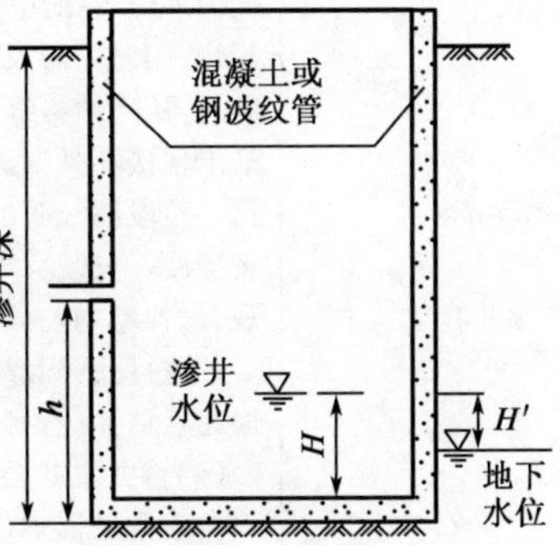
</td></tr>
<tr><td>防止污染地下水源措施</td><td colspan="2">与下挖道路相关的地表径流包括其汇水面积范围内的场地地表径流和下挖道路路面径流。由于本项目采取被交叉的低等级公路下挖，则地表径流所含污染物应以泥沙颗粒为主。路面径流则是具有单一地表使用功能的地表径流，所含污染物与车辆运输及周围环境状况有关；但由于道路交通以农业运输为主，仅有少量的工业运输车辆，所以，道路上可能抛洒的物质应以农作物的秸秆等为主，或许有少量的有机物、重金属、无机盐等。
一般来说，公路路面径流不会对水体和土壤造成大面积的污染，尽管如此，设计除在渗井的配套设施—集水井的进、出口分别采用过滤网进行固体物质流入渗井前的过滤外，还采用集水净化处理措施，来保证下渗水无污染</td></tr>
<tr><td>渗井施工技术</td><td colspan="2">(1)根据设计所确定的渗井位置，采用 GPS 或全站仪准确的放出渗井的中心，然后以中心点为圆心，采用皮尺或钢尺量取渗井的半径，继而放出渗井的轮廓。
(2)根据设计确定渗井护壁材料结构(混凝土或钢波纹管)厚度，对渗井轮廓进行适当扩大后，即可下挖渗井。当采用钢筋混凝土进行护壁时，可按照上述渗井轮廓进行下挖一定深度后，现场进行钢筋混凝土护壁的浇筑，等达到一定强度后，采用沉井的方式，在渗井轮廓内进行下挖，逐渐下沉钢筋混凝土护壁，并不断接高钢筋混凝土护壁，不断下挖，依次循环直至达到设计的渗井深度。当采用钢波纹管进行护壁时，可按照上述渗井轮廓先下挖 4m 后，将组装完成钢波纹管(高度 4m)整体吊装入渗井，确定就位准确后，采用亚黏土或亚砂土将钢波纹管外侧的空隙填充密实，以保证钢波纹管与土壁的紧密接触；其次，再组装完成钢波纹管(缩径，高度 3m)，按照钢筋混凝土护壁的方法完成挖井和下沉钢波纹管后，再组装完成钢波纹管(缩径，高度 3m)，再下挖，直至达到渗井的设计深度。
无论采用钢筋混凝土，还是采用钢波纹管护壁，均要求在施工中，以锤球或其他有效的方法和措施等，不断校正渗井的垂直度。
(3)拼装钢波纹管渗井拼装质量控制。
管径圆度控制：拼装结构的形状误差为标准管径的 ±1%，圆周向拼装到环形圈合拢时，测定截面形状，可在竖向采用定位拉杆顶压或在横向采用可调节收紧拉筋固定，调整预紧螺栓，拼装圆周向最后一块波纹板。轴向拼装满三圈波纹板时，要测定一次截面形状，达到标准再继续拼装，达不到标准应及时调整。
螺栓紧固力控制：管拼装完成，用汽动扳手，按预紧力扭矩大于等于 270N · m 紧固所有螺栓，依次顺序，不得遗漏，紧固后螺栓用红漆标示。所有螺栓(包括纵向和环向接缝)应在回填之前拧紧，保证波纹的重叠部分紧密地嵌套在一起。在回填之前随机抽查 2% 的螺栓，用定扭扳手，定预紧力扭矩 270N · m，进行抽检试验。如果上述试验 95% 以上满足要求，则认为安装是合格的。否则应重新复核，直到扭矩值达到有关要求</td></tr>
</table>

续上表

项　目	内容与要求
渗井施工技术	密封胶涂接控制:钢波纹管螺栓预紧力扭矩符合要求后,并在管身内外侧所有钢板拼缝及所有螺栓内外位置采用专用密封材料进行密封防止泄漏。在涂密封胶之前,检查各板缝是否有污物,如有污物,用腻子刀及棉布将缝隙擦干净,按照从上至下,从外到内的顺序将密封胶粘接在各板缝上,打胶时,从两块板缝搭接处开始,用力挤压压力枪,使胶出枪口时有一定的压力,枪头缓慢向后倒退,严禁出现接茬处漏涂现象。管外垫与板之间,螺母与垫之间、螺栓与螺母之间的缝隙,也要用密封胶密封。整段波纹管的密封工作完成以后,按10%的数量抽查其密封情况,如有不合格项,应及时进行纠正增涂。安装完毕后,在回填土之前,应在管壁的外表面增涂两遍热沥青(乳化沥青、沥青油),从外观看,管壁均匀的变成了黑管即可,一般沥青涂层的厚度要达到0.2~0.5mm。 井壁打孔:当渗井施工完成后,应在渗井的入水管底部以下的钢波纹管管壁上,以10cm的间隔,呈梅花状钻孔(孔径10mm),以使渗井中的积水,沿梅花状钻孔入渗至钢波纹管壁的土体之中。 (4)渗井养护要求 在运营过程中,必须对下挖被交叉道路的边沟、集水井、排水管、渗井等,定期进行养护,一方面清除堆放于边沟、集水井、排水管、渗井中的杂物,另一方面清除集水井和渗井底部沉淀的泥巴和杂质,从而保证水流畅通和正常的渗透作用。建议对被交叉道路侧的边沟、集水井等每年至少进行一次彻底的清理,最好在夏季来临之前完成,对渗井和排水管的养护间隔时间应不大于5年

9.4.5 反滤层与土工织物

反滤层与土工织物设施及施工要求　　表9-29

<table>
<tr><th>项　目</th><th colspan="6">内容与要求</th></tr>
<tr><td rowspan="4">反滤层要求</td><td colspan="6">渗沟排水层(或洞、管)与沟壁之间应设置反滤层。
反滤层应选用颗粒大小均匀的砂、石材料分层埋填,相邻两层的颗粒直径比例不小于1:4。
砾砂及反滤层的孔隙率不得小于35%。
作反滤层的材料应清洗干净,不允许含有机质和其他有害物质,粗砾和卵石应质地坚硬</td></tr>
<tr><td>材料名称</td><td>粒径范围(mm)</td><td>平均粒径(mm)</td><td>材料名称</td><td>粒径范围(mm)</td><td>平均粒径(mm)</td></tr>
<tr><td>砾石</td><td>2~3</td><td>2.3</td><td>卵石</td><td>75~100</td><td>—</td></tr>
<tr><td>粗砾</td><td>15~20</td><td>17</td><td>片石</td><td>150以上</td><td>—</td></tr>
<tr><td rowspan="2">土工织物要求</td><td colspan="4">利用土工织物(土工布)作用于路基排水隔离层、基底排水层等,用于排水隔离层的土工布,要求其最小抗拉强度为5kg/m。铺接接头处的纵、横向搭接长度一般为100cm。
在土工布上铺筑材料要求选用矿渣、碎石或砾石,其最大粒径为30cm,通过20cm筛孔的材料不得大于10%,通过0.07mm筛孔的材料其塑性指数不得超过6%,铺筑材料采用重型机械压实,其最小厚度为50cm。
排水隔离层顶面须高出地下水位30cm以上,施工时应注意使下层土壤扰动最小</td><td colspan="2" rowspan="2">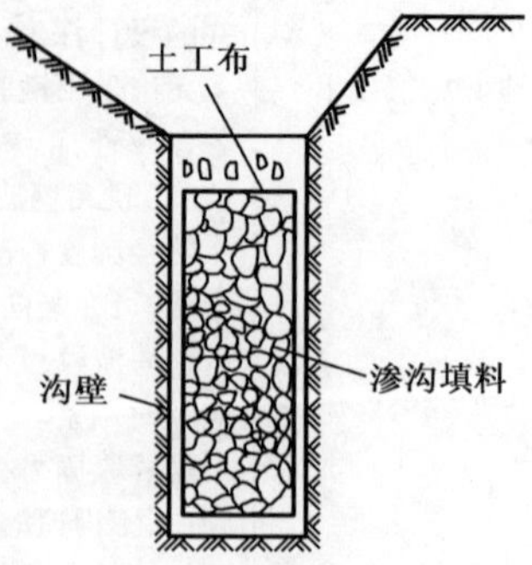
</td></tr>
<tr><td colspan="4">盲沟及渗沟(包括填石渗沟、洞式渗沟和管式渗沟),为改善其排水功能并提高其耐久性,均可充分利用土工布在渗沟填料与土砂之间加以隔离,例如:用土工布包裹在渗沟外侧,或在洞式渗沟顶部盖板上铺垫土工布,以防止土砂渗入沟内</td></tr>
</table>

9.5　跌水与急流槽

9.5.1 跌水

跌水的设置和一般构造　表 9-30

项　　目	内容与规定
跌水作用	土质边沟的纵坡较大时，可设置多级跌水，以减缓沟底纵坡，降低流速，减少冲刷
跌水设置尺寸及其用料	跌水台阶高度 p_2、p_1，可按地形、地质等条件而定，一般应不大于 0.5～0.6m，通常为 0.3～0.4m。多级台阶各级高度可相同或不同，其高与长之比，应与原地面适应。 跌水可用浆砌片石或水泥混凝土浇筑，沟槽壁及消力池的边墙厚度：浆砌片石为 0.25～0.4m，混凝土为 0.2m，高度应高出计算水位至少 0.2m，槽底厚度为 0.25～0.4m，出口部设置隔水墙。 设有消力槛时，槛的顶宽不小于 0.4m，并设有尺寸为 5(cm)×5(cm)～10(cm)×10(cm)的泄水孔，以便水中断时，排除消力池内的积水
示意图	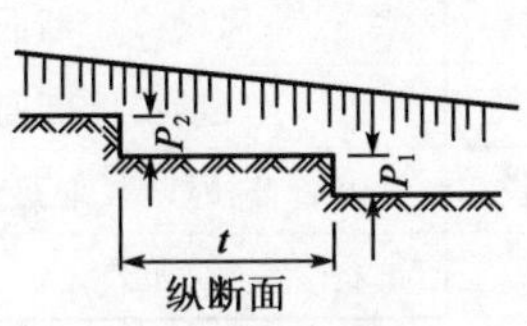 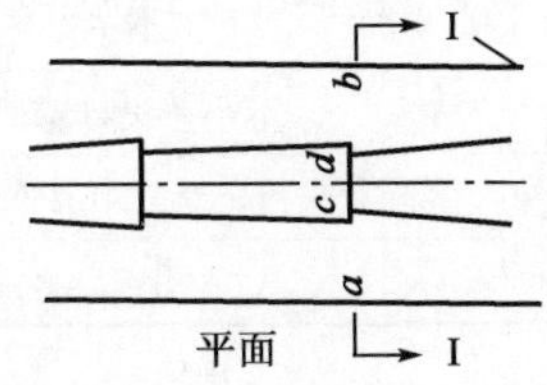 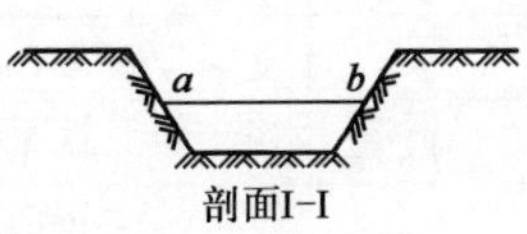
跌水槽断面与加固	跌水槽身一般筑成矩形，但跌水高度不大，槽底纵坡较缓，亦可采用梯形断面。梯形跌水槽身，应在台阶前 0.5～1.0m 和台阶后 1.0～1.5m 范围内进行加固

9.5.2 急流槽

急流槽的设置和一般构造　表 9-31

项　　目	内容与规定
高路堤地段	急流槽的纵坡，一般不宜超过 1:2，可用片(块)石砌筑，或混凝土浇筑，急用时，亦可用木槽临时使用。 为防止滑动，可在斜坡急流槽背砌平台以阻下滑。如图示宽可为 0.8～0.9m，距离可隔 1.5～2.5m。 进水槽和出水槽底部应用片石铺砌(用 M8 水泥砂浆勾缝)，长度一般不小于 10m，个别情况，应在下游铺设厚 0.2～0.5m 长 2.5m 的防冲铺砌。 急流槽很长时，应分段砌筑，每段长可为 5～10m，接头处以防水材料填缝。 急流槽底宜砌成粗糙面，或嵌入约 10(cm)×10(cm)竖石块，用以消能减小流速。 路肩外缘需要集水时，可用三合土或四合土或砌块等砌成拦水埂以利流向急流槽的水排出路外
图示	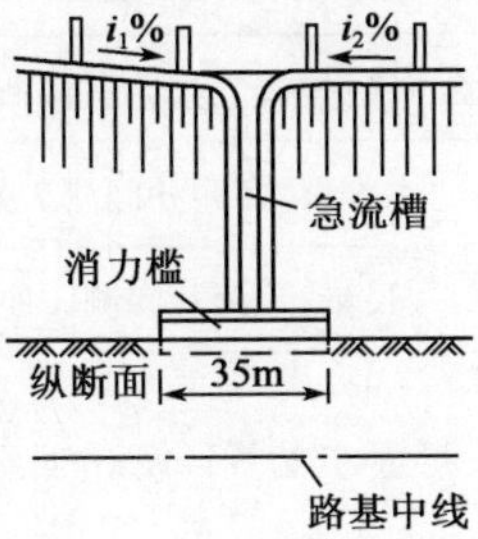 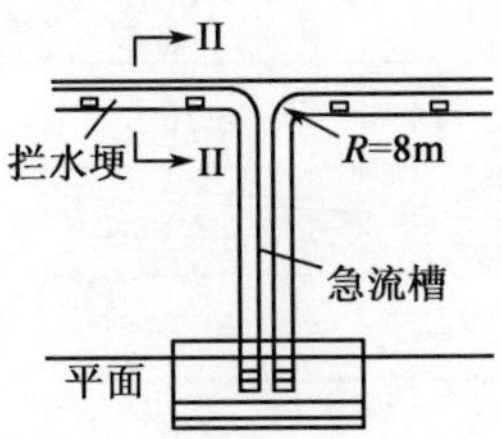 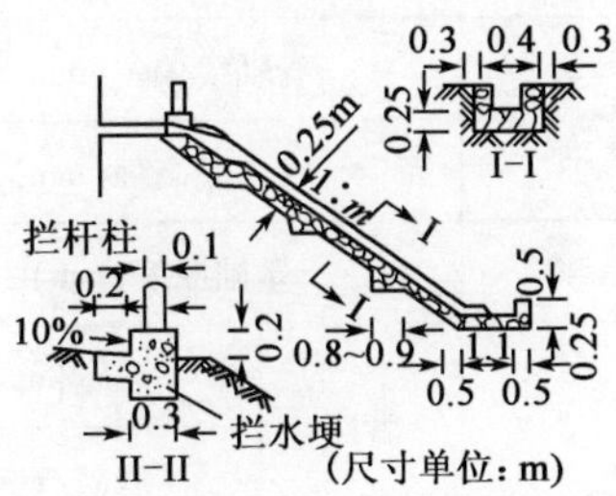

9.6 公路路基排水工程施工质量要求

9.6.1 管节预制

管节预制基本要求、外观鉴定 表9-32

基本要求	外观鉴定
所用的水泥、砂、石、水、外加剂和掺和料的质量和规格应符合有关规范的要求,按规定的配合比施工。 混凝土应符合耐久性(抗冻、抗渗、抗侵蚀)等设计要求。 不得出现露筋和空洞现象	蜂窝、麻面面积不得超过该面面积的1%。 混凝土表面平整

管节预制实测项目 表9-33

项次	检查项目	规定值或允许偏差	检查方法和频率	权值
1△	混凝土抗压强度(MPa)	在合格标准内	按"混凝土抗压强度评定方法"	3
2	内径(mm)	不小于设计	尺量:2个断面	2
3	壁厚(mm)	不小于设计壁厚-3	尺量:2个断面	2
4	顺直度	矢度不大于0.2%管节长	沿管节拉线量,取最大矢高	1
5	长度(mm)	+5,-0	尺量	1

9.6.2 管道基础及管节安装

管道基础及管节安装基本要求、外观鉴定 表9-34

基本要求	外观鉴定
管材必须逐节检查,不得有裂缝、破损。 基础混凝土强度达到5 MPa以上时,方可进行管节铺设。 管节铺设应平顺、稳固,管底坡度不得出现反坡,管节接头处流水面高差不得大于5 mm。管内不得有泥土、砖石、砂浆等杂物。 管道内的管口缝,当管径大于750 mm时,应在管内作整圈勾缝。 管口内缝砂浆平整密实,不得有裂缝、空鼓现象。 抹带前,管口必须洗刷干净,管口表面应平整密实,无裂缝现象。抹带后应及时覆盖养护。 设计中要求防渗漏的排水管须做渗漏试验,渗漏量应符合要求	管道基础混凝土表面平整密实,侧面蜂窝不得超过该表面面积的1%,深度不得超过10mm。 管节铺设平顺,管口缝带圈平整密实,无开裂脱皮现象。 抹带接口表面应密实光洁,不得有间断和裂缝、空鼓

管道基础及管节安装实测项目 表9-35

项次	检查项目		规定值或允许偏差	检查方法和频率	权值
1△	混凝土(砂浆)抗压强度(MPa)		在合格标准内	按"混凝土、砂浆抗压强度评定方法"	3
2	管轴线偏位(mm)		15	经纬仪(拉线):每两井间测3处	2
3	管内底高程(mm)		±10	水准仪:每两井间测2处	2
4	基础厚度(mm)		不小于设计	尺量:每两井间测3处	1
5	管座	肩宽(mm)	+10,-5	尺量、挂边线:每两井间测2处	1
		肩高(mm)	±10		

续上表

项次	检查项目		规定值或允许偏差	检查方法和频率	权值
6	抹带	宽度	不小于设计	尺量:按10%抽查	2
		厚度	不小于设计		

9.6.3 检查(雨水)井砌筑

检查(雨水)井砌筑基本要求、外观鉴定　表9-36

基本要求	外观鉴定
井基础混凝土强度达到5MPa以上时,方可砌筑井体。 砌筑砂浆配合比准确,井壁砂浆饱满,灰缝平整。圆形检查井内壁应圆顺,抹面密实光洁,踏步安装牢固。 井框、井盖安装必须平稳,井口周围不得有积水	井内砂浆抹面无裂缝。 井内平整圆滑,收分均匀

检查(雨水)井实测项目　表9-37

项次	检查项目	规定值或允许偏差		检查方法和频率	权值
1△	砂浆强度(MPa)	在合格标准内		按"砂浆强度评定方法"	3
2	轴线偏位(mm)	50		经纬仪:每个检查井检查	1
3	圆井直径(方井长、宽)(mm)	±20		尺量:每个检查井检查	1
4	井底高程(mm)	±15		水准仪:每个检查井检查	1
5	井盖与相邻路面高差(mm)	雨水井	+0,-4	水准仪、水平尺:每个检查井检查	2
		检查井	+4,-0		

9.6.4 土沟

土沟基本要求、外观鉴定　表9-38

基本要求	外观鉴定
土沟边坡必须平整、坚实、稳定,严禁贴坡。 沟底应平顺整齐,不得有松散土和其他杂物,排水畅通	沟底无明显凹凸不平或阻水现象

土沟实测项目　表9-39

项次	检查项目	规定值或允许偏差	检查方法和频率	权值
1	沟底高程(mm)	+0,-30	水准仪:每200m测4处	2
2	断面尺寸(mm)	不小于设计	尺量:每200m测4处	2
3	边坡坡度	不小于设计	尺量:每200m测4处	1
4	边棱直顺度(mm)	50	尺量:20拉线,每200m测4处	1

9.6.5 浆砌排水沟

浆砌排水沟基本要求、外观鉴定　表9-40

基本要求	外观鉴定
砌筑砂浆配合比准确,砌缝内砂浆均匀饱满,勾缝密实。 浆砌片(块)、混凝土预制块的质量和规格应符合设计要求。	砌体内侧及沟底应平顺。 沟底不得有杂物

续上表

基 本 要 求	外 观 鉴 定
基础中缩缝应与墙身缩缝对齐。 砌体抹面应平整、压光、直顺,不得有裂缝、空鼓现象	

浆砌排水沟实测项目 表 9-41

项次	检 查 项 目	规定值或允许偏差	检查方法和频率	权值
1△	砂浆压强度(MPa)	在合格标准内	按“砂浆强度评定方法”	3
2	轴线偏位(mm)	50	经纬仪(尺量):每 200m 测 5 处	1
3	沟底高程(mm)	±15	水准仪:每 200m 测 5 处	2
4	墙面直顺度(mm)或坡度	30 或符合设计要求	20m 拉线、坡度尺:每 200m 测 2 处	1
5	断面尺寸(mm)	±30	尺量:每 200m 测 2 处	2
6	铺砌厚度(mm)	不小于设计	尺量:每 200m 测 2 处	1
7	基础垫层宽、厚度(mm)	不小于设计	尺量:每 200m 测 2 处	1

9.6.6 盲沟

盲沟基本要求、外观鉴定 表 9-42

基 本 要 求	外 观 鉴 定
盲沟的设置及材料的质量和规格应符合设计要求和施工规范规定。 反滤层应用筛选过的中砂、粗砂、砾石等渗水性材料分层填筑。 排水层应采用石质坚硬的较大粒径填筑,以保证排水孔隙度	反滤层应层次分明。 进、出水口应排水畅通

盲 沟 实 测 项 目 表 9-43

项次	检 查 项 目	规定值或允许偏差	检查方法和频率	权值
1	沟底高程(mm)	±15	水准仪:每 10~20m 测 1 处	1
2	断面尺寸(mm)	不小于设计	尺量:每 20m 测 1 处	1

9.6.7 排水泵站

排水泵站基本要求、外观鉴定 表 9-44

基 本 要 求	外 观 鉴 定
地基应具有足够的承载力,不得扰动基底土壤。 井壁混凝土应密实,混凝土强度达到合格标准后方可进行下沉。 沉井下沉过程中应随时注意正位,发现偏位及倾斜时须及时纠正。 沉井封底应密实不漏水。 水泵、管及管节应安装牢固,位置正确	泵站轮廓线条清晰,表面平整

排水泵站(沉井)实测项目 表 9-45

项次	检 查 项 目	规定值或允许偏差	检查方法和频率	权值
1△	砂浆压强度(MPa)	在合格标准内	按“砂浆强度评定方法”	2
2	轴线平面偏位(mm)	1% 井深	经纬仪:纵、横向各 2 处	1

续上表

项次	检 查 项 目	规定值或允许偏差	检查方法和频率	权值
3	垂直度(mm)	1%井深	用垂线:纵、横向各1处	1
4	沟底高程(mm)	±15	水准仪:测4处	2

9.7 城镇道路排水(附属设施)工程施工质量要求

9.7.1 雨水支管与雨水口

雨水支管与雨水口实测项目 表9-46

项目		要求或允许偏差(mm)	检验频率		检验方法
			范围	点数	
管材		满足规范	每种、每批		查合格证和出厂检验报告
强度	基础混凝土	满足规范	$100m^3$	1组(3块)	查试验报告
	砌筑砂浆强度		—	—	—
回填土		满足规范	全部	—	查检验报告(环刀法、灌砂法或灌水法)
外观		雨水口内壁勾缝应直顺、坚实,无漏勾、脱落;井框、井壁应完整、配套,安装平稳、牢固	全数检查	—	观察
安装		雨水支管安装应直顺,无错口、反坡、存水,管内清洁,接口处内壁无砂浆外露及破损现象。管端面应完整	全数检查	—	观察
井框与井壁吻合		≤10	每座	1	用钢尺量
井框与周边路面吻合		0~-10		1	用直尺量
雨水口与路边线间距		≤20		1	用钢尺量
井内尺寸		0~+20		1	用钢尺量,最大值

9.7.2 排水沟或截水沟

排水沟或截水沟实测项目 表9-47

项目	允许偏差(mm)	检验频率		检验方法
		范围(m)	点数	
预制砌块	强度应符合设计要求	每种、每批	—	查试验报告
钢筋	预制盖板的钢筋品种、规格、数量、混凝土的强度应符合设计要求	同类构件	抽查1/10,且不少于3件	用钢尺量、查出厂检验报告
砂浆饱满度	≥80%	100m	≥3	观察

续上表

项目	允许偏差(mm)		检验频率		检验方法
			范围(m)	点数	
砌筑水沟	砌筑水沟沟底应平整、无反坡、凹兜,边墙应平整、直顺、勾缝密实。与排水构筑物衔接畅顺		全数检查	—	观察
轴线偏位	≤30		100	2	用经纬仪和钢尺量
沟断面尺寸	砌石	±20	40	1	用钢尺量
	砌块	±10			
沟底高程	砌石	±20	20	1	用水准仪测量
	砌块	±10			
墙面垂直度	砌石	≤30	40	2	用垂线、钢尺量
	砌块	≤15			
墙面平整度	砌石	≤30		2	用2m直尺、塞尺量
	砌块	≤10			
边线直顺度	砌块	≤20		2	用20m小线和钢尺量
	砌块	≤10			
盖板压墙长度	±20			2	用钢尺量

9.7.3 倒虹管及涵洞

倒虹管实测项目 表9-48

项目		要求或允许偏差(mm)		检验频率		检验方法
				范围	点数	
地基承载力		地基承载力应符合设计要求		每个基础	—	查钎探记录
混凝土强度		符合设计要求		$100m^3$	1组(3块)	查试验记录
倒虹管闭水试验		符合规范要求		每一条	—	查闭水试验记录
压实度		回填土压实度应符合路基压实度要求		每压实层	1组(3点)	查检验报告(环刀法、灌砂法、灌水法)
倒虹管	轴线偏位	≤30		每座	2	用经纬仪和钢尺量
	内底高程	±15		—	2	用水准仪测量
	倒虹管长度	不小于设计值		—	1	用钢尺量
	相邻管错口	≤5		每井段	4	用钢板和塞尺量
预制管材涵洞	轴线位移	≤20		每道	2	用经纬仪和钢尺量
	内底高程	$D≤1\,000$	±10	—	2	用水准仪测量
		$D>1\,000$	±15			
	涵管长度	不小于设计值		—	1	用钢尺量
	相邻管错口	$D≤1\,000$	≤3	每节	1	用钢板尺和塞尺量
		$D>1\,000$	≤5			

10 路基防护与加固

10.1 概　述

10.1.1 路基边坡分类及破坏类型

路基边坡岩土结构类型　表 10-1

类型		岩土结构特点	稳定性影响因素
土质边坡	均质土边坡	整个坡体由均质土构成,没有贯通性的结构面	土体强度和坡形
	层状松散土边坡	坡体由不同类型的松散土层构成,控制性结构面是沉积层面	土体强度、坡形、沉积层面产状与坡面的组合关系
	二元结构边坡	坡体由岩层及其上覆的松散堆积层构成,控制性结构面是岩土分界面和沉积层面	土体强度、坡形、二元结构层面产状与坡面的组合关系
岩质边坡	层状结构边坡	岩体结构面发育,岩体宏观的工程力学特性已基本不具备由结构面造成的各向异性	岩石强度、优势结构面抗剪强度、产状和坡面的组合关系
	块状结构边坡	岩体呈块状、厚层状,结构面不发育,多为刚性结构面,贯穿性软弱结构面少见	岩石强度、结构面抗剪强度和结构面的组合关系
	碎裂结构边坡	坡体由破碎程度很高的岩石构成,呈碎石状散体结构,分不出优势结构面	岩块间的镶嵌情况和岩块间的咬合力
	散体结构边坡	由碎屑泥质物夹大小不规则的岩块组成,软弱结构面发育成网	整个岩体的抗剪强度,和风化深度也有一定关系

注:本表引自西部交通建设科技项目"公路边坡破坏类型预测和稳定性评价技术实用转化专题"。

路基边坡失稳破坏类型　表 10-2

边坡破坏类型			运动特征	破坏机理
类型	亚类			
整体失稳	崩塌		边坡上局部岩土体松动、脱落,主要运动形式为自由坠落或滚动	拉裂、剪切—滑移。存在临空面,当结合力小于重力时,发生滚动或崩落
	滑动	圆弧形	主要发生于土质边坡或岩质散体结构边坡,受风化程度和风化深度影响,沿圆弧形滑动面滑移	剪切—滑移。人工开挖增大坡角,或地表水渗入使内摩擦角和内聚力降低,达到临界值沿圆弧形滑动
		平面形	发生于土质或岩质层状边坡,岩土体沿某一弱面或朝向坡外的结构面整体向下滑移	拉裂、剪切—滑移。层面或贯通性结构面形成滑动面,结构面临空,坡脚岩层被切断或坡脚岩层挤压剪切
		楔体形	多发生于岩质边坡,两个或三个结构面组合而成的楔形体,沿两个滑动面交线方向滑动	拉裂、剪切—滑移。结构面切割的块体一侧临空,两个结构面交线倾向临空面构成滑移面
		溃屈	发生于岩质层状结构边坡在与坡角近似的高陡边坡中,上部沿层面蠕滑,下部岩层拱起,直至折断	剪切—滑移、压缩—弯曲。上部岩层在重力作用下沿最弱层面下滑,下部岩层受挤压弯曲拱起
	坍塌		因自重应力超过岩土体强度而产生张剪性破坏。由坡顶向坡内逐渐扩展	张拉、剪切、弯折。自重应力和岩土体强度能够维持平衡的最深张裂面

续上表

边坡破坏类型		运动特征	破坏机理
类型	亚类		
坡面破坏	坡面侵蚀	松软岩土因表面径流冲蚀形成冲沟	因拉裂剪切产生的孤石在重力下失去平衡
	剥落	坡面岩土因风化、胀缩等原因形成碎落	外因为影响稳定的主要原因
	滚石	边坡上部的孤立块石、松动的节理化岩块滚落	坡顶垂直张性裂隙发育,并与倾向坡外的坡面结构面相组合,范围较小

注:本表引自西部交通建设科技项目"公路边坡破坏类型预测和稳定性评价技术实用转化专题"。

10.1.2 岩质边坡稳定性

(1)岩质边坡坡度的经验值(在没有资料的情况下可以运用查表法对边坡稳定性进行初步判断)

岩质路堑边坡坡率 表 10-3

边坡岩体类型	风化程度	边坡坡率	
		$H<15$m	15m$\leqslant H\leqslant$30m
Ⅰ类	未风化、微风化	1:0.1~1:0.3	1:0.1~1:0.3
	弱风化	1:0.1~1:0.3	1:0.3~1:0.5
Ⅱ类	未风化、微风化	1:0.1~1:0.3	1:0.3~1:0.5
	弱风化	1:0.3~1:0.5	1:0.5~1:0.75
Ⅲ类	未风化、微风化	1:0.3~1:0.5	—
	弱风化	1:0.5~1:0.75	—
Ⅳ类	弱风化	1:0.5~1:1	—
	弱风化	1:0.75~1:1	—

注:①有可靠的资料和经验时,可不受本表限制。
②Ⅳ类强风化包括各类风化程度的极软岩

(2)岩石人工边坡设计,还可根据岩石的种类、特征、风化破碎程度以及边坡高度等因素确定

岩质边坡坡度与高度参考数值 表 10-4

岩石种类与特征	岩石风化程度	岩石破碎程度	边坡坡度与高度值		
			高 15m 以内	高 30m 以内	高 40m 以内
酸中性侵入岩类坚固的花岗岩、正长岩、闪长岩及其过渡型岩石,全结晶细粒至中粒单一或同时出现或无岩脉侵入	微风化至中等风化	节理很少至节理较多	1:0.1~1:0.2	1:0.1~1:0.3	1:0.2~1:0.4
		节理发育	1:0.2~1:0.3	1:0.2~1:0.5	1:0.5~1:0.75
		节理极发育	1:0.3~1:0.5	1:0.5~1:0.75	—
	强风化	节理很少至节理较多	1:0.3	1:0.3~1:0.5	1:0.75~1:1
		节理发育	1:0.5	1:0.7	—
		节理极发育	1:0.75	1:0.75~1:1	—

续上表

岩石种类与特征	岩石风化程度	岩石破碎程度	边坡坡度与高度值		
			高 15m 以内	高 30m 以内	高 40m 以内
基性侵入岩类，单一或多种，同时出现一次或多次侵入，辉长岩、辉岩、辉绿岩、块状坚硬	微风化至中等风化	节理很少至节理较多	1:0.2~1:0.3	1:0.3~1:0.5	1:0.5
		节理发育	1:0.3~1:0.5	1:0.5	1:0.5
		节理极发育	1:0.5	1:0.75	—
	强风化	节理很少至节理较多	1:0.3	1:0.5	1:0.75~1:1
		节理发育	1:0.5	1:0.75	—
		节理极发育	1:0.75	1:1	—
喷出火山岩类，流纹岩、安山岩、玄武岩、凝灰岩	微风化至中等风化	节理很少至节理较多	1:0.2~1:0.3	1:0.3~1:0.5	1:0.5
		节理发育	1:0.3~1:0.5	—	1:0.75
		节理极发育	1:0.5	1:0.75	—
	强风化	节理很少至节理较多	1:0.2~1:0.3	1:0.3~1:0.5	1:0.75~1:1
		节理发育	1:0.5	1:0.75	—
		节理极发育	1:0.5	1:1	—
砂岩、砾岩、厚层块状钙铁硅质胶结，结构致密	微风化至中等风化	节理很少至节理较多	1:0.1~1:0.2	1:0.2~1:0.3	1:0.3~1:0.5
		节理发育	1:0.2~1:0.4	1:0.3~1:0.5	1:0.5
		节理极发育	1:0.4~1:0.5	1:0.5	—
	强风化	节理很少至节理较多	1:0.3~1:0.4	1:0.5	1:0.75
		节理发育	1:0.4~1:0.5	1:0.75	—
		节理极发育	1:0.5~1:0.75	1:0.75~1:1	—
砂岩、砾岩、中薄层泥质、钙质胶结不完整，结构不密实	微风化至中等风化	节理很少至节理较多	1:0.3~1:0.5	1:0.5	1:0.5~1:0.75
		节理发育	1:0.5	1:0.5~1:0.75	1:0.75~1:1
		节理极发育	1:0.5~1:0.75	1:0.75~1:1	—
	强风化	节理很少至节理较多	1:0.5	1:0.5~1:0.75	1:0.75~1:1
		节理发育	1:0.75	—	—
		节理极发育	1:0.75~1:1	1:1~1:1.25	—
薄层砂岩、页岩、砾岩互层，或页岩含泥质，炭质及黄铁矿等有害矿物者	微风化至中等风化	节理很少至节理较多	1:0.5	1:0.5~1:0.75	1:0.75
		节理发育	1:0.5~1:0.75	1:0.75~1:1	1:1
		节理极发育	1:0.75~1:1	1:1~1:1.25	—
	强风化	节理较多	1:0.5~1:0.75	1:0.75	1:1
		节理发育	1:0.75~1:1	1:1	—
		节理极发育	1:1	1:1.25~1:1.5	—
中薄层砂质页岩或其与砂岩、砾岩的互层（无夹层者）	微风化至中等风化	节理较多	1:0.5	1:0.5~1:0.75	1:0.75
		节理发育	1:0.5~1:0.75	1:0.75	1:0.75~1:1
		节理极发育	1:0.75	1:0.75~1:1	—
	强风化	节理较多	1:0.5~1:0.75	1:0.75	1:0.75~1:1
		节理发育	1:0.75	1:0.75~1:1	—
		节理极发育	1:0.75~1:1	1:1~1:1.5	—

续上表

岩石种类与特征	岩石风化程度	岩石破碎程度	边坡坡度与高度值		
			高 15m 以内	高 30m 以内	高 40m 以内
石灰岩厚层,块状致密、坚硬	微风化至中等风化	节理很少至节理较多	1:0.1~1:0.2	1:0.2~1:0.3	1:0.3~1:0.5
		节理发育	1:0.2~1:0.3	1:0.3~1:0.5	1:0.5~1:0.75
		节理极发育	1:0.3~1:0.5	1:0.5	—
	强风化	节理很少至节理较多	1:0.2~1:0.4	1:0.5	1:0.75
		节理发育	1:0.4~1:0.5	—	—
		节理极发育	1:0.5~1:0.75	1:0.75~1:1	—
白云岩、燧质、硅质、泥质、铁质石灰岩、磷灰岩或互层薄层,中层致密	微风化至中等风化	节理很少至节理较多	1:0.2~1:0.3	1:0.3~1:0.4	1:0.4~1:0.5
		节理发育	1:0.3~1:0.4	1:0.4~1:0.6	1:0.5~1:0.75
		节理极发育	1:0.4~1:0.5	1:0.6	—
	强风化	节理很少至节理较多	1:0.3~1:0.5	1:0.5	1:0.75
		节理发育	1:0.5	1:0.75	—
		节理极发育	1:0.75	1:1	—
角砾岩及凝灰岩角砾岩胶结不完整	微风化至中等风化	节理较多	1:0.3~1:0.4	1:0.4~1:0.5	1:0.5
		节理发育	1:0.4~1:0.5	1:0.5~1:0.75	1:0.75~1:1
		节理极发育	1:0.5	1:0.75	—
	强风化	节理较多	1:0.5	1:0.5~1:0.75	1:0.75~1:1
		节理发育	1:0.5~1:0.75	1:0.75~1:1	—
		节理极发育	1:0.75~1:1	1:1~1:1.25	—

注:1. 本表系西部交通建设科技项目“公路边坡破坏类型预测和稳定性评价技术实用转化专题”岩石边坡调查资料汇编,尚不够充分,由于影响岩石边坡的因素甚多,如气象、地震、水文地质条件以及建筑物的重要程度等,应对所在地区具体情况综合研究确定;

2. 构造破碎带或残积风化带的各种岩石,一般节理极发育,在边坡高度小于 20m 时,一般可采用 1:1 或 1:1~1:1.5 的边坡,个别的可采用 1:0.75 的边坡;

3. 边坡数值栏有空白者相应岩石边坡高度加以限制,避免发生变形;

4. 引自《工程地质手册》(第四版)。

10.1.3 均质土边坡破坏类型与稳定性

(1)破坏类型

均质土边坡分类及其破坏模式 表 10-5

边坡类型	主要特征	影响稳定的主要因素	可能的主要变形破坏形式
一般黏性土边坡	以黏粒为主,一般干时坚硬,遇水膨胀崩解	(1)矿物成分,特别是亲水、膨胀、溶滤性矿物含量; (2)节理裂隙的发育情况; (3)水的作用; (4)冻融作用	(1)滑坡; (2)坍塌; (3)剥落
砂性土边坡	以砂粒为主,结构较疏松,黏聚力低,透水性较大	(1)颗粒成分及矿物组成; (2)密实性; (3)地下水作用	(1)滑坡,平面滑动; (2)坍塌

续上表

边坡类型	主要特征	影响稳定的主要因素	可能的主要变形破坏形式
黄土边坡	以粉粒为主、质地均匀。一般含钙量高,无层理,但柱状节理发育,天然含水率低,干时坚硬,部分黄土遇水湿陷,有时呈固结状,有时呈多元结构	主要是水的作用,因水湿陷,或水对边坡浸泡,水下渗使下垫隔水黏土层泥化等	(1)滑坡,圆弧形滑动面; (2)崩塌
软土边坡	以淤泥、泥炭、淤泥质土等抗剪强度极低的土为主,塑流变形严重	(1)土性软弱; (2)外力作用、振动	滑坡
膨胀土边坡	具有特殊物理力学特性,因富含蒙脱石等易膨胀矿物,内摩擦角很小,干湿效应明显	(1)干湿变化; (2)水的作用	(1)滑坡; (2)坍塌

注:本表引自西部交通建设科技项目"公路边坡破坏类型预测和稳定性评价技术实用转化专题"。

(2)稳定性评价

黏性土边坡容许坡率值 表 10-6

岩土类别	岩土性质	容许坡度值	
		坡高在 5m 以内	坡高在 5~10m
粉土	$S_r \leqslant 0.5$	1:1.00~1:1.25	1:1.25~1:1.50
一般黏性土	坚硬	1:0.75~1:1.00	1:1.00~1:1.25
	硬塑	1:1.00~1:1.25	1:1.25~1:1.50
老黏性土	坚硬	1:0.35~1:0.50	1:0.50~1:0.75
	硬塑	1:0.50~1:0.75	1:0.75~1:1.00

砂性土边坡容许坡率值 表 10-7

土的名称	土的密实程度	边坡高度 H	
		H 小于 20m	H 大于 20m
粗砂	密实的	1:1.5	1:1.75~1:2
	中密的	1:1.5~1:1.75	—
中砂	密实的	1:1.5~1:1.75	1:2~1:2.25
	中密的	1:1.75	—
粉细砂	密实的	1:1.75~1:2.25	—
	中密的	1:2~1:2.25	—

黄土地区路堑边坡坡度 表 10-8

分区	分类		边坡高度(m)			
			≤6	6~12	12~20	20~30
Ⅰ东南地区	新黄土 Q_3、Q_4	坡积	1:0.5	1:0.5~1:0.75	1:0.75~1:1.0	—
		洪积	1:0. 2~1:0.3	1:0.3~1:0. 5	1:0.5~1:0.75	1:0.75~1:1.0
	老黄土 Q_3		1:0.3~1:0.5	1:0.4~1:0.6	1:0.6~1:0.75	1:0.75~1:1.0
	老黄土 Q_2		1:0.1~1:0.3	1:0.2~1:0.4	1:0.3~1:0.5	1:0.5~1:0.75

续上表

分区	分类		边坡高度(m)			
			≤6	6~12	12~20	20~30
Ⅱ中部区	新黄土 Q_3、Q_4	坡积	1:0.5	1:0.5~1:0.75	1:0.75~1:1.0	—
		洪积、冲积	1:0.2~1:0.3	1:0.3~1:0.5	1:0.5~1:0.75	1:0.75~1:1.0
	老黄土 Q_3		1:0.3~1:0.4	1:0.4~1:0.5	1:0.5~1:0.75	1:0.75~1:1.0
	老黄土 Q_2		1:0.1~1:0.3	1:0.2~1:0.4	1:0.3~1:0.5	1:0.5~1:0.75
	红色黄土 Q_1		1:0.1~1:0.2	1:0.2~1:0.3	1:0.3~1:0.4	1:0.4~1:0.6
Ⅲ西部地区	新黄土 Q_3、Q_4	坡积	1:0.5~1:0.75	1:0.75~1:1.0	1:1.0~1:1.25	—
		洪积、冲积	1:0.2~1:0.4	1:0.4~1:0.6	1:0.6~1:0.75	1:0.75~1:1.0
	老黄土 Q_3		1:0.4~1:0.5	1:0.5~1:0.75	1:0.75~1:1.0	1:1.0~1:1.25
	老黄土 Q_2		1:0.1~1:0.3	1:0.2~1:0.4	1:0.3~1:0.5	1:0.5~1:0.75
Ⅳ北部地区	新黄土 Q_3、Q_4	坡积	1:0.5~1:0.75	1:0.75~1:1.0	1:1.0~1:1.25	—
		洪积、冲积	1:0.2~1:0.4	1:0.4~1:0.6	1:0.6~1:0.75	1:0.75~1:1.0
	老黄土 Q_3		1:0.3~1:0.5	1:0.5~1:0.6	1:0.6~1:0.75	1:0.75~1:1.0
	老黄土 Q_2		1:0.1~1:0.3	1:0.2~1:0.4	1:0.3~1:0.5	1:0.5~1:0.75
	红色黄土 Q_1		1:0.1~1:0.2	1:0.2~1:0.3	1:0.3~1:0.4	1:0.4~1:0.6

注:表内边坡值为设平台后的平均值。

膨胀土边坡坡率参考数值 表 10-9

膨胀土类别	膨胀土高度 H(m)	边坡坡率
弱膨胀土	<6	1:1.5
	6~10	1:1.5~1:2.0
中等膨胀土	<6	1:1.5~1:1.75
	6~10	1:1.75~1:2.0
强膨胀土	<6	1:1.75~1:2.0
	6~10	1:2.0~1:2.5

10.1.4 层状松散土边坡的破坏类型

层状松散土边坡可能的破坏模式 表 10-10

破坏模式		典型示意图	破坏特征	形成条件	影响稳定性的因素
滑坡破坏	沿层面滑动	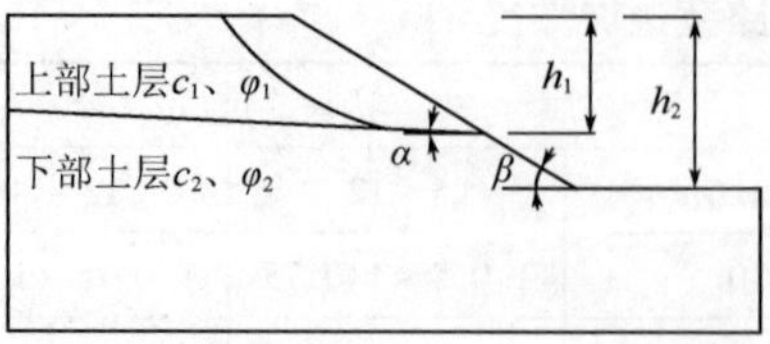	滑动面后缘切割土体,前缘沿层面滑动	坡体下部土层土体强度较高,上部土体强度相对较低	上下各层岩土体强度,坡高、坡角,沉积层面与水平面的夹角

续上表

破坏模式		典型示意图	破坏特征	形成条件	影响稳定性的因素
滑坡破坏	切割层面滑动	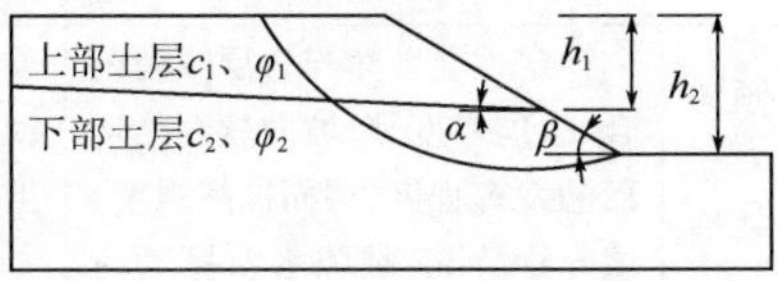	滑动面后缘切割土体，前缘剪出口通过坡脚	坡体上部土层土体强度较高，下部土体强度相对较低	上下各层岩土体强度，坡高、坡角，沉积层面与水平面的夹角
坍塌破坏		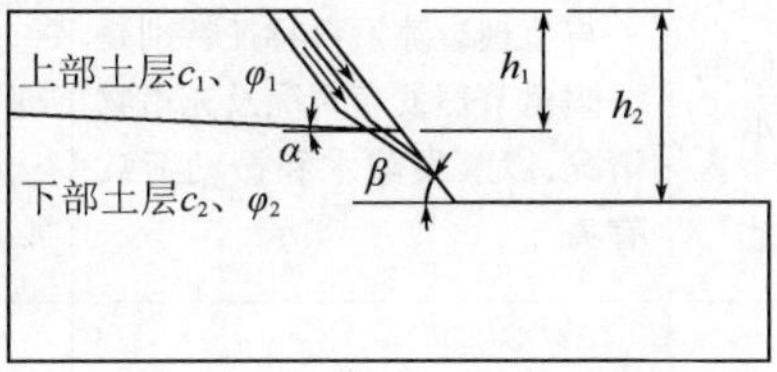	坡体自上、自外逐渐向下、向里塌落	边坡松弛带内土体结合密实程度逐渐削弱而形成	干湿程度变化，振动、侧向卸荷、坡面加载等因素
坡面破坏		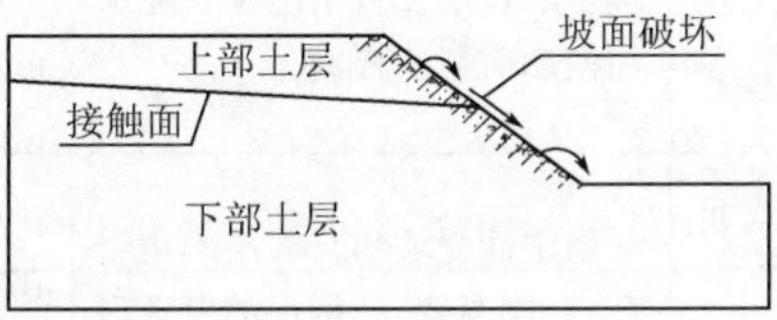	受到地表水的冲刷和侵蚀，产生冲洪沟和剥落滚石等破坏现象	坡面岩土体比较松散，植被覆盖较差，碎石、块石镶嵌不牢固	各层岩土体强度、坡度以及节理发育情况和地表径流

10.1.5 二元结构边坡破坏类型

二元结构边坡的破坏模式　表 10-11

破坏模式	典型示意图	破坏特征	形成条件	影响稳定的主要因素
接触面滑动	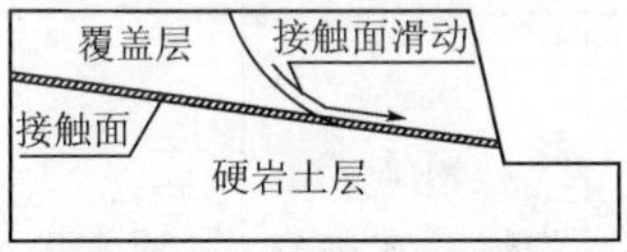	变形破坏主要沿接触面滑动，滑动面后缘切割土体，滑体可视为刚体	接触面较陡，接触面岩土强度低，主要由水或动荷载诱发	岩土体强度，坡高、坡角，接触面倾角及强度
崩塌	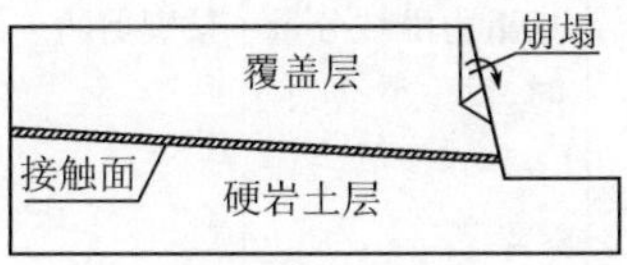	以陡坡上部岩土体的张拉破坏为主，表现为倾倒、倒塌和翻转变形	接触面较缓，坡度较陡，竖向张性节理发育，受外界条件触发	竖向节理发育情况，坡角，接触面倾角及岩土体强度
坡面破坏	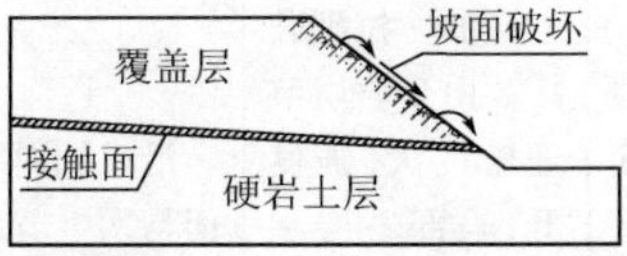	受到地表水的冲刷和侵蚀，产生冲洪沟和剥落滚石等破坏现象	坡面岩土体比较松散，植被覆盖较差，碎石、块石镶嵌不牢固	覆盖层岩土体强度、坡度以及节理发育情况和地表径流

10.1.6 层状结构边坡

(1)层状结构边坡分类

岩质层状边坡分类　　表 10-12

结构分类		岩体结构特征		边坡稳定特征	常见破坏模式
		图式	特征描述		
同向结构	缓倾	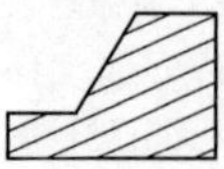	坡面与层面同向,倾向夹角小于30°,坡角大于岩层倾角,岩层层面被坡面切断	稳定性受坡角与岩层倾角组合、岩层厚度、顺坡向软弱结构面的发育程度、层面抗减强度、填充物情况、裂隙水及振动荷载所控制	(1)沿层理面顺层滑动,滑面为直线形或者折线形; (2)局部不稳定岩块形成崩塌或落石
	陡倾	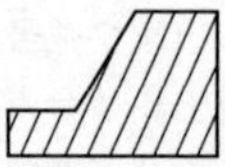	坡面与层面同向,倾向夹角小于30°,坡角小于岩层倾角	与节理裂隙发育特征特别是缓倾角节理发育情况及充填物情况,以及裂隙水和振动荷载有关	(1)在次生中缓倾节理影响下顺层滑动; (2)局部不稳定岩块形成崩塌或落石
反向结构		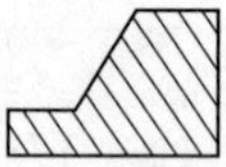	边坡与层面反向,倾向夹角大于150°,岩体多呈互层和层间错动带常为贯穿性软弱结构面	稳定性受坡角与岩层倾角组合、岩层厚度、层间结合能力、次生节理面发育情况及裂隙水和振动荷载所控制	(1)岩层倾角较陡时易折断,形成倾倒崩塌; (2)节理或节理组易形成楔形体滑动
斜向结构		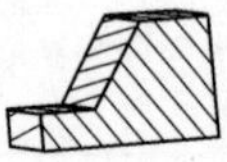	边坡与层面斜交或垂直,倾向夹角为30°~150°,岩体多呈互层和层间错动带常为贯穿性软弱结构面	稳定性受坡角与岩层倾角组合、岩层厚度、结构面的发育程度、抗减强度及裂隙水和振动荷载所控制	(1)岩层倾角较陡时在临空面可能形成倾倒崩塌; (2)节理或节理组易形成楔形体滑动

(2)层状结构边坡的破坏类型

岩质层状边坡破坏类型　　表 10-13

破坏类型			变形破坏特征		变形破坏机制	破坏面形态	对公路及行车的危害
类	亚类		示意图	特征描述			
整体失稳	崩塌	滑移	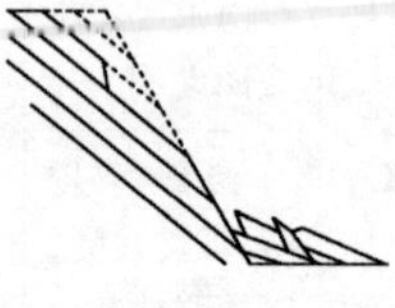	边坡上局部岩体松动、脱落,主要运动形式由滑移发展为自由落体或滚动	拉裂—剪切。岩体存在临空面,在结合力小于重力沿坡分量时,发生滑动	通常沿节理面,局部岩层被拉裂剪断	视规模而定,滑块均小时,危害性中等;有较大滑块时,危害性大
		倾倒	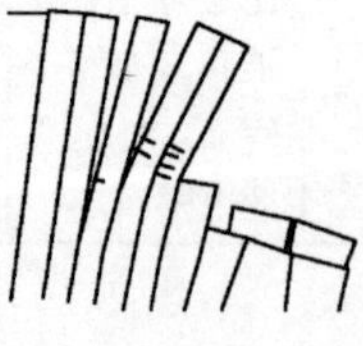	层状反向陡倾结构的边坡,表部岩层逐渐向外弯曲倾倒等。少数层状同向边坡也可出现弯曲倾倒	弯曲—拉裂破坏。由于岩层节理密度大,强度低,表部岩层在卸荷、风化及重力作用下产生弯曲	沿反倾向层理面与次生节理面形成	由于倾倒影响范围通常较大,故对公路及行车危害性大

续上表

<table>
<tr><th colspan="3">破坏类型</th><th colspan="2">变形破坏特征</th><th rowspan="2">变形破坏机制</th><th rowspan="2">破坏面形态</th><th rowspan="2">对公路及行车的危害</th></tr>
<tr><th>类</th><th colspan="2">亚类</th><th>示意图</th><th>特征描述</th></tr>
<tr><td rowspan="3">整体失稳</td><td rowspan="3">滑动</td><td>平面形</td><td>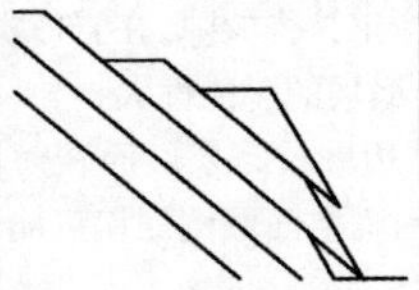</td><td>边坡岩体沿某几个同倾向缓倾结构面整体向下滑动，直线形或折线形滑动面</td><td>剪切—滑移破坏。结构面临空，坡脚岩层被切断或坡脚岩层挤压剪切</td><td>剪出口靠近坡脚的贯通性节理面形成的滑动面</td><td>滑体规模一般较大，危害性大</td></tr>
<tr><td>楔体形</td><td>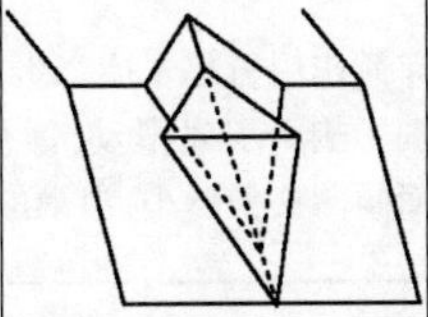</td><td>结构面组合的楔形体，沿滑动面交线方向滑动，交线倾角小于边坡角，倾向临空面</td><td>剪切—滑移破坏。工程中由于卸荷作用，岩体松弛张裂，强度降低</td><td>两个及以上结构面组合的贯通面</td><td>视滑体规模大小，危害性中或大</td></tr>
<tr><td>溃屈</td><td>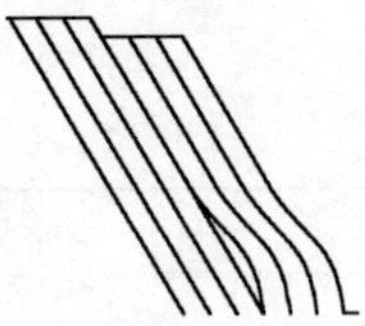</td><td>层状结构顺层边坡，岩层倾角与坡角大致相似，上部坡体沿软弱面蠕滑，由于下部受阻而发生岩层鼓起、弯折等现象</td><td>滑移—弯曲破坏。顺坡向下滑力大于层面间的结合力，上部坡体沿结构面蠕滑，下部受阻发生纵向弯曲，进而破坏</td><td>上部沿节理面滑移，下部弯曲鼓胀或剪切破坏</td><td>在低矮的边坡较少发育，破坏一般发生在岩层薄或夹软弱面的边坡，发展一般较缓慢，危害性中等</td></tr>
<tr><td rowspan="2">坡面破坏</td><td colspan="2">剥落</td><td>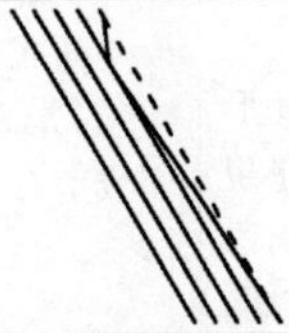</td><td>坡面岩土因卸荷、风化、胀缩等原因形成碎落</td><td>外因为影响坡面稳定的主要因素</td><td>—</td><td>岩体局部表层的破坏，危害性中等</td></tr>
<tr><td colspan="2">滚石</td><td>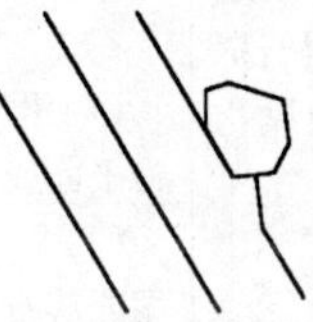</td><td>边坡上部的孤立块石或松动的节理化岩块滚落</td><td>坡体节理发育，存在倾向坡外与坡面切割的节理面，在重力等外力作用下局部岩块破坏</td><td>—</td><td>规模比崩塌小，石块均较小时，危害性中等；石块较大时，危害性较大</td></tr>
</table>

(3)工程引发层状边坡破坏类型

工程引发层状边坡破坏类型 表 10-14

结构分类	工程可能引发的边坡破坏模式	破坏发生可能性
同向缓倾结构	(1)在挖方施工中使层理面出露引起顺层滑动； (2)因边坡开挖导致上部岩层张裂变形形成崩塌落石； (3)挖方引起临空面产生卸荷裂隙，从而导致崩塌掉块	(1)同向缓倾边坡天然状态下稳定性较差，工程会加剧其发生顺层滑动，可能性大； (2)崩塌发生的可能性大，但规模应根据节理发育情况及岩体完整程度而定
同向陡倾结构	(1)在挖方施工中使层理面出露引起顺层滑动； (2)坡体下部开挖导致临空面岩层倾倒崩塌； (3)在与层理相交的次生节理(特别是缓倾节理)影响下产生折线形滑塌	(1)工程开挖使层理面出露造成边坡沿层面滑动，可能性大； (2)崩塌发生的可能性应根据节理发育情况及岩体完整程度而定

续上表

结构分类	工程可能引发的边坡破坏模式	破坏发生可能性
反向结构	(1)岩层较陡或存在有陡倾结构面时,工程易使临空面产生弯曲倾倒; (2)坡脚被开挖或有软弱层时,上部岩体拉裂变形产生局部崩塌、滑动; (3)节理或节理组易形成楔形体滑动	(1)开挖前坡体稳定性较好,开挖卸荷作用引起岩体产生拉张裂隙,在岩体次生节理影响下引发滑动、崩塌的可能性大; (2)若边坡较高或层面较薄,工程开挖引起陡倾岩层向临空面倾倒崩塌可能性大
斜向结构	(1)因边坡开挖导致上部岩层弯曲张裂形成崩塌落石; (2)工程引起次生节理面发育,易形成软弱结构面组成的楔形体滑塌	开挖卸荷作用引起岩体产生拉张裂隙,在岩体次生节理影响下引发滑动、崩塌的可能性大,层面与坡面倾向夹角越小,滑动的可能性越高

10.1.7 块状结构边坡

(1)边坡分类

块状结构边坡按岩体结构类型划分　表10-15

结构分类	岩体结构特征	边坡稳定性特征	常见破坏模式
整体块状结构	岩体呈整体状或巨块状,构造变形轻微,以层面和原生、构造节理为主。结构面一般为2~3组,间距大于1.5m。结构面不发育,延展性较差,多闭合、面粗糙,无充填或夹少量碎屑,内摩擦角一般≥30°。地下水作用不明显,岩石可视为均质各向同性体	边坡整体稳定性较好,易形成高陡边坡,易出现松弛张裂变形,失稳形态多沿某一结构面滑动或复合结构面滑动。边坡稳定性受节理的不利组合及结构面抗剪强度、岩石抗剪强度控制。裂隙水及风化作用的影响也相当大	(1)沿层理面顺层滑动,滑面为平面或者楔形; (2)局部不稳定岩块形成崩塌或落石
破碎块状结构	岩体呈块状、柱状,构造变形轻微—中等,结构面较发育,有贯穿性节理裂隙,一般为2~3组,间距0.5~1.5m,结构面粗糙,有一定的黏结力,夹碎屑或附薄膜,内摩擦角一般为20°~30°。裂隙水微弱,斜面可出现渗水、滴水现象,主要表现为对软弱夹层的软化		(1)沿层理面顺层滑动,滑面为平面或者楔形; (2)局部不稳定岩块形成崩塌或落石

(2)边坡岩体破坏类型

块状结构边坡岩体破坏类型　表10-16

破坏类型			典型示意图		变形破坏机制	破坏面形态	对公路及行车的危害程度
类	亚类		示意图	特征描述			
整体失稳	崩塌	滑移	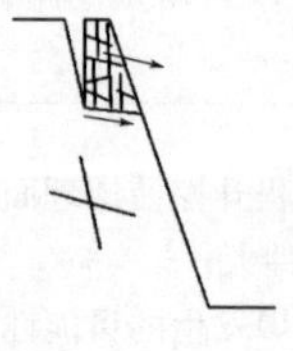	结构面切割形成底部有倾向坡外的松散块体	拉裂—剪切,岩体节理发育,有临空面	沿优势结构面破坏,破坏面不规则	视规模大小其危害程度中—大

续上表

破坏类型			典型示意图		变形破坏机制	破坏面形态	对公路及行车的危害程度
类	亚类		示意图	特征描述			
整体失稳	滑动	平面形	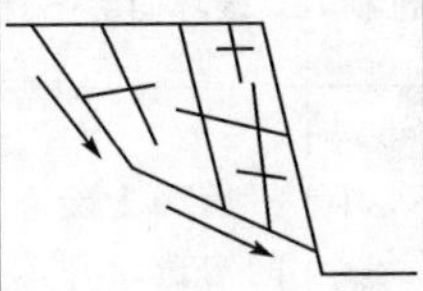	存在有缓倾节理组或坡顶张裂隙组合形成较大块体，缓倾节理暴露于坡脚或坡面	剪切—滑移。岩体节理较发育，贯通性较好	沿直线或折线优势结构面破坏，可根据每条节理发育情况预测破坏面	规模一般相对较大，对公路及行车安全的危害程度大
整体失稳	滑动	楔体形	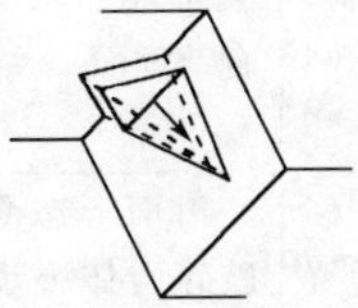	至少存在两组结构面切割形成楔形体，结构面交线倾向坡外	剪切—滑移。岩体节理较发育，贯通性好	沿相交的两组或两组以上结构面组合而成	滑块具有较大尺寸，对公路及行车危害程度大
坡面破坏	滚石		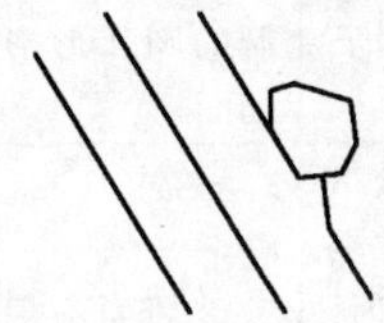	边坡上部的孤立块石或松动的节理化岩块滚落	岩石节理发育，且存在倾向坡外的节理面，在重力或外力作用下岩块滚落	—	规模较小，石块体积不大，危害性中等

(3)工程引发边坡破坏类型

工程引发块状结构边坡破坏类型　　表10-17

结构分类	工程可能引发的边坡破坏模式	破坏发生可能性大小
整体块状结构	(1)开挖使某些结构滑面朝向临空面引起整体或局部滑动； (2)挖方引起临空面产生卸荷裂隙，从而导致崩塌掉块	(1)由于存在多组节理共同切割，在工程影响下会加剧其发生滑动破坏，可能性大； (2)工程引起局部岩体松动掉块，形成崩塌的可能性大
破碎块状结构	(1)开挖使某些结构滑面朝向临空面引起局部滑塌； (2)挖方引起临空面产生卸荷裂隙，从而导致崩塌掉块	天然状态下局部容易崩塌掉块，工程开挖会加剧产生崩塌破坏，可能性大

10.1.8 碎裂结构边坡

(1)边坡分类

岩体按结构类型划分　　表10-18

结构分类	岩体结构特征	边坡稳定性特征	常见破坏模式
镶嵌结构	一般发育于脆硬岩层中的压碎岩带，节理、劈理组数多、密度大，岩体完整性差，岩块镶嵌紧密，结构面发育，间距一般为0.5～0.1m。结构面延展性甚差，面粗糙，闭合，或夹少量碎屑，$\tan\varphi = 0.40 \sim 0.60$，完整性系数<0.35	岩体破碎，整体强度低，受软弱夹层影响较大，基本不具有岩石强度特征，稳定性很差	以崩塌、落石及表面破坏为主
碎裂结构	岩性复杂、构造变动剧烈，断裂发育，亦包括弱风化带。岩体破碎，结构面很发育，间距一般小于0.1m。结构面间多被泥夹碎屑、泥膜或矿物薄膜所填充，面光滑程度不一，形态各异，有的破碎带中黏土矿物甚多，结构面的$\tan\varphi$一般为0.20～0.40，完整性系数<0.30		以滑动、崩塌、落石及表面破坏为主

(2)破坏类型

碎裂结构边坡破坏模式　表10-19

破坏类型			变形破坏特征		变形破坏机制	破坏面形态	对公路及行车的危害程度
类	亚类		示意图	特征描述			
整体失稳	崩塌	滑移	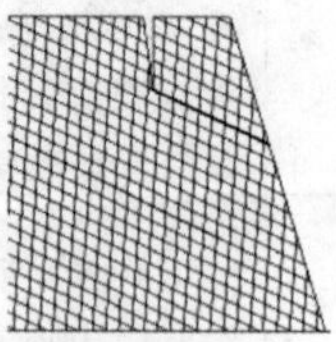	上部岩体在多组节理切割下沿优势结构面脱离母岩翻滚或坠落坡脚,坡脚常堆积散落岩块	边坡上部岩体以拉张破坏为主,下部受缓倾结构面控制,滑移后倾倒滚落	后缘为陡立的构造或卸荷裂面,底部沿组合节理面	视崩塌规模大小对公路及行车的危害程度为中等或大
整体失稳	滑动	圆弧形	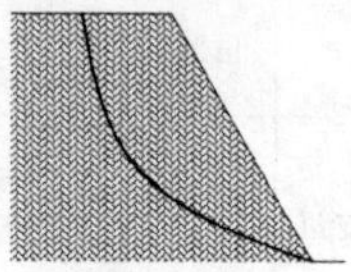	微观仍沿节理面滑动,但宏观上滑体沿节理面组合成近似圆弧形的滑面滑动	剪切—滑移破坏。节理裂隙密集发育,滑面产生于岩石破裂面	滑面形态受破碎岩体强度及节理密度控制的圆弧形滑动面	类似于岩土性质很差的均质土变形,规模较大,对公路及行车危害大
整体失稳	坍塌		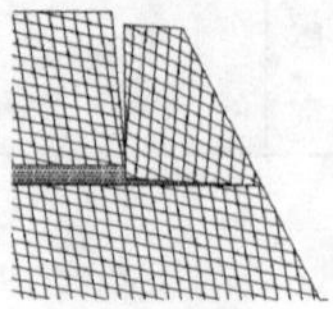	属复合变形类型,边坡岩体解体坍塌,并伴随局部或整体滑动、崩塌,是滑动、倾倒、蠕变松动等综合型变形	岩体较松散或底部有软弱层或临空面时,因自重应力超过岩体强度而产生张剪性破坏	破坏面不规则,或没有明显破坏面	碎裂结构的坍塌变形规模一般不大,且发展缓慢,破坏前有变形,对公路及行车危害中等
坡面破坏	坡面侵蚀			坡体表层岩石碎落,或被雨水冲落,堆于坡脚	边坡表面岩石在风化、卸荷共同作用下破碎成很细小的块体	—	及时清理碎落物,对公路及行车危害小

10.1.9 散体结构边坡

散体结构边坡　表10-20

项　目	内容与要求
定义	散体结构边坡组成岩体一般为未胶结的断层破碎带、强风化及全风化带、松动岩体,主要由岩块、岩屑和泥质物组成,结构体呈碎屑状
工程地质特点	散体结构边坡岩体遭到极大的破坏,岩体内裂面发育,岩层产状紊乱,岩块颗粒之间已完全脱离关系,或已风化呈碎石、砂或土状,或受大的断裂挤压成角砾或泥质等。构造及风化裂隙密集,结构面错综复杂,无序发育,结合程度很差,并多填充黏性土,形成无序小块和碎屑。完整性遭极大破坏,稳定性极差,岩体性质接近松散介质。 散体结构边坡常分布于褶皱强烈、断层发育的褶皱带构造单元,常是断层带上、下盘构造破碎岩石形成凸形山坡;或是强烈挤压的褶曲顶部破碎岩石形成凸形山坡
边坡稳定性影响因素	散体结构边坡稳定性较差,其软弱结构面发育成网,影响稳定性的主要因素为边坡岩体的抗剪强度(边坡岩体的 c、φ 值)。在对边坡稳定性进行评价时,还应考虑以下几种因素对其的影响。 (1)地貌因素:斜坡的高度(h)、坡度(β)和形态是影响斜坡稳定性的重要因素。 (2)水文地质条件:地下水埋藏条件,流动、潜蚀情况以及动态变化等。 (3)地震作用:地震作用除了岩土体受到地震加速度的作用而增加下滑力外,在地震作用下,岩土中的孔隙水压力增加和岩土体强度降低都对斜坡的稳定不利。 (4)其他因素:如水文及人为活动等

续上表

<table>
<tr><td>项　　目</td><td colspan="3">内容与要求</td></tr>
<tr><td>边坡稳定性影响因素</td><td colspan="3">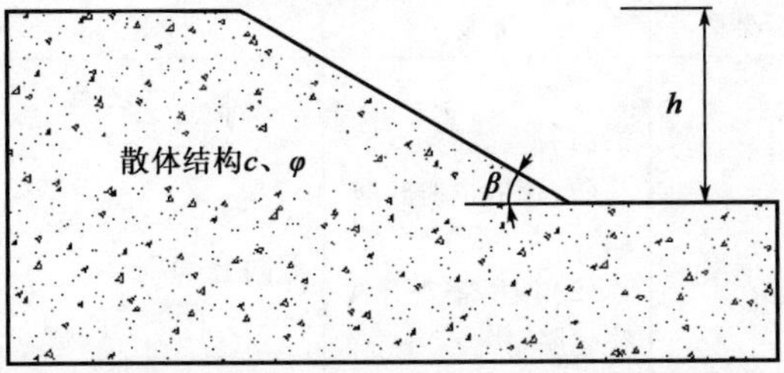
</td></tr>
<tr><td rowspan="5">边坡坡度与高度的参考数值</td><td rowspan="2">岩体结构</td><td rowspan="2">岩石类别
（按岩石强度区分）</td><td>边坡坡度与高度</td></tr>
<tr><td>高 20m 以内</td></tr>
<tr><td rowspan="3">散体结构</td><td>极硬岩</td><td>1:1 ~ 1:1.25</td></tr>
<tr><td>硬质岩</td><td>1:1 ~ 1:1.5</td></tr>
<tr><td>软质岩</td><td>1:1.25 ~ 1:1.5</td></tr>
<tr><td></td><td colspan="3">注：①极硬岩：指饱和单轴极限抗压强度大于 60MPa 的岩石；
②硬质岩：指饱和单轴极限抗压强度为 30 ~ 60MPa 的岩石；
③软质岩：指饱和单轴极限抗压强度为 5 ~ 30MPa 的岩石</td></tr>
</table>

10.2　路基边坡变形破坏防治措施

10.2.1　路基边坡变形破坏防治措施

防 治 措 施 综 述　　表 10-21

<table>
<tr><td>项　　目</td><td colspan="5">内容与要求</td></tr>
<tr><td>防护条件</td><td colspan="5">当边坡的稳定性计算不能满足要求时，就需要采取工程措施来进行边坡加固。边坡加固的本质在于改变滑动体滑面上的平衡条件，提高抗滑能力。边坡加固形式可分为直接加固和间接加固，直接加固如挡墙、抗滑桩、锚杆、锚喷护面等，间接加固如削坡卸载、排水降压、地面防渗、麻面爆破等</td></tr>
<tr><td rowspan="2">滑坡、崩塌防治</td><td>类型</td><td>绕避</td><td>排水</td><td>力学平衡</td><td>岩体结构面改良</td></tr>
<tr><td>滑坡
（或滑移式崩塌）</td><td>（1）改移线路
（2）用隧道避开滑坡
（3）用桥梁避开或跨越滑坡
（4）清除滑体</td><td>（1）地表排水系统
①滑体外截水沟
②滑体内排水沟
③自然沟防渗
（2）地下排水系统
①截水盲沟
②截水盲（隧）洞
③仰斜钻孔群排水
④垂直钻孔群排水
⑤井群抽水
⑥虹吸排水
⑦支撑盲沟
⑧边坡渗沟
⑨洞—孔联合排水
⑩井—孔联合排水</td><td>（1）减重工程
（2）反压工程
（3）支挡工程
①抗滑挡墙
②成孔抗滑桩
③锚索抗滑桩
④锚索框架（地梁）
⑤抗滑键
⑥排架桩
⑦钢架桩
⑧钢架锚索桩
⑨微型桩群
⑩支撑盲沟</td><td>（1）注浆
（2）爆破
（3）旋喷桩
（4）石灰桩
（5）石灰砂桩
崩塌</td></tr>
</table>

续上表

<table>
<tr><th>项　目</th><th colspan="5">内容与要求</th></tr>
<tr><td rowspan="2">滑坡、崩塌防治</td><td>类型</td><td>绕避</td><td>排水</td><td>力学平衡</td><td>岩体结构面改良</td></tr>
<tr><td>崩塌</td><td>(1)改移线路
(2)用隧道避开崩塌
(3)用桥梁避开或跨越崩塌
(4)清除崩塌体</td><td>同上</td><td>(1)减重工程
(2)反压工程
(3)支挡工程
①重力式挡墙
②锚索框架格构
③柔性主动防护网
④被动防护网(小型)</td><td>(1)喷浆
(2)护面墙
(3)爆破</td></tr>
</table>

10.2.2 土质边坡的防治措施

(1)崩塌破坏的防治措施

崩塌破坏的防治措施　　表 10-22

项　目	内容与要求
对待每一个具体崩塌工点的防治工作和对策	(1)首先着重于勘察坡体的结构模式及地应力,据以分析计算各部位的应力分布,寻找应力集中点。 (2)对各部位的岩土分别取样,试验其抗压、抗拉、抗剪的破坏强度和裂面间的摩擦值,特别对相对软弱破碎者和受土中水、裂隙水和沟水经常作用部位之岩土取样做试验。 (3)再按结构模式中各关键点、面、体对比应力与强度,圈出强度小于应力者而分析出应力产生破坏的部位与力学性质。 (4)对比分析结果与现场实际,找出现场变形与破坏趋势的部位和力学迹象与分析相符者,可肯定分析正确,否则从新研究(调查与勘测)结构模式中各组裂面的彼此切割关系,重新分析应力分布、集中的数值与部位至与现场实际变形与破坏的趋势一致时为止。 (5)必要时做模型试验或模拟试验,验证和研究其变形和破坏机制,此项因受条件限制,时间少而成功率低。 (6)按上述勘察与力学分析并与现场相核对的办法找出强度不足之处,为防治该崩塌工点的对策和措施的依据。按此进行,除对整体的稳定性采取对策外,更重视对各局部变形体的加固
崩塌的治理应以根治为原则,当不能清除或根治时,可采取综合措施	(1)边坡或自然坡面比较平整时,宜进行坡面防护,防止零星坠落。 (2)山坡或边坡表面崩塌岩块的体积及数量不大,可采用全部清除并放缓边坡。 (3)易引起崩塌的高边坡,宜采用边坡锚固。对小型崩塌,在危岩的下部修筑支柱、支墙。亦可将易崩塌体用锚索、锚杆与斜坡稳定部分联固。当线路工程或建筑物与坡脚有足够距离时,可在坡脚或半坡设置落石平台、挡石墙或拦石堤等。 (4)当崩塌体较大、发生频繁且距离路线较近而设拦截构造物有困难时,可采用明洞、棚洞等遮挡构造物处理。遮挡构造物应有足够的长度,洞顶应有缓冲层,并应考虑堆积土体荷载和冲击荷载的影响。 (5)设排水工程以拦截疏导斜坡地表水和地下水

(2)滑坡破坏的防治措施

滑坡破坏的防治措施　　表 10-23

项　目	内容与要求
滑坡治理的原则	防治滑坡应当贯彻“早期发现,以防为主,防治结合”的原则;对滑坡的整治,应针对引起滑坡的主导因素进行,原则上应一次根治不留后患;对性质复杂、规模巨大、短期内不易查清或工程建设进度不允许完全查清后再整治的滑坡,应在保证建设工程安全的前提下,做出全面整治规划,采用分期治理的方法,使后期工程能获得必需的资料,又能争取到一定的建设时间,保证整个工程的安全和效益;对建设工程随时可能产生危害的滑坡,应先采用立即生效的工程措施,然后再施作其他工程;一般情况下,对滑坡进行整治的时间,宜放在旱季为好。施工方法和程序应以避免造成滑坡产生新的滑动为原则

续上表

<table>
<tr><th>项　目</th><th colspan="2">内容与要求</th></tr>
<tr><td rowspan="3">滑坡防治措施</td><td>滑坡治理要点</td><td>(1)防止地面水浸入滑坡体,宜填塞裂缝和消除坡体积水洼地,并采取排水天沟截水或在滑坡体上设置不透水的排水明沟或暗沟,以及种植蒸腾量大的树木等措施。
(2)对地下水丰富的滑坡体可采取在滑坡体外设截水盲沟和泄水隧洞或在滑坡体内设支撑盲沟和排水仰斜孔、排水隧洞等措施。
(3)当仅考虑滑坡对滑动前方工程的危害或只考虑滑坡的继续发展对工程的影响时,可按滑坡整体稳定极限状态进行设计。当需考虑滑坡体上工程的安全时,除考虑整个滑体的稳定性外,尚应考虑坡体变形或局部位移对滑坡整体稳定性和工程的影响。
(4)对于滑坡的主滑地段可采取挖方卸荷、拆除已有建筑物等减重辅助措施;对抗滑地段可采取堆方加重等辅助措施,当滑坡体有继续向其上方发展的可能时,应采取排水、支撑抗滑措施,并防止滑体松弛后减重失效。
(5)采取支撑盲沟、挡土墙、抗滑桩、抗滑锚杆、抗滑锚索(桩)等措施时,应对滑坡体越过支挡区或自抗滑构筑物基底破坏进行验算。
(6)可采用焙烧法、灌浆法等措施改善滑动带的土质</td></tr>
<tr><td>预防措施</td><td>(1)在斜坡地带进行房屋、公路、铁路建设前,必须首先做好工程勘察工作,查明有无滑坡存在,或滑坡的发育阶段。
(2)在斜坡地带进行挖方或填方时,必须事先查明坡体岩土条件,地面水排泄和地下水情况,做好边坡和排水工程设计,避免造成工程滑坡。
(3)施工前应做好施工组织设计,制订挖方的施工顺序,合理安排弃土的堆放场地,做好施工用水的排泄管理等。
(4)做好使用期间的管理和有危险的边坡监测。
(5)对于已查明为大型滑坡,或滑坡群,或近期正在活动的滑坡,一般情况下建设工程宜加以避让。当必须进行建设时,应制订详细的防治对策,经技术经济论证对比后,慎重取舍建设场地</td></tr>
<tr><td>整治方法</td><td>(1)清除滑坡体
①对无向上及两侧发展可能的小型滑坡,可考虑将整个滑坡体挖除;
②用某些导滑工程,将滑坡的滑动方向改变,使其不能危害建设工程。
(2)治理地表水
①在滑坡体周围做截水沟,使地表水不能进入滑坡体范围以内;
②在滑坡范围内修筑各种排水沟,使地表水排出滑坡体范围以外,但应注意沟渠的防渗,防止沟渠渗漏和溢流于沟外;
③在滑体上的封闭低洼湿地或泉水出露地带,根据具体情况设置引水明沟、槽沟或浅埋渗沟,以排干、疏干该处积水;
④所有排水明沟在通过裂缝处或受拉力地段,宜先采用临时搭叠式排水槽,待滑坡稳定后再改进为永久性建筑。
(3)治理地下水
①治理滑体中的地下水。
加强滑坡范围以外的截水沟,切断其补给来源;针对出露的泉水和湿地等,做排水沟或渗沟,将水引出滑坡体外;滑坡体前缘,常因坡体内的地下水活动而松软、潮湿,引起坡体坍塌滑动,为此可做边坡渗沟疏干,或做小盲沟,兼起支撑和疏干作用;整个坡面植树,加大蒸发量,保证坡面干燥。
②治理滑带附近的水。
拦截:要求所设排水构筑物的走向垂直于地下水的流向。根据地下水的埋藏深度、部位和土的密实程度而使用不同的排水构筑物,一般浅层地下水可以使用截水渗沟、盲沟;深层地下水则用盲洞、平孔等;疏干、排除:一般在滑坡前缘附近做支撑盲沟疏导这部分滑动带的水,而在其他部位做排水构筑物排除滑动面上的地下水,后者通常多为盲洞(也叫泄水隧道)或平洞等;降低地下水位:若滑动带上的水是由下而上承压补给时,多采用将补给水源排走的盲洞或平洞,将补给水源向下漏走的垂直排水等措施,使地下水位降低到滑动面以下。
③排除深层地下水。
长水平钻孔;集水井。
(4)减重和反压</td></tr>
</table>

续上表

项　目		内容与要求
滑坡防治措施	整治方法	①上部减重。 对推动式滑坡,在上部主滑地段减重,常起到根治滑坡的效果。对其他性质的滑坡,在主滑地段减重也能起到减小下滑力的作用,减重一般适用于滑坡床为上陡下缓、滑坡后壁及两侧有稳定的岩土体,不致因减重而引起滑坡向上和向两侧发展造成后患的情况。 ②下部反压。 在滑坡的抗滑段和滑坡体外前缘堆填土石加重,如做成堤、坝等,能增大抗滑力而稳定滑坡。但必须注意只能在抗滑段加重反压,不能填于主滑地段。而且填方时,必须做好地下排水工程,不能因填土堵塞原有地下水出口,造成后患。 ③减重与反压相结合。 对于某些滑坡可根据设计计算后,确定需减小的下滑力大小,同时在其上部进行分布减重和在下部反压。减重和反压后,应检算滑坡从残存的滑体滑动部位及反压体地面剪出的可能性。 (5)抗滑工程 ①抗滑挡土墙:一般常采用重力式挡土墙。挡土墙一般设置于滑体的前缘;如滑坡为多级滑动,当总推力太大,在坡脚一级支挡工程量太大时,可分级支挡。 ②抗滑桩:适用于深层滑坡和各类非塑性流滑坡,对缺乏石料的地区和处理正在滑动的滑坡,更为适宜。 ③锚杆挡墙:这是近年来发展起来的新型支挡结构,它可节约材料,成功地代替了庞大的圬工挡墙。锚杆挡墙由锚杆、肋柱和挡板3部分组成。滑坡推力作用在挡板上,由挡板将滑坡推力传于肋柱,再由肋柱传至锚杆上,最后通过锚杆传到滑动面以下的稳定地层中,靠锚杆的锚固力来维持整个结构的稳定性

(3)坍塌破坏的防治措施

坍塌破坏的防治措施 表10-24

项　目	内容与要求
均质土边坡	(1)用大平台分级,减少坡脚应力 根据边坡的物质组成、松散程度及天然坡度等工程地质特征设置适宜的边坡坡比将边坡设计成台阶状,并分级放坡开挖,以增大边坡的稳定性。 (2)加强地表排水工作和采用疏干坡体的措施(边坡渗沟、垂直坡面的仰斜排水孔等)抑制土中水的作用。 (3)用挡护墙恢复侧向抗力和防止松弛等。 (4)加强坡面植被及水土保持措施,对于植被破坏严重或放坡开挖不得不破坏植被的地段应尽力恢复坡面植被
层状松散土边坡	(1)若层状松散土边坡各土层材料参数相差较大时,则边坡形状应采用适合各不同土层稳定性的折线形;或在土层分界处附近设立平台,边坡形状采用台阶形。 (2)对于软硬土层的交互层,当交互层次多且薄,或软层厚而硬层薄时,可按软层土体的性质设计为直线形边坡;若软层薄而硬层厚时,可按硬层土体的性质设计为直线形边坡,而对软层予以防护加固

10.2.3 岩质边坡的防治措施

(1)滑动破坏的防治措施

滑动破坏的防治措施 表10-25

项　目	内容与要求
原则	(1)应根据滑坡的特点、稳定性情况,采取以防为主,防治结合的方式。 (2)对勘察时就探明的设计无法绕避的滑坡,应以防为主,这样可以花较少的资金防止滑坡产生。 (3)对已产生错动,现阶段处于极限平衡状态的滑坡,应采取有效的治理措施,确保滑坡不再产生,以避免引发更大规模的滑坡,扩大投资

续上表

项目		内容与要求
防治措施	防排水	防水工作是防止和治理滑坡的基本工作,"边坡灾害在于水,治理边坡先排水",这是几十年来公路建设者总结的经验,说明了排水对公路安全的重要性。防止滑坡的治水方式主要有以下几种方式。 (1)修筑边坡环向截水沟,主要是把边坡外的地表水截断,不流入边坡,不冲刷及侵蚀边坡。 (2)修筑坡面急流槽及碎落台排水沟,主要是将坡面水集中,通过碎落台边沟排入截水沟,送出边坡外,以减少雨水对边坡的侵蚀。 (3)在坡面有泉眼的地方打疏干孔,以利排出坡面渗水,减小渗水压力。 (4)在边坡脚、路基边缘设盲沟以排出坡面渗流及地下水。 (5)修筑路基边沟,以排出路面积水,不至于路面集水渗入边坡,影响边坡稳定
	工程施工程序控制防护	对于已探明不稳定而路线又无法绕避的滑坡,应根据其稳定性,先处治滑坡,再进行路基开挖,并遵照施工程序进行施工,是防止滑坡的最经济手段。 (1)禁止放大炮作业,避免对滑坡产生不利影响。 (2)分台开挖,逐台防护。开挖一级台阶,防护一级坡面,并经过一段时间使边坡能量释放后,再开挖下一级台阶,进行下一台阶坡面的防护,以避免因边坡开挖,或边坡开挖速度太快,使边坡产生应力应变突变而造成失稳
	工程治理措施	(1)对已产生错动,出现明显剪出口,边坡上缘已出现裂缝,处于极限平衡的边坡,应根据稳定性分析,采取有效的治理措施。 (2)常规的治理方式为"一清二挡三锚固",对于碎裂结构岩质边坡,采取拉压分散型预应力锚索较为有效、经济

(2)崩塌破坏的防治措施

崩塌破坏的防治措施 表 10-26

项目	内容与要求
原则	公路设计时应尽量避免深挖并远离崩滑物堆积区。对于崩滑地段,采取遮避、拦截、清除、加固等工程措施进行综合治理
防治措施	(1)边坡坡面比较平整,岩石表面风化,易形成小块石呈零星坠落时,应进行坡面防护,以阻止风化发展,防止零星坠落。 (2)边坡坡面可能崩塌岩块的体积及数量不大,岩石的破碎程度不严重,可全部清除开,以放缓边坡。 (3)岩体严重破碎,经常发生落石路段,宜采用柔性防护系统或拦石墙与落石槽等拦截构造物,拦石墙与落石槽宜配合使用,设置位置可根据地形合理布置。落石槽的槽深和底宽通过现场调查或试验确定。拦石墙墙背应设缓冲层,并按公路挡土墙设计,墙背压力应考虑崩塌冲击荷载的影响。 (4)对在边坡上局部悬空的岩石,但岩体仍较完整,有可能成为危岩石,可视具体情况采用钢筋混凝土立柱、浆砌片石支顶或柔性防护系统。 (5)易引起崩塌的高边坡,宜采用边坡锚固。 (6)当崩塌体较大、发生频繁且距离路线较近而设拦截构造物有困难时,可采用明洞、棚洞等遮挡构造物处理。遮挡构造物应有足够的长度,洞顶应有缓冲层,并应考虑堆积石块荷载和冲击荷载的影响

10.2.4 防护与加固的分类

(1)坡面防护

坡面防护工程类型及适用条件　　表 10-27

防护类型	亚　类	适用条件
植物防护	植草或喷播植草	可用于坡率不陡于 1:1 的土质边坡防护。当边坡较高时,植草可与土工网、土工网垫结合防护
	铺草皮	可用于坡率不陡于 1:1 的土质边坡或全风化、强风化的岩石边坡防护
	种植灌木	可用于坡率不陡于 1:0.75 的土质、软质岩石和全风化岩石边坡防护
	喷混植生	可用于坡率不陡于 1:0.75 的砂性土、碎石土、粗粒土、巨粒土及风化岩石边坡防护,边坡高度不宜大于 10m
骨架植物防护	—	可用于坡率不陡于 1:0.75 的土质和全风化、强风化的岩石边坡防护
工程防护	喷护	可用于坡率不陡于 1:0.5 的易风化但未遭强风化的岩石边坡防护,高速公路、一级公路和环境景观要求高的公路不宜采用
	挂网喷护	可用于坡率不陡于 1:0.5 的易风化、破碎的岩石边坡防护,高速公路、一级公路和环境景观要求高的公路不宜采用
	干砌片石护坡	可用于坡率不陡于 1:1.25 的土质边坡或岩石边坡防护
	浆砌片石护坡	可用于坡率不陡于 1:1 的易风化的岩石和土质边坡防护
	护面墙	可用于坡率不陡于 1:0.5 的土质和易风化剥落的岩石边坡防护

(2)堤岸加固与支挡

冲刷防护工程类型及适用条件　　表 10-28

防护类型		适用条件
植物防护		可用于允许流速为 1.2～1.8 m/s、水流方向与公路路线近似平行、不受洪水主流冲刷的季节性水流冲刷地段防护。经常浸水或长期浸水的路堤边坡,不宜采用
砌石或混凝土护坡		可用于允许流速为 2～8m/s 的路堤边坡防护
土工织物软体沉排、土工膜袋		可用于允许流速为 2～3m/s 的沿河路基冲刷防护
石笼防护		可用于允许流速为 4～5m/s 的沿河路堤坡脚或河岸防护
浸水挡墙		可用于允许流速为 5～8 m/s 的峡谷急流和水流冲刷严重的河段
护坦防护		可用于沿河路基挡土墙或护坡的局部冲刷深度过大、深基础施工不便的路段
抛石防护		可用于经常浸水且水深较大的路基边坡或坡脚以及挡土墙、护坡的基础防护
排桩防护		可用于局部冲刷深度过大的河湾或宽浅性河流的防护
导流	丁坝	可用于宽浅性河段,保护河岸或路基不受水流直接冲蚀而产生破坏
	顺坝	可用于河床断面较窄、基础地质条件较差的河岸或沿河路基防护,以调整流水曲度和改善流态

10.2.5 防护一般要求

路基防护与加固的一般要求　表 10-29

项　目	内　容
目的要求	路基的防护与加固，是保证路基强度和稳定性的必要措施，其重点是路基边坡，必要时亦包括路肩表面，以及同路基稳定直接有关的近旁河流与山坡（包括路基边坡坡脚）。 路基防护与加固工程，主要由坡面防护、堤岸加固和支挡建筑（挡土墙）三个方面组成，是路基工程中不可忽视的一环，应贯彻“以防为主，防治结合”的方针，根据当地条件，因地制宜采用经济合理、耐久适用的防护措施
施工原则	路基防护、回填土必须严格按照设计图纸和要求施工。为确保路基防护稳定安全，施工前应进行现场核对，发现与实地不符，应及时做补充调查，通过改变设计并得到有关部门批准后方可施工。各类防护和加固工程应置于稳定的基础或坡体上。 路基防护所用各种材料，均应符合有关规范、规定要求。 当路基土石方施工时或完毕后，应及时进行路基防护施工和养护，使之起到防护作用。各类防护与加固应在稳定的基础或坡体上施工。 各类坡面防护铺砌之前，必须整平，坑洼处应填平夯拍密实。 对于沿河路堤坡脚受冲刷或掏空地段防护与加固施工，均须注意防止坍塌伤人，特别是在河流流速较大，岸边不稳定的情况下应严格安全操作。 在多雨地区或地下水发育阶段，路基防护工程施工中，应采取有效措施截排地表水和导排地下水。 临时防护措施应与永久防护工程相结合

10.3　坡 面 防 护

10.3.1 植物防护

（1）种草防护

种 草 防 护　表 10-30

项　目	内容和要求
适用条件	冲刷轻微，且宜于草类生长的土质路堤或路堑，均可种草，有利于边坡稳定。 如系不利于种草的土壤，可在坡面铺撒一层 10～15cm 厚的种植土层，并挖成小台阶，以防改土层滑动
草种选择	播种的草籽宜选择能生长成紧密草皮的草种（如狐茅、猫尾草、冰草等）
播种时间	播种时以气候温暖、湿度较大的季节（如春季或雨季）为宜

（2）铺草皮

铺　草　皮　表 10-31

项　目	方法和要求
平（满）铺草皮	草皮可为方块状，其尺寸有 20cm×25cm、25cm×40cm 及 30cm×50cm 三种，亦可为带状，一般尺寸宽 25cm，长 2～3m，各种尺寸草皮厚均在 6～10cm；铺面时均以小木桩钉牢，方块草皮钉四角，带形钉成梅花状，间距 40cm
方格形铺砌格内种草	在边坡上将草皮做成 45°斜角的带状铺砌，组成 1m×1m 或 1.5m×1.5m 的方格形。在路肩边缘以下和坡脚部分用几条水平的带状草皮铺设，或在方格内铺草连成一片。最后一种铺设最为经济，但其坚固程度低于前述两种

续上表

项　目	方法和要求
平铺叠置	边坡等于或大于1∶1时,草皮应水平叠铺,铺置时由下向上,并以木榫固定,逐层铺设,各层均使草皮面向下
垂直于坡面 斜向叠置	当边坡为1∶1以上,至1∶1.5时,草皮可垂直于坡面或采取倾斜方向铺设,可根据具体情况选用
小木桩一般用2cm×2cm×(20~30)cm;用作冲刷防护时,最后使用新伐柳木桩,其尺寸为ϕ4~5cm,长75~100cm,排成梅花状,间距50~100cm;草皮应选用根系发达,茎矮叶茂的耐旱草种,如白茅草、假俭草等,干枯、腐朽及喜水草种不宜采用,泥沼地区的草皮禁用;铺草前应将边坡表面挖松整平,如有地下水露头,应做好排水设施;铺草前应在春季或初夏,干燥地区在雨季进行,不宜在冰冻或解冻时期施工;路堑边坡铺草时,应铺过路堑顶部1m或铺至截水沟边	

(3)植树防护

植树的作用　　表10-32

项　目	内容与要求
注意问题	在路基边坡上合理地植树,对于加固路基有良好的效果。也可以和种草、铺草皮配合采用,使坡面形成良好的防护层。植树适用于土质边坡及严重风化的岩石边坡和裂隙黏土边坡。但对盐渍土、经常浸水及经常干旱的边坡及粉质土边坡不宜采用。且植树适用于坡率缓于1∶1.5的边坡,或在边坡以外的河岸及漫滩外。树种应选用能迅速生长且根深枝密的低矮灌木类。公路弯道内侧边坡严禁栽植高大树木
植树的作用	植树可以加强路基的稳定性。 降低流速,防止和减少水流对路基的冲刷。 植树能防风、防沙、防雪。 植树可美化路容、调节气候、并可获得部分木材,增加收益

植树防护类型　　表10-33

项　目	方法和要求
带状植树	植树的形式可以是带状或条形,亦可采取连续式,即栽满防护和加固的全部区域;
连续式植树	树种宜选用在当地土壤与气候下能迅速生长、根系发达、枝叶茂密的树种。用于冲刷防护的树种宜选用生长很快的杨柳类,或不怕水淹的灌木类。 植柳后在树木未成长前,应防止流速大于3m/s的水流侵害

防护林植树间距参考表　　表10-34

种植方法	树的种类	行距(m)	株距(m)	种植方法	树的种类	行距(m)	株距(m)
单株种植	柳树类	1.5	0.8	一窝一窝种植	乔木类	1.0	1.0
	杨树类	1.0	0.6				
	灌木类	0.8	0.5		灌木类	0.8	0.5

湿法喷播防护　　表10-35

项　目	内容与要求
使用范围	湿法喷播适用于土质边坡、土夹石边坡、严重风化岩石边坡,坡率缓于1∶0.5。不适用于硬质岩石边坡
组成	湿法喷播是由欧美引进的一种机械化植被建植技术,即将植物种子、肥料、土壤稳定剂和水按一定比例混合均匀,用专门的设备(喷播机)喷射到边坡上,种子在较稳定的时间内萌芽、生长成株、覆盖坡面,达到迅速绿化,稳固边坡的目的
注意问题	用这种方法在人力不可及的陡峭高边坡和含石的边坡上种植植被非常优越。播种的时间一般在气候温和、湿度较大的春、秋为宜,不宜在干燥的风季和暴雨季节播种。播种前应在路堤的路肩和路堑顶边缘,埋入与坡面齐平的宽200~300mm,厚50~60mm的带状草皮。播种后适时进行补种、洒水、施肥,清除杂草等养护管理,直至植物成长覆盖坡面

客土喷播防护　表 10-36

项　目	内容与规定
概念	客土喷播是典型的一种喷播建植技术。该技术是将客土(提供植物生育的基盘材料)、纤维(基盘辅助材料)、侵蚀防止剂、缓效肥料和种子按一定比例,加入专用设备中充分混合后,用喷射机均匀喷涂到坡面上,使植物获得必要的生长基础,达到快速绿化的目的
使用范围	客土喷播主要用于岩石边坡、贫瘠土质和硬土边坡,其主要目的是保护边坡的稳定、安全,同时又能最大限度地恢复自然生态
注意问题	客土喷播技术,一般先打锚杆,挂镀锌钢筋网,然后再播客土。喷播植草混合料的配合比应根据边坡坡度、地质情况和当地气候条件确定。播种前应施一定基肥,草坪生长期应施以追肥,且适时浇水养护,浇水应使用无油、酸、碱、盐或任何有害于苗木生长的物质水

土质边坡其他防护　表 10-37

项　目	内容与规定
类型	土质边坡防护也可采用拉伸网草皮、固定草种布或网格固定撒种,用人工合成材料进行土质边坡防护的边坡坡度宜在 1∶1.0 ~ 1∶2.0 之间
拉伸网草皮	拉伸网草皮是在土工网或土工垫等土工合成材料上铺设 3 ~ 5cm 的种植土层,经过撒种、养护后形成的人工草皮
固定草种布	固定草种布(也可称植生带)是在土工织物纺织时将草种固定于土工织物中,然后到现场铺筑以促使草皮生长的一种土工合成材料草品制品
网格固定撒种	网格固定撒种是先将土工网固定于需要防护的边坡上,然后撒播草种形成草皮的一种边坡防护方法

10.3.2 工程防护

(1)抹面、喷浆、喷射混凝土等

抹面、喷浆、喷射混凝土等施工要求　表 10-38

项　目	内容与要求
使用条件和适用范围	岩石边坡表面,无法采用植物防护,可采用抹面、喷浆、勾缝、灌浆、嵌补等方法进行处治,以达到防护的目的。 抹面防护,适用于易风化而表面比较完整,尚未剥落的岩石边坡,如页岩、泥岩、泥灰岩或千枚岩等,以防止表层风化成害。常用的抹面材料配合比可参见表 10-39,使用时应经试抹确定,保证能稳固地贴于坡面
抹面施工注意要点	操作前,应清理坡面风化层、浮土与松动碎块,填坑补洞,洒水润湿。抹面后,应拍浆、抹平和养护。 抹面宜分两次进行,底层抹全厚的 2/3,面层 1/3,捶面应经拍(捶)打使与坡面紧贴。厚度均匀,表面光滑。 在较大面积上抹(捶)面时,应每隔 15 ~ 20m 长设置一道伸缩缝

续上表

项　目	内容与要求
喷浆、喷射混凝土防护施工	采用喷浆、喷射混凝土(或带锚杆铁丝网)防护施工,应符合下列要求。 施工前,坡面如有较大裂缝,凹坑时应先嵌补牢实,使坡面平顺整齐。 岩体表面要冲洗干净,土体表面要平整、密实、湿润。 锚杆孔应冲洗干净,然后插入锚杆,用水泥砂浆固定。 铁丝网应与锚杆连接牢固,均不得外露并与坡面保持设计规定的间隙。 喷层厚度应均匀,喷后应养护7~10d。喷层周边与未防护坡面的衔接应做好封闭处理,并按有关规定留够试件
勾缝与灌浆施工	采用勾缝、灌缝对岩体坡面防护时,施工前应将缝内冲洗干净,并以缝宽和缝深分别按下列要求施工: 岩体较坚硬,不易风化、节理多而细者,宜用勾缝,砂浆应嵌入缝中,与岩体牢固结合。 缝宽较大,宜用砂浆灌缝,可用1:4或1:5(质量比)的水泥砂浆捣插密实,必要时可用压浆机灌注。灌浆应灌满至缝口抹平。 缝宽大而深时,宜用水泥混凝土灌注,可按体积比用1:3:6或1:4:6配合比配料灌注振捣密实。灌满至缝口抹平

抹面混合材料配合比　　表10-39

材料名称	石灰炉渣混合灰浆(两层3~4cm)			石灰炉渣三合土(6~7cm)		四合土(8~10cm)		水泥石灰砂浆(3cm)	
	体积比		每1m²用料	质量比	每1m³用料	质量比	每1m²用料	体积比	每1m²用料
	表层(1.5~2.0)	底层(1.5~2.5)							
水泥	—	—	—	—	—	—	—	1	3.5kg
石灰	1	1	7.5kg	1	230kg	1	12kg	2	3.0kg
炉渣	2~2.5	3~4	0.03m³	5	1.1m³	9	118kg	—	—
黏土	—	—	—	1	0.3m³	3	36kg	—	—
砂	—	—	—	—	—	6	72kg	9(7)	0.03m³
纸(竹)筋	—	—	0.5kg	—		—	—	—	—
卤水	—	—	0.14kg	—	—	—	—	—	—

(2)护面墙

护面墙使用范围　　表10-40

项　目	内容与要求
概念	在各种软质岩层和较破碎岩石的挖方边坡,为免受大气因素而修建的护墙,称为护面墙
使用范围	护面墙多用于易风化的云母片岩、绿泥片岩、泥质页岩、千枚岩及其他风化严重的软岩挖方边坡防护
受力特点	护面墙除自重外,不担负其他荷载,亦不承受墙后的压力,因此护面墙所防护的挖方边坡陡度应符合极限稳定边坡的要求

护面墙的施工方法和要求 表 10-41

项 目	内 容	图 示
几何尺寸	实体护面墙的厚度视墙高而定，一般采用 0.4 ~ 0.6m；底宽可按边坡陡度、墙的高度，被防护山坡的潮湿情况和基础允许承载力大小等条件来确定，一般等于顶宽加 $H/10$ ~ $H/20$（H 为墙高）。等截面的护面墙墙被坡率（n）与墙面坡率（m）减去 1.10 ~ 1.20	
伸缩缝与泄水孔	沿墙身长度每隔 10m 应设置 2cm 宽的伸缩缝一道，用沥青麻（竹）筋填塞，深入 10 ~ 20cm 心部可空着，护面墙基础修筑在不同岩层时，应在其相邻处设置沉降缝一道，其要求相同。伸缩缝墙身上下左右每隔 3m 设泄水孔一个，在边坡流水较多时，应适当加密泄水孔，孔口大小一般为 6cm × 6cm 或 10cm × 10cm，在泄水孔后面，用碎石和砂做成反滤层	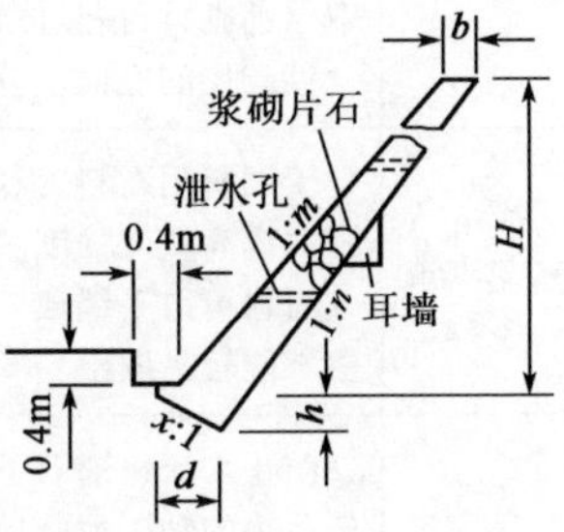
地基与基础	护面墙基础应设在可靠的地基上，其埋置深度应在冰冻线以下 0.25m，如基岩的承载力不够（小于 100kPa），应采用适当的加固措施，护面墙墙底一般做成向内倾斜的边坡，其倾斜度 x 根据地基状况定，土质地基 x = 0.1 ~ 0.2，岩石地基 x = 0 ~ 0.2	
墙背与平台	为了增加护面墙的稳定性，在护面墙较高时应分级修筑，视断面上基岩的好坏，每 6 ~ 10m 高为一级并设不小于 1m 宽的平台；墙背每 4 ~ 6m 高设一耳墙（错台），耳墙宽 0.5 ~ 1.0m，墙背坡陡于 1∶0.5 时，耳墙宽 0.5m，耳墙坡缓于 1∶0.5m，耳墙坡缓于 1∶0.5 时，耳墙宽 1.0m。 对于防护松散夹层的护面墙，最好在夹层底部，留出宽度不小于 1.0m 的平台，并进行加固，以增加护面墙的稳定性	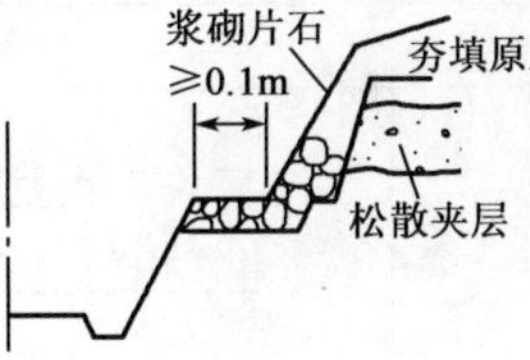
支补墙	山岭地区挖方边坡及坡顶山坡上常有各种不良地质现象，而且多是几种现象同时出现，加固建筑物应该综合考虑，在岩石中的凹陷，应局部用石砌圬工填塞镶砌，并使圬工深入软弱岩层或局部凹陷处，支托突出的岩层，注意表面上下部分的平顺衔接。这种墙称为支补墙	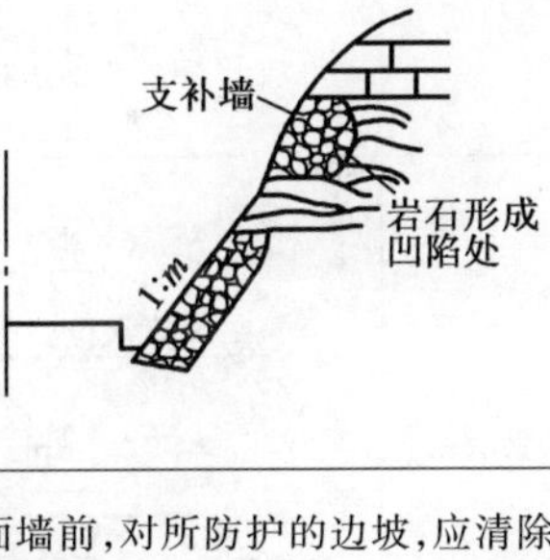

注意：护面墙的顶部应用原土夯基，以免边坡水流冲刷，渗入墙后引起破坏；修筑护面墙前，对所防护的边坡，应清除风化层至新鲜岩面，凹陷处可挖成错台；对风化迅速的岩层如云母岩、绿泥片岩等边坡，清挖出新鲜岩面后，应立即修筑护面墙

护 面 墙 厚 度 表 10-42

高度（m）	路堑边坡	厚度（m）		高度（m）	路堑边坡	厚度（m）	
		顶宽 b	顶宽 d			顶宽 b	顶宽 d
≤2	1∶0.5	0.40	0.40	$6 < H \leq 20$	1∶0.5 ~ 1∶0.75	0.40	$0.40 + H/20$
≤6	>1∶0.5	0.40	$0.40 + H/10$	$10 < H \leq 15$	1∶0.75 ~ 1∶1	0.60	$0.60 + H/20$

(3)干砌片石

干砌片石防护使用条件 表 10-43

项　目	内容与要求
使用条件	在路基边坡因雨、雪水冲刷,发生流泥、拉钩与溜坍,或有严重剥落的软质岩层边坡,均可采用干砌片石作坡面防护;被防护的边坡自身应符合稳定性的要求,一般坡率应缓于 1 : 1.25。干砌片石防护,分为单层或双层铺砌,可按具体情况和设计规定进行。 铺砌层的底面应设垫层,垫层材料一般常用碎、砾石或砂砾混合物等
石料与砌筑	干砌所用石料、强度和尺寸应符合圬工砌体的规定,并宜就地取材、选用,干砌片石亦可砂浆勾缝,以防水浸并提高整体强度。 石料可以平铺或立铺,由下向上逐块拼紧,空隙嵌牢,注意错缝,要求砌好后的任何一块片石,手摇不动,更不能轻易取出
垫层	防止水流将铺石下面边坡上的细粒土带出来冲走;增加整个铺石防护的弹性,将冲击河岸的波浪、流水、流冰等的动压力,以及漂浮物的撞击力,分布在较大面积上,从而增强对各种冲击的抵抗作用,使其不易破坏。 垫层厚度一般为 0.1 ~ 0.15cm
不宜设置	干砌片石防护工程不宜用水流流速较大(3.0m/s)的边坡

干砌片石防护类型 表 10-44

类　型	墁石铺砌基础	干砌抛石、堆石基础
单层	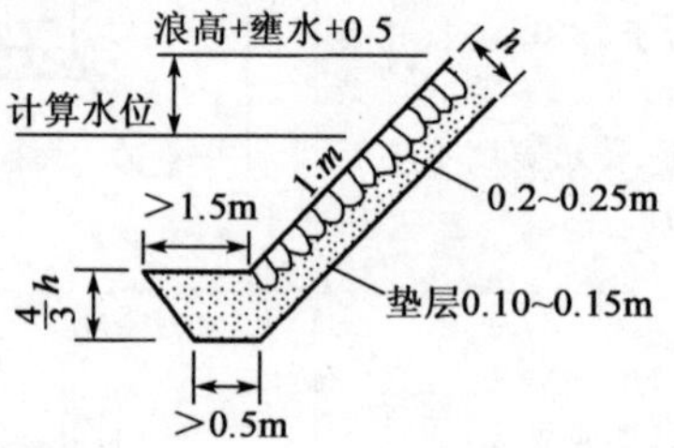 	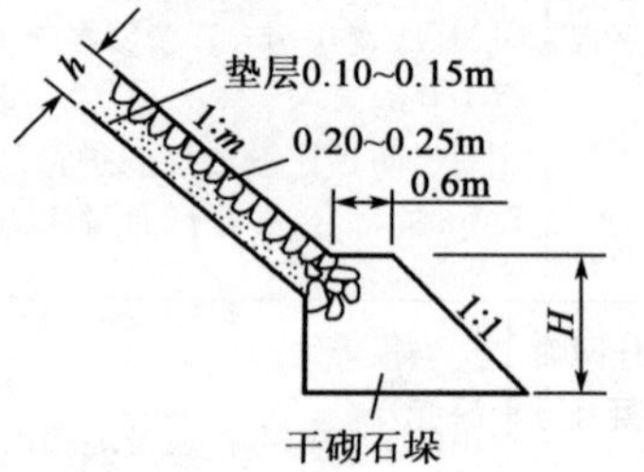
双层	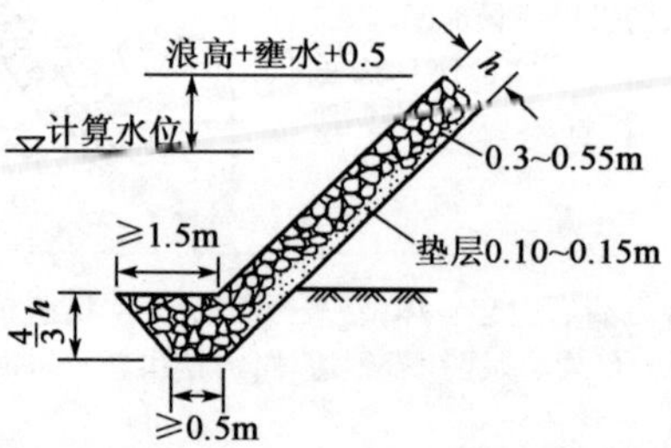 	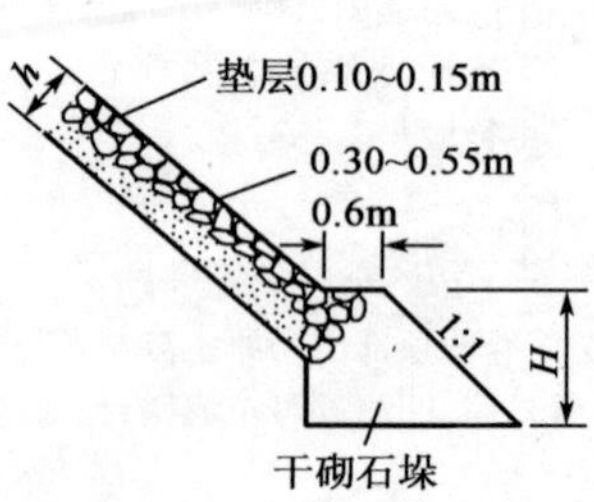

(4)浆砌片石

浆 砌 片 石 防 护 表 10-45

项　目	内容与规定
使用条件	路基坡面采用干砌片石不适宜或效果不好时,可用浆砌片石。特别是当流速较大(如 4 ~ 5cm/s),波浪作用较强,以及可能有流水、漂浮物等冲击浆砌片石防护并结合其他防护加固措施。 浆砌片石防护必须在路基稳定沉实后砌筑;对于严重潮湿或严重冻害的土质边坡,在未进行排水前,则不宜采用浆砌护坡

续上表

项 目	内容与规定
注意事项	浆砌片石护坡砌筑前，须将坡面整平、拍实，不得有凹凸现象或在低洼处用小石子垫平等情况，形成护坡厚薄不均等弊端。 浆砌片石护坡的厚度一般为0.2～0.5m，用于冲刷防护时，最小厚度一般不小于0.35m。护坡底面应设置0.10～0.20m厚的碎石或砂砾层。 近河路基的浆砌石护坡基础埋置深度，应在冲刷线以下0.50～1.00m，否则应有防止路基冲刷的措施。 浆砌片石护坡每长10～15m，应留一道伸缩缝，缝宽约2cm，并以沥青麻丝或沥青木板等材料填入缝内，在基底土质有变化处，还应设沉降缝。亦可考虑将伸缩缝与沉降缝合并设置。 护坡的中、下部应设置泄水孔，以排泄护坡背面的积水和减小渗透压力。因此，施工到一定高度时要设置泄水孔。泄水孔的孔径，一般用10cm×10cm的矩形或直径为10cm的圆形孔，其间距为2～3m。泄水孔后0.5m的范围内应设反滤层。为防止反滤层被泥沙堵塞，亦可在反滤层与土面接触处垫以土工布一层，以利于泄水孔长久畅通。 砌筑片石时应注意砂浆饱满，接缝交错，坡面平整，勾缝严密，及时保养

(5)其他工程防护

其他形式的工程防护 表10-46

项 目	内 容
锚杆混凝土框架植物防护	锚杆混凝土框架植草防护是近年来在总结锚杆挂网喷浆(混凝土)防护的经验教训后发展起来的，它既保留了锚杆对风化碎岩石边坡的主动加固作用，防止了岩石边坡经开挖卸荷和爆破松动而产生的局部破坏，又吸收了浆砌片石(混凝土)骨架植草防护的造型美观，便于绿化的优点。锚杆混凝土植草防护形式有多种组合：锚杆混凝土框架＋喷播植草、锚杆混凝土框架＋挂三维土工网＋喷播植草、锚杆混凝土＋土工格室＋喷播植草、锚杆混凝土框架＋混凝土空心块＋喷播植草等
水泥混凝土预制块护坡	水泥混凝土预制块防护，宜用于缺乏石料地区或城郊及互通式立交等需要美化的路段
锚杆挂网喷浆(混凝土)防护	当坡面岩体风化破碎严重时，为了加强防护的稳定性，则采用锚杆挂网喷浆(混凝土)防护，锚杆锚固深度及铁丝网孔密度视边坡岩石性质及风化程度而定。锚杆宜用1∶3水泥砂浆固定。铁丝网应与锚杆连接牢固

10.4 堤岸防护

10.4.1 抛石防护

(1)抛石防护的使用范围

抛石防护的使用范围 表10-47

项 目	内容与规定
使用范围	抛石防护主要用于受水流冲刷和淘刷的路基边坡和坡脚，最适用沿砾石河床的路基。 对一般土质的沿河路堤在水流冲刷、坡脚掏空的情况下亦被采用。 抛石施工不受气候条件的限制，对于季节性浸水或长期浸水的边坡，均可使用，并可在路堤沉实以前施工
粒径要求	抛石大小的选用，根据水流速度、水深、浪高，以及抛石等因素而定。石料粒径应大于300mm，宜用大小不同的石块掺杂抛投。坡度应不陡于抛石石料浸水后的天然休止角。在流速大、波浪高及水深三者兼有时，应常用较大的石块。 抛石厚度宜为粒径的3～4倍，用大粒径时至少不得小于粒径的2倍。为防止抛石背后路基土流失，必要时设置反滤层

续上表

项　目	内容与规定
施工注意要点	满足有关粒径选择参考外,所抛石料应选用质地坚硬、耐冻且不易风化崩解的石块。 抛石防护除防洪抢险外,一般应于枯水季节施工。 抛石时,宜用不少于计算尺寸的大小不同的石块掺杂抛投,使抛石保持一定的密度。 抛石堆的顶宽、边坡、结构形式及长度,应按设计规定实施。 如果用嵌固的抛石防护类型,一般采用打桩嵌固的方法,加固效果较好

(2)抛石边坡坡度参考

抛石边坡坡度参考 表10-48

水 文 条 件	采 用 边 坡
水浅、流速小	1∶1.25～1∶1.5
水深2～6m,流速较大,波浪汹涌	1∶2.0～1∶3.0
水深6m以上,在急流中施工	缓于1∶2.0
注:如选择巨大石块铺在抛石垛表面时(水上施工)边坡坡度可为1∶1	

(3)抛石粒径选用

投抛石粒径选用 表10-49

项　目		内容与要求						
水深、流速关系		粒径(cm)	水深(m)					
			0.4	1.0	2.0	3.0	5.0	
			容许流速(m/s)					
		15	2.70	3.00	3.40	3.70	4.00	
		20	3.15	3.45	3.90	4.20	4.50	
		30	3.60	3.95	4.25	4.45	5.00	
		40		4.30	4.45	4.80	5.05	
		50			4.85	5.00	5.40	
抛石最小粒径	按流速	流速(m/s)	采用边坡1∶m					
			1∶1	1∶1.5	1∶1.75	1∶2	1∶1.25	1∶3
			抛石粒径(cm)					
		2	20	20	20	20	20	20
		2.5	25	20	20	20	20	20
		3	35	30	30	30	35	25
		3.5	45	40	35	35	30	30
	按浪高	波浪高(m)	采用边坡1∶m					
			1∶1	1∶1.5	1∶1.75	1∶2	1∶1.25	1∶3
			抛石粒径(cm)					
		0.25	30	20	20	20	20	20
		0.50	45	30	30	25	25	25
		0.75		45	40	30	30	30
		1.00			50	45	45	35

10.4.2 石笼防护

(1)石笼防护的使用范围

石笼防护的使用范围　表 10-50

项　目	内容与要求
使用范围	石笼防护用于沿河路堤的坡脚或河岸,使之免受急流和较大风浪的破坏作用。且由于可采用较陡的填方边坡,从而减少路基占地宽度。在缺少大石块地段,使用小石块的石笼可抵抗较大流速,代替抛石防护。 石笼一般能适应流速为 4~5m/s 的水流,大的石笼可抵抗 6m/s 的湍急水流
施工注意要点	采用石笼防护,宜采用镀锌铁丝。基脚部分用箱形石笼。 笼内装填石块粒径应不小于网眼,一般应大于 4cm,石块在外圈,棱角露出网眼,使之嵌紧,中间可用较小石块。 石笼基底应大致平整,较小孤石应予清除。在有条件的情况下,最好用碎石或砾石垫补整平,垫底厚约 0.20~0.40m。 安置石笼应做到位置正确,搭叠、衔接稳固、紧密,保证其整体作用。为此,底层石笼宜用直径 16~19mm 的铁杆,将石笼的端脚固定在基底上,使其不随水流移动
施工规定	根据设计要求或根据不同情况和用途,合理选用石笼形状。 应选用浸水不崩解、不易风化的石料。 基底应大致整平,必要时用碎石或砾石垫层找平。 石笼应做到位置正确,搭叠衔接稳固、紧密,确保整体性。 石笼防护施工质量应符合规定

(2)石笼类型

石 笼 防 护 类 型　表 10-51

项　目	内容、要求与图形					
构造	箱形 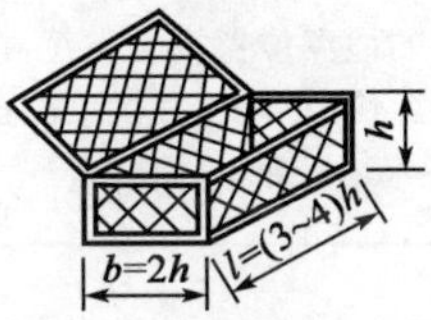 圆柱形 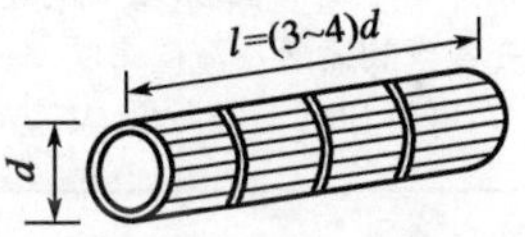 箱形一般是高 $h=0.25\sim1.5$m,长 $l=(3\sim4)h$,宽 $b=2h$;圆形直径 $d=0.5\sim0.7$m,长 $l=(3\sim4)d$。石笼用 $\phi6\sim8$mm 的钢筋做骨架,以 $\phi2.5\sim4.0$mm 的铁丝编网。网眼以六角形最好,方形网眼强度较低。网眼大小通常为 $(6\times8)\text{cm}^2$、$(8\times10)\text{cm}^2$ 及 $(12\times15)\text{cm}^2$。长度较大的石笼,应在内部设横墙或铁丝拉线					
尺寸容量及装石粒径	石笼		适用石笼种类	表面积(m^2)	容量(m^3)	装石粒径(cm)
	形式	尺寸(m)				
	箱形	3×1×1	铁丝笼及木笼	14.0	3.0	5~20
	箱形	3×2×1	铁丝笼及木笼	22.0	6.0	5~20
	扁形	4×2×0.5	铁丝笼	22.0	4.0	5~20
	扁形	2×1×0.25	铁丝笼	5.5	0.5	5~20
	扁形	3×2×0.5	铁丝笼	17.0	3.0	5~20
	圆柱形	0.5×1.5	铁丝笼及竹笼	2.4	0.3	5~15
	圆形	0.6×2.0	铁丝笼及竹笼	3.8	0.57	5~15
	圆形	0.7×2.0	铁丝笼及竹笼	4.4	0.77	5~15
使用年限	普通铁丝笼,可用 3~5 年,镀锌铁丝可用 8~12 年。生产竹材地区有竹篾制成的竹笼,埋在土内可达 15 年以上					

(3)铁丝石笼防护示例

防 护 示 例 表10-52

项 目	说 明
防止水流淘底	用于防止水流淘底时,石笼可平铺在河底上,与坡脚线互相垂直,靠堤岸坡脚的一端固定,使石笼能顺地势弯曲
防止岸坡冲刷	用于防止岸坡免受水流冲刷时,可以顺铺在坡面上垒砌成边坡形。如水深流急,难以采用箱形等规则形状的石笼时,可就地制作圆柱形石笼直接滚入水中

10.4.3 梢捆防护

(1)梢捆防护的使用范围

梢捆防护的使用范围 表10-53

项 目	内容与规定
使用范围	梢捆防护适用于盛产树枝、柴梢地区,利用梢捆防护路堤、边坡加固以及汛期抗洪等有其独特优点。对于沿河路堤岸坡险工地段,尤为奏效。 梢捆可有多种使用类型,根据不同情况选择防护加固方式方法,分别如后所述
施工注意要点	梢捆铺设于路堤坡面适于季节性浸水边坡,尤其是汛期高水位受水流冲刷影响的危堤险工地段,对缓冲风浪、加固岸坡有明显作用。在冲刷严重路段可采用水平镶梢及重型梢捆压石等措施,则兼有防护与加固的作用。 梢料宜采用新砍下的柳枝、青藤条、荆条或较柔韧的阔叶树枝,去掉细枝或落叶后扎成梢捆。扎结时可用荆条、青藤条、铁丝或防腐绳索按每节间距约1m捆扎。 扎结梢捆时,必须牢靠,特别对填石的重型梢捆要防搬移和铺置时石块散漏增加施工困难。 铺置梢捆时,其端部方向应一致,上面以直径为0.08~0.10m的木杆横向压住,然后用直径为0.06~0.10m的柳木桩将木桩予以固定,桩的入土深度约为桩长的2/3(钉入边坡土内)。 对于柴排的下沉入水,最重要的是要求按指定的地点位置妥善下沉,故浮船位置要在急流中充分做好锚系稳定并考虑到流速及流向影响,一切准备就绪后快速下沉,并紧急抛石压重,特别是决口抢堵合龙的施工重要环节,既要注意工程质量,又应确保水上施工安全

(2)梢捆防护类型

梢 捆 防 护 类 型 表10-54

项 目	图 式	说 明
普通	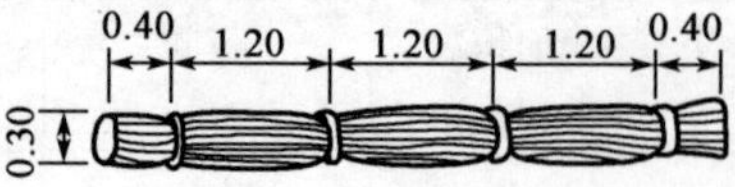	梢捆绑扎可分三种形式如左图所示(尺寸单位:m)。 梢捆系由新砍下的柔软柳枝或阔叶树枝去除细枝、树叶后捆扎而成。 梢捆直径一般为0.25~0.3m,长约2.0~5m按需要而定,其中填石梢捆,又称重型梢捆
带尾	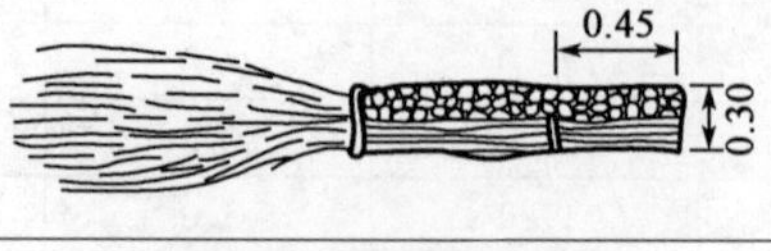	
填石	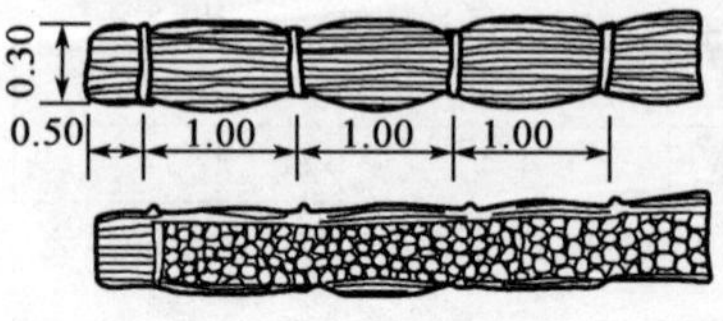	

(3)梢捆防护加固边坡

梢捆防护加固边坡 表10-55

项　目	内容与规定
沿斜坡铺设	梢捆沿斜坡方向铺设,并以尖桩将梢捆固定于坡面上,以抵御禁风浪水击,简称"铺梢"
水平镶梢铺设	梢捆水平并与路堤成垂直方向铺设一层后,再平行于路堤方向铺设一层,一层间隔一层,并紧靠边坡设置,同时一尖桩锚固,简称"镶梢",可缓冲水流冲刷

(4)梢捆防护加固坡脚

梢捆防护加固坡脚 表10-56

项　目	内容与规定
重型梢捆压石	用重型梢捆在垂直于路堤方向沉入坡脚,叠铺数层,上以土石填塞,稳定坡脚,防护路堤
梢捆加抛石	平行于路堤,纵向沉梢,防护坡脚,稳定边坡,梢捆之上抛石压梢抵御冲刷

(5)柴(梢)排编结与防护抢险

柴(梢)排编结与防护抢险 表10-57

项　目	内　容
柴排形式及其使用	柴排是由柴梢编结而成,先扎成框格再铺梢捆与其上,加以扎结成排,每块约5m见方,根据实际需要可多块拼接使用。柴排一般用于沉入水中,可在浮船上编结,就位后上压石块沉入指定地点继续抛石固定、对路堤坍塌、决口堵塞合龙抢险等效果显著

10.4.4 土袋防护

土 袋 防 护 施 工 表10-58

项　目	内容与规定
使用条件	土袋防护是用尼龙编织袋或以土工布袋,替代经常沿用的草包(或麻袋)装土而成,虽所费较草袋成本为高,但其施工质量及其作用则比较明显,土粒不易流失,特别对防护抢险及其耐久性(抗刷性)和稳定性等方面效果都比较好。 土袋用于防护加固边坡坡脚,被冲刷严重的坡面防护及桥头引道掏空填塞等,施工亦比较方便迅速,因此对临时紧急抢修加固路堤均可使用
施工要点	通常所用的尼龙编织袋或有土工布特制的袋均可用于装土用于土袋。装土石不宜用大块土,而以碎块土装满后,袋口用龙丝绳扎结牢靠,以防松散。 在水下投入时宜对正位置,由下至上发布在预定范围进行一层层堆积至水面,出水后上下交错继续叠放。 在沿河路堤边坡铺置时,应尽量将土袋紧贴坡面铺置不使留有空隙,以防冲刷使土粒流失。 土袋防护加固,必须注意叠置平稳互相衔接、交错搭接,相互挤紧,最陡坡面可为1:0.5,坡高不宜大于6m
施工规定	按设计要求整平坡面,放线定位,挖好边界处理沟。 袋铺展后应拉紧固定,防止充填时下滑。 充填材料应根据设计要求铺好和实际情况合理选用,充填应连续。 需要排水的边坡,应适时开孔设置排水管。 袋顶部宜采用浆砌块石固定。有地面径流处,坡顶应采取防护措施。防止地表水浸湿袋底部。 岸坡袋底端应设计压脚或护脚棱体,有冲刷处应采取防冲措施。 袋与护坡的侧翼宜设压袋沟。 袋与坡面间应按设计要求铺设好土工织物滤层

10.4.5 丁坝与顺坝防护

(1)丁坝与顺坝防护施工

丁坝与顺坝防护施工 表10-59

项　目	内容、要求与图形
概念	为防护与加固路基,除各种直接防护措施外,根据堤岸水流情况和实际需要,还可在必要条件下,采取丁坝、顺坝等导治结构物的间接措施,改变水流方向,用于消除和减缓水流对堤岸的直接破坏,同时可促使堤岸近旁缓速淤积,起到安全保护作用。此项导流或调治结构物,按其具体作用和位置的不同,有导流坝、挑水坝、拦水坝、格坝等,如右图所示。 对于路基防护而言,称为丁坝和顺坝。 丁坝是指坝根与河岸(或边滩)相接,坝头伸向河床,坝身与水流方向具有一定的斜交角度,能将水流挑离河岸(亦称挑水坝),改善流态,防护堤岸。 顺坝大致与导治线重合或平行,用于引导水流,调整水道弯曲程度,有时即称导流坝。 丁坝与顺坝等导流结构物,其共同作用是改善水流状况,间接保护路基,免遭或减轻水流的破坏作用 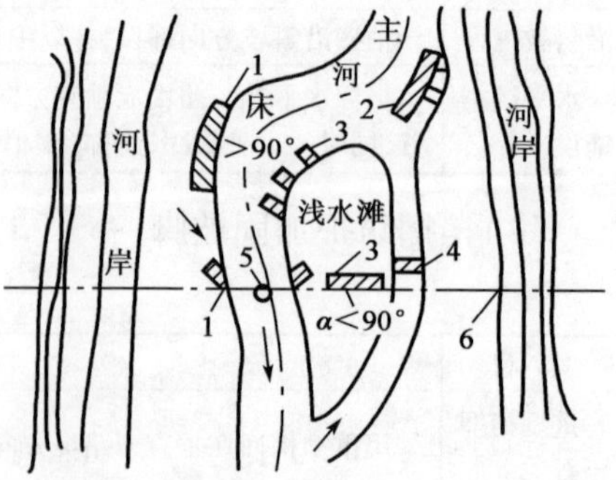 1-顺坝; 2-格坝; 3-丁坝; 4-拦水坝; 5-桥墩; 6-公路中心线
施工要点	导流构造物以顺坝和丁坝为主要形式,在组织施工前,应慎重研究施工方案,避免工期过长,而引起沿岸农田、村庄和上、下游路基的冲刷。 导流构造物施工时,应周密调查核对坝址情况,如其地质、河道、水文条件或施工中发生新的变化,应及时修改设计并报有关部门批准后,方可施工。 导流构造物施工,应按设计要求并符合水工构造物有关规定,严格掌握工程质量标准。 施工过程中,应处理好坝根与相连地层或其他防护设施的嵌接。 梢料防护,宜按平铺梢捆护坡及镶梢等形式的一种临时性防护措施,根据施工要求,必须使梢捆间紧固,保证梢工整体性。 导流构造物,绝大部分系水上施工,应随时注意安全操作,并配备救生设备预防事故
丁坝规定	施工前应制订合理的施工方案,合理安排工期,避免因工期过长引起农田、村庄、上下游路基冲刷。 丁坝坝头应做平面防护。 应处理好坝跟与相连接的地层或其他防护实施的衔接。 丁坝间的河岸或路基边坡所承受的容许流速小于水流靠岸时回流流速时,应缩短坝距或对河岸及路基边坡采取防护措施
顺坝规定	顺坝与上下游河岸的衔接,应使水流顺畅,起点应选择在水流匀顺的过渡段,坝跟位置宜设在主流转向点的上方。 坝跟嵌入稳定河岸内的距离应符合设计要求,坝跟附近河岸应防护加固到上游不受水流冲刷处。 丁坝、顺坝施工质量应符合规定

(2)顺坝与格坝防护设置

顺 坝 防 护 设 置 表10-60

项　目	内容、要求与图形
作用和特点	顺坝亦属常用的路基防护措施之一,其构造与丁坝相似,也分为坝头、坝身、坝根三部分,坝身的横断面形状亦为梯形,坝顶也应具有一定的纵坡。 顺坝起导流作用。 基本上不改变原有水流结构,故坝头水流较丁坝平顺,受力较丁坝小,通常不需加宽。为保护坝头,可将坝头部分的边坡放缓,1:3~1:5即可。但过缓施工困难,可采用1:3,必要时再加做护脚。 顺坝受纵向水流影响较大,故迎水坡应比背水坡缓。根据实践经验,迎水坡一般采用1:1.5~1:2.5,背水坡采用1:1~1:1.5。当水流动轴线紧贴坝缘,流速较大,河床地质又较松软时,迎水坡常被淘刷,影响坝体稳定,此时可在迎水坡加做护脚,或适当放缓迎水坡的坡度

续上表

<table>
<tr><td></td><td>顺　　坝</td><td>顺坝与格坝联合使用</td><td>顺坝开口与格坝联合使用</td></tr>
<tr><td>图示</td><td>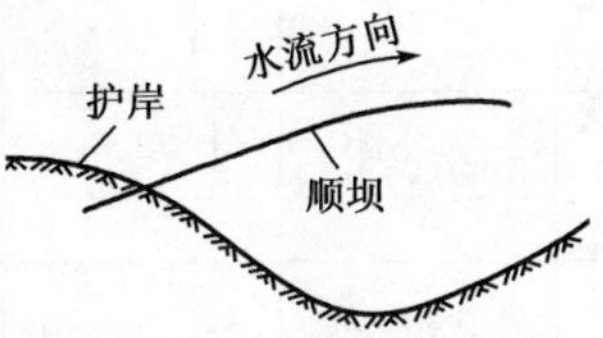</td><td>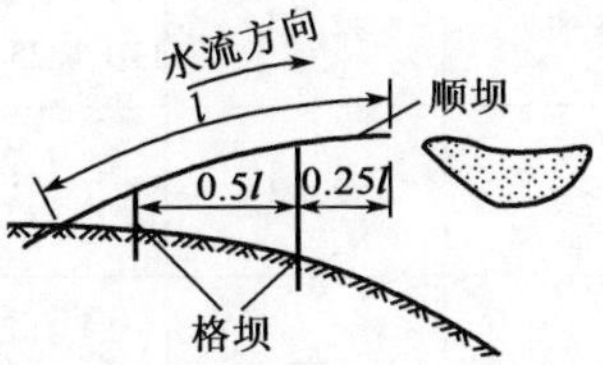</td><td>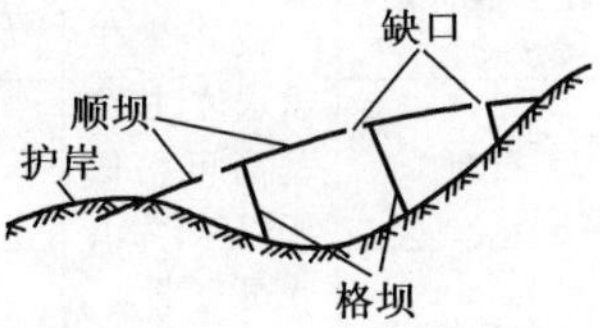</td></tr>
<tr><td>一般布置</td><td colspan="3">当顺坝设计为漫溢式时，应考虑在坝后设置格坝以促进淤积，并可防止边坡或河岸受到冲刷影响；
格坝的间距，视具体情况确定，以使两格坝间流速变慢为原则。当顺坝长度 $l>200$m 时，较合理的布置是坝头与第一格坝相距为 $0.25l$，其余间距为 $0.75l$</td></tr>
</table>

(3)丁坝防护设置

丁坝防护类型　　表 10-61

<table>
<tr><td>项　目</td><td colspan="3">内容、规定与图形</td></tr>
<tr><td>组成</td><td colspan="3">丁坝由坝头、坝身和坝跟三部分组成，横断面一般采用梯形。要求坚固耐久，并做成圆滑曲面</td></tr>
<tr><td>类型</td><td colspan="3">丁坝种类较多，效用亦有不同。设河槽稳定的宽度为 B，丁坝轴线与水流方向的夹角为 α，则丁坝的长度大于或等于 $0.33B$ 者称为长丁坝，小于此数者称为短丁坝。并由于夹角 α 的不同，又有如下区分为上挑丁坝、下挑丁坝、正挑丁坝</td></tr>
<tr><td rowspan="4">适用条件</td><td>夹角 α</td><td>坝型</td><td>适 用 条 件</td></tr>
<tr><td>$\alpha<90°$</td><td>上挑丁坝</td><td>在平原区河流中或半山地河流的宽河滩地带，水流易于摆动，且流速及冲力不大，来砂量大，要求坝田加快淤积及形成新河岸时</td></tr>
<tr><td>$\alpha>90°$</td><td>下挑丁坝</td><td>在山区河流，流速大，来砂量小，要求调整流向，平顺水流时</td></tr>
<tr><td>$\alpha=90°$</td><td>正挑丁坝</td><td>抬高水位，调整比降，减缓流速时</td></tr>
<tr><td>短丁坝设置</td><td colspan="2">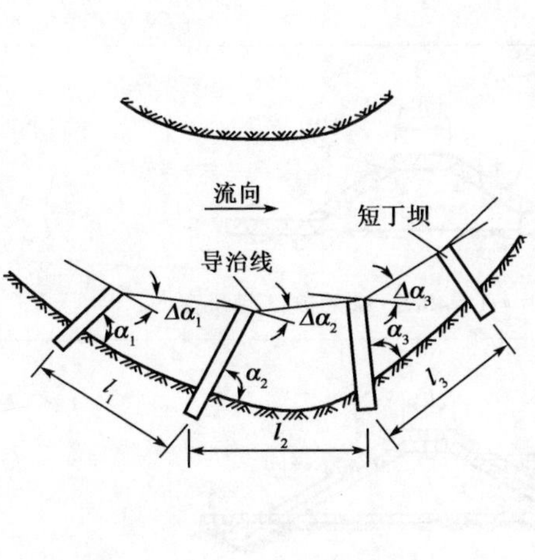</td><td>短丁坝的设置不宜过多压缩水流断面，其最大长度不超过稳定河宽的 1/4，并应注意控制好丁坝的间距 l，使水流过上游丁坝坝头的扩散角 $\triangle\alpha$，不致影响坝间的堤岸。
左图即系按 $\triangle\alpha$ 角与坝长关系，以图解确定丁坝间距的示例。扩散角 $\triangle\alpha$，一般约 5°～15°，当 α 接近 90°时，$\triangle\alpha$ 取 9.5。
对于坝间距离的要求，一般是凹岸比凸岸密一些；中等弯曲（转弯角近 60°时）的凹岸，丁坝间距 $l=(3\sim4)l_c$；转弯角≥90°时，$l=(1\sim2)l_c$；转弯角≈300°时，$l=(3\sim5)l_c$；凸岸设坝时，$l=(4\sim8)l_c$。式中 l_c 为坝根嵌入堤岸内的长度（一般要求嵌入岸边 3～5m）。
长丁坝的间距也不宜过大，以免回旋水流对堤岸的冲刷</td></tr>
</table>

丁 坝 尺 寸 表 10-62

坝的类别	坝高	坝头顶宽(m)	坝身顶宽(m)	坝头边坡	应水边坡	背水边坡	说明
土石混合坝	高于常年洪水位,按路基高可稍低于路基,大洪水可淹没	3~4	2~3	1:1.25~ 11:1.25~1:4	1:2~1:3	1:1.5~ 1:2.5	坝高<8m,流速较大时
石坝		2~4	2~3	1:1.25~ 11:1.5~1:2	1:1~1:2	1:0.5~ 1:1.5	—
石梢坝		—	—	1:1.25~ 11:2~1:4	1:1.5~1:3	1:1.5~1:2	坝顶宽由计算确定

注:①表中坝顶宽度仅为幅度范围,具体有计算确定;

②坝头因受水流强烈作用须较坝身顶放宽,要求坚固耐久,并做成圆滑曲面

丁 坝 断 面 示 例 表 10-63

项 目	图 示
砌石丁坝	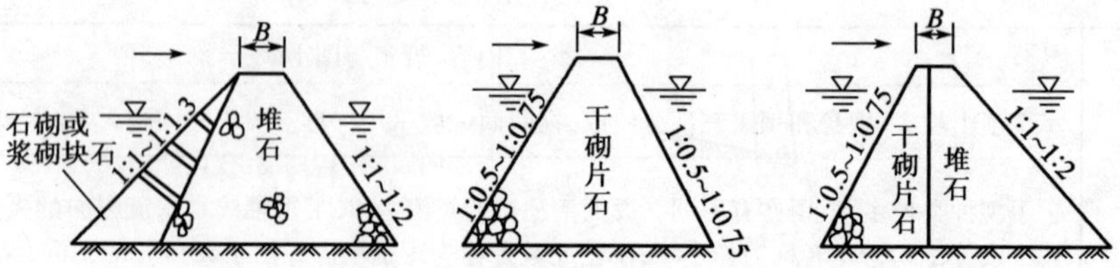
混合结构	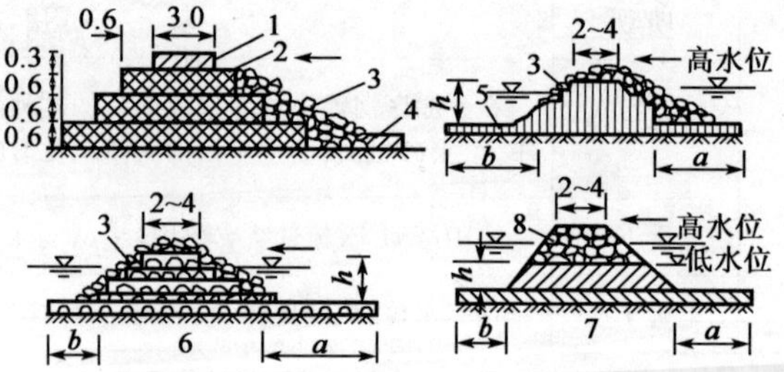1-混合土板;2-石笼;3-抛石;4-混凝土块;5-树梢柴排;6-树梢柴捆;7-石梢坝;8-浆砌块石($a>b\geq h$) (尺寸单位:m)
淹没式丁坝	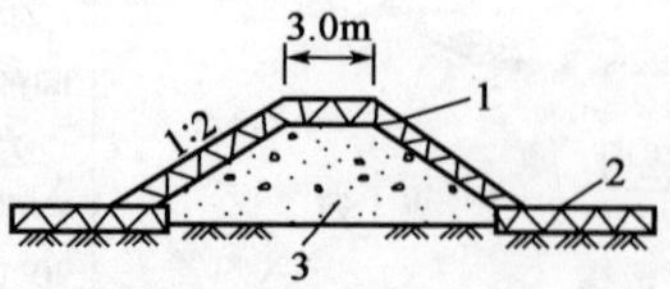1-单层嵌砌片石(≥40cm);2-石笼;3-填块石
长丁坝	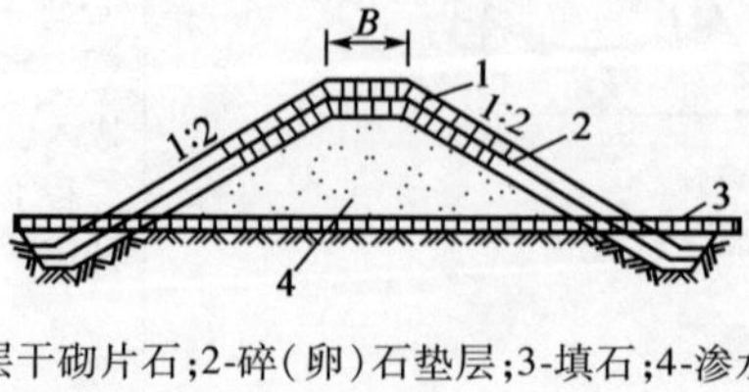1-单层干砌片石;2-碎(卵)石垫层;3-填石;4-渗水土壤

10.5　支挡构造物

10.5.1 挡土墙类型及适用范围

挡土墙使用场合　　表 10-64

名　称	图　示	适 用 场 合
路堑挡土墙	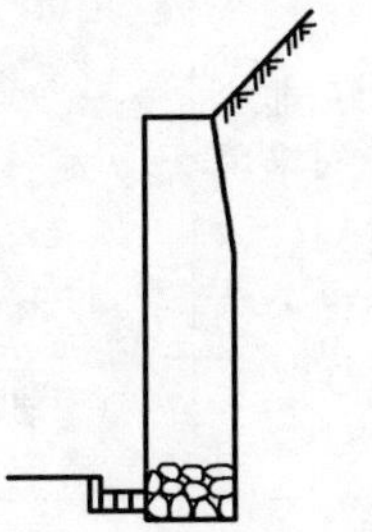	山坡陡峻，用以降低边坡高度，减少山坡开挖，避免破坏山体平衡。 地质条件不良，用以支挡可能坍塌的山坡土体
山坡挡土墙	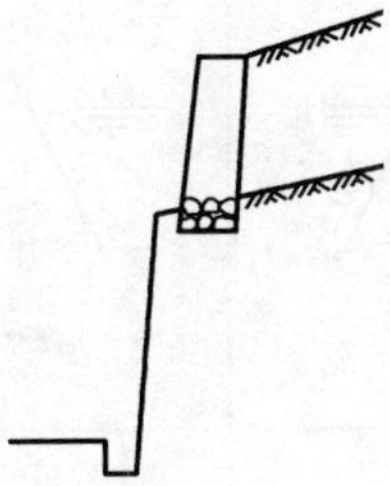	用以支挡山坡上有可能坍塌的覆盖层土体或破碎岩层。 根据山坡情况可分设数道，以满足实际需要
路肩挡土墙	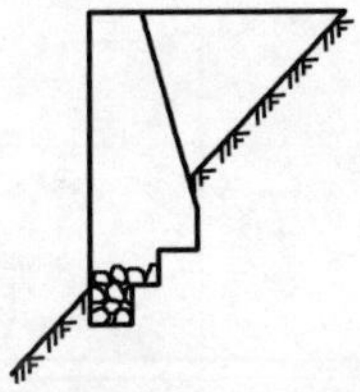	陡山坡上，为保证路堤稳定，收缩坡脚。 压缩路堤坡脚，减少占用土地或避免与其他建筑物干扰。 防止沿河路堤水流冲刷淘刷
路堤(坡脚)挡土墙	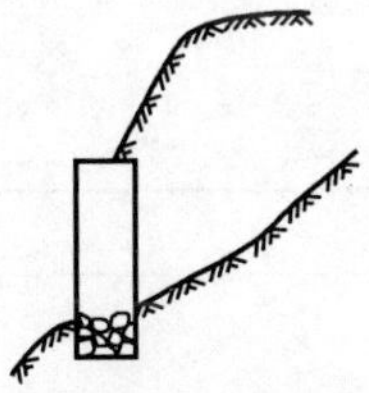	受地形限制或其他建筑物干扰，必须约束坡脚时。 防止陡坡路肩下滑
浸水挡土墙	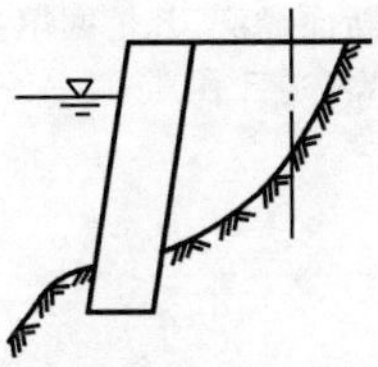	沿河路堤，须收缩坡脚，以免水流冲刷和淘刷
抗滑挡土墙	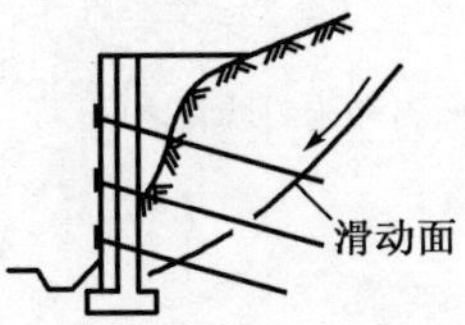	滑坡地段，用以稳定滑动土体

10.5.2 重力式挡土墙构造及施工

(1)重力式挡土墙类型

重力式挡土墙类型 表10-65

类型	主要特点	适用范围	图示
石砌重力式	依靠墙身自重抵御土压力。 形式简单,取材容易,施工简便	产石料地区。 墙高6m以下,地基良好,非地震和沿河收水冲刷地区,可采用干砌。 其他情况宜采用浆砌	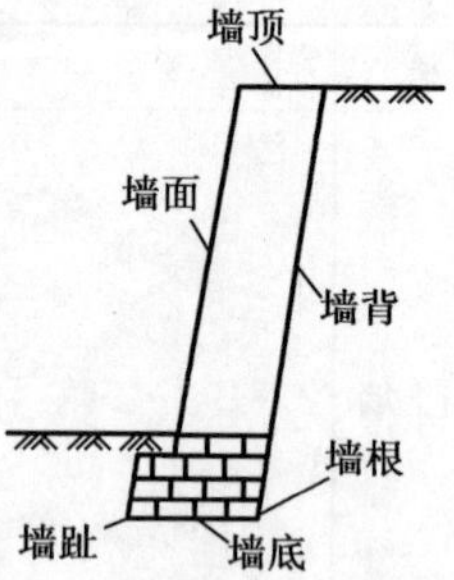
石砌衡重式	利用衡重台上部填土的下压作用和全墙重心的后移,增加墙身稳定,节约断面尺寸。 墙面陡直,下墙墙背仰斜,可降低墙高,减少基础开挖	山区、地面横坡陡峻的路肩墙。 亦可用于路堑墙(兼有拦挡坠石作用)或路堤墙	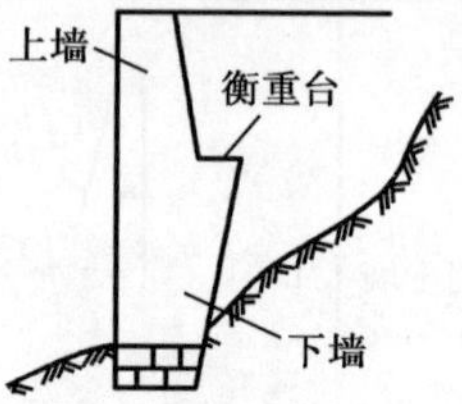
混凝土半重力式	在墙背加入少量钢筋,以减薄墙身,减少圬工。 墙趾较宽,以保证基底宽度,必要时,在墙趾处设少量钢筋	缺乏石料地区。 一般适用于低墙	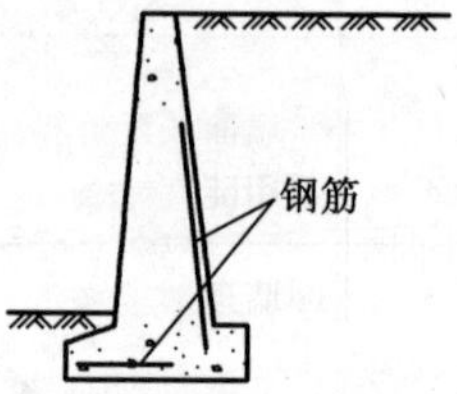

(2)重力式挡土墙的断面形式

重力式挡土墙的断面形式 表10-66

项目		内容、规定与图形	
墙背	仰斜式	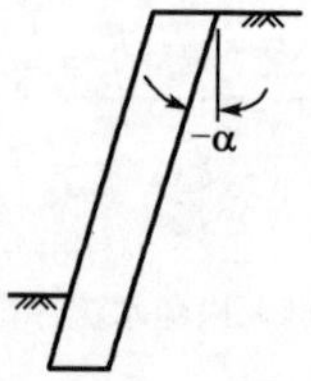	墙背仰斜受土压力小,断面经济,开挖回填量亦较小,适用于路堑墙。墙壁坡不宜缓于1:0.3,以免施工困难
	垂直式	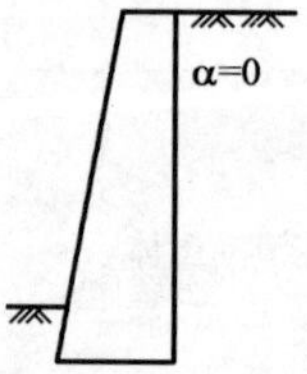	垂直墙背的特点介于仰斜和俯斜墙背之间

续上表

项　目		内容、规定与图形	
墙背	俯斜式	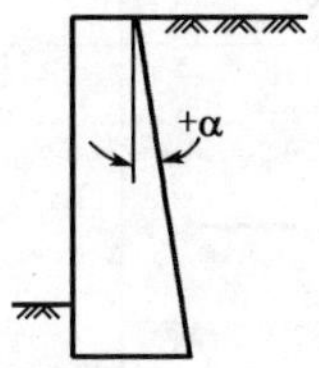	墙背所受土压力较大，在地面横坡陡峻时可采用陡直墙面，借以减小墙高。亦可使墙背做成台阶，以增大墙背与填料的摩擦力
	凸形折线式	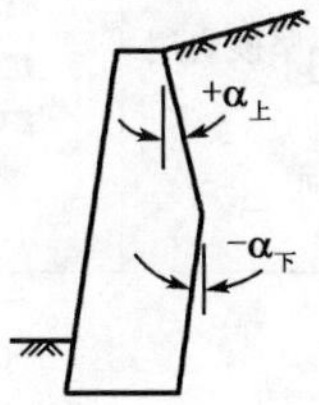	将仰斜式挡土墙背的上部改成俯斜，以减少上部墙身断面尺寸，多用与路堑墙，亦可用于路肩墙
	衡重式	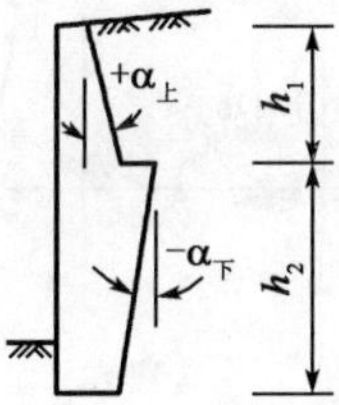	在上下墙之间设衡重台，并用陡直墙面，适于山区陡峻处路肩墙和路堤墙，亦用于路堑墙。上下墙高的比例一般为 $h_1/h_2=2/3$
墙面		墙面一般均为平面，其坡度应与墙背坡度相协调。 墙面坡度直接影响挡土墙的高度。因此，在地面横坡较陡时，墙面坡度一般为 1∶0.05～1∶0.2，矮墙可采用陡直墙面，地面平缓时，一般采用 1∶0.20～1∶0.35，较为经济	
墙顶		墙顶最小宽度，浆砌块（片）石为 0.5m，干砌时为 0.6。 路肩挡墙加混凝土或粗料石台帽时，帽的厚度不小于 0.4m，顶部帽檐悬出的宽度为 0.10m。 如不做顶帽或为路堤墙和路堑墙，墙顶应以大石块砌筑，并用砂浆勾缝，或用 M5 级砂浆抹平顶面，砂浆厚 2cm。 干砌挡土墙墙顶 50cm 高度内，应用 M2.5 级砂浆砌筑，以增强墙身稳定，干砌块（片）石挡土墙的高度一般不宜大于 6m	

（3）重力式挡土墙基础

重力式挡土墙基础　　表 10-67

项　目	内容、规定与图形
一般要求	挡土墙的地基基础是砌筑挡墙的重要环节，地基不良基础处理不当，常致引起挡土墙的破坏。为此，必须事先进行地基勘察，并于施工时进行必要查对，在符合设计要求的情况下，按确定基础类型和埋置深度，据以施工，多数挡土墙可建在天然地基上。 当地基较弱、地形平坦、墙身又超过一定高度（一般高度大于 6m，列为高挡墙）时，为减少基底压应力，并增加墙的抵抗倾覆稳定性，可在墙趾处伸出宽度约为 20cm 的台阶，其高与宽之比可为 $h/b=3/2$ 或 $2/1$。如地基承载力仍有不足，亦可改设钢筋混凝土基座，以及采用阶梯式基础等。 说明：图(4)内，墙趾的厚度 $h_1 \geqslant 50$cm，墙踵处 $h_2>70$cm，基础底面做成与山坡相反的倾斜坡，其倾斜度 $\tan\alpha_0=(h_2-h_1)/B=0.1\sim0.2$；对于陡于 5% 的斜坡上，设置高度大于 6cm 的高挡墙，如坚固岩层，可如上图(3)将基底做成阶梯形，以减少挖方工程

续上表

<table>
<tr><th colspan="2">项　目</th><th colspan="4">内容与要求</th></tr>
<tr><td colspan="2" rowspan="2">形式</td><td>砌石</td><td>钢筋混凝土</td><td>阶梯式</td><td>基底倾斜式</td></tr>
<tr><td>(1)
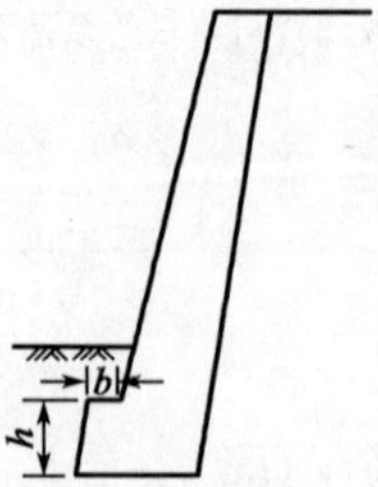</td><td>(2)
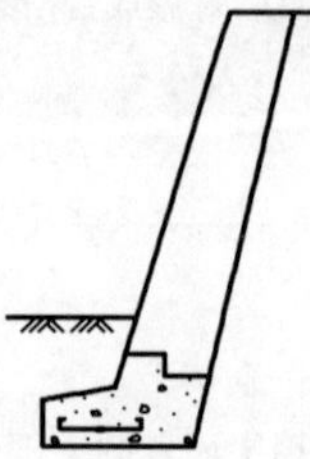</td><td>(3)
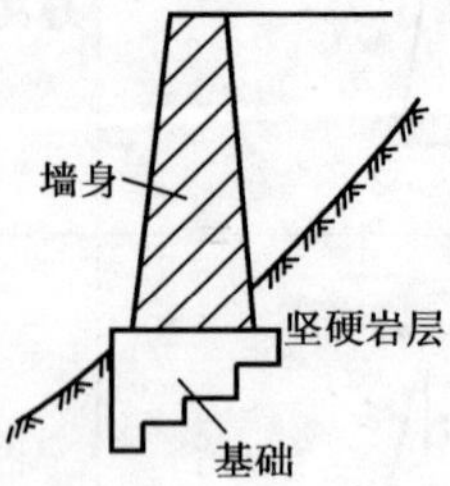</td><td>(4)
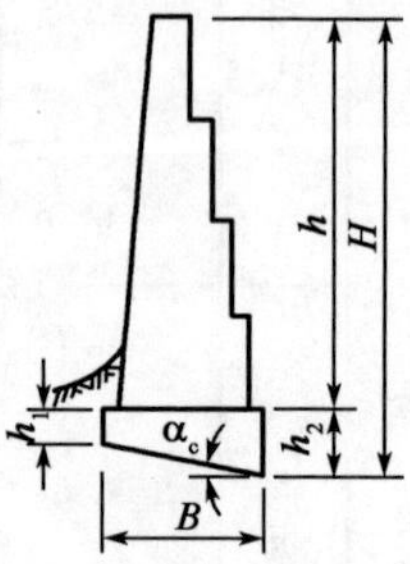</td></tr>
<tr><td rowspan="6">基础埋置深度</td><td>土质</td><td colspan="4">无冲刷时,应在天然地面下至少1m。
有冲刷时,应在冲刷线以下至少1m。
受冻胀影响时,应在冻结线以下不少于0.25m。当冻深超过1m时,仍采用1.25m,但基底应夯填一定厚度的砂砾或碎石垫层,垫层底面亦应位于冻结线以下不少于0.25m。
碎石、砾石和砂类地基,不考虑冻结线影响,但基础埋置深度不宜小于1m</td></tr>
<tr><td rowspan="5">岩石</td><td>岩层类型</td><td>基础埋深 h(m)</td><td>襟边宽度 L(m)</td><td rowspan="5">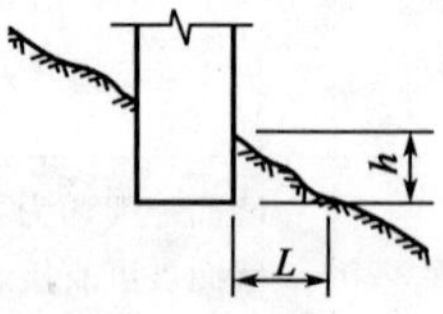</td></tr>
<tr><td>石灰岩、砂岩、玄武岩等</td><td>0.25</td><td>0.25 ~ 0.5</td></tr>
<tr><td>页岩、砂岩交互层等</td><td>0.60</td><td>0.6 ~ 1.5</td></tr>
<tr><td>松软岩石,如千枚岩等</td><td>1.00</td><td>1.0 ~ 2.0</td></tr>
<tr><td>砂类砾石等</td><td>≥1.00</td><td>1.5 ~ 2.5</td></tr>
</table>

(4)重力式挡土墙排水

重力式挡土墙排水　　表10-68

<table>
<tr><th>项　目</th><th>内容、规定与图形</th></tr>
<tr><td>要求</td><td>挡土墙应有排水设施,用以疏干墙后土体和防止地面水下渗,防止墙后积水形成静水压力,减少寒冷地区回填土的冻胀压力,消除黏性土填料浸水后的膨胀压力。
对浆砌块(片)石墙身应设置泄水孔,使墙后积水从泄水孔及时排出,泄水孔进口应设有滤水层,防止堵塞,最下层泄水要高出墙外积水位0.30m以上,以防水流倒灌</td></tr>
<tr><td>构造</td><td>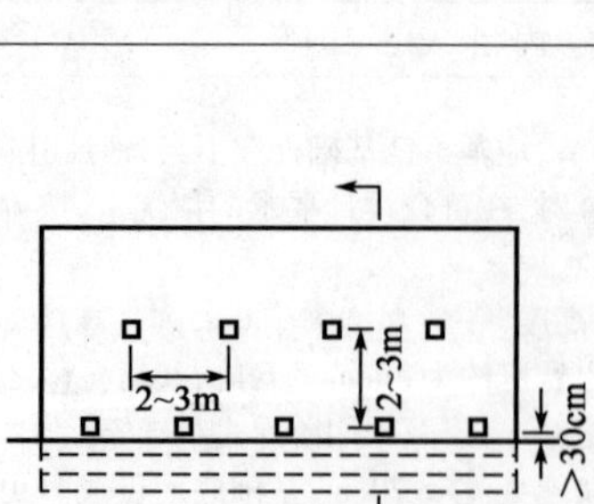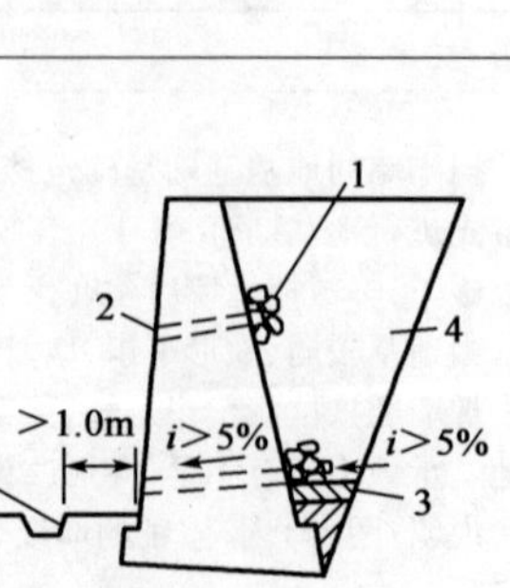
1-滤水粗料;2-10cm方或圆形泄水孔;3-10cm厚黏土隔水层;4-回填土;5-明沟</td></tr>
</table>

(5)重力式挡土墙伸缩缝与沉降缝

重力式挡土墙伸缩缝与沉降缝 表 10-69

<table>
<tr><th>项 目</th><th colspan="4">内容、规定与图形</th></tr>
<tr><td>要求</td><td colspan="4">由于挡土墙身的地基及墙背的土压力亦不均匀，挡土墙的纵向每隔一定距离，应设置必要的沉降缝；同时，为避免圬工砌体因硬化收缩，或因温度与湿度的作用而引起破裂，又应设置伸缩缝。实际上，常将沉降缝与伸缩缝合并为一，缝的间距与挡土墙材料有关，一般数值可按规定选择</td></tr>
<tr><td rowspan="3">间距</td><td>挡土墙类别</td><td>纵向缝间距(m)</td><td>挡土墙类别</td><td>纵向缝间距(m)</td></tr>
<tr><td>干砌片(块)石</td><td>10 ~ 20</td><td>嵌石混凝土</td><td>10</td></tr>
<tr><td>浆砌片(块)石</td><td>10 ~ 20</td><td>钢筋混凝土</td><td>10 ~ 30</td></tr>
<tr><td>缝宽</td><td colspan="4">缝宽一般为 2cm，通常可用黏土填缝，如渗水量较大及冰冻地区，亦填沥青麻丝等；有水流淹没的部分，可灌砂浆</td></tr>
<tr><td>图示</td><td colspan="4">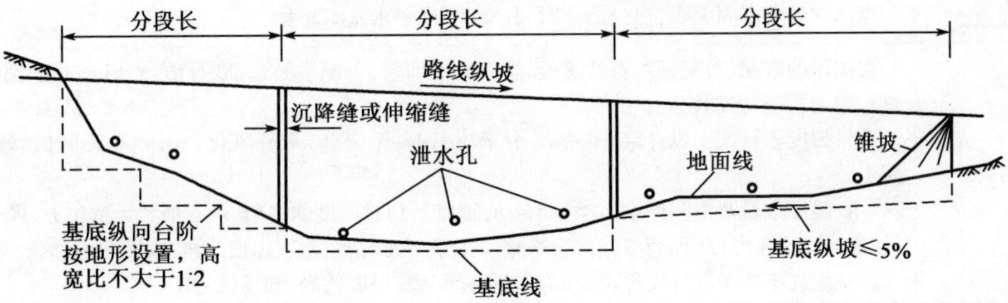
</td></tr>
</table>

(6)重力式挡土墙施工要求

石砌重力式挡土墙施工要求 表 10-70

项 目	内容与要求
基础	挡土墙基础，应以地形和地质条件按计划要求埋入地面以下足够深度，施工前，应做好场地临时排水，除一般应随开挖，随下基，随砌筑并及时分层回填夯实(或压实)和做好墙后排水设施外，还应注意： 对土质基坑应保持干燥。雨天施工坑内积水应随时排除，对受水浸泡的基底土(特别是松软淤泥)应全部予以清除，并换以好土回填[或以碎(砾)石夯填]至设计高程。 挖基时如发现与设计不符的软弱地基，承载力不足时应通过变更设计程序，采取措施后方可施工。 对山坡挡土墙，基趾部埋入深度和襟边距离应同时符合设计要求，如墙基高程不能满足设计要求时，亦应通过变更设计经批准后方可施工。 采用倾斜地基时，应按设计倾斜挖凿，不得用填补法筑成斜面。 在岩体破碎或土质松软，有水地段，宜选择旱季集中施工
伸缩(沉降)缝	砌筑基础前，应将基底松软，风化表面清除干净，然后铺满砂浆，石质基坑内，基础紧靠坑壁砌筑，并插浆塞满间隙，使之结成整体，对土质基坑或风化软石基坑，在雨季施工时，应于基坑开挖至设计高程，立即满堂铺砌一层。 重力式挡土墙分段砌筑，必须按设计要求间距，留出伸缩(沉降)缝，并按规定要求的挡墙断面(坡度)砌筑平整，缝成直线，为此可设计临时标准样架作准绳，使墙面正直整齐
回填	砌体出地面后，砌缝强度容许(胶结强度达到 70%)即可及时回填。有条件时尽量采用粗粒料，如砾石、碎石或矿渣，不用或少用细砂、粉土或软塑性黏土等，亦不允许夹有冻土块、木屑、树根、杂草等。回填土的含水率，不应超过最佳含水率的 10%

续上表

项　目	内容与要求
泄水孔设置	挡土墙在砌筑过程中,必须随时掌握砌至一定高度后按设计要求尺寸位置设置泄水孔,并在进水口墙背做好反滤防渗隔水设施第一排泄水孔应高于边沟底0.3m设置,浸水挡土墙应用砂、砾回填,其最低一排泄水孔应高出常水位0.3m
护柱、护栏或护墙	路肩挡土墙在以下情况下,应按设计要求设置护柱、护栏或护墙,以利于交通安全。 墙顶高出地面6m,且连续长度大于20m。 墙顶高出地面4m,且靠近居民集中点。 位于悬岩,陡坎或横坡度陡于1:0.75,且连续长度大于20m。 在弯道处的路肩式挡土墙,护柱、护栏或护墙内侧距路面边缘应不小于规定的路肩最小宽度
砌石	砌体石块应互相咬接,砌缝砂浆饱满,砌缝宽度一般不大于3cm(浆砌块石),上下层错缝(竖缝)距离不小于8cm,并应尽量使每层石料顶面自身形成一个较平整的水平层,或通过适当的调整,每隔70~120cm找平一次,作为一个较平整的水平层。 砌石时,一般应按平面上先砌角石,再砌面石,最后砌填腹石的顺序进行。其空隙必须用砂浆挤填密实。严禁通缝(上下竖缝通缝)、叠砌、贴砌和浮塞。 砌体勾缝应牢固美观,当勾凸缝时,其宽、厚度要求基本相称
石料要求	砌体用的水泥、石灰、砂、石及水等,要求质地均匀,水泥不失效,砂石洁净,石灰充分消解,水中不得含有对水泥、石灰有害的物质。 石料强度不得低于设计要求,并不小于30MPa,无裂缝,不易风化。河卵石无脱层、蜂窝、表面无青苔、泥土。 片石最小边长及中间厚度不小于15cm,宽度不超过厚度的二倍,块石形状大致正方,厚度不宜小于20cm,长、宽均不小于厚度,顶面与底面应平整。用于镶面时,应凿去锋棱凸角,表面凹陷部分不得超过2cm。 砂浆强度不低于设计高程,拌和均匀,色泽一致,稠度适当,和易性适中

10.5.3 加筋挡土墙构造及施工

(1)加筋挡土墙类型

加筋挡土墙类型　　表10-71

名　称	图　示	适 用 场 合
路肩式加筋挡土墙	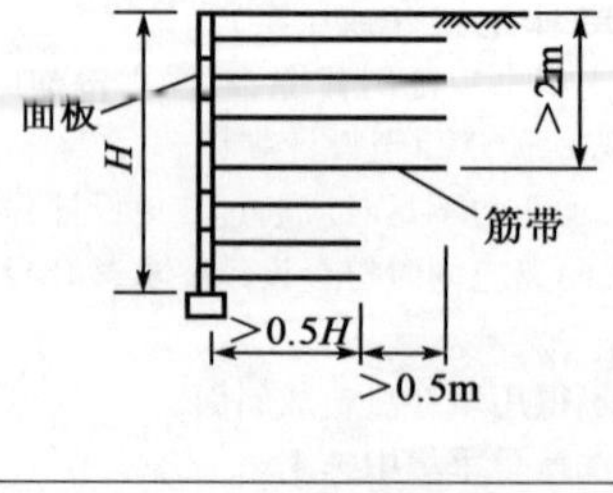	加筋挡土墙一般修建于填方地段,为保护路肩,约束边坡用地,可使之直立到顶,如左图所示
路堤式加筋挡土墙	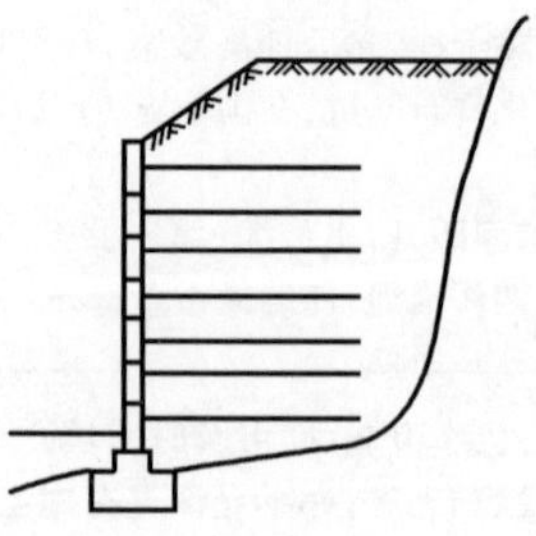	用于道路工程代替圬工形式的挡土墙,左图为帮宽路堤时,用地及填方土方量大为节省

续上表

名　　称	图　　示	适 用 场 合
双面分离式加筋挡土墙	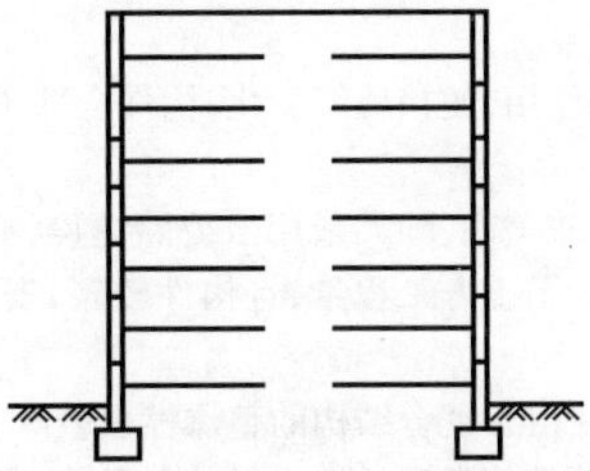	用于双面进行支挡，直立式的挡墙，但其拉筋为双面分离设置
双面交错式加筋挡土墙	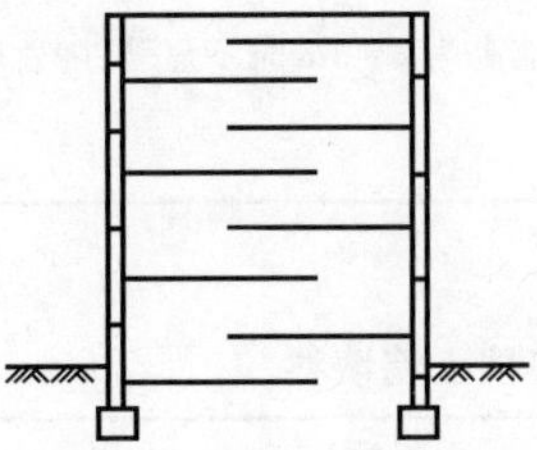	用于直立双面拉筋分层间隔交错
土工织物分层包叠式挡墙	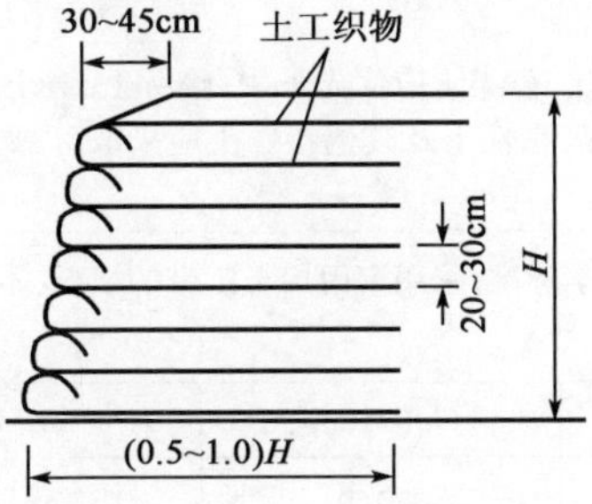	土工织物分层用于加筋土中作拉筋，在挡土结构的土体中，每隔一定距离铺设土工织物（土工布）并在端部向上包卷，包着土砂叠筑成挡土墙，在受水浸或冲刷淘刷地段有较好防护作用

(2)加筋挡土墙组成与特点

加筋挡土墙组成　　表 10-72

项　目	内容与要求	
组成	由筋带（可采用钢带、钢筋带、钢筋混凝土带、聚丙烯土工带等）和混凝土墙面板（简称面板）为主的加筋土，借拉筋和面板保持墙身稳定。 面板为预制，施工安装迅速，轻便、美观；可使用机械吊装，亦可人工装配。 高路肩墙、沿河岸陡直驳岸护墙以及公路工程和梁（板）式桥台等的加筋土工程中的挡土墙。 图为斜坡上加筋土挡土墙设置护脚的示例	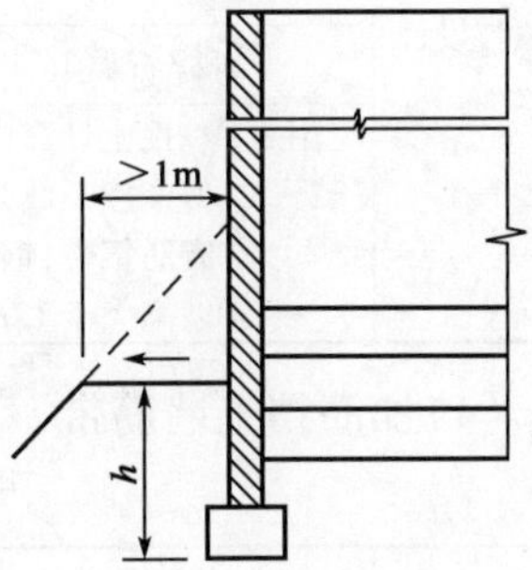
原理	加筋土是由填土、在填土中布置的一定量的带状拉筋（筋带）以及直立的墙面板三部分组成的一个整体的复合结构。在此结构内存在墙面土压力、筋条的拉力和填料与筋带间的摩擦力等相互作用的内力，这些内力互相平衡，保证了复合结构的内部稳定。同时，加筋土（该复合结构）要能抵抗筋条尾部后面填土所产生的侧压力，即为加筋土挡土墙的外部稳定，从而使整个复合结构稳定	

续上表

项　目	内容与要求
特点	加筋土挡墙的基本特点,亦即其主要优点: 充分利用材料性能,以及与拉筋的共同作用,使挡墙轻型化,构件全部预制装配化、工厂化、加快施工并促进质量的提高,降低了材料的消耗。 墙面板形式可按需要设计施工,造型比较美观,除大量用于公路建设,亦适合城市道路支挡工程;墙面垂直,节约了路堤边坡占用土地,亦相应减少了土方工程量,且构件较轻,安装方便,不需大型机械设备,人力亦可装配、无噪声。 构件拼装,对地基变形的适应性较好,并由于复合结构的整体性也较好,加筋土挡墙与地基土及墙后填土有较密切的结合,所以在地震波作用下,较其他类型的挡土结构的稳定性强,且有拉筋的加固作用,因此具有良好的抗震性能。 采用加筋土挡土墙,可降低工程造价。墙高为 2 ~ 3m 时不显著,随着墙身高度的增加造价降低很多,与重力式挡墙相比,一般可降低 25% ~60%

(3)加筋挡土墙填料

加筋挡土墙填料 表 10-73

项　目	内容与要求				
要求	填料一般要求是易于压实,能与拉筋产生足够的摩擦力,满足化学和电化学标准以及在浸水工程中要求水稳定好的填料等。 填料的选择要求:有一定级配的砾类土、砂类土应优先采用;碎石土、黄土、中低液限黏性土、稳定土及满足质量要求的工业废渣也可采用,高液限黏性土及其他特殊土应采取可靠技术措施后采用,腐质土、冻结土、白垩土及硅壤土等禁止使用				
化学和电化学标准	当筋带为钢带时,填料的化学和电化学标准;采用聚丙烯土工带的填料,不宜含有二价以上铜、锰、铁离子及氯化钙、硫代物等化学物质				
	区分	电阻率(Ω/m)	Cl^{-1}(mE/100g, ±)	SO_2^{-2}(mE/100g, ±)	pH 值
	无水工程	>10	≤5.6	≤21.0	5 ~ 10
	淡水工程	>10	≤2.8	≤10.5	5 ~ 10
	每毫克当量氯离子为 0.035 5g,每毫克当量硫酸根离子为 0.048g				
填料设计参数	填料种类	容重(kN/m³)	计算内摩擦角(°)	似摩擦系数	
	中低液限黏性土	18 ~ 21	25 ~ 40	0.25 ~ 0.4	
	砂性土	18 ~ 21	25	0.35 ~ 0.45	
	砾碎石类土	19 ~ 22	35 ~ 40	0.4 ~ 0.5	
	注:①黏性土计算内摩擦角为换算摩擦角; ②似摩擦系数为土与筋带的摩擦系数; ③有肋钢带,钢筋混凝土带的似摩擦系数可提高 0.1; ④墙高大于 12m 的挡土墙计算内摩擦角和似摩擦系数采用低值				

(4)加筋挡土墙筋带

加筋挡土墙筋带要求 表 10-74

项　目	内容与要求
一般要求	筋带应具有较高的强度,受力后变形小,能与填料产生足够的摩擦力;抗腐蚀性好;加工、接长和与面板连接简单、牢靠。 钢带、钢筋混凝土带、聚丙烯土工带及其他符合上述要求的材料均可用作钢带。高速公路和一级公路上的加筋土工程应采用钢带或钢筋混凝土带

续上表

<table>
<tr><th>项 目</th><th colspan="5">内容与要求</th></tr>
<tr><td rowspan="4">钢带(光面及有肋扁钢带)</td><td colspan="5">扁钢带亦用软钢(3 号钢)轧制可采用光面带、有肋扁钢带,断面为扁矩形,宽度不应小于 30mm,厚度不应小于 3mm,钢带表面一般应镀锌或采取其他措施进行防锈处理,镀锌时,其镀锌量不应小于 0.05g/cm²,锈蚀度符合规定
钢带锈蚀厚度(mm)</td></tr>
<tr><td>工程分类</td><td>无水工程</td><td>浸淡水工程</td><td>浸海水工程</td><td rowspan="3">注:表列数值为单位锈蚀厚度</td></tr>
<tr><td>非镀锌</td><td>1.5</td><td>2.0</td><td>2.5</td></tr>
<tr><td>镀锌</td><td>0.5</td><td>0.75</td><td></td></tr>
<tr><td>钢筋混凝土</td><td colspan="5">混凝土的强度等级不宜低于 C18,钢筋直径不得小于 8mm。
钢筋混凝土带应分节预制,分节长度一般宜小于 300cm,平面为长条矩形或楔形,断面为扁矩形(宽 10 ~ 25cm,厚 6 ~ 10cm)为防止混凝土断裂可在混凝内布设钢丝网。
预制件的接长或与面板连接,可采用焊接或螺栓结合,结点应做防锈处理。
设计拉力由钢筋承担,钢筋截面应考虑锈蚀影响</td></tr>
<tr><td>聚丙烯</td><td colspan="5">聚丙烯土工带,应采用专业工厂生产的防老化聚丙烯土工带,表面压纹清晰,色泽均匀,无开裂、损伤、穿孔等缺陷,断面一致。
聚丙烯土工带作筋带的宽度应大于 18cm,厚度应大于 0.8mm,表面有粗糙花纹。
加筋土工程,在含有尖锐棱角的粗粒料中,不得使用聚丙烯土工带作拉筋</td></tr>
</table>

(5)加筋挡土墙筋带锚固长度

筋 带 锚 固 长 度 表 10-75

项 目	内容与要求
要求	筋带的锚固长度,一般应由计算确定。但根据不同的结构形式,还需满足构造的要求
说明	筋带的锚固,通常用于挡土墙、桥台和水坝中的拉筋长度≥0.7H。 在承受反坡填土荷载的加筋土实体以及双面交错式面板筋土结构物,其底部长度应满足 $L≥0.6H$。 用于在斜坡上的挡土墙中的拉筋,在确保外部稳定的条件下,基底的拉筋长度可缩短到 $L≥0.5H$,但顶部的拉筋带长度仍应满足 $L≥0.7H$ 的要求,因此,在加筋土中对筋带的布置可有等长和不等长拉筋的设置

(6)加筋挡土墙面板

加筋挡土墙面板 表 10-76

<table>
<tr><th>项 目</th><th colspan="4">内容与要求</th></tr>
<tr><td>要求</td><td colspan="4">面板一般采用混凝土预制,其强度不应低于 C18 级,厚度不应小于 8cm,要求坚固、美观、运输方便和易于安装;面板上的筋带结点,可采用预埋钢拉环、钢板锚头或预留穿筋孔等形式,钢拉环应采不小于 10mm 的一级钢筋,钢板锚头应采用厚度不小于 3mm 的钢板,漏于混凝土外部的钢拉环、钢板锚头应做防锈处理,聚丙烯土工带与钢拉环的接触面应做隔离处理。
预制面板四周应设企口和相互连接装置。应采用插销连接装置时,插销直径不应小于 10mm。
预制面板的外形,可采用十字形、槽形、六角形、L 形、矩形等</td></tr>
<tr><td rowspan="5">常用面板(cm)</td><td>类型</td><td>高度</td><td>宽度</td><td>厚度</td></tr>
<tr><td>十字形</td><td>50 ~ 150</td><td>50 ~ 150</td><td>8 ~ 25</td></tr>
<tr><td>槽形</td><td>30 ~ 75</td><td>100 ~ 200</td><td>14 ~ 20</td></tr>
<tr><td>六角形</td><td>60 ~ 120</td><td>70 ~ 180</td><td>8 ~ 25</td></tr>
<tr><td>L 形</td><td>30 ~ 50</td><td>100 ~ 200</td><td>8 ~ 12</td></tr>
</table>

续上表

项　目	内容与要求			
常用面板(cm)	类型	高度	宽度	厚度
	矩形	50 ~ 100	100 ~ 200	8 ~ 25
	Z 形	30 ~ 75	100 ~ 200	8 ~ 25
	注:①L 形面板下缘宽度一般采用 20 ~ 25cm; ②槽形面板的底板和翼缘厚度不小于 5cm			
异形和角隅形面板	在墙顶的凸、凹部和角隅处可采用异形面板、角隅面板			

(7)加筋挡土墙施工

基 础 施 工 表 10-77

项　目	内容与要求
准备工作	做好施工前准备工作,包括现场实况与图纸查对;工程数量和确定施工程序、方法;进行测量定位并标示出挖线,复核路中心位置及高程标志。 根据施工进度,安排预制构件分批供应,加筋土工程,除按路基施工配备压实机械外,还应选备杵子、振动板、蛙式夯、手扶式振动压路机等小型压实机具,用以在面板内 1.0m 范围内压实填料。 做好场地清理,整平压实,并满足构件安装和筋带铺设的要求
基础工程	基槽(坑)应按设计要求开挖至设计高程,槽(坑)底平面尺寸一般大于基础外缘 50cm。 基槽(坑)开挖的同时应做好防、排水工作。 对未风化的岩石应将岩面凿成水平台阶。台阶的宽度不宜小于 0.5m。台阶长度除满足安装需要外,高度不不宜大于 1:2。 风化岩应按设计处理。 基槽(坑)底土质为碎石土、砂性土、黏性土等时,应整平夯实。 基础的浇筑或砌筑,必须严格控制基础顶面高程和规定的各部分尺寸做足,并符合平整与线性要求,以利面板安装

面 板 施 工 表 10-78

项　目	内容与要求
堆放和运输	面板可竖向或平放,均应防止扣环变形,或边角、翼缘损伤。平放时板与板之间宜用方木枕垫,堆积高度不宜超过 5m。 面板在运输过程中,应轻搬轻放
安装(1)	(1)第一层面板的安装 ①首先在条形基础顶面划出面板外缘线,并在外缘线上准确定点,然后进行水平测量。 ②安装时的排列顺序如下图,安装时用低强砂浆砌筑调平。同层相邻面板水平误差不大于 10mm,轴线偏差每 20 延米不大于 10mm,按要求的程度,坡挂安装,接缝宜小于 10mm。 ③安装时应防止角隅损伤和插销孔破裂或插销变形。 ④当填料为黏性土时,宜在面板后不小于 0.5m 范围内回填砂砾材料(有利于渗透)。 ⑤面板安装可用人工机械吊装就位。安装时单块面板倾斜度,一般可内倾 1/100 ~ 1/200,作为填料压实时面板外倾的预留度 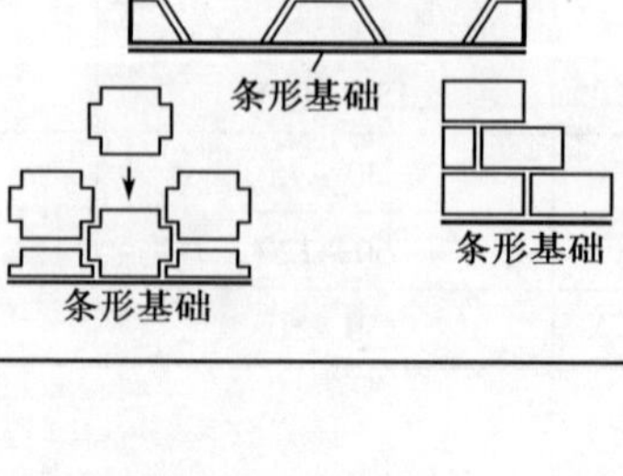

续上表

项　目	内容与要求
安装(2)	(2)以后各层面板的安装 ①沿面板纵向每5m间距设标桩，每层安装时垂球或挂线(线坠)核对，每三层面板安装完毕均应测量高程和轴线，其容许偏差与第一层相同。 ②为防止相邻面板错位，宜用木螺栓或斜撑临时固定。在曲线部位尤应注意安装顺适。水平及倾斜出现误差应用软木条或低强度砂浆逐步逐层调查，不得将误差积累后，再行总调查。所以安装过程中多予检查及时纠偏不应忽视。 ③水平、垂直安装缝，一般不作处理，当缝较大时应采用沥青麻丝或低强度砂浆等填塞，必要时需填墙背砂砾、反滤层。 ④不得在未完成填土作业的面板上安装上一层面板。 ⑤严禁采用坚硬石子及铁片支垫，以免造成应力集中损坏面板

沉降缝与纵坡调平层施工　　表10-79

项　目	内容与规定
沉降缝	沉降缝应上下贯通，缝宽一般1～2cm，并用沥青木板、沥青甘蔗板、沥青麻丝等填塞，填塞深度不小于8cm
调平层	当加筋土挡土墙顶面有纵坡时，可做调平层，用异形面板，浆砌块(片)石或现浇筑混凝土等作顶面调整

筋 带 施 工　　表10-80

<table>
<tr><th>项　目</th><th colspan="4">内容与要求</th></tr>
<tr><td rowspan="4">运输堆放及裁料</td><td>筋带类别</td><td colspan="3">内容与规定</td></tr>
<tr><td>钢筋混凝土带</td><td colspan="3">轻装轻放。
堆放时相互垂直平放，堆放高度不宜超过10层。
注意检查清理、补修，按各层筋带设计长度准备相应节数，并调连接钢筋</td></tr>
<tr><td>钢带</td><td colspan="3">钢带应堆放于垫木上，垫木高度应离地面不小于20cm。
进行调直，按设计要求长度裁料。
若采用插销或螺栓连接，应按设计要求在钢带上冲孔</td></tr>
<tr><td>聚丙烯土工带</td><td colspan="3">堆放于通风遮光的室内。
裁料的长度一般为设计长度的2倍长加上穿孔所需的长度</td></tr>
<tr><td rowspan="4">连接铺设和防锈</td><td>筋带类别</td><td>连接</td><td>铺设</td><td>防锈</td></tr>
<tr><td>钢筋混凝土带</td><td>钢筋混凝土带与面板的拉环连接及每节钢筋混凝土带之间的钢筋连接，可用焊接，扣环连接或螺栓连接</td><td>筋带底面的填料应平整、密实。可在填料压实至设计高程再按设计位置挖槽铺设，亦可直接铺设</td><td>凡属外漏钢筋和面板钢拉环及螺栓等处应作防锈处理。如：钢带镀锌，涂漆防锈，裹缠三油二布，涂刷沥青，以及涂塑、拉环用橡胶等隔离措施</td></tr>
<tr><td>钢带</td><td>钢带与面板拉环(片)的连接和钢带的接长，可用插销连接，焊接或螺栓连接</td><td>钢带应平顺铺设于已压实平整的填料上，不得弯曲或扭曲</td><td>同上述</td></tr>
<tr><td>聚丙烯土工带</td><td>聚丙烯土工带与面板的连接，一般可将土工带的一端从面板预埋拉环或预留孔中穿过折回与另一端对齐，土工带穿孔可分为单孔穿过，上下穿过，或左右环孔合并穿过，并使土工带在环(孔)上绕成死结</td><td>聚丙烯土工带应成扇形辐射状铺设在压实平整的填料上，不宜重叠，不得卷曲或折曲。土工带不得与硬质棱角填料直接接触；
铺土工带时应拉紧后用少量填料压稳使带位置固定</td><td>同前述</td></tr>
</table>

填料施工 表10-81

项目	内容与规定
填料采用	用于加筋土的填料不应含有地表面得种植土、草皮、树根和杂物。 浸水加筋土工程的填料,应选用水稳定好的透水性材料填筑
填料摊铺	加筋土填料应根据筋带竖曲间距进行分层摊铺和压实,其中应注意:卸料时机具与面板的距离不应小于1.5m,同时,机具也不得在未覆盖填料的筋带土上行驶,并不得扰动下层筋带。 可用人工或机械摊铺,摊铺厚度应均匀一致,表面平整,并设有3%横坡。当用机械摊铺时,摊铺机械距面板不应小于1.5m。在此1.5m的范围内,应用人工摊铺。 可在摊铺前设置明显标志,引导驾驶员明确机械运行方向(不与筋带平行,应与筋带垂直行驶)。钢筋混凝土筋带顶面以上填料,一次摊铺厚度应补小于20cm
填料碾压	碾压前应进行压实试验,用以确定填料采用及机械压实遍数和分层摊铺厚度,作为指导施工的参考;在填料时要随时检查其含水率是否满足压实要求。 加筋土工程的填料应严格分层碾压,并掌握先轻后重和不得使用羊足碾的原则。 应注意压路机不得在未经压实的填料上急剧改变运行方向或急刹车。 在碾压程序上,应先从筋带中部开始,逐步碾压至筋带尾部,再碾压靠近面板部分,但碾压机距板面不得小于1.0m的距离(留待小型机械夯击压实)保证面板不受影响变位

防水、排水及其他工程的施工要求 表10-82

项目	内容与要求
加筋土工程	加筋土工程施工应先做好场地排水,以保证正常施工。工程区域内出现层间水、破裂水或涌泉等时,则应先修筑排水构造,再做加筋工程。 加筋土工程中的反滤层、透水层、隔水层等防水设施应按设计要求与加筋体同步进行。路肩式加筋土挡土墙,路肩部分应进行封闭
其他工程	其他工程的构件,如槽石、栏杆、路缘石等在搬运、安装中都应注意轻装轻放;安装前复核好中线并准确划出挡土墙顶基线、高程后,进行安置砌牢
加筋土挡墙	加筋土挡墙在加筋体完成后,应按设计及时修筑护脚。护脚坡面宜用块(片)石或混凝土预制块浆砌防护

10.5.4 其他挡土墙特点及适用范围

各类挡土墙特点及适用范围 表10-83

类型	主要特点	适用范围
悬臂式	由立臂、墙趾板、三个悬臂梁组成,断面尺寸较小。 墙高时,立臂下部的弯矩大,耗钢筋多,不经济	缺乏石料地区。 一般高度的路肩墙,地基情况可较差
扶壁式	沿悬臂式墙的墙长,隔一定距离加一道扶壁,把立臂与墙踵板连接起来	在高墙时,较悬臂式经济,其余同上述
立柱挡板式	由钢筋混凝土立柱、挡板底梁、底板、基座和钢筋拉杆组成。借底板上部土体自重作用平衡全墙。 因底板位置升高,基础开挖较悬臂式和扶壁式少。 构件轻便,可预制拼装,快速施工	高墙。 支挡土质路堑高边坡或处治边坡滑坍。 亦可用于路堤墙
锚杆式	由钢筋混凝土墙面(整体板壁或肋柱及挡板)和锚杆组成,依靠锚固在岩层或土层内的锚杆的水平拉力承受土压力,维持全墙平衡。 属轻型结构,材料节省。 基底受力小,基础要求不高	高路堑墙、高路肩墙、抗滑挡土墙。 备有钻机、压浆泵等设备

续上表

类　型	主 要 特 点	适 用 范 围
锚定板式	由钢筋混凝土墙面(肋柱及挡板)、钢拉杆和锚定板组成,借埋置在破裂面后稳定土层内的锚定板和锚杆拉住墙面,保持墙身稳定。 拼接简易,施工快。 结构轻便,柔性大	高路肩墙或路堤墙,特别地基不良时
垛式	用钢筋混凝土预制杆件纵横交错拼装成框架,内填土或石,借其自重抵御土体的推力。 施工简便。 允许地基产生一定的变形。 损坏后恢复较易	高路肩墙、路堤墙、抗滑挡土墙; 缺乏石料地区

10.6　公路挡土墙、防护及其他砌筑工程施工质量要求

10.6.1 砌体挡土墙

砌体挡土墙基本要求、外观鉴定　表 10-84

基 本 要 求	外 观 鉴 定
石料或混凝土预制块的质量和规格应符合有关规范和设计要求。 砂浆所用的水泥、砂、水的质量应符合有关规范的要求,按规定的配合比施工。 地基应承载力必须满足设计要求。 砌筑应分层错缝。 浆砌时坐浆挤密,嵌填饱满密实;干砌时不得松动、叠砌和浮塞。 沉降缝、泄水孔、反滤层的设置位置、质量和数量应符合设计要求	砌体表面平整,砌缝完好、无开裂现象,勾缝平顺、无脱落现象。 泄水孔坡度向外,无堵塞现象。 沉降缝整齐垂直,上下贯通

砌体挡土墙实测项目　表 10-85

项次	检 查 项 目		规定值或允许偏差	检查方法和频率	权值
1△	砂浆强度(MPa)		在合格标准内	按“砂浆强度评定方法”	3
2	平面位置(mm)		50	经纬仪:每 20m,墙顶外边线测 3 点	1
3	顶面高程(mm)		±20	水准仪:每 20m,测 1 点	1
4	竖直度或坡度(%)		0.5	吊垂线:每 20m,测 2 点	1
5△	断面尺寸(mm)		不小于设计	尺量:每 20m,测 2 断面	3
6	底面高程		±50	水准仪:每 20m,测 1 点	1
7	表面平整度(mm)	块石	20	2m 直尺:每 20m,测 3 处(竖直与墙长两个方向)	1
		片石	30		
		混凝土块、料石	10		

干砌挡土墙实测项目　表 10-86

项次	检 查 项 目	规定值或允许偏差	检查方法和频率	权值
1	平面位置(mm)	50	经纬仪:每 20m,墙顶外边线测 3 点	2
2	顶面高程(mm)	±30	水准仪:每 20m,测 3 点	2
3	竖直度或坡度(%)	0.5	吊垂线:每 20m,测 2 点	1
4△	断面尺寸(mm)	不小于设计	尺量:每 20m,测 2 断面	2
5	底面高程	±50	水准仪:每 20m,测 1 点	2
6	表面平整度(mm)	50	2m 直尺:每 20m,测 3 处(竖直与墙长两个方向)	1

10.6.2 悬臂、扶臂式挡土墙

悬臂、扶臂式挡土墙基本要求、外观鉴定 表10-87

基本要求	外观鉴定
混凝土所用的水泥、砂、石、水、外加剂和掺和料的质量和规格应符合有关规范的要求,按规定的配合比施工。 地基应承载力必须满足设计要求。 混凝土不得有露筋和空洞现象。 沉降缝、泄水孔的设置位置、质量和数量应符合设计要求	混凝土施工缝平顺。 蜂窝、麻面面积不得超过该面面积的0.5%(深度超过10mm必须处理)。 混凝土表面不得出现非受力裂缝;裂缝宽度超过设计规定或0.15mm(设计未规定时)。 泄水孔坡度向外,无堵塞现象。 沉降缝整齐垂直,上下贯通

砌体挡土墙实测项目 表10-88

项次	检查项目	规定值或允许偏差	检查方法和频率	权值
1△	混凝土强度(MPa)	在合格标准内	按“混凝土抗压强度评定方法”	3
2	平面位置(mm)	30	经纬仪:每20m,测3点	1
3	顶面高程(mm)	±20	水准仪:每20m,测1点	1
4	竖直度或坡度(%)	0.3	吊垂线:每20m,测2点	1
5△	断面尺寸(mm)	不小于设计	尺量:每20m,测2断面、测扶臂2个	2
6	底面高程	±30	水准仪:每20m,测1点	1
7	表面平整度(mm)	5	2m直尺:每20m,测2处(竖直与墙长两个方向)	1

10.6.3 锚杆、锚定板和加筋挡土墙

锚杆、锚定板和加筋挡土墙基本要求、外观鉴定 表10-89

基本要求	外观鉴定
混凝土所用的水泥、砂、石、水、外加剂和掺和料的质量和规格应符合有关规范的要求,按规定的配合比施工。 地基应承载力必须满足设计要求。 锚杆、拉杆或筋带的质量和规格,必须满足设计和有关规范的要求,根数不得少于设计数量。 筋带须理顺,放平拉直,筋带与面板、筋带与筋带连接牢固。 混凝土不得有露筋和空洞现象	预制面板表面平整光洁,线条顺直美观,不得有破损翘曲、掉角、啃边现象。 蜂窝、麻面面积不得超过该面面积的0.5%(深度超过10mm必须处理)。 混凝土表面不得出现非受力裂缝;裂缝宽度超过设计规定或0.15mm(设计未规定时)。 墙面直顺,线形顺适,板缝均匀,伸缩缝贯通垂直。 露在面板外的锚头应封闭密实、牢固,整齐美观

筋带实测项目 表10-90

项次	检查项目	规定值或允许偏差	检查方法和频率	权值
1	筋带长度	不小于设计	尺量:每20m,测5根(束)	2
2	筋带与面板连接	符合设计要求	目测:每20m,检查5处	2
3	筋带与筋带连接	符合设计要求	目测:每20m,检查5处	2
4	筋带铺设	符合设计要求	目测:每20m,检查5处	1

锚杆、拉杆实测项目　表 10-91

项次	检 查 项 目	规定值或允许偏差	检查方法和频率	权值
1	锚杆、拉杆长度	符合设计要求	尺量：每 20m，测 5 根	2
2	锚杆、拉杆间距(mm)	±20	尺量：每 20m，测 5 根	1
3	锚杆、拉杆与面板连接	符合设计要求	目测：每 20m，检查 5 处	2
4	锚杆、拉杆防护	符合设计要求	目测：每 20m，检查 10 处	2
5△	锚杆抗拔力(kN)	抗拔力平均值≥设计值，最小抗拔力≥0.9 设计值	拔力试验：锚杆数 1% 且不少于 3 根	3

面板预制实测项目　表 10-92

项次	检 查 项 目	规定值或允许偏差	检查方法和频率	权值
1△	混凝土强度(MPa)	在合格标准内	按“混凝土抗压强度评定方法”	3
2	边长(mm)	±5 或 0.5% 边长	尺量：每批抽 10%(长、宽各 1 次)	2
3	两对角线差(mm)	10 或 0.7% 最大对角线长	尺量：每批抽 10%	1
4	厚度(mm)	+5，-3	尺量：每批抽 10%(测 2 处)	2
5△	表面平整度(mm)	4 或 0.3% 边长	2m 直尺：每批抽 10%(长、宽各 1 次)	1
6	预埋件位置(mm)	5	尺量：每批抽 10%(测每件)	1

面板安装实测项目　表 10-93

项次	检 查 项 目	规定值或允许偏差	检查方法和频率	权值
1	每层面板顶高程(mm)	±10	水准仪：每 20m，测 3 处	1
2	轴线偏位(mm)	10	挂线、尺量：每 20m，测 3 处	2
3	面板竖直度或坡度(%)	+0，-0.5	吊垂线或坡度板：每 20m，测 3 处	1
4	相邻面板错台(mm)	5	尺量：每 20m，测面板交界 3 处	1

锚杆、锚定板和加筋挡土墙总体实测项目　表 10-94

项次	检 查 项 目		规定值或允许偏差	检查方法和频率	权值
1	墙顶和肋柱平面位置(mm)	路堤式	+50，-100	经纬仪：每 20m，测 3 处	2
		路肩式	±50		
2	墙顶和柱顶高程(mm)	路堤式	±50	水准仪：每 20m，测 3 点	2
		路肩式	±30		
3	肋柱间距(mm)		±15	尺量：每柱间	1
4	墙面倾斜度(mm)		+0.5%H 且不大于 +50，-1%H 且不小于 -100	吊垂线或坡度板：每 20m，测 2 处	2
5	墙面缝宽(mm)		10	尺量：每 20m，至少测 5 条	1
6	墙面平整度(mm)		15	2m 直尺：每 20m，测 3 处(竖直、墙长两个方向)	1

注：基础、肋板预制参照桥梁工程标准；H 为墙高；平面位置和倾斜度 + 向外，- 向内。

10.6.4 墙背填土(锚杆、锚定板和加筋挡土墙)

墙背填土(锚杆、锚碇板和加筋挡土墙)基本要求、外观鉴定　　表 10-95

基本要求	外观鉴定
墙背填土应采用透水性材料或设计规定填料,严禁采用膨胀土、高液限黏土、腐殖土、盐渍土、淤泥和冻土块等不良填料;填料中不应含有机物、冻块、草皮、树根等杂物或生活垃圾。 墙背填土必须和挖方、填方路基有效搭接,纵向必须设台阶。 必须分层填筑压实,每层表面平整,路拱合适。 墙身强度达到设计强度75%以上时方可开始填土	填土表面应平整,边线顺直。 边坡坡面平顺稳定,不得亏坡,曲线圆滑

注:1. 距面板1m范围以内压实度90%;
2. 其他部分及其他类型挡土墙填土的压实度同路基要求。

10.6.5 抗滑桩

抗滑桩基本要求、外观鉴定　　表 10-96

基本要求	外观鉴定
混凝土所用的水泥、砂、石、水、外加剂和掺和料的质量和规格应符合有关规范的要求,按规定的配合比施工。 施工中应核对滑动面位置,如图纸与实际位置有出入,应变更设计。 做好桩区地面截、排水及防渗,孔口地面上应加筑适当高度的围埂	无破损检测

抗滑桩实测项目　　表 10-97

项次	检查项目		规定值或允许偏差	检查方法和频率	权值
1△	混凝土强度(MPa)		在合格标准内	按"混凝土抗压强度评定方法"	3
2△	桩长(mm)		不小于设计	测绳尺:每桩	2
3△	孔径或断面尺寸(mm)		不小于设计	探孔器:每桩	2
4	孔位(mm)		100	经纬仪:每桩	1
5	竖直度(mm)	钻孔桩	1%桩长且不大于500	测壁仪或吊垂线:每桩	1
		挖孔桩	0.5%桩长且不大于200	吊垂线:每桩	
6	钢筋骨架底面高程(mm)		±50	水准仪:每桩(测顶面高程后反算)	1

10.6.6 锚喷防护(挖方边坡)

锚喷防护(挖方边坡)基本要求、外观鉴定　　表 10-98

基本要求	外观鉴定
锚杆、钢筋和土工格栅的强度、数量、质量和规格,必须符合设计和有关规范的要求。 混凝土所用的水泥、砂、石、水、外加剂和掺和料的质量和规格应符合有关规范的要求,按规定的配合比施工。 边坡坡度、坡面应符合设计要求;岩面应无风化、浮石,喷射前应用水冲洗干净。 钢筋应清除污锈,钢筋网与锚杆或其他锚固装置连接牢固,喷射时钢筋不得有松动。 锚固插入锚孔深度不得小于设计长度95%,孔内砂浆应密实、饱满。 喷射前应做好排水设施,对漏水的空洞、缝隙应采用堵水等措施,确保支护质量。 锚杆、钢筋和土工格栅不得外露,混凝土不得开裂脱落。 预应力锚索要求见表10-73;锚索非锚固段套管安装位置必须符合设计要求	混凝土表面密实,不得有突变;与原表面结合紧密,不应起鼓

预应力锚索基本要求　表 10-99

基本要求
预应力筋的各项技术性能必须符合国家现行标准规定和设计要求： 预应力束中的钢丝、钢绞线应梳理顺直，不得有缠绞、扭麻花现象，表面不应有损伤。 单根钢绞线不允许断丝，单根钢筋不允许断筋或滑移。 同一截面预应力筋接头面积不超过预应力筋总面积的 25%，接头质量应满足施工技术规范的要求。 预应力筋张拉或放张时，混凝土强度和龄期必须符合设计要求，应严格按照设计规定的张拉顺序进行操作。 预应力钢丝采用镦头锚时，镦头应头形圆整，不得有斜歪或破裂现象。 制孔管道应安装牢固，接头密合，弯曲圆顺。锚垫板平而应与孔道轴线垂直。 千斤顶、油表、钢尺等器具应经检验校正。 锚具、夹具和连接器应符合设计要求，按施工技术规范的要求经检验合格后方可使用。 压浆工作在 5℃以下进行时，应采取防冻或保温措施。 孔道压浆的水泥浆性能和强度应符合施工技术规定要求，压浆时排气、排水孔应有水泥原浆溢出后方可封闭。 应按设计要求浇筑封锚混凝土

锚喷防护实测项目　表 10-100

项次	检查项目	规定值或允许偏差	检查方法和频率	权值
1△	混凝土强度(MPa)	在合格标准内	按"喷射混凝土抗压强度评定方法"	3
2△	砂浆强度(MPa)	在合格标准内	按"砂浆强度评定方法"	3
3	锚孔深度(mm)	不小于设计	尺量：测 10%	1
4	锚杆(索)间距(mm)	±100	尺量：测 10%	1
5△	锚杆抗拔力(kN)	抗拔力平均值≥设计值； 最小抗拔力≥0.9 设计值	拔力试验：锚杆数 1% 且不少于 3 根	3
6	喷层厚度(mm)	平均厚≥设计厚； 60% 检查点的厚度≥设计厚； 最小厚度≥0.5 设计厚， 且不小于设计规定	尺量(凿孔)或激光断面仪： 每 10m 检查 1 个断面，每 3m 检查 1 点	2
7△	锚索张力应力(MPa)	符合设计要求	油压表：由读数反算	3
8	张力伸长率(%)	符合设计规定； 未规定时 ±6	尺量：每索	3
9	断丝、滑丝数	每束 1 根， 且每断面不超过钢丝总数 1%	目测：每根(束)	2

10.6.7 锥、护坡

锥、护坡基本要求、外观鉴定　表 10-101

基本要求	外观鉴定
石料的质量和规格应符合有关规定。砂浆所用的水泥、砂、水的质量和规格应符合有关规范的要求，按规定的配合比施工。 基础埋置深度及地基承载力应符合设计要求。 砌体咬扣紧密，嵌缝饱满密实。 填土密实应达到设计要求，对坡面刷坡整平后方可铺砌	表面平整，无垂直通缝。 勾缝平顺，无脱落现象。 泄水孔坡度向外，无堵塞现象

锥、护坡实测项目 表 10-102

项次	检 查 项 目	规定值或允许偏差	检查方法和频率	权值
1△	砂浆压强度(MPa)	在合格标准内	按"砂浆强度评定方法"	3
2	顶面高程(mm)	±50	水准仪:每50m测3点(不足50m时至少2点)	1
3	表面平整度(mm)	30	20m直尺:每锥坡测3处;每50m护坡测3处	1
4	坡度	不陡于设计	坡度尺(尺量):每50m测3处	1
5△	厚度(mm)	不陡于设计	尺量:每100m测3处	2
6	底面高程(mm)	±50	水准仪:每50m测3处	1

10.6.8 砌石工程

砌石工程基本要求、外观鉴定 表 10-103

基 本 要 求	外 观 鉴 定
石料的质量和规格应符合有关规定。砂浆所用的水泥、砂、水的质量和规格应符合有关规范的要求,按规定的配合比施工。 砌块应错缝砌筑、相互咬紧;浆砌时砌块应坐浆挤紧,嵌缝饱满密实;干砌时不松动、无叠砌和浮塞	砌体边线直顺,外露表面平整。 勾缝平顺,缝宽均匀,无脱落现象

浆砌砌体实测项目 表 10-104

项次	检 查 项 目		规定值或允许偏差	检查方法和频率	权值
1△	砂浆压强度(MPa)		在合格标准内	按"砂浆强度评定方法"	3
2	顶面高程(mm)	料、块石	±15	水准仪:每20m测3点	1
		片石	±20		
3	竖直度或坡度(%)	料、块石	0.3	吊垂线:每20m测3点	2
		片石	0.5		
4△	断面尺寸(mm)	料石	±20	尺量:每20m测2处	2
		块石	±30		
		片石	±50		
5	表面平整度(mm)	料石	10	20m直尺:每20m测5处×3尺	2
		块石	20		
		片石	30		

干砌片石实测项目 表 10-105

项次	检 查 项 目	规定值或允许偏差	检查方法和频率	权值
1	顶面高程(mm)	±30	水准仪:每20m测3点	1
2	外形尺寸(mm)	±100	尺量:每20m或自然段,测3处	2
3△	厚度(mm)	±50	尺量:每20m测3处	3
4	表面平整度(mm)	50	20m直尺:每20m测5处×3尺	2

10.6.9 导流工程

导流工程基本要求、外观鉴定 表 10-106

基本要求	外观鉴定
所用材料的质量和规格应符合有关规定。 导流堤(坝)基础埋置深度及地基承载力应符合设计要求	表面规整,线条直顺,曲线圆滑

导流工程实测项目 表 10-107

项次	检查项目		规定值或允许偏差	检查方法和频率	权值
1△	砂浆压强度(MPa)		在合格标准内	按"砂浆强度评定方法"	3
2	平面位置(mm)		30	经纬仪(全站仪):按设计控制坐标	2
3	长度(mm)		不小于设计 -100	尺量:每个	1
4	断面尺寸		不小于设计	尺量:每个(段)测 5 处	2
5△	高程(mm)	基底	不小于设计	水准仪:测 5 点	2
		顶面	±50		

10.6.10 石笼防护

石笼防护基本要求、外观鉴定 表 10-108

基本要求	外观鉴定
所用材料的质量和规格应符合有关规定。 铁丝笼的网眼尺寸应符合设计要求。 石笼的坐码或平铺应符合设计要求	表面规整,线条直顺,曲线圆滑

石笼防护实测项目 表 10-109

项次	检查项目	规定值或允许偏差	检查方法和频率	权值
1	平面位置(mm)	符合设计要求	经纬仪(全站仪):按设计控制坐标	1
2	长度(mm)	不小于设计 -300	尺量:每个(段)	1
3	宽度(mm)	不小于设计 -200	尺量:每个(段)测 5 处	1
4	高度(mm)	不小于设计	水准仪或尺量:每个(段)测 5 处	1
5	底面高程(mm)	不高于设计	水准仪:每个(段)测 5 点	1

10.7 城镇道路挡土墙工程施工质量要求

10.7.1 现浇钢筋混凝土挡土墙

现浇钢筋混凝土挡土墙实测项目 表 10-110

项目	规定值或允许偏差	检验频率		检验方法
		范围	点数	
地基承载力	地基承载力应符合设计要求	每道墙基	1 组(3 点)	查触(钎)探检测报告、隐蔽验收记录
钢筋	钢筋品种和规格、加工、成型、安装与混凝土强度应符合规范的有关规定	—	—	—

续上表

项目		规定值或允许偏差	检验频率		检验方法
			范围	点数	
表面		混凝土表面应光洁、平整、密实,无蜂窝、麻面、露筋现象,泄水孔通畅	全部	—	观察
加工与安装		钢筋加工与安装偏差应符合规范的规定	—	—	—
长度(mm)		±20	每座	1	用钢尺量
断面尺寸(mm)	厚	±5	20m	1	用钢尺量
	高	±5			
垂直度		≤0.15%H且≤10mm		1	用经纬仪或垂线检测
外露面平整度(mm)		≤5		1	用2m直尺、塞尺量取最大值
顶面高程(mm)		±5		1	用水准仪测量

预制混凝土护栏允许偏差 表10-111

项目	允许偏差	检验频率		检验方法
		范围	点数	
断面尺寸(mm)	符合设计规定	每件(每类型)抽查10%,且不少于5件	1	观察、用钢尺量
柱高(mm)	0 +5		1	用钢尺量
侧向弯曲	≤L/750		1	沿构件全长拉线量最大矢高(L为构件长度)
麻面	≤1%		1	用钢尺量麻面总面积

栏杆安装允许偏差 表10-112

项目		允许偏差(mm)	检验频率		检验方法
			范围	点数	
直顺度	扶手	≤4	每跨侧	1	用10m线和钢尺量
垂直度	栏杆柱	≤3	每柱(抽查10%)	2	用垂线和钢尺量,顺、横桥轴方向各1点
栏杆间距		±3	每柱(抽查10%)	1	用钢尺量
相邻栏杆扶手高差	有柱	≤4	每处(抽查10%)		
	无柱	≤2			
栏杆平面偏位		≤4	每30m	1	用经纬仪和钢尺量

10.7.2 装配式钢筋混凝土挡土墙

装配式钢筋混凝土挡土墙实测项目 表10-113

项目	允许偏差	检验频率		检验方法
		范围	点数	
地基承载力	地基承载力应符合设计要求	每道墙基	1组(3点)	查触(钎)探检测报告、隐蔽验收记录
钢筋	钢筋品种和规格、加工、成型、安装与混凝土强度应符合规范的有关规定	—	—	—

续上表

项目		允许偏差	检验频率		检验方法
			范围	点数	
表面		挡土墙板应焊接牢固。焊缝长度、宽度、高度均应符合设计要求。且无夹渣、裂纹、咬肉现象	全部	—	—
强度		预制挡土墙板钢筋、混凝土强度应符合设计及规范规定		每检验批	出厂合格证或检验报告
墙面垂直度		≤0.15%*H*且≤15mm	20m	1	用垂线全高量测
直顺度(mm)		≤10		1	用20m线和钢尺量
板间错台(mm)		≤15		1	用钢板尺和塞尺量
预埋件(mm)	高程	±5	每个	1	用水准仪测量
	偏位	±15			用钢尺量

10.7.3 砌体挡土墙

砌体挡土墙实测项目 表10-114

项目		允许偏差、规定值				检验频率		检验方法
		料石	块石、片石		预制块(砖)	范围	点数	
断面尺寸(mm)		0 +10	不小于设计规定			20m	2	用钢尺量,上下各1点
基底高程(mm)	土方	±20	±20	±20	±20		2	用水准仪测量
	石方	±100	±100	±100	±100			
顶面高程(mm)		±10	±15	±20	±10		2	
轴线偏位(mm)		≤10	≤15	≤15	≤10		2	用经纬仪测量
墙面垂直度		≤0.5%*H*且≤20mm	≤0.5%*H*且≤30mm	≤0.5%*H*且≤30mm	≤0.5%*H*且≤20mm		2	用垂线检测
平整度(mm)		≤5	≤30	≤30	≤5		2	用2m直尺和塞尺量
水平缝平直度(mm)		≤10	—	—	≤10		2	用20m线和钢尺量
墙面坡度		不陡于设计规定					1	用坡度板检验

10.7.4 加筋挡土墙

加筋挡土墙要求表 表10-115

项目	要求	检查数量	检验方法
承载力	地基承载力应符合设计要求	每道墙基槽1组(3点)	查触(钎)探检测报告、隐蔽验收记录
拉环、筋带材料	拉环、筋带材料应符合设计要求	每品种、每检验批	查检验报告
拉环、筋带的数量	拉环、筋带的数量、安装位置应符合设计要求,且黏结牢固	全部	观察、抽样,查试验记录
填土土质	填土土质应符合设计要求	全部	观察、土壤性能鉴定
压实度	压实度应符合设计要求	每压实层、每500m^{2}取1点,不足500m^{2}取1点	查检验报告(环刀法)

加筋挡土墙实测项目 表10-116

项目		允许偏差	检验频率		检验方法
			范围(m)	点数	
墙顶线位	路堤式(mm)	-100 +50	20	3	用20m线和钢尺量
	路肩式(mm)	±50			
墙顶高程	路堤式(mm)	±50		3	用水准仪测量
	路肩式(mm)	±30			
墙面倾斜度		≤+0.5%H且≤+50mm ≤-1.0%H且≥-100mm		2	用垂线或坡度板量
墙面板缝宽(mm)		±10		5	用钢尺量
墙面平整度(mm)		≤15		3	用2m直尺、塞尺量

10.7.5 护坡

护坡实测项目 表10-117

项目		要求或允许偏差(mm)			检验频率		检验方法
		浆砌块石	浆砌料石	混凝土砌块	范围	点数	
预制砌块		预制砌块强度应符合设计要求			每种、每批	1组(3块)	查出厂检验报告
基础混凝土		基础混凝土强度应符合设计要求			100m^3	1组(3块)	查试验报告
外观		砌筑线形顺畅、表面平整、咬砌有序、无翘动。砌缝均匀、勾缝密实。护坡顶与坡面之间隙封堵密实			全数检查	—	观察
基底高程	土方	±20			20m	2	用水准仪测量
	石方	±100				2	
垫层厚度		±20			20m	2	用钢尺量
砌体厚度		不小于设计值			每沉降缝	2	用钢尺量顶、底各1处
坡度		不陡于设计值			每20m	1	用坡度尺量
平整度		≤30	≤15	≤10	每座	1	用2m直尺、塞尺量
顶面高程		±50	±30	±30	每座	2	用水准仪测量两端部
顶边线形		≤30	≤10	≤10	100m	1	用20m线和钢尺量

11 路基质量问题与养护

11.1 路肩缺陷

11.1.1 一般路肩缺陷及处理

一般路肩缺陷及处理　　表11-1

项　目	内容与规定
要求	(1)路肩应经常保持平整、坚实。对车辙、坑槽、与路面产生错台以及堆积物形成的高路肩,必须及时整修或清除。 (2)积水和淤泥及时排出和清除,并用与原路肩相同的土填平压实,保持原有状态。 (3)硬路肩产生病害可参照同类型路面的治理方法处理
处理	(1)当路肩的横坡过大或过小时,应及时整修。 (2)对于土路肩,横坡过大时,应用良好的砂性土填补并压实;横坡过小时,应铲削整修至规定坡度。对于硬路肩,宜结合大中修工程进行调整

11.1.2 陡坡路段的路肩缺陷及处理

陡坡路段的路肩缺陷及处理　　表11-2

项　目	内容与规定
概念	陡坡路段的路肩,易被暴雨冲成纵横沟槽,应采取防护措施
设置截水明槽	自纵坡坡顶起,每隔20m左右两侧交叉设置30~50cm宽的斜向截水明槽,并用碎(砾)石填平,同时在路肩边缘处设置高10cm、顶宽10cm、底宽20cm的拦水土埂,在每条截水明槽处留一淌水缺口,其下边的边坡用草皮或砌石加固,使雨水集中在截水明槽内排出,见下图 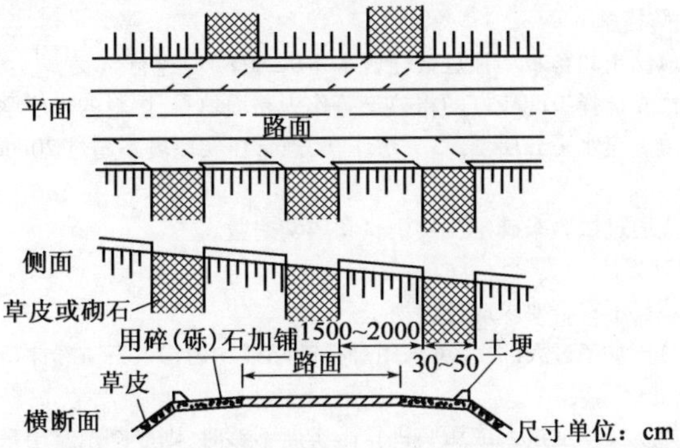
加固	用粒料加固土路肩或铺筑硬路肩。铺筑硬路肩有困难的路线或路段,也可种植草皮或利用天然草来加固路肩。种植草皮应选择适宜于当地土质、易于成活和生长的草种,成活生长后定期进行维护和修剪,草高不得超过15cm,并随时清除杂草和草丛中积存的泥沙杂物,以利排水,保持路容美观

11.2 一般路基压实质量问题

11.2.1 路基的压实不足类型

路基压实不足类型 表11-3

项 目	内容与规定
概述	未经压实的路基,在自然因素和行车荷载的作用下,必然要产生较大的变形与破坏。为了路基具有足够的强度与稳定性,必须予以压实,因此,路基的压实是路基施工中极其重要的环节,亦是提高路基强度与稳定性的根本措施之一。路基压实不足,在行车荷载作用下,在路面上会发生辙槽、沉陷等变形等
路堤基底压实不足	1. 原因分析 (1)基底地面表层的种植土、草皮、树根,淤泥等没有清除。 (2)基底地面原为水田、池塘、洼地,土的含水率高,水又无法排出。 2. 防治措施 (1)路基填筑以前应清除地表种植土、草皮、树根、淤泥,然后再进行基底地面压实。 (2)对于水田、池塘、洼地,土的含水率高的情况,应先开纵横向排水沟,排水疏平,再进行压实。如仍无法达到压实度,则可用石灰均匀拌入,或换填含水率接近最佳含水率(±2%)的土,然后再进行压实
填土压实不足	1. 原因分析 (1)填土含水率偏大或偏小,达不到最佳含水率。 (2)填土颗粒过大(>100mm),颗粒之间空隙过大,或者填料不符合要求,如:粉质土、有机土及高塑指的黏土等。 (3)填土厚度过大或压实次数不够。 2. 预防措施 (1)应使土的含水率接近最佳含水率(±2%)时进行压实。 (2)优先选择级配较好的粗粒土等作为路堤填料,填料的最小强度和最大粒径应符合要求。 (3)填土应水平分层填筑,分层压实,通常压实厚度不超过20cm,路床顶面最后一层的最小压实厚度不小于8cm。 (4)应通过试验来确定压实机具和压实遍数。 3. 治理方法 (1)填料不符合要求应挖出换土。 (2)对含水率过大的土,可采用翻松晾晒或均匀掺入石灰粉来降低含水率;对含水率过小的土,则洒水湿润后再进行压实。 (3)如压实厚度过大或压实机具压实度不够时,则应翻挖厚层重新减薄厚度后再进行压实,或用增大压实度的机具来压实

11.2.2 路基行车带压实不足的原因及防治

路基行车带压实度不足的原因及防治　表 11-4

项　目	原因与措施
原因分析	压实遍数不合理。 压路机质量偏小。 填土松铺厚度过大。 碾压不均匀,局部有漏压现象。 含水率大于最佳含水率,特别是超过最佳含水率两个百分点,造成弹簧现象。 没有对上一层表面浮土或松软层进行处治。 土场土质种类多,出现异类土壤混填,尤其是透水性差的土壤包裹透水性好的土壤,形成了水囊,造成弹簧现象。 填土颗粒过大(>10cm),颗粒之间空隙过大,或采用不符合要求的填料(天然稠度小于 1.1,液限大于 40,塑性指数大于 18)
治理措施	清除碾压层下软弱层,换填良性土壤后重新碾压。 对产生"弹簧"的部位,可将其过湿土翻晒,拌和均匀后重新碾压;或挖除换填含水率适宜的良性土壤后重新碾压。 对产生"弹簧"且急于赶工的路段,可掺生石灰粉翻拌,待其含水率适宜后重新碾压

11.2.3 路基边缘压实不足的原因及防治

路基边缘压实度不足的原因及防治　表 11-5

项　目	原因与措施
原因分析	路基填筑宽度不足,未按超宽填筑要求施工; 压实机具碾压不到边; 路基边缘漏压或压实遍数不够。 采用三轮压路机碾压时,边缘带(0 ~ 75cm)碾压频率低于行车带
预防措施	路基施工应按设计的要求进行超宽填筑。 控制碾压工艺,保证机具碾压到边。 认真控制碾压顺序,确保轮迹重叠宽度和段落搭接超压长度。 提高路基边缘带压实遍数,确保边缘带碾压频率高于或不低于行车带
治理措施	校正坡脚线位置,路基填筑宽度不足时,返工至满足设计和规范要求(注意:亏坡补宽时应开蹬填筑,严禁贴坡),控制碾压顺序和碾压遍数

11.3　高填方路基沉降病害问题

11.3.1 高填路堤下沉主要原因

高填路堤下沉主要原因分析　表 11-6

项　目	原因与措施
设计方面	(1)由于路线几何线形指标采用得较高,通过不良地质路段的情况也增多。不良地质地段土基强度低、承载力低,设计处理不当,土基易于产生压缩沉降或挤压移位,导致高填方路堤沉降变形。 (2)路线穿越宽浅游荡性的河床时,路基与桥梁衔接处填土较高,路基填筑与桥梁修建所涉材料弹性模量相差较大,如过渡段结构设计不合理将导致不均匀沉降,引起桥头跳车。 (3)通道、涵洞铺砌未考虑防水设计,易导致地表水渗透浸泡路基,使路基承载力下降而发生沉降变形。 (4)高填方路段纵、横向排水设计考虑不周,易造成路基两侧长期积水而降低地基承载力,使路基沉降。

续上表

项　目	原因与措施
设计方面	(5)高边坡路堤坡脚防护与加固不妥。如抗滑桩设计的起止点不合理,往往造成起止点处因抗滑力不足引起路基下滑而使路基沉降开裂。 (6)路基排水系统设计不完善,在路基范围内排水不良会引起路基填土含水率大、土质松软、强度降低、边坡坍塌、堤身沉陷或滑动以及产生冻害等
施工方面	(1)路基施工前未认真做好临时排水设施建设与永久性排水系统的有机结合,使得路基排水系统不畅通,长期积水浸泡路基致使地基和路基土承载力降低,导致沉降发生。 (2)原地面处理不彻底,如未清除草根、树根、淤泥等不良土壤,地基压实度不足等因素,在静、动荷载的作用下,使路基沉降变形。 (3)不良地质路段未予以处理或处理不当而导致路基沉降变形。 (4)填筑顺序不当。在高填方路堤施工中,填层超厚或未严格按分层填筑分层碾压工艺施工,路基压实度不足而导致路基沉降变形;未全断面范围均匀分层填筑,而是先填半幅,后填另半幅而发生不均匀沉降。 (5)高填方路基在分层填筑时,没有按照相关规范或设计要求的厚度进行铺筑,随意加厚铺筑厚度;压实机具按规定的碾压遍数压实时,压实度达不到规范规定的要求,当填筑到路基设计高程时,必然产生累计的沉降变形,在重复荷载与填料自重作用下产生下沉。 (6)路基填方在填挖交界处未按规范要求挖台阶。或因原地面土和填料密度、承载能力不同,如填挖交接处软土、腐殖土等未清除干净或填筑方式不对及压实不足,就会出现接合部衔接不良而导致路基不均匀沉降。 (7)施工组织安排不当,先施工低路堤,后施工高填方路基。往往高填方路堤施工完成后就立即铺筑路面,路基没有足够的时间固结,而使路面使用不久就破坏。 (8)桥涵结构物台背回填和路桥过渡段(一般距台背 10 ~ 20m 范围)填筑时,台背回填由于大型机械作业不便,小型机具压实不足或填层超厚;而路桥过渡段因路、桥先成形,过渡段后填筑,两者均易造成压实度不足而沉降
路基填料	高填方路基施工时采用的填料如果混进了种植土、腐殖土或泥沼土等劣质土,或土中含有未经打碎的大块土或冻土块等;由于劣质土抗水性差、强度低,路堤将出现塑性变形或沉陷破坏;在冰冻或季节性冻土地区,由于劣质土或冻土块的存在,路堤极易出现冻融翻浆现象。在填石路堤中若石料规格不一、性质不匀或就地爆破堆积,乱石中空隙很大。这样,在一定期限内(例如经过一个雨季)可能产生局部的明显下沉

11.3.2 高填路堤下沉预防措施

高填路堤下沉预防措施　　表 11-7

措　施	内容与要求
设计方面	(1)路线选线中,在坚持路线总体走向通过主要控制点的原则下,因地形、地质环境布设路线,尽量避让不良地质地段,不需要追求高指标的线形,努力做到线形指标搭配合理,即可取得良好的视觉效果。 (2)加强工程地质勘察。严格按照工程地质勘察规程开展工作,详细调查和探明拟建公路沿线工程地质和水文地质情况,对工程地质和水文地质情况有怀疑地段增加探坑数量,在设计外业验收中,将工程地质勘察作为重要的检查内容之一。 (3)对原地面明确提出压实度和地基承载力要求。其目的在于防止路基填方在自重和车辆荷载作用下,因地基承载力不足而产生沉降;对地基承载力低的路段应采取有效的工程处理措施。 (4)路线通过较陡的横坡及沟谷地段时,应按要求设置纵横向台阶,使填筑路基和原地面形成良好的结合,同时宜放缓边坡。 (5)尽量避免高填方路堤和陡坡路堤设计。否则,应按照路基设计规范要求进行设计,并提出工后沉降量要求。 (6)做好路基排水系统综合设计,使地表、地下水顺利排出路基以外或将地表水阻隔在路基以外,不能在路基范围内积水。涵洞、通道底铺砌设计中要考虑防水,避免积水浸泡基底而沉降变形。 (7)高填方路堤路桥过渡段要采取特殊设计,避免直接由柔性到刚性的路基设计结构,可以考虑采取半刚性的路基过渡。 (8)对软土、盐渍土等不良地质路段,要采取特殊设计,提高路基的承载能力和水稳性,同时要由试验计算路基的压缩沉降量,设计中要考虑超填厚度,使竣工后的沉降能维持路基设计高程

续上表

措　施	内容与要求
施工方面	（1）做好路基施工的准备工作。开工前施工单位、监理单位的工程技术人员要认真审阅设计文件，详细了解公路沿线地形地貌、工程地质、水文地质、路基填料、各段的填方数量和特殊路基分布等情况，并逐一步核实设计文件提供的资料，做到心中有数，发现与设计文件提供的资料有误应及时上报业主，妥善处理。同时要与设计单位做好技术交底工作。 （2）施工组织设计是保证工程质量的前提。路基施工也不例外，施工单位必须重视高填方路堤的施工组织设计，合理安排各施工段的先后顺序，明确构造物和路基的衔接关系，尤其对高填方段应优先安排施工，给高填方路堤留有足够的时间施工和沉降，从而有效防止高填方路堤工后产生过大的沉降。在施工中，以施工组织设计为依据，结合施工现场的实际情况，合理调配人员、设备，保证高填方路基施工质量。 （3）重视原地面处理。路基填筑前必须彻底清除地表植被、树根、垃圾和种植土，加大原地面的压实力度。地表植被、树根、垃圾、不良土质暴露于自然环境下，相对比较松软，不易压实，有的土壤易产生病害，如盐渍土、膨胀土等，因此必须予以清除。土是三相体，土粒骨架的空隙被水分和空气所占据。土在压实过程中，因土粒受到瞬时荷载或振动力的作用，使土粒重新调整位置，重新组合，彼此挤密，空隙缩小，土的单位质量提高，形成密实整体，从而导致强度增加，稳定性提高。土基压实后，土的塑性变形、渗透系数、毛细水作用及隔温性能等均有明显改善，因此施工中应加大地表的压实密度。 目前的设计理论强调活载影响的作用，越接近路面，活载的影响越大，因此要求有较高的压实度。然而在高填方路段，活载影响土基的应力随着深度的增加越来越小，而恒载对土基的影响将随路基的高度而增加。一些设计文件要求地基的压实度达到85%～90%，这已不能满足高填方路堤对地基土承载力的要求。地基土的压实一般和土壤类别、土中含水率、压实机具密切相关。对于细粒土、黏土等土质，土中含水率大小对土质的密实程度比较敏感，在压实过程中要求含水率接近于最佳含水率；对于砾石土等，压实含水率不起关键作用。在地基压实中，由于没有进行分层碾压，光轮压路机作用深度比较浅，压应力提供不足，一般采用大吨位振动压路机效果较好。 （4）填筑路基前做好路基临时排水工作，做到临时排水系统与永久性排水系统有机结合。施工过程中通过路基两侧纵横向排水系统及时疏散路基范围的积水，避免路基受水浸泡。当地基土和路基填料为如粉土、黄土、湿陷性土、黏土等细粒土时，在干燥状态下其结构性比较强，有较高的承载能力，一旦受水浸泡后其结构性很快破坏，强度也很快降低，失去应有的承载能力，导致地基、路基沉降。因此，做好路基排水是保证路基稳定的前提条件。工程监理和施工质量检查人员，应认真监督检查。 （5）严格选取路基填料，并控制好填料质量。对高填方路基路段施工在填料料场选择时，除按规范要求的液限、塑性指数、含水量和CBR等指标外，还应根据填料的性质（如：水稳性承载能力）综合选择水稳性好、干密度大、承载能力高的砾石类土填筑路基为宜。在路基填筑前必须将料场盖山土清除干净，防止树根、杂草、种植土等混填于路基之中。施工中严格控制填料含水率，严禁过湿的土填于路基之上；且要求不同土质分层填筑，剔除填料中超大颗粒，以保证各点密实度均匀一致。 （6）严格控制路堤填筑工艺。在高路堤填筑全面铺开前，各施工单位必须根据不同填料、各种施工机械组合铺筑试验路段，以获得最佳机械组合方式、填层厚度、碾压遍数和填料的施工含水率范围。路堤填筑方式应采用水平分层填筑，即按照横断面全宽分层逐层向上填筑；当原地面纵坡大于12%的地段，宜采用纵向分层填筑施工，填筑至路基上部时，仍应采用水平分层法填筑。每层应保证层面平整，便于各点压实均匀一致。在路堤施工过程中要严格控制填层厚度，根据不同的填料和场地要选择不同的压实机具。一般情况下，轻型光轮压路机（6～8t）适用于各种填料的预压整平，重型光轮压路机（12～15t）适用于细粒土、砂类土和砾石土，重型轮胎压路机（30t以上）各种填料均适用，尤其是细粒土；羊足碾最适用于细粒土，但需要光轮压路机配合对被翻松表层进行补压；振动压路机具有滚压和振动的双重作用，用于砂类土、砾石土和巨砾土，其效果远远优于其他压实机具。在高填方路段，压实质量要求高，选用重型轮胎压路机和振动压路机效果比较好。 （7）抓好路基特殊部位的施工质量控制。如桥涵结构物台背回填、路桥过渡段填方以及填挖结合部，这些地方地形条件特殊，填方施工难度大。台背、路桥过渡段往往是路基和桥台完成后而剩余的缺口，因此，有必要将该段作为路基施工的管理点，抽调组成专门的回填队伍。台背处大型设备不易工作而采用小型夯实机具时，填筑的分层厚度若太厚就很难压实，一般宜控制在15cm左右，同时应加大抽检频率保证压实。对于填挖结合部，应彻底清除结合部的松散软弱土质，做好换土、排水和填前碾压工作，按设计要求从上到下挖出台阶，清除松方后逐层碾压，确保填挖结合部的整体施工质量

续上表

措 施	内容与要求
养护方面	为保证路基有完好的使用功能,路基养护工作必不可少。由于设计和施工过程中或多或少存在着一些不足,道路通过长期使用也会表现出不同程度的破损,通过及时养护修补缺损,保证道路正常使用是养护工作的中心。在养护工作中应做好以下工作: (1)加强对防水、排水构造物的养护工作,确保路基范围内纵横向排水设施畅通无阻;发现水毁地段应及时加固修补,避免路基遭遇水的浸泡;对地下水位高的地段,要挖排水沟降低地下水位。 (2)对沉降量大形成跳车的路段,应分析原因采取注浆加固等有效措施稳定路基,及时修补破损路面保证车辆安全行驶。 (3)对风蚀、水蚀的路基边坡,要及时修补加固,确保路基安全。 (4)在有条件的情况下做好坡面植被防护,稳定路基边坡。

11.3.3 高填路堤病害整治技术

高填方路堤病害整治技术 表 11-8

项 目	方法、内容与要求
换土复填法	因填筑土质不符合要求,路基出现下沉但面积不大且深度较浅,采用换土复填方法,简便快捷。此法是将原路基出现病害部分的土挖去,更换符合规范要求的土。一般采用级配较好的砂砾土,塑性指数满足规范要求的亚黏土为宜。回填时,挖补面积要扩大,且逐层挖成台阶状,由下往上,逐层填筑,碾压密实,压实度要求高出原路基压实度1~2个百分点为宜。这种方法是只要掌握好路基的填筑方法即可,没有复杂的技术要求
固化剂法	处理高填路堤的下沉时,如果更换路基填料受到限制,且填筑料数量不大时,可在原填料中掺入固化剂处理路基病害。这种方法在我国部分省市已有应用的先例,实践证明,效果较好。固化剂作为一种特殊的建筑材料,其不同的物理性质和化学组成成分决定了不同的类别、特点和固化方法。路用材料固化剂从形态上看,可分为固态和液态两大类;从化学构成上看,可分为主固化剂和助固化剂两大部分。其中,固体粉状固化剂中主固化剂以石灰、石膏、水泥为主,助固化剂采用高聚物如聚丙烯酚氨、聚丙烯酸或含有活性基的有机化合物;液态固化剂中主固化剂多采用水玻璃,助固化剂则采用各种无机盐如碳酸镁、碳酸钙等。前者与土混合分层碾压密实即可,适合于表层或浅层土的固化;后者使用时,采用特殊工艺将浆液注入土中使土固结,适合于深层土的固结
粉喷桩法	处理10m以内路基下沉病害时,采用粉喷桩加固技术是较为理想的一种方法。粉喷桩处理软基土是通过专门的机械将粉体固化剂喷出后在地基深处就地与软土强制搅拌,利用固化剂和软土之间新发生的一系列物理、化学反应,在原地基中形成强度与刚度较大的桩体,同时也使桩周土体性质得到改善,桩体与桩间土体形成复合地基共同承担外荷载。 使用粉喷桩加固路基应认真调查路基病害的情况,认真做好粉喷桩施工的设计(桩径、桩距、固化剂掺入量、桩身强度等),施工中要严格掌握固化剂掺入量、粉喷桩龄期、土样含水率、混合料搅拌的均匀性。着重抓好施工中的以下几个环节: (1)严格按粉喷桩施工规范施工,严格掌握钻机的就位、钻进、停钻、提升、停喷、重复的工艺流程。 (2)做好粉喷桩的质量控制。粉喷桩处理软基属隐蔽工程,通常是昼夜连续施工,必须做好粉喷桩的质量控制,内容包括桩距、桩位检查,逐桩控制喷粉量、桩长等
灌浆法	灌浆法是利用液压、气压或电化学原理,通过注浆管将浆液均匀地注入地层中,浆液以充填、渗透和挤密等方式占据土粒间或岩石裂缝中的空间,经人工控制一定时间后,浆液将原来松散的土粒或裂隙胶结成一个整体,形成一个结构新、强度大、防水性能高和化学稳定性良好的“结合体”。灌浆法已在我国煤炭、水电、冶金、建筑、交通和铁道等部门被广泛使用,并取得了良好的效果。 高填路堤是山区高速公路的一大特点,而填料多取自于路基附近的挖方段,常以碎石土为主。由于受多种因素的影响,高填方路堤路基边缘的压实度往往难以达到标准要求,随时间的增长势必影响路基的稳定性,继而影响行车安全。用灌浆法使水泥浆液在适当压力下充分填充于路基空隙,形成新的结石体,这对于提高路基的强度将起到良好的作用。

续上表

项　目	方法、内容与要求
灌浆法	由于浆液的扩散能力与灌浆压力的大小密切相关，对不同填料及形态的路基采用多大压力灌浆，主要取决于路基的密实度、强度和初始应力、钻孔深度、灌浆位置及灌浆顺序等因素。而这些因素又难以准确预知，故必须通过现场试验来确定。水泥浆液在不同地质条件和不同灌浆压力条件下，在地下流动的形式不同。当灌浆压力较低时，路基填料渗透性较好，水泥浆在中等浓度的情况下以渗流的方式渗入路基土的空隙，这时认为路基原结构未受扰动和破坏，灌浆量及浆液扩散半径常用线性渗流理论求解。当压力逐渐加大，其他条件不变时，浆液的流动由线性转变为紊流。在紊流条件下的灌浆量与浆液扩散半径常用紊流理论求解。上述两种情况总称为渗流注浆法，适用于碎石土、砂卵土夯填的路基。对于黏性土夯填的路基由于其渗透性很小，通过渗入灌浆法难以奏效。当灌浆压力提高到一定程度时，会发现单位时间注浆量明显上升，实际上黏性土路基已在注浆孔周围发生径向劈裂，浆液沿裂隙流入土体，并将土体切割成不规则的块体，在块体之间形成互相穿插的脉状水泥结合，黏性土又受到充填浆液时的压缩，形成一种复合型岩土，从而提高了路基的强度和刚度。这种方式称为劈开式或胀裂式灌浆。 用渗入式灌注碎石路基，灌注压力可由小到大，压力控制在0.5～1.5MPa即可。黏性土类路基适宜采用劈裂法，常用注浆压力范围为1.0～4.0MPa。 公路灌浆法施工程序为：布孔→成孔→注浆三个阶段。 1.布孔原则与方法 根据路基的强度要求，结合固结灌浆的特点、路基形态等因素考虑。遵循既要充分发挥灌浆孔的效率，又能保证浆液留在路基有效范围以内的原则，布孔时应视路基实际情况而定。若全幅灌浆，应采用等距离梅花方格网布孔，中间孔浅，边缘孔较深，孔间距以2.0m为宜。 2.成孔钻机选型 成孔必须是干法钻进，钻进时绝对不允许加水。因此应尽量选用小型潜孔钻成孔较好，其优点是进尺快、易搬动、操作简单，钻进成本低。尤其对碎石类路基其效果更为显著，宜广泛推广。 3.下注浆花管 注浆花管应根据钻机钻孔的孔径与孔深而定，应根据简单易行的方法选用。一般来说，注浆结束后注浆花管很难拔出，如果强行拔出则会破坏路基。因此，注浆结束后将注浆花管作为非预应力锚杆留在路基内，可以起到管架的作用，对于提高路基强度有很大好处。尤其对高填路堤边坡稳定效果更佳。 4.灌浆施工的方法 灌浆施工主要包括灌浆压力、浆液浓度、灌浆顺序等内容。如何选择和控制灌浆压力和浆液浓度等因素，是灌浆施工中首先要解决的问题。灌浆压力是保证灌浆质量的重要因素之一。如果压力过小，浆液射流达不到预计范围内，扩散半径小，易形成空白区；如果压力过大，则会破坏路基原结构，抬升路面或冲垮边坡，还会使浆液沿路基薄弱部位冲出路基，达不到灌浆的目的。因此，在大范围灌注前应先做试验，根据注浆段的路基类型结合单孔注浆量选择适宜的注浆压力。浆液浓度通常以水灰比（质量比）1∶1较为合适。在密实度较好的黏土路基中，可适当增大水量，使稀浆更易充分进入黏土路基中

11.4　路基边坡质量问题

11.4.1 公路边坡的破坏类型

(1)公路边坡的结构类型

公路边坡岩土结构类型　表11-9

类　型		岩土结构特点	稳定性影响因素
土质边坡	均质土边坡	整个坡体由均质土构成，没有贯通性的结构面	土体强度和坡形
	层状松散土边坡	坡体由不同类型的松散土层构成，控制性结构面是沉积层面	土体强度、坡形、沉积层面产状与坡面的组合关系
	二元结构边坡	坡体由岩层及其上覆的松散堆积层构成，控制性结构面是岩土分界面和沉积层面	土体强度、坡形、二元结构层面产状与坡面的组合关系

续上表

类　型		岩土结构特点	稳定性影响因素
岩质边坡	层状结构边坡	岩体结构面发育,岩体宏观的工程力学特性已基本不具备由结构面造成的各向异性	岩石强度、优势结构面抗剪强度、产状和坡面的组合关系
	块状结构边坡	岩体呈块状、厚层状,结构面不发育,多为刚性结构面,贯穿性软弱结构面少见	岩石强度、结构面抗剪强度和结构面的组合关系
	碎裂结构边坡	坡体由破碎程度很高的岩石构成,呈碎石状散体结构,分不出优势结构面	岩块间的镶嵌情况和岩块间的咬合力
	散体结构边坡	由碎屑泥质物夹大小不规则的岩块组成,软弱结构面发育成网	整个岩体的抗剪强度,和风化深度也有一定关系

(2)公路边坡失稳破坏类型

公路边坡失稳破坏类型 表 11-10

边坡破坏类型			运 动 特 征	破 坏 机 理
类型	亚类			
整体失稳	崩塌		边坡上局部岩土体松动、脱落,主要运动形式为自由坠落或滚动	拉裂、剪切-滑移。存在临空面,当结合力小于重力时,发生滚动或崩落
	滑动	圆弧形	主要发生于土质边坡或岩质散体结构边坡,受风化程度和风化深度影响,沿圆弧形滑动面滑移	剪切-滑移。人工开挖增大坡角,或地表水入渗使内摩擦角和内聚力降低,达到临界值沿圆弧形滑动面
		平面形	发生于土质或岩质层状边坡,岩土体沿某一弱面或朝向坡外的结构面整体向下滑移	拉裂、剪切-滑移。层面或贯通性结构面形成滑动面,结构面临空,坡脚岩层被切断或坡脚岩层挤压剪切
		楔体形	多发生于岩质边坡,两个或三个结构面组合而成的楔形体,沿两个滑动面交线方向滑动	拉裂、剪切-滑移。结构面切割的块体一侧临空,两个结构面交线倾向临空面则构成滑移面
		溃屈	发生于岩质层状结构边坡在与坡角近似的高陡边坡中,上部沿层面蠕滑,下部岩层拱起,直至折断	剪切-滑移、压缩-弯曲。上部岩层在重力作用下沿最弱层面下滑,下部岩层受挤压弯曲拱起
	坍塌		因自重应力超过岩土体强度而产生张剪性破坏。由坡顶向坡内逐渐扩展面。	张拉、剪切、弯折。自重应力和岩土体强度能够维持平衡的最深张裂面
坡面破坏	坡面侵蚀		松软岩土因表面径流冲蚀形成冲沟	因拉裂剪切产生的孤石在重力下失去平衡
	剥落		坡面岩土因风化、胀缩等原因形成碎落	外因为影响稳定的主要原因
	滚石		边坡上部的孤立块石、松动的节理化岩块滚落	坡顶垂直张性裂隙发育,并与倾向坡外的坡面结构面相组合,范围较小

11.4.2 边坡滑坡病害及防治措施

边坡滑坡病害及防治措施 表 11-11

项 目	原因与措施
原因分析	设计对地震、洪水和水位变化影响考虑不充分。 路基基底存在软土且厚度不均。 换填土时清淤不彻底。 填土速率过快;施工沉降观测、侧向位移观测不及时。 路基填筑层有效宽度不够,边坡二期贴补。 路基顶面排水不畅。 用透水性较差的填料填筑路堤处理不当。 边坡植被不良。 未处理好填挖交界面。 路基处于陡峭的斜坡面上
预防措施	路基设计时,充分考虑使用年限内地震、洪水和水位变化给路基稳定带来的影响。 软土处理要到位,及时发现暗沟、暗塘并妥善处治。 加强沉降观测和侧向位移观测,及时发现滑坡苗头。 掺加稳定剂提高路基层位强度,酌情控制填土速率。 路基填筑过程中严格控制有效宽度。 加强地表水、地下水的排除,提高路基的水稳定性。 减轻路基滑体上部重量或采用支挡、锚拉工程维持滑体的力学平衡;同时设置导流、防护设施,减少洪水对路基的冲刷侵蚀。 原地面坡度大于12%的路段,应采用纵向水平分层法施工,沿纵坡分层,逐层填压密实。 用透水性较差的土填筑于路堤下层时,应做成4%的双向横坡;如用于填筑上层时,除干旱地区外,不应覆盖在由透水性较好的土所填筑的路堤边坡

11.4.3 边坡塌落病害及防治措施

边坡塌落病害及防治措施 表 11-12

项 目	原因与措施
土质路堑边坡	由于边坡土质属于很容易变松的砂类土、砾类土以及受到雨水浸入后易于失稳的土,而在设计或施工时采用了较小的边坡坡度。 较大规模的崩塌,一般多产生在高度大于30m,坡度大于45°(大多数介于55°~70°之间)的地形条件。 上缓下陡的凸坡和凹凸不平的陡坡。 暴雨、久雨或强震之后,雨水渗入土体,一方面会增加边坡土体的质量,另一方面能使裂隙中的填充物或岩体中的某些软弱夹层软化,产生静水压及动水压,使斜坡岩体的稳定性降低,或者由于流水冲掏下部坡脚,削弱斜坡的支撑部分,或者由于地震改变了坡体的稳定性及平衡状态而发生边坡塌落。 在多年冰冻地区,由于开挖路基,使含有大量冰体的多年冻土溶解,引起路堑边坡坍塌
石方路堑边坡	排水措施不当或施工不及时造成地表水和地下水。地表水不易排除(如坡顶上截水沟存水、渗水、漏水等),甚至形成积水向下渗透,水分沿裂隙渗入岩层,降低了岩性间的黏聚力和摩擦力,增加了岩体的质量,促使了崩塌、滑坡的发生,或由于水的浸蚀而影响了岩堆的稳定性。 大爆破施工,施工时路堑开挖过深、过陡,或由于切坡使软弱结构面暴露,使边坡岩体推动支撑;由于坡顶不恰当的弃土,增加了坡体质量

11.5 路基开裂质量问题

11.5.1 路基纵向开裂病害及防治措施

路基纵向开裂病害及防治措施 表 11-13

项　目	原因与措施
原因分析	清表不彻底,路基基底存在软弱层或坐落于古河道处。 沟、塘清淤不彻底、回填不均匀或压实度不足。 路基压实不均。 旧路利用路段,新旧路基结合部未挖台阶或台阶宽度不足。 半填半挖路段未按规范要求设置台阶并压实。 使用渗水性、水稳性差异较大的土石混合料时,错误地采用了纵向分幅填筑。 高速公路因边坡过陡、行车渠化、交通频繁振动而产生滑坡,最终导致纵向开裂
预防措施	应认真调查现场并彻底清表,及时发现路基基底暗沟、暗塘,消除软弱层。 彻底清除沟、塘淤泥,并选用水稳性好的材料严格分层回填,严格控制压实度满足设计要求。 提高填筑层压实均匀度。 半填半挖路段,地面横坡大于 1:5 及旧路利用路段,应严格按规范要求将原地面挖成宽度不小于 1.0m 的台阶并压实。 渗水性、水稳性差异较大的土石混合料应分层或分段填筑,不宜纵向分幅填筑。 若遇有软弱层或古河道,填土路基完工后应进行超载预压,预防不均匀沉降。 严格控制路基边坡,符合设计要求,杜绝亏坡现象
处理措施	采取边坡加设护坡道的措施

11.5.2 路基横向开裂病害及防治措施

路基横向开裂病害及防治措施 表 11-14

项　目	内容、原因与措施
原因分析	路基填料直接使用了液限大于 50、塑性指数大于 26 的土。 同一填筑层路基填料混杂,塑性指数相差悬殊。 路基顶填筑层作业段衔接施工工艺不符合规范要求。 路基顶下层平整度填筑层厚度相差悬殊,且最小压实厚度小于 8cm
预防措施	路基填料禁止直接使用液限大于 50、塑性指数大于 26 的土;当选材困难,必须直接使用时,应采取相应的技术措施。 不同种类的土应分层填筑,同一填筑层不得混用。 路基顶填筑层分段作业施工,两段交接处,应按要求处理。 严格控制路基每一填筑层的高程、平整度,确保路基顶填筑层压实厚度不小于 8cm

11.5.3 路基网裂病害及防治措施

路基网裂病害及防治措施 表 11-15

项　目	原因与措施
原因分析	土的塑性指数偏高或为膨胀土。 路基碾压时土含水率偏大,且成型后未能及时覆土。 路基压实后养护不到位,表面失水过多。 路基下层土过湿

续上表

项　目	原因与措施
预防措施	采用合格的填料,或采取掺加石灰、水泥改性处理措施。 选用塑性指数符合规范要求的土填筑路基,控制填土最佳含水率时碾压。 加强养护,避免表面水分过分损失。 认真组织,科学安排,保证设备匹配合理,施工衔接紧凑。 若因下层土过湿,应查明其层位,采取换填土或掺加生石灰粉等技术措施处治

11.5.4 斜坡、陡坡路堤

(1)斜坡、陡坡路堤病害

斜坡、陡坡路堤病害　表 11-16

项　目	原因与措施
概念	对于斜坡路堤,一般当地面自然横坡陡于1:5时(包括纵断面方向及旧路加宽),路堤基底应挖台阶,台阶宽不小于2m;对分期修建或旧路加宽时,衔接处台阶宽2m。但当地面横坡陡于1:2.5时,路堤可能沿地基(或开挖后的台阶)下滑,造成路堤变形过量而破坏,因此陡坡路堤设计也必须进行路基稳定性验算。与一般公路不同的是,山区高速公路由于路基宽,陡坡路堤的路堤边坡往往也较高
处理措施	造成陡坡路堤下滑的主要原因,除地面横坡过陡或基底接触面摩阻力过小外,地下水和地表水的影响也较为重要。 因而,陡坡路堤的主要处理方案一般为: (1)改善基底状况(包括受力状况、排水条件、填料),增加基底抗滑力。 (2)改变断面形式,如采用分离式路基或放缓边坡。 (3)设置路堤支挡工程等。由于山区高速公路占地较多,陡坡路堤一般采用轻型挡土墙或路肩墙,陡坡路堤墙在土压力计算的基础上,需要验算沿天然地面墙身的抗剪强度。 根据斜坡路基病害调查,斜坡路基常见病害是纵向裂缝和路基滑移

(2)斜坡地段的地基处理

斜坡地段的地基处理　表 11-17

项　目	原因与措施
概念	在斜坡上填筑路堤,对地基要进行综合的勘察后分别进行地基处理,原基岩面地表覆盖土体和填方荷载作用,可能使路基整体或局部沿原地面下移动,或路基和基岩上覆盖土体沿基岩面滑动,所以应在掌握地质基础资料前提下,采取不同的方法处理斜坡地基
地基处理	(1)地面横坡缓于1:5,填筑路基前要清除地表耕植土,一般为0.4~0.6m,然后挖成台阶后再填筑路基,若地表覆盖土含水率过大,设置纵横片石盲沟后再填筑路堤。 (2)地面横坡陡于1:5,基岩面横坡坡度在1:5~1:2.5间时,覆盖层厚大于6m时,采用夯填片石,形成复合地基,通过振动挤密和振动压实地基,可提高覆盖土层的承载能力,也可减少斜坡路基填筑后地基差异沉降。 (3)地面横坡陡于1:5,基岩面横坡陡于1:2.5时,需按陡坡路堤设计,以改善基底状况,增加滑动面的摩擦力或减小滑动力,清除表层覆盖土,夯实地基,使路堤置于坚实的弱风化层上;开挖台阶,放缓横坡,以减小滑动力,在路堤上侧的山体坡面上开挖截水沟,防止地面水浸湿基底,并设置盲沟以疏干基底土层。 (4)地面横坡陡于1:5,基岩面横坡陡于1:2.5,可改变填料或断面形式,即路堤填筑前,采用大颗粒填料嵌入地面或放缓坡脚的边坡设置护道,以增加抗滑力。若受限制也可在坡脚设置支挡结构物。 (5)地面横坡陡于1:2,首先应查明沿斜坡式下卧基岩有无滑动破坏的可能性,如有,则应进行特殊的处理后再填筑路堤或设置支挡结构或以桥梁方式通过

(3)工程案例

工 程 案 例 表11-18

项 目	内 容
背景资料	某高速公路段,路基处于半填半挖斜坡上,路线中心填高1.5m,左侧边坡高4.5m,地面综合横坡约13°,原地基土为残坡积低液限黏土,厚2.5m,斜坡基岩横坡与地面横坡相近,设计填方边坡1:1.5,通车营运3年后,在雨季,左半幅路基失稳下滑,纵向裂缝长70m,裂缝宽6~10cm,错落20cm。再如某一般公路段,路基处于纵横向的斜坡上,地基和岩面纵、横坡比分别为1:2.5、1:5,工程完工一年后,该段路基发生纵向、横向裂缝,纵向裂缝长60m左右,横向裂缝贯通路基,纵向裂缝宽度1.5mm,横向裂缝宽度2mm,差异沉降引起路面破坏
原因分析	经综合分析,引起斜坡路基发生开裂或滑移的主要原因有以下几个方面: (1)斜坡覆盖层土体与基岩面为透水软弱面,地下水活动引起斜坡路基下滑。 (2)斜坡地基岩层软硬相间,其软弱面顺路基倾斜,由于风化强弱差异或地下水侵蚀,地基和路基顺软弱面滑移。 (3)斜坡地基覆盖有松散堆积物,含水率过大,未经处治,在原斜坡面直接填筑路基,边坡未采取封闭措施,降雨时路基边坡地表水渗透,引起路基滑移。 (4)斜坡路段路线布线穿过岩层软硬不均的构造交界处,多为地下水活动区。路基填筑后在丰水季节产生不均匀压缩变形,沉降差异产生裂缝后未及时封水致使路基饱水而滑移。 (5)斜坡路基处于半填半挖地段,差异沉降造成路面裂缝或变形。 (6)斜坡路基上缘坡面汇水面积较大,虽做截水和路基排水沟防护,因地表水渗透路基和地基覆盖土层内,而造成地基连同路基整体变形或滑移。 (7)斜坡路基填料选择不当和路基边缘压实度不够,边坡对季节性较为敏感,若坡面未封闭处理,雨季边坡水渗透,在距路基边缘的填方边坡上发生纵向裂缝

11.6 桥 头 跳 车

11.6.1 路堤沉陷

路 堤 沉 陷 表11-19

项 目	内容与要求
概念	桥台台背、涵洞两侧及涵顶、挡土墙墙背的填筑,按结构形式不同,填筑时间皆有不同要求。由于场地狭窄,又要保证不损坏构造物,填筑比较困难,而且容易积水。若填筑不良,填土与构造物连接处往往出现沉降差,影响行车舒适与安全,甚至影响构造物的稳定及其安全。所以桥梁台背回填的强度和刚度应低于桥台而高于路基。近年来提出的桥台—台背回填—路基的"刚柔过渡"理念,刚柔过渡可采用高强硬质透水材料回填台背实现,也可采用在台背范围打设刚性或半刚性桩实现。 桥头跳车产生的根本原因是构造物与两端连接线路堤间存在沉降差,因此应从设计、施工、管养等方面采取综合治理措施以减少其沉降差
路堤沉陷	(1)有些工程为降低桥台背后路基的工后沉降,桥台采用反开挖施工,但桥台施工完成后,却带来台背路基因施工场地狭小以致局部压实不足,经长时间车辆碾压及填料自重的作用,使得台背路基沉陷,造成错台。所以,在施工中应尽量扩大施工作业面,以便使大型压实机械可以自如的作业。当台背支撑桥台搭板的牛腿、耳墙等结构妨碍机械压实时,可将难于压实的部分经人工清理,再用低等级混凝土填筑。在路基施工和监理中流传着"有能力用手拍实台背填料也行",这句话的含义,一是桥头和锥坡的压实必须严格控制;二是施工场地狭小,限制了大型压实机械。 (2)台背路基沉降及搭板变位,多发生在通车运行初期。由于刚性支承端路面开裂,使得雨水渗入,影响路堤填料与地基强度,而引起沉陷;又由于行车的振动和冲击,使得台背路基填料二次密实与变形。 (3)桥头跳车在高等级公路建设中已经成为一个非常突出的问题,有的高速公路通车一年甚至几个月就会产生非常明显的桥头跳车现象,沪嘉高速仅通车4~5个月,桥头沉陷就达7~8 cm。跳车不仅会影响行车的舒适和安全,还对桥梁产生很大的冲击力

11.6.2 原因分析

原 因 分 析　表 11-20

项　目	内容与要求
桥台及台后填方路基的沉降差异	桥台和台后填方是两个性质不同的结构体，虽然桥台作用在地基上的压力大于台后填方，但由于桥台地基进行加固处理，一般不发生竖向沉降变形，而台后填方的地基由于未进行处理，其竖向沉降变形远大于桥台下的地基变形，桥台及台后填方地基的受力与沉降变形不一致反映到上部路面，就出现了桥台和台后填方路段的沉降差异
台后填料受渗水侵蚀引起变形	桥台一般由圬工砌体和钢筋混凝土砌筑，在桥台和台后填方衔接处一般设置成锥形护坡的形式，水流易沿路面锥坡体（锥坡体的压实度较难达到要求）下渗，下渗水对桥台一般不产生破坏作用，但是对土类填料易产生侵蚀和软化，特别当台后填料不当、压实度不够时，更易产生侵蚀和软化，从而导致填方强度降低，发生变形。另外，如果台后填土排水设施不当，使地下水不能及时排出，就会软化路基并加速路基的变形。特别是软土、湿陷性黄土等特殊路基地段，浸水造成路基沉降的可能性更大
台后压实不足	靠近桥台处填方体的压实度很难达到设计规范要求，这也是一直困扰设计和施工的难点。目前，在设计上和施工中主要采用强夯、人工夯实、填筑砂料等方法和措施。对于轻型桥台，重型压路机靠近桥台进行压实，但振动压路机可能破坏桥台结构；对于"U"形桥台，重型压路机难以靠近，从而使靠近桥台部位的填方土体不易达到设计和压实度要求，造成桥台与台后填方沉降差异。此外，如果工期安排不当，台背回填时间太迟，造成台后填料固结时间短，工后沉降大，就会引起在台背与路堤衔接处的不均匀沉陷
桥台伸缩缝破损导致桥头跳车	桥梁伸缩缝在选型和施工时考虑不周和处理不当，易产生跳车现象

11.6.3 预防及处理措施

预防及处理措施　表 11-21

项　目	内容与要求
地基加固处理	根据地基地形、地质、水文等条件，进行合理处理
桥头设置过渡段	考虑桥台与台背路面在结构、材料、刚柔、胀缩等方面存在的差异，为了在其纵向、横向都能平顺逐渐过渡，可采取以下措施： （1）设置枕梁和搭板 设置桥头搭板的目的是将桥面与路面间的沉降差分散至搭板的两端，从而减小两者之间的沉降差。 （2）设置变厚式埋板 对沥青混凝土路面，在桥台连接处增设变厚式水泥混凝土埋板；对水泥混凝土路面，则将连接处的路面板改为变厚式。 （3）设置过渡路面 铺设预制水泥混凝土块、条石、半刚性过渡层及沥青过渡层等路面类型过渡
设置柔性桥台	土工织物加筋柔性桥台工程，可增大桥台相对刚度，减小桥台整体沉降，降低台背与桥台之间的沉降差异
正确选择台背填料与填筑方法	（1）一般应选用砾石土或砂性土，特别应注意不要将构造物挖基的劣质土混入填料。当采用非透水性土时，应在土中增加外掺剂如石灰、水泥等。 （2）桥涵填土的范围：台背填土顺路线方向长度，顶部为距翼墙尾端不少于台高加 2m；底部距基础内缘不少于 2m；拱桥台背填土长度不应少于台高的 3～4 倍；涵洞填土每侧不应少于 2 倍孔径长度。

续上表

项　　目	内容与要求
正确选择台背填料与填筑方法	(3)桥台背后填土应与锥坡填土同时进行。涵洞、管道缺口填土,应在两侧对称均匀分层回填压实;涵顶填土的松铺厚度应符合规定,涵顶填土未达到能允许重型车辆或施工机械通行条件时,应严格禁止这些车辆或机械通行,涵顶面填土压实厚度大于50cm时,方可通过重型机械和汽车;挡墙填料宜选用砾石土或砂类土,墙趾部分的基坑,应及时回填压实,并做成向外倾斜的横坡,整个回填结束后,顶部应及时封闭
设置完善的排水设施	在施工中要避免雨水流入,对积水应挖沟引出或用水泵排出。地下水可设盲沟引出。当不得不用非渗水土填筑时,应在其上设横向盲沟或用黏土等不透水材料封顶。挡土墙墙背应做好反滤层,使挡土墙背后的渗水能从泄水孔顺利流出
严格按照台背填方碾压方法进行压实	填土应在接近最佳含水率状态下分层压实或夯实,每层松铺厚度不宜超过20cm,当采用小型夯具时,一级以上的公路松铺厚度不宜大于15cm。为保证压实质量,条件许可时仍应尽量采用大型压实机械。场地狭窄及临近构造物边缘及涵顶50cm内,应用小型压实机械分层压实或夯实。夯压遍数应通过试验确定,以达到规定的压实度要求为准。适用于"三背"填土压实(或夯实)的小型机械有蛙式打夯机、内燃打夯机、手扶式振动压路机、振动平板夯等
打沉管挤密桩或半刚性桩	若桥台较高,则可采用在台背打沉管挤密桩或半刚性桩的"刚柔过渡"方法,其回填土可为一般黏土。台背回填压实后,在桥头搭板端部位置路基中打沉管挤密桩或半刚性桩,桩顶浇筑枕梁,枕梁上浇筑桥头搭板。该方法对于高于6m的台背比回填法造价低,质量更可靠,消除桥头跳车的效果非常明显

11.7 路基翻浆

11.7.1 翻浆病害

翻 浆 病 害　　表11-22

<table>
<tr><th>项　　目</th><th colspan="2">内容与要求</th></tr>
<tr><td>概念</td><td colspan="2">路基翻浆主要发生在季节性冰冻地区的春融时节,以及盐渍、沼泽、水网等地区。因地下水位高、排水不畅、路基土质不良、含水过多,经行车反复作用,路基会出现弹簧(弹软)、裂缝、冒泥浆等翻浆现象</td></tr>
<tr><td rowspan="7">类型</td><td colspan="2">根据导致翻浆的水类来源的不同,翻浆可分为5个类型,见下表</td></tr>
<tr><td>翻浆类型</td><td>导致翻浆的水类来源</td></tr>
<tr><td>地下水类</td><td>受地下水的影响,土基经常潮湿,导致翻浆。地下水包括上层滞水、潜水、层间水、裂隙水、泉水、管道漏水等。潜水多见于平原区,层间水、裂隙水、泉水多见于山区</td></tr>
<tr><td>地表水类</td><td>受地表水的影响,使土基潮湿,导致翻浆。地表水主要指季节性积水,也包括路基、路面排水不良而造成的路旁积水和路面积水</td></tr>
<tr><td>土体水类</td><td>因施工遇雨或用过湿的土填筑路堤,造成土基原始含水率过大,在负温度作用下使上部含水率显著增加导致翻浆</td></tr>
<tr><td>气态水类</td><td>在冬季强烈的温差作用下,土中水主要以气卷形式向上运动,聚积于土基顶部和路面结构层内,导致翻浆</td></tr>
<tr><td>混合水类</td><td>受地下水、地表水、土体水或气态水等两种以上水类综合作用产生的翻浆。此类翻浆需根据水源主次定名</td></tr>
</table>

续上表

<table>
<tr><th>项　目</th><th colspan="2">内容与要求</th></tr>
<tr><td rowspan="5">分级</td><td colspan="2">根据翻浆高峰时期路面变形破坏程度，翻浆又可分为3个等级，见下表</td></tr>
<tr><td>翻浆等级</td><td>路面变形破坏程度</td></tr>
<tr><td>轻</td><td>路面龟裂、湿润、车辆行驶时有轻微弹簧</td></tr>
<tr><td>中</td><td>大片裂纹、路面松散、局部鼓包、车辙较浅</td></tr>
<tr><td>重</td><td>严重变形、翻浆冒泥、车辙很深</td></tr>
</table>

11.7.2 翻浆产生的原因及影响因素

翻浆产生的原因及影响因素　表11-23

项　目	内容与要求
原因	翻浆现象主要发生在我国北方地区及南方季节性冰冻地区。当大气温度降至负温度时，土中温度也随之降低，土孔隙内的自由水在0℃时首先结冰，形成冰晶体。当温度继续下降时，冰晶体附近在土基外围吸附的薄膜水，受冰的结晶力的作用，移动到冰晶体上面冻结。土粒上的水膜变薄，破坏了原来吸附平衡状态，上面的分子引力有剩余，就要吸引下面水膜较厚的土粒水分子。同时，当水膜变薄时，薄膜水内的离子浓度增加，产生渗透压力差，在土粒分子吸引力及渗透压力差共同作用下，薄膜水就从水膜较厚处向水膜较薄处移动，并逐层向下传递。在温度0～5℃的条件下，当未冻区有充分的水源供给时，水分发生连续移动，使路基上部的含水率大大增大。春融期间，由于土基含水过多且无法下渗，土体强度急剧降低，再加上行车动荷载的反复作用，路面就发生翻浆现象
因素	从宏观的角度来讲，翻浆的出现与当地的气候、水文、土质有着密切的关系，而且往往与冬季冻胀问题伴随形成。行车荷载、气候变化、温度升降是翻浆形成的外因，从客观角度来讲改变外因是不可行的，但外因通过内因（土质和水）而起作用，通过一些必要的工程手段，改变路基土质或地下水的分布，使翻浆的内因条件不成立，翻浆就不能形成，从而达到治理的目的

11.7.3 翻浆的治理措施

翻浆的治理措施　表11-24

<table>
<tr><th colspan="2">项　目</th><th>内容与要求</th></tr>
<tr><td colspan="2">原则</td><td>处治翻浆应坚持“截、降、引、切、换、补”六字方针，“截”断地表、地下水的来源，“降”低地下水位的高度，将路基内水源“引”排出路基外，“切”断毛细水的上升，“换”填路基不良土质，改善路面设计，来“补”路基强度不足</td></tr>
<tr><td rowspan="3">治理措施</td><td>路基偏低时</td><td>因路基偏低，排水不良而引起的翻浆，若地形条件许可，可采用挖深边沟，降低水位的方法进行治理，或用透水性良好的土提高路基</td></tr>
<tr><td>基土透水性不良时</td><td>路基土透水性不良，提高路基又困难时，可将路基上层40～60cm的土挖除，换填砂性土、碎（砾）石，压实后重铺路面。在翻浆严重路段应将翻浆部分软土全部挖除，填入水稳定性良好的砂砾料并压实，然后重铺路面</td></tr>
<tr><td>设置透水性隔离层</td><td>其位置应在地下水位以上，一般在土基50cm深度处（在盐渍土地区的翻浆路段，其深度应同时考虑防止盐胀和次生盐渍化等要求），用粗集料（碎石、砾石或粗砂）铺筑，厚度约10～20cm，分别自路基中心向两侧做成3%的横坡。为避免泥土堵塞，隔离层的上下两面各铺1～2cm厚的苔藓、泥炭、草皮或土工布等其他透水性材料防淤层。连接路基边坡部位，应铺大块片石防止碎落。隔离层上部与路基边缘之高差 h 不小于50cm，底部高出边沟底20～30cm，见右图
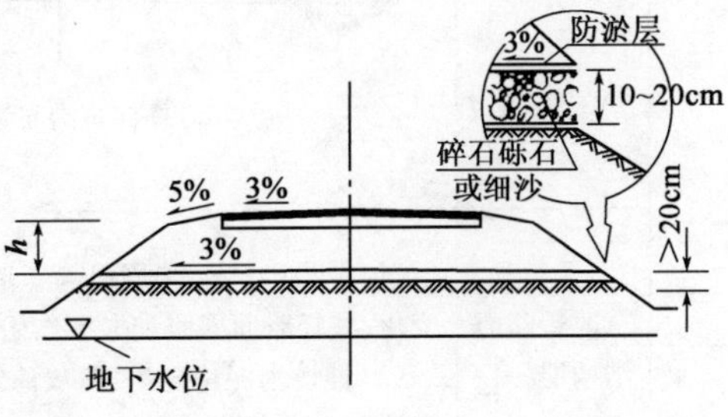
</td></tr>
</table>

续上表

项　目		内容与要求
治理措施	设置不透水隔离层	(1)在路面不透水的路基中,可设置不透水隔离层。设置深度与透水隔离层相同。 ①当路基宽度较窄,隔离层可横跨全路基,称为贯通式,见下图 a)。 ②当路基较宽时,隔离层可铺至延出路面边缘外 50 ~ 80cm,称为不贯通式,见下图 b)。 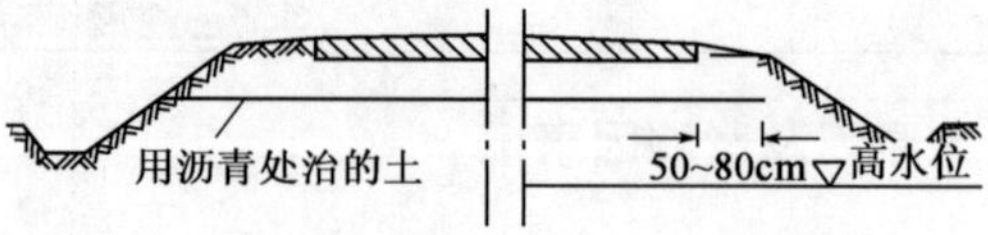 a)贯通式　b)不贯通式 (2)不透水隔离层所用材料和厚度。 ①沥青含量为 8% ~10% 的沥青土或 6% ~8% 的沥青砂,厚度 2.5 ~ 3.0cm。 ②沥青直接喷洒,厚度 2 ~ 5mm。 ③用油毛毡(一般为 2 ~ 3 层)或不易老化的特制塑料薄膜摊铺(盐渍土地区不可用塑料薄膜)
	设置隔温层	为防止水的冻结和土的膨胀,可在路基中设置隔温层(一般为北方严重冰冻地区),以减小冰冻层深度。厚度一般不小于 15cm。隔温材料可用泥炭、炉渣、碎砖等,直接铺在路面下。宽度每边宽出路面边缘 30 ~ 50cm
	设置盲沟	设置盲沟以降低地下水位,截断地下水潜流,使路基保持干燥 (1)在路肩上设置横向盲沟 其位置应与路中心线垂直。当路基纵坡大于 1% 时,则与路中心线构成 60° ~ 75° 的斜度(顺下坡方向)。两侧相互交错排列,间距为 5 ~ 10m,深度 20 ~ 40cm,宽 40cm 左右,填以透水性良好的砂砾等材料。横向盲沟出口按一般盲沟处理。盲沟往往容易淤塞,应经常观察其使用情况。 (2)路基内设横向截水盲沟 当地下水潜流顺路基方向从路基外侧向路基流动,可在路基内设横向截水盲沟或在路基外设纵向渗沟,不使其侵入路基。盲沟的设置应与地下水含水层的流向成正交,并深入该层底部,以截断整个含水层,见图 a)。 (3)路基边沟底下设置纵向盲沟 如因地下水位高,可在路基边沟底下设置纵向盲沟。其深度一般为 1 ~ 2m,但应根据当地毛细作用高度和降低水位多少要求而定,见图 b)。 盲沟应选择渗水良好的碎(砾)石填充。对较深的截水盲沟,则应按填充料颗粒的大小,分层填入(下大、上小);也可埋设带孔的泄水管。沟面用草皮反铺掩盖,覆以密实的结合料,以防止地面水渗入 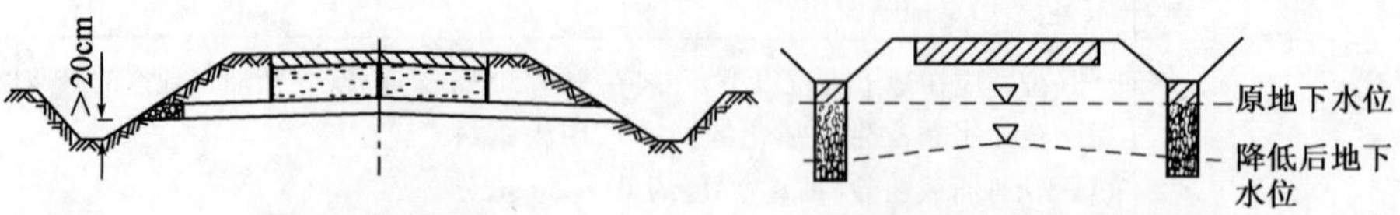 a)横向盲沟布置图　b)路基两侧边沟下面的盲沟
	改善路面结构层	(1)铺设砂(砾)垫层以隔断毛细水上升,增进融冰期蓄水、排水作用,减小冻结或融化时水的体积变化,减轻路面冻胀和融沉作用。 (2)铺设水泥稳定类、石灰稳定类、石灰工业废渣类等路面基层结构层,以增强路面的板体性、水稳定性和冻稳定性,提高路面的力学强度

11.7.4 工程实例

工程实例　表 11-25

项　目	内容与要求
工程概况	某公路全长 75.2km,公路自然区划为秦巴山湿润区,按平微三级和山岭重丘三级标准设计。路基宽 8.5(7.5)m,路面宽度 7(6)m,路面结构为 5 cm 沥青碎石、20 cm 石灰稳定砂砾和 20 cm 天然砂砾。项目于 2001 年 1 月开工建设,除平南过境段外其余路段于 2002 年 10 月完工通车运营
病害现象及原因分析	该工程完工通车后局部路段路面出现网裂现象,2003 年 3～4 月出现大面积网裂破坏。经复测路面弯沉平均值达到 1.1mm,是竣工时平均值 0.36mm 的 3 倍。其中 K11 +800～K14 +160 段路基大面积翻浆,是翻浆最严重的一段,复测路基压实度平均值为 88%。 病害路段基本沿河左岸布线,沿线主要地层为全新世冲积黄土,厚度 3～15m,局部河谷段有角砾层,下伏泥岩、千枚岩。由于泥岩具有隔水性,大量地表水及山坡裂隙水进入黄土层,使之形成浅埋含水层,直接影响路基含水状态。2002 年,当地降雨较多,雨季路基下挖 1m 即可见地下水,路面下 1～1.5m处平均含水率 21.88%,相对含水率 0.753,平均稠度 0.85,路基处于潮湿状态,局部路段接近饱和。2002 年 11 月,路基刚形成就发生大面积翻浆。 翻浆形成的原因在于地质、气候、水文的综合影响。翻浆路段地下水丰富且埋藏浅,冬季结冰期长,具备发生道路冻胀翻浆的自然条件,加上行车荷载的作用,形成翻浆
处理措施	(1)碎石换填。根据路基病害严重程度及地下水位高低进行 0.6～1.5m 碎石土换填,碎石土作为隔离层不仅能隔断地下水对基层影响,同时也增强了路基强度。碎石土底面做 3%～4% 的双向横坡,并随路面设不小于 3% 的纵坡,坡底设置横向盲沟。 (2)抬高路基。为降低地下水对路基的影响,利用已建好的桥涵构造物,采用抬高加换填措施,路基抬高 0.6～1.3m,路面结构下用碎石土换填 1.2～1.5m。 (3)边沟浆砌,增设盲沟。 (4)改变路面材料。石灰稳定层水稳定性和冻稳定性较差决定了其不适合应用于重冰冻潮湿区基层,设计中采用了水稳定性和冻稳定性较好的水泥稳定砂砾作为基层

11.8 道路路基养护

路基的养护　表 11-26

项　目	内容与要求
基本要求	依据《公路养护技术规范》(JTG H10—2009)的要求进行养护。通过日常巡查,发现病害及时处治,保持良好稳定的技术状况;路肩无病害,边坡稳定;排水设施无淤塞、无损坏,排水畅通;挡土墙等附属设施良好;加强不良地质中期边坡崩塌、滑坡、泥石流等灾(病)害的巡查、防治、抢修工作
路肩	道路路肩应保持平整、坚实,横坡适顺,排水顺畅。土路肩或草皮路肩的横坡应略大于路面横坡,硬路肩与路面同坡。硬路肩产生病害应参照同类型路面病害处治
边坡	路基边坡应保持平顺、坚实,遇有缺口、坍塌、高边坡碎落、侧滑等病害,应分别针对具体情况采取各种相应的加固整修措施
排水设施	路基排水设施应保持排水畅通。如有冲刷、堵塞和损坏,应及时疏通、修复或加固
	路基排水设施断面尺寸和纵坡应符合原设计标准规定
	对暗沟、渗沟等隐蔽性排水设施,应加强检查,防止淤塞,如有淤塞,应及时修理、疏通
	原有排水设施不能满足使用要求时,应适时增设和完善
	新增排水设施时,其设计、施工应符合现行《公路路基设计规范》(JTG D30—2015)和《公路路基施工技术规范》(JTG F10—2006)的有关规定

续上表

项　目	内容与要求
挡土墙	对挡土墙应加强检查,发现病害应查明原因,并观察其发展趋势,采取相应的修复、加固等措施,损坏严重时,可考虑全部或部分拆除重建
	应保持挡土墙的泄水孔畅通,定期检查和维修,清理伸缩缝、沉降缝,使其正常发挥作用
	重建或增建挡土墙,应根据公路所在地区地形及水文地质等条件合理选择挡土墙类型,并应符合现行《公路路基设计规范》(JTG D30—2015)和《公路路基施工技术规范》(JTG F10—2006)有关规定
透水路堤	透水路堤透水层及设置于其内的泄水管应保持稳定和良好的透水(泄水)性能,若有损坏应及时修复
	透水路堤的上下游底铺砌应保持平整密实,若有损坏应及时修复
	透水路堤的透水层,若失去透水性能影响路堤稳定且无法修复时应考虑改建为桥涵
特殊地区路基	特殊地区主要指盐渍土地区、黄土地区、沙漠地区、多年冻土地区、泥沼和软土地区等
	盐渍土地区公路受水流侵袭后,路基出现坍塌或溶陷,应加强排水并采取相应的加固措施
	黄土地区路基遇水容易发生沉陷、坍塌、边沟冲深和蚀宽、边坡松散等病害,应根据各种病害特征采取相应的处治措施
	沙漠地区路基养护应采取“固、阻、输、导”等措施进行综合治理。公路两侧的固沙植物应加强管护
	多年冻土地区的路基养护,应遵循“保护冻土”的原则,填土路基坡脚20m范围内不得破坏原地貌,取土坑应设在坡脚20m以外
	多年冻土地区路基应注意加强排水,填土路基上方20m以外、路堑坡顶5m以外应设置截水沟,将雨雪水引到路基以外
特殊地区路基	对有涎流冰产生的路段,应适当提高路基高度,保持路基高于涎流冰最大壅冰高度加0.5m
	泥沼和软土地区路基应加强排水,改善排水条件,采取适当的技术措施稳固路基
路基局部改建	当中期的局部改建在维持通车的情况下进行时,宜采取半幅施工、半幅养护通车的方式交替施工。施工长度不宜过长
	路基局部改建的设计和施工应符合现行《公路路基设计规范》(JTG D30—2015)和《公路路基施工技术规范》(JTG F10—2006)有关规定

第三篇　路面工程施工

12 路面工程概述

12.1 路面结构及其层次划分

12.1.1 路面的作用和要求

路面的作用和要求 表 12-1

项目		内容、要求和注意事项
路面的作用		路面是道路的上部结构,常用各种坚硬材料分层铺筑于路基之上构筑而成。路面应能承受交通荷载和自然因素的作用,并且还要与周围环境相协调
路面的使用要求	强度、刚度	路面应具有足够的刚度和强度,使路面不裂、不碎、不沉、耐磨,无车辙和推移、拥包等不容许的变形
	稳定性	路面应具有足够的稳定性,能承受冷热、干湿、冻融和荷载的长期反复作用。特别是对温度敏感的沥青类路面,要求高温不软化、低温不脆裂;弹性模量大、变形能力小的水泥混凝土路面要有足够的限制和抵抗温度的能力;对干、湿敏感的砂石路面要雨天不泥泞、晴天少扬灰
	耐久性	路面应具有足够的耐久性,使路面在荷载、气候因素的长期综合多次作用下,耐疲劳、耐老化,没有不容许的塑性变形积累
	平整度	路面应具有足够的平整度,使车辆平稳行驶,不产生不容许的颠簸振动和过大的行驶阻力。道路等级越高,设计车速越大,对路面的平整度要求越高
	粗糙度	路面应具有足够的粗糙度,使车轮和路面之间有足够的附着力和摩阻力。雨天高速行车,或紧急制动,或突然启动,或爬坡、转弯时,路面粗糙度(抗滑性)不好,车轮容易产生空转或打滑,甚至导致交通事故。道路等级越高,设计车速越大,对路面粗糙度的要求越高
	环境协调	路面应与周围环境协调,一般应洁净少尘,有时根据道路所在地区的环境要求,还有低振动、低噪声要求,以及亮度和色彩等要求
路面的施工和维护要求		路面类型和结构应注意与当地的施工条件、维护条件相适应。施工条件主要指机械设备工艺水平、材料供应情况(宜尽可能就地取材)等。维护条件是指有无专职的养护机构、队伍(如厂区宜优先选用利于养护的水泥混凝土路面)以及养护机械设备等配备情况。 城市道路如其他下埋管线尚未一步到位,道路建成后有可能开挖路面重铺管线,则需要考虑所选用路面的可开挖性和恢复性

12.1.2 路面结构及其层次划分

路面结构及其层次划分表 表 12-2

项目	内容、要求和注意事项
路面结构的组成	路面的最上层直接与外界的车辆、行人以及自然因素相接触,其最下层则铺垫于土路基之上,受土基的影响最大;此外,行车荷载和自然因素对路面的作用,一般随深度而逐渐减弱。为适应这些特点,绝大部分路面结构是多层次的,按使用要求、受力情况、土基情况以及自然因素影响程度的不同,划分为不同的结构层次,并选用不同的材料进行铺筑。

续上表

项　目		内容、要求和注意事项
路面结构的组成		路面结构层一般由面层、基层、垫层组成。沥青混凝土路面还可按需要,将面层再区分为磨耗层、上面层、下面层、联结层;如基层厚度大时,也可再区分为上基层、底基层。欧美国家为简化施工,曾一度使用单一层次的“全厚式沥青混凝土路面”,后因沥青价格上涨而中止。低等级的碎(砾)石路面,则常将面层、基层合二为一,用碎(砾)石铺筑 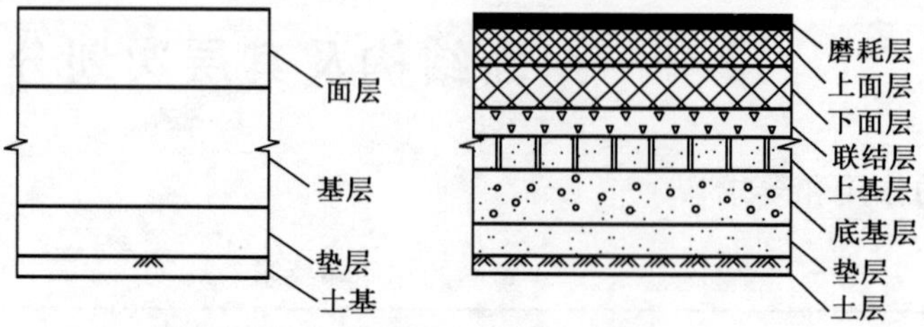 路面结构层组成与名称图
层次划分	面层	位于整个路面结构的最上层,直接同交通荷载和大气接触,它承受行车荷载的垂直力、水平力、冲击力以及轮胎真空抽吸力的作用,并且还受到降水和温度变化的影响,是最直接反映路面使用品质和路容的层次。因此,同路面结构的其他层次相比,面层应具有较高的结构强度、刚度和稳定性、耐久性,并且应耐磨、不透水,其表面还应具有良好的抗滑性和平整度等;此外,还需适应道路所在地区的环境要求。 面层可由一层或数层组成。水泥混凝土面层通常由单层组成,但有时也可以考虑由上下两层不同性能的水泥混凝土组成复合面层。沥青混凝土面层常由数层组成。高等级道路的沥青混凝土,为加强面层与基层的共同作用或为减少基层的反射裂缝,在基层顶面设置厂拌沥青碎石或沥青贯入式碎石联结层(也可以采用沥青橡胶应力吸收薄膜或土工织物夹层防裂)
	基层	位于面层或联结层之下,垫层或土基之上,是路面结构中的中间层次,主要承受由其上面层传来的垂直力,并把它扩散到垫层或土基中,使传递到垫层或土基的应力限制在其容许范围内。 在沥青类柔性路面中,则宜建造较厚的基层,把承受的垂直力极大地扩散并消减到较小值而传递到垫层或土基之中。这是因为基层一般由半刚性工业废渣、石灰土、水泥稳定土以及碎石、砾石等铺筑,其单价远较沥青层类面层便宜,而其扩散垂直荷载的能力则差不多。所以,在沥青类柔性路面结构中,常有人把它称作承重层,即在路面结构中起主要承担垂直力的作用层次。基层受自然因素的作用虽不如面层强烈,但也要经受由面层渗入的降水以及可能渗入的地表水和地下水,所以基层应坚实、稳定,有一定的强度、刚度和足够的水稳定性。 基层有时可分两层铺筑,其上层仍称基层或上基层,下层称为底基层。对于底基层的材料质量要求可以低一些,并可以充分利用当地材料
	垫层	垫层是介于基层和土基之间的层次,主要用于潮湿土基和北方地区的冻胀土基,用于改善土基的湿度和温度状况,即起隔水(地下水、毛细水)、排水(其上面层次下渗的水分)、隔温(防冻胀、翻浆)以及传递荷载和扩散荷载的作用。此外,对于碎石基层,铺设垫层还可以防止路基土挤入基层而影响碎石基层结构的性能,即起隔土作用。 垫层材料,强度要求不一定高,但水稳定性要好,此外,还应根据该垫层结构在路面结构中的具体作用,有针对性地选择隔热、隔水、排水和隔土性能好的材料

12.2 路面的分类、选用与设计年限

12.2.1 路面的分类

路 面 类 型 表12-3

项 目		内容和有关规定
路面分类原则		面层是路面结构的主要层次。通常按面层的材料品种、组成以及力学特性等分类。 用于路面施工时，按使用材料及其施工方法分类。 用于路面设计时，按路面的力学特性及其设计计算方法分类
按材料及施方法分类	沥青路面	(1)沥青混凝土路面； (2)热拌沥青碎石路面； (3)乳化沥青碎石混合料路面； (4)沥青贯入式(含上拌下贯式)； (5)沥青表面处治路面
	水泥混凝土路面	(1)水泥混凝土路面； (2)钢筋水泥混凝土路面； (3)连续配筋混凝土路面； (4)预应力混凝土路面； (5)钢纤维混凝土路面
	砌块路面	(1)块石(条石、小方石、拳石和粗琢块石等)路面； (2)混凝土砌块路面； (3)砖砌路面； (4)木块路面
	碎石路面	(1)泥结或泥灰结碎石路面； (2)级配碎(砾)石路面； (3)其他粒料路面
	稳定土路面	(1)粒料稳定(加固)土路面； (2)其他当地材料稳定(加固)土路面
按路面刚度及计算方法分类	柔性路面	各类沥青路面、碎石路面均属柔性路面。路面刚度小，在荷载作用下弯沉变形较大，抗剪、抗弯拉强度较低，荷载通过各结构层向下传递到土基，通常土基受到较大的单位压力。土基的强度和稳定性，对路面整体结构强度有较大的影响。路面结构按弹性层状体系理论计算
	刚性路面	水泥混凝土作面层或基层的路面结构。水泥混凝土的各种强度和刚度，均比其他路面材料高出很多，但变形能力较少，属脆性材料。水泥混凝土路面在车轮荷载作用下弯沉变形极小，对荷载的扩散能力强，传到基础上的单位压力，比柔性路面小得多。路面结构按弹性地基板理论计算
	半刚性基层	整体型的石灰或水泥稳定粒料、石灰工业废渣混合料、石灰土、水泥土等其刚度介于柔性、刚性之间，当用作基层时称半刚性基层

12.2.2 路面类型的选用及设计年限

路面类型的选用及设计年限 表12-4

项 目	内容和有关规定
路面类型的选用原则	公路路面类型应根据公路功能、技术等级、交通量、环境保护、工程造价等因素进行综合论证后选用。 城市道路常按其城市性质、道路级别选用路面面层类型。 路面结构形式应根据当地气候条件、交通荷载、当地材料，并结合路面结构耐久性、资源循环利用等因素进行全寿命周期经济分析后合理确定。 路面结构层材料应满足强度、稳定性和耐久性的要求。路面垫层宜采用水稳性好的粗粒料类材料或稳定类材料。路基填料采用尾矿、矿渣等材料时，应做环保评价，明确利用方案及处置措施
路面结构设计荷载标准	路面结构设计标准轴载为双轮组单轴100kN，轮胎压力0.7MPa。重载交通路段可根据实际调查的轴载谱采用分向、分道方式进行路面结构设计

续上表

<table>
<tr><th>项 目</th><th>内容和有关规定</th></tr>
<tr><td>路面面层类型的选用</td><td>路面面层类型的选用与道路的等级、道路的使用要求、投资条件有关;公路路面面层的选择则一般按下表的规定选用
<table>
<tr><th>面层类型</th><th>适用范围</th></tr>
<tr><td>沥青混凝土</td><td>高级公路、一级公路、二级公路、三级公路、四级公路</td></tr>
<tr><td>水泥混凝土</td><td>高级公路、一级公路、二级公路、三级公路、四级公路</td></tr>
<tr><td>沥青贯入、沥青碎石、沥青表面处治、</td><td>三级公路、四级公路</td></tr>
<tr><td>碎石路面</td><td>四级公路</td></tr>
</table></td></tr>
<tr><td>路面结构设计使用年限</td><td>公路路面结构设计使用年限(JTG B01—2014)
<table>
<tr><th colspan="2">公路等级</th><th>高速公路</th><th>一级公路</th><th>二级公路</th><th>三级公路</th><th>四级公路</th></tr>
<tr><td rowspan="2">设计年限(年)</td><td>沥青混凝土路面</td><td>15</td><td>15</td><td>12</td><td>10</td><td>8</td></tr>
<tr><td>水泥混凝土路面</td><td colspan="2">30</td><td>20</td><td>15</td><td>10</td></tr>
</table>
城市道路路面结构设计使用年限(年)(CJJ 169—2012)
<table>
<tr><th rowspan="2">道路等级</th><th colspan="3">路面结构类型</th></tr>
<tr><th>沥青路面</th><th>水泥混凝土路面</th><th>砌块路面</th></tr>
<tr><td>快速路</td><td>15</td><td>30</td><td>—</td></tr>
<tr><td>主干路</td><td>15</td><td>30</td><td>—</td></tr>
<tr><td>次干路</td><td>10</td><td>20</td><td>—</td></tr>
<tr><td>支路</td><td>8(10)</td><td>15</td><td>10(20)</td></tr>
</table>
注:①支路采用沥青混凝土时,设计年限为10年;采用沥青表面处治时,为8年。
②砌块路面采用混凝土预制块时,设计年限为10年;采用石材时,为20年</td></tr>
<tr><td>交通荷载等级划分</td><td>公路水泥混凝土路面交通荷载分级(JTG D40—2011)
<table>
<tr><th>交通荷载等级</th><th>极重</th><th>特重</th><th>重</th><th>中</th><th>轻</th></tr>
<tr><td>设计基准期内所承受的设计轴载(100kN)累计作用次数 N_e(10^6)</td><td>$>1\times10^6$</td><td>$1\times10^6\sim2\,000$</td><td>2 000 ~ 100</td><td>100 ~ 3</td><td><3</td></tr>
</table>
城市道路交通等级(CJJ 169—2012)
<table>
<tr><th rowspan="2">交通等级</th><th>沥青路面</th><th>水泥混凝土路面</th></tr>
<tr><th>累计当量轴次(万次/车道)</th><th>累计当量轴次(万次/车道)</th></tr>
<tr><td>轻</td><td><400</td><td><3</td></tr>
<tr><td>中</td><td>400 ~ 1 200</td><td>3 ~ 100</td></tr>
<tr><td>重</td><td>1 200 ~ 2 500</td><td>100 ~ 2 000</td></tr>
<tr><td>特重</td><td>>2 500</td><td>>2 000</td></tr>
</table>
注:非机动车道、人行道及步行街路面结构应按轻型交通确定</td></tr>
</table>

12.3 沥青路面的结构组合

12.3.1 沥青路面结构组合的基本要求和有关规定

沥青路面结构组合的基本要求和有关规定 表12-5

项 目	内容、有关规定和注意事项
路面结构层组成	(1)沥青路面结构层可由面层、基层、底基层、垫层组成。 (2)面层是直接承受车轮荷载反复作用和自然因素影响的结构层,由1~3层组成。表面层应根据使用要求设置抗滑耐磨、密实稳定的沥青层;中面层、下面层应根据公路等级、沥青层厚度、气候条件等选择适当的沥青结构层。 (3)基层是设置在面层之下,并与面层一起将车轮荷载的反复作用传布到底基层、垫层、土基,起主要承重作用的层次。基层材料的强度指标应有较高的要求。

续上表

<table>
<tr><th>项　目</th><th>内容、有关规定和注意事项</th></tr>
<tr><td>路面结构层组成</td><td>(4)底基层是设置在基层之下,并与面层、基层一起承受车轮荷载反复作用,起次要承重作用的层次。底基层材料的强度指标要求可比基层材料略低。
(5)基层、底基层视道路等级或交通量的需要可设置一层或两层。当基层或底基层较厚需分两层施工时,可分别称为上基层、下基层,或上底基层、下底基层。
(6)垫层是设置在底基层与土基之间的结构层,起排水、隔水、防冻、防污等作用</td></tr>
<tr><td>结构组成的基本要求</td><td>(1)路面的面层、基层结构类型及厚度,应与道路等级、交通量、气候、水文、土质条件以及道路所在地段的环境要求相适应。交通量大、轴载重时,应采用高级路面与强度较高的结合料稳定类基层。
(2)层间结合必须紧密稳定,以保证路面结构的整体性和应力传播的连续性。面层与基层之间宜按基层类型和施工情况,适当洒布透层沥青、黏层沥青或采用沥青封层。
(3)各结构层的材料回弹模量一般宜自上而下递减,基层材料与面层材料的回弹模量比应大于或等于0.3,土基回弹模量与基层(或底基层)的回弹模量比宜为0.08~0.4。
(4)层数不宜过多。
(5)在半刚性基层上铺筑面层时,对高等级道路宜适当加厚面层或采用其他措施以减轻反射裂缝。
(6)为了方便施工组织和管理,路面结构层次不宜太多,材料变化不宜频繁</td></tr>
<tr><td>公路等级、路面类型及适应交通量</td><td>路面等级、面层类型应与公路等级、交通量相适应。路面等级、面层类型的选择应根据公路等级与使用要求、设计年限内标准轴载的累计当量轴次、筑路材料和施工机械设备等因素按下表确定。
路面类型的选择(JTG D50—2006)
<table>
<tr><th>公路等级</th><th>路面等级</th><th>面层类型</th><th>设计年限
(年)</th><th>设计年限内累计标准轴次
(万次/单车道)</th></tr>
<tr><td>高速公路、一级公路</td><td>高级路面</td><td>沥青混凝土</td><td>15</td><td>>400</td></tr>
<tr><td rowspan="2">二级公路</td><td>高级公路</td><td>沥青混凝土</td><td>12</td><td>>200</td></tr>
<tr><td>次高级公路</td><td>热拌沥青碎石混合料、沥青贯入式</td><td>10</td><td>100~200</td></tr>
<tr><td>三级公路</td><td>次高级公路</td><td>乳化沥青碎石混合料、沥青表面处治</td><td>8</td><td>10~100</td></tr>
<tr><td rowspan="2">四级公路</td><td>中级路面</td><td>水结碎石、泥结碎石、级配碎(砾)石、半整齐石块路面</td><td>6</td><td rowspan="2">≤10</td></tr>
<tr><td>低级路面</td><td>粒料改善土</td><td>6</td></tr>
</table>
对特殊使用要求的路面,其路面等级与面层类型的选择可根据实际情况选用</td></tr>
<tr><td>城市路面结构的设计使用年限</td><td>城市路面结构的设计使用年限(年)(CJJ 169—2012)
<table>
<tr><th rowspan="2">道路等级</th><th colspan="3">路面结构类型</th></tr>
<tr><th>沥青路面</th><th>水泥混凝土路面</th><th>砌块路面</th></tr>
<tr><td>快速路</td><td>15</td><td>30</td><td>—</td></tr>
<tr><td>主干路</td><td>15</td><td>30</td><td>—</td></tr>
<tr><td>次干路</td><td>10</td><td>20</td><td>—</td></tr>
<tr><td>支路</td><td>8(10)</td><td>15</td><td>10(20)</td></tr>
</table>
注:①支路采用沥青混凝土时,设计年限为10年;采用沥青表面处治时,为8年。
②砌块路面采用混凝土预制块时,设计年限为10年;采用石材时,为20年</td></tr>
</table>

续上表

项 目	内容、有关规定和注意事项
城市路面结构的设计使用年限	城市道路交通等级(CJJ 169—2012)（见下表）

城市道路交通等级(CJJ 169—2012)

交通等级	沥青路面	水泥混凝土路面
	累计当量轴次	累计当量轴次
轻	<400	<3
中	400~1200	3~100
重	1 200~2 500	100~2 000
特重	>2 500	>2 000

注:非机动车道、人行道及步行街路面结构应按轻型交通确定

项 目	内容、有关规定和注意事项
半刚性基层上沥青层推荐厚度	设计时应根据公路等级、交通量及其组成、沥青品种和质量以及气候条件等因素,按照半刚性基层上沥青层推荐厚度(见下表)综合论证选用。若交通量较小或选用经实践证明行之有效的改性沥青,可选用表中推荐沥青层厚度的低值或中值

半刚性基层上沥青层推荐厚度(JTG D50—2006)

公路等级	沥青层推荐厚度(cm)	公路等级	沥青层推荐厚度(cm)
高速公路	12~18	三级公路	2~4
一级公路	10~15	四级公路	1~2.5
二级公路	5~10		

项 目	内容、有关规定和注意事项
结构层最小厚度	沥青路面各结构层,根据当地的工艺条件和材料规格等情况,各类结构层均有相应的“最小厚度”规定,见下表

各类结构层的最小厚度(JTG D50—2006)

结构层类型		施工最小厚度(cm)	结构层适宜厚度(cm)
沥青混凝土、热拌沥青碎石	粗粒式	5.0	5~8
	中粒式	4.0	4~6
	细粒式	2.5	2.5~4
沥青石屑		1.5	1.5~2.5
沥青砂		1.0	1~1.5
沥青贯入式		4.0	4~8
沥青上拌下贯式		6.0	6~10
沥青表面处治		1.0	层铺1~3,拌和2~4
水泥稳定类		15.0	18~20
石灰稳定类		15.0	18~20
石灰工业废渣类		15.0	16~20
级配碎(砾)石		8	10~20
泥结碎石		8	10~15
填隙碎石		10	10~12

续上表

<table>
<tr><th>项 目</th><th colspan="7">内容、有关规定和注意事项</th></tr>
<tr><td rowspan="22">沥青混合料的最小压实厚度及适宜厚度</td><td colspan="7">沥青混合料的最小压实厚度及适宜厚度(CJJ 169—2012)</td></tr>
<tr><td>沥青混合料类型</td><td colspan="2">最大粒径(mm)</td><td>公称最大粒径(mm)</td><td>符号</td><td>最小压实厚度(mm)</td><td>适宜厚度(mm)</td></tr>
<tr><td rowspan="6">密级配沥青混合料(AC)</td><td>砂粒式</td><td>9.5</td><td>4.75</td><td>AC-5</td><td>15</td><td>15~30</td></tr>
<tr><td rowspan="2">细粒式</td><td>13.2</td><td>9.5</td><td>AC-10</td><td>20</td><td>25~40</td></tr>
<tr><td>16</td><td>13.2</td><td>AC-13</td><td>35</td><td>40~60</td></tr>
<tr><td rowspan="2">中粒式</td><td>19</td><td>16</td><td>AC-16</td><td>40</td><td>50~80</td></tr>
<tr><td>26.5</td><td>19</td><td>AC-20</td><td>50</td><td>60~100</td></tr>
<tr><td>粗粒式</td><td>31.5</td><td>26.5</td><td>AC-25</td><td>70</td><td>80~120</td></tr>
<tr><td rowspan="4">沥青玛蹄脂碎石混合料(SMA)</td><td rowspan="2">细粒式</td><td>13.2</td><td>9.5</td><td>SMA-10</td><td>25</td><td>25~50</td></tr>
<tr><td>16</td><td>13.2</td><td>SMA-13</td><td>30</td><td>35~60</td></tr>
<tr><td rowspan="2">中粒式</td><td>19</td><td>16</td><td>SMA-16</td><td>40</td><td>40~70</td></tr>
<tr><td>26.5</td><td>19</td><td>SMA-20</td><td>50</td><td>50~80</td></tr>
<tr><td rowspan="2">开级配沥青磨耗层(OGFC)</td><td rowspan="2">细粒式</td><td>13.2</td><td>9.5</td><td>OGFC-10</td><td>20</td><td>20~30</td></tr>
<tr><td>16</td><td>13.2</td><td>OGFC-13</td><td>30</td><td>30~40</td></tr>
<tr><td rowspan="3">半开级配沥青碎石(AM)</td><td>细粒式</td><td>16</td><td>13.2</td><td>AM-13</td><td>35</td><td>40~60</td></tr>
<tr><td rowspan="2">中粒式</td><td>19</td><td>16</td><td>AM-16</td><td>40</td><td>50~70</td></tr>
<tr><td>26.5</td><td>19</td><td>AM-20</td><td>50</td><td>60~80</td></tr>
<tr><td colspan="7">贯入式沥青碎石、沥青表面处治压实最小厚度与适宜厚度(CJJ 169—2012)</td></tr>
<tr><td colspan="3">结构层类型</td><td colspan="2">最小压实厚度(mm)</td><td colspan="2">适宜厚度(mm)</td></tr>
<tr><td colspan="3">上拌下贯沥青碎石</td><td colspan="2">60</td><td colspan="2">60~80</td></tr>
<tr><td colspan="3">沥青表处</td><td colspan="2">10</td><td colspan="2">10~30</td></tr>
<tr><td>基层的要求</td><td colspan="7">(1)具有足够的强度、刚度和稳定性;
(2)材料强度应均匀一致;
(3)底基层宜利用符合设计要求的当地材料,如天然砂砾等,并应按路基干湿类型控制细料含量以及塑性指数</td></tr>
<tr><td>高级路面基层的选择</td><td colspan="7">高速公路、一级公路应采用水泥或石灰、粉煤灰稳定粒料类半刚性基层,以增强基层的强度和稳定性,减少低温收缩裂缝。条件容许时,底基层宜采用水泥或石灰、粉煤灰或石灰稳定各种集料或土作半刚性底基层。若当地石料丰富,也可采用级配碎石或填隙碎石、天然砂砾等粒料作底基层。
当采用半刚性基层有困难时,可选用热拌或冷拌沥青碎石混合料或沥青贯入式碎石作柔性基层</td></tr>
<tr><td>垫层的设置条件</td><td colspan="7">(1)地下水位高、排水不良,路基经常处于潮湿和过湿状态的路段;
(2)季节性冰冻地区可能产生冻害的中湿、潮湿路段;
(3)碎石基层可能被路基挤入受到污染的路段</td></tr>
<tr><td>垫层材料</td><td colspan="7">(1)粗砂、砂砾、煤渣、矿渣等粒料;
(2)无机结合料稳定类</td></tr>
<tr><td>垫层厚度</td><td colspan="7">垫层厚度可按当地经验确定,一般宜大于或等于15cm。在季节性冰冻地区有冻害可能的中湿、潮湿路段路面,总厚度应满足沥青路面防冻最小厚度的规定,否则应以垫层材料补足</td></tr>
</table>

续上表

项　目	内容、有关规定和注意事项							
公路沥青路面最小防冻厚度	最小防冻厚度(cm)(JTG D50—2006、CJJ 169—2012)							
	路基类型	土质	黏土质、细亚砂土			粉质土		
		基层、垫层类型道路 / 冻深(cm)	砂石类	稳定土类	工业废料类	砂石类	稳定土类	工业废料类
	中湿	50~100	40~45	35~40	30~35	45~50	40~45	30~40
		100~150	45~50	40~45	35~40	50~60	45~50	40~45
		150~200	50~60	45~55	40~50	60~70	50~60	45~50
		>200	60~70	55~65	50~55	70~75	60~70	50~65
	潮湿	60~100	45~55	40~50	35~45	50~60	45~55	40~50
		100~150	55~60	50~55	45~50	60~70	55~65	50~60
		150~200	60~70	55~65	50~55	70~80	65~70	60~65
		>200	70~80	65~75	55~70	80~100	70~90	65~80
	注:①在《公路自然区划标准》(JTJ 003—86)中,对潮湿系数小于0.5的地区,II、III、IV等干旱地区防冻厚度应比表中值减少15%~20%; ②对II区砂质土路基防冻厚度应相应减少5%~10%							

12.3.2 沥青路面结构组合图式

各级沥青路面推荐结构 表12-6

公路等级	气候区	结构与厚度(cm) / 层次	设计年限内一个行车道上的累计标准轴次(万次)		
			400~800	800~1 200	>1 200
高速公路、一级公路	I1	面层	AC12	AC15	AC16~18
		基层	CGA20~30	CGA20~34	CGA20~38
		底基层	LS ? (或 CS) (或 CLS)	LS ? (或 CS) (或 CLS)	LS ? (或 CS) (或 CLS)
	I2	面层	AC12	AC15	AC16~18
		基层	CGA?	CGA?	CGA?
		底基层	GA20	GA20~30	GA20~30

续上表

公路等级	气候区	结构与厚度(cm) 层次	设计年限内一个行车道上的累计标准轴次(万次) 400~800	800~1 200	>1 200
高速公路、一级公路	II1	面层	AC12	AC15	AC16~18
		基层	LFGA20~30	LFGA20~34	LFGA20~38
		底基层	LS? (或CS)? (或CLS)	LS? (或CS)? (或CLS)	LS? (或CS)? (或CLS)
	II2	面层	AC12	AC15	AC16~18
		基层	LFGA?	LFGA?	LFGA?
		底基层	GA20	GA20~30	GA20~30
	III1	面层	AC12	AC15	AC16~18
		基层	CLFGA20~30	CLFGA20~34	CLFGA20~38
		底基层	LS(或LFS)? (或CS) (或CLS)	LS(或LFS)? (或CS) (或CLS)	LS(或LFS)? (或CS) (或CLS)
	III2	面层	AC12	AC15	AC16~18
		基层	CLFGA?	CLFGA?	CLFGA?
		底基层	GA20	GA20~30	GA20~30
	Ⅳ	面层	AC6~10	—	—
		上基层	AS8~10	—	—
		下基层	CR?	—	—
		底基层	GA20~30 (或CR) (或SG)	—	—
二级公路、三级公路	I	面层	AC2~4	AC5~8	AC8~10
		基层	CGA20	CGA20	CGA20~30
		底基层	LS? (或CS) (或CLS) (或GA)	LS? (或CS) (或CLS) (或GA)	LS? (或CS) (或CLS) (或GA)
	II	面层	AC2~4	AC5~8	AC8~10
		基层	LFGA20	LFGA20	LFGA20~30
		底基层	LFS (或LS)? (或GA)	LFS (或LS)? (或GA)	LFS (或LS)? (或GA)

续上表

公路等级	气候区	层次	设计年限内一个行车道上的累计标准轴次(万次) 三级公路 <100	二级公路 100 ~ 200	二级公路 200 ~ 400
二级公路、三级公路	III	面层	AC2 ~ 4	AC5 ~ 8	AC8 ~ 10
		基层	SGA20	SGA20	SGA?
		底基层	LS? (或 GA)	LS? (或 GA)	LS? (或 GA)
	IV	面层	AC2 ~ 4	AC5 ~ 8	AC8 ~ 10
		联结层	CR8 ~ 10	CR8 ~ 12	CR12 ~ 15
		底基层	LS? (或 SGA)	LS? (或 SGA)	LS(或 SGA)? 或 CS 或 CLS
	V	面层	AC4 ~ 6	AC8 ~ 10	AC10 ~ 12
		基层	CR?	CR?	CR?
		底基层	GA20	GA20	GA20

注:1. 各结构层材料名称代号:

沥青混凝土	AC	石灰稳定集料	SGA
沥青碎石	AS	水泥土	CS
水泥稳定集料	CGA	二灰土	LFS
水泥稳定级配碎石	CCR	石灰土	LS
水泥稳定砂砾	CSG	水泥石灰土	CLS
二灰稳定集料	LFGA	级配碎石	CR
二灰稳定碎石	LFCR	砂砾	SG
二灰稳定砂砾	LFSG	集料	GA
水泥粉煤灰等综合稳定集料	CLFGA		

2. CGA 为水泥稳定集料,包括水泥稳定级配碎石(CCR)和水泥稳定砂砾(CSG)。集料 GA 包括级配碎石(CR)和级配砂砾或天然砂砾、未筛分碎石,以及粗、中粒土。
3. 高速公路、一级公路的面层由 2 ~ 3 层组成,应根据设计规范要求,结合各地具体情况选用各沥青混合料的级配。
4. 基层、底基层的材料应本着因地制宜、就近取材、保证质量、节约投资的原则选择,特别是底基层材料,更应注意当地材料的选用。
5. 各结构层的原材料及混合料的配合比、级配、力学性能指标,应符合《公路沥青路面设计规范》(JTG D50—2006)及有关规范的规定。
6. 表中赋有"?"的基层或底基层为设计层,应考虑交通量、土基状况,按专用设计程序进行厚度计算。

城市道路沥青路面结构组合典型模式及其适用范围 表 12-7

城市道路 等级	城市道路 种类	沥青路面 沥青面层厚度(cm)	沥青路面 石灰加固类基层厚度(cm) 基层	底基层	垫层
I	快速路和主干路	12 ~ 15	15 ~ 20(A)	15(B、C、D)	h(E)
II	次干路	8 ~ 11	15(A、B、C)	15(D、E)	h(E)
III	支路	4 ~ 7	15(A、B、C、D、E)	—	h(E)

注:1. 括号内代号为适应范围:
A——粉煤灰石灰集料;B——粉煤灰石灰;C——集料石灰土;D——粉煤灰石灰土;E——石灰土;h——厚度。
2. 凡能用于基层的混合料,均能用于底基层或垫层;凡能用于底基层的混合料,均能用于垫层。

12.4　水泥混凝土路面的结构层次与要求

12.4.1 结构层次的基本要求和规定

水泥混凝土路面结构层次的基本要求和规定　表 12-8

<table>
<tr><th>项　目</th><th>内容、要求和有关规定</th></tr>
<tr><td>结构层次的基本要求</td><td>(1)水泥混凝土路面面层,即混凝土板的厚度应与交通荷载相适应。交通量大、轴载重时混凝土板的厚度相应增大。
(2)水泥混凝土板下的基础应起连续均匀支承的弹性地基作用,耐冲刷、不脱空,支承良好。
(3)路面的基层、垫层结构的设置以及其类型、厚度的确定,应与道路等级、交通量、气候、水文、土质等条件相适应。
(4)土基应具有一定的强度和刚度,其回弹模量的设计值宜大于或等于 20MPa,特殊情况不小于 15MPa。否则应采取措施稳定土基</td></tr>
<tr><td>水泥混凝土板厚度与强度</td><td>高等级道路(高速公路、一级公路、城市快速路、主干路)厚度一般为 24cm 或以上;二级公路、城市主干路、次干路为 22cm 左右;三级公路、城市次干路、支路等则为 20cm 左右。混凝土板的最小厚度为 18cm。
水泥混凝土的设计强度应采用 28d 龄期的弯拉强度。各交通荷载等级要求的水泥混凝土弯拉强度标准值不得低于下表的规定
水泥混凝土弯拉强度标准值表(JTG D40—2011)
<table>
<tr><th>交通荷载等级</th><th>极重、特重、重</th><th>中等</th><th>轻</th></tr>
<tr><td>水泥混凝土的弯拉强度标准值(MPa)</td><td>≥5.0</td><td>4.5</td><td>4.0</td></tr>
<tr><td>钢纤维混凝土的弯拉强度标准值(MPa)</td><td>≥6.0</td><td>5.5</td><td>5.0</td></tr>
</table></td></tr>
<tr><td>路面基层和底基层材料类型要求</td><td>基层材料可依据交通荷载等级、结构层组合要求和材料供应条件,参照下表选用
各交通荷载等级的基层材料类型表(JTG D40—2011)
<table>
<tr><th>交通荷载等级</th><th>基层材料类型</th></tr>
<tr><td rowspan="2">极重、特重</td><td>贫混凝土、碾压混凝土</td></tr>
<tr><td>沥青混凝土</td></tr>
<tr><td rowspan="2">重</td><td>密集配沥青稳定碎石</td></tr>
<tr><td>水泥稳定碎石</td></tr>
<tr><td rowspan="2">中等、轻</td><td>级配碎石</td></tr>
<tr><td>水泥稳定碎石,石灰、粉煤灰稳定碎石</td></tr>
</table>
底基层材料可依据交通荷载等级、结构层组合要求和材料供应条件,参照下表选用
各交通荷载等级的底基层材料类型表(JTG D40—2011)
<table>
<tr><th>交通荷载等级</th><th>底基层材料类型</th></tr>
<tr><td>极重、特重、重</td><td>级配碎石,水泥稳定碎石,石灰、粉煤灰稳定碎石</td></tr>
<tr><td>中等、轻</td><td>未筛分碎石、级配碎石。或不设</td></tr>
</table>
基层及底基层类型选择的规定:
(1)承受极重、特重或重交通荷载的路面,基层下应设置底基层;承受中等或轻交通荷载时,可不设底基层。当基层采用无机结合料稳定类材料,且上路床由细粒土组成时,应在基层下设置粒料类底基层。
(2)基层采用无机结合料稳定类材料时,底基层宜选用小于 0.075mm 颗粒含量少于 7% 的粒料类材料。
(3)贫混凝土或碾压混凝土基层上应铺设沥青混凝土夹层,层厚不宜小于 40mm。无机结合料稳定碎石基层上应设置封层,封层可采用单层沥青表面处治或适宜的膜层材料等。当采用单层沥青表面处治时,层厚不宜小于 6mm。</td></tr>
</table>

续上表

项　目	内容、要求和有关规定
路面基层和底基层材料类型要求	(4)多雨地区,路基由低透水性细粒土组成的高速公路和一级公路或者承受极重或特重交通荷载的二级公路,宜设置由开级配沥青稳定碎石或开级配水泥稳定碎石组成的排水基层。排水基层下应设置由密级配粒料或水泥稳定碎石组成的不透水底基层。底基层顶面宜铺设沥青类封层或防水土工织物。 (5)各种基层和底基层的结构层适宜压实厚度,应按所选集料的公称最大粒径和压实效果的要求而定,基层或底基层的设计层厚超出相应材料的适宜压实厚度范围时,宜分层铺设和压实。 (6)贫混凝土或碾压混凝土基层的计算厚度应满足计算的要求。基层设计厚度应依据计算厚度按 10mm 向上取整。 (7)开级配沥青稳定碎石或水泥稳定碎石排水基层的计算厚度应满足排除表面水设计渗入量的需要。排水基层的设计厚度宜依据计算厚度按 10mm 向上取整后再增加 20mm。 (8)硬路肩采用混凝土面层时,基层的结构与厚度应与行车道相同。基层的宽度应比混凝土面层每侧宽出 300mm(小型机具施工时)或 650mm(滑模式摊铺机施工时)。 (9)碾压混凝土基层应设置与混凝土面层相对应的接缝,贫混凝土基层弯拉强度大于 7.5 MPa 时,应设置与面层相对应的横向缩缝;一次摊铺宽度大于 7.5m 时,应设置纵向缩缝

垫层和水泥混凝土路面最小防冻厚度

公路水泥混凝土路面结构层最小防冻厚度(m)(JTG D40—2011)

路基干湿类型	路基土类别	当地最大冰冻深度(m)			
		0.50~1.00	1.00~1.50	1.50~2.00	>2.00
中湿路基	易冻胀土	0.30~0.50	0.40~0.60	0.50~0.70	0.60~0.95
	很易冻胀土	0.40~0.60	0.50~0.70	0.60~0.85	0.70~1.10
潮湿路基	易冻胀土	0.40~0.60	0.50~0.70	0.60~0.90	0.75~1.20
	很易冻胀土	0.45~0.70	0.50~0.80	0.70~1.00	0.80~1.30

注:①易冻胀土——细粒土质砾(GM、GC)、除极细粉土质砂(SM、SC)、塑性指数小于 12 的黏质土(CL、CH)。
②很易冻胀土——粉质土(ML、MH)、极细粉土质砂(SM)、塑性指数在 12~22 之间的黏质土(CL)。
③冻深小或填方路段,或基层、垫层采用隔温性能良好的材料,可采用低值;冻深大或挖方及地下水位高的路段,或基层、垫层采用隔温性能稍差的材料,可采用高值。
④冻深小于 0.5m 的地区可不考虑结构层防冻厚度

水泥混凝土路面最小防冻厚度(CJJ 169—2012)

路基潮湿类型 / 冰冻深度(cm) \ 土类	中湿		潮湿	
	粉质土	黏质土、含细粒土的砂	粉质土	黏质土、含细粒土的砂
50~100	40~50	30~40	50~65	40~50
100~150	50~70	40~60	65~80	50~70
150~200	70~80	60~70	80~100	70~90
>200	80~110	70~95	100~130	90~50

注:①冻深小于 50cm 地区可不设防冻层,但对潮湿与过湿路段,路面防冻层厚度可等于当地最大冻深。
②表中垫层部分所需厚度系以砂砾材料为准,如采用隔温性能良好的材料(炉渣等),其垫层厚度可适当减薄。
③季节性冰冻地区的中湿、潮湿路段的路面结构总厚度小于上表规定的最小厚度时,其差值应通过设置垫层补足。过湿路段的路基经疏干与加固稳定措施后,可按上表潮湿路段的要求设垫层

12.4.2 水泥混凝土路面结构层次

水泥混凝土路面结构层次　表 12-9

道路等级	水泥混凝土板	基层	垫层	说明
高速公路、一级公路、城市快速路、城市主干路	厚 24cm 或以上	水泥稳定砂砾、石灰工业废渣类基层 20～30cm	根据土基潮湿情况以及可能产生冻害的情况设置，最小厚度为 15cm	面层、基层厚度由设计确定。基层厚度还应满足基层顶面当量回弹模量 E_t 值规定。 垫层的厚度可按当地经验由设计确定。在冰冻区，水泥混凝土路面结构总厚度小于水泥混凝土路面防冻最小厚度规定值时，其差值通过垫层补足
二级公路、城市主干路、城市次干路	20～24cm	水泥稳定砂砾、石灰工业废渣类基层 20～25cm		
三级公路、城市次干路、城市支路	20～22cm （最小厚度 18cm）	水泥稳定砂砾、石灰工业废渣类基层 15～25cm； 石灰土、二灰土、水泥土基层 15～30cm		

12.5 路面工程施工安全要求

路面工程施工安全要求表　表 12-10

项目	规定与要求
一般规定	（1）施工中，拌和楼、发电站（机）、运输车、滑模摊铺机、轨道摊铺机、沥青摊铺机等大型机械设备及其辅助机械（具）操作手不得擅自离开操作台。 （2）施工现场出入口、沿线各交叉口等处应设明显警示、警告标志，并应设专人指挥。 （3）机械设备停放位置应平整，周围应设置明显的警示标志，夜间应设警示灯。 （4）开挖下承层沟槽或施做伸缩缝应设置明显的安全警示标志。 （5）夜间施工，现场作业人员应身穿反光服，路口、危险路段和桥头引道应设置警示灯或反光标志，施工设备均应有照明设备和明显的警示标志，照明应满足夜间施工要求。 （6）隧道内摊铺沥青混凝土路面应符合下列规定： ①应采用机械通风排烟，隧道内空气中的有毒气体和可燃气体的浓度不得超过相关规定。 ②隧道内作业人员应佩戴符合要求的防毒面具。 ③隧道内应有照明和排风等设施，作业人员应穿反光服
基层与底基层	（1）消解石灰，浸水过程中不得投料、翻拌，人员应远避并采取个体防护措施。 （2）拌和作业开机前应警示，拌和机前不得站人，拌和过程中人员不得跨越皮带或调整皮带运输机。 （3）混合料运输应按指定线路行走，不得超载、超速。卸料升斗时，人员不得在车斗的正下方停留。 （4）整平和摊铺作业应临时封闭交通、设明显警示标志，下承层内的各类检查井口应稳固封盖，辅助作业人员应面向压路机方向作业，设备之间应保持安全距离。 （5）碾压作业应符合下列规定： ①多台压路机同时作业时，各机械之间应保持安全距离。 ②作业人员应在行驶机械后方清除轮上黏附物。 ③碾压区内人员不得进入，确需人员进入的应安排专人监护

续上表

项目	规定与要求
沥青面层	(1)封层、透层、黏层施工应符合下列规定: ①喷洒前应做好检查井、闸井、雨水口的安全防护。 ②洒布车行驶中不得使用加热系统。洒布地段不得使用明火。 ③小型机具洒布沥青时,喷头不得朝上,喷头10m范围不得站人,不得逆风作业。 ④大风天气,不得喷洒沥青。 (2)沥青储存地点应配备灭火器、消防砂等消防设施,并应设置警示标志。 (3)沥青脱桶、导热油加热沥青作业应采取防火、防烫伤措施。 (4)沥青混合料拌和作业除应符合下列规定: ①拌和机点火失效时,应关闭喷燃器油门,并应通风清吹后再行点火。 ②拌和过程中人员不得在石料溢流管、升起的料斗下方站立或通行。 ③沥青罐内检查不得使用明火照明。 ④沥青拌和站应配备灭火器、消防砂等消防设施。 (5)沥青路面摊铺、碾压应符合基层及底基层施工安全技术的有关规定
水泥混凝土面层	(1)拌和及运输应符合混凝土工程施工安全技术的有关规定。 (2)摊铺作业布料机与振平机应保持安全距离。 (3)切缝、刻槽作业范围应设警戒区

13 路面基层施工

13.1　路面基层的要求和类型

13.1.1 路面基层的作用和要求

沥青类路面基层和水泥混凝土路面基层的作用和要求　　表 13-1

项目			内容和注意事项
路面基层的作用	沥青类路面基层		沥青类路面通过厚度较薄的柔性面层分布传递荷载于基层，常须铺筑较厚的基层作为承重层；有时当基层厚度较大时，还可视受载情况和当地材料供应情况等，分两层铺筑。直接位于沥青面层（可以是一层、二层或三层）下用高质量材料铺筑的上层为主要承重层，称作基层；位于主要承重层之下用质量较差一些的材料铺筑的下层为次要承重层，称作底基层
	水泥混凝土路面基层		水泥混凝土路面通过厚度较厚的刚性路面板（面层）极大地扩散荷载，故分布于基层的荷载很小，水泥混凝土路面板本身就起到了承重作用。但是水泥混凝土是脆性材料，变形能力较小，抗弯拉强度仅有抗压强度的1/6或1/7左右。因此，要求混凝土板下的基础起连续、均匀支承的弹性地基作用，使混凝土板获得可靠的支撑，不脱空，从而充分发挥水泥混凝土板的承重作用。通常水泥混凝土路面基层厚度比沥青类路面基层要小得多，一般不设底基层
路面基层的基本要求	沥青类路面基层	强度和刚度	有足够的强度和刚度，不产生不容许的残余变形，不产生剪切破坏（粒料基层）和弯拉破坏（结合料稳定基层）。 基层的刚度（回弹模量）与面层的刚度相匹配，如面层和基层的刚度差别过大，面层会由于过大的拉应力产生的拉应变而开裂破坏。宜优先采用结合料稳定基层
		稳定性	有足够的对水稳定性和抗冻性（冰冻地区）。调查试验表明，水分从沥青路面中蒸发出来要比渗透进去困难得多、慢得多。通常要限制不用结合料稳定的材料中小于0.5mm颗粒的含量和塑性指数
		平整度	有足够的平整度。薄的沥青面层的平整度受基层平整度的影响大，特别是沥青表面处治通常只有1.5～3cm厚，几乎不能调整基层表面的不平整。基层的不平整，常反映于面层
		与面层的结合	基层应与面层结合良好。它可以减少面层底面的拉应力和拉应变（一般情况下可减少50%以上，甚至减少到原来的1/4）。它可以使薄沥青面层不发生滑动、推移等破坏。为此，基层表面应稳定、粗糙、干燥、无尘、无松散颗粒
		厚度与宽度	厚度由设计确定，但其最小厚度要大于由施工工艺所要求的最小厚度或当地经验所认定的最小厚度。 宽度应大于其上面层的宽度，一般每边至少宽出25cm，以利面层的碾压和设置路缘石或平石
	水泥混凝土路面基层	强度和刚度	有一定的强度和刚度。坚实、抗变形能力强，地板连续、均匀支承，不脱空。基层顶面的回弹模量视交通量等级不小于80～120MPa
		稳定性	有足够的对水稳定性并耐冲刷；冰冻地区需有足够的抗冻性
		平整度	有足够的平整度，使混凝土板面的厚度均匀
		厚度与宽度	厚度由设计确定，但其最小不小于15cm。 宽度应比混凝土板每边至少宽出25～35cm，以利于支设模板和设置路缘石或平石

13.1.2 路面基层类型、特点和适用范围

路面基层的类型、特点和适用范围 表 13-2

<table>
<tr><th colspan="2">项 目</th><th colspan="4">基层的类型、特点和适用范围</th><th>说 明</th></tr>
<tr><td rowspan="11">路面基层类型</td><td rowspan="11">整体型基层</td><td rowspan="2">水泥稳定土</td><td colspan="2">水泥土(砂)(石屑)</td><td>用水泥稳定细粒土得到的、强度符合要求的混合料,视所用的土类而定,可简称水泥土、水泥砂或水泥石屑。
水泥土不得用作二级或者二级以上公路高级路面的基层,可作底基层,也可作其他各级公路的基层和底基层</td><td rowspan="3">水泥稳定土和石灰稳定土都是一个广义名称,它既包括各种细粒土(颗粒最大粒径小于9.5mm,且其中小于2.36mm的颗粒含量不小于90%的土,如塑性指数不同的各种黏质土、粉质土、砂质土、砂和石屑等),也包括各种中粒土(颗粒最大粒径小于37.5mm,且其中小于31.5mm的颗粒含量不小于90%的土,如砂砾石、碎石土、级配砂砾、级配碎石等)</td></tr>
<tr><td colspan="2">水泥碎石(砂砾)</td><td>用水泥稳定中粒土和粗粒土得到的、强度符合要求的混合料,视所用原材料而定,可简称水泥碎石、水泥砾石,适用于各级道路的基层和底基层。
水泥碎石、水泥砂砾常用于水泥混凝土路面、沥青混凝土路面基层</td></tr>
<tr><td rowspan="2">石灰稳定土</td><td colspan="2">石灰土</td><td>用石灰稳定细粒土得到的、强度符合要求的混合料,称为石灰土。
石灰土不得用作二级公路的基层和二级以下公路高级路面的基层,只作底基层</td></tr>
<tr><td colspan="2">石灰砂粒(碎石)土</td><td>用石灰稳定中粒土和粗粒土得到强度符合要求的混合料,视所用原料而定,原材料为天然砂砾土或级配砂砾时,称石灰砂砾土;原材料为碎石或级配碎石时,称为石灰碎石土。
石灰砂砾土、石灰碎石土适用于各级公路的底基层,以及二级和二级以下公路的基层</td><td rowspan="2">用石灰稳定原中级路面(泥结碎石路面、级配碎石路面),使其适应作沥青路面和水泥混凝土路面基层时,亦属石灰砂砾土或石灰碎石土</td></tr>
<tr><td colspan="3">水泥石灰综合稳定土</td><td>同时用水泥和石灰稳定某种土得到的混合料,简称综合稳定土。
综合稳定土时,若水泥用量占结合料总量的30%以上时,按水泥稳定土考虑;否则,按石灰稳定土考虑</td></tr>
<tr><td rowspan="5">石灰工业废渣稳定土</td><td rowspan="3">石灰粉煤灰类</td><td>二灰土</td><td>用石灰、粉煤灰稳定细粒土(含砂)得到的混合料简称二灰土。二灰土不得用作二级和二级以上公路的基层,可作底基层,也可作其他各级公路的基层和底基层</td><td rowspan="3">二灰碎石在某些地区称煤粉灰三渣,广泛地用作各级公路、城市道路的基层</td></tr>
<tr><td>二灰砂砾(碎石)</td><td>用石灰、粉煤灰稳定中粒土和粗粒土得到的混合料,视所用材料情况可简称二灰砂砾或二灰碎石。
二灰砂砾、二灰碎石适宜于作各级公路、城市道路的基层和底基层</td></tr>
<tr><td>二灰矿渣</td><td>石灰、粉煤灰稳定钢渣、高炉重矿渣(须经水淬等方法处理或经陈化稳定者)得到的混合料,简称二灰钢渣、二灰重矿渣。
二灰钢渣、二灰重矿渣适宜于作各级公路、城市道路的基层</td></tr>
<tr><td colspan="2">石灰煤渣类</td><td>用石灰稳定煤渣(或再添加土、粒料等)得到的混合料,视情况分别简称石灰煤渣、石灰煤渣土、石灰煤渣粒料土等。均适宜于作道路的基层和底基层</td><td rowspan="2">石灰水淬渣碎石(在上海称水淬渣三渣),性能优于粉煤灰三渣</td></tr>
<tr><td colspan="2">石灰钢渣类</td><td>用石灰稳定钢渣得到的混合料简称石灰钢渣(或钢渣石灰),如再加土得到的混合料则称石灰钢渣土(或钢渣石灰土)。用石灰、水淬渣稳定碎石得到的混合料简称石灰水淬渣碎石。
均适宜于作各级公路、城市道路的基层</td></tr>
</table>

续上表

<table>
<tr><th colspan="3">项　目</th><th>基层的类型、特点和适用范围</th><th>说　　明</th></tr>
<tr><td rowspan="4">路面基层类型</td><td rowspan="4">粒料型基层</td><td>级配碎石</td><td>粗、细碎石集料和石屑各占一定比例，并且其颗粒组成符合密实级配要求的混合料，称级配碎石。
级配碎石适用于各等级公路和城市道路的基层和底基层，在一般道路上作基层时，其最大粒径应控制在40mm以内；在高等级道路（高速公路、一级公路、城市快速路和主干路）将级配碎石用作基层以及沥青路面面层和半刚性基层的中间层时，其最大粒径宜控制在30mm以下</td><td>控制最大粒径的尺寸，有利于保持平整度和减少混合料在拌和、运输、摊铺过程中粗细集料离析现象</td></tr>
<tr><td>级配砾石</td><td>粗、细砾石集料和砂各占一定比例，并且其颗粒组成符合密实级配要求且其塑性指数和承载比符合要求的混合料，称级配砾石。
级配砾石可使用于轻交通二级和二级以下公路的基层，以及各级道路的底基层</td><td>在天然砾石中掺加部分碎石或轧碎砾石，可以提高混合料的强度和稳定性。天然砾石掺加部分未经筛分的碎石，其强度和稳定性介于级配碎石和级配砾石之间</td></tr>
<tr><td>填隙碎石</td><td>用单一尺寸的粗碎石作集料，形成嵌锁结构，再用石屑填满碎石的空隙，增加密实度，提高稳定性，这种路面结构层称作填隙碎石。
填隙碎石可使用于各等级道路的底基层和二级公路以下的底基层</td><td>干法施工的填隙碎石特别适用于干旱缺水地区</td></tr>
<tr><td>沥青稳定碎石</td><td>类似于填隙碎石，但在铺筑时洒浇少量沥青于碎石层中，促进碎石层压实成型的一种填隙碎石结构层体，更有利于增加密实度，提高稳定性。
沥青稳定碎石适用于原有结构层整平后作基层，它用作高级路面的基层，并且同时起衬垫作用</td><td>广泛适用于旧路改建，并利用原有路面结构层整平后作基层</td></tr>
</table>

注：1. 也有用贫混凝土、沥青碎石、沥青贯入式碎石作为高级路面的基层，但国内应用较少，故不列入表内。有需要时可参阅有关路面章节。
2. 块料型手砌（摆）块石、片石、拳石等基层或底基层的技术性能不好，容易引起沉陷变形，导致沥青路面、水泥混凝土路面开裂破坏且平整度不好，在等级道路上不应使用，故在表中没有列入

13.2　基层原材料要求

基层原材料要求（JTG/T F20—2015）　表13-3

项　目	规定的内容与说明
一般规定	（1）在原材料试验评定中，应随机选取具有足够数量的样本进行材料试验。（足够数量指满足现行试验规程或相关设计文件中所规定的试验样本数量） （2）再生材料可用于低于原路结构层位或原路等级的公路建设，其技术指标应满足《公路路面基层施工技术细则》（JTG/T F20—2015）的相关要求。 （3）工业废弃物作为筑路材料使用前应进行环境评价，并满足国家相关规定
水泥及添加剂的要求	（1）水泥的强度等级为32.5级或42.5级，且满足JTG/T F20—2015要求的普通硅酸盐水泥等均可使用。 （2）所用水泥初凝时间应大于3h，终凝时间应大于6h且小于10h。 （3）在水泥稳定材料中掺加缓凝剂或早强剂时，应对混合料进行试验验证。缓凝剂和早强剂的技术要求应符合现行《公路水泥混凝土路面施工技术细则》（JTG/T F30）的规定。

续上表

<table>
<tr><th>项 目</th><th>规定的内容与说明</th></tr>
<tr><td>石灰的要求</td><td>
(1)石灰技术要求应符合表a)和表b)的规定。
表a) 生石灰技术要求
<table>
<tr><td rowspan="2">指标</td><td colspan="3">钙质生石灰</td><td colspan="3">镁质生石灰</td><td rowspan="2">试验方法</td></tr>
<tr><td>Ⅰ</td><td>Ⅱ</td><td>Ⅲ</td><td>Ⅰ</td><td>Ⅱ</td><td>Ⅲ</td></tr>
<tr><td>有效氧化钙加氧化镁含量(%)</td><td>≥85</td><td>≥80</td><td>≥70</td><td>≥85</td><td>≥80</td><td>≥70</td><td>T 0813</td></tr>
<tr><td>未消化残渣含量(%)</td><td>≤7</td><td>≤11</td><td>≤17</td><td>≤10</td><td>≤14</td><td>≤20</td><td>T 0815</td></tr>
<tr><td>钙镁石灰的分类界限,氧化镁含量(%)</td><td colspan="3">≤5</td><td colspan="3">>5</td><td>T 0812</td></tr>
</table>
表b) 消石灰技术要求
<table>
<tr><td colspan="2" rowspan="2">指标</td><td colspan="3">钙质生石灰</td><td colspan="3">镁质生石灰</td><td rowspan="2">试验方法</td></tr>
<tr><td>Ⅰ</td><td>Ⅱ</td><td>Ⅲ</td><td>Ⅰ</td><td>Ⅱ</td><td>Ⅲ</td></tr>
<tr><td colspan="2">有效氧化钙加氧化镁含量(%)</td><td>≥65</td><td>≥60</td><td>≥55</td><td>≥60</td><td>≥55</td><td>≥50</td><td>T 0813</td></tr>
<tr><td colspan="2">含水率(%)</td><td>≤4</td><td>≤4</td><td>≤4</td><td>≤4</td><td>≤4</td><td>≤4</td><td>T 0801</td></tr>
<tr><td rowspan="2">细度</td><td>0.60mm方孔筛的筛余(%)</td><td>0</td><td>≤1</td><td>≤1</td><td>0</td><td>≤1</td><td>≤1</td><td>T 0814</td></tr>
<tr><td>0.15mm方孔筛的筛余(%)</td><td>≤13</td><td>≤20</td><td>—</td><td>≤13</td><td>≤20</td><td>—</td><td>T 0814</td></tr>
<tr><td colspan="2">钙镁石灰的分类界限,氧化镁含量(%)</td><td colspan="3">≤4</td><td colspan="3">>4</td><td>T 0812</td></tr>
</table>
(2)高速公路和一级公路用石灰应不低于Ⅱ级技术要求,二级公路用石灰应不低于Ⅲ级技术要求,二级以下公路宜不低于Ⅲ级技术要求。
(3)高速公路和一级公路的基层,宜采用磨细消石灰。
(4)二级以下公路使用等外石灰时,有效氧化钙含量应在20%以上,且混合料强度应满足要求
</td></tr>
<tr><td>粉煤灰等工业废渣的要求</td><td>
(1)干排或湿排的硅铝粉煤灰和高钙粉煤灰等均可用作基层或底基层的结合料。粉煤灰技术要求应符合表c)的规定。
表c) 粉煤灰技术要求
<table>
<tr><td>检测项目</td><td>技术要求</td><td>试验方法</td></tr>
<tr><td>SiO_2、Al_2O_3和Fe_2O_3总含量(%)</td><td>>70</td><td>T 0816</td></tr>
<tr><td>烧失量(%)</td><td>≤20</td><td>T 0817</td></tr>
<tr><td>比表面积(cm^2/g)</td><td>>2 500</td><td>T 0820</td></tr>
<tr><td>0.3mm筛孔通过率(%)</td><td>≥90</td><td>T 0818</td></tr>
<tr><td>0.075mm筛孔通过率(%)</td><td>≥70</td><td>T 0818</td></tr>
<tr><td>湿粉煤灰含水率(%)</td><td>≤35</td><td>T 0801</td></tr>
</table>
</td></tr>
</table>

续上表

项 目	规定的内容与说明
粉煤灰等工业废渣的要求	绝大多数粉煤灰的主要成分是二氧化硅(SiO_2)和三氧化二铝(Al_2O_3),其总含量常超过70%,氧化钙(CaO)含量一般在2% ~6%,这种粉煤灰可称作硅铝粉煤灰。个别地方的粉煤灰含有10% ~40%的氧化钙,这种粉煤灰可称作高钙粉煤灰。 (2)各等级公路的底基层、二级及二级以下公路的基层使用的粉煤灰,通过率指标不满足表c)要求时,应进行混合料强度试验,达到JTG/T F20—2015相关要求的强度指标时,方可使用。 (3)煤矸石、煤渣、高炉矿渣、钢渣及其他冶金矿渣等工业废渣可用于修筑基层或底基层,使用前应崩解稳定,且宜通过不同龄期条件下的强度和模量试验以温度收缩和干湿收缩试验等评价混合料性能。 (4)水泥稳定煤矸石不宜用于高速公路和一级公路。 (5)工业废渣类作为集料使用时,公称最大粒径应不大于31.5mm,颗粒组成宜有一定级配,且不宜含杂质
水的要求	(1)符合现行《生活饮用水卫生标准》(GB 5749)的饮用水可直接作为基层、底基层材料拌和与养生用水。 (2)拌和使用的非饮用水应进行水质检验,技术要求应符合表d)的规定。

表d) 非饮用水技术要求

项次	项目	技术要求	试验方法
1	pH值	≥4.5	JGJ 63
2	Cl^-含量(mg/L)	≤3 500	
3	SO_4^{2-}含量(mg/L)	≤2 700	
4	碱含量(mg/L)	≤1 500	
5	可溶物含量(mg/L)	≤10 000	
6	不溶物含量(mg/L)	≤5 000	
7	其他杂质	不应有漂浮的油脂和泡沫及明显的颜色和异味	

(3)养生用水可不检验不溶物含量,其他指标应符合表d)的规定

项 目	规定的内容与说明
粗集料的要求	(1)用作被稳定材料的粗集料宜采用各种硬质岩石或砾石加工成的碎石,也可直接采用天然砾石。粗集料应符合表e)中Ⅰ类规定,用作级配碎石的粗集料应符合表e)中Ⅱ类的规定。

表e) 粗集料技术要求

指标	层位	高速公路和一级公路				二级及二级以下公路		试验方法
		极重、特重交通		重、中、轻交通				
		Ⅰ类	Ⅱ类	Ⅰ类	Ⅱ类	Ⅰ类	Ⅱ类	
压碎值(%)	基层	≤22[a]	≤22	≤26	≤26	≤35	≤30	T 0316
	底基层	≤30	≤26	≤30	≤26	≤40	≤35	
针片状颗粒含量(%)	基层	≤18	≤18	≤22	≤18	—	≤20	T 0312
	底基层	—	≤20	—	≤20	—	≤20	
0.075mm以下粉尘含量(%)	基层	≤1.2	≤1.2	≤2	≤2	—	—	T 0310
	底基层	—	—	—	—	—	—	
软石含量(%)	基层	≤3	≤3	≤5	≤5	—	—	T 0320
	底基层	—	—	—	—	—	—	

注:[a] 对花岗岩石料,压碎值可放宽至25%。

续上表

项 目	规定的内容与说明

粗集料的要求

说明:花岗岩的压碎值比较大,玄武岩类、石灰岩类的压碎值比较小。如采用石灰岩类压碎值指标要求花岗岩,在一些地区将难以找到合适的建筑材料,不利于广泛就地取材;相反,如采用花岗岩类的压碎值指标要求石灰岩,则放宽了对原材料的技术要求,不利于工程的质量控制。因此,对高速公路和一级公路极重、特重交通荷载等级下的用于被稳定材料的粗集料压碎值提出两个标准。

(2)基层、底基层的粗集料规格要求宜符合表f)的规定。

表f) 粗集料规格要求

规格名称	工程粒径(mm)	通过下列筛孔(mm)的质量百分率(%)									公称粒径(mm)
		53	37.5	31.5	26.5	19.0	13.2	9.5	4.75	2.36	
G1	20~40	100	90~100	—	—	0~10	0~5	—	—	—	19~37.5
G2	20~30	—	100	90~100	—	0~10	0~5	—	—	—	19~37.5
G3	20~25	—	—	100	90~100	0~10	0~5	—	—	—	19~37.5
G4	15~25	—	—	100	90~100	—	0~10	0~5	—	—	13.2~26.5
G5	15~20	—	—	—	100	90~100	0~10	0~5	—	—	13.2~19
G6	10~30	—	100	90~100	—	—	—	0~10	0~5	—	9.5~31.5
G7	10~25	—	—	100	90~100	—	—	0~10	0~5	—	9.5~26.5
G8	10~20	—	—	—	100	0~100	—	0~10	0~5	—	9.5~19
G9	10~15	—	—	—	—	100	0~100	0~10	0~5	—	9.5~13.2
G10	5~15	—	—	—	—	100	0~100	40~70	0~10	0~5	4.75~13.2
G11	5~10	—	—	—	—	—	100	90~100	0~10	0~5	4.75~9.5

(3)高速公路和一级公路极重、特重交通荷载等级基层的4.75mm以上粗集料应采用单一粒径的规格料。

(4)作为高速公路、一级公路底基层和二级及二级以下公路基层、底基层被稳定材料的天然砾石材料宜满足表e)的要求,并应级配稳定、塑性指数不大于9。

(5)应选择适当的碎石加工工艺,用于破碎的原石粒径应为破碎后碎石公称最大粒径的3倍以上。高速公路基层用碎石,应采用反击破碎的加工工艺。

(6)碎石加工中,根据筛网放置的倾斜角度和工程经验,应选择合理的筛孔尺寸。粒径尺寸与筛孔尺寸对应关系宜符合表g)的规定。根据破碎方式和石质的不同,可适当调整筛孔尺寸,调整范围宜为1~2mm。

表g) 粒径尺寸与筛孔尺寸对应表

粒径尺寸(mm)	4.75	9.5	13.2	16	19	26.5	31.5	37.5
筛孔尺寸(mm)	5.5	11	15	18	22	31	36	43

(7)用作级配碎石或砾石的粗集料应采用具有一定级配的硬质石料,且不应含有黏土块、有机物等。

(8)级配碎石或砾石用作基层时,高速公路和一级公路公称最大粒径应不大于26.5mm,二级及二级以下公路公称最大粒径应不大于31.5mm;用作底基层时,公称最大粒径应不大于37.5mm

细集料的要求

(1)细集料应洁净、干燥、无风化、无杂质,并有适当的颗粒级配。

(2)高速公路和一级公路用细集料技术要求应符合表h)的规定。

表h) 细集料技术要求

项目	水泥稳定[a]	石灰稳定	石灰粉煤灰综合稳定	水泥粉煤灰综合稳定	试验方法
颗粒分析	满足级配要求				T 0302/0303/0327
塑性指数[b]	≤17	适宜范围15~20	适宜范围12~20	—	T 0118
有机质含量(%)	<2	≤10	≤10	<2	T 0313/0336
硫酸盐含量(%)	≤0.25	≤0.8	—	≤0.25	T 0341

注:[a]水泥稳定包含水泥石灰综合稳定;

[b]应测定0.075mm以下材料的塑性指数。

续上表

项　目	规定的内容与说明

细集料的要求

(3)细集料规格要求应符合表i)的规定。

表i)　细集料规格要求

规格名称	工程粒径(mm)	通过下列筛孔(mm)的质量百分率(%)								公称粒径(mm)
		9.5	4.75	2.36	1.18	0.6	0.3	0.15	0.075	
XG1	3~5	100	90~100	0~15	0~5	—	—	—	—	2.36~4.75
XG2	0~3	—	100	90~100	—	—	—	—	0~15	0~2.36
XG3	0~5	100	90~100	—	—	—	—	—	0~20	0~4.75

(4)对0~3mm和0~5mm的细集料应分别严格控制大于2.36mm和4.75mm的颗粒含量。对3~5mm的细集料应严格控制小于2.36mm的颗粒含量。

(5)高速公路和一级公路,细集料中小于0.075mm的颗粒含量应不大于15%;二级及二级以下公路,细集料中小于0.075mm的颗粒含量应不大于20%。

(6)级配碎石或砾石中的细集料可使用细筛余料,或专门轧制的细碎石集料。

(7)天然砾石或粗砂作为细集料时,其颗粒尺寸应满足工程需要,且级配稳定,超尺寸颗粒含量超过JTG/T F20—2015或实际工程的规定时应筛除

材料分档与掺配要求

(1)材料分档应符合表j)的规定。

表j)　材料分档要求

层位	高速公路和一级公路		二级及二级以下公路
	极重、特重交通	重、中、轻交通	
基层	≥5	≥4	>3或4[a]
底基层	≥4	≥3或4[a]	≥3

注:[a]对一般工程可选择不少于3档备料,对极重、特重交通荷载等级且强度要求较高时,为了保证级配的稳定,宜选择不少于4档备料。

(2)公称最大粒径为19mm、26.5mm和31.5mm的无机结合料稳定碎石或砾石的备料规格宜符合表k)的规定。

表k)　不同粒径混合料的备料规格

公称最大粒径(mm)	类型	一档	二档	三档	四档	五档	六档
19	三档备料	XG3	G11	G8	—	—	—
	四档备料Ⅰ	XG2	XG1	G11	G8	—	—
	四档备料Ⅱ	XG3	G11	G9	G5	—	—
	四档备料Ⅲ[a]	XG3(1)	XG(2)	G11	G8	—	—
	五档备料Ⅰ	XG2	XG1	G11	G9	G5	—
	五档备料Ⅱ[a]	XG3(1)	XG(2)	G11	G9	G5	—
26.5	四档备料	XG3	G11	G8	G3	—	—
	五档备料Ⅰ	XG3	G11	G9	G5	G3	—
	五档备料Ⅱ	XG2	XG1	G11	G8	G3	—
	五档备料Ⅲ[a]	XG3(1)	XG3(2)	G11	G8	G3	—
	六档备料Ⅰ	XG2	XG1	G11	G9	G5	G3
	六档备料Ⅱ[a]	XG3(1)	XG3(2)	G11	G9	G5	G3

续上表

<table>
<tr><th>项　目</th><th colspan="8">规定的内容与说明</th></tr>
<tr><td rowspan="8">材料分档与掺配要求</td><td>公称最大粒径(mm)</td><td>类型</td><td>一档</td><td>二档</td><td>三档</td><td>四档</td><td>五档</td><td>六档</td></tr>
<tr><td rowspan="6">31.5</td><td>四档备料</td><td>XG3</td><td>G11</td><td>G8</td><td>G2</td><td>—</td><td>—</td></tr>
<tr><td>五档备料Ⅰ</td><td>XG3</td><td>G11</td><td>G9</td><td>G5</td><td>G2</td><td>—</td></tr>
<tr><td>五档备料Ⅱ</td><td>XG3</td><td>G11</td><td>G9</td><td>G4</td><td>G2</td><td>—</td></tr>
<tr><td>五档备料Ⅲ[a]</td><td>XG3(1)</td><td>XG3(2)</td><td>G11</td><td>G8</td><td>G2</td><td>—</td></tr>
<tr><td>六档备料Ⅰ</td><td>XG2</td><td>XG1</td><td>G11</td><td>G9</td><td>G5</td><td>G2</td></tr>
<tr><td>六档备料Ⅱ[a]</td><td>XG3(1)</td><td>XG3(2)</td><td>G11</td><td>G9</td><td>G5</td><td>G2</td></tr>
<tr><td colspan="8">注:[a] 表中 XG3(1)和 XG3(2)为两种不同级配规律的 0～5mm 的细集料。
(3)用于二级及二级以上公路基层和底基层的级配碎石或砾石,应由不少于 4 种规格的材料掺配而成。
(4)天然材料用于高速公路和一级公路的基层时,应筛分成表 f)中规定的规格,按表 k)中的备料规格进行掺配。天然材料的规格不满足设计级配的要求时,可掺配一定比例的碎石或轧碎砾石。
(5)级配碎石或砾石类材料中宜掺加石屑、粗砂等材料。
(6)级配碎石或砾石细集料的塑性指数应不大于 12。不满足要求时,可加石灰、无塑性的砂或石屑掺配处理</td></tr>
</table>

13.3 混合料组成设计

13.3.1 混合料组成设计的一般规定

混合料组成设计的一般规定(JTG/T F20—2015)　　表 13-4

<table>
<tr><th>项　目</th><th>一般规定的内容与说明</th></tr>
<tr><td>整体要求</td><td>(1)混合料组成设计应按设计要求,选择技术经济合理的混合料类型和配合比。
(2)应根据公路等级、交通荷载等级、结构形式、材料类型等因素确定材料技术要求。</td></tr>
<tr><td>设计内容组成与流程</td><td>无机结合料稳定材料组成设计应包括原材料检验、混合料的目标配合比设计、混合料的生产配合比设计和施工参数确定 4 部分。无机结合料稳定材料组成设计流程见下图。
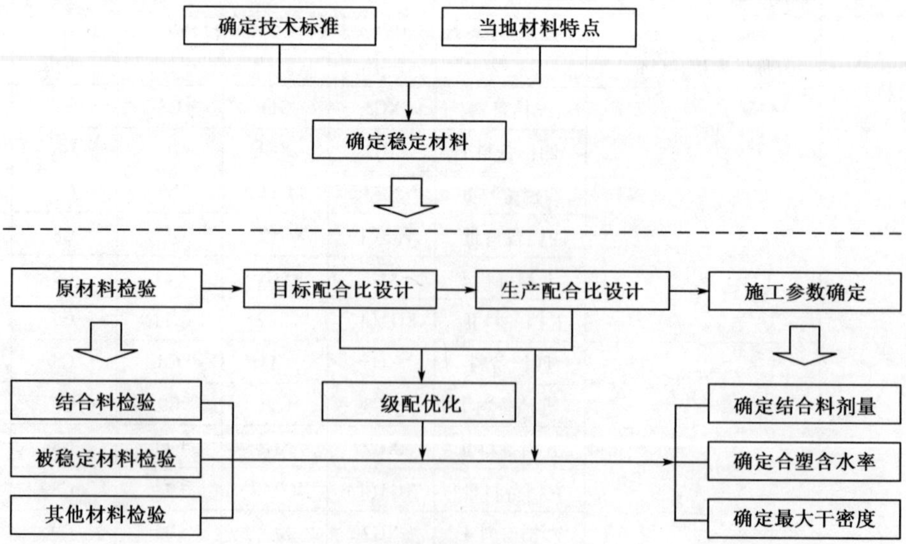
无机结合料稳定材料设计流程</td></tr>
</table>

续上表

项　目	一般规定的内容与说明
设计内容组成与流程	原材料检验应包括结合料、被稳定材料及其他相关材料的试验。所有检测指标均应满足相关设计标准或技术文件的要求。 (1)目标配合比设计应包括下列技术内容： ①选择级配范围。 ②确定结合料类型及掺配比例。 ③验证混合料相关的设计及施工技术指标。 (2)生产配合比设计应包括下列技术内容： ①确定料仓供料比例。 ②确定水泥稳定材料的容许延迟时间。 ③确定结合料剂量的标定曲线。 ④确定混合料的最佳含水率、最大干密度。 (3)施工参数确定应包括下列技术内容： ①确定施工中结合料的剂量。 ②确定施工合理含水率及最大干密度。 ③验证混合料强度技术指标
试验技术要求	(1)击实方法 确定无机结合料稳定材料最大干密度指标时宜采用重型击实方法，也可采用振动压实方法。(说明：振动压实试验方法是指按现行《公路工程无机结合料稳定材料试验规程》(JTG E51)中T 0842规定的，遵循压实功等效原则的试验方法。) (2)级配 应根据当地材料的特点和混合料设计要求，通过配合比设计选择最优的工程级配。 (3)频次 在施工过程中，材料品质或规格发生变化、结合料品种发生变化时，应重新进行材料组成设计

13.3.2 混合料的强度要求

混合料的强度要求(JTG/T F20—2015)　表13-5

项目	规定的内容与说明
一般规定	(1)用于基层的无机结合料稳定材料，强度满足要求时，尚宜检验其抗冲刷和抗裂性能。 (2)应采用7d龄期无侧限抗压强度作为无机结合料稳定材料施工质量控制的主要指标。 (3)高速公路和一级公路应验证所用材料的7d龄期无侧限抗压强度与90d或180d龄期弯拉强度的关系
水泥稳定材料	水泥稳定材料的7d龄期无侧限抗压强度标准 R_d 应符合表a)的规定。 水泥稳定类材料强度要求较高时，宜采取控制原材料技术指标和优化级配设计等措施，不宜单纯通过增加水泥剂量来提高材料强度。

表a)　水泥稳定材料的7d龄期无侧限抗压强度标准 R_d(MPa)

结构层	公路等级	极重、特重交通	重交通	中、轻交通
基层	高速公路和一级公路	5.0~7.0	4.0~6.0	3.0~5.0
	二级及二级以下公路	4.0~6.0	3.0~5.0	2.0~4.0
底基层	高速公路和一级公路	3.0~5.0	2.5~4.5	2.0~4.0
	二级及二级以下公路	2.5~4.5	2.0~4.0	1.0~3.0

注：①公路等级高或交通荷载等级高或结构安全性要求高时，推荐取上限强度标准。
②表中强度标准指的是7d龄期无侧限抗压强度的代表值，本节以下各表同

续上表

项目	规定的内容与说明
碾压贫混凝土	碾压贫混凝土应符合下列规定: (1)7d 龄期无侧限抗压强度应不低于 7MPa,且宜不高于 10MPa。 (2)水泥剂量宜不大于 13%。 (3)需要提高材料强度时,应优化混合料级配,并验证混合料收缩性能、弯拉强度和模量等指标
石灰粉煤灰稳定材料	石灰粉煤灰稳定材料的 7d 龄期无侧限抗压强度标准 R_d 应符合表 b)的规定,其他工业废渣稳定材料宜参照此标准执行。

表 b)　石灰粉煤灰稳定材料的 7d 龄期无侧限抗压强度标准 R_d(MPa)

结构层	公路等级	极重、特重交通	重交通	中、轻交通
基层	高速公路和一级公路	≥1.1	≥1.0	≥0.9
	二级及二级以下公路	≥0.9	≥0.8	≥0.7
底基层	高速公路和一级公路	≥0.8	≥0.7	≥0.6
	二级及二级以下公路	≥0.7	≥0.6	≥0.5

注:石灰粉煤灰稳定材料强度不满足表 b)的要求时,可外加混合料质量 1% ~2% 的水泥

项目	规定的内容与说明
水泥粉煤灰稳定材料	水泥粉煤灰稳定材料的 7d 龄期无侧限抗压强度标准 R_d 应符合表 c)的规定

表 c)　水泥粉煤灰稳定材料的 7d 龄期无侧限抗压强度标准 R_d(MPa)

结构层	公路等级	极重、特重交通	重交通	中、轻交通
基层	高速公路和一级公路	4.0 ~5.0	3.5 ~4.5	3.0 ~4.0
	二级及二级以下公路	3.5 ~4.5	3.0 ~4.0	2.5 ~3.5
底基层	高速公路和一级公路	2.5 ~3.5	2.0 ~3.0	1.5 ~2.5
	二级及二级以下公路	2.0 ~3.0	1.5 ~2.5	1.0 ~2.0

项目	规定的内容与说明
石灰稳定材料	石灰稳定材料的 7d 龄期无侧限抗压强度标准 R_d 应符合表 d)的规定。 石灰稳定砾石土或碎石土材料可仅对其中公称最大粒径小于 4.75mm 的石灰土进行 7d 龄期无侧限抗压强度验证,且无侧限抗压强度应不小于 0.8MPa。

表 d)　石灰稳定材料的 7d 龄期无侧限抗压强度标准 R_d(MPa)

结构层	高速公路和一级公路	二级及二级以下公路
基层	—	≥0.8[a]
底基层	≥08	0.5 ~0.7[b]

注:石灰土强度达不到表 d)规定的抗压强度标准时,可添加部分水泥,或改用另一种塑性指数过小的土,不宜用石灰稳定,宜改用水泥稳定。

[a]在低塑性材料(塑性指数小于 7)地区,石灰稳定砾石土和碎石土的 7d 龄期无侧限抗压强度应大于 0.5MPa (100g 平衡锥测液限)。

[b]低限值用于塑性指数小于 7 的黏性土,且低限值宜仅用于二级以下公路。高限值用于塑性指数大于 7 的黏性土

13.3.3 混合料的强度试验及计算

混合料的强度试验及计算(JTG/T F20—2015)　　表 13-6

项目	一般规定的内容与说明
强度试验及计算	(1)强度试验时,应按现场压实度标准采用静压法成型试件。 (2)强度试验试件的径高比应为 1:1。无机结合料稳定细粒材料的试件直径应该为 100mm,无机结合料稳定中、粗粒材料的试件直径应为 150mm。 (3)强度试验时,平行试验的最少试件数量应符合表 a)的规定。试验结果的变异系数大于表中规定值时,应重做试验或增加试件数量。

续上表

项目	一般规定的内容与说明
强强度试验及计算	（见下）

表 a）　平行试验的最小试件数量

材料类型	变异系数要求		
	<10%	10% ~15%	15% ~20%
细粒材料[a]	6	9	—
中粒材料[b]	6	9	13
粗粒材料[c]	—	9	13

注：[a]公称最大粒径小于 16mm 的材料。

[b]公称最大粒径不小于 16mm 的材料，且小于 26.5mm 的材料。

[c]公称最大粒径不小于 26.5mm 的材料。

(4)根据试验结果，应按下式计算强度代表值 R_d^0

$$R_d^0 = \overline{R} \cdot (1 - Z_\alpha C_V) R$$

式中：Z_α——标准正态分布表中随保证率或置信度 α 而变的系数，高速公路和一级公路应取保证率 95%，即 $Z_\alpha = 1.645$；二级及二级以下公路应取保证率 90%，即 $Z_\alpha = 1.282$；

$\overline{R}$——一组试验的强度平均值；

C_V——组试验的强度变异系数。

(5)强度数据处理时，宜按 3 倍标准差的标准剔除异常数值，且同一组试验样本异常值剔除应不多于 2 个。

(6)强度代表值 R_d^0 应不小于强度标准值 R_d，见下式。当 $R_d^0 < R_d$ 时，应重新进行配合比试验

$$R_d^0 \geq R_d$$

13.3.4 无机结合料的计算和比例

无机结合料的计算和比例（JTG/T F20—2015）　　表 13-7

项　目	规定的内容与说明
一般规定	(1)水泥稳定材料的水泥剂量应以水泥质量占全部干燥被稳定材料质量的百分率表示。 (2)稳定材料的石灰剂量应以石灰质量占全部干燥被稳定材料质量的百分率表示。 (3)石灰工业废渣混合料应采用质量配合比计算，以石灰:工业废渣:被稳定材料的质量比表示
石灰稳定类	石灰粉煤灰稳定材料和石灰煤渣稳定材料比例可采用表 a)中的推荐值。

表 a）　石灰粉煤灰稳定材料和石灰煤渣稳定材料推荐比例

材料类型	材料名称	使用层位	结合料间比例	结合料与被稳定材料间比例
石灰粉煤灰	硅铝粉煤灰的石灰粉煤灰类[a]	基层或底基层	石灰:粉煤灰 =1:2 ~ 1:9	—
	石灰粉煤灰土	基层或底基层	石灰:粉煤灰 = 1:2 ~ 1:4[b]	石灰粉煤灰:细粒材料 = 30:70[c] ~ 10:90
	石灰粉煤灰稳定级配碎石或砾石	基层	石灰:粉煤灰 = 1:2 ~ 1:4	石灰粉煤灰:被稳定材料 = 20:80 ~ 15:85[d]
石灰煤渣	石灰煤渣稳定材料	基层或底基层	石灰:煤渣 =20:80 ~ 15:85	—
	石灰煤渣土	基层或底基层	石灰:煤渣 = 1:1 ~ 1:4	石灰粉煤灰:细粒材料 = 1:1 ~ 1:4[e]
	石灰煤渣稳定材料	基层或底基层	石灰:煤渣:被稳定材料 =（7 ~ 9）:（26 ~ 33）:（67 ~ 58）	

续上表

<table>
<tr><th>项 目</th><th>规定的内容与说明</th></tr>
<tr><td>石灰稳定类</td><td>
注:[a]CaO 含量为 2% ~6% 的硅铝粉煤灰。
[b]粉土以 1:2 为宜。
[c]采用此比例时,石灰与粉煤灰之比宜为 1:2 ~1:3。
[d]石灰粉煤灰与粒料之比为 15:85 ~20:80 时,在混合料中,粒料形成骨架,石灰粉煤灰起填充孔隙和胶结作用。这种混合料称骨架密实式石灰粉煤灰粒料。
[e]混合料中石灰应不少于 10%,可通过试验选取强度较高的配合比
</td></tr>
<tr><td>水泥稳定类</td><td>
(1)水泥粉煤灰稳定材料应采用质量配合比计算,以水泥:粉煤灰:被稳定材料的质量比表示。
(2)水泥粉煤灰稳定材料和水泥煤渣稳定材料比例可采用表 b)中的推荐值。
表 b) 水泥粉煤灰稳定材料和水泥煤渣稳定材料推荐比例
<table>
<tr><th>材料类型</th><th>材料名称</th><th>使用层位</th><th>结合料间比例</th><th>结合料与被稳定材料间比例</th></tr>
<tr><td rowspan="3">石灰粉煤灰</td><td>硅铝粉煤灰的水泥粉煤灰类[a]</td><td>基层或底基层</td><td>水泥:粉煤灰 = 1:3 ~1:9</td><td>—</td></tr>
<tr><td>水泥粉煤灰土</td><td>基层或底基层</td><td>水泥:粉煤灰 = 1:3 ~1:5</td><td>水泥粉煤灰:细粒材料 = 30:70[b] ~10:90</td></tr>
<tr><td>水泥粉煤灰稳定级配碎石或砾石</td><td>基层</td><td>水泥:粉煤灰 = 1:3 ~1:5</td><td>水泥粉煤灰:被稳定材料 =20:80 ~15:85[c]</td></tr>
<tr><td rowspan="3">水泥煤渣</td><td>水泥煤渣稳定材料</td><td>基层或底基层</td><td>水泥:煤渣 =5:95 ~15:85</td><td>—</td></tr>
<tr><td>水泥煤渣土</td><td>基层或底基层</td><td>水泥:煤渣 = 1:2 ~1:5</td><td>水泥煤渣:细粒材料 = 1:2 ~1:5[d]</td></tr>
<tr><td>水泥煤渣稳定材料</td><td>基层或底基层</td><td colspan="2">水泥:煤渣:被稳定材料 = (3 ~5):(26 ~33):(71 ~62)</td></tr>
</table>
注:[a]CaO 含量为 2% ~6% 的硅铝粉煤灰。
[b]采用此比例时,水泥与粉煤灰之比宜为 1:2 ~1:3。
[c]水泥粉煤灰与粒料之比为 15:85 ~20:80 时,在混合料中,粒料形成骨架,水泥粉煤灰起填充孔隙和胶结作用。
[d]混合料中水泥应不少于 4%,可通过试验选取强度较高的配合比
</td></tr>
<tr><td>综合稳定类</td><td>水泥、石灰综合稳定时,水泥用量占结合料总量不小于 30% 时,应按水泥稳定材料的技术要求进行组成设计,水泥和石灰的比例宜取 60:40、50:50 或 40:60;水泥用量占结合料总量小于 30% 时,应按石灰稳定材料设计</td></tr>
</table>

13.3.5 混合料推荐级配及技术要求

混合料推荐级配及技术要求(JTG/T F20—2015)　　表 13-8

<table>
<tr><th>项　目</th><th>规定的内容与说明</th></tr>
<tr><td>被稳定材料液塑性</td><td>采用水泥稳定时,被稳定材料的液限应不大于40%,塑性指数应不大于17。塑性指数大于17时,宜采用石灰稳定或用水泥和石灰综合稳定</td></tr>
<tr><td>水泥稳定类材料</td><td>
(1)采用水泥稳定,被稳定材料中含有一定量的碎石或砾石,且小于0.6mm的颗粒含量在30%以下时,塑性指数可大于17,且土的均匀系数应大于5。其级配可采用表a)中推荐的级配范围,并应符合下列规定:
①用于高速公路和一级公路的底基层时,被稳定材料的公称最大粒径应不大于31.5mm,级配宜符合表a)中C-A-1或C-A-2的规定,被稳定材料中不宜含有黏性土或粉性土。
②用于二级公路的基层时,级配宜符合表a)中C-A-1的规定,被稳定材料中不宜含有黏性土或粉性土。
③用于二级以下公路的基层时,级配宜符合表a)中C-A-3的规定,被稳定材料的公称最大粒径应不大于37.5mm。
④用于二级及二级以下公路的底基层时,级配宜符合表a)中C-A-4的规定,被稳定材料的公称最大粒径应不大于37.5mm。
表a)　水泥稳定材料的推荐级配范围(%)
<table>
<tr><th rowspan="2">筛孔尺寸(mm)</th><th>高速公路和一级公路的底基层或二级公路的基层</th><th>高速公路和一级公路的底基层</th><th>二级以下公路的基层</th><th>二级及二级以下公路的底基层</th></tr>
<tr><th>C-A-1</th><th>C-A-2</th><th>C-A-3</th><th>C-A-4</th></tr>
<tr><td>53</td><td>—</td><td>—</td><td>100</td><td>100</td></tr>
<tr><td>37.5</td><td>100</td><td>100</td><td>90~100</td><td>—</td></tr>
<tr><td>31.5</td><td>90~100</td><td>—</td><td>—</td><td>—</td></tr>
<tr><td>26.5</td><td>—</td><td>—</td><td>66~100</td><td>—</td></tr>
<tr><td>19</td><td>67~90</td><td>—</td><td>54~100</td><td>—</td></tr>
<tr><td>9.5</td><td>45~68</td><td>—</td><td>39~100</td><td>—</td></tr>
<tr><td>4.75</td><td>29~50</td><td>50~100</td><td>28~84</td><td>50~100</td></tr>
<tr><td>2.36</td><td>18~38</td><td>—</td><td>20~70</td><td>—</td></tr>
<tr><td>1.18</td><td>—</td><td>—</td><td>14~57</td><td>—</td></tr>
<tr><td>0.6</td><td>8~22</td><td>17~100</td><td>8~47</td><td>17~100</td></tr>
<tr><td>0.075</td><td>0~7</td><td>0~30</td><td>0~30</td><td>0~50</td></tr>
</table>
注:表中水泥稳定材料不包括水泥稳定级配碎石或砾石。
(2)采用水泥稳定,被稳定材料为粒径较均匀的砂时,宜在砂中添加适量塑性指数小于10的黏性土、石灰土或粉煤灰,加入比例应通过击实试验确定。添加粉煤灰的比例宜为20%~40%。
(3)水泥稳定级配碎石或砾石的级配可采用表b)中推荐的级配范围,并宜符合下列规定:
①用于高速公路和一级公路时,级配宜符合表b)中C-B-1、C-B-2的规定。混合料密实时也可采用C-B-3级配。C-B-1级配宜用于基层和底基层,C-B-2级配宜用于基层。
②用于二级及二级以下公路时,级配宜符合表b)中C-C-1、C-C-2、C-C-3的规定。C-C-1级配宜用于基层和底基层,C-C-2和C-C-3级配宜用于基层,C-B-3级配宜用于极重、特重交通荷载等级下的基层。
③被稳定材料的液限宜不大于28%。
</td></tr>
</table>

续上表

项　目	规定的内容与说明
水泥稳定类材料	④用于高速公路和一级公路时,被稳定材料的塑性指数宜不大于5;用于二级及二级以下公路时,宜不大于7。 (4)碾压贫混凝土的级配宜采用表b)中推荐的C-B-1和C-B-2级配。

表b)　水泥稳定级配碎石或砾石的级配范围(%)

筛孔尺寸(mm)	高速公路和一级公路			二级及二级以下公路		
	C-B-1	C-B-2	C-B-3	C-C-1	C -C-2	C-C-3
37 .5	—	—	—	100	—	—
31.5	—	—	100	100 ~ 90	100	—
26.5	100	—	—	94 ~ 81	100 ~ 90	100
19	86 ~ 82	100	68 ~ 86	3 ~ 67	87 ~ 73	100 ~ 90
16	79 ~ 73	93 ~ 88	—	78 ~ 61	82 ~ 65	92 ~ 79
13.2	72 ~ 65	86 ~ 76	—	73 ~ 54	75 ~ 58	83 ~ 67
9.5	62 ~ 53	72 ~ 59	38 ~ 58	64 ~ 45	66 ~ 47	71 ~ 52
4.75	45 ~ 35	45 ~ 35	22 ~ 32	50 ~ 30	50 ~ 30	50 ~ 30
2.36	31 ~ 22	31 ~ 22	16 ~ 28	36 ~ 19	36 ~ 19	36 ~ 19
1.18	22 ~ 13	22 ~ 13	—	26 ~ 12	26 ~ 12	26 ~ 12
0.6	15 ~ 8	15 ~ 8	8 ~ 15	19 ~ 8	19 ~ 8	19 ~ 8
0.3	10 ~ 5	10 ~ 5	—	14 ~ 5	14 ~ 5	14 ~ 5
0.15	7 ~ 3	7 ~ 3	—	10 ~ 3	10 ~ 3	10 ~ 3
0.075	5 ~ 2	5 ~ 2	0 ~ 3	7 ~ 2	7 ~ 2	7 ~ 2

石灰粉煤灰稳定材料

石灰粉煤灰稳定材料可采用表c)中推荐的级配范围,并应符合下列规定:

(1)用于高速公路和一级公路基层时,石灰粉煤灰总质量宜占15%,应不大于20%,被稳定材料公称最大粒径应不大于26.5mm,级配宜符合表c)中LF-A-2L和LF-B-2S的规定。

(2)用于高速公路和一级公路底基层时,各档被稳定材料总质量宜不小于80%,级配宜符合表c)中LF-A-1L和LF-A-1S的规定。对极重、特重交通荷载等级,级配宜符合表c)中LF-A-2L和LF-A-2S的规定。

(3)用于二级及二级以下公路基层时,被稳定材料的公称最大粒径应不大于31.5mm,其总质量宜不小于80%,并符合表c)中LF-B-2L和LF-B-2S的规定。

(4)用于二级及二级以下公路底基层时,各档被稳定材料总质量宜不小于70%,并符合表c)中LF-B-lL和LF-B-1S的规定。对极重、特重交通荷载等级,可选择符合表c)中LF-B-2L和LF-B-2S的规定

表c)　石灰粉煤灰稳定级配碎石或砾石的推荐级配范围(%)

筛孔尺寸(mm)	高速公路和一级公路				二级及二级以下公路			
	稳定碎石		稳定砾石		稳定碎石		稳定砾石	
	LF-A-1S	LF-A-2S	LF-A-1L	LF-A-2L	LF-B-1S	LF-B-2S	LF-B-1L	LF-B-2L
37.5	—	—	—	—	100	—	100	—
31.5	100	—	100	—	100 ~ 90	100	100 ~ 90	100
26.5	95 ~ 91	100	96 ~ 93	100	94 ~ 81	100 ~ 90	95 ~ 84	100 ~ 90
19	85 ~ 76	89 ~ 82	88 ~ 81	91 ~ 86	83 ~ 67	87 ~ 73	87 ~ 72	91 ~ 77
16	80 ~ 69	84 ~ 73	84 ~ 75	87 ~ 79	78 ~ 61	82 ~ 65	83 ~ 67	86 ~ 71
13.2	75 ~ 62	78 ~ 65	79 ~ 69	82 ~ 72	73 ~ 54	75 ~ 58	79 ~ 62	81 ~ 65
9.5	65 ~ 51	67 ~ 53	71 ~ 60	73 ~ 62	64 ~ 45	66 ~ 47	72 ~ 54	74 ~ 55
4.75	45 ~ 35	45 ~ 35	55 ~ 45	55 ~ 45	50 ~ 30	50 ~ 30	60 ~ 40	60 ~ 40
2.36	31 ~ 22	31 ~ 22	39 ~ 27	39 ~ 27	36 ~ 19	36 ~ 19	44 ~ 24	44 ~ 24
1.18	22 ~ 1 3	22 ~ 13	28 ~ 16	28 ~ 16	26 ~ 12	26 ~ 12	33 ~ 15	33 ~ 15
0.6	15 ~ 8	15 ~ 8	20 ~ 10	20 ~ 10	19 ~ 8	19 ~ 8	25 ~ 9	25 ~ 9
0.3	10 ~ 5	10 ~ 5	14 ~ 6	14 ~ 6	—	—	—	—
0.15	7 ~ 3	7 ~ 3	10 ~ 3	10 ~ 3	—	—	—	—
0.075	5 ~ 2	5 ~ 2	7 ~ 2	7 ~ 2	7 ~ 2	7 ~ 2	10 ~ 2	10 ~ 2

续上表

项　　目	规定的内容与说明
水泥粉煤灰稳定材料	水泥粉煤灰稳定材料可采用表 d) 中推荐的级配范围，并应符合下列规定： (1) 用于高速公路和一级公路基层时，水泥粉煤灰总质量宜为 12%，应不大于 18%，各档被稳定材料总质量宜不小于 85%，其公称最大粒径应不大于 26.5mm，级配宜符合表 d) 中 CF-A-2L 和 CF-A-2S 的规定。 (2) 用于高速公路和一级公路底基层时，各档被稳定材料总质量宜不小于 80%，级配宜符合表 d) 中 CF-A-1L 和 CF-A-1S 的规定。对极重、特重交通荷载等级，级配宜符合表 d) 中 CF-A-2L 和 CF-A-2S 的规定。 (3) 用于二级及二级以下公路基层时，被稳定材料的公称最大粒径应不大于 31.5mm，其总质量宜不小于 80%，级配宜符合表 d) 中 CF-B-2L 和 CF-B-2S 的规定。 (4) 用于二级及二级以下公路底基层时，各档被稳定材料总质量宜不小于 75%，级配宜符合表 d) 中 CF-B-1L 和 CF-B-1S 的规定。对极重、特重交通荷载等级，级配宜符合表 d) 中 CF-B-2L 和 CF-B-2S 的规定

表 d)　水泥粉煤灰稳定级配碎石或砾石的推荐级配范围(%)

筛孔尺寸 (mm)	高速公路和一级公路				二级及二级以下公路			
	稳定碎石		稳定砾石		稳定碎石		稳定砾石	
	CF-A-1S	CF-A-2S	CF-A-1L	CF-A-2L	CF-B-1S	CF-B-2S	CF-B-1L	CF-B-2L
37.5	—	—	—	—	100	—	100	—
31.5	100	—	100	—	100 ~ 90	100	100 ~ 90	100
26.5	95 ~ 90	100	95 ~ 91	100	93 ~ 80	100 ~ 90	94 ~ 81	100 ~ 90
19	84 ~ 72	88 ~ 79	85 ~ 76	89 ~ 82	81 ~ 64	86 ~ 70	83 ~ 57	87 ~ 73
16	79 ~ 65	82 ~ 70	80 ~ 69	84 ~ 73	75 ~ 57	79 ~ 62	78 ~ 61	82 ~ 65
13.2	72 ~ 57	76 ~ 61	75 ~ 62	78 ~ 65	69 ~ 50	72 ~ 54	73 ~ 54	75 ~ 58
9.5	62 ~ 47	64 ~ 49	65 ~ 51	67 ~ 53	60 ~ 40	62 ~ 42	64 ~ 45	66 ~ 47
4.75	40 ~ 30	40 ~ 30	45 ~ 35	45 ~ 35	45 ~ 25	45 ~ 25	50 ~ 30	50 ~ 30
2.36	28 ~ 19	28 ~ 19	33 ~ 22	33 ~ 22	31 ~ 16	31 ~ 16	36 ~ 19	36 ~ 19
1.18	20 ~ 12	20 ~ 12	24 ~ 13	24 ~ 13	22 ~ 11	22 ~ 11	26 ~ 12	26 ~ 12
0.6	14 ~ 8	14 ~ 8	18 ~ 8	18 ~ 8	15 ~ 7	15 ~ 7	19 ~ 8	19 ~ 8
0.3	10 ~ 5	10 ~ 5	13 ~ 5	13 ~ 5	—	—	—	—
0.15	7 ~ 3	7 ~ 3	10 ~ 3	10 ~ 3	—	—	—	—
0.075	5 ~ 2	5 ~ 2	7 ~ 2	7 ~ 2	5 ~ 2	5 ~ 2	7 ~ 2	7 ~ 2

项　　目	规定的内容与说明
级配碎石或砾石	级配碎石或砾石的级配范围宜符合下列规定： (1) 用于高速公路和一级公路基层时，级配宜符合表 e) 中级配 G-A-4 或 G-A-5 的规定。 (2) 用于高速公路和一级公路底基层时，级配宜符合表 e) 中级配 G-A-3 或 G-A-4 的规定。 (3) 用于二级及二级以下公路的基层、底基层时，级配可符合表 e) 中级配 G-A-1 或 G-A-2 的规定。

续上表

项　目	规定的内容与说明
级配碎石或砾石	表 e)　级配碎石或砾石的推荐级配范围(%)（见下表）

表 e)　级配碎石或砾石的推荐级配范围(%)

筛孔尺寸(mm)	G-A-1	G-A-2	C-A-3	C-A-4	C-A-5
37.5	100	—	—	—	—
31.5	100 ~ 90	100	100	—	—
26.5	93 ~ 80	100 ~ 90	95 ~ 90	100	100
19	81 ~ 64	86 ~ 70	84 ~ 72	88 ~ 79	100 ~ 95
16	75 ~ 57	79 ~ 62	79 ~ 65	82 ~ 70	89 ~ 82
13.2	69 ~ 50	72 ~ 54	72 ~ 57	76 ~ 61	79 ~ 70
9.5	60 ~ 40	62 ~ 42	62 ~ 47	64 ~ 49	63 ~ 53
4.75	45 ~ 25	45 ~ 25	40 ~ 30	40 ~ 30	40 ~ 30
2.36	31 ~ 16	31 ~ 16	28 ~ 19	28 ~ 19	28 ~ 19
1.18	22 ~ 11	22 ~ 11	20 ~ 12	20 ~ 12	20 ~ 12
0.6	15 ~ 7	15 ~ 7	14 ~ 8	14 ~ 8	14 ~ 8
0.3	—	—	10 ~ 5	10 ~ 5	10 ~ 5
0.15	—	—	7 ~ 3	7 ~ 3	7 ~ 3
0.075[a]	5 ~ 2	5 ~ 2	5 ~ 2	5 ~ 2	5 ~ 2

注:[a] 对无塑性的混合料,小于0.075mm的颗粒含量宜接近高限

未筛分碎石、砾石

二级及二级以下公路底基层采用未筛分碎石、砾石时,宜采用表 f) 中推荐的级配范围。

表 f)　未筛分碎石、砾石的推荐级配范围(%)

筛孔尺寸(mm)	G-B -1	G-B-2	筛孔尺寸(mm)	G-B-1	G-B-2
53	100	—	4.75	10 ~ 30	17 ~ 45
37.5	85 ~ 10	100	2.36	8 ~ 25	11 ~ 35
31.5	69 ~ 88	83 ~ 100	0.6	6 ~ 18	6 ~ 21
19	40 ~ 65	54 ~ 84	0.075	0 ~ 10	0 ~ 10
9.5	19 ~ 43	29 ~ 59	—	—	—

二级及二级以下公路底基层采用未筛分碎石、砾石时,宜采用表 g) 中推荐的级配范围。

表 g)　未筛分碎石、砾石的推荐级配范围(%)

筛孔尺寸(mm)	G-B-1	G-B-2	筛孔尺寸(mm)	G-B-1	G-B-2
53	100	—	4.75	10 ~ 30	17 ~ 45
37.5	85 ~ 10	100	2.36	8 ~ 25	11 ~ 35
31.5	69 ~ 88	83 ~ 100	0.6	6 ~ 18	6 ~ 21
19	40 ~ 65	54 ~ 84	0.075	0 ~ 10	0 ~ 10
9.5	19 ~ 43	29 ~ 59	—	—	—

天然砾石、砾石土

用于底基层的天然砾石、砾石土宜采用表 h) 中推荐的级配范围。

表 h)　天然砾石、砾石土的推荐级配范围(%)

筛孔尺寸(mm)	53	37.5	9.5	4.75	0.6	0.075
通过质量百分率(%)	100	80 ~ 100	40 ~ 100	25 ~ 85	8 ~ 45	0 ~ 15

级配碎石或砾石、未筛分碎石、天然砾石和砾石土等材料应符合下列规定:

(1)液限宜不大于28%。

(2)在潮湿多雨地区塑性指数宜小于6,其他地区宜小于9

13.3.6 混合料材料配合比设计技术要求

(1)无机结合料稳定材料目标配合比设计技术要求

无机结合料稳定材料目标配合比设计技术要求(JTG/T F20—2015)　表13-9

<table>
<tr><th>项　目</th><th>规定的内容与说明</th></tr>
<tr><td>无机结合料稳定材料目标配合比设计</td><td>
(1)应根据当地材料的特点,通过原材料性能的试验评定,选择适宜的结合料类型确定混合料配合比设计的技术标准。
(2)在目标配合比设计中,应选择不少于5个结合料剂量,分别确定各剂量条件下混合料的最佳含水率和最大干密度。
(3)应根据试验确定的最佳含水率、最大干密度及压实度要求成型标准试件,验证不同结合料剂量条件下混合料的技术性能,确定满足设计要求的最佳剂量。
(4)水泥稳定材料配合比试验推荐水泥试验剂量可采用表a)中的推荐值。
表a)　水泥稳定材料配合比试验推荐水泥试验剂量表
<table>
<tr><th>被稳定材料</th><th colspan="2">条　件</th><th>推荐试验剂量(%)</th></tr>
<tr><td rowspan="2">有级配的碎石或砾石</td><td rowspan="4">基层</td><td>$R_d \geq 5.0$MPa</td><td>5、6、7、8、9</td></tr>
<tr><td>$R_d < 5.0$MPa</td><td>3、4、5、6、7</td></tr>
<tr><td rowspan="2">土、砂、石屑等</td><td>塑性指数<12</td><td>5、7、9、11、13</td></tr>
<tr><td>塑性指数≥12</td><td>8、10、12、14、16</td></tr>
<tr><td>有级配的碎石或砾石</td><td rowspan="3">底基层</td><td>—</td><td>3、4、5、6、7</td></tr>
<tr><td rowspan="2">土、砂、石屑等</td><td>塑性指数<12</td><td>4、5、6、7、8</td></tr>
<tr><td>塑性指数≥12</td><td>6、8、10、12</td></tr>
<tr><td>碾压贫混凝土</td><td>基层</td><td>—</td><td>7、8.5、10、11.5、13</td></tr>
</table>
(5)对水泥稳定材料,水泥的最小剂量应符合表b)的规定。材料组成设计所得水泥剂量少于表b)中的最小剂量时,应按表b)采用最小剂量。
表b)　水泥的最小剂量(%)
<table>
<tr><th rowspan="2">被稳定材料类型</th><th colspan="2">拌和方法</th></tr>
<tr><th>路拌法</th><th>集中厂拌法</th></tr>
<tr><td>中、粗粒材料</td><td>4</td><td>3</td></tr>
<tr><td>细粒材料</td><td>5</td><td>4</td></tr>
</table>
(6)对石灰粉煤灰稳定材料和水泥粉煤灰稳定材料,宜分别按JTG/T F50—2015表4.4.4和表4.4.6的推荐比例进行试验,必要时可采用正交设计或均匀设计方法。
(7)对无机结合料稳定级配碎石或砾石材料,应根据当地材料特点和技术要求,优化设计混合料级配,确定目标级配曲线和合理的变化范围。
(8)在目标级配曲线优化选择过程中,应选择不少于4条级配曲线,试验级配曲线可按JTG/T F20—2015推荐的级配范围和以往工程经验或按该细则附录A的方法构造。
(9)在配合比设计试验中,应将各档石料筛分成单一粒径的规格逐档配料,并按相关的试验规程操作,保证每组试验的样本量。
(10)选定目标级配曲线后,应对各档材料进行筛分,确定其平均筛分曲线及相应的变异系数,并按2倍标准差计算出各档材料筛分级配的波动范围。
(11)应按下列步骤合成目标级配曲线并进行性能验证
①按确定的目标级配,根据各档材料的平均筛分曲线,确定其使用比例,得到混合料的合成级配。
②根据合成级配进行混合料重型击实试验和7d龄期无侧限抗压强度试验,验证混合料性能。
(12)应根据已确定的各档材料使用比例和各档材料级配的波动范围,计算实际生产中混合料的级配波动范围;并应针对这个波动范围的上、下限验证性能
</td></tr>
</table>

(2)无机结合料稳定材料生产配合比设计技术要求

无机结合料稳定材料生产配合比设计技术要求(JTG/T F20—2015) 表 13-10

项 目	规定的内容与说明
无机结合料	(1)根据目标配合比确定的各档材料的比例,应对拌和设备进行调试和标定,确定合理的生产参数。 (2)拌和设备的调试和标定应包括料斗称量精度的标定、结合料剂量的标定和拌和设备加水量的控制等内容,并应符合下列规定: ①绘制不少于 5 个点的结合料剂量标定曲线。 ②按各档材料的比例关系,设定相应的称量装置,调整拌和设备各个料仓的进料速度。 ③按设定好的施工参数进行第一阶段试生产,验证生产级配。不满足要求时,应进一步调整施工参数。 (3)对水泥稳定、水泥粉煤灰稳定材料,应分别进行不同成型时间条件下的混合料强度试验,绘制相应的延迟时间曲线,并根据设计要求确定容许延迟时间。 (4)应在第一阶段试生产试验的基础上进行第二阶段试验。分别按不同结合料剂量和含水率进行混合料试拌,并取样、试验。试验应符合下列规定: ①通过混合料中实际含水率的测定,确定施工过程中水流量计的设定范围。 ②通过混合料中实际结合料剂量的测定,确定施工过程中结合料掺加的相关技术参数。 ③通过击实试验,确定结合料剂量变化、含水率变化对混合料最大干密度的影响。 ④通过抗压强度试验,确定材料的实际强度水平和拌和工艺的变异水平。 (5)混合料生产参数的确定应包括结合料剂量、含水率和最大干密度等指标,并应符合下列规定: ①对水泥稳定材料,工地实际采用的水泥剂量宜比室内试验确定的剂量多 0.5 ~ 1.0 个百分点。采用集中厂拌法施工时宜增加 0.5 个百分点;采用路拌法施工时宜增加 1 个百分点。 ②以配合比设计的结果为依据,综合考虑施工过程的气候条件,对水泥稳定材料,含水率可增加 0.5 ~ 1.5 个百分点;对其他稳定材料,可增加 1 ~ 2 个百分点。 ③最大干密度应以最终合成级配击实试验的结果为标准

(3)级配碎石配合比设计技术要求

级配碎石配合比设计技术要求(JTG/T F20—2015) 表 13-11

<table>
<tr><th>项 目</th><th colspan="5">规定的内容与说明</th></tr>
<tr><td rowspan="8">级配碎石</td><td colspan="5">(1)用于不同公路等级、交通荷载等级和结构层位的级配碎石,CBR 强度标准应满足下表的要求。
级配碎石材料的 CBR 强度标准</td></tr>
<tr><td>结构层</td><td>公路等级</td><td>极重、特重交通</td><td>重交通</td><td>中、轻交通</td></tr>
<tr><td rowspan="2">基层</td><td>高速公路和一级公路</td><td>≥200</td><td>≥180</td><td>≥160</td></tr>
<tr><td>二级及二级以下公路</td><td>≥160</td><td>≥140</td><td>≥120</td></tr>
<tr><td rowspan="2">底基层</td><td>高速公路和一级公路</td><td>≥120</td><td>≥100</td><td>≥80</td></tr>
<tr><td>二级及二级以下公路</td><td>≥100</td><td>≥80</td><td>≥60</td></tr>
<tr><td colspan="5">(2)应以实际工程使用的材料为对象,根据 JTG/T F20—2015 推荐的级配范围和以往工程经验或按 JTG/T F20—2015 附录 A 的方法,构造 3 ~ 4 条试验级配曲线,通过配合比试验,优化级配。
(3)混合料配合比应采用重型击实或振动成型试验方法,确定最佳含水率和最大干密度。
(4)应按试验确定的级配和最佳含水率,以及现场施工的压实标准成型标准试件,进行 CBR 强度试验和模量试验。
(5)应选择 CBR 强度最高的级配作为工程使用的目标级配,并确定相应的最佳含水率。
(6)选定目标级配曲线后,应针对各档材料进行筛分,确定各档材料的平均筛分曲线以及相应的变异系数,并按 2 倍标准差计算各档材料筛分级配的波动范围。
(7)应按下列步骤合成目标级配曲线并验证性能:
①按确定的目标级配,根据各档材料的平均筛分曲线,确定其使用比例,得到混合料的合成级配。</td></tr>
</table>

续上表

项　目	规定的内容与说明
级配碎石	②根据合成级配进行混合料的 CBR 或模量试验，验证混合料性能。 (8)应根据已确定的各档材料使用比例和各档材料级配的波动范围，计算实际生产中混合料的级配波动范围；并应针对这个波动范围的上、下限验证性能。 (9)应根据目标配合比确定的各档材料比例，调试和标定拌和设备，确保生产出的混合料满足目标级配的要求。 (10)拌和设备的调试和标定应包括料斗称量精度的标定、设备加水量的控制等内容，并应符合下列规定： ①按各档材料的比例关系，设定相应的称量装置，调整拌和设备各个料仓的进料速度。 ②按设定好的施工参数进行第一阶段试生产，验证生产级配。不满足要求时，应进一步调整施工参数。 (11)应在第一阶段试生产试验的基础上进行第二阶段试验：按不同含水率试拌混合料，并取样、试验。试验应符合下列规定： ①通过混合料中实际含水率的测定，确定施工过程中水流量计的设定范围。 ②通过击实试验，确定含水率变化对混合料最大干密度的影响。 ③通过 CBR 试验，确定材料的实际强度水平和拌和工艺的变异水平。 (12)混合料生产含水率应依据配合比设计结果确定，可根据施工因素和气候条件增加 0.5 ~ 1.5 个百分点

13.4　混合料生产、摊铺及碾压

(1)混合料生产、摊铺及碾压要求

混合料生产、摊铺及碾压要求(JTG/T F20—2015)　　表 13-12

<table>
<tr><th>项　目</th><th colspan="7">规定的内容与说明</th></tr>
<tr><td rowspan="10">一般规定</td><td colspan="7">(1)根据公路等级的不同，宜按表 a)选择基层、底基层材料施工工艺措施。对于边角部位施工，混合料拌和方式应与主线相同，可采用推土机摊铺、平地机整平的人工方式摊铺，并与主线同步碾压成型。
表 a)　施工工艺选择表</td></tr>
<tr><td rowspan="2">材料类型</td><td rowspan="2">公路等级</td><td rowspan="2">结构层位</td><td colspan="2">拌和工艺</td><td colspan="2">摊铺工艺</td></tr>
<tr><td>推荐</td><td>可选择</td><td>推荐</td><td>可选择</td></tr>
<tr><td>无机结合料稳定中、粗粒材料</td><td rowspan="2">二级及二级以上</td><td>基层</td><td>集中厂拌</td><td>—</td><td>摊铺机摊铺</td><td>—</td></tr>
<tr><td>无机结合料稳定细粒材料</td><td>底基层</td><td>集中厂拌</td><td>—</td><td>摊铺机摊铺</td><td>推土机摊铺，平地机整平</td></tr>
<tr><td>水泥稳定材料</td><td rowspan="2">二级以下</td><td>基层和底基层</td><td>集中厂拌</td><td>—</td><td>摊铺机摊铺</td><td>—</td></tr>
<tr><td>其他各种无机结合料稳定材料</td><td>基层和底基层</td><td>集中厂拌</td><td>人工路拌</td><td>摊铺机摊铺</td><td>推土机摊铺，平地机整平</td></tr>
<tr><td rowspan="2">级配碎石</td><td>二级及二级以上</td><td>基层和底基层</td><td>集中厂拌</td><td>—</td><td>摊铺机摊铺</td><td>—</td></tr>
<tr><td>二级以下</td><td>基层和底基层</td><td>集中厂拌</td><td>人工路拌</td><td>摊铺机摊铺</td><td>推土机摊铺，平地机整平</td></tr>
</table>

续上表

<table>
<tr><th>项　目</th><th>规定的内容与说明</th></tr>
<tr><td>一般规定</td><td>
(2)稳定材料层宽 11～12m 时,每一流水作业段长度以 500m 为宜;稳定材料层宽大于 12m 时,作业段宜相应缩短。宜综合考虑下列因素,合理确定每日施工作业段长度:
①施工机械和运输车辆的生产效率和数量;
②施工人员数量及操作熟练程度;
③施工季节和气候条件;
④水泥的初凝时间和延迟时间;
⑤减少施工接缝的数量。
(3)对水泥稳定材料或水泥粉煤灰稳定材料,宜在 2h 之内完成碾压成型,应取混合料的初凝时间与容许延迟时间较短的时间作为施工控制时间。
(4)石灰稳定材料或石灰粉煤灰稳定材料层宜在当天碾压完成,最长不应超过 4d。
(5)无机结合料稳定材料在过分潮湿路段上施工时应采取措施,降低潮湿程度、消除积水。
(6)无机结合料稳定材料结构层施工应选择适宜的气候环境,针对当地气候变化制订相应的处置预案,并应符合下列规定:
①宜在气温较高的季节组织施工。无机结合料稳定材料施工期的日最低气温应在 5℃以上,在有冰冻的地区,应在第一次重冰冻到来的 15～30d 之前完成施工。
②宜避免在雨季施工,且不应在雨天施工。
</td></tr>
<tr><td>压实度规定</td><td>
(1)应将室内重型击实试验法确定的干密度作为压实度评价的标准密度。
(2)无机结合料稳定材料的基层压实标准应符合表 b)的规定。
表 b)　基层材料压实标准(%)
<table>
<tr><th colspan="2">公路等级</th><th>水泥稳定材料</th><th>石灰粉煤灰稳定材料</th><th>水泥粉煤灰稳定材料</th><th>石灰稳定材料</th></tr>
<tr><td colspan="2">高速公路和一级公路</td><td>≥98</td><td>≥98</td><td>≥98</td><td>—</td></tr>
<tr><td rowspan="2">二级及二级以下公路</td><td>稳定中、粗粒材料</td><td>≥97</td><td>≥97</td><td>≥97</td><td>≥97</td></tr>
<tr><td>稳定细粒材料</td><td>≥95</td><td>≥95</td><td>≥95</td><td>≥95</td></tr>
</table>
(3)无机结合料稳定材料的底基层压实标准应符合表 c)的规定。
表 c)　底基层材料压实标准(%)
<table>
<tr><th colspan="2">公路等级</th><th>水泥稳定材料</th><th>石灰粉煤灰稳定材料</th><th>水泥粉煤灰稳定材料</th><th>石灰稳定材料</th></tr>
<tr><td rowspan="2">高速公路和一级公路</td><td>稳定中、粗粒材料</td><td>≥97</td><td>≥97</td><td>≥97</td><td>≥97</td></tr>
<tr><td>稳定细粒材料</td><td>≥95</td><td>≥95</td><td>≥95</td><td>≥95</td></tr>
<tr><td rowspan="2">二级及二级以下公路</td><td>稳定中、粗粒材料</td><td>≥95</td><td>≥95</td><td>≥95</td><td>≥95</td></tr>
<tr><td>稳定细粒材料</td><td>≥93</td><td>≥93</td><td>≥93</td><td>≥93</td></tr>
</table>
(4)对级配碎石材料,基层压实度应不小于 99%,底基层压实度应不小于 97%。
(5)高速公路和一级公路在极重、特重交通荷载等级下,基层和底基层的压实标准可提高 1～2 个百分点
</td></tr>
</table>

(2)混合料集中厂拌与运输要求

混合料集中厂拌与运输要求(JTG/T F20—2015)　表13-13

项　目	规定的内容与说明
混合料集中厂拌与运输	(1)混合料的拌和能力与混合料摊铺能力应相匹配。 (2)拌和厂应安置在地势相对较高的位置,并做好排水设施。 (3)拌和厂场地应平整并具有足够的承载能力。高速公路和一级公路的拌和厂,场地应采用混凝土硬化,混凝土强度等级应不低于C15,厚度应不小于200mm。 (4)工程所需的原材料严禁混杂,应分档隔仓堆放,并有明显的标志。 (5)细集料、水泥、石灰、粉煤灰等原材料应有覆盖。对高速公路和一级公路,上述材料严禁露天堆放,应放置于专门搭建的防雨棚内或库房内。 (6)对高速公路和一级公路,应采用专用稳定材料拌和设备拌制混合料。稳定细粒材料集中拌和时,土块应粉碎,最大尺寸应不大于15mm。 (7)无机结合料稳定中、粗粒材料的拌和生产设备应满足下列要求: ①对高速公路和一级公路,混合料拌和设备的产量宜大于500t/h。 ②拌和设备的料仓数目应与规定的备料档数相匹配,宜较规定的备料档数增加1个。 ③各个料仓之间的挡板高度应不小于1m。 ④高速公路的基层施工时,每个料斗与料仓下面应安装称量精度达到±0.5%的电子秤。 (8)装水泥的料仓应密闭、干燥,同时内部应装有破拱装置。对高速公路,水泥料仓应配备计重装置,不宜通过电机转速计量水泥的添加量。 (9)气温高于30℃时,水泥进入拌缸温度宜不高于50℃;高于50℃时应采取降温措施。气温低于15℃时,水泥进入拌缸温度应不低于10℃。 (10)加水量的计量应采用流量计的方式。对高速公路和一级公路,水的流量数值应在中央控制室的控制面板上显示。 (11)在正式拌制混合料之前,应先调试所用的设备,使混合料的级配组成和含水率都达到配合比设计的规定要求。原材料的颗粒组成发生变化时,应重新调试设备。 (12)在稳定中、粗粒材料生产过程中,应按配合比设计确定的材料规格及数量拌和。 (13)高速公路基层的混合料拌和时,宜采用两次拌和的生产工艺,也可采用间歇式拌和生产工艺,拌和时间应不少于15s。 (14)在拌和过程中,应实时监测各个料仓的生产计量,对高速公路和一级公路,应每10min打印各档料仓的使用量。某档材料的实际掺加量与设计要求值相差超过10%时,应立即停机检查原因,正常后方可继续生产。 (15)天气炎热或运距较远时,无机结合料稳定材料拌和时宜适当增加含水率。对稳定中、粗粒材料,混合料的含水率可高于最佳含水率0.5~1个百分点;对稳定细粒材料,含水率可高于最佳含水率1~2个百分点。 (16)对高速公路和一级公路,应从拌和厂取料,每隔2h测定一次含水率,每隔4h测定一次结合料的剂量,并做好记录。 (17)应根据工程量的大小和运距的长短,配备足够数量的混合料运输车。 (18)混合料运输车装料前应清理干净车厢,不得存有杂物。 (19)混合料运输车装好料后,应用篷布将厢体覆盖严密,直到摊铺机前准备卸料时方可打开。 (20)对高速公路和一级公路,水泥稳定材料从装车到运输至现场,时间宜不超过1h,超过2h时应作为废料处置。 (21)对无机结合料稳定中、粗粒材料,在装料过程中应采取措施减小混合料的离析

(3)混合料人工拌和工艺与要求

混合料人工拌和工艺与要求(JTG/T F20—2015)　表 13-14

<table>
<tr><th>项　目</th><th>规定的内容与说明</th></tr>
<tr><td>人工拌和工艺</td><td>混合料人工拌和工艺应包括现场准备、布料和拌和等流程。人工拌和工艺流程见下图
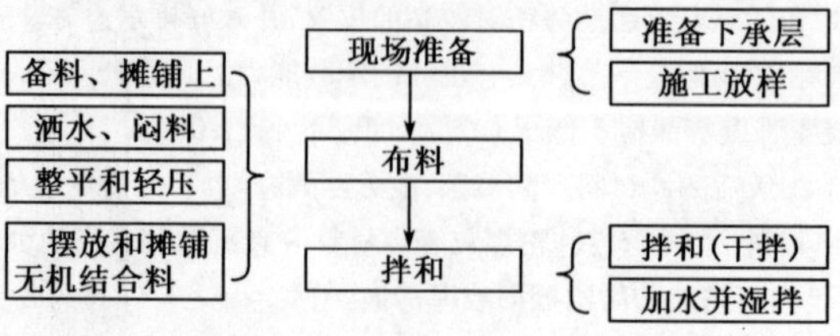
混合料人工路拌法施工的工艺流程</td></tr>
<tr><td>准备下承层</td><td>(1)下承层表面应平整、坚实,具有规定的路拱,下承层的平整度和压实度应符合相关规定。
(2)下承层为路基时,宜用 12 ~ 15t 三轮压路机或等效的碾压机械碾压 3 ~ 4 遍,并应符合下列规定:
①在碾压过程中,发现表层松散时,宜适当洒水。
②发现“弹簧”现象时,宜采用挖开晾晒、换土、掺石灰或水泥等措施处理。
(3)下承层为粒料底基层时,应检测弯沉值。不符合设计要求时,应根据具体情况采取措施,使之达到 JTG/T F20—2015 规定的标准。
(4)下承层为原路面时,应检查其材料是否符合底基层材料的技术要求;不符合要求时,应翻松原路面并采取必要的处理措施。
(5)底基层或原路面上存在低洼和坑洞时,应填补及压实;对搓板和辙槽应刮除;对松散应耙松洒水并重新碾压,达到平整密实。
(6)新完成的底基层或路基,应按相关标准的规定验收,验收合格后方可铺筑上层稳定材料层。
(7)在槽式断面的路段,宜在两侧路肩上每隔 5 ~ 10m 交错开挖泄水沟。</td></tr>
<tr><td>施工放样</td><td>(1)应在底基层或原路面或路基上恢复中线,直线段应每 15 ~ 20m 设一桩,平曲线段应每 10 ~ 15m 设一桩,并应在两侧路肩边缘外设指示桩。
(2)在两侧指示桩上应用明显标记标出稳定材料层边缘的设计高程</td></tr>
<tr><td>备料、摊铺</td><td>(1)使用原路面或路基上部材料备料时,应符合下列规定:
①清除原路面上或路基表面的石块等杂物。
②每隔 10 ~ 20m 挖一小洞,使洞底高程与预定的无机结合料稳定材料层的底面高程相同,并在洞底做一标记,控制翻松及粉碎的深度。
③用犁、松土机或装有强固齿的平地机或推土机将原路面或路基的上部翻松到预定的深度,土块应粉碎到符合要求。
④用犁将土向路中心翻松,使预定处治层的边部呈一个垂直面。
⑤用专用机械粉碎黏性土。无专用机械时,也可用旋转耕作机、圆盘耙等设备粉碎塑性指数不大的土。
(2)使用料场的材料备料时,应符合下列规定:
①采集材料前,应将树木、草皮和杂土清除干净。
②应筛除材料中的超尺寸颗粒。
③应在预定的深度范围内采集材料,不宜分层采集,不应将不合格的材料与合格的材料一起采集。</td></tr>
</table>

续上表

项　目	规定的内容与说明
备料、摊铺	④对塑性指数大于12的黏性土,可视土质和机械性能确定是否需要过筛。 (3)应按下列方法计算现场拌和时的工程数量: ①根据各路段无机结合料稳定材料层的宽度、厚度及预定的干密度,计算各路段需要的干燥材料的数量。 ②根据料场材料的含水率和所用运料车辆的吨位,计算每车料的堆放距离。 ③根据无机结合料稳定材料层的厚度和预定的干密度及水泥剂量,计算每平方米无机结合料的用量,并确定摆放的纵横间距。 (4)堆料前应用两轮压路机碾压1~2遍,整平表面,并在预定堆料的路段上洒水使其表面湿润,但不宜过分潮湿。 (5)材料装车时,应控制每车料的质量基本相等。 (6)在同一料场供料的路段内,宜由远到近将料按规定计算距离卸置于下承层表面的中间或两侧。应严格掌握卸料距离。 (7)材料在下承层上的堆置时间不宜过长。材料运送宜比摊铺工序提前1~2d。 (8)路肩用料与稳定材料层用料不同时,应先将两侧路肩培好。路肩料层的压实厚度应与稳定材料层的压实厚度相同。在两侧路肩上,宜每隔5~10m交错开挖临时泄水沟。 (9)石灰稳定材料除应满足第(1)条~第(8)条的规定外,尚应符合下列规定: ①分层采集材料时,应将不同层位材料混合装车运送到现场。 ②对塑性指数小于15的黏性土,可视土质和机械性能确定是否需要过筛。 ③石灰应选择临近水源、地势较高且宽敞的场地集中覆盖封存堆放。 ④生石灰块应在使用前7~10d充分消解,消解后的石灰应保持一定的湿度,不得产生扬尘,也不可过湿成团。 ⑤消石灰宜过9.5mm筛,并尽快使用。 ⑥材料组成设计与现场实际施工的时间间隔长时,应重新做材料组成设计。 ⑦被稳定材料宜先摊平并用两轮压路机碾压1~2遍,再人工摊铺石灰。 ⑧按计算的每车石灰的纵横间距,在被稳定材料层上做标记,并画出边线。 ⑨用刮板将石灰均匀摊开,表面应没有空白位置。 ⑩应量测石灰的松铺厚度,校核石灰用量。 (10)石灰粉煤灰稳定材料除应满足第(9)条的规定外,尚应符合下列规定: ①粉煤灰在场地集中堆放时,应覆盖,避免雨淋。在堆放过程中粉煤灰凝结成块时,使用前应打碎。 ②运到现场的粉煤灰应含有足够的水分,在干燥和多风季节,应采取措施保持表面湿润。 ③采用石灰粉煤灰时,应先将粉煤灰运到现场。 ④每种材料摊铺均匀后,宜先用两轮压路机碾1~2遍,再运送并摊铺下一种材料。 (11)水泥稳定材料应符合下列规定: ①被稳定材料应在摊铺水泥的前一天摊铺,雨季施工期间,预计第二天有雨时,不宜提前摊铺材料。 ②摊铺长度应按日进度的需要量控制。 ③摊铺材料过程中,应将土块、超尺寸颗粒及其他杂物拣除。土中有较多土块时,应粉碎。 ④按计算的每袋水泥摆放的纵横间距,在被稳定材料层上做标记,并将当日施工用水泥卸在做标记的地点,并检查有无遗漏和多余。 ⑤用刮板将水泥均匀摊开,路段表面应没有空白位置,也没有水泥过分集中的区域,每袋水泥的摊铺面积应相等。 (12)混合料松铺系数可采用下表的推荐值,也可通过试验确定。

续上表

<table>
<tr><th colspan="2">项 目</th><th colspan="4">规定的内容与说明</th></tr>
<tr><td colspan="2" rowspan="15">备料、摊铺</td><td colspan="4">混合料松铺系数推荐值</td></tr>
<tr><td>混合料类型</td><td>材料名称</td><td>松铺系数</td><td>备注</td></tr>
<tr><td rowspan="2">水泥稳定材料</td><td>中、粗粒材料</td><td>1.30~1.35</td><td>—</td></tr>
<tr><td>细粒材料</td><td>1.53~1.58</td><td>现场人工摊铺土和水泥,机械拌和,人工整平</td></tr>
<tr><td rowspan="3">石灰稳定材料</td><td rowspan="2">石灰土</td><td>1.53~1.58</td><td>现场人工摊铺土和石灰,机械拌和,人工整平</td></tr>
<tr><td>1.65~1.70</td><td>路外集中拌和,运到现场人工摊铺</td></tr>
<tr><td>石灰土砾石</td><td>1.52~1.56</td><td>路外集中拌和,运到现场人工摊铺</td></tr>
<tr><td rowspan="5">石灰煤渣稳定材料</td><td>细粒材料</td><td>1.5~1.7</td><td>—</td></tr>
<tr><td>中、粗粒材料</td><td>1.3~1.5</td><td>—</td></tr>
<tr><td>石灰煤渣土</td><td>1.6~1.8</td><td>人工摊铺</td></tr>
<tr><td rowspan="2">石灰煤渣稳定材料</td><td>1.3~1.5</td><td>—</td></tr>
<tr><td>1.2~1.3</td><td>用机械拌和及机械整形</td></tr>
<tr><td colspan="2" rowspan="2">级配碎石</td><td>1.4~1.5</td><td>人工摊铺混合料</td></tr>
<tr><td>1.25~1.35</td><td>机械摊铺混合料</td></tr>
<tr><td colspan="4">(13)应检验松铺土层的厚度,其厚度应满足预定的要求。
(14)人工摊铺的土层整平后,宜采用两轮压路机碾压1~2遍,使其表面平整,并有一定的压实度</td></tr>
<tr><td colspan="2">洒水、闷料</td><td colspan="4">已整平材料含水率过小时,应在土层上洒水闷料,且应符合下列规定:
(1)洒水应均匀。
(2)严禁洒水车在洒水段内停留和掉头。
(3)采用高效率的路拌机械时,闷料时宜一次将水洒够。
(4)采用普通路拌机械时,闷料时所洒水量宜较最佳含水率低2~3个百分点。
(5)细粒材料应经一夜闷料,中粒和粗粒材料可视其中细粒材料的含量,缩短闷料时间。
(6)对综合稳定材料,应先将石灰和土拌和后一起闷料。
(7)对水泥稳定材料,应在摊铺水泥前闷料</td></tr>
<tr><td>拌和、整平和轻压</td><td>一般规定</td><td colspan="4">(1)严禁在拌和层底部留有素土夹层,并应符合下列规定:
①采用专用稳定材料拌和设备拌和时,设专人随时检查拌和深度,并配合拌和设备操作员调整拌和深度。
②拌和深度应达稳定层底下,宜侵入下承层不小于5~10mm。
(2)二级以下公路若没有专用拌和设备时,可用农用旋转耕作机与多铧犁或平地机相配合拌和,拌和时间不可过长。
(3)拌和过程结束时,应及时检查含水率,含水率宜略大于最佳值。含水率不足时,宜用喷管式洒水车补充洒水。洒水车不应在正拌和以及当天计划拌和的路段上掉头和停留。
(4)洒水后,应及时再次拌和。
(5)混合料拌和均匀后应色泽一致,没有灰条、灰团和花面,以及无明显粗细集料离析现象。</td></tr>
</table>

续上表

项　目		规定的内容与说明
拌合、整平和轻压	级配碎石或砾石	(1)级配碎石或砾石施工应符合下列规定： ①用平地机或其他合适的机具将材料均匀地摊铺在预定的宽度上，表面应平整，并具有规定的路拱。 ②采用不同粒级的碎石和石屑时，宜将大粒径碎石铺在下层，中粒径碎石铺在中层，小粒径碎石铺在上层，洒水使碎石湿润后，再摊铺石屑。 ③对未筛分碎石，摊铺平整后，应在其较潮湿的情况下，将石屑卸置其上，用平地机并辅以人工将石屑均匀摊铺在碎石层上。 ④检查材料层的松铺厚度，必要时，应进行减料或补料工作。 ⑤同时摊铺路肩用料。 (2)对二级以下公路的级配碎石，可采用平地机或多铧犁与缺口圆盘耙相配合拌和，应符合下列规定： ①用稳定材料拌和设备时，应拌和两遍以上，拌和深度应直到级配碎石层底。 ②用平地机拌和时，宜翻拌5～6遍，使石屑均匀分布于碎石料中。平地机拌和的作业长度，每段宜为300～500m。 ③用缺口圆盘耙与多铧犁相配合拌和级配碎石时，多铧犁在前面翻拌，圆盘耙紧跟在后面拌和，共翻耙4～6遍，应随时检查调整翻耙的深度。 ④拌和结束时，混合料的含水率和均匀性应符合要求。 (3)使用在料场已拌和均匀的级配碎石或砾石混合料，摊铺后有粗细颗粒离析现象时，应用平地机补充拌和
	石灰稳定材料	对石灰稳定材料，在拌和时应符合下列规定： (1)对石灰稳定碎石或砾石，先将石灰和需添加的黏性土拌和均匀，然后均匀地摊铺在碎石或砾石层上，再一起拌和。 (2)对石灰稳定塑性指数大的黏土，宜先加70%～100%预定剂量的石灰拌和，闷放1～2d，再补足需用的石灰，进行第二次拌和
	石灰粉煤灰稳定材料	对石灰粉煤灰稳定中、粗粒材料，应先将石灰和粉煤灰拌和均匀，然后均匀地摊铺在材料层上，再一起拌和

(4)摊铺机摊铺与碾压

摊铺机摊铺与碾压(JTG/T F20—2015)　表13-15

项　目	规定的内容与说明
一般规定	(1)混合料摊铺应保证足够的厚度，碾压成型后每层的摊铺厚度宜不小于160mm，最大厚度宜不大于200mm。 (2)具有足够的摊铺能力和压实功率时，可增加碾压厚度，具体的摊铺厚度应根据试验结果确定。大厚度的摊铺施工时，应增加相应的拌和能力。 (3)应在下承层施工质量检测合格后，开始摊铺上面结构层。采用两层连续摊铺时，下层质量出现问题时，上层应同时处理。 (4)下承层是稳定细粒材料时，宜先将下承层顶面拉毛或采用凸块式压路机碾压，再摊铺上层混合料；下承层是稳定中、粗粒材料时，应先将下承层清理干净，并洒铺水泥净浆，再摊铺上层混合料
摊铺	(1)应采用摊铺功率不低于120kW的沥青混凝土摊铺机或稳定材料摊铺机摊铺混合料。 (2)采用两台摊铺机并排摊铺时，两台摊铺机的型号及磨损程度宜相同。在施工期间，两台摊铺机的前后间距宜不大于10m，且两个施工段面纵向应有300～400mm的重叠。 (3)对无法使用机械摊铺的超宽路段，应采用人工同步摊铺、修整，并同时碾压成型。 (4)摊铺机前宜增设橡胶挡板，橡胶挡板底部距下承层距离宜不大于100mm。

续上表

项　目	规定的内容与说明
摊铺	(5)在摊铺机后面应设专人消除粗细集料离析现象,及时铲除局部粗集料堆积或离析的部位,并用新拌混合料填补。 (6)对高速公路和一级公路,在摊铺过程中宜设立纵向模板。 (7)二级以下公路没有摊铺机时,可采用摊铺箱摊铺混合料。 (8)水泥稳定材料结构层施工时,应在混合料处于或略大于最佳含水率的状态下碾压。气候炎热干燥时,碾压时的含水率可比最佳含水率增加 0.5 ~1.5 个百分点。 (9)石灰稳定材料和石灰粉煤灰稳定材料碾压时应处于最佳含水率或略大于最佳含水率状态,含水率宜增加 1 ~2 个百分点
碾压	(1)应根据施工情况配备足够的碾压设备,并应符合下列规定: ①双向四车道高速公路或一级公路的半幅摊铺时,应配备不少于 4 台重型压路机。 ②双向六车道的半幅摊铺时,应配备不少于 5 台重型压路机。 (2)应安排专人负责指挥碾压,严禁漏压和产生轮迹。 (3)采用钢轮压路机初压时,宜采用双钢轮压路机稳压 2 ~3 遍,再用激振力大于 35t 的重型振动压路机、18 ~21t 三轮压路机或25t 以上的轮胎压路机继续碾压密实,最后采用双钢轮压路机碾压,消除轮迹。 (4)采用胶轮压路机初压时,应采用25t 以上的重胶轮压路机稳压1 ~2 遍,错轮不超过1/3 的轮迹带宽度,再采州重型振动压路机碾压密实,最后采用双钢轮压路机碾压,消除轮迹。 (5)对稳定细粒材料,当采用上述碾压工艺时,最后的碾压收面可采用凸块式压路机碾压。 (6)在碾压过程中出现软弹现象时,应及时将该路段混合料挖出,重新换填新料碾压。 (7)碾压成型后的表面应平整、无轮迹。 (8)碾压过程中,压路机严禁随意停放,应停放在已碾压完成的路段
接缝及切缝	(1)混合料摊铺时,应保持连续。对水泥稳定材料,因故中断时间大于 2h 时,应设置横向接缝,并应符合下列规定: ①人工将末端含水率合适的混合料整齐,紧靠混合料末端放两根方木,方木的高度应与混合料的压实厚度相同,整平紧靠方木的混合料。 ②方木的另一侧用砾石或碎石回填约 3m 长,其高度应高出方木 2 ~3cm,并碾压密实。 ③在重新开始摊铺混合料之前,应将砾石或碎石和方木除去,并将下承层顶面清扫干净。 ④摊铺机应返回到已压实层的末端,重新开始摊铺混合料。 ⑤摊铺中断大于 2h 且未按上述方法处理横向接缝时,应将摊铺机附近及其下面未经压实的混合料铲除,并将已碾压密实且高程和平整度符合要求的末端挖成与路中心线垂直并垂直向下的断面,再摊铺新的混合料。 (2)摊铺时宜避免纵向接缝,分两幅摊铺时,纵向接缝处应加强碾压。存在纵向接缝时,纵缝应垂直相接,严禁斜接,并应符合下列规定: ①在前一幅摊铺时,宜在靠中央的一侧用方木或钢模板做支撑,方木或钢模板的高度应与稳定材料层的压实厚度相同。 ②应在摊铺另一幅之前拆除支撑。 (3)碾压贫混凝土等强度较高的基层材料成型后可采用预切缝措施,应符合下列规定: ①预切缝的间距宜为 8 ~15m。 ②宜在养生的 3 ~5d 内切缝。 ③切缝深度宜为基层厚度的 1/2 ~1/3,切缝宽度约 5mm。 ④切缝后应及时清理缝隙,并用热沥青填满

(5)人工摊铺与碾压

人工摊铺与碾压(JTG/T F20—2015)　表 13-16

项　目	规定的内容与说明
摊铺与碾压	(1)混合料拌和均匀后,应及时用平地机初步整形。 (2)在初平的路段上,应用拖拉机、平地机或轮胎压路机快速碾压一遍。 (3)整形前,对局部低洼处应用齿耙将其表层 50mm 以上的材料耙松,并用新拌的混合料找平,再碾压一遍。 (4)应用平地机再整形一次,应将高处料直接刮出路外,严禁形成薄层贴补现象。 (5)反复整形,直至满足技术要求,每次整形都应达到规定的坡度和路拱。 (6)人工整形时,应用锹和耙先将混合料摊平,用路拱板整形。用拖拉机初压 1 ~2 遍,再根据实测松铺系数,确定纵横断面高程,并设置标记和挂线。 (7)在整形过程中,严禁任何车辆通行,并应保持无明显的粗细集料离析现象。 (8)应根据路宽、压路机的轮宽和轮距的不同,制订碾压方案,使各部分碾压到的次数尽量相同,路面的两侧宜多压 2 ~3 遍。 (9)整形后,混合料的含水率满足要求时,应立即对结构层进行全宽碾压。在直线段和不设超高的平曲线段,宜从两侧路肩向路中心碾压,且轮迹应重叠 1/2 轮宽,后轮应超过两段的接缝处。碾压次数宜为 6 ~8 遍。 (10)压路机前两遍的碾压速度宜为 1.5 ~1.7km/h,以后宜为 2.0 ~2.5km/h。 (11)采用人工摊铺和整形的稳定材料层,宜先用拖拉机或 6 ~8t 两轮压路机或轮胎压路机碾压 1 ~2 遍,再用重型压路机碾压。 (12)严禁压路机在已完成的或正在碾压的路段上掉头或紧急制动。 (13)碾压过程中,无机结合料稳定材料的表面应始终保持湿润,水分蒸发过快时,宜及时补洒少量的水,严禁大量洒水。 (14)碾压过程中,有“弹簧”、松散、起皮等现象时,应及时翻开重新拌和或用其他方法处理。 (15)在碾压结束前,应用平地机终平一次,纵坡、路拱和超高应符合设计要求。终平时,应将局部高出部分刮除并扫出路外;对局部低洼之处,不再找补。 (16)碾压应达到要求的压实度,并没有明显的轮迹
接缝处理	(1)级配碎石施工,应符合下列规定: ①用平地机按规定的路拱整平和整形。在整形过程中,应消除粗细集料离析。 ②用拖拉机、平地机或轮胎压路机在已初平的路段上快速碾压一遍,再用平地机整平和整形。 (2)同日施工的两工作段的衔接处理应符合下列规定: ①前一段拌和整形后,留 5 ~8m 不碾压。 ②后一段施工时,在前一段的未压部分再加部分水泥重新拌和,并与后一段一起碾压。 (3)应做好每天最后一段的施工缝,并应符合下列规定: ①在已碾压完成的无机结合料稳定材料层末端,挖一条横贯铺筑层全宽的宽约 300mm 的槽,直至下承层顶面。形成与路的中心线垂直并垂直向下的断面,并放两根与压实厚度等厚、长为全宽一半的方木紧贴垂直面,见下图。 ②用原挖出的材料回填槽内其余部分。 ③第二天邻接作业段拌和后除去方木,用混合料回填。 ④靠近方木未能拌和的一小段,应人工补充拌和。 ⑤整平时,接缝处的稳定材料应较已完成断面高出约 50mm。 ⑥新混合料碾压过程中,应将接缝修整平顺。

续上表

项　目	规定的内容与说明
接缝处理	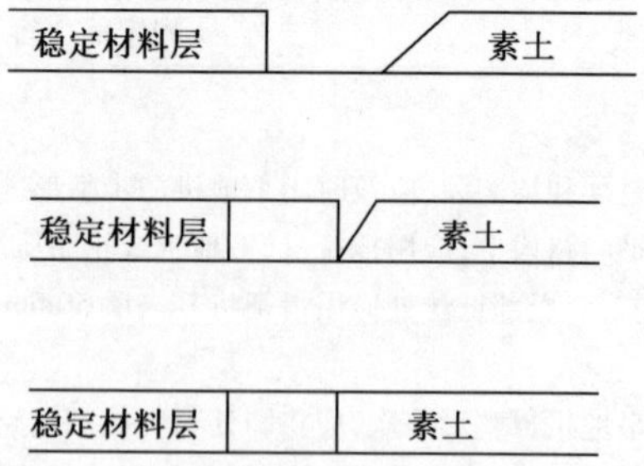 横向接缝处理示意图 (4)施工机械掉头处应符合下列规定: ①在准备用于掉头的8~10m长的稳定材料层上,覆盖一张厚塑料布或油毡纸,再铺上约100mm厚的土、砂或砾石。 ②整平时,宜用平地机将塑料布或油毡纸上大部分材料除去,再人工除去余下的材料,并收起塑料布或油毡纸。 (5)水泥稳定材料层的施工应避免纵向接缝。分两幅施工时,纵缝应垂直相接,并应符合下列规定: ①前一幅施工时,在靠中央一侧应用与稳定材料层的压实厚度相同的方木或钢模板作支撑。 ②混合料拌和结束后,靠近支撑的部分,应人工补充拌和,再整形和碾压。 ③应在铺筑后一幅之前拆除支撑。 ④后一幅混合料拌和结束后,靠近前一幅的部分,宜人工补充拌和,再整形和碾压。 (6)级配碎石施工的接缝处理应符合下列规定: ①两作业段的衔接处应搭接拌和、整平和碾压。 ②宜避免纵向接缝。在分两幅铺筑时,纵缝应搭接拌和、整平和碾压,搭接宽度宜不小于300mm

13.5 养生、交通管制、层间处理及其他

养生、交通管制、层间处理及其他(JTG/T F20—2015)　　表13-17

项　目		规定的内容与说明
一般规定		(1)无机结合料稳定材料层碾压完成并经压实度检查合格后,应及时养生。 (2)无机结合料稳定材料的养生期宜不少于7d,养生期宜延长至上层结构开始施工的前2d。 (3)养生可采取洒水养生、薄膜覆盖养生、土工布覆盖养生、铺设湿砂养生、草帘覆盖养生、洒铺乳化沥青养生等方式,宜结合工程实际情况选择适宜的方式。 (4)养生期间应封闭交通,除洒水车和小型通勤车辆外严禁其他车辆通行。 (5)无机结合稳定材料层过冬时应采取必要的保护措施。 (6)根据结构层位的不同和施工工序的要求,应择机进行层间处理
养生	洒水养生	洒水养生宜作为水泥稳定材料的基本养生方式,并应符合下列规定: (1)每天洒水次数应视气候而定。高温期施工,宜上、下午各洒水2次。 (2)养生期间,稳定材料层表面应始终保持湿润。 (3)对于石灰稳定或石灰粉煤灰稳定材料层应注意表层情况,必要时,可用两轮压路机补充压实

续上表

<table>
<tr><th colspan="2">项　目</th><th>规定的内容与说明</th></tr>
<tr><td rowspan="5">养生</td><td>薄膜覆盖养生</td><td>薄膜覆盖养生应符合下列规定：
(1)混合料摊铺碾压成型后，可覆盖薄膜，薄膜厚度宜不小于1mm。
(2)薄膜之间应搭接完整，避免漏缝，薄膜覆盖后应用砂土等材料呈网格状堆填，局部薄膜破损时，应及时更换。
(3)养生至上层结构层施工前1～2d，方可将薄膜掀开。
(4)对蒸发量较大的地区或养生时间大于15d的工程，在养生过程中应适当补水</td></tr>
<tr><td>土工布养生</td><td>土工布养生应符合下列规定：
(1)宜采用透水式土工布全断面覆盖，也可铺设防水土工布。
(2)铺设过程中应注意缝之间的搭接，不应留有间隙。
(3)铺设土工布后，应注意洒水，每天洒水次数应视气候而定。高温期施工，上、下午宜各洒水一次。
(4)养生至上层结构层施工前1～2d，方可将土工布掀开。
(5)在养生过程中应采取有效措施防止土工布破损</td></tr>
<tr><td>铺设湿砂养生</td><td>铺设湿砂养生应符合下列规定：
(1)砂层厚宜为70～100mm。
(2)砂铺匀后，宜立即洒水，并在整个养生期间保持砂的潮湿状态，不得用湿黏性土覆盖。
(3)养生结束后，应将覆盖物清除干净</td></tr>
<tr><td>草帘覆盖养生</td><td>草帘覆盖养生应符合下列规定：
(1)全断面铺设草帘。
(2)草帘铺设后应注意洒水，每天洒水的次数应视气候而定。高温期施工，上、下午宜各洒水一次，每次洒水应将草帘浸湿。
(3)必要时可采用土工布与草帘双层覆盖养生</td></tr>
<tr><td>乳化沥青方式养生</td><td>对沥青面层厚度大于20cm的结构或二级及二级以下公路的无机结合料稳定材料的基层可采用洒铺乳化沥青方式养生，并应符合下列规定：
(1)表面干燥时，宜先喷洒少量水，再喷洒沥青乳液。
(2)采用稀释沥青时，宜待表面略干时再喷洒沥青。
(3)在用乳液养生前，应将基层清扫干净。
(4)沥青乳液的沥青用量宜采用0.8～1.0kg/m²，分两次喷洒。
(5)第一次喷洒时，宜采用沥青含量约35%的慢裂沥青乳液，第二次宜喷洒浓度较大的沥青乳液。
(6)不能避免施工车辆通行时，应在乳液破乳后撒布粒径4.75～9.5mm的小碎石，做成下封层</td></tr>
</table>

续上表

项　目	规定的内容与说明
交通管制	(1)正式施工前宜建好施工便道。对高速公路和一级公路,无施工便道,不应施工。 (2)无机结合料稳定材料养生期间,小型车辆和洒水车的行驶速度应小于40km/h。 (3)无机结合料稳定材料养生7d后,施工需要通行重型货车时,应有专人指挥,按规定的车道行驶,且车速应不大于30km/h。 (4)级配碎石、级配砾石基层未做透层沥青或铺设封层前,严禁开放交通。 (5)无法安排施工便道而需要车辆通行时,应符合下列规定: ①合理安排施工工序,保障7~15d的养生期。 ②宜在硬路肩或临时停车带的位置划出专门车道,专人指挥车辆通行。 ③无机结合料稳定材料应适当提高早期强度。 ④限定载重车辆的轴载,应不大于13t
无机结合料稳定材料层之间的处理	(1)在上层结构施工前,应将下层养生用材料彻底清理干净。 (2)应采用人工、小型清扫车以及洒水冲刷的方式将下层表面的浮浆清洗干净。下承层局部存在松散现象时,也应彻底清理干净。 (3)下承层清理后应封闭交通。在上层施工前1~2h,宜撒布水泥或洒铺水泥净浆。 (4)可采用上下结构层连续摊铺施工的方式,每层施工应配备独立的摊铺和碾压设备,不得采用一套设备在上下结构层来回施工。 (5)稳定细粒材料结构层施工时,根据土质情况,最后一道碾压工艺可采用凸块式压路机碾压
无机结合料稳定材料基层与沥青面层之间的处理	(1)在沥青面层施工前1~2d内,应清理基层顶面。 (2)应彻底清除基层顶面养生期间的覆盖物。 (3)应采用人工清扫、小型清扫车、空压机以及洒水冲刷等方式将基层表面的浮浆清理干净,并应符合下列规定: ①基层表面达到无浮尘、无松动状态。 ②清理出小坑槽时,不得用原有基层材料找补。 ③清理出较大范围松散时,应重新评定基层质量,必要时宜返工处理。 (4)在基层表面干燥的状态下,可洒铺透层油。透层油宜采用稀释沥青、煤沥青或乳化沥青,沥青洒铺量宜为0.3~0.6kg/m^2。 (5)透层油施工后严禁一切车辆通行,直至上层施工。 (6)下封层或黏层应在透层油挥发、破乳完成后施工,并封闭交通。 (7)对极重、特重交通荷载等级或较薄的沥青面层,基层顶面应采用热洒沥青的方式加强层间结合,并应符合下列规定: ①根据工程情况,热洒沥青可采用普通沥青、改性沥青或橡胶沥青。对高速公路和一级公路的极重、特重交通荷载等级,或沥青面层厚度小于150mm时,宜选择SBS改性沥青或橡胶沥青。 ②普通沥青的洒铺量宜为1.8~2.2kg/m^2,SBS改性沥青宜为2.0~2.4kg/m^2,橡胶沥青宜为2.2~2.6kg/m^2 ③沥青洒铺时应均匀,避免漏洒,纵向接缝应重叠2/3单一喷口的洒铺范围,横向接缝应齐整,不应重叠。 ④撒布的碎石宜选择洁净、干燥、单一粒径的石灰岩石料,超粒径含量应不大于10%,粒径范围宜为13.2~19mm。 ⑤碎石撒布前应通过拌和设备加热、除尘、筛分,碎石撒布到路面前的温度应不低于80℃。 ⑥碎石撒布量宜为满铺面积的60%~70%,不得重叠。 ⑦高速公路和一级公路,不宜采用同步碎石施工设备,应采用分离式的施工设备。 ⑧沥青洒铺车的容量宜不少于10t,1台沥青洒铺车应配备2台碎石撒布车

续上表

项　目	规定的内容与说明
基层收缩裂缝的处理	基层在养生过程中出现裂缝，经过弯沉检测，结构层的承载能力满足设计要求时，可继续铺筑上面的沥青面层，也可采取下列措施处理裂缝： (1)在裂缝位置灌缝。 (2)在裂缝位置铺设玻璃纤维格栅。 (3)洒铺热改性沥青

13.6　填隙碎石施工技术要求

(1)填隙碎石的一般规定

填隙碎石的一般规定　　表 13-18

<table>
<tr><th colspan="2">项　目</th><th>一般规定的内容与要求</th><th>说　明</th></tr>
<tr><td rowspan="3">有关规定和要求</td><td>适用层次</td><td>填隙碎石可用于各等级公路的底基层和二级以下公路的基层</td><td rowspan="3">用单一尺寸的粗碎石做主集料，形成嵌锁，用石屑填满碎石间的空隙，增加密实度和稳定性，这种结构称为填隙碎石</td></tr>
<tr><td>填隙碎石的构成</td><td>(1)用单一粒径的粗碎石和石屑组成的填隙碎石可用干法施工，也可用湿法施工。干法施工的填隙碎石特别适宜于干旱缺水地区。
(2)填隙碎石的一层压实厚度，可取碎石最大粒径的 1.5～2.0 倍。
(3)缺乏石屑时，可以添加细砾砂或粗砂等细集料，但其技术性能不如石屑</td></tr>
<tr><td>施工要求</td><td>填隙碎石施工时，应遵守下列规定：
(1)细集料应干燥。
(2)应采用振动轮每米宽质量不小于 1.8t 的振动压路机进行碾压。填隙料应填满粗碎石层内部的全部孔隙。碾压后，表面粗碎石间的孔隙应填满，但不得使填隙料覆盖粗集料而自成一层，表面应看得见粗碎石。碾压后基层的固体体积率应不小于 85%，底基层的固体体积率应不小于 83%。
(3)填隙碎石基层未洒透层沥青或未铺封层时，禁止开放交通</td></tr>
</table>

(2)填隙碎石用料的要求和注意事项

填隙碎石用料的要求和注意事项　　表 13-19

<table>
<tr><th colspan="2">项　目</th><th colspan="3">用料的要求和注意事项</th></tr>
<tr><td rowspan="2">集料</td><td>粗碎石</td><td colspan="3">粗碎石可以用具有一定强度的各种岩石或漂石轧制，但漂石的粒径应为粗碎石最大粒径的 3 倍以上；也可以用稳定的矿渣轧制，矿渣的干密度和质量应比较均匀，且其干密度不小于 960kg/m³</td></tr>
<tr><td>石屑</td><td colspan="3">石屑可以使用碎石场的筛余料。缺乏石屑时，也可以用细砂砾或粗砂代替，但技术性能不如石屑，细集料应干燥</td></tr>
<tr><td colspan="2" rowspan="4">最大粒径</td><td colspan="3">填隙碎石的最大粒径</td></tr>
<tr><td>道路等级 / 层位</td><td>二级以下公路</td><td>高速公路、一级公路</td></tr>
<tr><td>基层</td><td>53mm</td><td>—</td></tr>
<tr><td>底基层</td><td>63mm</td><td>63mm</td></tr>
</table>

续上表

项目	用料的要求和注意事项
扁平长条颗粒含量	材料中的扁平、长条和软弱颗粒的含量不应超过15%
压碎值	集料压碎值要求（见下表）

集料压碎值要求

层位 \ 道路等级	二级及以下公路	高速公路、一级公路
基层	≤26%	—
底基层	≤30%	≤30%

颗粒组成——粗碎石：填隙碎石粗碎石的颗粒组成应符合下表规定

填隙碎石粗碎石的颗粒组成

编号	通过质量百分率(%) \ 标称尺寸(mm)	筛孔尺寸(mm) 63	53	37.5	31.5	26.5	19	16	9.5
1	30~60	100	25~60		0~15		0~5		
2	25~50		100		25~50	0~15		0~5	
3	20~40			100	35~70		0~15		0~5

颗粒组成——填隙料：采用上表中的1号粗集料时，填隙料的标称最大粒径可为9.5mm，并宜用轧制石灰岩碎石的石屑。填隙料宜具有下表的颗粒组成

填隙料的颗粒组成(JTJ 034—2000)

筛孔尺寸(mm)	9.5	4.75	2.36	0.6	0.075	塑性指数
通过质量百分率(%)	100	85~100	50~70	30~50	0~10	<6

项目	用料的要求和注意事项
固体体积率	碾压完成后，基层的固体体积率应不小于85%，底基层固体体积率应不小于83%

(3)填隙碎石施工要点和注意事项

填隙碎石施工要点和注意事项 表13-20

项目		内容、要点和注意事项
填隙碎石施工	工艺流程图	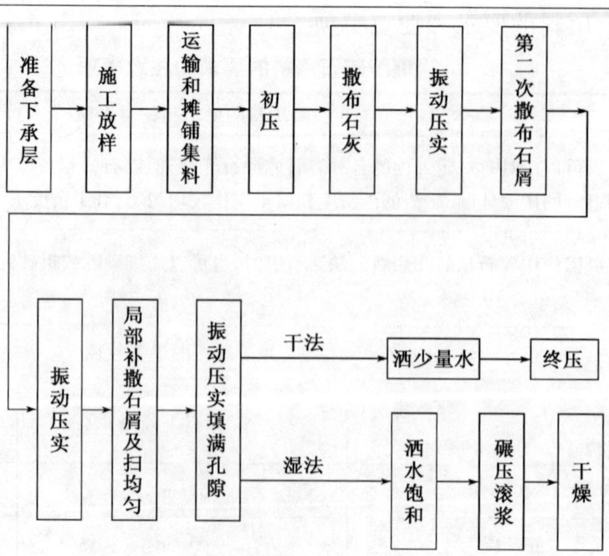

续上表

项　目			内容、要点和注意事项
	备料		根据各路段基层或底基层的宽度、厚度及松铺系数(碎石最大粒径与压实厚度之比为0.5左右时,系数约为1.3;比值较大时,系数约为1.2),计算各段需要的粗碎石数量;根据运料车辆的车厢体积,计算每车料的堆放距离。填隙料的用量为粗碎石质量的30% ~40%
	运输和摊铺粗碎石		(1)碎石装车时,应控制每车料的数量基本相等。 (2)在同一料场供料的路段内,由远到近将粗碎石按计算的距离卸置于下承层上。卸料距离应严格掌握,避免有的路段料不够或料过多。 (3)料堆每隔一定距离应留一缺口。 (4)用平地机或其他合适的机具将粗碎石均匀地摊铺在预定的宽度上,表面应力求平整,并有规定的路拱,应同时摊铺路肩用料。 (5)检查松铺材料层的厚度是否符合设计要求,必要时,应进行减料或补料工作
填隙碎石施工	撒铺填隙料和碾压	干法施工	(1)初压:用8t两轮压路机碾压3 ~4遍,使粗碎石稳定就位。在直线和不设超高的平曲线段上,碾压从两侧路肩开始,逐渐错轮向路中心进行;在设超高的平曲线段上,碾压从内侧路肩开始,逐渐错轮向外侧路肩进行。错轮时,每次重叠1/3轮宽。在第一遍碾压后,应再次找平。初压终了时,表面应平整,并具有要求的路拱和纵坡。 (2)撒铺填隙料:用石屑撒布机或类似的设备将干填隙料均匀地撒铺在已压稳的粗碎石层上,松铺厚度为2.5 ~3.0cm。必要时,用人工或机械扫匀。 (3)碾压:用振动压路机慢速碾压,将全部填隙料振入粗碎石间的空隙中。如没有振动压路机,可用重型振动板,但路面两侧应多压2 ~3遍。 (4)再次撒布填隙料:用石屑撒布机或类似的设备将干填隙料再次撒铺在粗碎石层上,松铺厚度为2.0 ~2.5cm,用人工或机械扫匀。 (5)再次碾压:用振动压路机按本款第3项进行碾压。在碾压过程中,对局部填隙料不足之处,人工进行找补。局部多余的填隙料应扫除。 (6)局部补撒石屑并扫均。再次碾压后,如表面仍有未填满的空隙,则应补撒填隙料,并用振动压路机继续碾压,直到全部空隙被填满为止。同时,应将局部多余的填隙料铲除或扫除。填隙料不应在粗碎石表面自成一层。表面必须能看得见粗碎石(如填隙碎石层上为薄沥青面层,应使粗碎石的棱角外露3 ~5mm)。 (7)当需分层铺筑时,应将已压成的填隙碎石层表面粗碎石外露5 ~10mm,然后在其上摊铺第二层粗碎石,并按本款第(1) ~(6)项要求施工。 (8)洒水终压。填隙碎石表面孔隙全部填满后,用12 ~15t三轮压路机再碾压1 ~2遍。在碾压过程中,不应有任何蠕动现象。在碾压之前,宜在表面先洒少量水,洒水量宜为3kg/m^{2}以上
		湿法施工	(1)开始程序与干法施工(1) ~(6)相同。 (2)粗碎石层表面孔隙全部填满后,立即用洒水车洒水,直到饱和,但应注意避免多余水浸泡下承层。 (3)用12 ~15t三轮压路机跟在洒水车后进行碾压。在碾压过程中,将湿填隙料继续扫入所出现的孔隙中。需要时,再添加新的填隙料。洒水和碾压应一直进行到填隙料和水形成粉砂浆为止。粉砂浆应填塞全部孔隙,并在压路机轮前形成微波纹状。 (4)干燥:碾压完成的路段应让水分蒸发一段时间。结构层变干后,表面多余的细料以及细料覆盖层都应扫除干净。 (5)当需分层铺筑时,应待结构层变干后,将已压成的填隙碎石层表面的填隙料扫除一些,使表面粗碎石外露5 ~10mm,然后在上摊铺第二层粗碎石,并按本款第(1) ~(4)项要求施工

13.7　沥青稳定碎石

13.7.1 沥青稳定碎石用料的要求

沥青稳定碎石用料的要求　　表 13-21

<table>
<tr><th>项　目</th><th>用料的要求和注意事项</th><th>说　明</th></tr>
<tr><td>碎石</td><td>碎石应洁净干燥,颗粒接近同粒径,形状接近立方体,有菱角。压碎值应小于30%,或洛杉矶磨耗率小于40%。扁平长条颗粒含量不大于20%。含泥量不大于1%。石料与沥青应有良好的吸附性,剥落度小于30%。宜采用石灰石,如用酸性石料需添加沥青表面活化剂,使其达到剥落度要求。
主层碎石粒径采用30～70(35～65)mm,嵌缝石屑采用15～25mm,均为单一粒径石料</td><td rowspan="4">沥青稳定碎石是指用碎石作基层,以少量沥青浇洒于碎石层中并撒布嵌缝石屑,促进碎石压实成型的基层,适用于原有结构层整平后作基层。
6～9月用较稠沥青,其余月份用较稀沥青。
石油沥青和煤沥青不得混合使用。改换沥青品种时,应先将撒布、加热沥青等设备清洗</td></tr>
<tr><td>沥青</td><td>稳定碎石适用的沥青品种有煤沥青 T-7、RT-10、RT-12 石油沥青 AH-70、AH-90、A-60、A-100、A-140 和乳化沥青 PC-1 等</td></tr>
<tr><td>沥青表面活化剂</td><td>改善石料和沥青黏附性,达到剥落度要求,应能完全溶解于沥青中,并有耐长时间的加热性(到沥青加热温度);有效参数根据试验确定</td></tr>
<tr><td>材料规格和用量</td><td>沥青稳定碎石层材料规格和用量
<table>
<tr><th rowspan="3">材料种类</th><th rowspan="3">材料规格(mm)</th><th rowspan="3">用量单位</th><th colspan="6">材料用量</th></tr>
<tr><th colspan="2">8cm 厚</th><th colspan="2">12cm 厚</th><th colspan="2">15cm 厚</th></tr>
<tr><th>石料</th><th>沥青</th><th>石料</th><th>沥青</th><th>石料</th><th>沥青</th></tr>
<tr><td>主层石料</td><td>30～70(35～65)</td><td>$m^3/100m^2$</td><td>100</td><td>—</td><td>150</td><td>—</td><td>190</td><td>—</td></tr>
<tr><td>主层沥青</td><td>见上述</td><td>kg/m^2</td><td>—</td><td>3.6</td><td>—</td><td>5.0</td><td>—</td><td>6.0</td></tr>
<tr><td>防黏石屑</td><td>15～25</td><td>$m^3/100m^2$</td><td>25</td><td>—</td><td>30</td><td>—</td><td>35</td><td>—</td></tr>
</table>
注:①表中沥青用量按煤沥青表示,如用石油沥青则减少10%～15%,稠的石油沥青少减,稀的多减;
②表中石料用量含整平用量;
③介丁两者之间厚度用量可内插</td></tr>
</table>

13.7.2 沥青稳定碎石施工要点和注意事项

沥青稳定碎石施工要点和注意事项　　表 13-22

项　目		内容、要点注意事项
沥青稳定碎石施工	工艺流程图	准备下承层 → 测量放样 → 摊铺主层碎石 → 初压 → 浇洒沥青 → 撒铺嵌缝石料 → 终压

续上表

<table>
<tr><th colspan="2">项 目</th><th colspan="5">内容、要点注意事项</th></tr>
<tr><td rowspan="7">沥青稳定碎石施工</td><td>摊铺主层碎石</td><td colspan="5">根据各路段基层宽度、厚度及松铺系数(由试验确定,参考值约为1.25),计算各段需要的主层碎石数量,并按运料车的车厢容量,计算每车料的堆放间距。每层铺筑8～15cm厚,如有需要超过15cm时,应分层施工。
用平地机或其他合适机具将主层碎石摊铺均匀、平整。
检查松铺材料层厚度是否符合预计要求(松铺厚度=压实厚度×松铺系数),必要时应减料或补料</td></tr>
<tr><td>初压</td><td colspan="5">调整主层碎石纵坡坡度和平整度到符合要求时,用6～8t两轮压路机开始碾压,压稳碎石后用10～12t或10～15t三轮压路机压碎碎石。碾压先轻后重、由边到中、由低到高,并随时修整碎石层外形尺寸。碾压时压路机轮迹适当重合,两轮压路机重叠1/3,三轮压路机重叠后轮的1/2。碾压至碎石层无明显轮迹</td></tr>
<tr><td rowspan="4">浇洒沥青</td><td colspan="5">沥青应采用机械洒布。洒布温度应达到下表规定值;否则要补充加热。洒布时应注意,纵横接头处沥青应洒布均匀。洒布一段后应检查沥青用量,并予调整。漏喷处应及时用手持喷枪补足。
稳定碎石的沥青洒布温度</td></tr>
<tr><td rowspan="2">沥青种类及标号</td><td rowspan="2">单位</td><td colspan="2">石油沥青</td><td>煤沥青</td></tr>
<tr><td>AH-70、AH-90、AH-110、A-60、A-100</td><td>A-140</td><td>T-7、RT-10、RT-11、RT-12</td></tr>
<tr><td>洒布温度</td><td>℃</td><td>150～170</td><td>140～160</td><td>100～120</td></tr>
<tr><td>撒铺嵌缝石料和终压</td><td colspan="5">沥青洒布后应立即用压路机继续碾压、继续调整外形尺寸,碾压到沥青稳定碎石层无明显轮迹为止(轮迹深度不大于5mm),表面要坚实、平整,嵌缝料不得浮于表面或聚集形成一层</td></tr>
</table>

13.8 垫层的作用和技术要求

垫层的作用和技术要求 表13-23

项 目	作用和技术要求	说 明
垫层材料	(1)砂石。宜选用碎石、卵石、角砾、圆砾、砾砂、粗砂、中砂或石屑(粒径小于2mm的部分不应超过总重的45%),应级配良好,不含植物残体、垃圾等杂质。当使用粉细砂或石粉(粒径小于0.075mm的部分不超过总重的5%)时,应掺入不少于总重30%的碎石或卵石。砂石的最大粒径不宜大于50mm。对湿陷性黄土地基,不得选用砂石等透水材料。 (2)粉质黏土。土料中有机质含量不得超过5%,亦不得含有冻土或膨胀土。当含有碎石时,其粒径不宜大于50mm。用于湿陷性黄土或膨胀土地基的粉质黏土垫层,土料中不得夹有砖、瓦和石块。 (3)灰土。体积配合比宜为2∶8或3∶7。土料宜用粉质黏土,不宜使用块状黏土和砂质粉土,不得含有松软杂质,并应过筛,其颗粒不得大于15mm。石灰宜用新鲜的消石灰,其颗粒不得大于5mm。 (4)粉煤灰。可用于道路的换填垫层。粉煤灰垫层上宜覆土0.3～0.5m。粉煤灰垫层中采用掺加剂时,应通过试验确定其性能及适用条件。作为垫层的粉煤灰应符合有关放射性安全标准的要求。粉煤灰垫层中的金属构件、管网宜采取适当防腐措施。大量填筑粉煤灰时应考虑对地下水和土壤的环境影响。 (5)矿渣。垫层使用的矿渣是指高炉重矿渣,可分为分级矿渣、混合矿渣及原状矿渣。选用矿渣的松散密度不小于11kg/m^3,有机质及含泥总量不超过5%。小于2mm的颗粒含量宜小于20%。设计施工前必须对选用的矿渣进行试验,在确认其性能稳定并符合安全规定后方可使用。作为建筑物垫层的矿渣应符合对放射性安全标准的要求。易受酸碱影响的基础或地下管网不得采用矿渣垫层。大量填筑矿渣时,应考虑对地下水和土壤的环境影响。	垫层指的是设于基层以下的结构层。其主要作用是隔水、排水、防冻以改善基层和土基的工作条件。 垫层为介于基层与土基之间的结构层,在土基水温状况不良时,用以改善土基的水温状况,提高路面结构的水稳性和抗冻胀能力,并可扩散荷载,以减少土基变形。一般在路基经常处于潮湿和过湿状态的路段,以及在季节性冰冻地区产生冰冻危害的路段应设垫层

续上表

<table>
<tr><th colspan="2">项　目</th><th>作用和技术要求</th><th>说　明</th></tr>
<tr><td colspan="2">垫层材料</td><td>(6)其他工业废渣。在有可靠试验结果或成功工程经验时,对质地坚硬、性能稳定、无腐蚀性和放射性危害的工业废渣等均可用于填筑换填垫层。被选用工业废渣的粒径、级配和施工工艺等通过试验确定。
(7)土工合成材料。由分层铺设的土工合成材料与地基土构成加筋垫层。作为加筋的土工合成材料应采用抗拉强度较高、受力时伸长率不大于4%～5%、耐久性好、抗腐蚀的土工格栅、土工格室、土工垫或土工织物等土工合成材料;垫层填料宜用碎石、角砾、砾砂、粗砂、中砂或粉质黏土等材料。当工程要求垫层具有排水功能时,垫层材料应具有良好的透水性。在软土地基上使用加筋垫层时,应保证建筑稳定并满足容许变形的要求</td><td>—</td></tr>
<tr><td>沥青路面垫层结构</td><td>作用及设置条件</td><td>为排除路面、路基中滞留的自由水,确保路面结构处于干燥或中湿状态,下面情况下的路基应设置垫层:
(1)地下水位高,排水不良,地基常处于潮湿、过湿状态的路段。
(2)排水不良的土质路堑,有裂隙水、泉眼等水文不良的岩石挖方路段。
(3)季节性冰冻地区的中湿、潮湿路段,可能产生冻胀需设防冻垫层的路段。
(4)基层或底基层可能受污染以及路基软弱的路段。
从垫层的设置目的和功能可以分为防水垫层、排水垫层、防污垫层和防冻垫层四种。
垫层材料可选用粗砂、砂砾、碎石、矿渣、煤渣等粒料以及水泥或石灰煤渣稳定类、石灰粉煤灰稳定类等。各级公路的排水垫层应与边缘排水系统相接连,垫层宽度应铺筑到路基边缘与边沟下的渗沟相连接。
①当地基处于潮湿、过湿状态,土质不良粉性土的含量高,在毛细水作用下水分将自下而上渗入底基层和基层结构的情况下,为隔断地下水源而设置防水垫层。防水垫层应不含粉性土、黏性土成分,主要采用粗砂、砂砾、矿渣等粗粒材料铺筑。在垫层下应铺设不透水层,防止自上而下的渗透和污染。
②排水垫层是排除通过路基顶面渗入的潜水、泉水和毛细水上升。排水垫层的规格、要求以及排水能力、结构层厚度均应满足路面结构排水设计的规定和要求,与路基路面排水系统的衔接、出口的设置等应按设计要求选定。排水垫层以下应设置土工织物反滤层,若排水垫层也承担排除地面渗入路面的雨水的功能,排水层和底基层交界面上应设反滤层。
③对于地处软土地带的潮湿路段,为防止路基土侵入路面污染结构,可设防污垫层。通常采用土工合成材料与粒料分多层间隔铺筑,达到防污效果有时将防污垫层设在防水垫层和排水垫层以下,两层垫层同时使用,可取得良好效果。
④在季节性冰冻地区,当冻深较大,路基土为易冻胀土时,设置防冻垫层。防冻垫层应采用隔温性能良好、透水性好、导热系数低的材料,如煤渣、矿渣、石灰煤渣稳定粒料等。
透过0.075mm筛孔颗粒含量不宜大于5%。采用煤渣时,小于2mm的颗粒不宜大于20%。垫层厚度的确定除了路面结构总厚度应满足力学强度和弯沉等设计控制指标达到规范要求之外,主要应满足防止冻胀的要求,一般情况为150～200mm,重冰冻地区潮湿、过湿路段可为300～400mm。
采用碎石和砂砾垫层时,最大粒径应与结构层厚度相协调,一般最大粒径应不超过结构厚度的1/2,以保证形成骨架结构,提高结构层的稳定性。
可在路基顶面设土工合成材料隔离层,以防止路基污染粒料垫层或隔断地下水</td><td>垫层厚度要按当地经验确定。在季节性冰冻地区路面总厚度小于防冻最小厚度时,应以垫层材料补足。
垫层要注意与基础区分。垫层、基础材料不同时,以材料划分;材料是相同混凝土时,则大于20cm算基础,小于或等于20cm算垫层</td></tr>
</table>

续上表

项　目		作用和技术要求	说　明
混凝土路面垫层结构	作用及设置条件	根据垫层的作用可以分为防冻垫层,防水垫层,加固垫层。 遇到下列情况时,需在基层下设置垫层: (1)季节性冰冻地区,路面总厚度小于最小防冻厚度的要求时,其差值应以设置防冻垫层厚度补足; (2)水文地质条件不良的土质路堑,路床土湿度较大时,为防止地下水对路面结构的侵蚀,宜设置排水垫层; (3)当路基特别软弱,经加固后,路基仍可能产生不均匀变形时,可加设半刚性垫层(加固垫层)以增强路床的承载能力。 当设置垫层的三种情况兼而有之时,在选择垫层材料时,也应兼顾,具备多种功能。一般垫层多采用当地廉价材料修筑,或取当地材料少量无机结合料处治后使用,如砂、砂砾料、低剂量无机结合料稳定粒料等。 防冻垫层和排水垫层宜采用砂、砂砾等颗粒材料。半刚性垫层可采用低剂量无机结合料稳定粒料或土。 垫层的宽度应与路基同宽,最小厚度为150mm	—

13.9　施工质量标准与控制

(1)施工质量的一般要求

一 般 规 定　　表13-24

项　目	规定内容和要求	说　明
一般规定	(1)基层、底基层施工的质量标准与控制应按要求执行。 (2)基层、底基层施工质量标准与控制应包括原材料检验、施工参数确定、施工过程中的质量检查验收等方面,并应符合下列规定: ①按JTG/T F20—2015的相关要求备料,严把进料质量关。 ②按施工需求合理布置建设场地,选择适宜的拌和、摊铺和碾压机械。 ③将试验段确定的施工参数作为施工过程中质量控制的标准。 ④健全工地试验室能力,试验、检验数据真实、完整、可靠。 ⑤各个工序完结后,应检查验收;合格后,方可进行下一个工序。 (3)施工过程中发现质量缺陷时,应加大检测频率;必要时应停工整顿,查找原因。 (4)施工关键工序宜拍摄照片或录像,作为现场记录保存。 (5)施工结束后,应清理现场,处理废弃物,恢复耕地或绿化,做到工完场清。 (6)高速公路和一级公路,应在拌和厂内或距离不超过1km的范围内设有功能完备的试验室。 (7)在施工过程中,应配备有相关试验资质的试验操作人员。每个工地试验室的试验操作人员宜不少于8人,同时应明确每个质量控制环节上的责任人	高速公路水泥稳定级配碎石的施工质量控制尚应符合JTG/T F20—2015中附录B的相关规定

(2)材料检验

材料检验内容与要求 表 13-25

项目	内容和要求				
一般规定	在施工前以及在施工过程中,原材料或混合料发生变化时,应检验拟采用材料				
基层和底基层用土	项次	试验项目	目的	频度	试验方法
	1	含水率	确定原始含水率	每天使用前测 2 个样品	T 0801/T 0803
	2	液限、塑限	求塑性指数,审定是否符合规定	每种土使用前测 2 个样品,使用过程中每 2 000m² 测 2 个样品	T 0118/T 0119
	3	颗粒分析	确定级配是否符合要求,确定材料配合比	每种土使用前测 2 个样品,使用过程中每 2 000m² 测 2 个样品	T 0115
	4	有机质和硫酸盐含量	确定土是否适宜于用石灰或水泥稳定	对土有怀疑时做此试验	T 0151/0153
基层和底基层用碎石、砾石等粗集料	项次	试验项目	目的	频度	试验方法
	1	含水率	确定原始含水率	每天使用前测 2 个样品	T 0801/T 0803
	2	级配	确定级配是否符合要求,确定材料配合比	每档碎石使用前测 2 个样品,使用过程中每 2 000m² 测 2 个样品	T 0303
	3	液限、塑限[a]	求塑性指数,审定是否符合规定	每种土使用前测 2 个样品,使用过程中每 2 000m² 测 2 个样品	T 0118/T 0119
	4	毛体积相对密度、吸水率	评定粒料质量,计算固体体积率	使用前测 2 个样品,砾石使用过程中每 2 000m² 测 2 个样品,碎石种类变化重做 2 个样品	T 0304/T 0308
	5	压碎值	评定石料的抗压碎能力是否符合要求		T 0316
	6	粉尘含量	评定石料质量		T 0310
	7	针片状颗粒含量	评定石料质量		T 0312
	8	软石含量	评定石料质量		T 0320
	注:[a] 级配砾石或级配碎石中 0.6mm 以下的细土进行此项试验				
基层和底基层用细集料	项次	试验项目	目的	频度	试验方法
	1	含水率	确定原始含水率	每天使用前测 2 个样品	T 0801/T 0803
	2	级配	确定级配是否符合要求,确定材料配合比	每档材料使用前测 2 个样品,使用过程中每 2 000m² 测 2 个样品	T 0327
	3	液限、塑限	求塑性指数,审定是否符合规定	每种细集料使用前测 2 个样品,使用过程中每 2 000m² 测 2 个样品	T 0118/T 0119
	4	毛体积相对密度、吸水率	评定粒料质量,计算固体体积率	使用前测 2 个样品,使用过程中每 2 000m² 测 2 个样品	T 0304/T 0308
	5	有机质和硫酸盐含量	确定土是否适宜于用石灰或水泥稳定	对土有怀疑时做此试验	T 0336/T 0341

续上表

项目	内容和要求				
	项次	试验项目	目的	频度	试验方法
基层和底基层用水泥	1	水泥强度等级和初、终凝时间	确定水泥的质量是否适宜应用	做材料组成设计时测1个样品，料源或强度等级变化时重测	T 0505/T 0506
基层和底基层用粉煤灰	项次	试验项目	目的	频度	试验方法
	1	含水率	确定原始含水率	每天使用前测2个样品	T 0801/T 0803
	2	烧失量	确定粉煤灰是否适用	做材料组成设计前测2个样品	T 0817
	3	细度	确定粉煤灰质量	做材料组成设计前测2个样品	T 0818
	4	二氧化硅等氧化物含量	确定粉煤灰质量	每天使用前测2个样品	T 0816
基层和底基层用石灰	项次	试验项目	目的	频度	试验方法
	1	含水率	确定原始含水率	每天使用前测2个样品	T 0801/T 0803
	2	有效钙、镁含量	确定石灰质量	做材料组成设计和生产使用时分别测2个样品，以后每月测2个样品	T 0811/T 0812/T 0813
	3	残渣含量	确定石灰质量	做材料组成设计和生产使用时分别测2个样品，以后每月测2个样品	T 0815
高速公路的基层	各档粗集料的超粒径含量应不大于15%，其中主粒径通过率的变异系数应不大于10%。应根据至少连续7d在料堆不同位置取料的筛分结果确定其变异系数，样本量宜不少于10个				
基层和底基层混合料	项次	试验项目	目的	频度	试验方法
	1	重型击实试验	最佳含水率和最大干密度	材料发生变化时	T 0804
	2	承载比(CBR)	确定非整体性材料是否适宜做基层或底基层	材料发生变化时	T 0134
	3	抗压强度	整体性材料配合比试验及施工期间质量评定	每次配合比试验	T 0805
	4	延迟时间	确定延迟时间对混合料密度和抗压强度的影响，确定施工允许的延迟时间	水泥品种变化时	T 0805
	5	绘制EDTA标准曲线	对施工过程中水泥、右灰剂量有效控制	水泥、石灰品种变化时	T 0809

(3)铺筑试验段

铺筑试验段技术要求 表 13-26

项 目	内容和要求
规定	基层和底基层正式施工前,均应铺筑试验段,试验段应设置在生产路段上,长度宜为 200~300m
试验段开工前	(1)提交完整的目标配合比报告和生产配合比报告。 (2)正常施工时所配备的施工机械完全进场,且调试完毕。 (3)全部施工人员到位
试验段施工期间应及时检测的项目	(1)施工所用原材料的全部技术指标。 (2)混合料拌和时的结合料剂量,应不少于4个样本。 (3)混合料拌和时的含水率,应不少于4个样本。 (4)混合料拌和时的级配,应不少于4个样本。 (5)不同松铺系数条件下的实际压实厚度,宜设定2~3个松铺系数。 (6)不同碾压工艺下的混合料压实度,宜设定2~3种压实工艺,每种压实工艺的压实度检测样本应不少于4个。 (7)混合料压实后的含水率,应不少于6个样本。 (8)混合料击实试验,测定干密度和含水率,应不少于3个样本。 (9)7d龄期无侧限抗压强度试件成型,样本量应符合要求
无机结合料稳定材料	养生7d后,无机结合料稳定材料的试验段应及时检测下列技术项目: (1)标准养生试件的7d无侧限抗压强度。 (2)水泥稳定材料钻芯取样,评价芯样外观,取芯样本量应不少于9个。 (3)对完整芯样切割成标准试件,测定强度。 (4)按车道,每10m一点测定弯沉指标,并按JTG/T F20—2015附录C计算回弹弯沉值。 (5)按车道,每50m一点测定承载比。 (6)对非整体性材料结构层,试验段铺筑完成后应及时进行承载板试验,按车道,每50m一点
非整体性材料结构层	对非整体性材料结构层,试验段铺筑完成后应及时进行承载板试验,按车道,每50m一点
关键工序、工艺进行评价	试验段铺筑阶段应对下列关键工序、工艺进行评价: (1)拌和设备各档材料的进料比例、速度及精度。 (2)结合料的进料比例和精度。 (3)含水率的控制精度。 (4)松铺系数合理值。 (5)拌和、运输、摊铺和碾压机械的协调与配合。 (6)压实机械的选择和组合,压实的顺序、速度与遍数。 (7)对人工拌和工艺,应确定合适的拌和设备、方法、深度和遍数 (8)对人工摊铺碾压工艺,应确定适宜的整平和整形机具与方法
总结报告	(1)试验段施工后,应及时总结,总结报告应包括下列内容: ①试验段检测报告。 ②试验段总体效果评价。 ③施工关键参数的推荐值,包括配合比、含水率、松铺系数、碾压工艺等。 ④确定每一作业段的合适长度。 (2)试验段不满足技术要求时,应重新铺设试验段。试验段各项指标合格后,方可正式施工

(4)施工过程检测

施工过程检测内容与要求　　表 13-27

<table>
<tr><th>项　目</th><th>内容和要求</th></tr>
<tr><td>外形尺寸检查</td><td>外形尺寸检查项目、频度和质量标准应符合下表规定
<table>
<tr><th rowspan="2">工程类别</th><th rowspan="2" colspan="2">项目</th><th rowspan="2">频度</th><th colspan="2">质量标准</th></tr>
<tr><th>高速公路和一级公路</th><th>二级及二级以下公路</th></tr>
<tr><td rowspan="8">基层</td><td colspan="2">纵断高程(mm)</td><td>二级及二级以下公路每 20m 1 点;高速公路和一级公路每 20m 1 个断面,每个断面 3～5 点</td><td>+5～-10</td><td>+5～-15</td></tr>
<tr><td rowspan="2">厚度(mm)</td><td>均值</td><td rowspan="2">每 1 500～2 000m²6 点</td><td>≥-8</td><td>≥-10</td></tr>
<tr><td>单个值</td><td>≥-10</td><td>≥-20</td></tr>
<tr><td colspan="2">宽度(mm)</td><td>每 40m 1 处</td><td>>0</td><td>>0</td></tr>
<tr><td colspan="2">横坡度(%)</td><td>每 100m 3 处</td><td>±0. 3</td><td>±0. 5</td></tr>
<tr><td colspan="2" rowspan="2">平整度(mm)</td><td>每 200m 2 处,每处连续 10 尺(3m 直尺)</td><td>≤8</td><td>≤12</td></tr>
<tr><td>连续式平整度仪的标准差(mm)</td><td>≤3.0</td><td>—</td></tr>
<tr><td colspan="5"></td></tr>
<tr><td rowspan="6">底基层</td><td colspan="2">纵断高程(mm)</td><td>二级及二级以下公路每 20m 1 点;高速公路和一级公路每 20m 1 个断面,每个断面 3～5 点</td><td>+5～-15</td><td>+5～-20</td></tr>
<tr><td rowspan="2">厚度(mm)</td><td>均值</td><td rowspan="2">每 1 500～2 000m²6 点</td><td>≥-10</td><td>≥-12</td></tr>
<tr><td>单个值</td><td>≥-25</td><td>≥-30</td></tr>
<tr><td colspan="2">宽度(mm)</td><td>每 40m 1 处</td><td>>0</td><td>>0</td></tr>
<tr><td colspan="2">横坡度(%)</td><td>每 100m 3 处</td><td>±0. 3</td><td>±0. 5</td></tr>
<tr><td colspan="2">平整度(mm)</td><td>每 200m 2 处,每处连续 10 尺(3m 直尺)</td><td>≤12</td><td>≤15</td></tr>
</table>
</td></tr>
<tr><td>内在质量检验</td><td>施工过程中的内在质量控制应分为原材料质量控制、拌和质量控制、摊铺及碾压质量控制等 4 部分。对集中厂拌、摊铺机摊铺的施工工艺,应按后场与前场划分
<table>
<tr><td rowspan="9">后场质量控制</td><th colspan="4">施工过程中后场质量控制的关键内容</th></tr>
<tr><th>项次</th><th>项目</th><th>内容</th><th>频度</th></tr>
<tr><td rowspan="3">1</td><td rowspan="3">原材料抽检</td><td>结合料质量</td><td>每批次</td></tr>
<tr><td>粗、细集料品质</td><td>异常时,随时试验</td></tr>
<tr><td>级配、规格</td><td>异常时,随时试验</td></tr>
<tr><td rowspan="4">2</td><td rowspan="4">混合料抽检</td><td>混合料级配</td><td>每 2 000m²1 次</td></tr>
<tr><td>结合料剂量</td><td>每 2 000m²1 次</td></tr>
<tr><td>混合料最大干密度</td><td>每个工日</td></tr>
<tr><td>含水率</td><td>每 2 000m²1 次</td></tr>
</table>
</td></tr>
</table>

续上表

<table>
<tr><th colspan="2">项　目</th><th>内容和要求</th></tr>
<tr><td>内在质量检验</td><td>前场质量控制</td><td>
<table>
<tr><th colspan="4">施工过程中前场质量控制的关键内容</th></tr>
<tr><th>项次</th><th>项目</th><th>内容</th><th>频度</th></tr>
<tr><td rowspan="2">1</td><td rowspan="2">摊铺目测</td><td>是否离析</td><td>随时</td></tr>
<tr><td>粗估含水率状态</td><td>随时</td></tr>
<tr><td rowspan="2">2</td><td rowspan="2">碾压目测</td><td>压实机械是否满足</td><td>随时</td></tr>
<tr><td>碾压组合、次数是否合理</td><td>随时</td></tr>
<tr><td rowspan="2">3</td><td rowspan="2">压实度检测</td><td>含水率</td><td>每一作业段检查6次以上</td></tr>
<tr><td>压实度</td><td>每一作业段检查6次以上</td></tr>
<tr><td>4</td><td>强度检测</td><td>在前场取样成型试件</td><td>每一作业段不少于9个</td></tr>
<tr><td>5</td><td>钻芯检测</td><td>—</td><td>每一作业段不少于9个</td></tr>
<tr><td>6</td><td>弯沉检测</td><td>—</td><td>每一评定段(不超过1km)每车道40～50个测点</td></tr>
<tr><td>7</td><td>承载比</td><td>—</td><td>2 000m²1次</td></tr>
</table>
(1)应在现场碾压结束后及时检测压实度。压实度检测中,测定的含水率与规定含水率的绝对误差应不大于2%;不满足要求时,应分析原因并采取必要的措施。
(2)施工过程的压实度检测,应以每天现场取样的击实结果确定的最大干密度为标准。每天取样的击实试验应符合下列规定:
①击实试验应不少于3次平行试验,且相互之间的最大干密度差值应不大于0.02g/cm³;否则,应重新试验,并取平均值作为当天压实度的检测标准。
②该数值与设计阶段确定的最大干密度差值大于0.02g/cm³时,应分析原因,及时处理。
(3)压实度检测应采用整层灌砂试验方法,灌砂深度应与现场摊铺厚度一致。
(4)无机结合料稳定材料应钻取芯样检验其整体性,并应符合下列规定:
①无机结合料稳定细粒材料的芯样直径宜为100mm,无机结合料稳定中、粗粒材料的芯样直径应为150mm。
②采用随机取样方式,不得在现场人为挑选位置;否则,评价结果无效。
③芯样顶面、四周应均匀、致密。
④芯样的高度应不小于实际摊铺厚度的90%。
⑤取不出完整芯样时,应找出实际路段相应的范围,返工处理。
(5)无机结合料稳定材料应在下列规定的龄期内取芯:
①用于基层的水泥稳定中、粗粒材料,龄期7d。
②用于基层的水泥粉煤灰稳定的中、粗粒材料,龄期10～14d。
③用于底基层的水泥稳定材料、水泥粉煤灰稳定材料,龄期10～14d。
④用于基层的石灰粉煤灰稳定材料,龄期14～20d。
⑤用于底基层的石灰粉煤灰稳定材料,龄期20～28d。
(6)设计强度大于3MPa的水泥稳定材料的完整芯样应切割成标准试件,检测强度,并应符合下列规定:
①标准试件的径高比应为1:1。
②记录实际养生龄期。
</td></tr>
</table>

续上表

项　目		内容和要求
内在质量检验	前场质量控制	③根据实际施工情况确定试件强度的评价标准。 ④同一批次强度试验的变异系数应不大于15%。 (7)对高速公路和一级公路的基层、底基层,应在养生7~10d内检测弯沉;不满足要求时,应返工处理。 (8)对高速公路和一级公路,7~10d龄期的水泥稳定碎石基层的代表弯沉值宜为:对极重、特重交通荷载等级,应不大于0.15mm;对重交通荷载等级,应不大于0.20mm;对中等交通荷载等级,应不大于0.25mm。 (9)施工过程的混合料质量检测,应在施工现场的摊铺机位置取样,且应分别来自不同的料车

(5)施工质量检查

施工工程检测内容与要求　表13-28

项目	内容和要求
一般规定	(1)检查内容应包括工程完工后的外形和质量两方面,外形检查的要求应符合表13-27的规定。 (2)宜以1km长的路段为单位评定路面结构层质量;采用大流水作业法施工时,以每天完成的段落为评定单位。 (3)应检查施工原始记录,对检查内容初步评定。 (4)应随机抽样检查,不得带有任何主观性。压实度、厚度、水泥或石灰剂量检测样品和取芯等的现场随机取样位置的确定应按相关标准的要求执行
厚度计算	厚度检查时,厚度平均值的下置信限 $\overline{X}_L$ 应不小于设计厚度减去均值允许误差 厚度平均值的下置信限应按式(a)计算。 $$\overline{X}_L = \overline{X} - t_\alpha \frac{S}{\sqrt{n}} \quad (a)$$ 式中:$\overline{X}$——厚度平均值; S——厚度标准差; n——样本数量; t_α——t分布表中随自由度和保证率(或置信度α)而变的系数,对高速公路和一级公路应取保证率99%,对二级及二级以下公路可取保证率95%
弯沉计算	(1)弯沉检查时,应考虑一定保证率的测量值上波动界限,并按式(b)计算。 $$l_r = \bar{l} + Z_\alpha S \quad (b)$$ 式中:l_r——测量值的上波动界限,即代表弯沉值; $\bar{l}$——标准年测得的弯沉平均值; S——弯沉标准差; Z_α——与要求保证率有关的系数,高速公路和一级公路可取$Z_\alpha=2.0$,二级公路取$Z_\alpha=1.645$,二级以下公路取$Z_\alpha=1.5$。 (2)计算弯沉的平均值和标准差时,可将超出$\bar{l}\pm 3S$的弯沉异常值舍弃。舍弃后计算的代表弯沉值应不大于相关技术要求。对舍弃的弯沉值过大点,应找出其周围界限并局部处理

续上表

项目	内容和要求
质量合格标准值	各项技术指标质量应符合下表的规定。

质量合格标准值

<table>
<tr><th>工程类别</th><th>检查项目</th><th>检查数量[b]</th><th>标准值</th><th>极限低值</th></tr>
<tr><td rowspan="2">无结合料底基层</td><td>压实度</td><td>6～10 处</td><td>96%</td><td>92%</td></tr>
<tr><td>弯沉值[a]</td><td>每车道 40～50 个测点</td><td>按 JTG/T F20—2015 中附录 C 所得的弯沉标准值</td><td>—</td></tr>
<tr><td rowspan="4">级配碎石(或砾石)</td><td rowspan="2">压实度</td><td rowspan="2">6～10 处</td><td>基层 98%</td><td>94%</td></tr>
<tr><td>底基层 96%</td><td>92%</td></tr>
<tr><td>颗粒组成</td><td>2～3</td><td colspan="2">规定级配适用</td></tr>
<tr><td>弯沉值[a]</td><td>每车道 40～50 个测点</td><td>按 JTG/T F20—2015 中附录 C 所得的弯沉标准值</td><td>—</td></tr>
<tr><td rowspan="3">填隙碎石</td><td rowspan="2">压实度(固体体积率)</td><td rowspan="2">6～10 处</td><td>基层 98%</td><td>82%</td></tr>
<tr><td>底基层 96%</td><td>80%</td></tr>
<tr><td>弯沉值[a]</td><td>每车道 40～50 个测点</td><td>按 JTG/T F20—2015 附录 C 所得的弯沉标准值</td><td>—</td></tr>
<tr><td rowspan="2">水泥土、石灰土、石灰粉煤灰、石灰粉煤灰土</td><td>压实度</td><td>6～10 处</td><td>93%(95%)</td><td>89%(91%)</td></tr>
<tr><td>水泥或石灰剂量(%)</td><td>3～6 处</td><td>设计值</td><td>水泥 1.0%
石灰 2.0%</td></tr>
<tr><td rowspan="3">水泥稳定材料、石灰稳定材料、石灰粉煤灰稳定材料、水泥粉煤灰稳定材料</td><td rowspan="2">压实度</td><td rowspan="2">6～10 处</td><td>基层 98%(97%)</td><td>94%(93%)</td></tr>
<tr><td>底基层 96%(95%)</td><td>92%(91%)</td></tr>
<tr><td>颗粒组成</td><td>2～3</td><td colspan="2">规定级配范围</td></tr>
</table>

注：[a]按 JTG/T F20—2015 中附录 A 计算得到的弯沉值即是极限高值。

[b]以每天完成段落为评定单位时，检查数量可取低值；以 1km 为评定单位时，检查数量应取高值

14 沥青路面施工

14.1 沥青路面基本构成

14.1.1 沥青路面类型和基本特征

沥青路面类型和基本特征　表 14-1

路面类型		基本特征及应用
沥青表面处治路面	铺筑和强度构成	用沥青和集料按层铺或拌和方法施工，铺筑厚度不大于 3cm 的一种薄层路面。 典型施工方法是层铺法，其强度构成属嵌挤类，即路面的强度和稳定性主要依靠集料颗粒之间相互嵌挤所产生的内摩阻力，而黏结力则起着次要作用。在表面处治的下承层面浇洒一层沥青，撒布一层集料，而后碾压成型的称单层式表面处理路面，其厚度为 1 ~ 1.5cm（乳化沥青表面处治为 0.5cm）。这种过程重复两遍的称双层式表面处治路面，厚 1.5 ~ 2.5cm（乳化沥青表面处治为 1cm）。同样重复三遍的称三层式表面处治路面，厚 2.5 ~ 3cm（乳化沥青表面处治为 3cm）。 变通施工方法为拌和法，其强度构成属密实类，即其强度和稳定性主要取决于混合料的黏结力和内摩阻力。拌和法常采用厂拌热沥青混合料，运到工地摊铺碾压而成，厚度为 2 ~ 3cm。也可用乳化沥青混合料，冷拌冷铺碾压而成
	应用	表面处治层主要用作防水层、磨耗层、抗滑层或改善碎（砾）石路面的使用品质。表面处治层，特别是单层式表面处治，因面层较薄，对路面结构的整体强度、刚度提高不多，在结构计算时常不计入路面体系
沥青灌入式路面	铺筑和强度构成	在初步压实（压稳）的碎石（或破碎砾石）上，分层浇灌沥青、撒布嵌缝料，或再在上部铺筑热拌沥青混合料封层（参见表 14-42），经压实而成的面层。沥青贯入式面层的厚度宜为 4 ~ 8cm，但乳化沥青贯入式面层厚度不宜超过 5cm。当贯入式层上加铺拌和的沥青混合料面时（上拌下贯式路面），其中拌和层的厚度不小于 1.5cm。 贯入式路面的强度形成主要依靠碎石间的嵌挤作用。贯入碎石中的沥青起黏结碎石和稳定碎石位置的作用。由于强度取决于摩阻力，受温度变化的影响小，故温度稳定性较好
	应用	沥青贯入式路面可用作次高级路面的面层或高级路面的联结层
热拌热铺沥青混合料路面	铺筑和强度构成	热拌热铺沥青混合料路面是沥青与矿料在热态下拌制、热态下铺筑施工成型的沥青路面。热拌沥青混合料通常包括下列品种。 （1）沥青混凝土混合料：由适当品种的粗集料、细集料及填料（矿粉等）组成的符合规定级配的矿料，与沥青拌和而制成的符合技术标准的沥青混合料（以 AC 表示，采用圆孔筛时用 LH 表示），简称为沥青混凝土。 （2）密级配沥青混凝土混合料：各种粒径的颗粒级配连续、相互嵌挤密实的矿料与沥青拌和而成，压实后剩余空隙小于 10% 的沥青混合料。剩余空隙率为 3% ~ 6%（行人道路则为 2% ~ 6%）的为 I 型密实式沥青混凝土混合料；剩余空隙率为 4% ~ 10% 的为 II 型半密实式沥青混凝土混合料。 （3）半开级配沥青混合料：由适当比例的粗集料、细集料及少量填料（或不加填料）与沥青拌和而成，压实后剩余空隙率在 10% 以上的半开式沥青混合料，也称沥青碎石混合料。 （4）开级配沥青混合料：矿料级配主要由粗集料组成，细集料较少，矿料相互拨开，压实后空隙率大于 15% 的开式沥青混合料。 （5）间断级配沥青混合料：矿料组成中缺少一个或若干个档次而形成的间断级配混合料。

续上表

路面类型		基本特征及应用
热拌热铺沥青混合料路面		(6)砂粒式沥青混合料:公称最大集料粒径等于或小于4.75mm的沥青混合料,也称沥青石屑或沥青砂。 (7)细粒式沥青混合料:公称最大集料粒径为9.5mm或13.2mm的沥青混合料。 (8)中粒式沥青混合料:最大集料粒径为16mm或19mm的沥青混合料。 (9)粗粒式沥青混合料:最大集料粒径为26.5mm的沥青混合料
	铺筑和强度构成	热拌热铺沥青混合料路面,一般包括下述路面。 (1)沥青混凝土路面:沥青面层用沥青混凝土混合料铺筑的路面。沥青混凝土路面的下面层(或过渡层)也可采用沥青碎石混合料铺筑。 (2)沥青碎石路面:沥青路面各层均用沥青碎石混合料铺筑的路面。 (3)抗滑表层:为汽车提供较好的抗滑能力,由抗滑表层混合料铺筑,符合规定的宏观粗糙度、微观粗糙度及摩擦系数要求的沥青面层的上面层,也称抗滑磨耗层
		沥青混凝土含有较多的细料,特别是含有一定数量的矿粉,使集料同沥青相互作用的表面积大大增加,因而混合料的黏结力大为提高,在沥青混凝土的强度构成中占主要地位。需加注意的是,黏结力受温度的影响较大,特别是我国目前大量生产的石蜡基原油沥青热稳定性差,如配料失当,尤其是沥青用量过多,易导致热季沥青混凝土的强度和稳定性大幅下降,故在高等级道路中强调使用含蜡量低的优质沥青。 沥青碎石由于细料用量少,空隙较大,矿料相互紧密接触,基本上属于嵌挤型结构,故热稳定性较好。沥青碎石的沥青用量较少,对石料要求的范围较宽。其缺点是透水性大,强度和耐久性都不如沥青混凝土。 热拌热铺混合料适用于各种等级道路的沥青面层。高等级道路沥青面层的上面层、中面层及下面层应采用沥青混凝土混合料铺筑;沥青碎石混合料仅适用于过渡及整平层。一般道路沥青面层的上面层宜采用沥青混凝土混合料铺筑
乳化沥青碎石混合料路面	铺筑和强度构成	乳化沥青碎石混合料路面是采用乳化沥青与矿料在常温状态下拌和、铺筑的沥青面层,压实后的剩余空隙率在10%以上(也有采用稀释沥青与矿料在常温下拌和、铺筑的常温沥青混合料路面)。 乳化沥青碎石属嵌挤型结构。 乳化沥青碎石混合料适用于三级及三级以下公路的沥青面层,二级公路的罩面施工以及各级公路沥青路面的联结层或整平层

14.1.2 沥青路面基层

沥青路面基层　表14-2

项目		内容、要求和注意事项
沥青路面基层要求	基本概念	“强基、优面、稳土基”是高等级道路沥青路面结构组合设计的原则;同样,“强基、薄面、稳土基”则是一般道路沥青路面结构组合的原则。因此,基层是沥青路面结构中的主要承重层,关系着整个路面结构的性能,在施工中通常对基层提出如下要求
	材料要求	(1)具有足够的强度和适宜的刚度; (2)有良好的稳定性; (3)干缩和温缩变形较小
	外形要求	表面平整密实、干燥清洁,拱度与面层一致,高程符合要求
	新基层选型	新基层可按设计要求选用水泥、石灰、粉煤灰等无机结合料稳定土或粒料的半刚性基层及泥灰结碎石、级配碎石、级配砾石基层,也可采用沥青贯入式、沥青碎石或碾压式水泥混凝土基层。 对于高等级道路宜采用高强少裂、整体性好的无机结合料稳定粒料的半刚性基层;稳定细粒土只可用作底基层

续上表

项目		内容、要求和注意事项
沥青路面基层要求	旧沥青路面作基层	旧沥青路面作为基层并在其上加铺沥青面层时，应根据旧路质量，确定对原有路面进行处理、整平或补强。 旧沥青路面符合设计强度要求，基本无损坏者，经整平后可作基层使用。整平的做法应按高程控制整平层的铺筑，整平层厚度大时应分层整平，一层的最大厚度不宜超过10cm。 旧沥青路面已有明显损坏的，应查明原因，分别情况处理。强度能达到设计要求者，进行全部或局部处理，铲除拥包、车辙及龟裂严重的结构层，填补坑槽并整平后，再加铺沥青面层。强度达不到要求，损坏严重者，应按设计要求重新设计，不得作为基层使用
沥青路面基层施工注意事项	半刚性基层	半刚性基层铺筑后应及时进行养生及保护，使其具有良好的凝结硬化强度发育环境，并保护其表面不致遭受磨损、破坏。要及时浇洒透层油或铺筑下封层，并尽快铺筑沥青路面，防止因暴晒出现开裂。 二灰碎石基层铺筑沥青层前应干燥，无浮灰、浮石、泥土等杂物。局部不平成坑之处，应采用沥青混合料整平，不得用灌浇沥青碎石或二灰碎石整平。沥青面层总厚度在10cm以下者，应洒沥青黏层
	旧路面作基层	旧沥青路面作基层时原路面应经过必要的补强、修补及整平，且须表面凿毛、扫净，并洒沥青黏层。 旧水泥混凝土路面作基层时应经过必要的修补或处理，使原路面坚固稳定且其表面必须凿毛，铺筑沥青层前应洒沥青黏层。为防止水泥混凝土路面板的接缝对沥青面层反射缝的发生，应视其上铺筑的沥青面层厚度，作适当处理，一般宜在加铺的沥青面层中设置玻璃纤维格栅或应力吸收薄膜夹层或土工织物薄膜夹层等

14.2 沥青路面用料要求

14.2.1 道路石油沥青

(1)道路石油沥青

道 路 石 油 沥 青 表14-3

项目		内容和要求
道路石油沥青选用的有关规定	选用原则	道路石油沥青适用于各类沥青面层，宜按照道路等级及地区气候条件、施工季节气温、路面类型及在结构层中的层位及受力特点、施工方法等，结合当地的使用经验，经技术论证后确定。 各个沥青等级的适用范围应符合表14-4规定。道路石油沥青的质量应符合表14-5规定的技术要求。经建设单位同意，沥青的PI值、60℃的动力黏度、10℃的延度可作为选择性指标
	标号选择	沥青面层各层可采用相同标号的沥青，也可以采用不同标号的沥青。面层的上层宜选用较稠的沥青，下层或联结层宜选用相对较稀一些的沥青。渠化交通的道路宜较非渠化交通的道路选用较稠的沥青。对于热拌热铺类沥青路面可选用较稠的沥青，对热拌冷铺类沥青路面则所选的沥青稠度可较低。对于浇灌类沥青路面，若选用的沥青过稠，则难以贯入碎石中，过稀又易流入至路面下承层，因此宜选用中等稠度的沥青。当地气候寒冷、施工气温较低、矿料偏细时，宜选用稠度较低的沥青。炎热季节施工，沥青料的温度散失较慢，则可选用稠度较高的沥青。总之，应根据具体情况和当地的实践经验选用沥青材料及其标号。 对高速公路、一级公路，夏季温度高、高温持续时间长、重载交通、山区及丘陵区上坡路段、服务区、停车场等行车速度慢的路段，尤其是汽车荷载剪应力大的层次，宜采用稠度大、60℃黏度大的沥青，也可提高高温气候分区的温度水平选用沥青等级；对冬季寒冷的地区或交通量小的公路、旅游公路宜选用稠度小、低温延度大的沥青；对温度日温差、年温差大的地区，宜注意选用针入度指数大的沥青。对高温要求与低温要求发生矛盾时应优先考虑满足高温性能的要求。 当缺乏所需标号的沥青时，可采用不同标号掺配的调和沥青，其掺配比例由试验决定。掺配后的沥青质量应符合表14-5的要求

续上表

项　　目	内容和要求
储运要求	沥青必须按品种、标号分开存放。除长期不使用的沥青可放在自然温度下存储外,沥青在储罐中的储存温度不宜低于130℃,并不得高于170℃。桶装沥青直立堆放,加盖苫布。沥青应避免长期存放。如经过较长时间的存放,则在使用前应抽样检验合格方可使用。 道路石油沥青在储运、使用及存放过程中应有良好的防水措施,并避免雨水或加热管道蒸气进入沥青中

(2)道路石油沥青的适用范围

道路石油沥青的适用范围　　表14-4

沥 青 等 级	适 用 范 围
A级沥青	各个等级的公路,适合于任何场合的路面层次
B级沥青	(1)高速公路、一级公路沥青下面层及以下的层次,二级及二级以下公路的各个层次; (2)用作改性沥青、乳化沥青、改性乳化沥青、稀释沥青的基质沥青
C级沥青	三级及三级以下公路的各个层次

(3)道路石油沥青的技术要求

道路石油沥青的技术要求①　　表14-5

指标	单位	等级	沥青标号																	试验方法
			160号④	130号④	110号			90号					70号③					50号	30号④	
针入度(25℃,5s,100g)	0.1mm		140~200	120~140	100~120			80~100					60~80					40~60	20~40	T 0604—2011
适用的气候分区⑥			注④	注④	2-1	2-2	3-2	1-1	1-2	1-3	2-2	2-3	1-3	1-4	2-2	2-3	2-4	1-4	注④	附录A⑤
针入度指数PI②		A	−1.5~+1.0																	T 0604—2011
		B	−1.8~+1.0																	
软化点(R&B)≥	℃	A	38	40	43			45			44		46		45			49	55	T 0606—2011
		B	36	39	42			43			42		44		43			46	53	
		C	35	37	41			42					43					45	50	
60℃动力黏度②≥	Pa·s	A	—	60	120			160			140		180		160			200	260	T 0620—2000
10℃延度②≥	cm	A	50	50	40			45	30	20	30	20	20	15	25	20	15	15	10	T 0605—2011
		B	30	30	30			30	20	15	20	15	15	10	20	15	10	10	8	
15℃延度≥	cm	A、B	100															80	50	
		C	80	80	60			50					40					30	20	
蜡含量(蒸馏法)≤	%	A	2.2																	T 0615—2011
		B	3.0																	
		C	4.5																	

续上表

指标	单位	等级	沥青标号							试验方法
			160 号④	130 号④	110 号	90 号	70 号③	50 号	30 号④	
闪点≥	℃		230			245	260			T 0611—2011
溶解度≥	%		99.5							T 0607—2011
密度(15℃)	g/cm³		实测记录							T 0603—2011
TFOT(或 RTFOT)后⑤										T 0610—2011 或 T 0609—2011
质量变化≤	%		±0.8							
残留针入度比≤	%	A	48	54	55	57	61	63	65	T 0604—2011
		B	45	50	52	54	58	60	62	
		C	40	45	48	50	54	58	60	
残留延度(10℃)≥	cm	A	12	12	10	8	6	4	—	T 0605—2011
		B	10	10	8	6	4	2	—	
残留延度(15℃)≥	cm	C	40	35	30	20	15	10	—	T 0605—2011

注:①试验方法按照现行《公路工程沥青及沥青混合料试验规程》(JTG E20—2011)规定的方法执行。用于仲裁试验求取 PI 时的 5 个温度针入度关系的相关系数不得小于 0.997。

②经建设单位同意,表中 PI 值、60℃动力黏度、10℃延度可作为选择性指标,也可不作为施工质量检验指标。

③70 号沥青可根据需要要求供应商提供针入度范围为 60~70 或 70~80 的沥青,50 号沥青可要求提供针入度范围为 40~50 或 50~60 的沥青。

④30 号沥青仅适用于沥青混凝土基层。130 号和 160 号沥青除寒冷地区可直接在中低级公路上直接应用外,通常用作乳化沥青、稀释沥青、改性沥青的基质沥青。

⑤老化试验以 TFOT 为准,也可以 RTFOT 代替。

⑥气候分区参考《公路沥青路面施工技术规范》(JTG F40—2004)附录 A。

14.2.2 道路用乳化石油沥青

(1)道路用乳化石油沥青

道路用乳化石油沥青 表 14-6

项目		内容、要求和注意事项
适用范围		乳化沥青适用于沥青表面处治、沥青贯入式路面、冷拌沥青混合料路面,修补裂缝,喷洒透层、黏层与封层等。乳化沥青的技术要求见表 14-8
类型选择		乳化沥青的类型应根据使用目的、矿料种类、气候条件选用。对于酸性石料,或当石料处于潮湿状态,或在低温下施工时,宜采用阳离子乳化沥青。对于碱性石料(石料处于干燥状态)或与水泥、石灰、粉煤灰共同使用时,宜采用阴离子乳化沥青
乳化沥青的材料组成	沥青	沥青是乳化沥青的基本组分,它在乳化沥青中占 55%~70%。用于制造乳化沥青的沥青,其针入度大多在 100~250(0.1mm)。同时,一般还认为沥青中活性组分的含量对沥青乳化的难易性有直接关系,活性组分含量较低的通常不容易乳化。沥青活性组分的含量可用酸值来表征。不同化学结构和胶体结构的沥青,对乳化沥青所用的乳化剂也提出不同的要求,低活性的石蜡基沥青由于饱和烃组分含量较高,通常要求乳化剂具有较长的烷基链。 制备乳化沥青的基质沥青,对高速公路和一级公路,宜采用表 14-5 中道路石油沥青 A、B 级沥青,其他情况可采用 C 级沥青

续上表

项　目		内容、要求和注意事项
乳化沥青的材料组成	水	水是乳化沥青的第二个最大组成部分。生产乳化沥青的水应相当纯净,不含其他杂质。自然界获得的水,可能熔融或悬浮各种物质,影响水的 pH 值或者含有钙或镁离子等,这些因素都可能影响某些乳化沥青的形成或引起乳化沥青的过早分裂
	乳化剂	乳化剂是使互不相溶的两相(沥青和水)形成一相(沥青)均匀分散于另一相(水)中的稳定分散系。乳化沥青的性能极大程度地依赖于乳化剂的性能。 乳化剂分子一般是长链的线性分子,此分子由亲油基和亲水基组成。这两个基团具有使互不相溶的沥青与水连接起来的特殊功能。因此,作为表面活性基的乳化剂,在分子结构上的特点是两亲性分子,由一端亲油基和一端亲水基组成。亲油基一般为烷基链,它所需的长度由沥青性质决定。烷基链太短,不能很好地与沥青相接(通常需十四烷基以上),但太长(二十烷基以上)又不溶于水。乳化剂性能的差异除亲油基链的长短外,更主要的是亲水基。 乳化剂按其能否在水中解离生成离子而分为离子型乳化剂和非离子型乳化剂两大类。离子型乳化剂按其解离后亲水端生成离子所带电荷的不同又分为阴离子型、阳离子型和两性离子型三类。 (1)阴离子型乳化剂。该乳化剂在水中溶解后,其极性部分倾向离解成阴(负)离子的表面活性物质,其特征表现在具有一个大的有机阴离子,能与碱作用形成盐。常用的有羧酸盐(如脂肪酸钠)、磺酸盐(如烷基苯磺酸钠)等。 (2)阳离子乳化剂。该乳化剂在水中溶解后,其极性部分倾向离解成阳(正)离子的表面活性物质。阳离子型乳化剂是较为广泛应用的乳化剂。阳离子乳化沥青的配方,一般约为沥青:水:乳化剂 =60:40:0.5(或0.4),其中乳化剂用量宜折算成干重计。实施时应预先进行试配确定。 (3)两性离子型乳化剂。该乳化剂是在同一分子内存在阳离子和阴离子两种离子基团。主要有氨基酸型和甜菜型等两类。该乳化剂与其他类型乳化剂配合使用可产生新的性能
	稳定剂	为使乳液具有良好的储存稳定性,以及在施工中喷洒或拌和机械作用下的稳定性,必要时可加入适量的稳定剂。稳定剂可分为两类: (1)有机稳定剂。常用的有聚乙烯醇、聚丙烯酰胺、羧甲基纤维素钠、糊精、MF 废液等。这类稳定剂可提高乳液的储存稳定性和施工稳定性。其用量为乳化沥青的0.1% ~0.3%,具体用量须经试验确定。 (2)无机稳定剂。常用的有氯化钠、氯化镁、氯化铵和氯化铁等。这类稳定剂可提高乳液的储存稳定性。其用量为乳化沥青的0.5% ~1%,具体用量须经试验确定
乳化沥青的制备		乳化沥青可利用胶体磨或匀油机等乳化机械在沥青拌和厂现场制备。胶体磨由高速转动的转子和固定的定子两个主要部分组成,在转子和定子之间有很细的间隙(小于0.5mm)。它的作用原理是:加热后的沥青和乳化剂水溶液通过定子与转子间隙时,由于转子高速旋转(转速为5 000r/min 或更高为12 000r/min),在此液体中一层液层静止,而邻层以极大速度运动,则两相邻层面间之粒子受剪应力的作用而被分裂为胶体颗粒(3 ~6μm),同时又由于乳化剂(必要时还添加稳定剂)的作用而得到均匀稳定的分散系,即乳液。 乳化剂用量(按有效量计)通过试配确定,宜为0.3% ~0.8%,制备现场乳化剂水溶液的温度宜为40 ~70℃,石油沥青宜加热至120 ~160℃。 乳化沥青制成后应及时使用,存放期以不离析、不冻结、不破乳为度,宜存放在立式罐中,并保持适当搅拌。经长时间存放的乳化沥青在使用前应抽样检验,质量不符合要求者不得使用

(2)乳化沥青品种及适用范围

乳化沥青品种及适用范围　　表14-7

分　类	品种及代号	适 用 范 围
阳离子乳化沥青	PC-1	表处、贯入式路面及下封层使用
	PC-2	透层油及基层养生用
	PC-3	黏层油用
	BC-1	稀浆封层或冷拌沥青混合料用
	PA-1	表处、贯入式路面及下封层用
	PA-2	透层油及基层养生用
	PA-3	黏层油用
	BA-1	稀浆封层或冷拌沥青混合料用

续上表

分　　类	品种及代号	适 用 范 围
非离子乳化沥青	PN-2	黏层油用
	BN-1	与水泥稳定集料同时使用(基层冷拌或再生)

(3)道路用乳化石油沥青的技术要求

道路用乳化石油沥青技术要求(JTG F40—2004)　　表 14-8

试验项目		单位	品种及代号										试验方法
			阳离子				阴离子				非离子		
			喷洒用			拌和用	喷洒用			拌和用	喷洒用	拌和用	
			PC-1	PC-2	PC-3	BC-1	PA-1	PA-2	PA-3	BA-1	PN-2	BN-1	
破乳速度			快裂	慢裂	快裂或中裂	慢裂或中裂	快裂	慢裂	快裂或中裂	慢裂或中裂	慢裂	慢裂	T 0658—1993
粒子电荷			阳离子(+)				阴离子(-)				非离子		T 0653—1993
筛上残留物(1.18mm 筛)≤		%	0.1				0.1				0.1		T 0652—1993
黏度	恩格拉黏度计 E25		2~10	1~6	1~6	2~30	2~10	1~6	1~6	2~30	1~6	2~30	T 0622—1993
	道路标准黏度计 C25.3	s	10~25	8~20	8~20	10~60	10~25	8~20	8~20	10~60	8~20	10~60	T 0621—1993
蒸发残留物	残留分含量 ≥	%	50	50	50	55	50	50	50	55	50	55	T 0651—1993
	溶解度 ≥	%	97.5				97.5				97.5		T 0607—2011
	针入度(25℃)	0.1 mm	50~200	50~300	45~150		50~200	50~300	45~150		50~300	60~300	T 0604—2011
	延度(15℃) ≥	cm	40				40				40		T 0605—2011
与粗集料的黏附性,裹覆面积 ≥			2/3			—	2/3			—	2/3	—	T 0654—2011
与粗、细粒式集料拌和试验			—			均匀	—			均匀	—		T 0659—2011
水泥拌和试验的筛上剩余量 ≤		%	—				—				—	3	T 0657—2011
常温储藏稳定性: 1d ≤ 5d ≤		%	1 5				1 5				1 5		T 0655—1993

注:1. P 为喷洒型,B 为拌和型,C、A、N 分别表示阳离子、阴离子、非离子乳化沥青。

2. 黏度可选用恩格拉黏度计或沥青标准黏度计之一测定。

3. 表中的破乳速度与集料的黏附性、拌和试验的要求、所使用的石料品种有关,质量检验时应采用工程上实际的石料进行试验,仅采用乳化沥青产品质量评定时可不要求此三项指标。

4. 储存稳定性根据施工实际情况选用试验时间,通常选用 5d,乳液生产后能在当天使用时也可用 1d 的稳定性。

5. 当乳化沥青需要在低温冰冻条件下储存或使用时,尚需按 T 0656—1993 进行 -5℃低温储存稳定性试验,要求没有粗颗粒、不结块。

6. 如果乳化沥青是将高浓度产品运到现场经稀释后使用时,表中的蒸发残留物等各项指标指稀释前乳化沥青的要求。

14.2.3 道路用液体石油沥青技术要求

道路用液体石油沥青技术要求 表 14-9

试验项目		单位	快凝		中凝						慢凝						试验方法
			AL(R)-1	AL(R)-2	AL(M)-1	AL(M)-2	AL(M)-3	AL(M)-4	AL(M)-5	AL(M)-6	AL(S)-1	AL(S)-2	AL(S)-3	AL(S)-4	AL(S)-5	AL(S)-6	
黏度	$C_{25,5}$		<20		<20						<20						T 0621—1993
	$C_{60,5}$	s		5~15		5~15	16~25	26~40	41~100	101~200		5~15	16~25	26~40	41~100	101~200	
蒸馏体积	225℃前	%	>20	>15	<10	<7	<3	<2	0	0							T 0632—1993
	315℃前	%	>35	>30	<35	<25	<17	<14	<8	<5							
	360℃前	%	>45	>35	<50	<35	<30	<25	<20	<15	<40	<35	<25	<20	<15	<5	
蒸馏后残留物	针入度(25℃)	0.1mm	60~200	60~200	100~300	100~300	100~300	100~300	100~300	100~300							T 0604—2011
	延度(25℃)	cm	>60	>60	>60	>60	>60	>60	>60	>60							T 0605—2011
	浮漂度(5℃)	s									<20	<20	<30	<40	<45	<50	T 0631—1993
闪点(TOC法)		℃	>30	>30	>65	>65	>65	>65	>65	>65	>70	>70	>100	>100	>120	>120	T 0633—1993
含水率 ≤		%	0.2	0.2	0.2	0.2	0.2	0.2	0.2	0.2	2.0	2.0	2.0	2.0	2.0	2.0	T 0612—1993

14.2.4 道路煤沥青

道路用煤沥青技术要求(JTG F40—2004) 表 14-10

试验项目		T-1	T-2	T-3	T-4	T-5	T-6	T-7	T-8	T-9	试验方法
黏度(s)	$C_{30,5}$	5~25	26~70								T 0621—1993
	$C_{30,10}$			5~25	26~50	51~120	121~200				
	$C_{50,10}$							10~75	76~200		
	$C_{60,10}$									35~65	
蒸馏试验,蒸出量(%)	170℃前≤	3	3	3	2	1.5	1.5	1.0	1.0	1.0	T 0641—1993
	270℃前≤	20	20	20	15	15	10	10	10	10	
	300℃前≤	15~35	15~35	30	30	25	20	20	20	20	
300℃蒸馏残留物软化点(环球法)(℃)		30~45	30~45	35~65	35~65	35~65	35~65	40~70	40~70	40~70	T 0606—2011
水分(%) ≤		1.0	1.0	1.0	1.0	1.0	0.5	0.5	0.5	0.5	T 0612—1993
甲苯不溶物(%) ≤		20	20	20	20	20	20	20	20	20	T 0646—1993
萘含量(%) ≤		5	5	5	4	4	3.5	3	2	2	T 0645—1993
焦油酸含量(%) ≤		4	4	3	3	2.5	2.5	1.5	1.5	1.5	T 0642—1993

注:道路用煤油沥青适用于下列情况:

1. 各种等级公路的各种基层上的透层,宜采用 T-1 或 T-2 级,其他等级不合喷洒要求时可适当稀释使用。
2. 三级及三级以下的公路铺筑表面处治或贯入式沥青路面,宜采用 T-5、T-6 或 T-7 级。
3. 与道路石油沥青、乳化沥青混合使用,以改善渗透性。
4. 道路用煤油沥青严禁用于热拌热铺的沥青混合料,作其他用途时的储藏温度宜为 70~90℃,且不得长时间储存。

14.2.5 粗集料

(1)粗集料

粗　集　料　表 14-11

项　　目	有关规定与说明
基本规定	用于沥青面层的粗集料包括碎石、破碎砾石、筛选砾石、矿渣等。 粗集料应洁净、干燥、无风化、无杂质，具有足够的强度、耐磨耗性。粗集料应由具有生产许可证的采石场生产，具有良好的近正六面体的颗粒形状，用于道路沥青面层的碎石不宜采用颚式破碎机加工。 粗集料的粒径规格应按表 14-12 的规定选用。当生产的粗集料不符合规格，但确认与其他材料配合后的级配符合各类沥青面层的矿料使用要求时，可以使用。 粗集料的质量应符合表 14-14。 高速公路、一级公路沥青路面表面层（或磨耗层）粗集料的磨光值应符合表 14-13 的要求。除 SMA、OGFC 路面外，容许在硬质粗集料中掺加部分较小粒径的磨光值达不到要求的粗集料，其最大掺加比例由磨光值试验确定
和沥青黏附性的要求	粗集料与沥青的黏附性应符合表 14-13 的要求，当使用不符合要求的粗集料时，宜掺加消石灰、水泥或用饱和石灰水处理后使用，必要时可同时在沥青中掺加耐热、耐水、长期性能好的抗剥落剂，也可采用改性沥青的措施，使沥青混合料的水稳定性检验达到要求。掺加外加剂的剂量由沥青混合料的水稳定性检验确定
对砾石的要求	破碎砾石应采用粒径大于 50mm、含泥量不大于 1% 的砾石轧制，破碎砾石的破裂面应符合表 14-15 的要求。 筛选砾石仅适用于三级及三级以下公路的沥青表面处治或拌和法施工的沥青面层下面层，不得用于贯入式路面及拌和法施工的沥青面层的中、上面层
对钢渣的要求	三级及三级以下公路和次干线以下的城市道路可采用钢渣作为粗集料。钢渣应在破碎后有 6 个月以上的存放期，其质量应符合表 14-14 的要求，并对钢渣活性进行检验。 钢渣活性检验若是对于粗集料或细集料使用钢渣的沥青混合料进行马歇尔试验时，应增加 3 个试件，将试件在 60℃水中浸泡 48h，然后取出冷却至室温，观察有无裂缝或鼓包，测量试件体积，其增大量不得超过 2%，同时还应满足游离氧化钙的含量应不大于 3%。达不到这些要求的钢渣不得使用。 钢渣沥青混合料的沥青用量必须经配合比设计确定
对酸性岩石石料的要求	检验属于酸性岩石的石料，用于高速公路、一级公路和城市快速路、主干路时，宜采用针入度小的稠沥青。为保证酸性石料与沥青的黏附性符合表 14-14 的要求，应采用下列抗剥落措施： (1)用干燥的磨细生石灰或消石灰粉、水泥作为填料的一部分，其用量宜为矿料总量的 1% ~2%。 (2)在沥青中掺加抗剥落剂。例如上海沪嘉高速公路抗滑层粗集料为酸性砂岩碎石与沥青黏附性较差，为改善黏附性能，采用了有机酸胺类 A 型沥青表面活化剂进行处理。这种抗剥落剂能均匀地溶解于石油沥青（稍作搅拌），在沥青中掺入占沥青用量 0.4% 左右的用量后，剥落度由 80% 改善到 10%。 (3)将粗集料用石灰浆处理后使用

(2)沥青面层用粗集料规格

沥青面层用粗集料规格（JTG F40—2004）　表 14-12

规格名称	公称粒径(mm)	通过下列筛孔(mm)的质量百分率(%)												
		106	75	63	53	37.5	31.5	26.5	19.0	13.2	9.5	4.75	2.36	0.6
S1	40 ~ 75	100	90 ~ 100	—	—	0 ~ 15	—	0 ~ 5						
S2	40 ~ 60		100	90 ~ 100	—	0 ~ 15	—	0 ~ 5						
S3	30 ~ 60		100	90 ~ 100	—	—	0 ~ 15	—	0 ~ 5					

续上表

规格名称	公称粒径(mm)	通过下列筛孔(mm)的质量百分率(%)												
		106	75	63	53	37.5	31.5	26.5	19.0	13.2	9.5	4.75	2.36	0.6
S4	25~50			100	90~100	—	—	0~15	—	0~5	0~5			
S5	20~40				100	90~100	—	—	0~15	—	—			
S6	15~30					100	90~100	—	—	0~15	0~15	0~5		
S7	10~30					100	90~100	—	—	—	—	0~5		
S8	10~25						100	90~100	—	0~15	0~15	0~5		
S9	10~20							100	90~100	—	—	0~5		
S10	10~15								100	90~100	0~15	0~5		
S11	5~15								100	90~100	40~70	0~15	0~5	
S12	5~10									100	90~100	0~15	0~5	
S13	3~10									100	90~100	40~70	0~20	0~5
S14	3~5										100	90~100	0~15	0~3

(3)粗集料与沥青的黏附性、磨光值的技术要求

粗集料与沥青的黏附性、磨光值的技术要求 表14-13

雨量气候区	1(潮湿区)	2(湿润区)	3(半干旱区)	4(干旱区)	试验方法
年降雨量	>1 000	1 000~500	500~250	<250	
粗集料的磨光值PSV ≥ 高速公路、一级公路的表面层	42	40	38	36	T 0321—2005
粗集料与沥青的黏附性 ≥ 高速公路、一级公路的表面层	5	4	4	3	T 0616—1993
高速公路、一级公路的其他层次及其他等级公路的各个层次	4	4	3	3	T 0663—2000

(4)沥青面层用粗集料质量技术要求

沥青面层用粗集料质量技术要求(JTG F40—2004)　表 14-14

指　　标		单位	高速公路及一级公路		其他等级公路	试验方法
			表面层	其他层次		
石料压碎值	≤	%	26	28	30	T 0316—2005
洛杉矶磨耗损失	≤	%	28	30	35	T 0317—2005
表观相对密度	≥	—	2.60	2.50	2.45	T 0304—2005
吸水率	≤	%	2.0	3.0	3.0	T 0304—2005
坚固性	≤	%	12	12	—	T 0314—2005
针片状颗粒含量(混合料)	≤	%	15	18	20	T 0312—2005
其中粒径大于 9.5mm	≤	%	12	15	—	
其中粒径小于 9.5mm	≤	%	18	20	—	
水洗法 <0.075mm 颗粒含量	≤	%	1	1	—	T 0310—2005
软石含量	≤	%	3	5	5	T 0320—2005

注:1. 坚固性试验根据需要进行。

2. 用于高速公路、一级公路时,多孔玄武岩的视密度限度可放宽至 2.45t/m³,吸水率可放宽至 3%,但必须得到部门的批准,且不得用于 SMA 路面。

3. 对 S14 即 3 ~5 规格的粗集料,针片状颗粒含量可不予要求,小于 0.075mm 含量可放宽到 3%。

(5)粗集料对破裂面的要求

粗集料对破裂面的要求　表 14-15

路面部位或混合料类型		具有一定数量破碎面颗粒的含量(%)		试验方法
		一个破碎面	两个或两个以上破裂面	
沥青路面表面层	高速公路、一级公路	100	90	T 0361
	其他等级公路	80	60	
沥青路面中下面层、基层	高速公路、一级公路	90	80	
	其他等级公路	70	50	
SMA 混合料		100	90	
贯入式路面		80	60	

14.2.6 细集料

(1)细集料

细　集　料　表 14-16

项　　目	有关规定与说明
基本规定	沥青面层细集料可采用天然砂、机制砂及石屑,其规格应符合表 14-17 和表 14-18 的要求。 细集料应洁净、干燥、无风化、无杂质,并有适当的颗粒组成,其质量应符合表 14-19 的要求
注意事项	热拌沥青混合料的细集料宜采用优质的天然砂或机制砂,在缺砂地区,也可使用石屑,但用于高速公路、一级公路沥青混凝土面层及抗滑表层的石屑用量不宜超过天然砂及机制砂的用量。这是因为石屑是碎石场的下脚料,与经加工破碎的机制砂有本质的不同。石屑大部分为石料破碎过程中表面剥落或撞下的棱角,强度很低且扁平片含量及碎土比例大,用于沥青混合料时势必影响质量,在使用过程中也易进一步压碎细粒化。因此,首先对高速公路、一级公路沥青混凝土面层及抗滑表层做出了限制。 细集料应与沥青有良好的黏结能力,与沥青黏结性能很差的天然砂及用花岗岩、石英岩等酸性石料破碎的机制砂或石屑不宜用于高速公路、一级公路沥青面层。必须使用时,应采用抗剥落措施

(2)沥青混合料用天然砂规格

沥青混合料用天然砂规格(JTG F40—2004) 表 14-17

筛孔尺寸(mm)	通过各孔筛的质量百分率(%)		
	粗砂	中砂	细砂
9.5	100	100	100
4.75	90~100	90~100	90~100
2.36	65~95	75~90	85~100
1.18	35~65	50~90	75~100
0.6	15~30	30~60	60~84
0.3	5~20	8~30	15~45
0.15	0~10	0~10	0~10
0.075	0~5	0~5	0~5

(3)沥青混合料用机制砂或石屑规格

沥青混合料用机制砂或石屑规格(JTG F40—2004) 表 14-18

规格	公称粒径(mm)	水洗法通过各筛孔的质量百分率(%)							
		9.5	4.75	2.36	1.18	0.6	0.3	0.15	0.075
S15	0~5	100	90~100	60~90	40~75	20~55	7~40	2~20	0~10
S16	0~3	—	100	80~100	50~80	25~60	8~45	0~25	0~15

(4)沥青面层用细集料质量技术要求

沥青面层用细集料质量技术要求(JTG F40—2004) 表 14-19

项 目	单位	高速公路、一级公路	其他等级公路	试验方法
表观相对密度 ≥	t/m^3	2.50	2.45	T 0328—2005
坚固性(>0.3mm 部分) ≥	%	12	—	T 0340—2005
含泥量(<0.075mm 的含量) ≤	%	3	5	T 0333—2000
砂当量 ≥	%	60	50	T 0334—2005
亚甲蓝值 ≤	g/kg	25	—	T 0346—2000
棱角性(流动时间) ≥	s	30	—	T 0345—2005

注:坚固性试验根据需要进行。

14.2.7 填料

(1)填料

填 料 表 14-20

项 目	内容和要求
基本规定	沥青混合料的矿粉必须采用石灰岩或岩浆岩中的强基性岩石等憎水性石料经磨细得到的矿粉,原石料中泥土杂质应除净。矿粉要求干燥、洁净,能自由地从矿粉仓流出,其质量应符合表 14-21 的要求
对于其他材料填料的规定	当采用粉煤灰作填料时,其用量不宜超过矿料总量的 50%。 粉煤灰作为填料使用时,烧失量应小于 12%,与矿粉混合后的塑性指数应小于 4%,其余质量要求与矿粉相同。粉煤灰的用量不宜超过填料总量的 50%,并应试验确认与其有良好的黏结力以及

续上表

项　目	内容和要求
对于其他材料填料的规定	沥青混合料的水稳性能满足要求。高速公路、一级公路的沥青混凝土面层不宜采用粉煤灰作填料。 拌和机的粉尘可作为矿粉的一部分回收使用,但每盘用量不得超过填料总量的25%,掺有粉尘填料的塑性指数不得大于4%。湿法除尘回收使用时,应经干燥粉碎处理,不得含有杂质。回收粉尘的用量不得超过填料总量的25%,其余质量要求应与矿粉相同

(2)沥青混合料用矿粉质量技术要求

沥青混合料用矿粉质量技术要求　表14-21

项　目	单　位	高速公路、一级公路	其他等级公路	试验方法
表观密度　≥	t/m^3	2.50	2.45	T 0352—2000
含水率　≥	%	1	1	T 0103—1993 烘干法
粒度范围　<0.6mm <0.15mm <0.075mm	% % %	100 90~100 75~100	100 90~100 70~100	T 0351—2000
外观	—	无团粒结块		—
亲水指数	—	<1		T 0353—2000
塑性指数	—	<4		T 0354—2000
加热安定性	—	实测记录		T 0355—2000

14.2.8 纤维稳定剂

(1)纤维稳定剂

纤维稳定剂　表14-22

项　目	内容和要求
基本规定	在沥青混合料中掺加的纤维稳定剂宜选用木质素纤维、矿物纤维等。木质素纤维的质量应符合表14-23的技术要求。 纤维应在250℃的干拌温度不变质、不发脆,使用纤维必须符合环保要求,不危害身体健康。纤维必须在混合料拌和过程中能充分分散均匀。 矿物纤维宜采用玄武岩等矿石制造,易影响环境及造成人体伤害的石棉纤维不宜直接使用。 纤维应存放在室内或有棚盖的地方,松散纤维在运输及使用过程中应避免受潮,不结团。 纤维稳定剂的掺加比例以沥青混合料总量的质量百分率计算,通常情况下用于SMA路面的木质素纤维不宜低于0.3%,矿物纤维不宜低于0.4%,必要时可适当增加纤维用量。纤维掺加量的容许误差宜不超过±5%

(2)木质素纤维质量技术要求

木质素纤维质量技术要求　表14-23

项　目	单　位	指　标	试验方法
纤维长度　≤	mm	6	水溶液用显微镜观测
灰份含量	%	18±5	高温590~600℃燃烧后测定残留物
pH值	—	7.5±1.0	水溶液用pH试纸或pH计测定
吸油率　≥	—	纤维质量的5倍	用煤油浸泡后放在筛上经振敲后称量
含水率(以质量计)　≤	%	5	105℃烘箱烘2h后冷却称量

14.3　沥青表面处治路面

(1)沥青表面处治路面

沥青表面处治路面　　表 14-24

<table>
<tr><th colspan="2">项　　目</th><th>内容、要求和注意事项</th></tr>
<tr><td colspan="2">基本规定</td><td>沥青表面处治路面可采用层铺法或拌和法施工,厚度不宜大于 3cm(拌和法施工可采用热拌热铺或冷拌冷铺,其施工方法分别见 14.5 节和 14.6 节)。
沥青表面处治层很薄,不能单独承受水平力及冲击力,要求其下承层有充分的整体性并相互黏结良好,所以在沥青表面处治前应对下承层洒透层沥青(非沥青材料下承层)或黏层沥青(沥青材料下承层、水泥混凝土路面下承层)。透层、黏层的施工方法见表 14-40 和表 14-41。
沥青表面处治适用于三级及三级以下公路、各级道路施工便道,以及在旧沥青面层上加铺罩面层或磨耗层,以改善原路面的防水性、抗滑性、平整度并延长使用期限。
沥青表面处治施工应各工序紧密衔接,当天施工的路段必须当日完成。宜选择干燥和较热季节施工,并在雨季来临前及日最高气温低于 15℃到来以前半个月结束,使表面处治层通过开放交通进一步压实、成型稳定</td></tr>
<tr><td rowspan="2">材料规格和用量</td><td>集料</td><td>集料的最大粒径应与处治层的厚度相等,其规格和用量应按表 14-25 选用。当采用乳化沥青时,为减少乳液流失,可在主层集料中掺加 20% 以上的较小粒径集料。沥青表面处治施工后,应在路侧另备 S12(5 ~ 10mm)碎石或 S14(3 ~ 5mm)石屑、粗砂或小砾石(2 ~ 3)m^3/1 000m^2 作为初期养护用</td></tr>
<tr><td>沥青</td><td>沥青表面处治可采用道路石油沥青、煤沥青或乳化沥青,其标号和用量可参照《公路沥青路面施工技术规范》(JTG F40—2004)。
沥青表面处治各层用量见表 14-25,实施时应根据施工气温、沥青标号、下承层等情况,在规定范围内选用。在寒冷地区及施工气温较低、沥青针入度较小、下承层空隙较大时,沥青用量宜采用高限。
在旧沥青路面、清扫干净的碎(砾)石路面、水泥混凝土路面、块石路面上铺筑沥青表面处治时,可在第一层沥青用量中增加 10% ~ 20%,不再另洒透层或黏层沥青</td></tr>
<tr><td rowspan="2">施工要点</td><td>工艺流程</td><td>三层式表面处治:
清扫基层→洒透层(或黏层)沥青→洒第一层沥青→撒第一层集料→碾压→洒第二层沥青→撒第二层集料→碾压→洒第三层沥青。
双层式表面处治:
同三层式,但减少一次洒沥青、撒集料与碾压。
单层式表面处治:
同三层式,但减少二次洒沥青、撒集料与碾压</td></tr>
<tr><td>浇洒第一层沥青</td><td>层铺法沥青表面处治路面宜采用沥青洒布车及集料撒布机联合喷洒沥青(小规模施工也可采用机动或手动的手工沥青洒布机喷洒,但必须由熟练喷洒工操作)。洒布设备的喷嘴应适用于沥青的稠度,确保能呈雾状,与洒油管呈 15° ~ 25°的夹角,洒油管的高度应使同一地点接受 2 ~ 3 个喷油嘴喷洒的沥青(下图),不得出现花白条。在有风的天气下不宜使用三重喷洒高度。当采用洒布过热沥青的机械洒布乳化沥青时,必须将残留沥青除净并用柴油清洗干净。
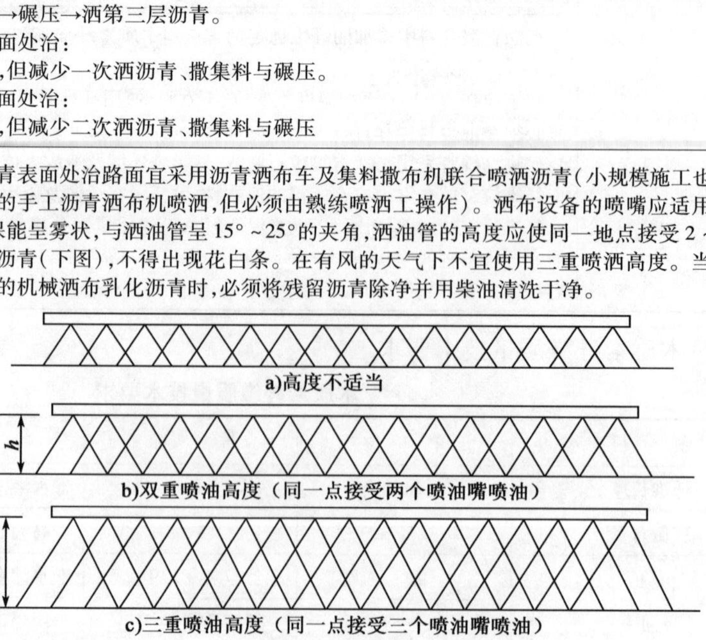

沥青洒布车喷油嘴的高度</td></tr>
</table>

续上表

项目		内容、要求和注意事项
浇洒第一层沥青	工艺流程	沥青的浇洒温度根据施工气温及沥青标号选择，石油沥青宜为130~170℃，煤沥青宜为80~12℃。乳化沥青宜在常温下洒布，当气温偏低，破乳及成型过慢时，可将乳液加温后洒布，但乳液温度不得超过60℃。前后两车喷洒的接茬处用铁板或建筑纸铺1~1.5m，使搭接良好。分几幅浇洒时，纵向搭接宽度宜为100~150mm。洒布第二、三层沥青的搭缝应错开
	撒布第一层集料	浇洒主层沥青后（不必等全段洒完）应立即用集料撒布机或人工撒布第一层集料。当使用乳化沥青时，集料撒布必须在破乳前完成。 撒布集料应及时均匀，要达到全面覆盖一层、厚度一致，集料不重叠、也不露出沥青的要求。当有局部缺料或积料时，应及时找补或扫除
	碾压	撒布一段集料后（不必等完全铺完），立即用6~8t钢筒双轮压路机碾压，宜碾压3~4遍，每次轮迹重叠约300mm。碾压速度开始不宜超过2km/h，以后可适当增加
	第二、三层的施工	三层式表面处治第二、第三层的施工方法和要求与第一层相同，但碾压时可采用8t以上的压路机。当使用乳化沥青时，第三层撒布S12（5~10mm）碎石作嵌缝料后尚应增加一层封层料，其规格为S14（3~5mm），用量为3.5~4.5m^3/1 000m^2。 双层式或单层式沥青表面处治浇洒沥青及撒布集料的次数相应减少，其施工程序和要求按三层式表面处治进行
	初期养护	除乳化沥青表面处治应待破乳后水分蒸发并基本成型后方可通车外，沥青表面处治在碾压结束后即可开放交通。在通车初期应设专人指挥交通或设置障碍物控制行车，使路面全部宽度得到行车均匀压实。在路面成型前应限制行车速度不得超过20km/h。 沥青表面处治应进行初期养护。当发现泛油时，应在泛油部位补撒与最后一层石料规格相同的嵌缝料并扫匀，过多的浮料应扫出路面。如有其他破损现象，也应及时修补

(2)沥青表面处治材料规格和用量

沥青表面处治材料规格和用量（JTG F40—2004） 表14-25

沥青种类	类型	厚度（cm）	集料（m^3/1 000m^2）						沥青或乳液用量（kg/m^2）			
			第一层		第二层		第三层		第一次	第二次	第三次	合计用量
			规格	用量	规格	用量	规格	用量				
石油沥青	单层	1.0	S12	7~9	—		—		1.0~1.2	—	—	1.0~1.2
		1.5	S10	12~14					1.4~1.6			1.4~1.6
	双层	1.5	S10	12~14	S12	7~8	—		1.4~1.6	1.0~1.2	—	2.4~2.8
		2.0	S9	16~18	S12	7~8			1.6~1.8	1.0~1.2		2.6~3.0
		2.5	S8	18~20	S12	7~8			1.8~2.0	1.0~1.2		2.8~3.2
	三层	2.5	S8	18~20	S10	12~14	S12	7~8	1.6~1.8	1.2~1.4	1.0~1.2	3.8~4.4
		3.0	S6	18~20	S10	12~14	S12	7~8	1.6~1.8	1.2~1.4	1.0~1.2	4.0~4.6
乳化沥青	单层	0.5	S14	7~9	—		—		0.9~1.0	—	—	0.9~1.0
	双层	1.0	S12	9~11	S14	4~6	—		1.8~2.0	1.0~1.2	—	2.8~3.2
	三层	3.0	S6	20~22	S10	9~11	S12 S14	4~6 3.5~4.5	2.0~2.2	1.8~2.0	1.0~1.2	4.8~5.4

注：1. 煤沥青表面处治的沥青用量可比石油沥青增加15%~20%。

2. 表中的乳液用量按乳化沥青的蒸发残留物含量60%计算，如沥青含量不同应予折算。

3. 在高寒地区及干旱风沙大的地区，可超出高限5%~10%。

14.4　沥青贯入式路面

(1)沥青贯入式路面

沥青贯入式路面　　表 14-26

项　目		内容、要求和注意事项
基本规定		沥青贯入式路面是用于二级及二级以下的公路。沥青贯入层也可作为沥青混凝土路面的联结层或基层。 沥青贯入式路面的厚度宜为4~8cm,但乳化沥青贯入式路面厚度不宜超过5cm。当贯入层上部加铺拌和的沥青混合料面层(亦称上拌下贯式路面)时,其中拌和层的厚度宜不小于1.5cm。 沥青贯入式路面属多孔结构,为防止路表水侵入和增强路面的水稳定性,其面层的最上层应撒布封层料或加铺拌和层。乳化沥青贯入式路面铺筑在半刚性基层上时,应铺筑下封层。沥青贯入层作联结层时,可不撒表面封层料。 沥青贯入式路面宜选择在干燥和较热的季节施工,并宜在雨季前及日最高温度低于15℃到来以前半个月结束,使贯入式结构层通过开放交通碾压成型
材料规格和用量	集料	集料应选择有棱角、嵌挤性好的坚硬石料,如石料不好,嵌挤不良又堵塞空隙,影响沥青贯入和成型。集料的规格和用量应根据贯入层厚度按表14-27及表14-28选用。当使用破碎砾石时,其破碎面积应小于40%。沥青贯入层主层集料中大于粒径范围中值的数量不得少于50%。细粒料含量偏多时,嵌缝料用量宜采用低限。表面不加铺拌和层的贯入式路面,在施工结束后,每1 000m^2另备2~3m^3与最后一层嵌缝料规格相同的细集料供初期养护使用。沥青贯入层主层集料最大粒径宜与贯入层厚度相同。采用乳化沥青时,主层集料最大粒径可采用厚度的0.8~0.85倍,数量宜按照压实系数的1.25~1.30计算
	沥青	贯入式各层次的分次用量应根据施工气温及沥青标号等在规定范围内选用,在寒冷地带或当施工季节气温较低、沥青针入度较小时,沥青用量宜用高限。在低温潮湿气候下用乳化沥青贯入时,应按乳液总量不变的原则进行上调,上层较正常情况适当增加,下层较正常情况适当减少
施工要点	工艺流程	沥青贯入式路面: 清扫基层→洒透层或黏层沥青(当采用乳化沥青贯入式,或沥青贯入式厚度≤5cm时必须有此工序)→撒主层集料→碾压→洒第一遍沥青→撒第一遍嵌缝料→碾压→洒第二遍沥青→撒第二遍嵌缝料→碾压→洒第三遍沥青→撒封层料→碾压→初期养护 乳化沥青贯入式路面: 当厚度为4cm时:同上,再增加第三遍嵌缝料、碾压和第四遍沥青,然后撒封层料、碾压和初期养护。 当厚度为5cm时:同上,再增加第四遍嵌缝料、碾压和第五遍沥青,然后撒封层料、碾压和初期养护。 表面加铺拌和层时贯入式路面(上拌下贯式): 清扫基层→洒透层或黏层沥青(当采用乳化沥青贯入式,或沥青贯入式厚度≤5cm时必须有此工序)→撒主层集料→碾压→洒第一遍沥青→撒第一遍嵌缝料→碾压→洒第二遍沥青→撒第二遍嵌缝料→碾压→加铺沥青混合料拌和层(下贯层表面不撒封面料)
	工艺流程	当下贯层为乳化沥青贯入式且其厚度为5cm时: 同上,但再增加第三遍沥青,撒第三遍嵌缝料、碾压,然后加铺沥青混合料拌和层。 当下贯层为乳化沥青贯入式且其厚度为6cm时: 同上,但再增加第四遍沥青,撒第四遍嵌缝料、碾压,然后加铺沥青混合料拌和层
	撒布主层集料	撒布时应避免颗粒大小不匀,并应检查松铺厚度。松铺厚度压实系数为1.1~1.2,经试铺试验确定。边撒布边检验路拱与平整度。撒布后严禁车辆在铺好的集料层上通行

续上表

项　目		内容、要求和注意事项
施工要点	碾压	主层集料撒布后应采用6～8t钢筒式压路机进行初压，使集料碾压稳定，然后检查路拱和纵向坡度；如不符合要求，应调整再找平，至集料无显著推移为止。然后用10～12t压路机碾压密实，直至主层集料嵌挤紧密，无显著轮迹为止。要注意掌握碾压适度。过碾则过分压碎集料，破坏嵌挤且沥青贯入受阻；欠碾则主层集料不稳定、不紧密，既影响强度，又使浇灌的沥青容易流失
	浇洒第一遍沥青	主层集料碾压完毕后，应立即浇洒第一层沥青，浇洒方法、要求同沥青表面处治，参阅表14-22。当采用乳化沥青贯入时，为防止乳液下漏过多，可在主层集料碾压稳定后，先撒上一部分上一层嵌缝料，再浇洒主层沥青
	撒第一层嵌缝料	主层沥青浇洒后，应立即均匀撒布第一层嵌缝料，嵌缝料撒布后应立即扫匀，不足处应找补。当使用乳化沥青时，嵌缝料撒布必须在乳液破乳前完成
施工要点	碾压	嵌缝料扫匀后应立即用18～12t钢筒式压路机碾压，直至稳定为止。碾压时随压随扫，使嵌缝料均匀嵌入
	以后遍数的施工	沥青贯入式路面： 浇洒第二遍沥青，撒布第二遍嵌缝料，然后碾压，再浇洒第三层沥青。 其他类型贯入式路面： 参照工艺流程图的相应遍数进行。施工方法和要求与第一遍施工相同
	撒布封层料或加铺沥青混合料拌和层	施工方法和要求与撒布嵌缝料相同。 上拌下贯式则无此工序和下一道工序，而以在其上加铺拌和层代替。 加铺沥青混合料拌和层时，应紧跟贯入层施工，使上下层成为整体。当贯入部分采用乳化沥青时，应等其破乳、水分蒸发且成型稳定后方可铺筑拌和层。 当拌和层与贯入部分不能连续施工，又要在短期内通行施工车辆时，贯入层部分的第二遍（其他类型贯入层则为其相应遍数）嵌缝料应增加2～3m^3/1 000m^2。在摊铺拌和层沥青混合料前，应清楚贯入层表面的杂物、尘土以及浮动石料，再补充碾压一遍，并应浇洒黏层沥青
	最后碾压	最后碾压，宜采用6～8t压路机进行，使路面平整，外形符合设计要求
	初期养护	同沥青表面处治，参阅表14-24

（2）沥青贯入式路面材料规格和用量

沥青贯入式路面材料规格和用量（用量单位：集料 m^3/1 000m^2，沥青及沥青乳液 kg/m^2）

表14-27

沥青品种	石油沥青					
厚度（cm）	4		5		6	
规格和用量	规格	用量	规格	用量	规格	用量
封层料	S14	3～5	S14	5	S13（S14）	4～6
第三遍沥青		1.0～1.2		1.0～1.2		1.0～1.2
第二遍嵌缝料	S12	6～7	S11（S10）	10～12	S11（S10）	10～12
第二遍沥青		1.6～1.8		1.8～2.0		2.0～2.2
第一遍嵌缝料	S10（S9）	12～14	S8	12～14	S8（S6）	16～18
第一遍沥青		1.8～2.1		1.6～1.8		2.8～3.0
主层石料	S5	45～50	S4	55～60	S3（S4）	66～76
沥青总用量	4.4～5.1		5.2～5.8		5.8～6.4	

续上表

沥青品种	石油沥青				乳化沥青			
厚度(cm)	7		8		4		5	
规格和用量	规格	用量	规格	用量	规格	用量	规格	用量
封层料	S13(S14)	4~6	S13(S14)	4~6	S13(S14)	4~6	S14	4~6
第五遍沥青								0.8~1.0
第四遍嵌缝料							S14	5~6
第四遍沥青						0.8~1.0		1.2~1.4
第三遍嵌缝料					S14	5~6	S12	7~9
第三遍沥青		1.0~1.2		1.0~1.2		1.4~1.6		1.5~1.7
第二遍嵌缝料	S10(S11)	11~13	S10(S11)	11~13	S12	7~8	S10	9~11
第二遍沥青		2.4~2.6		2.6~2.8		1.6~1.8		1.6~1.8
第一遍嵌缝料	S6(S8)	18~20	S6(S8)	20~22	S9	12~14	S8	10~12
第一遍沥青		3.3~3.5		4.4~4.2		2.2~2.4		2.6~2.8
主层石料	S2	80~90	S1(S2)	95~100	S5	40~45	S4	50~55
沥青总用量	6.7~7.3		7.6~8.2		6.0~6.8		7.4~8.5	

注:1. 煤沥青贯入式的沥青用量可较石油沥青用量增加15%~20%。

2. 表中乳化沥青是指乳液的用量,并适用于乳液浓度约为60%的情况,如果浓度不同,用量应予换算。

3. 在高寒地区及干旱风沙大的地区,可超过高限,在增加5%~10%。

(3)上拌下贯式路面的材料规格和用量

上拌下贯式路面的材料规格和用量(用量单位:集料 $m^3/1\ 000m^2$,沥青及沥青乳液 kg/m^2)

表14-28

沥青品种	石油沥青					
厚度(cm)	4		5		6	
规格和用量	规格	用量	规格	用量	规格	用量
第二遍嵌缝料	S12	5~6	S12(S11)	7~9	S12(S11)	7~9
第二遍沥青		1.4~1.6		1.6~1.8		1.6~1.8
第一遍嵌缝料	S10(S9)	12~14	S8	16~18	S8(S7)	16~18
第一遍沥青		2.0~2.3		2.6~2.8		3.2~3.4
主层石料	S5	45~50	S4	55~60	S3(S2)	66~76
沥青总用量	3.4~3.9		4.2~4.6		4.8~5.2	
沥青品种	石油沥青		乳化沥青			
厚度(cm)	7		5		6	
规格和用量	规格	用量	规格	用量	规格	用量
第四遍嵌缝料					S14	4~6
第四遍沥青						1.3~1.5
第三遍嵌缝料			S14	4~6	S12	8~10
第三遍沥青				1.4~1.6		1.4~1.6
第二遍嵌缝料	S10(S11)	8~10	S12	9~10	S9	8~12

续上表

沥青品种	石油沥青		乳化沥青			
厚度(cm)	7		5		6	
规格和用量	规格	用量	规格	用量	规格	用量
第二遍沥青		1.7～1.9		1.8～2.0		1.5～1.7
第一遍嵌缝料	S6(S11)	18～20	S8	15～17	S6	24～26
第一遍沥青		4.0～4.2		2.5～2.7		2.4～2.6
主层石料	S2(S3)	80～90	S4	50～55	S3	50～55
沥青总用量	5.7～6.1		5.9～6.2		6.7～7.2	

注:1. 煤沥青贯入式的沥青用量可较石油沥青用量增加15%～20%。
2. 表中乳化沥青是指乳液的用量,并适用于乳液浓度约为60%的情况。
3. 在高寒地区及干旱风沙大的地区,可超过高限,再增加5%～10%。
4. 表面加铺拌和层部分的材料规格及沥青(或乳化沥青)用量按热拌沥青混合料(或乳化沥青碎石混合料路面)的有关规定执行。

14.5　热拌沥青混合料路面

14.5.1 热拌沥青混合料路面的基本规定

(1)热拌沥青混合料路面的基本规定

热拌沥青混合料路面的基本规定　表14-29

项　目	内容、要求和注意事项
适用范围	热拌沥青混合料适用于各种等级的道路面层。高速公路和一级公路沥青面层的上面层、中面层及下面层应采用沥青混凝土混合料铺筑,沥青碎石混合料仅适用于过渡层及整平层。其他等级公路的沥青面层上面层宜采用沥青混凝土混合料铺筑
热拌沥青混合料种类	热拌沥青混合料的种类如下表,应按表列种类选用。规格以方孔筛为准,集料最大粒径不宜超过31.5mm。当采用圆孔筛作为过渡时,集料最大粒径不宜超过50mm。

热拌沥青混合料种类(JTG F40—2004)

混合料类型	密级配			开级配		半开级配	公称最大粒径(mm)	最大粒径(mm)
	连续级配		间断级配	间断级配				
	沥青混凝土	沥青稳定碎石	沥青玛蹄脂碎石	排水式沥青磨耗层	排水式沥青碎石基层	沥青碎石		
特粗式	—	ATB-40	—	—	ATPB-40	—	37.5	53.0
粗粒式	—	ATB-30	—	—	ATPB-30	—	31.5	37.5
	AC-25	ATB-25	—	—	ATPB-25	—	26.5	31.5
中粒式	AC-20	—	SMA-20	—	—	AM-20	19.0	26.5
	AC-16	—	SMA-16	OGFC-16	—	AM-16	16.0	19.0
细粒式	AC-13	—	SMA-13	OGFC-13	—	AM-13	13.2	16.0
	AC-10	—	SMA-10	OGFC-10	—	AM-10	9.5	13.2
砂粒式	AC-5	—	—	—	—	AM-5	4.75	9.5
设计空隙率(%)	3～5	3～6	3～4	>18	>18	6～12	—	—

续上表

项　　目	内容、要求和注意事项
施工温度基本规定	热拌沥青混合料的拌制和施工过程中要自始至终掌握好“沥青加热温度”、“矿料温度”、“沥青混合料出厂温度”、“混合料储料仓储存温度”、“运输到达现场温度”、“摊铺温度”以及至关沥青混合料碾压和成型的“碾压温度”、“碾压终了温度”和“开放交通温度”等。有关上述各种温度的规定见表14-30,按沥青品种、标号、气候条件及铺筑层的厚度选择。沥青黏度大、气温低、铺筑层厚度薄的取高限;反之亦然

(2)热拌沥青混合料的施工温度

热拌沥青混合料的施工温度(℃) 表14-30

施工工序		石油沥青的标号			
		50号	70号	90号	110号
沥青加热温度		160~170	155~165	150~160	145~155
矿料加热温度	间歇式拌和机	集料加热温度比沥青温度高10~30			
	连续式拌和机	矿料加热温度比沥青温度高5~10			
沥青混合料出料温度		150~170	145~165	140~160	135~155
混合料储料仓储存温度		储料过程中温度降低不超过10			
混合料废弃温度 >		200	195	190	185
运输到现场温度 ≥		150	145	140	135
混合料摊铺温度 ≥	正常施工	140	135	130	125
	低温施工	160	150	140	135
开始碾压的混合料内部温度≥	正常施工	135	130	125	120
	低温施工	150	145	135	130
碾压终了的表面温度≥	钢轮压路机	80	70	65	60
	轮胎压路机	85	80	75	70
	振动压路机	75	70	60	55
开放交通的路表温度 ≤		50	50	50	45

注:1. 沥青混合料的施工温度采用具有金属探测针的插入式数显温度计测量。表面温度可采用表面接触式温度计测定。当采用红外线温度计测量表面温度时,应进行标定。

2. 表中未列入的130号、160号及30号沥青的施工温度由试验确定。

(3)聚合物改性沥青混合料的正常施工温度范围

聚合物改性沥青混合料的正常施工温度范围(℃) 表14-31

工　　序	聚合物改性沥青品种		
	SBS类	SBR类	EVA、PE类
沥青加热温度	160~165		
改性沥青现场制作温度	165~170		165~170
成品改性沥青加热温度 ≤	175		175
集料加热温度	190~220	200~210	185~195
改性沥青SMA混合料出厂温度	170~185	160~180	165~180
混合料最高温度(废弃温度)	195		
混合料储存温度	拌和出料后降低不超过10		

续上表

工　　序		聚合物改性沥青品种		
		SBS 类	SBR 类	EVA、PE 类
摊铺温度	≥	160		
初压开始温度	≥	150		
碾压终了的表面温度	≥	90		
开放交通时的路表温度	≤	50		

注:1. 沥青混合料的施工温度采用具有金属探测针的插入式数显温度计测量。表面温度可采用表面接触式温度计测定。当采用红外线温度计测量表面温度时,应进行标定。

2. 当采用表列以外的聚合物或天然沥青改性沥青时,施工温度由试验确定。

14.5.2 热拌沥青混合料配合比设计

(1)热拌沥青混合料配合比设计

热拌沥青混合料配合比设计　表 14-32

项　　目	配合比设计的内容、要求和注意事项
配合比设计要求	热拌沥青混合料,必须选用符合要求的材料,充分运用同类道路与同类材料的工程实践经验,经配合比设计确定矿料级配和沥青用量。混合料应达到下列要求: (1)有足够的沥青含量,以保证路面的耐久性。 (2)有足够的稳定性,以满足规定的交通等级行车要求,并且不产生不容许的变形和位移。 (3)经压实后的混合料应有适度的空隙率,即使车辆荷载稍有增加,在热季亦不致产生泛油和丧失稳定性。同时,其空隙率亦应按层位作用考虑,使路面水不侵入下承层。 (4)有足够的和易性,以便于施工
技术标准	热拌沥青混合料的配合比设计,采用马歇尔试验设计方法。经配合比设计确定的各类沥青混凝土混合料应符合沥青混凝土混合料马歇尔试验技术标准(JTG F40—2004),并具有良好的施工性能。 对于用在高速公路和一级公路沥青路面的上面层和中面层的沥青混凝土混合料进行配合比设计时,应通过车辙试验机对其抗车辙能力进行检验。在温度 60℃、轮压 0.7MPa 条件下进行车辙试验的动稳定度测验,对高速公路应不小于 800 次/mm,对一级公路应不小于 600 次/mm。 沥青碎石混合料的配合比设计应根据实践经验和马歇尔试验的结果,经过试铺论证确定
确定矿料组成	沥青混合料配合比设计步骤如下。 1. 确定矿料组成 矿料筛分的标准筛孔以方孔筛为准,各种沥青混合料的矿料级配范围应符合表 14-33 的要求。除已经经过试验路段铺筑或实践证明以上两表的级配范围不适于当地情况外,矿料级配范围不应变动。 按规范推荐的级配范围,将已知级配的碎石、砂和矿料,计算配合比例,使合成的矿料级配符合规范范围。 合成级配应符合下列要求: (1)应使包括 0.075mm、2.36mm、4.75mm 筛孔在内的较多筛孔的通过量接近设计级配范围的中限。 (2)对交通量大、轴载重的道路,宜偏向级配范围的下(粗)限。对中、轻交通量或非机动车、人行道路等宜偏向级配范围的上(细)限。 (3)合成的级配曲线应接近连续或有合理的间断级配,不得有过多的"犬牙交错"。当经过再三调整,仍有两个以上的筛孔超过级配范围时,必须对原材料进行调整或更换原材料重新设计。

续上表

<table>
<tr><th>项　　目</th><th>配合比设计的内容、要求和注意事项</th></tr>
<tr><td>确定沥青用量</td><td>

2. 确定沥青用量

(1)根据施工规范“沥青混合料级配及沥青用量范围”表中所列的沥青用量范围及实践经验，估计适宜的沥青用量(或油石比)。

(2)以估计沥青用量为中值，按0.5%间隔变化，取5个不同的沥青用量制备马歇尔试件，按规定的试验方法测定试件的密度，并计算空隙率、沥青饱和度、矿料间隙率等物理指标，进行体积组成分析。

(3)进行马歇尔试验，测定马歇尔稳定度及流值等物理力学性质。

(4)按下列图示方法，以沥青用量为横坐标，以测定的各项指标为纵坐标，分别将试验结果点入图中，连成圆滑的曲线。

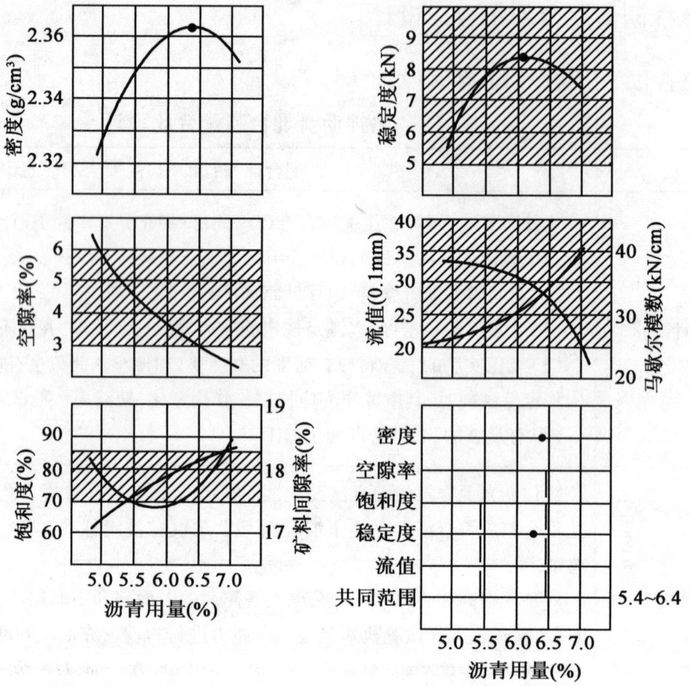

马歇尔试验结果示例图

注：图中阴影范围为设计要求范围，$a_1=6.35\%$，$a_2=6.2\%$，$a_3=5.7\%$，$OAC_1=6.08\%$，$OAC_{min}=5.4\%$，$OAC_{max}=6.40\%$，$OAC_2=5.90\%$，$OAC=6.0\%$。

(5)从图中求取相应于密度最大值的沥青用量为 a_1，相应于稳定度最大值的沥青用量 a_2 及相应于规定空隙率范围的中值(或要求的目标空隙率)的沥青用量 a_3，按下式求取三者的平均值作为最佳沥青用量的初始值 OAC_1。

$$OAC_1=(a_1+a_2+a_3)/3$$

(6)求出各项指标均符合“热拌沥青混合料马歇尔试验技术标准”的沥青用量范围 OAC_{min} ~ OAC_{max}，按下式求取中值 OAC_2。

$$OAC_2=(OAC_{min}+OAC_{max})/2$$

(7)按最佳沥青用量初始值 OAC_1，在图中求取相应的各项指标值，当各项指标均符合规定的马歇尔试验技术标准时，由 OAC_1 及 OAC_2 综合决定最佳沥青用量OAC。当不符合规定时，应调整级配，重新进行配合比设计，直至各项指标均能符合要求为止。

</td></tr>
</table>

续上表

项　目	配合比设计的内容、要求和注意事项
确定沥青用量	(8)由 OAC_1 及 OAC_2 综合决定最佳沥青用量 OAC 时，宜根据实践经验和公路等级、气候条件按下列步骤进行： ①一般可取 OAC_1 及 OAC_2 的中值作为最佳沥青用量 OAC。 ②对热区公路以及车辆渠化交通的高速公路、一级公路，预计有可能造成较大车辙的情况时，可在 OAC_2 与下限 OAC_{min} 范围内取定，但不宜小于 OAC_{min} 的0.5%。 ③对寒区公路以及其他等级公路，最佳沥青用量可以在 OAC_2 与上限值 OAC_{max} 范围内取定，但不宜大于 OAC_2 的0.3%
水稳定性检验	(1)按最佳沥青用量 OAC 制作马歇尔试件，进行浸水马歇尔试验或真空饱水后的浸水马歇尔试验。当残留稳定度不符合马歇尔试验技术标准规定时，应重新进行配合比设计，或采取抗剥离措施重新试验，直至符合要求为止。 (2)当最佳沥青用量 OAC 与两个初始值 OAC_1、OAC_2 相差甚大时，宜按 OAC 与 OAC_1 或 OAC_2 分别制作试件，进行残留稳定度试验，根据试验结果对 OAC 作适当调整
热稳定性检验	(1)按最佳沥青用量 OAC 制作车辙试验试件，在60℃条件下用车辙试验机对设计的沥青用量检验高温抗车辙能力。当车辙试验动稳定度不符合要求时，应对矿料级配或沥青用量进行调整，重新进行配合比设计。 (2)当最佳沥青用量 OAC 与两个初始值 OAC_1、OAC_2 相差甚大时，宜按 OAC 与 OAC_1 或 OAC_2 分别制作试件，进行车辙试验。根据试验结果对 OAC 作适当调整
钢渣活性检验	对粗集料或细集料使用钢渣的沥青混合料进行马歇尔试验时，应增加3个试件，将试件在60℃水浴中浸泡48h，然后取出冷却至室温，观察有无裂缝或鼓包，测量试件体积，其增大量不得超过1%。同时还应满足浸水马歇尔残留稳定度不小于75%的要求，达不到这些要求的钢渣不得使用
配合比设计的详细程度	(1)高速公路和一级公路用热拌沥青混合料的配合比设计应按目标配合比设计阶段、生产配合比设计阶段和生产配合比验证阶段三个阶段，逐次深化，进行设计。 ①目标配合比设计阶段。用工程实际使用的材料计算各种材料的用量比例，配合成符合规定的矿料级配，进行马歇尔试验，确定最佳沥青用量，以此矿料级配及沥青用量作为目标配合比，供拌和机确定各冷料仓的供料比例、进料速度及试拌使用。 ②生产配合比设计阶段。对间歇式拌和机，必须从二次筛分后进入各热料仓的材料取样进行筛分，以确定各热料仓的材料比例，供拌和机控制室使用。同时反复调整冷料仓进料比例以达到供料均衡，并取目标配合比设计的最佳沥青用量、最佳沥青用量±0.3%三个沥青用量进行马歇尔试验，确定生产配合比的最佳沥青用量。 ③生产配合比验证阶段。拌和机采用生产配合比进行试拌、铺筑试验段，并用拌和的沥青混合料及路上钻取的芯样进行马歇尔试验检验，由此确定生产用的标准配合比。标准配合比应作为生产上控制的依据和质量检验的标准。标准配合比的矿料级配至少应包括0.075mm、2.36mm、4.75mm(圆孔筛0.074mm、2.5mm、5mm)三档。三档的筛孔通过率接近要求级配的中值。 (2)二级及二级以下其他等级公路热拌沥青混合料的配合比设计可按上述设计步骤进行。当材料与同类道路相同时，可直接引用成功的经验。 (3)经设计确定的标准配合比在施工过程中不得随意变更。生产过程中，如遇进场材料发生变化并经检测沥青混合料的矿料级配、马歇尔技术指标不符合要求时，应及时调整配合比，使沥青混合料质量符合要求并保持相对稳定，必要时重新进行配合比设计

(2)沥青混合料矿料级配范围

沥青混合料矿料级配范围(JTG F40—2004) 表14-33

级配类型			通过下列筛孔(mm)的质量百分率(%)														
			53.0	37.5	31.5	26.5	19.0	16.0	13.2	9.5	4.75	2.36	1.18	0.6	0.3	0.15	0.075
密级配沥青混凝土	粗粒式	AC-25			100	90~100	75~90	65~83	57~76	45~65	24~52	16~42	12~33	8~24	5~17	4~13	3~7
	中粒式	AC-20				100	90~100	78~92	62~80	50~72	26~56	16~44	12~33	8~24	5~17	4~13	3~7
		AC-16					100	90~100	76~92	60~80	34~62	20~48	13~36	9~26	7~18	5~14	4~8
	细粒式	AC-13						100	90~100	68~85	38~68	24~50	15~38	10~28	7~20	5~15	4~8
		AC-10							100	90~100	45~75	30~58	20~44	13~32	9~23	6~16	4~8
	砂粒式	AC-5								100	90~100	55~75	35~55	20~40	12~28	7~18	5~10
沥青玛蹄脂碎石	中粒式	SMA-20				100	90~100	72~92	62~82	40~55	18~30	13~22	12~20	10~16	9~14	8~13	8~12
		SMA-16					100	90~100	65~85	45~65	20~32	15~24	14~22	12~18	10~15	9~14	8~12
	细粒式	SMA-13						100	90~100	50~75	20~34	15~26	14~24	12~20	10~16	9~15	8~12
		SMA-10							100	90~100	28~60	20~32	14~26	12~22	10~18	9~16	8~13
开级配排水式磨耗层	中粒式	OGFC-16					100	90~100	70~90	45~70	12~30	10~22	6~18	4~15	3~12	3~8	2~6
		OGFC-13						100	90~100	60~80	12~30	10~22	6~18	4~15	3~12	3~8	2~6
	细粒式	OGFC-10							100	90~100	50~70	10~22	6~18	4~15	3~12	3~8	2~6
密级配沥青稳定碎石	特粗式	ATB-40	100	90~100	75~92	65~85	49~71	43~63	37~57	30~50	20~40	15~32	10~25	8~18	5~14	3~10	2~6
		ATB-30		100	90~100	70~90	53~72	44~66	39~60	31~51	20~40	15~32	10~25	8~18	5~14	3~10	2~6
	粗粒式	ATB-25			100	90~100	60~80	48~68	42~62	32~52	20~40	15~32	10~25	8~18	5~14	3~10	2~6
半开级配沥青碎石	中粒式	AM-20				100	90~100	60~85	50~75	40~65	15~40	5~22	2~16	1~12	0~10	0~8	0~5
		AM-16					100	90~100	60~85	45~68	18~40	6~25	3~18	1~14	0~10	0~8	0~5
	细粒式	AM-13						100	90~100	50~80	20~45	8~28	4~20	2~16	0~10	0~8	0~6
		AM-10							100	90~100	35~65	10~35	5~22	2~16	0~12	0~9	0~6
开级配沥青稳定碎石	特粗式	ATPB-40	100	70~100	65~90	55~85	43~75	32~70	20~65	12~50	0~3	0~3	0~3	0~3	0~3	0~3	0~3
		ATPB-30		100	80~100	70~95	53~85	36~80	26~75	14~60	0~3	0~3	0~3	0~3	0~3	0~3	0~3
	粗粒式	ATPB-25			100	80~100	60~100	45~90	30~82	16~70	0~3	0~3	0~3	0~3	0~3	0~3	0~3

14.5.3 热拌沥青混合料的拌制

热拌沥青混合料的拌制　表 14-34

项　目	拌制的内容、要求和注意事项
拌和设备	沥青混合料必须在沥青拌和厂（场、站）采用拌和机械拌制，可采用间歇式拌和机或连续式拌和机拌制。各类拌和机均应有防止矿粉飞扬散失的密封性能及除尘设备，并有检测拌和温度的装置。连续式拌和机应具备根据材料含水率变化调整矿料上料比例、上料速度、沥青用量的装置。当工程材料从多处供料，来源或质量以及含水率不稳定时，采用连续式拌和往往不能及时调整材料用量，故不宜采用连续式拌和机。此时，如用间歇式拌和机对烘干热矿料再进行二次筛分，使分级称量一锅一锅拌和投料正确，配比更稳定，沥青用量更合理。规范规定高速公路和一级公路的沥青混凝土混合料宜用间歇式拌和机拌和。间歇式拌和机热矿料二次筛分用的振动筛筛孔应根据矿料级配要求选用，其安装角度应根据材料的可筛分性、振动能力等由试验确定。 具有自动记录设备的间歇式拌和机在拌和过程中应逐盘打印沥青及各种矿料的用量及拌和温度
混合料出厂温度	沥青材料应采用导热油管加热，沥青与矿料的加热温度应调节到能使沥青混合料的沥青加热温度和出厂温度达到表 14-30 的要求。当混合料出厂温度过高，已影响沥青与集料的黏结力时，混合料不得使用，已铺筑沥青路面应予铲除。对高速公路、一级公路，沥青混合料出厂温度超过正常温度高限的 30℃时，混合料应予废弃
拌和时间	沥青混合料拌和时间应以混合料拌和均匀、所有矿料颗粒全部裹覆沥青结合料为度，并经试拌确定。间歇式拌和机每锅拌和时间宜为 30 ~ 50s（其中干拌时间不得少于 5s），连续式拌和机的拌和时间由上料速度及拌和温度调节
外观质量要求	拌和厂拌和的沥青混合料应均匀一致，无花白料、无结团成块或严重的粗细料分离现象，不符合要求时不得使用，并应及时调整，施工现场的一些凭肉眼观察的经验有“油多发亮”、“油多结块、黏车”、“油少干散”、“过火枯焦”等，可供参考
混合料的储存	拌好的热拌沥青混合料如不立即铺筑时，可放入成品储料仓储存。储料仓无保温设备时，容许的储料时间应以符合摊铺温度为准，有保温设备时，容许的储料时间亦不宜超过 72h

14.5.4 热拌沥青混合料的摊铺

热拌沥青混合料的摊铺　表 14-35

项　目	摊铺的内容、要求和注意事项
摊铺前的准备	铺筑沥青混合料前，应检查确认下层的质量。当下层质量不符合要求，或未按规定洒布透层、黏层沥青或铺筑下封层时，不得铺筑沥青面层
机械摊铺	热拌沥青混合料应采用机械摊铺。对高速公路和一级公路宜采用两台以上摊铺机成梯队作业联合摊铺，以减少纵向冷接缝。相邻两幅的摊铺应有 5 ~ 10cm 宽度的摊铺重叠。相邻两台摊铺机的纵向间距宜为 10 ~ 30m，且不得造成前面摊铺的混合料冷却。摊铺机在第一次受料前应在料斗内涂少量柴油，以防黏料。 用于高速公路和一级公路的沥青混合料摊铺机应具有： （1）自动或半自动调节摊铺厚度及找平装置； （2）容量足够的受料斗，在运料车换车时能连续摊铺，并有足够功率推动运料车； （3）可加热的振动熨平板或振动夯等初步压实装置； （4）摊铺宽度可以调整的功能。 摊铺机自动找平时，中面层、下面层宜采用一侧钢丝绳引导的高程控制方式。表面层宜采用摊铺层前后保持相同高差的雪橇式摊铺厚度控制方式。经摊铺机摊铺并初步压实的摊铺层应符合平整度、横坡度的规定要求

续上表

<table>
<tr><th>项　目</th><th colspan="3">摊铺的内容、要求和注意事项</th></tr>
<tr><td>摊铺温度</td><td colspan="3">沥青混合料的摊铺温度应符合表 14-30 所列摊铺温度要求,并应根据沥青标号、气温、摊铺层厚度选用。
当高速公路和一级公路施工气温低于 10℃,其他等级公路低于 5℃时,不宜摊铺热拌沥青混合料</td></tr>
<tr><td rowspan="5">松铺系数</td><td colspan="3">沥青混合料的松铺系数应根据实际的混合料类型、施工机械和施工工艺等,通过试压方法或根据以往的实践经验确定。下表的松铺系数可供参考</td></tr>
<tr><td>种类</td><td>机械摊铺</td><td>人工摊铺</td></tr>
<tr><td>沥青混凝土混合料</td><td>1.15 ~ 1.35</td><td>1.25 ~ 1.50</td></tr>
<tr><td>沥青碎石混合料</td><td>1.15 ~ 1.30</td><td>1.20 ~ 1.45</td></tr>
<tr><td colspan="3">铺筑过程中应根据使用的混合料总量与铺筑面积校验压实成型后的平均厚度,不符合要求时应按铺筑情况及时进行调整</td></tr>
<tr><td>压实厚度</td><td>$T = \dfrac{100M}{DLW}$</td><td colspan="2">式中:T——摊铺层压实成型后的平均厚度(cm);
M——摊铺的沥青混合料总质量(t);
D——压实成型后沥青混合料的密度(t/m^3);
L——摊铺段长度(m);
W——摊铺宽度(m)</td></tr>
<tr><td rowspan="2">摊铺速度</td><td colspan="3">沥青混合料必须缓慢、均匀、连续不间断地摊铺。摊铺过程中不得随意变换速度或中途停顿。摊铺速度应根据拌和机产量、施工机械配套情况及摊铺层厚度、宽度,按下式确定,并应符合 2 ~ 6m/min 的要求</td></tr>
<tr><td>$v = \dfrac{100Q}{60DWT} \cdot C$</td><td colspan="2">式中:$v$——摊铺机摊铺速度(m/min);
Q——拌和机产量(t/h);
D——压实成型后沥青混合料的密度(t/m^3);
W——摊铺宽度(m);
T——摊铺层压实成型后的平均厚度(cm);
C——效率系数,根据材料供应、运输能力等配套情况确定,宜为 0.6 ~ 0.8</td></tr>
<tr><td>人工找补和人工摊铺</td><td colspan="3">用机械摊铺的混合料,不应用人工反复修整,但当:①横断面不符合要求;②构造物接头部位缺料;③摊铺带边缘局部缺料;④表面明显不平整;⑤局部混合料明显离析;⑥摊铺机后有明显的拖痕等情况时,可用人工作局部的找补或更换混合料。当属机械原因引起严重缺陷时,应立即停机、检修。
在路面狭窄部分、平曲线半径过小的匝道或弯道加宽部分,以及小规模工程可用人工摊铺</td></tr>
</table>

14.5.5 热拌沥青混合料的压实及成型

热拌沥青混合料的压实及成型　表 14-36

<table>
<tr><th colspan="2">项　目</th><th>压实的内容、要求和注意事项</th></tr>
<tr><td colspan="2">压实厚度</td><td>压实后的沥青混合料应符合平整度和压实度的要求。沥青混合料每层的碾压成型厚度不宜大于 100mm,沥青稳定碎石混合料的压实层厚度不宜大于 120mm,过厚则压实质量不易保证。但采用大功率压路机且经试验证明能达到压实度时,容许增大到 150mm</td></tr>
<tr><td>压实过程</td><td>初压</td><td>初压在混合料摊铺后较高温度下进行,应采用轻型钢筒式压路机或关闭振动装置的振动压路机,慢速(具体速度参见本表中的“碾压速度”)均匀碾压两遍。碾压温度应根据沥青稠度、压路机类型、气温、铺筑层厚度、混合料类型经试铺试压确定,并符合表 14-30 所列碾压温度的要求。初压应使混合料得到初步稳定,并不得产生推移、发裂。初压后应检查平整度、路拱,必要时予以适当修整</td></tr>
</table>

续上表

<table>
<tr><th colspan="2">项 目</th><th colspan="7">压实的内容、要求和注意事项</th></tr>
<tr><td rowspan="2">压实过程</td><td>复压</td><td colspan="7">复压应紧接着初压进行，宜采用重型轮胎压路机，也可采用振动压路机或钢筒式压路机。碾压遍数应经试压确定，但不宜少于4~6遍，要达到要求的压实度，并无显著轮迹。复压是达到规定密实度的主要阶段。
当采用轮胎压路机时，总质量不宜小于15t。碾压厚层沥青混合料，总质量不宜小于22t。轮胎充气压大不小于0.5MPa，相邻碾压带应重叠1/3~1/2的碾压轮宽度。
当采用三轮钢筒式压路机时，总质量不宜小于12t，相邻碾压带应重叠后轮1/2宽度。
当采用振动压路机时，振动频率宜为35~50Hz，振幅宜为0.3~0.8mm，并根据混合料种类、温度和层厚选用。层厚较厚时选用较大的频率和振幅。相邻碾压带重叠宽度为10~20cm</td></tr>
<tr><td>终压</td><td colspan="7">终压应紧接在复压后进行。终压可选用双轮钢筒式压路机或关闭振动的振动压路机碾压，不宜少于两遍。终压应消除碾压过程中产生的轮迹和确保路表面的良好平整度</td></tr>
<tr><td colspan="2">压实注意事项</td><td colspan="7">压路机的碾压段长度以与摊铺机速度平衡为原则选定。
压辗过程中如有混合料黏碾压轮现象时，可向碾轮洒少量水或加洗衣粉水，禁洒柴油。轮胎压路机可不洒水，或在连续碾压一段时间轮胎发热后停机向车轮洒水。
压路机不得在未碾压成型并冷却的路段上转向、掉头或停车等待。振动压路机在已成型的路面上行驶时应关闭振动。
对压路机无法压实的桥梁、挡墙等构造物接头、拐弯死角、加宽部分及某些路边缘等局部地区，应采用振动夯板压实，对雨水井与各种检查井的边缘还应用供热的铁夯板人工夯实，热烙铁烫平</td></tr>
<tr><td colspan="2" rowspan="6">碾压速度</td><td colspan="7">压路机应以慢速均匀碾压，其碾压速度应符合下列规定
压路机碾压速度(km/h)</td></tr>
<tr><td rowspan="2">压路机类型</td><td colspan="2">初压</td><td colspan="2">复压</td><td colspan="2">终压</td></tr>
<tr><td>适宜</td><td>最大</td><td>适宜</td><td>最大</td><td>适宜</td><td>最大</td></tr>
<tr><td>钢筒式压路机</td><td>2~3</td><td>4</td><td>3~5</td><td>6</td><td>3~6</td><td>6</td></tr>
<tr><td>轮胎压路机</td><td>2~3</td><td>4</td><td>3~5</td><td>6</td><td>4~5</td><td>8</td></tr>
<tr><td>振动压路机</td><td>2~3
(静压或振动)</td><td>3
(静压或振动)</td><td>3~4.5
(振动)</td><td>5(振动)</td><td>3~6
(静压)</td><td>6
(静压)</td></tr>
</table>

14.5.6 热拌沥青混合料接缝施工

热拌沥青混合料接缝施工 表14-37

项 目	接缝的内容、要求和注意事项
接缝施工要求	在施工缝及构造物两端的连接处必须仔细操作，保证紧密、平顺
纵缝施工	采用梯队摊铺作业的纵缝采用热接缝。施工时应将先铺的混合料留下10~20cm宽度暂时不碾压，作为后摊铺部分的高程基准面。纵缝应在后铺部分摊铺后立即进行碾压，压路机应大部分压在已先铺碾压好的路面上，仅有10~15cm的宽度压在新铺的车道上，然后逐渐移动跨缝碾压以消除缝迹。 半幅施工或与旧沥青路面连接的纵缝，不能采用热接缝时，宜加设挡板或采用切刀切齐。铺另半幅前必须将缝边缘清扫干净，并刷黏层沥青。摊铺时应重叠在已铺层上5~10cm，摊铺后用人工将摊铺在前半幅上面的混合料铲走。碾压时先在已压实的路面上行驶，碾压新铺层10~15cm，然后再逐渐移动跨过纵缝，将纵缝碾压紧密。上下层的纵缝应错开15cm以上。表层的纵缝应顺直，且位于车道的画线位置

续上表

项　　目	接缝的内容、要求和注意事项
横缝施工	横缝应与路中线垂直。相邻两幅及上下层的横缝应错位1m以上。对高速公路和一级公路,中面层、下面层的横向接缝可斜接,但在上面层应做成垂直的平头缝,即平接。铺筑接缝时,可在已压实的部分上面铺设一些热混合料使之预热软化,以加强新旧混合料的黏结。但在开始碾压前应将预热用的混合料铲除。 斜接缝的搭接长度与厚度有关,宜为0.4~0.8m。搭接处应清扫干净并洒黏层沥青,斜接缝应充分压实并搭接平整。 平接缝应做到紧密黏结,充分压实,连接平顺。接缝处应清扫干净,切齐,边缘涂黏层沥青,并在其压实后用热烙铁烫平,再在缝口涂黏层沥青,撒石粉封口,以防渗水

14.5.7 热拌沥青混合料路面低温施工

热拌沥青混合料路面低温施工 表14-38

项　　目	热拌沥青混合料路面低温施工技术措施
基本规定	当高速公路和一级公路施工气温低于10℃,其他等级公路施工气温低于5℃时,不宜铺筑热拌沥青混料路面。必须铺筑时,应采取低温施工技术措施,以延长施工季节
技术措施	(1)提高混合料的拌和温度、出厂温度,使摊铺温度、碾压温度等达到表14-30所列范围的上限。 (2)运料车必须用双层帆布或棉被覆盖保温,保证到达工地时有高的温度。 (3)基层预热,将加热到250~300℃的热砂在基层上薄撒一层,在摊铺前,扫一段,铺一段。 (4)底面层预热,在底面层上放置铁板,在铁板上加木柴烟煤燃烧烘烤,在摊铺前,前移一段,铺一段。 (5)机械摊铺时,采用高密实度的摊铺机,熨平板应加热。摊铺后紧接碾压,缩短碾压长度。注意各个施工环节的衔接紧密,并且要卸料快、摊铺快、压实快,缩短施工过程的延续时间,减少混合料的热量损失。发现冷却成硬块的混合料应铲除。 (6)冷接缝处预热处理,已铺筑好的混合料路面温度低,与新铺的热混合料温度差别大,不容易结合好,要在新铺混合料前用喷灯烤热旧茬,并在其上覆盖20cm的热混合料保温,但在开始碾压时应将预热用的混合料去除。 (7)施工时间宜选择在晴天的9:00~16:00。铺筑方向宜自北往南或自西往东,有利于挡风、向阳

14.6 乳化沥青碎石混合料路面

乳化沥青碎石混合料路面 表14-39

项　　目	内容、要求和注意事项
基本规定	乳化沥青碎石混合料适用于三级及三级以下公路沥青面层、二级公路的罩面施工以及各级公路沥青路面的联结层或整平层。 乳化沥青碎石混合料路面的沥青面层宜采用双层式,其下层采用粗粒式沥青碎石混合料,上层采用中粒式或细粒式沥青碎石混合料。单层式只宜在少雨干燥地区或半刚性基层上使用。在多雨潮湿地区必须做上封层或下封层
配合比	乳化沥青碎石混合料可采用施工规范"沥青混合料矿料级配及沥青用量范围"表的矿料级配,并根据已有道路的成功经验经试拌确定配合比。 乳化沥青混合料的乳液用量应根据当地实践经验以及交通量、气候、石料情况、沥青标号、施工机械等条件确定,也可按热拌沥青碎石混合料的沥青用量折算,实际的沥青用量宜较同规格热拌沥青混合料的沥青用量减少15%~20%

续上表

项　目	内容、要求和注意事项
施工拌和	乳化沥青碎石混合料宜采用拌和厂机械拌和，在条件限制时也可在现场人工拌制。 采用阳离子乳化沥青时，在乳液拌和前需用水湿润集料，使集料含水率达到5%左右，天气炎热宜多加水，低温潮湿可少加水。当集料湿润后仍不能与乳液拌和均匀时，应改用破乳速度更慢的乳液，或用1%～3%深度的氯化钙水溶液代替水预先润湿集料表面。 混合料的拌和时间应保证乳液与集料拌和均匀。适宜的拌和时间应根据施工现场使用的集料级配情况、乳液裂解速度、拌和机械性能、施工时的气候等具体条件通过试拌确定，机械拌和不宜超过30s（自矿料中加入乳液的时间算起），人工拌和不宜超过60s。 混合料应具有充分的施工和易性，混合料的拌和、运输和摊铺应在乳液破乳前结束。已拌好的混合料应立即运到现场进行摊铺。拌和与摊铺过程中已破乳的混合料，应予废弃。 袋装的乳化沥青应密封良好，存放期不得超过破乳时间，乳化沥青混合料拌和时应加入适量的稳定剂
摊铺	拌制的混合料宜用沥青摊铺机摊铺。当用人工摊铺时，应防止混合料离析。乳化沥青碎石的松铺系数可参考热拌沥青混合料的松铺系数，通过试验确定
压实成型	乳化沥青混合料的碾压，可按热拌沥青混合料的碾压要求进行。初压应采用6t左右的轻型钢筒式压路机碾压1～2遍，使混合料初步稳定，再用轮胎压路机或轻型钢筒式压路机碾压1～2遍。当乳化沥青开始破乳，混合料由褐色转变成黑色时，用12～15t轮胎压路机或10～12t钢筒式压路机复压。复压2～3遍后，立即停止，待晾晒一段时间，水分蒸发后，再补充复压至密实为止。当碾压过程中有推移现象时应立即停碾，待稳定后再碾压。碾压时发现局部混合料有松散或开裂时，应立即挖补，整平后继续碾压密实。修补处应保证路面平整。 乳化沥青碎石混合料路面的上封层应在压实成型、路面水分蒸发后，方可加铺
初期养护	压实成型后的路面应做好初期养护，并封闭交通2～6h。开放交通初期，应设专人指挥行驶，车速不得超过20km/h，并不得紧急制动或掉头。当路面有损坏时，应及时修补。 乳化沥青碎石路面施工的所有工序，包括路面成型及铺筑上封层等，均必须在冻前完成

14.7　透层、黏层与封层

14.7.1 透层施工

透 层 施 工　表14-40

项　目	透层施工的内容、要求和注意事项
使用范围	沥青路面的级配砂砾、级配碎石基层及水泥、石灰、粉煤灰等无机结合料稳定土或粒料的半刚性基层上必须浇洒透层沥青
沥青选用	透层沥青宜采用慢裂的洒布型乳化沥青，也可采用中凝、慢凝液体石油沥青或煤沥青。透层沥青的规格和质量要求见表14-8～表14-10。透层沥青的稠度宜通过试洒确定。表面致密的半刚性基层宜采用渗透性好的较稀的沥青。级配砂砾、级配砾石等粒料基层宜采用较稠的沥青。用于制作透层用的乳化沥青的沥青标号应根据基层的种类、当地气候条件等确定
沥青规格和用量	各种透层沥青的品种和用量应根据基层的种类，通过试洒确定，并符合下列规定。

沥青路面透层及黏层材料的规格与用量（JTG F40—2004）

用途	乳化沥青		液体沥青		煤沥青	
	规格	用量（L/m^2）	规格	用量（L/m^2）	规格	用量（L/m^2）

续上表

项　目	透层施工的内容、要求和注意事项							
沥青规格和用量	透层	无结合料粒料基层	PC-2 PA-2	1.0～2.0	AL(M)-1、2 或 3 AL(S)-1、2 或 3	1.0～2.3	T-1 T-2	1.0～1.5
		半刚性基层	PC-2 PA-2	0.7～1.5	AL(M)-1、2 AL(S)-1、2	0.6～1.5	T-1 T-2	0.7～1.0
	黏层	新建沥青层或旧沥青路面	PC-3 PA-3	0.3～0.6	AL(R)-3～AL(R)-6 AL(M)-3～AL(M)-6	—	—	—
		水泥混凝土	PC-3 PA-3	0.3～0.5	AL(M)-3～AL(M)-6 AL(S)-3～AL(S)-6	—	—	—
透层施工	透层宜紧接在基层施工结束后表面稍变干燥,但尚未硬化的情况下喷洒。如基层完工后时间较长,表面过分干燥,应对基层清扫,并在基层表面少量洒水湿润,等表面稍干后浇洒透层沥青。浇洒前应对路缘石及人工构造物进行保护,以防污染。透层沥青洒布后应不致流淌,要渗入基层一定深度,并不得在表面形成油膜。在铺筑沥青面层前,若局部地方有多余的透层沥青,应予清除;有遗漏处则应用人工补洒。 在无机结合料稳定的半刚性基层上浇洒透层沥青后,宜立即撒布石屑或粗砂,用量为 2～3m^3/1 000m^2。在粒料基层上浇洒透层沥青后,当不能及时铺筑沥青面层,并需开放施工车辆通行时,也应撒铺适量石屑或粗砂,此时透层沥青用量宜增加 10%。撒布石屑或粗砂后,应用 6～8t 钢筒式压路机稳压 1 遍。当通行车辆时,应控制车速。在铺筑沥青面层前,如发现局部地方透层沥青剥落,应予修补;对多余的浮动石屑或粗砂应予扫除。 透层洒布后应尽早铺筑沥青面层。当用乳化沥青作透层时,洒布后应待其充分渗透、水分蒸发后方可铺筑沥青面层,此等待时间宜不少于 24h。 如遇大风或即将降雨时,不得浇洒透层沥青。气温低于 10℃时也不宜浇洒透层沥青							

注:表中用量是指包括稀释剂和水分等在内的液体沥青、乳化沥青的总量。乳化沥青中的残留物含量以 50% 为基准。

14.7.2 黏层施工

黏 层 施 工　　表 14-41

项　目	黏层施工的内容、要求和注意事项
使用范围	属以下情况者应浇洒黏层沥青: (1)双层式或三层式热拌热铺沥青混合料路面在铺筑上层时,其下面的沥青层已被污染; (2)旧沥青路面上加铺沥青面层; (3)水泥混凝土路面上加铺沥青面层; (4)与新铺沥青混合料接触的路缘石、雨水进出口、检查井等的侧面
沥青选用	黏层的沥青材料宜采用快裂的洒布型乳化沥青,也可采用快凝、中凝液体石油沥青或煤沥青,黏层沥青的规格和质量要求,见表 14-40。黏层沥青宜采用与面层所使用的同种类、同标号的石油沥青经乳化或稀释制成
沥青规格和用量	各种黏层沥青品种和用量应根据黏结层的种类,通过试洒确定,并符合表 14-40 的要求
黏层施工	黏层沥青的浇洒应符合下述要求: (1)黏层沥青应均匀洒布或涂刷,浇洒过量处应予以刮除; (2)路面有脏物、尘土时应清除干净。当黏有土块时,应用水刷净,待表面干燥后浇洒; (3)当气温低于 10℃或路面潮湿时不得浇洒黏层沥青; (4)浇洒黏层沥青后,严禁车辆、行人通过。 黏层沥青洒布后应紧接着铺筑沥青面层,但乳化沥青应待破乳、水分蒸发后方可铺筑

14.7.3 封层施工

封 层 施 工 表 14-42

<table>
<tr><th>项 目</th><th colspan="3">封层施工的内容、要求和注意事项</th></tr>
<tr><td>使用范围</td><td colspan="3">(1)属下述情况者应在沥青面层上铺筑上封层:
①沥青面层的空隙较大,透水严重;
②有裂缝或已修补的旧沥青路;
③需加铺磨耗层改善抗滑性能的旧沥青路面;
④需铺筑磨耗层或保护层的新建沥青路面。
(2)属下述情况者应在沥青面层下铺筑下封层:
①位于多雨地区且沥青面层空隙较大,渗水严重;
②在铺筑基层后,不能及时铺筑沥青面层,且须开放交通</td></tr>
<tr><td rowspan="6">沥青选用</td><td colspan="3">上封层及下封层适用的沥青材料宜按下表选用,沥青的标号宜根据当地气候情况酌定</td></tr>
<tr><td>沥青种类</td><td>上封层</td><td>下封层</td></tr>
<tr><td>道路石油沥青</td><td>AH-90
AH-100
AH-110
AH-130</td><td>AH-100
AH-110
AH-130
AH-140
AH-180</td></tr>
<tr><td>乳化沥青</td><td>PC-3
PA-3
BC-3
BA-3</td><td>PC-2
PA-2
BC-2
BA-2</td></tr>
<tr><td>煤沥青</td><td>T-5
T-6
T-7</td><td>T-4
T-5</td></tr>
<tr><td>液体石油沥青</td><td>—</td><td>AL(M)-5
AL(M)-6
AL(s)-5
AL(s)-6</td></tr>
<tr><td>封层施工类型</td><td colspan="3">上封层及下封层可采用拌和法或层铺法的单层式沥青表面处治,也可采用乳化沥青稀浆封层。但新建的高速公路、一级公路的沥青路面不宜采用稀浆封层铺筑上封层</td></tr>
<tr><td>层铺法沥青处封层施工</td><td colspan="3">层铺法沥青表面处治铺筑上封层的材料用量和规格可按表 14-25 执行,沥青用量应采用表中范围的中低限。铺筑下封层的矿料规格可采用表 14-12 的 S14、S13 或 S12 等,矿料用量应根据矿料尺寸、形状、种类等情况确定,宜为 5 ~ 8m^3/1 000m^2。沥青用量可采用表 14-25 范围中的高限。施工方法可参阅表 14-24</td></tr>
<tr><td>拌和法沥青表处层施工</td><td colspan="3">拌和法沥青表面处治铺筑上封层及下封层,可按 14.5 节"热拌沥青混合料路面"的有关规定执行。当铺筑下封层时,宜采用 AC-5(或 LH-5)砂粒式沥青混凝土,厚度宜为 1cm</td></tr>
<tr><td>乳化沥青稀浆封层施工</td><td colspan="3">采用乳化沥青稀浆封层作为上封层及下封层时,稀浆封层的厚度宜为 3 ~ 6mm。稀浆封层混合料的类型及矿料级配,应根据处治目的、道路等级选择,铺筑厚度、集料尺寸及摊铺用量宜按下表选用</td></tr>
</table>

续上表

项　目	封层施工的内容、要求和注意事项

乳化沥青稀浆封层施工

乳化沥青稀浆封层矿料级配及沥青用量范围

	筛孔尺寸(mm)	级配类型		
		ES-1	ES-2	ES-3
通过筛孔的质量百分率(%)	9.5		100	100
	4.75	100	95~100	70~90
	2.36	90~100	65~90	45~70
	1.18	60~90	45~70	28~50
	0.6	40~65	30~50	19~34
	0.3	25~42	18~30	12~25
	0.15	15~30	10~21	7~18
	0.075	10~20	5~15	5~15
	一层的适宜厚度(mm)	2.5~3	4~7	8~10
沥青用量(油石比)(%)		10~16	7.5~13.5	6.5~12
适宜的稀浆封层平均厚度(mm)		2.5~3	4~7	8~10
稀浆混合料用量(kg/m^2)		3~5.5	5.5~8	>8

注:①表中沥青用量指乳化沥青中水分蒸发后的沥青数量,乳化沥青用量可按其浓度计算;

②ES-1 型适用于较大裂缝的封缝或中、轻交通道路的薄层罩面处理,ES-2 型是铺筑中等粗糙度磨耗层最常用的级配,也可适用于旧路修复罩面;

③ES-3 型适用于高速公路、一级公路的表层抗滑处理,铺筑高粗糙度的磨耗层。

稀浆封层可采用慢裂或中裂的拌和型乳化沥青。当需要减缓破乳速度时,可掺加适量的氯化钙作外加剂。当需要加快破乳速度时,可采用一定数量的水泥或消石灰作填料。

稀浆封层混合料中沥青乳液的合理用量宜按上表规定的范围并通过试验确定。要求混合料的湿轮磨耗试验的磨耗损失不宜大于$800g/m^2$;轮荷压砂试验的砂吸收量不宜大于$600g/m^2$。稀浆封层混合料的加水量应根据施工摊铺和易性的程度由稠度试验确定,要求的稠度应为2~3cm。

稀浆封层施工应在干燥情况下进行,应用稀浆封层铺筑机施工。铺筑机应具有储料、送料、拌和、摊铺和计量控制等功能。摊铺时应控制好集料、填料、水、乳液的配合比例。铺筑时应匀速前进,达到厚度均匀、表面平整的要求。

稀浆封层铺筑后,必须待乳液破乳、水分蒸发、干燥成型后,方可开放交通。

稀浆封层的施工气温不得低于10℃

14.8　沥青路面施工质量要求

(1)沥青路面施工质量验收标准

沥青路面检查与验收标准　　表 14-43

公路沥青表面处治及贯入式路面交工检查与验收质量标准

路面类型	检查项目		检查频度(每一侧车行道)	质量要求或容许偏差	试验方法
沥青表面处治	外观		全线	密实,不松散	目测
	厚度	代表值	每200m 每车道1点	-5mm	T 0921—2008
		极值	每200m 每车道1点	-10mm	T 0921—2008

续上表

公路沥青表面处治及贯入式路面交工检查与验收质量标准

路面类型	检查项目		检查频度（每一侧车行道）	质量要求或容许偏差	试验方法
沥青表面处治	路表平整度	标准差	全线每车道连续	4.5mm	T 0932—2008
		IRI	全线每车道连续	7.5m/km	T 0933—2008
		最大间隙	每 1km 10 处，各连续 10 尺	10mm	T 0931—2008
	宽度	有侧石	每 1km 20 个断面	±3cm	T 0911—2008
		无侧石	每 1km 20 个断面	不小于设计宽度	T 0911—2008
	纵断面高程		每 1km 20 个断面	±20mm	T 0911—2008
	横坡度		每 1km 20 个断面	±0.5%	T 0911—2008
	沥青用量		每 1km 1 点	±0.5%	T 0722—1993
	矿料用量		每 1km 1 点	±5%	T 0722—1993
沥青贯入式路面	外观		全线	密实，不松散	目测
	厚度	代表值	每 200m 1 点	-5mm 或 -8%	T 0921—2008
		极值	每 200m 1 点	15mm	T 0921—2008
	路表平整度	标准差	全线连续	3.5mm	T 0932—2008
		IRI	全线连续	5.8m/km	T 0933—2008
		最大间隙	每 1km 10 处，各连续 10 尺	8mm	T 0931—2008
	宽度	有侧石	每 1km 20 个断面	±30mm	T 0911—2008
		无侧石	每 1km 20 个断面	不小于设计宽度	T 0911—2008
	纵断面高程		每 1km 20 个断面	±30mm	T 0911—2008
	横坡度		每 1km 20 个断面	±0.5%	T 0911—2008
	沥青用量		每 1km 1 点	±0.5%	T 0722—1993
	矿料用量		每 1km 1 点	±5%	T 0722—1993

公路热拌沥青混合料路面交工检查与验收质量标准

路面类型	检查项目		检查频度（每一侧车行道）	质量要求或容许偏差		试验方法
				高速公路、一级公路	其他等级公路	
公路热拌沥青混合料路面	外观		随时	表面平整度密实，不得有明显轮迹、裂缝、推挤、油丁、油包等缺陷，且无明显离析		目测
	面层总厚度	代表值	每 1km 5 点	设计值的 -5%	设计值的 -8%	T 0912—2008
		极值	每 1km 5 点	设计值的 -10%	设计值的 -15%	T 0912—2008
	上面层厚度	代表值	每 1km 5 点	设计值的 -10%	—	T 0912—2008
		极值	每 1km 5 点	设计值的 -20%	—	T 0912—2008
	压实度	代表值	每 1km 5 点	试验室标准密度的 96%（98%） 最大理论密度的 92%（94%） 试验段密度的 98%（99%）		T 0924—2008
		极值（最小值）	每 1km 5 点	比代表值放宽 1%（每 km）或 2%（全部）		T 0924—2008

续上表

公路热拌沥青混合料路面交工检查与验收质量标准

路面类型	检查项目		检查频度(每一侧车行道)	质量要求或容许偏差		试验方法
				高速公路、一级公路	其他等级公路	
公路热拌沥青混合料路面	平整度(标准差)	标准差 σ	全线连续	1.2mm	2.5mm	T 0932—2008
		IRI	全线连续	2.0m/km	4.2m/km	T 0933—2008
		最大间隙	每1km 10处,各连续10杆	—	5mm	T 0931—2008
	路表渗水系数,不大于		每1km不少于10点,每点3处取平均值评定	300mL/min(普通沥青路面) 200mL/min(SMA路面)	—	T 0971—2008
	宽度	有侧石	每1km 20个断面	±20mm	±30mm	T 0911—2008
		无侧石	每1km 20个断面	不小于设计宽度	不小于设计宽度	T 0911—2008
	纵断面高程		每1km 20个断面	±15mm	±20mm	T 0911—2008
	中线偏位		每1km 20个断面	±20mm	±30mm	T 0911—2008
	横坡度		每1km 20个断面	±0.3%	±0.5%	T 0911—2008
	弯沉	回弹弯沉	全线每20m1点	符合设计对交工验收的要求	符合设计对交工验收的要求	T 0951—2008
		总弯沉	全线每5m1点	符合设计对交工验收的要求	—	T 0952—2008
	构造深度		每1km 5点	符合设计对交工验收的要求	—	T 0961/62/63—1995
	摩擦系数摆值		每1km 5点	符合设计对交工验收的要求	—	T 0964—2008
	横向力系数		全线连续	符合设计对交工验收的要求	—	T 0965—2008

注:1. 高速公路、一级公路面层除验收总厚度外,尚须验收上面层厚度,代表值的计算方法按 JTG F40—2004 附录 E 进行。

2. 压实度检测按附录 E 的规定执行,钻孔试件的数量按 JTG F40—2004 的 11.4.7 规定执行。括号中的数值是对 SMA 路面的要求,对马歇尔成型试件采用 50 次或者 35 次击实的混合料,压实度应适当提高要求。进行核子仪等无破损检测时,每 13 个测点的平均数作为一个测点进行评定是否符合要求。试验室密度是指与配合比设计相同方法成型的试件密度。以最大理论密度作标准密度时,对普通沥青混合料通过真空法实测确定,对改性沥青和 SMA 混合料,由每天的矿料级配和油石比计算得到。

评定一个路段厚度代表值的计算　　表 14-44

项　目	计 算 方 法
计算公式	对一个评定路段厚度代表值按下式计算： $h = h_0 - t_a \frac{S}{\sqrt{n}}$ 式中：h——一个评定路段的厚度代表值（%）； h_0——一个评定路段的平均厚度； $h_0 = \frac{h_1 + h_2 + \cdots + h_n}{n}$ n——该评定路段内各测定点的总数； S——一个评定路段的厚度测定值的标准差（%）； $S = \frac{\sqrt{(h_1 - h_0)^2 + (h_2 - h_0)^2 + \cdots + (h_n - h_0)^2}}{n-1}$ t_a——t分布表中随自由度和保证率而变化的系数； $t_a/\sqrt{n}$的值可按$t_a/\sqrt{n}$值表取用

项　目	测点数 n	高速公路、一级公路、城市快速路及主干道	其他等级公路及城市道路	测点数 n	高速公路、一级公路、城市快速路及主干道	其他等级公路及城市道路
$t_a/\sqrt{n}$值表	2	4.465	2.176	20	0.387	0.297
	3	1.686	1.089	21	0.376	0.289
	4	1.177	0.819	22	0.367	0.282
	5	0.953	0.686	23	0.358	0.275
	6	0.823	0.603	24	0.350	0.269
	7	0.734	0.544	25	0.342	0.264
	8	0.670	0.500	26	0.335	0.258
	9	0.620	0.466	27	0.328	0.253
	10	0.580	0.437	28	0.322	0.248
	11	0.546	0.414	29	0.316	0.244
	12	0.518	0.393	30	0.310	0.239
	13	0.494	0.376	40	0.266	0.206
	14	0.473	0.361	50	0.237	0.184
	15	0.455	0.347	60	0.216	0.167
	16	0.438	0.335	70	0.199	0.155
	17	0.423	0.324	80	0.186	0.145
	18	0.410	0.314	90	0.175	0.136
	19	0.398	0.305	100	0.166	0.129

注：本表适用于厚度等单边检验要求的情况。对高速公路、一级公路和城市快速路、主干路，保证率为95%；对其他等级公路及城市道路，保证率为90%。

(2)行人道路沥青面层工程质量标准

行人道路沥青面层工程质量标准 表14-45

检查项目		质量要求或容许偏差	检查频度	检查方法
厚度		±5mm	每100m 1点	T 0912—2008
平整度(最大间隙)	沥青混凝土	5mm	每200m 2点各连续10尺	T 0931—2008
	其他沥青面层	7mm		
宽度		-20mm	每100m 2点	T 0911—2008
横坡度		±0.3%	每100m 2点	T 0911—2008

(3)桥面沥青铺装工程质量标准

桥面沥青铺装工程质量标准 表14-46

检查项目		检查频度	容许偏差		检查方法
			高速公路、一级公路	其他等级公路	
厚度		每100m 2点	0~+5mm	—	T 0912—2008
平整度	标准差	连续测定	1.8mm	2.5mm	T 0932—2008
	最大间隙	连续测定	3mm	5mm	T 0931—2008
宽度		每100m 10点	0~+5mm		T 0911—2008
压实度		每100m 2点	马歇尔密度的97% 最大相对密度的93%		T 0924—2008
横坡		每100m 10点	±0.3%		T 0911—2008
其他		同公路沥青路面施工技术规范热拌沥青混合料的要求			

14.9 改性沥青路面

14.9.1 改性沥青路面的基本规定

改性沥青路面的基本规定 表14-47

项目		内容与说明
基本概念		改性沥青路面是指使用改性沥青铺筑的路面。 改性沥青是指基质沥青与一种(也可为数种)改性剂通过适宜的加工工艺形成的混合物。 通常使用改性沥青铺筑改性沥青路面,其目的主要在于: (1)提高沥青的热稳定性,以减轻高温时的塑性变形,防车辙; (2)提高沥青的抗裂性能,抗低温缩裂; (3)提高沥青的耐久性,抗疲劳,抗老化; (4)提高沥青与矿料的黏附性,以防止水分在其界面处浸入导致沥青剥落等。 总之沥青改性的目的在于提高沥青的路用性能
基本规定	基质沥青	基质沥青是指用于生产改性沥青,掺加改性剂,进行改性的基础沥青,即: 基质沥青+改性剂→改性沥青 基质沥青必须是符合规范要求的路用沥青
	改性剂	改性剂是指在沥青或沥青混合料中加入的天然或人工合成的有机或无机材料,可熔融或分散在沥青中,以改善或提高沥青的路用性能。改性剂剂量以内掺法计量为准。例如剂量5%是指改性剂5%,基质沥青95%,两者之和为100%

续上表

项　目		内容与说明
基本规定	改性沥青混合料	改性沥青混合料是由改性沥青与矿质集料和稳定添加剂(纤维—有机纤维素纤维或矿质玻璃纤维)组成。 根据各种不同的使用目的,改性沥青混合料应有适宜的矿料级配,可以采用密级配沥青混合料或SMA(沥青玛蹄脂碎石混合料)、OGFC(开级配沥青表层)等间断级配沥青混合料。 在进行改性沥青混合料配合比设计与施工时,宜通过改性沥青的黏度、温度关系,确定改性沥青混合料拌和与压实等的黏度、温度与施工操作条件
	改性沥青路面	改性沥青混合料路面工程正式开工前,必须铺筑100~200m试验路段,进行改性沥青混合料的试拌、试铺和试压试验,并据此制订正式的施工程序,以确保良好的施工质量和路面施工的顺利进行。 试验路应进行如下试验工作: (1)确定拌和温度、拌和时间,验证矿料级配和沥青用量; (2)确定摊铺温度、摊铺速度; (3)确定压实温度、压路机类型、压实工艺及压实遍数; (4)检测试验路施工质量,不符合要求时应找出原因,采取纠正措施,重新铺筑试验路,直到满足要求为止。 改性沥青混合料施工温度,根据改性剂的类型、改性沥青的黏稠情况以及黏度、温度关系,通常宜在《公路沥青路面施工技术规范》(JTG F40—2004)规定的普通沥青混合料施工温度的基础上提高10~20℃,特殊情况由试验另行确定。 当气温低于10℃,不得进行改性沥青混合料路面施工

14.9.2 改性沥青路面矿料的用料要求

改性沥青路面矿料的用料要求　表14-48

项　目	要求与说明
粗集料	《公路沥青路面施工技术规范》(JTG F40—2004)规定: (1)破碎砾石用于高速公路、一级公路时,应采用较大颗粒的砾石破碎; (2)酸性石料用于铺筑路面时,应按《公路工程沥青及沥青混合料试验规程》(JTG E20—2011)的方法检验其与改性沥青的黏附性,如果不符合要求则需采取必要的抗剥落措施(例如掺加占沥青质量4%左右的沥青抗剥落剂,以改善沥青和石料,特别是酸性石料的黏附性)。 一般认为橡胶类和热塑性橡胶类改性沥青与酸性石料的黏附性都很好,但树脂类改性沥青对某些酸性石料的黏附性的改善并不明显。因此,规定在采用酸性石料作改性沥青路面时要检验其黏附性
细集料	细集料应洁净、干燥、无风化、无有害杂质,由适当的颗粒组成,并与改性沥青有良好的黏附性,其粒径规格与质量要求应符合《公路沥青路面施工技术规范》(JTG F40—2004)的规定。此外,如有条件时增加对细集料棱角、坚固性、安定性、杂质、黏土含量、细长与扁平颗粒含量等的测定,制订相应的技术要求,这将更能保证细集料的质量。 天然砂与人工砂、石屑用于沥青混合料时,使用性能有很大差别。由于天然砂经过亿万年的风化、搬运,一般比较坚硬,尤其是海砂,大部分是石英颗粒,往往有较好的耐久性。但是天然砂与沥青的黏附性较差,且其颗粒形状基本上近于球形,故对于高温抗车辙性能极为不利。相反,石屑由于是破碎石料时的下脚料,基本上是石料中较为薄弱的部分首先变成石屑剥落下来,其扁平颗粒的含量特别大,且强度较差。所以,对于石屑应有限制地使用。但由于石屑是经破碎而获得的,使其表面特别粗糙,对马歇尔稳定度及车辙试验的动稳定度效果特别明显,所以当缺乏机制砂(人工砂)时,可考虑使用质量好的石屑代替天然砂使用。机制砂是细集料的首选材料,在欧洲采用SMA(沥青玛蹄脂碎石)路面面层时一般强调采用机制砂。例如德国规范规定:要求机制砂(人工砂)与天然砂的比例必须大于1:1,即机制砂必须多于天然砂。其原因是机制砂是采用坚硬岩石反复破碎制成,有良好的棱角性和嵌挤性能,对提高沥青混合料的高温稳定性有好处。有专家建议我国SMA路面细集料的质量技术要求,在要求的基础上再增加一项细集料的棱角性要求,即其棱角性不小于45%。

续上表

<table>
<tr><th>项　目</th><th>要求与说明</th></tr>
<tr><td>细集料</td><td>
棱角性是按照美国全国碎石协会《细集料棱角性试验方法》(AASHTO TP33)规定,通过2.36mm筛孔集料的未压实的空隙率。该棱角性试验方法是将干燥细集料试样通过一个标准漏斗,漏入一个经标定的圆筒,由圆筒体积 V、细集料质量 m、细集料的毛体积密 ρ 可以计算细集料的空隙率:
$$未压实细集料的空隙率 = \frac{(V - m/\rho)}{V} \times 100\%$$
此空隙率即作为棱角性指标。
美国在战略性公路研究计划(SHRP)研究过程中,也特别强调测定砂的棱角性指标的重要性,提出了标准试验方法 AASHTO TP33 细集料未压实空隙率试验方法(受颗粒形状、表面结构和级配的影响),测定棱角性的设备见下图。
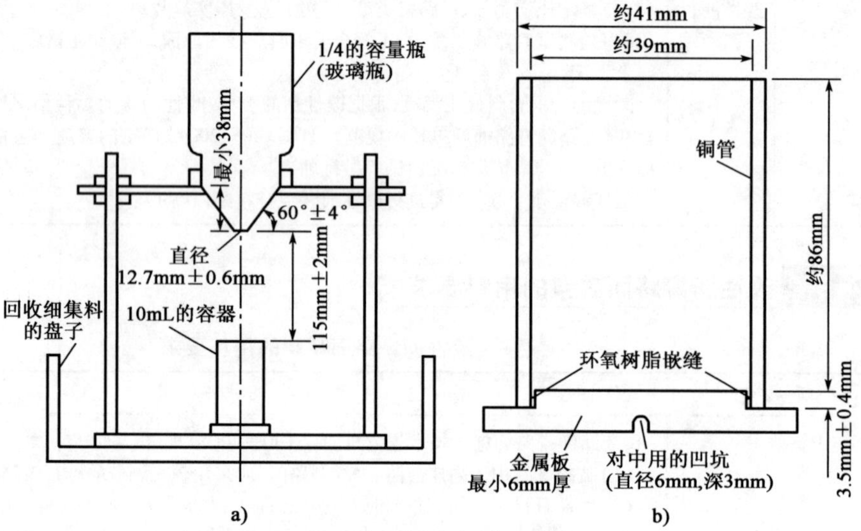

SHRP 测定细集料棱角性的设备图
</td></tr>
<tr><td>填料</td><td>
填料应洁净、干燥,其质量应符合《公路沥青路面施工技术规范》(JTG F40—2004)的规定。此外,还特别强调:
(1)改性沥青混合料的填料必须为石灰岩或岩浆岩中的强基性岩石等憎水性石料经磨细得到的矿粉,矿粉中不应含有泥土等杂质;
(2)采用水泥、消石灰粉作填料时,其用量不宜超过矿料总量的2%;
(3)采用沥青混合料拌和厂的回收粉尘作填料时,回收粉尘必须洁净、无杂质,塑性指数应小于4且其用量不得超过填料总量的50%。
少量使用消石灰粉、水泥对改善混合料的水稳定性有明显的好处,又能减缓沥青的老化,提高混合料的耐久性。但是,由于在使用消石灰粉、水泥后会与水分、空气发生反应,变成极性氧化物,进而形成水泥石和碳酸钙;掺入过多,会使沥青混合料变脆,所以要限制使用,规范规定其用量不宜超过矿料总量的2%。
在沥青混合料生产过程中将排出大量的粉尘,充分利用这些粉尘不仅有利于保护环境,而且有利于降低生产成本,但回收粉尘的质量往往难以达到规定要求。为此,规范对采用回收粉尘作为填料做了较严格的规定,要求必须有充分的试验依据方可使用
</td></tr>
</table>

14.9.3 基质沥青和改性剂的用料要求

(1)基质沥青和改性剂用料要求

改性沥青路面的基质沥青和改性剂用料要求　表 14-49

项目		要求与说明
基质沥青		基质沥青是指用于生产改性沥青,掺加改性剂进行改性的基础沥青。《公路沥青路面施工技术规范》(JTG F40—2004)规定,基质沥青应与改性剂有良好的配伍性;而对于高速公路、一级公路或某些特殊重要工程,如桥面铺装、停车场、运动场、城市快速路、主干路等,当采用改性沥青时,其基质沥青应采用符合 A 级或 B 级道路石油沥青的技术要求。选择基质沥青的标号,宜在根据当地气候条件、交通情况等选定的道路石油沥青标号的基础上,采用稠度相当或降低一个等级的沥青。亦即主要希望提高高温性能时,基质沥青宜为当地道路的使用标号;当主要希望提高低温性能时,宜为软一些的沥青
改性剂种类	热塑性橡胶类	热塑性橡胶类,亦称热塑性弹性体,其代表性品种和应用最广的品种是 SBS(苯乙烯—丁二烯～苯乙烯嵌段共聚物)。 SBS 的组成是苯乙烯和丁二烯各约一半,互不相容并保持微小尺寸分离。苯乙烯端块段使聚合物具有强度,并且若干分子结合成聚苯乙烯端块段“界域”,形成聚丁二烯三维似橡胶网络的物理交叉联结点;丁二烯中间块段使材料有特殊的弹性。在 100℃以下和无溶剂时,苯乙烯端块凝聚成分离的“界域”并提供三维似橡胶基体交叉联结(见右图)。添加溶剂或增高温度使“界域”变软和最终流动而容易加工。所以,这类聚合物为热塑橡胶,兼具橡胶和热塑性塑料技术特性。在常温下显示橡胶的高弹性,在高温下又能不需要硫化即可塑化成型的特殊橡胶,是继天然橡胶、合成橡胶之后的所谓第三代橡胶。 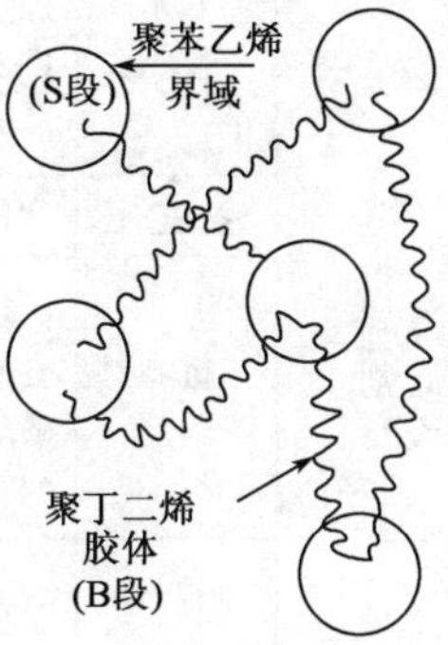 SBS 改性沥青具有良好的热稳定性和低温抗裂性,可增加沥青与石料的黏附性,尤其是具有良好的弹性(变形的自恢复性及裂缝的自愈性),已成为目前世界上应用最为广泛的改性剂。 热塑性橡胶类改性剂除 SBS 之外,还有 SIS(苯乙烯—异戊二烯—苯乙烯共聚物)、SEBS(苯乙烯—乙烯—丁二烯苯—乙烯共聚物)、聚酯弹性体、聚脲烷弹性体、聚乙烯丁基橡胶浆聚合物、聚烯烃弹性体等品种。聚合物改性沥青的技术要求主要推荐采用 SBS,其他热塑性橡胶类改性剂由于其试验研究资料、数据都不多,使用前要进行试验研究
改性剂种类	橡胶类	SBR(丁苯橡胶)是橡胶类改性剂中应用较为广泛的改性剂。此外,还有 CR(聚氯丁二烯)、NR(天然橡胶)以及再生橡胶、废旧橡胶轮胎粉、ABR(丙烯腈丁二烯聚合物)、IIR(异丁烯戊二烯共聚物)、BR(聚丁二烯)、IR(聚异戊二烯)、EPDM(乙烯丙烯共聚物)、SIR(苯乙烯异戊二烯共聚物)、SR(硅橡胶)、FR(氟橡胶)、环聚乙醇共聚物、聚丙烯酸酯等品种。 橡胶是具有高度伸缩性与极好弹性的高聚物。橡胶的拉伸强度为 5～40MPa,破坏时的伸长率可达 100%～800%;橡胶在 350%的范围内伸缩,回弹率能达到 85%以上,即永久变形在 15%以内。橡胶具有良好的耐温性,耐寒可低到－60～－80℃,耐热可高到 180～350℃。橡胶最宝贵的性能是在－50～130℃的广大温度范围内均能保持正常的弹性。显然,将橡胶加入沥青中,可以大大改善沥青材料对自然环境与温度的适应能力,提高其温度稳定性。所以,橡胶是最早用于沥青改性的聚合物之一。目前用于沥青改性的橡胶品种主要是合成橡胶,品种有 SBR(丁苯橡胶)、CR(氯丁橡胶)、EPDM(乙丙橡胶)等。废旧橡胶粉,我国近年来由于多种原因已较少使用,规范也未将其纳入

续上表

项目		要求与说明
改性剂种类	热塑性树脂类	热塑树脂类改性剂,国内外对 EVA(乙烯醋酸乙烯共聚物)和 PE(聚乙烯)的试验研究较多,其应用技术也比较成熟,是此类改性剂中应用较多的品种。1995 年,美国 ASTM 在制订热塑性树脂改性剂技术标准时,以 EVA 为代表品种,表明 EVA 更具有代表性。在我国,目前 EVA 和 PE 的使用都比较多。这类热塑性树脂的共同特点是加热后软化,冷却后固化变硬。热塑性树脂掺入沥青后,会使沥青结合料在常温下黏度增大,从而使高温稳定性增加,但不能使沥青混合料的弹性增加,而且加热以后容易离析。不过,这些局限性,在一定程度已被工程接受。例如,在 70 号沥青中掺加 5% EVA 的做法,在英国等地普遍得到应用。EVA 和 PE 是聚合物改性沥青技术要求的保留品种。 APP 价格低廉,用于改性沥青可显著提高沥青的软化点,但对石料的黏附性较差。热塑性树脂类改性剂,除以上的常用品种外,还有 PVC(聚氯乙烯)、PS(苯聚乙烯)、PP(聚丙烯)等品种。热塑性树脂在整个加工过程中不伴有化学反应,能反复使用
其他添加剂	基本概念	按通常说法,现在所指的道路改性沥青一般是指高分子聚合物改性沥青,亦即在基质沥青中掺加热塑性橡胶类、橡胶类、热塑性树脂类改性剂制备的改性沥青。这是一种狭义范围的说法。从广义范围来说,还可以采取更多的手段来达到此目的,采用其他的添加剂是其中的一种比较常见的办法。此外,如掺加湖沥青、岩石沥青、海底沥青等也属此范畴等
	抗氧剂	抗氧剂可用以防止、延缓氧化,提高沥青耐老化能力。常用的有:有机酸皂、酸型或酚型抗氧剂
	抗剥落剂	抗剥落剂可用以提高水损害能力,特别是酸性岩石与沥青的黏附性差,要采用抗剥落剂增强沥青的抗剥落性能。常用的有:传统的消石灰粉以及阴、阳离子或非离子型表面活性剂,如羧酸基、磺酸基、硫酸脂、酰胺、醚基、脂基等功能团,加入到沥青中可影响沥青分散结构,提高石料对沥青的黏附性,改善沥青的抗氧化能力
	矿物类填料	矿物类填料可使沥青物理改性,改善其物理—力学性能,常用的有:炭黑、硫黄、石棉和岩棉等

(2)改性剂的选择

改性剂的选择 表 14-50

项目	注意事项与说明
选择原则	(1)根据拟改善的路面性能,可对改性剂作如下初步选择: ①为提高抗永久变形能力,宜使用热塑性橡胶类或热塑性树脂类等改性剂。 ②为提高抗低温开裂能力,宜使用热塑性橡胶类或橡胶类改性剂。 ③为提高抗疲劳开裂能力,宜使用热塑性橡胶类、橡胶类或热塑性树脂类改性剂。 ④为提高抗水损害能力,宜使用各类抗剥落剂等外掺剂。 (2)应考虑改性剂处理与储存条件、生产与施工方法的难易程度、对基质沥青与集料的要求等。 (3)应考虑改性剂与基质沥青的相容性,在热储存或使用温度下的离析程度应符合本规范的规定。 (4)应考虑改性剂及其辅助材料、专用设备的价格,改性沥青混合料生产及其路面施工成本
适用的改性剂种类	(1)我国目前改性剂有如下种类: ①热塑性橡胶类,代表性品种有苯乙烯—丁二烯—苯乙烯嵌段共聚物(SBS)。 ②橡胶类,代表性品种有丁苯橡胶(SBR)及其乳液。 ③热塑性树脂类,代表性品种有乙烯—醋酸乙烯共聚物(EVA)、低密度聚乙烯(LDPE)、聚烯烃等。也可使用回收废旧塑料制造的再生聚乙烯产品。当使用废旧塑料薄膜作改性剂时,应经过清洗、干燥、切碎处理,并应特别注意不混入低密度聚乙烯以外的塑料制品,如聚氯乙烯薄膜等。 (2)根据需要,在改性沥青中还可加入稳定剂类、分散剂类等辅助外掺剂。各类改性剂及辅助外掺剂应符合有关行业标准的技术与质量要求。 (3)制备改性沥青可采用一种改性剂,根据需要也可同时采用几种不同的改性剂进行复合改性。 (4)应根据不同的基质沥青与使用要求确定适宜的改性剂剂量

(3)改性剂和成品改性沥青的存储要求

改性剂和成品改性沥青的存储要求　表14-51

项　目	内容与说明
说明书和质保单	改性剂和成品改性沥青应由生产者或供产商提供产品说明书，注明产品的名称、代号、标号和质量检验单，以及运输、储存条件、使用方法和涉及健康、环保、安全等有关资料
改性剂	改性剂应按产品所规定的条件储存在室内，保持干燥，注意通风及防火，并按进库顺序使用，不得超过保质期
乳胶	胶乳储存时应密闭存放，并注意防冻，其储存期以不破乳为度
成品改性沥青	成品改性沥青的储存应符合有关规定的要求，储存时间不得超过保质期。在使用前应取样融化检验是否有离析现象，确认无离析现象，且各项性能指标均符合规范要求时，方可使用。如经检验，确认已经发生离析的改性沥青，不得使用

14.9.4 改性沥青的制备

(1)改性沥青的制备

改性沥青的制备　表14-52

<table>
<tr><th colspan="2">项　目</th><th colspan="5">内容、要求、注意事项及说明</th></tr>
<tr><td colspan="2">一般规定</td><td colspan="5">(1)当确定采用改性沥青铺筑路面时，首先应根据工程所在地的气候、交通及其他特殊使用要求选定设计的改性沥青技术要求，然后选择适宜的基质沥青、改性剂类型，根据已有经验初步确定改性剂剂量，并制备改性沥青进行试验，再根据试验结果确定改性沥青的相应等级，如该相应等级改性沥青的技术指标符合设计要求，则接受选定的基质沥青、改性剂及其剂量。当此改性沥青技术指标不满足设计要求时，应重新选择基质沥青、改性剂类型或调整改性剂剂量，直到符合设计要求为止。
(2)制备改性沥青时，应采用适宜的生产条件和方法进行，通过试验确定合理的改性剂剂量和适宜的加工温度，制订详细的生产工艺和操作规程。改性剂在基质沥青中应分散均匀并达到一定的细度。
(3)在现场制造的改性沥青宜随配随用；需作短时间保存时，应保持适宜的温度，并进行不间断的搅拌或泵送循环，以保证改性沥青具有足够的稳定性和使用质量。
(4)工厂生产改性沥青作为成品出厂时，在使用改性剂的同时还必须使用合适的分散剂、稳定剂，以防止改性沥青在使用前发生分离</td></tr>
<tr><td colspan="2" rowspan="4">改性剂剂量
（参考）</td><td rowspan="2">项目</td><td colspan="3">改性剂剂量(%)</td><td>说明</td></tr>
<tr><td>SBS</td><td>SBR</td><td>PE、EVA</td><td rowspan="3">EVA在国内尚较少应用，一些研究者认为可略少于PE。
改性剂剂量以内掺法计量为准。例如剂量5%，是指改性剂5%，基质沥青95%，两者之和为100%</td></tr>
<tr><td>常用剂量</td><td>4~5</td><td>3~5</td><td>5~6(PE)</td></tr>
<tr><td>规范建议</td><td>3~6</td><td>2~5</td><td>4~6(PE)
3~5(EVA)</td></tr>
<tr><td>制备方法</td><td>搅拌法</td><td colspan="5">搅拌法是指用简单的搅拌机械生产改性沥青的方法。此方法是将改性剂直接掺入热沥青中，通过机械强力搅拌，使改性剂颗粒与沥青在高温下混合制备成具有所需改性剂含量的改性沥青。成品改性沥青可直接用于生产改性沥青混合料。SBS、PE、EVA以及天然沥青（湖沥青、岩石沥青、海底沥青）等均可通过此方法制备改性沥青。
对于橡胶类改性剂，在与沥青用机械拌和之前，可先利用开炼机对橡胶类改性剂进行塑炼，降低其分子量和黏流温度，使之与沥青的分子量尽可能接近，然后将已拉成片的橡胶类改性剂在切粒机上切粒，最后把经塑炼、切粒后的橡胶类改性剂放入搅拌机中与沥青进行混合搅拌，使橡胶与沥青能够较好地混溶。
搅拌法简单、易操作、成本低，但制备改性沥青一般需要较长的时间才能完成，操作不当，容易造成沥青和改性剂过热老化，且改性剂在沥青中分布也不容易均匀。
采用搅拌法生产改性沥青时的拌和时间、温度、搅拌速度等应通过试验研究确定</td></tr>
</table>

续上表

项目		内容、要求、注意事项及说明
制备方法	混溶法	当采用一般的机械搅拌法不能生产出混合均匀的改性沥青,或机械搅拌所需时间过长时,宜采用本方法。对于目前工程上使用较多的SBS等热塑性橡胶类和EVA、PE等热塑性树脂类改性剂,由于其与沥青相容性较差,仅仅采用简单的机械搅拌,势必需要较长的时间,且效果不好,故在我国长期以来始终停留在试验阶段。对于这些改性剂,宜使用胶体磨或高速剪设备等专用机械的研磨和剪切力,强制地将改性剂打碎,使改性剂充分分散到基质沥青中。这种生产改性沥青的方式是目前国际上最先进的方法。 目前PE等热塑性树脂类改性剂和SBS等热塑性橡胶类改性剂,采用胶体磨进行改性沥青的生产被认为是一种先进的,值得推广的方法。改性剂和基质沥青在反复通过胶体磨的微小间隙时混溶,可以获得均质的改性沥青,目前国内已有移动式生产设备,适合于现场使用。 采用混溶法生产改性沥青的混溶时间、温度、遍数等参数应根据不同基质沥青、改性剂及设备能力来设定,生产前应制订详细的生产工艺、操作步骤及产品质量控制与检验方法。 改性沥青宜在施工现场随产随用;需要短时间储存时,应转入储存罐并进行不间断搅拌或泵送循环,在储存期间改性沥青不得降低使用效果
	胶乳法	目前国内外用于道路改性沥青路面的胶乳以丁苯橡胶(SBR)为主。SBR胶乳产品为白色乳状。一般来说,胶乳在0~30℃温度条件下,存放期为半年,但须注意在存放期间,胶乳不应产生离析、硬化。 SBR胶乳用于沥青改性可以有两种方法: (1)根据要求的SBR胶乳总固物的含量,按比例缓慢地向热沥青中加入SBR胶乳,掺加SBR胶乳的速度以不产生"溢锅"现象为宜;SBR胶乳加完后,应继续保温搅拌。这种方法是预先将胶乳与基质沥青混合制备成改性沥青,然后再生产改性沥青混合料,因此可称为"预混法"。 (2)在拌和机热拌沥青混合料时,通过管道把基质沥青与SBR胶乳同时直接喷洒在热集料中,再拌和均匀。这是直接用胶乳生产改性沥青混合料的一种生产方法,因此也可称为"直混法"。采用直混法生产改性沥青混合料时,应根据拌和机的生产能力确定相应的SBR胶乳供给系统的泵送能力,输送泵应保持适当的工作压力。 对于上述两种方法,国内外的实践表明,在早期大都采用直接加入法,但随后越来越多地转变为预混法。 日本自1990年起,预混法的用量开始超过直混法。预混法改性沥青效果有明显改善。 胶乳应按照产品生产厂或销售商的要求妥善运输、装卸与存放,严禁长时间暴晒或冷冻,存放时间不得超过保质期;胶乳在使用前应取样进行质量检验。 使用前应按有关规定检测胶乳中改性剂固体物的含量,胶乳中改性剂固体物的含量不宜小于45%
	母体法	母体法是指先用一种适宜的加工工艺和方法制备高改性剂含量的改性沥青母体,然后再通过这种母体掺配成要求改性剂含量的改性沥青的方法,所以也称为二次掺配法。 生产沥青母体可以有两种方法: (1)溶剂法。采用溶剂法制备丁苯橡胶(SBR)改性沥青母体时,首先将SBR橡胶切成薄片,然后采用溶剂溶解,再与沥青混合,通过回收溶剂后制备成高含胶量的橡胶沥青母体。 (2)混炼法。混炼法是橡胶类产品加工与生产的传统方法,也可用于改性沥青母体的生产,一般需要进行多次混炼才能达到要求 溶剂法制备改性沥青与传统的混炼法相比,优点是聚合物改性剂的粒度更细,分散更均匀;缺点是溶剂的回收工艺比较复杂,且存在生产的安全问题。溶剂法和混炼法也可采用与生产改性沥青母体一样的过程,直接用于生产要求改性剂含量的改性沥青。或者采用溶剂法先制成高改性剂含量的胶浆母液,然后把胶浆母液按比例掺入热沥青中,经搅拌制取改性沥青,该方法也称为"母液法";在制备母液时还可加入适当的交联剂。 改性沥青母体与基质沥青掺配制备改性沥青时,改性沥青母体的掺加量,应根据改性沥青要求的改性剂含量,按比例与基质沥青混合。用SBR改性沥青母体配制改性沥青时,SBR改性沥青母体应切割成小块,其质量越小则需要的搅拌时间越少。具体质量大小应根据实际情况确定,一般宜小于1kg。将SBR改性沥青母体按要求比例计量后投入已加热到要求温度的基质沥青中,开动机械搅拌器或循环泵,进行充分搅拌或循环泵送至均匀为止,宜随配随用,需要短时间储存时,应保持不间断地搅拌或泵送循环

(2)聚合物改性沥青的技术要求

聚合物改性沥青的技术要求

表 14-53

指标		单位	SBS 类(I 类)				SBR 类(II)类			EVA、PE 类(III 类)				试验方法
			I-A	I-B	I-C	I-D	II-A	II-B	II-C	III-A	III-B	III-C	III-D	
针入度(25℃,100g,5s)		0.1mm	>100	80~100	60~80	30~60	>100	80~100	60~80	>80	60~80	40~60	30~40	T 0604—2011
针入度指数 PI	最小		−1.2	−0.8	−0.4	0	−1.0	−0.8	−0.6	−1.0	−0.8	−0.6	−0.4	T 0604—2011
延度(5℃,5cm/min)	最小	cm	50	40	30	20	60	50	40	—				T 0605—2011
软化点 $T_{R\&B}$	最小	℃	45	50	55	60	45	48	50	48	52	56	60	T 0606—2011
运动黏度①135℃	最小	Pa·s	3											T 0625—2011 T 0619—2011
闪点	最小	℃	230											T 0611—2011
溶解度	最小	%	99							—				T 0607—2011
弹性恢复 25℃	最小	%	55	60	65	75	—							T 0662—2000
黏韧性	最小	N·m	—				5			—				T 0624—2011
韧性	最小	N·m	—				2.5			—				T 0624—2011
储存稳定性离析②48h 软化点差	最大	℃	2.5				—			无改性剂明显析出、凝聚				T 0661—2011
TFOT(或 RTFOT)后残留物														
质量变化≤		%	±1.0											T 0610—2011 或 T 0609—2011
针入度比(25℃)≥		%	50	55	60	65	50	55	60	50	55	58	60	T 0604—2011
延度(5℃)≥		cm	30	25	20	15	30	20	10	—				T 0605—2011

注:①表中 135 运动黏度可采用《公路工程沥青及沥青混合料试验规程》(JTG E20—2011)中的“沥青布氏旋转黏度试验方法(布洛克菲尔德黏度计法)”进行测定。若在不改变改性沥青物理力学性质并符合安全条件的温度下易于泵送和拌和,或经证明适当提高泵送和拌合温度时能保证改性沥青的质量,容易施工,可不要求测定。

②储存稳定性指标适用于工厂生产的成品改性沥青。现场制作的改性沥青对储存稳定性指标可不作要求,但必须在制作后,保持不间断搅拌或泵送循环,保证使用前没有明显的离析。

14.10　OGFC 路　面

14.10.1 开级配沥青路面施工对机械的要求

开级配沥青路面施工对机械的要求　　表 14-54

<table>
<tr><th>项　　目</th><th colspan="3">内容、要求、注意事项及说明</th></tr>
<tr><td>拌和设备</td><td colspan="3">选择合适的拌和设备对开级配沥青混合料的制备至关重要,具体要求如下:
(1)拌和速度和拌和量应与摊铺和压实机械相适应。
(2)热料仓和冷料仓进料要相匹配,防止待料,尽量减少溢料。
(3)拌和楼应具有先进的计量、控温、计时设备,可以对混合料进行精确的配合比拌和。
(4)储存仓要有自动保温设备,设置恒温保温,尽量减少拌制好的混合料温度损失</td></tr>
<tr><td>摊铺设备</td><td colspan="3">沥青路面摊铺机是影响沥青铺筑质量的关键机械。开级配沥青路面的施工要选择功能全、性能好、精度高的摊铺机,一般需符合以下要求:
(1)具有自动或半自动方式调节厚度的设置。
(2)具有自动或半自动方式找平的挂线装置及雪橇装置。
(3)具有可加热的振动熨平板或振动夯等初步压实装置。
(4)摊铺机宽度可以调整。
(5)具有足够容量的受料斗,使其在运料车换车时能连续摊铺,并有足够的功率推动运料车辆。
(6)具有可将混合料横向铺开的自动和手动的螺旋输送器</td></tr>
<tr><td>压实机械</td><td colspan="3">压实的效果极大地影响着沥青路面的强度、稳定性、耐久性、平整度和其他外观品质。
压实机械的选型在已知摊铺机的生产率、混合料特性、摊铺厚度、摊铺层位、气候特点后基本确定。开级配沥青混合料空隙很多,粗集料含量较多而细集料含量较少,混合料主要靠粗集料相互嵌挤形成强度。振动压路机由于振动产生的冲击力,会使单位线压力大大提高,造成混合料中的粗集料破碎,从而使细集料增多,空隙率下降,因此这种路面不宜采用振动压路机压实</td></tr>
<tr><td rowspan="5">压实机械</td><td colspan="3">另外,开级配沥青混合料拌和、摊铺、压实温度较高,混合料孔隙率较大,因此温度散失快。如采用轮胎式压路机易出现轮胎痕迹,这种痕迹难以被后续的碾压作业消除;温度较高,还易于出现黏轮现象。因此,这种路面压实时也不适宜采用轮胎压路机。
比较室内马歇尔击实功的大小,开级配沥青混合料压实宜采用压实功较小的机械——小于 12t 的压实机。根据施工机械现状、气候温度条件、运料车的供料速度及摊铺机的摊铺速度,碾压机械选型及数量配备见下表。
开级配沥青路面碾压机械选型及数量配备</td></tr>
<tr><td>碾压流程</td><td>沥青混合料上面层</td><td>数量配备(台)</td></tr>
<tr><td>初压</td><td>110 型双钢轮静压路机</td><td>1</td></tr>
<tr><td>复压</td><td>130 型双钢轮静压路机</td><td>2</td></tr>
<tr><td>终压</td><td>110 型双钢轮静压路机</td><td>1</td></tr>
<tr><td>乳化沥青洒布车</td><td colspan="3">进行乳化沥青下封层(防水层)施工时,应采用专用洒布车洒布。乳化沥青要按设计量均匀洒布,并控制油温</td></tr>
</table>

14.10.2 施工温度控制

施 工 温 度 控 制　　表 14-55

项　　目	内容、要求、注意事项及说明
总体要求	开级配沥青混合料的温度控制是施工中的关键和难点。开级配沥青混合料使用的粗集料较大,拌和温度较难控制,施工时应对喷油器的燃料供给严加控制,一般情况下不提倡采取提高细集料供给量使细集料产生溢仓的方法控制加热温度。集料的温度检验应分为加热仓出口集料温度检验和混合料出厂温度检验

续上表

项　　目	内容、要求、注意事项及说明
温度控制	一般情况下，开级配沥青混合料在普通沥青混合料施工的温度基础上提高 10～20℃。具体地讲，开级配沥青混合料在施工中各阶段的温度控制如下： (1)改性沥青加热温度 160～165℃； (2)集料加热温度 190～200℃； (3)混合料出厂温度 175～185℃； (4)混合料最高温度(废弃温度)不高于 195℃； (5)混合料储存运输温度损失不超过 10℃； (6)摊铺温度不低于 160℃； (7)初压温度不低于 150℃； (8)复压温度不低于 130℃； (9)碾压终了温度不低于 100℃； (10)开放交通温度不高于 50℃

14.10.3 混合料的拌制

混 合 料 的 拌 制　　表 14-56

项　　目	内容、要求、注意事项及说明
拌制要求	拌制开级配沥青混合料和普通沥青混合料大致相同，但在生产中必须注意以下两个问题： (1)沥青混合料应在最适当的“温度管理”和“品质管理”之下进行。具体地讲，由于开级配沥青混合料空隙率较大，且使用了黏度较大的改性沥青，因此必须提高混合料拌和度，确保出厂温度在 175～185℃之间；同时混合料中粗集料用量很多，易产生沥青的析漏和粗细集料颗粒的离析，因此，此种混合料的质量管理尤为重要。要解决这一问题，宜随拌随用。如因生产或其他原因需要短时间储存时，储存时间不宜超过 24h，储存期间温降不应超过 10℃。 (2)纤维稳定剂的添加。开级配沥青混合料在生产过程中要添加纤维稳定剂，添加方法分为人工和自动两种形式。添加时根据所使用的拌和机每盘生产能力，计算出每盘所需用量，预先将纤维稳定剂装在小盒中，通过拌和楼上方口加入。加料要迅速，添加时间应控制在称量过得加热集料放入拌和缸的期间，先将集料与纤维干拌，干拌时间根据试验室结果和试拌情况确定。对于 VIATOP80 添加剂，其干拌时间较普通沥青混合料延长 20～30s。因此，与生产密集配沥青混合料相比，生产开级配沥青混合料的沥青拌和设备的生产能力会降低 40%左右

14.10.4 运输与摊铺

运 输 与 摊 铺　　表 14-57

项　　目	内容、要求、注意事项及说明
运输的要求	开级配沥青混合料空隙率较大，因此混合料的温度下降速度比普通沥青混合料快，故在运输过程中应注意以下几点： (1)开级配沥青混合料应采用自卸车辆运输，车辆应清洁，防止混合料发生变化。车辆的数量应与摊铺机的数量、摊铺能力、运输距离相适应，在摊铺机前应形成一个不间断的供料车流。 (2)为便于卸料，沥青混合料运输车的车厢底板和侧板应抹一层隔离剂，并排除可见游离余液。使用油水混合液作隔离剂时，应严格控制油与水的比例，严禁使用纯石油制品。由于隔离剂对沥青可能有稀释作用，应控制使用量。 (3)运料车装料时，应通过前后移动运料车来消除粗细料的离析现象。一车料最少应分 3 次装载；对于大型运料车，可分多次装载。 (4)开级配沥青混合料应采用双重保温布进行覆盖，以防温度下降。当在外界气温较低或风力较大的情况下运输时，应加盖多层保温布。当气温低于 10℃或大风导致混合料降温过快时均不应施工。 (5)为了保证均匀、连续摊铺，在摊铺机前应至少保证有 3 辆以上的运料车等候卸料。卸料时，在距摊铺机前 20～30cm 处空挡停车，不得碰撞摊铺机。摊铺中由摊铺机顶推车辆同步前进

续上表

项　　目	内容、要求、注意事项及说明
摊铺的要求	开级配沥青混合料的摊铺与普通混合料一样,但应注意以下几点: (1)摊铺温度对于开级配沥青混合料的摊铺质量至关重要。为防止降温速度过快而造成压实困难,开级配沥青混合料的摊铺温度应较普通沥青混合料高。而且,在摊铺前,摊铺机熨平板必须先预热40min,使熨平板温度达到100℃以上。 (2)摊铺机的作业选择应考虑工期要求、质量要求及拌和机生产能力、压路机生产能力、气候特点、混合料类型等诸多因素,将摊铺速度控制在2~3m/min。 (3)混合料应在路拱一侧全宽度摊铺,且在纵横施工缝接头处不可有多余的沥青或其他结合料,以免阻碍面层内部的排水。 (4)由于开级配沥青混合料粗集料多,应调整好振捣和振动级数,以确保足够的初始密实度和振不碎集料。一般调整摊铺机振捣和振动级数为5级。 (5)若采用两台摊铺机梯队联合摊铺,靠边缘的摊铺机走在前面,采用超声波非接触式平衡梁找平,另一台摊铺机紧跟后,相隔3~5m,纵缝重叠10cm左右,内侧采用纵坡仪在已铺面上行走

14.10.5 混合料的碾压

混 合 料 的 碾 压　　表14-58

项　　目	内容、要求、注意事项及说明
碾压温度的确定	1. 初压温度的确定 沥青的黏度随温度的变化而升高或降低,不同种类沥青的黏度受温度的影响也不同。初压时,应避免温度过高或过低。当初压温度过高时,沥青的黏度较低,混合料易错位或活动,摊移现象严重,且容易出现裂纹;而当初压温度过低时,沥青黏度增高,则难以压实,如果过度碾压,会出现开裂破坏现象。因此,实际工作中应根据沥青的性能,采用赛波特黏度进行黏度试验,求出黏度—温度关系曲线,结合施工现场的气温、地温、风力等因素,一般当施工气温为20℃时,初压温度为145~150℃。 2. 复压温度的确定 开级配沥青路面的降温速度较普通沥青路面快很多,因此,施工时,复压应紧随初压工序进行,压实路段不宜过长,以保证复压的温度。根据实际情况以及取芯后压实度的数据,复压的温度应控制在135~150℃之间。 3. 终压温度的确定 根据施工现场的气温、压实路段的长度以及消除轮迹的情况,确定开级配沥青路面的终压温度,应控制在90℃以上
压路机行驶速度	压路机的行驶速度应根据摊铺机的摊铺速度和混合料压实控制温度来确定,同时,对于初压、复压和终压,压实速度应有所不同。根据现场压实情况观测以及取芯结果,所采用的压实速度见下表。 压路机碾压速度(km/h) <table><tr><th>碾压流程</th><th>压路机型号</th><th>压路机行车速度(km/h)</th><th>碾压遍数(遍)</th></tr><tr><td>初压</td><td>110型双钢轮静压路机</td><td>2~3</td><td>2~3</td></tr><tr><td>复压</td><td>130型双钢轮静压路机</td><td>2.5~3.5</td><td>4~6</td></tr><tr><td>终压</td><td>110型双钢轮静压路机</td><td>2~3</td><td>2~3</td></tr></table> 通常,在工程开始时难以确定压实遍数,而在压路机类型、压实速度、混合料的有效压实时间、气候、混合料类型等要素确定后,才可通过试验段确定压实遍数。对于开级配路面还应根据试验室的实际情况最终确定压实遍数

续上表

项　　目	内容、要求、注意事项及说明
压实技术	除了碾压温度、速度和遍数等特殊因素外，开级配沥青路面的碾压工艺与普遍沥青路面的压实工艺基本相同，但开级配沥青路面的碾压工艺与普遍沥青路面的压实工艺基本相同，但开级配沥青路面的碾压应遵循"紧跟、少水、均速、慢压"的原则。 (1)初压必须紧跟摊铺机，尽快完成，要求初压必须有2台双钢轮压路机(10～12t)。 (2)上面层压实时压路机应尽量少喷水，喷水时应呈雾状。为了防止黏轮现象，也可用喷雾器将水、稀释液等薄薄地喷洒在碾压轮上。 (3)上面层当采用分段碾压时，分段不应明显，压路机每次往返时，不能停在同一断面附近。 (4)在有超高的路段施工时，应先从低的一边开始，逐步向高的一边碾压

14.10.6 接缝处理技术

接缝处理技术　　表14-59

<table>
<tr><th colspan="2">项　　目</th><th>内容、要求、注意事项及说明</th></tr>
<tr><td colspan="2">接缝的一般原则</td><td>接缝处理是开级配沥青面层施工工序中的重要一环，包括纵向接缝和横向接缝。接缝处理不好，易在接缝处产生凹凸，致使平整度不良，造成接缝跳车；或由于接缝处压实度不够和结合强度不足而产生裂纹。接缝的一般原则：
(1)施工中应尽量减少接缝。如无特殊情况，每天的施工不得间断，两台摊铺机在不影响作业的情况下尽量缩短距离，摊铺机相距宜为15～30m。纵缝应在较高温度下碾压结合密实。
(2)在接缝处施工时，应对接缝清扫后进行加温处理，加热温度应达到100℃左右后才可摊铺排水性混合料。应对混合料及时压实，使之相互密接。
(3)按照接缝的方向接缝有横向接缝和纵向接缝两种。施工中，横、纵接缝都应采用热接缝的方法</td></tr>
<tr><td rowspan="3">横向接缝基本要求</td><td>接缝位置</td><td>在施工结束时，摊铺机在接近端部约1m处将熨平板稍微抬起驶离现场，用人工将端部混合料铲齐后再碾压。然后用3m直尺检查平整度，并找出表面纵坡或铺层厚度开始发生变化的横断面(至少离摊铺沥青混合料尾部约1m处)，趁尚未冷透时用切割机将此断面切割成垂直面，并将切缝靠端部一侧已铺的不符合厚度平整度要求的尾部沥青混合料全部铲除，与下次摊铺时成平缝连接。
为便于铲除混合料，在摊铺临近结束时，可事先在预定摊铺段端约1m长的摊铺宽度范围内铺一层牛皮纸、麻袋，再摊铺沥青混合料；或在摊铺前泼洒足量的水，以破坏其与基层的黏结，同时在刚铺好未压实的混合料上泼浇足够的水，使其冷却，破坏其整体黏结。然后再碾压密实，待混合料稍冷却后，确定切割位置。切割后将尾部混合料铲除，铲除后需立即对切割面清洗，在下段继续摊铺前，要在完全干燥的切割面上涂刷黏层沥青，以增加接缝处新旧铺筑层间的黏结。
相邻两幅和上下两层的横向接缝均应错位1m以上</td></tr>
<tr><td>接缝方式</td><td>为保证接缝的压实度、平整度，使外表美观，建议面层均采用垂直的平接缝</td></tr>
<tr><td>施工方法</td><td>1. 摊铺
摊铺机起步前应在凉的接缝上预热30min以上，并用温度最高的一车料开始摊铺，这样有利于提高接缝温度，也有利于整平压密接缝处混合料。摊铺时一定要严格控制好松铺系数，不得摊铺过厚。新铺面与已铺的冷料面重叠5cm左右，碾压前用耙子或扣锹剔除重叠部分粗料，搂回细料，整平接缝并对齐。
2. 碾压
《公路沥青路面施工技术规范》(JTG F40—2004)要求跨缝碾压。压路机大部分钢轮应在冷料上，新铺面第一次压15～20cm，以后逐渐压向新路面。振动复压一遍后，用3～6cm直尺检查，一般情况下，接缝处仍会高一点，然后重点对这个部位再进行横向碾压，一定要控制不能振低，同时继续进行纵向碾压的剩余工作。当终压完成后，再次检查，有不合格部位(超过2mm的部位)可用重型压路机找平</td></tr>
</table>

续上表

项目		内容、要求、注意事项及说明
横向接缝基本要求	施工方法	还有一种斜角碾压方法,经施工实践证明也能满足要求,达到理想效果。其具体做法是:将压路机(振动型最好)置于冷料面接缝中央,分两个方向与接缝呈45°角逐渐向两侧平行碾压,见下图,使过量的混合料从未压实的料向两侧推挤,然后再纵向碾压。在碾压过程中,要检查平整度、接缝外观,低凹、离析处可用细料弥补、修饰,以达平整度密实效果。 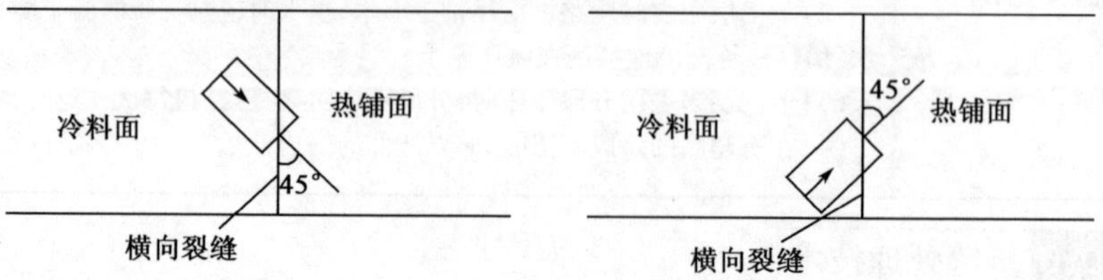 a) b) 压路机与接缝呈45°角向两个方向碾压的示意图 当纵向相邻摊铺层已成型,同时又有纵向接缝时,应先进行纵缝的施工处理,然后再处理横向工作缝,做横向碾压。斜角碾压方法则是与横向接缝呈45°向单侧(路面外侧)逐渐平行碾压,见下图,最后进行正常的纵向碾压。 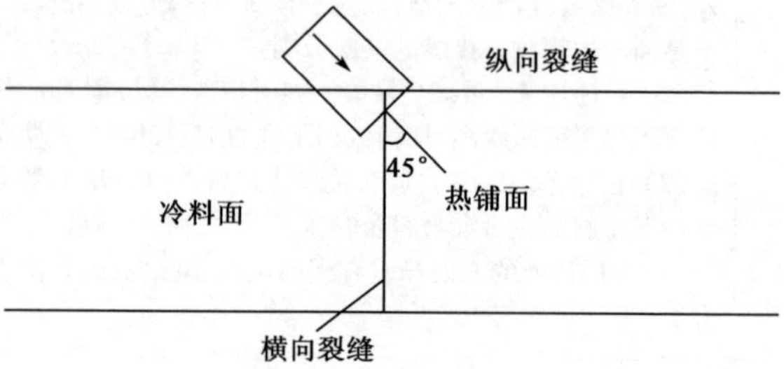 压路机与接缝呈45°角单向碾压的示意图
纵向接缝基本要求		纵向接缝有热接缝和冷接缝两种,开级配沥青路面通常采用热接缝。热接缝,即使用两台以上摊铺机成梯队同步摊铺沥青混合料,此时两条相邻摊铺带的混合料都处于压实前的热状态,所以纵向接缝易于处理,且连接强度好。热接缝施工应注意以下几点: (1)两台摊铺机的结构参数和运行参数应调整相等(最好选择同品牌、同型号、同性能的摊铺机)。 (2)相邻两幅的摊铺应有5~10cm宽度的摊铺重叠。 (3)相邻两台摊铺机同时摊铺时,应采用梯形作业,上图中压路机与接缝呈45℃角单向碾压的示意前后距离宜为5~10cm,否则会造成前面摊铺的混合料冷却,不能保证沥青混合料在高温状态下相接。 (4)后一台摊铺机靠接缝一侧宜拖一热熨斗,后者跨接缝行走,熨平接缝。 (5)上下层的纵向接缝应错开15cm以上,表面层的纵缝应顺直,且宜设在路面标线处

14.10.7 开放交通及其他

开放交通及其他　　表14-60

项目	内容、要求、注意事项及说明
开放交通要求	OGFC路面施工结束后,应在路表温度下降到50℃以下,方可开放交通。如急需开放交通时,应洒水冷却。当发现某些改性沥青OGFC沥青面层在开放交通后有发软的迹象,或大吨位运料车转弯时出现掉粒、轮印等情况时,应加强早期交通的控制。 铺筑好的沥青层应严格控制交通,保持整洁,不得造成污染,严禁在沥青层上堆放施工产生的土或杂物,严禁在已铺沥青层上拌制水泥砂浆

14.11 SMA 路面

14.11.1 施工准备工作

施 工 准 备 工 作 表 14-61

项 目		内容、要求、注意事项及说明
基本性质和规定		SMA 路面在国内外重交通道路中得到迅速发展，其原因除了这种路面在抵抗高温车辙、疲劳开裂、低温开裂的能力、抗水损害、抗滑以及耐久性等方面，具有比传统密级配沥青混凝土无可比拟的优越性以外，在施工方面无需特殊机械设备，混合料生产装置、运料车辆和摊铺机均与传统密级配沥青混合料几乎完全相同，所用压实机具均相同。施工的方便也是促进其发展的重要原因之一，但 SMA 混合料的施工特性与施工工艺，具有自身的显著特点。 施工前一定要做好原材料与施工机具的准备工作，原材料与施工机具必须满足设计与施工的要求
材料	粗集料	SMA 混合料一般由 2 ~4 种料堆（组分）集料混合而成。为了形成粗集料的骨架结构，粗集料含量一般达 70% ~80%，针片状颗粒含量应不大于 10%。可见，粗集料的级配对生产的混合料质量具有重大的影响。因此，要重视各集料堆集料规格（粒径、形状、棱角性）的一致性，超尺寸与欠尺寸的集料数量应控制在规范规定范围内。各级料堆集料必须分别堆放，不得相混，且应堆放在硬质地面（用水泥加固的地面）上。堆放场地应有一定坡度，以便排水，不得堆放在低洼积水处。其质量应符合下表。

SMA 表面层用粗集料质量技术要求

指标		单位	技术要求	试验方法
石料压碎值	≤	%	25	T 0316—2005
洛杉矶磨耗损失	≤	%	28	T 0317—2005
视密度	≥	t/m^3	2.60	T 0304—2005
吸水率	≤	%	2.0	T 0304—2005
与沥青的黏附性	≥	级	4	T 0616—1993
坚固性	≤	%	12	T 0314—2000
针片状颗粒含量	≤	%	15	T 0312—2005
水洗法 <0.075mm 颗粒含量	≤	%	1	T 0310—2005
软石含量	≤	%	1	T 0320—2000
石料磨光值	≥	BPN	42	T 0321—2005
具有一定数量破碎面颗粒的含量≥ 具有 1 个破裂面的颗粒 具有 2 个或 2 个以上破裂面的颗粒		%	100 90	T 0346—2000

材料	粗集料	用于 SMA 的粗集料在细破作业时不得采用颚式破碎机。当采用酸性石料作粗集料，沥青与石料的黏附性和沥青混合料的稳定性不符合要求时，应采用改性沥青、掺加适量消石灰粉或水泥等措施。如使用抗剥落剂时，必须确认抗剥落剂具有长期的抗水损害效果。 细集料一般要求采用机制砂，也可部分采用洁净的硬质天然砂。而石屑为筛余下脚料，粉料与针片状颗粒很多，质量较差，尽量少用。必须使用时，应将小于 0.075mm 的部分控制在 5% 以下。细集料，尤其是石屑料堆必须搭棚覆盖，以免受潮后冷料料斗送料发生困难。其质量应符合下表

续上表

项	目	内容、要求、注意事项及说明

材料 — 细集料

SMA 面层用细集料质量技术要求

指标	单位	技术要求	试验方法
视密度 ≥	t/m^3	2.50	T 0329
坚固性 ≤	%	12	T 0340
砂当量 ≥	%	55	T 0334
塑性指数	%	无	T 0118 或 0119(土工试验)
粗糙度	s	实测	T 0345

材料 — 填料

填料必须采用由石灰石等碱性岩石磨细的矿粉。矿粉必须保持干燥,能从石粉仓自由流出,其质量应符合上表"SMA 表面层用粗集料质量技术要求"。为改善沥青混合料与集料的黏附性,使用消石灰和水泥时,其用量不宜超过总质量的2%。粉煤灰不得作为SMA 的填料使用。SMA 使用除尘装置回收的粉尘时,回收粉用量不得大于矿粉总量25%,混用回收粉后的0.075mm 通过部分的塑性指数不得大于4。填料质量应符合表下表

SMA 面层用填料质量技术要求

指标	单位	技术要求	试验方法
视密度 ≥	t/m^3	2.50	T 0352—2000
含水率 ≤	%	1	烘干法
粒料范围 <0.6mm	%	100	T 0351—2000
<0.15mm		90 ~ 100	
<0.075mm		75 ~ 100	
外观	%	无团粒,不结块	—
亲水系数 ≤	—	1	T 0350—2005

材料 — 沥青结合料

SMA 生产中沥青结合料的加热和储存方法与常规沥青混合料的情况相类似。当使用改性沥青时,通常储存温度应比纯沥青稍有提高。由于改性沥青高温储存时间较长,不仅聚合物可能发生离析,而且还可能引起聚合物的降解,都将对改性沥青的性能造成损害。因此,承包商在循环和储存改性沥青方面,应遵从制造商的建议。沥青结合料加入混合料时必须精确进行计量。

各类改性沥青改性剂的合理剂量,除特殊情况外,宜在下列范围内选择:

(1)对 SBS 及 SBR 类改性沥青,按内掺法计算的改性剂剂量宜为 3.5% ~5%,对 EVA 或 PE 类改性沥青,剂量宜为 4% ~6%。

(2)当采用其他材料作为改性剂或采用几种改性剂混合使用时,应经过试验论证后使用。采用湖沥青、岩沥青等天然沥青作改性沥青时,天然沥青的质量参照相关国家标准执行,天然沥青与石油沥青的混合比例通过试验确定

材料 — 纤维稳定剂

用于 SMA 的纤维稳定剂包括木质素纤维、矿物纤维、聚合物化学纤维等,以改善沥青混合料性能,吸附沥青,减少析漏。木质素纤维质量应符合下表的技术要求。其他纤维品种的质量可参照国内外相关的技术要求执行,其长度也不宜大于6mm

续上表

<table>
<tr><td colspan="2">项　目</td><td colspan="3">内容、要求、注意事项及说明</td></tr>
<tr><td rowspan="8">材料</td><td rowspan="8">纤维稳定剂</td><td colspan="3">木质素纤维质量技术要求</td></tr>
<tr><td>试验项目</td><td>指标</td><td>试验方法</td></tr>
<tr><td>纤维长度</td><td><6mm</td><td>水溶液用显微镜观测</td></tr>
<tr><td>灰分含量</td><td>18% ±5%，无挥发物</td><td>高温590～650℃燃烧后，测定残留物</td></tr>
<tr><td>pH值</td><td>7.5±1.0</td><td>水溶液用pH试纸或pH计测定</td></tr>
<tr><td>吸油率</td><td>不小于纤维质量的5倍</td><td>用没有浸泡后，放在筛上，经振敲后称量</td></tr>
<tr><td>含水率</td><td><5%（以质量计）</td><td>105℃烘箱烘2h后，冷却称量</td></tr>
<tr><td colspan="3">纤维稳定剂的掺加比例，以沥青混合料总量的质量百分率计算，用量根据沥青混合料的种类由试验确定。通常情况下用于SMA路面的木质素纤维不宜少于0.3%，矿粉纤维不宜少于0.4%，必要时可适当增加。掺加纤维的质量容许误差为±5%</td></tr>
<tr><td colspan="2">主要机械设备</td><td colspan="3">(1)间歇式沥青拌和装置一套，生产量160～320t/h，生产SMA混合料由于拌和时间加长等原因，生产率将降低，实际生产量将降至100～200t/h，可满足铺筑宽度10～16m、铺筑厚度4～5cm的SMA路面工程的需要。
拌和装置应具有精确的计量设备和自动化装置，并具有每盘混合料配合比电脑打印记录。其还应具有添加大量矿粉的足够能力，在拌和仓具有添加纤维的独立入口。
(2)如采用现场改性沥青，则应有一套与沥青拌和装置匹配的改性沥青现场加工研磨设备或高速剪切设备。该设备应能加工符合工程要求的改性沥青，生产能力至少7t/h，并配备2～3个立式改性沥青保温储罐，每个储罐容量不低于10t，且附搅拌设备。保持改性沥青在待用时处于均匀状态而不离析，并保证改性沥青在输入混合料拌和装置前有一定发育时间。发育时间一般不少于30min。如采用工厂成品改性沥青，则现场应备有容量为20～30t保温储罐，从该储罐向拌和机输送改性沥青。成品改性沥青的储存与使用应遵从改性沥青制造商的意见。
(3)如采用桶装沥青产品，则现场应配备脱桶设备。
(4)纤维添加机1台，与纤维产品的类型相适应。纤维添加量应能满足间歇式拌和装置生产率的需要。
(5)摊铺机2台，每台摊铺宽度可达12m，能控制摊铺厚度并自动调平。建议采用ABG型或类似功能的摊铺机。
(6)10～12t双钢轮振动压路机3～4台，两个钢轮均为驱动轮与振动轮。
(7)手扶式小型振动压路机或人工机动夯具2～3台。
(8)手持式沥青洒布车2台，洒布乳化改性沥青黏层用。
(9)载质量20t自卸运料车8～12台。
(10)装载机2～3台。
(11)供水车及其他相关机具。
要求在SMA工程（含试验段）开工前，所有机械设备须保持良好的工作状态，对其中的计量设备都须逐台进行检验与标定</td></tr>
</table>

14.11.2 施工温度

施 工 温 度　　表14-62

项　目	内容、要求、注意事项及说明
施工温度要求	SMA路面宜在较高的温度条件下施工，当气温或下卧层表面温度低于10℃时不得铺筑。施工温度应根据沥青标号、黏度、改性剂的品种及剂量、气候条件及铺装层的厚度确定。通常对非改性沥青混合料，应通过沥青混合料在135℃及175℃条件下测定的黏度—温度曲线按下表规定确定。非改性沥青结合料缺乏黏温曲线数据或采用改性沥青结合料时，可按下表规定范围选择。但经试验段或施工实践证明，表中规定温度不符合实践情况时，容许作适当调整。较稠的沥青、改性剂剂量高、厚度较薄时，选用高值，反之选低值。气温或下卧层温度较低时，施工温度应适当提高。

续上表

项　　目	内容、要求、注意事项及说明
施工温度要求	见下表

确定沥青混合料拌和及压实温度的适宜温度

黏度	适宜于拌和的沥青结合料黏度	适宜于压实的沥青结合料黏度	测定方法
表观黏度	0.17Pa·s±0.02Pa·s	0.28Pa·s±0.03Pa·s	T 0625—2011
运动黏度	170mm²/s±20mm²/s	280mm²/s±30Pa·s	T 0619—2011
赛波特黏度	85s±10s	140s±15s	T 0623—1993

SMA 路面的正常施工温度范围(℃)

工序	不使用改性沥青	使用改性沥青			测量部位
		SBS 类	SBR 类	EVA、PE 类	
沥青加热温度	150~160	160~165			沥青加热罐
改性沥青现场制作温度	—	165~170	—	165~170	改型沥青车
改性沥青加工最高温度	—	175	—	175	改型沥青或储油罐
集料加热温度	185~195	190~200	200~210	180~190	热料提升斗
SMA 混合料出厂温度	160~170	175~185	175~185	170~180	运料车
混合料最高温度(废弃温度)	195	不高于 195			运料车
混合料储存温度	拌和出料后降低不超过 10			储存罐及运料车	
摊铺温度	≥150	≥160			摊铺机
初压开始温度	≥140	≥150			碾压层内部
复压温度	≥120	≥130			碾压层内部
复压开始温度	≥110	≥120			碾压层内部
开放交通时的路表温度	≤50	≤60			路面内部或表面

项　　目	内容、要求、注意事项及说明
温度控制	沥青结合料(含改性沥青)的加热温度或改性沥青的加工温度不得超过175℃。混合料温度应采用具有金属探针的插入式温度计量测。在运料车量测时,宜在车厢侧板下部打孔插入不少于15cm深度量测。碾压温度可用螺钉分几次打孔插入量测
注意事项	SMA与普通沥青混合料相比,施工难度要大一些,尤其是同时使用改性沥青时,施工时应特别注意施工温度。因为SMA需要加入较多数量的冷矿粉、纤维,有的改性剂也是冷态直接投入的,所以集料的加热温度需要更高一些。当使用改性沥青时,温度低了有可能使拌和不均匀,应该视改性剂及纤维稳定剂的品种和剂量的不同,确定施工温度。科学的方法是根据沥青结合料的黏温曲线决定,按指南中规定的等黏温度确定施工温度。但由于改性沥青的黏度很大,有时由黏温曲线得到的施工温度会太高,有可能使沥青老化,所以同时又规定了沥青结合料加热和加工的最高温度。一般情况下,SMA的施工温度可在普通沥青混合料施工温度的基础上提高10~20℃以上。要注意指南规定的温度不是一成不变的,应根据施工的气候条件(温度和风)、材料、压实层厚度的具体实际情况确定

14.11.3 混合料生产

混 合 料 生 产　表14-63

<table>
<tr><th>项　目</th><th>内容、要求、注意事项及说明</th></tr>
<tr><td>基本规定</td><td>生产符合设计要求的混合料是获得沥青路面优良质量的根本保证。混合料设计结果包括混合料的级配组成、沥青用量、各组分材料的用量比例，以及混合料的体积特性与性能特性，是其混合料生产的依据和目标。SMA 路面性能与混合料体积特性对级配组成非常敏感，尤其是对三个关键筛孔 4.75mm、2.36mm 与 0.075mm 的通过率容许偏差的要求，比常规沥青混凝土混合料更为严格。因此，SMA 混合料生产，必须对级配组成进行比较精确的质量控制</td></tr>
<tr><td>混合料生产前的准备</td><td>(1)对各冷集料料仓的送料速度(设定开口尺寸)与电动机转速的关系曲线分别进行标定，以便准确控制冷集料按设计比例精确送料至干燥鼓。
(2)纤维添加机的安装、调试与标定，保证纤维按规定数量精确添加。
(3)沥青结合料称量系统标定。
(4)对热料仓集料称量系统进行标定。
(5)对填料添加设备能力进行检查。SMA 混合料填料添加量很大，可达混合料质量的 10% 或更多，必须具有足够能力的填料添加设备。
(6)控制室的电脑打印设备提供监控每盘混合料组成成分的重要信息，要求在整个生产过程中正常工作。
总之，要求拌和装置的各个工作单元与配套系统尤其是计量设备在混合料生产过程中处于正常工作状态</td></tr>
<tr><td>生产配合比设计</td><td>SMA 的矿料级配采用间断级配，其级配范围应符合下表的要求。
SMA 混合料矿料级配范围(%)
<table>
<tr><th>混合料类型
通过筛孔的百分率</th><th colspan="4">规格(按公称最大粒径分)</th></tr>
<tr><td>筛孔(mm)</td><td>SMA-20</td><td>SMA-16</td><td>SMA-13</td><td>SMA-10</td></tr>
<tr><td>26.5</td><td>100</td><td>100</td><td></td><td></td></tr>
<tr><td>19</td><td>90 ~ 100</td><td>100</td><td></td><td></td></tr>
<tr><td>16</td><td>72 ~ 92</td><td>90 ~ 100</td><td>100</td><td></td></tr>
<tr><td>13.2</td><td>62 ~ 82</td><td>65 ~ 85</td><td>90 ~ 100</td><td>100</td></tr>
<tr><td>9.5</td><td>40 ~ 55</td><td>45 ~ 65</td><td>50 ~ 75</td><td>90 ~ 100</td></tr>
<tr><td>4.75</td><td>18 ~ 30</td><td>20 ~ 32</td><td>20 ~ 34</td><td>22 ~ 36</td></tr>
<tr><td>2.36</td><td>13 ~ 22</td><td>15 ~ 24</td><td>15 ~ 26</td><td>18 ~ 28</td></tr>
<tr><td>1.18</td><td>12 ~ 20</td><td>14 ~ 22</td><td>14 ~ 24</td><td>14 ~ 26</td></tr>
<tr><td>0.6</td><td>10 ~ 16</td><td>12 ~ 18</td><td>12 ~ 20</td><td>12 ~ 22</td></tr>
<tr><td>0.3</td><td>9 ~ 14</td><td>10 ~ 15</td><td>10 ~ 16</td><td>10 ~ 18</td></tr>
<tr><td>0.15</td><td>8 ~ 13</td><td>9 ~ 14</td><td>9 ~ 15</td><td>9 ~ 16</td></tr>
<tr><td>0.075</td><td>8 ~ 12</td><td>8 ~ 12</td><td>8 ~ 12</td><td>8 ~ 13</td></tr>
<tr><td>适用的厚度(mm)</td><td>50 ~ 80</td><td>40 ~ 50</td><td>35 ~ 40</td><td>25 ~ 30</td></tr>
</table>
随混合料公称最大粒径的不同，所需料堆集料规格也不同。按设计的料堆集料比例送料，是根据冷料仓送料速度与电机转速的关系曲线，选定相应电机转速进行送料。混合集料经干燥鼓干燥与加热后，热集料提升至塔顶筛屏进行筛分。筛屏由上节选定尺寸的方孔筛组成。经筛分的热集料分别进入给定尺寸集料的三个热料仓，待生产稳定时，从三个热料仓分别取样，一般应从第四盘或第五盘取样，使试样具有代表性。各热料仓试样在室内进行标准筛分析。上述热集料的生产与取样筛分应进行 2 ~ 3 次，筛分结果应取平均值。</td></tr>
</table>

续上表

<table>
<tr><th>项　目</th><th>内容、要求、注意事项及说明</th></tr>
<tr><td>生产配合比设计</td><td>将热料仓的三种热集料与填料重新进行级配组合,在进行试配后,使合成级配最大限度地与设计级配相一致。此时,各热料仓与填料的质量比例,即为拌和装置混合料精配的依据。由于集料进入干燥鼓后其中的粉料组分将载入高温热气流中,并经排气管道进入集尘系统,因而热仓集料将不含这部分粉料,故生产配合比中填料比例将有所增加,以作为对失去粉料的补充。
只要料堆集料规格(包括粒度与形状)稳定一致,并按设计比例送料,那么做到生产配合比与设计配合比的级配组成的高度一致并不困难。在根据热仓集料试配生产配合比时,可首先按经塔顶筛屏筛分后分别进入各热料仓集料的质量比进行回配,即可获得与设计配合比基本相同的混合料级配。稍加调整后,可获得与设计配合比非常一致的生产配合比(集料级配)。这样做还可最大限度地减少各热料仓集料的溢料与待料现象,保证均衡地进行混合料生产。如果料堆集料规格发生较大变化,必须重新进行混合料设计。
根据热料仓集料与填料的重新组合,按试配法获得与设计级配相吻合的合成级配。此合成级配与相应各热料仓集料与填料及纤维的比例,加上设计沥青用量,即构成 SMA 混合料的生产配合比</td></tr>
<tr><td>混合料拌和</td><td>(1)生产 SMA 应采用间隙式沥青拌和机拌和,且必须配备有材料配比和施工温度的自动检测和记录设备,逐盘打印各传感器的数据,每个台班做出统计,计算矿料级配、油石比、施工温度、铺装层厚度的平均值、标准差和变异系数,进行总量检验,并作为施工质量检测的依据。
使用于 SMA 的改性沥青可以采用成品改性沥青或在现场制作改性沥青:
①当使用成品改性沥青时,应经常检验改性沥青的离析情况,各项指标应符合 SMA 指南规定的技术要求。
②当为现场制作时,加工工艺根据改性剂的品种和基质沥青确定。改性剂必须存放在室内,不得受潮或老化变色。拌和厂的电力条件应满足现场制作改性沥青的生产需要。基质沥青的导热油加热炉应具有足够的功率。改性沥青生产后宜进入储存罐,经过不少于半小时的继续搅拌发育后使用,储存和运输过程中不得发生离析。
(2)拌和机应配备专用的纤维稳定剂投料设备,直接将纤维自动加入拌和机的拌和锅或称量斗中。根据纤维的品种和形状的不同,可采取不同添加方式。添加纤维应与拌和机的拌和周期同步进行。松散的絮状纤维应采用风送设备自动打散上料,并在矿料投入后干拌及喷入沥青的同时一次性喷入拌和机内。颗粒纤维宜在集料投入后立即加入,经 5 ~ 8s 的干拌,再投入矿粉,总的干拌时间应比普通沥青混合料增加 5 ~ 10s。
(3)喷入沥青后的湿拌时间,应根据拌和情况适当增加,通常不得少于 5s,保证纤维能均匀地分散在混合料中。由于增加拌和时间、投放矿粉时间加长、废弃回收粉尘等原因而降低拌和机生产率,应在计算拌和能力时充分考虑到,以保证不影响摊铺速度,造成停顿。
(4)各种原材料都必须堆放在硬质地面上,在多雨潮湿地区,细集料(含石屑)应堆放在有篷盖的干燥条件下。当细集料潮湿使冷料仓供料困难时,应采取措施。
(5)矿粉必须存放在室内,保持干燥,不结块,能自由流动。拌和时,矿粉投入能力应符合配合比设计数量的需要。原有矿粉仓不敷使用时,宜增加投入矿粉的设备,或将矿粉投料口扩大,以减少矿粉投入时间。
(6)拌和过程中,回收矿粉的用量不得超过矿粉总用量的 25%。对逸出及废弃的粉尘,应添加矿粉补足,使 0.075mm 通过率达到配合比设计要求。
(7)拌和的 SMA 混合料应立即使用,需在储料仓存放时,以不发生沥青析漏为度,且不得储存至第二天使用。
(8)当采用直接投入法制作改性沥青混合料时,改性剂必须计算准确,拌和均匀分散。胶乳类改性剂,必须采用专用的计量投料装置,按使用比例在喷入沥青后 10s 内投入拌和锅。供应乳胶的泵和管道、喷嘴必须经常检查,保持畅通。颗粒状改性剂可在投放矿料后直接投入拌和锅中。
(9)沥青拌和厂宜设置专用的取样台,供在运料车上对混合料取样、测量温度等使用</td></tr>
</table>

14.11.4 混合料运输

混合料运输　表 14-64

项　目	内容、要求、注意事项及说明
基本定义	混合料运输是将拌和站生产的合格 SMA 混合料在规定温度情况下,及时地运输到铺筑现场
运输车辆的组织	沥青混合料成品应及时运往工地。工前应查明具体位置、施工条件、摊铺能力、运输路线、运距和运输时间,以及所需混合料的数量。车辆数量必须满足拌和设备连续生产的要求,不因车辆少而临时停工。在生产中所用运输车辆数量 n,视拌和设备生产能力 G(t/h)、车辆的载质量能力 G_0(t)及运输时间等因素确定,可按下式计算: $$n = \alpha \cdot \frac{t_1 + t_2 + t_3}{T}$$ 式中:t_1——重载运程时间(min); t_2——空载运程时间(min); t_3——在工地卸料和等待的总时间(min); T——拌制一车混合料所需的时间,$T = \frac{60G_0}{G}$(min); α——储备系数,视交通情况而定,一般取 1.1~1.2。 要组织好车辆在拌和设备处装料和工地缺料的顺序,尤其要计划好车辆在工地卸料时的停置地点。装料时必须按其载质量装足,安全检查后再启运。 为了精确地控制材料,载料车出厂时应进行称量,常用磅秤或使用拌和站的自动称量系统称量
沥青混合料的运输	为提高运输效率,应选择大吨位运料车,一般选择载质量达 20t 的自卸车作运料车。通常设置储料筒仓来减少运料时间与等待时间,并保持 HMA 装置连续生产。由于混合料可在储料仓内短期储存,因此在运料或摊铺与压实作业开始以前便可开始生产混合料。储料仓可以保温加热,用于混合料在高温下短期储存。 由于 SMA 混合料胶泥黏稠,通常比常规 HMA 混合料更容易黏附在车厢上。当使用改性沥青结合料时,这种情况尤甚。因此运料车在装载之前,都要涂隔离剂防止黏附。要谨慎选择适合的隔离剂,隔离剂可以是肥皂水、石灰水或油水混合物。但禁止使用纯燃料油作隔离剂,这容易对沥青混合料造成不利影响。在车厢上涂覆隔离剂时,要清除任何多余的隔离剂,防止在车箱底部汇集。这可在车厢内洒布隔离剂之后升起车箱底部来实现。 车辆装载方法非常重要。在运料车装载时,应采用多次卸料,以减少较大集料滚落至卸料堆边部而引起的离析。采用一次卸料,将在车厢周边形成集料的离析,粗大颗粒将滚落至车厢周边。这种离析在车厢端部更为显著,并将在摊铺机后铺设的路面上明显地表现出来,离析面积可遍及整个摊铺面。采用多次卸料,则在车厢中形成的离析程度将很大减轻,而且可以完全不表现在道路上。 必须重视运输过程中对混合料的防护,在任何情况下,运料车运输过程中都应加盖厚帆布保温,以防混合料表面因降温结壳。尤其是在气候寒冷或运输时间长时,更要将厚帆布可靠地绑扎,防止在帆布与混合料之间进入空气。全部防护罩都应与车厢边部搭接,并沿车厢的侧部与后部整齐地绑扎。 运料车在运输途中不得随意停歇,必须按指定路线进入现场。在进入现场前应将底盘及车轮清洗干净,防止将泥土杂物带入施工现场。 运料车到达现场后,应逐车检查混合料温度是否满足摊铺温度要求。 运料车在摊铺机前被推动时不得紧踩制动。向摊铺机喂料时应仔细操作,防止混合料大量撒落在下卧层上。运料车卸料时必须倒净,如发现有残留物,应及时清除。已冷却的残留物不容许倒在下卧层上

14.11.5 混合料摊铺

混合料摊铺 表14-65

项　目	内容、要求、注意事项及说明
基本功能	混合料摊铺是保证路面平整度与厚度的关键工序,必须认真做好
摊铺机的标定	在铺筑SMA混合料之前,应对摊铺机进行标定,包括料门、条式传送器和螺旋布料器的标定。重要的是适当设置料门高度,要将充足的混合料经条式传送器输送到螺旋布料器。在摊铺机向前移动时,使混合料高度等于或大于螺旋高度的50%,但不超过2/3的高度,并使螺旋布料器经常保持运转
下承层的处理	在铺筑SMA之前应对下承层表面用硬扫帚或电动工具清扫,黏有泥土等不洁物时,应一边清扫一边用高压水冲洗干净,并待进入路面中水分蒸发后铺筑。若旧路面表面不平整,应铣刨或用热拌沥青混合料铺筑整平层,恢复横断面。必须喷洒符合要求的黏层油,用量宜为0.3~0.4L/m^2
按梯队形式摊铺	SMA可采用常规的沥青混合料摊铺方法进行摊铺,一台摊铺机的摊铺宽度不宜超过6m,最大不得超过8m。高速公路、一级公路的沥青面层应采用两台以上相同型号的摊铺机成梯队形式摊铺。相邻两台摊铺机应具有相同的压实能力,摊铺间距不超过20m,保证纵向接缝为热接缝。改性沥青SMA混合料宜使用履带式摊铺机铺筑
熨平板预热	在摊铺作业前一天,摊铺机与压路机在现场就位,放置于摊铺起点附近。应对摊铺机进行运行前维护检查。在摊铺工作开始前1h左右,熨平板预热温度应不小于100℃,以保证摊铺起始端混合料不被熨平板扯坏,造成质量缺陷。在摊铺短距离后,由于热混合料已保持熨平板温度,即可关闭加热器
摊铺机的自动调平系统	由于摊铺作业的表面不平整,摊铺机制造商已开发坡度控制机构或自动调平系统,通过修正熨平板牵引点的高度以调节与均衡摊铺机驶过的坡度与高程变化,摊铺出平整均匀的罩面层。自动调平系统类型主要有挂线法与移动式参照系。移动式参照系包括机械接触式平衡梁与非接触式平衡梁两类。非接触式平衡梁自动调平系统采用的传感器现有超声波传感器、激光传感器及光学传感器等。 挂线法适用于大面积铺面工程,如机场跑道工程或基底不平整的情况。挂线法在理论上能在摊铺机后提供平整的HMA面层,但实际上并不经常如此,最大困难在于不能保持放样线的准确高程。其一般采用抗拉强度高的钢丝绳拉线,保持线拉紧而不下垂,要求直线上每7.5m、曲线上每3m设立一个支点。由于高程必须由测量人员设置,其过程费时费钱,而且摊铺机将再次形成放样线坡度误差。挂线法实际上是控制铺筑层的设计高程,而非设计厚度。为了克服挂线法因线下垂影响铺面的平整度,施工时可用铝合金梁代替钢丝绳,同样用设置支点高程来控制铺面高程。每铺筑一层,平整度大体上可以比下层提高0.4~0.5 mm(以3m平整度仪的标准差计)。 近年来激光技术已应用于摊铺作业。采用氦—氖激光发射器确立工程现场上的水平参照面,包括单向坡面或纵向与横向的双向坡面。这些系统可与摊铺机控制相结合,获得更加均匀的厚度与平整度控制,但不适用于坡度频繁变化的情况。移动式参照系即平衡梁适用于基底基本平整的情况,此时摊铺机按等厚原理进行铺筑。接触式平衡梁包括带滑靴或雪橇的各式浮动平衡梁
混合料摊铺数量控制	混合料摊铺数量通常按三种方法控制: (1)按压实面的设计厚度; (2)按单位面积混合料的平均数量; (3)按竣工路面表面的设计高程。 为达到设计厚度要求,承包人必须铺筑平均厚度与设计厚度相等的面层。面层厚度的变异性取决于已有路面的不平整度。不够平整的已有路面比较难以满足设计厚度要求。SMA混合料摊铺机松铺系数约为1.10~1.15,应由试铺最终确定

续上表

项　目	内容、要求、注意事项及说明
混合料摊铺数量控制	在铺筑厚度较薄或进行上面层铺筑时，如铺筑 SMA 路面，为了铺筑足够数量的路面，只进行厚度控制是不够的，应进行厚度与单位面积混合料质量（kg/m^2）的双重控制。德国规范明确规定 SMA 混合料按铺筑厚度与铺筑质量进行双重控制，并作为两项重要的验收指标。德国规定对大型工程及铺筑量大于 $50kg/m^2$ 的面层，其铺筑质量/厚度的平均值不得小于规定值的 10%；对小型工程及铺筑量小于 $50kg/m^2$ 的面层，其铺筑质量/厚度的平均值不得小于规定值的 15%。铺筑厚度的单项值不得小于规定值的 15%（大型工程与铺筑质量大于 $50kg/m^2$）与 25%（小型工程与铺筑质量小于 $50kg/m^2$）。当要求修建的 SMA 路面达到预定的设计高程时，则应采用挂线法或其他方法控制高程
摊铺机作业	摊铺速度应与拌和站混合料生产率相适应。混合料的生产、运输、摊铺和压实的协调一致是至关重要的。摊铺机不得经常停机和启动，以免造成铺面的质量缺陷。SMA 混合料由于铺筑厚度较小，冷却快；且结合料与玛蹄脂非常黏稠，压实终结温度较常规 HMA 高，因而 SMA 混合料有效压实时间很短暂。因此，摊铺机行走速度在很大程度上受碾压能力的控制。为了给压路机留出较多的有效压实时间，摊铺速度应尽量放慢，通常不超过 3～4m/min，容许放慢到 1.0～2.0m/min。当供料不足时，宜采用运料车集中等候、集中摊铺的方式，尽量减少摊铺机的停顿次数。此时摊铺机每次均应将剩余的混合料铺完，做好临时接头。若等待时间过长，混合料温度降低，表面结硬成硬壳，影响继续摊铺时，必须将硬壳去除。这样做的目的在于： (1)摊铺速度与混合料的生产与运输能力相适应，保证做到及时连续供料，摊铺机连续作业，避免因摊铺速度过快，供料不及时而导致停机待料，形成质量缺陷。 (2)摊铺机条式传送带能将足够的混合料输送至熨平板前，且熨平板夯锤能有足够的时间对混合料进行初步压实。 (3)给压路机比较充裕的压实时间，达到充分压实。摊铺机行走速度过快，容易引起路面的质量缺陷。 摊铺机的启动速度应尽量放慢，在每一工作日内尽量做到连续匀速摊铺不停机。当摊铺机停顿时，熨平板前的阻力由于摊铺机的动态平衡改变而发生变化，熨平板可能有少许下沉。如果摊铺机停机待料的时间较长，熨平板前的混合料温度下降，则摊铺机重新启动时，熨平板前材料的阻力增加，很可能拉伤摊铺的混合料，并在摊铺机停机位置附近留下厚度偏薄、空隙很大、难以压实的粗糙铺面。因此，由于特殊原因不得不停机时（如拌和站发生事故），停机与再启动的操作都要尽量缓和，避免突然性；而且停机时间要尽量缩短，一般应限制在 15min 以内，以避免因停机对路面造成的上述质量缺陷。如果停机时间长，则摊铺机应退出摊铺位置，按照规定设置施工缝。继续摊铺时，摊铺机须重新就位，重新启动作业。 在进行摊铺作业时，注意保持摊铺机匀速运行。避免因摊铺机突然加速而对路面造成的质量缺陷。当运料车供料很充足时，少许上调摊铺速度是可以的，但突然加速定将造成质量缺陷，引起熨平板前材料阻力下降，使熨平板下沉；而且在熨平板下流动的混合料接受的压实力比较短暂，混合料的密度较低，因而摊铺突然加速，也可引起铺面偏薄、密度偏低的质量缺陷，这是应该完全避免的。 SMA 混合料在运输、等候及铺筑过程中应注意观察，如发现有沥青析漏情况，应停止卸料，分析原因，采取降低施工温度、减少沥青用量或增加纤维用量等措施。 改性沥青 SMA 混合料的摊铺温度应比普通沥青混合料的摊铺温度高 10～20℃，混合料温度在卸料到摊铺机上时测量。当气温低于 15℃时，不得摊铺改性沥青 SMA 混合料。SMA 表面层铺筑时宜采用平衡梁自动找平方式。平衡梁的橡胶轮应适当涂刷废机油等防黏结材料，在每次铺筑结束后必须清理干净。当同时使用改性沥青时，宜采用非接触式平衡梁
人工找补	人工在新铺面层上补料，应在摊铺作业继续进行、碾压开始前施作，仅用于局部整平
防止发生结合料析漏	热 SMA 混合料在运输和铺筑过程中可能产生沥青结合料或玛蹄脂的析漏，导致铺筑的路面轻则出现油斑，重则形成车辙。这是 SMA 混合料在施工过程中必须重视的问题。施工现场控制析漏，通常有以下几种方法：

续上表

项　目	内容、要求、注意事项及说明
防止发生结合料析漏	(1)适当降低混合料生产温度。如发生析漏,摊铺面层发生油斑,主要原因为混合料温度过高。故首先要降低混合料温度,可至少降低5℃;如仍不解决问题,还可再次降低相同幅度的温度。 (2)适当降低结合料含量。如降低温度后仍不能完全制止析漏,则下一个需要改变的是适当降低结合料含量,降低值一般不超过0.3%。 (3)如果是因为纤维加入不正常,纤维量过小而发生析漏,则应设法加入足量纤维。如因纤维在混合料中分散不均匀,则应从混合料拌和工艺和时间上加以解决
防止发生混合料离析	路面早期损坏的主要原因就是摊铺过程中混合料的离析。SMA是间断级配,与一般的间断级配混合料都有一个相同缺点,就是施工中混合料容易离析,即施工的敏感性比较大,所以应特别注意。 全幅摊铺很容易造成离析,所以应该控制摊铺宽度,通常为一个车道。摊铺宽度小,摊铺过程中的压实作用大,摊铺后的压实能够达到80%~85%以上,相当于已经经过初压的效果,这样再进行压实时不会对平整度造成影响。所以应该对摊铺宽度予以限制,故摊铺宽度不宜超过8m

14.11.6 混合料压实

混 合 料 压 实　　表14-66

项　目	内容、要求、注意事项及说明
基本特性	混合料压实是保证SMA路面具有优良抗车辙、抗水损害性能与耐久性的关键工序。没有充分的压实,再好的结合料、集料与混合料都无法使路面产生应有的力学强度与耐久性。由于在压实过程中不能检测压实度,混合料的压实度只能靠在压实过程中不折不扣地实施预先拟订的压实工艺(包括压实机具、压实温度、压实遍数)来保证。如果压实工艺打了折扣,在压实过程中便很难发现,竣工后检验压实度不足,已无法挽回。在沥青路面的施工中,拌和和压实是两个最重要的工序。SMA路面的压实工艺关系到SMA路面的成败。一般来说,SMA的压实既特别有讲究,又特别简单。之所以说特别有讲究,是压实工艺与普通沥青混合料不同,压实机械、方法都不一样;之所以说特别简单,是只要掌握了要领,保持SMA混合料在高温时碾压,它不会像普通沥青混合料那样容易发生推拥、变形
压路机数量应与铺筑速度匹配	SMA施工必须有足够数量的压路机,其最少数量根据与铺筑速度匹配的原则,由压路机的碾压宽度、碾压速度、要求的碾压遍数计算配置。铺筑双车道高速公路沥青路面时,用于初压、复压和终压的各种压路机数量不得少于4~5台。SMA路面的初压宜采用刚性碾静压,每次碾压应直至摊铺机跟前。一般初压用10t钢轮紧跟在摊铺机后面压1~2遍,复压钢轮静压3~4遍,或振动压路机振动碾压2~3遍,最后用较宽的钢轮终压1遍结束。 混合料摊铺后,必须紧接着在尽可能高的温度状态下开始碾压,不得等候。除必要的加水等歇息外,压路机在各阶段的碾压过程中应连续不间断地进行。同时也不得在低温度状态下反复碾压SMA,以防止磨掉石料棱角或压碎石料,破坏集料嵌挤。碾压温度应符合表14-62的要求。 初压区的长度通过计算确定以便与摊铺机的速度匹配,一般不宜大于20m。高速公路宜采用2台压路机同时进行,初压遍数一般为1遍,以保证尽快进入复压。摊铺机的铺筑宽度越宽,摊铺机自身的碾压效果越差,初压的要求也越高。 SMA路面的复压应紧跟在初压后进行。如发现初压有明显推拥,应检查混合料的矿料级配及油石比是否合适。压路机的吨位以不压碎集料,又能达到压实度为度。复压宜采用重型振动压路机进行,碾压遍数不少于3~4遍;也可用刚性碾静压,复压遍数不少于6遍。终压采用刚性碾紧接在复压后进行,以消除轮迹,终压遍数通常为1遍。若复压后已无明显轮迹或终压看不出明显效果时可不再终压,即容许采用振动压路机进行初压、复压、终压一气呵成。

续上表

项　目	内容、要求、注意事项及说明
压路机数量应与铺筑速度匹配	压路机的碾压遍数是由摊铺机的摊铺速度、压路机的台数决定的。例如高速公路一侧铺筑宽度为10.5m,摊铺速度为4m/min,每小时铺筑面积为2 520m^2,采用碾压宽度为1.9m的压路机碾压,每次碾压搭接宽度20cm,实际碾压宽度1.7m,压路机速度为4km/h,每小时碾压面积为6 800m^2,一台压路机可以碾压2.67遍。如果需要碾压6遍,再考虑压路机的加水、停歇等因素,压路机的台数不宜少于4台。另外,还需要初压和终压的压路机,台数至少为4~5台,所以要求压路机总台数不得少于4~6台。如果压实得好,SMA层的压实度均可达98%~100%,即使以双面75次击实次数成型的马歇尔设计密度为标准密度,也可以达到98%以上
不宜采用轮胎压路机	SMA必须采用钢轮碾压,不容许采用轮胎式压路机。因为轮胎式压路机的搓揉将使玛蹄脂上浮,造成构造深度降低,甚至泛油。 振动压路机碾压SMA应遵循"紧跟、慢压、高频、低幅"的原则。即压路机必须紧跟在摊铺机后面碾压,碾压速度要慢,要均匀,并采取高频率、低振幅的方式碾压。 实践证明,由于SMA结构组成的特点,石料有很强的相互嵌挤作用,初压时前轮不会发生明显的推拥,SMA的碾压比普通沥青混合料更方便,施工平整度更好。在施工过程中,"能否在高温状态下用振动压路机碾压而不产生推拥"以及"表面既有较大的构造深度,又基本上不透水"是鉴定SMA质量的两个重要标准,应时刻进行检验
紧跟摊铺机进行碾压	压路机应该紧跟摊铺机向前推进碾压,碾压段长度大体相同,每次碾压到摊铺机跟前后折返碾压。SMA的碾压速度不得超过5km/h
防止碾压过度	由于SMA的重要机理是粗集料相互嵌挤的作用,所以碾压时必须密切注意压实度的变化,防止过碾压。过分碾压会使粗集料的棱角破碎、断裂,反而不好。在压实度达到98%以上或者现场取样的空隙率不大于6%后,宜中止碾压。如碾压过程中发现有沥青玛蹄脂部分上浮或石料压碎、棱角明显磨损等过碾压的现象时,碾压即应停止,并分析原因
防止混合料黏附轮子	为了防止混合料黏附在轮子上,需适当洒水使轮子保持湿润。水中可掺加少量的清洗剂,但应该严格控制水量以不黏轮为度,且喷水必须是雾状的,不得采用自流洒水的压路机
压路机的停留	压路机碾压过程中不得在当天铺筑的路面上长时间停留或过夜
压路机的转向	在压路机倒转方向时,在反向行驶前必须停驶,停驶必须缓慢实现,且压路机应轻轻地转向,机轮停止时不要与行驶方向成直角。如果压路机轮与行驶方向成直角停驶,将发生难以消除的压路机印迹。在压路机改变方向时,应尽量减少对混合料的推移
局部人工补压	在靠近路缘、罩盖等压路机不能有效碾压部位的沥青混合料,应用人工操作的小型振动压路机或机动夯进行压实

14.11.7 接缝施工

接 缝 施 工　　表14-67

项　目	内容、要求、注意事项及说明
注意事项	(1)SMA混合料的铺筑应避免产生纵向冷接缝,横向施工缝应采用平接缝。平接缝切缝应在混合料尚未完全冷却结硬之前进行。切缝后必须用水冲洗干净,待干燥后涂刷黏层油,方可铺筑新混合料。 (2)应特别注意横向接缝处的平整度,刨除端部或切缝的位置应通过3m直尺测量确定。改性沥青混合料要在每天施工结束尚未完全冷却之前就切割好。由于使用改性沥青,第二天再切缝会十分困难,不得不在第二天完全冷却后切缝。也可用镐刨除端部做接缝

14.11.8 开放交通及其他

开放交通及其他 表 14-68

项目	内容、要求、注意事项及说明
注意事项	SMA 路面施工结束后,应在路表温度下降到 50℃以下,方容许开放交通。如急需开放交通时,应洒水冷却。 当发现某些改性沥青 SMA 沥青面层在开放交通后有发软的迹象,或大吨位运料车转弯时出现掉粒、轮印等情况时,应加强早期交通的控制

14.12 SAC 路面

14.12.1 原材料

(1)原材料

原 材 料 表 14-69

项目		内容、要求、注意事项及说明
沥青	适用的交通沥青等级和技术指标	SAC 路面(多碎石沥青混凝土)适用重交通沥青的等级和相应的技术指标见表 14-70。对于改性沥青的技术指标和规定值,请参阅有关规范
	面层所用沥青标号的选择	应该根据对表面层沥青混凝土的主要技术要求来选择合适标号的沥青。由于表面层直接承受大气因素和行车荷载的作用,所以表面层沥青混凝土应该有较高的抗低温裂缝和抗温度疲劳裂缝的能力,同时表面层沥青混凝土还应该有优良的高温抗永久形变能力。对沥青来说,这两个性能是互相矛盾的。国内外的实践经验都证明,为提高沥青混凝土的抗温度裂缝能力,应该采用较稀的即针入度较大的沥青;为了提高沥青混凝土的高温抗永久形变能力,应该使用针入度小的较稠沥青。由于沥青面层的温度裂缝都是由表面开始并向下延伸的,所以减少表面层的温度裂缝就等于减少整个沥青面层的裂缝。由于使用较稀的重交沥青能显著减少沥青面层的温度裂缝,所以国际上习惯于表面层采用较稀的沥青,而中、下面层则采用较稠的沥青。 对于用作高等级公路表面层的 SAC16 和 SAC13 沥青混凝土,可以根据当地沿线的气候条件和实践经验,选用表 14-70 中的重交沥青
集料	粗集料	粗集料是组成沥青混凝土骨架的重要成分,它对沥青混凝土的力学性质有决定性作用。因此,对粗集料的技术要求,常用多个指标来衡量。粗集料可以是用岩石、圆石和矿渣加工的碎石,但圆石的粒径应大于所需碎石最大粒径的 3 倍。为保证粗集料的扁平长条颗粒不超过规定,应采用两次破碎工艺:第一次可以用颚式碎石机,第二次应采用反击式碎石机。也就是,第一次用颚式碎石机将大片(块)石加工成能用反击式碎石机进一步破碎的小块石;第二次用反击式碎石机将小块石破碎成需用规格的碎石。需要时,也可以用第二台反击式碎石机进行第三次破碎。为了减少规格碎石中的扁片颗粒,应将第一次颚式碎石机破碎的小块石进行一次粗筛分,除去扁平状小片石。对于用作抗滑表层的碎石,更应该采用这种两次破碎工艺。 粗集料应有良好的颗粒形状(接近立方体),同时应该洁净、干燥、无风化颗粒和无杂质。对粗集料的技术要求见表 14-72。 能满足表 14-72 中磨光值要求的粗集料经常是硬质岩粗集料。凡符合表 14-72 中技术要求的各种硬质岩碎石(包括矿渣)都可以用作抗滑表层

续上表

项　　目		内容、要求、注意事项及说明
集料	细集料	细集料应该洁净、干燥、无风化、无杂质。细集料可以用质量较好的石屑。要求石屑的颗粒形状较好，扁平颗粒少，粉尘少，特别不能有黏土颗粒。但已筛去3mm以上颗粒的细石屑不能用，因其粉尘含量太多。有条件时，可以用机制砂，但机制砂的质量应明显优于石屑。对于机制砂，需要特别注意其级配。有的机制砂中缺少0.3～0.15mm和0.15～0.075mm的颗粒，要设法增加这两个粒级的颗粒。为此应规定机制砂中小于0.075mm颗粒的含量在4%～5%之间。《公路沥青路面施工技术规范》(JTG F40—2004)中的S15和S16都不能直接用作细集料。如石屑和机制砂的级配不符合要求，可以掺加部分能改善级配，使其符合要求的清洁天然砂。但天然砂在全部矿料中的含量宜控制在5%以内。天然砂可以是河砂或海砂。细集料的技术要求列于表14-71中
	填料(0.075mm以下的粉粒)	矿质填料包括破碎集料和石屑中的石粉、消石灰、硅酸盐水泥和高钙粉煤灰。在一般交通的高等级公路上，在沥青与集料的黏附性符合要求的情况下，为节省投资，可以用石灰岩矿粉或高钙粉煤灰作填料
	抗剥落剂	如已用水泥和消石灰作填料，则一般情况下可以不再用化学抗剥落剂(通常为液体胺类，在美国等国家常称其为液体抗剥落剂)。但碎石与沥青的黏结力只有1级或2级时，除用水泥或消石灰作填料外，可再加化学抗剥落剂。 在用石灰石矿粉作填料而沥青与碎石的黏附性又不符合要求时，需要加抗剥落剂。用水泥作抗剥落剂时，可以用强度等级较低的水泥，用量可以是4%～5%(同是替代等量的矿粉)直到替代全部矿粉，但水泥用量不能少于4%。用消石灰粉作抗剥落剂时，其用量通常为1%～2%。通常不能用生石灰粉作抗剥落剂。 用水泥或消石灰粉如同用填料一样，当集料在拌和室边干拌边喷洒沥青的过程中，将水泥或消石灰粉加入。液体抗剥落剂则需先加入沥青中并拌和均匀

(2)重交通沥青的等级和相应的技术指标值

重交通沥青的等级和相应的技术指标值　　表14-70

指　　标			AH-130	AH-110	AH-90	AH-70	AH-50	AH-30
针入度(25℃,100g,5s)(0.1mm)			120～140	100～120	80～100	60～80	40～60	20～40
延度(5cm/min,15℃)(cm)		≥	150	150	150	150	80	40
延度(5cm/min,10℃)(cm)		≥	30	30	30	20	10	—
延度(5cm/min,5℃)(cm)		≥	8	8	8	7		
软化点(环球法)(℃)			40～50	41～51	42～52	44～54	45～55	>55
闪点(COC)(℃)			230		260		280	
含蜡量(蒸馏法)(%)		≤	2.2～3					
密度(15℃)(g/cm³)			实测记录					
溶解度(三氯乙烯)(%)		≥	99.0					
薄膜加热试验(163℃,5h)	质量变化(%)	≥	±0.8					
	针入度比(%)	≥	50	52	55	58	60	62
	延度(15℃)	≥	120			100	50	5

(3)细集料的技术要求

细集料的技术要求　　表14-71

指　　标		高速公路和一级公路	其他等级公路
视密度(g/cm³)	≥	2.5	2.45
坚固性(%)(>0.3mm)	≥	12	—
砂当量(%)	≥	60	50
塑性指数		无	无

(4)粗集料的技术要求

粗集料的技术要求[⑧]　表 14-72

指标			高速公路、一级公路	其他等级公路
集料压碎值(%)		≤	20[①](23)	23
洛杉矶磨耗值(%)[②]		≤	28(30)	40
视密度(g/cm^3)		≤	2.60(2.50)	2.45
吸水率(%)		≤	2.0[③]	3.0
与沥青的黏附性(黏结力)[④]		≤	表面层5级、其他层4级	4级
坚固性(%)		≤	12(12)	—
针片状颗粒含量(%)[⑤]		≤	15(18)	20
<0.075mm颗粒含量(水洗法)(%)[④]		≤	1	1
软石含量(%)		≤	1(表面层)、5(其他面层)	5
石料磨光值(%)		≤	42[⑥]	—
破碎砾石的破碎面颗粒的含量(%)	一个破碎面		100(90)	80(70)
	两个或以上破碎面		90(60)[⑦]	80(50)[⑦]

注:①花岗岩碎石不大于23%。括号外的值指用于表面层,括号内的值指用于其他结构层。

②无条件时可以不做。

③对于多孔隙玄武岩碎石和矿渣,吸水率大于3%也可以使用,但要注意烘干。

④达不到要求时,应添加水泥,其最小用量为矿料总量中的4%,最大用量与矿料中小于0.75mm的粉料量相同;也可以用1%~2%消石灰。此时,可只做混合料的水稳性试验,确定其是否符合要求。

⑤粒径大于9.5mm的颗粒,针片状颗粒含量不大于12%;粒径小于9.5mm的颗粒,针片状颗粒含量不大于18%。

⑥对抗滑表层有磨光值要求。

⑦括号外的大值,指用于表面层;括号内的小值,指用于中、底面层和沥青稳定类基层。

⑧在粗集料用某种远运硬质岩碎石时,混合料中的细集料可以使用石灰岩集料,但应尽量少用。从矿料级配是否合适的检验来看,要用同一种岩石的粗细集料。粗细集料中粉尘过多时,应用水冲洗干净。

14.12.2 施工温度

(1)施工温度要求

施工温度要求　表 14-73

项目	内容、要求、注意事项及说明
施工温度要求	利用Brookfiled旋转黏度得到沥青的黏度—温度回归方程,其形式为: $t = A + B\lg\lg(10^2\eta)$ $\lg\lg(10^3\eta) = A + B\lg(273 + t)$ 式中:t——温度(℃); η——沥青的黏度(Pa·s)。 利用此回归方程可以计算适宜于拌和、开始初压、正常碾压和终压等的温度范围,见表14-74。 按照Brookfield使用程序的说明,根据施工条件,可将拌和温度和碾压温度增加14℃。对不同沥青建议的施工温度列在表14-75中。为适应不同季节施工的需要,表中的温度都有上下限或一个最低温度。通常夏季施工气温高,可采用接近低限的值。在秋季气温较高(如20℃以上)时施工,可采用中值。在秋末冬初气温接近施工规范所容许的低值时施工,需要采用高限值。众所周知,夏季和初秋时节气温高,此时铺筑沥青路面,特别是较薄的表面层最容易碾压密实,沥青混凝土的性能也最好。因此,在施工组织设计上,需要将沥青面层的施工安排在初夏、夏季和初秋。切忌将表面层施工拖到气温已接近施工规范容许的低限时间。 通常集料加热温度较沥青加热温度高20~25℃,但除改性沥青外,集料的加热温度一般不超过200℃

(2)多种不同沥青计算的施工温度

多种不同沥青计算的施工温度(℃)　表 14-74

沥青品种	60℃黏度(Pa·s)	拌和	初压	正常碾压	终压
欢 AH-90	352	153~159	156~160	>110	>84
克 AH-90	405	165~171	152~157	>117	>87
壳 AH-90	111	148~154	136~141	>103	>76
AH-70	269	156~162	144~149	>111	>83
克 AH-90	648	169~176	157~162	>121	>91
中海 AH-70	307	150~156	139~144	>108	>82
中海 AH-30	1 022	166~173	154~159	>121	>193
路安特改性沥青	—	174~180	161~166	≥100	≥89
ELF 改型沥青	770	185~193	171~177	≥130	≥97

(3)施工温度

施工温度(℃)　表 14-75

沥青品种	沥青加热	拌和温度	出场温度	最高温度	初压	正常碾压	终压
壳 AH-90	155~160	160~168	172~178	180	150~155	>155	>90
欢 AH-90	160~165	165~173	174~180	185	170~174	>124	>105
克 AH-90	170~175	175~185	175~185	190	165~170	>130	>110
中海 AH-70	157~162	162~170	162~170	180	155~158	>120	>95
克 AH-70	175~180	182~190	175~185	190	172~176	>130	>95
路安特改性沥青	175~180	188~195	180~190	200	175~180	>135	>112
中海 AH-30	173~178	180~187	178~183	185	168~173	>135	>110

14.12.3 拌和检验

拌和检验　表 14-76

项目	内容、要求、注意事项及说明
基本要素	经生产配合比设计确定最终的矿料级配后,就可以按此矿料级配和规定的施工温度进行混合料拌和检验。拌和检验的目的是要解决下列几个问题:检验拌和楼控制室各计量部分,即含各个热料仓集料的供料质量(指数量)、沥青的质量、集料的加热温度、沥青的加热温度、拌和温度、拌和时间以及拌和室的出料温度等的控制是否准确和稳定。材料的质量、加热温度和拌和时间,可以说是拌成优质沥青混合料的三大要素
控制好各种材料的质量	拌和以及随后整个生产过程中,都需要随时注意控制好各种材料进入拌和机的质量,即使各个计量装置都检验过了,不等于它每次都能使热料仓提供稳定的集料质量,也不等于每次都能提供稳定的沥青质量。因此,在拌和机开始拌和后,需要连续打印每一盘(从各个热料仓向拌和室送料,到拌和室向外输送完混合料为一盘)进入拌和室的各种材料质量和拌和温度等。分析打印结果,检查各个热料仓五次送入拌和室的集料质量,以及沥青的质量与规定质量的差值。对于差值大的热料仓,要分析差值大的原因,并采取措施解决。特别对给料质量大的热料仓更要注意。因为计算机给出关闭出料口的指令,到出料口真正关闭有一滞后时间。出料开口宽度越大,滞后时间越长,产生的误差会越大。拌和楼热料仓的供料误差应控制在±2%以内,沥青(油石比)供量的误差应控制在±2%以内

续上表

项　　目	内容、要求、注意事项及说明
控制温度	拌和厂各项温度控制的程度,包括人工检测和记录,以及沥青混合料的出厂温度
控制拌和时间	拌和时间包括干拌和湿拌两部分,此时间的长短直接影响沥青混合料的均匀性。通常,填料多的矿料级配,需要较长的干拌和湿拌时间。对于 SAC10 ~ SAC20 四种级配,干拌时间不少于 10s,湿拌时间要接近 40s。对于间歇式拌和机来讲,每一分钟出一次料是正常的。拌和时间不足,容易导致沥青混合料的不均匀性大
取混合料样品送室内试验	从第四盘和第五盘放出的沥青混合料中,取有代表性的样品,送试验室进行抽提筛分试验和马歇尔试验,检验矿料级配和油石比是否符合要求;沥青混合料马歇尔试件的三个体积指标是否符合要求;试件的水稳性是否符合要求(施工现场可用残留稳定度),以及验证板式试件沥青混凝土的高温抗形变能力(轮辙试验)
拌和沥青混合料	拌和沥青混合料时,可以减少每盘的数量,但多余的沥青混合料不能用于铺筑正规的路面,只能用于铺筑便道或拌和厂内的道路

14.12.4 混合料碾压

混 合 料 碾 压　　表 14-77

项　　目	内容、要求、注意事项及说明
总体要求	通过拌和检验,待证明各热料仓的供料质量、沥青的质量都达到要求,各项温度特别是出料温度达到要求,抽提筛分得到的矿料级配与规定级配的误差在容许范围内,马歇尔试验的三个体积指标达到要求,以及水稳性和轮辙试验结果达到要求后,就可以铺筑
压路机的组合	压路机的合理组合、碾压方式和合适碾压遍数是铺筑要解决的重要问题之一。对于 SAC 系列沥青混合料的碾压,可以采用下述方案。 (1)方案一:2 台双钢轮双驱动振动压路机和 3 台 26t 以上的轮胎压路机。 ①初压:2 台双钢轮双驱动振动压路机,一开始就从外侧向中心振动碾压,直压到摊铺机跟前。沿原前进轮迹退回时,也振动碾压。错轮向前振动碾压,直到摊铺机跟前。错轮碾压时重叠 1/2 轮宽,最后碾压中心部分(或两台摊铺机的搭接部分)。压完全幅为 1 遍,共碾压 4 遍。前两遍的碾压速度为 1.5 ~ 2.0km/h,后两遍的碾压速度为 3 ~ 5km/h。 ②复压:用 3 台轮胎压路机紧跟在初压后面进行复压。碾压速度为 3 ~ 4.5km/h。3 台轮胎压路机各碾压 3 遍。复压必须在规定温度之前完成。 ③终压:用 10t 两轮压路机或与初压所用相同的压路机静压 2 遍以上,碾压速度保持在 4 ~ 5km/h,直到消除轮迹为止。终压必须在规定温度之前完成。 目前,中央分隔带一侧常用 2 台摊铺机摊铺混合料,这会造成在一侧路幅上有一条纵向接缝。底、中、表三层的纵向接缝不能上下在同一位置,需要错开 15cm 以上,同时使表面的纵向接缝位于分道线上。纵向接缝的搭接宽度不小于 10cm。如一侧仅两个车道,则纵向接缝应设在行车道与硬路肩的分道线位置。如一侧有三个车道,则纵向接缝应设在外侧车道与中间车道的分道线位置。 (2)方案二:3 台双钢轮双驱动振动压路机和 3 台轮胎压路机。 ①初压:2 台钢轮压路机分别从两侧向中间以 1.5 ~ 2.0km/h 的速度振动碾压,直到至少有半轮宽压上中间压路机已碾压的带上。第三台钢轮压路机开始跨纵向接缝以 1.5 ~ 2.0km/h 的速度振动碾压。碾压一个往返后,向接缝宽的一侧错轮,继续振动碾压。3 台压路机压全幅为 1 遍。第三台钢轮压路机碾压 2 遍后,驶向外侧边部(接近土路肩)和内侧边部(接近中央分隔带)各往返慢速振动补压 2 遍,然后返回纵向接缝位置,以 3 ~ 5km/h 的速度如前那样再碾压 2 遍。 ②复压:用 2 ~ 3 台轮胎压路机紧跟在初压后面进行复压,碾压速度为 3 ~ 4.5km/h。用 2 台轮胎压路机时,各碾压 4 遍。用 3 台轮胎压路机时,各碾压 3 遍。轮胎压路机碾压时,也要错轮 1/3 宽度。复压必须在规定温度之前完成。 ③终压:用 10t 两轮压路机或与初压时所用相同的压路机静压 2 遍以上。碾压速度为 4 ~ 5km/h,直到消除轮迹为止。终压必须在规定温度之前完成

续上表

项　　目	内容、要求、注意事项及说明
压实度与碾压遍数	压实度（以生产配合比确定的矿料级配和油石比得到的马歇尔试件密度的1.02倍为标准密度，或以最大理论密度为标准密度）是沥青混凝土施工的最重要技术指标之一，需要十分重视。1996年以来，曾有多条高速公路的沥青面层施工，由于片面强调平整度，忽视了压实度，通车仅一年左右，沥青面层就产生较严重的以坑洞为代表的水破坏。 通过铺筑，要认真解决如何达到规定压实度和压实度的显著不均匀性问题。能否达到规定压实度，既与碾压温度有关，又与压路机的组合方式和碾压遍数有关。 现场空隙率最大的区域一般是靠中央分隔带的1m以及硬路肩边部，其次是行车道与硬路肩相邻带。两侧 V_a 大，既有边部混合料离析（往往粗颗粒较多）问题，又有边部碾压不足问题。至于路面两侧之间，即超车和行车道上也有不少压实度小的点位，主要是由压路机碾压不均匀，局部缺压和混合料的离析引起的。 对路面危害最大的空隙率大的纵向带，是靠近中央分隔带的两条带，水从空隙率较大处透入结构层后，将顺横坡向超车道和行车道渗透。水将部分滞留在超车道沥青混凝土内，另一部分渗透到行车道沥青混凝土中，使此两个车道有产生水破坏的较大危险。 为了解决两边特别是靠中央分隔带一边空隙率大的缺陷，需要采用以下措施： （1）开始摊铺沥青混凝土时，现场应该准备一辆能保温且能适当加温的有盖手推车。由拌和厂专门拌制部分细集料沥青混合料，送到现场手推车内备用。在摊铺机后面向边部离析带的表面补撒少量细集料混合料，将粗集料之间的表面空隙堵塞。不可以让工人用铁锹到摊铺机分料室边部或前面受料斗中去取较细的混合料，并撒在离析带上，然后将剩余粗集料撒开。因为这样做会破坏分料室边部或受料斗中部分沥青混合料的颗粒组成，使在另一些位置产生离析和沥青混凝土的空隙率偏大。 也可以考虑预拌可常温撒布的沥青细集料混合料，放在手推车内备用。不管是热拌热撒混合料，还是温撒混合料，细集料的颗粒组成都要与所铺沥青混凝土中细集料的颗粒组成相同。 （2）压路机在路幅范围内，从横坡下侧边部开始碾压，到摊铺机跟前后，沿原碾压带退回到开始碾压位置，然后错半轮往前碾压，到摊铺机跟前，再沿原碾压带退回。第二次又错半轮向前碾压。如此反复进行，直到上侧边缘，算是碾压1遍。实际上，碾压1遍后，两侧边部的半轮宽（约1m）只有1个来回压到，其他部分都是压到2个来回。 如果共碾压3遍，则两侧边部只压到3个来回，其他部分都可压到6个来回。这就是边部空隙率大的另一个重要原因。因此，为减少两侧边部沥青混凝土的空隙率，在碾压3遍的情况下，边部需要另外多压3个来回，也就是边部要增加1倍碾压遍数，使压路机在边部实际的碾压遍数或来回次数与总的碾压遍数相同（既包括钢轮压路机，也包括错轮碾压的轮胎压路机）。 为了解决中间某些点位压实度小的问题，除重视解决矿料级配和集料离析问题外，还要十分重视碾压均匀性问题，也就是要认真按规定错轮，不能产生漏压和缺压的位置
做现场空气率与碾压遍数的关系试验	根据不同碾压遍数（指钢轮压路机和轮胎压路机各自的碾压遍数）时沥青混凝土的密度或空隙率，可以绘制空隙率与碾压遍数的关系图。依据该关系图，就可以知道要将沥青混凝土压实到现场空隙率在3%～6%或3%～7%之间，需要碾压遍数的范围或最小的碾压遍数。这些数据对指导正常生产非常重要
用 VCA_{DFR} 方法进行初步级配检验	（1）在铺筑过程中，控制室要连续打印半小时内（约30盘）每盘各个热料仓向拌和室供料的实际比例和具体质量、供给沥青的质量、沥青的加热温度、混合料拌和温度、拌和室出料温度等，试验人员要统计分析打印表上每种集料和沥青的质量以及几种温度的变化范围、平均值、标准差和偏差系数，并计算油石比的变化范围、平均值、标准差和偏差系数，并分析上述统计结果是否正常和符合要求。 （2）用各热料仓的配合比和集料的实际颗粒组成，计算每一盘沥青混合料的矿料级配，并将每一盘的矿料级配和计算得的油石比汇总在一张总表内。 （3）如果细集料中缺少0.3～0.075mm的颗粒，则矿料级配达不到要求，沥青混凝土的空隙率将偏大，可以用8.0%的水泥作填料。 用 VCA_{DRF} 方法对矿料级配加沥青进行初步检验后，检验矿料级配是否属于紧密骨架密实结构。若是，则完全可以使用；反之，则不可用。

续上表

项　目	内容、要求、注意事项及说明
用 VCA_{DFR} 方法进行初步级配检验	(4)热料仓的供料质量不稳定,每个热料仓供料的质量都有变化。如果矿料总质量的变化范围比较大,将难于满足生产优质混合料的要求。要使粗集料的供料误差小于 ±0.7%,细集料的供料误差小于 ±2%,填料的供料误差小于 ±1%。 (5)验算几个代表性矿料级配的合理性。从用 30 盘的热料仓配合比等计算得到的矿料级配中,抽取 4.75mm 通过量最小的、平均值的和最大的三个级配,另外选取一个介于最小通过量和平均值之间的,另一个介于平均值和最大通过量之间级配,采用矿料级配计算方法,重新计算合适的级配
用 VCA_{AC} 方法检验沥青混凝土	铺筑过程中,要从第 3 个或第 4 个和第 11 个或第 12 个运料车的不同位置取沥青混合料样品,或在向运料车装料过程中,直接用小车接数十千克样品,并立即送室内较击实温度高 10℃ 的烘箱内保温,同时做马歇尔试验,并准备制作轮辙试验的板式试件。 (1)检验马歇尔试件的三个体积率,V_a、V_{MA} 和 V_{FA}。 (2)用 VCA_{AC} 方法,再次检验沥青混凝土的矿料级配和油石比
马歇尔试件的水稳性试验	水稳性试验有两种试验方法:一是残留稳定度试验,二是冻融劈裂试验。许多试验证明,同一种沥青混凝土试件,只要一种试验的水稳定性符合要求,另一种试验的水稳定性也符合要求
用轮辙试验仪检验沥青混凝土的高温抗永久形变能力	对于 SAC25 和 SAC30,需要制作 300mm × 300mm × 100mm 的板式试件。对于 SAC20 以下的四种 SAC 可以采用 300mm × 300mm × 50mm 的板式试件。由于试件是根据沥青混凝土的密度和试模容积计算需用沥青混合料的质量的,因此在碾轮压实试件时,需要将试件顶面压实到与试模框顶面平,而不计较碾轮的碾压次数。做轮辙试验时,轮压需要往返作用 5 000 次或 2h

14.12.5 开放交通及其他

开放交通及其他　　表 14-78

项　目	内容、要求、注意事项及说明
基本要求	SAC 路面施工结束后,应在路表温度下降到 50℃ 以下,方容许开放交通。如急需开放交通时,应洒水冷却。 当发现某些改性沥青 SAC 沥青面层在开放交通后有发软的迹象,或大吨位运料车转弯时出现掉粒、轮印等情况时,应加强早期交通的控制。 铺筑好的沥青层应严格控制交通,做好保护,保持整洁,不得造成污染;严禁在沥青层上堆放施工产生的土或杂物,严禁在已铺沥青层上制作水泥砂浆

14.13　沥青路面新材料

14.13.1 Superpave 沥青混合料施工温度控制

(1)施工温度要求

施 工 温 度 要 求　　表 14-79

项　目	内容、要求、注意事项及说明
施工温度控制	Superpave 沥青混合料的温度控制是施工中的关键和难点。Superpave 沥青混合料使用的粗集料较多,拌和温度较难控制,施工时应对喷油器的燃料供给严加控制,一般情况下不提倡采取提高细集料供给量,使细集料产生溢仓的方法控制加热温度。集料的温度检验应分为加热仓出口集料温度检验和混合料出厂温度检验。 一般情况下,Superpave 沥青混合料在普通沥青混合料施工的温度基础上有所提高。具体地讲,Superpave 沥青混合料在施工中各阶段的温度控制见表 14-80。 采用普通沥青的 Superpave 混合料超出 180℃ 或采用改性沥青时超出 190℃ 时应予以作废料处理

(2)施工各阶段中的温度控制

施工各阶段中的温度控制(℃)　表14-80

工　序	Superpave 混合料	改性沥青 Superpave 混合料
沥青加热温度	160~170	165~175
矿料加热温度	170~180	170~185
混合料出场温度	160~170	170~180
混合料到场温度	>160	>160
摊铺温度	>150	>150
初压结束温度	>140	>150
复压结束温度	>120	>130
终压结束温度	≥90	>100

14.13.2 Superpave 混合料的拌和

(1)Superpave 混合料的拌和

Superpave 混合料的拌和　表14-81

项　目	内容、要求、注意事项及说明
美国关于 Superpave 混合料拌和的经验	在美国,Superpave 混合料与马歇尔混合料的拌和并无大的变化。有些承包人将拌和温度提高5~8℃,拌和时间没有改变。但多数承包人反映,Superpave 混合料对级配控制、细料数量及类型、沥青的储存、布袋式储存器等细节方面的要求更严格
拌和温度	Superpave 沥青混合料的设计级配一般呈S形,因此混合料内摩阻力较大,碾压要比传统的沥青混合料困难得多,需要较高的碾压温度,因此拌和时应将集料及沥青加热至较高的温度。我国《公路工程沥青及沥青混合料试验规程》(JTG E20—2011)与 Superpave 方法中都一致认为拌和温度应控制黏度在0.17Pa·s±0.02Pa·s,初压温度应控制黏度在0.28Pa·s±0.02Pa·s。因此,应求得温度与黏度间的关系。对此关系,国际上有各种不同的表达式,最为普遍应用的是 Saal 公式,它适用于所有石油产品,对石油沥青可简化为: $$\lg(\eta \times 10^3) = a - b\lg(273 + t)$$ 式中:η——黏度(Pa·s); t——温度(℃); a、b——与材料有关的经验系数(回归系数)。 拌和温度应根据室内黏温曲线确定,沥青的黏温曲线一般用 Brookfield 黏度计测定,与普通沥青料相比,Superpave 沥青混合料的拌和温度要高5~10℃
拌和	采用产量大于320t/h 间歇式拌和站,拌和速度和掺量应与摊铺和压实机械相适应。在间歇式拌和站热料仓内细集料仓大约占总热料仓体积的50%,剩下的三个热料仓占总体积的50%;而S形级配混合料中粗集料较多,特别是中间集料,这样热料仓筛孔的设置将非常重要。热料仓和冷料仓进料要相匹配,防止待料,尽量减少溢料,应配有80t以上热储料仓。拌和站应配备自动逐盘记录设备,以打印沥青混合料的热料仓配比和拌和温度,还应具有先进的计量、控温、计时设备,可以对混合料进行精确的配比和拌和。粉尘回收装置也是拌和楼必不可少的,回收后的粉尘不能作为矿粉添加到混合料中。在生产中为了尽可能消除集料中粉尘的影响,控制风门完全开启,负压控制在22~26mmHg。 沥青混合料的矿料级配以生产配合比为准,每天进行抽提试验进行检查,要求0.075mm 筛孔通过率控制在±2%以内,其他筛孔的通过率控制在±4%以内,油石比误差为±0.2%。 为了防止出现花白、离析、结团、结块、沥青过热发焦等现象,使集料的所有颗粒均匀覆盖结合料,保证拌和效果,一般拌和楼的时间参数设置见表14-82。沥青拌和楼通过试拌确定拌和机的上料速度。拌和楼启动前,发出信号,使各岗位工作人员就位,确认全部准备工作就绪后正式起动。对各部分的起动严格遵守操作规程,按料流方向顺序进行。采用轮胎式装载机将1~4号集料投入相应料仓,拌和楼运行中经常检查各料仓的储备情况,如因上料速度等原因造成各仓料严重不平衡,应及时停机。

续上表

项　　目	内容、要求、注意事项及说明
拌和	为了保证矿粉能够均匀地分布在沥青混合料中,先将热集料放入拌和锅中进行干拌,再喷入热矿粉,继续干拌5s,使矿粉能够充分的裹覆在集料表面。最后打开沥青门,喷入热沥青,进行湿拌25s。这样生产出来的混合料矿粉分布均匀,且杜绝了花料及拌和不均匀的现象。拌和出来的沥青混合料即通过提料斗转移至储料仓。储料仓设置加热系统,以维持混合料的温度。为了避免出料造成混合料离析,应注意出料方式,一般采用三次卸料比较合理。改性沥青的Superpave混合料应根据拌和机机型适当延长拌和时间。Superpave混合料运到工地前应检查出料温度,发现温度过高或过低时及时通知拌和站控制室,以便及时调整混合料的拌和温度,保证出料温度稳定。 拌和结束后,停止供给冷料并空转滚筒30min。滚筒空转时须加大风机的风门,尽快驱除筒内的废气,并使滚筒冷却。将热料仓中的余料放入拌缸中干拌后放空,起到刷净拌缸内残余沥青的作用。拌和设备每次作业结束后,应使泵反转以排出管道中的残余沥青,防止沥青冷却后堵塞管路

(2)拌和时间参数设置

拌和时间参数设置　　表14-82

动　　作	时　间 (s)	动　　作	时　间 (s)
延时喷沥青	2	脉冲吹扫	17
延时放矿粉	10	开成品门	5
喷沥青	14	斗车卸料	5
称热粉时间	6	纯拌时间	18

14.13.3 Superpave 混合料的运输

Superpave 混合料的运输　　表14-83

项　　目	内容、要求、注意事项及说明
基本内容	Superpave沥青混合料的运输车辆配置应结合拌和产量、运输距离、摊铺碾压速度等因素,确保将拌制好的混合料及时送至摊铺现场,在摊铺机前经常保持4~5辆待卸车,同时满足拌和、摊铺的连续进行,不因车辆少而造成停工待料。运输车辆必须打扫干净,必要时用高压水冲洗,确保无杂物和冷沥青料。为防止沥青混合料与车厢板黏结,在车厢板侧板和底板喷涂柴油水混合液,并确保车厢底板无残积液。沥青混合料装车时,为减少沥青混合料的粗细颗粒离析现象,装料过程中料车应前后移动位置,避免料堆过高粗料滚动而造成离析。为了便于检测混合料温度,所有料车必须预设测温孔,对于无测温孔车辆,不容许用于高速公路沥青混合料的运输。 运输车辆应按照前、中、后的顺序进行装料,并保持运输车中轴线与拌和机卸料斗中线一致,以减少Superpave混合料的离析。 当运输距离长或风力大时,运输车应采取保温覆盖措施,避免表面Superpave混合料温度降低过快而结成硬壳及温度损失,影响其摊铺性能。改性沥青混合料采用三层覆盖,即两层油布间夹一层棉被,可起到良好的效果。棉被不宜直接覆盖在热料表面,因在长期高温作用下,棉被会破损,造成棉花混入混合料中,影响混合料品质。如果到场混合料的颜色不均匀,有花白料、结团或有严重离析现象,温度低于140℃或高于190℃必须废弃;对已结块或已遭雨淋的混合料也须作废弃处理。摊铺现场设专人负责指挥车辆停放待卸料位置,一般在摊铺机前10~30m前停住,向摊铺机受料口卸料时避免撞击摊铺机,卸料过程中运料车靠摊铺机推动前进

14.13.4 Superpave 混合料的摊铺

（1）Superpave 混合料的摊铺

Superpave 混合料的摊铺　表 14-84

项　目	内容、要求、注意事项及说明
下承层的准备	下承层施工前，应提前两天检查下封层质量状况和层间黏结情况，检查路缘石安装情况，有无平面移位、损坏、污染、破损、质量缺陷等问题，确保摊铺前处理结束。 长期养生的二灰碎石经温湿作用，强度形成良好，尤其是经过覆盖过冬保护的二灰碎石，表面平整、坚硬，颜色类似水泥混凝土路面表面。对有二灰碎石表面局部颗粒松动的段落认真处理，采用人工配合机械的方法，彻底清除松动颗粒，直至坚硬二灰碎石层松动颗粒处理结束后，清扫浮尘，然后进行下封层施工。 在进行下封层表面清扫前，首先认真检查下封层与二灰碎石表面黏结情况。下封层表面检查采用一字形螺丝刀，用力挑起下封层，如下封层表面被成片挑起，则说明下封层和二灰碎石之间连接不好，需将这些下封层予以清除，处理二灰表面松动颗粒直至坚硬层，重新补行下封层。 下层施工时，须将表面浮动的多余石屑清扫干净，并使用森林灭火器将浮灰吹干净，认真清扫下封层表面，高压水冲洗泥土、杂物等污染的下基层表面。局部已被严重剥落的下封层，须重新补做。对于封层施工结束时间与试铺时间相隔较长的段落，试铺前需对下封层喷洒少许黏层油（乳化沥青），以便更好黏结，加强整体性。黏层油喷洒量按 0.2～0.3kg/m² 来控制。 中、上面层施工前 2～3d，也要对下承层进行类似的检查和清理，对于表面轻度柴油污染，如滴油、小片油团，人工凿除至无污染层，补洒黏层油；对于大面积柴油污染，表面石子有明显松散的区域，整块切除至下层，在四周及层底补洒黏层油，并用沥青混合料填补，采用小型压路机碾压至要求密实度。对下承层还要检查钻芯的孔洞，钻芯孔洞采用细粒式沥青混凝土填补，确保密实，修补表面略高，确保孔洞不积水蓄水。 中、上面层施工前 1d，要对拟施工段落洒布黏层油，可采用 70 号快裂乳化沥青，洒布量控制在 0.2～0.3kg/m²；对于桥面、通道顶面、污染及下层横向接缝处，洒布量可控制在 0.3～0.4kg/m²
摊铺前的准备工作	1. 机具准备 高速公路沥青路面摊铺一般采用两台同型号的进口摊铺机拼幅摊铺，为防止三层沥青在拼幅施工纵缝处重叠，两台摊铺机拼幅施工中采用不等宽摊铺，使下、中、上摊铺机接缝处相互错开。如下面层两台摊铺机内外侧摊铺宽度分别为 5.5m、6.5m；中面层是 6.5m、5.5m；上面层是 5.5m、6.5m。松铺系数依据压实前后高程差进行确定，每 10m 取一基准断面，每一断面取三点，分别距离中央分隔带 3.0m、6.0m、9.0m。摊铺所用的机械可参考 OGFC 沥青混合料摊铺所用的机械。 2. 摊铺控制 下面层的纵坡基准面采用高程控制，中、上面层采用平整度控制。因此，下面层摊铺中，摊铺机的纵坡采用走钢丝控制高程。前行摊铺机采用单纵坡控制，后行摊铺机采用双纵坡控制中、上面层摊铺中，前后行摊铺机均采用平衡梁控制高程。 3. 摊铺速度的确定 依据不间断原则确定摊铺速度，摊铺机速度参考下式计算值并结合现场情况决定。 $$v=\frac{100\times Q\times e}{60\times D\times W\times T}$$ 式中：v——摊铺机速度（m/min）； e——效率系数，根据材料供应、运输能力等配套情况确定为 0.6～0.8； D——压实混合料的密度（t/m³）； Q——拌和机生产率（t/h）； W——摊铺机宽（m）； T——压实成型的平均厚度（cm）。

续上表

项　　目	内容、要求、注意事项及说明
摊铺前的准备工作	4. 松铺厚度确定 摊铺机开始工作前,事先准备2~3块坚硬的长方形垫木,垫木宽5~10cm,长与熨平板纵向尺寸相同或稍长,厚度为计算的松铺系数。将摊铺机停置于摊铺起点后,抬起熨平板,把垫木置于熨平板的下面,因是加宽熨平板,垫木放在加宽部分的近侧边处。 摊铺层的厚度是由熨平板的仰角决定的,故调整好工作仰角的初始值至关重要。中、下面层摊铺时熨平板初始工作角标尺数值设为0。为了防止离析,建议将螺旋布料器调至低位,即螺旋布料器中心线距底面310mm。混合料摊铺过程中各参数设置见表14-85

(2)摊铺各参数设置

摊铺各参数设置 表14-85

参　　数	摊铺速度(m/min)	预夯锤行程(mm)	主夯锤行程(mm)
Superpave 沥青混合料	2.0~4.0	4.0~5.0	4.0~5.0

14.13.5 Superpave 混合料的碾压

Superpave 混合料的碾压 表14-86

项　　目	内容、要求、注意事项及说明
美国关于 Superpave 碾压的经验	美国关于Superpave施工谈论最多的是关于Superpave混合料的压实,即混合料在90~110℃,钢轮碾压中发生推移现象。70%的承包人表示较难达到特定的压实度,原因是粗集料的增多和层厚的增加。尽管有些困难,但85%的用户表示可以获得一致的压实度,90%的用户反映按照过去的经验即可满足混合料的压实,同样90%的用户认为压实度的变异性和马歇尔混合料一样,40%的承包人认为Superpave混合料降温速度要快于马歇尔混合料。总的说来,承包人反映Superpave混合料的压实要较马歇尔混合料困难,碾压的关键在于细节的处理
路面压实度的控制	压实控制研究发现,只有当沥青混凝土路面的原位空隙率小于8%时,路面才能做到基本不透水。为了防止水损害的出现,工程中压实度控制采用了"双控"的措施,即路面压实度要求达到理论最大密度的94%~97%,控制现场路面压实后的原位空隙率在3%~6%。理论最大密度测定方法对于最大理论密度影响很大,并最终会影响到混合料空隙率的计算和路面质量的控制。目前常用的办法有计算法和实测法。计算法由于不能精确地判断集料有效密度的大小而不易准确获得。抽真空实测法操作简便,可以相对比较真实地反映混合料最大理论密度的情况,国内大量的同类研究也证明了这一点,因此,在施工控制中最大理论密度的确定应以抽真空法为准
碾压机具的组合	碾压机具组合及混合料的碾压,首先要根据试铺确定碾压组合,并由此指导施工。碾压机械组合可具有多样性,并不是单一或唯一的。碾压的目的是在规定温度下完成路面碾压,使路面达到要求的密实度和平整度即可。只要能达到此要求的碾压组合均是合理组合,均可以使用在碾压中。鉴于Superpave沥青混合料较难压实,在沥青混合料摊铺后,采用紧跟摊铺机,确保高温碾压的压实碾压工艺,并且缩短碾压作业段长度,但不得使沥青混合料产生推移、开裂
混合料的碾压要点	Superpave混合料与传统AC-I型混合料相比,粗集料比例较大。对于粗集料比例大的沥青混合料,必须增大压实功,才能获得所需的密实度。一般来说,沥青混合料的温度低于100℃时,碾压已起不到提高压实度的作用,摊铺结束到降温至100℃的时间段就是有效压实时间。有效压实时间与气温、摊铺温度、下层温度等有关。铺层越厚,混合料冷却速度越慢,有效时间也越长;铺层越薄,有效压实时间也越短。 初压一般均使用双钢轮压路机静压或去静回振1遍,初压一般不用胶轮压路机。用胶轮压路机初压轮轮迹很深,虽然不容易产生混合料的推移现象,但在低温季节或大风天气,降温速率快时,胶轮轮迹很深,很难消除,因此建议一般初压使用双钢轮压路机静压。复压一般先使用双钢轮压路机振动碾压。国外的研究表明,振动碾压是最有效的压实方式。仅用2台胶轮压路机无法使路

续上表

项　目	内容、要求、注意事项及说明
混合料的碾压要点	面压实度达到95%以上,而用振动碾压2~4遍就可以将压实度提高到96%~98%。国外研究认为,振动压路机是沥青混凝土路面复压的最好机型。但是,钢轮压路机碾压后,铺层表面会产生热裂纹现象,这时利用胶轮压路机的搓揉碾压作用,可以有效消除面层表面的这种热裂纹。 终压采用双钢轮压路机静压1~2遍。终压不能起到提高路面压实度的作用,其目的是消除胶轮碾压的轮迹。终压压路机要求钢轮较宽,碾压速度不宜过快
碾压中应注意的问题	(1)压路机折回处不在同一横断面上,而是呈阶梯形随摊铺机向前推进。 (2)当有黏轮现象时,可向碾压轮—钢轮均匀喷洒少量掺加洗衣粉或清洗剂的水,向胶轮人工均匀徐刷少许植物油;不得向碾压轮喷洒柴油或涂抹柴油与水的混合物。 (3)在钢轮碾压过程中,其喷水装置应尽量调成雾状向碾压轮喷水,在保证不黏轮的前提下,尽量减少喷水量;且尽量保持连续作业,高温碾压,以减小碾压轮和路面温差减少黏轮现象
不稳定区的压实	有些Superpave混合料在93~115℃存在一个不稳定区,即在这个温度范围以上或以下都可以很好地压实,但在这个温度范围内混合料是不稳定的,无论采用何种压实方式都难以获得足够的压实度。 从理论上讲,当混合料有不稳定区存在时,解决的方法有三种:一是在混合料温度下降至不稳定区前完成碾压,这需要增加压路机的数量或提高混合料的拌和温度。显然过高地提高拌和温度是不适宜的,因此只能采用增加压路机数量的方法来达到这一目的。二是在不稳定区以上采用振动钢轮压路机进行碾压,当混合料温度下降至不稳定区以后使用胶轮压碾压,终碾可以在混合料冷却到不稳定区以下时进行。三是在不稳定区以上用钢轮压路机进行初压,然后在混合料温度下降至不稳定区以下时完成全部压实过程。综合考虑三种方法,第二种方法最好,即当混合料的温度降至不稳定区时,改用胶轮压路机进行碾压能取得最好的效果

14.13.6 Superpave 施工接缝处理

Superpave 施工接缝处理　表14-87

项　目	内容、要求、注意事项及说明
总体要求	接缝包括纵向接缝和横向接缝。接缝处理不好,易在接缝处产生凹凸,致使平整度不良,造成接缝跳车;或由于接缝处压实度不够和结合强度不足而产生裂纹。 Superpave沥青混合料面层接缝的一般原则首先要按照《公路沥青路面施工技术规范》(JTG F40—2004)的要求进行施工,沥青路面的施工必须接缝紧密、连接平顺,不得产生明显的接缝离析。上下层的纵缝应错开150mm(热接缝)或300~400mm(冷接缝)。相邻两幅及上下层的横向接缝均应错开1m以上。接缝施工应用3m直尺检查,确保平整度符合要求
纵向施工缝的处理	将已铺混合料部分留下10~20cm宽暂不碾压,作为后铺部分的高程基准面,并有5~10cm的摊铺层重叠,以热缝形式在最后做跨接缝碾压以消除缝迹。在变宽路段,尽量采用热接缝形式,以跨缝碾压方式消除缝迹。若纵向接缝使用冷接缝,按有关要求施工
横向施工缝的处理	采用平直接缝,切缝时间宜在混合料尚未冷却、结硬之前进行。横缝位置的选定应保证其最端部横向边缘的厚度、平整度满足要求,用切缝机锯齐,形成垂直的接缝面;在继续摊铺时,先涂抹少量黏层沥青,然后用双钢轮压路机进行横向碾压,碾压时压路机应位于已压实的面层上,错过新铺层15cm,然后每压一遍,向新铺层移动15~20cm,直至全部在新铺层上,再改为纵向碾压。 在冷接缝及构造物两端连接处,采用相对较细的沥青混合料进行人工摊铺,精心施工,连接平顺,保证接缝处压实良好、基本不渗水

14.13.7 Superpave 开放交通及其他

Superpave 开放交通及其他 表 14-88

项　目	内容、要求、注意事项及说明
基本内容	Superpave 路面施工结束后,应在路表温度下降到 50℃以下,方容许开放交通。如急需开放交通时,应洒水冷却。当发现某些改性沥青 Superpave 沥青面层在开放交通后有发软的痕迹或大吨位运料车转弯时出现掉粒、轮印等情况时,应加强早期交通的控制。 铺筑好的沥青层应严格控制交通,做好保护,保持整洁,不得造成污染,严禁在沥青层上堆放施工产生的土或杂物,严禁在已铺沥青层上拌制水泥砂浆

14.13.8 阻燃沥青的制备

阻燃沥青的制备 表 14-89

项　目	内容、要求、注意事项及说明
阻燃剂	我国所使用的阻燃剂,卤系比重过高,估计达 50% 以上,多为多溴联苯氧化物、多溴苯、多溴二苯氧基化合物、多溴苯邻二甲酰亚胺、多溴环癸烷、氯代脂环族化合物或多溴苯酚等,而无机阻燃剂的用量很少,估计在 15% 以下;在美国、西欧及日本三大阻燃剂市场,无机产品的比例分别为 50% ~55% ,40% ~45% 及约 30%;因此我国现有的阻燃剂结构是不合理和不符合阻燃剂发展趋势的,更有悖当今环保的要求,应尽快采取措施相对减少卤系阻燃剂的用量,大力增加无机阻燃剂(包括磷系、铝系、镁系、硼系、硅系等)的用量,改善我国阻燃剂的结构。 含有下述周期中元素的化合物,通常具有阻燃功能:VIIA:F、Cl、Br 及 I;IIA :Mg 及 Ca;VIA:S;VIII:Fe 及 Co;V:AN、P 及 Sb;IIB:Zn;IVA:C、Si、Sn 及 Pb;VIB:Cr 及 Mo;IIIA:B 及 Al。 实际采用的阻燃剂多为复合阻燃剂,这样路用效果更好。复合阻燃剂往往由卤系阻燃剂、无机化合物阻燃剂、抑烟剂以及调和剂等中的一种或几种复合而成,利用他们之间的协同效应可以得到较为理想的阻燃效果
沥青	现在对纯沥青的路面阻燃应用越来越少,一般采用聚合物改性沥青。改性沥青多是重交通沥青 AH-70、AH-90、AH-110 经过改性而成,改性剂一般采用聚合物改性剂效果较好,包括 SBS、SBR、SIS、SB、PE、橡胶粉等;例如对于 OGFC、排水性路面等大空隙、多孔性沥青混合料,需考虑制备高黏度改性沥青
制备流程	通过加入一定比例的重交通道路石油沥青、十溴联苯醚、三氧化二锑、氢氧化镁、氢氧化铝、偶联剂、调和剂、改性剂,可以制得一种阻燃沥青,步骤如下: (1)首先将称定重量的重交通道路石油沥青熔融,并保持在 80℃左右。 (2)加入添加剂:将十溴联苯醚、三氧化二锑、氢氧化镁、氢氧化铝、偶联剂和调和剂加到熔融的沥青中,加入的同时并搅拌,使各组分混合均匀。 (3)加入改性剂:然后加入改性剂,升温到 150℃ ~183℃,搅拌混合 5 ~10min 后,用高速剪切机在 1 500r/min 下剪切 10 ~20min ,使改性剂充分溶胀,再继续在 5 000r/min 下高速剪切 30min ,改性剂在剪切作用下逐渐变细,最终以细小颗粒均匀分布于沥青中,最后得到路用阻燃沥青

14.13.9 阻燃沥青的燃烧性能评价

阻燃沥青的燃烧性能评价 表 14-90

项　目	内容、要求、注意事项及说明
概述	目前对沥青的阻燃性能评价还没有制定统一的标准,而改性沥青的软化点很高,所以可参照国标中塑料、橡胶、玻璃钢等的燃烧性能测试方法——极限氧指数(LOI)法对沥青的阻燃性进行测试

续上表

项　目	内容、要求、注意事项及说明
极限氧指数法(LOI)	极限氧指数的定义:在规定的条件下,材料在氧、氮混合气流中刚好能维持平稳燃烧时所需的最低氧浓度,通常以氧在混合气体中所占的百分数来表示。 $$\mathrm{LOI}=\frac{O_2}{O_2+N_2}\times 100\%$$ 式中:O_2——临界氧浓度时混合气流中氧气的体积流量; N_2——临界氧浓度时混合气流中氮气的体积流量。 氧指数高,说明材料燃烧需氧量大,难燃;反之则易燃。一般认为,LOI 在 20% ~27% 为可燃,小于 20% 为易燃,大于 27% 为难燃。日本 JISK7201 则把大于 30%、27% ~30%、24% ~27%、21% ~24% 和小于 21% 分为难燃 1 ~5 级标准
阻燃剂选择应注意的问题	(1)安全性,阻燃剂受热燃烧后不会释放出污染环境和对人身体有害的物质,包括施工过程和火灾发生过程。 (2)阻燃剂本身应该易于加工,阻燃剂加入沥青的加工过程也尽量容易操作。 (3)加入阻燃剂后,沥青路用性能不会受到太大影响。 (4)阻燃剂不应较大地影响改性沥青的原有改性效果。 (5)对于阻燃沥青的加工方法对沥青路用性能的影响也应该考虑进去

14.13.10 阻燃沥青路面的施工工艺

阻燃沥青路面的施工工艺 表 14-91

项　目	内容、要求、注意事项及说明
概述	隧道阻燃沥青路面施工工艺总体上与普通沥青路面相似,但是由于长隧道处于近似封闭的状态,其施工湿度场、温度场、通风状况与隧道外不同常规热拌沥青混合料的施工工艺
防水黏结层施工工艺	(1)隧道水泥混凝土应洁净、干燥、平整、粗糙。洁净指铺装完后尽快清除浮浆和泥土。干燥指水泥路面应没有水分,以增强与沥青路面的黏结。平整指纵向平整度 $\sigma\leq1.2$mm,横向 3m 直尺最大间隙≤5mm,横坡≤ ±0.15%,以防止沥青路面层间水在凹处积水。粗糙指铺砂法检测表面构造深度为 0.8 ~1.2mm,以加强水泥混凝土与沥青混凝土的黏结。为了达到以上效果,建议不要采用人工凿毛和冲洗的方法,由于隧道近似封闭的原因,其内部湿度场呈饱和状态,冲洗过后的表面水很难干燥,不仅影响工期,而且影响层间黏结。推荐采用压力喷砂打毛的工艺对隧道内水泥混凝土的不平衡部位清洁,消除不平整,增加粗糙度,而且不用水冲,使隧道干燥。 (2)防水黏结层建议洒布热沥青。通常情况下,防水黏结层洒布改性乳化沥青,但是由于隧道近似封闭的原因,其内部湿度场呈饱和状态,乳化沥青在此状态下破乳速度慢,且破乳程度不彻底,不仅影响工期,而且影响层间黏结。而热沥青就没有以上缺点,但是热沥青由于黏度较高,因此对洒布机提出了较高的要求
拌和工艺	(1)阻燃矿物纤维添加。阻燃矿物纤维有两种添加方式:一种是可以利用纤维风送设备添加,但是要考虑矿物纤维的相对密度为 2.5,比常用的木质素纤维和聚合物纤维的相对密度大 2.5 倍左右,因此风送设备要增大功率;也可以将用 PE 塑料袋封装好的矿物纤维包人工投入拌和楼,具体方法是:拌和锅楼门关闭后一旦开始添加集料时,就在拌和楼上方口快速投入。 (2)拌和时间。纤维是否分散均匀是衡量纤维沥青混合料质量的重要指标,纤维分散不均匀就导致部分纤维结团,碾压时出现油斑;而缺少纤维的地方,路面营运过程中容易出现松散等病害。为了保证纤维的均匀分散应适当延长拌和时间。对于阻燃 MF-AFR 纤维沥青混合料,干拌时间和湿拌时间都延长 5s 左右,即干拌时间由通常的 5s 延长到 10s,湿拌时间由 30s 延长到 35s。 (3)适当降低拌和温度。由于隧道近似封闭的原因,沥青混合料在施工过程中散热慢且通风不畅,导致隧道内施工沥青混合料时温度很高,其温度场梯度比隧道外小得多。施工过程中过高的温度不仅会使摊铺机自动熄灭,而且会导致施工人员高温中暑甚至窒息,因此在满足碾压密实的情况下,应尽可能地降低施工温度,一般情况下隧道内沥青混合料的拌和温度应比隧道沥青混合料的拌和温度低 10 ~20℃,一般的拌和温度为 165℃ ±10℃

续上表

项　　目	内容、要求、注意事项及说明
摊铺工艺	(1)施工通风。由于隧道近似封闭状态,隧道内的空气处于静止状态,摊铺机和压路机需要消耗氧气并排出废气,时间长了就会影响施工人员的健康,因此隧道施工时要有通风措施。最好是利用隧道风机进行通风,但是往往由于几点工程施工滞后,此时风机一般情况下没有安装好。如不能利用隧道风机,则可以在摊铺机前端架个大型移动风扇送风,摊铺机后部采用2个大型移动风扇抽风,或者在摊铺机后部的隧道横洞向另一侧隧道排废气,从而形成流动风。另外,在摊铺机的发动机两侧绑上电扇强制风降温。 (2)适当降低摊铺温度。相同的道理,降低摊铺温度可以降低隧道内的温度,与拌和温度相对应,摊铺温度也较隧道外施工降低10~20℃,一般的摊铺温度为155℃±10℃。 (3)适当降低摊铺速度提高摊铺密实度。在施工温度降低的条件下,尽可能提高摊铺密实度是保证成型路面压实度的有效措施。一般情况下,摊铺速度为2m/min。 (4)一台摊铺机摊铺。由于隧道空间有限且隧道摊铺宽度窄,采用一台摊铺机施工
碾压工艺	(1)适当减低初压温度。相同的道理,减低初压温度可以降低隧道内的温度,与摊铺温度相对应,初压温度也较隧道外施工降低10~20℃,一般的初压温度为145℃±10℃。 (2)高频低幅跟振动碾压。为了保证压实度,应采用高频低幅紧跟振动碾压。 (3)保证有效碾压时间。虽然降低了初压温度,但是由于隧道内散热慢,因此有效碾压时间是有保证的
综述	(1)隧道内SMA阻燃沥青路面的解决方案是使用阻燃MF-AFR纤维。SMA沥青路面的马歇尔试件和车辙试件的室外掺汽油的比较燃烧试验表明:采用此阻燃解决方案后,相对于没采用阻燃沥青路面的试件,试件中的沥青没有出现燃烧现象,且生烟明显减少。 (2)由于隧道近似封闭的状态,其湿度饱和的特点,水泥混凝土预处理工艺要求采用压力喷砂打毛的工艺而不能采用水冲洗的工艺,防水黏结层材料要求采用热沥青而不能采用乳化沥青。 (3)由于隧道近似封闭的状态,具有通风不畅、散热慢、温度高的特点,要求相对降低拌和温度、摊铺温度、碾压温度约10~20℃,并加强施工通风。 (4)阻燃矿物纤维可以风送添加,也可以人工添加。为了纤维分散均匀,要求干拌和湿拌时间延长5s

14.14 旧沥青路面再生利用

14.14.1 概述

概　　述　　表14-92

项　　目	内容、要求、注意事项及说明
沥青路面修复方案选择	沥青路面在交通荷载与气候环境的综合作用下,随着路面服务年限的增加,其使用性能会逐步衰减,因此,在合适的时间,必须对旧沥青路面进行修复以恢复到一定的使用水平。 旧沥青路面修复的技术措施有多种,如改建、薄罩面、厚罩面等,旧沥青路面再生是其中的一种重要方法。采用何种修复方法,取决于对路面的现状和路面材料性能的评估、对各种方案的社会和经济效益比较等的综合考虑
旧沥青路面再生利用	对旧沥青路面进行再生利用,可以大大节省路用材料、人力和物力,并且解决了废料堆放的问题,利于环保。由于对旧路的再生利用,使得原有路面的横断面形式以及路面高程等得以保持,这对在路面高程有严格限制的地方(如高架桥下道路)具有更明显的优势。 当在路面的维修中采用旧沥青路面再生时,可以在现场进行热再生,减少了工序,从而可以尽快开放交通,节省了用路者的费用,具有可观的社会经济效益。同时,采用再生方法进行维修可以给有关经营管理部门节省投资。 再生沥青路面由于大大减少了筑路材料的用量,因而节省了工程费用。根据美国联邦公路管理局的调查,旧沥青路面再生利用,可节约材料费53.4%,路面降低造价25%左右,沥青节约50%。

续上表

项　　目		内容、要求、注意事项及说明
旧沥青路面再生利用		1980年,美国使用了约5 000万t旧路面材料,节约投资达3.95亿美元。我国在20世纪80年代的经验表明,由于铺筑再生沥青路面,其材料费平均节省45%~50%。降低工程造价20%~25%,大体上与国外许多国家的经验相当。 概括来说,沥青路面再生利用有如下几个优点: (1)减少施工费用。 (2)节约了石料和沥青。 (3)维持原有路面的几何形状和高程。 (4)节约能源。 (5)保护环境。 (6)节约用路者费用

14.14.2 再生利用类别

再生利用类别　　表14-93

项　　目		内容、要求、注意事项及说明
基本内容		沥青路面的再生利用,是将旧沥青路面经过翻挖、回收、破碎、筛分后,与再生剂、新沥青材料、新集料等按照一定比例重新合成沥青混合料,满足一定的路用性能并重新铺筑于路面的整套工艺。 按照沥青路面再生方式和拌和地点的不同,可以将沥青路面的再生利用分为三种:一是沥青路面现场冷再生;二是沥青路面现场热再生;三是沥青路面工厂热法再生。这三种再生各有不同的应用场合和不同的施工工艺。具体使用何种沥青路面再生方法,需要根据旧路面的实际情况,新路面应该达到的要求,以及实际的施工能力等综合确定
沥青路面现场冷再生	定义	沥青路面的现场冷再生是指利用旧沥青路面材料以及部分基层材料进行现场破碎加工,并根据级配需要加入一定量的新的粗细集料,同时加入一定剂量的添加剂和适量的水,根据基层材料的试验方法确定出最佳的添加剂用量和含水率,从而得到混合料现场配合比,在自然环境温度下连续完成材料的铣刨、破碎、添加、拌和、摊铺及压实成型的作业过程,重新形成结构层的一种工艺方法
	特点	现场冷再生法具有如下优点: (1)简化施工工序,不存在旧路材料的运输和弃置问题。 (2)可以修补各种类型的路面损坏。 (3)可以改善原有路面的几何形状以及横断面坡度。 (4)可以通过基层承载力的提高,提高路面等级。 (5)铣刨、破碎、添加、拌和、摊铺、压实可一次完成,大大提高了生产率,施工工序的简化使工期缩短。 (6)可以延长施工季节,不受特殊气候条件的影响。 (7)现场无需加热沥青等,减少了环境污染,满足了环保要求。 (8)可以同时对面层和基层进行破碎,保证结构的整体性,对旧路路基的影响和破坏很小。 (9)利用旧路面和基层材料,大大减少了新材料的用量,节约了资源。 (10)再生后只需要在上面加铺薄的罩面,就可以恢复路面强度。 (11)大大降低了工程费用。 但现场冷再生质量不能达到沥青面层的质量标准,只能用于基层,在国外多用于乡村道路的翻修。而对于高速公路来讲,原先的优质旧沥青混合料如果仅仅用来作为基层的集料,其利用效率是比较低的。只有对原有的等级较低的沥青路面进行升级时,采用这种方法才能带来比较好的效益

续上表

项目		内容、要求、注意事项及说明
沥青路面现场冷再生	机理	铣刨、破碎的沥青混凝土路面材料作为基层中的集料重新利用,与添加剂加水充分拌和后,会发生一系列化学反应和物理反应,如水泥与水发生水化反应,同时与破碎的旧路材料发生各种反应;而石灰加入旧路材料中后,则出现离子交换反应和 $Ca(OH)_2$ 的结晶反应等絮凝现象。这些反应致使新的基层材料刚度不断增大,强度和稳定性也不断提高。经过进一步的碾压成型及养生后形成与水泥土、水泥稳定级配粒料及二灰稳定级配粒料等半刚性基层性质类似的基层材料
	应用场合	现场冷再生可以用来修复原有路面的车辙、养护时的补丁以及荷载导致的路面块状开裂等。由于不需要对沥青混凝土进行加热,从而不会对环境质量造成大的影响,适用于对环境要求比较高的地方。由于工序比较简单,缩短了施工时间,完成以后只需要在其上进行薄的罩面就可以恢复原有路面等级,因而尤其适用于交通比较繁忙的路段,可以尽量缩短交通的延误
沥青路面现场热再生	定义	沥青路面的现场热再生是采用特殊的加热装置在短时间内将沥青路面加热至施工温度,然后利用一定的工具将路面面层刨削 25mm 左右,然后根据混合料性能要求掺加新集料、再生剂等,搅拌摊铺,然后压实完成的一整套工艺
	特点	采用现场热再生具有如下几个显著的优点: (1)可以对旧路面上已经剥落的集料重新进行混合,保证沥青的裹覆。 (2)通过对旧沥青路面的重新加工,可以使得已经老化变脆的沥青路面重新恢复其柔性。 (3)增加了路面的抗滑性从而提高路面行车安全性。 (4)与传统常温修补工艺相比,采用现场热再生方法可以使得施工工艺大大简化,只需要进行热软化、补充新料、混合整平和碾压成型等五道工序。 (5)施工配套设备大大减少,可以减少传统常温修补工艺所需要的空气压缩机、挖切机具装运新混合料和废旧料的车辆等配套设备,因此不但减少了设备投资,而且减少了施工人员和路面施工时的封闭区域,保证车辆畅通。 (6)废料可以就地再生使用,通过对旧料进行加热后与一定量的新料掺配后再生利用,从而保护了环境,节约了成本。 (7)与其他修复方法相比,可以大大减少对交通的影响。 (8)由于现场热再生工艺使得新旧料互相融合,没有明显的接缝,因此结合强度高,平整度好,可完全避免车道接缝所产生的纵向开裂。 (9)大大减少了材料的运输量,减少了对车辆的使用,以及燃油的消耗。 所有上述优点都可以归结为维修成本的降低,与传统路面维修方法相比,可以节约 20% ~50%。 这种方法虽然将旧沥青层全部利用,但加上新集料搅拌重铺后会改变原路面的高程,不符合原高速公路的纵断面标准。此外,旧沥青混合料的再生质量往往难以达到高速公路沥青面层的要求。因此,现场热再生路面主要用于路基完好、路面破损深度小于 6cm 的沥青混凝土路面的维修,并且要求原有沥青材料经再生处理后,能恢复其原有的性能和寿命
	应用场合	采用现场热再生可以修复表面产生的波浪、纵向开裂和表面车辙等,因此比较适合于以较快的速度修补沥青路面的严重表面损坏。由于施工工序简化,缩短了施工时间,因此适用于交通繁忙、不能中断交通太久的路段
沥青路面工厂热法再生	定义	旧路面就地翻松以后,就地打碎然后运到再生处理厂或运至厂内打碎。利用一种可以添加旧沥青混合料的沥青混凝土搅拌设备,根据高速公路路面不同层次的质量要求,进行配合比设计,确定旧沥青混合料的添加比例,并添加新集料、稳定处理材料或再生剂等,从而得到满足路面性能要求的新的沥青混合料
	特点	采用工厂热法再生有如下的优点: (1)由于是将原有旧沥青路面直接回收处理后重新铺筑,所以对于所有的路面损害,这种方法均适用。 (2)将新旧沥青混合料采用集中厂拌法生产,沥青混合料的质量可以得到较好保证。

续上表

项　　目		内容、要求、注意事项及说明
沥青路面工厂热法再生	特点	(3)由于是重新摊铺路面,所以可以保证路面的各项性能,如平整性、抗滑性等,与传统的热拌沥青混凝土路面的使用性能类似。采用工厂热法增加了对旧料的加热拌和工艺,从而需要对原有的沥青混合料拌和等生产工艺进行一定的调整,这也增加了一定的成本,同时也可能带来一定的环境污染
	应用场合	工厂热法再生的沥青路面可以修复所有的路面损坏情况,并且可以充分保证路面的使用性能。但由于对旧沥青混合料的掺加比例有一定限制,一般在15%～30%,不超过50%的旧料掺加量,因此不能充分利用回收的旧料。因此,该方法适合于要求完全达到原有高等级沥青路面的使用性能的修复

14.14.3 再生沥青混合料施工技术

再生沥青混合料施工技术　表14-94

项　　目	内容、要求、注意事项及说明
基本内容	对于再生沥青混合料,按照施工工艺的不同,可以采用厂拌再生法和路拌再生法。对于高等级沥青路面再生利用的施工方法,我国目前还缺乏这方面的实践和经验,结合目前高速公路沥青路面的施工方法,可以采用工厂热法再生工艺为主的施工方法,从而可以对旧沥青混合料性能进行有效改善以达到高等级公路的使用要求。在路面性能要求不高,或者原有路面较好的情况下,也可以采用现场热再生方法进行施工。采用工厂热法进行沥青路面再生,可以方便利用已有的沥青路面施工的各个设备,只需要添加有关的铣刨设备,且旧料加热拌和设备所增加的成本较小。同时这种方法可以保证再生沥青混合料的质量,确保达到高等级公路的使用要求,与我国的国情比较吻合。而采用现场热再生,虽然减少了旧沥青混合料的运输,但由于沥青路面再生的质量很难达到较高的水平,并且设备也比较复杂,目前在国内的应用前景应该不如工厂热法再生
工厂热法再生施工技术	厂拌再生施工包括现场旧料的回收、集中加热拌和、运输、摊铺、碾压等几个步骤。与常规的沥青混合料施工相比,主要增加了旧料回收,以及集中拌和时的冷料加热装置和输送装置。 再生沥青路面的施工工艺与普通沥青路面的施工工艺相比,在再生沥青混合料的拌和上复杂程度大大增加。如何确保旧沥青混合料的再生质量是加热拌和中需要重点考虑的问题。 1.旧料回收 沥青路面再生利用的第一步,必须进行旧料的有效回收,包括旧料的铣刨、破碎和筛分储存等步骤。通过铣刨装置可以回收一定厚度的路面材料,同时保证其下的路面结构具有一定的横坡度。旧料回收以后,可以就地或运到工厂内,对旧料进行破碎,要求将旧料破碎成25mm筛的通过率为100%。在现场铣刨旧料时,由于旧沥青面层和基层有一定的黏结力,可能会将基层的少部分混合料带上来,此时必须对基层的混合料进行区分,剔除其中的杂质,以保证再生沥青混凝土的质量。 2.再生沥青混合料加热拌和 与普通沥青混合料拌和相比,再生沥青混合料的拌和要复杂得多,需要考虑如何对旧料进行加热,何时加入再生剂以获得最佳的再生效果等。通常,对再生沥青混合料的加热拌和有如下几种方式。 (1)直接加热拌和方式 该方法是将新集料、旧沥青混合料、新沥青、再生剂同时投入拌和筒中进行加热拌和,根据新旧料加入次序和方法的不同,又分为如下几种方法: ①将新集料与旧沥青混合料从旋转的圆筒拌和干燥炉的上端同时投入进行加热,然后加入新沥青和再生剂进行拌和。 ②首先将新集料投入套筒内高温加热,然后再将旧沥青混合料倒入拌和,通过热传导进行加热,再与新沥青和再生剂进行拌和。 ③首先将新集料进行高温加热,然后在干燥炉中央投入旧沥青混合料,通过新旧粒料热传导以及热风加热,接着加入新沥青和再生剂,在圆筒内完成加热拌和。

续上表

项　　目	内容、要求、注意事项及说明
工厂热法再生施工技术	(2)新集料高温加热方式 这种方式是单独高温加热新集料,然后通过热交换加热旧沥青混合料,拌和不在圆筒内完成,而是通过在拌和机中加入新沥青和再生剂进行拌和。根据热传导方式的不同,这种方法又可以分为如下几种方法: ①将新集料在圆筒内高温加热后,传送到拌和机内,然后加入旧沥青混合料、新沥青以及再生剂进行加热拌和。 ②将新集料在圆筒内高温加热后,在圆筒内与旧沥青混合料进行拌和,然后将加热后的新旧料一起投入拌和机内与新沥青和再生剂一起拌和。 ③将新集料在圆筒内高温加热后投入另一个低温的圆筒内与旧沥青混合料进行热传导,然后一起投入拌和机内与新沥青和再生剂一起拌和。 (3)间接加热方式 这种方式是将新旧粒料同时在同一进料口中投入,然后通过热交换套管以及热风加热方式进行加热,最后投入拌和机与新沥青和再生剂一起拌和。 比较这三种加热拌和方式,前面两种都是将旧沥青混合料与高温的新集料直接接触。与拌和普通沥青混合料相比,在再生沥青混合料生产过程中,新集料温度应提高10℃左右,控制在180~190℃之间。如此高的新集料温度,会使得旧沥青混合料中的旧沥青挥发或者严重老化,从而影响沥青用量计量的准确性和沥青再生的效果。因此推荐采用第三种间接加热方式,通过热套管以及热风对混合料进行间接加热,避免过热。 根据部分研究结果,在80~100℃之间对旧沥青混合料和再生剂进行拌和,可以使得再生剂与旧沥青进行充分融合,取得最佳的再生效果,然后在170℃左右与新集料及新沥青进行拌和,如此所得的再生沥青混凝土具有最佳的力学性质。 再生沥青混合料的拌和时间与普通沥青混合料的拌和时间类似,要保证新旧沥青混合料拌和到颜色均匀一致时出料。 3. 再生沥青混合料运输、摊铺和碾压 再生沥青混合料的运输、摊铺和碾压的方式与普通沥青混合料基本一致,其具体施工工艺和步骤可以参见JTG F40—2004。 但其中需要特别注意两点: (1)由于铣刨旧沥青路面时,可能会对基层的平整性有一定的破坏,并且基层上的杂质比较多,必须将基层重新整平压实并清扫干净,然后洒一层透层油,以保证再生的沥青面层与基层间的黏结力。 (2)由于不能对旧料进行过高的加热,使得出厂的再生沥青混合料温度可能偏低,所以要确保在运输的过程中,料温不致有较大的降低,以保证摊铺时的温度。 4. 再生沥青混合料生产质量控制 对再生沥青混合料生产质量的控制主要包括三个方面:集料级配、沥青含量和取样进行体积性质及力学性质测试。 (1)集料级配控制 再生沥青混合料由于旧沥青混合料中的级配复杂,需要对出厂的再生沥青混合料进行级配检验,确保添加了合适数量的新集料,满足再生沥青混合料的有关级配要求。一般情况下,级配应该满足现行《公路沥青路面设计规范》(JTG D50—2006)中有关路面级配类型的要求。由于0.075mm的通过率对再生沥青混合料的性能有很大影响,因此需要对这一级的集料含量进行严格的控制。一般对出厂的再生沥青混合料进行取样分析,这样可以保证最终的路用再生沥青混合料的级配。 但同时也需要在生产再生沥青混合料的过程中,对冷料仓和热料仓中的混合料取样进行分析,并进行及时的级配调整,以保证最终的再生沥青混合料的级配满足要求。 (2)沥青含量控制 沥青含量对再生沥青混合料的性能有重要影响,沥青含量过少会使混合料的耐久性缺乏,而过高的沥青含量又会降低沥青混合料的稳定性,因此需要对再生沥青混合料生产过程中的沥青含量进行检测,以保证在合理的范围之内。

续上表

项目	内容、要求、注意事项及说明
工厂热法再生施工技术	导致沥青含量出现偏差的原因一般包括：集料计量错误、沥青计量错误、混合料的离析以及试验的偏差等。一般采用抽提的方法对沥青含量进行检验，并根据偏差情况进行分析，找出导致偏差的原因并改善。 (3)取样测试 需要对出厂的沥青混合料进行取样成型，相应的试件以对马歇尔稳定度和流值以及空隙率等指标进行检验，确保生产的再生沥青混合料可以满足路面使用要求。如果发现不符合设计质量要求，应及时找出原因，修正配合比设计，直到满足要求方可出厂
现场热法再生施工技术	1.现场热再生施工工艺流程 现场热再生施工将再生混合料的生产、拌和和摊铺压实等都集中在路面现场进行，减少了工序，提高了效率，是较有发展前景的一种再生路面施工方法。 2.现场热再生施工机械配备 现场热法再生施工使用加热刨削机、加热耙松机、冷刨机等将路面面层的表面刨削25mm左右，然后根据再生沥青混合料的配合比设计结果添加新集料、新沥青和再生剂进行再生处理。该方法采用连续施工，一次完成，对机械的成套要求比较高。现场热再生所用的再生机一般要求包括下列装置： (1)一个配备多组加热装置的预加热机，它在能将热能辐射到路面层理想深度的同时，不会燃焦沥青，也不会破坏集料。 (2)一个耙松装置，其旋转式耙松器可以将旧沥青层均匀耙松到规定深度，并可以进行一定程度的破碎后通过传输带传输到拌和锅内。 (3)一个整平装置，可以在整个工作宽度上使耙松后的路面层具有所要求的横坡度和平整度。 (4)一个拌和装置，可以将旧料和新料以及新沥青和再生剂充分均匀拌和成满足质量要求的再生沥青混合料。 现场热法再生施工一般有三种具体的处理方法，针对不同的路面损坏状况和表面处理要求。 3.现场热法施工工艺分类 现场热法再生施工一般有三种具体的处理方法，针对不同的路面损坏状况和表面处理要求选取。 (1)表面整形法 首先采用加热机对有车辙变形和其他损坏的路表面进行加热，然后由再生重铺机再加热耙松整型滚压完成。这种方法一般用来消除路面表面的损坏，包括车辙、开裂等，使路面恢复到原有的状况。在该过程中没有加入新集料，该方法主要用于减少原有路面的损坏对其上新铺层的影响。 (2)复铺法 首先对旧沥青路面表面加热耙松，然后进行旋转粉碎，再加入再生剂，将再生剂与已耙松破碎的旧料混合，使用再生重铺机重新铺筑，最后在上面再加铺一薄层新混合料(不与旧料混合)后碾压完成。与表面整形法相比，复铺法加热耙松的旧路面厚度达到3~4cm，而表面整形法一般不超过2.5cm。 (3)复拌法 首先将破碎路面以加热机加热后，由再生翻铺机再加热耙松进入机器内捣散和新拌和粒料充分混拌后再摊铺碾压完成。当单独使用复铺法不能使再生沥青混合料获得所需性能，或者需要再添加新集料以使得路面达到足够的强度和稳定性时可以采用这种方法。采用该方法完成的路面厚度一般可以达到4~5cm。 4.施工注意事项 (1)施工前，应先对路面进行清扫，以保证基层表面平整、干净。 (2)应该控制旧沥青路面的过度加热，防止旧沥青被烧焦。 (3)应该严格按照再生沥青混合料设计的用量添加再生剂、新集料和新沥青。 (4)再生材料摊铺后立即进行压实，保证碾压温度。 (5)应采取必要措施保证附近环境免受加热的影响

14.15　彩色沥青混凝土路面

14.15.1 概述

概　述　　表 14-95

<table>
<tr><th colspan="3">项　目</th><th>内容、要求及说明</th></tr>
<tr><td colspan="3">基本名词</td><td>(1)彩色沥青
由石油、化工产品等高分子材料加工制成,呈无色或浅色并可由颜料着色的胶结料的总称。
(2)特种彩色沥青
在彩色沥青生产中加入改性剂加工制成的胶结料,能显著改善彩色沥青或彩色沥青混合料的性能。
(3)彩色乳化沥青
将普通彩色沥青或特种彩色沥青通过乳化技术加工而成的胶结料。
(4)彩色沥青混合料
由矿料与彩色沥青、颜料、添加剂拌和而成的彩色混合料的总称。
(5)彩色沥青混凝土路面
由矿料与彩色沥青、颜料、添加剂等材料经拌和、摊铺、碾压等施工工艺而成的路面的总称。
(6)彩色微表处
采用适当级配的集料、填料(水泥、石灰、粉煤灰、矿粉等)与彩色乳化沥青、颜料、外掺剂和水按一定比例拌和而成的彩色稀浆混合料,使用专用机械将其均匀地摊铺在路面上形成的彩色沥青封层。彩色微表处可用于彩色沥青混凝土路面的养护,也可以作为单独的彩色沥青路面结构层。
(7)彩色沥青混凝土压痕路面
在彩色沥青混凝土路面上使用造型模具施压成型和涂装彩色涂料而成的具有装饰性、立体造型的路面。
(8)彩色抗滑磨耗层
先涂刷单组分或双组分彩色涂料,然后再撒布彩色集料形成的彩色薄层路面。彩色抗滑磨耗层可用于彩色沥青混凝土路面的养护,也可以作为单独的彩色路面结构层。
(9)人造彩色陶粒
采用人工合成及着色工艺加工制成的质量满足道路集料质量技术要求的集料。
(10)彩色路面防护剂
彩色沥青混凝土路面、彩色微表处或彩色抗滑磨耗层施工后,在其表面喷洒的可提高路面使用性能的保护剂。
(11)彩色雾封层
为提高彩色沥青混凝土路面的防水能力、恢复其色彩,采用专用机械设备喷洒形成的彩色封层。
(12)预防性养护
在彩色沥青混凝土路面状况尚满足功能要求的情况下,针对路面轻微病害或病害迹象进行的有计划的主动性养护。
(13)病害矫正养护
针对彩色沥青混凝土路面某种或多种严重病害进行的养护</td></tr>
<tr><td rowspan="4">彩色沥青适用范围</td><td rowspan="2">普通彩色沥青</td><td>非机动车道</td><td>各级城市道路及其他公共设施铺面工程非机动车道的彩色沥青混凝土路面</td></tr>
<tr><td>机动车道</td><td>各级城市道路及其他公共设施铺面工程机动车道的彩色沥青混凝土路面</td></tr>
<tr><td>特种彩色沥青</td><td colspan="2">城市道路交叉口、城市快速路及主干道、桥面铺装等彩色沥青混凝土路面及彩色开级配沥青磨耗层</td></tr>
<tr><td>彩色乳化沥青</td><td colspan="2">彩色微表处、黏层油</td></tr>
</table>

14.15.2 材料要求

材料要求(CJJ/T 218—2014)　表 14-96

<table>
<tr><th>材料名称</th><th>内容、要求及说明</th></tr>
<tr><td>普通彩色沥青</td><td>
普通彩色沥青的技术要求应符合表 a)的规定
表 a)　普通彩色沥青技术要求
<table>
<tr><th colspan="3" rowspan="2">指标</th><th rowspan="2">单位</th><th colspan="3">沥青标号</th><th rowspan="2">试验方法</th></tr>
<tr><th>50 号</th><th>70 号</th><th>90 号</th></tr>
<tr><td colspan="3">针入度(25℃,5s,100g)</td><td>0.1mm</td><td>40～60</td><td>60～80</td><td>80～100</td><td>T 0604</td></tr>
<tr><td rowspan="2">软化点(R&B)</td><td colspan="2">非机动车道</td><td rowspan="2">℃</td><td>≥49</td><td>≥46</td><td>≥45</td><td rowspan="2">T 0606</td></tr>
<tr><td colspan="2">机动车道</td><td>≥55</td><td>≥54</td><td>≥52</td></tr>
<tr><td rowspan="2">延度</td><td colspan="2">15℃</td><td rowspan="2">cm</td><td colspan="3">≥100</td><td rowspan="2">T 0605</td></tr>
<tr><td colspan="2">10℃</td><td>≥15</td><td>≥25</td><td>≥45</td></tr>
<tr><td colspan="3">闪点</td><td>℃</td><td>≥250</td><td>≥240</td><td>≥230</td><td>T 0611</td></tr>
<tr><td rowspan="2">60℃动力黏度</td><td colspan="2">非机动车道</td><td rowspan="2">Pa·s</td><td>≥180</td><td>≥160</td><td>≥140</td><td rowspan="2">T 0620</td></tr>
<tr><td colspan="2">机动车道</td><td>≥220</td><td>>200</td><td>≥180</td></tr>
<tr><td colspan="3">135℃运动黏度</td><td>Pa·s</td><td colspan="3">≤3</td><td>T 0625/T 0619</td></tr>
<tr><td colspan="3">颜色等级(铁钴法)</td><td>档</td><td colspan="3">≤17</td><td>GB/T 1722</td></tr>
<tr><td colspan="3">密度(15℃)</td><td>g/cm³</td><td colspan="3">实测记录</td><td>T 0603</td></tr>
<tr><td rowspan="6">TFOT</td><td colspan="2">质量变化</td><td>%</td><td colspan="3">≤±1.2</td><td>T 0610 或 T 0609</td></tr>
<tr><td colspan="2">残留针入度比</td><td>%</td><td>≥63</td><td>≥61</td><td>≥57</td><td>T 0604</td></tr>
<tr><td colspan="2">残留延度(15℃)</td><td>cm</td><td>≥10</td><td>≥10</td><td>≥20</td><td rowspan="3">T 0605</td></tr>
<tr><td rowspan="2">残留延度(10℃)</td><td>非机动车道</td><td rowspan="2">cm</td><td>≥2</td><td>≥4</td><td>≥6</td></tr>
<tr><td>机动车道</td><td>≥4</td><td>≥6</td><td>≥8</td></tr>
<tr><td colspan="2">颜色</td><td>—</td><td colspan="3">无明显变化</td><td>GB/T 1722</td></tr>
</table>
</td></tr>
<tr><td>特种彩色沥青</td><td>
特种彩色沥青的技术要求应符合表 b)的规定
表 b)　特种彩色沥青技术要求
<table>
<tr><th>指标</th><th>单位</th><th>技术要求</th><th>试验方法</th></tr>
<tr><td>针入度(25℃,5s,100g)</td><td>0.1mm</td><td>30～60</td><td>T 0604</td></tr>
<tr><td>软化点(R&B)</td><td>℃</td><td>≥80</td><td>T 0606</td></tr>
<tr><td>延度 5℃,5cm/min</td><td>cm</td><td>≥20</td><td>T 0605</td></tr>
<tr><td>闪点</td><td>℃</td><td>≥260</td><td>T 6011</td></tr>
<tr><td>60℃动力黏度</td><td>Pa·s</td><td>≥20 000</td><td>T 0620</td></tr>
<tr><td>运动黏度 135℃</td><td>Pa·s</td><td>≤3</td><td>T 0625/T 0619</td></tr>
<tr><td>弹性恢复 25℃</td><td>%</td><td>≥75</td><td>T 0662</td></tr>
<tr><td>颜色等级(铁钴法)</td><td>档</td><td>≤17</td><td>GB/T 1722</td></tr>
<tr><td>储存稳定性离析,48h 软化点差</td><td>℃</td><td>≤2.5</td><td>T 0661</td></tr>
</table>
</td></tr>
</table>

续上表

材料名称	内容、要求及说明				
	指标		单位	技术要求	试验方法
特种彩色沥青	TFOT（或RTFOT）	质量变化	%	≤±12	T 0610/T 0609
		针人度比 25℃	%	≥65	T 0604
		延度 55℃	cm	≥15	T 0605
		颜色	—	无明显变化	GB/T 1722

彩色乳化沥青

彩色乳化沥青的技术要求应符合表 c)的规定。

表 c) 彩色乳化沥青技术要求

试验项目		单位	技术要求(BCR)	试验方法
破乳速度		—	慢裂	T 0658
电荷性质		—	(阳离子)正电荷	T 0653
筛上剩余量(1.18mm 筛)		%	≤0.1	T 0652
颜色等级(铁钴法)		档	≤15	GB/T 1722
黏度	恩格拉黏度 E_{25}	—	3~30	T 0622
	沥青标准黏度 $C_{25.3}$	s	12~60	T 0621
蒸发残留物	含量	%	≥60	T 0651
	针入度(100g,25℃,5s)	0.1mm	40~100	T 0604
	软化点	℃	≥55	T 0606
	延度(5℃)	cm	≥20	T 0605
储存稳定性	1d	%	≤1	T 0655
	5d	%	≤5	

注:表中试验方法,除《清漆、清油及稀释剂颜色测定法》(GB/T 1722)外,按现行行业标准《公路工程沥青及沥青混合料试验规程》(JTG E20)的规定执行

彩色涂料

(1)彩色沥青混凝土压痕路面用单组分彩色涂料的技术要求应满足表 d)的规定,有害物含量应满足国家环保相关标准的要求。

表 d) 彩色涂料技术要求

检测项目		单位	技术要求	试验方法
涂膜外观		—	干燥成型后,颜色分布应均匀、无裂纹	JT/T 712
耐水性		—	在水中浸 24h 应无异常现象	
耐碱性		—	在氢氧化钙饱和溶液中浸 24h 无异常现象	
涂层低温抗裂性		—	-10℃保持 4h,室温放置 4h 为一个循环,连续做三个循环后应无裂纹	
抗滑性	普通防滑型	BPN	45~55	
	中防滑型		50~70	
	高防滑型		≥70	
基料在容器中的状态		—	应无结块、结皮,易于搅匀	GB/T 3186
凝胶时间		min	≥10	JT/T 712

续上表

材料名称	内容、要求及说明				
彩色涂料	检测项目		单位	技术要求	试验方法
	基料附着性(划圈法)		级	≤4	GB/T 1720
	不沾胎干燥时间	快干冷涂型	min	≤60	JT/T 712
		慢干冷涂型		≤300	

(2)彩色抗滑磨耗层环氧类双组分彩色涂料 A、B 组分的技术要求应分别满足表 e)、表 f)的规定,A、B 组分合成后形成的胶结料技术要求应满足表 g)的规定;冷涂型单组分彩色涂料的技术要求应满足表 h)的规定。彩色抗滑磨耗层用其他类彩色涂料的技术要求应符合现行行业标准《路面防滑涂料》(JT/T 712)的规定

表 e)　A 组分技术要求

检测项目	单位	技术要求	试验方法
环氧当量	g/mL	260～290	GB/T 4612
黏度(25℃)	Pa·s	≤15	GB/T 22314
含水率	%	≤1	GB/T 1034
相对密度(25℃)	g/cm^3	1.05～1.20	GB/T 15223
外观	—	乳白色	目视

表 f)　B 组分技术要求

检测项目	单位	技术要求	试验方法
黏度(25℃)	Pa·s	≤0.1	GB/T 22314
含水率	%	≤0.5	GB/T 1034
相对密度(25℃)	g/cm^3	1.1～1.2	GB/T 15223
颜色	—	半透明	目视

表 g)　胶结料技术要求

检测项目	单位	技术要求	试验方法
黏度(10℃)	Pa·s	≤45	GB/T 22314
黏度增至 50Pa·s 的时间(20℃)	h	≤2.5	
固化时间(25℃)	h	≤24	JT/T 280
抗拉强度(25℃)	MPa	≥6	GB/T 1040
黏结强度(25℃)	MPa	≥2	JG/T 24
剪切强度(25℃)	MPa	≥2	GB/T 7124
60℃保温 200h 残留的剪切强度	%	≥75	
60℃保温 200h 残留的黏结强度	%	≥75	JG/T 24
断裂伸长率	%	≥20	GB/T 1040
涂层低温抗裂性	—	同表 d)	JT/T 712
耐化学腐蚀	—	不溶解于化学药品	GB/T 13353
阻燃性	—	空气中难燃	G13/T 2406

表 h)　冷涂型单组分彩色涂料的技术要求

检测项目	单位	技术要求	试验方法
涂膜外观	—	干燥成型后,颜色、集料颗粒分布应均匀,无裂纹、无集料颗粒脱落等现象	JT/T 712
耐水性	—	在水中浸 24h 应无异常现象	
耐碱性	—	在氢氧化钙饱和溶液中浸 24h 无异常现象	

续上表

<table>
<tr><th>材料名称</th><th colspan="8">内容、要求及说明</th></tr>
<tr><td rowspan="15">彩色涂料</td><td colspan="2">检测项目</td><td>单位</td><td colspan="3">技术要求</td><td>试验方法</td></tr>
<tr><td colspan="2">涂层低温抗裂性</td><td>—</td><td colspan="3">-10℃保持4h,室温放置4h为一个循环,连续做三个循环后应无裂纹</td><td rowspan="4">JT/T 712</td></tr>
<tr><td colspan="2" rowspan="2">抗滑性</td><td rowspan="2">BPN</td><td>普通防滑型</td><td>中防滑型</td><td>高防滑型</td></tr>
<tr><td>45~55</td><td>55~70</td><td>≥70</td></tr>
<tr><td colspan="2">人工加速耐候性</td><td>—</td><td colspan="3">经人工加速老化试验后,试板涂层不产生龟裂、剥落;允许轻微粉化和变色</td></tr>
<tr><td colspan="2">基料在容器中的状态</td><td>—</td><td colspan="3">应无结块、结皮,易于搅匀</td><td>GB/T 3186</td></tr>
<tr><td colspan="2">凝胶时间</td><td>—</td><td colspan="3">≥10</td><td>JT/T 712</td></tr>
<tr><td colspan="2">抗拉强度</td><td>MPa</td><td colspan="3">≥9</td><td>GB/T 1040</td></tr>
<tr><td colspan="2">成膜物质含量</td><td>%</td><td colspan="3">≥95</td><td>GB/T 2793</td></tr>
<tr><td colspan="2">黏结强度</td><td>MPa</td><td colspan="3">≥25</td><td>JG/T 24</td></tr>
<tr><td colspan="2">耐磨性(200转/1 000g后减重,JM-100橡胶砂轮)</td><td>mg</td><td colspan="3">≤40</td><td>GB/T 1768</td></tr>
<tr><td colspan="2">基料附着性(划圈法)</td><td>级</td><td colspan="3">≤4</td><td>GB 1720</td></tr>
<tr><td rowspan="2">不沾胎干燥时间</td><td>快干冷涂型</td><td>h</td><td colspan="3">≤1</td><td rowspan="2">JT/T 712</td></tr>
<tr><td>慢干冷涂型</td><td>h</td><td colspan="3">≤5</td></tr>
</table>

彩色路面防护剂

(1)彩色路面防护剂应具有阻止光照老化、水溶化,增加彩色沥青混凝土路面、彩色微表处表面耐腐蚀性和耐磨性的功能。

(2)彩色路面防护剂技术要求应满足表i)的规定

表i) 彩色路面防护剂技术要求

指标	单位	技术要求	试验方法
涂膜外观	—	干燥后无发皱、泛花、起泡、开裂、粘胎等现象,涂膜颜色和外观应与标准板无明显差异	—
密度	g/cm^3	≥12	GB/T 6750
固体含量	%	≥55	GB/T 1725
黏度(涂4杯)	s	≥60	GB/T 1723
干燥时间	min	≤15	GB/T 1728
遮盖力	g	≥80	GB/T 1726
附着性(划圈法)	级	≤2	GB/T 1720
柔韧性	mm	≥2	GB/T 1731
耐磨性(200转/1 000g后减重,JM-100橡胶砂轮)	mg	≤40	GB/T 1768
耐水性,24h	—	无起泡、软化、剥落现象,无明显变色	GB/T 1733
耐碱性,24h	—	无起泡、软化、剥落现象,无明显变色	JT/T 712
施工性能	—	空气或无空气喷涂或滚涂施工性能良好	—

续上表

材料名称	内容、要求及说明

彩色雾封层材料

(1)彩色雾封层材料应具有良好的渗透性,增加路面防水能力和恢复彩色沥青混凝土路面、彩色微表处表面颜色的功能。

(2)彩色雾封层材料的技术要求应满足表j)的规定

表j)　彩色雾封层材料技术要求

试验项目		单位	技术要求	试验方法①
破乳速度		—	快裂	T 0658
电荷性质		—	(阳离子)正电荷	T 0653
筛上残留物(1.18mm筛)		%	≤0.1	T 0652
颜色等级(铁钴法)②		档	≤15	GB/T 1722
黏度	恩格拉黏度 E_{25}	—	2~10	T 0622
	道路标准黏度 $C_{25.3}$	s	10~25	T 0621
蒸发残留物	残留物含量	%	≥50	T 0651
	针入度(100g,25℃,5s)	0.1mm	50~200	T 0604
	延度(15℃)	cm	≥40	T 0605
储存稳定性	1d	%	≤1	T 0655
	5d	%	≤5	

注:①表中试验方法,除《清漆、清油及稀释剂颜色测定法》(GB/T 1722)外,按现行行业标准《公路工程沥青及沥青混合料试验规程》(JTG E20)的规定执行。

②加入颜料后的颜色应符合施工色彩的要求

彩色灌缝胶

(1)彩色灌缝胶应具备黏结能力强、不渗水、弹性好,高温时不流淌、不粘轮,低温时不脆裂,耐久性好,在长期日照下不易褪色等性能。

(2)彩色灌缝胶技术要求应满足表k)的规定

表k)　彩色灌缝胶技术要求

评价指标	单位	高温型0℃	普通型-10℃	低温型-20℃	严寒型-30℃	试验方法
低温拉伸	—	通过	通过	通过	通过	JT/T 740
针入度(150g,5s)	0.1mm	20~50	30~70	50~90	70~150	JT/T 740
软化点	℃	≥90	≥80	≥80	≥80	T 0606
流动值	mm	≤3	≤5	≤5	≤5	JT/T 740
弹性恢复率	%	30~70	—	—	—	JT/T 740

颜料

(1)彩色沥青混凝土路面用颜料应在长期日光照射下不易褪色、不分解,不溶于水,易于在彩色沥青胶结料中分散,施工温度范围内不反应,具有优良的耐候性。

(2)彩色沥青路面用颜料宜选用无机颜料,其技术要求应符合表l)的规定

表l)　颜料技术要求

指标	单位	技术要求	试验方法
外观	—	粉末	—
色光	—	近似~微似	—
水溶物含量	%	≤1.0	GB/T 5211.1
着色率	—	98~102	GB/T 5211.19

续上表

材料名称	指标	单位	技术要求	试验方法
颜料	吸油量	%	≤22	GB/T 5211.15
	筛余量(0.075mm筛孔)	%	≤0.1	—
	耐光性	级	≥7	GB/T 1710

集料

(1)彩色沥青混凝土路面使用的粗集料和细集料可使用天然石料,也可采用人造彩色陶粒。

(2)粗集料应符合下列规定:

①粗集料技术要求应满足表m)的规定。天然石料作为粗集料时应选用表面清洁、干燥、无风化、无杂质、富有棱角、质地坚硬、颗粒成立方体而少针片形的彩色碎石,宜使用反击式石料破碎机械加工,颜色宜与路面设计色彩接近。人造彩色陶粒作为粗集料时应选用单粒径、颗粒均匀且接近立方体、着色均匀且与路面设计色彩接近的产品。

表m) 粗集料技术要求

指标	单位	机动车道	非机动车道	试验方法
压碎值	%	≤26	≤30	T 0316
洛杉矶磨耗损失	%	≤28	≤35	T 0317
表观相对密度	—	≥2.60	≥2.45	T 0304
与彩色沥青的黏附性	级	≥5	≥4	T 0616
吸水率	%	≤20	≤30	T 0304
针片状颗粒含量(混合料)	%	≤15	≤20	T 0312
水洗法小于0.075mm颗粒含量	%	≤1.0	≤1.0	T 0310
软石含量	%	≤3	≤5	T 0320
坚固性	%	≤12	—	T 0314
磨光值	BPN	≥42	—	T 0321

②天然石料作为粗集料的粒径规格应按表n)的规定生产和使用。

表n) 粗集料规格

公称粒径(mm)	通过下列筛孔(mm)的质量百分率(%)					
	19.0	13.2	9.5	4.75	2.36	0.6
10~15	100	90~100	0~15	0~5	—	—
5~10	—	100	90~100	0~15	0~5	—
3~5	—	—	100	90~100	0~15	0~3

(3)细集料应符合下列规定:

①细集料技术要求应满足表o)的规定。天然石料作为细集料时宜采用彩色机制砂,应洁净、干燥、无风化、无杂质,有适当的颗粒级配,与路面设计色彩接近,并且与彩色沥青和颜料有良好的黏结力。人造彩色陶粒作为细集料时应选用颗粒均匀、着色均匀且与路面设计色彩接近的产品。

表o) 细集料技术要求

指标	单位	机动车道	非机动车道	试验方法
表观相对密度	—	≥2.50	≥2.45	T 0328
坚固性(>0.3mm部分)	%	≤12	—	T 0340
含泥量(<0.075mm的含量)	%	≤3	≤5	T 0333
砂当量[a]	%	≥60	≥50	T 0304
亚甲蓝值	g/kg	≤10	—	T 0349
棱角性(流动时间)	s	≥30	—	T 0345

注:[a] 彩色微表处用细集料砂当量不小于65%

续上表

<table>
<tr><th>材料名称</th><th>内容、要求及说明</th></tr>
<tr><td>集料</td><td>
②天然石料作为细集料的粒径规格应按表 p)的规定生产和使用。
表 p)　细集料规格
<table>
<tr><td rowspan="2">公称粒径(mm)</td><td colspan="7">通过下列筛孔(mm)的质量百分率(%)</td></tr>
<tr><td>4.75</td><td>2.36</td><td>1.18</td><td>0.60</td><td>0.30</td><td>0.15</td><td>0.075</td></tr>
<tr><td>0 ~ 3</td><td>100</td><td>80 ~ 100</td><td>50 ~ 80</td><td>25 ~ 60</td><td>8 ~ 45</td><td>0 ~ 25</td><td>0 ~ 10</td></tr>
</table>
③彩色机制砂应采用专用的制砂机制造,宜选用优质的彩色天然石料成品粗集料生产加工。彩色机制砂储存时宜搭建防雨棚
</td></tr>
<tr><td>填料</td><td>
(1)彩色沥青混合料中颜料应作为填料使用,不足部分的填料应采用石灰岩等憎水性石料经磨细得到的矿粉。矿粉必须存放于室内干燥地方,应洁净、干燥、不结团,并与彩色沥青有较好的黏结性,矿粉技术要求应满足表 q)的规定。
表 q)　矿粉技术要求
<table>
<tr><th>指标</th><th>单位</th><th>技术要求</th><th>试验方法</th></tr>
<tr><td>表观密度</td><td>g/cm³</td><td>≥2.50</td><td>T 0352</td></tr>
<tr><td>含水率</td><td>%</td><td>≤1</td><td>T 0103 烘干法</td></tr>
<tr><td>粒度范围 <0.6mm</td><td>%</td><td>100</td><td rowspan="3">T 0351</td></tr>
<tr><td><0.15mm</td><td>%</td><td>90 ~ 100</td></tr>
<tr><td><0.075mm</td><td>%</td><td>75 ~ 100</td></tr>
<tr><td>外观</td><td>—</td><td>无团粒结块</td><td>—</td></tr>
<tr><td>亲水系数</td><td>—</td><td><1</td><td>T 0353</td></tr>
<tr><td>塑性指数</td><td>%</td><td><4</td><td>T 0354</td></tr>
<tr><td>加热安全性</td><td>—</td><td>实测记录</td><td>T 0355</td></tr>
</table>
注:表中试验方法按现行行业标准《公路工程集料试验规程》(JTG E42)的规定执行。
(2)拌和彩色沥青混合料时不得使用回收粉尘作为填料。
(3)彩色微表处所用的水泥、消石灰等填料,技术要求应符合现行行业标准《城镇道路工程施工与质量验收规范》(CJJ 1)的有关规定
</td></tr>
</table>

14.15.3 彩色沥青混凝土路面设计

彩色沥青混凝土路面设计要求(CJJ/T 218—2014)　表 14-97

项　目	内容、要求及说明
内容	彩色沥青混凝土路面设计应包括功能和色彩设计
功能及结构层	彩色沥青混凝土面层应作为表面功能层,其以下路面结构应由普通沥青或水泥混凝土面层、基层和垫层组成
最小厚度	彩色沥青混凝土面层的厚度应根据集料公称最大粒径设计,彩色密级配沥青混凝土、彩色开级配沥青磨耗层路面厚度不宜小于混合料公称最大粒径的 2.5 倍
设计依据	彩色沥青混凝土路面结构设计指标、路面结构层的计算、路面设计参数、材料设计参数等应符合现行行业标准《城镇道路路面设计规范》(CJJ 169)的有关规定
功能设计	(1)彩色沥青混凝土路面功能设计应符合下列规定: ①彩色沥青混凝土路面应具有平整、密实、抗滑、耐久的性能,并应具有抗高温车辙、抗低温开裂的能力和良好的水稳定性,其路用性能应符合表 a)的要求。

续上表

<table>
<tr><th>项　　目</th><th>内容、要求及说明</th></tr>
<tr><td>功能设计</td><td>
表 a)　彩色沥青混凝土路面技术要求
<table>
<tr><th colspan="2" rowspan="2">项目</th><th rowspan="2">单位</th><th colspan="2">技术要求</th><th rowspan="2">检验方法</th></tr>
<tr><th>机动车道</th><th>非机动车道</th></tr>
<tr><td rowspan="2">平整度</td><td>国际平整度指数 IRI</td><td>m/km</td><td><2.5</td><td><3.0</td><td>JTG E60</td></tr>
<tr><td>标准差 σ</td><td>mm</td><td><1.5</td><td><1.8</td><td>JTG E60</td></tr>
<tr><td rowspan="2">抗滑性能</td><td>横向力系数 SFC_{60}</td><td>—</td><td>≥54</td><td>≥50</td><td>JTG E60</td></tr>
<tr><td>构造深度 TD</td><td>mm</td><td>≥55</td><td>—</td><td>JTG E60</td></tr>
<tr><td colspan="2">渗水系数[a]</td><td>mL/min</td><td>≤50</td><td>≤50</td><td>JTG E60</td></tr>
<tr><td colspan="2">高温稳定性，动稳定度</td><td>—</td><td colspan="2">符合 CJJ/T 218—2014</td><td>JTG E60</td></tr>
<tr><td colspan="2">水稳性，冻融劈裂试验强度比</td><td>—</td><td colspan="2">符合 CJJ/T 218—2014</td><td>JTG E60</td></tr>
<tr><td colspan="2">低温抗裂性能，极限破坏应变</td><td>—</td><td colspan="2">符合 CJJ/T 218—2014</td><td>JTG E60</td></tr>
</table>
注：[a] 不适用于 COGFC 混合料。
②彩色沥青混合料类型应符合表 b)的规定。非机动车道路面混合料宜选择 5 型或 10 型彩色密级配沥青混合料、10 型彩色开级配沥青磨耗层混合料等。机动车道路面混合料宜选择 13 型彩色密级配沥青混合料、13 型彩色开级配沥青磨耗层混合料等。
表 b)　彩色沥青混合料类型
<table>
<tr><th rowspan="3">沥青混合料类型</th><th rowspan="3">公称最大粒径(mm)</th><th colspan="2">级配类型与设计空隙率(%)</th></tr>
<tr><th>密级配</th><th>开级配</th></tr>
<tr><th>3～5</th><th>18～25</th></tr>
<tr><td>砂粒式</td><td>4.75</td><td>CAC-5</td><td>—</td></tr>
<tr><td rowspan="2">细粒式</td><td>9.5</td><td>CAC-10</td><td>COGFC－10</td></tr>
<tr><td>13.2</td><td>CAC-13</td><td>COGFC-13</td></tr>
</table>
(2)彩色沥青混凝土压痕路面功能设计应符合下列规定：
彩色沥青混凝土压痕路面应美观、醒目，并具有抗滑、耐久的性能要求，其路用性能应符合表 c)的要求。
表 c)　彩色沥青混凝土压痕路面技术要求
<table>
<tr><th colspan="2">指标</th><th>单位</th><th>技术要求</th><th>检验方法</th></tr>
<tr><td colspan="2">平整度</td><td>mm</td><td>≤2</td><td>JTG E60</td></tr>
<tr><td>涂层抗滑性能</td><td>横向力系数 SFC_{60}</td><td>—</td><td>≥60</td><td>JTG E60</td></tr>
<tr><td colspan="2">渗水系数</td><td>mL/min</td><td>≤10</td><td>JTG E60</td></tr>
<tr><td colspan="2">涂层低温抗裂性</td><td>—</td><td>符合表 14-94 的规定</td><td>JT/T 712</td></tr>
</table>
(3)彩色沥青混凝土压痕路面压痕设计应符合下列规定：
①压痕深度不应大于彩色沥青混凝土路面厚度，宜为 20～40mm。
②压痕宽度宜为 5～15mm。
③在美观的基础上应选择模具易加工的压痕图案。
(4)彩色沥青混凝土压痕路面涂层厚度宜为 1～2mm
</td></tr>
<tr><td>色彩设计</td><td>
(1)色彩设计应包括确定设计色彩(色调 H、明度 V、彩度 C)、最大彩度设计色彩(C_{max})、最小彩度设计色彩(C_{min})，选择设计色彩色卡标样(K_0)、最大彩度设计色彩色卡标样(K_{max})和最小彩度设计色彩色卡标样(K_{min})等。
(2)彩色沥青混凝土路面色彩设计应符合下列规定：
①彩色沥青混凝土路面的色彩应突出使用功能，并应与周边建筑、环境、绿化与景观的色彩相协调。
</td></tr>
</table>

续上表

项目	内容、要求及说明
色彩设计	②彩色沥青混凝土路面应选择明显区别于普通沥青路面的色调。应根据现有颜料和可供工程使用的集料颜色,应考虑经济性和可操作性设计彩色沥青混凝土路面的色调。彩色沥青混凝土路面宜选用单色调。 ③应根据彩色沥青混凝土路面的使用区域确定颜色光泽,除特定的区域和图案外,宜选择亚光类颜色。室外彩色沥青混凝土路面宜选择低明度的色彩,室内彩色沥青混凝土路面宜选择中高明度的色彩。 ④彩色沥青混凝土路面的彩度宜适中,颜料的加入量应在合理的范围内。 (2)彩色沥青混凝土压痕路面涂层色彩设计应符合下列规定: ①涂层色彩应综合考虑道路功能、原彩色沥青混凝土路面的色彩等。涂层色彩宜与原彩色沥青混凝土路面的色彩形成反差。 ②彩色沥青混凝土压痕路面的涂层宜根据不同的图案,选择取多种色调搭配。多种色调的搭配应和谐,并应与周边建筑、环境、绿化与景观的色调协调。 ③涂层明度可适当高于原彩色沥青混凝土路面的明度。 ④涂层可选择高彩度。 (3)色彩设计应按下列程序和要求进行: ①确定设计色彩。选择合适的色调(H)、明度(V)、彩度(C_0),确定设计色彩标号:HV/C_0。色彩标号应符合现行国家标准《中国颜色体系》(GB/T 15608)的有关规定。 ②确定最大彩度设计色彩和最小彩度设计色彩。应在合适的彩度范围内,选择大于和小于 C_0 的最大设计彩度(C_{max})和最小设计彩度(C_{min}),确定最大彩度设计色彩标号:HV/C_{max} 和最小彩度设计色彩标号:HV/C_{min}。 ③选择色卡标样。应按现行国家标准《建筑颜色的表示方法》(GB/T 18922)的规定,选择与色彩标号 HV/C_0、HV/C_{max} 和 HV/C_{min} 对应的色卡标样,分别记为设计色彩色卡标样(K_0)、最大彩度设计色彩色卡标样(K_{max})和最小彩度设计色彩色卡标样(K_{min})

14.15.4 彩色沥青混凝土路面施工

(1)一般规定及施工准备

一般规定及施工准备(CJJ/T 218—2014) 表 14-98

项目	内容、要求及说明
一般规定	(1)彩色沥青混凝土路面施工前必须对下面层或中、下面层的质量进行全面检测,对于质量不合格的路段应先返工处理并经质量检测合格后才能进行彩色沥青混凝土路面施工。 (2)普通彩色沥青、特种彩色沥青可采用桶装运输、在拌和厂脱桶,或使用槽罐车将散装热彩色沥青运到施工现场。 (3)彩色沥青混凝土路面不得在气温低于10℃以及大风、雨雪天、路面潮湿时施工。 (4)彩色沥青混凝土路面宜连续施工,施工开始后应避免长时间停工。 (5)彩色沥青混凝土路面施工应有良好的劳动保护,确保施工安全。 (6)施工过程中应随时对施工质量进行检查,并应按规定的频率对检查项目进行抽检
施工准备	(1)彩色沥青混凝土路面施工前应对原材料质量进行全面检测,不合格原材料不得用于施工。 (2)彩色沥青混凝土路面施工前应对施工设备全面检查,确保施工设备满足施工要求,并应调试到最佳工作状况。 (3)彩色沥青混凝土路面施工前应先进行混合料配合比设计,设计内容应包括混合料类型选择、原材料选择、矿料级配设计、最佳沥青及颜料用量等,设计步骤应包括目标配合比设计、生产配合比设计、生产配合比验证三个阶段。 (4)彩色沥青混凝土路面施工前应编制施工组织设计。 (5)彩色沥青混凝土路面正式施工前应做试验段,确定机械施工参数、施工工艺、生产配合比、最佳油石比和设计色彩验证等

(2)彩色沥青混凝土路面施工

彩色沥青混凝土路面施工　　表 14-99

项　目	内容、要求及说明
混合料设计	见下文

(1)彩色沥青混合料的矿料级配范围应符合表 a)的规定。彩色密级配沥青混合料粗型、细型级配关键性筛孔尺寸以及在该筛孔上通过的质量百分率应符合现行行业标准《城镇道路路面设计规范》(CJJ 169)的有关规定。

表 a)　彩色沥青混合料的矿料级配范围

级配类型	通过下列筛孔(mm)的质量百分率(%)									
	16	13.2	9.5	4.75	2.35	1.18	0.6	0.3	0.15	0.075
CAC-5	—	—	100	90~100	55~75	35~55	20~40	12~28	7~18	5~10
CAC-10	—	100	90~100	45~65	35~50	22~40	13~30	9~25	6~15	4~8
CAC-13	100	90~100	70~80	43~55	28~45	15~35	10~25	7~20	5~15	4~8
COGFC-10	—	100	90~100	50~70	10~22	6~18	4~15	3~12	3~8	2~6
COGFC-13	100	90~100	60~80	12~30	10~22	6~18	4~15	3~12	3~8	2~6

(2)彩色沥青混合料设计宜采用马歇尔试验法;机动车道可使用旋转压实剪切实验机(GTM)和夏普沥青混合料配合比设计法(Superpave),但必须使用马歇尔试验进行配合比验证。

(3)彩色密级配沥青混合料马歇尔试验技术要求应符合表 b)的规定,彩色开级配沥青磨耗层混合料马歇尔试验技术要求应符合表 c)的规定。

表 b)　CAC 混合料马歇尔试验技术要求

<table>
<tr><th>指标</th><th colspan="2">单位</th><th colspan="2">机动车道</th><th colspan="2">非机动车道</th><th>检验方法</th></tr>
<tr><td>击实次数(双面)</td><td colspan="2">次</td><td colspan="2">75</td><td colspan="2">50</td><td rowspan="2">T 0702</td></tr>
<tr><td>试件尺寸</td><td colspan="2">mm</td><td colspan="4">ϕ101.6×63.5</td></tr>
<tr><td>空隙率 VV</td><td colspan="2">%</td><td colspan="2">3~5</td><td colspan="2">3~6</td><td>T 0708</td></tr>
<tr><td>稳定度 MS</td><td colspan="2">kN</td><td colspan="2">≥8</td><td colspan="2">≥3</td><td rowspan="2">T 0709</td></tr>
<tr><td>流值 FL</td><td colspan="2">mm</td><td colspan="2">1.5~4</td><td colspan="2">2~5</td></tr>
<tr><td>沥青饱和度 VFA</td><td colspan="2">%</td><td colspan="2">65~75</td><td colspan="2">70~85</td><td rowspan="4">T 0708</td></tr>
<tr><td rowspan="3">矿料间隙率 VMA</td><td colspan="6">公称最大粒径</td></tr>
<tr><td>mm</td><td>16</td><td colspan="2">13.2</td><td>9.5</td><td>4.75</td></tr>
<tr><td>%</td><td>≥13 5</td><td colspan="2">≥14</td><td>≥15</td><td>≥17</td></tr>
</table>

表 c)　COGFC 混合料马歇尔试验技术要求

指标	单位	技术要求	检验方法
击实次数(双面)	次	50	T 0702
马歇尔试件尺寸	mm	ϕ106.6×63.5	
空隙率 *VV*	%	18~25	T 0708
稳定度 *MS*	kN	≥35	T 0709
析漏损失	%	<0.3	T 0732
肯塔堡飞散损失	%	<15	T 0733

(4)对于城市快速路、主干路、交叉口及公交车停靠路段的机动车道宜选用 13 型彩色密级配沥青混合料或彩色开级配沥青磨耗层混合料,其性能技术要求应符合下列规定:

①高温性能应采用车辙试验的动稳定度评价,并应符合表 d)的规定。

续上表

<table>
<tr><th>项　目</th><th>内容、要求及说明</th></tr>
<tr><td>混合料设计</td><td>
表 d)　彩色沥青混合料车辙试验动稳定度技术要求
<table>
<tr><th colspan="2">混合料类型</th><th>动稳定度(次/mm)</th><th>检验方法</th></tr>
<tr><td rowspan="2">CAC 混合料</td><td>普通彩色沥青</td><td>≥1 000</td><td rowspan="3">JTG E20</td></tr>
<tr><td>特种彩色沥青</td><td>≥3 000</td></tr>
<tr><td colspan="2">COGFC 混合料</td><td>≥3 000</td></tr>
</table>
②彩色密级配沥青混合料的水稳定性应采用浸水马歇尔试验和冻融劈裂试验检验,并应符合表 e)的规定。当达不到要求时,应采取抗剥落措施,重新进行试验,直到满足要求。
表 e)　彩色沥青混合料水稳定性检验技术要求
<table>
<tr><th colspan="2" rowspan="2">混合料类型</th><th colspan="2">技术要求</th><th rowspan="2">检验方法</th></tr>
<tr><th>浸水马歇尔试验
残留稳定度(%)</th><th>冻融劈裂试验
残留强度比(%)</th></tr>
<tr><td rowspan="2">CAC 混合料</td><td>普通彩色沥青</td><td>≥80</td><td>≥75</td><td rowspan="2">JTG E20</td></tr>
<tr><td>特种彩色沥青</td><td>≥85</td><td>≥80</td></tr>
</table>
③应对彩色密级配沥青混合料进行低温抗裂性能检验并符合表 f)的规定。
表 f)　彩色沥青混合料低温抗裂性能技术要求
<table>
<tr><th colspan="2">混合料类型</th><th>极限破坏应变 με</th><th>检验方法</th></tr>
<tr><td rowspan="2">CAC 混合料</td><td>普通彩色沥青</td><td>≥2 600</td><td rowspan="2">JTG E20</td></tr>
<tr><td>特种彩色沥青</td><td>≥3 000</td></tr>
</table>
(5)彩色沥青混合料各阶段配合比设计应按现行行业标准《城镇道路工程施工与质量验收规范》(CJJ 1)的规定进行。填料用量应为矿粉和颜料的总和,颜料的加入量应根据路面色彩设计情况通过色彩配制确定,用量宜为彩色沥青混合料重量的 1% ~3%,色彩配制方法应符合 CJJ/T 218—2014 附录 A 的规定
</td></tr>
<tr><td>混合料拌和</td><td>
(1)彩色沥青混合料拌和可使用间歇式拌和机或连续式拌和机,机动车道宜采用间歇式拌和机,拌和设备的配置应按现行行业标准《城镇道路工程施工与质量验收规范》(CJJ 1)的规定执行。对于专业生产彩色沥青混凝土的拌和机,宜增加颜料自动投放装置。
(2)拌和前必须对拌和机进行全面清洗,清洗部件应包括搅拌仓、储存仓、沥青输送管道、沥青喷嘴等;或将输油管道、沥青泵、计量泵重新设置;沥青罐应重新设置。
(3)拌和前应对拌和机的上料装置、计量称重装置进行校核、标定。施工中应定期校核上料装置、计量称重装置。
(4)彩色沥青混合料拌和时间应根据混合料类型、彩色沥青种类等经试拌确定,间歇式拌和机每盘料的生产周期不宜少于 55s,其中干拌时间不应少于 5 ~ 10s;特种彩色沥青混合料拌和时间宜适当延长。
(5)彩色沥青混合料拌和温度应符合表 g)的规定。
表 g)　彩色沥青混合料拌和温度(℃)
<table>
<tr><th colspan="2">施工工序</th><th>普通彩色沥青</th><th>特种彩色沥青</th></tr>
<tr><td colspan="2">沥青加热温度</td><td>145 ~ 155</td><td>155 ~ 165</td></tr>
<tr><td rowspan="2">矿料加热温度</td><td>间歇式拌和机</td><td>集料加热温度比沥青温度高 10 ~ 25</td><td rowspan="2">180 ~ 200</td></tr>
<tr><td>连续式拌和机</td><td>矿料加热温度比沥青温度高 5 ~ 10</td></tr>
<tr><td colspan="2">混合料出料温度</td><td>150 ~ 165</td><td>165 ~ 180</td></tr>
<tr><td colspan="2">混合料废弃温度</td><td>>180</td><td>>190</td></tr>
<tr><td colspan="2">混合料储存温度</td><td>储存过程中温度降低不超过 10</td><td>储存过程中温度降低不超过 10</td></tr>
</table>
</td></tr>
</table>

续上表

<table>
<tr><th>项　目</th><th>内容、要求及说明</th></tr>
<tr><td>混合料拌和</td><td>(6)混合料应保证色彩稳定、拌和均匀、油石比稳定、无结团、无离析。
(7)彩色沥青混合料出厂时应逐车检测并记录混合料的重量和温度,记录出厂时间,签发运料单</td></tr>
<tr><td>混合料运输</td><td>(1)彩色沥青混合料应使用合适吨位的运料车运输,并应采取保温、防污染、防雨措施。运输车辆的数量应满足施工要求。
(2)运输前必须将车厢内侧板和底板清洗干净,不得残留污染的其他颜色。
(3)运输前应在车厢内侧板和底板涂上适量的防粘剂或隔离剂,严禁使用普通乳化沥青、柴油、煤油作为隔离剂。
(4)运输时宜采用彩色沥青混合料专用帆布双层覆盖保护混合料。
(5)混合料运到现场后应检查混合料质量,超过使用温度范围、离析、色差大、结团和雨淋的混合料严禁使用</td></tr>
<tr><td>混合料摊铺</td><td>(1)摊铺机应与路面摊铺宽度合理匹配,摊铺机性能要求应满足现行行业标准《城镇道路工程施工与质量验收规范》(CJJ 1)的规定。
(2)在摊铺前必须对摊铺机进行全面清洗,并应涂刷适量的隔离剂,摊铺槽、螺旋布料器等位置严禁黏附黑色沥青。
(3)施工前应根据试验段结果调整摊铺机各工作参数和施工参数,并应在施工中根据摊铺质量及时校正。
(4)彩色沥青混凝土摊铺前应喷洒彩色乳化沥青作为黏层油。
(5)摊铺机作业速度应均匀一致,作业过程中速度不应任意调整。
(6)应保证连续均匀供料,摊铺机料斗内的余料应保持一致;摊铺过程中宜减少摊铺机收斗次数。
(7)混合料埋深不应低于2/3螺旋输料器,螺旋输料器的转速、熨平板前料位应保持均匀。
(8)摊铺时应有专人检测摊铺温度、控制松铺系数及摊铺宽度、横坡等,应设专人消除双机联铺接缝处的离析带及料窝等,有严重污染、离析、色差超标的混合料应消除,摊铺温度应符合表h)的规定。
表h)　彩色沥青混合料摊铺温度(℃)
<table>
<tr><th>施工工序</th><th>普通彩色沥青</th><th>特种彩色沥青</th></tr>
<tr><td>摊铺温度</td><td>≥140</td><td>≥155</td></tr>
</table>
(9)应减少人工摊铺混合料,人工摊铺时应保证质量,不得有明显的离析和平整度超标</td></tr>
<tr><td>混合料碾压</td><td>(1)彩色沥青混凝土路面碾压应使用双钢轮振动压路机和轮胎压路机。双钢轮振动压路机宜选择工作质量10t以上、激振力大于130kN、静线载荷大于285N/cm,速度实现无级变速,激振力、振幅和频率可调等性能优良的压路机。轮胎压路机宜选择工作质量可配重、总质量不小于26t、接地比压不小于420kPa,速度实现无级变速,全液压操纵等性能优良的压路机。
(2)压路机数量应符合下列规定:
①压路机数量应根据工程量、路面宽度、路面厚度、工期等综合确定。
②一个作业面的压路机数量、种类宜按表i)进行配置。
表i)　一个作业面的压路机配置(台)
<table>
<tr><th rowspan="2">道路种类</th><th colspan="3">压路机配置</th><th rowspan="2">总台数</th></tr>
<tr><th>双钢轮振动压路机(初压、终压)</th><th>轮胎压路机(复压)</th><th>双钢轮振动压路机(复压)</th></tr>
<tr><td>路面宽度<9m</td><td>1</td><td>1</td><td>1</td><td>3</td></tr>
<tr><td>路面宽度9~13m</td><td>1</td><td>2</td><td>2</td><td>5</td></tr>
<tr><td>路面宽度13~18m</td><td>1~2</td><td>2~3</td><td>2~3</td><td>5~8</td></tr>
<tr><td>路面宽度>18m</td><td>两个车道1台</td><td>两个车道1台</td><td>两个车道1台</td><td>—</td></tr>
</table></td></tr>
</table>

续上表

<table>
<tr><th>项 目</th><th>内容、要求及说明</th></tr>
<tr><td>混合料碾压</td><td>③当遇施工气温低、大风、厚层碾压等特殊施工情况时，压路机数量宜适当增加。
(3)从起压点开始，前进、后退一次应为一趟，下一趟碾压时压路机应重叠上一趟压实过的1/2轮宽，依此碾压，直到完成整个断面的碾压为一遍。碾压遍数应根据混合料种类、摊铺厚度、设计空隙率等由试验确定。
(4)碾压速度应按表j)的规定选择。
表j) 碾压速度
<table><tr><th>碾压步骤</th><th>初压</th><th>复压</th><th>终压</th></tr><tr><td>碾压速度(km/h)</td><td>2~3</td><td>3~5</td><td>3~6</td></tr></table>(5)碾压温度应符合表k)的规定。低温、大风天气施工初压时混合料的内部温度宜适当提高10~15℃。
表k) 彩色沥青混合料碾压温度(℃)
<table><tr><th>施工工序</th><th>普通彩色沥青</th><th>特种彩色沥青</th></tr><tr><td>初压开始混合料内部温度</td><td>≥135</td><td>≥155</td></tr><tr><td>碾压终了的表面温度</td><td>≥90</td><td>≥100</td></tr><tr><td>开放交通时的路表温度</td><td>≤40</td><td>≤40</td></tr></table>(6)大于60m的连续碾压段落，宜采用组合式碾压，应按下列程序和要求进行施工：
①应由一台轮胎压路机与一台双钢轮振动压路机组合成一组，两台压路机宜保持一定的安全距离同步前行、同步后退。应由组合的压路机进行初压和复压，剩余的双钢轮振动压路机进行终压。
②组合的轮胎压路机与双钢轮振动压路机完成1遍碾压为1组遍，碾压总遍数应记为2遍。
③组合式碾压时，每组压路机应以双钢轮振动压路机为基准，双钢轮下一趟碾压时应重叠一趟碾压过的1/2轮宽；轮胎压路机应与双钢轮振动压路机保持横向相对位置不变。
④初压时双钢轮振动压路机前进时应使用静压，后退时混合料稳定宜选择高频低幅碾压，混合料不稳定应使用静压。
⑤复压时双钢轮振动压路机前进时宜采用高频低幅，后退时宜采用高频高幅。达到规定的碾压遍数后应停止复压。
⑥终压时宜采用双钢轮振动压路机静压1~2遍。终压应紧跟在复压后进行。复压后表面无明显轮迹时，可免去终压。
(7)不大于60m的间断碾压段落宜采用普通碾压方式。
(8)彩色开级配沥青磨耗层混合料一般不宜使用轮胎压路机进行碾压。当经试验确定使用轮胎压路机时宜采用组合式碾压；当试验确定不能使用轮胎压路机时应采用双钢轮振动压路机碾压。
(9)彩色沥青混凝土路面碾压应加强过程控制，并应符合下列规定：
①双钢轮振动压路机应控制洒水量，不得采用大水量不间断喷水。宜使用小水量雾状喷水，不粘轮时可采用间断喷水。
②碾压轮在施工过程中应保持清洁，混合料粘轮时应立即清除。碾压轮上可涂刷适量的隔离剂。
③大型压路机无法碾压的部位，应采用小型压实机具进行充分压实。
④压实应连续进行不得停顿。压实机械发生故障时，应立即退出工作面，补充同型号的备用机械进场工作。
⑤压路机严禁在未压实成型路段上转向、调头、加水和停留。应加强对已完成压实路面的保护，不得在上面停放各种施工机械和车辆，不得散落混合料、油料等杂物。
⑥施工结束后，压路机不得停放在当天铺筑的路面上。</td></tr>
</table>

续上表

<table>
<tr><th>项　目</th><th>内容、要求及说明</th></tr>
<tr><td>混合料碾压</td><td>(10)接缝处理应符合下列规定：
①路面接缝应连接平顺、紧密，不得有明显的离析。碾压后宜用3m直尺检查，确保满足平整度要求。
②横向接缝宜采用垂直于道路中线的平接缝，纵缝应采用热接缝。上下层的纵缝错开不宜小于300mm；相邻两幅及上下层的横向接缝错位不宜小于3m。
③横向接缝碾压时宜先用双钢轮压路机横向碾压，然后实行45°斜压，最后再实施横压。
④纵向接缝碾压时第一趟宜先碾压接缝部分，然后向两边碾压。
(11)碾压结束后宜立即喷洒彩色路面防护剂。
(12)施工后应封闭交通，防止污染，待路表温度降至40°C以下时方可开放交通</td></tr>
<tr><td>质量检测</td><td>(1)混合料在生产过程中，应按表1)规定的检查项目和频率，对各种原材料进行抽样检验。
表1)　原材料质量检查项目和频率
<table>
<tr><th rowspan="2">原材料</th><th rowspan="2">检查项目</th><th colspan="2">检查频率</th></tr>
<tr><th>机动车道</th><th>非机动车道</th></tr>
<tr><td rowspan="7">粗集料
(含人造彩色陶粒)</td><td>外观(石料品种、含泥量等)</td><td>每车</td><td>每批</td></tr>
<tr><td>针片状颗粒含量</td><td>每3天1次</td><td>每周1次</td></tr>
<tr><td>颗粒组成(筛分)</td><td>每天1次</td><td>每3天1次</td></tr>
<tr><td>压碎值</td><td>每批</td><td>—</td></tr>
<tr><td>磨光值</td><td>每批</td><td>—</td></tr>
<tr><td>洛杉矶磨耗值</td><td>每批</td><td>—</td></tr>
<tr><td>含水量</td><td>每天1次</td><td>每天1次</td></tr>
<tr><td rowspan="4">细集料
(含人造彩色陶粒)</td><td>颗粒组成(筛分)</td><td>每天1次</td><td>每3天1次</td></tr>
<tr><td>砂当量</td><td>每3天1次</td><td>每周1次</td></tr>
<tr><td>含水量</td><td>每天1次</td><td>每天1次</td></tr>
<tr><td>松方单位重</td><td>每批</td><td>—</td></tr>
<tr><td rowspan="3">矿粉</td><td>外观</td><td>每批</td><td>每批</td></tr>
<tr><td><0.075mm含量</td><td>每批</td><td>每批</td></tr>
<tr><td>含水量</td><td>每天1次</td><td>每3天1次</td></tr>
<tr><td rowspan="3">彩色沥青</td><td>针入度</td><td>每3天1次</td><td>每周1次</td></tr>
<tr><td>软化点</td><td>每3天1次</td><td>每周1次</td></tr>
<tr><td>延度</td><td>每3天1次</td><td>每周1次</td></tr>
<tr><td rowspan="5">特种彩色沥青</td><td>针入度</td><td>每天1次</td><td>每天1次</td></tr>
<tr><td>软化点</td><td>每天1次</td><td>每天1次</td></tr>
<tr><td>离析试验</td><td>每周1次</td><td>每周1次</td></tr>
<tr><td>低温延度</td><td>更换新沥青时</td><td>更换新沥青时</td></tr>
<tr><td>弹性恢复</td><td>更换新沥青时</td><td>更换新沥青时</td></tr>
<tr><td rowspan="3">颜料</td><td>外观</td><td>每批</td><td>每批</td></tr>
<tr><td>着色率</td><td>每批</td><td>每批</td></tr>
<tr><td>耐光性</td><td>每批</td><td>每批</td></tr>
</table></td></tr>
</table>

续上表

项 目	内容、要求及说明
质量检测	(2)拌和厂应按表 m)规定的项目和频率对混合料进行质量检测,并计算合格率。

表 m) 混合料的质量检查项目、频率和要求

项目		检查频率及单点检验评价方法	质量要求或允许偏差		检验方法
			机动车道	非机动车道	
混合料外观		每盘	观察集料粗细、均匀性、离析、油石比、色差、冒烟、油团		目测
拌和温度	彩色沥青、集料的加热温度	逐盘检测评定	符合(CJJ/T 218—2014)		传感器检测
	混合料出厂温度	逐车检测评定			传感器检测、逐车检测
		逐盘检测,每天取平均值评定			传感器检测、显示并自动打印
矿料级配(筛孔)	0.075mm	逐盘在线检测	±2%	—	计算机采集数据计算
	≤2.36mm		±5%	—	
	≥4.75mm		±6%	—	
	0.075mm	逐盘检测,每天汇总1次取平均值评定	±1%	—	总量检测
	≤2.36mm		±2%	—	
	≥4.75mm		±2%	—	
	0.075mm	每天1次,以2个试样的平均值评定	±2%	±5%	T 0725 抽提筛分与标准级配比较的差
	≤2.36mm		±5%	±6%	
	≥4.75mm		±6%	±7%	
彩色沥青用量(油石比)		逐盘在线检测	±0.3%	—	计算机采集数据计算
		逐盘检测,每天汇总1次取平均值评定	±0.1%	—	总量检测
		每机每天1次,以2个试样的平均值评定	±0.3%	±0.4%	抽提 T 0722、T 0721
马歇尔试验:空隙率、稳定度、流值		每天1次,以5个试样的平均值评定	符合 CJJ/T 218—2014		T 0702、T 0709
浸水马歇尔试验		配合比变化时(试件数同马歇尔试验)			
车辙试验		配合比变化时(以3个试样的平均值评定)	符合 CJJ/T 218—2014		T 0719

(3)施工过程中应随时对施工质量进行评定,质量检查、检测的内容、频率、允许偏差应符合表 n)的规定。

续上表

<table>
<tr><th>项　目</th><th>内容、要求及说明</th></tr>
<tr><td>质量检测</td><td>
表 n）彩色沥青混凝土路面施工过程中工程质量的控制标准
<table>
<tr><th colspan="2" rowspan="2">项目</th><th rowspan="2">检查频率及单点检验评价方法</th><th colspan="2">质量要求或允许偏差</th><th rowspan="2">检验方法</th></tr>
<tr><th>机动车道</th><th>非机动车道</th></tr>
<tr><td colspan="2">色彩</td><td>每 50m 一个点</td><td>不小于 90 分</td><td>不小于 90 分</td><td>CJJ/T 218—2014</td></tr>
<tr><td colspan="2">外观</td><td>随时</td><td colspan="2">表面平整密实，无轮迹、裂缝、推移、油汀、油包、色差、离析等</td><td rowspan="2">目测</td></tr>
<tr><td colspan="2" rowspan="2">接缝</td><td>每条</td><td colspan="2">紧密、平整、顺直、无跳车</td></tr>
<tr><td>逐条缝检测评定</td><td>3mm</td><td>5mm</td><td>JTG E60</td></tr>
<tr><td rowspan="2">施工温度</td><td>摊铺温度</td><td>逐车检测评定</td><td colspan="2">符合 CJJ/T 218—2014</td><td>JTG E60</td></tr>
<tr><td>碾压温度</td><td>随时</td><td colspan="2">符合 CJJ/T 218—2014</td><td>温度计实测</td></tr>
<tr><td colspan="2">厚度</td><td>随时</td><td>不小于设计值</td><td>设计值的 -10%</td><td>JTG E60</td></tr>
<tr><td colspan="2">压实度</td><td>每 2 000m^{2}4 个点取平均值</td><td colspan="2">实验室标准密度的 98%、最大理论密度的 94%、试验段密度的 99%</td><td>JTG E60</td></tr>
<tr><td rowspan="2">平整度</td><td>最大间隙</td><td>随时，接缝处单点评定</td><td>3mm</td><td>5mm</td><td>JTG E60</td></tr>
<tr><td>标准差</td><td>连续测定</td><td>1.5</td><td>1.8</td><td>JTG E60</td></tr>
<tr><td colspan="2">宽度</td><td>检测每个断面</td><td colspan="2">不小于设计值</td><td>JTG E60</td></tr>
<tr><td colspan="2">纵断面高程</td><td>检测每个断面</td><td>±1mm</td><td>±15mm</td><td>JTG E60</td></tr>
<tr><td colspan="2">横坡度</td><td>检测每个断面</td><td>±0.3%</td><td>±0.5%</td><td rowspan="2">JTG E60
JTG E60</td></tr>
<tr><td colspan="2">渗水系数[a]</td><td>每 1km 不少于 5 点取平均值</td><td colspan="2">小于设计值</td></tr>
<tr><td colspan="2"></td><td></td><td colspan="2"></td><td>JTG E60</td></tr>
</table>
注：[a] 不适用 COGFC 混合料。
(4)路面厚度、压实度、平整度检测方法应符合下列规定：
①路面厚度检测，施工中应及时测量松铺厚度；施工结束后可取芯检测，工程量较大时宜采用雷达无损检测，并应结合总量检验。
②压实度应以施工过程控制为主，施工中宜使用无损检测仪器检测，施工结束后可采用取芯检测。
③平整度检测，施工过程中接缝处应使用3m 直尺逐条检测，施工结束后应使用连续式平整度检测仪或颠簸累计仪检测。
(5)对于机动车道，宜利用计算机实行动态质量管理，计算平均值、极差、标准差、变异系数及各项指标的合格率
</td></tr>
</table>

(3)彩色沥青混凝土压痕路面施工

彩色沥青混凝土压痕路面施工 表 14-100

<table>
<tr><th>项　目</th><th>内容、要求及说明</th></tr>
<tr><td>压痕施工</td><td>(1)压痕施工宜在彩色沥青混凝土复压结束后立即进行，混凝土内部温度不应低于 0℃。低于 90℃时，应使用加热设备进行不接触软化，使路面温度达到 90℃ ~120℃。路面软化厚度不应小于压痕设计深度。
(2)压痕施工应按施工放样、模具定位和压痕的程序进行，并应符合下列规定：
①应按照设计图在彩色沥青混凝土路面上进行施工放样，画出基准线，确定压痕位置。</td></tr>
</table>

续上表

项 目	内容、要求及说明
压痕施工	②应将压痕模具摆放在已经软化的路面上，按已放样的基准线进行定位，应保证压痕纹理的对接和线形整齐。 ③宜使用振动夯机将已定位的模具压入彩色沥青混凝土面层，夯机的夯力应以轻松使模具压入为标准，压痕完成后撤去模具，路面上应显现出三维立体印痕。 (3)涂层施工应按施工放样、涂刷、勾边、喷洒防护剂等程序进行，并应符合下列规定： ①应按照设计图案，在路面上勾画出图案轮廓，确定不同的色彩部位。 ②手持喷枪距离地面宜为20~30cm，枪嘴宜垂直地面以往复螺旋轨迹移动喷出彩色涂料；毛刷应跟于喷枪后，将彩色涂料均匀涂刷在划定的区域。 ③应按设计图案，手工用细毛刷蘸彩色涂料沿设计图案轮廓线或压痕线勾边。 ④完整的图案涂刷完成后，宜按设计用量在图案上用喷枪均匀喷洒一层彩色路面防护剂。 ⑤应在干燥成型24h后开放交通。
质量检测	(1)压痕和涂层施工过程中应按批检测彩色涂料、彩色路面防护剂的质量，彩色涂料、彩色路面防护剂的质量检验项目和频率应符合下表中的规定。 (2)压痕施工质量控制重点应为表面加热温度、压痕深度、压痕垂直度等；涂层施工质量控制重点应为涂料喷涂的均匀性、涂层色差、涂层表面纹路、勾缝顺畅等

原材料质量检查的项目与频率

原材料	检查项目	检查频率		要求值
		机动车道	非机动车道	
彩色涂料	涂膜外观	随叫	随时	满足CJJ/T 218—2014或产品质量标准
	涂层低温抗裂性	每批料1次	更换生产厂家时	
	抗滑性	每批料1次	更换生产厂家时	
	基料附着性	每批料1次	更换生产厂家时	
彩色路面防护剂	涂膜外观	随时	随时	
	附着性(划网法)	每批料1次	更换生产厂家时	
	耐磨性	每批料1次	更换生产厂家时	
	施工性能	随时	随时	

(4)色彩质量控制

色 彩 质 量 控 制 表14-101

项 目	内容、要求及说明
色彩质量控制	(1)施工单位应根据色彩设计进行色彩配制，色彩配制应符合CJJ/T 218—2014附录A的规定，并应做试验段进行色彩验证。当试验段色彩与设计色彩相差较大时，应分析查找原因，必要时重新进行色彩配制试验，直到试验段色彩与设计色彩一致。 (2)混合料拌和时颜料加入量精度应控制为最佳颜料用量的±0.2%。 (3)施工中应随时观察色彩变化，发现问题及时处理。 (4)施工过程中宜以每50m^{2}一个点，按CJJ/T 218—2014的有关规定进行色彩质量评分，加强过程控制

14.15.5 彩色沥青混凝土路面质量验收

彩色沥青混凝土路面质量验收(CJJ/T 218—2014) 表14-102

项 目	内容、要求及说明
一般规定	(1)城市道路彩色沥青混凝土路面质量评定、验收应按现行行业标准《城镇道路工程施工与质量验收规范》(CJJ 1)的规定执行。

续上表

项　　目	内容、要求及说明
一般规定	(2)在竣工验收前的质保期内,施工单位应按合同规定对彩色沥青混凝土路面进行维修保养。 (3)竣工验收前,施工单位应根据竣工文件编制的有关规定整理施工档案,编制并移交竣工文件
评定单元	彩色沥青混凝土路面或彩色沥青混凝土压痕路面完工后,当总施工段不小于1km时,应以每3 000m^2为一个评定单元;当总施工段小于1km时,应以每个施工段落为一个评定单元,选取测点,进行质量评定
彩色沥青混凝土路面	机动车道质量检验标准及允许偏差应符合表a)的规定;非机动车道质量检验标准及允许偏差应符合表b)的规定。

表a)　机动车道路面质量检验标准及允许偏差

检查项目			单位	规定值及允许偏差	检查频率		检验方法
					范围	点数	
主控项目	色彩		分	≥80	100m^2	1	CJJ/T 218—2014第6.2.3条
主控项目	压实度		%	≥96	1 000m^2	1	JTG E60
主控项目	厚度		%	+10～0	1 000m^2	1	JTG E60
主控项目	渗水系数		mL/min	≤50	50m	1	JTG E60
主控项目	抗滑	摩擦系数	—	符合设计要求	200m	1	JTG E60
					全线连续		
主控项目	抗滑	构造深度	mm	符合设计要求	200m	1	JTG E60
					全线连续		
一般项目	外观		—	无明显色差;路面平整密实,无明显轮迹、推移、松散、裂缝、泛油和离析等;接缝平顺	随时		目测
一般项目	平整度	标准差σ	mm	1.5	每车道	全线连续	JTG E60
一般项目	平整度	*IRI*	m/km	2.5	每车道	全线连续	JTG E60
一般项目	宽度		mm	不小于设计值	40m	1	JTG E60
一般项目	纵断高程		mm	≤±15	20m	1	JTG E60
一般项目	中线偏位		mm	20	100m	1	JTG E60
一般项目	横坡		%	±0.3且不反坡	20m	2	JTG E60
一般项目	井框与路面的高差		mm	≤5	每座	1	十字法,用直尺、塞尺量,取最大值

表b)　非机动车道路面质量检验标准及允许偏差

检查项目		单位	规定值及允许偏差	检查频率		检验方法
				范围	点数	
主控项目	色彩	分	≥80	100m	1	CJJ/T 218—2014第6.2.3条
主控项目	厚度	%	+10～-5	100m	1	JTG E60
主控项目	抗滑(摩擦系数)	—	符合设计要求	200m	1	JTG E60
					全线连续	

续上表

<table>
<tr><td>项　目</td><td colspan="8">内容、要求及说明</td></tr>
<tr><td rowspan="5">彩色沥青混凝土路面</td><td colspan="3" rowspan="2">检查项目</td><td rowspan="2">单位</td><td rowspan="2">规定值及允许偏差</td><td colspan="2">检查频率</td><td rowspan="2">检验方法</td></tr>
<tr><td>范围</td><td>点数</td></tr>
<tr><td rowspan="3">一般项目</td><td colspan="2">宽度</td><td>mm</td><td>−20</td><td>50m</td><td>1</td><td rowspan="3">JTG E60</td></tr>
<tr><td colspan="2">横坡</td><td>%</td><td>±0.3</td><td>50m</td><td>1</td></tr>
<tr><td colspan="2">平整度</td><td>mm</td><td>5</td><td>20m</td><td>1/车道</td></tr>
<tr><td rowspan="11">彩色沥青混凝土压痕路面</td><td colspan="8">彩色沥青混凝土压痕路面质量验收标准及允许偏差应符合表c)的规定
表c)　彩色沥青混凝土压痕路面质量检验标准及允许偏差</td></tr>
<tr><td colspan="3" rowspan="2">检查项目</td><td rowspan="2">单位</td><td rowspan="2">规定值及允许偏差</td><td colspan="2">检查频率</td><td rowspan="2">检验方法</td></tr>
<tr><td>范围</td><td>点数</td></tr>
<tr><td rowspan="5">主控项目</td><td colspan="2">色彩</td><td>分</td><td>≥90</td><td>100m²</td><td>1</td><td>CJJ/T 218—2014 第6.2.3条</td></tr>
<tr><td rowspan="2">顺直度</td><td>规则线形</td><td>mm</td><td>2</td><td colspan="2">全线连续</td><td>3m直尺</td></tr>
<tr><td>不规则线形</td><td>—</td><td>平顺、自然</td><td colspan="2">全线连续</td><td>直接观察</td></tr>
<tr><td rowspan="2">压痕对接</td><td>规则线形</td><td>mm</td><td>±1.5</td><td colspan="2">全线连续</td><td>用尺量</td></tr>
<tr><td>不规则线形</td><td>mm</td><td>±2</td><td colspan="2">全线连续</td><td>用尺量</td></tr>
<tr><td rowspan="3">一般项目</td><td>抗滑性能</td><td>摆值 F_b</td><td>—</td><td>符合设计要求</td><td>200m</td><td>1</td><td>摆式仪</td></tr>
<tr><td colspan="2">表面</td><td>—</td><td>表面平整、坚实，压痕周边无掉角和缺楞、压痕深浅一致；图案清晰，色彩均匀；接缝紧密、平顺，压痕线形顺直、自然、无错接</td><td colspan="2">随机</td><td>目测</td></tr>
<tr><td colspan="2">压痕深度</td><td></td><td></td><td>100m²</td><td>1</td><td>用尺量</td></tr>
<tr><td>色彩质量验收</td><td colspan="8">当总施工段不小于1km时，应以每3 000m²为一个评定单元；当总施工段小于1km时，应以每个施工段落为一个评定单元，进行色彩质量评定。每100m²选取一个检测点，取单点得分的平均值为色彩质量得分。色彩质量验收采用目测比色计分的方法，目测比色计分程序和方法应符合下列规定：
(1)应根据设计色彩、最大彩度设计色彩、最小彩度设计色彩，参照已建成工程确定合适的施工色彩与设计色彩的色差范围。
(2)应在颜料合理用量范围内变化颜料用量采用马歇尔方法制作彩色试件，去除色差不满足要求的试件，保留色差满足要求的试件。然后在色差满足要求的试件中，根据试件彩度的大小，应选择彩度最小且小于最小设计彩度(C_{min})的试件色彩为最小彩度临界色彩；选择彩度最大且大于最大设计彩度(C_{max})的试件色彩为最大彩度临界色彩。
(3)应按现行国家标准《建筑颜色的表示方法》(GB/T 18922)的规定，选择与最小彩度临界色彩和最大彩度临界色彩对应的色卡标样，分别记为最小彩度临界色彩色卡标样(K_{Lmin})、最大彩度临界色彩色卡标样(K_{Lmax})。
(4)确定验收比对色卡标样图册，图册由 K_{min}、K_{Lmin}、K_0、K_{max}、K_{Lmax} 5个彩度从小到大的标准色卡组成。</td></tr>
</table>

续上表

项　目	内容、要求及说明
色彩质量验收	(5)应按规定的频率,在完工路面随机确定鉴定位置,每个位置选取 0.5m×0.5m 进行质量鉴定。计分方法应按下列规定计算: ①如果选取位置的色彩与 K_0 一致,本点质量评定得分为 100 分。 ②如果选取位置的色彩与 K_{min} 或 K_{max} 一致,本点质量评定得分为 80 分。 ③如果选取位置的色彩与 K_{Lmin} 或 K_{Lmax} 一致,本点质量评定得分为 60 分。 ④如果选取位置的色彩介于 $K_{min} \sim K_0$ 或 $K_0 \sim K_{max}$,本点质量评定得分为 90 分。 ⑤如果选取位置的色彩介于 $K_{Lmin} \sim K_{min}$ 或 $K_{max} \sim K_{Lmax}$,本点质量评定得分为 70 分。 ⑥如果选取位置的色彩在 K_{Lmin} 或 K_{Lmax} 之外,本点质量评定得分为 30 分

14.15.6 彩色沥青混凝土路面养护

彩色沥青混凝土路面养护(CJJ/T 218—2014)　　表 14-103

项　目		内容、要求及说明
一般规定		(1)彩色沥青混凝土路面应加强预防性养护,保持彩色沥青混凝土路面良好的使用功能。 (2)彩色沥青混凝土路面的检测、技术状况评价、养护状况评定、养护安全防护、养护工程验收等应符合现行行业标准《城镇道路养护技术规范》(CJJ 36)的有关规定。 (3)城市道路彩色沥青混凝土路面养护工作应减少对通行车辆的影响
养护类型	预防性养护	彩色沥青混凝土路面的预防性养护工作内容应包括路面清洗、路面防护和路面颜色恢复
	病害矫正性养护	对彩色沥青混凝土路面的裂缝、坑槽、透水、抗滑性能不足等主要病害,应进行病害矫正性养护。 对彩色沥青混凝土压痕路面的涂层破损、压痕损坏等主要病害,涂层破损病害应采用涂层修复的方法处理,压痕损坏病害应采用压痕修复的方法处理
预防性养护	彩色沥青混凝土路面	(1)日常清洗应在路面污染后随时进行;定期清洗应每月不少于一次,宜使用专用的路面清洗机械。 (2)彩色沥青混凝土路面宜采用喷洒彩色路面防护剂进行路面防护,第一次路面防护宜在路面铺筑后开放交通前进行,以后每两年一次。彩色路面防护剂喷洒施工应符合下列要求: ①施工前应将路面清扫干净。 ②喷洒彩色路面防护剂之前,应确认路面已完全干燥。 ③喷洒后的路面色彩应与原路面的设计色彩一致,彩色路面防护剂应添加颜料。 (3)彩色沥青混凝土路面宜采用彩色雾封层进行路面颜色恢复。彩色雾封层的频率应根据路面颜色的褪色程度实施。彩色雾封层施工应符合下列规定: ①彩色雾封层材料用量宜为 0.3～0.6kg/m^2。 ②彩色雾封层施工宜使用雾封层专用洒布机。 ③彩色雾封层施工应按下列程序和要求进行施工: a. 划分作业区,实施安全防护。 b. 材料准备和设备调试。 c. 清扫路面杂物,处理路面污染,用胶带粘贴覆盖标线。 d. 病害处理。 e. 喷洒施工根据路面宽度分幅进行,控制好两幅交汇处的喷洒量。 f. 喷洒缺陷修补对于设备喷洒遗漏和喷洒量过大的位置采用人工进行局部修补。 g. 养生。 h. 恢复标线,开放交通。 (4)质量检验应符合表 a)的规定。

续上表

<table>
<tr><th colspan="2">项　目</th><th>内容、要求及说明</th></tr>
<tr><td>预防性养护</td><td>彩色沥青混凝土路面</td><td>
表 a)　彩色雾封层质量检验标准
<table>
<tr><th>项目</th><th>单位</th><th>规定值及允许偏差</th><th>检验频率</th><th>检验方法</th></tr>
<tr><td>表观质量</td><td>—</td><td>表面平整、均匀、无漏洒、泛油</td><td>全线连续</td><td>目测</td></tr>
<tr><td>表面颜色</td><td>—</td><td>颜色均匀,与设计一致</td><td>全线连续</td><td>目测</td></tr>
<tr><td>渗水系数</td><td>mL/min</td><td><50</td><td>3 个点/100m²</td><td>渗水系数检测仪</td></tr>
</table>
</td></tr>
<tr><td rowspan="2">病害矫正性养护</td><td>养护方案选择</td><td>
(1)对彩色沥青混凝土路面的裂缝、坑槽、透水、抗滑性能不足等主要病害,应进行病害矫正性养护。选择病害矫正性养护方案应符合下列规定:
①裂缝病害应采用裂缝修复的方案。
②坑槽病害应采用坑槽修补的方案。
③透水病害宜采用彩色雾封层处治的方案。
④机动车道抗滑性能不足病害宜采用增加彩色抗滑磨耗层的方案。
⑤对于病害较严重且面积较大的彩色沥青混凝土路面宜采用彩色微表处进行修复。
(2)对彩色沥青混凝土压痕路面的涂层破损、压痕损坏等主要病害,涂层破损病害应采用涂层修复的方法处理,压痕损坏病害应采用压痕修复的方法处理
</td></tr>
<tr><td>裂缝修复</td><td>
(1)应采用彩色灌缝胶,彩色灌缝胶的颜色应与路面颜色接近。
(2)应使用专业的成套灌缝设备,并应具有加热功能。
(3)裂缝修复施工应按下列程序和要求进行施工:
①划分施工路段,封闭作业区,实施安全防护。
②应先用钢刷刷缝,然后用小型吹风机或森林灭火器吹净缝内松动颗粒或杂物。
③宜采用液化气喷枪对裂缝加热,同时启动灌缝机,应将彩色灌缝胶加热至 190 ~210℃。
④应手持喷枪对准裂缝,将彩色灌缝胶均匀地灌注到裂缝中。
⑤灌缝结束后应在裂缝处撒布一层彩色集料;集料的色彩应与彩色路面的色彩接近,粒径不应大于缝宽的 1/2,撒布量以粒料充分嵌挤并形成骨架为宜;当裂缝宽度小于 2mm 时可不撒布彩色集料。
⑥封缝后宜使用 10t 左右轮胎压路机碾压 1 ~2 遍。
⑦开放交通。
(4)裂缝修复质量检验应符合表 b)的规定。
表 b)　裂缝修复质量检验要求
<table>
<tr><th>项目</th><th>单位</th><th>规定值及允许偏差</th><th>检验频率</th><th>检验方法</th></tr>
<tr><td>表观质量</td><td>—</td><td>表面平整、边缘整齐,灌缝充分饱满;彩色集料撒布均匀,撒布量合适,不脱落</td><td>每道缝</td><td>目测</td></tr>
<tr><td>表面颜色</td><td>—</td><td>颜色均匀,修复后无明显的色差</td><td>每道缝</td><td>目测</td></tr>
<tr><td>平整度</td><td>mm</td><td>2</td><td>每道缝 3 点</td><td>用 3m 直尺和塞尺连续量取两尺,取最大值</td></tr>
<tr><td>渗水系数</td><td>mL/min</td><td>≤50</td><td>每道缝 3 点</td><td>渗水系数检测仪</td></tr>
</table>
</td></tr>
</table>

续上表

项　目		内容、要求及说明
病害矫正性养护	坑槽修补	(1)应采用彩色修补料。 (2)坑槽修补应按下列程序和要求进行施工: ①应根据坑槽形状划定维修轮廓线,应沿轮廓线向内开挖坑槽,坑槽壁面应保持与路平面垂直,坑槽底部应平整、坚实。 ②应将坑槽内的杂物、松散料清理干净,吸干坑槽内积水,并应采用喷灯将坑底及槽壁潮湿部位烤干;处理后的坑槽周边应坚硬结实,不得松动。 ③应把彩色沥青均匀涂刷在坑槽壁面和底部,厚度宜为 1 ~ 2mm。 ④将彩色修补料填入坑槽内,应先填坑槽四边,然后向坑槽中央填充;应剔除槽内大粒径的石料,最后用推平板将填料推匀、调平。 ⑤使用小型压实机具将槽内混合料压实。 ⑥应将彩色沥青均匀涂抹在修补面四周新旧路面接缝上,然后在接缝处撒布彩色细集料;细集料的色彩应与彩色路面的色彩接近,撒布量以粒料充分嵌挤并形成骨架为宜。 ⑦宜使用 10t 左右轮胎压路机碾压 1 ~ 2 遍。 ⑧开放交通。 (3)坑槽修补质量检验应符合表 c)的规定。

表 c)　坑槽修补质量检验要求

项目	单位	规定值及允许偏差	检验频率	检验方法
表观质量	—	平整、密实、接缝完好;彩色集料撒布均匀,撒布量合适	每个坑槽	目测
表面颜色	—	颜色均匀,修复后无明显的色差	每个坑槽	目测
平整度	mm	2	每个坑槽 3 点	用3m 直尺和塞尺连续量取两尺,取最大值
渗水系数	mL/min	≤50	每个坑槽 2 点	渗水系数检测仪
凿边	mm	四周修凿垂直不斜,凿边宽度、深度 ±2	每个坑槽	用尺量
接茬	mm	平整、密实、平顺,不得低于原路面,高不得大于 2	每个坑槽	目测、用尺量

项　目		内容、要求及说明
病害矫正性养护	彩色抗滑磨耗层	(1)彩色抗滑磨耗层宜采用双组分或冷涂型单组分彩色涂料。 (2)彩色抗滑磨耗层应使用专业的涂刷机、石料撒布机、空压机、喷枪、小型吹风机等机械。 (3)彩色抗滑磨耗层应按下列程序和要求进行施工: ①划定作业区,标示作业线。 ②应先将路面坑槽、裂缝、松散等病害处理彻底。 ③应将 A、B 组分材料在规定的容器中混合搅拌,搅拌的时间应根据不同的材料由试验决定。搅拌结束后应立即添加填料,宜再搅拌 3 ~ 5min。 ④应使用涂刷机将混合好的胶结料均匀涂刷在彩色沥青混凝土路面上形成黏结层,黏结层厚度宜为 1 ~ 2mm;工程量较小时可采用人工涂刷。 ⑤涂刷后应立即在黏结层上撒铺一层彩色集料。集料的色彩应与原路面的色彩一致;撒布量以粒料充分嵌挤并形成骨架为宜。 ⑥应待黏结层固化反应后,将表层未黏结的集料清扫回收。 ⑦开放交通。 (4)彩色抗滑磨耗层质量检验应符合表 d)的规定

续上表

项 目	内容、要求及说明

病害矫正性养护 — 彩色抗滑磨耗层

表 d) 彩色抗滑磨耗层质量检验要求

项目	单位	规定值及允许偏差	检验频率		检验方法
			范围	点数	
外观	—	涂层厚度均匀,集料撒布均匀、无色差、撒布量合适,集料密实并形成骨架	随时		目测
胶结料用量	kg/m^2	1.5~1.8	m^2	1	涂刷到板上称重(结合厚度及总量控制)
厚度	mm	不小于设计值	$10m^2$	1	用尺量
平整度	mm	±2	20m	1	用3m直尺和塞尺连续量取两尺,取最大值
宽度	mm	±5	40m	1	用尺量
构造深度	mm	≥1	$100m^2$	1	铺砂法
摆值 F_b	—	≥60	$100m^2$	1	摆式仪

病害矫正性养护 — 彩色微表处施工

(1)彩色微表处混合料设计应符合下列规定:

①彩色微表处混合料配合比设计,应根据使用要求、原路面状况、交通量、气候条件等因素,选择适当的微表处类型,确保使用质量。

②彩色微表处混合料分类及适用范围应符合表 e)的规定。

表 e) 彩色微表处混合料分类及适用范围

彩色微表处混合料种类	矿料公称最大粒径(mm)	适用范围
Ⅰ型 CMS-1	2.36	人行道及公园等道路
Ⅱ型 CMS-2	4.75	非机动车道、广场、停车场
Ⅲ型 CMS-3	9.5	城市道路机动车道

③彩色微表处矿料级配范围应符合表 f)的规定。

表 f) 彩色微表处矿料级配

级配类型	通过下列筛孔(mm)的质量百分率(%)							
	9.5	4.75	2.36	1.18	0.6	0.3	0.15	0.075
CMS-1	—	100	90~100	65~90	40~65	25~42	15~30	10~20
CMS-2	100	90~100	65~90	45~70	30~50	18~30	10~21	5~15
CMS-3	100	70~90	45~70	28~50	19~34	12~25	7~18	5~15

④彩色微表处应选用阳离子型彩色乳化沥青,彩色微表处混合料的技术要求应符合表 g)的规定。彩色微表处的材料用量范围应符合现行行业标准《路面稀浆罩面技术规程》(CJJ/T 66)的有关规定。

表 g) 彩色微表处混合料技术要求

试验项目		单位	技术要求	检验方法
可拌和时间(25℃)		s	>120	手工拌和
黏聚力试验	30min(初凝时间)	N·m	≥1.2	T 0754
	60min(开放交通时间)		≥2.0	

续上表

<table>
<tr><th colspan="2">项 目</th><th>内容、要求及说明</th></tr>
<tr><td>病害矫正性养护</td><td>彩色微表处施工</td><td>
<table>
<tr><th colspan="2">试验项目</th><th>单位</th><th>技术要求</th><th>检验方法</th></tr>
<tr><td rowspan="2">负荷轮碾压试验（LWT）</td><td>黏附砂量</td><td>g/m²</td><td><450</td><td rowspan="2">T 0755</td></tr>
<tr><td>轮迹宽度变化率</td><td>%</td><td><5</td></tr>
<tr><td rowspan="2">湿轮磨耗试验的磨耗值(WTAT)</td><td>浸水 1h</td><td rowspan="2">g/m²</td><td><540</td><td rowspan="2">T 0752</td></tr>
<tr><td>浸水 6h</td><td><800</td></tr>
</table>
⑤必须选择实体工程用原材料进行混合料的配合比设计,彩色微表处混合料的配合比设计应按现行行业标准《路面稀浆罩面技术规程》(CJJ/T 66)的规定执行。配合比设计时应在不降低彩色微表处路用功能的前提下尽可能减小行车噪声。
(2)原材料上料及运输应符合下列规定:
①彩色微表处施工时宜根据施工计划按比例将各种原材料运输到施工现场,向彩色微表处施工机械上料。矿料掺配宜采用具有储料、计量和掺配功能的配料设备。
②当料场距施工现场 5km 之内时,施工机械可到料场上料。
(3)混合料摊铺应符合下列规定:
①摊铺必须采用专用的微表处摊铺机。
②根据设计厚度彩色微表处可单层铺筑或双层铺筑。当采用双层铺筑时上下两层的接缝错开不应小于 300mm。
③应预先喷洒浅色胶结料配制的黏层油或彩色乳化沥青。
④施工前应对摊铺车进行标定,并应将施工机械各工作参数调到最佳作业状态。
(4)彩色微表处摊铺应按下列程序和要求进行施工:
①应根据路幅宽度调整摊铺槽宽度,应沿摊铺方向画出控制线或以车道线、路缘石等为控制线。纵向接缝宜设置在标线或靠近标线的地方。
②应将符合要求的各种材料装入摊铺车内。
③应将装好料的摊铺车开至施工起点,对准控制线,放下摊铺槽,应调整摊铺槽使其周边与原路面贴紧。
④应根据生产配合比和现场矿料含水率情况,按配合比输出矿料、填料、有机溶剂、添加剂和乳液,进行拌和。当彩色乳化沥青蒸发残留物含量和矿料含水率发生变化超过 ±5% 时,必须调整摊铺车的设定,确认材料配合比符合设计配合比后方可继续施工。
⑤拌和好的混合料流入摊铺槽并应分布于摊铺槽适量时,开动摊铺车匀速前进。
⑥摊铺速度宜保持混合料摊铺量与搅拌量一致,摊铺槽中混合料的体积宜为摊铺槽容积的 1/2。
⑦稀浆混合料摊铺后的局部缺陷、超粒径粗集料产生的纵向划痕以及横、纵向接缝等,应及时使用橡胶耙等工具人工找平。
⑧当摊铺车内任何一种材料即将用完时,应立即关闭所有输送材料的控制开关,完成搅拌器中的混合料搅拌,并全部送入摊铺槽摊铺。然后向摊铺车重新加料,按上述步骤继续摊铺。
⑨摊铺结束后,摊铺车应停止前进,提起摊铺槽,将摊铺车移出摊铺点清洗摊铺槽。
(5)当采用双层摊铺时,应在第一层摊铺结束 24h 后待混合料充分成型时,方能进行第二层摊铺;必要时可采用 10t 左右的轮胎压路机碾压成型。间隔期应采取防污染措施。
(6)彩色微表处混合料摊铺后宜使用 10t 左右的轮胎压路机对已破乳并初步成型的稀浆混合料进行碾压成型。
(7)彩色微表处混合料铺筑后,应将废料运离施工现场。在开放交通前严禁车辆和行人通行。
(8)彩色微表处施工过程中的质量管理与检测应符合下列规定:
①彩色微表处混合料在施工过程中,矿粉、颜料的检查项目和频率应符合 CJJ/T 218—2014 表 h)的规定,矿料、彩色乳化沥青的质量检验项目和频率应符合表 h)的规定。
②施工中应对稀浆混合料进行抽样检测,抽检项目、频率、允许误差及检验方法应符合表 i)的规定。
</td></tr>
</table>

续上表

项目		内容、要求及说明
病害矫正性养护	彩色微表处施工	见下列表h)、表i)、表j)及说明

表h) 原材料质量检查的项目与频率

原材料	检查项目	检查频率		要求值
		机动车道	非机动车道	
彩色乳化沥青	蒸发残留物含量	每3天1次	每周1次	符合CJJ/T 218—2014表3.2.4的规定
	蒸发残留物针入度	每3天1次	每周1次	
	蒸发残留物软化点	每3天1次	每周1次	
	蒸发残留物延度	每批料1次	更换新材料时	
矿料	砂当量	每批料1次	每批料1次	符合CJJ/T 218—2014表3.8.3-1的规定
	含水率	每天1次	每天1次	
	级配	每天1次	每3天1次	符合CJJ/T 218—2014表7.3.6-2的规定

表i) 彩色微表处施工过程检验要求

项目	单位	要求	检验频率	检验方法
色彩	分	≥90	每50m² 一个点	CJJ/T 218—2014 6.2.3条
稠度	—	适中	1次/100m	目测
油石比	%	施工配合比的油石比±0.2	1次/日	T 0722
矿料级配	—	满足施工配合比的矿料级配要求	1次/日	摊铺过程中从矿料输送带末端接出集料进行筛分
外观	—	颜色均匀、表面平整、集料分布均匀,无离析,无划痕	全线连续	目测
摊铺厚度	%	-10	5个断面/km	钢尺测量,每幅中间及两侧各1点,取平均值作为检测结果
浸水1h湿轮磨耗	g/m²	≤540	1次/7个工作日	T 0752

③彩色微表处施工质量控制重点应为外观控制、色彩控制、摊铺速度控制、摊铺厚度控制和彩色乳化沥青质量控制等。

(9)彩色微表处维修工程完工后1~2月,当总施工段小于1km时,应以每1 000m²为一个评定单元;当总施工段小于1km时,应以每个施工段落为一个评定单元,进行质量检查和验收,质量检验标准及允许偏差应符合表j)的规定。

表j) 彩色微表处质量检验标准及允许偏差

项目		规定值及允许偏差		检查频率	检验方法
		机动车道	非机动车道		
主控项目	色彩,≥	85		1个点/100m²	CJJ/T 218—2014第6.2.3条
	厚度	10%		3个点/km	钻孔
	渗水系数,≤	10mL/min	—	3个点/km	渗水系数检测仪

续上表

<table>
<tr><th>项　目</th><th colspan="8">内容、要求及说明</th></tr>
<tr><td rowspan="11">彩色微表处施工</td><td colspan="3" rowspan="2">项目</td><td colspan="2">规定值及允许偏差</td><td rowspan="2">检查频率</td><td rowspan="2">检验方法</td></tr>
<tr><td>机动车道</td><td>非机动车道</td></tr>
<tr><td rowspan="3">主控项目</td><td rowspan="3">抗滑性能</td><td>摆值 F_b(BPN)</td><td colspan="2">符合设计要求</td><td>5 个点/km</td><td>摆式仪</td></tr>
<tr><td>横向力系数(SFC_{60})</td><td colspan="2">符合设计要求</td><td>全线连续</td><td>横向力系数车</td></tr>
<tr><td>构造深度 TD^a,≥</td><td>0.50mm</td><td>—</td><td>5 个点/km</td><td>铺砂法</td></tr>
<tr><td rowspan="5">一般项目</td><td rowspan="4"></td><td>外观</td><td colspan="2">颜色均匀,表面平整、密实,集料分布均匀,无松散,无轮迹,无划痕</td><td>全线连续</td><td>目测</td></tr>
<tr><td>横向接缝</td><td colspan="2">对接,平顺,不平整 <3mm</td><td>每条</td><td>目测,用尺量</td></tr>
<tr><td>纵向接缝</td><td colspan="2">宽度 <80mm,不平整 <6mm</td><td>全线连续</td><td>用尺量</td></tr>
<tr><td>边线</td><td colspan="2">任一 30m 长度范围内的水平波动不得超过 ±50mm</td><td>全线连续</td><td>用尺量</td></tr>
<tr><td colspan="2">宽度</td><td colspan="2">不小于设计值</td><td>3 个点/km</td><td>用尺量</td></tr>
<tr><td colspan="7">注:[a] 低噪声彩色微表处可适当放宽</td></tr>
</table>

病害矫正性养护 — 涂层修复施工

(1)涂层修复应按下列程序和要求进行施工:

①划定维修面。

②应沿维修面轮廓线用铲刀或批刀将松散的表面涂层清除干净;处理后的周边应坚硬结实,不得松动。

③应利用吹风机将槽内残留的杂物、松散料清除干净。

④应摆放好模板,用喷涂、滚涂或刮涂等方法把彩色涂料均匀涂抹在维修面内,新涂层厚度和色彩应与原涂层一致。

⑤干燥成型后开放交通。

(2)涂层修复施工质量检验应符合表 k)的规定。

表 k)　涂层修复质量检验要求

项目	单位	规定值及允许偏差	检验频率	检验方法
表观质量	—	平整、密实、边缘整齐、接缝完好	每处	目测
表面颜色	—	颜色均匀,修复后无明显的色差	每处	目测
平整度	mm	20	每 $10m^2$ 1 点	用 3m 直尺和塞尺连续量取两尺,取最大值
渗水系数	mL/min	≤10	每 $10m^2$ 1 点	渗水系数检测仪
接茬	mm	平整、密实、平顺,不得低于原路面,高不得大于 1	每处	目测、用尺量

压痕修复施工

压痕修复施工应符合下列规定:

(1)压痕修复应按下列程序和要求进行施工:

①划定维修面。

②应沿维修面轮廓线用铲刀或批刀向内将松散的表面涂层清除干净。

续上表

<table>
<tr><th>项　目</th><th colspan="2">内容、要求及说明</th></tr>
<tr><td>病害矫正性养护</td><td>压痕修复施工</td><td>
③应沿维修面轮廓线用铲刀将压痕损坏的原彩色路面松散部分清除，开挖成坑槽，使用彩色修补料按照 CJJ/T 218—2014 第 7.3.4 条的规定修补坑槽。
④压痕填充结束后应将与原压痕一致的模具摆放在修补好尚软化的路面上，如已硬化应加热至 90～120℃，按已放样的基准线定位。
⑤应使用振动夯机将已定位的模具压入修补好的彩色沥青混凝土面层，然后撤去模具。
⑥应使用刷涂方法将彩色涂料均匀涂抹在维修面内，新涂层的色彩、厚度应与原涂层一致。
⑦干燥成型后开放交通。
（2）压痕修复质量检验应符合表 1）的规定
表 1）　压痕修复质量检验要求
<table>
<tr><th>项目</th><th>单位</th><th>规定值及允许偏差</th><th>检验频率</th><th>检验方法</th></tr>
<tr><td>表观质量</td><td>—</td><td>平整、密实、接缝完好；图案完整；修复后的压痕与原压痕基本一致</td><td>每处</td><td>目测</td></tr>
<tr><td>表面颜色</td><td>—</td><td>颜色均匀，修复后无明显的色差</td><td>每处</td><td>目测</td></tr>
<tr><td>平整度</td><td>mm</td><td>3</td><td>每处 3 点</td><td>用 3m 直尺和塞尺连续量取两尺，取最大值</td></tr>
<tr><td>渗水系数</td><td>mL/min</td><td>≤10</td><td>每处 3 点</td><td>渗水系数检测仪</td></tr>
<tr><td>凿边</td><td>mm</td><td>四周修凿垂直不斜，凿边宽度、深度 ±2</td><td>每处</td><td>用尺量</td></tr>
<tr><td>接茬</td><td>mm</td><td>平整、密实、平顺，不得低于原路面，高不得大于 1</td><td>每处</td><td>目测、用尺量</td></tr>
</table>
</td></tr>
</table>

15 水泥混凝土路面

15.1 水泥混凝土路面构造

15.1.1 路面构造和要求

水泥混凝土路面构造和基本要求　　表 15-1

项目		内容和要求
路面构造的组成部分	竖向构造	由位于土基之上的水泥混凝土面层以及基层、垫层(底基层)等路面结构层构成。结构层各层的材料、厚度根据土基和垫层、基层、水泥混凝土路面板各层的功能、强度要求,以及当地自然条件、工程地质情况确定。 为便于施工,混凝土路面板一般采用等厚度横断面。混凝土路面横坡一般采用 1% ~2%,潮湿多雨地区宜取较大值;如横断面采用折线形,则中间取较小值,两边取较大值。机场水泥混凝土道面横坡一般采用 0.5% ~1%
	平面构造	为限制因温度、湿度变化引起的混凝土路面板内应力,混凝土路面面层划分为一定尺寸的板块。为防止雨水的渗入和加强板块之间的联系,混凝土板块之间做成各种类型的接缝并进行封缝
	连接构造	为保证混凝土路面与其他结构物连接处结构可靠、过渡平顺,在与沥青路面、桥梁、过路结构物以及交叉口的分块接缝布置,均需采用一定的连接构造措施
构造的基本要求	路面厚度	各结构层次的材料质量、尺寸,均需符合设计和有关规范的规定,并且需同时满足按设计、使用经验规定的最小厚度值(例如水泥混凝土板最小厚度为 18cm),以及按选用的材料规格和施工工艺要求规定最小厚度值
	面层	面层水泥混凝土板应具有较高的强度,且耐磨、耐久;冰冻地区应耐冻。混凝土面层应平整,并具有足够的粗糙度
	基层	基层应平整、坚实,保证混凝土面层有良好的连续支承(不脱空);同时,基层还需为铺混凝土路面板时运料车、混凝土摊铺机具的行驶和作业以及模板的支设创造条件。如施工时有半幅施工半幅通车的需求时,应再按通车要求进行验算;通车后、混凝土面层浇筑前,基层需进行修复,使其符合设计要求
	垫层	垫层应有一定的强度和水稳定性,冰冻地区应耐冻并使路面结构的总厚度满足防冻最小厚度要求;同时,垫层还需为基层的铺筑压实创造条件
	混凝土板块划分	混凝土板块的划分需尽可能避免轮子压着接缝或沿着板边紧靠接缝行驶;板块的大小宜接近 $20m^2$ 左右,不过大或过小,板长与板宽的尺寸宜较为接近,不得出现窄长板。 连接构造宜使不同类型结构物的沉降差异、刚度差异有一个平顺的过渡,且结构牢固

15.1.2 路面的竖向构造和要求

水泥混凝土路面结构层的构造和要求　　表 15-2

<table>
<tr><th colspan="2">项　目</th><th>结构层的构造和要求</th></tr>
<tr><td rowspan="5">水泥混凝土路面面层要求</td><td>基本概念</td><td>面层是整个路面结构的上层，直接承受车辆和大气的作用，并与周围环境协调，它承受车轮荷载的竖向力、水平力、冲击力和轮胎真空抽吸力的作用，以及大气温度、湿度变化的影响，是最直接反映路面行驶品质和路容的层次</td></tr>
<tr><td>强度</td><td>混凝土路面板应具有较高的强度，其 28d 龄期的抗折强度应达到下列要求。
<table>
<tr><td rowspan="2">交通荷载等级</td><td rowspan="2">设计基准期内所承受的设计轴载累计作用次数 N_e(10^4)</td><td colspan="2">弯拉强度标准值(MPa)</td></tr>
<tr><td>水泥混凝土</td><td>钢纤维混凝土</td></tr>
<tr><td>极重</td><td>$>1\times10^6$</td><td>5.0</td><td>6.0</td></tr>
<tr><td>特重</td><td>$2\,000\sim1\times10^6$</td><td>5.0</td><td>6.0</td></tr>
<tr><td>重</td><td>100 ~ 2 000</td><td>5.0</td><td>6.0</td></tr>
<tr><td>中等</td><td>3 ~ 100</td><td>4.5</td><td>5.5</td></tr>
<tr><td>轻</td><td><3</td><td>4.0</td><td>5.0</td></tr>
</table>
注：标准轴载为双轮组单轴 100kN</td></tr>
<tr><td>耐磨</td><td>混凝土板应耐磨，除在强度上应满足以上要求外，在施工时需注意混凝土的配合比使表层的浮浆在 0.5 ~ 1cm，并保证表面质量</td></tr>
<tr><td>耐久性</td><td>混凝土板应具有足够的耐久性，一般混凝土的单位体积水泥用量和最大水灰比值需符合表 15-14 的规定</td></tr>
<tr><td>厚度的参考范围</td><td>
<table>
<tr><td>交通等级</td><td>极重</td><td colspan="4">特重</td><td colspan="4">重</td></tr>
<tr><td>公路等级</td><td>一</td><td>高速</td><td colspan="2">一级</td><td>二级</td><td>高速</td><td colspan="2">一级</td><td>二级</td></tr>
<tr><td>变异水平等级</td><td>低</td><td>低</td><td>中</td><td>低</td><td>中</td><td>低</td><td>中</td><td>低</td><td>中</td></tr>
<tr><td>面层厚度(mm)</td><td>≥320</td><td>320 ~ 280</td><td>300 ~ 260</td><td colspan="3">280 ~ 240</td><td>270 ~ 230</td><td colspan="2">260 ~ 220</td></tr>
</table>
<table>
<tr><td>交通等级</td><td colspan="4">中等</td><td colspan="2">轻</td></tr>
<tr><td>公路等级</td><td colspan="2">二级</td><td colspan="2">三、四级</td><td colspan="2">三、四级</td></tr>
<tr><td>变异水平等级</td><td>高</td><td>中</td><td>高</td><td>中</td><td>高</td><td>中</td></tr>
<tr><td>面层厚度(mm)</td><td>250 ~ 220</td><td colspan="2">240 ~ 210</td><td>230 ~ 200</td><td>220 ~ 190</td><td>210 ~ 180</td></tr>
</table>
注：本表引自《公路水泥混凝土路面设计规范》(JTG D40—2011)</td></tr>
<tr><td rowspan="2">路面基层的要求</td><td>基本概念</td><td>基层是水泥混凝土板与垫层或土基之间的结构层。水泥混凝土强度高，刚度大，无需基层起主要承重层作用(经验认为，增厚 5cm 半刚性基层仅相当于 1cm 水泥混凝土面层)，但混凝土板为弹性模量大，容许变形很小的脆性材料，因此，强调基层(或包括基层顶面以下的整个地基)为脆性混凝土板提供良好的支承材料</td></tr>
<tr><td>基本要求及相应的基层类型</td><td>水泥混凝土板下的基层应断面正确、平整、坚实，抗变形的能力强，整体性好并耐冲刷。基层材料应根据等级、当地条件和经济等因素选用贫混凝土、沥青混合料、水泥稳定土、石灰稳定工业废渣、级配碎石、级配砾石、填隙碎石、石灰稳定土等。我国近些年来基层多采用水泥稳定砂砾、石灰稳定工业废渣等，效果良好。石灰稳定土和其他非整体型基层不适宜用于重交通道路以及冰冻地区的潮湿路段和其他地区的过湿路段。国外，由于轴载增加，交通频繁，为使水泥混凝土板下的基层能耐高速水流的冲刷侵蚀，而趋向于采用水泥剂量高的半刚性基层、低强度等级的混凝土和多孔排水混凝土基层</td></tr>
</table>

续上表

<table>
<tr><th colspan="2">项　目</th><th>结构层的构造和要求</th></tr>
<tr><td rowspan="2">路面基层的要求</td><td>基层顶面回弹模量</td><td>
基层顶面的当量回弹模量 E_t 值不得低于下列规定值
<table>
<tr><td>交通量等级</td><td>特重</td><td>重</td><td>中等</td><td>轻</td></tr>
<tr><td>当量回弹模量 E_t(MPa)</td><td>120</td><td>100</td><td>80</td><td>60</td></tr>
</table>
基层顶面的当量回弹模量 E_t 值可根据基层、垫层的设计厚度,计算回弹模量值和土基的计算回弹模量值计算确定,也可以在建成的或原有的道路上通过承载板试验确定;如条件不具备,可用汽车实测基层顶面的回弹弯沉值,按下式确定基层顶面的当量回弹模量 E_t 值
<table>
<tr><td>公式</td><td>说明</td></tr>
<tr><td>$E_t = \frac{13\ 739}{l_0^{1.04}}$</td><td>$E_t$——基层顶面的当量回弹模量值(MPa);
l_0——以黄河 JN-150 车测得的计算回弹弯沉值(0.01mm)</td></tr>
</table>
</td></tr>
<tr><td>基层宽度及各类基层厚度的适宜范围</td><td>
基层宽度应比混凝土板每侧至少宽出 25~35cm
<table>
<tr><td>基层类型</td><td>厚度适宜的范围(mm)</td></tr>
<tr><td>贫混凝土或碾压混凝土基层</td><td>120~200</td></tr>
<tr><td>水泥或石灰粉煤灰稳定粒料基层</td><td>150~250</td></tr>
<tr><td>沥青混凝土基层</td><td>40~60</td></tr>
<tr><td>沥青稳定碎石基层</td><td>80~100</td></tr>
<tr><td>级配粒料基层</td><td>150~200</td></tr>
<tr><td>多孔隙水泥稳定碎石排水基层</td><td>100~140</td></tr>
<tr><td>沥青稳定碎石排水基层</td><td>80~100</td></tr>
</table>
</td></tr>
<tr><td rowspan="4">路面垫层的要求</td><td>基本概念</td><td>垫层是介于基层和土基之间的结构层。垫层一般设置在水文状况不良的路段</td></tr>
<tr><td>垫层用料</td><td>应有一定的强度和水稳定性,在冰冻地区尚需具有较好的抗冻性。按垫层的作用可分为排水层、隔离层、防冻层等,从而对垫层的材料要求有所区别。
垫层材料以就地取材为原则,可采用颗粒材料(砂、砂砾、炉渣等)、石灰土和水泥土等</td></tr>
<tr><td>厚度、宽度</td><td>垫层厚度由设计确定,但其最小厚度应大于或等于 15cm。其宽度应比基层每侧至少宽出 25cm</td></tr>
<tr><td>垫层的设置条件</td><td>遇有下述情况时,需在层基下设置垫层:
(1)季节性冰冻地区,路面总厚度小于最小防冻厚度要求时,其差值应以垫层厚度补足;
(2)水文地质条件不良的土质路堑,路床土湿度较大时,宜设置排水垫层;
(3)路基可能产生不均匀沉降或不均匀变形时,可加设半刚性垫层</td></tr>
</table>

15.1.3 路面的平面构造和要求

水泥混凝土路面平面构造和要求　　表 15-3

<table>
<tr><th colspan="2">项　目</th><th colspan="3">平面构造的内容和要求</th></tr>
<tr><td rowspan="3">水泥混凝土路面板的分块</td><td>板的形状</td><td colspan="3">混凝土板一般采用矩形。划分板块的纵向接缝和横向接缝一般为垂直相交，其纵缝两侧的横缝应对齐，不得错位。在不得已出现错位时，与接缝相对的板边应加设防裂钢筋，见下图
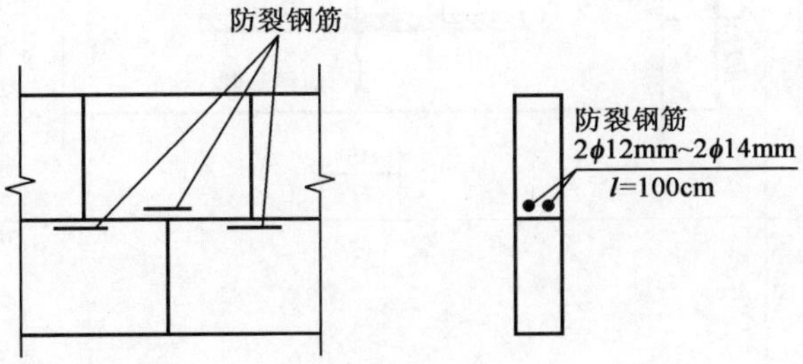
</td></tr>
<tr><td>板宽</td><td colspan="3">混凝土板宽度(纵缝间距)通常可等于车道宽度，且最大宽度宜不大于4.5m</td></tr>
<tr><td>板长</td><td colspan="3">混凝土板长度(横缝间距)根据当地气候条件、板厚和经验确定，一般采用4~5m，最大不得超过6m。
[日]吉本彰调查使用13~20年老路裂缝的资料认为，板长 L 与板厚 h 的关系在填方路段宜 $L(\mathrm{m}) \leqslant 0.26h(\mathrm{cm})$，在挖方路段宜 $L(\mathrm{m}) \leqslant 0.23h(\mathrm{cm})$。
[美]罗伯特·霍隆杰夫资料认为，板长 L 与板厚 h 的大致规律为 $L(\mathrm{ft}) \leqslant 2h(\mathrm{in})$，亦即 $L(\mathrm{m}) \leqslant 0.24h(\mathrm{cm})$。
上海曾做过4m×6m的混凝土板，使用效果良好。目前常用的板块尺寸是3.75m×5m、4m×5m</td></tr>
<tr><td rowspan="3">水泥混凝土路面接缝</td><td rowspan="3">纵向施工缝</td><td>类型</td><td>构造简图(mm)</td><td>说明</td></tr>
<tr><td>平缝加拉杆型</td><td>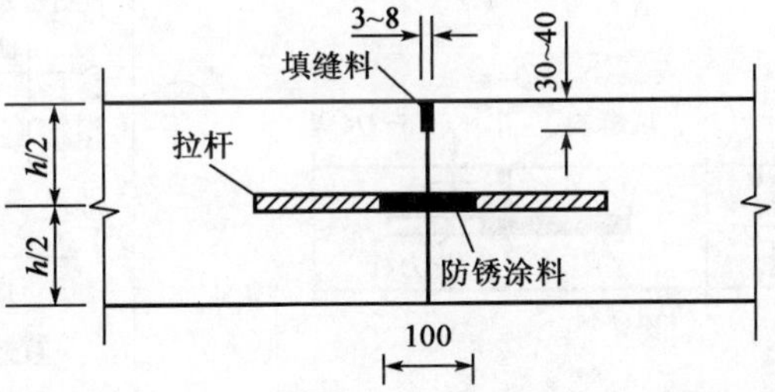
</td><td rowspan="2">一般采用平缝，也曾采用过企口缝，此时板厚应大于20cm，拆模需细致，防止企口损伤</td></tr>
<tr><td>企口缝加拉杆型</td><td>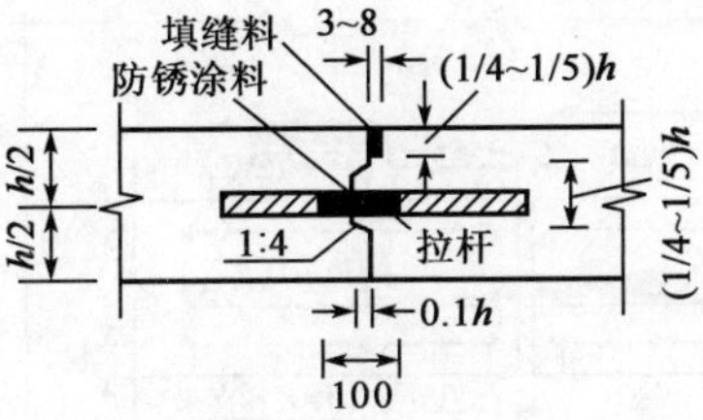
</td></tr>
</table>

续上表

项　目		平面构造的内容和要求		
		类型	构造简图(mm)	说明
水泥混凝土路面接缝	纵向缩缝	假缝加拉杆型	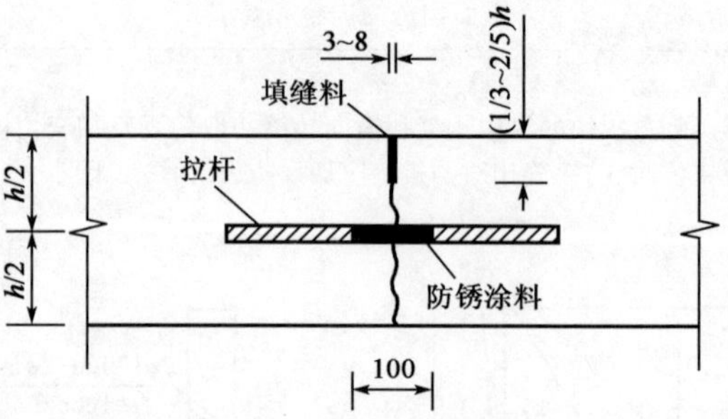	道路一侧两块板一次浇筑时,其中间的一条纵缝为纵向缩缝;边沿的两条纵缝则为纵向施工缝。 为防止纵缝拉开,应采用假缝加拉杆型
	横向缩缝	不设传力杆假缝型	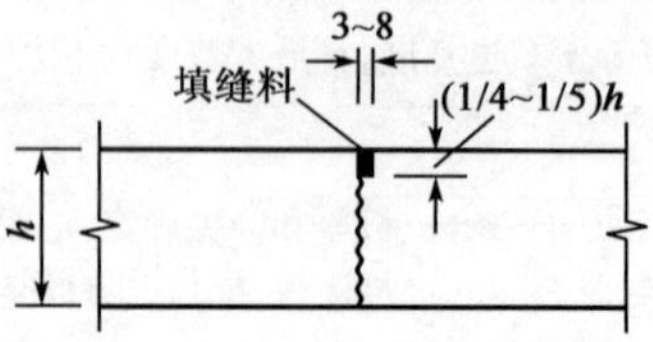	常用假缝型。 在邻近胀缝或路面自由端部的三条缩缝内,均宜在板厚中央加设传力杆。极重、特重交通道路宜采用假缝加传力杆型。 横向缩缝顶部应锯切槽口,设置传力杆时槽口深度宜为面层厚度的1/4～1/3,不设置传力杆时槽口深度宜为面层厚度的1/5～1/4。槽口宽度应根据施工条件、填缝料性能等因素而定,宽度宜为3～8mm,槽内应填塞填缝料。二级及二级以下公路的槽口可一次锯切成型。高速和一级公路槽口宜二次锯切成型,在第一次锯切缝的上部宜增设宽7～10mm的浅槽口,槽口下部应设置背衬垫条,上部应用填缝料灌填,其构造如下图所示 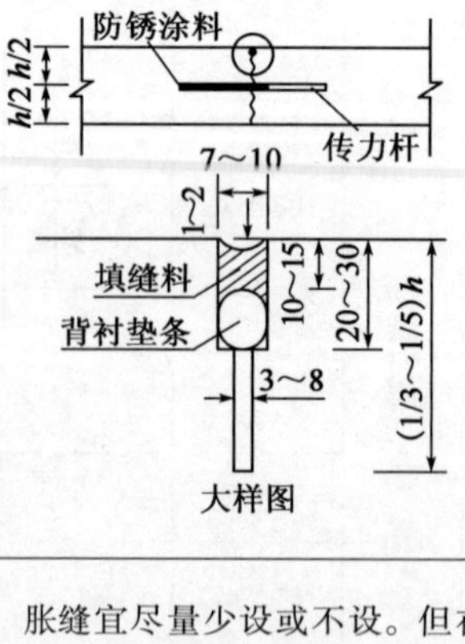 大样图
		设传力杆假缝型	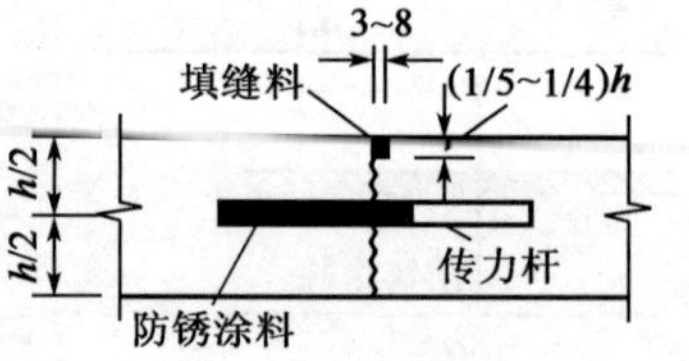	
	横向胀缝	传力杆型	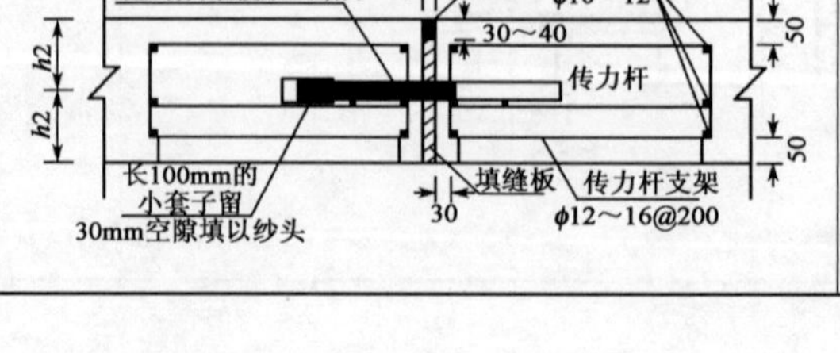	胀缝宜尽量少设或不设。但在邻近桥梁或其他构筑物处、与沥青路面相接处、板厚改变断面处、隧道口、小半径平曲线、竖曲线处均应设置胀缝。与结构物或沥青路面相接时,在水泥混凝土路面端部的两条或三条横缝均应设置胀缝。

续上表

<table>
<tr><th colspan="2">项　目</th><th colspan="3">平面构造的内容和要求</th></tr>
<tr><td rowspan="5">水泥混凝土路面接缝</td><td rowspan="3">横向胀缝</td><td>类型</td><td>构造简图(mm)</td><td>说明</td></tr>
<tr><td>边缘双层钢筋型</td><td>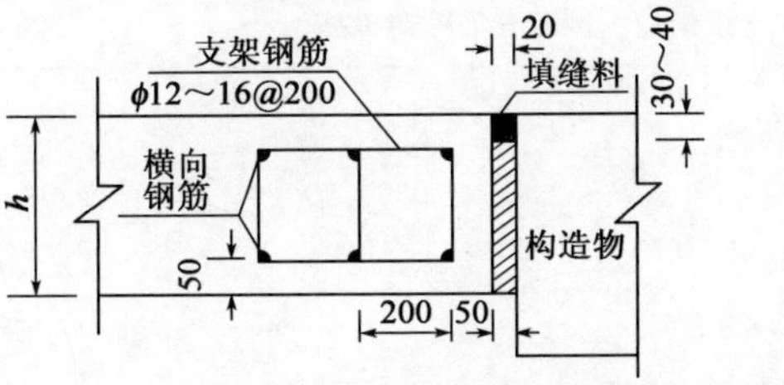
</td><td rowspan="2">夏季施工,板厚大于或等于 20cm 时可不设胀缝。其他季节施工或采用膨胀性大的集料时,宜设胀缝,混凝土路面与桥涵、通道及隧道等固定构造物相衔接的胀缝无法设置传力杆时,可在毗邻构造物的板端部内配置双层钢筋网;或在长度为 6～10 倍板厚的范围内逐渐将板厚增加 20%,如左图所示</td></tr>
<tr><td>厚边型</td><td>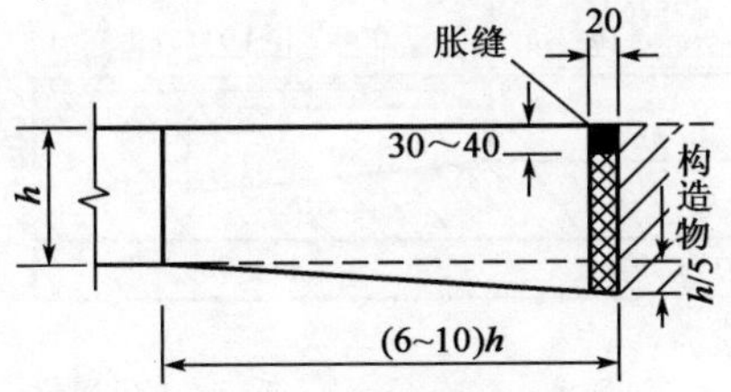
</td></tr>
<tr><td>鼠笼式钢筋构架型</td><td>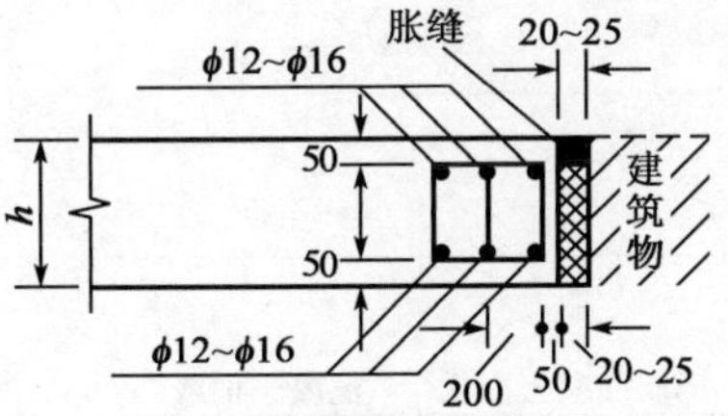
</td><td>鼠笼式钢筋构架型构造,是边缘钢筋型构造的变形,上海、江苏、浙江等地均有所应用。左图引自《军用机场水泥混凝土道面设计规范》(GJB 1278—91)</td></tr>
<tr><td rowspan="2">横向施工缝</td><td>缩缝处平缝加传力杆型</td><td>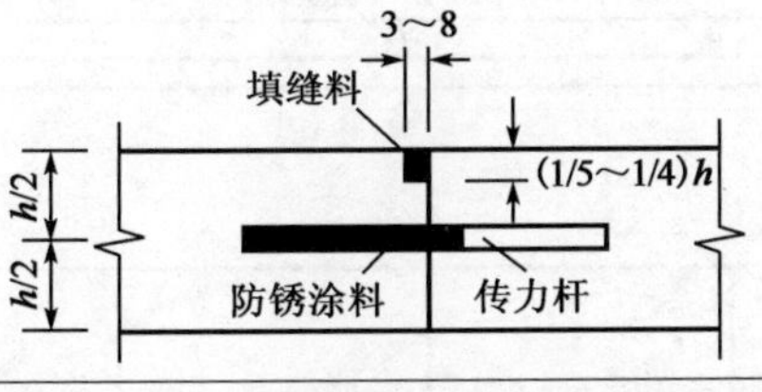
</td><td rowspan="2">施工结束或中断时设置。其位置宜设在胀缝或缩缝处。设在胀缝处构造同胀缝;设在缩缝处构造如左图</td></tr>
<tr><td>胀缝处</td><td>传力杆(滑动)型或鼠笼式钢筋构架型,构造图同横向胀缝</td></tr>
</table>

拉杆的尺寸及间距规定

面层厚度(mm)	到自由边或未设拉杆纵缝的距离(m) 3.00	3.50	3.75	4.50	6.00	7.50
200～250	14×700×900	14×700×800	14×700×700	14×700×600	14×700×500	14×700×400
≥260	16×800×800	16×800×700	16×800×600	16×800×500	16×800×400	16×800×300

注:拉杆尺寸表示方法为直径×长度×间距

说明:拉杆应采用螺纹钢筋并设于板厚中央。最外边的拉杆距接缝或自由边的距离应不大于 35cm。拉杆中间 10cm 范围内应涂防锈涂料。

拉杆的尺寸及间距系采用钢筋允许应力 $\sigma_a = 160\text{MPa}$,钢筋同混凝土的容许黏结应力 $Z_R = 1.8\text{MPa}$,混凝土板底与基层间的摩擦系数 $f = 1.5$ 计算而得

传力杆的尺寸及间距规定

面层厚度(mm)	传力杆直径(mm)	传力杆最小长度(mm)	传力杆最大间距(mm)
220	28	400	300
240	30	400	300
260	32	450	300
280	32～34	450	300
≥300	34～36	500	300

15.1.4 路面的连接构造和要求

水泥混凝土路面连接构造和要求 表 15-4

项　目	连接构造示例和有关构造措施	说　　明
水泥混凝土路面与沥青路面相接	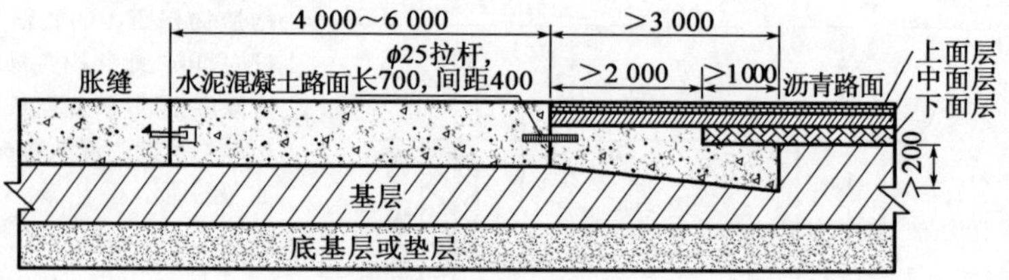 尺寸单位：mm	水泥混凝土路面与沥青路面相接处，应考虑其刚度差异、沉降差异，使其平顺过渡，结构牢靠，可参考左图示例等构造措施过渡
水泥混凝土路面与桥梁相接 / 桥头设置搭板和钢筋混凝土面板	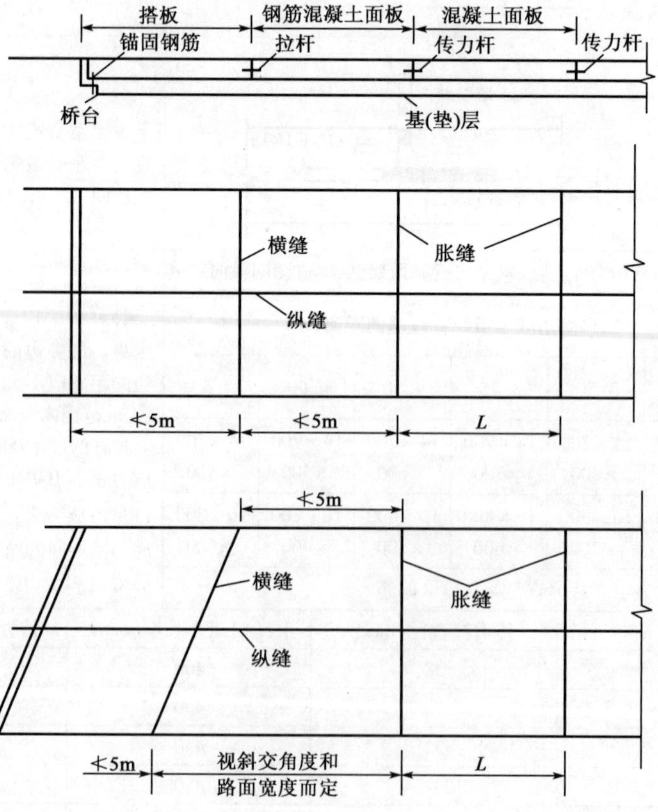 	搭板与混凝土面板之间用钢筋混凝土面板过渡，其长度不小于5cm。搭板与钢筋混凝土面板间的接缝设拉杆。钢筋混凝土面板与混凝土面板间的接缝为胀缝。当桥梁为斜交时，钢筋混凝土面板的锐角部分应采用钢筋网补强

续上表

项　目		连接构造示例和有关构造措施	说　明
水泥混凝土路面与桥梁相接	砌块或沥青路面过渡	对于等级较低的道路，或作为高等级道路的过渡措施，桥头可铺筑一段混凝土预制砌块或沥青路面。当桥头设搭板时，其长度一般不小于5m；当桥头未设搭板时，其长度一般不小于8m	
	发针形钢筋补强布置	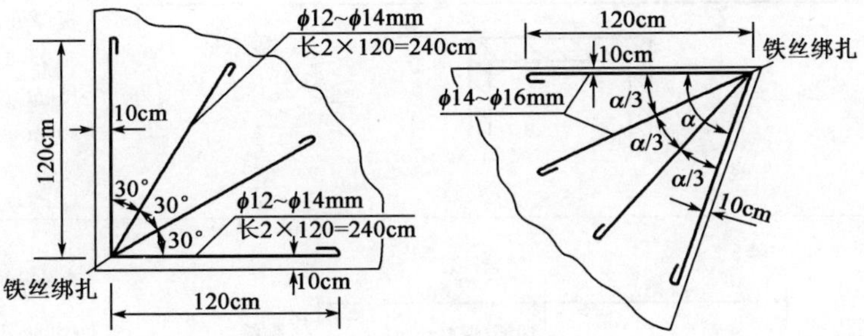	角隅部分补强，可选用2根 $\phi12 \sim \phi16$mm 的螺纹钢筋，布置在板的上部，距板顶不应小于5cm，距板边一般为10cm
	钢筋网补强布置	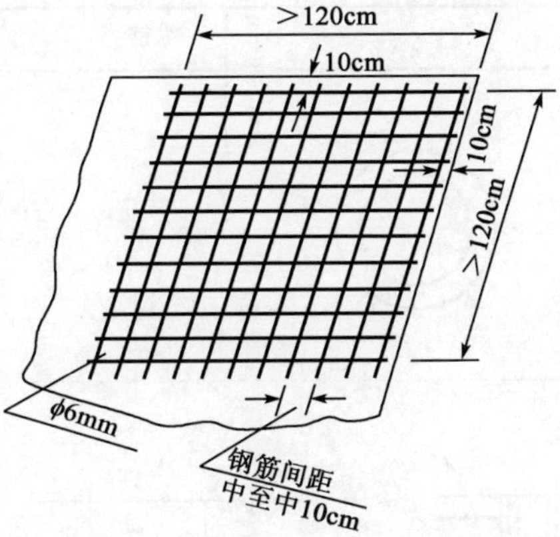	板呈锐角时，亦可采用双层钢筋网补强，钢筋可选用直径6mm，布置在板的上、下部，距板顶和板底以5～10cm为宜
箱状构造物横穿道路	顶面与路面同高	箱状构造物如箱涵、通道等顶面高程与混凝土路面高程相同时，可参照水泥混凝土路面与桥梁相接情况处理	
	顶面距路面板底小于30cm	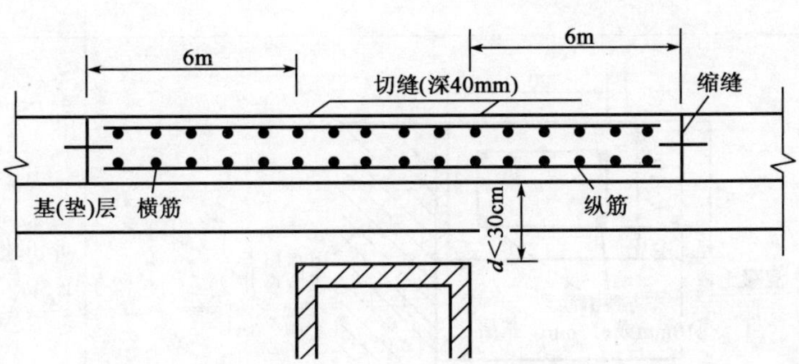	箱状构造物顶面距混凝土板底小于30cm或嵌入基层时，可采用双层钢筋网补强，如左图。钢筋网分别布设于距板底和板顶1/4～1/3板厚处。钢筋为 $\phi10 \sim \phi12$mm，纵筋间距10cm，横筋间距20～30cm。如构造物顶面上基层厚度小于10cm，则该部分基层改为混凝土找平

续上表

项目		连接构造示例和有关构造措施	说明
箱状构造物横穿道路	顶面距路面板底为30~80cm	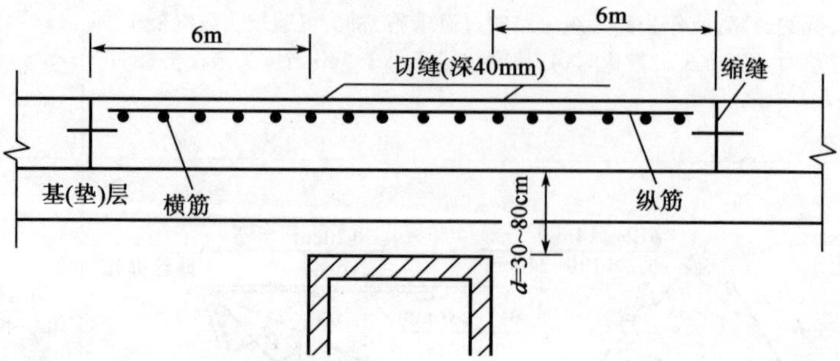	当构造物顶面距混凝土板底为30~80cm时，可采用单层钢筋网补强，如左图。钢筋网布设在距板顶1/4~1/3板厚处。钢筋为ϕ8~ϕ10mm，纵筋间距10~15cm，横筋间距20~30cm
管状构造物横穿道路		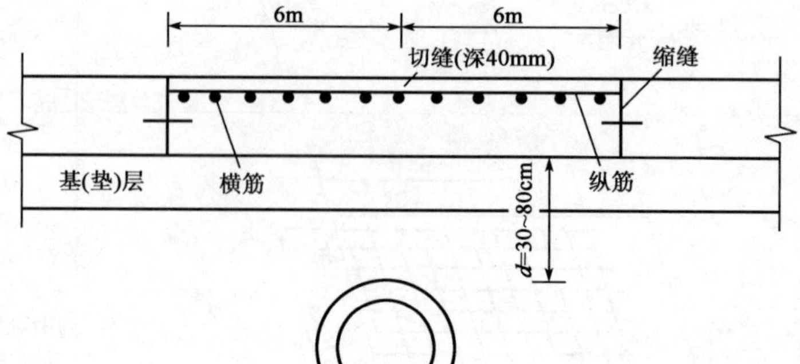	当管状构造物的顶部距混凝土板底的距离d=30~80cm时，可如左图采用单层钢筋网补强，钢筋网布置在距板顶1/4~1/3板厚处。钢筋为ϕ8~ϕ10mm，纵筋间距10~15cm，横筋间距20~30cm。 d<30cm时，参照箱状构造物处理，用双层钢筋网补强
与雨水口及检查井相接	雨水口和检查井布置	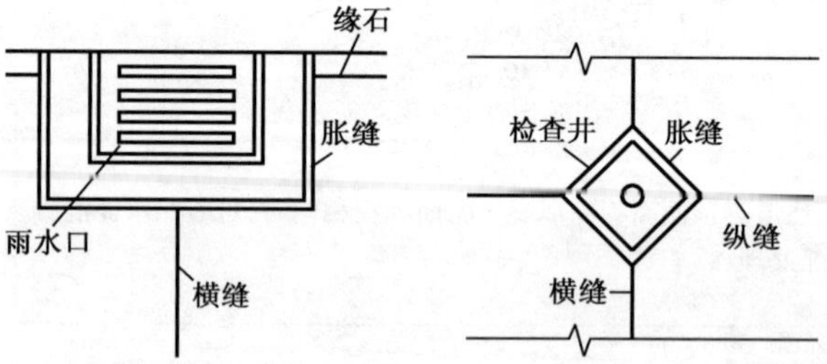	混凝土路面中的雨水口及各种检查井应设置胀缝与混凝土板完全隔开，并在其周围加设防裂钢筋。防裂钢筋采用4根ϕ10mm或ϕ12mm的钢筋
	防裂钢筋布置	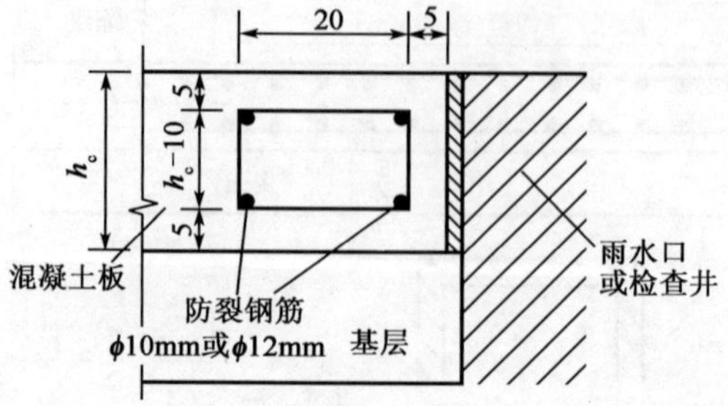尺寸单位:cm	混凝土板的边缘距雨水口或检查井的最近缘应大于或等于1.5m

续上表

<table>
<tr><th colspan="2">项　目</th><th>连接构造示例和有关构造措施</th><th>说　明</th></tr>
<tr><td rowspan="4">钢筋混凝土板</td><td>板厚</td><td>钢筋混凝土板用于上述过路结构物相接处，也可用于水泥混凝土路面板尺寸较大或形状不规则、土质不均匀处，其板厚与其相接的素混凝土板相同</td><td>钢筋混凝土板中设置钢筋的目的在于使开裂的板拉束在一起，控制裂缝张开宽度，故与其毗连的素混凝土板厚度相同</td></tr>
<tr><td>配筋计算</td><td>按混凝土收缩时把板块拉束在一起所需的拉力确定，如下式：
$$A=\frac{3.2L_s h}{f_{sy}}$$</td><td>A——每延米板所需的钢筋面积（cm^2）；
L_s——计算纵向钢筋时，为横缝间距（m），计算横向钢筋时为纵缝间距或纵缝与自由边之间的距离（m）；
h——混凝土面板厚度（cm）；
f_{sy}——钢筋的屈服强度（MPa）</td></tr>
<tr><td>钢筋布置</td><td>纵、横向钢筋宜采用相同的直径。钢筋网的最小间距应为集料最大粒径的2倍。钢筋的最大间距和最小间距一般规定如下表。钢筋的搭接长度宜大于其直径的25倍。钢筋应设在板面下1/3～1/2板厚范围内。外侧钢筋中心距接缝或自由边的距离为10～15cm。钢筋保护层的最小厚度应不小于5cm
<table><tr><th>钢筋类型</th><th>普通钢筋</th><th>螺纹钢筋</th></tr><tr><td>最小直径（mm）</td><td>8</td><td>12</td></tr><tr><td>纵向最大间距（mm）</td><td>15</td><td>35</td></tr><tr><td>横向最大间距（cm）</td><td>30</td><td>75</td></tr></table></td><td>为避免板中应力集中，采用小直径的钢筋比大直径的钢筋应力分散，效果较好</td></tr>
<tr><td>钢筋屈服强度</td><td>钢筋的屈服强度可按下表选用
<table><tr><th>钢筋种类</th><th>屈服强度（MPa）</th></tr><tr><td>Ⅰ级（Q235）</td><td>235</td></tr><tr><td>Ⅱ级（20MnSi、20MnNb）
$d<25$mm
$d>28$mm</td><td>
335
315</td></tr><tr><td>Ⅲ级（25 MnSi）</td><td>370</td></tr><tr><td>Ⅳ级（40SiMnV、45SiMnV、45SiMnTi）</td><td>540</td></tr></table></td><td></td></tr>
</table>

续上表

<table>
<tr><th>项　目</th><th>连接构造示例和有关构造措施</th><th>说　明</th></tr>
<tr><td>交叉口的分块和接缝布置</td><td>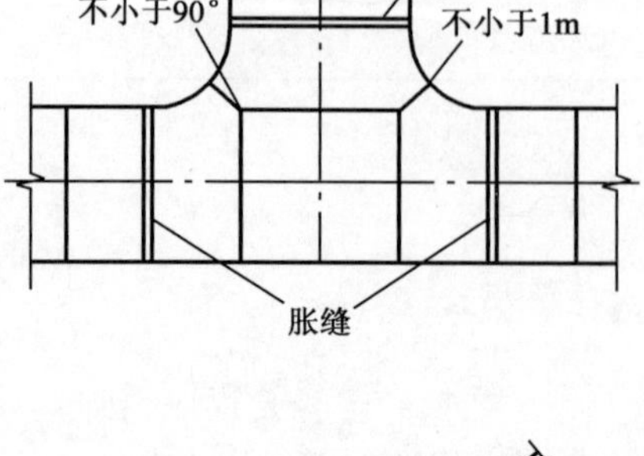

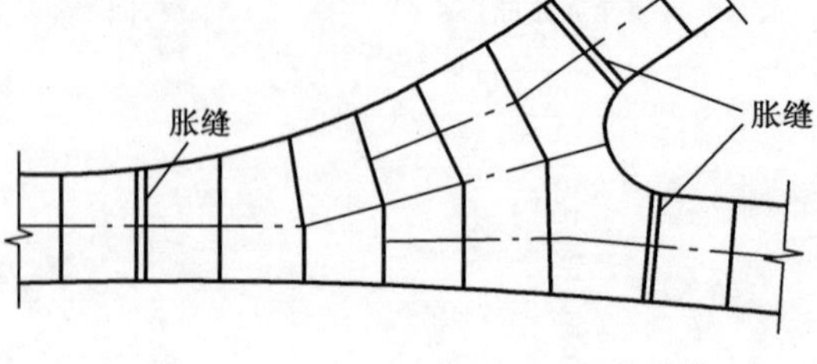

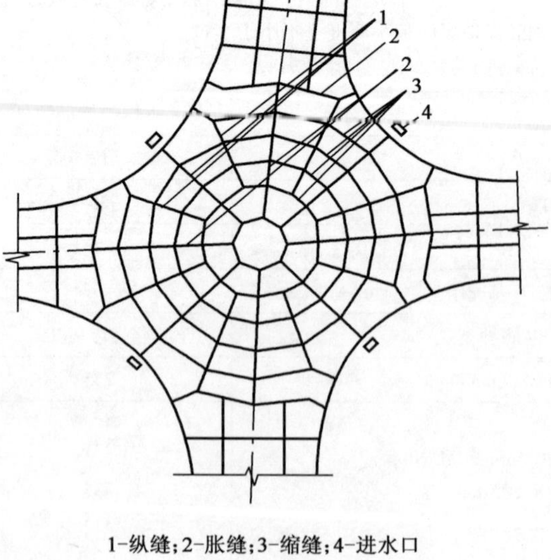

1-纵缝；2-胀缝；3-缩缝；4-进水口</td><td>交叉口混凝土板块划分和接缝布置时的注意事项：
(1)与交通流向相适应,给驾驶顺适的感觉；
(2)考虑排水流畅,避免坡度剧变；
(3)整齐美观,施工方便；
(4)混凝土板角不宜小于90°,当不得已出现锐角时,也应尽量接近90°,并使之处于非重要行车部位；
(5)混凝土板最短边长应大于1m；
(6)当接缝为曲线时,混凝土板边长不宜过长；
(7)基本板块面积宜接近20m²,板长与板宽尺寸宜较为接近,不出现窄长板；
(8)避免轮子压着接缝或紧靠接缝行驶；
(9)各接缝应相对应,一般不得出现错缝,当出现错缝时,与接缝相对应的板边要加设防裂钢筋；
(10)受力方向复杂处,宜设置胀缝释能。
左图示例可供交叉口分块接缝布置参考</td></tr>
</table>

15.2　配置混凝土的用料要求

15.2.1 水泥选用要求

水 泥 选 用 要 求　　表15-5

项 目		内容与要求
基本要求	强度	强度高。混凝土板反复承受行车荷载和温度梯度、湿度梯度的弯曲作用，要求有较高的抗折（抗弯拉）强度和疲劳抗折强度
	收缩性	收缩性小。混凝土在露天工作，需承受剧烈的温度、湿度变化而不致引起收缩裂缝
	耐磨性	耐磨性强。混凝土承受车轮的反复作用，需有较高的耐磨性
	抗冻性	抗冻性好。水冻结成冰，体积膨胀9%，在季节性冰冻地区要求混凝土有较高的耐冻性以抵抗冻融的循环作用
有关规定		见下文

有关规定：

（1）特重、重交通水泥混凝土路面应采用旋窑生产的道路硅酸盐水泥、硅酸盐水泥或普通硅酸盐水泥。中、轻交通的路面，可采用旋窑生产的矿渣硅酸盐水泥。冬季施工、有快通要求的路段可采用快硬早强R型水泥，此外宜采用普通型水泥。各级交通路面适用的水泥抗弯拉强度、抗压强度宜符合下表要求。

面层水泥混凝土用水泥各龄期的实测强度值

混凝土设计弯拉强度标准值（MPa）	5.5*		5.0		4.5		4.0		试验方法
龄期（d）	3	28	3	28	3	28	3	28	—
混凝土实测抗折强度（MPa）≥	5.0	8.0	4.5	7.5	4.0	7.0	3.0	6.5	GB/T 17671
混凝土实测抗压强度（MPa）≥	23.0	52.5	17.0	42.5	17.0	42.5	10.0	32.5	GB/T 17671

注：*本栏也适用于设计弯拉强度为60MPa的纤维混凝土。

（2）在高速公路、一级公路水泥混凝土路面使用掺有10%以内活性混合材料的道路硅酸盐水泥和掺有6%～15%活性混合材料或10%非活性混合材料的普通硅酸盐水泥时，不得再掺火山灰、煤矸石、窑灰和黏土四种混合材料。路面有抗盐冻要求时，不宜使用掺5%石灰石粉的II型硅酸盐水泥和普通水泥。

（3）各级公路水泥混凝土路面所使用水泥的化学成分、物理性能等路用品质要求宜符合下表规定。水泥进场时每批量应附有齐全的化学成分、物理、力学指标合格的检验证明。水泥的存放期不得超过3个月。

各交通荷载等级公路面层水泥混凝土用水泥的化学成分和物理指标

水泥成分	极重、特重、重交通荷载等级	中、轻交通荷载等级	试验方法
铝酸三钙（%）≤	7.0	9.0	GB/T 176
铁铝酸四钙（%）	15.0～20.0	12.0～20.0	
熟料游离氧化钙（%）≤	1.0	1.8	
氧化镁（%）≤	5.0	6.0	
三氧化硫[a]（%）≤	3.5	4.0	
氯离子[b]（%）≤	0.06	0.06	
碱含量	$Na_2O+0.658K_2O$≤0.6%	怀疑有碱活性集料时，≤0.6%；无碱活性集料时，≤1.0%	

续上表

项　目	内容与要求				
有关规定	水泥成分		极重、特重、重交通荷载等级	中、轻交通荷载等级	试验方法
	混合材种类		不得掺窑灰、煤矸石、火山灰和黏土,烧黏土、煤渣,有抗盐冻要求时,不得掺石灰岩粉	不得掺窑灰、煤矸石、火山灰、烧黏土、煤渣,有抗盐冻要求时,不得掺石灰岩粉	水泥厂提供
	细度(80μm 筛余)(%)≤		10	10	JGT F30 T 0502
	标准稠度需水量(%)≤		28	30	
	凝结时间(h)	初凝时间≥	1.5	0.75	JTG F30 T 0505
		终凝时间≤	10	10	
	出磨时安定性		雷氏夹法或蒸煮法检查必须合格	蒸煮法检验必须合格	
	28d 干缩率(%)≤		0.09	0.10	JTG F30 T 0511
	耐磨性(kg/m^2)≤		2.5	3.0	JTG F30 T 0510
	比表面积(m^2/kg)		300~450	300~450	JTG F30 T 0504
	注:①三氧化硫含量在硫酸盐腐蚀场合为必测项目,无腐蚀场合为选测项目。 ②氯离子含量在配筋混凝土与钢纤维混凝土面层中为必测项目,水泥混凝土面层为选测项目。 (4)施工单位选用水泥时,水泥的各项路用品质必须合格,并应通过混凝土配合比试验,根据其试配弯拉强度、耐久性和工作性确定可使用水泥的品种、强度等级及厂家。 (5)水泥混凝土集中搅拌机械摊铺的路面宜采用散装水泥。在散装水泥供应不上时,可采用吨包装或袋装水泥。 (6)无论气温多高,散装水泥的出厂温度均应限制在55℃以内,混凝土搅拌时的水泥温度不得高于50℃。冬季施工水泥温度不宜低于10℃				
注意事项	(1)水泥的物理性能和化学成分应符合国家有关标准的规定。水泥进场时,应有产品合格证及化验单,并应对品种、强度等级、包装、数量、出厂日期等进行检查验收。 (2)不同强度等级、厂牌、品种、出厂日期的水泥,不得混合堆放,严禁混合使用。出厂期超过3个月或受潮的水泥,必须经过试验,按其试验结果决定正常使用或降级使用。已经结块变质的水泥不得使用				

注:相关数据引自《公路水泥混凝土路面施工技术细则》(JTG/T F30—2014)。

15.2.2 用砂选择

用 砂 选 择　　表15-6

项　目		内容与要求
基本要求		砂(或石屑)应质地坚硬、耐久、洁净,符合规定级配,细度模数宜在2.3以上。滑模施工的水泥混凝土路面用砂的细度模数宜在2.3~3.2之间
细度模数 M_x 计算		细度模数 M_x 是各号筛的累积保留量之和除以100之商,按下式计算: $$细度模数\ M_x=\frac{\sum A_i}{100}=\frac{1}{100}(A_{10}+A_5+A_{2.5}+A_{1.25}+A_{0.63}+A_{0.315}+A_{0.16})$$ 式中:A_i——10、5、…、0.16号筛的累计保留量,以质量百分比计。 $M_x=3.1\sim3.7$ 为粗砂;$M_x=2.3\sim3.0$ 为中砂;$M_x=1.6\sim2.2$ 为细砂;$M_x=0.7\sim1.5$ 为特细砂
有关规定	技术要求	细集料可采用质地坚硬、耐久、洁净的河砂、机制砂、沉积砂和山砂,细集料的技术要求应符合下表的规定。机制砂、沉积砂和山砂宜控制通过0.15mm 筛的石粉含量不大于1%,并应在混凝土工作性、单位用水量、弯拉强度和抗磨性等检验合格的前提下使用

续上表

项　目		内容与要求	
有关规定	技术要求	项目	技术要求
		颗粒级配	符合标准级配范围
		含泥量(冲洗法)	≤3%
		硫化物及硫酸含量(折算为 SO_3)	≤1%
		有机物含量(比色法)	不深于标准溶液的颜色
		云母含量	≤2%
	级配范围	滑模施工的水泥混凝土路面用砂的级配曲线应在Ⅰ、Ⅱ区,并符合下表级配要求的中砂或偏细粗砂。	
	碱集料反应检验	粗细集料中当怀疑有碱活性集料或夹杂有碱活性集料时,应进行碱集料反应检验,确认无碱集料反应后,方可使用	

级配范围:

级配分区	筛孔尺寸(mm)						
	圆孔			方孔			
	10	5	2.5	1.25	0.60	0.30	0.15
	通过百分率(以质量计)(%)						
Ⅰ区	100	90～100	65～95	35～65	15～29	5～20	0～10
Ⅱ区	10	90～100	75～100	50～90	30～59	8～30	0～10

15.2.3 碎(砾)石选用要求

碎(砾)石选用要求　表 15-7

项　目		内容与要求	
基本要求		碎(砾)石应质地坚硬、耐久、洁净,符合规定级配	
有关规定	技术要求	粗集料可使用碎石、破碎砾石和砾石。粗集料应质地坚硬、耐久、洁净。岩石的抗压强度一般不应小于所配混凝土的1.3倍。各级公路水泥混凝土路面使用的碎石、破碎砾石和砾石的技术要求应符合下表规定。	
		项目	技术要求
		石料强度	≥3 级
		压碎值	≤16%
		针片状颗粒含量	≤15%
		泥土杂质含量(冲洗法)	≤1%
		硫化物及硫酸根含量	≤1%
		有机物含量(比色法)	不深于标准溶液的颜色
		注:1. 石料强度分级应符合《公路工程岩石试验规程》(JTG E41—2005)的规定; 2. 砾石软弱颗粒含量不大于5%,空隙率不大于45%; 3. 变质岩和火成岩容许压碎值不大于20%,超过时,应以混凝土试配弯拉强度达到相应等级公路的规定值与否决定取舍	

续上表

项目		内容与要求
有关规定	级配范围	粗集料应符合下表规定的级配要求。滑模施工水泥混凝土路面砾石最大粒径不得大于20mm，破碎砾石和碎石最大粒径不得大于30mm，超径、逊径含量均不得大于5%，粒径小于0.15mm的石粉含量不宜大于1%。

级配		筛孔尺寸(mm) 30	25	20	15	10	5	2.5
		通过百分率(以质量计)(%)						
连续	5～30	95～100	67～77	44～59	25～40	11～24	3～11	0～5
	5～30			95～100	55～69	25～40	5～15	0～5
间断	5～30	95～100	67～77	44～59	25～40	25～40	3～11	0～5
	5～20			95～100	25～40	25～40	5～15	0～5

注：该表为圆孔筛，也可使用方孔筛，但应符合相应的换算关系

项目		内容与要求
有关规定	碱集料反应检验	同表15-6

15.2.4 粉煤灰选用要求

粉煤灰选用要求　表15-8

项目		内容与要求
有关规定	质量要求	粉煤灰是一种活性混合材料，掺在路面混凝土中，必须满足两个条件：要求活性高，只能使用Ⅰ、Ⅱ级干排灰，只有静电除尘装置中2、3、4级电场的干灰及磨细粉煤灰才符合路面使用要求。Ⅲ级灰除非经过试验研究、论证，方可用于水泥混凝土路面，原则上不得使用在混凝土路面工程中。粉煤灰的分级和质量指标见下表

粉煤灰分级和质量指标

粉煤灰等级	细度(45μm气流筛筛余量)(%)	烧失量(%)	需水量比(%)	含水率(%)	SO_3 含量(%)
Ⅰ	≤12	≤5	≤95	≤1.0	≤3
Ⅱ	≤20	≤8	≤105	≤1.0	≤3
Ⅲ	≤45	≤15	≤115	≤1.5	≤3

注：在没有气流筛的情况下，可使用0.08mm水泥筛，筛余量约为气流筛筛余量的2.4倍

项目		内容与要求
有关规定	掺量要求	粉煤灰掺量：粉煤灰使用在路面混凝土中，基本原则是要保证其全部水化并发挥强度及其他效益。路面混凝土中的掺量需满足水泥中的混合材料加上混凝土掺的粉煤灰总量不大于30%的要求。 在水泥混凝土路面中使用Ⅰ、Ⅱ级粉煤灰时，应确切了解所用水泥中已经掺加混合材料的种类和数量。要注意我国使用最多的是普通水泥，其在水泥厂已经掺有15%以内的混合材料。 基于粉煤灰和水泥体系的胶凝材料理论，粉煤灰靠水泥水化后释放出的氢氧化钙产生二次水化，才能生成具有胶凝性能并提供后期强度的水化硅酸钙和水化铝酸钙。水泥当中能够产生的氢氧化钙是有限的，两者之间必定有一个最大或称最优的配伍关系存在。国内外的研究已经确认，粉煤灰能够全部水化的最大量为纯硅酸盐水泥的28%，超出的部分不仅不会对后期强度有贡献，而且与土和石粉一样有害无益：收缩大、开裂多、易断板。故规程规定最大粉煤灰用量，应同时考虑水泥中已掺的混合材料量，两者之和最大不得超过30%
	其他	粉煤灰进货应有等级检验报告。集中搅拌施工宜采用散装干粉煤灰，使用粉煤灰的搅拌楼应增加1个水泥罐仓装粉煤灰。水泥混凝土路面工程不得使用湿排或潮湿粉煤灰，禁止使用已结块的湿排干燥粉煤灰

15.2.5 拌制及养生用水要求

拌制及养生用水要求　表 15-9

项　目	内容与要求				
基本要求	清洗集料、拌和混凝土及养生所用的水,不应含有影响混凝土质量的油、酸、碱、盐类、糖和有机物等。饮用水一般均适用于混凝土,非饮用水经化验合格也可以使用				
非饮用水化验的有关技术指标要求	项次	项目	钢筋混凝土及钢纤维混凝土	混凝土	试验方法
	1	pH 值≥	5.0	4.5	JGJ 63
	2	CL^- 含量(mg/L)≤	1 000	3 500	
	3	SO_4^{2-} 含量(mg/L)≤	2 000	2 700	
	4	碱含量(mg/L)≤	1 500	1 500	
	5	可溶物含量(mg/L)≤	5 000	10 000	
	6	不溶物含量(mg/L)≤	2 000	5 000	
	7	其他杂质	不应有漂浮的油脂和泡沫;不应有明显的颜色和异味		
	注:对糖、脂肪、植物油等含量虽无具体数量规定,但并非不重要,例如某次混凝土拌制时误用含糖的水,结果导致混凝土混合料如同"豆腐渣"那样,不能凝结				

15.2.6 混凝土外加剂的选用

(1)混凝土外加剂的选用

混凝土外加剂的选用　表 15-10

使用目的	类型	用量及使用效果
改善新拌混凝土流变性(工作性)	木质素系减水剂	木质素系减水剂(简称 M 剂)为普通减水剂,掺入占水泥质量 0.2% ~0.3% 的 M 剂,可保持工作性不变,减水 10% 左右
	萘系减水剂	萘系减水剂为高效减水剂(硫化剂或超塑剂),有 NF(β-萘磺酸甲醛缩合物钠盐)、MF(甲基萘磺酸甲醛缩合物钠盐)、建-1(磺化甲萘油甲醛缩合物钠盐)等,掺入水泥质量的 0.5% 左右,可大幅度(>12%)减少用水量和配制泵送流态混凝土
	水溶性树脂减水剂	水溶性树脂(密胺树脂)减水剂为磺化三聚氰胺甲醛树脂减水剂的简称,系早强、非引气型高效减水剂,如 SM 等。掺入占水泥质量 0.5% ~2.0% 的 SM,可保持工作性不变,减水 20% ~27%,混凝土的 1d 强度提高 30% ~100%,7d 强度可达到基准混凝土 28d 强度
调整混凝土凝结时间	缓凝剂	缓凝剂用羟基酸盐(如酒石酸、柠檬酸、水杨酸等)、多羟基碳水化合物(如糖蜜、含氧有机酸、多元醇等)、无机化合物(如 Na_3PO_4、$Na_2B_4O_7$、Na_2SO_4 等)。其掺量较少,如糖蜜为 0.2% 左右,可延缓凝结(1h 以上)、保持工作性、延长放热时间。夏季施工,视需要采用
	早强剂	早强剂有氯化钙,掺量 1.0% ~2.0%,需注意对钢筋有锈蚀作用,早期强度可提高 50% 左右;有三乙醇复合早强剂,由三乙醇酸与无机盐(氯化钠、亚硝酸钠、二水石膏、硫酸钠和硫代硫酸钠等)复合而成。例如,按水泥质量计,0.05% 三乙醇酸 +1.0% 亚硝酸钠 +2% 二水石膏配制的复合剂对钢筋无锈蚀,可提高早期强度 40% 以上。冬季施工,视需要采用
	速凝剂	速凝剂有红星 1 型、711 型、782 型等。例如红星 1 型掺量为 2.5% ~4.0% 时,水泥初凝时间可在 5min 之内,终凝时间在 10min 之内,并能提高早期强度。需注意,其 28d 强度常低于不掺者,但以后并不下降。可视需要用于抢工期的工程
增强混凝土耐冻性以及对除冰化合物影响的抵抗力	引气剂	引气剂有松香热聚物、烷基磺酸钠(AS)、烷基苯磺酸钠(ABS)等,掺量约为 0.005% ~0.01%,混凝土中含气量达 3% ~6%,可提高抗冻性、抗渗性、抗蚀性。但需注意,由于气泡存在,混凝土强度有一些降低(可达 10% ~20%)

注:混凝土掺用的外加剂,应经配合比试验符合要求后方可使用。

(2)混凝土外加剂产品的技术性能指标

面层水泥混凝土外加剂产品的质量标准

表 15-11

项目		普通减水剂	高效减水剂	引气剂	引气减水剂	引气高效减水剂	缓凝剂	缓凝减水剂	缓凝高效减水剂	引气缓凝高效减水剂	早强剂	早强减水剂	早强高效减水剂	引气早强高效减水剂
减水率(%)≥		8	15	8	12	18	—	8	15	18	—	8	15	15
泌水率比(%)≤		100	90	30	80	90	100	100	100	80	100	95	90	95
含气量①(%)		≤4.0	≤3.0	≥3.0	≥3.0	≥3.0	—	≤5.5	≤4.5	≥3.0	—	≤4.0	≤3.0	≥3.0
凝结时间差②(min)	初凝	-90 ~ +120	-90 ~ +120	-90 ~ +120	-90 ~ +120	-60 ~ +90	> +90	> +90	> +90	> +90	-90 ~ +90	-90 ~ +90	-90 ~ +90	-90 ~ +90
	终凝						—							
抗压强度比(%)≥	1d	—	140	—	—	—	—	—	—	—	135	135	140	135
	3d	115	130	95	115	120	100	—	—	—	130	130	130	130
	7d	115	125	95	110	115	110	115	125	120	110	110	125	110
	28d	110	120	90	100	105	110	110	120	115	100	100	120	100
弯拉强度比③(%)≥	1d	—	—	—	—	—	—	—	—	—	130	130	135	130
	3d	—	125	—	—	120	—	—	—	—	120	120	125	120
	28d	105	115	105	110	115	105	105	115	110	100	105	110	110
收缩率比(%)≤	28d	125	125	120	120	120	125	125	125	120	130	130	130	120
磨耗量④(kg/m^2)≤	28d	2.5	2.0	2.5	2.5	2.0	2.5	2.5	2.5	2.5	2.5	2.5	2.0	2.0

注:除含气量外,表中数据为掺外加剂的混凝土与基准混凝土的差值或比值;

①引气剂与各种引起减水剂含气量1h最大损失应小于1.5%;

②凝结时间之差质量标准中的“-”号表示提前,“+”号表示延缓;

③弯拉强度比仅用于路面混凝土时检验;

④磨耗量仅用于路面与桥面混凝土时检验;

上表摘自《公路水泥混凝土路面施工技术细则》(JTG/T F30—2014)。

15.2.7 混凝土养生剂的要求及特点

混凝土养生剂的要求及特点　表 15-12

项目	内容和要求
技术要求	用于水泥混凝土路面施工养护的养生剂,喷洒后薄膜应密封性好,保水率高,强度和耐磨性损失小,干燥快,储存时间长而稳定,耐雨水冲刷。不得使用易被雨水冲刷掉和对混凝土强度有影响的养生剂
分类及特点	国内养生剂的化学品种主要有水玻璃基、石蜡基和聚合物单体树脂基三大类。经试验和工程使用证明,乳化石蜡养生剂保水率最高,为 70% ~85%,但不耐磨;聚合物单体树脂基保水率居中,缺点是易被雨水冲掉;水玻璃基养生剂保水率仅 60% 左右,但具有表面快速硬化,增强耐磨性的特点,属于耐磨型养生剂,适用于多次喷洒中的头一遍表面喷洒,以提高耐磨性
参考的建议技术指标和说明	《公路水泥混凝土路面施工技术细则》(JTG/T F30—2014)提出了建议的养生剂具体参考技术指标,见下表

水泥混凝土路面施工用养生剂的技术指标

检验项目		一级品	合格品	试验方法
有效保水率①(%)≥		90	75	JT/T 522
抗压强度比②(%)≥	7d	95	90	
	28d	95	90	
磨损量③(kg/m^2)≤		3.0	3.5	
含固量④(%)≥		20.4④		
干燥时间(h)≥		4		
成膜后浸水溶解性		养生期内不应溶		
成膜耐热性		合格		

注:①有效保水率试验条件:温度 38℃ ±2℃;相对湿度 32% ±3%;风速 0.5m/s ±0.2m/s;失水时间 72h;
②抗压强度比也可为弯拉强度比,指标要求相同,可根据工程需要和用户要求选测;
③在对有耐磨性要求的表面上使用养生剂时为必检项目;
④当所使用的高分子养护剂的有效保水率大于 90% 时,该值可为 15.0

15.2.8 混凝土组成材料检验

混凝土原材料的检测项目和频率　表 15-13

材料	检查项目	检查频率		试验方法
		高速公路、一级公路	二、三级公路	
水泥	抗折强度 抗压强度 安定性	机铺 1 500t,一批	机铺 1 500t,小型机具 500t 一批	GB 175 GB 13693
	凝结时间 标准稠度用水量 细度	机铺 2 000t,一批	机铺 3 000t,小型机具 500t 一批	
	f-CaO 含量 MgO 含量 SO_3 含量 铝酸三钙 铁铝酸四钙 干缩率 耐磨性 碱度 混合材料种类及数量	进场前必测,每合同段不少于 3 次	进场前必测,每合同段不少于 3 次	

续上表

材料	检查项目	检查频率		试验方法
		高速公路、一级公路	二、三级公路	
水泥	温度	冬、夏季施工随时检测	冬、夏季施工随时检测	温度计
粗集料	针片状、超径颗粒含量,级配,表观密度,堆积密度,空隙率	机铺 2 500m^3 一批	机铺 5 000m^3,小型机具 1 500m^3,一批	JTG E42 T0302、T0312、T0308、T0309
	含泥量、泥块含量	机铺 1 000m^3 一批	机铺 2 000m^3,小型机具 1 000m^3,一批	JTG E42 T0310
	岩石抗压强度、压碎标值	每种粗集料每合同段不少于 2 次	每种粗集料每合同段不少于 2 次	JTG E42 T0316/JTG E41 T0221
	碱集料反应	怀疑有碱活性集料进场前测	怀疑有碱活性集料进场前测	JTG E42 T0325
	含水率	降雨或湿度变化随时测,且每日不少于 2 次	降雨或湿度变化随时测,且每日不少于 2 次	JTG E42 T0307
砂	细度模数,表观密度,堆积密度,空隙率,级配	机铺 2 000m^3,一批	机铺 4 000m^3,小型机具 1 500m^3,一批	JTG E42 T0331 T0328
	含泥量,泥块,石粉含量	机铺 1 000m^3,一批	机铺 2 000m^3,小型机具 500m^3,一批	JTG E42 T0333/T0335
	坚固性	每种砂每合同段不少于 3 次	每种砂每合同段不少于 3 次	JTG E42 T0340
	云母含量轻物质与有机物含量	目测有云母或杂质时测	目测有云母或杂质时测	JTG E42 T0337
	硫化物及硫酸盐,海砂中氯离子含量	必要时测,淡化海砂每合同段 3 次	必要时测,淡化海砂每合同段 2 次	JTG E42 T0341 JGJ 206
	含水率	降雨或湿度变化随时测,且每日不少于 4 次	降雨或湿度变化随时测,且每日不少于 3 次	JTG E42 T0330
外加剂	减水率,凝结时间,液体外加剂含固量和相对密度,粉状外加剂的不溶物含量	机铺 5t,一批	机铺 5t,小型机具 3t,一批	GB 8076
	引气剂引气量、气泡细密程度和稳定性	机铺 2t,一批	机铺 3t,小型机具 1t,一批	
养生材料	有效保水率、抗压强度比、耐磨性、耐热性、膜水溶性,含固量,成膜时间,薄膜或成膜连续不透气性	开工前或有变化时,每合同段不少于 3 次,每 15t 一批	开工前或有变化时,每合同段不少于 3 次,每 15t 一批	JT/T 522 JG/T 188
水	pH 值、含盐量、硫酸根及杂质含量	开工前和水源有变化时	开工前和水源有变化时	JGJ 63

续上表

材料	检查项目	检查频率		试验方法
		高速公路、一级公路	二、三级公路	
掺合料	活性指数、细度、烧失量	机铺 1 500t，一批	机铺 1 500t，小型机具 500t，一批	GB/T 18736 GB/T 1596
	需水量比、SO_3 含量	每合同段不少于 3 次，进场前必测	每合同段不少于 3 次，进场前必测	
纤维	抗拉强度、弯折性能或延伸性能、长度、长径比、形状	开工前或有变化时，每合同段 3 次	开工前或有变化时，每合同段 3 次	GB/T 228 JT/T 776.1 GB/T 21120
	杂质、质量及其偏差	机铺 50t，一批	机铺 50t，小型机具 30t，一批	

注：1. 当原材料规格、品种、生产厂、来源变化时或开工前，所有原材料项目均应检验。

2. 机铺是指滑模、三辊轴机组和碾压混凝土摊铺，数量不足一批时，按一批检验。

3. 本表引自《公路水泥混凝土路面施工技术细则》（JTG/T F30—2014）。

15.3　混凝土配合比设计计算

普通混凝土配合比设计计算　表 15-14

项目	混凝土配合比设计与计算
基本要求	1. 普通混凝土配合比设计适用于滑模摊铺机、轨道摊铺机、三辊轴机组及小型机具 4 种施工方式。 2. 普通混凝土路面的配合比设计在兼顾经济性的同时应满足下列 3 项基本要求： （1）弯拉强度。各交通等级路面板的 28d 设计弯拉强度标准值 f_r 应符合《公路水泥混凝土路面设计规范》（JTG D40—2011）表 3.0.8 的规定。按下式计算配制 28d 弯拉强度的均值： $$f_c = \frac{f_r}{1-1.04c_v} + ts$$ 式中：f_c——配制 28d 弯拉强度的均值（MPa）； f_r——设计弯拉强度标准值（MPa）； s——弯拉强度试验样本的标准差（MPa），有试验数据时应使用试验样本的标准差，无试验数据时可按公路等级及设计弯拉强度，参考下表规定的范围确定； t——保证率系数，应按下表确定； c_v——弯拉强度变异系数，应按统计数据取值，小于 0.05 时取 0.05；无统计数据时，可按下表规定的范围取值，其中高速公路，一级公路的变异水平应为低，二级公路的变异水平应不低于中。

保证率系数 t

公路等级	判别概率 p	样本数 n（组）				
		3	6 ~ 8	9 ~ 14	15 ~ 19	≥20
高速公路	0.05	1.36	0.79	0.61	0.45	0.39
一级公路	0.10	0.95	0.59	0.46	0.35	0.30
二级公路	0.15	0.72	0.46	0.37	0.28	0.24
三、四级公路	0.20	0.56	0.37	0.29	0.22	0.19

续上表

项目	混凝土配合比设计与计算
基本要求	见下

各级公路水泥混凝土面层弯拉强度试验样本的标准差 s

公路等级	高速	一级	二级	三级	四级
目标可靠度(%)	95	90	85	80	70
目标可靠指标	1.64	1.28	1.04	0.84	0.52
样本的标准差 s (MPa)	$0.25 \leqslant s \leqslant 0.50$		$0.45 \leqslant s \leqslant 0.67$	$0.40 \leqslant s \leqslant 0.80$	

变异系数 C_v 的范围

混凝土弯拉强度变异水平等级	低	中	高
弯拉强度变异系数 C_v 允许变化范围	$0.05 \leqslant C_v \leqslant 0.10$	$0.10 \leqslant C_v \leqslant 0.15$	$0.15 \leqslant C_v \leqslant 0.20$

(2)工作性。

滑模摊铺机前拌和物最佳工作性及允许范围应符合下表规定:

滑模摊铺时拌和物的工作性与对应摊铺速度要求

技术指标	坍落度 S_L(mm)		振动黏度系数 η(N·s/m²)	适宜摊铺速度 v(m/min)
	卵石混凝土	碎石混凝土		
滑膜摊铺时的推荐工作性	30±10	40±10	200~500	0.75~1.5
拌和楼出口适宜工作性	50±15	60±15	100~400	—

注:①滑模摊铺机适宜的摊铺速度应控制在0.5~2.0m/min之间。

②本表适用于设超铺角的滑模摊铺机;对不设超铺角的滑模摊铺机,最佳振动黏度系数为250~600N·s/m²;最佳坍落度,卵石为10~40mm,碎石为10~30mm。

③振动黏度系数的试验方法应符合JTG/T F30—2014附录A的规定。

④当滑膜摊铺厚度大于280mm时,适宜摊铺速度宜偏低限选用。

⑤拌和楼出口拌和物工作性应根据运输时间长短所导致的坍落度损失大小确定。

⑥滑模摊铺时的最大单位用水量,卵石混凝土不宜大于155kg/m³,碎石混凝土不宜大于160kg/m³。

三辊轴机组、小型机具摊铺的路面混凝土坍落度及最大单位用水量,应满足下表规定

不同路面施工方式混凝土坍落度及最大单位用水量

摊铺方式	三辊轴机组摊铺		小型机具摊铺	
出机坍落度(mm)	40±10		15±10	
摊铺坍落度(mm)	55±15		25±15	
最大单位用水量(kg/m³)	碎石	卵石	碎石	卵石
	153	148	150	145

注:①表中的最大单位用水量系采用中砂、粗细集料为风干状态的取值,采用细砂时,应使用减水率较大的(高效)减水剂。

②使用碎卵石时,最大单位用水量可取碎石与卵石的中值。

(3)耐久性。根据当地路面无抗冻性、有抗冻性或有抗盐冻性要求及混凝土最大公称粒径,路面混凝土含气量宜符合下表规定。

续上表

项目	混凝土配合比设计与计算

基本要求

路面混凝土含气量及容许偏差(%)

最大公称粒径(mm)	无抗冻性要求	有抗冻性要求	有抗盐冻要求	试验方法
9.5	4.5 ±1.0	5.0 ±0.5	6.0 ±0.5	混凝土拌和物含气量测定应符合 JTG E30 T 0522
16.0	4.0 ±1.0	4.5 ±0.5	5.5 ±0.5	
19.0	4.0 ±1.0	4.0 ±0.5	5.0 ±0.5	
26.5	3.5 ±1.0	3.5 ±0.5	4.5 ±0.5	
31.5	3.5 ±1.0	3.5 ±0.5	4.0 ±0.5	

各交通等级路面混凝土满足耐久性要求的最大水灰(胶)比和最小单位水泥用量应符合下表规定。最大单位水泥用量不宜大于400kg/m³;掺粉煤灰时,最大单位胶材总量不宜大于420kg/m³。

混凝土满足耐久性要求的最大水灰(胶)比和最小单位水泥用量

公路技术等级		高速公路、一级公路	二级公路	三、四级公路
最大水灰(胶)比		0.44	0.46	0.48
抗冰冻要求最大水灰(胶)比		0.42	0.44	0.46
抗盐冻要求最大水灰(胶)比		0.40	0.42	0.44
最小单位水泥用量(kg/m³)	52.5 级	300	300	290
	42.5 级	310	310	300
	32.5 级	—	—	315
抗冰(盐)冻时最小单位水泥用量(kg/m³)	52.5 级	310	310	300
	42.5 级	320	320	315
	32.5 级	—	—	325
掺粉煤灰时最小单位水泥用量(kg/m³)	52.5 级	250	250	245
	42.5 级	260	260	255
	32.5 级	—	—	265
抗冰(盐)冻掺粉煤灰最小单位水泥用量(kg/m³)	52.5 级	265	260	255
	42.5 级	280	270	265

注:①掺粉煤灰,并有抗冰(盐)冻性要求时,不得使用32.5级水泥。

②水灰(胶)比计算以砂石料的自然风干状态计(砂含水率≤1.0%,石子含水率≤0.5%)。

③处在除冰盐、海风、酸雨或硫酸盐等腐蚀性环境中,或在大纵坡等加减速车道上的混凝土,最大水灰(胶)比可比表中数值降低0.01~0.02。

说明:严寒地区路面混凝土抗冻等级不宜小于F250,寒冷地区不宜小于F200。在海风、酸雨、除冰盐或硫酸盐等腐蚀环境影响范围内的混凝土路面和桥面,在使用硅酸盐水泥时,应掺加粉煤灰、磨细矿渣或硅灰掺和料,不宜单独使用硅酸盐水泥,可使用矿渣水泥或普通水泥

外加剂的使用要求

(1)高温施工时,混凝土拌和物的初凝时间不得小于3h,否则应采取缓凝或保塑措施;低温施工时,终凝时间不得大于10h,否则应采取必要的促凝或早强措施。

(2)外加剂的掺量应由混凝土试配试验确定。引气剂的适宜掺量可由搅拌机口的拌和物含气量进行控制。实际路面和桥面引气混凝土的抗冰冻、抗盐冻耐久性,宜采用钻芯法测定。测定位置:路面为表面和表面下50mm,桥面为表面和表面下30mm;测得的上下两个表面的最大平均气泡间距系数不宜超过下表规定。

续上表

项目	混凝土配合比设计与计算

外加剂的使用要求

混凝土路面和桥面最大平均气泡间距系数(μm)

环境＼公路技术等级		高速公路、一级公路	其他公路	试验方法
严寒地区	冰冻	275 ±25	300 ±35	气泡间距系数的检测方法应符合 JTG/T F30—2014 附录 B.2
	盐冻	225 ±25	250 ±35	
寒冷地区	冰冻	325 ±25	350 ±50	
	盐冻	275 ±45	300 ±50	

(3)引气剂与减水剂或高效减水剂等其他外加剂复配在同一水溶液中时,应保证其共溶性,防止外加剂溶液发生絮凝现象,应分别稀释、分别加入

配合比参数的计算要求

(1)水灰(胶)比的计算与确定。

①根据粗集料的类型,水灰比可分别按下列统计公式计算。

碎石或碎卵石混凝土:

$$\frac{W}{C}=\frac{1.5684}{f_c+1.0097-0.3595f_s}$$

卵石混凝土:

$$\frac{W}{C}=\frac{1.2618}{f_c+1.5492-0.4709f_s}$$

式中:$\frac{W}{C}$——水灰比;

f_s——水泥实测 28d 抗折强度(MPa)。

②掺用粉煤灰时,应计入超量取代法中代替水泥的那一部分粉煤灰用量(代替砂的超量部分不计入),用水胶比$\frac{W}{C+F}$代替水灰比$\frac{W}{C}$。

③应在满足弯拉强度计算值和耐久性两者要求的水灰(胶)比中取小值。

(2)砂率应根据砂的细度模数和粗集料种类,查下表取值。在软做抗滑槽时,砂率在下表基础上可增大1% ~2%。

砂的细度模数与最优砂率关系

砂细度模数		2.2 ~2.5	2.5 ~2.8	2.8 ~3.1	3.1 ~3.4	3.4 ~3.7
砂率 S_p(%)	碎石	30 ~34	32 ~36	34 ~38	36 ~40	38 ~42
	卵石	28 ~32	30 ~34	32 ~36	34 ~38	36 ~40

注:碎卵石可在碎石和卵石混凝土之间内插取值。

(3)根据粗集料种类和上述表中适宜的坍落度,分别按下列经验式计算单位用水量(砂石料以自然风干状态计)。

碎石:

$$W_0=104.97+0.309S_L+11.27\frac{C}{W}+0.61S_p$$

卵石:

$$W_0=86.89+0.370S_L+11.24\frac{C}{W}+1.00S_p$$

式中:W_0——不掺外加剂与掺和料混凝土的单位用水量(kg/m^3);

S_L——坍落度(mm);

S_p——砂率(%);

$\frac{C}{W}$——灰水比,水灰比之倒数。

续上表

<table>
<tr><th>项目</th><th colspan="4">混凝土配合比设计与计算</th></tr>
<tr><td>配合比参数的计算要求</td><td colspan="4">掺外加剂的混凝土单位用水量应按下式计算：
$$W_{ow}=W_o\left(1-\frac{\beta}{100}\right)$$
式中：W_{ow}——掺外加剂混凝土的单位用水量（kg/m^3）；
β——所用外加剂剂量的实测减水率（%）。
单位用水量应取计算值和上述表规定值两者中的小值。若实际单位用水量仅掺引气剂不满足所取数值，则应掺用引气（高效）减水剂，三、四级公路也可采用真空脱水工艺。
（4）单位水泥用量应由下式计算，并取计算值与最小单位水泥用量表中规定值两者中的大值。
$$C_o=\left(\frac{C}{W}\right)W_o$$
式中：C_o——单位水泥用量（kg/m^3）。
（5）砂石料用量可按密度法或体积法计算。按密度法计算时，混凝土单位质量可取 2 400 ~ 2 450kg/m^3；按体积法计算时，应计入设计含气量。采用超量取代法掺用粉煤灰时，超量部分应代替砂，并折减用砂量。经计算得到的配合比，应验算单位粗集料填充体积率，且不宜小于 70%。
（6）重要路面、桥面工程应采用正交试验法进行配合比优选</td></tr>
<tr><td rowspan="3">其他规定</td><td colspan="4">（1）采用真空脱水工艺时，可采用比经验式计算值略大的单位用水量，但在真空脱水后，扣除每立方米混凝土实际吸除的水量，剩余单位用水量和剩余水灰（胶）比分别不宜超过最大单位用水量表和最大水灰（胶）比表的规定。
（2）路面混凝土掺用粉煤灰时，其配合比计算应按超量取代法进行。粉煤灰掺量应根据水泥中原有的掺和料数量和混凝土弯拉强度、耐磨性等要求由试验确定。Ⅰ、Ⅱ级粉煤灰的超量系数可按下表初选。代替水泥的粉煤灰掺量：Ⅰ型硅酸盐水泥宜≤30%；Ⅱ型硅酸盐水泥宜≤25%；道路水泥宜≤20%；普通水泥宜≤15%；矿渣水泥不得掺粉煤灰。
各级粉煤灰的超量取代系数</td></tr>
<tr><td>粉煤灰等级</td><td>Ⅰ</td><td>Ⅱ</td><td>Ⅲ</td></tr>
<tr><td>超量取代系数 k</td><td>1.1 ~ 1.4</td><td>1.3 ~ 1.7</td><td>1.5 ~ 2.0</td></tr>
</table>

15.4　混凝土的拌制和运输要求

混凝土的拌制和运输要求　表 15-15

<table>
<tr><th>项　目</th><th colspan="2">有关规定和要求</th></tr>
<tr><td>基本要求</td><td colspan="2">（1）应采用机械搅拌，优先采用强制搅拌机。
（2）投入搅拌机的每拌原材料数量，应按施工配合比和搅拌机容量确定，称量准确。
（3）开工搅拌第一拌混凝土拌和物前，应先用适量的混凝土拌和物或砂浆搅拌，拌后排弃，然后再按规定的配合比进行搅拌。
（4）搅拌机装料顺序，宜为砂、水泥、石子，或者石子、水泥、砂。进料后，边搅拌边加水。
（5）混凝土拌和物运输宜用自卸机动车。远距离运送商品混凝土宜用搅拌运输车（橄榄车）。运输道路应平坦、畅通</td></tr>
<tr><td rowspan="5">组成材料的容许称量误差</td><td>材料</td><td>容许误差（质量百分数，%）</td></tr>
<tr><td>水泥</td><td>±1</td></tr>
<tr><td>粗、细集料</td><td>±3</td></tr>
<tr><td>水</td><td>±1</td></tr>
<tr><td>外加剂</td><td>±2</td></tr>
</table>

续上表

<table>
<tr><td>项　目</td><td colspan="6">有关规定和要求</td></tr>
<tr><td rowspan="8">搅拌楼(机)配料计量允许误差(质量百分数%)</td><td colspan="2">材料</td><td colspan="2">高速公路、一级公路</td><td colspan="2">其他等级公路</td></tr>
<tr><td colspan="2">水泥</td><td colspan="2">±1</td><td colspan="2">±2</td></tr>
<tr><td colspan="2">掺合料</td><td colspan="2">±1</td><td colspan="2">±2</td></tr>
<tr><td colspan="2">纤维</td><td colspan="2">±2</td><td colspan="2">±2</td></tr>
<tr><td colspan="2">细集料</td><td colspan="2">±2</td><td colspan="2">±3</td></tr>
<tr><td colspan="2">粗集料</td><td colspan="2">±2</td><td colspan="2">±3</td></tr>
<tr><td colspan="2">水</td><td colspan="2">±1</td><td colspan="2">±2</td></tr>
<tr><td colspan="2">外加剂</td><td colspan="2">±1</td><td colspan="2">±2</td></tr>
<tr><td rowspan="6">拌和物的最短搅拌时间</td><td colspan="2">搅拌机</td><td rowspan="2">转速(r/min)</td><td colspan="2">搅拌时间(s)</td><td rowspan="7">注:①搅拌时间是指原材料全部进入搅拌机起至拌和物开始出料止的时间。
②掺外加剂时搅拌时间增加20~30s</td></tr>
<tr><td>类型</td><td>容量(L)</td><td>低流动性混凝土</td><td>干硬性混凝土</td></tr>
<tr><td rowspan="2">自落式</td><td>400</td><td>18</td><td>105</td><td>120</td></tr>
<tr><td>800</td><td>14</td><td>165</td><td>210</td></tr>
<tr><td rowspan="2">强制式</td><td>375</td><td>38</td><td>90</td><td>100</td></tr>
<tr><td>1 500</td><td>20</td><td>180</td><td>240</td></tr>
<tr><td>拌和物的最长搅拌时间</td><td colspan="5">不得超过最短时间的3倍</td></tr>
<tr><td rowspan="5">混凝土拌和物从搅拌机出料到运抵现场允许最长时间</td><td>施工气温(℃)</td><td>滑膜摊铺(h)</td><td colspan="2">三辊轴机组摊铺、小型机具摊铺(h)</td><td>碾压铺筑(h)</td><td rowspan="5">注:掺加缓凝剂时可以适当延长</td></tr>
<tr><td>5~9</td><td>1.5</td><td colspan="2">1.20</td><td>1.0</td></tr>
<tr><td>10~19</td><td>1.25</td><td colspan="2">1.0</td><td>0.8</td></tr>
<tr><td>20~29</td><td>1.0</td><td colspan="2">0.75</td><td>0.6</td></tr>
<tr><td>30~35</td><td>0.75</td><td colspan="2">0.40</td><td>0.4</td></tr>
<tr><td>运输工具的一般要求</td><td colspan="6">(1)运输设备根据具体情况选用。手推车限于短运距使用(30~50m以内),机动翻斗车适宜于50~500m,自卸汽车适宜于500~2 000m,搅拌运输车适宜于500~5 000m。
(2)装运混凝土拌和物应不漏浆,并应防止离析,敞开的料斗在夏季和冬季应有遮盖或保温设施。
(3)运输工具的数量应满足施工需要并稍有富余</td></tr>
</table>

15.5　混凝土拌和物的检验

水泥混凝土拌和物检测项目及频率　　表15-16

检验项目	检查频度		试验方法
	高速公路、一级公路	其他公路	
水灰比及稳定性	每5 000m^3抽检1次,有变化随时测	每5 000m^3抽检1次,有变化随时测	JTG E30 T0529
坍落度及其均匀性	每工班测3次,有变化随时测	每工班测3次,有变化随时测	JTG E30 T0522

续上表

检验项目	检查频度		试验方法
	高速公路、一级公路	其他公路	
坍落度损失率	每工班测3次,有变化随时测	每工班测3次,有变化随时测	JTG E30　T0522
振动黏度系数	试拌、原材料和配合比有变化时测	试拌、原材料和配合比有变化时测	JTG/T F30—2014 附录 A
纤维体积率	每工班测2次,有变化随时测	每工班测1次,有变化随时测	JTG/T F30—2014 附录 D
含气量	每工班测2次,有抗冻要求不少于3次	每工班测1次,有抗冻要求不少于3次	JTG E30 T0526
泌水率	每工班测2次	每工班测2次	JTG E30 T0528
表观密度	每工班测1次	每工班测1次	JTG E30 T0525
温度、凝结时间、水化发热量	冬、夏季施工,气温最高、最低时,每工班至少测1~2次	冬、夏季施工,气温最高、最低时,每工班至少测1次	JTG E30 T0527
离析	随时观察	随时观察	—
改进VC值	每工班测3次,有变化随时测	每工班测3次,有变化随时测	JTG E30 T0524
压实度、松铺系数	每工班测3次,有变化随时测	每工班测3次,有变化随时测	JTG E30 T0525

注:上表摘自《公路水泥混凝土路面施工技术细则》(JTG/T F30—2014)。

15.6　人工小型机械化铺筑水泥混凝土路面

15.6.1 模板的选用及立模要求

模板的选用及立模要求　表15-17

项　目	内容与要求
模板的选用	(1)模板宜采用钢模板。弯道等非标准部位以及小型工程可采用木模板,其厚度宜为5cm(曲线处可减薄至3cm)。 (2)模板应无缺损,有足够的刚度,内侧和顶、底面均应光洁、平整、顺直,局部变形不得大于3mm。振捣时模板横向最大挠曲应小于4mm,高度应与混凝土路面板厚度一致,误差不超过±2mm。纵缝模板平缝的拉杆穿孔眼位应准确。企口缝企口舌部或凹槽的长度误差:钢模板为±1mm,木模板为±2mm。 (3)模板周转使用前,应对前次拆下的模板进行检验,如有变形损坏,应修至达到要求后才能使用
立模施工要点	(1)立模前应检测基层的顶面高程和路拱横坡以及基层表层有否磨损破坏等,否则应整修基层至符合要求才可立模铺筑混凝土。 (2)立模的平面位置和高程应符合设计要求,其误差应严于混凝土路面板质量验收的容许误差。 (3)模板应支立稳固,接头严密平顺。模板的接头以及与基层接触处不得漏浆。 (4)浇筑混凝土前,模板内侧应涂布脱模剂(隔离剂),一般可用肥皂液[皂:水=1:(5~7)]、机油、机油:肥皂:水[5:15:(80~85)]等。 (5)路上的井框外围应立模分离,立模形状和井框周边的加强钢筋应按设计图纸设置。一般先浇筑井框外面的混凝土路面板,此时模板支撑在框的内侧,硬化拆模后,在其混凝土侧面涂油-60号沥青二次,再安放好分隔胀缝板(油浸木丝板或软木板),将框内混凝土补浇平顺

15.6.2 摊铺要求

摊 铺 要 求　　表 15-18

项　目	内容与要求
摊铺前的准备工作	(1)摊铺前应检查模板位置、高程、支设稳固和基层平整润湿、模板内侧面涂脱模剂、水泥混凝土板壁涂沥青,以及钢筋的安设和传力杆、拉杆等设置情况,合格后方可摊铺。 (2)检查、维修混凝土运输通道,设置安全护栏等
摊铺施工要点	(1)半干硬性现场搅拌混凝土拌和物一次摊铺容许达到的混凝土路面板最大厚度为22cm,塑性的商品混凝土一次摊铺最大厚度为26cm。 (2)超过一次摊铺的最大厚度时,应分两次摊铺和振实,但应一次抹面。两层铺筑的间隔时间不得超过30min。下层厚度宜略大于上层,即下层厚度宜为总厚度的3/5。 (3)摊铺厚度应考虑振实预留高度。此高度应在混凝土路面施工初期(试验路段)试验确定,一般在10%左右。 (4)用铁锹摊铺时,应用锹反扣(扣锹法),禁止抛掷和耧耙。 (5)每仓混凝土的摊铺、振捣、整平、做面应连续进行,不得中断。如因故中断,应设置施工缝,并宜设在设计规定的接缝位置

15.6.3 振捣、整平要求

振捣、整平要求　　表 15-19

项　目	内容与要求
振捣、整平施工要点	(1)摊铺好的混凝土拌和物,应随即用插入式和平板式振动器均匀地振实。塑性的商品混凝土可省去平板振实工序。 (2)插入式振动器频率宜大于6 000次/min。 (3)平板振动器的有效作用深度一般为18~25cm。振实宜采用2.2kW的平板振动器(采用真空吸水工艺时可用功率较小的平板振动器)。振平可用1.1kW的平板振动器。 (4)振捣时应先用插入式振动器在模板(或混凝土板壁)边缘、角隅处初振或全面积顺序初振一次。同一位置振动时不宜少于20s。插入式振动器移动间距不宜大于其作用半径的1.5倍,其至模板的距离应不大于作用半径的0.5倍,并应避免碰撞模板和钢筋。然后,再用平板振动器全面振捣,板与板间宜重叠10~20cm。同一位置的振捣时间,当水灰比小于0.45时宜不少于30s,当水灰比大于0.45时不宜少于15s,以不再冒出气泡并泛出水泥砂浆为准。如有条件,最好再用小功率平板振动器全面振平一次。 (5)混凝土拌和物全面振捣后,再用振动梁进一步拖拉振实并初步整平。振动梁往返拖拉2~3遍,使表面泛浆,并赶出气泡。振动梁移动速度要缓慢均匀,不许中途停顿,前进速度以1.2~1.5m/min为宜。凡有不平之处,应及时铺以人工挖填补平。补填时宜用较细的拌和物,但严禁用纯砂浆填补。 (6)最后用无缝钢管滚杠进一步滚揉表面,使表面进一步提浆调匀调平

15.6.4 真空吸水施工

真 空 吸 水 施 工　　表 15-20

项　目	内容与要求
基本特点	(1)真空吸水为非必要工序,但有特定优点,可视情况采用。 (2)采用该工艺时,混凝土拌和物水灰比比常规增大5%~10%,可易于摊铺、振捣,减轻劳动强度,加快施工进度,并且还可缩短混凝土抹面工序的等待时间,降低成型混凝土的最终水灰比,从而增加了密实性,提高了强度,改善了抗干缩性、抗渗性和抗冻性。但是增加此道工序也需相应地增加真空吸水设备和劳动配备

续上表

项 目	内容与要求
主要设备	(1)真空泵。泵的最大真空度宜小于或等于90%,最大抽速大于25L/s。可选用符合以上要求的低真空大抽吸泵。 (2)真空吸垫。有尼龙网格吸垫、气垫薄膜吸垫和无滤布吸垫等柔性吸垫。无滤布吸垫使用简便,效果较好
真空吸水施工要点	(1)真空吸水深度不可超过30cm。 (2)真空吸水时间宜为混凝土路面板厚的1.5倍(吸水时间以min计,板厚以cm计)。 (3)吸垫铺设,特别是周边应紧贴密实。开泵吸水一般控制真空表1min内逐步升高到400~500mmHg,最高值不宜大于650~700mmHg。计量出水量至达到要求,并做记录。关泵亦应逐渐减小真空度,并略提起吸垫四角,继续抽吸10~15s,以脱尽作业表面及管路中残余水。 (4)真空吸水后可用滚杠或振动梁以及抹面机进行复平,以保证表面平整和进一步增强板面强度的均匀性

15.6.5 板面处理(做面)要求

板面处理(做面)要求 表15-21

项 目	内容与要求
做面施工要点	(1)抹面时严禁在混凝土表面洒水或撒水泥。 (2)无真空吸水工艺时,抹面一般分两次进行。每一次在整平后随即进行驱除泌水并压下石子。第二次抹面须在混凝土泌水基本结束、处于初凝状态但表面尚湿润时进行。 (3)混凝土板面应平整密实,并用3m直尺检查平整度。 (4)抹平后沿横方向拉毛或用压纹滚槽器压槽,使路面混凝土有粗糙的纹理表面。公路和城市道路、厂矿道路的拉毛和压槽深度应为1~2mm。民航机场道面拉毛的平均纹理深度(铺砂法测量),在跑道、高速出口滑行道不得小于0.8mm,在滑行道、停机坪不得小于0.4mm。对于行车很快的高速公路、一级公路或城市快速路、主干路,GBJ 97—87中没进一步的区别要求,上海的做法是参照民航机场道路的要求实施。对纵坡大于2%的水泥混凝土路面还要求用铺砂法测定平均纹理深度,应为0.6~1.0mm。 (5)当烈日暴晒或干旱风吹时,做面宜在遮阳棚下进行

15.6.6 钢筋网片设置要求

钢筋网片设置要求 表15-22

<table>
<tr><th>项 目</th><th colspan="3">内容与要求</th></tr>
<tr><td rowspan="5">钢筋直径与间距</td><td colspan="3">纵、横钢筋宜用相同的直径。钢筋间距,应使最小间距为集料最大粒径的2倍。钢筋的最小直径和最大间距应符合JTG D40—2002的规定。钢筋的搭接长度宜大于其直径的25倍</td></tr>
<tr><td>钢筋类型</td><td>光面钢筋</td><td>螺纹钢筋</td></tr>
<tr><td>最小直径(mm)</td><td>8</td><td>12</td></tr>
<tr><td>纵向最大间距(cm)</td><td>15</td><td>35</td></tr>
<tr><td>横向最大间距(cm)</td><td>30</td><td>75</td></tr>
<tr><td>钢筋网片设置施工要点</td><td colspan="3">(1)不得踩踏、碾压钢筋网片。
(2)安设单层钢筋网片时,应在底部先摊铺一层混凝土拌和物,摊铺高度应按网片设计高程再加一定的预留沉落度。待网片安放就位后,再继续摊铺、振捣混凝土。
(3)安设混凝土板厚度不大于25cm的双层钢筋网片,可事先用架立钢筋扎成骨架后一次安放就位。厚度大于25cm的,上下两层钢筋应分两次安放,混凝土拌和物也分两次摊铺和振实,但一次抹面</td></tr>
</table>

续上表

项　目	内容与要求		
设置钢筋网片的质量要求	钢筋网片的容许误差		
	检验项目	容许误差(mm)	检查方法
	网片的长度、宽度	±10	用尺量
	网眼尺寸	±10	用尺量
	上下两网片的高度	±5	用水准仪检查垫块和钢筋表面
	上下表面的保护层厚度	±5	用尺量
	钢筋网片的平整度	±10	拉线用尺量

15.6.7 接缝施工要求

(1)纵缝施工要求

纵 缝 施 工 要 求　　表 15-23

项　目	内容与要求
设缝情况	纵缝施工应根据设计文件的规定进行，一般纵缝即纵向施工缝，采用平缝加拉杆形式，施工方便；过去也有采用企口缝加拉杆形式，其板与板之间的传荷能力较强，但拆模不当时易损伤企口，施工麻烦。如道路一侧的两块板一次浇筑，则中间的纵缝为设拉杆的假缝
纵缝施工要点	(1)拉杆在立模后浇筑混凝土之前安设，纵向施工缝的拉杆则穿过模板的拉杆孔安设，浇筑混凝土时应随时校正拉杆位置，使之符合设计要求。 (2)纵缝槽宜在混凝土硬结后用锯缝机锯切，并与实际施工缝一致，使缝槽挺直美观；也可以在浇筑过程中埋入接缝板，待混凝土硬结后拔出形成缝槽

(2)横缩缝施工要求

横缩缝施工要求　　表 15-24

项　目	内容与要求
设缝情况	横缩缝宜在混凝土硬结后锯切形成；在条件不具备时，也可在新浇混凝土中压缝形成
横缩缝施工要点	(1)横缩缝缝深必须足够。在设置窨井处，宜调整横缩缝间距，使缩缝"骑"井框设置，但调整后的缩缝间距要适当，不得大于设计规定的间距；锯缝必须及时，在夏季施工尤应注意，缩缝宜每隔 3 ~4 块板先锯一条，然后补齐。如天气炎热干燥，容许每隔 3 ~4 块板先压一条缩缝，防止混凝土板未锯先裂。 (2)在邻近胀缝或自由端的 3 条缩缝内均宜在板厚 1/2 处加设传力杆，在浇筑过程中埋设，传力杆的一半稍多一些(5cm)长度涂沥青，但不设带空隙的套筒

(3)横胀缝施工要求

横胀缝施工要求　　表 15-25

项　目	内容与要求
设缝情况	胀缝应与路中心线呈 90°，缝壁必须竖直，缝隙宽度一致，缝中不得连浆。缝隙下部设胀缝板，上部灌封缝料
胀缝施工要点	(1)胀缝两侧的混凝土板一般设滑动传力杆传递荷载。传力杆穿过胀缝板，并用钢筋支架固定就位。传力杆的一半长度稍多一些(5cm)涂沥青并套长 10cm 的小套筒(塑料或白铁皮加工)。小套筒留 3cm 空隙，填以纱头等。也有很多工程不设滑动式传力杆，改在两侧混凝土板端设置"鼠笼式"钢筋构架(表 15-3)加强，钢筋构架在浇筑时埋设，施工方便，且可加强混凝土板板端强度，效果良好。

续上表

<table>
<tr><th>项　目</th><th>内容与要求</th></tr>
<tr><td>胀缝施工要点</td><td>
(2)胀缝封缝槽可预埋套条留出封缝空间,近来更倾向于用两侧锯缝凿出封缝空间,后者胀缝两侧混凝土板平齐,平整度好。
(3)胀缝板事先预制,常用的有油浸纤维板(或软木板)、海绵橡胶泡沫板等,其技术要求按下表设置。
<table>
<tr><th rowspan="2">检验项目</th><th colspan="3">接缝板种类</th><th rowspan="2">备注</th></tr>
<tr><th>浸油木板</th><th>塑胶板、橡胶(泡沫)板</th><th>沥青纤维板</th></tr>
<tr><td>压缩应力(MPa)</td><td>5.0 ~ 20.0</td><td>0.2 ~ 0.6</td><td>2.0 ~ 10.0</td><td rowspan="4">各类胀缝板吸水后的压缩应力不应小于不吸水时的90%</td></tr>
<tr><td>弹性复原率(%)</td><td>≥55</td><td>≥90</td><td>≥65</td></tr>
<tr><td>挤出量(mm)</td><td><5.5</td><td><5.0</td><td><3.0</td></tr>
<tr><td>弯曲荷载(N)</td><td>100 ~ 400</td><td>0 ~ 50</td><td>5 ~ 40</td></tr>
</table>
(4)预制胀缝板嵌入前,应使缝壁洁净干燥,胀缝板与缝壁紧密结合
</td></tr>
</table>

(4)横施工缝施工要求

横施工缝施工要求　表 15-26

项　目	内容与要求
设缝情况	施工结束时应设置施工缝
施工要点	(1)施工缝宜位于设计所规定的缩缝或胀缝处。 (2)多车道道路,各个车道的施工缝应注意避免设在同一个横断面上。 (3)施工缝如设于缩缝处,板的1/2厚度位置应增设传力杆

(5)锯缝施工要求

锯 缝 施 工 要 求　表 15-27

<table>
<tr><th>项　目</th><th>内容与要求</th></tr>
<tr><td>锯缝施工要点</td><td>
(1)锯缝应及时,在混凝土硬结后尽早进行,特别是在夏季施工不可拖延,但也不能过早,否则混凝土强度不足会导致粗集料从砂浆中脱落。
(2)锯缝宜在混凝土强度达到5 ~ 10MPa时进行,也可以由工地试锯确定。一般可参考下列经验锯缝时间
<table>
<tr><th rowspan="2">昼夜平均气温(℃)</th><th colspan="2">经验锯缝时间(h)</th></tr>
<tr><th>常规施工</th><th>有真空吸水工艺时</th></tr>
<tr><td>5</td><td>45 ~ 50</td><td>40 ~ 45</td></tr>
<tr><td>10</td><td>30 ~ 35</td><td>25 ~ 30</td></tr>
<tr><td>15</td><td>22 ~ 26</td><td>18 ~ 22</td></tr>
<tr><td>20</td><td>18 ~ 21</td><td>12 ~ 15</td></tr>
<tr><td>25</td><td>15 ~ 18</td><td>8 ~ 11</td></tr>
<tr><td>30及以上</td><td>13 ~ 15</td><td>5 ~ 7</td></tr>
</table>
</td></tr>
</table>

(6)封缝(填缝)施工要点

封缝(填缝)施工要点 表 15-28

项 目	内容与要求
封缝情况和基本要求	水泥混凝土路面各种接缝上端均需用封缝料灌满进行封缝。 填缝材料应具有与混凝土板壁黏结牢固,回弹性好,不溶于水,不渗水,高温时不挤出、不流淌,抗嵌入能力强,耐老化龟裂,负温拉伸量大,低温时不脆裂,耐久性好等性能。常用填缝材料有:常温施工式填缝料、加热施工式填缝料、预制多孔橡胶条制品等。高速公路、一级公路宜使用树脂类、橡胶类的填缝材料及其制品,二级及其以下公路可采用各种性能符合要求的填缝材料

封缝施工要点

(1)常用的封(填)缝料为加热灌填的沥青橡胶封缝料,其配方为如下:

材料	配合比(质量比,%)	说明
10号建筑石油沥青	55~60	
重柴油或轻柴油	10~20	(1)掺匀后,加热到 180~220℃时浇灌。 (2)橡胶可用废轮胎或其他橡胶废品磨细
橡胶粉(或屑)	10~15	
石棉粉(或短纤维)	4~6	
石灰石粉或干水泥	10~15	

灌缝时缝槽应洁净干燥,如灌注胀缝则缝壁内涂一薄层冷底子油(快凝沥青漆,用油—60与汽油各半混合而成),封缝料要灌填充实、紧密,夏天应与混凝土板表面齐平,冬天宜稍低于板面

(2)加热施工的封缝料还可以采用聚氯乙烯胶泥和沥青玛蹄脂等。聚氯乙烯胶泥配方如下:

材料	配合比(%)		说明
	一般地区	寒冷地区	
煤焦油	100	100	系由工厂配制好的单组分材料,外观呈黑色固体状,施工时加热至灌入温度(130~140℃)。为防止焦化变质,应采用间接加热法,即预热工作应在双层锅中进行,两层锅之间用石蜡或高温机油等作传热介质,达到灌入温度后滤出杂物,采用填缝机进行灌缝,冷却后即可成型
聚氯乙烯树脂(固化剂)	9~12	12~14	
邻苯二甲酸二丁酯(增塑剂)	20	1	
已二酸(增塑剂)	1	25	
二盐基亚硫酸(稳定剂)	0.5	0.5	
滑石粉或粉煤灰(填充料)	25~35	20~25	

加热施工式填缝料技术要求

试验项目	低弹性型	高弹性型
针入度(0.01mm)	<50	<90
弹性复原率(%)	>30	>60
流动度(mm)	<5	<2
拉伸量(-10℃)(mm)	>10	>15

注:①按低温拉伸变形不断裂计算结果,将《公路水泥混凝土路面接缝材料》(JT/T 203—95)中低温-10℃拉伸量由5mm提高到10mm。

②低弹性型适宜在气候严寒、寒冷地区使用;高弹性型适宜在炎热、温暖地区使用。

续上表

项　目	内容与要求
封缝施工要点	(3)使用常温和加热施工式灌注型填缝材料填缝时,宜使用背衬垫条控制填缝形状的深宽比。背衬垫条应具有良好的弹性、柔韧性,不吸水、耐酸碱腐蚀和在热填缝时高温不软化等性能。背衬垫条材料有聚(氨)酯、橡胶或塑料微孔泡沫等,其形状应为圆柱形,直径应比接缝宽度大2~3mm。 用于制造预制橡胶嵌缝条的胶料性能应满足下表的技术要求。 润滑黏结剂是安装预制橡胶嵌缝条专用材料,要求黏度适中,并有润滑作用,使橡胶嵌缝条和混凝土缝壁牢固黏结、不透水。可选用的黏结剂有氯丁胶黏剂、聚(氨)酯胶黏剂、改性环氧树脂胶黏剂等。

预制橡胶嵌缝条胶料技术要求

性能	技术要求	
	I类	II类
公称硬度(IFCD)	60	70
公称硬度公差	±5	
最小拉伸强度(MPa)	12	
最小扯断伸长率(%)	250	200
最大压缩永久变形(100℃,22h后)(%)	40	
耐老化性能(100℃,72h热老化后):		
硬度变化(IFCD)	0~+12	
最大拉伸强度变化(%)	-20	
最大扯断伸长率变化(%)	-25	
耐臭氧性能(40℃,96h后,伸长20%):		
一般条件下,臭氧浓度(0.05‰)	不龟裂	
苛刻条件下,臭氧浓度(0.1‰)		
硬度(IFCD)增加(-10℃,7h后)	15	10
耐水性:标准室温,7h后的体积变化(%)	0~5	
成品填缝件压缩最小恢复率(压缩50%后)(%):		
-10℃,72h后	88	
-25℃,22h后	83	
100℃,72h后	85	

注:预制橡胶嵌缝条胶料按其最小扯断伸长率、公称硬度及其负温变化值进行分类,I类适宜在气候严寒和寒冷地区使用;II类适宜在气候炎热、温暖地区使用

(4)有条件时,高等级道路水泥混凝土路面可选用常温施工式聚氨酯封缝胶(如上海彭浦建筑防水公司生产的道路PG胶、上海合成树脂研究所实验厂生产的新型道路专用嵌缝胶等)、聚硫酯封缝胶(如上海益士本泰建筑工程产品有限公司生产的抗燃油聚硫密封胶等)以及硅树脂类氯丁橡胶类、乳化沥青橡胶类等常温施工式封(填)缝料

续上表

项　目	内容与要求		
封缝施工要点	常温施工式填缝料技术要求		
	试验项目	一般技术要求	较高技术要求
	灌入稠度(s)	<20	<10
	失黏(固化)时间(h)	6~24	1~3
	弹性复原率(%)	>75	>90
	流动度(mm)	0	0
	拉伸量(-10℃)(mm)	>15	>25
	与混凝土黏结强度(MPa)	—	>1.0
	黏结延伸率(%)	—	>1 000
	注:较高技术要求是已经在高速公路上使用的交链共混聚(氨)酯、硅树脂等填缝材料的实测数值		

15.6.8 混凝土路面养生要求

混凝土路面养生施工要求　　表15-29

项　目	内容和要求
基本要求	混凝土板做面完毕应及时养护,使混凝土中结合料有良好的水化、水解强度发育条件以防止收缩裂缝的产生
养生方法和要求	(1)养生时间一般为14~21d,混凝土强度宜达到设计要求。 (2)养生期间和封缝前,禁止车辆通行。在达到设计强度的40%以后,可容许行人通过。 (3)湿草包覆盖养生是最常用的湿治养生方法,草包还兼有隔温作用,可保护混凝土少受剧烈的天气变化影响。在规定的养生期内草包要经常洒水,保持潮湿。草包不仅要严密覆盖混凝土板面,并要覆盖好板的边侧。 (4)可采用塑料成膜养生,即在混凝土板做面完毕后,即喷洒过氯乙烯等成膜液,使形成不透气的薄膜保持膜内混凝土的水分,保湿养生。其优点是可节省大量养生用水和养生用工,缺点是养生期间必须做到严禁一切车辆、人员通行,否则易导致膜破、气温降低,使混凝土中的水分蒸发,不能保证良好的混凝土强度发育条件。成膜液的配方因地制宜,各地不一。上海曾用过过氯乙烯树脂10%、溶剂油88%、苯二甲酸二丁酯2%配合比,其用量一般约为$3m^2/kg$。过氯乙烯树脂为有毒和易燃品,须注意安全防护。 (5)也可以盖塑料薄膜保湿养生,此薄膜宜选用有一定厚度、韧度的薄膜(俗称塑料布),以利多次重复使用。宽度应大于覆盖面60cm,搭接宽度不小于40cm,并在路面上加砂或细土盖严实,并应注意防止被钢筋挂烂及被风吹破或掀走

15.6.9 模板拆除要求

模 板 拆 除 要 求　　表15-30

项　目	内容与要求								
施工要点和注意事项	(1)要注意掌握拆模时间。拆模过早易损坏混凝土,过迟则又影响模板周转时间。 (2)拆模时间应根据气温和混凝土强度增长情况确定,当采用普通水泥时,一般的容许拆模时间如下:								
	昼夜平均气温(℃)	-5	0	5	10	15	20	25	≥30
	硅酸盐水泥、R型水泥(h)	240	120	60	36	34	28	24	18
	道路、普通硅酸盐水泥(h)	360	168	72	48	36	30	24	18
	矿渣硅酸盐水泥(h)	—	—	120	60	50	45	36	24
	注:①容许拆模时间从混凝土做面完毕后至开始拆模时计算。 ②此表列数据适用于无早强剂、缓凝剂等外加剂的硅酸盐水泥和普通硅酸盐水泥。 (3)拆模时要操作细致,不损坏混凝土板的边、角。 (4)拆除的模板应清理干净,堆放整齐。模板有损伤、变形时,要及时修复后才能再次使用								

15.6.10 热季早期收缩裂缝的防止措施

热季早期收缩裂缝的防止措施 表 15-31

项 目		内容与要求
早期收缩裂缝的特征		(1)混凝土板在施工期间因收缩产生的裂缝为早期收缩裂缝,其裂缝的产生与行车荷载无关。 (2)早期收缩裂缝有两种。产生于混凝土塑性状态时的常称作"塑裂",其缝短而细、细而浅,如及时发现进行再次抹面可以缓解,一般在硬结后终止,危害较小。另一种产生于硬结以后,通车之前,由剧烈的温度、湿度变化引起收缩裂缝,常称作"缩裂",可导致混凝土板断裂,危害甚大,成为不合格的混凝土板块
防止早期收缩裂缝的技术措施	缩小温度差、湿度差抑制收缩	(1)作业时间避开午间气温高峰,起早落夜,例如在 12:00 ~ 16:00 停止浇筑。 (2)水箱加盖、水管掩埋,必要时还可对碎石适当洒水降温。 (3)作业紧凑,缩短在烈日或旱风下的施工时间,必要时可设遮阳棚遮阳。 (4)及时养生,增加洒水润湿草包次数,确定保证保湿养生,并且养生时间足够(养生还能增强混凝土抗裂强度)。 (5)大风时挡风(大风速的蒸发量比高温还大)。 (6)注意对基层顶面的整平和洒水保持润湿
	保证混凝土的自身强度	(1)限制集料的含泥量,特别是黄沙中夹杂的泥团要筛除,碎石中涂裹黏土的碎石要清洗或剔除。 (2)加强水泥质量的复验,特别是水泥的安定性。 (3)控制好水灰比,严格按配合比投料,不准随意加水等。 (4)加强和提高养护质量
	及时锯缝,诱导裂缝在接缝位展开	(1)及时锯切横缩缝,缝深必须严格达到设计要求深度,及早形成弱断面,使其在缩裂发生前形成。需要时,还可以考虑在横缩缝位置的混凝土板底部加设诱导裂缝的木块,使弱断面效应更加显著。 (2)道路设窨井处,横缩缝要骑窨井设置(横缩缝连线平分井框),使窨井部位自然形成的弱断面与横缩缝合而为一;否则,在井框部位易形成不规则早期收缩裂缝(荷载裂缝要通过其他措施解决)。 (3)锯缝设备配置不足时,宜先隔 3 ~ 4 块板跳锯一条横缩缝,最后补齐;不得已时还可以考虑以压缝代替锯缝

15.7 轨道摊铺机铺筑水泥混凝土路面

15.7.1 基本状况

基 本 状 况 表 15-32

项 目	基本状况的简介与说明
基本技术特征	轨道摊铺机铺筑水泥混凝土路面的最基本的技术特征是有轨模和轨道摊铺机。 轨模亦称轨道模板,其功能为: (1)为摊铺机提供行驶的轨道; (2)为水泥混凝土混合料提供用以成型的模板。 固定模板的水泥混凝土路面施工方式有一个共同的优点:当路表面未做好,还可以倒车重新再做一遍。支立轨模的技术要求高,一般应符合下列要求

续上表

<table>
<tr><th colspan="2">项　目</th><th>基本状况的简介与说明</th></tr>
<tr><td colspan="2">基本技术特征</td><td>(1)轨模应坚固且便于搬运和安装。
(2)轨模固定后,当经受整机在其上行驶运作时,应不下沉或倾倒。因此,对基础质量要求严格,且轨模的下缘应有足够的宽度。当拆卸和搬运时,这些轨模不应被损坏。
(3)轨模的高度应与混凝土捣实状态的厚度相等,轨模的上缘外形和尺寸应与机轮的外缘相适应。
(4)模板贴混凝土的内侧应光滑平整,且所有固定和连接各节轨模的设备应布置于模板外侧,以利拆模。
同样,这种固定模板的施工方式,其共同的缺点是其支立轨模的技术要求高,使用的劳动力多,模板消耗大。因此,在劳动力昂贵的发达国家施工费用很高,其改进的办法是在近年来广泛地发展、采用了不支立模板的滑模摊铺施工方式</td></tr>
<tr><td rowspan="2">实施概况</td><td>国外</td><td>轨道摊铺机和链式摊铺列车施工。
国外在人工加小型机具的水泥混凝土路面施工方式上摸索研究了许多年。欧美国家在 20 世纪 50 ~ 60 年代进行大规模高速公路水泥混凝土路面施工中,在小型机具的基础上发展了轨道摊铺机和链式摊铺列车作业方式。其工艺流程是:
(1)人工支立轨模;
(2)架设拉杆(传力杆)钢筋支架;
(3)混凝土布料机布底料;
(4)底部混凝土振实;
(5)传力杆摆放;
(6)二次上部布料;
(7)上部振实做面;
(8)横缝制作(压缝、填缝、再抹面);
(9)表面对角线抹面机;
(10)拉毛养生。
总共需要 8 台一字排开的机械设备,全部行走在模板轨道上。这种摊铺列车的施工方式是分上下两层布料,两次振动密实成型。如果混凝土材料合格,面板密实度没有问题,通过两台机械抹面的平整度也很好;欧美国家多用于高速公路铺筑施工</td></tr>
<tr><td>国内</td><td>我国采用轨道摊铺机施工时,仅有上述摊铺链机中的一节,即第 7 个环节的机械(通过改进后,加装机前布料螺旋或左右分料的刮板)。从对比上述多台摊铺列车(链机)作业的工艺流程可见,仅用 1 台轨道摊铺机是做不出密实高等级公路水泥混凝土路面的。国外分两次两层振捣密实。轨道摊铺机最大的问题是所使用的振捣棒虽然也是 50 ~ 80cm 间距排列,但所用振捣棒的振动加速度和振捣烈度不足,所以极限摊铺厚度不超过 20cm。轨道摊铺机在施工过程中,其底板也有较轻的挤压成型作用,但其用于挤压的力量小,整机质量不足 10t,挤压力只有几十千牛。国内外使用的轨道摊铺机还需要专门的抹面机械进行辅助,人工是抹不出高速公路需要的平整表面的。
由此,轨道摊铺机施工高速公路,必须如上述工艺所示,配备齐全摊铺列车的所有机械方可。而配齐摊铺列车,至少有 7 个机械设备,设备过多。施工中一台有故障,全部列车瘫痪,而且施工干扰过大,相互影响,协同作业要求很高,施工效率不高,人工用得也多,施工费用高,对人员素质要求相对较高。
在只用一台轨道摊铺机条件下,只适宜施工一级以下公路的路面工程。原因是其面板密实度和平整度都远远达不到铺筑高速公路的质量要求。这一点,世界上的发达国家和中等发达国家都有共识。德国的轨道摊铺机主要出口到发展中国家,在欧洲和北美都不使用</td></tr>
</table>

15.7.2 机械选型与配套

机械选型与配套 表 15-33

项目	说明及简图
铺筑机械组合	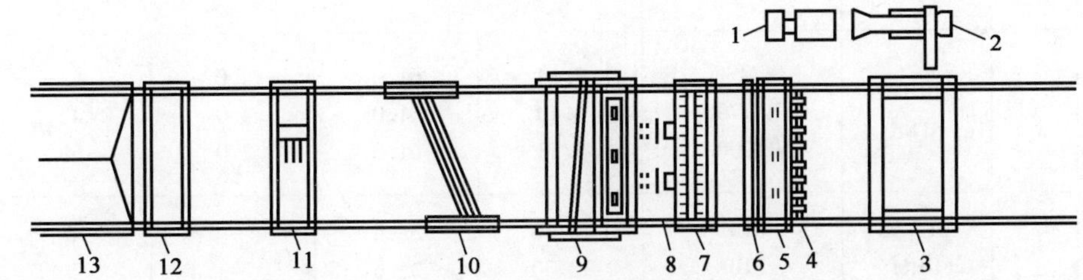 1-尾卸式货车;2-侧向进料器;3-箱斗式摊铺机;4-刮平浆叶;5-振动梁;6-修整梁;7-横缝传力杆安置机;8-纵缝拉杆安置机;9-振实－修整机;10-斜向整平梁(最后修整);11-纹理制作机;12-养生剂喷洒器;13-罩棚
机械选型的一般原则	(1)首先选定主导机械,然后根据主导机械的技术性能和生产率选配配合及配套机械; (2)整套机械的主要技术能得以最大限度的发挥; (3)在工艺条件容许的情况下,尽可能采用重型机械,尽量减少整套机械的数量; (4)根据平均技术经济指标选型,机械质量可靠,操作维修方便

轨道摊铺机的基本技术参数表

项目	发动机功率(kW)	最大摊铺宽度(m)	摊铺厚度(mm)	摊铺速度(m/min)	整机质量(t)
三车道轨道摊铺机	33 ~ 45	11.75 ~ 18.3	250 ~ 600	1 ~ 3	13 ~ 38
双车道轨道摊铺机	15 ~ 33	7.5 ~ 9.0	250 ~ 600	1 ~ 3	7 ~ 13
单车道轨道摊铺机	8 ~ 22	3.5 ~ 4.5	250 ~ 450	1 ~ 4	≤7

配合配套机械选型

系统	以 VÖGELE 机型为主导机械时	以 C-45X 机型为主导机械时
前方系统	纵向修面机 1 台,插入式振捣器 2 只,养护剂喷洒器 2 台,纹理制作机 1 台,调速调厚切缝机 2 台,填缝料灌入机 2 台,养护用洒水车 1 辆,移动电话 1 部	刮板式匀料机 1 台,养护剂喷洒器 2 台,纹理制作机 1 台,调速调厚切缝机 2 台,填缝料灌入机 2 台,养护用洒水车 1 辆,移动电话 1 部
后方系统	装载机(ZL30、ZL40)2 台,翻斗车(1t)6 ~ 8 台,集料箱 1 ~ 2 台,地磅 1 ~ 2 台,供水泵(3.5kW)1 台,计量水泵,移动电话 1 部,外掺剂储存罐 1 台	装载机 1 ~ 2 台,散装水泥泵车 2 台,供水泵 1 台,计量水泵,移动电话 1 部,外掺剂储存罐 1 台

主要技术参数

国别	公司	型号	最大摊铺宽度(m)	最大摊铺厚度(cm)	最高摊铺速度(m/min)	功率(kW)	质量(t)
德国	ABG	BV590NASS12 TITAN410S NAS512	12.00 12.00	45.0 45.0	2.5 3.0	32.48 32.88	13 ~ 38 13 ~ 15
	VÖGELE	J S	4.50 9.00	30.0 40.0	— —	14 25	6 10

续上表

项　目	国别	公司	型号	最大摊铺宽度(m)	最大摊铺厚度(cm)	最高摊铺速度(m/min)	功率(kW)	质量(t)
主要技术参数	美国	CURBMASTER	CMSF	9.14	61.0	4.0	82	11
			PA1700	6.40	61.0	4.0	42	6
			PA2000	8.53	61.0	2.0	69	8
		METAL FORMS	SUP	18.30	35.6	—	6	—
			SUP	18.30	35.6	—	3	—
		GOMACO	C-450X	9.00	—	3.87	32	2.3

搅拌机械与摊铺成型机械的配套

当摊铺成型机械选定后，可根据机械的有关参数和施工中的具体情况计算出摊铺成型机械的生产率；搅拌机械与之配套，就是在保证摊铺成型机械生产率充分发挥的前提下，使搅拌机械的生产率也得到正常发挥，并在施工中保持均衡、协调一致。摊铺成型机械的生产率按下式计算。

计算公式	说明
$\eta = bhkv$	式中：η——摊铺的生产率(m^3/h)； b——路面铺筑宽度(m)； h——路面铺筑厚度(m)； k——混凝土压实系数； v——摊铺机的工作速度(m/h)

主要机械配备应用举例（一个工程）

工作内容	主要施工机械配置		
	机械名称	主要机型及规格	数量
混凝土拌和	双卧轴强制拌和机	JW500 JW1000	2～4 台
	自动控制配料设备	电子秤、皮带秤及输送设备	1～2 套
	装载机	ZL40 ZL30	1～2 台
	计量水泵	计量精度 0.1kg	1～2 台
	移动式发电机	120kW	1～2 台
混凝土运输	拌和输送车	6m	按需要定
	自卸汽车	5t 解放、东风，8t 黄河	按需要定
混凝土浇筑	轨道式摊铺机	C-450X、VÖGELE J 型、S 型	1～2 套
	纹理制作机	制作纹理深度 1～2mm	1～2 台
	切缝机	可调厚调整最大切深 8cm	1～2 台
	填缝料灌入机	可灌胀缝和缩缝	1～2 台
	移动电话	20kW	1～2 部
混凝土路面养生	养护剂喷洒机	306 喷雾器、压力式喷洒机	1～2 台
	农用薄膜	0.03mm	按需要定
	洒水车	4～5t 解放	1～2 台

15.7.3 摊铺工艺流程及施工要点

轨道摊铺机工艺流程及施工要点 表 15-34

<table>
<tr><th>项目</th><th>施工要点和注意事项</th></tr>
<tr><td>工艺流程图</td><td>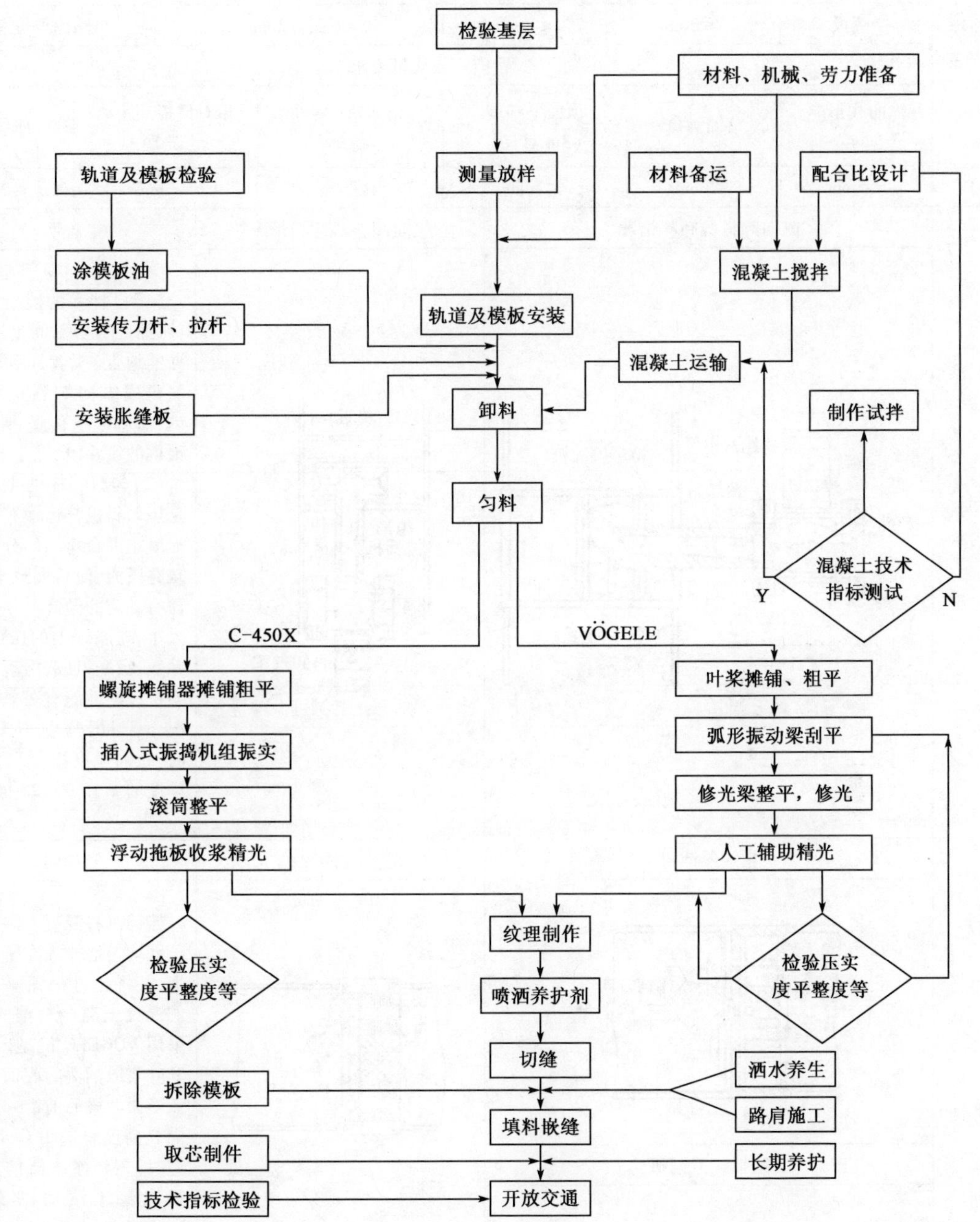
</td></tr>
<tr><td>轨模安装</td><td>轨道和模板的安装精度直接影响轨道式摊铺机的施工质量和施工进度，安装前应先对轨道及模板的有关质量指标进行检查和校正，安装中要用水准仪、经纬仪、皮尺等定出路面高程和线形，每 5 ~ 10m 为一点，用挂线法将铺筑线形和高程固定下来，并以此为依据进行安装，其有关质量要求如下</td></tr>
</table>

续上表

项目	施工要点和注意事项
轨模安装	轨模的质量要求；轨模安装质量要求（见下表）

轨模的质量要求

项目	纵向变形	局部变形	最大不平度(3m 直尺)	高度
轨道	≤5mm	≤3mm	顶面≤1mm	按机械要求
模板	≤3mm	≤2mm	顶面≤2mm	与路面厚度相同

轨模安装质量要求

纵向线形顺直度	顶面高度	顶面平整度(3m 直尺)	相邻轨、板间高差	相对模板间距离误差	垂直度
≤5mm	≤3mm	≤2mm	≤1mm	≤3mm	≤2mm

项目	侧向卸料机卸料情况	纵向卸料机卸料情况	说明
卸料匀料	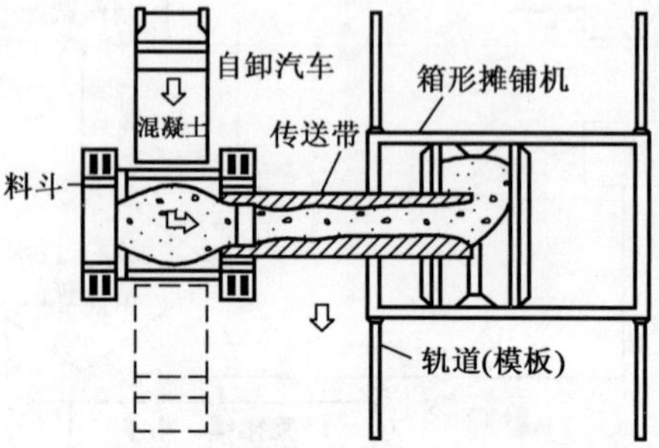	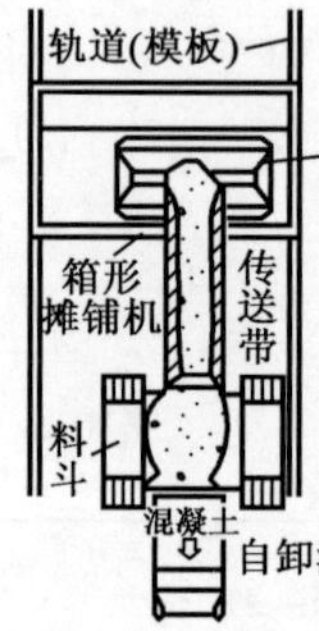	(1)已拌和的混凝土混合料运到工地后，可直接卸在摊铺地点，或者卸到侧向卸料机或纵向卸料机的料斗内，而后由电传送带送入摊铺机的箱斗内，见左图。 (2)匀料工序的主要任务是用匀料机将运输车卸下的混凝土混合料均匀分布在铺筑路段内，使其大致平整，并留有一定的抛高。预留抛高大小，与混凝土的压(振)实系数、级配组成、坍落度及振实机械的性能有关。一般情况下，当坍落度为 1～5cm 时，松铺厚度按振实后路面厚度的 1.15～1.25 倍控制

项目	箱式摊铺机 / 刮板式摊铺机	螺旋式摊铺机	说明
摊铺	箱式摊铺机：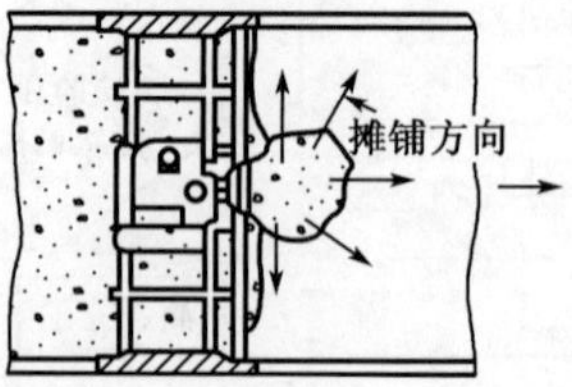 刮板式摊铺机：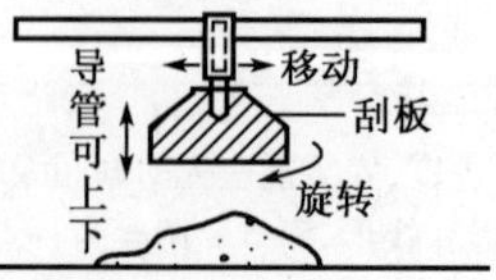	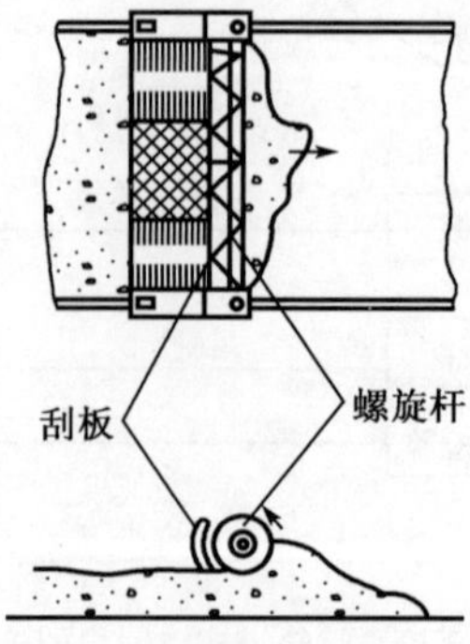	摊铺机将混凝土混合料连续而均匀地摊铺在整个宽度上，并将超过松铺厚度所需的混凝土混合料推向前方。采用 VÖGELE 机型时，要使其叶桨摊铺器的底面调节到弧形振动梁的前沿并保持在同一高度。采用 C-450X 机型时，螺旋摊铺器的旋转直径比整平滚筒的直径小 3cm，已经考虑了部分抛高，调节的范围较小，施工中，摊铺器前必须保持一定高度的拥料，拥料高度以 5～15cm 较为合适

续上表

<table>
<tr><th>项目</th><th colspan="6">施工要点和注意事项</th></tr>
<tr><td>振实</td><td colspan="6">本工序是路面内在质量的关键。用插入式振捣机组或弧形振动梁对摊铺整平后的混凝土混合料进行振捣密实、均匀，使混凝土路面获得尽可能高的强度。当坍落度小于 2cm 时，需用插入式振捣器对边部进行预振才能保证混凝土的密实和均匀性。振实机械的工作速度对振实效果也有影响，当坍落度为 2 ~ 3cm 时，德国 VÖGELE 机型振实机的工作速度为 0.3m/min 比较适合，随着坍落度的增减，工作速度可适当加快或减慢。国产 C-450X 机型改进后的插入式振动机组，振实效果好，对坍落度的适用范围较宽，但在设置钢筋的部位振捣时需特别小心，施工中应根据传力杆、拉杆的位置情况准确地将部分振捣器提起或放下，并辅以平板振捣器振实</td></tr>
<tr><td>整平</td><td colspan="6">整平操作时，应使整平机械前的拥料涌向路面横坡高的一侧，以保证有足够的混凝土来找平，采用 VÖGELE 机型整平时，要注意随时清除因修光梁的往复运行所推到路面边沿的粗集料，以保证整平效果和机械的正常行驶</td></tr>
<tr><td>精光</td><td colspan="6">国产 C-450X 机型由于整机采用三点式整平原理和较为完善的修光配套机械，足以保证本工序的施工质量。VÖGELE 机型的精光工作由人工辅助完成，施工中应加强施工质量的检查、校核，才能保证精光的施工质量</td></tr>
<tr><td>纹理制作</td><td colspan="6">用纹理制作机对路表进行拉槽或压纹，使之具有一定的粗糙度，纹理平均深度控制在 1 ~ 2mm 以内</td></tr>
<tr><td>喷洒养护剂</td><td colspan="6">喷洒时可采用容量为 30L 左右的肩背式喷雾器喷洒，一般用量为 0.33kg/m^2 左右</td></tr>
<tr><td>切缝</td><td colspan="6">适宜的切缝时间是施工温度与施工后时间的乘积，为 200 ~ 300 个温度小时或混凝土的抗压强度达到 8 ~ 10MPa</td></tr>
<tr><td>轨道及模板的拆除</td><td colspan="6">在混凝土水灰比不超过 0.5 的条件下，适宜的拆模时间为 400 ~ 500 个温度小时或抗压强度达到 10.0 ~ 12.0MPa</td></tr>
<tr><td rowspan="4">主要的控制、检查项目和指标</td><td>检查项目</td><td>密实度</td><td>纵缝顺直度</td><td>板边垂直度</td><td>纵向平整度</td><td>横向平整度</td></tr>
<tr><td>施工控制指标</td><td>≤20%</td><td>≤5mm</td><td>≤2mm</td><td>≤2mm</td><td>≤2mm</td></tr>
<tr><td>检查项目</td><td>横坡度</td><td>邻板高差</td><td>板厚度</td><td>板宽度</td><td>高程</td></tr>
<tr><td>施工控制指标</td><td>≤0.1%</td><td>≤2mm</td><td>≤5mm</td><td>≤5mm</td><td>≤5mm</td></tr>
</table>

15.8　滑模摊铺机铺筑水泥混凝土路面

15.8.1 基本状况

基 本 状 况　表 15-35

<table>
<tr><th>项　目</th><th>基本状况的简介与说明</th></tr>
<tr><td>基本技术特点</td><td>水泥混凝土路面滑模施工是一种采用滑模摊铺机摊铺水泥混凝土路面的施工工艺方式，其特征是不架设边缘固定模板，将布料、松方控制、高频振捣棒组、挤压成型滑动模板、拉杆插入、抹面等机构安装在一台可自行的机械上，通过基准线控制，能够一遍摊铺出密实度高、动态平整度优良、外观几何形状准确的水泥混凝土路面。
滑模摊铺机铺筑水泥混凝土路面的基本技术特点如下：
(1)滑模式摊铺机不需要另设轨道，结构紧凑，没有模板及其损耗，无需架设模板的人力、物力及施工配套机具，施工作业效率高，施工速度快，生产率高，可大大缓解水泥混凝土路面施工点多线长、施工周期长、出现阻塞交通等问题。</td></tr>
</table>

续上表

项　目	基本状况的简介与说明
基本技术特点	滑模摊铺速度快,国内目前日施工最快速度可达到铺8.5m宽,26cm厚的路面,1.8km,即15 300m^2。在正常机械配套的情况下,可施工1 000m以上,即8 500m^2,考虑天气及设备故障的影响,每月可完成10km双幅8m宽的高速公路路面,平均日施工速度700~800m。 滑模摊铺需要的辅助生产劳动力比其他施工方式少得多,劳动强度小,劳动生产率相当高。在日施工1 000m、宽度8m路面时,全系统所有人员需100人左右,同样数量的人员如人工施工,最多可施工100~200m。滑模摊铺是人工施工劳动生产率的5~10倍,特别适应于工期很紧的高速公路快速建设。 (2)由于滑模摊铺需要的混凝土拌和物供应能力很强大,必须使用数座50~250m^3/h大型混凝土搅拌楼。大型搅拌楼的计量精度和自动化程度较高,混凝土配料精度和均匀稳定性大大提高,保证了混凝土拌和物配合比精度。 (3)滑模摊铺机的自动化程度高,有自动防差错系统、自动故障警报系统、自动学习系统、自动设置路线弯道参数等高技术计算机操作系统,并能通过互联网与生产厂家计算机以及世界上施工的同类机械交换施工数据、积累经验。滑模摊铺机是先进的、最新高技术的机电一体化、现代化的摊铺系统,是目前筑路机械设备中高新技术应用最充分、最及时的先进路面施工装备之一。国际上有人称滑模摊铺机为"Robot machine",意为自动机器人式的机械。 例如采用技术先进的电液控制系统全液压传动,自动化程度高,可实现无级调速;对自动转向系统采用传感器检测信号,电液控制或液压控制系统控制转向,保证行驶的直线性和弯道的平滑,可大大提高摊铺施工的速度和质量,操作方便,机动灵活;采用基准线引导,自动行走,机器运动的轨迹与摊铺厚度的控制通过与基准线相接触的2~4组高灵敏度传感器检测,机械本身的各种运动全部采用液压传动,所摊铺的水泥混凝土路面的几何尺寸精度非常高,能高标准保证路面纵横坡度及平整度等指标要求。 总之,全部摊铺过程都由机械按设定的参数自动完成,对水泥混凝土的振动、捣实、提浆、抹光等工艺过程按施工要求完成。频率可调的振动棒和捣实板不仅能保证水泥混凝土充分密实,而且可以通过控制提浆厚度来达到理想的耐磨效果,使路面有更长的使用寿命。 (4)滑模摊铺水泥混凝土路面的配合比设计应当满足弯拉强度、工作性、耐久性和经济性四项基本要求。其中,保证滑模施工的最佳工作性及其稳定性和可滑性是其独特工艺要求。 工作性是指混凝土拌和物在浇筑、振捣、挤压成型、抹平等一系列操作过程中,易于流动、塑形、抹面、达到稳定和密实的程度。它是拌和物流动性、可塑性、稳定性和易密性的综合体现。 可滑性是指在滑模摊铺机各工作机构参数设定正确时,滑动摊铺出的混凝土路面表面平滑、尺寸稳定,不粗涩、不麻面、不拉裂,边缘不塌边、不溜肩,混凝土拌和物适宜滑模摊铺的性能。 (5)滑模摊铺机有密集排列(间距40~50cm)均匀配置的振捣棒,振动烈度高、振动加速度大。其振动频率为11 000~12 000次/min。由于振捣烈度和振动加速度是振动频率的平方关系,其振动烈度和振动加速度是普通振捣棒3 000次/min的10倍以上,所以,滑模摊铺机可施工密实的混凝土板厚达40~50cm。这样高的振动烈度对水泥的活性有很大的激发作用,可以将水泥遇水初期形成的包裹层打开,使水泥的水化反应程度加深。通过对滑模摊铺混凝土路面板上切割的小梁实测,结果表明,滑模摊铺机施工的水泥混凝土路面板的抗弯拉强度不仅比人工用手持振捣棒高10%~15%,而且比用振动台成型的标准小梁抗弯拉强度高10%左右。 (6)滑模摊铺机吨位大,自重30~60t,视设置的前仰角和进料圆弧的大小,有自重50%~70%的挤压力作用于振捣过的混凝土路面上,由于具备强大的挤压成型和进一步密实的作用,因而滑模摊铺施工水泥混凝土路面,外形规矩,密实度高,抗弯拉强度的保证率高。 (7)滑模摊铺机配备有3.6m长的自动抹平板(及全断面振动搓平梁),起到了修复、提浆、整平、抹面的作用,使平整度大大提高。目前,国内外水泥混凝土路面施工平整度最高的是滑模摊铺方式。国内最好的混凝土路面静态平整度100%≤3mm;87km长4个车道总体动态平整度达到了$\delta \leq 0.92$(国际平整度指数IRI≤1.53),局部6km路段达到$\delta = 0.42 \sim 0.46$;IRI=0.7~0.75的高指标。这是其他任何施工方式都做不到的。 (8)滑模施工中路面只能一次成型,不能退回补救施工,因而对施工工序、工艺参数及混凝土的原材料质量、水泥混凝土配合比、搅拌质量和水灰比等要求比较严格,这样才能确保高等级路面的施工质量。 (9)滑模摊铺与能够反复作路面的其他施工方式相比,在大风天气更容易出现塑性收缩开裂。需要严格把握防止塑性收缩开裂的施工技术,认真对待。这个问题可采用二次抹面机械加以解决,抹面后路面较硬,应采用钢丝刷制作微观抗滑构造,并使用硬刻槽机制作宏观抗滑构造

续上表

项　目		基本状况的简介与说明
实施概况	国外	目前,国际上建设高质量高速公路水泥混凝土路面的主要施工机械是滑模摊铺成套设备。在设备条件受限制的条件下,容许采用轨道摊铺列车多台机械施工高速公路。原则上,高速公路的水泥混凝土路面不得采用人工和小型机具施工方式
	国内	在我国有两种滑模摊铺机械系统的配置方式: 一种是投资较少的轻型机械配置方式,主要工作由机械完成,辅助工作由人工和小型机具完成,摊铺现场配置大型滑模摊铺机和出料足够的大型混凝土搅拌楼,并租用车辆运送混凝土,由挖掘机布料,不配置布料机和拉毛养生机,拉毛、锯缝和养生由人工完成,我国大部分滑模摊铺水泥混凝土路面施工均采用这种形式。实践证明,这样的机械配置也能铺筑成功质量很好的水泥混凝土路面。平均日施工 8m 的混凝土路面 1 000m 左右。当系统正常,施工很快且顺利时,最快也能达到 1 800m。 另一种是重型链式机械配置方式,在大型滑模摊铺机前后配置布料机和拉毛养生机,并配置大型支架式多锯片锯缝机。后台配置足够的大型混凝土搅拌楼,大型水泥储仓、拆包和水泥入罐设备,同时配备 20t 大型和 60t 超大型混凝土运输车辆,一车运送 8 ~ 24m^3 混凝土,实现施工的全部机械化和快速化,包括桥面的滑模摊铺,全部采用机械来完成。这样,重型机械的配置系统、机械设备投资较大,但是,它不仅可以完成全部路面摊铺和桥面铺装,而且可以进行钢筋混凝土路面的施工,其施工速度快,日平均滑模摊铺 8m 宽的混凝土路面 700m,即 5 600m^2,最快日施工进度超过 1 280m,施工路面和桥面铺装 10 000m^2。 在决定滑模摊铺水泥混凝土路面施工装备采用上述哪种配置时,主要取决于路面里程、施工规模、施工工期要求的紧迫程度,以及设备的投资量等。通过滑模摊铺与人工小型机具施工的水泥混凝土路面经济分析证明:滑模摊铺水泥混凝土路面的最小经济合理的规模是 10km 以上高速公路,否则是不经济的

15.8.2 机械选型与配套

机械选型与配套　　表 15-36

项　目	内容与说明
滑模摊铺机作业过程	滑模式摊铺机的作业过程如下图所示(以美国 CMI 公司生产的 SF 系列产品为例): (1)螺旋布料器将自卸车或水泥混凝土搅拌车卸在路基上的水泥混凝土横向均匀地摊铺开; (2)由一级进料计量装置刮平板初步刮平混凝土,将多余的混合料往前推移; (3)用内部振捣器对混合料进行初步振实、捣固; (4)用外振捣器再次振实,并将外露大粒径集料强制压入; (5)由二级进料计量器进料控制板(在成型盘前)再次刮平混合料,并控制进入成型盘的混凝土的数量; (6)用成型盘对捣实后的混凝土进行挤压成型; (7)利用定型盘对铺层进行平整、定型和修边。 完成上述第 5 ~ 7 工序的摊铺装置,由进料控制板(或称虚方控制板)、成型盘、超铺板和浮动盘、拖布等组成。 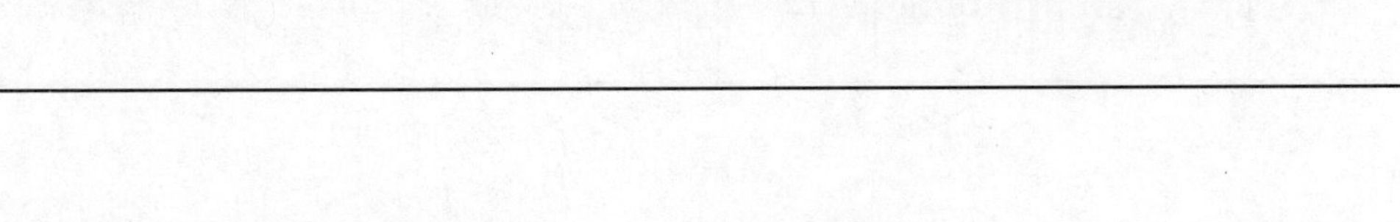 1-螺旋摊铺器;2-刮平板;3-内部振捣器;4-外振捣器;5-进料控制板、成型盘和侧板;6-定型盘和侧板

续上表

项目	内容与说明
滑模摊铺机作业过程	虚方控制板也称进料控制板,用来控制进入成型盘的振实后的混凝土的数量,进料过多或过少都将影响摊铺质量。 成型盘是将捣实后的混凝土进行挤压,并使铺层形成要求的路面断面形状的装置,成型模板通过路拱调节装置可按设计要求调整中央路拱。在弯道上作业时,也可调整单边坡,具体步骤是通过液压装置改变路面模板一侧的拱度,使中央路拱逐渐消失,直至成为单边坡。驶出弯道后驾驶员通过液压控制再将路拱恢复到原设定值,以满足施工要求。 超铺板的作用是防止混凝土因坍落度稍大而坍边,从而保证施工的质量。 侧模板的主要作用:一是摊铺机作业时使边线两侧挤压成型;二是和超铺板一起作用减少边缘坍落。 在成型模板的后端还带有一块刚性结构的弹性悬挂浮动盘。它不振动,用来对混凝土路面进行较小的第二次平整。这一浮动盘与两侧的浮动模板,就构成定型盘。 在浮动盘内侧,设有机械传力杆置放机。传力杆打进去后,随着摊铺机的前进,传力杆自动脱模。传力杆间距大小的设置由施工设计决定。传力杆可以两边同时打入,也可单边打入。 拖布装在浮动模板后面,主要作用是消除气泡,形成路面的粗糙度。 总之,摊铺时,倒在机器前方的混合料由螺旋布料器均匀地摊铺在基层上,随着机器的前进,由刮平板计量出进入内部振捣器的混凝土量,余料被推向前方。经内部振捣器高频振捣,排除铺层内部间隙和空气,再经过外部振捣器上下振实,强制外露集料下沉,从而填平压实铺层,表面只留下砂浆。接着由进料控制板、成型盘和侧模板进行第二次计量和压实成型。最后由定形盘和侧模板整平抹光,完成路面铺筑

项目	国家厂家	型号	功率(kW)	摊铺宽度(m)	摊铺厚度(cm)	摊铺速度(m/min)	行驶速度(m/min)	自重(t)	履带数(个)
我国使用的滑模摊铺机主要类型及其技术参数	德国 WRTGEN	SP1600	300	5 ~ 16	50	0 ~ 5	0 ~ 25	57 ~ 135	4
		SP850	149	2.5 ~ 9.0	50	0 ~ 5	0 ~ 29	29 ~ 44	4
		SP500	133	3 ~ 6	50 ~ 190	0 ~ 5	0 ~ 15	12 ~ 27	3 ~ 4
	美国 CMI	SF350	186	3.6 ~ 9.7	45.7	0 ~ 5	0 ~ 15	31.7 ~ 49.8	2 ~ 4
		SF450	216	3.7 ~ 11.6	45.7	0 ~ 5	0 ~ 15	44.4 ~ 58.9	4
		SF450B	325	3.6 ~ 12.5	45.7	0 ~ 4	0 ~ 15	55 ~ 166	4
	美国 GOMACO	GP2000	145	3.6 ~ 7.6	35	0 ~ 2	0 ~ 29	15.4	2
		GHP2800	186、242	3.6 ~ 9.7	51	0 ~ 3	0 ~ 37	31 ~ 38	2 ~ 4
	美国 CURBMASIER	3200SF	152	3.6 ~ 8.2	32	0 ~ 4	0 ~ 9	21	2
	中国西安红旗机械厂	HTH7500	180	4 ~ 9.7	40	0 ~ 3	0 ~ 9	35	2
	中国镇江路面机械总厂	1220	123	4 ~ 9.7	45	0 ~ 5	0 ~ 9	21	2
	中国郴州筑机厂	HTH750	120	3 ~ 6	32	0 ~ 3	0 ~ 9	17	2

续上表

项　目	内容与说明
滑模摊铺机选型	我国高等级公路水泥混凝土路面机械施工的滑模摊铺机，从摊铺宽度及施工规模上可分为两类：一类是可一次摊铺2～3个车道7.5～12.5m宽的大型滑模摊铺机；另一类是多功能小型滑模摊铺机，一次摊铺混凝土路面宽度4～6m，并可同时摊铺路肩及紧急停车带，变换模具后，可摊铺路缘石、边沟、桥栏杆、防撞护栏及中央分隔带等。 1. 大型滑模摊铺机 根据我国高等级公路的设计宽度、施工装备和混凝土混合料的供应能力，推荐采用可一次摊铺两个车道的大型滑模摊铺机，这样能较好地解决搅拌供料能力、施工速度和纵缝衔接平整度等问题。大型滑模摊铺机目前国内仅镇江筑路机械厂一家引进美国技术生产，最大摊铺宽度9m。目前，国内各施工单位使用的大型滑模摊铺机基本依赖进口。按上节所述的工艺原理，大型滑模摊铺机的施工作业除了应满足上述单机工艺原理和要求外，还应具备如下特点： (1)吨位要大，总吨位应在30t以上，以利于增大挤压力和挤压成型效果。 (2)有两个和四个履带可供选择时，一般选择四履带及较长的两履带机械，以提高机械的施工平稳性、平整度及增大履带附着力。 (3)必须配备侧向和中间拉杆插入配件，以满足纵缝拉杆的施工要求。 (4)应配置自动抹平板装置，以提高路面平整度及外观质量。 从我国近年来进口的摊铺宽度9m左右的大型滑模摊铺机的使用情况来看，使用较好的是德国Wirtgen公司的SP850型、美国CMI公司的SF350和SF450型、美国GOMACO公司的GHP2800型等产品。目前选购一台摊铺宽度9m左右的进口高档上述型号的滑模摊铺机，大致需要60万美元。 滑模摊铺机可按上列的基本技术参数选择。滑模摊铺机应配备螺旋或刮板布料器、松方高度控制板、振动排气仓、夯实杆或振动搓平梁、自动抹平板、侧向打拉杆及同时摊铺双车道的中部打拉杆装置。在超重轴载的路面上要求全部缩缝插入传力杆时，还应配备传力杆自动插入的DBI装置。需要夜间施工时，滑模摊铺机应该配备照明设备。 自动传力杆插入装置(DBI)主要是为了适应在特重交通条件下，所有缩缝都带传力杆的混凝土路面施工这一要求而在20世纪80年代专门开发设计的专用部件。它是一个与路面同宽、大型的自动摆放、振动插入传力杆的自动机械手，要在滑模摊铺机的挤压成型底板或后插式拉杆装置与振动搓平梁之间安装一节专门装置。 全部缩缝均插传力杆的水泥混凝土路面结构形式，可增强路面的整体性和抵抗错台，减小温度湿度翘曲变形，延长路面的使用寿命以及行车舒适性。其施工，在国际上有三种做法： (1)在滑模摊铺机上配备DBI自动机械手备件插入传力杆。 (2)预先在基层上全部预制架好传力杆支架。在滑模摊铺机摊铺到近前，再安装到位。实践表明：这种方式虽有传力杆设置精度较高的优点，但出于有钢筋焊接台形传力杆支架，致使4～5条缩缝(缩缝断开没有问题)才能拉开一条，宽度加倍，要求第一个冬季应对宽缩缝重新填缝。 (3)人工采用专门机具，在摊铺过后的路面上插入。 第一种方法，在料稠度偏稀时，坍落度大于5cm有可能变位；第二种传力杆安装精度较高，一般需要配备可侧向卸料的布(上)料机械，否则影响摊铺速度，而且架立钢筋消耗较多。第三种传力杆的插入精度能够保证，但需要人工修复插入破损面，影响该部位的平整度。在滑模摊铺机上使用DBI时，从设置精度来看，摊铺混凝土坍落度较小时的插入精度高于坍落度较大时，也就是说德国Wirtgen的小坍落度施工工艺比美国较大坍落度施工工艺设计更优越一些。据了解，美国的一些州不容许使用DBl方式插入传力杆，而是在基层上预制。这与美国使用的滑模摊铺机要求较大坍落度、传力杆位置精度不足有直接关系。而在德国和欧洲其他国家，使用小坍落度摊铺，则传力杆精度有保证，DBI的使用没有问题，因此被提倡采用。 2. 小型(多功能)滑模摊铺机 上述国外大型滑模摊铺机各制造公司都有各自的小型多功能滑模摊铺机，如德国Wirtgen公司的SP500型，美国CMI公司的SF250型小型多功能滑模摊铺机。国内郴州筑路机械厂引进美国的设计与制造技术，已经生产出了小型多功能滑模摊铺机，并在湖南高速公路上使用证明效能尚好。 小型多功能滑模摊铺机的优势不仅能摊铺路面，还可摊铺路肩、路缘石、护栏、中央分割带等交通工程设施；在刚性和柔性路面上均可用其建造交通工程设施，在配置上应按我国交通工程设施的断面形式配备合适的滑动模具

续上表

项目	内容与说明				
	混凝土路面滑模摊铺主要机械和机具配套表				
	工作内容	主要施工机械设备			
		名称	机型及规程	数量	备注
滑模摊铺主要机械和机具配套	钢筋加工	钢筋裁断机	根据实际需要定	1台	
		钢筋折弯机或工作台	根据实际需要定	1~2台	
		电焊机	根据实际需要定	2~3台	
	测量拉线	水准仪	根据实际需要定	2~3个	
		经纬仪	根据实际需要定	1~2个	
		拉线及线桩	300个线桩	3 000m拉线	
	搅拌	强制式搅拌站	≥50(m³/h)	2~4台	
		装载机	2~3m³	2~4台	
		发电机	120kW	2~4台	
		供水泵或蓄水池	根据实际需要定	按实际需要配置	
	运输	搅拌运输车	4~6m³	按运距和施工规模定数量	
		自卸车	4~24m³		
	摊铺	滑模摊铺机	技术参数见本表前面内容	1台	
		布料设备	布料机、挖掘机或吊车、便桥板	各1台套	
		拉毛养生机	国产或进口	1台	
		人工拉毛齿耙、压板、行走板	自制	1~5件	
		手持振捣棒、整平梁、模板	人工施工接头	1套	
		软锯缝机	国产或进口	1~2台	
		常规锯缝机或支架锯缝机	国产	3~4台	
		水磨石磨机	国产	1台	处理欠平整部位用
		硬刻槽机	一次刻槽宽度不少于50cm	3台	
		移动发电机	12~60kW	2~4台	
		工作缝及胀缝支架	稳固固定传力杆	按需要定数量	
	灌缝养护	灌缝机	可灌胀缝、工作缝、缩缝	1~2台	
		喷洒机或喷雾器	压力式喷洒机或30L喷雾器	2~3个	
		工地运输车	4~6t	1~2辆	
		洒水车	4.5~8t	至少2~4辆	

15.8.3 施工工艺流程

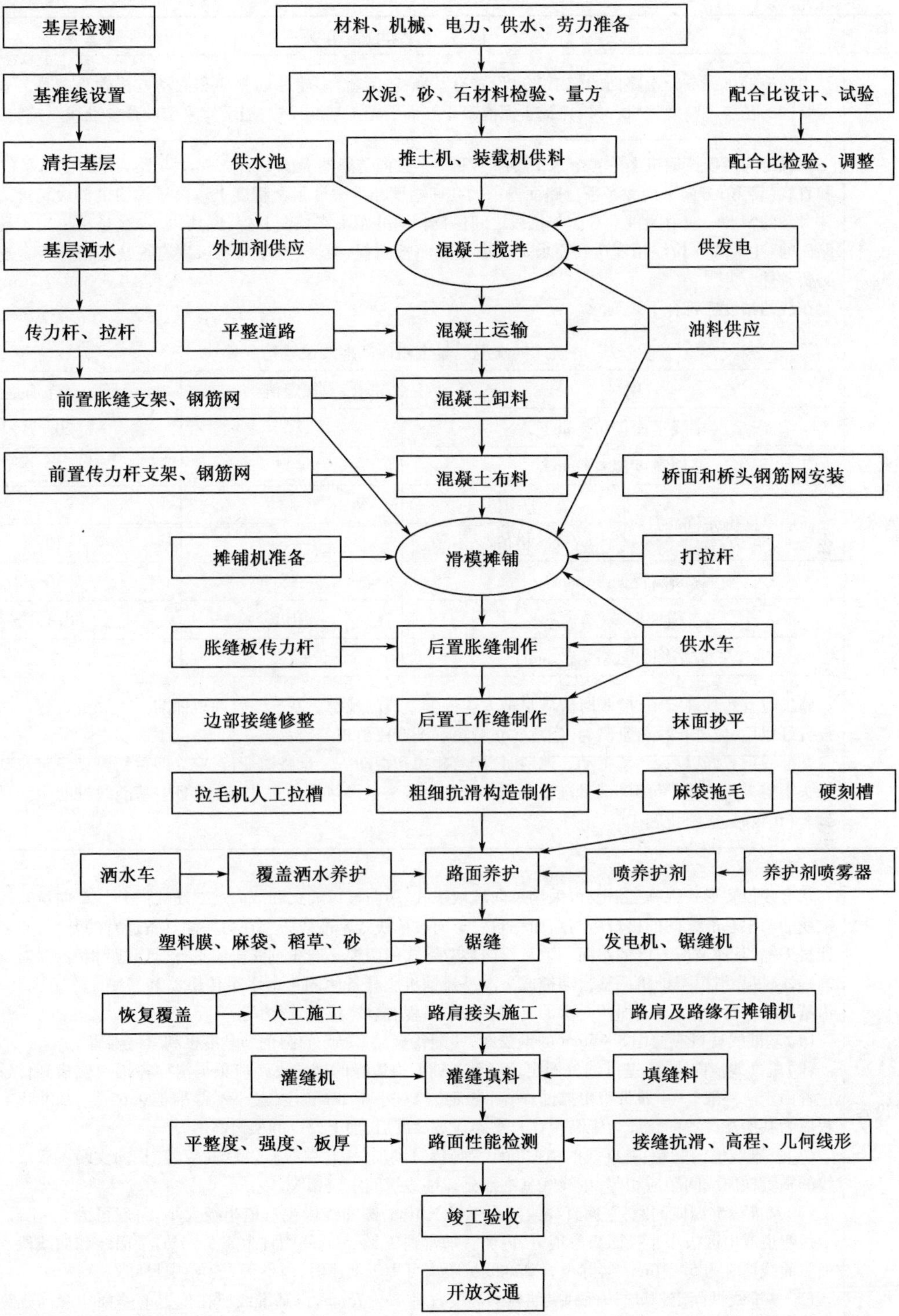

图 15-1 施工工艺流程图

15.8.4 施工基准线设置

施工基准线设置 表 15-37

<table>
<tr><th>项　目</th><th>内容、要求和注意事项</th></tr>
<tr><td>一般规定</td><td>滑模摊铺水泥混凝土路面的施工基准设置有基准线、滑靴、多轮移动支架和搬动方铝管等多种方式。根据我国的基层平整度现状,滑模摊铺水泥混凝土路面的施工基准设置,当前宜采用设置基准线—拉线方式</td></tr>
<tr><td>基准线设置的重要性和精度要求</td><td>拉线是为滑模摊铺机上的4个水平传感器和2个方向传感器提供一个精确的、与路面平行的水平(横坡)和直线(转弯)方向平面参考系。路面摊铺的几何精度和平整度很大程度上取决于拉线的测设精度。水平参考系的精度一般由测桩水平面与拉线之间保持相同的距离来控制和保证,所以,拉线是滑模施工混凝土路面的"生命线",拉线精度达到要求是保证摊铺面板高程、横坡、板厚、板宽、弯道等技术指标符合规范的必要条件。
拉线的精度应符合下表要求。
滑模摊铺水泥混凝土路面基准线设置精度要求
<table>
<tr><th colspan="2">项目</th><th>规定值</th><th>最大容许偏差</th></tr>
<tr><td colspan="2">中线平面偏位(mm)</td><td>10</td><td>20</td></tr>
<tr><td colspan="2">路面宽度偏差(mm)</td><td>+15</td><td>+20</td></tr>
<tr><td rowspan="2">面层厚度偏差(mm)</td><td>平均值</td><td>-3</td><td>-5</td></tr>
<tr><td>极值</td><td>-8</td><td>-10</td></tr>
<tr><td colspan="2">纵断高程偏差(mm)</td><td>±5</td><td>±10</td></tr>
<tr><td colspan="2">横坡偏差(%)</td><td>±0.10</td><td>±0.15</td></tr>
<tr><td colspan="2">左右幅连接纵缝高差(mm)</td><td>±1.5</td><td>±2</td></tr>
</table>
施工时宜达到规定值,验收时应满足最大容许偏差值的规定。基准线宜在摊铺前一天完成设置。基准线设置好以后,应进行校核复测,并注意防止弯道和渐变段出现差错。
基准线设置好以后,严禁扰动。摊铺时,严禁碰撞和振动。一旦碰撞变位,应立即重新测量设定。基准线接头不得大于1cm。每100m基准线不得多于2个接头。多风季节施工时,应缩小基准线桩间距。风力达到5~6级时,应停止施工</td></tr>
<tr><td>基准线设置形式</td><td>基准线设置形式视施工需要可采用单向坡双线式、单向坡单线式和双向坡双线式三种。单向坡双线式基准线的两根基准线间的横坡应与路面一致。单向坡单线式基准线必须在另一侧具备适宜的基准,路面横向连接摊铺,其横坡应与已铺路面一致。双向坡双线式的两根基准线直线段应平行,且间距相等,并对应路面高程,路拱靠滑模摊铺机调整自动铺成。滑模摊铺机应具备两侧4个水平传感器和一侧2个方向传感器,沿基准线滑行,摊铺出路面所要求的方向、平面、高程、横坡、板厚、弯道等。
(1)基准线材料应使用3~5mm的钢绞线,并配备直径12mm的圆钢筋基准桩和紧线器等。
(2)基准线横向支距:基准线桩固定位置到摊铺面板边缘的横向支距应根据滑模摊铺机侧模到传感器的位置而定。一般2~4履带跨中摊铺,两侧路面边缘宜小于1m宽度,最小不得小于0.65m。基准线上的高程应为其所在位置的路面边缘高程计入支距横坡高度后,加上设定的架设高度。
(3)基准线横向间距:基准线的横向间距为摊铺宽度加一侧(单线)或两侧(双线)横向支距。双线式基准线的垂直横向线间距应相等,单线式基准线到摊铺边缘间距应相等。
(4)基准线桩纵向间距:平面直线段应小于等于10m,圆曲线段视弯道半径大小,一般可为5~7m。在小半径弯道或山区极小半径回头弯道上,内侧宜加密到2.5~5m,外侧宜为3.5~7m;平面缓和曲线段和纵断面竖曲线段宜为5~10m。实际设置基准线桩距离可小于上述值,但不得大于给定尺寸。
(5)基准线桩固定:基层顶面到夹线臂的高度宜为45~75cm,自基准线所在位置的路面边缘高程算起的基准线统一架设高度宜为25~50cm。基准线桩夹线臂夹口到桩的水平距离宜为30cm,夹线臂到桩顶垂直距离宜为15cm,基准线桩应牢固打入基层15~25cm。当打入困难时,应采用电钻钻孔后再钉牢固。</td></tr>
</table>

续上表

项　目	内容、要求和注意事项
基准线设置形式	(6)基准线长度：一根基准线的最大长度不得大于450m。超过此长度并需要继续摊铺时，应续接基准线。续接方式应通过同一个过渡桩的夹线臂口平顺连接。 (7)基准线张紧：基准线两端应各设一个紧线器，并应偏置在基准线桩外侧30～50cm处。在第一根桩与紧线器之间，应设一根扯线桩，扯线桩的夹线臂应低于基准线桩夹线臂。扯线桩应钉牢固，不因弯道水平拉力而倾斜。基准线必须张紧，每侧基准线应施加大于等于1 000N的拉力。张紧后基准线上的垂度不应大于1.0mm，基准线应先张紧，再扣进夹线臂槽口。 (8)已铺路面上设置基准线：连接摊铺路面或悬臂式连接摊铺硬路肩路缘石时，在已铺路面上设置基准线，可采用20cm×20cm混凝土底座锚固基准线桩或使用角钢焊接基准线桩。设置时，每5m插入路面已切割的缩缝槽内，用木楔卡紧，在路面上基准线高度宜用15～30cm。 (9)中央路拱：大型双车道滑模摊铺机有固定抛物线或折线路拱两种设置。在有中央路拱的平曲线及缓和曲线路段，除应在基准线上准确反映所在位置(含超高)的高程外，在每个基准线桩处还应标示出摊铺拱中垂直高度，便于机手调整渐变路拱和横坡。 (10)最小弯道半径和最大纵坡：滑模摊铺机在山区公路上可施工带超高的最小弯道半径不应小于50m；带加长侧模板的滑模摊铺机可施工的最小弯道半径不应小于75m；否则，应使用其他方式摊铺。摊铺机满负荷施工的最大纵坡上坡宜为5%，下坡宜为6%；施工山区路面的极限纵坡为7%，如果大于7%，应缩窄摊铺，基准线桩桩距应加密到3.5～5m

15.8.5 滑模摊铺混凝土的搅拌与运输

(1)滑模摊铺混凝土的搅拌

滑模摊铺混凝土的搅拌 表15-38

项　目	内容、要求和注意事项
生产能力	滑模摊铺搅拌站配套的混凝土拌和生产能力按下式计算，水电供应应可靠，原材料应充足，最少不得少于当天施工用量。 $M=60Cbhv_t$ 式中：M——搅拌站所有混凝土搅拌楼的拌和总能力(m^3/h)； C——搅拌楼可靠性系数，取1.2～1.5，根据具体情况确定； b——滑模摊铺机的摊铺宽度(m)； h——水泥混凝土路面板厚度(m)； v_t——滑模摊铺机的摊铺速度(m/min)(≥1m/min)。 依据搅拌站所有混凝土搅拌楼的拌和总能力确定搅拌站的搅拌楼数量和型号。滑模施工，每台搅拌楼的最小生产能力不宜小于50m^3/h，搅拌楼数量应根据施工规模、搅拌设备的技术水平和可靠性等确定，一般不宜超过4台。可采用1台大产量搅拌楼或2～3台大中产量的搅拌楼配套。搅拌楼的规格和品牌尽可能统一。搅拌站应配备适量的推土机或装载机供应砂石料
搅拌站配置	搅拌楼应以强制双卧轴式或强制行星立轴式为主要机型，应优先选配间歇式搅拌楼，可使用连续式搅拌楼。连续式搅拌楼应配备两个搅拌锅或一个足够长度的搅拌锅，并应在搅拌锅上配备电视监控设备。每台搅拌楼应配备自动供料、称量、计量设备，砂含水率测量反馈控制装置，外加剂加入装置，计算机控制自动配料操作系统和数据打印设备。每台搅拌楼应配备3～4个砂石料仓，1～2个外加剂池。3～4个水泥及粉煤灰罐仓。使用袋装水泥时，还应配备水泥拆包、储存及输送设备

续上表

项 目	内容、要求和注意事项
滑模施工对混凝土拌和物工作性要求	(见下)

滑模施工对混凝土拌和物工作性要求

如表15-35所述,保证滑模施工的最佳工作性及其稳定性和可滑性是其独有的工艺要求。因此,在滑模施工的混凝土配合比设计中应注意:

(1)路面混凝土应振捣密实,不应产生蜂窝、麻面、拉裂和倒边现象。可通过限制混凝土拌和物最大振动黏度系数和最小坍落度予以保证。

(2)滑模摊铺后的混凝土面板边缘不应出现塌边、流角和溜肩现象,边部横向平整度和侧面垂直度保持良好。可通过限制混凝土拌和物的最大坍落度和最小振动黏度系数予以保证。

滑模摊铺机正常摊铺时,机前混凝土拌和物的最佳工作性及容许范围见下表。混凝土拌和物应稳定在最佳工作范围内,不得超出。

混凝土最佳工作性及容许范围

检测方法 / 界限	坍落度 SL(mm)		振动黏度系数 η [N/(m^2·s)]	摊铺速度 v_t(m/min)
	卵石混凝土	碎石混凝土		
最佳工作性	20~40	30~50	200~500	0.75~1.5
容许范围	10~50	20~70	100~600	0.5~3
稳定性	30±20	40±20	300±200	正常≤1.5~2

注:①该表适用于设置超铺角的滑模摊铺机。对于不设超铺角的滑模摊铺机,适宜的振动黏度系数为250~600N/(m^2·s),施工适宜的坍落度为20~40mm。

②新拌混凝土振动黏度系数的试验检测方法见《公路水泥混凝土路面施工技术细则》(JTG/T F30—2014)附录A

引气剂

高速公路水泥混凝土路面工程中,应规定使用引气剂,主要作用是改善和易性、减少泌水性、提供富浆平整的表面;提高抗弯拉强度,同时降低抗弯拉弹性模量,改善荷载和温湿度变形性能;提高抗渗性、抗冻(盐)性和耐候性;同时有减水作用。

引气剂所引的气泡与振捣不密实和木钙等所引气泡有本质的不同:引气剂所引的气泡尺寸非常小,直径在微米量级,是肉眼不可见的微小气泡,只有在光学显微镜下才能看到。一般来讲,引气剂对抗压强度有降低作用,而剂量合适、含气量适宜时,可提高抗弯拉强度10%~15%,因而是拌制高性能道路混凝土不可缺少的重要外加剂。

引气剂主要有三大系列:松香树脂皂角素类(文松树脂、松香皂、松香热聚物三贴皂甙),烷基磺酸盐类(烷基磺酸钠、烷基苯磺酸钠、烷基苯酚、聚氧乙烯醚、皂角素)和脂肪醇类(脂肪醇聚氧乙烯磺酸钠、脂肪醇聚氧乙烯醚、高级脂肪醇衍生物)等。目前国内外使用最普遍的是第一类。

混凝土路面规定应使用引气剂。引气剂不仅引气,而且具有普通减水剂的减水率,它可增大新拌混凝土的黏聚性,防止泌水离析,可提高混凝土的匀质性。此外,引气剂所引含气量增大了混凝土中水泥浆的体积,使滑模摊铺出的路面光滑密实、平整度高、外观规矩;适宜含气量的引气混凝土,抗弯拉强度提高10%~15%,降低了抗弯弹性模量,减小了干缩和温缩变形,提高了抗冻性和抗渗性,缓解了碱集料反应和化学侵蚀膨胀。因此改善了路面混凝土的耐候性,增强了耐久性,所以在滑模摊铺混凝土路面中必须使用引气剂。各级公路滑模摊铺路面混凝土应使用引气剂,视路面使用的环境要求(无抗冻、有抗冻、有抗盐冻要求三种环境),混凝土含气量应分别达到下表中的推荐值,并宜控制在其容许偏差范围内

路面混凝土适宜含气量推荐值(%)

最大粒径(mm)	水泥混凝土路面无抗冻要求	水泥混凝土路面有抗冻要求	水泥混凝土路面有抗盐冻要求
15	5±1	6±1	7±0.5
20	4.5±1	5.5±1	6.5±0.5
25	4±1	5±1	6±0.5
30	3±1	4.5±1	5±0.5

续上表

<table>
<tr><th>项 目</th><th colspan="8">内容、要求和注意事项</th></tr>
<tr><td rowspan="3">拌和计量精度</td><td colspan="8">搅拌楼的混凝土拌和计量精度要求</td></tr>
<tr><td>材料名称</td><td>水泥</td><td>掺合料</td><td>纤维</td><td>细集料</td><td>粗集料</td><td>水</td><td>外加剂</td></tr>
<tr><td>容许误差(%)</td><td>±1</td><td>±1</td><td>±2</td><td>±2</td><td>±2</td><td>±1</td><td>±1</td></tr>
<tr><td>最短搅拌时间</td><td colspan="8">应根据拌和物的黏聚性(熟化度)、均质性及强度稳定性由试拌确定最短搅拌时间。一般情况下,单立轴式搅拌机总拌和时间为80～120s;双卧轴式搅拌机总拌和时间为60～90s。上述两种搅拌机原材料到齐后的纯拌和最短时间分别不短于30s、35s,连续式(双锅)搅拌楼的最短搅拌时间不得短于40s,最长搅拌时间不宜超过高限值2倍。在保证拌和物质量的前提下,应科学编制搅拌计算机程序,合理压缩搅拌时间,以增加滑模混凝土的产量</td></tr>
</table>

(2)滑模摊铺混凝土的运输

滑模摊铺混凝土的运输 表15-39

<table>
<tr><th>项 目</th><th colspan="3">内容、要求和注意事项</th></tr>
<tr><td>运输车辆配置</td><td colspan="3">滑模摊铺系统配置的运输车数量,按下式计算:
$$N=2n\left(1+\frac{S\gamma_c m}{v_q g_q}\right)$$
式中:N——运输车辆总数(辆)(不同产量搅拌楼分别计算再计其和);
n——相同产量的搅拌楼台数;
S——单程运输距离(km);
γ_c——新拌混凝土的重度(kN/m^3);
m——一台搅拌楼的拌和能力(m^3/h);
v_q——车辆的运输平均速度(km/h);
g_q——汽车载质量能力(kN/辆)。
如果汽车装载质量不同,先按小吨位计算,在折合成大吨位的汽车数目。总运力应比总拌和能力略有富余</td></tr>
<tr><td>对车辆的要求</td><td colspan="3">应选配车况好、装载质量大的自卸车,远距离运输宜选配罐送车,也可选用其他滑模混凝土专用特种大型运输车辆。自卸车后挡板应关闭紧密,运输时不漏浆撒料,卸料时抬升角度应大于45°,车厢板应平整光滑。
混凝土拌和物从搅拌机出料到运输、摊铺完毕的容许最长时间应符合下表的规定,并宜短于拌和物初凝时间1h</td></tr>
<tr><td rowspan="7">运输时间要求</td><td colspan="3">混凝土拌和物运输、摊铺完毕容许最长时间(滑模、轨道摊铺)</td></tr>
<tr><td>施工气温(℃)</td><td>运输允许最长时间(h)</td><td>摊铺完毕容许最长时间(h)</td></tr>
<tr><td>5～9</td><td>1.5</td><td>2.5</td></tr>
<tr><td>10～19</td><td>1.25</td><td>2</td></tr>
<tr><td>20～29</td><td>1</td><td>1.5</td></tr>
<tr><td>30～35</td><td>0.75</td><td>1.25</td></tr>
<tr><td colspan="3">注:施工气温指日平均气温</td></tr>
<tr><td>运输技术要求</td><td colspan="3">(1)运送混凝土的车辆,在装料时,应防止混凝土离析,每装一盘料应挪动一下车位,卸料落差高度不得大于2m。驾驶员必须了解拌和物的运输、摊铺完毕的容许最长时间,超过摊铺容许最长时间的混凝土不得用于路面摊铺。混凝土一旦在车内停留超过初凝时间,应采取紧急措施处置,防止混凝土硬化在车厢内或车罐内。
(2)混凝土运输过程中要防止漏浆、漏料和污染路面。烈日、大风、雨天和冬季施工,应遮盖自卸车上的混凝土。运输车辆在每次装混凝土前,均应将车厢清洗干净并洒水湿润。
(3)使用翻斗车运输混凝土时,最大运输半径不宜超过20km,超过时,宜采用混凝土搅拌输送车</td></tr>
</table>

15.8.6 钢筋安装和混凝土布料

钢筋安装和混凝土布料 表15-40

项目	内容、要求和注意事项
布料设备	滑模摊铺素混凝土路面时,可配备一台轮式挖掘机或装载机辅助布料。滑模连续摊铺通过前置式胀缝、缩缝传力杆支架,钢筋混凝土路面、桥面和桥头搭板时,严禁大型机械直接压钢筋网及其支架,必须配备适宜的布料机械。可因地制宜地选配如下布料机械: (1)配备侧向上料的布料机。 (2)配备带侧向上料机构的滑模摊铺机。 (3)挖掘机加料斗布料。 (4)吊车加短便桥板凳布料。 (5)吊车加料斗起吊布料。 (6)混凝土罐车和汽车泵泵送布料
钢筋安装技术要求	滑模摊铺钢筋混凝土路面、桥面、双层钢筋网桥头搭板及连接胀缝支架,在使用上述某种方式布料时,钢筋网和支架刚度均必须焊接加强。 (1)单层钢筋混凝土路面钢筋网应有4~6根/m^2焊接支架钢筋。 (2)在铺装桥面钢筋网之前,应先焊接梁之间的横向连接钢筋,并不应少于3根/延米,后安装锚固钢筋,再将钢筋网与锚固钢筋焊接,数量应为4~6根/m^2。层间剪应力大处(如梁端)取大值,剪应力小处(如跨中)可取小值。 (3)桥头搭板或通道上部双层钢筋网,不应少于4~6根/m^2焊接环形箍筋。 (4)搭板端部钢筋必须与胀缝钢筋支架相焊接,焊接点不应少于4个/m。 (5)钢筋混凝土路面和桥面单层钢筋网、桥头搭板双层钢筋网及连接胀缝钢筋支架的两侧宽度应小于摊铺宽3cm,其纵向工作缝与后铺的横向连接路面应采用侧向加密拉杆形式。桥面钢筋网横向钢筋应连续。双车道摊铺的桥面板或搭板中间均不插拉杆,不切纵缝,钢筋网整体连续,桥面板宜在反弯矩部位切缝,并用接缝钢筋补强。斜交桥涵的变形板全部在钢筋混凝土搭板上调整,锐角加密焊接钢筋网补强。滑模施工的水泥混凝土路面均宜为矩形板,并取消边缘和角隅补强钢筋
混凝土布料技术要求	(1)滑模摊铺普通水泥混凝土路面,必须有专人指挥车辆均匀卸料。滑模摊铺时,机前的最高料位不得高于滑模摊铺机前松方控制板顶面,料位的正常高度应在螺旋布料器叶片最高点以下,亦不得缺料。机前缺料或料位过高时,宜采用装载机或挖掘机适当布料和送料,布料应与摊铺速度相协调。 (2)采用布料机施工,松铺系数应视坍落度大小由试铺确定,当坍落度在1~5cm时,松铺系数宜在1.08~1.15之间;坍落度为3cm时,松铺系数宜控制在1.1左右。布料机与滑模摊铺机之间的施工距离应控制在5~10m。热天日照强,风大,取小值;阴天,湿度大,无风,可取大值。 (3)采用布料机以外的布料方式摊铺钢筋混凝土路面、桥面或搭板时,禁止任何机械直接开上钢筋网。宜在钢筋网外侧使用挖掘机或吊斗均衡卸料布料,也可使用便桥板凳加吊车汽车直接卸料、挖掘机布料,但均不得缺料

15.8.7 滑模摊铺水泥混凝土路面的技术要求

滑模摊铺水泥混凝土路面的技术要求 表15-41

项目	内容、要求和注意事项
全面检查摊铺准备工作	滑模摊铺前,应对施工现场准备工作进行如下检查: (1)检查板厚:每20m垂直于两侧基准线挂横线,用钢尺单车道测3点、双车道测5点垂直高度,减去基准线设定高度,即为单个板厚,3~5个值平均为该断面平均板厚。每200m长10个断面的均值为该路段平均板厚。路段平均板厚不应小于设计板厚;断面平均板厚不应比设计板厚薄5mm;单个板厚极小值不应比设计板厚薄10mm。不满足上述要求时,应采取有效措施保证板厚。

续上表

项　目	内容、要求和注意事项
全面检查摊铺准备工作	(2)检查辅助施工设备机具:拉毛养生机、布料机械、发电机等应全部到场并试运转正常。端模板、手持振捣棒、抄平梁、传力杆定位支架、拉杆、拉毛耙、工作凳、拖行工具、养生剂及其喷洒工具等所有施工器具和工具应全部到位,状态良好。 (3)检查基层:基层局部破损应修补整平,基层上的裂缝应处理完毕,摊铺路面的基层及履带行走部位均应清扫干净并洒水湿润,积水应扫开。 (4)横向连接摊铺检查:前次摊铺路面纵缝的溜肩胀宽部位应切割顺直。前次摊铺安装的侧边拉杆应校正扳直,缺少的拉杆应钻孔锚固植入。纵向施工缝的上半部缝壁应涂饱满沥青
滑模摊铺机工作参数初设	对滑模摊铺机所有机构工作部件应进行正确施工位置的初步设定,并将这些正确的施工参数通过试铺调整固定下来,正式摊铺时宜根据情况变化进行微调。 (1)振捣棒下缘位置应在挤压板最低点以上,横向间距不宜大于45cm,均匀排列;两侧最边缘振捣棒与摊铺边缘距离不宜大于25cm。 (2)挤压底板前倾角宜设置为3°左右,提浆夯板位置宜在挤压底板前缘以下5～10mm之间。无需设前仰角的滑模摊铺机可将挤压底板前后调水平。 (3)设超铺角的滑模摊铺机两边缘超铺高程根据料的稠度应在3～8mm间调整。带振动搓平梁的滑模摊铺机应将搓平梁前沿调整到与挤压板后沿高程相同,搓平梁的后沿比挤压底板后沿低1～2mm,并与路面高程相同
滑模摊铺机首次摊铺位置校准	首次摊铺前,应在直线路段采用钉桩或基准线法校准滑模摊铺机挤压底板四角点高程和侧模前进方向。4个水平传感器控制挤压底板四角高程;两个方向传感器进行导向控制。按路面设计高程、横坡度或路拱测量设定2～3根基准线或4～6个桩,将6个传感器全挂上两侧基准线,并检查传感器的灵敏度和反应方向,开动滑模摊铺机进入设好的桩位或线位,调整水平传感器立柱高度,使滑模摊铺机挤压底板恰好落在精确测量设置好的木桩或基准线上,同时,调整好滑模摊铺机机架前后左右的水平度。令滑模摊铺机挂线自动行走,再返回校核1～2遍,正确无误后,方可开始摊铺
初始摊铺路面参数校正	在开始摊铺的5m内,必须对所摊铺出的路面高程、边缘厚度、中线、横坡度等技术参数进行复核测量。机手应根据测量结果及时缓慢地在滑模摊铺机行进中反向旋转滑模摊铺机上水平传感器立柱手柄,校准挤压底板摊铺路面的高程和横坡,误差应在表15-37的规定值范围内。及时调整拉杆打入深度及压力和抹平板的压力及边缘位置。检查摊铺中线时,应在设方向传感器的一侧,通过钢尺测量基准线到滑模摊铺机侧模前后的横向距离,有误差时,缓慢微调前后两个方向传感器架立横梁伸出的水平距离,消除误差。禁止停机剧烈调整高程、中线及横坡等,以免严重影响平整度等质量指标。滑模摊铺机起步—调整—正常摊铺,应在10m内完成,并应将滑模摊铺机工作参数设置固定保护起来,不容许非操作手更改或撞动。第二天的连接摊铺,应先检查滑模摊铺机挤压底板4个角点的位置,再将滑模摊铺机后退到前一天做了侧向收口工作缝的路面内,到挤压底板前缘对齐工作缝端部,开始摊铺
滑模摊铺机的操作要领	(1)机手操作滑模摊铺机应缓慢、匀速,连续不间断地摊铺。滑模摊铺速度,根据拌和物稠度和设备性能可控制在0.5～2.0m/min之间,一般宜为1m/min左右。当料的稠度发生变化时,先调振捣频率,后改变摊铺速度,不得料多时追赶,然后随意停机等待,间歇摊铺。 (2)摊铺中,机手应随时调整松方高度控制板进料位置,开始应略设高些,以保证进料。正常状态下应保持振捣仓内砂浆料位高于振捣棒10cm左右,料位高低上下波动宜控制在±4cm之内。 (3)滑模摊铺机以正常摊铺速度施工时,振捣频率可在6 000～11 000r/min之间调整,宜采用9 000r/min左右。应防止混凝土过振、漏振、欠振。机手应随时根据混凝土的稠度大小,调整摊铺的速度和振捣频率。当混凝土偏稀时,应适当降低振捣频率,加快摊铺速度,但最快不得超过3m/min,最小振捣频率不得小于6 000r/min;当新拌混凝土偏干时,应提高振捣频率,但最大不得大于11 000r/min,并减慢摊铺速度,最小摊铺速度宜控制在0.5～1 m/min之间;滑模摊铺机起步时,应先开启振捣棒振捣2～3min,再推进。滑模摊铺机脱离混凝土后,应立即关闭振捣棒。

续上表

项　目	内容、要求和注意事项
滑模摊铺机的操作要领	(4)滑模摊铺纵坡较大的路面,上坡时,挤压底板前仰角宜适当调小,同时,适当调小抹平板压力;下坡时,前仰角宜适当调大,抹平板压力也宜调大。抹平板合适的压力宜为板底3/4长度接触路面抹面。 (5)滑模摊铺弯道和渐变段路面时,单向横坡,使滑模摊铺机跟线摊铺,应随时观察并调整抹平板内外侧的抹面距离,防止压垮边缘。摊铺中央路拱时,计算机控制条件下,输入弯道和渐变段边缘及拱中几何参数,计算机自动控制生成路拱;手控条件下,机手应根据路拱消失和生成几何位置,在给定路段范围内分级逐渐消除或调成设计路拱。 (6)摊铺单车道路面,应视路面的设计要求配置一侧或双侧打纵缝拉杆的机械装置。侧向拉杆装置的正确插入位置应在挤压底板的中下或偏后部。拉杆打入分手推、液压、气压几种方式,压力应满足一次打(推)到位的要求,不容许多次打入。同时摊铺两个以上车道时,除侧向打拉杆装置外,还应在假纵缝位置中间配置1个以上中间拉杆自动插入装置,该装置有机前插和机后插两种配置。前插时,应保证拉杆的设置位置;后插时,要保证其插入部位混凝土的密实度。带振动搓平梁和振动修复板的滑模摊铺机应选择机后插入式;其他滑模摊铺机可使用机前插入式。打入的拉杆必须处在路面板厚的中间位置。中间和侧向拉杆打入的高低误差不宜大于±3cm;倾斜及前后误差不宜大于±4cm。 (7)机手应随时密切观察所摊铺的路面效果,注意调整和控制摊铺速度,振捣频率,夯实杆、振动搓平梁和抹平板位置、速度和频率。软拉抗滑构造表面砂浆层厚度宜控制在4mm,硬刻槽路面的砂浆表层厚度宜控制在2mm左右。 (8)连接摊铺时,滑模摊铺机一侧履带上前次水泥混凝土路面的时间应控制在养护7d以后,最短不得少于5d。同时,钢履带底部应铺橡胶垫或使用有挂胶履带的滑模摊铺机。纵向连接摊铺路面时,应对连接纵缝部位人工进行修整,连接纵缝的横向平整度符合表15-47的要求,并用钢丝刷刷干净黏附在前幅路面上的砂浆,应刷出粗细抗滑构造
滑模摊铺中出现问题的处置	滑模摊铺的表面应平滑,几何形状规矩,不应出现麻面、拉裂、塌边、溜肩等病害现象,出现问题应立即查找原因,迅速采取措施。 (1)摊铺中应经常检查振捣棒的工作情况。发现路面上在横断面某处多次出现麻面或拉裂现象,表示该处的振捣棒出了问题,必须停机检查或更换该处的振捣棒。摊铺后,发现路面上留有发亮的、振捣棒拖出的砂浆条带,则表明振捣棒位置过深,必须调整正确位置至振捣棒底缘在挤压底板的后缘高度以上。 (2)在摊铺宽度大于等于8m的双(多)车道路面时,若左右卸了两车稠度不一致的混凝土时,摊铺速度应按偏干一侧设置,并应将偏稀一侧的振捣棒频率迅速调小。 (3)滑模摊铺路面出现横向拉裂现象,应从如下几方面进行检查: ①拌和物局部或整体过干硬、离析,集料粒径过大,不适宜滑模摊铺,或在该部位摊铺速度过快,振捣频率不够,混凝土未振动液化而拉裂。应降低摊铺速度,提高振捣频率。 ②挤压底板的位置和前仰角设置是否变化,前倒角时必定拉裂,前仰角过大,亦可能拉裂,应在行进中调整前2个水平传感器,即改变挤压底板为适宜的前仰角,消除拉裂现象。 ③拌和物较干硬或等料停机时间较长,起步摊铺速度过快,也可能拉裂路面。等料停机时间较长时,应间隔15min开启振捣棒振动2~3min;起步摊铺时,宜先振捣2~3min,再缓慢推进。 (4)当混凝土供应不上,或搅拌楼出现机械故障等情况时,停机等待时间不得超过当时气温下混凝土初凝时间的2/3,超过此时间,应将滑模摊铺机开出摊铺工作面,并做施工缝。当滑模摊铺机出现机械故障,应紧急通知后方搅拌楼停止生产,在故障停机时间内,滑模摊铺机内混凝土尚未初凝,能够排除故障,容许继续摊铺;否则,应尽快将滑模摊铺机拖出摊铺工作面。故障排除后,重新起步摊铺
变宽段路面的滑模施工	遇到平面交叉口、收费站广场或匝道变宽段路面时,只要摊铺宽度小于滑模摊铺机固定宽度,可采用滑模摊铺机跨一侧或两侧模板施工方式,模板顶面应粘贴橡胶垫,模板顶面高程应低于路面高程3mm,滑模摊铺机的振捣仓在模板上部应加隔板,施工时应关闭隔板外侧的振捣棒

续上表

<table>
<tr><th>项　目</th><th>内容、要求和注意事项</th></tr>
<tr><td>滑模摊铺结束工作</td><td>(1)将滑模摊铺机驶离工作面,先将所有传感器从基准线上脱开,并解除滑模摊铺机上基准线自动跟踪控制,再升起机架,用水冲洗干净黏附的混凝土,已结硬在滑模摊铺机上的混凝土,应轻敲打掉。清理干净后,应对与混凝土接触的机件喷涂废机油或吹(揩)干防锈。同时,对滑模摊铺机进行当日保养,加油加水,打润滑油等。
(2)设置横向施工缝(表 15-42)</td></tr>
</table>

15.8.8 滑模摊铺混凝土路面接缝施工

滑模摊铺混凝土路面接缝施工　表 15-42

<table>
<tr><th colspan="2">项　目</th><th>内容、要求和注意事项</th></tr>
<tr><td rowspan="2">纵向接缝</td><td>纵向缩缝</td><td>当水泥混凝土路面使用滑模摊铺机一次摊铺两个车道宽度时,应设置纵向缩缝,其位置宜按车道宽度设置。拉杆靠滑模摊铺机配备的中间拉杆插入装置在滑模摊铺过程中自动控制间距压入,其构造采用假缝拉杆型,见下图。缩缝上部的槽口,应采用硬切缝法施工,切缝技术要求应符合本表切缝部分的要求。
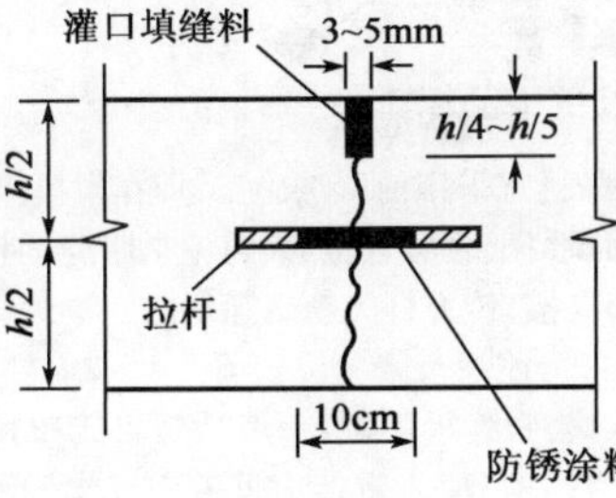

纵向缩缝构造图
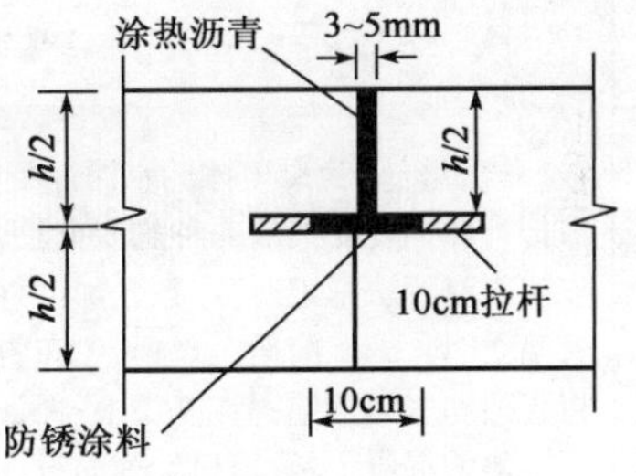

纵向施工缝构造图</td></tr>
<tr><td>纵向施工缝</td><td>当滑模摊铺机一次摊铺宽度小于路面总宽度时,会有纵向施工缝,位置宜与车道线一致,其构造采用平缝加拉杆型,见上图纵向施工缝的拉杆,在前一次摊铺时,应采用滑模摊铺机的侧向拉杆装置插入。根据滑模摊铺机打拉杆装置的方式,插入时的拉杆或为直的或为 L 形的。L 形拉杆长度较短,应按拉杆长度和间距进行等拔出强度换算。连接摊铺前,应将 L 形拉杆扳直,再摊铺连接部分路面</td></tr>
<tr><td>横向接缝</td><td>横向施工缝</td><td>每天摊铺结束或摊铺中因故中断,且中断时间超过初凝时间的 2/3 时,应设置横向施工缝。横向施工缝的位置宜与胀缝或缩缝相重合。横向施工缝应与路中心线垂直。横向施工缝构造采用平缝加传力杆型,见下图。横向施工缝应采用焊接牢固的钢制端头模板,每 1.5m 不应少于 1 个钉钢钎的垂直固定孔。端模上插入传力杆的水平孔间距为 30cm,内径 33mm,边侧传力杆到自由边距离不宜小于 15cm,每根传力杆必须在端模上离孔口外侧 10cm 处通过横梁焊接内径 33mm、长度 5cm 的短钢管进行水平位置固定,见下图
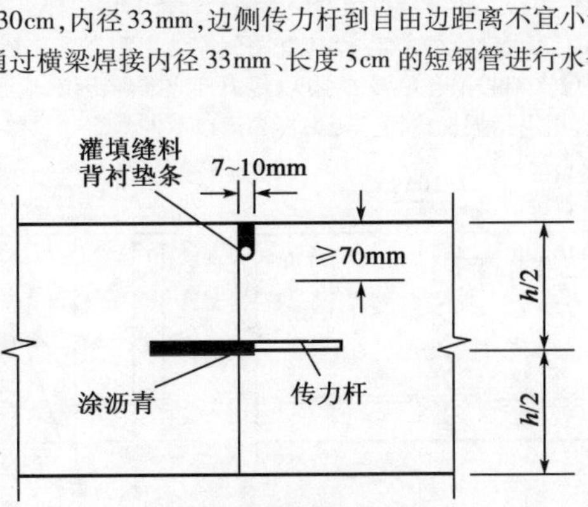

横向施工缝构造示意图</td></tr>
</table>

续上表

项　目		内容、要求和注意事项
横向接缝	胀缝	(1)胀缝间距:滑模摊铺水泥混凝土路面的胀缝设置间距视施工季节气温确定。热天施工,不宜设胀缝;春秋季节施工,宜在两个构造物间距大于等于 500m,冬季低温施工,宜在两个构造物间距大于等于 350m 时,在两个构造物之间的路面中间位置设一道胀缝。构造物、平纵曲线等处的胀缝按《公路水泥混凝土路面设计规范》(JTG D40—2011)的规定设置。 (2)滑模摊铺水泥混凝土路面胀缝钢筋支架:其构造应采用加强钢筋支架加传力杆型,加强钢筋支架一侧的宽度应大于等于 50cm,总宽度大于等于 100cm。支架纵向钢筋和箍筋直径为 12 ~ 16mm,箍筋间距为 20cm,见下图。胀缝板应与路中心线垂直,缝壁垂直,缝隙宽度一致,缝中完全不连浆。 (3)连接桥头搭板位置的胀缝:其加强钢筋支架应与钢筋网一侧相焊接,焊接点不应少于 4 个/m。也可在钢筋混凝土搭板一侧取消胀缝支架,直接焊接在双层钢筋网上,并增加箍筋,数量不得少于原有支架。 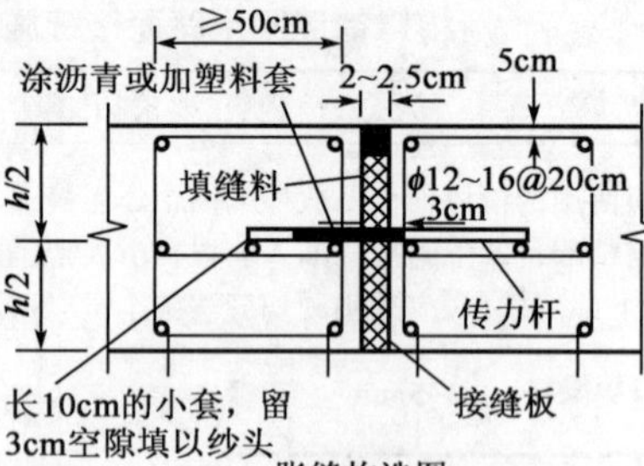 胀缝构造图 (4)胀缝施工:滑模摊铺水泥混凝土路面的胀缝宜采用前置法施工,即在滑模摊铺机前方预先设置胀缝和带传力杆钢筋支架的一种施工方法,也可采用预留胀缝位置,热天再施工胀缝,但应设胀缝加强传力杆钢筋支架。前置法施工时,应预先加工好胀缝钢筋支架,传力杆无沥青涂层的一端焊接在支架上,接缝板夹在两支架之间。施工前运至现场,无布料机(件)时,待摊铺至胀缝位置前方 1 ~ 2m 处,将支架准确定位,用钢钎将支架和胀缝板锚固在基层上,保证支架不推移,胀缝板不倾斜,然后卸料或布料,用手持振捣棒振实胀缝板两侧的混凝土,滑模机摊铺通过;有布料机(件)时,应将带传力杆的缩缝支架和胀缝支架提前安装固定,采用侧向上料方式施工。中间胀缝位置宜与缩缝重合。连接搭板的胀缝,在滑模连续铺装搭板和桥面前,应与钢筋网同时加工安装好。胀缝宜不待混凝土硬化,即剔除胀缝板上部的混凝土,嵌入 2cm × 2cm 的木条,修整好表面。在填缝之前,凿去接缝板顶部的木条,涂黏结剂后,嵌入多孔橡胶条或灌填缝料。胀缝板及钢筋支架两侧,宜各短于摊铺宽度 3cm。胀缝板应连续贯通整个路面板宽度
	横向缩缝	缩缝应等间距布置,一般采用 5m 板长。不宜采用 1/6 斜缩缝和不等间距的缩缝。当不得不调整板长时,最大板长应小于等于 5.5m,最小板长不宜小于板宽。在路面上的平面交叉口横向变宽度处的缩缝,可以设计并切割成小转角的折线,在有拉杆的纵缝处,缩缝切口必须缝对缝。板锐角处,应设角隅钢筋补强。在重、中、轻交通的公路水泥混凝土路面上,横向缩缝可采用假缝型,不设传力杆,见下图 a)。在邻近胀缝或路面自由端的 3 条缩缝内,横向缩缝采用假缝加传力杆型,前置式传力杆钢筋支架的构造见下图 b)。传力杆无涂料一侧焊接,有涂料一侧绑扎。在特重交通量的水泥混凝土路面上或渠化交通严重的收费站广场,全部缩缝宜设传力杆。传力杆可用滑模摊铺机配备的传力杆自动插入装置在摊铺时植入,或使用钢筋定位支架前置法施工。无论哪种方式,都应在路侧缩缝切割位置作标记,保证切缝在传力杆中间以上。前置式缩缝的钢筋定位支架必须有足够的刚度,传力杆应准确定位,应于摊铺之前在基层表面放样,并用钢钎将其锚固在基层上,用手持振捣棒振实传力杆高度以下的混凝土,然后进行滑模摊铺。 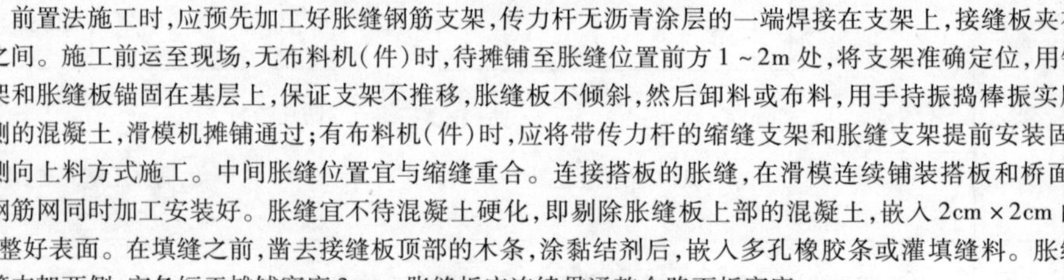

续上表

<table>
<tr><th>项　目</th><th>内容、要求和注意事项</th></tr>
<tr><td>传力杆和胀缝板设置精度</td><td>传力杆和胀缝板设置精度应符合下表要求
传力杆及胀缝板安装精度技术要求
<table>
<tr><th>项目</th><th>技术要求(mm)</th><th>测量位置</th></tr>
<tr><td>传力杆端上下左右偏斜误差</td><td>≤10</td><td>在传力杆两端测量</td></tr>
<tr><td>传力杆在板中心上下左右误差</td><td>≤20</td><td>以板面为基准测量</td></tr>
<tr><td>传力杆沿路面纵向前后偏位</td><td>≤30</td><td>以缝中心线为准</td></tr>
<tr><td>胀缝板倾斜误差</td><td>≤20</td><td>以板底为准</td></tr>
<tr><td>胀缝板的弯曲和位移误差</td><td>≤10</td><td>以缝中心线为准</td></tr>
</table>
注:胀缝板不容许混凝土连浆,必须完全隔断</td></tr>
<tr><td>切缝</td><td>横向缩缝、施工缝上部的槽口,应采用切缝法施工。切缝方式有全部硬切缝、软硬结合切缝和全部软切缝三种。采用哪种切缝方式视施工地区下午1~3时最高温度与凌晨1~3时最低温度的温差决定,见下表
施工气温与防止断板应采用的切缝技术(JTG/T F30—2014)
<table>
<tr><th>白天夜间温差(℃)</th><th>切缝方式</th><th>缩缝切深</th></tr>
<tr><td><10</td><td>硬切缝:切缝时机以切缝时不啃边即可开始,切缝可略晚于横缝,所有纵横切缝最晚切缝时间不得超过24h</td><td>缝中无拉杆、传力杆时,深度1/3~1/4板厚,最浅60mm;缝中有拉杆、传力杆时,深度1/3~2/5板厚,最浅80mm</td></tr>
<tr><td>10~15</td><td>硬软结合切缝:每隔1~2条提前软切缝,其余用硬切缝补切</td><td>硬切缝深度同上。软切缝深度不应小于60mm;不足者应硬切补深到1/3板厚,已断开的缝不补切</td></tr>
<tr><td>>15</td><td>软切缝:抗压强度为1~1.5MPa,人可行走时开始软切。切缝时间不应超过6h</td><td>软切缝深不小于60mm,未断开的接缝,应硬切补深到不小于2/5板厚</td></tr>
</table>
注:①注意降雨后刮风引起路面温度骤降,面板温差在表中规定范围内,应按表中方法提前切缝。
②度时积:自拌和起算的混凝土平均温度与延续时间的乘积

前后连接摊铺,对先摊铺好的混凝土板沿切缝已断裂的地方,应做上记号。后摊铺路面切缝时,已断开的缩缝应提前软切缝。
纵向缩缝可全部硬切缝,最长时间不宜超过48h</td></tr>
<tr><td>填(封)缝</td><td>参见表15-28</td></tr>
</table>

15.8.9 滑模摊铺混凝土路面修整和抗滑构造施工

滑模摊铺混凝土路面修整和抗滑构造施工　表15-43

项　目	内容、要求和注意事项
修整	1.摊铺过程中的修整 滑模摊铺机应采用自动抹平板装置进行抹面,以消除表面气孔和石子移动带来的缺陷。自动抹平板的压力不可过大,应随摊铺的纵坡变化随时调整。适宜的抹平板压力使路面不出现影响平整度的W形砂浆楞。对表面上少量局部麻面和明显缺料部位,应在挤压扳后或搓平梁前,最迟在抹平板前表面补充适量砂浆,由搓平梁和抹平板机械修整。滑模摊铺的混凝土面板在下列情况下,可用人工进行局部少量修整: (1)人工操作抹面抄平器修整摊铺机后表面的缺陷,禁止整个表面用加铺薄砂浆层修补路面高程。

续上表

项　目	内容、要求和注意事项
修整	(2)对打侧向拉杆时被挂坏的侧边,滑模摊铺机连续铺装桥面时上桥梁台阶,振捣漏料部位,抹平板未抹到的边缘,及出现倒边、塌边、溜肩现象处,应顶侧模或上部支方铝管,边缘补料修整。左右连接摊铺的纵缝处应进行适量修整。 (3)对滑模摊铺机起步摊铺段及施工接头,应采用水准仪抄平,采用大于3m的方铝管边测边修整。 2.路面硬化后的修整 如果混凝土路面已硬化,发现施工接头或局部平整度不满足要求,可在水泥混凝土路面摊铺后3~10d内,用最粗级磨头的水磨石机研磨到规定平整度
抗滑构造	1.滑模摊铺水泥混凝土路面抗滑构造的技术要求 高速公路、一级公路竣工时的路面抗滑构造深度TD应为(铺砂法):$0.8mm \leq TD \leq 1.2mm$,且同时应满足横向摩阻力系数$SFC \geq 0.55$;对于其他公路,竣工时,$0.6mm \leq TD \leq 1.0mm$。要求抗滑构造深度均匀,不损坏构造边棱,亦不影响施工好的路面平整度。 2.滑模摊铺水泥混凝土路面抗滑构造的施工制作规定 (1)滑模摊铺机后宜设钢支架,拖挂1~3层叠合麻布、帆布或棉布,洒水湿润后,软拖制作细观抗滑构造,布片接触路面的拖行长度以0.7~1.5m为宜,细度模数偏大的粗砂,拖行长度取小值,偏细中砂,取大值。人工修整过的路面,细观抗滑构造已被抹掉,必须再拖麻袋处理,以恢复细观抗滑构造。也可不拖毛,直接使用抹平板抹出"鱼鳞"形细观抗滑构造,以增强耐磨性,前提是横向摩阻力系数应满足要求。修整表面时,应使用木抹。 (2)当日施工进度超过500m时,宏观抗滑构造制作宜选用拉毛机械施工,没有拉毛机时,可采用人工拉槽方式。在混凝土表面泌水完毕20~30min内应及时进行拉槽。拉槽深度应为2~4mm,槽宽3~5mm,槽间距15~25mm。可施工等间距和非等间距的抗滑槽,同时考虑减小噪声时,宜采用后者。每耙之间衔接间距应保持一致。 (3)采用硬刻槽方式制作宏观抗滑构造时,其几何尺寸与(2)款相同。硬刻槽机重量宜重不宜轻,最小整刻宽度不应小于50cm,硬刻槽时不应掉边角,路面摊铺3d后可开始硬刻槽,并宜在两周内完成。 (4)对平整度不佳的路面施工接头、桥面、桥头搭板,局部经磨平达标后,应采用人工凿毛或喷砂法做出细观抗滑构造,宏观抗滑构造可采用硬刻方式制作

15.8.10 滑模摊铺混凝土路面养生

滑模摊铺混凝土路面养生　　表15-44

项　目	内容、要求和注意事项
养生方式选择	混凝土板抗滑构造软拉制作完毕后应立即养生。机械摊铺的水泥混凝土路面宜采用喷洒养生剂及保湿覆盖的方式养生。在雨天或养生用水充足的情况下,也可采用覆盖保湿膜、土工毡、土工布、麻袋、草袋、草帘等洒水湿养生方式,不宜使用围水养生方式。昼夜温差大的地区,路面摊铺后3d内宜采取覆盖保温措施防止发生裂缝和断板
养生剂养生	水泥混凝土路面采用喷洒养生剂方式养生时,养生剂喷洒剂量、成膜厚度、适宜的喷洒时间应通过现场试验确定。喷洒养生剂的厚度应足以形成完全封闭的薄膜;喷洒应均匀,成膜厚度应一致;喷洒后的表面不得有颜色差异;喷洒时间宜在表面混凝土泌水完毕后进行;喷洒高度宜控制在0.5~1m。除喷洒上表面外,面板两侧也应喷洒。单独采用一种养生剂养生时,保水率应达到90%以上,一般不应小于$300mL/m^2$原液,也可采用两种养生剂喷洒两层或喷一层养生剂再加覆盖。当水泥混凝土路面泌水较多时,应延迟喷洒养生剂的时间,待泌水基本结束后再喷洒养生剂

续上表

项　目	内容、要求和注意事项
盖塑料薄膜养生	盖塑料薄膜的时间，以不压没细观抗滑构造为准。薄膜厚度（韧度）应合适，宽度应大于覆盖面60cm。两条薄膜对接时，搭接宽度不应小于40cm，薄膜在路面上应加细土或砂盖严实，并防止被钢筋挂篮及被风吹破或掀走。养生期间应始终保持薄膜完整，薄膜破裂时应立即补盖或修补
覆盖洒水湿养生	使用麻袋、草袋等覆盖物养生，应及时洒水，在任何气候条件下，均应保证覆盖物底部在养生期间始终处于潮湿状态，并由此确定每天洒水遍数
养生时间	养生时间应根据混凝土弯拉强度增长情况而定，当大于等于设计弯拉强度的80%时，可停止养生。一般养生天数宜为14～21d，不应少于14d。掺粉煤灰的水泥混凝土路面，最短养生时间不宜少于28d
养生期保护	混凝土板在养生期间和填缝前，严禁人、畜、车辆通行，在达到设计强度的40%时，撤除养生覆盖物后，行人方可通行。在确需行人、牲畜、畜力车、人力车、汽车横穿平面道口时，在路面养生期间，应搭建临时便桥

15.9　水泥混凝土路面质量要求

(1)水泥混凝土面层实测项目与容许偏差

水泥混凝土面层实测项目与容许偏差(JTG F80/1—2004)　表15-45

项　次	检查项目		规定值或容许偏差		检查方法和频率
			高速公路、一级公路	其他公路	
1	弯拉强度（MPa）		在合格标准之内		弯拉强度试验
2	板厚度（mm）	代表值	-5		挖验或钻芯样测厚
		极值	-10		每200m每车道测2处
3	平整度	σ（mm）	1.2	2.0	平整度仪：全线每车道连续检测每100m计算 σ 、IRI
		IRI（m/km）	2.0	3.2	
		最大间隙 h（mm）		5	3m直尺：半幅车道板带每200m测2处×10尺
4	抗滑构造深度（mm）		一般路段：0.7～1.1 特殊路段：0.8～1.2	一般路段：0.5～1.0 特殊路段：0.6～1.1	砂铺法：每200m测1处
5	相邻板高差（mm）		2	3	抽量：每条胀缝测2点 每200m抽纵、横缝各2条，每条测2点
6	纵、横缝顺直度（mm）		10		纵缝20m拉线，每200m测4处； 横缝沿板宽拉线，每200m测4条
7	中线平面偏位（mm）		20		经纬仪：每200m测4点
8	路面宽度（mm）		±20		抽量：每200m测4处
9	纵断高程（mm）		±10	±15	水准仪：每200m测4断面
10	横坡（%）		±0.15	±0.25	水准仪：每200m测4断面

注：表中 σ 为平整度仪测定的标准偏差；IRI为国际平整度指数；h 为3m直尺与面层的最大间隙。

(2)混凝土拌和物的质量检测项目及频率

混凝土拌和物的质量检测项目及频率(JTG/T F30—2014)　表 15-46

项次	检验项目	检查频率		试验方法
		高速公路、一级公路	其他公路	
1	水灰比及稳定性	每 5 000m^3 抽检 1 次,有变化随时测	每 5 000m^3 抽检 1 次,有变化随时测	JTG E30 T 0529
2	坍落度及其均匀性	每工班测 3 次,有变化随时测	每工班测 3 次,有变化随时测	JTG E30 T 0522
3	坍落度损失率	每工班测 3 次,有变化随时测	每工班测 3 次,有变化随时测	
4	振动黏度系数	试拌、原材料和配合比有变化时测	试拌、原材料和配合比有变化时测	JTG/T F30—2014 附录 A
5	纤维体积率	每工班测 2 次,有变化随时测	每工班测 1 次,有变化随时测	JTG/T F30—2014 附录 D
6	含气量	每工班测 2 次,有抗冻要求不少于 3 次	每工班测 1 次,有抗冻要求不少于 3 次	JTG E30 T 0526
7	泌水率	每工班测 2 次	每工班测 2 次	JTG E30 T 0528
8	表观密度	每工班测 1 次	每工班测 1 次	JTG E30 T 0525
9	温度、凝结时间、水化发热量	冬、夏季施工,气温最高、最低时,每工班至少测 1 ~ 2 次	冬、夏季施工,气温最高、最低时,每工班至少测 1 次	JTG E30 T 0527
10	离析	随时观察	随时观察	—
11	改进 *VC* 值	每工班测 3 次,有变化随时测	每工班测 3 次,有变化随时测	JTG E30 T 0524
12	压实度、松铺系数	每工班测 3 次,有变化随时测	每工班测 3 次,有变化随时测	JTG E30 T 0525

(3)水泥混凝土路面铺筑质量标准及检查项目、频率和方法

水泥混凝土路面铺筑质量标准及检查项目、频率和方法(JTG/T F30—2014)　表 15-47

项次	检查项目		质量标准		检查频率		检查方法
			高速公路、一级公路	其他公路	高速公路、一级公路	其他公路	
1	弯拉强度①	标准小梁弯拉强度(MPa)	按 JTG/T F30—2014 附录 H 评定		每班留 2 ~ 4 组试件,日进度小于 500m 取 2 组,大于等于 500m 取 3 组,大于等于 1 000m 取 4 组,测 f_{cs}、f_{min}、c_v②	每班留 1 ~ 3 组试件,日进度小于 500m 取 1 组,大于等于 500m 取 2 组,大于等于 1 000m 取 3 组,测 f_{cs}、f_{min}、c_v②	JTG E30 T 0552、T0558
		路面钻芯劈裂强度换算弯拉强度(MPa)			每车道每 3km 钻取一个芯样,单独施工硬路肩为 1 个车道,测算 f_{cs}、f_{min}、c_v②	每车道每 2km 钻取一个芯样,单独施工硬路肩为 1 个车道,测算 f_{cs}、f_{min}、c_v②	JTG E30 T 0552、T 0561

续上表

项次	检查项目		质量标准		检查频率		检查方法
			高速公路、一级公路	其他公路	高速公路、一级公路	其他公路	
2	板厚度(mm)		平均值≥-5；极值≥-15，c_v值符合设计规定		路面摊铺宽度内每100m左右各2处，连接摊铺每100m单边1处	路面摊铺宽度内每100m左右各1处，连接摊铺每100m单边1处	板边与岩芯尺测，岩芯最终判定
3	纵向平整度	σ③(mm)	≤1.32	≤2.00	所有车道连续检测		车载平整度检测仪
		*IRI*③(m/km)	≤2.20	≤3.30			
		3m直尺最大间隙Δ*h*(mm)(合格率应≥90%)	≤3	≤5	每半幅车道100m 2处，每处10尺	每半幅车道100m 2处，每处10尺	3m直尺
4	抗滑构造深度*TD*(mm)	一般路段	0.70～1.10	0.50～0.90	每车道及硬路肩每200m测2处	每车道每200m测1处	铺砂法
		特殊路段④	0.80～1.20	0.60～1.00			
5	摩擦系数*SFC*	一般路段	≥50	—	行车道，超车道全长连续检测，每车道每20m连续检测一个测点	一般路段免检，仅检查特殊路段，每车道每20m连续检测1个测点，不足20m测1个测点	JTG E60 T 0956
		特殊路段④	≥55	≥50			
6	取芯法测定抗冻等级⑤	严寒地区⑥	≥250	≥200	每车道每3km钻取1个芯样	每车道每5km钻取1个芯样	JTG E30 T 0552
		寒冷地区⑥	≥200	≥150			

注：①标准小梁弯拉强度适用于评定施工配合比；钻芯劈裂强度适用于评价实际面层施工密实度及弯拉强度。

②f_{cs}为平均弯拉强度；f_{min}为最小弯拉强度；c_v为统计变异系数。

③动态平整度σ与*IRI*可选测一项。

④高速公路、一级公路特殊路段指立交匝道、平交口、弯道、变速车道、组合坡度不小于3%坡道段、桥面、隧道里面及收费站广场等处；其他公路系指设超高路段、加宽弯道段、组合坡度大于或等于4%坡道段、交叉口路段、桥面及其上下坡段、隧道路面及集镇附近路段处。

⑤取芯法测定抗冻性仅在有抗冻要求地区必检。

⑥严寒地区指当地最冷平均气温低于-8℃的地区；寒冷地区指当地最冷平均气温在-8～-3℃的地区。

(4)水泥混凝土路面面层铺筑几何尺寸质量标准及检查项目、频率和方法

水泥混凝土路面面层铺筑几何尺寸质量标准及检查项目、频率和方法(JTG/T F30—2014)

表15-48

项次	检查项目		质量标准		检查频率		检查方法
			高速公路、一级公路	其他公路	高速公路、一级公路	其他公路	
1	相邻板高差(mm)≤		2	3	每200m纵横缝2条，每条3处	每200m纵横缝2条，每条3处	尺测
2	连接摊铺纵缝高差(mm)≤	平均值	3	5	每200m纵向工作缝，每条3处，每处间隔2m测3尺，共9尺	每200m纵向工作缝，每条2处，每处间隔2m测3尺，共6尺	尺测
		极值	5	7			

续上表

项次	检查项目	质量标准		检查频率		检查方法
		高速公路、一级公路	其他公路	高速公路、一级公路	其他公路	
3	接缝顺直度(mm)≤	10		每200m测6条	每200m测4条	20m拉线测
4	中线平面偏位(mm)≤	20		每200m测6点	每200m测4点	经纬仪测
5	路面宽度(mm)≤	±20		每200m测6处	每200m测4处	尺测
6	纵断高程	平均值±5;极值±10	平均值±5;极值±10	每200m测6点	每200m测4点	水准仪测
7	横坡度(%)	±0.15	±0.25	每200m测6个断面	每200m测4个断面	
8	路缘石顺直度和高度(mm)≤	20	20	每200m测4处	每200m测4处	20m拉线测
9	灌缝饱满度(mm)≤	2	3	每200m接缝测6处	每200m接缝测4处	测针加尺测
10	最浅切缝深度(mm)≥ 缝中有传力杆、拉杆	80	80	每200m测6处	每200m测4处	尺测
	最浅切缝深度(mm)≥ 缝中有传力杆、拉杆	60	60			

(5)水泥混凝土面层铺筑缺陷检验项目、标准、频率和方法

水泥混凝土面层铺筑缺陷检验项目、标准、频率和方法(JTG/T F30—2014) 表15-49

项次	检查项目	检查标准		检查频率		检查方法
		高速公路、一级公路	其他公路	高速公路、一级公路	其他公路	
1	断板率[①](%)≤	0.2	0.4	数断面板块数占总块数的比例	数断面板块数占总块数的比例	数断板
2	断角率[①](%)≤	0.1	0.2	数断角板块数占总块数的比例	数断角板块数占总块数的比例	数角板
3	破损率[②](%)≤	0.2	0.3	计算破损面积与板块面积百分率	计算破损面积与板块面积百分率	尺测面积
4	路表面和接缝缺陷	不应有	不应有	每块面板坑穴、鼓包和每条接缝啃边、掉角及填缝料缺失、开裂	每块面板坑穴、鼓包和每条接缝啃边、掉角及填缝料缺失、开裂	眼睛观察
5	胀缝板倾斜(mm)≤	20	25	每块胀缝板两侧	每块胀缝板两侧	垂线加尺测
	胀缝板弯曲和位移(mm)≤	10	15	每块胀缝板3处	每块胀缝板3处	拉线加尺测
	胀缝板连浆(mm)	不允许	不允许	每块胀缝板	每块胀缝板	安装前检查
6	传力杆偏斜(mm)≤	10	13	每车道每公里测4条缩缝,每条测一根	测设传力杆缩缝一条,每条测3根	钢筋保护层仪

注:①断板率中包含断角率,应统计行车道与超车道面板,不计硬路肩板,不计入修复后的面板。

②破损率指水泥混凝土面层施工期发生的脱皮、印痕、露石、缺边、掉角、微裂缝等缺陷实测面积与总面积之比的百分率。

16 块料路面、人行道与停车场

16.1 块料路面的种类和特点

16.1.1 块料路面的种类和使用特点

水泥混凝土路面构造和基本要求　表 16-1

<table>
<tr><th colspan="2">项　目</th><th colspan="4">块料路面的种类和使用特征</th></tr>
<tr><td rowspan="5">石块路面</td><td rowspan="4">种类</td><td colspan="4">块石路面由石块铺砌而成。根据工程要求，块石加工成不同的形状、尺寸以及不同的修琢程度。例如，上海市曾经历过弹街路面（不整齐块石）、方头弹街路面（半整齐块石）、小方石路面（整齐块石）、长方石路面（整齐块石）等阶段。由于各种块石性能差异，铺砌成路面后，其平整程度以及所能承受的交通量的不同，分别适应于高级、次高级和中级等三种路面</td></tr>
<tr><td>路面等级</td><td>中级</td><td>次高级</td><td>高级</td></tr>
<tr><td>修琢程度</td><td>不整齐块石</td><td>半整齐块石</td><td>整齐块石</td></tr>
<tr><td>块石种类</td><td>拳石、弹街石等</td><td>粗琢块石、方头弹街石</td><td>小方石、条石</td></tr>
<tr><td>使用特性</td><td colspan="4">(1)国内石块多就近取材，在石场组织加工。一般常用花岗石加工，加工修琢的细致程度则视工程需要确定。由于近来人工费用的升高，在大、中城市已较少采用此类路面。但在国外，也有选用优质石料精细加工，用来铺筑艺术效果高雅的特种路面。
(2)石块路面有良好的摩阻系数，可有效地用于桥头、陡坡、弯道、公交停车站点。
(3)当桥头路基填土沉降尚未趋于稳定，而又急需先行通车时，可暂先铺筑石块路面作为过渡。
(4)当路面需追加埋设或维修管线时，如铺设块石路面，则可将石块取出，在管线埋设或维修完成后，将石块铺回恢复原状</td></tr>
<tr><td rowspan="2">混凝土预制砌块路面</td><td>种类</td><td colspan="4">混凝土预制砌块路面，从素色的水泥混凝土预制砌块（多用于人行道铺砌）开始，发展至当前新增的彩色水泥混凝土预制砌块品种。彩色预制砌块的色彩、形状、尺度、质地可以多种多样。按其与相邻砌块的连接方式，可分为嵌砌式和连锁式两类；按其铺砌面的充盈情况，可分为满铺式、镂空式（可嵌驳植草）两类</td></tr>
<tr><td>使用特性</td><td colspan="4">(1)混凝土预制砌块路面，变露天现场浇筑为工厂化预制，工艺水平可大幅度提高。例如，可采用计算机计量器控制配料，大型的强制式拌和机拌和、自动化成型机压制成型，计算机密闭式养生设备和自动包装机包装组成全自动化生产，可以均衡稳定、高质量、高效率地生产预制，然后在工地铺砌；砌筑技术简单，施工快速，建成后即可通车使用。
(2)可按使用要求预制成各种形状、尺度、色彩、质地的混凝土砌块，并结合当地环境铺筑不同颜色的各种图案、花纹、文字等，以美化路容与周围环境谐调，取得良好的景观和视觉效果，也可以铺砌出各种路面交通标志，引导交通。使用镂空式砌块可嵌驳植草、绿化，使之与自然景观更加谐调，浑然一色。
(3)有良好的摩阻系数和翻挖恢复性能</td></tr>
</table>

16.1.2 块料路面的力学特性和适用范围

块料路面的力学特性和适用范围　表16-2

项　目	块料路面的力学特性和适用范围
路面结构	块料路面的面层由大量的小尺度刚性块料以及块料之间的众多柔性接缝构成。接缝可以是连锁的,也可以是齐平的。连锁式砌块互相嵌锁咬合,有利于荷载的传递、扩散。块料路面的基层,常为其上有粗砂或石屑整平层的柔性基层。块料可根据材料供应情况和使用要求,选用工厂预制的水泥混凝土砌块(砖)或者经过加工的整齐块石
力学特性	块料路面结构类型属弹性地基上的绝对刚性板。小尺度的绝对刚性板比通常的水泥混凝土路面面板可受到较小的弯曲拉应力,其厚度可以减小,但对于抗压强度的要求则相对的要高一些。块料与块料之间的荷载传递与块料之间的接缝以及基础状况有关。软弱的基础易导致块料路面的下沉并影响平整度。众多的块料间的接缝,形成有规则的"粗纹理"表面。这种粗糙路面有利于车辆的行驶。为此,要求块料具有较高的强度(以抗压强度为标志)和抗磨性能,以及规则的形状和厚度,铺砌平整,接缝嵌挤紧密,基础(基层、垫层、土基体系)坚实、稳定
适用范围	(1)块料路面适用于车速≤50km/h的道路,这不仅仅是因为小尺度和高质量的饰面在心理上有对高速度的抑制作用,而且路面的"粗纹理"也会倾向于阻止驾驶者行车过分迅速。 (2)块料路面属绝对刚性板,有良好的受力承载性能,可较大幅度地减薄面层厚度,也经常用于承受重载而行驶缓慢车流的场所,如集装箱码头、堆场等。 (3)块料路面具有规则的"粗纹理",湿摩擦系数高,抗滑性能好,可选用于桥头、陡坡、弯道、匝道、公交站点处。 (4)可选用于环境景观要求高的场所,如大剧场、宾馆、体育馆、大厦前的广场、停车场以及人行道、风景区道路、公园、学校的内部道路和其他铺砌面处,与周围环境谐调、融合,构成完整的景观、风采。 (5)可用砌块铺筑各种路面标志、标线,组织引导车流、人流交通

16.2 石块路面用料

16.2.1 石块路面石料强度、物理性能及外观质量要求

道路建筑用天然石料按其技术性质(饱水状态的抗压强度和磨耗率)划分为四个等级:1级—最坚硬岩石;2级—坚硬岩石;3级—中等强度的岩石;4级—较软的岩石,其技术标准如表16-3所示。

公路工程石料技术标准　表16-3

岩石类别	主要岩石名称	石料等级	技术标准		
			饱水极限抗压强度(MPa)	磨耗率(洛杉矶法)(%)	磨耗率(狄法尔法)(%)
岩浆岩类	花岗岩	1	>120	<25	<4
	玄武岩	2	100~120	25~30	4~5
	安山岩	3	80~100	30~45	5~7
	辉绿岩	4	—	45~60	7~10

续上表

岩石类别	主要岩石名称	石料等级	技术标准		
			饱水极限抗压强度（MPa）	磨耗率（洛杉矶法）（%）	磨耗率（狄法尔法）（%）
石灰岩类	石灰岩	1	>100	<30	<5
		2	80~100	30~35	5~6
		3	60~80	35~50	6~12
	白云岩	4	30~60	50~60	12~20
砂岩与片麻岩类	石英岩	1	>100	<30	<5
	砂岩	2	80~100	30~35	5~7
	片麻岩	3	50~80	35~45	7~10
	石英片麻岩	4	30~50	45~60	10~15
砾石	—	1	—	<20	<5
		2		20~30	5~7
		3		30~50	7~12
		4		50~60	12~20

注：1. 磨耗率应用《公路工程集料试验规程》（JTG E42—2005）之T 0317试验方法测定，无洛杉矶磨耗率时可用狄法尔磨耗机测定。

2. 饱水极限抗压强度按《公路工程岩石试验规程》（JTG E42—2005）之T 0221试验方法进行。

16.2.2 料石的物理性能和外观质量

开工前，应选用符合设计要求的料石。当设计无要求时，宜优先选择花岗岩等坚硬、耐磨、耐酸石材，石材应表面平整、粗糙，且应符合表16-4的规定。

料石的物理性能和外观质量表　表16-4

项目		单位	容许值	备注
物理性能	饱和抗压强度	MPa	≥120	—
	饱和抗折强度	MPa	≥9	—
	体积密度	g/cm^3	≥2.5	—
	磨耗率（狄法尔法）	%	<4	—
	吸水率	%	<1	—
	孔隙率	%	<3	—
外观质量	缺棱	个	1	面积不超过5mm×10mm，每块板材
	缺角	个		面积不超过2mm×2mm，每块板材
	色斑	个		面积不超过15mm×15mm，每块板材
	裂纹	条	1	长度不超过两端顺延至板边总长度的1/10（长度小于20mm不计）每块板
	坑窝	—	不明显	粗面板材的正面出现坑窝

注：表面纹理垂直于板边沿，不得有斜纹、乱纹现象，边沿直顺、四角整齐，不得有凹、凸不平现象。

16.2.3 各种石块参考尺寸及加工容许偏差

(1)整齐石块参考尺寸

整齐石块参考尺寸(cm) 表 16-5

类别名称	高 度	长 度	宽 度
大方石块	12~15	30	30
小方石块(矮)	8~9	7~10	7~10
小方石块(高)	7~11	8~11	8~11
小方条石	12(25)	25(12)	12

注:石块顶面凹凸度,用平板紧靠检验,其间隙不大于5mm;顶面边缘用尺紧靠时其空隙也不大于5mm。

(2)半整齐石块参考尺寸

半整齐石块参考尺寸(cm) 表 16-6

类别名称	高 度	长 度	宽 度
矮条石	9~10	15~30	12~15
中条石	11~13	15~30	12~15
高条石	14~16	15~30	12~15
方头弹衔石	10~13或11~13	8~10或9.5~10.5	6~8或9.5~10.5

注:1.石块顶面紧靠平板时其间隙不大于10mm;顶面边缘紧靠平板时其空隙也不大于10mm。
2.半整齐石块的底面积不能太小,一般应不小于顶面面积的40%~75%。

(3)不整齐石块参考尺寸

不整齐石块参考尺寸(cm) 表 16-7

类别名称	高 度	顶部直径
矮的拳石	12~14	10~16
中的拳石	15~16	12~18
高的拳石	20~22	12~20
特高的拳石	22~25	15~25
弹衔石	10~13	(10~13)(长)×(5~8)(宽)

注:拳石为形状近似棱柱体,顶面呈四边形或多边形的粗打石料。铺砌拳石的顶面应与底面平行,底面不得呈尖楔状,底面投影应在顶面轮廓之内,侧边不得有显著尖锐凸出。

料石加工尺寸容许偏差 表 16-8

项 目	容许偏差(mm)	
	粗面材	细面材
长、宽	0 −2	0 −1.5
厚(高)	+1 −3	±1
对角线	±2	±2
平面度	±1	±0.7

注:引自《城镇道路工程施工与质量验收规范》(CJJ 1—2008)。

16.3　块料路面施工

16.3.1 条石铺砌平面形式

条石铺砌平面形式　表 16-9

横向排列铺砌	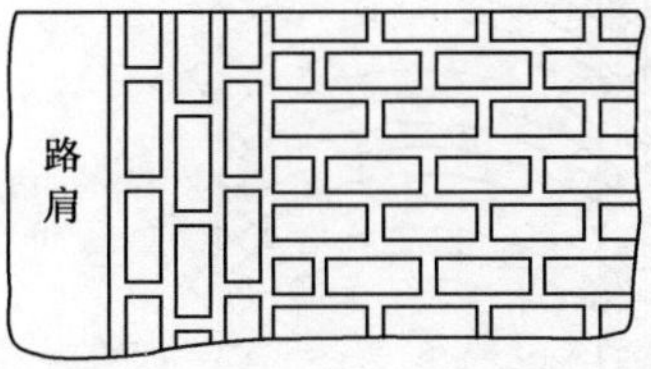	纵向人字形铺砌	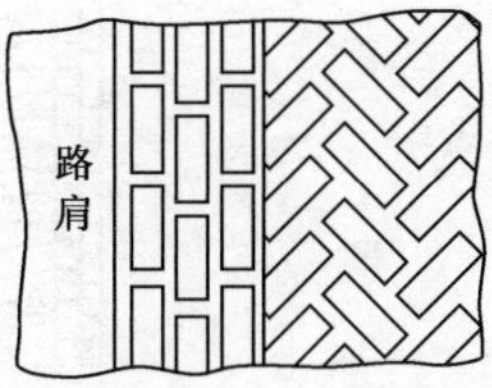
横向人字形铺砌		呈45°角铺砌	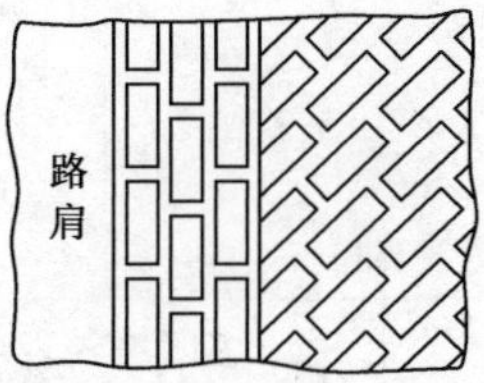

16.3.2 小方石铺砌平面形式

小方石铺砌平面形式　表 16-10

嵌花式圆弧铺砌	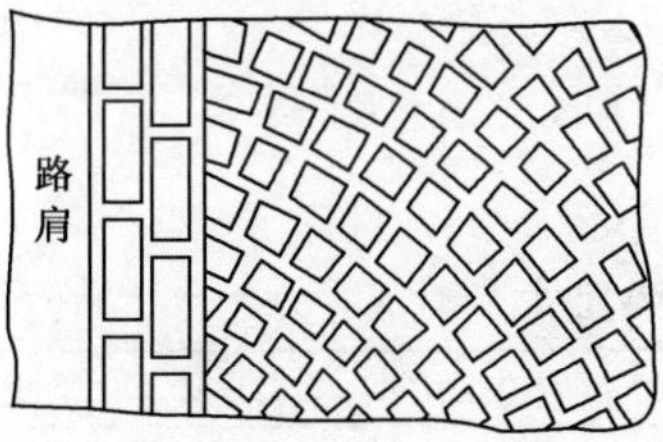	横向排列铺砌	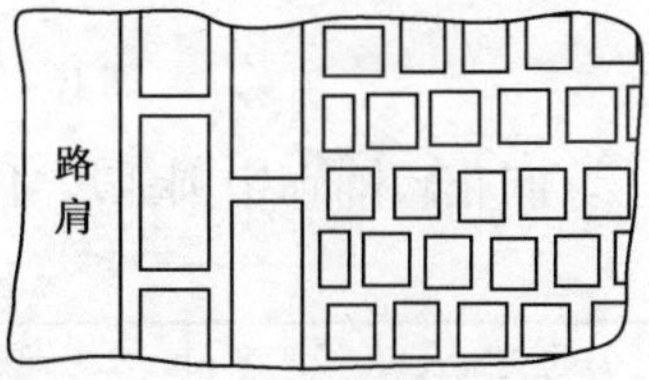
嵌花式扇形铺砌	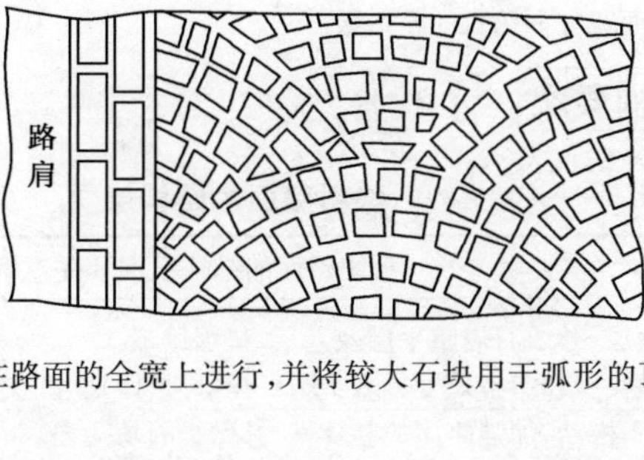 嵌花式铺砌需用特制模板在路面的全宽上进行，并将较大石块用于弧形的顶部，较小的用于边部。嵌花式铺砌费工较多		

注：小方石嵌花铺砌由于费工多，故仅用于铺砌具有高度艺术要求的道路或广场上，以及坡度较大的桥头引道上。

16.3.3 嵌花式路面铺砌平面尺寸

(1)嵌花式路面铺砌平面尺寸

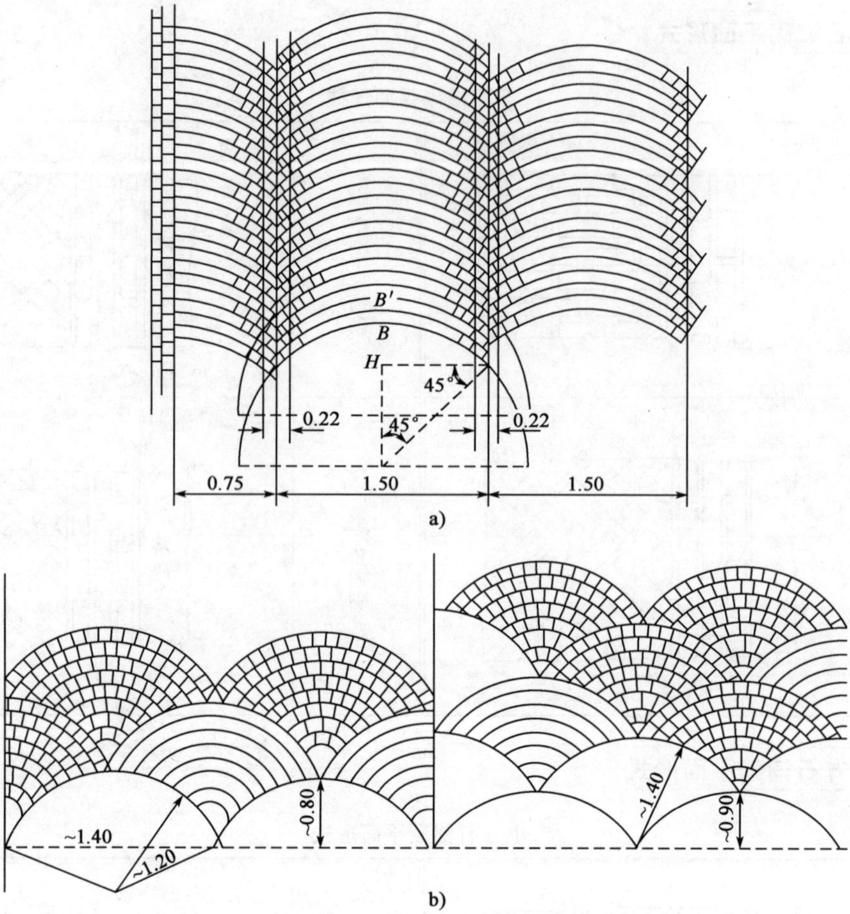

图 16-1　嵌花式路面铺砌平面尺寸简图(尺寸单位:m)

(2)嵌花式铺砌中圆弧尺寸

嵌花式铺砌中圆弧尺寸　　表 16-11

石块类别及尺寸	圆弧弦长(m)	圆弧矢高(m)	圆弧半径(m)
矮的 8 ~ 9cm	1.0 ~ 1.4	0.20 ~ 0.30	0.8 ~ 1.0
高的 9 ~ 11cm	1.1 ~ 1.6	0.25 ~ 0.35	0.9 ~ 1.0

注:弦长应按路宽计算,路面宽应为弦长的整倍数。

16.3.4 块料路面的结构层次

块料路面的结构层次　　表 16-12

项目	石块路面的结构层次和注意事项
面层	石块路面常由石块面层、砂或石屑整平层及基层、垫层组成。 各级路面适用的石块类型和参考尺寸如表 16-11 所示,具体尺寸、类型由设计确定。石块之间须用填缝料填嵌密实,使石块彼此嵌紧不松动,加强路面的整体性,并保护石块边角。一般用砂或石屑作填缝料。高级块石路面也有用 1∶2 ~ 1∶2.5 的水泥砂浆填缝

续上表

<table>
<tr><th>项目</th><th colspan="2">石块路面的结构层次和注意事项</th></tr>
<tr><td>整平层</td><td colspan="2">整平层的作用为垫平基层表面及石块底面，以保持块石面层顶面平整，缓和车辆行驶时的冲击、振动。整平层厚度随路面等级、石块规格、基层材料性质而异，一般高级块石路面为2～3cm，次高级、中级块石路面为5～10cm。整平层材料一般采用粗砂或中砂，也可采用石屑或炉渣。高级块石路面也可采用水泥砂整平层</td></tr>
<tr><td>基层</td><td colspan="2">基层的类型和厚度随路面等级、石块规格而异。一般拳石和粗琢块石路面可直接铺砌在10～20cm的砂或炉渣层上，也可用碎砖、碎石、级配砾石作基层。条石、小方石路面，根据需要可铺设在贫水泥混凝土、碎石或稳定土的基层上。方头弹街石路面多以石灰煤渣土或砂砾为基层。整齐石块和条石路面，要求有质量较高的基层和整平层，甚至贫混凝土基层和水泥砂整平层。基层的类型和厚度由设计确定</td></tr>
<tr><td rowspan="2">结构层示例</td><td>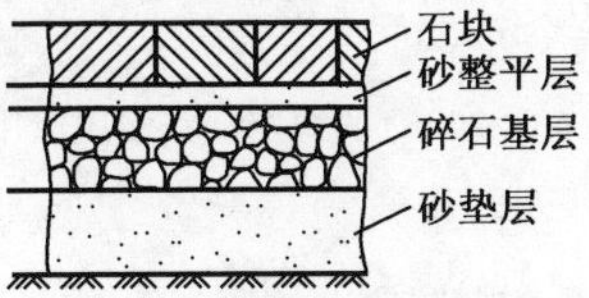
</td><td>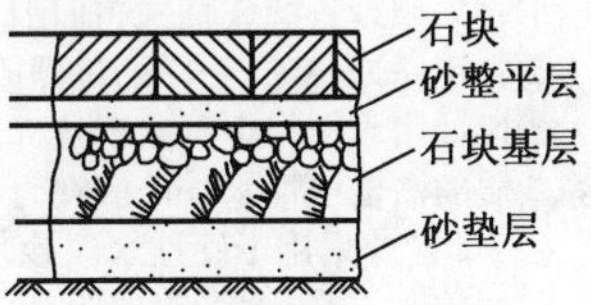
</td></tr>
<tr><td>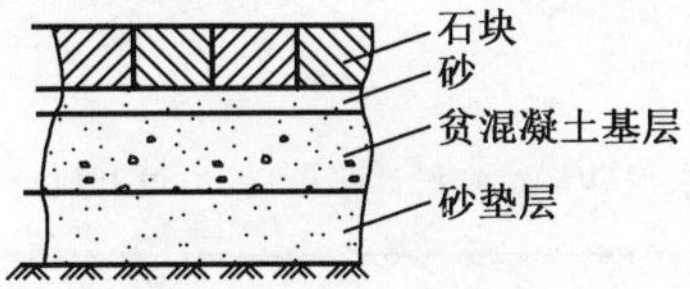
</td><td>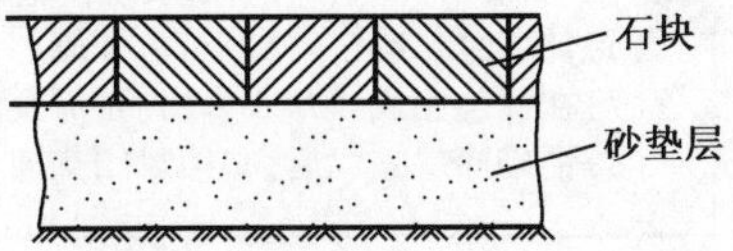
</td></tr>
</table>

16.3.5 块料路面的砌筑

块料路面的砌筑　　表16-13

项　目	砌筑工序和施工要点
准备工作	块石路面的面层石块铺砌前应先测量放样并检验基层，使修整后符合要求。基层应平整密实达到设计高程
拳石和粗琢石块路面砌筑	(1)摊铺整平层。在基层上按规定厚度及压实系数，均匀摊铺具有最佳湿度的砂或煤渣，用轻型压路机稍予滚压。摊铺整平层应与排砌进度配合，一般以超前石块铺筑工作10m左右为宜。 (2)排砌石块。排砌石块前应先根据道路中线、边线及路拱形状，设置纵、横向间距分别为1～1.5m与1～2.5m的方格铺砌带(即光铺纵向路缘石与横向导石)。　排砌工作应在路面全宽上进行。较大的石块先铺在路边缘处，然后用适当尺寸的石块排砌中间段落，边部纵向排砌进度应超出中间部分5～10m。排砌的石块应小头向下，垂直嵌入整平层一定深度，石块相互之间必须错缝、嵌紧、顶面齐平，并且石块的长边宜与行车方向垂直。在陡坡和弯道超高路段，应自低处向高处铺砌。铺砌石块的方法有逆铺法(“从砂上”铺砌)与顺铺法(“从石上”铺砌)两种。顺铺法是工人站在已砌好的块石路面上，面向整平层边砌边进，此法较难保证路面纵、横坡度和平整度的质量，且取石料不方便，但便于掌握石块相互靠紧和保持砂整平层的平整。逆铺法是工人站在整平层上，面向已铺好的路面边砌边退，其优点是操作中能看到已铺好的路段，易于保证路面铺砌质量。 (3)嵌缝压实。石块铺砌完成后，可用废石渣及土加固路肩，并予夯实，再进行块石路夯打，并铺撒5～15mm石屑或砂嵌缝，然后用压路机压实，直至稳定无显著变形为止

续上表

项　目	砌筑工序和施工要点
条石及小方石路面砌筑	条石和小方石路面施工过程大体上与拳石路面相似,但排砌上有所不同。 铺砌条石路面时,在整平层上先沿路边纵向排2~3行石块(长边与路中线平行)。条石铺砌的图案如前述,有横向排列铺砌、纵向或横向人字形铺砌和呈45°角铺砌等。 当采用横向排列铺砌时,应在垂直路中线方向每隔1.5~2m拉好横向导线,以保证横缝平直。一般同一排条石应具有同等宽度,条石与条石之间纵缝错开长度宜为条石长边的1/3~1/2。因此,每隔一排的靠边石块,应用半块条石镶砌。采用45°角或人字形铺砌,有利于提供最佳的横向抗滑移能力,但边部一行斜向排列的石块需加工成梯形,加工比较麻烦。铺砌小方石路面的图案如前述,有横向排列铺砌、嵌花式圆弧及扇形铺砌。横向排列铺砌与条石路面相类似,但小方石与小方石之间纵缝错开长度宜为小方石边长的1/2。嵌花式铺砌需用特制的样板在路面的全宽上进行,并应注意将大的石块用于弧形的顶部,较小的用于边部。圆弧或扇形应凸向行车方向和上坡方向,以抵抗车轮的水平力
注意事项	(1)砌筑砂浆中采用的水泥、砂、水应符合下列规定: ①宜采用现行国家标准《通用硅酸盐水泥》(GB 175—2007)中规定的水泥。 ②宜用质地坚硬、干净的粗砂或中砂,含泥量应小于5%。 ③搅拌用水应符合国家现行标准《混凝土用水标准》(JGJ 63—2006)的规定。宜使用饮用水及不含油类等杂质的清洁中性水,pH值宜为6~8。 (2)铺砌应采用干硬性水泥砂浆,虚铺系数应经试验确定。 (3)铺砌控制基线的设置距离,直线段宜为5~10m,曲线段应视情况适度加密。 (4)当采用水泥混凝土做基层时,铺砌面层胀缝应与基层胀缝对齐。 (5)铺砌中砂浆应饱满,且表面平整、稳定,缝隙均匀。与检查井等构筑物相接时,应平整、美观,不得反坡。不得用在料石下填塞砂浆或支垫方法找平。 (6)伸缩缝材料应安放平直,并应与料石粘贴牢固。 (7)在铺装完成并检查合格后,应及时灌缝。 (8)铺砌面层完成后,必须封闭交通,并应湿润养护;当水泥砂浆达到设计强度后,方可开放交通

16.4 混凝土预制砌块路面施工

16.4.1 混凝土预制砌块

混凝土预制砌块　　表16-14

<table>
<tr><th>项目</th><th colspan="5">混凝土预制砌块的形式和特点</th></tr>
<tr><td>基本情况</td><td colspan="5">混凝土预制砌块可根据工程的要求做成不同的厚度以及各种平面形状、尺寸的砌块,当停车场等有场地绿化要求时,还可以做带各种形状空洞的植草砌块。其抗压强度一般应达到35MPa,甚至50MPa。砌块可按要求做成红、黄、黑、棕、绿、灰以及渐变色等</td></tr>
<tr><td rowspan="5">砌块形式尺度示例</td><td colspan="5">目前,我国尚未制订统一的预制砌块规格和标准。各厂家的具体规格有所不同,订货时需根据工程的实际要求,具体考察选择。以艾镁连锁砌块(ACE-MAT INTERLOCKING BLOCK)而论,即有多种形式,见下表</td></tr>
<tr><td>序号</td><td>1</td><td>2</td><td>3</td><td>4</td></tr>
<tr><td>形状和平面尺寸(mm)</td><td>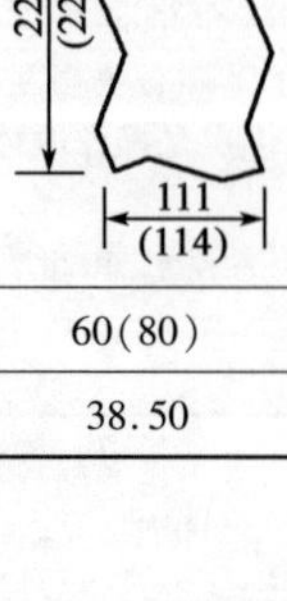</td><td>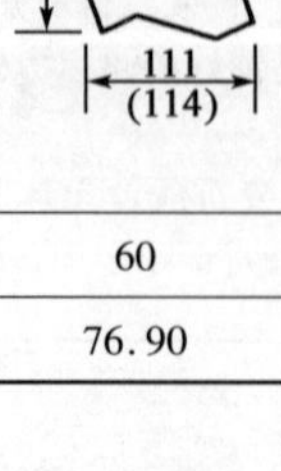</td><td>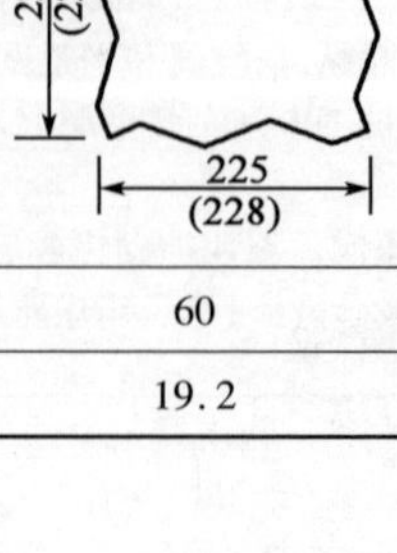</td><td>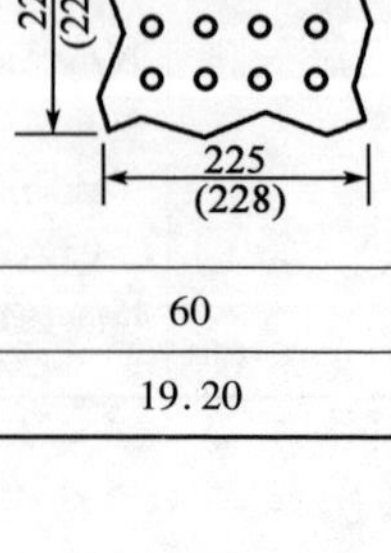</td></tr>
<tr><td>厚度(mm)</td><td>60(80)</td><td>60</td><td>60</td><td>60</td></tr>
<tr><td>块/m²</td><td>38.50</td><td>76.90</td><td>19.2</td><td>19.20</td></tr>
</table>

续上表

项目	混凝土预制砌块的形式和特点				
砌块形式尺度示例	序号	5	6	7	8
	形状和平面尺寸(mm)	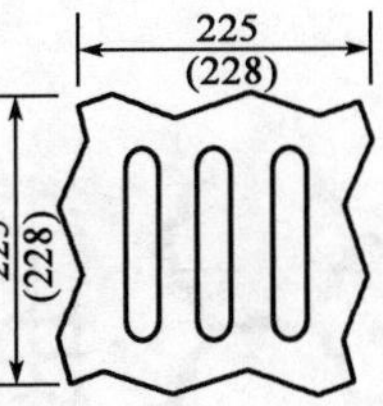	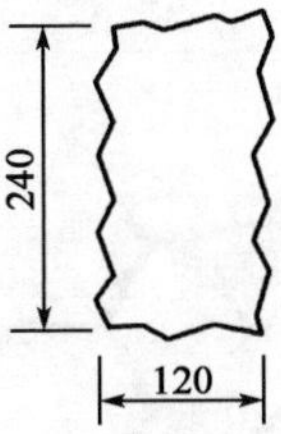	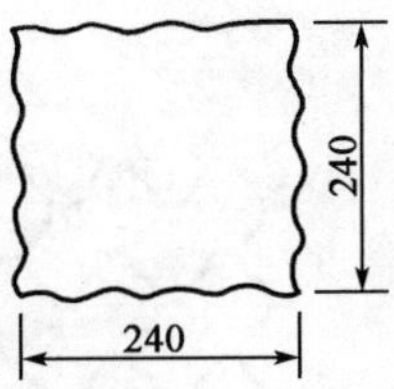	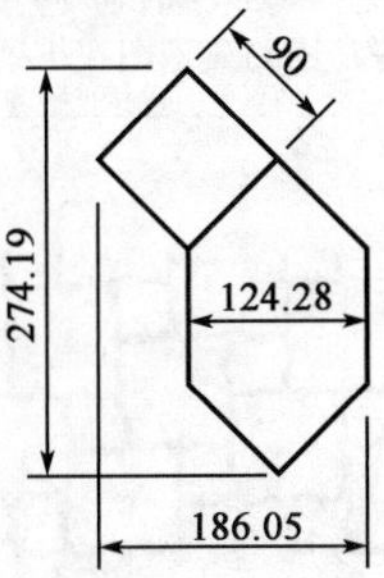
	厚度(mm)	60	60	60	60
	块/m²	19.20	35.00	17.50	36.20
	序号	9	10	11	12
	形状和平面尺寸(mm)	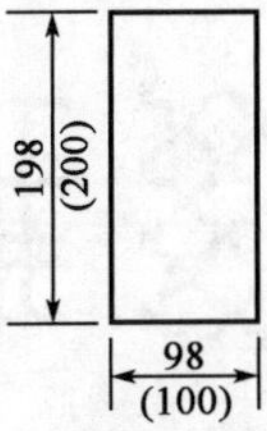	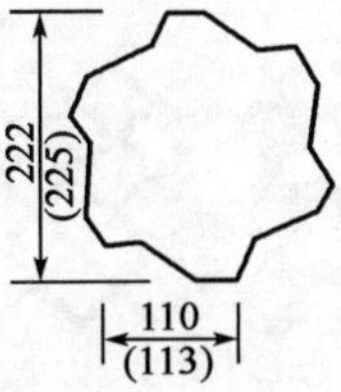	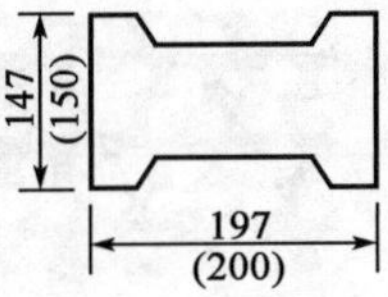	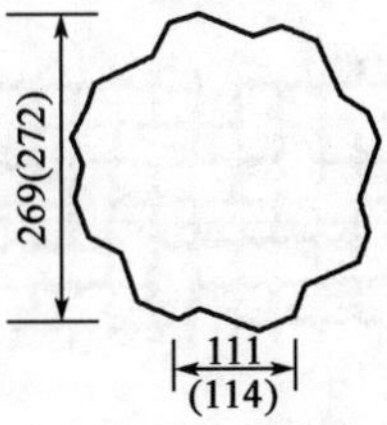
	厚度(mm)	60(80)	60	60	60
	块/m²	50.00	29.60	40.00	13.50
	序号	13	14	15	
	形状和平面尺寸(mm)	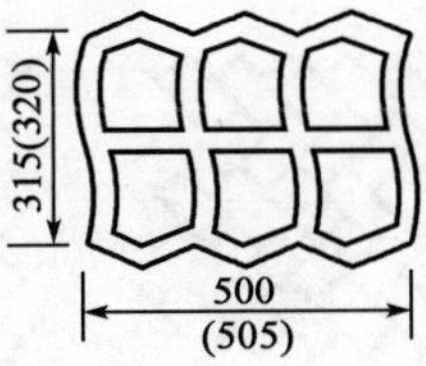	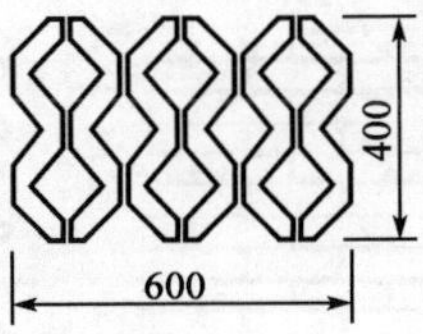	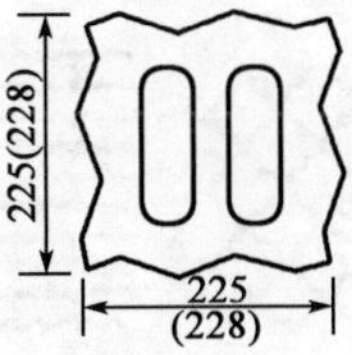	
	厚度(mm)	100	110	80	
	块/m²	6.20	4.16	19.20	

注:每一砌块边缘凸出1.5mm,使砌块与砌块之间保持3mm空隙,细砂易塞入细缝,填塞密实。括号内尺寸为施工尺寸

16.4.2 砌块路面的平面图式

砌块路面的平面图式　　表 16-15

砌块的外形、尺度、色彩、质量多种多样,可设计铺砌出丰富多彩的图式,使道路路面,广场铺面与建筑物、山水、树木、草地等周围环境相谐调,融为一体,形成种种街景、风景。此外,还可以用来铺砌出各种道路标线、标志、引导交通。现将一些常用的典型图式排列如下

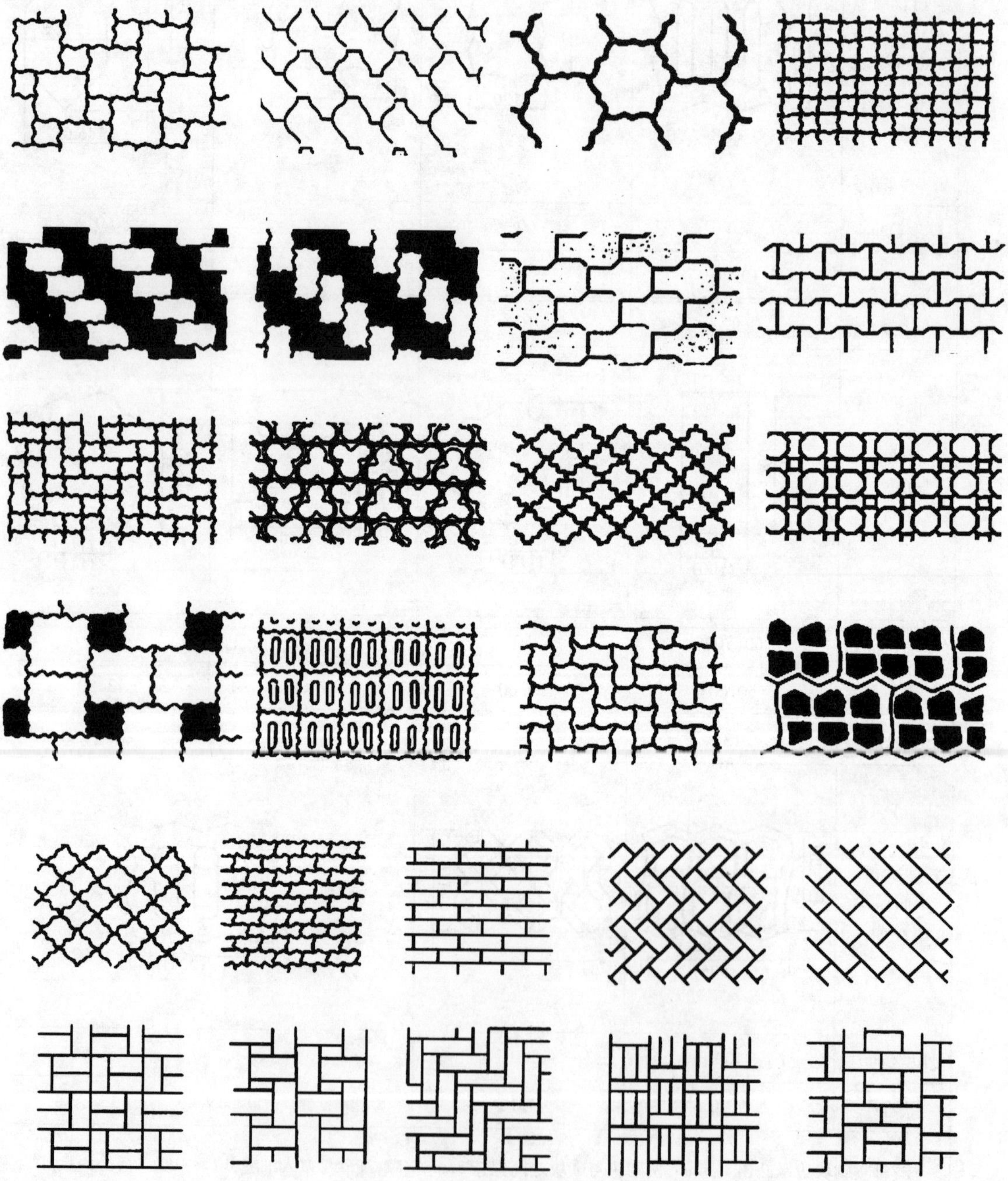

16.4.3 砌块路面的结构层次和横坡度

(1)砌块路面的结构层次

砌块路面的结构层次　　表 16-16

<table>
<tr><th>项　目</th><th>砌块路面的结构层次和注意事项</th></tr>
<tr><td>面层</td><td>水泥混凝土预制砌块路面常由砌块面层、砂或石屑整平层（或称垫砂层）和基层、垫层组成。
砌块路面面层的厚度，亦即砌块的厚度，一般分 100mm、80mm、60（50）mm 等几种。100mm 主要用于港口集装箱码头，80mm 主要用于车道及停车场；60mm 或 50mm 主要用于人行道广场等</td></tr>
<tr><td>整平层</td><td>整平层常采用石屑或粗砂，一般厚度为 3～5cm</td></tr>
<tr><td>基层</td><td>基层常采用柔性基层，亦可采用刚性基层。基层的材料和厚度根据荷载、土基状况以及材料供应情况由设计确定</td></tr>
<tr><td>结构层示例（mm）</td><td>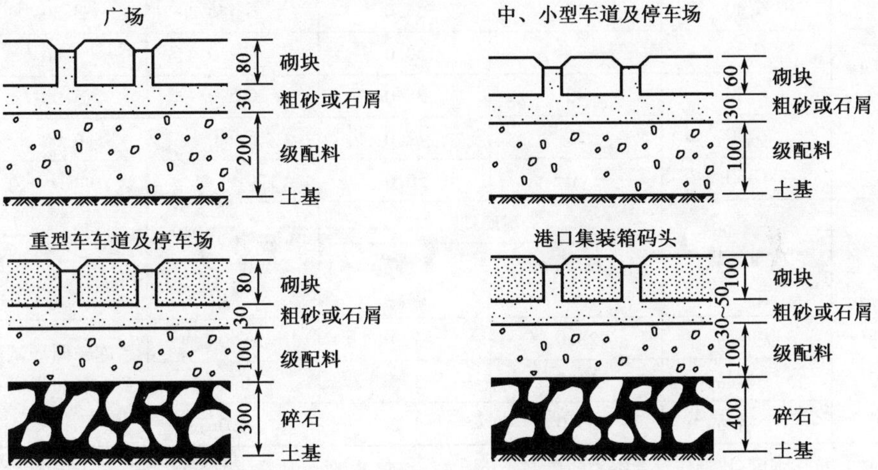
</td></tr>
</table>

(2)规格尺寸

规 格 尺 寸(mm)　　表 16-17

边长	100、150、200、250、300、400、500
厚度	50、60、80、100、120

注：规格尺寸也可根据用户要求确定。

16.4.4 砌块路面面层的用料要求

混凝土路面砖的质量指标　　表 16-18

<table>
<tr><th rowspan="7">外观质量（mm）</th><th colspan="2">项目</th><th>优等品</th><th>一等品</th><th>合格品</th></tr>
<tr><td colspan="2">正面黏皮及缺损的最大投影尺寸 ≤</td><td>0</td><td>5</td><td>10</td></tr>
<tr><td colspan="2">缺棱掉角的最大投影尺寸 ≤</td><td>0</td><td>10</td><td>20</td></tr>
<tr><td rowspan="2">裂纹</td><td>非贯穿裂纹长度最大投影尺寸≤</td><td>0</td><td>10</td><td>20</td></tr>
<tr><td>贯穿裂纹</td><td colspan="3">不容许</td></tr>
<tr><td colspan="2">分层</td><td colspan="3">不容许</td></tr>
<tr><td colspan="2">色差、杂色</td><td colspan="3">不明显</td></tr>
</table>

续上表

<table>
<tr><td rowspan="6">尺寸容许偏差(mm)</td><td colspan="2">项目</td><td colspan="2">优等品</td><td>一等品</td><td>合格品</td></tr>
<tr><td colspan="2">长度、宽度</td><td colspan="2">±2.0</td><td>±2.0</td><td>±2.0</td></tr>
<tr><td colspan="2">厚度</td><td colspan="2">±2.0</td><td>±3.0</td><td>±4.0</td></tr>
<tr><td colspan="2">厚度差</td><td colspan="2">≤2.0</td><td>≤3.0</td><td>≤3.0</td></tr>
<tr><td colspan="2">平整度</td><td colspan="2">≤1.0</td><td>≤2.0</td><td>≤2.0</td></tr>
<tr><td colspan="2">垂直度</td><td colspan="2">≤1.0</td><td>≤2.0</td><td>≤2.0</td></tr>
<tr><td rowspan="7">力学性能(MPa)</td><td colspan="3">边长/厚度<5</td><td colspan="3">边长/厚度≥5</td></tr>
<tr><td>抗压强度等级</td><td>平均值≥</td><td>单块最小值≥</td><td>抗弯拉强度等级</td><td>平均值≥</td><td>单块最小值≥</td></tr>
<tr><td>C_c30</td><td>30</td><td>25.0</td><td>$C_f3.5$</td><td>3.50</td><td>3.00</td></tr>
<tr><td>C_c35</td><td>35</td><td>30.0</td><td>$C_f4.0$</td><td>4.00</td><td>3.20</td></tr>
<tr><td>C_c40</td><td>40</td><td>35.0</td><td>$C_f5.0$</td><td>5.00</td><td>4.20</td></tr>
<tr><td>C_c50</td><td>50</td><td>42.0</td><td>$C_f6.0$</td><td>6.00</td><td>5.00</td></tr>
<tr><td>C_c60</td><td>60</td><td>50.0</td><td>—</td><td>—</td><td>—</td></tr>
<tr><td rowspan="5">物理性能</td><td rowspan="2">质量等级</td><td colspan="2">耐磨性</td><td rowspan="2">吸水率(%)≤</td><td colspan="2" rowspan="2">抗冻性</td></tr>
<tr><td>磨坑长度(mm)≤</td><td>耐磨度≥</td></tr>
<tr><td>优等品</td><td>28.0</td><td>1.9</td><td>5.0</td><td colspan="2" rowspan="3">冻融循环试验后,外观质量须符合上表的规定;强度损失不得大于20.0%</td></tr>
<tr><td>一等品</td><td>32.0</td><td>1.5</td><td>6.5</td></tr>
<tr><td>合格品</td><td>35.0</td><td>1.2</td><td>8.0</td></tr>
</table>

注:1. 抗压强度、块形应符合本表的要求。其尺寸容许偏差、外形质量、耐磨性、吸水率、抗冻性除应符合现行行业标准《混凝土路面砖》(JC/T 446—2000)中的要求外,每批路面砖的尺寸偏差不应大于2mm。
2. 路面砖的外露表面应平整,宜有倒角。
3. 路面砖表面应有必要的防滑功能,以保障行人及车辆的安全。
4. 路面砖饰面层厚度不宜小于5mm,表面花纹图案的沟槽深度不得超过面层(料)的厚度。
5. 磨坑长度与耐磨度二项试验只做一项即可。
6. 应以同一块形、同一颜色、同一强度且以20 000块为一验收批;不足20 000块按一批计,每一批中应随机抽取50块试件;每验收批试件的主检项目应包括尺寸容许偏差、外观质量和抗压强度,并符合现行行业标准《混凝土路面砖》(JC/T 446—2000)。

16.4.5 砌块路面的砌筑

砌块路面的砌筑 表16-19

项 目	砌筑工序和施工要点
准备	砌块路面的面层砌块(路面砖)砌筑前应先放样并检验基层,使修整后符合要求。基层应平整、密实达到设计高程
砌筑工序	(1)用粗砂或石屑铺设30mm(必要时可增至50mm,但不宜再增大)整平层(垫砂层)。 (2)定基准线,按设计图案细致铺设砌块,可用木槌敲实使联锁紧密,砌块与砌块之间缝隙保持为3mm±1mm,砌筑人员在铺设每一批砌块时,应站在已铺好的砌块上作业,不准站在粗砂(或石屑)整平层上施工,非标准形状的待铺面积处,砌块如需切割,则需用切割器、电锯、凿刀等专门工具。 (3)用小型振动碾压机(或振动器)振实铺筑的砌块面层。 (4)将细砂撒在砌块上,用竹扫帚扫入缝隙,填满间隙,再用小型振动碾压机依次顺序振实后,将细砂扫除,即可完工使用

续上表

<table>
<tr><th colspan="2">项　目</th><th>砌筑工序和施工要点</th></tr>
<tr><td rowspan="2">特殊部位施工要求</td><td>井周路面砌块排列</td><td>路面设施周围的施工应符合下列要求：
(1)检查井、污水井等周围突出部位应予清除，并用基层材料修整至基层顶面高程；
(2)检查井等周围的砌块(路面砖)，不得使用切断块；未铺筑部分，应及时用细石混凝土填补好
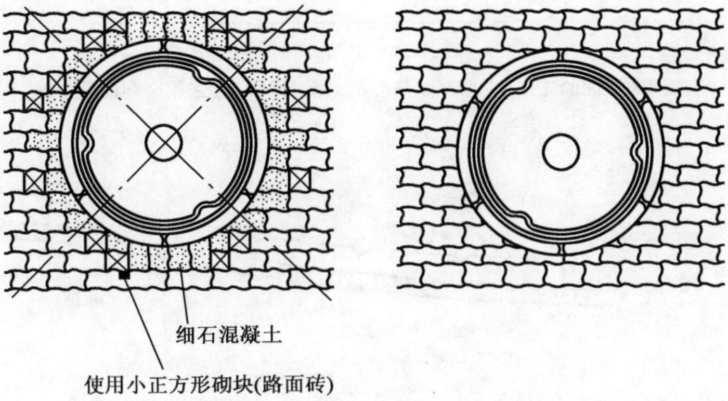

a)正确　　b)不正确
路面设施周围砌块(路面砖)的排列</td></tr>
<tr><td>人行道、广场边缘路面固定法</td><td>对人行道、广场等无路缘石路面边缘部位的施工，应采用混凝土支挡法或路面砖砂浆黏结法固定，以保证路面边缘的约束作用，使受力状况良好
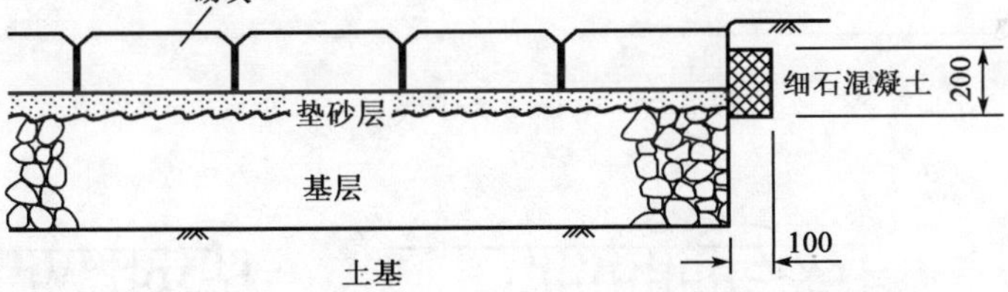

a)混凝土止挡法(尺寸单位:mm)
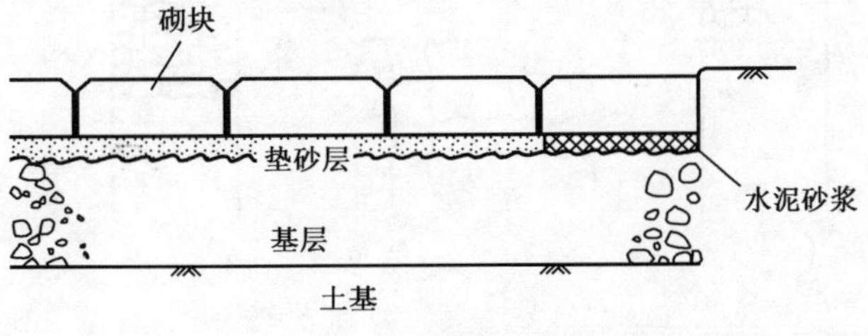

b)砂浆黏结法</td></tr>
</table>

续上表

项　目		砌筑工序和施工要点
特殊部位施工要求	弯道路面	平面弯曲路面的施工可采用调整砌块(路面砖)接缝宽度进行,其接缝宽度应符合下列要求: (1)弯道外周砌块的接缝宽度不应大于6mm; (2)弯道内周砌块的接缝宽度不应小于2mm
	竖向弯曲路面铺筑	竖向弯曲路面的施工,应将路面基层及整平(垫砂)层采用竖向曲线过渡,其接缝宽度宜为2～6mm 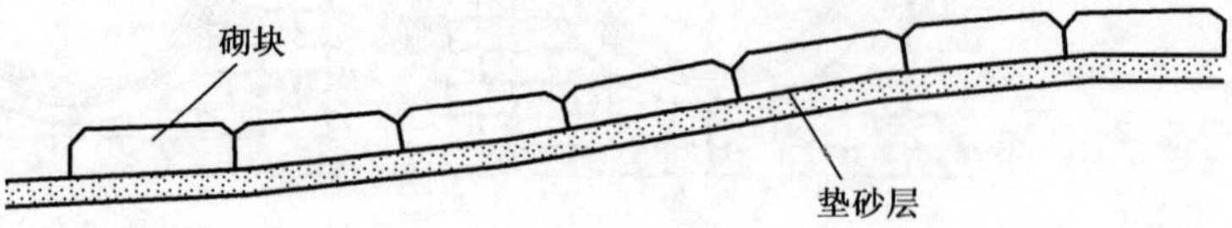 a)正确 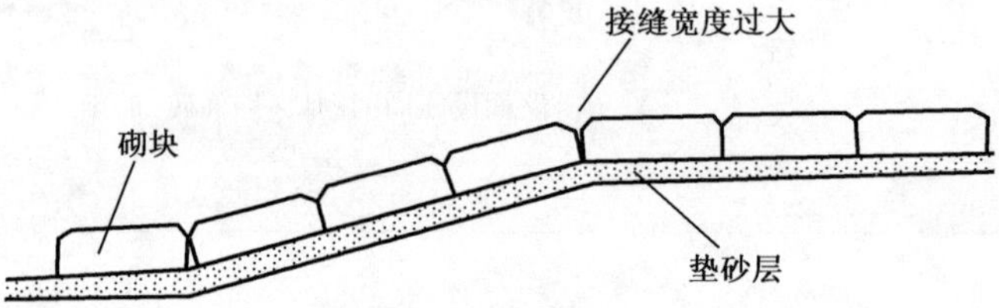 b)不正确 竖向弯曲路面的施工
	一字形和人字形路面铺筑	一字形铺筑的路面,转角处砌块(路面砖)的铺筑方法可采用一字形或人字形的形式 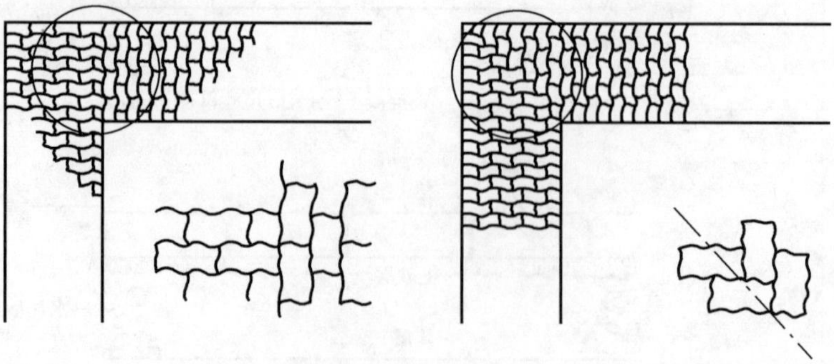 拐角处砌块的铺筑方法 人字形铺筑的路面,转角处砌块(路面砖)可采用端部专用砌块的切断块或细石混凝土铺筑

续上表

<table>
<tr><th colspan="2">项　目</th><th>砌筑工序和施工要点</th></tr>
<tr><td rowspan="3">特殊部位施工要求</td><td>各种路面连接节点</td><td>各种路面连接处的施工节点可按下图实施。
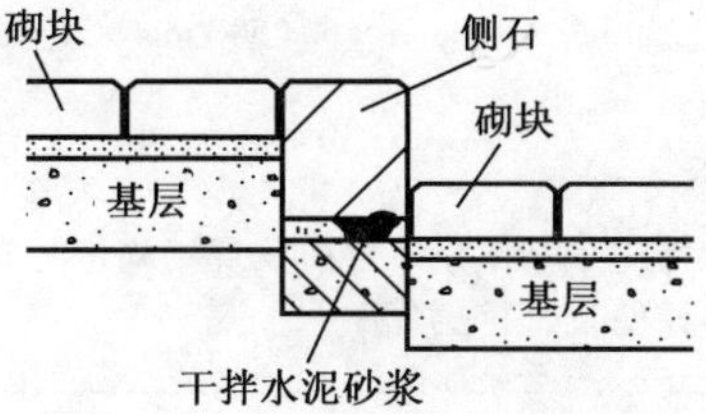

a)人行道与车行道连接处的施工节点
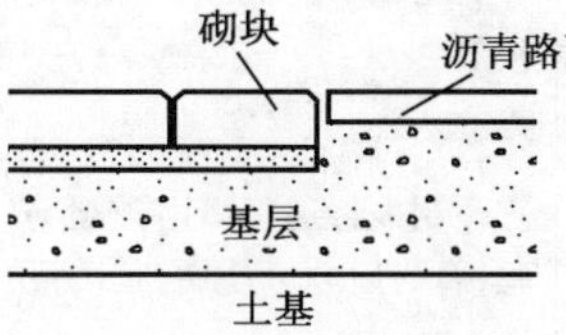

b)与沥青路面交接处的施工节点
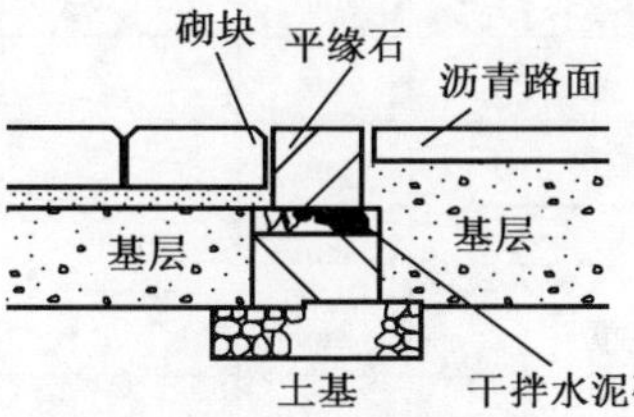

c)使用边界石的施工节点
施工节点详图</td></tr>
<tr><td>施工要求</td><td>在路面的边界或交界处不能使用端部专用砌块(路面砖)时,可将其切断后使用。切断可采用切割机切割。切断块的最小尺寸应不小于20mm
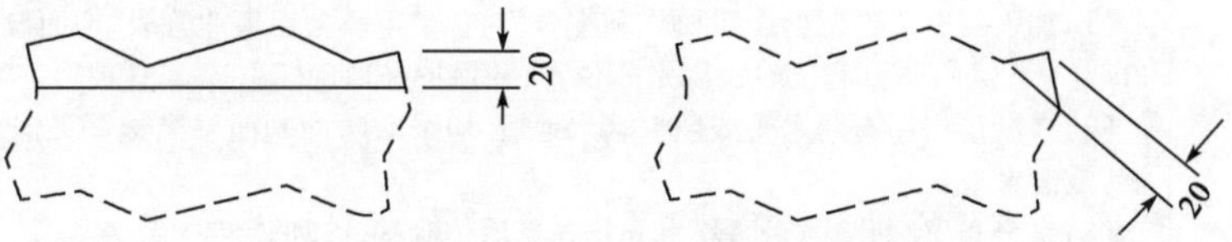

切断块的最小尺寸(尺寸单位:mm)</td></tr>
<tr><td>其他施工要求</td><td>在振动较激烈部位铺筑砌块时,垫砂层宜用1∶3干拌水泥砂浆。
当在有防水要求的基层上铺筑砌块时应采取防水处理措施,并应排水。
在有侵蚀部位铺筑砌块时,宜采用1∶3的干拌水泥砂浆按规定将缝灌满填实,再用水灌入缝中,将干拌水泥砂浆浸湿。
填补的细石混凝土的强度等级不宜小于C20;水泥砂浆的强度等级不宜小于M20,其色彩应与路面一致</td></tr>
</table>

16.5　人　行　道

16.5.1 一般人行道的类别及其铺筑施工

一般人行道的类别及其铺筑施工　表16-20

项　目	人行道类别及其铺筑施工
人行道的铺筑种类	人行道道面一般有预制板铺砌和现场浇筑两种。预制板又有普通板和彩色板以及触感块材三种,而现场浇筑又有水泥混凝土浇筑和沥青类铺筑两种

续上表

<table>
<tr><th>项 目</th><th>人行道类别及其铺筑施工</th></tr>
<tr><td>预制人行道板一般规格</td><td>预制人行道板主要规格尺寸为 490mm × 490mm × 65mm,490mm × 245mm × 65mm;表面滚花道板双分 250mm × 250mm × 60mm 压纹道板,250mm × 250mm × 60(50)mm 彩色压纹道板,及其他镶嵌式道板等</td></tr>
<tr><td>预制人行道板质量标准和容许偏差(上海市政标准)</td><td>预制人行道板多由预制场(厂)加工制造,其出场(厂)前及现场施工时应经验收,对成品作质量检验,合格后方可使用,其质量标准和容许偏差如下表所示。
<table>
<tr><th>分项</th><th>单位</th><th>质量标准和容许偏差</th></tr>
<tr><td>混凝土抗压强度</td><td>MPa</td><td>平均值不得小于 30,彩板不得小于 35</td></tr>
<tr><td>两对角线长度差</td><td>mm</td><td>大板 5,小板 3</td></tr>
<tr><td>厚度</td><td>mm</td><td>大板 ±5,小板 ±3</td></tr>
<tr><td>外露面缺边掉角长度小于</td><td>mm</td><td>大板 20,小板 10,且不多于 1 处</td></tr>
<tr><td>边长</td><td>mm</td><td>大板 ±5,小板 ±3</td></tr>
<tr><td>外露面平整度</td><td>mm</td><td>2,彩板 1</td></tr>
<tr><td>表面外观</td><td>—</td><td>应无蜂窝、露石、脱皮、裂缝等,花纹清晰,棱角整齐,彩板色彩均匀,触感板的停步、板材和导向块材的图案尺寸准确</td></tr>
</table>
注:边长小于 30cm × 30cm 为小板,超过此值为大板;现大板采用较少</td></tr>
<tr><td>人行道施工注意事项</td><td>人行道施工时,必须注意下列有关事项:
(1)加强与有关部门的联系协作和配合,对各类市政公用事业管线、地面设施、盖框等,应落实专门对口部门,按人行道高程、横坡,固定好位置,并保护好测量标志。
(2)在沿街房屋有落水管或屋檐滴水地段,应采取防冲刷面层措施。根据设计要求设置水落管接水槽(或泄水暗管)。
(3)结合布置绿化建筑地段,宜先将花坛墙体砌好,以利施工。
(4)人行道施工应与斜坡、踏步、挡土墙等施工结合进行</td></tr>
<tr><td>人行道铺筑高与宽度的依据</td><td>人行道铺筑应以侧石顶面为基准,按设计横坡和宽度,定出边界及其高度,靠近侧石处的人行道板面应高出侧石顶面 5mm,以利排水</td></tr>
<tr><td>预制人行道板的铺砌方法和要求</td><td>预制人行道板的施工,分为普通和彩色两种,如下表所列。
<table>
<tr><th>普通人行道板</th><th>彩色人行道板</th></tr>
<tr><td>(1)摊铺垫层前应先将土基整平压实,垫层厚度及材料应符合设计要求。
(2)铺筑预制板一般采用放线定位法顺序铺砌,板底紧贴垫层,不得有翘动、虚空现象。
(3)经常用 3m 直尺沿纵、横和对角方向检查是否平整。发现不符合要求处,及时整修。
(4)采用 490mm × 490mm 方板时,铺砌要与侧石垂直的拼缝为通缝(横缝),与侧石平行的为错缝(纵缝),缝宽 ≤1cm,侧石接边线缝宽 1cm。缝隙均匀,灌缝饱满</td><td>(1)彩色人行道板下层宜用刚性或半刚性基层及水泥砂浆黏结层,其厚度、强度应符合有关规定。
(2)按放线定位法顺序铺砌,板底黏结,相邻板块紧贴,表面平整,线条直顺,注意拼花彩板的整体图案应拼接美观。
(3)由于彩色道板花纹线条多样,色彩亦有不同,可组成各种不同图案,作为艺术铺砌,为此可事先进行设计绘制图样,精心施工</td></tr>
</table></td></tr>
</table>

续上表

<table>
<tr><th>项　　目</th><th>人行道类别及其铺筑施工</th></tr>
<tr><td>人行道板在曲线路段上的补缺施工</td><td>人行道板曲线段的道板铺砌，可分直铺法和扇形铺砌法两种方法。铺板后形成的楔形空缺及边角空缺，可分别按下述处理。
<table>
<tr><th>普通人行道板</th><th>彩色人行道板</th></tr>
<tr><td>用人行道板同强度水泥混凝土（厚5cm）补缺，其上盖铺1∶2～1∶3水泥砂浆（厚2cm），就地浇筑，与预制板面平齐并滚花。终凝后，覆盖湿治，设栏防护，冬季注意防冻</td><td>彩色人行道板的铺砌空缺填补，采用同强度普通混凝土浇筑，其上层用1.5～2cm厚彩色水泥混合料抹面，补足空缺并与道面齐平</td></tr>
</table></td></tr>
<tr><td>人行道板铺砌质量要求</td><td>预制人行道板铺砌质量要求，除对预制板块的要求已于本表第3条列述外，其整个铺砌质量要求列述如下：
（1）铺砌平整，排列整齐稳定，接缝均匀，灌缝饱满，无松动、积水现象；彩板色泽匀称，图案清晰。
（2）与各类盖框拼接平整，落水管处设有明（暗）沟泄水，有行道树处应留有树穴。
（3）裂角和断块（不得断成两块以上）道板数量不得超过全部用量的6%，且不应集中于一处，也不得连续超过两块。补缺现浇部分应分格规则，滚花清晰，表面平整</td></tr>
<tr><td>预制水泥混凝土人行道板铺砌质量标准及容许偏差</td><td>预制人行道板铺砌质量标准及容许偏差
<table>
<tr><th rowspan="2">分项</th><th rowspan="2">标准及容许偏差</th><th colspan="2">检验频率</th><th rowspan="2">检验方法</th></tr>
<tr><th>范围</th><th>点数</th></tr>
<tr><td>土基压实度</td><td>≥90%</td><td>100m</td><td>2</td><td>环刀法</td></tr>
<tr><td>平整度</td><td>5mm</td><td>20m</td><td>1</td><td>用3m直尺板和塞尺量取最大值</td></tr>
<tr><td>横坡度</td><td>±0.3%</td><td>20m</td><td>1</td><td>用水准仪测量</td></tr>
<tr><td>相邻板块高差</td><td>3mm</td><td>20m</td><td>1</td><td>用尺量取最大值</td></tr>
<tr><td>与侧行顶高差</td><td>+5mm，-0</td><td>20m</td><td>1</td><td>用尺量取最大值</td></tr>
<tr><td>道面与井框高差</td><td>3mm</td><td>每座</td><td>1</td><td>用尺量</td></tr>
<tr><td>纵缝顺直</td><td>10mm</td><td>40m</td><td>1</td><td>拉20m小线量取最大值</td></tr>
<tr><td>横缝顺直</td><td>10mm</td><td>20m</td><td>1</td><td>沿道宽拉小线量取最大值</td></tr>
</table>
注：①土基压实度系采用轻型击实标准。
②设有基层时，应增加检验强度不低于设计要求；其他材料应增加检验压实度≥95%</td></tr>
<tr><td>现浇水泥混凝土人行道质量要求</td><td>现场浇筑水泥混凝土人行道时，除应按设计要求做好基层压实整平等，对面层铺筑要求：
（1）水泥混凝土面层收水抹面后，应及时分块滚花压线。花眼边缘与压线平行，一般间距为5cm。滚花应清晰，花眼深度应一致（一般为2～3mm），滚花时防止将砂带起。
（2）板面边角应整齐，不得有大于0.3mm的裂缝，并不得有石子外露、浮浆、脱皮、印痕等现象。
（3）面层与其他构筑物应接顺，不得有积水现象。
（4）落水管排水处，应设有明沟，有行道树处，应留有树穴</td></tr>
</table>

续上表

项目	人行道类别及其铺筑施工					
现浇水泥混凝土人行道质量标准及容许偏差	现场浇筑水泥混凝土人行道质量标准及容许偏差见下表					
	分项		标准及容许偏差	检验频率		检验方法
				范围	点数	
	压实度	土基	≥90	100m	2	用环刀法或灌砂法
		基层	≥95			
	平整度		5mm	20m	1	用3m直尺和厚薄规量取最大值
	宽度		≮设计宽度	40m	1	用钢尺量
	厚度		+10mm，-5mm	20m	1	用钢尺量
	横坡度		±0.3%	20m	1	用水准仪测量
	道面与井框高差		3mm	每座	1	用钢尺量
	水泥混凝土强度		不低于设计规定	每台班	1组	
注:土基压实度采用轻型击实标准						

注:1. 料石人行道应表面平整、粗糙,色泽、规格、尺寸应符合设计要求,其抗压强度不宜小于80MPa,其物理性能其他指标及加工容许偏差请参考料石路面的指标。

2. 本表对彩色人行道板仅作一般简述,详细内容见表16-21。

16.5.2 彩色人行道

(1)彩色人行道及其铺筑施工

彩色人行道及其铺筑施工 表16-21

项目	一般规定和技术要求				
一、彩色预制块人行道					
预制块人行道排水横坡	类别				横坡
	人行道				2.0%
	进出口斜坡				2.0% ~3.0%
	停车区域				1.0% ~1.5%
	注:停车区域应设有排水系统				
彩色预制板质量(外观)要求	厚度、边长(mm)				+2、0
	垂直度差(mm)				$<h/50$①
	对角线长度差②(mm)				3
	裂缝				不容许
	分层				不容许
	掉色				不容许
	表面黏皮				不容许
	注:①h 为预制板块厚度(mm); ②该项指标适用于矩形彩色预制块				
彩色预制块物理力学性能	抗压强度(MPa)	磨坑长度(mm)	吸水率(%)	抗冻性强度损失(%)	块形
	≥30	≤32	≤8	≤25	连锁、非连锁
	≥40	≤32	≤8	≤25	连锁
	≥40	≤32	≤8	≤25	连锁

续上表

<table>
<tr><td colspan="2">项　目</td><td colspan="4">一般规定和技术要求</td></tr>
<tr><td colspan="2" rowspan="4">接缝用砂级配</td><td>筛孔尺寸（mm）</td><td>累计筛余量（%）</td><td>筛孔尺寸（mm）</td><td>累计筛余量（%）</td></tr>
<tr><td>5.0</td><td>0</td><td>0.63</td><td>75 ~ 15</td></tr>
<tr><td>2.5</td><td>5 ~ 0</td><td>0.315</td><td>90 ~ 60</td></tr>
<tr><td>1.25</td><td>20 ~ 0</td><td>0.160</td><td>100 ~ 90</td></tr>
<tr><td colspan="2">接缝间的宽度</td><td colspan="4">两相邻预制块之间的接缝宽度应为 3mm ± 1mm</td></tr>
<tr><td colspan="2" rowspan="3">彩色预制块的最小厚度</td><td>类别</td><td>最小厚度（mm）</td><td>类别</td><td>最小厚度（mm）</td></tr>
<tr><td>人行道</td><td>5</td><td>停车区域</td><td>8</td></tr>
<tr><td>进出口斜坡</td><td>6</td><td></td><td></td></tr>
<tr><td rowspan="15">彩色预制块人行道结构组合</td><td rowspan="5">刚性结构厚度组合</td><td>结构组合</td><td>厚度①（cm）</td><td colspan="2">说明</td></tr>
<tr><td>彩色预制块</td><td>5 ~ 10</td><td colspan="2" rowspan="4">刚性结构为水泥混凝土适用于土基软弱、公用管线多等难用压路机碾压地段，或承载力要求较高且需要停放车辆的路段</td></tr>
<tr><td>整平层</td><td>3 ~ 5</td></tr>
<tr><td>混凝土（C20 ~ C30）</td><td>10 ~ 15</td></tr>
<tr><td>垫层</td><td>10</td></tr>
<tr><td rowspan="5">半刚性结构厚度组合</td><td>结构组合</td><td>厚度（cm）</td><td colspan="2">说明</td></tr>
<tr><td>彩色预制块</td><td>5 ~ 10</td><td colspan="2" rowspan="4">半刚性结构为级配三渣或水泥稳定碎石，适用于能用压路机对结构层进行碾压的路段</td></tr>
<tr><td>整平层</td><td>3 ~ 5</td></tr>
<tr><td>级配三渣或水泥稳定碎石</td><td>15 ~ 25</td></tr>
<tr><td>垫层</td><td>7 ~ 10</td></tr>
<tr><td rowspan="4">柔性结构厚度组合</td><td>结构组合</td><td>厚度（cm）</td><td colspan="2">说明</td></tr>
<tr><td>彩色预制块</td><td>5 ~ 10</td><td colspan="2" rowspan="3">柔性结构为级配碎石，适用于土基比较稳定、无停车的人行道或能用压路机碾压的路段</td></tr>
<tr><td>整平层</td><td>3 ~ 5</td></tr>
<tr><td>级配碎石②</td><td>15 ~ 25</td></tr>
<tr><td colspan="5">注：①结构厚度应根据停车的可能性、停车的轴载与数量，由设计确定，对广场及停车场道面结构应进行专门设计。
②采用 15 ~ 25mm 碎石，表面用 15 ~ 25mm 碎石嵌缝</td></tr>
<tr><td>彩色预制块人行道的铺砌施工</td><td>施工准备工作</td><td colspan="4">（1）根据设计图纸的要求，复测各主要控制点，包括临时水准点、侧石的顶高、侧石的转弯半径、平面位置等。
（2）人行道范围内各类管线、绿化设施及构筑物等，必须在人行道施工前全部完成，外露的井盖高程必须调整至设计高程，井座四周需作特殊处理以保证彩色预制块的正常铺筑。
（3）彩色预制块在铺筑前，应根据铺面图案、铺筑方向、工程数量，按色泽分垛堆放，按序使用，避免混淆。不同厂家的产品不得混用。彩色预制块块形的选择可参照表 16-25 执行。
（4）经检查土路基及基层密实、平整合格后进行铺筑施工</td></tr>
</table>

续上表

项目		一般规定和技术要求
彩色预制块人行道的铺砌施工	放出样桩、样线	根据人行道设计高程和设计宽度精确放出样桩,并用模线放出边线。样桩间距不宜过密,以10m一根为宜
	整平层摊铺	整平层的摊铺可根据当天铺筑工作量,确定摊铺长度。一般应边摊铺整平层,边铺设彩色预制块,以减少扰动。对水泥砂浆(可用于连锁型彩色预制块)更应严格控制摊铺与铺设的时间间隔,防止砂浆硬化,影响上下层黏结,整平层应均匀平整。整平层的松抛系数为1.25~1.30,可由现场试验确定。 整平层摊铺后,不应有任何影响铺设质量的扰动
	彩色预制块的铺砌	(1)彩色预制块铺砌时的定位可用"挂线定位法",即根据图案花纹选择一条横缝线为基准线,并在基准线的垂直线上挂出纵缝线。横缝线的布置宜为10m一根。纵缝线可根据人行道的宽度挂出边线,1/2及1/4宽度等线。挂线高度需考虑抛高量。纵、横线基准线布置完成后,经检查确认平整度、坡度、顺直度均达到要求后,方可进行铺砌。 (2)铺砌彩色预制块时,施工人员必须站在已铺砌完成的彩色预制块上操作,严禁站在整平层上操作。为防止污染彩色预制块,可在彩色预制块上垫上木板。 (3)在铺砌过程中,应随时用3m直尺校验平整度,校验方向应按横向、纵向及45°方向同时进行。发现不平整处,应及时调整。 (4)铺砌完成并经检查合格后,必须对所完成的彩色预制块面层进行初碾、扫缝和终碾(采用水泥砂浆整平层的彩色预制块面层,此工序可免去)。碾压机械宜采用手推式小型压路机,由路边缘向路中间碾压,初碾往返2~3遍即可。碾压速度以步行速度为准,碾压方向与行人行走方向一致。 初碾结束后,可进行扫缝,即接缝灌砂。其过程为:在已完成铺筑的彩色预制块表面均匀撒上薄薄一层接缝用砂,用扫帚等工具将砂扫入接缝中,边扫边碾压,直至接缝砂将缝填满为止。 扫缝结束后,可进行终碾,终碾往返1~2遍即可。 (5)终碾结束后,应将彩色预制块上多余接缝砂清扫干净
	铺砌补缺	(1)在彩色预制块无法铺砌的部位应进行补缺。检查井及公用事业井周围的彩色预制块禁止使用切断块,无法铺筑的部分应及时用细石混凝土修补,并宜做些色彩处理,保证色彩和谐。 (2)弯曲路面可采用调整预制块缝宽度来进行施工,但预制块缝宽度应满足下列要求: ①弯道外侧的接缝宽度≤6mm; ②弯道内侧的接缝宽度≥2mm。 (3)路面边界或交界处应使用专用切割设备将彩色预制块切割成所需的尺寸,但不应小于2cm
	开放交通	面层铺砌完成后,即可开放人行交通;采用水泥砂浆整平层铺砌的面层必须经过养护后,方可开放交通

彩色预制块人行道质量容许偏差和验收标准(SZ 05—99)	序号	分项	单位	标准及容许偏差	检查频率		检验方法
					范围	点数	
	1	土基压实度	%	≥90	100m	2	环刀法
	2	预制块混凝土强度	不小于设计强度				混凝土抗压试验
	3	平整度	(mm)	3	20m	1	3m直尺和厚薄规量取最大值

续上表

项　　目	一般规定和技术要求						
	序号	分项	单位	标准及容许偏差	检查频率		检验方法
					范围	点数	
彩色预制块人行道质量容许偏差和验收标准（SZ 05—99）	4	横坡	百分点	±0.3	20m	1	水准仪
	5	相邻块高差	（mm）	2	20m	1	用直尺量取最大值
	6	与侧石顶面高差	（mm）	+5、0	20m	1	用直尺量取最大值
	7	道面与井框高差	（mm）	3	每座	1	用直尺
	8	接缝宽度	（mm）	±1	20m	1	用直尺
	9	纵缝顺直	（mm）	10	40m	1	用20m小线量取最大值
	10	横缝顺直	（mm）	10	20m	1	沿道面宽拉小线量取最大值
	注：土基压实度为轻型击实标准						

二、彩色混凝土人行道

项　　目	一般规定和技术要求
一般规定	（1）彩色混凝土人行道是一种新型装饰铺面。面层混凝土处于初凝期间，撒铺上彩色强化料，成型后在混凝土表面形成色彩和图案。 （2）彩色混凝土铺面，按成型工艺可分为纸模与堰模两种。 （3）彩色混凝土人行道结构一般由面层与基层组成，需要时可增设垫层。 面层——由水泥混凝土面层和彩色混凝土强化料形成的彩色面层组成； 基层——可为级配三渣、水泥稳定碎石或碎石基层； 垫层——可为砾石砂、碎石、砂或石屑
面层材料的质量要求	（1）彩面层由彩色混凝土强化料、封面保护剂组成；图案可采用纸模或压模形成。 ①彩色混凝土强化料为高强度水泥、细集料（纸模采用细料，压模采用粉料）和无机化合物及专用的外加剂调配而成，其成型厚度一般为2～3mm； ②彩色混凝土：封面保护剂由树脂及表面活性剂等组成； ③纸模是在有一定韧性和抗水性的纸上预先做成各种图形，混凝土浇筑后铺其表面以形成不同的花纹和图案；压模是用具有各种图形的软性塑料组成的模具，压入混凝土面层表面以形成各种仿天然的石纹和图案；纸模及压模常用图案参见表16-25。 （2）水泥混凝土面层可采用路用商品混凝土（坍落度6～8cm）或自拌混凝土（坍落度≤3cm）。混凝土中不得掺加含氯化物的外加剂

结构组合（参考）：彩色混凝土人行道结构厚度由设计确定，下列结构组合可供参考

适用种类	彩色面层	混凝土面层	基层结构
人行道	2～3mm彩色强化料	10～15cm厚C20～C25混凝土	10cm碎石
进出门坡	2～3mm彩色强化料	15cm厚C20～C25混凝土	10cm碎石
停车区域	2～3mm彩色强化料	20cm厚C25～C30混凝土	10cm碎石

续上表

项　目	一般规定和技术要求	
彩面铺筑前的准备	施工准备	(1)根据设计图纸的要求,复测主要控制点,包括水准点、侧石顶高、侧石转弯半径及平面位置等。 (2)人行道范围内各类管线、绿化设施及构筑物等,必须在人行道施工前全部完成,外露的各种井盖高程必须调整至设计高程。 (3)待铺筑的彩色强化料、纸模或压模应按铺筑方向,按序堆放,按序使用
	面层铺筑	(1)土路基达到平整坚实,碎石层施工符合有关规定要求后进行混凝土面层施工。 (2)混凝土面层每班铺筑长度应与彩色混凝土铺面的合理施工进度相协调。特别在冬期与雨季,施工长度应适当控制
彩色面层的纸模施工法	铺纸模	(1)混凝土面层用铁制的抹板抹平,收水至表面基本无水后,即可将纸模铺于混凝土面层表面。铺纸模时,应准备足够的跳板,为铺纸模创造腾空作业的条件。 (2)纸模为卷筒状,一般有正反两面,应正面向上。纸模应轻轻下放,并确保纸模平顺。纸模拼接处应重叠放置,不得错位,需要时可用钉书钉固定。 (3)纸模按设计图案放置完毕后,用羊毛滚筒将纸模摊平,纸模必须密贴于混凝土表面,以保证图案清晰、不串色
	撒料、抹平、揭模和养护	(1)撒料、抹平、揭模及初期养护。 纸模摊平后,分两度手撒彩色细料。第一度细料充分湿润后,用抹板抹平。待细料表面收干后,即进行第二度撒料,待完全湿润后用抹刀抹平。撒料用量约为$2kg/m^2$,第一度细料约为总用量的2/3。 (2)当采用两种或两种以上色彩拼色时,在色彩交界处应做好隔离措施,保证不串色。 (3)彩色铺面抹面结束后,应做好防雨、防冻措施。同时,为保证彩面的质量应采用全封闭养护措施,杜绝行人、车辆通行。 (4)通常在两次撒料后24h之内即可揭除纸模,视气温高低而定,但不应超过24h。在现场可通过局部试揭来确定最佳时刻。 (5)养护时间的长短取决于气温的高低,夏季1~2d,冬季7~10d。养护结束后,将彩面彻底冲洗干净并硒干后,即可进行封面。 (6)封面的施工程序应符合下列有关封面方法和要求
	撒料、压模及养护	(1)在收水结束、混凝土表面手撒二度彩色粉料后,必须立即均匀地撒上彩色脱模剂,以保证混凝土面层在受压后不被粘起而破坏图案。 (2)待混凝土和脱模剂结合在一起,但又未完全凝固时,进行花纹成型。将成型模具沿着放样图案参照线铺设,并将其垂直压进混凝土内。成型模具可以重复使用,但必须备有足够数量的成型模具,以提高施工效率。 (3)施压成型模具的时间应严格控制,其与气温有直接的关系。夏季施工,约0.5h;冬季施工,约2~3h。 养护方法同前述

续上表

<table>
<tr><th colspan="2">项 目</th><th>一般规定和技术要求</th></tr>
<tr><td>彩色面层的纸模施工法</td><td>封面</td><td>(1)混凝土面层强度达到设计强度的70%后,彩色混凝土花纹图案面层应用高压水枪清洗,边冲、边刷,将脱模剂及污垢冲洗干净,必要时可用5%左右的稀盐酸。
(2)当彩色面层完全干燥后,用专用工具将封面保护剂均匀喷洒或涂刷在彩面上,喷刷后24h内禁止进入现场。
(3)封面保护剂的喷涂用量约为0.2kg/m^2</td></tr>
<tr><td colspan="2">锯缝</td><td>(1)水泥混凝土抗压强度达到8~12MPa时进行锯缝,也可在施工现场及用试锯法来确定合适的锯缝时间。
(2)锯缝宽度宜为5~8mm,缝深为1/4~1/3板厚。如天气炎热或温差较大,可先在中间锯缝,然后依次补锯。必要时可在施工期间每隔一定距离先做一条压缝,以防混凝土板未锯先裂</td></tr>
<tr><td colspan="2">灌填缝料</td><td>(1)灌填缝料前,每条缝须先清除漏入的水泥砂浆和彩色强化料等杂物,填缝料一般可采用聚氨酯低模量嵌缝油膏和聚硫橡胶类嵌缝膏。
(2)灌填缝料前,缝隙的两侧面层应先贴宽10cm的美工纸或其他材料作为隔离层,随后按要求嵌缝,并用刮刀铲除面层表面多余的填缝料。填缝料深度以20mm为宜,填缝料下可用泡沫塑料填塞。
(3)填缝料的色彩宜尽可能同彩色面层色彩相近</td></tr>
<tr><td colspan="2">开放交通</td><td>封面保护剂、人行道填缝料完工后方可开放交通</td></tr>
<tr><td colspan="2">彩色混凝土人行道验收标准(SZ 05—99)</td><td>(1)彩面层边角整齐,不得有裂缝、脱皮及收水痕迹。
(2)纸模拼接处不得有错缝,压模施工不得有漏压。
(3)胀缝、缩缝、纵缝的设置应符合设计要求。胀缝必须垂直,上下贯通,缝隙宽度一致,缝内无连浆。缩缝须直,切缝深度不得小于设计要求。
(4)填缝料饱满平整,不得外溢,缝内不得有杂物。
(5)彩色混凝土人行道验收标准应符合下表规定。
<table>
<tr><th rowspan="2">分项</th><th rowspan="2">单位</th><th rowspan="2">标准及容许偏差</th><th colspan="2">检查频率</th><th rowspan="2">检验方法</th></tr>
<tr><th>范围</th><th>点数</th></tr>
<tr><td>土基压实度</td><td>%</td><td>≥90</td><td>100m</td><td>2</td><td>环刀法</td></tr>
<tr><td>水泥混凝土强度</td><td colspan="2">不小于设计强度</td><td>每台班</td><td>1组</td><td>混凝土抗压试验</td></tr>
<tr><td>平整度</td><td>mm</td><td>5</td><td>20m</td><td>1</td><td>3m直尺和厚薄规量取最大值</td></tr>
<tr><td>横坡</td><td>%</td><td>±0.3</td><td>20m</td><td>1</td><td>水准仪</td></tr>
<tr><td>宽度</td><td>mm</td><td>不小于设计宽度</td><td>40m</td><td>1</td><td>用钢尺量</td></tr>
<tr><td>道面与井框高差</td><td>mm</td><td>3</td><td>每座</td><td>1</td><td>用钢尺量</td></tr>
<tr><td>厚度</td><td>mm</td><td>+10、-5</td><td>20m</td><td>1</td><td>用钢尺量</td></tr>
<tr><td colspan="6">注:土基压实度为轻型击实标准</td></tr>
</table></td></tr>
</table>

注:根据上海市市政府工程管理局《彩色人行道施工及验收技术规范》(SZ 05—99)编制。

(2)彩色预制块尺寸及彩色混凝土常用图形参考

彩色预制块尺寸及彩色混凝土常用图形参考(SZ 05—99)

表16-22

I彩色预制块常用块形参考表尺寸(尺寸单位:mm)

块形	数量(块/m²)	块形	数量(块/m²)
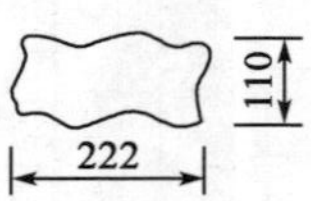	39.6	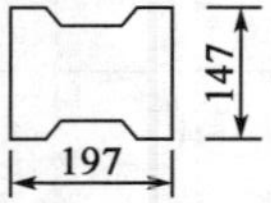	40.0
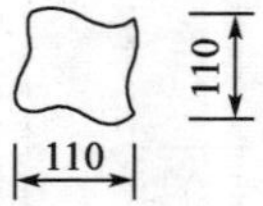	79.0	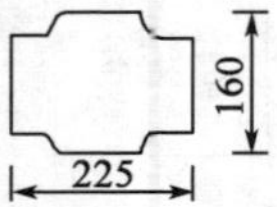	31.7
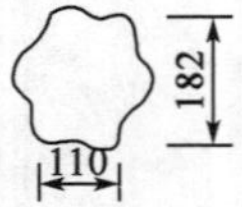	30.5	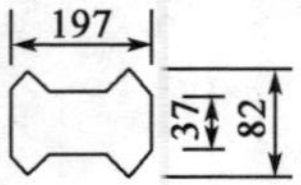	44.4
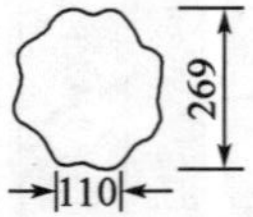	17.1	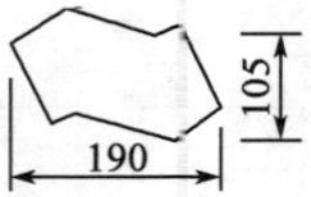	33.6
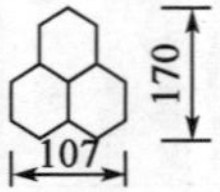	38.0	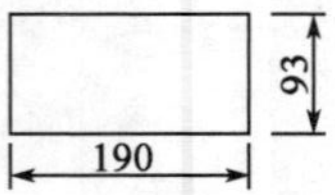	50.0
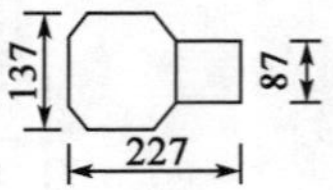	37.8	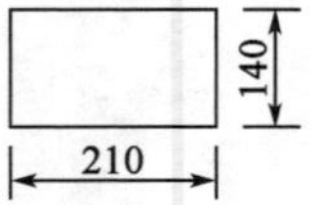	34.0

II彩色混凝土常用图形参考

图形	名称	图形	名称
	Fimberly Sandstone (压模)		Brick (纸模)
	Ashlar Slate (压模)	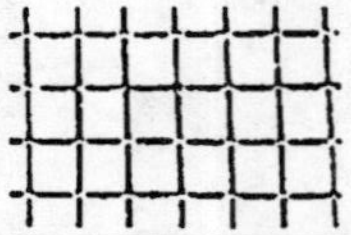	Tile8″ (纸模)
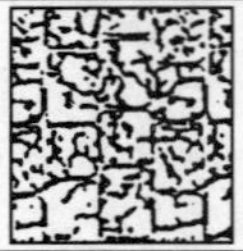	Cobble (压模)	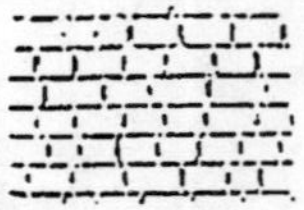	Cobblestone (纸模)
	Flanders Weave (压模)		Flanders Weave (纸模)
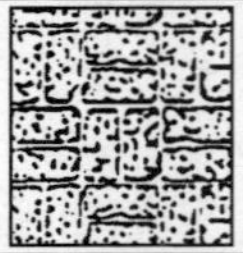	Basket Weave (压模)		Basket Weave (纸模)
	European Fan (压模)	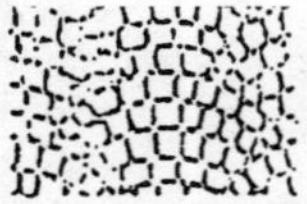	European Fan (纸模)
	Bush Rock (压模)	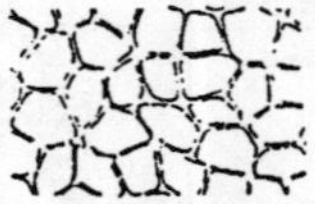	Flagstone (纸模)

(3)人行道中触感块材的设置和要求

人行道中触感块材的设置和要求　表16-23

<table>
<tr><th>项　目</th><th>铺设触感块材的布置和要求</th></tr>
<tr><td>触感块材的设置目的和要求</td><td>将人行道设置为视力残疾人无障碍通道,达到引路和安全行走的目的。具体要求是将凹凸表面的特制块材即触感块材,设置于道路交叉口、人行横道、街坊路口、重要公共建筑及残疾人使用频繁的建筑物出入口附近,如下图所示,一般在具体施工时由施工方会同建设方及设计人员共同确定地点和位置</td></tr>
<tr><td>触感块材布置示例简图(尺寸单位:cm)</td><td>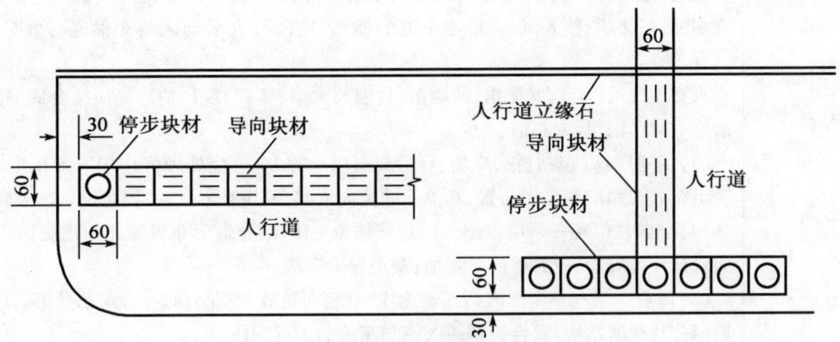

a)人行道中的触感块材布置
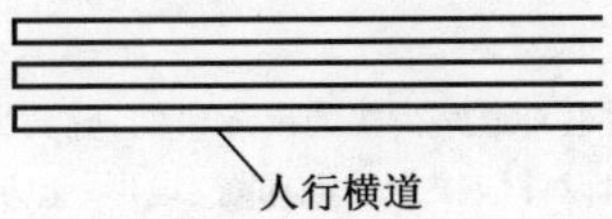

b)人行横道处的触感块材布置</td></tr>
<tr><td>铺装施工注意要点</td><td>(1)触感块材由导向块材与停步块材组成(见上图)。
(2)人行道铺装到建筑物时,应在其中部行进方向连续设置导向块材,路口缘石前铺装停步块材,铺装宽度不得小于0.6m,一般2~3道。
(3)人行横道处的触感块材距缘石0.6m或隔一块人行道砖铺装停步块材,导向块材与停步块材呈垂直向铺装,铺装宽度不得小于0.6m。
(4)导向块材上严禁设置电杆等障碍物。
(5)块材之间应保持连接平整坚实</td></tr>
</table>

16.6　广场和停车场

16.6.1 广场的分类与布置

广场的分类与布置　表16-24

项　目	广场的分类与布置
广场分类及其布置一般原则	(1)城市广场按其性质、用途及在路网中的地位分为公共活动广场、集散广场、交通广场、纪念性广场与商业广场五类。有些广场兼有多种功能。 (2)广场应按照城市总体规划确定的性质、功能和用地面积(范围),结合交通特征、地形、自然环境等进行布置设计,并处理好毗连道路及主要建筑物出入口的衔接,以及和四周建筑物的协调,注意广场的艺术风貌。 广场应按人流、车流分离的原则,布置分隔、导流等设施,并采用交通标志与标线指示行车方向、停车场地、步行活动区

续上表

项　目	广场的分类与布置
各类广场的功能与布置要求	(1)公共活动广场——主要供居民文化休息活动。有集会功能时,应按集会的人数计算需用场地,并对大量人流迅速集散的交通组织以及与其相适应的各类车辆停放场地进行合理布置和设计。 (2)集散广场——根据高峰时间人流和车辆的多少,公共建筑主要出入口的位置,结合地形,合理布置车辆与人群的进出通道、停车场地、步行活动地带等。 机场、港口码头、铁路车站与长途汽车站等站前广场应与市内公共汽车、电车、地铁的站点布置统一规划,组织交通,使人流、客货运车流的通路分开,行人活动区与车辆通行区分开,离站、到站的车流分开。 大型体育馆(场)、展览馆、博物馆、公园及大型影(剧)院门前广场应结合周围道路进出口,采取适当措施引导车辆、行人集散。 (3)交通广场(包括桥头广场、环形交通广场等)——应处理好广场所衔接道路的交通,合理确定交通组织方式和广场平面布置,减少不同流向人、车的相互干扰,必要时设人行天桥或人行地道。 (4)纪念性广场——应以纪念性建筑物为主体,结合地形布置绿化与供瞻仰、游览活动的铺装场地。为保持环境安静,应另辟停车场地,避免导入车流。 (5)商业广场——应以人行活动为主,合理布置商业贸易建筑、人流活动区。广场的人流进出口应与周围公共交通站协调,合理解决人流与车流的干扰问题
广场具体布置的有关规定(CJJ 37—90)	(1)在广场通道与道路衔接的出入口处,应满足行车视距要求。 (2)广场竖向设计应根据平面布置、地形、土方工程、地下管线、广场上主要建筑物高程、周围道路高程与排水要求等进行,并考虑广场整体布置的美观。 (3)广场排水应考虑广场地形坡向、面积大小、相连接道路的排水设施,采用单向或多向排水。广场设计坡度,平原地区应小于或等于1%,最小为0.3%;丘陵和山区应小于或等于3%。地形困难时可建成阶梯式广场。与广场相连接的道路纵坡以0.5%~2.0%为宜。困难时最大纵坡不应大于7%,积雪及寒冷地区不应大于6%,但在出入口处应设置纵坡度小于或等于2%的缓坡段

16.6.2 停车场的分类与布置

停车场的分类与布置　　表16-25

项　目	停车场的分类与布置
停车场的分类及其分布原则	(1)停车场主要可分为机动车停车场和非机动车停车场(主要为自行车停车场)两类。而机动车停车场则又分为公用停车场和专用停车场,现以前者为主,后者可参照运用。 (2)停车场的布置应根据城市规划布局和道路交通组织需要合理设置,在大型公共建筑,重要机关单位门前以及公共汽车首、末站等处均应布置适当容量的停车场。大型建筑物的停车场应与建筑物位于主干路的同侧。人流、车流量大的公共活动广场、集散广场宜按分区就近原则,适当分散安排停车场,对于商业文化街和商业步行街,可适当集中安排停车场
停车场的设置规模	公用停车场的规模应按照服务对象的要求、车辆到达与离去的交通特征、高峰日平均吸引车次总量、停车场地日有效周转次数,以及平均停放时间和车位停放不均匀性等因素,结合城市交通发展规划确定

续上表

<table>
<tr><th>项　目</th><th>停车场的分类与布置</th></tr>
<tr><td>停车场位置的选择</td><td>(1)公用停车场的停车区距所服务的公共建筑出入口的距离宜为用 50 ~ 100m。对风景名胜区,当考虑环境保护需要或受用地限制时,距主要入口可达 150 ~ 250m;对于医院、疗养院、学校、公共图书馆与居住区,为保持环境宁静,减少交通噪声或废气污染的影响,应使停车场与这些建筑物之间保持一定距离。
(2)停车场的出入口不宜设在主干路上,可设在次干路或支路上并远离交叉口;不得设在人行横道、公共交通停靠站以及桥隧引道处,出入口的缘石转弯曲线切点距铁路道口的最外侧钢轨外缘应大于或等于 30m;距人行天桥应大于或等于 50m,停车场出入口及停车场内应设置交通标志、标线,以指明场内通道和停车车位</td></tr>
<tr><td>场地利用</td><td>停车场平面布置应有效地利用场地,合理安排停车区及通道,便于车辆进出,满足防火安全要求,并留出布设附属设施的位置</td></tr>
<tr><td>停车场设计车型与外廓尺寸(CJJ 37—2012)</td><td>机动车停车场设计车型及外廓尺寸如下表所示,设计时应以停车场停车高峰时所占比重大的车型为设计车型,如有特殊车型,应以实际外廓尺寸作为设计依据。
<table>
<tr><th rowspan="2">设计车型</th><th colspan="3">外廓尺寸(m)</th></tr>
<tr><th>总长</th><th>总宽</th><th>总高</th></tr>
<tr><td>微型汽车①</td><td>3.2</td><td>1.6</td><td>1.8</td></tr>
<tr><td>小型汽车②</td><td>5.0</td><td>1.8</td><td>1.6</td></tr>
<tr><td>中型汽车</td><td>8.7</td><td>2.5</td><td>4.0</td></tr>
<tr><td>普通汽车</td><td>12.0</td><td>2.5</td><td>4.0</td></tr>
<tr><td>铰接车</td><td>18.0</td><td>2.5</td><td>4.0</td></tr>
</table>
注:①包括微型货车、机动三轮车。
②包括中型客车、旅游车和 4t 以下的货运汽车</td></tr>
<tr><td>车辆停放纵、横向的净距(CJJ 37—2012)</td><td>车辆停放纵、横向的净距(m)
<table>
<tr><th rowspan="2" colspan="2">净距区分</th><th colspan="2">设计车型</th></tr>
<tr><th>微型汽车、小型汽车</th><th>中型汽车、普通汽车、铰接车</th></tr>
<tr><td colspan="2">车间纵向净距</td><td>2.0</td><td>4.0</td></tr>
<tr><td colspan="2">背对停车时车间尾距</td><td>1.0</td><td>1.0</td></tr>
<tr><td colspan="2">车间横向净距</td><td>1.0</td><td>1.0</td></tr>
<tr><td rowspan="2">车与围墙、护栏及其他构筑物间</td><td>纵净距</td><td>0.5</td><td>0.5</td></tr>
<tr><td>横净距</td><td>1.0</td><td>1.0</td></tr>
</table>
注:停车场内背对停车,两车间植树时,车间尾距为 1.5m</td></tr>
<tr><td>机动车停放方式及简图</td><td>停车面积根据车辆类型、停车方式、车辆进出,以及乘车人上下所需纵、横向净距(如上列)的要求确定。停放方式有下列几种
<table>
<tr><th>平行式</th><th>斜列式</th><th>垂直式</th></tr>
<tr><td>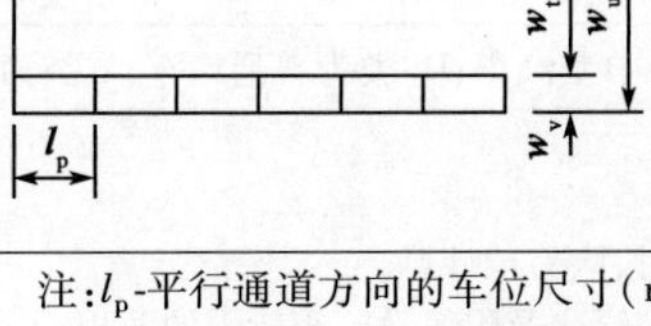
</td><td>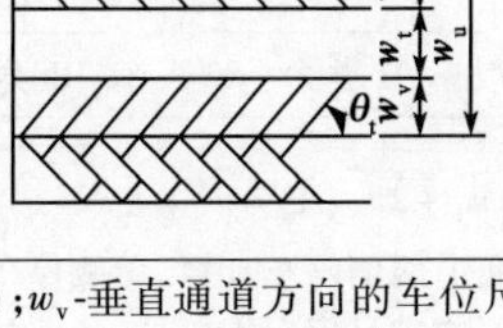
</td><td>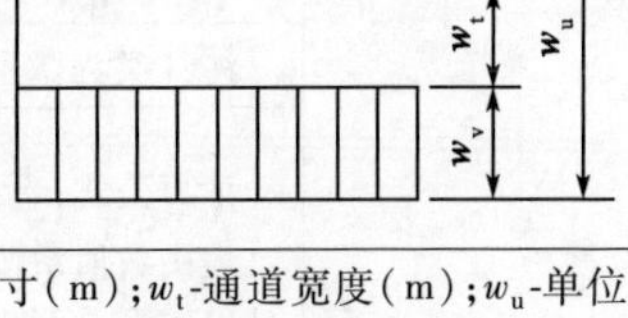
</td></tr>
</table>
注:l_p-平行通道方向的车位尺寸(m);w_v-垂直通道方向的车位尺寸(m);w_t-通道宽度(m);w_u-单位停车宽度(m);Q_t-车辆纵轴与通道夹角(°)</td></tr>
</table>

续上表

项　目	停车场的分类与布置
机动车停车场所需通道宽度及单位停车面积	机动车停车场按车辆停发方式的不同,有前进停车,前进发车;前进停车,后退发车;后退停车,前进发车三种。停车场所需通道宽度、单位停车面积及有关尺寸如下表所示

机动车停车场设计参数(CJJ 37—2012)

停车方式			垂直通道方向的车位尺寸 w_v (m)					平行通道方向的车位尺寸 l_p (m)					通道宽度 w_t (m)				
			I	II	III	IV	V	I	II	III	IV	V	I	II	III	IV	V
平行式		前进停车	2.6	2.8	3.5	3.5	3.5	5.2	7.0	12.7	16.0	22.0	3.0	4.0	4.5	4.5	5.0
斜列式	30°	前进停车	3.2	4.2	6.4	8.0	11.0	5.2	5.6	7.0	7.0	7.0	3.0	4.0	5.0	5.8	6.0
	45°	前进停车	3.9	5.2	8.1	10.4	14.7	3.7	4.0	4.9	4.9	4.9	3.0	4.0	6.0	6.8	7.0
	60°	前进停车	4.3	5.9	9.3	12.1	17.3	3.0	3.2	4.0	4.0	4.0	4.0	5.0	8.0	9.5	10.0
		后退停车	4.3	5.9	9.3	12.1	17.3	3.0	3.2	4.0	4.0	4.0	3.5	4.5	6.5	7.3	8.0
垂直式		前进停车	4.2	6.0	9.7	13.0	19.0	2.6	2.8	3.5	3.5	3.5	6.0	9.5	10.0	13.0	19.0
		后退停车	4.2	6.0	9.7	13.0	19.0	2.6	2.8	3.5	3.5	3.5	4.2	6.0	9.7	13.0	19.0

停车方式			单位停车宽度 w_u(m)					单位停车面积 A_u(m^2/veh)				
			I	II	III	IV	V	I	II	III	IV	V
平行式		前进停车	8.2	9.6	11.5	11.5	12.0	21.3	33.6	73.0	92.0	132.0
斜列式	30°	前进停车	9.4	12.4	17.8	21.8	28.0	24.4	34.7	62.3	76.1	98.0
	45°	前进停车	10.8	14.4	22.2	27.6	36.4	20.0	28.8	54.4	67.5	89.2
	60°	前进停车	12.6	16.8	26.6	33.7	44.6	18.9	26.9	53.2	67.4	89.2
		后退停车	12.1	16.3	25.1	31.5	42.6	18.2	26.1	50.2	62.9	85.2
垂直式		前进停车	14.4	21.5	29.4	39.0	57.0	18.7	30.1	51.5	68.3	99.8
		后退停车	12.6	18.0	29.1	39.0	57.0	16.4	25.2	50.9	68.3	99.8

注:I 类为微型汽车;II 类为小型汽车;III 类为中型汽车;IV 类为普通汽车;V 类为铰接车

计算公式:$w_u = w_t + 2w_v$,$A_u = w_u \times l_p/2$

表中数值系按通道两侧停车计算,单侧停车时,应另行计算。

停车场总面积除应满足停车需要外,还应包括绿化及附属设施等所需的面积

续上表

<table>
<tr><th>项　目</th><th colspan="4">停车场的分类与布置</th></tr>
<tr><td>机动车停车车位与进出口布置</td><td colspan="4">机动车停车场内车位布置可按纵向或横向排列分组安排，每组停车不应超过 50veh。各组之间无通道时，亦应留出大于或等于 6m 的防火道。
停车场出入口不应少于两个，其净距宜大于 10m；条件困难或停车容量小于 50veh 时，可设一个出入口，但其进出通道的宽度宜采用 9～10m。
停车场的出入口应有良好的通视条件，如下图所示，并设交通标志。停车场的竖向设计应与排水设计结合，其最小坡度与广场要求相同，与通道平行方向的最大纵坡度为 1%，与通道垂直方向为 3%
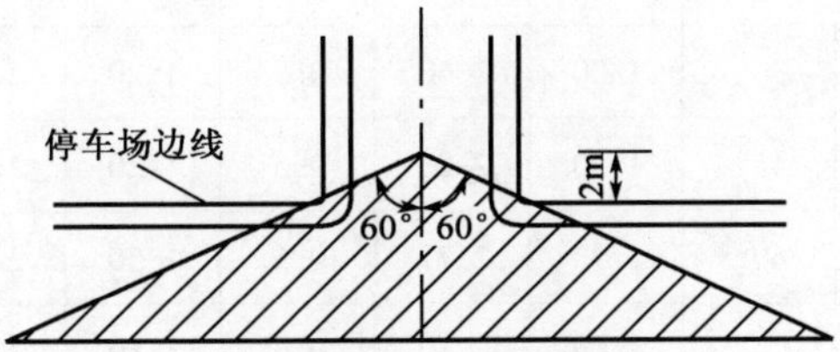

停车场出入口的视距</td></tr>
<tr><td rowspan="4">自行车停放方式</td><td colspan="4">自行车停车场应结合道路、广场和公共建筑布置，划定专门用地，合理安排。其停放方式如下图所示</td></tr>
<tr><td>区分</td><td>垂直式停放</td><td>斜列式停放</td><td>说明</td></tr>
<tr><td>自行车双排停放方式</td><td>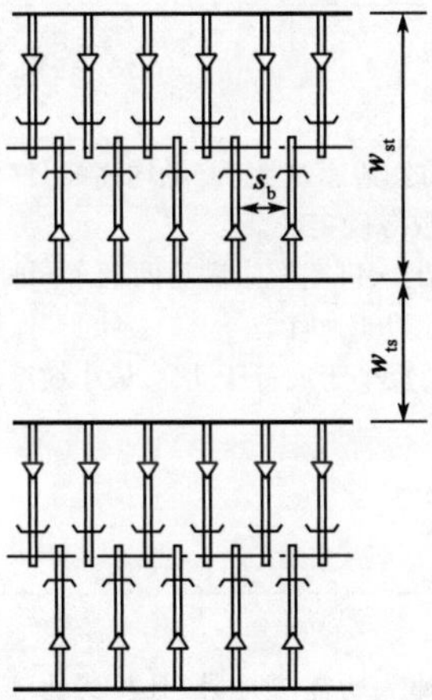
</td><td>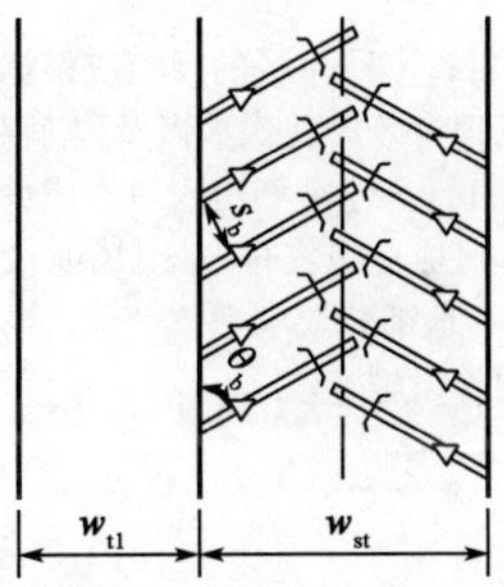
</td><td rowspan="2">w_{s0}-单排停车带宽度(m)；
w_{st}-双排停车带宽度(m)；
w_{t1}-一侧停车通道宽度(m)；
w_{t2}-两侧停车通道宽度(m)；
s_b-停车车辆间距(m)；
θ_b-自行车纵轴与通道夹角(°)</td></tr>
<tr><td>自行车单排停放方式</td><td>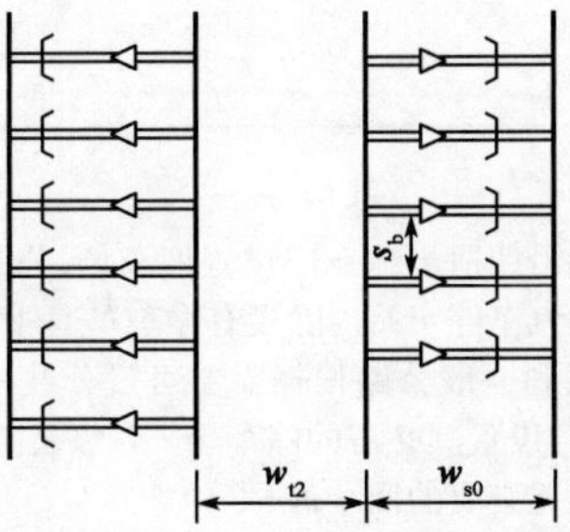
</td><td>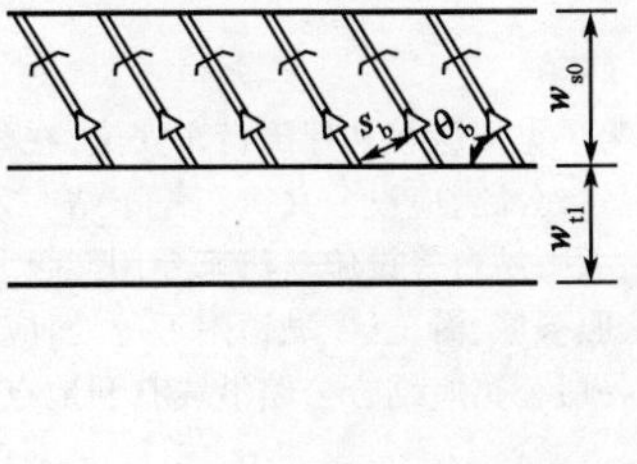
</td></tr>
</table>

续上表

项　目	停车场的分类与布置
自行车停车带及通道宽度和单位停车面积	自行车停车带宽度、通道宽度、单位停车面积（见下表） 计算公式： $A_{01}=(w_{s0}+w_{t1})S_b/\sin\theta_b$ $A_{01}=(w_{s0}+w_{t2}/2)S_b/\sin\theta_b$ $A_{t1}=(w_{st}/2+w_{t1})S_b/\sin\theta_b$ $A_{t2}=(w_{st}+w_{t2})S_b/(2\sin\theta_b)$
自行车停车场布置的有关要求	(1)自行车停车场的规模应根据所服务的公共建筑性质、平均高峰日吸引车次总量、平均停放时间、每日场地有效周转次数以及停车不均衡系数等确定。 (2)自行车停车场出入口不应少于两个，出入口宽度应满足两辆车同时进出，一般为2.5～3.5m。场内停车区应分组安排，每组场地长度以15～20m为宜。 (3)场地铺装要求平整、坚实、防滑。坡度宜小于或等于4%，最小坡度为0.3%，停车区宜有车棚、存车支架等设施
公共交通首末站	(1)公共交通首末站除满足车辆停放及掉头所需场地外，还应考虑工作人员工作与休息设施所需面积。 (2)专用回车场应设在客流集散的主流方向同侧，其出入口不得直接与快速路、主干路相连。 (3)回车场的最小宽度应满足公共交通车辆最小转弯半径需要，公共汽车为25～30m；无轨电车为30～40m
公路沿线停车设施	为了方便旅客和保障行车安全，在公路沿线适当地点应设置停车场、公共汽车站等设施。高速公路和一级公路，应设公共汽车停车站。公共汽车停车站内除设有停车车道外，还应设变速车道、外侧分隔带、上下站台等设施。汽车专用二级公路和一般公路根据需要可设公共汽车站。在车站、渡口、食宿站、服务区、游览区、城镇附近等处，应自行设置其必需的停车场。各级公路严禁将行车道用作停车场。 一般公路应结合公路沿线有利地点，设置必要的回车道

自行车停车带宽度、通道宽度、单位停车面积

停放方式		停车带宽度(m)		停车车辆间距 s_b	通道宽度(m)		单位停车面积(m^2/veh)			
		单排停车 w_{s0}	双排停车 w_{st}		一侧停车 w_{t1}	两侧停车 w_{t2}	单排一侧停车 A_{01}	单排两侧停车 A_{01}	双排一侧停车 A_{t1}	双排两侧停车 A_{t2}
斜列式	30°	1.00	1.60	0.5	1.20	2.00	2.20	2.00	2.00	1.80
	45°	1.40	2.26	0.5	1.20	2.00	1.84	1.70	1.65	1.51
	60°	1.70	2.77	0.5	1.50	2.60	1.85	1.73	1.67	1.55
垂直式		2.00	2.30	0.6	1.50	2.60	2.10	1.98	1.86	1.74

16.6.3 广场和停车场的施工

广场和停车场的施工　表 16-26

<table>
<tr><th>项　目</th><th>停车场的分类与布置</th></tr>
<tr><td>特点和要求</td><td>(1)广场或停车场的工程特点是面积大,平整度要求高,坡度小,要求排水畅。为此,必须严格控制面层及以下各层的纵横坡度和平整密实度。
(2)为达到上述要求,可采用方格网从填挖土基开始,即控制好高程的样桩(必要时样桩加密),一般样桩间距约为5m×5m,可视地形情况酌定,分层控制,并碾压密实,随时复测校核</td></tr>
<tr><td>面层铺筑施工注意事项</td><td>广场和停车场的施工,除参照道路施工有关章节内容要求执行外,还应注意下列事项:
(1)沥青混合料应尽量采用具有自动调平装置的摊铺机进行摊铺。施工缝必须黏结良好,接缝平顺,纵横施工缝垂直相交。
(2)施工过程中必须注意掌握碾压温度,同时用3m直尺检查平整度,如有高低不平,应趁热修整。
(3)铺筑面层为水泥混凝土时,在施工机具许可的条件下,可将铺筑宽度放宽,然后锯出纵线,以提高平整度。
(4)有关水泥混凝土面层的摊铺,同道路水泥混凝土面层一样,必须注意湿养和冬期防冻等必要措施</td></tr>
<tr><td>彩砖的面层铺砌</td><td>由于新材料的发展和美化环境的需要,有的广场和停车场采用彩色砖块铺砌,其铺筑花色及施工参见块料路面有关内容</td></tr>
<tr><td>广场和停车场质量标准及容许偏差</td><td>广场和停车场的外形尺寸,结构层强度、厚度均应符合设计要求,其质量标准、容许偏差及检验方法应满足下表要求。
(1)料石面层容许偏差及检验方法:
<table>
<tr><th rowspan="2">分项</th><th rowspan="2">标准及容许偏差</th><th colspan="2">检验频率</th><th rowspan="2">检验方法</th></tr>
<tr><th>范围</th><th>点数</th></tr>
<tr><td>高程(mm)</td><td>±6</td><td>施工单元</td><td>1</td><td>用水准仪测量</td></tr>
<tr><td>平整度(mm)</td><td>≤4</td><td>10m×10m</td><td>1</td><td>用3m直尺和厚薄规量最大值</td></tr>
<tr><td>坡度</td><td>±0.3%且不反坡</td><td>20m</td><td>1</td><td>用水准仪测量</td></tr>
<tr><td>井框与面层高差(mm)</td><td>≤3</td><td>每座</td><td>1</td><td>十字法,用直尺和厚薄规量最大值</td></tr>
<tr><td>相邻块高差(mm)</td><td>≤2</td><td>10m×10m</td><td>1</td><td>用钢板尺量</td></tr>
<tr><td>纵、横缝直顺度(mm)</td><td>≤5</td><td>40m×40m</td><td>1</td><td>用20m线和钢尺量</td></tr>
<tr><td>缝宽(mm)</td><td>+3
−2</td><td>40m×40m</td><td></td><td>用钢尺量</td></tr>
</table></td></tr>
</table>

续上表

<table>
<tr><th>项　目</th><th colspan="5">停车场的分类与布置</th></tr>
<tr><td rowspan="13">广场和停车场质量标准及容许偏差</td><td colspan="5">(2)预制混凝土砌块面层容许偏差及检验方法:</td></tr>
<tr><td rowspan="2">分项</td><td rowspan="2">容许偏差</td><td colspan="2">检验频率</td><td rowspan="2">检验方法</td></tr>
<tr><td>范围</td><td>点数</td></tr>
<tr><td>高程(mm)</td><td>±10</td><td>施工单元</td><td>1</td><td>用水准仪测量</td></tr>
<tr><td>平整度(mm)</td><td>≤5</td><td>10m×10m</td><td>1</td><td>用3m直尺、厚薄规量最大值</td></tr>
<tr><td>坡度</td><td>±0.3%且不反坡</td><td>20m</td><td>1</td><td>用水准仪测量</td></tr>
<tr><td>井框与面层高差(mm)</td><td>≤4</td><td>每座</td><td>1</td><td>十字法,用直尺和厚薄规量最大值</td></tr>
<tr><td>相邻块高差(mm)</td><td>≤2</td><td>10m×10m</td><td>1</td><td>用钢板尺量</td></tr>
<tr><td>纵、横缝直顺度(mm)</td><td>≤10</td><td>40m×40m</td><td>1</td><td>用20m线和钢尺量</td></tr>
<tr><td>缝宽(mm)</td><td>+3
-2</td><td>40m×40m</td><td></td><td>用钢尺量</td></tr>
<tr><td colspan="5">(3)面层排水畅通,不得有阻水积水现象。</td></tr>
<tr><td colspan="5">(4)与盖框等其他设施的衔接应平整、密实。</td></tr>
<tr><td colspan="5">(5)广场和停车场面层质量标准及容许偏在表列要求内</td></tr>
</table>

注:1. 本表引自《城镇道路工程施工与质量验收规范》(CJJ 1—2008)。

2. 在每一单位工程中,以40m×40m定方格网,进行编号,作为量测检查的基本单元,不足40m×40m的部分以一个单元计。在基本单元中再以10m×10m或20m×20m为子单元,每基本单元范围内只抽一个子单元检查;检查方法为随机取样,即基本单元在室内确定,子单元在现场确定,量取3点取最大值。

16.7 侧石、平石及其施工

侧石、平石及其施工　　表16-27

项　目	侧石、平石及其施工要求
侧石、平石及其使用	侧石、平石均属道路的组成部分,可合并使用或单独使用,视城市道路或公路具体情况和要求而定。 在城市式道路中,侧石、平石通常设置在沥青类路面边缘,平石铺在沥青路面与侧石之间形成街沟;侧石支护其外侧人行道或其他组成部分。水泥混凝土路面边缘通常仅设置侧石,同样可起到街沟作用。 在市郊公路式道路,为整齐路容,保护路面边缘,通常在路面边缘设置平缘石,实践表明,效果良好

续上表

<table>
<tr><th>项　　目</th><th colspan="3">侧石、平石及其施工要求</th></tr>
<tr><td rowspan="3">平石与侧石常用规格尺寸</td><td colspan="3">侧石和平石一般可用水泥混凝土预制件，亦有用花岗石琢制条石或水泥混凝土就地浇筑，常用规格尺寸如下图所示（尺寸单位：cm）</td></tr>
<tr><td>平石规格简图</td><td colspan="2">侧石规格简图</td></tr>
<tr><td>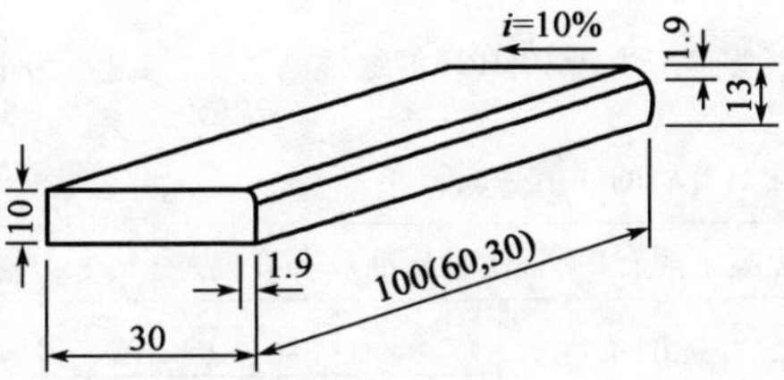
</td><td colspan="2">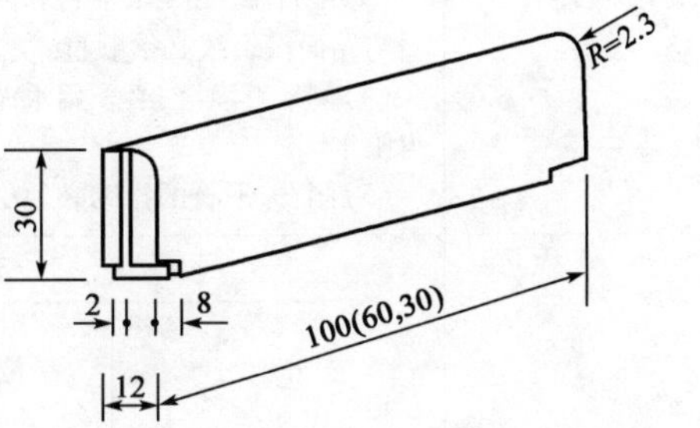
</td></tr>
<tr><td rowspan="7">预制混凝土侧石、平石质量要求</td><td colspan="3">成品质量标准及容许偏差</td></tr>
<tr><td>分项</td><td>单位</td><td>容许偏差</td></tr>
<tr><td>混凝土抗压强度</td><td>MPa</td><td>平均值不低于设计标准</td></tr>
<tr><td>外形尺寸（长、宽、高）</td><td>mm</td><td>±5</td></tr>
<tr><td>外露面缺边掉角长度</td><td>mm</td><td><20，且不多于1处</td></tr>
<tr><td>外露面平整度</td><td>mm</td><td>3</td></tr>
<tr><td>表面外观</td><td>—</td><td>应无蜂窝、露石、脱皮、裂缝等</td></tr>
<tr><td>条石制侧石、平石质量要求</td><td colspan="3">当采用花岗石侧石、平石，其琢制条石的表面应平整，无风化，棱角整齐</td></tr>
<tr><td rowspan="3">侧石、平石排砌及其通用结构简图（尺寸单位：cm）</td><td colspan="3">城市式道路侧平石通用结构简图如下图所示，对于沥青路面，一般在面层施工前排砌侧平石。对水泥混凝土路面，一般先施工路面，然后排砌侧石</td></tr>
<tr><td>水泥混凝土面层侧石排砌简图</td><td colspan="2">沥青混凝土面层侧石、平石排砌简图</td></tr>
<tr><td>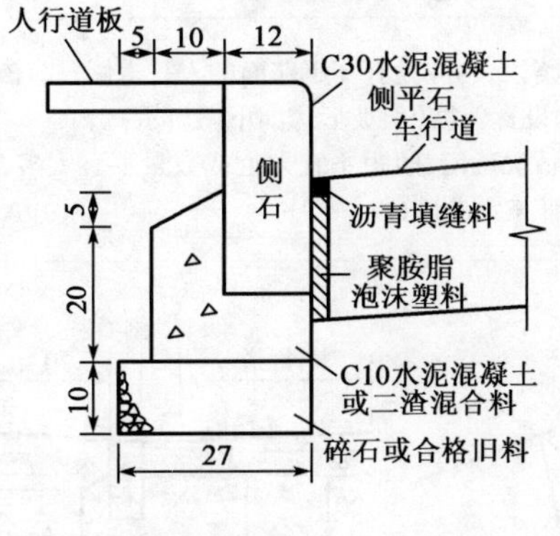
</td><td colspan="2">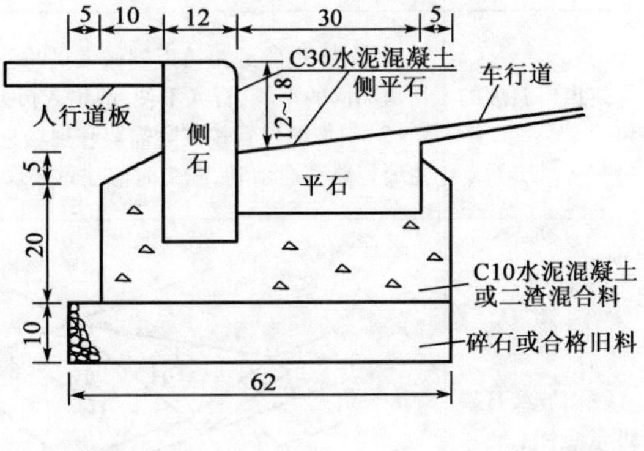
</td></tr>
<tr><td>排砌侧石、平石前的施工准备</td><td colspan="3">（1）核对道路中心线无误后，依次丈量出路面边界，进行路边线放样，定出边桩；直线段的边桩与边桩间可拉线作准绳，弯道及交叉路段须按设计半径，加密边桩，保证曲线圆弧尺寸。
（2）道路改建翻排侧石、平石，应按新排砌的要求进行测量放样，做好原有雨水口高程调整，并与原有侧石、平石衔接和顺</td></tr>
</table>

续上表

项　目	侧石、平石及其施工要求
侧石、平石的排砌施工	(1)侧石施工,根据施工图确定的平面位置和顶面高程所放出的样线执行,但对于人行道斜坡处的侧石,一般放低至比平石高出2~3cm,两端接头(与正常侧石衔接处)则应做成斜坡连接,亦即俗称"牛腿"式。 (2)侧石的选用,在直线路段采用长100cm的侧石;曲线半径大于15m时,一般采用100cm或60cm长的侧石;曲线半径小于15m或圆角部分,可视半径大小,采用60cm或30cm长的侧石。 (3)平石施工,要求平石和侧石应错缝对中相接,平石间宽1cm,与侧石间的缝隙小于或等于1cm,平石与路面接边线必须顺直。 (4)侧平石灌缝,必须用水泥砂浆(强度应大于10MPa)灌缝饱满密实,勾缝可为平缝或凹缝,平石不得阻水。 (5)侧石、平石的排砌必须稳定,侧石背后的回填必须密实
质量标准及容许偏差	水泥混凝土侧石、平石质量标准及容许偏差(见下表)

水泥混凝土侧石、平石质量标准及容许偏差

分项	单位	标准及容许偏差	检验频率		检验方法
			范围	点数	
直顺度	mm	10	100m	1	拉20m小线量取最大值
相邻块高差	mm	3	20m	1	用1m直尺和厚薄规量取最大值
接缝宽	mm	直线段 ±3 曲线段 ±5	20m	1	用钢尺量
直线段断裂数	块	≤1	每10m	—	目测计算
侧石顶面高程	mm	±10	20m	1	用水准仪具测量

16.8　道路进出口斜坡施工与质量

道路进出口斜坡施工与质量要求　　表16-28

项　目	进出口斜度施工与质量要求
进出口斜坡的设置	(1)城市道路或市镇近郊城市式的公路路段,均应设有高于路面的人行道侧石。该侧石对沿线单位、街道胡同的车辆、行人不便,故出入口处须设置斜坡(斜坡形式如下图所示)。 (2)斜坡的设置按实际需要和现场具体情况确定,间距不宜太近或数量不宜太多,以免横向干扰,对主要道路交通不利,施工时应注意按设计有关要求执行
三面坡缘石斜坡示意图(尺寸单位:cm)	见下图

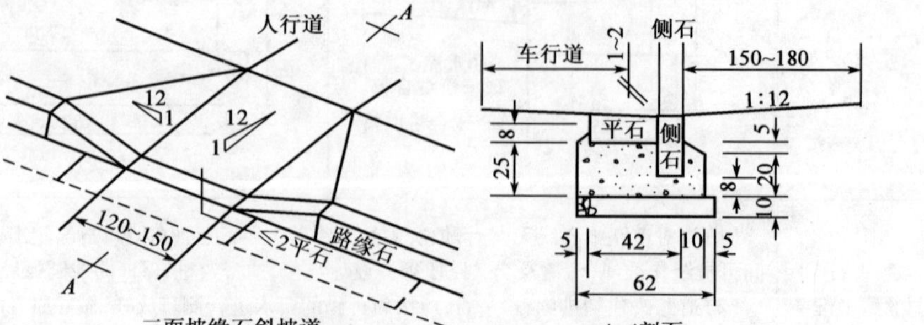

三面坡缘石斜坡道　　A-A剖面

续上表

<table>
<tr><th>项　目</th><th>进出口斜度施工与质量要求</th></tr>
<tr><td>单面坡缘石斜坡示意图(尺寸单位:cm)</td><td>
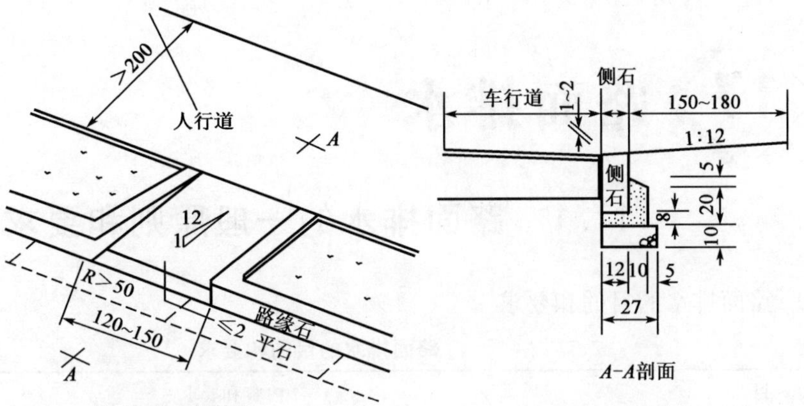

单面坡缘石斜坡道
</td></tr>
<tr><td>进出口斜坡施工要点</td><td>(1)斜坡面层通常为水泥混凝土浇筑,或以沥青混凝土铺筑。其施工方法可分别参照本篇第14章及第15章有关要求施工。
(2)斜坡与车行道、人行道、街道胡同道路连接应平顺,斜坡与人行道连接过渡段坡度宜较平缓。
(3)斜坡尺寸和结构层强度、厚度,一般应符合车行道设计要求。
(4)斜坡与车行道、人行道等连接处,不得有积水现象</td></tr>
<tr><td>质量要求及容许误差</td><td>
进出口斜坡质量要求及容许偏差
<table>
<tr><th rowspan="2">分项</th><th rowspan="2">标准及容许偏差</th><th colspan="2">检验频率</th><th rowspan="2">检验方法</th></tr>
<tr><th>范围</th><th>点数</th></tr>
<tr><td>土基压实度</td><td>≥90%</td><td>每个</td><td>1</td><td>用环刀法</td></tr>
<tr><td>基层压实度</td><td>≥95%</td><td>每个</td><td>1</td><td>用灌砂法</td></tr>
<tr><td>沥青混凝土面层压实度</td><td>≥95%</td><td>每个</td><td>1</td><td>蜡封法</td></tr>
<tr><td>水泥混凝土强度</td><td>不低于设计规定</td><td>每个</td><td>1</td><td>—</td></tr>
<tr><td>平整度</td><td>5mm</td><td>每个</td><td>1</td><td>用3m直尺量取最大值</td></tr>
<tr><td>厚度</td><td>+10mm
−5mm</td><td>每个</td><td>2</td><td>用钢尺量</td></tr>
</table>
</td></tr>
</table>

17 路面排水

17.1 路面排水的一般原则和要求

(1)路面排水的目的和要求

路面排水的目的和要求 表 17-1

<table>
<tr><th colspan="2">项 目</th><th colspan="7">内容和要求</th></tr>
<tr><td colspan="2">路面排水的目的</td><td colspan="7">各级公路、城市道路应根据当地降水与路面的情况设置必要的排水措施,及时将水排出路面,保证行车安全。行车速度高的高等级道路路面水应排泄迅速,防止路面形成水膜影响行车安全</td></tr>
<tr><td rowspan="6">路面排水的要求</td><td rowspan="5">城市道路</td><td colspan="7">城市道路排水设计重现期一般标准见下表,重现期高于地区排水标准时,应增设必要的排水设施</td></tr>
<tr><td>道路类别
城市级别</td><td>快速路</td><td>主干路</td><td>次干路</td><td>支路</td><td>广场停车场</td><td>立体交叉</td></tr>
<tr><td>大城市设计重现期(年)</td><td>2 ~ 5</td><td>1 ~ 3</td><td>0.5 ~ 2</td><td>0.5 ~ 1</td><td>1 ~ 3</td><td>2 ~ 5</td></tr>
<tr><td>中小城市设计重现期(年)</td><td>2 ~ 5</td><td>0.5 ~ 2</td><td>0.5 ~ 1</td><td>0.33 ~ 0.5</td><td>1 ~ 3</td><td>1 ~ 3</td></tr>
<tr><td colspan="7">计算道路雨水口流量时,偏沟(街沟)水深不宜大于缘石高度的 2/3</td></tr>
<tr><td>公路</td><td colspan="7">《公路工程技术标准》(JTG B01—2014)对路面排水的要求是:根据公路等级,结合沿线气象、地形、地质、水文等自然条件,设置必要的地表排水、路面内部排水、地下排水等设施,并与沿线排水系统相配合,形成完整的排水体系。高速公路与一级公路的路面排水,一般由路肩排水与中央分隔带排水组成;二级及二级以下公路的路面排水,一般由路拱坡度、路肩横坡和边沟排水组成。
《公路排水设计规范》(JTG/T D33—2012)对公路路面和路肩表面排水设计的重现期标准为:高速公路和一级公路 5 年,二级及二级以下公路 3 年</td></tr>
</table>

(2)路面排水的一般原则和布设的基本要求

路面排水的一般原则和布设的基本要求 表 17-2

<table>
<tr><th colspan="2">项 目</th><th>内容和要求</th></tr>
<tr><td rowspan="2">路面排水的一般原则</td><td>城市道路</td><td>(1)城区道路排水应按城市排水规划进行,无排水规划时应先做出排水规划。
(2)城市郊区道路如属城市道路性质者,或目前为公路性质但预计近期将改为城市性质者,均应按城区道路排水要求设计修建。
(3)城区道路排水一般采用管渠形式。设计修建时应根据道路类别、当地材料供应情况确定。道路路面排水一般由路面径流汇流至偏沟(街沟),再集流至雨水口,由雨水口经连接管至检查井导入排水干管系统。大中城市环境卫生条件要求较高,一般多采用这种形式。小城镇或环境卫生要求较低的郊区城市道路,也可采取路面径流汇流至偏沟、边沟、排水沟等明沟(明渠)系统排水</td></tr>
<tr><td>公路</td><td>(1)降落在路面上的雨水,应通过路面横向坡度向两侧排流,避免行车道路范围内出现积水。
(2)在路线纵坡平缓、汇水量不大、路堤较低且边坡坡面不会受到冲刷的情况下,应采用在路堤边坡上横向漫流的方式排除路面表面水。
(3)在路堤较高,边坡坡面未做防护而易遭受路面表面水流冲刷,或者坡面虽已采取防护措施但仍有可能受到冲刷时,应沿路肩外侧边缘设置拦水带,汇集路面表面水,然后,通过泄水口和急流槽排离路堤。
(4)设置拦水带汇集路面表面水时,拦水带过水断面内的水面,在高速公路及一级公路上,不得漫过右侧车道外边缘,在二级及二级以下公路上,不得漫过右侧车道中心线</td></tr>
</table>

续上表

<table>
<tr><th colspan="2">项 目</th><th>内容和要求</th></tr>
<tr><td rowspan="5">路面排水的一般原则</td><td>桥面</td><td>(1)为保障桥面行车通畅、安全,防止桥面结构受降水侵蚀,应设置完善的桥面排水设施。
(2)跨越公路、铁路、通航河流的桥梁以及城市高架桥,落在桥面上的降水通过桥面横坡和纵坡排流入泄水口后,应汇集到纵向排水管(或排水槽),并通过设在墩台处的竖向排水管(落水管)流入地面排水设施或河流中。跨越一般河流、水沟的桥梁,桥面水排入泄水口后,可通过泄水管直接向下排放。
(3)桥面应有足够的横向和纵向坡度,使落在桥面上的降水迅速排向桥面行车道两侧,桥面横向坡度可按路面横向坡度取用,或比后者大0.5%。
(4)泄水口宜设置在桥面行车道边缘处。泄水口的间距可依据设计径流量按规范JTG/T D33—2012计算确定,但最大间距不宜超过20m。在桥梁伸缩缝的上游方向,应增设泄水口,在凹形竖曲线的最低点及其前后3~5m处,也应各设置一个泄水口</td></tr>
<tr><td>立交桥下</td><td>(1)立交桥下的地面水,宜采用自流排除。当不能自流排除时,有条件修建蓄水池时,可采用调蓄排水,无调蓄条件时,应设泵站排水。
(2)下穿式立交引道两端纵坡的起点处,应设倒坡,并在道路两侧采取截水措施,以减少坡底聚水量;在纵坡大于2%的坡段内,不宜设雨水口,应在最低点集中收水,两边应各设并联雨水口,其数量应按立体交叉系统的设计流量计算确定</td></tr>
<tr><td>下穿道路</td><td>(1)对于下穿道路,应重视下挖段的排水设计,避免雨季积水影响车辆及行人正常通行。
(2)在下挖段的两端,应设置泄水口、排水沟等排水设施,拦截和引排上游方向的地表水,以减少地表水流入下挖段。
(3)下穿道路在上跨构造物洞口内的最小纵坡不宜低于0.15%~0.30%,纵断面的最低点宜尽可能布置在洞口外。
(4)下挖段的路肩宜采用较大的横向坡度,在洞口内的下挖段边沟应加大过水断面面积,并宜采用矩形横断面,顶上加盖带槽孔的混凝土板。在最低点处设置集水井,并布设地下排水管,将汇集的水引排到邻近的低地或水沟内。
(5)地下水位较高的平原区,下挖段汇集的表面水无法排出时,应设立泵站,使用水泵排水。水泵的型号应按排水量和扬程要求选择。重要的下穿道路,每个泵站应至少配置2台水泵</td></tr>
<tr><td>广场、停车场</td><td>(1)广场、停车场单向尺寸大于或等于150m,或地面纵坡度大于或等于2%且单向尺寸大于或等于100m时,宜采用划区分散排水方式。广场、停车场周围的地形较高时,应设截流设施。
(2)广场、停车场宜采用雨水管道排水,并且避免将汇水线布置在车辆停靠或人流集散的地点。
(3)停车场的修车、洗车污水应处理达到排放标准后排入城市污水管道,不得流入树坑与绿地</td></tr>
<tr><td>布设的基本要求</td><td>(1)道路排水应与道路平面、纵断面、横断面协调一致。
(2)要严格掌握道路路面的纵坡、横坡和平整度,以及偏沟(街沟)的断面形状和纵坡,使排水通畅(高等级道路行车速度快,还要求能迅速排水,不形成水膜),保持规定的流向,不反坡,不积水。
(3)雨水口位置应设置恰当,进水顺畅,有足够的泄水能力,并不得堵塞</td></tr>
</table>

17.2 路面排水设施

17.2.1 道路雨水口的构造与布设

(1)道路雨水口的构造、形式和适用场合

道路雨水口的构造、形式和适用场合 表17-3

项 目	图示及说明
雨水口的构造	雨水口是一个带有进水格栅(进水箅)的井,由进水格栅、井身和连接管等组成。雨水口的构造见下图

续上表

项　目	图示及说明
雨水口的构造	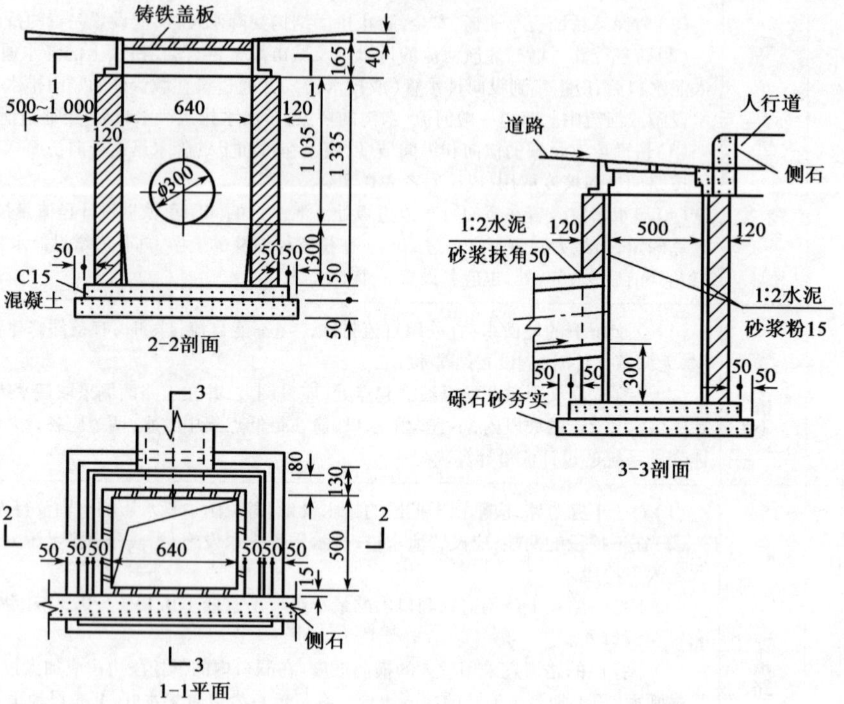 平式雨水口构造示例图(尺寸单位:mm) 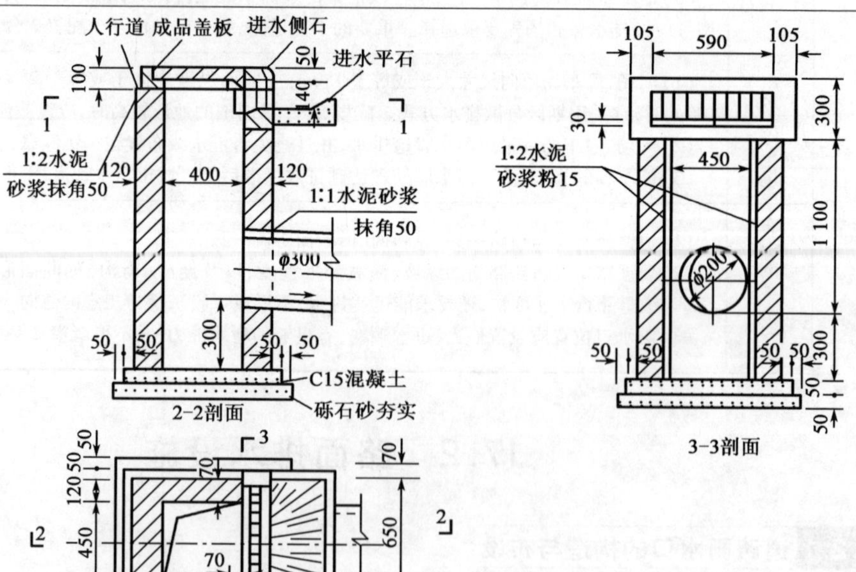 立式雨水口构造示例图(尺寸单位:mm)

续上表

项目		图示及说明
雨水口的构造		雨水口井的深度宜小于或等于1m。冰冻地区应对雨水口井及其基础采取防冻措施。在泥量较大地区,可根据需要设沉泥槽。 雨水口连接管的最小管径为200mm。连接管坡度应大于或等于1%,长度小于或等于25m,覆土厚度不小于70cm。 必要时雨水口可以串联。串联的雨水口不宜超过3个,并应相应加大出口连接管的管径。 雨水口连接管的管基与雨水管道基础的做法相同
雨水口的形式和适用场合	分类	根据雨水口进水格栅布置方向的不同,雨水口可分为平式、立式和联合式三种
	平式	平式雨水口:进水格栅(进水篦)水平放置,一般为单篦,视泄水需要也可以设置双篦、三篦。这种雨水口格栅易为车辆压损,但进水比较流畅,适用于交通量不大的次要道路和非机动车道路,也适用于广场及地面低洼聚水处
	立式	立式(竖式)雨水口:沿侧石(缘石)设置竖放的进水格栅。这种雨水门不直接承受车轮碾压,不易为车辆压损,但由于沿偏沟(街沟)汇流来的路面水需转90°角方能从格栅流入,水流不够顺畅,因此,雨水口间距不宜过长,适用于交通量大的城市干道
	联合式	联合式雨水口:这种雨水口是平式、立式雨水口的综合形式,在水平方向和竖直方向均设置进水格栅,视泄水情况可以为单箅,也可以为双篦,适用于径流量较集中且有杂物处

(2)道路雨水口的布设

道路雨水口的布设 表17-4

<table>
<tr><th colspan="2">项目</th><th>道路雨水口的布置原则和设置要求</th></tr>
<tr><td rowspan="3">雨水口布置原则</td><td>基本要求</td><td>雨水口的设置应根据暴雨强度、道路宽度、路面种类、道路纵横坡度、周围建筑地形及排水情况、雨水口的泄水能力等因素决定,亦即要使雨水所接受的汇水面积内的雨水设计流量、路侧偏沟(街沟)的容许流量(积水深小于2/3侧石高度)以及雨水口的泄水能力相互协调</td></tr>
<tr><td>街道</td><td>(1)街道上排水的汇合点、凹形竖曲线的低洼处、道路转弯半径的切点附近(分水点除外)、人行横道线上游位置,均应布置雨水口。
(2)在十字路口处、主干路与次干路或与内部道路出口相交处,应根据路面的雨水径流情况及流向,布置雨水口(集水井),如下图所示。
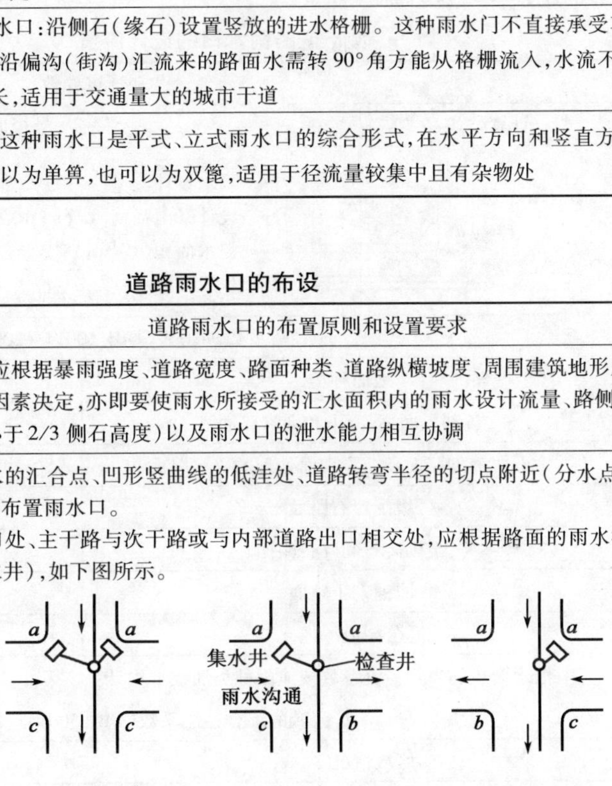

注:图中,当两个箭头相对时,如 a 处,设置集水井;两个箭头相背时,如 b 点,不设集水井;c 点视具体情况确定;箭头方向指雨水在路表的流向
(3)沿街大单位出入口上游、停车站处的上游、依靠地面径流排水的街坊或庭院的出水口等处,均应布置雨水口。
(4)道路低洼和易积水地段,应根据需要适当增加雨水口</td></tr>
<tr><td>广场</td><td>广场应按水流方向有利于截水的位置,以及其最低点或易造成积水处,设置雨水口。雨水口应设在场内分隔带、交通岛与通道出入口汇水处</td></tr>
</table>

续上表

项　目	道路雨水口的布置原则和设置要求
雨水口的设置要求	(1)平式雨水口的格栅顶面应低于附近路面 3 ~ 5cm,并使周围路面坡向雨水口。 (2)立式雨水口进水孔底面应比附近路面略低。 (3)雨水口的间距宜为 25 ~ 50m,其位置应与检查井的位置协调,连接管与雨水干管的夹角宜接近 90°;斜交时连接管应布置成与干管的水流顺向。 (4)平交路口应按交叉口的竖向设计布设雨水口,并应采取措施防止路段的路面水流入交叉口

17.2.2 雨水口的设计流量、泄水能力和偏沟的容许流量

(1)城市道路雨水口的设计流量

城市道路雨水口的设计流量　表 17-5

<table>
<tr><th>项　目</th><th colspan="2">计算公式和计算参数</th></tr>
<tr><td rowspan="2">设计流量计算公式</td><td>计算公式</td><td>说明</td></tr>
<tr><td>$Q = q\psi F$</td><td>式中:Q——雨水设计流量(L/s);
q——设计暴雨强度[$L/(s \cdot 10^4 m^2)$];
F——汇水面积($10^4 m^2$);
ψ——径流系数</td></tr>
<tr><td rowspan="15">径流系数</td><td colspan="2">径流系数 ψ 值表(GBJ 50014—2006)</td></tr>
<tr><td>地面种类</td><td>ψ</td></tr>
<tr><td>各种屋面、混凝土和沥青路面</td><td>0.85 ~ 0.95</td></tr>
<tr><td>大石块铺砌路面和沥青表面处理的碎石路面</td><td>0.55 ~ 0.65</td></tr>
<tr><td>级配碎石路面</td><td>0.40 ~ 0.50</td></tr>
<tr><td>干砌砖石和碎石路面</td><td>0.35 ~ 0.40</td></tr>
<tr><td>非铺砌土路面</td><td>0.25 ~ 0.35</td></tr>
<tr><td>公园或绿地</td><td>0.10 ~ 0.20</td></tr>
<tr><td colspan="2">注:汇水面积的平均径流系数按地面种类加权平均计算</td></tr>
<tr><td colspan="2">区域的综合径流系数(GBJ 50014—2006)</td></tr>
<tr><td>区域情况</td><td>ψ</td></tr>
<tr><td>城市建筑密集区</td><td>0.60 ~ 0.85</td></tr>
<tr><td>城市建筑较密集区</td><td>0.45 ~ 0.60</td></tr>
<tr><td>城市建筑稀疏区</td><td>0.20 ~ 0.45</td></tr>
<tr><td colspan="2"></td></tr>
<tr><td rowspan="3">设计暴雨强度计算公式</td><td>计算公式</td><td>说明</td></tr>
<tr><td>$q = \frac{167A_1(1 + c\lg P)}{(t + b)^n}$</td><td>式中:$q$——设计暴雨强度[$L/(s \cdot 10^4 m^2)$];
t——降水历时(min);
P——设计重现期(年);
A_1、c、n、b——参数,根据统计方法进行计算确定</td></tr>
<tr><td colspan="2">在具有 10 年以上自动雨量记录的地区,暴雨强度公式可按《室外排水设计规范》(GBJ 50014—2006)附表“暴雨强度公式的编制方法”编制,见表 17-6。
在自动雨量记录不足 10 年的地区,可参照附近气象条件相似地区的资料采用</td></tr>
</table>

(2)我国部分城市暴雨强度公式

我国部分城市暴雨强度公式①　　表 17-6

省(自治区、直辖市)	城市名称	暴雨强度公式	q_{20}③	资料年数
北京		$q=\dfrac{2001(1+0.811\lg P^{④})}{(t+8)^{0.711}}$	187	40
上海		$i=\dfrac{33.2(P^{0.3}-0.42)}{(t+10+7\lg P)^{0.82}+0.07\lg P}$	198	41
天津		$q=\dfrac{3833.34(1+0.85\lg P)}{(t+17)^{0.86}}$	178	50
河北	承德	$q=\dfrac{2839[1+0.728\lg(P-0.121)]}{(t+9.60)^{0.87}}$	143	21
山西	太原	$q=\dfrac{880(1+0.86\lg T^{④})}{(t+4.6)^{0.62}}$	121	25
	大同	$q=\dfrac{2684(1+0.85\lg T)}{(t+13)^{0.947}}$	98	27
黑龙江	哈尔滨	$q=\dfrac{2989.3(1+0.95\lg P)}{(t+11.77)^{0.88}}$	142	34
	齐齐哈尔	$q=\dfrac{1920(1+0.89\lg P)}{(t+0.64)^{0.86}}$	115	33
吉林	长春	$q=\dfrac{896(1+0.68\lg P)}{t^{0.6}}$	148	58
辽宁	丹东	$q=\dfrac{1221(1+0.668\lg P)}{(t+7)^{0.605}}$	166	31
	大连	$q=\dfrac{1900(1+0.66\lg P)}{(t+8)^{0.8}}$	132	10
山东	济南	$q=\dfrac{4700(1+0.753\lg P)}{(t+17.5)^{0.898}}$	181	5
江苏	南京	$q=\dfrac{2989.3(1+0.671\lg P)}{(t+13.3)^{0.8}}$	181	40
江苏	南通	$q=\dfrac{2007.34(1+0.752\lg P)}{(t+17.9)^{0.71}}$	152	31
浙江	杭州	$q=\dfrac{10174(1+0.844\lg P)}{(t+25)^{1.038}}$	196	24
安徽	合肥	$q=\dfrac{3600(1+0.76\lg P)}{(t+14)^{0.84}}$	186	25
	芜湖	$q=\dfrac{3345(1+0.78\lg P)}{(t+12)^{0.83}}$	188	20
江西	南昌	$q=\dfrac{1215(1+0.854\lg P)}{t^{0.6}}$	201	5

续上表

省(自治区、直辖市)	城市名称	暴雨强度公式	q_{20}[3]	资料年数
福建	福州	$q=\dfrac{6.162+3.881\lg T_E}{(t+1.774)^{0.857}}$[2]	179	24
	厦门	$q=\dfrac{850(1+0.745\lg P)}{t^{0.514}}$	182	7
广东	广州	$q=\dfrac{2\,424.17(1+0.533\lg T)}{(t+11.0)^{0.668}}$	245	31
	韶关	$q=\dfrac{958(1+0.63\lg P)}{t^{0.544}}$	188	8
广西	南宁	$q=\dfrac{10\,500(1+0.707\lg P)}{t+21.1P^{0.119}}$	255	21
	桂林	$q=\dfrac{4\,230(1+0.402\lg P)}{(t+13.5)^{0.841}}$	221	19
	梧州	$q=\dfrac{2\,670(1+0.466\lg P)}{(t+7)^{0.72}}$	249	15
	北海	$q=\dfrac{1\,625(1+0.437\lg P)}{(t+4)^{0.57}}$	266	18
	柳州	$q=\dfrac{2\,415P^{0.34}}{(t+8.24P^{0.327})^{0.725}}$	214	10
湖南	长沙	$q=\dfrac{3\,920(1+0.68\lg P)}{(t+17)^{0.86}}$	176	20
湖北	汉口	$q=\dfrac{983(1+0.65\lg P)}{(t+4)^{0.56}}$	166	—
河南	郑州	$q=\dfrac{3\,073(1+0.892\lg P)}{(t+15.1)^{0.824}}$	164	26
四川	成都	$q=\dfrac{2\,806(1+0.803\lg P)}{(t+12.8P^{0.231})^{0.768}}$	192	17
	重庆	$q=\dfrac{2\,822(1+0.775\lg P)}{(t+12.8P^{0.076})^{0.77}}$	192	8
贵州	贵阳	$q=\dfrac{1\,887(1+0.707\lg P)}{(t+9.35P^{0.031})^{0.695}}$	180	17
	榕江	$q=\dfrac{2\,223(1+0.767\lg P)}{(t+8.93P^{0.168})^{0.729}}$	191	10

续上表

省(自治区、直辖市)	城市名称	暴雨强度公式	$q_{20}^{③}$	资料年数
云南	昆明	$q=\dfrac{700(1+0.775\lg P)}{t^{0.496}}$	158	10
新疆	乌鲁木齐	$q=\dfrac{195(1+0.82\lg P)}{(t+7.8)^{0.63}}$	24	17
	石河子	$q=\dfrac{198P^{1.818}}{t^{0.56}P^{0.306}}$	37	5
甘肃	兰州	$q=\dfrac{1\,140(1+0.96\lg P)}{(t+8)^{0.8}}$	79	27
	张掖	$q=\dfrac{88.4P^{0.623}}{t^{0.456}}$	23	5
陕西	宝鸡	$i=\dfrac{11.01(1+0.94\lg P)}{(t+12)^{0.932}}$	73	20
宁夏	银川	$i=\dfrac{5.94(1+1.39\lg P)}{(t+7)^{0.67}}$	109	20

注:①本表引自北京市市政设计院主编的《给水排水设计手册》。

②T_E 代表非年最大值法选样的重现期。

③表中 q_{20} 表示重现期为1年,降雨历时为20min的当地暴雨强度[$L/(s\cdot10^4m^2)$]。

④表中 P、T 代表设计降雨的重现期,用 i 表示强度时,其单位为mm/min;用 q 表示强度时,其单位为 $L/(s\cdot10^4m^2)$。

(3)雨水口的泄水能力和路侧偏沟的容许流量

雨水口的泄水能力和路侧偏沟的容许流量　表17-7

<table>
<tr><th>项　目</th><th colspan="2">雨水口的泄水能力和计算公式</th></tr>
<tr><td>雨水口泄水能力一般规定</td><td colspan="2">雨水口的泄水能力,平箅式雨水口约20L/s,联合式雨水口约30L/s。大雨时易被杂物堵塞的雨水口泄水能力应乘以0.5~0.7的系数。多箅式雨水口、立式雨水口的泄水能力经计算确定</td></tr>
<tr><td rowspan="2">雨水口泄水能力计算</td><td>计算公式</td><td>说明</td></tr>
<tr><td>$Q=\omega CK\sqrt{2gh}$</td><td>式中:Q——雨水口排泄的流量(m^3/s);
ω——雨水口进水面积(m^2);
C——孔口系数,圆角孔用0.8,方角孔用0.6;
g——重力加速度,取9.8(m/s^2);
h——雨水井口上容许储存的水头,一般采用0.02~0.06m;
K——孔口阻塞系数,可取2/3</td></tr>
<tr><td>偏沟容许流量</td><td colspan="2">为保证行车安全,一般规定:计算道路雨水口流量时,偏沟水深不宜大于缘石(侧石)高度的2/3。由此,可根据偏沟的缘石高度、偏沟的宽度和横坡,以及偏沟的纵坡,根据水力学公式(例如曼宁公式等)计算出偏沟的容许流量。
雨水口的泄水能力要大于偏沟的容许流量。由雨水口布设所决定的汇水面积其汇集的设计流量也要与偏沟的容许流量相协调</td></tr>
</table>

17.2.3 锯齿形偏沟的布设要求

锯齿形偏沟的布设要求 表 17-8

项　目	图示和说明
锯齿形偏沟的适用场合	城市道路中心线纵坡度小于0.3%时,水流迟缓,排水不畅,可能产生暂时积水现象而影响行车。另外,还由于施工有一定误差,也容易造成局部积水。为此,可自侧石(缘石)起在一定宽度内,将偏沟底的纵断面做成锯齿形,相应地,偏沟宽度内的横坡与之配合起伏变化,以利于将水流排入雨水口
锯齿形偏沟构成	锯齿形偏沟的构成如下图所示。 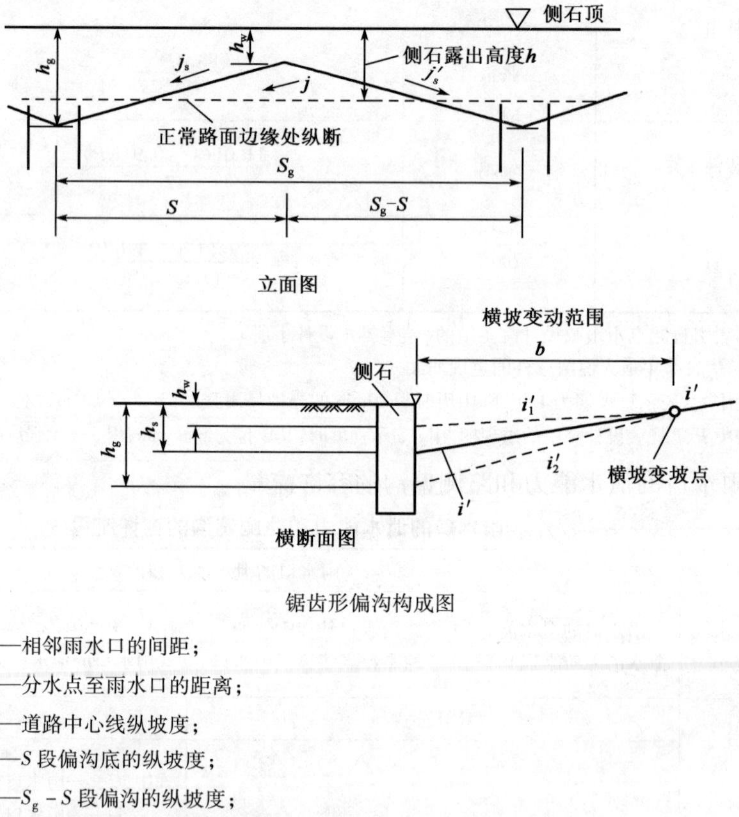 锯齿形偏沟构成图 图中:S_g——相邻雨水口的间距; S、S_g-S——分水点至雨水口的距离; j——道路中心线纵坡度; j_s——S段偏沟底的纵坡度; j_s'——S_g-S段偏沟的纵坡度; h_g——雨水口处侧石(缘石)外露高度; h_w——分水点处侧石(缘石)外露高度; h_s——标准横断面处侧石(缘石)外露高度; b——横坡变动范围; i'——道路标准横断面横坡度; i_1'——偏沟的横坡变坡点至分水点处偏沟底的横坡度; i_2'——偏沟的横坡变坡点至雨水点处偏沟底的横坡度
锯齿形偏沟构成的基本关系式	锯齿形偏沟构成应满足下列基本关系式: $S = \dfrac{h_g - h_w}{j_s - j}$　　$S_g - S = \dfrac{h_g - h_w}{j_s + j}$ $h_g - h_s = (i_2' - i')b$　　$h_s - h_w = (i' - i_1')b$

续上表

<table>
<tr><th colspan="2">项 目</th><th>图示和说明</th></tr>
<tr><td rowspan="3">锯齿形偏沟布设要求</td><td>缘石外露高度</td><td>锯齿形偏沟缘石（侧石）外露高度《城市道路工程设计规范》（CJJ 37—2012）规定为：在雨水口处 $h_g=18$cm；在分水点处 $h_w=10\sim12$cm。雨水口处与分水点处的缘石高差 h_g-h_w 宜控制在 6 ~ 10cm 范围内。
一般在标准横断面处，缘石外露高度 h_s（如上海市、北京市等大市）常取 15cm。为保证暴雨时路面水涌上人行道，h_w 不得小于 10cm；为保证缘石有足够的稳定埋深，h_g 不宜过高，规范规定值为 $h_g=18$cm，但困难条件下，也可取 $h_g=20$cm</td></tr>
<tr><td>沟底纵坡度</td><td>（1）为保证水流的流畅，锯齿形偏沟底的纵坡度一般应大于 0.3%，如能大于 0.4% 则较为理想。
（2）缘石（侧石）顶面的纵坡宜与道路中心线纵坡平行。在条件困难时，可适当调整缘石顶面的纵坡度</td></tr>
<tr><td>偏沟宽度</td><td>（1）锯齿形偏沟的宽度 b，视道路宽度和横断面的布设而定，一般不超过一条车道的宽度，如为四快二慢或六快二慢横断面，则可取 b 为非机动车道宽度；如为机动车和非机动车混行横断面，则可取 b 为非机动车行驶位置或停车线位置。
（2）锯齿形偏沟范围 b 内的道路横坡度，随偏沟底纵断面的分水点和雨水口的位置而不断变化。h_g-h_w 的差值越大，则变化越厉害，亦即偏沟范围 b 宽度内的路“扭”得越厉害，越不利于行车，所以要控制好 h_g-h_w 的差值，其值宜控制在 6 ~ 10cm，最好为 6m</td></tr>
</table>

17.2.4 公路路面排水设施布设要求

（1）公路路面排水设施的构成与布设要求

公路路面排水设施的构成与布设要求 表 17-9

项 目	内容和要求
公路路面排水设施的构成	高速公路与一级公路的路面排水，一般由路肩排水与中央分隔带排水组成。 二级公路及二级以下公路路面排水，一般由路拱坡度、路肩横坡和边沟组成
路面表面排水	公路路面排水是路面水径流按由路面横坡度和纵坡度的合成坡度流向路肩，再通过路肩的横、纵坡度的合成坡度流至路基边沟排出。 （1）路基纵坡度与路面的纵坡度通常是一致的，路肩的横坡度则视路肩的具体情况，可以与路面的横坡度有所差别。高速公路、一级公路的路肩通常由硬路肩和土路肩两部分组成。硬路肩在实际修建时，为了便于施工，常常将整个硬路肩都按车行道的同样路面结构一并施工，这样做也有利于今后拓宽。因此，硬路肩的横坡可以与路面横坡一致，而硬路肩之外的土路肩为了使路面水排泄流畅，土路肩的横向坡度一般应较路面横向坡度大 1% ~2%。这是因为同样横坡度时，土路肩的流速要小于路面的流速。二、三、四级公路路肩一般可以修建为土路肩，但也可视情况加固紧靠路面的部分土路肩。规范（JTG D20—2006）规定：“二、三、四级公路在村镇附近及混合交通量的路段，路肩应予以加固，以充分利用”。这样，路肩的横坡度可参照前述办法处理。 （2）在路线纵坡平缓、汇水量不大、路堤较低且边坡坡面不会受到冲刷的情况下，应采用在路堤边坡上横向漫流的方式排除路面表面水。 （3）在路堤较高、边坡坡面未做防护而易遭受路面表面水流冲刷，或者坡面虽已采取防护措施但仍有可能受到冲刷时，应沿路肩外侧边缘设置拦水带，汇集路面表面水，然后通过泄水口和急流槽排离路堤。 （4）设置拦水带汇集路面表面水时，拦水带过水断面内的水面，在高速公路及一级公路上不得漫过右侧车道外边缘，在二级及二级以下公路上不得漫过右侧车道中心线。 （5）无中间带或采用分离式路基的公路，在未设超高路段上，行车道路面应沿路中心线设置向两侧倾斜的双向横坡；在设超高路段上，应设置向曲线内侧倾斜的单向横坡。设中间带的公路，各个行车方向的行车道路面应分别设置单向横坡，但单向车道数超过 3 个时，也可分别设置双向横坡。

续上表

项　目	内容和要求
路面表面排水	(6)路面和路肩横坡的坡度,应依据铺面类型降水情况选用。设拦水带时,右侧硬路肩的横向坡度宜采用5%。 (7)拦水带可由沥青混凝土现场浇筑,或者由水泥混凝土预制块铺砌而成。拦水带的横断面尺寸可参考下图。拦水带的顶面应略高于过水断面的设计水面高(水深)。设计水深如上述,按设计流量由计算确定。在低路堤不设防撞护栏的路段上,拦水带的外露高度不宜超过10cm,其迎车面的坡度不宜陡于1:2。 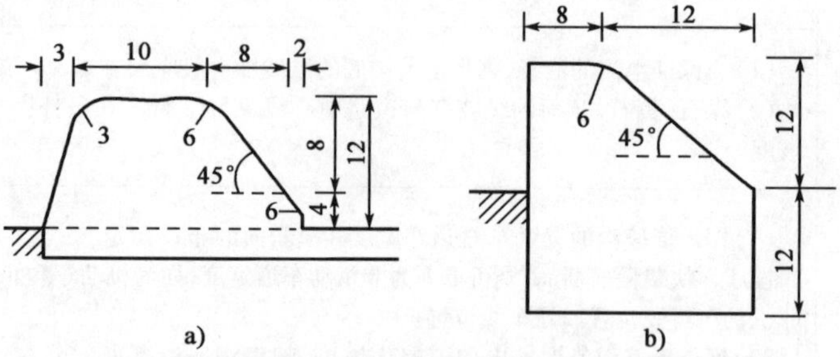 拦水带横断面参考尺寸(尺寸单位:cm) a)沥青混凝土拦水带;b)水泥混凝土拦水带 (8)拦水带的泄水口可设置成开口(喇叭口)式。设在纵坡坡段上的泄水口,宜做成不对称的喇叭口,并在硬路肩边缘的外侧设置逐渐变宽的低凹区,见下图,低凹区的铺面类型与路肩相同。设在平坡或缓坡坡段上时,泄水口可做成对称式。泄水口的泄水量以及各项尺寸(开口长度、低凹区宽度和下凹深度等)由设计计算确定。 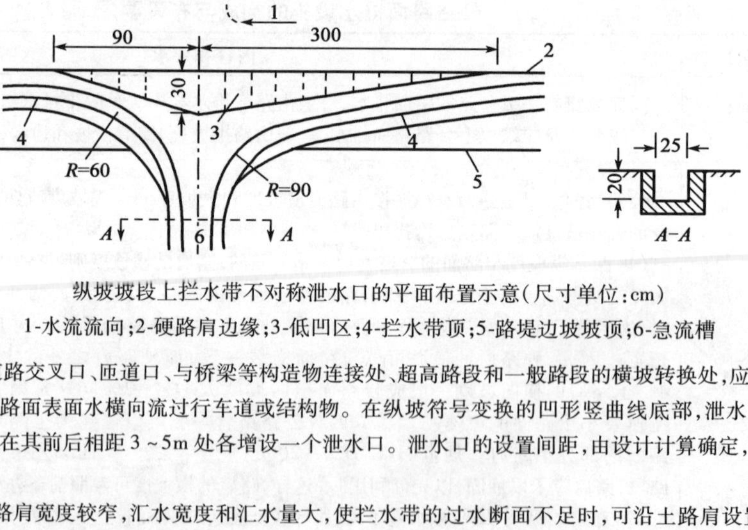 纵坡坡段上拦水带不对称泄水口的平面布置示意(尺寸单位:cm) 1-水流流向;2-硬路肩边缘;3-低凹区;4-拦水带顶;5-路堤边坡坡顶;6-急流槽 (9)在道路交叉口、匝道口、与桥梁等构造物连接处、超高路段和一般路段的横坡转换处,应设置泄水口,以避免路面表面水横向流过行车道或结构物。在纵坡符号变换的凹形竖曲线底部,泄水口应设在最低点,并在其前后相距3~5m处各增设一个泄水口。泄水口的设置间距,由设计计算确定,并以20~50m为宜。 (10)硬路肩宽度较窄,汇水宽度和汇水量大,使拦水带的过水断面不足时,可沿土路肩设置由U形水泥混凝土预制件铺筑的路肩边
中央分隔带排水	(1)分隔带宽度小于3m且表面采用铺面封闭时,在不设超高路段上,分隔带铺面应采用向两侧外倾的横坡,其坡度与路面的横坡度相同;在超高路段上,可在分隔带上侧边缘处设置缘石和泄水口,或者在分隔带内设置缝隙式圆形集水管或碟形混凝土浅沟和泄水口(下图),以拦截和排泄上侧半幅路面的表面水。 (2)缘石过水断面的泄水口可采用开口式、格栅式或组合式;碟形混凝土浅沟的泄水口采用格栅式。格栅铁条应平行于水流力向,孔口的净泄水面积应占格栅面积的一半以上。泄水口间距和截流量计算,以及断面尺寸的选取由设计计算确定。

续上表

<table>
<tr><th>项 目</th><th>内容和要求</th></tr>
<tr><td>中央分隔带排水</td><td>
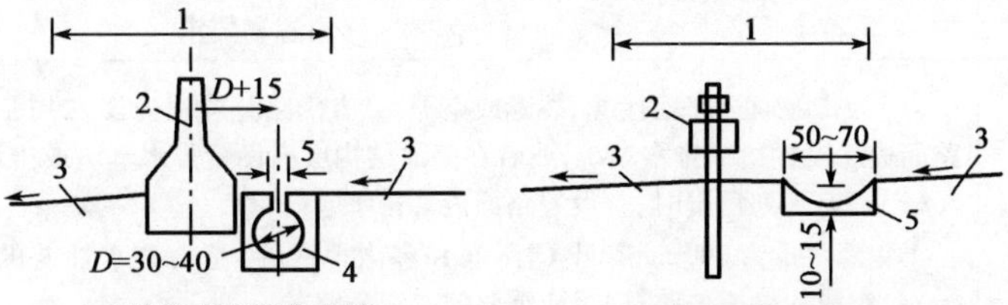

a)缝隙式圆形集水管　　b)碟形混凝土浅沟

超高路段上设置缝隙式圆形集水管或碟形浅沟(尺寸单位:cm)

1-中央分隔带;2-护栏;3-铺面;4-缝隙式圆形集水管;5-碟形混凝土浅沟

(3)分隔带宽度大于3m且未采用铺面封闭时,应通过内倾的横向坡度使表面水流向分隔带中央低凹处,并通过纵坡排流到泄水口或横穿路界的桥涵水道中。分隔带的横向坡度不得陡于1:6;分隔带的纵向排水坡度,在过水断面无铺面时不得缓于0.25%,有铺面时不得缓于0.12%。当水流速度超过地面土的最大容许流速时,应在过水断面宽度范围内对地面土进行防冲刷处理,做成三角形或U形断面的水沟。防冲刷层可采用石灰或水泥稳定土,或者采用浆砌片石铺砌,层厚10~15cm。

(4)在中央分隔带内的水流流量过大或流速超过容许范围处,或者在分隔带低凹区的流水汇集处,应设置格栅式泄水口,并通过排水管引排到桥涵或路界外。格栅可以同周围地面齐平,也可适当降低,并在其周围一定宽度范围内做成低凹区(下图),以增加泄水能力。泄水口的泄水量、间距或者格栅上面的水深,由设计计算确定。

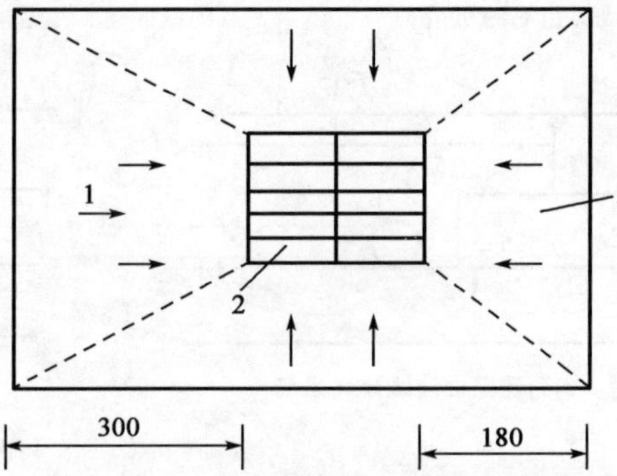

中央分隔带格栅式泄水口布置示意(尺寸单位:cm)

1-上游;2-格栅;3-低凹区

(5)多雨地区表面无铺面且采用表面排水措施的中央分隔带,为排除渗入分隔带内的表面水,可设置纵向排水渗沟(下图),并隔一定间距通过横向排水管将渗沟内的水排引出路界。渗沟周围包裹反滤织物(土工布),以免渗入水携带的细粒将渗沟堵塞。渗沟上的回填料与路面结构的交界面处铺设涂双层沥青的土工布隔渗层、排水管可采用直径70~150mm的塑料管。

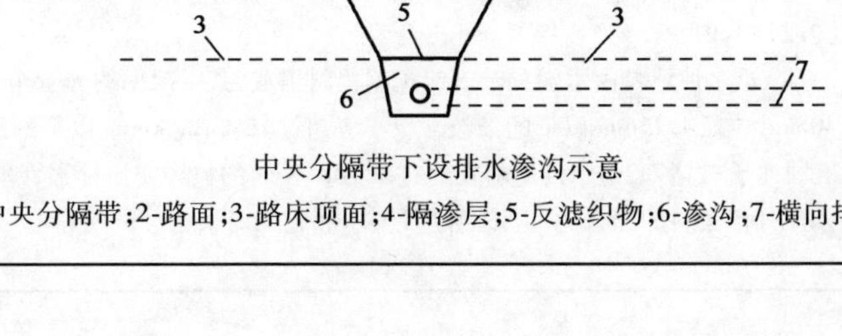

中央分隔带下设排水渗沟示意

1-中央分隔带;2-路面;3-路床顶面;4-隔渗层;5-反滤织物;6-渗沟;7-横向排水管
</td></tr>
</table>

(2)路面内部排水

路面内部排水 表17-10

项目	内容和要求
一般规定	(1)为排除通过路面接缝、裂缝或空隙,或者由路基或路肩渗入并滞留在路面结构内的自由水,可沿路面边缘设置边缘排水系统,或者在路面结构层内设置排水基层或排水垫层排水系统。 (2)遇有下列情况时,宜设置路面内部排水系统: ①年降水量为600mm以上的湿润和多雨地区,路基由透水性差的细粒土(渗透系数不大于10^{-5}cm/s)组成的高速公路、一级或重要的二级公路。 ②路基两侧有滞水,可能渗入路面结构内。 ③严重冰冻地区,路基为由粉质土组成的潮湿、过湿路段。 ④现有路面改建或改善工程,须排除积滞在路面结构内的水分。 (3)路面内部排水系统设计应符合下列要求: ①路面内部排水系统中,各项排水设施的泄水能力均应大于渗入路面结构内的水量,且下游排水设施的泄水能力应超过上游排水设施的泄水能力。 ②渗入水在路面结构内的最大渗流时间,冰冻地区不应超过1h,其他地区不应超过2(重交通时)~4h(轻交通时)。渗入水在路面结构内的渗流路径长度不宜超过45~60m。 ③各项排水设施不应被渗流从路面结构、路基或路肩中带来的细料堵塞,以保证系统的排水效率不随时间推移而很快丧失。 ④表面水渗入路面结构的量,由设计计算确定
路面边缘排水系统	(1)沿路面边缘设置由透水性填料集水沟、纵向排水管、横向出水管和过滤织物(土工布)组成的边缘排水系统,如下图所示。 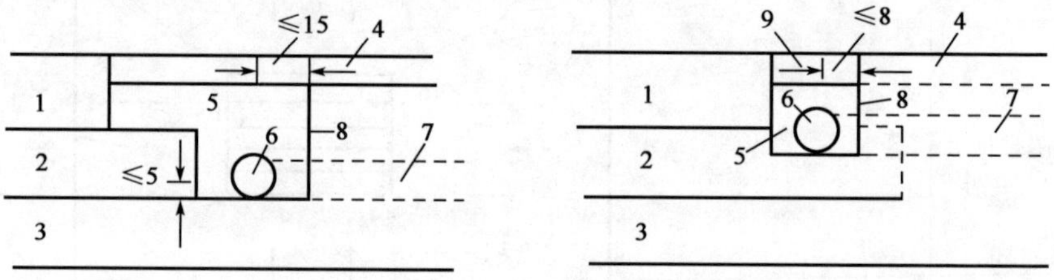 a)新建路面边缘排水系统　　b)改建路面边缘排水系统 边缘排水系统(尺寸单位:cm) 1-面层;2-基层;3-垫层;4-路肩面层;5-集水沟;6-排水管;7-出水管;8-反滤织物;9-回填路肩面层 (2)纵向排水管通常选用聚氯乙烯(PVC)或聚乙烯(PE)塑料管。排水管设3排槽口或孔口,其开口总面积不小于42cm²/延米。管径按设计流量由水力计算确定,通常在70~150mm范围内选用。排水管的埋设深度,应保证不被车辆或施工机械压裂,并应超过当地的冰冻深度。在非冰冻地区新建路面时,排水管底通常与基层底面齐平;改建路面时,管中心应低于基层顶面。排水管的纵向坡度宜与路线纵坡相同,但不得小于0.25%。 (3)横向出水管选用不带槽或孔的聚氯乙烯(PVC)或聚乙烯(PE)塑料管,管径与排水管相同。其间距和安设位置由水力计算,并考虑邻近地面高程和公路纵横断面情况确定,一般在50~100m范围内选用。出水管的横向坡度不宜小于5%。埋设出水管所开挖的沟,须用低透水材料回填。出水管的外露端头用镀锌铁丝网或格栅罩住。出水口的下方应铺设水泥混凝土防冲刷垫板,或者对泄水道的坡面进行浆砌片石防护,以防止水流冲刷路基边坡和植物生长。出水水流应尽可能排引至排水沟或涵洞内。 (4)透水性填料由水泥处治开级配粗集料组成,其空隙率约为15%~20%。粗集料最大粒径不大于40mm,粒径4.75mm以下的细粒含量不应超过16%,2.36mm以下的细粒含量不应超过6%。为避免带孔排水管被堵塞,透水性填料在通过率为85%时的粒径应比排水管槽口宽或孔口直径大1.0~1.2倍。水泥处治集料的配合比,应按透水性要求和施工要求通过试配确定。

续上表

<table>
<tr><th>项　　目</th><th>内容和要求</th></tr>
<tr><td>路面边缘排水系统</td><td>(5)集水沟底面的最小宽度,对新建路面,不应小于 30cm;对改建路面,应能保证排水管两侧备有至少 5cm 宽的透水填料。透水填料的底面和外侧围以反滤织物(土工布),以防垫层、基层和路肩内的细粒侵入而堵塞填料空隙或管孔。反滤织物可选用由聚酯类、尼龙或聚丙烯材料制成的无纺织物,能透水,但细粒土不能随水一起透过</td></tr>
<tr><td>排水基层的排水系统</td><td>(1)直接在面层下设置透水性排水基层,在其边缘设置纵向集水沟和排水管以及横向出水管等,组成排水基层排水系统,如下图所示。
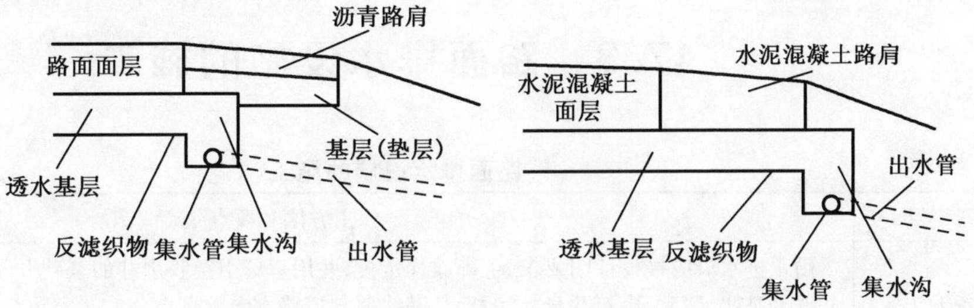

(2)排水基层由水泥或沥青处治不含或含少量粒径为 4.75mm 以下细料的开级配碎石集料组成,或者由未经结合料处治的开级配碎石集料组成。
集料应选用洁净、坚硬而耐久的碎石,其压碎值不应大于 30%。最大粒径可为 20cm 或 25cm,并不得超过层厚的 2/3。粒径为 4.75mm 以下细料的含量不应大于 10%。集料级配应满足透水性要求(渗透系数不得小于 300m/d),可通过常水头或变水头渗透试验试配后确定。
水泥处治碎石集料的水泥用量不宜少于 160kg/ m^3,其 7d 浸水抗压强度不得低于 3 ~ 4MPa。沥青处治碎石集料的沥青用量为集料干重的 2.5% ~ 4.5%。
(3)排水基层的厚度应按所需排放的水量和基层材料的渗透系数通过水力计算确定,通常在 8 ~ 15cm 范围内选用,但最小厚度不得小于 6cm(沥青处治碎石)或 8cm(水泥处治碎石),其宽度应视面层施工的需要超出面层宽度 30 ~ 90cm。
(4)纵向集水沟可设在面层边缘外侧、路肩下或路肩边缘外侧,见上图。集水沟中的填料采用与排水基层相同的透水性材料。集水沟的下部设置带槽口或圆孔的纵向排水管,并间隔适当距离设置不带槽孔的横向出水管。
集水沟、排水管和出水管的尺寸和布设要求,按上述路面边缘排水系统采用。
(5)排水基层的下卧垫层应选用不透水或低透水性的密级配混合料,以阻截自由水的下渗和路基中细粒土的上迁。
(6)为拦截地下水、滞水或泉水进入路面结构,或者排除因负温差作用而积聚在路基上层的自由水,可直接在路基顶面设置透水性排水垫层,并酌情配置纵向集水沟、排水管和出水管等,见下图。
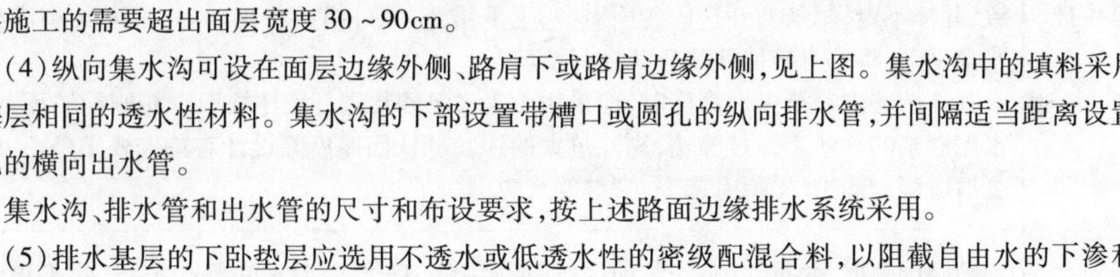

排水垫层排水系统
1-面层;2-基层;3-垫层;4-排水垫层;5-集水沟;6-排水管
(7)排水垫层选用开级配集料(砂或砂砾石),其级配应满足下列排水和反滤的要求:
①排水垫层集料在通过率为 15% 时的粒径,应不小于路基土在通过率为 15% 时粒径的 5 倍;
②排水垫层集料在通过率为 15% 时的粒径,应不大于路基土在通过率为 85% 时粒径的 5 倍;
③排水垫层集料在通过率为 50% 时的粒径,应不大于路基土在通过率为 50% 时粒径的 25 倍;
④排水垫层集料的不均匀系数(通过率为 60% 的粒径与通过率为 10% 的粒径的比值)不大于 20</td></tr>
</table>

续上表

项　目	内容和要求
中央分隔带排水与布设要求	中央分隔带表面形状分凹形和凸形两种形状,凹形用于宽度大于4.5m的中间带(由中央分隔带和两条左侧路缘带组成),凸形用于宽度小于4.5m的中间带。高速公路、一级公路整体式断面的中间带宽度一般小于或等于4.5m,取凸形中央分隔带;而分离式断面中间带宜大于4.5m,此时,中间带应做向中央倾斜的凹形。 凹形的中央分隔带需设置中央分隔带排水设施。一般要汇流集水通过排水管道,就近排至高速公路、一级公路右侧(外侧)边沟,边沟的布设与要求,可参阅路基排水

17.3 路面排水设施的施工

路面排水设施的施工 表17-11

项　目		施工方法和要点
准备工作		雨水进水口应按设计图要求,正确放样定位,并用垂球引至收水井的基础上,再在基础上放出井身的井壁墙基线,然后,砌筑井身。注意,其基线要与道路方向顺直吻合。 基础施工前应复核放样桩高程,以控制挖土面、垫层面和基础面
收水井	基础	基础的底层土应人工仔细挖除,清除淤泥和碎土。如有超挖,则用垫层材料或旧料补填,不得用土回填垫层,可用砾石砂或类似颗粒材料铺筑,应均匀摊平,夯压密实。 基础一般为C15混凝土。混凝土应用拍板或平板振动器拍平、振实。混凝土基础浇筑完毕后,12h内不得浸水,并应进行养护。混凝土强度达到2.5MPa后方可拆模
	井身	收水井井身(砖砌体)砌筑前,应打扫冲洗基础表面。清除杂物,使基础表面无泥浆、无积水;砖块必须浇水湿润。 砌砖砂浆应符合设计要求,设计无注明时可用M10砂浆。 在砌筑的基础面上,铺设砂浆(坐浆)后,方可砌筑砖砌体。砌砖应做到井壁平直,边角整齐,宽窄一致,井体不走样。砌砖时,应砖面对齐,上下错缝,内外搭接。砌砖时,应砂浆饱满,并随时将挤出的砂浆刮平,并将井身砖墙面残砂浆及时清除。 井体砖墙砌筑至一定高度时,应采用1:2水泥砂浆进行墙体抹面。粉刷前墙面,须洒水湿润,粉刷用水泥砂浆的黄沙应经过筛选,剔除过大的颗粒。抹面厚度除设计有特殊要求外,一般为15mm。抹面终凝后应湿治养护,不得有起壳、裂缝等现象
	井盖 井箅	预制的井框、井箅、井盖安装前,应仔细检验是否合格,要求完整无损,安装平稳牢固,进水顺畅。平式雨水口井篦(格栅)顶面,应低于附近路面3~5cm,且使周围路面坡向雨水进水口。立式雨水口井篦的进水孔底面,应比毗连的路面略低1cm左右
连接管		连接雨水口收水井至雨水干管检查井的连接管最小管径一般为200mm,但在大城市为防止垃圾、杂物进入雨水口造成阻塞,常采用较大的管径,如上海市道路雨水口连接管采用直径为300mm的管子。 连接管必须顺直,坡度一般为3%~5%,在与各种管线交叉的困难地段不得小于1%。 连接管一般用135°混凝土基座,施工方法与收水井基础相似。管道接口,在黏质土处时,采用1:2水泥砂浆刚性接口;在粉质土和砂质土处时,宜采用柔性接口,最好采用O形橡胶密封圈接口,也可用传统的塞一圈浸油(煤焦油)麻绳再灌入沥青胶砂的做法。沥青胶砂的配合比可以是沥青:石棉粉:细砂=1:(0.375~0.667):(1.125~1.667),经试配确定排管时,应以管内底高程为准。排水管从下游开始向上游排设,承口向上,插口向下,接口对齐不得错位。用水平尺校正坡度,用管边放样的直线校正管中心线位置,然后,用稳管垫块稳定管道,浇管道两侧的管座(坞膀)混凝土。 连接管的覆土深度,一般要求其最小不小于0.7m。覆土前,必须将槽底杂物清理干净,覆土时,沟槽内不得积水,严禁带水覆土。覆土回填质量应满足路基要求

17.4 路面排水设施的质量标准

(1)收水井支管质量标准

收水井支管质量标准 表 17-12

<table>
<tr><th>项 目</th><th colspan="5">收水井(雨水口)、支管(连接管)质量标准和容许误差</th></tr>
<tr><td>施工质量要求</td><td colspan="5">(1)收水井内壁抹面必须平整,不得起壳裂缝。
(2)井框、井箅必须完整无损,安装平稳。
(3)井内严禁有垃圾等杂物,井周及支管回填必须满足路基要求。
(4)支管必须直顺,不得有错口,管头应与井壁齐平。
(5)收水井、支管容许偏差应符合下表规定</td></tr>
<tr><td rowspan="7">容许偏差</td><td colspan="5">收水井、支管容许偏差</td></tr>
<tr><td rowspan="2">检验项目</td><td rowspan="2">容许偏差(mm)</td><td colspan="2">检验频率</td><td rowspan="2">检验方法</td></tr>
<tr><td>范围</td><td>点数</td></tr>
<tr><td>井框与井壁吻合</td><td>≤10</td><td>座</td><td>1</td><td>用钢尺量</td></tr>
<tr><td>井框与周边路面吻合</td><td>0,-10</td><td>座</td><td>1</td><td>与井周路面比较,用直尺靠量</td></tr>
<tr><td>井位与路边线吻合</td><td>≤20</td><td>座</td><td>1</td><td>用钢尺量</td></tr>
<tr><td>井内尺寸</td><td>+20,0</td><td>座</td><td>1</td><td>用钢尺量,最大值</td></tr>
</table>

(2)管道基础及管节安装质量标准

管道基础及管节安装质量标准 表 17-13

<table>
<tr><th>项 目</th><th colspan="4">管道基础及管节安装质量标准和容许偏差</th></tr>
<tr><td>施工安装质量要求</td><td colspan="4">(1)管材必须逐节检查,不合格者不得使用。
(2)基础混凝土强度达到 5MPa 以上时,才可进行管节铺设。
(3)管节铺设应平顺、稳固,管底坡度顺畅,严禁出现反坡,管节接头处流水面高差不得大于 5mm。管内不得有泥土、砖石、砂浆等杂物。
(4)管口内缝砂浆平整密实,不得有裂缝、空隙现象。
(5)抹带前,管口必须洗刷干净,管口表面应平整密实,无裂缝现象。抹带后,应覆盖养生。
(6)管道基础外观要求混凝土表面平整密实,侧面蜂窝不得超过其表面积的 1%,深度不超过 10mm。
(7)管节外观要求铺设直顺,管口缝带圈平整密实,无开裂脱皮现象。
(8)设计中要求防渗漏的排水管须做渗漏试验,渗漏量应符合要求</td></tr>
<tr><td rowspan="11">容许偏差</td><td colspan="4">管道基础及管节安装容许偏差</td></tr>
<tr><td colspan="2">检验项目</td><td>规定值或容许误差</td><td>检验方法和频率</td></tr>
<tr><td colspan="2">混凝土抗压强度或砂浆强度(MPa)</td><td>符合设计规定值:
混凝土 $\overline{R}_n \geq 1.15R$
$R_{min} \geq 0.95R$
砂浆 $\overline{R}_n \geq R$
$R_{min} \geq 0.75R$</td><td>标准养护 28d 抗压试验;
基础混凝土每 1 单元 2 组试件(3 件为 1 组),次要构筑物取 1 组,重要构筑物取 2 组;
砂浆每工作班 1 组或 2 组试件(6 件为 1 组)</td></tr>
<tr><td colspan="2">管轴线偏位</td><td>15mm</td><td>经纬仪或拉线,每 2 井间测 3 处</td></tr>
<tr><td colspan="2">管内底高程</td><td>±10mm</td><td>水准仪,每 2 井间测 2 处</td></tr>
<tr><td colspan="2">基础厚度</td><td>不小于设计值</td><td>用尺量,每 2 井间测 3 处</td></tr>
<tr><td rowspan="2">管座宽度</td><td>肩宽</td><td>+10mm,-5mm</td><td rowspan="2">用尺量,拉边线,每 2 井间测 3 处</td></tr>
<tr><td>肩高</td><td>±10mm</td></tr>
<tr><td rowspan="2">抹带</td><td>宽度</td><td>不小于设计值</td><td>用尺量,10% 频率</td></tr>
<tr><td>厚度</td><td>不小于设计值</td><td>用尺量,10% 频率</td></tr>
</table>

18 路面工程通病与防治

18.1 基层病害类型及防治措施

(1)石灰粉煤灰稳定粒料底基层与基层病害及防治

石灰粉煤灰稳定粒料底基层与基层病害及防治 表18-1

项	目	内容和要求
混合料配合比不稳定	原因分析	(1)采石场供应的碎石不规格,料源不稳定;料堆不同部位的碎石因离析而粗细分布不均,影响了配比、外观及强度。 (2)石灰消解时含水率过大,粉煤灰受气候影响,灰堆的底与顶含水率不一,均影响混合料的含水率和拌和的均匀性。 (3)拌和场混合料配合比控制不准,计量系统不准确或仅凭经验按体积比放料,甚至连续进料和出料,使混合料配比波动。 (4)混合料在堆场时,因落差太高造成离析,出场时又未翻拌,加剧了配合比变化;现场摊铺时,由于人工或机械原因造成粗细粒料分离
	预防措施	(1)集料级配必须满足设计要求,石料应按规定采购,进料时应抽检,不合格料不准进场。 (2)拌和场应设堆料棚或盖防雨塑料布,堆料四周应有排水设施,使粉煤灰内水分迅速排走;消解石灰的含水率应控制在30%左右,使石灰呈粉状使用。 (3)混合料拌和场,对各种原材料应严格按规定的质量比计量,或按材料松容量折算成体积比进行计量控制。每种原材料的数量应控制在其使用量的±5%误差范围内。当含水率变化时,要随时调整计量或调整体积比,以保证进料比准确。 (4)混合料拌制时,拌和机应具备联锁装置,即进料门和出料门不能同时开启,以防连续出料,造成配合比失控。 (5)堆场的混合料有离析时,在出场前必须用装载机进行翻堆,使其上下均匀,装车时料斗不要过高,以免混合料离析。 (6)加强混合料配比和含水率的抽检;凡超出质量标准范围,必须重新拌制,否则不得出场
	治理方法	(1)发现现场的混合料粗细分离,应在现场重新翻拌均匀后,再摊铺或者退料。 (2)局部范围出现露骨或翻浆,可将其混合料翻松、拌匀,待含水率最佳时,再碾压,或将其废料挖出,换成合格的混合料,重新碾压
混合料含水率波动大	原因分析	(1)消石灰、粉煤灰含水率偏大或偏小、失去控制。 (2)混合料拌制时,加水过多。 (3)混合料堆置时间过长而造成混合料过干。 (4)混合料出场时,未经翻堆而造成含水率不均匀
	预防措施	(1)混合料的出场含水率应控制在最佳含水率上浮2%~3%的范围内,根据天气情况取值。 (2)二灰粒料拌和场应搭建二灰防雨棚,以利含水率控制,面积一般不小于500m²,按1:2分隔。当露天堆放的二灰含水率偏大时,棚内材料可作备用。 (3)混合料堆翻时间不应超过24h,若遇雨,料堆应有雨布遮盖,并停止生产

续上表

项	目	内容和要求
混合料含水率波动大	治理方法	(1)出场的混合料,应随气温及摊铺方式控制含水率。气温高,摊铺速度慢,含水率可取高值。混合料出场前必须进行翻堆,使其含水率表里一致,色泽均匀。 (2)送至工地的混合料,摊铺前若发现含水率低于容许碾压含水率范围时,在现场路床外将混合料加水复拌或运回拌料场重新拌和后再用,但此混合料必须在2d内用完。 (3)送至工地的混合料若含水率偏大,应在天晴时摊铺,以利水分蒸发,但不应超过2d
混合料离析	原因分析	(1)混合料拌和时含水率控制不好,过干或过湿。 (2)混合料拌和机拌和时间不足,粗细料未充分拌匀。 (3)混合料直接用铲车翻拌。 (4)皮带运输机高度过高,送出的混合料落入料堆时发生离析,而出场时又未进行翻拌。 (5)混合料未按规定配比进行拌和,或石料级配不好
	预防措施	(1)混合料在拌和时应控制好含水率,石灰、粉煤灰的含水率应控制在规定的范围内。 (2)拌和时间应不小于30s,以混合料拌匀为度。 (3)皮带运输机高度应小于3m。 (4)控制好石料的级配,若级配有偏差,应通过试验进行调整
	治理方法	(1)出场前发现混合料离析,应采用铲车翻堆将混合料拌匀后再出场。 (2)混合料由于集料级配不好或配合比控制不当而造成的离析,应通过增加细料或粒料进行复拌,以消除离析现象。 (3)进入施工现场的混合料发现有离析现象时,应在路床外拌匀后再摊铺或者退料
混合料摊铺时离析	原因分析	(1)出场时混合料不均匀,或运输与卸料过程中产生离析。 (2)摊铺机摊铺过程中,大粒径石料被搅到两侧而二灰集中在中间。摊铺宽度越宽,混合料含水率越小,粗细料分离越明显。 (3)履带推土机与刮平机配合摊铺,推土机推料或刮平机刮平时,使大粒径集料滚动在推平板或刮平两侧,使粗细料分离。 (4)人工摊铺时,摊铺工具使用不当,如用铁耙等,使粗料集中于表面,细料沉于下部,形成离析
	预防措施	(1)进混合料前,应先对供料单位原材料质量进行实地考查,并对其配合比、拌和工艺进行试拌、复验,保证出场混合料均匀,含水率合适。 (2)摊铺机摊铺时,分料器内始终充满混合料,以保证分料器转动时混合料均匀搅拌。 (3)根据摊铺机的机型及配合比中细料的多少,通过试铺确定摊铺的最大宽度,一般应控制在机器最大摊铺宽度的2/3,摊铺速度不大于4m/min。 (4)最好不用履带推土机与刮平机配合进行混合料摊铺。 (5)人工摊铺时,进入现场的混合料应按摊铺厚度来估算卸料堆放距离。卸车时宜边走边卸,以减少翻卸造成离析。 (6)严禁使用铁耙摊铺混合料和铁锹抛混合料
	治理方法	(1)机摊完毕后,先初压一遍,基层表面出现离析、露骨松散时,应及时将拌和均匀的二灰,撒在局部离析、露骨松散的表面,并适当洒水,及时碾压。 (2)基层表面出现局部细料集中,应及时进行翻挖,挖深10cm以上,撒上适量的碎石,洒水、拌匀、摊平、碾压,并与周边接顺。 (3)离析严重,面积较大,应挖除重铺
混合料碾压时如弹簧	原因分析	(1)土基或下卧层出现"弹簧"现象,基础承载力不足。 (2)混合料含水率偏大,细料过多
	预防措施	(1)铺筑混合料前,必须对土基或下卧层进行检测,达到质量要求后方能铺筑基层,否则应进行处理加固。 (2)混合料中的二灰用量及含水率应符合设计

续上表

项	目	内容和要求
混合料碾压时如弹簧	治理方法	(1)产生"弹簧"的地方,必须将混合料挖掉。若土基出现"弹簧"现象,应将"弹簧"土清除,进行换土或加固后重新铺筑。铺筑时,应将周边混合料刨松,与新铺的成为一体,再进行碾压,并在一周内完成,以利新老结构联结。 (2)混合料过湿造成"弹簧",则应停止碾压,并进行翻松晾干至接近最佳含水率时进行碾压
基层压实度不足	原因分析	(1)碾压时压路机吨位与碾压遍数不够。 (2)碾压厚度超过施工规范规定的碾压厚度。 (3)下卧层强度不足,或混合料含水率过高或过低,无法充分压实。 (4)混合料配合比不准,石料偏少偏细,二灰偏多。 (5)混合料的实际配合比及使用的原材料与确定最大干密度时的配合比及材料有较大差异
	预治措施	(1)碾压时,压路机应按规定的碾压工艺要求进行,一般先用轻型压路机(12~15t)稳压3遍,再用重型压路机(18~20t)复压6~8遍,最后用轻型压路机打光,至少2遍。 (2)严格控制压实厚度,每层的压实厚度不应超过20cm。 (3)严格控制好混合料的配合比和均匀性,以及混合料的碾压含水率。 (4)对送至工地的混合料,应抽样进行标准密度的试验,通过试验来确定或修正混合料标准密度。 (5)下卧层软弱或发生"弹簧"时,必须进行处理加固。 (6)加强现场检测,发现压实度不足,应及时分析原因,采取对策
施工接缝不顺	原因分析	(1)先铺的混合料碾压至边端时,因推挤造成"低头"现象,而在接缝时未翻松,直接加新料,由于压缩系数不同,使该处升高。 (2)先铺的边端部分碾压时未压,后摊铺时部分接下去摊铺,虽然松方高程一致,但先摊铺部分含水率较低,压缩性较小,碾压后形成高带。 (3)摊铺机摊铺时,纵向接缝未搭接好,先铺段边缘的成型密度较低,后铺段搭接时抛高又未控制好,碾压后形成接缝不顺直,或高或低
	防治措施	(1)精心组织施工,尽可能减少施工横、纵接缝。 (2)在分段碾压时,接缝一端应预留一部分不压(3~5m),以防止推移而影响压实,又不利于接缝。 (3)摊铺前,应将接缝处已压实的一端先翻松(长度0.5~1m)至松铺厚度,连同未压部分及新铺材料一起整平碾压,使之成为一体。对横向接缝,压路机可以横向碾压以利端部压实。 (4)人工摊铺时,尽可能整个路幅摊铺,以消除纵向接缝;摊铺机摊铺时,应考虑新铺的一端要与已铺好的结构层有0.5m左右的搭接,发现接缝局部漏料,应随即整修,待第二幅摊好后,再开始第一幅的碾压,以防止碾压时的横向推移
平整度不符合验收标准	原因分析	(1)人工摊铺时,没按方格网控制平整度,只靠肉眼在小面积内控制平整,大面积就无法控制。 (2)机铺时,不能均匀行驶、连续供料,停机点往往成为不平点。由于分料器容易将粗料往两边送,压实后形成"集料窝",影响平整度。 (3)混合料由几家单位供应,故级配区别较大,影响松铺系数和压实系数;混合料的含水率不均匀、离析、粗细不均匀均对平整度产生影响。 (4)下卧层不平,混合料摊铺虽表面平整,但压缩量不均匀,产生高低不平
	预防措施	(1)人工摊铺时,在基层两侧及中间设立高程控制桩,纵向每5m设一个断面,形成网格,并计算混合料摊铺量,以此作为控制摊铺的基准和卸料的依据。 (2)机铺时,要保证连续供料,匀速摊铺,分料器中的料应始终保持在分料器高度的2/3以上。 (3)几个单位供料时,一个厂家的料铺在同一路段上,不要混杂;不同厂家的料松铺系数应由试验确定,混合料配和比应稳定,含水率应均匀,以减少供料离析程度。 (4)下卧层的平整度应达到验收标准。 (5)卸料后宜及时摊铺,若堆放时间较长,在摊铺时应将料堆彻底翻松,使混合料松铺系数均匀一致。 (6)用铲车、推土机摊铺时,其行驶路线应该均匀,不应随意添加混合料,以防松实不一。 (7)摊铺好以后,应进行摊铺层平整度修整,然后进行碾压
	治理方法	先进行初压,之后若发现局部平整度不好,削平超高部分,低凹部分可将其至少翻松深10cm以上,再加混合料,摊平碾压密实,严禁贴薄层

续上表

项	目	内容和要求
表面起尘松散	原因分析	(1)混合料级配灰量多,特别是在高温天气,表面干燥快,养护不及时使表面二灰松散。 (2)碾压时雨水多,表面冒浆,干燥后导致起壳松散。 (3)混合料养护期不足,强度未充分形成就通车,将表面压坏,使二灰与石料松散。 (4)施工中为了表面平整,有意在表面撒一层灰,该层无法形成整体而松散。 (5)摊铺不均匀,集料集中处有松散现象
	预防措施	(1)混合料摊铺要均匀,不得有粗细料集中现象。 (2)混合料在最佳含水率时碾压,碾压时不得有意提浆和表面撒灰。 (3)碾压成型的混合料必须及时洒水养护,或洒透层沥青或作沥青封层,保持混合料表面处于湿润状态,养护期不得少于两周。 (4)混合料在养护期要封闭交通,强度形成后应严格控制重车通过,若要少量通车,应作沥青封层或表面处治
	治理方法	在摊铺上层前,将表面松散部分扫净,露出骨料,必要时可用水冲净
混合料不成板体和弯沉值达不到要求	原因分析	(1)采用了劣质石灰或石灰堆放时间较长,游离氧化钙含量少或石灰未充分消解,遇水后膨胀,造成局部松散。 (2)冬季施工,气温低或经受冰冻,影响了强度发展。 (3)混合料碾压时,含水率过小,碾压时不成型,影响强度增长。 (4)混合料碾压时,发生"弹簧"现象,甚至产生龟裂,压实度不足使混合料不结硬或强度低下
	防治措施	(1)在拌和混合料之前,应检查所用消解石灰的质量,一般应采用三级以上的块灰,并充分消解。 (2)石灰应先消解先用,后消解后用,以防堆放时间过长而失效,一般不宜超过半个月。 (3)混合料施工气温应在5℃以上;若冬季施工应掺加早强剂,以提高早期强度。 (4)混合料碾压时含水率应严格控制在容许范围内,避免过干或过湿,以确保达到应有的压实度
横向裂缝	原因分析	(1)施工接缝衔接不好产生的收缩缝。接缝前后两段混合料摊铺间隔时间越长,越易裂。 (2)干缩裂缝。由于混合料中水分蒸发后,干燥收缩产生裂缝,含水率越大,收缩越严重。 (3)温缩裂缝。碾压后的混合料在低温季节由于冷缩而产生裂缝。 (4)混合料未充分压实,强度不足或厚度不够,在外荷载下产生裂缝。 (5)土基施工时,沟槽填实处理不好,当混合料成型后,下层发生沉降,使基层产生裂缝。 (6)软基沉陷不均匀有时会使基层产生裂缝,如桥头搭板端部处
	预防措施	(1)混合料应在接近最佳含水率的状态下碾压,严禁随意浇水、提浆,以减少干缩;要防止碾压含水率过小、压实度和强度不足造成强度裂缝。 (2)对分段施工的基层,碾压时,应预留3~5m混合料暂不碾压,待下段混合料摊铺后再碾压,以利衔接,前后段施工时间不要间隔太长。对于分层碾压的基层,上下层的接头应错开3~5m,以减少裂缝。 (3)合理选择混合料的配比,控制细料数量;重视结构层的养护,经常洒水,防止水分过快损失,及早铺筑上层或进行封层,以利减少干缩。 (4)对于基层下的横向沟槽,必须采取措施填实,防止下沉,采用加厚二灰基层厚度对防止沉降与裂缝有一定效果
	治理方法	(1)基层铺筑后出现横向裂缝,可在缝内灌浇乳化沥青或填缝料修补。 (2)沥青面层铺筑后出现横向裂缝,也可用乳化沥青浇灌;若裂缝较严重时,可以将面层挖除,在裂缝处加铺土工布、玻璃纤维网格等隔裂材料,然后铺筑沥青面层,这样可延缓裂缝反射

(2)石灰粉煤灰土底基层与基层病害及防治

石灰粉煤灰土底基层与基层病害及防治　表 18-2

项目		内容和要求
混合料不均匀	原因分析	(1)翻松与拌和机具功率不足,齿深不够,路槽土未充分翻深、翻松。 (2)直径大于 15mm 的土块未先粉碎或剔除。 (3)土的塑性指数较大,容易结团,拌和困难
	防治措施	(1)应选用合适的机具进行路拌法施工,保证有足够的翻拌深度和打碎能力,通常宜选用专用的稳定土拌和机;在没有专用拌和机的情况下,也可以用旋耕机与多铧犁相配合,用多铧犁将土翻松,旋耕机拌和,再用多铧犁将底部料翻起,旋耕机再拌和,如此反复 5～6 遍,在翻拌过程中,应随时检查调整翻犁的深度,必须将稳定土层全部翻透。 (2)土块应尽可能粉碎,最大尺寸不应超过 15mm,对于超尺寸土块应予清除。 (3)对于塑性指数较大的土,应用专用机械粉碎,在用石灰稳定时,可采用二次拌和法,第一次加石灰拌和后,闷料一夜,再加入其余石灰,进行第二次拌和
混合料强度达不到要求	原因分析	(1)混合料配比确定不当或现场未按规范或设计要求的配合比施工。 (2)石灰质量未达到规范要求或因存放时间过长,品质下降,造成混合料强度达不到要求。 (3)混合料拌和不匀,强度波动大,使混合料强度代表值达不到要求,即不能满足式: $\bar{R}(1 - Z_\alpha C_v) \geq R_d$ 式中:R_d——设计抗压强度(MPa); C_v——试验结果的偏差系数(以小数计); Z_α——标准正态分布表中随保证率而变的系数,高速、一级公路保证率取 95%,$Z_\alpha = 1.645$,其他公路保证率取 90%,$Z_\alpha = 1.282$
	防治措施	(1)以工地实际使用的材料,重新检验或修改配合比。 (2)检查工地实际配合比,检查投料、计算、计量是否有误;工地施工时实际采用的石灰剂量应比室内试验确定的剂量多 0.5%～1.0%。 (3)石灰过多或过少都会造成混合料强度不足,所以应避免局部地段石灰过多或过少,并充分拌和均匀。 (4)石灰土和二灰土的强度标准,见下表(表中三组值分别适用极重、特重交通,重交通,中、轻交通)

石灰稳定土的强度标准(JTG/T F20—2015)(MPa)

层位 \ 公路等级	二级及二级以下公路	高速公路和一级公路
基层	≥0.8	—
底基层	0.5 ～ 0.7	≥0.8

二灰稳定土的强度标准(JTG/T F20—2015)(MPa)

层位 \ 公路等级	二级及二级以下公路	高速公路和一级公路
基层	≥0.9,≥0.8,≥0.7	≥1.1,≥1.0,≥0.9
底基层	≥0.7,≥0.6,≥0.5	≥0.8,≥0.7,≥0.6

项目		内容和要求
压实度不足	原因分析	(1)压实机具选用不当或碾压层太厚。 (2)碾压遍数不够。 (3)含水率过高或过低。 (4)下卧层软弱
	防治措施	(1)石灰土和二灰土基层应选用 12t 以上压路机或振动压路机碾压。压实厚度在 15cm 以下时,可选用 12～15t 压路机碾压;压实厚度在 15～20cm 时,应采用 18～30t 的三轮压路机碾压;压实厚度超过 20cm 时,应分层碾压;压实机具应轻重配备,碾压时应先轻后重。 (2)混合料摊铺后应在 1～2d 内充分碾压完毕,并保证一定的碾压次数,直至碾压到要求的密实度为止。同时,表面无明显轮迹,一般需碾压 6～7 遍,路面两侧应多压 2～3 遍。 (3)当含水率过高或过低时,应采取措施,在达到最佳含水率(或略高,但不超过 2%)时,再碾压。 (4)石灰和二灰稳定土施工前,应对其下卧层进行严格检查,以确保质量达到规范要求

续上表

项	目	内容和要求
碾压时出现“弹簧”现象	原因分析	(1)碾压时,混合料含水率过高。 (2)下卧层过软,压实度不足或“弹簧”
	防治措施	(1)混合料拌和时应控制原材料的含水率,如土壤过湿,应先翻晒,并宜采用生石灰粉掺和,降低混合料的含水率;如粉煤灰过湿,应先推高晾干,一般2~3d即可。 (2)施工时应注意气象情况,摊铺后应及时碾压,避免碾压前遭雨袭击,造成含水率过高以致无法碾压引起“弹簧”现象。 (3)当石灰土和二灰土过干时,可洒水闷料后再进行碾压,含水率应予控制并力求均匀,避免局部地方水量过多造成“弹簧”现象。 (4)碾压时应遵循先轻后重的原则。 (5)混合料摊铺前,应对下卧层的质量进行检查,保证其压实度,若有“弹簧”现象,应先处理后,再做上层
碾压时龟裂	原因分析	(1)石灰土、二灰土含水率严重不足。 (2)土块未充分粉碎或拌和不均匀。 (3)下卧层软弱,在压实机械碾压下出现“弹簧”现象。 (4)养生期间重车通过,引起结构层破坏
	防治措施	(1)混合料在拌和碾压过程中,应经常检查含水率。含水率不足时,应及时洒水,应在混合料的含水率等于或略大于最佳含水率时进行碾压。 (2)加强混合料粉碎和拌和,对不易粉碎的黏土宜采用专用机械,并采用二次拌和法,对超尺寸土块予以清除。 (3)无论石灰土和二灰土基层,均应保证下卧层充分压实。对土基不论路堤或路堑,必须用10~15t三轮压路机械或等效的碾压机械进行碾压检验(压3~4遍)。在碾压过程中,如发现土过干或表层松散,应适当加水;如土过湿,发生“弹簧”现象,应采用挖开晾晒、换土、掺石灰或加粒料等措施。 (4)养生期间,应禁止重车通行
未结成板体	原因分析	(1)石灰质量差或掺加量不足。 (2)压实度不足。 (3)冬季(气温低于5℃)施工,气温偏低,强度增长缓慢
	防治措施	(1)施工前应对石灰质量进行检验,避免使用存放时间过长及劣质石灰,消解的石灰应在两周内用完。 (2)进行充分碾压,达到规定的压实度。 (3)应避免冬季施工。必须冬季施工时应注意养护,防止冰冻,并封闭交通。必要时可选用外掺剂,以提高早期强度;或采用塑料薄膜、沥青膜等覆盖措施养生;保持一定温度,加速强度增长
横向裂缝	原因分析	(1)结构层由于干缩和温缩而产生横向裂缝,混合料碾压含水率越大,越易开裂。 (2)有重车通过,但未筑上层的石灰土、二灰土基层,不能承担重车荷载的作用,当重车通过时,易造成损坏,产生裂缝,尤其当下卧层温度不足和在养生期间时,更宜产生强度性裂缝。 (3)横向施工裂缝,包括结构层成型后再开挖横沟所发生的接缝,是最易产生横向裂缝的薄弱面。 (4)结构层横穿河沟时,由于沉陷或重车作用所引起的裂缝
	防治措施	(1)施工过程中应严格控制混合料的碾压含水率,使其接近于最佳含水率,以减少结构层干缩。 (2)混合料碾压完毕后,应及时保湿养生,不应过干、过湿,或忽干、忽湿。养生期一般不少于7d,有条件时可采用塑料膜覆盖。 (3)混合料施工完毕后,应尽早铺筑上层,在铺筑上层之前,应封闭交通,严禁重车通行。 (4)延长施工段落,减少接缝数量;做好接缝处理,使新旧混合料结合紧密;缩短接缝两侧新旧混合料铺筑的时间间隔。 (5)产生横向裂缝时,通常不做处理,缝宽时可用沥青封缝,以防渗水和恶化

续上表

项	目	内容和要求
表面起皮松散	原因分析	(1)碾压时含水率不足。 (2)碾压时为弥补厚度或高程不足,采用薄层贴补。 (3)碾压完毕,未及时养护即遇雨天气,表面层冰冻
	防治措施	(1)施工时,应在最佳含水率时碾压,表面干燥时,应适量洒水。 (2)禁止薄层贴补,局部低洼之处,应待铺筑上层结构时解决;如在初始碾压后发现高低不平,可将高处铲去,低处翻松厚10cm以上,补料摊平,再压实。碾压过程中若有起皮现象,应及时翻开重新拌和碾压。 (3)灰土施工时,应密切注意天气情况,避免在雨雪和霜冻气候条件下施工。 (4)灰土表面发生起皮现象后,应予铲除,其厚度或高程不足部分,可待铺筑上层结构时解决
平整度不符合要求	原因分析	(1)下卧层平整度不好,造成灰土基层松铺厚度不均,影响平整度。 (2)摊铺碾压过程中,未采取适当措施,提高平整度。 (3)接缝未处理好
	防治措施	(1)灰土结构层施工前,应对下卧层的平整度进行检测,平整度很差时,可先用部分灰土找平,然后进行灰土结构层施工。 (2)摊铺尽可能采用平地机摊铺。平地机摊铺应由熟练工操作,打好高程控制点,控制好平整度。如果采用场外拌和供料,应控制卸料地点和数量,堆料处应彻底翻松、整平。 (3)边碾压,边整平。轻型压路机初压以后,应及时检测与整平。卸料和碾压时应避免在碾压层上停车或急转弯。碾压后可将高出部分铲平,低洼处可采用薄层罩面办法补平。 (4)两个工作段的搭接部分,应前一段拌和后,留5~8m不碾压,后一段施工时,将前段预留未压部分翻松后一起再进行碾压
回弹弯沉值达不到设计要求	原因分析	(1)下卧层强度差。 (2)灰土基层未充分碾压密实,强度和厚度不足。 (3)低温或雨季施工,强度增长慢
	防治措施	(1)灰土结构层施工前,一定要对下卧层的施工质量进行检查,确保下卧层的施工质量。 (2)混合料配合比和压实度要严格掌握,确保质量。 (3)低温和雨季,灰土结构层强度增长缓慢,但温度回升或雨季过后,强度会恢复增长,但需要一定养护

(3)石灰粉煤灰砂砾基层病害及防治

石灰粉煤灰砂砾基层病害及防治 表18-3

项	目	内容和要求
摊铺时粗细料分离	原因分析	(1)在装卸运输过程中造成离析。 (2)用机械摊铺时,使粗细料集中,且未采取重新搅拌措施
	防治措施	(1)如果装卸过程中出现离析现象,应在摊铺前将料进行重新搅拌,使粗细料混合均匀后再摊铺。 (2)如果在碾压过程中出现粗细料集中现象,也要将料挖出分别掺入粗细料搅拌均匀,再摊铺碾压
碾压成型后不养护	原因分析	(1)施工人员不了解粉煤灰在加入石灰后,必须在适当水分下才能激发其活性,生成具有一定水硬性化合物,将砂砾料固结成板体。 (2)水源较困难,未采取积极措施,给予保证。 (3)图省工、省钱,违反技术规程
	防治措施	(1)加强技术教育,提高技术和管理人员对混合料养生重要性的认识。 (2)严格操作规程,必须执行混合料压实成型后保湿养的规定。 (3)养生时间一般不少于7d,直至铺筑上层面层为止,有条件时也可洒沥青乳液覆盖养生

续上表

项	目	内容和要求
超厚碾压	原因分析	(1)技术交底不清或管理不严。 (2)图省工、省钱,或无端抢工,有意违反操作规程
	防治措施	(1)严格技术标准、严格管理、严格监理。 (2)凡结构层总厚度超过规范和设计厚度时,都要分层碾压,如结构层总厚度为30cm,可分成两层,每层15cm,其虚铺厚度为15cm×1.3(机械摊铺的压实系数)=19.5cm

(4)石灰土基层(垫层)病害及防治

石灰土基层(垫层)病害及防治　　表18-4

项	目	内容和要求
搅拌不均匀	原因分析	(1)人工拌和遍数不够或石灰过湿。 (2)无强制拌和设备或有拌和设备而拌和时间不足
	防治措施	(1)人工拌和时,将备好的土与石灰按计算好的比例分层交叠堆在拌和场地,然后用铁锹翻拌至少3遍,要求无花白现象,土干时随拌随洒水,加水多少,以最佳含水率控制。 (2)机械拌和时,无论使用平地机、专用灰土拌和机,还是使用农用犁耙料机,都应按规程操作,保证均匀度、结构厚度、最佳含水率
石灰土厚度不够	原因分析	(1)对土路床的密实度、纵横断高程、平整度、宽度指标未予控制。 (2)不做土路床,就地翻拌,遇土软时翻拌程度就深,灰土层就厚;遇土硬时,翻拌深度就浅,灰土层就薄
	防治措施	(1)要按质量检验评定标准所规定的土路床工序,控制其纵横断高程、平整度、宽度、密实度。 (2)按上述搅拌不均匀中的防治措施,拌和、摊铺石灰土,灰土层厚度即可保证
掺石灰剂量不准	原因分析	(1)管理和操作人员不了解石灰剂量是直接影响灰土强度的重要因素。 (2)施工管理人员未经试验计算,或虽经试验计算,但对操作者交底不清
	防治措施	石灰土的石灰剂量,应按石灰占灰土的总干质量的百分率计算。 如果施工单位无试验资料,可以采用12%石灰土,压实厚度15cm,以人工上土为例,土松铺22~24cm,石灰松铺6cm;压实厚度20cm,土松铺30~32cm,石灰松铺8cm。按上述土、灰厚度比例关系,大致是4:1。如果是石灰处理土基,压实厚度15cm,加灰6%,那么,石灰松铺厚度便是3cm,如果加灰9%,松铺厚度为4.5cm
消解石灰不过筛	原因分析	图省工,违反操作规程
	防治措施	(1)生石灰块应在用灰前一周,至少2~3d进行消解,以使石灰充分粉化。 (2)消解石灰的方法应采用射水花管,使水均匀喷入灰堆内部,每处约停放2~3min,再换位置插入,直至插遍灰堆,使灰充分消解。 (3)对少量未消解部分的石灰块,要过1cm筛孔的筛子
土料不过筛	原因分析	(1)土料黏块较大、结团、未打碎。 (2)土料内含有建筑渣土,未过筛
	防治措施	(1)所用的土,应事先将土块打碎,人工拌和时,需要通过2cm筛孔的筛子。 (2)机械拌和时,可不过筛,但必须将大砖块、大石块等清除,2cm以上土块含量不得大于3%

续上表

项	目	内容和要求
灰土过干或过湿碾压	原因分析	(1)土料在开挖、运输或就地过筛翻拌过程中,原有水分大量蒸发,翻拌过程中又未重新加水。 (2)备取的土料过湿或遇雨,或灰土掺拌后未碾压遇雨,没有进行晾晒,在大大超过最佳含水率的状态下碾压
	防治措施	(1)石灰土搅拌必须具备洒水设备,如果在取土、运输、翻拌过程中失水,就应在翻拌过程中随搅拌随打水花,直至达到最佳含水率。同时,在碾压结束后,如不摊铺上层结构,应保湿养生,以加速灰土强度的形成。 (2)取来的土过湿,或遇雨后过湿,应进行晾晒,使其达到或接近最佳含水率时再行加灰掺拌;如拌和后的灰土遇雨,也应晾晒,达到最佳含水率时再进行碾压;如灰土停放时间过长,还要经过试验,若石灰失效,应再加新灰而后碾压
石灰土基层缩裂	原因分析	经试验表明:土的温缩系数(温度每降低1℃时单位长度的收缩量)较干系数(含水率每减少1%单位长度收缩量)要大4~5倍,所以灰土基层的缩裂大多发生在冬季。土的黏性越大或石灰剂量越高,则所筑成的灰土基层裂缝越多、越宽
	防治措施	1. 改善土质 应采用黏性较小的土,或在黏性土中掺入砂性土、粉煤灰等,以降低土的塑性指数。 2. 控制压实含水率 石灰土在含水率不大于最佳含水率的90%时,对施工压实并不造成困难,还能改善石灰土的缩裂性质。 3. 铺筑碎石过渡层 在石灰土与沥青路面间铺筑一层碎石过渡层,当厚度为15~27cm时,沥青面层可以避免开裂或很少开裂;当厚为5~10cm时,沥青面层将产生收缩裂缝,横缝间距大为增长。 4. 掺加粗粒料 在石灰土中掺入一些粗粒料,如砂、碎石、煤渣及矿渣等,掺入量按质量比应小于50%。这不但可以减少裂缝,还可以节约石灰和改善碾压时的拥推现象。 5. 分期铺筑 在石灰土基层的强度形成期,任其产生缩裂后,经过一个冬季,再铺筑沥青路面,可大大减少面层开裂。在铺筑沥青路面前,为使基层不受破坏,可在其上做沥青上封层,防止行车损坏基层。 6. 设置收缩缝 在灰土层中每隔5~10m设一道缩缝,宽5~10mm,深为层厚的0.5~1.0倍,内填土砂、沥青砂或油毛毡等。缩缝的做法:可在混合料碾压到80%压实度时,将薄板切入灰土中,取出后填入填缝料,再继续碾压到所要求的密实度。 7. 综合措施 可在粗粒料石灰土基层上铺筑厚7~10cm的沥青稳定碎石过渡层,再铺沥青面层,可以较有效地防止或减少裂缝的产生

(5)水泥稳定综合土基层病害及防治

水泥稳定综合土基层病害及防治 表18-5

项	目	内容和要求
干缩裂缝	原因分析	(1)基层材料级配不佳。如水泥稳定碎石基层水泥含量偏多,虽然提高了强度,但会出现较多的干缩裂缝,经试验表明,水泥含量宜在4%~4.5%。 (2)基层在施工完成以后较长时间太阳暴晒、养生不好,形成干缩裂缝。 (3)沥青面层施工时,沥青下面层与沥青中面层的施工时间间隔不宜过长,下面层和中面层连续施工,不超过半月可以减少干缩裂缝
	防治措施	(1)基层施工前,严格控制材料级配和含水率,尤其水泥含量,要求不得大于6%,通过0.075mm筛孔的颗粒含量应控制在5%~7%。 (2)基层施工结束后,及时进行养生,可洒水养生,使基层表面经常处于潮湿状态,或洒一层乳化沥青或用塑料膜覆盖,做到保湿养。 (3)控制碾压方法和最终碾压时间,压实度符合规范要求

18.2　沥青路面病害类型及防治措施

沥青路面病害类型及防治措施　表 18-6

项	目	内容和要求
横向裂缝	原因分析	(1)施工缝未处理好,接缝不紧密,结合不良。 (2)沥青标号未达到使用要求的质量标准或不适合本地区气候条件。 (3)半刚性基层收缩裂缝的反射缝。 (4)桥梁、涵洞或通道两侧的填土产生固结或地基沉降
	防治措施	(1)合理组织施工,摊铺作业连续进行,减少冷接缝。冷接缝的处理,应先将已摊铺压实的摊铺带边缘切割整齐,清除碎料,然后用热混合料敷贴接缝处,使其预热软化;铲除敷贴料,对缝壁涂刷 $0.3 \sim 0.6\mathrm{kg/m^2}$ 的黏层沥青,再铺筑新混合料。 (2)充分压实横向接缝。碾压时,压路机在已压实的横幅上,钢轮伸入新铺层15cm,每压一遍向新铺层移动15 ~ 20cm,直到压路机全部在新铺层为止,再改为纵向碾压。 (3)根据现行《公路沥青路面施工技术规范》(JTG F40—2004),按本地区气候条件和公路等级选取相应的沥青类型,以减少或消除沥青面层温缩裂缝,采用优质沥青效果更好。 (4)桥涵两侧填土充分压实或进行加固处理,施工后沉降严重地段应进行软土地基处理。 (5)对于细裂缝(2 ~ 5mm)可用改性乳化沥青灌缝;对于大于5mm的宽裂缝,可用改性沥青(如SBS改性沥青)灌缝,以防雨水由裂缝渗入路面结构。 (6)灌缝前须清除缝内、缝边碎粒料及杂物,并使缝内干燥;灌缝后,表面撒粗砂或3 ~ 5mm的石屑
纵向裂缝	原因分析	(1)先后摊铺幅相接处的冷接缝,未按有关规范要求认真处理,结合不紧密而脱开。 (2)纵向沟槽回填土压实度不足而发生沉陷。 (3)拓宽路段的新老路面交界处沉降不一
	防治措施	(1)采用全路幅一次摊铺,如分幅摊铺时,前后幅应紧跟,确保前后摊铺幅混合料热接缝。 (2)分幅摊铺时,上下层的施工纵缝应错开15cm以上。前后幅相接处为冷接缝时,应先将已施工压实完的边缘切除,切线应顺直,侧壁要垂直;清除碎料后,宜用热混合料敷贴接缝处,使之预热软化,然后铲除敷贴料,并对侧壁涂刷 $0.3 \sim 0.6\mathrm{kg/m^2}$ 的黏层沥青,再摊铺相邻路幅。摊铺时控制好松铺系数,使压实后的接缝结合紧密、平整。 (3)沟槽回填土应分层填筑、压实,压实度必须达到要求。 (4)拓宽路段的基层厚度和材料,应与老路面一致,原路基层应密实稳定。铺筑沥青面层前,老路面侧壁应涂刷 $0.3 \sim 0.6\mathrm{kg/m^2}$ 的黏层沥青。沥青面层应充分压实。新老路面接缝宜用热烙铁烫密。 (5)2 ~ 5mm的裂缝和大于5mm的裂缝治理方法,见本节横向裂缝防治措施第5条
反射裂缝	原因分析	(1)半刚性基层收缩裂缝的反射裂缝。 (2)在旧路面上做沥青罩面前原路面已有裂缝,反射到新沥青面层表面。 (3)在水泥混凝土路面上做沥青面层,水泥混凝土路面的接缝或裂缝反射到沥青面层表面
	防治措施	(1)在半刚性基层上做缩缝,每隔10 ~ 20m切一条缝,缝宽0.50 ~ 1.0cm,缝深约为基层厚的1/3;清除缝内粒料、灰尘后,灌入沥青,再铺筑沥青面层;如果在切缝内灌入沥青后,在缝上贴一层土工织物(约1m宽)效果更好,可大大减少对沥青面层的反射裂缝。 (2)对旧路面或水泥混凝土路面上裂缝、接缝,应先做灌缝处理,或采用铺设土工织物、玻纤网格后,再做沥青面层。 (3)沥青面层缝宽小于2mm时,可暂不作处理,大于2mm时,可采用改性乳化沥青或改性沥青(如SBS改性沥青)灌缝

续上表

项	目	内容和要求
网裂	原因分析	(1)路面结构中夹有软弱隔层或泥灰层,粒料层松动,水稳性差。 (2)沥青与沥青混合料质量差,延度低、抗裂性差。石料含泥量大,油石比不当。 (3)沥青层厚度不足,层间黏结差,水分渗入,加速裂缝形成
	防治措施	(1)沥青面层摊铺前,对基层应认真检查,及时清除泥灰,处理好软弱层,保证基层的稳定,并宜喷洒透层沥青或0.3~0.6kg/m^2的黏层沥青。 (2)原材料质量和混合料质量严格按现行《公路沥青路面施工技术规范》(JTG F40—2004)的要求选定、拌制和施工。 (3)沥青面层各层应满足最小施工厚度的要求,保证上下层的良好连接;并从设计、施工、养护上采取措施,有效地排除雨后结构层内积水。 (4)路面结构设计,应做好交通量调查和预测工作,使路面结构组合与总体强度满足设计使用期限内交通荷载要求。上基层必须选用水稳定性良好的有粗粒料的石灰、水泥稳定材料。 (5)如夹有软弱层或不稳定层时,应将其铲除,如因结构层积水引起网裂时,铲除面层后,需加设排水设施,将路面渗透水排除至路外后,再铺筑混合料。 (6)如强度满足要求,而沥青面层厚度不足时,可将网裂的面层清除后加铺新料。加铺厚度按现行设计规范计算确定。 (7)由于路基不稳定导致路面网裂,可采用石灰或水泥对路基进行加固处理,深度一般为20~40cm,消石灰量5%~10%或水泥用量4%~6%,待土路基处理稳定后,再重做基层和面层
龟裂	原因分析	(1)土基和路面基层的病害或强度不足,在行车作用下产生龟裂现象。 (2)沥青性能不好或路龄较长,产生较大面积龟裂
	防治措施	(1)在铺筑沥青路面前,应对土基、路面基层进行严格检测,发现有软弱层或强度不符合设计要求时,应采取用石灰或水泥等加固土基或重做路面基层,直至达到消除软弱层,强度符合设计要求为止。 (2)沥青面层所用的沥青标号,宜根据不同地区气候条件、施工季节气温、路面类型和施工方法等选用。 (3)沥青路面应按其使用期,进行中修罩面或大修。 (4)因土基、路面基层强度不足引起局部龟裂,应彻底挖除土基和基层,宜用原路面基层相同的材料填充,夯实后再作路面沥青层
翻浆	原因分析	(1)基层用料不当或拌和不匀,细料过多,由于水稳性差,遇水后软化,在行车作用下,浆水上冒。 (2)低温季节施工的半刚性基层,强度增长缓慢,而路面开放交通过早,在行车与水作用下,使基层表面粉化,形成浆水。 (3)冰冻地区的基层,冬季水分积聚成冰,春天解冻时翻浆。 (4)沥青面层厚度较薄,空隙率较大,未设置下封层和没有采取结构层内排水措施,雨水下渗,形成翻浆。 (5)沥青表面处治和贯入式面层竣工初期,由于行车作用次数不多,结构层尚未达到应有密实度就遇到降雨,渗入水增多,基层翻浆
	防治措施	(1)采用含粗料的水泥、石灰粉煤灰稳定类材料,作为基层或上基层,粒料级配应符合要求,细料含量要适当。 (2)在低温季节施工时,水泥石灰粉煤灰稳定材料,可掺入早强剂,以提高其早期强度。 (3)根据公路等级和交通量要求,选择合适的面层类型及厚度。沥青混凝土面层宜采用二层或三层,其中一层须采用密级配,各层均为沥青碎石时,基层表面必须做下封层。 (4)设计时,对空隙率较大、易渗入水的路面,应设置排除结构层内积水的结构措施。 (5)沥青表面处治和贯入式面层经压实后,空隙率仍然较大,需要较长时间行车进一步压密成型。因此,这两种面层宜在热天或少雨季节施工。 (6)采取切实措施,使路面排水顺畅,避免路面积水和减少雨水下渗

续上表

项目		内容和要求
沉陷	原因分析	(1)沥青混合料在摊铺时厚度不均或粗细料不匀引起的面层轻微下沉。 (2)土基或基层局部强度薄弱,经雨水侵蚀,行车作用,其结构遭到破坏,引起路面沉陷。 (3)桥头路面沉陷是因土质不好或含水率大;桥涵施工与路基开挖未同步进行
	防治措施	(1)沥青面层宜采用机械摊铺,在铺筑过程中,摊铺机螺旋送料器应不停地转动,并保持在摊铺机全宽度断面上沥青混合料不发生离析。 (2)发现沥青面层有局部轻度网裂,应及时采取封面或挖补措施,以防雨水渗入基层和土基,破坏其结构强度。 (3)路面沉陷较大,面层已形成龟裂,应将面层、基层、土基一起挖除,重新做土基、基层,并保证其有足够的强度,然后再做面层。 (4)在桥涵施工中,应与路基开挖相结合,做到桥台砌多高,填土填多高;分层压实到路基处理高度时,按路基处理标准进行施工,尽量减少成桥后再开挖的局面,以保证填土的密实。 (5)在高速路上,车辆行车速度100km/h时,有跳车感觉,此时的路面已发生沉陷,其处治方法:①确定高程和铣刨范围;②铣刨原路面;③清除碎料和灰尘;④喷洒黏层油;⑤挂线调整高程,摊铺机摊铺沥青混合料;⑥碾压成型
拥包	原因分析	(1)沥青混合料的油石比油量偏高或细料偏多,热稳性不好,夏季气温较高时,路面不足以抵抗行车引起的水平力。 (2)沥青面层摊铺时,底层未清扫或未喷洒黏层沥青,致使路面上下层黏结不好;沥青混合料摊铺不匀,局部细料集中。 (3)基层或下面层未经充分压实,强度不足,发生变形位移。 (4)路面在日常养护时,如局部路段罩面,挖补用油量偏大,集料偏细或摊铺不匀;或混合料碾压后未充分冷却,行车在上面制动、起步等。 (5)陡坡或平整度较差路段,沥青面层混合料易在行车作用下向低处聚积而形成拥包
	防治措施	(1)严格控制沥青混合料配合比,选用针入度较低沥青或优质沥青,并控制好沥青用量。 (2)在摊铺沥青混合料面层前,下层表面应清扫干净,均匀洒布黏层沥青,确保上下层紧密黏结。 (3)人工摊铺时,防止卸料车卸料时发生离析现象,做到粗细料均匀分布,避免细料集中。 (4)凡属油石比不当或上下层黏结不好而形成的拥包,应将原来的油层和隆起的拥包完全除掉,并在基层表面喷洒0.3~0.6kg/m^2 的黏层沥青,再铺筑热稳定性符合要求的沥青混合料,碾压后与原路面平齐。当拥包周边伴有路面下沉时,应将其一并处理。 (5)如基层也被推挤,应将损坏部分挖除,重新铺筑。 (6)修补时应采用与原路面结构相同或强度较高的材料。如受条件限制,对面积较小的修补,可采用现场冷拌的乳化沥青混合料,但应严格控制矿料的级配和沥青用量。若冬季挖补拥包,在面积较小时,可采用配制好的常温沥青混合料,直接铺入槽内,及时碾压成型,但要选择好常温沥青混合料的级配类型和松铺系数
波浪(搓板)	原因分析	(1)沥青混合料的矿料级配偏细,沥青用量偏高,高温季节时,面层在车辆水平力作用下,发生位移变形。 (2)铺筑沥青面层前,未将下层表面清扫干净或未喷洒黏层沥青,致使上下层黏结不良,产生滑移。 (3)旧路面上原有的波浪(搓板)病害未彻底处理,即在其上铺筑面层
	防治措施	(1)合理设计与严格控制沥青混合料的级配。 (2)沥青面层摊铺前,应将下层表面浮尘、杂物扫净,并均匀喷洒黏层沥青,保证上下层黏结良好。 (3)在旧路上铺筑面层或罩面前,应先将病害彻底处理,而后铺筑新沥青面层。 (4)因上下面层相对滑动引起的波浪(搓板),面积较大时,应将面层全部铲除,槽壁与槽底垂直,清除下层表面杂物、灰尘后,喷洒0.3~0.6kg/m^2 的黏层沥青,重新铺筑沥青面层
泛油	原因分析	(1)沥青表面处治、贯入式等施工,使用沥青标号不当,针入度过大。 (2)混合料级配不当,油量过大,集料过少。 (3)冬季施工,面层成型慢,集料散失过多

续上表

<table>
<tr><th colspan="2">项　目</th><th>内容和要求</th></tr>
<tr><td>泛油</td><td>防治措施</td><td>(1)根据本地区气候条件,选定合适的沥青标号,见下表。
表面处治和贯入式路面选用的沥青标号
<table>
<tr><th>气候分区</th><th>寒区</th><th>温区</th><th>热区</th></tr>
<tr><td rowspan="3">石油沥青标号</td><td>A-140</td><td>A-100</td><td>A-60</td></tr>
<tr><td>A-180</td><td>A-140</td><td>A-100</td></tr>
<tr><td>A-200</td><td>A-180</td><td>A-140</td></tr>
</table>
(2)严格控制集料规格,按设计配合比和沥青用量进行施工。
(3)冬季施工,面层成型慢,一旦集料散失,应及时补撒集料,而且应避免低温施工。
(4)处治泛油在气温较高时最为有效。如轻微泛油,可撒布 3～6mm 厚的石屑或粗黄砂,撒布量以车轮不黏沥青为度;如泛油严重,可先撒布 5～10mm 厚的集料,经碾压稳定后再撒布 3～6mm 厚的石屑或粗黄砂嵌缝。使用过程中,散失的集料应及时回扫或补撒集料</td></tr>
<tr><td rowspan="2">啃边</td><td>原因分析</td><td>(1)路边缘积水,使集料与沥青剥离、松散。
(2)路面边缘碾压不足,而密实度较差。
(3)路面边缘基层松软,强度不足,承载力差。
(4)土路肩长时间积水,水浸入基层,减弱其强度</td></tr>
<tr><td>防治措施</td><td>(1)合理设计排水系统,加强日常养护,经常清除路肩堆积物和雨水口进入孔杂物,使路面排水畅通。
(2)施工时,路面边缘应充分碾压,压实后的沥青层应于缘石齐平、紧密。
(3)基层宽度应超出沥青层 20～30cm,以改善路面受力条件。
(4)在啃边修补范围内,距沥青面层损坏边缘 5～10cm 画线,沿画线将面层切割并挖除,清扫底面,侧面涂刷黏层沥青,然后按原路面的结构和材料进行修复,接缝处用热烙铁烫边,使接缝紧密</td></tr>
<tr><td rowspan="2">脱皮</td><td>原因分析</td><td>(1)摊铺时,下层表面潮湿或有泥土、灰尘等。
(2)旧路面上加罩沥青面层时,原路表面未凿毛,未喷洒黏层沥青,使新面层与原路面黏结不良。
(3)面层偏薄,厚度小于混合料集料最大粒径 2 倍,难以碾压成型。
(4)摊铺时,混合料温度过低,未及时碾压,雨水渗入下层,上下层黏结不好</td></tr>
<tr><td>防治措施</td><td>(1)铺设面层前,应彻底清除下层表面灰尘、杂物,并保持干燥,喷洒黏层沥青后,立即摊铺沥青混合料,使上下层黏结良好。
(2)在旧路面上加罩沥青面层时,宜在原路面上用风镐凿毛,清扫干净后,喷洒黏层沥青,再铺罩面层。
(3)单层式或双层式面层的上层压实厚度,必须大于集料最大粒径的 2 倍,利于压实成型。
(4)大面积脱皮路段,应将沥青面层全部除去,重新铺筑面层,严格控制摊铺和碾压温度,经雨淋的沥青混合料禁止使用。
(5)小面积脱皮,沿脱皮四周画矩形线,沿线将脱皮切除,将下面层清扫干净,在洒黏层沥青的同时,将侧壁涂刷沥青,然后按上面层同样的沥青混合料和压实厚度铺筑、碾压密实,待铺筑面层冷却后,开放交通。
(6)如发现脱皮部位有基层松软等病害,先处治基层后,再铺筑沥青面层</td></tr>
<tr><td>松散</td><td>原因分析</td><td>(1)沥青混合料低于摊铺和碾压温度,或碾压不及时,沥青结合料失去黏结力。
(2)沥青混合料炒制过火,即沥青老化,其结合料失去黏结力。
(3)沥青混合料潮湿,矿料与沥青黏结不牢;或冒雨摊铺,沥青黏结力下降,造成松散。
(4)沥青混合料油石比偏大,细料少,人工摊铺整平时粗集料集中,造成黏结力下降。
(5)低温施工,路面成型慢,在行车作用下,嵌缝料脱落,重者造成松散</td></tr>
</table>

续上表

<table>
<tr><th colspan="2">项　目</th><th>内容和要求</th></tr>
<tr><td>松散</td><td>防治措施</td><td>(1)严格控制好三个阶段的温度,并应有测温记录。
(2)沥青混合料是热操作材料,应做到快卸、快铺,及时碾压,当测定地表温度低于5℃时,停止摊铺。
(3)经常对进场热混合料检查,如发现炒料温度过高,应将料退回,不准摊铺。
(4)因气温低施工,沥青混合料面层有松散,在不扩大的情况下,可在气温上升后,将松散部分用新料重新摊铺压实;如矿料有散失,应采用喷油封面处治;气温较低季节需治理时,可用乳化沥青封面。
(5)松散程度较重,主集料或面层的下层仍稳定时,可采用封面法将松散部分封住。
(6)对小面积集料麻面,可局部薄喷一层沥青,撒料压实;若大面积时,可在气温升至10℃以上时,将松散部分清扫干净,做局部喷油封面(沥青0.8~1.0kg/m^2)后,撒布3~5mm或5~8mm厚的石屑或粗砂(每1 000m^2用料5~8m^3)并扫匀压实</td></tr>
<tr><td rowspan="2">压实度不足</td><td>原因分析</td><td>(1)碾压机械的吨位、碾压的速度、碾压的方法,不符合规定。
(2)沥青混合料拌和温度过高,沥青老化失去黏结力,虽反复碾压,但面层整体性不好,仍是半松散状态。
(3)碾压时面层混合料温度偏低,沥青虽裹覆较好,但已失去黏结性,所以沥青混合料碾压时难以成型。
(4)雨天施工时,沥青混合料内形成水膜,影响矿料与沥青黏结,影响路面有效压实。
(5)压实厚度过大或过小</td></tr>
<tr><td>防治措施</td><td>(1)热拌沥青混合料,应根据压实厚度和面层类型选择合理的压路机组合方式及碾压步骤,宜采用钢筒式静态压路机与轮胎压路机或振动压路机组合的方式,其压路机吨位宜采用下列机械。
双轮钢筒式压路机:6~8t;
三轮钢筒式压路机:8~12t、12~15t;
轮胎压路机:12~20t、20~25t;
振动压路机:2~6t、6~14t。
沥青混合料的压实,应按初压、复压、终压三个阶段进行。压路机应以均匀的速度碾压,其速度应符合下表的规定。
压路机碾压速度(km/h)(JTG F40—2004)
<table>
<tr><th rowspan="2">压路机类型</th><th colspan="2">初压</th><th colspan="2">复压</th><th colspan="2">终压</th></tr>
<tr><th>适宜</th><th>最大</th><th>适宜</th><th>最大</th><th>适宜</th><th>最大</th></tr>
<tr><td>钢筒式压路机</td><td>2~3</td><td>4</td><td>3~5</td><td>6</td><td>3~6</td><td>6</td></tr>
<tr><td>轮胎压路机</td><td>2~3</td><td>4</td><td>3~5</td><td>6</td><td>4~6</td><td>8</td></tr>
<tr><td>振动压路机</td><td>2~3
(静压或振动)</td><td>3
(静压或振动)</td><td>3~4.5
(振动)</td><td>5
(振动)</td><td>3~6
(静压)</td><td>6
(静压)</td></tr>
</table>
压路机碾压时,应从外侧向中心碾压。
(2)沥青混合料拌制时,集料烘干温度要控制在160~180℃之间,否则沥青出现焦枯,失去黏结力,影响压实度和整体性。
(3)沥青混合料到工地后,应及时摊铺,及时碾压。碾压温度过低,沥青黏度差,不易压实;应尽量避免气温低于10℃或雨季施工。
(4)压实厚度最大不得超过10cm,最小厚度应大于集料最大粒径1.5倍(中、下面层)或2倍上面层;压实度应符合规范规定。
(5)压实度不足的面层在使用过程中极易出现各种病害,一般应予铣削后重新铺筑热拌沥青混合料</td></tr>
<tr><td>路面渗水</td><td>原因分析</td><td>(1)沥青路面的结构渗水:一种是面层结构采用的是开级配或半开级配型时,空隙率较大,其面层结构始终处于渗水状态;另一种面层结构尽管是密集型级配,但在刚建成通车1~3个月内,因面层材料的不均匀性和施工过程中局部地方的轻微离析,面层仍存在上下贯通的空隙,雨水会乘空而入。
(2)沥青路面裂缝处漏水。
(3)施工期间的局部积水。施工期间,对于纵坡接近或等于零的路段,由于路槽挡水或在基层不平的低洼处,雨水汇集无法排出,使该处的基层表面和沥青面层长期处于浸水或潮湿状态。
(4)路面通车后由于局部不均匀沉降而造成面层与基层的凹陷,同时伴随着沥青路面的开裂,使雨水渗入</td></tr>
</table>

续上表

项	目	内容和要求
路面渗水	防治措施	1. 设计方面 (1)路面结构防水设计 设置一层隔水层来防水。 (2)路面结构排水设计 ①在干净的基层表面设置一层沥青薄膜,一方面将基层封闭起来,避免直接受水的冲刷;另一方面形成一个光滑的界面,以利水的排泄。 ②在硬路肩的结构设计中,可以采用设置碎(砾)石垫层或盲沟等措施,使沿基层表面的水迅速向路基外排泄。 ③当有中央分隔带时,应考虑沿路面水的排水去处,另外,弯道处的中央分隔带必须设置纵向排水沟,既排路表水,又排下渗水。 ④地处软土地基或高填土路基的路面,由于路基沉降作用,路面横坡逐渐变小,严重时会出现反坡现象。因此,在施工时,路面横坡的设计取值可在规范的基础上增加0.5% ~1%的预拱度,以抵消路面横坡度损失,使渗入面层结构中的水能沿着基层较大的横坡向外处畅泄。 2. 施工方面 (1)严格控制基层材料的级配和水泥用量。 (2)禁止在摊铺基层过程中出现明显的离析现象。 (3)在施工沥青透层或下封层前,必须将基层表面的浮灰全部清除。 (4)养护期间严禁车辆通行
坑槽	原因分析	(1)路面在水和车辆荷载的作用下,出现小面积松散或裂缝等病害,未能及时修补。 (2)基层强度不够,稳定性不好,面层裂缝,水浸入基层,在车辆荷载作用下使病害扩大,出现坑槽。 (3)路面尚未成型,受到机动车紧急制动出现坑槽或受外力冲击,如机械碰撞,路面遭到破坏。 (4)沥青混合料级配不佳、拌和不均匀、局部离析、沥青用量少,在行车作用下,主集料散失等
	防治措施	根据路面坑槽的大小、坑槽的深度、坑槽出现的时间等,采取不同的处治方法。 1. 油面层坑槽修补 油面层坑槽是指路面基层未坏,仅是沥青面层主集料散失形成深浅不一的坑槽。其修补工艺为: (1)画定修补面。 (2)清理坑槽。 (3)添铺新料。 (4)碾压成型。 (5)开放交通。 2. 深层挖补式坑槽修补 深层挖补式坑槽是指沥青面层和基层均受到破坏,须进行基层挖补的坑槽。其修补工艺: (1)画定修补面、清理坑槽两项工序同油面层坑槽修补一样,所不同的是基层要用液压镐凿除,开挖时从中间向四边开挖,以免损坏边部,并注意槽底面的完好、稳定。 (2)按原基层材料拌和均匀后,将料填入槽内,摊铺、整平、碾压。当坑槽面积小,不能用压路机碾压时,其每层厚度不应超过21cm。 (3)清扫碾压好的基层表面,保持清洁、干燥,在其表面喷洒透层沥青(宜用乳化沥青)。 (4)处理沥青面层,在坑槽四周槽壁喷洒黏层沥青,然后填入沥青混合料,整平、压实;若分层修补时,应分层填筑,分层碾压,用振动压路机进行压实。 3. 热烘式坑槽修补 热烘式坑槽修补是指利用沥青路面热养护修补车自带的加热设备——红外线加热板,对坑槽的沥青面层进行加热,再视情况添加再生剂及新料,最后碾压成型。热烘式坑槽修补工艺为: (1)清理坑槽。 (2)热烘路面。 (3)表面耙松。 (4)添加新料。 (5)碾压密实。 (6)撒布石粉。

续上表

项目		内容和要求
坑槽	防治措施	4. 喷射式坑槽修补 喷射式坑槽修补是利用自动坑槽修补车进行路面坑槽机械化修补的新工艺。目前，美国已广泛应用，它是利用自动坑槽修补车自带的鼓风机喷出的高强空气流实现坑槽内部的清洁，利用喷管喷射的沥青混合料直接填补坑槽，其修补工艺如下图所示 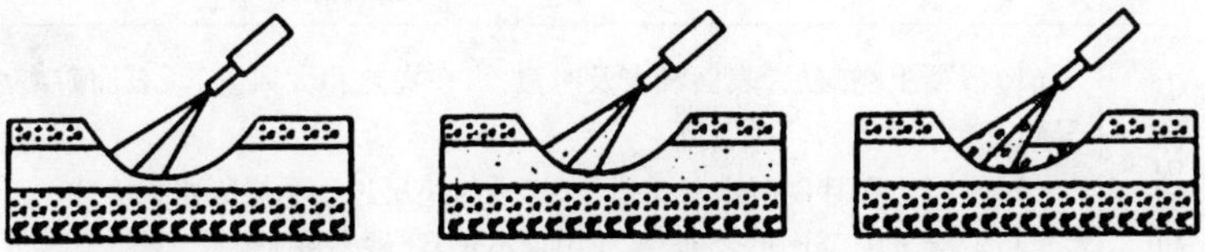 a)高强空气清洁坑槽　b)喷洒黏层油　c)喷射热沥青混合料 喷射式坑槽修补示意图
路面施工接缝不平整	原因分析	(1)施工中，因断电，或拌和厂机械、摊铺机机械损坏等不能正常摊铺。 (2)沥青混合料温度偏低。 (3)接缝时新铺料松铺厚度掌握不好，偏厚或偏薄。 (4)压路机碾压接缝时方法不对，使新铺混合料产生推移。 (5)纵向接缝主要是半幅通车半幅施工，易产生接缝不平整
	防治措施	1. 横向接缝的处治 (1)每天摊铺结束前，摊铺机手要注意观察螺旋输送器内和熨平板前部混合料的堆积量，保持全宽范围内均匀一致，尽可能摊铺出一个垂直于路中线的整齐断面，切忌铺成斜面；同时，注意上下相连两层的横向接缝至少应错开2m以上，然后将摊铺机驶离断面3～5m。 (2)确定适当的横向接缝位置。在已铺层顺路中心方向2～3个位置后放3m直尺，找出已铺层表面于3m直尺底面开始脱离接触处。 (3)混凝土切割机沿确定的断面切割成垂直面。切割深度为铺层厚度，并将切缝一侧不符合要求的部分铲除，应在铺筑后的当天完成。 (4)第二天开始摊铺前，清扫接缝处，用汽油喷灯对横缝立面加热，加温时喷灯应来回预热，致使沥青融化(100℃左右)，防止温度过高沥青老化。 (5)涂刷黏层沥青。在接缝处，对断面切口涂刷适量的沥青或乳化沥青。 (6)将摊铺机倒到接缝处，使熨平板前缘位于切口约5cm的位置，在其宽度方向垫2～3块木板，其厚度为铺层虚铺量厚度(即铺层压实厚×松铺系数－压实厚度)，然后即对熨平板进行预热。 (7)当摊铺机每次铺筑开始时，螺旋仓中混合料不可过多，只要覆盖螺旋器轴即可。如果中部堆料高度已达到，而两侧尚未达到，应采用人工填补，切勿强行送料使中部堆料过多。 (8)摊铺机离开接缝后前铺层上会附着有新的混合料，这时要由人工立即将其全部除掉，然后筛出一些细料，填补接缝处的空隙。 (9)横向接缝碾压。 2. 纵向接缝的处治 (1)2台或多台摊铺机前后呈梯形平行作业，相邻2台摊铺机前后相距5～10m，使混合料热接缝。 (2)每台摊铺机的熨平板宽度依据路面总宽度而定，差异不宜太大，有一定重叠(6～10cm)，保持接缝摊铺层的横坡和厚度一致，后一台摊铺机跨缝行走熨平接缝。 (3)变幅施工时，摊铺机尽量选用液压伸缩缝熨平板摊铺机，保证变幅需要，液压熨平板的摊铺宽度一般在8m以下，以确保路面平整度和压实度。 (4)摊铺机螺旋送料器的料位要控制适当，不能过高或过低。这样既能保证摊铺用料，又不会在热接缝形成堆料，以免影响接缝处压实度和平整度。 (5)上下层纵向接缝不得重合，错开量不少于50cm，表层接缝尽可能在路面画标线位置。 (6)纵向接缝的碾压，压路机先在已压实路面上碾压，同时碾压新混合料10～15cm，每碾压一遍向新铺混合料移动15cm，直到压路机全部在新铺层上碾压为止，将接缝碾压密实

18.3 水泥混凝土路面病害类型及防治措施

水泥混凝土路面病害类型及防治措施　　表 18-7

<table>
<tr><th colspan="2">项目</th><th>内容和要求</th></tr>
<tr><td rowspan="2">龟裂</td><td>原因分析</td><td>(1)混凝土浇筑后,表面没有及时覆盖,在炎热和大风天气,表面游离水分蒸发过快,体积急剧收缩、导致开裂。
(2)混凝土在拌制时水灰比过大,模板与垫层过于干燥吸水大。
(3)混凝土配合比不合理,水泥用量不正常,砂率过大。
(4)混凝土表面过度振荡或抹平,使水泥和细集料过多上浮至表面,导致缩裂</td></tr>
<tr><td>防治措施</td><td>(1)混凝土浇筑后,及时用潮湿材料覆盖,浇水养土,防止强风、暴晒。
(2)自制混凝土时,严格控制水灰比和水泥用量,选择合适的粗集料级配和砂率。
(3)在浇筑混凝土路面时,将基层和模板浇水湿透,避免吸收混凝土中的水分。
(4)干硬性混凝土采用平板振捣器时,防止过度提高,使砂浆聚集表面。砂浆应控制在 2 ~ 5mm 范围内,不必过度抹平。
(5)如混凝土在初凝前出现龟裂,可采用镘刀反复压抹或重新振捣的方法去消除,再加强湿润覆盖养护。
(6)龟裂一般对结构强度无甚影响,可不处理,必要时用注浆进行表面涂层处理,封闭裂缝</td></tr>
<tr><td rowspan="2">横向裂缝</td><td>原因分析</td><td>(1)混凝土路面锯缝不及时,由于温缩或干缩发生裂缝。
(2)切缝深度过浅,由于横断面没有明显削弱,应力没有释放,因而在临近缩缝处产生新的缩缝。
(3)混凝土路面基础发生不均匀沉陷,导致板底脱空而断裂。
(4)混凝土板厚度与强度不足,在荷载和温度应力作用下产生强度裂缝</td></tr>
<tr><td>防治措施</td><td>(1)严格掌握混凝土板的切缝时间,一般在抗压强度达到 10MPa 左右即可切缝,切缝时间见下表。
切缝时间参考
<table><tr><th>昼夜平均气温(℃)</th><th>切缝时间(h)</th><th>说明</th></tr><tr><td>5</td><td>4</td><td rowspan="6">时间从混凝土板成型后开始计算</td></tr><tr><td>10</td><td>3</td></tr><tr><td>15</td><td>2</td></tr><tr><td>20</td><td>0.5</td></tr><tr><td>25</td><td>1</td></tr><tr><td>≥30</td><td>1 ~ 0.5,需实测</td></tr></table>(2)当连续浇捣长度过长,锯缝设备不足时,可在 1/2 长度处先锯,之后再分段锯;在条件比较困难时,可间隔几十米设一条压缝,以减少收缩应力的积聚。
(3)应保证板下基层稳定、无沉陷。路面的结构组合与厚度设计应满足交通需要,特别是重车、超重车路段。
(4)当板块裂缝较大,则应局部翻修。先沿裂缝两侧最小宽度各不小于 50cm 处画线,画线应与中线垂直,然后沿缝锯齐,凿除标线间的混凝土,浇筑新混凝土。
(5)整个板块翻挖,重新铺筑混凝土板块。
(6)用聚合物灌浆法封缝或沿裂缝嵌入黏合修补材料,起到防水作用</td></tr>
</table>

续上表

项目		内容和要求
纵向裂缝	原因分析	(1)路基发生不均匀沉陷,如纵向沟槽、路基拓宽等部分沉陷而产生裂缝。 (2)由于基础不稳定,在行车荷载与水作用下,产生塑性变形或因基层材料安全性不好(如钢渣结构层)产生膨胀,导致开裂。 (3)混凝土板厚度与基础强度不足产生的荷载性裂缝
	防治措施	(1)对于填方路基,应分层填筑、碾压,达到密实标准;新旧路基界面处应设置台阶或隔栅,防止相对滑移。 (2)河滨、沟槽地段,应回填有良好水稳性的材料,并保证其压实度,或采用刚性基层或适当加厚基层厚度。 (3)混凝土板厚度与基层结构应按现行规范设计,宜优先采用水泥、石灰稳定类基层。 (4)出现裂缝后,必须查明原因,采取对策,如属于土基沉陷等原因,则宜先从稳定土基治理,待稳定后再修复,影响行车的板块,挖除后可用沥青混合料修复等。 (5)裂缝的修复,可采用扩缝嵌填或浇筑专用修补剂处治,也可采用扩缝加筋,钢纤维混凝土修复。 (6)对于严重裂缝且伴随沉陷的混凝土板应翻挖重铺
水泥混凝土路面早期裂缝	原因分析	(1)春秋季节空气干燥,风力大,昼夜温度变化幅度大,是板面早期裂缝的主要原因; (2)初期养护不及时,施工人员在施工中往往重视严冬和酷夏的养生工作,而忽视春秋季施工的养护; (3)切缝不及时,大量的调查研究中发现,裂缝大多产生在混凝土板尚未切开缩缝之前,自由伸缩缝受阻而产生
	防治措施	1.重视初期养护 不论是在何种季节施工的水泥混凝土路面,重视初期养护对预防板面早期裂缝的产生及提高路面质量是极重要的环节。一般情况下,在混凝土板拉毛后过一段时间,用手轻轻触摸,如无痕迹出现,即可覆盖养护,通常夏季要在板面拉毛2h之后,春秋两季在3h之后,冬季要在4h之后为宜。 2.把握切缝时间 把握切缝时间,力争提前切缝,对于防止板面早期裂缝的产生至关重要。根据经验,在混凝土板拉毛后,经过养生,凝固程度以达到集料不崩裂、不脱落,即可开始切缝。要达到这个程度,在炎热夏季需要15h之后,在严冬需20h之后,在春、秋季需17h之后为宜。 3.达到切缝深度,使板块在切缝处断开 水泥混凝土路面裂缝的产生,虽然缩缝已经切开,但板块并不沿着切缝走向断开,这是由于切缝深度不够之故。按规定,切缝深度应达到混凝土板厚的1/4~1/3,而目前的切缝深度往往只有5cm左右,这对于厚度在20cm以上的水泥混凝土板面是不能满足的,必须加深,以保证裂缝在切缝处断开。 4.提高基层的承载力及匀质性 人们往往习惯地认为,水泥混凝土路面对基层的要求不像沥青路面那样严格,其实不然,基层的强弱不但会影响水泥混凝土路面的质量,还会影响其路面裂缝产生的数量、裂缝的宽窄和扩张速度。当刚刚浇筑的混凝土其初期强度还没形成或者是正在形成时,处于松散状态的混凝土的质量是完全依靠基层来承担的,一旦基层软弱或不匀质,混凝土即会发生不均匀沉陷,造成混凝土板拉裂,导致早期裂缝的出现,因此,应提高基层的强度和匀质性
板角断裂	原因分析	(1)角隅处易产生唧泥,形成脱空,导致角隅应力增大产生断裂。 (2)基础在行车荷载与水的综合作用下,逐步产生塑性变形累积,使角隅应力逐渐递增,导致断裂。 (3)胀缝往往是位于端模板处,拆模时易损坏,而在下一相邻板浇捣时,因已浇板块强度有限,极易受伤,造成隐患,故此处角隅较易断裂
	防治措施	(1)加强经常性接缝养护,宜用专用填缝料,防止接缝渗水。 (2)采用水泥二灰等稳定粒料做基层,以减少冲刷与塑性变形。 (3)混凝土板拆模与浇捣时,要防止角隅损伤,并注意充分捣实。 (4)胀缝处角隅,应采用角隅钢筋补强。 (5)若裂缝较小,可采用灌浆法封闭裂缝;若板角松动、沉陷,则可凿除板角采用钢纤维混凝土等修补

续上表

项目		内容和要求
严重破碎板	原因分析	1. 设计不当 (1)路面设计厚度偏低; (2)板块平面尺寸不当; (3)材料配比不当; (4)排水设计不当。 2. 超重车的影响 由于大吨位车逐年增多,车轴轴重比原设计计算轴载增加几倍,由于轴载等效换算系数,$f=(p_i/p_o)^{16}$ 即超重轴与标准轴载换算成16次方关系,所以,超重车的增加使混凝土板早期断板。 3. 路基不均匀沉陷 如填挖相交断面处、半填半挖结合处、新老路基交接处、软弱地基、采空区及桥涵构造物附近,压实机械难以施工部位和压实度不足等,都会引起路基不均匀沉陷。 4. 基层失稳 基层施工时强度不足或不均匀,在渗水作用下,面板脱空,当受到的弯拉应力大于混凝土板强度时,造成板断裂。面板接缝料失效,水浸入冲刷基层,在行车作用下产生唧泥,面板脱空失去支承,荷载作用下产生断板
	防治措施	(1)设计时应充分考虑交通发展状况,准确调查交通量,避免设计厚度偏小。 (2)选用符合要求的原材料。 (3)严格控制超重车通行。 (4)严格控制路基的基层质量,达到压实度标准。 (5)对于基层强度不够或渗水软化,以及路基不均匀沉陷引起的严重破碎板,宜整块板更换。重新浇筑的混凝土,若采用常规材料,养护期长,影响交通,宜采用快凝材料,如KS型快速修补材料分为KS-6、KS-12、KS-24三种,强度高,强黏结,修补后若干小时即可通车。 若采用JK型快凝快速修补剂,价廉料广,且强度高,强黏结。用JK型复合剂配制混凝土配合比为: JK复合剂:52.5级普通水泥:水:砂:碎石=1.158:1:0.4:0.88:227。其坍落度为1cm,便于施工。1d抗弯拉强度为3.10MPa,抗压强度为18.9MPa
错台	原因分析	(1)雨水沿接缝渗入基层,在行车荷载作用下产生唧泥,同时相邻块之间产生抽吸作用,使细料向后方板移动、堆集,造成前板低、后板高的错台现象。 (2)基础不均匀沉陷。 (3)基层抗刷能力差,基层表面采用砂或石屑等松散细集料作整平层
	防治措施	(1)填缝材料应符合《公路水泥混凝土路面养护技术规范》(JTJ 073.2—2001)的要求。 (2)基层应用耐冲刷材料如水泥稳定粒料、二灰稳定粒料等,基层表面应平整、坚实,不得用松散细集料整平。 (3)路面结构设计时,应增设结构层内部排水系统。 (4)易产生不均匀沉陷地段应进行加固,并采用较厚的半刚性基层和钢筋混凝土板。 (5)高差小于等于10mm的错台,可采用磨平机磨平或人工凿平,其方法见下图。 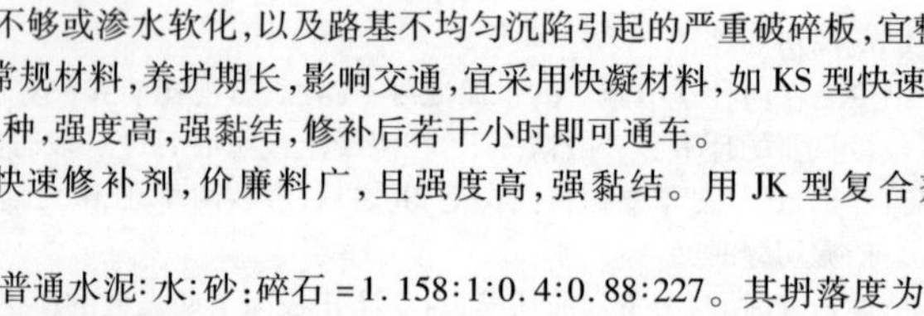 错台磨平法示意图 1-下沉板;2-磨平部位 (6)高差大于10mm的严重错台,可采取沥青砂或水泥混凝土进行处治

续上表

项目		内容和要求
拱起	原因分析	(1)胀缝被砂、石等堵塞,使板伸胀受阻。 (2)设置的胀缝传力杆,水平、垂直方向偏差大,使板伸胀受阻。 (3)长胀缝面板,在小弯道、陡坡处或厚度较薄时,易发生纵向失稳,引起拱起。 (4)在旧沥青路面上铺筑混凝土板较易发生拱起
	防治措施	(1)填缝料应符合规范要求,胀缝内不使砂、石嵌入。 (2)设置的传力杆水平、垂直方向定位偏差应≤3mm,防止施工中移动。传力杆滑动部分,防止水泥浆浸入和粘连,其端部要有足够空隙,以利热胀。 (3)胀缝的设置长度要适当。 (4)板端拱起,但路面完好时,应根据板块拱起高低程度,计算要切除部分板块的长度。先将拱起板块两侧附近1~2条横缝切宽,待应力充分释放后切除拱起端,使板块恢复原位,清除缝隙和其他接缝的杂物,并灌入接缝材料,见下图。 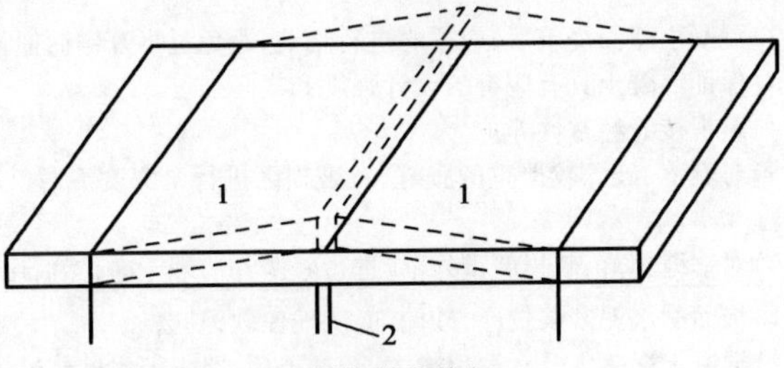 板体拱起修复 1-拱起板;2-多余板 (5)拱起端发生断裂或破损时,按规范要求用集料嵌锁,用刨挖法进行处治。 (6)拱起板两端间因硬物夹入发生拱起,应清除硬物,使板块恢复原位,清缝后,灌填缝料。 (7)胀缝因传力杆设置不当发生拱起,应重新设置胀缝,并按有关施工规范执行,使面板恢复原状
唧泥	原因分析	原因分析和预防措施与错台相同
	治理方法	可采用压力灌浆法: (1)灌浆材料制备、机具型号和板上布孔位置应符合规范要求。 (2)灌浆时应先灌注路面边缘的孔,再灌注路面中间的孔。 (3)将灌浆机的喷嘴插入孔中,旋紧卡头,以防冒浆。 (4)启动灌浆机,将压力泵的压力均匀增加到0.8~1.5MPa,进行灌浆。 (5)待浆体由其他孔中或路面两侧挤出时,应减小压力,并将喷嘴提起,使该孔也灌满浆体。 (6)关闭压力泵,移至下一孔灌浆,直至一块板灌浆完毕。 (7)灌浆板下的浆体经2~3d的硬化,达到通车强度后,开放交通
填缝料损坏	原因分析	(1)填缝料质量差,不符合要求。 (2)面板施工时,黏结面未处理好,如缝壁不洁或潮湿等。 (3)接缝养护、更换填缝料不及时
	防治措施	(1)用优质的填缝料。 (2)在面板填缝料施工中,确保缝壁清洁、干燥,与填缝料黏结良好,不脱落、挤出。 (3)填缝料损坏后,应铲去填缝料,并用钢刷和压缩空气将缝壁清除干净,再浇灌填缝料。 (4)加强养护,经常检查,有损坏及时更换,保持良好的黏结和防水能力

续上表

项	目	内容和要求
路面平整度差	原因分析	(1)施工时混合料坍落度未控制好或掺入早强剂用量不当,平板振动后,混凝土开始凝结,使表面平整度较差。 (2)混凝土的水灰比过大或水泥的耐磨性较差,在行车作用下很快磨损或剥落,造成平整度差。 (3)行驶车辆长期在同一轮迹上行驶,使路面出现车辙,引起平整度差
	防治措施	(1)严格控制混凝土水灰比和施工坍落度;外加剂使用前应进行试验,做到合理使用。 (2)按规范要求,选择好水泥、砂等原材料,确定合理配比,掌握好用水量。 (3)若大面积露骨、表层脱落和车辙,宜用聚合物水泥砂浆或新加坡 RP 道路修补剂对路面进行罩面修补,也可采用改性乳化沥青稀浆封层提高路面平整度
接缝剥落碎裂	原因分析	(1)胀缝被碎石、杂物等堵塞或传力杆设置不当,阻碍了板块热膨胀使板边胀裂、剥落。 (2)缩缝使板形成临空面,加之填缝料质量差,使板边在车轮荷载反复作用下,易被压碎、剥落
	防治措施	(1)施工时胀缝要正确安置,保证移动自如;缝内的碎石、砂浆彻底清除;设置符合要求的接缝板与填缝料。 (2)混凝土路面浇筑后,应适时进行切缝,避免过早开锯而损伤缝边。 (3)保证混凝土具有应有的设计强度和实际强度。 (4)重视接缝经常性养护。 (5)对剥落、破碎较严重的胀缝,在破损区进行全深度清凿,校正传力杆位置,铺设钢筋网,重新设置胀缝。 (6)对缩缝剥落、破损严重处,应进行轻凿并清理干净,然后用修补混凝土进行修补
摩擦系数不足	原因分析	(1)板面的水泥砂浆较厚,砂偏细,质地偏软,易磨。 (2)混凝土坍落度及水泥用量大,经振捣后,路表汇集砂浆过多,经行车碾磨后,形成光滑面。 (3)施工时抹面过光,又未采取拉毛措施。 (4)路面使用时间过长,自然磨损而磨光
	防治措施	(1)用表面刻槽来提高路面摩擦系数,刻槽宽宜为 3mm,深 4mm,间距 30 ~ 55mm。 (2)在磨光的表面用各种类型道路修补剂罩面,应采取防滑措施。 (3)铺设沥青罩面层或改性沥青稀浆封层
路面麻面,混凝土表面成片的点滴剥落	原因分析	(1)施工时水灰比较大,部分混合料石子级配差,经振捣密实后,施工坍落度不一致,形成混凝土表面砂浆厚薄不均匀,经行车作用,表层砂浆逐渐剥落。 (2)施工时过度振捣、抹平过早或过晚的路面,曾有塑性收缩或发生过量泌水,使浆体和砂浆表面产生薄弱层,在外力作用下,致使混凝土表面剥落。 (3)施工中遇雨天,混凝土表面来不及遮盖保护,致使表面的砂浆被冲走,雨后未及时修补,出现麻点现象
	防治措施	(1)施工时严格控制混凝土级配,严格遵守操作规程,认真总结施工中出现的问题,及时弥补不足。 (2)凿除修补法,即将原混凝土凿除 5 ~ 8cm 深,清除杂物,吹净灰尘,用配制好的快速高强混凝土填充进行修补。 (3)聚合物砂浆抹法,即利用聚合物砂浆,配以界面胶,通过压抹面进行快速修补;此法较前一种方法抗裂、防渗性良好,施工简单,价格低廉
路面脱空	原因分析	1. 结构层自身的原因 路基的不均匀沉降和混凝土面板下基层不稳定,都可能形成面板下脱空。 2. 荷载的反复作用 调查资料表明:主车道比超车道面板脱空多,重车道比轻车道面板脱空多。因此,可得出结论:荷载的反复作用是面板脱空的重要因素。 3. 接缝材料的老化 接缝养生差、劣质灌缝材料,使雨水下渗形成动水压力。混凝土面板与基层间有渗水存在,使基层软化,强度降低,在受上面荷载作用后向四周压强小的地方流动,形成冲刷,进一步加大空隙率。 4. 基层高程控制不严 面板施工时厚薄不均,在荷载的作用下,基层失去均匀支撑而断板,减弱了板间的约束力,使面板竖向位移加大,严重者使面板沉陷

续上表

项目		内容和要求
路面脱空	防治措施	水泥混凝土路面板下脱空处治，在确定脱空板的位置、范围的基础上，作为灌浆机具和灌浆材料及其配制以后，方可实施板下脱空处治。 1. 灌浆前的准备工作 (1)检查压浆泵、发电机组各连接部件是否紧固，供电线路、电器是否正常，润滑部位液面是否足够。 (2)彻底排清砂浆搅拌机的积水及残留物。 (3)机组水箱、钻孔机水箱是否加满了水。 (4)压浆管路及卡头是否完整有效。 (5)根据各块板的弯沉值和损坏的具体情况，确定需灌浆的混凝土板及范围。 (6)在板下确定灌浆孔位，并做好标记。 2. 钻孔 (1)将钻孔机放置在确定的钻孔位置，开动钻机开关，观察钻头转向无误，并有水流出，方可开钻。 (2)孔的直径应大于灌浆的喷嘴直径，孔的深度应穿过混凝土板，钻入稳定的基层1～3cm。 (3)用海绵块将钻孔中的水吸出，并用空压机清除板下杂质污物。 (4)将卡头牢固地安装在钻孔上。 3. 灌浆制备 (1)灌浆时应先灌注面板边缘的孔，再灌注面板中间的孔。 (2)将灌浆机的喷嘴插入孔中并压紧，以防浆体由孔中流出。 (3)启动灌浆机，将压力泵的压力均匀增加到1.5MPa左右进行灌浆。 (4)待灌浆体由其他孔中或板边挤出时，表明板下空隙已被灌满，这时应减小压力，并将喷嘴提起，立即用木塞将孔塞紧，防止浆体流出，至浆体初凝，拔出木塞，用高强度等级砂浆封孔、抹平。 (5)关紧压力泵，将灌浆机移到下一个孔继续灌浆，待一块板灌浆完毕后，再移至其他板块灌浆。 (6)灌浆区板下的浆体经2～3d的硬化，达到5MPa以上的通车强度后，即可开放交通
传力杆失效	原因分析	(1)施工中，传力杆垂直与水平位置不准，或振捣时发生移动；传力杆滑动端与混凝土黏结，不能自由伸缩，胀缝传力杆端未加套管，使板的伸缩受阻，传力杆不能正常传递荷载。 (2)胀缝被砂浆和其他嵌入物堵塞，使传力杆失效
	防治措施	(1)胀缝处传力杆采取支架固定。 (2)传力杆必须涂刷沥青，防止黏结；胀缝传力杆在滑动端必须设10cm长的小套管，留足3cm空隙，严防套管破裂砂浆灌入。 (3)防止施工和使用过程中胀缝被石子堵塞。 (4)如接缝处板边已破碎，先凿除损坏部分，然后重新设置或校正传力杆，再浇筑混凝土
混凝土和易性不好	原因分析	(1)水泥用量不当。水泥用量少，包不住砂子，松散不易黏结；或水泥用量大，水灰比不佳，混合料黏聚力大，成团不易浇筑。 (2)砂率选择不当。砂率过大，水泥用量不正常，水泥浆量包不住砂子，不易黏结；砂率过小，砂石级配差，空隙率大，即使水泥用量正常，此时混合料中总体的水泥砂浆过少，填不满石子间的容隙。 (3)水灰比选择不当。混合料在运输或浇筑过程中难以控制其均匀性，出现分层离析。 (4)水泥品种选择不当。如矿渣水泥、粉煤灰水泥等造成混合料泌水。 (5)混合料拌和时，计量不准或计量方法不好。 (6)搅拌时间短，混合料本身不均匀。 (7)配合比选择不符合施工工艺对和易性的要求
	防治措施	(1)路面混凝土配合比设计，其计算方法应按有关规范执行。 (2)宜采用硅酸盐水泥或普通硅酸盐水泥，其强度等级不应低于42.5级，高速公路必须采用不低于42.5级的硅酸盐水泥。 (3)水泥用量不应少于300kg/m^3。

续上表

项　目		内容和要求
混凝土和易性不好	防治措施	（见下）

(4)细集料应采用质地坚硬、耐久、洁净的天然砂、机制砂或混合砂,并应符合规定级配。高速公路、一级公路、二级公路及有抗(盐)冻要求的三、四级公路混凝土路面使用的砂应不低于Ⅱ级,无抗(盐)冻要求的三、四级公路混凝土路面、碾压混凝土及贫混凝土基层可使用Ⅲ级砂。特重、重交通混凝土路面宜使用河砂,砂的硅质含量不应低于25%。

(5)粗集料应使用质地坚硬、耐久、洁净的碎石、碎卵石和卵石,并应符合规定级配。高速公路、一级公路、二级公路及有抗盐冻要求的三、四级公路混凝土路面使用的粗集料级别应不低于Ⅱ级,无抗(盐)冻要求的三、四级公路混凝土路面、碾压混凝土及贫混凝土基层可使用Ⅲ级粗集料。有抗(盐)冻要求时,Ⅰ级集料吸水率不应大于1.0%;Ⅱ级集料吸水率不应大于2.0%。

(6)混凝土掺用外掺剂,应经配合比试验,符合要求后,方可使用,掺用的外掺剂,可按下列规定选用:

①为减少用水量,改善和易性或节约水泥,提高混凝土强度,可掺减水剂。

②夏季施工或需延长作业时间,可掺缓凝剂。

③冬季施工需提高早期强度或缩短养护时间,可掺早强剂。

④严寒地区抗冻,可掺引气剂。

(7)混合料的稠度试验,采用坍落度测定时,坍落度为1~2.5cm;当采用路用商品混凝土时,坍落度为6~8cm。

(8)混凝土最大水灰比,应符合下列规定:

①高速公路不应大于0.46;一般公路不应大于0.50。

②冰冻地区冬季施工不应大于0.45。

③采用商品混凝土时,为0.45~0.50。

(9)混凝土的单位用水量,可按下列经验值采用:

①碎石为150~170kg/m³,砾石为140~160kg/m³。

②路用商品混凝土为160~190kg/m³。

③掺外加剂掺和料时,应试配,以调整用水量。

(10)砂率应根据砂的细度模数和粗集料种类,查下表取值。在做抗滑槽时,砂率在下表基础上可增大1%~2%。

砂的细度模数与最优砂率关系

砂细度模数		2.2~2.5	2.5~2.8	2.8~3.1	3.1~3.4	3.4~3.7
砂率	碎石	30~34	32~36	34~38	36~40	38~42
	卵石	28~32	30~34	32~36	34~38	36~40

(11)原材料计量应建立岗位责任制,计量方法力求简便易行。

①进入拌和机的砂石和散装水泥必须过秤。

②严格控制水量。每班开工前,实测砂、石料的含水率,由工地试验确定施工配合比。

③原材料按质量计的允许误差,水泥为±1%,粗细集料为±3%,水为±1%,添加剂为±2%。

(12)混凝土拌和时间应符合下表的要求

混凝土拌和物最短搅拌时间

混凝土拌和机规格		转速(r/min)	搅拌时间(s)	
			低流动性	干硬性
自落式	400L	18	105	120
	800L	14	165	210
强制式	375L	38	90	100
	1 500L	20	180	240

19 路面养护、维修与补强

19.1 路面养护、维修与补强的要求

路面养护、维修与补强的要求　表 19-1

项　目	内容和要求
基本概念	路面养护从工程技术角度而言，一般是指为保持路面功能而进行的日常保养，如路面的清扫、洒水，轻微的路面修补和填补接缝等。 路面维修是指日常养护难以完成的、较大的损坏，以恢复路面原有功能为目标的修理工程，如路面的翻修和罩面等。 路面补强是指恢复或进一步改善原有功能的路面加层补强的大修或改建工程
路面养护、维修与补强的要求	(1)保持和改善路面结构的承载功能，以确保路面应有的强度、刚度和耐久性。 (2)保持和改善路面的行驶功能，以确保路面的平整度、粗糙度，使行车安全舒适。 (3)采取预防性措施，适时进行维修、补强，防止路面某些破损的发生和发展。 (4)防止因路面损坏影响路容和养护操作污染沿线环境

19.2 路面养护、维修与补强的对策

19.2.1 城市道路路面技术状况

(1)沥青路面破损类型和破损面积的计算

沥青路面破损类型和破损面积的计算(计量单位:m^2)　表 19-2

损坏类型			定义	计量标准
沥青路面损坏类型	裂缝类	线裂	指单根(条)裂缝，包括横缝、纵缝以及斜缝等	裂缝长度等于或大于 1m，宽度等于或大于 3mm；按裂缝长(m) ×0.2(m)计量
		网裂	交错裂缝，把路面分割成近似矩形的块，网格直径小于 3m	按一边平行于道路中心线的外接矩形面积计量
		碎裂	裂缝成片出现，缝间路面已裂成碎块，碎块直径小于 0.3m，包括井边碎裂	开裂成网格状，外围面积小于或等于 $1m^2$ 不计，井框面积不计；按其外边界长(m) × 宽(m)计量
	变形类	车辙	在行车作用下沿车轮带形成的相对于两侧的凹槽	以 3m 直尺横向测量；凹槽深大于 30mm 时，按车辙长度(m) × 车道(轮迹)全宽(m)计量
		沉陷	路面局部下沉	在 3m 直尺范围内沉陷深度大于 5mm；按长(m) × 宽(m)计量
		拥包	路面面层材料在车辆拥挤作用下形成的路面局部拱起	路面局部隆起，在 1m 范围内隆起不小于 15mm；按长(m) × 宽(m)计量

续上表

损坏类型			定义	计量标准
沥青路面损坏类型	松散类	剥落	面层细料散失	面层材料散失深度不大于2cm,外围面积小于$0.1m^2$不计;按散失范围长度(m)×宽度(m)计量
		坑槽	路面材料散失后形成的凹坑	路面材料散失形成坑洞,凹坑深度大于或等于20mm;按长(m)×宽(m)计量
		啃边	由于行车荷载作用致使路面边缘出现损坏	路面边缘材料剥落破损或形成坑洞,凹凸差大于5mm;按宽度(m)×长度(m)计量
	其他类	路框差	路表与检查井框顶面的相对高差(高或低)	路面与路框高差等于或大于15mm;按井数×$1m^2$计量
		修补损坏	路面在修补位置产生的破坏或病害	按修补后的损坏面积计量

(2)水泥路面破损类型和破损面积的计算

水泥路面破损类型和破损面积的计算(计量单位:m^2) 表19-3

损坏类型			定义	计量标准
水泥路面损坏类型	裂缝类	线裂	路面因不均匀沉陷或胀缩而造成板体断裂,包括纵向裂缝、横向裂缝和斜向裂缝,裂缝将板分成两块	裂缝长度等于或大于1m,宽度等于或大于3mm;按裂缝长(m)×0.2(m)计量
		板角断裂	垂直贯穿整块板厚,与接缝相交的裂缝;板角到裂缝两端的距离小于或等于板长的一半	按板角到裂缝两端的距离乘积计量
		裂缝	与接缝、自由边或线裂平行的新月形裂缝,细小裂缝处呈暗色	按裂缝平行于接缝或自由边的外接矩形面积计量
		交叉裂缝和破碎板	裂缝将板分成3块或3块以上	按其外边界长(m)×宽(m)
	接缝破坏类	接缝料损坏	填缝料剥落、挤出、老化和缝内无填缝料	散失深度在表面下等于或大于5mm;按长度×1m计量
		边角剥落	临近接缝0.6m内,或板角0.15m内,混凝土开裂或成碎块	按其外边界长(m)×宽(m)计量
	表面破坏类	坑洞	面板表面出现直径为25~100mm,深为12~50mm的坑洞	按外围面积计量
		表面纹裂与层状剥落	路面表面有网状浅而细的裂纹或层状剥落	按一边平行于道路中心线的外接矩形面积计量
	其他类	错台	在接缝或裂缝两边出现高差	高差等于或大于15mm;按错台板块的边长(m)×1m计量
		拱起	横缝或接缝两侧的板体发生明显抬高	按拱起板块的面积计量
		唧泥	荷载作用时板块发生弯沉,水和细集料在轮载作用下从接缝或裂缝中唧出	按唧泥板块的边长(m)×1m计量
		修补	路面在修补位置产生的损坏或病害	按修复面积计量
		路框差	路表与检查井框顶面的相对高差(高或低)	路面与路框差等于或大于15mm;按井数×$1m^2$计量

19.2.2 城市道路养护基本规定

城市道路养护基本规定　　表 19-4

项　目	城市道路维护基本规定
养护的主要内容	城镇道路的养护应包括道路设施的检测评定,养护工程和档案资料。道路设施应包括车行道、人行道、路基、停车场、广场、分隔带及其他附属设施。 城镇道路应根据快速路、主干路、次干路、支路等类别和技术状况进行养护和评价
城镇道路养护分级	根据各类道路在城镇中的重要性,宜将城镇道路分为下列三个养护等级。 I 等养护的城镇道路:快速路、主干路和次干路、支路中的广场、商业繁华街道、重要生产区、外事活动及游览路线。 II 等养护的城镇道路:次干路及支路中的商业街道、步行街、区间联络线、重点地区或重点企事业所在地。 III 等养护的城镇道路:支路、社区及工业区连接主次干路的支路
技术状况评价	城镇道路的技术状况评价应分为四级:A—优级,B—良好,C—合格,D—不合格
养护工作的内容及分级	城镇道路应根据不同的技术状况进行预防性养护工作,其主要内容应包括:恢复磨耗层的功能,提高抗滑能力,早期出现的裂缝处理等。 城镇道路养护工程应根据其工程性质、技术状况、工程规模、工程量等内容分为保养小修、中修工程、大修工程和改扩建工程四类,其可按下列规定划分: (1)保养小修——为保持道路功能和设施完好所进行的日常保养,对路面轻微损坏的零星修补,其工程数量不宜大于 400m^2。 (2)中修工程——对一般性磨损和局部损坏进行定期的维修工程,以恢复道路原有技术状况,其工程数量宜大于 400m^2,且不宜超过 8 000m^2。 (3)大修工程——对道路的较大损坏进行的全面综合维修、加固,以恢复到原设计标准,或进行局部改善以提高道路通行能力的工程,其工程数量宜大于 8 000m^2 或含基础施工的工程宜大于 5 000m^2。 (4)改扩建工程——对道路及其设施不适应交通量及载质量要求而需要提高技术等级和提高通行能力的工程

19.2.3 公路路面损坏类型

公路路面损坏类型　　表 19-5

路面类型	损坏类别	内容和要求
沥青路面(分为 11 类损坏类型 21 项)	龟裂	轻:初期裂缝,裂区无变形、无散落,缝细,主要裂缝宽度在 2mm 以下,主要裂缝块度在 0.2 ~ 0.5m 之间,损坏按面积计算; 中:龟裂的发展期,龟裂状态明显,裂缝区有轻度散落或轻度变形,主要裂缝宽度在 2 ~ 5mm 之间,部分裂缝块度小于 0.2m,损坏按面积计算; 重:龟裂特征显著,裂块较小,裂缝区变形明显、散落严重,主要裂缝宽度大于 5mm,大部分裂缝块度小于 0.2m,损坏按面积计算
	块状裂缝	轻:缝细,裂缝区无散落,裂缝宽度在 3mm 以内,大部分裂缝块度大于 1.0m,损坏按面积计算; 重:缝宽,裂缝区有散落,裂缝宽度在 3mm 以上,主要裂缝块度在 0.5 ~ 1.0m 之间,损坏按面积计算
	纵向裂缝	与行车方向基本平行的裂缝。 轻:缝细,裂缝壁无散落或有轻微散落,无支缝或有少量支缝,裂缝宽度在 3mm 以内,损坏按长度计算,检测结果要用影响宽度(0.2m)换算成面积; 重:缝宽,裂缝壁有散落,有支缝,主要裂缝宽度大于 3mm,损坏按长度(m)计算,检测结果要用影响宽度(0.2m)换算成面积

续上表

路面类型	损坏类别	内容和要求
沥青路面(分为11类损坏类型21项)	横向裂缝	与行车方向基本垂直的裂缝。 轻:缝细,裂缝壁无散落或有轻微散落,裂缝宽度在3mm以内,损坏按长度计算,检测结果要用影响宽度(0.2m)换算成面积; 重:缝宽,裂缝贯通整个路面,裂缝壁有散落并伴有少量支缝,主要裂缝宽度大于3mm,损坏按长度计算,检测结果要用影响宽度(0.2m)换算成面积
	坑槽	轻:坑浅,有效坑槽面积在0.1m² 以内(约0.3m×0.3m),损坏按面积计算; 重:坑深,有效坑槽面积大于0.1m²(约0.3m×0.3m),损坏按面积计算
	松散	轻:路面细集料散失、脱皮、麻面等表面损坏,损坏按面积计算; 重:路面粗集料散失、脱皮、麻面、露骨,表面剥落,有小坑洞,损坏按面积计算
	沉陷	大于10mm的路面局部下沉。 轻:深度在10~25mm之间,正常行车无明显感觉,损坏按面积计算; 重:深度大于25mm,正常行车有明显感觉,损坏按面积计算
	车辙	轮迹处深度大于10mm的纵向带状凹槽(辙槽)。 轻:辙槽浅,深度在10~15mm之间,损坏按面积计算,检测结果要用影响宽度(0.4m)换算成面积; 重:辙槽深,深度15mm以上,损坏按面积计算,检测结果要用影响宽度(0.4m)换算成面积
	波浪拥包	轻:波峰波谷高差小,高差在10~25mm之间,损坏按面积计算; 重:波峰波谷高差大,高差大于25mm,损坏按面积计算
	泛油	路面沥青被挤出,或表面被沥青膜覆盖形成发亮的薄油层,损坏按面积计算
	修补	龟裂、坑槽、松散、沉陷、车辙等的修补面积或修补影响面积(裂缝修补按长度计算,影响宽度为0.2m)
水泥混凝土路面(分为11类损坏类型20项)	破碎板	轻:板块被裂缝分为3块以上,破碎板未发生松动和沉陷,损坏按板块面积计算; 重:板块被裂缝分为3块以上,破碎板有松动、沉陷和唧泥等现象,损坏按板块面积计算
	裂缝	板块上只有一条裂缝,裂缝类型包括横向、纵向和不规则的斜裂缝等。 轻:裂缝窄,裂缝处未剥落,缝宽小于3mm,一般为贯通裂缝,损坏按长度计算,检测结果要用影响宽度(1.0m)换算成面积; 中:边缘有碎裂,裂缝宽度在3~10mm之间,损坏按长度计算,检测结果要用影响宽度(1.0m)换算成面积; 重:缝宽,边缘有碎裂并伴有错台出现,缝宽大于10mm,损坏按长度计算,检测结果要用影响宽度(1.0m)换算成面积
	板角断裂	裂缝与纵横接缝相交,且交点距板角小于或等于板边长度一半的损坏。 轻:裂缝宽度小于3mm,损坏按断裂板角的面积计算; 中:裂缝宽度在3~10mm之间,损坏按断裂板角的面积计算; 重:裂缝宽度大于10mm,断角有松动,损坏按断裂板角的面积计算
	错台	接缝两边出现的高差大于5mm的损坏。 轻:高差小于10mm,损坏按长度计算,检测结果要用影响宽度(1.0m)换算成面积; 重:高差大于10mm以上,损坏按长度计算,检测结果要用影响宽度(1.0m)换算成面积
	唧泥	板块在车辆驶过后,接缝处有基层泥浆涌出,损坏按长度计算,检测结果要用影响宽度(1.0m)换算成面积

续上表

路面类型	损坏类别	内容和要求
水泥混凝土路面(分为11类损坏类型20项)	边角剥落	沿接缝方向的板边碎裂和脱落,裂缝面和板面成一定角度。 轻:浅层剥落,损坏按长度计算,检测结果要用影响宽度(1.0m)换算成面积; 中:中深层剥落,接缝附近水泥混凝土有开裂,损坏按长度计算,检测结果要用影响宽度(1.0m)换算成面积; 重:深层剥落,接缝附近水泥混凝土多处开裂,深度超过接缝槽底部,损坏按长度计算,检测结果要用影响宽度(1.0m)换算成面积
	接缝料损坏	由于接缝的填缝料老化、剥落等原因,接缝内已无填料,接缝被砂、石、土等填塞。 轻:填料老化,不密水,但尚未剥落脱空,未被砂、石、泥土等填塞,损坏按长度计算,检测结果要用影响宽度(1.0m)换算成面积; 重:1/3以上接缝出现空缝或被砂、石、泥土填塞,损坏按长度计算,检测结果要用影响宽度(1.0m)换算成面积
	坑洞	板面出现有效直径大于30mm、深度大于10mm的局部坑洞,损坏按坑洞或坑洞群所涉及的面积计算
	拱起	横缝两侧的板体发生明显抬高,高度大于10mm,损坏按拱起所涉及的板块面积计算
	露骨	板块表面细集料散失、粗集料暴露或表层疏松剥落,损坏按面积计算
	修补	裂缝、板角断裂、边角剥落、坑洞和层状剥落的修补面积或修补影响面积(裂缝修补按长度计算,影响宽度为0.2m)
砂石路面	路拱不适	路拱过大或过小。过大将降低行车安全性,过小将使路面雨水不能及时排出。路拱不适程度根据经验确定,损坏按长度计算,检测结果要用影响宽度(3.0m)换算成面积
	沉陷	路面表面的局部凹陷,按面积计算
	波浪搓板	峰谷高差大于30mm的搓板状纵向连续起伏,按面积计算
	车辙	轮迹处深度大于30mm的纵向带状凹槽(辙槽),按长度计算,检测结果要用影响宽度(0.4m)换算成面积
	坑槽	路面上深度大于30mm、直径大于0.1m的坑洞,按面积(m^2)计算
	露骨	黏结料和细集料散失,主集料外露,按面积计算

19.2.4 公路路面技术状况

公路路面现状使用质量评定 表19-6

项目		内容、要求和对策
评价指标体系	评价内容 检测指标 评价指标 综合评价指标	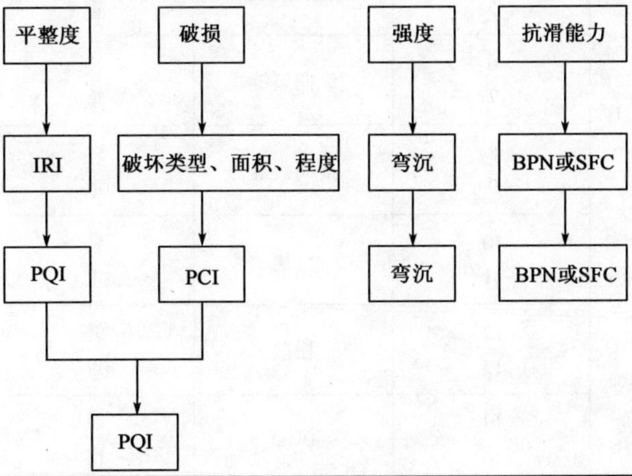

续上表

项　　目	内容、要求和对策
路面平整度评价标准	1. 国际平整度指数(IRI) 平整度测定设备的测定结果需经试验标定。IRI 与其他设备的标定关系式一般为: $$IRI = a + b \times BI(m/km)$$ 式中:BI——平整度测试设备的测试结果; a、b——标定系数。 2. 路面行驶质量(RQI) 路面行驶质量指数与 IRI 的关系为: $$RQI = 4.98 - 0.34 \times IRI$$ RQI 的数值范围为 0 ~ 5。如果计算值为负值,则 RQI 值取为 0

路面平整度评价标准

评定指标	优	良	中	次	差
RQI	≥90	≥80,<90	≥70,<80	≥60,<70	<60

项　　目	内容、要求和对策
路面破损评价标准	路面损坏状况用路面状况指数(PCI)评价,PCI 按下式计算: $$PCI = 100 - \alpha_0 DR\alpha_1$$ $$DR = 100 \times \frac{\sum_{i=1}^{i_0} w_i A_i}{A}$$ 式中:DR——路面破损率,为各种损坏的折合损坏面积之和与路面调查面积之百分比(%); A_i——第 i 类路面损坏的面积(m^2); A——调查的路面面积(调查长度与有效路面宽度之积)(m^2); w_i——第 i 类路面损坏的权重,沥青路面、水泥混凝土路面、砂石路面分别按下表取值; α_0——系数,沥青路面采用 15.00,水泥混凝土路面采用 10.66,砂石路面采用 10.10; α_1——系数,沥青路面采用 0.412,水泥混凝土路面采用 0.461,砂石路面采用 0.487; i——考虑损坏程度(轻、中 、重)的第 i 项路面损坏类型; i_0——包括损坏程度(轻、中 、重)的损坏类型总数,沥青路面取 21,水泥混凝土路面取 20,砂石路面取 6

项　　目	类型 i	损坏名称	损坏程度	权重 w_i	计量单位
沥青路面损坏类型和权重	1 2 3	龟裂	轻 中 重	0.6 0.8 1.0	面积(m^2)
	4 5	块状裂缝	轻 重	0.6 0.8	面积(m^2)
	6 7	纵向裂缝	轻 重	0.6 1.0	长度(m) (影响长度:0.2m)
	8 9	横向裂缝	轻 重	0.6 1.0	长度(m) (影响长度:0.2m)
	10 11	坑槽	轻 重	0.8 1.0	面积(m^2)
	12 13	松散	轻 重	0.6 1.0	面积(m^2)
	14 15	沉陷	轻 重	0.6 1.0	面积(m^2)

续上表

项　　目	内容、要求和对策				
沥青路面损坏类型和权重	16 17	车辙	轻 重	0.6 1.0	长度(m) (影响长度:0.4m)
	18 19	波浪拥包	轻 重	0.6 1.0	面积(m^2)
	20	泛油	—	0.2	面积(m^2)
	21	修补	—	0.1	面积(m^2)
水泥混凝土路面损坏类型和权重	类型 i	损坏名称	损坏程度	权重 w_i	计量单位
	1 2	破碎板	轻 重	0.8 1.0	面积(m^2)
	3 4 5	裂缝	轻 中 重	0.6 0.8 1.0	长度(m) (影响长度:1.0m)
	6 7 8	板角断裂	轻 中 重	0.6 0.8 1.0	面积(m^2)
	9 10	错台	轻 重	0.6 1.0	长度(m) (影响长度:1.0m)
	11	唧泥	—	1.0	长度(m) (影响长度:1.0m)
	12 13 14	边角剥落	轻 中 重	0.6 0.8 1.0	长度(m) (影响长度:1.0m)
	15 16	接缝料损坏	轻 重	0.4 0.6	长度(m) (影响长度:1.0m)
	17	坑洞	—	1.0	面积(m^2)
	18	拱起	—	1.0	面积(m^2)
	19	露骨	—	0.3	面积(m^2)
	20	修补	—	0.1	面积(m^2)

项　　目	类型 i	损坏名称	权重 w_i	计量单位
砂石路面损坏类型和权重	1	路拱不适	0.1	长度(m) (影响长度:3.0m)
	2	沉陷	0.8	面积(m^2)
	3	波浪搓板	1.0	面积(m^2)
	4	车辙	1.0	长度(m) (影响长度:4.0m)
	5	坑槽	1.0	面积(m^2)
	6	露骨	0.8	面积(m^2)

续上表

<table>
<tr><th>项　目</th><th colspan="4">内容、要求和对策</th></tr>
<tr><td>车辙深度指数(RDI)</td><td colspan="4">路面车辙用路面车辙指数(RDI)评价,按下式计算:
$$RDI=\begin{cases}100-2RD & (RD\leqslant 20)\\ 60-4(RD-20) & (20<RD\leqslant 35)\\ 0 & (RD>35)\end{cases}$$
式中:RD——车辙深度(mm)</td></tr>
<tr><td>路面抗滑性能(SRI)</td><td colspan="4">路面抗滑性能用路面抗滑性能指数(SRI)评价,按下式计算:
$$SRI=\frac{65}{1+28.6e^{-0.105SFC}}$$
式中:SFC——横向力系数</td></tr>
<tr><td>路面综合评价标准</td><td colspan="4">路面使用性能(PQI):
沥青路面使用性能评价包含路面损坏、平整度、车辙、抗滑性能和结构强度五项技术内容。其中,路面结构强度为抽样评定指标,单独计算与评定,评定范围根据路面大中修养护需求、路基的地质条件等自行确定。
水泥混凝土路面使用性能评价包含路面损坏、平整度和抗滑性能三项技术内容;砂石路面使用性能评价只包含路面损坏一项技术内容。
路面使用性能指数(PQI)按下式计算:
$$PQI=W_{PCI}PCI+W_{RQI}RQI+W_{RDI}RDI+W_{SRI}SRI$$
式中:W_{PCI}——PCI 在 PQI 中的权重,按下表取值;
W_{RQI}——RQI 在 PQI 中的权重,按下表取值;
W_{RDI}——RDI 在 PQI 中的权重,按下表取值;
W_{SRI}——SRI 在 PQI 中的权重,按下表取值</td></tr>
<tr><td rowspan="8">PQI 分项指标权重</td><td>路面类型</td><td>权重</td><td>高速公路、一级公路</td><td>二、三、四级公路</td></tr>
<tr><td rowspan="4">沥青路面</td><td>W_{PCI}</td><td>0.35</td><td>0.60</td></tr>
<tr><td>W_{RQI}</td><td>0.40</td><td>0.40</td></tr>
<tr><td>W_{RDI}</td><td>0.15</td><td>—</td></tr>
<tr><td>W_{SRI}</td><td>0.10</td><td>—</td></tr>
<tr><td rowspan="3">水泥混凝土路面</td><td>W_{PCI}</td><td>0.50</td><td>0.60</td></tr>
<tr><td>W_{RQI}</td><td>0.40</td><td>0.40</td></tr>
<tr><td>W_{SRI}</td><td>0.10</td><td>—</td></tr>
</table>

19.2.5 公路沥青路面的维修对策

公路沥青路面的维修对策 表 19-7

项　目	内容、要求和对策
维护对策	路面维护对策应根据公路等级、交通量及分项路况评价结果确定。 (1)在满足强度要求的前提下(路面的结构强度系数为中等以上时),若高速公路及一级公路的路面状况指数(PCI)评价为优、良,或者二级及二级以下公路的路面状况指数评价为优、良、中时,以日常养护为主,并对局部破损进行小修;若高速公路及一级公路的路面状况指数(PCI)评价为中及中以下,或者二级或二级以下公路的路面状况指数评价为次及次以下,应采取中修罩面措施。 (2)在不满足强度要求的前提下(路面的结构强度系数为中等以下时),应采取大修补强措施以提高其承载能力。 (3)若高速公路及一级公路的行驶质量指数(RQI)评价为优、良,或者二级及二级以下公路的行驶质量指数(RQI)评价为优、良、中时,以日常养护为主;若高速公路及一级公路的行驶质量指数(RQI)评价为中及中以下,或者二级及二级以下公路的行驶质量指数(RQI)评价为次及次以下时,应采取罩面等措施改善路面的平整度。 (4)高速公路及一级公路抗滑能力不足($SFC<40$)的路段,或二级及二级以下公路抗滑能力不足($SFC<35.5$)的路段,应采取加铺罩面层等措施提高路表面的抗滑能力。 (5)因路面不适应现有交通量或载重的需要,应通过提高现有路面的等级,或通过加宽等改建措施提高道路的通行能力和服务质量

19.3 沥青路面维修

19.3.1 沥青路面病害的维修

沥青路面病害的维修 表19-8

项 目	项目维修方法和注意要点
裂缝	裂缝是沥青路面的主要病害之一,宜通过调查研究,针对其病害状况和产生原因分别处理。 (1)在高温季节全部或大部分可愈合的轻微裂缝,可不加处理;在高温季节不能愈合的轻微裂缝,可采用以下两种方法进行处治: ①将有裂缝的路段清扫干净并均匀喷洒少量沥青(在低温、潮湿季节宜喷洒乳化沥青),再匀撒一层2~5mm厚的干燥、洁净石屑或粗砂,最后用轻型压路机将矿料碾压; ②沿裂缝涂刷少量稠度较低的沥青。 (2)因半刚性基层干缩、冷缩引起的纵、横裂缝,视缝宽按以下步骤分别处治。 ①缝宽在5mm以内: a. 清除缝中杂物及尘土; b. 将稠度较低的热沥青(缝内潮湿时应采用乳化沥青)灌入缝内,灌入深度约为缝深的2/3; c. 填入干净的石屑或粗砂,并捣实; d. 将溢出缝外的沥青及石屑、砂清除。 ②缝宽在5mm以上: a. 除去已松动的裂缝边缘; b. 用热拌沥青混合料填入缝中,捣实;缝内潮湿时应采用乳化沥青混合料。 (3)因沥青性能不好,或路面设计使用年限较长、油层老化等原因出现的大面积裂缝(包括网裂),此时如基层强度尚好,通过技术经济比较,可选用下列维修方法: ①乳化沥青稀浆封层,封层厚度宜为3~6mm。 ②加铺沥青混合料上封层,或先铺设土工合成材料后,再在其上加铺沥青混合料上封层。 ③改性沥青薄层罩面。 ④单层沥青表处。 (4)由于土基、基层强度不足或路基翻浆等引起的严重龟裂,应先处治好基层或土基,然后再重铺面层
拥包	(1)属于施工时操作不慎将沥青漏洒在路面上形成的拥包,将拥包除去即可。 (2)已趋于稳定的轻微拥包,应将拥包用机械刨削或人工挖除。如果除去拥包后,路表不平整,应找补平顺,再用热烙铁烙平。 (3)因面层沥青用量过多或细料集中而产生较严重拥包,或路面连续多次出现拥包且面积较大,但路面基层仍属稳定,则应将拥包全部除去,并低于路表面约10mm,扫尽碎屑、杂物及粉尘后,用热沥青混合料重铺面层。 (4)因基层局部含水率过大,使面层与基层间结合不良而被推移变形造成的拥包,应把拥包连同面层挖除,将水分晾晒干,或用水稳定性较好的材料更换已变形的基层,再重铺面层。 (5)由于基层局部强度不足或水稳性不好,使基层松软而导致的拥包,应将面层和基层完全挖除;如土基中含有淤泥,还应将淤泥彻底挖除,换填新料并夯实;在地下水位较高的潮湿路段,应采取措施引出地下水并在基层下面加铺一层水稳性好的材料,然后重铺面层
沉陷	(1)因路基不均匀沉降而引起的局部路面沉陷,若土基和基层已经密实稳定,不再继续下沉,可只修补面层,并根据路面的破损状况分别采取下列处治措施: ①路面略有下沉,无破损或仅有少量轻微裂缝,可在沉陷处喷洒或涂刷黏层沥青,再用沥青混合料将沉陷部分填补,并压实平整。 ②因路基沉陷导致路面破损严重,矿料已松动、脱落形成坑槽的,应按照坑槽的维修方法予以处治。 (2)因土基或基层结构遭到破坏而引起路面沉陷,应参照上述要求处治好基层后再重铺面层。 (3)桥涵台背因填土不实出现不均匀沉降的,可视情况选择以下处理方法: ①挖除沥青面层,在沉陷的部分加铺基层后重铺面层。 ②对于台背填土密实度不够的,应重新作压实处理,台背死角处的压实宜采用夯实机械。 ③采用注浆加固处理

续上表

项　目	项目维修方法和注意要点
车辙	(1)车道表面因车辆行驶推移而产生的车辙,应将出现车辙的面层切削或铣刨清除,然后重铺沥青面层。在高速公路及一级公路上可采用沥青玛蹄脂碎石混合料(SMA)或SBS改性沥青混合料,或聚乙烯改性沥青混合料来修补车辙。 (2)路面受横向推挤形成的横向波形车辙,如果已经稳定,可将凸出的部分削除,在波谷部分喷洒或涂刷黏结沥青并填补沥青混合料后找平、压实。 (3)因面层与基层间有不稳定的夹层而形成的车辙,应将面层挖除,清除夹层后,重铺面层。 (4)由于基层强度不足、水稳性能不好,使基层局部下沉而造成的车辙,应先处治基层,再修复面层
波浪与搓板	(1)属于面层原因形成的波浪或搓板可按下述方法进行维修: ①路面仅有轻微波浪或搓板,可在波谷部分喷洒沥青,并匀撒适当粒径的矿料,找平后压实。 ②波浪(搓板)的波峰与波谷高差起伏较大时,应顺行车方向将凸出部分铣刨削平,并低于路表面约10mm。削除部分喷洒热沥青,再匀撒一层粒径不大于10mm的矿料,扫匀,找平,并压实。 ③严重的、大面积波浪或搓板,应将面层全部挖除,然后重铺面层。 (2)因面层与基层之间存在不稳定的夹层,面层在行车荷载的作用下推移变形而形成波浪(搓板),应挖除面层,清除不稳定的夹层后,喷洒黏结沥青,重铺面层。 (3)因基层局部强度不足,或稳定性差等原因造成的波浪(搓板),应先对基层进行处治,再重铺面层
冻胀和翻浆	(1)因路基冻胀使路面局部或大面积隆起影响行车时,应将胀起的沥青路面刨平,待春融后按翻浆处理的方法予以处治。 (2)因冬季基层中的水结冰引起冻胀,春融季节化冻而引起的翻浆,应根据情况采用以下方法予以处治: ①换填砂粒。 ②局部发生翻浆的路段,可采用打石灰梅花桩或水泥砂砾桩的办法予以改善。 ③加深边沟,并在翻浆路段两侧路肩上交错开挖宽为30~40cm的横沟,其间距为3~5m,沟底纵坡不小于3%,沟深应根据解冻情况,逐渐加深,直至路面基层以下。横沟的外口应高于边沟的沟底。如路面翻浆严重,除挖横沟外,还应顺路面边缘设置纵向小盲沟。交通量较小的路段也可挖成明沟。但翻浆停止后,应将明沟填平恢复原状。 (3)因基层水稳定性不良或含水率过大造成的翻浆,应挖去面层及基层全部松软的部分,将基层材料晾晒干,并适当增加新的硬粒料(有条件时应换填透水性良好的砂砾或工业废渣等),分层(每层不超过15cm)填补并压实,最后恢复面层。 (4)低温季节施工的石灰稳定类基层,在板体强度未形成时雨水渗入,其上层发生翻浆的,应将翻浆部分挖除,重铺石灰稳定基层,或换用其他材料予以填补,然后重铺面层
坑槽维修	(1)路面基层完好,仅面层有坑槽时的维修: ①按照"圆洞方补、斜洞正补"的原则,划出所需修补坑槽的轮廓线。 ②沿所画轮廓线开凿至坑底稳定部分,其深度不得小于原坑槽的最大深度。 ③清除槽底、槽壁的松动部分及粉尘、杂物,并涂刷黏层沥青。 ④填入沥青混合料(在潮湿或低温季节,宜采用乳化沥青拌制的混合料)并整平。 ⑤用小型压实机具或铁制手夯将填补好的部分压(夯)实。新填补的部分应略高于原路面。如果坑槽较深(7cm以上),应将沥青混合料分两次或三次摊铺和压实。 ⑥热补法修补。采用热修补养护车,用加热板加热坑槽处路面,翻松被加热软化铺装层,喷洒乳化沥青,加入新的沥青混合料,然后搅拌摊铺,压路机压实成型。 (2)对交通量较小的路段,在低温寒冷或阴雨连绵的季节,无法采用常规方法,也无条件采用合适的材料修补坑槽时,为防止坑槽面积的扩大,可采取临时性的措施对坑槽予以处治,待天气好转后再按规范要求重新修补。 (3)若因基层局部强度不足等使基层破坏而形成的坑槽,应先处治基层,然后再修复面层

续上表

项 目	项目维修方法和注意要点
麻面与松散	(1)因嵌缝料散失出现轻微麻面,在沥青面层不贫油时,可在高温季节撒适当的嵌缝料,并用扫帚扫匀,使嵌缝料填充到石料的空隙中。 (2)大面积麻面应喷洒稠度较高的沥青,并撒适当粒径的嵌缝料,应使麻面部分中部的嵌缝料稍厚,周围与原路面接口要稍薄,定型要整齐,并碾压成型。 (3)因沥青用量偏少或因低气温施工造成的沥青面层松散,应采用以下方法处治: ①先将路面上已松动的矿料收集起来。 ②待气温升至15℃以上时,按0.8~1.0kg/m^2 的用量喷洒沥青,再均匀撒上3~6mm 的石屑或粗砂(5~8m^3/1 000m^2)。 ③用轻型压路机压实。 (4)作稀浆封层处治。对松散路面的处理后,再作稀浆封层。 (5)因油温过高,沥青老化失去黏性而造成的松散,应将松散部分全部挖除后,重铺面层。 (6)因沥青与酸性石料间的黏附性不良而造成路面松散,应将松散部分全部挖除后,重铺面层。用来重铺面层的矿料不应再使用酸性石料。在缺乏碱性石料的地区,应在沥青中掺入抗剥离剂、增黏剂或使用干燥的生石灰、消石灰、水泥等表面活性物质作为填料的一部分;或采用石灰浆处理粗集料等抗剥离措施,以提高沥青与矿料的黏附力,并增加混合料的水稳性。 (7)由于基层或土基软化变形而造成的路面松散,应先处治好基层,再修复路面
泛油	(1)只有轻微泛油的路段,可撒粒径为3.5mm 的石屑或粗砂,并用压路机或控制行车碾压。 (2)泛油较重的路段,可先撒粒径为5~10mm 的碎石,用压路机碾压。待稳定后,再撒粒径为3~5mm 的石屑或粗砂,并用压路机或控制行车碾压。 (3)面层含油量高,且已形成软层的严重泛油路段,可视情况采用下述方法之一进行处治: ①先撒一层粒径为10~15mm(或更大)的碎石,用压路机将其强行压入路面,待基本稳定后,再分次撒上粒径为5~10mm 的碎石,并碾压成型。 ②将含油量过高的软层铣刨清除后,重铺面层。 (4)处治泛油应注意以下事项: ①处治时间应选择在泛油路段已出现全面泛油的高温季节。 ②撒料应顺行车方向撒,先粗后细;做到少撒、薄撒、匀撒、无堆积、无空白。 ③禁止使用含有粉粒的细集料。 ④采用压路机或引导行车碾压,使所撒石料均匀压入路面。 ⑤如采用行车碾压,应及时将飞散的粒料扫回,待泛油稳定后,将多余浮动的石料清扫并回收
脱皮	(1)由于沥青面层与上封层之间黏结不好,或初期养护不良引起的脱皮,应清除已脱落和已松动的部分,再重新铺上封层,所铺封层的沥青用量及矿料粒径规格应视封层的厚度而定。 (2)如沥青面层层间产生脱皮,应将脱落及松动部分清除,在下层沥青面上涂刷黏结沥青,并重铺沥青层。 (3)面层与基层之间因黏结不良而产生的脱皮,应先清除掉脱落、松动的面层,分析黏结不良的原因。若面层与基层间所含水分较多,应晾晒或烘干;若面层与基层之间夹有松散层、泥层,则应将其清除干净,喷洒透层沥青后,重铺面层
啃边	(1)因路面边缘沥青面层破损而形成啃边,应将破损的沥青面层挖除,在接茬处涂刷适量的黏层沥青,用沥青混合料进行填补,再整平压实。修补啃边后的路面边缘应与原路面边缘齐顺。 (2)因基层松软、沉陷而形成的啃边,应先对路面边缘基层局部加强后再恢复面层。 (3)应加强路肩的养护工作,保持路肩稳定;随时注意填补路肩上的车辙、坑洼或沟槽;经常保持路肩与路面衔接平顺,并保持路肩应有的横坡,以利排水。 (4)为防止路面出现啃边,宜采取以下措施: ①用砂石、碎砖、工业废渣等,改善、加固路肩或设硬路肩,使路肩平整、坚实。 ②可在路面边缘增设路缘石,或将路面基层加宽到其面层宽度外20~25cm 处。 ③在平交道口或曲线半径较小的路面内侧,可适当加宽路面

续上表

项　目	项目维修方法和注意要点
磨光	(1)高速公路、一级公路抗滑能力降低、路面已磨光的沥青面层,可用路面铣刨机直接恢复其表面的粗糙度。 (2)路面石料棱角被磨掉、路面光滑、抗滑性能低于要求值时,应加铺抗滑层。 (3)对表面过于光滑,抗滑性能特别差的路段,应作罩面处理: ①可采用拌和法或层铺法施工的单层表面处治,也可采用乳化沥青稀浆封层。 ②罩面前,应先处治好原路面上的各种病害;若原路表有沥青含量过多的薄层,应将其刮除后洒黏层油。罩面及封层的技术要求应符合现行《公路沥青路面施工技术规范》(JTG F40—2004)的规定
桥面铺装养护与维修	(1)经常保持桥面的清洁,及时清除各种污物、积水、积雪和冰块,疏通桥面泄水孔;冬季必要时应撒铺防冻、防滑材料。 (2)桥面沥青铺装出现的各种病害,经检查确系不是由于桥梁结构破坏而引起的沥青面层损坏,应按上述有关病害的处治方法进行。 (3)当沥青铺装中的防水层被破坏时,宜采用与原防水层相同的材料与结构予以修复

19.3.2 沥青路面维修的罩面措施

沥青路面维修的罩面措施　表 19-9

项　目		罩面的内容和注意事项
类型		沥青路面罩面按其使用功能划分为普通型罩面(简称罩面),防水型罩面(简称封层)和抗滑层罩面(简称抗滑层)3 种
适用范围	罩面	主要适用于消除破损、完全或部分恢复原有路面平整度、改善路面性能的修复工作
	封层	主要适用于提高原有路面的防水性能、平整度和抗滑性能的修复工作
	抗滑层	主要适用于提高路面抗滑能力的修复工作
用料要求	罩面	(1)罩面的结合料宜使用性能较好的黏稠型道路石油沥青、乳化石油沥青、改性乳化沥青、改性沥青。 (2)矿料的选择宜采用耐磨、强度高的石料。 (3)高速公路、一级公路宜采用中粒式、细粒式密级配沥青混凝土或沥青玛蹄脂结构,二级或二级以下公路可采用热拌沥青碎石混合料结构,三级或三级以下公路可采用沥青表面处治层结构。 (4)所采用的结合料、矿料、沥青混合料的规格、各项技术指标要求符合《公路沥青路面施工技术规范》(JTG F40—2004)或其他有关规范的规定
	封层	(1)封层的结合料宜采用乳化石油沥青、改性乳化石油沥青。 (2)矿料宜选用耐磨、强度高的石料。 (3)各种结合料、矿料、填料及乳化沥青混合料的各项技术指标要求应符合《公路沥青路面施工技术规范》(JTG F40—2004)。 (4)高速公路、一级公路可采用沥青稀浆封层养护,但宜使用粗粒式改性乳化沥青混合料;其他等级公路可采用乳化沥青混合料抗滑层
	抗滑层	(1)应选用适合铺筑抗滑表层的材料和沥青混合料。 (2)高速公路、一级公路宜选用重交通道路石油沥青、改性石油沥青、改性乳化石油沥青作为结合料。 (3)应选用抗滑、耐磨的石料,磨光值应大于 42。 (4)所用的各种材料和沥青混合料的技术指标要求应按《公路沥青路面施工技术规范》(JTG F40—2004)执行

续上表

项目		罩面的内容和注意事项
厚度要求	罩面	罩面厚度应根据所在路段的交通量、公路等级、路面状况、使用功能等综合考虑确定。 (1)当路面状况指数、行驶质量指数在中、良等级,路面仅有轻度网裂时,可采用较薄的罩面层厚(1.0~3.0cm)。 (2)当路面破损、平整度、抗滑三项指标都在中等以下,又要求恢复到优、良等级时,应采用较厚的罩面层厚(3.0~5.0cm)。 (3)高速公路、一级公路罩面宜采用4.0~5.0cm的厚度;其他公路可采用较薄的罩面层厚度(1.0~4.0cm)。 (4)各级公路的罩面层厚度不得小于最小施工层厚度
	封层	(1)交通量较大、重型车较多的路段宜采用厚约1.0cm的封层。 (2)在中等交通量路段宜采用厚约0.7cm的封层。 (3)在交通量小、重型车少的路段宜采用厚约0.3cm的封层
	抗滑层	(1)用于高速公路、一级公路时,宜采用不小于4.0cm的厚度。 (2)用于二级公路,宜用中粒、细粒式沥青混凝土结构,也可采用热拌沥青碎石或沥青表面处治结构,厚度不得小于最小施工层厚度。 (3)用于三、四级公路时,可采用乳化沥青封层结构,厚度可为0.5~1.0cm
施工	罩面	沥青路面罩面的施工,除应按《公路沥青路面施工技术规范》(JTG F40—2004)有关规定执行外,还应按下列要求进行: (1)对确定罩面的路段,在罩面前必须完成翻浆、坑槽、严重裂缝、沉陷、拥包、松散、车辙等病害的修复工作,并清除路面上的泥土杂物。 (2)根据施工气温、旧沥青路面状况等因素采取相应施工工艺措施,罩面前必须喷洒黏层沥青,确保新老沥青层结合,沥青用量为0.3~0.5kg/m^2,裂缝及老化严重时宜为0.5~0.7kg/m^2,有条件时,洒黏层沥青前最好用机械打毛处理。 (3)罩面不应铺在逐年加厚的软沥青层上,也不应铺在和原沥青路面结合不好、即将脱皮的沥青罩面薄层上,应将其铲除,整平后,再进行罩面。 (4)当气温低于10℃或路面潮湿时,不得浇洒黏层沥青,不得摊铺沥青罩面层
	封层	采用乳化沥青稀浆封层时,必须有固定的专业人员、固定的专业乳液生产和施工(撒布、摊铺)设备、专职的检测试验人员,并按有关规定标准进行检测和质量控制;稀浆封层撒布机在使用前,应根据稀浆混合料配合比设计,对集料、乳液、填料、加水量进行认真调试,调试稳定后,方可正式摊铺封层
	抗滑层	抗滑层应按《公路沥青路面施工技术规范》(JTG F40—2004)有关规定进行施工

19.4 沥青路面加层补强

19.4.1 沥青路面加层补强方法与施工要点

沥青路面加层补强方法与施工要点　表19-10

项目	加层补强方法要点和注意事项
基本概念	原有沥青路面强度不能满足交通要求时,应予补强,一般在原路面上加铺结构层,以提高其承载能力,同时还可结合加铺层的修筑改善路面的平整度、粗糙度,以改善其行驶性能。 加铺层可根据原路状况、补强要求进行单层或多层(一般为两层)加铺补强。 补强层的结构,即其加铺的层次(单层或两层)及各层次的组成材料、厚度等,由设计确定
加铺层的厚度	加铺层的厚度计算方法有理论法,即《公路沥青路面设计规范》(JTG D50—2006)、《公路土工合成材料应用技术规范》(JTG D32—2012)和《城市道路设计规范》(CJJ 37—2012)以及经验法。我国以往曾为此修筑不同厚度的补强试验路面,在修筑前及使用一段时间后进行弯沉测定,经统计加工建立了补强前后的弯沉值σ、容许弯沉值l_R与补强厚度h的关系。 由上述方法计算确定的补强厚度,即为旧路不作线形调整,按原路线形加铺时的路面厚度。

续上表

项　　目	加层补强方法要点和注意事项
加铺层的厚度	如果旧路补强时,还结合着进行道路的线形调整(调整纵坡、竖曲线以及调整路中线和调整横坡等),则上述计算的补强厚度,仅是作为控制用的最小补强厚度,实际计算加铺层厚度时,尚需计及由于扩建、改造工程、几何线形调整而增加的衬垫厚度,这在计算路面的工程量时应予注意。 应用土工合成材料防治路面裂缝,路面结构形式及加铺层厚度不得因加铺了土工合成材料而改变。高速公路和一级公路的旧水泥混凝土路面上加铺层厚度不宜小于10cm,其他等级公路的加铺层厚度不宜小于7cm
加铺层施工要点	(1)加铺层施工前必须对原有路面的所有结构性病害、破损部分,按表19-8的方法切实修补完好,使加铺层置于良好的下承层之上。修补好原有路面,可使表19-11补强厚度计算中的$\bar{l}_0$(路段内原有路面平均弯沉值)提高,σ(弯沉值的均方差)减低,从而使路段的代表性弯沉(计算弯沉)值减小,即经修补后的路段整段整体强度提高,并且均匀。这样,不仅可使所需的加铺层厚度减小,而且其结构工作性能更加可靠。这是加铺层施工的重要工作环节,无数工程经验的总结,技术、经济性极强的施工要点。 (2)加铺层的沥青路面,一般宜用热拌热铺沥青混合料加铺于原有沥青路面上。为保证新老路面的层间接合,须在原有路面上洒布黏层油,其用量视原路面情况酌定,一般为0.4~0.6kg/m^2,如原沥青路面老化、空隙大则为0.6~0.8kg/m^2。 (3)沥青加铺层施工中形成的路面纵、横向接茬应与路中心线平行或垂直。 (4)沥青加铺层施工方法,可参照本书第14章有关内容实施。 (5)当补强厚度较厚,在沥青加铺层下设置基层,即两层补强时,其补强层的下层(基层)一般宜优先选用半刚性基层,施工方法可参照本书第13章有关内容实施。 (6)采用土工合成材料防治旧路面上加铺沥青面层的反射裂缝,应对旧水泥混凝土路面的板底脱空、面板破碎、断板等病害进行修复,对旧沥青路面的坑槽裂缝等病害进行修补,并对旧路面进行清洗(扫)。 (7)应对修复后的旧水泥混凝土路面进行整平,整平层宜采用沥青砂或细粒式沥青混凝土,整平后的平整度应小于5cm,当旧水泥混凝土路面整体结构性好。路面平整时,也可不摊铺整平层,但应清除接缝中的填料与杂物,并灌填沥青,对旧路面进行清洗(扫)。 (8)进行沥青路面施工时,施工车辆不得在土工合成材料表面转弯

19.4.2 沥青路面加层补强的经验法厚度计算

沥青路面加层补强的经验法厚度计算　　表19-11

项　　目	加层补强方法的要点和注意事项	
	计算图示	计算公式
单层补强计算	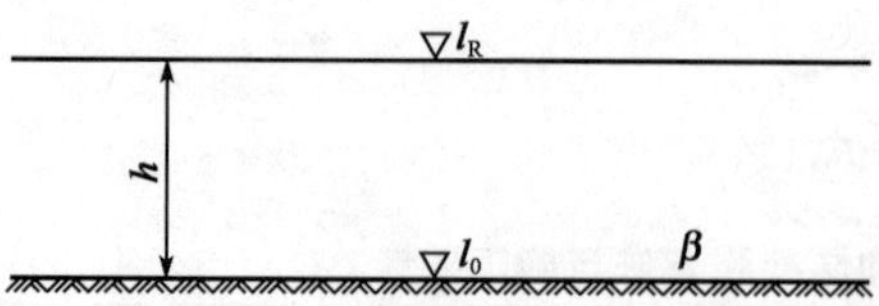	$\varphi\dfrac{h}{\beta}=\bar{l}_R^{0.25}\left(\dfrac{l_0}{l_R}-1\right)^{0.35}$ 式中:h——补强层厚度(cm); β——补强层材料参数,见本表内容"补强层材料参数β建议值"; l_R——路面容许弯沉值(mm); l_0——原有路面计算弯沉值(mm); φ——补强时的荷载系数,BZZ—60为1.0;BZZ—100为0.8
	计算图示	计算公式
两层补强计算	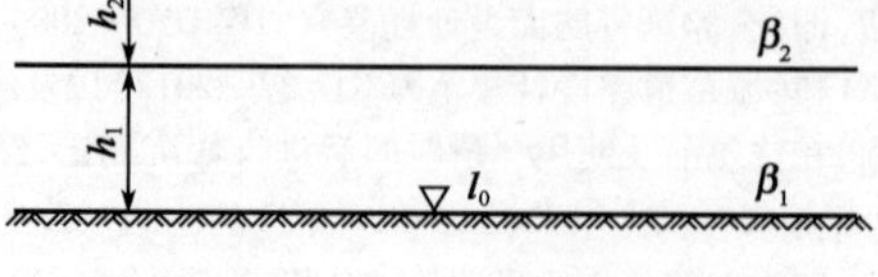	$\varphi\left(\dfrac{h_1}{\beta_1}+\dfrac{h_2}{\beta_2}\right)=\bar{l}_R^{0.25}\left(\dfrac{l_0}{l_R}-1\right)^{0.35}$ 式中:h_1——第一层补强层的厚度(cm); β_1——第一层补强层的材料参数; h_2——第二层补强层的厚度(cm); β_2——第二层补强层的材料参数; 其他符号意义同前

续上表

项　目	加层补强方法的要点和注意事项
两层补强计算	计算时从“补强层材料参数β建议值”中查出各层β值，然后在h_1和h_2两者之中拟订一个厚度，算出另一个厚度

补强层材料参数β建议值

序号	材料名称	$II_{1,2,3}$（东北）	$II_{2,4}$（华北）	III（黄土）	IV（华东、中南）	V（中南、西南）	VI VII（西北）
1	沥青混凝土	8~9	8~9	8~9	8~9	8~9	8~9
2	沥青碎石（热拌）	9~11	9~11	9~11	9~11	9~11	9~11
3	沥青贯入式	12~14	12~14	12~14	12~14	12~14	12~14
4	水泥稳定砂砾	12~14	—	12~14	—	—	—
5	石灰土	18~21	17~19	17~19	15~17	16~18	16~19
6	炉渣灰土	16~18	—	17~19	15~17	—	15~18
7	石灰碎、砾石土	17~19	—	17~19	16~18	17~19	15~18
8	级配碎、砾石土	17~20	—	17~19	17~19	—	15~18
9	泥灰结碎、砾石	—	19~22	20~22	17~19	18~21	19~23
10	填隙碎石	19~23	—	19~23	—	—	20~22
11	泥结碎石	21	20~23	19~21	19~22	20~23	—
12	级配砂砾	25~27	—	24~28	22~26	22~26	22~34
13	天然砂砾	28~33	26~32	28~34	26~32	26~32	22~34
14	二灰碎、砾石	—	—	—	12~14	12~14	—
15	水泥、石灰稳定矿渣	12~14	—	—	—	—	—

注：①应根据材料质量、施工工艺和土基干湿状况合理选用，一般干燥路段取低值，潮湿路段取高值；

②表列空白时，可参考临区建议值或根据$h=\beta\bar{l}_R^{0.25}\left(\frac{l_0}{l_R}-1\right)^{0.35}$关系式铺筑试验路确定$\beta$

原有路面计算弯沉值l_0

确定各路段的计算弯沉值时，应将全线进行分段。分段应考虑下列因素：

(1)土基干湿类型和土质相同。

(2)在同一段落内各测点的弯沉值比较接近。每段的弯沉值测点应不少于20点/车道。

(3)各段的最小长度应与施工方法相适应，一般不小于500m，机械化施工不小于1km。在水文、土质条件复杂或需要特殊处理的路段，可视实际情况确定。

路段的计算弯沉值由下式确定：

$$l_0=(\bar{l}_0+Z_\alpha S)K_1K_3$$

式中：l_0——路段内实测路表弯沉代表值(0.01mm)；

$\bar{l}_0$——路段内实测路表弯沉平均值(0.01mm)；

S——路段内实测路表弯沉标准差(0.01mm)；

Z_α——与保证率有关的系数，高速公路、一级公路$Z_\alpha=1.645$，其他公路沥青路面$Z_\alpha=1.5$；

K_1——季节影响系数，根据当地经验确定；

K_3——温度修正系数，温度修正方法：可按照《公路路基路面现场测试规程》(JTG E60—2008)中的规定进行或根据条文说明或当地的实测资料进行修正

续上表

<table>
<tr><th>项　目</th><th>加层补强方法的要点和注意事项</th></tr>
<tr><td>路面容许弯沉值 l_d</td><td>
我国《公路沥青路面设计规范》(JTG D50—2006)规定路面设计弯沉值按下式计算:
$$l_d = 600N_e^{-0.2}A_cA_sA_B$$
式中:l_d——设计弯沉值(0.01mm);
A_c——公路等级系数,高速公路、一级公路为1.0,二级公路为1.1,三、四级公路为1.2;
A_s——面层类型系数,沥青混凝土面层为1.0,热拌沥青碎石、冷拌沥青碎石、上拌下贯或贯入式路面、沥青表面处治为1.1;
A_B——路面结构类型系数,刚性基层、半刚性基层沥青路面为1.0,柔性基层沥青路面为1.6;若基层由半刚性材料层与柔性材料层组合而成,则 A_B 介于两者之间通过线性内插决定;
N_e——设计年限内一个车道累计当量标准轴载通行次数。
$$N_e = \frac{[(1+\gamma)^t - 1]\times 365}{\gamma}N_1 \cdot \eta$$
或
$$N_e = \frac{[(1+\gamma)^t - 1]\times 365}{\gamma(1+\gamma)^{t-1}}N_t \cdot \eta$$
其中:t——设计年限(年);
N_1——路面竣工后第一年的双向日平均当量轴次(次/d);
N_t——设计年限末年的日平均当量轴次(次/d);
γ——设计年限内交通量的平均年增长率(%),应根据调查预测分析确定;
η——与车道数有关的车辆横向分布系数,简称车道系数,见下表。
车道系数表
<table>
<tr><th>车道特征</th><th>车道系数 η</th><th>车道特征</th><th>车道系数 η</th></tr>
<tr><td>双向单车道</td><td>1.00</td><td>双向六车道</td><td>0.30~0.40</td></tr>
<tr><td>双向双车道</td><td>0.60~0.70</td><td>双向八车道</td><td>0.25~0.35</td></tr>
<tr><td>双向四车道</td><td>0.40~0.50</td><td>—</td><td>—</td></tr>
</table>
</td></tr>
</table>

19.5 沥青路面加宽

沥 青 路 面 加 宽　　表19-12

<table>
<tr><th colspan="2">项　目</th><th>加宽方法和施工注意要点</th></tr>
<tr><td colspan="2">基本概念</td><td>原有沥青路面宽度不能满足交通要求时,应予加宽。
原有路面的路基较宽,路面加宽后路肩宽度符合《公路工程技术标准》(JTG B01—2014)时,可直接加宽;如路基较窄,不具备加宽路面条件的路段,应先加宽路基。为使路面边缘坚实,路基比基层应宽出20~25cm,或埋设路缘石。当施工机械和操作方法能保证路基加宽部分达到规定压实度,可随即加宽路面,否则应待路基稳定后,再加宽路面</td></tr>
<tr><td>加宽方式</td><td>双侧加宽</td><td>路面双侧加宽宜采用两侧相等的加宽方式,如下图所示。
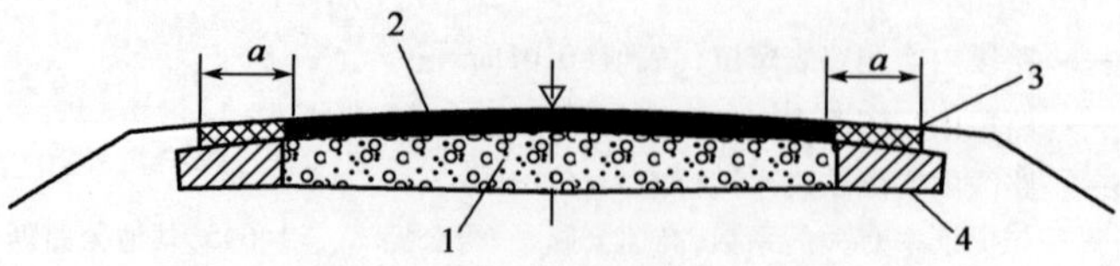

两侧相等加宽路面
1-原基层;2-原路面;3-加宽路面;4-加宽基层</td></tr>
</table>

续上表

项目		加宽方法和施工注意要点
加宽方式	双侧加宽	对不能采取两侧相等加宽的路面，如两侧加宽宽度差值在 1m 以下时，不必调整横坡，可按下图所示进行加宽设计 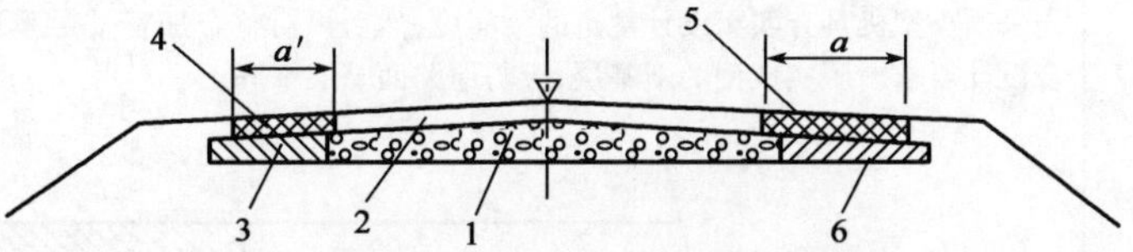 **两侧不相等加宽路面((a−a′)<1m时不调整路拱)** 1-原基层；2-原路面；3-加宽基层较窄；4-加宽面层较窄；5-加宽面层较宽；6-加宽基层较宽
		当两侧加宽宽度差超过 1m 时，必须调整路拱横坡，可按下图进行加宽设计 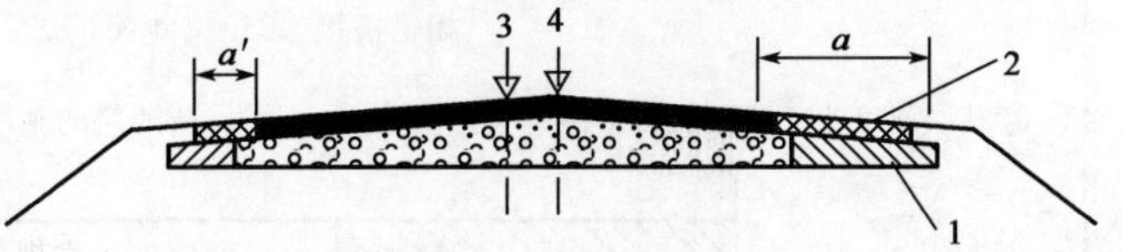 **两侧不相等加宽路面((a−a′)>1m时必须调整路拱)** **1-加宽基层；2-加宽面层；3-原路拱中点；4-新铺路拱中点**
	单侧加宽	由于受线形或地形条件限制必须采用单侧加宽时，可按下图进行加宽设计，加宽一侧须设置调拱层。调拱层应视所用材料的要求满足一定的厚度规定，以免在加宽面层和旧面层之间形成薄夹层，同时要注意三角调拱层与上下路面结构层的联结 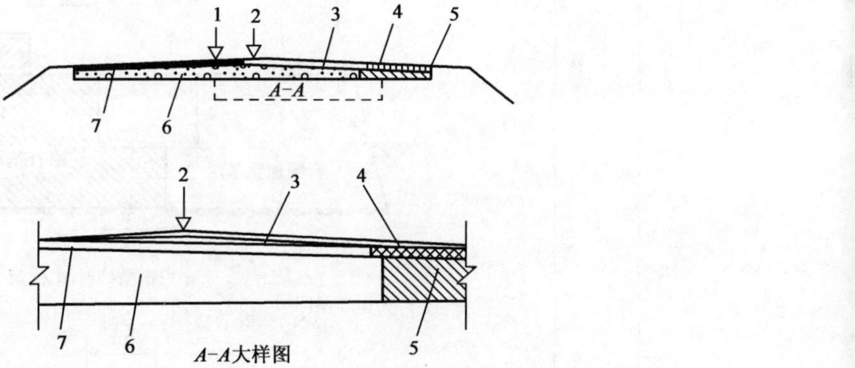 **A−A大样图** 1-原路拱中心；2-调拱后中心；3-三角调拱层；4-加宽面层；5-加宽基层；6-旧基层；7-旧面层
施工方法和要求	路基	(1)加宽路基施工时所用的填料宜与原路相同或选用水稳性较好的土。 (2)路堤加宽一侧填土宽度应大于填土层设计宽度 50cm 以上，压实宽度须超过设计宽度 25cm 以上，最后削坡。对于压路机无法操作的路段，应采用小型机具分层夯实，并达到规定的压实度。为防止新老路基出现不均匀沉降，应沿原路基边坡挖成向内倾斜的台阶，台阶宽度应不小于 1m，以增加加宽部分路基的稳定性。如压路机机械无法操作，应用小型机具夯实至规定的压实度。 (3)路基施工中应做好路基的防护与加固，保证其稳定性，施工完毕后应进行及时养护。路基的防护宜与改善环境、保护生态平衡和公路绿化相结合

续上表

项	目	加宽方法和施工注意要点
施工方法和要求	基层	(1)加宽基层施工时,应做好基层接茬处的处理,纵向接茬应与路中线平行。 (2)新旧基层衔接应符合下列要求: ①基层厚度大于或等于25cm时,宜采用相错搭接法,见下图。搭接长度不小于30cm,搭接部位应首先采用小型机具夯实至设计规定的压实度,然后再对整个加宽基层采用机械全面压实,压实质量应符合设计要求。压实成型的新基层,应与原路面基层平齐。 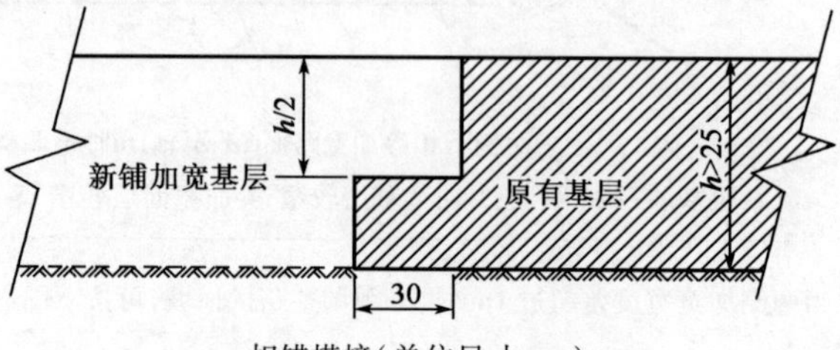 相错搭接(单位尺寸:cm) ②基层厚度小于25cm,宜采用平头接头法,见下图。新铺筑的基层成型后,应与原路面基层平齐。 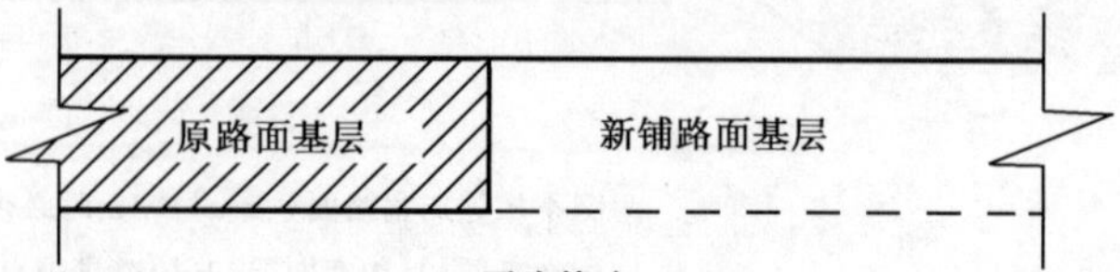 平头接头 ③邻接加宽部位30cm的旧面层应予揭掉,如下图所示,并使原有沥青路面露出坚硬的边缘,材料不可松动,保持面层边缘垂直,基层顶面应平整。旧基层上的松散浮土、浮石渣应清扫干净,并将其顶面拉毛。 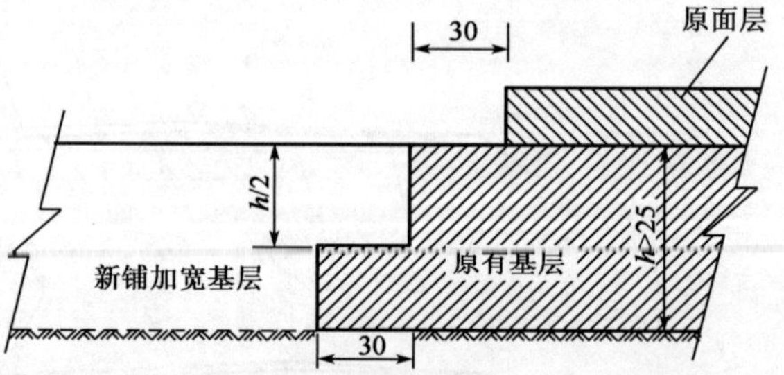 a)相错搭接时(单位尺寸:cm) 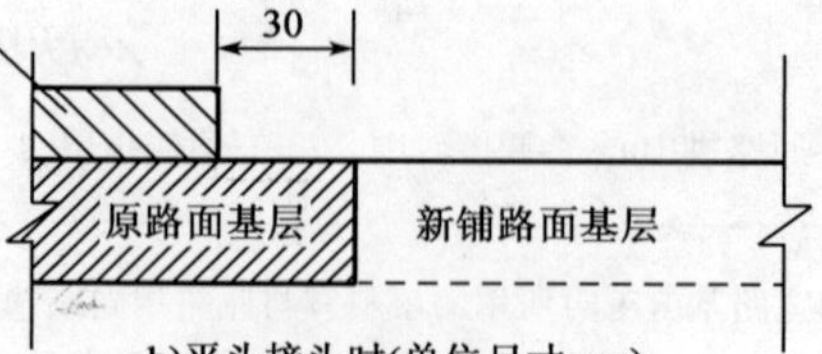 b)平头接头时(单位尺寸:cm) 基层加宽时面层的处理 (3)基层若需调拱时,加宽部分与调拱部分应按路面横坡的要求一次调正,整形压实。为了使调拱部分新旧基层结合良好,应将旧面层先铲掉,把原基层拉毛后再与调拱层结合。调拱层的最小厚度应满足《公路沥青路面设计规范》(JTG D50—2006)的要求(参见表12-5),不足时可向下开挖原基层,以保证调拱垫层的最小厚度要求,然后再做面层

续上表

项　目		加宽方法和施工注意要点
施工方法和要求	面层	(1)加宽路面面层施工时,应做好面层接茬处的处理,纵向接茬应与路中线平行。 (2)新旧面层衔接应符合下列要求: ①面层接茬一般应采用毛茬热接的方法。 a. 在基层加宽的基础上将原有沥青路面边缘刨切整齐,使其露出坚硬的垂直边缘,原路面面层和新铺基层的粒料不可松动,并将加宽的基层表面清扫干净。 b. 在接茬处应均匀涂一层黏结沥青,以保证新铺混合料与旧沥青面层更好地黏结。 c. 单层式面层接茬时,混合料摊铺时应与原路面平齐对接,压实后的高度与原路面面层平齐,如下图所示。 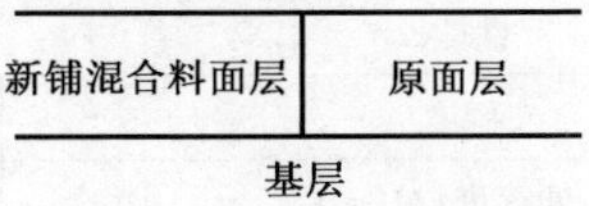 单层式面层纵向接茬搭接 d. 双层式或多层式面层接茬时,上下层不宜接在同一垂直面上,应错开30cm以上,做成台阶式,加宽后新上面层的压实高度与原路面上面层平齐,如下图所示。 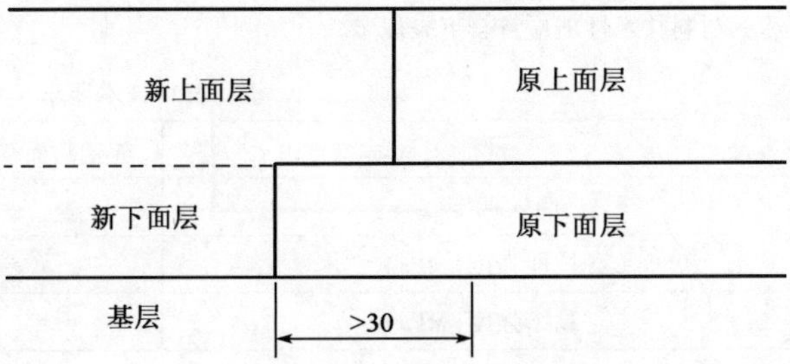 双层式路面面层接茬(尺寸单位:cm) ②面层接茬部位的施工。 a. 接茬部位沥青混合料的摊铺可视路面加宽宽度的情况选择人工摊铺或机械摊铺。采用人工摊铺时,将混合料按松铺厚度摊平,并沿边缘用热沥青混合料覆盖于原有沥青路面边缘预热,随时用小型振动板沿纵向接茬部位向外振动压实沥青混合料,新铺沥青面层可比原有面层略高,最后用重型压路机后轮对新铺面层进行全面碾压,成型的高度应与原有面层平齐。采用机械摊铺法施工时,可直接沿纵向接茬部位机械摊铺碾压,但应注意随时对接茬部位进行整平或补料。 b. 在加宽部位,若原有路面不需调拱,新铺沥青混合料的碾压应从接茬处向外碾压,以便形成设计规定的路拱。若原有路面需要调拱,压实方法同新建沥青路面的有关施工规定。施工完毕,纵向接茬处不应有凹凸不平的表面,应保证接缝位置平顺和具有正确的设计路拱,压实度达到设计规定的要求

注:1. 本表引自《公路沥青路面养护技术规范》(JTJ 073.2—2001)。
2. 有关路基、基层、沥青路面的具体施工技术和质量检查验收要求参见本书相关章节。

19.6　水泥混凝土路面维修

19.6.1 水泥混凝土路面病害的维修

(1)裂缝维修

裂 缝 维 修　　表19-13

项　目	维修方法和注意要点
轻微裂缝	对宽度小于3mm的轻微裂缝,可采取扩缝灌浆。 (1)顺着裂缝扩宽成1.5~2.0cm的沟槽,槽深可根据裂缝深度确定,最大深度不得超过2/3板厚。

续上表

<table>
<tr><th>项　目</th><th>维修方法和注意要点</th></tr>
<tr><td>轻微裂缝</td><td>
(2)清除混凝土碎屑,吹净灰尘后,填入粒径0.3~0.6cm的清洁石屑。
(3)准备灌缝材料。裂缝修补材料根据其功能可分为补强材料和密封材料。当水泥混凝土路面由于裂缝造成强度不足时,应选用补强材料。当水泥混凝土路面仅出现贯穿裂缝,而板面强度仍能满足使用要求时,应选用密封修补材料,将裂缝封闭。
用于水泥混凝土路面裂缝修补的高模量补强材料宜选用经过改性的环氧树脂类材料或经乳化反应过的环氧树脂乳液,其主要技术要求应符合下表规定。
补强材料技术要求
<table>
<tr><th>性能</th><th>技术要求</th></tr>
<tr><td>灌入稠度(s)</td><td><20</td></tr>
<tr><td>拉伸强度(MPa)</td><td>≥5</td></tr>
<tr><td>黏结强度(MPa)</td><td>≥3</td></tr>
<tr><td>断裂伸长率(%)</td><td>2~5</td></tr>
</table>
用于水泥混凝土路面裂缝修补的密封材料宜选用聚氨酯类灌浆材料。用于水泥混凝土路面修补的密封材料技术性能应符合下表规定。
密封材料技术要求
<table>
<tr><th>性能</th><th>技术要求</th></tr>
<tr><td>灌入稠度(s)</td><td><20</td></tr>
<tr><td>拉伸强度(MPa)</td><td>≥4</td></tr>
<tr><td>黏结强度(MPa)</td><td>≥4</td></tr>
<tr><td>断裂伸长率(%)</td><td>≥50</td></tr>
</table>
(4)将灌缝料灌入扩缝内。
(5)灌缝料固化后,达到通车强度,即可开放交通
</td></tr>
<tr><td>中等裂缝</td><td>
对贯穿全厚的、大于3mm且小于15mm的中等裂缝,可采取条带罩面进行补缝。
(1)在裂缝两侧切缝时,应平行于缩缝,且距裂缝距离不小于15cm,如下图a)所示。

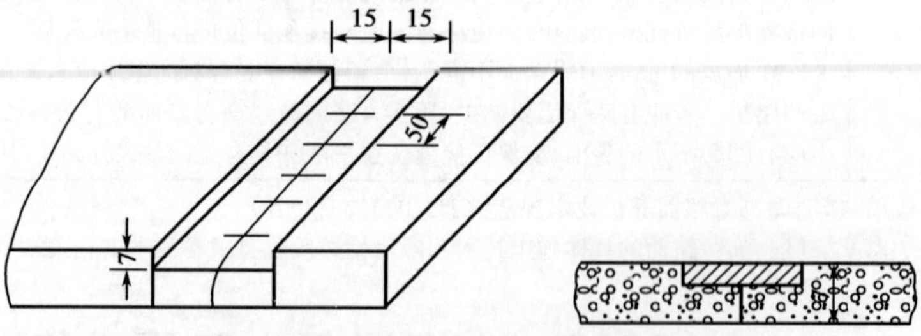

a)　　b)
条带补缝(尺寸单位:cm)
(2)凿除两横缝内混凝土的深度以7cm为宜。
(3)每间隔50cm打一对钯钉孔,钯钉孔的大小应略大于钯钉直径2~4mm,并在两钯钉之间打一对与钯钉孔直径相一致的钯钉槽。
(4)钯钉宜采用ϕ16mm螺纹钢筋,使用前应予以除锈。钯钉长度不小于20cm,弯钩长度7cm。
(5)钯钉孔必须填满砂浆,方可将钯钉插入孔内安装。
(6)切割的缝内壁应凿毛,并清除松动的混凝土碎块及表面尘土、裸石。
(7)浇筑混凝土应及时振捣密实、抹平,并喷洒养护剂。
(8)修补块面板两侧,应加深缩缝,并灌注填缝料,如上图b)所示
</td></tr>
</table>

续上表

<table>
<tr><th>项　　目</th><th>维修方法和注意要点</th></tr>
<tr><td>严重裂缝</td><td>
对宽度大于15mm的严重裂缝可采用全深度补块。全深度补块分集料嵌锁法、刨挖法和设置传力杆法。
1. 集料嵌锁法
（1）在修补的混凝土路面位置上，平行于缩缝画线，沿画线位置进行全深度切割。在保留板块边部，沿内侧4cm位置，锯5cm深的缝，见下图。

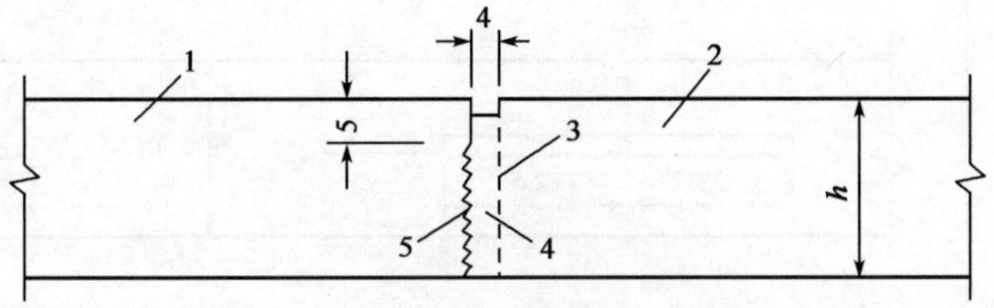

集料嵌锁法（尺寸单位：cm）
1-保留板；2-全深度补块；3-全深度锯缝；4-凿除混凝土；5-缩缝交错接面
（2）破碎、清除旧混凝土过程中不得伤及基层、相邻面板和路肩。若破除的旧混凝土面积当天完不成混凝土浇筑时，其补块位置应做临时补块。
（3）全深锯口和半深锯口之间的4cm宽条混凝土垂直面应凿成毛面。
（4）处理基层时，基层强度符合规范要求，并整平；基层强度低于规范要求，应予以补强，并严格整平；若基层全部损坏或松软，应按原设计基层材料重新做基层，其技术要求应符合现行《公路路面基层施工技术细则》（JTG/T F20—2015）的规定。
（5）混凝土的配合比应根据设计弯拉强度、耐久性、耐磨性、和易性等要求，先用原材料进行配比设计，各种材料的物理性能及化学成分应符合现行《公路水泥混凝土路面设计规范》（JTG D40—2011）规定。
（6）用水量应控制在混合料运到工地最佳和易性所需的最小值，最大水灰比为0.4。如采用JK系列混凝土快速修补材料，水灰比以0.30～0.40为宜，坍落度宜控制在2cm内。混凝土24h弯拉强度应不低于3.0MPa。
（7）混凝土摊铺应在混凝土拌和后30～40min内卸到补块区内，并振捣密实。
（8）浇筑的混凝土面层应与相邻路面的横断面吻合，其表面平整度应符合现行《公路工程质量检验评定标准》（JTG 80/1—2004）的规定，补块的表面纹理应与原路面吻合。
（9）补块养生宜采用养护剂，其用量根据养护材料性能确定。
（10）做接缝时，将板中间的各缩缝锯切到1/4板厚处，将接缝材料填入缩缝内。
（11）混凝土达到通车强度后，即可开放交通。
2. 刨挖法
刨挖法亦称倒T形法，见下图。

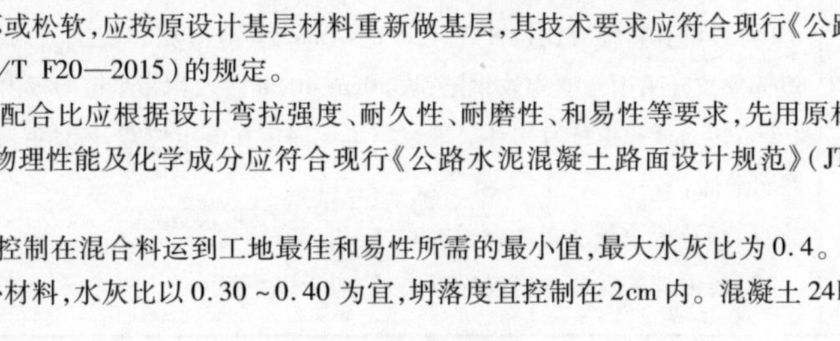

刨挖法（尺寸单位：cm）
1-保留板；2-补块；3-全深度锯缝；4-垫层开挖线
</td></tr>
</table>

续上表

项　　目	维修方法和注意要点
严重裂缝	(1)施工要求按前述中等裂缝的“集料嵌锁法”步骤执行。 (2)在相邻板块横边的下方(上图)暗挖 15cm×15cm 的一块面积(条块)用于荷载传递。 3. 设置传力杆法 (1)设置传力杆方法见下图。施工要求按前述中等裂缝的“集料嵌锁法”步骤执行。 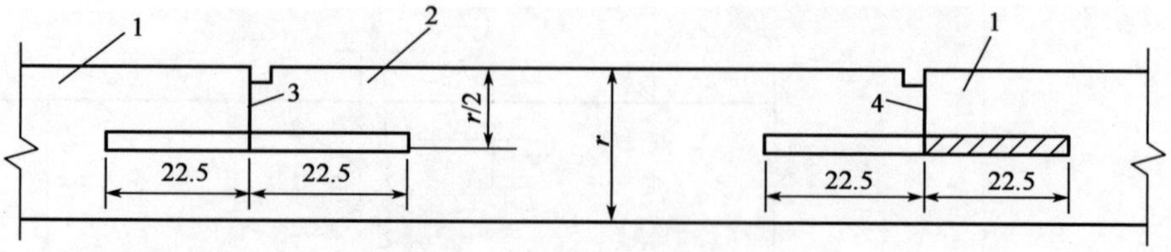 设置传力杆法(尺寸单位:cm) 1-保留板;2-全深度补块;3-缩缝;4-施工缝 (2)处理基层后,应修复、安设传力杆和拉杆。 (3)原混凝土面板没有传力杆或拉杆折断时,应用与原规格相同的钢筋焊接或重新安设。安装时应在板厚 1/2 处钻出比传力杆直径大 2~4mm 的孔,孔中心距 30cm,其误差不应超过 3mm。 (4)横向施工缝传力杆直径为 ϕ25mm,长度为 45cm,嵌入相邻保留板内深 22.5cm。 (5)拉杆孔直径宜比拉杆直径大 2~4mm,并应沿相邻板块间的纵向接缝板厚 1/2 处钻孔,中心距 80cm。拉杆采用 ϕ16 螺纹钢筋,长 80cm,40cm 嵌入相邻车道的板内。 (6)传力杆和拉杆宜用环氧砂浆牢牢地固定在规定位置,摊铺混凝土前,光圆传力杆的伸出端应涂少许润滑油。 (7)新补板块与沥青路肩相接时,应和现有路肩齐平。 (8)传力杆若安装倾斜或松动失效,应予以更换

(2)板边、板角修补

板边、板角修补 表 19-14

项　　目	修补方法和注意要点
板边	板边修补的基本要求为: (1)当对水泥混凝土面板边轻度剥落进行修补时,应将剥落的表面清理干净,用沥青混合料或接缝材料修补平整。 (2)当板边严重剥落时,其修补方法参照前述中等裂缝维修的方法修补。 (3)当板边全深度破碎,其修补方法参照前述严重裂缝维修的方法修补
板角	板角修补的基本要求为: (1)板角断裂应按破裂面的大小确定切割范围,见下图。 (2)切缝后,凿除破损部分时,应凿成规则的垂直面。对原有钢筋不应切断,如果钢筋难以全部保留,至少也要保留 20~30cm 长的钢筋头,且应长短交错。 (3)原有滑动传力杆,如果有缺陷应予以更换并在新老混凝土之间加设传力杆,传力杆间距控制在 30cm。 (4)基层不良时,可采用 C15 混凝土铺筑基层。 (5)与原有路面板的接缝面,应涂刷沥青。如为胀缝,应设置接缝板。 (6)现浇混凝土,与老混凝土面板之间的接缝应切出宽 3mm、深 4mm 的接缝槽,并灌入填缝材料。 (7)待混凝土达到强度后,方可开放交通

续上表

<table>
<tr><th colspan="2">项　　目</th><th>修补方法和注意要点</th></tr>
<tr><td colspan="2">板边</td><td>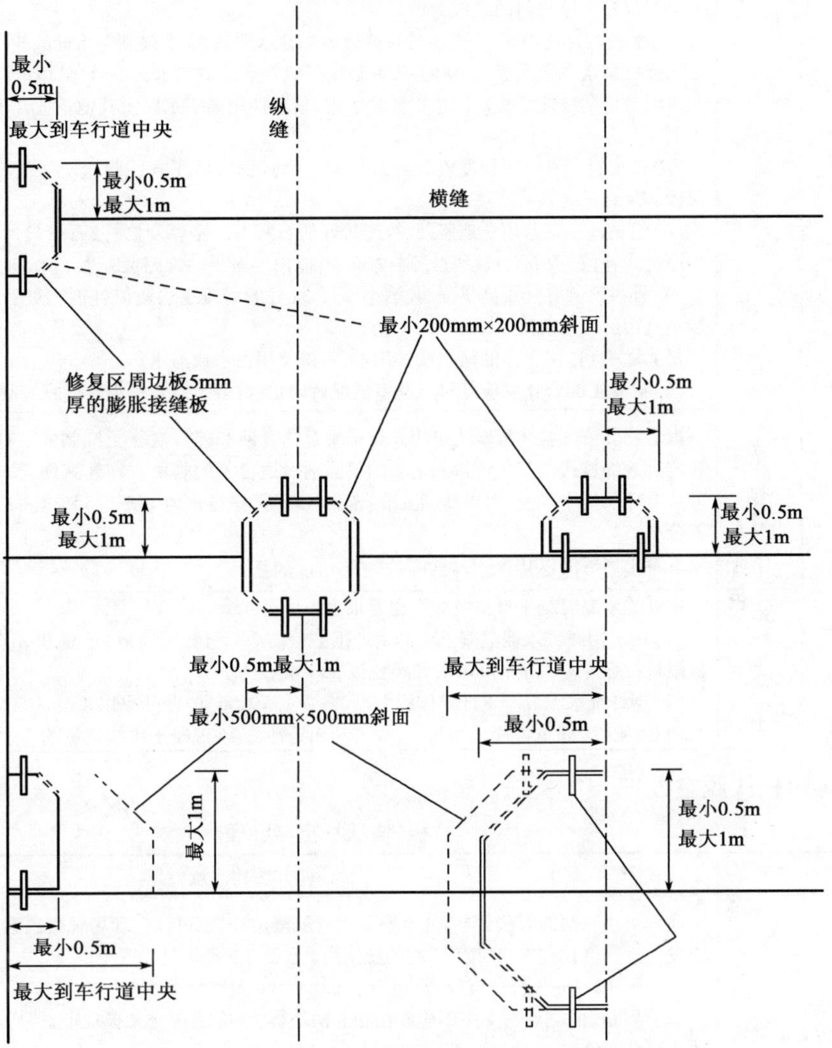

板角修补法切割范围图
注：修复纵向边不能位于车轮轨迹上</td></tr>
<tr><td>板块修补材料</td><td>技术要求</td><td>用于水泥混凝土路面板块修补的材料，应达到下列技术要求：
(1)快硬、高早强。用于板块修补的混凝土材料应在24h内达到原板块设计强度的70%以上，48h内达到原板块设计强度。
(2)收缩小。混凝土7d内无收缩，28d的收缩率<0.02%。
(3)新旧混凝土黏结好。新旧混凝土结合处剪切强度应达到混凝土整体剪切强度的55%。
(4)后期性能稳定。修补用混凝土的后期强度发展规律应与普通混凝土相一致。
(5)耐腐性高，耐久性好。修补后的混凝土耐磨性必须达到原有未损坏的旧混凝土耐磨性，且应具有抗冻、耐腐蚀、抗渗等耐久性能。
(6)施工和易性好。修补用混凝土初凝时间宜大于2h。
(7)修补后的混凝土表面颜色应与旧混凝土基本一致。
水泥混凝土板块修补宜采用性能稳定的早强混凝土、聚合物乳液细粒式混凝土、钢纤维水泥混凝土</td></tr>
</table>

续上表

项目		修补方法和注意要点
板块修补材料	早强混凝土	早强混凝土原材料的组成为: (1)水泥。宜选用52.5强度等级普通硅酸盐水泥或52.5强度等级硅酸盐水泥,如因条件限制,也可采用强度富余系数大于1.10的42.5强度等级普通硅酸盐水泥,不宜采用矿渣水泥、粉煤灰水泥、火山灰水泥及后期性能不稳定的硫铝酸盐水泥,禁止使用高铝水泥及其他不适合于水泥混凝土路面修补的水泥。 (2)细集料。宜选用细度模数为2.5~3.0的河砂,砂子含泥量应小于1%。禁止使用海砂或特细河砂。 (3)粗集料。宜选用质地坚硬、级配较好的石灰石。全厚度修补,石子最大粒径宜选用40mm以内;半厚度修补,石子最大粒径宜控制在30mm以内。石子的含泥量应小于0.5%。 (4)外掺料。宜选用高早强、收缩小、耐久性好的混凝土快速修补剂。对于水泥混凝土路面修补,一般不宜用引气型混凝土减水剂。 (5)水。宜选用干净的河水或饮用水,不得使用污水或海水。 (6)混凝土配合比。应经过试验室试配后确定,混凝土混合料坍落度宜控制在1cm以内
	聚合物乳液混凝土	聚合物乳液细粒式混凝土可用高分子聚合物乳液和碎石混凝土配制成。对于具有高早强要求的聚合物乳液细粒式混凝土可掺入适量的早强剂。适合于配制聚合物乳液细粒式混凝土的高分子聚合物乳液有环氧树脂乳液、丙烯酸酯乳液、苯丙乳液等,掺量宜为10%~15%(占细粒式混凝土用水泥重量百分率)。 混凝土坍落度以0.5~1.5cm为宜
	钢纤维混凝土	钢纤维水泥混凝土材料及配合比要求为: (1)用于钢纤维水泥混凝土中的钢纤维必须洁净、无锈、无油污、无毒,并不含其他杂质和碎屑。纤维极限抗拉强度应大于500MPa,长径比以50~80为宜。 (2)钢纤维水泥混凝土纤维体积率以1%~1.5%为宜,含砂率以45%~50%为宜,水灰比宜控制在0.50以内。为降低混凝土水灰比,改善其和易性,宜在混凝土中掺适量的高效减水剂

(3)板块脱空处理

板块脱空处理 表19-15

项目	处理方法和注意要点
脱空位置的确定	确定板块脱空的方法,国内外普遍采用弯沉测定法,也可以在现场观察载重车通过板时,混凝土板是否发生垂直位移和发出"咚咚"响的脱空声音,来判断板块是否脱空。 (1)须用5.4m长杆弯沉仪,及相当于BZZ-100重型标准汽车。 (2)弯沉仪的测点与支座不应放在相邻两块板上,应放在交叉板块上,待弯沉车驶离测试板块,方可读取百分表值。 (3)凡弯沉超过0.2mm的,应确定为面板脱空。 注:在《美国路面修复手册》中,凡弯沉值超过0.635mm的,应确定为板块脱空。根据我国公路修建状况和检测仪器的实际情况,专家们推荐凡弯沉值超过0.2mm的,应确定为板块脱空
灌浆孔布设	灌浆孔布设基本要求见下图 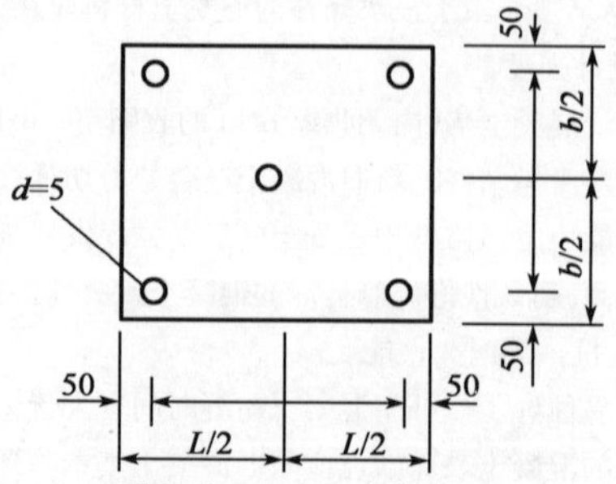 灌浆孔布置(尺寸单位:cm) *d*-灌浆孔直径;*L*-板长;*b*-板宽

续上表

<table>
<tr><th colspan="2">项　目</th><th>处理方法和注意要点</th></tr>
<tr><td colspan="2">灌浆孔布设</td><td>(1)灌浆孔布设应根据路面板的尺寸、下沉量大小、裂缝状况以及灌浆机械确定。
(2)用凿岩机在路面上打孔,孔的大小应和灌注嘴的大小一致,一般为50mm左右。
(3)灌浆孔与面板边的距离不应小于0.5m。在一块板上,灌浆孔的数量一般为5个,也可根据情况确定。灌浆孔与面板边的距离不应小于0.5m和在一块板上灌浆孔的数量一般为5个,是根据经验而定的,若孔距横缝或孔间距离过短,易破坏面板的整体强度</td></tr>
<tr><td colspan="2">沥青灌注</td><td>沥青灌注方法:
(1)灌浆孔的布置如上述确定具体位置,脱空部位可灌浆进行板下封堵。
(2)灌浆孔钻好后,应采用压缩空气将孔中的混凝土碎屑、杂物清除干净,并保持干燥。
(3)宜采用建筑沥青,沥青加热熔化温度一般为180℃。
(4)沥青洒布车或专用设备的压力为200~400kPa。灌注沥青压满后约0.5min应拔出喷嘴,用木楔堵塞。
(5)沥青温度下降后,应拔出木楔,填进水泥砂浆,即可开放交通</td></tr>
<tr><td colspan="2">水泥灌浆</td><td>水泥灌浆法:
(1)灌浆孔的布设与沥青灌注法相同。
(2)灌注机械可用压力灌浆机或压力泵,灌注压力为1.5~2.0MPa。
(3)灌浆作业应先从沉陷量大处的灌浆孔开始,逐步由大到小;当相邻孔或接缝中冒浆,可停止泵送水泥浆,每灌完一孔应用木楔堵孔。
(4)待砂浆抗压强度达到3MPa时,用水泥砂浆堵孔,即可开放交通。
注:亦可采用水泥粉煤灰灌浆法,其操作方法与水泥灌浆法相同</td></tr>
<tr><td rowspan="3">灌浆材料</td><td>技术要求</td><td>板底脱空灌浆材料,宜选择流动性高,具有一定微膨胀能力的水泥砂浆或水泥浆。主要技术性能应达到如下要求:
(1)具有自流淌密实性。
(2)早期具有一定微膨胀性能,砂浆14d水养护膨胀率大于0.02%。
(3)凝结时间适中,初凝时间不早于2h,终凝时间不超过3.5h。
(4)早强高,12h抗压强度应达到3.5MPa</td></tr>
<tr><td>水泥砂浆</td><td>板下封堵灌浆材料一般宜采用水泥砂浆,也可采用水泥浆。
板下封堵用水泥砂浆由水泥、砂、外掺剂和水混拌而成。
板下封堵用水泥砂浆的原材料为:
(1)水泥宜选用42.5或52.5强度等级的普通硅酸盐水泥,水泥各项性能符合《通用硅酸盐水泥》(GB 175—2007)的规定。
(2)砂宜选用粒径小于3mm的优质河砂,砂的含泥量应小于2%。
(3)外掺剂宜选用具有减水、早强、微膨功能的混凝土快速修补剂。
(4)水宜选用洁净的河水或饮用水。
在有条件的地方,也可选用部分Ⅱ级粉煤灰超量取代水泥</td></tr>
<tr><td>水泥浆</td><td>板下封堵用水泥浆由水泥、粉煤灰、外掺剂、水混拌而成。
板下封堵用水泥浆的原材料为:
(1)水泥宜选用42.5的或52.5强度等级的普通硅酸盐水泥,水泥各项性能指标符合《通用硅酸盐水泥》(GB 175—2007)的规定。
(2)粉煤灰宜选用Ⅱ级粉煤灰,其技术指标见下表。
Ⅱ级粉煤灰技术性能<table><tr><td>细度(0.080mm方孔筛的筛余)</td><td>≤8</td></tr><tr><td>烧失量(%)</td><td>≤8</td></tr><tr><td>需水量比(%)</td><td>≤105</td></tr><tr><td>三氧化硫(%)</td><td>≤3</td></tr><tr><td>含水率(%)</td><td>≤1</td></tr></table></td></tr>
</table>

(4)唧泥处理

唧 泥 处 理 表 19-16

项　目	处理方法和注意要点
基本情况	唧泥是指车辆通过时基层细料和水一起从板接缝处挤出,逐渐使基础失去支撑能力,在荷载的重复作用下,最终使板断裂的现象。产生的主要原因是填缝料损坏,雨水下渗和路面排水不良。 水泥混凝土路面唧泥病害,应采取压浆处理、排水处理
压浆	(1)压浆(灌浆)处理。其方法、要求参见表 19-15 板块脱空处理。 (2)水泥混凝土面板进行压浆处理后,应对接缝及时灌缝、封缝
设置排水设施	其基本要求如下: ①路面和路肩应保持设计横坡,宜铺设硬路肩。 ②路面裂缝、接缝以及路面与硬路肩接缝应进行密封。 ③设置纵向积水管和横向出水管。 (1)在水泥路面的外侧边缘挖一条纵向沟,宽 15 ~ 25cm,沟深挖至集料基层之下 15cm,横沟与纵沟的交角应在 45° ~ 90°之间,横沟间的距离约 30m,见下图。 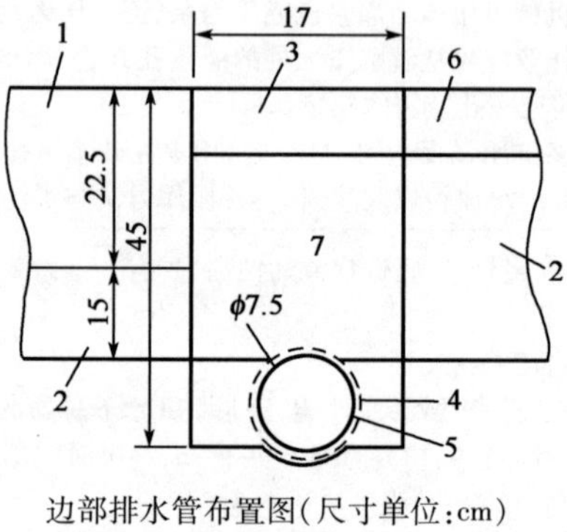 边部排水管布置图(尺寸单位:cm) 1-水泥混凝土;2-集料基层;3-沥青混凝土;4-渗滤织物;5-多孔管;6-沥青混凝土路肩;7-细渗滤集料 (2)积水管一般采用 φ7.5cm 多孔塑料管,出水管为无孔塑料管。 (3)设置纵向和横向水管,并按设计的距离将积水管和出水管连接起来。 (4)纵向多孔管应包一层渗透性较强的土工织物。 (5)积水管和出水管放入沟槽时,其底部应平顺,横向出水管的坡度应大于或等于纵向排水坡度,出水管的管端应延伸到排水沟内,并设端墙。 (6)管的外围应填放粗砂等渗滤集料,并振动压实。 (7)回填沟槽时,应采用与原路肩相同的材料恢复原状
设置盲沟	其基本要求如下: (1)在沿水泥路面外侧挖纵向沟时,沟底应低于面板以下 10cm,在水泥混凝土路面接缝处挖横向沟,见下图。 (2)沟槽底面及外侧铺油毡隔离层,沿水泥路面交界处及盲沟顶部铺设土工布过滤层。 (3)盲沟内宜填筑碎(砾)石过滤材料。 (4)盲沟上应用相同材料恢复路面(路肩) 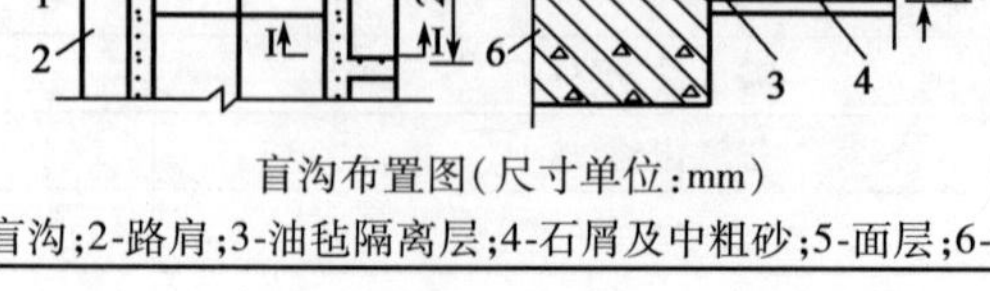 盲沟布置图(尺寸单位:mm) 1-盲沟;2-路肩;3-油毡隔离层;4-石屑及中粗砂;5-面层;6-基层

(5)错台处理

错 台 处 理 表 19-17

<table>
<tr><th>项　　目</th><th>处理方法和注意要点</th></tr>
<tr><td>轻微错台</td><td>
错台的处治方法有磨平法和填补法两种,可按错台的轻重程度选定。
高差小于等于 10cm 的轻微错台,可采用磨平机磨平,或人工凿平。
(1)应从错台最高点开始向四周扩展,边磨边用 3m 直尺找平,直至相邻两块板齐平为止,见下图。

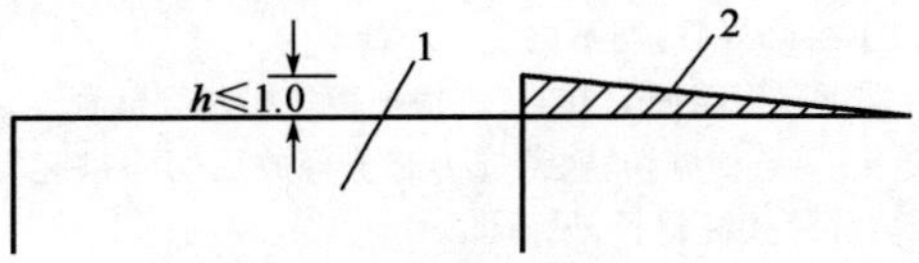

错台磨平法示意图(尺寸单位:cm)
1-下沉板;2-磨平
(2)磨平后,接缝内应将杂物清除干净,并吹净灰尘,及时将嵌缝料填入
</td></tr>
<tr><td>严重错台</td><td>
高差大于 10mm 的严重错台,可采取沥青砂或水泥混凝土进行处治。
1. 沥青砂填补基本要求
(1)在沥青砂填补前应清除路面杂物和灰尘,并喷洒一层热沥青或乳化沥青,沥青用量为 0.40~0.60kg/m^2。
(2)修补面纵坡变化应控制在 $i \leqslant 1\%$。
(3)沥青砂填补后,宜用轮胎压路机碾压。
(4)初期应控制车辆慢速通过。
2. 水泥混凝土修补基本要求
(1)应将错台下沉板凿除 2~3cm 深,修补长度按错台高度除以坡度(1%)计算,见下图。

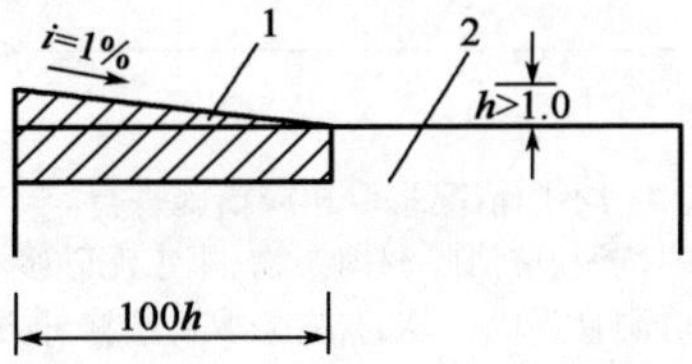

错台填补法示意图(尺寸单位:cm)
1-凿除修补;2-下沉板
(2)凿除面应清除杂物灰尘。
(3)浇筑聚合物细石混凝土,材料配比参照规范 JTJ 073.1—2001 的附录 A。
(4)混凝土达到通车强度后,即可开放交通
</td></tr>
</table>

(6)沉陷、拱起和其他病害的维修

沉陷、拱起和其他病害的维修 表 19-18

项　　目	维修方法和注意要点
沉陷处理	(1)沉陷处理应设置排水设施,其方法参见表 19-16 唧泥处理的排水设施部分。 (2)面板顶升,其基本要求如下: ①面板在顶升前,应用水准仪测量下沉板的下沉量,测站距下沉处应大于 50m,并绘出纵断面,求出升起值。 ②在混凝土面板上钻孔,孔深应略大于板厚 2cm。 ③板块顶升宜采用起重设备或千斤顶。 ④灌注材料可采用水泥砂浆。 ⑤灌注材料压入后,每灌一孔应用木楔堵塞,压浆全部完毕,应拔出木楔,宜用高强水泥砂浆堵孔。 ⑥压浆材料的抗压强度达到 6MPa 时,方可开放交通。 (3)当水泥混凝土整板沉陷并产生破碎时,应整板翻修,方法见"整块面板翻修"部分

续上表

项　目	维修方法和注意要点
拱起处理	因胀缝机能失效或缩缝失养被硬物堵塞,受到大的热胀应力,出现纵向压屈失稳、路面拱起。这种病害虽不常见,但一旦出现则严重影响交通。处理办法:一旦发现立即锯切拱起部位板体,锯切挖除宽约1m左右。这样,导致拱起的能量释放,板体即平稳恢复至原有位置。然后及时重新铺筑挖除部位的混凝土路面。由于修复重铺时处于高温季节,老的混凝土路面板体和新铺的修复板体均已充分伸胀,许多工程按上法修复后,均不再发生拱起。 (1)板端拱起但路面完好时,应根据板块拱起高低程度,计算要切除部分板块的长度。先将拱起板块两侧附近1~2条横缝切宽,待应力充分释放后切除拱起端,逐渐将板块恢复原位,在缝隙和其他接缝内应清缝,并灌接缝材料,见下图。 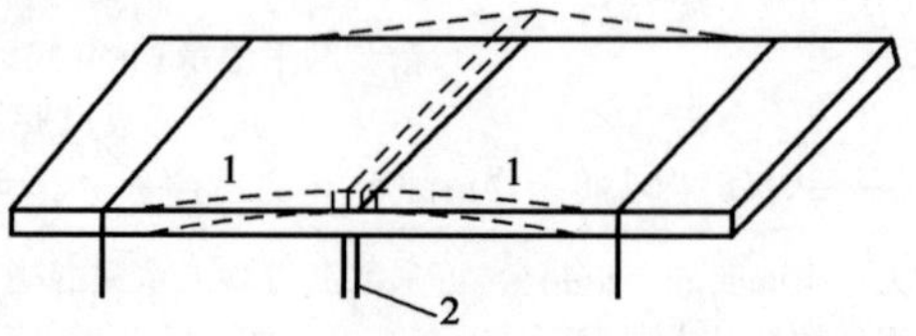 板体拱起修复 1-拱起板;2-切除部分 (2)拱起板端发生断裂或破损时,按前述表19-13严重裂缝维修方法处理。 (3)拱起板两端间因硬物夹入发生拱起,应将硬物清除干净,使板块恢复原位,应清理接缝内杂物和灰尘,灌填缝料。 (4)胀缝间因传力杆部分或全部在施工时设置不当,使板受热时不能自由伸长而发生拱起,应重新设置胀缝
坑洞修补	坑洞修补应根据不同情况采取相应措施进行。 (1)对个别的坑洞,应清除洞内杂物,用水泥砂浆、碎石混凝土等材料填充,达到平整密实。 (2)对较多坑洞且连成一片的,应采取薄层修补方法进行修补。 ①切割面积的图形边线,应与路中心线平行或垂直。 ②切割的深度,应在6cm以上,并将切割面内的光滑面凿毛。 ③应清除槽内的混凝土碎屑。 ④混凝土拌和物填入槽内,振捣密实,并保持与原混凝土面板齐平。 ⑤宜喷洒养护剂养生。 ⑥待混凝土达到通车强度后,方可开放交通。 (3)低等级公路对面积较大、深度在3cm以内、成片的坑洞,可用沥青混凝土进行修补。 ①用风镐凿出一个处治区,其图形边线应与路中心线平行或垂直。 ②凿除深度以2~3cm为宜,并清除混凝土碎屑。 ③铺筑沥青混凝土前,应将凿除的槽底面和槽壁洒黏层沥青,其用量为0.4~0.6kg/m^2。 ④沥青混凝土应碾压密实平整。 ⑤待沥青混凝土冷却后,控制车速通车
接缝维修	(1)接缝填缝料损坏维修,应符合以下要求: ①接缝中的旧填缝料和杂物,应予清除,并将缝内灰尘吹净。 ②在胀缝修理时,应先用热沥青涂刷缝壁,再将接缝板压入缝内。对接缝板接头及接缝板与传力杆之间的间隙,必须用沥青或其他填缝料填实抹平;上部用嵌缝条的应及时嵌入嵌缝条。 ③用加热式填缝料修补时,必须将填缝料加热至灌入温度。宜用嵌缝机填灌,填缝料应与缝壁黏结良好、填灌饱满。在气温较低季节施工时,应先用喷灯将接缝预热。

续上表

项　　目	维修方法和注意要点
接缝维修	④用常温式填缝料修补时，除无须加热外其施工方法与加热式填缝料相同。 ⑤填缝料的技术要求与施工质量验收标准见本书第 15 章。 （2）纵向接缝张开维修，应符合下列规定： ①当相邻车道面板横向位移，纵向接缝张开宽度在 10mm 以下时，宜采取聚氯乙烯胶泥、焦油类填缝料和橡胶沥青等加热施工式填缝料。 ②当相邻车道板横向位移，纵向接缝张口宽度在 10mm 以上时，宜采取聚氨酯类常温施工式填缝料进行维修。 a. 维修前应清除缝内杂物和灰尘； b. 应按材料配比配制填缝料； c. 宜采用挤压枪注入填缝料； d. 填缝料固化后，方可开放交通。 ③当纵向接缝张口宽度在 15mm 以上时，采用沥青砂填缝。 （3）接缝出现碎裂时，接缝维修应符合下列规定： ①在破碎部位外缘，应切割成规则图形，其周围切割面应垂直于面板，底面宜为平面。 ②应清除混凝土碎块，吹净灰尘杂物，并保持干燥状态。 ③宜用高模量补强材料，进行填充维修，其材料技术性能要求见本书第 15 章。 ④修补材料达到通车强度后，方可开放交通
起皮（剥落、露骨）处治	表面起皮（剥落、露骨）处治，应根据公路等级和表面破损程度，采取不同的材料和施工方法进行，对局部板块的表面起皮应进行罩面。 （1）一般公路水泥混凝土板表面起皮（剥落、露骨），宜采用稀浆封层加以处治。 （2）高速公路水泥混凝土板表面起皮（剥落、露骨），宜采用改性沥青稀浆封层或沥青混凝土加以处治，但施工中必须使用改性稀浆封层机，采用慢裂快凝型乳化沥青。 （3）对于较大面积的水泥混凝土面板表面起皮（剥落、露骨），宜采取稀浆封层及沥青混凝土罩面措施

19.6.2 水泥混凝土路面修补质量标准

水泥混凝土路面修补质量标准（CJJ 36—2006）　表 19-19

检验项目	容许偏差	检测范围	说　明
平整度	≤5mm	修补的板块	用 3m 直尺靠量
相邻板高差	≤3mm	缝	用尺量
横断高程	±10mm 且横坡差不大于±1%		用水准仪测量
纵缝直顺	≤10mm	与相邻板块	用尺量（20m 小线法）
横缝直顺	≤10mm		用尺量
蜂窝面积	≤2%	每块板	用尺量
厚度	±10mm	两伸缝之间	
抗折强度	不低于设计的等级强度	修补混凝土量≥20m^3 时，应做一组试块	

19.7 水泥混凝土路面加铺层补强

19.7.1 水泥混凝土加铺层补强方法与施工要求

水泥混凝土加铺层补强方法与施工要求 表19-20

<table>
<tr><th colspan="2">项　目</th><th>加铺层补强的要点和注意事项</th></tr>
<tr><td colspan="2">基本情况</td><td>原有水泥混凝土路面强度不能满足交通要求时,应加铺层补强。加铺层可由水泥混凝土加铺、钢纤维混凝土加铺,也可采用沥青混凝土加铺。加铺层补强的目的在于提高其承载能力,同时还可以改善路面的平整度、粗糙度,改善行驶性能。
加铺层的结构,即与原路面的结合方式、组成材料、厚度等,由设计确定。
原有水泥混凝土路面上加铺水泥混凝土面层补强时,根据原路状况及新路面的实施要求,按新、旧水泥混凝土路面的层间结合情况,分为结合式、部分结合式(或按施工方式称直接式)、分离式三种加铺层类型。加铺层的厚度计算方法有理论法,即《公路水泥混凝土路面设计规范》(JTG D40—2011),以及经验法,如美国波特兰水泥协会法</td></tr>
<tr><td rowspan="3">结合式加铺层</td><td>施工要求和力学特性</td><td>加铺层铺筑前应对旧混凝土板表面凿毛并细致清洗,清除旧混凝土表面的油污、剥落碎块及接缝中的杂物,重新封缝,并在洁净的旧混凝土路面上涂以水泥浆或水泥砂浆或环氧树脂等,然后铺新的水泥混凝土加铺层,使原有的路面板和加铺板作为一个整体的板一起发挥作用。采用铣刨、喷射高压水或钢珠、酸蚀等方法,打毛清理旧混凝土面层表面,并在清理后的表面涂敷黏结剂,使加铺层与旧混凝土面层结合成整体</td></tr>
<tr><td>最小厚度</td><td>结合式加铺层厚度不宜小于10cm(JTG D40—2011);国外也有规定,其厚度为1in(即2.5cm,美国各州公路与运输工作者协会)</td></tr>
<tr><td>适用条件</td><td>旧路面状况为“优”级,即较大损坏的结构性损坏板为0~2%,路面结构完整性很好,完全符合使用要求,且路面的结构性损坏已经修复,路拱、坡度基本符合要求,板的平面尺寸及接缝布置合理,新旧板的接缝可对齐施工时,可采用结合式加铺层(JTG D40—2011)</td></tr>
<tr><td rowspan="3">分离式加铺层</td><td>施工要求和力学特性</td><td>加铺层铺筑前应对旧路面中严重损坏,即破碎、断裂、沉陷、掉边、缺角等病害板应凿除,重做水泥混凝土面板,对于脱空板可用板下封堵的方式进行压浆处理(表19-15)。隔离层材料宜采用土工布、油毡、沥青砂、细粒式沥青混凝土等稳定性较好的材料,不宜采用砂等松散粒状材料。隔离层是指将会破坏新、旧两层板之间结合力的材料层,使两层板隔离。板与板之间基本上不存在或只存在很小的摩擦或黏结作用,所以相应地需要较大的加铺层厚度。在旧混凝土面层与加铺层之间应设置隔离层,隔离层材料可选用沥青混凝土、沥青清砂或者油毡等,不宜选用砂砾或碎石等松散粒料。沥青混合料隔离层的厚度不宜小于25mm</td></tr>
<tr><td>最小厚度 h_{min}</td><td>普通混凝土、钢筋混凝土和连续配筋混凝土加铺层的厚度不宜小于18cm;钢纤维混凝土加铺层的厚度不宜小于14cm(JTG D40—2011);国外也有规定,其厚度为6in(即15cm,美国各州公路与运输工作者协会)</td></tr>
<tr><td>适用条件</td><td>(1)旧路状况为“可”、“差”,即较大损坏的结构性损坏板为15%~20%,或大于20%。“可”表示路面质量状况不好,暴露出多种问题,只有加强养护才能维持使用。“差”表示路面质量状况恶化,不堪使用,需要大修或翻修。
(2)新旧混凝土板的平面尺寸不同,接缝位置不完全一致。
(3)新旧路的路拱、坡度不一致。
当具有以上条件者均应采用分离式加铺层(JTG D40—2011)</td></tr>
<tr><td rowspan="2">直接式加铺层</td><td>施工要求和力学特性</td><td>加铺层铺筑前应对旧混凝土板表面凿毛并仔细清洗,清除旧混凝土表面的油污、剥落碎块及接缝内的杂物,并重新封缝;然后在其上直接铺筑加铺层。这样,新旧两层板之间摩擦或所产生的某种程度的黏结,比采用隔离层时提供的承载能力稍大一些。所以,相应地所需要的加铺层厚度也较分离式的加铺层薄</td></tr>
<tr><td>最小厚度</td><td>直接式加铺层厚度不应小于14cm(JTG D40—2011);
国外将其规定为5in,即13cm(美国各州公路与运输工作者协会)</td></tr>
</table>

续上表

项　　目		加铺层补强的要点和注意事项
直接式加铺层	适用条件	旧路状况为“良”、“中”,即较大损坏的结构性损坏板为2%～5%或5%～15%。“良”为路面结构完整性较好,符合使用要求。“中”为路面质量状况尚可,正常养护下可以使用。以上旧路面的结构性损坏已经修复,并且路拱、坡度基本符合要求,板的平面尺寸和接缝布置合理,新旧板的接缝可以对齐施工时,宜采用直接式(部分结合式)加铺层(JTG D40—2011)

19.7.2 水泥混凝土加铺层补强的经验法厚度计算

水泥混凝土加铺层补强的经验法厚度计算　表19-21

加铺层类型	计 算 公 式	说　　明
结合式	$h_r = h - h_e$	式中:h_r——层厚度; h——直接铺设在地基(基层、土基的组合,即混凝土板的地基)上,工作应力等于加层板工作应力的单一板厚度; h_e——原有路面板厚度; C——表示原有路面结构状态的系数(C值只适应于结构状态,不受表面缺点的影响)。 注:本表计算公式引自美国工程兵团和联邦航空局
部分结合式	$h_r = \sqrt[1.4]{h^{1.4} - Ch_e^{1.4}}$	
分离式	$h_r = \sqrt{h^2 - Ch_e^2}$	
原有路面结构状态系数	$C=1$,原有路面总的结构状态良好; $C=0.75$,原有路面的接缝和角隅处有初期裂缝,但不再继续发展或无新的裂缝; $C=0.35$,原有路面严重开裂或结构损坏	

19.7.3 钢钎混凝土加铺层补强方法

钢钎混凝土加铺层补强方法　表19-22

项　　目	加铺层补强方法的要点和注意事项
基本情况	钢纤维混凝土适用于旧混凝土路面的加铺层,也适用于高程受限制地段的路面,以及制动、启动频繁的公交站、收费站等的路面。 钢纤维可选用剪切型钢纤维或熔抽型钢纤维,其抗拉强度不应低于550MPa。钢纤维直径一般为0.4～0.7mm,长度与直径之比宜为50～70。粗集料最大粒径一般为钢纤维长度的1/2,但不得大于20mm。对钢纤维混凝土混合料中其他材料的要求与普通混凝土路面相同;钢纤维混凝土的配合比设计方法与普通路面混凝土相同,可参阅第15章有关内容。钢纤维用量按占混凝土的体积百分率计,一般采用1.0%～1.2%;集料宜选用连续级配;砂率根据钢纤维用量选择,一般采用45%～55%,钢纤维用量多的取高值
加铺层厚度	钢纤维混凝土加铺层的厚度根据交通荷载条件、原有路面条件和气候环境条件等由设计确定,并可参阅表19-23的有关计算方法和规定

续上表

项　　目	加铺层补强方法的要点和注意事项
加铺层最小厚度h_{min}	采用钢纤维混凝土加铺层时,规范(JTG D40—2011)规定结合式加铺层厚度不宜小于5cm;直接式加铺层厚度不应小于8cm;分离式加铺层厚度不应小于10cm
接缝设置	钢纤维混凝土路面的纵缝设置,可根据实际需要和施工条件确定。全幅摊铺的路面可不设纵向缩缝。横向缩缝间距根据当地气候条件、板厚和钢纤维体积率确定,一般为15~20m。纵、横施工缝及胀缝的设置原则与普通混凝土路面相同。 结合式或直接式钢纤维加铺层的接缝宜与旧混凝土板的接缝对齐,不设拉杆或传力杆。分离式的接缝设置可以与原有路面的接缝位置不完全一致
施工注意事宜	(1)纤维分散。要事先用人工或分散机抖散。 (2)投料顺序恰当。钢纤维至少要与配合比中1/2的砂同时投料干拌,以免纤维结团。切忌纤维与水泥同时投料。 (3)先干后湿的拌和工艺。先干拌均匀,然后再加水湿拌,可保持较好的和易性。 (4)拌和时间适当。拌和时间过长易导致纤维弯折,要经过试拌确定适当的拌和时间。 (5)控制好摊铺厚度。摊铺过厚,铲去超厚部分后表面难以抹平;摊铺厚度不够,则追加的混合料中钢纤维难以有效地沉入混凝土中,容易集聚在表面,造成抹平困难

19.7.4 钢钎混凝土加铺层补强厚度的计算

钢钎混凝土加铺层补强厚度的计算　　表19-23

项　　目	计算公式和说明
CECS38:92 计算公式	在原有水泥混凝土路面和机场道面上铺筑钢纤维混凝土加铺层,宜采用隔离式或直接式,其厚度可按下式确定(CECS 38:92): $$h_{0f}=k_{0}\sqrt[n]{h_{df}^{n}-C\left(\frac{h_{df}}{h_{dc}}h_{e}\right)^{n}}$$ 式中:h_{0f}——钢纤维混凝土加铺层厚度; h_{df}——假定在原路面或道面的地基(土基连同基层)上,修筑等效的素混凝土单层板所需厚度,其抗弯拉强度用加铺层钢纤维混凝土的抗弯拉强度; h_{dc}——假定在原路面或道面的地基(土基连同基层)上,修筑等效素混凝土单层板所需厚度,其抗弯拉强度用原有路面或道面混凝土的抗弯拉强度; h_{e}——原有水泥混凝土路面板或道面板厚度; C——原有路面或道面结构状态系数,同表19-21; n——指数,当采用分离式时$n=2$,采用直接式时$n=1.4$; k_0——折减系数,对于道路路面$k_0=h_f/h_{dc}$,这里h_f为假定在原有路面的地基(土基连同基层)上,修筑等效的单层钢纤维混凝土板所需厚度;对于机场场面,$k_0=0.75$。 注:以上经验计算公式引自中国工程建设标准化协会标准《钢纤维混凝土结构设计与施工规程》(CECS 38:2004)
JTG D40—2011 有关规定	规范(JTG D40—2011)则按理论公式计算,规定钢纤维混凝土加铺层的厚度,根据钢纤维的用量取普通混凝土加铺层理论计算厚度的0.55~0.65

19.7.5 水泥混凝土路面上的沥青混凝土加铺层补强

(1)水泥混凝土路面上的沥青混凝土加铺层补强

水泥混凝土路面上的沥青混凝土加铺层补强　表 19-24

项　目		加铺层补强方法要点和注意事项
基本情况		在高等级道路的原有水泥混凝土路面上,采用沥青混凝土或改性沥青 SMA 加层,是近些年来的一种流行趋势,它既有利于对原有水泥混凝土路面进行补强,也有利于提高路面的平整度、粗糙度,使其具有更好的行驶舒适性、安全性。此外,其良好视觉效果,以及有利于道路路容、景观的美化,而成为现代化城市道路建设的亮点之一。 加铺层的结构,即与原有路面的结合方法、防反射裂缝措施、组成材料、厚度等由设计确定
修复旧水泥混凝土面板		沥青混凝土加铺层要求旧水泥混凝土路面稳定、清洁,有足够的强度,对面板的损坏部分应进行修复。对破碎、断裂、沉陷、掉边、缺角等病害板应凿除,重做水泥混凝土面板;对于脱空板,可用板下封堵的方式进行压浆处理(表 19-15)
防反射裂缝措施	土工格栅	反射裂缝的防治可采用土工格栅、油毡、土工布、切缝填封橡胶沥青或做二灰碎石、水泥稳定粒料层。 采用土工格栅施工,应符合下列规定: (1)先在混凝土面板上洒黏层沥青,沥青用量为 0.4 ~ 0.6kg/m^2。 (2)用 1 ~ 2cm 厚沥青砂调平旧混凝土路面。 (3)宜采用玻璃纤维格栅压入沥青调平层。 (4)采用膨胀螺钉加垫片固定格栅端部。 (5)格栅纵、横向的搭接部分不小于 20cm。 (6)格栅中部在混凝土面板纵、横缝位置及两外侧边缘用铁钉加垫片固定
	油毡	采用聚酯改性沥青油毡施工,应符合下列规定: (1)将油毡切割成 50cm 宽的长条带。 (2)用压缩空气清除表面杂物。 (3)将油毡铺放在接缝处,缝两侧各 25cm。 (4)用汽油喷灯烘烤油毡。 (5)当油毡处于熔融状态后压实。 (6)用一层沥青砂覆盖油毡表面
	土工布	采用土工布施工,应符合下列规定: (1)凿平板块错台部位。 (2)喷洒黏层沥青,沥青用量为 0.4 ~ 0.6kg/m^2。 (3)一端固定土工布,然后拉紧、铺平、粘贴土工布
	切缝填封橡胶沥青	在沥青路面上对应水泥混凝土横向接缝处切缝,灌接缝材料。 (1)按旧水泥混凝土路面平面图,确定水泥混凝土板的接缝位置。 (2)在沥青面层已定位的接缝上方,锯深 1.5cm、宽 0.5cm 的缝。 (3)用压缩空气将锯缝清理干净,并保持干燥。 (4)灌填橡胶沥青
	加做上基层	作二灰碎石、水泥稳定碎石上基层:基层厚度不小于 15cm,基层施工按《公路路面基层施工技术细则》(JTG/T F20—2015)执行
加铺沥青混凝土面层		沥青混凝土面层结构厚度应满足沥青混凝土最小结构厚度,沥青路面厚度一般不小于 7cm。 沥青混凝土路面施工,应符合《公路沥青路面施工技术规范》(JTG F40—2004)有关规定

(2)水泥混凝土路面上的沥青混凝土加层厚度经验法设计

水泥混凝土路面上的沥青混凝土加层厚度经验法设计　　　　表 19-25

项　　目	厚度设计方法和注意事项

美国沥青协会法

沥青协会(AI)认为旧面层接缝(或裂缝)处的弯沉量和弯沉差是引起沥青加铺层开裂的主要原因,因为轮载的施加速度远高于温度变化产生的面层板伸缩位移的速率。因而,此方法以控制接缝或裂缝处的板边平均弯沉量和弯沉差为设计要求,其标准为:

接缝(或裂缝)两侧的板边弯沉差($w_L - w_U$)≤0.05mm;

接缝(或裂缝)两侧的板边平均弯沉值($w_L + w_U$)/2≤0.36mm。

其中,w_L 和 w_U 相应为受荷板和非受荷板的板边弯沉值,由 80kN 轴载和贝克曼梁测定。

铺设沥青加铺层,可以降低旧面层接缝或裂缝处的弯沉量,每厘米厚密级配沥青混凝土加铺层约可降低 2% 弯沉量(最高可达 4% ~5%)。当需要降低的弯沉量过大(超过 50%,)时,采用厚加铺层是不经济的。这时,应采取其他措施提高接(裂)缝处的路面结构刚度,以降低旧面层的弯沉值,如板底脱空区的灌浆填封,置换损坏板,设置边缘排水系统,恢复接缝传荷装置(设传力杆)等。

美国沥青协会建议的沥青加铺层厚度,随旧混凝土面层板的长度和当地的年平均温度差而变化,如下表所示。表中年平均日温差为最热和最冷月的最大日最高温度与最小日最低温度差的 30 年平均值。加铺层的最小厚度为 100mm,此厚度约可降低 20% 的弯沉量,并保证接缝或裂缝上方加铺层的压实度和与旧面层的良好黏结。当所需的加铺层厚度超过 200 ~225mm 时,通常会引起坡度变化、路肩重建、立交净空、交通设施移置等其他方面的一些问题,因而,表中对于加铺层厚度超过这一范围时规定需采取其他措施。而对于厚度在 100 ~215mm 范围内的加铺层,也可结合选用其他减少反射裂缝的措施而采用较薄的加铺层厚度。

水泥混凝土面层上沥青加铺层的选用厚度(mm)

旧混凝土面层板长度(m)	年平均日温差 ΔT(℃)						旧混凝土面层板长度(m)	年平均日温差 ΔT(℃)					
	17	22	100	33	39	44		17	22	28	33	39	44
3	100	100	100	100	100	100	10.5	100	115	115	175	215	*
4.5	100	100	100	100	100	100	12	100	140	140	200	*	*
6	100	100	100	100	125	140	13.5	115	150	190	225	*	*
7.5	100	100	125	125	150	175	15	125	175	215	*	*	*
9	100	100	125	150	175	200							

注:* 需采取其他措施,如破碎和固定旧混凝土板,或者带排水系统的裂缝缓解层

美国陆军工程师部队法

美国陆军工程师部队(COE)采用与水泥混凝土加铺层设计相同的概念——补足厚度缺额,依据强化试验路的观测和分析结果,于 20 世纪 50 年代中期提出了旧水泥混凝土面层上加铺沥青层的经验厚度设计公式:

$$h_{ow} = A(Fh_d - c_b h_{ex})$$

式中:h_d——按现有地基承载能力和未来交通要求,由新建混凝土路面设计方法确定的单层混凝土面层所需厚度(cm);

h_{ex}——旧混凝土面层厚度(cm);

c_b——旧面层板的状况系数,含有细微的初始裂缝时,$c_b = 1$;含有多条裂缝或角隅断裂时,$c_b = 0.75$;

F——控制旧面层板在加铺后裂缝进一步发展程度的系数,随交通和路基强度变动于 0.6 ~1.0;

A——混凝土层厚与沥青层厚的当量转换系数,$A = 2.5$;而美国联邦航空局(FAA)在 1988 年的设计手册中将系数由 2.5 提高到 3.0。

COE 在强化试验期间观测到,沥青加铺层下的混凝土板在荷载作用下逐渐开裂,并继续发展到板碎裂成 0.46 ~0.65m^2 的小块。随后,路表弯沉随荷载作用而急剧增长,并在地基内出现剪切破坏。设计公式以未出现小于上述尺寸碎块的完全破坏为标准。为此,在公式中引入了系数 F

续上表

项　目	厚度设计方法和注意事项
沥青混凝土加铺层的最小厚度	《公路水泥混凝土路面养护技术规范》(JTJ 073.1—2001)规定:沥青混凝土面层结构厚度应满足沥青混凝土最小结构厚度,沥青面层厚度一般不小于7cm。 《城市道路养护技术规范》(CJJ 36—2006)规定:为减少原有水泥混凝土板缝的反射,宜铺筑有沥青碎石联结层的沥青混凝土路面,两者的总厚度不宜小于15cm。 美国沥青协会法则规定:沥青混凝土加铺层的最小厚度为10cm。 美国陆军工程师部队推荐沥青混凝土加铺层的最小厚度为10cm,当加铺层厚度小于20cm时,则采用全沥青加铺层,亦即如加设基层则,基层的厚度应不小于10cm 注:我国经验,当采用二灰碎石做基层时,则其厚度宜不小于15~18cm,否则不容易结成板体

19.7.6 水泥混凝土路面加宽

水泥混凝土路面加宽　表19-26

项　目		加宽方法要点和注意事项
基本概念		原有路面宽度不能满足交通要求时,应予加宽。 原有路面的路基较宽,路面加宽后路肩符合《公路工程技术标准》(JTG B01—2014)时,可直接加宽;如路基较窄,则应先加宽路基,要处理好新旧路基的衔接。同样,加宽基层时,要处理好新旧基层的衔接。加宽的水泥混凝土面板宜与原混凝土面板相适应
加宽方式和路拱中心位置的设定		加宽方式,可按情况采用双侧加宽或单侧加宽,并相应地根据加宽的具体情况不调整或调整路拱
水泥混凝土路面	路基	土基拓宽时应先将原边坡坡脚或边沟清淤。 (1)必须铲除边坡杂草、树根和浮土,并按《公路路基施工技术规范》(JTG F10—2006)规定处理。 (2)应分层填筑压实土基。 (3)必须处理好新旧路基的衔接,在新老路基交界处,路基与基层界面上铺设一层土工格栅。 (4)在做路基加宽时,应同时做好路基排水系统
	基层	基层拓宽时,新加宽的基层强度不得低于原有水泥混凝土路面的基层强度,宜采用相错搭接法,如下图所示。 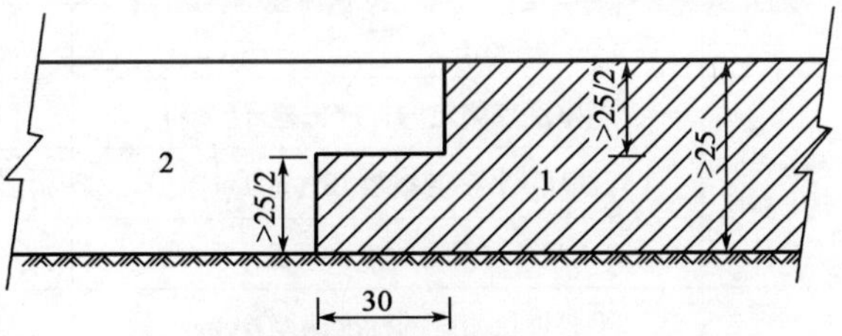 相错搭接法(尺寸单位:cm) 1-原有基层;2-新铺加宽基层 基层施工应符合公路路面基层施工技术规范规定
	面层	(1)加宽的混凝土面板的强度、厚度、路拱、横缝均宜与原混凝土面板相同。板块长宽比应为1.3~1.2。路面板加宽应增设拉杆,拉杆设置参照《公路水泥混凝土路面设计规范》(JTG D40—2011)执行。 (2)路面板加宽应按下列方法增设拉杆: ①在面板外侧每间隔60cm,在1/2板厚处打一深30cm、直径18mm的水平孔。 ②清除孔内混凝土碎屑。 ③向孔内压入高强砂浆。 ④插入ϕ14mm、长60cm的螺纹钢筋。 (3)水泥混凝土路面的施工,应符合公路水泥混凝土路面有关施工规范规定

19.8 路面平整度、粗糙度要求与技术措施

19.8.1 路面平整度对行驶功能的影响和要求

路面平整度对行驶功能的影响和要求 表 19-27

项目		内容和要求
路面平整度对行驶功能的影响	基本概念	供车辆低速行驶的道路,一般对平整度问题反映不突出,但车辆行驶速度越高,特别是供车辆高速行驶的道路,路面稍不平整,就会导致车辆的严重振动和颠簸,极大地影响行驶质量,达不到高速的目标
	行驶平顺性	路面不平整是高速行驶时导致车辆振动的主要原因。过分的振动影响乘坐者的舒适性(或行驶平顺性),容易感到疲劳。驾驶员疲劳驾驶,易产生事故,影响行车安全
	驾驶操纵稳定性	当驾驶员对车辆施加转向力时,受转向阻力的制约,将因路面不平整而波动。此波动范围与路面的不平整度成正比,从而构成了不同程度的操纵稳定性。越是高速行驶,越要求有好的操纵稳定性
	汽车制动性	路面不平整则车轮跳动。车轮不均匀地跳动,荷载不断重分布,而当车轮跳起悬空时,则该轮胎完全不产生制动力。制动力的不均匀使制动时产生偏滑,如紧急制动则危及交通安全。此外,路面不平易雨后积水,局部形成"水垫",使附着系数急剧下降和不均匀,也危及交通安全
	动力特性和运营费用	路面不平整,使轮胎和汽车悬架系统多次变形,导致滚动阻力增加。世界银行在巴西的研究第702号记录(1979)指出:当不平整度指数(以累计mm/km计)从50增加到100时,则相应的现时服务能力指数(PSI)由3.5降至2.5,即路况由"良"降至"及格",公共汽车的轮胎磨耗增加30%,车辆零件损耗增加80%,燃料消耗增加11%等

项目	公路工程质量检验评定标准(JTG F80/1—2004)				
	检验内容 \ 公路等级		高速、一级公路	其他公路	检验方法和频率
路面平整度要求	水泥混凝土面层	平整度仪测定的标准偏差 σ(mm)	1.2	2.0	平整度仪:连续检测,按每100m计算 σ、IRI; 3m直尺:每200m测2处×10尺
		国际平整度指数IRI(m/km)	2.0	3.2	
		3m直尺与面层的最大间隙 h(mm)	—	5.0	
	沥青混凝土和沥青碎(砾)石面层	平整度仪测定的标准偏差 σ(mm)	1.2	2.5	
		国际平整度指数IRI(m/km)	2.0	4.2	
		3m直尺与面层的最大间隙 h(mm)	—	5.0	
	沥青贯入式面层	平整度仪测定的标准偏差 σ(mm)	—	3.5	
		国际平整度指数IRI(m/km)	—	5.8	
		3m直尺与面层的最大间隙 h(mm)	—	8.0	
	沥青表面处治面层	平整度仪测定的标准偏差 σ(mm)	—	4.5	
		国际平整度指数IRI(m/km)	—	7.8	
		3m直尺与面层的最大间隙 h(mm)	—	10.0	

续上表

<table>
<tr><th>项　目</th><th>内容和要求</th></tr>
<tr><td>路况、车速与平整度变化图</td><td>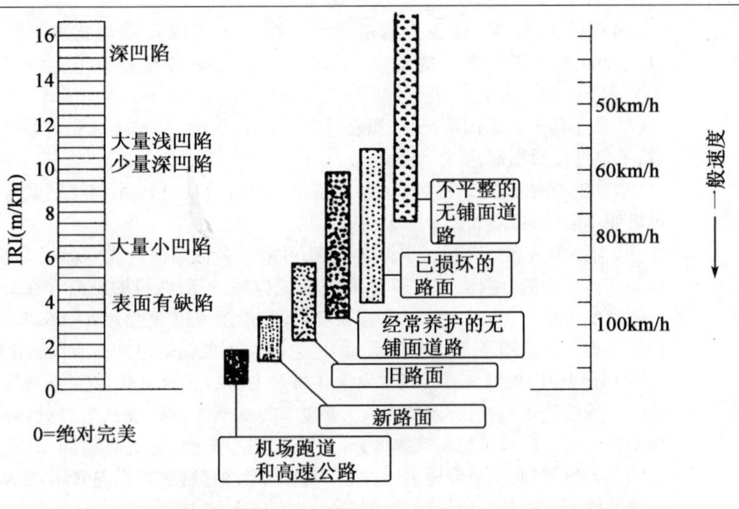

各种路表面的国际平整度指数 IRI 变化范围</td></tr>
</table>

19.8.2 沥青混凝土路面平整度的技术措施

沥青混凝土路面平整度的技术措施　　表 19-28

项　目	平整度技术措施要点
桥头路段技术措施	高等级道路桥头高填土路段，特别是软土地基桥头高填土路段，由于桥台和路段沉降差异大，易导致桥头跳车。通常按实际情况，分别或综合采取如下措施： (1)对软土地基采取技术措施处理，控制工后沉降，《公路路基设计规范》(JTG D30—2015)要求：高速公路、一级公路桥台与路堤相邻处容许工后沉降≤0.10m，涵洞通道处≤0.20m，一般路段≤0.30m；二级公路桥台与路堤相邻处容许工后沉降≤0.20m，涵洞通道处≤0.30m，一般路段≤0.50m。 (2)分层碾压密实或间隔填土(一层土一层碎石，或一层土一层粉煤灰，比例为1:1或2:1)碾压密实。间隔填土有利含水率稍大于最佳含水率时的迅速压密以便加速填筑进度。严格控制压实标准是控制土路堤本身在荷载和自然因素作用下压密、固结沉降的重要因素。 (3)当桥梁纵坡较大，且地形适合以“桥”代“路”时(例如原设计桥头位于鱼塘等处)，可经过论证增加一跨桥梁，以压低桥头填土高度，消减工后沉降。 (4)桥头设钢筋混凝土搭板，可适当缓和纵坡在桥头处的突变。 (5)桥梁沥青混凝土铺装层厚度宜与路面的面层厚度相适应，使路面和桥面的沥青混凝土同步、等厚铺筑，以使路桥连接处的匀顺、平整。 (6)在运营期内应加强沉降观测和桥头养护，当桥头出现大于或等于3%～6%的纵坡变化时，及时作沉降处理以消除引起桥头跳车的直接因素，这是防止桥头跳车最有效和实际的措施
一般路段技术措施	一般路段影响平整度的因素众多，通常应抓住如下要点： (1)基层必须密实、平整。例如，二灰碎石基层如其平整度为15mm，在其上铺筑沥青面层，则此15mm高差须用沥青混合料找平，该处经松铺齐平后，一经碾压密实，仍将遗留15－(15÷1.25)=3mm的高差。亦即如果不计及其他因素对面层平整度的影响，这样的计算刚好达到高速公路、一级公路的平整度要求。如果计及其他因素的影响，则基层的平整度宜达到10mm标准。 (2)表面层采用比较长的滑靴(或雪橇)式平整度控制方式。 (3)采用全幅摊铺方式，保证连续摊铺，尽可能不中途停顿。为此，必须有足够的拌和能力及运料车，做到“宁可运料车等候摊铺，也不能摊铺机等候运料车”，必须采用20t以上的大吨位运料车供料。这一点是保证平整度的关键。 (4)碾压过程要保持均衡地进行，速度要慢，不超过5km/h，掉头倒退时关闭振动，方向要渐渐地改变，不许拧着弯行走

续上表

项　　目	平整度技术措施要点
桥头路段技术措施	(5)在桥梁、涵洞、通道等构造物的接头处匝道以及港湾式紧急停车带等摊铺机和压路机难以按正常施工工艺操作的部位,要辅以小型机械或人工操作,这些地方必须特别注意,以免影响大局。 (6)除了迫不得已的情况外,所有施工工艺都必须由机械连续稳定地操作,人工修整往往是越修越难看,平整度反而不好,要尽力避免。 (7)所有机械不能在未冷却结硬的路面上停留。原则上,所有机械尤其是压路机,从开始碾压进入角色后便不能停机休息,直至一天的施工结束。 (8)对高等级道路尤须减少纵向接缝,可采用多台摊铺机成"梯队"联合摊铺,相邻两台摊铺机的距离应使前铺的混合料尚未冷却,后铺的跟上摊铺,一般两机的距离宜在 10 ~ 30m 以内,越近越佳,纵向搭接宽度不小于 10cm。摊铺机宜缓慢均匀,常用摊铺速度为 2 ~ 6m/min,并按此条件要求均衡供料。摊铺过程中不得随意变换速度,防止中途停顿,不使铺筑厚度和沥青混合料的温度突变而影响平整度。 (9)处理好冷接缝。冷接缝常发生在隔天工作结束的端部,或铺筑施工时因中断时间过长而形成的接缝。冷接缝须平接,必须凿出整齐的边口(或预先设挡板),边口处涂刷黏层油;继续摊铺时摊铺机应调整至上一班收工的铺筑厚度;开始摊铺时应慢速前进,铺筑若干米后暂停作业,检查铺筑层与接缝处的高差值,并调整至合适为止;然后压路机沿冷接缝进行横向碾压,并从冷路面上开始再逐渐进入新铺筑的路面。平接缝应做到黏结紧密、压实充分、连接平顺。 (10)选用热稳定性好的沥青材料,配备铣刨机。热稳定性不良的沥青材料易导致沥青面层的拥包、车辙,严重地影响平整度。这在选用优质沥青的高速公路、一级公路中反映不明显,但在一般道路中常反映显著,有的车辙拥包甚至可高达 10cm 以上,严重影响车辆行驶。为此,维修部门宜配备铣刨机,以利快速维修

19.8.3 水泥混凝土路面平整度的技术措施

水泥混凝土路面平整度的技术措施　　表 19-29

项　　目	平整度技术措施要点
桥头路段技术措施	沥青混凝土路面桥头路段平整度技术措施的(1) ~ (5)同样可供采用(表 19-28)。 桥头 50 ~ 100m 路段可考虑铺筑沥青混凝土面层过渡段,以有利于工后沉降出现后及时逐次罩铺沥青混凝土面层,接顺桥头纵坡(如在这 50 ~ 100m 路段铺筑水泥混凝土路,则沉降后,很难以薄层的水泥混凝土面层罩铺接顺纵坡)。 过渡段也可以考虑用整齐或半整齐块石或水泥混凝土预制砌块,铺筑块料路面过渡。工后沉降发生后,及时翻挖增厚下承层重铺块料路面,直至沉降稳定后再浇筑水泥混凝土路面。这时,道路均为水泥混凝土路面,浑然一体
一般路段技术措施	水泥混凝土路面的平整度主要反映于水泥混凝土路面板本身的平整度以及接缝处的平整度。通常应考虑如下要点: (1)模板应无缺损、顺直,有足够的刚度,宜采用钢模板。立模支设稳固,接头严密平顺,立模的位置和高程准确。 (2)严格按照操作规程浇筑混凝土板,特别是在做面成型后,应立即复测高程和平整度,如不符合要求,应立即整改至合格为止;否则,混凝土凝固硬化后,即使存在缺陷,也很难整改。 (3)基层应坚实平整,宜采用整体型基层,特别是能耐高速水流的冲刷(高等级道路频繁通过的重轴载使混凝土板边、角挠度加大并剧烈地交替变化,从而促使存在于混凝土板与基层之间的自由水高速流动)、侵蚀。宜根据条件优先考虑贫混凝土、5% ~6% 水泥稳定砂砾基层和沥青混合料基层。 (4)除邻近结构物处、板厚改变处、小半径平曲线(瑞士规定为 200m)和凹形竖曲线纵坡变换处外,均应设置胀缝外,其他部位的胀缝宜根据当地经验尽量不设或少设(胀缝处板易损坏,是影响平整度的关键部位)。 (5)胀缝处应精心设计,精心施工。胀缝两侧板端可考虑用"鼠笼"式钢筋加固(甚至用槽钢加固)。 (6)横缩缝宜采用锯缝工艺。

续上表

<table>
<tr><th>项　目</th><th>平整度技术措施要点</th></tr>
<tr><td>一般路段技术措施</td><td>(7)特重交通公路横向缩缝宜加设传力杆。为防止胀缝或"自由端"(与柔性路面相接处)附近横向缩缝推移张开影响板与板之间的传荷能力和平整度,《公路水泥混凝土路面设计规范》(JTG D40—2011)规定:特重和重交通公路、收费广场以及邻近胀缝或自由端部的 3 条缩缝,应采用设传力杆假缝形式。下述资料可供实施时参考。长间距胀缝(或自由端)之间存在"推移区"—"固定区"—"推移区";短间距胀缝之间均为"推移区"。"推移区"受温度变化的影响,板与板之间的缝隙会张开,此接缝开口值,越接近胀缝(或自由端)越大。上海市"七五"重点科研项目《高等级道路技术关键研究》的分课题《水泥混凝土路面施工技术》湖州试验路段实测的推移区长度在 120m 左右(混凝土板厚 22cm,其下为水泥、石灰各占黏土重 3% 的厂拌泥灰土碎石基层,最大温差 $\Delta T=42℃$),最大推移量为 1cm;青浦试验路段推移区长度约为 130m 左右(板厚 22cm,二灰碎石基层、最大温差 $\Delta T=35℃$),最大推移量达 2.75cm。
接缝张开宽度以及是否设置传力杆对于传荷能力的影响如下图所示。
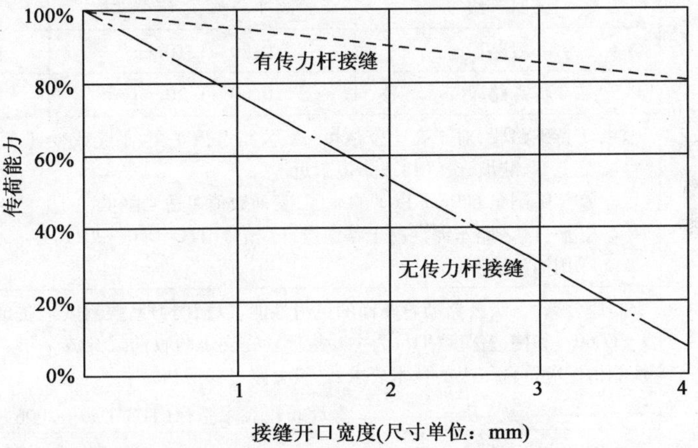
</td></tr>
</table>

19.8.4 路面粗糙度对行驶功能的影响和要求

路面粗糙度对行驶功能的影响和要求　表 19-30

<table>
<tr><th colspan="2">项　目</th><th colspan="2">内容和要求</th></tr>
<tr><td rowspan="3">路面粗糙度对行驶功能的影响</td><td rowspan="3">基本概念</td><td colspan="2">路面防滑是保障汽车行驶的必要条件。抗滑力来源于轮胎与路面的相互作用,就路面而言,取决于路面的粗糙度(摩擦系数)。
防滑的关键在雨天。湿路面的摩擦系数 $f_{湿}$ 远低于于路面的摩擦系数 $f_{干}$,其情况可示意如下。</td></tr>
<tr><td>示意图</td><td>计算公式</td></tr>
<tr><td>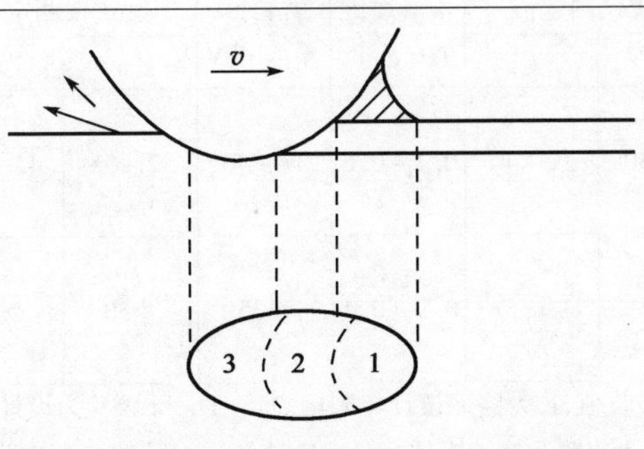

1-楔形水区;2-薄的水膜区;3-接近干接触区</td><td>$$f_{湿}=f_{干}\frac{A_3}{A_1+A_2+A_3}$$ $$=f_{干}\cdot\frac{A_3}{A_{总}}$$ 式中:A_1、A_2、A_3——分别为左图 1、2、3 区面积;
$A_{总}$——A_1、A_2、A_3 之和</td></tr>
</table>

续上表

项目		内容和要求
路面粗糙度对行驶功能的影响	基本概念	湿摩擦系数还随车速而变化。速度大时轮胎前的水来不及排走,产生“水垫”动水压力效应,即其楔形水区 A_1 面积扩大,接近于接触区 A_3 面积缩小,湿摩擦系数减小。上述路面排水状况,除依靠路拱横坡外,还取决于平整度和路表面的构造(纹理)深度
	起步、加速	汽车起步、加速时,需要很大的驱动力。驱动力来自发动机的动力,传给车轮,以轮胎表面与路面之间抗滑力的反力作为驱动力。所以没有足够的抗滑力,就形不成足够的驱动力,车轮就会打滑甚至空转,难以前进
	驾驶、转弯	汽车行驶中会受到多种侧向外力,尤以转弯行驶时的离心力和转向侧向力最为典型。这样,驾驶汽车为了维持其转向和行驶方向,轮胎和路面之间就需有抵制侧向力的足够的侧向抗滑力;否则,汽车将无法顺利转弯或形成侧滑
	制动	汽车制动时,显而易见,需要有足够的抗滑力;否则,制动距离过长

路面粗糙度(抗滑)要求 — 水泥混凝土路面(以构造深度TD为指标)

公路等级	高速公路、一级公路	二、三、四级公路
一般路段	0.70～1.10mm	0.50～0.90mm
特殊路段	0.80～1.20mm	0.60～1.00mm

注:①特殊路段,对于高速公路和一级公路系指立交、平交或变速车道等处,对于其他等级公路系指急弯、陡坡、交叉口或集镇附近。

②年降雨量600mm以下的地区,表列数值可适当降低。

③摘自《公路水泥混凝土路面设计规范》(JTG D40—2011)。

④用铺沙法测定

路面粗糙度(抗滑)要求 — 沥青路面

高速公路、一级公路沥青路面的抗滑性能,以横向力系数测试车在60km/h车速下测得的横向力系数(SFC60)和构造深度(TD)为主要指标。在交工验收前或开放一年之内(除冬季外)测试的路面抗滑性能指标应符合下表的技术要求,二级公路可参照执行。

公路抗滑技术指标(JTG D50—2006)

年平均降雨量(mm)	交工验收值		
	横向力系数 SFC60	动态摩擦系数 DF60	构造深度 TD(mm)
>1 000	≥54	≥0.59	≥0.55
500～1 000	≥50	≥0.54	≥0.50
250～500	≥45	≥0.47	≥0.45

注:①应采用测定速度为60km/h±1km/h时的横向力系数(SFC60)作为控制指标,没有横向力系数测定设备时,可用动态摩擦系数测试仪(DFT)或摆式摩擦系数测定仪测量。用DFT测量时以速度为60km/h时的摩擦系数为标准测试值。

②路面宏观构造深度可用铺砂法或激光构造深度仪测定

城市沥青路面抗滑标准(CJJ 169—2012)

道路类别	一般路段				环境不良路段			
	摆式仪测定值		构造深度TD(mm)	石料磨光值 PSV	摆式仪测定值		构造深度TD(mm)	石料磨光值 PSV
	F_0	F			F_0	F		
快速路及计算行车速度≥50km/h的主干路	47～50	37～40	0.4～0.6	37～40	52～55	42～45	0.3～0.5 (1.0～1.2)	42～45
计算行车速度<50km/h的主干路及次干路	≥45	≥35	0.2～0.4	≥35	≥50	≥40	0.2～0.4 (1.0～1.2)	≥40

注:① F_0 为路面竣工验收值,F 为路面设计年限内之值,TD和PSV为设计施工与路面竣工验收值。

②环境不良路段对快速路为接近立体交叉或变速车道对其他各类道路为急弯陡坡交叉口附近。

③括号内的数值用于湿度大气温接近0℃易形成薄冰的路段

续上表

<table>
<tr><th>项　目</th><th colspan="3">内容和要求</th></tr>
<tr><td rowspan="6">车速变化时
路面构造深度
对抗滑力的影响</td><td rowspan="2">速度从 50km/h 提高到
130km/h 时抗滑力下降率(%)</td><td colspan="2">构造深度(mm)</td></tr>
<tr><td>沥青路面</td><td>水泥混凝土路面</td></tr>
<tr><td>0</td><td>2.0</td><td>0.8</td></tr>
<tr><td>10</td><td>1.5</td><td>0.7</td></tr>
<tr><td>20</td><td>1.0</td><td>0.5</td></tr>
<tr><td>30</td><td>0.5</td><td>0.4</td></tr>
<tr><td></td><td colspan="3">注:引自《第二届国际防滑会议论文集》中的《英国运输和道路研究所的抗滑研究(1927—1977)》</td></tr>
</table>

19.8.5 沥青混凝土路面粗糙度的技术措施

沥青混凝土路面粗糙度的技术措施 表 19-31

<table>
<tr><th colspan="3">项　目</th><th>粗糙度技术措施要点</th></tr>
<tr><td colspan="3">基本概念</td><td>沥青混凝土路面粗糙度的技术措施,其关键是在其表面形成一个抗滑表层。抗滑表层通常有三种做法:混合料法、嵌压法、表处法。其中混合料法的拌和、施工与常规沥青混合料一样,实施比较方便</td></tr>
<tr><td rowspan="5">混合料法</td><td colspan="2">概况</td><td>混合料法在 20 世纪 80 年代末至 90 年代末,最为常用的是沥青抗滑表层;从 90 年代末期至目前,比较流行的趋向是做改性沥青 SMA 表面层</td></tr>
<tr><td rowspan="2">抗滑表层</td><td>沥青</td><td>应采用重交通石油沥青,标号应根据工程所在地点的气候分区选用</td></tr>
<tr><td>集料</td><td>集料是抗滑表层粗糙而又耐久的关键因素。粒径为 5.15mm 或 5~20mm 的粗集料应坚硬耐磨,颗粒形状接近立方体,有棱角,磨光值(PSV)符合规范要求。如集料与沥青的黏附性不符合要求,应掺入沥青表面活化剂改善。例如沪嘉高速公路抗滑表层粗集料采用 PSV=47 的浙江砂岩,因它是酸性石料,与沥青黏附性差(剥落度为80%),掺入占沥青用量 0.4% 的 A 型(有机酸胺类 A 型)活化剂后,黏附性合格(剥落度 10%)。粒径小于 5mm 的细集料,宜采用石灰石屑,其 PSV 值应不小于 35。矿粉宜用磨细的石灰石粉。这种磨光值不同的硬软粗细石料搭配,有利于今后抗滑表层粗糙度的保持</td></tr>
<tr><td colspan="2">沥青混合料</td><td>沥青混合料矿料级配及沥青用量范围(JTG F40—2004)
<table>
<tr><th rowspan="2">级配类型</th><th colspan="11">通过下列筛孔(方孔筛,mm)的质量百分率(%)</th><th rowspan="2">沥青用量(%)</th></tr>
<tr><th>19.0</th><th>16.0</th><th>13.2</th><th>9.5</th><th>4.75</th><th>2.36</th><th>1.18</th><th>0.6</th><th>0.3</th><th>0.15</th><th>0.075</th></tr>
<tr><td>AK-13A</td><td>—</td><td>100</td><td>90~100</td><td>60~80</td><td>30~53</td><td>20~40</td><td>15~30</td><td>10~23</td><td>7~18</td><td>5~12</td><td>4~8</td><td>3.5~5.5</td></tr>
<tr><td>AK-13B</td><td>—</td><td>100</td><td>85~100</td><td>50~70</td><td>18~40</td><td>10~30</td><td>8~22</td><td>5~15</td><td>3~12</td><td>3~9</td><td>2~6</td><td>3.5~5.5</td></tr>
<tr><td>AK-16</td><td>100</td><td>90~100</td><td>60~82</td><td>45~70</td><td>25~45</td><td>15~35</td><td>10~25</td><td>8~18</td><td>6~13</td><td>4~10</td><td>3~7</td><td>3.5~5.5</td></tr>
</table>
注:AK 为抗滑层代号;13、16 为矿料最大粒径;A、B 表示空隙率和粗糙度由小到大的顺序,即 B 的空隙率和粗糙度大于 A</td></tr>
<tr><td colspan="2">SMA 表面层改性沥青</td><td>改性沥青 SMA 表面层,由于其良好的热稳定性、抗裂性、抗疲劳、抗老化性,以及由于间断级配在路表面形成大的孔隙,具有较大的构造深度,使路面有很好的抗滑性。例如 20 世纪 90 年代末期,首都机场东跑道沥青混凝土道面工程,采用 6cm 改性沥青 SMA 表面层,竣工验收的粗糙度为:潮湿状态摩擦系数代表值达 0.56,构造深度为 1.35mm,均符合表 19-30 的要求。
有关改性沥青 SMA 的材料、配合比、施工方法、要求等参见第 14 章</td></tr>
</table>

续上表

<table>
<tr><th colspan="3">项　目</th><th>粗糙度技术措施要点</th></tr>
<tr><td rowspan="3">混合料法</td><td rowspan="3">开级配沥青碎石多孔透水抗滑层</td><td>基本概念</td><td>开级配沥青碎石多孔透水抗滑层[国际民航组织《机场设计手册(DOS－9157－AN/901)》第三分册《道面》和《第二届国际防滑会议论文集》],集料中,粒径大于2mm碎石的含量达80%~90%,小于0.074mm石粉含量为3%~6%,沥青用量4.5%左右。铺筑后空隙率为10%~15%或15%~20%,具有高渗透性和好的粗糙度,并能大大减少车轮引起的溅水喷射水雾</td></tr>
<tr><td>集料</td><td>碎石宜用玄武岩、辉长岩、花岗岩、角页岩、斑岩等坚硬耐磨、颗粒形状接近立方体的棱角碎石、石屑。压碎值小于16%(B.S.812),针片状含量小于25%(B.S.812)。矿粉为石灰石粉或普通硅酸盐水泥,但至少要含有占混合料重1.5%的消石灰(B.S.是指英国标准)</td></tr>
<tr><td>沥青混合料</td><td>
沥青混合料矿料级配及沥青用量范围
<table>
<tr><th rowspan="2">级配类型</th><th colspan="7">通过下列筛孔的质量百分率(%)</th><th rowspan="2">沥青用量(%)</th></tr>
<tr><th>1in(25.4mm)</th><th>3/4in(19mm)</th><th>1/2in(12.7mm)</th><th>3/8in(9.5mm)</th><th>1/4in(6.3mm)</th><th>1/8in(3.2mm)</th><th>200号筛(0.074mm)</th></tr>
<tr><td>19mm沥青碎石,罩面厚度30mm</td><td>100</td><td>90~100</td><td>50~80</td><td>—</td><td>25~35</td><td>10~20</td><td>3~6</td><td>4.0~4.4</td></tr>
<tr><td>10mm沥青碎石,罩面厚度20mm</td><td>—</td><td>—</td><td>100</td><td>90~100</td><td>40~55</td><td>22~28</td><td>3~5</td><td>4.4~4.8</td></tr>
</table>
</td></tr>
<tr><td rowspan="2">嵌压法</td><td colspan="2">基本概念</td><td>在细粒式沥青混凝土表层摊铺并初步压实后,趁热在其上均匀铺撒预拌的热沥青硬质碎石,在温度不低于90℃的状态下,碾压嵌入细粒式沥青混凝土表层,以获得粗糙的抗滑表层称嵌压法或嵌压式抗滑表层</td></tr>
<tr><td colspan="2">萧山试验路</td><td>浙江萧山843059试验路嵌压式抗滑表层,其顶层为2cm厚LH-51细粒式沥青混凝土。
嵌入的预拌沥青碎石,其碎石为10~15mm硬质砂岩,磨光值PSV为45.8,压碎值为6.5%,颗粒形状接近立方体,有棱角。预拌的沥青与LH-51相同,为茂名60号,油石比为2%,并外掺占沥青用量4‰的活化剂。
嵌入10~15mm的碎石用量为8~9kg/m²。
施工时,必须将规定数量的预拌沥青碎石摊铺均匀、数量足够,碾压时宜采用轮胎式压路机,既能保证一定的嵌入深度(宜嵌入碎石料径的1/3~1/2),又能使多数石子棱角朝上(光碾压路机碾压时发现大多数石子平面朝上)。竣工实测摆值达45~58,构造深度TD值能达到0.52~1.31mm</td></tr>
<tr><td rowspan="5">表处法</td><td colspan="2">基本概念</td><td>在国外,常用沥青表面处治作为改善原有路面的抗滑措施,并且在机场沥青道面中也广泛应用。沥青表面处治中沥青的作用是将石料颗粒(石屑)黏结起来,并使所有石料与下承层表面相黏结;石料的作用是抵抗车轮行驶磨耗,以及提供抗滑能力的摩擦系数和构造(纹理)深度。现按国际民航组织《机场设计手册》(DOC-9157-AN/90)介绍如下。该技术要求系英国提供,应用时应根据具体情况作一定修正(特别是沥青的要求)</td></tr>
<tr><td colspan="2">施工方法</td><td>沥青表面处治有两种施工方法,即可采用拌和法或层铺法施工,厚度不宜大于3cm。
用作沥青抗滑表层的表面处治应采用热拌法施工。这样,用油量容易控制,成型又快,容易保证质量。沥青表处前洒黏层油,并用石屑撒铺机撒铺涂覆沥青的石屑,用轮胎压路机碾压</td></tr>
<tr><td colspan="2">沥青</td><td>涂覆石屑的沥青应符合B.S.3690贯入度200级的石油沥青。
活化剂应是硬脂酸胺或其他相当的类似物质</td></tr>
<tr><td colspan="2">石屑</td><td>石屑应是标称3mm(1/8in)的单级石屑。岩石成分应属玄武岩、辉长岩、花岗岩、粗砂岩、角页岩、斑岩、石英岩。符合B.S.63表1的级配和颗粒形状。压碎值应小于16%</td></tr>
<tr><td colspan="2">涂覆石屑</td><td>被涂覆的石屑应在合格的石料干燥器中干燥(加热到116~138℃),然后,在合格的拌和机中以149~177℃的温度用0.75~1.5质量百分率的沥青涂覆</td></tr>
</table>

19.8.6 水泥混凝土路面粗糙度的技术措施

水泥混凝土路面粗糙度的技术措施　　表 19-32

项　目	粗糙度技术措施要点
基本概念	水泥混凝土路面粗糙度主要取决于混凝土表面的纹理构造特性，而其耐久性或粗糙度的衰减则常与石料的磨光值即磨损特性密切相关。形成水泥混凝土表层纹理构造的常用技术措施有混凝土在塑态时的扫（扫帚）毛、刷（各种类型的刷子）毛、滚槽、压槽等。此外，还在发展嵌石屑水泥混凝土、裸露集料水泥混凝土以及混凝土在固态时的锯槽工艺等。 滚槽、锯槽等所形成的纹理构造方向，一般为横向，以横坡或水流运动方向等为基准的方向是加速路面排水、防止路表面水膜形成的最有效方向。另外，美国加利福尼亚州通过对潮湿季节广泛的事故研究，明确指出，纵向刻槽，特别是在弯道上的纵向刻槽，有良好的效果（《第二届国际防滑会议论文集》）。纵向刻槽可以有效地防止侧滑并有导向作用，在美国和欧洲被广泛地采用，但摩托车驾驶员对此纵向刻槽持不同意见
扫毛、刷毛	用芦花扫帚、竹扫帚或棕刷、钢丝刷、鹅毛管刷等在塑态水泥混凝土表面进行扫毛或刷毛是比较常用的技术措施，但形成的纹理构造深度一般均较浅，不能适应行车速度高、交通流量大的高等级道路
滚槽压槽	在塑态混凝土表面滚槽形成纹理构造，机具简单，容易实施，是国内常用的技术措施。常用的滚槽器为平头（U 形）槽，等间距分布。平头槽滚槽时不易切入混凝土路表面，等间距槽纹易导致等频率振动和产生高的噪声。 上海“七五”“水泥混凝土路面施工技术”研究中制成 SZ-2 型 V 形槽变间距滚槽器，现已推广使用。该滚槽器刀头上宽 3mm、下宽 6mm 或 9mm、深 6mm，为 V 形槽，切入路面砂浆层的阻力较上述的 U 形滚槽器小，成型规则，有利于排水和改善轮胎与槽纹的相互作用，延长了使用寿命。槽与槽之间为 21.5mm—28mm—21.5mm—25mm—15mm—21.5mm—28mm—21.5mm—25mm—15mm—21.5mm—28mm—21.5mm—25mm—15mm（下同）呈不等间距周期变化。不等的、变动的槽距，可变动振动频率，有利于减振和降低噪声。 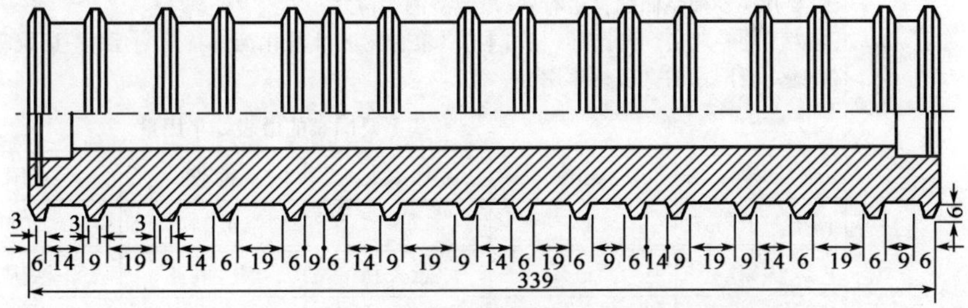 SZ-2型滚槽器主体（尺寸单位：mm） 美国机场道面水泥混凝土塑态时成槽的尺寸要求为槽顶宽不大于 7.5mm 且不小于 4.5mm，槽底宽不大于槽顶宽且不小于 3mm，槽深不大于 7.5mm 且不小于 4.5mm（国际民航组织《机场设计手册》）。 国外也有用肋形压槽板（金属）振动压槽的
锯槽	在固态的水泥混凝土表面用金刚石砂轮片等锯片锯槽可以恢复或提高原有路面的抗滑力；在浇筑后硬化不久的混凝土表面可以较容易地锯槽并形成抗滑表面。 1979 年 9～10 月间，北京首都机场原有跑道水泥混凝土道面抗滑力不足而进行锯槽。槽的尺寸及间距按国际民航组织《机场设计手册》中美国推荐的要求实施，即槽的尺寸为槽宽 6mm（槽顶、槽底同宽），槽深规定为最小深度 4.5mm，最大深度 7.5mm，槽与槽的中心间距为 31mm。锯槽垂直于跑道中心线，并且在整个跑道宽度上是连续的。完工后，经测定，锯槽的湿道面的摩擦系数平均在 0.8 左右；没有锯槽的道面平均约为 0.5

续上表

<table>
<tr><th>项　　目</th><th>粗糙度技术措施要点</th></tr>
<tr><td>嵌石屑混凝土</td><td>在经压实和整平的新浇筑混凝土表面上,均匀撒布规定粒径的高磨光值石屑,然后将石屑以微凸于混凝土表面的方式嵌入表面,形成粗糙的纹理构造。其要点如下:
(1)嵌屑时新铺筑的混凝土表面应保证外形几何尺寸准确,平整度合格,且具有恰当的、均匀的可塑性。
(2)石屑的撒布要均匀,石料尺寸为14~20m,撒料数量为6~8kg/m^2,撒布前要预先冲洗嵌面石屑以利与混凝土的黏结,用夯击梁夯压2~3遍。
(3)据比利时经验,嵌石屑(PSV≥58)的老路段同未嵌石屑的对照段相比,80km/h时的横向摩擦系数提高20%~30%,砂铺法测定的构造深约2mm,而刻槽段一般为1mm左右</td></tr>
<tr><td>裸露混凝土</td><td>在拌制的水泥混凝土混合物中使用高磨光值(PSV≥50)的石料。混凝土压实整平后0.5~2h表面喷洒由含糖约15%的糖溶液组成的缓凝剂,用量200g/m^2。溶液干燥时(经0.5~1h),将养护剂喷洒到混凝土表面。施加糖溶液后5~12h内,用装在拖车上的旋转刷子(50%钢丝和50%尼龙)清刷表面。除去浮浆,然后在混凝土表面喷洒养护剂(丹麦经验)</td></tr>
</table>

19.9 沥青路面微表处理

(1)微表处技术发展概况

微表处技术发展概况　　表19-33

<table>
<tr><th>项　　目</th><th>内容和要求</th></tr>
<tr><td>国外发展概况</td><td>在国外,随着聚合物改性沥青的普遍应用,聚合物改性乳化沥青也在迅速地发展。从20世纪60年代末到70年代初,前联邦德国首先展开对聚合物改性乳化沥青稀浆封层的研究,科学家们从常规的乳化沥青稀浆混合料配方着手,加入特殊的高分子聚合物和添加剂,制成聚合物改性乳化沥青稀浆封层混合料,摊铺厚度较大的封层用以修复路面上的车辙,而不破坏昂贵的道路标线。封层的固化时间加快,与原路面黏附得十分牢固,聚合物改性乳化沥青稀浆封层技术也就从此问世。美国、澳大利亚于20世纪80年代初开始采用这项技术。时至今日,聚合物改性乳化沥青稀浆封层已被认为是修复道路车辙及其他多种路面病害最有效、最经济的手段之一。
为了使专业名词与国际一致,本节“聚合物改性乳化沥青稀浆封层”一词统称微表处。下表为世界一些主要国家的微表处年用量。
一些主要国家的微表处年用量
<table>
<tr><td>国家</td><td>美国</td><td>加拿大</td><td>南非</td><td>英国</td><td>德国</td></tr>
<tr><td>年用量($10^6 m^2$)</td><td>45</td><td>5</td><td>4.34</td><td>2.75</td><td>20</td></tr>
<tr><td>国家</td><td>西班牙</td><td>意大利</td><td>澳大利亚</td><td>法国</td><td></td></tr>
<tr><td>年用量($10^6 m^2$)</td><td>10</td><td>1</td><td>1.6</td><td>7</td><td></td></tr>
</table></td></tr>
<tr><td>国内发展概况</td><td>1988年沪嘉高速公路通车,实现了我国大陆高速公路零的突破。这以后的20余年来,我国公路事业突飞猛进,以高速公路为标志,我国高速公路建设走完了国外几十年的历程。在高速公路里程大幅度增长的同时,高速公路的建设质量从总体来说,也向世界先进水平前进了一大步。但是,我国已建的高速公路维修养护的工作量很大,部分出现早期破坏。按照国外的一般情况,高速公路路面在通常的设计寿命15~20年内,交付使用后长则10余年,短则5~8年,表面层即需维修罩面一次。我国的高速公路沥青路面,早期的已经使用了10余年,相当一部分已经有5、6年以上,已经面临维修养护期的到来。另一方面,由于某些高速公路沥青面层厚度较薄,工期较紧,结构不尽合理(尤其是表面层的透水),材料质量不好,施工管理或监理不严,开放交通后交通量迅速增长,车辆大型化,超载严重,长期受水浸泡等种种原因,致使在一些高速公路上,已经出现了严重的坑槽、裂缝、车辙,影响交通,使用性能下降。
近年来,我国一些科研机构和施工单位,在借鉴国外成功经验的基础上,在部分高速公路和城市干道进行了聚合物改性乳化沥青稀浆封层的研究和应用,取得了一定的成绩。不过,混合料配合比设计和施工仍然停留在普通稀浆封层的水平上,在稀浆封层机和综合养护车设备方面,尽管国内也有一些产品,但性能与国外先进水平还有一定的差距</td></tr>
</table>

续上表

<table>
<tr><th>项　　目</th><th>内容和要求</th></tr>
<tr><td>微表处应用场所</td><td>国内外的研究和应用证明，微表处确实是功能最完善的道路养护方法之一，对出现在高速公路、城市干道和机场道路上的各种病害的修复最为行之有效。就广义来说，普通稀浆封层能够使用的地方，微表处都能使用。但就我国的实际情况，道路建养费用还十分缺乏，还不可能大量、普遍地采用这项技术。微表处主要用于道路表面层，首先应该考虑使用的地方是：
(1)高速公路的抗滑表层和车辙处理。
(2)城市快速路和主干路的表面抗滑、低噪声、美观处理。
(3)公路重交通路面，重载及超载车多的路段，解决渠状车辙问题，公路弯道、匝道、坡道、交叉路口处。
(4)在水泥混凝土路面上起到磨耗层作用，可治理表面磨光、露骨，提高平整度，降低渗水率。
(5)机场停机坪道面，使其耐磨，抗变形，显著减少集料的飞散量。
(6)立交桥和桥梁桥面，特别是钢桥面铺装在治理病害、改善表面状况的同时，不会过多地增加桥身自重。
另外，养护时间由一般稀浆封层的4.5h缩短为1.5～2.5h，这最适应高等级公路车流量大、需夜间养护的特点，可使高等级公路最大限度地发挥社会、经济效益，是养护保障的手段，是经济比值较好的一种方法。
随着我国高速公路和城市道路建设及使用年限的延长，路面的维修养护工作量增加。因此，微表处技术在我国高等级公路和城市道路的维修养护中，将具有广阔的市场需求和良好的推广应用前景。
目前，我国还没有制订有关微表处的试验规程和施工技术规范，聚合物改性乳化沥青稀浆封层在我国目前还处于试用阶段</td></tr>
<tr><td>微表处技术应用特点</td><td>(1)施工速度快。连续式稀浆封层机1d之内能摊铺500t微表处混合料，折合为一条10.6km长的标准车道，摊铺厚度最小可达9.5mm，施工后1h即可通车，适用于大交通量的高等级公路及城市干道。
(2)微表处可提高路面的防滑能力，增加路面色彩对比度，改善路面性能，延长路面使用寿命。
(3)成型快，工期短，施工季节长，可以夜间作业，尤其适用于交通繁忙的公路、街道和机场道路。
(4)常温条件下作业，降低能耗，不释放有毒物质，符合环保要求。
(5)在面层不发生塑性变形的条件下，可修复深达38mm的车辙而无需碾压。
(6)因为微表层很薄，所以在城市主干道和立交桥上应用不会影响排水，用于桥面也不会增加多少重力。
(7)在机场，密级配的微表处能作防滑面而不会产生破坏飞机发动机的散石。
(8)由于它能填补厚达38mm的车辙，而且十分稳定，也不产生塑性变形，所以它是不用铣刨解决车辙问题的独特方法。
微表处填补了普通稀浆封层和热拌沥青混凝土摊铺各自存在的缺陷，确切地说，微表处是一种完善的道路养护方法</td></tr>
</table>

(2)微表处技术对原材料的基本要求

微表处技术对原材料的基本要求　　表19-34

<table>
<tr><th>项　　目</th><th>内容和要求</th></tr>
<tr><td>集料的基本要求</td><td>用于微表处的集料，必须坚硬、耐磨，不含泥土杂质，其砂当量大于65%，并且级配组成必须符合一定的级配标准；一般采用ISSA的II、III型级配，美国、加拿大等北美国家均采用这些级配。下表为ISSA推荐级配。

ISSA推荐级配(%)
<table>
<tr><th>筛孔(mm)</th><th>II</th><th>III</th><th>筛孔(mm)</th><th>II</th><th>III</th></tr>
<tr><td>9.5</td><td>100</td><td>100</td><td>0.6</td><td>30～50</td><td>19～34</td></tr>
<tr><td>4.75</td><td>90～100</td><td>70～90</td><td>0.3</td><td>18～30</td><td>12～25</td></tr>
<tr><td>2.36</td><td>65～90</td><td>45～70</td><td>0.15</td><td>10～21</td><td>7～18</td></tr>
<tr><td>1.18</td><td>45～70</td><td>28～50</td><td>0.075</td><td>5～15</td><td>5～15</td></tr>
</table>
ISSA和美国推荐的级配有I、II和III型，用于微表处的通常II和III型；另外，还有一种IV型级配，其一次摊铺厚度可达13mm，适合于车辙填补和高速车道或双层摊铺中的下层，其通过率见下表。</td></tr>
</table>

续上表

项目	内容和要求					
集料的基本要求	IV型级配通过率(%)					
	筛孔(mm)	12.5	9.5	4.75	2.36	1.18
	IV	100	85~100	60~87	40~60	28~45
	筛孔(mm)	0.3	0.15	0.075	0.6	
	IV	14~25	8~17	4~8	19~34	

改性乳化沥青材料的基本要求

改性乳化沥青是微表处的黏结材料,其质量的好坏对封层质量的影响最直接、最明显。改性乳化沥青的特性主要与乳化剂和改性剂的选择有关,为了达到快开放交通的要求,乳化剂必须是慢裂快凝的阳离子乳化剂,且所用乳化剂不能对沥青性能造成影响;对各种沥青的适应性要好,与改性剂要有良好的配伍性。改性剂的选择应根据不同地区的气候、交通特点进行试验后确定。改性乳化沥青(微表处用)技术要求(建议)见下表。

改性乳化沥青(微表处用)技术要求

项目		单位	技术要求		试验方法
筛上剩余量(1.2mm)		%	≤0.1		T 0352
存储稳定性	24h	%	≤1		T 0655
黏度	道路标准黏度 $C_{25,3}$	s	18~75		T 0621
黏度	恩格拉黏度(25℃)		5~28		T 0622
黏度	赛波特黏度(25℃)	s	20~100		T 0623
残留物含量*		%	≥62		STMD 244
蒸馏残留物性质	针入度(25℃,100g,5s)	0.1mm	40~90	60~100	T 0604
蒸馏残留物性质	延度(15℃,5cm/min)	cm	≥40		T 0605
蒸馏残留物性质	软化点	℃	≥60	≥57	T 0606
蒸馏残留物性质	溶解度	%	≥97.5		T 0607
蒸馏残留物性质	60℃动力黏度	Pa·s	≥8 000		T 0620
蒸馏残留物性质	使用地区		南方		北方

注:*蒸馏温度:第一步177℃,第二步204℃;有条件的单位,可测定残留物动态剪切模量和测力延度

项目	内容和要求
填料、水和添加剂材料的基本要求	微表处混合料中填料、外加水和添加剂的作用、规格与普通稀浆封层混合料所要求的基本一样

(3)微表处改性材料和乳化剂

微表处改性材料和乳化剂 表19-35

项目		内容和要求
改性材料	热塑性弹性体类	苯乙烯—丁二烯嵌段共聚物(SBS胶乳)作为改性材料的聚合物,以SBS的效果为最好,它可以显示出多种改性效果。在选择改性剂SBS的品种时,应注意下列指标: (1)首先判断是属于星形还是线形,一般SBS改性的效果星形的明显优于线形的。 (2)检查嵌段比 S/B,它是塑性段与橡胶段的比例。 (3)SBS自身的拉伸性能对SBS改性提高抗裂性能的效果影响较大,可达30%,可以用拉伸应力、拉伸强度、扯断伸长率等指标来判断SBS的拉伸性能。 (4)熔体流动速率是决定加工难易程度的主要指标,它与分子量有关。流动速率越小,加工越容易,但性能往往差一些

续上表

项目		内容和要求
改性材料	合成橡胶类	早期曾用天然橡胶做改性材料，后来用合成橡胶的胶乳代替，其中以丁苯胶乳（SBR）和氯丁胶乳（CR）用得较多。SBR是乳液改性中的一种主要材料，它可明显提高黏附性、抗裂性及低温延度，但高温稳定性提高不明显。CR的性能与SBR相近，但比SBR稍有点热塑性，稳定性较差
	热塑性树脂类	乙烯醋酸乙烯酯（EVA）胶乳是一种树脂类改性剂，可提高软化点及抗流动性，但对低温性能改善不明显。根据其中乙烯含量的不同，其胶乳的黏度与分子量是不同的，物性差异很大。一般随着EVA掺量的增加，沥青的针入度降低，软化点在增加
乳化剂		乳化剂的选择相当重要，它会直接影响到"改性乳化沥青"的分散性和稳定性，所以要选择适宜的乳化剂。乳化剂的选择至少包括乳化剂品种的选择、乳化剂效率的评价及乳化剂效率的充分发挥三个方面

(4)改性乳化沥青材料生产工艺

改性乳化沥青材料生产工艺　表19-36

项目		内容和要求
生产工艺		选择出改性剂材料后，还不能保证生产出合适的聚合物乳液。首先应注意聚合物的离子特性，如果胶乳呈现阴离子特性，而乳化剂采用阳离子表面活性剂，则在乳化过程中存在着阴阳离子复配问题。大量的试验表明：任何比例的两性复配体系均形成非理想混合胶团，但两体系在形成胶团能力方面均出现增效作用。实际乳化生产时，若不注意添加方式和顺序，将会出现改性乳液破乳现象
改性沥青乳化方法（a法）	固体橡胶	如果选用固体橡胶，可首先将固体橡胶溶解于甲苯、二甲苯、丙酮等石油溶剂中，后将橡胶溶液与熔融的沥青混合，得到含橡胶的沥青，再将含橡胶的沥青进行乳化。此工艺需经三个工序，制备过程中需较多的设备、时间和劳动力；同时，制备含橡胶成分高的橡胶沥青时，由于黏度大使沥青流动困难；另外，固体橡胶溶解使用石油溶剂时，不仅成本高，还由于易燃的熔剂产生蒸气造成环境污染
	胶乳	如果选用胶乳，则应将改性材料（胶乳）慢慢地加到高温熔融的沥青中，使橡胶粒子分散，再将含胶乳的沥青进行乳化。此工艺虽比上述工艺节省一个工序，但仍存在因混合大量胶乳时，需要有蒸发胶乳中水分的时间和橡胶沥青流动困难的问题；加之，如果橡胶沥青混合温度高，时间长时，可能导致沥青和橡胶材料早期老化问题
乳化沥青改性方法	先乳化后改性（b法）	先制出乳化沥青，然后掺配胶乳。首先将沥青进行乳化，而后将沥青乳液与胶乳在强力搅拌下混合制备成改性乳化沥青。因此，在沥青乳化和胶乳混合的两个工序中都需要设备。用这种工艺制得的改性乳化沥青，由于胶乳和沥青颗粒系在较大尺寸范围（一般0.1～10μm）机械混合，加上胶乳中橡胶粒子和沥青粒子的相对密度差，沉降速度不同，影响改性乳化沥青的均匀性和稳定性。所以在储存罐等容器中存放时，经过一段时间，胶乳发生分离、沉淀，形成乳白色分离层。这种现象，随着存放时间越长越严重，使用时还需重新充分搅拌，以减少改性乳化沥青在罐底部或上部发生的浓度差。由于制成的改性乳化沥青效果不好，一般不推荐这种生产方法
	乳化与改性同步（c法）	将改性材料掺入乳化剂水溶液中，而后与沥青同时进入乳化机进行乳化，此方法将乳胶、乳化剂、稳定剂配制成水溶液与熔融的热沥青同时进入胶体磨来制备改性乳化沥青。但用阴离子胶乳制造阳离子改性乳化沥青时，在配制胶乳、乳化剂、稳定剂水溶液时，应根据不同胶乳和用量对水溶液的pH值进行适当调整。此工艺只需要一个工序即可完成，具有生产效率高、生产易控制、操作方便等优点，而且还具有黏度大、固含量高（干胶占沥青25%～10%）、储存稳定性好的特点

(5)改性乳化沥青材料技术标准和检验方法

改性乳化沥青材料技术标准和检验方法　表19-37

项目	内容和要求
国内方法	国内近几年开展改性乳化沥青及稀浆封层的研究和应用，主要参照美国、日本和国际稀浆封层协会（ISSA）等制定的有关标准

续上表

<table>
<tr><th>项　　目</th><th>内容和要求</th></tr>
<tr><td>美国技术标准和检验方法</td><td>美国是世界上最大的改性乳化沥青生产消费国,集中代表了一些世界最先进的技术和产品,国际稀浆封层协会的大部分技术规范均出自美国。美国地域辽阔,气候差异很大,其技术和经验对世界其他国家具有针对性的指导借鉴作用。
改性乳化沥青在美国的使用范围很广,包括黏层、表面处治、再生、贯入式、冷拌混合料、微处等。由于改性目的、改性方法、用途和地区不同,其技术标准也不一样。
1. 筛上剩余量
美国采用0.85mm的筛孔径,筛余量要求为小于0.1%。应该说,沥青颗粒粒径越小,其乳化沥青的性能越好,与石料的成膜均匀性越好,混合料性能越好。生产时只要采用较精确的胶体磨,使用乳化能力较强的乳化剂,达到该要求并不困难。在我国一般采用1.2mm的筛孔径,筛余量要求为小于0.3%,建议用于微表处的乳化沥青的指标采用1.2mm筛孔径,筛余量小于0.1%,以提高混合料的性能。
2. 储存稳定性
储存稳定性与我国其他类型的乳化沥青的标准是一致的,但一般只测试储存一天的稳定性指标。部分采用乳胶改性的乳化沥青,由于乳胶的相对密度只有0.9左右,而沥青的相对密度尤其是重交沥青的相对密度大于1.0,静置几天后,乳胶会上浮到表面,呈现一层白色薄膜。因此建议,改性乳化沥青应尽快使用,不宜长时间储存,而且使用前应对乳化沥青进行搅拌或摇匀。
3. 赛波特黏度
美国各州的黏度标准不完全一样,但大部分为20~100s。实际上这个黏度范围是比较合适的,因为若黏度过低,稀浆混合料的稠度就不理想,混合料容易发生离析,黏度过高生产较困难。按恩格拉黏度(E_{25})=0.28赛波特黏度(SF_{25})换算,其恩格拉黏度范围为5~28,换算成我国的道路标准黏度$C_{25,3}$为18~75s。
4. 残留物含量
残留物含量大部分大于62%。较高的沥青含量既可得到较好的黏度,又可节省运费,提高生产效率。美国全部采用的是蒸馏方法制取残留物,而不是蒸发方法。蒸馏方法的条件是相对固定的,其结果具有较好的一致性。对普通乳化沥青,其试验方法是用一标准金属容器,上出口接冷凝装置,火焰移至下部继续加热;当液体温度达到260℃时,关小火焰,保持260℃温度15min。整个蒸馏时间应在60min±15min内完成,完成后称重,计算残留物含量,并将残留物倒出,做有关残留物性能试验。对于改性乳化沥青,由于含有聚合物改性剂,过高的温度可能会造成聚合物的分解。因此,将第一步的温度降至177℃;第二步的蒸馏温度在美国也不统一,有的州降为204℃保持15min,有的州降为177℃保持15min或20min。
我国的方法为敞口蒸发方法,这种方法适合于快速测定残留物含量(乳化沥青样品可采用20~50g),对于准确测定残留物含量及残留物性质,存在较大的人工操作误差,尤其是聚合物改性乳化沥青,如果聚合物不能均匀地分散在沥青中,其残留物的性质就无法测定。因此建议我国应逐步纳入蒸馏方法,改性乳化沥青蒸馏温度和时间建议用204℃,15min。
5. 残留物延度
美国各州对残留物延度的标准也不一致。事实上,用SBR的延度比用SBS、EVA等的延度好,但路用性能却各不相同。一般认为,SBR改善低温效果较理想,SBS改善高低温效果都较好,而EVA类的只适合改善高温。对于微表处,建议我国采用15℃延长大于40cm作标准。
6. 残留物溶解度
同普通乳化沥青。
7. 残留物针入度
在美国,残留物针入度大部分在40~90(0.1mm)之间,也有部分在50~110(0.1mm)之间,这主要考虑地区差异和气候条件来确定。在我国南北气候差异比较大,建议在南方采用40~90(0.1mm),北方采用60~110(0.1mm)。</td></tr>
</table>

续上表

项　目	内容和要求
美国技术标准和检验方法	8. 残留物软化点 在美国,残留物软化点大部分大于60℃,也有大于57℃的。在我国也可以采用这个标准,南方大于60℃,北方大于57℃。 9. 60℃动力黏度 这个指标比较能反映沥青的抗高温能力,要求值为大于800Pa·s。在美国,有些州作为控制指标,有些州作为参考指标,大部分州未作要求。在我国,如果微表处用于高速公路,建议纳入该指标。 10. 测力延度比率 其试验方法与延度试验相近,是在测延度的同时,测沥青的抗力。试验温度一般为4℃,拉伸30cm,计算拉至30cm时的抗力与最大抗力的比,一般要求比值大于0.3。在微表处用乳化沥青中一般很少采用这个标准。 11. 聚合物用量 在美国,有少量的州用检测聚合物用量的方法来保证改性乳化沥青的性能,但实际上,除聚合物用量外,聚合物的性能(分子量大小、结构、有效胶含量)等对改性沥青的影响也很大,尤其在我国,对聚合物的认识还处于初级的时候,不宜用掺量多少来控制性能。 12. 动态剪切试验 随着SHRP技术的不断完善和大规模推广使用,许多业主及供应商开始对残留物的动态剪切试验进行测定,要求其70℃时的 $G^*/\sin\delta$ 大于1.0kPa,-12℃时的蠕变劲度小于300MPa,也就是达到PG 70-22等级。对于一条具体的道路来说,根据其气温高低、交通量大小等计算出其所需的设计温度,如果该温度小于70%,则PG 70-22的改性乳化沥青是适合的

(6)微表处改性乳化沥青混合料

微表处改性乳化沥青混合料　　表19-38

<table>
<tr><th>项　目</th><th colspan="3">内容和要求</th></tr>
<tr><td rowspan="10">混合料技术性能要求</td><td colspan="3">根据试验内容和要求,混合料技术性能要求归纳成下表。混合料技术性能要求</td></tr>
<tr><td colspan="2">性能</td><td>指标</td></tr>
<tr><td colspan="2">可拌和时间</td><td>60s</td></tr>
<tr><td rowspan="2">内聚黏结力</td><td>30min</td><td>>1.2N·cm</td></tr>
<tr><td>60min</td><td>>2.0N·cm</td></tr>
<tr><td rowspan="2">湿磨耗量</td><td>1d</td><td><806g/m²</td></tr>
<tr><td>6d</td><td><527g/m²</td></tr>
<tr><td colspan="2">负荷车辙深度变化</td><td><10%</td></tr>
<tr><td colspan="2">水敏感性等级分</td><td>>B</td></tr>
<tr><td colspan="3"></td></tr>
<tr><td>改性乳化沥青混合料配合比试验</td><td colspan="3">微表处混合料主要进行以下几项试验:可拌和时间试验,内聚黏结力试验,湿磨耗试验,负荷车辙试验,水敏感性试验。
1. 可拌和时间试验
可拌和时间试验是模拟摊铺施工现场的工作状况,通过该试验来确定乳化沥青的基本配方。可拌和时间的长短与沥青、乳化剂性能、乳化剂用量、乳化效果、集料性能、温度等有直接的关系,在沥青、集料、温度已相对确定的前提下,可以通过改变乳化剂品种、乳化剂用量、皂液的pH值或添加其他化学物质的方法来获得最佳的可拌和时间。按ISSA的规定及大量实践证明,可拌和时间必须大于60s。</td></tr>
</table>

续上表

项　　目	内容和要求
改性乳化沥青混合料配合比试验	典型的第一个可拌和时间试验配比可设计为： 集料:99g; 水泥:1g(普通水泥)； 改性乳化沥青:13g; 水:8g。 具体试验方法参照《路面稀浆封层施工规程》(CJJ 66—95)执行。 2. 内聚黏结力试验 内聚黏结力试验可以测定微表处的凝固速度,确定其初凝时间和开放交通时间。黏结力—时间曲线与改性乳化沥青的配方、混合料的配比、气候温度、摊铺厚度等有关。在气候温度、摊铺厚度等预先假定的条件下,可通过改变改性乳化沥青的配方和混合料的配比来选择最合理的黏结力—时间曲线。在 ISSA 的技术规范中,按黏结力—时间曲线将稀浆混合料(包括稀浆封层和微表处混合料)分为慢凝慢开放交通型、快凝慢开放交通型、假凝慢开放交通型、快凝快开放交通型和直线开放交通型,如下图所示。微表处应设计成快凝快开放交通型,以至于直线开放交通型曲线。 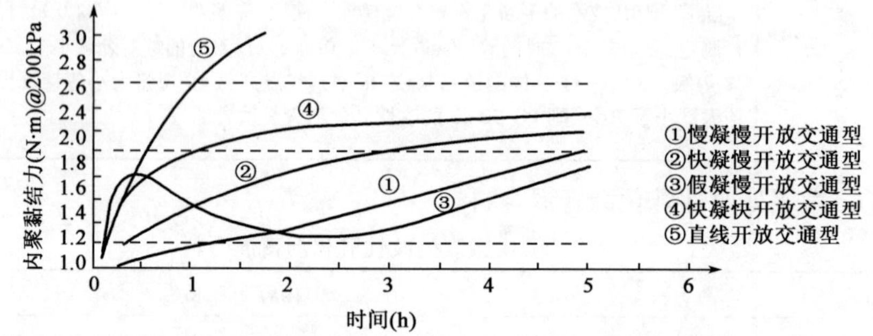 内聚黏结力—时间关系曲线 具体技术指标应控制为:30min 内聚黏结力 >1.2N · cm; 60min 内聚黏结力 >2.0N · cm。 3. 湿磨耗试验 湿磨耗试验的目的是用于控制混合料的最小沥青用量,同时也对混合料的抗水能力进行初步判断。 具体试验方法参照《公路工程沥青及沥青混合料试验规程》(JTJ E20—2011)或《路面稀浆封层施工规程》(CJJ 66—95)执行。 试验时可按预估的沥青用量(如乳化沥青用量为 13%)、±1 和 ±2 共五个点(即 11%、12%、13%、14%、15%)分别进行湿磨耗试验,得出沥青用量与磨耗量的关系曲线,确定最小沥青用量。 其基本技术要求,对于普通的稀浆封层,浸泡 1h 后的磨耗量应小于 806g/m^2。而对于微表处,则要求浸泡 1d 后的磨耗量应小于 537g/m^2(50g/t^2),浸泡 6d 后的磨耗量应小于 806g/m^2。 4. 负荷车辙试验 这一试验方法是通过承载车轮试验模拟交通压实来测试微表处沥青面层的压实度和变形特性,并控制最大沥青用量。 具体试验步骤是以 ISSA TB 109 为依据。 5. 水敏感性试验 本试验包括了对有明确级配的集料填充料与乳化沥青之间的相对相容性的测定。 本方法通过与参考化合物试验数值对比,从而为磨耗损失、黏附力及通过规定尺寸过滤的沥青化合物在高温下的黏附力等提供分级系统或分等数值。本试验得出的数值可能与铺路混合料的现场性能有关,本方法已在美国成功运用

(7)微表处施工技术基本要点

微表处施工技术基本要点　表19-39

项　目	内容和要求
施工设备和基本要求	1.施工设备 (1)比较准确的计量仪器。由于微表处施工时对各种物料的配比要求较严,所以要有准确的计量。 (2)双轴强制式搅拌箱。因为要达到微表处施工,混合料搅拌时间不能过长,但又必须在短时间内搅拌均匀,因而传统的螺旋式搅拌箱就不能满足要求。 (3)特殊设计的填补车辙的摊铺箱。它能将粒料最大的部分送到车辙的深处,从而使稳定性最好,其边缘能自动变薄铺开。 (4)添加剂系统。它能方便地把缓凝剂或促凝剂加入混合料中。 2.标定 在施工之前,每台封层机都要进行标定。在标定已经完成并且合格后,封层机才能投入使用。 3.气候要求 ISSA规定,在路面或空气温度达到10℃并且持续下降时,不容许进行微表处施工;但是在路面或空气温度达到7℃并且持续上升时,容许进行微表处施工
施工基本要点	1.施工前路面清理 (1)在进行微表处施工前,必须把路面上所有遗留的材料、泥土、杂草和其他有害东西都清理干净。如果使用水冲洗路面,则要在所有的路面裂缝完全干燥后,才能进行微表处施工。 (2)一般不要求洒黏层油,对于路面光滑、松散以及水泥路面,可以采用洒黏层油的方法。 2.施工基本要点 (1)使用搅拌箱前的喷水管将路面进行预先湿润,喷水量可根据当天施工期间的气温、湿度、表面纹理和干燥情况进行调节。 (2)封层机启动前,摊铺箱中必须有一定量的混合料,而且稠度适当,分布均匀,封层机才能匀速前进。 (3)在已完成的微表处路面上不得存在由超大集料所引起的拖痕,如果出现拖痕,应立即采取措施。 (4)在纵向或横向接缝上不容许出现接缝不平、局部漏铺或过厚,纵向接缝尽可能设置在车道标线上,并尽可能减少纵向接缝。 (5)在拌和与摊铺过程中,混合料不得出现水分过多和离析现象,任何情况下都不能在摊铺过程中直接向摊铺箱内注水。 (6)在摊铺箱不能到达的地方必须采用人工施工,通过人工用橡胶辊碾压封层使其达到均匀和平整。 (7)固化成型前禁止一切车辆驶入,行人不得踏入,严格管制交通

第四篇　道路交通工程及沿线设施

20 概述

20.1 交通工程设施

20.1.1 公路交通工程设施

公路交通工程设施 表 20-1

项目	含义
概念	交通工程设施是根据交通工程学的原理和方法为使道路通行能力最大、经济效益最高、交通事故最少、公害程度最低而设置的系统、设施和给人或车配备的装备，即为使车辆高速、高效、安全、舒适地行驶而设置的各类设施。其技术标准和工程规模，随不同的公路等级和建设工程的实际使用情况而有所不同。因此，要求从实际出发，本着经济合理、安全可靠和适用的原则确定
组成	交通工程设施由交通安全设施和机电设施两大部分组成。交通安全设施由护栏、交通标志、标线、视线诱导设施、隔离设施、防眩设施等组成，机电设施由通信、监控、收费、供配电照明等设施系统组成
作用	其综合作用是向道路使用者提供有关路况的各种信息，传递交通管理者对驾乘人员提出的各种警告、指令、指导及采取的安全措施，诱导车辆安全、高效行驶，同时通过监控、通信系统等的设置，交通管理者能及时了解道路使用状况，快速处理交通问题

20.1.2 城市道路交通工程设施

城市道路交通工程设施 表 20-2

项目	内容
交通设施分级	(1)城市道路交通设施设计应按等级进行统筹规划、总体设计。 (2)城市道路交通设施等级应分为 A、B、C、D4 级，并应符合下列规定： ①A 级。应设置系统完善的标志、标线、隔离和防护设施；中间带必须连续设置中央分隔防撞护栏和必需的防眩设施；桥梁、高路堤路段以及旁侧有辅路、人行道等撞击后将危及生命和结构物安全的路段必须设置路侧防撞护栏；立体交叉及其周边路网应连续设置指路、禁令等标志；主路及匝道车行道两侧，应连续设置轮廓标；出口分流三角端应有醒目的提示和防撞设施；实施控制的匝道，应设置匝道控制信号灯；交通监控系统应按Ⅱ级设置，中、长、特长隧道应按Ⅰ级设置。 ②B 级。应设置完善的标志、标线和必要的隔离和防护设施；路段上应设置中间分隔设施和机动车与非机动车分隔设施；桥梁与高路堤路段有坠落危险时必须设置路侧防撞护栏；立体交叉及其周边地区路网应设置指路、禁令等标志；平面交叉口必须进行交通渠化并设置交通信号灯；交通监控系统应按Ⅲ级设置，特大型桥梁应按Ⅱ级设置，中、长、特长隧道应按Ⅰ级设置。 ③C 级。应设置完善的标志、标线和必要的隔离和防护设施；平交路口进口段宜设置中间分隔设施；桥梁与高路堤段有坠落危险时应设置路侧防撞护栏；平面交叉口应进行交通渠化并设置交通信号灯；交通监控系统应按Ⅲ级设置，特大型桥梁应按Ⅱ级设置，中、长、特长隧道应按Ⅰ级设置。

续上表

<table>
<tr><th>项　目</th><th>内　容</th></tr>
<tr><td>交通设施分级</td><td>④D级。应设置较完善的标志、标线；桥梁与高路堤段有坠落危险时应设置路侧防撞护栏；平面交叉口宜进行交通渠化并设置交通信号灯；交通监控系统应按Ⅳ级设置
各等级城市道路交通设施适用范围<table><tr><th>交通设施等级</th><th>适用范围</th></tr><tr><td>A</td><td>快速路，中、长、特长隧道及特大型桥梁</td></tr><tr><td>B</td><td>主干路</td></tr><tr><td>C</td><td>次干路</td></tr><tr><td>D</td><td>支路</td></tr></table></td></tr>
<tr><td>总体设计要求</td><td>(1)总体设计应按照主体工程的技术标准、建设规模及项目交通特性，确定交通设施的技术标准、建设规模与主要技术指标，经协调并确认后执行。
(2)总体设计应划定与主体工程设计之间的界面、接口等，并协调城市道路交通设施各专业的设计界面、接口等，防止设施之间发生冲突。
(3)总体设计应组织各交通设施专业制订交通设施设计方案，并协调各设施间的衔接与配合。
(4)总体设计应根据主体工程设计的道路服务水平和安全性评价结论，优化、完善道路交通设施设计方案。
(5)总体设计应提出发生特殊交通安全或紧急事件情况下的疏散、撤离、抢险、救援等的功能要求</td></tr>
<tr><td>设计界面</td><td>(1)交通标志、轮廓标、防护设施、交通信号和监控系统外场设备、照明及变配电等设施设置于道路构造物或桥梁、隧道结构上时，交通设施设计方应提供设置桩号、预留孔尺寸、结构重力、受力条件等；主体工程设计方进行构造物或桥梁、隧道结构设计时应进行预留、预埋设计。交通设施的设置及其安装由交通设施设计方设计。
(2)有防撞要求的防护设施设于道路构造物或桥梁、隧道结构上时，交通设施设计方应提供防撞等级、防撞设施几何尺寸与结构设计，以及结构端部刚柔防撞过渡段设计等；主体工程设计方应进行道路构造物或桥梁、隧道结构设计。
(3)埋设在道路路基横断面内的通信及信号系统管道，应由交通设施设计方与主体工程设计方商定，并确定管道设置位置，由交通设施设计方设计；主体工程设计方应在相关设计图中标出预留管道、人井、管箱的尺寸、位置等，并列入主体工程方设计文件。
(4)出租车、公交停靠站站台、人行过街设施等服务设施需列入主体工程设计的内容，应由交通设施设计方提出位置、规模及尺寸等要求，经与主体工程设计方协调确认后，由主体工程设计方随主体工程一并设计；其他需主体工程预留位置或预埋基础、预留穿线管的服务设施由交通设施设计方设计，其中涉及预留、预埋部分的设计成果应在主体工程施工图设计时提供并同步施工。
(5)港湾式公交停靠站出入口的加、减速车道及机动车停车场出入口，应由主体工程设计方随主体工程一并设计。
(6)机动车公共停车场、管理处所的房屋建筑及场坪等对场地与高程有特殊要求时，应事先同主体工程设计方协商，并提供相应的交通设施功能设计和建筑设计图纸，由主体工程设计方进行场坪设计和衔接工程设计。
(7)斜拉桥、悬索桥等特殊大桥设置的结构监测系统以及隧道监控、通风、消防报警系统，应集成纳入交通监控中心，由交通监控中心系统集成设计方实行系统集成</td></tr>
</table>

20.2 交通安全、管理设施

20.2.1 公路交通安全、管理设施

(1)交通工程管理设施

交 通 管 理 设 施 表 20-3

项 目	含 义
概念	现代化的道路交通设施,科学的交通管理与控制,两者结合起来才能取得良好的效果。交通管理就是按照既定的法规与要求,运用各种手段、方法、工具和设备等对动态交通准确地调度,使其安全通畅地运行。实行交通管制的重点在于运用各种设施控制、掌握并及时地指挥交通
内容	(1)道路交通标志; (2)交通标线; (3)交通信号灯

(2)交通工程安全设施

交 通 安 全 设 施 表 20-4

项 目	含 义
内容	交通安全设施主要包括护栏、道路交通标志、路面标线、隔离设施、防眩设施、视线诱导和施工安全设施等
设置要求	对交通安全设施数量、位置、形式、安装工艺从交通工程学的观点出发认真分析研究,使之真正起到安全保障作用

20.2.2 城市道路交通安全、管理设施

(1)交通标志

交 通 标 志 表 20-5

项 目	内容与图例
一般规定	(1)交通标志设计应以道路交通管理的相关法律、法规和交通组织管理方案为依据,简明、准确地向道路使用者提供交通路权、行驶规则以及路径指示等信息,保障交通畅达和行车安全。 交通法规是道路使用者必须遵循的交通法律规定,一切违反交通法规的行为均应视为违法行为。交通标志应首先体现其与交通法规之间的关系和应用方法。交通路权概念不仅应用在交通事故处理中,更重要的是应用在事先的交通控制措施中,设置简明、正确的交通标志指示交通路权,以达到消除或减少交通冲突,预防和减少交通事故,保障道路交通安全、畅通。 (2)交通标志与交通标线等其他管理设施传递的信息应一致,互为补充。 交通标志与交通标线等其他管理设施传递的信息应一致并互为补充是交通标志和标线设计的基本要求。当因道路临时交通组织或维修等原因,标志与标线不一致时,应以标志为主。 (3)交通标志不应传递与道路交通无关的信息。 交通标志传递与道路交通无关的信息不仅无助于道路交通的管理和引导,还容易分散驾驶员的注意力,影响交通安全。 (4)隧道内的应急、消防、避险等指示标志,应采用主动发光标志或照明式标志。 隧道内应急、消防、避险指示标志,主要包括紧急电话、消防设备、人行横洞、行车横洞、紧急停车带、疏散等指示标志,这些标志应采用主动光标志或照明式标志。

续上表

<table>
<tr><th>项　目</th><th colspan="2">内容与图例</th></tr>
<tr><td>一般规定</td><td colspan="2">(5)交通标志不得侵入道路建筑限界。
在道路的一定宽度和高度范围内不允许有任何设施及障碍物侵入的空间范围，称为道路建筑限界，又称道路净空。为保证车辆和行人安全通行，各类交通标志的设置不得侵入道路建筑限界内</td></tr>
<tr><td rowspan="5">分类</td><td colspan="2">(1)交通标志按其作用应分为主标志和辅助标志两类，其中主标志包括警告标志、禁令标志、指示标志、指路标志、旅游区标志、作业区标志、告示标志；辅助标志附设在主标志下，对主标志进行辅助说明
交通标志实例</td></tr>
<tr><td>T 形或 Y 形交叉口标志设置示例</td><td>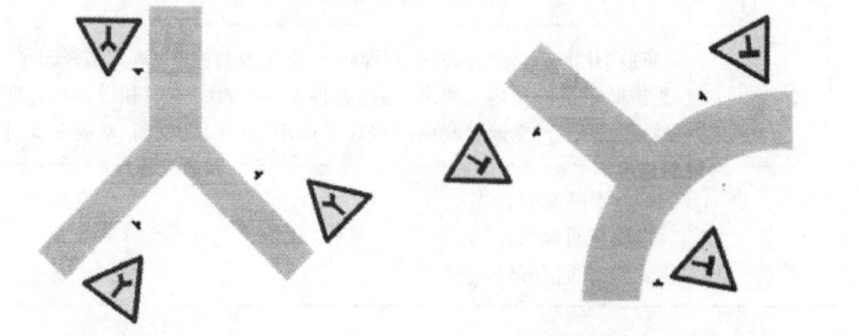</td></tr>
<tr><td>禁止货运车辆行驶标志设置示例</td><td>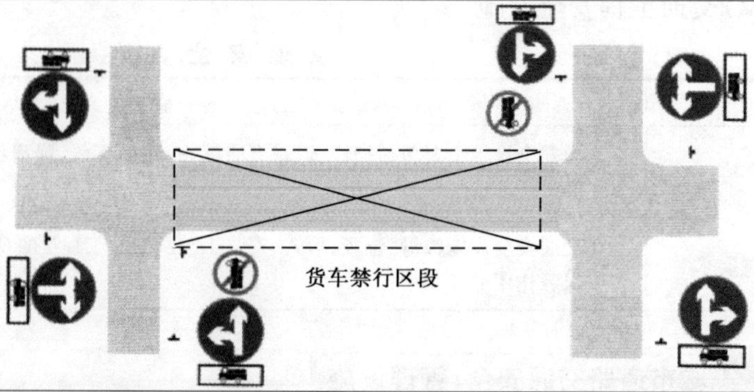</td></tr>
<tr><td>限制与解除速度标志设置示例</td><td>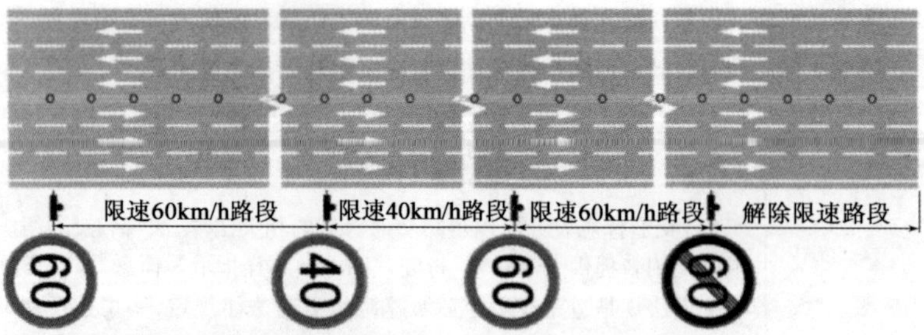</td></tr>
<tr><td>快速路分车道限制速度标志设置示例</td><td>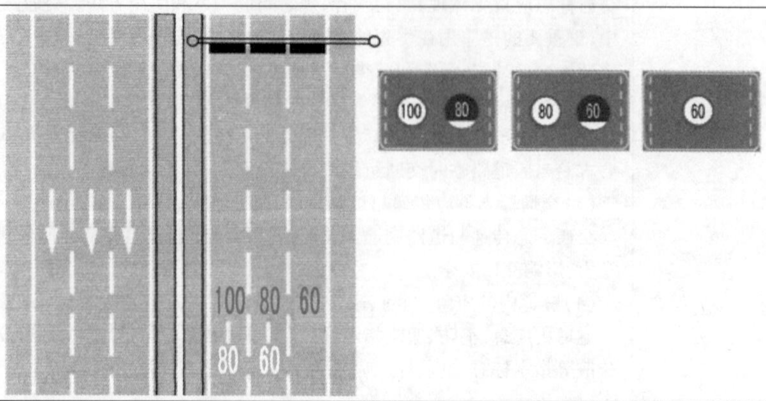</td></tr>
</table>

续上表

项 目	内容与图例	
分类	导向车道不规则路口车道行驶方向标志设置示例	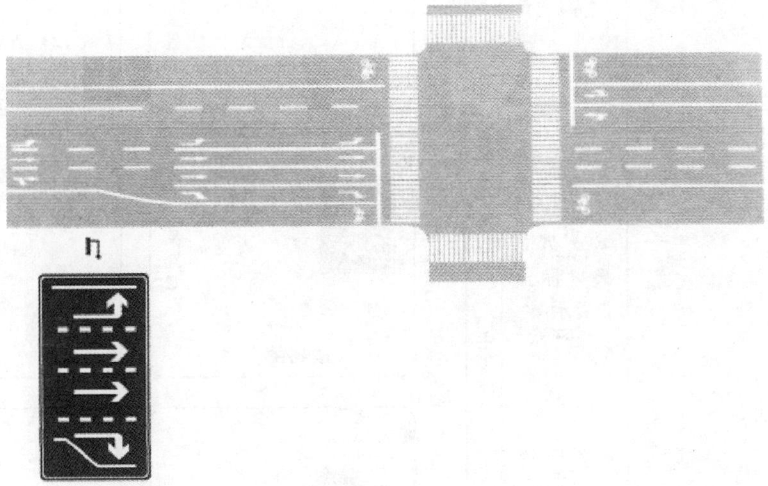
	指示标志信息示例	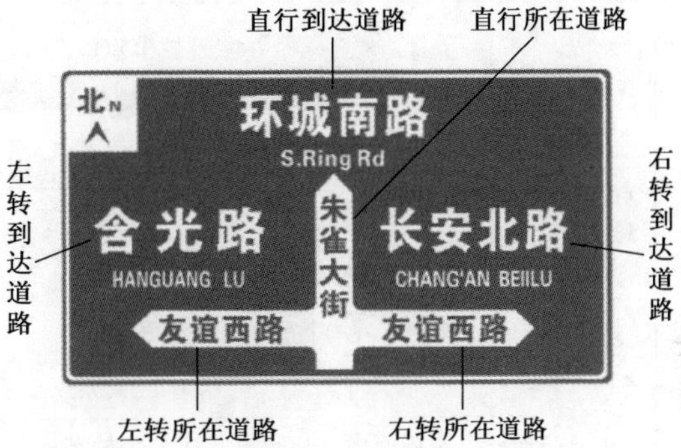
	互通式立体标志	

续上表

<table>
<tr><th>项　　目</th><th colspan="2">内容与图例</th></tr>
<tr><td rowspan="3">分类</td><td>支路交叉口标志设置示例</td><td>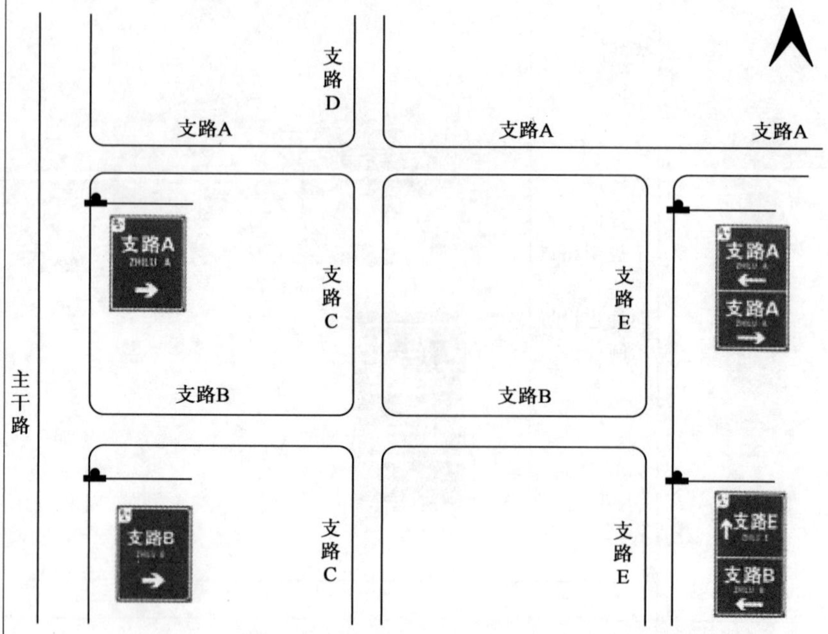
</td></tr>
<tr><td>入口预告标志信息选择设置示例</td><td>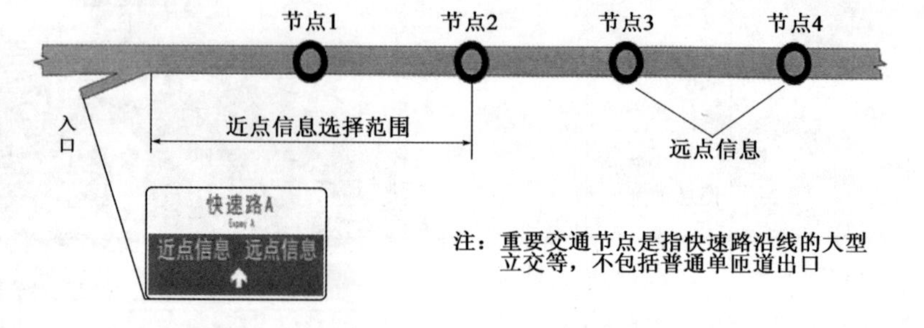
</td></tr>
<tr><td colspan="2">(2)交通标志按版面内容显示方式应分为静态标志和可变信息标志。
可变信息标志是一种因交通、道路、气候等状况的变化而改变显示内容的标志。一般可用作速度控制、车道控制、道路状况、气象状况及其他内容的显示。
可变信息标志版面显示方式有多种,如:LED(高亮度发光二极管)、磁翻板、字幕式、光纤式等。可根据标志的功能要求、显示内容、控制方式、环保节能、经济性等进行选择。
根据汉字视认性研究,标志汉字宜采用等宽线条、方形黑体字体,该字体最有利于驾驶者辨认。对于采用光带形式显示城市道路交通状态,光带应具有一定的宽度,根据实践,其宽度宜在 13 ~ 15cm 之间。
可变信息标志的颜色指标可参考国家现行标准《高速公路 LED 可变信息标志》(GB/T 23828—2009)的具体规定</td></tr>
<tr><td>设置</td><td colspan="2">交通标志的设置应符合下列规定:
(1)应综合考虑城市规模和特点、路网设施布局、道路等级、几何条件、交通状况、道路使用者需求、环境及气候等因素。
(2)标志的设置应优先考虑交通法规和安全要求。
(3)标志信息发布应明确、连续、系统,防止出现信息不足或过载的现象,重要的信息应重复发布。
(4)充分考虑道路使用者在动态条件下的视认性,即考虑在动态条件下发现、判读标志及采取行动所需的时间和前置距离。</td></tr>
</table>

续上表

<table>
<tr><th>项　　目</th><th colspan="3">内容与图例</th></tr>
<tr><td rowspan="3">设置</td><td colspan="3">(5)标志应设置在道路行进方向右侧或车行道上方,也可根据具体情况设置在左侧,或左右两侧同时设置。
(6)标志的设置不得被桥墩、柱、树木等物体遮挡
交通标志设置实例</td></tr>
<tr><td>交通组织标志</td><td>指示标志</td><td>车道功能标志与标识</td></tr>
<tr><td>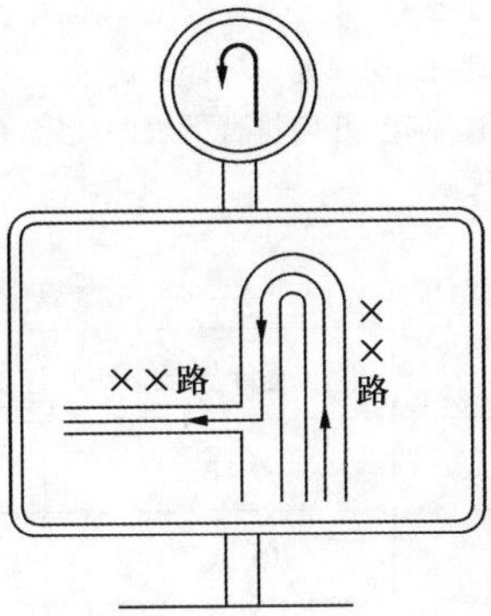
</td><td>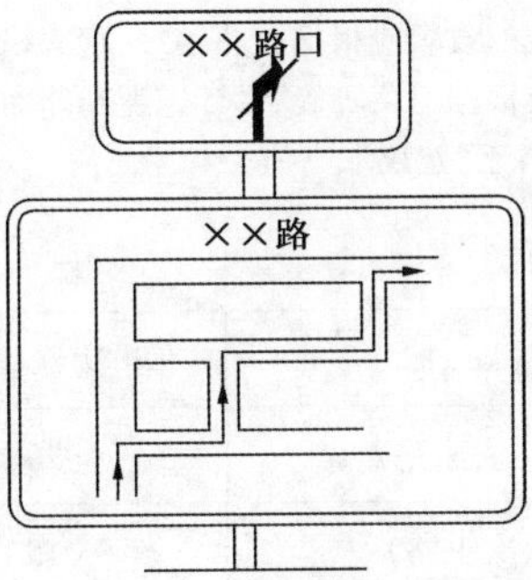
</td><td>
</td></tr>
</table>

(2)交通标线

交 通 标 线　　表 20-6

<table>
<tr><th>项　　目</th><th colspan="2">内容、指标与图例</th></tr>
<tr><td rowspan="2">一般规定</td><td colspan="2">(1)标线应符合道路使用的功能要求,向道路使用者传递有关道路交通的规则、警告、指引等信息。
交通标线为道路使用者提供了应该遵循的交通规则及其可行驶的范围,是对交通流设置“路权”或限制交通流“路权”的交通控制措施。标线应提供车行道、行车方向、路面边缘、人行道等行驶规则的各种信息,配合和补充其他设施(如交通标志、信号灯)指示或警告的功能。
(2)标线可与标志配合使用,也可单独使用。
(3)标线应能清晰地识别与辨认,并符合白天、雨天、夜间视认性规定的要求。城市快速路、主干路应设置反光交通标线。
标线的可视性受路面清洁程度以及天气的影响很大,尘土、雨、雾的覆盖会较大降低标线的可视性(特别是夜间),因此对标线的不粘污性以及在不利天气下的视认性提出要求
出入口交通标线实例</td></tr>
<tr><td>平行式出口或入口车道</td><td>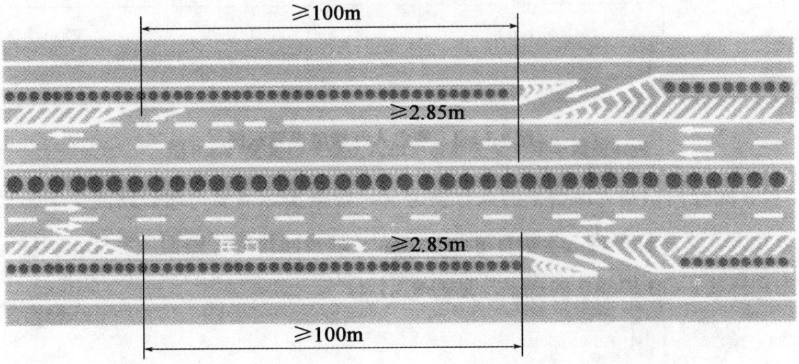
</td></tr>
</table>

续上表

<table>
<tr><th>项　　目</th><th>内容、指标与图例</th></tr>
<tr><td>一般路段
标线设置</td><td>
一般路段的交通标线应符合下列规定：
(1)城市道路双向行驶机动车时,对向行驶的车道间应划黄色对向车行道分界线,同向行驶的车道间应划白色车行道分界线。
(2)城市快速路应在机动车道的外侧边缘(路缘带内侧)划车行道边缘线,其他等级道路在机动车道的外侧边缘(路缘带内侧)宜划车行道边缘线。
(3)机非分离行驶的路段当无实物隔离时,机动车道与非机动车道的分界应划车行道边缘线(机非分界线)。
(4)人行横道线的设置应根据道路等级、行人横穿需求、交通安全等因素确定。
(5)标线宽度应根据道路等级、设计速度和路面宽度确定,并应符合下表的规定,标线宽度在车道宽度不受限制的条件下,建议取高值
标 线 宽 度
<table>
<tr><th colspan="2">设计速度(km/h)</th><th>车道边缘线(cm)</th><th>单行道分界线(cm)</th><th>路面中心线(cm)</th></tr>
<tr><td colspan="2">100/80/60(快速路)</td><td>20</td><td>15</td><td>—</td></tr>
<tr><td colspan="2">60/50(主、次干路)</td><td>15</td><td>15 或 10</td><td>15</td></tr>
<tr><td colspan="2">40/30(主/次干路及支路)</td><td>15</td><td>15 或 10</td><td>15</td></tr>
<tr><td rowspan="2">20
(次干路及支路)</td><td>双车道</td><td>—</td><td>—</td><td>15</td></tr>
<tr><td>单车道</td><td>—</td><td>—</td><td>—</td></tr>
</table>
</td></tr>
<tr><td>特殊路段
标线设置</td><td>
特殊路段的交通标线应符合下列规定：
(1)视距受竖曲线或平曲线、桥梁、隧道等限制的路段,应设禁止跨越车行道分界线,线宽应为15cm。
禁止跨越车行道分界线,用于禁止车辆变换车道和借道超车,在双向行驶路段中禁止车辆越线利用对向车道超车或左转弯,在同向行驶车道间禁止车辆越线超车与变道。用于禁止超车时,宜与禁止超车标志同时设置。
(2)在车道数缩减或增加的路段应设置车行道宽度渐变段标线。在靠车道变化一侧的渐变段起点前,可配合设置窄路标志或车道变化标志。
(3)在需要指示车辆行驶限制要求的车道内,可设置路面文字标记。文字标记尺寸和纵向间距应按下表选取,文字书写顺序应按行车方向由近至远
文字标记尺寸和纵向间距
<table>
<tr><th>设计速度(km/h)</th><th>100</th><th>80/60/50</th><th>40/30/20</th></tr>
<tr><td>字高(cm)</td><td>450 ~ 650</td><td>300 ~ 400</td><td>150 ~ 200</td></tr>
<tr><td>字宽(cm)</td><td>150 ~ 200</td><td>100 ~ 150</td><td>50 ~ 70</td></tr>
<tr><td>纵向间距(cm)</td><td>300 ~ 400</td><td>200 ~ 300</td><td>100 ~ 150</td></tr>
</table>
</td></tr>
<tr><td>平面交叉
标线设置</td><td>
平面交叉交通标线应符合下列规定：
(1)平面交叉口标线(包括车行道中心线、人行横道线、停止线、导向箭头、禁止跨越车行道分界线等)应根据交叉口形状、交通量、车行道宽度、转弯车辆的比率及交通组织等情况合理设置,示例如下图所示
</td></tr>
</table>

续上表

<table>
<tr><th>项　目</th><th>内容、指标与图例</th></tr>
<tr><td rowspan="4">平面交叉
标线设置</td><td>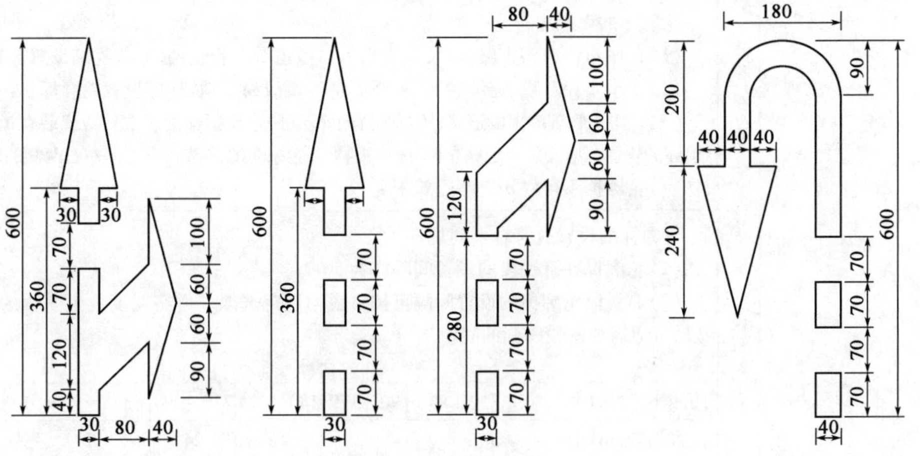

预告导向箭头(尺寸单位:cm)</td></tr>
<tr><td>(2)左弯待转区线应在设有左转弯专用信号及设有左转专用车道时使用,左弯待转区不得妨碍对向直行车辆的正常行驶,示例如下图所示
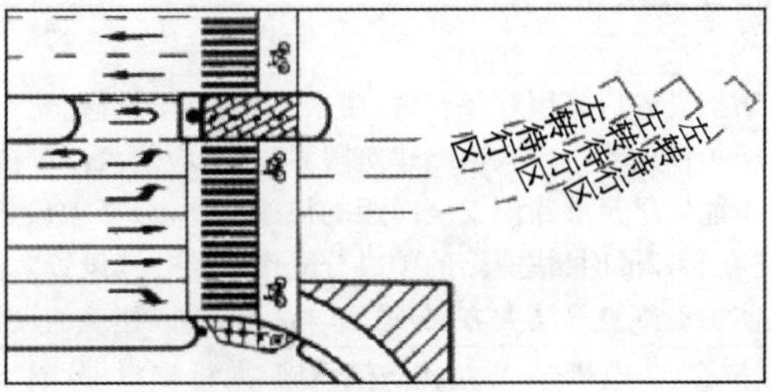
</td></tr>
<tr><td>(3)在平面交叉口过大、不规则以及交通组织复杂等情况下,车辆寻找出口车道困难时,应设置路口导向线,辅助车辆行驶和转向,示例如下图所示
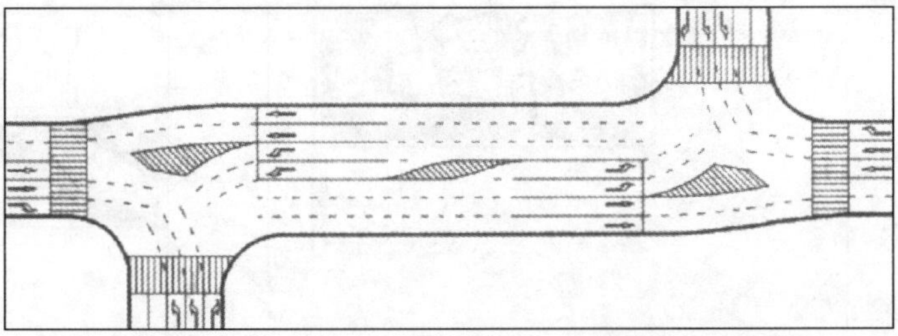</td></tr>
<tr><td>(4)过宽、不规则或行驶条件比较复杂的交叉路口,立体交叉的匝道道口或其他特殊地点,应设置导流线,导流线应根据交叉路口的地形和交通流量、流向情况进行设计</td></tr>
<tr><td>立体交叉
标线设置</td><td>立体交叉的分、合流段应设置出入口标线及导向箭头。出入口导向箭头的设置尺寸和重复设置次数应按下表选取。进口车道转向排序不规则的路口,宜增加导向箭头的重复设置次数
出入口导向箭头的设置尺寸和重复设置次数
<table>
<tr><td>设计速度(km/h)</td><td>100</td><td>80/60/50</td><td>40/30/20</td></tr>
<tr><td>导向箭头长度(m)</td><td>9</td><td>6</td><td>3</td></tr>
<tr><td>重复设置次数</td><td>≥3</td><td>3</td><td>≥2</td></tr>
</table></td></tr>
</table>

续上表

<table>
<tr><th>项　目</th><th colspan="2">内容、指标与图例</th></tr>
<tr><td rowspan="2">轮廓标</td><td>设置原则</td><td>轮廓标的设置应符合下列规定：
(1)在城市快速路主路，以及立交出入口匝道等车行道两侧，应连续设置轮廓标。
(2)在小半径弯道、连续转弯、视距不良等事故易发地段，应设置轮廓标。
(3)设中央物理隔离的道路，按行车方向，配置白色反射体的轮廓标应安装在道路右侧，配置黄色反射体的轮廓标应安装在道路左侧；无中央物理隔离的道路，按行车方向左右两侧的轮廓标均为白色。
(4)轮廓标不得侵入道路建筑限界</td></tr>
<tr><td>设置要求</td><td>轮廓标的设置应符合下列规定：
(1)轮廓标在直线段的设置间隔应为50m。
(2)曲线段轮廓标的设置间隔可按下表的规定选取。道路宽度发生变化的路段及其他危险路段，可适当加密轮廓标的间距。
曲线段轮廓标的设置间隔
<table><tr><td>曲线半径(m)</td><td><30*</td><td>30~89*</td><td>90~179</td><td>180~274</td><td>275~374</td><td>375~999</td><td>1 000~1 999</td><td>>2 000</td></tr><tr><td>设置间隔(m)</td><td>4</td><td>8</td><td>12</td><td>16</td><td>24</td><td>32</td><td>40</td><td>48</td></tr></table>注：“*”一般指互通立交匝道曲线半径</td></tr>
</table>

(3)安全防护设施

防护设施类型 表20-7

<table>
<tr><th>项　目</th><th>内　容</th></tr>
<tr><td>一般规定</td><td>(1)防护设施应采用环保材料，便于安装，易于维修。
(2)防护设施不得侵入道路建筑限界，且不应侵入停车视距范围内。
(3)不能提供足够路侧安全净距的快速路路侧，必须设置防撞护栏；当路基整体式断面中间带宽度小于或等于12m时，快速路的中央分隔带必须连续设置防撞护栏。
(4)防护设施宜简洁大方，与道路、桥梁和周围建筑的设计风格统一协调</td></tr>
<tr><td>类型</td><td>防撞护栏、防撞垫、限界结构防撞设施、人行护栏、分隔设施、隔离栅和防落物网、防眩设施、声屏障等，示例如下图所示
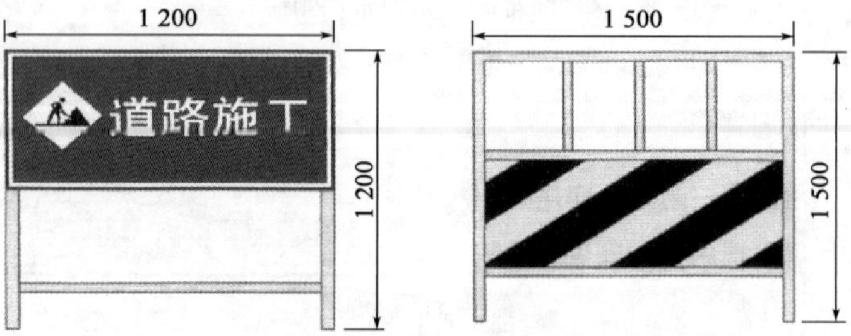

施工路栏示例(尺寸单位:mm)</td></tr>
</table>

防护等级 表20-8

<table>
<tr><th>项　目</th><th>防撞等级及主要技术指标</th></tr>
<tr><td>类型</td><td>城市道路可采用刚性或半刚性或柔性护栏，并根据实际情况需要采用不同的防撞等级和结构形式</td></tr>
<tr><td>设计原则</td><td>(1)在综合分析城市道路线形、设计速度、运行速度、交通量和车辆构成等因素的基础上，当需要采用的护栏碰撞能量低于70kJ时，护栏可确定特殊的碰撞条件并进行设计；当需要采用的护栏碰撞能量高于520kJ时，护栏应确定特殊的碰撞条件并进行设计。
(2)防撞护栏的起、讫点端部应做安全性处理。
(3)不同结构形式或不同刚度防撞护栏的衔接处。应设置过渡段，使护栏的刚度逐渐过渡，并形成一个整体</td></tr>
</table>

续上表

项目	防撞等级及主要技术指标						
	防撞护栏的防撞等级及主要技术指标						
	防撞等级		碰撞条件				
	路侧护栏	中央分隔带护栏	碰撞车型	车辆质量(t)	碰撞速度(km/h)	碰撞角度(°)	碰撞能量(kJ)
防撞等级划分	A	Bm	小客车	1.5	80	20	—
			大客车	10	40	20	70
	B	Am	小客车	1.5	100	20	—
			大客车	10	60	20	160
	SB	SBm	小客车	1.5	100	20	—
			大客车	10	80	20	280
	SA	SAm	小客车	1.5	100	20	—
			大客车	14	80	20	400
	SS	—	小客车	1.5	100	20	—
			大客车	18	80	20	520

路 侧 护 栏 表20-9

项目	指标		
快速路路侧	快速路路侧护栏等级		
	使用条件	设计速度(km/h)	
		100/80	60
	一般路段、匝道	A	—
	高边坡、桥头引道、隧道洞口连接线、靠近构造物路段	SB	A
	高陡坡、高挡墙、临河路段;车辆越出路外可能发生严重事故的路段	SA	SB
	邻近其他快速路、人流密集区域的路段;车辆越出路外可能发生严重二次事故的路段	SS	SA
主干路路侧	主干路路侧护栏等级		
	使用条件	设计速度(km/h)	
		60/50	40
	一般路段、匝道	B	—
	高边坡、桥头引道、隧道洞口连接线、靠近构造物路段	A	B
	高陡坡、高挡墙、临河路段;车辆越出路外可能发生严重事故的路段	SB	A
	邻近其他快速路、人流密集区域的路段;车辆越出路外可能发生严重二次事故的路段	SA	SB
其他	(1)次干路、支路的路侧一般不设置路侧护栏,当车辆越出路外可能发生严重事故或严重二次事故的路段,宜设置防撞护栏。次干路和支路路侧防撞护栏的防撞等级参照主干路设置。 (2)邻近干线铁路、水库、油库、电站等需要特殊防护的路段,应设置防撞护栏进行特殊设计		

中央分隔带护栏 表 20-10

项目	指标			
快速路中央分隔带	快速路中央分隔带护栏等级			
	使用条件	设计速度(km/h)		
		100	80	60
	一般路段	SBm	Am	Bm
	小半径弯道、中央分隔带有桥墩及其他构造物等特殊防护路段	SAm	SBm	Am
其他	设计速度大于或等于 50km/h 的主干路中央分隔带宜设置防撞护栏。主干路中央分隔带护栏的防撞等级应符合下表的规定			
	主干路中央分隔带护栏等级			
	使用条件	设计速度(km/h)		
		60/50		
	一般路段	Bm		
	小半径弯道、中央分隔带有桥墩及其他构造物等特殊防护路段	Am		

活动护栏 表 20-11

项目	内容
快速路	快速路的中央分隔带开口处,应设置活动护栏
其他	(1)活动护栏的防撞等级宜与其所在路段中央分隔带护栏的防撞等级一致; (2)活动护栏应与中央分隔带护栏衔接,并在衔接处做安全性处理 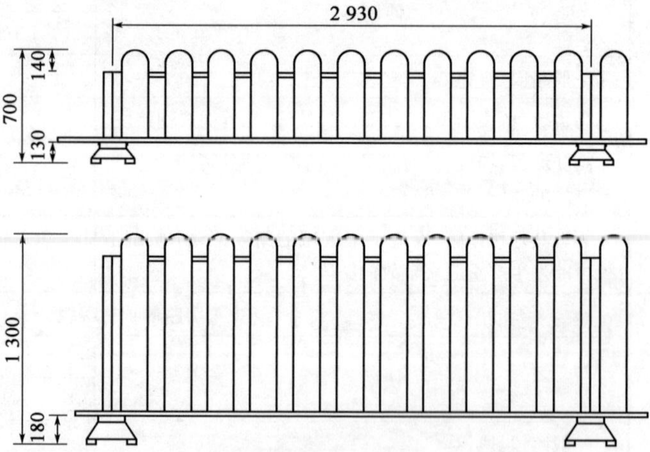 活动护栏类型尺寸(尺寸单位:mm)

桥梁护栏 表 20-12

项目	内容与指标
一般原则	供机动车行驶的桥梁外侧应设置防撞护栏,桥侧护栏宜设置在机动车道与非机动车道之间的两侧分车带上,双幅式桥梁中央分隔带护栏与桥侧护栏的防撞等级相同,单幅式桥梁中央分隔带护栏的设置参照路基段中央分隔带护栏设置原则设计

续上表

项 目	内容与指标			
护栏防撞等级	护栏防撞等级			
	适用条件	道路类型		
		快速路		主干路
		设计速度(km/h)		
		100/80	60/50	40
	桥梁高度小于2.5m,且桥下水深小于2m或无水	A	B	B
	桥梁高度2.5~6m,且桥下水深小于2m或无水	SB	A	B
	桥梁高度6~20m或桥下水深大于2m或跨越或邻近次干路、支路或人流密集区	SA	SB	A
	桥梁高度大于20m或跨越或邻近主干路或快速路	SS	SA	SB
其他	(1)次干路、支路桥涵护栏防撞等级可按上表中设计速度为40km/h的主干路的标准选取。 (2)邻近或跨越干线铁路、水库、油库、电站等需要特殊防护的路段,桥梁护栏应确定合理的碰撞条件并进行特殊设计。 (3)快速路与主干路的小桥、涵洞、通道应设置与路基段形式相同的防撞护栏			

防撞垫类型 表20-13

项 目	内 容
概念	防撞垫一般设置于交通分流区前端或易发生正面碰撞事故的构造物前端,在受到车辆碰撞时,通过自身的结构变形吸收碰撞能量,减轻对乘员的伤害程度
功能	防撞垫应具有以下功能: (1)车辆正面碰撞或斜向碰撞时具有良好的吸能能力,减轻乘员伤害程度。 (2)对于可导向防撞垫,车辆侧面碰撞时,能改变车辆的碰撞角度,并将车辆导向正确方向
类型	根据防撞垫的导向功能,可分为可导向防撞垫和非导向防撞垫
设置	(1)根据交通事故调查,在快速路的主线分流区、出口匝道分流区、快速路出口处等位置,属于危险三角区,容易发生车辆碰撞事故。快速路分流区和匝道出口小客车的运行速度往往超过道路的设计速度,这些路段是恶性事故多发的路段。同时,由于城市道路跨线桥较多,时常发生车辆碰撞跨线桥桥墩的事故,影响乘员和桥梁结构的安全。另外,互通式立体交叉匝道也是事故多发的路段,因此,这些路段需设置防撞垫,以降低事故对事故车辆和内部乘员的伤害程度。 (2)决定采用防撞垫防撞等级的因素很多,但根据事故分析,影响乘员伤害程度和车辆损失的主要因素是车辆碰撞防撞垫时的碰撞速度。碰撞速度越大,对乘员和车辆损伤也越大。因此,根据不同等级道路路段车辆的运行速度对防撞垫的等级进行设置是比较合理的方法

防撞垫防撞等级 表20-14

防撞垫类型	防撞等级	碰 撞 条 件				
		碰撞类型	碰撞角度(°)	碰撞车型	车辆质量(t)	碰撞速度(km/h)
非导向防撞垫	B50	正碰	0	小客车	1.5	50
		斜碰	15			
	B65	正碰	0	小客车	1.5	65
		斜碰	15			
	B80	正碰	0	小客车	1.5	80
		斜碰	15			

续上表

防撞垫类型	防撞等级	碰撞条件				
		碰撞类型	碰撞角度(°)	碰撞车型	车辆质量(t)	碰撞速度(km/h)
可导向防撞垫	A50	正碰	0	小客车	1.5	50
		斜碰	15			
		侧碰	20			
	A65	正碰	0	小客车	1.5	65
		斜碰	15			
		侧碰	20			
	A80	正碰	0	小客车	1.5	80
		斜碰	15			
		侧碰	20			

防撞垫防撞等级的适用条件 表 20-15

道 路 类 型	快 速 路		快速路、主干路
设计速度(km/h)	100	80	60
主线分流段、匝道出口、收费岛前端	A80	A65	A50
跨线桥桥墩前部、混凝土护栏上游端头、隧道口等路侧固定障碍物前端	A80/B80	A65/B65	A50/B50

限界结构防撞设施 表 20-16

项　　目	内容与图例
概念	在行驶中的车辆容易越出行驶限界,撞击到桥梁墩柱结构、主梁结构、隧道洞口的入口两侧和顶部结构、交通标志支撑结构等,这些限界结构处应设置限界结构防撞设施。 限界结构防撞设施设计应按照安全、经济、耐用、便于维修的原则,并做到外观简洁,同时设置警示标志,且与道路、桥梁和周围城市景观、建筑的设计风格统一协调
类型与结构	道路的正面限界结构防撞可在道路前方设置防撞垫、防撞岛、防撞墩及加强墩柱结构抗撞等防撞设施;侧面限界结构防撞可在路侧设置并加强防撞护栏;顶面限界结构防撞可采取设置防撞结构和警告、限界标志措施等
设置	(1)路侧设置组合式或混凝土墙式防撞护栏与限界结构位置重叠时,若限界结构自身能够满足防撞要求,可以采取与限界结构组合形成整体限界结构防撞,且迎撞面的截面形状与原防撞护栏一致。 (2)路侧设置波形梁防撞护栏的,当其变形不能够达到保护两侧限界结构的要求时,应加强护栏立柱的柱间距或采用不低于公路 SB 级防撞护栏设施。 (3)道路侧面没有设置防撞护栏的限界结构,正迎撞面宜设置防撞垫、防撞岛、防撞墩等结构防撞形式。 (4)顶面限界防撞可采取主体结构防撞设施、附属保护防撞设施和设置警告标志、限界标志等措施 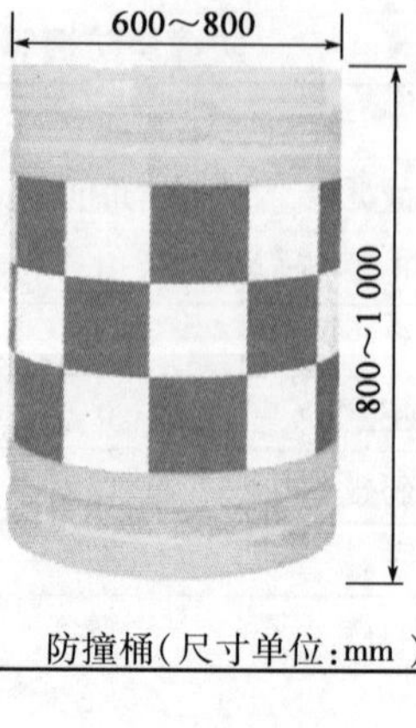 防撞桶(尺寸单位:mm)

人 行 护 栏　表 20-17

项　目	内　容
概念	道路上常用的俗称"栏杆",根据是否对行人有防护作用分为两种。参照现行国家标准《道路工程术语标准》(GBJ 124—1998)第4.4.6条,"护栏"是指"沿危险路段的路基边缘设置的警戒车辆驶离路基和沿中央分隔带设置的防止车辆闯入对向车行道的防护设施,以及为使行人与车辆隔离而设置的保障行人安全的设施",该规范规定对行人有防护作用的称为"人行护栏",对受力和构造提出技术标准;而对于分隔交通,规范行走空间的简易构造物,称为"分隔栏杆",对受力不作特殊要求,各地可执行产品技术要求。人行护栏的设置目的是保护行人的安全,设置的位置一是行人跌落危险的地段,二是行人穿越快速通行的道路有危险、需要使行人与车辆隔离的地段
类型与位置	(1)人行道与一侧地面存在高差,有行人跌落危险的,应设人行护栏。 (2)桥梁的人行道外侧,应设置人行护栏。 (3)车站、码头、人行天桥和地道的出入口、商业中心等人流汇聚区的车道边,应设置人行护栏。 (4)交叉口人行道边及其他需要防止行人穿越机动车道的路边,宜设置人行护栏,但在人行横道处应断开。 (5)在非全封闭路段天桥和地道的梯道口附近无公共交通停靠站时宜在道路两侧设人行护栏,护栏的长度宜大于200m。天桥和地道的梯道口附近有公共交通停靠站时,宜在路中设分隔栏杆,分隔栏杆的净高不应低于1.1m
结构	(1)人行护栏的净高不宜低于1.10m,并不得低于0.90m。有跌落危险处的栏杆的垂直杆件间净距不应大于0.11m;当栏杆结合花盆设置时,必须有防止花盆坠落的措施。 (2)人行护栏不宜采用有蹬踏面的结构。 (3)人行护栏应以坚固、耐久的材料制作。有跌落危险或一侧有快速机动车通行的人行护栏的结构验算竖向活荷载不应小于1.2kN/m,水平向外活荷载不应小于1kN/m,两者不同时作用;桥梁、人行天桥的人行护栏的结构验算活荷载应满足桥梁和人行天桥的有关规范规定。 (4)人行护栏的样式应与桥梁、道路、周围建筑风格协调一致。 (5)人行护栏的结构形式应便于安装,易于维修,材料应环保。 (6)机动车道两侧的人行护栏上不应安装广告

分 隔 设 施　表 20-18

项　目	内容与图例
类型与位置	(1)双向六车道及以上的道路,当无中央分隔带且不设防撞护栏时,应在中间带设分隔栏杆,栏杆净高不宜低于1.10m;在有行人穿行的断口处,应逐渐降低护栏高度,且不高于0.70m,降低后的长度不应小于停车视距;断口处应设置分隔柱。 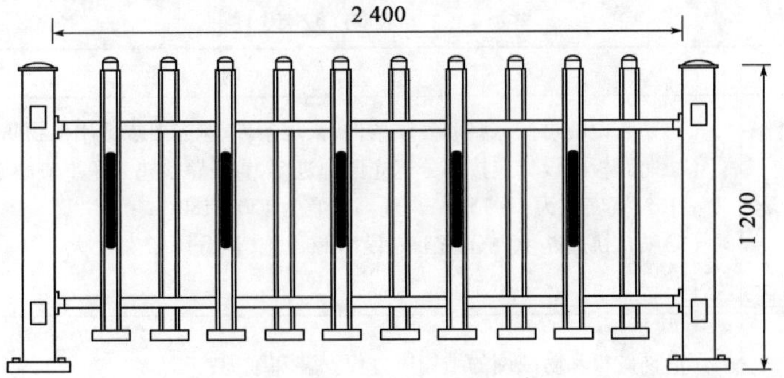 分隔栏杆尺寸(尺寸单位:mm)

续上表

项　目	内容与图例
类型与位置	(2)双向四车道及以上的道路,机动车道和非机动车道为一幅路设计,应在机动车道和非机动车道之间设置分隔栏杆。 (3)非机动车流量达到饱和或机动车有随意在路边停车现象时,机动车道和非机动车道为一幅路断面,宜在机动车道和非机动车道之间设置分隔栏杆。 (4)机动车道和非机动车道为共板断面,路口功能区范围宜设置非机动车和机动车分隔栏杆;在路口设置时,应避免设置分隔栏杆后妨碍转弯和掉头车辆的行驶。 (5)非机动车道和人行道为共板断面,宜在非机动车道和人行道之间设置分隔栏杆。 (6)非机动车道高于一边侧地面有跌落危险时,应在非机动车道边侧设置分隔栏杆。 (7)人行道和绿地之间可根据情况设置分隔栏杆。 (8)人行道和停车场、设施带之间,需要进行功能分区的位置设置分隔栏杆。 (9)交叉口人行道边缘、行人汇聚点的边缘可设置分隔柱
结构	(1)分隔设施的高度应根据需要确定;分隔柱的间距宜为1.3~1.5m; (2)分隔设施的结构应坚固耐用、便于安装、易于维修,宜为组装式; (3)分隔设施的颜色宜醒目,没有照明设施的地方,分隔设施表面应能反光; (4)分隔栏杆在符合设置的路段应连续设置,不应留有断口

隔离栅和防落物网、防眩设施、声屏障 表20-19

项　目	内　容
隔离栅	城市快速路主路及设计速度大于或等于60km/h的匝道两侧应设置隔离栅,但下列情况可不设置隔离栅: (1)路侧有水渠、池塘、河湖、山体等天然屏障时; (2)路基边坡或挡土墙直立坡度大于2:1的路段,且道路与相邻地面高度差大于1.8m时
防落物网	行人通行的桥梁跨越轨道交通线、铁路干线、设计速度大于或等于60km/h的道路时,人行道外侧应设置防落物网,设置范围应为被跨越道路或轨道交通线、干线的宽度并向两侧各延长10m
结构	(1)隔离栅的高度不应低于1.8m; (2)防落物网的高度不应低于2.0m; (3)隔离栅和防落物网的网眼不应大于50mm×100mm; (4)隔离栅应与桥梁结构、挡土墙构筑物或山体等连接形成闭合系统,出入口位置不能形成围合的,应在隔离栅端头处设置禁止行人通行的禁令标志,且应在相对应的中央隔离带设置隔离栅,连续长度宜大于100m

防眩设施 表20-20

项　目	内　容
设置条件	(1)防眩设施可按道路的气候条件、景观条件、遮光要求选用植物防眩、防眩板、防眩网等形式; (2)防眩板的设计应按部分遮光原理进行,直线路段遮光角不应小于8°,平、竖曲线路段遮光角应为8°~15°,宽度宜为8~15cm,离地高度宜为120~180cm; (3)城市快速路中央分隔带应设防眩设施,但分隔带宽度大于9m,或双向路面高差大于2m的可不设
设置要求	(1)防眩板和防眩网的结构应方便安装和维护; (2)防眩设施的高度、结构形式、设置位置变化时应设置过渡段,过渡段的长度宜为50m; (3)应避免在防眩设施之间留有断口

声　屏　障　　表 20-21

<table>
<tr><th>项　　目</th><th>内容与图例</th></tr>
<tr><td>设置要求</td><td>
根据现行国家标准《声环境质量标准》(GB 3096—2008)进行声环境评价的结果不符合标准的路段,采取其他降噪措施仍达不到要求的,应设置声屏障。
《中华人民共和国环境噪声污染防治法》第 36 条规定:“建设经过已有的噪声敏感建筑物集中区域的高速公路和城市高架、轻轨道路,有可能造成环境污染的,应当设置声屏障或者采取其他有效的控制环境噪声污染的措施。”
对噪声敏感的建筑物指城镇新建、扩建和改建的住宅、学校、医院及旅馆等 4 类建筑中的主要用房。
对噪声不敏感的建筑物系指本身无防噪要求的建筑物,如商业建筑,以及虽有防噪要求,但外围防护结构有较好的防噪能力的建筑物,如有空调设备的旅馆。
声屏障按其结构外形可分为:直板式、圆弧式、悬臂式、半封闭式、全封闭式等;按降噪方式可分为:吸收型、反射型、吸收反射复合型。由于声屏障的类型各异,在降噪效果、造价、景观方面各有特点。因此,在设计声屏障时应根据受声点对声环境的要求、当地的社会经济状况、自然地理环境来合理地选择外形和材料。
声屏障具有降噪、节约土地、美观漂亮等特点。从地产开发商和用户的角度出发,声屏障是一个最直接有效的隔声措施。经科学设计的隔声屏在国内外已广泛应用于公路交通噪声污染的防治,最多可达 10dB(A)的降噪效果
</td></tr>
<tr><td>设置位置</td><td>
(1)声屏障的最佳位置应根据道路与防护对象之间的相对位置、周围的地形地貌进行设置。
声屏障安装位置的选择原则是声屏障靠近声源、受声点,或者可利用的土坡、堤坝等障碍物等,力求以较少的工程量达到设计目标所需的声衰减。
(2)根据道路与防护对象之间的相对位置、周围的地形地貌,应选择最佳的声屏障设置位置。由于声屏障通常设置在道路两旁,而这些区域的地下通常埋有大量管线,故应该做详细勘察,避免造成破坏。
(3)对安静要求较高的民用建筑,隔声屏宜设置于本区域主要噪声源夏季主导风向的上风侧
</td></tr>
<tr><td>结构</td><td>
声屏障的结构设计除应符合国家现行标准《声屏障声学设计和测量规范》(HJ/T 90—2004)的规定外,还应满足结构自重及风荷载的要求
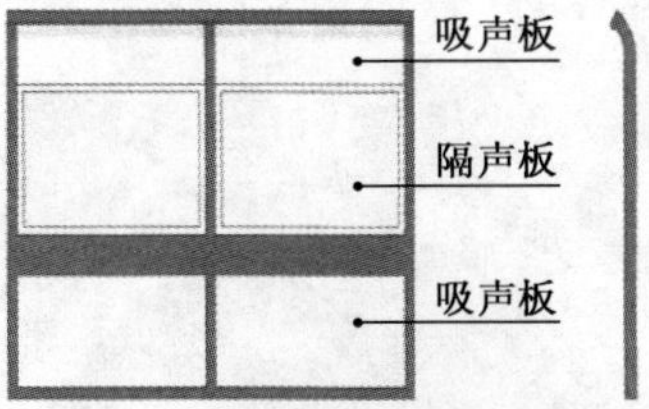

a)直壁式声屏障
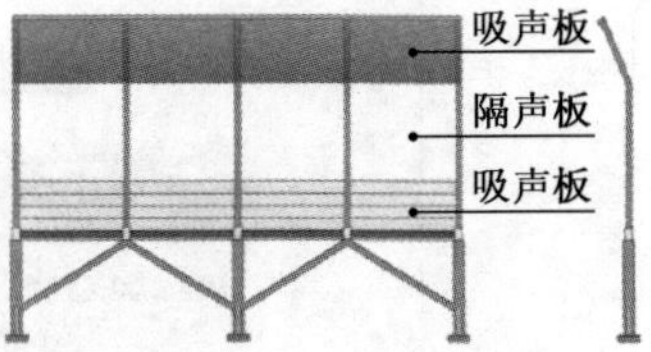

b)折壁式声屏障
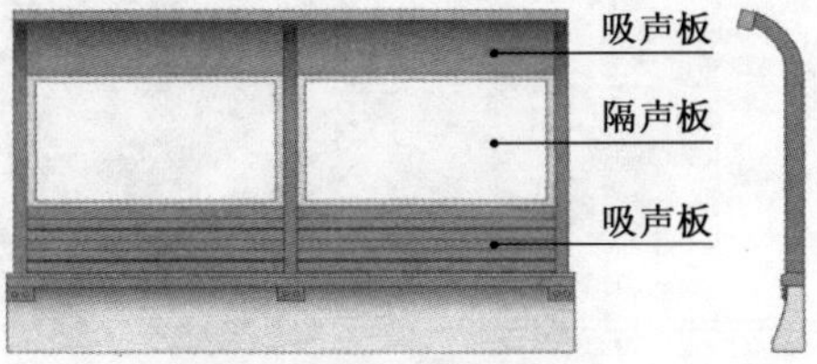

c)弧形声屏障
</td></tr>
</table>

(4)交通信号灯

交 通 信 号 灯　　表 20-22

<table>
<tr><th>项　目</th><th colspan="2">内　　容</th></tr>
<tr><td rowspan="3">一般规定</td><td colspan="2">(1)交通信号灯应能被道路使用者清晰、准确地识别,应能保障车辆和行人安全通行。
(2)交通信号灯的配置应与道路交通组织相匹配,应有利于行人和非机动车的安全通行,有利于大容量公共交通车辆的通行,有利于提高道路通行效率。
(3)交通信号灯设备应安全可靠,能够长期连续运行。当交通信号灯设备出现故障时,任何情况下均不得出现相互冲突的交通信号
典型平面交叉口交通信号灯设备实例</td></tr>
<tr><td>信号灯视认范围和可设置机动车信号灯的位置</td><td>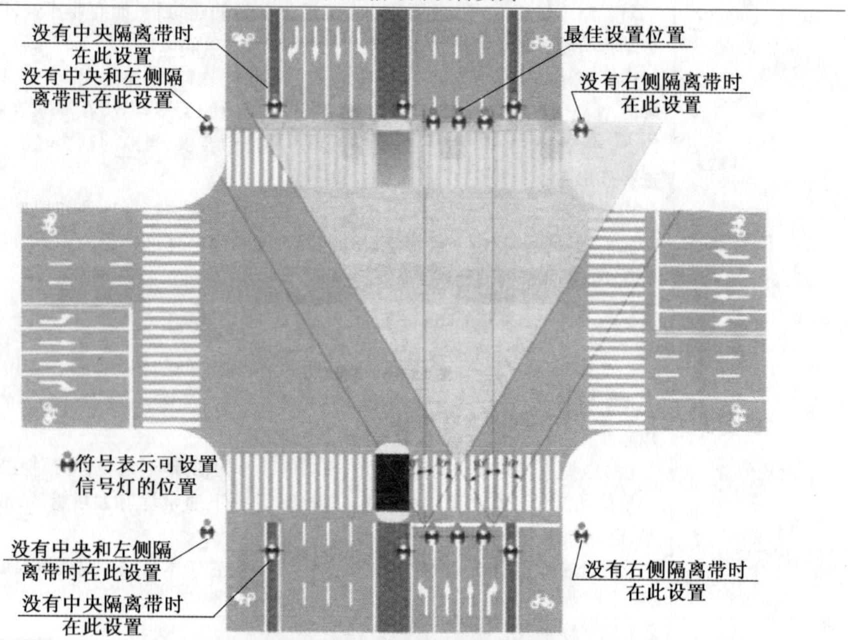
</td></tr>
<tr><td>环形信号灯设置示例</td><td>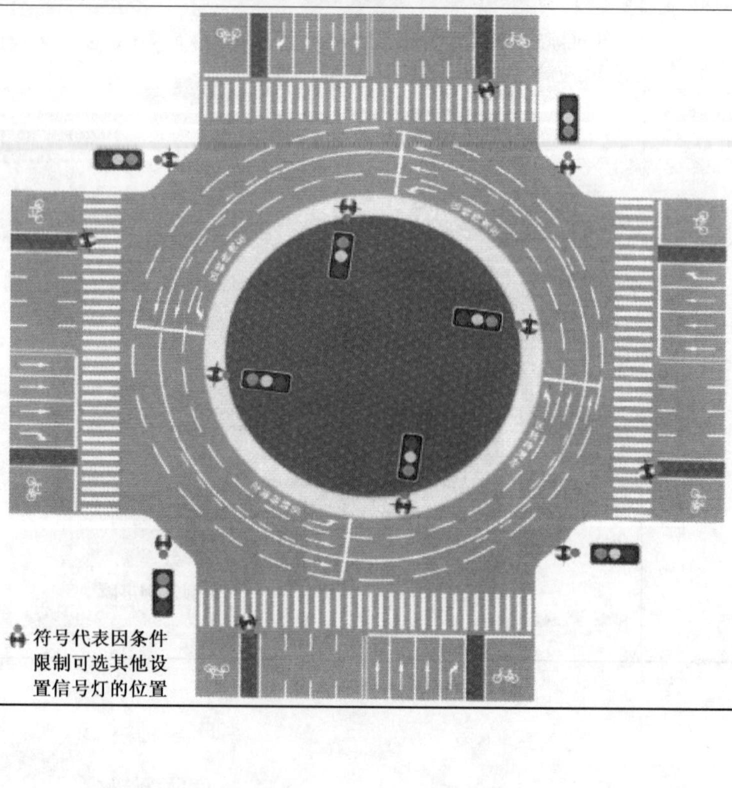
</td></tr>
</table>

续上表

项　目		内　容
信号灯设置		(1)城市道路的平面交叉口设置交通信号灯的条件,应根据路口情况、交通流量以及交通事故率等因素确定。 (2)交通信号灯的视认范围应根据车速和车道布置情况确定。交通信号灯的视认范围内不应存在盲区,不能满足时,应在适当位置增设同类信号灯。 (3)城市道路的特大桥、长大隧道等路段,可根据交通组织要求或设施养护要求设置车道信号灯。可变车道、收费口和检查通道应设置车道信号灯。 (4)全封闭道路中实施控制的匝道,应设置匝道控制信号灯。 (5)行人信号灯应有倒计时显示或者闪烁提示。倒计时或闪烁提示时间应保证行人能安全通过路口。 (6)道路交叉口的交通信号周期不宜大于180s。 (7)交通信号灯设置倒计时显示时,其颜色应与被计时的信号灯一致。 (8)交通信号灯及其安装支架均不得侵入道路建筑限界 典型平面交叉口交通信号灯设置实例
	信号灯设置位置	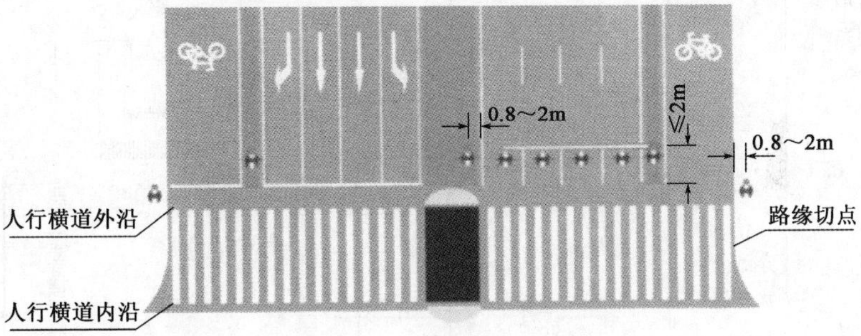
	人行天桥信号灯设置	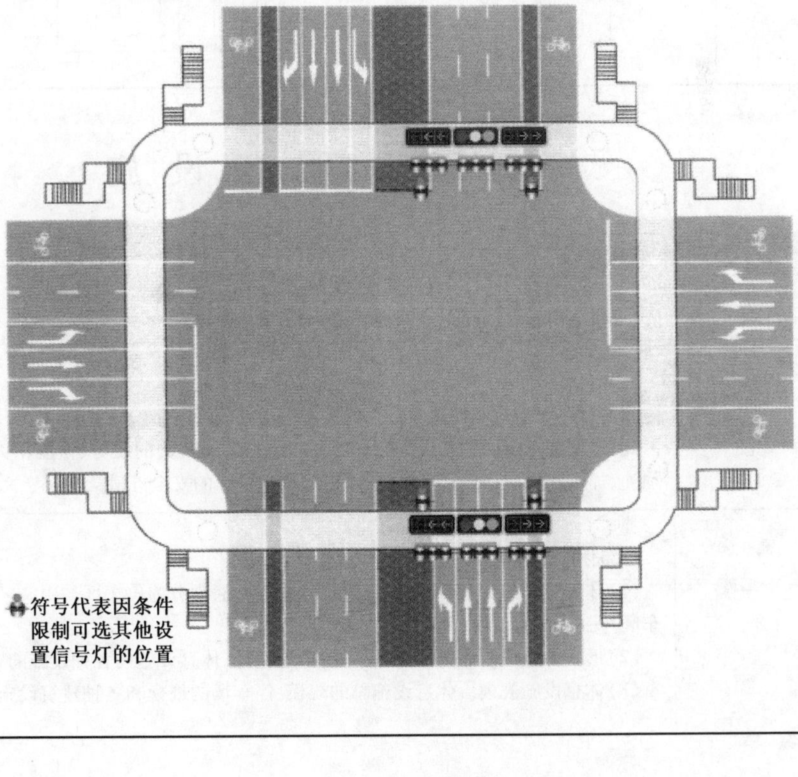

续上表

<table>
<tr><th>项　目</th><th colspan="2">内　容</th></tr>
<tr><td rowspan="2">交通信号控制系统</td><td colspan="2">(1)交通信号控制系统的建设。应根据城市道路交通流的分布由点控、线控逐步过渡到系统协调控制。
(2)城市主干路交通信号灯宜实施绿波协调控制。绿波协调控制可以提高道路通行效率。路网或路段上的绿波方案以所有交叉口都采用相同的周期长度为前提。设计绿波方案时应考虑时段车速、连续车道、人行横道、信号相位与相位数、相序等因素。
(3)协调控制范围内的各路口交通信号配时参数,应根据交通流量和流向确定,并满足区域协调控制的要求。各路口交通信号配时参数包括周期、相位、绿信比、相位差等,这些参数应在基于区域协调控制的目标下,根据各进口道流量、流向、饱和度等计算而得。
(4)交通信号控制系统应设置监控中心。交通信号控制系统应具有下列功能:①对各信号灯进行远程监视和控制;②对各信号灯配时参数进行远程配置;③对各信号灯设备进行故障监测和报警;④实施协调控制。
(5)交通信号控制系统宜具备交通信息采集与传输功能
交通信号管线布设实例</td></tr>
<tr><td>信号灯穿线手孔井布置</td><td>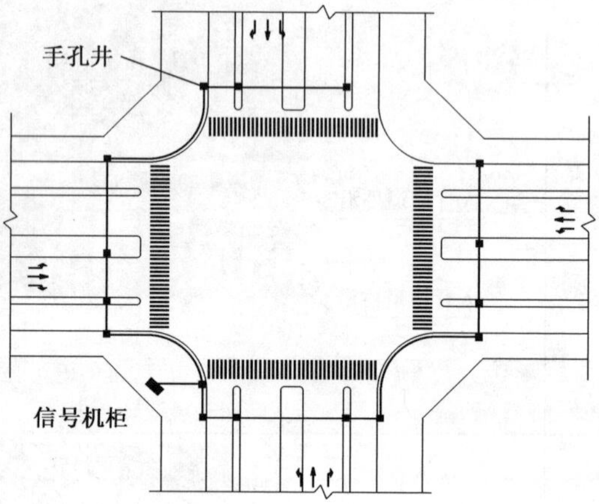
</td></tr>
</table>

20.3 服务设施

20.3.1 公路休息设施

公路休息设施　表20-23

项　目	含义与图例
概念	高速公路长途行车使驾驶员生理和心理受到较大的影响,如易产生疲劳、精力分散、注意力不集中,因此,安全性下降。休息设施的设置无疑是消除驾驶员的疲劳、恢复精力最好的措施,同时也给汽车加油、加水和检修提供必要条件,以达到长途行车的安全舒适
内容	道路休息设施主要研究内容: (1)休息设施的种类、组成及设置。休息设施通常分为停车区与服务区,哪一区由哪些部分组成,停车区与服务区的规划,设置地点选择、合理间距。 (2)形式与组成。服务区、停车区的类型选择,休息设施内各种设施的布置。 (3)休息设施规模。休息设施总的规模、停车场的规模和各种建筑设施规模大小的确定与确定方法

续上表

<table>
<tr><th>项　目</th><th>含 义 与 图 例</th></tr>
<tr><td>内容</td><td>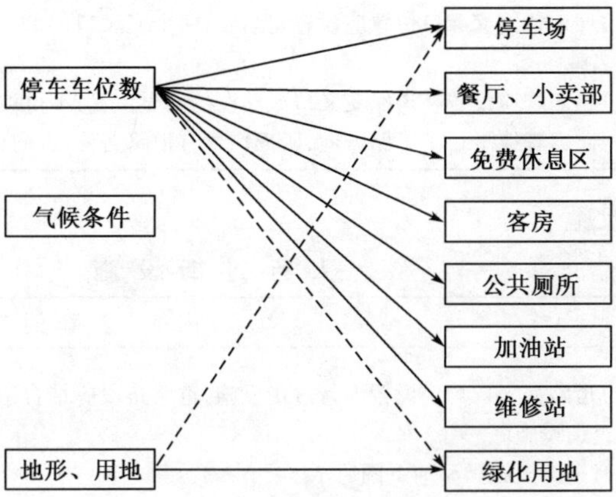

车位规模关系图</td></tr>
</table>

20.3.2 城市道路服务设施

(1)一般规定

一 般 规 定 表 20-24

项　目	内　容
类型	服务设施包括:人行导向设施、人行过街设施、非机动车停车设施、机动车停车设施和公交停靠站等
要求	(1)服务设施,应根据规划条件、道路布置情况统一设置。服务设施设置应与景观、环境相协调。 (2)服务设施应与其他交通设施协调布置,避免相互干扰,影响使用。 (3)服务设施的布置应符合无障碍环境设计要求

(2)人行导向设施

人 行 导 向 设 施 表 20-25

项　目		内　容
概念		人行导向设施要为行人提供连续、安全、便利、通畅的导向服务。城市区域道路、建筑众多,车流量大,行人接触众多信息,不熟悉者难以选择安全便捷的路线,需要导向设施的引导。导向设施要配合人行设施设置,引导行人便捷、安全地到达目的地。 人行导向设施有人行路线指示设施和地图导向设施等,路线指示设施主要是步行者导向牌。 地图导向设施应反映周边建筑、设施位置,便于步行者安排行进路线。地图导向设施涵盖区域范围应便于行人使用,避免范围小导致的信息量小,或范围过大而造成的使用不便
设置原则		(1)人行导向设施和路名牌等应设置在设施带内,并不应占用行人的有效行走空间。 (2)人行导向设施和路名牌应统一规划、布置,方便使用
设置方法	人行导向设施	(1)步行街、商业区、比赛场馆、车站、交通枢纽等人流密集区域,以及在道路交叉口和公共交通换乘地点附近,宜设置人行导向设施;路段导向设施的设置间距应为 300 ~ 500m。 (2)导向设施应内容明确、易懂,具有良好的可视性、避免遮挡,保持标志面的清晰、整洁。 (3)枢纽、广场、比赛场馆和大型建筑物周边道路的人行导向设施,应结合其内部人行系统进行设置。 (4)导向设施的设置可结合周边环境艺术化设置,但要易于辨认,清晰、易懂。 (5)人行导向设施布置应保证行人通行的连续性和安全性,构成完整的人行导向标志系统;人行导向设施可有路线指示设施和地图导向设施等。 (6)路线导向设施应反映 1 000m 范围内的人行过街设施、公共设施、大型办公和居住区的行进方向。地图导向设施应反映附近人行过街设施、公共设施、大型办公和居住区的位置

续上表

项目		内容
设置方法	路名牌	(1)城市道路交叉口位置应设置路名牌,两个交叉口间的距离大于300m的路段应在路段范围内设置路名牌。 (2)路名牌应设置在道路交叉口或路段的明显位置,不得被遮挡。 (3)路名牌应平行于道路方向,版面应含有道路名称、方向,并应有门牌号码

(3)人行过街设施

人行过街设施 表20-26

项目	内容与图例
人行过街设施	(1)道路交叉口均应设置人行过街设施,道路路段应结合道路等级、路段长度及行人过街需求设置人行过街设施。 人行过街设施类型如下图所示。 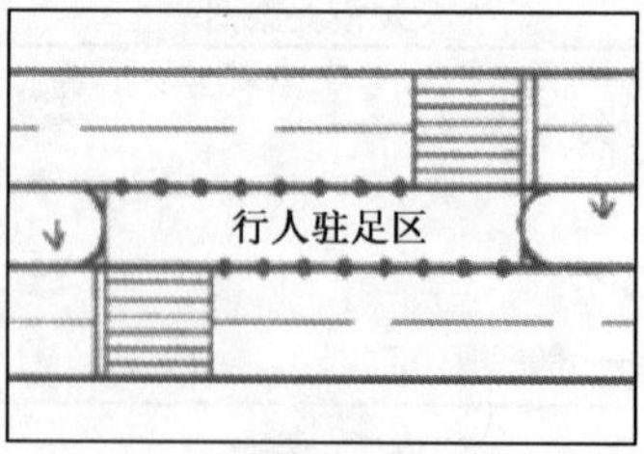 a)路段 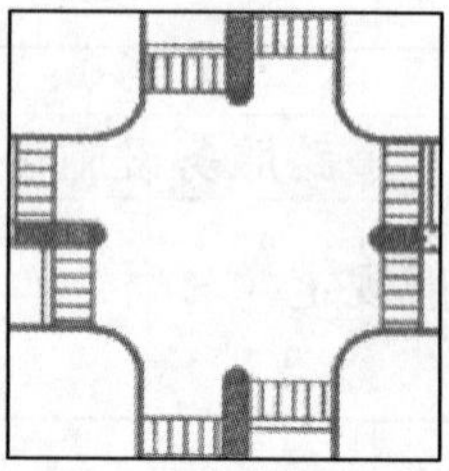 b)交叉口 (2)快速路和主干路上人行过街设施的间距宜为300～500m,次干路上人行过街设施的间距宜为150～300m。 (3)交通枢纽、商业区、大型体育场馆等人流量密集地点,应设置相应的过街设施。 (4)城市快速路过街设施应采用立体过街方式。其他城市道路以平面过街方式为主,立体方式为辅,且应优先考虑人行地面过街。 (5)人行天桥和地道应与路侧人行系统相连接,形成连续的人行通道;其通行能力须满足该地点行人过街需求。 交叉口人行过街设施布设形式如下图所示。 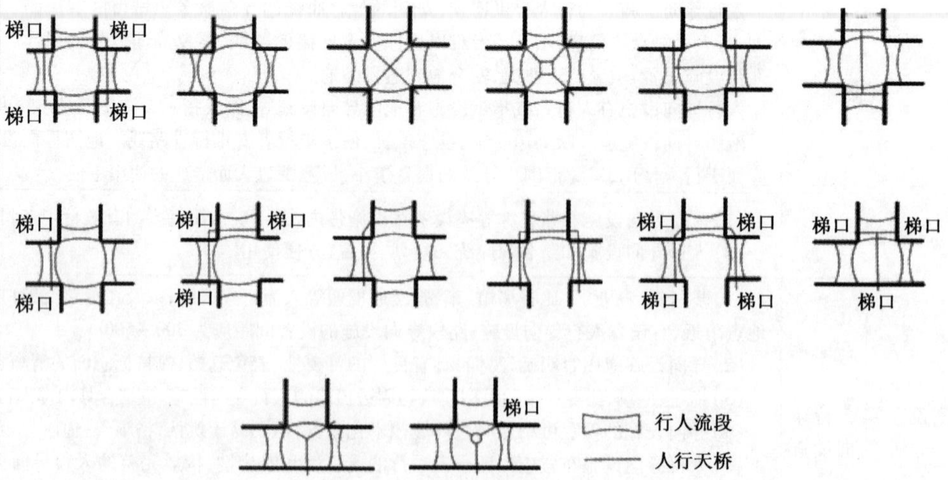 (6)在商业区、交通枢纽等人车密集地点,宜结合建筑物内部人行通道设置连续的立体过街设施,形成地下或空中人行连廊

续上表

<table>
<tr><th>项　　目</th><th colspan="2">内 容 与 图 例</th></tr>
<tr><td rowspan="2">平面过街设施</td><td colspan="2">（1）人行横道应设置在车辆驾驶员容易看清的位置，宜与车行道垂直。
（2）信号灯管制路口，应施画人行横道标线，设置相应人行信号灯。无信号管制及让行管制交叉口应施画人行横道标线外设置注意行人的警告标志，并应在人行横道上游机动车道上施画人行横道预告标志线。
（3）道路交叉口采用对角过街时，必须设置人行全绿灯相位。
（4）人行横道的宽度与过街行人数及信号显示时间相关，顺延主干路的人行横道宽度不应小于 5m；顺延其他等级道路的人行横道宽度不宜小于 3m，以 1m 为单位增减。
（5）当路段或路口进出口机动车道大于或等于 6 条或人行横道长度大于 30m 时应设安全岛。安全岛的宽度不应小于 2m，困难情况不应小于 1.5m。
（6）人行安全岛在有中央分隔带时宜采用栏杆诱导式。无分隔带时宜采用斜开式。
（7）居民区道路设计宜采用交通宁静措施保障行人安全；可通过设置减速角、减速陇、弯曲路段和环岛等降低车速。
（8）与公交站相邻的人行横道，应设置在公交站进车端，并设在公交车停靠范围之外</td></tr>
<tr><td>交叉口非机动车交通信号设置示例</td><td>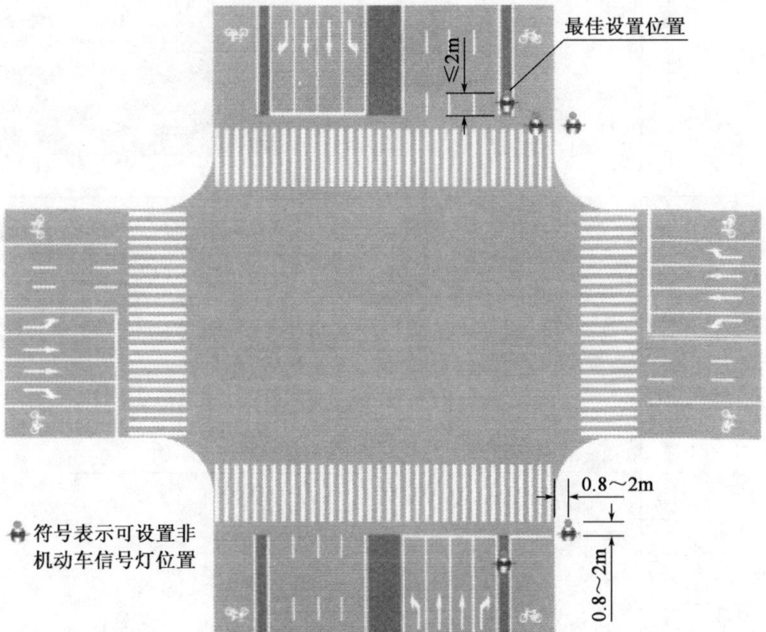
a）非机动车信号灯设置位置图

b）非机动车信号灯设置数量及排序图</td></tr>
</table>

续上表

<table>
<tr><th>项　　目</th><th colspan="2">内 容 与 图 例</th></tr>
<tr><td>平面过街设施</td><td>立交桥下非机动车交通信号设置示例</td><td>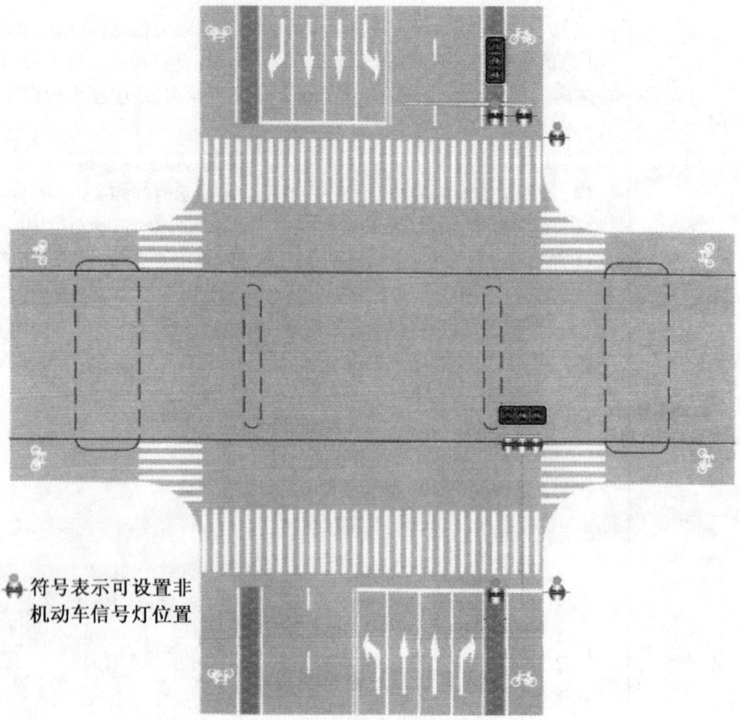
</td></tr>
<tr><td rowspan="3">路段人行横道信号灯</td><td colspan="2">(1)双向机动车车道数达到或多于 3 条,或双向机动车高峰小时流量超过 750pcu 及 12h 流量超过 8 000pcu 的路段上,当通过人行横道的行人高峰小时流量超过 500 人次时,应设置人行横道信号灯。
(2)不具备上述条件但路段设计车速超过 50km/h 时,应设置按钮式行人信号灯。
(3)学校、幼儿园、医院、养老院等特殊人群聚集地点及行人事故多发区域等有特殊要求且无人行过街设施的,应设置人行横道线,并设置人行信号灯
路段人行横道信号灯设置实例</td></tr>
<tr><td>闪光警告信号灯设置位置示例</td><td>盲人过街声响提示装置</td></tr>
<tr><td>
</td><td>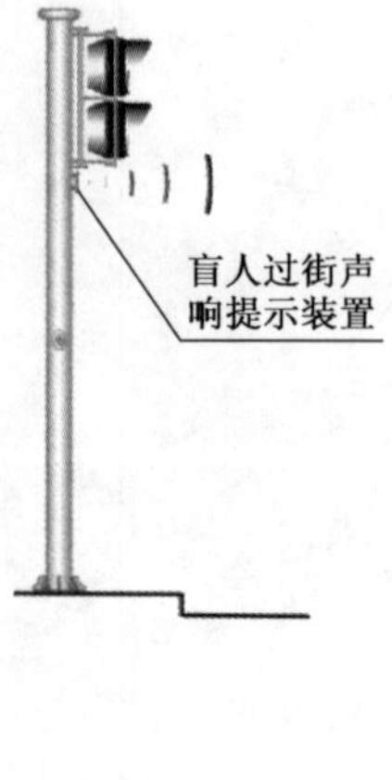
</td></tr>
</table>

(4)停车设施

停 车 设 施 表 20-27

<table>
<tr><th colspan="2">项 目</th><th>内 容 与 图 例</th></tr>
<tr><td colspan="2">非机动车停车设施</td><td>(1)非机动车停车设施要与人行系统连接,并设置指示标志。
(2)大型公共交通枢纽和重要公共交通车站。应根据非机动车驻车换乘需求,结合自身设计设置非机动车停车场。大型建筑应根据需求设置适当容量的非机动车停车场。
(3)非机动车停车场的规模应根据所服务的公共建筑性质、平均高峰口吸引车次总量,平均停放时间、每日场地有效周转次数以及停车不均衡系数等确定。
(4)非机动车停车需求较小的公交停靠站,可布设路侧停车设施,设置非机动车车架和围栏。若非机动车停车需求大于 30 辆自行车,应设置专门停车场。
(5)非机动车存车架和围栏的设置应与道路、交通组织和市容管理要求相适应,与交通护栏结合设置,方便实用、经济美观。
(6)非机动车存车架和围栏应设置在道路的设施带内,且不应压缩人行道的有效人行通行宽度。存车架的设置应保证非机动车车身放置不超过路缘石外沿。围栏高度不应超过 1.3m</td></tr>
<tr><td rowspan="3">机动车停车设施</td><td>停车场</td><td>(1)机动车公共停车场的位置和规模要符合城市规划的要求,结合交通组织、区域停车需求、用地条件和道路交通条件等组织;
(2)商业区、大型体育场馆、大型建筑等停车需求较大的地点可根据其交通组织设置一定规模的停车场;
(3)停车场入口与城市道路连接通道的长度,应满足高峰时段进场车辆排队长度的要求;
(4)进出车辆多的停车场宜设置多个收费口,收费口服务能力应满足车辆进出需求;
(5)应合理设置停车场内车流线和人行流线,避免交叉,人流量大的停车场人行出入口应分散布置;
(6)停车场的内部交通组织应与场地周边交通条件相符合,出入口及停车场内应设置交通标志、标线以指明场内通道和停车车位;
(7)停车场内部步行系统应与周边人行通道连接,人行流线宜用标线、标志,与机动车流线交叉时,应设交通标志、标线;
(8)停车场出入口应有良好的通视条件,并设置交通标志
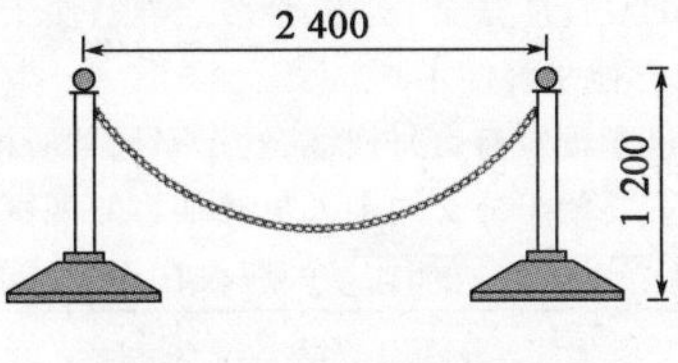

围栏尺寸(尺寸单位:mm)</td></tr>
<tr><td>路侧停车位</td><td>(1)路侧停车位作为停车场的补充,应合理设置;
(2)路侧停车位的设置应避免影响非机动车的正常通行,不应侵占非机动车通行空间;
(3)道路交叉口、建筑物出入口及公交站台附近不得设置路侧停车设施;
(4)路侧停车应规定车种类型、停放时间,通过标志给予告示;
(5)路侧停车位的设置应避免对机动车道内车辆行驶的影响</td></tr>
<tr><td>出租车停靠站</td><td>(1)交通繁忙、行人流量大、禁止随意停车的地段,应设置出租车停靠站,并根据需求合理确定停靠站规模和形式;
(2)应结合人行系统设置,方便乘客;
(3)出租车停靠站要配有标志系统;
(4)停靠站布置根据道路交通条件可采取直接式或港湾式;
(5)需求量大的停靠站,宜预留乘客排队空间,并根据需要设置排队设施</td></tr>
</table>

续上表

<table>
<tr><th colspan="2">项　目</th><th colspan="2">内 容 与 图 例</th></tr>
<tr><td rowspan="5">公交停靠站</td><td rowspan="3">停靠站</td><td colspan="2">(1)公交停靠站应结合城市规划、公交线路组织、沿线公交需求及道路条件等规划设置；
(2)设置于道路立交的公交停靠站，停靠站间换乘宜为立体换乘，公交停靠站位于交通枢纽和地铁站附近，应统一设置，方便换乘；
(3)道路交叉口附近公交停靠站设置，应方便换乘，并减少对其他交通的影响；
(4)快速公交专用车站应满足快速公交运营要求
交叉口前(后)公交停靠站设置实例</td></tr>
<tr><td>实例</td><td>简图</td></tr>
<tr><td>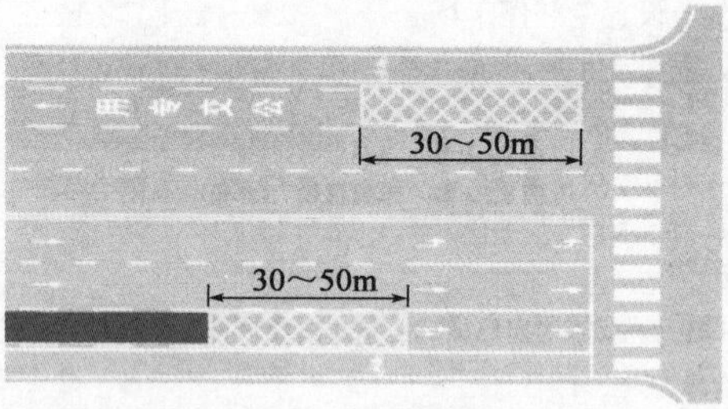
</td><td>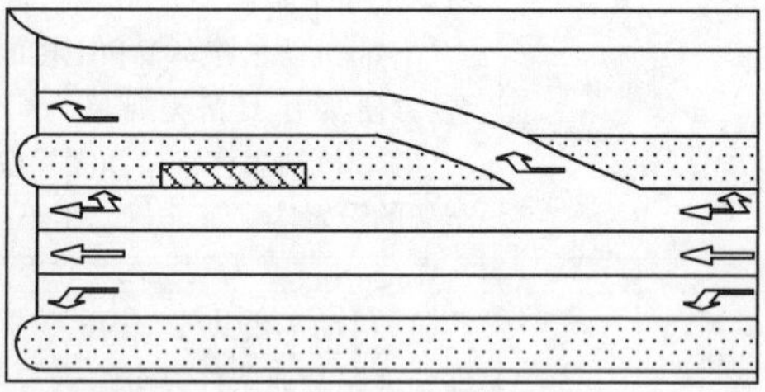</td></tr>
<tr><td>停靠站台</td><td colspan="2">(1)站台长度不宜小于2个停车位。当多条公交线路停靠时，车站通行能力应与各条线路最大发车频率的总和相适应。当停车位大于6辆车长或停靠线路多于6条，可分组分区段设置。
(2)城市主干路应采用港湾式公交停靠站，车流量大的次干路宜采用港湾式公交停靠站；快速路上设置的公交停靠站应满足现行行业标准《城市快速路设计规程》(CJJ 129—2009)的规定。
(3)常规公交车停靠站站台铺装宽度根据候车人流量确定，一般不应小于2m，条件受限时，不得小于1.5m，快速公交专用站台，双侧停靠的站台宽度不应小于5m，单侧停靠的站台宽度不应小于3m。
(4)设置在主路的公交站台应在辅路设置人行过街设施，并根据需要设置主路的人行过街设施。
(5)机动车与非机动车混行路段，公交站台处宜在站台外侧设置非机动车道。
(6)两条以上公交线路停靠的车站，站台宜设置排队用的人行护栏</td></tr>
<tr><td>候车亭</td><td colspan="2">(1)候车亭的设计应安全、实用、经济、美观，便于乘客遮阳、避雨雪，与周围景观相协调。亭内宜设置座椅、靠架，方便乘客使用。
(2)候车亭进车端应有良好视线，候车亭尺寸应根据需求设计并与站台相协调。
(3)站牌设置要便于公交司乘人员及乘客的观察和寻找。根据是否设置候车亭进行布置。
(4)站台分组分区段设置时，站牌应设在相应区段内</td></tr>
</table>

20.4 机 电 设 施

20.4.1 机电系统

机 电 系 统　　表20-28

项　目	含 义 与 图 例
概念	机电系统是发挥道路设施交通功能的主要辅助系统，是对高速公路实施现代化管理(实时和数据管理)的主要工具。机电系统是包含多个子系统，以电子、电气、控制、通信、机械和交通工程等技术为基础的综合性大系统
组成	机电系统由监控、收费、通信、照明、供配电和隧道安全运行保障等子系统组成。子系统内部和各子系统间由通信网联系，系统组成见下图。其中，监控和收费系统大都为计算机控制系统，通过光缆数字通信连接成远程计算机网络，各网络间信息共享

续上表

项 目	含义与图例
组成	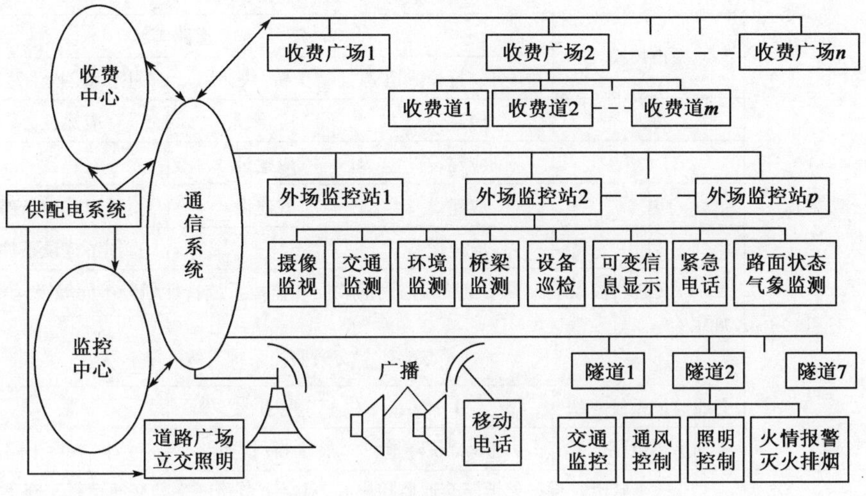 机电系统组成

20.4.2 监控系统

(1)公路监控系统

公路监控系统　　表 20-29

项 目	含 义
概念	如果把交通安全设施作为车辆高速、安全、舒适行驶的静态保障系统,监控系统则是其动态保障系统。车辆抛锚、货物散落等交通事故虽然是偶然的,但却是不可避免的,一旦发生,必然对高速公路交通产生干扰。在交通量不大的情况下,这些交通事故可能不会造成交通阻塞,但也需要及时组织救援,在交通量增长到一定程度时,偶发的交通事故将会造成交通阻塞,此时要尽快发现交通事故并及时组织救援、清理路障;在交通量达到高峰时,某些路段不发生偶然性事件也会发生交通阻塞,此时应该有相应的措施去避免、减少或缓解这种交通异常情况。这一切都是交通监控系统的任务
组成	监控系统包括信息采集系统、信息提供系统和监控中心三大部分。信息采集系统收集公路上的实时交通信息,从而判断交通运行状态正常与否;信息提供系统把交通运行状态或控制指令告知驾驶人员,以便参考或遵循;监控中心则是监控系统中实时信息的分析处理和指令的决策发布的中枢部分。根据交通需求和道路路况的不同,交通监控系统又分为主线控制、匝道控制和隧道控制等类型

(2)城市道路交通监控系统

城市道路交通监控系统　　表 20-30

项 目	内容与指标
一般规定	(1)为提高城市道路交通管理和服务水平,宜设立交通监控系统。 (2)交通监控系统应由监控中心、外场监控设施和信息传输网络等组成,应具备信息采集、分析处理、信息发布和交通控制管理,以及与其他信息系统的信息交换和资源共享等全部或部分功能。 (3)交通监控系统的建设应根据道路等级和城市规模,并结合城市经济发展阶段以及交通量和交通管理需求等因素综合考虑,并应按下表的要求确定。

续上表

<table>
<tr><th>项　目</th><th colspan="5">内 容 与 指 标</th></tr>
<tr><td rowspan="11">一般规定</td><td colspan="5">交通监控系统设置条件</td></tr>
<tr><td rowspan="2">城市规模</td><td colspan="4">道路等级</td></tr>
<tr><td>中/长/特长隧道</td><td>特大桥/快速路</td><td>主干路/次干路</td><td>支路</td></tr>
<tr><td>特大</td><td>应建设</td><td>应建设</td><td>应建设</td><td>直预留建设条件</td></tr>
<tr><td>大</td><td>应建设</td><td>应建设</td><td>宜建设</td><td>直预留建设条件</td></tr>
<tr><td>中</td><td>应建设</td><td>宜建设</td><td>直预留建设条件</td><td>直预留建设条件</td></tr>
<tr><td>小</td><td>应建设</td><td>—</td><td>直预留建设条件</td><td>直预留建设条件</td></tr>
<tr><td colspan="5">(4)交通监控系统配置按道路或路网的性质和监控系统特性划分不同等级,等级分类应符合下表的规定</td></tr>
<tr><td colspan="5">交通监控系统等级</td></tr>
<tr><td>交通监控系统等级</td><td>Ⅰ</td><td>Ⅱ</td><td>Ⅲ</td><td>Ⅳ</td></tr>
<tr><td>适用范围</td><td>中/长/特长隧道</td><td>特大桥/快速路</td><td>主干路/次干路</td><td>支路</td></tr>
<tr><td>管理模式</td><td colspan="5">(1)一座城市宜设一处道路交通监控中心,对全市道路网络的交通运行实施集中监控和管理。
(2)当城市道路网络规模较大且路网形态和交通状态具有明显的分区域分散布置特征时,可根据管理需求设置区域交通监控中心。区域交通监控中心宜作为交通监控中心下属的交通监控分中心。
(3)城市特大桥梁和中、长、特长隧道宜设置独立的监控中心,对于地理位置分布较近又便于统一管理的,宜设置联合的监控中心。该监控中心宜作为交通监控中心下属的交通监控分中心</td></tr>
<tr><td>交通监控中心</td><td colspan="5">(1)交通监控中心宜配置监控信息存储和处理计算机系统、闭路电视系统、信息发布和服务系统、应急指挥和处置系统以及信息通信网络系统。
(2)交通监控软件系统宜具备对各类交通相关信息的综合分析处理功能,以及对多种交通状态和交通异常事件的自动检测判断功能,能针对常发性和偶发性交通拥挤或阻塞自动生成交通控制对策方案和应急处置预案,以及相应的信息发布诱导方案</td></tr>
<tr><td>信息采集设施</td><td colspan="5">(1)信息采集设施主要应由交通参数检测器、摄像机、气象检测仪等构成。
(2)Ⅰ级交通监控系统的设备配置应全路段连续设置交通参数检测器、摄像机等设施,实行全路段全覆盖监控。在城市中、长、特长隧道等特殊路段应设置完善的紧急报警设施。
(3)Ⅱ级交通监控系统的设备配置应全路段设置交通参数检测器、摄像机等设施,实行全路段监控。在交通量大的互通立交、出入匝道宜全覆盖设置。
(4)Ⅲ级交通监控系统的设备配置应在道路主要交叉口、互通式立交等重点区段,设置交通参数检测器、摄像机等监控设施。
(5)Ⅳ级交通监控系统的设备配置可根据需求,在道路主要交叉口设置摄像机等监控设施。
(6)在城市特大桥梁等特殊区段,以及恶劣的气象条件可能对交通安全构成威胁的路段宜根据各地的气候特征、管理需求和交通气象服务系统的总体建设要求,设置气象信息检测设备</td></tr>
<tr><td>可变信息标志</td><td colspan="5">(1)可变信息标志主要应显示道路交通状态、交通事件等交通信息。
(2)可变信息标志形式可根据地方使用习惯和发展规划、技术要求等,采用文字板、图形板、文字加图形板等多种形式。
(3)在不影响其使用功能的条件下,可充分利用周围建筑物、门架等设施联合设置可变信息标志</td></tr>
</table>

20.4.3 收费系统

收 费 系 统　　表 20-31

项　目	含 义 与 图 例
系统组成	收费系统包括收费车道、收费站和收费中心三大部分。 收费车道是具体进行收费操作的场所;收费站对收费车道的系统设施和收费业务进行管理;收费中心是一个路段或整条高速公路收费管理的核心机构。

续上表

项　　目	含 义 与 图 例
系统组成	高速公路收费系统的建立往往对交通量影响很大，如何既保证交通畅通，又保证通行费的正常收取，都需要从交通工程学的观点出发，对收费制式、收费方式、站点布设、系统结构和系统运行管理进行认真分析研究，结合工程做出决定 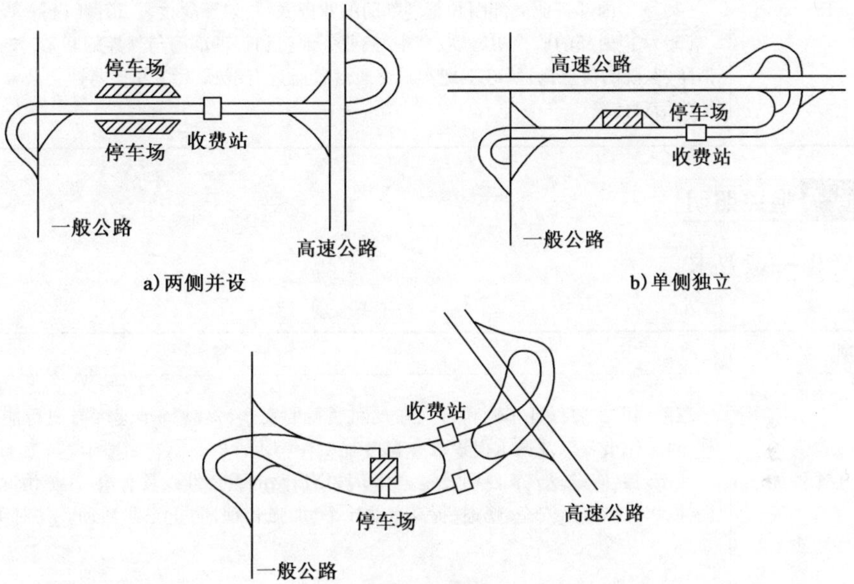 a)两侧并设　b)单侧独立 c)中央集中 高速公路收费站设置形式
收费方式	高速公路收费系统多种多样，按特征可归纳为两类：半自动收费系统和电子收费系统。 开放式、封闭式和混合式三种收费制式的半自动收费方式的收费系统，以停车交费和有收费员为主要特征。 电子收费系统以无收费员和非现金支付为主要特征。其中，不停车、无人工操作、无现金交易是电子收费过程三个主要特征，适用于开放和封闭两种收费方式。 随着交通量的上升，主道收费口车辆堵塞越来越厉害，成为高速公路的瓶颈。增修收费车道可减轻拥挤，但加修一条车道所能增加的车辆有限。同时，也不是所有收费站都有空地可供修建新车道。借助远距传输为主的多种先进电子技术，建成一种新型的电子收费系统。该系统在车前装有作为通行券使用的非接触卡，称为标识卡，它与装在车道上空的收发通信器进行微波通信（交互读、写），验证通行权，判别车辆类型，自动核算并记录通行费额。此时，车辆无需停车，可直接通过，凭借收费数据记录，实现事后无人自动收费，称为电子收费或简称 ETC（Electronic Toll Collection System）

20.4.4 通信系统

通 信 系 统　表 20-32

项　　目	含　　义
概念	公路通信系统在方兴未艾的高速公路建设中应运而生，运行可靠、操作灵活、维护方便的通信系统为高速公路管理提供有效、完整的服务。通信系统的设置主要是为了确保高速公路系统内部语音、数据、图像信息准确、及时地传输，以满足运营管理对应的通信需求
组成	高速公路通信系统由综合业务交换、通信传输、移动通信、紧急电话 4 个部分组成

续上表

项　目	含　义
任务	通信系统是公路现代化管理的支撑系统,它承担三方面任务: (1)承担监控系统和收费系统的数据语音、图像等信息的传输任务,使监控系统和收费系统真正成为系统而正常运转; (2)承担内部各业务部门和管理部门的业务联系,如事故救援、道路、设备、设施维修等; (3)承担内部的监控中心、收费中心、业务部门和管理部门与外界的联系,如与上级管理部门、公安、消防、医院的信息沟通,甚至把实时交通信息通过有线或无线方式向社会公众发布等,所有这一切归结为信息传输

20.4.5 道路照明

(1)一般要求

一般规定　　表 20-33

项　目	内　容
概念	道路照明主要保证车辆和行人在夜间通行的安全,提高行车速度与通行能力,增加运输效益。另外,对美化市容以及城市夜景也有着相当大的作用。 城市道路应设置人工照明设施。基于城市道路的重要性以及车流、人流情况复杂,应设置人工照明设施,以保障交通安全、畅通,提高运输效率,加强管理、防止犯罪活动。并对美化城市环境产生良好效果
类型	道路照明标准可分为机动车道路、非机动车与人行道路照明两类。机动车道路照明应按快速路与主干路、次干路、支路分为三级
要求	(1)道路照明应选择光效高、寿命长的光源,在要求较高的区域可采用显色指数较高的光源;道路照明应根据不同等级的道路眩光限制的要求,选用截光型或半截光型灯具。 (2)道路照明灯具可根据道路横断面形式、宽度、照明要求及环境等设计为单侧布置、双侧交错布置、双侧对称布置、中心对称布置等,大中型立交、交通枢纽可采用高杆照明形式。 (3)城市道路中的隧道,应设置隧道照明。隧道照明可分为入口段、过渡段、中间段和出口段。 (4)道路照明应采用自动控制;道路照明控制宜采用时控为主、光控为辅的控制模式;采用时间控制的道路照明宜按所在地理位置和季节变化分时段确定开关灯时间。 (4)设计中尽可能使道路满足采用标准中低档值的条件,是最有效的节能方法;使用高光效光源和高效率灯具可以从根本上节能;气体放电灯的功率因数较低,通过改进镇流器和电容补偿等方法提高功率因数,可减少线路损耗;通过调光、减光等手段以及控制合理的开、关灯时机,确保仅在需要时投入合适的照明;自清洁灯具可提高维护系数,保证灯具的效率;照明功率密度(LPD)是道路照明节能的量化指标之一

(2)照明指标

机动车道路照明　　表 20-34

项　目	内　容
类型	机动车道路照明应以路面平均亮度(或路面平均照度)、路面亮度总均匀度和纵向均匀度(或路面照度均匀度)、眩光限制、环境比和诱导性为评价指标
要求	城市道路照明应根据道路功能及等级确定其设计标准。照明标准值应符合下表的规定,表中高档值和低档值应根据城市的性质和规模以及交通控制系统和道路分隔设施完善性来选择

续上表

项 目	内 容
要求	机动车道路照明标准值

级别	道路类型	路面亮度			路面照度		眩光限制	环境比 *SR* 最小值
		平均亮度 L_{av}(cd/m^2) 维持值	总均匀度 U_O 最小值	纵向均匀度 U_L 最小值	平均照度 E_{av}(lx) 维持值	照度均匀度 U_E 最小值	阈值增量 *TI*(%) 最大初始值	
Ⅰ	快速路/主干路	1.5/2.0	0.4	0.7	20/30	0.4	10	0.5
Ⅱ	次干路	0.75/1.0	0.4	0.5	10/15	0.35	10	0.5
Ⅲ	支路	0.5/0.75	0.4	—	8/10	0.3	15	—

人 行 道 路 照 明 表 20-35

项 目	指 标
类型	人行道路照明应以路面平均照度、路面最小照度和垂直照度为评价指标
要求	人行道路照明标准值应符合下表的规定

人行道路照明标准值

夜间行人流量	区域	平均照度 E_{av}(lx)维持值	最小平均照度 E_{min}(lx)维持值	最小垂直照度 E_{vmin}(lx)维持值
流量大道路	商业区	20	7.5	4
	居住区	10	3	2
流量中道路	商业区	15	5	3
	居住区	7.5	1.5	1.5
流量小道路	商业区	10	3	2
	居住区	5	1	1

注:最小垂直照度为道路中心线上距路面 1.5m 高度处,垂直于路轴平面的两个方向上的最小照度

交叉口道路照明 表 20-36

项 目	指 标
要求	道路与道路的平面交汇区应提高其照度,交汇区照明标准值应符合下表的规定
标准	交汇区照明标准值

交汇区类型	平均照度 E_{av}(lx)维持值	照度均匀度 U_E 最小值	眩光限制
主干路与主干路	30/50	0.4	在驾驶员观看灯具的方位角上,灯具在80°和90°高度角方向上的光强分别不得超过30cd/1 000lm 和 10cd/1 000lm
主干路与次干路			
主干路与支路			
次干路与次干路	20/30		
次干路与支路	15/20		
支路与支路	—		

注:灯具的高度角是在现场安装使用姿态下度量;表中每一类道路交汇区的路面平均照度给出了两档标准值,"/"的左侧为低档照度值,右侧为高档照度值

隧道口道路照明　表 20-37

<table>
<tr><th>项　目</th><th colspan="7">指　标</th></tr>
<tr><td rowspan="7">中间段标准</td><td colspan="7">隧道照明应根据行车速度和交通量确定其设计标准,隧道照明中间段标准值应符合下表的规定
隧道照明中间段标准值</td></tr>
<tr><td rowspan="2">设计速度
(km/h)</td><td colspan="3">双车道单向交通 $N>2\ 400$ 辆/h
双车道双向交通 $N>1\ 300$ 辆/h</td><td colspan="3">双车道单向交通 $N\leqslant700$ 辆/h
双车道双向交通 $N\leqslant360$ 辆/h</td></tr>
<tr><td>L_{av}(cd/m^2)</td><td>U_O 最小值</td><td>U_L 最小值</td><td>L_{av}(cd/m^2)</td><td>U_O 最小值</td><td>U_L 最小值</td></tr>
<tr><td>100</td><td>9</td><td rowspan="4">0.4</td><td rowspan="4">0.6~0.7</td><td>4</td><td rowspan="4">0.3</td><td rowspan="4">0.5</td></tr>
<tr><td>80</td><td>4.5</td><td>2</td></tr>
<tr><td>60</td><td>2.5</td><td>1.5</td></tr>
<tr><td>40</td><td>1.5</td><td>1.5</td></tr>
<tr><td>出入口</td><td colspan="7">隧道入口段、出口段应进行加强照明。入口段其亮度值应根据洞外亮度确定,并通过过渡段过渡至中间段亮度;出口段亮度值应根据中间段亮度确定</td></tr>
</table>

(3)变配电系统

变 配 电 系 统　表 20-38

项　目	内　容
类型	一般道路的照明应为三级负荷,重要道路、交通枢纽及人流集中的广场等区段照明应为二级负荷
要求	(1)正常运行情况下,照明灯具端电压应维持在额定电压的90%~105%。 (2)城市道路照明的配电系统宜预留道路监控等设施的用电量。随着道路管理要求的提高,道路设施越来越完善,道路监控等用电分散,且用电量小的设施,宜由道路照明的配电系统统一规划

(4)设计与施工实例

供电与照明方案　表 20-39

项　目	内容、关系式与指标
设计内容	本实例为城市主干路,计算行车速度为50km/h。本工程即是本实例全线主线、平交口等区段的照明及相关供配电系统的施工图设计
供电方案	根据本路段运营后的用电情况,用电负荷主要集中在全线道路、平立交区照明设施,负荷均为380V/220V。 10kV 电源由公网引入,然后接路灯箱式变电站。在 K0+980、K3+000 及 K5+020 处设 3 台箱式变电站(1 号,2 号,3 号),经 XB-1 号箱变计量、保护后环网出线用 YJV22-8.7/15kV 型高压电缆向 2 号箱式变电站"手挽手"式供电。变压器容量考虑了一定的余量。箱式变压器选用 ZBW101-12/0.4 型户外组合式路灯变电站,箱式变压器低压侧预留安装路灯智能控制箱位置。 (1)供电负荷等级:全线照明设施按"二级负荷"考虑。 (2)配电形式:本次设计采用放射式向照明设施供电,采用树干式向供电范围内的灯具配电。按相间平衡方式进行配电。 (3)变电站设置:全线共设置 2 座 ZBW101-12/0.4 型户外组合箱式变电站。 (4)计量:在 XB-1 号箱变中采用高压计量。 (5)变压器:选用 S11 系列变压器。 (6)无功功率补偿方式:为保证功率因数达到供电部门的要求,在低压侧设集中无功补偿,采用自动补偿装置。 (7)接地:变电站接地电阻不大于4Ω

续上表

项　目	内容、关系式与指标
照明方案	见下文

（1）照明光源：由于高压钠灯技术成熟，寿命较长，光通量较大、光效高，适合对显色性要求不高的公路照明，因此，选用高压钠灯为本路段的照明光源。

（2）照明灯具功率：主线选用 NG250W 照明灯具，以满足本项目的要求。为便于节能控制，每一基路灯配一套高光效节能型半夜灯电子镇流器，在后半夜时将 250W 灯自动调至 150W 或稍高。平交口路灯选用 NG400W 照明灯具。

（3）灯具布置。

①主线照明设计方案：路基部分，沿侧分隔带按 40m 间距布置 10m 单柱双挑臂路灯，每个挑臂配一套 NG250W 照明灯具。

②平交照明设计：本项目中耳朵平面交叉口，结合平交形式，在平交口转角处设置 12m 三火路灯。

（4）主线照明标准。

主线照明标准

道路类型	亮度		照度		眩光限制	诱导性
	平均亮度 L_{av}（cd/m^2）	均匀度 L_{min}/L_{av}	平均照度 E_{av}（lx）	均匀度 E_{min}/E_{av}		
主干路	1.0	0.35	15	0.35	严禁采用非截光型灯具	很好

（5）照明灯主要技术指标。

①灯杆按 40.0m 间距布置；

②灯杆为钢制、内外均热浸锌、静电喷塑，拔梢式，接线箱门带专用安全锁；灯具和杆体的形式和颜色由业主自定；

③光源至路面距离 10.0m，功率 2×NG250W，截光型；

④灯具防护等级 IP65。

（6）照明光源主要技术指标。

按照度要求选择照明设备功率及型号，计算公式为：

$$E_{平均}=\frac{n\cdot\varphi\cdot U\cdot k\cdot N}{W\cdot S}$$

式中：n——每盏路灯中的光源数；

φ——灯泡光通量（Lm）；

U——灯具利用系数（0.8）；

k——维护系数（0.8）；

N——路灯排列方式（$N=1$）；

S——灯杆间距（m）；

W——路面有效宽度（m）。

（7）照明灯具：光源应采用高效、节能、长寿命的高压钠灯，光通量输出应不小于 140Lm/W，光衰至 73% 时工作寿命应不小于 24 000h。高杆灯采用 1 000W 的高压钠灯光源。灯具与电光源配合生产，并保证稳定工作 4 年。

灯具可根据配光设计调整灯具的安装角度，不需用任何工具便可更换光源或进行维修，反光器应采用高纯度铝制造并经过抛光和阳极处理，灯座应具有良好的抗振性能。

灯具防护等级不低于 IP65，并符合 IEC598 标准。

（8）照明灯杆：灯杆杆体应采用高强度钢板压制而成，横断面不应采取任何焊接工序。低杆灯杆体为圆柱形或多边形。杆体底部应设活门，内部可装配电器。杆体设计和制造应符合《高耸结构设计规范》（GB 50135—2006）、《钢结构设计规范》（GB 50017—2003），制造厂商应持有生产许可证。杆体采用浸锌工艺防腐，浸锌厚度大于 86μm 或 610g/m^2 以上。

照明灯杆为内外热浸锌钢制杆体，满足 40m/s 的抗风强度，杆体上无手工焊缝。

（9）照明电源及控制：照明箱变内设置智能灯光控制器进行自动控制，也可手动控制，手动控制用于调整时间和安装、维护时使用。灯光控制器自带 2 路隔离 232/485 接口，符合 MODBUS 工业标准协议。自带 LCD 显示器和键盘，用户可现场控制操作和设置参数，自带 GPRS 无线通信模块，能与控制中心直接建立通信连接。

续上表

项　目	内容、关系式与指标
照明方案	(10)无功补偿及节能:为提高负荷端电压,减小线路压降,满足地方电力部门对功率因数的要求,每个路灯光源均设无功补偿电力电容器。 照明灯具全部就地补偿以减少供电设备及其损耗。 照明采用实时自动控制降低照明灯具的功率以提高照明综合节能指标。 (11)照明供配电线路:路段照明采用 YJV 型"4 + 1"芯电缆穿 ϕ75mm × 2.5mmPVC 管保护后敷设,埋深为 0.8m;过承压地段时穿 ϕ89mm × 4.0mm 钢管保护,埋深为 0.8m。 10kV 高压电缆采用 YJV22 型直埋,位于人行道旁绿化带下方。 照明和高压供电电缆过承压路段时改用 ϕ89mm × 4.0mm 钢管保护后通过。 (12)防雷与接地:为防止触电事故,保障人身安全,照明灯具需进行单杆接地,接地极要与灯基础法兰盘或灯杆良好连接,接地电阻小于 10Ω。若接地电阻达不到要求应增打接地极

土 建 工 程　　表 20-40

项　目	内　容
照明灯杆	灯杆杆体应采用高强度钢板压制而成,横断面不应采取任何焊接工序。低杆灯杆体为圆柱形或多边形。杆体底部应设活门,内部可装配电器
灯杆基础	(1)基础采用钢筋混凝土基础,低杆灯基础顶部与地面平齐。基础浇筑前,地基要进行处理,使地基承载力达到设计要求。 (2)路灯基础开挖后,在基坑边打 1 根 ϕ60mm × 3.0mm × 2 500mm 镀锌钢管接地极,采用 50mm × 5mm 镀锌扁钢与接地极焊接,扁钢一端引出基础顶面,端部开孔,与基础地脚螺栓连接。 (3)接地极做好后,要对接地电阻进行测量,接地电阻要求小于 10Ω,如果接地电阻不符合要求,则应增加接地极数量直至满足要求。 (4)浇筑基础混凝土时,地脚螺栓及预埋钢管应安装牢固,位置准确,螺栓安装垂直,安装前应除去浮锈,并在基础法兰以上的螺栓部分涂上黄油后包扎好,防止碰坏丝扣。 (5)法兰盘安装水平误差应不大于 1%,混凝土浇筑完成后,法兰盘表面应擦拭干净,不得有混凝土或其他异物。 (6)基础法兰盘由基础地脚螺栓上的螺母上、下夹紧,螺栓丝扣露出法兰盘以上的长度不得小于基础图上标注的长度。 (7)预埋钢管通入基础旁人孔内,两端管口堵好,防止异物掉入堵塞管道。 (8)灯杆设计风速 35m/s,地基承载力:路灯应不小于 80kPa,如果地基承载力达不到要求,应采取相应的工程措施对地基进行处理
预埋过路钢管	(1)横穿主线的预埋钢管均采用 ϕ89mm × 4.0mm 镀锌焊接钢管。横穿钢管埋设深度均为路面以下 80cm 处。 (2)钢管的材质、规格及防锈处理等均应符合质量标准。钢管的管身及管口不得变形,接续配件齐全有效,套管(套箍)内径与插口外径应吻合。 (3)在管道基础上画出每根钢管铺设的中心线,按中心线铺管。铺管时,应按设计管道长度配好管长,同层和上下层管之间的接头均应错开。 (4)钢管的连接优先采用丝扣连接,钢管接续严禁采用对口焊接。并保证内壁和管口光滑无棱。 (5)埋于土中的所有钢管均采用 C15 包封 5cm。严禁不等径的钢管接续使用,埋设时钢管焊缝应朝上。钢管进入人孔时,其管口应按有关规范的要求做扩口处理
预埋 PVC 管	PVC 管规格为 ϕ75mm × 2.5mm。PVC 管的敷设应符合《通信道路工程施工及验收技术规范(附条文说明)》(YD 5103—2003)要求,沿敷设方向应顺直。PVC 管用套管连接,套接长度 200mm,接头处采用胶粘,接头应错开布置。PVC 管进照明人孔时,管口应缩入手孔壁内 10mm,手孔内侧与管口之间做成喇叭口形
人孔	(1)人孔基坑应在混凝土达到设计强度的 75% 以后再回填。人孔的内部净空、外形尺寸应符合设计规定,墙体的垂直度(全部净高)允许偏差不大于 ±10mm,内部净高允许偏差不大于 ±20mm。 (2)在浇注人孔墙身混凝土时,要预埋拉线环及电缆铁架穿钉,拉线环和穿钉必须安装牢固不得有活动现象。 (3)照明灯杆应避开桥涵等构造物,位置可根据现场的实际情况做适当的调整。灯具的接地电阻不应大于 10Ω

20.5　环境保护与绿化

20.5.1 交通环境保护

交 通 环 境 保 护　　表20-41

项　目	含　义
概念	社会的发展和科技的进步促进了工农业生产和交通运输的发展，而交通运输的发展和汽车保有量的猛增，使得道路面积、路况和设施远远不能适应，致使交通阻塞，运力下降，事故频繁，污染严重，环境恶化，危及人和动物的生存
污染类型	交通污染的主要表现如下。 (1)交通噪声。交通噪声的主体是汽车噪声，其主要声源为排气、进气、发动机及风扇，以及高速行驶的轮胎与路面的摩擦声。汽车的噪声随行车速度和载质量的增加而增大，路面的平整度对噪声影响也比较显著。交通管理条件差，路上人车混杂，特别是交叉路口和闹市中心，由于机动车不断制动和启动致使噪声增加很大。 (2)交通废气。当汽车发动机运转时，不仅消耗人类生存所需的大量氧气，而且排放出大量的有毒废气，其中对人类危害最大的有一氧化碳、碳氢化合物、氮氧化物和铅化合物等
污染影响	汽车排出的废气对人的影响是多方面的，主要表现为呼吸道疾病与生理机能障碍，眼、鼻、黏膜组织病变，严重者会引发急性心肌恶化或神经性中毒
改善措施	改善交通环境的措施是多种多样的，如城市规划的合理布局，健全交通法规，加强交通管理，改进汽车生产工艺，种植绿化带和设置隔声墙等

20.5.2 生态环境保护

生 态 环 境 保 护　　表20-42

项　目		含　义
概念		公路交通对生态环境的影响概括起来有两方面：一是公路建设占用、损坏自然资源，从而破坏生态环境；二是排放污染物污染环境，造成生态环境破坏。生态环境保护包括对热带雨林、天然林地、湿地、自然保护区、水源地等蕴藏着丰富的生物资源重要生态系统的保护；对耕地、草地、各种水产养殖地和林地、果园等农林牧副渔业的基本生产资料等土地资源的保护；对地表水流、水质的影响和地下水流、水质的影响等水资源的保护；对重要生态系统及生物资源的保护；水土保持；地表植被保护与绿化设计等
类型		公路项目的环境保护可以分为公路建设期的环境保护和公路营运期的环境保护，其主要的项目包括：初步设计阶段项目环境影响评价；施工图设计阶段的环境保护设计；招投标阶段在招标文件、工程合同及监理合同中纳入环境保护条款；施工期环境保护设施的施工及监理；竣工和交付使用阶段的环境保护设施验收与环境后评价；公路营运期环境保护设施的运行及维护
阶段	建设期	项目前期工作的环境保护主要涉及的是环境评价和环境工程设计。公路环评的目的和意义，包括：一是从环保角度出发评价公路选线的合理性，对路线方案的可行性和项目的可行性提出评价意见和结论；二是提出必要的环保措施，使项目对环境的不利影响减少到可接受的程度；三是预测项目的环境影响程度和范围，为公路沿线社区发展规划提供环境保护依据。 公路施工期环境保护除水土保持外，涉及环境污染的项目较多，一般包括空气污染、光污染、噪声污染、污水污染及固体废弃物污染等
	营运期	公路在营运期，其对环境的影响主要在于路基可能发生的崩塌、水毁，危险品运输可能发生的泄漏，汽车营运产生的汽车尾气和噪声污染，以及公路附属服务设施产生的固体废弃物和污水。因此，营运期的环境保护，除继续落实项目环境保护计划和环境监测计划外，还应做好环境保护设施的维护，并根据环境监测结果和沿线居民的环境投诉适时调整环境保护措施的实施方案

20.5.3 公路绿化工程

公路绿化工程 表20-43

项 目	含 义
中央分隔带防眩绿化	中央分隔带的主要功能是隔离车辆分道行驶,减轻车辆高速行驶造成的眩晕和夜间行车灯眩光,保障车辆高速行驶的安全,分隔带植物种植的主要技术指标一般有: (1)防眩树要四季常青、低矮缓生,株高在1.2~1.5m之间,抗逆性(抗旱、抗寒冷、抗病虫、抗污染、耐贫瘠)好,耐粗放管理。 (2)防眩树种植主要采取全遮光绿篱式和半遮光散栽式两种方式。全遮光绿篱式的特点是全封闭、不透光、防眩好,但绿化投资大、通透性差,影响路容路貌。半遮光散栽式的特点是通透性好、绿化投资较小、绿化形式灵活、防眩技术要求严格。 (3)防眩树株距是在车辆高速行驶的线性环境下,依据车灯光的扩散角、行车速度和人的动视觉三者之间的关系来确定
路堤边坡防护绿化	(1)高速公路路基一般都比普通公路路基高,形成的边坡绿化面积较大,这对稳定路基、保障安全、防止冲刷、保土保水具有重要作用。 (2)边坡绿化应遵循经济、实用、安全和美观的原则,根据不同路段的功能要求,进行植物选择,采用相应的绿化方式。 (3)高速公路边坡植被立地条件具有一定特殊性,土坡一般为外来土壤,多数情况下是生土,斜坡土层蓄水、保肥能力差,整体上冬季地温低,早春地温回升晚,且有阴坡、阳坡之分。 (4)边坡绿化要求防护坡面路基、植被群落有长期的生态稳定性,养护管理粗放。所以边坡绿化选择的植物要能适应边坡的特殊地质条件,根系要发达、固土能力强、生长缓慢、植株低矮,能形成密实的植被覆盖。 (5)高速公路边坡绿化方式常见有两种:一种是用硬质材料(混凝土、石料)砌成圆窗形网格。空格中种草,这种方式可大大减少雨水对边坡的冲刷,增强固坡能力,但投资较大,常用于坡度较陡的路段;另一种是对边坡全栽植物,不做硬化处理,常用于普通路段或坡度小、路基低的路段
行道树种植绿化	行道树主要栽植在路堤下方(边坡脚下)金属护网内侧,高路堤路段栽植高大乔木,低路堤路段栽植中小乔木或大灌木。行道树株距与外部环境景观协调一致,一般路段有景观特色,特殊路段有隔噪声、隔粉尘、隔臭气、防风沙、防泥石流等作用
绿篱护网绿化	绿篱护网在金属护网0.5~1.0m处,采取多栽植有刺灌木,形成封闭性绿篱的形式,作为高速公路的第二道防护网,若干年后金属护网被锈蚀破坏,绿篱护网可起替代作用
路堑土、石质坡面垂直绿化	路堑的坡度一般较大,绿化难度大,国内外目前主要采取机械喷播绿化和人工沟、穴绿化。机械喷播绿化是以专用机械设备,将植物种子、各种养分、保水剂和有机黏结剂混合于水中,用高压喷射于土质或半土质坡面上进行绿化
立体交叉区绿化	城区以外的高速公路立体交叉区多位于农田中,且多为简单立交,一般不能形成专门的绿化地带,在为纵或横道路绿化延续时,应注意提高立交路口的识别性,如较密栽植常绿和乔灌花木。对于复杂立交,可参照城市立交区绿化的做法
服务区环境绿化	高速公路分车绿带、边坡防护绿带、防护林带等的绿化是营造行驶动态的观赏景观,而服务区、收费站的绿化是营造停车后静态的观赏景观,并且这部分大多为块状绿地,所以只能按园林景观进行绿化

21 交通标志

21.1 基本规定

21.1.1 概念

概　念　表 21-1

项　目	内　容
定义	道路交通标志用图形、符号、颜色和文字向交通参与者传递特定信息，预示前方道路交通设施、气候、环境情况，表示交通管理指令设施的状况，是道路交通法规的组成部分与交通管理的重要手段
制定依据	交通标志应使交通参与者能在很短的时间内看到、认识，并明白其含义，从而采取正确的应对措施。为此，交通标志须有高度的显示性，清晰易见与良好的易读性（很快的视认并完全理解）和广泛的公认性（各方面人士均能看懂）
目的与作用	道路标志一般设置在路旁或道路的上方，使交通参与者获得确切的道路交通情报，从而达到交通的安全、畅通、迅速、低公害和节约能源的目的。 道路交通标志是道路使用的说明书，是道路的一种无声语言，是保证行车畅通、有序、安全的重要设施。同时，交通标志对道路设施有装饰作用和美化作用。 道路交通标志是依据交通法规及国家有关标准制定的，是交通法规的具体体现，具有严肃的法律地位，同时还是处理交通事故和纠纷的法律依据

21.1.2 标志功能与基本要求

功能与基本要求　表 21-2

项　目	内　容
功能	（1）道路交通标志是以颜色、形状、字符、图形等向道路使用者传递信息，用于管理交通的设施。 （2）交通标志应结合道路及交通情况设置。通过交通标志提供准确及时的信息和引导，使道路使用者顺利快捷地抵达目的地，促进交通畅通和行车安全
基本要求	（1）交通标志的设置应综合考虑、布局合理，防止出现信息不足或过载的现象。信息应连续，重要的信息宜重复显示。 （2）交通标志一般情况下应设置在道路行进方向右侧或车行道上方；也可根据具体情况设置在左侧，或左右两侧同时设置。 （3）为保证视认性，同一地点需要设置两个以上标志时，可安装在一个支撑结构（支撑）上，但最多不应超过 4 个；分开设置的标志，应先满足禁令、指示和警告标志的设置空间。 （4）原则上要避免不同种类的标志并设。解除限制速度标志、解除禁止超车标志、路口优先通行标志、会车先行标志、会车让行标志、停车让行标志、减速让行标志应单独设置；如条件受限制无法单独设置时，一个支撑结构（支撑）上最多不应超过两种标志。标志板在一个支撑结构（支撑）上并设时，应按禁令、指示、警告的顺序，先上后下，先左后右地排列。 （5）警告标志不宜多设。同一地点需要设置两个以上警告标志时，原则上只设置其中最需要的一个

21.1.3 标志分类

分　类　　表21-3

项　目	内　容
按其作用	分为主标志和辅助标志两大类: (1)主标志 ①警告标志:警告车辆、行人注意道路交通的标志; ②禁令标志:禁止或限制车辆、行人交通行为的标志; ③指示标志:指示车辆、行人应遵循的标志; ④指路标志:传递道路方向、地点、距离信息的标志; ⑤旅游区标志:提供旅游景点方向、距离的标志; ⑥作业区标志:告知道路作业区通行的标志; ⑦告示标志:告知路外设施、安全行驶信息以及其他信息的标志。 (2)辅助标志:附设在主标志下,对其进行辅助说明的标志
按显示位置	分为路侧和车行道时分两种。对应的支撑结构形式为柱式、路侧附着式,悬臂式、门架式、车行道上方附着式
按光学特性	分为逆反射式、照明式和发光式3种。其中照明式又分为内部照明式和外部照明式
按版面内容显示方式	分为静态标志和可变信息标志
按设置的时效	分为永久性标志和临时性标志
按标志传递信息的强制性程度	分为必须遵守标志和非必须遵守标志。 禁令标志和指示标志为道路使用者必须遵守标志;其他标志仅提供信息,如指路标志、旅游区标志;禁令、指示标志套用于无边框的白色底板上,为必须遵守标志;停车让行、减速让行标志不得套用于无边框的白色底板上;禁令、指示标志套用于指路标志上,仅表示提供相关禁止、限制和遵行信息,只能作为补充说明或预告方式,并应在必要位置设置相应的禁令、指示标志

21.1.4 标志颜色与形状

颜色与形状　　表21-4

项　目	内　容
颜色	(1)红色.表示禁止、停止、危险,用于禁令标志的边框、底色、斜杠,也用于叉形符号和斜杠符号、警告性线形诱导标的底色等; (2)黄色或荧光黄色:表示警告,用于警告标志的底色; (3)蓝色:表示指令、遵循,用于指示标志的底色;表示地名、路线、方向等的行车信息,用于一般道路指路标志的底色; (4)绿色:表示地名、路线、方向等的行车信息,用于高速公路和城市快速路指路标志的底色; (5)棕色:表示旅游区及景点项目的指示,用于旅游区标志的底色; (6)黑色:用于标志的文字、图形符号和部分标志的边框; (7)白色:用于标志的底色、文字和图形符号以及部分标志的边框; (8)橙色或荧光橙色:用于道路作业区的警告、指路标志; (9)荧光黄绿色:表示警告,用于注意行人、注意儿童警告标志
形状	(1)正等边三角形:用于警告标志; (2)圆形:用于禁令和指示标志; (3)倒等边三角形:用于“减速让行”禁令标志; (4)八角形:用于“停车让行”禁令标志; (5)叉形:用于“铁路平交道口叉形符号”警告标志; (6)方形:用于指路标志,部分警告、禁令和指示标志,旅游区标志,辅助标志,告示标志等

续上表

<table>
<tr><th>项 目</th><th>内 容</th></tr>
<tr><td>边框和衬边</td><td>
(1)除个别标志外,标志边框的颜色应与标志的图形或字符的颜色一致,除指示标志外标志衬边的颜色应与标志底色一致。个别标志除外。各类标志的边框和衬边如下表所示。
各类标志边框和衬边
<table>
<tr><th>标志类别</th><th>边框</th><th>衬边</th><th>备注</th></tr>
<tr><td>警告</td><td>黑色</td><td>黄色</td><td>叉形符号和斜杠符号除外</td></tr>
<tr><td>禁令</td><td>红色</td><td>白色</td><td>个别标志除外</td></tr>
<tr><td>指示</td><td>—</td><td>白色</td><td>白色衬边外无蓝色</td></tr>
<tr><td>指路</td><td>白色</td><td>蓝色或绿色</td><td>—</td></tr>
<tr><td>旅游区</td><td>白色</td><td>棕色</td><td>—</td></tr>
<tr><td>道路作业区</td><td>黑色</td><td>橙色</td><td>所用禁令、指示等标志不变,仅针对警告、绕行等标志</td></tr>
<tr><td>辅助</td><td>黑色</td><td>白</td><td>—</td></tr>
<tr><td>告示</td><td>黑色</td><td>白色</td><td>—</td></tr>
</table>
(2)相同底色标志套用时,应使用边框;不同底色标志套用时,套用的禁令标志一般不使用衬边,套用的指路标志一般不使用边框,道路编号标志套用的指路标志上,也可使用边框
</td></tr>
<tr><td>图形</td><td>
(1)交通标志应使用《道路交通标志和标线 第2部分:道路交通标志》(GB 5768.2—2009)规定的图形。除另有规定外,图形可以单独、组合使用于不同的标志中。
(2)交通标志如使用GB 5768.2—2009规定以外的图形或标志,应按附录A规定程序执行,并应以附加辅助标志的方式说明标志的含义
</td></tr>
</table>

21.1.5 字符与标志尺寸

字符与标志尺寸 表21-5

<table>
<tr><th>项 目</th><th>指 标 内 容</th></tr>
<tr><td>字符</td><td>
(1)道路交通标志的字符应规范、正确、工整。按从左至右、从上至下顺序排列。一般一个地名不写成两行或两列。根据需要,可并用汉字和其他文字。标志上的汉字应使用规范汉字,除有特殊规定之外,汉字应排在其他文字上方。如果标志上使用英文,地名用汉语拼音,相关规定按照《地名 标志》(GB 17733—2008),第一个字母大写,其余小写;专用名词用英文,第一个字母大写,其余小写,根据需要也可全部大写。
(2)除特殊规定外,指路标志汉字高度一般值应根据设计速度,按下表选取。汉字宽和高相等。字高可考虑设置路段的运行速度(V_{85})进行调整。
汉字高度 h 与速度 V 的关系
<table>
<tr><td>速度 V(km/h)</td><td>100 ~ 120</td><td>71 ~ 99</td><td>70 ~ 40</td><td><40</td></tr>
<tr><td>汉字高度 h(cm)</td><td>60 ~ 70</td><td>50 ~ 60</td><td>35 ~ 50</td><td>25 ~ 30</td></tr>
</table>
文字性警告、禁令标志的字高按上表确定。特殊情况下,经论证文字性警告标志的字高可以适当降低,但最小不应小于上表字高下限值的0.6。
辅助标志、告示标志的字高一般值可按照上表规定值的一半确定,但最小值不应小于10cm。
标识在一般道路指路标志箭头杆中的公路编号或道路名称,字高可适当减小,一般取上表规定值的0.5 ~ 0.7,但公路编号或道路名称的汉字高度不应小于20cm,英文字母和阿拉伯数字高度不应小于15cm;设置在指路标志版面中的方向标志的字高可适当减小,但不应小于上表规定值的0.5。
(3)指路标志的阿拉伯数字和其他文字的高度应根据汉字高度确定,其与汉字高度的关系宜符合下表的规定。在特殊情况下,由于具体原因不能满足要求时,经论证字符高度最小不应低于规定值的0.8。
</td></tr>
</table>

续上表

项 目	指 标 内 容
字符	（见下列内容）

其他文字与汉字高度 h 的关系

其他文字		与汉字高度(h)的关系
拼音字母、拉丁字母或少数民族文字	大小写	$h/3 \sim h/2$
阿拉伯数字	字高	h
	字宽	$h/2 \sim 4h/5$
	笔画粗	$h/6 \sim h/5$

(4)道路编号标志中的字母、标志符、数字等高,出口编号标志中的数字、字母高度不等,其高度应根据设计速度,按下表选取。

道路编号标志和出口编号标志的字母、数字高度

速度(km/h)		100 ~ 120	71 ~ 99	40 ~ 70	<40
道路编号(cm)	字母	40 ~ 50	35 ~ 40	25 ~ 30	5 ~ 20
	数字				
出口编号(cm)	数字	40 ~ 50	35 ~ 40	25 ~ 30	—
	字母	约数字字高的 2/3			
	“出口”	25 或 30			

(5)指路标志的汉字或其他文字的间隔、行距等宜符合下表的规定

文字的间隔、行距等的规定

文字设置	字间隔	笔画粗	字行距	距标志边缘最小距离
与汉字高度(h)关系	$h/10$ 以上	$h/14 \sim h/10$	$h/5 \sim h/3$	$2h/30$

尺寸

(1)警告标志

边长、边宽的一般值应根据设计速度,按下表选取。可考虑设置路段的运行速度(V_{85})进行调整。设置在胡同、隔离带的警告标志,设置空间受限制时,如果采用柱式标志可采用最小值,三角形的边长最小值不应小于60cm。

警告标志尺寸与速度的关系

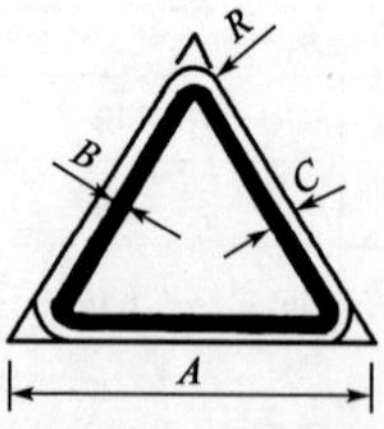

速度(km/h)	100 ~ 120	71 ~ 99	40 ~ 70	<40
三角形边长(A)(cm)	130	110	90	70
黑边宽度(B)(cm)	9	8	605	5
黑边圆角角半径(R)(cm)	6	5	4	3
衬边宽度(C)(cm)	1.0	0.8	0.6	0.4

(2)禁令标志

各部分尺寸的一般值应根据设计速度,按下表选取。可考虑设置路段的运行速度(V_{85})进行调整。设置在胡同、隔离带的禁令标志,设置空间受限制时,如果采用柱式标志可采用最小值。圆形禁令标志的直径最小不应小于50cm,三角形禁令标志的边长最小不应小于60cm,八角形对角线长度最小不应小于50cm。

续上表

<table>
<tr><th>项 目</th><th colspan="7">指 标 内 容</th></tr>
<tr><td rowspan="24">尺寸</td><td colspan="7">禁令标志尺寸与速度的关系</td></tr>
<tr><td colspan="3">速度(km/h)</td><td>100～120</td><td>71～99</td><td>40～70</td><td><40</td></tr>
<tr><td rowspan="4">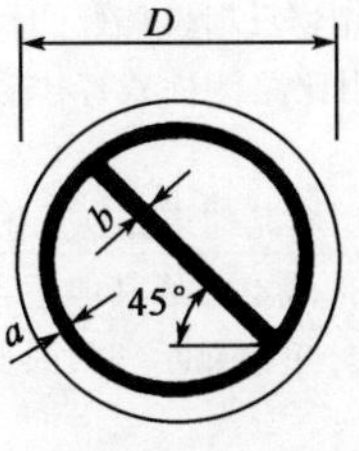</td><td rowspan="4">圆形标志(cm)</td><td>标志外径(D)</td><td>120</td><td>100</td><td>80</td><td>60</td></tr>
<tr><td>红边宽度(a)</td><td>12</td><td>10</td><td>8</td><td>6</td></tr>
<tr><td>红杠宽度(b)</td><td>9</td><td>7.5</td><td>6</td><td>4.5</td></tr>
<tr><td>衬边宽度(c)</td><td>1.0</td><td>0.8</td><td>0.6</td><td>0.4</td></tr>
<tr><td rowspan="3">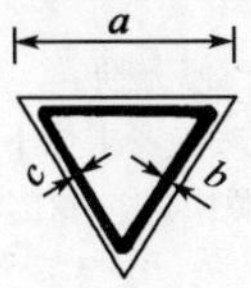</td><td rowspan="3">三角形标志(减速让行标志)(cm)</td><td>三角形边长(a)</td><td>—</td><td>—</td><td>90</td><td>70</td></tr>
<tr><td>红边宽度(b)</td><td>—</td><td>—</td><td>9</td><td>7</td></tr>
<tr><td>衬边宽度(c)</td><td>—</td><td>—</td><td>0.6</td><td>0.4</td></tr>
<tr><td rowspan="2">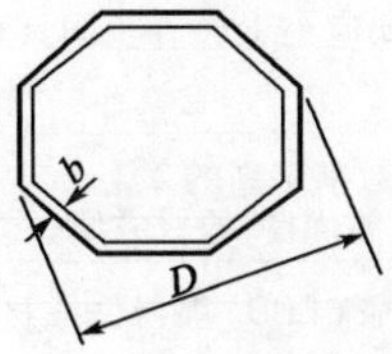</td><td rowspan="2">八角形标志(停车让行标志)(cm)</td><td>标志外径(D)</td><td>—</td><td>—</td><td>80</td><td>60</td></tr>
<tr><td>白边宽度(b)</td><td>—</td><td>—</td><td>3.0</td><td>2.0</td></tr>
<tr><td colspan="2" rowspan="4">矩形标志(区域限制和解除标志)(cm)</td><td>长(a)</td><td>—</td><td>—</td><td>120</td><td>90</td></tr>
<tr><td>宽(b)</td><td>—</td><td>—</td><td>170</td><td>130</td></tr>
<tr><td>黑边框宽度</td><td>—</td><td>—</td><td>3</td><td>2</td></tr>
<tr><td>衬边宽度(d)</td><td>—</td><td>—</td><td>0.6</td><td>0.4</td></tr>
<tr><td colspan="7">(3)指示标志
各部分尺寸的一般值应根据设计速度,按下表选取。可考虑设置路段的运行速度(V_{85})进行调整。设置在胡同、隔离带的指示标志,设置空间受限制时,如果采用柱式标志可采用最小值,指示标志的直径(或短边边长)最小不应小于50cm</td></tr>
<tr><td colspan="7">指示标志尺寸与速度的关系</td></tr>
<tr><td colspan="3">速度(km/h)</td><td>100～120</td><td>71～99</td><td>40～70</td><td><40</td></tr>
<tr><td colspan="3">圆形(直径D)(cm)</td><td>120</td><td>100</td><td>80</td><td>60</td></tr>
<tr><td colspan="3">正方形(边长A)(cm)</td><td>120</td><td>100</td><td>80</td><td>60</td></tr>
<tr><td colspan="3">长方形(边长A×B)(cm)</td><td>190×140</td><td>160×120</td><td>140×100</td><td>—</td></tr>
<tr><td colspan="3">单行线标志(长方形A×B)(cm)</td><td>120×60</td><td>100×50</td><td>80×40</td><td>60×30</td></tr>
<tr><td colspan="3">会车先行标志(正方形A)(cm)</td><td>—</td><td>—</td><td>80</td><td>60</td></tr>
<tr><td colspan="3">衬边宽度C(cm)</td><td>1.0</td><td>0.8</td><td>0.6</td><td>0.4</td></tr>
</table>

21.1.6 标志逆反射材料及照明

逆反射材料及照明 表21-6

项 目	内 容
一般要求	除另有规定外,标志应采用逆反射材料制作标志面或安装照明设施,也可以根据地形、日照情况采用发光式。标志在白天和夜间的颜色应满足 GB 5768.2—2009 的规定

续上表

项　目	内　容
逆反射材料	(1)用于标志面的逆反射材料主要为反光膜。反光膜的逆反射性能应符合《道路交通反光膜》(GB/T 18833—2012)的规定。 (2)选择逆反射材料应综合考虑以下原则或因素: ①标志背景环境影响大、行驶速度快、交通量大的道路宜选用逆反射性能好的材料; ②门架式标志、悬臂式标志和车行道上方附着式标志宜选用比路侧柱式标志和路侧附着式标志逆反射性能好的材料; ③四级及以下公路、交通量很小的道路,根据实际情况可选用较其他道路逆反射性能低的材料
照明	(1)交通标志的照明应采用白色光源,安装于标志板结构内部或上方或其他适当位置。 (2)内部照明为将光源安装于标志板结构内部的照明方式,分单面显示和两面显示两种,要求如下: ①内部照明标志应根据板面大小、所受风力等进行结构设计; ②确保标志面照度均匀,在夜间具有150m以上的视认距离; ③金属构件应经防腐处理合格,防雨防尘,电器元件耐久可靠,检修方便。 (3)外部照明为将光源安装于标志板上部,照亮标志面的照明方式,要求如下: ①所选用的外部照明光源的显色指数 R_a 一般不应低于80,光源应进行专门设计,照明灯具及其阴影不能影响标志认读; ②光源在标志面上的照度应均匀,最大照度与最小照度之比应小于4,在夜间具有150m以上的视认距离; ③外部照明光源不应造成眩目; ④支撑灯具的构件应防锈处理合格,照明器件耐久可靠,性能优良,检修方便
主动发光	(1)主动发光标志的主动发光部分可采用高亮度发光二极管(LED)等器件或材料。主动发光标志的非主动发光的标志面部分宜采用逆反射材料制作。 (2)主动发光标志应确保在夜间具有150m以上的视认距离。 (3)主动发光标志的频闪应同步

21.1.7 标志支撑方式

支 撑 方 式　　表21-7

项目	内　容	图　式
柱式	(1)柱式一般有单柱式、多柱式。柱式标志内边缘不应侵入道路建筑限界,一般距车行道或人行道的外侧边缘或土路肩不小于25cm。 (2)标志板下缘距路面的高度一般为150~250cm。设置在小型车比例较大的城市道路时,下缘距地面的高度可根据实际情况减小,但不宜小于120cm。设置在有行人、非机动车的路侧时,设置高度应大于180cm。 (3)单柱式是标志板安装在一根立柱上,如图a)所示,适用于中、小型尺寸的警告、禁令、指示标志和小型指路标志。 (4)多柱式是标志板安装在两根及两根以上立柱上,如图b)所示,适用于长方形的指示或指路标志	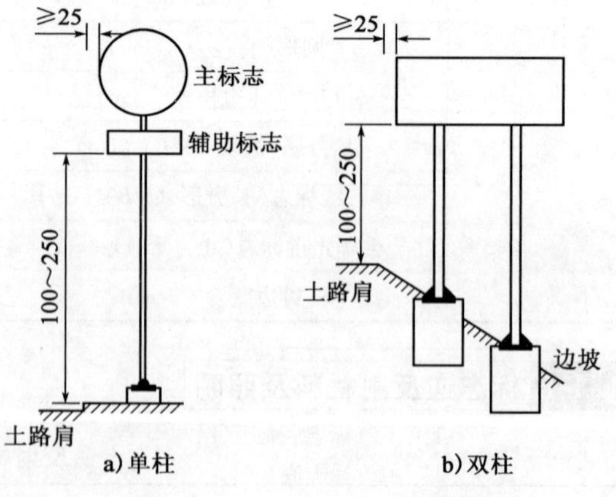 a)单柱　b)双柱 (尺寸单位:cm)

续上表

<table>
<tr><th>项目</th><th>内　容</th><th>图　式</th></tr>
<tr><td>悬臂式</td><td>(1)悬臂式是标志板安装于悬臂上。标志下缘离地面的高度应大于该道路规定的净空高度。
(2)悬臂式适用于以下情况:
①柱式安装有困难;
②道路较宽、交通量较大、外侧车道大型车辆阻挡内侧车道小型车辆视线;
③视距或视线受限制;
④景观上有要求</td><td>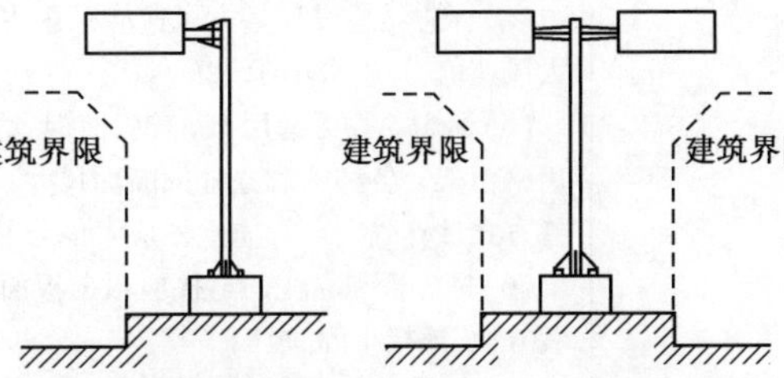

a)单悬臂　b)双悬臂</td></tr>
<tr><td>门架式</td><td>(1)门架式是标志安装在门架上。标志下缘离地面的高度应大于该道路规定的净空高度。
(2)门架式标志适用于以下情况:
①多车道道路(同向三车道以上)需要分别指示各车道去向;
②交通量较大、外侧车道大型车辆阻挡内侧车道小型车辆视线;
③交通流在较高运行速度下发生交织、分流和合流的路段,如:互通式立体交叉间隔距离较近、标志设置较密处,高速公路与高速公路相交的互通立体交叉主线区域等;
④受空间限制,柱式、悬臂式安装有困难;
⑤出口匝道在行车方向的左侧;
⑥景观上有要求</td><td>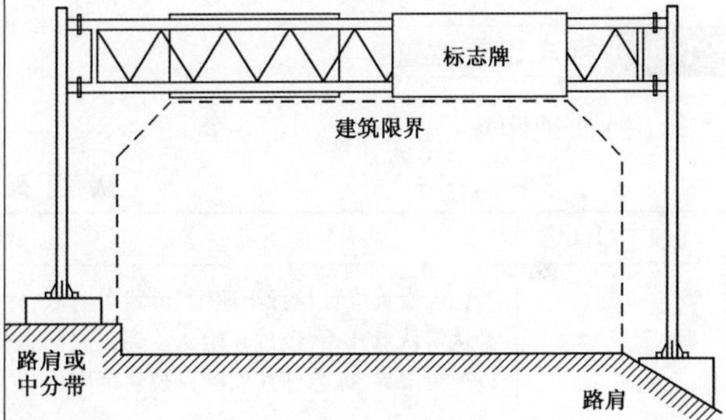
</td></tr>
<tr><td>附着式</td><td>(1)标志附着安装在上跨桥和附近构造物上。按附着板面所处位置不同分车行道上方附着式、路侧附着式两种。
(2)附着式标志的安装高度应符合净空的规定</td><td>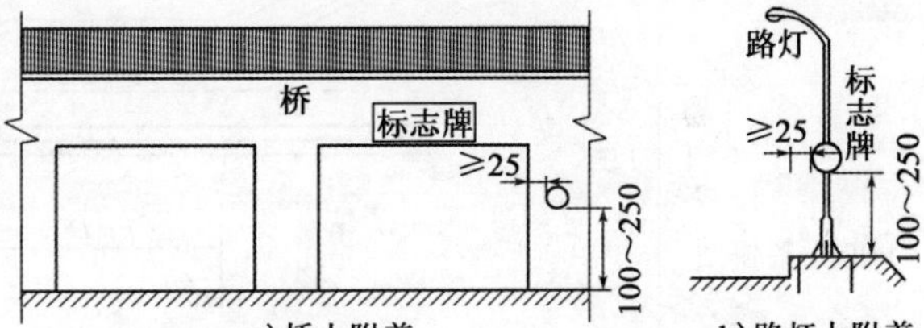

a)桥上附着　b)路灯上附着
(尺寸单位:cm)</td></tr>
<tr><td>注意事项</td><td colspan="2">如果标志支撑结构位于路侧净区内应确保其不对驶离道路的车辆构成危害,否则宜采用解体消能结构或设置相应的防护、警告设施</td></tr>
</table>

21.1.8 标志构造与制作

标志构造与制作　表 21-8

项　目	内　容
构造	(1)标志底板及支撑结构宜选用轻型材料和结构,并因地制宜采用经济、适用的材料和结构。 (2)标志底板可用铝合金板、薄钢板、合成树脂类板材、木板及其他板材制作。板材的相关指标应符合《道路交通标志板及支撑件》(GB/T 23827—2009)和国家相关标准的规定。标志板背面宜选用美观大方的颜色,铝合金板可采用原色。 (3)矩形标志板的4个端角宜为圆弧形端角,除指路标志外的标志板圆弧半径为4cm。

续上表

项　目	内　容
构造	(4)标志结构设计基本风速应采用当地空旷平坦地面上离地10m高,重现期为50年10min平均最大风速值,并不得小于22m/s。 (5)标志立柱可选用H形钢、槽钢、钢管、木材、合成材料及钢筋混凝土管等制作。标志立柱也可选用钢桁架。各种标志立柱的断面尺寸、连接方式、基础大小等,应根据设置地点的风力、板面大小及支撑方式计算确定。标志立柱应考虑与基础的连接方式。 (6)标志板和立柱的连接应根据板面大小、连接方式选用多种方法。在设计连接部件时,应保证安装方便、连接牢固、板面平整。 (7)各种标志立柱的埋设深度,根据板面承受外力的大小及地基的承载力计算确定
制作	(1)交通标志的图形应遵照GB 5768.2—2009规定,按比例放大制作,不应任意修改。 (2)标志板的制作及技术要求应符合《道路交通标志板及支撑件》(GB/T 23827—2009)的有关规定

21.1.9 标志设置位置

(1)认视距离

认视距离　表21-9

项　目	内容与图式
认视距离模型	标志设置位置与行车速度、道路车道数、标志牌上文字符号大小有关。行车时驾驶人观察前方标志是从辨认点开始,经过开始认读到读完标志后,再进行减速行驶,行车到消失点位置,驾驶人的视角超过视野限界,标志牌在驾驶人视角范围内消失,见下图。 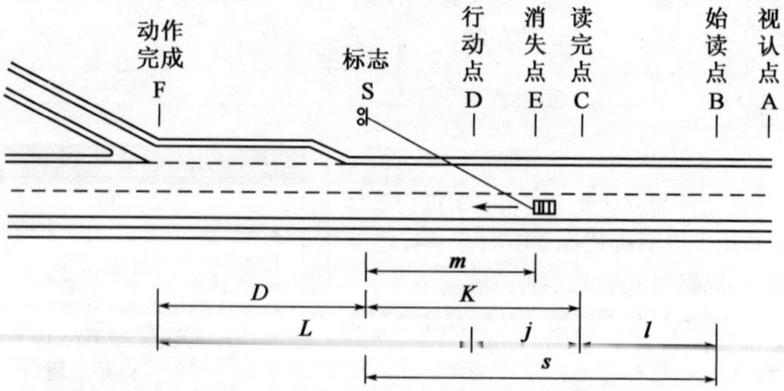 认视距离模型图式 驾驶人在读取标志信息时要经历标志的发现、认读、理解和行动等过程,在判读标志并采取相应行动的过程中需要花费一定的时间,行驶一定的距离,因此,在确定标志的设置位置时,一般要考虑驾驶人的行为特性。视认一般有5个阶段,即: (1)发现,在视野内觉察有交通标志,但看不清楚标志的形状; (2)识别,只能认识标志外形轮廓,看不清标志牌上的内容; (3)认读,除看清标志外形还能看清牌上内容; (4)理解,在认读的基础上,理解标志含义并做出判断; (5)行动,根据判断采取行动,如加速、减速、转弯或停车等
认视距离关系	上图中标志S为在路侧安装时,设置在高速公路出口匝道减速车道的起点附近。通常,行驶中的驾驶人在视认点A处已发现标志S,在B点开始读取标志的信息,到C点可以把标志内容完全读完,这段距离称为读标志距离($BC=l$);读完标志后,应做出采取行动的判断,这段距离称为判断距离($CD=j$);然后开始行动,这时车辆已行驶到点D,从行动点D到行动完成F(该点一般在出口匝道的分岔部、交叉路口或危险点等)的距离称为行动距离或减速距离($DF=L$),驾驶人在这段距离内必须安全顺畅

续上表

项　目	内容与图式
认视距离关系	地完成必要动作，如变换车道、改变方向、减速或停车等；从 B 点到标志 S 的距离，称为视认距离（$BS=s$），从 C 点到标志 S 的距离称为读完后到标志的距离（$CS=K$）；如果该距离（K）比消失距离（m）要短，这就意味着不能从容读完标志，在 C 点到消失距离范围内，驾驶人就不能准确判断标志内容，因此，标志的设置地点必须满足 $K>m$ 的要求。 设置标志位置到交叉路口的距离（D）称为前置距离，要求满足下列关系式： 前置距离（D）+视认距离（s）≥减速距离（L）

（2）设置位置

设　置　表 21-10

<table>
<tr><th>项　目</th><th>指 标 内 容</th></tr>
<tr><td>警告标志前置距离</td><td>
前置距离一般根据道路的设计速度按下表选取。也可考虑所处路段的最高限制速度或运行速度等按下表进行适当的调整。
警告标志前置距离一般值（m）
<table>
<tr><td rowspan="3">速度（km/h）</td><td colspan="12">减速到下列速度（km/h）</td></tr>
<tr><td>条件 A</td><td colspan="11">条件 B</td></tr>
<tr><td>0</td><td>10</td><td>20</td><td>30</td><td>40</td><td>50</td><td>60</td><td>70</td><td>80</td><td>90</td><td>100</td><td>110</td></tr>
<tr><td>40</td><td>*</td><td>*</td><td>*</td><td>*</td><td>—</td><td>—</td><td>—</td><td>—</td><td>—</td><td>—</td><td>—</td><td>—</td></tr>
<tr><td>50</td><td>*</td><td>*</td><td>*</td><td>*</td><td>*</td><td>—</td><td>—</td><td>—</td><td>—</td><td>—</td><td>—</td><td>—</td></tr>
<tr><td>60</td><td>30</td><td>*</td><td>*</td><td>*</td><td>*</td><td>—</td><td>—</td><td>—</td><td>—</td><td>—</td><td>—</td><td>—</td></tr>
<tr><td>70</td><td>50</td><td>40</td><td>30</td><td>*</td><td>*</td><td>*</td><td>*</td><td>—</td><td>—</td><td>—</td><td>—</td><td>—</td></tr>
<tr><td>80</td><td>80</td><td>60</td><td>55</td><td>50</td><td>40</td><td>30</td><td>*</td><td>*</td><td>—</td><td>—</td><td>—</td><td>—</td></tr>
<tr><td>90</td><td>110</td><td>90</td><td>80</td><td>70</td><td>60</td><td>40</td><td>*</td><td>*</td><td>*</td><td>—</td><td>—</td><td>—</td></tr>
<tr><td>100</td><td>130</td><td>120</td><td>115</td><td>110</td><td>100</td><td>90</td><td>70</td><td>60</td><td>40</td><td>*</td><td>—</td><td>—</td></tr>
<tr><td>110</td><td>170</td><td>180</td><td>150</td><td>140</td><td>130</td><td>120</td><td>110</td><td>90</td><td>70</td><td>50</td><td>*</td><td>—</td></tr>
<tr><td>120</td><td>200</td><td>190</td><td>185</td><td>180</td><td>170</td><td>160</td><td>140</td><td>130</td><td>110</td><td>90</td><td>60</td><td>40</td></tr>
</table>
注：条件 A 道路使用者有可能停车后通过警告地点，典型的标志如注意信号灯标志、交叉口警告标志、铁路道口标志等。条件 B 道路使用者应减速后通过警告地点，典型的标志如急弯路标志、连续弯路标志、陡坡标志等。* 不提供具体建议值，视当地具体条件确定
</td></tr>
<tr><td>禁令、指示与指路标志</td><td>（1）禁令、指示标志应设置在禁止、限制或遵循路段开始的位置。部分禁令、指示标志开始路段的路口前适当位置应设置相应的指路标志提示，使被限制车辆能够提前绕道行驶。
（2）指路标志设置位置应符合每一指路标志的具体规定</td></tr>
<tr><td>标志安装</td><td>标志安装应使标志面垂直于行车方向，视实际情况调整其水平或俯仰角度：
（1）标志安装应尽量减少标志面对驾驶人的眩光。
（2）标志安装角度宜根据设置地点道路的平、竖曲线线形进行调整。
（3）路侧标志应尽可能与道路中线垂直或成一定角度。其中，禁令和指示标志为 0°～45°，如图 a）所示；指路和警告标志为 0°～10°，如图 b）所示。</td></tr>
</table>

续上表

<table>
<tr><th>项　目</th><th>指标内容</th></tr>
<tr><td>标志安装</td><td>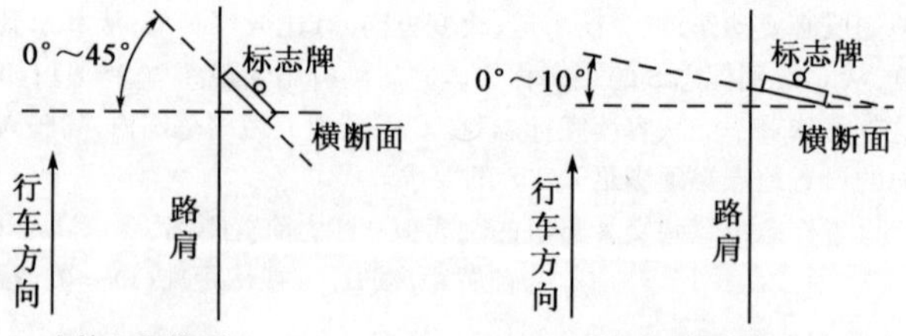

a)禁止和指示　b)指路和警告
(4)门架、悬臂、车行道上方附着式标志的板面应垂直于道路行车方向,并且板面宜倾斜0°～15°</td></tr>
<tr><td>设置实例</td><td>某一级公路与四级公路相交,一级公路交通量为5 100辆/d,车速为70km/h;四级公路交通量为87辆/d,试在该路段上设置交通标志。
解:根据两条道路相交的情况,考虑不设控制交叉口,应保证主要道路优先行驶。设置下列交通标志:干线先行标志,2块,设置在距交叉口50m主要干线上右侧;让路标志,2块,设置在距交叉口30m支路上右侧;平面交叉口标志,4块,分别设置在距离交叉口60m主要干线右侧和50m支路上右侧(未画出);急转弯标志,2块,设置在主要干线为极限最小半径的弯道起终点的右侧。
视认距离
<table>
<tr><td>行车速度 v(km/h)</td><td><50</td><td>60</td><td>70</td><td>80</td><td>90</td><td>100</td></tr>
<tr><td>视认距离 s (m)</td><td>240h</td><td>239h</td><td>236h</td><td>227h</td><td>209h</td><td>177h</td></tr>
</table>
注:表中 h 为文字的高度(cm),表列为白天数值,夜间为60%～70%。
本题干线上行车速度为70km/h,标志牌文字符号高度 $h=35$cm,视认距离查表得 $s=236h=236\times0.30=70.8$m。如果要求在交叉口减速到20km/h,要求在10s内完成减速(按匀减速运动考虑),则行车减速距离为 $L=10\times[(70+20)/2]/3.6=125$m。前置距离($D$)≥减速距离($L$)－视认距离($s$)＝125－70.8＝54.24m。本题平面交叉口标志,设置在距交叉口60m主要干线右侧处是恰当的。
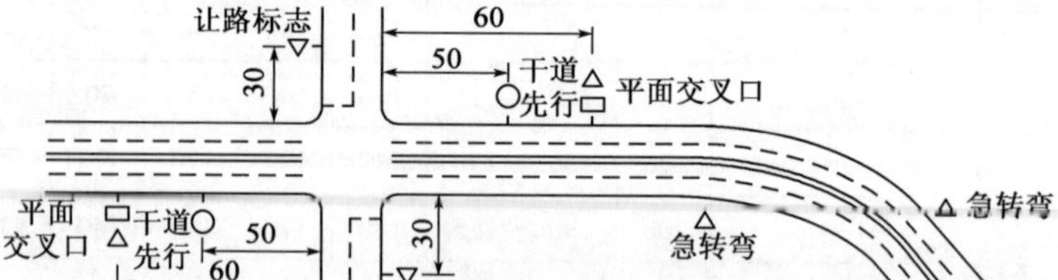

实例图(尺寸单位:m)</td></tr>
<tr><td>标志与标线的配合</td><td>(1)除特别规定之外,标志可单独使用,也可以和标线配合使用;
(2)标志和标线配合使用时,应互为补充或一致,不应产生歧义</td></tr>
<tr><td>使用和维护</td><td>(1)道路交通标志设置(调整)应在新(改、扩)建道路建成通车前完成,路网中与此新(改、扩)建道路相关的道路上与其相关的标志也应同步调整,完善设置。
(2)当道路交通条件发生变化时,应及时调整相关标志的设置。
(3)应尽量使用公路编号、城市道路名称标志,以使道路使用者了解其所在路线和位置。
(4)标志应经常清洁、维护,保持足够的逆反射性能,保证视认性。标志使用中还应避免其被树木遮挡、被路灯照明影响视认。
(5)标志的形状、颜色在其使用期内应符合本部分的规定</td></tr>
</table>

21.1.10 可变信息标志

可 变 信 息 标 志 表 21-11

<table>
<tr><th>项 目</th><th>内 容</th></tr>
<tr><td>用途</td><td>可变信息标志是一种因交通、道路、气候等状况的变化而改变显示内容的标志。一般可用作速度控制、车道控制、道路状况、气象状况及其他内容的显示。可变信息标志不宜显示和交通无关的信息</td></tr>
<tr><td>显示方式</td><td>可变信息标志的显示方式有多种,如:高亮度发光二极管(LED)、翻板式、字幕式、光纤式等。可根据标志的功能要求、显示内容、控制方式、环保节能、经济性等进行选择</td></tr>
<tr><td>板面</td><td>可变信息标志显示的警告、禁令、指示等标志的图形、字符、形状等应符合本部分的规定,显示的文字的字体、字高、间距等按照清晰、易辨、安全的原则确定。主动发光可变信息标志的颜色可按本部分标志颜色的规定执行,也可按下表的规定执行。可变信息标志各部分颜色的色品坐标应符合相关国家标准的规定。
主动发光可变信息标志的颜色
<table>
<tr><th>类别</th><th>显示内容</th><th>底色</th><th>边框</th><th>图形、符号、文字</th></tr>
<tr><td rowspan="3">文字标志</td><td>道路一般信息</td><td rowspan="3">黑色</td><td>—</td><td>绿色</td></tr>
<tr><td>道路警告信息</td><td>—</td><td>黄色</td></tr>
<tr><td>道路禁令信息</td><td>—</td><td>红色</td></tr>
<tr><td rowspan="10">图形标志</td><td>警告标志</td><td>黑色</td><td>黄色</td><td>黄色</td></tr>
<tr><td>禁令标志</td><td>黑色</td><td>红色</td><td>黄色</td></tr>
<tr><td>指示标志</td><td>黑色</td><td>蓝色</td><td>绿色</td></tr>
<tr><td>指路标志</td><td>黑色</td><td>绿色</td><td>绿色</td></tr>
<tr><td>作业区标志</td><td>黑色</td><td>随类型</td><td>黄色</td></tr>
<tr><td>辅助标志</td><td>黑色</td><td>—</td><td>绿色</td></tr>
<tr><td>潮汐车道标志</td><td>黑色</td><td>—</td><td>红色、绿色</td></tr>
<tr><td>可变导向车道</td><td>蓝色[a]</td><td>—</td><td>绿色或黄色</td></tr>
<tr><td>交通状况</td><td>蓝色或绿色[a]</td><td>—</td><td>红、黄、绿等色</td></tr>
<tr><td>其他信息</td><td colspan="3">视需要</td></tr>
</table>
注:[a] 为不可变部分的颜色</td></tr>
<tr><td>设置</td><td>符合下列情况之一者,可设置可变信息标志:
(1)结合路网交通管理需求,高速公路或城市快速路出入口前合适路段;
(2)长隧道入口前;
(3)潮汐车道起始路段和可变导向车道进入路口前;
(4)有其他特殊要求的路段</td></tr>
</table>

21.2 交通标志构造与材料

21.2.1 标志组成

标 志 组 成 表 21-12

项 目	内 容
组成	道路交通标志一般由标志底板、标志面、立柱、紧固件、基础等几部分组成
材料要求	各部分所用材料均需满足一定的要求。而且,在同一块标志板上,标志底板和标志面所采用的各种材料应具有相容性,防止因电化作用、不同的热膨胀系数或其他化学反应等造成标志板的锈蚀或损坏

21.2.2 交通标志底板

(1)材料

材　料　表 21-13

材　料	内容与图式
铝合金板	铝合金板的板材牌号、规格、力学性能、尺寸及允许偏差应符合《一般工业用铝及铝合金板、带材 第1部分:一般要求》(GB/T 3880.1—2012)、《一般工业用铝及铝合金板、带材 第3部分:尺寸偏差》(GB/T 3880.3—2012)等有关标准的规定。高等级公路宜采用综合性能等于或优于牌号3A21的铝合金板。大型标志板或用于沿海及多风地区的标志板,宜采用综合性能等于或优于牌号5A02的铝合金板。铝合金板用于标志底板时,其最小实测厚度不应小于1.5mm
薄钢板	碳素结构钢和低合金结构钢冷轧薄钢板、镀锌薄钢板应符合《冷轧钢板和钢带的尺寸、外形、重量及允许偏差》(GB/T 708—2006)、《连续热镀锌钢板及钢带》(GB/T 2518—2008)、《碳素结构钢冷轧薄钢板及钢带》(GB/T 11253—2007)等有关标准的规定。薄钢板的表面防腐处理应符合《公路交通工程钢构件防腐技术条件》(GB/T 18226—2015)的要求。薄钢板用于标志底板时,其最小实测厚度不应小于1.0mm
合成树脂类板	合成树脂类板材包括塑料、硬质聚氯乙烯板材或玻璃钢等材料,其性能应符合以下要求: (1)耐候性能:按规定的方法连续自然暴露两年或进行人工气候老化试验1 200h,标志底板不应有裂缝、刻痕、起泡、凹痕、变形、腐蚀、粉化、变色及层间分离现象。 (2)耐盐雾腐蚀性能:按规定的方法试验后,标志底板不应有变色、损伤或被侵蚀的痕迹。 (3)机械性能:合成树脂类板材应能满足对标志底板机械强度的设计要求,如抗弯强度、抗冲击强度及刚度等。 (4)若合成树脂类标志底板在制作时加了保护层,则保护层在经受耐候性能、盐雾腐蚀、冲击等试验后,也不应出现开裂、起泡、粉化及剥落等现象
铝合金型材	使用挤压成型的铝合金型材制作标志底板时,应满足《一般工业用铝及铝合金挤压型材》(GB 6892—2006)的要求及设计要求,同时应具有轻质、高强、耐蚀、耐磨、刚度大等特点,经拼装后应能满足公路大型标志底板的性能要求。 宜采用综合性能等于或优于牌号2024的铝合金型材

(2)构造

结　构　表 21-14

项　目	内　容
构造	标志底板可用铝合金板、薄钢板、合成树脂类板材等材料制作。大型标志的板面结构宜采用挤压成型的铝合金板拼装而成。推荐的挤压成型标志底板断面见下图,板面宽度以设计图为准。挤压成型板材应尽量使用最大尺寸,减少接缝,以保持板面的平整度 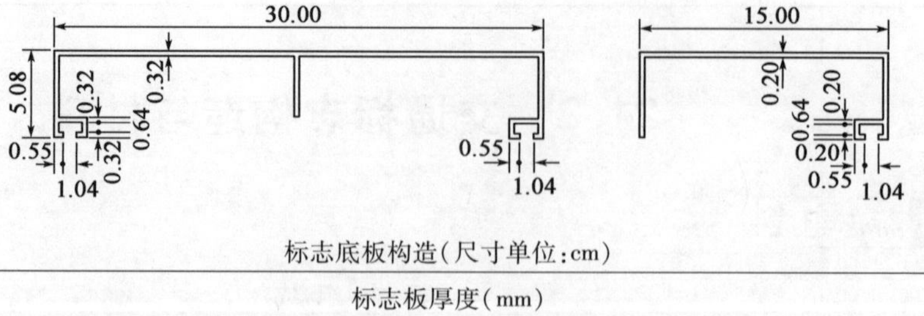 标志底板构造(尺寸单位:cm)

标志板厚度(mm)

标志名称	警告标志		禁令标志		指示标志		指路标志		辅助标志
	小型	大型	小型	大型	小型	大型	小型	大型	
铝合金板	1.5	2.0	1.5	2.0	1.5	2.0	2.0~3.0	3.0~3.5	1.5
合成树脂	3	4	3	4	3	4	4	5	3

(上表为"板厚度"项目内容)

续上表

项目	内容
加固	一般结构的标志板,应采用滑动槽钢加固,以方便与立柱连接。标志板的加固方式可参考下图选择使用。 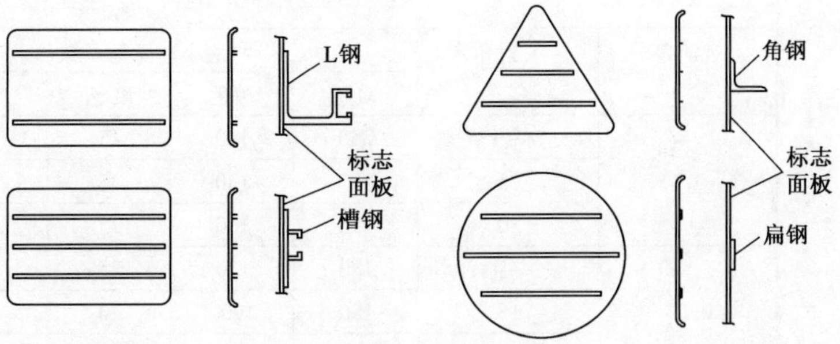 标志板的加固方式 标志板的卷边加固形式可参考下图选择使用 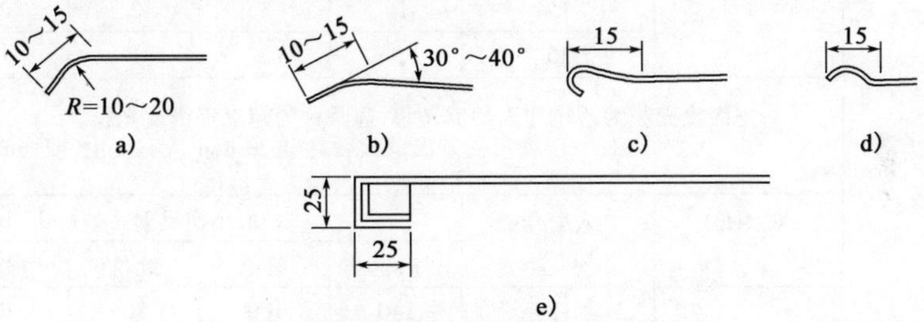 标志板的卷边加固形式(尺寸单位:cm)

21.2.3 标志面材料

(1)组成与类型

组 成 与 类 型 表 21-15

项目		指标内容
组成		(1)标志面可用逆反射材料、油漆、油墨、胶黏剂、透明涂料及边缘填隙料等材料制造,目前较为广泛的是反光膜; (2)反光膜一般由透明薄膜、黏结剂、高折射率微珠、反射层等材料组成
反光膜类型	按逆反射原理	可分为玻璃珠型和微棱镜型两类
	按不同的结构	可分为透镜埋入型、密封胶囊型和微棱镜型三类
	按不同的逆反射性能	可分为5个等级。 (1)一级反光膜为微棱镜型反光膜。

一级反光膜

观测角(°)	入射角(°)	最小逆反射系数($cd \cdot lx^{-1} \cdot m^{-2}$)					
		白色	黄色	红色	绿色	蓝色	棕色
0.2	-4	600	450	120	100	50	20
	15	450	320	85	80	40	15
	30	300	220	60	50	25	10
0.33	-4	360	250	60	60	25	15
	15	260	180	40	40	18	10
	30	160	110	25	25	10	6

续上表

项 目		指 标 内 容
反光膜类型	按不同的逆反射性能	

(2)二级反光膜为密封胶囊型反光膜,通常称高强级反光膜。

二级反光膜

观测角(°)	入射角(°)	最小逆反射系数(cd · lx^{-1} · m^{-2})					
		白色	黄色	红色	绿色	蓝色	棕色
0.2	-4	250	170	45	45	20	12
	15	200	130	35	35	16	10
	30	150	100	25	25	10	6.5
0.33	-4	180	120	25	25	14	10
	15	150	90	20	20	11	8
	30	100	70	14	14	8	5
1	-4	20	12	3	3	1	0.8
	15	15	8	2	2	0.8	0.6
	30	9	5	1	1	0.4	0.3

(3)三级反光膜为透镜埋入型反光膜,通常称为超工程级反光膜。

三级反光膜

观测角(°)	入射角(°)	最小逆反射系数(cd · lx^{-1} · m^{-2})					
		白色	黄色	红色	绿色	蓝色	棕色
0.2	-4	140	100	30	30	10	5
	15	110	80	22	22	8	3.5
	30	60	36	12	10	4	2
0.33	-4	100	75	20	20	5	4
	15	85	60	15	15	4	2.8
	30	45	25	7.5	7	2	1.2
1	-4	11	6	2.5	2.5	0.8	0.6
	15	9	4	1.6	1.6	0.6	0.4
	30	5	2	0.8	0.8	0.3	0.2

(4)四级反光膜为透镜埋入型反光膜,通常称工程级反光膜。

四级反光膜

观测角(°)	入射角(°)	最小逆反射系数(cd · lx^{-1} · m^{-2})					
		白色	黄色	红色	绿色	蓝色	棕色
0.2	-4	80	50	14	9	4	3
	15	55	35	11	7	3	2
	30	30	22	6	3.5	1.5	1
0.33	-4	50	35	10	7	3	2
	15	45	20	8	5	2	1.4
	30	24	15	4	2.5	1	0.7
1	-4	5	3	2	1	0.6	0.4
	15	3	2	1	0.8	0.3	0.2
	30	2	1.5	0.6	0.4	0.2	0.1

(5)五级反光膜为透镜埋入型反光膜,通常称经济级反光膜

续上表

<table>
<tr><td colspan="2">项 目</td><td colspan="8">指 标 内 容</td></tr>
<tr><td rowspan="12">反光膜类型</td><td rowspan="12">按不同的逆反射性能</td><td colspan="8">五级反光膜</td></tr>
<tr><td rowspan="2">观测角
(°)</td><td rowspan="2">入射角
(°)</td><td colspan="6">最小逆反射系数($cd \cdot lx^{-1} \cdot m^{-2}$)</td></tr>
<tr><td>白色</td><td>黄色</td><td>红色</td><td>绿色</td><td>蓝色</td><td>棕色</td></tr>
<tr><td rowspan="3">0.2</td><td>-4</td><td>50</td><td>25</td><td>8</td><td>5</td><td>3.5</td><td>2</td></tr>
<tr><td>15</td><td>35</td><td>14</td><td>6</td><td>4</td><td>2.5</td><td>1.5</td></tr>
<tr><td>30</td><td>18</td><td>10</td><td>3.5</td><td>2</td><td>1</td><td>0.7</td></tr>
<tr><td rowspan="3">0.33</td><td>-4</td><td>30</td><td>15</td><td>5</td><td>4</td><td>2.5</td><td>1.5</td></tr>
<tr><td>15</td><td>21</td><td>11</td><td>4.2</td><td>3</td><td>1.8</td><td>1</td></tr>
<tr><td>30</td><td>10</td><td>5</td><td>2</td><td>1.5</td><td>0.8</td><td>0.4</td></tr>
<tr><td rowspan="3">1</td><td>-4</td><td>4</td><td>2</td><td>0.8</td><td>0.5</td><td>0.4</td><td>0.2</td></tr>
<tr><td>15</td><td>2.5</td><td>1.3</td><td>0.6</td><td>0.4</td><td>0.2</td><td>0.1</td></tr>
<tr><td>30</td><td>1.5</td><td>0.8</td><td>0.4</td><td>0.2</td><td>0.1</td><td>—</td></tr>
<tr><td colspan="2">性能</td><td colspan="8">反光膜应有平滑、光洁的外表面,其表面不应有明显的划痕、条纹、气泡、颜色不均匀或逆反射性能不均匀等缺陷或损伤。反光膜应具有颜色的可印刷性能,按反光膜制造商推荐的、彩色的、与反光膜相匹配的油墨及印刷条件、印刷方式等,可对反光膜进行各种颜色的印刷。
反光膜在使用过程中受到其自身功能、使用环境及施工等各方面因素的影响,因此对其性能也提出了一定的要求。
这主要体现在以下几方面:
(1)产品功能的影响。反光膜的应用主要是为交通参与者提供较高的视觉辨认性,这就要求其应满足一定的色度性能、逆反射性能等。
(2)环境侵蚀的影响。由于反光膜长期暴露于自然条件下,这就要求其在使用过程中应能抵御外界条件的侵蚀,因此其应满足一定的耐候性能、耐盐雾腐蚀性能、耐溶剂性能等。
(3)使用环境的其他因素的影响。反光膜暴露于自然条件下还受到外界的各种荷载、冲击、温度变化等外力的影响,这就要求其应当具有一定的抗冲击性能、耐弯曲性能、耐高低温性能、收缩性能等。
(4)施工因素的影响。为了保证反光膜在施工时的牢固性、方便性,其应当满足一定的附着性能、防粘纸的可剥离性能、抗拉荷载等</td></tr>
<tr><td colspan="2">等级选择</td><td colspan="8">(1)高速公路、一级公路及城市主干路的交通标志宜采用一至三级反光膜;
(2)二、三级公路及一般城市道路的交通标志宜采用四级以上的反光膜;
(3)四、五级反光膜可用于四级公路和交通量很小的其他道路;
(4)高速公路、一级公路、城市快速路上的曲线段标志及城市地区的多路交叉路口宜采用三级以上反光材料;
(5)高速公路、城市快速路上的门架标志和悬臂标志,为获得与路侧标志相当的反光效果,宜选用比路侧标志所用反光膜等级高的反光材料,或把门架标志和悬臂标志上的字符改用反射器,以改善其夜间视认性</td></tr>
</table>

(2)反光膜要求

反光膜性能指标(GB/T 18833—2012) 表 21-16

项 目	指 标 内 容
色度	按规定的方法测试,标志面(包括丝网印刷后)的各种颜色的色品坐标和亮度因数应在下表规定的范围内

续上表

项　目	指 标 内 容
色度	反光膜颜色各色点的色品坐标(标准照明体 D_{65},照明观测条件:45°/0°,视场角 20°)

角点坐标		色品坐标								亮度因数
		x	y	x	y	x	y	x	y	
颜色	白	0.350	0.360	0.300	0.310	0.285	0.325	0.335	0.375	>0.27
颜色	黄	0.545	0.454	0.464	0.534	0.427	0.483	0.487	0.423	0.16~0.40
颜色	红	0.690	0.310	0.658	0.342	0.569	0.341	0.595	0.315	0.03~0.10
颜色	绿	0.007	0.703	0.026	0.399	0.177	0.362	0.248	0.409	0.03~0.10
颜色	蓝	0.078	0.170	0.137	0.038	0.210	0.160	0.150	0.220	0.01~0.10
颜色	棕	0.430	0.340	0.430	0.390	0.550	0.450	0.610	0.390	0.01~0.06

各种颜色色品见下图

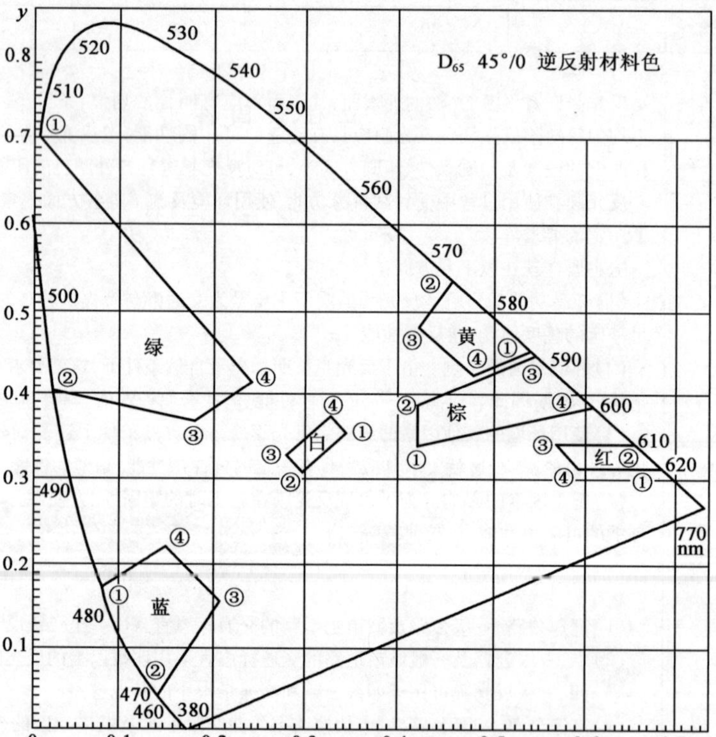

项　目	指 标 内 容
逆反射	按规定的方法测试,反光膜的逆反射系数值不应低于一至五级的规定。湿状态下的反光膜在观测角为0.2°、入射角为-4°时的逆反射系数值不应低于一至五级相应规定值的80%
耐候	按规定的方法连续自然暴露,或进行人工气候加速老化试验(以连续自然暴露为仲裁),在试验完成后: (1)反光膜应无明显的裂缝、刻痕、凹陷、气泡、侵蚀、剥离、粉化或变形; (2)从任何一边均不应出现超过0.8mm的收缩,也不应出现反光膜从底板边缘翘曲或脱离的痕迹; (3)反光膜各种颜色的色品坐标及亮度因数应保持在规定的范围内; (4)在观测角为0.2°,入射角为-4°、15°和30°时,一、二、三级反光膜的逆反射系数值不应低于等级相应规定值的80%,四级、五级反光膜的逆反射系数不应低于等级相应规定值的50%

续上表

项　　目	指 标 内 容
耐盐雾腐蚀	按规定的方法试验后,反光膜表面不应有变色、渗漏、起泡或被侵蚀的痕迹
耐溶剂	按规定的方法试验后,反光膜表面不应出现软化、皱纹、渗漏、起泡、开裂或表面边缘被溶解等损坏的痕迹
抗冲击	按规定的方法试验后,反光膜在受到冲击的表面以外,不应出现裂缝、层间脱离或其他损坏
耐弯曲	按规定的方法试验后,反光膜表面不应出现裂缝、剥落或层间分离的痕迹
耐高低温	按规定的方法试验后,反光膜表面不应出现裂缝、软化、剥落、皱纹、起泡、翘曲或外观不均匀的痕迹
收缩	按规定的方法试验后,反光膜样品任何一边的尺寸,在10min内,其收缩不应超过0.8mm;在24min内,其收缩不应超过3.2mm
附着	按规定的方法试验后,反光膜在5min后的剥离长度不应大于20mm
防粘纸的可剥离	按规定的方法试验后,反光膜无需用水或其他溶剂浸湿,即可方便地手工剥下防粘纸。防粘纸也不应有破损、撕裂或从反光膜上粘下黏合剂的痕迹
抗拉荷载	按规定的方法试验后,每25mm宽度反光膜的抗拉荷载值(F)不应小于24N

21.2.4 立柱、紧固件

立 柱、紧 固 件 表21-17

项　　目	内容与图式
立柱	(1)交通标志立柱可选用H形钢、槽钢、钢管及钢筋混凝土管等材料制作,钢柱应进行防腐处理,钢管顶端应加柱帽。 (2)钢制立柱、横梁、法兰盘及各种连接件,可采用热浸镀锌。立柱、横梁、法兰盘的镀锌量为600g/m^2,紧固件为350g/m^2。 (3)各种标志立柱的断面尺寸、连接方式、基础大小等,应根据设置地点的风力、板面大小及支撑方式由计算确定。 (4)各种标志立柱的埋设深度,取决于板面承受外力的大小及地基的承载力。一般应浇筑混凝土基础。立柱的金属预埋件应进行防腐处理
标志板的拼接	标志板的拼接方法可参考下图 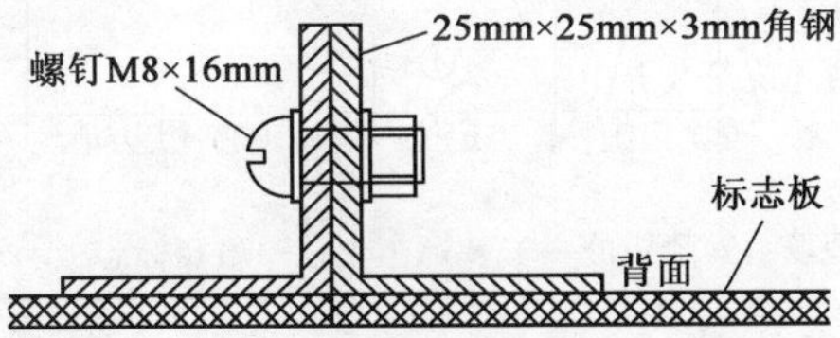 标志板的拼接方法
标志板和立柱的连接	标志板和立柱的连接应根据板面大小、拼接方式选用多种方法。标志板和立柱的连接方法,可参考下图 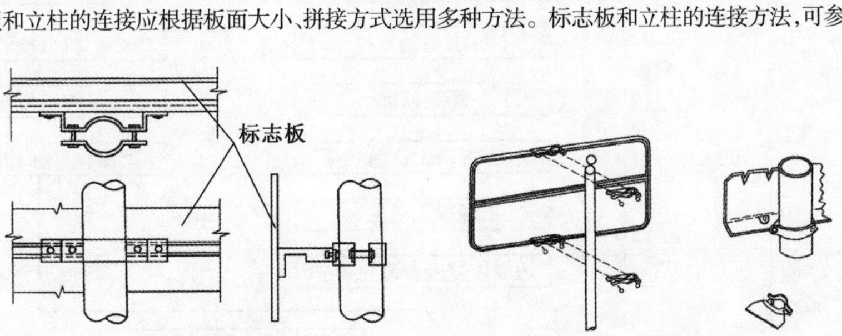 a)单点连接　b)双点连接 标志板和立柱的连接方法

21.2.5 标志施工

标 志 施 工 表 21-18

<table>
<tr><th>项 目</th><th>工 作 内 容</th></tr>
<tr><td>施工方法</td><td>(1)施工准备
进场后要认真熟悉设计文件、图纸及技术规范。板面材料(含铝合金及反光膜)、钢结构的材质、加工、运输等由质检工程师负责;现场施工组织、基础混凝土浇筑、安装等由标志项目工程师负责。施工中不得损坏沿线设施,注意环境保护,废土不得乱弃,商品混凝土运输及浇筑时不能污染路面。
(2)施工放样
根据设计图纸,由专业测量工程师负责放样。采用经纬仪(全站仪)等推定地点距离、限速、地名等标志位置(如遇结构物等时,可做适当移位);采用经纬仪、钢卷尺及其他必要工具准确测距定出标志基础横向位置。根据基础尺寸和道路线形(如果是双柱标志还有立柱间距)确定基础开挖的位置(含尺寸及方向)并做好明显标记。
(3)基础开挖
放样定位后,根据图纸按现场做好的标记要求进行开挖,基坑大小、深度要符合图纸要求。废土不能随便乱扔,要采用监理工程师同意的办法或外运处理。
(4)浇捣混凝土基础
在基坑尺寸经监理工程师检验合格后,采用商品混凝土运输至现场放入已挖好的基坑内进行浇捣。浇捣时要用胶带纸(或塑料纸等)捆绑以免被水泥污染,破坏螺纹。废弃砂石料及模板等材料要及时清除。
(5)在标志运往工地前,向监理工程师提供所采用的材料出厂检验合格证书供监理工程师审查批准,所有运往工地的材料质量均应符合有关的技术标准。
(6)标志板及立柱安装
基础混凝土浇筑7d后,可以开始安装立柱和标志板,小型标志的立柱和板面采用人工一次性安装,单挑悬式标志,臂与支柱之竖立均垂直并相互平行,其顶端在同一高度上,连接件对称布设。对悬臂标志的支撑结构在运抵工地前对各部焊点及结构整体进行检查、试装,确保质量及进度。大型标志立柱通过法兰盘与基础连接,在清理底法兰盘和地脚螺栓螺纹后用汽车吊统一安装。汽车吊安装时,吊臂下严禁站人,捆绑要牢靠,不能破坏标志板的边角,更不能对板面有划痕或其他损坏。安装时,要注意立柱垂直度调整和板面与道路的夹角(在基础浇筑时已充分考虑,安装时仅是微调),板面的净空高度和测向净空符合设计要求。
(7)质量自检
外业工作完成后,项目经理部将组织标志产品质检工程师、标志项目工程师、试验工程师、施工队全面质量自检,使工程质量完全符合要求,同时会同档案管理负责人整理有关施工材料,准备验收</td></tr>
<tr><td>施工工序</td><td>(1)施工工序
①混凝土浇筑及养生
到达现场→安全措施→标志定位→基础开挖→土方清运→混凝土浇筑→清扫→清理现场→混凝土养生
②安装
到达现场→安全措施→安装标志支柱→吊装标志板→调校→清扫标志板→清理现场→完成
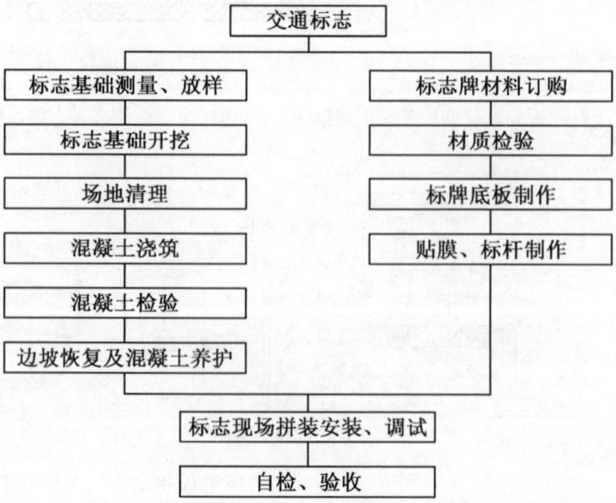
</td></tr>
</table>

续上表

<table>
<tr><th>项　　目</th><th>工 作 内 容</th></tr>
<tr><td>施工工序</td><td>(2)施工注意事项
①开挖及浇筑时注意废土的清运、路面的污染清理及边坡的恢复。
②浇筑的混凝土基础不应出现麻面蜂窝。
③吊装时应注意牌面的清洁、立柱的垂直度、牌面与路面的角度、牌面的水平垂直度及安全性。
④注意与路面及绿化单位的联系协调,以保证工序的延续性</td></tr>
<tr><td>施工质量保证措施</td><td>(1)交通标志的制作应符合 GB 5768.2 和 GB/T 23827 的规定。标志板面制作应在专业厂家的特定环境(恒温恒湿)中完成,确保粘贴效果良好无气泡,并符合 GB/T 23827。标志柱、梁的焊接件部分应符合钢结构焊接规范的质量要求,无裂缝、未熔合、夹渣等缺陷。标志金属件构件镀锌层应均匀、颜色一致,不允许有流挂、滴瘤或多余结块,镀锌表面应无漏锌、露铁等缺陷。
(2)标志材料出厂应自检,并报监理工程师检验合格后才能进场使用。
(3)标杆和标牌在运送时,应分车装运,捆扎牢固,押车员跟车押运,途中经常进行捆扎情况检查,若发现有松动现象,及时给予加固,避免产品在运输途中损伤。安装期间,标志板应适当支撑和加固,其表面应采取防止损坏的保护措施。
(4)标志基础的开挖应符合图纸设计要求,经监理工程师检验合格后才能进行标志基础浇筑。
(5)标志基础采用符合图纸要求的 C25 商品混凝土浇筑,且基础钢筋及预埋件埋设应符合图纸要求。浇筑的混凝土基础不应出现麻面蜂窝,并派专人负责基础养生。
(6)安装时,先进行立柱与横梁的拼装,然后进行标志牌的安装,并校正角度、平行度、平整度,拧紧各部位连接螺栓后,进行整体吊装。标志的紧固方法应符合图纸要求。
(7)标志吊装后,进行垂直度校正,并用手持式激光测距仪进行净空高度复检,安装后的标志各个项目均达到《公路工程质量检验评定标准　第一分册　土建工程》(JTG F80/1—2004)和 GB 5768.2 的标准。
(8)标志安装完毕后,应清扫所有标志板,在清扫的过程中,不应损坏标志面或产生其他缺陷。
(9)标志安装完毕后,监理工程师检查所有标志,以确定在白天和夜间条件下的外观、视认性、颜色、镜面眩光等是否符合图纸要求。
(10)在标志检查中发现的任何缺陷,应按照监理工程师指示自费予以修正或更新</td></tr>
</table>

21.3　交通标志产品质量检测

21.3.1 标志板形状、尺寸、图案文字的检测

标志板形状、尺寸、图案文字的检测　　表 21-19

<table>
<tr><th>项　　目</th><th>指 标 内 容</th></tr>
<tr><td>几何尺寸</td><td>标志板的形状、图案、文字应符合 GB 5768.2 的规定。标志板的尺寸应符合 GB 5768.2 的规定或有关设计的要求。一般外形尺寸偏差为 ±5mm,若外形尺寸大于 1.2m 时,其偏差为其外形尺寸的 ±0.5%,邻边的夹角偏差为 ±0.5°
交通标志面几何形状及尺寸
<table>
<tr><th>检查项目</th><th colspan="2">规定值或允许偏差</th><th>检查方法和频率</th><th>备注</th></tr>
<tr><td>标志底板外形、图案形状</td><td colspan="2">按 GB 5768 执行</td><td>目测观察与 GB 5768.2 对比</td><td>—</td></tr>
<tr><td rowspan="2">标志底板外形几何尺寸</td><td rowspan="2">GB 5768.2</td><td>外形 ±5mm</td><td rowspan="2">钢卷尺、钢板尺、卡尺</td><td rowspan="2">—</td></tr>
<tr><td>板厚 ±2mm</td></tr>
</table>
</td></tr>
</table>

续上表

项　　目	指标内容				
					续上表
	检查项目	规定值或允许偏差		检查方法和频率	备注
几何尺寸	标志图案尺寸、位置	GB 5768.2	位置偏差 ±2mm	钢板尺、直角尺、划规、半圆仪等	—
			图形线宽度 ±2mm		
			角度偏差 ±1°		
	汉字和字母高、宽、笔画粗、行距、字间距等	GB 5768.2	字高宽偏差 ±4mm	钢板尺、直角尺、半圆仪等	字高应为整数，即40cm、50cm、60cm；字间距可放大至$h/5$；字高：笔画粗可放大至10:1
			笔画粗偏差 ±2mm		
			行距、字间距偏差 ±5mm		
	标志结构形式	GB 5768.2、GB 5237 等		钢板尺、卡尺	—
反光膜的拼接	用反光膜制作的标志板，其反光膜的拼接应符合以下要求： (1)反光膜应尽可能减少拼接，任何标志的字符不允许拼接，当标志板的长度或宽度、圆形标志的直径小于反光膜的最大宽度时，底膜不应有拼接缝。 (2)当粘贴反光膜不可避免出现接缝时，应按反光膜产品的最大宽度进行拼接；标志反光膜采用拼接时，接缝以搭接为主，重叠部分不应小于5mm；当采用平接时，其间隙不应超过1mm，距标志板边缘50mm之内，不得有接缝				

21.3.2 交通标志外观质量检测

交通标志外观质量检测　　表21-20

项　　目	内　　容
标志板平整度	标志板板面应平整完好，无起皱、开裂、缺损或凹凸变形，在2m² 底板范围内的平整度公差不大于1.0mm。对标志板面平整度的检测方法采用钢直尺和塞尺测量
标志面裂纹和气泡	对标志裂纹和气泡的检测，应在白天环境中，用4倍放大镜仔细检查。标志面任一处面积为50cm×50cm，表面上，不得存在总面积大于10mm² 的一个或一个以上的气泡
划痕、损伤、颜色不均匀性	对划痕、损伤、颜色不均匀等缺陷的检查，在白天明亮的环境中(光照度不少于150lx)，面对反光膜，距标志为2m处目测，用目测能观察到的划痕、条纹、气泡和颜色不均匀等缺陷和损伤，即为不合格
逆反射性能不均匀性	在夜间黑暗、空旷的环境中，距离标志面10m处，以汽车前照灯远光为光源，垂直照射标志面，用目测能辨别出反光膜不同区域的逆反射性能有明显差异者，作为逆反射性能不均匀缺陷
对标志面拼接缝的检查在白天环境中，面对标志面，用直尺检查	交通标志金属构件镀层应均匀、颜色一致，不允许有流挂、滴瘤或多余结块，镀件表面应无漏镀、露铁等缺陷

21.3.3 交通标志反光膜性能检测

交通标志反光膜性能检测　　表21-21

项　　目	内　　容
一般要求	除特殊要求外，试样的制备、存放和测试条件等应符合下列规定。 根据不同情况，按下列办法之一制备试样： (1)随机抽取反光膜生产厂制造的整卷反光膜产品作为产品试样。 (2)随机抽取整卷反光膜产品，从中随机截取相应尺寸的反光膜，作为反光膜式样。

续上表

项　　目	内　　容
一般要求	(3)随机抽取整卷反光膜产品,从中随机截取相应尺寸的反光膜,把该反光膜按生产厂商的使用说明,粘贴到厚度为2mm的铝合金板上(铝合金板应符合GB/T 23827中标志底板的有关规定并需经过严格的去油污清洗),制成试样。 (4)按特殊试验如耐弯曲性能试验等的要求,制成该试验的试样。 试样测试前,应在温度为(23±2)℃,相对湿度(50±10)%的环境中放置24h,然后进行各种测试工作。一般的测试工作宜在温度为(23±2)℃,相对湿度(50±10)%的环境中进行
色度性能	(1)选用尺寸为150mm×150mm的单色反光膜试样,采用GB/T 3978规定的标准照明体D65,视场角2°及几何条件45/0的照明观测条件,按GB/T 3979规定的方法,测出样品光谱的反射比,然后计算出该颜色的色品坐标或直接测得各种颜色的色品坐标。在同样的照明观测条件下,分别测出试样和标准漫反射白板的光亮度,两者之比值即为亮度因数,或直接测得各种颜色的亮度因数。 (2)选用尺寸为150mm×150mm的单色反光膜的试样,采用GB/T 3978规定的标准照明体A光源,视场角0.1°及入射角0°,观测角0.2°的照明观测条件,按GB/T 3979规定的方法,直接测得各种颜色的色品坐标
逆反射性能试验	(1)绝对测量法 ①试样尺寸不应小于150mm×150mm。 ②测试于暗室中进行,测试原理与测量装置示意图见下图。 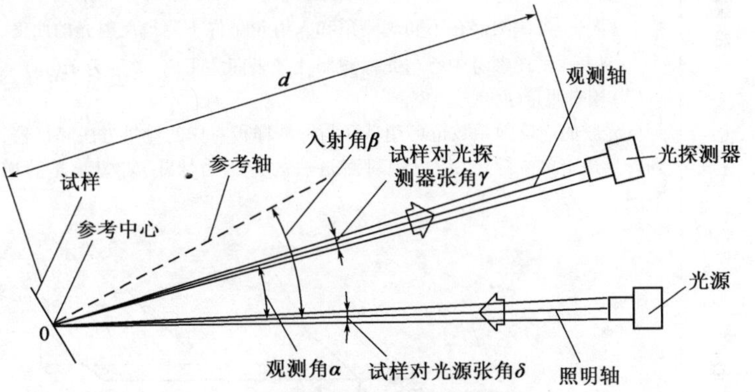 a)逆反射系统光学测试原理 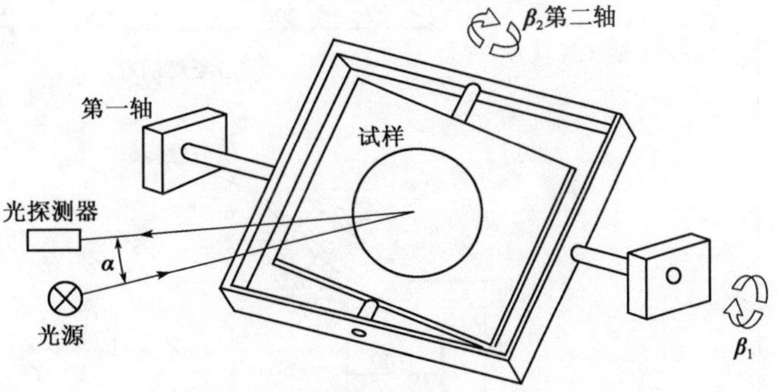 b)逆反射性能测量装置示意图 逆反射性能试验模型 光源应采用《标准照明体和几何条件》(GB/T 3978—2008)规定的标准照明体A光源,试样参考中心对光源孔径张角δ应不大于0.2°。试样整个受照区域的垂直照度的不均匀性不应大于5%。 光探测器是经光谱光效率曲线校正的照度计,安装在光源的正上方。试样参考中心对光探测器孔径张角δ应不大于0.2°,光探测器应能上下自由移动,以保证观测角α在0.2°~1°或更大范围的变化。

续上表

项　目	内　容
逆反射性能试验	光探测器前表面至试样表面的距离一般不应小于15m。 反光膜试样安装在一可转动的样品架上。当它沿第二轴旋转时，试样能获得入射角 β_1。 ③测量过程 把光探测器放在试样的参考中心位置上，正对着光源，测量出垂直于试样表面的照度值 $E_{\perp}$。 把光探测器置于上图 b）的位置上，移动光探测器使观测角为 0.2°；转动试样，使光的入射角 β_1（$\beta_2 = 0$）分别为 -4°、15°或 30°，测出在每个入射角时试样反射光所产生的照度值 E_r。 重复上述测试过程，使观测角分别为 0.33°和 1°，入射角 β_1 为 -4°、15°或 30°等各种几何条件，测出试样反射光所产生的照度值 E_r。 用下列公式计算出在不同观测角和入射角条件下的发光强度系数 R 和逆反射系数 R'： $$R = \frac{I}{E_{\perp}} = \frac{E_r \cdot d^2}{E_{\perp}};\ R' = \frac{I}{E_{\perp} \cdot A} = \frac{E_r \cdot d^2}{E_{\perp} \cdot A}$$ 式中：R——试样的发光强度系数，单位为坎德拉每勒克斯（$cd \cdot lx^{-1}$）； R'——试样的逆反射系数，单位为坎德拉每勒克斯平方米（$cd \cdot lx^{-1} \cdot m^{-2}$）； I——试样的发光强度，单位为坎德垃（cd）； A——试样的表面面积，单位为平方米（m^2）； $E_{\perp}$——试样在参考中心上的垂直照度，单位为勒克斯（k）； E_r——光探测器在不同观测角和入射角条件下测得反射光的照度，单位为勒克斯（k）； d——试样参考中心与光探测器孔径表面的距离，单位为米（m）。 （2）相对测量法 反光膜的逆反射系数也可用试样与标准样板对比的测量方法和仪器进行测试。其标准样板应定期到计量检定单位标定（应以绝对测量法的方法为仲裁）。湿状态的逆反射系数的测定测量装置见下图。 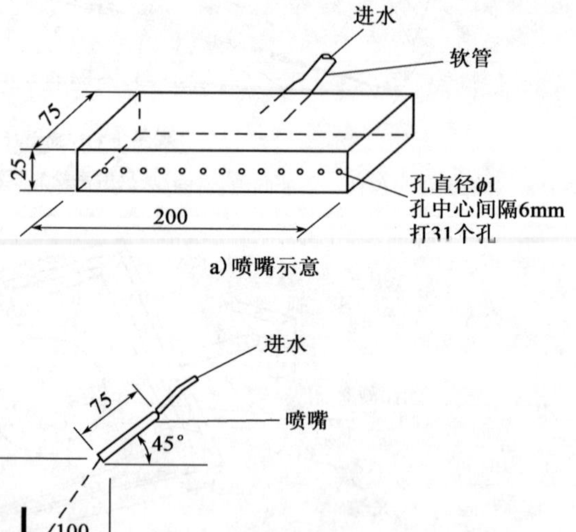 a）喷嘴示意 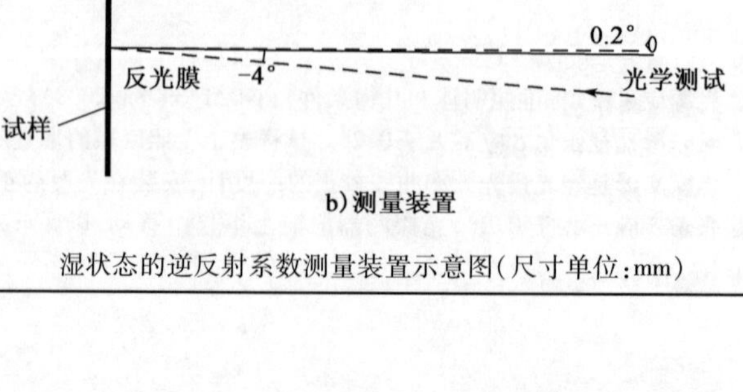 b）测量装置 湿状态的逆反射系数测量装置示意图（尺寸单位：mm）

续上表

<table>
<tr><th>项　　目</th><th>内　　容</th></tr>
<tr><td>逆反射性能试验</td><td>反光膜150mm×150mm的试样安装在一垂直平板上。给喷嘴提供足够量洁净的水，在试样表面形成连续移动的水膜，按绝对测量法的方法，测试在观测角为0.2°、入射角为-4°时试样的逆反射系数R'，即为湿状态的逆反射系数</td></tr>
<tr><td>耐候性能试验</td><td>(1)耐候性能试验的时间
自然暴露试验：一级至四级反光膜2年，五级反光膜1年；人工气候加速老化试验：一级至四级反光膜1 200h，五级反光膜600h。
(2)自然暴露试验
按《塑料 自然日光气候老化、玻璃过滤后日光气候老化和菲涅耳镜加速日光气候老化的暴露试验方法》(GB/T 3681—2011)，把尺寸不小于150mm×250mm的试样安装在至少高于地面0.8m的暴晒架面上，试样面朝正南方，与水平面呈当地的纬度角或(45±1)°，试样表面不应被其他物体遮挡阳光，不得积水。暴露地点的选择尽可能近似实际使用环境或代表某一气候类型最严酷的地方。
试样开始暴晒后，每一个月做一次表面检查，半年后，每三个月检查一次，直至达到规定的暴晒期限，按耐候性能的要求用4倍放大镜做一最终检查，并进行有关性能测试。
(3)人工气候加速老化试验
试样的尺寸可根据老化试验箱的要求来选定，一般不应小于70mm×120mm。老化箱可采用氙灯作为光源，试样受到光谱波长为300~800nm光线的辐射，其辐射强度为1 000W/m^2；光谱波长低于300nm光线的辐射强度不应大于1W/m^2。整个试样面积内，辐射强度的偏差不应大于±10%。在试验过程中，应采用连续光照，周期性喷水。
箱内：黑板温度为(63±3)℃；喷水周期为：每120min为一周期，其中18min喷水、102min不喷水。
当试验时间规定为1 200h，若试样所受累积辐射能量小于4.32×10^6kJ/m^2，则应延长试验时间，以保证试样所受累积辐射能量值；当试验时间规定为600h，若试样所受累积辐射能量小于0.54×10^6kJ/m^2，也应延长试验时间，以保证试样所受累积辐射能量值。
经过规定时间老化试验后的试样，用浓度5%的盐酸溶液清洗表面45s，然后用水彻底冲洗，最后用干净软布擦干，即可置于标准测试条件下，按耐候性能的要求用4倍放大镜进行各种检查并进行有关性能测试</td></tr>
<tr><td>盐雾腐蚀性能</td><td>按《电工电子产品环境试验　第2部分：试验方法　试验Ka：盐雾》(GB/T 2423.17—2008)，把化学纯的氯化钠溶于蒸馏水，配制成(5±0.1)%(质量比)的盐溶液(pH值为6.5~7.2)，使该盐溶液在盐雾箱内连续雾化，箱内温度保持(35C±2)℃。试样尺寸为150mm×150mm，其受试面与垂直方向成30°角，相邻两样板保持一定的间隙，行间距不少于75mm，试样在盐雾空间连续暴露120h。试验结束后，用流动水轻轻洗掉试样表面的盐沉积物，再用蒸馏水漂洗，然后置于标准环境条件下恢复2h，最后对样品按耐盐雾腐蚀性能的要求用4倍放大镜进行全面检查</td></tr>
<tr><td>溶剂试验</td><td>把反光膜尺寸为150mm×150mm的试样，分别浸没在下表所示各种溶剂中，到规定的时间后取出，在室温下通风橱内干燥，然后按耐溶剂性能的要求用4倍放大镜检查其表面变化
各种溶剂的浸渍时间<table><tr><td>溶剂种类</td><td>煤油</td><td>甲苯</td><td>二甲苯</td><td>甲醇</td></tr><tr><td>浸渍时间(mm)</td><td>10</td><td colspan="3">1</td></tr></table></td></tr>
<tr><td>冲击试验</td><td>把150mm×150mm试样的标志面朝上，水平放置在厚度为20mm的钢板上。在试样上方250mm处，用一个质量为0.45kg的实心钢球自由落下，撞击试样中心部位，按抗冲击性能的要求用4倍放大镜检查被撞击表面的变化</td></tr>
<tr><td>弯曲试验</td><td>在温度(23±2)℃条件下，裁取230mm×70mm的反光膜做弯曲试验试样，撕去防粘纸，在背衬黏结剂表面撒上足够的滑石粉。在5s内将试样沿长度方向围绕在一直径为3.2mm的圆棒下，使试样的黏结剂面与圆棒外表面接触，放开试样，按耐弯曲性能的要求用4倍放大镜检查试样表面的变化</td></tr>
<tr><td>高低温试验</td><td>将150mm×150mm的试样放入试验箱(室)内，开动冷源，将箱(室)内温度逐渐降至(-40±3)℃，使试样在该温度下保持72h，关闭电源，使试验箱(室)自然升至室温，约12h后，再把试验箱(室)升温至(70±3)℃，并在该温度下保持24h，最后关闭电源，使试验箱(室)自然冷却至室温，取出试样，在标准测试条件下放置2h后，按耐高低温性能的要求用4倍放大镜检查其表面的变化</td></tr>
</table>

续上表

<table>
<tr><th>项　目</th><th>内　容</th></tr>
<tr><td>收缩试验</td><td>裁取230mm×25mm的反光膜作为收缩试验试样，放置在标准测试条件下至少1h。撕去防粘纸，把试样放在一平滑的表面上，黏结剂面朝上。在防粘纸撕去后10min和24h时分别测出反光膜试样的尺寸变化</td></tr>
<tr><td>附着性能</td><td>裁取150mm×25mm的反光膜，从一端撕去100mm长的防粘纸，按生产厂商的使用说明，粘贴在厚度为2mm的铝合金板上，制成附着性能试验试样。
试样在标准测试条件下放置24h，然后把试样水平悬持，反光膜面朝下，如下图所示。在反光膜的自由端上，使用夹具悬挂一重0.8kg的重物(包括夹具的重量)，使其与试样板面成90°角下垂。5min后，测出反光膜剥离的长度 L
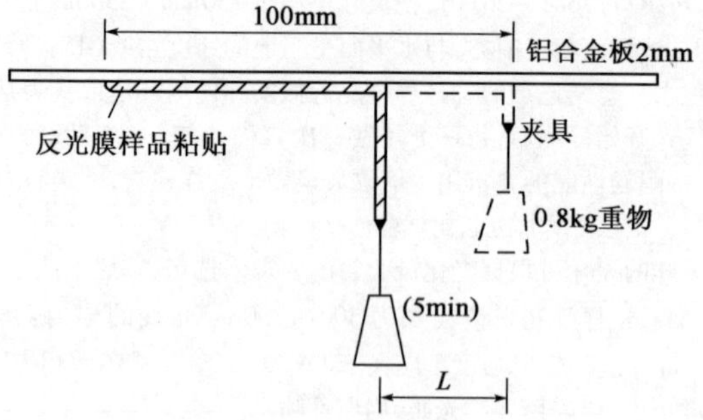

附着性能试验图式</td></tr>
<tr><td>防粘纸的可剥离试验</td><td>在25mm×150mm的反光膜上，放置一个6.6kg的重物，使反光膜受到0.176kg/cm² 的压力，然后置于(70±2)℃的空间里放置4h。取出反光膜，在标准测试条件下使之冷却至室温。用手剥去防粘纸，防粘纸不应有破损、撕裂或从反光膜上粘下黏合剂的痕迹</td></tr>
<tr><td>抗拉试验</td><td>准备3条25mm×150mm的反光膜，撕去中间100mm的防粘纸，装入精度为0.5级的万能材料试验机夹紧装置中，在试样宽度上负荷应均匀分布。开启试验机，以300mm/min的速度拉伸，分别记录断裂时的抗拉荷载值</td></tr>
</table>

21.3.4 交通标志施工质量检测

(1)交通标志基本要求、外观鉴定

交通标志基本要求、外观鉴定　　表21-22

基本要求	外观鉴定
交通标志产品须经由具有一定资质的检测机构检测，取得合格证，并经工地检验确认满足设计要求后方可使用。交通标志底板、立柱、连接件、紧固件等为钢质材料时，必须进行防腐处理。构件用螺栓组合时，材料的规格与质量应符合设计要求。 (1)标志的制作应符合《道路交通标志和标线　第2部分：道路交通标志》(GB 5768.2—2009)和《道路交通标志板及支撑件》(GB/T 23827—2009)的规定。 (2)交通标志在运输、安装过程中不应损伤标志面及金属构件的镀层。 (3)标志的位置、数量及安装角度应符合设计要求。 (4)大型标志的地基承载力应符合设计要求。大型标志柱、梁的焊接部分应符合钢结构焊接规范的质量要求，无裂缝、未熔合、夹渣等缺陷。 (5)标志面应平整完好，无起皱、开裂、缺损或凹凸变形，标志面任一处面积为500mm×500mm表面上，不得存在总面积大于10mm² 的一个或一个以上气泡。 (6)反光膜应尽可能减少拼接，任何标志的字符不允许拼接，当标志板的长度或宽度、圆形标志的直径小于反光膜产品的最大宽度时，底膜不应有拼接缝。当粘贴反光膜不可避免出现接缝时，应按反光膜产品的最大宽度进行拼接	(1)标志板安装后应平整，夜间在车灯照射下，标志板底色和字符应清晰明亮，颜色均匀，不应出现明暗不均的现象，不能影响标志的认读。 (2)标志板在粘贴底膜时，横向不宜有拼接，竖向拼接时，上膜须压接下膜，压接宽度不小于5mm，当采用平接时，其间隙不应超过1mm。距标志板边缘50mm之内，不得有接缝。 (3)标志金属构件镀层应均匀、颜色一致，不允许有流挂、滴瘤或多余结块，镀件表面应无漏镀、露铁等缺陷

（2）交通标志实测项目

交通标志实测项目（JTG F80/1—2004） 表 21-23

项次	检 查 项 目	规定值或允许偏差	检查方法和频率	权值
1	标志板外形尺寸（mm）	±5； 边长 $a>1.2$m 时，$\pm0.5\%a$； 三角形内角（60 ±5）°	钢尺、卡尺、角尺等；测 100%	1
	标志板厚度（mm）	不小于设计		
2	字体及尺寸（mm）	符合规定字体； 基本字高不小于设计	与规定字体对照； 钢尺：测 10%	1
3△	反光膜等级及逆反射系数（$cd\cdot lx^{-1}\cdot m^{-2}$）	等级符合设计；系数不低于（GB/T 23827）的规定	目测初定； 便携式测定仪：测 100%	2
4	下缘至路面净空及内缘距路边缘距离（mm）	+100，0	尺量或经纬仪：测 100%	1
5	立柱竖直度（mm/m）	±3	垂线、尺量：测 100%	1
6△	镀层厚度（μm）	柱、横梁≥78；紧固件≥50	测厚仪：测 100%	2
7	基础层尺寸（mm）	−50，+100	尺量：测 100%	1
8	基础混凝土强度（MPa）	在合格标准内	每处：1 组（3 个）	1

（3）检验方法

检 验 方 法 表 21-24

项 目	内 容
标志板外形尺寸	（1）标志板外形尺寸检验，应在标志板运抵工地，但尚未安装前进行。根据标志板的形状尺寸及外观要求，用分辨率为 1mm 钢卷尺、万能角尺检查。矩形标志边长尺寸允许偏差为 5mm，当边长尺寸大于 1.2m 时，其允许偏差为边长的 ±0.5%。 （2）三角形标志，当边长尺寸大于 1.2m 时，其允许偏差为边长的 ±0.5%。三角形内角的允许偏差为（60 ±5）°。 （3）圆形标志的直径，其允许偏差为 ±5mm
标志字体尺寸	（1）目测检查标志汉字、数字、英文的字体，是否符合 GB 5768.2 标准中附录 B、附录 C、附录 D 的规定。全线标志字体应统一。 （2）标志字符尺寸应用分辨率为 1mm 的钢尺量测，字高与字宽相等，其允许偏差为 ±5mm
标志面反光膜等级及逆反射系数	（1）目测检查标志面反光膜等级。标志板所用反光膜应与设计文件规定的等级相符。可对照《道路交通标志和标线 第 2 部分：道路交通标志》（GB 5768.2—2009）附录 A 参考色样的反光膜等级进行核对，判定采用的反光膜等级与设计文件规定的等级是否相符。 （2）反光膜的逆反射系数可用试样与标准样板对比的测量方法和仪器进行测试。其标准样板应定期到计量检定单位标定（应以绝对测量法的方法为仲裁）
净空高度及内缘距路边缘距离	（1）标志板下缘至路面净空高度检验主要针对悬臂和门架标志。净空高度要考虑标志结构的挠度、路面加铺的余量等因素，因此，标志的净空高度应比公路建筑限界的净高还要高。净空高度以路面为基点测量与标志下缘的竖直距离。净空高度可用钢卷尺或直尺测量，也可用经纬仪配合测量。路侧标志用水平尺、直尺测量。 （2）保证标志板内缘于路肩边缘线的水平距离，是为了不使标志的任何部分侵入公路建筑净空，也是为了防止靠边行驶的车辆磕碰标志板，应不小于国标规定的侧向余宽。在《道路交通标志和标线 第 2 部分：道路交通标志》（GB 5768.2—2009）标准中规定此距离 $S\geqslant25$cm，因此，可从路侧标志板内缘挂垂线，测量从垂线到道路边缘线的距离

续上表

项　目	内　容
柱竖直度	标志柱竖直度可用垂线和直尺测量,也可用经纬仪测量。标志柱竖直度的允许偏差为 ±3mm/m
金属构件防腐质量	(1)标志金属结构件 薄钢板、立柱、横梁、门架、法兰盘及紧固件等。防腐处理方法有镀锌、镀铝、镀锌(铝)后涂塑、涂塑等。若采用热浸镀锌,薄钢板、立柱、横梁、门架、法兰盘等的镀锌量为 600kg/m^2,相当于锌层厚度为 85μm,紧固件的镀锌量为 350 kg/m^2,相当于锌层厚度为 50μm,镀锌构件表面应具有均匀完整的镀层,颜色一致,表面具有实用性光泽。不允许有流挂、滴瘤或多余结块。镀件表面应无漏镀、露铁等缺陷。 (2)用涂层厚度仪,在标志立柱、横梁、门架、法兰盘及紧固件等构件表面测量,每个构件的上、中、下断面表面测 4 点,取平均值
基础尺寸	检验标志基础尺寸可检查施工记录,用钢卷尺抽检基础平面尺寸,如对基础埋深有疑问时,应开挖检查。基础尺寸的允许偏差为 ±50mm。基础混凝土表面平整,修饰光洁,不应有蜂窝麻面
混凝土强度	检查试验记录。评价标志基础的混凝土抗压强度,以标准养护 28d 龄期边长 15cm 立方体试件为准,可用非统计方法按下述条件进行评定: $\overline{R_n} \geqslant 1.15R;R_{\min} \geqslant 0.95R$ 式中:$\overline{R_n}$——同批 n 组试件抗压强度的平均值(MPa); R——混凝土设计强度(MPa); $R_{\min}$——n 组试件中强度最低一组的值(MPa)

22 交通标线

22.1 基本规定

22.1.1 交通标线概念

概 念 表22-1

项 目	内 容
概念	道路交通标线是由施划或安装于道路上的各种线条、箭头、文字、图案及立面标记、实体标记,突起路标和轮廓标等所构成的交通设施,道路交通标线是向道路使用者传递有关道路交通的规则、警告、指引等信息,可以与标志配合使用,也可以单独使用
作用	道路交通标线的作用主要有: (1)实行分道行驶,通过在道路上标划交通标线,实现人和车分离,机动车和非机动车分离,快车和慢车分离,从而保证车辆、行人各行其道,提高道路通行能力和减少交通事故。 (2)渠化交叉路口的交通流;通过在平面交叉路口施划交通标线,引导不同类型、不同速度和不同方向的车流沿着划定的路线各行其道,以改善交叉路口通行条件,减少交通阻塞和交通事故。 (3)指示和预告驾驶人和行人通过标划的交通标线所规定的含义,可以预知道路情况,明确自己使用和通行道路的权利与方法。当其与交通标志或交通信号配合使用时,还能提高驾驶人的注意力。 (4)为守法和执法者提供法律依据;交通标线是交通法规的重要组成部分,一方面车辆、行人应当遵守交通标线的规定;另一方面交通警察在纠正交通违章、处理交通事故时,应根据现场所划标线的内容,来分析违章性质或事故的责任
要求	(1)各等级公路和城市快速路、主干路应设置反光交通标线;其他道路可根据需要部分设置标线。 (2)道路交通标线颜色的色度性能应符合《道路交通标线质量要求和检测方法》(GB/T 16311—2009)的规定。实际应用中,如需使用《道路交通标志和标线 第3部分:道路交通标线》(GB 5768.3—2009)内容以外的道路交通标线,应遵循《道路交通标志和标线 第1部分:总则》(GB 5768.1—2009)附录A的要求。 道路交通标线的颜色为白色、黄色、蓝色或橙色,路面图形标记中可出现红色或黑色的图案或文字。 (3)设置于路面的道路交通标线应使用抗滑材料,标线表面的抗滑性能一般应不低于所在路段路面的抗滑性能。连续设置的实线类标线,应每隔15m左右设置排水缝,其他标线有可能阻水时,应沿排水方向设置排水缝,排水缝宽度一般为3~5cm

22.1.2 交通标线类型

类型划分 表22-2

项 目	内 容
按功能划分	道路交通标线按功能可分为以下3类: (1)指示标线:指示车行道、行车方向、路面边缘、人行道、停车位、停靠站及减速丘等的标线; (2)禁止标线:告示道路交通的遵行、禁止、限制等特殊规定的标线; (3)警告标线:促使道路使用者了解道路上的特殊情况,提高警觉准备应变防范措施的标线

续上表

项　目	内　容
按设置方式划分	道路交通标线按设置方式可分为以下3类： (1)纵向标线：沿道路行车方向设置的标线； (2)横向标线：与道路行车方向交叉设置的标线； (3)其他标线：字符标记或其他形式标线
按形态划分	道路交通标线按形态可分为以下4类： (1)线条：施划于路面、缘石或立面上的实线或虚线； (2)字符：施划于路面上的文字、数字及各种图形、符号； (3)突起路标：安装于路面上用于标示车道分界、边缘、分合流、弯道，危险路段、路宽变化、路面障碍物位置等的反光体或不反光体； (4)轮廓标：安装于道路两侧，用以指示道路边界轮廓、道路的前进方向的反光柱(或反光片)

22.1.3 交通标线的形式、颜色及含义

道路交通标线的形式、颜色及含义　表22-3

名　称	图　例	含　义
白色虚线		划于路段中时，用以分隔同向行驶的交通流； 划于路口时，用以引导车辆行进
白色实线		划于路段中时，用以分隔同向行驶的机动车、机动车和非机动车，或指出车行道的边缘； 划于路口时，用作导向车道线或停止线，或用以引导车辆行驶轨迹；划为停车位标线时，指示收费停车位
黄色虚线		划于路段中时，用以分隔对向行驶的交通流或作为公交专用线； 划于路口时，用以告示非机动车禁止驶入范围或用于连接相邻道路中心线的路口导向线； 划于路侧或缘石上时，表示禁止路边长时停放车辆
黄色实线		划于路段中时，用以分隔对向行驶的交通流或作为公交车、校车专用停靠站标线； 划于路侧或缘石上时，表示禁止路边停放车辆； 划为网格线时，标示禁止停车的区域； 划为停车位标线时，标示专属停车位
双白虚线		划于路口，作为减速让行线
双白实线		划于路口，作为停车让行线
白色虚实线		用于指示车辆可临时跨线行驶的车行道边缘，虚线侧允许车辆临时跨越，实线侧禁止车辆跨越
双黄实线		划于路段中，用以分隔对向行驶的交通流

续上表

名称	图例	含义
双黄虚线		划于城市道路路段中,用于指示潮汐车道
黄色虚实线		划于路段中时,用以分隔对向行驶的交通流,虚线侧准许车辆临时跨越,实线侧禁止车辆跨越
橙色虚、实线		用于作业区标线
蓝色虚、实线		作为非机动车专用道标线; 划为停车位标线时,指示免费停车位
备注	本部分规定的其他路面线条、图形、图案、文字、符号、凸起路标、轮廓标等	

22.1.4 交通标线的设计原则

设计原则　表22-4

名称	含义
交通标线的颜色	传统标线的颜色为白色,因为白色比较醒目,尤其在沥青道路上的色度对比下,它的视认效果较好。 黄色作为分隔限制道路上对向车流的相互跨越和干扰。黄色标线同时解决了白色标线的单调色彩,使驾驶人消除长途驾驶产生的疲劳,对交通安全十分有利
交通标线的宽度	驾驶人的行车视觉对纵向和横向交通标线的宽度有着不同的要求。国外对纵向交通标线的研究表明:其宽度对驾驶人的心理、生理指标没有影响。因此出于与道路协调的考虑,各国对交通标线的宽度取值一般为10~15cm,最小值和最大值分别为7.5cm和20cm。 横向交通标线宽度应比纵向交通标线宽,因为驾驶人在行车中发现横向交通标线往往是由远至近,尤其在横向交通标线比较远的时候视角范围很小,加上远小近大的原理,加宽横向交通标线是很有必要的,一般宽度为20~40cm
交通标线虚线间隔的长度确定	根据心理学的研究,虚线的实线段与间隔长度的比例与行驶速度直接相关。实线段间隔距离太近,会造成闪现率过高而使虚线出现连续感,对驾驶人产生过分的刺激。但闪现率太低,使驾驶人在行驶过程中获得的信息太少,起不到标线的作用。实线段与间隔长度的尺寸受道路上行车速度的影响,在郊外公路间隔闪现率不大于4次/s被认为是可以接受的,闪现率为2.8~3.0次/s时效果最好
导向箭头的最佳形式确定	驾驶人在道路上行进时辨认路面上的导向箭头由于受到视线高度的限制,导向箭头平面形状应与观察距离成正比。所以,路面上的导向箭头与正常的箭头形状和大小有很大的不同。 经过认读实验,最好的箭头形式归纳如下: (1)直行箭头的特征是箭头的宽约为箭杆宽的4倍,箭头的杆长要比箭杆的短,后掠式箭头和锥形箭头都是不好的; (2)转弯导向箭头的特征在很大程度上常由不对称的形式来显示方向,它由直行箭头转换而来; (3)组合导向箭头的特征是保持导向箭头的转弯部分清晰

22.2 指 示 标 线

22.2.1 指示标线的分类

类　型　　表 22-5

名　称	含　义
纵向标线	①可跨越对向车行道分界线;②可跨越同向车行道分界线;③潮汐车道线;④车行道边缘线;⑤左弯待转区线;⑥路口导向线;⑦导向车道线
横向标线	①人行向横道线;②车距确认线
其他标线	①道路出入口标线;②停车位标线;③停靠站标线;④减速丘标线;⑤导向箭头;⑥路面文字标记;⑦路面图形标记

22.2.2 路段指示标线

(1)可跨越车行道分界线

可跨越车行道分界线　　表 22-6

名　称	含义与图例
可跨越对向车行道分界线	(1)可跨越对向车行道分界线(也可称为可跨越道路中心线)为黄色虚线,用于分隔对向行驶的交通流。一般设在道路中线上,但不限于一定设在道路的几何中心线上。车辆在保证安全的情况下,可以越线超车或转弯。 (2)凡路面宽度可划两条及以上机动车道的双向行驶的道路,在允许车辆越线超车或转弯时,应划可跨越对向车行道分界线。 (3)可跨越对向车行道分界线为单黄虚线,线段及间隔长分别为400cm和600cm,一般线宽为15cm,交通量非常小的农村公路、专属专用道路等特殊应用情况下,线宽可采用10cm。可跨越对向车行道分界线,划法如下图所示(图中箭头仅表示车流行驶方向) 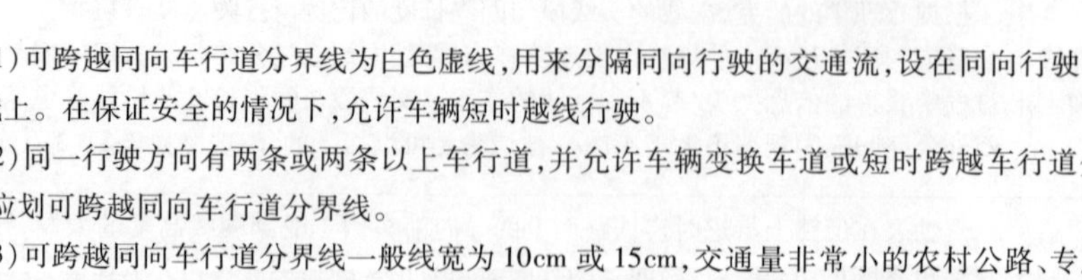 可跨越对向车行道分界线(尺寸单位:cm)
可跨越同向车行道分界线	(1)可跨越同向车行道分界线为白色虚线,用来分隔同向行驶的交通流,设在同向行驶的车行道分界线上。在保证安全的情况下,允许车辆短时越线行驶。 (2)同一行驶方向有两条或两条以上车行道,并允许车辆变换车道或短时跨越车行道分界线行驶时,应划可跨越同向车行道分界线。 (3)可跨越同向车行道分界线一般线宽为10cm或15cm,交通量非常小的农村公路、专属专用道路等特殊应用情况下,线宽可采用8cm。设计速度不小于60km/h的道路,可跨越同向车行道分界线线段及间隔长分别为600cm和900cm,如图a)所示(图中箭头仅表示车流行驶方向);设计速度小于60km/h的道路,可跨越同向车行道分界线线段及间隔长分别为200cm和400cm,如图b)所示(图中箭头仅表示车流行驶方向)。

续上表

名　称	含义与图例
可跨越同向车行道分界线	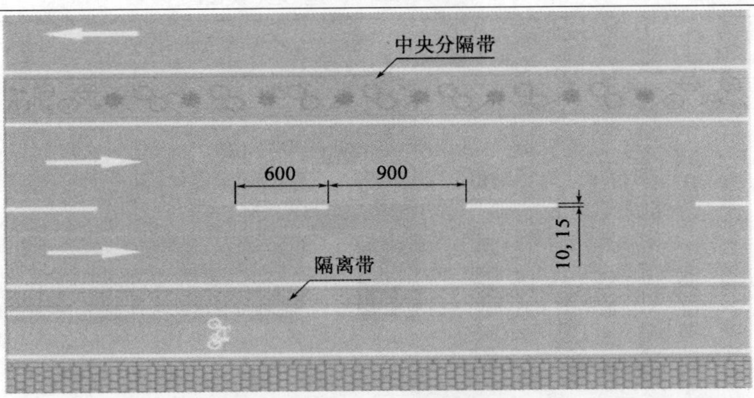 a)可跨越同向车行道分界线(尺寸单位:cm) 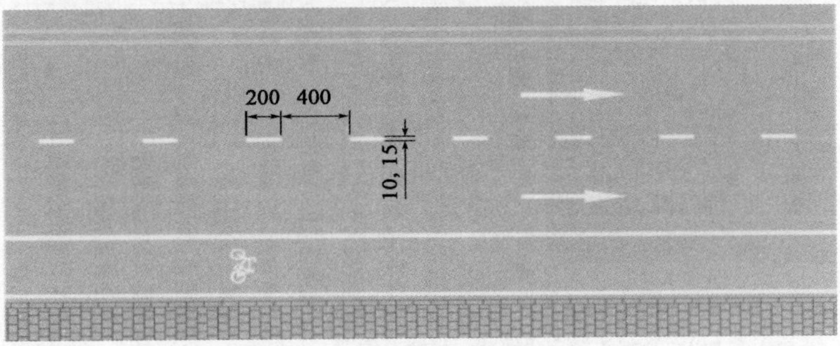 b)可跨越同向车行道分界线(尺寸单位:cm)
潮汐车道线	(1)车辆行驶方向可随交通管理需要进行变化的车道称为潮汐车道,以两条黄色虚线并列组成的双黄虚线作为其指示标线,指示潮汐车道的位置。 (2)黄色虚线的宽度为15cm;线段与间隔长度应与同一路段的可跨越同向车行道分界线一致。两条线之间的间距一般为10~15cm。在确保车行道宽度条件下,两条线之间的横向间距可适当调整。潮汐车道线划法如下图所示(图中箭头仅表示车流行驶方向)。 (3)应使用相应的可变标志、车道行车方向信号控制设施来配合实现车道行车方向随需要变化的功能,可配合使用相应的物理隔离设施 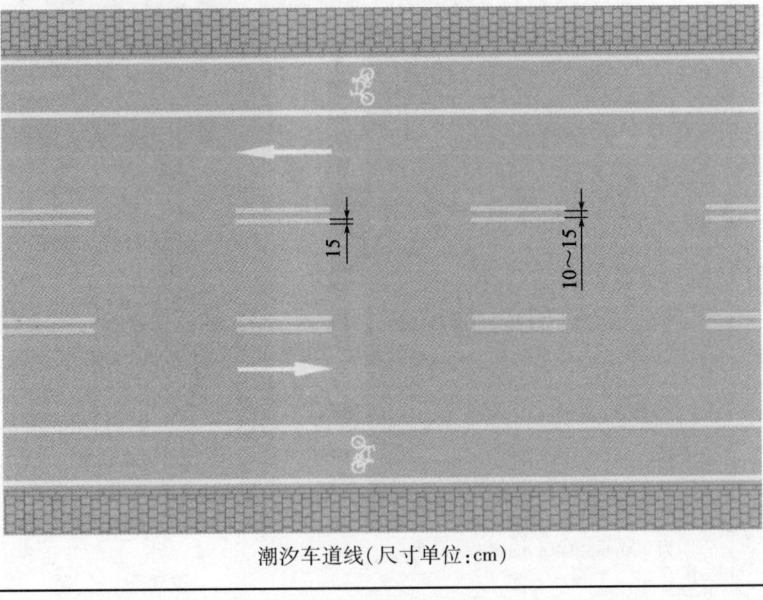 潮汐车道线(尺寸单位:cm)

(2)车行道边缘线

车 行 道 边 缘 线 表22-7

名　　称		含义与图例
概念		(1)车行道边缘线用以指示机动车道的边缘或用以划分机动车道与非机动车道分界。用以划分机动车道与非机动车道分界时,也可称作机非分界线。 (2)车行道边缘白实线用于指示禁止车辆跨越的车行道边缘或机非分界。 (3)车行道边缘白色虚线用以指示车辆可临时越线行驶的车行道边缘。跨越边缘虚线行驶的车辆应避让其他正常行驶的车辆,非机动车和行人。 (4)机动车单向行驶且非机动车双向行驶的路段,在机动车道与对向非机动车道之间应施划黄色单实线作为车行道边缘线。 (5)道路中央有永久性物理隔离设施分隔对向交通流时,靠近隔离设施的车行道边缘线应为白色实线;城市道路上采用活动护栏等可移动隔离设施分隔对向交通流时,靠近隔离设施的车行道边缘线可为黄色实线
设置	白实线	(1)双向四车道及以上道路除出入口、交叉口允许路边停车的特殊路段外,所有车行道边缘上应设置车行道边缘白色实线。 (2)双向三车道及以下道路可不设置,但下列情况下应在车行道边缘施划白色实线: ①道路的窄桥及其上下游路段; ②采用道路设计极限指标的曲线段及其上下游路段; ③交通流发生合流或分流的路段; ④路面宽度发生变化的路段; ⑤路侧障碍物距车行道较近的路段; ⑥经常出现大雾等影响安全行车天气的路段; ⑦非机动车或行人较多的机非混行路段。 (3)车行道边缘白色实线一般线宽为15cm或20cm,交通量非常小的农村公路、专属专用道路等特殊应用情况下,车行道边缘白色实线的线宽可采用10cm,如下图所示。车行道边缘白色实线可采用振动标线的形式 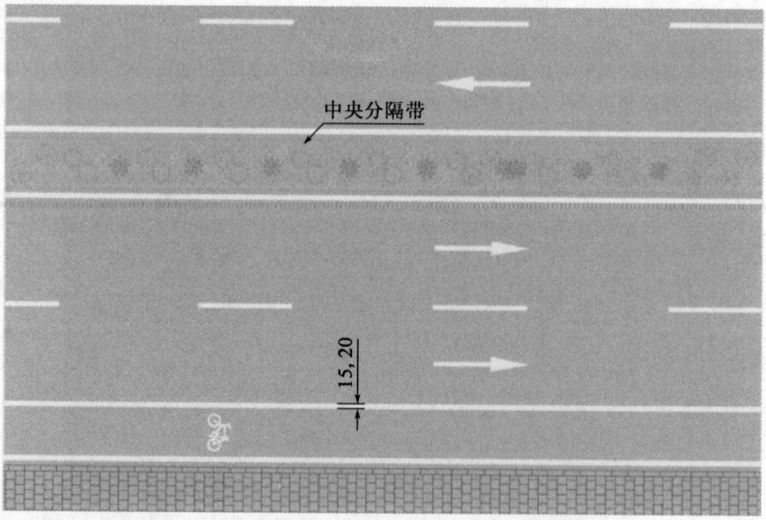 车行道边缘白色实线(尺寸单位:cm)
	白色虚线	(1)在出入口、交叉口及允许路边停车路段等允许机动车跨越边缘线的地方,可设置车行道边缘白色虚线。城市道路相邻出入口间距小于等于100m时,车行道边缘虚线可连续设置。 (2)车行道边缘白色虚线的一般线宽为15cm或20cm ,交通量非常小的农村公路、专属专用道路等特殊应用情况下,车行道边缘白色实线的线宽可采用10cm;车行道边缘白色虚线的虚线线段及间隔长分别为200cm和400cm,如图a)所示。

续上表

名　称		含义与图例
设置	白色虚线	（3）车行道边缘白色虚实线的虚线宽为15cm或20cm，交通量非常小的农村公路、专属专用道路等特殊应用情况下，车行道边缘白色实线的线宽可采用10cm；虚实线间距为15～20cm，虚线线段及间隔长分别为200cm和400cm，如图b）所示 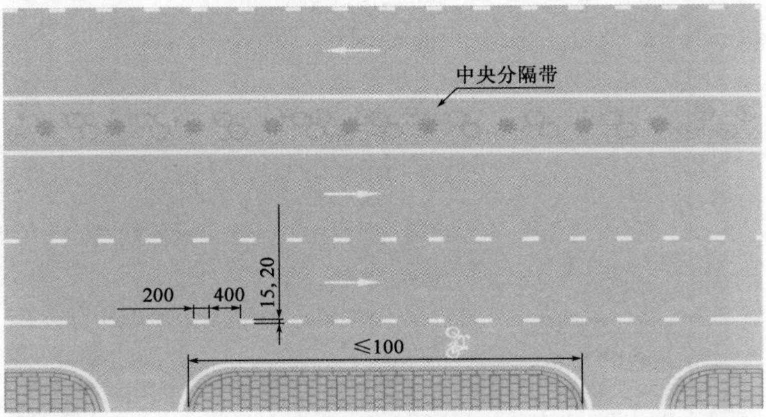 a）车行道边缘白色虚线（尺寸单位：cm） 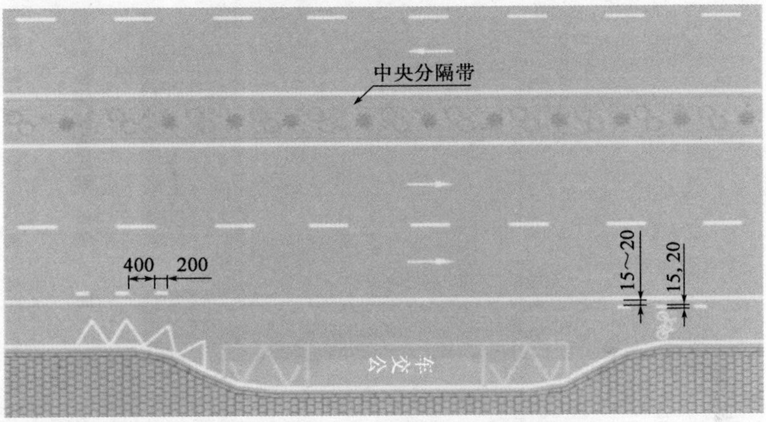 b）车行道边缘白色虚实线（尺寸单位：cm）
设置	黄色单实线	单向行驶的道路左边缘应施划黄色单实线为车行道边缘线，黄色单实线一般线宽为15cm或20cm。 交通量非常小的农村公路、专属专用道路等特殊应用情况下，线宽可采用10cm，如下图所示。黄色实线车行道边缘线可采用振动标线的形式 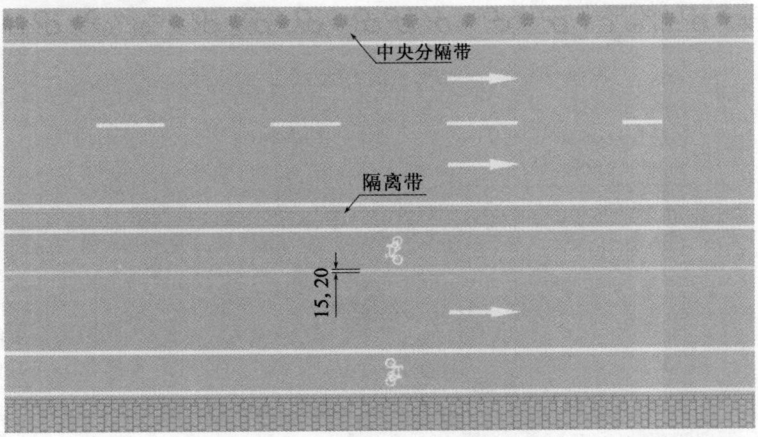 黄色单实线车行道边缘线（尺寸单位：cm）

(3)车距确认标线

车距确认标线 表 22-8

名称			含义与图例
概念			车距确认标线作为车辆驾驶人保持行车安全距离的参考,视需要设于较长直线段、易发生追尾事故或其他需要的路段,应与车距确认标志配合使用
类型			白色折线;白色半圆状车距确认标线
设置	白色折线	标线总宽300cm,线条宽40cm或45cm,从确认基点0m开始,每隔5m设置一道标线,连续设置两道为一组,间隔50m重复设置5组,也可在较长路段内连续设多组,如图所示	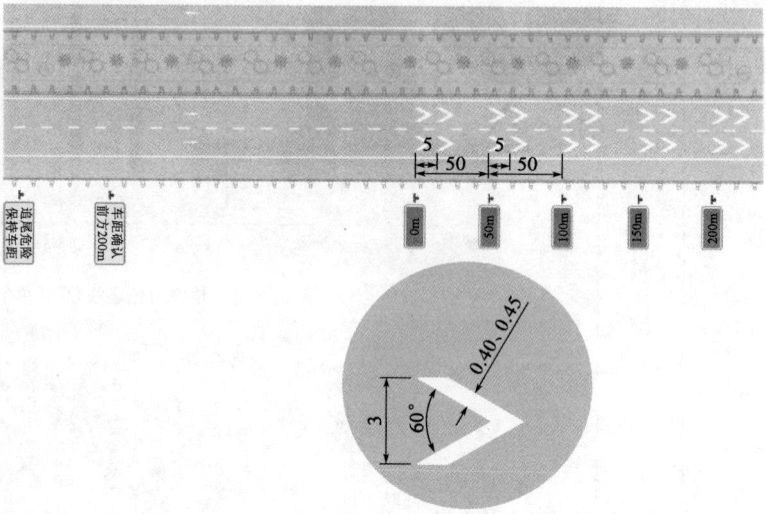(尺寸单位:m)
	白色半圆状	设置于气象条件复杂,影响安全行车的路段两侧,半圆半径为30cm,间隔50m设置,一般在一定路段内连续设置,如图所示	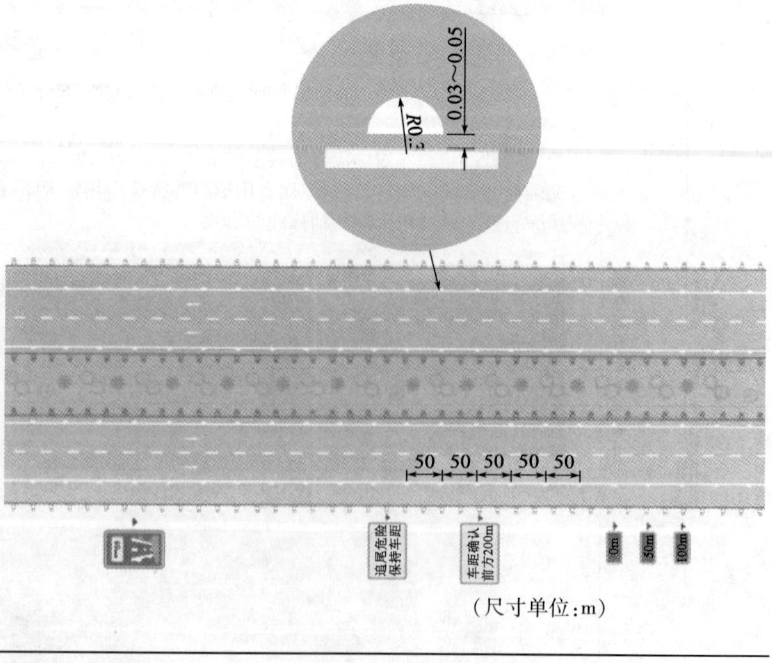(尺寸单位:m)

(4)减速丘标线

减 速 丘 标 线 表22-9

名　　称	含义与图例	
概念	布置减速丘的路段,应在减速丘前设置减速丘标线,以提前告知道路使用者。减速丘标线由设置在减速丘上的标记和设置在减速丘上游的前置标线组成。减速丘标线应采用反光标线	
类型	大型减速丘标线;小型减速丘标线	
设置	大型减速丘标线设置示例	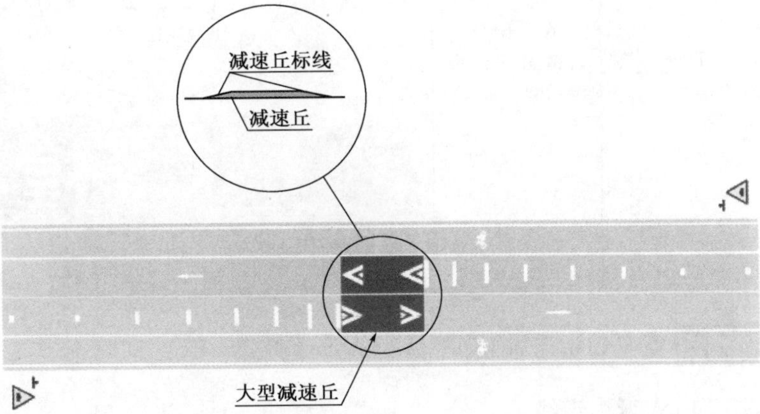
	小型减速丘标线设置示例	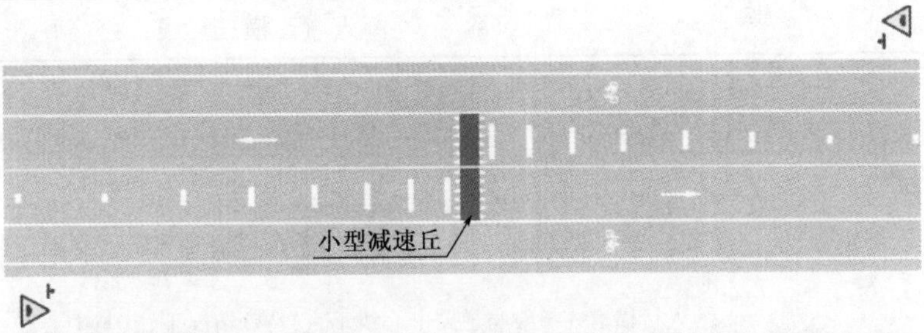
	减速丘标线示例	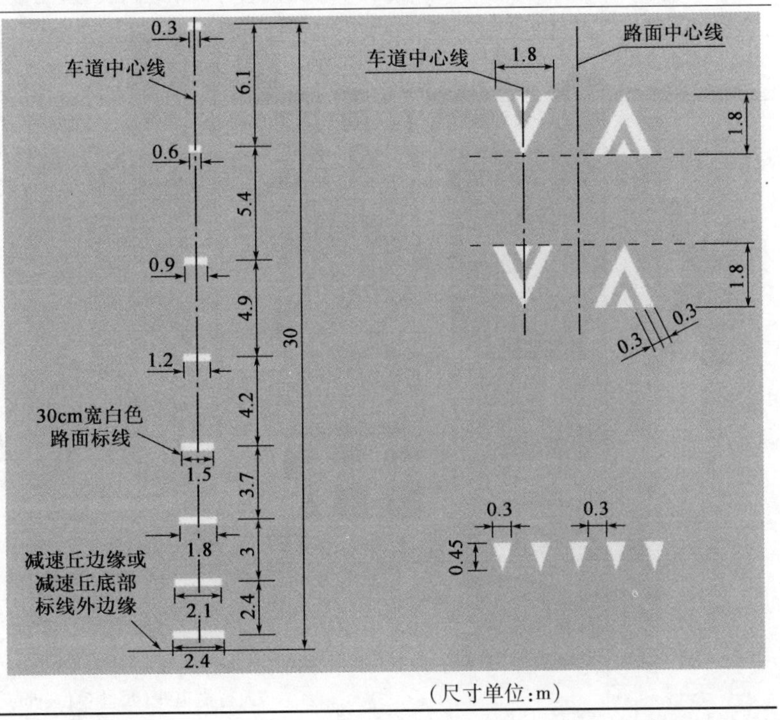(尺寸单位:m)

续上表

名　称	含义与图例	
设置	减速丘与人行横道联合设置示例	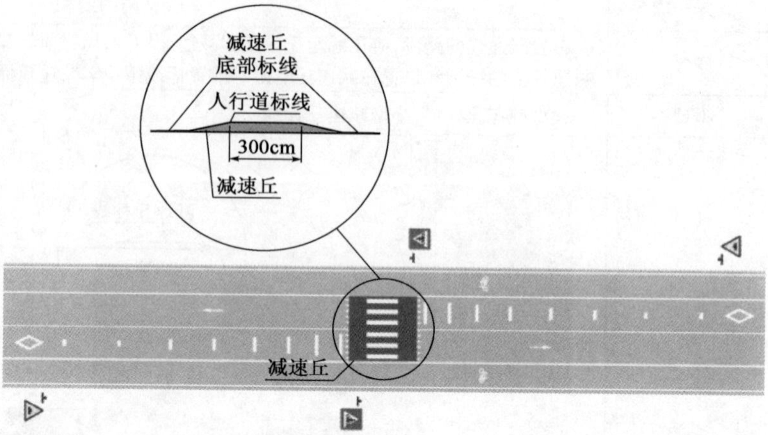

22.2.3 交叉口指示标线

(1)人行横道线

人 行 横 道 线　　　　表 22-10

名　称	含义与图例
概念	人行横道线为白色平行粗实线(又称斑马线),既标示一定条件下准许行人横穿道路的路径,又警示机动车驾驶人注意行人及非机动车过街。 道路交叉口和行人横过道路较为集中的路段中无过街天桥、地下通道等过街设施时,应施划人行横道线;学校、幼儿园、医院、养老院门前的道路没有行人过街设施的,应施划人行横道线,设置指示标志。 人行横道线一般与道路中心线垂直,特殊情况下,其与中心线夹角不宜小于60°(或大于120°),其条纹应与道路中心线平行
类型	(1)位置划分:交叉口,路段; (2)行驶划分:垂直,斜交
设置	(1)人行横道线的最小宽度为300cm,并可根据行人交通量以100cm为一级加宽。人行横道线的线宽为40cm或45cm,线间隔一般为60cm,可根据车行道宽度进行调整,但最大不应超过80cm,如下图所示。人行横道线的设置间距根据实际需要确定,但路段上设置的人行横道线之间的距离一般应大于150m。 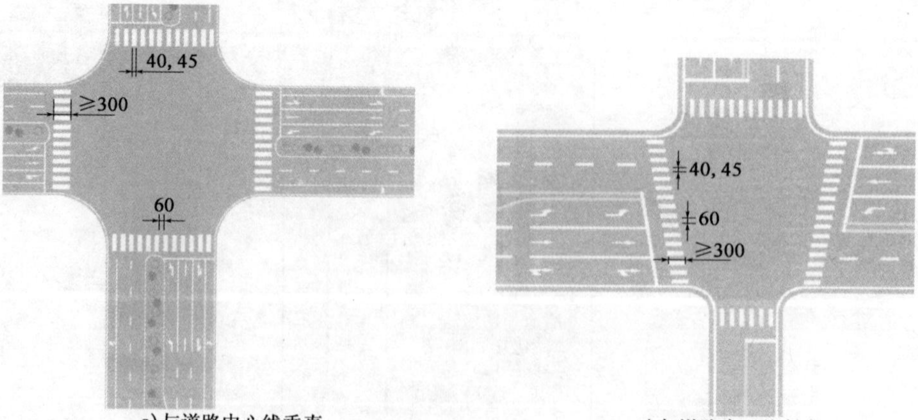a)与道路中心线垂直　　b)与道路中心线斜交 人行横道线(尺寸单位:cm)

续上表

名　称	含义与图例
设置	(2)在无信号灯控制的路段中设置人行横道线时,应在到达人行横道线前的路面上设置停止线和人行横道线预告标志,并配合设置人行横道指示标志,视需要也可增设人行横道警告标志,如下图所示。 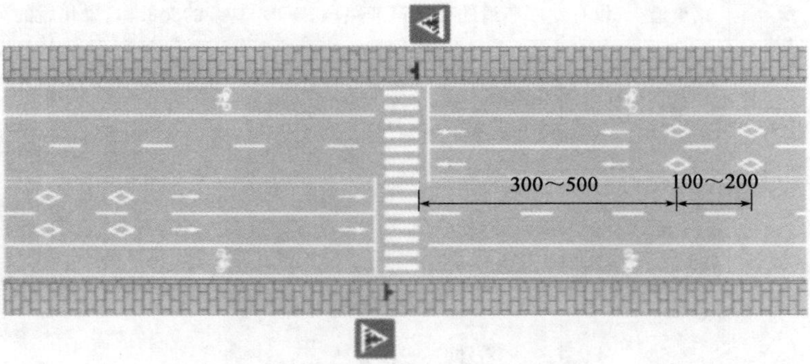 路段人行横道设置示例(尺寸单位:cm) (3)人行横道预告标志为白色菱形图案,尺寸如下图所示。 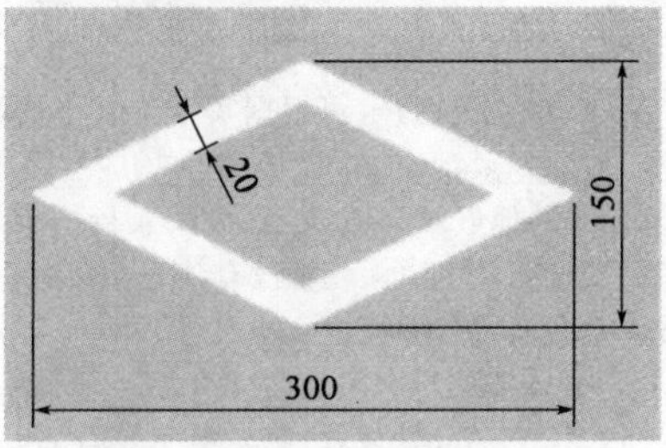 人行横道预告标志线(尺寸单位:cm) (4)一般应在综合考虑行人流量、行人年龄段分布、道路宽度、车流量、车辆速度、视距等多种因素后,确定人行横道线的设置宽度和形式。 路面宽度大于30m的道路上,应在中央分隔带或对向车行道分界线处的人行横道上设置安全岛。安全岛长度宜大于或等于人行横道宽度,宽度与中央分隔带相同或依据实际情况确定。在安全岛面积不能满足等候信号放行的行人停留需要、桥墩或其他构筑物遮挡驾驶人视线等情况下,人行横道线可错位设置。 (5)行人过街交通量特别大的路口,可并列设置两道人行横道线,使斑马线虚实段相互交错,并辅以方向箭头指示行人靠左右分道过街,方向箭头一般长度为100cm,如下图所示 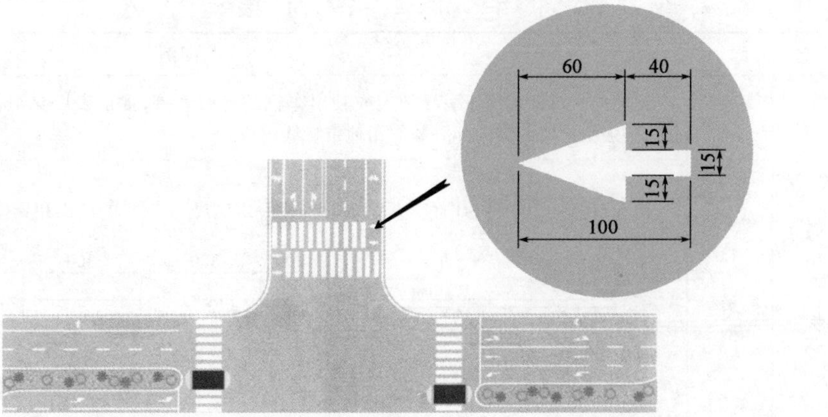 行人左右分道人行横道线(尺寸单位:cm)

(2)导向箭头

导 向 箭 头 表22-11

名 称	含义与图例
概念	导向箭头用以指示车辆的行驶方向。在行驶方向受限制的交叉入口车道内,车道数减少路段的缩减车道内,设有专用车道的交叉口或路段,畸形、复杂的交叉口,渠化后的车道内应设置导向箭头

类型

导向箭头类型

导向箭头	含义	导向箭头	含义	导向箭头	含义
	直行		直行或左转		掉头
	左转		直行或右转		直行或掉头
	右转		左转或需向左合流		左转或掉头
	左右转	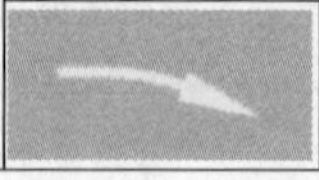	右弯或需向右合流		

设置

(1)导向箭头的颜色为白色,可根据实际车道导向需要设置,组合使用时不宜超过2种方向。

(2)除掉头车辆外,其他车辆的行驶方向均应遵循导向箭头的指示。机动车在有禁止掉头或者禁止左转弯标志、标线的地点以及在铁路道口、人行横道、桥梁、急弯、陡坡、隧道或者容易发生危险的路段,不得掉头,在没有禁止掉头或者没有禁止左转弯标志、标线且道路条件允许的地点可以掉头,但不得妨碍正常行驶的其他车辆和行人的通行。

(3)交叉路口驶入段的导向车道内应有导向箭头标明各车道的行驶方向。距路口最近的第一组导向箭头在距停止线3~5m处设置;第二组在导向车道的起始位置设置,箭头起始端部与导向车道线起始端部平齐;第三组及其他作为预告箭头,在距第二组箭头前30 ~50m间隔设置。预告箭头指示方向应与前方导向车道允许行驶方向保持一致。

出入口导向箭头的设置次数如下表所示

出入口导向箭头的设置次数

道路设计速度(km/h)	≥100	40~100	≤40
次	≥3	2	≥2

(3)导向线

导 向 线 表22-12

名 称		含义与图例
道路出入口标线	概念	道路出入口标线用于引导驶入或驶出车辆的运行轨迹,提供安全交汇,减少与突出缘石碰撞的可能,一般由入口的纵向标线和三角地带标线组成
	类型	出入口标线的颜色为白色,大样如下图所示,应结合出入口的形式和具体线形进行设计布置

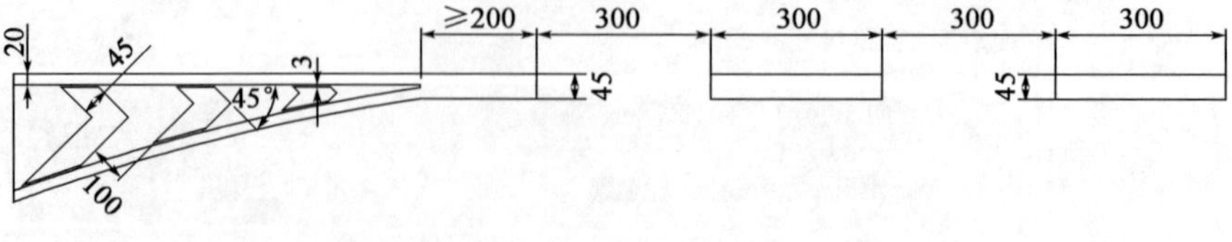

出入口标线大样图(尺寸单位:cm)

续上表

<table>
<tr><th colspan="2">名　称</th><th>含义与图例</th></tr>
<tr><td>道路出入口标线</td><td>设置</td><td>出入口标线设置示例如下图所示，图中除指明仅表示行车方向的箭头外，其他导向箭头的尺寸、设置位置、设置间距、重复次数应符合规定
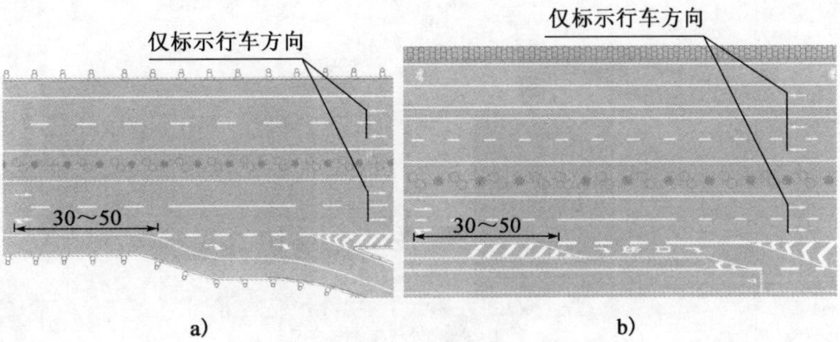

出入口标线设置示例(尺寸单位：m)</td></tr>
<tr><td rowspan="3">导向车道线</td><td>概念</td><td>设置于路口驶入段的车行道分界线称作导向车道线，用以指示车辆应按导向方向行驶的导向车道的设置</td></tr>
<tr><td>类型</td><td>导向方向固定的导向车道线；可变导向车道线</td></tr>
<tr><td>设置</td><td>(1)导向方向固定的导向车道线为白色实线，一般线宽为10cm或15cm，交通量非常小的农村公路、专属专用道路等特殊应用情况下，车行道边缘白色实线的线宽可采用8cm。
导向车道线施划长度应根据路口的几何线形及交通管理需要确定，一般不小于30m。
(2)可变导向车道线用于指示导向方向随需要可变的导向车道的位置。
可变导向车道线设置长度应不小于其他导向车道线的设置长度，施划了可变导向车道标线的导向车道内不应设置导向箭头。可变导向车道线应与可变的车道行驶方向标志配合使用。进入可变导向车道的车辆应按车道行驶方向标志显示的指向行驶。可变导向车道线尺寸如图a)所示。导向车道线设置示例如图b)所示
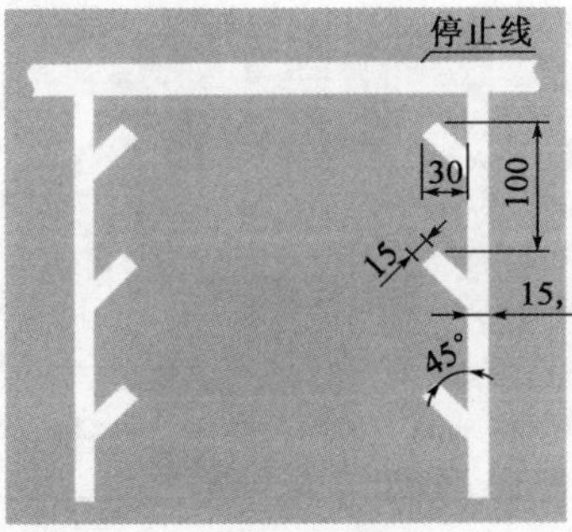

a)可变导向车道线(尺寸单位：cm)
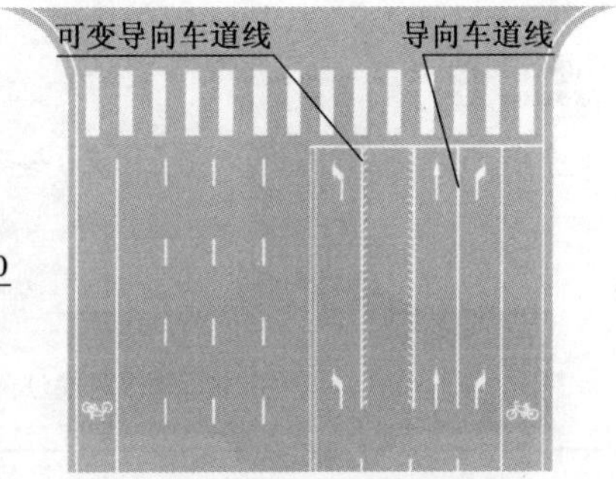

b)导向车道线设置示例</td></tr>
<tr><td rowspan="3">路口导向线</td><td>概念</td><td>在平面交叉口面积较大、形状不规则或交通组织复杂，车辆寻找出口车道困难或交通流交织严重时，应设置路口导向线，辅助车辆行驶和转向</td></tr>
<tr><td>类型</td><td>连接同向车行道分界线或机非分界线；连接对向车行道分界线</td></tr>
<tr><td>设置</td><td>(1)路口导向线为虚线，实线段200cm，间隔200cm，线宽15cm。
(2)连接同向车行道分界线或机非分界线的路口导向线为白色圆曲(或直)虚线；连接对向车行道分界线的路口导向线为黄色圆曲(或直)虚线</td></tr>
</table>

续上表

名称		含义与图例
路口导向线	设置	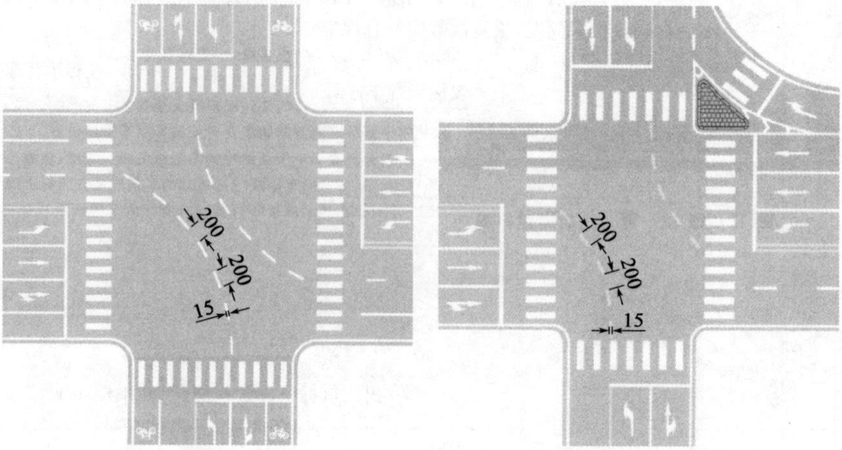交叉口左转标线设置示例(尺寸单位:cm)
左弯待转区线	概念	左弯待转区线为白色虚线,用来指示左转弯车辆在直行时段进入待转区等待左转的位置。左弯待转区线应在设有左转弯专用信号且辟有左转弯专用车道时使用,设于左转弯专用车道前端,伸入交叉口内,但不得妨碍对向直行车辆的正常行驶
	类型	单条;多条
	设置	左弯待转区线为两条平行并略带弧形的白虚线,线宽15cm,线段及间隔长均为50m,其前端应划停止线,在待转区内须施划白色左转弯导向箭头,导向箭头长300cm,一般在左弯待转区的起始位置和停止线前各施划一组,左弯待转区较长时,中间可以重复设置导向箭头,左弯待转区较短时可仅设置一组导向箭头。如图a)、图b)所示 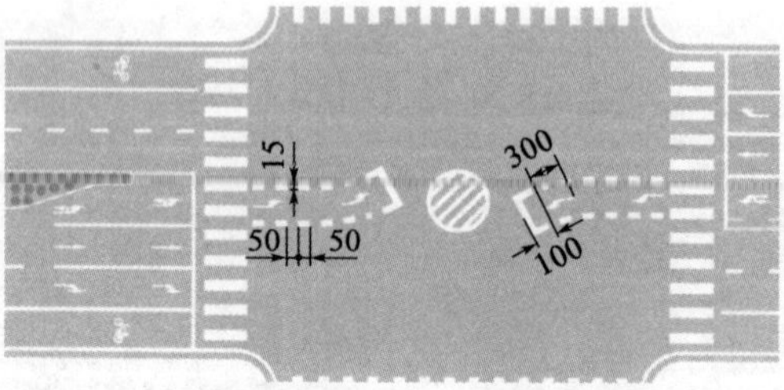a)左弯待转区线(尺寸单位:cm) 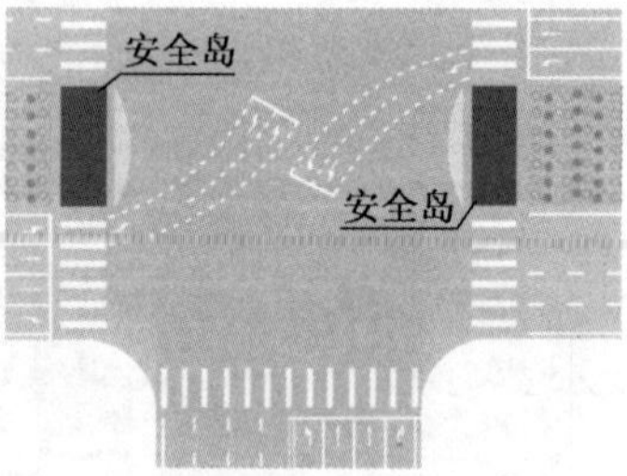b)左弯待转区设置示例

(4)车位标线

车 位 标 线 表22-13

名称		含义与图例
停靠站标线	概念	港湾式停靠站标线标示车辆通向专门的分离引道的路径和停靠位置,由渐变段引道白色虚线、正常段外边缘白色实线或白色填充线组成;路边式停靠站标线是当公交汽车线路客流量较少、道路条件受限制或用于按车停靠时,可在路边施划路边式停靠站标线,指示公共汽车或校车停靠站的位置,并指示除公共汽车或校车外,其他车辆不得在此区域停留
	类型	港湾式停靠站标线;路边式停靠站标线

续上表

名称		含义与图例
停靠站标线	设置	(1)港湾式停靠站正常段的长度一般不小于30m，两侧渐变段引道的长度一般不小于25m。标线具体尺寸如下图所示，其中图 b)标线形式一般用于停靠站较宽的情况，以保证停靠区域宽度处于合适的范围。 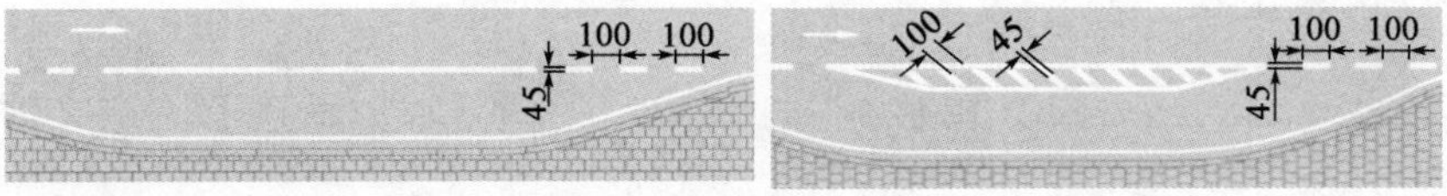 a) b) 一般港湾式停靠站标线示例(尺寸单位:cm) 当专用于公交车、校车等特定车辆停靠时，应在停靠站中间标注停靠车辆的类型文字，并以黄色实折线填充停靠站正常段其他区域，指示除特定车辆外，其他车辆不得在此区域停留，标线尺寸如下图所示。 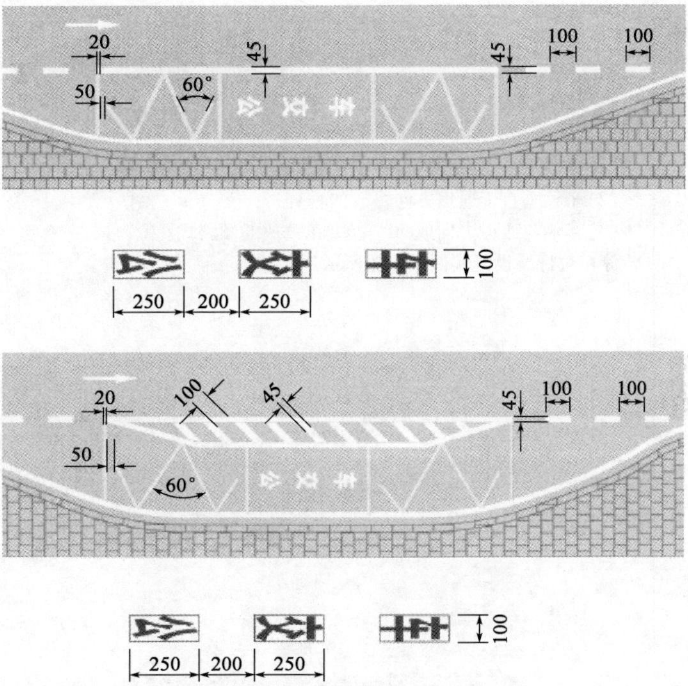 专用港湾式停靠站标线示例(尺寸单位:cm) (2)当公交汽车线路客流量较少、道路条件受限制或用于按车停靠时，可在路边施划路边式停靠站标线，指示公共汽车或校车停靠站的位置，并指示除公共汽车或校车外，其他车辆不得在此区域停留。 路边式停靠站标线的外围可为黄色变线，内部填充黄色实折线，并在中间位置标注停靠车辆的类型文字，如下图所示。路边式停靠站的尺寸需考虑客流量大小、停靠站公共汽车线路数量等因素确定，长度一般不小于25m

续上表

名　　称		含义与图例
停靠站标线	设置	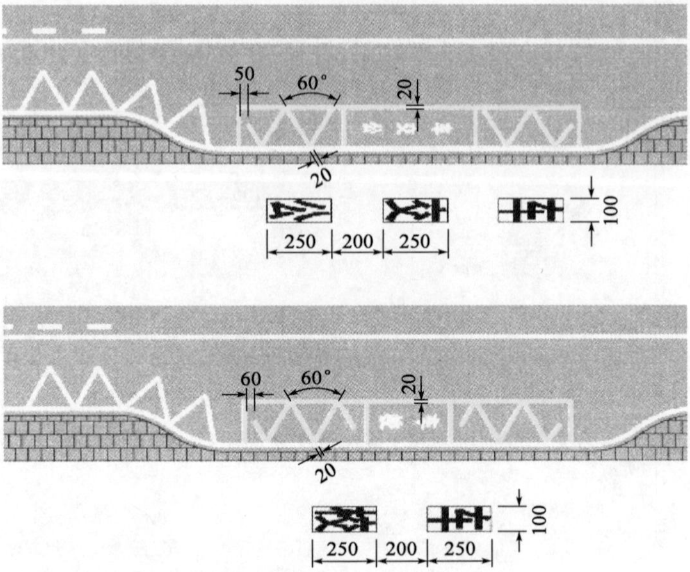 路边式停靠站标线示例(尺寸单位:cm)
停车位标线	概念	停车位标线标示车辆停放位置。可在停车场或路边空地,车行道边缘或道路适当位置设置。无特殊说明时,停车位标线应和停车场标志配合使用
	类型	(1)车辆平行通道方向停放的平行式; (2)车辆垂直于通道方向停放的垂直式; (3)车辆与通道方向成30°~60°角停放的倾斜式。 停车位标线设置实例如下图所示 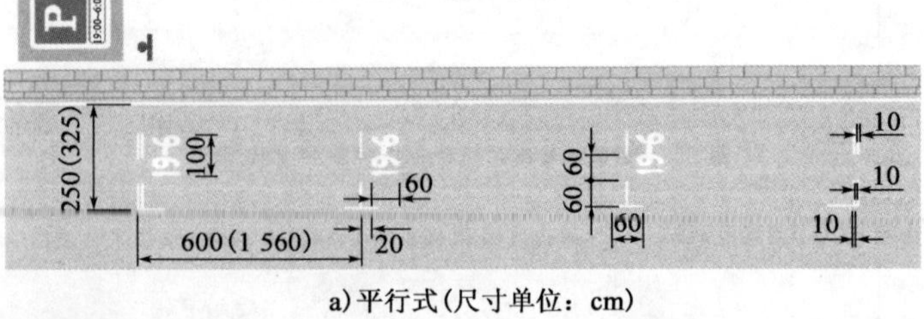 a)平行式(尺寸单位:cm) 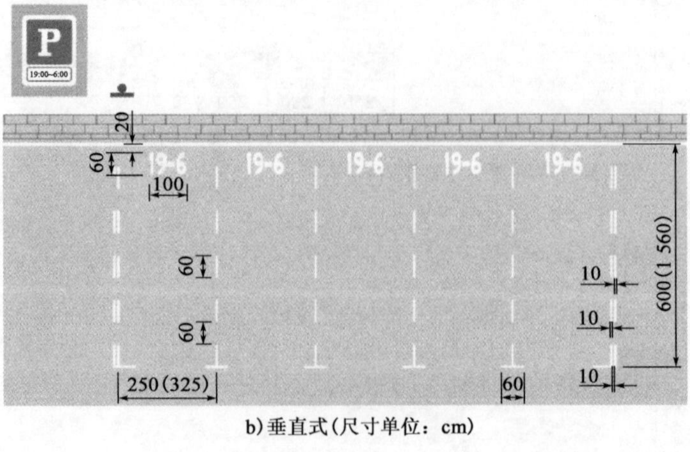 b)垂直式(尺寸单位:cm)

续上表

名称		含义与图例
停车位标线	类型	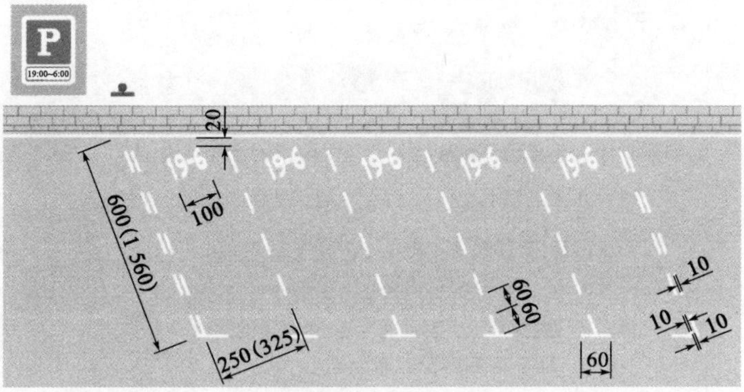 c)倾斜式(尺寸单位：cm)
	设置	(1)可根据通道宽度、停放车辆种类、交通量等情况选择采用。 路段停车位标线设置实例如下图所示。 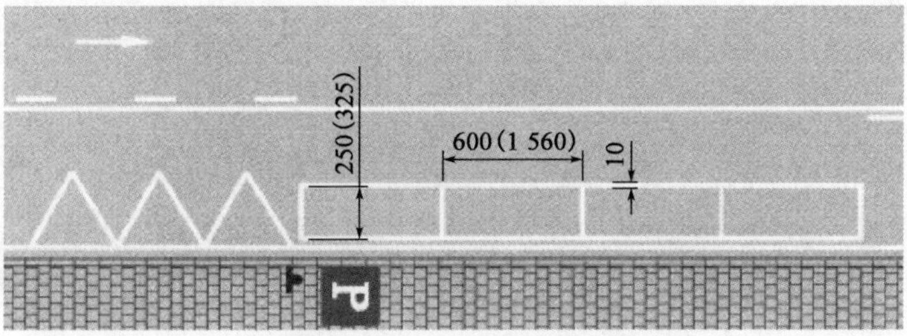 a)平行式停车位标线(尺寸单位：cm) 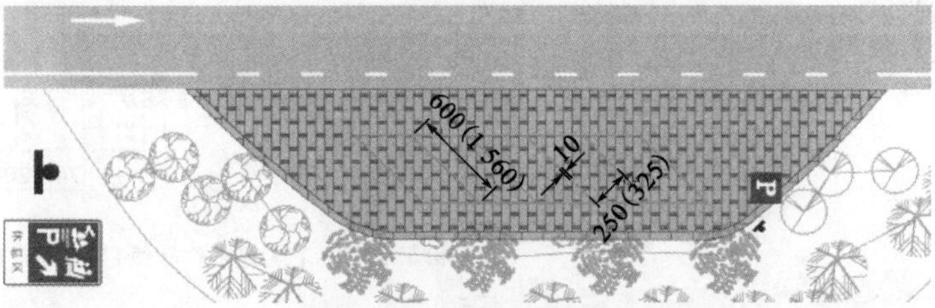 b)倾斜式停车位标线(尺寸单位：cm) 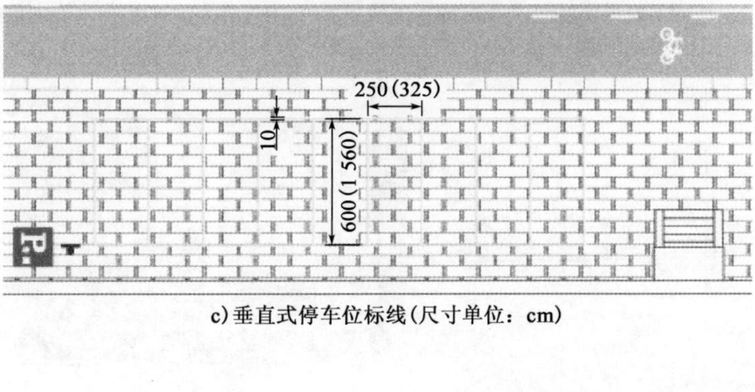 c)垂直式停车位标线(尺寸单位：cm)

续上表

<table>
<tr><th colspan="2">名　称</th><th>含义与图例</th></tr>
<tr><td>停车位标线</td><td>设置</td><td>
(2)对停车方向有特殊要求时,可在停车位标线中附加箭头,箭头所指方向表示停车后车头的朝向,如下图所示。
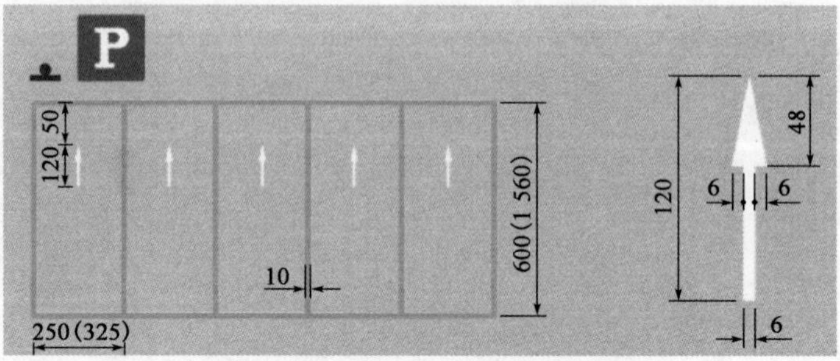

固定停车方向停车位标线(尺寸单位:cm)
(3)停车位里附加“出租车”文字,且停车位标线为实线时,表示出租车专用待客停车位,如下图a)所示;停车位附加“出租车”文字且停车位标线为虚线时,表示出租车专用上下客停车位,仅允许出租车短时停车上下客,如下图b)所示。出租车专用停车位标线可单独设置。表示其他车辆专用的停车位时,可按照下图a)所示的文字尺寸,在停车位内标注专用车辆的文字,如“校车”、“公交车”等,形成校车专用停车位和公交车专用停车位等标线。
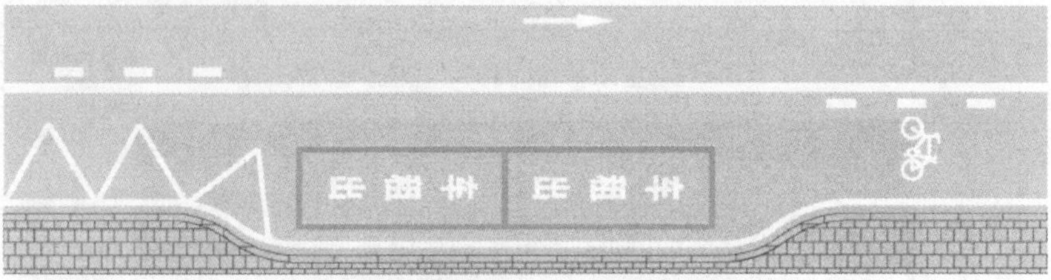
a)出租车专用待客停车位标线(尺寸单位: cm)
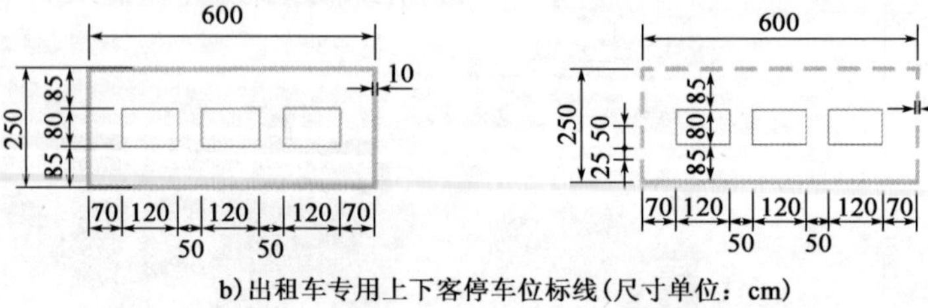

b)出租车专用上下客停车位标线(尺寸单位: cm)
(4)残疾人专用车辆或载有残疾人的车辆专用的停车位标线如下图所示。其中停车位标线为白色表示收费停车位、为蓝色表示免费停车位、为黄色表示专属停车位。停车位两边的黄色网格为残疾人上下车区域,禁止车辆停放其上。其他车辆不得占用残疾人车位。
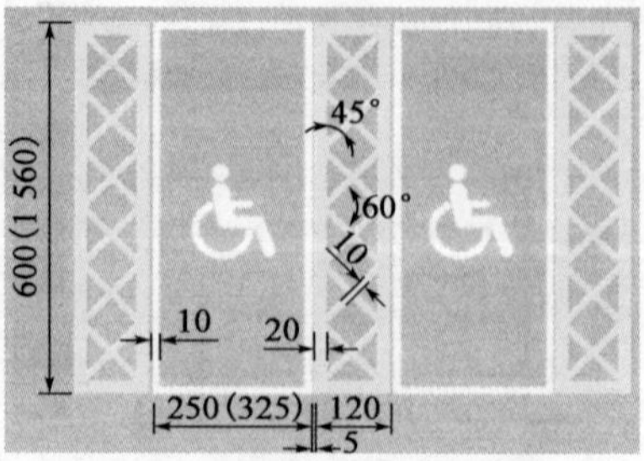

残疾人专用停车位标线(尺寸单位:cm)
</td></tr>
</table>

续上表

名称		含义与图例
停车位标线	设置	(5)非机动车专用停车位可根据需要和场地实际情况施划。非机动车专用停车位标线由标示停车区域边缘的边线和划于其中的非机动车路面标记组成。非机动车专用停车位标线可单独设置,已设置非机动车停车标志的,可以不施划地面非机动车路面图形标记,本设置非机动车停车标志的应施划地面非机动车路面图形标记,如下图所示。

非机动车停车位标线(尺寸单位:cm)

(6)机动车限时停车位表示机动车只能在停车位内标注的时段停放,其他时段禁止停放。机动车限时停车位标线为虚线边框,线宽10cm,在车位内标注准许停车的时间,数字高为60cm。该标线应与限时停车标志配合使用

(5)路面文字标记与图形标记

车 位 标 线 表22-14

名称		含义、指标与图例
路面文字标记	概念	路面文字标记是利用路面文字指示或限制车辆行驶的标记。速度限制标记表示车辆行驶的限制车速,用于需要限制车辆最高行驶速度或最低行驶速度的车道起点和其他适当位置
路面文字标记	类型与规格	路面文字标记可包括道路行驶方向的指示信息、特定时间段指示信息,出口提示信息等内容。汉字标记应沿车辆行驶方向由近及远竖向排列,数字标记沿车辆行驶方向横向排列。 表示最高限速值数字的颜色为黄色,可单独使用;表示最低限速值数字的颜色为白色,应和最高限速值数字同时使用。 路面文字标记的高度应根据道路设计速度确定,除特殊规定外,路面文字标记的规格应符合下表的规定

路面文字标记的规格

设计速度(km/h)	公路			城市道路
	字高*(cm)	字宽(cm)	纵向间距*(cm)	
≥100	900	300	600	可取公路相应值的0.5~0.7倍
400~100	600	200	400	
≤40	300	100	200	

注:*表示专用时段的数字,相应值可取正常值的一半,字宽及横向间距视路面情况可适当调整

名称		含义、指标与图例
路面文字标记	设置	需要设置路面限速标记且易发生事故的地点,也可将最高限速的标志版面图形施划于路面作为路面限速提示用标记,该标记应为反光标记且应与限速标志配合使用,并应注意应用抗滑的标线材料。施划于路面的限速标志版面图形为长:短轴为2.5:1的椭圆,长轴与行车方向平行,长轴最长不超过6m。示例如下图所示

续上表

名称		含义、指标与图例
路面文字标记	设置	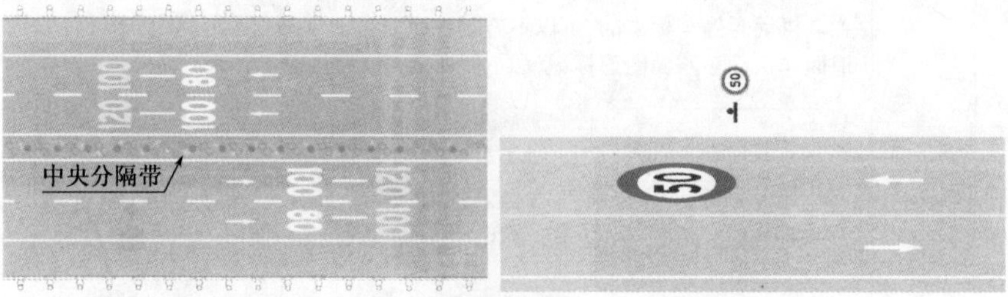 a) b) 限速标记设置示例
路面图形标记	概念	设置于车道或停车位内的路面图形标记宽度应为车道或停车位宽度的一半，并四舍五入取 10cm 的整倍数
	类型	非机动车路面标记；残疾人专用停车位路面标记；注意前方路面状况标记
	设置	(1)非机动车路面标记：施划于车道起点或车道中，表示该车道为非机动车道，如图 a)所示。 (2)残疾人专用停车位路面标记：施划于残疾人专用停车位内，表示此车位为残疾人专用车或载有残疾人的车辆专用的停车位，其他车辆不得占用，如图 b)所示。 (3)注意前方路面状况标记：在不易发现前方路面状况发生变化的路段，需要提醒驾驶人注意以尽早采取措施，可设置注意前方路面状况标记。本标记为白色实折线，线宽 20cm，顶角为 60°，设置高度及设置范围视实际需要而定，如图 c)所示  a)非机动车 b)残疾人专用车 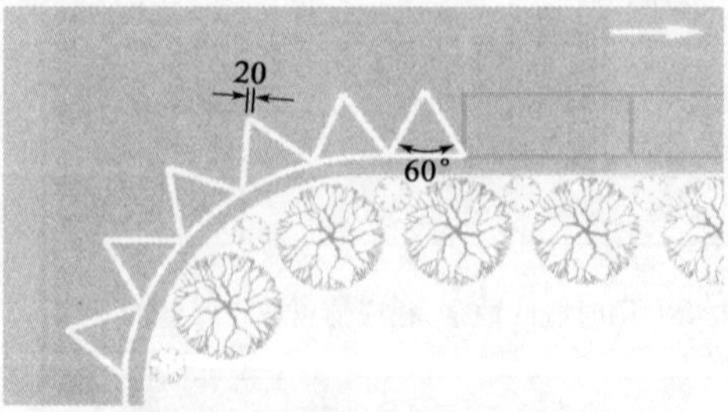 c)注意前方路面状况标记(尺寸单位：cm)

22.3　禁止标线

22.3.1 禁止标线的分类

类　　型　　表 22-15

名　称	含　义
纵向标线	①禁止跨越对向车行道分界线；②禁止跨越同向车行道分界线；③禁止停车线
横向标线	①停止线；②停车让行线；③减速让行线
其他标线	①非机动车禁驶区标线；②导流线；③网状线；④专用车道线；⑤禁止掉头（转弯）线

22.3.2 路段禁止标线

（1）禁止跨越对向车行道分界线

禁止跨越对向车行道分界线　　表 22-16

<table>
<tr><th colspan="2">名　称</th><th>含义与图例</th></tr>
<tr><td colspan="2">概念</td><td>禁止跨越对向车行道分界线（也可称为禁止跨越道路中心线）用于分隔对向行驶的交通流，并禁止双方向或一个方向车辆越线或压线行驶。一般设在道路中线上，但不限于设在道路的几何中心线上</td></tr>
<tr><td colspan="2">类型</td><td>双黄实线：双黄实线作为禁止跨越对向车行道分界线时禁止双方向车辆越线或压线行驶。一般施划于单方向有两条或两条以上机动车道而没有设置实体中央分隔带的道路上，除交叉口或允许车辆左转弯（或掉头）路段外，均需连续设置，可采用振动标线的形式。
黄色虚实线：黄色虚实线作为禁止跨越对向车行道分界线时，实线一侧禁止车辆越线或压线行驶，虚线一侧准许车辆暂时越线或转弯。越线行驶的车辆应避让正常行驶的车辆。中心黄色虚实线可用作双向通行的三条机动车道道路的对向车行道分界线以及需要实行单侧禁止超车的其他道路的对向车行道分界线。
单黄实线：黄色单实线作为禁止跨越对向车行道分界线时，禁止双方向车辆越线或压线行驶。一般施划于单方向只有一条车道或一条机动车道和一条非机动车道道路，视距受限制的竖曲线、平曲线路段及有其他危险需要禁止超车的路段，可采用振动标线的形式</td></tr>
<tr><td rowspan="2">设置</td><td>双黄实线</td><td>黄色实线线宽一般为 15cm，特殊情况下可降低至 10cm，两标线的间距一般为 10～30cm，如下图 a）所示。在路面较宽时，为保证车行道宽度不大于 3.75m，双黄线间距可以适当调整。在双黄线间距大于 50cm 时应用黄色斜线或其他设施填充两条黄实线间的部分，禁止车辆压线或进入该区域。黄色斜线填充线线宽 45cm，间隔 100cm，倾斜角度为 45°，设置示例如下图 b）所示

a）双黄实线（尺寸单位：cm）
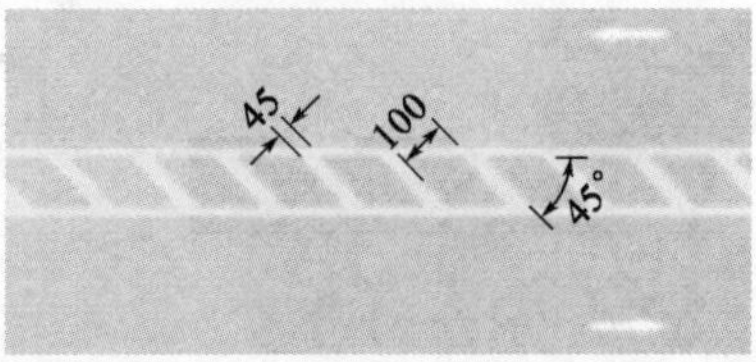

b）黄色斜线填充双黄实线示例（尺寸单位：cm）</td></tr>
<tr><td>黄色虚实线</td><td>中心黄色虚实线可用作双向通行的三条机动车道道路的对向车行道分界线以及需要实行单侧禁止超车的其他道路的对向车行道分界线。标线线宽一般为 15cm，特殊情况下可降低至 10cm，两标线的间隔一般为 10～30cm，虚线段与间隔长分别为 400cm 和 600cm，如下图所示。</td></tr>
</table>

续上表

名称		含义与图例
设置	黄色虚实线	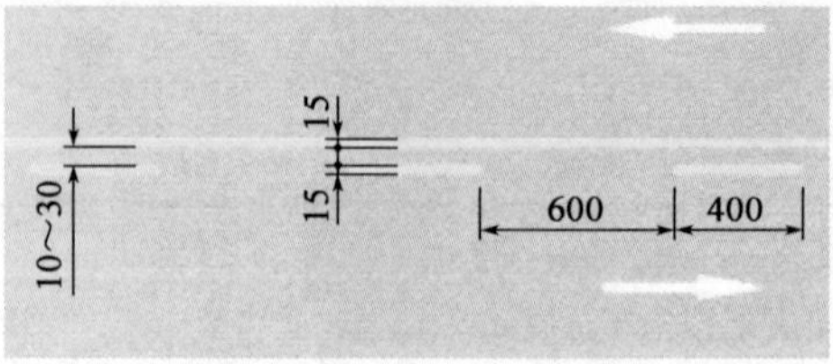 中心黄色虚实线示例(尺寸单位:cm) (1)施划中心黄色虚实线的三机动车道道路直线段,一个方向车行道数从两车行道改变为一车行道(或从一车行道改变为两车行道)时采用过渡标线,设置示例如下图所示。 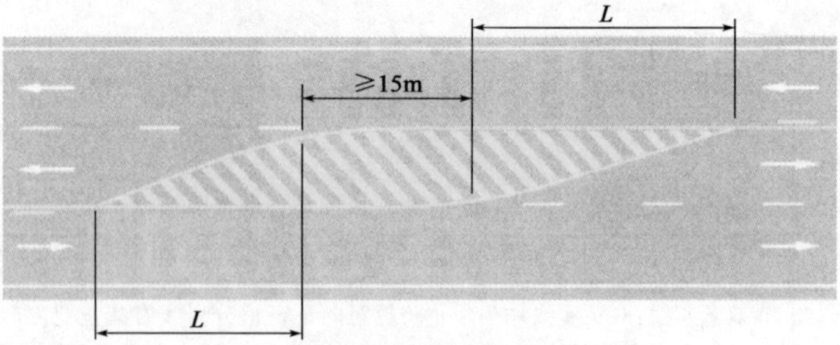 三车行道道路直线段黄色虚实线划法示例 (2)视距受限的平曲线路段黄色虚实线划法示例如下图所示。 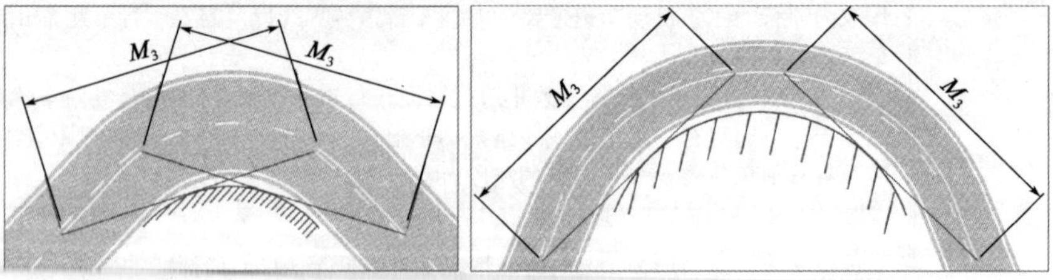 视距受限平曲线路段黄色虚实线划法示例 (3)视距受限的竖曲线路段黄色虚实线划法示例如下图所示。 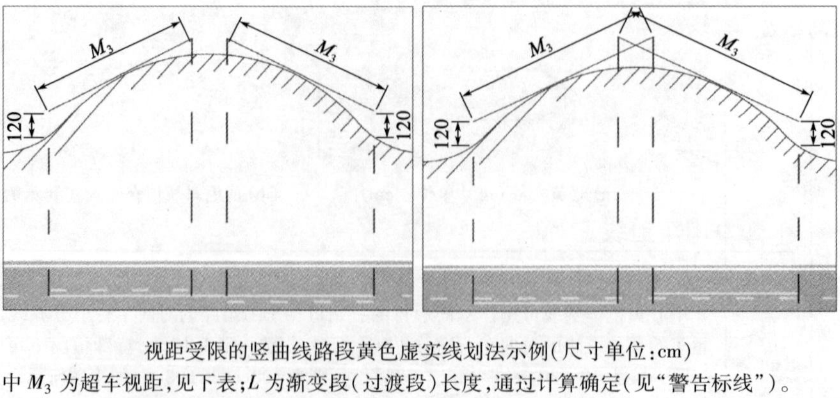 视距受限的竖曲线路段黄色虚实线划法示例(尺寸单位:cm) 图中 M_3 为超车视距,见下表;L 为渐变段(过渡段)长度,通过计算确定(见“警告标线”)。

续上表

名　　称		含义与图例
设置	黄色虚实线	建议视距值 M（见下表） 注：表中没有包括的速度的视距值，可用内插或外插法求算

建议视距值 M

速度(km/h)	120	100	80	60	50	40	30
停车视距 M_1(m)	210	160	110	75	55	40	30
会车视距 M_2(m)	420	320	220	150	110	80	60
超车视距 M_3(m)	—	—	550	350	325	200	150

注：表中没有包括的速度的视距值，可用内插或外插法求算

名　　称		含义与图例
设置	黄色单实线	标线线宽 15m，在路面较宽时，为保证车行道宽度不大于 3.75m，黄色单实线线宽可以适当增加，最大为 30cm，如下图所示

黄色单实线设置示例(尺寸单位：cm)

(2)禁止跨越同向车行道分界线

禁止跨越同向车行道分界线 表 22-17

名　　称	含义与图例
概念	用于禁止车辆跨越车行道分界线进行变换车道或借道超车。设于交通繁杂而同向有多条车行道的桥梁、隧道弯道、坡道、车行道宽度渐变路段、交叉口驶入段、接近人行横道线的路段或其他认为需要禁止变换车道的路段
类型	白色实线
设置	一般线宽为 10cm 或 15cm，交通量非常小的农村公路、专属专用道路等特殊应用情况下，线宽可采用 8cm，可采用振动标线的形式，如下图所示

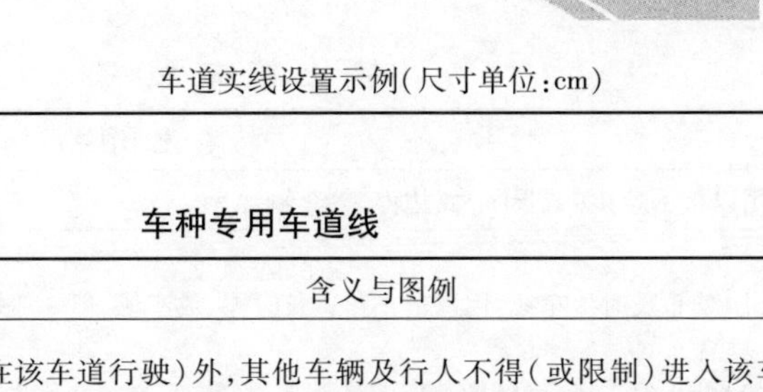

车道实线设置示例(尺寸单位：cm)

(3)车种专用车道线

车种专用车道线 表 22-18

名　　称	含义与图例
概念	表示除某种车辆(在该车道行驶)外，其他车辆及行人不得(或限制)进入该车道。汉字及数字字高、高宽比例、排列方式按规定确定；可在文字下加标专用的时间

续上表

<table>
<tr><th colspan="2">名　称</th><th colspan="4">含义与图例</th></tr>
<tr><td colspan="2">类型与组成</td><td colspan="4">(1)公交专用车道线:由黄色虚线及白色文字组成,表示除公交车外,其他车辆及行人不得进入该车道。
(2)小型车专用车道线:在车行道内施划“小型车”路面文字,表示该车行道为小型车专用车道。
(3)大型车道标线:在车行道内施划“大型车”路面文字,表示大型车应在该车道行驶。
(4)多乘员车辆专用车道线:由白色虚线及白色文字组成,表示该车行道为有多个乘车人的多乘员车辆专用的车道,未载乘客或乘员数未达规定的车辆不得入内行驶。多乘员车辆专用车道线应与多乘员车辆专用车道标志配合设置。
(5)非机动车道线:由车道线、非机动车标记图案和“非机动车”文字组成,一般情况下可仅采用非机动车标记图案而不标文字标记。除特殊点段外,该车道为非机动车道,机动车不得进入。非机动车道标线颜色为蓝色时,表示此车道仅供非机动车行驶,行人及其他车辆不得进入</td></tr>
<tr><td rowspan="3">设置</td><td>公交专用</td><td colspan="4">(1)黄色虚线的线段长和间隔均为400cm,线宽为20cm或25cm。标写的文字为:公交专用或BRT专用。如该车道为分时专用车道,可在文字下加标公交车专用的时间。汉字及数字字高、高宽比例、排列方式按规定确定。
(2)公交专用车道线从起点开始施划,每经过一个交叉口重复出现一次字符。如交叉口间隔距离较长,也可在中间适当地点增加施划字符。
(3)公交专用车道与非机动车道临近设置,且无机非隔离带时,应配合设置机非分道线,如下图所示。
公交专用车道线应与公交专用车道标志配合设置
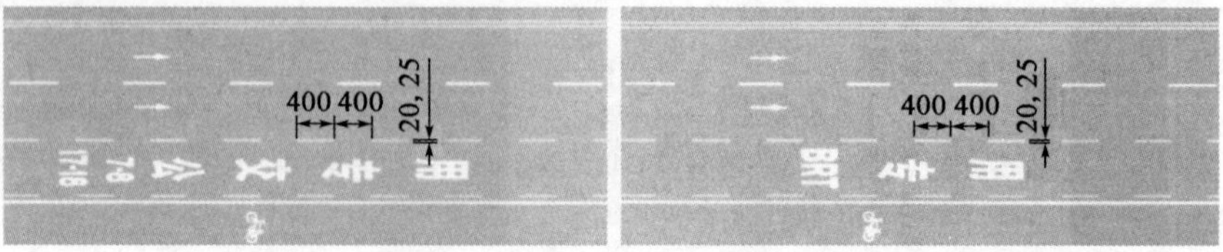

专用车道设置示例(尺寸单位:cm)</td></tr>
<tr><td rowspan="2">其他专用</td><td>小型车专用车道线</td><td>大型车道标线</td><td>非机动车道线</td><td>多乘员车辆专用道线</td></tr>
<tr><td>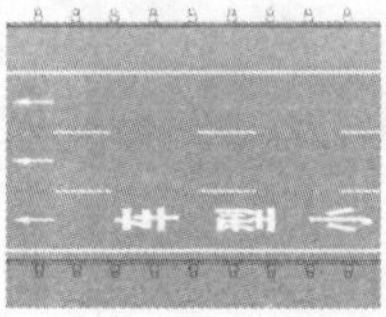</td><td>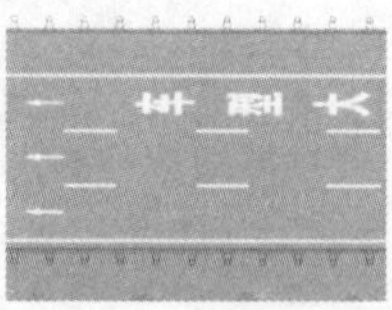</td><td>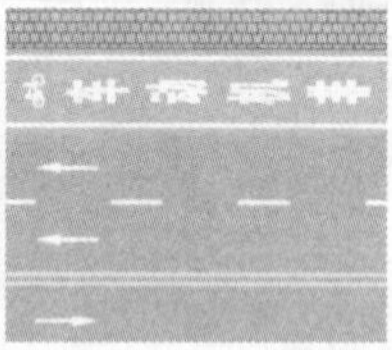</td><td>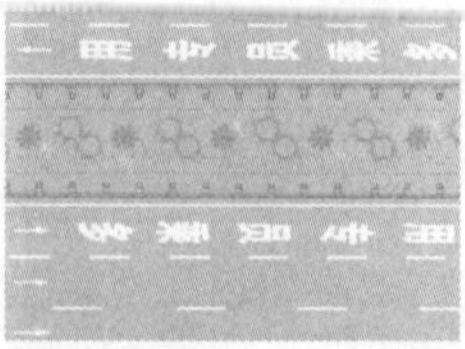</td></tr>
</table>

(4)禁止停车线

禁 止 停 车 线　　表22-19

名　称	含义与图例
概念	用以指示禁止(或长时)路边停、放车辆
类型	(1)禁止长时停车线:用以禁止路边长时停、放车辆,但一般情况下允许装卸货物或上下人员等的临时停放; (2)禁止停车线:用以指示禁止路边停、放车辆

续上表

名称		含义与图例	
设置	禁止长时停车线	本标线为黄色虚线，施划于道路缘石正面及顶面，无缘石的道路可施划于路面上，距路面边缘30cm。黄色虚线的宽度为15cm，或与缘石宽度相同，线段长100cm，间隔100cm。 本标线可配合“禁止停放”路面文字和禁止长时停放标志一并使用，并可根据需要在辅助标志上标明禁止路边停放车辆的时间或区间	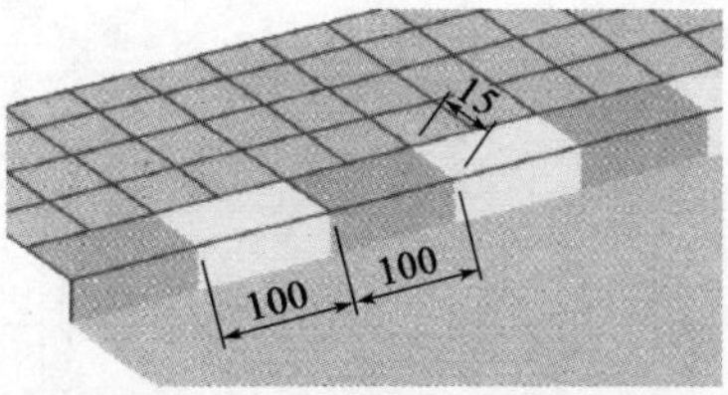 a)禁止长时停车线(尺寸单位：cm) 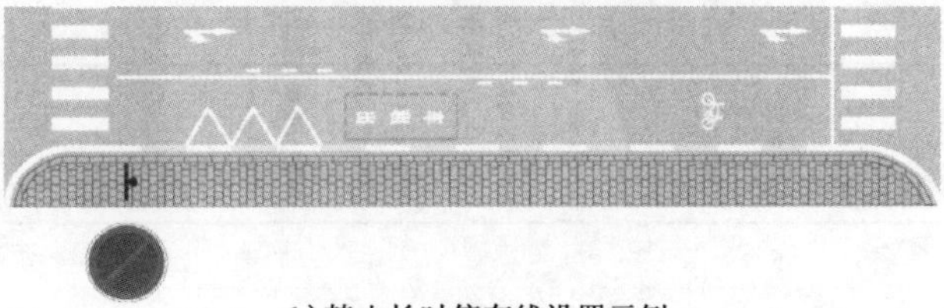 b)禁止长时停车线设置示例
	禁止停车线	本标线为黄色实线，施划于道路缘石下面及顶面，无缘石的道路可施划于路面上，距路面边缘30cm。黄色实线的宽度为15cm，或与缘石宽度相同，施划的长度表示禁停的范围。 本标线可配合“禁止停放”路面文字和禁止停放标志一并使用，并可根据需要在辅助标志上标明禁止路边停放车辆的时间或区间	

22.3.3 交叉口禁止标线

(1)停止线

停 止 线 表22-20

名称	含义与图例
概念	表示车辆让行、等候放行等情况下的停车位置。可施划于交叉路口、铁路平交道口、左弯待转区的前端、人行横道线前及其他需要车辆停止的位置
类型	停止线为白色实线
设置	(1)双向行驶的路口，停止线应与对向车行道分界线连接；单向行驶的路口，其长度应横跨整个路面。停止线的宽度可根据道路等级、交通量、行驶速度的不同选用20cm、30cm或40cm。 (2)停止线应设置在有利于驾驶人观察路况的位置。设有人行横道时，停止线应距人行横道100~300cm，如下图a)所示。 (3)停止线对横向道路左转弯机动车正常通行有影响的，可适当后移，或部分车道的停止线做适当后移，后移距离可以根据实际情况决定，一般在100~300cm之间，如下图b)所示

续上表

名称	含义与图例
设置	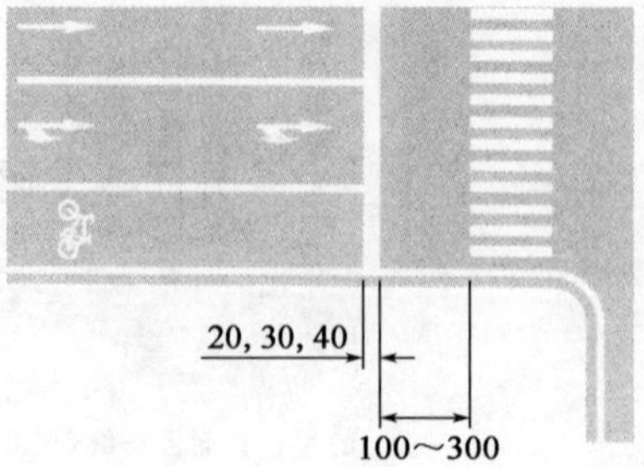a)停止线(尺寸单位：cm) 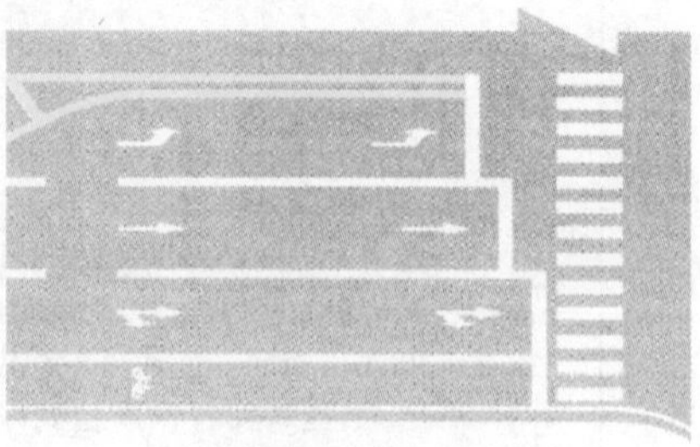b)停止线错位设置示例

(2)让行线

让 行 线 表 22-21

名称		含义与图例	
概念		停车让行线表示车辆在此路口应停车让干道车辆先行，设有"停车让行"标志的路口，除路面条件无法施划标线外应设置停车让行标线	
类型与组成		(1)停车让行线：为两条平行白色实线和一个白色"停"字。双向行驶的路口，白色双实线长度应与对向车行道分界线连接；单向行驶的路口，白色双实线长度应横跨整个路面。 (2)减速让行线表示车辆在此路口应减速让干道车辆先行。设有"减速让行"标志的路口，除路面条件无法施划标线外均应设置减速让行标线。减速让行线为两条平行的虚线和一个倒三角形，颜色为白色	
设置	停车让行线	白色实线宽度 20cm，间隔 20cm，"停"字宽 100cm，高 250cm。停车让行标线应设在有利于驾驶人观察路况的位置。如有人行横道线时，停车让行线应距人行横道线 100～300cm	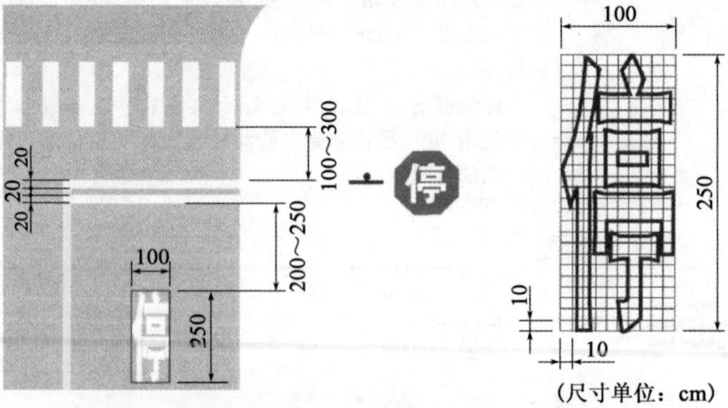(尺寸单位：cm)
	减速让行线	虚线宽 20cm，两条虚线间隔 20cm。倒三角形底宽 120cm，高 300cm。减速让行标线应设在有利于驾驶人观察路况的位置。如有人行横道线时，减速让行线应距人行横道线 100～300cm	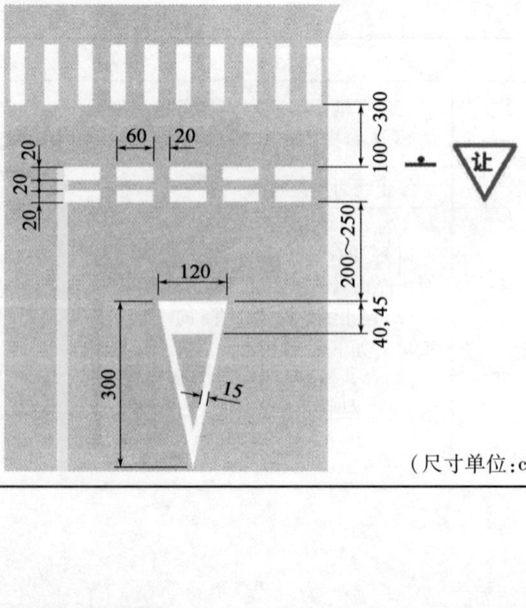(尺寸单位：cm)

(3)禁止掉头(转弯)标记

禁止掉头(转弯)标记　　表22-22

名　称	含义与图例
概念	用于禁止车辆掉头或转弯的路口或区间
类型与组成	禁止掉头(转弯)标记由黄色导向箭头和黄色叉形标记左右组合而成,黄色叉形标记位于左侧,如本车道为限时禁止掉头(转弯)车道,应在禁止掉头(转弯)标记下附加禁止掉头(转弯)时间段的黄色文字
设置	黄色导向箭头的尺寸按规定确定,叉形标记与导向箭头宽度及长度相同,两者之间间隔50cm,路面文字尺寸按规定确定,见图a)、图b)。禁止掉头(转弯)标记应与禁止掉头(转弯)标志配合设置 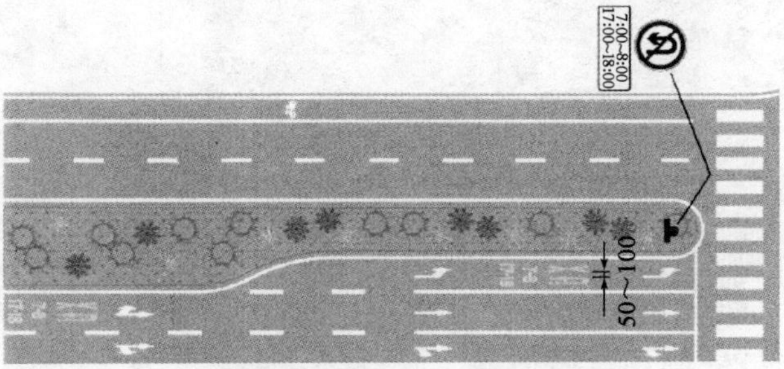 a)禁止掉头标记(尺寸单位:cm) 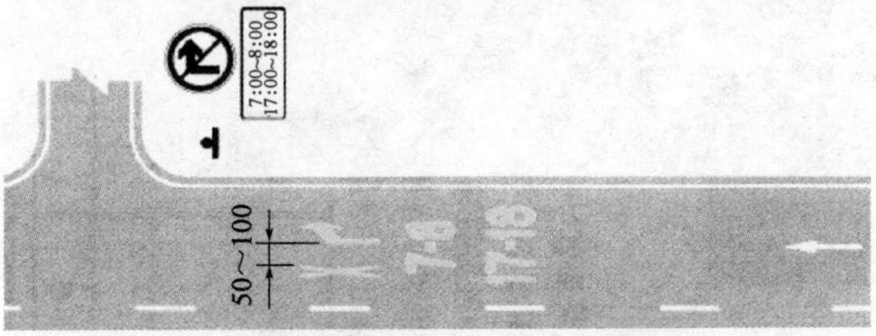 b)禁止转弯标记(尺寸单位:cm)

(4)中心圈与网状线

中心圈与网状线　　表22-23

名　称	含义与图例	
	中心圈	网状线
概念	可设在平面交叉路口的中心,用以区分车辆大、小转弯或作为交叉口车辆左右转弯的指示,车辆不得压线行驶	用以标示禁止以任何原因停车的区域
类型与组成	圆形;菱形。颜色为白色	交叉路口;出入口;其他需要设置的位置。标线颜色为黄色

续上表

<table>
<tr><th rowspan="2">名　称</th><th colspan="2">含义与图例</th></tr>
<tr><th>中心圈</th><th>网状线</th></tr>
<tr><td>设置</td><td>中心圈直径及形状应根据交叉路口大小确定,圆形的直径不小于 120cm,菱形的对角线长度不小于 150cm
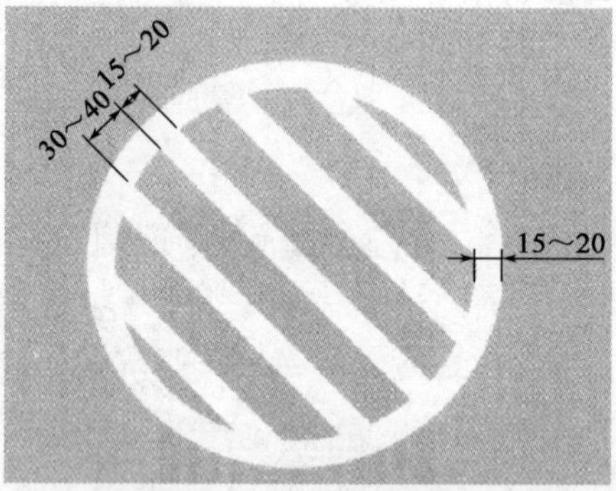

a)圆形中心圈(尺寸单位:cm)
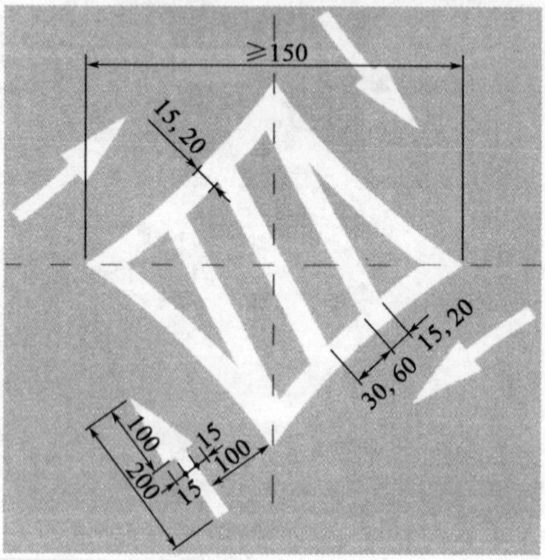

b)菱形中心圈(尺寸单位:cm)</td><td>(1)外围线宽 20cm,内部网格线与外边框夹角为 45°,内部网格线宽 10cm,斜线间隔 100~500cm。
(2)在交通量较小的交叉口或其他出入口处,网状线可简化成如图 b)所示的形状,即在方框中加叉。网状线为黄色,线宽为 40cm 或 45cm。简化网状线最大边长应不大 12m,否则应用图 a)所示形式的网状线
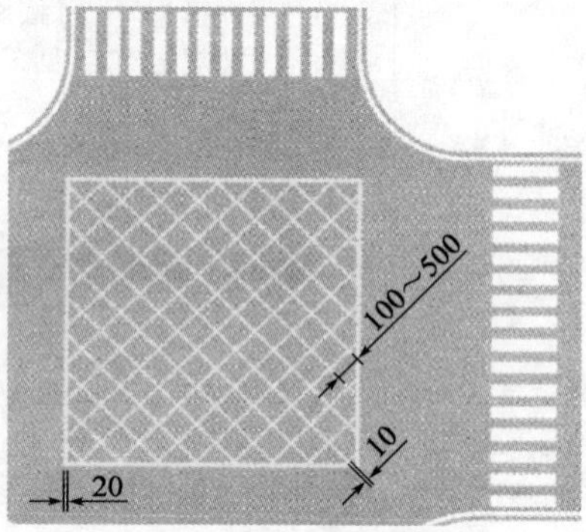

a)网状线(尺寸单位:cm)
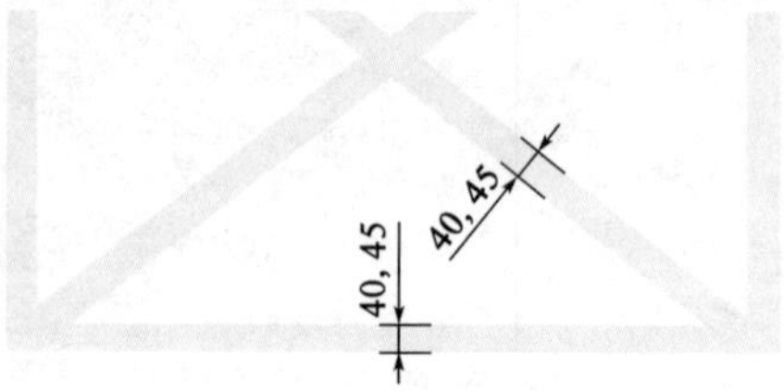

b)简化网状线(尺寸单位:cm)</td></tr>
</table>

(5)导流线

导　流　线　　　　表 22-24

名　称	含义与图例
概念	表示车辆需按规定的路线行驶,不得压线或越线行驶。主要用于过宽、不规则或行驶条件比较复杂的交叉路口、立体交叉的匝道口或其他特殊地点。导流线应根据交叉路口的地形和交通流量、流向情况进行设计
类型与组成	标线形式可分为单实线、V 形线和斜纹线 3 种。导流线的颜色为白色,与道路中心线相连时,也可用黄色
设置	外围线宽 15cm 或 20cm,内部填充线宽为 40cm 或 45cm,间隔 100cm,倾斜角为 45°。 导流线设置实例如下图所示

续上表

名　　称	含义与图例
设置	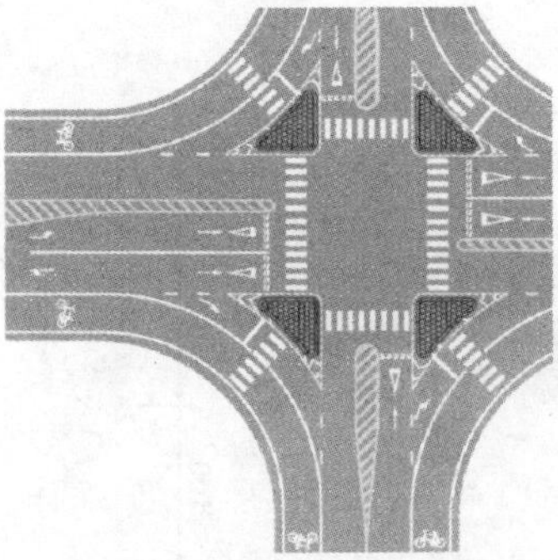 a)十字交叉口导流线设置示例 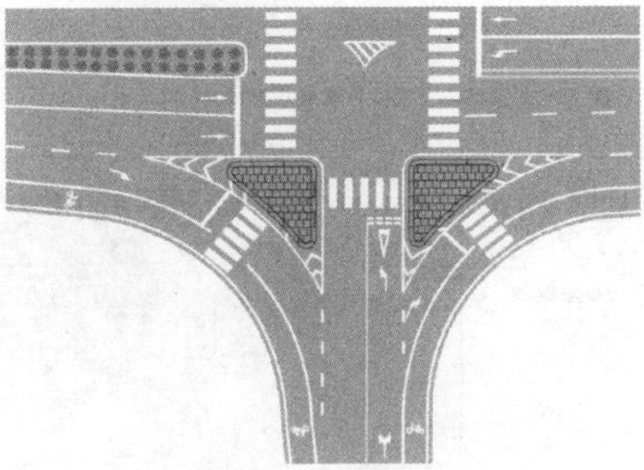 b)T字交叉口导流线设置示例 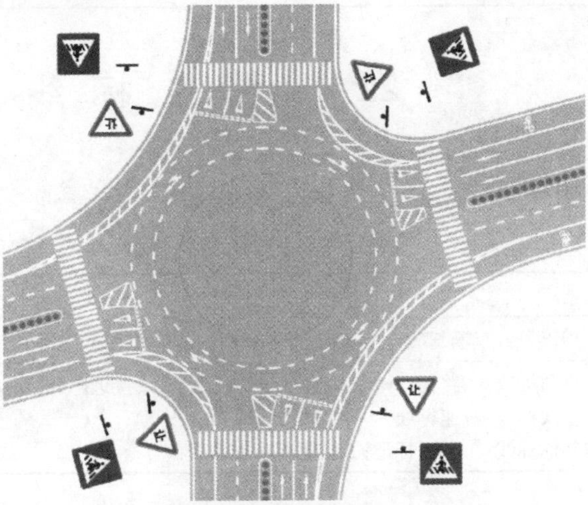 c)平面环形交叉口导流线设置示例

(6)非机动车禁驶区标线

非机动车禁驶区标线　　表 22-25

名称	含义与图例
概念	在无专用左转弯相位信号控制的较大路口或其他需要规范非机动车行驶轨迹的路口内,可设非机动车禁驶区标线,用以告示非机动车使用者在路口内禁止驶入的范围
组成	非机动车禁驶区范围以机动车道外侧边缘为界,可配合设置中心圈
设置	左转弯非机动车应沿禁驶区范围外绕行,且两次停车,其停止线长度不应小于相应非机动车道宽度。 非机动车禁驶区标线设置实例如下图所示

续上表

<table>
<tr><th>名　称</th><th>含义与图例</th></tr>
<tr><td>设置</td><td>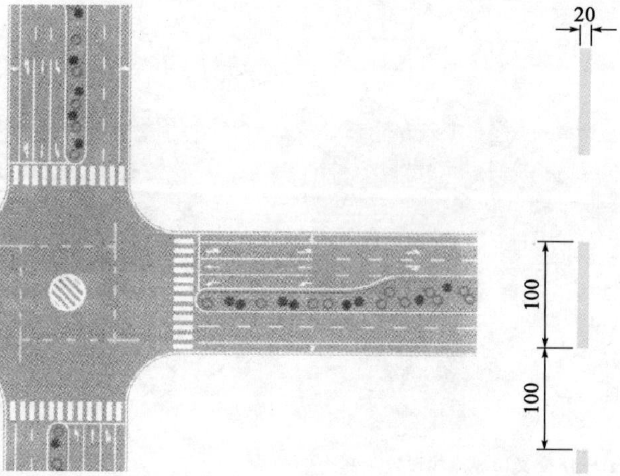

(尺寸单位:cm)</td></tr>
</table>

22.4 警 告 标 线

22.4.1 警告标线的分类

警告标线的分类 表 22-26

名　称	含　义
概念	用以警告车辆驾驶人路宽或车道数变化,应谨慎行车,并禁止超车。标线颜色为黄色
分类	纵向标线:①路面(车行道)宽度渐变段标线;②接近障碍物标线;③铁路平交道口标线。 横向标线:减速标线。 其他标线:①立面标记;②实体标记

22.4.2 车道变化警告标线

车道变化警告标线 表 22-27

<table>
<tr><th>名　称</th><th colspan="7">含义、关系式与图例</th></tr>
<tr><td rowspan="4">参数</td><td colspan="7">渐变段的长度 L,按下式确定:
$$L=\begin{cases}v^2\cdot\dfrac{W}{55} & (v\leqslant 60\text{km/h})\\ 0.625v\cdot W & (v>60\text{km/h})\end{cases}$$
式中:L——渐变段的长度(m);
v——设计速度(km/h);
W——缩减宽度(m)。
上式计算结果大于下表所示最小值时,采用计算结果作为实际渐变段长度,反之采用下表所示最小值作为实际渐变段长度。
渐变段长度最小值 L_{min}(m)</td></tr>
<tr><td>设计速度 v(km/h)</td><td>20</td><td>30</td><td>40</td><td>60</td><td>80</td><td>>80</td></tr>
<tr><td>L_{min}</td><td>20</td><td>25</td><td>30</td><td>40</td><td>85</td><td>100</td></tr>
<tr><td colspan="7">对于设计速度与实际运行速度偏离较大的公路,可用实际运行速度值代替设计速度值确定渐变段长度</td></tr>
</table>

续上表

名 称	含义、关系式与图例
参数	M_1 为安全停车视距(见"禁止标线")
	D 为路宽缩减终点标线延长距离,设计速度不小于 60km/h 的道路 D 取 40m,其他道路 D 取 20m
设置	(1)在路宽缩窄的一侧应划车行道边缘线,并应配合设置窄路标志,如下图所示。

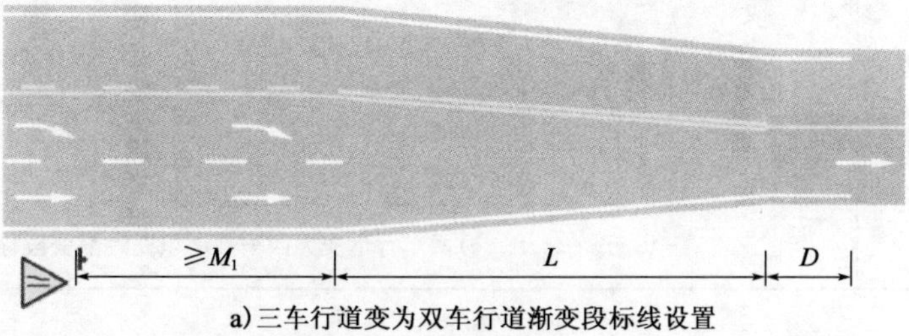

a)三车行道变为双车行道渐变段标线设置

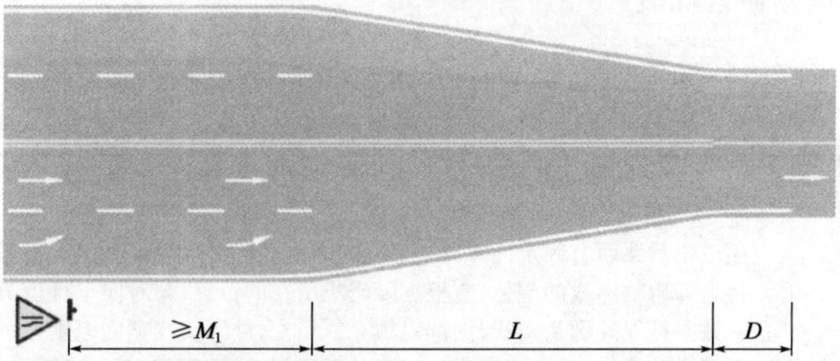

b)四车行道变为双车行道渐变段标线设置

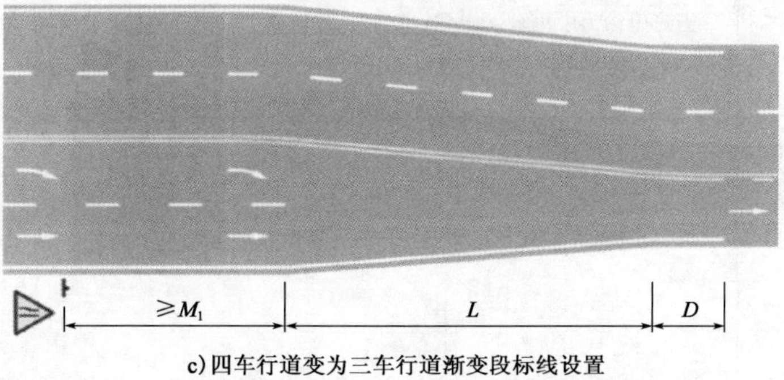

c)四车行道变为三车行道渐变段标线设置

(2)路面(车行道)宽度渐变段标线可用填充线形式,填充线为倾斜的平行粗实线;线宽 45cm,间隔 100cm,倾斜角度为 45°,应用实例如下图所示。

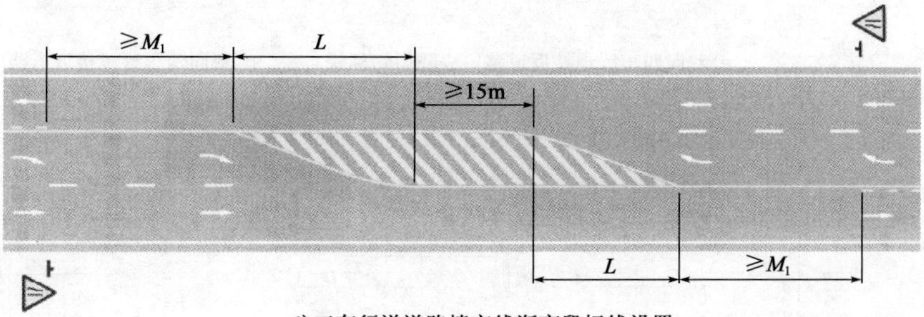

d)三车行道道路填充线渐变段标线设置

续上表

名　　称	含义、关系式与图例
设置	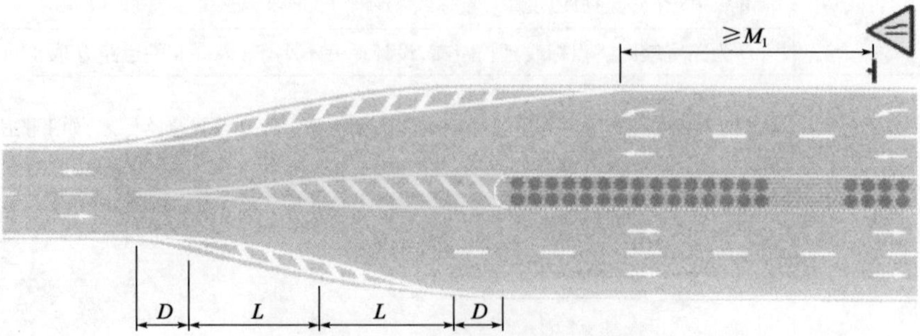 e)两车行道变为四车行道填充线渐变段标线设置

22.4.3 障碍物警告标线

(1)接近障碍物标线

接近障碍物标线 表 22-28

名　　称	含义与图例
概念	用以指示路面有固定性障碍物,警告车辆驾驶人谨慎行车,引导交通流顺畅驶离障碍物区域。 接近障碍物标线的颜色,应根据障碍物所在的位置,与对向车行道分界线或同向车行道分界线的颜色一致。标线外廓为实线,内部以填充线填充,外廓实线宽度原则上与相接的对向车行道分界线或同向车行道分界线相同,填充线为倾斜的平行粗实线,线宽 45cm,间隔 100cm,倾斜角度为 45°
类型	当障碍物为中央分隔墩、隧道洞口、收费岛、实体安全岛或导流岛、灯座、标志基座等立体实物时,在实体立面应设置立面或实体标记,地面标线处可配合设置防撞设施。标线距离实体障碍物的最小偏移距离为 30cm,从标线中间计算到障碍物表面
设置	当道路中心或车道中有上跨桥梁的桥墩、中央分隔带端头、标志杆柱及其他可能对行车安全构成威胁的障碍物时,应设置接近障碍物标线来指引驾驶人顺利地绕过障碍物。 设置示例如下图所示(参数见"车道变化警告标线") 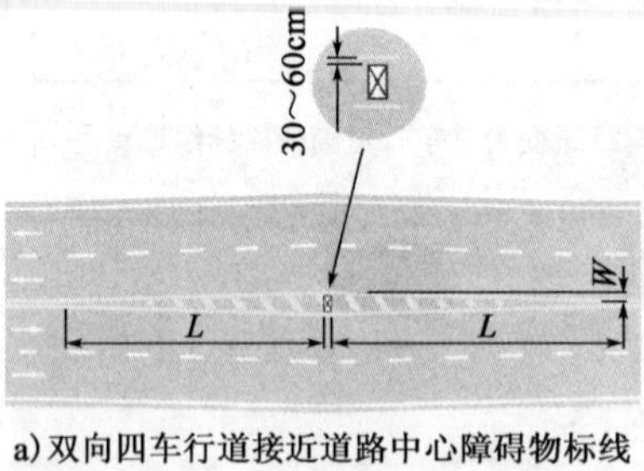 a)双向四车行道接近道路中心障碍物标线 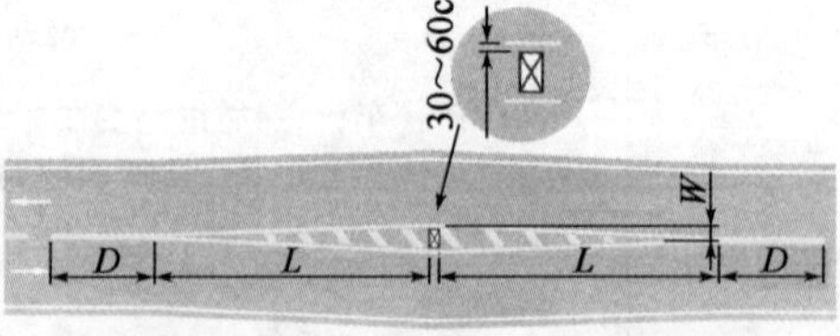 b)双向两车行道接近道路中心障碍物标线 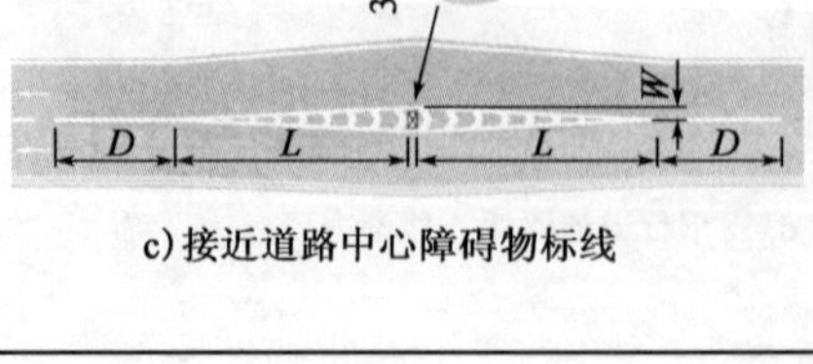 c)接近道路中心障碍物标线 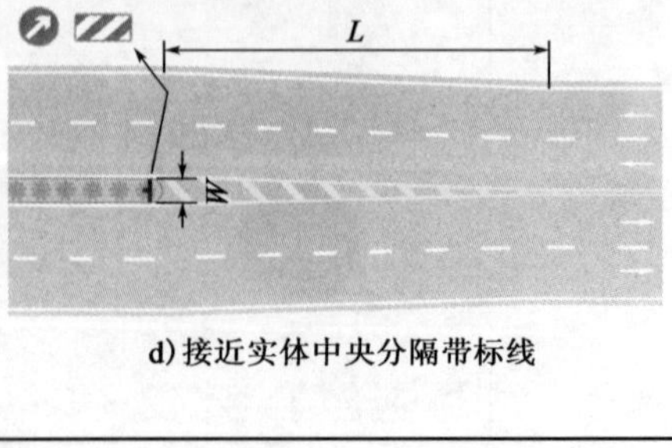 d)接近实体中央分隔带标线

续上表

名　　称	含义与图例
设置	收费岛迎车流方向地面标线用以标示收费车道的位置，为通过车辆提供清晰标记。收费岛头地面标线的颜色为白色，线宽40cm，间隔100cm，倾斜角度为45°，外围标线宽20cm。标线应划在迎车行方向，长1 500cm。 收费岛标线设置实例如下图所示 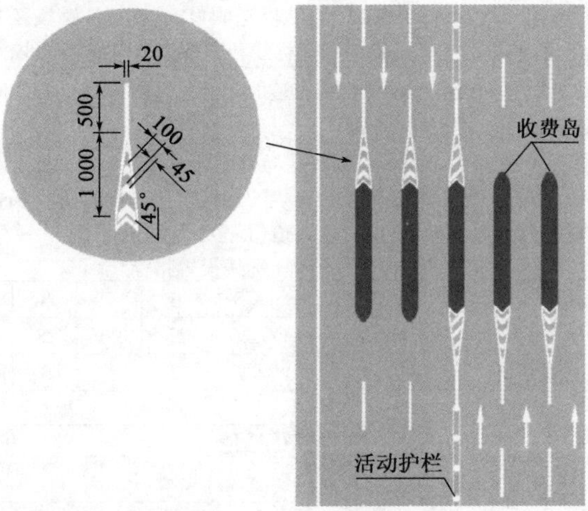 （尺寸单位：cm）

（2）铁路平交道口标线

铁路平交道口标线　表22-29

名　　称	含义与图例
概念	用以指示前方有铁路平交道口，警告车辆驾驶人应在停车线处停车，在确认安全情况下或信号灯放行时，才可通过
组成	线条及标字规定如下： （1）交叉线为白色反光标线，线宽40cm，长600cm，宽300cm； （2）"铁路"标字，白色反光，标写于交叉线的左右部位，单个字高200cm，宽70cm； （3）横向虚线，白色反光，线宽40cm，线段长60cm，间隔60cm； （4）禁止超车线，黄色反光，与对向车行道分界线标线宽度一致，每侧长度应大于30m； （5）停止线，白色反光，线宽40cm
设置	铁路平交道口标线应与铁路道口警告标志及停车让行标志配合设置，有关设施的设置应符合《工业企业厂内铁路、道路运输安全规程》（GB 4387—2008）的规定 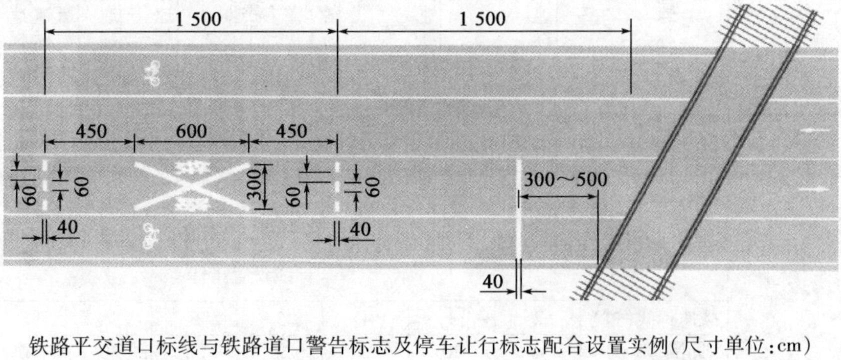 铁路平交道口标线与铁路道口警告标志及停车让行标志配合设置实例（尺寸单位：cm）

(3)减速标线

减 速 标 线 表22-30

<table>
<tr><th>名　称</th><th>含义、指标与图例</th></tr>
<tr><td>概念</td><td>用于警告车辆驾驶人前方应减速慢行</td></tr>
<tr><td>类型与组成</td><td>(1)收费广场减速标线:设于收费广场及其前部适当位置,为白色反光虚线,根据设置位置的不同,可以是单虚线、双虚线或三虚线,垂直于行车方向设置。
(2)车行道减速标线:设置于弯路、坡路、隧道洞口前、长下坡路段及其他需要减速的路段前或路段中的机动车车道内,分为车行道横向减速标线和车行道纵向减速标线,可用振动标线的形式</td></tr>
<tr><td>设置</td><td>(1)收费广场减速标线应使驶向收费车道的车辆通过各标线间隔的时间大致相等,以利于行驶速度逐步降低,减速度一般设计为1.8m/s²。
(2)减速标线尺寸如图a)所示。收费广场减速标线设置示例如图b)所示。第一道减速标线设置于距广场中心线50m的地方,其余标线按下表的规定设置。视收费广场长度、景观及管理需求,收费广场减速标线设置数量以5道(最少)至12道(最多)为宜。
标线设置指标
<table>
<tr><td>减速标线(道)</td><td>1</td><td>2</td><td>3</td><td>4</td><td>5</td><td>6</td><td>7</td><td>8</td><td>9</td><td>10</td><td>11</td><td>12及以上</td></tr>
<tr><td>间隔 L_i(m)</td><td>5</td><td>9</td><td>13</td><td>17</td><td>20</td><td>23</td><td>26</td><td>28</td><td>30</td><td>32</td><td>32</td><td>32</td></tr>
<tr><td>标线虚线重复</td><td>1</td><td>1</td><td>2</td><td>2</td><td>2</td><td>2</td><td>3</td><td>3</td><td>3</td><td>3</td><td>3</td><td>3</td></tr>
</table>
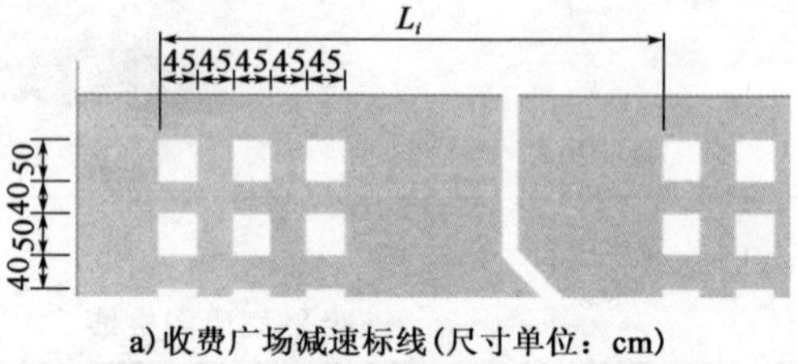

a)收费广场减速标线(尺寸单位:cm)
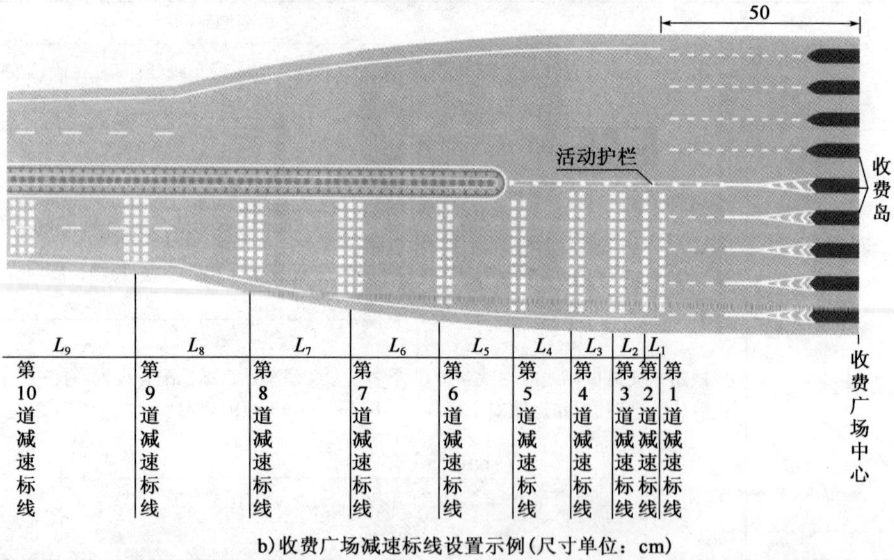

b)收费广场减速标线设置示例(尺寸单位:cm)</td></tr>
<tr><td>设置</td><td>(1)车行道横向减速标线为一组垂直于车道中心线的白色标线,线宽45cm,线与线间距45cm,如下图a)所示。车行道横向减速标线的设置间隔应使车辆通过各标线间隔的时间大致相等,以利于行驶速度逐步降低,减速度一般设计为1.8m/s²,可按下表的规定设置。车行道横向减速标线的设置示例如图b)所示。
标线设置指标
<table>
<tr><td>减速标线(道)</td><td>2</td><td>3</td><td>4</td><td>5</td><td>6</td><td>7</td><td>8</td><td>9</td><td>10及以上</td></tr>
<tr><td>间隔 L_i(m)</td><td>17</td><td>20</td><td>23</td><td>26</td><td>28</td><td>30</td><td>32</td><td>32</td><td>32</td></tr>
<tr><td>标线虚线重复</td><td>2</td><td>2</td><td>2</td><td>2</td><td>2</td><td>3</td><td>3</td><td>3</td><td>3</td></tr>
</table></td></tr>
</table>

续上表

名　称	含义、指标与图例
设置	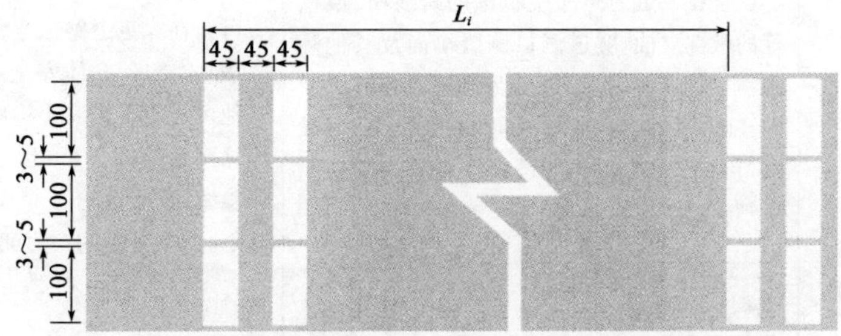 a)车行道横向减速标线(尺寸单位：cm) 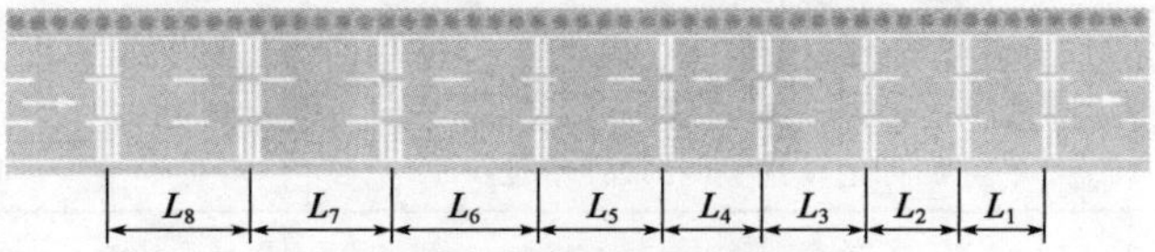 b)车行道横向减速标线设置示例 (2)车行道纵向减速标线为一组平行于车行道分界线的菱形块虚线,尺寸如图 a)所示。在车行道纵向减速标线的起始位置,设置30m 的渐变段,菱形块虚线自窄变宽,渐变段尺寸如图 b)所示。车行道纵向减速标线设置示例如图 c)所示 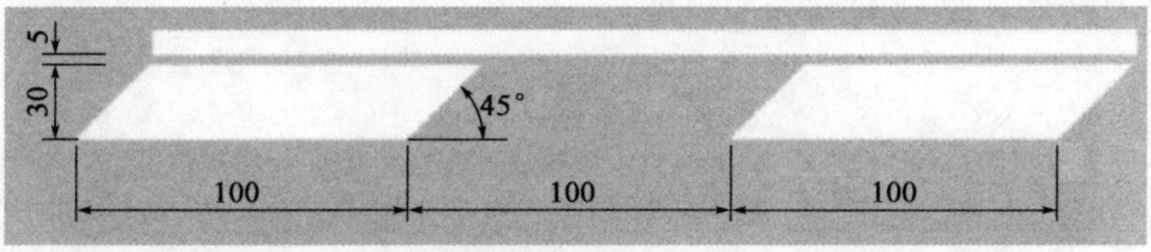 a)车行道纵向减速标线(尺寸单位：cm) 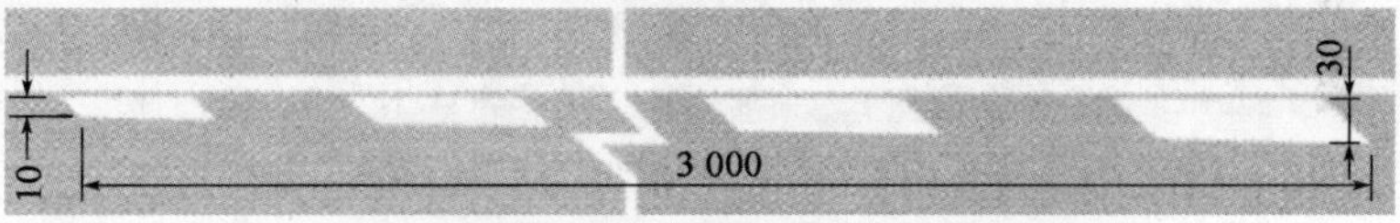 b)车行道纵向减速标线渐变段(尺寸单位：cm)  c)车行道纵向减速标线设置示例

(4)立面与实体标记

立面与实体标记　表 22-31

名　称	含义与图例	
	立面标记	实体标记
概念	立面标记用以提醒驾驶人注意,在车行道或近旁有高出路面的构造物	实体标记用以给出道路净空范围内实体构造物的轮廓,提醒驾驶人注意

续上表

名　称	含义与图例	
	立面标记	实体标记
类型与组成	可设在靠近道路净空范围的跨线桥、渡槽等的墩性立面、隧道洞口侧墙端面及其他障碍物立面上，一般应涂至距路面 2.5m 以上的高度。标线为黄、黑相间的倾斜线条，斜线倾角为45°，线宽均为 15cm。设置时应把向下倾斜的一边朝向车行道 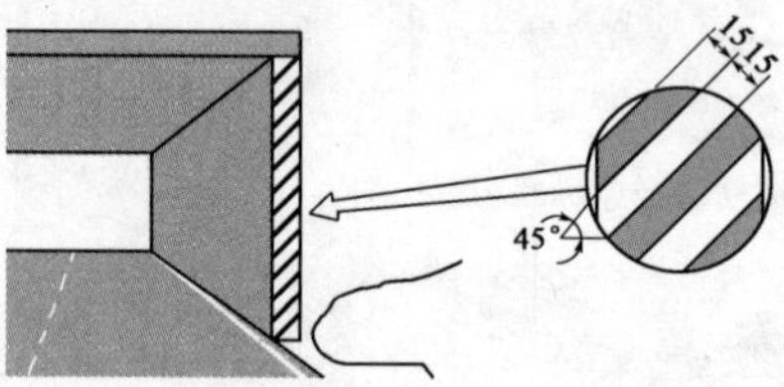 立面标记设置实例(尺寸单位：cm)	可设在靠近道路净空范围的上跨桥梁的桥墩、中央分隔墩、收费岛、实体安全岛或导流岛、灯座、标志基座及其他可能对行车安全构成威胁的立体实物表面上，一般应涂至距路面 2.5m 以上的高度。标线为黄、黑相间的倾斜线条，线宽均为 15cm，由实体中间以 45°角向两边施划，向下倾斜的一边朝向车行道

22.5 道路交通标线材料

22.5.1 道路标线材料的分类与性能

分类与性能　　表 22-32

项　目	内　容
涂料	路面标线涂料按施工温度可分为①常温型(冷用)；②加热型；③熔融型。 常温和加热(51 ~ 80℃)型属于溶剂型涂料，呈液态供应。加热型涂料固体成分略多一些，黏度也高。熔融型涂料呈粉末状供应，需加高温(180 ~ 220℃)使其熔解才可涂敷于路面，欧美国家把这种涂料称为热塑涂料(Thermoplastic Marking Materials)
贴附材料	各种粘贴材料，如预成型标线带、铝箔标带、突起路标和分离器(称为标线器)等均属于标线的范畴，它们是标线的派生物。贴附材料系工厂化生产，是一种预成型的标带，施工方便迅速。铝箔带可印刷各种图案、文字，很方便地贴于路面或墙上。突起路标有比路面标线更优越的观察角度，在恶劣天气条件下具有更好的可见性，安装容易、经久耐用
标线材料的性能	交通标线主要划设于道路面层，经受日晒雨淋、风雪冰冻及车辆的冲击磨耗。因此，道路标线涂料的性能应当满足以下几方面的要求： (1)鲜明的确认效果 不论是哪一类标线或哪一种颜色的涂料，都要求鲜明醒目，这样，可以给驾驶人和行人以良好的条件反射。如在高速公路上，车道两侧鲜明的标线可以帮助驾驶人自然和平滑地行驶，既可以保证行车安全，又可提高行车效率。 (2)夜间反光性能 现代的交通，不仅要求昼时效应，也注重夜间的效果。夜间反光标线可大大提高夜间行车的安全性，同时也可提高夜间行车的效率。 (3)施工时干燥迅速 由于道路涂料所应用的环境是不能间断的交通流量始终存在，因此要求道路涂料尽可能迅速干燥。根据道路涂料类型的不同，一般 3 ~ 15min 内要求实现通车。

续上表

项 目	内 容
标线材料的性能	(4)附着力强 为充分保证标线的完整和清晰,要求道路涂料与地面间具有较强附着性能。 (5)经久耐用 好的道路涂料应耐磨损、具有较长的使用寿命,这样才能保证标线在较长时间内完整清晰;同时,这样也可省去多次施工造成的人力、物力浪费,并减少对正常交通的阻碍和影响。 (6)耐候性好,抗污染,抗变色 这主要要求道路涂料能长期保持鲜明度,自然老化程度缓慢。 (7)施工方便容易,安全性好 这一方面要求道路涂料在具体使用时容易操作;另一方面要求在具体施工时道路涂料比较安全稳定,发生危险和意外的可能性小。 (8)所涂标线安全防滑 (9)经济合理 这要求道路涂料成本低,售价便宜

22.5.2 路面标线涂料

(1)标线涂料的分类

标线涂料的分类 表 22-33

型号	规格	玻璃珠含量和使用方法	状 态
溶剂型	普通型	涂料中不含玻璃珠,施工时也不撒布玻璃珠	液态
	反光型	涂料中不含玻璃珠,施工时涂布涂层后立即将玻璃珠撒布在其表面	
热熔型	普通型	涂料中不含玻璃珠,施工时也不撒布玻璃珠	固态
	反光型	涂料中含 18% ~25% 的玻璃珠,施工时涂布涂层后立即将玻璃珠撒布在其表面	
	突起型	涂料中含 18% ~25% 的玻璃珠,施工时涂布涂层后立即将玻璃珠撒布在其表面	
双组分	普通型	涂料中不含玻璃珠,施工时也不撒布玻璃珠	液态
	反光型	涂料中不含(或含 18% ~25%)玻璃珠,施工时涂布涂层后立即将玻璃珠撒布在其表面	
	突起型	涂料中含 18% ~25% 玻璃珠,施工时涂布涂层后立即将玻璃珠撒布在其表面	
水性	普通型	涂料中不含玻璃珠,施工时也不撒布玻璃珠	液态
	反光型	涂料中不含(或含 18% ~25%)玻璃珠,施工时涂布涂层后立即将玻璃珠撒布在其表面	

(2)标线涂料适用性

标线涂料适用性 表 22-34

项 目	内 容
常温型涂料	常温型涂料适宜于交通量小的道路中心线、车道分界线,边缘线及立面标线施工。可望用于砂石路面、砖路面以及临时路面与遭受损伤很大的路面标线施工。也可在积雪的严寒地带使用
加热型涂料	加热型涂料适宜于道路纵向标线(实线和虚线),如高速公路车行道中心线、车道分界线及车行道外边线的施工,也适用于积雪的严寒地带

续上表

项　目	内　容
熔融型涂料	(1)适宜于车轮碾压多的中心线、车道分界线、边缘线及导流标线的施工; (2)适宜于因车辆而磨耗较多的临时停车线、曲线路段和交叉口及人行横道标线的施工; (3)不适宜用于石子路面、砖砌路面及在半年以内拟进行罩面的路面等

(3)标线涂料的组成

标线涂料的组成　　表22-35

<table>
<tr><th colspan="2">项　目</th><th>内容与图例</th></tr>
<tr><td rowspan="2">常温型与加热型</td><td>原料组成</td><td>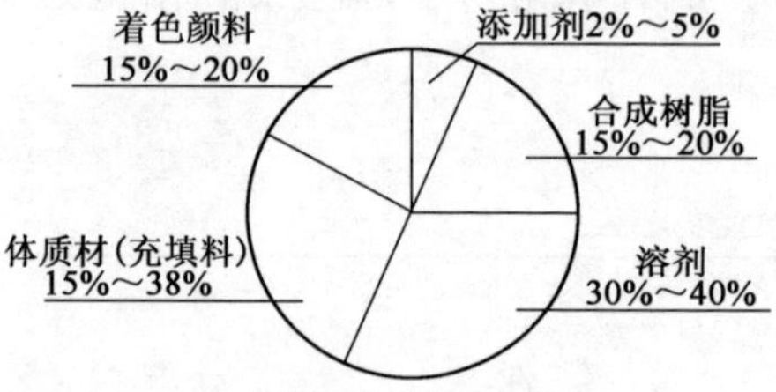

a)常温涂料原料组成图
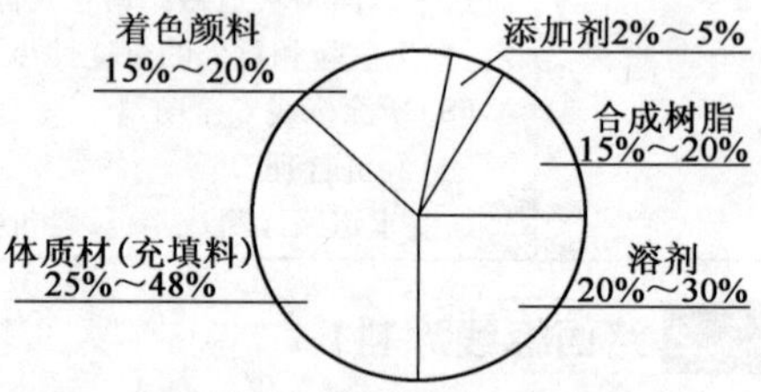

b)加热型涂料原料组成图</td></tr>
<tr><td>构成要素</td><td>(1)合成树脂
在原料组成中约占15% ~20%比例。合成树脂可与着色颜料、体质材料(充填料)结合;可提高与路面的黏结牢度;可提高涂膜的耐久性。
对合成树脂有以下要求:①色相,要求颜色较淡;②不挥发成分占40% ~60%;③黏度0.5 ~6Pa·s。
合成树脂选用种类有:①植物没变性醇酸树脂、氨基甲酸酯化醇酸树脂、乙烯化醇酸树脂;②乙烯树脂;③丙烯树脂;④石油树脂等。
(2)添加剂
在原料组成中约2% ~5%比例。
添加剂可以具有以下几种作用:①增加可塑性,使涂膜具有可塑性和柔软性。因此,用可塑剂作为添加剂加入涂料中;②防止涂料中的固质材料和着色颜料沉淀。因此,用防沉淀剂作为添加剂加入涂料中;③可以使树脂和着色颜料分散,在涂料中均匀分布。因此,用分散剂加入涂料中;④防止涂料在保管中表面结皮。因此用防止结皮的添加剂加入涂料中。
(3)着色颜料
标线的颜色主要是白色和黄色两种。颜料要求着色力强,遮盖率好,加入涂料中后,不会急剧地增加黏度。
一般使用的着色颜料有:①白色有钛白(二氧化钛)、氧化锌、锌钡白(立德粉)等,但主要是钛白;②黄色有黄铅、有机系黄色颜料、氧化铁、钛黄等,但主要是黄铅。
(4)体质材(充填料)
体质材作为涂料的充填料而加入。它对涂膜的机械强度、耐磨性及色相均有影响,另外,体质材的粒径大小对涂料的流动性、沉淀性有影响,同时,对涂料的遮盖率也有影响。因此,体质材的加入比例和粒径大小应根据涂膜的机械强度、耐磨性及施工性能的要求进行选配。常温型涂料与加热型涂料的体质材所含比例不同。
一般使用的种类有:①碳酸钙;②滑石粉。可单独使用也可合并使用。
(5)溶剂
溶剂的主要用途是稀释涂料,使其易于涂敷。
溶剂的主要性能应是:①挥发迅速;②能很好地溶解树脂;③对环境污染小,对人畜无害。
一般使用的种类有:①芳香族系(甲苯等);②酮系(丙酮系、甲乙酮等);③酯系(醋酸酯、甲酸乙酸等);④醇系(甲醇等)</td></tr>
</table>

续上表

<table>
<tr><th colspan="2">项 目</th><th>内容与图例</th></tr>
<tr><td rowspan="2">熔融型</td><td>原料组成</td><td>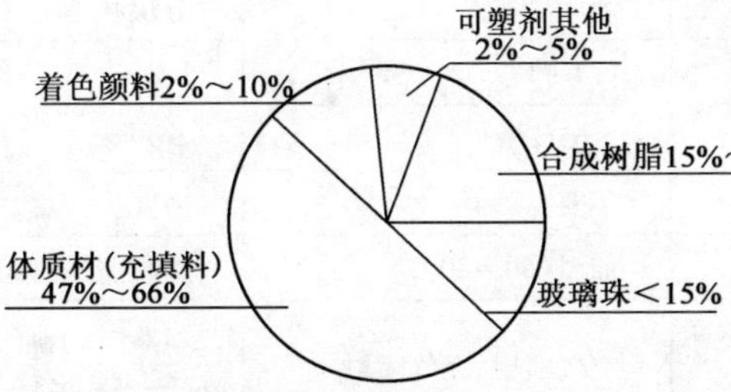

a) 普通型热熔涂料的组成
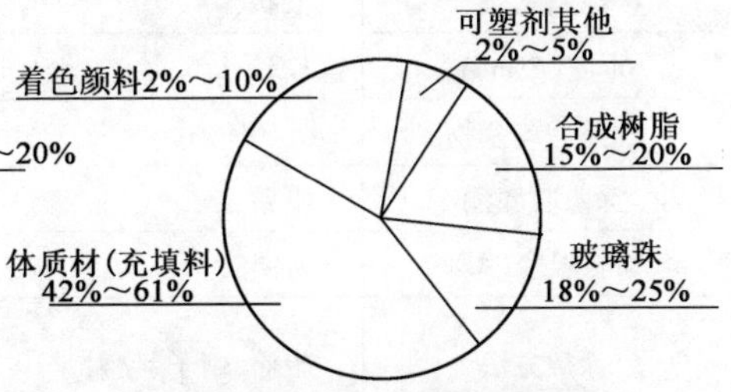

b) 反光型或突起型热熔涂料的组成</td></tr>
<tr><td>构成要素</td><td>（1）合成树脂
利用合成树脂热可塑性的特点，使熔融型涂料具有快干性。合成树脂可以与着色颜料、体质材（充填料）、玻璃珠等相结合，利用合成树脂的热熔着性，使标线与路面黏结牢固。
对合成树脂有以下要求：①软化点 80～120℃；②色相，要求颜色较淡；③具有耐热性，在高温（180～230℃）时不会急剧热劣化；④具有很好的耐候性，不因在室外暴露而显著地变黄，产生裂纹等。
合成树脂选用的种类：①松香及其衍生物改性树脂（顺丁烯松香酯等）；②石油树脂（脂肪族系，芳香族系等）；③聚酰胺树脂，聚酯树脂。
使用两种以上树脂时，应采用能相容的树脂，过热（例如长期保持在 230℃左右）会引起劣化，如变性、褪色、可塑性降低等，因此，要尽量避免过热，在施工时必须注意温度的管理。
（2）可塑剂
涂料中加入可塑剂，可赋予涂膜柔软性，提高耐寒性，提高与路面的黏结牢度，使熔融的涂料黏度适宜。
可塑剂应具有以下特性：①常温时为液体（也有一部分为固体的），高温时挥发少，稳定性要好，应为无毒、无味、无色的液体；②具有较好的耐热、耐寒性；③与合成树脂有相容性。
一般使用的种类有：①邻苯二甲酸酯类；②植物油（天然油）、矿物油，植物油变性醇酸树脂（无溶剂型）；③环氧化油、液状合成橡胶。可单独使用，也可合并使用。
可塑剂也跟合成树脂一样，过热（例如长期保持在 230℃左右）会引起劣化，应注意避免。
（3）着色颜料
标线的颜色主要是：①白色；②黄色。
一般使用的着色颜料有：
①白色：钛白（二氧化钛）、氧化锌、锌钡白（立德粉）等，主要是钛白。②黄色：黄铅、有机系黄色颜料、氧化铁、钛黄等，主要是黄铅。
（4）体质材（充填料）
体质材作为涂料的充填料而加入。对涂膜的机械强度、耐磨性及色相均有影响，粒径的大小对流动性、沉淀性等有影响，同时，对表面加工也有影响。因此，对体质材要求本身颜色较白，粒径不能过大或过细，否则对沉淀性、流动性、表面加工等产生不良影响。
体质材使用的种类有：①碳酸钙；②滑石粉；③硅石粉；④玻璃珠。
（5）玻璃珠
涂料中加入玻璃珠的主要目的在于提高夜间标线的识别性，提高标线的亮度和耐久性。玻璃珠是无色透明的小球，对光线具有折射、聚焦和定向反射的功能。将玻璃珠混入涂料中或撒布于涂膜表面，可以将汽车灯光再回归反射到驾驶人眼睛而大大提高了标线可见性，从而增强了标线的诱导作用</td></tr>
</table>

（4）标线涂料的特征

标线涂料的特征　　表 22-36

特　性	常 温 性	加 热 性	熔 融 性
主要成分	合成树脂、凡立水、体质颜料、骨材	着色颜料、添加剂、溶剂	合成树脂、着色颜料、体质颜料，骨材、添加剂、玻璃珠
树脂组成的比例	醇酸系/丙烯酸系/乙烯基系/氯化橡胶系	醇酸系/丙烯酸系/聚酯系	石滑树脂系/松香醇度/聚酯系

续上表

特　性	常 温 性	加 热 性	熔 融 性
涂料状态	液状	液状	分块状
重度(g/m^3)	1.3~1.6	1.4~1.7	1.8~2.3
加热后剩余物	>60%	>65%	>99%
涂敷时底漆	不要	不要	需要
涂料温度(℃)	常温	加温(50~80℃)	熔融加热(180~220℃)
涂敷方法	辊筒、刷子、喷射	空气喷射、无气喷射	料斗(槽)画线(人工推、拉)、自动式机械、无气法、离心法
操作熟练程度	无特殊要求	必须经培训合格	必须经培训合格
夜间反射性白色/黄色	由于玻璃珠的撒布和混入的多少而影响反射性的大小		
	良/良	优/优	优~良/良~优
黏结力	强	中(为了使涂料快干,减少溶剂数量,故黏度高,在水泥混凝土面上有黏结不良的表现)	中(不宜在龟裂多的水泥混凝土路面施工,在龟裂处易产生黏结不良现象)
干燥速度(开放交通)	慢(由于品种及气温不同,其干燥速度已有差别,一般为3~20min)	中(3~15min)	快(1~3min)
白色程度	强	中(玻璃珠撒布量过大,昼夜均成黑色)	中
玻璃珠的效果	中	好	好
尘土污染度	中	大	中
湿润的防滑阻力	中	中	中
耐磨耗性	弱	中	强
对清除积雪作业的影响	无	无	几乎没有(从总的来看,施工后有些凸起)影响
耐气候性(含变色)	强	强	中
有效寿命	4~8个月	8~15个月	10~20个月
对各种标线的适应性	大(适用于各种路面标线)	小(适用于路面纵向标线)	中(适用于斑马线、文字符号,也适用于横向、纵向标线)
施工中对轮胎和尘土的附着度	有	有	少
施工性	好	差	中
厚度范围(一次施工)	小(0.12~0.2mm)	小(0.2~0.3mm)	大(1~2.5mm)
施工速度	中(使用涂敷机进行纵向标线施工,速度快;其他标线施工速度较慢)	快(仅指路面纵向标线施工快)	快(纵向标线施工速度较快、斑马线、文字符号等施工速度慢)
妨碍交通的程度	大	中	小(由于施工机械不同,也有影响大的情况)

22.6 交通标线产品性能

22.6.1 溶剂型涂料的性能

溶剂型涂料的性能 表22-37

项目		溶剂型	
		普通型	反光型
容器中状态		应无结块、结皮现象,易于搅匀	
黏度		≥100(涂4杯,s)	80~120(*KU*值)
密度(g/m³)		≥1.2	≥1.3
施工性能		空气或无空气喷涂(或刮涂),施工性能良好	
加热稳定性		—	应无结块、结皮现象,易于搅匀,*KU*值不小于140
涂膜外观		干燥后,应无发皱、泛花、起泡、开裂、粘贴等现象;涂膜颜色和外观应与标准板差异不大	
不粘胎干燥时间(min)		≤15	≤10
遮盖率(%)	白色	≥95	
	黄色	≥80	
色度性能	白色	涂料的色品坐标和亮度因数应符合规范规定的范围	
	黄色		
耐磨性(mg)(200转/1 000g后减重)		≤40(JM-100橡胶砂轮)	
耐水性		在水中浸24h应无异常现象	
耐碱性		在氢氧化钙饱和溶液中浸24h应无异常现象	
附着性(画圈法)		≤4级	
柔韧性(mm)		5	
固体含量(%)		≥60	≥65

22.6.2 热熔型涂料的性能

热熔型涂料的性能 表22-38

项目		热熔型		
		普通型	反光型	突起型
密度(g/m³)		1.8~2.3		
软化点(℃)		90~125		≥100
涂膜外观		干燥后,应无皱纹、斑点、起泡、裂纹、脱落、粘胎现象;涂膜的颜色和外观应与标准板差别不大		
不粘胎干燥时间(min)		≤3		
色度性能(45°/0°)	白色	涂料的色品坐标和亮度因数应符合规范规定的范围		
	黄色			
抗压强度(M_1)		≥8[a]		23℃±1℃时,≥8[a];50℃±2℃时,≥2(压下试块高度的20%)
耐磨性(mg)(200转/1 000g后减重)		≤40(JM-100橡胶砂轮)		—

续上表

项　目	热　熔　型		
	普通型	反光型	突起型
耐水性	在水中浸24h应无异常现象		
耐碱性	在氢氧化钙饱和溶液中浸24h无异常现象		
玻璃珠含量(%)	—	18～25	
流动度(s)	35±10		—
涂层低温抗裂性	-10℃保持4h,室温放置4h为一个循环,连续做三个循环后应无裂纹		
加热稳定性	200～220℃在搅拌状态下保持4h,应无明显泛黄、焦化、结块等现象		
人工加速耐候性	经人工加速耐候性试验后,试板涂层不产生龟裂、剥落;允许轻微粉化和变色,但色品坐标应符合规范规定的范围,亮度因数变化范围应不大于原样板亮度因数的20%		
备注	a表示脆性材料压至屈服点但不破碎,无明显屈服点的柔性材料压下试块高度的20%		

22.6.3 双组分涂料的性能

双组分涂料的性能 表22-39

项　目		双　组　分		
		普通型	反光型	突起型
容器中状态		应无结块、结皮现象,易于搅匀		
密度(g/m^3)		1.5～2.0		
施工性能		按生产厂的要求,将A、B组分按一定比例混合搅拌均匀后,喷涂、刮涂施工性能良好		
涂膜外观		涂膜固化后应无皱纹、斑点、起泡、裂纹、脱落、粘贴等现象;涂膜颜色与外观应与样板差别不大		
不粘胎干燥时间(min)		≤35		
色度性能(45°/0°)	白色	涂膜的色品坐标和亮度因数应符合规范规定的范围		
	黄色			
耐磨性(mg)(200转/1 000g后减重)		≤40(JM-100橡胶砂轮)		
耐水性		在水中浸24h应无异常现象		
耐碱性		在氢氧化钙饱和溶液中浸24h无异常现象		
玻璃珠含量(%)		—		18～25
附着性(划圈法)		≤4级(不含玻璃珠)		—
柔韧法(mm)		5(不含玻璃珠)		—
人工加速耐候性		经人工加速耐候性试验后,试板涂层不产生龟裂、剥落;允许轻微粉化和变色,但色品坐标应符合规范规定的范围,亮度因数变化范围应不大于原样板亮度因数的20%		

22.6.4 水性涂料的性能

水性涂料的性能 表22-40

项　目	水　性	
	普通型	反光型
容器中状态	应无结块、结皮现象,易于搅匀	

续上表

项　目		水　性	
		普通型	反光型
黏度		≥70(*KU* 值)	80～120(*KU* 值)
密度(g/m^3)		≥1.4	≥1.6
施工性能		空气或无空气喷涂(或刮涂),施工性能良好	
涂膜外观		应无发皱、泛花、起泡、开裂、粘贴等现象;涂膜颜色和外观应与标准板差异不大	
不粘胎干燥时间(min)		≤15	≤10
遮盖率(%)	白色	≥95	
	黄色	≥80	
色度性能	白色	涂料的色品坐标和亮度因数应符合规范规定的范围	
	黄色		
耐磨性(mg)(200 转/1 000g 后减重)		≤40(JM－100 橡胶砂轮)	
耐水性		在水中浸 24h 应无异常现象	
耐碱性		在氢氧化钙饱和溶液中浸 24h 应无异常	
附着性(划圈法)		≤5 级	—
固体含量(%)		≥70	≥75
冻融稳定性		在(－5±2)℃条件下放置 18h 后,立即置于(23±2)℃条件下放置 6h 为一个周期,3 个周期后,应无结块、结皮现象,易于搅匀	
早期耐水性		在温度为(23±2)℃、湿度为(90±3)%的条件下,实干时间≤120min	

22.6.5 热熔型涂料下涂剂(底油)的品质

热熔型涂料下涂剂(底油)的品质要求　表 22-41

颜　色	固体含量(%)	涂布量(g/m^2)	干燥时间(min)
无色透明或琥珀色液体	30±5	150～200	≤5

注:为提高路面与涂料的黏结力,须在路面上先涂抹底漆(下涂剂)。底漆由合成树脂、可塑剂、芳香族溶剂构成

22.6.6 玻璃珠的品质

玻璃珠品质要求　表 22-42

项　目	种　类			
	1 号		2 号	
容器中玻璃珠状态	粒状或松散团状,清洁无杂质			
密度(g/cm^3)	2.4～2.6[在(23±2)℃的二甲苯中]			
粒径(mm)	标准筛号(目)	筛余物(%)	标准筛号(目)	筛余物(%)
	20	0	30	0
	20～30	5～30	—	—
	30～50	30～80	30～50	40～90
	50～140	10～40	—	—
	140 以下	95～100	100	95～100

续上表

项　　目	种　　类	
	1 号	2 号
外观	无色透明球状,扩大 10～50 倍观察时,熔融团、片状、尖状物、有色气泡等瑕疵不应超过总量的 20%	
折射率(20℃浸渍法)	≥1.5	
耐水性	取 10g 样品放于 100mL 蒸馏水中,于沸腾水浴中加热 1h 后冷却;玻璃珠表面不应出现模糊状;中和这 100mL 水所需 0.01mol 的盐酸应在 100mL 以下	

22.6.7 路面标线涂料的色度性能

路面标线涂料的色度性能 表 22-43

色品坐标和反射比(或亮度因数)(标准照明体 D_{65},照明观测条件:45°/0°,视场角 2°)	颜色		角点坐标								光反射比(%)	(或亮度因数)
			①		②		③		④			
			x	y	x	y	x	y	x	y		
	表面色	白	0.350	0.360	0.300	0.310	0.290	0.320	0.340	0.370	≥75	(0.75)
		黄	0.531	0.468	0.464	0.534	0.427	0.483	0.477	0.433	≥45	(0.45)
	逆向反射物色	白	0.350	0.360	0.300	0.310	0.290	0.320	0.340	0.370	≥35	(0.35)
		黄	0.531	0.468	0.464	0.534	0.427	0.483	0.477	0.433	≥27	(0.27)

视觉信号表面色色品图

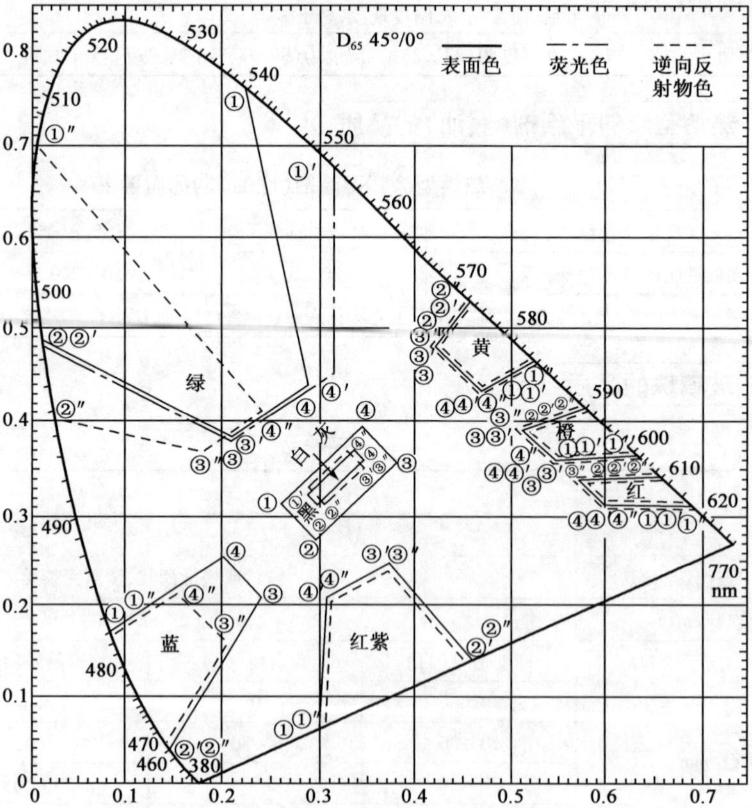

视觉信号表面色色品图

22.7 交通标线施工与质量评定

22.7.1 热熔型涂料标线施工方法

热 熔 标 线 施 工 表 22-44

项　目	内　容
原材料	热熔反光涂料,根据《道路交通标志和标线　第3部分:道路交通标线》(GB 5768.3—2009): (1)标线涂料,符合《路面标线涂料》(JT/T 280—2004)的规定。 (2)玻璃珠符合 JT/T 280—2004 的规定。 (3)漆料或涂料以密封金属供货。每只容器清楚地标明制造单位的名称、出厂单位日期、反光性、颜色及加热时最高安全温度或溶剂种类等,并附有产品出厂单位合格证书。 (4)产品在运输时,防止雨淋;存放时保持通风、干燥、防止日光直接照射,并隔绝火源,夏季温度过高时,设法降温;运至工地的漆、涂料,按 GN 48—1989 或 GN 47—1989 规定的试验方法,进行抽样检验,不合格产品,不得使用。 道路突起路标产品要求符合《突起路标》(GB/T 24725—2009)的规定
施工要求	(1)标线作业开始,喷涂或涂刷一段试验标线,以此检验涂(漆)料配方(包括玻璃珠用量)是否满足图纸要求以及施工机具和工艺是否合适。如获批准,试验用涂(漆)料,施工机具和方法可以用于所有的标线。 (2)路面清理:喷涂或涂刷标线前,道路表面所有灰尘、污物、松散石块及其他杂质将清除干净。人工对路面清扫后,使用森林灭火机吹扫路面,路面清扫必须干净,无尘土。进行涂刷时,路面必须是清洁、干燥的。只有在路肩完工后才能进行标线作业。 (3)施工中注意事项:一是标线作业应在白天进行,严禁在气候潮湿、灰尘过大或温度低于4℃作业;二是施工前应将涂料充分搅匀,并滞留在热熔釜内15min后再放料,严禁不同类型涂料的混合使用,施工时严禁使用不同涂料厂生产的底油。 (4)标线喷涂或涂刷过程中,将设立警示牌防止车辆在未干的涂漆上驶过。 (5)在水泥混凝土行车道上喷涂或喷刷标线之前,先按照出厂说明书的要求,在水泥混凝土上涂刷一层与标线涂(漆)料相同的黏结层
标线的施划	(1)交通安全措施 旋转适当、足够的用以保护过往车辆及标线施工人员的安全标志、警告信号、交通锥、路栏等交通标志,配备交通管理员,管理好行人和交通,尽可能保持交通畅通。 (2)测量放样 ①首先要做好交通管理,确保放样操作安全,然后进行标线位置的测量,按设计图纸标明的位置和图形,用测量工具(仪器)和白粉在路面上做好标记。 ②根据道路的构造及交通情况不同,一般先测出道路中心点,然后按10~20m间隔确定的中心线,在曲线路段,沿线率半径每5~15m设定中心点。 ③在道路的纵断方向以50m长度作为校正单位,当确认设定的中心点连接线与曲线半径相符时,则连接各中心点划出道路中心线样板。这样按顺序向前校核,在向前不断延伸中心线的同时,也需不断地与已设定的中心线位置进行校核。 ④根据道路中心线位置,标出画线一半的宽度(例如当标线宽为15cm,中心线一半的宽度为7.5cm)并画出标线宽度的轮廓线,以便进行喷涂作业。当曲率半径小的曲线路段,必须确认道路线形设计与施工情况,求得与道路线形的协调一致。 ⑤车道分界线、边缘线根据中心线量出,一般情况也需标出标线宽度。人行横道线,导流标线,文字记号等的放样以施工图设计为原则,但是,考虑以道路的特殊条件和进出口的位置需总体协调时,有必要根据道路实际情况重新设计放样定位。

续上表

项　目	内　容
标线的施划	⑥旧线重新画的放样。当路面标线已磨损而需要重新喷涂时,如标线位置不变,则根据标线上残存的涂料画线,一般勿重新放样;但是当旧标线位置不符合路面情况时,必须重新进行测量修正。因此在进行路面标线放样之前必须调查清楚。 (3)涂底漆 ①正常掌握底漆的刷涂用量,过多或不足都会降低路面与涂膜之间的黏结力,根据路面状况和底漆的特性,可控制在230g/m^2,用刷子均匀地刷涂在路面上。 ②底漆刷涂宽度应比标线放样宽度稍宽一些,底漆刷涂后要保养。当底漆不粘车胎,也不粘灰尘、砂土时,表示底漆已干燥,可以标线涂布作业。 ③保养时间应根据大气温度、路面温度、湿度、底漆组成、刷涂量及路面吸水性等不同而异。涂底漆时要仔细,防止遗漏,特别是路面凹凸明显的地方,可在凹陷的地方适当涂厚一点。 (4)加热 将熔解壶载于车上,随熔解壶配置有液化石油气为燃料的煤气燃烧器和搅拌装置,应用这些设备将材料加热搅拌直到熔融,使之成为符合要求的涂料。涂料的熔解情况对于操作黏结、修整都有影响,应给以足够重视。 特别注意以下几点: ①应严格控制温度,避免长时间高温加热,防止涂料变色热劣化。 ②第一锅熔解时(例如最早的一锅)要特别小心温度控制,并注意安全。 ③根据涂料量和黏度的要求调节火候和搅拌转速,涂敷量少时,使用小火;要注意加热次数,每锅材料尽可能加热一次;供给规定黏度的涂料,补充新材料时,要注意新加入材料的深融情况,要充分搅拌、混合,使涂料均匀。 ④熔融涂料移运距离不宜太长;不使剩余涂料留置到隔日,尽量当天施工完成。 ⑤涂料中含有大量空气,会突然沸腾引发事故,应注意熔解壶周围不要堆放易燃物品。 ⑥在放样和涂布底漆同时,将热熔型路标涂料装入热熔壶中,均匀加热、搅拌至180~200℃;熔化的热熔材料待底漆表面不粘时,才能放入工程划线车的小壶中,并加入适当的玻璃珠(或在标线施划后撒布)。 (5)施划操作程序 ①涂敷前应进行施工机械的检查,保证设备处于完好状态。预先用油毛毡或白铁皮进行实地试画,检查色泽、厚度、宽度、玻璃珠撒布量等,必要时要进行参数调整。 ②标线涂敷应在底漆溶剂干燥后进行,在底漆尚未干燥前就画标线,溶剂会穿透未硬化的涂膜,造成气泡。 ③在标线涂敷的同时,要撒布玻璃珠,要使玻璃珠的直径有一半埋入涂膜中,其反光效果最佳。但要做到这一点很不容易。涂料温度高,玻璃珠撒布快,玻璃珠会深入涂层中,涂料温度低,玻璃珠撒布慢,涂层已接近固化,玻璃珠不能在涂层上很好固结,容易脱落,反光效果很差。 ④在施工时要严格注意涂料温度,撒布速度,风力风向,设备装备情况对玻璃珠撒布的影响,应避免玻璃珠成堆。撒布要均匀、全面,通常最适当的撒布量是宽15cm的线,每画100cm时,撒布20~30g。玻璃珠撒布过多,使白天的色调变坏,并产生高低不平,也易使灰尘粘黏面而降低识别性。 ⑤控制流量:人工手推行进速度均匀,保证标线厚薄均匀;斑马线、文字、箭头施工时,应降低推车速度,确保线厚度达到设计标准。正式施划,在车道分界线及断开处粘贴不易燃烧的胶带纸以便使其段落效果分明,尺寸标准。 ⑥误差控制:标线的端线与边线应垂直,误差不大于±5°,其他特殊标线,其角度与设计值不能大于±3°;车行道边缘线、车行道分界线、警告线标线涂层厚度为2mm;导向箭头、人行预告标示、人行横道线、停止线、出入口线涂层厚度为4.5mm;减速振动标线涂层厚度为7.5mm。 表面玻璃珠应分布均匀,划出的标线应有良好的视觉性,宽度一致,间距相等,边缘等齐,线形规则流畅,反光效果好,与路面结合牢固。 道路突起路标设置于车道边缘线上,每隔15m设置一个,道路突起路标产品要求符合交通行业标准《突起路标》(GB/T 24725—2009)的规定

续上表

项　目	内　容
标线固化	涂膜的干燥从黏结性和修整来看,最好自然冷却。如采取速冷时,应在涂敷后略等片刻,用水浇洒。但对尚未硬化的涂膜洒水,可能会使标线内部变形而造成与路面剥离,以及在涂料面上产生麻点而使修整发生困难,应尽量不采取速冷固化法。冬季低温时,施工中要采取路面预热措施,防止涂料接触路面后黏度迅速变稠,以致影响涂料与路面的黏结牢度
标线修整与检验	(1)划涂标线结束后,应根据实际完成情况,计测工作量;对不符合标线进行修整,要修剔不合规格的标线,去除溢出和垂落的涂料;检查厚度、尺寸、玻璃珠的撒布情况及绅线的形状等。 在施工过程中,边施划边清理,做到无抛、洒、滴、漏,无污染物,机械设备无漏油、漏水现象。收集四处散落的玻璃珠,扫除施工残留物,整理机械设备及工具等。施工队伍施划一段标线清理一段路面,保持路面清洁,不污染不损坏。 (2)标线涂料应符合 JT/T 280—2004 的规定;标线的颜色及形状应符合 GB 5768.3—2009 的规定和设计要求;实测项目及数据应符合《道路交通标线质量要求和检测方法》(GB/T 16311—2009)及《公路工程质量检验评定标准　第一册　土建工程》(JTG F80/1—2004)标准的各项规定值
流程	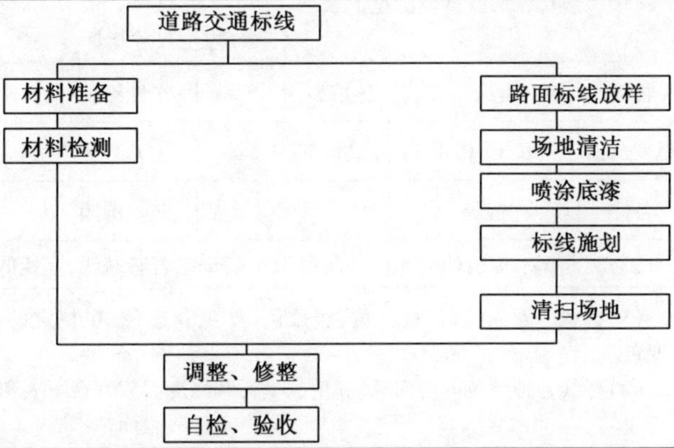
注意事项	(1)严禁烟火,有火或火花飞溅的地点,危险品不可接近。“吸烟、烘炉、焊接或有火花溅出的电气器具等均不得靠近”。要配备足够的灭火器(粉末灭火器),在应急时能快速到位应用。 (2)装涂料、底漆、稀释剂的容器要密封后储存;不要直接放在混凝土和泥地上,上面要铺衬板,涂料放置在衬板上。在施工现场要加盖防雨布,使之不受雨淋,并尽快使用。要避免在气温容易上升的场所储存。 (3)避免涂料长期存库。长期存库容易使颜料沉淀,涂料使用前要充分搅拌。应遵循先入库先使用的原则,否则会引起原料氧化。 (4)操作时尽量不使涂料等接触皮肤,必要时要穿防护服和戴防毒面具,保护手套等,从容器内取出溶剂时,注意不要溢出,如有溢出时则须进行撒砂等善后处理;涂料等黏附在工作服上时,要立即将污染处擦掉;施工结束时要充分洗手、漱口

22.7.2 道路交通标线施工质量要求

质量要求(GB/T 16311—2009)　表 22-45

项　目	内　容
基本要求	(1)标线设计应符合《道路交通标志和标线 第 3 部分:道路交通标线》(GB 5768.3—2009)的规定。 (2)使用的标线材料应符合《道路预成形标线带》(GB/T 24717—2009)、《路面标线涂料》(JT/T 280—2004)、《路面防滑涂料》(JT/T 712—2008)等相关标准的要求
外观质量	(1)标线应具有良好的视认性,颜色均匀、边缘整齐、线形规则、线条流畅。 (2)标线涂层厚度应均匀,无明显起泡、皱纹、斑点、开裂、发黏、脱落、泛花等缺陷。 (3)反光标线的面撒玻璃珠应均匀,其性能和粒径分布符合《路面标线用玻璃珠》(GB/T 24722—2009)的要求

续上表

项目	内容

外形尺寸

(1)标线实际位置与设计位置的横向允许误差为±30mm。

(2)标线的宽度允许误差为0~5mm。

(3)标线长度以及间断线纵向间距的允许误差见下表。

外形尺寸指标

项目	长度						间断线纵向间距					
尺寸(m)	6	5	4	3	2	1	9	6	4	3	2	1
允许误差(mm)	±30	±25	±20	±15	±10	±10	±45	±30	±20	±15	±10	±10

(4)其他标线尺寸的允许误差不超过±5%。

(5)标线设置角度的允许误差为±3°

标线厚度

(1)一般标线的厚度范围见下表。

厚度尺寸指标

种类	溶剂型涂料标线	热熔型涂料标线	水性涂料标线	双组分涂料标线	预成形标线带标线
厚度范围	0.3~0.8	0.7~2.5	0.3~0.8	0.4~2.5	0.3~2.5
备注	湿膜	干膜	湿膜	干膜	干膜

(2)突起振动标线的突起部分高度为3~7mm,若有基线,基线的厚度为1~2mm

色度性能

(1)标线的颜色包括白色、黄色、橙色、红色和蓝色,在规定的使用期限内,标线不应出现明显的变色。

(2)标线各种颜色的表面色,其色品坐标和亮度因数宜在下表和图a)规定的范围内。

标线表面色

颜色	色品坐标(标准照明体 D_{65},照明观测条件45°/0°,视场角2°)								亮度因数
	①		②		③		④		
	x	*y*	*x*	*y*	*x*	*y*	*x*	*y*	
白	0.355	0.355	0.305	0.305	0.285	0.325	0.335	0.375	≥0.35
黄	0.560	0.440	0.490	0.510	0.420	0.440	0.460	0.400	≥0.27
橙	0.610	0.390	0.535	0.375	0.509	0.404	0.570	0.429	≥0.14
红	0.480	0.300	0.690	0.315	0.620	0.380	0.480	0.360	≥0.07
蓝	0.105	0.100	0.220	0.180	0.200	0.260	0.060	0.220	≥0.05

(3)反光标线各种颜色的逆反射色,其色品坐标宜在下表和图b)规定的范围内。

反光标线逆反射色

颜色	色品坐标(标准A光源)							
	①		②		③		④	
	x	*y*	*x*	*y*	*x*	*y*	*x*	*y*
白	0.480	0.410	0.430	0.380	0.405	0.405	0.455	0.435
黄	0.525	0.425	0.508	0.415	0.473	0.453	0.510	0.490

续上表

项 目	内 容
色度性能	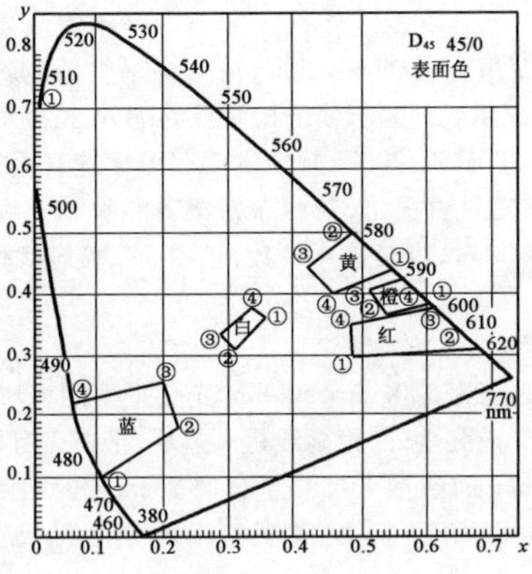 a)标线表面色色品图 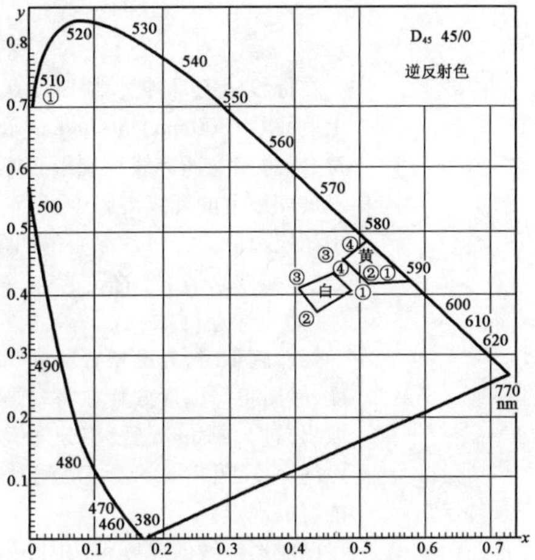 b)反光标线逆反射色色品图
光度性能	(1)正常使用期间,反光标线的逆反射亮度系数应满足夜间视认要求。一般情况下,白色反光标线的逆反射亮度系数不应低于 $80mcd \cdot m^{-2} \cdot lx^{-1}$,黄色反光标线的逆反射亮度系数不应低于 $50mcd \cdot m^{-2} \cdot lx^{-1}$。 (2)新划标线的初始逆反射亮度系数应符合 GB/T 21383 的规定,白色反光标线的逆反射亮度系数不应低于 $150mcd \cdot m^{-2} \cdot lx^{-1}$。黄色反光标线的逆反射亮度系数不应低于 $100mcd \cdot m^{-2} \cdot lx^{-1}$。 (3)雨夜标线应具备湿状态下的逆反射性能,在雨夜具有良好的视认效果
抗滑性能	防滑标线的抗滑值应不小于 45BPN

22.7.3 道路交通标线检测方法

检测方法(GB/T 16311—2009)　　表 22-46

项 目	内 容
取样	(1)纵向实线或间段线 测量范围小于或等于 10km 时,以整个测量范围为一个检测单位,在标线的起点、终点及中间位置,选取 3 个 100m 为核查区域,再从每个核查区域中随机连续选取 10 个测试点;测量范围大于 10km 时,取每 10km 为一个检测单位,分别选取核查区域和测试点。 (2)图形、字符或人行横道线 以每 1 500m^2 标线面积为一个检测单位。从每个检测单位中选取 3 个有代表性的图形、字符或人行横道线为核查区域,再从每个核查区域中随机选取 5 个测试点。 (3)新划路面标线初始逆反射亮度系数的取样,应执行《新划路面标线初始逆反射亮度系数及检测方法》(GB/T 21383—2008)
外观质量	目测标线的外观,应符合"质量要求"内容的规定
外形尺寸	(1)用分度值不大于 0.5mm 的钢卷尺测量抽样检测点上的标线所在位置、标线宽度及间断线的实线段长度、纵向间距以及其他标线的尺寸,取其算术平均值,其误差应符合"质量要求"内容的规定。 (2)用测量精度为 ±0.5°的量角器测量标线的角度,取其算术平均值,其误差应符合"质量要求"内容的规定

续上表

项　目	内　容
标线厚度	(1)湿膜厚度 在标线施工时,把一块厚度0.3mm以上、面积为300mm×500mm光亮平整的金属片或厚度2mm以上、面积为300mm×500mm玻璃片放置在路面将要划制标线的始端或终端处,待划线机划过后,立即将符合《道路交通标线涂层湿膜厚度梳规》(JT/T 675—2007)规定的湿膜厚度梳规垂直插入涂在金属片或玻璃片上的标线湿膜中,稳定地保持3s,然后垂直提出,观测涂料覆盖湿膜厚度梳规齿格的位置,读出相应数值。在每片涂层的四角距涂层边缘20mm处读出4个数,见图a),取其算术平均值,结果应符合"质量要求"内容的规定。 (2)干膜厚度 标线施工时,先准备好厚度0.3mm以上、面积为300mm×500mm光亮平整的金属片,预先测量其厚度,然后将金属片放置在将要画制标线的始端或终端处,待画线机画过后,把覆盖有标线涂料的金属片取出,过5~10min后,用分度值不大于0.01mm的游标卡尺测量金属片上四角距涂层边缘20mm处4点的厚度,见图a),减去已测量的金属片厚度即为涂层厚度,取其算术平均值,结果应符合"质量要求"内容的规定。 已成形标线的厚度可按图b)的方法进行测量;也可使用符合要求的数显卡尺或涂层测厚仪进行测量。结果应符合"质量要求"内容的规定。 如图b)所示,将标线厚度测量块紧靠在标线侧边,用塞尺测量标线厚度测量块槽口与标线之间的间隙B,则标线厚度$T=3-B$;测量突起振动标线的突起高度时,按图中括号内的数据,测量块的厚度为15mm,测量块的槽口度为9mm,标线突起高度$H=9-B$ 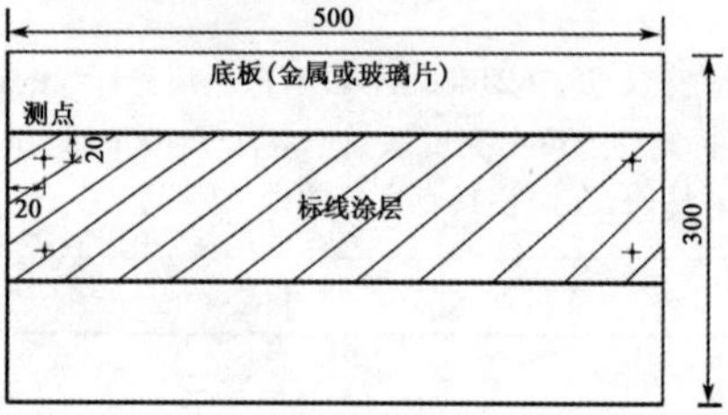 a)标线厚度检测部位(尺寸单位:mm) 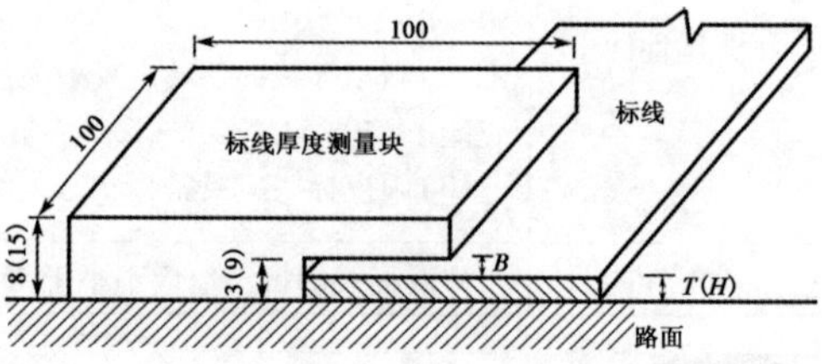 b)"测量块"测量已成形标线的厚度(尺寸单位:mm)
色度性能	(1)标线的表面色,采用标准照明体D_{65},45°/0°照明观测条件的测色仪,测取每个抽样检测点的色品坐标和亮度因数,求算术平均值,结果应符合规范的规定。 (2)反光标线的逆反射色,采用观测角1.05°、入射角88.6°的照明观测条件,按《夜间条件下逆反射体色度性能测试方法》(JT/T 692—2007)规定的方法进行测试,结果应符合"质量要求"内容的规定
光度性能	(1)正常使用期间,标线逆反射亮度系数的测试应在干燥状态下进行。按《逆反射体光度性能测试方法》(JT/T 690—2007)或《水平涂层逆反射亮度系数测试方法》(JT/T 691—2007)规定的方法,在观测角为1.05°、入射角88.6°的照明观测条件下,将符合《逆反射测量仪》(GB/T 26377—2010)要求的测试仪器,沿行车方向平放在按"取样"选取的测试点进行测试,并取其算术平均值作为测试结果。结果应符合"光度性能"质量要求的规定。 (2)新画标线初始逆反射亮度系教的测试应执行GB/T 21383,结果应符合"光度性能"质量要求的规定。 (3)在雨夜或路面标线浸于水中的夜间,用汽车前照灯远光照射雨夜,目测其逆反射效果。结果应符合"光度性能"质量要求的规定
抗滑值	按GB/T 24717—2009规定的方法进行测试,结果应不小于45BPN

22.7.4 道路交通标线质量评定

路面标线基本要求、外观鉴定 表22-47

基本要求	外观鉴定
(1)路面标线涂料应符合《路面标线涂料》(JT/T 280—2004)的规定; (2)路面标线喷涂前应仔细清洁路面,表面干燥,无起灰现象; (3)路面标线的颜色、形状和设置位置应符合(GB 5768.3—2009)的规定和设计要求	(1)标线污染路应及时清理; (2)与道路线形相协调,线形应流畅,曲线圆滑,不允许出现折线; (3)反光标线玻璃珠应撒布均匀,附着牢固,反光均匀; (4)标线表面不应出现网状裂缝、断裂裂缝、起泡现象

路面标线实测项目 表22-48

项次	检查项目		规定值或允许偏差	检查方法和频率	权值
1	标线线段长度(mm)	6 000	±50	尺量:测10%	1
		4 000	±40		
		3 000	±30		
		1 000~2 000	±20		
2	标线宽度(mm)	400~450	+15,0	尺量:测10%	1
		150~200	+8,0		
		100	+5,0		
3△	标线厚度(mm)	常温型(0.12~0.4)	-0.03,+0.10	湿膜:厚度计;干膜:水平尺或卡尺;测10%	2
		加热型(0.20~0.4)	-0.05,+0.15		
		热熔型(1.0~4.5)	-0.10,+0.50		
4	标线纵向间距(mm)	9 000	±45	尺量:测10%	1
		6 000	±30		
		4 000	±20		
		3 000	±15		
5	横向偏位(mm)		±30	尺量:测10%	1
6	剥落面积		检查面积0~3%	4倍放大镜:目测	1
7△	逆反射系数($cd \cdot lx^{-1} \cdot m^{-2}$)		白色标线≥150; 黄色标线≥100	反射系数测定仪:测10%	2

检测方法 表22-49

项目	内容
标线线段长度	(1)检查的标线包括纵向标线、横向标线等各种中心虚线、车道分界线。检查时应按线段长度分别进行。 (2)用钢卷尺(精度0.5mm)测量各种线段,每处测量(各种线段)3次,取平均值

续上表

项　目	内　容
标线宽度	(1)检查的标线包括纵向标线、横向标线、其他标线。检查时应按线段宽度分别进行。 (2)用量程为500mm(精度0.5mm)的钢直尺,选择标线清晰、边缘整齐的地方,取垂直方向量取宽度,每处测量3次,取平均值
标线涂膜厚度	(1)湿膜厚度检验:在标线施工现场,用湿膜厚度计直接测定标线湿膜厚度。 (2)干膜厚度检验:在标线施工现场,把马口铁板设置在将要画线的地方,画线车以正常行驶速度进行喷涂,待干燥后,从铁板上取下标线,用卡尺测量厚度
标线纵向间距	(1)检查的标线包括:纵向标线、横向标线等各种中心虚线、车道分界线。检查时应按线段空档长度分别进行。 (2)用钢卷尺(精度0.5mm),测量各种线段空档长度,随机选定路段后,每种标线抽取三段空档长度测量,取平均值
标线横向偏位	(1)检查的标线主要是纵向标线,包括中心线、车道分界线、边缘线等。 (2)用钢卷尺(精度0.5mm),测量道路横断面上各标线的位置。确定参照点(道路中心或边缘线的位置),随机选定路段后,测量各种标线在道路横断面上的正确位置
标线剥落面积	(1)首先要对全路标线质量进行初查,认为标线质量存在一定问题的路段,可作为检验的重点路段。 (2)随机划定标线30m长路段,仔细检查标线剥落面积,计算占总检查面积的百分比
反光标线 逆反射系数	(1)在反光标线逆反射系数测定前,应对全路标线进行夜间反光效果的初评,认为记录反光效果不佳、不均匀的路段,作为白天逆反射系数测定的重点路段。 (2)夜间评判反光效果不好的路段,用反光标线逆反射系数测定仪进行现场测定。在被测路段的标线上安放测定仪,仪器与行车方向平行。安排5个测量点,每点分别读取3次数值,取平均值

23 交通护栏

23.1 护 栏 标 准

23.1.1 护栏防撞类型

护 栏 防 撞 类 型　表23-1

项　目		内　容
概念		护栏是道路安全设施的重要组成部分，其对行车安全起着重要作用。公路上使用的护栏按路段可分为一般路段防撞护栏和桥梁护栏，按设置位置可分为路侧护栏和中央分隔带护栏。路侧护栏设置在公路路肩上，目的是防止失控车辆越出路外，避免碰撞路边其他设施。中央分隔带护栏设置于公路中央分隔带内，目的是防止车辆穿越中央分隔带闯入对向车道，并保护分隔带内的构造物。 护栏能够降低交通事故严重程度的主要原因是通过碰撞吸收车辆的能量，不同类型结构的护栏其防撞性能不同
类型	形式	根据碰撞后的变形程度，护栏可分为刚性护栏、半刚性护栏和柔性护栏。其主要代表形式分别为混凝土护栏、波形梁护栏和缆索护栏。钢背木护栏属于半刚性护栏的一种
	柔性护栏	柔性护栏是一种具有较大缓冲能力的韧性护栏结构。缆索护栏是柔性护栏的主要代表形式，是一种以数根施加了初拉力的缆索固定于支柱上的结构，完全依靠缆索的拉应力来抵抗车辆的碰撞，吸收碰撞能量。缆索在弹性范围内工作，几乎不需要更换。这种护栏形式美观，车辆行驶时没有压迫感，但视线诱导效果差
	半刚性护栏	半刚性护栏是一种连续的梁柱式护栏结构，具有一定的刚性和柔性，这是一种用支柱固定的梁式结构，依靠护栏的弯曲变形和张拉力来抵抗车辆的碰撞。梁式护栏按不同的结构可分为W形波形梁护栏、管梁护栏、箱梁护栏等数种。它们均具有一定的刚度和韧性，通过利用土基、立柱、横梁的变形吸收碰撞能量，并迫使失控车辆改变方向。其损坏部件容易更换，具有一定的视线诱导作用，而且外形美观。从国内外实际应用情况看，波形梁护栏的应用最广泛，通常波形梁护栏又可根据波形梁数量的不同分为双波形梁护栏和三波形梁护栏。目前，我国公路上设置的大部分护栏为双波形梁护栏，只有在极少数特别危险路段设置了三波形梁护栏，因此，在一般情况下，提及的波形梁护栏通常是指双波形梁护栏
	刚性护栏	刚性护栏是一种基本不变形的护栏结构。水泥混凝土墙式护栏是刚性护栏的主要形式，是一种具有一定断面形状的水泥混凝土墙式结构，依靠汽车前轮爬高或转向来吸收碰撞能量。由于混凝土护栏与汽车相撞时，在瞬间移动荷载的作用下，护栏不发生明显变形，碰撞过程中的能量主要依靠汽车与护栏接触并沿着护栏面爬高或转向来吸收，同时碰撞汽车也恢复到正常行驶方向，所以混凝土护栏的截面形状和几何尺寸直接影响碰撞作用效果

23.1.2 设置目的与要求

设置护栏防撞目的与要求　表23-2

项　目	内　容
目的	设置护栏的最终目标是希望通过护栏的保护作用，防止事故造成严重后果。无论何种护栏形式其最重要的性能是安全性。其次要考虑护栏的美学及对驾驶人的心理影响，通过护栏的设置给道路使用者增加舒适感和安全感，能在视觉上自然地诱导驾驶人的视线，保持公路线形的连续性，并减少对危险路段产生的恐惧心理

续上表

项　目	内　容
要求	结构适应性:车辆不能撞断、下穿或跃过护栏,以防止车辆驶出路外或闯入对向车道,护栏能使碰撞车辆平顺地改变方向,防止护栏的部件在遭到碰撞后穿入车内客舱或对其他交通构成危险。这就是护栏的强度要求
	车内乘员的安全性:在碰撞期间和碰撞之后,车辆应保持原有姿态,碰撞时产生的减速度不使乘员受到伤害,当车辆碰撞护栏时,护栏应产生一定量的弹、塑性变形来吸收碰撞能量,减少车辆损坏,并能延长碰撞过程的作用时间,以确保车内乘员的安全
	车辆的轨迹:车辆碰撞护栏后,车辆以较小的驶离角回到原来的行驶方向,车辆的轨迹和最终停止位置不影响在其他车道行驶的车辆
	视线诱导效果:护栏应对行驶的车辆,能在视觉上诱导驾驶人的视线,帮助判断与保持公路线形连续性的作用
设置	各种护栏适用的地点(见下表)

各种护栏适用的地点

护栏形式	设置地点							
	小半径弯道	需视线诱导的地方	要求美观的地方	冬天积雪处	窄中央分隔带	估计有不均匀沉降的路段	需要耐腐蚀的地方	长直线路段
波形梁	☆	☆	○	○	○	—	○	○
管梁	○	—	○	○	—	—	○	○
箱梁	—	—	○	○	☆	—	○	○
缆索	—	—	☆	☆	—	☆	○	☆
混凝土	—	○	—	—	—	—	☆	○

注:☆为最好适用的护栏形式;○为一般适用的护栏形式

23.1.3 护栏防撞性能

护 栏 防 撞 性 能　　表 23-3

项　目	内　容
等级	(1)路侧 B、A、SB、SA、SS 五级; (2)中央分隔带 Am、SBm、SAm 三级
类型	根据碰撞后的变形程度,护栏可分为刚性护栏、半刚性护栏和柔性护栏。其主要代表形式分别为混凝土护栏、波形梁护栏和缆索护栏。钢背木护栏属于半刚性护栏的一种

碰撞条件和性能:

防撞等级	碰撞条件			碰撞加速度*(m/s^2)	碰撞能量(kJ)
	碰撞速度(km/h)	车辆质量(t)	碰撞角度(°)		
B	100	1.5	20	≤200	—
	40	10	20	—	70
A、Am	100	1.5	20	≤200	—
	60	10	20	—	160
SB、SBm	100	1.5	20	≤200	—
	80	10	20	—	280
SA、SAm	100	1.5	20	≤200	—
	80	14	20	—	400
SS	100	1.5	20	≤200	—
	80	18	20	—	520

注:* 指碰撞过程中,车辆重心处所受冲击加速度 10ms 间隔平均值的最大值,为车体纵向、横向和铅直加速度的合成值

续上表

项　目	内　容
其他	在综合分析公路线形、设计速度、运行速度、交通量和车辆构成等因素的基础上,需要采用的护栏碰撞能量低于70kJ或高于520kJ时,应进行特殊设计

23.2　路基护栏设置

23.2.1 路侧护栏设置

路侧护栏设置　表23-4

项　目	内　容
设置原则	(1)车辆驶出路外有可能造成二次特大事故的路段必须设置路侧护栏。 (2)凡符合下列情况之一、车辆驶出路外有可能造成单车特大事故或二次重大事故的路段必须设置路侧护栏: ①二级及以上等级公路边坡坡度和路堤高度在下图的Ⅰ区方格阴影范围之内的路段; 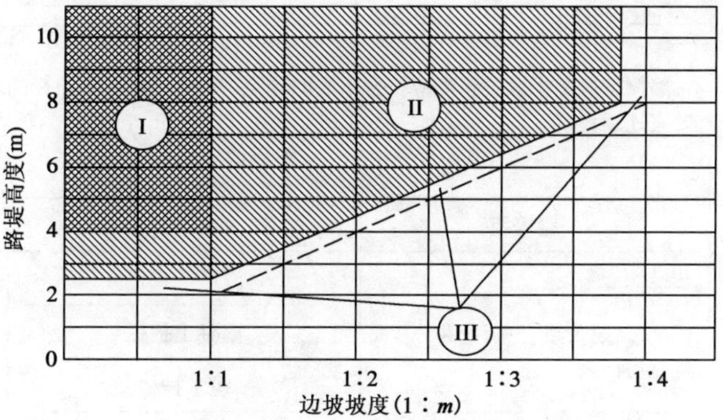 边坡坡度、路堤高度与设置护栏的关系 ②路侧有江、河、湖、海、沼泽、航道等水域的路段。 (3)凡符合下列情况之一、车辆驶出路外有可能造成重大事故的路段,应设置路侧护栏: ①二级及以上等级公路边坡坡度和路堤高度在上图的Ⅱ区斜线阴影范围以内的路段; ②高速公路、一级公路路侧安全净区内设有车辆不能安全穿越的照明灯、摄像机、可变信息标志、交通标志、路堑支撑壁、声屏障、上跨桥梁的桥墩或桥台等设施的路段; ③二级及以上等级公路路侧边沟无盖板、车辆无法安全穿越的挖方路段; ④三、四级公路路侧有悬崖、深谷、深沟等的路段。 (4)凡符合下列情况之一、经论证车辆驶出路外有可能造成一般或重大事故的路段宜设置路侧护栏: ①二级及以上等级公路边坡坡度和路堤高度在上图的Ⅲ区内的路段,三、四级公路边坡坡度和路堤高度在上图中Ⅰ区内的路段; ②二级及以上等级公路纵坡大于或等于现行《公路工程技术标准》(JTG B01—2014)规定的最大纵坡值的下坡路段和连续长下坡路段; ③二级及以上等级公路平曲线半径小于现行《公路工程技术标准》(JTG B01—2014)一般最小半径的路段外侧; ④在高速公路、一级公路用地范围内存在粗糙的石方开挖断面,高出路面30cm以上的混凝土基础、挡土墙或大孤石等障碍物的路段; ⑤高速公路、一级公路互通式立体交叉出口匝道的三角地带及匝道小半径圆曲线外侧

续上表

<table>
<tr><th>项　　目</th><th>内　　容</th></tr>
<tr><td>适用条件</td><td>根据车辆驶出路外有可能造成的交通事故等级,应按下表的规定选取路侧护栏的防撞等级。因公路线形、运行速度、填土高度、交通量和车辆构成等因素易造成更严重碰撞后果的路段,应在下表的基础上提高护栏的防撞等级
路基护栏防撞等级的适用条件
<table>
<tr><th rowspan="2">公路</th><th rowspan="2">设计速度(km/h)</th><th colspan="3">车辆驶出路外或进入对向车道有可能造成的交通事故等级</th></tr>
<tr><th>一般或重大事故</th><th>单车特大或二次重大事故</th><th>二次特大事故</th></tr>
<tr><td rowspan="3">高速公路、一级公路</td><td>120</td><td rowspan="3">A</td><td rowspan="2">SB</td><td>SS</td></tr>
<tr><td>100、80</td><td>SA</td></tr>
<tr><td>60</td><td>A</td><td>SB</td></tr>
<tr><td>二级公路</td><td>80、60</td><td rowspan="3">B</td><td>A</td><td>SB</td></tr>
<tr><td>三级公路</td><td>40、30</td><td rowspan="2">B</td><td rowspan="2">A</td></tr>
<tr><td>四级公路</td><td>20</td></tr>
</table></td></tr>
<tr><td>最小设置长度</td><td>路侧护栏最小设置长度应符合下表的规定,相邻两段路侧护栏的间距小于下表中规定的最小长度时宜连续设置
路侧护栏最小设置长度
<table>
<tr><th>公路等级</th><th>护栏类型</th><th>最小长度(m)</th></tr>
<tr><td rowspan="3">高速公路、一级公路</td><td>波形梁护栏</td><td>70</td></tr>
<tr><td>混凝土护栏</td><td>36</td></tr>
<tr><td>缆索护栏</td><td>300</td></tr>
<tr><td rowspan="3">二、三级公路</td><td>波形梁护栏</td><td>48</td></tr>
<tr><td>混凝土护栏</td><td>24</td></tr>
<tr><td>缆索护栏</td><td>120</td></tr>
<tr><td rowspan="3">四级公路</td><td>波形梁护栏</td><td>28</td></tr>
<tr><td>混凝土护栏</td><td>12</td></tr>
<tr><td>缆索护栏</td><td>120</td></tr>
</table></td></tr>
</table>

23.2.2 中央分隔带护栏设置

中央分隔带护栏设置　　表 23-5

项　　目	内　　容
设置原则	(1)当整体式断面中间带宽度小于或等于12m时,必须设置中央分隔带护栏;大于12m时,应分路段确定是否设置中央分隔带护栏。 (2)公路采用分离式断面时,行车方向左侧应按路侧护栏设置;上、下行路基高差大于2m时,可只在路基较高的一侧按路侧护栏设置。 (3)高速公路和禁止车辆掉头的一级公路中央分隔带开口处,必须设置活动护栏

续上表

<table>
<tr><th>项　目</th><th colspan="5">内　容</th></tr>
<tr><td rowspan="6">适用条件</td><td colspan="5">根据车辆驶入对向车道有可能造成的交通事故等级。应按下表的规定选取中央分隔带护栏的防撞等级。因公路线形、运行速度、填土高度、交通量和车辆构成等因素易造成更严重碰撞后果的路段，应在下表的基础上提高护栏的防撞等级
路基护栏防撞等级的适用条件</td></tr>
<tr><td rowspan="2">公路</td><td rowspan="2">设计速度
（km/h）</td><td colspan="3">车辆驶出路外或进入对向车道有可能造成的交通事故等级</td></tr>
<tr><td>一般或重大事故</td><td>单车特大或
二次重大事故</td><td>二次特大事故</td></tr>
<tr><td rowspan="3">高速公路、
一级公路</td><td>120</td><td rowspan="3">Am</td><td rowspan="2">SBm</td><td>—</td></tr>
<tr><td>100、80</td><td>SAm</td></tr>
<tr><td>60</td><td>Am</td><td>SBm</td></tr>
</table>

23.2.3 路基护栏类型选择

护 栏 类 型 选 择　表 23-6

项　目	内　容
一般因素	（1）护栏的防撞性能：所选取的护栏形式必须能有效吸收设计碰撞能量，阻止相应失控车辆越出路外或进入对向车道并使其正确改变行驶方向。 （2）受碰撞后的护栏变形程度：受碰撞后护栏的最大动态变形量不应超过护栏与被防护对象之间容许的变形距离。 （3）护栏所在位置的现场条件：路肩和中央分隔带宽度、公路的边坡坡度等可影响某些形式护栏的使用。 （4）护栏材料的通用性：护栏及其端头、与其他形式护栏的过渡处理宜采用标准化材料。 （5）护栏的全寿命周期成本：除考虑护栏的初期建设成本外，还应考虑投入使用后的养护成本。 （6）护栏养护工作量的大小和养护的方便程度：应综合考虑常规养护、事故养护、材料储备和养护方便性等因素。 （7）护栏的美观、环境因素：应适当考虑护栏的美观因素，并充分考虑沿线的环境腐蚀程度、气象条件和护栏本身对视距的影响等因素。 （8）所在地区现有公路护栏使用的效果：应避免现有护栏使用中存在的缺陷
其他	对景观有特殊要求的公路可选择外观自然、与周围环境相融合的护栏形式，但不得降低护栏防撞等级

23.2.4 缆索护栏

（1）组成与结构

组 成 与 结 构　　表23-7

项目	内容与图式
组成与结构	缆索护栏由端部结构、中间端部结构、中间立柱、托架、缆索和索端锚具等组成。 (1)B级组成与构造

B级护栏参数和适用范围表

代号	L(mm)	N(个)	适用范围	备注
Gc—B—7E	7000	2	路侧土方路段	(1)建议设置护栏的路段一侧路基加宽25cm,下同; (2)如路缘石与护栏面不能齐平,则护栏的高度还应增加路缘石的高度,下同
Gc—B—4B1	4 000	1	路侧小桥、通道、明涵路段	基础处理:预埋套筒
Gc—B—4B2	4 000	1	路侧小桥、通道、明涵路段	基础处理:预埋地脚螺栓
Gc—B—7C	7 000	2	路侧石方、挡土墙路段	(1)挡土墙路段、应根据其不同形式设计不同的基础; (2)h值根据需要确定

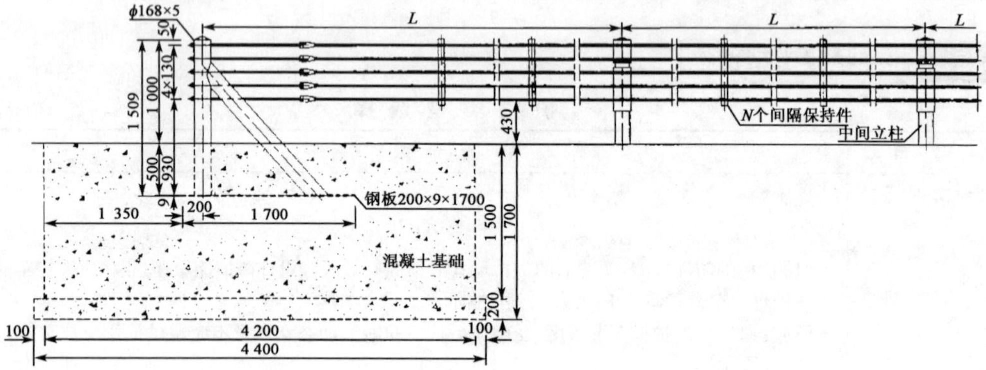

a)立面(尺寸单位:mm)

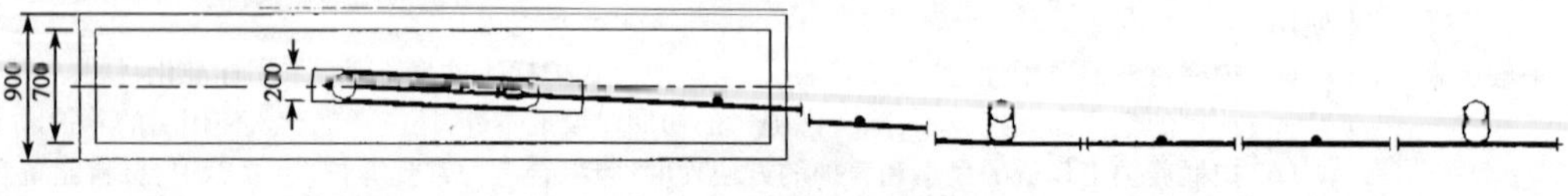

b)平面(尺寸单位:mm)

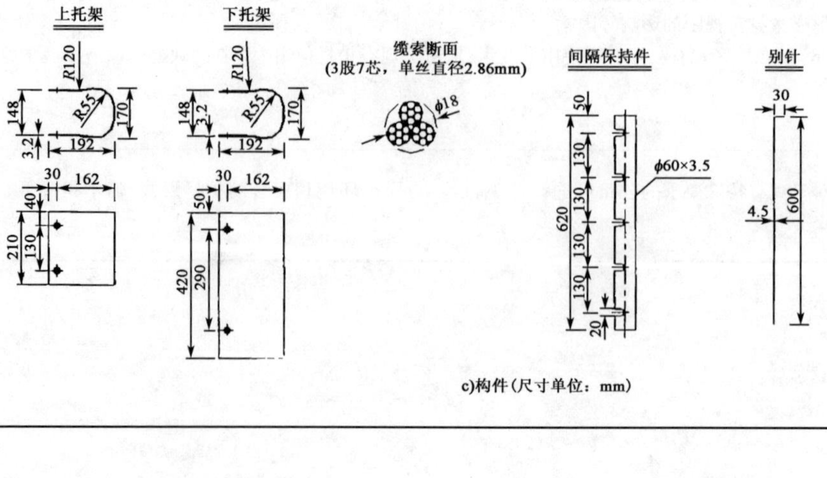

c)构件(尺寸单位:mm)

续上表

项目	内容与图式
组成与结构	见下图及下表

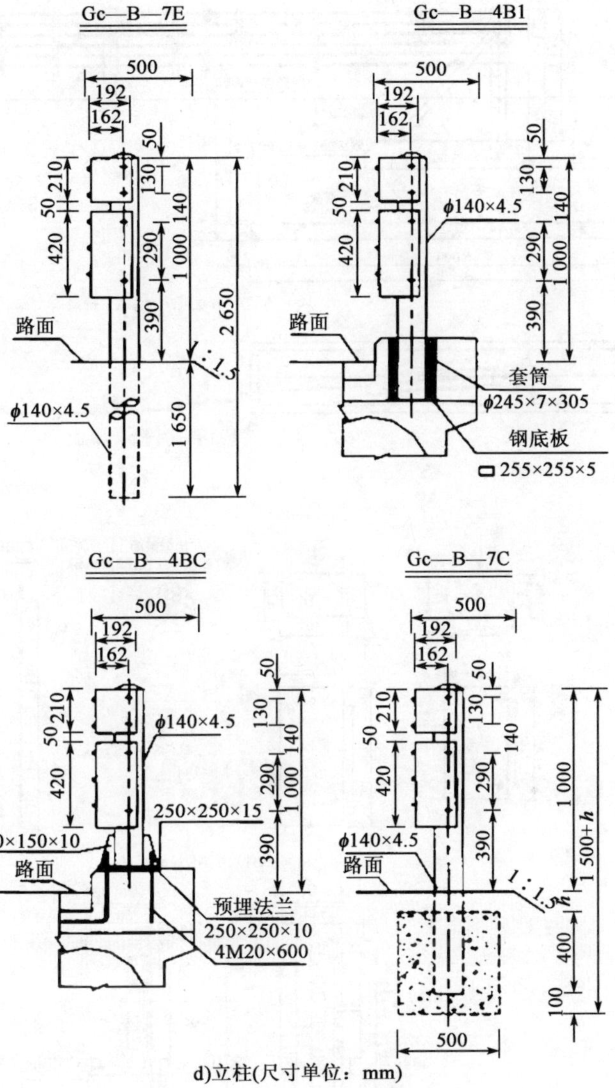

d)立柱(尺寸单位：mm)

(2)A 级组成与构造

A 级护栏参数和适用范围表

代号	L(mm)	N(个)	适用范围	备注
Gc—A—7E	7 000	2	路侧土方路段	如路缘石与护栏面不能齐平，则护栏的高度还应增加路缘石的高度，下同
Gc—B—4B1	4 000	1	路侧小桥、通道、明涵路段	基础处理：预埋套筒
Gc—A—4B2	4 000	1	路侧小桥、通道、明涵路段	基础处理：预埋地脚螺栓
Gc—A—7C	7 000	2	路侧石方、挡土墙路段	(1)挡土墙路段、应根据其不同形式设计不同的基础；(2)h 值根据需要确定

续上表

项目	内容与图式
组成与结构	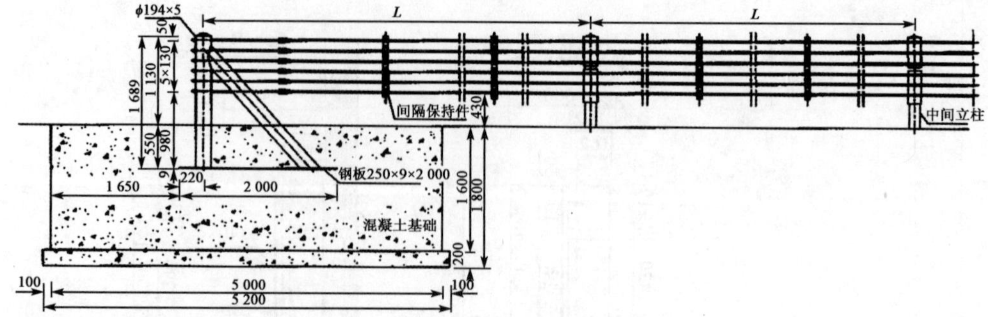 a)立面(尺寸单位：mm) 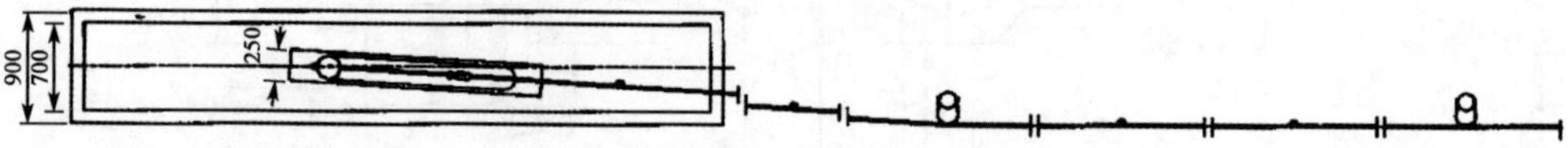 b)平面(尺寸单位：mm) 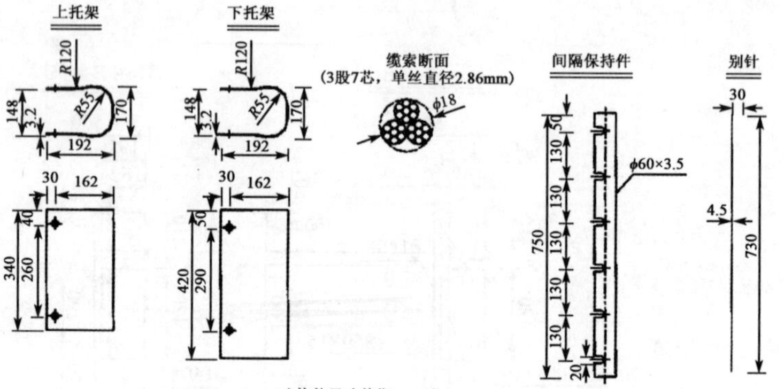 c)构件尺寸单位：mm) 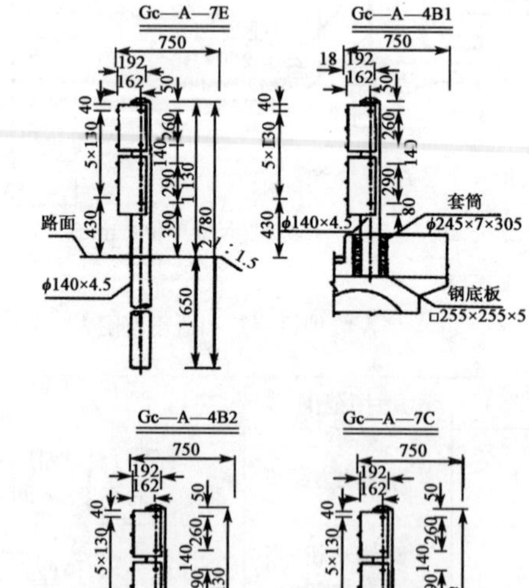 d)立柱(尺寸单位：mm)

续上表

项目	内容与图式
端部结构	缆索护栏的端部结构由三角形支架、底板和混凝土基础组成。

缆索护栏端部结构各部分构造和尺寸

防撞等级	端部立柱				混凝土基础				最下一根缆索的高度（cm）	最大立柱间距（cm）（土中/混凝土中）
	规格（mm）	地面以上高度（cm）	埋入深度（cm）	形式	深度（cm）	长度（cm）	宽度（cm）	体积（m^3）		
B	$\phi168\times5$	100	50	三角形	150	420	70	4.14	43	700/400
A	$\phi194\times5$	113	55	三角形	160	500	70	5.6	43	700/400

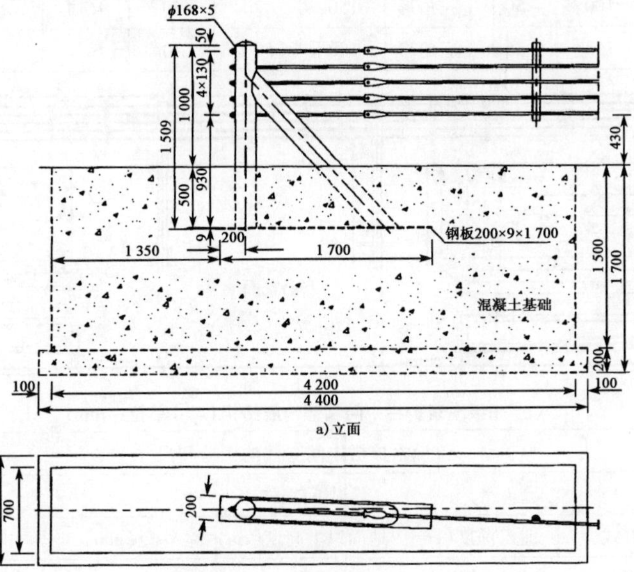

路侧B级护栏端部结构（尺寸单位：mm）

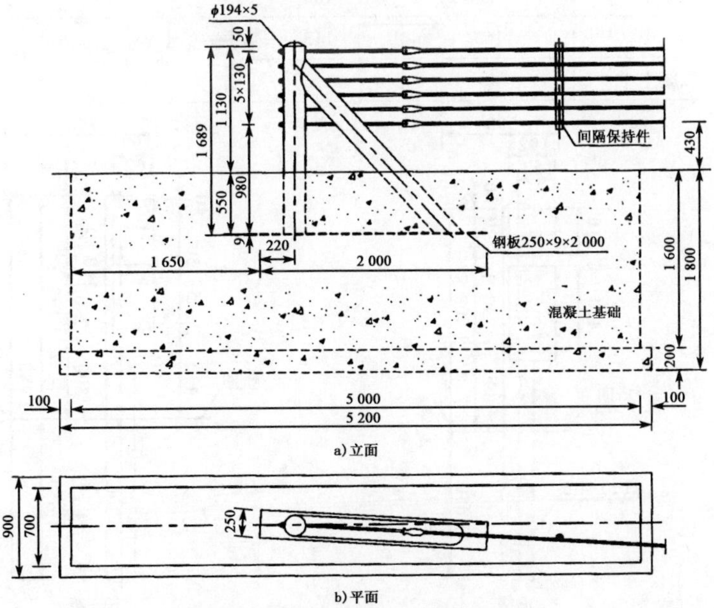

路侧A级护栏端部结构（尺寸单位：mm）

续上表

项目	内容与图式

中间端部结构

缆索护栏的中间端部结构由一对三角形支架、底板和混凝土基础组成，总长21(12)m。符合下列条件时，应设置中间端部结构。

(1)采用机械施工方式，路侧缆索护栏的设置长度超过500m时；

(2)采用人工施工方式，路侧缆索护栏的设置长度超过300m时

路侧缆索护栏中间端部结构各部分构造和尺寸

防撞等级	端部立柱				混凝土基础				最下一根缆索的高度(cm)	最大立柱间距(cm)(土中/混凝土中)
	规格(mm)	地面以上高度(cm)	埋入深度(cm)	形式	深度(cm)	长度(cm)	宽度(cm)	体积(m^3)		
B	$\phi168\times5$	100	50	三角形	150	420	70	4.14	43	700/400
A	$\phi194\times5$	113	55	三角形	180	500	70	6.3	43	700/400

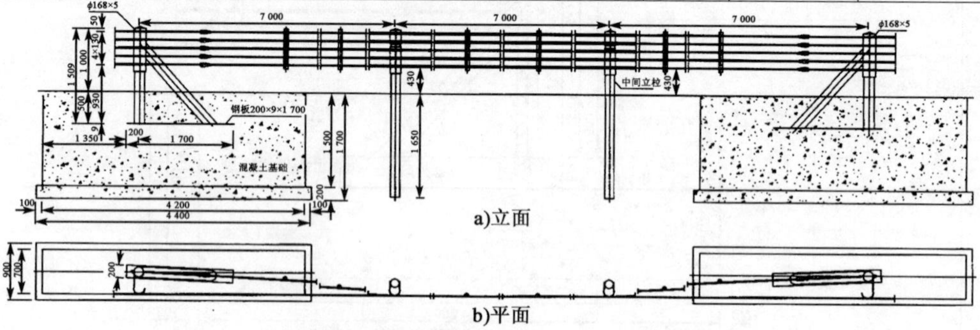

B级缆索护栏中间端部一般结构(尺寸单位：mm)

中间立柱

缆索护栏中间立柱的构造和尺寸

防撞等级	中间立柱					最大立柱间距(cm)
	埋置方式	埋入深度(cm)	地面以上高度(cm)	外径(mm)	壁厚(mm)	
B	土中	165	100	$\phi140$	4.5	700
	混凝土中	40	100			400
A	土中	165	113	$\phi140$	4.5	700
	混凝土中	40	113			400

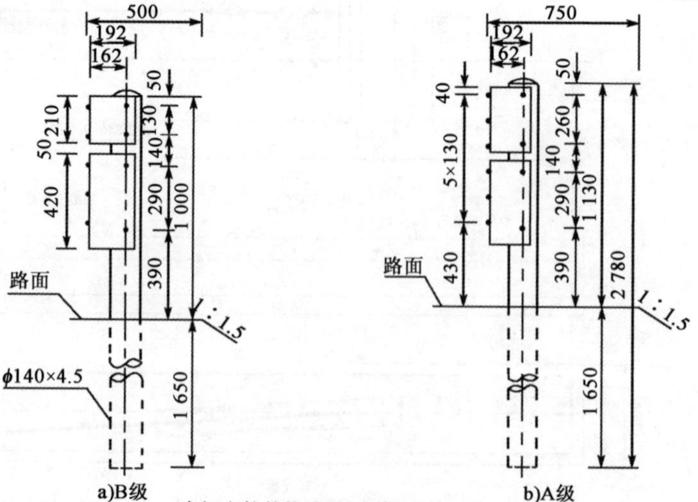

中间立柱的构造(尺寸单位：mm)

(2)设置要求

设置要求 表 23-8

项目	内容
设置要求	缆索护栏沿公路横断面设置的位置应符合下列规定: (1)路侧缆索护栏应位于公路土路肩内,护栏面可与土路肩左侧边缘线或路缘石左侧立面重合,立柱外侧土路肩保护层厚度不应小于 25cm。 (2)中央分隔带缆索护栏宜以公路中心线为轴对称设置。当公路中心线位置内有构造物、地下管线时,可适当调整护栏的横向设置位置。 (3)护栏的任何部分不得侵入公路建筑限界以内
安装要求	路侧、中央分隔带内路基土压实度不能满足现行《公路路基设计规范》(JTG D30—2015)中对路基路床压实度的要求时,或路侧缆索护栏立柱外侧土路肩保护层厚度小于 25cm 时,宜设置加强板或混凝土基础。加强板为 300mm×200mm×10mm 的钢板,可与护栏立柱焊接或通过螺栓连接,固定在路缘石顶面或路面以下 50mm 的立柱外侧,与交通流前进方向成 0～15°夹角。中央分隔带采用混凝土基础时,宜将同一断面的两个立柱基础连成整体采取加强措施

23.2.5 波形梁护栏

(1)路侧波形梁护栏类型与结构

路侧波形梁护栏类型与结构 表 23-9

项目	内容与图式
类型	常用路侧波形梁护栏按防撞等级可分为 B、A、SB、SA、SS 五级,其一般构造见下图。 (1)B 级组成与构造

B 级护栏参数和适用范围表

代号	L(mm)	L_1(mm)	N(个)	适用范围	备注
Gr—B—4E	4 000	—	—	路侧土方正常路段	(1)建设设置护栏的路段一侧路基加宽 25cm,下同; (2)如路缘石与护栏面不能齐平,则护栏的高度还应增加路缘石的高度,下同
Gr—B—2E	4 000	2 000	2	路侧土方小半径路段	—
Gr—B—2B1	4 000	2 000	2	路侧小桥、通道、明涵路段	基础处理:预埋套筒
Gr—B—2B2	4 000	2 000	2	路侧小桥、通道、明涵路段	基础处理:预埋地脚螺栓
Gr—B—4C	4 000	—	—	路侧石方、挡土墙正常路段	(1)挡土墙路段,应根据其不同形式对基础进行特殊设计,下同; (2)h 值根据需要确定,下同
Gr—B—2C	4 000	2 000	2	路侧石方、挡土墙小半径路段	

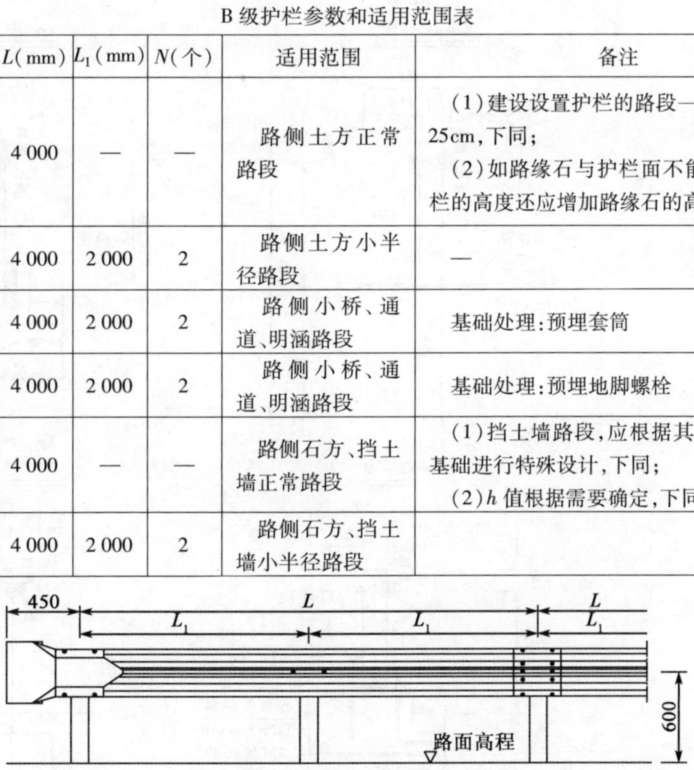

a)立面(尺寸单位:mm)

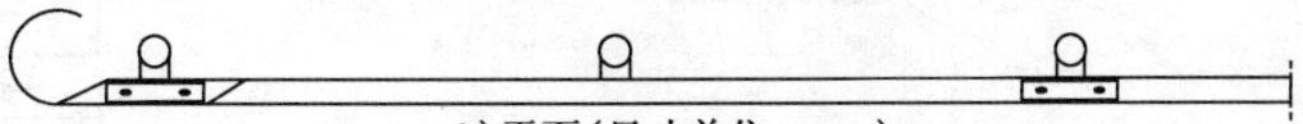

b)平面(尺寸单位:mm)

续上表

项 目	内容与图式
类型	c)构件(尺寸单位：mm)；d)立柱(尺寸单位：mm)

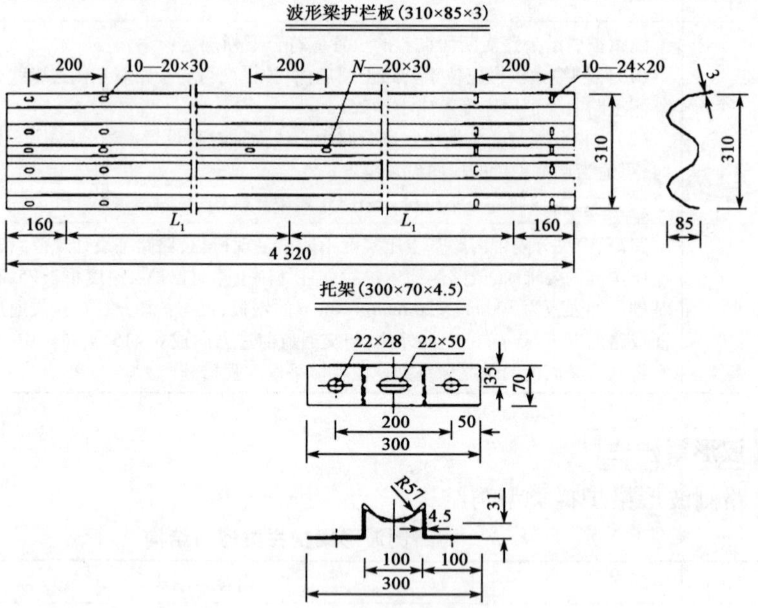

c)构件(尺寸单位：mm)

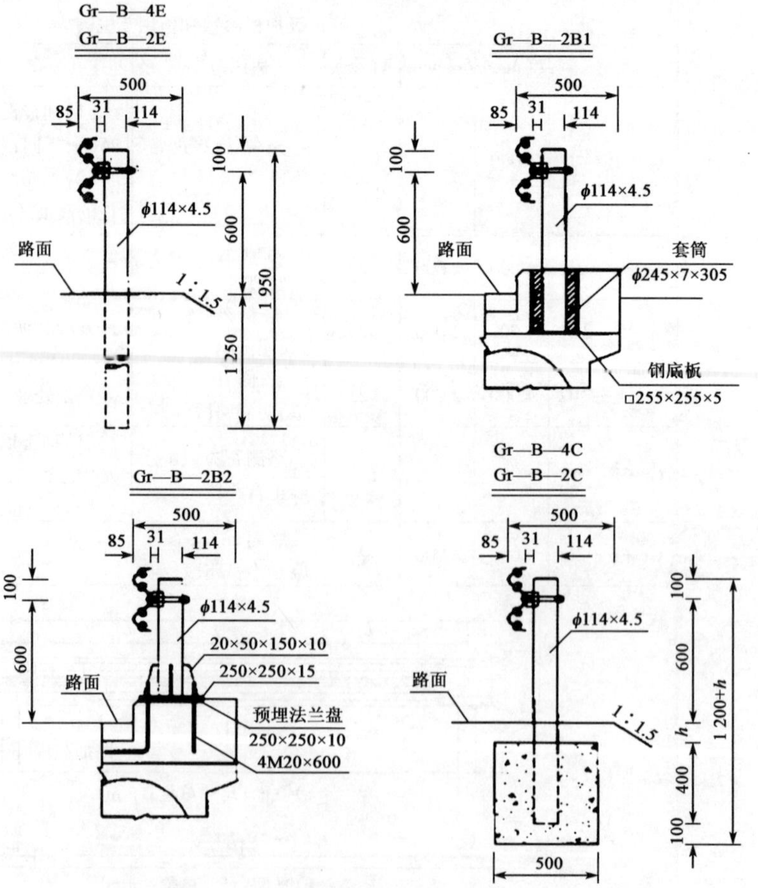

d)立柱(尺寸单位：mm)

续上表

项　　目	内容与图式
类型	(2) A 级组成与构造

A 级护栏参数和适用范围表

代号	L(mm)	L_1(mm)	N(个)	适用范围	备注
Gr—A—4E	4 000	—	—	路侧土方正常路段	如路缘石与护栏面不能齐平,则护栏的高度还应增加路缘石的高度,下同
Gr—A—2E	4 000	2 000	1	路侧土方小半径路段	—
Gr—A—2B1	4 000	2 000	2	路侧小桥、通道、明涵路段	基础处理:预埋套筒
Gr—A—2B2	4 000	2 000	1	路侧小桥、通道、明涵路段	基础处理:预埋地脚螺栓
Gr—A—4C	4 000	—	—	路侧石方、挡土墙正常路段	(1)挡土墙路段,应根据其不同形式对基础进行特殊设计,下同; (2) h 值根据需要确定,下同
Gr—A—2C	4 000	2 000	1	路侧石方、挡土墙小半径路段	

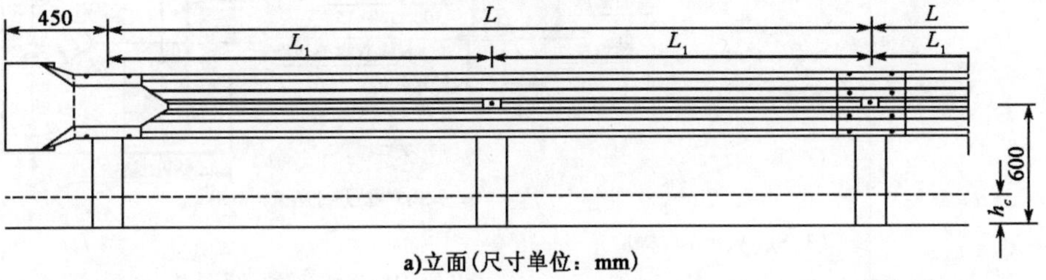

a)立面(尺寸单位: mm)

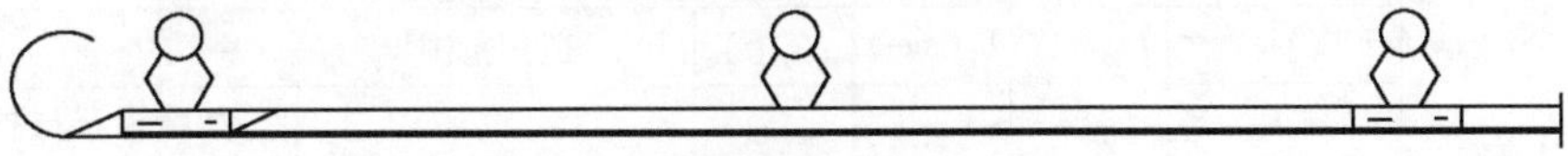

b)平面(尺寸单位: mm)

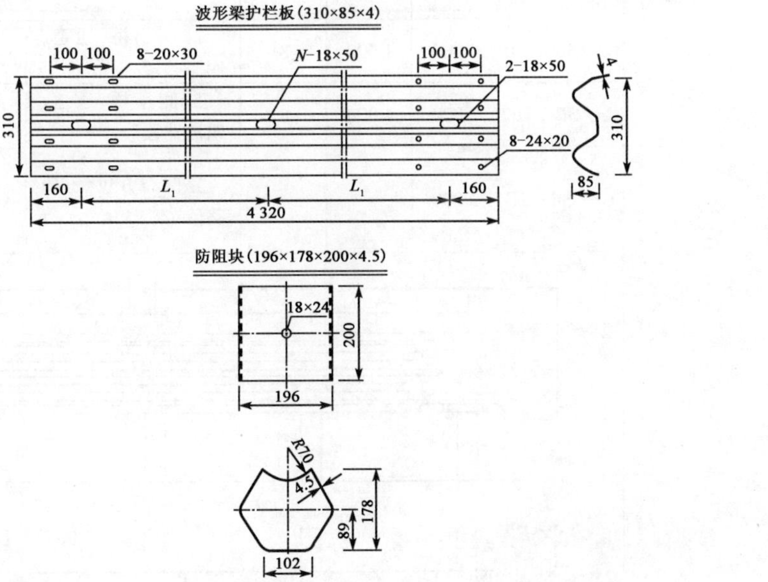

c)构件(尺寸单位: mm)

续上表

项　目	内容与图式
类型	(see below)

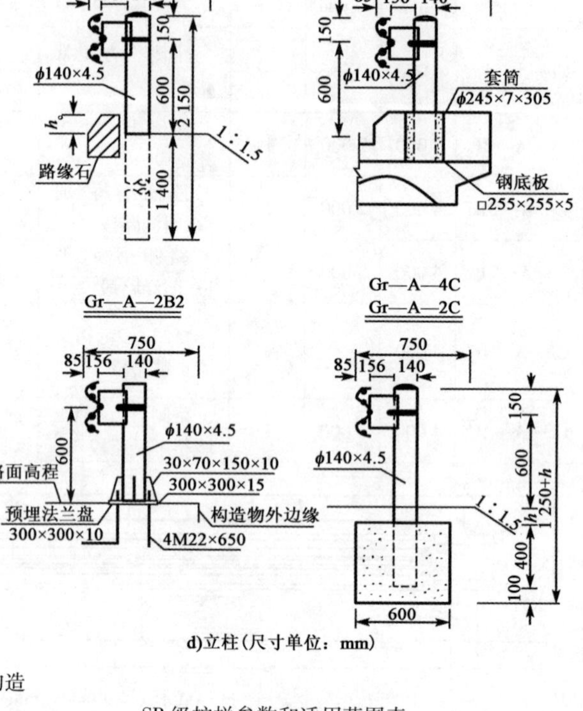

d)立柱(尺寸单位：mm)

类型

(3)SB 级组成与构造

SB 级护栏参数和适用范围表

代号	L(mm)	L_1(mm)	N(个)	适用范围	备注
Gr—SB—2E	2 000	—	—	路侧土方路段	如路缘石与护栏面不能齐平,则护栏的高度还应增加路缘石的高度 h_c,下同
Gr—SB—1B1	2 000	1 000	8	路侧小桥、通道、明涵路段	基础处理:预埋套筒
Gr—SB—1B2	2 000	1 000	8	路侧小桥、通道、明涵路段	基础处理:预埋地脚螺栓
Gr—SB—2C	2 000	—	—	路侧石方、挡土墙路段	(1)挡土墙路段,应根据其不同形式设计不同的基础; (2)h 值根据需要确定

a)立面(尺寸单位：mm)

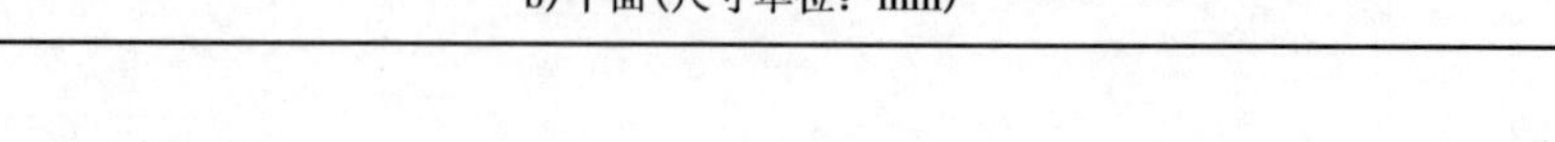

b)平面(尺寸单位：mm)

续上表

项 目	内容与图式
类型	

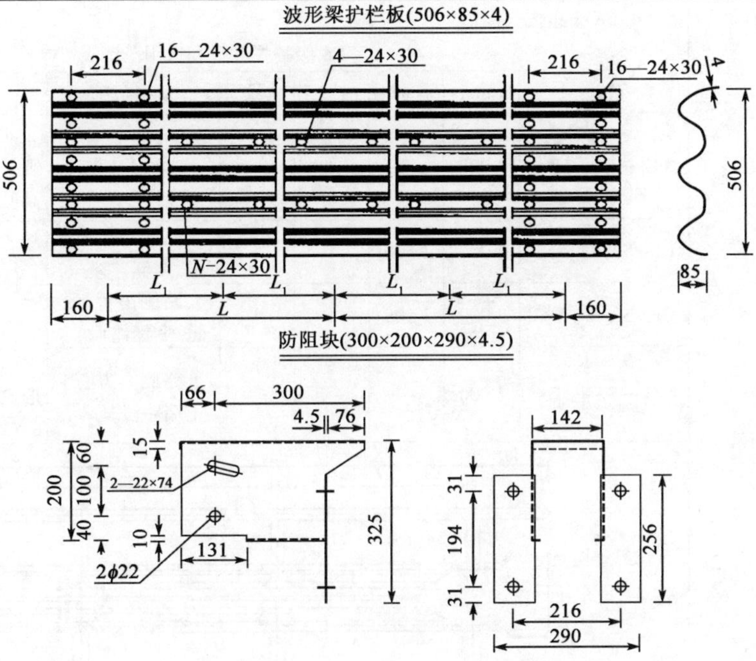

c)构件（尺寸单位：mm）

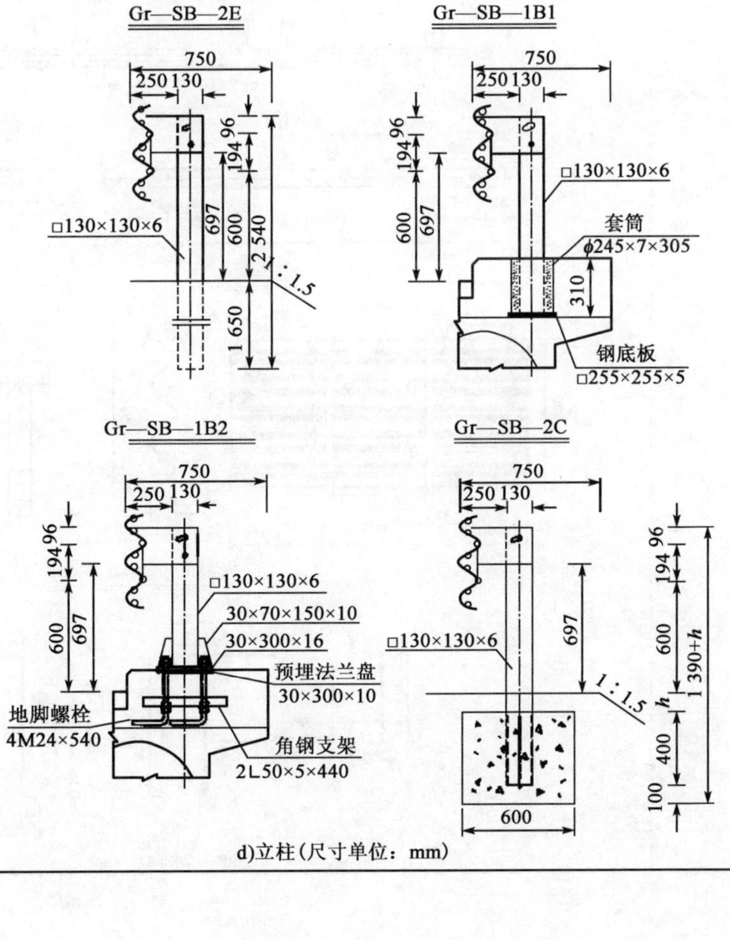

d)立柱（尺寸单位：mm）

续上表

项　　目	内容与图式
类型	(4)SA 级组成与构造

SA 级护栏参数和适用范围表

代号	L(mm)	L_1(mm)	M(个)	N(个)	适用范围	备注
Gr—SA—3E	3 000	—	—	—	路侧土方路段	如路缘石与护栏面不能齐平,则护栏的高度还应增加路缘石的高度 h_c,下同
Gr—SA—1.5E1	3 000	1 500	4	4	路侧小桥、通道、明涵路段	基础处理:预埋套筒
Gr—SA—1.5E2	3 000	1 500	4	4	路侧小桥、通道、明涵路段	基础处理:预埋地脚螺栓
Gr—SA—3C	3 000	—	—	—	路侧石方、挡土墙路段	(1)挡土墙路段,应根据其不同形式设计不同的基础;(2)h 值根据需要确定

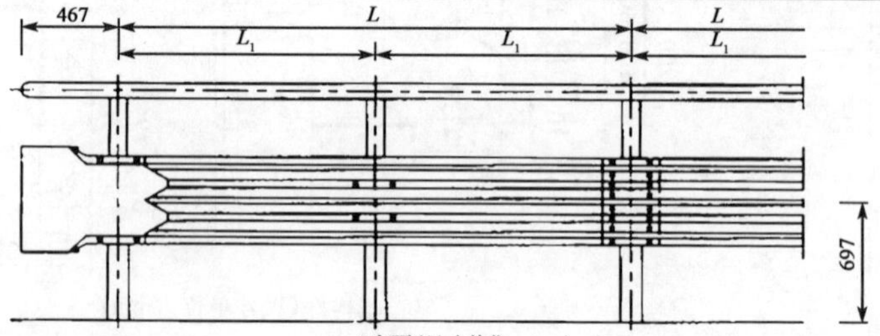

a)立面(尺寸单位:mm)

b)平面(尺寸单位:mm)

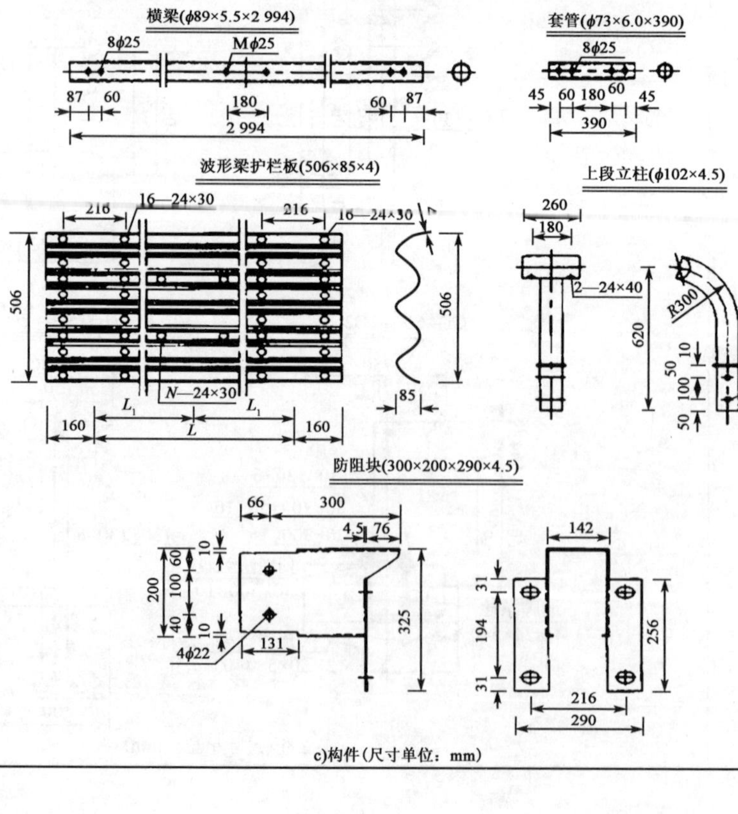

c)构件(尺寸单位:mm)

续上表

项　　目	内容与图式

类型

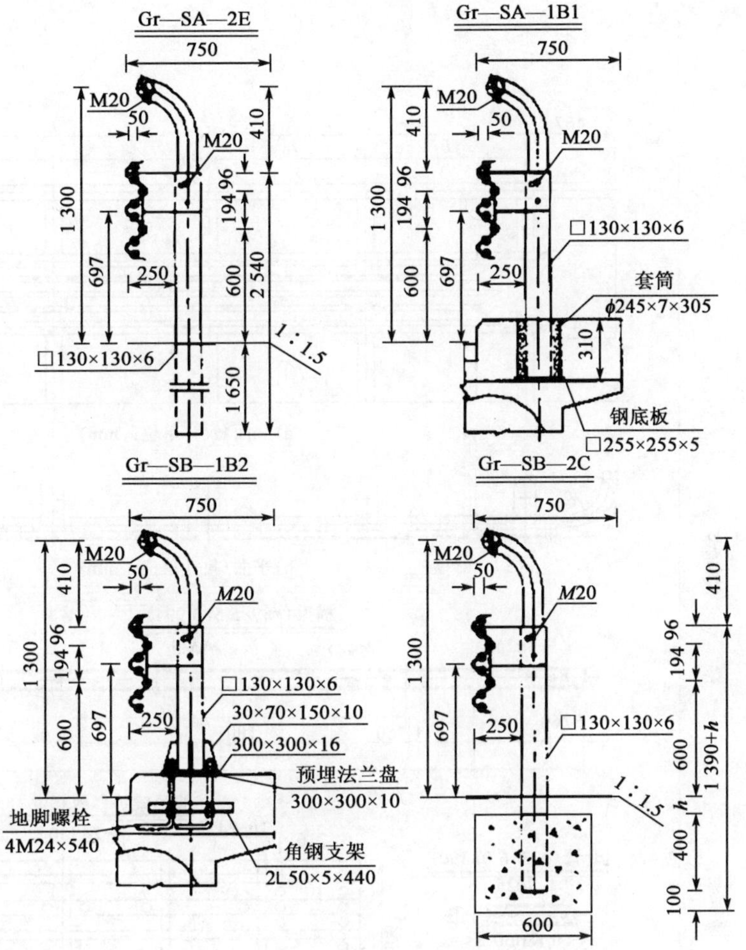

d)立柱（尺寸单位：mm）

（5）SS 级组成与构造

SS 级护栏参数和适用范围表

代号	L(mm)	L_1(mm)	M(个)	N(个)	适用范围	备注
Gr—SS—2E	2 000	—	—	—	路侧土方路段	如路缘石与护栏面不能齐平，则护栏的高度还应增加路缘石的高度 h_c，下同
Gr—SS—1B1	2 000	1 000	8	8	路侧小桥、通道、明涵路段	基础处理：预埋套筒
Gr—SS—1B2	2 000	1 000	8	8	路侧小桥、通道、明涵路段	基础处理：预埋地脚螺栓
Gr—SS—2C	2 000	—	—	—	路侧石方、挡土墙路段	（1）挡土墙路段，应根据其不同形式设计不同的基础；（2）h 值根据需要确定

续上表

项 目	内容与图式
类型	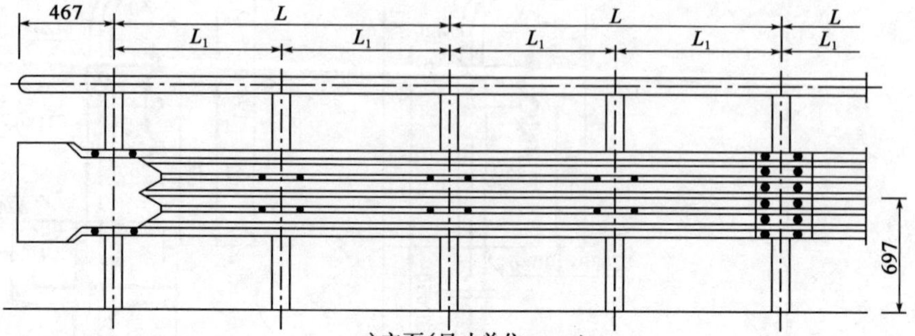 a)立面(尺寸单位：mm) 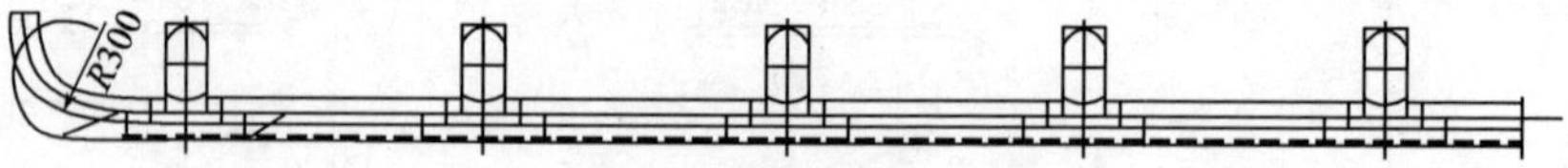 b)平面(尺寸单位：mm) 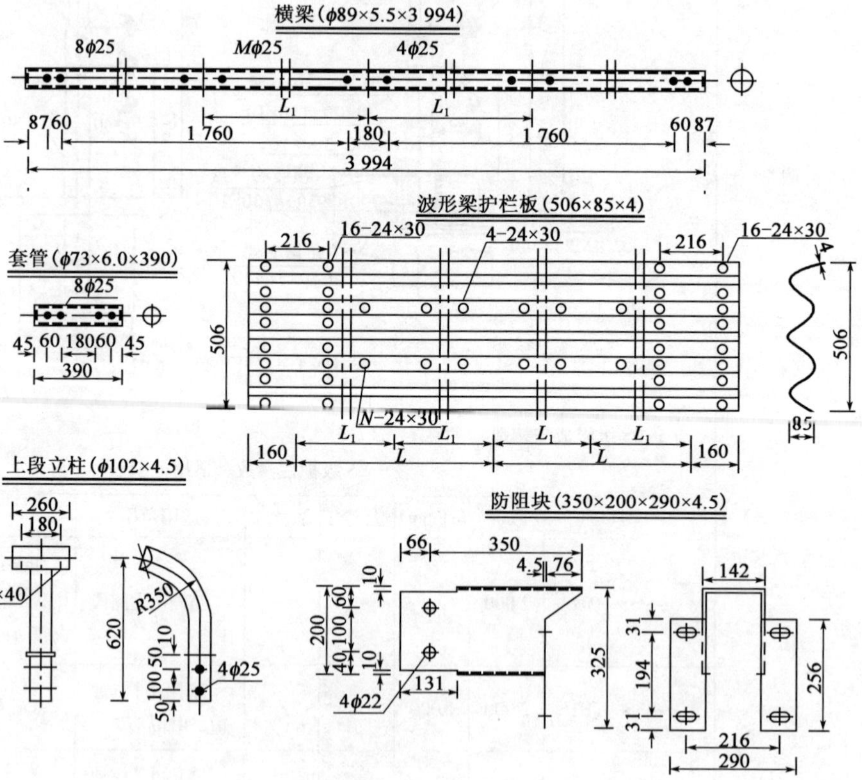 c)构件(尺寸单位：mm)

续上表

项　目	内容与图式
构造	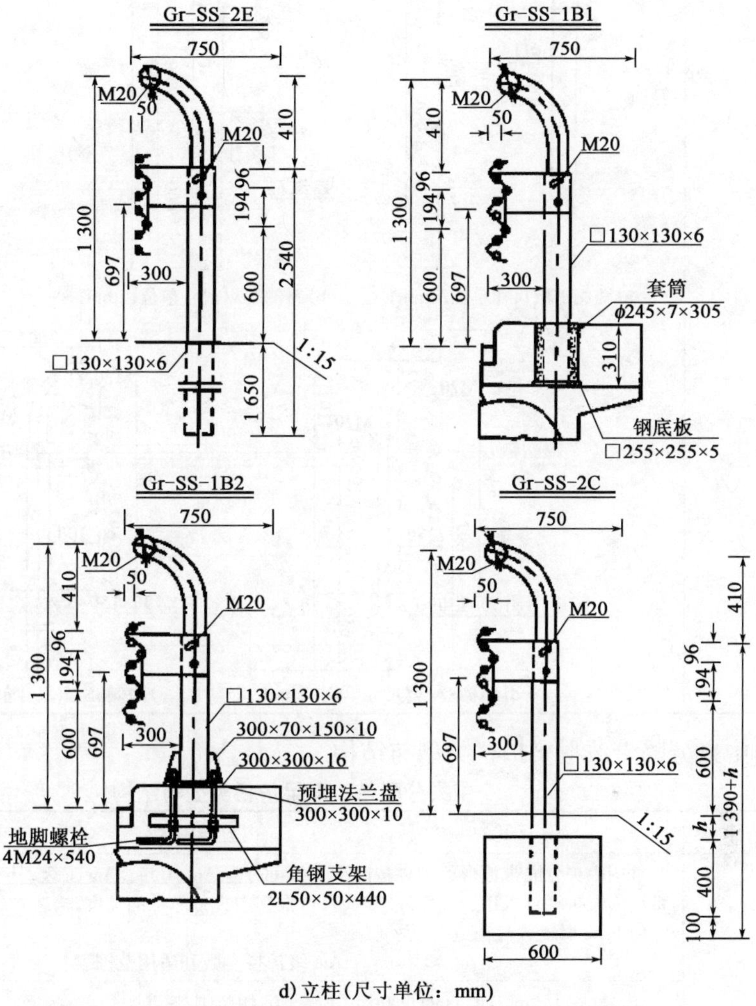 d)立柱(尺寸单位：mm) (1)B 级路侧波形梁护栏由二波波形梁板(310mm×85mm×3mm)、立柱(ϕ114mm×4.5mm)和托架(300mm×70mm×4.5mm)等组成,见图 a)。 (2)A 级路侧波形梁护栏由二波波形梁板(310mm×85mm×4mm)、立柱(ϕ140mm×4.5mm)和防阻块(196mm×178mm×200mm×4.5 mm)等组成,见图 b)。 (3)SB 级路侧波形梁护栏由三波波形梁板(506mm×85mm×4mm)、立柱(□130mm×130mm×6mm)和防阻块(300mm×200mm×290mm×4.5 mm)等组成,见图 c)。 (4)SA 级路侧波形梁护栏由三波波形梁板(506mm×85mm×4mm)、横梁(ϕ89mm×5.5mm)、立柱(□130mm×130mm×6mm 和 ϕ102mm×4.5 mm)和防阻块(300mm×200mm×290mm×4.5mm)等组成,见图 d)。 (5)SS 级路侧波形梁护栏由三波波形梁板(506mm×85mm×4mm)、横梁(ϕ89mm×5.5mm)、立柱(□130mm×130mm×6mm 和 ϕ102mm×4.5mm)和防阻块(350mm×200mm×290mm×4.5 mm)等组成,见图 e)

续上表

项　　目	内容与图式
构造	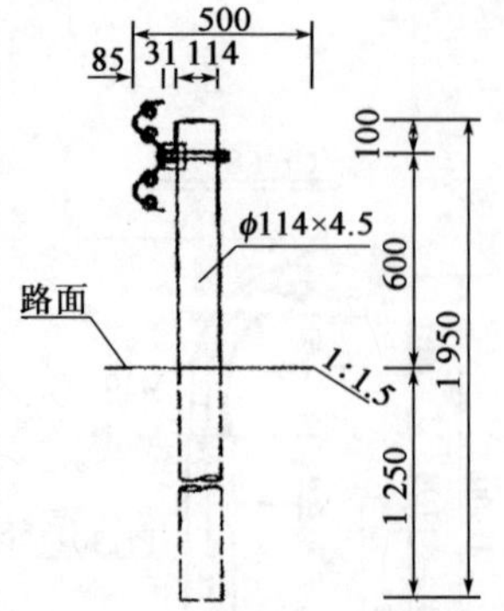 a)路侧B级(尺寸单位：mm) 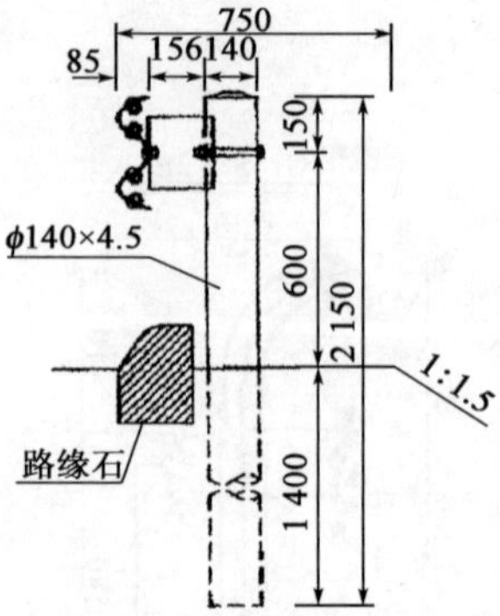 b)路侧A级(尺寸单位：mm) 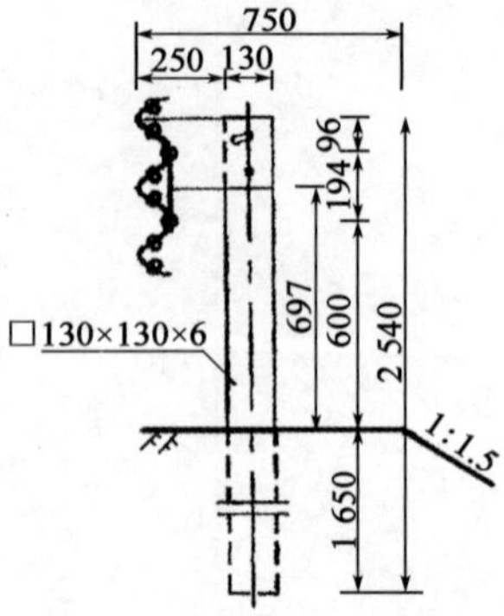 c)路侧SB级(尺寸单位：mm) 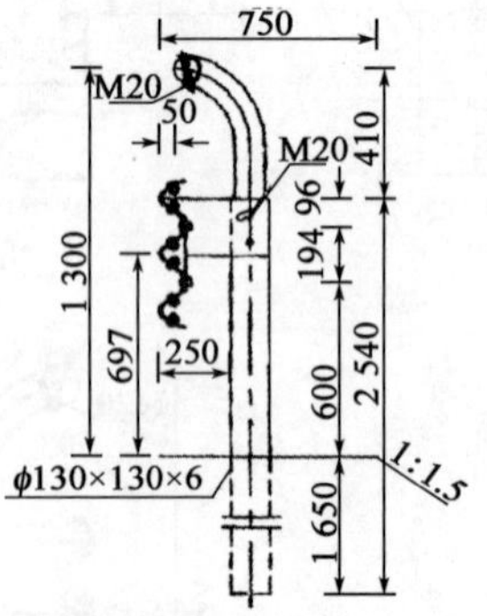 d)路侧SA级(尺寸单位：mm) 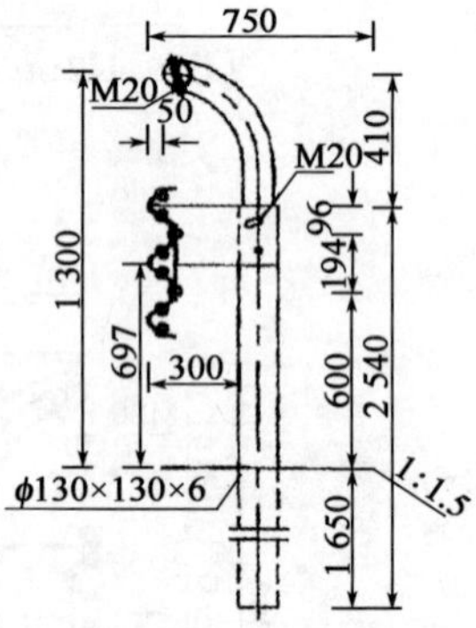 e)路侧SS级(尺寸单位：mm)

(2)中央分隔带波形梁护栏类型与结构

中央分隔带波形梁护栏类型与结构　　表 23-10

项　　目	内容与图式
类型	常用中央分隔带波形梁护栏按防撞等级可分为 Am、SBm、SAm 三级，其一般构造见下图。中央分隔带波形梁护栏可采用分设型或组合型，可根据中央分隔带的宽度、构造物和管线的分布加以确定。 (1)Am 级组成与构造(分设型)

Am 级护栏参数和适用范围表

代号	L(mm)	L_1(mm)	N(个)	适用范围	备注
Gr—Am—4E	4 000	—	—	中央分隔带土方正常路段	(1)图中 h_c 为路缘石的高度，下同； (2)图中数据带有括号的，括号内、外的数据分别适用于宽度为 3m 和 2m 的中央分隔带，下同
Gr—Am—2E	4 000	2 000	1	中央分隔带土方小半径路段	—
Gr—Am—2B1	4 000	2 000	1	中央分隔带小桥、通道、明涵路段	基础处理：预埋套筒
Gr—Am—2B2	4 000	2 000	1	中央分隔带小桥、通道、明涵路段	基础处理：预埋地脚螺栓
Gr—Am—4C	4 000	—	—	中央分隔带石方正常路段	(1)中央分隔带宽度 2m 时，可将混凝土基础连成一体，作固定立柱用，下同； (2)h 值根据需要确定，下同
Gr—Am—2C	4 000	2 000	1	中央分隔带石方小半径路段	—

续上表

项　　目	内容与图式
类型	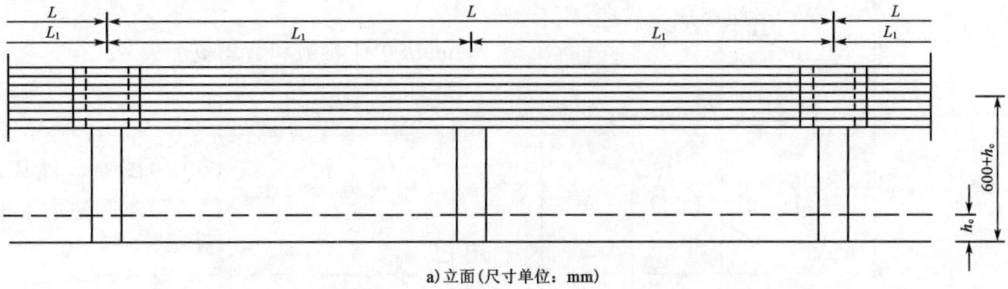 a)立面(尺寸单位：mm) 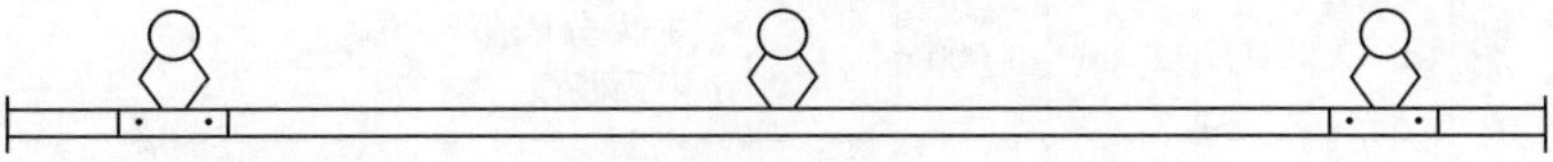 b)平面(尺寸单位：mm) 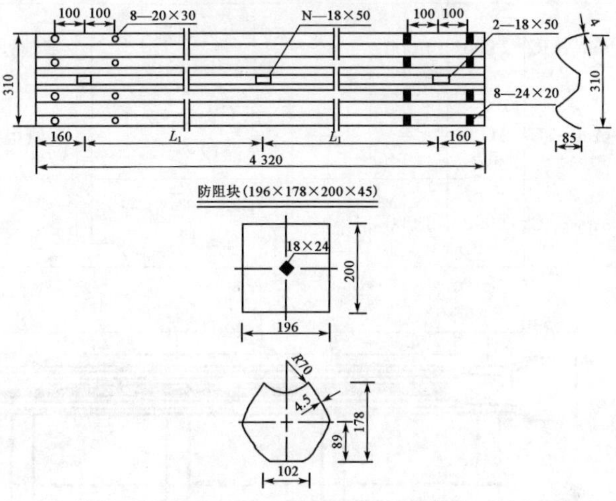 c)构件(尺寸单位：mm) 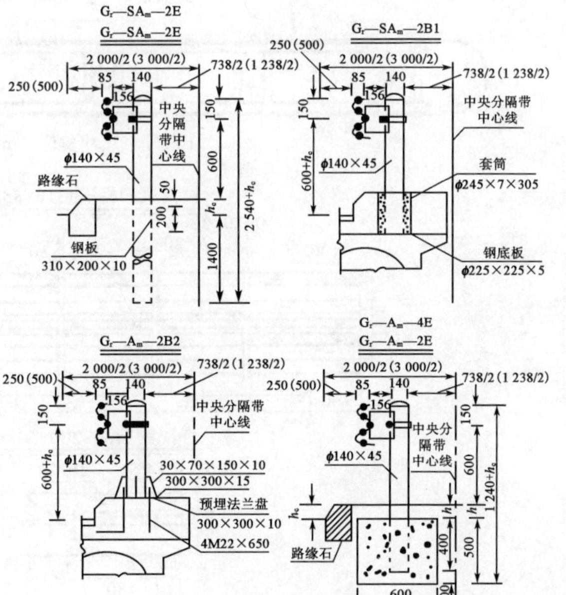 d)立柱(尺寸单位：mm)

续上表

项　　目	内容与图式
类型	(2)Am级组成与构造(组合型)

Am级护栏参数和适用范围表

代号	L(mm)	L_1(mm)	N(个)	适用范围	备　　注
Gr—Am—2E	2 000	—	—	中央分隔带土方正常路段	(1)图中 h_c 为路缘石的高度,下同; (2)本图适用于中央分隔带宽度为1m的路段,下同
Gr—Am—1E	2 000	1 000	4	中央分隔带土方小半径路段	—
Gr—Am—1B1	2 000	1 000	4	中央分隔带小桥、通道、明涵路段	基础处理:预埋套筒
Gr—Am—1B2	2 000	1 000	4	中央分隔带小桥、通道、明涵路段	基础处理:预埋地脚螺栓
Gr—Am—2C	2 000	—	—	中央分隔带石方正常路段	h 值根据需要确定,下同
Gr—Am—1C	2 000	1 000	4	中央分隔带石方小半径路段	—

类型

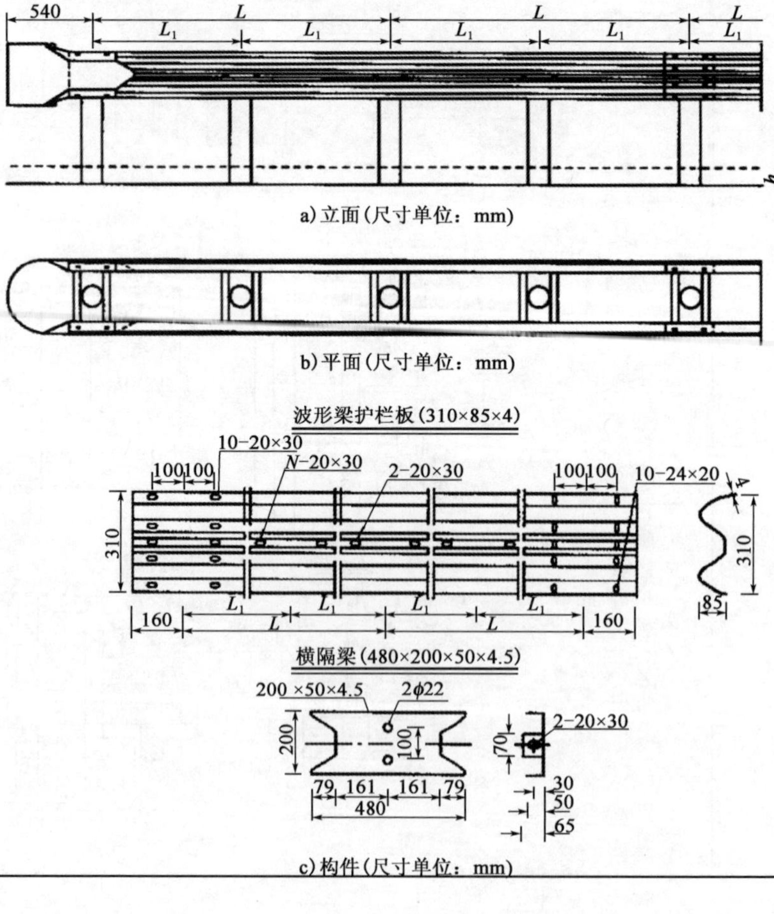

a)立面(尺寸单位:mm)

b)平面(尺寸单位:mm)

c)构件(尺寸单位:mm)

续上表

项 目	内容与图式
类型	（见下）

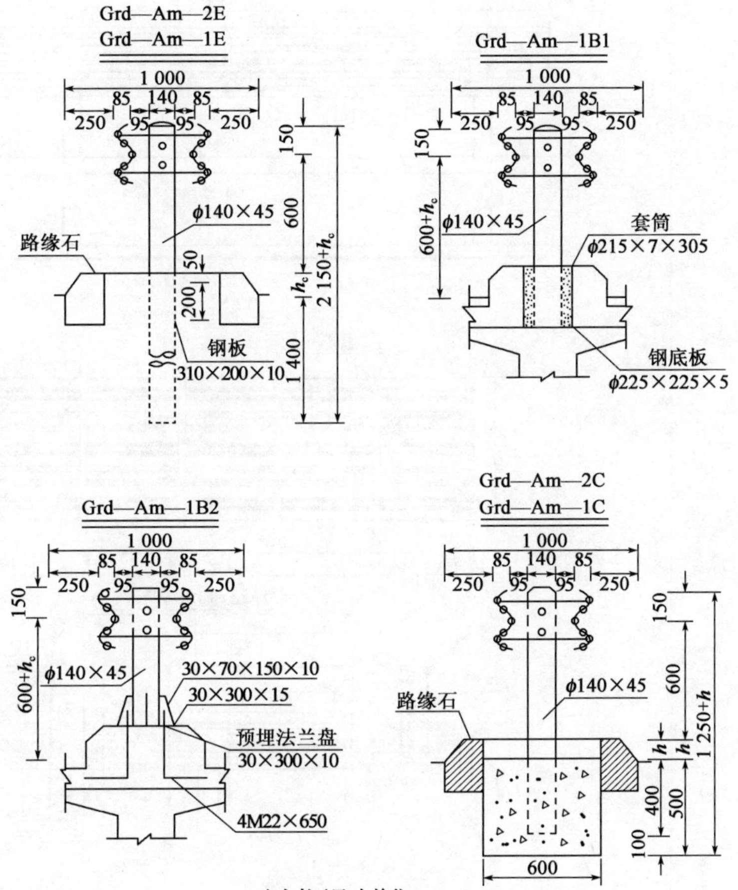

d)立柱(尺寸单位：mm)

(3)SBm 级组成与构造

SBm 级护栏参数和适用范围表

代号	L(mm)	L_1(mm)	N(个)	适用范围	备注
Gr—SBm—2E	2 000	—	—	中央分隔带土方路段	(1)图中 h_c 为路缘石的高度,下同; (2)图中数据带有括号的,括号内、外的数据分别适用于宽度为 3m 和 2m 的中央分隔带,下同
Gr—SBm—1B1	2 000	1 000	8	中央分隔带小桥、通道、明涵路段	基础处理:预埋套筒
Gr—SBm—1B2	2 000	1 000	8	中央分隔带小桥、通道、明涵路段	基础处理:预埋地脚螺栓
Gr—SBm—2C	2 000	—	—	中央分隔带石方路段	(1)中央分隔带宽度 2m 时,可将混凝土基础连成一体,作固定立柱用; (2)h 值根据需要确定

续上表

项　目	内容与图式
类型	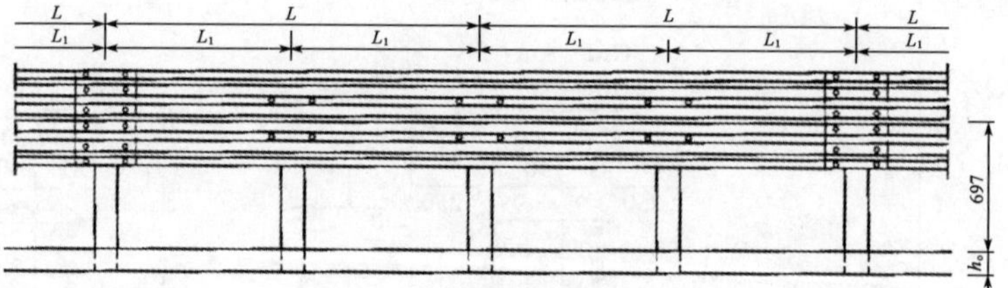 a)立面(尺寸单位：mm) 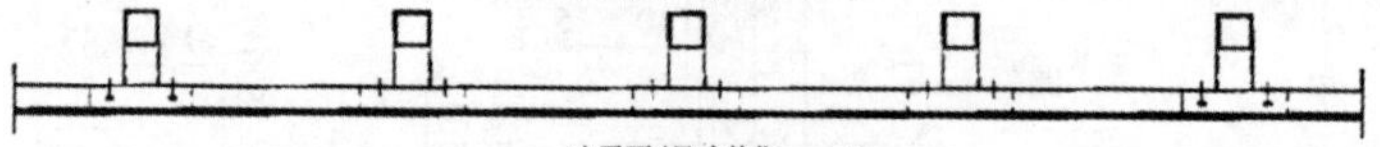 b)平面(尺寸单位：mm) 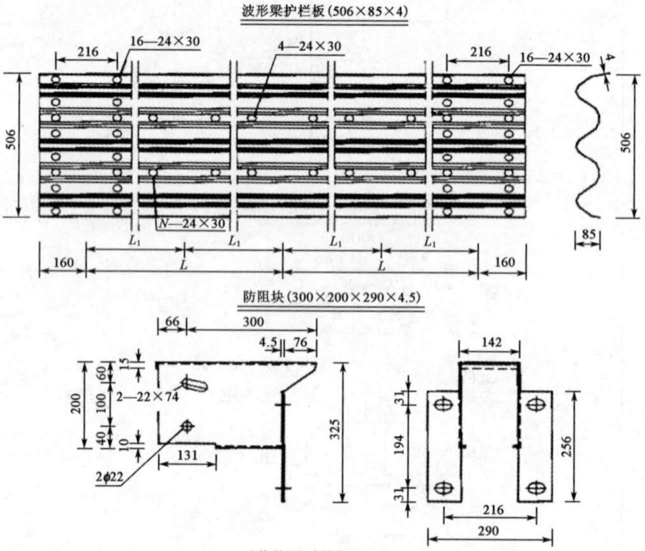 c)构件(尺寸单位：mm) 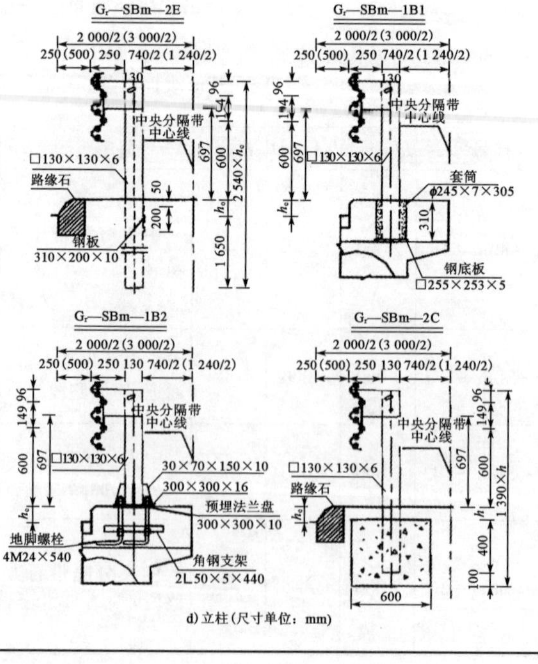 d)立柱(尺寸单位：mm)

续上表

项目	内容与图式
类型	(4)SAm 级组成与构造

SAm 级护栏参数和适用范围表

代号	L(mm)	L_1(mm)	M(个)	N(个)	适用范围	备注
Gr—SAm—3E	3 000	—	—	—	中央分隔带土方路段	(1)图中 h_c 为路缘石的高度,下同; (2)图中数据带有括号的,括号内、外的数据分别适用于宽度为3m 和 2m 的中央分隔带,下同
Gr—SAm—1.5B1	3 000	1 500	4	4	中央分隔带小桥、通道、明涵路段	基础处理:预埋套筒
Gr—SAm—1.5B2	3 000	1 500	4	4	中央分隔带小桥、通道、明涵路段	基础处理:预埋地脚螺栓
Gr—SAm—3C	3 000	—	—	—	中央分隔带石方路段	(1)中央分隔带宽度 2m 时,可将混凝土基础连成一体,作固定立柱用; (2)h 值根据需要确定

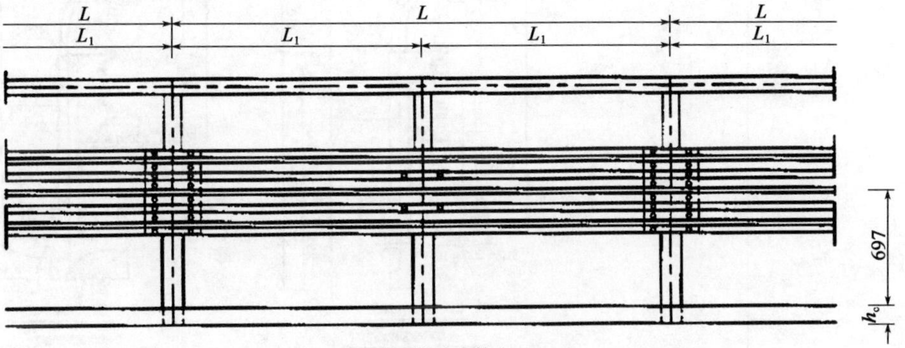

a)立面(尺寸单位:mm)

b)平面(尺寸单位:mm)

续上表

<table>
<tr><th>项 目</th><th>内容与图式</th></tr>
<tr><td>类型</td><td>
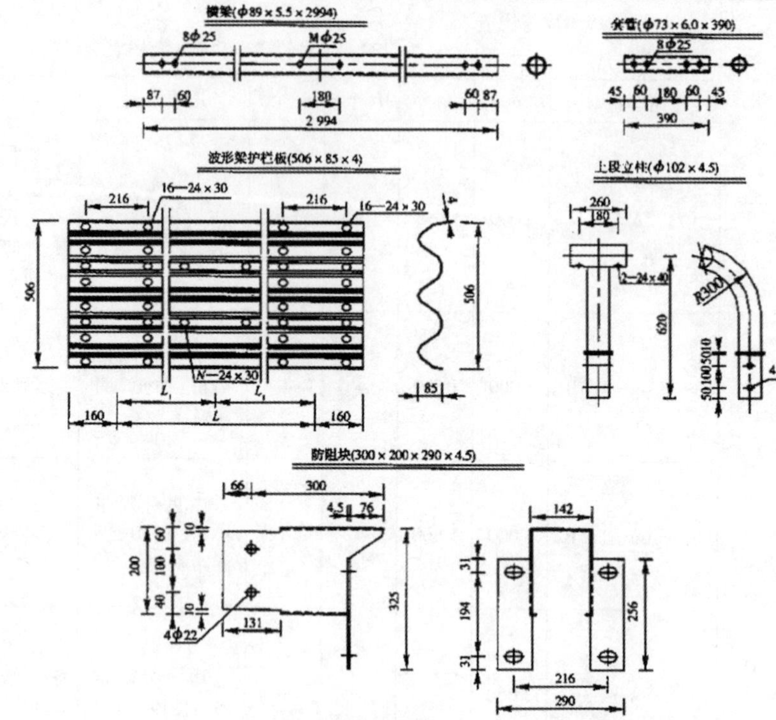

c)构件(尺寸单位：mm)

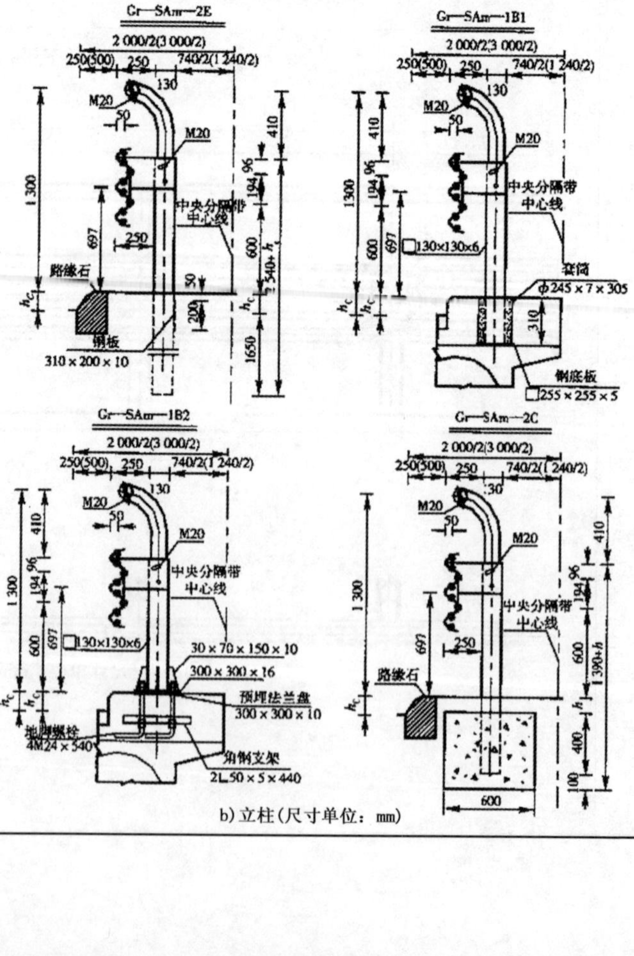

b)立柱(尺寸单位：mm)
</td></tr>
</table>

续上表

<table>
<tr><th>项　　目</th><th>内容与图式</th></tr>
<tr><td>构造</td><td>

（1）Am 级中央分隔带波形梁护栏

①分设型波形梁护栏：由二波波形梁板（310mm×85mm×4mm）、立柱（ϕ140mm×4.5mm）和防阻块（196mm×178mm×200mm×4.5 mm）等组成，见图 a）。

②组合型波形梁护栏：由二波波形梁板［2（310mm×85mm×4mm）］、立柱（ϕ140mm×4.5mm）和横隔梁（480mm×200mm×50mm×4.5mm）等组成，见图 b）。

（2）SBm 级中央分隔带波形梁护栏由三波波形梁板（506mm×85mm×4mm）、立柱（□130mm×130mm×6mm）和防阻块（300mm×200mm×290mm×4.5mm）等组成，见图 c）。

（3）SAm 级中央分隔带波形梁护栏由三波波形梁板（506×85×4 mm）、横梁（ϕ189×5.5mm）、立柱（□130mm×130mm×6mm 和 ϕ102mm×4.5mm）和防阻块（300mm×200mm×290mm×4.5 mm）等组成，见图 d）

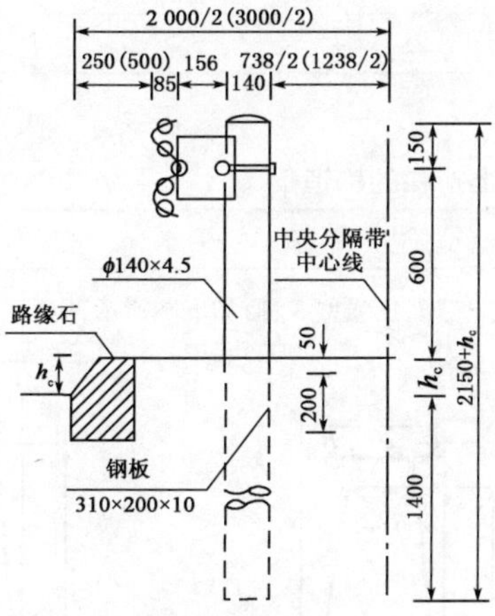

a）Am级分设（尺寸单位：mm）

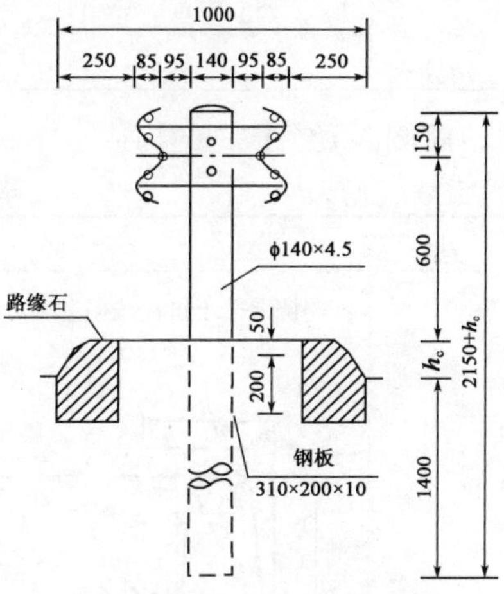

b）Am级组合（尺寸单位：mm）

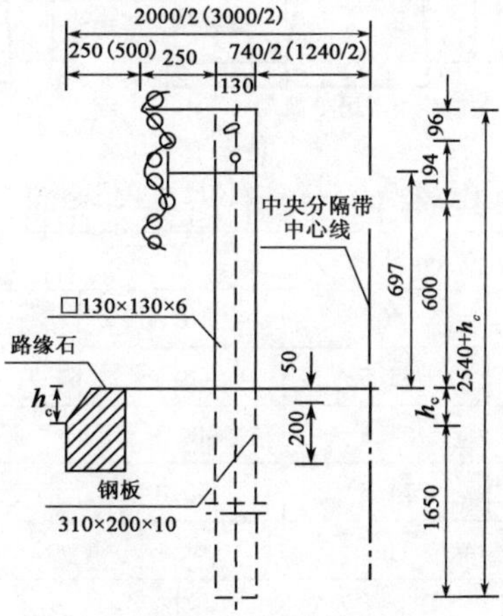

c）SBm级（尺寸单位：mm）

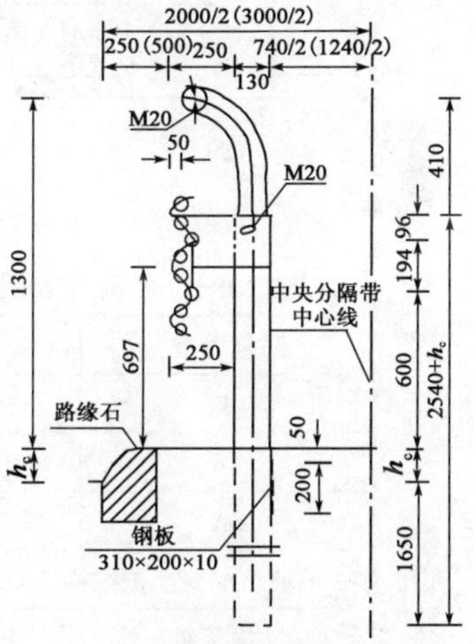

d）SAm级（尺寸单位：mm）

</td></tr>
</table>

23.2.6 混凝土护栏

（1）混凝土护栏分级

混凝土护栏分级　　表 23-11

项　　目	内　　容
防撞等级	常用路侧混凝土护栏按防撞等级可分为 A、SB、SA 和 SS 4 级，常用中央分隔带混凝土护栏按防撞等级可分为 Am、SBm 和 SAm 3 级

续上表

项　　目	内　　容
混凝土强度等级	混凝土护栏的混凝土强度等级、配筋量和基础设置应通过设计计算确定,混凝土护栏所受碰撞荷载的分布见下表。高速公路、一级公路混凝土强度等级不应低于 C30,其他公路混凝土强度等级不应低于 C20

混凝土护栏所受碰撞荷载的分布

防撞等级	碰撞荷载标准值(kN/m)	荷载分布长度(m)	力的作用点
A、Am	53	4	距护栏顶面 5m
SB、SBm	91	4	
SA、SAm	86	5	
SS	104	5	

(2)路侧混凝土护栏的构造

路侧混凝土护栏的构造　　表 23-12

项　　目	内　　容
护栏类型与构造	路侧混凝土护栏按构造可分为 F 型、单坡型、加强型 3 种,如下图所示,应根据路侧危险情况选用

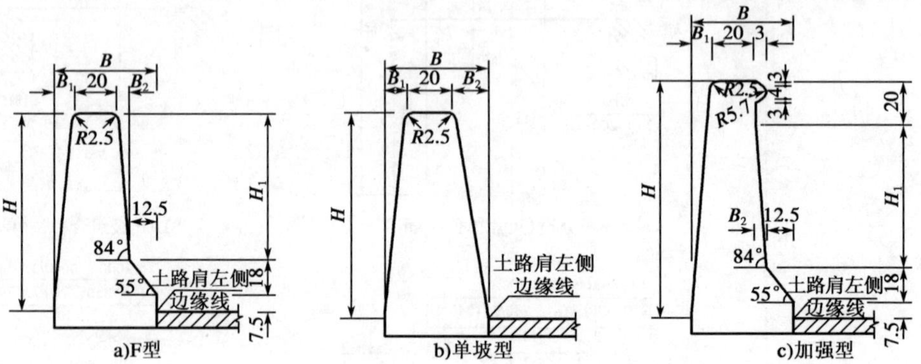

路侧混凝土护栏类型与构造实例(尺寸单位:cm)

F 型混凝土护栏构造要求见下表(单位:cm)

防撞等级	H	H_1	B	B_1	B_2
A	81	55.5	46.4	8.1	5.8
SB	90	64.5	48.3	9	6.8
SA	100	74.5	50.3	10	7.8

单坡型混凝土护栏构造要求见下表(单位:cm)

防撞等级	H	B	B_1	B_2
A	81	42.1	8.1	14.0
SB	90	44.5	9	15.5
SA	100	47.2	10	17.2

加强型混凝土护栏构造要求见下表(单位:cm)

防撞等级	H	H_1	B	B_1	B_2
SA	100	54.5	43.2	5	5.7
SS	110	64.5	44.8	5.5	6.8

续上表

<table>
<tr><th>项　目</th><th colspan="2">内　容</th></tr>
<tr><td rowspan="4">护栏基础类型与构造</td><td colspan="2">路侧混凝土护栏的基础可采用:座椅方式;桩基方式</td></tr>
<tr><td>座椅方式</td><td>桩基方式</td></tr>
<tr><td>将护栏基础嵌锁在路面结构中,借助路面结构对基础腿部位移的抵抗力来提高护栏的抗倾覆稳定性,见下图 a)、图 b)。地基的承载力应不小于 150kN/m²,基础应配置适量的构造钢筋,并与护栏钢筋牢固焊接,基础混凝土强度等级与护栏相同</td><td>在现浇路侧混凝土护栏前先打入钢管桩,见下图。钢管桩规格为 φ140mm × 4. 5mm,长 90 ~ 120cm,纵向间距为 100cm。钢管桩必须牢固埋入基座中,并与混凝土护栏连成整体。地基的承载力应不小于 150kN/m²</td></tr>
<tr><td>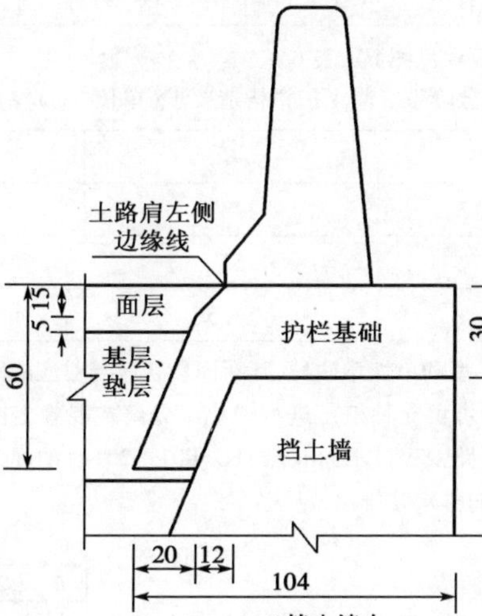

a)挡土墙上
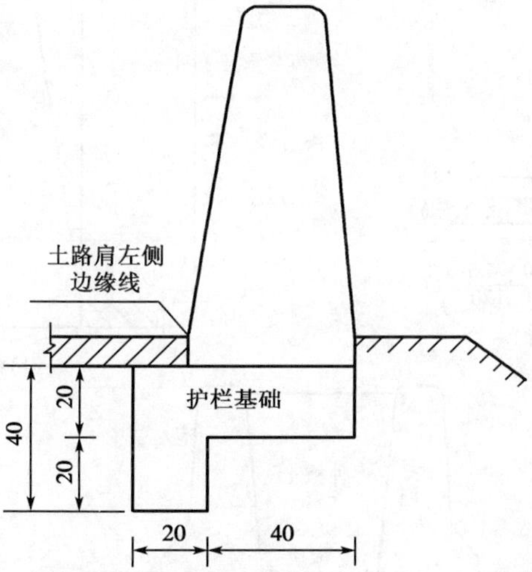

b)土基上
座椅方式路侧混凝土基础构造实例
(尺寸单位:cm)</td><td>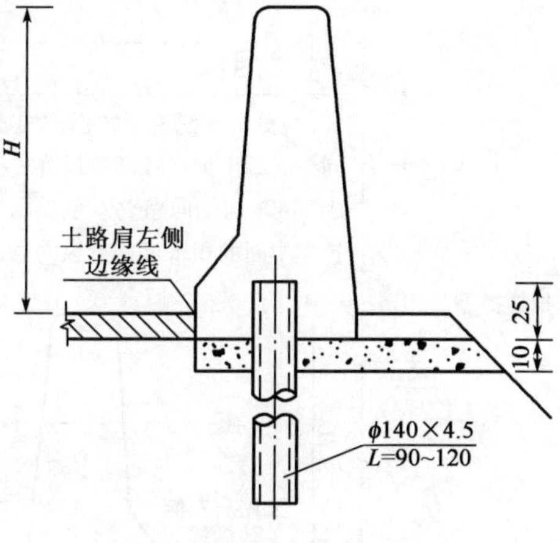

桩基方式路侧混凝土基础构造实例
(尺寸单位:cm)</td></tr>
</table>

(3)中央分隔带混凝土护栏的构造

中央分隔带混凝土护栏的构造　　表 23-13

项　目	内　容
护栏类型与构造	中央分隔带混凝土护栏可采用整体式或分离式。可根据中央分隔带的宽度、构造物和管线的分布加以确定。混凝土护栏按构造可分为 F 型和单坡型两种

续上表

项　目	内　容
护栏类型与构造	见下

护栏类型与构造

(1)整体式混凝土护栏按构造可分为 F 型和单坡型两种。

① F 型中央分隔带混凝土护栏构造要求见图 a)、表 a)。

表 a)　F 型中央分隔带混凝土护栏构造要求(单位:cm)

防撞等级	H	H_1	B	B_2
Am	81	55.5	56.6	5.8
SBm	90	64.5	58.6	6.8
SAm	100	74.5	60.6	7.8

②单坡型中央分隔带混凝土护栏构造要求见图 b)、表 b)。

表 b)　单坡型中央分隔带混凝土护栏构造要求(单位:cm)

防撞等级	H	B	B_1
Am	81	48	14.0
SBm	90	51	15.5
SAm	100	54.5	17.2

(2)分离式混凝土护栏按构造可分为 F 型和单坡型两种,其断面形状应与对应的路侧混凝土护栏相同。混凝土护栏背部应设置支撑块,中间可填充种植土进行绿化。分离式混凝土护栏顶部间距不应小于 40cm,侧向净空 C 值应满足现行《公路工程技术标准》(JTG B01—2014)的规定。分离式混凝土护栏中间的积水可通过纵向盲沟再由横向排水管排出,见图 c)

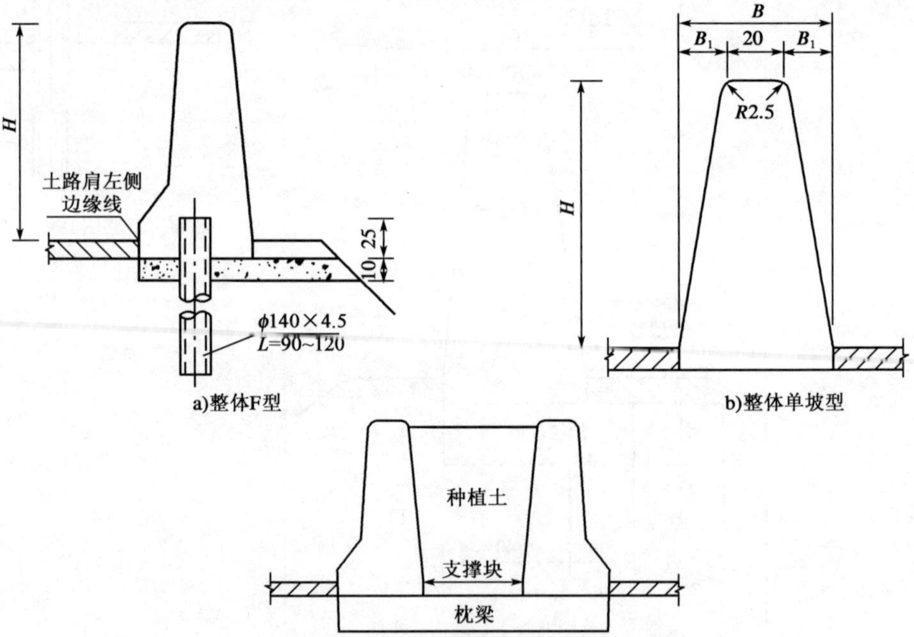

c)分离式

中央分隔带混凝土护栏类型与构造(尺寸单位:cm)

基础类型与构造

中央分隔带混凝土护栏的基础可采用以下两种方式:

(1)整体式混凝土护栏基础可直接支承在土基上,土基的承载力不应小于 15kN/m^2,混凝土护栏嵌锁在基础内,埋置深度一般为 10 ~ 20cm。混凝土护栏两侧应铺筑与车行道相同的路面材料。

(2)分离式混凝土护栏下设置枕梁,护栏之间应设置支撑块

23.3 路基护栏施工

23.3.1 缆索护栏施工

缆 索 护 栏 施 工 表23-14

<table>
<tr><th>项 目</th><th>内 容</th></tr>
<tr><td>材料</td><td>(1)除设计文件另行规定外，路侧用缆索护栏的各种材料应符合以下规定：
①缆索用钢丝绳应符合现行《镀锌钢绞线》(YB/T 5004—2012)的要求，其性能和构造应符合下表的规定。
缆索的性能和构造
<table>
<tr><th>钢丝绳直径(mm)</th><th>单丝直径(mm)</th><th>构造
</th><th>钢丝绳公称抗拉强度(MPa)</th><th>断面积(mm^2)</th><th>捻制方法</th><th>单位质量(kg/m)</th></tr>
<tr><td>18</td><td>3.86</td><td>3股7芯</td><td>≥1 270</td><td>134</td><td>右同向捻</td><td>1.09</td></tr>
</table>
②端部立柱、中间端部立柱、中间立柱、间隔保持件、螺栓、螺母、垫圈等构件应符合现行《碳素结构钢》(GB/T 700—2006)中Q235钢的要求。
③托架所用钢板应符合现行《碳素结构钢和低合金结构钢热轧薄钢板和钢带》(GB/T 912—2008)的规定。
④索端锚具的拉杆螺栓和锚具以及固定缆索用别针应符合现行《优质碳素结构钢》(GB/T 699—1999)中45号优质碳素结构钢的规定。
(2)缆索用钢丝绳采用热浸镀锌防腐处理时，应采用单丝进行热浸镀锌的办法，并应符合现行《镀锌钢绞线》(YB/T 5004—2012)中有关镀锌层质量为250kg/m^2的规定。用于镀层的锌应满足现行《锌锭》(GB/T 470—2008)中特一号或一号锌的规定</td></tr>
<tr><td>施工</td><td>(1)放样
①应根据现场桥梁、涵洞、通道、路线交叉、隧道等的分布确定控制立柱的位置，并测定控制立柱之间的间距，据此调整端部立柱、中间端部立柱、中间立柱的设置位置。
②应调查立柱下是否存在地下管线、构造物等设施，并进行适当处理。
(2)端部立柱和中间端部立柱的设置
①应根据设计文件的要求，将立柱、斜撑及底板焊接成牢固的三角形支架。
②应根据最终确定的立柱位置开挖基坑、浇筑混凝土基础，达到规定高程时，应对三角形支架进行准确定位。基坑开挖、地基检验、地基处理及混凝土的浇筑应符合现行《公路桥涵施工技术规范》(JTG/T F50—2011)的规定。
③位于桥梁、涵洞、通道、挡土墙等构造物处的端部立柱和中间端部立柱，应根据设计文件的要求进行基础预埋。
(3)中间立柱的设置
①中间立柱应定位准确，纵向和横向位置与公路线形一致。
②位于土基中的中间立柱，可采用挖埋法、钻孔法或打入法施工。立柱高程应符合设计要求，并不得损坏立柱端部。
③位于混凝土基础中的中间立柱，可设置在预埋的套筒内。通过灌注砂浆或混凝土固定，或通过地脚螺栓与桥梁护轮带基础相连。
(4)托架安装
中间立柱或中间端部立柱上的托架，应按设计文件规定的托架编号和组合正确安装。
(5)架设缆索
①缆索应在端部立柱和中间端部立柱的混凝土基础达到设计强度的80%时架设。</td></tr>
</table>

续上表

项　　目	内　　容
施工	②缆索应支放在立柱的内侧,通过中间支架向另一端滚放。严禁在路面上长距离拖拽缆索。 ③可用楔子固定或注入合金的方法将一端的缆索锚固在索端锚具上,如下图所示。 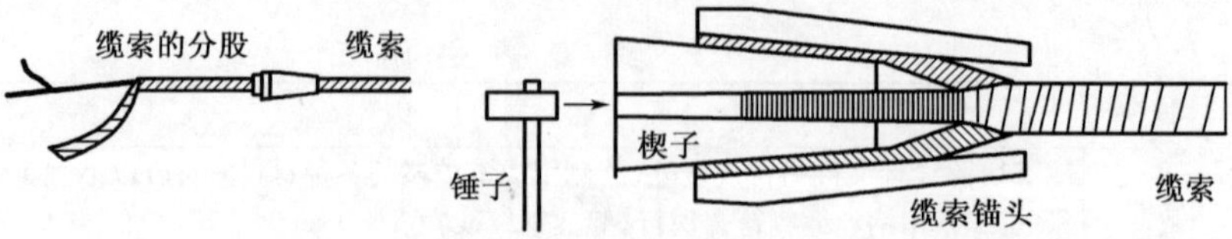 缆索的分股和楔子锚固 ④应在另一端部立柱或中间端部立柱上设置倒链滑车或杠杆式倒链张紧器将缆索临时拉紧,如下图所示。B 级和 A 级缆索护栏的初拉力应为 20kN,其他等级的缆索护栏初拉力应符合设计文件的规定。 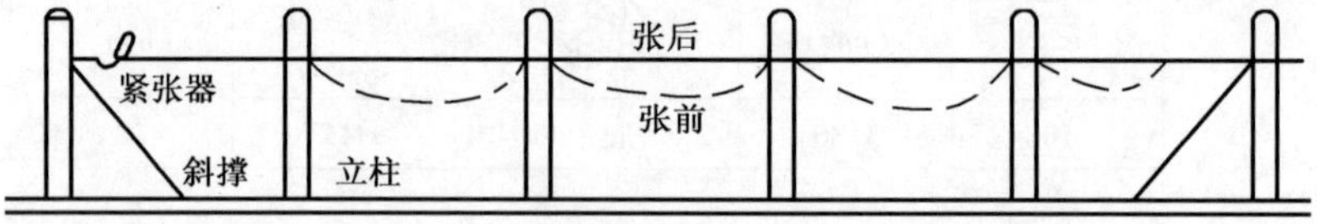 临时张拉缆索 ⑤应根据索端锚具的规格,切断多余的缆索,如下图所示。缆索切断面应垂直整齐,不得松散,可按本款第③项规定的方法锚固在索端锚头上。 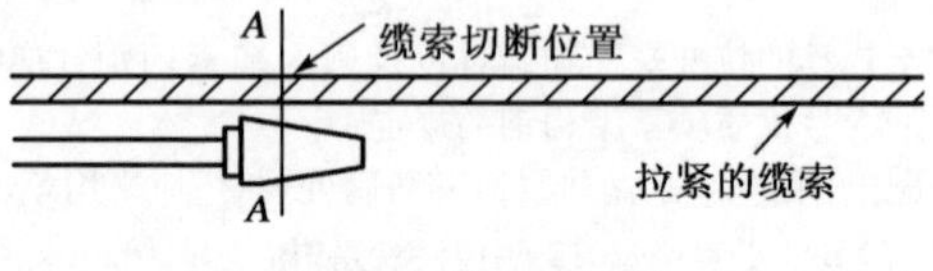 缆索切断的位置示意 ⑥索端锚具安装到端部立柱或中间端部立柱后,可卸除临时张拉力。 ⑦缆索应按从上向下的顺序架设。 ⑧缆索调整完毕后,应拧紧各中间立柱、中间端部立柱托架上的索夹螺栓
验收	(1)立柱埋深不得小于设计值。采用挖埋法施工时,回填土应分层夯实,并达到规定的压实度。立柱埋入混凝土基础中时,基础的几何尺寸、强度等级应符合设计要求。 (2)立柱顶部不应出现明显的变形、倾斜、扭曲或卷边等现象。 (3)索端锚具、托架、索夹螺栓应安装到位、固定牢固。托架组合应与缆索护栏的类别相适应。 (4)钢构件表面不得有气泡、剥落、漏镀及划痕等表面缺陷。 (5)直线段护栏应线形平顺,曲线段护栏应线形圆滑顺畅。 (6)立柱中距、立柱垂直度、缆索的高度应满足设计要求

23.3.2 波形梁护栏施工

波形梁护栏施工　　表 23-15

项　　目	内　　容
材料	除设计文件另行规定外,路侧及中央分隔带波形梁护栏所用的各种材料的规格、材质均应符合现行《公路波形梁钢护栏》(JT/T 281—2007)、《公路三波形梁钢护栏》(JT/T 457—2007)及《结构用冷弯空心型钢尺寸、外形、重量及允许偏差》(GB/T 6728—2002)等标准、规范的要求
施工	(1)立柱放样 ①应根据设计文件进行立柱放样,并以桥梁、通道、涵洞、隧道、中央分隔带开口、紧急电话开口、互通式立体交叉等控制立柱的位置,进行测距定位。 ②立柱放样时可利用调节板调节间距,并利用分配方法处理间距零头数。 ③应调查立柱所在处是否存在地下管线、排水管等设施,或构造物顶部埋土深度不足的情况。

续上表

<table>
<tr><th>项　　目</th><th>内　　容</th></tr>
<tr><td>施工</td><td>
(2)立柱安装
①立柱安装应与设计文件相符,并与公路线形相协调。
②位于土基中的立柱,可采用打入法、挖埋法或钻孔法施工。立柱高程应符合设计要求,并不得损坏立柱端部。
a.采用打入法打入过深时,不得将立柱部分拔出加以矫正,必须将其全部拔出。将基础压实后再重新打入。立柱无法打入到要求深度时,严禁将立柱的地面以上部分焊割、钻孔,不得使用锯短的立柱。
b.采用挖埋法施工时,回填土应采用良好的材料并分层夯实,回填土的压实度不应小于设计规定值。填石路基中的柱坑,应用粒料回填并夯实。
c.采用钻孔法施工时,立柱定位后应用与路基相同的材料回填,并分层夯填密实。
③在铺有路面的路段设置立柱时,柱坑从路基至面层以下5cm处应采用与路基相同的材料回填并分层夯实,余下部分应采用与路面相同的材料回填并压实。
④位于石方区的立柱,应根据设计文件的要求设置混凝土基础。
⑤位于小桥、通道、明涵等混凝土基础中的立柱,可设置在预埋的套筒内,通过灌注砂浆或混凝土固定,或通过地脚螺栓与桥梁护轮带基础相连。
⑥立柱安装就位后,其水平方向和竖直方向应形成平顺的线形。
⑦护栏渐变段及端部的立柱,应按设计规定的坐标进行安装。
(3)防阻块、托架、横隔梁安装
①防阻块、托架应通过连接螺栓固定于护栏板和立柱之间,在拧紧连接螺栓前应调整防阻块、托架,使其准确就位。防撞等级为SA、SAm和SS的波形梁护栏在安装防阻块时,应同时安装上层立柱,线形应与下层立柱相同。
②设有横隔梁的中央分隔带护栏,应在立柱准确定位后安装横隔梁。在护栏板安装前,横隔梁与立柱间的连接螺栓不应过早拧紧。
(4)横梁安装
①护栏板应通过拼接螺栓相互连接成纵向横梁,并由连接螺栓固定于防阻块、托架或横隔梁上。护栏板拼接方向应与行车方向一致,如下图所示。拼接螺栓必须采用高强螺栓。
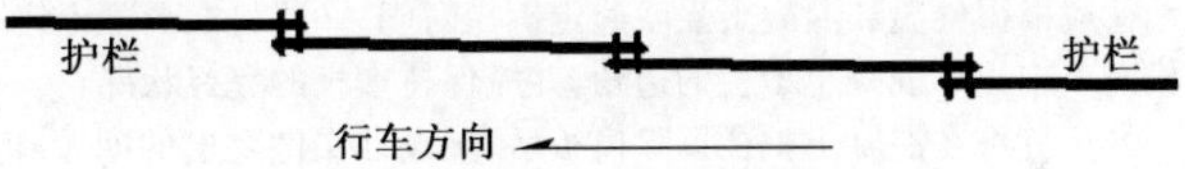

护栏板拼接方向示意图
②防撞等级为SA、SAm和SS的波形梁护栏通过螺栓将上层横梁与上层立柱加以连接。
③立柱间距不规则时,可利用调节板、梁进行调节,不得采用现场切割护栏板的方法。
④所有的连接螺栓及拼接螺栓应在护栏的线形达到规定要求时才能拧紧。终拧扭矩应符合下表的规定。
波形梁护栏板连接螺栓及拼接螺栓的终拧扭矩规定值
<table>
<tr><td>螺栓类型</td><td colspan="3">普通螺栓</td><td>高强螺栓</td></tr>
<tr><td>螺栓直径(mm)</td><td>M16</td><td>M20</td><td>M22</td><td>—</td></tr>
<tr><td>扭矩值(N·m)</td><td>60~63</td><td>95~102</td><td>163~170</td><td>315~430</td></tr>
</table>
各类护栏端头应通过拼接螺栓与护栏板牢固连接,拼接螺栓必须采用高强螺栓。防撞等级为SA、SAm和SS的波形梁护栏上横梁必须按设计文件的规定进行端部处理
</td></tr>
<tr><td>验收</td><td>
(1)护栏立柱的埋深、基础规格、土基压实度、端部和过渡段处理应符合设计规范和设计文件的规定。
(2)立柱位置、立柱中距、垂直度、横梁中心高度应符合设计要求。
(3)所有构件不应因运输、施工造成防腐层的损伤。
(4)直线段护栏不得有明显的凹凸、起伏现象;曲线段护栏应圆滑顺畅,与线形协调一致;中央分隔带开口端头护栏的线形应与设计文件相符。
(5)波形梁板搭接方向应正确,搭接平顺,垫圈齐备,螺栓紧固。
(6)防阻块、托架、横隔梁、端头的安装应与设计文件相符,安装到位,不得有明显变形、扭转、倾斜。
(7)波形梁板和立柱不得现场焊割和钻孔。
(8)立柱及柱帽安装牢固,其顶部应无明显塌边、变形、开裂等缺陷
</td></tr>
</table>

23.3.3 混凝土护栏施工

混凝土护栏施工 表23-16

项　　目	内　　容
材料	(1)配制混凝土所用的水泥、细集料、粗集料、拌和用水、外加剂以及钢筋等材料,应符合现行《公路桥涵施工技术规范》(JTG/T F50—2011)的规定。 (2)除设计文件另行规定外,钢管桩应符合现行《碳素结构钢》(GB/T 700—2006)标准中Q235钢的性能要求
施工	混凝土护栏的施工除应符合现行《公路桥涵施工技术规范》(JTG/T F50—2011)的规定外,还应满足下列要求: (1)应根据现场条件确定并核对混凝土护栏的设置位置,确定控制点,检测基础承载力是否达到本规范或设计文件的要求。 (2)现场浇筑混凝土护栏。 ①采用固定模板法施工时,模板宜采用钢模板,钢模板的厚度不应小于4mm。 ②浇筑混凝土前,应按设计文件的要求绑扎钢筋及预埋件。钢模板涂脱模剂后,可浇筑混凝土。 ③混凝土浇筑前的温度应维持在10~32℃之间。 ④采用滑动模板法施工时,滑模机的施工速度应根据旋转搅拌车、混凝土卸载速度以及成型断面的大小决定,可采用0.5~0.7m/min。混凝土振捣由设置在滑模机上的液压振动器完成,振动器应能根据混凝土的坍落度无级调速,一边振动一边前进。振动器的数量可根据混凝土护栏断面形状,配置5根左右。 ⑤两处伸缩缝之间的混凝土护栏必须一次浇筑完成,伸缩缝应与水平面垂直,宽度应符合设计文件的规定,伸缩缝内不得连浆。 ⑥混凝土初凝后,严禁振动模板,预埋钢筋不得承受外力。 ⑦应根据气温和混凝土强度确定拆模时间,一般可在混凝土终凝后3~5d拆除混凝土护栏侧模。拆模时不应损坏混凝土护栏的边角,并应保持模板的完好状况。 ⑧假缝可在混凝土护栏拆除模板后,按设计文件要求的间距和规格采用切割机切开,并应保证断面光滑、平整。 (3)预制混凝土护栏。 ①预制混凝土护栏的施工场地应平整、坚实、排水良好、交通方便。 ②应采用钢模板,模板长度应根据吊装和运输条件确定,宜采用固定的规格。 ③每块预制混凝土护栏必须一次浇筑完成。 ④拆模时间应根据气温和混凝土达到的强度而定,拆模时混凝土强度不应低于设计强度的70%。拆模时不得损坏混凝土护栏的边角,并应保持模板完好。 ⑤在起吊、运输和堆放过程中,不得损坏混凝土护栏构件的边角,否则在安装就位后,应采用高于混凝土护栏强度的材料及时修补。 ⑥混凝土护栏的安装应从一端逐步向前推进,护栏的线形应与公路的平、纵线形相协调。 ⑦中央分隔带混凝土护栏在超高路段,应按设计文件要求处理好排水问题
验收	(1)混凝土护栏的线形应与公路线形相一致,直线段不得出现明显的凸凹,曲线段应圆滑顺畅。 (2)混凝土护栏外观、色泽应均匀一致,不应出现漏石、蜂窝、麻面、裂缝、脱皮、啃边、掉角以及印痕等现象。 (3)混凝土护栏的强度等级、基础处理、地基承载力、端部处理及纵向连接等均应达到设计规范或设计文件的规定值。 (4)混凝土护栏施工时,不得损坏已完工的超高路段纵向排水沟、集水井、盲沟及管线等设施

23.4 公路路基护栏质量评定

23.4.1 缆索护栏

缆索护栏基本要求、外观鉴定 表 23-17

基 本 要 求	外 观 鉴 定
缆索性能、缆索直径、单丝直径、构造(3 股 7 芯)、锚具及其镀锌质量应符合设计与施工规范要求,缆索抗拉强度、镀锌质量须检查合格方可使用; 张力前应标定拉力测定计; 立柱壁厚、外径、长度符合设计; 埋入深度应符合设计要求。采用挖埋法施工,立柱回填土分层(厚度 100mm)夯实;现浇混凝土基础尺寸、强度符合设计要求; 采用打入法施工,立柱顶面不出现明显变形、倾斜、扭曲或卷边现象	金属构件表面不得有气泡、剥落、漏镀及划痕等表面缺陷; 护栏线形顺适,直线段不允许有明显凹凸现象;曲线段圆滑顺畅,与路线线形协调一致; 索端锚具、托架、索夹螺栓应安装到位、固件牢固;托架编号和组合应与缆索护栏的类型相适应;上下托架位置正确,中央分隔带处托架应两边对称

缆索护栏实测项目 表 23-18

项 次	检 查 项 目	规定值或允许偏差	检查方法和频率	权 值
1	缆索直径(mm)	18 ±0.5	卡尺:测 10%	1
	单丝直径(mm)	2.86(+0.10, -0.02)		
2△	初张力(kN)	±5%	张力计:测 10%(过程检查)	2
3	最下缆索高度(mm)	±20	尺量:测 10%	1
4△	立柱壁厚(mm)	±0.10	千分尺:测 10%	2
5	立柱埋入深度	符合设计	尺量:测 10%(过程检查)	1
6△	立柱竖直度(mm/m)	±10	垂线、尺量:测 10%	2
7	立柱中距(mm)	±50	尺量:测 10%	1
8△	镀锌层厚度(μm)	立柱≥85; 索端锚具、紧固件≥50; 镀锌钢丝≥33	测厚仪:测 10%	2
9	混凝土基础尺寸	符合设计	尺量:测 10%(过程检查)	1
10△	混凝土强度(MPa)	在合格标准内	按“水泥混凝土抗压强度评定”	2

23.4.2 波形梁钢护栏

波形梁钢护栏基本要求、外观鉴定 表 23-19

基 本 要 求	外 观 鉴 定
产品应符合《公路波形梁钢护栏》(JT/T 281—2007)和《公路三波形梁钢护栏》(JT/T 457—2007)的规定。 护栏立柱、波形梁、防阻块及托架的安装应符合设计和施工规范要求。	焊接钢管的焊缝应平整,无焊渣,突起。构件镀锌层表面应均匀完整颜色一致,表面具有实用性光滑,不得有流挂、滴瘤或多余结块。镀件表面应无漏镀、露铁、擦痕等缺陷。构件镀铝层表面应连续,不得有明显影响外观质量的熔渣、色泽暗淡及假浸、漏浸等缺陷。构件涂塑层应均匀光滑、连续,无肉眼可分辨的小孔、空间、孔隙、裂缝、脱皮及其他有害缺陷。 直线段护栏不得有明显的凹凸、起伏现象,曲线段护栏应圆滑顺畅,与路线协调一致,中央分隔带开口端头护栏的抛物线形应与设计相符合。

续上表

基本要求	外观鉴定
路肩、中央分隔带的土基压实度不应小于设计值(达不到立柱不应施工);石方、挡土墙路段的立柱埋深及基础处理应符合设计要求。 护栏端头及桥梁护栏过渡段的处理应满足设计要求	波形梁板搭接方向正确,搭接平顺,垫圈齐备,螺栓紧固。 防阻块、托架、端头的安装应与设计相符,安装到位,不得有明显变形、扭转、倾斜等。 波形梁板和立柱不得现场焊割和钻孔。 立柱及柱帽安装牢固,其顶部应无明显塌边、变形、开裂等缺陷

波形梁钢护栏实测项目 表23-20

项次	检查项目	规定值或允许偏差	检查方法和频率	权值
1△	梁板基底金属厚度(mm)	±0.16	板厚千分尺:测5%	2
2△	立柱壁厚度(mm)	4.5±0.25	板厚千分尺:测5%	2
3△	镀(涂)层厚度(μm)	符合设计	测厚仪:测10%	2
4	螺栓抗拉强度(MPa)	≥600	拉力试验:每批3组	1
5	立柱埋入深度	符合设计	尺量:测10%(过程检查)	1
6	立柱外距路肩边线距离(mm)	±20	尺量:测10%	1
7	立柱中距(mm)	±50	尺量:测10%	1
8△	立柱竖直度(mm/m)	±10	垂线、尺量:测10%	2
9△	横梁中心高度(mm)	±20	尺量:测10%	2
10△	护栏顺直度(mm/m)	±5	拉线、尺量:测10%	2

23.4.3 混凝土护栏

混凝土护栏基本要求、外观鉴定 表23-21

基本要求	外观鉴定
混凝土所用的水泥、砂、石、水、外加剂和掺和料的质量和规格应符合有关规范的要求,按规定的配合比施工。 预制块在吊装、运输、安装过程中,不得断裂。 各护栏块件之间、护栏与基础之间的连接应符合设计要求。 护栏块件标准件、护栏起终点、护栏开口处等块件几何尺寸应符合设计要求。 地基强度、埋入深度应符合设计要求。 护栏的损边、掉角长度不得超过20mm,否则应及时修补	护栏之间错位不大于5mm。 护栏外观、色泽均匀一致,表面蜂窝、麻面、裂缝、脱皮等缺陷面积不超过该面面积的0.5%;深度不超过10mm。 护栏线形顺适,直线段不允许有明显凹凸现象;曲线段圆滑顺畅,与路线线形协调一致;中央分隔带开口端尺寸与设计相符

混凝土护栏实测项目 表23-22

项次	检查项目		规定值或允许偏差	检查方法和频率	权值
1△	混凝土强度(MPa)		在合格标准内	按"水泥混凝土抗压强度评定"	2
2	地基压实度(%)		符合设计	现场检查	1
3	断面尺寸(mm)	高度	±10	尺量:测10%	1
		顶宽	±5		
		底宽	±5		
4	基础平整度(mm)		10	水平尺:测100%	1
5△	偏位(轴、横向)(mm)		±20或符合设计	尺量:测10%	2
6	基础厚度(mm/m)		±10% H	尺量:测10%(过程检查)	1

24 交通视线诱导设施

24.1　交通视线诱导设施标准

24.1.1 视线诱导设施的分类

视线诱导设施类型　表 24-1

<table>
<tr><th>项　目</th><th colspan="3">类 型 划 分</th></tr>
<tr><td>按功能划分</td><td colspan="3">视线诱导设施按功能可分为轮廓标、分流合流诱导标、指示和警告性线形诱导标、突起路标 4 类。
轮廓标以指示道路线形轮廓为主要目的；分流合流诱导标以指示交通流分合流为主要目的；线形诱导标以指示或警告改变行驶方向为主要目的；突起路标以辅助和加强标线作用，保证行车安全，提高道路服务质量为主要目标。
它们以不同侧重点来诱导驾驶人视线，使行车更趋安全、舒适</td></tr>
<tr><td rowspan="15">一般分类</td><td colspan="3">视线诱导设施分类</td></tr>
<tr><td colspan="2">类别</td><td>埋设条件</td></tr>
<tr><td colspan="2" rowspan="2">轮廓标</td><td>土中</td></tr>
<tr><td>附着</td></tr>
<tr><td rowspan="4">分合流诱导标</td><td rowspan="2">分流诱导标</td><td>土中</td></tr>
<tr><td>附着</td></tr>
<tr><td rowspan="2">合流诱导标</td><td>土中</td></tr>
<tr><td>附着</td></tr>
<tr><td rowspan="4">线形诱导标</td><td rowspan="2">指示性线形诱导标</td><td>土中</td></tr>
<tr><td>附着</td></tr>
<tr><td rowspan="2">警告性线形诱导标</td><td>土中</td></tr>
<tr><td>附着</td></tr>
<tr><td rowspan="2">突起路标</td><td>反光突起路标</td><td>—</td></tr>
<tr><td>不反光突起路标</td><td>—</td></tr>
</table>

24.1.2 轮廓标

轮　廓　标　表 24-2

名　称	含义与指标
概念	轮廓标用以指示道路的前进方向和边缘轮廓
分类与性能	轮廓标反射器分白色和黄色两种，高速公路、设中央分隔带的整体式一级公路或分离式一级公路，按行车方向，左侧设置黄色轮廓标，右侧设置白色轮廓标；二级及二级以下等级公路，按行车方向左右两侧的轮廓标均为白色。轮廓标在道路左、右侧对称设置。 轮廓标的其他性能应满足《轮廓标》（GB/T 24970—2010）的要求

续上表

<table>
<tr><th>名　　称</th><th>含义与指标</th></tr>
<tr><td>设置</td><td>
(1)高速公路、一级公路和城市快速干道的主线,以及其互通立交、服务区、停车场的进出匝道或连接道,应连续设置轮廓标。
(2)二级公路、三级公路、其他道路和路段视需要可沿主线两侧连续设置轮廓标;在小半径弯道、连续转弯、视距不良、易发生冲出路侧事故和事故多发等路段,宜结合其他安全处置措施沿主线两侧连续设置轮廓标。
(3)高速公路的主线直线段,轮廓标设置间隔一般为50m;附设于护栏上时,其设置间隔可为48m。一级公路和城市快速干道的主线直线段,轮廓标设置间隔一般为40m。二级公路、三级公路和其他道路的主线直线段,轮廓标设置间隔一般为30m。
(4)曲线段轮廓标设置间隔可按下表规定选用,也可适当加密。在曲线段外侧的起止路段设置间隔如下图所示,如果两倍或三倍的间距大于50m 则取为50m。
曲线段轮廓标的设置间隔 S(m)
<table>
<tr><td>曲线半径 R(m)</td><td><30</td><td>30 ~ 89</td><td>90 ~ 179</td><td>180 ~ 274</td><td>275 ~ 374</td><td>375 ~ 999</td><td>1 000 ~ 1 999</td><td>2 000 及以上</td></tr>
<tr><td>S</td><td>4</td><td>8</td><td>12</td><td>16</td><td>24</td><td>32</td><td>40</td><td>48</td></tr>
</table>
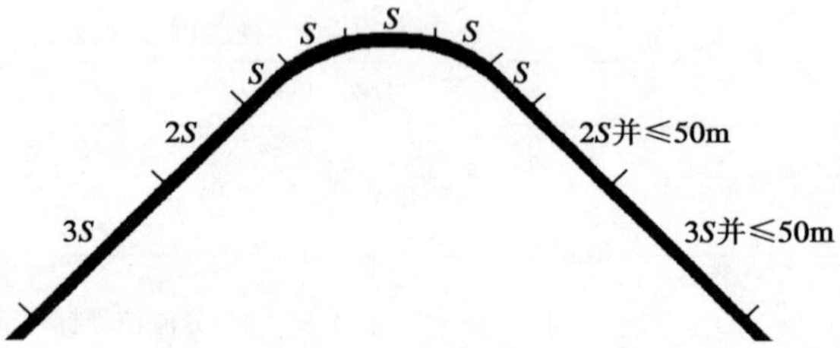

曲线段轮廓标的设置实例
(5)轮廓标的标准设置高度为70cm,最小设置高度为60cm。设置于混凝土基础中的轮廓标,其设置高度(指反射器的中心距路面的高度)应与附着式轮廓标的高度大致相同。
(6)轮廓标反射器的安装角度,无论在直线段或在曲线段上,应尽可能与司机视线方向垂直
</td></tr>
</table>

轮 廓 标 的 构 造　　表 24-3

<table>
<tr><th>项　　目</th><th>内容、指标与图例</th></tr>
<tr><td>埋置式</td><td>
设置于土中的轮廓标,主体结构为三角形断面立柱,由柱体、反射器和混凝土基础等部分组成。
(1)柱体:为空心圆角的三角形截面,顶面斜向车行道,柱身为白色。
(2)反射器:在柱体上部有25cm 长的一圈黑色标记,黑色标记的中间镶嵌一块18cm × 4cm 的反射器。反射器分白色和黄色两种,白色反光片安装于道路右侧,黄色反光片安装于道路左侧或中央分隔带上。反射器采用有机玻璃类(聚甲基丙烯酸甲树脂等)材料制造,利用光学垂直反射原理,把很多个互成直角的三面反射体组合在一起,它由高精度、低粗糙度的模具,高透光率的原料制成。
(3)基础:采用混凝土基础,当轮廓标被碰撞损坏时,为了更换方便,柱与基础连接可以采用装配式
其设置于土中的轮廓标构造如下图所示
</td></tr>
</table>

续上表

项　　目	内容、指标与图例
埋置式	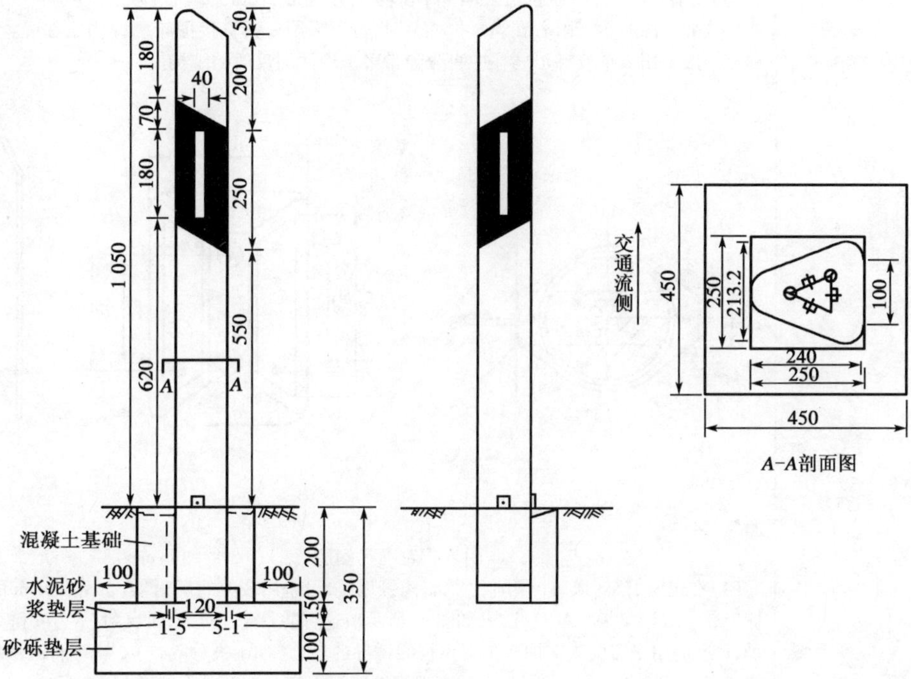 埋置式轮廓标构造(尺寸单位:mm)
附着式	(1)附着在各类建筑物上的轮廓标,有的附着在各种护栏上,如波形梁护栏、混凝土护栏、缆索护栏;也有的附着在隧道、挡墙、桥墩、台侧墙等建筑物上。由于所附着的建筑物部位不同,可采用不同形状的轮廓标。 (2)安装在波形梁护栏中间的槽中时,就要采用梯形,这是由波形梁护栏形状所决定的,这样给施工带来极大的方便,直接用螺栓把波形梁、立柱、轮廓标连接起来,可以和护栏安装一次完成。附着于波形梁护栏中间槽内的构造形式如下图所示。 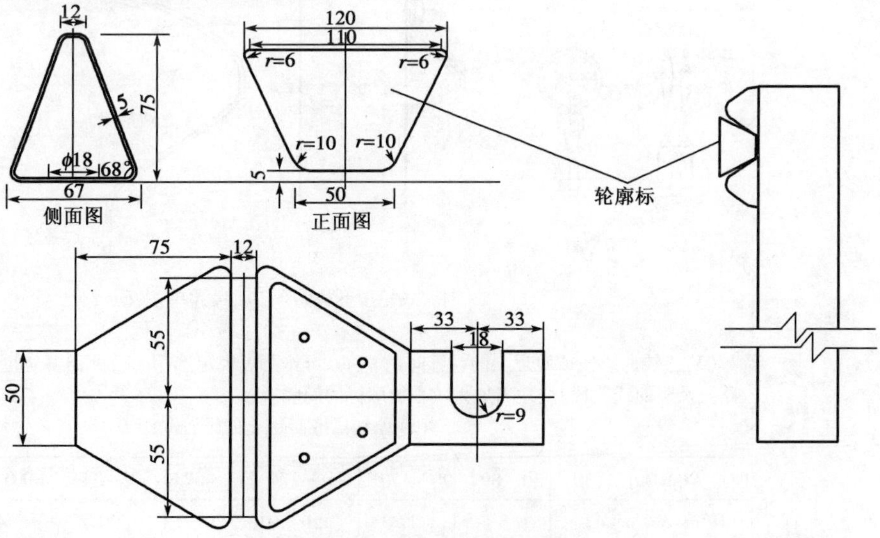 附着式轮廓标构造(一)(尺寸单位:mm)

续上表

项　　目	内容、指标与图例
附着式	(3)附着在其他各类侧墙上的轮廓标形状可用圆形、长方形或者梯形,一般附件可与侧墙连接,其构造形式如下图所示。附着在缆索护栏上时,可以采用夹具直接把轮廓标固定在缆索上,这种护栏上轮廓标一般采用圆形或梯形。在中央分隔带可采用两面反射的结构。

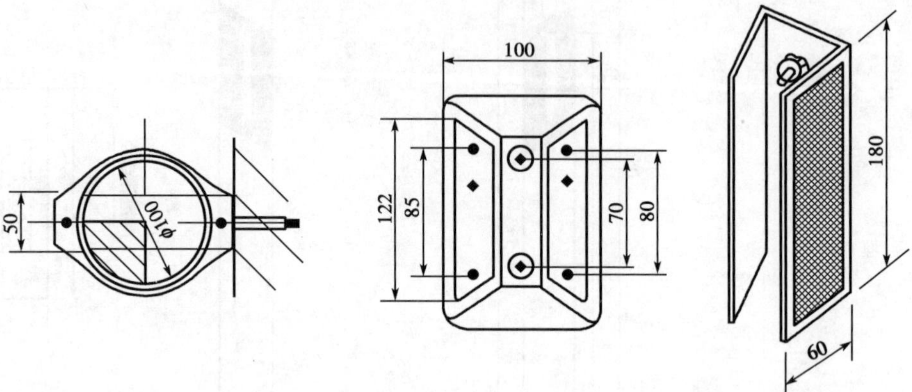

a)　　b)　　c)

附着式轮廓标构造(二)(尺寸单位:mm)

(4)在经常有雾、风、沙、阴雨、雪、暴雨等地区,可采用较大的反射器(如 ϕ100mm 的圆形),并将轮廓标安装于波形梁护栏的立柱上,如图 a)所示。这种轮廓标分为单面反射(A 型)和双面反射(B 型)两种,B 型适用于需要为对向车道提供视线诱导的场合(如中央分隔带)。也可将圆形反射器安装在波形梁护栏板的上缘,通过专门加工的支架把轮廓标固定在波形梁上,如图 b)所示。

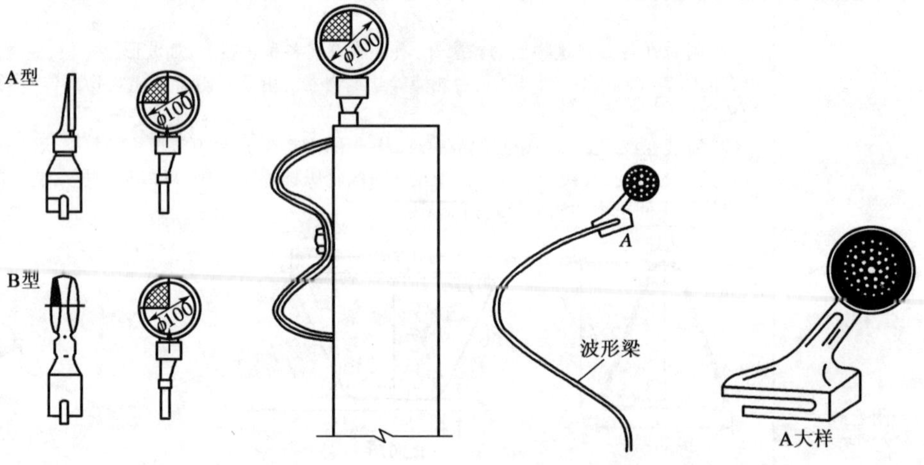

a)　　b)

附着式轮廓标构造(三)(尺寸单位:mm)

(5)主线曲线段或匝道上的设置间距 D(m)可按下表规定选用。公路路基宽度、车道数量有变化的路段及竖曲线路段,应适当加大减小轮廓标的间隔。

主线曲线段或匝道上的设置间距 D

曲线 R(m)	小于 30*	30 ~ 89*	90 ~ 179*	180 ~ 274	275 ~ 374	375 ~ 999	1 000 ~ 1 999	2 000 以上
D(m)	4	8	12	16	20	30	40	50

注:* 一般指互通立交匝道曲线半径

24.1.3 分合流诱导标

分合流诱导标　表 24-4

<table>
<tr><th>项　目</th><th colspan="2">内容与图例</th></tr>
<tr><td>概念</td><td colspan="2">用于促使车辆驾驶人员注意匝道交织运行，设于分流（合流）点前方主线上适当位置。
分合流诱导标，分为设置于土中和附着于护栏立柱上两种。
分合流诱导标为菱形，高速公路上为绿底白色图案，边长 80cm × 80cm，一般道路为蓝底白色图案，边长 70cm × 70cm 或 60cm × 60cm</td></tr>
<tr><td>设置原则</td><td colspan="2">分合流诱导标是以反射器制作符号粘贴在底板上的标志。
汽车在公路上行驶，在分合流诱导标的诱导下，无论是白天还是黑夜，驾驶人员可以非常清楚地辨别交通的分合流情况。除反射器外，其他材料可参照标志材料的技术要求选用。
分合流诱导标原则上应在互通式立交的进、出口匝道附近，有交通分合流的地方设置。分流诱导标设在分流端部前方适当地点；合流诱导标设在合流端部前方适当地点</td></tr>
<tr><td rowspan="2">设置类型</td><td>埋置式</td><td>附着式</td></tr>
<tr><td>设置于土中的分合流诱导标由反射器、底板、立柱、连接件和基础等组成，其构造形式如下图所示
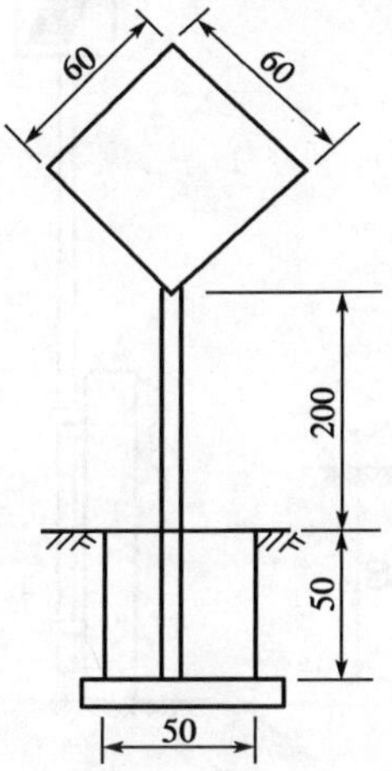

a)正面(尺寸单位：cm)
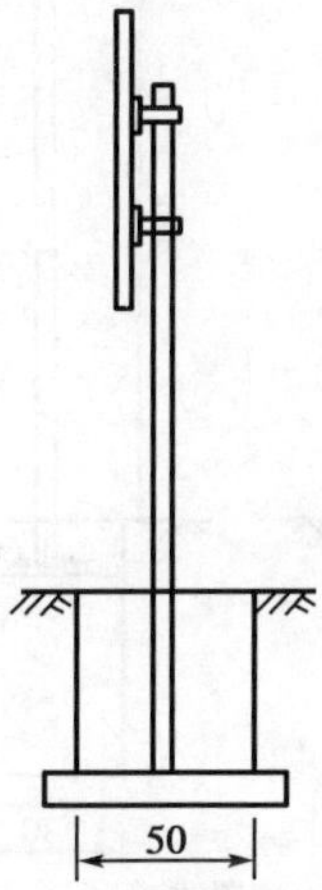

b)侧面(尺寸单位：cm)</td><td>附着于护栏立柱上的分合流诱导标，其构造形式如下图所示。反射器、底板与埋置于土中的相同，立柱则附设在护栏立柱上
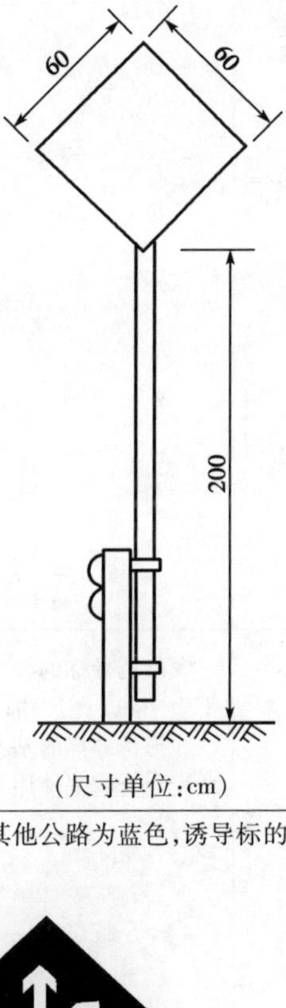

（尺寸单位：cm）</td></tr>
<tr><td>颜色</td><td colspan="2">分合流诱导标的颜色规定为：高速公路诱导标的底色为绿色，其他公路为蓝色，诱导标的符号均为白色，其构造如下图所示

a) 合流

b) 分流</td></tr>
</table>

24.1.4 线形诱导标

线 形 诱 导 标 表24-5

项 目	内容、指标与图例
概念	用于引导车辆驾驶人改变行车方向,促使安全运行,视需要设于易肇事的弯道路段,小半径匝道曲线或中央隔离设施及渠化设施的端部
设置原则	线形诱导标可分为指示性线形诱导标和警告性线形诱导标。指示性线形诱导标一般在曲线半径较小或通视较差、对行车安全不利的曲线外侧处设置;警告性线形诱导标一般应设置在道路中局部施工或维修作业等需临时改变行车方向的路段。其形式和分合流诱导标一样,除附着式反射器外,其余跟标志制作、连接方法相同
设置类型与构造	线形诱导标按埋设条件可以分为立柱埋于混凝土基础中和附着在护栏上两种形式。其构造形式如下图所示 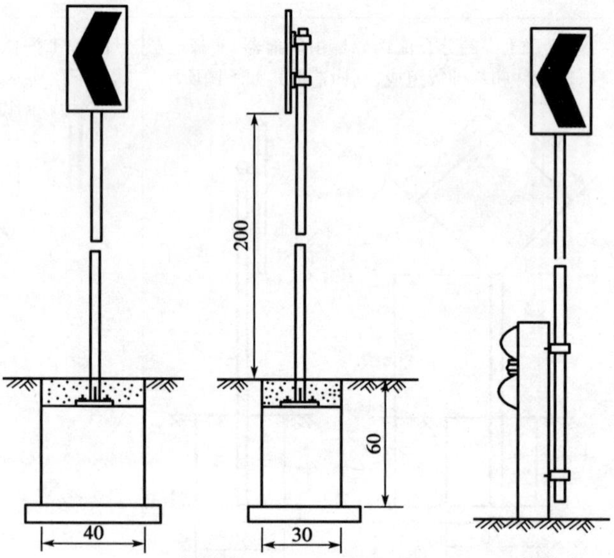 a)埋置式 b)附着式 线形诱导标构造(尺寸单位:cm)
板面及符号	线形诱导标的板面及符号,可根据行车速度分为两种尺寸:当行车速度等于或大于100km/h时,采用下表中的Ⅰ型尺寸;当行车速度小于100km/h时,采用Ⅱ型尺寸。 线形诱导标的基本单元符号如下图所示。线形诱导标可以单独使用一个基本单元,也可以几个基本单元组合起来使用 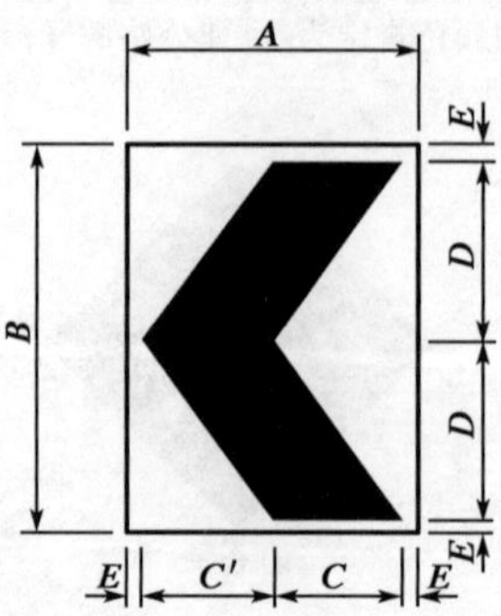

续上表

<table>
<tr><th>项　目</th><th colspan="7">内容、指标与图例</th></tr>
<tr><td rowspan="5">板面及符号</td><td colspan="7">线形诱导标板面尺寸</td></tr>
<tr><td rowspan="2">类别</td><td colspan="6">尺寸(mm)</td></tr>
<tr><td>A</td><td>B</td><td>C</td><td>C′</td><td>D</td><td>E</td></tr>
<tr><td>Ⅰ</td><td>600</td><td>800</td><td>300</td><td>300</td><td>400</td><td>30</td></tr>
<tr><td>Ⅱ</td><td>220</td><td>400</td><td>100</td><td>120</td><td>200</td><td>15</td></tr>
<tr><td>颜色</td><td colspan="7">线形诱导标的颜色规定为：指示性线形诱导标为蓝底白色图案，警告性线形诱导标为红底白色图案</td></tr>
</table>

竖向设置的线形诱导标　表 24-6

<table>
<tr><th>项　目</th><th colspan="6">简图及有关规定</th></tr>
<tr><td rowspan="2">形状</td><td colspan="2">两侧通行</td><td colspan="2">右侧通行</td><td colspan="2">左侧通行</td></tr>
<tr><td colspan="2">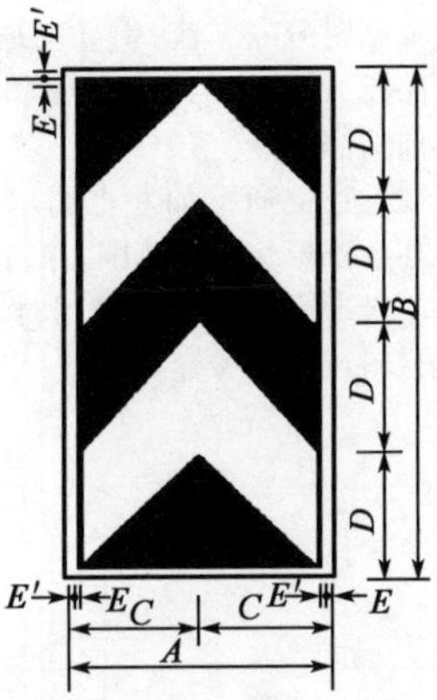
</td><td colspan="2">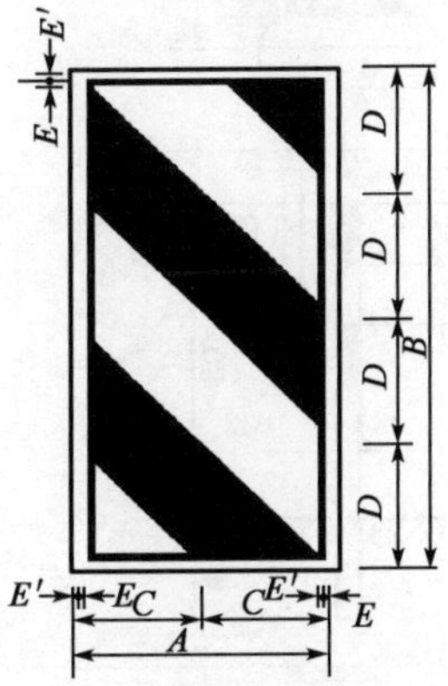
</td><td colspan="2">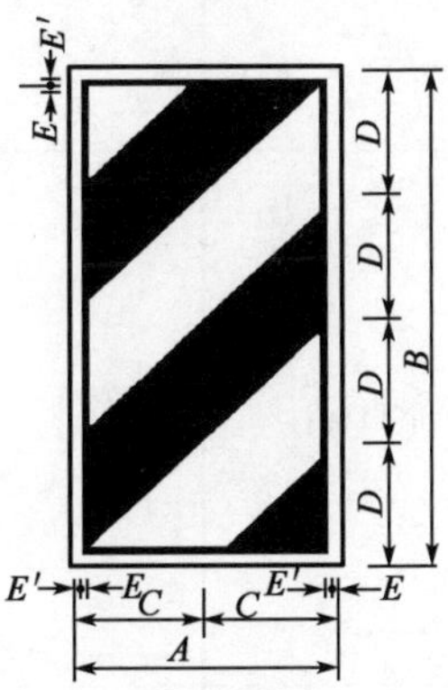
</td></tr>
<tr><td rowspan="4">尺寸</td><td colspan="6">竖向设置的线形诱导标尺寸(mm)</td></tr>
<tr><td rowspan="2">竖向线形诱导标</td><td colspan="6">代号</td></tr>
<tr><td>A</td><td>B</td><td>C</td><td>D</td><td>E</td><td>E′</td></tr>
<tr><td>尺寸</td><td>600</td><td>1 200</td><td>300</td><td>300</td><td>20</td><td>20</td></tr>
<tr><td>说明</td><td colspan="6">设置于中央分隔设施及渠化设施端部的线形诱导标，应为竖向设置(见上图所示)。
线形诱导标的设置数量应根据曲线半径、曲线长度、偏角大小确定。偏角较小的曲线路段，可在曲线中点位置设一块诱导标；偏角较大，曲线较长的弯道，可根据需要设置若干块诱导标；在曲线半径较小的匝道上，应保证驾驶人员在曲线范围内连续看到不少于 3 块诱导标。
线形诱导标板的下缘至地面的高度应为 120(150)cm，板面应尽可能垂直于驾驶人视线</td></tr>
</table>

路栏、路标及警告灯号　表 24-7

<table>
<tr><th colspan="2">项　目</th><th>简　图</th><th>说　明</th></tr>
<tr><td>路栏</td><td>基本形式之一</td><td>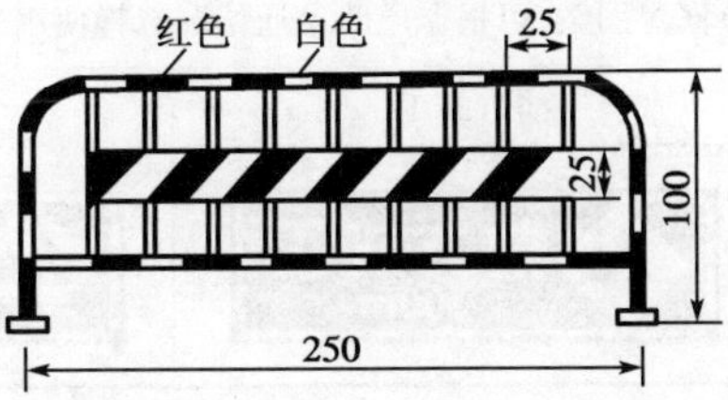
</td><td>用以阻挡车辆及行人前进或指示改道。设在道路施工、养护、落石、塌方而交通阻断路段的两端或周围(图中尺寸单位：cm)</td></tr>
</table>

续上表

<table>
<tr><th colspan="2">项　　目</th><th>简　　图</th><th>说　　明</th></tr>
<tr><td>路栏</td><td>基本形式之二</td><td>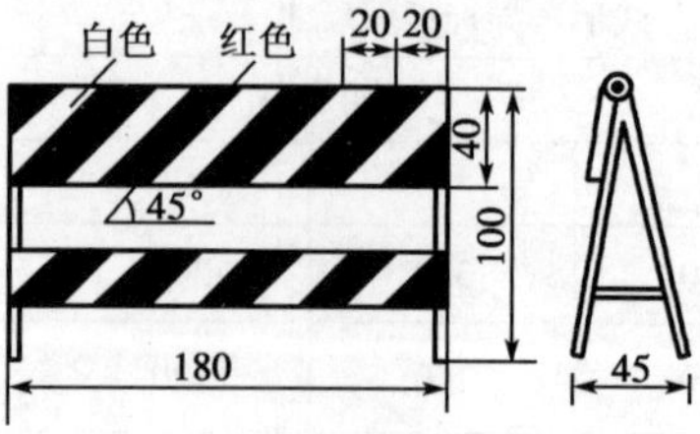
</td><td>用以阻挡车辆及行人前进或指示改道。设在道路施工、养护、落石、塌方而交通阻断路段的两端或周围(图中尺寸单位:cm)</td></tr>
<tr><td colspan="2">锥形交通路标</td><td>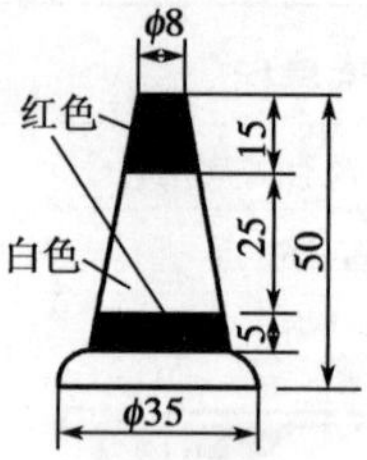
</td><td rowspan="2">与路栏配合,用于阻挡或分隔交通流。设在需要临时分隔车流,引导交通,指引车辆绕过危险路段,保护施工现场设备和人员等场所周围或以前适当地点。
锥形交通标如左上图示,道口标柱(左下图)亦为锥形交通标范围,并用于道口。
锥形交通标夜间使用时上端应安装白色反光材料或反光导标</td></tr>
<tr><td colspan="2">道口标柱</td><td>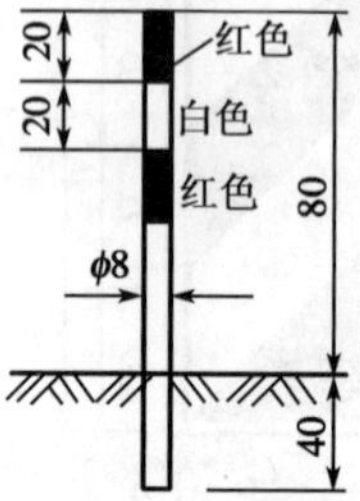
</td></tr>
<tr><td colspan="2">施工警告灯</td><td colspan="2">施工警告灯号用以警告车辆驾驶人前方道路施工,应减速慢行,设于夜间施工路段附近。
本灯号分闪光灯号和定光灯号两种,安装于路栏或独立活动支架上,高度以120cm为度,其镜面闪烁频率、光度及适用地点应符合下表要求
种类与指标
<table>
<tr><th>种类</th><th>闪光灯号(黄色)</th><th>定光灯号(红色)</th></tr>
<tr><td>镜面数</td><td>单面或双面</td><td>—</td></tr>
<tr><td>闪光频率(次/min)</td><td>55~75</td><td>定光</td></tr>
<tr><td>发光强度(cd)</td><td>20~40</td><td>5~10</td></tr>
<tr><td>适用地点</td><td>施工区段或危险地点的起点前</td><td>用于导向车辆行驶</td></tr>
</table></td></tr>
</table>

施　工　区　标　志　　表24-8

<table>
<tr><th>项　　目</th><th colspan="3">简图及说明</th></tr>
<tr><td rowspan="3">施工区标志</td><td colspan="3">用以通告高速公路及一般道路交通阻断、绕行等情况,设在道路施工、养护等路段适当位置。施工标志为长方形,蓝底白字,图案部分为黄底黑图案,可根据道路交通情况选择使用</td></tr>
<tr><td>前方施工</td><td>前方施工</td><td>道路施工</td></tr>
<tr><td>
</td><td>
</td><td>
</td></tr>
</table>

续上表

项　　目	简图及说明		
施工区标志	道路封闭	道路封闭	道路封闭

	右道封闭	右道封闭	右道封闭

	左道封闭	左道封闭	左道封闭

	中间封闭	中间封闭	中间封闭

	车辆慢行	向左行驶	向右行驶

	向左改道	向右改道	

移动性施工标志示例	用以警告前方道路有作业车正在施工，车辆驾驶人应减速或变换车道行驶，移动性施工标志悬挂于工程车辆及机械的后部。本标志为黄底黑色图案、黑边框、反光、背面插两面色旗，如下图所示 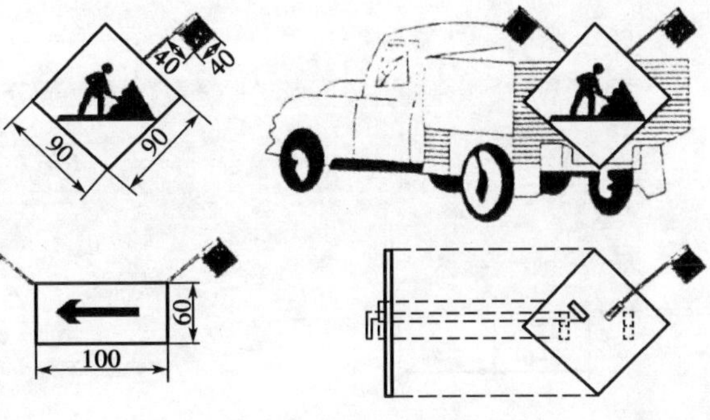 移动性施工标志(尺寸单位:cm)		

24.1.5 突起路标

突 起 路 标 表 24-9

名　　称	含义与图例
概念	突起路标是固定于路面上起标线作用的突起标记块,可用来标记对向车行道分界线、同向车行道分界线、车行道边缘线等,也可用来标记弯道、进出口匝道、导流标线、道路变窄、路面障碍物等危险路段
分类与性能	突起路标有多种形状,典型示例如下图所示。 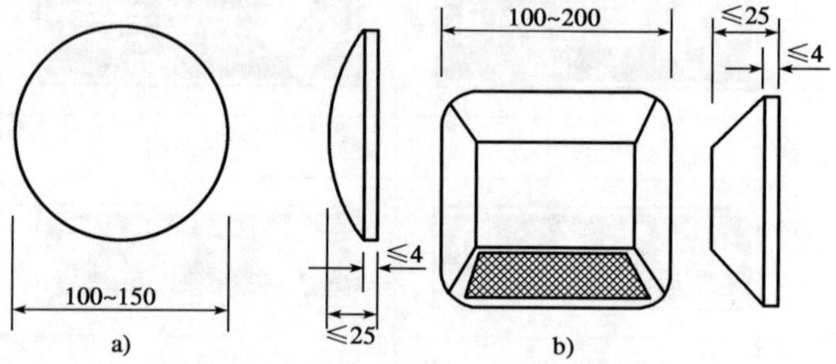 突起路标类型(尺寸单位:mm) 突起路标与标线配合使用时,应选用主动发光型或定向反光型,其颜色与标线颜色一致。 突起路标的其他性能应满足《突起路标》(GB/T 24725—2009)的要求
设置	(1)布设间隔为6~15m,一般设置在标线的空当中,也可依据实际情况适当加密。与边缘线和中心单实线配合使用时,突起路标应设置在标线的一侧,其间隔应与在车行道分界线设置的间隔相同,设置示例如下图所示。 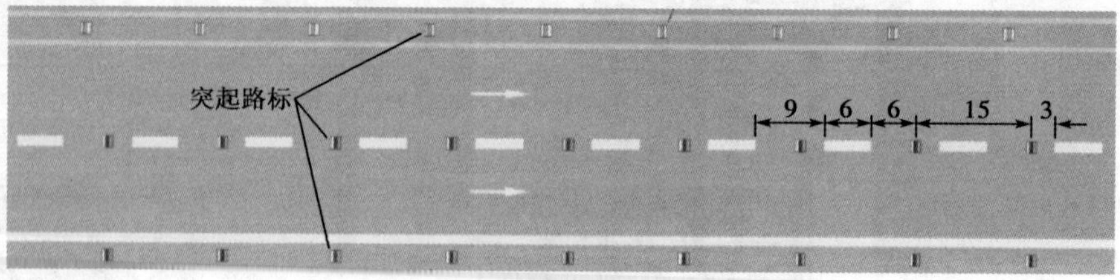 突起路标设置实例(一)(尺寸单位:m) (2)突起路标与进出口匝道标线、导流标线、路面宽度渐变段标线、路面障碍物标线等配合使用时,应根据实际线形进行布设,力求夜间轮廓分明,清晰可见,设置示例如下图所示。 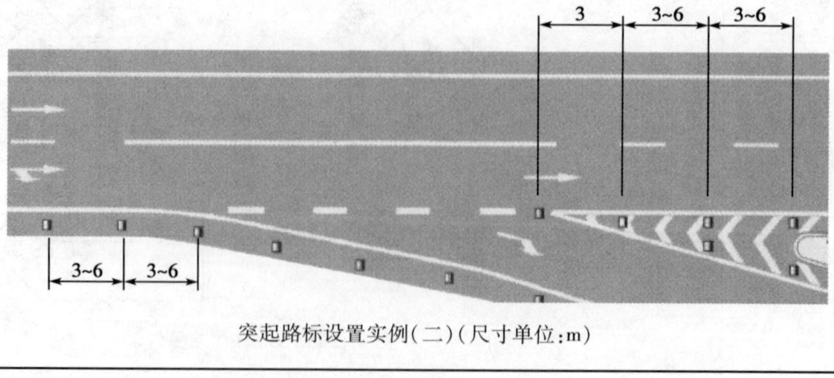 突起路标设置实例(二)(尺寸单位:m)

续上表

名　称	含义与图例
设置	(3)突起路标单独用作车行道分界线时,其布设间距推荐值为1～1.2m,也可依据实际情况适当加密。壳体颜色应与标线颜色一致,并应使突起路标表面具有足够的抗滑性能,示例如图a)、图b)、图c)所示。 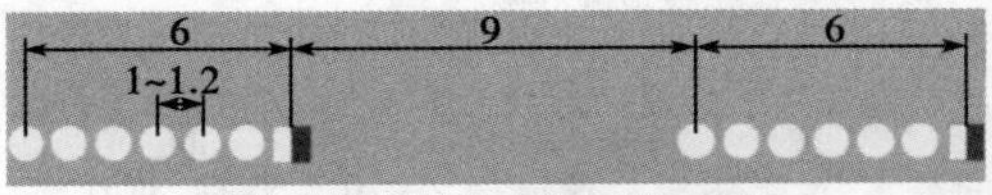 a)突起路标组成的虚线标线示例 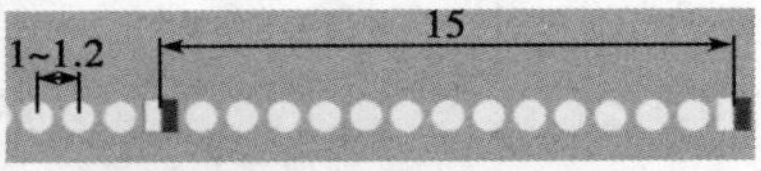 b)突起路标组成的单实线标线示例 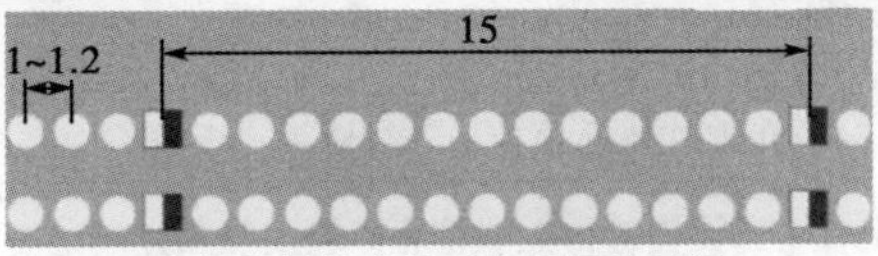 c)突起路标组成的双实线标线示例 突起路标设置实例(三)(尺寸单位:m) (4)突起路标单独用作减速标线时,其布设间距推荐值为30～50cm,并应使突起路标表面具有足够的抗滑性能

24.2　交通视线诱导设施施工

24.2.1 轮廓标施工

(1)一般规定

一 般 规 定　表24-10

名　称	含　义
要求	轮廓标属于视线诱导设施。附着于护栏或其他构造物上的轮廓标,一般是在整个工程的最后阶段安装。安装太早,特别是在公路还没有全封闭、没有正式移交给管理部门以前,这种设施很容易遭到破坏
施工准备	轮廓标安装前,应对柱式轮廓标或附着式轮廓标的埋设条件、位置、数量进行核对,并做出详细的施工组织设计,以便对施工进度、作业程序、材料供应、人员安排等进行合理组织

(2)材料

材料要求一般规定　表24-11

名　称	含　义
立柱	轮廓标立柱一般采用强度高、耐候性和耐腐蚀性好的材料,并且要求加工方便、价格便宜,考虑到维修、养护工作的方便,一般采用金属或合成树脂等材料制作
反射器	轮廓标用反射器应选取高透光率的材料,如聚甲基丙烯酸甲酯、聚碳酸酯等树脂。除设计文件另行规定外,轮廓标应采用符合现行《轮廓标》(GB/T 24970—2010)要求的产品
钢构件	钢构件均应进行防腐处理。除设计文件另行规定外,防腐处理应符合现行《高速路交通工程钢构件防腐技术条件》(GB/T 18226—2000)的规定
混凝土	柱式安装的轮廓标,其混凝土基础所用的材料应符合现行《公路桥涵施工技术规范》(JTG/T　F50—2011)的规定

(3)施工

施　　工　　表 24-12

名　　称	含　　义
埋置式	(1)柱式轮廓标施工时,应设置混凝土基础。 (2)基础开挖达到规定的尺寸和深度后,先浇筑一层片石混凝土,厚度不应小于20cm。 (3)接着在片石混凝土上支模板,测定模板顶部的高程。 (4)当立柱与混凝土基础浇筑在一起时,则可将立柱放入模板中,固定就位后,即可浇筑混凝土。混凝土浇筑完成后应采取正常的养护措施,直到混凝土达规定的强度;当轮廓标柱体或立柱为装配式结构时,则应预留柱体插入的空穴,或采用法兰盘连接。柱式轮廓标,可在混凝土基础的预留空穴中安装。 (5)安装时轮廓标柱体垂直于地平面。 (6)三角形柱体的顶角平分线应垂直于公路中心线,柱体与混凝土基础之间用螺栓连接
附着式	附着于各类构造物上的轮廓标应按照放样确定的位置进行安装。附着于护栏槽内的轮廓标,反射器为梯形,把反射器后底板固定在护栏与立柱的连接螺栓上。附着于缆索护栏上的轮廓标,通过夹具把轮廓标固定在缆索上。附着于隧道壁、挡墙、桥墩、桥台侧墙、混凝土护栏等处的轮廓标,通过预埋件或用胶固定在侧墙上。反射器的安装角度应符合设计文件的规定。安装高度宜尽量统一,并应连接牢固

(4)验收

验　　收　　表 24-13

名　　称	含　　义
一般要求	轮廓标是公路沿线的重要安全设施。夜间,它可以使公路轮廓亮起来,大大增加了驾驶人行驶的安全性,也美化了公路。轮廓标安装完成后,应与公路线形协调一致,夜间反光效果明显、线条流畅。安装高度宜保持一致,设置间隔应均匀。
尺寸	轮廓标的外形尺寸,首先要确保反光片有足够的尺寸,材质、高度应符合设计文件的规定
外观	柱式轮廓标应安装牢固、外形美观。颜色黑白分明。柱体为白色,与中间的黑色标记形成对比。黑色标记的中间镶嵌反射器或反光膜,白天晚上均应清晰。柱体表面不应有明显的划痕、气泡、裂纹及颜色不均等缺陷
构件	(1)附着于波形梁护栏上的轮廓标,由于与波形梁连接螺栓串在一起,而连接螺栓与护栏立柱连在一起,一般均采用防盗螺栓,因此,最好与护栏安装一起进行。安装应牢固、角度应准确。附着于混凝土墙壁或隧道壁上的轮廓标,一般通过预埋件连接,或用胶黏结,也应安装牢固,高度应保持一致,其支撑结构和紧固件应与设计文件相符。 (2)钢构件表面防腐处理应满足规范和设计文件的要求。不同材质的金属构件互相接触时,为防止电化腐蚀,在相互接触的部位应使用非金属套、垫或保护层,使两者隔离

24.2.2 突起路标的施工

突起路标的施工　　表 24-14

名　　称	含　　义
一般要求	突起路标一般俗称路钮,正常情况下与标线配合使用,也可以单独使用。突起路标的技术特点主要是反光亮度高,视线诱导效果显著,施工容易,耐久性好。现在突起路标底胶主要有环氧树脂和专用沥青胶两种,其中专用沥青胶适用于沥青路面。施工时底胶应满足供应商提及的要求,并保证底胶饱满、均匀。现行《突起路标》(GB/T 24725—2009)对突起路标的技术要求、性能有明确规定,除设计文件另行规定外,应遵照执行
施工准备	突起路标的施工放样工作,一般应沿着标线来定位,反射体应面向行车方向。由于突起路标种类较多,材料各异,施工方法有所不同

续上表

名　称	含　义
施工	最常用的方法是把突起路标用胶直接粘在路面上。 (1)在黏结前，应用扫帚、刷子、高压喷嘴吹风等办法清理路面。 (2)用刮刀把黏合剂涂抹在路面上和突起路标底部，突起路标就位，在突起路标顶部施加压力，排除空气，再一次调整就位
	若采用强化玻璃突起路标，则应在路面上钻孔，取出岩芯，清理孔穴后涂胶，突起路标就位，在突起路标顶部施加压力，排除空气，再一次调整就位。 若采用带脚的突起路标，则应在路面上钻小孔，把突起路标的脚伸入到孔内(深度应足够，钻孔不应太大)，清理孔穴后涂胶，突起路标就位，在突起路标顶部施加压力，排除空气，再一次调整就位。待胶凝固后即可开放交通
	突起路标在黏合剂固化以前不能受力，因此在突起路标施工过程中，一定要做好养护管理和交通诱导工作，在黏合剂固化以前一定要避免车辆冲压突起路标，待黏合剂固化以后，才可开放交通

24.3　交通视线诱导设施施工质量检验

24.3.1 轮廓标施工质量检测

(1)基本要求与外观鉴定

轮廓标基本要求、外观鉴定　表24-15

基 本 要 求	外 观 鉴 定
产品应符合《轮廓标》(GB/T 24970—2010)的规定； 轮廓标的布设应按《高速公路交通工程及沿线设施设计通用规范》(JTG D80—2006)、《公路交通安全设施设计规范》(JTG D81—2006)、《公路交通安全设施施工技术规范》(JTG F71—2006)的规定或按设计图进行。 柱式轮廓标的基础混凝土强度、尺寸应符合设计要求； 柱式轮廓标安装牢固，逆反射材料表面与行车方向垂直，色度、光度性能与设计相符	外观表面光滑、不得有尖角、无明显划痕和裂缝等缺陷，尺寸符合规范要求； 安装牢固，线形圆滑顺畅； 柱式轮廓标的垂直度不超过±8mm/m

(2)实测项目

轮廓标实测项目　表24-16

项　次	检 查 项 目	规定值或允许偏差	检查方法和频率	权　值
1	柱式轮廓标尺寸(mm)	三角形断面底边：±5； 三角形高：±5； 总长：±10	尺量：测10%	1
2	安装角度(°)	0～5	角尺：测10%	1
3	反射器中心高度(mm)	±20	尺量：测10%	1
4△	反射器外形尺寸(mm)	±20	尺量：测10%	2
5△	光度性能	在规定范围内	检查测试报告	2

(3)检验方法

检 测 方 法　表24-17

名　称	含　义
柱体尺寸	轮廓标柱体尺寸检验： 柱体轮廓标断面尺寸，使用直尺(量程200mm，精度0.5mm)测量边长和高。 在测量底边边长时，应以底边实际最大长度(100±5)mm为准，在测量高度时，应以底边到顶角圆弧最高点实际高度(120±5)mm为准

续上表

名　　称	含　义
安装角度	安装角度检验: 柱式或护栏上轮廓标安装角度检验在道路土路肩内边线,用花杆、十字架确定行进的纵向线(交通流方向),通过B点做交通流的垂直线,用万能角尺测量α角,应在规定范围内,如图a)、图b)所示。 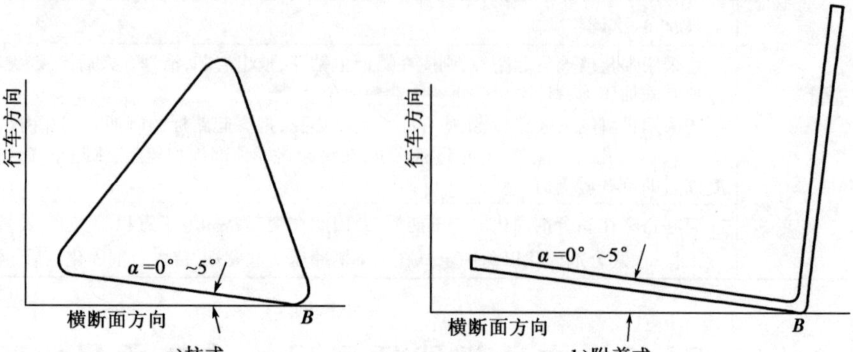 a)柱式　　b)附着式 标志安装角检测示意
纵向间距	纵向间距检验:用钢卷尺(精度1mm)测量轮廓标的纵向间距,应符合规范规定或满足设计要求
反射器	(1)反射器中心高度检验 首先确定地面高度为基点,从基点用钢卷尺(精度1mm)量柱式轮廓标反射器顶面的高度,减去90mm,即为反射器(柱式轮廓标)的中心高度。 护栏轮廓标的反射器为梯形,应先用钢卷尺(精度1mm)量出护栏连接螺栓的中心位置,作为反射器中心,然后,用钢卷尺量取从地面基点至反射器中心的高度。 (2)反射器外形尺寸检验 用卡尺、直尺量取长方形、梯形或圆形反射器的外形尺寸。 (3)光度性能检测 检查检测报告

24.3.2 突起路标施工质量检测

(1)基本要求与外观鉴定

突起路标基本要求、外观鉴定　　表24-18

基 本 要 求	外 观 鉴 定
产品应符合《突起路标》(GB/T 24725—2009)和《道路交通标志和标线　第2部分:道路交通标志》(GB 5768.2—2009)的规定; 与路面黏结牢固、耐久,能经受汽车轮胎的冲击不脱落; 施工时,测量定位、路面干燥清洁	路标外观表面光滑、不得有尖角、无明显划痕和裂缝等缺陷,尺寸符合规范要求; 直线段安装不得出现折线,曲线段安装应与路线吻合,线形圆滑顺畅; 黏结剂不得污染路面

(2)实测项目

突起路标实测项目　　表24-19

项　次	检 查 项 目	规定值或允许偏差	检查方法和频率	权　值
1	安装角度(°)	±5	角尺:测10%	1
2	纵向间距(mm)	±50	尺量:测10%	1
3△	损坏及脱落(个)	<0.5%	测30%	2
4△	横向偏位(mm)	±50	尺量:测10%	2
5	承受压力(kN)	>160	检查测试记录	1
6△	光度性能	在规定范围内	检查测试报告	2

(3)检验方法

检 测 方 法 表 24-20

名　称	含　义
几何尺寸	(1)横向偏位检验 用钢卷尺(精度0.5mm)测量道路横断面上突起路标的位置,确定参照点(道路中心或边缘线的位置),与设计图比较。 (2)纵向间距检验 用钢卷尺(精度1mm)测量突起路标的纵向间距,每处量3次,取平均值。 (3)安装角度检验 突起路标的安装角度应以道路纵向标线为基准,在正常情况下,突起路标带反光片的边线垂直于纵向标线,工程中可用万能角尺(量程0～320°,分辨率为2′)测量突起路标的安装角度
强度与光度	(1)损坏及脱落个数检验 目测检验突起路标损坏及脱落数量,以抽查路段范围内突起路标总数为基数,计算在该路段内突起路标损坏及脱落数量占基数的百分比。 (2)突起路标抗压强度检验 检查测试记录。 (3)光度性能检验 检查测试报告

25 交通隔离栅和桥梁护网

25.1 交通隔离栅和桥梁护网标准

25.1.1 一般规定

一般规定　表25-1

项　目	内　容
概念	隔离封闭设施是防止人和动物随意进入或横穿汽车专用公路,防止非法占用公路用地的人工构造物。隔离封闭设施可有效地排除横向干扰,避免由此产生的交通延误或交通事故,从而保障高速公路、一级公路快速、舒适、安全的运行特性。 隔离封闭设施包括设置于公路路基两侧用地界线边缘上的隔离栅和设置于上跨公路主线的分离式立交桥或人行天桥两侧的防护网
指导思想	隔离栅和桥梁护网设计指导思想: (1)应以交通安全为原则,有效地阻止人、畜或物品进入公路用地范围或公路建筑限界以内; (2)隔离栅的高度应以成人高度为参考值,以距地面高1.5~1.8m为宜;桥梁护网以距桥面高1.8~2.1m为宜; (3)隔离栅和桥梁护网的结构计算可参考交通标志的相关内容
实施顺序	隔离设施设计可按下列顺序实施: (1)收集公路路侧至公路用地范围内的地形资料和全线管理养护机构的位置、互通式立体交叉、桥隧涵洞、服务设施、沿线城镇村庄分布的资料; (2)确定合理、有效、美观、经济的设计方案

25.1.2 桥梁护网

桥梁护网　表25-2

项　目	内　容
设置原则	(1)上跨高速公路、需要控制出入的一级公路的车行或人行构造物两侧均应设置桥梁护网,其设置范围为下穿公路宽度并各向路外延长10m。 (2)公路跨越铁路、通航河流、交通量较大的其他公路时,应根据需要设置桥梁护网
形式选择	(1)桥梁护网按网片形式可分为钢板网、编织网、电焊网、实体板等。 (2)选择桥梁护网形式时,必须考虑其强度、美观性、与公路周围环境的协调性、施工养护的方便性等因素
构造要求	(1)桥梁护网所采用的金属网的形式可与隔离栅相同,其网孔规格不宜大于50mm×100mm。 (2)桥梁护网应做防雷接地处理,接地电阻应小于10Ω

25.1.3 隔离栅

隔　离　栅　　表 25-3

<table>
<tr><th>项　　目</th><th>内 容 与 图 例</th></tr>
<tr><td>设置原则</td><td>(1)除特殊路段外,高速公路、需要控制出入的一级公路沿线两侧必须连续设置隔离栅,其他公路可根据需要设置。
(2)凡符合下列条件之一者,可不设置隔离栅:
①高速公路、需要控制出入的一级公路的路侧有水渠、池塘、湖泊等天然屏障的路段;
②高速公路、需要控制出入的一级公路的路侧有高度大于 1.5m 的挡土墙或砌石等陡坎的路段;
③桥梁、隧道等构造物,除桥头、洞口需与路基隔离栅连接以外的路段。
(3)隔离栅遇桥梁、通道时,应在桥头锥坡或端墙处围封,如下图所示。
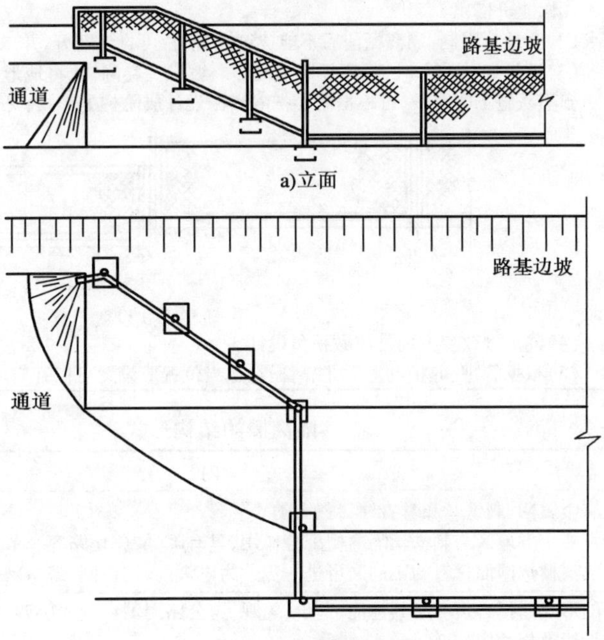

隔离栅端部处理示意图
(4)隔离栅遇尺寸较小、流量不大的涵洞时可直接跨越,如下图所示。
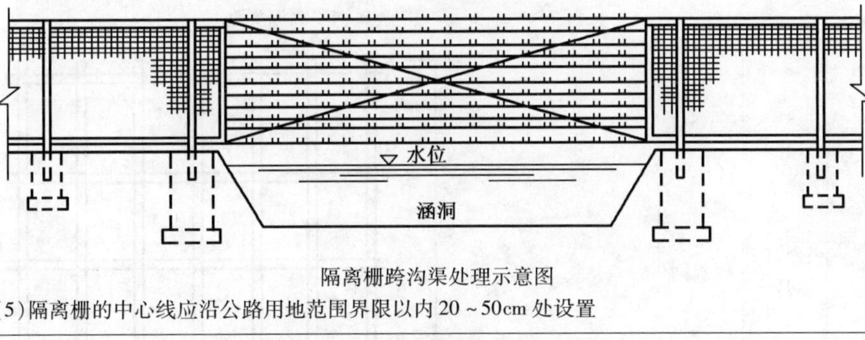

隔离栅跨沟渠处理示意图
(5)隔离栅的中心线应沿公路用地范围界限以内 20 ~ 50cm 处设置</td></tr>
<tr><td>形式选择</td><td>(1)隔离栅按网片形式可分为钢板网、编织网、电焊网、刺钢丝网、常青绿篱和隔离墙等。
(2)下列路段可选择钢板网、编织网、电焊网的形式:
①靠近城镇人口稠密地区的路段;
②沿线经过风景区、旅游区、著名地点等的路段;
③互通式立体交叉、服务区、停车区、管理养护机构两侧。</td></tr>
</table>

续上表

<table>
<tr><th>项　目</th><th>内 容 与 图 例</th></tr>
<tr><td>形式选择</td><td>(3)下列路段可选择刺钢丝网的形式：
①人口稀少的路段；
②公路预留地；
③跨越沟渠而需要封闭的路段。
(4)金属网隔离栅可与常绿小乔木或灌木配合使用。
(5)根据需要和当地条件可采用常青绿篱和隔离墙等其他形式的隔离栅</td></tr>
<tr><td>构造要求</td><td>(1)隔离栅网孔规格应考虑下列因素并按照现行《隔离栅》(GB/T 26941—2011)的规定选取：
①不利于人为攀越；
②结构整体的配合要求；
③网面的强度；
④性能价格比。
(2)受地形限制、隔离栅前后不能连续设置时，可自然断开，并以该处作为隔离栅的端部。
(3)地形起伏较大时，隔离栅可沿地形顺坡设置卷网，或将地形整修成阶梯状。在地形起伏较大，隔离栅不易施工的路段，可根据需要把隔离栅设计成阶梯的形式，见下图。
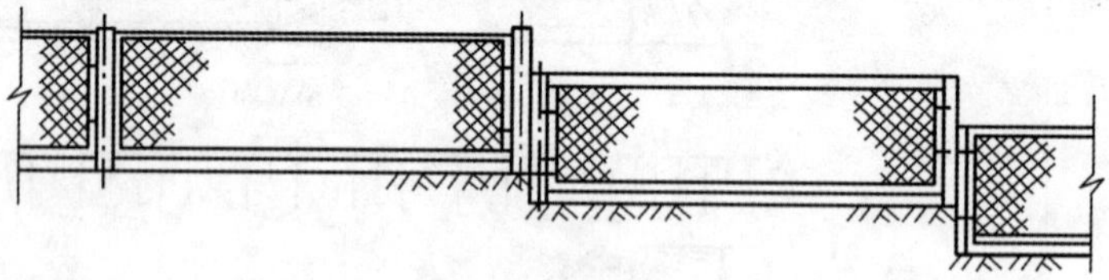
阶梯形式设置示意
(4)隔离栅改变方向处应做拐角设计。
(5)根据管理、养护的需要，隔离栅在适当位置应设置可以开启的活动门</td></tr>
</table>

隔离栅的结构形式 表 25-4

<table>
<tr><th>项目</th><th colspan="3">内　　容</th></tr>
<tr><td>类型</td><td colspan="3">隔离栅有金属网、刺铁丝和常青绿篱三大类。
常青绿篱在南方地区与刺铁丝隔离栅配合作用，具有降噪、美化路容和节约投资的功效。
金属网隔离栅按网面材料的不同又可进一步分为电焊网、钢板网、编织网等形式</td></tr>
<tr><td>形式选择</td><td colspan="3">隔离栅的形式选择必须考虑其性能、造价、美观、与公路周围环境的协调、施工条件及养护维修等因素，并应与公路的设计标准相适应。
在互通立交区域、服务区、停车区、收费站、管理(局)所等处设置刺钢丝隔离栅的路段，隔离栅的设置宜与绿化相配合，选择合适的小乔木或灌木，在管辖地界范围形成绿篱，以有效地增强该区域的景观</td></tr>
<tr><td rowspan="2">金属网</td><td colspan="3">金属网隔离栅是一种结构合理、美观大方的结构形式，但单位造价较高
金属网隔离栅类型</td></tr>
<tr><td>金属网片</td><td>电焊网</td><td>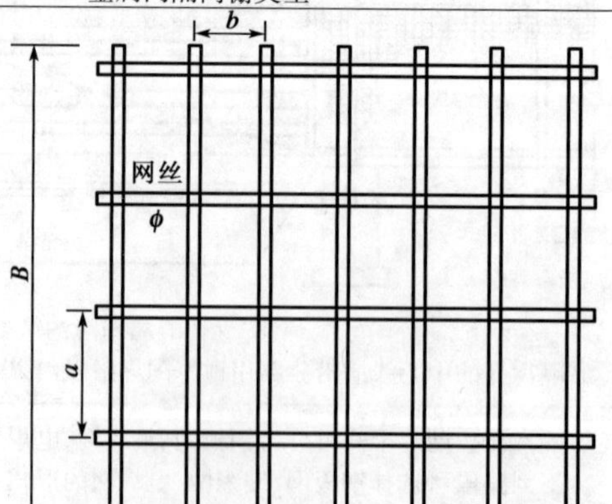
</td></tr>
</table>

续上表

项目	内　容		
金属网	金属网片	钢板网	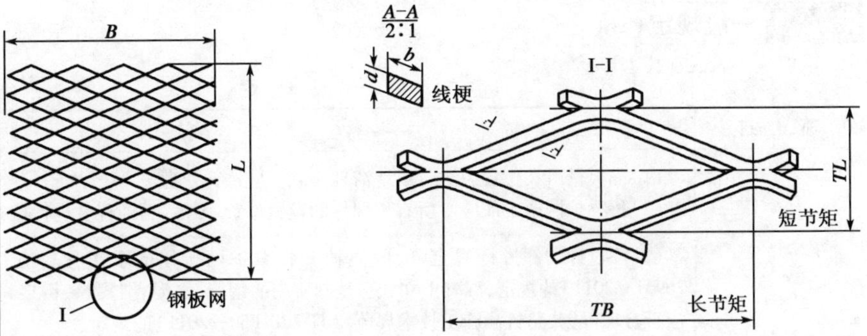
		编织网	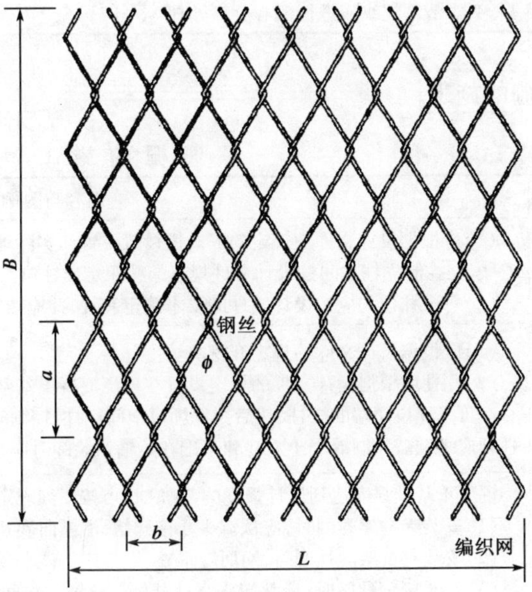
	埋设条件	混凝土基础或直埋土中	
	支撑结构	钢支柱	
刺钢丝	刺钢丝型隔离栅是一种比较经济实用的结构形式，但美观性较差 刺钢丝结构		
	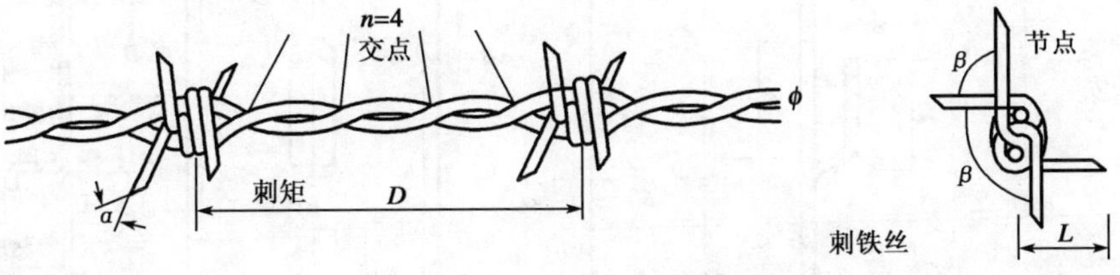		
	埋设条件	混凝土基础或直埋土中	
	支撑结构	钢筋混凝土支柱或钢支柱	

25.2 交通隔离栅和桥梁护网施工

25.2.1 一般规定

一 般 规 定　　表 25-5

项　目	内　容
一般规定	(1)隔离栅所在位置应进行场地清理。软基应进行处理。 (2)桥梁护网施工前应对所有预埋件的设置位置、强度、腐蚀程度进行检查,不符合要求的应整改
材料	(1)除设计文件另行规定外,隔离栅和桥梁护网所用的金属材料应符合现行《隔离栅》(GB/T 26941—2011)的规定,混凝土立柱和基础所用的钢筋、水泥、细集料、粗集料、拌和用水、外加剂等材料应符合现行《公路桥涵施工技术规范》(JTG/T F50—2011)的规定。 (2)所有钢构件均应进行防腐处理。除设计文件另行规定外,防腐处理均应满足现行《高速路交通工程钢构件防腐技术条件》(GB/T 18226—2000)的规定。螺栓、螺母等紧固件和连接件在防腐处理后,必须清理螺纹或进行离心分离处理

25.2.2 隔离栅的施工

隔 离 栅 的 施 工　　表 25-6

项　目	内容与图例
准备工作	(1)应根据设计文件中规定的隔离栅设置位置和实际地形、地物条件确定控制立柱的位置和立柱中心线,在控制立柱之间按设计文件规定的柱距定出柱位。 (2)每个柱位均应按设计文件的要求确定高程,并应按实际地形进行调整
立柱施工	(1)应根据设计文件的规定开挖基坑。 (2)立柱应根据设计文件的规定设置在现浇混凝土基础或预制混凝土基础内。立柱的埋设应分段进行。可先埋设两端的立柱,然后拉线埋设中间立柱,控制立柱与中间立柱的平面投影应在一条直线上,柱顶应平顺。预制混凝土立柱和基础在运输及装卸时应避免折断或损坏边角
安装工序	混凝土基础强度达到设计强度的 70% 时,可按下列规定安装隔离栅网片: (1)安装无框架卷网时,应从端头立柱开始,沿纵向展开,边铺设边拉紧,挂钩时网片不得变形。 (2)安装有框架的片网时,网面应平整,框架应整体平顺、美观,框架与立柱应连接牢固。 (3)安装刺钢丝网时,应从端头立柱开始。刺钢丝之间应平行、平直,绷紧后应与立柱上的铁钩牢固绑扎,横向与斜向刺钢丝相交处也应绑扎牢固
隔离设施安装	隔离设施在上网安装时,可按以下两种方法安装,即整网连续安装和分片式施工安装。 (1)整张隔离网在其连续安装工作完成后,需用专用张紧设备将其绷紧。网与立柱的连接一般采用挂钩的办法,挂钩的构造见下图,这种连接方法的主要优点是上网、下网工艺简单,加工精度要求不高,而且成本低。 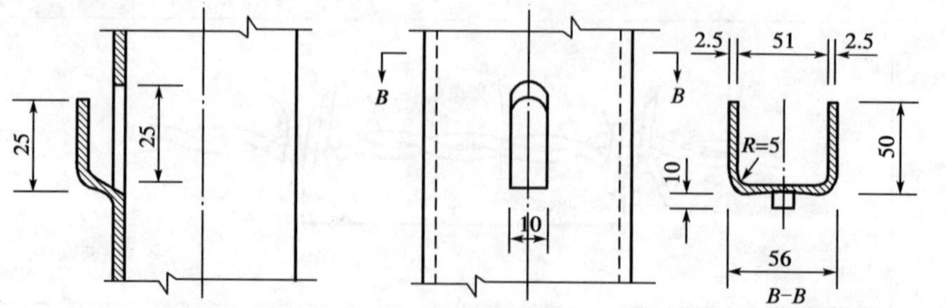 a)侧面　b)立面　c)横剖面 网与立柱的连接示意(尺寸单位:mm)

续上表

项　目	内容与图例
隔离设施安装	(2)分片式上网安装,是指隔离网在工厂按尺寸剪裁好,并镶嵌在外框中,可分散运输、分片架设。这种安装工艺的优点为造型美观、形式多样;隔离设施整体性结构强度高;可散装运输,灵活装配。当然无论是从加工、运输,还是施工安装方面,其总的工程造价相对于传统结构的工程造价都将大幅度上升。安装方式的选择应在充分考虑工程造价,结合本地区道路环境条件,依据设计要求正确选择,以求所选用隔离设施的性能价格比达到最优。此外,网片固定在外边框时,可根据不同的丝网结构,采用焊、压、挂等方法。网片与外边框必须连接牢固,网面平整、绷紧
隔离网与立柱的连接方式	隔离网与立柱的连接方式按安装工艺方法分为无框架整网安装和有框架安装两种形式。 (1)无框架整网安装 无框架整网安装是指金属纺织网四周不附加任何刚性材料作为框架之用,而是直接通过立柱上的挂钩与金属纺织网连接、固定。这种安装工艺的特点是节省材料、造价低、整网连续铺设,缺点是网格难以绷紧。 (2)框架安装 全框架安装,金属纺织网在生产过程中按设计要求规定的尺寸剪裁成片,再用刚性材料待网格绷紧后与其焊接固定,形成整体刚性网框结构,安装时一框一框上装,最后通过螺栓螺母与立柱连接固定。此种安装工艺优点是安装后整体连接效果好、刚性好、强度高、美观大方,缺点是造价高。半框架安装,采用只有上下两边框架的结构形式,通过利用等边内卷边槽钢立柱的特殊结构,用上下可滑动调节螺栓将网片与上下横框现场安装固定,这种安装工艺的最大优点是它不仅克服了以往单片网格安装后无法绷紧的缺点,而且克服了全框结构造价过高的缺点,在工程造价几乎不变的情况下提高了隔离设施整体连接强度。另外材料运输方便,现场安装灵活,隔离网的高度可随意调整固定
回填	隔离栅网片安装完毕后,应对基础周围进行夯实处理

25.2.3 桥梁护网的施工

桥梁护网的施工　　表 25-7

项　目	内　容
准备工作	应以上跨桥梁与公路、铁路等设施的交叉点为控制点,向两侧对称进行桥梁护网的施工。桥梁护网的设置长度应符合设计文件的规定
施工	(1)应根据桥梁护网立柱预埋基础的位置安装立柱。未设置预埋件时,应采取后固定的施工工艺固定立柱。 (2)桥梁防护网网片应牢固地安装在立柱上,网片应完整、绷紧。 (3)应根据设计文件的规定对桥梁护网做防雷接地处理

25.3 交通隔离栅和桥梁护网施工质量检验

25.3.1 基本要求与外观鉴定

基本要求、外观鉴定　　表 25-8

基本要求	外观鉴定
产品应符合《隔离栅》(GB/T 26941—2011)及设计、施工规范要求; 金属网安装平整、无明显翘曲,刺铁丝的中心垂度小于15mm; 防落网网孔均匀、结构牢固、围封严实; 金属立柱弯曲度小于8mm/m,混凝土立柱折断者不得使用; 立柱埋深应符合设计,立柱与基础、立柱与网之间连接牢固,混凝土立柱、基础强度符合设计; 隔离栅起、终点应符合端头围封设计	电焊网不得脱焊、虚焊; 镀(涂)层外观表面光滑、不得有尖角、无明显划痕和裂缝等缺陷; 混凝土立柱应平整、密实,无蜂窝、麻面、裂缝、脱皮等缺陷; 网片与框架焊接牢固,网片拉紧;整网铺设隔离栅,端柱与网片连接牢固,网面平整绷紧;刺铁丝间距符合设计要求,刺线平直、绷紧; 隔离栅安装位置符合设计

25.3.2 实测项目

实 测 项 目 表25-9

项 次	检 查 项 目	规定值或允许偏差	检查方法和频率	权 值
1△	混凝土强度(MPa)	在合格标准内	基础施工每工班一组(3个),检查试件强度,抽查10%	2
2	高度(mm)	±10	尺量:测2%	1
3△	镀(涂)层厚度(μm)	符合设计	测厚仪:测5%	2
4△	网面平整度(mm/m)	±5	尺量:测5%	2
5△	立柱埋深(mm)	±10	尺量:测10%(过程检查)	2
6	立柱中距(mm)	±5	尺量:测2%	1
7	立柱竖直度(mm/m)	±8	垂线、尺量:测2%	1

25.3.3 检验方法

检 测 方 法 表25-10

名 称	含 义
高度	隔离栅、防落网高度是指从路面到隔离栅、防落网顶的总高度。用钢卷尺(精度0.5mm)测量从路面到网顶的高度,每处量取3次,取平均值
镀(涂)层厚度	(1)用镀层测厚仪(量程为1 200μm,精度1μm)分别测量金属立柱、斜撑的镀(涂)层厚度,各构件每处在不同断面测量4次,取平均值。 (2)用涂层测厚仪(量程为400μm,精度0.1μm)测量网丝的涂层厚度,在不同断面上测量4次,取平均值
混凝土柱埋深	立柱埋深查施工记录,如有疑问,必要时可开挖检查,用皮尺量计,每处量取3次,计算平均值
网面平整度	用2m直尺紧靠在网面上,在网面上移动,检查网面凹陷处与直尺的最大间隙,用塞尺量取,取最大值
立柱	(1)中距 立体间距用皮尺量计,每100根测2根,目测检查立柱纵向线形,不得出现参差不齐的现象。柱顶应平顺,不得出现高低不平的情况。 (2)竖直度 用垂线和直尺测量立柱的竖直度,每100根测2根
混凝土强度	混凝土立柱和基础施工应同时做试件,每工作班做一组(3件),检查试件强度,抽检10%

26 交通防眩设施

26.1 交通防眩设施标准

26.1.1 一般规定

一般规定　表26-1

项　目	内　容
概念	防眩设施是指设置在道路中央分隔带上用于消除汽车前照灯夜间眩光影响的道路交通安全设施。防眩设施主要包括防眩板、防眩网和植树(间距型、密集型)防眩3种形式。根据3种构造物在高速公路或一级公路上的使用效果以及综合评判,认为防眩板的防眩效果最好,且目前大多数设置防眩设施的公路以设置防眩板为主
指导思想	(1)防眩设施应按部分遮光原理设计,直线路段遮光角不应小于8°,平、竖曲线路段遮光角应为8°~15°。 (2)设置防眩设施不应减少公路的停车视距。 (3)防眩设施所用材料不得反光。 (4)防眩设施结构计算可参考交通标志的相关内容
实施顺序	(1)收集公路沿线中央分隔带宽度、护栏结构形式、各类构造物及相邻路网的分布数据、公路平纵曲线数据。 (2)确定防眩设施实施地点和实施方案
设置原则	(1)高速公路、一级公路凡符合下列条件之一者,应设置防眩设施: ①中央分隔带宽度小于9m的路段; ②夜间交通量较大,服务水平达到二级以上的路段; ③圆曲线半径小于一般值的路段; ④凹形竖曲线半径小于一般值的路段; ⑤公路路基横断面为分离式断面,上下车行道高差小于或等于2m的路段; ⑥与相邻公路或交叉公路有严重眩光影响的路段; ⑦连拱隧道进出口附近。 (2)非控制出入的一级公路平面交叉、中央分隔带开口两侧各100m(设计速度大于或等于80km/h)或60m(设计速度60km/h)范围内可逐渐降低防眩设施的高度,由正常高度降至开口处的0高度,否则不宜设置防眩设施。 (3)公路沿线有连续照明设施的路段,可不设置防眩设施。 (4)防眩设施连续设置时,应符合下列规定: ①应避免在两段防眩设施中间留有短距离间隙; ②各结构段应相互独立,每一结构段的长度不宜大于12m; ③结构形式、设置高度、设置位置发生变化时应设置渐变过渡段,过渡段长度以50m为宜

26.1.2 防眩设施形式选择

防眩设施形式选择　　表 26-2

<table>
<tr><td>形式选择</td><td>
(1)选择防眩设施形式时,应针对公路的平纵线形、气候条件,充分比较各种防眩设施的性能,分析行驶安全感、压迫感、景观要求,并考虑与公路周围环境的协调,结合经济性、施工条件及养护维修等因素综合确定。
(2)高速公路、一级公路宜采用防眩板和植树两种方式交替设置防眩设施。在进行技术经济论证后,也可采用其他的防眩形式。
(3)中央分隔带护栏间距小于树冠直径时,或植树对中央分隔带通信管道有影响时不宜采用植树防眩
不同防眩设施的综合性能比较
<table>
<tr><td rowspan="2">特点</td><td colspan="2">植树(灌木)</td><td rowspan="2">防眩板</td><td rowspan="2">防眩网</td></tr>
<tr><td>密集型</td><td>间距型</td></tr>
<tr><td>美观</td><td>好</td><td>好</td><td>好</td><td>较差</td></tr>
<tr><td>对驾驶人心理影响</td><td>小</td><td>大</td><td>小</td><td>较小</td></tr>
<tr><td>对风阻力</td><td>好</td><td>好</td><td>小</td><td>大</td></tr>
<tr><td>自然景观配合</td><td>好</td><td>好</td><td>好</td><td>不好</td></tr>
<tr><td>防眩效果</td><td>较好</td><td>较好</td><td>好</td><td>较差</td></tr>
<tr><td>经济性</td><td>差</td><td>好</td><td>好</td><td>较差</td></tr>
<tr><td>施工难易</td><td>较难</td><td>较难</td><td>易</td><td>难</td></tr>
<tr><td>养护工作量</td><td>大</td><td>大</td><td>小</td><td>小</td></tr>
<tr><td>横向通视</td><td>差</td><td>较好</td><td>好</td><td>好</td></tr>
<tr><td>阻止行人穿越</td><td>较好</td><td>差</td><td>较好</td><td>好</td></tr>
<tr><td>景观效果</td><td>好</td><td>好</td><td>好</td><td>差</td></tr>
</table>
</td></tr>
</table>

26.1.3 防眩板的结构形式

防眩板的结构形式　　表 26-3

<table>
<tr><td colspan="2">项　目</td><td>内容与图例</td></tr>
<tr><td colspan="2">防眩板的分类</td><td>
就防眩板的设置方式来说,主要有防眩板单独设置;防眩板设置在波形梁护栏的横梁上;防眩板设置在混凝土护栏上这 3 种情况。其结构形式见下表
防眩板的分类
<table>
<tr><td>构造特征</td><td>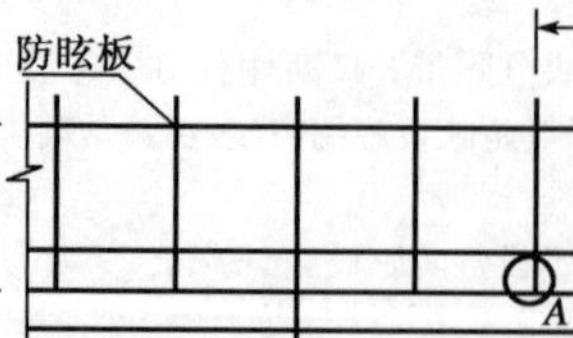</td><td>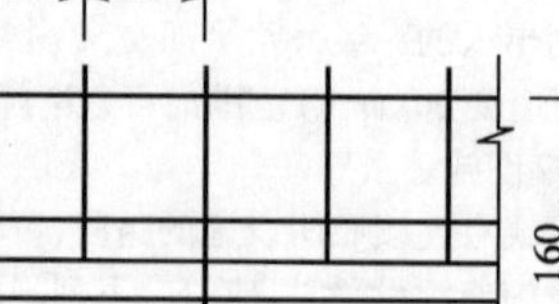</td><td>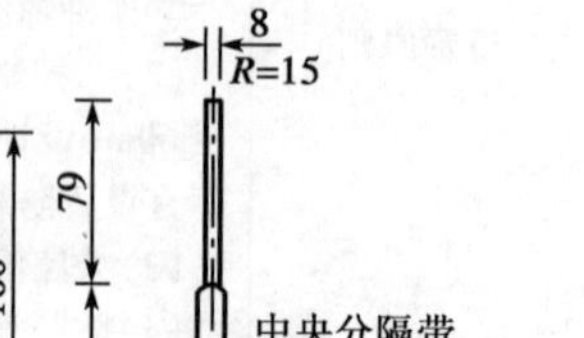</td></tr>
<tr><td>设置方式</td><td>与波形梁护栏相连接</td><td>埋置在土中\埋置在混凝土中</td><td>设置在混凝土护栏上</td></tr>
</table>
</td></tr>
<tr><td>防眩板与中央分隔带护栏配合设置</td><td>1</td><td>
防眩板与混凝土护栏相结合依赖混凝土顶上预埋件来实现,一般采用焊接。其结构形式见下图
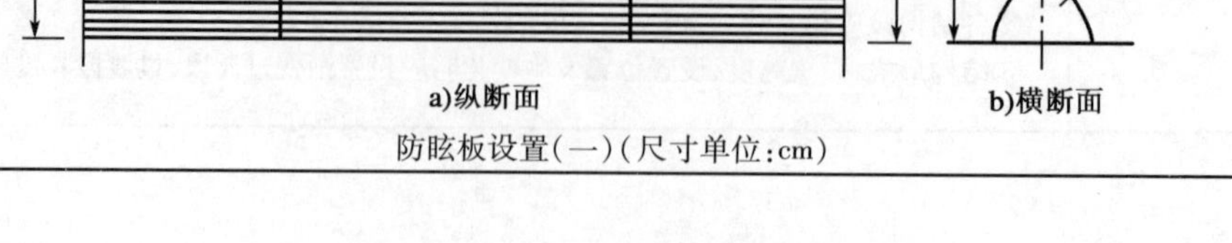

防眩板设置(一)(尺寸单位:cm)
</td></tr>
</table>

续上表

<table>
<tr><th colspan="2">项　　目</th><th>内容与图例</th></tr>
<tr><td rowspan="2">防眩板与中央分隔带护栏配合设置</td><td>2</td><td>

防眩板与波形护栏结合可在护栏上加横梁(槽钢),防眩板固定在槽钢上,也可在组合型护栏立柱上固定防眩板。其结构形式见下图

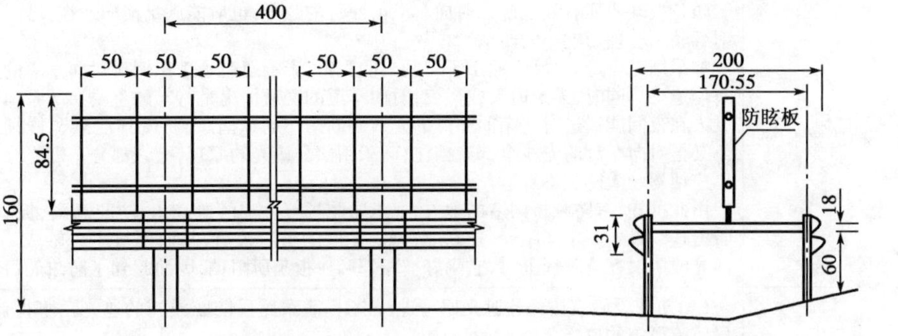

a)纵断面　　b)横断面

防眩板设置(二)(尺寸单位:cm)

</td></tr>
<tr><td>3</td><td>

防眩板单独竖立立柱将其埋设在中央分隔带上,其结构形式见下图

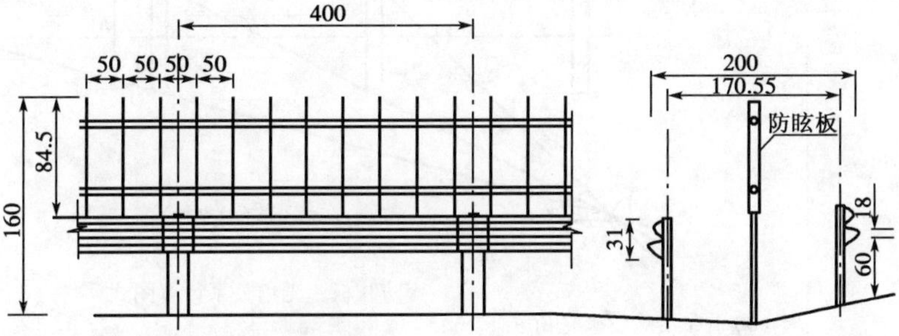

a)纵断面　　b)横断面

防眩板设置(三)(尺寸单位:cm)

</td></tr>
<tr><td colspan="2">设置方法</td><td>

(1)防眩板应以一定长度的独立结构段为制造和安装单元,这种结构段的长度一般在4~12m,视所用材料、工艺情况而定。

(2)防眩板设置在道路的中央分隔带上,免不了要遭受失控车辆的冲击而损坏。为了减轻损坏的严重程度,以及方便地更换维修,设计时应每隔一段距离使前后相互分离,使各段互不相连。这样做有利于加工制作和运输安装,而且从防止温度应力破坏的角度来说也是必需的。

防眩板每个独立段的长度可以与护栏设置间距相协调,选择4m、5m、8m、12m或稍长一些都是可以的。

(3)防眩板之所以倍受国内外公路界的欢迎,其具有对风阻挡小,不易引起积雪,美观、经济和对驾驶人心理影响小等优点。只要防眩板能满足一般构造上要求,就足以抵抗风力的破坏。故一般可以不对其进行力学计算,而只要满足构造上的要求即可。但在经常遭受台风袭击的沿海地区和常年风力较大、有刮倒树木或破坏道路设施的地区,防眩板独立埋设基础时,在设计上应对防眩板的连接部件或基础进行抗倾覆等力学验算。其横向风力大小可参照《公路桥涵设计通用规范》(JTG D60—2004)中有关桥梁护杆的规定确定。

(4)防眩板的基本结构是把方形型钢作为纵向骨架,把一定厚度、宽度的板条按一定间隔固定在方形型钢上。防眩板厚度视采用材料不同而不同,也应根据防眩板是否受力而有变化。在每个独立结构段内,一般有两块板为承力结构板与护栏连接固定。

防眩板及其连接体的尺寸应结合结构和景观等因素确定。一般板条厚度为2.5~4.0mm,板宽为8~25mm;方形型钢的外形尺寸可为40mm×40mm~65mm×65mm,其壁厚可为2~3mm

</td></tr>
</table>

26.1.4 防眩板的构造要求

防眩板的构造要求 表26-4

项目	内容与关系式
构造要求	防眩板既要能有效地遮挡对向车辆前照灯的眩光,也应能满足横向通视良好,能看到斜前方,并满足对驾驶人心理影响小的要求。 如采用完全遮光,反而缩小了驾驶人的视野,影响巡逻管理车辆对对向车道的通视,且对行车驾驶人有压迫感。同时,无论白天或黑夜,对向车道的交通情况是行车的重要参照系,其中很重要的一点是驾驶人在夜间能通过对向车前照灯的光线判断两车的纵向距离,使其注意调整行驶状态。所以,防眩板不必把对向车灯的光线全部遮挡住,而采用部分遮光的原理,允许部分车灯光穿过防眩板,当然透光量不应使驾驶人感到不舒适。 由此可知,有防眩板构造的地方,要求防眩板有一定的遮光角、防眩高度、板宽和间距。在中央分隔带上连续设置一定间距、一定高度、一定宽度的防眩板后,与前照灯主光轴成一定水平夹角(遮光角)的光线照射在防眩板上时,它刚好被相邻两块板条所阻挡,因而起到了防眩的目的
遮光角	(1)防眩设施宜按部分遮光原理进行设计,直线路段防眩设施的遮光角不得低于8°,平(竖)曲线路段防眩设施的遮光角为8°~15°。 (2)直线路段遮光角 β_0: $\beta_0 = \tan^{-1}\left(\frac{b}{L}\right)$ 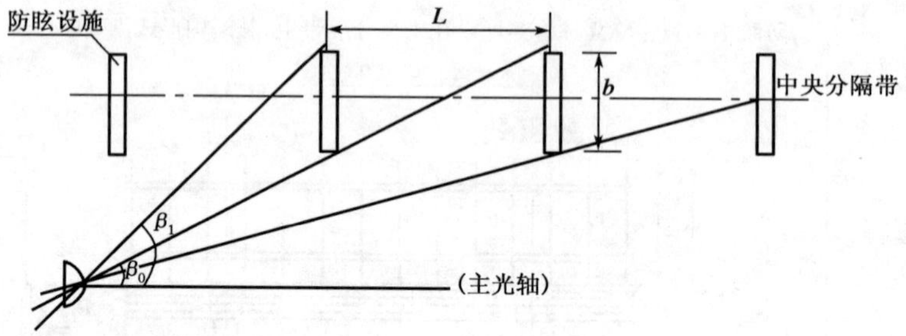 防眩板遮光角关系计算图式 (3)平曲线路段遮光角 θ: $\theta = \cos^{-1}\left(\frac{R - B_3}{R} \cdot \cos\beta_0\right)$ 式中:b——防眩板的宽度(m); L——防眩板的纵向间距(m); R——平曲线半径(m); B_3——车辆驾驶人与防眩设施的横向距离(m)
防眩高度	(1)直线路段防眩设施的高度 H: $H = h_1 + (h_2 - h_1) \cdot \frac{B_1}{B}; H = h_1 + (h_2 - h_1) \cdot \frac{B_2}{B}$ 式中:H——防眩高度(m); h_1——汽车前照灯高度(m); h_2——驾驶人视线高度(m); B_1、B_2——分别为行车道上车辆距防眩设施中心线的距离(m); B——相对行驶车辆相距的横向距离(m)。 (2)平曲线路段应验算防眩设施高度对停车视距的影响: $H < \frac{D - (R + m/2)\cos\gamma}{D} \cdot (h_2 - h) + h; D = 2R \cdot \sin\frac{S}{2R}$ 式中:H——防眩设施高度(m); D——驾驶人与障碍物通视的直线距离(m); h_2——驾驶人视线高度(m); h——障碍物高度(m); R——平曲线半径(m); m——道路中央分隔带宽度(m); S——停车视距(m)。

续上表

<table>
<tr><th>项　目</th><th>内容与关系式</th></tr>
<tr><td>防眩高度</td><td>
<table>
<tr><th colspan="3">汽车前照灯高度和驾驶人视线高度</th></tr>
<tr><th>车种</th><th>视线高度 h_2(m)</th><th>前灯高度 h_1(m)</th></tr>
<tr><td>大型车</td><td>2.0</td><td>1.0</td></tr>
<tr><td>小型车</td><td>1.30</td><td>0.8</td></tr>
</table>
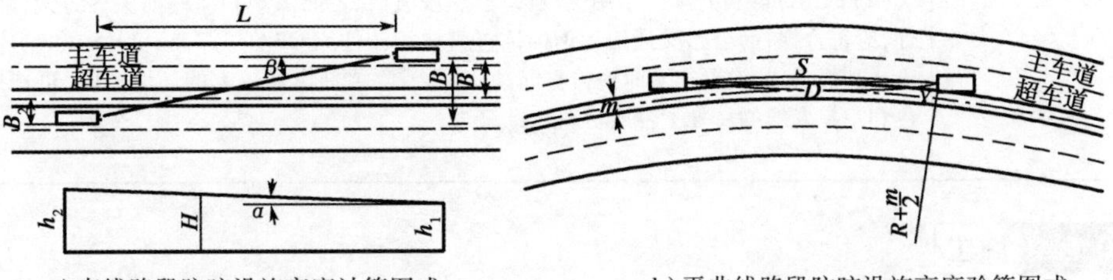

a)直线路段防眩设施高度计算图式　　b)平曲线路段防眩设施高度验算图式
(3)竖曲线路段防眩设施高度应根据前后纵坡情况进行适当调整,以满足遮光要求
</td></tr>
<tr><td>防眩板宽度</td><td>
(1)当防眩板与设置中线垂直时:

$$b = L \cdot \tan\beta$$

(2)当防眩板与设置中线偏转 α 角时:

$$b = L \cdot \frac{\tan\beta}{\sin\alpha + \cos\alpha \cdot \tan\beta}$$

式中:b——防眩板的宽度(cm);
β——防眩遮光角(°);
L——防眩板的间距(cm);
α——防眩板的偏转角(°)

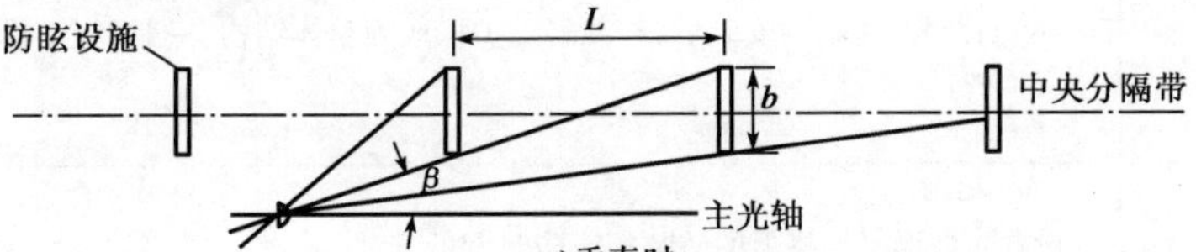

a)垂直时

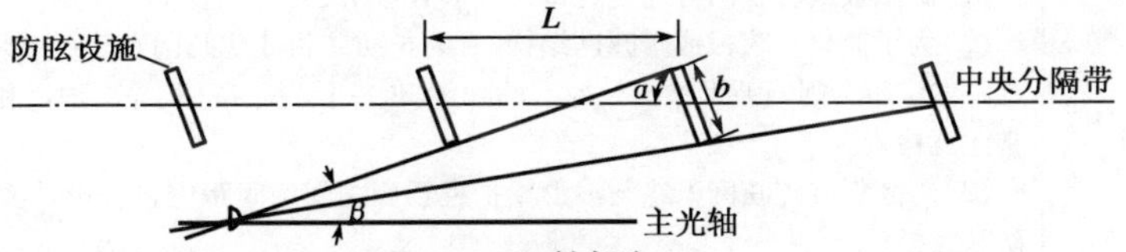

b)斜交时

防眩板宽度计算图式
</td></tr>
<tr><td>防眩板间距</td><td>防眩板间距一般定为50cm,这主要是为了与护栏设置间距相吻合,同时也有利于加工制作;另外,以此间距计算出的板宽能很好地与护栏顶部宽度尺寸相配合</td></tr>
</table>

26.2　交通防眩设施施工

26.2.1 一般规定

防 眩 设 施 材 料　　表 26-5

项　目	内　容
施工准备	施工前,对防眩板、防眩网的预埋件应进行检查,发现问题及时与建设单位联系并在施工前加以解决

续上表

项　目	内　容
材料	(1)防眩板可以用金属材料和合成材料制成,防眩网可以用金属材料制成。金属材料指金属板材、金属网和连接件;合成材料包括工程塑料、玻璃纤维增强塑料制品等。上述材料应满足耐腐蚀性及耐候性的要求。现行《防眩板》(GB/T 24758—2009)中对各类防眩设施的构件材料有详尽的要求,除设计文件另行规定外,应遵照执行。 (2)钢构件防腐处理可采用热浸镀锌、热浸镀铝、表面涂塑和涂刷油漆等方式,除设计文件另行规定外,应符合现行《公路交通工程钢构件防腐技术条件》(GB/T 18226—2015)和设计文件的规定。对于合成类材料,如设置在受海边盐雾腐蚀、酸雨或除雪剂影响较大的环境中时,可选用不易老化、不易褪色和不易变形的高分子合成材料

26.2.2 施工

防眩设施材料　表 26-6

项　目	内　容
设置于混凝土护栏上	设置于混凝土护栏上的防眩板或防眩网的安装: (1)预埋件的设置位置、结构尺寸等不符合设计要求,或未按要求设置预埋件时,应与建设单位联系,不得随意处理,以免破坏混凝土护栏的使用功能。 (2)混凝土护栏是支撑防眩板、防眩网的结构物,防眩板、防眩网安装完成后,各连接件就要受力,混凝土强度达到设计强度的70%时,方可在混凝土护栏顶部安装防眩设施。 (3)防眩板、防眩网安装后,其下缘与混凝土护栏顶部的间距应符合设计文件的规定。安装过程中,不得随意抬高防眩板、防眩网以调整高度及垂直度,以免下缘漏光过量影响防眩效果。 (4)防眩板、防眩网安装后,与混凝土护栏成为整体结构,一般不会削弱混凝土护栏的原有功能,但应注意检查
设置于波形梁护栏上	设置于波形梁护栏上的防眩板或防眩网的安装: (1)防眩板或防眩网可通过连接件安装在波形梁护栏上。 (2)为了简化防眩板或防眩网结构,有时把防眩板或防眩网安装在单侧波形梁护栏上。一般情况下,这种做法不会削弱波形梁护栏原有的功能,但一旦发生碰撞事故,护栏和防眩设施均会遭受破坏,应经常注意检查。 (3)防眩板或防眩网下缘与波形梁护栏顶面之间的间距应符合设计文件的规定,以免漏光过量影响防眩效果。 (4)防眩板或防眩网通过连接件与波形梁护栏连接,施工过程中不应损伤波形梁护栏的金属涂层。任何形式涂层的损伤,均应在24h之内给予修补
独立设置立柱	独立设置立柱的防眩板或防眩网的安装: (1)防眩板或防眩网单独设置时,立柱一般直接落地埋在中央分隔带内,因此,施工前,应注意清理中央分隔带内的杂物、坑洞,了解管线埋深及位置,处理好与其他中央分隔带内构造物的关系。立柱埋设在其他位置时,也应进行场地清理。 (2)防眩板或防眩网单独设置时,可根据所在位置选择将立柱埋入土中、设置混凝土基础或固定于构造物上等方式加以处理。 (3)防眩板或防眩网立柱的施工,采用开挖法埋设混凝土基础时,不得破坏地下的通信管线或电缆管线。混凝土基础开挖达到规定深度后,应夯实基底,调整好垂直度和高程,夯实回填土。施工中不得损害中央分隔带地下排水系统

26.3　交通防眩设施质量检验

26.3.1 防眩设施产品质量检测

产 品 质 量 检 测　　表 26-7

项　目	内　容
材料	(1)防眩板各部件可采用钢材、塑料或其他不易变形的耐久材料加工制作。防眩板若采用薄钢板或钢带制造,其性能应符合国家现行普通碳素结构钢板或钢带的有关规定。若采用塑料制作防眩板构件时,应选用在自然条件下不易老化、不易褪色和不易变形的高分子合成材料。其材料应满足相应的力学性能、耐溶剂性能、环境适应性能等要求。 (2)防眩板纵向构件可采用方形型钢制造,应符合国家现行冷弯型钢的有关规定。非承重的板条可选用在自然条件下不易老化、不易褪色和不易变形的塑料板加工制作。 (3)钢制防眩板构件其表面防腐可采用镀锌、镀铝、镀锌(铝)后涂塑、单涂塑等方法处理。镀锌(铝)的处理方法和要求同波形梁护栏。 (4)防眩板经热浸镀锌(铝)处理后,为改善视觉景观,不给人以单调感,可在防眩板锌(铝)层上进行涂塑处理,或直接将钢构件进行涂塑处理,具体要求同隔离设施镀锌(铝)后涂塑、单涂塑处理
材料性能	(1)防眩设施的主体、支撑件和连接件若采用普通碳素结构钢,材料的力学性能应符合《碳素结构钢》(GB/T 700—2006)的规定,原材料的试样的取样与护栏产品试样类同。 (2)防眩设施的主体若采用铝板或铝合金材料,材料性能应符合《变形铝及铝合金化学成分》(GB 3190—2008)和《一般工业用铝及铝合金板、带材　第3部分:尺寸偏差》(GB/T 3880.3—2006)的规定。化学成分的仲裁分析方法按《铝及铝合金化学分析方法》(GB 20975)进行。试样的取样与交通标志产品试样类同。 (3)板材内部不允许有中心裂纹和分层。板材表面应清洁不应有裂纹和氧化夹杂物,允许有压陷、碰伤、擦伤、轧辊压痕,但其深度不超过板材厚度允许负偏差,并保证最小厚度。 (4)防眩设施的主体若采用其他合成材料,其材料性能应符合相应的标准与设计要求
防腐层质量与外观质量	防眩设施可以采用不同的材料制作,并且可以采取不同的方法进行防腐处理,对不同的材料及处理方法,其性能指标及检测方法不同。防眩设施若为钢构件,则防腐层质量与外观质量要求见护栏或隔离设施质量要求。若底材为非磁性材料,则需根据《非磁性基体金属上非导电覆盖层　覆盖层厚度测量　涡流法》(GB/T 4957—2003)的方法进行。非磁性材料厚度的测量采用涡流仪器无损检测法,其原理是通过涡流测厚仪的测头所产生的高频电磁场,使置于测头下面的导体产生涡流,其振幅和相位是覆盖层厚度的函数。为了减少测量误差,应对测量仪器进行校准,并且避免在试样的弯曲表面、内转角、边缘测试的同时,需满足测量次数的要求
外形尺寸	防眩设施的外形尺寸应以设计要求为准,用一般量具如卡尺、盒尺、角度尺来测量

26.3.2 基本要求与外观鉴定

防眩设施基本要求、外观鉴定　　表 26-8

基 本 要 求	外 观 鉴 定
产品应符合《防眩板》(GB/T 24718—2009)及设计、施工规范要求; 防眩设施几何尺寸及遮光角应符合设计; 防眩板的平面弯曲度不得超过板长的0.3%; 防眩设施整体应与路线线形相一致,安装牢固,美观大方,结构合理	外观表面光滑、不得有尖角、无明显划痕和裂缝等缺陷,尺寸符合规范要求; 防眩设施色泽均匀

26.3.3 实测项目

防眩设施实测项目 表 26-9

项次	检查项目	规定值或允许偏差	检查方法和频率	权值
1	安装高度(mm)	±10	尺量:测 5%	1
2	镀(涂)层厚度(μm)	符合设计	测厚仪:测 5%	1
3	板宽度(mm)	±5	尺量:测 5%	1
4△	板安装间距(mm)	±10	尺量:测 10%	2
5△	安装竖直度(mm/m)	±5	垂线、尺量:测 10%	2
6	安装顺直度(mm/m)	±8	拉线、尺量:测 10%	

26.3.4 检验方法

检测方法 表 26-10

名称	含义
高度	防眩设施安装相对高度的检验: 防眩设施安装相对高度是指从路面到防眩板顶的总高度。首先确定地面高度作为基点,从基点用钢卷尺(量程 3m,精度 0.5mm)量取总高度。每处量 3 次,取平均值
镀(涂)层厚度	防眩设施镀(涂)层厚度检验: 防眩设施镀(涂)层厚度应满足设计要求,用涂层测厚仪(量程 1 200μm,精度为 1μm)测量防眩金属构件各部分的镀(涂)层厚度,各构件每处在不同断面测 3 次,取平均值
宽度	防眩板宽度检验: 用直尺(量程 0.5m,精度为 0.5mm)在防眩板上、中、下部位,量取板宽,取平均值
间距	防眩板设置间距检验: 用钢卷尺(量程 5m,精度 0.5mm)测量防眩板中间距。每处量 3 次,取平均值
竖直度	防眩板竖直度检验: 用垂线和直尺(精度 0.5mm)测量防眩板的竖直度。用垂线对照防眩板侧边,从防眩板顶面固定垂线,量取防眩板偏离垂线的距离
顺直度	防眩板安装顺直度检验: 在道路直线段,先确定道路中线的位置和防眩板中心线的位置,用 10m 拉线分别固定在防眩板两端中心线位置,用直尺(精度 0.5mm)测量防眩板偏离中心线的距离;在道路曲线段,防眩板应与道路线形协调一致,防眩板线形应圆滑顺畅

参考文献

[1] 中华人民共和国行业标准. JTG B01—2014 公路工程技术标准[S]. 北京:人民交通出版社,2014.

[2] 中华人民共和国行业标准. JTG D20—2006 公路路线设计规范[S]. 北京:人民交通出版社,2007.

[3] 中华人民共和国行业标准. JTG C10—2007 公路勘测规范[S]. 北京:人民交通出版社,2007.

[4] 中华人民共和国国家标准. GB 50026—2007 工程测量规范[S]. 北京:中国计划出版社,2007.

[5] 中华人民共和国行业标准. CJJ 37—2012 城市道路工程设计规范[S]. 北京:中国建筑工业出版社,2012.

[6] 中华人民共和国国家标准. GB 50647—2011 城市道路交叉口规划规范[S]. 北京:中国计划出版社,2011.

[7] 中华人民共和国行业标准. CJJ 152—2010 城市道路交叉口设计规程[S]. 北京:中国建筑工业出版社,2010.

[8] 交通运输部公路局. 高速公路施工标准化技术指南[M]. 北京:人民交通出版社,2012.

[9] 中华人民共和国行业标准. JTG D30—2015 公路路基设计规范[S]. 北京:人民交通出版社股份有限公司,2015.

[10] 中华人民共和国行业标准. JTG F10—2006 公路路基施工技术规范[S]. 北京:人民交通出版社,2006.

[11] 中交第二公路勘察设计研究院有限公司. 公路挡土墙设计与施工技术细则[M]. 北京:人民交通出版社,2008.

[12] 中华人民共和国行业推荐性标准. JTG/T D31-02—2013 公路软土地基路堤设计与施工技术细则[S]. 北京:人民交通出版社,2013.

[13] 中华人民共和国行业标准. JTG/T D32—2012 公路土工合成材料应用技术规范[S]. 北京:人民交通出版社,2012.

[14] 中华人民共和国行业标准. JTG/T D33—2012 公路排水设计规范[S]. 北京:人民交通出版社,2013.

[15] 中华人民共和国国家标准. GB 50014—2006 室外排水设计规范(2014 年版)[S]. 北京:中国计划出版社,2014.

[16] 中华人民共和国行业标准. JTG H10—2009 公路养护技术规范[S]. 北京:人民交通出版社,2009

[17] 中华人民共和国行业标准. JTG H20—2007 公路技术状况评定标准[S]. 北京:人民交通出版社,2007

[18] 中华人民共和国行业标准. JTG E60—2008 公路路基路面现场测试规程[S]. 北京:人民交通出版社,2008.

[19] 中华人民共和国行业标准. CJJ 1—2008 城镇道路工程施工与质量验收规范[S]. 北京:中国建筑工业出版社,2008.

[20] 中华人民共和国行业标准. CJJ 36—2006 城镇道路养护技术规范[S]. 北京:中国建筑工业出版社,2006.
[21] 中华人民共和国行业标准. JTG G10—2006 公路工程施工监理规范[S]. 北京:人民交通出版社,2007.
[22] 中华人民共和国行业标准. JTG F80/1—2004 公路工程质量检验评定标准[S]. 北京:人民交通出版社,2004.
[23] 中华人民共和国国家标准. GB 6722—2014 爆破安全规程[S]. 北京:中国计划出版社,2014.
[24] 秦建平,张碧琴. 2008 全国一级建造师执业资格考试考点. 题库. 精解系列(公路工程管理与实务)[M]. 北京:中国电力出版社. 2008.
[25] 秦建平. 道路工程[M]. 武汉:武汉理工大学出版社,2013.
[26] 中华人民共和国行业标准. CJJ 169—2011 城镇道路路面设计规范[S]. 北京:中国建筑工业出版社,2011.
[27] 中华人民共和国行业标准. JTG D50—2006 公路沥青路面设计规范[S]. 北京:人民交通出版社,2006.
[28] 中华人民共和国行业标准. JTG F40—2004 公路沥青路面施工技术规范[S]. 北京:人民交通出版社,2004.
[29] 中华人民共和国行业标准. JTG D40—2011 公路水泥混凝土路面设计规范[S]. 北京:人民交通出版社,2011.
[30] 中华人民共和国行业标准. JTG/T F30—2014 公路水泥混凝土路面施工技术细则[S]. 北京:人民交通出版社,2014.
[31] 中华人民共和国行业标准. JTJ 034—2015 公路路面基层施工技术细则[S]. 北京:人民交通出版社股份有限公司,2015.
[32] 中华人民共和国行业标准. CJJ/T 66—2011 路面稀浆封层技术规程[S]. 北京:中国建筑工业出版社,2011.
[33] 中华人民共和国行业标准. JTG E41—2005 公路工程岩石试验规程[S]. 北京:人民交通出版社,2005.
[34] 中华人民共和国国家标准. GB 50016—2014 建筑设计防火规范[S]. 北京:中国计划出版社,2014.
[35] 王秉纲,张起森. 公路施工手册 路面[M]. 北京:人民交通出版社,2008.
[36] 郭忠印,李立寒. 沥青路面施工与养护技术[M]. 北京:人民交通出版社,2003.
[37] 中华人民共和国行业标准. CJJ/T 218—2014 城市道路彩色沥青混凝土路面技术规程[S]. 北京:中国建筑工业出版社,2015.
[38] 傅智著. 水泥混凝土路面施工技术[M]. 上海:同济大学出版社,2004.
[39] 中华人民共和国行业标准. JTG E42—2005 公路工程集料试验规程[S]. 北京:人民交通出版社,2005.
[40] 中华人民共和国行业标准. JTG E20—2011 公路工程沥青及沥青混合料试验规程[S]. 北京:人民交通出版社,2011.
[41] 中华人民共和国行业标准. JTG E40—2007 公路土工试验规程[S]. 北京:人民交通出版社,2007.

[42] 中华人民共和国国家标准. GB 50688—2011 城市道路交通设施设计规范[S]. 北京:中国建筑工业出版社,2011.

[43] 中华人民共和国行业标准. JTG D81—2006 公路交通安全设施设计规范[S]. 北京:人民交通出版社,2006.

[44] 中华人民共和国国家标准. GB 5768—2009 道路交通标志和标线[S]. 北京:中国标准出版社,2009.

[45] 中华人民共和国行业标准. JTG D82—2009 公路交通标志和标线设置规范[S]. 北京:人民交通出版社,2009.

[46] 中华人民共和国行业标准. JTG F71—2006 公路交通安全设施施工技术规范[S]. 北京:人民交通出版社,2006.

[47] 中华人民共和国行业标准. JTG D80—2006 高速公路交通工程及沿线设施设计通用规范[S]. 北京:人民交通出版社,2006.

[48] 中华人民共和国国家标准. GB/T 16311—2009 道路交通标线质量要求和检测方法[S]. 北京:人民交通出版社,2009.

[49] 中华人民共和国行业标准. JTG F90—2015 公路工程施工安全技术规范[S]. 北京:人民交通出版社股份有限公司,2015.